SANCTORUM
HILARI, SIMPLICII,
FELICIS III,
ROMANORUM PONTIFICUM,

NECNON

VICTORIS VITENSIS, SIDONII APOLLINARIS

ET

GENNADII
PRESBYTERI MASSILIENSIS

OPERA OMNIA,

NUNC PRIMUM CURA QUA PAR ERAT

EMENDATA;

AD ERUDITISSIMAS LUCUBRATIONES MANSI, GALLANDII, JACOBI SIRMONDI, EDMUNDI MARTENE,
STEPHANI BALUZII, ALBERTI FABRICII ATQUE MARGARINI DE LA BIGNE
PERQUAM DILIGENTER COLLATA ET EXPRESSA.

INTERMISCENTUR

S. LUPI, S. EUPHRONII, S. TERPETUI, S. EUGENII, S. FAUSTI,

NECNON

RURICII ET CEREALIS,
VARIARUM SEDIUM EPISCOPORUM,

SCRIPTA QUÆ SUPERSUNT UNIVERSA.

TOMUS UNICUS.

PRIX : 8 FRANCS.

PARISIIS, VENIT APUD EDITOREM,
IN VIA DICTA D'AMBOISE, PRÈS LA BARRIÈRE D'ENFER,
OU PETIT-MONTROUGE.

1847.

ELENCHUS OPERUM

QUÆ IN HOC TOMO CONTINENTUR

S. HILARUS PAPA.
Epistolæ et decreta. — col. 11

S. SIMPLICIUS PAPA.
Epistolæ. — 31

SS. LUPUS et EUPHRONIUS
Epistolæ. — 63

RURICIUS.
Epistolarum libri duo. — 67

VICTOR VITENSIS.
Historia persecutionis Vandalicæ, cum Ruinarti commentario. — 125

SIDONIUS APOLLINARIS.
Epistolæ et carmina. — 435

S. PERPETUUS.
Testamentum. — 753

CEREALIS.
Libellus contra Maximinum Arianum. — 757

S. EUGENIUS CARTHAGINENSIS.
Professio fidei episcoporum Africæ a S. Eugenio redacta. — 769
Excerptum ex Gregorio Turonensi de S. Eugenio et aliis confessoribus. — Ibid.
Epistola S. Eugenii ad cives suos. — Ibid.

S. FAUSTUS RHEGIENSIS.
De gratia et libero arbitrio libri duo. — 783
Epistolæ. — 835
Sermones. — 869

S. FELIX III.
Epistolæ, tractatus et decretum. — 889-979

GENNADIUS MASSILIENSIS.
Liber de Ecclesiasticis Dogmatibus — 979
Liber de Scriptoribus Ecclesiasticis. — 1033

ERRATA.

Col. 209, lin. 4 (ascendendo) : successus ; lege : Successus.
Col. 245, lin. 8 : adicite ; lege : addicite.
Ibid. : adigete ; lege : adigite.
Col. 642, lin. 16 : Cachidici ; lege : Calchidici.

PATROLOGIÆ

CURSUS COMPLETUS

SIVE

BIBLIOTHECA UNIVERSALIS, INTEGRA, UNIFORMIS, COMMODA, OECONOMICA,

OMNIUM SS. PATRUM, DOCTORUM SCRIPTORUMQUE ECCLESIASTICORUM

QUI

AB ÆVO APOSTOLICO AD INNOCENTII III TEMPORA

FLORUERUNT;

RECUSIO CHRONOLOGICA

OMNIUM QUÆ EXSTITERE MONUMENTORUM CATHOLICÆ TRADITIONIS PER DUODECIM PRIORA
ECCLESIÆ SÆCULA,

JUXTA EDITIONES ACCURATISSIMAS, INTER SE CUMQUE NONNULLIS CODICIBUS MANUSCRIPTIS COLLATAS,
PERQUAM DILIGENTER CASTIGATA;
DISSERTATIONIBUS, COMMENTARIIS LECTIONIBUSQUE VARIANTIBUS CONTINENTER ILLUSTRATA;
OMNIBUS OPERIBUS POST AMPLISSIMAS EDITIONES QUÆ TRIBUS NOVISSIMIS SÆCULIS DEBENTUR ABSOLUTAS
DETECTIS, AUCTA;
INDICIBUS PARTICULARIBUS ANALYTICIS, SINGULOS SIVE TOMOS, SIVE AUCTORES ALICUJUS MOMENTI
SUBSEQUENTIBUS, DONATA;
CAPITULIS INTRA IPSUM TEXTUM RITE DISPOSITIS, NECNON ET TITULIS SINGULARUM PAGINARUM MARGINEM SUPERIOREM
DISTINGUENTIBUS SUBJECTAMQUE MATERIAM SIGNIFICANTIBUS, ADORNATA;
OPERIBUS CUM DUBIIS TUM APOCRYPHIS, ALIQUA VERO AUCTORITATE IN ORDINE AD TRADITIONEM
ECCLESIASTICAM POLLENTIBUS, AMPLIFICATA;
DUOBUS INDICIBUS GENERALIBUS LOCUPLETATA : ALTERO SCILICET RERUM, QUO CONSULTO, QUIDQUID
UNUSQUISQUE PATRUM IN QUODLIBET THEMA SCRIPSERIT UNO INTUITU CONSPICIATUR; ALTERO
SCRIPTURÆ SACRÆ, EX QUO LECTORI COMPERIRE SIT OBVIUM QUINAM PATRES
ET IN QUIBUS OPERUM SUORUM LOCIS SINGULOS SINGULORUM LIBRORUM
SCRIPTURÆ TEXTUS COMMENTATI SINT.
EDITIO ACCURATISSIMA, CÆTERISQUE OMNIBUS FACILE ANTEPONENDA, SI PERPENDANTUR : CHARACTERUM NITIDITAS
CHARTÆ QUALITAS, INTEGRITAS TEXTUS, PERFECTIO CORRECTIONIS, OPERUM RECUSORUM TUM VAR S
TUM NUMERUS, FORMA VOLUMINUM PERQUAM COMMODA SIBIQUE IN TOTO OPERIS DECURSU CONSTAN R
SIMILIS, PRETII EXIGUITAS, PRÆSERTIMQUE ISTA COLLECTIO, UNA, METHODICA ET CHRONOLOGICA,
SEXCENTORUM FRAGMENTORUM OPUSCULORUMQUE HACTENUS HIC ILLIC SPARSORUM,
PRIMUM AUTEM IN NOSTRA BIBLIOTHECA, EX OPERIBUS AD OMNES ÆTATES,
LOCOS, LINGUAS FORMASQUE PERTINENTIBUS, COADUNATORUM.

SERIES PRIMA,

IN QUA PRODEUNT PATRES, DOCTORES SCRIPTORESQUE ECCLESIÆ LATINÆ
A TERTULLIANO AD GREGORIUM MAGNUM.

ACCURANTE J.-P. MIGNE,

CURSUUM COMPLETORUM IN SINGULOS SCIENTIÆ ECCLESIASTICÆ RAMOS EDITORE.

PATROLOGIÆ TOMUS LVIII.

S. HILARI PAPÆ, S. SIMPLICII PAPÆ, S. LUPI TRECENSIS, S. EUPHRONII EDUENSIS, RURICII
LEMOVICENSIS, VICTORIS VITENSIS, SIDONII APOLLINARIS, S. PERPETUI TURON.,
CEREALIS, S. EUGENII CARTHAGINENSIS, FAUSTI RHEGIENSIS,
S. FELICIS III, GENNADII MASSILIENSIS.

TOMUS UNICUS.

PARISIIS, VENIT APUD EDITOREM,
IN VIA DICTA D'AMBOISE, PRÈS LA BARRIERE D'ENFER,
OU PETIT-MONTROUGE.

1847.

ANN. DOMINI CCCCLXI–CCCCLXII.

S. HILARUS PAPA.

PROLEGOMENA.

VITA HILARI PAPÆ.

(Ex libro Pontificali.)

[1] Hilarus natione Sardus, ex patre Crispino [*Crispiniano*], [2] sedit annos sex, menses tres, dies 10. Hic fecit decretalem, et per universum Orientem [a] sparsit [*lege* direxit], et epistolas de fide catholica, confirmans tres synodos Nicænam, Ephesinam, et Chalcedonensem, [b] et tomum sancti archiepiscopi Leonis. Et damnavit Eutychem et Nestorium, et omnes eorum sequaces, et omnes hæreses, confirmans damnationem [*lege* dominationem. *Ita et Luc.*] et principatum sanctæ sedis catholicæ et apostolicæ. Hic [3] fecit constitutum de Ecclesia in basilica ad Sanctam Mariam, consulatu Basilisci et Hermenerici, xvi calendas Decembres. Hic fecit oratoria tria in basilicæ Constantinianæ baptisterio, sancti Joannis Baptistæ, et sancti Joannis evangelistæ, et sanctæ crucis, omnia ex argento et lapidibus pretiosis. Confessionem [c] autem sancti Joannis Baptistæ fecit ex argento, pensantem libras 100 et crucem auream. Et confessionem sancti Joannis evangelistæ fecit ex argento, pensantem libras 100 et crucem auream. Et in ambobus oratoriis januas æreas argento clusas. In oratorio vero sanctæ Crucis fecit confessionem, ubi [d] lignum posuit dominicum, et crucem auream cum gemmis, pensantem pondo librarum 20. In confessione fecit januas ex argento, pensantes lib. 50 supra confessionem arcum aureum, qui pensat libras 4 quem portant columnæ onychinæ: et eo loci stat agnus aureus, qui pensat libras duas. Coronam auream ante confessionem. Pharum cum delphinis, pensantem libras quinque. Lampades aureas 4 pensantes libras duas. Nympheum et triporticum ante oratorium sanctæ Crucis, ubi sunt columnæ miræ magnitudinis, quæ dicuntur [e] Hecatonpenta. Lacus et [f] conchas cithariacas duas, cum columnis porphyreticis [g] soraitis [*lege* perforatis], aquam fundentes. Et in medio lacum porphyreticum cum concha [h] raita [*lege* c thariaca] in medio, aquam fundente, circumdata et a dextris et a sinistris in medio cancellis æreis et columnis, cum fastigiis et epistyliis undique ornatis ex musivo, et columnis Aquitanicis, et tripolitis et porphyreticis. Ante confessionem beati Joannis posuit coronam argenteam, pensantem libras 20. Pharum cantarum, pensantem libras 25. Item ad sanctum Joannem intra sanctum fontem lucernam auream cum nixis [*lege* lychnis

[a] Cod. 490 Lucensis, *exsparsit*.
[b] Idem cod., *vel tomum sancti episcopi*.
[c] In eodem cod. deest *autem* et inferius deest *fecit*.
[d] Idem cod., *agnum*.

[e] Idem cod., *Exatonpentaicas*.
[f] Idem cod., *concas triatas*.
[g] Idem cod., *ralatis*.
[h] Idem cod., *ralata*.

[1] Post interregnum septem fere mensium, pridie idus Novembris anni 461, qui est Leonis imperatoris quintus, Hilarus natione Sardus, olim diaconus, et in conciliabulo Ephesino legatione functus, in locum sancti Leonis subrogatus fuit. Initio pontificatus ei quæ tribus œcumenicis conciliis contra Arianam, Nestorianam et Eutychianam hæresim decreta fuerunt confirmavit, novum paschalem cyclum annorum quingentorum quadraginta duorum per Victorium Aquitanum ejus facultatis tum facile principem, Gennadio et Mariano Scoto auctoribus, fieri curavit: Anthemium imperatorem. Occidentis, inquit Gelasius epist. 11 ad Dardan., *cum Philotheus Macedonianus, ejus familiaritate suffultus, nova conciliabula divisarum sectarum in urbem inducere vellet, apud beatum Petrum apostolum palam ne id fieret, clara voce constrinxit, in tantum, ut non ea facienda cum interpositione juramenti idem imperator promitteret.* Hujus temporibus Constantinopoli, cuidam pictori Christum forma Jovis pingere conanti, manus exaruit; post facinoris et delicti confessionem, Gennadius episcopus Constantinopolitanus eum sanavit. *Cedrenus in compen.* d. Daniel Stylita sanctitate et miraculis celeberrimus claruit, qui precibus suis, ut referunt acta ejusdem, Leoni imperatori ex Verina conjuge prolem masculam obtinuit et urbis Constantinopolitanæ incendium quatriduanum exstinxit. Qua fortuna Hilarus insidiis Dioscori Alexandrini e latrocinio Ephesino elapsus, post legationem peractam Romam venerit, quidve egerit, diximus supra in notis epistolæ illius, quam Hilarus adhuc diaconus ad Pulcheriam Augustam hac de re conscripsit. Sev. Binius. — Vide quæ de hac epistola notavimus ad calicem columnæ sequentis. Edit.

[2] Quarto idus Septembris anni Christi nati 467, qui est Leonis II imperii, Hilarus vita ac pontificatu defunctus, sedit annos sex, mensibus decem, minus duobus diebus. Constabit verum esse quod dixi, si initium et finem pontificatus consideres, Sev. Binius.

[3] Id est decretum synodale. Hoc autem decretum, de quo loquitur auctor Pontificalis Anastasius, latum fuit in concilio Romano sub Hilaro celebrato anno Domini 465, qui pontificatus Hilari quintus annus est. Sev. Binius.

myxis] luminum 10 pensantem lib. 5. Cervos argenteos tres fundentes aquam, pensantes singulos libras 30. Turrim argenteam cum delphinis, pensantem lib. 60. Columbam auream, pensantem libras duas. In basilica Constantiniana [a] cantharos argenteos, pendentes ante altare 10, pensantes singulos libras 20. Scyphum aureum pensantem lib. 6. Alium scyphum aureum, pensantem lib 5. Calices aureos 5 pensantes singulos libras singulas [*lege* duas]. Scyphos argenteos 5 pensantes singulos libras 10. Calices ministeriales 20 pensantes singulos libras 2. Amas argenteas 5 pensantes singulas libras 10. Ad beatum Petrum apostolum scyphum aureum, pensantem libras 5. Alium scyphum aureum cum gemmis prasinis et hyacinthinis, pensantem libras 4. Calices argenteos ministeriales 10 pensantes singulos libras 2. Amas argenteas 2 pensantes singulas libras 8. Pharos cantharos argenteos [b] 14 pensantes singulos libras [c] 3. Ad beatum [d] apostolum scyphum aureum, pensantem libras 5. Scyphos argenteos 4 pensantes singulos libras 6. Calices ministeriales 10 pensantes singulos libras duas. Amas argenteas duas, pensantes singulas libras 10. Ad beatum Laurentium martyrem scyphum aureum cum gemmis prasinis et hyacinthinis, pensantem lib. 4. Lucernam auream nixorum [*lege* lychnorum] 10 pensantem lib. 5. Scyphum aureum purissimum, pensantem lib. 5. Lampades aureas 2 pensantes libras singulas. Pharum cantharum aureum, pensantem libras duas. Turrim argenteam cum delphinis, pensantem libras 25. Scyphos argenteos tres, pensantes libras 24. Calices ministeriales 12 pensantes libras 2. Altare argenteum, pensans lib. 40. Lampades argenteas 10 pensantes libras 20. Amas argenteas duas, pensantes singulas libras 10. In basilica beati Laurentii martyris, pharos cantharos argenteos decem, pensantes libras [e] 10. Cantharos æreos viginti sex. Ministeria ad baptismum sive ad pœnitentiam argentea, pensantia libras decem. Pharos æreos 50. In urbe Roma constituit [f] ministeriales qui circuirent constitutas stationes. Scyphum aureum [g] ansatum vel stationarium, pensantem libras octo. Scyphos per titulos viginti quinque, pensantes libras 10. Amas argenteas 25 pensantes [h] libras 10. Calices ministeriales 50 pensantes singulos libras 2. Hæc omnia in basilica Constantiniana, vel ad Sanctam Mariam constituta recondidit. Hic fecit monasteria ad sanctum Laurentium, et balneum, [i] et prætorium [j] sancto Laurentio. Fecit autem oratorium sancti Stephani in baptisterio Lateranensi. Fecit autem et bibliothecas duas in eodem loco. [k] Ad Lunam vero monasterium in urbe construxit. Hic fecit ordinationem unam in urbe Roma per mensem Decembrem, presbyteros viginti quinque, diacones [l] quinque, episcopos per diversa loca viginti duos. Qui etiam sepultus est ad sanctum Laurentium in crypta, juxta corpus beati Sixti. Et cessavit episcopatus dies decem.

[a] Idem cod., *Phara canthara.*
[b] Idem cod., XXIV.
[c] Idem cod., V.
[d] Idem cod., *Paulum apostolum scyphum aureum pensantem lib. v, alium scyphum aureum cum gemmis pensantem lib. v. Scyphos argenteos,* etc.
[e] Idem cod., LX.
[f] Idem cod., *ministeria.*
[g] Idem cod., *ansatum, vel deest.*
[h] Idem cod. addit *singulas.*
[i] Idem cod. addit *et aliud sub ære.*
[j] In eodem cod. deest *S. Laurentio,* et sequentia usque ad *bibliothecas.*
[k] Idem cod., *Item monasterium intra urbem Romam ad Lunam.*
[l] Idem cod., VI.

EPISTOLÆ HILARI PAPÆ.

[1] EPISTOLA

HILARI DIACONI SACRÆ ROMANÆ ECCLESIÆ, ET SANCTI LEONIS PAPÆ LEGATI, AD PULCHERIAM AUGUSTAM.

De Ephesino conciliabulo, factionibus Dioscori, et fuga sua.

Gloriosissimæ et piissimæ Pulcheriæ Augustæ Hilarius diaconus.

Studium mihi fuisse, etc.

(*Hanc epistolam, quæ est* XLVI *inter Leoninas, exscriptam reperies Patrologiæ nostræ tom.* LIV, *col.* 857.)

[a] Cod. Luc., 129, *quædam quæ.*

[1] Epistolæ Hilari papæ collatæ sunt cum tribus exemplaribus, quæ epistolas omnes continebant : Pi-

EPISTOLA I.

HILARI PAPÆ AD EPISCOPOS TARRACONENSES. DE SYNODALI DECRETO.

Flavio Basilisco et Herminerico viris clarissimis consulibus.

I.

Quoniam religiosus, sancto Spiritu congregante, conventus hortatur, ut [a] quæcunque pro disciplina ecclesiastica necessaria sunt, cura diligentiore tractemus : si placet, fratres, ea quæ ad ordinationum

thœano, Arelatensi et Lirinensi; postrema etiam cum aliis duobus, quorum alterum Corbeiensis monasterii,

EPISTOLA I.

tenorem pertinent, juxta divinæ legis præcepta et Nicænorum canonum constituta, ita adjuvante Domino in omne ævum mansura solidemus, ut nulli fas sit sine status sui periculo vel divinas constitutiones, vel apostolicæ sedis decreta temerare : quia nos, qui potissimi sacerdotis administramus officia, talium transgressionum culpa respiciet, si in causis Dei desides fuerimus inventi : quia meminimus, quod timere debemus, qualiter comminetur Dominus negligentiæ sacerdotum, siquidem reatu majore delinquit, qui potiori honore perfruitur : et graviora facit vitia peccatorum, sublimitas dignitatum.

II.

Cavendum ergo imprimis est, ne ad sacratos gradus, sicut gestis prioribus ante [a] *præscriptum est*, quisquam, qui uxorem non virginem duxit, aspiret. Repellendus est etiam quisque, qui in secundæ uxoris nuptias contra apostolica præcepta convenit.

III.

Inscii quoque litterarum, necnon et aliqua membrorum damna perpessi, et hi qui ex pœnitentibus sunt [*ex pœnitentes sunt*], ad sacros ordines aspirare non audeant. Quisquis talium consecrator exstiterit, factum suum [b] *dissolvet*.

IV.

Sed et quod quis commisit illicite, aut a decessoribus suis invenit admissum, si proprium periculum vult vitare, damnabit : nos enim in nullo volumus severitatem ultionis exercere. Sed qui in causis Dei vel contumacia, vel in aliquo excessu deliquerit, aut ipse quod perperam fecit abolere noluerit : in se, quidquid in alium [*alio*] non resecarit [*resecuerit*], inveniet. Quod ut deinceps possit tenacius custodiri, si placet, sententias, causas et subscriptiones proprias omnes [c] *commendate* [*commodate*], ut synodali judicio auditus [*aditus*] claudatur illicitis [*illicitus*].

Ab universis episcopis et presbyteris acclamatum est : Exaudi Christe, Hilaro vita : dictum est [i] sexies. Hæc et confirmamus, et hæc docemus dictum est octies. Hæc tenenda sunt, hæc servanda sunt : dictum est quinquies. Doctrinæ vestræ gratias agimus : dictum est decies. Ista ut in perpetuum serventur, rogamus : dictum est quindecies. Ista per [d] *sanctum* Petrum, ut in perpetuum [e] *serventur* optamus : dictum est octies. Hæc præsumptio nunquam fiat : dictum est decies. Qui hæc violaverit, in se inveniet : dictum est septies. Et facto silentio, Hilarus episcopus dixit.

V.

Præterea, fratres, nova et inaudita (sicut ad nos missis de Hispaniis epistolis, sub certa relatione pervenit) in quibusdam locis perversitatum semina subinde nascuntur. Denique nonnulli episcopatum, qui [f] *non nisi meritis præcedentibus datur*, non divinum munus, sed hæreditarium putant esse compendium : et credunt, sicut res caducas atque mortales, ita sacerdotium, velut [g] [*legali*] [*legatorio*] aut testamentario jure, posse dimitti. Nam plerique sacerdotes in mortis confinio constituti, in locum suum feruntur alios designatis nominibus subrogare : ut scilicet non legitima exspectetur electio, sed defuncti gratificatio pro populi habeatur [*præbeatur*] assensu. Quod quam grave sit, æstimate, atque ideo, si placet, etiam hanc licentiam generaliter de ecclesiis auferamus, ne (quod turpe dictu est) homini quisquam putet deberi, quod Dei est.

Ut, autem quod ad nos prolatum [*perlatum*] est, ad vestram etiam possit pervenire notitiam, Hispanorum fratrum et coepiscoporum nostrorum scripta legantur. Paulus notarius recitavit

[h] *Additur in ms. Justelli :* Et statutum est ne quid ultra hujusmodi a sacerdotibus præsumatur.

[a] EPISTOLA

TARRACONENSIUM EPISCOPORUM AD [b] HILARUM PAPAM.

De ordinatione episcopi per Silvanum Calaguritanum episcopum contra Patrum regulas et Nicænos canones facta apud Romanum pontificem conqueruntur, eumque consuluni, quid in hoc casu facere, aut qua ratione abusibus ejusmodi occurrere debeant.

Domino beatissimo, et apostolica reverentia a nobis in Christo colendo papæ Hilaro, Ascanius episcopus; et universi episcopi Tarraconensis provinciæ.

[a] Etiamsi nulla exstaret [*dictaret*] necessitas ecclesiasticæ disciplinæ, expetendum re vera nobis fuerat

---

[a] Cod. Luc. 129, *proscriptum*.
[b] Cod. Luc., *ipse dissolvet*.
[c] Cod. Luc., *commodate*.
[d] Cod. Luc., *Domnum*.

[e] Cod. Luc., *in Deo serventur*.
[f] Cod. Luc., *non sine*.
[g] Cod. Luc., *legati aut testamenti jure*.
[h] Hoc additamentum in cod. Luc. deest.

---

alterum S. Remigii Remensis. Et supersunt tamen non pauca quæ emendatiorum codicum opem desiderant.

Tum ad verba hæc epistolæ 8 : *Et retro ante positum*. Ita et Lirinensis : sed magis arridet, quod ex alterius libri vestigiis eruitur : *et retro omne propositum. Hæc vir ille diligentissimus omissa cum aliis nonnullis in editione regia*. JAC. SIRMONDUS.

[1] Dionys., *quater*. HARD.
[2] Lupus, et Harduinus, *legati aut testamenti jure*.
[3] Hæc epistola lecta est in concilio Romano anno Domini 465 Romæ celebrato, de quo infra. Dum legeretur, Patres suas sententias acclamando et interloquendo addiderunt. Hoc igitur loco placuit eam ex Crescenio et manuscripto Vaticano ad verbum collocare, sicut a Tarraconensibus ad sedem apostolicam scripta et directa fuerat. In synodo Romana cum oppositis acclamationibus, interlocutionibus, et sententiis Patrum excusa habetur. Utrobique itaque ponenda fuit : ut quas illa ex Patrum sententiis interpositis additiones accepisset, facile constare posset. Et quanquam barbaricus furor Gothorum Hispaniarum Ecclesias prope omnes devastantium, vigorem ecclesiasticæ disciplinæ in Hispaniis relaxasset, Tarraconensem tamen provinciam custodem legum et canonum permansisse, Romanum pontificem observasse, omnes controversias ad eumdem velut ad supremum judicem et pastorem Ecclesiæ detulisse, hæc epistola manifesto satis indicat. SEV. BINIUS.

[4] In mss. fere semper *Hilarius* scribitur. HARDUINUS.

[5] Has epistolas Hilari cum tribus mss. contulit

illud privilegium sedis vestræ, quo susceptis regni clavibus post resurrectionem Salvatoris, per totum orbem beatissimi Petri singularis prædicatio universorum illuminationi prospexit : cujus vicarii principatus sicut eminet, ita metuendus est ab omnibus, et amandus. Proinde nos Deum in vobis penitus adorantes, cui sine querela servitis, ad fidem recurrimus apostolico ore laudatam, inde responsa quærentes, unde nihil errore, nihil præsumptione, sed pontificali totum deliberatione præcipitur.

Cum hæc ita se habeant, est tamen inter nos falsus frater, cujus præsumptionem sicut diutius tacere non licuit, ita et loqui futuri judicii necessitas imperavit. Silvanus quidam episcopus Calagurræ in ultima parte nostræ provinciæ constitutus, divinationes [*ordinationes*] sibi indebitas usurpando, humilitatem nostram ad hoc usque perduxit, ut contra ejus vanissimam superstitionem sedis vestræ unicum remedium flagitemus. Ilic namque jam ante septem aut octo amplius annos, postponens Patrum regulas, et vestra instituta despiciens, nullis petentibus populis episcopum ordinavit : cujus præproperum factum exi timantes fraterna et pacifica posse admonitione sanari, profecit in pejus. Denique contra vetustatem canonum, contra synodi constituta, alterius fratris nostri presbyterum, spiritu tantum præsumptionis accensus, in eodem loco, qui illi fuerat destinatus, cui invito et repugnanti imposuerat manus, et qui nostro jam cœtui fuerat aggregatus episcopum fecit. Hinc factum est, ut de ejus miserrima temeritate ad nos Cæsaraugustanæ urbis episcopus frater noster referret, cujus diligentia et sollicitudo admodum prospexerat, si in aliquo profuisset. Siquidem cunctis in vicinia positis episcopis, ne se schismatico adjungerent, frequentissime contradixit : sed obstinatione damnabili totum, quod erat illicitum, et quod nobis pudor est dicere, non erubuit solus ille committere.

Proinde quia his præsumptionibus, quæ unitatem dividunt, quæ schisma faciunt, velocier debet occurri : quæsumus sedem vestram, ut quid super hac parte observare velitis, apostolicis affatibus instruamur : quatenus fraternitate collecta : prolatis in medium venerandæ synodi constitutis, contra rebellionis spiritum vestra auctoritate subnixi, quid oporteat de ordinatore et de ordinato fieri, intelligere, Deo adjuvante, possimus. Erit profecto vester triumphus, si apostolatus vestri temporibus, quod sancti Petri cathedra obtinet, catholica audiat Ecclesia, si novella zizaniorum semina fuerint exstirpata. *Et sub*scriptio. Orantem pro nobis sanctum apostolatum vestrum jugi ævo divina conservet æternitas.

[1] EPISTOLA

TARRACONENSIUM EPISCOPORUM AD HILARUM PAPAM.

Beatissimo, et apostolica reverentia a nobis in Christo colendo papæ Hilaro. Ascanius et universi episcopi Tarraconensis provinciæ.

Quam curam apostolatus vester de provinciarum suarum sacerdotibus gerat, filio nostro illustri Vincentio provinciæ nostræ, referente cognovimus : cujus impulsu votum nostrum in ausum scribendi prona devotione surrexit. Ergo provinciali litterario sermone debita coronæ vestræ obsequia deferentes, his quæsumus, ut dignatione, qua cæteros, etiam humilitatem nostram in orationibus vestris in mente habere dignemini, beatissime et apostolica reverentia in Christo a nobis colende pater : illud specialius deprecantes, ut factum nostrum, quod tam voto pene omnis provinciæ, quam exemplo vetustatis in notitiam vestram defertur, perpensis assertionibus nostris, roborare dignemini. Episcopus Barcinonensis civitatis sanctus Nundinarius sortem explevit conditionis humanæ. Ilic episcopo venerabili fratri nostro Irenæo, quem ipse antea in diœcesi sua nobis volentibus constituerat, derelinquens ei, quod potuit habere paupertas, supremæ voluntatis arbitrio, in locum suum ut substitueretur, optavit : sed defuncti judicium in ejus meritum non vacillat. Siquidem omnis clerus et plebs ejusdem civitatis, et optimi et plurimi provinciales, ut idem ejus locum observaret, a nobis speraverunt, dato consensu. Nos cogitantes defuncti judicium, et probantes ejus vitam, et eorum nobilitatem atque multitudinem, qui petebant, simul et utilitatem Ecclesiæ memoratæ, optimum duximus, ut tanto sacerdoti, qui ad divina migraverat, non minoris meriti substitueretur antistes, præsertim cum Ecclesia illius municipii, in qua ante fuerat ordinatus, semper hujus civitatis Ecclesiæ fuisse diœcesis constet. Ergo suppliciter precamur apostolatum vestrum, ut humilitatis nostræ decretum, quod juste a nobis videtur factum, vestra auctoritate firmetis. Jamdudum sane questi fueramus litteris nostris de præsumptione Silvani episcopi : et miramur, quod nulla apostolatus vestri responsa suscepimus. Nunc hæc eadem suggerentes, petimus, ut quid super his rebus observandum sit, apostolicis sermonibus nos dignemini informare. Et ne forsitan per negligentiam portitoris, aut per longinqui itineris difficultatem,

---

Sirmondus : postremam etiam cum aliis duobus. Ii sunt Pithœaneus, Arel., Lirin., Corb., Rem. Harduinus etiam cum collectione Dionysii ms. unde emendatiores damus.

[1] Hanc epistolam (quæ prioris jamdudum scriptæ mentionem facit, adeoque tempore posterior est), priori illi Tarraconensium postposui hoc loco : putavi enim gratius fore ad veritatem rei gestæ facilius perspiciendam, si, quæ prius acta sunt, priore loco enarrentur et collocentur. In concilio Romano hæc primo loco recitata, primo ordine merito collocata fuit. Acclamationes episcoporum lectioni hujus epistolæ interpositas infra designabimus in prædicto concilio Romano. Memoratu digna duo continet. Unum, quod ad Romanam sedem tantum pertineat dispensare in iis, quæ contra canones præsumpta sunt : alterum, quod nullius concilii provincialis tanta est auctoritas, ut inconsulta sede apostolica id præstare potuerit. SEV. BINUS.

humilitatis nostræ ad vos scripta non potuerint ex hoc negotio pervenire, etiam suggestionem nostram maluimus iterare. *Et subscriptio:* Orantem pro nobis sanctum apostolatum vestrum jugi ævo divina conservet æternitas nobis omnibus et Ecclesiæ suæ, domine vere [*venerande*] noster et apostolice papa.

EPISTOLA II.

HILARI PAPÆ AD ASCANIUM ET RELIQUOS TARRACONENSIS PROVINCIÆ EPISCOPOS.

I. Ut nullus sine consensu episcopi metropolitani episcopus ordinetur.
II. Ut nullus episcoporum, relicta propria Ecclesia, ad aliam transeat.
III. Ut Irenæus remotus a Barcinonensi Ecclesia, ad proprium revertatur.
IV. De removendis episcopis qui illicite ordinati sunt, et ne in una Ecclesia duo episcopi habeantur.
V. De damnatione Irenæi, si ad suam Ecclesiam non revertatur.

Hilarus episcopus Ascanio et universis episcopis Tarraconensis provinciæ.

Postquam litteras vestræ dilectionis accepimus, quibus præsumptiones Silvani episcopi Calagurensium Ecclesiæ retundi petistis, et rursum Barcinonensium quæritis nimis illicita vota firmari: honoratorum et possessorum Turiassonentium, ª Calcantesium, Calaguritanorum, Virgiliensium ¹, Triciensium, Legionensium et Civitatensium, cum subscriptionibus diversorum, litteras nobis constat ingestas: per quas id quod de Silvano querela vestra deprompserat, excusabant. Sed reprehensione justissima eorum pariter ᵇ justa allegatio non carebat; quia præter conscientiam metropolitani, fratris et coepiscopi nostri Ascanii, nonnullis civitatibus ordinatos claruit sacerdotes. ᶜ Unde, quoniam quidquid ab alterutra parte est indicatum, omni videmus perversitate confusum, temporum necessitate perspecta, hac ratione decernimus ad veniam pertinere quod gestum est, ut nihil deinceps contra præcepta beati apostoli, nihil contra Nicænorum canonum constitutum tentetur.

I.

Hoc autem primum, juxta eorumdem Patrum regulas, volumus custodiri, ut nullus præter notitiam atque consensum fratris Ascanii metropolitani aliquatenus consecretur antistes; quia hoc vetus ordo tenuit, hoc trecentorum decem et octo sanctorum Patrum definivit auctoritas; cui quisquis obvias tetenderit manus, eorum se consortio fatetur indignum, quorum præceptionibus resultarit.

II.

In quorum contumeliam a superbo spiritu etiam pars illa contemnitur, qua vetatur [*cavetur*], ne quis, relicta Ecclesia sua, ad alteram transire præsumat. Quod nimis improbe conniventibus, et (ut doleatur gravius) vobis asserentibus, Irenæus episcopus conatur admittere, qui [*quod*] nostra auctoritate roborari cupitis, quos maxime de rebus illicitis magna indignatione probatis accendi. Lectis ergo in conventu fratrum, ² quos natalis mei festivitas congregarat, litteris vestris, quæ de ordinandis episcopis secundum statuta canonum vel prædecessorum meorum decreta sunt, prolata sententia, gestorum, quæ pariter direximus, tenore discetis.

III.

Unde remoto ab Ecclesia Barcinonensi; atque ad ᵈ sua remisso Irenæo episcopo, sedatis per sacerdotalem ᵉ modestiam voluntatibus, quæ per ignorantiam ecclesiasticarum legum desiderant, quod non licet, obtinere; talis protinus de clero proprio Barcinonensibus episcopus ordinetur, qualem te præcipue, frater Ascani, oporteat eligere, et deceat consecrare: ne si ᶠ similiter forte factum fuerit, non sine objurgatione tui maxime nominis retundat [*retundatur*] nostra præceptio, quod in injuriam Dei, a quo specialiter sacerdotalium est gratia dignitatum, didicerimus admissum. Nec episcopalis honor hæreditarium jus putetur, quod [*qui*] nobis sola Dei nostri benignitate Christi [abest a cod. Just.] confertur.

IV.

Ordinatos ergo nunc episcopos (*licet dum te*) qui, ᵍ licet te ignorante provecti sunt, cum suis auctoribus ʰ meruerunt submoveri) hac ratione firmamus, si nec viduarum [*viduæ*] maritus fuerit quisquam, ⁱ et in unius virginis nuptias ac vota convenerit, sicut et legalia constituta præcipiunt, dicendo: *Sacerdos virginem*

ª Cod. Luc., *Cascatensium, Calogorritanorum, Varegensium, Tritientium, Leviensium, et Derovicensium civitatum.*
ᵇ Cod. Luc., *ista.*
ᶜ Cod. Luc., *Inde.*
ᵈ Cod. Luc., *suam.*

¹ Dionys. *Varegentium, Tritiensium, Liviensium, et Veroriscensium civitatis.* HARD.
² Per natalem diem pontificis Hilari intellige diem ordinationis sive electionis, quo in summum pontificem electus et assumptus fuit. Solemnis enim hoc tempore consuetudo erat, ut plures episcopi singulis annis Romam convenirent, magna cum solemnitate celebraturi illum diem, quo episcopus Romanæ Ecclesiæ ad summi pontificatus culmen assumptus fuit. Sanctus Leo aliquos sermones de sua ordinatione, sive anniversario die assumptionis suæ ad fastigium et culmen summi pontificatus habuit. Huc faciunt ea quæ sanctus Augustinus habet de die natali Aurelii

ᵉ Cod. Luc., *sententiam.*
ᶠ Cod. Luc., *aliter.*
ᵍ Cod. Luc., *licet nunc te.*
ʰ Cod. Luc., *meruerint.*
ⁱ Cod. Luc. addit: *nec secundæ conjugis, sed in unius,* etc.

episcopi Carthaginensis, sermone trigesimo secundo de verbis Domini in fine, deque anniversario die ordinationis suæ, homilia 24 et 25. Quomodo hoc idem nonnulli auctoritate Paulini epistola decima sexta ad Delphinum confirment, non video. Loquitur enim de solemni illa et antiquissima consuetudine, qua solebant fideles, nulla habita ratione calorum æstivorum, ad natalem diem sanctorum apostolorum Petri et Pauli concurrere: de qua egimus supra in notis epistolæ illius præambularis concilii Chalcedonensis, quam Galla Placidia scripsit ad Pulcheriam Augustam. Vide Baronium anno 465, num. 17. SEV. BINIUS.

uxorem accipiat, non viduam, non repudiatam (*Levit.* xxi; *Ezech.* xliv) : secundum quod etiam beatus apostolus Paulus, magister gentium, de his qui fieri desiderant sacerdotes, propria institutione non tacuit, dicens : *Unius uxoris virum* (*I Tim.* iii). Cujus sane tenore sententiae ita informati esse debetis, fratres carissimi, ut inter caetera quae cavenda sunt, haec studeatis praecipue ᵃ custodire, quae cognoscitis ante universa mandari. In quibus etiam prospiciendum [*perspiciendum*] est, ne duo simul sint in una Ecclesia sacerdotes : nec litterarum ignarus, aut carens aliqua parte membrorum, vel etiam ex poenitentibus [*expoenitens*] aliquis ad sacrum ministerium prorsus sinatur accedere. Nec tantum putetis petitiones valere populorum, ut cum his parere cupitis, voluntatem Dei nostri, qui nos peccare prohibet, deseratis. Cujus indignatio ex hoc gravius commovetur, quia benignitas ejus, dum fiunt illicita per eos qui sunt interpretes placationis, offenditur.

V.

Ut autem omnia secundum haec quae scripsimus, corrigantur, praesentes litteras, Trajano subdiacono nostro veniente, direximus. Quod si Irenaeus episcopus ad Ecclesiam suam, deposito improbitatis ambitu, redire neglexerit, quod ei non judicio, sed humanitate praestabitur, removendum se ab episcopali consortio esse cognoscat. Deus incolumes vos custodiat, fratres carissimi. Data tertio calendas Januarii (an. Dom. 495), Basilisco et Herminerico viris clarissimis consulibus.

¹ EPISTOLA III.

HILARI PAPÆ AD ASCANIUM TARRACONENSEM EPISCOPUM PRIVATIM SCRIPTA : ESTQUE EJUSDEM ARGUMENTI CUM EPISTOLA PRÆCEDENTE.

Dilectissimo fratri Ascanio Hilarus episcopus.

Divinae circa nos gratiae memores esse debemus, qui nos per dignationis suae misericordiam [*gratiam*] ob hoc ad fastigium sacerdotale provexit, ut mandatis ipsius inhaerentes, et in quadam sacerdotii [*sacerdotum*] ejus specula constituti, prohibeamus illicita, et sequenda doceamus. Unde directis per Trajanum subdiaconum nostrum litteris admonemus, ut quae male sunt facta, corrigantur. Et miramur admodum dilectionem tuam Barcinonensium petitiones non solum nulla auctoritate retudisse, verum etiam, directis ad nos litteris, consummationem [*consensionem* : ita

ᵃ Cod. Luc., *custodiri*.

¹ Hujus plurimumque aliarum epistolarum pontificiarum idem et commune esse exordium, patebit facile, si prima Zephyrini, et tertia Fabiani, cum hac tertia Hilari : item si tertia sancti Leonis cum secunda Pelagii conferantur. Sev. Binius.
² Epistola haec scripta fuit ea occasione : Auxanius episcopus per obreptionem impetraverat, ut Ebredunensis provincia suo episcopatui quoad jurisdictionem ecclesiasticam subjiceretur. Quod cum in praejudicium Ingenui Ebredunensis episcopi, Alpium Maritimarum metropolitani, auctoritate apostolica concessum esset, ad instantiam et querelam ejusdem Ingenui, Leontio,

et cod. Just.] pravi desiderii postulasse, adhibendo in epistolarum prooemio concilii mentionem : tanquam culpae minuerentur excessus per multitudinem imperitorum [*impetitorum*. Forte *petitorum*], cum si etiam sub significatione [*subsignationem*] unusquisque sui nominis tecum pariter retulisset, et subscriptiones proprias factas [*fratres*] singulis commodassent [*commendassent*], dilectionem tamen tuam rei, de qua [*quae*] displicet, summa tangebat : quia pro loco et honore tibi debito, caeteri sacerdotes docendi fuerant, non sequendi. Unde sicut in generalibus litteris indicavi, Irenaeus ad propriam revertatur Ecclesiam, et Barcinonensibus de suo clero protinus consecretur antistes, cui tamen statuta canonum et apostolica praecepta concordent. Et licet hi qui praeter notitiam atque consensum tuae dilectionis ordinati sunt sacerdotes, cum suis debuerint auctoribus submoveri : ne quid tamen in tanta necessitate decernamus austerum, eos qui episcopi facti sunt, ita volumus permanere, ut in apostolicis praeceptionibus et statutis sanctorum Patrum non reperiantur obnoxii, ac deinceps nihil, quod contra disciplinam ecclesiasticam veniat sicut hactenus factum est perpetretur. Tuae sollicitudinis est, frater carissime, omnia debita tibi auctoritate tueri, et illicitis non modo non praebere assensum, sed etiam cuncta, quae contra regulam facta repereris, coercere : atque ante omnia, quae sola unitate [*humanitate*] decernimus, Irenaeum ad Ecclesiam suam redire compelle. Ad quam sponte potius redire [*remeare*] debebit, si a sacerdotali consortio non [*deest negatio in cod. Just., eademque superflua*] metuit separari. Nec unius Ecclesiae duo esse permittantur antistites, quod opportunius supradicti subdiaconi fieri delegamus instantia, quem aliam pro conservanda Ecclesiae disciplina, commeare ad Hispanias, dispositionis nostrae fecit auctoritas. Deus autem incolumem te custodiat, frater carissime.

² EPISTOLA IV.

HILARI PAPÆ AD ³ LEONTIUM, VERANUM ET VICTURUM EPISCOPOS.

Delegat illis Ingenui et Auxanii episcoporum controversiam, statuitque, ut Cemelenensis civitas et Nicaense castellum ad unius episcopi regimen revertantur.

Dilectissimis fratribus Leontio, Verano, et Victuro episcopis, Hilarus papa.

Movemur ratione justitiae, quae licet ab omnibus

Verano et Victuro causae inquisitionem et instaurationem jurium Ebredunensis metropolitani delegavit. Adversus illos qui insana cupiditate laborant, ut suae dioecesis fines dilatent, auream et notatu dignissimam sententiam addidit hanc : *Exspectatio fructus nostri ministerii non in latitudine regionum, sed in acquisitione ponitur animarum.* Baron. anno 465, num. 27. Sev. Binius.
³ Etiamsi hic nulla mentio fiat cujus Ecclesiae Leontius episcopus fuerit, dubium tamen nullum est Forojuliensem episcopum fuisse, quem Hilarus Arelatensis in funebri oratione de sancto Honorato episcopo

qui recta sapiunt, debeat custodiri, tum præcipue Domini sacerdotibus non est temere negligenda, quorum cæteros informari convenit institutis. Frater igitur et coepiscopus noster Ingenuus Ebredunensis, Alpium maritimarum provinciæ metropolitani semper honore subnixus in præjudicium suum, sicut annexa declarant, quædam nos, petente fratre et coepiscopo nostro Auxanio, statuisse commemorat, quæ universi, in hac eadem causa defensionibus contrairent. Siquidem relationibus in nostro judicio recensitis, quas frater et coepiscopus noster Veranus ad sanctæ memoriæ decessorem meum cum cæteris provinciæ sacerdotibus misit, et apostolicæ sedis, quæ tunc directa fuerat, responsione patefacta manifestum est, nihil postea debuisse tentari, nec ad injuriam synodalium regularum [1] quidquam per obreptionem, quæ proxime facta est, oportere constitui. Nam licet et hoc etiam quod a nobis est elicitum censeatur infirmum, quia et ipsum insinuatum est exsequi noluisse qui meruit; tamen ne odio vel gratia moveamur, quæ in causarum disceptationibus esse non debet, ita vestræ caritati cognitionem annexæ querimoniæ delegamus, ut nihil adversum venerandos canones, nihil contra sanctæ memoriæ decessoris mei judicium valeat, quidquid obreptum nobis esse constiterit. [2] Nolumus namque fratres carissimi, ecclesiarum privilegia, quæ semper sunt servanda, confundi: nec in alterius provincia sacerdotis alterum jus habere permittimus: quia per hoc non minus in sanctarum traditionum delinquitur sanctiones, quam in injuriam ipsius Domini prosilitur, cujus exspectatio fructus nostri ministerii non in latitudine regionum, set in acquisitione ponitur animarum. Habeat itaque pontificium frater et coepiscopus noster Ingenuus provinciæ suæ, de cujus dudum ab apostolica sede est illicita cessione culpatus: et custoditis omnibus, quæ super ecclesiis Cemelenensis civitatis, vel castelli Nicaensi, sicut diximus, sanctæ memoriæ decessoris mei definivit auctoritas, nihil ecclesiarum juri noceat, quod in altera memoratarum a prædicto fratre, ad excludendam cupiditatem, quemadmodum perhibuit, ambitionis alienæ, proxime est episcopus consecratus: sed statutæ correctionis forma permaneat, ut ad unius antistitis regimen prædicta loca revertantur, quæ in duos dividi non decuit sacerdotes. Deus vos incolumes custodiat, fratres carissimi.

EPISTOLA V.

HILARI PAPÆ AD LEONTIUM EPISCOPUM ARELATENSEM.

De episcopatus sui primordiis.

Dilectissimo fratri Leontio, Hilarus papa.

Quantum reverentiæ in spiritu Dei, qui subditos sibi inhabitat sacerdotes, beato Petro apostolo et sedi ipsius deferatur, omnibus arbitror esse compertum, quibus paternarum traditionum incorrupta custodia est. Quos cum volumus de nostræ ordinationis primordiis gratulari, opera quæ in nos divinæ pietatis dignatio ostendit, sanctitati tuæ duximus indicanda: ut ipse primum pro eo quem nobis invicem semper impendimus, præstante Domino, læteris affectu: deinde ut dispositione tuæ fraternitatis omnibus per universam provinciam fratribus et consacerdotibus innotescat, quod humilitatem meam dextera Domini visitare dignata sit, et mihi apostolicæ sedis regimen non pro merito, sed pro suæ gratiæ abundantissima largitate commiserit. Proinde, frater carissime, quod sanctitati tuæ præsenti sermone patefecimus, in omnium fratrum, quemadmodum diximus, notitiam deferre dignaberis ut supplicaturi Domino nostro Jesu Christo, sicut exsultationis gaudia, ita profutura universali Ecclesiæ orationum suarum nobis vota conjungant. Deus te incolumem custodiat, frater carissime. Data VIII calendas Februarias (anno Christi 462), D. N. Severo Augusto consule.

EPISTOLA

LEONTII [3] ARELAT. EPISCOPI AD HILARUM PAPAM.

Gratulatur Hilaro pontificatum: rogatque, ut Arelatensis Ecclesiæ jura tueatur.

Quod Leonem sanctissimum prædecessorem tuum mors abstulerit contra hæreses invigilantem, et lolium in agro Domini, heu! nimis fruticans eradicantem, dolemus: quod de tua sanctitate reparaverit, gratulamur. Nam gaudet filius de honore matris: et cum Ecclesia Romana sit omnium mater, fuit nobis gaudendum, quod in tanta consternatione rerum,

---

prædecessore summis laudibus extulit, et ad quem Sidonii Apollinaris litteræ scriptæ reperiuntur, cujusque sanctus Leo meminit in epistola 89 ad episcopos Galliæ Viennensis. Baronius prædicto loco. Sev. Binius.

[1] Hoc exemplo constat, aures summorum pontificum falsis ac sinistris accusationibus et relationibus persæpe oppleri, adeo ut bonos atque innocentes quandoque ex malis informationibus condemnent ac opprimant. Nemo ergo miretur, quod sanctus Leo Hilarum Arelatensem, Hilarus pontifex Mamertum Viennense, episcopos sanctitate celeberrimos acerbe exagitarint: cum et in his quæ contentiosiora sunt, facillimum sit sub specie recti unumquemque decipere. Sev. Binius.

[2] De privilegiis ecclesiarum antiquitus concessis nihil innovandum esse non tantum decretis constitutum fuit. *Privilegia*, inquit lib. 12, cap. de Sacrosancta Ecclesia, *quæ generalibus constitutionibus universis ecclesiis orthodoxæ religionis retro principes præstiterunt, firma et illibata in perpetuum decernimus custodiri. Omnes sanctiones, quæ contra canones ecclesiasticos interventu gratiæ vel ambitionis elicitæ sunt, suo robore et firmitate vacuatas esse præcipimus*, etc. Quid de privilegiis inviolabiliter custodiendis senserit sanctus Leo, ex ejusdem epistolis 53, 54, 55, 89, 109, cognoscere licet. Sev. Binius.

[3] Hæc epistola circularis est et encyclica, ex more et consuetudine de novi pontificis creatione ad omnes Ecclesias transmissa. Hæc ejusdem argumenti, eorumdemque verborum ad Leontium scripta, exstat in vetere codice Arelatensis Ecclesiæ, unde cum sequentibus omnibus acceptæ, ab illustrissimo cardinale Baronio primum in lucem emissæ inveniuntur. Sev. Binius.

[4] Hanc Leontii epistolam primus edidit Dacherius in Spicil. tom. V, nunc III, pag. 302.

et infirmitate sæculorum super eam te erexerit, ut judices populos in æquitate, et gentes in terra dirigas. Unde cum nobis nuntius ille per Concordium Ecclesiæ nostræ diaconum, qui tunc præsens erat cum sanctitas tua ad id honoris fastigatum culmen evecta est, relatus est, gratias Deo nostro reddidimus, et te decrevimus quam primum hac humilitatis nostræ epistola salutare : ut et sic affectus, qui inter tuam sanctitatem et nos jamdiu coaluit, in Domino corroboraretur, et de cætero augeatur cum debita reverentia, qua decet filios patrem prosequi. Benedictus itaque qui venit in nomine Domini. Jam fortiter sanctitati tuæ insudandum, et anhelandum est, ut quod sanctissimus Leo papa incepit, ad terminabilem perducas limitem, et cum exercitu Gedeonis per tubas in ore fortium concrepantes, et per lampades in robusta manu agitatas et ventilatas, maledictos muros Jericho jam toties anathematizatos et quassatos sanctitas tua faciat prosternere. Cæterum cum Ecclesia nostra Arelatensis semper ab apostolica sede amplis favoribus et privilegiis fuerit decorata ; rogamus sanctitatem tuam ut per eam nihil nobis decedat, sed potius augeatur, ut et collaborare tecum in vinea Domini Dei Sabaoth valeamus, et invidorum conatus infringere : quos, si non esset auctoritas reprimens, certum est de die in diem grassaturos in pejus, quia malitia qua nos oderunt, ascendit semper. Dat. Severo Aug. cos.

EPISTOLA VI.
HILARI PAPÆ AD LEONTIUM.

Respondet ad litteras Leontii, quas scripserat cum præcedentem Hilarii epistolam nondum accepisset.

Dilectissimo fratri Leontio Hilarus papa.

Dilectioni meæ, quæ circa Ecclesias Gallicanas, omnesque in eis Domini sacerdotes, etiam in inferiori gradu positos, abundat, multum accedit augmenti, quod per virum spectabilem Pappolum filium nostrum sermonis tui ad me sunt delata principia. Ex quo tamen conjicio, paginam meam, quam dudum de episcopatus mei primordiis misi, nec dum tradidi tam tibi fuisse cum scriberes : de qua utique non siluisses, nisi perlatorum aliqua causa tardasset. Unde quod et consuetudo poscebat et caritas, jampridem me exsecutum fuisse significo, et hoc ipsis litterarum exemplaribus, quæ direxi, plenius nosse vos cupio ; ut officio fraterno in nullo intelligatis fuisse me desidem, et ita vicissim frequentandis studeamus alloquiis, ut vicem nobis communis præsentiæ scribendi cura compenset, frater carissime. Affectus itaque tui gratiam perire non passus es, quod ei sollicitudni intentum te esse cognosco, ut custodiendi paternorum canonum regulis studere me cupias. Quo desiderio nihil concipi salubrius potest, quam ut in una Ecclesia, cui oportet nec maculæ aliquid inesse, nec rugæ ; una sit in omnibus observatio disciplinæ. Cui si aliquid eruditionis aut correptionis addendum est, rectissime per vestram diligentiam consuletur, si quemadmodum es dignatus scribere, tam instructa ad nos fuerit persona directa, quæ inquisitionem nostram plene ex omnibus possit instruere. Spondeo enim, quantum gratia Dei donat ut spondeam, hoc me ad universalem sacerdotum Domini concordiam provisurum, ut omnes non sua audeant quærere, sed quæ sunt Christi studeant obtinere. Deus te incolumem custodiat, frater carissime.

EPISTOLA VII.
HILARI PAPÆ AD LEONTIUM.

Monet ut relationem mittat de Herme, qui Ecclesiæ Narbonensis episcopatum temere usurpasse dicebatur.

Dilectissimo fratri Leontio Hilarus papa.

Miramur fraternitatem tuam ita legis catholicæ immemorem esse, ut quæque iniqua, et contra Patrum nostrorum statuta, in provincia quæ ad monarchiam tuam pertinet, si ipse aut non vis, aut non potes, etiam nec nos silentii tui taciturnitate permittas corrigere. Siquidem quod et rumore cognovimus, et quantum diligenter a diacono Joanne, qui a magnifico viro filio nostro Friderico litteris suis nobis insinuatus est, requisivimus, quod iniquissima usurpatione quidam Hermes episcopatum civitatis Narbonensis exsecrabili temeritate præsumpserit. Quam rem decuerat sanctitatem tuam ut nobis in vestigio indicaret. Qua de re, frater carissime, monemus, ut si fides adhibeatur assertis, seposita excusatione, ad nos tam tuæ dilectionis, quam fratrum nostrorum, aut per portitorem litterarum, aut per quem ipsi elegeritis, subscriptam manuum vestrarum relationem transmittatis ; ut quod definire possimus recurrenti pagina possitis agnoscere. Deus te incolumem custodiat, frater carissime. Data III nonas Novembris (anno Chr. circ. 462).

EPISTOLA VIII.
HILARI PAPÆ AD EPISCOPOS DIVERSARUM PROVINCIARUM GALLIÆ.

I. *Hermen Narbonensi Ecclesiæ præsidere ita permittit, ut ordinandorum episcoporum careat potestate.*
II. *Ut concilia quotannis fiant ex quibus provinciis poterunt, et a Leontio convocentur.*
III. *Ut sine metropolitani litteris episcopi in aliam provinciam non proficiscantur. Quod si eas impetrare non poterunt, causam discutiet episcopus Arelatensis.*
IV. *De parochiis Ecclesiæ Arelatensis, quas repetebat Leontius, judicium ad episcopos remittit.*
V. *Ut prædia ecclesiastica non alienentur, nisi apud concilium alienationis causa prius doceatur.*

Dilectissimis fratribus episcopis provinciæ Viennensis, Lugdunensis, Narbonensis primæ et secundæ, et Alpium Pœninarum [*Penninarum*], Hilarus episcopus.

Quanquam notitiam dilectionis vestræ quanta vel qualia in Narbonensi ac Biterrensi Ecclesia dudum sint admissa non lateant, et præsumptionis improbitas ad nos usque perveniens procul dubio regionibus manifesta sit Gallicanis, apostolicæ tamen sollicitudinis interest culpas in nostro deprehensas examine non tacere ; ne per incongruum silentium cum iniqua agentibus habere videamur conniventiæ portionem.

Olim igitur urbium præsides prædictarum sanctæ memoriæ decessori meo non minus quam nobis, etiam tunc attulerunt doloris, illicitis petitionibus audendo prosequi, quod vix apud patientiam nostram sola necessitatum potuit deploratione leniri. Quibus enim, sicut etiam vos probatis, factum constat exemplis, et qua non objurgatione dignissimum est, quod sanctorum Patrum decretis, et ipsis repugnat canonum institutis? cum ideo se frater jam et coepiscopus noster Hermes a Narbonensi Ecclesia credidit jure suscipi, quia indigne a Biterrensibus, quibus ordinatus est, dicebat excludi. Qui si vere hoc in se factum doleret, et legitimo remedio subvenire propriæ scisset injuriæ, vindictam magis debuit sperare perpessis, quam veniam perpetratis. Denique si nunc saltem communi omnium Domini sacerdotum utatur animo, si imitetur exemplum, si ad hæc quæ ecclesiasticæ quietis contemplatione utcunque sopita sunt, oculis cordis intendat, et pro totius Ecclesiæ pace, vel fide, quæ sunt multipliciter errata consideret : nihil est profecto quod non etiam ipse reprehendat, et erubescat sibi annui quod in altero laudabiliter improbarit. Scimus enim, et jamdiu de memorati fratris conversatione nihil habemus ambiguum, cum anteactæ vitæ ipsius cursum, et retro antepositum [omne propositum] nostro revolventes animo, hos illum, quos in eo arguimus, incurrisse potius, quam fecisse, æstimamus excessus. De quibus præsidente fratrum numeroso concilio, et ex diversis provinciis ad diem natalis nostri in honorem beati Petri apostoli per Dei gratiam congregato, præsidentibus fratribus et coepiscopis nostris Fausto et Auxanio, atque agentibus plurimis, quæ vigorem respiciunt auctoritatemque judicii, id a nobis pacis est amore constitutum, ut in sententia, quam sub adversione utriusque legationis inde directæ, Christo Domino nostro inspirante, protulimus, neque caritas evangelicæ indulgentiæ, neque apostolicæ virga defuerit disciplinæ. Namque in totum nec remittere nos fecit indulgentia, nec affectio coercere.

I. Ei qui nunc Ecclesiæ Narbonensi præsidere permittitur, ordinandorum episcoporum, ob hæc quæ prave facta sunt, sustulimus potestatem, quam ita ad fratrem et coepiscopum nostrum Constantium Uceticæ Ecclesiæ antistitem, quia ævo honoris primas esse dicitur, pertinere censuimus, ut si superstite Herme episcopo defunctus fuerit, illum hæc cura respiciat, quem repererit episcopalis ordo primatem. Herme autem episcopo deficiente, faciendorum mos antistitum Narbonensi mox reddatur Ecclesiæ, quem non civitas, sed causa præsumptionis amisit. Unde vestræ fraternitatis in Domino sincera dilectio, sollicitudinem pastoralis curæ in suis sedibus partita nobiscum, commissarum sibi Ecclesiarum diligentiam vigilanter exerceat, et eorum taliter quæ in Narbonensi provincia emersere, meminerit, ut detestetur factum potius quam sumat exemplum. Quod ita deinceps esse nolumus, sicut novimus, non fuisse. Itaque, fratres carissimi, necessariis studiis est agendum, ne error, quem juvante Christo Domino nostro nuper abolevimus, aut in similes, aut in novos unquam prodire possit excessus. Quod utique non aliter poterit præcaveri, nisi statuta venerandorum canonum in faciendis conventibus, quos hactenus omitti fecit certa necessitas, exsequamur : in quibus possint, pro emergentium necessitate causarum, ad ecclesiasticæ observantiam disciplinæ, et quæ secus facta fuerint, corrigi, et sequenda constitui.

II. Per annos itaque singulos, ex provinciis quibus potuerit, congregari, habeatur episcopale concilium : ita ut opportunis locis atque temporibus, secundum dispositionem fratris et coepiscopi nostri Leontii, cui sollicitudinem in congregandis fratribus delegavimus, metropolitanis per litteras ejus admonitis, celebretur : ut si quid usquam vel in ordinandis episcopis, vel presbyteris, aut cujuslibet loci clericis faciendis, contra præcepta apostolica reperitur admissum, aut in eorum conversatione quippiam reprobatur, communi omnium auctoritate resecetur. In ea præcipue celebritate conveniatur, quæ præsidente Christo Domino nostro, et veneranda sit sanctis, et formidanda perversis. Nec cuiquam licebit a regulis evagari, quas sibi juxta canonum definitiones unita fraternitas in commune præfixerit : cum imminente quotannis examine ita singuli actus suos dirigent, ut his discussio judicii optari magis debeat, quam timeri. In dirimendis sane gravioribus causis, et quæ illic non potuerint terminari, apostolicæ sedis sententia consulatur.

III. Illud etiam non possumus præterire, quod sollicitudine diligentiore curandum sit, ne præter metropolitanorum suorum litteras aliqui ad quamlibet provinciam audeant proficisci : quod etiam in omni genere officii clericalis per singulas debet Ecclesias custodiri. Quibus econtrario hac ratione prospicimus, ut si hoc impetrare per aliquam non meruerint simultatem, cum duobus metropolitanis provinciarum, quæ congruæ sunt, Arelatensis episcopus cuncta discutiens, pro causæ qualitate observanda constituat : nec in injuriam alterius alienum clericum suscipi præter testimonium proprii antistitis secundum canonum statuta præcipiet. Singuli autem fratres, universique cognoscant parendum esse præsentibus constitutis, quibus etiam commonitio nostra denuntiat in eos Christi Domini nostri judicium minime defuturum, qui declinando superba rebellione conventus, conscientiæ suæ testimonio confutantur sacerdotalis innocentiæ fiduciam non habere.

IV. Præterea ejusdem fratris libellus oblatus est nobis, quo perhibet parochias Arelatensis Ecclesiæ a prædecessore suo Hilario in alios (quod non licuit) fuisse translatas, petens illas pristino juri nostra auctoritate restitui. Sed moderaminis apostolici memores, fraternitati vestræ querelam ipsius remisimus audiendam : ut in vestro conventu ea quæ a nobis sperata sunt, allegentur, et quæ ecclesiasticis regulis congruunt, decernantur.

V. Simul etiam super hoc universam fraternitatem

volumus esse commonitam, ne prædia, quæ neque deserta, neque damnosa sunt, et ad Ecclesiam pertinent, ex quibus plurimorum consuevit necessitatibus subveniri, aliquo jure in alterum transferantur, nisi prius apud concilium alienationis ipsius causa doceatur, ut quid fieri debeat, communi omnium deliberatione tractetur. Deus vos incolumes custodiat, fratres carissimi. Data III nonas Decembris (anno Chr. 470 [1]), GL. P. Severo Augusto consule.

EPISTOLA IX.

HILARI PAPÆ AD LEONTIUM.

De Mamerto episcopo, qui extra suos fines Deensibus episcopum ordinarat, ut illius causam in synodo examinet.

Dilectissimo fratri Leontio Hilarus.

Qualiter contra sedis apostolicæ veniens constituta, sacerdotalem modestiam Mamertus episcopus Viennensis excesserit, dilectionis tuæ debuimus relatione cognoscere, ut ausibus talibus maturum et juxta ecclesiasticarum ordinem regularum congruum judicium proferremus. Quantum enim filii nostri, viri illustris, magistri militum Gunduici sermone est indicatum, prædictus episcopus invitis Deensibus, et qui ad ecclesiarum ejus numerum, quem ci apostolicæ sedis deputavit auctoritas, sicut in scriniis nostris legimus, minime pertinebant, hostili more, ut dicitur, occupans civitatem, episcopum consecrare præsumpsit. In quo, frater carissime, si ita est, quam multiplex culpa sit, pronuntiare possimus, nisi judicii ut diximus, et moderatio nobis esset, et ordo servandus. Atque ideo memor sollicitudinis, quam dilectioni tuæ scis esse commissam, quidquid nunc ad notitiam nostram brevi insinuatione delatum est, in conventu synodali, qui secundum statuta nostra annis singulis te sibi præsidente est congregandus, discutere quæ sunt acta debebis, et a prædicto rationem facti sui sub universo cœtu fraternitatis exigere, ac deinde omnium litteris nostræ intimare notitiæ : ut quod sancto Spiritu dictante est faciendum, ad comprimendos conatus illicitos ordinemus. Deus te incolumem custodiat, frater carissime. Data VI idus Octobris (anno Chr. 463), Basilio viro clarissimo consule.

EPISTOLA X.

HILARI PAPÆ AD EPISCOPOS DIVERSARUM PROVINCIARUM GALLIÆ.

Ne quisquam suos terminos transcendat, et ut concilia quotannis Leontii episcopi opera convocentur.

Dilectissimis fratribus episcopis provinciæ Viennensis, Lugdunensis, Narbonensis primæ et secundæ, Alpinæ, Illarus episcopus.

Etsi meminerimus fraternitatem vestram ea quæ sunt a nobis statuta retinere, nec aliquid ex his dissimulare quæ scripsimus : ut scilicet pro disciplina ecclesiastica, et pro causis quas inter Domini sacerdotes oboriri plerumque non dubium est synodalia quotannis concilia, quorum maxime in fratre et coepiscopo nostro Leontio Arelatensis Ecclesiæ sacerdote summam placuit esse, celebrentur ; nec aliud fieri posse credamus quam quod pro communis Domini domo nostra ordinatio vobis placitura constituit : tamen repetitis litteris eadem nunc quoque observanda decernimus ; præcipue cum gravissima Viennensis civitatis episcopus involvatur offensa, in injuriam fratris et coepiscopi nostri Leontii Deensibus antistitem consecrando. De cujus facto vindictæ congruæ sententiam differentes, relationi fratrum quæ interim fuerant visa respondimus. Sed quoniam tanti excessus majorem nobis sollicitudinis materiam detulerunt, hæc ad universam caritatem etiam per fratrem et coepiscopum nostrum Antonium scripta direximus, quibus admonita communis omnium sollicitudo procuret, ne quisquam fratrum in alterius proruptururus injuriam, transcendat terminos a venerandis Patribus constitutos. Unde omnia quæ a nobis sunt per fratres et coepiscopos nostros Faustum et Auxanium definita roborantes, congregationes annuas, ordinante fratre et coepiscopo nostro Leontio, admonitis metropolitanis, quod sæpe dicendum est, iis locis celebrare dignemini, ad quæ conveniendi nulla sit cuiquam commeantium difficultas. Cui diligentiæ etiam provisio adhibenda est, ut opportunitas quemadmodum locorum, ita constituatur et temporum : ut inexcusabilior quisquis tam necessarium et salubre constitutum nostrum negligendum putaret, appareat, fratres carissimi. Illius autem confirmationem, quem Viennensis episcopus alienum, et ad se minime pertinentem, graviter ordinare præsumpsit, fratris et coepiscopi nostri Leontii reliquimus voluntati ; quem confidimus non præter humanitatem pensare quæ justa sunt. Deus vos incolumes custodiat, fratres carissimi.

EPISTOLA XI.

HILARI PAPÆ AD EPISCOPOS QUI DE MAMERTI CAUSA IN SYNODO COGNORANT.

Præceptum Hilari papæ de Ecclesia Deense, ubi episcopus indebite a Viennensi episcopo ordinatus est.

I. Ut per Veranum episcopum moneatur Mamertus ut ab ordinationibus indebitis, ordinis sui et privilegiorum periculo, in posterum abstineat.

II. Ut qui Deensibus a Mamerto consecratus est, Leontii Arelatensis episcopi, a quo consecrari debuit, arbitrio confirmetur.

Dilectissimis fratribus, Victuro, Ingenuo, Ydatio, Eustasio, Fonteio, Viventio, Eulalio, Verano, Fausto, Auxanio, Proculo, Ausonio, Paulo, Memoriali, Cœlestio, Projecto, Eutropio, Avitiano, Urso, et Leontio, Hilarus.

Sollicitis admodum nobis, et ex his quæ proxima ad nos relatio certa detulerat, multa exspectatione suspensis, litteræ dilectionis vestræ, fratre et coepiscopo nostro Antonio, quem dignum tanta legatione probamus interpretem, deferente, sunt traditæ, quæ nos ipsis contextus sui contristavere principiis. Nam

---

[1] Anno Christi 470 e vivis jam excesserant et Hilarus papa et Severus Augustus, qui consul fuit anno Christi 462.

qui requiescere sollicitudinem nostram, et magnam ex parte relevari in his quæ a sanctæ memoriæ decessore meo de Viennensi episcopo præfixa sunt, credebamus, evidenti assertione cognovimus, et non sine dolore miramur, definitiones illas [1] a Mamerto episcopo nunc potuisse transcendi, per quas Ecclesiæ privilegium probarat acquiri; cum præcipue fratris et coepiscopi nostri Leontii moderatio formam continentiæ præbere debuerit ambienti : aut si spiritu æmulationis inflatus, eum (quod non oportuit) arbitratus est negligendum; decessoris sui saltem instructus exemplo, illius imitaretur temperantiam, cujus honore perfungitur, nec transgrediendo violaret, quod jam nunc, nisi patientiæ moderamina teneremus, posset amittere. Cui unquam profuit mens rebellis? aut quem superbiæ non inclinavit elatio? Altior est humilitatis gratia, cui paupertate spiritus ad præmium promissæ beatitudinis iter regni cœlestis aperitur. Nec perfunctorium prævaricator existimet esse quod fecit, si eruditus doctrinis ecclesiasticis, quid uterque mereatur agnoscit: cum alter secundum propheticam vocem in medio dominicæ domus habitare prohibetur; alter respiciente se Deo semper junctus asseritur, cujus consolatione salvatur. Possent venerabilium veterum multa replicari, quæ juxta veritatem dicta demonstrantur ; sed ab eadem causa, quæ se ut loqueremur, ingessit, recentiora sunt exempla sumenda. Nam dignitatem Viennensis Ecclesiæ Mamertus episcopus Arelatensis antistitis quondam transgressione crevisse, et pro corrigendis quæ perperam gerebantur, inviolabili postea definitione compositum, ne alter inglorius, alter in totum veteri honore per vitium præcessoris reperiretur exutus. Sicut ergo et vestræ dilectionis relatio, et fratris et coepiscopi nostri Antonii insinuatio reseravit, claret prædictum privilegia certis conclusa terminis velle perdere plus volendo, qui abusus fratris et consacerdotis Leontii moderantia, Deensibus contra fas episcopum, etiamsi est meritus, non timuit consecrare. In quo factum ejus convenerat sic resolvi, ut juxta eorum quæ perpetrata sunt qualitatem, non sine jactura proprii ordinis, etiam illum a sacerdotali consortio submoveri cerneret, quem creavit indebite, quemque indignissime fecisse convincitur, correptum justa ultione sentiret, ne conceptæ audaciæ incastigata temeritas licentiæ se peperisse putaret exemplum. Verum ad Ecclesiarum quietem tantæ transgressionis vulnera, memores apostolicæ sapientiæ, curari volumus ante fomentis, ut corporis nostri membrum forte sanandum in integritatem pristinam per mitiora medicamenta revocetur, nec credatur negligi quod interim non monetur abscindi. Prævia medendi semper austeritas est lenitas, nec omnis ferro statim culpa compescitur, aut inexplorato vel quod facile prodesse possit offertur. Nunc enim temporis opportunitas, nunc languentis necessitas, nunc medicinæ ipsius et modus est quærendus et qualitas; ut omnis per sapientiam facta in vitiis reprimendis sollicitudo curantis gaudeat reparatione quod salvat, nec careat moderatione quod resecat. His igitur vestra fraternitas graviter prudenterque perpensis, talia apud nos dissimulari posse non æstimet, in quorum se maxime contumeliam, qui non immerito pulsatur, erexit. Fratri enim nostro Leontio nihil constituti a sanctæ memoriæ decessore meo juris potuit abrogari, nihil valuit, quod honori ejus debetur, auferri : quia Christianorum quoque principum lege decretum est, ut quidquid Ecclesiis earumque rectoribus, pro quiete

---

[1] Mamertus, alias Mamercus, sanctissimæ vitæ et beatissimi obitus Viennensis episcopus, qui usum sacrum litaniarum antiquitus editum, disciplinæ solutione, cultus remissione neglectum in Galliis tempore Valentiniani tertii imperatoris, anno Christi 452, ut scribit Ado Viennensis, restituit, triduoque ante Ascensionem suo exemplo et experimento utilissimo, eas quæ rogationes appellatæ sunt, et nunc ab universa Ecclesia receptæ, celebravit. Illas a Mamerto non primum in Galliis fuisse institutas, sed tantum magno cum fervore ad terræmotus, incendii, aliarumque cladium pericula avertenda reformatas, post Adonem, testatur Sidonius libro quinto, epistola quarta ad Aprum his verbis : *Harum rogationum solemnitatem primus Mamertus pater et pontifex reverendissimo exemplo, utilissimo experimento invexit. Erant quidem prius (quod salva fidei pace sit dictum) vagæ, tepentes, infrequentesque, atque (sic dixeris) oscitabundæ supplicationes, quæ semper interpellantium prandiorum obicibus hebetabantur : ad quas, ut nihil amplius dicam, fiqulo pariter et hortulano non oportuit convenire. In his autem, quas supra fatus summus sacerdos et protulit pariter et contulit, jejunatur, oratur, psallitur, et fletur*, etc. Unde patet sanctum Mamertum episcopum non tam instituisse quam restituisse sacras rogationes, easque in meliorem formam reduxisse. Harum enim rogationum triduanarum ante Ascensionem Domini celebrari solitarum sanctus Augustinus multis annis Mamerto anterior meminit sermone 173, de Tempore, in vigilia Ascensionis : *Scire debemus*, inquit, *et intelligere, fratres carissimi, quia dies compunctionis et pœnitentiæ celebramus*, etc. Et circa finem : *Nullus sibi de industria aliquas occupationes inquirat, per quas se de Ecclesiæ conventu subducet. Sine dubio peccatorum suorum vulnera diligit qui in istis tribus diebus jejunando, orando et psallendo medicamenta sibi spiritualia non inquirit*. Litanias vero et processiones temporibus sancti Gregorii Thaumaturgi et Tertulliani tertio sæculo in Ecclesia usurpatas fuisse, patet ex epistola Basilii sexagesima tertia ad Neocæsarienses, et Tertulliani libro secundo ad Uxorem. Item ex iis quæ dixi supra in notis canonis decimi septimi concilii Laodiceni. Vide quæ hac de re prolixe scribit Baronius anno 475, num. 11 et sequentibus, et in notis Martyrologii 25 Aprilis, verbo *Litanias*. Hunc Mamertum Viennenses anniversaria festivitate colunt undecimo Maii. Qualis quantusque fuerit, Sidonius Apollinaris, qui eum novit, eoque familiarissime usus fuit, epistola undecima lib. IV et prima lib. VII indicat : Alcimus Avitus, secundus post eum Viennensis episcopus, in homilia quam de rogationibus habuit; Gregorius Turonensis Hist. Franc., lib. II, cap. 34, etc. Quod itaque adversus hunc Mamertum sanctitate insignem Hilarus pontifex hac epistola, quasi alienam jurisdictionem illicite usurpari, adeo vehementer insurrexit, non est mirum. Quis nesciat sæpe accidere ut falsis accusationibus et subreptionibus aures pontificum repleantur, et cum putant agere quod justum appareat, innocentem exagitent. Quod accidit Leoni pontifici sanctissimo in causa Hilarii Arelatensis, qui epistola 89, acerrime innocentem perstrinxit, idem ex obreptione Hilaro pontifice in causa Mamerti accidisse potuit. Sev. Binius.

omnium Domini sacerdotum, atque ipsius observantia disciplinæ, in auferendis confusionibus apostolicæ sedis antistes suo pronuntiasset examine, veneranter accipi, tenaciterque servari, cum suis plebibus caritas vestra cognosceret: nec unquam possent convelli quæ et sacerdotali ecclesiastica præceptione fulcirentur et regia. Unde, fratres carissimi, præsumptionem prædicti, quæ in fratris et coepiscopi nostri Leontii processit injuriam, ita convenit tolerari, dignæ nunc interim ultionis immunem, ut si transgressor remediis abutitur satisfactionis et veniæ, nec culpam præsentis excessus curandam futuræ observantiæ sedulitate promittit, redeunte querimonia, eo privilegia Viennensis Ecclesiæ ad Arelatensem antistitem transferantur exemplo, quo migravere principio.

I. Unde nostræ moderationis nomen tenentes, ad Veranum fratrem et coepiscopum nostrum scripta direximus, ut prædictum ex nostra delegatione conveniat, quatenus quid de eo retuleritis agnoscat: quia onerosum esse non debet, delinquentem fratrem de propriis excessibus increpare, quibus præceptum constat frequenter ignoscere. Necesse est autem, si nullum correctionis ejus indicium sumpserimus (quod illa est professione retinendum, qua definitionem sedis apostolicæ periculo ordinis sui semper conservandam sine ulla deinceps transgressione testetur), ad Arelatensem Ecclesiam easdem quatuor civitates, quarum non fuit aut non fuerit Mamertus episcopus ordinatione contentus, esse revocandas. Quod etiam tunc oportebit fieri, si ullus unquam post eum, quem nunc caritate corripimus, et ulterius ab illicitis confidimus abstinere, præsumptionis hujus imitator exstiterit.

II. De hoc sane, qui licet indebite, Deensibus cognoscitur ordinatus, justitiæ ratione censuimus, ut sacerdotium ejus fratris et coepiscopi nostri Leontii confirmetur arbitrio, a quo rite debuit consecrari. Deus vos custodiat, fratres carissimi, ævo longiore. Data sexto calendas Martias (anno Chr. 464), P. C. Basilii viri clarissimi consulis.

DECRETA HILARI PAPÆ.

DECRETUM

HILARI PAPÆ JUXTA GRATIANUM, QUOD IN PRIORIBUS NON PONITUR.

Corpus Christi in similis portionibus singuli totum accipiunt.

Ubi pars est corporis, est et totum. Eadem ratio est in corpore Domini, quæ in manna, quod in ejus figura præcessit. De quo dicitur: *Qui plus collegerat, non habuit amplius, neque qui minus paraverat, habuit minus* (*Exod.* XVI). Non enim est quantitas visibilis in hoc æstimanda mysterio, sed virtus sacramenti spiritualis.

ALIUD DECRETUM

EJUSDEM, EX CODICE LIBRORUM SEXDECIM, CAP. 19 DE CONTENTIOSIS.

Si quis videtur contentiosus esse, dicente Apostolo, *nos talem consuetudinem non habemus, sed neque Ecclesia Dei* (*I Cor.* II): si quis facit, notetur, usquequo se corrigat [a].

[a] Exstat et in Burchar. lib. X, cap. 55, apud quem postrema verba sic lego, *usquequo corrigatur*. MANSI.

ANNO DOMINI CCCCLXVII.

SIMPLICIUS PAPA.

PROLEGOMENON.

VITA SIMPLICII PAPÆ.

(Ex libro Pontificali.)

(*a*) Simplicius natione Tiburtinus, ex patre Castino, (*b*) sedit annos quindecim mensem unum dies septem.

(*a*) Cum post obitum filiari decem diebus sedes vacasset, anno Christi 467, qui est Leonis imperatoris Orientalis 11, vigesimo die Septembris creatus est pontifex Simplicius Tiburtinus Castini filius. Hujus temporibus totus ferme Christianus orbis sub hæreticorum principum dominio constitutus fuit, nullusque penitus rex catholicus alicui saltem exiguæ provinciæ dominabatur. Etenim post Anthemium, Olybrium, Glycerium et Augustulum Occidentis imperatores occisos vel relegatos, Odoacer Erulorum rex Arianus juxta vaticinium sancti Severini, Noricorum et vicinarum gentium apostoli miraculis clarissimi. Italiam totumque Occidentale imperium suo dominio subjecit, tituloque imperatoris purpura et regalibus indumentis abjectis, regio tantum nomine usurpato, deinceps tenuit. Gallias cum Hispania Ariani Gothi obtinuerunt. Dirus catholicorum persecutor Arianus et tyrannus Gensericus universæ Africæ imperavit. In Oriente post obitum Leonis, Zeno imperator Eutychianus simulata perfidia acerbissimum se Ecclesiæ impugnatorem præbuit. Petrum Fullonem Accœmetarum monachum, et Timotheum Ælurum sacrilegum Alexandrinæ Ecclesiæ invasorem, quos ob hæresim et seditionem Leo imperator

Hic dedicavit basilicam S. Stephani in Cœlio monte in urbe Roma, et (*c*) basilicam beati apostoli Andreæ juxta basilicam Sanctæ Mariæ, et aliam basilicam S. Stephani juxta basilicam Sancti Laurentii, et aliam basilicam intra urbem Romam juxta palatium Licinianum, beatæ martyris Bibianæ, ubi corpus ejus requiescit. Hic (d) constituit ad sanctum Petrum apostolum, et ad sanctum Paulum apostolum, et ad sanctum Laurentium martyrem, hebdomadas ut presbyteri manerent ibi propter pœnitentes et baptismum,

justissimo judicio in exsilium relegarat, Zeno imperator impius non tantum ab exsilio revocavit, verum etiam martyrio Antiocheno, et Timotheo Alexandrino, præsulibus sanctissimis et catholicis inde ejectis, monachos sacrilegos et apostatas iisdem, non sine magno totius Ecclesiæ periculo ac dispendio, subrogavit. Ad hæc non parum perturbationis addidit Acacii Constantinopolitani violenta ambitio, qua conatus est diu desideratam sedis Constantinopolitanæ prærogativam per imperatorem a Simplicio extorquere, quam sub prædecessoribus pontificibus duobus aliquoties frustra expetiverat. Inter has maris procellas ventorumque turbulentas agitationes, barbaricos inter furores et Arianorum procaciam cum potentia conjunctam, deploratissimis hisce temporibus, Simplicius pontifex, omnium Christianorum principum præsidio destitutus, eadem auctoritate et libertate qua semper antea prædecessores, in cathedra Petri consedit. Ambitionis præsulis Acacii, teste Gelasio epistola undecima ad episcopos Dardaniæ, restitit : Timotheum Ælurum sed Alexandrina ejecit : imperatori Zenoni concilium universale exigenti contradixit, eumque post editam fidei confessionem in communionem Ecclesiæ recepit, ea lege ut se catholicæ fidei defensorem præberet, Fullonemque impiissimum Antiochenæ sedis detentorem urbe et episcopatu ejiceret. De rebus Alexandrinis, prout ipse pro sua universorum sollicitudine petierat, ab Acacio per litteras certior redditur : nimirum, quod Timotheus Ælurus Alexandrinæ Ecclesiæ invasor sibi ipsi mortem hausto veneno intulisset, et Timotheus catholicus in sedem, unde ejectus fuerat, restitutus esset. Cum ex Alexandrinæ Ecclesiæ legatis (quos Timotheus episcopus Romam miserat ad postulandam veniam, ob id quod Eutychianorum timore perterritus Dioscorum ad altare nominasset) Simplicius pontifex intellexisset Petrum Moggum Alexandrinæ sedis quondam invasorem, postquam inde ejectus fuisset, in civitate latere, ibique multos seducere, mandavit Acacio, ut ejusdem Moggi relegationem apud imperatorem urgeat ; missum ad se libellum pœnitentiæ eorum qui a fide catholica per Eutychianos principes et antistites seducti fuerant, approbat, iisque absolutionem ab hæresi soli apostolicæ sedi reservatam paterno affectu impendit. Unde quid aliquid colligas, nisi quod Simplicius pontifex eam cathedram occuparit, quæ auctore Deo altissimo supra firmam petram ita est ædificata, ut adversus eam nulla hominum inferiorumque potentia prævalere possit ? Quas turbas invasores duarum sedium patriarchalium Petrus Cnapheus, Timotheus Ælurus et Petrus Moggus in Ecclesia concitarint, ex notis epistolarum Simplicii patebit, Zeno imperator qua ratione imperium adeptus, postque Basilisci tyrannidem restitutus, qualisve in Deum et religionem fuerit ibidem dicetur. Memorabile est, quod hoc tempore accidisse refert Nicephorus lib. xv, cap. 12, nimirum duobus episcopis concertantibus, uno Ariano, altero catholico, Arianum a catholico provocatum esse ad testimonium per ignem ; recusante Ariano, catholicum per ignem illæsum transisse, et ex igne disputasse. Sev. Binius.

(b) Annis quindecim mensibus quinque et diebus decem sedisse, initium pontificatus et obitus Simplicii ostendunt. Principio enim mensis Martii, anno Domini 483 defunctum esse, constat ex epistola Felicis successoris ejusdem. Sev. Binius.

(c) Hæc basilica in monte Esquilino olim erecta, hoc tempore penitus diruta jacet. Apud Platinam unum ejusdem monumentum conservatum exstat his verbis : *Hoc autem in templo hæc carmina legisse memini musivo opere descripta :*

Hæc tibi mens valide decrevit prædia, Christe.
Cui testator opes detulit ille suas.
Simpliciusque papa sacris cœlestibus aptans,
Effecit vere muneris esse tui.
Ne quod apostolici deessent limina nobis,
Martyris Andreæ nomina composuit.
Utitur hæc hæres titulis ecclesia justis,
Succedensque domo mystica jura locat.
Plebs devota veni, perque hæc commercia disce,
Terrena censu regna superna peti.

Hæc ex Platina. Sev. Binius.

(d) Constituit ut propter ingruentem populum presbyteri per vices hebdomadales in designatis ecclesiis præstolentur, semperque ad confessiones peccatorum audiendas, et ad reliqua sacramenta pro necessitate fidelium dispensanda parati adsint. Qui hoc munus peragebant, dicti sunt hebdomadarii, ideo quod alii aliis per vices succederent. Unde manifestum est sacramentalem peccatorum confessionem a Christo Domino institutam, anterioribus sæculis hucusque frequentatam fuisse. Quod novantes nostri temporis aiunt, Nectarium Constantinopolitanum episcopum cum presbytero pœnitentiario, ejusve munere et officio, sacramentalem peccatorum confessionem sustulisse, ridiculum est. Nihil enim ad substantialem usum hujus sacramenti pertinens Nectarius sustulit, sed tantum vel abstulit, vel moderatus est illum ritum, quo publica peccata per libellum confessionis pœnitentiam presbytero oblaturi recensebantur, atque ab eodem illa quæ majus scandalum generabant, publice recitabantur, prout ille pro sua prudentia necessarium esse judicabat. Quoniam igitur hujus occasione scandalum illud, quod de diacono et muliere quadam referunt Socrates et Sozomenus, obortum fuerat, hanc consuetudinem et ritum publicæ pœnitentiæ Nectarius sustulit. Et quoad hoc, eum multi alii episcopi fortasse imitati sunt : quamvis non defuerint, qui graviter tulerunt antiquam illam et honestam consuetudinem, et ad frenandos peccatores utilissimam, abrogatam esse. Poterat enim hac in re pro diversitate locorum et temporum esse diversitas judiciorum absque errore. Quocirca cum Socrates libro quinto, cap. decimo nono, et Sozomenus libro sexto, capite decimo sexto, referunt, *unumquemque relictum esse consilio animi sui*, etc., si illud Socrates Novatianus hostisque pœnitentiæ, et Sozomenus, teste Gregorio libro sexto, epistola 195, frequenter mentiri solitus, maliliose non addiderunt, exponendum est id factum fuisse, non ad excludendam confessionem, sed publicam illam satisfactionem et consultationem presbyteri pœnitentiarii : atque hoc modo uniuscujus ve libertati relictum fuisse, ut confiteretur cui vellet sacerdoti jurisdictionem habenti, et juxta illius præscriptum peracta pœnitentia ad sacra mysteria accederet. Ita Bellarminus lib. iii de Pœnitentia cap. 14, Suarez tom. IV, disp. 17, sect. 2, num. 30 et sequentibus. Illustrissimus cardinalis Baronius tom. I, anno Domini 56, totam hanc historiam, quasi a Socrate, Novatiano, et Sozomeno mendace conficta sit, omnino fere rejicere videtur. Quod cum citra difficultates graviores sustineri non possit, placet magis id quod supra dixi. Vide notas concilii Laodiceni. Sev. Binius.

(a) regionem tertiam [de regione prima] ad sanctum Laurentium, regionem primam ad sanctum Paulum, regionem sextam vel septimam ad sanctum Petrum.

(b) Sub hujus episcopatu venit relatio de Græcia ab Acacio Constantinopolitano episcopo, et affirmavit Petrum Alexandrinæ urbis Eutychianistam hæreticum, facta petitione ab Acacio episcopo, chirographo ejus constructa. Eodem tempore fuit Ecclesia prima, ª hoc est, sedis apostolicæ exsecutrix. Tunc Simplicius præsul hoc audiens, damnavit Petrum Alexandrinum, de quo Acacius innumerabilia crimina affirmabat: ita tamen, ut pœnitentiæ reservaret tempus. Eodem tempore rescripsit Timotheus catholicus, et Acacius, dicentes, quod etiam in morte Proteri catholici Petrus esset permixtus. Tunc archiepiscopus Simplicius dissimulans, nunquam rescripsit Acacio; sed damnavit Petrum, exspectans tempus pœnitentiæ. Hic fecit in ecclesia Romana scyphum aureum, pensantem libras 5, cantharos argenteos ad beatum Petrum 16, pensantes singulos lib. 12. Hic fecit ordinationes in urbe Roma tres per mensem Decembrem et Februarium, presbyteros quinquaginta octo, diaconos undecim, episcopos per diversa loca numero ᵇ triginta sex [82]. Hic sepultus est in basilica Beati Petri apostoli, vi nonas Martii, et cessavit episcopatus dies ᶜ 6.

ª Cod. Luc., *hoc est prima sedes apostolica exsecutrix*.

ᵇ Cod. Luc., LXXVIII.
ᶜ Cod. Luc., VII.

(a) Ex septem regionibus Urbis, Eruli qui Ecclesiæ catholicæ non communicabant, utpote quod Ariani essent, tres occupabant. Unde factum est quod Simplicius pontifex quatuor tantum regionibus pœnitentiarios, eosque hebdomadarios presbyteros posuerit. Ita Romanæ Ecclesiæ auctoritas atque majestas effulsit, quantumvis Occidentalis orbis Romani imperatores defecissent, barbarumque Ariani in Italia principatum obtinerent. SEV. BINIUS.

(b) Harum rerum enarrationem prolixiorem vide in notis epistolarum. SEV. BINIUS.

EPISTOLÆ SIMPLICII PAPÆ.

¹ EPISTOLA I.

SIMPLICII PAPÆ AD ZENONEM [rectius HISPALENSEM] SPALENSEM EPISCOPUM.

De commissa illi vice sedis in omnibus Hispaniarum Ecclesiis. Hispalensem episcopum virum optimum sedis apostolicæ vicarium constituit.

Dilectissimo fratri Zenoni Simplicius.

Plurimorum relatu comperimus dilectionem tuam fervore Spiritus sancti ita te Ecclesiæ gubernatorem existere, ut naufragii detrimenta, Deo auctore, non sentiat. Talibus idcirco gloriantes indiciis, congruum duximus vicaria sedis nostræ te auctoritate fulciri, cujus vigore munitus, apostolicæ institutionis decreta, vel sanctorum terminos Patrum, nullo modo transcendi permittas: quoniam digna honoris remuneratione cumulandus est per quem in his regionibus divinus crescere innotuit cultus. Deus te incolumem custodiat, frater carissime.

EPISTOLA II

SIMPLICII PAPÆ AD JOANNEM RAVENNATEM EPISCOPUM.
Reprehendit Joannem quod Gregorium adhibita vi episcopum ordinasset; cui ut Mutinensem Ecclesiam, nullam causam cum Joanne habiturus, gubernet, præcipit.

Simplicius episcopus Joanni episcopo Ravennati.

Si quis esset intuitus ecclesiasticæ disciplinæ, vel si quid apud te sacerdotalis modestiæ teneretur,

ª Cod. Luc., *gestum*.

¹ Hæc epistola magnum et vigilantissimum Simplicii papæ studium ostendit, quod sub gladio Erulorum existens, non prætermiserit sollicitudinem externarum Ecclesiarum, quæ longius positæ, sub Gothica servitute gemebant. Observandum quod, sicut hoc loco Zenonem Hispalensem Ecclesiarum Hispanicarum vicarium constituit, ita alibi Acacio Constantinopolitano in Orientalibus Ecclesiis moderandis vices suas delegaverit. Idque factum ideo ut is cui totius Ecclesiæ cura a Deo commissa fuit, nulla in re officio suo defuisse videretur. SEV. BINIUS.

nunquam plectibiles perpetrarentur excessus: a quibus si nullo te paternarum regularum poteras continere præcepto, saltem sanctæ memoriæ prædecessoris tui fueras revocandus exemplo. Qui cum minus deliquisset faciendo presbyterum invitum, senserat tamen dignum pro tali in usurpatione judicium. Ubi ista dicisti, quæ in fratrem et coepiscopum nostrum Gregorium non electione, sed invidia perpetrasti, quem inexcusabili violentia pertrahi ad te passus es, atque vexari, ut ei honorem tantum non per animi tranquillitatem, sed per amentiam (sicut dicendum est) irrogares? Neque enim talia potuissent fieri sanitate consilii. Nolumus exaggerare quod ª dignum est, ne cogamur judicare quod dignum. Nam privilegium meretur amittere qui permissa sibi abutitur potestate. Sed una nos ratio facit esse sententiæ mollioris, quam maluimus te, fratre et coepiscopo nostro Projecto referente, cognoscere, non nostris litteris propter opprobrium publicare. Nam scandalum, cujus auctor cognosceris, ita moderatio nostra compescuit, ut frater et coepiscopus meus Gregorius (quem non provectum constat esse, sed pulsum) nullam causam (sicut petiit) tecum habiturus, Mutinensem gubernet Ecclesiam, et contubernium spiritale [*speciale*], quod sortiri non oportebat invitum, non recuset amplecti. Cui si quid negotii forsitan emerserit, nostrum ᵇ ex [*ab*] eo vel contra eum petatur examen.

ᵇ Cod. Luc., *ab eo*.

Necessitatibus etiam, quas (faciente te) compellitur sustinere, hac definitione [a] consulemus, ut refuso prædio, quod ante annum [b] sibi datum esse commemorat, atque ad Ecclesiam Ravennatem reverso, possessio in Bononiensi triginta solidorum reddituum [*reditus*] liberorum sine dubitatione tradatur in diem scilicet vitæ ejus, salvo proprietatis jure Ravennatis Ecclesiæ, ad quam post prædicti obitum revertatur. Quod si non fuerit nostris paritum constitutis, quid post transgressionem maneat contumacem, ipse perpendis. Denuntiamus autem, quod si post hac quidquam tale præsumpseris, et aliquem seu episcopum seu presbyterum, seu diaconum, invitum facere forte credideris, ordinationes tibi Ravennatis Ecclesiæ vel Æmiliensis noveris auferendas. Data [c] tertio calendas Junii (anno Domini 482), Severino viro clarissimo consule.

EPISTOLA III
SIMPLICII PAPÆ AD FLORENTIUM, EQUITIUM ET SEVERUM EPISCOPOS.

Gaudentius Aufiniensis episcopus, ob illicitas ordinationes factas, munere sacerdotali et triplici parte redituum ecclesiæ privatur.

Simplicius episcopus, Florentio, Equitio et Severo episcopis.

Relatio nos vestræ dilectionis instruxit, et gestorum series plenius intimavit, Gaudentium Aufiniensis [Burch., *Offiniensis*] Ecclesiæ sacerdotem, contra statuta canonum ac nostra præcepta, ordinationes illicitas perpetrasse, quarum illi totam penitus auferri præcipimus potestatem. Scripsimus enim ad Severum fratrem et coepiscopum nostrum, ut (si necesse fuerit) ipse in supradicta Ecclesia, consideratis Patrum regulis, hoc fungatur officio, quo ille abusus esse convictus est : ita ut hi qui illicite ab eodem sunt provecti, ab ecclesiasticis ministeriis sint remoti. Simul etiam de redditibus Ecclesiæ vel oblatione fidelium, quid deceat nescienti, nihil licere permittat, sed sola ei ex his quarta [*una*] portio remittatur. Duæ ecclesiasticis fabricis, et erogationi peregrinorum et pauperum profuturæ, ab Onagro [*a Bonagro*] presbytero sub periculo sui ordinis ministrentur; [d] ultima inter se clericis pro singulorum meritis dividatur. At vero ministeria ecclesiæ quæ alienata comperimus, reparare præsumptor, prædicti fratris compellatur instantia, [e] cui etiam hoc specialiter præcipimus imminere, ut tres illas portiones, quas per triennium dicitur sibi tantummodo vindicasse, restituat. Data decimo tertio (XIV) calendarum Decembrium (anno Domini 475), post consulatum Leonis Augusti.

EPISTOLA IV
SIMPLICII PAPÆ AD ZENONEM.

Rogat ut Timotheum Ælurum, qui Alexandrinam sedem iterum occupare, et clam Constantinopoli suas hæreses disseminare conabatur, regia potestate cohibeat.

Zenoni Augusto [*Basilisco* in cod. Virdunensi [1]]
Simplicius episcopus.

Cuperem quidem, quantum ad meæ spectat devotionis arbitrium, qua principes Christianos jugi veneratione suscipio, debita pietati vestræ continuis officia deferre colloquiis. Sed cum ad hujus intentionis augmentum etiam sacræ cura religionis accedat, ratio mihi negotii potioris incumbit, ut simul honorificentiam vobis prona mente persolvam, et causas fideliter insinuem : quia me ad utramque vel dicata trahit clementiæ vestræ semper affectio, vel respectus ordinis mei et apostolici moderaminis sollicitudo compellit.

Functus igitur, gloriosissime ac clementissime fili imperator Auguste, munere salutandi, quæ in Ecclesiis Orientis per hæreticorum latrocinia recidiva rursus dicuntur scandala concitari, nec debeo silere, nec possum. Nam sicut in meam notitiam ferventium pro fide catholica detulerunt scripta [a] monachorum, comperi Timotheum parricidam, qui Ægyptiacæ pridem vastator Ecclesiæ in morem Cain (ut lectio divina [*Gen.* IV] testatur) ejectus a facie Dei, hoc est, ab Ecclesiæ dignitate seclusus, et jam per deserta vagus, sceleratæ conscientiæ diu tormenta passurus, in exsilium proprii erroris abductus est, resumptis pristini furoris incendiis conflasse nihilominus agmina perditorum; et Alexandrinæ urbis Ecclesiam, quam sacerdotali prius sanguine cruentavit, ipsum denuo nunc cruentum depulsione legitimi pervasisse pontificis : ut cui illa relegationis humilitas injicere debuerit ex iis quæ impie gesserat, aculeum pœnitendi, nutriendi potius otia tri-

---

[a] Cod. Luc. ita et prima manu; sed altera æque antiqua emendat : *consulimus*.
[b] Cod. Luc., *ibi*.
[c] Cod. Luc., *quarto calendas Junii*.

[d] Cod. Luc., *ultimam clerici... dividant*.
* Manus æque antiqua in margine addit hæc verba in textum ad locum a me signatum revocanda : *et quæ abstulit restituere cogatur, cui*, etc.

[1] Et Basilisco, non Zenoni scriptam a Simplicio hanc epistolam probat Pagius ad an. Ch. 476, n. 11 et seqq.
[a] Cum Simplicius ea fidelissima relatione monachorum Constantinopolitanæ Ecclesiæ accepisset Timotheum Ælurum, scelestissimum Alexandrinæ Ecclesiæ invasorem, non solum ab exsilio solutum fuisse, sed etiam libere Constantinopoli morari, ibique vires omnes pro hæresi propaganda insumere, hanc epistolam ad Zenonem Augustum, cujus patrocinio ipse clanculo fovebatur, scripsit : adjungit patentem ad Acacium episcopum scriptam hac de re epistolam, eidem Zenoni offerendam, ea quidem intentione, ne in transversum ab hæreticis penitus ageretur. Et quanquam uni imperatori omnis mali origo tribui deberet, utpote qui sacrilegum invasorem Ecclesiæ ab exsilio cum honore revocasset, tamen ipsi culpam ascribere prudentissime dissimulat, ut ad pœnitentiam agendam commotum, faciat patrati sceleris destructorem.

In consulatum notam mendum irrepsit : nam loco *Armati*, qui hoc anno, prout emendatiores fasti testantur, cum Basilisco consulatum agebat, positum est nomen Augusti. SEV. BINIUS.

buisse videatur atrocioris insaniæ : quo procul dubio Cain ipso longe detestabilior approbatur. Ille siquidem a perpetrato semel facinore damnatus abstinuit, hic profecit ad crimina majora post pœnam.

Nec eo tamen scelerum fine contentus, Constantinopolitanam insuper urbem, recti semper dogmatis amore flagrantem (ne quid intemeratum populator humanæ salutis omitteret) fertur audacter ingressus, et a suæ consortibus pravitatis libenter audisse soli Christo debitam vocem, qua plane non in nomine Domini venire benedictus, sed divini culminis usurpator evidenter est monstratus Antichristus : qui cum etiam a communione catholica tam laudabiliter esset exclusus, per quorumdam privatas domos, respersis humano sanguine manibus, non divina sacrificia, sed sacrilegia celebrasse memoratur, in quo utique non est ejus firmata susceptio, sed consciorum divulgata proditio, cum eodem de illa iniquitatis sede, nisi resipiscant, omnimode casuros, quam sicut diabolus pater ejus, Altissimo similem se faciens, æternum sibi perfidus construere non desinit ad ruinam.

Hæc venerabilis imperator, cum horreat animus vel a tanto gladiatore fuisse tentata, maximo tamen (fateor) stupore detineor, sub vestræ pietatis aspectibus potuisse committi. Quis enim devotam semper Deo clementiæ vestræ mentem, et orthodoxis deditam regulis, aut ignoret, aut ambigat? quippe qui supernæ dispositione providentiæ, sicut pro utilitate publica augustæ memoriæ Marciani pariter et Leonis eruditi virtutibus, sic eorum sitis etiam ad catholicam veritatem sensibus instituti : nec cuiquam omnino sit dubium, pietatem tuam illorum esse fidei sequacem, quorum es successor imperii. Quæ cum de vestræ tranquillitatis animo certa ab omnibus teneantur et fixa, absit ut temporibus vestris divini cultus integritas, et antiquitus roborata fidei catholicæ putetur interpellanda sinceritas.

Respicite, quæso, ad divina beneficia; et quæ sint vobis collata perpendite; atque ut hæc prospera valeant permanere, propitiandum esse censete auctorem muneris, non lædendum. Inter quaslibet enim occupationes publicas a religioso principe magnopere procurandum est, quod ejus protegit principatum : et præferenda cunctis rebus est cœlestis observantiæ rectitudo, sine qua recte nulla consistunt. Suppetunt affatim clementiæ tuæ (si in palatii sui requiri mandet archivis) cum nostrorum coeuntia definitione majorum documenta copiosa. Neque enim conscientiam vestram latere credendum est, quæ per cunctas provincias Orientis ex imperii vestri arce diffusa sunt : illa scilicet quæ vel ad augustæ memoriæ Marciani, nihilominus et Leonis, vel ad Chalcedonensis concilii beatæ recordationis prædecessor meus Leo consulta direxit : quibus ita plene atque dilucide sacramentum dominicæ incarnationis exposuit, ut non modo catholicus, sed ne Christianus quidem valeat nuncupari, quisquis illic et redemptionis suæ causas non evidenter agnoscat.

Certe ut facilis vobis necessaria non desit instructio, earumdem exemplaria litterarum ad fratrem et coepiscopum nostrum Acacium misi vestris sensibus, offerenda. Hæc igitur pietas tua si recensere dignetur, vel quæ totius Orientis episcopi de hujus prædicationis consensione rescripserint, aspiciet profecto examinata diligenter, et veraciter promulgata, atque ideo pestiferæ falsitatis ambagibus nequaquam debere pulsari. Quia revera quæ de Scripturarum fonte purissimo sincera perspicuaque manarunt, nullis agitari nebulosæ versutiæ poterunt argumentis. Perstat enim in successoribus suis hæc et eadem apostolicæ norma doctrinæ, cui Dominus totius curam ovilis injunxit, cui se usque ad finem sæculi minime defuturum, cui portas inferi nunquam prævalituras esse promisit; cujus sententia quæ ligarentur in terris, solvi testatus est non posse nec in cœlo (*Matth.* xvi).

Quapropter clementiam vestram, cui mea vice propensius frater et coepiscopus meus Acacius supplicabit, precor atque obsecro, ut imitatores facti tantorum et talium prædecessorum, nefandæ præsumptionis operarios catholico pectore respuentes, regia censeatis potestate cohiberi. *Quisquis aliud* (sicut prædixit Apostolus) *præterquam quod accepimus, seminare molitur; anathema sit* (*Galat.* 1). Nullus ad aures vestras perniciosis mentibus subrependi (Al. *subripiendi*) pandatur accessus : nulla retractandi quidpiam de veteribus constitutis fiducia concedatur. Quia (sicut sæpius iterandum est) quod apostolicis manibus cum Ecclesiæ universalis assensu acie meruit evangelistæ falcis abscindi, vigorem sumere non potest renascendi : nec in dominicæ vitis fructivam (*fructiferam*) valet redire propaginem, quod igni deputatum constat æterno.

Si hæresum denique machinamenta cunctarum ecclesiasticis prostrata decretis nunquam sinuntur oppugnatione elisa reparari certamina : ante omnia autem quæso, ut beati Marci evangelistæ sedes (Alexandrinam loquor Ecclesiam) a cruentissimi prædonis incubatione liberata, catholico reformetur antistiti, libertatemque suam pariter recipiat et quietem. At vero impius parricida, qui divinis simul est reus legibus et humanis, reductus eodem quo jure fuerat ante detrusus, ab innocentium nece retrahatur animarum; procul a regno pietatis vestræ funesti capitis venena discedant : quæ quoniam salutiferæ prædicationis auribus obturatis, medicantia verba capere nequiverunt, ab humani conventus abducta pernicie, in virulentiæ suæ congrua solitudine contabescant : quo magis B. Petri apostoli voce, qualiscunque sedis ejus minister, obtestor, ut inimicos antiquæ fidei non sinas impune grassari, qui vestros optatis habere subjectos; ut veræ confessionis pacem cunctas Domini servare decernatis Ecclesias, qui orbem vestri imperii desideratis tenere pacatum; et unicam spem salutis, quæ genus hominum ad regna cœlestia vitamque perducit æternam, nulla patiamini parte violari, qui placatum Deum vel regno vestro cupitis, vel saluti. Data quarto idus ¹ Januarias (anno Chr. 476), Basilisco Augusto [*Armato coss.*] consule.

¹ EPISTOLA V.
SIMPLICII PAPÆ AD ACACIUM.

Scribit Acacio, ut omni conatu obsistat Timotheo ne concilium universale, quod ille apud imperatorem agebat, habeatur.

Simplicius papa Acacio episcopo Constantinopolitano.

Quantum presbyterorum et ex diversis monasteriis Domino servientium monachorum relatione patefactum est, Ecclesias Domini rursus diabolus inquietat; ita ut excluso Alexandrino sacerdote, hæreticus, atque ab universitate damnatus, eumdem locum de quo pulsus fuerat occupasse dicatur; insuper, quibusdam faventibus, Constantinopolim ausum fuisse contendere, ut civitas Christianorum principum circa fidei catholicæ veritatem devotione præcellens, et Christiana plebs in defensione religionis attenta, hæreticorum pravitate, quæ jam fuerat sopita, turbetur. Sed misericordia Dei, cujus est causa, non defuit, ut Timotheus, qui ab universali Ecclesia sacerdotalibus sententiis et imperialibus constitutis juste fuerat segregatus [Al. *jure est segregatus*], ad Ecclesiam tuæ dilectionis, vel ad fidelium domorum limina non permitteretur accedere. Quem conventus novos pro se didicimus comminari, resolvi existimantem quod de se universalis decrevit auctoritas. Unde quia sanctæ memoriæ prædecessorum nostrorum exstante doctrina, contra quam nefas est disputare, quisquis recte sapere videtur, novis assertionibus non indiget edoceri, sed plana atque perfecta sunt omnia quibus potest vel deceptus ab hæreticis erudiri, vel in v nea Domini plantandus institui, implorata fide clementissimi principis vocem faciendæ synodi fac respui, nec sit apud aures imperatoris Christiani pigra suggestio; quia salus ejus et regni ipsius Christus est fortitudo.

Ergo cum prædictis presbyteris ac monachis opportune pietati ejus nostro quoque nomine supplica, et legationem hanc pro nobis quoque clementiæ ipsius, ne quid subrepatur [Al. *subripiatur*], insinua : omnium pariter precibus instruatur, ne per occupationes publicas quieti ecclesiasticæ aliquas inimicus moliatur insidias : integritati suæ Alexandrinam reddi præstet Ecclesiam, et beati Marci evangelistæ sede hostem parricidamque propellat ; et qualiter catholicæ fidei teneatur integritas, in penetralibus aulæ suæ dignanter inquirat : quæ ne aliqua forsitan fidei æmulorum fraude vitientur, licet in ecclesiæ tuæ possint scriniis inveniri, tamen exemplaria misimus, quæ pietati ipsius præparabis [Al. *properabis*] offerri.

¹ Legendum : iv *nonas Jun.*, sicut et in sequenti : v *idus Jun.*, et in septima : iii *id Jun.*, ut suspicabatur Bollandus ad diem 2 mensis Martii, ubi de S. Simplicio agit. Vide Pagium ad an. Ch. 476, n. 14.
² Hæc est illa epistola ad Acacium scripta quam pontifex patentem et nondum obsignatam cum præcedente epistola misit ad imperatorem illo fine et argumento quo supra dixi. Sev. Binius.

Nota namque et omnibus illic potestatibus celebrata, quæ sanctæ memoriæ prædecessor meus Leo ad consultationem augustæ recordationis Leonis scripserit, et quam veneranter accepta sint, recognoscant : appareat sic (ut confidimus) ejus imitator fidei, cujus, propitiante Deo, dignior est successor imperii : sibique scriptum æstimet, quidquid ante se principibus pia est traditum lectione. Illa est namque perennitas, regnique per seriem propaganda posteritas, si in successore reperitur, quod a prædecessore descendit.

Hortor ergo, frater carissime, ut modis omnibus faciendæ synodi perversorum conatibus resistatur ; quæ non alias semper indicta est, nisi cum aliquid in pravis sensibus novum, aut in assertione dogmatum emersit ambiguum : ut in commune tractantibus, si quæ esset obscuritas, sacerdotalis deliberationis illuminaret auctoritas ; sicut primum Arii, ac deinde Nestorii, postremum Dioscori atque Eutychetis fieri coegit impietas. Et (quod misericordia Christi Dei nostri salvatoris avertat!) intimandum est abominabile esse contra sententias totius orbis Domini sacerdotum et principum utriusque rectorum, damnatos reos restituere, reduci exsules, relegatos in causa nefariæ conjurationis absolvi. Itaque (quod sæpe repetendum est) hæc omnia clementissimis auribus suppliciter intimato. Veniet procul dubio Deus in adjutorium vestrum, in cujus manu cor regis esse retinens constitutum potestatis suæ nesciat [Al. *nescit*] aliunde principium. Data quinto idus Januarii [Al. vi *cal. Februarias*].

² EPISTOLA VI.
SIMPLICII PAPÆ AD ACACIUM.

Commendat Acacium quod Timotheo Æluro nulla ecclesia Constantinopoli patuerit, hortaturque eumdem ut imperatorem moneat ne Chalcedonensis concilii statuta violari permittat.

Simplicius episcopus Acacio episcopo Constantinopolitano.

Cum filii nostri illustris vir Latinus patricius et spectabilis Madusius pro legatione publica mitterentur, negligere non potuimus quod omni intentione curamus. Proxime namque cum presbyterorum et monachorum de Timotheo olim ab universali Ecclesia separato querela venisset, tam Christianissimo principi quam dilectioni tuæ scripsimus, ut modis omnibus resistat ne quid hæreticorum contra Chalcedonense concilium moliatur audacia, frater carissime ; et dilectionis tuæ laudando constantiam, multum nobis, imo ipsi Domino placere memoravimus, quod damnatum hominem non solum fidei, sed etiam parricidii causa, nullam Constantinopoli ecclesiam introire permiseris. Quod nunc iterum commonemus

² Hanc epistolam aliasque nonnullas ejusdem argumenti, occasione publicæ legationis quam misit Odoacer ad Zenonem, Acacio scripsit. Ex Vaticano codice acceptam, primumque tomo I Epistolarum Romanorum pontificum excusam, huc transtulimus cum sequentibus. Sev. Binius.

ut cum ad dilectionem tuam eadem scripta pervenerint, imo et am donec veniant, apud Christianissimum principem etiam nostro nomine agere suppliciter atque insinuare non desinas, ut quæ toties et bene statuta sunt, nulla obreptione violentur : quia regni ejus certum et singulare est firmamentum, vero atque æterno regi congregatorum in causa fidei divino spiritu sacerdotum illæsum conservare concilium.

EPISTOLA VII.

SIMPLICII PAPÆ AD PRESBYTEROS ET ARCHIMANDRITAS CONSTANTINOPOLITANOS.

Clericorum ac monachorum Constantinopoli degentium fidei constantiam commendat, cum Timotheum ad communionem non admiserint; illumque, ut sæpe damnatum, ostendit non audiendum.

Simplicius episcopus presbyteris et archimandri.is apud Constantinopolim constitutis.

Per filium nostrum laudabilem virum Epiphanium litteris vestræ dilectionis serius quam voluistis acceptis, magno sumus dolore permoti, quod illic intra Ecclesiam Dei scandalorum recidiva nascuntur incendia, ubi totius [Al. *toties*] auctoritate apostolicæ sedis, et sententia synodi universalis exstincta sunt. Cui namque in toto terrarum orbe cum perversitate dogmatum nefandorum Nestorii, Eutychetis, Dioscorique damnatio; cui Timothei rursus Alexandrinæ Ecclesiæ pervasoris non est nota dejectio? Testis est anterius Ephesinum, testis est recens Chalcedonense concilium, quod quisquis desiderat retractari, in numero fidelium pronuntiat se non haberi; cum prædictorum talis impietas auctoribus et principibus Christianis, non solum ab Ecclesiæ corpore, verum a cœtu omnium exsiliis segregata diversis, unitæ sententiæ damnatione percussa est. De quorum nihil est nunc errore dicendum; quia post traditionem tantorum Domini sacerdotum, qui longe ante nos in universa mundi parte has quoque hæreses evicerunt, beatæ recordationis prædecessor noster Leo multiplici sermone doctrinæ, quid catholicæ veritatis sequatur integritas, quid detestetur, asseruit. Hac eruditione fundata, non contentione opus est, ut adhuc tanquam de dubiis judicetur. Sed sicut dilectionem vestram gaudemus facere, firmis contra dejectos state vestigiis : nec vos adversarius terreat, aut tardam putetis desuper venire victoriam. Cadere didicit qui resultat. Breviter hæc ad consultationem, imo etiam consolationem vestræ scripsimus caritati, volentes aliquos, quemadmodum cupitis, pro causæ

Cum Zeno imperator scelestissimum Timotheum ab exsilio quo illum Leo imperator mulctaverat, posthabitis omnium catholicorum votis, spretisque sanctissimi pontificis Leonis piis admonitionibus, revocasset, et contra ipsum Christum Dominum in urbem introduxisset, accidit justo Dei judicio, ut Basiliscus flagellum Dei et virga furoris Domini ad Zenonem puniendum, imperium invaserit, eoque in exsilium, unde exsecrandum hæreticum revocaverat, fugato, illud anno uno et sex mensibus tenuerit. Quibus evolutis, Zeno per hujusmodi vexationem nonnihil melior redditus, precibus et intercessione

necessitate dirigere, nisi ad omnem plenitudinem, non jam defendendæ, quæ solidæ [forte *solide*] jacta est, fidei, sed repellendis hæreticis atque damnatis illa sufficerent, quæ etiam ad sanctæ memoriæ Flavianum, atque ad sanctam Chalcedonensem synodum, vel ad augustæ recordationis Marcianum ac Leonem, beatæ memoriæ antecessorem meum scripsi se retinetis, atque totius Orientis episcopi rescriptis ad principem tunc Leonem propriis intimarunt. Unde insolubile esse non dubium est, quod vel ante decreverunt in unum convenientes tot Domini sacerdotes, vel quod singuli per suas Ecclesias constituti, eadem nihilominus sentientes, diversis quid vocibus, sed una mente dixerunt, damnantes eorum exsecrabilium auctores pariter et sequaces. Quapropter inter tot formas, quæ erectæ sunt, prædicandi, non assertione nova, sed constantia nitendum est. Jam probatum est, quid (Domino vos juvante) profecerint labores vestri, Deo placitus fructus ostendit, quando ejus domum vobis obsistentibus latroni introire non licuit, qui nonnullis occurrentibus sibi, latentes adhuc forsitan sui similes publicavit, non enim junguntur bona pessimis, recta perversis ; nec possunt salutaria coire cum noxiis : quia luci communio nulla cum tenebris, nec infideli portio cum fideli. Unde necessario damnatorum comitabuntur exitum, qui talium delegere consortium; nisi forte resipiscentibus animis, et maxime qui nuper decepti sunt, videntes in quæ abrupta sunt ducti, ad splendorem veræ fidei discussa conferant se nube mendacii. Quod apostolicæ sedis pietate ut provenire possit optamus, quia vitam in Domini voluntatibus cognoscimus, ad christianissimum quoque principem, vel ad fratrem et coepiscopum nostrum Acacium competentia simul scripta direximus, cujus accusandum silentium non putamus, quia scientes fidem probatissimi sacerdotis, certum tenemus suum non esse quod tacuit. Ut autem plenius dilectio vestra cognoscat nostrarum, quas ad Christianissimum principem misimus, seriem litterarum, exemplaria, internuntio quem misistis redeunte, direximus. Data III idus Januarii, consule suprascripto.

EPISTOLA VIII.

SIMPLICII AD ZENONEM IMPERATOREM.

Gratulatur ei de recuperato imperio, hortaturque ut Alexandrinum episcopum sedi suæ restituat, et Leonis, et Chalcedonensis concilii decreta servari faciat.

Simplicius episcopus Zenoni Augusto.

Inter opera divinæ providentiæ, quæ pia semper sanctæ protomartyris Theclæ, devicto tyranno ad fasces imperii rediit, scriptaque statim ad pontificem Simplicium epistola, orthodoxæ fidei catholicæ professionem integerrimam edidit. Quam cum pontifex magno cum gaudio accepisset, hanc illi gratulatoriam epistolam reddidit, qua de recuperato per Dei gratiam imperio ei congratulatur, et ut, amoto violento invasore Timotheo, verum Alexandrinæ Ecclesiæ antistitem exsulantem sedi suæ restituat, hortatur. Invasor sedis, cognito zelo imperatoris, non exspectans sententiam judicis, *optavit sibi mortem*, inquit Liberatus capi e decimo sexto, *et istud perse-*

et justa sunt, nostris quoque temporibus eloqui potentias Domini vix quælibet humana lingua sufficiet. Quis etenim valeat vel cogitatione comp'ecti, vel voce depromere, quod in ipso utriusque rei laborantis articulo et votis publicis religionis sanctæ reddidit vos quieti, nisi quod tanti consideratione miraculi clamandum est cum propheta : *Hæc est mutatio dexteræ excelsi* (*Psal.* LXXVI), quæ exaltantes semetipsos potenter humiliat, et humiliantes se clementer exaltat? In quibus etiam si dispensationis supernæ sagacius mensura libretur, profecto evidenter apparet, ideo perfidorum irrepsisse perniciem, ut fides clementiæ tuæ etiam inter adversa probaretur; quantoque magis rebus urgeri crederetur infestis, tanto clarius vestra magnanimitas immineret : atque ob hoc mansuetudinis vestræ de Constantinopolitana urbe provenisse discessum, ut universorum desideriis expetiti, gloria majore rediretis; ut ex contrariorum periculis, quod in vobis esset cunctis utile nosceretur. Davidicæ nimirum illius virtutis exemplo, qua singulari patientia cedens paululum furoribus parricidæ, continuo victoriam populorum precibus imploratus præstantiore fastigio est reversus in regnum. Lætare igitur, venerabilis imperator, eos fuisse tuos hostes qui exstiterunt Divinitatis inimici; atque gaude cum Ecclesia laborasse, et cum fidei catholicæ libertate imperium restitutum, atque ut in omnibus doceas causam tibi cum Deo esse communem, cujus ope viriliter fretus insiste; ut per quem publicos incubatores subegit, Ecclesiæ quoque depellat tyrannos. Sicut enim pietas vestra merito recteque confidit, illo nos tempore nihil aliud Deum nostrum suppliciter implorasse, quam ut nobis Romani imperii præsules quales nunc loquimur, redderentur; ita exspectari cernis, ut hujusmodi vos esse ipsorum actuum qualitate monstretis. Respicite, quæso, augustæ memoriæ Marciani atque Leonis omni mundo conspicuam catholica devotione constantiam ; et salubri consideratione perpendite, cum in eodem loco stare nequiverint qui ab eorum rectitudine deviarunt, successorem regiæ potestatis legitimum, ac divinitus attributum eum fore sine dubio, qui illorum fidei perstiterit imitator. Debes, gloriosissime et clementissime fili imperator, augustæ memoriæ tantorum virorum taliumque reverentiam, debes vices muneribus Dei. Ille te ad istorum reduxit imperium : tu Deo istis similem redde famulatum. Et quia hæc beato Apostolo docente nos Petro mea nuper humilitate prædicante, refutata sunt, a casuris, Deo fautore, proficient in regni soliditate mansuris. Equidem litteris quas vestra clementia destinavit, pignus immensum venerandæ religiositatis accipiens, et ingenti gratulatione respiro, et omnino non ambigo mentem vestram in rebus divinis gestu-

ram longe potiora quam cupio : sed mei memor officii, in hanc partem clementiam tuam ideo prolixiore hortor alloquio, quia imperii tui pariter et salutis affectu, illis te causis inhærere semper exopto, quibus solis et præsentis regni stabilitas custoditur ; et æterni gloria comparatur. Unde ante omnia precor, ut Alexandrinam Ecclesiam non minus a funesto quam ab hæretico pervasore clementiæ vestræ dispositionibus liberatam, catholico ac legitimo restitui censeatis antistiti; eisque etiam quos temeritate diabolica diversis ecclesiis ordinasse perhibetur ejectis, rectæ fidei subrogari constituatis episcopos : ut sicut rempublicam vestram a tyrannica dominatione purgastis, ita ubique Ecclesiam Dei ab hæreticorum latrociniis atque contagiis exuatis; nec id potius prævalere patiamini, quod iniquitas temporum, et eos quos non solum vestro imperio, sed et in Deum quoque rebellis spiritus concitavit; quam quod tot tantique pontifices, et cum egregiis orthodoxisque pontificibus universalis Ecclesiæ decrevit assensus. Chalcedonensis synodi constituta, vel ea quæ beatæ memoriæ prædecessor meus Leo apostolica eruditione perdocuit, intemerata vigere jubeatis; quia nec ullo modo retractari potest quod illorum definitione sopitum est, nec ullatenus recipi totiens uno undique ore damnatus. Ipsa est quippe, sicut experti estis, catholica fides, quæ potentes de sede læsa deposuit, et exaltandos humiles custodita servavit. Quare satis agendum est pietati tuæ, ut qui hujus tibi auctor est doni, sit ipse etiam propagator. Data octavo [al. *septimo*] idus Octobris (anno Chr. 477) post consulatum Basilisci et Armati.

EPISTOLA

ACACII AD SIMPLICIUM PAPAM [a].

Simplicium de Alexandrinæ Ecclesiæ statu certiorem facit, scribens ob Timothei hæretici mortem, Petri Moggi ejusdem Ecclesiæ perturbatoris fugam, pacem Ecclesiæ redditam esse, ac Timotheum suæ sedi restitutum.

Domino beatissimo sancto patri archiepiscopo [*patriarchæ episcopo*] Simplicio Acacius.

Sollicitudinem omnium Ecclesiarum, secundum Apostolum (*II Cor.* XI), circumferentes, nos indesinenter hortamini, quamvis sponte vigilantes ac præcurrentes : sed vos divinum zelum solito [*divino zelo sollicitos*] demonstratis, statum Alexandrinæ Ecclesiæ certius requirentes; ut pro paternis canonibus suscipiatis laborem, piissimo stillantes sudore pro his, sicut semper est approbatum. Sed Christus Dominus noster, qui diligentibus se in bonum cooperatur (*Rom.* VIII), nostris cogitationibus insidens, et unam nobis in his mentem atque eamdem pro gloria sua esse cognoscens, omnem victoriam ipse perfecit, consortes nos cum tranquillissimo principe faciens,

---

[a] In cod. vetustiss. Frisingensi sæc., ut alibi annotavi, VIII, hæc epistola ita enuntiatur : *Incip. exemplum epistolæ quem* (sic) *misit Acacius ad sanctæ veranter orans, ab humana vita hausto veneno solutus est. Ita in semetipsum justo Dei judicio vindex scelerum suorum insurrexit, cui imperatores qui præcesserunt inique admodum ignoverant.* SEV. BINIUS.

memoriæ Simplicium papam Romanæ urbis, ubi damnatum retulit Petrum Alexandrinum.

et Timotheum quidem decessorem, spirantem procellas, et ecclesiasticam tranquillitatem (sicut apparuit) conturbantem, vitæ subduxit humanæ, dicens ei : *Tace et obmutesce (Marc.* IV). Petrum quoque, qui ab Alexandria more similiter [*similis*] procellæ surrexerat, dissipavit, atque in æternam fugam (sancto Spiritu flante) convertit, unum et ipsum de his qui olim fuerant damnati. Sicut enim in nostris archivis [*conciliis*] inventum est, et de vestris scriniis [*strenua*], si dignamini requirere, poteritis agnoscere quæ in tempore de eodem subsecuta, ab Alexandrino episcopo Romam ad alterutrum sint relata. Qui Petrus noctis existens filius, et operum diei lucentium alienus apparens, omnino tenebras ad latrocinium peragendum congruas, earum cooperator inveniens media nocte, adhuc jacente cadavere illius qui paternos canones subverterat, insepulto, subrepsit in sedem [*surripuit sedem*], sicut ipse arbitratus est, uno et solo præsente, et eo qui consors illius insistebat insaniæ, ita ut propter hoc majoribus suppliciis subderetur : nec quod sperabat effectum est. Sed ille quidem de se ex parte vel minima judicans, nusquam penitus omnino comparuit. Timotheus autem paternorum canonum custos, qui Davidicæ mansuetudinis exemplo subditur, et usque in finem patiens, atque potestati propriæ restitutus a Christo, propriæ sedis honore lætatur : et spiritualium filiorum voces accipiens, gratiam curationis exspectat multiplicato in se honore a Christo principe sacerdotum : propter quem et tolerantiæ coronam sibimet religavit. At enim igitur oret vestra beatitudo et pro Christianissimo imperatore, et pro nobisipsis. Nihil enim prætermittitur eorum quæ ad custodiam ecclesiasticæ respiciunt disciplinæ. Universam fraternitatem quæ vobiscum est in Christo, et ego et qui mecum sunt, salutamus. *Et alia manu.* In Domino conserveris, sanctissime et beatissime pater [*ora pro nobis, justissime pater*].

EPISTOLA IX.
SIMPLICII PAPÆ AD ACACIUM.
Gratulatur Timotheum Alexandriæ episcopum catholicum suæ Ecclesiæ fuisse restitutum.

Simplicius episcopus Acacio episcopo Constantinopolitano.

Quam sit efficax supplicantium Domino perseverantia sacerdotum, et quam jucundo gratuletur affectu, studium quod defensioni fidei sinceris mentibus exhibetur, litteris tuæ dilectionis agnoscitur, quando post tanta certamina, quibus Dei misericordia in causa propriæ religionis famulos et ministros tuæ constituens potestati, probatissimos sibi fecit esse victores, siquidem Alexandrina Ecclesia divino tandem judicio liberata, in consortium communium nos advocans gaudiorum, eum qui ab hæretico fugatus fuerat, ad ejus sedem rediisse testaris. Unde animis exsultantibus ad universalis Ecclesiæ quietem, Christo Deo nostro pro salute primum fidelissimi principis supplicamus, cui pro devotione, qua cunctos antevenit sacerdotes, pietas hæc divina concedit, quæ nos liberos pro populis Christianis apud omnipotentiam cœlestem præstat interpretes. Sicut ergo in reditu fratris et coepiscopi nostri Timothei gratulamur, ita eum commonente dilectione tua cupimus irreprehensibilem reperiri : quia meministi hoc, eum jamdudum fidelis præsulis non habuisse constantiam, quando ei, ut damnati Dioscori nomen inter altaria recitaretur, extortum est. Data tertio idus Martii (*anno Chr.* 478), Illo viro clarissimo consule.

EPISTOLA X.
SIMPLICII PAPÆ AD ZENONEM IMPERATOREM.
Gratias agit Timotheum Alexandrinæ Ecclesiæ restitutum, eumque rogat ut Petrum ejusdem Ecclesiæ perturbatorem expelli jubeat.

Simplicius episcopus Zenoni Augusto.

Per Petrum virum spectabilem comitem Placidiæ nobilissimæ feminæ olim divinorum exsultatione munerum, triumphalis in Domino regni vestri gloria dilatatur, cum universalis Ecclesiæ gaudio mediocritatis meæ litteras obtulisse meminerim ; nec inter universos catholicæ fidei sacerdotes opera Domini nostri vel solus potui tacere, vel primus : quia secundum beatum Paulum apostolum (*II Cor.* XII), Ecclesiarum omnium curam sustinens, mihi summam gaudii de reddita pro clementia vestra earum quiete specialiter vindicavi, quod vos Divinitatis auxilio, dejectis religionis et regni hostibus, meruerimus habere victores, et in uno eodemque proventu, Christo in nobis ubique vincente, et cultus veræ fidei, et status est reparatus imperii : quod utrumque ideo fuerat (diabolo se ad tempus interserente) turbatum, ut alterutrius adversariis dissipatis, præconia fierent majora vincentis ; unde tam præclaræ fructum virtutis adeptus eum lætitia universalis Ecclesiæ nunc quoque sine cessatione facio ; tacere non possum gratias sine dubio perennes quod antiquæ veræque fidei in fratre et coepiscopo meo Timotheo Alexandrinam Ecclesiam reddidistis, cujus ad me nuper litteræ commeantes, expulsa profanitate Eutychetis atque Dioscori damnatorum, ad regendos orthodoxos beati Petri et evangelistæ Marci sedem (quod ante compertum est) se recepisse commoravit ; incitans nos volentes, ut hæc ipsa pietatis vestris sensibus referremus. Ut ergo tranquillitas vestri perpetua et fixa sit regni, quietem quam cunctis in memorata Ecclesia præstitistis, pervigili protectione custodite : et quod juvante vos Domino pro innocentium fecistis salute animarum, religiosiore studio et diligentia attentiore protegite : quia non minoris est gloriæ quod condideris servare quam concedere [*condere*] ; et omnibus est probatum, tantum vobis divini favoris impensum, quantum Christianæ religioni a vestra pietate est sedulitatis exhibitum, Et quamvis in omni parte regni sui profutura divina cultui providentia vestra non desisteret cunctis publicis tranquillitatem Ecclesiæ præferre, precor tamen ut quod per nos serio postulat, imo quod ipsi specialius supplicamus, Petrum Alexandrinæ

Ecclesiæ pervasorem, et ob hoc jure damnatum, quia moliri quædam latens in Alexandrina (sicut ad nos scriptum est) civitate contra hæc quæ a vobis sunt statuta, memoratur, ad exteriora transferri piissima præceptione jubeatis, ne aliquos modicæ fidei (quod facere perhibetur) inficiat, et ad perversitatis suæ instrumenta traducat. Longe sint ab innocentibus perniciosa contagia, ut per vos intra Domini gregis ovile sit sinceritas, quam sola tenere potest imperialis auctoritas.

EPISTOLA XI.
SIMPLICII PAPÆ AD ACACIUM.
Scribit Timotheum Alexandriæ catholicum episcopum a se veniam petiisse, quod Dioscori nomen inter altaria timore ductus recitasset, et se ad imperatorem litteras dedisse ut Petrum dictæ Ecclesiæ perturbatorem procul arceat.

Simplicius episcopus Acacio Constantinopolitano episcopo.

Quantos et quam uberes fructus constantiæ fidei, et devotarum circa religionem catholicam mentium semper habeat fortitudo, labor tuæ dilectionis et eorum qui pariter repente diabolo jamdudum turbantur, ostendit. Nam cum Christi inimicus et regni Christiani semper aulam mox casurus invaderet, atque impia persecutione fideles Domini plebemque concuteret, oratione atque vigiliis sacrilega tentamenta superavit, et se victoria cœlestis eo usque porrexit, ut regressu religiosissimi principis, Ecclesiæ quoque Alexandrinæ catholicus redderetur antistes, de quo mox cum exsultatione divinæ gratiæ gaudia nostra contulimus, et mutuis nos litteris fecimus gratulari. Et licet lætitiæ ipsius nunquam sui defuerit plenitudo, tamen frater et coepiscopus noster Timotheus persecutione probabilior factus, pristini non immemor instituti per fratrem et coepiscopum Isaiam, et filios nostros Nilum presbyterum, et Martyrium diaconum Alexandrinæ Ecclesiæ solemnia scripta direxit, quibus et illud quod ante perterritus de Dioscori nomine fecerat, se destruxisse memoravit, et remissionem ipsius erroris expetiit, nosque de quiete fecit Ecclesiæ gratulari, expertus erga se quantum nobiscum tua caritas videt, quod in eo tunc reprehendimus non inultum et reconciliatum sibi, nunc divinæ miserationis affectum, frater carissime, memoratis in urbe, quæ mox venerant, constitutis occasionem filii nostri Petri, viri spectabilis comitis, quasi ex sententia proficiscentis amplexi, tam nostro proposito, quam petitione fratris et coepiscopi nostri Timothei, legatorumque ipsius precibus, idipsum ad tuam voluimus pervenire notitiam, ut etiam nunc communium fieres particeps gaudiorum, et in prædictæ Ecclesiæ tranquillitate (quemadmodum diximus) laboris tui nobiscum carperes fructum, et christianissimo et clementissimo principi nostras litteras offerens, super hac etiam re, ut et ipse quoque devotionis et fidei propriæ donis, se Deo protegente, lætetur, atque insistente caritate tua acrioribus studiis catholicæ religionis salutaria scripta mittendo munire dignetur Ecclesias, ne (sicut experti sumus) in aliqua religione [forte *regione*] antiquus ille serpens toties excisi capitis virus effundat, et inficiendi aliquos occasionem (quod absit) rursus inveniat, provida præceptorum suæ pietatis ordinatione disponat religiosis, et sicut evidentius approbavit Deo, se commendantibus legibus sanciat, ne vel in tenebris delitescant, et improvisi ambulantes in luce percutiant, et his quos in fide pauperes esse repererint (quod propheta testatur) insidietur ut rapiat. Petrum maxime, qui nonnullarum domorum, suique similium latebris confovetur; et quem zelo fidei ab episcopatu constituit submoveri, in exteriores terras abjici, sicut et nos pietati ejus scripsimus, ad ecclesiasticam pacem speciali præceptione decernat : quia rursus asseritur aliqua contra dispositionem fidei ipsius sine cessatione moliri. Quia igitur hæc opportunitate perlatoris fidelissimi nos oportuit indicare, et specialius admonere, hortamur ut cum internuntius remeare cœperit, vel si qua forsit in altera occasio reperietur, quamprimum nos facias certiores, et curam nostram sublevare deproperes. Ut autem perfecto gaudio gauderemus, idem frater et coepiscopus noster Timotheus exemplum libelli satisfactionis eorum quos a catholicæ fidei veritate Timotheus et Petrus utrique damnati, damnationis terrore traduxerant, veniam postulantes, ad nos pariter destinavit, sacerdotali pietate lapsis subvenire desiderans : quod divinæ miserationis intuitu, quæ neminem vult perire, refutabile non putamus.

EPISTOLA XIII.
SIMPLICII PAPÆ AD ZENONEM IMPERATOREM.
Hortatur ut Timotheum Alexandrinæ Ecclesiæ sua opera restitutum protegat, et ut Petrum ejusdem Ecclesiæ perturbatorem longius expelli jubeat.

Simplicius episcopus Zenoni Augusto.

Proxime quidem cum ad Urbem frater et coepiscopus mediocritatis meæ Timotheus Alexandrinæ urbis antistes novato more misisset, victoriam vestræ fidei in ejus restitutione cognovi. Pietate enim vestra fulta Divinitatis auxilio, et imperii tranquillitas, et catholicæ religionis splendorem suum, scandalorum nube discussa, recepit integritas : de quo me gratias post Deum clementiæ vestræ egisse reminiscor, et nunc quoque cultum vestro regno debitum silere non potui, ne quodammodo viderer ingratus, si vobis qualibet opportunitate vel imperii vel Ecclesiarum laudare desisterem tot triumphos. Exhibens ergo debitæ venerationis officium, precor ut studiosius circa universos rectæ fidei sacerdotes, et maxime circa Alexandrinum episcopum, cujus certaminis et testes fuistis et judices, protectionis impendatis auxilium, et decernatis piissimis constitutis Petrum sedis ipsius pervasorem (cui nec in diaconatu suus potuit ordo constare) longius a tam præclara civitate relegari, ne infirmiores [forte *infirmioris*] fidei aliquos forte seducat, et in eadem Ecclesia (quod absit) quæ sopistis scandala rursus exagitet. Probastis in corpore illum vobis dexteræ suæ dedisse præsidium, qui ad totius orbis gaudium, et in Ecclesiæ universalis exsultationem in vestra clementia Romanum servat imperium. Data x calendas Novembris (anno Chr. 478), viro clarissimo consule.

EPISTOLA XIII.
SIMPLICII PAPÆ AD ACACIUM.
Eadem quæ in superiori epistola.

Simplicius episcopus, Acacio episcopo Constantinopolitano.

Proxime quidem dilectioni tuæ, petentibus his qui ad nos a fratre et coepiscopo nostro Timotheo Alexandrinæ Ecclesiæ antistite directi fuerant, commune gaudium litteris indicavi, et de fructu piissimi operis, quod catholicus memoratæ Ecclesiæ sacerdos est restitutus, pariter nos gaudere memoravi : quod nunc quoque significare properavimus, ut agnosceres gaudia silentium non amare. Unde semper exsultans, et orationum communium cupiens vota sociari, hortor, frater carissime, ut rebus per clementissimum et Christianissimum principem Deo auctore compositis, diligentiæ sollicitudo non desit : sed Petrus ab indebito sibi honore dejectus, in Alexandrina regione non sinatur habitare, sed procul extra terminos patriæ, sicut etiam nos poposcimus, frequenti eum postules suggestione relegari ; ne quos imperitorum pravitatis suæ persuasione seducat, et a catholicæ tramite veritatis avertat. Quidquid autem de religiosissimo impetrabis imperio, cura tuæ dilectionis ad meam notitiam faciat pervenire, et nos actuum ad custodiam evangelicæ doctrinæ pertinentium det esse consortes. Data xvi calendas Novembris (anno Chr. 478), Illo viro clarissimo consule.

EPISTOLA XIV.
SIMPLICII PAPÆ AD ZENONEM IMPERATOREM.
Laudat imperatoris sollicitudinem in his puniendis qui Antiochiæ in episcoporum cædes conspiraverunt. Dolet suas ad Acacium litteras exsecutioni non fuisse mandatas, et Antiochenæ Ecclesiæ antistitis electionem, Nicæni concilii non observato decreto, factam approbat.

Simplicius episcopus, Zenoni Augusto.

De Ecclesia Antiochena venerandos mihi semper vestræ pietatis apices gavisus accepi, quibus ingenito vobis studio catholicæ religionis post defensionem fidei, quæ vos servat ac custodit, impietatis audaciam et facinora apud Antiochiam perpetrata coercita reperimus. Exsultantes vobis inesse animum fidelissimi sacerdotis et principis, ut imperialis auctoritas et juncta Christianæ devotioni acceptabilior Deo fieret, et appareret integritas, cum hi qui in episcoporum neces sacrilega cæde versati sunt, di-

gnis jubentur perire suppliciis : in quo et quieti Ecclesiæ et vestro consuletis imperio, quia vindicata Dei contumelia ulciscentis est gratia, et conciliatur his divini favoris auxilium, quorum cura sacrilegium non reliquerit impunitum. Sed ut loquar fiducialiter principi Christiano, si præteritarum litterarum quas de Petri aliorumque nomine jamdudum ad fratrem et coepiscopum meum Acacium scripsisse memini, ordo teneretur, ad hoc non potuit pervenire ; quod jure nunc meruit vindicare. Mandaveram namque ut facta suggestione pietati vestræ, prædictus, ut et cæteri qui per occasionem tyrannicæ dominationis invaserant Ecclesias Dei, extra metas vestri pellerentur imperii, ne pestiferis sensibus quibusque simplicioribus ore sacrilego virus infunderent, et verbis impiis contra fidem orthodoxam innocentiores animas saucarent ; quod tum apparet, cum minus ista curantur, et levia esse creduntur ; actum est, ut (quemadmodum perhibetis) inter altaria, non jam plebs persuasionibus eorum, sed ipsi quoque præsules et prædicatores fidei perirent funestis gladiis sacerdotes. Unde si quæ aliæ reliquiæ sub vestro reperiuntur imperio, eas vel nunc in exteriores terras jubete propelli, ne qua deinceps in eo sit necessitas et causa supplicii ; quia melius est aditum obstruxisse quam pœnam exegisse peccati. Et quoniam seditiones Antiochenas religiosissimo proposito sedandas non aliter existimastis, nisi præter præjudicium venerandi illius concilii Nicæni apud Constantinopolim iisdem petentibus ordinaretur antistes, quod in ejus tantummodo persona sic memorastis assumptum, ut deinceps secundum definitiones Patrum Orientali synodo creatio Antiocheni pontificis reservetur, nec haberi loco vultis injuriæ, quod dissensionis gratia factum est auferendæ. Tenet hanc pietatis vestræ beatus Petrus apostolus sponsionem, et Christianissimi fidelissimique principis mentem in hæc verba jurasse, quod posthac in Antiochena urbe veteri more servato a comprovincialibus suis episcopis ordinetur, ne quod nunc frater et coepiscopus meus Acacius vobis est jubentibus exsecutus, in usum posteritatis veniat et statuta Patrum, quæ præcipue præstastis illæsa, confundat. Unde quæ a vobis amore quietis sancte et religiose sunt ordinata, reprobare non possumus, ne status Antiochenæ Ecclesiæ sub nostra dubitatione videatur ambiguus, præcipue cum is qui legitur ordinatus, testimonio clementiæ vestræ, et tanta sit prædicatione subnixus, ut in eo præter horum vulnerum dolorem posito possimus et Ecclesiæ quæ illum meruit, gloriari. Hæc repentis sermonibus et

---

[1] Timotheus Alexandrinus episcopus in sedem restitutus tres hosce legatos, Isaiam episcopum, Nilum presbyterum et Martyrium diaconum, ex more antiquo ad Romanum pontificem ablegavit, veniam rogans delicti sui illius quo, gladiis Eutychianorum coactus, contra constitutiones Leonis papæ, nomen Dioscori apud altare recitavit. Et quanquam id monitus fecisset, non leve tamen facinus illud in tanto pontifice videri poterat. Insuper eadem legatione notum fecit Petrum Moggum Alexandrinæ sedis invasorem, qui fugam captasse videbatur, in civitate latitare, et secreto rem agere, seducentem multos, et cladem illius Ecclesiæ graviter procurare : adeoque necessarium videri ut ad hæc pericula tollenda, longius in exsilium pelleretur. His acceptis scribit imperatori et Acacio episcopo Simplicius papa, petens hoc sedulo curari ut quamprimum homo scelestus longius in exsilium detrudatur : ideo in primis, quod episcopum Alexandriæ ageret, quem necdum diaconum ordinatum esse constaret. Vide Baronium anno 478, num. 9 et sequentibus. Sev. Binius.

venerationis officio respondere curavi, ut tantas hæreticorum fraudes et facinora divinis et sæcularibus legibus persequenda, quæ sæpius probatis esse tam noxia, de memoria et conversatione hominum jubeatis auferri, quorum impietatis nulla, quantum videtis, potest auctoritate compesci. Data x calendas Julias (anno Chr. 479) post consulatum Illo viri clarissimi.

EPISTOLA XV.
SIMPLICII PAPÆ AD ACACIUM.
Eadem quæ et in superiori.

Simplicius episcopus Acacio episcopo Constantinopolitano.

Clementissimi principis litteris, tuæque dilectionis, de sacrilega et funestissima cæde, quæ apud Antiochiam facta est, sauciatus et nimium affectus mœrore, respondeo, astruens, si quæ jamdudum de Petro et aliis complicibus eorum scripseram, et ut pietati ejus cum cæteris, qui aderant, fratribus suggerere postularam, ut optaverat, ordinatum fuisset, hæreticorum temeritas ad tantum facinus non veniret; ne [forte nec] aliquid necessitatis existeret, ut non aliter prædictæ subveniretur Ecclesiæ, nisi ut aliquid de jure ejus curatio ipsa minueret. Quamvis enim profecerit ad quietem, quod Christianissimi principis jussione, vel sine præjudicio canonum a tua caritate fuerit Antiochenus episcopus ordinatus: tamen non est sine invidia factum, cujus cavendum deinceps etiam ille testatur, qui præcepit, exemplum. In quo pietatis ejus gratias dignum est nos referre: quoniam ita gloriæ suæ moderatus est potestatem, ut fidelissima devotione Patrum regulis submittere quæ juberet, nec in auctoritatem recipi quod sequenti constituit ætate prohiberi; ut scilicet in hac tantummodo persona, quam jussu ejus et studio quietis Antiochenibus, non tua usurpatione, antistitem consecrasti, quod factum est necessitate, sufficeret. In quo tuæ dile-

---

* Auctore et impulsore Petro Cnapheo, quem Zeno imperator ab ipso throno dejectum, in Antiochena Ecclesia nimis inconsulte degere versarique permisit, Eutychiani ibidem novas turbationes cruentasque seditiones vicissim concitarunt. Nam cum Stephanus, orthodoxus episcopus, una cum suis in magna ecclesia sacram synaxim solemniter celebraret, Petri Cnaphei omnium hominum perditissimi soboles Eutychiani, confecto agmine, exertis gladiis furentes ingressi, in Dei sacerdotes sævientes, eosdem sævissime trucidarunt, sanctissimumque ipsum antistitem Stephanum, in quem potissimum majore odio æstuabant, et ira incensi corripiebant ad necem, usque atrocissimis tormentis confecerunt. De quo ex Joanne Rhetore suorum temporum accuratissimo scriptore Evagrius lib. III, cap. 10, hæc scribit: *Petro Ecclesiæ Antiochenæ exturbato, Stephanus illius sedem capessit, quam triennio in hunc usque annum tenuit.* Hunc, subdit, *Antiocheni calamis ad similitudinem hastarum præacuti, uti scribit Joannes Rhetor, confecerunt.* Corpus ejusdem in Orontem amnem projectum fuisse, ex eodem Joanne scribit Nicephorus lib. xv, cap. 18. Postquam vero Zeno imperator, missis Antiochiam militibus ultoribus, de sacrilegis homicidis debitas pœnas sumpsisset, jussit ut Antiochenus futurus episcopus Constantinopoli eligeretur; idque ideo ut paci et quieti ejus civitatis prospiceret: timebatur enim obducta cicatrix in ulcus vicissim eruptura, si

---

ctionis non irrationabilem cognoscimus fuisse famulatum: quia Ecclesiarum jura respiciens, diu te non immerito suspendisse testaris, ne videreris ambire quod tanto principi, et in tam gravi causa non poteras abnegare. Quapropter, frater carissime, institutorum veterum, quæ in te sunt probata, non immemor, sicut veniale judicare non pervides quod tibi certum est imperatum, ita ipse dans honorem patribus, labora ne necessitas sit ulla faciendi quod optas nunc satisfactione purgari.

OBSERVATIO P. ANTONII PAGI.
Ad an. Christi 479, num. 2 et seqq.

Hæ duæ proxime allatæ epistolæ Baronio omnibusque suasere Stephanum seniorem episcopum Antiochenum, anno 479, ab hæreticis interfectum fuisse, et in ejus locum imperatoris jussu Stephanum juniorem Constantinopoli ab Acacio ordinatum. Verum vulgaris hæc opinio falsa est, et in subscriptione prioris epistolæ Simplicii papæ ad Zenonem loco, *post consulatum illi V. C.* legendum est, *post consulatum Placidi V. C.*, ideoque ea epistola data anno 482, cum Placidius an. 481 consulatum gesserit. Detritis enim prioribus nominis Placidi litteris facile fuit librario errare, et loco *Placidi* legere *Illi;* eo magis quo epistolæ 12 et 13 quæ eam præcedunt, datæ sunt *Illo V. C. consule*, anno sc. 478. Hæ duæ igitur epistolæ Simplicii, in quibus mentio de cæde episcopi Antiocheni, ejus nomine suppresso, pertinent ad an. 482, eæque non de Stephano seniori, sed de Stephano juniori intelligendæ. Hic enim ab hæreticis interfectus, et neuter ab Acacio ordinatus, sed Calendio, qui Stephano juniori successit, ut ad an. 482 monstrabo. Quod vero ex Baronio ait Binius novo et inusitato exemplo episcopum Antiochenum Constantinopoli ordinatum fuisse, corruit ex iis quæ ad an. 449 diximus. Ibi enim ostendimus Maximum ep. Antiochenum Constantinopoli ab Anatolio consecratum, in Evagrii verbis a Binio post Baronium relatis illa, *quam triennio in hunc usque annum tenuit*, neque in editione Christophorsoni, neque in editione Valesii leguntur. Ea igitur errore typographi Baronii verba ab Evagrii textu diverso charactere non distinguentis, ita edita. Evagrius enim durationem sedis Stephani non memorat, et tamen hic Binius, aliique lo-

---

de antistite deligendo Antiochiæ comitia haberentur. Electus est Constantinopoli Stephanus junior. Sed cum id præter regulas ecclesiasticas et antiquam Antiochenæ Ecclesiæ consuetudinem accidisset, utpote quæ non nisi in concilio omnium Syriæ episcoporum Antiochenum episcopum ordinare soleret, Zeno imperator litteras ad pontificem scripsit, quibus ea quæ gesta erant a Romano pontifice rata haberentur. Pontifex respondit se factam ordinationem libenter ratam habiturum, modo exemplum hoc extraordinarium posteris nihil præjudicii afferat, idque imperator juramento promittat. Ita novo et prorsus inaudito exemplo contigit, ut qui a totius Syriæ episcopis ordinari soleret antistes Antiochenus, agente imperatore, et ratum habente pontifice Romano, Stephanus junior ab Acacio Constantinopolitano episcopo ordinatus fuerit. Accidit etiam hac occasione, quod sicut latens humor malus, cum a natura in cutem transmittitur, levi confricatione pruritus mordacior excitatur; ita plane ambitio primatus quæ in Acacio hactenus latuit, hoc facto magis magisque incensa, appetitum primatus illi vehementiorem ingessit, usque adeo ut famis, seu potius explendæ rabiei causa, custodita canonum claustra ruperit, et vincula catholicæ communionis fregerit, et se suosque posteros præcipites dederit, ut infra suo loco dicam. s. Vide Baronium anno 479, num. 1 et 2. Sev. Binius.

cum illum integrum Evagrio ascribunt, quod monendum duxi, ne in posterum locus ille fucum faciat. (Lege Pagium ad an. Christi 482, num. 3 et seqq. ubi plura de his Simplicii epistolis, de eæde Stephani non senioris, sed junioris; et de solo Calendione ab Acacio Constantinopoli ordinato.)

EPISTOLA XVI.
SIMPLICII PAPÆ AD EUMDEM.
Calendionis Antiocheni episcopi electionem confirmat.

Simplicius episcopus Acacio episcopo Constantinopolitano.

Antiocheni exordium sacerdotis qua ratione fuerit serius indicatum, quamvis minime nos latere potuerit, tamen et ipse vel synodus ipsius indicavit. Quod sicut non optavimus fieri, ita faciles excusationi, quam necessitas fecit, exstitimus : quia quod voluntarium non est vocari non potest, in reatum. Et ideo per fratrem et coepiscopum nostrum Anastasium, qui ex prædicta regione directus est, litteris quoque tuæ dilectionis acceptis, alterni vicissitudinem sermonis tuæ reddidimus charitati, necessario fratris et coepiscopi nostri Calendionis sacerdotium gremio apostolicæ sedis amplexi, in consortium nostrum per gratiam Christi Dei nostri tantæ urbis antistitem collegii unione numeramus. Miramur autem nihil nos de statu Antiochenæ Ecclesiæ te instruente didicisse, quem nunc ita habere se comperimus, ut improbi per occasionem obitus [a] sanctæ memoriæ Timothei eamdem Ecclesiam conentur habere captivam. Unde agendum est dilectioni tuæ cum clementissimo principe, ne convellatur sub ejus imperio, quod tyranni temporibus potuit obtineri. Data idibus Julii [anno Chr. 482], Severino viro clarissimo consule.

EPISTOLA XVII.
SIMPLICII PAPÆ AD EUMDEM.
Conqueritur una cum imperatoris litteris ab eo litteras non accepisse, et imperatorem, Petrum hæreticum in Alexandriæ episcopum petere, dum ipse paratus esset Joannem confirmare : demum precatur ut imperatorem moneat, ne hæretico jam damnato favere velit.

Simplicius episcopus Acacio episcopo Constantinopolitano.

Miramur pariter et dolemus, ita in tuæ dilectionis animo dissimulatam lacerare [latitare] curam caritatis et fidei, ut cum christianissimus imperator pietatis et religionis instinctu affandi me, et de causis ecclesiasticis consulendi, fideles atque solertes internuntios destinaret, ipse et alternæ gratiæ et vigilantiæ pastoralis oblitus, nec alloqui nos volueris, nec de his quæ ad catholicæ veritatis custodiam pertinebant duxeris instruendos : atque ideo, frater carissime, quæ non immerito cernis libera affectione culpari, potiore diligentia repensando, cognosce proinde delegatum tibi munus impendens, sensus tuos prudenter attolle, et pro tuendis Chalcedonensis synodi constitutis vehementer invigila, ne per negligentiam desidiamque nostram subrepatur gregibus Domini lethale dispendium [Al. *suspendium*]. Nuper ab Ægyptia synodo, quæ et numero plurima, et fidei catholicæ esset communione suffulta, atque ab ipso omni propemodum clero Alexandrinæ sedis ad nos ex more relatio missa patefecit, sanctæ memoriæ fratrem quemdam [*quondam*] et coepiscopum nostrum obiisse Timotheum, inque ejus vicem consona fidelium voluntate Joannem, cui ad sacerdotium constare crederentur omnia, subrogatum, ut nihil omnino restare videbatur, nisi ut Deo nostro gratias agentibus nobis atque gaudentibus, ut sine strepitu, quod catholicus in defuncti ministerio successisset antistes, apostolicæ quoque moderationis assensu votivam sumeret firmitatem : cum ecce secundum consuetudinem mihi talia disponenti tranquillissimi principis scripta sunt reddita, quibus memoratum tanquam perjurii reum, quod fraternitati quoque tuæ non esse diceretur incognitum, sacerdotio perhiberet indignum. Illico retraxi pedem, et meam revocavi super ejus confirma-

[1] Anno Redemptoris nostri 482, sub consulatu Severini. Stephanus junior Antiochenus episcopus tertio anno sedis suæ ex hac vita migravit : collectaque ibidem synodo vicinorum episcoporum, electus est in ejus locum Calendion episcopus, qui, ut testatur Evagrius lib. III, capite 10, omnes se convenientes induxit ut tum hæretico Timotheo, tum litteris Basilisci generatim et omnes scriptis, anathema dicerent : quique Zenonis permissu, magni illius Eustathii Antiocheni episcopi, de quo in notis Nicæni concilii supra egimus, sacras reliquias Antiochiam transtulit. Ad hunc in sede Antiochena confirmandum esse missum Anastasium epscopum, eumque Calendionis electi confirmationem ab apostolica sede impetrasse Simplicius papa Acacio Constantinopolitano renuntiat. Quid post hæc Acacius ? Calendionem criminis læsæ majestatis reum, adeoque episcopatu indignum esse denuntiat ; tum quod factiosis quibusdam, ut ait Evagrius, contra Zenonem adhæsisset ; tum etiam quod nomen ejusdem Zenonis e diptychis abstulisset. Gelasius epist. 11 ad Dardanos. Ita qui confessorem Eustathium in nomine confessoris recepit, sustinendo exsilium confessionis gloriam est consecutus. *Post amotum Calendionem*, subdit Evagrius cap. 16 prædicti libri, *Petrus Fullo cognomento Cnapheus, qui ante Calendionem et Stephanum episcopus fuit Antiochiæ, perperam sedem recuperavit :* eaque per vim et dolum vicissim occupata, Theopaschitarum hæresim sæpe damnatam palam non tantum promulgavit, sed ipsi etiam sanctissimæ Trinitati in trisagio hymno crucem ascripsit, verbo et opere docens, non unam tantum personam, sed totam sacrosanctam Trinitatem passam esse. Unde quam vehementer Orientalis Ecclesia turbata fuerit infra dicetur. Vide Baronium anno 482, num. 2, 3. Sev. Binius.

[a] Timotheus Alexandrinus episcopus catholicus anno 492 diem obiit, cum sedisset annos 23. Liberatus cap. 16. Ab episcopis Ægypti in unum coeuntibus communi consensu Joannes homo orthodoxus in locum ejusdem subrogatus fuit. Missa est legatio quæ electionis confirmationem peteret. Hujus legationis relatu cum statum Antiochenæ Ecclesiæ pontifex cognovisset, eumque Acacius subdole et malitiose subticuisset, sequentem illi epistolam 17 scripsit, qua eum non immerito redarguit quod de rebus tanti momenti nihil scripsisset, cum ex credito sibi vicariæ præfecturæ sedis apostolicæ officio illud facere debuisset.

[b] Qua occasione hæc epistola scripta sit dixi supra in notis epistolæ decimæ sextæ verbis *sanctæ memoriæ Timothei*. Subrogatum in locum Timothei Joannem Zeno imperator impulsu Acacii episcopi amovit, eique nefandum illum Petrum Moggum ante dejectum hæreticum substituit, eo prætextu quod

tione sententiam, ne quid contra tantum ac tale testimonium præpropere fecisse judicarer. Sed illud me non mediocriter fecit attonitum, quod iisdem litteris suis Petrum, qui hæreticorum socius dudum exstitisse probetur et princeps, quod conscientiam dilectionis tuæ meminimus non latere, instructionesque ipsas quibus fuerit confutatus, nosse confidimus, quemque etiam dubium non sit adhuc extra communionem durare catholicam, sæpeque nos de eodem ex illa urbe pellendo scripsisse sit certum, ad præfatæ Ecclesiæ regimen existimet provehendum : cumque promittat rectæ fidei definitionibus convenire, a cujus utique (sicut superius dixi) consortio tam degit extraneus, quam ab ejus communione discretus est, ad quam si nunc redire contendit, nisi per satisfactionem Christianis regulis competentem non potest introire, ac perinde [proinde] non ad fastigium sacerdotalis dignitatis accedere; sed medelæ, quæ post pœnitudinem præstanda est, consequenter aptari animæ suæ cupiens reconciliatus auxilium, non gradum summi honoris affectans, qui diu convincitur fuisse perversus, ne per speciem remeantis non remedium sinceræ salvationis inquirat, sed facultatem propagandæ pravitatis inveniat. Quo facto non hunc magis ab errore detrahimus, quam perniciem fidelibus irrogamus, eoque modo Chalcedonensis synodi statuta violantes, aditum sæva copulatione grassandi in Ecclesiam lupis rapacibus aperimus. Denique ab eisdem ipsis, cum quibus olim a catholica participatione divisus est, pontifex dicitur postulari : ut satis evidenter appareat non eos rectam fidem velle, sed in præsule proprio nefandi dogmatis quærere potestatem; neque inter ipsos et veraciter sentientes pax inde possit fœda generari, unde hæreticarum mentium crescit funesta damnatio, et catholicorum succedit miseranda captivitas. Tantis igitur malis atque periculis pro sacerdotii qualitate, et catholicæ prædicationis intuitu, ut qua potes ratione sapienter obsistas, maximis undique rebus astringeris : nec dilectioni tuæ fas est id segnius operari, quod ad animæ tuæ causam, honoris æstimationisque respectum non dubitas pertinere. Opportunitatibus ergo repertis, clementissimi principis voluntatem incessabiliter pro fide catholica supplicando, et ab his sedulo revocare quæ nociva sunt dogmati Christiano, et secundum hæc quæ mandamus, informare crebro, inque eam partem quæ amica sit veritati, potius instare non desinas, et (ut sanctum Timotheum venerandus apostolus Paulus instituit) opportune, importune, obsecrando, insinuando exponendoque nullatenus allegare cessabis, et nobis subinde quæ gerantur, quæve gerenda sint, veraciter indicare, ut creditorum tibimet dispensatione dominica talentorum in hac multiplicatione fidelis servus ostendaris, si non tantum in Ecclesia cui præsides, sed ubicunque potueris, pro unitate catholica et præ paternis definitionibus suadere non renuas. Data idibus Juliis (anno Chr. 482), Severino viro clarissimo consule.

FRAGMENTUM EPISTOLÆ

SIMPLICII PAPÆ AD ZENONEM.

Incipit epistola sanctæ memoriæ Simplicii papæ ad Zenonem imperatorem.

Inter cætera et ad locum.

Sed jam veniamus ad eos quorum unum a pontificio Alexandrinæ Ecclesiæ secludendum, alterum huic præficiendum tranquillitatis tuæ scripta pronuntiant, ac primo, si placet persona Petri, meritum expendamus. Nimirum hic est complex parricidæ [forte *parricidii*] Timothei, et exsilio sempiterno vestra quoque jussione dignissimus. Hic contra veritatem militantium socius semper, et doctor. Hic, de quo Alexandrina urbe pellendo sæpe me litteris rogasse non dubium est; qui si esset rectæ fidei, in catholica utique communione mansisset. Quod si ad eam nuper emendandus accedit hoc ipsum diu retenti confutatur erroris, quam tamen emendationem si vel nunc sincera mente perquireret, satisfactionem consequenter afferret : non expetit [forte *exspectat*] dignitatem, qui post pœnitudinem indulgentia dignus est, non honore. Absit ut ejus saluti si resipiscit, invideam; complector, hortor et gaudeo, gloriosissime imperator; sed diu pravitatis vulnere sauciato medicinæ venia competit, non potestatis. Tunc enim religionis poterit nuncupari, si perversitate damnata ad sanam fidem remeare præelegerit. Alioquin manifestus est eum non curationem proprii desiderare languoris, sed ambire fastigium, quo perfidiæ suæ virus miseris animantibus confidentius licentiusque diffundat, et de superiore loco multo violentius in servitutem catholicam redigat libertatem. Quæso deinde qui ejus provectui suffragentur, et eos audio esse archimandritas, et monachos, vel si qui sunt alii qui sese a communione catholica separaverunt. Horum ergo testimonium comprobandum est, quorum admittenda persona, quibus sanæ fidei est conscientiæ causa non suppetit, et qui cum eumdem [eodem] pari tenentur errore. *Finis*.

---

perjurus esset Joannes : utpote qui jurasset non futurum ut pateretur se aliquando in Alexandrinum episcopum eligi. Vide Baronium anno 482, num. 11 et 12. Sev. Binius.

[1] Epistola Simplicii papæ qua respondet Zenoni imperatori petenti Alexandrinæ Ecclesiæ ex nece Timotheo illata vacanti præfici Petrum Moggum, rejecto Joanne quem sibi Alexandrina Ecclesia elegerat, epistola hæc, inquam, hucusque latuit eruditos, quamvis de petitione hac a Zenone facta moniti fuerunt ex epistola Simplicii ad Acacium. Hanc vero, quamvis non integram, dedit nobis insperato vetustissimus cod. Frisingensis, quem in usum hujus editionis consuluit P. Frobenius Forster Benedictinus prior et bibliothecarius S. Emmerami Ratisbonæ. Ex hac vero nihil discimus supra id quod jam innotuerat, Simplicium scilicet obsequi imperatori recusasse. Joan. Dom. Mansi.

¹ EPISTOLA XVIII.

SIMPLICII AD EUMDEM.

Mirari se ait Acacium de Alexandrinæ Ecclesiæ vexationibus nequaquam se monuisse; hortatur autem ut imperatori insinuet ut eidem Ecclesiæ pax optata reddatur.

Dilectissimo fratri Acacio Simplicius.

Cogitationum ferias non habemus: nec enim quiescere nos causa permittit, quam si relinquamus, apud Christum Dominum nostrum, cujus interest, excusabiles [forte *inexcusabiles*] sumus. Et mirum est dilectionem tuam tot emensis temporibus, et tot opportunitatibus inde venientibus, nil nos de Alexandrina Ecclesia, quæ tam graviter quatitur, instruere voluisse; cum monere te nec increpatio nostra destiterit, ut participata sollicitudine, litteras meas apud Christianissimum et clementissimum principem præsentibus tuæ dilectionis prosequereris alloquiis, et instituti veteris memor, in orthodoxorum defensionem nobiscum sic semper incumberes, ne quisquam nostrum, Christiana plebe pereunte, reatum deditionis incurrat, et mercenarius potius videatur esse quam pastor. Unde hortamur dilectionem tuam ut opportune atque importune piis auribus insinuare non desinat, quatenus remotis scandalis quæ in Alexandrinam Ecclesiam recidivis ausibus irruerunt, pax optata reddatur, et celeriter vigilantiæ tuæ profectus, posthabitis difficultatibus, inducatur. Data octavo idus Novembris, Severino consule, *directa per Restitutum.*

EPISTOLA

SIMPLICII AD EUMDEM.

A Luca Holsteinio Romæ edita.

Dilectissimo fratri Acacio Simplicius.

Litteris tuæ dilectionis, quas per filium nostrum Epiphanium diaconum probatæ fidei direxisti, ea quæ strictim religiosissimi viri filii nostri presbyteri, archimandritæ cum monachis vel ante scripserant, latius indicasti, et prolixo quidem volumine, sed sermone necessario retulisti; ut quid vel Constantinopoli, vel in aliis regionibus ab hæreticis gestum disceremus: ac singula quæ contra ecclesiasticas regulas, et contra ipsam catholicam fidem ubicunque commissa sunt, ante nostros oculos collocasti; quatenus videatur quo etiam remedio subveniretur Ecclesiis, quibus vim sub occasione tyrannicæ dominationis, et per absentiam Christianissimi principis perniciosus latro et recidivus invasor Alexandrinæ Ecclesiæ lapsus exsiliis irrogavit. Unde unicum post Deum, qui Ecclesiam et rempublicam consolatione mirabili visitavit, etiamsi hoc fieri minime postulasses, clementissimi imperatoris auxilium duximus implorandum; ut pro omnibus quæ regno ejus Dominus tribuit, ne ulterius in orbe terrarum, quas subditas suo cognoscit imperio, Ecclesiæ Dei ab hæreticorum contagione et pravitate violentur, sed doctrinæ diabolicæ præceptione pietatis ipsius præsententur immunes. Ut ii qui sibi crediderint sacerdotale ministerium damnati hominis præsumptione conferri, promulgata imperiali constitutione etiam a conventu hominum segregandi jubeantur excludi: quatenus his submotis, atque in solitudinis perpetua relegatione damnatis, antistites catholici deceptis vel reddantur Ecclesiis, vel creentur. In quo nec nostræ preces apud religiosissimum principem, nec dilectionis tuæ suggestio, aut tantorum fratrum nostrorum, quos advenisse Constantinopolim reperimus, imploratio sacerdotum, aut supplicatio monachorum laborare poterit. Quin quidquid ad integritatem catholicæ fidei pertinet, in qua Ecclesiarum est constituta securitas regressu pietatis suæ, Domino se ubique prosequente omnium præveniens vota restituit. Et apud mentem Christianissimam facilis est impetrandi gratia, ubi religionis est causa. Sicut ergo litteris nostris, ita tuæ dilectionis, vel omnium fratrum qui se ad documenta fidei suæ Christianissimi principis præsentavere conspectui, suggestione repetendum est, ut Timotheus cum sequacibus suis ad irremeabile dirigatur exsilium. Cum quo Paulus ab Ephesina Ecclesia, et Petrus ab Antiochena civitate depulsus, atque omnes qui ab eo se, vel ab his quos illicite fecerat, æstimant episcopos ordinatos, eadem debent lege percelli. De Antonio autem, qui eorum quos contra Ecclesiam tyrannos miserat, antesignanus existens, sicut scriptum est (*Psal.* VIII, 3), inimicus et defensor apparuit. De Joanne quodam Constantinopolitano, qui ab hæreticis Apamenum sacerdotium, quod ei, qui presbyter aliunde fuerat, vel a catholicis sumere non licebat, se hæreticum publicavit, et quod in se perperam factum est improperium retorsit in auctorem; expellens ab Antiochia Petrum pervasorem ipsius, eamdem Ecclesiam ipse pervasit, sub anathemate a Christianorum consortio, vel ipsa appellatione removemus: nec unquam his satisfactionis patefaciendus est locus. Quia sicut Judas inter apostolos, ita isti inter ministros Dei subdola et diabolici spiritus fraude latuerunt. De Christiani quoque populi fide et devotione gaudentes, profectum ejus et multiplicationem Deo jugiter supplicantes expetimus: ut in timore atque amore Domini perseverans, et numero augeri, et cœlesti mercatur protectione muniri. In quo maxime gloriamur, et Deo nostro gratulabimur complacere, quia pastoralem respicit fructum, religiosi ovilis augmentum. Diu autem fratres et coepiscopos nostros apud Constantinopolim non convenit demorari: nunc præcipue, cum propter concussionem persecutionis quæ mota fuerat, sollicitæ atque attonitæ sunt in suprascriptis

---

¹ Perbreves hasce et aculeatas litteras postremas ad Acacium dedit Simplicius, quibus illum adversus hæreticos ad prælium evo are conatur; sed frustra, utpote qui transfuga factus in castris adversariorum militet, sollicitaque apud imperatorem agat, ut duo venenati colubri, truculentæ bestiæ et faces hæreticorum, Cnapheus et Moggus Antiochenæ et Alexandrinæ sedi obtrudantur, legitimique possessores Calendion et Joannes episcopi inde expellantur. SEV. BINIUS.

Ecclesiis civitates : ne aliquis dubius rationis et trepidus mentis exspectet novi aliquid post Chalcedonense concilium contra definitiones ipsius retractari : quia per universum mundum insolubili observatione retinetur, quod a sacerdotum universitate est constitutum ; et sicut apparuit cœlestis totiens ultionis assertione firmatum. Unde divino judicio reluctatur quisquis ejusdem venerabilis definita concilii post tot divinæ indignationis exempla non sequitur.

OBSERVATIO P. ANTONII PAGI
ad an. Christi 477, num. 12 et 13.

Holstenius in Collectione Romana publicavit epistolam Simplicii papæ ad Acacium Constantinopol. episcopum quæ sine die et consule est, quamque Labbæus tom. IV Concil., pag. 1039, post omnes Simplicii epistolas male collocavit. Cum enim eam scripserit *Simplicius*, paulo postquam accepit ab Acacio vim, quæ illata fuerat Ecclesiis, *sub occasione tyrannicæ dominationis, et per absentiam Christianissimi principis;* et ipso tempore, quo Ælurus adhuc vivebat, quem cum sequacibus suis *ad irremediabile exsilium* dirigi, a Zenone imp. petendum esse dicit, apparet eam epistolam in futura Collectione conciliorum immediate collocandam esse post epistolam 8 Simplicii ad Zenonem imp. datam VIII *idus Octob. post consulatum Basilici et Armati*, qua Simplicius gratulatur imperatori de recuperato imperio; cum post illam in eadem collectione concil. sequatur epistola Acacii ad Simplicium, qua ei Timothei Æluri mortem significat, quæ adhuc Simplicium latebat, cum Epistolam ab Holsenio editam ad Acacium scripsit. Ex ea intelligimus *Acacium* monuisse *Simplicium* de synodo a se apud Constantinopolim indicta. Ait enim Simplicius : *Unde unicum post Deum, qui Ecclesiam et rempublicam consolatione mirabili visitavit, etiamsi hoc fieri minime postulasses, clementissimi imperatoris auxilium duximus implorandum, ut pro omnibus quæ regno ejus Dominus tribuit, ne ulterius in orbe terrarum, quas subditas suo cognoscit imperio, Ecclesiæ Dei ab hæreticorum contagione et pravitate violentur, sed doctrinæ diabolicæ præceptione pietatis ipsius præstentur immunes. Ut ii qui sibi crediderint sacerdotale ministerium damnati hominis præsumptione conferri, promulgata imperiali constitutione, etiam a conventu hominum segregati, jubeantur excludi: quatenus his submotis, atque in solitudinis perpetua relegatione damnatis, antistites catholici decepsis vel reddantur Ecclesiis, vel creentur. In quo nec nostræ preces apud religiosissimum principem, nec dilectionis tuæ suggestio, aut tantorum fratrum nostrorum, quod advenisse Constantinopolim reperimus, imploratio sacerdotum, aut supplicatio monachorum laborare poterit.*

Imploraverat autem imperatoris auxilium Simplicius in epistola ad Zenonem VIII *idus Octob. post consulatum Basilisci et Armatii*, ideoque Holsteniana epistola prioribus mensibus anni insequentis data. In illa enim, quam an. 477 VIII *idus Octob.* scripsit Simplicius, ait. *Unde ante omnia precor, ut Alexandrinam Ecclesiam non minus a funesto, quam ab hæretico pervasore clementiæ vestræ dispositionibus liberatam, catholico et legitimo restitui censeatis antistiti eisque etiam, quos temeritate diabolica diversis ordinasse perhibetur, ejectis, rectæ fidei subrogari constituatis episcopos*, etc.

ANNO DOMINI CCCCLXXIX.

S. LUPUS TRECENSIS
ET
S. EUPHRONIUS EDUENSIS.

NOTITIA

IN SANCTUM LUPUM EPISCOPUM TRECENSEM.

(Ex Bibl. Galland.)

1° Sanctus Lupus Tricassinus episcopus, vir plane admirandus, magnum sui nominis celebritatem posteris reliquit, ut ex veterum de eo testimoniis satis intelligimus. Eucherius enim Lugdunensis de solitudine Lirinensi verba faciens (a) : *Hæc*, inquit, *habuit reverendi nominis Lupum, qui nobis illum ex tribu Benjamin lupum* (Paulum apostolum) *retulit.* Sed unus præ cæteris audiendus Sidonius, qui eumdem Lupum compellans, hæc scribit (b) : *Tu Pater Patrum et episcopus episcoporum, et alter sæculi tui Jacobus, de quadam specula caritatis, nec de inferiore Hierusalem, tota Ecclesiæ Dei nostri membra superinspicis : dignus qui omnes consoleris infirmos, quique merito ab omnibus consularis.* Alibi autem eum vocat (c) *facile principem pontificum Gallicanorum, suæ tam professionis magistrum quam dignitatis auctorem.* Quin est, inquit (d), *primus omnium toto, qua patet, orbe pontificum, cujus prærogativæ subjicitur, cujus censuræ attremit etiam turba collegii, in cujus gravitatis comparationem ipsa etiam grandævorum corda puerascunt*

(a) Eucher. epist. ad Hilar., §42, Bibl. PP. Lugd. tom. VI, pag. 866 b.
(b) Sidon. lib. VI, epist. 1, pag. 995 b, tom. I opp. Sirmond. edit. Paris
(c) Id. lib. VII, epist. 3, pag. 1041 c, ibid.
(d) Id. lib. VI, epist. 1, pag. 996 b, ibid.

Verbo, est Lupus Sidonio (*a*), *norma morum, columna virtutum, vera, quia sancta, dulcedo.* Hæc et alia hujusmodi complura de præsule nostro Trecensi Arvernorum antistes.

2° Neque solum egregiis pietatis ac integritatis dotibus quæ pontificem deceant, sed etiam doctrina et eruditione reliquis antecellentem sanctum Lupum prædicat idem Sidonius. Primum enim Arbogastem comitem, qui sibi enodandas proposuerat varias e sacris Scripturis petitas quæstiones, ad ipsum Trecensem episcopum remisit, testatus (*b*) quod illius *doctrinæ abundanti eventilandæ nec* ejus *consultatio sufficeret.* Deinde vero ad eumdem sanctum pontificem scribens (*c*) : *Mihi,* ait, *rigor censuræ tuæ in litteris æque ut moribus est ambifariam contremiscendus.* Verum ex eo potissimum intelligimus quanta sapientiæ laude claruerit sanctus Lupus, quod anno 429 vix exactis in episcopatu duobus annis, a Patribus Gallicanis in magna synodo congregatis legatus in Britanniam adversus Pelagianos una cum sancto Germano Antisiodorensi episcopo fuerit omnium suffragiis destinatus. Qua de legatione pluribus ven. Beda (*d*): ejusdemque legationis historiam fuse persequitur Norisius (*e*), ac post eum Tillemontius (*f*) et alii. Diximus Lupum in Ecclesia Trecensi regenda biennio exacto, in Britanniam missum fuisse anno 429, neque enim viris doctis (*g*) probatur Pagii sententia, qui ex Sidonii epistola ubi ait (*h*), Lupum *in apostolica sede novem jam exegisse quinquennia,* existimat præsulem Arvernensem per quinquennalia imperii Cæsarei supputationem iniisse, adeoque Lupi ordinationem anno 428 illigandam esse definit (*i*). Norisius itaque ac Tillemontius locis citatis Baronium assectati (*j*), sanctum Lupum ordinatum fuisse anno 427, in Britanniam vero legatum anno 429 statuunt. Qui postquam in Tricassino præsulatu ipsos quinquaginta duos annos explesset, anno demum 479 plenus dierum in cœlum ex hac vita migravit (*k*).

3° Magni hujus Trecensis pontificis qui fuit eximium Ecclesiæ Gallicanæ decus, cujusque immensa præconia memoriæ commendavit Sidonius Apollinaris, duæ tantum epistolæ superant; quarum alteram edidit Sirmondus (*l*), unde in conciliorum collectionem deinceps transiit (*m*) ; alteram Acherius in Spicilegio (*n*). Et priorem quidem post annum 443 scripsit sanctus Lupus suo et sancti Euphronii Augustodunensis episcopi nomine ad Talasium episcopum Andegavensem, qui utrumque præsulem consuluerat de tribus capitulis : nimirum *de vigiliis natalis Domini, Epiphaniæ et Paschæ ; de bigamis ; et de iis qui conjugati assumuntur.* Posteriorem vero noster Trecensis antistes Sidonio inscripsit, qua illi episcopatum Claromontanum gratulatur. Hanc autem epistolam scripsisse sanctus Lupus perhibetur desinente anno 471, episcopatus ejus 45, scilicet post *novem jam decursa quinquennia in apostolica sede,* ut ait ipse Sidonius in litteris quas eidem sancto præsuli rescripsit (*o*). De utraque porro epistola Tillemontium (*p*) atque auctores Historiæ litterariæ Gallicæ (*q*) consulere præstat. At vero de posteriore viri eruditi verba hic exscribere libet (*r*) : « Qui hanc epistolam legerit, fallor, inquit, nisi mecum impense doleat jacturam tot aliarum, quas ab eo (Lupo) scriptas fuisse colligimus ex Sidonio ; dum illum facit Ecclesiarum omnium in rebus dubiis consiliarium, in adversis consolatorem. Juvat tamen vel semel loquentem audivisse Sanctum, ut inde penitius ejus indolem spiritumque noverimus. »

(*a*) Sidon. ibid., pag. 997 c.
(*b*) Id: lib. IV, epist. 17, pag. 953 c, ibid.
(*c*) Id. lib. IX, epist. 11, pag. 1105 c, ibid.
(*d*) Bed. Hist. eccl. lib. I, cap. 17.
(*e*) Noris. Hist. Pelag. lib. II, cap. 5, pagg. 304 seqq., opp. tom. I.
(*f*) Tillem, tom. XV, pagg. 15 seqq.
(*g*) Id. tom. XVI, pag. 123, not. 1, et pag. 750, not. 6 in S. Sidon.
(*h*) Sidon. lib. VI, epist. 1, pag. 997 a, opp. Sirmond. tom. I.
(*i*) Pagi. Prolegom. ad dissert. Hypat,, § 31, et ad ann. 428, § 23, item ad ann. 472, § 5.
(*j*) Baron. ad ann. 472, §§ 14 et 15.

(*k*) Bolland. Act. SS. tom. VII Julii in comment. de S. Lupo num. 45 et 82, pagg. 59, 67.
(*l*) Sirmond. Concil. Gall. tom. I, pag. 122.
(*m*) Concil. tom. V, pag. 71, edit. Ven. Labb.
(*n*) Acher. Spicil. tom. V, pag. 579, sive nov. edit. tom. III, pag. 302.
(*o*) Sidon. lib. VI, epist. 1, pagg. 997 a, tom. I opp. Sirm. cit.
(*p*) Tillem. tom. XVI, pagg. 135 seqq.
(*q*) Hist. littér. de la France, tom. II, pagg. 490 seqq.
(*r*) Bosch. ad Act. SS. tom. VII Julii, pag. 67, num. 82.

SS. LUPI ET EUPHRONII EPISTOLÆ.

EPISTOLA PRIMA.

LUPUS DOMNO PAPÆ SIDONIO.

Gratias ago Domino Deo nostro Jesu Christo per Spiritum sanctum, qui te, carissime frater, in hac generali titubatione et pressura dilectissimæ sponsæ Ecclesiæ suæ, ad ejus sustentationem et consolationem in sacerdotem vocavit, ut sis lucerna in Israel, et sicut ambitiosos honores mundanæ militiæ cum summa laude exsecutus es, ita militiæ cœlestis operosa munia et humilia ministeria ipso adjuvante Christo alacriter percurras, nec retro ad aratrum applicata manu, pigritantium agricolarum more oculos convertas. Tu imperatorios apices per gloriosissimas affinitates proxime consecutus es; tu trabeales ornatus splendidasque præfecturas, et quidquid irrequieta desideriorum series sibi beatius in sæculo potest fingere, honorificus et inter streperos plausus exercuisti. Mutatus est ordo, et in domo Domini apicem attigisti, qui non in exuberanti mundani fastus fulgore, sed in maxime infima mentis depressione, et humili resupinati cordis abjectione pertractandus est. Qui olim conabaris natalium decora additis honoribus superare, nec credebas homini sufficere, si cæteris par esset, et pares non transgrederetur, in eum statum devenisti, in quo licet superior nulli te debes superiorem reputare ; minimo subditorum tuorum suppositus, eo plus eris honoratior, quo te humilitas Christi accinget, et eorum plantas osculaberis, supra quorum capita pedes tuos olim collocare dedignabaris. Iste profecto jam tibi labor incumbit, ut sis omnium servus, qui videbaris omnium dominus, et aliis incurvaris, qui cæteros conculcabas, non quia eras superbus, sed quia dignitatum præteritarum majestate, ne dicam vanitate, tantum tibi cæteros antecedendum erat, quantum tibi modo præ cæteris est recedendum. Fac ergo ut nunc ingenium transferas ad divina, qui tantum valuisti ad humana. Colligant plebes tuæ ex ore tuo spinas de capite Crucifixi, qui ex verbis tuis colligebant rosas de pompa mundiali; et capiant de eloquio sacerdotis verba disciplinæ cœlestis, qui capiebant de eloquio dominantis normam disciplinæ civilis. Ego quidem qui te tantum amavi cum sequebaris ariditatem sæculi, quali mensura putas jam amare sequentem ubertatem cœli? Jam delibor, et instans est resolutio mea, sed non putavero resolvi, qui licet solutus, in te vivam, et te in Ecclesia relinquam. Gaudeo exui, postquam Ecclesiam induisti, et te induit Ecclesia. Macte amicitia vetuste, sed fraternitate recens. Supprimit postremus titulus antiquos, nihil est quod hodie velim de præterita meminisse dilectione, quando moderna dignitatis et firmiorem facit esse caritatem et tenaciorem. O si Deus vellet ut te amplecterer! sed in spiritu perficio quod non possum in corpore, et præsente Christo non amplius reipublicæ præfectum veneror et osculor, sed Ecclesiæ, qui mihi filius ætate, dignitate frater, et meritis pater est. Ora pro me, ut in Domino consummatus, opus quod injunxit consummem, et in eo tandem impleam tempora quæ restant, qui tot et tanta (væ mihi!) his quæ non debui, implevi, sed apud Dominum misericordia. Memor esto mei.

[1] Hujus etiam epistolæ tempus incertum est, nisi quod Talasii novi, ut apparet, episcopi admonere nomen videtur, ut non multo post Andegavense concilium, in quo episcopus ordinatus est, ad eum missam credamus. Præter varia ejus exemplaria, quæ in manus nostras venerunt, animadvertimus ejusdem fieri mentionem in antiqua collectione canonum, quæ est in bibliotheca S. Germani Parisiensis. JAC. SIRMONDI. — Talasii episcopi consultationi de tribus capitulis respondent. Primum de vigiliis Natalis Domini, Ephiphaniæ, et Paschæ, quo ritu celebrandæ sint. Tum de inferioribus clericis, quibus uxores ducere licet, utrum secundas nuptias inire possint. Qua in re pati quidem Ecclesia docent, ut ostiarii alias uxores ducant, et bigami fiant : exorcistas vero et subdiaconos a secundis nuptiis penitus excludere. Cæterum in Eccles a Tricassina exorcistas

EPISTOLA II.

SANCTORUM EPISCOPORUM LUPI TRICASSINI ET EUPHRONII [2] AUGUSTODUNENSIS, AD TALASIUM EPISCOPUM ANDEGAVENSEM.

De solemnitatibus, et de bigamis clericis, et iis qui conjugati assumuntur.

Domino sancto et in Christo cultu atque honore venerando beatissimo fratri Talasio episcopo, Lupus et Euphronius episcopi pariter positi.

Commonitorium quod per subdiaconum Arcontium missum fuerat, inspeximus : ad quod sanctitati tuæ, sicut poposcisti, respondere curavimus. Vigilia natalis Domini longe alio more, quam Paschæ vigilia, celebranda : quia hic nativitatis lectiones legendæ sunt, illic autem passionis. Epiphaniæ quoque solemnitas habet suum specialem cultum. Quæ vigiliæ vel maxime, aut perpete nocte, aut certe in matutinum vergente, curandæ sunt : paschalis autem vigilia a vespere raro in matutinum usque perducitur. Deinde in vigilia Paschæ diversorum librorum lectiones sunt recensendæ, quæ totæ habeant aliquid de præfiguratione, aut vaticinio passionis: antedicta autem vigilia, prout visum fuerit; inter psallendum et legendum, sive de prophetis, sive de Novo Testamento, quod quisque voluerit, non legali, sed voluntaria lectione præsumet. De clericis vero bigamis, usque ad ostiarios Ecclesia permittit et patitur : et quam quis sacerdotum regulam pro districtione sua assumpserit, jure custodiet. Exorcistas vero, aut subdiaconos, a secundis nuptiis penitus excludit. Generationem vero filiorum ab his, quos conjugatos assumimus, melius esset, si fieri possit, arceri : quos melius est non assumi, quam de his postea sub diversa sensuum varietate certari ; cum melius sit omnes disceptationum causas excludi, ut qui non vult in clericatu generari, non constituat in altario conjugatos. Hæc pro consuetudine Ecclesiarum nostrarum, quarum una est regula, paginæ hujus sermone texuimus. Si quid vero pro honore Domini potest districtionis accrescere, si imitari non possumus, pro Domini honore laudabimus. Nam jam Ecclesiæ obsequiis aggregatos ad secundas nuptias transire non patimur : quos, postquam assumpti fuerint, etiam a primis penitus arcemus; exorcistas duntaxat, atque subdiaconos. In Augustodunensi autem Ecclesia, vel ostiarius in imo officio constitutus, si uxorem aliam acceperit,

et diaconos, postquam in clerum assumpti sunt, etiam a primis nuptiis arceri : in Augustodunensi, ostiarios a secundis. Postremo subdiaconos pacem inter se dare in sacrario debere, non in altario. Exstat hæc epistola in variis codicibus antiquis, citaturque in pervetusta collectione canonum S. Germani Parisiensis. JAC. SIRMONDUS.

[2] Lupi Tricassini episcopi apud omnes clarissima est memoria : Euphronii Augustodunensis ex Sidonio, Gregorio Turon. et ex Idatio qui alteram ejus epistolam commemorat in Chronico anni CCCCLI : *Diebus,* inquit, *insequentis Paschæ visa quædam in cœlo, regionibus Galliarum; epistola de his Euphronii Augustodunensis episcopi ad Agrippinum comitem facta evidenter ostendit.* De Talasio Andegavensi dictum est ad synodum Andegavensem, in qua ordinatus est. JAC. SIRMONDUS.

ab officio penitus abdicatur. Subdiaconos autem ad pacem inter se in sacrario oportet accedere : in altario autem, non nisi dum porrigunt pallas diacono, aut suscipiunt quod refertur; ad pacem autem nequaquam eis permissum est. Si autem illius amentiæ fuerit, vel exorcista, vel subdiaconus, vel etiam, sicut supra memoratum est, ostiarius, ut secundis se nuptiis illigarit, non solum ab officio, sed etiam a communione penitus arcetur.

(*Habes infra nonnullas Ruricii et Sidonii Rhegiensis epistolas ad Lupum Trecensem scriptas.*)

ANNO DOMINI CCCCLXXX.

RURICIUS.

JACOBI BASNAGII IN RURICIUM OBSERVATIO.

Ruricius Senior dictus, ut distingueretur ab ejus nepote cognomine et Lemovicensi episcopo, ex illustrissima Aniciorum prosapia ortus erat. Sæculo primum fuit addictus, ut testatur Faustus (*Epist.* 6), ipsi amicissimus, qui de illius conversione ita lætabundus exsultat : *Post hujus vitæ jactationes ad portum religionis, proram salutis, Excelsi manu gubernante, convertit : post umbras seducentium vanitatum et inlusiones transvolantium somniorum, mansura et solida concupivit, et despecto tandem sæculo infelici, artem ejus magnam rapuit.* Iberiam uxorem duxerat. Ex ea liberos non suscepisse videtur. Clericus factus, ad Lemovicensem episcopatum promotus est, qui tum magno non habebatur in pretio. Ideo tamen se contemni non patiebatur Ruricius. *Nobis*, inquiebat, *auctoritatem demere non debet urbis humilitas. Siquidem multo melius multoque eminentius est, civitatem de sacerdote, quam sacerdotem de civitate noscere* (*Epist.* 32, *lib.* II). Aiunt in illo episcopatu post Martialem vicesimum quartum fuisse successorem. Sed inter fabulas amandari debet ille Martialis tum apud Burdegalenses, tum apud Lemovicenses episcopus. Monet quidem amicum Celsum, *ut ad solemnitatem sanctorum cum sorore veniat* (*Epist.* 114, *lib.* II) : unde quis forsan conjiciat, sanctorum, quorum solemnia celebrabantur apud Lemovices, unum fuisse Martialem. Mera est conjectura! Sed præterea sanctos antiquos qui nunquam exstitere, aut saltem de quibus fabulosa multa narrantur, coli, quis hodierno die miretur? De ipso Ruricio, qui notior nobis debuit esse, ferunt, in communi Lemovicæ cœmeterio monasterium in honorem sancti August'ni erexisse, ibique institutis canonicis regularibus fuisse sepultum, quæ omnia a vero sunt aliena. Illud certissimum est, Ruricium Fausto, Leontio, Æonio, Sidonio, quin imo ipsi Cæsario, celeberrimis tunc temporis Galliarum episcopis, fuisse amicissimum, ut ex ipsius epistolis patet. Per senectutem vix aerem ferre potuit : per hiemem paulo robustior, æstivis diebus in hospitio et locis frigidis consuetudinariam infirmitatem superare vix poterat. Ideo a concilio Agathensi abfuit : illud ægre passus est Cæsarius, a quo fuerat invitatus. Quin imo Sedatus, Nemausensis episcopus, hac in re Cæsario manus dedit. Querelas vel injuriam repulit Ruricius, litteras Cæsarii ad se tardissime venisse significans, *nec tamen debuisse tardius commoneri, qui fortasse merebatur ambiri.* Obiit paulo post illud concilium. Aiunt bibliothecæ Patrum editores attigisse annum 499. Sed cum concilium Agathense sub Cæsario convocatum fuerit an. 506, ulterius multo vitam produxisse Ruricium constat. Polito stylo, ut sæcula ferebant, scriptæ sunt ejus epistolæ; paucissima tamen quæ vel ad dogmata, vel ad illorum temporum historiam pertineant, possis excerpere; pleræque enim sunt officiosæ epistolæ, vel consolatoriæ, vel ad pietatem fugamque sæculi adhortatoriæ. Observavit Balusius, ipsi morem fuisse meliores scriptores perlegere, ipsorumque verba sibi propria facere; idque probat variis argumentis ex geminis, quas tum edebat, Sulpitii Severi epistolis (*Miscell. tom.* I, *præf.*), ex quibus utique hausisse aliqua, indicto nomine, videtur Ruricius; et revera aliqua sunt similia, ita ut plagii reus esse videatur eo deterioris, quod verba et voces tantum usurpaverit.

RURICII EPISCOPI EPISTOLÆ.

LIBER PRIMUS.

EPISTOLA PRIMA.
Domino suo peculiari in Christo, Domino patrono Fausto episcopo Ruricius.

Olim te, domine mi venerande, ac beatissime sacerdos, fama celeberrima prædicante cognovi. Olim desiderio pii amoris infuso, illis te, quibus scribere dignaris, oculis cordis intueor; sed nihilominus etiam corporeis videre festino: si quo modo possim, inter-

redentibus vobis, peccatorum meorum vincula disrumpere, acceptisque columbæ illius pennis (*Ps.* LIV, 7), a venantium laqueis evolare (*Ps.* XC, 3), et vobiscum positus in dominica lege requiescere; ut sitim, quam opuscula vestra legendo concepi, ipso præsente, unde illa manarunt, uberius hauriens restinguerem, ut caritatis igniculum, quem in tepidis animæ dormientis favillis ferventibus suscitastis, prolatis de condensa scripturarum pabulis, vivax flamma roboraret, quæ eloquio sancti oris accensa, more sibi solito, in pectore peccatoris vim naturæ potentis exereret, calefaciendo frigida, inluminando tenebrosa, et spinas criminum consumendo. Adhæsit, doctor eximie, anima mea post te. Me autem adjuvent orationes tuæ, ut possim, terrenis actibus spretis, cœlestibus inhiare. Quia corpus, quod corrumpitur, aggravat animam (*Sap.* IX, 15), ut inclinare aurem suam ad oracula divina non possit (*Ps.* XLIV, 11), ut domum patris oblivio obediens, quæ vocantis imperio de terra sua et cognatione discedat (*Gen.* XII, 1) atque illam, quæ ei demonstratur, potius concupiscat. Non enim adhuc valet pusillitas nostra metum obnoxiæ conditionis expellere, et caritati perfectæ purgata corda reserare, ut relinquentes præsentia, petamus æterna; ejectaque ancilla (*Gen.* XXI, 10), hæreditatem paternam liberi possimus adipisci. Quamobrem spero, domine mi, ut pro me indesinenter oretis, et quoties dignati fueritis ariditatem terræ meæ eloquentiæ vestræ imbre perfundere, non mihi, sicut nunc fecistis, et adhuc meæ infirmitatis ignari, delicatos et dulces cibos, sed austeriores, et ægritudini meæ congruos suggeratis; quia non expediunt stulto deliciæ; postmodum proditoribus meis censorium præbeatis assensum, qui more humani ingenii, affectu nimio præpediti, a veritate judicii declinantes, incurrunt pro amore mendacium. Sane nec vereatur sanctitas vestra, ne vulneribus meis gratior sit foventis dextera, quam secantis. Quia ea nec me posse curari, et tamen graviter computruisse, Domino dante, jam sentio. Et ideo eligo, ut me justus misericordiæ increpatione corripiat, quam caput meum oleum peccatoris impinguet (*Ps.* CXL, 5). Supplici itaque prece deposco, ut de illo thesauro penetralium vestrorum, unde nova et vetera proferre consuevistis (*Matth.* XIII, 52), peritissimis utpote medici, qui languentium innumeras et varias ægritudines quotidie, gratia Dei adjuvante, sanatis, languori quoque meo, quæ convenire cognoscitis, medicamenta mittatis.

EPISTOLA II.

Domno suo, peculiari in Christo Domino patrono, Fausto episcopo Ruricius.

Ita me hactenus impia negligentia et negligens impietas possederunt, ut quid, domine mi, in me potissimum accusem, nesciam; et quid in me primum excusem, non inveniam. Si enim argumentationem aliquam ad excusandas excusationes in peccatis exhibere tentavero (*Ps.* CXL, 4), adjiciam

a peccato, s ne judicii recordatione, peccatum; ut duplici atque majori delicto ipse me premam, ut qui tarditatis reus sum, esse incipiam falsitatis: et ab humana usque injuria crimen extendam ad æternam: nunc tantum exspectans de segnitiæ noxa sententiam; divinæ vero pro mendacii ultione subjiciar. Præsertim cum vera confessio indulgentiam; et falsa excusatio mereatur offensam. Malo itaque tam simplici confessione quam supplici veniam petere, quam peccata geminare. Habes ergo, pater optime, pastor egregie, meam culpæ meæ spontaneam confessionem. Habes et in discipuli errore, quod corrigas; et in oviculæ languore, quod sanes. Potestatisque et judicii tui est, utrum velis ulceris mei putredinem ferri rigore rescindere, an medicamentorum lenitate curare. Ego tamen utram elegeritis curationem amplectar intrepidus; nec paternæ ictum dexteræ declinabo; dummodo portionem promissæ hæreditati adipiscar. Neque attendam quæ mihi pœna sit in flagello, sed quam habeam in testamento. Melius enim mihi est flere super patre, quam ut abdicer contemptus a patre. Quia parentum pietas distringit, ut corrigat; non perseverat, ut puniat, nec tantum ei mœroris infert arrogantia superbientis, quantum gaudium fert humilitas confitentis. Sic ille Evangelii indulgentissimus pater filium, præceptæ substantiæ decoctorem, læto suscepit amplexu, promptior gaudere de reditu, quam imputare de lapsu (*Luc.* XV). Denique non exprobrantur facinora, non luxuria, non egestas; sola conversi reversio omnia damna compensat. Quia major fuit procul dubio patri facultas reditus, quam rerum facultas. Itaque abscessio reum fecerat, regressio fecit insontem. Ea misericordia sufficit hæredi. Quin etiam paternæ clementiæ venia sola non sufficit, quod ulnis fovet, quod gratia permulcet; nisi et munera larga multiplicet. Dat annulum ne rursus a patre, perfidia duce, discedat. Calceamenta dat pedibus, quo facilius ardui itineris aspera et dura contemnat. Dat et ipsam primam quam perdiderat stolam, ut quem a morte receperat, pristina immortalitate donaret. Datur etiam ipse juniori vitulus reverso, qui seniori agnus datus fuerat de Ægypto profecturo. Quia ipse educit ex Ægypto pater. Tanti parentis imitare tantus fidem. Trade peccatoribus adjutorium, præsta conantibus remissionem, intercessionem largire, confitentique filio non solum ipse veniam tribue, sed ipse veniam deprecare; ut quem in peregrina patria appellas liberum, in propria possis videre liberatum. Et qui per se amisit dominicam liberalitatem, per te mereatur consequi libertatem, nec a vestro separetur solatio, qui sequestratur præmio.

EPISTOLA III.

Devinctissimo Filio semperque magnifico a *Hesperio Ruricius.*

Scribendi mihi ad unanimitatem tuam aditum, magnificum, Gemmam litterarum et amicorum ap-

---

a Juvenis fuit qui litteras ambat. Illum virum

quem obstruxerat imperitia, patefecit affectus et illa dominatrix omnium pietas, per quam flectuntur rigida, saxea molliuntur, sedantur tumida, leniuntur aspera, tumescunt lenia, mitescunt sava, sæviunt mitia, accenduntur placida, acuuntur bruta, dominantur barbara, immania placantur. Etiam in me opus suum peragens, os elingue reseravit, producens me ex tutissimo silentii recessu ad publicum formidandumque judicium et invitatio vestri nova subire compellit. Scilicet, ut qui hactenus illam sententiam secutus antiquam, qua dicitur: Sæpenumero præstare tacere, quam dicere; inscientiam meam maluerim verecundiæ taciturnitate legere, quam impudenter incondito sermone proferre, non tam consuetudinis meæ immemor, quam rusticitatis oblitus, quasi ex Arione in Orpheum repente mutatus, velim disertissimis auribus tuis ore garrulo non iam officiosus quam injuriosus existere. Dum et ignota pertento, et insueta præsumo. Sed dabitis, ut reor, veniam venienti ex necessitudine necessariæ necessitatis. Quia quod dilectio in mortalium mentibus naturali potestate sibi vindicat, conscium mutuæ passionis pectus agnoscit. Ergo ne excusationi diutius immorantes, ita paginam dilatemus, ut non solum tibi non exhibeat sermo incomptior, verum etiam copia inordinata fastidium; jam in vocem pietatis erumpimus, et desideriorum verba ructamus, commendantes tibi pignus nostrum, depositum tuum, cujus nos susceptione cepisti. Tibi enim spem posteritatis meæ; tibi solatium vitæ præsentis, et levamen, si divinitas annuerit, futuræ; tibi uni omnia mea vota commisi. Te *a* elicitorem et formatorem lapillorum nobilium, et rimatorem auri, te repertorem aquæ latentis elegi, qui sciris abstrusas lapidibus gemmas propriæ reddere generositati; quæ utique in tanta rerum confusione amitterent nobilitatem, si judicem non haberent. Aurum quoque, arenis vilibus mixtum, nisi artificis solertia lavetur aquis, ignibus eliquetur, nec splendorem poterit retinere nec meritum. Septas etiam aquarum manantium venas, et obductum terra fluenti alveum, nisi diligentius eruderaverit appetitoris industria, laticis unda non fluet. Ita et tenerorum adhuc acies sensuum ignorantiæ nubilo, quasi crassitate scabrosæ rubiginis obsessa, nisi assidua doctoris lima purgetur, nequit sponte clarescere. Tuum ergo nunc, tuum est, in his omnibus et opinioni tuæ, et nostro pariter respondere judicio, ne aut tu præsumpsisse illicite, aut nos inconsiderate elegisse videamur.

EPIST. IV.

Devinctissimo filio semperque magnifico Hesperio Ruricius.

Recepi apices unanimitatis tuæ, tam gratia quam eloquentia; tam amore pariter quam lepore; tam sale quam melle respersas. In quibus nec dulcedini deesset aliquid, nec sapori. Qui cum omni dictionis et rationis arte præemineant, solo tamen a se discrepare videntur judicio. Dum enim paginulæ meæ, non laudi aptæ, sed vituperationi ineptia rusticitatis aptatæ, majora meritis tribuere festinas, et sequeris vel declamationis cursum, vel diligentis affectum; a norma recti judicii declinasti. Ad quam rem ego perfectionem non ignorantiæ vitio, sed spontaneo arbitror descendisse consilio, triplici ex causa: ut in tenui materia et acumen ingenii, et oris facundiam, et affluentiam sermonis ostenderes. Sicuti in jejuno atque otioso cespite magis strenuitas cultoris apparet, cum aut rebellionem glebarum tenacium repetita sæpius impressione vomeris domat, aut ariditatem nimiam stercoris aspersione fecundat, ut fructuum copiam, quam soli natura negat, industria producat; ita et tu egestatem epistolæ meæ eloquentiæ tuæ ubertate ditasti, ut possit esse, si eam suppresseris, te loquente, laudabilis; si vero protuleris, incutiat et mihi de falsa laude, et tibi de judicii errore verecundiam. Et idcirco, quia imperitiam meam tui pudoris opus esse voluisti, cave ne, præconio tuo nobis non respondentibus, tua periclitetur electio. Itaque, si quid mihi credis, si quid utrique consulis, indignum memoria, oblivione dignissimum volumen absconde, si vis et me ad arbitrium tuum oratoris famam et te probati judicis obtinere personam.

EPIST. V.

Devinctissimo filio semperque magnifico Hesperio Ruricius.

Spoponderas, fili carissime, ut mihi aliquos de ramusculo quem ex amaritudine in domesticum saporem vertendum transferendumque susceperas, flosculos destinares, quorum odore cognoscerem quam spem spei gerere deberem; utrumnam ipsi flores germina, aut rursus ipsa germina fructus sui qualitate promitterent, iidemque iterum fructus utrum possint te excoquente mitescere, et dulci eloquentiæ verbo audientium corda satiare. Quod quia nescio quam ob causam facere distulisti, opportunum vos admonendi tempus inveni, quo in harmonia mundi universa animantia bruta pariter, et elinguia, incedentia, volantia, atque reptilia, suis quæque modis, suis sibilis, suisque quæque vocibus, etsi sono dissono, aut ore

---

pellabat *Sidonius*, ep. l. iv, ep. 22. Ad eum sæpius scripsit Ruricius, ut patet ex epist. 3, 4, 5, ipsi inscriptis. Basn.

a Ita expresse ms. novato vocabulo et non ineleganti sensu ab *eliciendo*, sicut Jupiter ab *eliciendis* fulminibus dicebatur *Elicius*, Ovid. III *Fast.*:

Eliciunt cœlo te, Jupiter : unde minores
Nunc quoque te celebrant, Eliciumque vocant.

Nisi malis legere: *licitatorem*, quod non placet;

vel: *elucidatorem*, quod malim. Hæc *Canisius*.—Ma'e, ni fallor, laudantur illi versus Ovidii. Non ideo dicebatur *Jupiter Elicius*, quod fulmina vibraret et eliceret, sed quod e cœlo elici se pateretur. Cum enim Jupiter in gratiam Numæ desiderantis scire quomodo fulmen piari posset, e cœlis in terras transmeasset, *Elicius* dicebatur. Sic etiam *Hesperius Elicitor lapillorum* dicebatur, quod gemmas e terra vel lapidibus educeret. Basn.

diverso, pari tamen affectu, quasi uno concentu in laudem proprii auctoris erumpunt, et potentiam, quam promere nequeunt, sentire se produnt. Hoc namque tempore cuncti orbis species rediviva reparatur. Et quidquid in eo situ squalidum, frigore turbidum, glacie concretum, nuditate deforme, ariditate præmortuum hactenus fuit, ad instar resurrectionis emergit; ut discat humana fragilitas de visibilibus invisibilia, et de præsentibus futura cognoscere, et spem venturæ melioris ætatis, deposita desperatione, percipiat. Nunc etiam tellus sterili rigore conclusas, quasi virili semine hoc verno tempore concepto, occultis maritata meatibus, venas laxat ad partum. Et hinc quod deliciis suave, quod esui dulce, quod usui utile, quod victui necessarium, quod visui jucundum, quod olfactui gratum, quod tactui blandum, omne producit. Siquidem hæc est illa temperies, quæ mundi nascentis materiam, quasi adhuc in incunabulis teneram in gremio quodam clementissimæ altricis complexu nutrivit; ne substantiam nullo labore duratam aut æstivus fervor exureret, aut hiemalis algor exstingueret, aut ventorum flabra portarent. Habet itaque susceptus tuus convenientissimum tempus, quo animi socordia tandem aliquando [a] deposita, hebetudinem cordis exacuat. Et si inter homines declamare non potest, saltem inter pecudes clamare, aut inter volucres garrire festinet.

EPIST. VI.

Domino sancto et piissimo Patri Nepotiano presbytero Ruricius.

Codices quos sanctitas vestra transmisit accepi, eloquentia claros, scientia perfectos, doctrina probos, fidei puritate perspicuos; qui sacrorum testimoniorum ubertate locupletes, auctoritate præstantes, luce fulgentes, facile et fidelium mentes illuminent, et infidelium errores detegant atque convincant. Quorum ego gustu admodum tenui pellectus potius quam refectus, ad satietatem propter sollicitudines sæculi pervenire non potui. Sicut enim stomachus cum febrium ardore decoquitur, dulces sibi ante cibos nec oblatos ore recipit, nec requirit ablatos; ita et animus mundanis anxietatibus curisque confectus, spiritales dapes nec desiderat absentes, nec carpit appositas, nec sentit infusas. Quæ cum ita se in me habeant, vos tamen et pii parentis probastis affectum, et solliciti magistri ministerium, et seduli medici implestis officium, ut tali tædio laboranti medicamenta congrua mitteretis. Quibus et propter negligentiam meam ego non valeo consequi sospitatem. Vos tamen percipietis a justo repensatore mercedem, qui etiam pro ingratis grates benevolas referre consuevit. Horum ego præfatorum codicum unum, sicut jussistis, retinui, alium remisi, quem S. Hilarii Pictavæ urbis antistitis esse noveritis. Quod quia præceperatis, indicare curavi. Hunc vero retentum permittitis transferre; disposui, ut quod memoriæ commendare non possimus, saltem vel paginis mandare curemus.

EPIST. VII.

Domino suo peculiariter in Christo patrono Bassulo episcopo Ruricius.

Quam me diligere sancta pietas, et pia sanctitas vestra dignetur multimodo probatis affectu, dum legenda transmittitis, et neglecta corrigitis, dilectionem diligendo provocatis; et quod prædicatis verbis, docetis exemplis. Sed quoniam semen vestrum in terra sterili et dumosa non proficit, utpote quæ sentibus supercrescentibus suffocatur, ne sicut infructuosam illam ficulneam me jubeat Dominus vineæ, quam tanto tempore nequidquam exspectat, abscindi; vos severiorem sententiam orando differte, donec doctrinæ vestræ [b] pinguedine tanquam terræ amaritudo infructuosa dulcescat. Sed quoniam plus sunt apud me delicta quam verba, nec possum facta expiare sermonibus, obsequium saltem epistolare dependo, et librum, quem præstiteratis, me remisisse significo. Alium, qui identidem vestris usibus nunc necessarius non est, spero per portitorem harum remitti. Jubeatis simul quod si propitio Deo ad solemnitatem sanctorum gurdone abituri sitis, recurrentibus scire faciatis.

EPIST. VIII.

Domino suo peculiari in Christo Domino patrono [c] Sidonio episcopo Ruricius.

Prædicantibus vobis, sæpius audisse me recolo, nullatenus ab iniquitatibus nos posse purgari, nisi fuerimus crimina nostra, conscientia compungente, confessi. Quis enim, non dicam consequi, sed vel quærere queat indulgentiam, nisi deplorationi confessionem erroris adjungat? Quia error indulgentiam, non indulgentia requirit errorem. Quod ego valde serum esse cognoscens, facinus meum nuper admissum, pietati vestræ indicare non distuli. Ne quod modo prodente me spectat ad veniam, tacente postmodum pertineret ad culpam. Sed jam ipsum dolum proferimus in medium. Furti me vobis reum statuo, et depositum vestrum me, ignorantibus vobis, illicite præsumpsisse pronuntio. Quod ut tamen committerem, occasionem perpetrandi facinoris vos dedistis, aut tentantes cupidum, aut indoctum erudire cupientes. Codicem namque, quem de fratre meo Leontio me recipere jusseratis, transtulisse me fateor. Quod si probatis, [d] ignoscite; si imputatis, agnoscite. Quia confessioni querela sociatur. Nam primum ut eum legerem voluntas impulit. Deinde ille ut transferretur extorsit. Nam cum de dapibus ipsius adhuc pauca libassem, taliter me gustu illecebrosi saporis illexit, ut primi quodammodo parentis imitator, Domino repente contempto, ad satietatem studuerim pervenire; magisque consilium suadentis quam imperium dominantis audierim. Nam ut omnia pectoris mei arcana manifestem, videbar mihi libri ipsius

---

[a] Ms. in margine *detestata*.
[b] Ms., *pinguine*.
[c] Fuit Arvernorum episc., isque celeberrimus. BASN.
[d] Forte *agnoscite; si imputatis ignoscite*.

verba adhortantis audire : Quid cessas, ingrate, quid dubitas? Nosti erga te communis Domini voluntatem, quam diversis occasionibus te elimare contendat, quam tibi etiam invito spiritales cibos soleat bonus pastor ingerere. Mihi crede, plus tibi, si distuleris, quam transtuleris imputabit. Quia studiosis favere, non invidere consuevit. His et talibus silentio alloquiis in vincula ejus me voluntarius pariter et coactus sponte conjeci, ad exemplandum eum festinus accessi, Quem nescio utrum, sicut est, transcriptum an paratum reddere debeam in vestro pendet arbitrio. Ego tamen libens multam quam intuleritis, excipiam; quia remedium meum vestrum credo esse decretum, et sententiam vestram medelam duco esse, non pœnam.

EPIST. IX.

Domino peculiari in Christo Domino patrono Sidonio Ruricius.

Ita me recens prædicatio, et antiqua dilectio vestræ pietatis illexit, ut audeam auribus vestris ineptiis meis facere sæpius injuriam; dum vestram, quantum sterili ingeniolo conceditur, attingere cupio disciplinam. Quam etsi assequi grande est, atque difficile, sequi tamen pulchrum est atque sublime. Quoniam summarum rerum non adeptio tantum, sed etiam imitatio ipsa jucunda est. Quia nunquam fere aliquis ejus rei portione ad integrum caret, ad quam scandere ac pervenire contenderit. Desidero itaque, domine mi, desidero, inquam, tuis cibis refici, tuo fonte potari, tuis repleri dapibus, tuis epulis saginari : quas si quis, distribuentibus vobis, non summo ore libaverit, sed totis animæ visceribus appetens conviva sorbuerit, atque intimo pectoris postmodum easdem ruminaturus absconderit; incipiet assiduis ructationibus in laudem Domini omnipotentis erumpere; refertus corde, ore jejunus, dum satur esurit, et saturatur esuriens; magis in regeneratione saturandus. Nec deesse poterit cibus, cujus pastus in verbo est. Ut ego harum deliciarum particeps esse merear vestris patrociniis obtinete, mihique supra mensuram virium connitenti auxiliatores accedite, simulque et ab ovili vobis credito non inveniar alienus. Orate, errantemque ovem a pascuis sæculi ad caulas dominicas reportate; quia confido quod intercessionibus vestris fieri possit agnus, qui vester meruerit esse discipulus.

EPIST. X.

Domino, pectori suo, Lupo, [a] Ruricius.

Accepi litteras magnanimitatis tuæ, quibus excusare dignaris quod ut me rarius eloquentiæ tuæ rore respergas, bajuli faciat inopia; simulque etiam indicas te mirari cur, cum mihi eorum frequentia suppetat, verborum quoque copia compta non desit, vobis scribere sæpius detrectem. Quod vos per ironiam, ut est leporis vestri facundia, jactasse non ambigo. Cum et vos abundetis tabellariis, et me sciatis laborare egestate sermonis, ac sterilitate exilis ingenii, velut æstivis mensibus arentis venæ cursum sudare, non fluere. Addidistis etiam, sicut Achilli Patroclum, aut Herculi Theseum, vel Theseo Pyrithoum, ita vos mihi debere sociari. In his fabulis factisque majorum non prærogativam personarum, sed comparationem debemus dilectionis accipere; ut amicorum recolentes nomina, sequamur exempla; et eorum in nos vocabula transferentes, merita conferamus; atque ex ipsorum gestis magnifica quæque et honesta carpentes, vitæ nostræ utiliter coaptemus; et serviamus nobis in caritate candida, non adulatione fucata. Studeamusque quod in amicitiis illorum poetarum falsitas finxit, in nobis animorum veritas peragat; ut dum imitari videmur antiqua, relinquamus imitanda; et seniorum facta laudantes, laudemur a posteris. Hæc ergo, domine mi, flamma pectoris mei, persuasioni tuæ, quam conscientiæ meæ amplius credens, gerulo festinante, breviter cursimque dictavi : quæ peritia tua et probitas tua, si amici verecundiæ consulit, aut celare debebit, aut emendare curabit.

EPIST. XI.

Domino sublimi semperque magnifico fratri Fredar. Ruricius.

Quoniam amœnitati nemoris vestri etiam deserti nostri ineptias voluistis adjungi, transmisi, sicut injunxistis, abietum plantas, non specie, sed proceritate placituras; non fructibus, sed sui peregrinatione mirabiles; non usu aptas, sed amœnitate jucundas. Quippe quæ cum coaluerint crassitudine umbrarum [b] Cevenarum frigus [c] Oceanis in æstatibus præbituræ. Et hoc inter illas præclarissimas diversi generis arbores, tam decore quam utilitate præstantes, opulentas onere, distinctas flore, odore fragrantes. Illis enim industria vestra contulit, quod soli natura non protulit. Nam ut ruborem rosarum, liliorum candorem, lauri perpetuum virorem, et alia hujuscemodi, similia vilibus prætermittam (quia sæpe per abundantiam pretiosa vilescunt, et facit copia quotidiana fastidium) illic etiam graminum, germinum, frutetorum peregrinæ collatæ sunt suavitates, visui usuique vernantes. Sed quid illic primum laudandum sit, aut mirandum, ubi etiam temporis intemperies temperatur? Siquidem inibi torridæ fervor æstatis tam umbrarum quam undarum rigore depellitur. Hiemis vero in tantum non sentitur asperitas, ut intra eadem potius tepor aeris, et cantus avium, veris reddat effigiem. Sed quid ego immemor imperitiæ meæ, paupere sermone, mi domine, ruris vestri divitias, delicias describere, aut enarrare contendo, ad cujus laudem etiam ingenia majora succumberent? Date itaque impudentiæ meæ veniam, quam extorsistis, qui ut auribus vestris verbosus existerem, dignatio vestra me compellit. Confidens quod epistola longior

---

[a] Fuit episcopus Tricassinus.
[b] Vox corrupta.

[c] Vox corrupta.

vobis, dominis meis, si displiceret affatu, placeret cymba instabili fluctuantem, quasi jam de sublimiori affectu. Cum intellexeritis eam non pro eloquentiæ specula vel eminentiori colle respicitis? Egone vos, lepore, sed pro vestro amore copiosam; simulque, qui ad portum veniæ per poenitentiæ indulgentiam, quia sciebam sublimitatem vestram in amicis vestris Domino gubernatore? [b] Non ego penitus, frater diplus reprehendere taciturnitatis verecundiam, quam lecto, sic scripsi, ut mihi aliquid blandiens, vos imloquacem familiaritatis audaciam. probo dente morderem, nec ut vos læderem; sed mihi epistolæ familiaritate vincirem. Nam si bene

EPIST. XII.
Domino pectoris sui Celso Ruricius.

Trepido in præconium vestrum os elingue reserare, cui scio jure etiam ingenia majora succumbere. Quid enim primum de affectionis aut dignationis vestræ laude commemorem? qui omnes mihi ruris, [a] moris, et, quod his omnibus majus est, caritatis delicias contulistis, aut certe, si quid horum defuit, deputandum tempori, non vobis est imputandum. Nam totum apud vos, quod carum pectus, quod habuit clarum mundus, inveni. Nulla me penitus jocunditate fraudastis; quin etiam desiderabile mihi hospitioli mei desertum vestra vicinitate fecistis. Et idcirco me magis finitimum vobis esse congaudeo, quia non ex toto malus est, qui bonis jungitur. Sed ne exhibeat vobis ipsa ineptia sui longior sermo fastidium, salve largissimum dico; et vitrarium, sicut jussistis, me destinasse significo: cujus opus nitore, non fragilitate oportet imitetur, ut dilectio, quæ nobis a parentibus relicta, magistro tradita, vitæ communione, firmata est secundis, elimetur adversis, nulla penitus turbinum procella frangatur. Nam sicut auri atque argenti pretiosa sinceritas, si æris, aut plumbi, vel cujuslibet alterius materiæ vilioris fuerit admixtione corrupta, nisi ignium examinatione purgatur, nec splendorem naturalem poterit habere, nec sonum. Nam nec visui claritatem, nec tinnitum reddit auditui, magisque raucum resonat, si feriatur, et stridulum. Hanc ergo sententiam, non meam, sed Domini, frater optime, contuentes pariter et sequentes, ita vitam nostram medio cursu, gubernatore ipso Domino, temperemus, ut cum serenitas arrideat, prosperior flatus invitet, mare placidum blandiatur; scientes tamen illam æquoris subjecti planitiem ad instar montium repente consurgere; neque in altum navem nostram patiamur impelli; ubi eam aut tempestas solvat, aut unda demergat.

EPIST. XIII.
Domino pectoris sui Celso Ruricius.

Recepi apices germanitatis tuæ, qui mihi non parum scrupuli retulerunt. Vereor enim ne secus de litteris meis quam a me missæ sunt censueritis. Et idcirco quasi temerariæ præsumptionis memores videamini, dum ut pro vobis orem, ac sæpius commoneam, postulatis. Egone, frater optime, castigare vos audeam, qui me nequeo castigare? Egone vos, qui me sæculi adhuc in turbinibus tanquam in maris æstibus

consideretis, votorum sunt illa verba, non actuum; et optantis potius quam monentis. Quia non quid ageremus, sed qualiter vellem ut viveremus, exposui. Cæterum si actus vitæ meæ præteritæ præsentisque discutias, pudebit te, intimo et secretissimo fratre teste, ferre, quæ non puduit Deo teste [c] promittere, pro quibus facinoribus meis spero vos potius Domino supplicetis, ut quos in hoc sæculo amicitiarum et propinquitatis voluit esse consortes, in futuro bonorum jubeat esse participes.

EPIST. XIV.
Domino pectoris sui Celso Ruricius.

Equum qualem jusseras destinavi, mansuetudine placidum, membris validum, firmum robore, forma præstantem, [d] factura compositum, animis temperatum, nec præproperum scilicet velocitate, nec pigrum: cui frenus et stimulus sit sedentis arbitrium, cui ad evehendum onus, et velle suppetat et posse; ita ut nec cedat superposito, nec deponat impositum. His itaque, sicut oportuit intimatis, salutatione prælata, pollicitatione dispensa, promissa deposcimus, ut ad solemnitatem sanctorum ad nos, Deo propitio, una cum sorore venire dignemini, honorem patronis, fratribus affectum, gratiam populis præstituri.

EPIST. XV.
Domino suo, peculiari in Christo domino patrono, [e] Eonio episcopo Ruricius.

Agnito transitu sancto, et venerabilis apud me recordationis domini mei decessoris vestri Leontii, animo et mente confusus diu multumque tristatus sum quod et impedientibus peccatis meis, tanto antistiti occurrere non merueram, et tali essem parente privatus. Cujus etsi exterioris hominis non fruebar aspectu, interioris tamen gratia delectabar, et mentis acie jugiter adhærebam; per quem et in quo mihi præsens quodammodo et cernebatur obtutu, et audiebatur affectu, et palpabatur attactu, et tenebatur amplexu. Siquidem cari nullo se melius loco quam in corde, caritatis ipsius sede, conspiciunt. Unde et amplius desiderabam oculis videre carnalibus, quem ita spiritalibus intuebar. Sed dolori meo consolationem ea quæ prius tribuerant, solatium ipsius merita dederunt. Quia confido quod quem paterna pietate dilexit, et sedula intercessione custodiat. Sed hæc sanctitati vestræ quasi vobiscum colloquens, atque a vobis moeroris ipsius levamen requirens, dictante

---

[a] Forte *oris*.
[b] Deest verbum.
[c] Forte *committere*.
[d] Forte *Fartura*.
[e] Is fuit Arelatensis episcopus. Lites quasdam cum Hilario Leonis successore habuit, dein a pontifice Romano concessa sunt illi vicariatus jura, quibus inscio pontifice uti tentaverat. De illo Leontio sæpius Ruricius l. II, ep. 39, et ep. 41, 48. BASN.

dilectione, retulerim. Nunc vero, ut dicere institueram, accersione ipsius domini mei et apostolatus vestri ordinatione comperta, ad officium vestrum mittere cogitabam. Sed muneribus vestris humilitatis meæ prævenistis obsequium : quæ mihi majorem scribendi fiduciam contulerunt, quia præsumo quod quem liberalitate feceritis dignum, ab animis vestris non habeatis alienum. Et ideo sicut dictis intellexi, quoniam tanti habere dignamini, sospitationem beatitudinis vestræ per litteras uberem dico; simulque peculiari prece deposco eo mecum agere tanto habeatis affectu, ut dominum Leontium præmisisse, et commutasse potius quam perdidisse cognoscam.

EPIST. XVI.

Domino venerabili, admirabili, et sanctis omnibus æquiparando, fratri Sidonio Videnti, Ruricius.

Olim te, frater carissime, fama celeberrima prædicante, cognovi, et in sede caritatis illis quibus ipse melius terrena despicis, et cœlestia divinaque consideras, oculis mentis aspexi : unde ipsius nomen ascripsi, cujus munere donatum esse te vidi. Et ideo dum te in speculo cordis diligenter, et pulchritudinem interioris hominis tui vehementer admiror, ad desiderandum animi mei viscera concitasti, quæ in tantum affectum tuum meracissima dilectione commota sunt, ut quem spiritalibus oculis contemplor, etiam carnalibus cernere concupiscam. Quamobrem, salve in Christo Domino plurimum, dicens specialius, quæso, ut una cum domno meo episcopo, quem ad nos venturum pro sua dignatione confido, vobis, ad humilitatem nostram visitandam, faciatis injuriam, ut possimus in unum positi fructum de nostra invicem carpere præsentia; dum sciscitantis intentio fit respondentis eruditio; et mutuus quodammodo profectus discentis efficitur, et docentis. Pax, pax, pax.

EPIST. XVII.

Domno animæ suæ, et totis in Christo Domino dilectionis visceribus excolendo Pomerio abbati Ruricius episcopus.

Scriptum est, sicut ipsi melius nostis, *Mihi vindictam, ego retribuam*, dicit Dominus. (*Deut.* xxxii, 35; *Rom.* xii, 19) Jam vos mihi si quid imputatis ignoscite, quia sciatis Dominum vindicasse. Tam aviis nos esse itineribus noveritis, in tam abditas solitudines inductos, ut cas retexere animus horreat, mens refugiat; sermo non queat. Incurrimus namque semitam obstructam ramis, spatio constrictam, spinis hirtam, stirpibus clausam, obsitam sentibus, situ asperam, saxorum aggeribus impeditam, radicum connexione constratam, cœno voraginosam, ut in tam variis tamque multiplicibus malis non esset simplex forma periculi; dum caballorum pedes radicum virtus detinet, et soli putredo non sustinet; montibus vero ita in sublime porrectam, et vallibus in profunda demersam, ut nos per undosum mare, excitantibus ventorum sævientium flabris, erepto ab oculis nostris nebulis ac nubibus die, iter agere crederemus. Quia etiamsi mundo radius solis illuxit, ad nos, præ densitate nemoris splendor ipsius, et calor pervenire non valuit, dum nos ita per iter infelicium felicium proceritas premit, et s c inundatio roris aspergit, ut contracti frigore, vel coacti apricitatem ignis plurimis diebus cynocaumatis quærimus. Sed cum ad locum, ad quem tendebat intentio pervenissemus, vallati aquis atque madefacti, siti occepimus deperire. Quia cum esset, ut diximus, rigor in aere, erat tamen tepor in fonte, odor in flumine, ardor in campo, æstus in castro; et ut brevi sermone universa concludam, per talem viam nos iter egisse cognoscite, per quam nec ad paradisum, non dicam ad exsilium ire quisquam desideret. Quapropter quia hæc omnia Dominus noster et me incurrere, et vos jussit evadere; peccata mea a vestris meritis etiam visibili itinere discernens; et vos qui arcta et laboriosa spiritaliter pergitis via, istas non incideretis angustias, et nos qui lata et spatiosa, retrorsum semper respicientes incedimus, hujus incurrimus injurias. Orate Dominum, cui omnia possibilia confitemur, ut etsi per diversum iter, ad unam nos tamen urbem faciat convenire; in quam nos misericordia potest inferre, vos merita.

EPIST. XVIII.

Dulcissimo et unanimo filio * *Omacio Ruricius episcopus.*

Ut per Venerium dulcedini tuæ non scriberem, non negligentiæ, nec imputationis alicujus, sed occupationis fuisse cognosce. Unde has per Amelium dedi, quibus salve plurimum dico, et ut propositi tui semper reminiscaris, commoneo. Nec animum tuum jam Deo dicatum aut a cœpto itinere blandior visus avocet, aut modulatior corrumpat auditus, aut dulcior gustus inficiat, aut mollior sollicitet tactus, aut suavior odoratus illiciat, et per fenestras corporis mors intromittatur ad animam. Sed neque stivam tenens, contra Domini sententiam retro respicias, ut directum lineæ sulcus amittat : quin potius ita in eum, cui te, ipso inspirante, vovisti, omnibus sensibus inhies, et corde defixus adhæreas, ut cum te vel una præfatorum vitiorum illex forma pulsaverit, fide firma, et divina meditatione munitum pectus adire non possit. Et quamlibet in turbis positus esse videaris, intrans in cubiculum cordis tui clauso ostio tuo, Dominum orare non desinas (*Matth.* vi, 6), ut qui videt in occulto, dicat tibi, sicut sancto Moysi vociferanti ad se non voce, sed corde, dicebat : *Quid clamas ad me* (*Exod.* xiv, 15)? Et spero ut in talibus orationibus etiam mei meminisse digneris, et citius te ad nos, etiam si inter nos reducit affectus, desiderium dulcissimæ et saluberrimæ quietis adducat.

---

* Fuit ille presbyter dilectissimus Ruricio, cujus ope usus est Eparchius, ut litteras commendatitias ad Aprunculum obtineret. Vide inferius l. ii, ep. 27, et 56. BASN.

LIBER SECUNDUS.

EPISTOLA PRIMA.
Dominis sublimissimis et in Christo Domino devinctissimis fratribus [a] Namacio et Ceraunice Ruricius.

Antiqui sapientes amicos duos unam animam habere dixerunt : quod valde verum esse prædico, proboque. Nam postquam a vestra germanitate discessi, divisum esse me sentio, partemque meam vobiscum resedisse cognosco. Nec absentibus vobis integer esse mihi videor. Et cum me in me non inveniam, apud vos me, ad vos reversus, inquiro, atque ibidem, quantum me jubes reliquisse, tantum vestri mecum abstulisse conspicio. Et ita priusquam fiat, annuente Domino, pignorum nostrorum votiva conjunctio animorum inter nos facta jam divisio, quæ [b] divino amplectenda magis est diligentibus, quam vitanda; per quam fit in cordibus eorum caritatis integræ sincera transfusio ; cujus ego vinculis colligatum a vobis esse me gaudeo, et talibus catenis vinctus exsulto, obstringique me earum nexibus magis cupio quam resolvi. Quibus et vos constrictos esse confido. Redeuntibus itaque vestris salve largissimum dico, et ex omnibus gratias agens derelinquo quæ ad præconium nostrum pertinent. Idcirco me siluisse significo, quia in propriis laudibus, sicut dicitur, est odiosa jactantia; vestra enim laus mea facta est; et ideo, ut dixi, de magnanimitate vestra tacere melius duxi; quia quidquid de vobis dixero, mihi videor contulisse.

EPIST. II.
Dominis sublimissimis et in Christo Domino devinctissimis fratribus Namacio et Ceraunice Ruricius.

Inter reliquas grates, quæ a me vobis jure referendæ sunt, præsentia ac visione patroni communis domini Postumiani ingentes gratias ago, quod hospitiolum vestrum fecistis ipsius orationibus illustrari. Quia dum vobis exhibet fidem, nobis tribuit benedictionem; et licet fuerit vigilantissimus inspector, importunissimus exactor, districtissimus exsecutor, levia tamen hæc omnia gratia vestra et sanctitatis suæ ponderatione pensavit; quia sicut scriptum est : *Caritas omnia sustinet, caritas nunquam excidit* (I Cor. XIII, 7), præsertim cum hoc, quod visus exigere, nobis eum credimus Dei beneficio contulisse. Itaque eo [c] propria civitate remeante, non quia necessariæ essent, sed quia voluit, dedi, quibus individuæ germanitati vestræ salve largissimum desiderans dico. Iter meum, vestrumque conspectum mente prævenio, atque omnia, sicut jussistis, et dignum ac debitum fuit, inspecta, tradita, firmata significo. Nec vereor quod debeat animos vestros vel aliquantisper offendere, quod unum vocabulum de libello dotis vident esse subtractum ; cum hoc quod deest numero, non solum compensatum, sed etiam auctum agnoscitis in merito.

EPIST. III.
Dominis sublimibus et in Christo Domino devinctissimis fratribus Namacio et Ceraunice Ruricius.

Quam graviter sim de luctu vestro nuntii atrocitate perculsus, facilius vos pro mutuo potestis amore conjicere, quam ego possim litteris intimare. Quia animus nimio mœrore confectus, quod horret recolere, renuit expedire. Doleo, fratres devinctissimi tam acerbo casui vestro, et toto corde compatior. Nam etsi ad præsens a vobis separatus sum corpore, tamen semper mente conjungor, et dum a vobis animo non recedo, planctibus vestris interesse me credo. Quia secundum divinam sententiam quod patitur unum membrum, omnia membra compatiuntur in corpore. Nos enim non solum fide concorporamur in Christo, sed etiam filiorum conjunctione connectimur. Unde etiam si curarum tanta intemperies permisisset, ad solandos vos, pro epistolis ipse venissem. Sed quid facimus, fratres optimi, quod divinæ resistere jussioni, sicut virtute non possumus, ita nec voluntate debemus, et omni advigilantia præcavere ne dum dulcia nobis pignora nimio dolore deflemus, blasphemi, aut quodammodo injuriosi videamur in Domino; et gravius animam nostram auctor ipsius meritis inventa occasione confodiat, quam carorum amissione percussit. Ideo in omni amaritudine vel dolore ad illum nobis refugiendum est, et ad illum omnes casus nostri toto corde referendi, qui sanat vulneratos, qui relevat mœstos, qui consolatur afflictos. Et illa sententia sancti Job omnino dicenda est : *Dominus dedit, Dominus abstulit, sicut Domino placuit, ita et factum est, sit nomen Domini benedictum* (Job I, 21). Hæc ergo, Domini pectoris mei, scribere vobis idcirco præsumpsi, ut dolorem communem, quem sciebam, quod verbis meis mitigare non poteram, vel divinis eloquiis utcunque moderarer. Et vere non minimum potestis capere de Christi voluntate solatium, quod quatenus

---

[a] Fuit *Namacius*, ni fallor, idem cum *Namaco* ad quem scripsit *Sidonius Apollinaris*, in Aquitania secunda degens. Vir doctus, qui in castris inter excubiales curas litteris incubuit. Ubi vacabat a militia et pugnis maritimis adversus Saxones illa littora infestantes, venationi fuit deditus, solusque canes venaticos apris movendis aptos habuit, dives procul dubio, utpote qui tum venaretur tum ædificaret. Cerauniam habuit conjugem, ad quam sæpius, ut ad illum, scribit Ruricius noster. Illis Nata fuit, quæ juvenis obiit, ut patet ex epistola Ruricii tertia. Fuit alter *Namacius* post obitum Rustici Arvernorum episcopus, a nostro distinguendus. BASN.

[b] Forte *divisio*.

[c] Ms., *propria dicivitate*. Sed vocula *di* est deleta. An *propria de civitate*, an *proprium in civitatem* legendum.

ipsum immaturus manebat interitus, talem eum est dignatus assumere, qualium regnum dixit esse cœlorum (*Matth.* xix, 14); ut et patronum haberetis ex filio, et minus doleretis amissum, quem a Domino videbatis assumptum.

EPIST. IV.

Dominis sublimibus et in Christo Domino devinctissimis fratribus Namacio et Cerauniæ Ruricius.

Sæpius, carissimi fratres, propter communis luctus acerbissimum casum vobis scribere, aut ad vos venire disposui, sed semper me et ab itineris procinctu infirmitas corporis, et ab epistolari officio nimius dolor cordis retraxit. Nam si quando ad scribendum animum conatus sum intendere, statim sensus horruit, mens refugit; et ita mihi pro sermonibus semper fletus occurrit; ut prius paginam lacrymarum imbre perfunderem, quam stylo pingerem, sicut dixit ille paternam indicans de filii amissione pietatem.

> *Bis conatus erat casus effingere in auro;*
> *Bis patriæ cecidere manus.*

Vel quod potius a me dicitur : Quoniam *negabat consolari anima mea* (*Psal.* lxxvi, 3). Haud injuria. Perdidi enim filiam, quam et me suscepisse, et vos genuisse gratulabar, perdidi vitæ solatium, posteritatis spem, decus familiæ, cordis gaudium, lumen oculorum. Nec simplici sum orbitate perculsus. Nam cum filia et fratres amisi, quorum me solabar affectu, quorum me conjunctione jactabam. Disruptum est, fratres carissimi, vinculum germanitatis nostræ, ablatum nobis est pignus mutuæ caritatis. Heu mihi, fratres optimi, dum depositum vestrum cujus me traditione ceperatis, amitto, una vos perdidi. Et ideo in unius necessitudinis gradu, complurium mihi necessitudinum solatia sublata suspiro. Solam tamen patriam, quæ mihi per ipsam acquisita fuerat, non amittam, qui hanc mihi potissimum terram quam illa corpore suo occupavit, patriam judicabo. Sed quo immemor officii, memor gratiæ, dolore impellente, progredior? et tempore aliquatenus vulnus obductum, rediviva recordatione, tanquam nova sectione rescindo? et qui consolari vos potius per divina promissa cupiebam, consolationem ipse non capio. Causas tamen vobis recidivi hujus doloris exponam. Utcunque enim animus mœrore confectus recipere consolationem apostolica exhortatione jam cœperat, quæ ait : *Nolo vos, fratres, ignorare de dormientibus, ne contristemini, sicut cæteri, qui spem non habent* (*I Thess.* iv, 13). Sed ubi infelix noster communis advenit, et eum sine ea, qua prius splendebat, gemma conspexi, per quam mihi et acceptior esse solebat, et gratior, et quasi ornamento proprio spoliatus mihi et indecorus apparuit. Novit ille, fratres carissimi, qui cordium occulta rimatur, quod ita mihi dolor repente geminatus est, et ita mihi per singulos dies de tanta indole illius, et istius desolatione affectus duplicatus est luctus, ut nec hunc aspicere, nec illius meminisse sine lacrymis queam; et propheticum illud

sæpius dicam : *Quis dabit capiti meo aquam, et oculis meis fontem lacrymarum* (*Jerem.* ix, 1.) ? Sed ille populi sui peccata deflebat; ego vero propria, quæ et me et vos pondere suo et numerositate presserunt; ego ut illius mortem, et meam vitam, illam defunctam, et me superstitem plangam. Longe aliud tibi, venerabilis soror, quasi de nostris meritis præsumebas, cum tantum tibi, nimia caritate decepta, de nostris orationibus, me refellente, promitteres, ut domum tuam nostra intercessione salvandam, et filiam per me, ut ita dicam, fore crederes immortalem. Sed cito apparuerunt merita mea, quæ me irremediabili vulnere sauciarent, et te secus quam oportuerat de peccatore credentem, tanti pignoris orbitate percuterent. Vel nunc certe, in Christo Domino venerabilis soror, et te falsa credidisse, et me vera dixisse cognosces. Sed nimium diu, immemores præceptorum cœlestium, humano dolori præbemus assensum. Ad divina nobis præcepta redeundum est; ne ita plangamus corpore mortuam, ut ipsi corde moriamur. Discedentes ergo paululum de præsentibus, rursum futura cogitemus; ut quos infirmant præsentia, futura corroborent. Nos debemus, fratres carissimi, illam ferre conditionem humanæ fragilitatis, quam et prophetæ, et apostoli, et sancti justique omnes, vel, quod majus est, omnium Dominus noster suscipere dignatus est. Deplorare (sed magis Deo gratias agere et gaudere) non convenit, quod filiam, qualem quidem voluimus, quam Divis qui dederat promisit, habuimus; et quidem mutavimus, non perdidimus; sed ad Christum, ipso jubente, præmisimus. Habere enim filios generalis est beneficii; bonos vero habere specialis est præmii. Sicut vivere commune est omnium; bene vero vivere et bene descendere de hac vita paucorum est; non tamen naturæ conditione, sed culpæ; nec divina præscriptione, sed propria voluntate. Et ideo non turbetur cor nostrum, nec filiam pro amissione, sed pro desiderio defleamus: nec ut dominicis promissis increduli, aut præcepti obliti esse videamur. Fleant liberos suos, qui spem resurrectionis habere non possunt; quam eis perfidia sua adimit, non divina sententia. Fleant mortui mortuos suos, quod in perpetuum æstimant interisse. Illi nullam mœroris sui habeant requiem, qui non credunt esse requiem mortuorum. Nobis vero, quibus et spes et portio Christus est, spes in terra morientium, portio in regione vivorum; quibus mors ista non naturæ, sed vitæ præsentis est finis; quia eam in melius credimus esse reparandam, juxta Apostoli sententiam : *Cum corruptibile hoc induerit incorruptionem* (*I Cor.* xv, 54); cum propheta dicendum est : *Dominus dedit, Dominus abstulit, sicut Domino visum est, ita factum, sit nomen Domini benedictum* (*Job* i, 21). Quia tenenda est in tentatione pœnitentia, ne cogat aut ore corde delinquere.

Fletus itaque vestros fides prompta detergat; quia credimus caros nostros vitam non tam perdere quam mutare; relinquere sæculum cernimus et luctibus plenum, et ad regionem beatitudinis festinare; exire de peregrinatione laboriosa, et ad quietis patriam pervenire. Unde et propheta dicit: *Educ de carcere animam meam ad confitendum nomini tuo* (*Psal.* CXLI, 8). Credite mihi, fratres carissimi, quia illa j m de sua quiete secura, de nostra est salute sollicita; quæ si nobiscum posset miscere colloquia, hoc diceret: Nolite, pii parentes, nolite me flere; nec ingrati tam benigno Domino planctibus nimiæ dilectionis existere. Esto, habuerit tempore meæ arcisitionis hoc pietas, jam debet dolorem vestrum fides cum tempore temperare. Quia etsi vobis mortua sum, Deo vivo. Aut nunquid vos magis potestis amare quam Dominus, qui me fecit? qui me donavit vita, emit, redemit, quia voluit; et quando voluit pro sua pietate suscepit. Aut quod magis doloris vestri potestis habere solatium, quam quod Dominus noster unicum Filium suum pro nobis est tradere dignatus ad mortem? Et cum Filius Dei secundum carnem mori voluerit, homo tam acerbe debet conditionem humanæ sortis excipere? Quamobrem, piissimi parentes, vestra potius peccata deflete, et de satisfactione vestrorum criminum cogitate; ut si me in Christo diligitis (quia me vere diligere non potestis, nisi in Domino diligatis) in sinum patriarchæ venire mereamini, ubi Dominus pro innocentia meæ [forte *suæ*] puritate, et pro sua pietate constituit, *quia misericordia ejus melior est super vita* (*Psal.* LXII, 4). Ut ibidem non falsis, sed veris; non temporalibus, sed æternis gaudiis pariter exsultare possimus. Talibus oportet, ut vos, optimi fratres, et his similibus præceptis ac [*sponsionibus*] sponsibus dominicis consolemur. Quia sicut apud Dominum futura jam facta sunt, ita fidelis catholicus promissa cœlestia, quæ tempore suo implenda confidit, debet etiam quodammodo habere præsentia, spe præcipere possidere fide, operibus obtinere. Hæc enim sunt quæ nobis exhibent in mœroribus solatium, in contrariis fiduciam, in prosperis moderationem; ne aut extollamur secundis, aut cedamus adversis, aut tristibus consumamur. Hæc ergo, fratres carissimi, transmittenda vobis ad communem quamdam consolationem, non sine magno animi dolore dictavi. Nec me paulo latius protrahere sermonem affluentia verborum compulit, sed æstus animorum; ut desiderium, quod recordatio accenderat, commemoratio diutina crebra leniret; et in hoc etiam parem gratiam erga communem filiam comprobemus, et sicut nos ejus vita devinxerat, ita ejus memoria in eadem dilectione custodiat.

EPIST. V.
Domno sublimi et in Christo Domino devinctissimo fratri Namacio Ruricius.

Qui occasionem scribendi pro necessitudinis jure perquirimus oblatam, prætermittere non debemus; ut reddat nobis quamdam præsentiæ portionem

[a] Locus corruptus.
[b] In castello Ruthenorum montibus cincto altare, imo ecclesiam construxerat, eo tempore *quo vix alius audebat vetustas sarcire*; ad eam consecrandam Sido-

sermo meditatus, qui emittitur, et non amittitur; tribuitur, et habetur; videtur discedere, nec recedit; a me dirigitur, a te suscipitur; a me scribitur, a te legitur; nec tamen dividitur, cum quasi divisus integer utriusque corde teneatur. Quia verbi more divini traditur, et non egreditur; confertur indigenti, et non aufertur auctori; accipientis lucrum, sine dispendio largientis; ditans inopem nec attenuans possessorem.

EPIST. VI.
Domno suo et peculiari in Christo Domino patrono Cronopio episcopo Ruricius episcopus.

In ordinando grege dominico, vel regendo, inter speculatores atque præpositos non præsumptio debet esse, sed ratio; et de custodia sollicitudo, non de pervasione contentio : ne mercenariorum subeant notam, dum pastorum non tenent disciplinam; et inveniantur, sicut Apostolus dicit, non Christi gloriam affectare, sed propriam (*I Thes.* II, 6); dum malunt ab hominibus percipere laudem, quam a Domino exspectare mercedem; præsentis appetitores lucri, et præmii contemptores æterni. Unde, sicut idem Apostolus (*Rom.* XII) docet, si pacifica ad opus sanctum congregatione concordes, si sine simulatione diligentes, si cum sollicitudine ministrantes, si unius capitis membra sumus, corporis unanimiter debemus esse rectores. Quia caulæ gregis dominici possunt esse numerositate multæ, non fidei varietate diversæ. Ut, sicut ipse Dominus prænuntiare dignatus est, non nobis per invidiam dissidentibus, et per dissensionem gregem dominicum dividentibus, multiplex per nos schisma procedat, sed magis per unitatem doctrinæ simplices oves dominicas congregantibus, fiat in nobis unus grex, et unus pastor (*Joan.* X, 16), qui sicut est rex regum, et Dominus dominantium, sacerdos sacerdotum, et pontifex pontificum; ita intelligatur et pastor esse pastorum. Quamobrem studio caritatis, non cupiditatis, [forte *cum his*] has ad sanctitatem vestram presbyterum meum pro diœcesi Gemiliacensi, unde jampridem vobis scripseram, destinavi; ne si tacuissem negligentiæ deputaretur, non concordiæ. Rationi [a] irrationabilis vide cessisse non pauci, ut si agnoscitis vera esse quæ dico, aut justa quæ repeto; nec me injuriam diutius, nec vos inquietudinem diutius sustinere patiamini.

EPIST. VII.
Domino sublimi semperque magnifico fratri Elafio Ruricius [b] *episcopus.*

Ita propitio Deo operum tuorum fama percrebuit, ut omnes in laboribus constituti commendari se germanitati vestræ omni precum ambitione deposcant. Quia fatigationem suam apud vos effectum habere non dubitant. Unde etiam portitor harum, nomine Ulfila, quem mihi [c] Fraretrius presbyter suis litteris commendavit, ad vos commendatitias postulavit, quas e-

nium invitavit, ut patet ex ejus ep. 15, l. IV, alii eum Eriphium, male, ni fallor, appellant. BASN.
[c] Vel *Frasetrius*.

eᵃ pro jussione divina, èt pro jussione mutua libenter indulsi. Quibus individuæ caritati vestræ salve plurimum dico, et præfatum pro affectione germana, non pro pontificali auctoritate commendare præsumpsi. Quia in peccatore amittit dignitas dignitatem ; cui honor indebitus oneri est potius quam honori. Quod licet vobis placere pro nostra devinctione confidam, tamen si quid nobis veri vel vicarii amoris impenditis, spero condoleatis potius quam gaudeatis. Quia indignum me, et penitus non merentem non attollit res tanta, sed deprimit.

EPIST. VIII.

Domino sancto et apostolico et mihi præ cæteris in Christo Domino cultu affectuque peculiarius excolendo, patrono et papæ Aenio ᵃ *Ruricius episcopus.*

Quotiensque [forte *quotiescunque*] quicunque sanctos aut apostolicos viros quos misericordiæ opera, operum merita, meritorum vita commendat, atque omnium virtutum fama disseminat, ærumnarum mole depressi coguntur expetere, dum litterarum quærunt labori suo, beneficium conferunt desiderio nostro. Et cum sit illorum labor noster dolor, fit tamen per officii collationem eorum necessitas quodammodo caritas nostra, qua dum ipsorum acquiescimus petitioni, nostræ satisfacimus voluntati, et ita fit ut egestas petentis sit largientis utilitas. Fratri itaque et compresbytero nostro, Possessori nomine, ᵇ quo pius est potius, quam facultate; quia quod habuit pro fratris redemptione profudit, factus est possessor paradisi, dum proprietatis sæculi desinit esse possessor. Ad apostolatum vestrum commendatitias postulanti libenter indulsi. Cujus necessitatem si dignatur plenius sanctitas vestra cognoscere, epistolam quam ad humilitatem meam frater noster Eumerius episcopus per ipsum direxit, tanti habeat recensere; et illico agnoscet qualiter ipsi debeat et pro consuetudine consulere, et pro caritate mutua condolere. Qui ut fratrem ab hostibus redderet liberum, se creditorum maluit esse captivum, et ut ille crudelissima morte non privaretur vita, ipse extorris est factus e patria.

Sancti apostoli Pauli sententiam ᶜ constituentes, qua Romanis scribens ait : *Nolo vos ignorare, fratres, quia sæpe proposui venire ad vos, sed prohibitus sum usque adhuc* (Rom. 1. 13); et nos dicere pudore instigante compellimur: Crebrius voluimus ad sincerissimam pietatem vestram scripta dirigere, sed prohibiti sumus usque nunc; prohibente nimirum illo qui bonæ voluntati consuevit semper obsistere, invidens scilicet profectui nostro, et affectui vestro, ; affectui nostro et profectui vestro. Profectui nostro et affectui vestro; quia doctrina vestra eruditio nostra est, et epistola nostra consolatio desiderii vestri est ; et rursus profectui vestro et affectui nostro ; quia eruditio nostra merces vestra est; ᵈ et tempora collatio desiderii vestri, vestri est sermonis affectus. Ita enim paucis diebus, quos mihi vere et paucos et brevissimos vester fecit affectus, dum contemplatione vestra non solum satiari noster nequit, verum etiam videndo magis exardescit intuitus ; cum nos et desideraremus præsentes, et ad hoc coram positos quæreremus ; sensus nostros fonte purissimo benigni pectoris irrigastis, ut quamlibet nulla deinde sancti oris munera pretiosa perciperem, præsentiam tamen vestram intra mentis meæ arcana possideam, et effigiem vestram in speculo mei cordis intuear, quam illa tua caritas perfecta depinxit, ut nullius ætatis oblivione possit deleri; quia jugi recordatione momentis singulis innovatur. Illic enim vobiscum ex consuetudine pietatis vestræ secretius colloquor. Illic etiam de vitæ melioris institutione pertracto. Illic vos labiis mentis exosculor, et manibus cordis amplector. Quo fit, ut vera dilectio, quæ in visceribus meis viva vultus vestri figuratione nutritur et igniculo caritatis accenditur, amoris vestri vicissitudinem mihi repromittat, et animus meus mihi animi vestri fidejussor assistat ; dum quantum mihi de vobis præsumere debeam, conscium mutuæ dilectionis pectus interrogo. Unde scribendi mihi aditu orationibus vestris tandem aliquando reserato, hanc salutationem defero, et intercessionem peccatorum requiro. Illud speciali prece deposcens, ut misericordiam Dei nostri assiduis petitionibus flagitetis omnibus delictis meis, atque omnibus, opitulantibus vobis consuetudinaria clementia et copiosa bonitate, delictis, etsi non ad idem præmium, saltem ad eumdem nos portum quietis jubeat pervenire ; ut quatenus hic propter spatia interjecta terrarum oculis corporis sæpius nos videre non possumus, vel ibidem de mutua præsentia gaudeamus ; ut quando vobis a justo Judice retribuatur corona meritorum, mihi a piissimo redemptore, et advocato perfectissimo ᵉ commissorum venia non negetur. Ipse ante judicium peccatoris agere dignetur causam, ne in judicio puniat culpam, quia novit quippe omnipotens nec in bonitate clementiæ judicii perdere veritatem, nec judicii severitate clementiæ amittere bonitatem. Et ideo per ineffabilem misericordiæ ac virtutis operationem vobis præstare dignetur, ut quos hic veritate conjunxit, illic habitatione non separet; promissionem vestram recolens peculiarius rogo, ut fratrem Pomerium sanctitas vestra non solum non retineat, verum etiam ad nos venire compellat, partemque suam nobis in dividuum utriusque transmittat. Nec eum a vobis discedere, si ad me accesserit, judicetis, quia et vos hic inveniet in me, et cum eo vos, residente corpore, ut confidimus, corde venietis. Sed et inde non parvum fructum habere poteritis, si rusticitas nostra doctrina ipsius aliquid in Dei timore profecerit.

ᵃ Leg. Æonio, qui fuit eo tempore Arelatensis episcopus, et ut aiunt, vicarius pontificis Romani per Gallias. Basn.
ᵇ Ms. vitiose, *quod pejus est*.

ᶜ Prius erat in ms. *contuenter*.
ᵈ *Et semper consolatio desiderii nostri, vestri est sermonis affectus.*
ᵉ Ms. *ommissorum*, forte *omissorum*.

EPIST. IX.

Domno animæ suæ et in Christo Domino visceribus excolendo Pomerio abbati Ruricius episcopus.

Sapientes sæculi amicos duos unam animam habere dixerunt, quod ego etiam ecclesiastico testimonio verum esse confirmo, quod ait : *Credentium autem erat anima et cor unum (Act. iv, 32).* Unum utique caritate, non numero; et fidei simplicitate, non singularitate personæ. Hoc ergo prædico proboque ; nam ex quo a vestra unanimitate discessi, divisum esse me sentio, partemque meam vobiscum resedisse cognosco. Nec absentibus vobis, integrum esse me credo; et cum me in me non inveniam, apud vos me ad vos regressus inquiro; atque ibidem quantum mei vobis reliquisse, tantum vestri mecum abstulisse conspicio. Et omnipotenti Deo gratias super tam admirabili facto ejus refero, quod ita generali tribuere dispensatione dignatus est, ut inter eos quos locorum intervalla discriminant, liber ac nullis conclusus absentiæ legibus animus commearet; nihilque esset tam impenetrabile, quod mentis aspectibus non pateret; sed per cordis intuitum inde se invicem cari, gratia intercurrente, conspicerent, ubi caritas ipsa consistit. Et ideo salutem plenissimam erga me, quantum propria mente conjicio, pietati vestræ deferens, omni precum ambitione deposco; si nobis parem repensatis affectum, si simili caritate nos diligitis, si aliquid in visceribus vestris amor noster operatur, si usque ad medullas cordis vestri dilectio nostra pervenit, si ita vos pro me, quam me pro vobis dulcedine potestatis edomuit, ut imperio ipsius nec possitis resistere, nec velitis; ad desiderantem fratrem desiderans quantocius venire festinabo, beneficio et promissum soluturus debitum, et mutuum mitigaturus affectum. Quia coram positi æqualem vobis gratiam de nostra contemplatione et collocutione præstabimus, tantumque, si ut diligeris, diligis, a me retribuetur caritati tuæ, quantum tu meæ ipse detuleris. Nec sane inveniendo fatigationem poteris formidare. Quia, ut ille dixit, vicit iter durum pietas. Et juxta Apostolum nostrum : *Caritas omnia sustinet (I Cor.* xiii, 7), quæ nec quæsit quæ sua sunt, nec unquam novit excedere. Opportune etiam desideranti viatori autumnalis temporis congruit cum caritate temperies, si eam tamen præteritæ æstatis fervor accendat, non advenientis hiemis algor exstinguat.

EPIST. X.
Item epistola domni Ruricii.

Relectis litteris meis, fortasse miraberis, quod venerationi tuæ fratri scripserim; cum hoc nec ætati nostræ conveniat, nec honori. Quia sicut me major es natu, ita minor es gradu. Et ideo si ad tuam, Deo propitio, longævitatem aut ad nostram respexissemus administrationem, aut Patri scribere debueramus aut filio. Sed quia et S. Joannes apostolus in epistola *(I cap.* 1) sua unis eisdemque, et patribus, et juvenibus scribit, et pueris, dicens : Scribo vobis, patres, quia cognovistis eum qui ab initio est. Scribo vobis, juvenes, quia vicistis malignum. Scribo vobis, pueri, quia cognovistis Patrem. Qua discretione verborum non ætatem exterioris hominis, sed qualitatem interioris assignat. In quantum enim in Dei cognitione ac dilectione proficimus, patres sine dubio nuncupamur. In quantum vero contra adversarium, qui *tanquam leo circuit, quærens quem devoret (I Pet.* v, 8), viriliter dimicamus, juvenes esse cognoscimur. In quantum vero socordiæ desidiæque committimur, et ad incedendam mandatorum viam fidei infirmitate deficimus, atque ad contuenda ac peragenda præcepta divina a sæcularium actuum intentione quasi e somno segniores assurgimus, rectissime puerorum levitate censemur. Unde et apostolus Paulus ita commonet negligentem : *Surge qui dormis, et exsurge a mortuis,* et continges Christum, sive *illuminabit te Christus (Ephes.* v, 14) Nam et Dominus in Evangelio, cum ei a circumstantibus diceretur : *Ecce mater tua, et fratres tui quærunt te, volentes videre te (Matth.* xii, 47), ita respondit . Quæ est mater mea, aut qui sunt fratres mei ? Et ostendens apostolos, sequentes se, Nonne hi, qui faciunt voluntatem Patris mei ? Mater enim Christi dici possumus, quando Christum corde gestamus. Nam et S. Maria, quæ et virgo concepit, virgo peperit, virgo permansit, Dominum nostrum non complexu virili, sed fide maritante concepit. Fratres vero ipsius efficimur, quando ita vitam nostram omni virtutum genere disponimus, fulcimus, ornamus, ut hæredes Dei esse possimus, et cohæredes Christi *(Rom.* viii, 17). Cui enim dubium, quod si hæredes Dei Patris efficimur, rectissime et fratres Christi dici, ipso adoptante, poterimus ? qui nos plasmavit ut suos, redemit ut alienos; elegit ut servos, ascivit ut filios. Plasmat enim nos potestate, redimit passione; præscientia asciscit in gratia. Nos tamen filii per adoptionem, ille solus filius per naturam; qui ut nos ad eamdem qua excideramus beatitudinem revocaret, cum penitus non desierit esse quod erat, voluit tamen esse quod non erat, ut verbum caro fieret. Et dum Creator in creaturæ humilitate descendit, ad Creatoris sublimitatem creatura conscendit. Quo fit ut humanitati divina communicent. Et divinitati humana participent, secundum illud Apostoli : *Qui cum in forma Dei esset, non rapinam arbitratus est esse se æqualem Deo, sed semetipsum exinanivit, formam servi accipiens, in similitudinem hominum factus, et habitu repertus ut homo. Humiliavit seipsum, factus obediens usque ad mortem, mortem autem crucis. Propter quod Deus exaltavit illum, et donavit illi nomen quod est super omne nomen, ut in nomine Jesu omne genu flectatur, cœlestium, terrestrium et inferorum, et omnis lingua confiteatur quoniam Dominus Jesus Christus in gloria est Dei Patris (Philip.* ii, 6). Unde et ad Corinthios idem doctor scribens ait : *Itaque nos neminem novimus secundum carnem ; etsi cognovimus enim Christum secundum carnem: sed nunc jam non novimus (II Cor.* v, 16). Quia cessante in eo infirmitate corporea, totus creditur in virtute divina. Et ideo juxta eumdem apostolum, quoniam omnes in Christo unum sumus (*Galat.* III, 28), fratres rectissime nuncupamur, quia nos et unus uterus sacri fontis effudit, et eadem ubera matris Ecclesiæ, spiritu vivificante, lactarunt simul. Idcirco, frater, scripsi, quia et Deo propitio a sæculi actibus ad æternam beatitudinem te animam convertisse cognovi, et imitatorem illius Evangelici negotiatoris effectum, qui venditis omnibus suis comparavit pretiosissimam margaritam; vel illius, qui reperto in agro thesauro, distractis, quæ habebat, universis, agrum ipsum laudabili cupiditate mercatus est (*Matth.* XIII, 44); nonalienæ possessionis importunus inhiator, sed propriæ facultatis providus distributor, caritatem, utpote sincerrimam, retinens corde perfecto; non ut parcius venderet, sed ut largius feneraret. Super quo facto gaudeo, et Deo gratias ago, quod secundum divitias bonitatis suæ atque virtutis, per inæstimabilem misericordiam suam propemodum, ut ita dixerim, contra sententiam suam venire dignatur. Quia cum ipse dixerit, difficile eos qui pecunias habent, regnum adipisci posse cœlorum. Ecce te et his dignavit in sæculo, et provehere festinat in regno. Sed tamen idem Dominus continuo rigorem prioris hujuscemodi sententiæ, quam apostoli vehementius formidabant, misericordiæ suæ moderamine temperavit, dicens: Quod impossibile esset in se hominibus per naturam, possibile Deo in eis esse per gratiam: quod in te, cui operi ut totis usque impendis pronus incumbas, pro affectu mutuæ caritatis admoneo, ut ita fabricæ turris illius, quam Dominus in Evangelio construi præcepit, strenuus ædificator insistas, ut adversarii tui habeant potius de ejus perfectione quod doleant, quam de intermissione, quod rideant.

EPIST. XI.

Domino sublimi semperque magnifico fratri Præsidio Ruricius episcopus.

Plerique dum me apud individuam mihi sublimitatem vestram non vitæ merito, sed amicitiarum privilegio multum posse confidunt, commendatitias a nobis, quibus vobis excusentur, inquirunt; quas eis pro officii nostri necessitate negare non possumus; non præsumptionis audacia, sed ministerii disciplina. Dum et illis præsentis vitæ solatia, et vobis providere desideramus æternæ; ut et illi per patientiam vestram reserventur ad pœnitentiam; et vos per misericordiam perveniatis ad veniam. Sicut dicit Scriptura: *Quia judicium sine misericordia erit illi qui non fecerit misericordiam* (*Jac.* II, 13). Quia qui dixit: *Dimitte et dimittitur vobis* (*Luc.* VI, 38), procul dubio, quem viderit hic facere quod præcepit, in futuro restituet quod promisit. Nobis enim illius veritas præsto est; illi fides nostra non desit. Unde manifestissime potestis advertere absolutionem miserorum vestrorum, esse indulgentiam peccatorum; et hoc vestris conferendum precibus, quod vos præstiteritis alienis; juxta ipsius in Evangelio sententiam: *Quo judicio judicaveritis, judicabitur de vobis* (*Matth.*

A VII, 2). Ideoque pro Urso et Lupicino, qui ad me, quasi vobis peculiariter, sicut superius dixi, caritatis jure devinctum, pro criminum suorum intercessione venerunt, precator accedo; ut primum Deo, deinde nobis hoc quod commiserunt donare digneris et [a] inseri; nec nos de eorum damnatione confundas, qui se absolutos esse cum ad humilitatem meam deducti sunt, crediderunt.

EPIST. XII.

In salo sæculi istius adversis ac diversis tempestatibus fluctuantem te ratem ad portum salutis tandem aliquando, Domino gubernante, applicuisse congaudeo. In cujus fida ac tranquilla statione compositus, æstus ipsius perfidi, et iniqui, et amari ridebis. Deinceps non timebis de quibus parum formidinis, ita multum gaudii habere jam poteris, quod eos vel retro derelictos respicis, vel in celsiori specula constitutus despicis, et te evasisse miraris. Superest ut clavo manum inserens, astra semper intentus aspicias, et ita cœpto navigationi velum pandas, ne te aut in altum vehementior flatus excutiat, aut in vicina littoribus saxa collidat. Neque etiam, juxta sententiam Domini Salvatoris, jam stivam tenens aratri retrorsum, clamoribus Sodomæ collabentis percitus, forte respiciens Loth imiteris uxorem (*Gen.* XIX, 26). Aut de Ægypto jam profectus, et fluctus Rubri maris dextra lævaque pendentes (*Exod.* XVI, 4), tantum tibi ferentes auxilium, et persequentibus te parantes exitium, Domino viam tuam et præparante et illuminante, transgressus, et eremi arduum iter arripiens, ollæ carnium recorderis, aut cœpas, quæ in modum corporalium voluptatum ipsa sui qualitate corrupta noscuntur, et fetida, nec usu grata, nec odore suavia, nec stabilitate mansura; quidquid in hoc sæculo mulcet auditu, mollescit attactu, lenocinatur aspectu, blanditur ut capiat, famulatur ut inserviat, illicit ut occidat. Nam quamcunque capere volueris voluptatem, permanet quod puniat, præterit quod delectat; dulcedo fugitiva pertransit, conscientia damnatura vel damnanda subsistit. Inde etiam dicit Salomon: *Lingua meretricis mel stillat; in novissima autem diebus amariorem felle invenies eam* (*Prov.* V, 3). Quod tamen nihilominus et ipse cum prædixisset, incurrit. Et ideo vide quod malum sit, frater carissime, quod dum detestatur, admittitur; dum refugitur, vix vitatur. Unde et tu, sicut dicit Scriptura, *Omni custodia serva cor tuum* (*Prov.* IV, 23), et discute conscientiam tuam, ne unde exisse videris aspectu, hæreas affectu: Sed dicas potius Domino cum propheta: *Adhæsit anima mea post te, me autem suscepit dextera tua* (*Psal.* LXII, 9). Vel illud etiam: *Mihi autem adhærere Deo bonum est, ponere in Deo spem meam* (*Psal.* LXXII, 28). Ut quanto labore, quantaque instantia militasti sæculo, servias Deo; dicente Apostolo, vel monente: *Humanum dico, propter infirmitatem carnis vestræ. Sicut enim exhibuistis membra vestra servire*

---

[a] Vox mendosa.

immunditiæ et iniquitati : ita nunc exhibete membra vestra servire justitiæ in sanctificationem. Cum enim servi essetis peccati, liberi eratis justitiæ. Quem ergo fructum habuistis tunc, in quibus nunc erubescitis? Nam finis illorum mors est. Nunc vero liberati a peccato, servi autem facti Deo, habetis fructum vestrum in sanctificationem, finem vero vitam æternam (Rom. vi, 19). Patientia, frater carissime, non nomine est suscipienda, sed opere; non ore tantummodo agenda, sed corde. Verum est, quod sicut utroque, hoc est, interiore et exteriore homine delinquimus, ita et utroque pœnitere debemus; ut, sicut dicit idem apostolus; *Corde creditur ad justitiam, ore autem confessio fit in salutem :* ita gemitus cor nostrum conscientia compungente concipiat, ut eos os nostrum per confessionem confusionis effundat. Quinquagesimus vero psalmus, qui pœnitudini dicatus pariter et remissioni, die noctuque cum rugitu fletuque cantetur, ut vere et salubriter dici possit : *Rugiebam a gemitu cordis mei (Psal.* xxxvii, 9). Et : *Iniquitates meas ego agnosco (Psal.* l, 5). Et : *Delictum meum contra me est semper (Ibid.).* Vel illud etiam : *Quoniam iniquitatem meam ego pronuntio et cogitabo pro peccato meo (Psal.* xxxvii, 19). Hic enim ante nos peccata nostra esse debent, ut in æternum contra nos esse non possint. Quia ita legitur in prophetis : *Dic tu prior iniquitates tuas, ut justificeris (Isai.* xliii, 26). A quo priores dicturi sumus iniquitates nostras coram Domino vel prolaturi? nisi diabolo utique, qui delictorum et incentor est et delator : Ipse enim ut peccemus instigat, ipse cum peccaverimus, accusat; ut ideo in confessione criminum a nobis præveniatur in sæculo, ne contra nos habeat quod proferat in futuro.

EPIST. XIII.
Beatissimis et in Christo venerabilibus fratribus Fœdamio [a] *et Vilico presbyteris Ruricius episcopus.*

Quamlibet litteras fraternitatis vestræ per [b] subdiaconem Contimtum non perciperem, tamen has ego ac per ipsum ad vos affectu instigante direxi; ut et desiderio satisfacerem, et scribendi aditum prius, prior utpote, patefacerem, ne in posterum locus relinqueretur excusationi; et res voluntatis, diffidentiæ et verecundiæ esse diceretur. Salutem itaque in Christo Domino plurimam dico beatitudini vestræ, et spero, ut me, sicut decet ecclesiasticos viros, non labiis, sed corde diligatis; et de me caritate sincera in alloquio pristina dicere præsumatis. Quia si illa fuisset vera, permanserat; et si fuisset [c] mutata, mutata non fuerat. A cujus tamen fuerit parte mutata, et conscientiæ nostræ noverint, et conscientiarum cognitor sine assertore cognoscit; quem ego testem adhibeo professioni meæ : nec de initio simultatis me esse culpabilem, nec in corde meo quidquid actum est dictumve resedisse, quia scio nobis ab æterno et vero Judice dictum, quod nisi ex corde dimiserimus fratribus, nobis dimitti non debeat. Habetis itaque sponsionem meam, reddite mihi fidem vestram. Quia in epistola mea procul dubio vinculum quod elegeritis habetis : aut caritatis, quod salubriter constringat et custodiat; aut perfidiæ, quod culpabiliter innectat et perdat. Nec mihi aliquid de judice prioris temporis imputetis, quia definitionis meæ est, in comitiis servare concordiam, et in judiciis tenere censuram. Illud etiam peculiarius gaudeo, quod vos in integram domini et fratris mei familiaritatem rediisse cognovi. Superest ut quod illius in bono tribuit gratia, vestra in Domino custodiat [d] insequilla.

EPIST. XIV.
Dominæ venerabili et in Christo Domino magnificandæ filiæ Cerauniæ [e] *Ruricius episcopus.*

Ut pictorem vobis antea non transmitterem hæc [f] refecit; quia adventu novi judicis te occupatam esse credidi, atque ita deterritam, ut de his rebus cogitare non possis. Sed quæ Deo propitio vos et litteris et relatione vestrorum ex sententia agere ac valere cognovi, salutatione prælata, pictorem, quamlibet hic esset occupatus, cum discipulo destinavi; quia malui meæ detrahere necessitati, unde vestræ satisfacerem petitioni. Sed quia et propositum vestrum et nostrum poscit officium, his venerationem vestram paucis monere præsumpsi, ut opere illius ad agendam pœnitentiam, et nova novi hominis vestimenta sumenda capias exemplum, quo facilius in te Adam vetustus intereat, et vivificator exsurgat; quemadmodum ille parietes variis colorum fucis multimoda arte depingit, ita vos animam vestram, quæ est templum Dei, diversis virtutum generibus excolatis, ut vere de spiritali domo vestra spiritaliter cum propheta dicere possitis : *Domine, dilexi decorem habitationis tuæ, et locum habitationis gloriæ tuæ (Psal.* xxv, 8; *Act.* vii, 48). Quia secundum ipsius Domini nostri sententiam, *Non in manu factis habitat Deus (Act.* xvii, 24), nec in tabernaculis viri beneplacitum ei; sed beneplacitum est ei super timentes se, et in eo qui sperat in misericordia. Et ipse iterum nos per prophetam docere dignatur : *Cœlum mihi thronus est, terra autem scabellum pedum meorum : quam mihi sedem ædificabitis, aut quis erit locus requietionis meæ, nonne hæc omnia fecit manus mea? aut super quem alium respiciam, nisi super humilem, et quietum, et trementem sermones meos (Isai.* lxvi, 1). Et ipse in Evangelio Dominus clamat : *Venite ad me, omnes qui laboratis et onerati estis, et ego reficiam vos (Matth.* xi, 28), et reliqua quæ sequuntur. Et ideo, in Christo Domino carissima soror ac filia, pristinæ conversationis ambitione deposita, humilitatem debes cordis induere, misericordiam indigentibus fenerare, castitatem non solum corporis, sed animæ procurare;

---

[a] Fuerunt presbyteri diœceseos Lemovicensis, qui cum Ruricio eorum episcopo lites prius habuerunt. Basn.
[b] Forte *subdiaconem Contimtum.*
[c] Hoc est *alia.*
[d] Vox mendosa; forte *insequella.*
[e] De ea superius epist. 4, lib. i.
[f] Forte *res fecit.*

quod adjuvante Domino ut acquirere valeas pariter et custodire, jejunandum est sæpius, et semper orandum, quia Adam paradisi et custos delegatur et colonus (*Gen.* II, 15), scilicet ut haberet operandi materiam libertas arbitrii et quod orationum obtinuisset industria, parcitatis abstinentia custodiret. Sed quoniam neglexit sibi servare jejunium, per concupiscentiam vetitam amisit et vitam et immortalitatem. Sub [a] Hierobabel muros Hierusalem reversi ad captivitatem reparabant, cum eis esset contra alienigenas pro eorumdem murorum restauratione certamen, operabantur dextra, et sinistra pugnabant (*II Esdræ* IV, 17) : scilicet scutum fidei læva contra adversarios prætendentes, et dextra bonorum operum tanquam lapidum compositorum moenia construentes, sed et ipsi viri qui ædificabant cum prophetis suis, super lumbos cincti operabantur, quod et Dominus in Evangelio observare nos præcipit dicens : *Sint lumbi vestri præcincti, et lucernæ vestræ ardentes* (*Luc.* XII, 35) : præcinctus est lumbis, cujus caro castitati militat, et non libidini ; et mens illius tanquam ardens lucerna præfulget, quam præceptis suis Christus accendit. Quia hæc omnia secundum Apostolum in figura nostri facta sunt (*I Cor.* X, 6) ; scire nos convenit, quod quandiu sæculi actibus fuimus occupati, tanquam Babyloniis et regi eorum captivi a Judæa producti in hostium regione servivimus, unde per pœnitentiam ad patriam, hoc est, ad coelestem Hierusalem matrem omnium fidelium revertentes, debemus omni virtutum genere reparare collapsa, sarcire discissa, delere præterita, cavere præsentia, parare ventura ; ut per benignitatem Domini a pristina peccatorum captivitate distracti, non Babyloniorum regi, sed Regi cœlorum Christo in Hierusalem, quæque congregationi sanctorum ædificatur civitas, serviamus. Et idcirco faciem nostram debemus, magis lacrymis rigare, quam lavacris, ut dicere cum propheta possimus : *Quia cinerem sicut panem manducabam, et potum meum cum fletu miscebam* (*Psal.* CI, 10). Debemus corpus nostrum indefessis vigiliis et continuis edomare jejuniis, ut verum exercentes inter animam carnemque judicium, non caro dominetur spiritui, sed spiritui caro victa deserviat. Cujus rei exemplum nobis Dominus, dum per angelum ad Agar Saræ ancillam loquitur, dedit, quæ dominam suam deserere maluerat quam audire, dicens ei : *Revertere et esto subdita dominæ tuæ* (*Gen.* XVI, 9). Ut his laboribus omnibus et bonis operibus dedita possis esse et conversatione perfecta, et confessione devota, et in regno patris tui illius de quo Dominus in Evangelio dicit : *Nolite vobis vocare patrem super terram, unus enim est pater vester* (*Matth.* XXIII, 9) ; secundum nomen tuum in illa beatorum turba vera splendere Ceraunia, et vocabuli tui auctor existere : de quo splendore operum Dominus dicit : *Sic luceat lux vestra coram hominibus, ut videant opera vestra bona, et magnificent, non vos,* sed *Patrem vestrum, qui in cœlis est* (*Matth.* V, 16). Cujus est et ut detur, et omne quod datur. Quia juxta Apostolum : Omne datum bonum a sursum de Patre luminum descendit, a quo et voluntas tribuitur, et præstatur effectus. Quia pœnitentia non nomine tantum obtinenda, sed actu est exsequenda. Pœnitentia non est nomen otiosum, quæ ex qualitate operis possidet laboriosa vocabulum. Non enim potest pœnitens dici, qui pœnitenda committit, sed ille qui præterita peccata vel maculas humilitate cordis, subjectione corporis, bonorum operum sedulitate, assiduitate orationum, continuatione gemituum, pectoris contusione, lacrymarum profusione detegit [*detergit*] ; ut possit dicere cum propheta : *Ne memineris iniquitates nostras antiquas* (*Psal.* LXXVIII, 8), utique non quotidianas. Et illud : *Laboravi in gemitu meo, lavabo per singulas noctes lectum meum* (*Psal.* VI, 7). Et : *Lacrymis meis stratum meum rigabo* (*Ibid.*). Et iterum : *Rugiebam a gemitu cordis mei* (*Psal.* XXXVII, 9). Et iterum : *Quoniam iniquitates meas ego pronuntio et cogitabo pro peccato meo* (*Ibid.*, 19). Sint ideo hic crimina nostra ante nos, et contra nos, ut in die judicii esse non possint, et illud etiam hic positi cum fiducia dicere mereamur : *Delictum meum ego cognosco, et injustitias meas non operui* (*Psal.* XXXI, 5). Dixi, pronuntiabo adversus me et injustitias meas Domino, et tu remisisti impietatem cordis mei. Certum est quod in quantum tibi de priori conversatione displicueris, in tantum Domino placebis, et in quantum tibi placueris, illi sine dubio displicebis, qui dicit : *Quoniam dissipat ossa hominum sibi placentium* (*Psal.* CXL, 7). Et ideo tanquam severissimi censores culpas nostras in nos ipsi districtius vindicemus, et ipsi nobis per diversos corporis cruciatus tortores quodammodo existamus et judices ; et in illo justæ examinationis tempore non habeat in nos Regis sententia, quod damnet, quos jam hic castigationis vitæ disciplina corrixit, quia justus et misericors judex bis non judicat in idipsum, hoc est, ei se exhibet mitem, quem invenerit hic esse præ peccatorum satisfactione crudelem ; illi benignum, quem in hac vita cognoverit sibi fuisse districtum ; secundum illud evangelicum : *Qui perdiderit animam propter me, inveniet eam* (*Matth.* X, 38). Vel illud : *Beati qui nunc lugetis, quia ridebitis* (*Luc.* VI, 21). Breve est enim omne quod in hoc mundo agitur, sive bonum, sive malum, sicut experimentis Dominus aut promisit aut voluit jam probari. Et idcirco ad sustinendas pro Dei amore pressuras constantes esse debemus. Quia si ad vesperum demorabitur fletus, et ad matutinum lætitia subsequitur (*Psal.* XXIX, 6). Itaque nunc seramus in lacrymis, quod tunc metemus in gaudiis (*Psal.* CXXV, 6). Hæc pauca ad confortandam fidem vestram pro exhortationis solatio dicta sufficiunt, quæ licet ipse non faciam, tamen ut et vos agatis exhortor. Scio enim exhortationi positam esse mercedem ; quia legimus :

---

[a] *Zorobabel.*

Flere cum flentibus (Rom. xii, 15). Et ne forte tu in judicio diceres : *Quæsivi qui simul mecum contristaretur, et non fuit, et consolantes me, et non inveni* (Psal. lxviii, 21). Perfectiora vero atque majora in Scripturis divinis, unde ista decerpta sunt, instrumenta perquire, si vis aut cœpta perficere, aut ad pollicita pervenire. Dabit tibi taliter quærenti Dominus scientiam pariter et virtutem, ut et lecta intelligas, et intellecta custodias. Nam pater orphanorum et arbiter viduarum cum te de se tantum sperare compererit, et pupillis tuis tribuet paterna pietate præsidium, et te remuneratione judicis perducet ad præmium.

EPIST. XV

Domino sancto et apostolico ac mihi præ cæteris in Christo Domino cultu affectuque peculiarius excolendo patrono et papæ a *Æonio episcopo Ruricius episcopus.*

Ante paucum tempus litteras vestræ sanctitatis accepi, quibus etiam de inofficiositate tanti habuistis affectuosius commonere, dicentes : Nihil caritate præstantius. Quod ego valde verum esse confirmo, et secundum Apostolum, illam caritatem dico esse perfectam et sublimem, *quæ de corde puro, et conscientia bona, et fide non ficta procedit* (I Tim. i, 5), quæ, juxta eumdem Apostolum, *patiens est, benigna est, quæ non inflatur, non æmulatur, non quærit quæ sua sunt, non gaudet super iniquitate, congaudet autem veritati, omnia credit, omnia sperat* (I Cor. xiii, 4 seq.). Et inde est, quod nunquam cadet. Patiens est, quia contra tentationes sæculi vel procellas in Deum defixa perstat immobilis; benigna est, quia proximorum profectibus delectatur; non inflatur, quia non superbit humili; non æmulatur, quia invidere nescit æquali; non quærit quæ sua sunt, dum juxta Domini sententiam sibi etiam minimos anteponit, et aliorum commoda suis mercatur incommodis; non gaudet super iniquitate, quia lætari nisi fratrum prosperitate non novit; congaudet autem veritati, quia amicum sincera, non fucata dilectione veneratur, nec falsa adulatione subsannat, sed vero honore concelebrat. Omnia credit, quia in divinis mandatis promissisque confidit, et ideo omnia speravit, quia pro minimis magna, pro caducis perpetua, pro temporalibus æterna sibi retribuenda non ambigit. Nunquam cadit; quia humilitas habere non potest casum, cum habeat semper ascensum, et cum jugiter excelsa meditetur, habitare tamen in sublimibus non præsumit; cum conversatio ejus habeatur in cœlis, ipsa tamen videtur adhærere terrenis; excelsa opera mente dejecta habens, unde glorietur in Domino, nec tamen extollatur in sæculo. Hæc quia jussisti scribere, non pro eruditione nostra, sed pro dignatione vestra, præsumpsi. Vestrum vero est nos educere verbis, et ad hanc eamdem caritatem provocare semper exemplis. Quia dilectio, quæ ante cognitionem mutuo inter absentes epistolario in-choata sermone semper et fota est, debet augeri corporali visione, non minui, et crescere intuitu, quæ cœpit affatu.

EPIST. XVI.

Domino sublimi semperque magnifico fratri Turencio Ruricius episcopus.

Exigit sollciti cordis affectus, ut imperitioris promatur affatus: nec erubescit rusticitatis opprobrium, dummodo impleat caritatis imperium. Sicut sanctus apostolus dicit : *Perfecta caritas foras mittit timorem* (I Joan. iv, 18). Quia longe melius est proximum diligere sincere quam prædicare perfecte. Siquidem multo plures inveniuntur in mundo eloquentiæ lepore præditi quam dilectionis vigore perfecti. Quia sicut quod bonum est rarum est, ita arduum quod æternum. Proclivis namque, juxta Domini sententiam, et trita via est quæ præcipitat in gehennam; arctior vero et difficilior quæ sublimat ad gloriam. Quæ causa? nisi quia illa multi gradiuntur, hac pauci; et ideo imminente jam præsentis ævi termino, et senii die usquequaque vicino, sicut nos etiam docet cæsaries detonsa, vel convenit, ne in veteribus annis juvenilia facta meditemur, atque in confecto corpore, et corde decrepito adolescentiæ regnet cupido, de qua judicii tempore in illo tremendo æternæ dispensationis examine, quando ille omnium mortalium testis et judex non solum merita ponderaturus et facta, verum etiam verba est discussurus et vota, juxta pollicitationem suam, aquæ frigidæ præbitioni daturus est præmium (Matth. x, 41), aliis de otiosi verbi levitate supplicium; reos nos etsi non de perpetrati facinoris voluptate, saltem de concupiscentiæ voluntate constituat. Quia *qui viderit mulierem ad concupiscendum, jam mœchatus est eam in corde suo* (Matth. v, 28). Quod et de rebus omnibus aliis similiter observare nos convenit, ut singulis appetentiæ partibus imbecillis hujus corporis amputatis talibus membris, sic debiles, et tamen integri, potius introeamus in regnum, quam salvi, et tamen perditi, in æternum projiciamur incendium. His omnibus salubriter pertractatis et rite perspectis, dum tribuuntur induciæ, declinemus a malo, et bonum incessanter operemur (Gal. vi, 10); obliviscamur præterita, contemnamus præsentia, futura cupiamus, obliviscamur in factis, recordemur in conscientiis, ut omne peccatum nobis moriatur in vita, vivat in pœnitentia : nunc seminemus in fletu, quod postmodum metamus in gaudio. Quia tempus hujus vitæ tempus est operis, dies vero retributionis tempus est messis, quando sine dubio hoc unicuique apparebit in germine, quod nunc spargit in semine. Sicut ait quidam sanctorum : *Respondebit mihi cras justitia mea* (Gen. xxx, 33). Cras utique diem resurrectionis appellans. Hæc vos, fratres optimi, non pontificali auctoritate, sed fraterna pietate fidenter scribere unanimitati vestræ, caritate dictante, præsumpsimus, qui ut vobis vel circa vos non dictatoris ingenium, sed ger-

---

a Episcopus fuit Arelatensis de quo epist. 8. BASN.

mani probaremus affectum. Salutem itaque dicens, rogo, sicut promittere dignati estis, librum nobis S. Augustini de *Civitate Dei* per portitorem harum sine dilatione mittatis. Cujus dum nos lectione ædificatis in terris, vobis ejusdem civitatis habitacula præparetis in cœlis, ad quam tamen aliter pervenire non possumus, nisi caritatis gradibus conscendamus. Quia ipsa est eminentior via, quæ vos et in hac positos sociat Deo, et de posita perducit ad Deum. De qua etiam propheta testatur, *Ambulant de virtute in virtutem*; *videbitur Deus deorum in Sion* (*Psal.* LXXXIII, 8). Quamobrem hic collyrio bonorum operum oculos cordis acuamus, ut illic Deum videre possimus. Quia secundum Evangelium, *Beati mundo corde, quoniam Deum videbunt* (*Matth.* v, 8). Ac proinde oportet hic interioris hominis præparetur intuitus, ut illic non hebetentur obtutus.

EPIST. XVII.

Domino sancto ac beatissimo et mihi peculiari cultu affectuque specialiter excolendo papæ [a] *Sedato episcopo Ruricius episcopus.*

Culpatis me sæpius, et crebrius imputatis, quod individuæ mihi in Christo Domino beatitudini vestræ hucusque non scripserim. Utinam sic esset facultas faciendi, sicut est voluntas scribendi, et caritas, quæ corde concipitur, ore promatur. Sed ubi deest effatus, silet affectus, et intra latebras pectoris contenta est sui conscientia, se non esse in dilectione culpabilem, etsi in officiorum redhibitione se non cernit æqualem. Quia confidit, quod sicut ipsa amorem fratris in se sui conjectione persentiat, ita et diligens frater eum similiter possit ex sua dilectione cognoscere. Quia nulla re melius aliorum cordium secreta, quam arcanorum nostrorum contemplatione metimur. Tantum enim nos caritate diligimus. Parui itaque petitioni vestræ, parui jussioni, ut qualibuscumque sermonibus contexta vobis scripta transmitterem; quæ vos, si nos simpliciter, ut confido, diligitis, aut confestim delebitis, ne quod vobis cordi est, aliis incipiat esse despectui; quia non æquali judicio amor audit, et odium: aut certe vobis tantum relegenda servabitis, ut quoties in vobis videndi nos caritatis ignis exarsit, desiderium vestrum eorum colloquio temperetis. Quin etiam ut amoris nostri circa vos sinceritatem plenius nosceretis, injuriam inferre præsumpsimus. Quia certi sumus quod non tam diserta cupiunt audire, quam fortia; non tam voluptuosa, quam vera. Quapropter credimus quod pietati vestræ nec longitudo paginæ nostræ afferat satietatem, nec rusticus sermo fastidium; scientes quod quanto nos amplius ruminaveritis, tanto esuriatis ardentius.

EPIST. XVIII.

Sancto Ruricius cliens patrono.

Sedato, monitis parens paternis,
Grates concinit, et refert salutem.
Quem blandis precibus rogat, timendo,
Ne fors displiceat levis camœna,
Tanti judicio minor magistri.
Hoc tu luminibus libens [b] reversa,
Hoc sanctis manibus frequens revolve,
Hoc tu dum relegis, mei memento.
Me semper recolat, canatque lingua,
Et mens me teneat, sopor retentet,
Me semper recinat tuum labellum.
Hos tu visceribus piis reconde.
Hos tecto residens, viamque carpens,
Hos inter calices, foro recumbens,
Et parcas epulas cibosque dulces,
Antro pectoris et medulla cordis
Inclusos recita, canente mente,
Sic nos et mutuos videre vultus,
Et vivis tribuat referre verbis,
Quæ nunc intima pectoris fatigant,
Largitor Deus omnium bonorum,
Christus cum Patre sempiterno regnans
Sancto Spiritui dignantes hymnos.
Finiunt versus.

EPIST. XIX.

Domino individuo semperque magnifico filio [c] *Rustico Ruricius episcopus.*

Inquietudinem mihi ab aliis, et vobis a me facit amicitia communis. Quia qui me apud vos, non dico multum, sed omnia posse confidunt, ad ecclesiolam nostram pro sua securitate confugiunt. Quorum non possum non et condolere gemitibus, et precibus obedire, ut pro ipsorum quidem reatu, sed et pro vestro pariter profectu, potestati vestræ attentius supplicem. Nec mireris quod dixi illorum reatum ad vestrum pertinere profectum. Siquidem illorum indulgentia vestra fit venia. Sicut et inopium indigentia, largientium esse noscitur copia. Hoc enim nobis retribuetur in judicio, quod præstiterimus in sæculo; dicente ipso Domino: *Dimittite, et dimittetur vobis, date et dabitur vobis* (*Luc.* VI, 38). Et iterum: *Si dimiseritis hominibus, et Pater vester dimittet vobis peccata vestra* (*Matth.* VI, 14). Unde evidenter agnoscimus Deum nostrum sententiam suam in nostra posuisse censura: qui precum nostrarum misericors et justus auditor potestati suæ de nostra lenitate præscripsit; ut in eos quodammodo non haberet jus severitatis, quos hic avidos non perspexerit ultionis. Quia quod ipse est, hoc et nos esse desiderat. Misericors est; misericordes quærit dicens: *Estote perfecti, sicut et Pater vester perfectus est* (*Matth.* v, 48). Quotidie veniam peccantibus et supplicantibus tribuit; ideo et indulgentiam a peccatoribus poscit. Unde et oratione dominica ipsius dicimus doctrina: *Dimitte nobis debita*

---

[a] Fuit ille Nemausensis episcopus, ad quem sæpius scripsit Ruricius. BASN.

[b] Alias, *recurre*.

[c] Fuere plures Rustici eo tempore. Annalium Massiliensium scriptor Rusticum sibi finxit Massiliensem episcopum, qui fuit forsan Narbonæ. Narbonensis autem secundas in his Galliarum provinciis, post episcopum Arelatensem, partes tenebat. Est illius Narbonensis episcopi ad Eucherium epistola a Sirmondo edita. Sed is, qui jam episcopus ab anno 430 obierat procul dubio, cum scriberet Ruricius, episcopus non nisi an. 470. Fuit alter Ruricius, vir illustris Burdigalensis, quem solo nomine Rusticum appellat Sidonius: *Solo nomine Rusticum video*. Hic fuit ad quem scripsit Ruricius epistolas 19 et 53 hujus libri. BASN.

nostra sicut et nos dimittimus debitoribus nostris (*Matth.* vi, 12). Quibus verbis durissimis nos vinculis illigamus, nisi quod pollicemur implemus : qui et per prophetam sic dicit : *Homo homini tenet iram, et a Domino quærit medelam* (*Eccli.* xxviii, 3). Quapropter pro Baxone, qui ad ecclesiam [a] userœ confugit, intercessor accedo ; sperans ut primum pro Dei timore, deinde pro nostra intercessione ipsi parcere digneris. Cujus absolutione et in nobis tollere confusionem, et vobis potestis comparare mercedem.

EPIST. XX.
Ruricius episcopus Capilluto filio salutem.

Ingrata mihi est frequentior ægritudo vestra ; quæ mihi etiam videtur esse commonitio divina, qua mavult Dominus noster pro sua pietate largissima peccatores castigare quam perdere ; ut quos annorum suorum ætas longæva non [b] convenit, vel convincat infirmitas, ut deponant sæculi byssum, et sumant Ecclesiæ vestimentum, quod est cilicium, contritionis indicium. *Quia cor contritum et humiliatum Deus non spernit* (*Ps.* l, 19). Ille enim vadit ad cœlum, qui se collidit ad solum. Quia *qui se exaltat humiliabitur, et qui se humiliat exaltabitur* (*Matth.* xxiii, 12). Unde et dicit pœnitens ille perfectus : *Adhæsit pavimento anima mea, Domine, vivifica me secundum verbum tuum* (*Ps.* cxviii, 25). Quid est, secundum verbum tuum, nisi secundum promissionem tuam? quod qui coram te peccata sua defleverit, compunctus in mundo, tu eum perducis in regno, ubi possit deinceps cantare securus : *Audivit Dominus, et misertus est mihi : Dominus factus est adjutor meus. Convertisti planctum meum in gaudium mihi : conscidisti saccum meum, et præcinxisti me lætitia* (*Psal.* xxix, 12). Unde suadeo pietati vestræ, ut quod cogitastis, celerius, Deo adjuvante, faciatis. Quia mors non tardat, ipso Domino dicente : *Ne tardaveris converti ad Deum, nec differas de die in diem* (*Eccli.* v, 8). Subito enim venit ira ejus et in tempore vindictæ disperdet te. Ideoque dum tempus habemus, convertamur ad Dominum, ut non cum hoc mundo damnemur. Quia sine dubio illi misericors Deus suum præstat auxilium, quem circa præcepta sua cernit attentum.

EPIST. XXI.
Ruricius episcopus Eufrasio [c] episcopo.

Gratias ago sincerissimæ in Christo Domino germanitati vestræ, quod perlato tædio ad vos nostro, confestim nos litteris vestris visitare tanti habuistis ; qui dum infirmitatis nostræ sollicitudinem geritis, sanitatem vestri pectoris approbatis. Quia sicut ipsi melius nostis, *Finis præcepti est caritas de corde puro, et conscientia bona, et fide non ficta* (*1 Tim.* i, 5). Et qui visitat infirmum in dilectione firmatur. Unde peculiarius spero, ut quem requiritis affatibus, orationibus adjuvetis. Redeuntibus itaque gerulis litte-

rarum reddo mutuum sospitationis officium et sicut ad vos rumor pervenit, sufficienter me secundum miserationem divinam, non secundum merita mea tribulatum esse significo. Quia ipse qui cibat lacrymis in minima mensura (*Psal.* lxxix, 6), castigationi, juxta pietatem suam, pro imbecillitate nostra, modum statuit, ne infirmitas nostra in manus suæ correptione defecerit. Ideoque propitia miseratione sua jam commodiorem esse me nuntio ; consolationem vobis vestri mœroris pagina deferente transmittens, ut qui estis laboribus nostris pro caritate compatientes, sitis lætitiæ in Dei nomine de recepta incolumitate participes, ipsius lectione dispono. Ora pro me.

EPIST. XXII.
Domino devinctissimo semperque magnifico Vero Ruricius episcopus.

Relectis litteris pietatis vestræ, Deo gratias egi, quod vos prius revaluisse, quam infirmatos esse earum relatione cognovi. Quod vobis tam frequenter accidere, propitio potius Deo quam offenso, confido. *Q i quem diligit Dominus corripit* (*Prov.* iii, 12). Castigat autem omnem filium quem recipit (*Hebr.* xii, 6). In divina itaque vos disciplina susceptos sedula admonitio et mitis ostendit. Quia paterna clementia mavult per multimoda incommoda negligentem corrigere filium, quam punire peccantem ; mavult nutantem ac dubium ad servitium suum habenis piæ moderationis attrahere, quam errabundum et per sæculi præcipitia lapsantem acriore verbere coercere. Ipse est enim indulgentissimus paterfamilias, qui animam suam ponit pro ovibus suis. Ipse est bonus pater, qui ovem perditam ad caulas dominicas mavult propriis humeris reportare sollicitus, quam stimulis urgentibus revocare districtos. Ipse est pater pius, qui male prodigo filio, et præceptæ substantiæ de octori, ad se vel sero redeunti non solum crimina anteriora non imputat, verum etiam præmia amissa multiplicat, dum ulnis fovet, osculis permulcet, muneribus ditat, doctrina confirmat, non tantum ad ejus indignatus abscessum, quantum lætatus ad reditum (*Luc.* xv). Ipse enim horum omnium nominum in se effectus affectusque suscepit, ut sicut dicit Apostolus, multifarie multisque modis (*Hebr.* i, 1) nos erudiret verbis, instrueret disciplinis, provocaret beneficiis, informaret exemplis, reconciliaret prece, redimeret passione, vivificaret morte, immortalitate donaret, justificaret resurrectione, ascensione portaret. Et reconciliatos per sanguinem suum, in eam, a qua excideramus, Patris gratiam reformaret. *Ipse enim est apud Patrem propitiatio nostra* (*Joan.* ii, 2), sine cessatione suggerens pietati suæ : *Pater, non solum pro his rogo, sed pro his qui credituri sunt in me per verbum illorum* (*Joan.* xvii, 9). *Pater, volo, ubi ego sum, et ipsi sint mecum* (*Ibid.* 24). *Pater,*

---

[a] Forte *Ecclesiæ viscera* vel *uterum*, — Nisi malis legere *Userchæ*, nomen geographicum. Edit.
[b] Forte *convincit* vel *correxit*.
[c] Fuit ille Arvernorum episcopus duodecimus, Aprunculi successor. Divionensem sedem jam ante occupaverat, ibique Quintianum Gothorum insidias fugientem humaniter recepit. Ei in episcopatu Arvernorum successit Apollinaris Sidonii filius. Basn.

ignosce illis, nesciunt enim quid faciunt (*Luc.* xxiii, 34). Ipse nobis quotidie per apostolum suum clamat : *Nolite diligere mundum, neque ea quæ in mundo sunt ; qui enim diligit mundum, non est caritas Patris in eo. Quia omne quod in mundo est, concupiscentia carnis, concupiscentia oculorum, et superbia vitæ humanæ, quæ non est de Patre, sed de mundo est. Et mundus transit, et concupiscentia ejus. Qui autem fecerit, voluntatem Dei, manet in æternum, sicut et Deus manet in æternum* (*I Joan.* ii, 16 *seq.*). Ipse in Evangelio blanditiis invitat, muneribus provocat, adhortatione sollicitat, dicens : *Venite ad me, omnes qui laboratis et onerati estis* (*Matth.* xi, 28), et reliqua. Ut quasi jugum salutaribus subdentes colla præceptis, salutari suo libertatis et misericordiæ currui subjungamur, et ideo auderemus revocantem sequi, audire clamantem, blandientem modo non spernere; ne sentiamus postmodum judicantem : quo judicio? Sicut ipse in Evangelio præmonere et docere dignatus est : *Cum in majestatis suæ sede consideret* (*Matth.* xix, 28), quando non solum merita ponderaturus et facta, verum etiam verba est discussurus et vota. Quem hic nunc viderit salutaria sua præcepta negligere, et admonitiones suas saluberrimas superba mente contemnere, non solum cum stultis a janua regni cœlestis excludet (*Matth.* xxv, 3), verum etiam partem ipsius cum infidelibus deputabit; ut cum quibus habet in sæculo societatem, cum iisdem in æternum habeat portionem (*Luc.* xii, 46).

EPIST. XXIII.

Filio Constantio [a] *Ruricius episcopus.*

Quamlibet Baccho, symphoniis, et diversis musicis, nec non etiam et puellarum choris te deditum esse cognoverim, tamen quia bonum est ab his, dum pervalde fervet adolescentia, aliquoties respirare, et magis Domino vacare, quam Libero, parentibus quoque operam dare, quam cantibus; moneo ut crastino, quod erit quarta feria, Brivæ temporius tamen, quod te facturum minime credo, mihi jejunus occurras.

[b] EPIST. XXIV.

Aliud mihi, Deo teste promiseras, quod ipsum deberes colere, non [c] Januum; cujus criminis etiam me vis esse consortem, ut ego ad hunc errorem colendum delicias subministrem, et oleum incendio superfundam. Quod neutro nostrum noveris expedire. Sed dices fortasse, Pollicitus es. Quo ore a me promissa perquiris, cum tu sacramenta violaveris? Unde dabis veniam meæ promissioni, quandiu te huic servire cognovero [d] parsioni. Ne confirmare videamur pactum, cujus reprehendimus factum ; et simus scandalo, [e] cujus esse debemus exemplo.

EPIST. XXV.

Ruricius Apollinari suo salutem [f].

Quia nostri curam semper gerere pro mutua caritate dignamini, indico sollicitæ pietati et piæ sollicitudini vestræ, nos non parvum quidem, sed, Deo propitio, voluptuosum, a vobis reversum, sumpsisse negotium, quod nobis plurimum prodesse possit, si aut intentionem intellectus, aut intellectum sequeretur ingenium. Sine causa enim solis ortum cæcus exspectat. Ille quidem videntibus semper exoritur; non cernentibus vero jubar ipsius, quasi nubibus semper operitur. [g] Sollium enim nostrum domnum patremque communem, quem transcribendum sublimitati vestræ dedisse me dixeram, legendum recepi. Cujus lectio sicut mihi antiquum restaurat affectum, ita præ obscuritate dictorum non accendit ingenium. Quamlibet ipsum post tam longi temporis spatium caritatis igniculum scintillis suis inter oblivionis favillas utcunque relucentem, nonnunquam et suspiriosis fletibus excitemus, et interdum dulcibus nobis fletibus irrigemus; quo tamen illo imbre perfusus quanto magis inficitur, tanto magis incenditur; quia per lacrymarum copiam desideriorum atque affectuum crescit flamma, non deficit. Hunc ergo, si Dominus piæ definitioni vestræ tribuet, ut fautor, effectum, vobis præsentibus percensere festino et effici discipulus de magistro. Quia non me pudet etiam in hac ætate, nec piget discipuli arripere industriam, dummodo affecta ætate artis consequar disciplinam.

---

[a] Constantium, quem ut sæculo nimis deditum increpat hic Ruricius, quique magis Libero vacabat quam Domino, nec diebus festis jejunus aderat templo, laudavit sæpius Sidonius. Fuit vir singularis ingenii, quique eloquentia sua Romanis partibus multum profuit. Fuit eminens poeta sacræ litteraturæ studiosus, erat autem Lugdunensis presbyter maleque episcopus dicitur ab Isidoro. Vitam S. Germani scripsit eleganti stylo. Est altera ad eum Ruricii epistola numero 42. BASN.
[b] Videtur esse scripta ad eumdem Constantium.
[c] Forte *Janum.*
[d] Forte *portioni* vel *personæ.*
[e] Forte *quibus.*
[f] Apollinaris fuit illius celeberrimi Arvernorum episcopi filius. Hunc laudavit Ruricius tanquam patris vestigiis inhærentem : *Cujus vos esse filios, non solum generositate prosapiæ, verum etiam et eloquentiæ flore, et omni virtutum genere comprobatis.* Laudaverat filium pater ; nos tamen natum degenerem mox suimus probaturi. Victorium ducem in Italiam secutus, eo oc-
ciso, apud Mediolanum relegatus est : rediit Arvernam profugus. Deinde Vocladensi prælio adfuit, ibi ipsum cum maximo Arvernorum populo corruisse asserit Savaro. Sed iterum evasit Apollinaris. Placidinam habuit uxorem : illa vero cum sedem Arvernorum obitu Eufrasii vacare audiret, electumque *Quintianum,* ipsum adiit supplex orans ut Apollinaris episcopus Arvernorum gauderet. Cessit precibus Placidinæ Quintianus. Apollinaris vero *oblatis regi muneribus in episcopatu successit, quo abutens quatuor mensibus migravit ad sæculum.* Vixit igitur Apollinaris post Vocladense prælium, contra quam asserit Savaro. Fuitque filius degener qui oblatis regi muneribus sedem a parente occupatam tenuit, eaque abusus est. Filium habuit Arcadium, cujus ignavia Arvernia fuit devastata. Mater Placidina et soror patris Alcima comprehensæ apud Cadurcum urbem, rebus ablatis exsilio sunt condemnatæ, ipse vero Arcadius, sceleris auctor, Bituriges petiit (*Greg. Tur., l.* iii, *c.* 12). Sic degeneres heroum filii. BASN.
[g] Sidonium intelligit, quem Solium alii *vocant.*

Prius enim quilibet debet discere quam docere. Quia præpropere doctoris usurpat supercilium, nisi discipuli susceperit ante famulatum. Quid enim justius quam ut ipse sis paterni interpres eloquii, qui universa quæ ille conscripsit, non tam de codicis membrana, quam de cordis potes pagina proferre? Cujus vos esse filios non solum generositate prosapiæ, verum etiam et eloquentiæ flore, et omni virtutum genere comprobatis : quæ bona vobis non tam doctrina contulit, quam natura. Quia rivus de fonte prorumpens licet fluendo proficiat, et plenitudinem currendo conquirat, auctori tamen unde sumit vocabulum, debet et meritum. Quem si divina clementia usque ad hoc tempus superesse voluisset, sicut jam tum de vestra imitatione lætabatur, ita nunc de perfectione gauderet; cum spem ad rem cerneres pervenisse; nec sibi invideret æqualem, quem optaverat esse meliorem.

EPIST. XXVI.

Quamlibet per diaconem Justum non meruerim litteras benigni pectoris et facundioris accipere, quibus et erudiretur ingenium, et desiderium pasceretur. Ego tamen, qui malo affectuosus rusticus, quam urbanus impius judicari, scribendi opportunitatem mihi perire non passus sum; utpote qui mihi nollem, non dicam occasionem scribendi, sed nec videndi vos, unius saltem horæ spatium deperire. Ideoque salve plurimum dico, et rogo ut sine communi detrimento, et utriusque compendio, nos semper, opportunitate porrecta, litteris vestris illustrare dignemini. Quia quod nobis in affectu impenditis, non expenditis; quod tribuitis, non amittitis; et quod nobis in charta transmittitis, vobiscum in corde retinetis.

EPIST. XXVII.
Ruricius Ommacio suo salutem.

Sic a pietate vestra discessi, quod a vobis penitus non recessi. In eadem vos parte hominis interioris exhibui, in qua vobis remansi. Scio quia ibidem remansi, unde me nec insidiator antiquus potuit, neque recens consiliator [*conciliator*] excludere. Unde etiam sententia illius vos sapientissimi Salomonis admoneo : *Fili, ne derelinquas amicum antiquum, novus enim non erit similis illi. Vinum novum amicus novus; veterascet, et cum suavitate bibes illud* (*Eccl.* IX, 14). Et ideo nos veterascamus in amicitiis, et de die in diem affectibus innovemur. Quod si amicus relinquendus non est, quanto magis pater, qui erudiit, qui nutrivit, qui adjuvante Domino ad sacerdotium usque perduxit : cui fortasse etiam juxta divinam misericordiam lucis istius debetur usura! Sed hæc ego beatitudini tuæ scribo, non quasi aliquid imputans, aut exprobrans, sed ut filio carissimo, quem sine ullo nævo cupio in hoc mundo impietatis incedere, et purum atque immaculatum in illo die judicii coram Deo, et angelis ejus, ac congregatione carnis totius apparere. Saluto itaque unanimitatem tuam, et rogo ut pro me orare digneris, simulque cum opportunum vobis fuerit, nos tanti habeatis visitare. Vale.

EPIST. XXVIII.
Ruricius Eufrasio [a] suo salutem.

Miror sanctitatem vestram post tantorum et talium virorum judicia potius quam rescripta inscitiæ meæ quæsisse sententiam. Quod vos magis pro necessitudine quam necessitate fecisse conjicio; ne cujus tanti habetis præcipuum in animo tenere cultum, videremini in negotio prætermisisse consensum. Unde gratias ago individuæ mihi in Christo germanitati vestræ, quod ita de nobis præsumere et judicare dignamini, ut nihil habeamus aut in caritatis simplicitate subdolum, aut in veritatis puritate fucatum. Reddo itaque debitum unanimitatis officium, et de causa qua mihi scribere dignati estis, idem me quod et fratres nostros sentire significo. Sed quid facto opus sit, vel quid mihi potissimum fieri debere videatur, per diaconem vestrum verbo fideliter intimavi, quia.... m. fuit litteris indicare. Ora pro me.

EPIST. XXIX.
Ruricius Eracliano suo salutem.

Qui se reum de officio esse cognoscit, prius supplicare debet quam audeat salutare. Quia sicut importune occurritur imputanti, ita opportune remittitur confitenti. Et ideo nos nostram in palam produximus noxam, ut facilius pervenire possimus ad veniam. Quia non relinquitur locus imputationi, cum aditus patuerit deploranti, secundum illam sententiam : *Dic tu prior iniquitates tuas, ut justificeris.* Non enim prævalebit accusantis invidia, ubi humilitas præcesserit supplicantis. Quamobrem nos si jam excusando diluimus culpam, veniamus ad causam. Salutem ergo tantam dicimus pietati vestræ, quantam potest affectus intelligere, et non potest sermo proferre; quantam sentire possumus, et non valemus exponere; quantam potest interioris mens desiderio calefacta concipere, et non potest lingua exterioris asserere. Unde gratias agentes ipsius caritatis auctori, qui eam in cordibus vestris est dignatus inserere, oremus ut præcipuum sua [b] largitatio munus in nobis custodire semper, et jugiter dignetur augere. Quia juxta Apostolum ipsa est eminentior via quæ ducit ad vitam. Quod superest, specialiter quæso, ut communi patrono nobis quotidie supplicetis. Quia, sicut legitis, multum valet oratio justi assidua. Et sicut ipse Dominus noster in Evangelio dicit de illo qui tres panes ab amico suo noctis tempore, importune quidem, sed salubriter, quod improbitati præstitum fuerit insistentis, quod negabatur amicitiis flagitantis. Reliqua per portitorem verbo mandavi, quæ longum fuit litteris indicare. Unde sicut principium epi-

---

[a] De eo ad epist. 20.

[b] Forte *largitio.*

stolæ continet, rogo ut pro tarditate veniam dare dignemini. Vale.

EPIST. XXX.
Ruricius episcopus Capilluto filio salutem.

Gratias ago pietati vestræ quod me consulere de [a] civitatis ordinatione dignamini; cum vobis sufficere, Deo propitio, satis abundeque possitis. Et ideo quia quod vobis et fratribus vestris placet, nobis displicere non debet. Bene facitis, ut hominem quem communis consensus elegit, ordinetis. Sed admonete illum ut veritati studeat, non falsitati; paci, non perditioni; disciplinæ, non discordiæ; utilitati publicæ, non privatæ cupiditati; justitiæ, non rapinæ. Tueatur bonos, emendet reos : miseros non faciat, sed defendat. Corrigat sontes, custodiat innocentes ; ut ita agens magis futuro possit placere judicio quam præsenti.

EPIST. XXXI.
Domino illustri semperque magnifico filio [b] Agricolæ Ruricius episcopus.

Relectis litteris sublimitatis vestræ, gratias Deo egi quod vos prius revaluisse ordinatione ipsius, quam infirmatos esse cognovi, et nobis anxietatem tolleret, et vobis redderet sospitatem. Quam tamen infirmitatem vobis clementer illatam, propitio potius quam irato ipso Domino nostro, pro solita ejus pietate, conjicio. Sic enim legimus, quod corripiat Dominus quem diligit ; diligit autem omnem filium quem recipit (*Hebr.* xii, 6). Quod etiam in vobis, quantum audio, re probatur ; ut ordinatis affectibus vestris, suum vobis insinuaret affectum, et habitu animoque mutato, jugum vobis suæ lenitatis imponeret, ut salutari currui suo colla subdentes, dum mandatorum suorum leve onus evehitis, peccatorum gravem sarcinam deponatis. Hæc est enim mutatio dexteræ Excelsi, dum de peccatoribus justos, de extraneis domesticos, amicos sibi facere dignatur ex servis. Superest ut nunc conversionem quam protulistis in veste, probetis in corde ; et hæc commutatio inter indumentum vestrum habeatur et animum ; ut sicut ille sub candidis vestibus habuit hucusque nigredinem, ita nunc sub pullis vestibus operum luce candescat. Peccator enim qua die conversus ingemuerit, tunc salvus erit. Dummodo juxta sancti Pauli apostoli sententiam, sicut exhibuimus hactenus corpora nostra servire sæculo, et iniquitati ad iniquitatem, ita nunc exhibeamus membra nostra servire justitiæ in sanctificationem (*Rom.* vi, 13). Nec simus quasi timentes Deum, aliud sermonibus prætendentes, aliud habentes in moribus ; aliud ostentantes in vestibus, aliud actibus comprobantes ne nos mordeat sermo ille Dominicus, sub vestitu ovium luporum rabiem contegentes. Quia oculus ille divinus, sicut scriptum est, omni loco bonos speculatur et malos. Sine dubio, quem ad se integro corde transire conspexerit, ipse in cor illius jugi habitatione descendet, ut eo habitatore non careat, cui se præparavit habitaculum. Gratias itaque Domino nostro super tam inenarrabili ejus bonitate in commune referamus, qui mavult servos monere quam perdere ; corrigere, quam punire ; et pro usura brevis vitæ perpetua regna donare. Quod superest, saluto plurimum, et ancillam vestram vobis peculiari insinuatione commendo : quamlibet hoc salva vestra pietate non egeat ; ut quo eam suscipere tanti habuistis affectu, semper foveatis, indultuque largitate divina utrosque nos sibi paravit obnoxios ; vos avos faciens sua fecunditate, nos proavos. Domnam filiam meam desiderio et honore, quo dignum est, sospito. Ob cujus, si facultas esset ambulandi, erat voluntas promptissima vos visendi ; ut quam interioribus oculis pro affinitatis ipsius conjunctione jugi recordatione conspicimus, exterioribus cerneremus. Opto bene agas.

EPIST. XXXII.
Domino sancto et apostolico, omnique a me honore et amore specialius colendo fratri Cæsario [c] episcopo Ruricius.

Frater et conpresbyter noster Capillutus dupliciter hac vice nobis gratus apparuit, dum et ipse nobis jam diu desideratus occurrit, et quamdam vestri præsentiam nobis per vestras litteras repræsentat.

---

[a] Hæc vox, ut puto, corrupta est.
[b] Fuit Agricola vir illustris, Aviti imperatoris filius, Bedicii frater, qui tum comes magisterque militum Arvernorum multa in urbis defensione adversus Gothos gesserat, illius sororem Papianillam uxorem duxerat Sidonius Apollinaris, ut patet ex ep. l. ii, ep. 12. BASN.
[c] Scripserat ad Ruricium Cæsarius ut concilio ex universa Gothorum ditione Agathæ convocato præsens adesset. Habetur ejus epistola inter epistolas Fausti, superius editas (*Vide infra*). Celeberrimum fuit illud concilium, in quo Galliarum primatem se gerebat episcopus Arelatensis, qui concilia convocabat illisque præerat. Autumat vir eruditissimus Baluzius hanc dignitatem Cæsario auctoritate pontificali fuisse demandatam et sanciam. Sed eo tempore, anno scilicet 506, Symmachus Romanæ sedis præsul, jura prius Æonio Arelatensi episcopo concessa penitus abrogaverat, constitutionem Leonis magni a se restitutam confirmaverat, asserens levem inconstantemque animum pontifici non convenire ; verum equidem, abrogata illa jura denuo instaurasse Symmachum ipsique Cæsario utenda concessisse. Sed effluxerunt anni octo a concilio Agathensi ad vicariatus Arelatensis restitutionem. Propria igitur nisus auctoritate contemptoque Romani præsulis edicto, concilium Agathense convocans Cæsarius ad Ruricium ut adesset scripserat. Renuit Ruricius, eo quod non satis firma valetudine uteretur, sed potius eo quod se a Cæsario despectum crederet ; aberant etiam plerique a provincia Viennensi, qui, quamvis Alarico subditi, coram Arelatensi præsule fasces demittere nolebant, et propria jura a Symmacho recens confirmata venditabant. Iratus eorum absentia Cæsarius legem sanxit qua ferebatur ut si metropolitanus episcopus ad comprovinciales epistolas direxerit, in quibus eos aut ad ordinationem summi pontificis, aut ad synodum invitet, *postpositis omnibus, excepta gravi infirmitate corporis, aut præceptione regia, ad constitutam diem adesse non differant*. Hoc decretum a concilio latum, tum etiam Cæsarii querelæ de Ruricii absentia, huic epistolæ dederunt occasionem. BASN.

Quo redeunte has reddere procuravi, quibus debitum beatitudini vestræ rependo caritatis officium. Quod vero scribitis, cur ad synodum, sicut collocutio habuit nostra, non venerim, fecit hoc infirmitas, non voluntas. Ipsi enim recolere potestis quam fessum me Burdigalia [forte *Burdigali*] videritis; et hoc hyeme, quando esse soleo fortior solito. Quia æstivis diebus etiam in hospitio meo, et locis frigidis, ipsam consuetudinariam infirmitatem sustentare vix valeo; ne dicam, quod illos cœtus [*œstus*] regionis illius ferre quiverim, si venissem. Unde magis spero ut pro me orare dignemini, et ad tempus aliud, quod intimatis, si Deus vitam cesserit, venire vultis, nobis per hominem vestrum maturius indicetis. Quia litteras vestras ad me modo tardissime venisse significo. Quia etsi non pro dignitate, vel pro ætate, non debemus tardius quam alii commoneri, qui fortasse (ut minus prudens dicam) merebamur ambiri. Quia si aliis nomen urbium præstat auctoritas, nobis auctoritatem demere non debet urbis humilitas. Siquidem multo melius, multoque eminentius est, civitatem de sacerdote, quam sacerdotem de civitate noscere.

EPIST. XXXIII.

Domino sancto et apostolico mihique in Christo Domino speciali cultu affectuque cæteris præferendo patrono Sedato episcopo Ruricius episcopus.

Dum scribendi vobis omnis pectoris mei animus vos sitiens occasionem frequenter inquirit, aliquando diuturna meditatione pertractans reperit idoneum portitorem, per quem et silentia longe disrumperem, et sibi spirituales delicias postulare, oris vestri cupiens rore respergi. De qua, credo, siti sanctus Psalmista dicebat: *Anima mea sicut terra sine aqua tibi* (*Psal.* CXLII, 6). Illa nimirum aqua ariditatem corporis sui restinguere sobria ebrietate desiderans, de qua Dominus noster in Evangelio clamare dignatur: *Si quis sitit, veniat et bibat. Flumina enim aquæ vivæ de ventre ejus fluunt* (*Joan.* VII, 38). Hanc aquam Samaritanæ etiam idem Dominus offerebat, hoc est, Ecclesiæ ex gentibus congregandæ dicens: *Aqua quam ego dabo, fiet in eo fons aquæ salientis in vitam æternam* (*Joan.* IV). Hanc aquam si quis fidelis non gustu tantum summo tenus ore libaverit, sed totis animæ visceribus appetens conviva sorbuerit, protinus in laudem Domini omnipotentis erumpit; et hoc incipiet ructare quod biberit; sicut beatissimus evangelista atque discipulus, qui super pectus Domini recumbere meruit, mysteria regni cœlestis audivit, et in illam vocem quam ante nullus audierat, clamavit: *In principio erat Verbum, et Verbum erat apud Deum, et Deus erat Verbum* (*Joan.* I, 1). Hoc erat illud Verbum, quod sine tempore a Patre genitum, in tempore creatur ex matre, ut creator fieret; ut esse possit humanitatis quædam portio, divinitatis totius plenitudo; et plenitudinem humanitatis portio ipsa humanitatis sua passione redimeret; dum imago invisibilis Dei, forma fit servi; ut possit impassibilis pati, incomprehensibilis capi, immortalis mori, qui mortem occumbendo perimeret, ut vitam resurgendo repararet: Sed quid ego oblitus mei, avidus tui, quasi de hujuscemodi rebus tecum colloquens, et inde in desiderium tui vehementius perardescens, restinguere sitim meam velut quodam dilectionis rivulo festinans, inscrutabilia et inaccessa pertentans, quid loquar, qui loquar, cui loquar non considero. Sed dabit, ut confido, veniam pietas, quam committit affectus. Quia caritas omnia sustinet. Salve itaque plurimum dico individuo mihi pectori vestro, et rogo ut pro me incessanter orare dignemini, simulque etiam partem corporis mei, per quam vobis has trado, peculiari insinuatione commendo, ut in illis, quam me diligatis integre comprobetis. Quos vobis eo arbitror fore cariores, quia meam vobis secum deferunt portionem. Quibus quidquid dignati fueritis dilectionis impendere, nobis vos conferre cognoscite. *Quia si,* juxta sanctum Apostolum, *minus membrum majori in dolore compatitur, et majus procul dubio in minoris prosperitate lætatur* (*I Cor.* XII, 26). Et ita demum fit, ut omnibus usquequaque membris in pace et quiete compositis, caput, totius corporis rector ut pote et dominator, exsultet. In quo capite omnia membra jubentur aspicere, dicente propheta: *Sapientis oculi in capite ejus* (*Eccl.* II, 14). Quod alius propheta evidenter exponit dicens: *Oculi mei semper ad Dominum, quia ipse evellit de laqueo pedes meos* (*Psal.* XXIV, 15). Et iterum: *Ad te levavi oculos meos, qui habitas in cœlo* (*Psal.* CXXII, 1). Erigamus itaque oculos cordis nostri ad Christum et in mundi istius nocte manus nostras operibus fructuosis extollamus ad Dominum, et ipse caput nostrum esse dignetur, et nos adhærere capiti nostro, ut illa corporis sui membra esse mereamur, ut de hoc sæculo discedentes, tanquam exitu Israel de Ægypto dicere redemptori nostro possimus: *Adhæsit post te anima mea; me autem suscepit dextera tua* (*Psal.* LXII, 9). Cum ea diebus ac noctibus fuerit in corporis hujus carcere meditata, unde non confundatur ad vota. Ora pro me.

EPIST. XXXIV.

Domino sancto et apostolico mihique in Domino speciali cultu affectuque cæteris præferendo patrono Sedato episcopo Ruricius episcopus.

Per arciatrum [*archiatrum*] Palladium litteras fecundi cordis et facundi oris accepi, quæ nos ad visionem mutuam voto pectoris invitabant. Sed quid facimus, quod desideriis animorum nostrorum diversa membrorum resistit infirmitas? dum vos nimietate robusti, nos tenuitate exesi corporis impedimur: dum vos alieni, et quatuor pedes ferre nequeunt ponderosos; me etiam proprii et duo sustinere præ defectione vix possunt. Quo fit ut implere communia vota nequeamus. Ego enim (testis est Dominus) quod si valuissem, ad synodum condictam omni aviditate venissem. Sed mea disposita itineris voluntate necessitas imbecillitatis inhibuit. Quia aeres [*aerem*] regionis illius praesertim hoc tempore ferre non poteram : quod vos ita credere confido, et pravos ad aliud derivare non dubito. Illis itaque sufficienter, ut potuimus, indicatis, salutatione animi desideranter impensa, si dignum ducitis, transmisi vobis caballum, qualem vobis sciebam esse necessarium, mansuetudine placidum, membris validum, firmum robore, forma praestantem, factura compositum, animis temperatum, scil. nec tarditate pigrum, nec velocitate praeproperum, cui frenus ac stimulus sit sedentis arbitrium, cui ad evehendum onus et velle suppetat pariter et posse : ita ut nec cedat superposito nec deponat impositum. Superest ut rescripto, quomodo vobis placeat, indicetis. Quamlibet ita de individuo mihi corde praesumam, quod vobis etiam mala a me commissa, non dicam transmissa complaceant. Tanta est enim integri vis amoris ut in amicum [forte *amico*] nil displiceat, cum magis malum displicere debeat. Et hinc illud est, quod judicia hominum aut amore praepediantur, aut odio ut recta non proferantur. Vos vero, quos nec odium exasperat, nec inflammat invidia, et jocos nostros libenter accipite, et de sospitate vestra vel actibus affluenter instruite, ut dum vos diutius legimus, copiosius imbuamur. Ora pro me.

EPIST. XXXV.

Domno sancto et apostolico, mihi in Christo Domino specialiter excolendo, fratri Caesario [a] *episcopo, Ruricius episcopus.*

Qui occasiones scribendi nobis invicem pro mutua caritate inquirimus, oblatas praetermittere non debemus ; ut conferat nobis quamdam praesentiae portionem sermo meditator [forte *mediator*] ; qui emittitur, nec amittitur ; tribuitur, et habetur ; videtur discedere, nec recedit ; a me dirigitur, a te suscipitur ; a me scribitur, a te legitur, nec tamen dividitur ; cum quasi divisus, integer tamen utriusque corde teneatur. Quia verbi more divini traditur, et non egreditur ; confertur indigenti, et non aufertur auctori ; accipientis lucrum sine dispendio largientis ; ditans inopem, nec attenuans possessorem. Ideoque veniente illo nepote meo dulcissimo Parthemio has per ipsum dare non distuli ; ut et meam praesentiam vobis litteris exhiberem, et ipsum pariter commendarem : cui quidquid dignati fueritis dilectionis impendere, nobis vos praesentare noveritis. Simulque etiam peculiarius rogo ut pro me ipsisque pignoribus nostris incessanter oretis, nec impediant affectum amorum nostrorum spatia interjecta regionum ; quia qui in Domino, qui praesens est ubique, se diligunt, non credendi sunt disparati corpore, cum pariter in eo mente jungantur. Ora pro me.

EPIST. XXXVI.

Ruricius episcopus dulcissimis nepotibus [b] *Parthemio et Papianillae.*

Postquam pietas vestra discessit, dimidium esse me sentio ; quia maximam mei partem, hoc est, interiorem hominem, residente corpore, vobiscum ambulasse cognosco, ita tamen quod et vos in pectore meo, quod hic remansit, manere conspicio. Saluto itaque dulcedinem vestram, et ut verborum meorum memores sitis admoneo, quia certum est vos juxta Salomonis sententiam posse in bonis Deo dirigente proficere, si seniorum consilia et amori habeantur et usui apto bene agatis.

EPIST. XXXVII.

Ruricius episcopus fratri [c] *Pet.....*

Quia obedientia sacrificiis antefertur, idcirco rusticitatem meam malo prodere quam perdere caritatem : *Scientia enim inflat, caritas,* ut ipsi melius nostis, *aedificat* (*I Cor.* VIII, 1). Quamobrem quia jussistis ut vos per singulas occasiones et de meis actibus facerem certiores, et desiderium vestrum, quod mihi non meo merito, sed generali et insita vobis dilectione dependitis, alloquio temperarem ; me quidem Deo propitio fotiorem, sed heu ! plenum et omne hospitiolum nostrum diversis incommodis laborare significo. Peculiarius rogo attentius Domino supplicetis, ut qui nobis incolumitatem vestris orationibus reddidistis, et his opem ac medelam divinae misericordiae intercessionis vestrae patrocinio conferatis. Ora pro me.

EPIST. XXXVIII.

Dominis sublimibus et magnificis filiis Eudomio et Melantiae Ruricius episcopus.

Quam gravis mihi orbitatis vestrae sit luctus testis est pectoris mei conscius Deus ; quod verbis sublimitati vestrae indicare non possum. Nam ita animum meum doloris vestri passio sauciavit, ac si unum de propriis affectibus [forte *affinibus*] perdidissem, quia me vobis proximum et quodammodo consanguineum bene mecum agendo fecistis. Atque ideo quia labores et angustias nostras frequenter in vobis pro vestra dignatione suscipitis, justum est et nos vestris, cum acciderint, participare maeroribus. Si enim juxta Apostoli (*I Cor.* XII, 26) sententiam, unius corporis membra sibi invicem compatiuntur et condolent, decet nos quoque, eorum incommoda saepe per-

---

[a] De eo superius.

[b] Fuit vir nobilis Parthemius, qui postea vixit apud Theodobertum Austrasiae regem in gratia, sed cum tributa praeter leges exegisset, mortuo rege, in populi odium et pericula maxima incidit. Papianilla fuit ejus uxor, quam cum amico Ausanio peremerat. Stimulis conscientiae compunctus, in arca inclusus a populo Treveris repertus est. Sputis peruncius, pugnis caesus, vinctis post tergum manibus ad columnam lapidibus obrutus est. Fuit altera Papianilla eodem tempore, sed Aviti imperatoris filia, ab ea quam cum conjuge laudat hic Ruricius tanquam dimidium animae suae, diversissima. Attonitus forsan stupes talem virum, qualis fuit ille Parthemius, laudari ab episcopo ; at episcopus homo est, et nihil humani a se alienum putat. BA-N.

[c] Haec vox in ms. ita expressa est ut nescias an legendum sit *Petro* an *Petur*. an *Petul*.

cipiamus. Dolemus itaque casui vestro, et planctibus vestris interesse nos credimus. Sed quid facimus domini filii? Equidem voluntati divinæ resistere nec possumus nec debemus, et omni sollicitudine præcavere, ne dum dulcia nobis pignora nimio dolore deflemus, blasphemi quidem et injuriosi inveniamur in Domino, et gravius animas nostras auctor ipsius mortis, inventa occasione, confodiat, quam carorum amissione percussit. Ideoque in omni amaritudine vel dolore ad Deum nobis est refugiendum, et ad illum omnes casus nostri toto corde referendi, qui sanat vulneratos, qui relevat mœstos, qui consolatur afflictos. Et illa sancti Job sententia omnino dicenda, est : *Dominus dedit, Dominus abstulit, sicut Domino placuit, ita factum est ; sit nomen Domini benedictum* (Job 1, 21). Et ille hoc quando dicebat, decem filios cum omni facultate perdiderat : Nec tamen blasphemare aut damno aut dolore compulsus est. Sicut dicit Scriptura : *In omnibus quæ accidebant ei, nihil peccavit labiis Job* (Job 11, 21). Quod ego et pietati vestræ scribere pro mutua caritate præsumpsi, ut dolorem animorum vestrorum, quem litteris meis mitigare non poteram, vel divinis eloquiis utcunque moderarer. Et vere, si mihi quasi vestro creditis cordi, non minimum potestis capere de Christi Domini voluntate solatium, quod quatenus immaturus manebat interitus, talem eum dignatus est assumere, qualium regnum docet esse cœlorum ; ut et patronum haberetis ex filio, et minus doleretis amissum, quem a Domino videbatis assumptum. Opto bene agatis.

EPIST. XXXIX.

Domino sancto et apostolico in Christo Domino cultu affectuque specialius excolendo patrono Victurino [Victorino] episcopo Ruricius episcopus.

Frater et compresbyter noster Capillutus, licet apices vestros nobis non detulerit in charta relegendos, tamen totius [forte *potius*] exhibuit in corde conscriptos : unde eos nec fur auferre, nec violentus eripere, nec imber eluere, nec vetustas possit abolere dum mihi fidelis admodum vestri pectoris consors et deditissimus delator sæpius inculcat, et dulcius, qualiter me et quam assidua dilectione de me ruminetis. Non quod in me sit unde caritatis vestræ pascere possitis esuriem, qui solidos et nunquam perituros cibos et accipere soliti estis et dare ; sed quando fortior esca defuerit, tenuitatem nostram pro lactis poculo sorbeatis, ut desiderium pii cordis et puri alimento innocentiæ temperetis. Nec mirum est hoc tamen in vestra virtute miraculum, ut diligatis venerantes vos, qui odientes amare consuevistis. Siquidem et ad augendam circa nos caritatem vestram, duo lumina nostra detinetis, Aurelianum dico atque Leontium : pro quorum spe et consummatione rogo ut indesinenter divinæ misericordiæ, sicut vos confido facere, supplicetis, et cum illis iterum pro nobis semper oretis ; quia fiducialiter credo, quod profectioni vestræ, et illorum insipientiæ, pro ipsa adhuc teneritudine, a nutritore Domino nil negetur. Salutem itaque uberem dico pietati vestræ, quantum potest promere oris affectus, non quantum cordis poscit affectus. Et rogo ut præfatos dulcissimos stimulos pectoris mei nostro nomine sospitetis ; nosque, quotiescunque se opportunitas porrexerit portitoris, benedictionis vestræ imbribus irrigetis. Ora pro me.

EPIST. XL.

Ruricius episcopus [a] Apollinari [b] suo salutem.

Affectus sublimitatis vestræ in visceribus nostris violentus exactor est, et amori vestro me potius quam pudori meo servire compellit ; dum non considerat, quo sermone, qua pagina ; tantum vestris imperiis obsequamur. Cogitis enim nos auribus peritiæ vestræ verbis rusticis injuriam frequenter inferre, dum apices nostros sæpius vultis accipere : pareo voluntati vestræ, pareo jussioni. Malo enim de meipso tibi magis quam mihi credere. Quia pietatis, non potestatis est, quod jubetis. Et ideo, quæ displicuerint emendabitis procul dubio potius quam prodetis. Siquidem nihil est imperiosius caritate ; cui quisque toto corde se dederit, libenter et vincula illius impacta patietur, et onera illata portabit, dum præcipientis imperium non invitus excipit, sed devotus exercet. Præstabit itaque divina misericordia ut tumultibus temporis hujus, vel necessitatibus, aut dilatis in perpetuum, aut parumper oppressis, citius fructus [c] nos faciat de nostra carpere præsentia, ut desideria, quæ incitantur affectibus, aspectibus mitigentur. Finit.

EPIST. XLI.

Domino devinctissimo et mihi omni honore venerabili fratri [d] Leontio Ruricius.

Gratias ago, quod et nostri curam gerere, et novitate olerum, quæ libenter habere nos nostis, nos reficere tanti habuistis ; quod et consuetudini præstatis pari-

---

[a] Ms., *Apollonari*.
[b] De eo ad epist. 25.
[c] Lege *vos*, vel *nos faciat de vestra*.
[d] Fuit ille Leontius Arelatensis episcopus ; quamvis enim de ipsius obitu tacuerit superius Ruricius, id solum probat illius epistolas secundum seriem temporum non esse dispositas. Fuit quidem alter Leontius Forojuliensis episcopus, cui concilia Gallicana convocandi jus concessit Leo Magnus, ut Gallorum animos Hilario Arelatensi addictos facilius avocaret. Sed is Leontius fuit jam provectæ ætatis anno 445, ut testatur ipse Leo. Hunc Leontium autumavit Baronius eumdem esse ac illum cui epistolæ Sidonii et Ruricii sunt directæ ; sed obierat procul dubio Forojuliensis Leontius eo tempore Sidonii et Ruricii ; coævus vero fuit Leontius Arelatensis qui Ravenio successit. Leontius Forojuliensis circa annum 446 obiit ; non is igitur esse potuit cujus exitum deflet Ruricius episcopus ab anno 470. Errat tripliciter Savaro qui Leontium Forojuliensem cum esse putaret cui Sidonius, item Faustus scripsere, quique subscripsit epistolæ Fausti ad Luciferum presbyterum, idque in concilio Lugdunensi. 1° Is quem laudat Faustus, fuit Arelatensis, cui commissus Galliarum vicariatus. 2° Nescio quid sibi velit Savaro, ubi toties Luciferum presbyterum inculcat. Non fuit Lucifer adversus quem tela sua vibravit Faustus ; sed Lucidus, injuria in Luciferum, hominem igno-

ter et amori. Ideoque redeunte puero vestro, reddo reciprocum sospitationis officium; et ut de suscepto, Deo propitio, officio indesinenter cogitetis admoneo. Quia Deus non initium boni operis, sed finem requirere comprobatur, dicens : *Qui perseveraverit usque in finem, hic salvus erit* (*Matth.* x, 22). Præstabit, ut credimus, misericordia ipsius, ut qui pœnitendi vobis animum inspirare dignatus est, ipse vobis et in agendo virtutem, et in consummatione plenam tribuat pro sua miseratione remissionem, qui solus potest et sanare corrupta, et reparare collapsa, et delere commissa, et abdere præterita, conservare præsentia, et donare ventura. Finit.

EPIST. XLII.
Ruricius ad domnum Constantium.

De deliciis transmissis gratias ago, et quantum indicastis, tantum me utrarumque avium suscepisse significo; simulque etiam per pueros ipsos, qui nobis hæc detulerunt, tergus aprunum me pietati tuæ indico transmisisse; ut dum nos volatilia quæ transmisisti, deliciamur, tu bipede de quadrupede facto satieris. Cujus tamen malo carne, quam vita capiaris quia qui semper de sæcularibus cogitat, et jugiter terrena meditatur, huic animanti Scriptura divina merito comparatur. Quia de omnibus animalibus solus homo sublimis creatus est, et effectus, ut auctorem suum semper cœlo intentus aspiciat, non mundalia opera solo incessabiliter defixus exerceat.

EPIST. XLIII.
Ad domnum Ambrosium [a] *episcopum Ruricius episcopus.*

Apostolica præcepta nos commonent ut a quibus divina percipimus, eis terrena præbeamus, quod nos vel in hac duntaxat parte servantes, pro cœlestibus epulis, quas nobis et sermone vivo, et patrum tractatibus ministratis, legumina marina transmisimus. Per hæc nil nos habere proprium comprobantes; siquidem et a divinis bonis sumus, quæ vos tribuitis, peregrini, et nos peregrina transmittimus. Itaque quia nos a marinis cœlestibus exsulare, et solis terrenis sedibus incubare cognoscimus, a vobis specialius postulamus, ut hæc aliena a nobis libenter accipere, et vestra nobis dignemini frequenter impendere. Illud sit affectionis, hoc ministerii; illud doctrinæ præstatur, hoc gratiæ.

EPIST. XLIV.
Ad domnum Hispanum Ruricii episcopi.

Ago gratias quod dum nobis dona nomine, re spolia transmittitis, pietatem vestram erga me sincerissimam comprobatis, qua nos amplius quam deliciis delectamur. Siquidem inde esuriem corporis compescemus, hinc cordis : inde ventri transitorium porrigimus pastum : hinc vero animo mansurum præbemus affectum. Proinde tam amori quam muneri vestro gratias repensantes, reciprocis pietatem tum, transmutatus. 3° Denique Arelatensi concilio, cui præfuit Leontius, subscripsit; abfuisse autem videtur a concilio Lugdunensi, quod unicum tamen indicat Savaro. Cum Leontio Arelatensi non modo episcopis Gallicanis, sed etiam Hilario pontifici fre-

vestram plurimum sospitamus. Et quia de nostra dignaris esse salute sollicitus, juxta vota pietatis vestræ me valere significo, simulque deposco, ubi sanctum pascha facturi sitis, me recurrentibus instruatis. Finit.

EPIST. XLV.
Ruricii episcopi ad presbyterum Albinum.

Ubi ad me communis luctus nuntii rumore pervenit, quod tamen miratus sum, quod non hoc prius ex germanitatis vestræ relatione cognovi, ipse ad vos requirendos continuo venissem, nisi me dierum horum reverentia retardasset. Has transmisi, quibus spero, ut me excusatum habere dignemini, et filiam nostram, quam audio se vehementer affligere, ad vicem meam, tam ex ratione quam ex vestra auctoritate consolemini, quod Dominus noster de servo suo, et quando voluit, et quod voluit, fecit. Et ideo contra voluntatem Domini venire videbitur, cui displicet divina præceptio : utique divina ; quia animam nostram ille solus, cum voluerit, ex corpore potest educere, qui fudit in corpore. Et idcirco luctus iste nimius, qui videtur esse pietatis, magis ex diaboli consilio quam ex pietate descendit ; ut cum dolor consolationis impatiens querelis suis Deum impietatis exprobret, qui præmisit Filium per humanam conditionem, per incredulitatem animam perdat. Plangant mortui mortuos suos, quos resurrecturos esse non credunt, qui animam cum carne æstimant interire, quibus nulla de beatitudine animæ, nulla de corporis restauratione fiducia est. Nos vero, qui spem resurrectionis habemus in Christo, qui animas nostras, juxta pollicitationem ipsius Domini, in sanctorum finibus credimus collocari; ad ipsum nos corde et orationibus conferamus ; et consolationi de ipsius promissione capiamus, quod credentes in se secum vivere faciat. Nec ullus apud eum nisi infidelis mortuus judicetur. Et ita planctus nostros, sicut Scriptura nos edocet, temperemus, dicens : *Luctus sapientis septem diebus; impii vero omnes dies vitæ suæ* (*Eccli.* xxII, 15). Sicut scimus illum mortuum corpore, anima vero pro innocentia sua Deo vivere; ita nos viventes corpore, corde moriamur. Finit.

EPIST. XLVI.
Ruricii episcopi ad Taurencium.

Ago gratias promptissimæ in Domino devotioni, et sincerissimæ erga me caritati vestræ, quæ divinæ bonitatis imitatrix, id quod me sibi prospicit supplicandum, priusquam rogetur, et nostrum præoccupare benevolentia sua festinat officium; dum non solum custodire, verum etiam augere in istum sibi gessit [*ingessit*] affectum, quem idcirco beneficiis anticipando lætificat, quia ad modicum contristare formidat. Et ideo mavult offerre tacenti gratiam, quam præstare poscenti : sciens procul dubio, plus esse in eo meriti quens fuit litterarum commercium. Habentur illæ epistolæ Concil. l. iv. BASN.

[a] De eo Sidonius l. ix, ep. 6. Suspicatur Savaro fuisse illum Senonensem episcopum cui successit Agrætius. BASN.

quod spontanea benignitate defertur, quam quod precibus indulgetur. Siquidem horum unum non nisi necessitate datur necessitudini; aliud vero sæpe etiam precatoris sedulæ dimittitur improbitati (*Luc.* XI, 8). Unde salve reciprocum dicens, de pietatis vestræ promissione securus, puellam vestram in rem directis pueris vestris, consignasse significo: cui confido quod juxta pollicitationem vestram, non solum veniam, sed etiam gratiam pro nostra intercessione tribuatis.

EPIST. XLVII.

Ruricius domino venerabili fratri a *Joanni.*

b Manus communis susceptus, quod voluntarie facere debuerat, fecit nunc necessitate compulsus, ut ad venerationem tuam commendatitias flagitaret, et B se gratiæ tuæ, etsi propter negligentiam suam de præterito ingratus, per insinuationem nostram nunc tamen gratificandus ingereret. Cujus petitioni ideo promptius acquievi, quia credidi, sicut et confido, vos petitioni meæ libenter annuere. Unde salutatione depensa spero, ut ipsum pro intercessione nostra recipere tanti habeatis. Et quia hoc, quod debuit, reddidit, usuras illi solidorum ipsorum, non tantum pro precibus nostris, quantum pro divinis præceptis donare digneris. Quod pro conversatione vestra, qua vos, Deo propitio, per dies singulos audio proficere, sine dubitatione præstetis. Quia ipse nostis, quod ille regnum Dei lætitia et gratulatione percipiet, et in montem Domini glorificatus ascendet, qui pecuniæ suæ usuram non in præsenti sæculo a C proximo suo exegerit, sed a Domino exspectaverit in futuro; nec per dolosa beneficia laqueos laborantibus injicit insolubilium debitorum, sed illius est fenerator et creditor, qui dicit: date, et dabitur vobis, et qua mensura mensi fueritis, ea remetietur vobis. Infidelis utique et iniquus est etiam sibi, qui hoc quod elegit concupiscendum, non vult habere perpetuum. Quamvis enim quicunque multa condat, multa congreget, et infinita diversis nundinationibus acquirat, mendicus de hoc mundo discedet, nisi de rebus suis portionem suam ad æternam beatitudinem ante præmiserit, dicente Domino per prophetam: *Ne timueritis, cum dives factus fuerit homo, et cum multiplicata fuerit gloria domus ejus. Quia non cum* A *morietur recipiet omnia, neque simul descendet cum eo gloria domus ejus* (*Ps.* XLVIII, 17). Et iterum: *Dormierunt somnum suum, et nihil invenerunt omnes divitiarum manibus suis* (*Ps.* LXXV, 6). Qui si benigni essent animæ suæ, illi potius bona sua crederent, qui et idoneus fidejussor est pauperum, et largissimus redditor usurarum. Non ergo cupidus sis, frater carissime, nunc recipere in duplo; quod Dominus redditurum se tibi promittit in centuplum, unde nec a tinea poteris pertimescere exterminium, nec a fure formidare dispendium (*Matth.* XIX, 29). Quia ipse Dominus noster munerum suorum et largitor et custos est. Finit.

EPIST. XLVIII.

Aprunculo c *episcopo Ruricius episcopus.*

Exegit mutui amoris affectus ad individuam mihi sanctitatem vestram sola ex causa litteras destinare, etiamsi non se occasio opportuna porrexerit. Unde per hominem filii mei Leontii has ad apostolatum vestrum dedi, quibus sospitatione prælata, quam ex sententia, Deo favente, valeatis, inquiro. Quia ipsi nostis incolumitatem vestram nostram esse lætitiam; sperans ut, redeunte præfato, nos reddatis de vestris actibus, propitia Divinitate, securos, quos videtis esse de prosperitate sollicitos.

EPIST. XLIX.

Ruricius episcopus Cerauniæ salutem.

De sincerissima, qua nos pro benignitate animi tui, non pro nostris meritis dignaris excolere in Domino, caritate confidens, securus has ad venerationem tuam direxi, quibus in Domino ac Deo nostro salutem uberem dicens, specialiter rogo ut ea quæ per servum vestrum Amandum verbo d speravi, si possibile est, nobis sine dilatione præstare dignemini. Quia hæc res et nos relevare potest, et vobis nullum potest afferre dispendium; quod ego pro beneficio maximo computabo. Iterum in quo jusseritis, vel usus exegerit, vicem reciprocis obsequiis repensare contendam.

EPIST. L.

Ruricius episcopus Censurio e *episcopo salutem.*

Litteras sanctitatis vestræ, etsi per occasionem, accepisse me gratulor. Non enim interest utrum ex necessitate aut ex voluntate, dummodo inter se invicem qui se diligunt colloquantur, et quos corpore lo-

---

a Duo fuere tunc temporis in Galliis viri cognomines, prior professor fuit grammatices, alter vero in episcopum Cabilonensem a Patiente electus. Hic est ad quem scribit Ruricius, quemque fratrem appellavit. Hic Joannes *humanitate insignis,* inquit Sidonius, lector primum fuerat et ea ratione minister altaris ab infantia. Deinde archidiaconus factus, in eo munere plurimos annos ob industriam detentus est; tandem secundi ordinis sacerdos factus, cum episcopi labascentem in Ecclesia Cabilonensi disciplinam restaurare vellent, episcopus, nihil tale cogitans, ut aiunt, electus est. BASN.

b Hæc vox ita litteris M et A implexis contracta est ut desperem legere, divinandum igitur. Forte *Amicus.*

c Sæpius ad eum scripsit Ruricius, ut patet ex epistolis 54, 55 et 56. Ad eum pertinere Aprum, D matre Arverna itidem natum dixit Baronius an. 484, l. VI, 427. An intellexit annalista Aprum esse eumdem ac Aprunculum, vel ipsius fratrem? Neutrum verum est. Aprunculus non fuit Arvernus. Lingonum in Burgundionibus sedem tenuit, sed Arianorum fugiens insidias Arvernorum episcopus, post mortem Sidonii fuit electus. Ab eo autem toto cœlo differt Aper sive Asper, qui nequaquam fuit episcopus. Illius parentes vide enumeratos apud Sidonium l. IV, ep. 21, 959 op. Sirmond. BASN.

d Forte *significavi.*

e Fuit ille Antissidiorensis episcopus, appellatur a Sidonio *Censorius,* attamen presbyter, qui ejus nomine vitam S. Germani inscripsit, sic habet: *Domino beatissimo et mihi apostolico honore venerabili Censurio papæ Constantius peccator.* Sic Ruricius noster. BASN.

corum intervalla discriminant, animorum ac sensuum colloquia fida conjungant. Quia hoc nobis generale vel maximum virtus diu jactæ pietatis indulsit, ut qui nos aspectu carnali non possumus contueri, spirituali cernamus obtutu. Unde redeunte gerulo litterarum has, sicut injunxistis, reddere procuravi, ut et sollicitudini vestræ et mutuæ caritati pariter responderem. Salve itaque apostolatui vestro plurimum dependo, et hoc quod apicibus mearum testimonio voluistis agnoscere, utrum Sindilla porcos suos, prudente Fœdamio perdidisset; noveritis me apud homines meos, ubi fuerunt, diligenter perquisisse. Sed sicut ante jam noveram magis et istos laborem faciente [a] paci Sindillæ perpessos esse, et ipsum porcos suos per perversitatem suam, dum de adversa parte esse se jactitat, amisisse cognovi. Cæterum præfatum Fœdamium illi in nullo culpabilem. Nam quod pertulit, nulli nisi debet et omnibus imputare. In qua causa, quantum ego contemplationi vestri, ut homines vestri, aut a custodia liberarentur, aut porcos vestros reciperent, laboraverim, ipsis jam referentibus, plenius potuistis agnoscere; quod propterea necesse non fuit litteris indicare. Vestrum est hominem verum juste ab hujus calumniæ objectione defendere, qua meum injuste scriptis agnoscitis sustinere.

EPIST. LI.

Ruricius episcopus Stephano suo salutem.

Ita me paucissimis diebus ad cultum suum pietas vestræ sanctitatis illexit, ut cum vos, Deo propitio, corde detineam, et oculis mentis intuear; tamen semper affectu instigante perquiram. Quia scilicet breve videtur omne quod dulce est; ita inexplebile est omne, quod carne [*carum*] est. Et omnipotenti Deo gratias super tam admirabili dono ejus, quod ita generaliter servis suis tribuere ineffabili dispensatione dignatus est, ut hi qui disparantur corpore, animis jungerentur; neque esset aliquid tam longinquum difficile quod mentium obtutibus obviaret. Sed per cordis intuitum ibi se invicem diligentes caritatis contemplatione conspicerent, ubi caritas ipsa consistit. Quo fit ut devinctio vestra, quæ in visceribus meis jugi recordatione, dum quotidie renovatur, augetur, amoris vestri mihi vicissitudinem repromittat, animus meus mihi animorum vestrorum fidejussor assistat, dum tantum sibi audet de vestra dilectione præsumere, quantum vobis concupiscit impendere. Salutem itaque beatitudini vestræ plurimam dico, et rogo, incessanter communi Domino supplicetis, ut secundum divitias bonitatis suæ atque virtutis, cui omnia possibilia confitemur, ut si in hoc sæculo nos propter vitæ istius turbedines ac procellas, et regionum intervalla sæpius videre non possumus, vel ad illam urbem quæ ædificatur ut civitas (*Psal.* CXXI, 3), faciat convenire, ad quam nos misericordia Domini poterit perferre, vos merita.

[a] Locus corruptus.
[b] De eo superius ad epist. 19.

EPIST. LII.

Ruricius episcopus Præsidio filio salutem.

Plerumque [*Plerique*] dum me apud individuam mihi sublimitatem vestram non vitæ merito, sed amicitiarum privilegio multum posse confidunt, commendatitias a nobis quibus vobis excusentur, inquirunt : quas eis pro officii nostri necessitate negare non possumus; non præsumptionis audacia, sed ministerii disciplina, dum et illis præsentis vitæ solatium, et vobis providere desideramus æternæ. Ut et illi per patientiam vestram reserventur ad pœnitentiam; et vos per misericordiam perveniatis ad veniam, sicut dicit Scriptura : *Quia judicium sine misericordia erit qui non fecerit misericordiam* (*Jac.* II, 13). Quia dixit : *Dimittite, et dimittitur vobis* (*Luc.* VI, 37). Procul dubio quem viderit hic facere quod præcipit, in futuro ei restituet quod promisit. Nobis enim illius veritas præsto est, si illi fides nostra non desit. Unde manifestissime potestis advertere absolutionem miserorum vestrorum esse indulgentiam peccatorum; et hoc vestris conferendum precibus, quod vos præstatis alienis, juxta ipsius in Evangelio sententiam : *Quo judicio judicaveritis, judicabitur de vobis* (*Matth.* VII, 2). Idemque pro Urso et Lupo, qui ad me, quasi vobis peculiarius, sicut superius dixi, caritatis jure devinctum, pro criminum suorum intercessione venerunt, precator accedo; ut primum Deo, deinde nobis hoc, quod commiserunt, donare digneris; nec nos de eorum damnatione confundas, qui se jam tum absolutos esse, quando ad humilitatem meam deducti sunt, crediderunt.

EPIST. LIII.

Ruricius episcopus Rustico [b] filio salutem.

Extra affectum consuetudinarium et probatum et humanitatem nobis dignaris impendere, dum usibus tuis detrahis, quod nostris largiaris expensis. Quia puero vestro referente cognovi, quod piscationis in viscera pro parte Visera nobis jusseras delicias ministrare. Unde salutatione depensa, gratias ago plurimas, exorans divinam misericordiam ut pro honore quem nobis pro ipsius timore dependitis, et præsentium rerum vobis conferat felicitatem, et beatitudinem tribuat futurorum. Finit.

EPIST. LIV

Ruricius Aprunculo [c] episcopo salutem.

Sicut litteras sanctitatis vestræ per virum venerabilem Elogium cum gratulatione suscepi, ita has, eodem redeunte, libenter emisi. Quibus apostolatui vestro debitum deponendo [*dependo*] sospitationis officium, simulque deposco ut pro nobis orare dignemini, et id a communi Domino peculiarius postulare, ut jam tandem aliquando in unum venire, et nos videre mereamur; ut caritas, quæ secundum sententiam dominicam in pectoribus nostris per absentiam quod peris est [forte *longi temporis*], refrixit per

De eo superius ad epist. 48.

præsentiam iterum in sospitis cineribus suscitetur, et vivis vocibus, quasi nobis flatibus veteris amoris redivivum reparetur incendium : quod amore atque virtute ignis illius, quem Dominus misit in terram (*Luc.* xii, 49), et spinas negligentiæ nostræ atque desidiæ, vi naturæ potentis exurat, tenebras dormientis cordis illuminet.

EPIST. LV.
Item alia Ruricii ad ipsum episcopum.

Assiduitas [a] supplicatum supplet in nobis gratiæ communis officium, ut hoc quod facere debeamus super mutuæ dilectionis affectum, faciamus per externæ necessitatis imperium ; dum alienæ tribuimus petitioni, quod propriæ debere nos cognoscimus caritati. Ut hæc litterarum necessitudo esset ex voluntate necessitudinis jocunda nova calamitate deplorantis extorta. Tamen quia spontaneam scribendi negligimus gratiam, saltem prætermittere non debemus ingestam. Ideoque per fratrem et compresbyterum nostrum Maxentium, quem nobis frater [b] episcopus ipsius commendavit, dedi, quibus sospitatione depensa, ipsum apostolatui vestro, secundum quod postulavit, insinuo ; quia illic notos et amicos habere se dicit, qui eum beatitudini vestræ possint in præsenti plenius intimare, quorum testimonio possit credi, quod assertioni ipsius fortasse non creditur.

EPIST. LVI.
Item ad ipsum.

Filii nostri Omacius et Eparchius ad me litteras plenas lacrymis et deploratione miserunt, specialiter deprecantes ut apud sanctitatem vestram pro ignorantiæ ipsius filii nostri Eparchii intercessor existerem ; confidentes quod pro amore mutuo nihil nobis negare deberetis. Idemque presbyterum nostrum Eusebiolum ad pietatem vestram in hac causa direxi. Per quem saluto plurimum, et rogo ut præfato, sicut decet, sufficienter admonito, indulgentiam erroris illius dare pro nostra [c] supplicatione minime iniqua. Sicut in defensione peccati stulte atque infideliter perduranti culpa, donec agnoscat reatum [d] (non) debet relaxari, ita agnitio peccati debet conferre veniam confitenti. Remedium est enim mali confessio non simulata delicti ; nec ultioni publicæ relinquitur locus, ubi reus conscientia torquente punitur.

EPIST. LVII.
Item alia Ruricii ad ipsum.

Ante diem quam litteras vestræ sanctitatis acceperim, compresbyterum meum, sicut ipso referente poteritis agnoscere, ad germanitatem vestram in eadem qua mihi scripsistis causa direxeram. Et quia mihi non solum ipse filius noster Eparchius, sed etiam frater suus flebiliter per litteras supplicarunt, apostolatui vestri precator accederem. Qui et confessione culpæ, et deprecatione veniæ, et consanguinitatis affectu compulsus, indulsi. Quia vos mihi super hac re scripturos esse non credidi. Sed quia humilitatem

---

[a] Forte *supplicatuum* vel *supplicantium.*
[b] Ms., *episcopi.*
Ms. *supplicationem iniquia.*

---

meam dignati estis, pro ea quæ inter nos est, propitio Deo, caritate, consulere, et nobis utrum justa esset vestra districtio, meis potissimum apicibus indicarem ; sciat Dominus noster quod ego factum vestrum et probo, et collaudo, et vehementer admiror. Quia dum uni indisperato per admonitionem gladii spiritale [forte *spiritalis*] pro reddenda salute intulistis dolorem, multis contulistis languentibus sanitatem. Multi etenim in Ecclesia qui curari nequeunt verbo, sanantur exemplo. Superest, severitatem misericordia consequatur, ut recipiatis lenitate patris, quem corripuistis auctoritate pontificis. Et juxta illum evangelicum (*Luc.* xv, 30), invocantes quem nos per omnia et sequi et oportet imitari, qui filio paternæ substantiæ decoctori, et facinus confitenti non solum veniam clementer impertiit, verum etiam pristinam gratiam libenter indulsit ; et nos condoleamus lapso, subveniamus attrito, amplectamur reversum, lætemur inventum. Quod et apostolatum vestrum propterea fecisse certus sum, ut paululum infirmantem filium excluderetis a matre, ut eum ipsi post modicum restitueretis incolumem ; et eum contristaretis ad tempus, de quo gaudere concupiscitis in æternum

EPIST. LVIII.
Ruricius episcopus filio Severo salutem.

Negligentiam nostram atque pigritiam dum vos excusatis, arguitis, et nos beneficiis et officiis vestris agnoscimus debitores. Sed scio hoc sincero amore, quo nos diligitis, facere atque perfecto ; quia parum est caritati vestræ, quod nobis tribuitis, dum totos vos nobis et quotidie impendere desideratis. Sed nobis satis superque sufficeret benevolentia, [e] quam prompti animi et assiduitas deesset obsequii. Unde salutatione depensa, gratias ago uberrimæ pietati vestræ, quod erga me bonæ memoriæ patris vestri non solum retinetis, sed etiam vicistis affectum.

EPIST. LIX.
Ruricius episcopus filio Sthorachio salutem.

Ago atque habeo uberes gratias pietati vestræ, quod nos negligentiam famulorum nostrorum scire fecistis, dum subvectionem congruam, quam nobis callidus subtraxerat inimicus, benignus subministravit affectus. Quem idcirco nobis Dominus hoc ad tempus permisit inferre, ut et nostram patientiam per injuriam, et vestram erga nos caritatem per compatientiam comprobaret, ac sine dubio facultatis nostræ vobis lucrum operis per beneficium dilectionis afferret.

EPIST. LX.
Ruricius episcopus filio Vittameno.

Familiares nos vobis facit vestra dignatio, dum hoc quod a nobis libenter offertur, a vobis gratanter accipitur. Siquidem illud munus acceptabile promatur et dulce, quod non magnitudo insinuaverit, sed commendarit affectio. Quæ res facit, ut ad persolvendum vobis spontaneæ devotionis obsequium, etiam id ha-

---

[d] Hæc vox abest in ms.
[e] *Prompti animi, quanquam assiduitas,* etc.

beamus in votis, quod non habemus in verba [*verbis*]. Itaque salutatione dependsa, quia centum pera [*pira*] sublimitati vestræ, alia centum filiæ meæ destinare præsumpsi. Quæ si fortasse displicuerint saporis gustu, placebunt, ut confidimus, transmittentis affectu.

EPIST. LXI.

Ruricius episcopus fratri [a] *Namacio.*

Saluto plurimum, et spero ut si secundo crastino non potueris, vel tertia feria ad nos venire digneris. Quia desiderio tuæ caritatis accensi, et nos dicimus cum propheta: *Anima mea sicut terra sine aqua tibi. Defecit spiritus meus. Ne avertas faciem tuam* (Psal. CXLII, 6, 7). Ne moreris adventum, ut pectoris nostri, quod parvi temporis solatio suscitastis, exstinguatis incendium. Finit.

EPIST. LXII.

Ruricius episcopus filio Vittameno.

Gratias ago dignantissimæ erga me sublimitati vestræ, quod nos de actibus atque incolumitate vestra, quos nostis, Deo propitio, pro amicitiarum jure sollicitos, facitis litterarum sedulitate securos. Unde his reciprocum reddo nobilitati vestræ salutationis officium, et me has de Decaniaco ad vos dedisse significo, meamque vobis favore divinitatis, quam [b] vobis placere confido, indicans sospitatem. Præstabit Dominus ut citius hinc regressus vestris merear obtutibus præsentari. Ut cujus benignitate vestra incitastis desideria, visione sollicitetis affectum.

EPIST. LXIII.

Ruricius episcopus fratri Claro episcopo.

Apostolatui vestro pro ea quam mihi non pro meis meritis, sed pro benevolentia animorum vestrorum impenditis, caritate, non dicam vicem non possum repensare beneficiis, sed nec tantas gratias quantas meremini, sermonibus explicare. Impendo tamen per litteras debitum sospitationis officium, partemque pectoris mei, in quo affectum vestri aviditate suscepi, paginæ collocutione transmitto; simulque deprecor ut communi Domino supplicetis ut citius nos faciat fructum de nostra capere præsentia; quosque suæ inspirationis instinctu connexuit, vultuum etiam mutua visione conjungat; ut desiderium in nobis quod accendit affatus, restinguat obtutus. De columnis vero gratias ago; et, sicut jussistis, quia modo propter imminentem hyemem vehicula illo dirigere non possum, post sanctum Pascha, propitia Divinitate transmittam. De minoribus vero sicut verbo mandastis, si inveniri possunt, mihi vel decem necessarias esse significo. Sed si Dominus prospera universa concesserit, antequam vehicula dirigam ad vos hominem destinabo.

EPIST. LXIV.

Ruricius episcopus fratri Volusiano [c] *episcopo.*

Ita quod pejus est, caritatem antiquam, et insitam nobis, partim (quoniam confitendum est) negligentia nostra, partim necessitate temporis, partim corporis infirmitate faciente, longa delebit oblivio, ut penitus immemores nostri facti non solum vos nullis officiis, sed nec litteris requiramus. Miror nobilitatem tuam quasi filium ad me litteras destinare, cum sine ullo respectu religionis aut propinquitatis tibi injuriæ nostræ sic placeant, ut eas vindicare non velis. Unde nisi existimationem personæ meæ, aut officii cogitassem, portitorem litterarum tuarum talem ad te miseram, quales homines meos non matrona vestra, sed domina procax et effrenata nimium perduxit; cujus mores si tu tanto tempore eum famæ tuæ diminutione, aut voluntarie aut necessitate supportas, alios noveris nec velle ferre, nec esse contentos. Nam quod scribis, te metu hostium hebetem factum : timere hostem non debet extraneum qui consuevit sustinere domesticum.

---

[a] De eo ad primum librum.
[b] Ms., *vos.*
[c] Fuit Turonensis episcopus, Perpetui successor, postea a Warige Gothorum rege in Hispaniam relegatus, eo quod in Gothorum suspicionem incidisset : autumnabant scilicet eum Francis favere. De eo vide plura apud Gregor. Turon. 1, 226, lib. x, 31. BASN.

EPITAPHIUM

RURICIORUM EPISCOPORUM CIVITATIS LEMOVICINÆ.

(Ex Venantii Fortunati lib. IV, carm. 5.)

Invida mors, rapido quamvis miniteris hiatu,
 Non tamen in sanctos jura tenere vales.
Nam postquam remeans domuit fera tartara Christus,
 Justorum meritis sub pede victa jaces.
Hic sacra pontificum, toto radiantia mundo,
 Membra sepulcra tegunt ; spiritus astra colit.
Ruricii gemini flores quibus Anniciorum,
 Juncta parentali culmine Roma fuit.
Accumulante gradus prænomine, sanguine nexi,
 Exsultant pariter hinc anus, inde nepos.
Tempore quisque suo fundans pia templa patroni,
 Iste Augustini, condidit ille Petri.
Hic probus, ille pius ; hic serius, ille serenus,
 Certantes pariter quis sibi major erit.
Plurima pauperibus tribuentes divite censu,
 Miserunt cœlos, quas sequerentur opes.
Quos spargente manu redimentes crimina mundi,
 Inter apostolicos credimus esse choros.
Felices qui sic de nobilitate fugaci
 Mercati, in cœlis jura senatus habent.

ANNO DOMINI CCCCLXXXI.

VICTOR VITENSIS.

PROLEGOMENA.

EPISTOLA DEDICATORIA.

Josephus Bertinelli Joanni archiepiscopo Minotto Othobono, episcopo Patavino.

Parum ego prudenter, ne dicam temere fecisse videar rerum quibusdam non satis justis æstimatoribus, qui tibi, amplissime antistes, viro omnium humanissimo ponam ante oculos et persecutorum humanitatem omnem exuentium crudele spectaculum, et immanissimæ persecutionis imaginem. Refugit enim animus non modo intueri, sed etiam reformidat dicere quæcunque exhibet Historia nostra, sanctissimorum nempe omnis ætatis ac status hominum carnificinam, dolores, vulnera, equuleos, mortes ac mortium genera intolerabilia; reformidat dicere barbarorum ubique sævientium crudelitatem, episcoporum, sacerdotum, aliorumque infinitum numerum ita pro nomine Jesu constanter firmiterque patientium, ut tortor ipse prius ac tormenta viderentur defessa, quam qui ea passi sunt, licet eo usque cruciati fuerint, ut quo minus haberent virium ad perferendum, eo vim magis tormentorum et cruciatuum acerbitatem sentirent. Verum hujusmodi athletas Christi, tales ac tantos religionis nostræ auctores et magistros, liceat tibi pontificali auctoritate gravissimo si non oculis aspicere, animo certe et cogitatione complecti; liceatque mihi dignitatis ac virtutis tuæ præconium facere meditanti, quorum nomina sunt scripta in cœlis, eorum memoriam annalium monumentis commendatam nomini tuo consecrare. Quos igitur non vidisti, vides tamen qui et quales postulent patrocinium tuum; vides quam dignum sit generoso principe porrigere afflictis dexteram, atque opis indigentibus opitulari; quam dignum optimo episcopo episcopos sibi similes, sacerdotes ministrosque sacros pro Christi fide perpessos, benigne suscipere; quam dignum denique humano pectore miserabilium misereri hominum, laborantibus succurrere, et præsidium petentibus nihil negare. Hæc cum videas non ego cædes, non verbera, non secures, non vincula, non reliqua suppliciorum genera propono oculis; sed quæ mutuæ caritatis ac benevolentiæ exempla nobis passim occurrunt in hac Historia; atque eo propono libentius, non tam quod omnia te digno sint, quam quod majorem eorum partem moribus tuis exprimere videare. Utinam vero is ego essem, ut, tu qui sis et quantus semper fueris, cum satis videam admirerque maxime, satis etiam quæ tua sunt non modo dicere, sed dignis celebrare laudibus dicendo possem! Sed cum persequi omnia non queam (quis enim omnia persequatur ejus qui non honoris nomen, sed honorem adeptus sit ?), patere æquo animo, me bene multa præterire consulto, quæ in medio posita et cernunt omnes et mirifice laudant. Dicant alii nobilitatem generis, vetustatem familiæ, patriæ inclytæ et parentum decora, cognationes, majorum nomina, quæque ab iis præclarissime gesta sunt; ea tu quamvis tuorum sint atque magna, respuis tamen tanquam aliena, neque quidquam tuum putas nisi quod virtus fecit tuum. Dicant alii, te Alexandro VIII pontifici maximo nepotem esse, te Petro Othobono cardinali amplissimo consobrinum, te a Benedicto XIII pontifice optimo designatum episcopum; magna quidem ista sunt, singularia prope, atque adeo tua; sed non ea sunt quæ dici a nemine satis possint. Dicat quæcunque facis Patavina celeberrima civitas, bonarum artium sedes ac magistra, cui præes, dicat seminarium istud litterarum tuum juventuti instituendæ aptissimum, quod tu splendori pristino restituendum suscepisti; majora equidem ista censemus, et majoribus etiam digna laudibus; at nos nec quodcunque in te laudabile est proponere nobis volumus, nec aliis demonstrare nisi quidquid est maximum. Maximas autem esse ducimus easdemque admirabiles virtutes animi, quæ solæ tuæ sunt, quæ tibi cum aliis non communes, quæque licet commendari ab omnibus nequeant, sunt tamen omnium commendatione dignissimæ. Ac primo quidem sese offert in Deum pietas ac religio ista tam Deo cara, tamque episcopi propria, tum excelsa indoles, suavitas morum et integritas, in omnes benignitas, atque naturæ tuæ accommodata caritas et beneficentia, tum præ cæteris, quæ maximæ singulæ, et laudandæ sunt, summa illa modestia, qua et præstas aliis, et te laudari non sinis. Ad nos igitur quod attinet, qui nimium timidi quam prudentes parum videri maluimus, ne alicujus gratiam assentatiuncula quadam aucupari dicamur, summæ omnium virtuti tuæ morem gerimus, atque universo laudationis genere supersedemus. Qui tamen non patimur testimonium aliquod observantiæ nostræ publicum desiderari, Historiam hanc, mole quidem parvam, re autem ipsa magnam, teque dignam offerimus amplitudini tuæ, rogamusque ut qualecunque sit munusculum probes nostrum, neque despicias condonantis animum, qui cui multum debeat, et multum dare non possit, satis esse autumat, si ei plurimum debere velit. Tu interim, antistes optime, et virtute magis ac meritis quam dignitate ac laudibus clare, qui divino videris munere donatus Ecclesiæ tuæ, de ea perge, ut facis, laboribus ac vigiliis bene mereri, gregum tuorum innumerabilium incolumitati consulere, et perpetua clementiæ tuæ relinquere monumenta ad *Christi Redemptoris æternam laudem*

P. FR. CHIFFLETII
ELUCIDATIONES IN VICTOREM VITENSEM

In notis nostris ad opera Fulgentii Ferrandi Carthaginensis Ecclesiæ diaconi, non una se dedit occasio de Victore hoc, ejusque Historia quædam prælibandi, quæ nunc operæ pretium est accuratius prosequi. De libro primum dicam, tum de auctore, ut causam ex effectis investigemus.

CAPUT PRIMUM.
Operis inscriptio.

Titulus ante omnia operi præfigendus: quem haud satis distincte conceperint plerique, *De Persecutione Vandalica*. Nam et Geiserici extra Africam, in Hispania, in Italia, Dalmatia, Campania, Calabria, Apulia, Sicilia, Sardinia, Brutiis, Lucania, Epiro Veteri sive Hellada, persecutio fuit, ut initio primi libri asserit Victor: unde non dubium relinquitur quin opus suum ipse inscripserit *Historiam persecutionis Africanæ*, quem titulum præfert in ms. codice Cartusiæ Portarum. At quoniam per tempora S. Fulgentii Ruspensis episcopi, orthodoxos quoque in Africa vexavit Trasamundus, nobis, qui his omnibus calamitatibus superstites sumus, Victoris lucubratio hæc, et tempore et loco ita circumscribenda est, ut sit *Historia persecutionis Africanæ sub Geiserico et Hunerico Vandalorum regibus.*

CAPUT II.
Ejus pars est Notitia episcoporum Africæ.

Quod Notitiam episcoporum Africæ, qui Carthaginem convenire a rege Hunerico jussi sunt (quam anonymam edidit Sirmondus), idem ipse Victor vel conscripserit, vel saltem a forensi tabulario descriptam operi suo inseruerit, apparet primum ex ipsa ratione argumenti. Cum enim in ea Notitia non sola episcoporum ac sedium nomina recenseantur, sed et in contextu, et ad calcem adnotetur quid cuique acciderit, quot fugerint, quot perierint, quot et quo relegati sint; hæc nemo negaverit ad eum pertinuisse, qui totam ejus historiam persecutionis describendam susceperat. Apparet deinde ex veteri codice Sanctæ Mariæ Laudunensis, in quo ea Notitia (ut ipse refert Sirmondus) sequebatur Rationem fidei ab Eugenio Carthaginensi, aliisque episcopis oblatam Hunerico regi; adeoque descriptioni persecutionis Africanæ implexa et illigata erat. Apparet denique ex ms. codice, ex quo Abrahamus Ortelius in Thesauro geographico civitatum Africæ nomina ex eadem ipsa Notitia deprompta, passim episcopo Victori ascribit.

CAPUT III.
Libri Fidei quis auctor.

Liber Fidei, Historiæ persecutionis Africanæ illigatus, dubium est a quonam fuerit conscriptus. Victori ipsi, cujus est reliquum opus, ascribunt plerique: alii Eugenio Carthaginensi episcopo, seculi Gennadium in Catalogo, cap. 94, ubi hæc habet: *Eugenius Carthaginis Africæ civitatis episcopus, et confessor publicus petitus a Chunerico Vandalorum rege, catholicæ fidei expositionem, et maxime verbi omousion proprietatem disserere; cum consensu omnium Africæ, et Mauritaniæ, et Sardiniæ, atque Corsicæ episcoporum et confessorum qui in catholica permanserunt, composuit librum Fidei sanctarum Scripturarum sententiis communitum, et per collega confessionis suæ porrexit.* Porro Victor in fine libri secundi catholicis omnibus Africæ episcopis eum tribuere videtur, cum ait: *Quod ante nostri providentes, libellum de Fide conscripserant, satis decenter sufficienterque conscriptum, dicentes: Si nostram fidem cognoscere desideratis, hæc est veritas quam tenemus.* In codice cartusiæ Sanctæ Trinitatis prope Divionem, sic inscribitur hic liber : *Incipit liber Fidei catholicæ contra Wandalos, editus a Januario Zaterense, Villatico a Casis Medianis, episcopis Numidiæ; Bonefacio Foracianense, et Bonefacio Gazanense, episcopis Byzacenis.* Verum hi sunt episcopi per quos directus est liber ille, ut in ejus fine annotatur; non a quibus conscriptus. His itaque positis existimaverim, hunc librum aut ab ipso Eugenio Carthaginensi primate, aut ejus jussu ab erudito aliquo fuisse elaboratum : ac denique ab omnibus regni episcopis recognitum et probatum : sed tamen a quocunque tandem fuerit conscriptus ad Victoris Historiam pertinere.

CAPUT IV.
Tempus conscriptæ Historiæ annus Christi 487.

Tempus quo hæc Historia conscripta est indicavit auctor ipso operis initio, *sexagesimum annum ex quo Vandali in Africam ex Hispania trajecerant.* Porro hic transitus cum a Prospero in Chronico notetur Hierio et Ardabure consulibus, hoc est, anno æræ Christianæ 427, ad hunc numerum addito sexagenario, prodibit hujus operis elaborati annus 487.

CAPUT V.
Cui nuncupatus hic liber. Ætas Diadochi episcopi Photices in Epiro Veteri.

Cui liber hic nuncupatus fuerit conjicere licet ex Victoris præfatione. Nam is quicunque est , *historiam texere* cogitabat, cui Africanam persecutionem illigaret : tantæque erat vel auctoritatis, vel dignitatis, ut *ejus jubentis imperio, obedientiæ cervicem submittere* se profiteretur episcopus Victor ; qui cum Constantinopoli scriberet , vix alius occurrit cui tantum deferre honoris vel potuerit, vel debuerit, ab Acacio qui tum in vivis erat, patriarcha Constantinopolitano. Illam enim sedem iste obtinuit annis septemdecim, ex anno Christi 471 in 488, secundum auctores probatissimos Historiæ Byzantinæ. Addit Victor, sicut Timotheus et Lucas Pauli apostoli, sic et istum beati episcopi Diadochi fuisse discipulum. Omne inquit, *datum optimum et omne donum perfectum cœlitus accepisti : eruditus a tanto pontifice, totoque laudis genere prædicando beato Diadocho, cujus ut astra lucentia exstant quamplurima catholici dogmatis monimenta dictorum. Et sat est tibi ut æquipares doctrinam doctoris ; quia satis est discipulo ut sit quomodo magister ejus.* Fuit h c Diadochus episcopus Photices in Epiro Veteri, ut testatur Photius in Myriobiblo, codice 201, qui et rursus ejusdem meminit cod. 231. Asceticum ejus librum centum capitum, a Francisco Turriano Latine redditum habet Bibliotheca Patrum : quo ex opere caput aliquod citat Maximus monachus, qui Heraclio imperante floruit, *Patrem Diadochum* causa honoris eum appellans. Cum autem hactenus obscura fuerit Diadochi ætas, ex hoc certe Victoris loco habemus, circa medium quinti post Christum sæculi illum claruisse ; ut eo nimirum magistro usus fuerit vir ille dignitate præcellens, cujus jussu Victor anno Christi 487 persecutionis Africanæ Historiam scripsit.

CAPUT VI.
Operis in 5 libros partitio.

Quod spectat ad divisionem hujus Historiæ, incertum est an eam Victor in plures libros partitus sit. Imo cum nulla appareant hujus divisionis vestigia, nulla in ipso textu plurium librorum mentio, nullæ transitiones, nullæ extra totius operis principium et finem vel prologorum, vel epilogorum formæ, verisimilius est eam Historiam ex mente auctoris (ut fere vetustiores aliæ solent) uno tenore decurrisse : divisiones porro factas esse a recentioribus, nunc in pauciores partes, nunc in plures, pro genio cujusque atque arbitrio. Itaque cum vulgatæ editiones pleræque tres libros exhibeant, sex omnino reperimus in codice ms. cartusiæ Portarum : sed hac ratione distinctos, ut idem sit utrobique liber primus; at liber secundus vulgatus in duos, tertius in tres subdividatur. Ad finem libri iv post illa verba : *Data sub die sexto calendas Martias, Carthagini,* sequuntur hæc non auctoris, sed recentioris librarii assumenta : *Hæc est lex, hoc præceptum iniquissimi regis et Deo odibilis Honorici, filii Geiserici, quam adversus piorum gentem veluti draco bino ore sibilans edidit. Sed jam tempus est ut in quarto hoc libello finem narrationis facere debeamus : quia indignum et indecens est, ut sub tyrannica collocutione sermo divinus subjaceat. Auditum ergo petimus ab auditoribus libenter accommodari, cum principium libri quinti in eorum sonuerit auribus : quoniam magna et miranda martyrum certamina nos confidimus narraturos, præstante ipso Jesu Christo Domino, qui laureis mirifice sanctos coronat suos. Explicit liber quartus. Incipit liber quintus.* Ad finem vero libri quinti, post illa verba : *Et Maximus monachus, et Septimus monachus,* hæc subjiciuntur : *Sed licet horum gloriosissimorum martyrum, in præsenti non quiverimus explanare admiranda certamina, propter aliorum videlicet innumerabilium multitudinem martyrum; in fine tamen hujus operis nostri promittimus, Domino adjuvante, nos ea narraturos. Nunc ergo hujus libelli quinti narrationis nostræ hic finis sit. Explicit liber quintus. Incipit liber sextus.* [Ex illo jam tempore crudelius Arianorum episcopi, etc. Ad finem denique libri sexti, post illa verba, *simili morte periit,* ita concludit librarius : *Explicit liber sextus. Incipit Passio Sanctorum superius promissa, qui apud Carthaginem passi sunt.*] *Prædicaturus triumphos,* etc. Hi sunt ex codice Portarum ἐπίλογοι ; non auctoris ipsius, sed antiquarii, seu medio ævo interpolatoris ; quos operis partibus a se constitutis quasi limites posuit. Mihi partium proportionem, et lectoris commodum spectanti, media fere via incedere placuit, eamque Histo iam quinque in libros partiri ; quorum primi argumentum erit : *Geiserici Vandalorum regis Africana persecutio;* secundi, *Initia persecutionis Hunerici Vandalorum regis;* tertii, *Professio fidei catholicorum episcoporum Hunerico regi oblata ;* quarti, *Hunerici regis sævitia in episcopos orthodoxos, cum horum catalogo*; quinti, *Crudelitas regis Hunerici in cæteros catholicos.* Subjicientur per modum appendicis, acta 7 monachorum martyrum Caspensis territorii, quorum auctorem quoque Victorem episcopum facit codex Portarum, et beatus Rhenanus, accuratus scriptor, qui in hujus operis editione, ad finem horum actorum, Historiæ Victoris episcopi finem adnotavit. Sane hæc acta cum in omnibus quæ videre nobis licuit Victoris exemplaribus, tum cusis, tum manuscriptis, Historiam persecutionis Africanæ ab eo conscriptam excipiant, frustra alius quæritur eorum auctor, qui cum horum martyrum in historiæ cursu paucis verbis jam meminisset, potuit ad ipsorum res gestas fusius enarrandas animum adjicere, præsertim quod in eorum tormentis et tyranni sævitia, et martyrum ingentes animi, et divina erga illos providentia solito clarius enituisset.

CAPUT VII.
Victor fuit episcopus Vitensis.

De Victoris episcopatu multorum hactenus opinio fuit, Uticensem fuisse in provincia proconsulari; quod nos in Ferrando nostro haud inanibus argumentis improbavimus. Scio Victoris Uticensis episcopi mentionem esse in collatione prima Carthaginiensi, numero 128, P. C. Varanis, anno Christo 411. Sed hic nihil pertinet ad Hunerici regis tempora. Scribens autem Victor episcopus Historiam persecutionis Africanæ, anno sexagesimo ex quo in Africam Vandali de Hispania trajecerant, hoc est, anno æræ Christianæ 487, in Notitia provinciæ proconsularis meminit Florentini Uticensis episcopi, tribus quatuorve ante annis ab Hunerico rege in Corsicam relegati: ubi tum detinebatur cum aliis ad sex et quadraginta extorribus episcopis, quando Historiam hanc suam scribebat Victor: quem si quis Florentino Uticensi jam tum fortasse mortuo suffectum objiciat; næ ille parem prudens æstimator videbitur tam iniquorum temporum, per quæ dispersis quaquaversum Ecclesiarum omnium Africanarum ovilibus; ac eorum vel enecatis pastoribus, vel procul a patria amandatis, vix eis spiritum ducere, nedum gregibus suis invigilare, aut episcopis morte sublatis successores ordinare integrum fuerit. Quam certum est autem nunquam Uticensem fuisse Victorem hunc, tam est indubitatum Vitensem fuisse episcopum: quæ provinciæ Byzacenæ civitas cum ignota esset recentioribus librariis, illi mendum in antiquis exemplaribus suspicati, ac vocum delusi affinitate, Uticensem pro Vitensi reposuerunt. In codice cartusiæ Portarum ms. bonæ notæ, ipso operis initio legi: *Incipit prologus in Historia persecutionis Africanæ edita a sancto Victore patriæ Vitensis episcopo*: ac postmodum incidi in hujus Historiæ editionem Parisiensem anni 1541, typis Galeoti Pratensis, a Beato Rhenano curatam, in qua post præfationem, *Quondam veteres*, etc., sequitur inscriptio: *Historia persecutionis Africanæ provinciæ, temporibus Geiserici et Hunerici regum Vandalorum, auctore sancto Victore episcopo Vitensi.* Ut jam minime dubium sit quin ipse in Byzacenorum episcoporum serie de se scripserit; *Victor Vitensis, non occurrit*: certo nimirum Dei consilio reservatus, haud secus ac Virgilianus ille, cruenti prælii

Accipiens sonitum saxi de vertice pastor,

ut diræ illius persecutionis historiam posterorum memoriæ commendaret.

CAPUT VIII.
Scripsit Constantinopoli.

Hanc porro scripsit, ut reor, Constantinopoli. Non enim diu in Africa latere potuisset, ac tot quæsitorum fugere oculos, qui latebras omnes scrutabantur, ut catholicorum, ac præsertim episcoporum neminem ab Ariana sævitia immunem relinquerent. Opinor ergo illum mutato habitu, Constantinopolim evasisse in comitatu Uranii legati Zenonis imperatoris, quem libro v testem profert, crudelitatis Carthagine in orthodoxos spectante illo exercitæ. Sed qui hoc, inquit, *fabulosum putat, Uranium Zenonis legatum interroget, cujus in præsentia præcipue gesta sunt; illa scilicet causa, quia veniens Carthaginem, sese pro defensione Ecclesiarum catholicarum venisse jactabat. Et ut illi ostenderet tyrannus se neminem formidare, in illis plateis vel vicis plures tortores et crudeliores statuit, in quibus legatis moris est ascendendo ad palatium et descendendo transire: ad opprobrium videlicet reipublicæ ipsius, et nostri jam deficientis temporis fæcem.* Et paulo superius, cum eorum meminisset qui linguis radicitus abscissis, expedite nihilominus loquebantur, subdit: *Sed si quis incredulus esse voluerit, pergat nunc Constantinopolim; et ibi reperiet unum de illis, subdiaconum Reparatum, sermones politos sine ulla offensione loquentem: ob quam causam venerabilis nimium in palatio Zenonis imperatoris habetur, et præcipue regina mira eum reverentia veneratur.* Ecce, lectores suos invitat, vel præsentes, ut Uranium legatum Constantinopoli in aula imperatoris consulant; vel absentes, ut Constantinopolim pergant, ibi persecutionis Africanæ seriem cognituri: vix, aut nulla ratione facturus, si non ipse tum ibidem mansionem haberet. Cum igitur ad calcem Notitiæ episcoporum Africanorum ita colligit: *Corsica relegati* 46, *Hic relegati* numero 302, posterior numerus de Constantinopolim ablegatis accipiendus est.

CAPUT IX.
Fuit primas provinciæ Byzacenæ.

Hunc ipsum Victorem Vitensem episcopum censui primatem postmodum fuisse provinciæ suæ Byzacenæ, cujus est mentio in Vita S. Fulgentii, ab eo in episcopum Ruspensem ordinari jussi. Nec vanis indiciis. Nam (ut ad Ferrandum pluribus explicuimus) in Africa, extra provinciam proconsularem cujus caput Carthago, vagæ erant ac desultoriæ primæ sedes, et seniorem cujusque provinciæ episcoporum sequebantur: seniorem, inquam, non ætate, sed promotione sive ordinatione; qui idcirco senis appellatione designari solebant; adeo ut promiscue aut senex, aut suæ provinciæ primas, aut primæ sedis episcopus nuncuparetur. Jam sic ratiocinor. Notitia

Byzacena tres omnino Victores episcopos repræsentat : *Narensem* tertio decimo loco, *Vitensem* sexto et quadragesimo, primo et centesimo *Gauvaritanum*. Christi anno 487, quo scribebat Victor Vitensis, decem jam sublati erant ex episcopis Byzacenis, iique (ut verosimilius) seniores atque infirmiores : qui si primi decem fuerunt, quos recenset Notitia; ex eo Victor Narensis in reliqua episcoporum serie tertium locum, Vitensis trigesimum sextum, Gauvaritanus primum et nonagesimum obtinuit. Jam vero, satis constat, Victoris primatis Byzaceni mandato Fulgentium Ruspensibus ordinatum episcopum anno Christi 507, vicesimo anno post 487. Per hos igitur viginti annos longe est probabilius obiisse ex episcopis Byzacenis quinque et triginta qui Victori Vitensi, quam duos tantum qui Narensi aut omnino nonaginta qui Victori Gauvaritano decedere potuissent. Qua ratiocinatione conjicio, eumdem esse Victorem Vitensem episcopum a quo persecutionis Africanæ descripta est Historia, qui et viginti post annis fuit primas Byzacenus.

CAPUT X.

Chronologica Geiserici et Hunerici regnorum periodus.

Carthagine potitur Geisericus, Theodosio XVII et Festo coss. ex Prospero et Marcellino in Chronicis, hoc est, anno Christi 439. Idem refert Idatius anno Placidii Valentiniani, seu Theodosii Junioris monarchiæ 15. Nec aberrat fragmentum Augustanum quod edidit Henricus Canisius post Chronicon Tironis, tomo V Lect. antiquæ, pag. 161, occupatam a Geiserico Carthaginem notans, P. C. Theodosii XVII et Festi : cum hæc formula enuntiandi consulatus, eumdem sensum habeat cum illa vulgata qua usi sunt Prosper et Marcellinus, uti ostendimus in Notis nostris ad vitam S. Fulgentii, auctore Ferrando. Quod ergo apud Victorem legitur, lib. I de Persecutione Africana, captam a Geiserico Romam, regni ejus anno 15, de annis completis accipiendum est. Romam enim occupavit Geisericus Valentiniano VIII et Anthemio coss., hoc est, anno Christi 455, ex Prospero, Marcellino et aliis chronographis : et quidem haud multo post Maximum pridie idus Junias a suis occisum. Hic erat annus regni Geiserici quintus decimus exactus, et labens decimus sextus. Diem etiam captæ Carthaginis exprimunt iidem, Prosper, Idatius, et auctor fragmenti Augustani, XIV calendas Novembris; ut mendi suspicio sit apud Marcellinum, ubi legitur X calendas. Ex ea die Victor Vitensis ad finem libri I numerat regni Geiserici annos 37 et menses tres; quibus in fragmento Augustano adduntur dies sex. Si a 19 Octobris anni 439 numeres annos, 37 menses tres tricenarios, et dies sex, conjicies Geiserici obitum in annum 477, diem mensis Januarii 13. Hinc porro adde cum Victore Vitensi, regni Hunerici annos 7, menses 10 tricenarios, et insuper ex fragmento Augustano dies 18; videbis illum interiisse anno regni sui octavo pene completo Christi 484, die 6 Decembris.

CAPUT XI.

Hunerici persecutionis tempus, ejusque edictorum adversus catholicos; inter quæ ominosa solis defectio media intercessit.

Hunericum cruentam bestiam docet nos Victor libro II sæviisse qua in Manichæos, qua in suos Arianos *per quinque annos vel amplius* : inde porro conversum ejus furorem in orthodoxos. Idem libro V multis describit famem ac luem quæ Africam depopulatæ sunt, saltem ab æstate anni octavi Hunerici, Christi 484. Qua sæviente clade, cessavit persecutio catholicorum ab Arianis, quos fecerat communis calamitas de sua ipsorum salute sollicitos; tunc enim rex ipse Hunericus (ut ait Victor), *suis provinciis et domibus singulos revocari jussit.* Cum igitur Hunericus octavo regni sui anno ad finem vergente interierit, vel hinc licet colligere, ejus in catholicos persecutionem haud multum supra duos annos solidos tenuisse; nempe toto anno regni septimo, cum parte anni sexti, et parte octavi. Nunc reddenda sunt suis temporibus duo ejus edicta, quorum prius fuit de omnibus Africæ episcopis Carthaginem convocandis ad calendas Februarias anni 8 Hunerici regis, Christi 484. Posterius de claudendis ecclesiis, datum Februario anni ejusdem 484. Prius quidem anno regni Hunerici 8, Christi 483, die Ascensionis dominicæ promulgatum est, ex libro secundo. Ex die autem promulgationis emendanda est dies edicto subscripta, XIII calendas Junias, hoc est, Maii mensis 20. Nam eo anno incidit Pascha in 10 Aprilis, Ascensio in 19 Maii. Quomodo ergo publice in ecclesia lectum est edictum 19, si tantum postridie, nempe die Maii 20 datum confectumque est? Putamus igitur datum ipsa die Ascensionis, XIV calendas Junias, vel certe biduo ante, hoc est XVI calendas; ut numerus XIII pro XIV vel XVI irrepserit, facili notæ V in II transmutatione. Ab eo vero tempore ad calendas Februarias anni 484 fluxerunt novem fere solidi menses. Unde vox *novem* ex editione Coloniensi, et ex codice Portarum a nobis haud timide restituta est in locum edicti posterioris, hactenus in vulgatis corruptum, qui sic se habet : *Postmodum universos constat fuisse commonitos, spatio temporis prærogato mensium novem novæque contentionis (si quid ad eorum proposita posset aptari), ut ad calendas Februarias anni octavi regni nostri, sine metu aliquo convenirent.* Datum est autem edictum hoc posterius quod libro quarto continetur, VI calendas Martias, adeoque ipso intercalari die anni 484 bissextilis; cujus diei infelix esse omen majorum opinio fuit, vel teste Valentiniano, qui anno 364 proximo post bissextilem die apud Nicæam imperator levatus est, cum bissextilem ipsum quasi ominosum declinasset, ut scribit Ammianus libro XXVI

Sed et per ea tempora ominosum solis deliquium memorat Gregorius Turonensis lib. II Hist. Franc. cap. 3 : *Tunc,* inquit, *et sol teter apparuit,* ita ut vix ab eo pars vel tertia eluceret. Credo namque p o tantis sceleribus et effusione sanguinis innocentis.

Quod novilunium eclipticum inter barbarica duo illa edicta medium fuit, cum evenerit die mensis Januarii 14, et potuit spectari Carthagine, horis antemeridianis, ut tabulæ astronomicæ nos docent.

CAPUT XII.

Duo legati Zenonis, imperatoris ad Hunericum, Reginus anno 483, Hunerici 7; Uranius anno 484, ejusdem regis octavo.

De Uranio nulla est dubitatio : hic enim (ut refert Victor libro v) cum ad defensionem Ecclesiarum catholicarum se venisse jactasset, Hunericus, ut ei illuderet contumaciusque insultaret, *in illis plateis vel vicis plures tortores et crudeliores statuit, in quibus legatis moris est ascendendo ad palatium et descendendo transire.* At de Regino haud ita consentiunt codices. Rhenani editio Parisiensis anni 1541, et fere recentiores aliæ sic habent : *Nam die Ascensionis Domini, legatus Zenonis imperatoris, regina præsente legendum in media ecclesia episcopo Eugenio dirigit præceptum,* etc. Sed age : quomodo sui muneris putavit esse imperatoris legatus, ut Hunerici tyranni hoc edictum Eugenio episcopo in media ecclesia legendum dirigeret, quod ad domini sui rem nihil faceret, quinimo ejus studiis maxime adversaretur? Ergo hunc locum sic refert editio Coloniensis anni 1535 : *Nam die Ascensionis Domini, legato Zenonis imperatoris rege non præsente legendum media ecclesia episcopo Eugenio direxit præceptum,* etc. Nutat quoque hæc lectio, quæ edictum et legato Zenonis et episcopo Eugenio directum significat, obscure, ne dicam inepte. Sic ergo hunc locum nitide reddimus ex codice cartusiæ Portarum : *Nam die Ascensionis Domini, legato Zenonis imperatoris Regino præsente, legendum,* etc. An hic ipse sit Reginus comes ad quem est Ferrandi diaconi liber de septem Regulis innocentiæ, in medio relinquo, cum id neque negare ausim, neque affirmare.

CAPUT XIII.

Carthaginenses episcopi a Victore memorati, Quodvultdeus, Deogratias, Thomas, Eugenius.

Ex hoc numero Thomam exclusit Baronius, secutus recentiores Victoris editiones, quæ lib. 1 sic habent pleræque : *Ordinator quondam memorati sacerdotis* (nempe episcopi Deogratias) *nomine Thomas, dum variis ab eis insidiis sæpius arctaretur, quodam tempore venerabilem senem in publica facie catomis ceciderunt.* At in codice Portarum (cui consentiens est quoad hoc editio Coloniensis anni 1535) sic legi : *Ordinatur quidam in sacerdotium nomine Thomas. Qui dum variis,* etc. Vides hic censeri Carthaginiensem episcopum Thomam, nec immerito. Amabo enim, si Deogratias episcopum ordinavit Thomas, ipse ergo episcopus fuit. Si fuit episcopus, quomodo non ejus sedem appellavit Victor, ut in aliis solet? Ad hæc, si Thomas cum aliis duobus episcopis secundum antiquos canones episcopum Deogratias consecravit, quomodo solitarie ejus ordinator diceretur? Denique, ordinato ante triennium episcopo Deogratias, quomodo extra propriam sedem contra canones tandiu Carthagine restitisset? Placet ergo lectio codicis Portarum, et editionis Coloniensis vetustæ, quæ hunc habet episcopum Carthaginensem, episcopo Deogratias proxime defuncto subrogatum. Quod vero mox addit Victor :*'Unde factum est ut post obitum episcopi Carthaginis.* etc., de ipsius Thomæ obitu intelligendum putamus; sive ille in catomi supplicio animam exhalarit, sive ei fuerit aliquantulum superstes. Hinc licet distinguere apud Victorem episcopos Carthaginienses omnino quatuor. Primus fuit Quodvuldeus, Neapolim relegatus anno 439, statim post captam a Geiserico Carthaginem. Illo mortuo in exsilio, anno (ut videtur) 452, die 26 Octobris, egit Valentinianus imp. apud Geisericum, ut post eum ordinaretur Carthaginiensis episcopus nomine Deogratias. Is captivos a Geiserico ex Italia in Africam abductos, paterno complexu affecit, tandem senio et laboribus confectus, obiit in obsequiis captivorum Romanorum, 22 Martii, anno 456, cum annis tribus præfuisset. Mox post eum ordinatus Thomas, ipso sui episcopatus exordio, Arianorum nequitia tormentis enecatus est. Exinde per annos 24 Carthago sine episcopo fuit, donec Zenone et Placidia Olybrii relicta Augustis poscentibus, passus est Hunericus Eugenium Carthagine ordinari episcopum, anno (ut videtur) 480 ; qui haud multo post, Hunerici persecutionis pondus sustinuit, fuitque illi diu superstes.

CAPUT XIV.

Thomas senex venerabilis, catomo seu catomis cæsus.

Vulgati recentiores lib. 1 : *Venerabilem senem in publica facie catomis ceciderunt.* Codex Portarum, *catomo :* editio Colon. 1535, *cathomos* mendose. Catomo et catomis adverbialiter usurpari, ultro concesserim Rosweydo in Martyrologium Adonis, 15 Junii, et Lacerdæ in Adversariis sacris. At cum lego in actis Babylæ martyris, 24 Januarii : *Iratus vero Numerianus jussit tres infantes levari in catomo : et priori dari duodecim plagas, secundo autem novem, tertio vero septem;* intelligo catomum eo loco nominaliter accipi; nec de ipso supplicii genere, sed de loco, vel potius de machina sive instrumento supplicii; puta, columna, patibulo, seu trabe, lignove ad quod verberandi attolli vel suspendi solerent ad excipienda humeris verbera. *Catomari* jussa est S. Eulalia Emeritensis; et in theatro *catomidiari* decoctores sanxit Adrianus ex Ælio Spartiano. Catomare ergo, seu catomidiare est, κατὰ τῶν ὤμων τύπτειν, ad scapulas verberare. Hoc ex etymo indubitatum, sed de modo ac de re ipsa ambiguum est. Nam citati Rosweydus et Lacerda catomo seu catomis cædi vel suspendi putant esse, capite deorsum de alicujus humeris suspensum verberari. Consentiunt Baronius in notis ad Romanum Martyrologium, 15 Junii, B. et post eum Bollandus sive Enschenius, 12 Febr. in notis ad acta S. Eulaliæ v. m. Barcinonensis, C.; nisi quod in eo pœnæ genere rectum corporis statum agnoscunt; adeo ut catomis aliquem cædere hoc sit, quod ludimagistri solent, ad alicujus humeros per brachia appensis pueris, in eorum nates infligere verbera. Nititur hæc sententia duobus Martyrologiorum locis, nempe 15 junii et 18 Novembris, ubi qui catomo vel catomis cæsi seu suspensi memorantur, Vitus et Barula, pueri sunt. Numquid in pueris censebitur Thomas ille episcopus jam senio gravis, et Eulalia Emeritensis martyr, quia catomati, seu catomo cæsi leguntur? Gravioris, inquies, ignominiæ hoc fuit, senes interdum, aut in dignitate constitutos viros, aut etiam feminas puerorum more verberari. Quid porro Adrianus imperator? tune illum sanxisse dixeris, ut decoctoribus de aliorum humeris per manus pedesve suspensis, in theatro, in omnium oculis verbera ad nates infligerentur? Hæc ego adduci non possum ut credam, absque solido et manifesto antiquitatis testimonio, cum ad manum sit harum vocum quem supra posui planissimus sensus, tum ex etymo, tum ex omnium gentium usu; ut nimirum hoc sit catomis cædi, seu catomari, aut catomidiari, quod humeris seu scapulis verbera excipere. Qui porro sic cædendi erant, cum alligati, levati aut suspensi fuisse leguntur, cave hic alicujus humeros cogites ad quos illi manibus aut pedibus appenderentur (quod quibusdam in locis ad puerorum castigationem fieri solet); sed columnam cogita, ut in Christi flagellatione : aut patibulum seu trabem ligneam, ut in Antoninæ virginis martyrio, quam (apud Metaphrastem) *jussit Festus suspendi et verberari. Cumque e ligno esset deposita*, etc. Miramur autem pueros castigandi morem pene momentaneum, paucisque in locis usu receptum, a viris eruditis in orbis Romani prætoria induci; ubi martyres, tyrannorum et carnificum furore tandiu tamque atrociter virgis ac flagris concidebantur, ut nonnunquam (licet adversus Romanas leges) animam cum sanguine in eo tormento profunderent.

CAPUT XV.

De confessoribus quibus Hunerici jussu cum linguæ radicitus excisæ fuissent, expedite nihilominus loquebantur.

Victor libro IV : *Rex Hunericus*, inquit, *Comitem quemdam cum iracundia dirigens, præcepit ut in medio foro, congregata illuc omni provincia, linguas eis et manus dextras radicitus abscidisset. Quod cum factum fuisset, Spiritu sancto præstante, ita locuti sunt et loquuntur, quomodo antea loquebantur. Quod si quis incredulus esse voluerit, pergat nunc Constantinopolim, et ibi reperiet unum de illis, subdiaconem Reparatum, sermones politos sine ulla offensione loquentem; ob quam causam venerabilis nimium in palatio Zenonis imperatoris habetur, et præcipue regina mira eum reverentia veneratur.* Hos confessores fuisse numero sexaginta Græci referunt in suo Menologio et in Menæis. Non fuisse autem omnes episcopos ostendit Victor, Reparatum subdiaconum in eorum serie reponens. Æneas Gazæus in Theophrasto, tertia post supplicium die id illis beneficii divinitus collatum ait, non ut linguas reciperent, sed ut absque linguis, articulatius quam unquam antea quod vellent eloquerentur. *Ego vero*, inquit, *putabam fieri non posse ut tibicen carens tibiis artis suæ specimen ullum daret; itemque citharœdus destitutus cithara musicam artem eam exercere!. At novum hoc spectaculum cogit me sententiam illam mutare*, etc. *Ipse ego vos viros vidi, et loquentes audivi; et vocem adeo articulatam esse posse miratus sum. Instrumentum vocis inquirebam, et auribus non credens, oculis judicandi munus remisi; atque ore aperto, linguam totam radicitus vulsam vidi.* Eosdem a se visos Byzantii, atque auditos testatur Procopius lib. I de Bello Vandalico. Marcellinus quoque in Chronico, Theodorico et Venantio coss. (hoc est anno æræ Christianæ 484) : *Denique*, ait, *ex hoc fidelium contubernio aliquantos ego religiosissimos viros, præcisis linguis, manibus truncatis, apud Byzantium integra voce conspexi loquentes*. Justinianus ipse imperator in constitutione de officio præfecti prætorio Africæ (lib. I Cod., tit. 27) : *Vidimus*, inquit, *venerabiles viros, qui abscissis radicitus linguis pœnas suas miserabiliter loquebantur.* S. Gregorius Magnus lib. III Dialogorum, cap. 32, illos ex Africa profugos, *ad Constantinopolitanam urbem venisse asserit, et de miraculo accepisse ab oculatis ipsis testibus cum in eam Orientalis imperii metropolim missus esset apocrisiarius*, quod ad annum 583 refert Baronius numero 12. Victor Tununensis in Chronico, Zenone Aug. consule (alieno licet loco) : *Quos confessores*, inquit, *quod linguis abscissis perfecte ad finem usque locuti sunt, urbs regia attestatur*, ubi eorum corpora jacent. Tum ad finem Chronici, anno 40 imperii Justiniani : *Theodorus Cebarsusitanus episcopus, defensor trium capitulorum, exsilio ad urbem regiam, eo mense et die quo Justinianus moritur; et juxta confessores quibus Ugnericus Vandalorum rex linguas absciderat, sepelitur.* Quod ergo in Menæis et in Menologio hi leguntur, per omnes ditionis Romanæ oras fuisse dispersi, vel accipe de transitu, cum essent in itinere seu terrestri, seu maritimo priusquam Constantinopolim pervenirent; vel fortasse de eorum nonnullis qui miraculum suum circumtulerint. Nam ex iis plerosque Constantinopoli degisse, vitamque ibidem exegisse, non sinunt dubitare auctores citati.

Ex his sexaginta confessoribus fuisse Vigilium Tapsensem seu Tapsitanum episcopum conjectura est, quod et memoretur ultimo loco inter episcopos provinciæ Byzacenæ; qui Carthaginem ab Hunerico evocati convenerunt; et scripserit Constantinopoli, ut a nobis probatum est; totque et tales libros scripserit, seu dictaverit, quot et quales nemo (quod sciamus) ex omni ejus collegarum numero. Unde oppido verisimile est fuisse illum ἐκ τῶν λογιωτάτων (ut habent Menæa) qui ad id supplicii sunt delecti, ut linguis ac dextris multarentur, ne verbo scriptove hæresim oppugnarent. Verum hæc, ut dixi, conjectura est, cum in tanto scriptorum silentio qui nomina singulorum non expresserunt, supra conjecturam nihil mihi affulgeat.

Ex his sexaginta confessoribus unus fuit (ut habent

cum Menologio Menea, et Gregorius Magnus citato loco) qui prolapsus in carnis flagitium, divinam a se gratiam repulit, ut non posset exinde quidquam loqui. De duobus idipsum narrat Procopius, haud absque erroris aut mendacii suspicione. Cæterum vel hinc æstimare licet quam ardua sit virtus castitas; et illa Cypriani, sive Origenis verba replicare libro de Singularitate clericorum, haud longe ab initio : *Mors per feminam adhuc usque grassatur. Mentior, si non videmus exinde interitus plurimorum. Quanti et quales episcopi, et clerici simul et laici, post confessionum victoriarumque calcata certamina, post magnalia et signa vel mirabilia usquequaque monstrata, noscuntur cum his omnibus naufragasse, cum volunt in navi fragili navigare! Quantos leones domuit una muliebris infirmitas delicata; quæ cum sit vilis et misera, de magnis efficit prædam!*

CAPUT XVI.
Victor episcopus Vitensis an sanctus vindicatus.

Restat quæstio haud levis momenti, de Victoris nostri apotheosi; de qua hoc tantum dico, nullo me sat firmo antiquitatis testimonio fulcire illam posse. Scio in antiquis aliquot codicibus tribui opus de persecutione Africana sancto Victori episcopo; sed hic titulus a librariis est, penes quos nulla est auctoritas, sanctorum canoni quemquam inscribendi. Mea quidem conjectura est, illum vitam sancte exegisse in Sardinia, cum esset primas Byzacenus; atque ibidem sepultum esse inter tot alios heroes, vel advenas, vel indigenas, de quibus multa collegit Jacobus Pintus in opere de Christo crucifixo, lib. III, tit. 4, loco 12. Verum per initia octavi post Christum sæculi, et anno Christi 720 (ut existimat Pintus), Sardiniam devastantibus Sarracenis, ita turbati sunt tot sanctorum tumuli, ut maximæ illorum partis nulla restent certa vestigia, adeoque nec Victoris Vitensis; nec ulla sunt (quod sciam) veterum Martyrologia, aut Ecclesiarum antiquæ tabulæ quæ de illo sanctorum fastis ascripto fidem faciant. Petrus episcopus Equilinus in catalogo sanctorum lib. IV, cap. 70, *Victor*, inquit, *Carthaginensium episcopus floruit tempore Anastasii imperatoris: qui præclarus virtutibus et doctrina fuit. Adversus Arianos composuit librum unum. De pœnitentia librum unum, in quo vivendi regulam pœnitentibus juxta Scripturarum auctoritatem instituit. Ad Basilium quemdam super mortem consolatorium librum unum, spe resurrectionis perfectum, et instructione munitum. Homilias etiam quæ a fratribus salutis propriæ sollicitis, in libris digestæ servantur. Qui et XII calendas Maii carnis debitum solvit.* Retulit ista Petrus ex Gennadio, cap. 77, sed parum sincere; nam Victorem pro Cartennensi Mauritaniæ Cæsariensis episcopo scripsit Carthaginensem; et floruisse dixit tempore Anastasii imperatoris, cum ad superiora Geiserici Vandalorum regis tempora esset referendus. Gennadium ipsum audi: *Victor*, ait, *Cartennæ Mauritaniæ civitatis episcopus scripsit adversum Arianos librum unum et longum, quem Genserico regi Vandalorum per suos audiendum obtulit, sicut ex proœmio libri ipsius didici. Scripsit et de pœnitentia publica librum, in quo et regulam vivendi pœnitentibus juxta Scripturarum auctoritatem statuit: et ad Basilium quemdam super mortem filii consolatorium libellum, spe resurrectionis perfecta instructione munitum. Homilias etiam composuit multas, quas a fratribus salutis propriæ sollicitis, in libris digestas servari cognovi.* Hæc Gennadius. Quod vero Petrus Equilinus ad XII calendas Maias ejus obitum adnotavit, hausit fortasse ex tabulis Calaritanis, quæ ea ipsa die Victorem quemdam memorant ibi depositum. Ex hoc fonte turbido (Petri, inquam, Equilini testimonio) multiplex in recentiores manavit allucinatio. Etenim Maurolicus abbas Siculus eadem die Aprilis vigesima sic habet in suo martyrologio: *Item Victoris Carthaginensis episcopi, viri doctissimi, tempore Anastasii imperatoris.* Petrus Galesinius Victorem hunc ex Carthaginensi Uticensem sibi finxit; sic enim ait ad eamdem diem Aprilis 20: *Uticæ in Africa, S. Victoris episcopi et confessoris.* Dubitavit Philippus Ferrarius quam se in partem verteret; utrumque enim hunc auctorem citans in catalogo generali sanctorum qui non sunt in Martyrologio Romano, Victorem neque Carthaginensem cum Maurolico, neque cum Galesinio Uticensem, sed in Africa episcopum dixit; utrique concors, et neutrius errori subscribens. *In Africa* (inquit die 20 Aprilis) *S. Victoris episcopi.* At Baronius hanc Scyllam declinare nisus, haud satis vitavit Charybdim; ad diem mensis Augusti 23: *Uticæ in Africa*, inquit, *beati Victoris episcopi;* a quo et conscriptam Historiam Vandalicæ in Africa persecutionis affirmat in notis; de quo tamen Victore mirum est nec verbum fieri uspiam apud Bedam, Usuardum, Adonem, Rabanum Maurum, aliosque antiquos. Tantum in Usuardo edito Coloniæ ad annum 1521, ea die Augusti 23, sic lego: *Cenomanis Victoris episcopi et confessoris;* cum tamen Victoris seu Victorii Cenomanensis meminerint alia Martyrologia ad calendas Septembris. In hoc igitur totius antiquitatis silentio, sacræ Rituum congregationi expendendum relinquimus, num Victor seu Vitensis, sive Uticensis episcopus, auctor operis de Persecutione Africana sub Geiserico et Hunerico Vandalorum regibus, rite vindicatus, et in sanctorum canonem relatus censeri possit.

CAPUT XVII.
Variantes aliquot lectiones ex codice ms. carthusiæ Portarum, ad Victoris Vitensis episcopi opus de Persecutione Africana.

(Hanc variantum lectionum descriptionem consulto omittimus utpote lectori minime desiderabilem, cui textum Ruinartianæ editionis emendatissimum in hac nostra editione exhibebimus. EDIT.)

PRÆFATIO SIRMONDI
In historiam Vandalicæ persecutionis.

I. Inter innumeras fere barbaras nationes quæ labente sæculo quarto aut quinto ineunte, in Romanum orbem, ac potissimum in Imperii Occidentalis provincias inundarunt, nulla sane Vandalorum gentem sævitia et inhumanitate superavit. Id prædicant vetera quæque istorum temporum quæ supersunt monumenta, atque, ut de rebus potissimum ecclesiasticis loquar, Fasti sacri, qui cum vix unum aut alterum martyrem sub aliis Barbaris passum commemorent, complures simul, et quidem frequenter, sub Vandalorum gravissimis persecutionibus occubuisse passim testantur. In Vandalis quippe nativa feritas, hæreseos perfidia gentilium superstitionibus permista, insatiabilis rapacitas, aliaque ejusmodi vitia ita concurrebant, ut nulla apud eos esset aut sexus infirmioris, aut imbecillioris ætatis commiseratio, nulla erga res aut personas sacras religio. Verum barbaricus iste furor, qui multos martyres cœlo intulit, idem ipse in causa est cur nihil fere de iisdem martyribus certum habeamus ; quippe cum ferro, flamma atque rapinis omnia vastarent, nullam de rebus suis scribendi, imo ne respirandi quidem facultatem relinquebant iis qui ex illis procellis reliqui erant. Sed etsi qui forte aliqua in litteras retulerint, hæc omnia in istis tumultibus, et urbium provinciarumque frequentibus excidiis perierunt. Qui vero postea de rebus istis commentarios ediderunt, negotia civilia tractare, aut expeditiones militares commendare, quam de Martyrum triumphis data opera disserere maluerunt, uti de Procopio aliisque nonnullis auctoribus patet, quorum opera ad nos usque pervenerunt. Unum habemus hoc de argumento Victoris Vitensis aureum plane opusculum de persecutione Africana, sub Genserico et Hunerico excitata: quanquam et ipse pauca ex multis, neque ipse dissimulat, refert, utpote qui narrationem suam ad solam Africam coarctat, quamvis ad longe plures provincias, et tredecim omnino computat, persecutionem Genserici pervasisse fateatur. Vix tamen quidquam aliud ex iis rebus, præter ea quæ ab isto auctore referuntur, rescire nobis licet. Verum et id ipsum operis ejus pretium auget, nostramque excitare diligentiam debet ad sacras illas sanctioris antiquitatis reliquias colligendas, quæ quo rariores, eo pretiosiores censeri debent. Quanquam pudor est profanos auctores adeo sollicitos ac diligentes in bellicis rebus, præclarisque heroum suorum facinoribus commemorandis fuisse; nostros vero adeo incurios ac negligentes in sanctorum præclaris pro fide certaminibus posteritati mandandis: quibus tamen nihil efficacius est ad accendendum in nobis divini amoris fervorem. Et quidem si dulce et decorum est pro patriæ aut reipublicæ causa mori, longe majori laude dignum est pro Dei causa decertare, aut pro veræ fidei defensione pugnantem fortiter occumbere ; nec ferendum est ut minori loco apud Christianos, qui pro Christi fide propugnanda decertarunt hab a. tur, quam qui pro terreno regno, aut adipiscendo, aut tuendo, curas suas omnes posuerint.

II. Nobis itaque in hoc opusculo propositum est de præclaris illis viris potissimum agere qui in Vandalorum, gentis Arianorum erroribus addictissimæ, persecutionibus exagitati, aut effuso sanguine martyrii coronam adepti sunt, aut saltem gloria confessionis pro tuenda Christi Domini divinitate claruerunt. Verum cum civilis et ecclesiastica historia ita sese invicem adjuvent, ut vix de una aliquid sine alterius subsidio dici possit, nobis subinde necessitas incumbit de Imperii vicissitudinibus ac de illis principibus qui tunc temporis imperarunt, vel breviter agere : tum ut una quæque res suo loco ac tempore dicatur, tum quia civiles ejusmodi vicissitudines, quæ Vandalorum irruptionibus occasionem præbuere, locum etiam dederint excitandis istis persecutionibus, quas describendas et pro modulo illustrandas aggredimur. Complectitur autem hæc Historia totum illud tempus quod a prima Vandalorum in Gallias impressione effluxit, usque ad exstinctum eorum in Africa imperium, id est annos circiter centum viginti et octo ; siquidem anno 406 Vandali ex patria sua effusi, post varias fortunas usque ad annum Christi 534 Africam obtinuere, quo tandem anno sub Justiniano Augusto Belisario duce pulsi sunt. Duas autem in partes totum hunc libellum tribuimus. Prior Victoris Vitensis opus egregium cum variis codicibus accurate collatum, aliaque nonnulla monumenta complectitur, quæ subsequentibus notis et observationibus illustrare conati sumus. Altera vero pars historiam totam hujus persecutionis ita continenter scriptam exhibet, ut interdum nonnulla interserantur vetera scripta, sed quæ historiæ filum minime interrumpunt.

III. Primum itaque in priori parte locum obtinet Victoris Vitensis episcopi de Persecutione Vandalica opusculum, quo nullum fere illustrius in tota antiquitate monumentum, utiliusve aut efficacius, tum ad inflammandum in fidelium pectoribus et animis Christianæ religionis studium ac fervorem, tum ad confirmanda sacræ doctrinæ dogmata, tum denique ad revincendos hæreticos, tam veteres quam recentiores. Hinc est quod ubi primum lucem aspexit, opportunum imprimis visum est ad retundendas novatorum calumnias, qui catholicæ Ecclesiæ doctrinam novitatis nomine criminabantur. In hoc enim opere laudantur incruenti sacrificii divina mysteria et sacri ritus ; hic invenire licet corporis et sanguinis Christi sacramentum, pœnitentiæ munus et reconciliationis indulgentiam sacerdotum ministerio concessam, ad quos peccata solvere ex Christi institutione pertinet: hic baptismatis unitas maxime commendatur, hic fontis baptismalis sacræ benedictiones laudatæ, solemnes ritus in defunctorum fidelium exsequiis usitati memorantur. Basilicæ in sanctorum honorem Deo consecratæ, sanctorum in cœlis regnantium invocatio, Romanæ Ecclesiæ primatus, virgines Deo sacræ, aliaque ejusmodi bene multa passim occurrunt; quæ eo certiora sunt traditionis antiquæ indicia, quod ab isto auctore nulla data opera, et absque ulla affectationis specie prolata fuerint. Visum est etiam idem opus magni momenti ad compescendum eorumque hæreticorum furorem; proposito exemplo Vandalorum, ne ipsos rebus sacris violandis imitari viderentur. Certe ea fuit mens beati Rhenani, cujus opera primo in lucem prodiit: *Africanam*, inquit in admonitione prævia, *Victoris Historiam vel in hoc perlegisse proderit, quod vix aliud exemplum ad deterrendum a religionis sectis sit efficacius, quod ibi sub oculos ponatur, quam dira atque infanda Christiani in Christianos perpetraverint, dum Barbari suo in Romanos odio morem gerentes, religionis prætextu in illos sæviunt.* Hinc tam frequentes deinceps fuere ejus editiones, tum in Germania, tum in Gallia, in quibus provinciis hæreticorum furor maxime grassabatur.

IV. Porro hujus Historiæ auctorem fuisse episcopum quemdam Africanum, nomine Victorem, nullus unquam in dubium revocavit; at de ejus sede non una fuit omnium sententia. Libri quippe editi, alii Victorem Uticensem, alii Vitensem præferunt; prævaluisse tamen videbatur, etiam apud viros eruditos, eorum opinio qui Uticensem appellabant, cum Utica civitas omnibus notior esset quam Vitensis, quam nemo fere noverat. Verum postea quam ex notitia Africana compertum fuit Victorem episcopum Vitensem Vandalicæ persecutionis temporibus in Africa floruisse, qua tempestate Uticensis episcopus, non Victor, sed Florentinus dicebatur, ut ex eadem notitia patet, tunc nemo non assensus est Victorem, præclari hujus auctorem operis, Vitensem esse appellandum. Neque dixeris Florentino Uticensi in exsilio apud Corsicam defuncto Victorem forte fuisse substitutum, qui hanc historiam descripserit. Istæ enim meræ sunt conjecturæ quæ codicum mss. auctoritati prævalere nequaquam possunt, præsertim cum episcopis tunc defunctis nullos alios in his tumultibus fuisse substitutos constare videatur. Porro qui Victorem Uticensem pro Vitensi intruserunt, id commiserunt ex ignoratione sedis Vitensis, cujus loco Uticensem sibi notam substituerunt, mendum in antiquis exemplaribus irrepsisse suspicati; sed eadem vocum affinitate qua alios delusos fuisse existimabant, sese ipsi deluserunt. Merito itaque a Petro Francisco Chiffletio S. J. presbytero, Victori Vitensi episcopo, tanquam suo vero ac legitimo auctori, Historia Africanæ persecutionis restituta est.

A Quam quidem viri eruditi sententiam, non modo amplectimur, sed adeo certis et indubitatis argumentis propugnari posse censemus, ut neminem ei unquam in posterum esse refragaturum arbitremur. Id enim exigit a nobis omnium codicum mss. unanimis consensus, quorum ne unus quidem, ex iis saltem qui hactenus visi sunt, Victorem Uticensem istius operis auctorem præfert. Nos quatuor omnino invenimus in quibus hæc Historia habetur integra; ex iis tres Victoris *patriæ Vitensis* episcopi nomen diserte et non semel repræsentant, in quarto autem Victor episcopus simpliciter dicitur, nulla sedis ipsius facta mentione. His consentit codex ms. carthusiæ Portarum, antiquus et optimæ notæ, qui, testante Chiffletio, hunc titulum præfert: *Prologus in Historia persecutionis Africanæ, edita a sancto Victore patriæ Vitensis episcopo.* Eumdem auctorem *episcopum Vitensem, non Uticensem diserte* appellari in codice ms. bibliothecæ Vaticanæ monet Lucas Holstenius in animadversis ad Martyrologium Romanum ad diem x calendas Septembris. Denique beatus Rhenanus, qui primus anno 1535 hanc historiam typis mandavit, quod ex uno saltem ms. codice factum fuisse fatendum est, Victori eam Vitensi tribuit; quod sane ei non accidisset, si illius codex Uticensis notissimæ in Africa urbis titulo fuisset insignitus. Unde inferre licet, codices ex Italia, Germania et Gallia in hoc unum consentire, ut Victor iste Vitensis, non Uticensis dicatur.

V. Primus omnium qui sincerum hujus operis titulum corrupit, videtur fuisse Reinhardus Lorichius. Hic quippe anno 1557 Coloniæ eamdem Historiam sub *Victoris patriæ Uticensis* nomine evulgavit, *a tinearum injuria, quibus arrodi videbatur, ut ipse loquitur, vindicatam.* Et quamvis anno 1541 Rhenani editio Parisiis apud Galeotum Pratensem, iterum sub Victoris Vitensis nomine recusa fuerit; cum tamen ejusdem hoc ipso anno altera Lorichii editio, sub Victoris Uticensis nomine, pariter facta fuisset Basileæ apud Westhemerum, placeretque cunctis bella illa, ut ipsis videbatur, restitutio; inde factum est ut subsequentes editiones omnes, sive in Gallia, sive in Germania, aut in aliis regionibus, Victoris Uticensis nomen prætulerint. An vero id proprio marte, aut ex codicis alicujus vitio id commiserit Lorichius, mihi sane incertum est: quamvis probabile videatur codicem ipsius cæteris similem fuisse, idque inde conjicio, quod hunc auctorem Victorem *patriæ Uticensis episcopum* appellet, ut cæteri nostrum Victorem *patriæ Vitensis*. Et quidem *patriæ* vox diœcesi alicui integræ melius quam urbi nobilissimæ, qualis erat Utica, competere videtur. Victorem enim patriæ Vitensis episcopum dictum fuisse facile crediderim, quod cum in illius diœcesi nulla esset urbs, totius alicujus parvæ regionis episcopus dicebatur. Sic in Marmarica toti provinciæ unus episcopus præerat, in qua cum non esset civitas admodum celebris, quæ cæterarum caput esse mereretur, episcopus nunc hic, nunc illic sedem habens, totius regionis episcopus appellabatur. Sed opus non est hujus rei exempla extra Africæ limites mutuari, cum in concilio Lateranensi sub sancto Martino, actione 2, inter cæteros Patres Byzacenos subscripserit Candidus gratia Dei episcopus patriæ Dicensis. Nec mirum videri episcopos sine civitate fuisse, cum certum sit in Africa eorum complures in villis et fundis et per agros institutos fuisse, ut sibi invicem exprobravere Aurelius catholicus, et Primianus Donatista, Carthaginenses episcopi, in Collatione Carthag. cap. 181 et 182, cognit. 1.

VI. Verum Vitensis sedis obscuritatem in nostro Victore primatus dignitate compensatam fuisse contendit Chiffletius, qui cap. 9 opusculi in eumdem auctorem eum ipsum esse censet Victorem provinciæ Byzacenæ primatem, quo concedente Fulgentius in Ruspensis Ecclesiæ thronum evectus est, ut narrat ipsius Fulgentii Vitæ scriptor cap. 16. Id ut probet vir eruditus, observat in Notitia Africana tres solummodo Victores inter Patres Byzacenos haberi, quorum prior, Victor scilicet Narensis episcopus, decimo tertio loco recensetur; Victor Gauvaritanus nonagesimo primo, ac denique noster Vitensis, qui locum trigesimum sextum in ea obtinet. At æque insolens videtur Chiffletio affirmare episcopos nonaginta, aut solummodo duodecim, viginti annorum spatio interiisse, hincque rem veri omnino similem esse putat, Victorem Byzacenæ suæ provinciæ primatum obtinuisse. Id vero si admittatur, Confessionis titulum ipsi deberi fatendum est, non solum quod sub Hunerico cum cæteris fuerit exagitatus, aut certe quod Trasamundi violentia e sede fuerit abreptus, sed etiam quod exsul pro Christi fide e vivis excesserit. Victorem enim Byzacenæ primatem in Fulgentii Vita laudatum, quisquis demum fuerit, exsulem obiisse colligitur, quod eo tempore quo, pace Ecclesiæ restituta, episcopis in sedes suas redire licuit, non Victor, sed Liberatus Byzacenæ provinciæ primatum obtineret.

VII. Majoris fortasse momenti esse nonnullis videbitur alia quæstio quam idem Chiffletius movet, utrum scilicet Victor hujus Historiæ scriptor inter sanctos aliquando relatus fuerit, aut publico aliquo cultu donatus. Ipsum certe iis sanctis confessoribus qui sub Hunerici tyranni persecutione pro fidei catholicæ defensione decertarunt, annumerari debere nemo, ut puto, inficiabitur. Quin et in veteribus codicibus mss. *sanctus Victor* passim appellatur. Sed hæc erat veterum formula, qua hic titulus auctoribus ecclesiasticis, maxime episcopis, tribuebatur. Magis ad rem pertinet quod ea de re in hodierno Martyrologio Romano legitur, ubi die 23 mensis Augusti hæc habentur : *Uticæ in Africa beati Victoris episcopi;* quem Victorem Baronius in notis ad hunc locum monet eum ipsum esse qui ob scriptam Vandalicæ persecutionis historiam celebris est. At Lucas Holstenius in animadversis ad Martyrologium Romanum, hæc verba a recentioribus addita fuisse jure conqueritur, quæ reipsa nusquam in antiquis codicibus reperire licet. Primus, qui Victoris istius nomen in Fastis sacris ascribendi occasionem præbuit, videtur fuisse Petrus de Natalibus, ut conjicit Chiffletius. Hic enim die 20 Aprilis Victorem episcopum Carthaginensem laudat, quem ait sanctitate et doctrina sub Anastasio imperatore floruisse, eique omnia opuscula attribuit quæ Gennadius in catalogo, cap. 77, a Victore Cartennensi episcopo edita commemorat. Maurolicus abbas Petrum secutus, eadem die Victorem Carthaginensem episcopum, virum doctissimum, qui sub Anastasio imperatore claruit, celebrat, omisso operum catalogo. Petrus Galesinius paulo aliter habet, nempe *Uticæ in Africa sancti Victoris episcopi et confessoris*, atque in annotationibus complures laudat Victores Africanos, quibus id elogium competere possit. At Ferrarius in catalogo generali sanctorum, qui in Martyrologio Romano non habentur, habet solummodo, *In Africa sancti Victoris episcopi*, quem tamen in notis monet alium non esse a Victore Uticensi, qui historiam persecutionis Vandalicæ conscripsit. Ex quibus omnibus patet obscuram apud antiquos fuisse Victoris nostri memoriam, nec unquam nomen ipsius in Fastis sacris locum habuisse, quod ei cum aliis compluribus viris sanctitate et doctrina celeberrimis commune est. Nec licet nobis ex incertis prorsus et dubiis monumentis Victori nostro nomen conciliare, qui solidas verasque laudes ob tam egregium opus a se editum meretur, cujus præclaras virtutes, ut loquuntur doctores Colonienses qui Bibliothecæ Patrum editionem procurarunt, pietatem, eruditionem, religionis zelum ad vivum expressas hoc in ejus opere cernere licet.

VIII. Quærunt item nonnulli quo tempore vel quanam in regione constitutus Victor hanc historiam conscripserit. Priori quæstioni facere satis difficile non est, cum ipsemet Victor se anno, postquam Vandali in Africam ingressi fuerant, sexagesimo scripsisse testetur, qui sane annus est vulgaris æræ 487, cum certum sit Vandalos anno 427, Hierio II et Ardabure consulibus, in Africam ex Hispania trajecisse. Verum non ita facilis est alterius quæstionis solutio. Victorem Constantinopoli de persecutione Vandalica scripsisse Chiffletius infert ex duobus ejusdem Historiæ locis. Primus habetur libro v, num. 7, ubi Victor post descriptos varios cruciatus quibus afficiebantur orthodoxi, hæc subjungit : *Sed qui hoc fabulosum putat, Uranium Zenonis legatum interroget*, etc. Locus alter ex eodem libro desumptus est num. 6, ubi de Tipasitanis confessoribus, qui absque lingua loquebantur, agens, subjicit : *Si quis incredulus esse voluerit, pergat nunc Constantinopolim*, etc. Quibus verbis, inquit Chiffletius, Victor Constantinopoli agens præsentes lectores invitat ut Uranium in aula versantem interrogent, absentes vero in urbem ut veniant, totam persecutionis seriem cognituri. Hincque infert illos antistites qui ad calcem Notitiæ Africanæ, *hic relegati* dicuntur, Constantinopoli exsulasse. Sed hanc opinionem Cotelerius tomo III Monumentorum Ecclesiæ Græcæ, in notis ad vitam saneti Sabæ improbat, quod minus recte illi antistites Constantinopolim *relegati* dicerentur. *Potuit*, inquit, *Hunericus, rex Vandalorum, episcopos catholicos relegare in varia loca ditionis suæ, potuit e regno suo expellere, potuit Constantinopolim mittere, sed ejusmodi missio nequaquam relegatio censenda est*. Unde infert vir eruditus probabilius esse Victorem in veteri Epiro, quæ regio Vandalis subjecta erat, exsulantem conscripsisse historiam suam, quæ etiam fuerit occasio opus suum nuncupandi Diadocho, qui in eadem provincia episcopus fuisse dicitur. Verum si conjecturis uti licet, mihi verisimilius videtur Victorem in Africa historiam suam exarasse. Multa quippe habet passim quibus innuit se in exteris regionibus non versatum fuisse cum hanc scriberet. Qui vero *hic relegati* in Notitia dicuntur, ii ipsi mihi videntur esse de quibus, testante Fulgentii Vitæ auctore cap. 4, *Hunerici tyranni persecutoris astuta malignitas ordinaverat, ut juxta patriam propriam peregrinationis incommodum sustinerent*. Talis fuit Faustus Præsidiensis episcopus, qui ut ibidem dicitur, *non longe a sua cathedra relegari jussus fuerat*. Id de Victore nostro potius quam de cæteris facile crediderim, quod ad conventum Carthaginensem *non occurrerit*, proindeque ei facilius fuerit Arianorum manus evadere. Invitat autem Victor lectores ut Uranium interrogent, tunc fortasse adhuc in Africa agentem; cum vero alios ut pergant Constantinopolim admonet, se, ut quidem mihi videtur, in ea urbe non versari aperte declarat.

IX. Multo minus probabilis est ejusdem Chiffletii opinio, sentientis Victorem, quem Constantinopoli scripsisse præmittit, historiam suam vix alteri quam Acacio Constantinopolitano nuncupare aut potuisse, aut debuisse. Id enim ut credamus vetat summa in sedem apostolicam reverentia qua tunc temporis tenebantur episcopi Africani, cum econtrario gravissima inter Romanum pontificem et Acacium Constantinopolitanum intercederent dissidia, quæ tandem in apertum schisma eruperunt. Certe in concilio Carthaginensi quod statim post restitutam Ecclesiæ Africanæ libertatem convocaverat Reparatus, contestati sunt ejusdem Ecclesiæ Patres se nihil admissuros, *nisi consuetudo, aut Ecclesiæ Romanæ definitio proderetur*. Jam initio tyrannidis Vandalicæ in Africa Capreolus Carthaginensis antistes in epistola ad Patres concilii Ephesini eos adhortatur ut errores quos repullulantes apostolicæ sedis auctoritas, sacerdotumque in unum consonans sententia oppresserat, *secunda disputatione* non agitent. Et quidem Byzaceni patres in Sardinia exsules a Joanne et Venerio interrogati quid de gratia et libero arbitrio sit sentiendum, id discendum esse respondent ex capitulis in quibus continetur *quid Romana, hoc est catholica, sequatur et servet Ecclesia*. Sed magis ad rem nostram facit quod auctor Vitæ sancti Fulgentii narrat capite 12 et 13; nempe cum idem Fulgentius *ad ultimam Thebaidæ regionis eremum* pergere animo destinasset vitæ perfectionis desiderio, Eulalium Syracusanum episcopum et Rufinianum exsulem ex Africa episcopum ipsum a proposito revocasse; quod scilicet monachos ibi degentes *a communione beati Petri perfida dissensio separaret*. Vide infra notam 3 in Victorem Vitensem pag. 61, 62.

X. Hæc Victoris Historia ea complectitur quæ Vandali adversus orthodoxos commisere ab ipso eorum ingressu usque ad Hunerici mortem; ita tamen ut multa ab eo auctore prætermissa sint, sive quod non satis ipsi fuerint nota, sive quod ea potissimum quæ sub Hunerici persecutione testis oculatus viderat referre statuisset. Hinc sæpius innuit se ex pluribus pauca selegisse, multaque a se fuisse omissa, non solum quæ in exteris regionibus contigerant, sed etiam ex iis quæ in variis Africæ regionibus pertulerant orthodoxi. Generalem vero in tota Africa sub Hunerico persecutionem adversus catholicos commotam fuisse diserte tradit Victor, potissimum libro v, quam cladem ad exteras etiam nationes pertigisse Genserici temporibus ex eodem auctore constat, qui sub libri primi finem tredecim omnino provincias extra Africam recenset quæ dira ejusmodi tempestate exag:tatæ fuerant.

XI. Quod attinet ad hujus Historiæ divisionem, non liquet an eam auctor ipse plures in libros fuerit partitus. Si primum librum excipias, qui in omnibus tam editis quam mss. codicibus ad Genserici mortem desinit, tot sunt variæ istius operis divisiones quot fere occurrunt codices mss. Tres in libros, præter passionem sanctorum monachorum, dividitur in vulgatis editionibus; at quinque aut sex libros exhibent codices mss. et quidem qui varie in variis incipiunt; Chiffletius vero totum opus quinque in libros, prout sibi melius visum est, distinxit, cujus vestigiis consulto inhæsimus ob publicum commodum, quod hæc divisio jam receptissima sit apud eruditos.

XII. Quærunt nonnulli an fidei professio quæ tertium Historiæ Victoris librum constituit, reipsa huic auctori tribuenda sit. Cete Gennadius in catalogo ipsius auctoris facit Eugenium Carthaginensem episcopum, sive quod revera ab ipso edita fuerit, sive quod ejus jussu Victor, seu quivis alius eam condiderit, aut tandem quod cum ipse cæterorum omnium primas esset et præcipuus totius Africæ antistes, ejus sedi et dignitati datum fuerit, quod ab alio quopiam nomine omnium factum fuerat. Omnibus simul Africanis episcopis tribuitur in vetustissimo codice ms. Ecclesiæ Laudunensis, ubi sub hoc titulo habetur: *Incipit libellus episcoporum catholicorum ad Unericum regem Vandalorum datum*. Tum, *Regali imperio*, etc., ut in Victoris Historia; ipsique subjungitur Notitia Ecclesiæ Africanæ, a Sirmundo primum edita, quam postea Chiffletius Victoris Historiæ inseruit. Porro eadem fidei professio sub Victoris nomine seorsim edita habetur in Bibliotheca Patrum, unde ansam sumpsere nonnulli qui catalogos scriptorum ecclesiasticorum texuere, novum inducendi Victorem, hujus libelli auctorem, quem aliqui Victorem Cartennæ episcopum fuisse existimarunt, quod iste apud Gennadium in catalogo cap. 77 *adversus Arianos librum unum longum* conscripsisse memoretur. At illi advertere debuerant Victoris Cartennensis librum Genserico oblatum fuisse, ut se ex præfatione didicisse testatur ipsemet Gennadius loco laudato; quem proinde alium esse a fidei libello qui in Victoris Historia habetur, fatendum est. Cæterum Victor eodem modo fidei professionem Historiæ suæ inserere potuit quo Hunerici edicta.

XIII. Superest ut dicamus de vetustis exemplaribus ad quæ hanc nostram Victoris editionem emendavimus. Codices mss. in quibus integra Victoris Vitensis Historia babetur, omnino quatuor habuimus: tres scilicet ex bibliotheca Colbertina, quos pro suo more et consueta erga litteras benevolentia, exhibuit nobis V. C. Stephanus Baluzius; quartum vero ex monasterio Benedictino Sancti Martini a Campis ordinis Cluniacensis. Ex Colbertinis antiquior sæculo nono aut sequenti scriptus videtur, secundus paulo recentior est; tertius vero nonnisi annos quingentos videtur præferre, sed qui manu accurata et diligenti exaratus est, in cujus paginarum marginibus variæ ex alio aliquo codice lectiones habentur, ita ut hic codex pro duobus merito censendus sit. Codex denique Sancti Martini a Campis, qui olim monasterii Crespiacensis fuit, ab annis item fermè quingentis videtur scriptus. Consuluimus etiam varias lectiones codicis bonæ notæ, ut asserit Chiffletius, carthusiæ Portarum, quas idem ipse vir eruditus in notis ad Victorem nobis suppeditavit. At præter hos codices, alios idem tres habuimus, in quibus, dempto priori libro, Victoris nostri Historia integra habetur sub Passionis sancti Eugenii titulo. Unus ex his est RR. PP. Fuliensium monasterii Sancti Bernardi in hac urbe Parisiaca, alter in nostra Sancti Germani a Pratis bibliotheca asservatur, uterque ab annis circiter 500 conscriptus. Sed uno sæculo recentior videtur tertius ex his codicibus, qui est monasterii nostri Sancti Cornelii Compendiensis. Præterea fidei professionem, id est tertium Victoris Historiæ librum, et Notitiam Ecclesiæ Africanæ contulimus cum vetustissimo et optimæ notæ codice ms. ecclesiæ cathedralis Sanctæ Mariæ Laudunensis, qui ab annis minimum octingentis exaratus est.

XIV. Editiones vero ejusdem auctoris, quas videre licuit, hæ sunt. Primo quidem cæteris omnibus antiquiorem consuluimus, a beato Rhenano procuratam Basileæ anno 1535, quo ex officina Frobeniana Victor noster Vitensis, inter alios historiæ ecclesiasticæ auctores, primum in lucem prodiit. Eadem auctorum collectio Parisiis iterum excusa est ann. 1541, typis Galeoti Pratensis. At eo temporis intervallo quod inter utramque editionem effluxit, hæc eadem Victoris Historia Coloniæ Agrippinæ anno 1537, a Reinhardo Lorichio Hadamario typis mandata est, et quidem ex codice ms. uti videtur, siquidem in epistola dedicatoria, hanc historiam *a linearum, quibus arrodi videbatur, injuria* se vindicasse profitetur. Altera ejusdem Lorichii editio Basileæ prodiit anno 1541, typis Bartholomæi Westhemeri. In qua item urbe anno 1555 ex Henrici Petri officina prodiit nova sacrorum auctorum collectio sub Orthodoxographiæ nomine, in qua, inter alia sacræ antiquitatis monumenta, habentur Victoris nostri libri tres de Persecutione Vandalica, cum passione sanctorum septem monachorum. Cæterum anno 1569 novam item Victoris editionem Parisiis curavit vir de re litteraria bene meritus, Franciscus Balduinus, celebris jurisconsultus, qui primus omnium hanc Historiam commentariis illustravit. Paulo post, anno scilicet 1576, Margarinus Bignius Parisiis edidit Bibliothecam sanctorum Patrum, quæ iterum anno 1589 in eadem urbe excusa est, et in utraque locum habet noster Victor; sicut et in Coloniensium editione, et in aliis ejusmodi sanctorum Patrum operum collectionibus, quæ deinceps in lucem prodierunt. Quæ omnes editiones sub Victoris Uticensis nomine vulgatæ sunt præter duas beati Rhenani, in quibus Victor Vitensis episcopus appellatur. Sed verum titulum asseruit Petrus Franciscus Chiffletius in jam laudata editione, quam anno 1664 Divione fieri curavit. Cæterum, ne ii qui Latine ignorant tam eximii operis lectione frustrarentur, in vernaculam linguam non semel translatum est. Et primo quidem Gallice prodiit sæculo præcedenti, anno scilicet 1563, opera Francisci Belforestii, Parisiis apud Gabrielem Buon; et anno 1664 altera in eadem urbe, ab illustrissimo Arnaldo Andillio procurata. Ad hæc Anglice edita est anno 1605. Harum vero omnium ad nostram Victoris Historiæ editionem adornandam usi sumus, collatis inter sese tam mss. quam editis codicibus, quorum varias lectiones suo loco exhibebimus. Hæc de Victoris Vitensis Historia præmittere visum est. De his vero quæ spectant ad cætera monumenta, quæ in isto volumine continentur, fusius hic disserere supervacaneum foret, cum sua unicuique opusculo præmissa admonitio id abunde doceat. Sed tamen ut totius Historiæ Vandalicæ seriem sub uno, ut ita dicam, oculi conspectu lector habere possit, post eorum quæ hic continentur syllabum, chronologicum indicem exhibemus, in quo singula quæque istius Historiæ capita singulis annis quibus contigisse vulgo existimantur consignavimus. Si quid vero, imo quidquid a me in toto hujus Historiæ decursu peccatum fuerit, benigne accipiat lector, et meum saltem in re tam præclara, sed fere neglecta, conatum æqui bonique consulat, animo reputans, nec mihi sinceri aut veri studium, nec diligentiam, sed eruditionem argumento parem aliquando defuisse, quam ab aliis eruditioribus suppleri optamus. Cæterum hæc Vandalicæ persecutionis Historia pars erat totius Historiæ persecutionum ab Arianis tum imperatoribus, tum etiam Barbaris excitatarum, quam paratam habebamus; cujus aliam partem, siquidem piis et eruditis viris non displicituram intellexerimus, cum tempus erit magis opportunum, typis mandare curabimus.

DISSERTATIO

IN VICTOREM VITENSEM CUM NOVA IPSIUS VITA,

Gallice adornante D. Liron.

ARTICLE PREMIER. — *De Victor de Vite et de son Histoire : pourquoi la vie de cet auteur a été inconnue jusqu'à présent.*

Entre les historiens qui ont laissé à la postérité quelque partie de ce qui s'est passé dans l'Eglise de Dieu, il y en a très-peu qui nous aient appris des actions plus mémorables que celui qui a écrit l'histoire de la persécution que les Vandales excitèrent contre les catholiques d'Afrique dans le cinquième siècle, depuis l'an 457 jusqu'à l'an 484 (*a*). Quoique l'auteur d'un ouvrage si excellent méritât d'être extrêmement célèbre dans tous les siècles qui l'ont suivi, il est pourtant vrai de dire qu'il n'a point été beaucoup connu. Ceux qui ont fait des catalogues des écrivains ecclésiastiques, Gennade de Marseille, qui vivait de son temps et qui a parlé de saint Eugène de Carthage ; saint Isidore de Séville, saint Ildephonse de Tolède, Honoré, prêtre d'Autun, Sigebert de Gemblours, Henri de Gand, et l'abbé Trithème, n'ont point parlé de Victor : de sorte que si ceux qui ont dressé des martyrologes dans le neuvième siècle, ne l'avaient cité en quelques occasions, on peut dire qu'un si grave historien et un ouvrage si utile à l'Eglise seraient demeurés presque entièrement inconnus jusqu'au seizième siècle.

Ce fut l'an 1535 que Rhenanus, homme savant, fit imprimer pour la première fois chez Froben l'Histoire de la persécution des Vandales sous le nom de son véritable auteur, je veux dire de Victor, évêque de Vite. Mais il arriva (comme si l'on avait conjuré dans tous les temps, pour obscurcir la mémoire de ce pieux historien) que Lorichius la publia deux ans après à Cologne, sous le nom de Victor d'Utique ; et quoique l'on eût réimprimé à Paris, l'an 1541, l'édition de Rhenanus avec le nom de Victor de Vite, celle de Lorichius ayant aussi paru pour la seconde fois à Bâle la même année, tout le monde depuis ce temps-là a attribué l'Histoire de la persécution des Vandales à Victor d'Utique, dont le nom se trouve dans toutes les éditions qui ont été faites depuis l'année 1541, jusqu'à ce qu'enfin le P. Pierre François Chifflet, savant jésuite, la rendit à son véritable auteur l'an 1664, en quoi il a été suivi par dom Thierry Ruinart, bénédictin, à l'érudition de qui nous sommes redevables de la plupart de ces faits.

Depuis l'édition de Rhenanus jusqu'à celle du P. Chifflet, on connaissait assez peu Victor de Vite, et ceux (*b*) qui avaient parlé de lui n'en avaient dit que très-peu de chose. Mais le P. Chifflet, en lui rendant son ouvrage, crut devoir aussi rechercher ce qui regardait sa personne, et entreprit d'éclaircir des faits qui étaient demeurés jusque-là dans l'obscurité. On ne saurait révoquer en doute l'érudition du P. Chifflet ; et comme il est certain qu'il a rendu un service considérable au public par son travail, aussi ne pense-t-on point à le priver des justes louanges qu'il mérite. Il faut avouer néanmoins qu'il a trop donné à ses conjectures, et que faute d'avoir assez examiné le texte de son auteur, il en a fait un homme assez différent du véritable Victor de Vite. Ceux qui ont écrit après lui ont été obligés de l'abandonner sur quelques faits ; mais ils ne l'ont pas encore assez épuré : et nous croyons que les uns et les autres se sont tellement éloignés de la vérité, que lorsque l'on compare l'Histoire de Victor avec la Vie qu'on lui a faite, on trouve deux hommes qui ne se ressemblent presque en rien, comme il sera facile de juger, en comparant l'ouvrage de M. Baillet, qui a écrit le dernier sur cette matière, avec la nouvelle Vie que nous donnons au public.

Si l'on demande d'où vient que tant de personnes habiles se sont trompées sur le sujet de Victor, il est facile d'en découvrir les raisons. La première est, que nous n'avons aucun ancien auteur qui ait parlé de lui, qui nous ait marqué ses qualités et les principales circonstances de sa vie. Ainsi, n'ayant point de guide pour se conduire en ce qui regarde cet historien, chacun a parlé de lui comme il a pu, et selon l'application qu'il a apportée dans la lecture de son ouvrage.

2° On aurait pu remédier à cet inconvénient, en examinant avec beaucoup de soin et d'attention ce que Victor dit de lui-même dans son Histoire ; mais la vérité nous oblige de reconnaître que l'on s'est comporté avec trop de négligence sur une chose si importante.

3° Enfin la source de presque toutes les fautes que l'on a faites dans la Vie de Victor est qu'on l'a confondu avec son prédécesseur qui portait le même nom, dont il est fait mention dans le catalogue des évêques d'Afrique qui vinrent à Carthage par le commandement du roi Huneric, l'an 484, pour conférer avec les évêques Ariens. On n'a pas vu que l'on ne pouvait accorder l'Histoire de Victor avec ce catalogue, et faute d'avoir distingué Victor de Vite, dont il est parlé dans ce monument, de celui qui a composé l'Histoire de la persécution, on a tout brouillé et tout confondu, comme nous espérons le faire voir fort clairement dans la suite.

(*a*) On la renouvela plusieurs fois depuis, mais avec moins de violence.

(*b*) Les théologiens de Cologne, Balduin, Vossius, etc.

ART. 2. — *État de la question.*

Il s'agit donc de savoir quel est ce Victor qui a écrit l'Histoire de la persécution des Vandales. Ceux qui ont examiné cette matière avant nous avouent qu'on a attribué longtemps cet ouvrage à Victor évêque d'Utique, ville célèbre de la province proconsulaire; mais dans la suite, lorsque l'on eut appris par la Notice de l'Eglise d'Afrique, que Victor, évêque de Vite dans la Byzacène, vivait pendant la persécution des Vandales, et que dans le même temps ce n'était pas Victor, mais Florentin qui gouvernait l'Eglise d'Utique, pour lors tout le monde est convenu que l'auteur de l'Histoire de cette persécution devait être appelé Victor de Vite. On trouve aussi plusieurs manuscrits qui donnent à Victor la qualité d'évêque de Vite; et de tout cela on a conclu que Victor dont il est parlé dans la Notice d'Afrique et Victor l'historien étaient la même personne.

Dans le dessein que nous avons de donner une nouvelle Vie de cet écrivain ecclésiastique, nous nous sommes trouvés obligés d'examiner avec soin cette matière; et nous avons reconnu que l'auteur de l'Histoire de la persécution des Vandales s'appelait effectivement Victor, et qu'il a été évêque de Vite, parce que tous les manuscrits ne nous permettent pas d'en douter. Mais nous sommes obligés de prendre une autre route pour le reste; et nous espérons montrer très-clairement que Victor qui a écrit l'Histoire de la persécution des Vandales n'a n'a point été évêque pendant toute la vie du roi Huneric, qui mourut l'an 484; mais que s'il a été honoré de cette dignité, comme nous le croyons, il ne l'a reçue que sous le règne de Guntabond, successeur de Huneric, et apparemment l'an 487, lorsque saint Eugène, évêque de Carthage, fut rétabli dans son Eglise : d'où il s'ensuit que Victor l'historien n'est point cet évêque dont il est dit dans la Notice d'Afrique qu'il ne se trouva pas présent, ou qu'il ne vint pas à la conférence de Carthage.

Nous nous éloignons donc de ceux qui ont écrit sur cet auteur en trois points importants, dont tout le reste dépend absolument : 1° en ce que nous soutenons que tout ce que Victor l'historien a fait pendant la vie de Genseric et de Huneric, il l'a fait n'étant point encore évêque, mais seulement clerc et apparemment prêtre de l'Eglise de Carthage; 2° en ce que nous prétendons que ce n'est point celui dont il est parlé dans la Notice d'Afrique; 3° enfin nous soutenons encore qu'il n'a point été exilé par Huneric. Ces trois points ont tant de rapport l'un avec l'autre, qu'il suffit de bien prouver le premier pour ne point douter des deux autres. Nous ne laisserons pourtant pas de démontrer le troisième en particulier, afin qu'il ne reste aucune difficulté sur tout cela.

ART. 3. — *Premier point : que Victor de Vite, historien ecclésiastique, n'a point été fait évêque avant l'an 487.*

Ce que nous allons prouver n'étant pas connu de tout le monde, il est à propos de supposer d'abord certains faits évidents, qui seront comme le fondement de ce que nous avons à dire, et qui donneront beaucoup de jour à toutes nos preuves ; c'est pourquoi nous prions les lecteurs, particulièrement ceux qui voudront juger de cette dispute, de les avoir toujours devant les yeux.

1. Tout le monde convient qu'entre les tyrans qui ont affligé l'Eglise catholique, il n'y en a peut-être jamais eu de plus cruel et de plus exécrable que Huneric, fils de Genseric, roi des Vandales en Afrique. Ce prince était encore fourbe et rusé; de sorte que, ces deux mauvaises qualités étant jointes ensemble, il prit des moyens capables de ruiner la foi catholique dans toute l'Afrique, si Dieu ne l'eût soutenue par sa toute-puissance.

2. Depuis l'an 437 ou 439 que Genseric commença à persécuter ouvertement les catholiques, jusqu'à l'an 484 que son fils et successeur Huneric mourut, l'Eglise d'Afrique fut presque toujours dans la désolation, affligée, opprimée, ravagée. Il n'y eut point de conciles ni d'assemblées d'évêques. On empêchait souvent d'ordonner des successeurs à ceux qui étaient morts, et ceux qui restaient vivaient dans la crainte et la douleur. Genseric défendit aux fidèles de s'assembler dans les églises, et Huneric les ferma tout à fait et en chassa tous les évêques.

3. On ne peut point douter que chaque évêque, dans des temps si tristes et si déplorables, ne fût obligé à une continuelle résidence, d'autant plus que les évêques et les clercs ariens, appuyés de toute la puissance du roi, tournaient sans cesse autour des troupeaux, cherchant à dévorer quelques brebis, car, outre l'impiété arienne, ils rebaptisaient tous ceux qu'ils pouvaient séduire; que chaque évêque ne soit demeuré dans son Eglise, à moins qu'il n'en ait été tiré par force; et que les peuples mêmes ne les eussent empêchés de s'absenter. On en voit une preuve dans ce que dit Victor du B. Cyprien, évêque d'Unizibire, qui se fût joint volontiers aux 4976 confesseurs, si on le lui eût permis.

4. En conséquence de cela, on ne voit aucun évêque hors de son diocèse dans toute l'Histoire de Victor, à moins qu'il n'en ait été enlevé par violence.

5. On divise maintenant l'Histoire de Victor en cinq livres : le premier contient la persécution de Genseric, les quatre autres décrivent celle de son fils Huneric. La profession de foi des évêques catholiques qui fut présentée à Carthage au roi Huneric remplit tout le troisième. Dans les suivants l'auteur continue sa narration. Je suppose, ce qui paraîtra évident à tous ceux qui liront cette Histoire, que Victor y a suivi l'ordre des temps : non pas qu'il ait fait un journal ; mais je dis qu'il n'a point confondu la suite des faits généraux, qu'il n'a point attribué à Genseric ce qui a été fait par Huneric, qu'il décrit avant la conférence de Carthage ce qui s'est passé avant cette conférence, et que ce qu'il rapporte ensuite est effectivement arrivé après cette conférence, et non devant, etc.

6. Pour ce qui est de la personne de Victor en

particulier, on verra qu'il a été témoin oculaire des principaux faits qu'il rapporte dans son histoire, et qu'il a eu par conséquent beaucoup de part dans les affaires de l'Eglise. Il ne parle jamais de lui au singulier, mais toujours au pluriel, en quoi il a peut-être voulu imiter saint Luc. Ainsi, lorsque Victor se sert de cette manière de parler : *Nous allâmes, nous dîmes*, etc., on doit conclure qu'il était présent ; et lorsqu'il ne s'en sert pas, il est hors de doute qu'il ne rapporte que ce qu'il a entendu et appris des autres.

7. Huneric commença à régner l'an 477. En 481 il permit qu'on ordonnât un évêque à Carthage, qui fut saint Eugène ; et cette ordination fut suivie bientôt après de la persécution. L'an 483 la persécution augmenta d'une étrange manière ; et pour faire encore plus de mal, Huneric indiqua et ordonna la conférence de Carthage. L'an 484 la conférence se fit : Huneric continua la persécution qui s'étendit par toute l'Afrique, et il mourut malheureusement. C'est par sa mort que Victor finit son Histoire.

Tout cela supposé, nous allons faire voir que Victor n'a été fait évêque qu'après l'an 484, sous le règne de Guntabond, successeur du roi Huneric.

La première preuve qui se présente est tirée du second livre de Victor. L'an 481 l'empereur Zénon et Placidie, fille de Valentinien III, écrivirent au roi Huneric, et le prièrent de permettre que l'on ordonnât un évêque à Carthage. Huneric envoya Alexandre, ambassadeur de Zénon, à l'Eglise des catholiques, et le fit accompagner de son secrétaire nommé Vitarit, qui fit lire publiquement la permission du roi. Cela se passa le 18 de juin, ou, selon quelques éditions, le 19 de mai, en présence de Victor, dont voici les termes : « Cet édit ayant été lu à toute l'Eglise en notre présence, nous commençâmes à gémir et à dire tout bas que l'on cherchait les moyens de nous persécuter. Il est certain, c'est une chose connue, que nous parlâmes en ces termes à l'ambassadeur : « Si cela est ainsi, et si l'on met des « conditions si dangereuses, cette Eglise aime mieux « n'avoir point d'évêque. Jésus-Christ, qui a daigné « la gouverner jusqu'à présent, la gouvernera encore. » Mais l'ambassadeur ne voulut pas recevoir cette remontrance ; et en même temps le peuple prit feu pour avoir un évêque ; il jetait des cris insupportables que l'on ne pouvait arrêter par aucune raison. »

1° On ne voit pas bien pourquoi un évêque de la Byzacène, ce qu'on suppose qu'était Victor, serait venu à Carthage dans un temps où l'on n'avait pas affaire de lui. L'Eglise était gouvernée par les prêtres, selon l'ancienne pratique de l'Eglise.

2° Cette permission du roi Huneric fut apportée dans l'Eglise, lorsque l'on n'y pensait pas ; ainsi il n'y avait pas de raison particulière de faire venir des évêques de dehors, encore moins d'une province différente de celle de Carthage.

3° On voit par la narration de Victor que le clergé, qui pénétrait les mauvaises intentions du roi Vandale, aima mieux que l'Eglise de Carthage demeurât dans l'état où elle était depuis 24 ans, c'est-à-dire sans évêque, que d'en avoir un à des conditions qui allaient infailliblement causer une violente persécution ; ce qui ne manqua pas d'arriver aussitôt après. Mais le peuple, incapable de ces réflexions, voulut absolument avoir un évêque, et on ne put pas l'empêcher. Si l'on considère le style de Victor, ce fut lui qui parla à l'ambassadeur Alexandre ; ce qui fait déjà voir que Victor était membre du clergé de Carthage ; car un évêque particulier d'une province différente de la proconsulaire où était Carthage, n'aurait pas, ce semble, parlé ainsi.

4° L'admirable peinture que Victor fait des vertus et des grandes qualités d'Eugène qui fut élu, et le détail où il entre sur cela, confirment beaucoup cette pensée. En effet il particularise si exactement toutes choses, qu'il est difficile qu'on ne se persuade qu'il a voulu peindre au naturel son propre évêque, en ce qu'il dit de saint Eugène.

Voici une seconde preuve. Victor, ayant décrit les vertus et la conduite de saint Eugène, dit que les évêques ariens, et particulièrement Cyrila, en conçurent une jalousie et une envie effroyable ; de sorte qu'ils le calomniaient tous les jours. Ils prièrent le roi de défendre à Eugène de s'asseoir sur le trône épiscopal et de prêcher le peuple selon la coutume. Ce prince fit encore davantage à l'instigation de ses pasteurs : il fit dire à saint Eugène que sa volonté était qu'il empêchât d'entrer dans l'église des catholiques tous ceux qui portaient l'habit des Vandales. Notre auteur ajoute que l'évêque répondit que la maison de Dieu est ouverte à tout le monde, que personne ne peut rejeter ceux qui veulent y entrer ; qu'Eugène dit cela, à cause qu'il y avait une grande multitude de *nos catholiques* qui se servaient de l'habit des Vandales, parce qu'ils avaient des emplois dans la maison du roi. Ces termes, *nos catholiques*, conviennent beaucoup mieux à un prêtre de l'Eglise de Carthage qu'à un évêque d'une autre province.

1° Huneric, après cette réponse, mit des bourreaux à la porte de l'église, qui avec un instrument fait exprès arrachaient la peau de la tête à tous ceux qui y entraient avec l'habit des barbares. Victor dit qu'il en connaissait plusieurs qui avaient souffert ce traitement inhumain, et qu'il n'en savait aucun de ceux-là qui se fût pour lors éloigné du droit chemin. Il est visible qu'un évêque de la Byzacène, province différente de la Proconsulaire, n'aurait pas pu parler de cette manière, sous le règne du cruel Huneric ; au lieu que cela convient parfaitement à un prêtre de Carthage, qui avait une parfaite connaissance des personnes et des prévarications qui étaient arrivées depuis. Car ce mot *tunc*, pour lors, marque assez que plusieurs tombèrent dans la suite. Or il n'y a qu'un témoin oculaire qui ait pu connaître tant de personnes à Carthage. On verra plus bas pourquoi nous jugeons que Victor était prêtre plutôt que diacre.

2° Victor ayant ainsi marqué les commencements de la persécution de Huneric décrit exactement les cruautés qu'il exerça contre ses frères et ses neveux, qu'il entreprit de faire tous mourir pour faire tomber la couronne des Vandales sur la tête de son fils et de sa postérité. Pour entendre cela, il faut savoir que Genseric son père, avait ordonné par une loi que le plus âgé de ses petits-fils et de ses descendants régnerait toujours à l'exclusion des autres. Huneric alla même plus loin : car, voyant que le patriarche de sa religion, nommé Jocundus, était extrêmement aimé et estimé dans la maison de son frère Théodoric, il fit brûler tout vif cet évêque au milieu de Carthage, tout le peuple étant présent, devant les degrés de la grande place neuve. Ce ne sont pas seulement ces particularités qui font voir que c'est une personne de Carthage qui écrit, ce qui suit est encore plus remarquable. Victor était présent, sinon à cette exécution impie, au moins à Carthage. Voici ses paroles : « Nous considérâmes dans cette impiété criminelle les maux qui allaient tomber sur nous ; et nous nous disions tous les uns aux autres : Peut-on espérer que celui qui est si cruel envers son propre évêque épargnera notre religion ou nos personnes? » Voilà donc Victor à Carthage, lorsque saint Eugène en était évêque, et qu'il n'y avait aucune nécessité ni aucune raison apparente qu'un évêque d'une autre province s'y rendît, surtout si l'on considère que la persécution était déjà assez allumée. Voyez les faits 2, 3 et 4.

3° Huneric s'étant défait de tous ceux qu'il craignait, et croyant avoir ainsi établi le royaume des Vandales dans sa famille, tourna toute sa fureur contre l'Église catholique. Dieu fit connaître cette grande persécution avant qu'elle arrivât par plusieurs visions miraculeuses. Environ deux ans avant qu'elle commençât, une personne de Carthage vit dans une vision l'église de Fauste, où s'assemblaient les catholiques, avec tous ses ornements et dans tout son éclat. Un moment après, les cierges et les lampes furent éteintes, une obscurité surprenante succéda à la lumière, une puanteur horrible se fit sentir, et l'église ne parut plus dans son premier état. Cette vision fut rapportée à saint Eugène en présence de Victor. Le voilà donc encore à Carthage ; et c'est la troisième fois que nous l'y voyons, et par conséquent c'est un fort préjugé, pour ne rien dire de plus, que Victor n'était pas évêque dans une province différente de la Proconsulaire, telle qu'était la Byzacène, mais seulement prêtre de Carthage, et qu'il demeurait dans cette ville.

Il faut encore remarquer que de sept visions qu'il rapporte cinq furent vues par des catholiques de Carthage, et les deux autres par deux évêques de la province Proconsulaire, dont l'évêque de Carthage était le métropolitain particulier.

4° Le tyran Huneric augmenta le feu de la persécution, en condamnant à l'exil 4976 évêques, prêtres, diacres et autres membres de l'Eglise, qu'il envoya dans le désert par le ministère des Maures. Tous ces confesseurs furent assemblés à Sicca et à Lara, villes de la Proconsulaire, pour être livrés aux Maures. Un de ces confesseurs était le B. Félix d'Abbir, ville de la même province, qui était évêque depuis 44 ans, et paralytique. Victor était présent ; il faut l'entendre parler : « Après avoir beaucoup pensé que ce bon vieillard ne pouvait pas être transporté sur un animal, nous fîmes demander au roi par ses officiers que puisque Félix allait bientôt mourir, il commandât que cet évêque demeurât au moins à Carthage. » Et dans la suite Victor parle encore en ces termes : « L'ayant lié de travers sur un méchant cheval, nous le portions pendant tout le chemin, comme une pièce de bois. »

Victor était donc présent en personne. Voyez le sixième fait. Tout ceci se passa dans la province Proconsulaire. Or qui pourra comprendre qu'un évêque de la Byzacène se soit toujours trouvé partout à point nommé ? Cela ne peut s'accorder avec les faits que nous avons supposés.

Ce qui suit doit être pesé avec soin. Il est dit qu'on assembla tous les confesseurs dans les villes de Sicca et de Lara ; que deux comtes y étant venus, commencèrent à parler aux confesseurs avec des paroles douces et engageantes, etc.; que ceux-ci s'écrièrent tous à haute voix : Nous sommes chrétiens, nous sommes catholiques, etc.; qu'on les renferma dans une dure prison, où néanmoins ils étaient assez au large. « On nous permettait, » ajoute Victor, « d'y entrer, d'y faire l'exhortation aux frères, et de célébrer les divins mystères ». On doit inférer de cet endroit trois choses importantes :

La première, que Victor n'était pas du nombre des confesseurs ; il se distingue d'eux très nettement dans toute cette narration ; il était libre. La seconde, que Victor était prêtre ; enfin qu'il n'est point vraisemblable qu'un évêque eût quitté son diocèse en ce temps-là, puisque ce que fit Victor dans cette importante occasion pouvait être exécuté par un prêtre ou même par un diacre ; la liberté qu'il avait pour agir, ce qu'il fit en particulier pour le B. Félix d'Abbir, les grosses sommes qu'il portait : tout cela fait voir que Victor demeurait à Carthage, qu'il avait des amis à la cour du roi Hunéric, et que saint Eugène l'avait envoyé avec de l'argent, afin qu'il accompagnât les saints confesseurs jusqu'au lieu de leur exil, pour avoir soin de leurs nécessités spirituelles et corporelles, et examiner ce qui se passerait. La suite confirmera tout cela.

Au reste, ce n'est pas sans raison que je dis qu'un évêque n'aurait pas pu quitter alors son diocèse. Car outre la raison que nous en avons marquée, le nombre de ceux qu'on conduisait en exil était déjà fort grand et très-préjudiciable aux peuples catholiques. Victor nous décrit les plaintes que les fidèles faisaient en voyant passer les confesseurs, de ce qu'ils n'auraient personne pour baptiser les enfants, pour lier les pécheurs et délier les pénitents, pour enterrer les morts et offrir le divin sacrifice. L'exemple du saint évêque Cyprien d'Unizibire le fait encore voir. Il consola les confesseurs, leur témoignant à tous une affection également pieuse et tendre. Il était prêt à donner sa vie pour ses frères, et à se livrer volontairement aux mêmes peines; mais on ne le lui permit pas. Enfin Victor, rapportant la foi admirable de cette vieille femme qui se joignit aux confesseurs avec son petit-fils qui était encore enfant, dit qu'il la reprit de ce qu'elle agissait à contretemps et contre la prudence, en se joignant à une compagnie d'hommes, et s'unissant, sans y être obligée, à l'armée de Jésus-Christ. On voit par tous ces faits qu'un évêque n'aurait pas dû abandonner son diocèse dans cette occasion; mais les soins de Victor conviennent admirablement à un prêtre de Carthage député par saint Eugène.

7° Dans le n. 8, Victor rapporte ce qui regarde en particulier le B. Félix, évêque d'Abbir, dont nous venons de parler; et dans le n. 9 il décrit ce qui arriva dans les villes de Sicca et de Lara, où tous les confesseurs furent assemblés pour être livrés aux Maures qui devaient les conduire dans le désert. Il est fort vraisemblable que ce qui est dit de Félix d'Abbir dans le n. 8 se passa à Carthage, où cet évêque avait été conduit d'abord. Ces paroles de Victor : *Suggessimus ut a suis rex peteretur, ut saltem eum propere moriturum Carthagini esse juberet, quia ad exsilium nulla posset ratione perduci.* Ces paroles, dis-je, font assez voir que Félix et Victor étaient à Carthage, où le roi demeurait. Car il n'eût pas été facile à Victor, s'il eût été à Sicca ou à Lara, d'écrire à la cour pour obtenir la grâce qu'il demandait; au lieu qu'il n'était pas difficile de faire parler au prince par quelques Vandales qui étaient favorables aux catholiques, ou par des catholiques de la maison du roi, pour obtenir si peu de chose. Enfin si Félix et Victor avaient été à Sicca ou à Lara, Victor aurait sans doute fait réflexion que le roi aurait pu répondre que si l'on pouvait faire transporter Félix à Carthage, on pouvait le transporter aussi facilement dans le désert. Ainsi nous voyons Victor à Carthage pour la quatrième fois.

8° Quoi qu'il en soit, les 4976 confesseurs furent assemblés de divers endroits à Sicca et à Lara, et Victor les accompagna dans tout le voyage jusqu'au désert, qui était le lieu de leur exil: *Dum iter ageremus cum Dei exercitu comitantes.* Mais avant que d'aller plus loin, nous ne devons pas oublier une remarque considérable. Nous avons dit que la prison des confesseurs ne fut pas si étroite au commencement, et qu'on permettait à Victor d'y entrer. Mais les deux comtes envoyés par le roi n'ayant pu corrompre personne par leurs fausses caresses et leurs promesses, on mit les saints dans des lieux étroits et affreux où ils ne pouvaient presque pas remuer. On leur refusa même la consolation d'être visités. Ce que Victor en dit dans le n. 10 est effroyable. Il ajoute : « A la fin néanmoins, ayant donné de grands présents aux Maures, on nous laissa entrer avec peine et en secret, pendant que les Vandales étaient endormis. » On voit en cela la charité inépuisable de saint Eugène, dont Victor dit que les aumônes paraissaient incroyables.

9° Victor accompagna les saints, comme nous avons déjà dit, jusqu'au désert. Cela paraît par toute sa narration, et principalement par ces paroles : *Nous ne pûmes pas compter tous ceux qui moururent en chemin, parce que le nombre en fut trop grand.* Ayant fini cette matière au n. 12, il dit dans le suivant, que Huneric songea à faire encore pis contre l'Eglise de Dieu, afin de perdre tout le corps, après avoir déchiré quelques membres. Car le jour de l'Ascension, le comte Reginon, ambassadeur de l'empereur Zénon, étant présent, il envoya une ordonnance pour être lue à l'évêque Eugène au milieu de l'église, et les courriers en portèrent en même temps des copies dans toute l'Afrique. Huneric ordonnait dans cet édit à tous les évêques catholiques, laissant à part toute excuse fondée sur la crainte, de venir à Carthage le premier jour de février de l'année suivante, afin d'y conférer avec ses évêques, et prouver par les Ecritures la foi qu'ils défendaient. L'édit est daté du 20 de mai l'an 483. Voici ce que Victor ajoute à cela : *Cognoscentes igitur qui aderamus, simulque legentes, contritum est exemplo cor nostrum, et contenebrati sunt oculi nostri.* Nous qui étions présents, ayant lu cet ordre, notre cœur fut brisé de douleur, etc. Et ensuite: On délibéra sur ce qu'on avait à faire, et l'on ne trouva point d'autre remède à un mal si pressant que de présenter une requête, etc.

On voit par là que Victor ayant conduit les confesseurs jusqu'au lieu de leur exil, où il ne pouvait plus leur rendre service, il retourna promptement à Carthage, et qu'il y était présent le 20 de mai de l'année 483. Cette conduite est toute naturelle et convient très-bien à un prêtre de l'Eglise de Carthage, et non à un évêque de la Byzacène, qui aurait dû au moins retourner dans son diocèse après ce service rendu aux confesseurs. Voilà donc la cinquième fois que nous trouvons Victor à Carthage, ou plutôt il y demeurait toujours, si les ordres de son évêque ne l'obligeaient de s'en absenter pour le service de l'Eglise.

10° Tout ce que nous avons dit jusqu'à présent faisant voir que Victor a souvent parlé de lui-même, il serait fort étrange, s'il avait été évêque de Vite, qu'il n'eût point dit qu'il était évêque; et il est comme impossible qu'il n'eût du moins marqué son épiscopat. Il serait fort étonnant que cet auteur, qui nous assure que Huneric, après la conférence de Carthage, excita une persécution si générale dans toutes les provinces de l'Afrique, qu'il n'y avait ni lieu ni maison qui en aient été exempts; il serait, dis-je, étonnant que Victor ne nous eût pas dit un seul mot de ce qui se passa dans son diocèse.

11° Victor ne rapporte que quelques faits particuliers et choisis parmi tout ce qui s'est passé dans les différentes provinces d'Afrique, au lieu qu'il en dit beaucoup davantage de la province Proconsulaire dont Carthage était métropole. Mais pour ce qui est de la ville même de Carthage, notre auteur a fait une histoire très-complète et très exacte de tout ce qui s'y est passé de mémorable sous les règnes de Genseric et de Huneric. Il entre dans un si beau détail des grandes actions des saints évêques Deogratias et Eugène; tous les faits y sont si bien circonstanciés, les personnes nommées par leur nom, et tout ce qui sert à rendre une histoire authentique y est si marqué, qu'il n'y a personne qui ne juge que cela n'a pu venir que d'un témoin oculaire qui faisait sa demeure à Carthage, et qui avait une parfaite connaissance des lieux, des personnes et des moindres circonstances.

12° Enfin voici un fait qui suffit seul pour démontrer invinciblement ce que nous prétendons. Après la conférence prétendue, Huneric dépouilla tous les évêques qui avaient été assemblés à Carthage de leurs Eglises, de leurs maisons et de leurs biens; ensuite il leur fit enlever tout ce qu'ils avaient apporté à Carthage, et les fit chasser hors de la ville; de sorte qu'ils n'avaient plus que les habits qui les couvraient. Victor dit que dans cet état si déplorable, les saints évêques prirent un très-sage parti, qui fut de ne se point retirer. On en peut voir les raisons dans notre historien, qui rapporte ensuite la fourberie dont Huneric se servit pour perdre ces hommes de Dieu; et la fin de cette intrigue diabolique fut que ceux des évêques qui avaient promis de faire le serment que ce méchant prince avait demandé reçurent commandement de ne voir jamais leurs villes et leurs Eglises; ils furent relégués, et on leur donna des champs pour les cultiver comme des laboureurs et des fermiers, à condition qu'ils ne feraient aucun exercice de religion ni de leur ministère. A l'égard des autres qui n'avaient pas voulu jurer, ils furent bannis dans l'île de Corse pour y couper des bois. Tout cela fut exécuté avec autant de rigueur que d'exactitude. Voilà donc tous les évêques d'Afrique en exil, les uns dans l'île de Corse, et les autres hors de leurs diocèses, dans des campagnes, réduits à labourer et cultiver la terre. Cependant dans le grand feu de cette cruelle persécution, lorsque tous les évêques étaient bannis, nous trouvons encore notre Victor à Carthage. C'est lui qui nous l'apprend. Il assure dans le liv. v, n. 9, que l'évêque Eugène étant déjà dans le lieu de son exil, les Vandales attaquèrent son clergé composé de 500 personnes. Ces barbares firent souffrir à tous ces pieux ecclésiastiques la faim et les fouets, et les envoyèrent ensuite en exil. On ne voit point que Victor ait eu part à cette persécution, parce que probablement il n'était pas pour lors à Carthage; mais il y retourna peu de temps après : car il écrit ensuite dans le n. 14 qu'il fut témoin (*Nobis videntibus*), et qu'il vit une violence que les Vandales exercèrent sur un enfant de qualité. Car ils l'enlevèrent à ses parents par le commandement de leur patriarche Cyrila, et le rebaptisèrent par force. Après ce témoignage de Victor, que nous trouvons encore à Carthage après l'exil de tous les évêques d'Afrique, il est évident qu'il n'était point évêque, mais seulement prêtre de l'Eglise de Carthage. Ainsi nous croyons avoir très-bien prouvé le premier point, qui est que Victor n'était pas encore évêque lorsque Huneric mourut, après la conférence de Carthage l'an 484. Ceux qui voudront soutenir l'opinion vulgaire seront obligés de faire voir que tout ce que nous avons dit est sans fondement.

ART. 4. — *Second point : que Victor l'historien est différent de Victor, évêque de Vite, dont la Notice d'Afrique fait mention.*

Nous aurons bientôt terminé le second point, qui est que notre Victor l'historien n'est point le Victor, évêque de Vite, dont il est parlé dans la notice ou catalogue des évêques d'Afrique. Car si Victor l'historien n'était pas évêque l'an 484, comme nous croyons l'avoir démontré, c'est une conséquence nécessaire qu'il n'était pas évêque de Vite, et qu'ainsi ce n'est pas lui qui est marqué dans la notice. Cela ne souffre pas de réplique.

Je ne puis m'empêcher d'ajouter ici une remarque : c'est que Victor, dans le récit de la conférence, lorsqu'il parle des évêques, se sert toujours de la troisième personne du pluriel, *les évêques*, *nos évêques*, par où il se distingue d'eux. Après avoir rapporté la profession de foi, lorsqu'il reprend sa narration et qu'il raconte ce qu'elle produisit, il se sert de la première personne du pluriel : d'où on peut inférer qu'il était présent à Carthage et à la conférence. Cela paraît d'autant plus probable, qu'après avoir rapporté l'édit du roi, lorsqu'il décrit les mauvais traitements que ce prince fit souffrir aux évêques qui étaient venus à Carthage, il quitte la première personne et reprend la troisième. Ainsi on ne peut douter qu'il ne se distingue d'eux, quoique présent. Or, selon la notice, Victor de Vite ne vint pas à Carthage. Donc Victor l'historien qui était à Carthage est différent de Victor, évêque de Vite, dont la notice fait mention.

ART. 5. — *Troisième point : que Victor l'historien n'a point été exilé par Huneric.*

C'est ici que la négligence de ceux qui ont écrit sur notre Victor paraît évidemment. On jugera si je me trompe.

1° Presque toutes les remarques que nous avons faites sur le premier point retombent dans celui-ci. Nous avons fait voir que l'an 481 Victor était à Carthage le 18 du mois de juin, lorsque le roi Huneric envoya permission aux catholiques d'élire un évêque; qu'il y était encore quelque temps après, lorsque ce prince cruel fit brûler tout vif son patriarche Jocunde; que Victor était dans la même ville, lorsque Dieu fit connaître par des visions la persécution future. Nous l'y avons trouvé encore lorsque l'on fit parler au roi pour le B. Félix, évêque d'Abbir

Du moins il est constant qu'il accompagna, l'an 483, l'armée des confesseurs jusqu'au lieu de leur exil, étant lui-même libre, agissant et travaillant pour les secourir dans toutes leurs nécessités spirituelles et corporelles. Enfin Victor était encore à Carthage le 20 de mai 483, lorsque Huneric envoya à saint Eugène son édit pour la conférence de Carthage, qu'il assigna au premier de février de l'année suivante. De tous ces faits je conclus que Victor n'a point été exilé avant le 20 de mai 483.

2° Depuis le 20 mai de l'an 483, jour que Huneric signa son édit pour la conférence, jusqu'au premier jour de février de l'année suivante, que les évêques catholiques se trouvèrent tous à Carthage, on n'envoya plus aucun évêque en exil. Il y a de l'apparence que les exilés furent rappelés et qu'ils retournèrent dans leurs Eglises en conséquence de l'édit du roi. Du moins ne peut-on pas nier que tous les évêques, même les bannis, ne soient venus à la conférence : car,

1° Huneric ordonne par son édit à tous les évêques catholiques d'Afrique de venir à Carthage pour y prouver leur foi par les Ecritures. Il n'en excepte aucun, non pas même les exilés : *Omnes Carthaginem veniatis* : et Victor parle ainsi : *Conveniunt non solum universæ Africæ, verum etiam insularum multarum episcopi.*

2° Huneric insinue assez par ces paroles : *Omissa omni excusatione formidinis*, que l'exil cessait.

3° Victor fait voir clairement que l'intention de Huneric était que tous les évêques sans exception vinssent à Carthage, parce que ce prince fourbe avait inventé ce moyen pour ruiner la religion catholique; ce qu'il jugeait ne pouvoir exécuter qu'en exterminant tous les évêques : *Ut qui membra aliqua absciderat totum laniando perderet corpus.*

4° Nous voyons en effet que Félix d'Abbir, qui était un des 4976 exilés, se trouve dans la Notice d'Afrique, c'est-à-dire dans le catalogue des évêques qui vinrent selon l'ordre du roi à la conférence de Carthage l'année suivante. Il en est de même de Présidius de Suffétule et de Donatien.

5° Il se trouva à cette conférence 466 évêques catholiques, ou 458, si l'on en retranche 8 de Sardaigne et des îles voisines. Or du temps de saint Augustin, lorsque l'empereur Honorius permit la grande conférence de Carthage contre les donatistes, il n'y avait que 470 évêchés et 406 évêques catholiques. On doit donc inférer que tous les évêques d'Afrique se trouvèrent à Carthage l'an 484, puisque leur nombre est aussi grand et même plus grand que sous l'empire d'Honorius.

Il doit donc demeurer pour constant que tous les évêques d'Afrique se trouvèrent à la conférence de Carthage en l'an 484; qu'ainsi ceux qui avaient été exilés furent rappelés. Que depuis la publication de l'édit jusqu'à l'assemblée des évêques, Huneric n'en exila aucun; et que puisque Victor n'a point été exilé avant l'édit, comme nous l'avons prouvé, il ne l'a point été non plus avant la conférence, ou le premier février de l'an 484.

3° Enfin, pour ce qui est du temps que les évêques demeurèrent à Carthage, on ne saurait raisonnablement douter que Victor n'y ait aussi été présent, tant il décrit exactement toutes les inhumanités de Huneric. Ajoutez à cela ce que nous avons remarqué dans l'article précédent.

4° Lorsque tous les évêques eurent été dépouillés de leurs Eglises et de tous leurs biens, et exilés les uns dans l'île de Corse, et les autres en divers lieux de l'Afrique, sans qu'aucun eût échappé à la cruelle exactitude des Vandales, Huneric excita une persécution générale dans toute l'Afrique, en sorte qu'il ne demeura dans ce grand pays ni lieu ni maison qui ne fussent remplis de pleurs et de gémissements. On n'épargna ni âge ni sexe, excepté ceux qui succombèrent à la violence des bourreaux. Or pendant cette effroyable persécution, qui commença apparemment à la fin d'avril *(a)* de l'an 484, et qui dura jusqu'à la mort de Huneric, Victor demeurait à Carthage.

Nous en avons une preuve sans réplique dans le livre v (n. 14) de son Histoire, où il rapporte une violence qui fut faite dans cette ville à un enfant d'environ 7 ans, par le commandement de Cyrila, dont il dit qu'il fut témoin, *videntibus nobis*. Cette preuve est si forte et si évidente, qu'il est inutile de s'y arrêter plus longtemps.

On peut encore remarquer que Victor, ayant souvent parlé de lui-même dans plusieurs endroits de son ouvrage, on ne voit pas pour quelle raison il aurait voulu nous cacher la grâce qu'il aurait reçue de Dieu, s'il avait été chassé de son Eglise et exilé pour la foi. Il est donc évident que Victor n'a rien souffert en sa personne pendant le règne de Huneric, et que Dieu le conserva libre, pour rendre aux fidèles persécutés, tous les services dont ils avaient besoin, et pour écrire et laisser à la postérité tant de grands combats des saints martyrs et confesseurs d'Afrique, qui sans lui seraient demeurés dans l'oubli.

Tout ce que j'ai dit jusqu'ici paraît si clair, si bien fondé sur la narration de Victor, et si bien lié, que je ne vois pas qu'on puisse y opposer rien de solide. Je crois néanmoins qu'il ne sera pas inutile d'aller au-devant d'une objection que pourraient peut-être me faire ceux qui soutiennent que Victor a écrit son Histoire dans son exil. Vous prétendez, me diront-ils, que Victor était prêtre de Carthage et qu'il était dans cette ville pendant et après la conférence. Or Victor nous apprend qu'après la conférence de Carthage, saint Eugène, évêque de cette ville, étant déjà dans le lieu de son bannissement, les Vandales attaquèrent aussi tous les clercs de son

---

(a) Nous croyons qu'il faut lire à la fin de l'édit de Huneric, *sub die* VI *calendas Maias*, au lieu de *Martias*, puisque la profession de foi des évêques catholiques qui a précédé cet édit fut datée, *sub die* XII *calendarum Maiarum.*

Eglise, qu'ils les firent battre de verges et de bâtons, qu'ils leur firent souffrir une cruelle faim, et qu'ils envoyèrent tous ces généreux ecclésiastiques en exil, dans des lieux fort éloignés. Il faut donc conclure que Victor a eu part à ces souffrances et à l'exil.

Je réponds à cela : 1° que, tout ce que j'ai avancé étant suffisamment prouvé, je ne suis pas obligé et que l'on n'a pas même droit de demander que je prouve toutes les circonstances qui peuvent en dépendre. La raison de cela est que l'on peut former des difficultés contre les faits les plus certains, lorsque ceux qui les ont rapportés n'ont pas voulu en faire le détail. Je dis toutefois :

2° Que Victor ne se servant point de la première personne, lorsqu'il décrit la persécution que souffrit le clergé de Carthage, comme il a coutume de faire lorsqu'il parle des choses où il a eu part, et ne disant rien du tout qui puisse donner lieu de croire qu'il ait souffert avec les autres ecclésiastiques, on a droit de supposer qu'il n'a point eu part à cette persécution. Voyez le sixième fait.

3° C'est même après la narration de tous ces faits et de l'exil des ecclésiastiques, que Victor nous assure, n. 14, qu'il était présent à Carthage, lorsqu'on rebaptisa par force cet enfant dont nous avons parlé. Voyez le cinquième fait. C'est pourquoi, comme nous voyons dans toute la suite de son Histoire que Victor était souvent employé dans les affaires les plus importantes de l'Eglise, et qu'il a fait pour cela plusieurs voyages, il est fort probable, ou qu'il suivit saint Eugène, son évêque, pour prendre soin de lui et voir ce qui se passait, ce que la manière dont il décrit les souffrances de ce saint confesseur peut autoriser beaucoup, ou qu'il fut chargé de quelque commission pour l'utilité des Eglises, qui étaient alors dans une affliction incroyable, après la perte de leurs pasteurs. De sorte que Victor ayant été obligé de s'absenter de Carthage, il ne put y retourner qu'après le bannissement du clergé, sa présence y étant pour lors absolument nécessaire. Tout cela est fort probable en soi et s'accorde aussi très-bien avec la narration de Victor. Ainsi il n'en faut pas davantage pour répondre à la difficulté.

Art. 6. — *Que l'on ne peut accorder la Notice d'Afrique et l'autorité des manuscrits avec l'Histoire de la persécution des Vandales, qu'en admettant deux Victor évêques de Vite.*

Nous croyons avoir bien prouvé ce que nous avons promis : savoir que Victor l'historien n'était point évêque lorsque Huneric mourut sur la fin de l'année 484 ; 2° qu'il n'est point le Victor évêque de Vite dont il est parlé dans la Notice d'Afrique ; 3° qu'il n'a point été exilé par Huneric.

Cela étant ainsi, il n'est point vrai, comme on l'a écrit, que Victor l'historien fût fait évêque de Vite vers la fin du règne de Genseric. Il n'est point vrai qu'il ait eu grande part à la persécution de Huneric, qui le chassa de son siège. Il n'est point vrai que Huneric l'a relégué l'an 483, lorsqu'il fit publier un édit pour ordonner à tous les évêques catholiques de toute l'Afrique de se trouver à Carthage pour entrer en conférence avec ceux de sa secte. Tous ces faits demeurent sans aucun fondement.

Mais, dira-t-on, que deviendra l'autorité de la Notice d'Afrique, qui nous apprend que Victor, évêque de Vite, ne se trouva pas à la conférence de Carthage ? Et que deviendra aussi l'autorité des manuscrits qui nous obligent de croire que Victor, évêque de Vite, a composé l'Histoire de la persécution des Vandales ?

Nous répondons à cela que nous recevons également l'une et l'autre autorité ; mais que nous prenons garde seulement à ne pas confondre deux hommes différents, comme ont fait ceux qui ont écrit avant nous sur cette matière. Car ayant prouvé clairement, par l'Histoire de la persécution des Vandales, que Victor qui en est l'auteur n'a point été évêque jusqu'à la mort de Huneric ; et d'ailleurs la Notice d'Afrique faisant foi qu'il y avait un évêque de Vite en Afrique pendant la vie de Huneric ; enfin l'autorité de tous les manuscrits ne nous laissant point lieu de douter que Victor, évêque de Vite en Afrique, ne soit auteur de l'Histoire de la persécution des Vandales, il s'ensuit que cet historien est différent de Victor évêque de Vite dont la Notice fait mention ; il s'ensuit que l'on ne saurait accorder ensemble la Notice et l'Histoire, qu'en distinguant deux Victor, évêques de Vite.

Nous disons donc qu'il y avait effectivement en Afrique l'an 484 un évêque de Vite nommé Victor : c'est ce que la Notice nous apprend ; que tous les évêques d'Afrique ayant été obligés de venir à Carthage pour la cause de la foi, et tous y étant venus, à la réserve de deux évêques de la province Byzacène, Victor de Vite et Possidius de Massimane, on doit inférer que ces deux évêques moururent en ce temps-là ou fort peu de temps après. Il n'y a que cette raison qui les en ait pu empêcher, puisque, comme nous avons dit, Huneric rappela même d'exil les évêques catholiques, afin qu'ils vinssent à la conférence. Mais après la mort de ce roi barbare, qui arriva vers la fin de l'année 484, Guntabond ayant rappelé d'exil saint Eugène, évêque de Carthage, et donné quelque paix à l'Eglise, on doit présumer que Victor l'historien fut élu évêque de Vite l'an 487, puisque les manuscrits s'accordent tous à lui donner le nom de Victor et la qualité d'évêque de Vite. On voit par là que nous conservons à chaque monument toute son autorité, que par ce moyen la contrariété qui se trouve entre la Notice d'Afrique et l'Histoire de Victor cesse entièrement ; au lieu que dans l'opinion qu'on a suivie jusqu'à présent on ne peut pas concilier ces deux monuments authentiques, comme il résulte de tout ce que nous avons dit dans les articles 3, 4 et 5.

Si quelqu'un regarde comme une chose extraordinaire qu'un homme nommé Victor ait succédé à un autre Victor, que celui-là sache, 1° que le nom de

Victor était si commun en Afrique, qu'il y avait 50 évêques qui le portaient dans cette province l'an 411, et qu'il s'en trouve plus de 20 dans la Notice dont nous parlons, c'est-à-dire qui vivaient l'an 484.

2° Quand le nom de Victor aurait été moins commun, cette raison serait tout à fait faible et ne mériterait pas d'être objectée, puisqu'on trouve des hommes qui ont porté des noms peu ordinaires, qui se sont néanmoins succédé dans une même Eglise. On pourrait en produire un grand nombre d'exemples : en voici deux qui suffiront. Le nom d'Epictète est assurément bien plus extraordinaire et beaucoup moins commun que celui de Victor; et toutefois nous trouvons Epictète, évêque de Centum-Celles ou Civita-Vecchia, qui assista au premier concile d'Arles l'an 314, et un autre Epictète, son successeur, qui se signala sous Constance par son impiété, ayant été un des chefs des Ariens dans l'Occident. Dans la ville de Pudentiane en Numidie il y avait eu un évêque catholique nommé Memmianus. Celui-ci étant mort, on ordonna en sa place un autre évêque qui se nommait aussi Memmianus : c'est ce que nous apprenons des actes de la grande conférence de Carthage. Ainsi, pour revenir à notre sujet, le premier Victor, évêque de Vite, est celui dont il est fait mention dans la Notice; le second et son successeur est le pieux historien de la persécution des Vandales, conformément aux manuscrits. Examinons maintenant en peu de mots si les autres faits que l'on a avancés dans la vie de Victor sont mieux fondés que ceux que nous venons de détruire.

ART. 7. — *De quelques autres faits qu'on attribue sans fondement à Victor l'historien.*

Les trois points que nous avons examinés ci-dessus étant donc certains, il s'ensuit,

1° Que l'on s'est trompé, lorsque l'on a dit que Victor avait écrit son Histoire dans son exil, soit à Constantinople, selon le P. Chifflet; soit dans l'ancienne Epire, suivant M. Cotelier. Ainsi, conformément à notre troisième point, il faut reconnaître avec le R. P. Ruinart, bénédictin, et M. Baillet, que Victor n'est point sorti d'Afrique : mais il faut les abandonner eux-mêmes, en ce qu'ils supposent que Victor était en exil en quelque lieu de l'Afrique. Car outre qu'il ne dit rien d'où on le puisse inférer avec quelque vraisemblance, nous trouvons qu'il était à Carthage après l'exil de tous les évêques d'Afrique et du clergé de Carthage.

2° Il n'y a point de vraisemblance, à ce qu'a écrit le P. Chifflet, que Victor a dédié son Histoire à Acace, évêque de Constantinople; ni à la pensée de M. Cotelier, qui a cru que cet ouvrage a été adressé à Diadochus, évêque dans l'ancienne Epire. Tout cela est sans fondement.

3° Victor n'ayant été ordonné évêque qu'après la paix de l'Eglise sous Guntabond, c'est-à-dire probablement l'an 487, il ne peut pas avoir été primat de la province Byzacène vingt ans après. Ainsi ce n'est point notre Victor dont il est parlé dans la Vie de saint Fulgence, évêque de Ruspe. Or ce point étant sans fondement, pour ne rien dire de plus, tout ce que l'on a bâti dessus devient encore plus incertain, savoir : que notre Victor souffrit beaucoup dans la persécution de Thrasamond, successeur de Guntabond; que ce prince le fit prendre prisonnier dans son Eglise, et amener dans les prisons de Carthage ; que Victor envoya commission étant en chemin aux évêques de la Byzacène de consacrer S. Fulgence, évêque de Ruspe; qu'après un an de prison il fut exilé dans l'île de Sardaigne, et qu'il y mourut confesseur l'an 510, ou selon d'autres l'an 512. Nous croirons tout cela quand on nous en aura donné des preuves. Cela regarde un autre Victor, et non celui de Vite.

4° Le R. P. Ruinart a eu raison de rejeter ce que quelques-uns prétendent que Victor a été mis entre les saints. On dit que ceux qui ont mis les premiers le nom de S. Victor d'Utique dans les martyrologes ont eu intention de faire cet honneur à la mémoire de celui qui a fait l'histoire. Mais ces auteurs, qui sont Galesius, Baronius et Ferrarius, étant très-modernes, et n'étant point fondés sur les manuscrits des martyrologes, ni sur aucun auteur ancien, on ne doit pas avoir égard à leur intention. Ainsi le plus sûr est de s'en tenir sur ce point à la réflexion du P. Ruinart. Ce qui est d'autant plus nécessaire, que Pierre Natal, qui est peut-être le premier qui a donné lieu au culte de Victor, a voulu parler d'un autre Victor, évêque de Cartenne en Afrique.

5° M. Baillet n'a pas eu raison, ce me semble, de rejeter ce que dit le même bénédictin, que Vite était plutôt un canton qu'une ville, et n'a pas dû croire que c'était une ville, parce qu'elle est marquée dans les cartes dressées sur la Notice des Eglises d'Afrique : car cette Notice ne nous apprenant point si Vite est un pays ou une ville, ceux qui ont dressé ces cartes n'ont pas dû faire une ville de Vite, s'ils n'en ont eu quelqu'autre autorité que la Notice, ce que l'on ne nous apprend point. Ce que dit Victor de S. Papinien, qu'il appelle *évêque de notre cité*, le prouverait bien mieux; mais l'autorité des manuscrits de Victor, où il est qualifié évêque du pays ou canton de Vite (*Patriæ Vitensis*), nous fait croire qu'il parle de la ville de sa naissance, et non de celle dont il était évêque.

6° Si l'on demande enfin ce que nous pensons de l'auteur du troisième livre, qui contient la profession de foi des évêques d'Afrique qui fut présentée au roi Hunéric, nous répondons que Gennade de Marseille, auteur contemporain, l'attribue à saint Eugène de Carthage ; le manuscrit de Laon, à tous les évêques d'Afrique ; et les Bibliothèques des Pères, à notre Victor ; Victor lui-même l'attribue à tous les évêques. Mais la manière dont il s'exprime, étant trop vague, nous donne lieu de croire que les évêques formèrent ce projet lorsqu'ils furent tous assemblés à Carthage, et qu'il fut exécuté par saint Eugène, notre Victor et quelques autres ecclésiastiques de Carthage. Aussi Victor l'appelle-t-il *notre livre*. Et quoique je ne m'arrête pas à cette expression, on peut pourtant croire probablement que sa modestie l'a porté à s'en servir, pour mieux cacher la part qu'il a eue à cette pièce. Après avoir examiné les difficultés qui regardent la personne de notre pieux historien, il est temps de recueillir ce qu'il nous a appris A de lui-même, et de décrire la suite de sa vie. Nous y avons fait joindre celle qui a été composée par feu M. Baillet, afin que les lecteurs puissent voir d'un coup d'œil en quoi nous différons de ce savant critique et des autres.

VIE
DE VICTOR,
ÉVÊQUE DE VITE EN AFRIQUE, HISTORIEN ECCLÉSIASTIQUE.

Victor était Africain (*Liv.* v, *n.* 1), mais nous ne savons pas en quelle ville ni en quelle province il a pris naissance. Quelques-uns ont cru pouvoir inférer d'un endroit de son Histoire qu'il était de Péradamie, ville de la Byzacène. Ils n'ont pourtant pas osé insister sur l'expression de Victor. En effet on pourrait dire par la même raison, qu'il était de Tamalluma dans la même province (*Liv.* I, *n.* 1), et même de Carthage (*Liv.* I, *n.* 14), puisqu'il appelle *notre Armogaste* ce saint confesseur qui vivait à Carthage dans la maison de Théodoric, fils du roi Genseric, et qui y mourut.

Ce qu'il y a donc de probable est que Victor est né dans une ville qui avait le titre de cité, dont saint Papinien était évêque l'an 430, dans le temps que les Vandales mirent le siège devant la ville d'Hippone (*Liv.* I, *n.* 3). Ce fut pour lors, dit Victor, que le vénérable Papinien, évêque de notre cité, eut tout le corps brûlé avec des lames de fer toutes rouges. Si le concile de Thélepte ou de Telle n'est point supposé, on y voit que Papinien était évêque dans la province Byzacène l'an 418 (*Conc. tom. II, col.* 157). Ainsi il est apparemment le même que celui dont parle Victor. Quand il dit donc que Papinien était évêque de sa ville ou de sa cité, nous l'entendons de la ville de sa naissance, et non de celle dont il était évêque. Ce n'est pas que Victor ne fût peut-être déjà évêque lorsqu'il écrivait ceci ; mais Vite, dont il a été évêque, n'étant pas une cité, puisqu'il n'en est parlé dans aucun monument, et que les manuscrits de Victor l'appellent un canton ou un petit pays (*Ruin. præf.* § 4 D et 5), il est nécessaire, et nous nous croyons obligés d'entendre cette expression de la ville où il avait pris naissance, plutôt que de celle qu'il gouvernait en qualité d'évêque.

Victor décrit si particulièrement tout ce qui s'est passé de mémorable à Carthage depuis que Genseric, roi des Vandales, se fut emparé de cette grande ville, l'an 439 (*Hist. persec. Vand., passim*), il marque et nomme si exactement tous les lieux où les actions se sont passées dans la ville et aux environs ; on l'y trouve si souvent pendant le règne de Huneric ; il y connaissait un si grand nombre de personnes ; enfin il entre dans un si grand détail de tout ce qui est B arrivé dans l'Eglise de Carthage, qu'il n'y a point lieu de douter qu'il n'y ait passé la plus grande partie de sa vie.

Nous croyons qu'il fut prêtre de cette célèbre Eglise, dont le clergé était composé de 500 personnes, ou même davantage. Il apprit l'histoire admirable des saints martyrs Martinien, Saturien, de leurs deux frères, et de l'illustre vierge Maxime, de la bouche de celui-là même qui les avait gardés en prison, et du B. Fauste, évêque de Buronitie. Maxime vivait encore l'an 487, apparemment dans la province proconsulaire, où elle gouvernait un grand nombre de vierges, et Victor la connaissait très-bien (*Liv.* II, *n.* 9; *liv.* v, *n.* 9; *liv.* I, *n.* 10; *liv.* I, *n.* 11; *liv.* I, *n.* 4).

Genseric, ayant renouvelé la persécution, envoya C un certain Proculus dans la province proconsulaire, pour contraindre les évêques à lui livrer les vaisseaux sacrés et les livres des Eglises (*Liv.* I, *n.* 12). Ce fut dans ce temps-là que S. Valérien, évêque d'Abbenza, s'étant opposé généreusement à cette profanation, fut chassé hors de la ville, avec défense à toutes sortes de personnes de lui donner retraite ni dans leurs maisons, ni dans leurs champs ; de sorte que ce vénérable vieillard, âgé de plus de quatre-vingts ans, demeura longtemps dans le grand chemin, dépouillé de tout, exposé à toutes les injures des saisons. Victor dit qu'il eut le bonheur de le saluer dans ce cruel exil. Il parle de cette action avec un grand sentiment de piété et d'humilité. Cela arriva, comme nous croyons, après la mort de S. Deogratias, évêque de Carthage, qui mourut l'an 457 (*Liv.* I, *n.* 8).

Victor avait aussi connu particulièrement les illustres confesseurs Armogaste, Archinime et Satur, qui demeuraient à Carthage, où ils confessèrent la foi catholique, et résistèrent avec une force admirable aux promesses et aux cruautés du roi Genseric et de ses enfants, Huneric et Théodoric (*Liv.* I, *n.* 14, 15, 16) ; on ne saurait lire ce qu'en écrit Victor qu'on ne se sente obligé de reconnaître qu'il vivait à Carthage dès le temps de Genseric.

Ce prince étant mort l'an 477, après avoir régné trente-sept ans et trois mois en Afrique depuis la prise de Carthage, Huneric, son fils aîné, lui succéda. Ce prince, si fameux par ses cruautés détestables, se comporta d'abord avec assez de douceur et de modération envers les catholiques (*Liv.* ii, n. 1), jusque-là qu'il souffrit qu'ils s'assemblassent publiquement dans les églises, ce que Genseric avait défendu. Il permit même, à la prière de Placidie, sa belle-sœur, veuve d'Olybre et de l'empereur Zénon, que l'Église de Carthage, qui n'avait point eu d'évêque depuis vingt-quatre ans, en élût un librement et le fît ordonner. Mais Huneric, sous cette apparence d'humanité, commença à faire connaître aux catholiques ce qu'il méditait contre eux. Il envoya à l'Église de Carthage Alexandre, ambassadeur de Zénon, afin que le peuple choisît en sa présence un évêque qui fût digne de ce rang; mais il le fit accompagner de son secrétaire nommé Vitarit, qui portait un édit pour être lu publiquement. Le roi déclarait par cet édit qu'il permettait que l'église de Carthage se fît ordonner quel évêque elle voudrait, mais à condition que les évêques ariens qui étaient à Constantinople et dans les provinces de l'Orient auraient la liberté dans leurs églises, sur un ordre de Zénon, de prêcher et d'instruire le peuple en quelles langues ils voudraient et de suivre la loi chrétienne (c'est-à-dire les dogmes des ariens); que si cela ne s'exécutait pas à leur égard, l'évêque qui serait ordonné à Carthage, et ses clercs, et les autres évêques avec leurs clercs qui étaient dans toutes les provinces d'Afrique seraient envoyés chez les Maures.

Cet édit ayant été lu le 18 de juin, ou, selon quelques éditions, le 19 de mai l'an 481, à toute l'Église assemblée, Victor qui était aussi présent, commença à gémir et à se plaindre, parce qu'il paraissait que l'on cherchait des prétextes pour persécuter et accabler les catholiques; c'est pourquoi ce généreux ministre de Jésus-Christ déclara publiquement à l'ambassadeur Alexandre que si cela était ainsi, et si l'on permettait à des conditions si dangereuses que l'Église de Carthage eût un évêque, elle aimait mieux n'en point avoir; que Jésus-Christ, qui avait toujours daigné la gouverner, la gouvernerait encore. Telle fut la générosité de Victor, qui crut, en qualité d'un des principaux membres du clergé, devoir faire connaître le véritable avantage des Églises d'Afrique, et en particulier de celle de Carthage; mais sa remontrance fut inutile, l'ambassadeur Alexandre n'y fit point attention, et ne s'en mit point en peine; d'ailleurs le peuple, qui voulait avoir un évêque, jeta des cris insupportables, en sorte qu'on ne put pas l'apaiser par un autre moyen. Eugène fut donc élu. C'était un homme saint et agréable à Dieu, dont la vertu était si éclatante, que les Vandales mêmes le respectaient. Si son ordination combla de joie tous les fidèles de l'Église de Carthage, sa réputation excita bientôt l'envie des évêques ariens, et particulièrement de Cyrila, un des principaux d'entre eux; de sorte qu'ils l'accablaient tous les jours de nouvelles calomnies. Ils portèrent le roi à lui ordonner de ne point s'asseoir sur le trône épiscopal, et de ne point instruire le peuple selon la coutume. Le roi voulut ensuite que le saint évêque défendît l'entrée de l'église à tous ceux qui portaient l'habit des Vandales. Mais Eugène ayant répondu que la maison de Dieu était ouverte à tout le monde, Huneric commença la persécution en attaquant ceux qui portaient l'habit de sa nation, parce qu'ils avaient des emplois dans sa maison. On leur arrachait toute la peau de la tête avec les cheveux (*Liv.* ii, n. 4). Plusieurs en moururent; d'autres perdirent les deux yeux. On traînait les femmes en cet état dans toutes les places de la ville pour les montrer à tout le monde; et joindre la confusion à la cruauté; mais, malgré ces mauvais traitements, Victor assure qu'il en connaissait un grand nombre, et qu'aucun de tous ces illustres catholiques ne s'éloigna en aucune chose du droit chemin de la vérité.

Huneric avait un violent désir de laisser le royaume à ses enfants (*Liv.* ii, n. 5), contre la constitution de son père Genseric, qui avait ordonné que ce serait le plus âgé de ses petits-fils et de ses descendants qui succéderait toujours à la couronne (*Procop. lib.* i *Hist. Vandal.*). Ce prince cruel, pour venir à bout de son dessein, commença à persécuter ouvertement son frère Théodoric et ses enfants, aussi bien que ceux de son frère Genton; et, parce que le premier de ses évêques, que les Vandales appelaient patriarche, nommé Jocunde, était très-honoré et aimé dans la maison de son frère, dont les enfants auraient pu obtenir le royaume par le suffrage et le crédit de ce prélat, Huneric le fit brûler tout vif au milieu de Carthage en présence de tout le peuple. Victor fut témoin de cette impiété criminelle, et, considérant dans cette action les maux qui allaient fondre sur les catholiques, il avoue qu'ils se disaient les uns aux autres, qu'un prince qui était si cruel envers son évêque, n'était pas pour épargner la religion catholique et ceux qui en faisaient profession. Cela se passa l'an 481, deux ans avant le grand feu de la persécution (*Liv.* ii, n. 6), que Dieu fit connaître par plusieurs visions et plusieurs signes dont il honora plusieurs saints personnages, afin que ses serviteurs ne fussent pas surpris et eussent le temps de se fortifier contre tant de maux.

Victor, toujours attentif sur les biens et les maux de l'Église, recueillit exactement ces visions, en ayant appris plusieurs de la bouche de ceux qui en avaient été favorisés. La première même fut rapportée en sa présence au saint évêque Eugène. Nous marquerons ici celle de l'évêque Quintien, parce que Victor en a donné l'explication. Ce saint prélat était assis sur une haute montagne, d'où il voyait dans la plaine un troupeau de brebis, dont la multitude était innombrable. Au milieu de ce grand troupeau il y avait deux chaudières sur le feu; il y avait aussi des bouchers qui tuaient les brebis et qui jetaient leurs chairs dans l'eau bouillante, et par ce moyen tout ce grand troupeau fut détruit et consommé. Victor dit que ces deux chaudières marquaient les deux villes de Sicca et de Lara, où l'on assembla d'abord cette grande multitude de confesseurs qui furent envoyés en exil dans les déserts de l'Afrique, ou qu'elles signifiaient le roi Huneric et Cyrila, son évêque, qui fut le principal auteur de la persécution, selon Victor (*Liv.* ii, *n.* 18).

Huneric tenta plusieurs moyens très-criminels pour avoir occasion d'exciter une persécution publique et générale dans toute l'Afrique (*Liv.* ii, *n.* 7); mais, n'ayant pu y réussir ni déshonorer l'Eglise de Jésus-Christ, il leva le masque, et ayant fait ramasser 4976 évêques, prêtres, diacres et autres membres de l'Eglise, il les envoya en exil dans le désert. Entre ces saints confesseurs il y en avait plusieurs affligés de la goutte, et d'autres que le grand âge avait privés de la vue. Entre ceux-là éclatait le B. Félix, évêque d'Abbir, ville de la Proconsulaire, qui étant tombé dans une violente paralysie, ne sentait plus rien et ne parlait plus du tout. Notre Victor se trouva fort embarrassé d'un tel accident, et ayant considéré qu'il était impossible de transporter le saint vieillard sur un cheval, il s'adressa à quelques Vandales de la cour qui prièrent le roi d'ordonner que, puisque Félix allait bientôt mourir, il pût au moins demeurer à Carthage, d'autant qu'on ne pouvait en aucune manière le conduire au lieu de l'exil. Mais le tyran leur répondit avec fureur : « S'il ne peut pas se tenir à cheval, qu'on l'attache avec des cordes à des bœufs indomptés pour le traîner où j'ai commandé. » Victor fut donc obligé de lier le vénérable évêque de travers sur un méchant cheval, et de le faire porter pendant tout le chemin comme une pièce de bois. Tous ces saints confesseurs furent assemblés dans les villes de Sicca et de Lara, où les Maures avaient ordre de se rendre, parce que l'on devait leur y livrer les saints pour les conduire dans le désert. C'était une vaste solitude, remplie d'une si grande quantité d'animaux vénéneux et de scorpions (*Liv.* ii, *n.* 12), que ce que l'on en disait paraissait incroyable à ceux qui ne le savaient pas. Il y avait même quelques-unes de ces bêtes qui empoisonnaient de leur souffle ceux qui en étaient fort éloignés. Telle était la demeure qu'Huneric avait destinée aux confesseurs.

Pendant qu'ils étaient dans les deux villes que nous avons marquées, le roi y envoya deux comtes (*Ibid.*, *n.* 9) qui tâchèrent, par de belles paroles et des promesses, de corrompre les serviteurs de Jésus-Christ; mais ce fut fort inutilement, car tous ces saints n'y répondirent qu'en renouvelant à haute voix leur confession de foi. C'est pourquoi on les enferma dans une fâcheuse prison, où ils étaient néanmoins assez au large. Victor même, que nous croyons avoir été député et envoyé par saint Eugène de Carthage, son évêque, avec des sommes considérables d'argent pour secourir les confesseurs en tout ce qu'il pourrait, jusqu'à ce qu'ils fussent arrivés au lieu de leur exil, Victor, dis-je, eut permission d'y entrer, de prêcher et exhorter les frères, et d'y célébrer les divins mystères (*Liv.* ii, *n.* 9, 10).

Les Vandales persécuteurs n'ayant donc pu corrompre personne, non pas même un seul enfant, recherchèrent les lieux les plus étroits et les plus affreux pour y enfermer l'armée du Seigneur. On refusa aux confesseurs toute sorte de consolation, et on ne permit à personne de les visiter. Pour rendre les gardes plus exacts et plus cruels, on les frappa à coups de bâton, et on les tourmenta beaucoup. On jeta les confesseurs de Jésus-Christ les uns sur les autres comme des sauterelles; et, comme ils ne pouvaient sortir pour les nécessités naturelles, ils firent de leur étroite demeure un lieu d'horreur qui était plus insupportable que les plus affreux supplices. Dans cette extrémité, Victor ne perdit point courage : il donna un jour, pendant que les Vandales dormaient, de grands présents aux Maures, qui lui permirent à peine d'entrer en secret dans ce lieu, où il enfonça dans l'ordure jusqu'aux genoux. Le pieux Victor s'est contenté de nous exposer en deux mots ce qu'il fit pour les saints confesseurs en cette occasion importante; car, aussitôt après, les Maures leur commandèrent à tous avec de grands cris de se préparer au voyage qu'ils devaient faire (*Liv.* ii, *n.* 10).

Ces barbares traitèrent les saints avec une extrême cruauté : ils les forçaient de courir en leur jetant des pierres et les perçant avec la pointe de leurs lances. Lorsque les vieillards et les personnes délicates furent hors d'état de pouvoir marcher, ces hommes sans pitié les lièrent par les pieds et les traînèrent parmi les pierres, jusqu'à ce qu'ils eussent rendu l'esprit. Le nombre de ceux qui moururent de la sorte fut si grand, que Victor ne put pas les compter (*Liv.* ii, *n.* 11, 12).

Il eut pourtant dans cette triste occasion un grand sujet d'édification qu'il ne faut pas oublier ici. Pendant ce voyage, qui fit tant de martyrs, Victor, accompagnant cette grande armée de confesseurs, vit un jour une pauvre femme âgée qui portait un sac et quelques habits; elle tenait par la main un petit enfant qu'elle consolait en lui disant : Courez, mon seigneur, voyez-vous comment tous ces saints marchent avec joie et se hâtent d'arriver à la couronne? » Victor la reprit de ce qu'elle agissait à contre-temps et contre les règles de la prudence, de se joindre à une compagnie d'hommes, et de s'unir aux confesseurs. Elle lui répondit : « Bénissez, bénissez-moi, et priez pour moi aussi bien que pour cet enfant, mon petit-fils; car quoique pécheresse, je suis fille de l'ancien évêque de la ville de Zura. » Cette ville de la province Proconsulaire étant très-éloignée du lieu où les confesseurs étaient pour lors, Victor lui répliqua : « Pourquoi marchez-vous dans une si grande pauvreté, et quelle raison avez-vous de venir ici de si loin? » Cette pieuse femme lui répondit : « Je m'en vais en exil avec ce petit enfant, votre serviteur, de peur que l'ennemi ne le trouve seul et ne le tire de la voie de la vérité pour le précipiter dans la mort. » A ces paroles, Victor, les yeux baignés de larmes, ne put rien dire autre chose, sinon que la volonté de Dieu s'accomplit. Les plus vigoureux des confesseurs étant arrivés dans le désert, Victor, qui s'était acquitté de sa commission, et qui ne pouvait plus rien faire pour ces saints, se rendit promptement à Carthage auprès de son évêque, S. Eugène (*Liv.* II, n. 9, 12).

Cependant Hunéric méditait quelque chose de plus horrible contre l'Église, que ce que nous venons de rapporter; et après avoir attaqué quelques membres, il résolut de perdre tout le corps. Le jour que l'Église célèbre la fête de l'Ascension de Notre-Seigneur, il envoya à l'évêque Eugène un édit pour être lu au milieu de l'église, en présence du comte Régin, ambassadeur de l'empereur Zénon. Régin était catholique, et nous avons encore les lettres que saint Fulgence (*Epist.* 18) et Ferrand, diacre de Carthage, lui écrivirent longtemps après pour répondre à ses questions. Pendant que l'on portait l'édit du roi à l'église de Carthage, les courriers partirent en diligence pour en porter des copies à tous les évêques catholiques qui étaient dans toutes les provinces d'Afrique et dans les îles de Sardaigne, de Majorque, de Minorque et d'Yvica, qui obéissaient aux Vandales. Le tyran ordonnait par cet édit à tous les évêques, sans exception, de venir à Carthage le premier jour de février de l'année suivante pour rendre compte de leur foi, ou pour en conférer et disputer avec les évêques ariens (*Liv.* II, n. 13).

Victor, qui était présent à la lecture de cet édit, eut le cœur brisé de douleur, et ne put retenir ses larmes. Il crut que Hunéric disant qu'il ne voulait pas qu'il y eût de scandale dans les provinces que Dieu lui avait accordées, il avait marqué fort clairement qu'il ne voulait point qu'il y eût de catholiques dans son royaume. On délibéra sur ce qu'il y avait à faire, et l'on ne trouva point de meilleur remède à un si grand mal, que de présenter une requête au nom d'Eugène, évêque de Carthage; mais Hunéric, qui avait pris résolution de perdre les catholiques, n'y eut aucun égard (*Liv.* II, n. 14).

Le premier jour de février de l'année 484, les évêques d'Afrique se trouvèrent à Carthage au nombre de 466 ou environ, accablés de douleur et de tristesse. Notre Victor n'oublie rien de ce qui se passa de considérable dans cette triste conjoncture; et comme les évêques avaient demandé que le peuple fût présent à la conférence, il est au moins probable que Victor, qui était à Carthage l'année précédente, et que nous y trouverons encore après la conférence pendant la persécution, assista aussi à cette assemblée. Le patriarche des Vandales, Cyrila, qui avait excité cet incendie, et qui ne se sentait pas capable de soutenir le choc des catholiques, employa l'artifice, les mensonges, les calomnies et la violence pour rompre la conférence et pour ne point entrer en matière, en quoi il ne réussit que trop heureusement, parce que Hunéric se conduisait uniquement par ses conseils.

Mais les évêques catholiques, qui avaient prévu tout cela, avaient aussi dressé une longue profession de leur foi, qu'ils envoyèrent au roi par quatre évêques, le 20 d'avril. Ce livre fut composé à Carthage depuis l'arrivée des évêques; et ainsi on peut croire qu'il fut écrit par S. Eugène, notre Victor et quelques autres (*Liv.* II, n. 18; *liv.* IV, n. 1).

Je ne rapporterai pas ici les suites affreuses de cette prétendue conférence, et la cruauté plus que barbare que le roi vandale exerça contre un si grand nombre d'évêques. Il suffit de dire qu'ils furent tous enfin exilés, les uns dans l'île de Corse, et les autres en différents endroits de l'Afrique; mais tous hors de leurs Églises. Après quoi ce prince inhumain envoya des hommes semblables à lui dans toutes les provinces, qui n'épargnèrent que ceux qui succombèrent à leurs violences. Il n'y eut ni lieu, ni maison qui fût exempt de la persécution; les pleurs et les gémissements se firent entendre partout. Victor, qui était prêtre de Carthage, demeura dans cette ville pour soutenir les fidèles : car ce fut là que la violence de la persécution fut plus grande, à cause de la présence du roi et de son patriarche. Le pieux historien, qui ne décrit que quelques faits particuliers arrivés dans les provinces, n'omet rien de ce qui se passa devant ses yeux dans la capitale de l'Afrique. Il fut témoin de la violence que Cyrila fit exercer contre un enfant d'environ sept ans, fils d'une dame de qualité, lequel ce prélat fit rebaptiser par force (*Liv.* IV, n. 5; *liv.* V, n. 1, 4).

Dieu, ayant purifié son Église par cette effroyable persécution, jeta enfin au feu les verges dont il s'était servi pour la châtier. Il ne tomba pas une seule goutte d'eau dans l'Afrique, et la famine fut si grande, que cette vaste province en fut dépeuplée, et les Vandales ne souffrirent pas moins que les naturels du pays. Enfin le malheureux Hunéric, après sept ans et dix mois de règne, alla recevoir les châtiments qui étaient dus à son impiété. Il mourut mangé par les vers (*Liv.* V, n. 14).

Guntabond, fils de son frère Genton, lui succéda conformément à la loi de Genseric, car il était le plus âgé des princes de la maison royale. Guntabond fut assez favorable aux catholiques; il rappela d'exil S. Eugène, évêque de Carthage, et, dans la troisième année de son règne, qui était l'an 487, il fit rendre aux catholiques de Carthage le cimetière de Saint-Agilée martyr, comme nous l'apprenons d'un ancien auteur et très-exact, qui a continué la chronique de Prosper. Ce fut vers le même temps que S. Eugène, étant de retour à Carthage, ordonna, comme nous croyons, notre Victor, évêque de Vite, à la place d'un autre Victor qui était mort trois ans auparavant : c'est ce que nous jugeons devoir inférer des manuscrits de l'Histoire de Victor, qui lui donnent tous la qualité d'évêque de Vite.

Le bon évêque crut que Dieu, qui avait permis qu'il fût témoin d'une si cruelle persécution, l'avait conservé afin qu'il en écrivît l'histoire pour l'édification de l'Eglise et l'instruction des siècles suivants. Il entreprit ce travail à la prière d'un de ses amis, dont le nom ne nous est pas connu, l'an 487 de Jésus-Christ, 60 ans depuis l'entrée des Vandales en Afrique (*Vict. in prologo; lib. 1, n. 1*).

Ce que nous venons de rapporter des actions de Victor fait voir que, quoiqu'il ne paraisse pas avoir rien souffert en sa personne, il a pourtant eu beaucoup de part à tout ce qui s'est passé sous Huneric, et qu'il n'y avait peut-être personne dans toute l'Afrique qui ait été mieux informé que lui de toutes les particularités de cette célèbre persécution des Vandales, dont il a laissé la mémoire à la postérité. Nous l'avons divisée en cinq livres, quoiqu'il n'y ait pas de preuve que cette division soit de son auteur. Elle est écrite d'un style simple, mais fort touchant, et les couleurs en sont très-vives. On a raison de la regarder comme l'un des monuments les plus considérables qui nous soient restés, non-seulement de l'Eglise d'Afrique, mais même de toute l'antiquité chrétienne.

Nous ne trouvons plus rien de notre Victor depuis l'an 487, parce que nous ne croyons pas que ce que l'on en dit soit fondé, ni que ce soit lui dont il est parlé dans la Vie de S. Fulgence, évêque de Ruspe. Ceux qui liront avec attention ce que nous avons rapporté de Victor trouveront sans doute qu'il y a de grands rapports entre la vie de S. Luc et la sienne. Il n'a pas été aussi connu qu'il méritait de l'être, comme nous l'avons remarqué dans la Dissertation. Le prologue même qu'il a mis à la tête de son histoire est si corrompu, qu'il n'est pas possible d'en tirer aucun fait certain. Mais les auteurs des martyrologes se sont beaucoup servis de son ouvrage. Son nom ne se trouve pas dans les anciens manuscrits des martyrologes. Pierre Galesinius semble être le premier qui a mis le sien, sous le nom de Victor d'Utique, et de là il est passé dans le Romain. Mais s'il est vrai que ce soit Pierre Natal qui a donné lieu à cette addition, lorsque sur le 20 d'avril il a fait mention de Victor, évêque de Carthage, quoiqu'il ait voulu parler de Victor, évêque de Cartenne, on voit assez que le culte de notre Victor de Vite n'a aucun fondement dans l'antiquité. Il y a bien d'autres saints personnages qui ne se trouvent pas marqués dans les fastes de l'Eglise : et, après tout, on ne saurait lire l'Histoire de Victor, que l'on n'y reconnaisse sa foi, sa charité, sa piété singulière, son zèle pour la religion et le salut des âmes, son humilité et ses autres vertus, qui, jointes à sa science, lui donnent un rang considérable parmi les grands hommes qui ont édifié et instruit l'Eglise de Dieu.

VIE
DE SAINT VICTOR,
ÉVÊQUE DE VITE EN AFRIQUE, CONFESSEUR,
Par M. Baillet, prêtre.

I. *Le Martyrologe romain nous propose parmi les saints dont l'Eglise honore la mémoire le 23 d'août, un saint Victor, évêque d'Utique en Afrique. Sur cela Baronius a cru que ce saint n'était autre que l'auteur célèbre de l'Histoire de la persécution de l'Eglise d'Afrique sous les Vandales, parce qu'il était, comme presque tout le monde de son temps, dans l'opinion de ceux qui ont fait cet auteur évêque d'Utique. S'il était vrai que saint Victor eût été effectivement évêque d'Utique, qui était une ville de la province Proconsulaire fort connue dans l'antiquité, nous serions obligés de reconnaître qu'il serait tout différent de Victor auteur de l'Histoire de la persécution. Mais, parce qu'il paraît que ceux qui ont mis les premiers le nom de saint Victor d'Utique dans les martyrologes ont eu intention de faire cet honneur à la mémoire de celui qui a composé l'Histoire, on voit qu'il s'agit ici de Victor qui fut évêque, non pas d'Utique, mais de Vite dans la province Byzacène. Quelques-uns ont écrit que Vite était plutôt le nom d'un canton que celui d'aucune ville de cette province. Mais les cartes dressées sur la Notice des Eglises d'Afrique marquent nettement une ville de ce nom dans la Byzacène, qui était au levant et au midi de la province Proconsulaire, à quelques lieues de Ruspe, d'où saint Fulgence fut évêque. Victor fut fait évêque de Vite vers la fin du règne de Genseric, premier roi des Vandales en Afrique, qui mourut l'an 477; il eut grande part à la persécution que le roi Huneric, fils et successeur de ce prince, renouvela contre l'Eglise catholique. Comme il se rendit zélé défenseur de la foi orthodoxe touchant la divinité de Jésus-Christ contre les ariens, il fut aussi du nombre de ceux qu'Huneric chassa de leurs siéges pour ce sujet. Il paraît qu'il était déjà relégué l'an 484, lorsque ce prince fit un édit portant ordre à tous les évêques catholiques de toute l'Afrique de se trouver à Carthage, pour entrer en conférence avec ceux de sa secte (a).*

On ne sait point assurément quel fut le lieu de son bannissement. Quelques-uns (b) ont cru que c'était la ville de Constantinople, non pas qu'elle lui eût été prescrite par le persécuteur, mais persuadés que Victor l'avait choisie comme un lieu de refuge où il espérait de vivre en paix sous la protection de l'empereur Zénon. D'autres (c) ont conjecturé que c'était dans un endroit

---

(a) Catal. episc. Afr., t. IV Conc.; Schelst. de Eccl. Afr., p. 292 et seq.
(b) Chiffl. ed. Vict., G. Cav. Bibl. eccl.

(c) Cotelier, tom. III, mon. gr. ad Vit. S. Sabbæ Ruin. edit. Vict.

de l'ancienne Epire. Mais il n'y a point d'apparence qu'il soit sorti de l'Afrique, et s'il en eût été éloigné, il n'aurait pu être aussi exactement informé qu'il le fut des particularités de la persécution dont il voulut laisser la mémoire à la postérité. Il en écrivit l'histoire l'an 487, durant son exil. Nous l'avons en cinq livres; elle est en style simple, mais fort touchant, et les couleurs en sont très-vives. Nous la regardons comme l'un des monuments les plus considérables de l'Eglise d'Afrique qui nous soient restés.

II. Huneric était mort dès le 13 décembre de l'an 484, auquel il avait fait périr une partie des évêques catholiques, et relégué l'autre dans l'île de Corse. Il eut pour successeur Gondebaud, ou Guntabond son neveu, qui donna une espèce de paix à l'Eglise, en laissant ralentir la persécution. Mais ce fut une paix de petite durée, et le repos dont l'indulgence de ce prince fit jouir les prélats catholiques revenus de leur exil, durant les premières années de son règne, fut souvent troublé par les efforts des évêques ariens, qui cherchaient continuellement à leur nuire. Guntabond eut néanmoins le courage de résister aux sollicitations de ceux de sa secte, et de rappeler même de l'exil le reste des évêques catholiques; mais lorsqu'il semblait faire espérer une bonne paix à l'Eglise d'Afrique, il fut enlevé du monde après douze ans de règne, par une maladie qui lui fit laisser la couronne à son frère Thrasamond. Ce nouveau roi, obsédé par les évêques de sa secte, rappela les tristes temps de son oncle Huneric, et, quoiqu'il fût moins cruel, il n'en donna guère moins d'exercice aux évêques catholiques, qui avaient du zèle pour conserver la pureté de la foi parmi leurs peuples. On ne peut douter que saint Victor ne fût du nombre de ceux qui eurent le plus à souffrir, principalement depuis que s'étant vu le métropolitain ou primat de la province Byzacène, il se trouvait comme chargé d'une inspection générale sur les pasteurs et sur les troupeaux. Thrasamond, pour saper l'Eglise catholique par ses fondements, donna un édit vers l'an 504, par lequel il défendait d'ordonner des évêques en la place de ceux qui mouraient. N'ayant pu se faire obéir avec toute son autorité, il en fit amasser jusqu'à deux cents qu'il relégua dans l'île de Sardaigne. Nous ne savons point ce qui put porter ce prince à épargner saint Victor pour cette fois. Mais deux ans après, ayant appris qu'il ne faisait point difficulté d'ordonner des évêques pour les églises catholiques qui en manquaient, malgré sa défense, il entra dans une telle colère contre lui, qu'il l'envoya prendre prisonnier, et le fit amener dans les prisons de Carthage. Comme il était en chemin, les députés de la ville de Ruspe vinrent s'adresser encore à lui comme au métropolitain de la province, demandant saint Fulgence pour leur évêque. Il n'allégua pour s'excuser ni les ordres du roi, ni les chaînes qui lui liaient les mains, ni la présence menaçante des gardes qui l'obsédaient: rien ne l'empêcha de donner aux députés de la ville de Ruspe la satisfaction qu'ils demandaient, et il envoya une commission secrète aux évêques voisins pour sacrer Fulgence. Il fut regardé à Carthage comme le principal objet de la haine des évêques ariens. Et Thrasamond, toujours irrité du mépris qu'il avait fait de ses ordres, le bannit après un an de prison, et l'envoya en Sardaigne avec beaucoup d'autres confesseurs de la foi catholique. Il mourut dans cet exil, vers l'an 510, selon quelques-uns, ou l'an 512 selon d'autres, peu de temps après que saint Fulgence, banni pour la même cause, fut arrivé dans le même lieu.

Victor, connu dans tous les temps de l'Eglise par l'Histoire qu'il a écrite, demeura longtemps inconnu aux fidèles qui font profession de ne connaître les saints que par leur culte. En effet, son nom ne paraît dans aucun des anciens martyrologes. On prétend que le premier qui en a parlé est Pierre Natal, qui l'a mis dans son catalogue au 20 d'avril; d'autres l'ont reculé au lendemain, comme on le voit dans le Martyrologe germanique de Canisius. Nous ne savons point ce qui a obligé les compilateurs du Martyrologe romain à le marquer au 23 d'août.

HISTORIA
PERSECUTIONIS AFRICÆ PROVINCIÆ.

N. B. In editione Sirmondiana notæ post textum separatim editæ sunt: nos, lectoris commoditati consulentes sub textum revocavimus. Paginationem vero notarum, sicut in Sirmondo habetur, crassiori charactere expressimus, ut index analyticus non sine fructu postea recudatur. Edit.

PROLOGUS.

1. Quondam veteres ob studium sapientiæ enucleare atque sciscitari assidue minime desistebant, quæ forte, vel qualia, prospere vel secus, provinciis, locis aut regionibus evenissent, de quibus vel in quibus exacuentes stylum ingenii sui, redolente magisterii flore, ignaris [a] historiarum calathos offerrent gratuito munere propinatos, dabantque operam, ut nequaquam lateret in totum, quod in parte fuerat gestum. Sed illi fastu mundialis amoris inflati, gloriam elationis suæ longe lateque gestiebant laudabiliter diffamari. At vero venerabilis studii tui, hi sancti Martini a Campis redolentes magisterii flore ignaris, etc., ut supra. Paulo aliter editio beati Rhenani, in quibus exacuerent... flores ignaris historiæ alacriter offerrent.

61 [a] Sic Orthodoxographia, Lorichius vero, *Historiæ, calathos*, etc. Cæteri fere codices manuscripti et editi, *exacuentes stylum ingenii sui, atque redolente magisterii flores ignaris historiarum calathos*, etc. Codex

storiam texere [a] jubens, inquirit, simili quidem fervore, dispari tamen amore; et 2 illi ut laudarentur in sæculo, ipse ut præclarus appareas in futuro, et dicas: *In Domino laudabitur anima mea; audiant mansueti et lætentur* (*Psal.* xxxiii, 3). Poteris, inquis, ut voles, quia omne datum optimum, et omne donum perfectum cœlitus accepisti, eruditus a tanto pontifice, totoque laudis genere prædicando beato Diadocho [b], cujus, ut astra lucentia exstant quamplurima catholici dogmatis monimenta dictorum. Et sat est tibi ut æquipares doctrinam doctoris; quia est satis discipulo, ut sit quomodo magister ejus. Alium

A video Timotheum, ab incunabulis infantiæ sacris litteris eruditum: nec non inter alios sublimem atque expeditum Lucam, arte medicum, apostoli Pauli gentium doctoris discipulum. Ego namque jubentis imperio obedientiæ cervicem submittens, quæ obvenerunt in partibus Africæ, debacchantibus Arianis, sensim breviterque indicare tentabo, et quasi rusticus operarius defatigatis ulnis, aurum colligam de antris occultis, speciem vero adhuc sordentem atque confusam, non cunctabor artificis judicio igni examinandam contradere, qui monetarios possit solidos [*al.* picturare] efformare.

---

[a] Sic Orthodox. et Lorichius. Cæteri vero codices manuscripti et editi habent, *cupiens, inquirit,* etc., quæ duo vocabula si retineantur, ista præfatio videbitur esse potius alterius cujuspiam Victorem nostrum alloquentis, quam Victoris ipsius Historiæ auctoris. Sic et infra iidem codices habent, *Poteris, ut voluisti,* omissa voce *inquis.* Sed quocunque tandem modo is locus exponatur, fatendum est præfationem hanc ita verborum ambagibus esse involutam, ut difficile sit verum illius auctoris sensum assequi, quod in causa est, cur eam depravatam esse, vel ex scriptorum negligentia, vel ex alia quam ignoramus causa, suspicemur.

[b] Sic cum uno e manuscriptis tribus bibliothecæ Colbertinæ, ad quos historiam hanc contulimus, habent editiones beati Rhenani et Chiffletii. Colbertinus alter habet, *Diacodo.* Cæteri, *Diacono.* Porro Chiffletius, qui ut rem certam supponit Victorem nostrum Constantinopoli agentem persecutionis Vandalicæ Historiam conscripsisse, infert statim eam Acacio Constantinopolitano patriarchæ fuisse ab eo *nuncupatam*: cum, inquit, *vix alius occurreret,* cui Victor *tantum deferre honoris vel potuerit vel debuerit.* Tum gradum faciens, *Diadochum* hic memoratum, quem hunc ipsum esse Diadochum episcopum Photices in Epiro veteri a Photio in Bibliotheca laudatum censet, facit Acacii Constantinopolitani magistrum, ut ei quæ in hac præfatione habentur possint aptari. Cujus etiam Diadochi ætatem ex hoc Victoris loco, antea obscuram se deprehendisse ait. At hæc nonnisi divinando scripsit vir eruditus. Victorem, cum Historiam scriberet, Constantinopoli non degisse jam alias diximus, nec sane probabile est hunc auctorem, qui tam præclara de Romani pontificis auctoritate habet, historiam suam nuncupasse Acacio, qui adeo tunc adversus Ecclesiam Romanam excandescebat. Scripta quippe est hæc 62 Historia anno 487, quo tempore fervebant maxime inter Felicem papam et Acacium Constantinopolitanum gravissima discidia. Atque paulo post Acacius ipse e vivis excessit a Romanæ Ecclesiæ communione segregatus; indeque natum schisma inter utramque Ecclesiam, Orientalem scilicet et Occidentalem, quod tandiu perseveravit. Haud magis certum est Acacium Diadochi antistitis discipulum fuisse, quem ex præfecto orphanorum hospitii ad sedem Constantinopolitanam evectum fuisse scribit Evagrius. Nec scio an Acacio congruant, quæ in ista præfatione Victor attribuit ei, cui opus suum nuncupavit. *Alium video,* inquit, *Timotheum,* etc., *atque Lucam arte medicum, apostoli Pauli doctoris gentium discipulum,* et alia quæ huc repetere non juvat. Hæc tamen paulo fusius prosecutus sum, ut Victorem nostrum, quem Acacii schismatici communione pollutum incaute dixit Chiffletius, ab hac labe vindicarem. Cæterum etsi affirmare non ausim, *Diadochum* hic memoratum, Photicensem episcopum fuisse, id tamen a verosimili multo non esse alienum, ultro fateor, maxime cum his temporibus Diadochum in Epiro Veteri episcopum habeamus, qui nempe sub *Didaci* nomine, inter alios ejus provinciæ antistites, subscripsit epistolæ ad imperatorem Leonem datæ; quæ habetur in concilio Chalcedonensi, parte III, cap. 51.

LIBER PRIMUS.

GEISERICI VANDALORUM REGIS IN AFRICA PERSECUTIO.

---

§ 1. *Vandalorum ingressus in Africam.* — Sexagesimus nunc, ut clarum est, agitur annus (*an.* 487) ex quo populus ille crudelis ac sævus Vandalicæ gentis Africæ miserabilis [*al.* miserabiles] attigit fines, transvadans facili transitu per angustias maris, qua inter Hispaniam Africamque æquor hoc magnum et spatiosum, bissenis millibus angusto se limite coarctavit. Transiens igitur quantitas universa, calliditate Geiserici ducis, ut famam terribilem suæ faceret gentis, illico statuit omnem multitudinem numerari, quam huic luci ad illam usque diem uterus profuderat ventris. Qui reperti sunt senes, juvenes, parvuli, servi vel domini, octoginta millia numerati. Qua opinione divulgata, usque in hodiernum a nescientibus armatorum [a] tantus numerus æstimatur, cum sit nunc exiguus et infirmus. Invenientes igitur pacatam quietamque provinciam, speciositatem totius terræ florentis, quaquaversum, impietatis agminibus impetebant [*al.* impendebant], devastando depopulabantur, incendio atque homicidiis totum exterminantes. Sed nec arbustis fructiferis omnimode [*al.* omnino] parcebant; ne forte quos antra montium,

---

[a] Procopius libro I de Bello Vandalico observat, a Generico Vandalos et Alanos sub ducibus non minus 80, quos *Millenis præfectos* vocabat, locis opportunis in præsidiis locatos fuisse; quod nomen fucum omnibus fecit, cum nemo non crederet eos, qui sic appellabantur, hominibus revera mille fuisse præpositos. Unde quanquam, ut prosequitur ille auctor, *non plus quam quinquaginta millium esset exercitus utriusque gentis, octoginta tamen millium nomen fecerat ac speciem.*

aut prærupta terrarum, vel seclusa quæque occultaverant, post eorum transitum illis pabulis nutrirentur; et sic eadem, atque iterum tali crudelitate furentibus, ao eorum contagione nullus remansit locus immunis. Præsertim in ecclesiis, basilicisque sanctorum, cœmeteriis vel monasteriis sceleratius sæviebant, ut majoribus incendiis domos orationis magis quam urbes, cunctaque oppida concremarent. Ubi forte venerabilis aulæ clausas repererant portas, certatim ictibus dextralium, aditum reserabant, ut recte tunc diceretur : *Quasi in silva lignorum, securibus consciderunt januas ejus in idipsum; in securi et ascia dejecerunt eam. Incenderunt igni sanctuarium tuum in terra; polluerunt tabernaculum nominis tui* (*Psal.* LXXV, 6, 7).

II. *Eorum sævitia.* — Quanti tunc ab eis præclari pontifices et nobiles sacerdotes diversis pœnarum generibus exstincti sunt, ut traderent si quid auri vel argenti [a] proprium, vel ecclesiasticum haberent! Et dum quæ erant, urgentibus pœnis facilius proderentur, iterum crudelibus tormentis oblatores urgebant, autumantes quamdam partem, non totum esse oblatum; et quanto plus dabatur, tanto amplius quempiam habere credebant. Aliis palorum vectibus ora reserantes; fetidum cœnum ob confessionem pecuniæ faucibus ingerebant; nonnullos in frontibus et tibiis, nervis remugientibus torquendo cruciabant. Plerisque aquam marinam, aliis acetum, amurcam, liquamenque et alia multa atque crudelia, tanquam utribus imbutis ori apposita, sine misericordia porrigebant. Non infirmior sexus, non consideratio nobilitatis, non reverentia sacerdotalis, crudeles animos mitigabat : quinimo ibi exaggerabatur ira furoris, ubi honorem conspexerant dignitatis. Quantis sacerdotibus, quantisque illustribus [b] onera ingentia, uti camelis vel aliis generibus jumentorum imposuerint,

nequeo narrare; quos stimulis ferreis ad ambulandum urgebant, quorum nonnulli sub fascibus miserabiliter animas emisere. Senilis maturitas atque veneranda canities, quæ cæsariem capitis ut lanam candidam dealbarat, [c] nullam sibi ab hospitibus misericordiam vindicabat. Sed etiam parvulos ab uberibus maternis rapiens barbarus furor, insontem infantiam allidebat ad terram. [d] Alii e regione pedes tenentes, a meatu prorsus naturali usque ad arcem capitis dissipabant, quando tunc forte Sion captiva cantabat : Dixit inimicus incendere fines meos, interficere infantes meos, et parvulos meos se elisurum ad terram (IV *Reg.* VIII, 12).

III. *Ædificia subvertunt.* — In ædificiis nonnullis magnarum ædium, vel domorum, ubi ministerium ignis minus valuerat, tectis admodum [*Colb.* dissipatis] despicatis, pulchritudinem parietum solo æquabant; ut nunc antiqua illa speciositas civitatum, nec [*al.* quæ] quia fuerit prorsus appareat. Sed et urbes quamplurimæ, aut raris, aut nullis habitatoribus incoluntur. Nam et hodie si qua supersunt, subinde desolantur, sicut in Carthagine odii causa, [e] theatra, ædem Memoriæ, et viam quæ Cœlestis vocabatur, funditus deleverunt. Et ut de necessariis loquar, basilicam [*Colb.* 21, majorum] majorem, ubi corpora sanctarum martyrum Perpetuæ atque Felicitatis sepulta sunt, [f] Celerinæ vel Scillitanorum, et alias quas non destruxerant, suæ religioni licentia tyrannica manciparunt. Ubi vero munitiones aliquæ videbantur, quas hostilitas barbarici furoris oppugnare nequiret, congregatis in circuitu castrorum innumerabilibus turbis, gladiis feralibus cruciabant; ut putrefactis cadaveribus, quos adire non poterant arcente murorum defensione, corporum liquescentium enecarent fetore. Quanti et quam numerosi tunc ab eis cruciati sunt sacerdotes, explicare quis poterit?

---

[a] Nota hic bona ecclesiastica a cæteris, quæ etiam a clericis possidebantur, distingui. Vide codicem canonum Ecclesiæ Africanæ cap. 32, sive canonem 49 concilii tertii Carthaginensis.

[b] Colb. 1 cum Chiffl. addit, *viris.* Illustris titulus erat magnæ dignitatis, qui præfectis prætorio, quæstoribus, etc., tribuebatur. De hoc plura videsis apud Cangium in Glossario.

[c] Editorum aliquot lectionem retinuimus. Colb. 1 habet *hostibus.* Cæteri, *nullam sibi misericordiam,* etc., præter Colb. alterum, in quo deest *sibi.*

[d] Colb. 3 et Chiffl., *Aliis.* Quidam editi, *Alii parvulum pedibus,* etc. Infra vero pro *forte Sion,* Lorichius habet, *porta Sion.*

[e] Editi tres, *sicut ibi Carthagineo dignam theatro ædem,* etc. Et infra *Cœlestis;* Colb. 2, *quam Cœlestem vocabant.* Porro celebre fuit apud Afros *Cœlestis* idolum, de quo Tertullianus in Apologetico, Ambrosius contra Symmachum, et plura Salvianus libro VIII de Gubernatione Dei. De hoc templo et de Memoriæ æde, quæ hic quoque memorata, plura habet Baronius Annalium tomo V Sacrorum, seu potius abominationum Cœlestis deæ spurcitias, detestatur Augustinus lib. II de Civitate Dei, cap. 26. Viam Cœlestis *Vandalica manu eversam* memorat auctor libri de Promissionibus et prædictionibus Dei, part. 2, promissio 38 impleta, qui inter sancti Prosperi opera editus est. Templum Cœlestis, quod huic viæ nomen dederat describit idem auctor his verbis : *Apud Africam Carthagine Cœlestis inesse ferebant templum nimis amplum, omnium deorum suorum ædibus vallatum. Cujus platea lithostrata pavimento, ac pretiosis columnis et mœnibus decorata, prope in duobus fere millibus passuum protendebatur.* Subjungit deinde quo pacto templum illud, ab Aurelio episcopo Carthaginensi purgatum, vero Deo consecratum fuerit : cui rei præsentem se fuisse auctor ille asseverat, quem ea de re fusius disserentem consulere potest, qui plura cupit discere. Variæ illæ deorum ædes sub Constantio Augusto et Placidia, Valentiniani tertii parentibus, destructæ fuerunt, *insistente Urso tribuno,* quarum locus in agrum conversus est *in mortuorum sepulturam,* ut laudatus auctor narrat.

[f] Colb. 2, *Celerini.* Celerinæ basilicam memorat Augustinus sermone 174. De Celerina martyre et ejus nepote Celerino agit Cyprianus epistola 39 edit. Oxonii, alias 34. Scillitanorum vero martyrum, de quibus hic Victor, acta protulimus inter Acta martyrum sincera, ad annum 200, pag. 75, et passionem sanctarum Perpetuæ et Felicitatis ad annum 202, pag. 81. Scillitani autem martyres sic dicti sunt a Scillitana, proconsularis provinciæ urbe, cujus episcopus *Pariator,* synodicæ ejusdem provinciæ antistitum subscripsit, ut videre est in concilio Lateranensi sub sancto Martino, Actione 2.

Tunc enim et nostræ civitatis venerabilis ᵃ Papinia- **A** nus, antistes, candentis ferri laminis toto adustus est corpore. Similiter et ᵇ Mansuetus Uricitanus, in porta incensus est Fornitana. Qua tempestate Hipporegium obsessa est civitas, quam omni laude dignus beatus Augustinus, librorum multorum confector, pontifex gubernabat. Tunc illud eloquentiæ quod ubertim per omnes campos Ecclesiæ decurrebat, ipso metu siccatum est flumen, atque dulcedo suavitatis dulcius propinata, in amaritudinem absinthii versa est, ut Davidicum præconium conveniret: *Dum consisteret peccator adversum me, obmutui et humiliatus sum, et silui a bonis* (*Psal.* XXXVIII, 2, 3). Usque ad illud tempus **5** ducentos jam triginta et duos confecerat libros, exceptis innumerabilibus epistolis, vel expositione totius Psalterii, et Evangeliorum, atque **B** tractatibus popularibus, quos Græci homilias vocant, quorum numerum comprehendere satis impossibile est ᶜ.

IV. *Carthaginis excidium.* — Quid multa? Post has truces impietatis insanias, ipsam urbem maximam Carthaginem Geisericus tenuit et intravit; et antiquam illam ingenuam ac nobilem libertatem ᵈ in servitutem redegit. Nam et senatorum urbis non parvam multitudinem captivavit. Et inde proposuit decretum, ut unusquisque auri, argenti, gemmarum, vestimentorumque pretiosorum quodcunque haberet [*al.* offerret] afferret; et ita in brevi avitas atque paternas opes tali industria abstulit rapax. Disponens quoque singulas quasque provincias, sibi Byzacenam Abaritanam, atque Getuliam, et partem Numidiæ reservavit; exercitui vero Zeugitanam vel proconsularem funiculo hæreditatis divisit; Valentiniano adhuc imperatore reliquas, licet jam exterminatas, provincias defendente; post cujus mortem, totius Africæ ambitum obtinuit, necnon et insulas maximas, Sardiniam, Siciliam, Corsicam, ᵉ Ebusum, Majoricam, Minoricam et alias multas su-

---

ᵃ Sic editi **4**. At cod. Portarum habet *Pampinius;* Colb. **1**, *Pampianus;* Colb. alter, *Pampinianus.* Orthod. et Lorichius cum Martin. et Colb. tertio, *Pampinias,* quod nomen uterque codex etiam in titulo capiti præfixo exhibet. Hujus, quem *Papinum* appellat, et *Mansueti episcoporum,* memoriam recolit vetus kalendarium in sanctuario Capuano Michaelis monachi, die 28 Novembris, qua item die in vulgatis martyrologiis festivitas eorum celebratur. Ex his vero Usuardus et Ado priorem *Papinium* appellant, Florus *Papyrium.* Quo item die plures alios, qui passim in Victoris historia laudantur, simul in unum Ado conjungit. Cujus verba hic referre juvabit, sic quippe **C** habet post relatum sanctorum *Papinii et Mansueti* martyrium sub Genserici persecutione: *Quo tempore etiam alii sancti episcopi, videlicet Quodvultdeus Carthaginensis, Valerianus, Urbanus, Crescens, et qui vocabatur Habetdeum, et Eustachius, Crescentianus, et Crescanius, et Felix, et Hortolanus, et Florentianus, propter eamdem prædicationis veritatem, gravissimo damnati exsilio, in confessione pietatis cursum vitæ suæ consummaverunt.* Hæc Ado de sanctis illis confessoribus, de quibus suis locis singillatim agemus.

ᵇ Sic Colb. **1** cum edit. Chiffl. Balduin., etc. At Colb. alter cum Mart., *Viricitanus;* Colb. tertius cum Orthod. Lorichio et aliis edit., *Juricitanus.* Sed hanc sedem reperire non licuit. Urcitana occurrit tum in Ind. Cyprianico, tum in Notitia Africana in provincia proconsulari, cujus episcopus ibi dicitur *Quintianus,* quo loco Harduinus in notis ad cap. 4, **64** lib. V Plinii, legendum esse censet *Quintianus Ucitanus,* cujus nominis duas in Africa urbes fuisse certum est, **D** vel ex Plinii loco laudato, ubi ait: *Ucitana duo sunt, majus et minus.* Et *Octavianus episcopus Uci*majus interfuit collationi Carthaginensi cognitione 1, cap. **133**. Tripolius episcopus *Ecclesiæ Ucitanæ* subscripsit. Synodicæ Proconsularium actione 2 concilii Lateranensis. Tamen in indice Cyprianico edit. Oxon. recensetur inter alias urbes *Africæ, Urci,* sed fortassis ex hoc Notitiæ loco. Porro hic sanctus antistes *in porta incensus Fornitana* dicitur; quibus verbis, ut quidem mihi videtur, designatur Carthaginis porta, qua via erat ad urbem Furnitanam. Si tamen de iis loquatur Victor, quæ ante captam Carthaginem contigere, hæc de ipsa urbe Furnitana accipienda erunt. Cujus loci *Florentinus episcopus Furnitanus* ex Donatistarum secta interfuit collationi Carthag. cap. **198**. Et *Simeon, episcopus plebis Furnitanæ* subscripsit concilio Carthag. sub Bonifacio; qui idem Bonifacius apud *Furnos* ecclesiam consecrasse dicitur in Vita sancti

Fulgentii, cap. 29. Denique his omnibus antiquior fuit *Geminius a Furnis,* qui pro rebaptizandis hæreticis sententiam dixit in concilio Carthag. sub sancto Cypriano, num. 59.

ᶜ In Colb. 1, qui annorum est circiter 700, interseruntur hic sex versus sub Epitaphii titulo, quos etsi nostri Victoris esse non existimemus, huc tamen referre visum est.

EPITAPHIUM S. AUGUSTINI.

Hic posuit cineres genitrix castissima prolis,
  Augustine, tui altera lux meriti.
Qui servans pacis cœlestia jura sacerdos,
  Commissos populos moribus instituis.
Gratia vos manet, gestorum laude coronat.
  Virtutum mater felicior sobolis.

Paulo post, pro his verbis, *truces impietatis insanias,* Colb. 1 cum edito uno habet, *trucis impietates insaniæ.*

ᵈ Gensericus Carthaginem cepit die 19 Octobris anno 439, qua de re fusius agimus in Commentario nostro historico cap. 5, infra. De hujus vero urbis potentia et variis officiariis plura habet Salvianus lib. VII de Gubernatione Dei, ubi observat, Carthagine, sicut et Romæ, senatum variasque dignitates fuisse institutas, retentis etiam iisdem nominibus, quæ Romæ in usu erant. *Universa,* inquit, *penitus, quibus in toto mundo disciplina reipublicæ vel procuratur, vel regitur, in se habuit. Illic enim omnia officiorum publicorum instrumenta...illic copiæ militares, et regentes militiam potestates, illic honor proconsularis, illic quotidianus judex et rector, quantum ad nomen quidem proconsul, sed quantum ad potentiam consul; illic denique omnes rerum dispensatores et differentes inter se tam gradu, quam vocabulo dignitates.*

ᵉ Colb. **1** et Mart. *Efesum.* Orthod., Rhenan. et Lorichius hanc vocem omittunt. Ebusum insula est maris Mediterranei, cujus episcopus, *Opilio de Evuso* recensetur infra in Notitia Africana omnium postremus. Inde patet eam quoque insulam Vandalis in Africa regnantibus subjectam fuisse, proindeque immerito hic eam in aliquot editionibus omitti. Vide autem quæ de ea aliisque locis hic a Victore memoratis, observamus infra in notis ad Notitiam Africanam. **65** De Odoacro autem Herulorum rege, qui a Genserico Siciliam sub tributi debito hic dicitur accepisse, nihil observandum occurrit, cum ejus gesta ex vulgatis passim auctoribus nota sint. Primus est ex barbaris qui, exstincto Occidentali Imperio, in Italia regis nomen obtinuit. Eum secutus est Theodoricus Magnus qui Ostrogothorum regnum in Italia instituit,

perbia sibi consueta defendit. Quarum unam illarum, A
id est, Siciliam, Odoacro Italiæ regi postmodum tributario jure concessit; ex qua ei Odoacer singulis quibusque temporibus, ut domino tributa dependit, aliquam tamen sibi reservans partem. Præterea præcipere nequaquam cunctatus est Vandalis ut episcopos atque laicos nobiles de suis ecclesiis [*al.* et locis] et sedibus nudos penitus effugarent. Quod si optione proposita exire tardarent, servi perpetuo remanerent. Quod etiam in plurimis factum est, multos enim episcopos, et laicos, claros atque honoratos viros, servos esse novimus Vandalorum.

V. *Clerum pellit.* — Tunc vero memoratæ urbis episcopum, id est, Carthaginis, Deo et hominibus manifestum, nomine [a] Quodvultdeum, et maximam B turbam clericorum navibus fractis impositos, nudos atque exspoliatos expelli præcepit. Quos Deus miseratione bonitatis suæ, prospera navigatione Neapolim Campaniæ perducere dignatus est civitatem. Senatorum atque [b] honoratorum multitudinem, primo exsilio crudeli contrivit, postea transmarinas in partes projecit. Pulso namque episcopo, ut præfati sumus, cum clero venerabili, illico ecclesiam nomine [c] Restitutam, in qua semper episcopi commanebant, suæ religioni mancipavit, atque universas quæ intra muros fuerant civitatis, cum suis divitiis abstulit. Sed etiam foris muros quascumque voluit occupavit, et præcipue duas egregias et amplas sancti martyris Cypriani: unam ubi sanguinem fudit, aliam ubi ejus sepultum est corpus, qui locus Mappalia vocitatur. C Quis vero sustineat atque possit sine lacrymis recordari, dum præciperet nostrorum corpora defunctorum, sine solemnitate hymnorum, cum silentio ad sepulturam perduci? Addit adhuc, ut et pars clericorum quæ remanserat, pœnali [*al.* exitio tradere-

tur] exsilio truderetur. Et dum ista fierent, qui supererant magni sacerdotes atque insignes viri memoratarum provinciarum quas diviserat Vandalis, cogitaverunt supplicandi gratia regem adire. Qui dum, ut moris est, ad Maxilianum littus exissent, quod Lugula vulgi consuetudine vocitatur, amissis jam ecclesiis et rebus occurrere [d] ausi sunt; supplicantes ut ad consolandum populum Dei, saltem habitandi facultas, Vandalis jam dominantibus, 6 concederetur. Quibus ille per internuntium rabido ore respondisse fertur. Decrevi ego de nomine et genere vestro nullum dimittere, et vos audetis talia postulare! Quos etiam vicino mari voluit eadem hora demergere, nisi a suis diu ne hoc faceret rogaretur. Recedentes igitur illi, tristitia et mœrore confecti, cœperunt qualiter poterant, et ubi poterant, ablatis ecclesiis divina mysteria celebrare. Subinde autem crescente opibus regno, major cœpit et superbia propagari.

VI. *Sebastiani fides.* — Referam autem factum quod ipso gestum est tempore. Fuit comes quidam [e] Sebastianus, famosi illius gener comitis Bonifacii, acer consilio, et strenuus in bello; cujus Geisericus, sicut consilia necessaria habebat, ita et præsentiam formidabat. Cupiens autem illum exstinguere, occasionem mortis de religione quæsivit. Cogitavit rex ut præsentibus episcopis atque domesticis suis, Sebastianum taliter conveniret. Sebastiane, inquit, scio quia fideliter nobis adhærere jurasti, cujus veritatem sacramenti labores tui vigilantiaque demonstrant. Sed ut nobis connexa semper jugisque maneat amicitia tua, hoc placuit præsentibus sacerdotibus nostris, ut ejus efficiaris cultor religionis quam et nos et noster populus veneramur. Cui Sebastianus, rem inveniens miram multisque necessariam, pro tempore acute respondit: Quæso, domine rex, ut nunc unus panis mundissimus ac [*al.* similagineus] similaceus afferatur.

---

[a] Ejus memoria celebratur die 26 Octobris. Eum cæteris conjunxit Ado die 28 Novembris, ut diximus supra (*Col.* 185, *not.* 4). De eo plura habes infra in commentario historico, cap. 9.

[b] *Tres*, inquit Cangius in Glossario. *Honoratorum gradus occurrunt apud auctores, illustrium, clarissimorum, et spectabilium.* De his plura vide apud hunc auctorem.

[c] De hac basilica vide Baronium ad annum 397. In ea nonnullæ habitæ sunt synodi, ut videre est passim in codice canonum Ecclesiæ Africanæ. De duabus vero infra memoratis, in honorem sancti Cypriani erectis, diximus in admonitione ad ejusdem sancti acta num. 17, in Actis martyrum sinceris pag. 205. Quo autem pacto in catholicorum potestatem sub Belisario redierit ex iis una, quam Ariani violarant, fusius exponit Procopius libro II de Bello Vandalico, qua de re nos etiam disseremus infra in Commentario historico, cap. 12.

[d] Coll. 2 et Mart. cum Orthodox. Rhenano, Lorichio et aliis, *uti sunt.* Colb. tertius, *usi sunt supplicationibus.* Et paulo infra, *quibus ... respondisse fertur.* Colb. 1 et edit. 1 habent *probatur.* Colb. alter, Mart. et Orthod. cum Rhenano et Lorich., *quibus dicit rex: Decrevi,* etc. Porro *Maxulitanum littus,* hic a Victore memoratum, a *Maxulitana* proconsularis provinciæ urbe, sic dictum fuisse putat Ortelius; *Ligulam* vero sic appellatam interpretatur, quod esse

terra angusta admodum et longa, quæ in mare exporrecta, linguæ exsertæ formam repræsentare videretur. Similia enim loca Cæsar in libro III de Bello Gallico *Lingulas,* seu, ut aliæ editiones habent, *linguas* appellat. Sed postea *ligulæ* nomen ita invaluit, ut Martialis grammaticos irrideat, qui *lingulæ* vocabulum retinere affectabant, cum jam apud ipsos etiam senatores et equites ita obsolevisset, ut non aliter quam *ligulæ*, aut pronuntiaretur, aut scriberetur.

[e] Lorichio, *familiaris illius.* De Sebastiano plura habent Idacius et Prosper in Chronicis. Ipsius autem memoria exstat in Martyrologio Gallice edito Leodii anno 2624, ut testantur Bollandiani ad diem 27 Maii, Alibi vero nusquam reperitur inter sanctos locatus; nisi forte is ipse fuisse dicatur *Sivastianus martyr,* qui in veteri calendario Carthaginensi die XIII cal. Februarii recolitur. At is dies est natalis magni Sebastiani, cujus memoria in tota catholica Ecclesia celebris semper fuit. Porro comparatio baptismatis cum pane, quam hic adhibuisse dicitur Sebastianus, habetur in Breviario fidei adversus Arianos, quod a Sirmondo cum aliis opusculis anno 1630 Parisiis editum est. Unde conjicere licet libellum hunc Vandalis in Africa regnantibus scriptum fuisse, ut eo tanquam enchiridio adversus Arianos catholici uterentur. De Bonifacio autem, *Comite famoso,* cujus Sebastianus gener hic dicitur, plura in Commentario historico capite 5 dicturi sumus.

Qui cum ignorasset Geisericus Sebastiani victoriam, illico jussit afferri. Apprehendens itaque Sebastianus mundissimum panem, ita effatus est : Hic panis ut ad tantum decorem splendoris veniret, quo mensæ regiæ necessarius haberetur, discussa spuria furfuris, ex massa similaginis conspersus, per aquam transivit et ignem : idcirco et aspectu clarus, et esu suavis habetur. Ita et ego mola catholicæ matris commolitus, et cribro examinationis ut simila munda purgatus, rigatus sum aqua baptismatis, et igne sancti Spiritus coctus. Et ut hic panis de furno, ita et ego per officia sacramentorum divinorum, artifice Deo, de fonte mundus ascendi. Sed fiat, si velis, quod ipse propono. Iste panis confringatur in frusta, madidetur aqua, et iterum conspergatur, mittaturque in furnum : si melior exierit, faciam quod hortaris. Quam propositionem Geisericus cum omnibus qui aderant cum audisset, ita ligatus est, ut se solvere omnino non posset; [*Al.* quem alio] quare alius generis argumento postea bellicosum virum occidit.

VII. *Persecutio gravis.* — Et ut ad id redeamus unde digressi sumus, terret præceptis feralibus, ut A in medio Vandalorum nostri nullatenus respirarent, neque usquam orandi aut [a] immolandi concederetur gementibus locus; ut manifeste tunc prophetiæ vaticinium compleretur : *Non est in hoc tempore princeps, aut propheta, vel dux, neque locus ad sacrificandum nomini tuo* (*Dan.* III, 38). Nam et diversæ calumniæ non deerant quotidie, etiam illis sacerdotibus qui in his regionibus versabantur, quæ regis palatio tributa pendebant. Et si forsitan quispiam, ut moris est, dum Dei populum admoneret, Pharaonem, Nabuchodonosor, Holofernem, aut aliquem similem nominasset, objiceretur illi quod in personam regis ista dixisset, et statim exsilio trudebatur. Hoc enim persecutionis genus agebatur, hic aperte, alibi occulte, ut piorum nomen talibus insidiis interiret.

Qua de re plurimos sacerdotum tunc novimus relegatos, sicut Urbanum Girbensem, Crescentem metropolitanum [b] Aquitaniæ civitatis, qui centum viginti **7** præerat episcopis, Habetdeum Teudalensem, Eustratium [*al.* Suffetanum] Suffectanum; et Tripolitanos duos, [c] Vices Sabratenum ; et Cresconium

---

[a] Ea voce missæ sacrificium designatur, in quo vere Christum immolari semper credidit Ecclesia catholica. Lorichius habet, *usquequaque orandi vel immolandi.*

[b] Sic. codd. tam editi quam mss. Ex istis tamen duo Colbertini in margine aliter habent : **66** prior, *Episcopus Eqtame*; alter *Equitanæ*. Christianus Lupus in dissertatione de appellationibus Ecclesiæ Africanæ, cap. 2, legendum hic esse censet *Mauritaniæ civitatis* : quam opinionem improbat v. c. Baluzius, quod nulla ejus nominis civitas in Africa uspiam compareat. Baronius vero ad annum 443, pro *Aquitaniæ* reposuit *Aauritanæ*. Erat autem Assura in proconsularis; sed hujus provinciæ metropolis, imo civilis tum ecclesiastica sola erat Carthago, ut omnibus notum est. In aliis autem provinciis, qui erat episcopus ordinatione senior obtinebat primatum, nulla civitatum facta distinctione, cui tamen *primatis* aut *metropolitani* nomen assumere non licebat, sed dicebatur *episcopus primæ sedis,* aut *senex,* seu *senior* ; qua de re inter viros eruditos jam nulla videtur esse controversia, quamvis antea aliter nonnullis visum fuisset. Hæc vero ecclesiastica dispositio non vetabat quin provinciæ singulæ civites suas metropoles haberent. His præmissis, insolens hic videtur, quod *Crescens* appelletur *metropolitanus.* An Victor in exteris degens provinciis, eorum cum quibus agebat loquendi modum adhibuit? Certe in concilio Ephesino Capreolum Carthaginensem episcopum Patres *metropolitanum* appellarunt. Et quidem Ferrandus, ut jam Chiffletius observavit, Africanis primatibus attribuit quæcunque de metropolitanis in veterum conciliorum canonibus statuta fuerant. Sed nec peregrinum omnino fuit apud Afros *metropolitani* nomen; eo quippe utitur Augustinus initio libri de gestis cum Emerito episcopo Cæsariensi Donatista, ubi *Deuterium* episcopum catholicum ejusdem urbis, *metropolitanum Cæsariensem* appellat. Jam vero quænam sit illa sedes *Aquitana,* nobis non liquet. In indice urbium Africæ operibus sancti Cypriani editionis Oxoniensis præfixo, memoratur *Aquitana,* quæ dicitur fuisse incertæ provinciæ. Plures erant in Africa *Aquenses episcopi.* Ex iis unus fuit e Mauritania Cæsariensi, cujus sedem hic designari censet vir eruditus Stephanus Baluzius, in notis ad caput 155 collationis Carthagin. De ea vero in notis ad notitiam plura dicemus num. 23, de episcopis hujus provinciæ.

[c] Colb. 2, Martin. Port. et Orthod., *Vicis Sabratenum.* Colb. tertius, *Bricis Sambratenum.* Legendum forte *Vincen em Sabratenum.* Certe ex compluribus Notitiæ locis patet in scribendis ejusmodi nominibus sæpius litteram *n* omissam fuisse, sic ibi *Cresces* pro *Crescens* non semel legitur. Ado sanctos antistites recensens in martyrologio die 28 Novembris, qui sub Genserico pulsi fuerant in exsilium, inter *Eustrathium,* quem *Eustachium* appellat, et *Cresconium* locat *Crescentianum,* qui forte is ipse est qui hic memoratur. Nam alias Crescentiani non meminit Victor. Et quidem eo ordine recenset. *Crescentianum* Ado, quo in Victore *Vices Sabratenus* habetur. Sane dubium mihi non est quin hoc loco episcopus simul cum sede sua designetur; hic nempe Victor alios recensens antistites, eos cum suis ipsorum sedibus nominat ; deinde in codd. mss. hæc vox in duas partes dividitur. Idem postulat etiam hujus loci contextus, ubi memorantur duo episcopi provinciæ Tripolitanæ, Sabratenus nempe, uti videtur, et Oensis. Sabrata vero et Oea notissimæ sunt istius provinciæ urbes, in Notitia Africana et in collatione Carthaginensi memoratæ. Ex quibus liquet audiendum non esse Baronium, qui in notis ad diem 28 Novembris Martyrologii Romani, quo die antistitum hic a Victore memoratorum festum recolitur Florentianum, quem infra cum Hortolano Victor memorat lib. IV, cap. 4. *Vicessabratenum* episcopum appellat, eumque **67** sicut et Cresconium (quamvis is e in Notitia Africæ *Oensis* episcopus diserte dicatur, quod, et ipse ibidem scribit Baronius), a duobus episcopis Tripolitanis hic recensitis distinguit, quos quidem Tripolitanos putat esse *Crescentianum* et *Hortulanum* hic ab Adone laudatos. Cæterum pro *Cresconium Oensem,* codex Portarum cum Rhenani editione habet *Cresconium Eensem.* Certe in mss. codicibus urbs ista sæpius *Eea,* aut *Ea* dicitur. Colb. 1 et Mart. habent *Meensem* ; Colb. alter *Uticensem* Colb. 3 *Censoriensem* ; Lorichius et aliquot editi *Nicensem.* Tamen *Cresconius Oensem,* in Notitia Africæ inter Patres Tripolitanos memoratum, hic designari extra dubium est. De utraque hac urbe, Sabrata scilicet et Oea, vide notas in Notitiam Africæ, ubi de Tripolitanis episcopis, num. 2 et 4. Porro *Felicem Adrumetinæ* civitatis episcopum, hic a Victore laudatum, cum cæteris recolunt Ado et Martyrologium Romanum, die 28 Novembris.

Oensem; et Adrumetinæ civitatis Felicem episcopum, ob hoc quod suscepisset quemdam Johannem monachum transmarinum; sed et alios multos, quos longum est et enarrare. Quibus tamen in exsilio positis dum obitus obvenisset, non licebat alios eorum civitatibus ordinari episcopos. Inter hæc tamen Dei populus in fide consistens, ut examen apum cereas ædificans mansiones, crescendo melleis fidei [a] calculis firmabatur; ut impleretur illa sententia: *Quanto magis eos affligebant, tanto magis multiplicabantur, et invalescebant nimis* (Exod. 1, 12).

VIII. *Deogratias virtutes.* — Post hæc factum est, supplicante Valentiniano Augusto, Carthaginensi Ecclesiæ post longum silentium desolationis, episcopum ordinari nomine Deogratias: cujus si nitatur quisquam quas per illum virtutes Dominus fecerit, paulatim [*al.* excurrare] excutere, ante incipient verba deficere quam ille aliquid valeat explicare. Illo igitur episcopo constituto factum est, peccatis urgentibus, ut urbem illam quondam nobilissimam atque famosissimam quinto decimo regni sui anno Geisericus caperet Romam (an. 455); et simul exinde regum multorum divitias cum populis captivavit. Quæ dum multitudo captivorum Africanum attingeret littus, dividentibus Vandalis et Mauris ingentem populi quantitatem, ut moris est barbaris, mariti ab uxoribus, et liberi a parentibus separabantur. Statim sategit vir Deo plenus et carus, universa ministerii vasa aurea vel argentea distrahere, et libertatem de servitute barbarica liberare, et ut conjugia fœderata manerent, et pignora genitoribus redderentur. Et quia loca nulla sufficiebant ad capessendam multitudinem tantam, basilicas duas nominatas et amplas, [b] Fausti, et Novarum, cum lectulis atque straminibus deputavit, decernens per singulos dies quantum quis pro merito acciperet. Et quia plerosque [*al.* mansio] insuetudo navigii et crudelitas captivitatis afflixerat, non parvus inter eos numerus fuerat ægrotorum, quos ille beatus antistes, ut nutrix pia, per momenta singula cum [*al.* vice medici] medicis circumibat; sequentibus cibis, ut inspecta vena, quid cui opus esset, illo præsente daretur. Sed nec nocturnis horis ab hoc opere misericordiæ feriabatur; sed pergebat excurrens per singulos lectos, sciscitans qualiter quisque se haberet. Ita se huic tradiderat [*Colb.* 1, omni] omnino labori, ut nec defessis membris, nec cariosæ jam senectuti parceret. Quare livore Ariani succensi, dolis eum quamplurimis voluerunt sæpius enecare. Quod credo, prævidens Dominus, cito passerem suum de manibus accipitrum voluit liberare. Cujus exitum ita [c] Urbici captivi planxerunt, ut tunc se putarent magis tradi manibus Barbarorum quando ille perrexit ad cœlum. Functus est autem sacerdotio annis tribus. Cujus amore et desiderio populus intentus potuerat membra digni corporis rapere, nisi consilio prudenti, dum [d] pro more orationi vacatur, nesciente multitudine sepeliretur.

IX. *Thomas confessor.* — Et quia tacendum semper non est de impietatibus hæreticorum, nec verecundum poterit esse quod ad laudem proficit patientis; ordinatus quondam sacerdos nomine [e] Thomas, dum

---

[a] Sic Colb. 1 et editi tres. At Orthodox. et Lorichius, *claviculis.* Chifflet., *caliculis.* Paulo ante, *ut examen*, etc. Lorichius habet, *ut examina apum cereas ædificantia*, etc.

[b] Orthod. cum Lorichio et versione gallica Belforestii, *Fausti et Varii.* Colb. 1, *amplas, quæ in nomine Fausti erant constructæ, et Novarum.* Et paulo inferius, pro *cum lectulis*, Lorichius habet, *eorum lectulis.* Porro celebris erat apud Carthaginem Fausti ecclesia, in qua aliquot Africanæ Ecclesiæ synodi celebratæ sunt. In ea sanctus Augustinus sermonem habuit 122, ubi etiam ordinatus fuit Deogratias sanctissimus antistes, cujus hic præclaras virtutes commemorat Victor. Tunc enim erat primaria, et præcipua Catholicorum ecclesia apud Carthaginem, cum basilicam Restitutam Ariani, ut supra dictum est, occupassent. In ipsa etiam baptismales fontes erant, quod patet ex ipso Victore infra lib. 2, num. 17. Quin, et compluribus sanctorum martyrum reliquiis ditatam fuisse discimus ex antiquis martyrologiis Adonis, Usuardi, etc., ubi idibus Julii hæc habentur: *In Africa, civitate Carthagine, natalis sanctorum Catolini diaconi, et reliquorum martyrum, qui requiescunt in basilica Fausti.* Pro *Fausti*, vetus martyrologium sancto Hieronymo vulgo attributum, habet *sanctæ Faustæ.* Sed, ut jam a viris eruditis non semel observatum est, apud veteres frequenter occurrunt istæ litterarum mutationes. Cæterum *Catulinus* hic memoratus, is ipse est absque dubio de quo Augustinus habuit sermonem qui *per Natalem Catulini* inscribitur. Ejus item memoria celebris est in kalendario Carthaginensi, idibus Julii. Denique post receptam a Justiniano imperatore Africam, Reparatus Carthaginensis antistes in basilica Fausti sedem restituit episcopalem, ut in Commentario historico dicemus cap. 12. *Basilica Novarum* hic memorata, ea ipsa videtur esse quam Augustinus in breviculo collationis diei tertiæ, c. 13, n. 15, *basilicam Novorum* appellat.

[c] Sic Optatus libro primo adversus Parmeniarum, Zephyrinum Romanum pontificem, *urbicum episcopum* appellat. Et idem Optatus *urbicam commemorationem* dicit lib. 11. Vide Cypriani epist. 43, al. 40. Cæterum pro *urbici*, edit. Lorichii habet *urbis.*

[d] Sic Lorichius, Orthod. et Belfor. At Chiffl. habet *dum moræ vacatur*; Rhenan. *dum avocatur.* Porro sanctus Deogratias ordinatus fuerat Ætio et Studio consulibus, id est anno 454, in basilica Fausti. Ejus festivitas celebratur in Martyrologio Romano die 22 Martii, et in kalendario Carthaginensi nonis Januar.

[e] Lis est inter auctores an Thomas hic memoratus in episcoporum **68** Carthaginensium catalogo locum habere debeat. Et quidem cum nusquam alias ejus mentio habeatur, res est ex hoc Victoris loco finienda. Quare omnium quos videre licuit codicum lectiones proferam, ut quisque, prout sibi melius visum fuerit, ea de re judicium ferat. Chiffletius et, ut ipse testatur, codex cartusiæ Portarum habent: *Ordinatur quidam in sacerdotium nomine Thomas, qui dum*, etc. Orthod. et versio Belfor., *Ordinatur quidam sacerdotio*, etc. Edit. Rhenani Balduini et Bibliothecæ Patrum, *Ordinator quondam memorati sacerdotis*, etc.: quam lectionem uti germanam propugnat Baronius. Porro in Orthodoxographia et aliquot editis, post hæc verba, *Ordinator..... nomine Thomas*, resumitur, *Thomas venerabilis episcopus, dum*, etc.: quæ verba ex margine, ut in mss. Colb. 1 et Martin. habentur, in textum videntur translata fuisse. Hinc etiam Lorichius sic habet: *Ordinatur quidam sacerdotio nomine Thomas.* Tum titulus capituli sequentis *Ordinatur quidam sacerdotio nomine Thomas.* Deinde capitulum sic incipit: *Thomas episcopus venerabilis, dum variis*, etc. Porro lectionem duorum codicum Colber-

variis ab eis insidiis sæpius arctaretur, quodam tempore venerabilem senem in [*al*. publica] publico facie catomis ceciderunt. Quod ille non ad opprobrium, sed ad mercedem computans gloriæ suæ, in Domino lætabatur. Unde factum est ut post obitum episcopi **a** Carthaginis, Zeugitanæ et Proconsulari provinciæ episcopos interdiceret ordinandos, quorum erat numerus centum sexaginta quatuor. Qui paulatim deficientes, nunc, si vel ipsi supersunt, tres tantum esse videntur: Vincentius **a** Gigitanus, Paulus **b** Sinnaritanus, vere merito et nomine Paulus; et alius Quintianus, qui nunc persecutionem fugiens, apud **c** Edessam Macedoniæ civitatem commanet peregrinus.

X. *Maxima et alii martyres et confessores.* — **d** Sed etiam tunc martyres quamplurimi fuisse probantur. Confessorum autem ingens et plurima multitudo, ex quibus aliquos narrare tentabo. Erant tunc servi cujusdam Vandali: fuit autem hic Vandalus de illis, quos Millenarios vocant, **e** Martinianus, Saturianus, et eorum duo germani; erat et quædam conserva eorum egregia Christi ancilla nomine Maxima, corpore simul et [*al.* mente] corde decora. Et quia Martinianus armifactor erat, et domino suo satis videbatur acceptus, et Maxima universæ domui dominabatur, credidit Vandalus, ut fideles sibi magis memoratos faceret famulos, Martinianum Maximamque conjugali consortio sociare. Martinianus adolescentulorum sæcularium more conjugium affectabat; Maximaque, jam Deo sacrata, humanas nuptias refutabat. At ubi ventum est ut cubiculi adirentur secreta silentia, et Martinianus nesciens quid de illo decreverat Deus, maritali fiducia quasi cum conjuge cuperet cubitare, viva voce ei memorata famula Christi respondit: Christo ego, o Martiniane frater, membra mei corporis dedicavi, nec possum humanum sortiri conjugium, habens jam cœlestem et verum sponsum. Sed dabo consilium. Si velis, poteris et ipse tibi præstare, dum licet, ut cui ego concupivi nubere, delecteris et ipse servire. Ita factum est, Domino procurante, ut obediens Virgini etiam adolescens suum animam lucraretur. Nesciente igitur Vandalo spiritalis secreti commercium, compunctus atque mutatus Martinianus, etiam suis fratribus persuasit ut thesaurum quem invenerat haberent, ut pote germani, communem. Conversus itaque cum tribus fratribus suis, Dei quoque puella comitante, nocte clam egredientes, **f** Tabraceno monasterio, cui præerat tunc nobilis pastor Andreas, sociantur. Illa vero haud procul monasterium incoluit puellarum. Scitante igitur barbaro inquisitionibus et muneribus crebris, quod gestum erat celari non potuit. Inveniens itaque jam non sua, sed Christi mancipia, conjicit in vinculis, et variis tormentis Dei famulos insectatur; agens cum eis non tantum ut pariter miscerentur, sed, quod gravius est, per rebaptizationis cœnum, fidei suæ ornamenta turparent. Pervenit hoc ipsum usque ad notitiam Geiserici regis, qui præcepit ut tandiu implacabilis herus servos affligeret, quandiu illius succumberent voluntati. Jubet in modum ferarum fustes robustos veluti palmatos cum stirpibus fieri, qui [*Colb.* 1, quatientes] quatientibus tergis non solum ossa confringerent, sed etiam terebrantes aculei intrinsecus remanerent. Qui dum sanguis efflueret, et dissipatis carnibus viscera nudarentur, sequenti die, Christo medente, semper incolumes reddebantur. Hoc sæpius ac multo factum est tempore, [*Mart.* ut] et nulla plagarum vestigia viderentur, sancto Spiritu subinde curante. Post hoc **g** arctantur maxime dura custodia, compedeque cru-

tinorum selegimus, cui pene conformis est ea quæ in Colb. tertio et in codice sancti Martini habetur, ubi *ordinatur quondam sacerdotio*, etc., quod cæteris videatur textui conformior. Et quidem hoc me potissimum movet, ut Thomæ nomen ex Carthaginensium antistitum catalogo expungam, quod nulla ipsius memoria in vetustissimo kalendario Carthaginensi habeatur, in quo tamen cæteri istorum temporum Carthaginenses episcopi accurate recensentur. Et quidem in eo non solum *Aurelius, Capreolus*, aut *Deogratias*, qui in Africa e vivis excesserunt, sed et *Quotvultdeus* et *Eugenius*, in externis licet provinciis fato functi memorantur. Deinde Ado sanctos episcopos qui sub Generici persecutione passi fuerant, recensens ex Victoris historia, *Thomam* hunc omisit.

a Orthod. et Lorichius habent *Vigitanus*. In Notitia Africæ occurrit *Vincentius Ziggensis* in proconsulari, quem hunc ipsum esse qui hic memoratur, putat eruditus Baluzius in notis ad cap. 128 collationis Carthaginensis, ubi inter Catholicos antistites recensetur *Quadratus episcopus plebis Gegitanæ*. Videsis infra (*Col.* 288) notam 41 in episcopos provinciæ proconsularis qui in Notitia habentur. Porro sedem hic a Victore memoratam esse *Gegeta*, quæ ultra Naraggaram versus Numidiam sita est in tabulis Peutingerianis, censet Norisius in censura notarum Garnerii in Marium Mercatorem. Hinc anonymus Ravennas lib. III, num. 6, *Gegetu* collocat in Numidia. Inter episcopos Mauritaniæ Sitifensis num. 13 in Notitia Africana recensetur *Constantius Gegitanus*. Sed hic aliquem antisti-

tem e proconsularibus a Victore indicari extra dubium est.

b Sic Colb. 2 cum Rhenano et aliis editis. At Mart. et Colb. 1 habent *Sitinaritanus*. Edit. 2 *Sitmaritanus*. Nostræ lectionis veritas ex Notitia Africana confirmatur, ubi inter episcopos provinciæ proconsularis, num. 3, *Paulus Sinnarensis*, uti ex cod. Laudunensi restituimus, occurrit. Vide notas in eum Notitiæ locum.

c *Lorichius, Adessam.* Ædessa porro urbs est Macedoniæ in Æmathia, quæ vulgo *Vodena* appellatur. In Notitia Africæ inter Episcopos proconsularis recensetur *Quintianus Urcitanus*, qui fortassis is ipse est *Quintianus* quem hic Victor noster laudat.

d Sic Colb. 1. Cæteri, *Sed etiam martyria quamplurima esse.... ex quibus aliqua*, etc.

e Orthod., **69** *Maturianus*; Lorichius, *Mauritanus*; sed inferius semper scribit *Maturianus*. Colb. 1 sequentem appellat *Saturnianum*. Martyrologia vetera Adonis, Usuardi, Flori, etc. die 16 Octobris habent *Martianus et Satyrianus*. De Millenariis vero hic memoratis, jam supra diximus ex Procopio (*Ad imam col.* 181, n. *a*).

f *Tabraca* urbs est nota apud antiquos auctores, inter Proconsularem et Numidiam, in hodierno Algerii regno sita, cujus episcopus *Victoricus a Thabraca* sententiam dixit num. 25 in concilio Carthag. sub sancto Cypriano; et *Rusticianus* collationi Carthaginensi adfuit, cum Clarentio ejus adversario ex parte Donati Cognit. 1, cap. 125 et 187.

g Sic restituimus ex duobus mss., uno scilicet Col-

deesi extenduntur, quibus eum Dei servorum visitantium non deesset frequentia videntibus cunctis ingentium lignorum putrescens soluta est fortitudo. Miraculum [9] hoc et voce omnium celebratur, et nobis ille ad quem custodia pertinebat, cum sacramento testatus est ita fuisse.

XI. *Martyrium complent.* — At ubi Vandalus virtutem neglexit cognoscere divinam, cœpit in domo ejus vindicatrix ira grassari. Moritur ipse simul et filii; familiæ atque animalium, quæcunque optima erant, pariter intereunt. Remanens itaque domina vidua, marito, filiis, et substantia destituta, servos Christi cognato regis [*al.* Sesacni] Sersaoni gratia muneris offert. Qui cum eos, utpote oblatos, cum gratulatione nimia suscepisset, filios et domesticos ejus sanctorum hierito male cœpit dæmon variis motibus agitare. Ex ordine ille cognatus, ut gestum erat, suggerit regi. Decernit statim rex cuidam gentili regi Maurorum cui nomen inerat [*a.* Capsum] Capsur, religandos debere transmitti. Maximam vero Christi famulam confusus et victus [a] propriæ voluntati dimisit; quæ nunc superest virgo, mater multarum virginum Dei, nobis etiam nequaquam ignota. Pervenientes autem traduntur memorato regi Maurorum, commanenti in parte eremi quæ dicitur Capra-Picta. Videntes igitur Christi discipuli multa apud gentiles illicita sacrificiorum sacrilegia, cœperunt prædicatione et conversatione sua ad cognitionem Domini Dei nostri barbaros invitare; et tali modo ingentem multitudinem gentilium barbarorum Christo Domino lucraverunt, ubi antea a nullo fama Christiani nominis fuerat divulgata. Tunc deinde cogitant quid fieret,

ut ager jam cultus et ingraminatus vomere prædicationis evangelicum susciperet semen, et imbre sacri baptismatis rigaretur. Mittunt legatos per itinera distenta deserti; pervenitur tandem ad civitatem Romanam; rogatur episcopus ut presbyterum ac ministros credenti populo destinaret. [b] Explet cum gaudio quod petebatur pontifex; Dei construitur ecclesia, baptizatur simul multitudo maxima barbarorum, et de lupis grex fecundus multiplicatur agnorum. Hoc Geiserico relatione sua renuntiat Capsur. De qua re surgens invidia jubet famulos Dei ligatis pedibus post terga currentium quadrigarum, inter spinosa loca silvarum pariter interire; ut ducta atque reducta dumosis lignorum aculeis innocentium corpora carperentur, ita deligati, ut exitum suum invicem perviderent. [c] Qui cum vincti, currentibus indomitis equis, plangentibus Mauris, sese mutuo conspicerent, vale sibi in angusto fugæ unusquisque ita dicebat : Frater, ora pro me; implevit Deus desiderium nostrum. Taliter pervenitur ad regnum cœlorum. Itaque orando atque psallendo, gaudentibus angelis pias animas emisere. Ubi usque in hodiernum diem non desinit ingentia mirabilia Jesus Christus Dominus noster operari. Nam nobis beatus quondam [d] Faustus Buronitanus episcopus attestatus est cæcam quamdam mulierem illuminatam fuisse, ubi ipse aderat præsens.

XII. *Persecutio fit acrior.* — Accenditur post hæc adversus Dei Ecclesiam Geisericus. Mittit Proculum quemdam in provinciam Zeugitanam, qui coarctaret ad tradendum ministeria divina, vel libros cunctos, Domini sacerdotes, ut primo armis nudaret, et ita facilius inermes hostis collidus captivaret. [e] Quibus

---

bertino, et altero Martin., quibus conformis est versio Belforestii. Alii vero codices, quasi uni Maximæ id miraculum contigisset, sic habent : *Post hoc arctatur Maxima dura custodia, cuspideque crudeli extenditur, cui cum*, etc., pro *cuspide*. Aliqui habent *semper*. Porro nostra lectio confirmatur ex Usuardo, Adone et Notkero, qui compendium martyrii sanctorum Maximæ et sociorum ex Victoris narratione texuere in suis martyrologiis, die 16 Octobris. Adonis verba hæc sunt : *Sanctorum martyrum Martiani et Satyriani cum duobus eorum fratribus, et egregiæ Christi ancillæ Maximæ virginis. Qui.... nodosis fustibus cæsi, et usque ad ossa laniati, cum multo tempore talia paterentur, sequenti die semper incolumes reddebantur. Post etiam dura carceris custodia damnati, cum fuissent arctati in nervum, mira Dei virtute, ingentium lignorum putrescens soluta est fortitudo*, etc.

[a] Sic duo mss. Colbertini cum Lorichio. Cæteri habent *propria voluntate.* Nostram lectionem confirmat Ado, qui loco in nota superiori laudato, Maximæ martyrium ex Victore sic prosequitur : *Ad quod miraculum, Maxima Christi famula, suæ libertati dimissa, mater postmodum multarum virginum Dei effecta*, etc.

[b] Sic etiam habet Rhenanus, nisi quod pro *construitur* habet *constituitur*. Colb. 1, *Expletum est cum gaudio quod petebatur. Ordinatur pontifex*, etc. Sic fere habet alter Colb. Sed Lorichius. *Expletur gaudio ob id quod petebatur pontifex Dei. Construitur ecclesia*, etc.

[c] Chiffletius et alii tres editi, *qui cum e vicino currentibus Mauris, sese mutuo conspicerent. Vale*, etc. Sic etiam legisse videtur Ado, qui loco jam laudato sic habet : *Vicino currentibus indomitis equis, vale sibi*, etc., nihil dicens de Maurorum planctu. Sed et

pro *plangentibus Mauris*, aliqui codices habent, *plaudentibus Mauris*. Utraque lectio ferri potest. Nam barbari illi, vel quod, ut supra dictum est, ad fidem essent conversi, vel naturali omnibus hominibus commiseratione, ut alias sæpius in martyrum agonibus evenit, ægre poterant videre homines tam atroci supplicio afflictos, maxime quod illud adeo patienter ferrent martyres. Plaudere etiam poterant præ gaudio quo affici solebant homines cruentorum spectaculorum certaminumque avidissimi. Porro quatuor horum fratrum simul et Maximæ festivitatem celebrant vulgata martyrologia die 16 Octobris, quibus in nonnullis martyrologiis alii 270 martyres adjunguntur, sed qui in alia persecutione passi fuerunt.

[d] Mart. Orth. et Lorichius, *Faustinus.* Major est difficultas de ipsius sedis nomine. Omnes fere habent [70] *Buronitanus.* Legendum forte *Buconitanus.* In collat. Carthag. cap. 198 adfuit, *Donatus episcopus Bucconiensis* ex parte Donatistarum. Bucconia autem urbs erat Numidiæ; nam inter hujus provinciæ episcopos recensetur in Notitia Africana *Vitalianus Bocconiensis.* Anonymus Ravennas inter urbes Mauritaniæ, quam *Gaditanam* appellat, lib. III, num. 11, turrem Buconis memorat. An ex ea *Buconitanus* dictus est episcopus ? Porro Colb. 2, Lorichius et alii habent *Burtinitanus.* Adfuit in collat. Carthaginensi capite 133 *Donatus episcopus plebis Buritan.*, quam urbem incertæ provinciæ fuisse dicit Morisius in censura Garnerii, quamvis eam ad proconsularem pertinuisse suspicetur, eamque ipsam esse cujus episcopus *Crescitus Busitanus* subscripsit synodicæ in concilio sancti Martini actione 2. Sed hic episcopum aliquem e Mauritania indicare, uti videtur, Victor voluit.

[e] Lorichius, *Quis non vosset condolere clamantibus,*

se non posse tradere clamantibus sacerdotibus, ipsi rapaci manu cuncta depopulabantur, atque de palliis altaris, proh nefas! camisias sibi et femoralia faciebant. Qui tamen Proculus, hujus rei exsecutor, frustatim sibi comedens linguam, in brevi turpissima consumptus est morte. Tunc etiam sanctus Valerianus [a] Abbenzæ civitatis episcopus, dum viriliter 10 sacramenta divina ne traderet dimicasset, foras civitatem singularis jussus est pelli; et ita præceptum est, ut nullus eum neque in domo, neque in agro dimitteret habitare: qui in strata publica multo tempore [al. nudo] nudus jacuit sub aere. Annorum autem [b] erat plus octoginta, quem nos tunc indigni in tali exsilio meruimus salutare.

XIII. *Lectoris, etc., martyrium.* — Quodam tempore Paschalis solemnitas agebatur; et dum in quodam loco, qui [c] Regia vocitatur, ob diei Paschalis honorem nostri sibimet clausam ecclesiam reserarent, comperiunt Ariani. Statim quidam presbyter eorum [d] Adduit nomine, congregata secum armatorum manu, ad expugnandam turbam accendit innocentium. Introeunt evaginatis spathis, arma corripiunt; alii quoque tecta conscendunt, et per fenestras ecclesiæ sagittas spargunt. Et tunc forte audiente et canente populo Dei, lector unus in pulpito sistens alleluiaticum melos canebat. Quo tempore sagitta in gutture jaculatus, cadente de manibus codice, mortuus post [e] cecidit ipse. Nam et alii quamplurimi sagittis et jacu-

---

etc. Et infra, *Ipsi rapaci.* Rhenan. et aliquot editi, *Ipse*, etc., in *numero singulari.* Et infra pro *palliis*, Mart. et Chifflet. habent *pallis.*

[a] Sic habent mss. 3 et 2 editi, ubi *Habensæ.* Lorichius, *Habenssæ.* Colb. 2, *Abense.* Rhenan. Chifl. et alii, *Abensis.* In Collat. Carthag. cap. 133, inter Catholicos antistites memoratur *Fortunatus episcopus plebis Abbenzensis*, qui nullum sibi adversarium Donatistam habebat. Capite autem 198 inter Donatistas fuit *Lucius episcopus Habensis.* Porro Valeriani hic memorati festum vulgata martyrologia Adonis, Usuardi et aliorum recolunt die 15 Decembris. *Valerianum* item cum aliis episcopis Africanis qui sub Genserico rege fuerunt exagitati, memorant Ado et Martyrologium Romanum die 28 Novembris, quem unum et eumdem cum priori esse putat Baronius in notis ad eam diem; idque certum videtur. *Sancti Valeriani episcopi et sanctorum Eustachii et sociorum* festivitatem memorat kalendarium vetus in sanctuario Capuano Michaelis monachi, die 15 Decembris; qua item die in altero kalendario, ab eodem auctore relato, memorantur *Eustratius et socii martyres.* Is est ipse *Eustratius* de quo supra Victor num. 7. Valeriani corpus cum sancti Augustini reliquiis, ut putant, in Italiam allatum, asservatur Rodobii, quod oppidum est diœcesis Vercellensis, ut observat Ferrerius in Historia episcoporum Vercellensium.

[b] Sic mss. omnes et editi quos videre licuit, præter Chiffletium, qui habet 70. Nobiscum etiam consentiunt Usuardus, Ado, etc., in martyrologiis die 15 Decembris.

[c] Mart., Lorich. et editi 3, *Reia.* Duplex urbs est in indice urbium operibus sancti Cypriani præfixo, *Regium* dicta. In Notitia Africæ recensetur inter episcopos Mauritaniæ Cæsariensis *Victor Regiensis*; et in Numidia *Fortunius Regianensis.*

[d] Editi 4, *Andiot*; et 1, *Andiut*; Lorichius, *Adiut*; Colb. 1, *Anduit.* Et in infra Chifl. cum Lorichio, *congregatam armatorum manum*, etc.

[e] Hujus lectoris et cæterorum hic memoratorum

---

lis in medio crepidinis altaris probantur occisi. Nam qui gladiis tunc interempti non sunt, postea pœnis attriti, regio jussu omnes pene necati sunt, præsertim maturioris ætatis. Alibi namque, sicut Tinuzudæ [f] contigit, in magalibus vici Ammoniæ, vel aliis in locis, tempore quo sacramenta Dei populo porrigebantur, introeuntes maximo cum furore, corpus Christi et sanguinem pavimento sparserunt, et illud pollutis pedibus calcaverunt.

XIV. *Res mira.* — Ipse enim Geisericus præceperat, ita persuadentibus episcopis suis, ut intra aulam suam, filiorumque suorum, non nisi Ariani per diversa ministeria ponerentur. Inter alios ventum est tunc ad Armogastem nostrum. Cujus cum diu ac sæpius tibias torquendo tumentibus constringerent chordis, et frontem, in qua Christus vexillum suæ fixerat crucis, rugatam [g] magis quam aratam discindentes atque mugientes ostenderent, nervi ut fila aranearum, sancto cœlum respiciente, crepabant. At ubi tortores nervicas chordas disruptas esse viderunt, allatis crebrius fortioribus chordis atque cannabinis, illo nihil aliud nisi Christi nomen invocante, illa omnia evanescebant. Sed et capite deorsum dum ad unum penderet pedem, dormire quasi super lectum plumis stratum, omnibus videbatur. Quem cum [h] Theodericus regis filius, qui ejus dominus erat, pœnis non valentibus, capite truncari jussisset, a suo prohibetur Jocundo presbytero, dicente sibi:

---

festum recolit Martyrologium Romanum die 5 Aprilis.

[f] Mirum est quantum in hujus loci nomine scribendo varient codices tam mss. quam editi. Lectionem Colb. 1 retinuimus; alias hic exhibere visum est, ut quisque quam meliorem putaverit eligat. Editi complures, *Sicut Thunzaudæ contigit*, *et Galibus vico Ammoniæ*; Orthod. et Lorichius, *in Tumiruda contigit Galbis.* Vico, vel aliis, etc. Codex Martin., *Tinuzuda contigit*, 71 *et Galbus vicum Ammoe.* Carthus. Port., *Tinuzudæ contigit et Galbis vico Ammoniæ.* Colb. alter, *Tinuzuda contigit Galbus, etc.*, Colb. tertius, *Tunuzada... vicum*, etc. Apud Plinium libro IV, cap. 5, recensetur oppidum. *Thunudisense.* Ptolemæo *Thunusada.* In collatione Carthag., cap. 201, occurrit inter Donatistas *Victorianus episcopus Tunusidensis.* Est et in tabulis Peutingerianis *Thunu.* Quid vero hac voce *Galibus*, aut *Galbus*, aliisque æquentibus designetur, divinare non licet. *Magalia* autem apud Afros erant *villæ*, seu pauperum et pastorum tuguria. De his Virgilius Æneid. 1:

Miratur molem Æneas Magalia quondam.

Ammoniam vero aliam ignoro, præter eam Libyæ partem in qua potissimum Jupiter Ammon colebatur; sed quæ huic loco non congruit. Legendum forte, in *magalibus vici Ammonis.* Ptolemæus quippe lib. IV, cap. 5, memorans civitates quæ inter duas Syrtes erant, recenset *Ammonis.*

[g] Colb. 1 et edit. 1, *magisque exaratam*, *descendentes atque mugientes extensi sunt nervi*, *et ut fila*, etc. Colb. alter et Mart., *rugam magisque exaratam... ostenderunt nervi.* Et infra pro *cannabinis*, Lorichius habet *caballinis.*

[h] Duo mss., *Theudericus.* Alii, *Theaerichus* seu *Theodoricus.* Dicitur a Procopio libro I Historiæ Vandal., *Theodorus*, et absque liberis defunctus. Vide infra (Col. 205, n. [a]). Lorichius semper, *Thederychus*, semel *Dederychus.* Id nomen, quod apud Septentrionales populos regibus et principibus familiare erat, eorum lingua, *Teuderiich*, id est *populis pollens*, dicebatur.

Poteris eum diversis afflictionibus interficere. Nam si gladio peremeris, incipient eum [a] Romani martyrem prædicare. Tunc Theodericus in Byzacenam provinciam ad fodiendas eum condemnat scrobes. Postea quasi ad majus opprobrium, haud procul Carthagine, ubi ab omnibus videretur, eum pastorem præcepit esse vaccarum. Inter hæc, dum, Domino revelante, dormitionis suæ proximum cerneret diem, advocat quemdam Felicem, venerabilem Christianum, procuratorem domus filii regis, qui Armogastem ut apostolum venerabatur; dicitque illi : Tempus meæ resolutionis advenit. Obsecro te per fidem quam utrique tenemus, ut [b] sub hac ilice, me sepelire digneris, redditurus [al. Domino] Deo nostro, nisi feceris, rationem. Non quod ille curaret ubi aut qualiter suum sepeliretur corpus; sed ut illud demonstraretur quod servo suo revelaverat [al. Deus] Christus. Respondit Felix, et dixit : Absit a nobis, confessor venerabilis; sed sepeliam te in una basilicarum cum triumpho et gratia quam mereris. Cui beatus Armogastes : Non, sed quod dixi facturus es. Ille timens Dei hominem contristare, veraciter quod jusserat promisit se esse facturum. Statim intra paucissimos dies [c] comes bonæ confessionis de hac vita migravit. Festinavit igitur Felix sibi delegatum sub arbore fodere sepulcrum. Cui cum intexæ radices et soliditas aridæ telluris moram facerent, et labore angeretur quod tardius sancti membra corporis humarentur, tandem abscissis radicibus multo altius terram cavans, conspicit sarcofagum splendidissimi marmoris præparatum, qualem forte nullus omnino habuit regum.

XV. *Archinimus confessor.* — Sed nec quemdam [d] Archinimum nomine, Masculanum, debeo præterire; qui cum multis insidiis premeretur ut catholicam amitteret fidem, ipse eum rex postea blandiendo affatibus sæcularibus invitabat, promittens multis eum [al. deliciis] divitiis cumulandum, si voluntati ejus auditum facilem commodasset. Qui cum fortis atque invictus in fide maneret, jubet eum subire sententiam capitalem ; ita tamen callidus occulte præcipiens, ut si in illa hora vibrantis gladii pertimesceret ictum, magis eum occideret, ne martyrem gloriosum fecisset ; si autem fortem in confessione conspiceret, a gladio temperaret. Sed ille ut columna immobilis Christo solidante fortis effectus, confessor revertitur gloriosus. Etsi martyrem invidus hostis noluit facere, confessorem tamen nostrum non potuit violare.

XVI. *Saturi fides.* — Novimus et alium ea tempestate nomine Saturum : qui, cum lucidum esset membrum Ecclesiæ Christi, et pravitatem Arianorum libertate catholica frequenter argueret (fuit hic procurator domus Hunerici), convenitur, accusante [e] Marivado quodam diacono, quem Hunericus infaustus singulariter honorabat, ut fieret Saturus Arianus. Promittuntur honores et divitiæ multæ si faceret, præparantur supplicia dira si nollet : hac optione proposita, ut si regalibus jussionibus non obediret, primo facta discussione, et ante amissa domo vel substantia, distractis omnibus mancipiis ac filiis, uxor ejus, ipso præsente, camelario in conjugium traderetur. Quod ille plenus Deo magis ut velociter proveniret, impios provocabat. Ob quam causam uxor ejus inducias visa est ab his qui exsequebantur, nesciente marito, petisse. Accedit ad maritum alia Eva consilio magistrata serpentis (*Gen.* III). Sed ille Adam non fuit, qui illecebrosa [al. vitæ] vetitæ ar-

---

[a] Romanorum nomine Catholicos fuisse designatos, tum ab hæreticis ipsis, ut in hoc loco, tum etiam a catholicis auctoribus probat multis exemplis noster Mabillonius in præfatione ad Liturgiam Gallicanam. His adjiciendus est Theodosius Junior Augustus in epistola ad Acacium aliosque episcopos et anachoretas, quæ in concilio Ephesino refertur, ubi eos adhortatur ut sese *probatos Romanæ religionis sacerdotes* exhibeant. Vide Baronium tomo V Annal. ad ann. 402 et 432. Is autem mos potissimum invaluit, cum barbari Arianæ sectæ addicti Romani Imperii provincias devastarunt. Vide infra (*Col.* 255, n. [b]).

[b] Sic Mart. Orth. et Lorichius. Alii, *sub siliquæ arbore*, etc.

[c] Ex hac voce occasio sumpta est Armogastem in Romano Martyrologio *comitem* appellandi, die 29 Martii, quasi vir iste sanctus *comitatus* dignitate aliquando fuerit insignitus. At fallar si voces illæ, *comes bonæ confessionis*, aliud hic signent quam *in* aut *cum bona confessione*. Unde Ado, Usuardus aliique veteres martyrologiorum scriptores, ut hac ipsa 29 Martii die festum ejusdem sancti confessoris duorumque sequentium, *Archinimi* scilicet et *Saturi*, seu *Satyri*, recolunt, nihil habent de hac *comitis dignitate*.

[d] Chiffl., *Archimimum, nomine Masculam*, quasi nomen proprium hujus confessoris *Mascula*, qui mimicæ arti præfectus fuisset. At unus Colb. omnium vetustior, et Mart. cum Lorichii et Orthod. habent *Archinimum*, qui et sic appellatur in Adonis martyrologio edito, atque in tribus vetustis manuscriptis, cui etiam consentit Florus. Apud Usuardum vero, cujus autographum penes nos habemus, legitur *Archiminus*; quam lectionem exhibent quatuor item alia martyrologia, a Bollandianis die 29 Martii laudata. Codex Colbertinus secundus, *Archiminium*. Notkherus autem in martyrologio quod a Canisio tomo VI antiquæ lectionis vulgatum est, habet *Archimimus*. Quæ lectio est etiam codicis tertii Colbertinæ bibliothecæ, sed omnium recentioris. Martyrologium Leodiense *Arginimum* eum appellat. Jam vero exemplar vetustum a Baronio laudatum habet *Masculanum*. Cui suffragantur mss. 2 Colb. et edit. Rhenani, Balduini, Bignii et Colon., ubi legitur *Masculan.* Martin. habet *Masculum*. Lorichius Orthod. et Sur. *Archinimum nomine, Masculinum*, et Belfor. vertit *Masculin.* E quibus omnibus liquet nomen hujus confessoris proprium fuisse *Archinimum* aut *Archiminum*, *Masculam* vero, quæ urbs fuit in Numidia celebris, ejus patriam. De qua urbe plura habes in notis ad episcopos Numidiæ, qui in Notitia recensentur num. 94. Et quidem ex omnibus martyrologiis a me supra laudatis, quæ hunc sanctum simul cum Armogaste et Saturo die 29 Martii commemorant, ne unicum quidem *Masculæ* meminit, omnes econtrario *Archinimum* laudant; quod nempe istorum Fastorum scriptoribus persuasum fuerit, hac voce *Masculam*, non confessorem ipsum, sed ejus patriam designari. Hinc emendandi recentiores, qui *Masculam*, professione *archimimum*, incaute in fastos sacros invexere.

[e] Mart., *Maurivado.* Orthod. et Lorichius, *Mauridano.* Legendum forte *Varimado*, Vide Commentarium historicum cap. 4.

boris poma contingeret : quia non indigens, sed Saturus vocabatur, [*al.* satiatus] saturatus ab ubertate domus Dei, et torrente deliciarum ejus potatus. Advenit mulier ad locum ubi maritus singularis orabat, conscissis vestibus, crineque soluto, secum comitantibus filiis, [a] unamque infantulam, quæ tunc lactabatur manibus gestans; quam nesciens projiciens ad pedes mariti, etiam ipsa suis genua complectitur ulnis, sibilans vociferatione draconis : Miserere mei, dulcissime, simul et tui ; miserere communibus liberis, quos conspicis ipse. Non subjaceant conditioni servili, quos claros prosapia reddidit generis nostri. Non subjiciar ego indigno et turpi conjugio vivente marito, quæ mihi semper inter coævas plaudebam de Saturo meo. Cognoscit Deus quia invitus facturus es hoc, quod forte voluntarie aliquanti fecerunt. Cui ille Job sancti voce respondit : *Tanquam una ex insipientibus mulieribus loqueris* (Job II, 10). Formidarem, mulier, si sola esset hujus vitæ amara dulcedo: Artificio, conjux, diaboli ministras. Si diligeres maritum, nunquam ad secundam mortem attraheres proprium virum. [*al.* Detrahant] Distrahant filios, separent uxorem, auferant substantiam ; mei Domini

ego, securus de promissis, verba tenebo : *Si quis non dimiserit uxorem, filios, agros, aut domum, meus non poterit esse dicipulus* (Luc. XIV, 26). Quid ultra ? Discedente muliere cum filiis refutata, confortatur Saturus ad coronam, discutitur, exspoliatur, pœnis conteritur, mendicus dimittitur, interdicitur ei prodeundi accessus. Totum ei tulerunt, stolam tamen baptismatis auferre ei non potuerunt.

XVII. *Geiserici persecutionis conclusio.* — Post hæc Geisericus ecclesiam Carthaginis claudi præcepit, dissipatis atque dispersis per diversa exsiliorum loca, quia episcopus non erat, presbyteris et ministris. Quæ vix reserata est Zenone principe supplicante per patricium Severum ; et sic universi ab exsilio redierunt. Quæ vero in Hispania, in Italia, Dalmatia, Campania, Calabria, Apulia, Sicilia, Sardinia, Brutiis, [b] Venetia, Lucania, Epiro Veteri, vel Hellada gesserit, melius ibi ipsi qui passi sunt miserabiliter [*al.* lugenda] lugendo narrabunt. Sed jam persecutionis nostræ, a Geiserico quanto sublimiter, tanto crudeliter gestæ, iste sit finis. Duravit autem in regno annis triginta septem et mensibus tribus.

---

[a] Mart., *unumque parvulum, qui*, etc., in genere masculino. Sic fere Lorichius, *unaque infantulum, qui*, etc.

[b] Orthodox. solummodo et Lorichius cum versione Gallica Belforestii Venetiam hic recensent. Et pro his verbis. *Epiro Veteri, vel Hellada*, Lorichius habet *Epiro, Hellade*. Vocula *veteri* omittitur quoque in editione Rhenani. De morte Genserici vide Commentarium historicum capitul. 7.

LIBER SECUNDUS.

INITIA PERSECUTIONIS HUNERICI.

I. *Hunerici initia.* — Mortuo igitur Geiserico, [a] Hunericus major filius patri succedit. Qui in primordio regni, ut habet subtilitas Barbarorum, cœpit mitius et moderatius agere, et maxime circa religionem nostram : ut etiam ubi antea sub rege Geiserico [*al.* prædicatum] præjudicatum fuerat ne spiritales fierent conventus, conventicula concurrerent populorum. Et ut se religiosum ostenderet, [b] statuit sollicitius requirendos hæreticos Manichæos ; ex quibus multos incendit, plurimos autem distraxit navibus transmarinis : quos pene omnes Manichæos suæ religionis invenit, et præcipue presbyteros et diaconos, Arianæ hæreseos. Unde magis erubescens, amplius in illos exarsit. De quibus repertus est unus, nomine [*al.* Dementianus] Clementianus, monachus illorum, scriptum habens in femore : *Manichæus discipulus Christi Jesu.* Propter quod magis [c] laudabilior memoratus tyrannus videbatur : in uno displicens, quia cupiditati insatiabili vehementius inhiabat, et provincias regni sui variis calumniis atque indictionibus onerabat ; ut de illo præcipue diceretur : [d] *Rex egens magnus est calumniator.* Dedit autem licentiam, Zenone imperatore, atque [e] Placidia relicta Olybrii rogantibus, ut Carthaginensis Ecclesia sibi quem vellet episcopum ordinaret, quæ jam per viginti quatuor annos tali ornamento fuerat destituta.

II. *Permittit episcopi ordinationem.* — Mittit ergo tunc ad ecclesiam Alexandrum illustrem, hujusmodi legationem ferentem, ut in præsentia ejus catholicus populus dignum sibi peteret sacerdotem, destinans

---

[a] Codices mss. Sancti Germani a Pratis, Sancti Cornelii compendiensis; et monasterii Sancti Bernardi R. R. P. P. Fuliensium Parisiensium habent *Nundricus*. Orthodox. et Lorichius, *Hunericus Nundrius.*

[b] Orthod. et Lorichius, *sollicitius jubet esse requirendos*. Mart. et Comp., *sollicitius requirebat*. Infra pro *distraxit*, aliqui habent *destruxit*. Lorichius vero *deduxit*.

[c] Hæc vox deest in Mart., Germ. et Ful., qui infra habent *Videbat.... qua cupiditate*. Lorichius vero sic habet, *propter quod magis memoratus tyrannus ludebat in uno displicens quia*, etc.

[d] Colb. 2, Germ., Ful. et Comp. cum Lorichio, *Rex egens reditibus*, etc. Mart. et Colb. 1, *magnos est calumniatus*. Orth. et Lorichius, *magna calamitas est*. Porro apud mediæ ætatis auctores hæc vox, *calumniare*, seu *calumniari*, idem significat ac litem intentare, seu pro aliqua repetenda in jus vocare. Videsis Glossarium Cangianum.

[e] Hæc erat Eudoxia Hunerici uxoris soror, quæ simul cum ipsa earumque matre a Genserico, Roma capta, in Africam abducta fuerat. De his plura in Commentario historico capite 6. Pro *Placidia* Lorichius semper habet *Placida*.

quoque per notarium suum, nomine [*edit*., Vitared] Vitarit, edictum quod publice legeretur, hunc continens modum : « Jussit vobis dominus noster [*al*. dicere] dici, quia imperator Zenon, et nobilissima Placidia, per Alexandrum virum illustrem scripserunt, petentes ut Ecclesia Carthaginis religionis vestræ proprium episcopum habeat. Hoc fieri præcepit; atque eis rescripsit, vel legatis ab eis directis dici jussit, ut sicut petierunt vobis episcopum quem volueritis ordinetis; sub eo tenore, ut nostræ religionis episcopi qui apud Constantinopolim sunt et per alias provincias Orientis, ex ejus præcepto liberum arbitrium habeant in Ecclesiis suis, quibus voluerint linguis populo ª tractare, et legem Christianam colere : quemadmodum vos hic, vel in aliis ecclesiis, quæ in provinciis Africanis constitutæ sunt, liberum arbitrium [*al*. habebitis] habetis, in ecclesiis vestris missas agere, vel tractare, et quæ legis vestræ sunt, quemadmodum vultis, facere. Nam si hoc circa eos non fuerit [*al*. reservatum] observatum, tam episcopus qui ordinatus fuerit quam clerici, sed et alii episcopi cum clericis suis, qui in Africanis provinciis sunt, jubebuntur inter Mauros mitti. » Quod edictum dum nobis præsentibus, quarto decimo calendarum [*edit*. II, Juniarum] Juliarum universæ Ecclesiæ legeretur, gemere cœpimus mussitantes, eo quod meditantibus dolos malorum esset futura persecutio præparata. Et ita legato dixisse probamur : « Si ita est, interpositis his conditionibus periculosis, hæc Ecclesia episcopum non delectatur habere. [*al*. Gubernet] Gubernat eam Christus, qui semper dignatus est gubernare. » Quam suggestionem legatus accipere neglexit. Simul et populus, ut tunc fieret, ut ignis exarsit, cujus erat clamor intolerabilis, qui nulla posset ratione sedari.

III. *Eugenii virtutes*. — Ordinato itaque episcopo Eugenio, viro sancto Deoque accepto, sublimis nata est lætitia, et gaudium cumulatum est Ecclesiæ Dei. Exsultat multitudo catholica sub barbara dominatione, de ordinatione pontificis reparati. Nam maximus numerus juvenum atque adolescentularum, sibimet in commune congaudens, attestabatur quod nunquam vidisset episcopum in throno sedentem. Porro ille vir Dei, sacerdos Eugenius cœpit per conversationem operum bonorum venerabilis et reverendus haberi, etiam ab eis qui foris sunt; et ita esse omnibus gratus, ut, si fas esset, animam suam pro eodem universos ponere delectaret. Eleemosynas quoque tales per eum Dominus dignatus est facere, ut incredibile videatur tanta eum impendere, ubi Ecclesia, totum barbaris tenentibus, nec unius nummi habere cognoscitur facultatem. Humilitatem in illo, caritatem, pietatem divinitus condonatam, si quisquam incipiat laudare, non poterit explicare.

Pecuniam apud eum nunquam mansisse probatur, nisi forte tali hora offerretur, quando jam sol diei explicans cursum, nocturnis tenebris ordinem daret et locum. Tantum [*al*. *additur* sibi] reservabat quantum diei sufficeret, non quantum cupiditas expetisset, Deo nostro subinde quotidie ingentia et majora donante. Sed cum fama ejus esset ubique celebris atque manifesta, cœperunt exinde Arianorum episcopi invidia gravi torqueri, quotidianis, et præcipue ᵇ Cyrila, eum calumniis insectantes. Quid plurimum? Suggerunt regi de illo ut suum nequaquam sederet thronum, neque ad Dei populum verbum faceret consuetum. Deinde (ut) quoscunque mares vel feminas in habitu barbaro incedentes in ecclesia conspiceret, prohiberet. Ille respondit ut decuit. Domus Dei omnibus patet, intrantes nullus poterit repellere. Maxime quia ingens fuerat multitudo nostrorum catholicorum, in habitu illorum incedentium, ob hoc quod domui regiæ serviebant.

IV. *Persecutionis initia*. — At ubi ab homine Dei tale responsum accepit, statuit in portis ecclesiæ collocari tortores : qui videntes feminam vel masculum in specie suæ gentis ambulantes, illico palis minoribus dentatis jactis in capite, crinibusque in eisdem colligatis, ac vehementius stringentes, simul cum capillis omnem pelliculam capitis auferebant. Nonnulli autem, dum hoc fieret, statim oculos amiserunt, alii ipso dolore defuncti sunt. Mulieres vero post hanc pœnam, capitibus pelle nudatis præcone præeunte per plateas, ad ostensionem totius civitatis ducebantur. Quod sibi magis quæ patiebantur, lucrum maximum computabant. Quorum nos plurimos novimus, nec scimus aliquem eorum tunc, etiam pœnis urgentibus, a recto itinere destitisse. At ubi isto modo fidei infringere non valuit [*al*. ullum] murum, cogitat ut nostræ religionis homines in aula ejus constituti, neque annonis, neque stipendiis solitis potirentur. Addidit quoque ut laboribus eos conterere rusticanis. Dirigit viros ingenuos et admodum delicatos ad campum Uticensem, ut sub ardentis solis incendio, cespites messium desecarent. Ubi omnes cum gaudio pergentes, in Domino lætabantur. In quorum contubernio quidam fuit aridam habens manum, quæ per annos quamplurimos nullum ei præstiterat obsequium. Qui cum veraciter excusaret se operari non posse, magis violenter jussus est pergere. Sed ubi ad locum ventum est, et præsertim pro eo orando ingemuerunt omnes, pietate divina illa arida incolumis confessori restituta est manus. Hinc jam Hunerici persecutio doloris atque parturitionis nostræ sumpsit initium.

V. *Hunericus in suos sævit*. — Ipse autem qui sese jam dudum omnibus lenem ostenderat, desiderans post obitum suum filiis, quod ᶜ non contigit, regnum

---

ª Hac voce veteres exprimebant instructiones seu adhortationes ad populum, quas Græci vulgo homilias dicebant, ut ipsemet Victor supra exposuit libro I, num. 3, ubi inter alia sancti Augustini opera *tractatus populares quos Græci homilias vocant*, memorat.

ᵇ Sic ut plurimum scribitur. Alii *Gyrila*, aut *Cyrileas*, aliqui etiam *Cyrillus*; et sic infra quotiescunque nomen istud occurrit. De hoc semel monuisse sufficiat.

ᶜ Nondum revera contigerat, cum hanc Historiam scriberet Victor, anno scilicet 487; sed postea tamen

statuere, Theodoricum fratrem filiosque ejus, [a] Gentonisque fratris nihilominus filios crudeliter cœpit insequi. Quorum nullum dimitteret, nisi ei mors desiderii sui voluntatem auferret. Primo sciens uxorem Theodorici fratris astutam, credo, ne forte maritum aut majorem filium, [al. qui] quia prudens et sapiens videbatur, consiliis acrioribus adversus tyrannum armaret, crimine imposito, gladio eam interfici jubet. Postquam occiditur et ille filius [al. magnis] magnus litteris institutus, cui secundum constitutionem [b] Geiserici, eo quod major omnibus esset, regnum inter nepotes potissimum debebatur. Accenditur adhuc crudelius aliquid perpetrare. Astante vulgo in media civitate pro gradibus plateæ novæ, episcopum suæ religionis, nomine Jocundum, quem [c] patriarcham vocitabant, præcepit incendio concremari, ob hoc quod in domo Theodorici germani regis acceptissimus habebatur; cujus forte suffragio memorata domus regnum poterat obtinere. In quo impietatis scelere futurum nobis adesse prospeximus malum, aientes invicem singuli nobis : Qui in suo ita crudelis effectus est sacerdote, quando nostræ religioni, vel nobis parciturus est iste? Tunc et Gentonis majorem filium, nomine Godagis, cum uxore, absque solatio servi aut ancillæ crudeli exsilio delegavit. Fratrem vero Theodoricum, post occisionem uxoris et filii, nudum atque destitutum similiter relegavit. Post cujus mortem filium qui supererat, infantulum, duasque filias **15** ejus adultas, impositas asinis, longius affligendo projecit. Sed et comites quamplurimos et nobiles gentis suæ objectionibus falsis insectans, ob hoc quod germano suo faverent, alios incendit, alios gladio jugulavit; imitator existens Geiserici patris, qui sui fratris uxorem ligato pondere lapidum, in [d] Ampsagam fluvium Cirtensem famosum, jactando demersit, et post necem matris, etiam filios interfecit. Sed et multos ei Geisericus

[A] pater moriens sacramento interposito commendaverat : quos ille immemor fidei, et sacramenti violator, diversis pœnis et incendiis trucidavit. Nam Heldicum quemdam, quem pater ejus præpositum fecerat regni, jam veteranum atque annosum, cum decore capite truncavit; ejusque uxorem cum alia, nomine [e] Theucaria, in medio civitatis incendit. Quarum corpora per vicos et plateas trahi mandavit, quæ tota die jacentia, rogatus a suis episcopis vix vespere sepeliri concessit. Camut namque Heldici fratrem, quia ad ecclesiam eorum confugerat, occidere non potuit; quem tamen in loco latrinarum [Lor., obscuro] obscœno conclusit, multoque eum ibi tempore degere statuit. Postea cum caprario quodam et rustico, ad faciendas scrobes vineis profuturas condemnavit : quos etiam duodecies per annum, id est, per singulos menses, flagellis crudelibus dissipabat; vix modico aquæ, cibariique panis concesso. Hoc per quinque vel amplius perpessi sunt annos; quibus hæc supplicia proficere poterant ad æternam mercedem, si catholici fuissent, et fidei suæ merito ista perferrent. Sed ideo istud silere nequivimus, ut impietas regis etiam in suis minime sileretur; qui non solum episcopum suum Jocundum, ut superius demonstravimus, flammis adussit, sed et presbyteros et diaconos suos, id est Arianos, quamplurimos incendit, nec non et bestiis mancipavit.

VI. *Visiones ante persecutionem.* — Amputatis igitur in brevi omnibus quos timebat, et solidans sibi, ut putabat, regnum, quod breve futurum erat et caducum, omni ex parte [f] otiosus atque securus, universa tela furoris in persecutiones Ecclesiæ catholicæ, rugiens sicut leo, convertit. Ante persecutionis tamen tempestatem, multis præeuntibus visionibus et signis, imminens demonstratum fuerat malum. Nam ferme ante biennium quam fieret, vidit quidam [g] Fausti ecclesiam solito in ornatu fulgentem, cereis

---

[a] Alii scribunt *Gentunis.* Orthod., *Genzonis.* Sic eum quoque appellat Procopius libro I de Bello Vandalico, ubi semel et iterum memoratur, eratque secundus Genserici filius. At fallitur iste auctor, qui loco laudato *Theodorum,* sic quippe Theodericum appellat, *postremum natu* ex Geiserici filiis, *neutrius superstitibus relictis,* ante mortem patris *vitam explevisse* scribit. Ex hoc quippe Victoris loco patet Theodoricum ejusque filios post Genserici mortem fuisse superstites, quos Hunericus adeo crudeliter afflixit.

[b] Ille testamento præceperat, inquit Procopius libro I Hist. Vandal., ut semper qui ex suis posteris prior omnium esset ætate, regnum obtineret, exclusis etiam ejus qui antea regnavisset filiis, si aliquos haberent agnatos seniores. Hinc Hunnerico, non Hildericus ejus filius, sed Guntamundus, deinde Trasamundus primo successere, postea Hildericus. Gilimer primus hanc legem violare aggressus est, suo damno, uti dicemus in Commentario historico, fusiusque exponit Procopius in libris duobus de Bello Vandalico.

[c] Familiare fuit apud istos aliosque barbaros præcipuum **gentis** suæ episcopum patriarcham nuncupare. Hinc natum in nonnullis regionibus, quas aliquando illi coluere, patriarchæ nomen, quod etiam posteri Ecclesiæ catholicæ reconciliati retinuerunt. Vide hac de re fuse et erudite disserentem Ludovicum Thomassinum Oratorii Gallicani presbyterum, lib. I novæ et antiquæ Ecclesiæ Disciplinæ, parte I, cap. 21, Latinæ editionis.

[d] Sic legendum. Al i, *Ausagam.* Fluvius ille nunc patria lingua dicitur *Suffegmar,* qui Africam propriam a Mauritania separat. Ob ejus fortassis magnitudinem in Colb. 2 et in edit. Rhenani *famosus* cognominatur, aliis tamen dicitur *fetulosus* aut *fecilosus.* Plinius, Pomponius Mela aliique auctores, qui hunc fluvium memorant, nusquam sic eum appellavere.

[e] Hæc in mss. Mart., Germ. et Ful. dicitur *Thevarica,* apud Orthod. et Lorichium, *Themaria.* Sic *Heldicum,* alii *Heldicam* appellant, et *Camut* ejus fratrem, quidam dicunt *Gamuth.* Lorichius, *Caniut Eildici fratrem,* etc.

[f] Mart., Ful. et Germ., *otiosus.* Alii, *breve fuerat et caducum, omni ex parte otiosus,* etc.

74 [g] Tres Colb., Mart., Orthod., Bald., Lor., et Surius, sic habent, *fulgentem; et dum lætaretur tanti fulgoris candore, cereis quoque fulgentibus, palliisque velaminum, ac lampadibus rutilantem, subito,* etc. Et paulo infra : *Omnisque illa albatorum turba,* etc. Posuimus ex 4 mss. Mart., Germ., Ful., et Colb. 1. At

quoque fulgentibus, palliorumque velamine ac lampadibus rutilantem. Et dum lætaretur candore tanti fulgoris, subito, ait, luminis illius concupiscibilis exstinctus est fulgor, ac tenebris succedentibus adversarius naribus natus est fetor : omnisque illa albatorum turba, expellentibus quibusdam Æthiopibus minata est foras : ob hoc jugiter lamentans, quod eam in claritate pristina nequaquam viderit iterum restitutam. Nam visionem istam nobis præsentibus sancto retulit Eugenio. Vidit et quidam presbyter ipsam Fausti basilicam refertam turbis innumerabilium populorum, et post paululum evacuatam, et repletam porcorum multitudine atque caprarum. Item alius vidit aream triticeam ventilationi paratam, granis adhuc ventilatoris judicio necdum a palea separatis : et dum ingentis massæ, licet confusæ, magnitudinem miraretur, subito ecce turbo veniens tempestatis, sonivago flatu cœpit adventum suum surgente pulvere demonstrare. Cujus impetu palea illa omnis omnino volavit, remanentibus granis. Post hæc venit quidam procerus, splendido vultu, habituque nitido fulgens, qui cœpit grana vacua macilenta atque similagini reproba purgando projicere. Quæ diu examinans, vix magnitudinem illius massæ, licet probatæ, ad acervum tamen perduxit exiguum. Item alius ait : Stabat quidam præcelsus super montem, qui [a] Ziquensis dicitur, et clamabat dextera levaque : Migrate, migrate. Alius conspexit rugiente cœlo atque turbato sulphureas [b] nubes, ingentes lapides jaculari : qui lapides dum cecidissent in terram, plus accendebantur, et majoribus flammis ardebant, atque intrantes in penetralia domorum, quos invenerant incendebant. Qui autem vidit, ait, quia cum se in quodam cubiculo abscondisset, miseratione divina ad eum flamma non potuit pervenire : reor ut illud propheticum compleretur : *Claude ostium tuum, et* [c] *abscondere aliquantulum, donec transeat ira Dei (Isai.*

xxvi, 20). Vidit et venerabilis Paulus episcopus arborem usque ad cœlos ramis florentibus extensam, quæ etiam dilatione sua omnem [*al. dcest* pene] pene Africam opacabat. Et cum universi ejus magnitudine et speciositate gauderent : ecce subito, inquit, venit asinus violentus, qui defricans cervicem suam super robur radicum ejus, impulsu suo cum ingenti sonitu illam mirabilem arborem elisit ad terram. Sed et Quintianus [d] honorabilis episcopus vidit se super quemdam montem stare, de quo conspiciebat gregem innumerabilium ovium [*al. additur* suarum], et in medio gregis duæ erant ollæ nimium bullientes. Aderant autem ovium occisores, qui earum carnes ollis bullientibus demergebant. Et cum ita fieret, omnis illa magnitudo gregis consumpta est. Reor ego illas duas ollas, [e] Siccensem et Larensem duas esse civitates, in quibus multitudo prima fuerat congregata, et a quibus incendium initium sumpsit ; aut Hunericum regem, et Cyrilam episcopum ejus. Sed de multis visionibus, quia brevitati consulendum fuit, hæc dixisse sufficiat.

VII. *Persecutio gravis.* — Quid ultra ? Censet primo tyrannus jussione terribili, ut nemo in ejus palatio militaret, neque publicas ageret actiones, nisi sese Arianum fecisset. Quorum ingens numerus vigore invicto, ne fidem perderet, militiam temporalem abjecit. Quos postea domibus projectos, omnique substantia exspoliatos, in insulas Siciliam et Sardiniam relegavit. [f] Quin etiam statuere per totam Africam festinavit, ut nostrorum episcoporum defunctorum fiscus sibi substantiam vindicaret. Qui autem defuncto succedere poterat, non ante ordinaretur, nisi fisco regali quingentos solidos obtulisset. Sed hoc ædificium, ubi construere [*Lor.*, visus] nisus est diabolus, statim illud destruere dignatus est Christus. Suggerunt ei domestici sui, dicentes : Si istud firmaverit præceptio vestra, nostri episcopi, qui sunt

---

Colb. alter pro *albatorum* habet *oblatorum.* Chiffl., Bald., Sur., et Rhenan., cum Colb. tertio, *beatorum* Lorichius *abbatum.* De Fausti ecclesia supra egimus nota 25 (*Col.* 191, *n.* [b]).

[a] Memoratur civitas Ziquensium in Africa, in epistola Constantini Magni ad Probianum, sicut et in Purgatione Cæciliani. Cæterum Lorichius habet, *supra montem Domini*, qui Ziquensis, etc.

[b] Colb. 2, Ful., Germ., Mart., Rhenan., Orth., et Sur., habent *nubes quæ ingentes cœperunt lapides,* etc. Colb.,1, *Sulphureas ingentesque nubes,* etc. Lorichius, *turbatas sulphureas nubes, quæ ingentes cœperunt,* etc.

[c] Colb. 2 et Rhenan., *absconde te pusillum,* etc.

[d] Hunc Colb. 1 et editi 2 *Quintinianum* appellant ; quem Siccensem episcopum fuisse censet Baronius in notis ad Martyrologium Romanum die 23 Maii, ubi cum sanctis *Lucio* et *Juliano* in persecutione Vandalica passus dicitur. Sed de his inferius plura dicemus, ubi de persecutione Guntabundi, in Commentario historico capite 10.

[e] Sic Colb. 2, Germ., Port., Mart., cum Orthod. et Lorichio. Sed Colb. 1 et Ful., post *Larensem* addunt *Laribus.* At Colb. 1, Rhenan., Chiffl., Bign., Bald. et Sur., addunt, *sicca Veneria, et Laribus, duas,* etc. Sunt autem Sicca Veneria et Lares civitates duæ olim episcopales in Africa proconsulari. Prioris episcopus subscripsit epistolæ synodicæ Patrum ejusdem provinciæ ad Paulum Constantinopolitanum episcopum, quæ lecta est in concilio Lateranensi sub sancto Martino, act. 2, ubi Candidus Siccensis. Et adfuit conc. Carthag. anno 525 Vitulus episcopus plebis Larensis. Ex utraque item urbe episcopi, tum catholici, tum Donatistæ, collationi Carthag. interfuere. In ea quippe *Fortunatianus episcopus Ecclesiæ catholicæ Siccensis* sæpe interlocutus est, et cap. t. 159 subscripsit. *Paulus* vero ejus adversarius cap. 198, inter alios Donatistas recensitus est. *Victorius* autem *Larensis* episcopus cum *Honorato* ejus adversario cap. 131 comparuit, et *Honoratus* iterum cap. 197. Adfuit et Restitutus episcopus Laritensis Donatista cap. 208. De harum urbium situ erudite disserit Henricus Norisius in Observationibus adversus Joannem Garnerium, quas consule. Denique in concilio Carthag. sub sancto Cypriano sententiam pro hæreticis rebaptizandis tulit *Castus a Sicca* num. 28. Eam urbem notam reddidit famosa Urbanum inter et Apiarium controversia. Illiarense oppidum, et Siccense memorat Augustinus epistola 229. An vero Paulus et Quintianus, hic a Victore memorati, harum urbium episcopi fuerint, incertum est, cum id Victor reticeat, nec hæ duæ sedes in Africæ Notitia habeantur.

[f] Sic Orth. et Lorichius. At Mart., Germ. et Ful., *Quod etiam.* Cæteri, *quodam tempore statuere,* etc.

in partibus Thraciæ et aliis regionibus constituti, pejora incipient pati. Præcepit deinde sacras virgines congregari, dirigens Vandalos cum suæ gentis obstetricibus ad [a] inspicienda et contrectanda contra jura verecundiæ verecunda pudoris, ubi nec matres aderant, nec aliqua catholicarum matronarum. Quas [al. cruciantes] torquentes gravi suspendio, atque ingentia pondera pedibus colligantes, laminasque ferri ignitas dorso, ventri, mamillis et lateribus apponebant. Quibus inter supplicia dicebatur : Dicite quoniam episcopi vobiscum concumbunt, et clerici vestri; quarum acerbitate pœnarum plurimas tunc scimus exstinctas. Aliæ quæ remanserunt, cutibus arescentibus factæ sunt curvæ. Nitebantur enim semitam invenire per cujus aditum, publicam, sicut fecit, faceret persecutionem. Et ita faciens, nullo modo investigare potuit quomodo Christi Ecclesiam macularet.

17 VIII. *Fideles in exsilium pulsi.* — Quibus autem prosequar fluminibus lacrymarum, quando episcopos, presbyteros, diaconos et alia Ecclesiæ membra, id est, quatuor millia nongentos [b] septuaginta sex, ad exsilium eremi destinavit? in quibus erant podagrici quam plurimi, alii propter ætatem annosam lumine temporali privati. In quorum erat numero beatus Felix [c] Abbiritanus episcopus, habens jam in episcopatu quadraginta quatuor annos, qui paralysis morbo percussus, nec sentiebat quidquam, nec penitus loquebatur. De quo nos maxime cogitantes quod non posset jumento portari, suggessimus ut a suis rex peteretur, ut saltem cum propere moriturum Carthagini esse juberet, quia ad exsilium nulla posset ratione perduci. Quibus ita fertur tyrannus cum furore dixisse : Si animali sedere non potest, jungantur boves indomiti, qui eum colligatum funibus trahendo perducant quo ego præcepi. Quem ex transverso super burdonem vinctum, quasi quemdam ligni truncum, toto itinere portabamus.

IX. *Mira fides mulierculæ.* — Congregantur universi in Siccensem et Larensem civitates, ut illuc occurrentes Mauri, sibi traditos ad eremum perducerent. Supervenientes igitur comites duo subtilitate damnabili, blandis sermonibus cum Dei confessoribus agere cœperunt : Quid vobis, inquiunt, videtur, ut ita pertinaces sitis, et domini nostri præceptis minime obtemperetis, qui esse poteritis in conspectu regis honorabiles, si ejus festinetis facere voluntatem? Statim illis ingenti vociferatione clamantibus, et dicentibus : Christiani sumus, catholici sumus : Trinitatem unum Deum inviolabiliter confitemur, includuntur graviori quidem, sed adhuc latiori custodia; ubi nobis copia dabatur introire; et verbum admonitionis fratribus facere, et divina mysteria celebrare. Ibi et infantuli fuere quamplurimi, [*Lor.*, qui] quos genitrices materno sequebantur affectu, [d] aliæ gaudentes, aliæ tristes, aliæ retrahentes; aliæ gaudebant se martyres peperisse, aliæ moliendo, diluvio rebaptizationis nitebantur a confessione fidei revocare. Nullum tamen tunc nec blandimenta vicerunt, nec carnalis pietas aliquem inclinavit ad terram. Nam quædam tunc quid fecerit anus, breviter referre delectat. Dum iter ageremus cum Dei exercitu comitantes, et forte magis noctibus promoveremus propter solis ardorem, conspicimus mulierculam sacculum, et alia vestimenta portantem, manu infantulum unum tenentem, atque his sermonibus consolantem : Curre, domine meus. Vides universos sanctos quomodo pergunt, et festinant hilares ad coronam? Quam nos cum increparemus, quod importuna videretur, aut viris pro sexu jungi, aut exercitui Christi sociari, respondit : Benedicite, benedicite, et orate pro me, et pro isto parvulo nepote meo; quia, etsi peccatrix, filia sum quondam [e] Zuritanæ civitatis episcopi. Cui nos : Et quare ita abjecte ambulas, vel qua ratione de tam longo itinere huc pergere demonstraris? Quæ respondit : Cum hoc parvulo servo vestro ad exsilium pergo, ne inveniat cum solum inimicus, et a via veritatis revocet ad

---

[a] Colb. 1, Mart. et Orth. cum Lorichio, *ad inspiciendum, et contrectandum contra jus verecundiæ et pudoris, ubi,* etc. Harum virginum memoriam recolit Martyrologium Romanum **75** die 16 Decembris.

[b] Sic Col. 2, Mart., Germ., Ful., Port., Lorichius, et Orthod., cum Martyrologiis Adonis, Usuardi, Notkeri, etc. At Colb. 1, Rhenan., Surius, Bald. Belfor. cum Baronio in Martyrologio Romano, *Sexaginta sex*. Chiffl. et Bign. *Sexaginta quatuor*.

[c] Sic Colb. 3, Orthod. et Lorich., quibus accedunt Mart., Ful. et Germ., ubi, *Abiritanus*. Port., *Harbiritanus*. At Chiffl. edit., *Abderitanus*. Rhenan., Sur. et alii editi, *Abdiritanus*. Porro in Africa urbs duplex fuit *Abbir* dicta; quarum altera *Abbir Majus* dicebatur. Utriusque episcopos collationi Carthaginensi adfuit, *Felix* scilicet *episcopus Abbir Majus* cap. 133, ubi nullus ibi fuisse Donatista dicitur; et cap. 215, *Annibonius catholicus episcopus Abbiritensis*. Concilio autem Carthaginensi anno 419 subscripsit *Candidus episcopus Germaniæ*, qui alias ibidem simpliciter *Abbiritanus* dicitur, ejus scilicet urbis, ni fallor, cujus *successus ab Abbir-Germanicciana* habetur in concilio Carthag. sub sancto Cypriano, num 16. Ab his urbibus diversa omnino erat *Abdera* seu *Abzera*, cujus episcopus *Fructuosus* memoratur in collat. Carthag.

cap. 128. Porro *Felix* hic a Victore laudatus, is ipse esse videtur, qui in Notitia Africana inter proconsulares episcopos num. 2 *Abaritanus* dicitur, qua de re vide notas in Notitiam. Ejus et cæterorum hic laudatorum memoriam recolunt vulgata martyrologia die 12 Octobris, Græci vero 7 Septembris.

[d] Lorichius et Rhenan. non habent *aliæ tristes*. Et infra, *moliendo*. Colb. 1, *moriendos*. Rhenan., Sur., Bign. et Bald., *morituros*.

[e] Germ., Ful., et Orthod. cum Lorichio, *Zurinanæ*. Mart. *Zurinaticæ*. Colb. 1, *Turitanæ*; Sur., *Quiritanæ*. In Indice Oxoniensi jam laudato *Zura* incertæ provinciæ dicitur. At ex collatione Carthaginensi discimus eam ex proconsulari fuisse. Etenim cum *Quintus*, ut vulgatæ editiones habent, nam v. c. Baluzius habet *Qui supra,* pro *Paulino Zurensi litteras nescient*, qui præsens aderat, se subscripsisse fuisset testatus in collatione Carthag. cap. 133, *Paulinusque* ipse, catholicus episcopus, se habere unitatem professus fuisset, *Habetdeus diaconus Primiani episcopi Carthaginensis partis Donati, dixit : Presbyter est illic noster. Diœcesis nostra est.* Recensetur et eodem capite collationis, ut jam diximus n. 39, *Donatus episcopus plebis Buritanæ*.

mortem. Ad hæc verba repleti lacrymis nihil dicere valuimus, nisi ut voluntas Dei fieret.

X. *Carceris incommoda.* — Sed ubi adversarius, qui jam forte dicebat : *Partibor spolia, replebo animam meam, interficiam gladio meo, dominabitur manus mea* (*Exod.* xv, 9), nullum potuit [*al.* aucupari] occupare; inquirit angusta et teterrima loca, in quorum conclavibus Dei exercitum coarctaret. Tunc eis etiam visitationis humanæ negata est **18** consolatio. Puniuntur et custodes fustibus, et graviter affliguntur; jactantur confessores Christi super invicem, angustia coarctante, unus super alium, ut agmina locustarum, et, ut proprie dicatur, ut grana pretiosissima frumentorum. In qua constipatione, secedendi ad naturale officium nulla ratio sinebat; [a] sed locum stercoris et urinæ urgente necessitate, ibidem faciebant, ut ille tunc fetor et horror universa pœnarum genera superaret : ad quos aliquando dato ingenti munere Mauris, dormientibus Vandalis, vix clam admissi sumus intrare. Qui introeuntes, veluti in gurgite luti, usque ad genua cœpimus mergi; illud tunc Hieremiæ videntes fuisse completum : *Qui nutriti sunt in croceis, amplexati sunt stercora sua* (*Thren.* iv, 5). Quid multa? præcepti sunt undique perstrepentibus Mauris, ad iter ubi destinati fuerant præparari.

XI. *Itineris incommoda.* — Exeuntes itaque die dominica, linita habentes stercoribus vestimenta, facies simul et capita, a Mauris tamen crudeliter minabantur, hymnum cum exsultatione Domino decantantes : *Hæc est gloria omnibus sanctis ejus* (*Psal.* cxlix, 9). Aderat enim ibi tunc beatus pontifex Cyprianus [b] Unizibirensis episcopus, consolator egregius, qui singulos pio et paterno fovebat affectu, non sine fluminibus currentium lacrymarum : paratus pro fratribus animam ponere, et se ultroneum, si dimitteretur, talibus passionibus dare; qui totum quid habuit, egentibus fratribus in illa tunc necessitate expendit : quærebat enim occasionem qualiter confessoribus sociaretur, ipse animo et virtute confessor. Qui postea per multos agones et squalores carceris, ad exsilium quod desiderabat, cum exsultatione perrexit. Quantæ et tunc multitudines de diversis regionibus, et civitatibus, ad visendos Dei martyres occurrerint populorum, testantur viæ vel semitæ: quæ cum agmina venientium nequaquam caperent, per vertices montium et concava vallium concurrentes turbæ fidelium inæstimabiles descendebant, cereos manibus gestantes, suosque infantulos vestigiis martyrum projicientes, ista voce clamabant : Quibus nos miseros relinquitis, dum pergitis ad coronas? qui hos baptizaturi sunt parvulos fontibus aquæ perennis? qui nobis pœnitentiæ [*al.* manus] munus collaturi sunt, et reconciliationis indulgentia, obstrictos peccatorum vinculis, soluturi? quia vobis dictum est : *Quæcunque solveritis super terram, erunt soluta et in cœlis* (*Matth.* xviii, 18). Qui nos solemnibus orationibus sepulturi sunt morientes? aut a quibus divini sacrificii ritus exhibendus est consuetus? vobiscum et nos libeat pergere, si liceret, ut tali modo filios a patribus nulla necessitas separaret. In his vocibus [c] vel lacrymis, et laudibus nullus jam pergere admissus est consolator; sed arctabatur multitudo ad currendum, ut ubi [d] cannava erat præparata, laboriosam caperet mansionem. Qui cum senes deficerent, et alii forte, etsi juvenes, delicati corpore, cœperunt hastilium cuspidibus ad currendum, et lapidibus tundi : unde magis deficientes, amplius lassabantur.

XII. *Sævitia in confessores.* — Post vero imperatum est Mauris ut eos qui ambulare non poterant, ligatis pedibus, velut cadavera animalium mortuorum, traherent per dura et aspera lapidum loca, ubi primo vestimenta, postea membra singula carpebantur. Quibus per gladios acutos petrarum [*al.* hic... alibi] huic caput conterebatur, alii latera findebantur, et ita inter trahentium manus spiritum exhalabant. Quorum numerum nequaquam valuimus colligere, multitudine coercente; exaltatur tamen per totum **19** aggerem publicum vilis sepultura sanctorum, loquentibus tumulis. Reliqui habiliores ad solitudinis loca pervenerunt, in quibus [*Colb.* 1, colligati] collocati, hordeum ad vescendum ut jumenta accipiunt. Ubi etiam venenatorum animalium atque scorpionum tanta esse dicitur multitudo, ut ignorantibus incredibilis videatur, quæ solo flatu etiam procul positis veneni virus infundit. Ab scorpione enim percussum, nullum dicunt aliquando evasisse. Quorum feritas virulenta usque ad præsens tempus, Christo defendente, nullum servorum ejus nocuisse docetur. Sed cum illic aluntur hordeaceis granis, postea et hoc ablatum est : quasi non posset Deus qui pluerat patribus manna, [e] pascere et nunc tali exsilio mancipatos.

XIII. *Regis edictum.* — Cogitat acriora adversus

---

[a] Chiffl. cum aliquot editis et mss. *ratio non sinebat loci; sed stercoris,* etc. Colb. 2, Rhenan. et Bald., *Loci, sed stercora et urinam.* Et infra, *dantes ingentia,* etc. Chiffl. et alii, *dato ingenti munere.* Lorichius, *dando ingentia munera,* etc.

[b] Aliquot mss., *Unizibilinensis.* Lorichius, *Unzibilinensis.* Porro *Cyprianus* hic memoratus, idem ipse est qui in Notitia Africana inter Byzacenæ episcopos recensetur. De qua urbe vide notas in Byzacenas urbes n. 41. Ejus, sicut et aliorum supra memoratorum, festum recolunt vulgata martyrologia die 12 Octobris.

[c] Hæc duo verba *vel lacrymis* desunt in Mart., Lorich. et Orthod. In aliis vero ista desunt, *et laudibus.*

[d] Chiffl. *cannaba.* Mart., Colb. 1, Ful. et Germ., *ubi tunc navis erat,* etc. Orth. et Lorichius, *Ubi tunc Mauris erat præparata laboriosam caperemus mansionem.* Cæterum hæc vox *cannava,* apud mediæ ætatis auctores designat cellam vinariam, aut similem locum subterraneum, **76** quem Gallice appellamus *une cave,* quod huic loco optime congruit. Vide Glossar. Cangianum.

[e] Pro *et nunc* Lorichius habet *etiam.* Colb. 1, *pascere et nunc familiam suam. His igitur tali exsilio mancipatis, cogitat,* etc.

Ecclesiam Dei, ut qui membra aliqua absciderat, totum laniando perderet corpus. Nam die Ascensionis Domini, legato Zenonis imperatoris [a] Regino præsente, legendum in media ecclesia episcopo Eugenio dirigit præceptum, tali tenore conscriptum : quod etiam universæ Africæ [al. veredis] veredariis currentibus destinavit.

HUNERICI REGIS PRÆCEPTUM.

Eugenio Carthaginensi, cæterisque episcopis catholicis per universam Africam constitutis, directum, ut ad fidei suæ reddendam rationem Carthaginem veniant.

« Rex Hunerix Vandalorum et Alanorum, universis episcopis omousianis.

« Non semel, sed sæpius constat esse prohibitum, ut in sortibus Vandalorum sacerdotes vestri conventus minime celebrarent, ne sua seductione animas subverterent Christianas. Quam rem spernentes plurimi, nunc reperti sunt contra interdictum missas in sortibus Vandalorum egisse; asserentes se integram regulam Christianæ ac veræ fidei tenere. Et quia in provinciis a Deo nobis concessis scandalum esse nolumus, ideo Dei providentia, cum consensu sanctorum episcoporum nostrorum hoc nos statuisse cognoscite, ut ad diem calendarum [b] Februariarum proxime futurarum, omissa omni excusatione formidinis, omnes Carthaginem veniatis, ut de ratione fidei cum nostris venerabilibus episcopis possitis inire conflictum; et fidem omousianorum, quam defenditis, de [al. diversis] divinis Scripturis proprie approbetis, quo possit agnosci si integram fidem teneatis. Hujus autem edicti tenorem universis [al. coepiscopis] episcopis tuis per universam Africam constitutis direximus. Data sub die decimo tertio calendas Junias, anno septimo regni Hunerici. »

XIV. Cognoscentes igitur qui aderamus, simulque legentes, contritum ex extemplo cor nostrum, et contenebrati sunt oculi nostri; et vere tunc dies festi nostri conversi sunt in luctum, et cantica in lamentationem, dum edicti tenor indicaret futuræ persecutionis furorem; et præsertim ubi dixit : *In provinciis a Deo nobis concessis scandalum esse nolumus;* [c] quasi diceret : In provinciis nostris catholicos esse nolumus. Tractatum est quid fieret. Nullum invenit remedium imminens calamitas, nisi ut a sancto Eugenio rationabilis, si cor barbarum molliretur, suggerenda daretur, tali textu conscripta.

SANCTI EUGENII RESPONSIO.

20 *Suggerenda Hunerico regi data ab Eugenio episcopo Carthaginensi, ut ad collationem de communis fidei causa habendam etiam transmarini episcopi vocentur.*

« Quoties animæ vel vitæ æternæ ac fidei Christianæ causa tractatur, intrepide (sicut regalis providentia compromisit) necesse est ut quod competit suggeratur. Nuper potestas regia per [al. Witaredum] Witarit notarium parvitatem meam admonere dignata est; qui [d] nobis de merito ac religione fidei, præceptum ejus in ecclesia præsente clero et plebe recensuit. Ex cujus tenore cognovimus ad omnes coepiscopos meos præceptum regium similiter emanasse, ut die constituta pro disputatione fidei veniatur, quod nos venerabiliter accepisse suggessimus. Cui præfato notario humilitas mea suggessit, debere etiam transmarinarum omnium partium, qui nobiscum sunt in una religione vel communione consortes, agnoscere; quia ubique regno ejus obtemperant universi : maxime quod totius mundi sit causa, non specialis provinciarum Africanarum tantummodo Et quia secundo responso suggerendam me promisi oblaturum, merito suppliciter [al. precor] peto magnificentiam tuam, ut ad domini et clementissimi regis aures memoratam suggestionem meam perferre digneris; quo ejus clementia dignanter agnoscat, nos disputationem legis, cum Dei adjutorio nullatenus declinare vel fugere; sed sine universitatis assensu, nos non debere asserendæ fidei nostræ causas assumere. Quod petimus ut benignitate, qua tantus est, et justitia sapientiæ suæ dignetur annuere. Data ab Eugenio episcopo Ecclesiæ catholicæ Carthaginis. »

XV. *Rejicitur.* — Sed eum hæc suggestio a beato Eugenio offerretur, ille qui jam conceperat dolorem, urgebatur iniquitatem gravius parturire; et ita sancto viro Eugenio episcopo per [e] Cubadum præpositum regni sui mandasse videtur : Subde mihi universum orbem terrarum, ut sub potestate mea totus mundus redigatur, et facio, o Eugeni, quod dicis. Ad quod beatus Eugenius respondit ut [al. decuit] potuit : Quod rationem, inquit, non habet, dici non de-

---

[a] Mart., Fulg., Germ., cum Orthod., Sur., Lorichio, et Belfor., *rege non.* Colb. 1, *rege nostro.* Bign. et Bald., *regina.* Rhenan., *legatus.... regina præsente,* etc. Certe Eudoxia, Valentiniani filia Romæ capta Hunnerico nupserat; sed jam aufugerat Constantinopolim, ut refert Zonaras. Eam cum marito annis sexdecim vixisse tradit Nicephorus lib. xv Histor., cap. 12 : unde retinendam esse lectionem vulgatam censemus. Eum nempe Afris probe notum fuisse patet, quod postea in Orientis partibus constitutus, quæstiones aliquot beato Fulgentio solvendas proposuit, quibus ille respondit epist. 18; et post Fulgentii mortem Ferrandus diaconus, ut ejusdem Ferrandi opusculum de hoc argumento testatur. Illud editum est a Chiffletio cum cæteris ejusdem auctoris operibus, Divione, anno 1649.

[b] Colb. 2, Ful., Germ., Mart., Lorichius, et Orth., *Januariarum;* qui tamen infra habent *Februariarum.* Et infra pro *Junias* Germ., Ful., et Orth., habent *Julias.* Mart., III *cal. Julias.*

[c] *Quasi diceret : In provinciis nostris, catholicos esse nolumus.* Hæc desunt in Colbert. 1, Mart., Germ., Lorichio, et Orthod. Et infra, ubi ex Colb. 1 posuimus, *nisi ut a sancto,* etc. Plerique editi habent *nisi a sancto,* etc. Cæteri fere mss. cum Orth. et Lorichio, *Tunc sancto Eugenio rationabilis causa visa est si cor barbarum moliretur, suggerendo, si legenda daretur tali textu epistola conscripta.*

[d] Colb. 2, Ful., Germ., Mart., Port., et Orthod. cum Lorichio, *nobis merito religionis ac fidei.* Colb. tertius, *de merito religionis fidei ejus præceptum.*

[e] Colb. 1, cum aliquot editis, *Obadum;* Colb. alter, *Oubadum,* et sic infra. Paulo ante, *iniquitatem gravius parturire.* Lorichius, *ut iniquitatem gravius parturiret.*

buit. Sic est hoc quomodo si dicatur homini, ut per aera feratur et volitet, quod moris non est humanæ naturæ. Dixi enim, si nostram fidem, quæ una et vera fides est, potestas regis agnoscere desiderat, mittat ad amicos suos : scribam et ego fratribus meis, ut veniant coepiscopi mei, qui vobis nobiscum communem fidem nostram valeant demonstrare, et præcipue Ecclesia Romana, quæ [a] caput est omnium Ecclesiarum. Ad hæc Cubadus : Ergo tu, et dominus meus rex, similes estis? Eugenius episcopus dixit : Ego similis regi non sum; sed dixi : Si veram cognoscere desiderat fidem, scribat amicis suis, ut dirigant nostros catholicos episcopos; et ego scribo coepiscopis meis, quia catholicæ fidei universæ una est causa. Hoc agebat Eugenius, non quod deessent in Africa qui adversariorum objecta refellerent, sed ut illi venissent, qui alieni ab eorum dominatu, majorem fiduciam libertatis haberent, pariterque oppressionis nostræ calumnias universis terris et populis nuntiarent.

XVI. *In episcopos sævitia.* — Ille autem qui nectebat dolos, audire noluit rationem, agens argumentationibus crebris, ut quoscunque episcoporum audierat eruditos, variis insectationibus agitaret. Jam ad exsilium [b] Vibianense secundo Donatianum impositis centum quinquaginta fustibus miserat episcopum, **21** necnon et Sufetulensem Præsidium, virum satis acutum. Tunc et venerabiles Mansuetum, Germanum, Fusculum, et multos alios fustigavit. Dum hæc geruntur, imperat ut cum nostræ religionis viris illorum mensam nullus communem haberet, neque cum catholicis omnino vescerentur. Quæ res non ipsis aliquod præstitit beneficium, sed nobis maximum contulit lucrum. Nam si sermo eorum, dicente Apostolo, sicut cancer consuevit serpere (*II Tim.* II, 17), quanto magis communis mensa ciborum poterit inquinare, cum dicat idem apostolus : cum nefariis nec cibum habere communem (*I Cor.* v, 11)?

XVII. *Ingens miraculum.* — Sed cum ignis jam persecutionis accenderetur, et flamma infestantis ubique regis arderet; ostendit Deus noster quoddam miraculum per servum suum fidelem Eugenium, quod præterire non debeo. Fuit in eadem civitate, id est Carthagine, quidam cæcus civibus civitatique notissimus, nomine Felix. Hic visitatur a Domino, diciturque ei nocte per visum, [c] dies enim Epiphaniorum illucescebat : Surge, vade ad servum meum Eugenium episcopum, et dices ei, quia ego te ad illum direxi. Et illa hora qua benedicet fontem, ut baptizentur accedentes ad fidem, continget oculos tuos, et aperientur, et videbis lumen. Qui tali visione commonitus, putans se, quomodo assolet, deludi per somnium, surgere noluit cæcus. Sed cum iterum urgeretur in somnum, similiter ut ad Eugenium pergeret, compellitur. Rursus negligit, tertioque festinanter et graviter increpatur. Excitat puerum qui ei solitus erat manum porrigere. Pergit veloci agilitate ad Fausti basilicam; orat, et veniens cum ingentibus lacrymis, suggerit cuidam [d] subdiacono nomine Peregrino ut eum episcopo nuntiaret, indicans se habere aliquod secreti genus intimandum. Audiens episcopus jussit hominem introire. Jam enim ob celebritatem festivitatis, hymni nocturni per totam ecclesiam canente populo concrepabant. Indicat cæcus antistiti ordinem visionis suæ, diciturque illi : Non te dimittam nisi mihi, sicut a Domino jussus es, reddideris oculos meos. Cui sanctus Eugenius : Recede a me, frater; peccator sum et indignus, et super omnes homines delinquens, ut pote, et qui in hæc tempora servatus sum. Ille autem tenens genua

[a] Sic olim Cyprianus Romanam *Ecclesiam principalem* appellabat, epist. 59 edit. Oxon., alias 55, quem imitati sunt alii Africani Patres. Optatus lib. II adversus Parmenianum, Augustinus passim, et alii. Vide Mabillonii nostri præfationem in Liturgiam Gallicanam. Cæterum Julius papa in epistola ad Orientales episcopos conqueritur se ab iis ad concilium advocatum non fuisse. Vide Sozomen. lib. III Hist. eccles., cap. 10. Fulgentius et cæteri episcopi exsules in Sardinia, epistola 15 ad Venerium et Joannem, laudant Hormisdæ pontificis Romani verba, ut ostendant de gratia omnibus esse tenendum, *quid Romana,* inquiunt, *id est, catholica sentit et servat Ecclesia.*

[b] Sic editi fere omnes, nisi quod habent *Vibianensem.* Colb. 1 *Vibianense secundum.* Sicut et Mart., Ful. et Germ. : sed qui infra pro *episcopum* habent *episcopos,* quasi secundi nomine, episcopus hic quidam a Victore designaretur Donatiano sociatus. Similiter Orthod. et Lorichius habent : *Vinianense, secundum, Donatianum impositis centum.... episcopos; et sub fetulense præsidium verum, acutum,* etc. Sed hæ lectiones mendosissimæ sunt. Unicum quippe hic tantummodo designari Donatianum episcopum, liquet ex vetustis martyrologiis Usuardi, Adonis, et Notkeri, in quibus die 6 Septembris solus *Donatianus* cum infra recensitis celebratur his verbis : **77** *Sanctorum Donatiani, Præsidii, Mansueti, Germani et Fusculi, qui,* etc., quo item die in Romano Martyrologio memorantur. Porro in Notitia Africana quatuor Donatianos episcopos invenio; *Veselitanum* scilicet et *Teglanensem* in Numidia, *Eliensem* in Byzacena, et *Uzi*-nadensem in Mauritania Cæsariensi. Præsidius autem hic laudatus, is ipse est qui dicitur *Suffetulensis* in Notitia Africana inter episcopos Byzacenæ, sicut et *Mansuetus Afufeniensis* et *Germanus Peradamiensis,* in eadem provincia. At *Fusculum* reperire non licuit, nisi forte fuerit *Fittiosus Aggaritanus,* in eadem Byzacena provincia memoratus. Certe pro *Fusculus* in Usuardi autographo habetur *Fulcolus.*

[c] In Colb. 1, annorum circiter 800, eadem manu quo textus ipse scriptum est in margine : *Nota quod in die sacra Epiphaniorum apud antiquos baptismus fieret.* Idem habet in capituli titulo editio Lorichii, excepta hac vocula, *nota.* Hanc vero consuetudinem improbant Siricius papa in epistola ad Himerium Tarraconensem episcopum, et sanctus Leo in epist. 16 edit. Quesnellianæ, ad Siciliæ episcopos, quibus postea alii pontifices, et in variis provinciis synodi adhæserunt. Alia tamen in aliis provinciis servabatur consuetudo, quod de Africa certum est. Idem in Orientalibus provinciis observatum fuisse liquet tum ex Græcorum Euchologio, tum ex Prato spirituali Joannis Moschi cap. 171, apud Cotelerium tomo II Monumentorum Ecclesiæ Græcæ, ubi refertur sacrum fontem singulis annis in Vico quodam, die festo Theophaniorum sponte sudare solitum fuisse, ut ex ea aqua baptismus conficeretur.

[d] Editi, *Diacono.* Priorem lectionem prætulimus, quæ videtur istorum temporum disciplinæ magis esse conformis. Subdiaconi quippe extra sacrarium stabant, ex concilio Laodiceno.

ejus, aliud non dicebat, nisi illud quod jam dixerat : **A** choro doctorum nomine [c] Lætum, strenuum atque
Sicut jussum est redde mihi oculos meos. Attendens doctissimum virum, post diuturnos carceris squalo-
quoque Eugenius inverecundam credulitatem, et quia res incendio concremavit, æstimans tali exemplo
jam tempus urgebat, pergit cum eo, comitante offi- timorem incutiens, reliquos se clisurum. Tandem
cio clericorum ad fontem. Ubi fixis genibus cum in- venitur ad disputationis conflictum, ad locum scilicet
genti gemitu, pulsans singultibus cœlum, crispantem quem delegerant adversarii. Evitantes igitur nostri
benedixit alveum fontis, et cum completa surrexisset vociferationis tumultus, ne forte postmodum Ariani
oratione, ita cæco respondit : Jam tibi dixi, frater dicerent, quod eos nostrorum oppresserit multitudo,
Felix, peccator homo ego sum; sed qui te visitare deligunt de se nostri qui pro omnibus responderent
dignatus est, præstet tibi Dominus secundum fidem decem. Collocat sibi Cyrila cum suis satellitibus in
tuam, et aperiat oculos tuos. Simulque vexillo crucis loco excelso superbissimum thronum astantibus [*al.*
consignat oculos ejus. Statim cæcus visum, Domino nobis] nostris. Dixeruntque nostri episcopi : [d] Illa
reddente, recepit. Quem secum, quousque universi semper est grata collatio, ubi superba non dominatur
baptizarentur, ibi detinuit [a] ob hoc, ne tanto mira- potestatis elatio; sed ex consensu communi venitur,
culo populus excitatus, virum contereret qui rece- ut cognitoribus discernentibus, partibus agentibus,
perat lumen. Fit postea manifestum Ecclesiæ uni- **B** quod verum est agnoscatur. Nunc autem quis erit
versæ. Procedit ad altare cum Eugenio, sicut moris cognitor, quis examinator, ut libra justitiæ aut bene
est, qui fuerat cæcus, suæ salutis oblationem Do- prolata confirmet, aut prave assumpta refellat? Et
mino redditurus. Quam episcopus accipiens altari cum talia et alia dicerentur, notarius regis respon-
imposuit. Fit strepitus, gaudio [b] provocante, irrevo- dit : Patriarcha [e] Cyrila dixit. Ad quod superbe et
cabilis populorum. Statim nuntius pergit ad tyran- illicite sibi nomen usurpatum nostri detestati dixe-
num. Rapitur Felix, inquiritur ab eo quid factum sit, runt : Legatur nobis quo concedente istud sibi no-
22 qualiterque receperit lumen. Dicit ille ex ordine men Cyrila assumpsit. Et exinde strepitum concitan-
totum, dicuntque Arianorum episcopi : Hoc Eugenius tes, calumniari adversarii cœperunt. Et quia hoc
per maleficia fecit. Et quia oppressi confusione lu- nostri petierant ut saltem, si examinare non licebat,
men non poterant nubilare, eo quod Felix universæ prudenti multitudini vel exspectare liceret : jubentur
civitati manifestus esset et notus; tamen volebant universi filii catholicæ Ecclesiæ qui aderant, centenis
eum, si fas esset, necare, quomodo Judæi suscita- fustibus [*al.* cædi] tundi. Tunc clamare cœpit beatus
tum Lazarum cupiebant occidere (*Joan.* xii, 10). [*Lor.,* Eusebius] Eugenius : Videat Deus vim quam

XVIII. *Lætus martyr.* — Appropinquabat jam fu- patimur, cognoscat afflictionem et persecutionem
turus dies ille calumniosus calendarum Februaria- **C** quam a persecutoribus sustinemus. Conversique no-
rum, ab eodem statutus. Conveniunt non solum stri, Cyrilæ dixerunt : Propone quod disponis: Cy-
universæ Africæ, verum etiam insularum multarum rila dixit : Nescio Latine [*Colb.* 1 *addit* loqui]. Nostri
episcopi, afflictione et mœrore confecti. Fit silentium episcopi dixerunt : Semper te Latine esse locutum
diebus multis, quousque peritos quosque et doctissi- manifesto novimus; modo excusari non debes, præ-
mos viros [*al.* exinde superaret] interim separaret, sertim quia tu hujus rei incendium suscitasti. Et vi-
calumniis appositis enecandos. Nam unum ex ipso dens catholicos episcopos ad conflictum magis fuisse

---

[a] Lorichius sic habet : *Ob hoc tantum miraculum populus excitatus, comprimere virum qui receperat lumen cœperunt. Fit postea,* etc.

[b] Alii, *metante* aut *comitante.* Colb. 1, *mediante.* Orthod. et Lorichius, *provocante inæstimabilis,* etc.

[c] Hic fuit episcopus Neptitanus in Byzacena, ut ex Notitia patet. Idem testatur Victor Tunnonensis in Chronico, et Isidorus in Historia brevi Vandalorum, æra 501. Ejus memoriam simul cum supra recensitis confessoribus celebrant vulgata Martyrologia die 6 Septembris. Victor tamen Tunnonensis in Chronico laudato eum die xii calendas Octobris glorioso martyrio coronatum fuisse asseverat, Zenone Augusto consule. Ejusdem sancti viri apparitione bellum adversus Vandalos a Justiniano imperatore susceptum fuisse scribit jam laudatus Isidorus, æra 560. Ad quod tamen fuisse incitatum adhortationibus episcopi cujusdam, qui Dei monitu ex Oriente Constantinopolim venerat, asserit Procopius libro i de Bello Vandalico. Paulo infra *æstimans tali exemplo timorem incutiens,* etc. Colb. 1, *æstimans quod...... timorem excitaret.* Mart., Ful., Germ., Sur., Orthod. et Lorichius, *quod.... timorem incuteret reliquis et læsuram.*

[d] Alii habent, *Illo est semper tractanda locutio, ubi,* etc. Et infra, *Cognitoribus discernentibus.* Aliquot mss. et editi, *decernentibus.* Porro cognitores dicebantur qui recognoscendis episcoporum sententiis committe-

bantur. De his Augustinus in breviculo collationis. Plura vero habet Morinus lib. i Exercitationum ecclesiast. cap. 20. Eorum mentio passim in conciliorum actis habetur, ex quibus facile quivis eorum officium dignoscere **78** potest. Et infra, *prolata confirmet,* etc. Ful. et Mart., *confirment, aut probra assumpta refellant.* Germ., *confirmet aut probra,* etc. Orthod. et Lorichius, *improbe assumpta refellat.*

[e] Hunc locum restituimus ex mss. Colb. 1 et Port. Interpellarunt quippe catholici, cum hæc verba, *Patriarcha Cyrila dixit,* Notarius pronuntiaret. Ferre enim non poterant, ut ille Cyrilam nuncuparet patriarcham, unde sermonis ipsius filum interrumpebant. Colb. alter, Rhenan., Chiffl., Bald., et Bign., omissa una linea. *Cyrila dixit: Legatur,* etc. Aliter habent Sur., Orthod., Lorichius, et cum eis Bald. in prolegomenis, scilicet, *Patriarcha Cyrila dixit, aliquos vestrum superbe et illicite sibi nomen catholicorum usurpasse. Nostri testati dixerunt : Legatur,* etc. Sed ni fallor, vocem *Catholicorum* absque ms. posuerunt, quod alias sensus videretur eis esse nullus. Nam Ful. et Germ., qui hanc lectionem habent, pro *catholicorum* habent *patriarchæ,* et Colb. tertius *cum* Comp. neutram. Porro familiare erat, ut jam supra observavimus, apud istos aliosque barbaros, præcipuum gentis suæ episcopum *patriarcham* nuncupare.

paratos, [a]omnino volebat audientiam diversis cavillationibus declinare. Quod ante nostri praevidentes, libellum de fide conscripserant, satis decenter sufficienterque conscriptum, dicentes : Si nostram fidem cognoscere desideratis, haec est veritas quam tenemus.

[a] Sic habet Lorichius. At alii mss. et ed. *omnino audientiam..... declinavit*

LIBER TERTIUS.

PROFESSIO FIDEI CATHOLICORUM EPISCOPORUM HUNERICO REGI OBLATA.

23 I. *Unitas substantiae Dei.* — Regali imperio fidei catholicae, quam tenemus, praecipimur reddere rationem, ideoque aggredimur pro nostrarum virium mediocritate, divino fulti [a] adjutorio, quae credimus vel praedicamus breviter intimare. Primum igitur de unitate substantiae Patris et [b] Filii, quod Graeci ὁμοούσιον dicunt, exponendum nobis esse cognoscimus. Patrem ergo, et Filium, et Spiritum sanctum ita in unitate Deitatis profitemur; ut et Patrem [c] in suae proprietate personae subsistere, et Filium nihilominus in propria exstare persona, atque Spiritum sanctum personae suae proprietatem retinere fideli confessione fateamur. Non eumdem asserentes Patrem quem Filium, neque Filium confitentes qui Pater sit, aut Spiritus sanctus ; neque ita Spiritum sanctum accipimus, ut aut Pater sit aut Filius ; sed ingenitum Patrem, et de Patre [*al.* natum] genitum Filium, et de Patre et [d] Filio procedentem Spiritum sanctum, unius credimus esse substantiae [*Lor.*, et] vel essentiae :[e] quia ingeniti Patris et geniti Filii et procedentis Spiritus sancti una est deitas, tres vero personarum proprietates. Et quia contra hanc catholicam vel apostolicam fidem exorta haeresis novitatem quamdam induxerat, asserens Filium non [*al.* ex] de Patris substantia [*al.* natum] genitum, sed ex nullis exstantibus, id est ex nihilo substitisse : ad hanc impietatis professionem, quae contra fidem emerserat, refellendam et penitus abolendam, ὁμοούσιον sermo Graecus positus est, quod interpretatur unius substantiae vel essentiae, significans Filium non ex [*al.* nullis] ullis exstantibus, nec ex alia substantia, sed de Patre natum esse. Qui vero putat ὁμοούσιον auferendum, ex nihilo vult asserere Filium exstitisse. Sed ex nihilo non est, ex Patre sine dubio est, et recte ὁμοούσιον, id est unius cum Patre substantiae, Filius est.

II. *Probatur ex Scripturis.* — Ex Patre autem esse, id est unius cum Patre substantiae, his testimoniis approbatur, Apostolo dicente : *Qui cum sit splendor gloriae, et figura substantiae ejus, gerens quoque omnia verbo virtutis suae* (*Hebr.* I, 3). Et iterum ipse Deus Pater incredulorum perfidiam objurgans, qui praedicantis per prophetas Filii vocem in sua substantia manentem audire noluerunt, **24** dixit ; *Non audierunt vocem* [e] *substantiae* (*Jer.* IX, 10), quam vocem substantiae [*edit.* cum tam] contemptam terribili contestatione increpans, ad eumdem prophetam loquitur, dicens : *Super montes accipite planctum, et super semitas deserti luctum, quia defecerunt, eo quod non sint homines; non audierunt vocem substantiae a volatilibus coeli usque ad pecora* (*Ibid.*). Et rursum eos qui a professione unius substantiae declinantes, in eadem fidei substantia stare noluerunt, increpat dicens : *Si stetissent in substantia mea, avertissem utique eos a via sua mala, et a pessimis cogitationibus suis* (*Jerem.* XXIII, 22). Et iterum non extra substantiam Patris Filium confitendum, sed in eadem [f] fideli oculo contuendum apertissime declaratur, dum dicitur per prophetam : *Quis stetit in substantia Domini, et vidit, et audivit verbum ejus* (*Ibid.*, 18)? Patris ergo substantiam Filium esse propheticis jam olim designatum est oraculis, dicente Salomone : *Substantiam enim et dulcedinem tuam, quam* [g] *in filios habes ostendebas* (*Sap.* XVI, 21), quam in figura et imagine panis coelestis populo Israel coelitus apparet profluxisse. Quod ipse Dominus in Evangelio exposuit, dicens : *Non Moyses dedit vobis panem de coelo, sed Pater meus dat vobis panem de coelo* (*Joan.* VI, 32); se utique panem ipse [*Lor.*, definiens] designans, qui dicit : *Ego sum panis vivus qui de coelo descendi* (*Ibid.* 41). De quo etiam propheta David dicit : *Pa-*

[a] Cod. Laudunensis et alii, *auxilio.* Mart., Comp., Lor., et Orth., *fidem quam credimus.*
[b] Colb. 1 addit manu recenti *et Spiritus sancti.*
[c] Sic Mart., Germ., Ful., et Chiffl. At Colb. 1, Comp., Lorichius, et Orthod., pro *suae* habent *sua.* Colb. alter, et Laud. cum Bald., Rhenan. et Bign., *sua proprietatis persona.* Sic et Colb. tertius in margine, qui in textu habet, *sua propria Deitatis persona.*
[d] Haec particula deest in Laud. et in editione Rhenani. At in Colb. 1 alia manu scripta est. Et in *recapitulatione* infra num. 21 non habetur. Exstat tamen in caeteris mss. et editis.
[e] Laud. addit. *meae.* Infra autem in Comp. et apud Lorichium sic habetur : *Qui cum sit splendor et figura substantiae ejus et substantiam noluerunt audire haeretici. Dixit alius propheta : Non audierunt vocem, etc.* Vox *haeretici* deest in Comp. Porro in Colb. unius margine haec verba habentur : *In Jeremia secundum*

LXX *Interpretes.* Quod est verum. Caeterum pro *super montes*, etc., Lorichius, et alii habent, *super montem accipe planctum*, et pro *semitam*, aliqui, *semitas.*
[f] Laud. et Colb. 2, *Fideliter mentis oculo.* Rhenan., *fideliter mentis oculis.* Ful. Germ. et Orthod., *fideli mente.* Colb. tertius, *fideliter mente.* Lorichius, *fidei mente.*
[g] Hujus loci et aliorum, qui hic habentur, egregias habes expositiones in libro seu Responsione **79** sancti Fulgentii ad decem Arianorum objectiones, in responsione scilicet ad quartam eorum objectionem. Caeterum Colb. 1, Mart., Ful., Germ., et Orth., cum Lorichio, habent *in Filio.* Et infra, pro *quam in*, etc., Orth. et Lorichius, *quia in.* Colb. 1, *qui in*, ut quae sequuntur de Filio possint intelligi. Et quidem exigere videtur sensus illorum Patrum ut legatur *in Filio.*

nem angelorum manducavit homo (*Psal.* LXXVII, 25).

III. *Pater et Filius sunt æquales.*—Namque ut adhuc evidentius Patris et Filii substantiæ unitas, et [a] divinitatis æqualitas ostendatur, ipse in Evangelio dicit : *Ego in Patre, et Pater in me est.* Et : *Ego et Pater unum sumus* (*Joan.* x, 38, 30). Quod non ad unitatem tantummodo voluntatis, sed ad unam refertur eamdemque substantiam, quia non dixit : Ego et Pater unum volumus; sed, *unum sumus.* Ex eo enim quod sunt, non ex eo tantum quod volunt, paternæ unitatis declaratur assertio. Item Joannes evangelista dicit : *Propterea ergo quærebant eum Judæi interficere, quia non solum solvebat sabbatum, sed et Patrem suum dicebat Deum, æqualem se faciens Deo* (*Joan.* v, 18). Quod utique non ad Judæos est [*al.* potius] penitus referendum, quia evangelista veraciter dixit de Filio, quia æqualem Deo se faciebat. Item in eodem Evangelio scriptum est : *Quæcunque Pater facit, eadem et Filius facit similiter* (*Ibid.*, 19). Et, *sicut Pater suscitat mortuos et vivificat, ita et Filius quos vult vivificat* (*Ibid.*, 21). Item, *ut omnes honorificent Filium, sicut honorificant Patrem* (*Ibid.*, 23). Æqualis enim honor non nisi æqualibus exhibetur. Item ibi Filius ad Patrem dicit : *Omnia mea tua sunt, et tua mea* (*Joan.* XVII, 10). Item, *Philippe, qui me videt, videt et Patrem. Quomodo tu dicis: Ostende nobis Patrem* (*Joan.* XIV, 9)? Hoc non dixisset, nisi Patri per omnia fuisset æqualis. Item ipse Dominus dixit : *Creditis in Deum, et in me credite* (*Ibid.*, 1). Et adhuc ut unitatem æqualitatis demonstraret, ait : *Nemo novit Filium nisi Pater, neque Patrem quis novit nisi Filius, et cui voluerit Filius revelare* (*Matth.* XI, 27). Et sicut Filius cui vult revelat Patrem, ita et Pater revelat Filium, sicut ipse Petro ait confitenti eum Christum Filium Dei vivi esse : *Beatus es, Simon Barjona, quia caro et sanguis non revelavit tibi, sed Pater meus qui in cœlis est* (*Matth.* XVI, 17). Et iterum Filius dicit : *Nemo venit ad Patrem nisi per me* (*Joan.* XIV, 6). Et, *Nemo venit ad me, nisi Pater meus, qui misit me, attraxerit eum* (*Joan.* VI, 44). [b] Unde claret æqualitas Patris et Filii, cum ad se invicem credentes adducunt. Item dicit : *Si cognovissetis me, et Patrem meum utique cognovissetis, et amodo nostis eum, et vidistis eum* (*Joan.* XIV, 7).

IV. *Duæ in Christo naturæ.* — Verum quia duas in Filio profitemur esse naturas, id est Deum verum et hominem verum, 25 corpus et animam habentem : quidquid de [c] excellenti sublimitatis potentia de eo referunt Scripturæ, admirandæ ejus divinitati tribuendum sentimus : et quidquid infra honorem cœlestis potentiæ de eodem humilius enarratur, non verbo Dei, sed homini reputamus assumpto. Secundum divinitatem ergo est hoc quod superius diximus, ubi ait : *Ego et Pater unum sumus;* et : *Qui videt me videt et Patrem;* et : *Omnia quæcunque Pater facit; eadem facit Filius similiter,* vel cætera quæ superius continentur. Illa vero quæ de eo secundum hominem referuntur, ista sunt : *Pater major me est* (*Joan.* XIV, 28). Et : *Non veni facere voluntatem meam, sed voluntatem ejus qui misit me* (*Joan.* VI, 38). Et, *Pater, si fieri potest, transeat a me calix iste* (*Matth.* XXVI, 39). Vel cum de cruce dixit : *Deus, Deus meus, quare me dereliquisti* (*Matth.* XXVII, 46)? Et iterum ex persona Filii propheta dicit : *De ventre matris meæ Deus meus es tu* (*Psal.* XXI, 11); vel cum *minor angelis* (*Psal.* VIII, 6) indicatur, et quam plura his similia, quæ studio brevitatis non inseruimus. Filius ergo Dei nullis conditionibus necessitatibus obstrictus, sed libera divinitatis potentia, ita quæ nostra sunt mirabili pietate assumpsit, ut a suis quæ divina sunt, omnino non destiterit : quia Divinitas nec augmentum admittit, nec patitur detrimentum. Unde gratias agimus eidem [*Comp.*, Deo] Domino nostro Jesu Christo, qui propter nos et propter nostram salutem de cœlo descendit, sua passione nos redemit, sua morte vivificavit, sua ascensione glorificavit, qui sedens ad dexteram Patris venturus est judicare vivos et mortuos, justis æternæ vitæ præmium largiturus, impiis atque incredulis merita supplicia redditurus.

V. *Generatio Filii.* — Profitemur itaque Patrem de seipso, hoc est de eo quod ipse est, sempiterne atque ineffabiliter Filium genuisse; Filium non extrinsecus, [*al.* vel] non ex nihilo, non ex alia subjacente materia, sed ex Deo natum esse. Et qui de Deo natus est, non aliud est quam id quod Pater est, et idcirco unius substantiæ est : quia veritas nativitatis diversitatem non admittit generis. Nam si alterius a Patre substantiæ est, aut verus Filius non est, aut, quod nefas est dicere, degener natus est. Est enim verus Filius, sicut ait Joannes : *Ut simus in vero Filio ejus* (*I Joan.* v, 20). Non est etiam degener, quia Deus verus de Deo natus est vero, sicut idem Joannes evangelista exsequitur, dicens : *Hic est Deus verus et vita æterna* (*Ibid.*). Et ipse Dominus in Evangelio : *Ego sum,* inquit, *via, veritas et vita* (*Joan.* XIV, 6). Ergo si aliunde substantiam non habet, de Patre habet; si de Patre habet, unius est substantiæ cum Patre. Sed si unius substantiæ non est, ergo non de Patre, sed aliunde est : quoniam unde est, inde substantiam habeat necesse est. Omnia enim ex nihilo, Filius vero de Patre. De duobus eligat quisque quod velit, aut det ei substantiam de Patre, aut fateatur ex nihilo substitisse.

VI. *Solvitur objectio.* — Sed propheticum forsitan objicitur testimonium : *Generationem ejus quis enarrabit* (*Isai.* LIII, 8)? Cum [*al.* ergo] ego non dixe-

---

[a] Rhenan., *et Divinitas æqualitas.* Colb. 1, *Divinitas ostendatur æqualis.* Et infra, *Ego in Patre,* etc. Chiffl., Bign. et Bald. cum Colb. 1, Rhenano, habent solummodo, *Ego et Pater unum sumus.* Laud., *Ego in Patre... Ego enim et Pater,* etc.

[b] Mart., Colb. 1, Ful., Germ., Rhenan., Lorichius, et Orthod., *Unde claret æqualitatem Patris et Filii ad se invicem credentes adducere.*

[c] Mart., Germ., Comp., Ful., et Orthod., *excellentis.* Colb. 1, *excellentius.* Lorichius, *excellentis sublimitatis potentiæ,* etc., *Et infra admirandæ,* etc. Mart., Germ., Comp., Lorichius, et Ful., *ad memorandam ejus divinitatem.*

rim : Enarra mihi modum vel qualitatem divinæ generationis, et tanti secreti arcanum humanis verbis enuntia, quoniam unde natus sit, non quemadmodum natus sit requisivi. Divina enim generatio inenarrabilis est, non ignorabilis. Nam usque adeo non est ignorabilis, id est non ignoratur unde sit, ut et Pater de seipso genuisse, et Filius de Patre se natum sæpissime protestetur, quod nullus omnino ambigit Christianus, sicut in Evangelio demonstratur, ipso Filio dicente : *Qui autem non credit, jam judicatus est, quia non credit in nomine unigeniti Filii Dei (Joan.* III, 14). Item Joannes evangelista dicit : **26** *Et vidimus gloriam ejus, gloriam tanquam Unigeniti a Patre (Joan.* I, 14). Ergo professionem nostram brevi sermone concludimus. [*Laud., Sicut*] Si vere de Patre natus est, unius substantiæ est, et [*al.* vere] verus Filius est; sed si unius substantiæ non est, nec verus Filius est; et si verus Filius non est, nec verus Deus est. Aut si verus Deus est, et tamen de Patris substantia non est, ingenitus ergo et ipse est. Sed quia ingenitus non est, factura ergo est, ut [*al.*, putetur] putatur, aliunde subsistens, si de Patris substantia non est. Sed absit hoc ita credere. Nos enim unius substantiæ cum Patre Filium profitemur, detestantes Sabellianam hæresim, quæ ita sanctam Trinitatem confundit, ut eumdem dicat esse Patrem quem Filium, eumdemque credat esse Spiritum sanctum, non servans tres in unitate personas.

VII. *Ingeniti et geniti eadem substantia.* — Sed forsitan objicitur : Cum ingenitus Pater sit, genitus Filius, non fieri posse unam eamdemque substantiam geniti atque ingeniti : cum utique si sicut ingenitus Pater est, ingenitus esset Filius, tunc magis diversa posset esse substantia, quia unusquisque a seipso subsistens communem substantiam cum altero non haberet. Cum vero ingenitus Pater de seipso, id est de eo quod ipse est, ᵃ si quid illud est aut dici potest (imo quia ut est dici omnino non potest), Filium generavit, apparet unam esse gignentis genitique substantiam, quia Deum de Deo, lumen de lumine Filium esse veraciter profitemur. Nam lucem esse Patrem Joannes apostolus testis est, dicens : *Quia Deus lux est, et tenebræ in eo non sunt ullæ (I Joan.* I, 54). Item de Filio ait : *Et vita erat lux hominum, et lux in tenebris lucet, et tenebræ eam non comprehenderunt* (*Joan.* I, 4, 5). Et infra : *Erat lumen verum, quod illuminat omnem hominem venientem in hunc mundum* (*Ibid.,* 9). Unde apparet Patrem et Filium unius esse substantiæ, dum lucis et luminis diversa non potest esse substantia ejus, scilicet quæ de se gignit, et quæ ᵇ de se gignente existit. Denique ne aliquis inter Patrem et Filium diversitatem naturalis luminis introducat, ideo Apostolus de eodem Filio dicit : *Qui cum sit splendor gloriæ, et figura substantiæ ejus* (*Hebr.* I, 3) : in quo evidentius et coæternus Patri, et inseparabilis a Patre, et unius cum eo esse substantiæ perdocetur, dum luci splendor semper est coæternus, dum splendor a [*al.* luce] lumine nunquam est separatus, dum splendor a luce ᶜ natura vel substantia nunquam potest esse diversus. Qui enim splendor lucis est, idem et Dei Patris virtus est : sempiternus ergo propter virtutis æternitatem, inseparabilis propter claritudinis unitatem. Et hoc est quod nos fideliter profitemur, Filium de Patris substantia natum; sicut ipse Pater Deus apertissimum perhibet testimonium. Qui ut de sua ineffabili naturæ substantia proprium se Filium genuisse monstraret, ad instruendam fragilitatis nostræ imperitiam, ut nos ex visibilibus ad invisibilia erigeret, terrenæ nativitatis vocabulum ad divinæ generationis traxit exemplum, dicens : *Ex utero ante luciferum genui te* (*Ps.* CIX, 3). Quid clarius, quid luculentius effari Divinitas dignaretur? Quibus indiciis, quibus existentium rerum exemplis proprietatem generationis potuit intimare, quam ut per uteri appellationem proprietatem ᵈ genitricis ostenderet? non quia corporeis compositus est membris, aut aliquibus artuum lineamentis distinctus; sed quia nos aliter veritatem divinæ generationis auditu mentis percipere non possemus, nisi humani uteri provocaremur vocabulo, ut ambigi ultra non posset, de Dei substantia natum esse, quem constat ex Patris utero exstitisse.

27 VIII. *Indivisa Dei substantia.* — Credentes ergo Deum Patrem de sua substantia impassibiliter Filium generasse, non dicimus ipsam substantiam aut divisam esse in Filio, aut diminutionem pertulisse in Patre; et per hoc passionis potuisse vitio subjacere. Absit enim a nobis, ut talia vel opinemur, vel cogitemus, vel credamus de Deo : quia nos perfectum Patrem, perfectum Filium sine sui diminutione, sine aliqua derivatione, sine omni omnino passionis infirmitate genuisse fideliter profitemur. Nam qui objicit Deo, quod si de seipso genuit, divisionis vitium pertulit, potest dicere quia et laborem sensit, quando universa condidit, et ob hoc die septima ab omni opere suo requievit. Sed nec in generando de seipso passionem vel diminutionem aliquam sensit, nec in condendo universa fatigationem aliquam pertulit. Namque ut evidentius nobis divinæ generationis impassibilitas ᵉ demonstraretur, Deum ex Deo lumen [*Lor.*, de] ex lumine Filium profitendum accepimus. Si ergo in efficientia visibilis ac mundani luminis tale aliquid invenitur, ut lumine ex lumine sumpto, et per quamdam generationis nativitatem exorto, ipsa luminis origo, quæ ex se lumen aliud dedit, nec minui, nec ullum omnino detrimentum ministrati ex se

---

ᵃ Lorichius, *Si quidem illud aut dici potest, imo quia ut dici omnino non potest,* etc. Rhen. ut nostra edit., nisi quod pro *omnino* habet *omnia.*

ᵇ In plerisque deest *se.* Lorichius habet *de gignente constat.*

ᶜ Colb. 1, *naturalis substantiæ.* Mart. et Orth. cum Lorichio, *natura ac substantia.* Comp., *splendor a luce ac substantia.* Rhenan., *natura substantiæ.*

ᵈ Omnes mss., prætor Colb. 1 et Port., *generationis,* sicut et editiones veteres Rhenani et Lorichii.

ᵉ Laud., Colb. 2, Rhenan., Lorichius et Orth., *insinuaretur*

luminis perpeti [*Rhen.* contingat] potuit : quanto rectius et melius de divini et ineffabilis luminis natura credendum est, quod ex seipsa lumen generans, minui omnino non potuit? Unde æqualis est Patri Filius non natus ex tempore, sed gignenti coæternus, sicut splendor ab igne genitus, gignenti manifestatur æquævus. Hæc de Patris et Filii æqualitate, vel de substantiæ unitate, quantum brevitatis ratio sivit, dixisse sufficiat.

IX. *Spiritus sanctus est Patri et Filio consubstantialis.* — Superest ut aliquid de Spiritu sancto, quem Patri ac Filio consubstantialem credimus, coæqualem et coæternum dicamus, et testimoniis approbemus. Licet enim hæc veneranda Trinitas personis ac nominibus distincta sit, non tamen ob hoc a se atque a sua æternitate discrepare credenda est; sed manens ante sæcula divinitas in Patre, et Filio, et Spiritu sancto, vere ac proprie creditur, nec dividi nostris interpretationibus potest, nec rursus versa in unam personam Trinitas ipsa confundi. Hæc fides plena, hæc nostra credulitas est. Idcirco deos nec æstimari patimur, nec vocari; sed unum Deum in prædictis personis ac nominibus confitemur. Inenarrabilis enim Divinitas, non ut concludi aut apprehendi velut vocabulis posset, intra nomina personasque se præstitit: sed ut id quod erat esse nosceretur, intelligentiam sui ex parte, quam capere humanæ mentis angustiæ prævalebant, credentibus dedit, propheta dicente : *Nisi credideritis,* [a] *non intelligetis (Isai.* vii, 9, sec. LXX). Una est ergo Trinitatis deitas, et in hujus vocabuli appellatione significatio est unius substantiæ, non unius personæ. Ad quam rem fidelibus comprobandam in testimoniis sui Divinitas ipsa multis et creberrimis contestationibus semper adfuit. Liceat ergo brevitatis compendio ex multis pauca proferre, quoniam [*al.* vere] vera probatio majestatis, tametsi habet pluralitatem testimoniorum, pluralitate tamen non indiget, quoniam credenti pauca sufficiunt.

X. *Scripturis probatur.* — Primum igitur de Veteris Testamenti libris postmodum etiam Novi, Patrem, Filium, et Spiritum sanctum unius docebimus esse substantiæ, libro Genesis sic inchoante : *In principio fecit Deus cœlum et terram ; terra autem erat invisibilis, et incomposita, et tenebræ erant super abyssum, et Spiritus Dei ferebatur super aquas (Gen.* i, 1, 2). [*al.,* Ille qui] Ille principium qui Judæis quis esset interrogantibus dixit : *Principium, qui et loquor vobis (Joan.*

A viii, 25). **28** Superferebatur autem Spiritus Dei super aquas, utpote creator, virtute potentiæ suæ continens creaturam; ut ex his viva omnia producturus, ipse rudibus [b] elementi signis propria fomenta præstaret, et jam tunc mysterio emicante baptismatis virtutem sanctificationis liquoris natura perciperet, [*al.* primamque] primaque ad vitam corpora animata produceret, David proinde Deo aspirante, testatur : *Verbo Domini cœli firmati sunt, et Spiritu oris ejus omnis virtus eorum (Psal.* xxxii, 6). Vide quam plena sit brevitas, et quam clare in sacramentum [c] unitatis recurrit. Patrem in *Domino;* in *Verbi* significatione Filium ponens; Spiritum sanctum Altissimi ex ore nuncupavit. Et ne vocis editio acciperetur in *Verbo,* cœlos per eum asserit esse firmatos. Ne autem status [d] in *Spiritu* putaretur, cœlestis in eo virtutis plenitudinem demonstravit. Nam ubi *virtus,* ibi necesse est persona subsistens ; ubi *omnis,* non ablata a Patre et Filio, sed consummata significatur in Spiritu sancto : non ut solus habeat quod in Patre et Filio est, sed ut totum habeat cum utroque.

XI. *Tres personæ in uno nomine.* — Et iterum cum de vocatione gentium Dominus loqueretur, intra unum Divinitatis nomen (Patrem, Filium et) Spiritum sanctum prædicans, ait : *Euntes docete omnes gentes, baptizantes eos in nomine Patris et Filii et Spiritus sancti (Matth.* xxviii, 19). Et iterum cœlestia Corinthiis prædicans Apostolus, hæc subdidit : *Gratia Domini nostri Jesu Christi, et caritas Dei, et communicatio sancti Spiritus cum omnibus vobis (I Cor.* xiii, 23). Et ut apertius in hac Trinitate unitatem substantiæ fateamur, illud etiam nobis est intuendum, quomodo Deus, cum de mundi et hominis creatione disponeret, sacramentum Trinitatis ostenderit, dicens : *Faciamus hominem ad imaginem et similitudinem nostram (Gen.* i, 26). Cum dicit *nostram,* ostendit utique non unius; cum vero *imaginem et similitudinem,* [e] profert æqualitatem, distinctiones personarum insinuat; ut in eodem opere sit Trinitatis aperta cognitio, in quo nec pluralitas [*al.* causa] cassa est, nec similitudo dissentiens, dum et consequentia sic loquuntur : *Et dixit Deus, et fecit Deus, et benedixit Deus (Gen.* i). Et necesse est ut creationis totius auctor Deus unus sit. Quam fidei rationem antiqua denique per Moysen benedictio pandit, et comprobat, qua benedicere populum sacramento trinæ invocationis jubetur. Ait enim Deus ad Moysen : *Sic benedices populum meum, et ego benedicam illos : Benedi-*

---

[a] Hic locus est secundum versionem Septuaginta, ubi οὐδὲ μὴ συνῆτε : Vulgata, *non permanebitis.* Cæterum ut plurimum textus Scripturæ proferuntur hic ex versione LXX, plerumque nec istius versionis sunt, nec Vulgatæ, ut conferenti patebit. Sic et loca Novi Testamenti quandoque textui Græco sunt conformia, aliquando nostræ Vulgatæ, nonnunquam neutri quod hic semel monuisse satis sit.

[b] Sic ex codd. Port. et Laud. simul junctis legendum esse censuimus. Nam Laud. habet *elementi signis fomenta.* Port., *elementis propria fomenta.* Cæteri omnes mss. et editi : *ipse rudibus clementis ; ignis proprii fomenta præstaret.*

[c] Colb. 1, Mart. et Orth. cum Lorichio, *in sacramento unitatis recurrit.* Quin et paulo ante, pro *plena brevitas,* Lorichius habet, *plana brevitas.*

[d] Laud. Mart. et Orth., *in spiritum reputetur.* Retinenda tamen nostra lectio. Tribus enim istis vocibus, *Domini, Verbo, et Spiritu,* in psalmo laudato, tres Trinitatis sanctissimæ personas expressas fuisse sanctissimi confessores ostendunt.

[e] Plures mss. cum editis aliquot, *similitudinem profert, æqualitatem distinctionis personarum insinuat.* Et infra, *similitudo dissentiens,* Laud. habet *dissimilitudo dissentiens.*

cat te Dominus et custodiat te. Illuminet Dominus faciem suam super te, et misereatur tui. Attollat Dominus faciem suam super te, et det tibi pacem (Num. VI, 23 seq.). Quod hoc ipsum propheta David confirmat, dicens : *Benedicat nos Deus, Deus noster, benedicat nos Deus, et metuant eum omnes fines terræ (Psal.* LXVI, 8). Quam Trinitatis unitatem supernæ angelorum virtutes [*ms.* 2, in uno] hymno venerantur, et ter numero, *Sanctus, Sanctus, Sanctus, Dominus Deus, sabaoth (Isai.* VI, 3), indesinenti canente ore, in unius fastigium dominationis gloriam ejus exaltant. Quod ut adhuc apertius fidelium sensibus inculcetur, cœlestium mysteriorum conscium producimus Paulum. Ait enim : *Divisiones autem donationum sunt, idem autem Spiritus; et divisiones ministrationum sunt, idem autem Dominus; et divisiones operationum sunt, idem vero Deus, qui operatur omnia in omnibus (I Cor.* XII, 4 seq.), etc. Et certe has divisionum differentias pro qualitate ac merito participantium Spiritum sanctum [a] docuit operari, cum ipsarum gratiarum differentias partiretur, in ultimis intulit dicens : *Hæc autem omnia operatur unus atque idem Spiritus, dividens propria unicuique prout vult (Ibid.*, 11). Unde nullus ambiguitati relinquitur locus, quin clareat Spiritum sanctum et Deum esse, et suæ voluntatis auctorem, qui cuncta operari, et secundum propriæ voluntatis arbitrium divinæ dispensationis dona largiri apertissime demonstratur. Quia ubi voluntaria gratiarum distributio prædicatur, non potest videri conditio servitutis : in creatura enim servitus intelligenda est, in Trinitate vero dominatio ac libertas. Et ut adhuc luce clarius unius divinitatis esse cum Patre et Filio Spiritum sanctum doceamus, Joannis evangelistæ testimonio comprobatur. Ait namque: *Tres sunt qui testimonium perhibent in cælo, Pater, Verbum, et Spiritus sanctus, et* [b] *hi tres unum sunt (I Joan.* V, 7). [c] Nunquid, ait, tres in differenti æqualitate sejuncti, aut quibuslibet diversitatum gradibus longo separationis intervallo divisi? sed *tres,* inquit, *unum sunt.*

XII. *Creatio ipsis est communis.* — Ut autem adhuc magis magisque sancti Spiritus cum Patre et Filio una [*Lor.*, dignitas] divinitas in creandis rebus omnibus demonstretur, habes creatorem Spiritum sanctum in libro Job : *Spiritus,* inquit, *divinus est, qui fecit me; et Spiritus Omnipotentis qui docet me (Job* XXXIII, 24). Et David dicit : *Emitte Spiritum tuum et creabuntur, et renovabis faciem terræ (Psal.* CIII, 30). Si creatio et renovatio per Spiritum erit, sine dubio et principium creationis sine Spiritu non fuit. Post creationem igitur ostendamus, quia vivificat etiam Spiritus sanctus, sicut Pater et Filius. Equidem de persona Patris refert Apostolus : *Testor in conspectu Dei, qui vivificat omnia (I Tim.* VI, 13). Vitam vero dat Christus. *Oves,* inquit, *meæ vocem meam audiunt, et ego vitam æternam do illis (Joan.* X, 27, 28). Vivificamur vero a Spiritu sancto, ipso dicente Domino : *Spiritus est qui vivificat (Joan.* VI, 64). Ecce una vivificatio Patris et Filii et Spiritus sancti aperte demonstrata est.

XIII. *Præscientia.* — Præscientiam rerum omnium in Deo esse, et occultorum cognitionem, licet nemo Christianus ignoret, tamen ex Danielis libro monstrandum est. *Deus,* inquit, *qui occultorum cognitor es, qui præscius es omnium antequam nascantur (Dan.* XIII, 42). Hæc eadem præscientia in Christo est, sicut refert Evangelista : *Ab initio autem sciebat Jesus quis esset eum traditurus, vel qui essent non [al. deest non] credentes in eum (Joan.* VI, 65). Quod sit autem occultorum cognitor, ex hoc manifestum est, cum obscura consilia Judæorum traducens dicebat : *Quid cogitatis nequam in cordibus vestris (Matth.* IX, 4)? Similiter præscire omnia Spiritum sanctum, ipse manifestavit dicens ad apostolos : *Cum venerit Spiritus veritatis, docebit vos omnia, et ventura annuntiabit vobis (Joan.* XIII, 16). Qui ventura annuntiare perhi-

---

[a] Chiffl. et alii, *docens.* Lorichius vero habet, *docuit operari, et ut sic ipsarum gratiarum,* etc.

[b] In cod. Colb. annorum circiter 700 hæc habetur observatio in margine : *Nota in epistola beati Joannis ita legendum.* Cæterum hæc verba, *Tres sunt qui*, etc., quæ in nonnullis sacrorum Bibliorum codicibus translatorum infidelitate excidisse conqueritur sanctus Hieronymus, vel quivis alius auctor qui sub hujus sancti doctoris nomine prologum edidit in epistolas canonicas, religiosius in codicibus Africanis conservata fuisse patet ex hoc loco, ubi Patres Africani in unum congregati pro emittenda fidei professione ea adhibuerunt. Nec unquam ea de re reclamasse legimus Arianos, qui regali tunc potentia freti, nihil non poterant adversus catholicos. Quin et Fulgentius paulo post in libro contra Arianos sub finem, eumdem locum adducit, non solum tanquam e Scriptura sumptum, sed et quem a beato Cypriano laudatum fuisse ait, sub testimonii ex Scriptura nomine: *Cyprianus,* inquit, *hæc testimonia de Scripturis inseruit. Dicit Dominus : Ego,* etc. Et iterum : *De Patre et Filio et Spiritu sancto scriptum est; et tres unum sunt.* Cyprianus autem eum laudavit tum in libro de Unitate Ecclesiæ, tum in epistola ad Jubajanum. Iterum eumdem locum laudat Fulgentius in libro de Trinitate, et in alio adversus Pintam episcopum Arianum scripto : quanquam istius auctorem alium a Fulgentio fuisse, ipsi tamen æqualem, censeant viri eruditi. Vide Mabillonii appendicem 2 ad Liturgiam Gallicanam, pag. CCXLVI. Tamen Augustinus libro II contra Maximinum, cap. 22, num. 3, ubi hæc verba ex beati Joannis epistola, *Tres unum sunt,* discutit, codice usus fuisse videtur in quo testimonium istud *Patris,* etc., expressum non erat. Idem dicendum de Facundo Hermianensi libro I pro defensione trium capitulorum. Sed opus istud Facundus extra Africam Constantinopoli degens conscripsit. Mirum est autem, quod in nonnullis etiam vetustissimis bibliorum codicibus mss. præfigatur prologus supra laudatus epistolis canonicis, et quidem sub sancti Hieronymi nomine, et tamen in textu versiculus ille omissus sit. Sed hanc controversiam accuratius discutiendam relinquimus sodalibus nostris, qui Hieronymi operibus recensendis operam navant.

[c] Alii codices habent *in differenti æqualitate.* Lorichius *indifferentiæ qualitate.* Rhenanus, *indifferenti æqualitate.*

betur, præscire omnia non dubitatur : quia ipse ait : *Spiritus Domini replevit orbem terrarum, et hoc* scrutatur altitudines Dei, et novit omnia quæ in Deo *quod continet omnia scientiam habet vocis* (Sap. 1, 7). sunt, sicut memorat Paulus, dicens : *Spiritus enim* Item David dicit : *Quo ibo a Spiritu tuo, et a facie tua omnia scrutatur, etiam altitudines Dei* (I Cor. 11, 10). *quo fugiam? Si ascendero in cœlum, tu illic es; si de-* Item in eodem loco : *Sicut nemo scit hominum quæ scendero* ᵉ *in infernum ades; si sumpsero pennas meas sunt hominis, nisi spiritus ejus qui in ipso est ; ita ne- in directum, et habitavero in extremis maris : etenim mo scit quæ sunt Dei , nisi Spiritus Dei* (Ibid., 11). *illuc manus tua deducet me, et continebit me dextera*
XIV. *Potentia sancti Spiritus.* — Ad intelligendam *tua* (Psal. cxxxvIII, 7 seq.).
vero potentiam Spiritus sancti, pauca de terribilibus XVI. Habitat Deus in sanctis suis secundum
proferamus. Vendiderat possessionem, ut scriptum promissionem qua dixerat : *Habitabo in illis* (II
est in Actibus apostolorum (Cap. v, 2), suppressa Cor. vi, 16). Quod vero Dominus Jesus dicit in Evan-
parte pecuniæ dolosus discipulus, reliquum pro toto gelio : *Manete in me et ego in vobis* (Joan. xv. 4), probat
ante pedes ponens apostolorum, offendit Spiritum hoc Paulus dicens : *An nescitis quia Jesus Christus est*
sanctum, quem putabat se latere. Sed quid ad eum *in vobis* (II Cor. xIII, 5)? Hoc autem totum in Spiritus
dixit continuo beatus Petrus? *Anania, quare Satanas* habitatione adimpletur, sicut memorat Joannes : *Ex*
replevit cor tuum ut mentireris Spiritui sancto (Ibid., *hoc, inquit, scimus quia in nobis est , quia de Spiritu*
3)? Et infra : *Non es mentitus hominibus, sed Deo* *suo dedit nobis* (I Joan. iv, 13). Similiter et Paulus :
(Ibid., 4). Atque ita percussus virtute ejus, cui *Nescitis quia templum Dei estis, et Spiritus Dei habi-*
mentiri voluerat , exspiravit. Quid hic vult beatus *tat in vobis* (I Cor. III, 16)? Et iterum dicit : *Glorifi-*
Petrus intelligi Spiritum sanctum? Utique clarum est, *cate et portate Deum in corpore vestro* (I Cor. vi, 20).
cum dicit, *Non mentitus es hominibus, sed Deo*. Mani- Quem Deum? utique ᶠ Spiritum sanctum, cujus tem-
festum est ergo, quoniam qui mentitur Spiritui plum esse videmur.
sancto, Deo mentitur : et qui credit in Spiritum san- XVII. Nam quod arguat Pater, arguat Filius, arctum, credit in Deum. Tale aliquid, imo fortius quid- guat Spiritus sanctus ita probandum est. In psalmo
dam Dominus in Evangelio ostendit, dicens : *Omne* quadragesimo nono legitur : *Peccatori autem dicit*
peccatum et blasphemia remittetur hominibus : qui au- Deus : Quare tu enarras justitiam meam, et assumis te-
tem blasphemaverit in Spiritum sanctum, non remitte- stamentum meum per os tuum (Psal. xLIx, 16)? Et in-
tur ei, neque in hoc sæculo, neque in futuro (Matth. fra : *Arguam te, et statuam* [Laud. ante] *contra faciem*
xII, 31, 32). ᵇ Ecce terribili sententia irremissibile di- *tuam* (Ibid., 21). David similiter orans dicit ad Chri-
cit esse peccatum ei qui in Spiritum sanctum blasphe- stum : *Domine, ne in ira tua arguas me* (Psal. vi, 2);
maverit. [*al.* Comparat] Compara huic sententiæ illud quia ipse venturus est arguere omnem carnem. Quid
quod scriptum est in libro ᶜ Regnorum : *Si peccando* vero de Spiritu sancto Salvator in Evangelio dicit ?
peccaverit vir in virum, orabunt pro eo : si autem in Cum venerit, inquit, Paraclitus, ille arguet mundum
Deum peccaverit, quis orabit pro eo (I Reg. 11, 25)? *de peccato, et de justitia, et de judicio* (Joan. xvi, 8).
Si ergo blasphemare in Spiritum sanctum, et pec- Hoc prævidens David clamabat ad Dominum : *Quo*
care in Deum simile, id est, inexpiabile crimen est, *ibo a Spiritu tuo, et a facie tua quo fugiam* (Psalm.
jam quantus sit Spiritus sanctus unusquisque cogno- cxxxvIII, 7)?
scit. XVIII. Nam et quod bonus sit Pater, bonus Fi-
XV. *Præsentia Dei ubique*. — Deus quod ubique lius, bonus Spiritus sanctus, sic probatur. Dicit prosit præsens et impleat omnia, ore discimus ᵈ Jere- pheta : *Bonus es tu, Domine, et in bonitate tua doce*
miæ : *Ego, inquit, Deus approximans, et non de lon- me justificationes tuas* (Psal. cxvIII, 68). De se autem
*ginquo : si absconditus fuerit homo in absconditis, er- ipse Unigenitus : *Ego sum pastor bonus* (Joan. x, 11).
go ego non videbo eum? Nonne cœlum et terram ego De Spiritu æque sancto David in psalmo dicit ad Do-
impleo (Jer. xxIII, 23, 24)? Quid autem de sua ubi- minum : *Spiritus tuus bonus deducet me in terram*
que præsentia Salvator in Evangelio dicit? *Ubicun-* [Laud., viam] *rectam* (Psalm. cxLII, 11).
que, ait, *fuerint duo vel tres collecti in nomine meo,* XIX. Quis autem dignitatem illam Spiritus sancti
ibi et ego sum in medio eorum (Matth. xvIII , 20). De possit tacere? Antiqui enim prophetæ clamabant :
Spiritu adæque sancto, quod adsit ubique, dicit pro- *Hæc dicit Dominus*. Hanc vocem Christus adveniens in
pheta ex persona Dei : *Ego in vobis, et Spiritus meus* suam personam revocavit, dicens : *Ego autem dico*
stat in medio vestrum (Ezech. xxxvi, 27). Et Salomon *vobis* (Matth. v, 22). Novi autem prophetæ quid [*al.*

ᵃ Colb. 1, *Scrutator est altitudinis*.

ᵇ Ful., Germ., Colb. 1, Orthod., Lorichius, etc., *Ecce terribilis sententia! Irremissibile*, etc.

ᶜ Afri sæpius hunc titulum libris Regum attribue- runt, ut patet ex Tertulliano lib. II contra Marcio- nem, beato Augustino passim, concilio III Carthagi- nensi, etc. Quin et sanctus Cyprianus , Græca voce plerumque libros *Basileiωn* appellat. Idem faciunt etiam nonnulli ex aliis provinciis Patres, quod tamen improbare videtur sanctus Hieronymus in prologo Galeato. Et quidem Lorichius hic legit, *Regum*.

ᵈ Plures mss. et veteres editi habent *Esaiæ*. Hic tamen locus est ex Jeremia desumptus.

ᵉ Colb. 1 et Lorichius, *ad infernum*. Et infra, *Si sumpsero*. Laudun., *Si recipiam*. Pro *in directum* Colb. 1, *diluculo*: pro *extremis*, Colb. alter, *extremo*; pro *continebit*, Ful., Germ., et Lorichius, *tenebit*.

ᶠ Colb. 1, *Spiritum sanctum vocat, cujus templum esse debemus*.

qui] clamabant? sicut propheta Agabus in Actibus apostolorum : *Hæc dicit Spiritus sanctus* (*Act.* XXI, 11). Et Paulus ad Timotheum : *Spiritus*, inquit, *manifeste dicit* (*I Tim.* IV, 1). Quæ vox omnino demonstrat indifferentiam Trinitatis. Et Paulus quidem dicit se a Deo Patre et Christo vocatum fuisse et missum : *Paulus*, inquit, *apostolus non ab hominibus neque per hominem, sed per Jesum Christum,* [Laud., ad.] *et Deum Patrem* (*Gal.* I, 1). In Actibus autem apostolorum legitur quod a Spiritu sancto sit segregatus et missus. Sic enim scriptum est : *Hæc dicit Spiritus sanctus : Segrega'e mihi Barnabam et Saulum in opus quo vocavi eos* (*Act.* XIII, 2). Et paulo post : *Ipsi*, inquit, *missi a Spiritu sancto descenderunt Seleuciam* (*Ibid.*, 4). Item in eodem libro : *Attendite vobis et universo gregi*, *in quo vos Spiritus sanctus constituit episcopos* (*Act.* XX, 28).

XX. *Paracliti nomen commune.* — Ne quis autem Spiritum sanctum, quia Paraclitus dictus est, contemptibile aliquid existimet. Paraclitus enim advocatus est, vel potius consolator secundum Latinam linguam, quæ appellatio etiam Filio Dei communis est, sicut dicit Joannes : *Hæc* inquit, *scribo vobis ut non peccetis; sed et si quis peccaverit*, [a] *Paraclitum habemus apud Patrem Jesum Christum justum* (*I Joan.* II, 1). Nam et ipse Dominus cum dicit ad apostolos, *Alterum Paraclitum mittet vobis Pater* (*Joan.* XIV, 16), sine dubio cum dicit *alterum Paraclitum*, se quoque Paraclitum manifestat. Sed neque a Patre hoc nomen Paracliti alienum est. Beneficentiæ enim nomen est, non naturæ. Denique ad Corinthios Paulus ita scribit : *Benedictus Deus Pater Domini nostri Jesu Christi, Pater misericordiarum, et Deus omnis consolationis, qui nos consolatur* (*II Cor.* I, 34). Et cum consolator dicitur Pater, consolator Filius, consolator etiam Spiritus sanctus, una tamen nobis consolatio a Trinitate præstatur; sicut et una remissio peccatorum, Apostolo affirmante : *Abluti*, inquit, *estis et justificati, et sanctificati estis in nomine Domini nostri Jesu Christi, et in Spiritu Dei nostri* (*I Cor.* VI, 11). Possemus plura adhuc de divinis Scripturis proferre testimonia, quæ [b] juxta baptismi sacramentum Trinitatem unius gloriæ, operationis ac potentiæ manifestant : sed quia ex his plenus est sapientium intellectus, multa præterivimus studio brevitatis.

XXI. *Recapitulatio.* — Faciamus ergo recapitulationem dictorum nostrorum. Si de Patre procedit Spiritus sanctus, si liberat, si Dominus est et sanctificat, si creat cum Patre et Filio et vivificat, si præscientiam habet cum Patre et Filio, si ubique est et implet omnia, si habitat in electis, si arguit mundum, si judicat, si bonus et rectus est, si de eo clamatur: *Hæc dicit Spiritus sanctus;* si prophetas constituit, si apostolos mittit, si episcopos præficit, si consolator est, si cuncta dispensat prout vult, si abluit et justificat, si tentatores suos interficit ; si is qui cum blasphemaverit non habet remissionem, neque in hoc sæculo, neque in futuro, quod utique Deo proprium est : hæc cum ita sint, cur de eo dubitatur, quod [c] Deus sit, cum eum operum magnitudo quod est ipse manifestet? Non utique alienus est a Patris et Filii majestate, qui non est ab operum virtute alienus. Frustra illi nomen divinitatis negatur, cujus potestas non potest abnegari. Frustra prohibeor eum cum Patre et Filio venerari, quem exigor cum Patre et Filio confiteri. Si ille mihi cum Patre et Filio confert remissionem peccatorum, confert sanctificationem et vitam perpetuam, ingratus sum nimis et impiissimus, si ei cum Patre et Filio non refero gloriam, aut si non est cum Patre colendus et Filio, ergo nec confitendus est in baptismo. Si autem omnimodo confitendus est secundum dictum Domini, et traditionem apostolorum, i.e semiplena sit fides, quis me poterit ab ejus cultu prohibere? In quem enim credere jubeor, ei etiam debeo supplicare. Adorabo ergo Patrem, adorabo et Filium, adorabo et Spiritum sanctum, una eademque veneratione. Quod si quis durum hoc putat, audiat quomodo David ad culturam Dei fideles hortatur : *Adorate*, inquit, *scabellum pedum ejus* (*Psal.* XCVIII, 5). Si religionis est adorare scabellum pedum ejus, quanto magis religiosum si ejus Spiritus adoretur? Ille utique Spiritus, quem beatus Petrus in tanta sublimitate prædicavit, dicens : *Spiritu sancto misso de cœlis*, *in quem concupiscunt angeli prospicere* (*I Petr.* I, 12). Si angeli eum cupiunt aspicere, quanto magis nos homines mortales [d] eum despicere non debemus, ne forte et nobis dicatur, sicut dictum est ad Judæos : *Vos semper Spiritui sancto restitistis, sicut et patres vestri* (*Act.* VII, 51).

XXII. Quod si hæc tanta et talia non inclinant animum ad venerandum Spiritum sanctum, accipite adhuc aliquid fortius. Sic enim Paulus instruit prophetas Ecclesiæ, in quibus utique et per quos Spiritus sanctus loquebatur: *Si*, inquit, *omnes prophetaverint, intret autem aliquis infidelis, aut idiota, convincitur ab omnibus, examinatur ab omnibus, occulta quoque cordis ejus manifesta* [al. sunt] *fiunt : et tunc cadens in faciem adorabit Deum, pronuntians quia vere Deus in vobis est* (*I Cor.* XIV, 24, 25). Et utique in eis Spiritus sanctus est, qui prophetant. Si ergo infideles cadunt in faciem, et adorant Spiritum sanctum perterriti, et confitentur [*Lor.*, victi] inviti : quanto magis fide-

---

[a] Vulgata, *Advocatum*, quod idem est. Græcus enim textus habet, Παράκλητον, a qua voce *Paraclitus*, etiam per litteram i breviter ut aiunt enuntiatam, derivari potest, ut pluribus probat V. C. Joannes Baptista Thiers, in singulari de hac voce dissertatione.

[b] Quia in baptismo dicitur, *In nomine Patris*, *et Filii, et Spiritus sancti*, 81 quibus verbis unitas Trinitatis exprimitur.

[c] Sic Germ., Ful., Colb. 1, Lorichius et Orthodox. At cæteri habent, *Deus non sit, cum operum magnitudine, quod est ipse manifestet*.

[d] Lorichius, *non denegemus eum*. Et inferius, *Spiritui sancto restitistis*. In Scripturæ textu habetur *resistitis*. Tamen in breviario fidei apud Sirmondum, sicut et hic, legitur *restitistis;* quare vocem hanc, quæ in editis et mss. habetur, retinuimus.

libus expedit ut voluntarie et ex affectu adorent Spiritum sanctum? Adoratur autem Spiritus sanctus, non quasi separatim more gentilium, sicut nec Filius separatim adoratur, quia in dextera Patris est; [a] sed cum adoramus Patrem, credimus nos et Filium et Spiritum sanctum adorare : quia et cum Filium invocamus, Patrem nos credimus invocare, et cum Patrem rogamus, a Filio nos exaudiri confidimus, sicut ipse Dominus dixit : *Quidquid petieritis Patrem in nomine meo, ego faciam, ut honorificetur Pater in Filio* (Joan. xiv, 13). Et si Spiritus sanctus adoratur, ille utique adoratur cujus est Spiritus. Illud autem nullus ignorat, quia divinæ majestati nec addi quidquam, nec minui humanis supplicationibus potest : [*Lor.* sic] sed unusquisque secundum propositum voluntatis suæ, aut gloriam sibi acquirit fideliter venerando, aut confusionem perpetuam pertinaciter resistendo. Certum est enim quia superbia et [b] contemptio damnat, honorificentia vero fructum devotionis exspectat. Quare autem fideles non honorificent integre Trinitatem, ad quam se pertinere confidunt, cujus nomine se renatos, cujus servos se nominari gloriantur? Nam sicut [*al.* ad nomen] a nomine Dei Patris homines Dei appellantur, ut Helias homo Dei dictus est, ut Moyses homo Dei appellatus est; sic a Christo Christiani nuncupamur, sic etiam a Spiritu spiritales appellamur. Si igitur vocetur quis homo Dei, et non sit Christianus, nihil est; qui si Christianus vocetur, et non fuerit spiritalis, nec sibi satis de salute confidat.

XXIII. Sit ergo nobis secundum salutaris baptismi confessionem fides integra Trinitatis, sit una devotio pietatis : nec more gentilium potestatum diversitates opinemur, aut creaturam quantum ad deitatem in Trinitate suspicemur. Sed nec Judæorum scandalo moveamur, qui Filium Dei **33** negant, qui Spiritum sanctum non adorant; sed potius perfectam Trinitatem adorantes et magnificantes, sicut [c] in mysteriis ore nostro dicimus, ita conscientia teneamus, *Sanctus, Sanctus, Sanctus Dominus Deus sabaoth.* Ter dicentes *Sanctus* unam omnipotentiam confitemur, quia una est religio, una glorificatio Trinitatis, ut audiamus ab Apostolo, sicut audierunt Corinthii : *Gratia Domini nostri Jesu Christi, et dilectio Dei, et communicatio Spiritus sancti cum omnibus vobis* (*II Cor.* xiii, 13). Hæc est fides nostra, evangelicis et apostolicis traditionibus atque [d] auctoritate firmata, et omnium quæ in mundo sunt catholicarum ecclesiarum societate fundata, in qua nos per gratiam Dei omnipotentis permanere usque ad finem vitæ hujus confidimus et speramus.

Explicit libellus directus sub die [*al.* xvii] xii calendarum Maiarum per Januarium [e] Zatterensem, Villaticum a Casis-Medianis episcopos Numidiæ, et Bonifacium Foratianensem, et Bonifacium [f] Gratianensem episcopos provinciæ Byzacenæ.

---

[a] Lorichius brevius sic habet, *sed cum adoramus Patrem, credimus invocare Spiritum sanctum ; et cum Patrem rogamus, a Filio nos exaudiri confidimus,* etc.

[b] Sic Mart. ; quæ utique lectio videtur cæteris præferenda, quæ habent, *contentio*. Lorichii editio eamdem nostram lectionem confirmat, habet quippe, *contemptus*.

[c] Inter Missarum solemnia tum Græci, tum Latini, hymnum hunc cantare semper consueverunt, quod cum nonnulli in Galliis extra missas publicas negligerent, statuit synodus Vasensis anno 529, can. 3. *ut in omnibus missis, sive matutinis, sive quadragesimalibus, vel quæ in commemorationibus defunctorum fiunt, semper eo ordine quo ad missas publicas diceretur.* De variis istis missis videsis Mabillonium lib. I de Liturgia Gallicana, cap. 6, vel de iis fusius disserentem piæ memoriæ cardinalem Bona lib. I Rerum Liturgic., cap. 13 et sequentibus. Cave autem ne confundas hunc hymnum, quem Græci ἐπινίκιον seu *triumphalem* appellant, de quo Isaias cap. vi, et Joannes in Apocalypsi cap. iv, cum eo quem iidem τρισάγιον dicunt; quemque illi sæpius, Latini vero semel in anno, feria scilicet sexta Parasceves, cantare solent. *Sanctus Deus, sanctus, fortis*, etc. De his consule nostrum Hugonem Menardum in notis ad sacramentarium Gregorianum, pag. 10, de his rebus fuse et erudite disserentem.

[d] Desunt hæc duo verba, *auctoritate firmata*, in Colb. 2, Orthod. Rhenan. et Lorichio.

[e] Plerique mss., *Zatterensem*. Colb. 1, *Zaitarensem*. In Notitia Africana in ms. Laud. dicitur *Jacterensis*. Vide quæ in notis ad ipsam Notitiam observavus de hac urbe. Porro Lorichius pro *Januarium* habet *Jenuarium*.

[f] Colb. 1, Rhenan., et Bald., *Gatianensem*. Port. et Orth. cum Lorichio, *Gazanensem*. Colb. alter, Mart., Ful., et Germ., *Gazanensem*. In collat. Carthag., cap. 198, inter episcopos Donatistas recensetur *Victor episcopus Gratianensis*. Porro licet alii tres episcopi hic memorati recenseantur in Notitia Africana, ibi tamen desideratur *Bonifacii* hujus *Gratianensis* nomen : quod sane mirum est. Nisi is ipse sit cujus primo loco memorati nomen excidit ; tuncque pro *Vassinassensis*, ut ibi habetur, legendum esset *Gratianensis*. Et quidem Petrus abbas in concilio Carthaginensi sub Bonifacio, meminit *Bonifacii Gratianensis episcopi primæ sedis provinciæ Byzacenæ*, ad quem recurrerat absente episcopo Carthaginensi, cui monasterium ejus nullo medio subjectum erat. Bonifacius tamen, qui huic libello fidei subscripsit, non videtur fuisse primas, cum post Bonifacium Foratianensem subscripserit, qui quidem Bonifacius Foratianensis in Notitia Africæ, inter Patres Byzacenos sexagesimus octavus memoratur.

LIBER QUARTUS.

HUNERICI SÆVITIA IN EPISCOPOS CATHOLICOS.

I. *Arianorum calumniæ*. — Qui [*al.* cunque] cum noster libellus legeretur, oblatum veritatis lumen nequaquam sufferre cæcis oculis potuerunt insanientes, vocibus infrementes, graviterque ferentes, quare nos nomine nostro catholicos dixerimus. Statimque mentientes suggerunt regi de nobis, eo quod strepitum fecerimus, audientiam fugientes, qui eadem hora accensus et credens mendacio, festinavit facere quod volebat. Et jam conscriptum decretum habens, et occulte cum eodem decreto per diversas provincias suos homines dirigens, episcopis Carthagine positis, una die universæ Africæ ecclesias clausit, universamque substantiam episcoporum et ecclesiarum suis episcopis munere condonavit. Nesciens quoque quid loqueretur, neque de quibus affirmabat, legem quam dudum Christiani imperatores nostri contra eos et contra alios hæreticos pro honorificentia Ecclesiæ catholicæ dederant adversum nos illi proponere non erubuerunt, addentes multa de suis, sicut placuit tyrannicæ potestati. Hæc est enim series datæ et propositæ legis.

II. *Edictum Hunerici regis adversus catholicos.*

Rex Hunerix Vandalorum et Alanorum, universis populis nostro regno subjectis.

« Triumphalis majestatis et regiæ probatur **34** esse virtutis mala in auctores consilia retorquere. Quisquis enim aliquid pravitatis invenerit, sibi imputet quod incurrit. In qua re nutum divini judicii clementia nostra secuta est, quod quibusque personis, prout eorum facta meruerint, seu bona, seu forte talibus [a] contraria, dum facit expendi, simul etiam provenit compensari. Itaque his provocantibus qui contra præceptionem inclytæ recordationis patris nostri, vel mansuetudinis nostræ crediderint esse renitendum, censuram severitatis assumimus. Auctoritatibus enim cunctis populis fecimus innotesci, ut in sortibus Vandalorum nullos conventus omousiani sacerdotes assumerent, nec aliquid mysteriorum, quæ magis polluunt, sibimet vindicarent : quod cum videremus esse neglectum, et plurimos esse repertos dicentes se integram fidei regulam retinere, postmodum universos constat fuisse commonitos, spatio temporis prærogato mensium novem, [b] novæque contentionis (si quid ad eorum proposita posset aptari), ut ad calendas Februarias anni octavi regni nostri, sine metu aliquo convenirent. Qui dum huc ad Carthaginensem confluerent civitatem, post moram temporis præstituti, aliam quoque dilationem aliquantorum dierum dedisse cognoscimur. Et dum

A se conflictui paratos astruerent, primo die a venerabilibus episcopis nostris eis videtur esse propositum, ut ὁμοούσιον, sicut monili erant, ex divinis Scripturis proprie approbarent : aut certe quod a mille [c] et quot excurrunt, pontificibus de toto orbe in Ariminensi concilio, vel apud Seleuciam amputatum est, præ- damnarent. Quod nequaquam facere voluerunt, universa ad seditionem per se [d] concitato populo revocantes. Quinimo et secunda die, dum eis mandaremus ut de eadem fide, sicuti propositum fuerat, responderent : « [e] hoc videntur assumpsisse ad temeritatem transactam, ut seditione et clamoribus omnia perturbantes, ad conflictum facerent minime pervenire.

« [f] Quibus provocantibus, statuimus ut eorum ecclesiæ clauderentur, hac illis conditione præscripta, B ut tandiu essent clausæ quandiu [al. mallent] nollent ad conflictum propositum pervenire. Quod ea obstinatione facere voluerunt, quam pravis videntur assumpsisse consiliis. Adeo in hos est necessarium ac justissimum retorquere, quod ipsarum legum continentia demonstratur, quas inductis secum in errorem imperatoribus [g] diversorum temporum tunc contigit promulgari. Quarum illud videtur tenere conceptio, ut nulla exceptis institutionis suæ antistitibus ecclesia pateret ; nulli liceret ali aut convictus agere, aut exercere conventus ; nec ecclesias aut in urbibus, aut in quibusdam parvissimis locis, penitus obtinere neque construere ; sed præsumpta fisci juribus jungerentur ; sed etiam et eorum patrimonia, ecclesiis suæ fidei sociata, suis antistitibus provenirent ; nec C [h] commeandi ad quæcunque loca talibus licentia pateret, sed extorres omnibus urbibus redderentur et locis ; nec baptismatis haberent omnino aliquam facultatem, aut forte de religione disputandi, et nullam ordinandi haberent licentiam, sive episcopos, sive presbyteros, vel alios quos ad clerum pertinere contingeret, proposita severitate vindictæ, ut tam hi qui se paterentur hujusmodi honores accipere, quam etiam ipsi ordinatores denis libris auri singuli

---

82 [a] Lorichius et Orthod., *secuta, personis prout eorum facta... contraria decrevit. Itaque,* etc. Et infra, Orth., *Præceptioni.* Colb. 1, Bald. Rhen., et Bign., *qui præceptionem... esse temnendam.* Chiffl. et alii, mendose, *qui præceptionem.... retinendam.*

[b] Colb. 1 et Mart., *novem, quæ contentionis si quid ab eorum proposito possit.* Alii mss. ut in editis; sed pro *novæque* habent *novæ quæ;* et Orth. pro *contentionis* habet *contentiones.* Lorichius sic habet: *fidei regulam custodire vel retinere, universos constat fuisse commonitos ad spatia temporis prorogata mensium novem. Quæ contentionis si quid... possit aptari, ad calendas scilicet Februarias,* etc.

[c] Modus loquendi apud Afros usitatus, ut patet ex Optato lib. I contra Parmenianum, Augustino lib. VII de Baptismo, cap. 7, quibus verbis, *plus minus,* vel potius *et amplius,* significatur. Porro a *mille* circiter episcopis dogma catholicorum damnatum fuisse in Ariminensi concilio, seu apud Seleuciam, dicit hic tyrannus : quanquam ipsomet Athanasio attestante, haud plures quam quadringenti Ariminum, Seleuciam vero centum et sexaginta convenerint. Sed Ariani postquam partim callidis artibus, partim vi catholicos antistites ad suas partes inclinassent, aliquot ex seipsis delegerunt, qui per urbes provincias-

que cursitando, episcopos qui absentes fuerant, ad D subsignanda illorum dogmata coegerunt. Utraque autem illa synodus anno 359 coacta fuit, jubente Constantio Augusto, qui Occidentales Ariminum, Orientales vero Seleuciam Isauriæ urbem convenire mandaverat.

[d] Sic Orth. Cæteri, *concitati populi.*

[e] Colb. 2, Chiffl., Bald., Rhenan., et Bign., *Hoc evidenter assumpsere temeritate transacta.* Mart., Ful., Germ., Comp., Lorichius, et Orth., *Hoc videntur assumpsisse temeritate transacta.*

[f] Chiffl., etc., *Quibus hoc provocantibus.* Rhen., *Quibus hoc provocantes.*

[g] Alii, *imperatoribus diversis.* Port., *quos inductos secum in errorem imperatores diversorum temporum promulgare tunc contigit.* Leges quæ hic laudantur, ut plurimum habentur in Codice Theodosiano lib. XVI, tit. 5, *capitibus multis,* quarum epitomen profert hic Vandalus. Cæterum paulo infra, pro *conceptio,* Orth. et Lorichius habent *contextio.* Et pro *exceptis,* Rhen. et Chiffl. *superexceptis.*

[h] Hunc locum ex Lorichio et Orthod. restituimus. Colb., *nec veniendi ad,* etc. Cæteri mss. et editi, mendose, *commemorare quæcunque,* etc.

multarentur, eo adjecto, ut nullus eis locus esset vel auditus supplicandi, sed etiam [a] si qua specialia meruissent, minime prævalerent : et si in hac pernicie perdurarent, de proprio solo ablati in exsilium **35** sub [al. prosecutione] persecutione idonea mitterentur. In populos quoque præfati imperatores similiter sævientes, quod eis nec donandi libertas, nec testandi, aut capiendi, vel ab aliis relictum penitus [al. subjaceret] jus esset; non fideicommissi nomine, non legati, non donationibus, aut relictione quæ mortis causa appellatur, vel quolibet codicillo, aliisve forsitan scripturis, ita ut etiam qui in suis palatiis militarent, condemnationi gravissimæ pro dignitatis merito facerent subjectos, ut omni honoris privilegio exspoliati infamiam incurrerent, et publico crimini hujusmodi personæ se cognoscerent esse subjectas; officialibus etiam judicum diversorum tricena argenti pondo pœna proposita : quam si quinque vicibus in errore perdurantibus contigisset inferre, tum demum tales convicti, atque subjugati verberibus, in exsilium mitterentur. Deinde codices universos sacerdotum, quos persequebantur, præceperant ignibus tradi. Quod de libris hujusmodi, quibus sibi nominis illius errorem persuasit iniquitas, præcipimus faciendum. Hæc enim, ut dictum est, pro singulis quibusque personis illi observanda præceperant, ut [b] illustres singulatim auri pondo quinquagena darent, spectabiles auri pondo quadragena, senatores auri pondo tricena, populares auri pondo vicena, sacerdotes auri pondo tricena, decuriones auri pondo [al. ter quina] quina, negotiatores auri pondo quina, plebeii auri pondo quina, circumcelliones [c] argenti pondo dena. Et si qui forte in hac pernicie permanerent, confiscatis omnibus rebus suis, exsilio multarentur. Ordines autem civitatum, sed et procuratores et conductores possessionum tali pœna jubebantur affligere, ut si forte tales celare deligerent, et minime publicassent, et [al. tantos in...] retentos judicio non facerent præsentari, ipsi tenerentur ad pœnam; conductoribus etiam regalium prædiorum hæc multa proposita, ut quantum domui regiæ inferrent, tantum etiam fisco, pœnæ nomine, cogerentur exsolvere. Id generaliter in omnibus conductoribus vel possessoribus, qui in eadem superstitione crediderint perdurandum, constituerunt observari. De judicibus etiam qui huic rei instantissime non imminebant, pœna proscriptionis et sanguinis supplicio punirentur. Sed et de primatibus officiorum tres numero punirentur, aliis viginti librarum auri condemnatione multandis.

« Quare his necesse est constitutionibus obligari omousianos omnes, quos hujusmodi [d] malæ persuasionis constat tenuisse et tenere materiam. Quos ab omnibus supradictis abstinere decernimus, in prosecutionem venturis per ordines cunctarum urbium; sed etiam judices qui superioribus neglectis dira supplicia diversis non intulisse monstrantur. Omnes ergo supradictæ fidei ὁμοούσιον erroribus implicatos, quæ cuncto prædamnata est concilio tantorum numero sacerdotum, universis rebus prædictis, et contractibus præcipimus abstinere, quod nihil sibi noverint esse permissum ; sed universos similis pœna maneat et astringat, si ad veram religionem, quam veneramur et colimus, intra diem calendarum Juniarum anni octavi regni nostri, conversi non fuerint. Diem autem præstitutum ideo pietas nostra constituit, ut prædamnantibus errorem indulgentia non negetur, et obstinatos animos supplicia digna coerceant. Qui autem in eodem errore permanserint, seu domus nostræ occupati militia, seu forsitan diversis titulis necessitatibusque præpositi, **36** pro gradibus suis descriptas superius multarum illationes cogantur excipere, nihil valituris quæ forsitan per subreptionem quemquam talium contigit promereri. In privatas etiam, vel cujuscunque gradus et loci personas hoc nostra promulgatio præcepit observandum, quod circa tales supradictis legibus videbatur expressum ut pœnis congruis subderentur. Judices autem provinciarum quod statutum est negligentes exsequi, superiori pœna, quæ talibus est præscripta, constituimus obligandos.

« Veris autem majestatis divinæ cultoribus, id est sacerdotibus nostris, ecclesias universas, vel totius cleri nominis supradicti quibuscunque terris et regionibus constitutas, quæ, propitia Divinitate, imperii nostri regimine possidentur, una cum rebus quæ ad easdem pertinent, hoc decreto statuimus debere proficere; non dubitantes plus alimoniæ inopum proficere, quod sacrosanctis pontificibus [e] juste collatum est. Hanc ergo legem, e fonte justitiæ profluentem, cunctis præcipimus innotescere, quatinus nullus sibi ignotum esse quod præceptum est possit obtendere. Optamus vos bene valere. Data sub die VI calendas Martias, [f] Carthagine. »

[a] Comp., *Si quæ minuisse vellent, minime,* etc. Lorichius, *Si qua minus minime prævalenent.*

83 [b] Colb. 2, Mart., Ful., Germ., Lorichius, et Orthod., omissa linea : *Illustres singulatim auri pondo quadragena, populares,* etc. Pro *singulatim* Lorichius habet *singuli.* In Colb. tertio, Comp. et Lenichio non recensentur etiam senatores, et negotiatores. Colb. 1, Rhenan., Lorichius, et Bald., pro *sucerdotes* habent *sacerdotales,* et Rhen. non recenset *negotiatores.*

[c] Sic Colb. 1, Ful., Germ., Comp., Lorichius, et Orth. Alii, *auri.* Nostra lectio melior : non enim ipsi *dena auri solvissent, prioribus quina tantummodo solventibus.*

[d] Rhenan., *mali.* Orth. cum Lorichio, *malis persuasos ignis.* Colb. 2, et Comp., *malis persuasis ignis.*

Et inferius, *ab omnibus,* etc. Comp., Lorichius, et Rhenanus, *ab hominibus.* Ful., Germ., Colb. 1, et Orthod., *hominibus.... obtinere.* Et pro *diversis non intulisse,* Colb. 1, Mart. Comp. et Orthod., *adversis intulisse.*

[e] Id quoque, imperatorum exemplis male usus Humericus decrevit, quod pro catholicis adversus Donatistas juste factum fuisse probat non semel Augustinus, potissimum tractatu 6 in Joannem, numer. 25, libro II contra Petilianum, cap. 58 et seq.

[f] Hic in ms. Colb. num. 1746, ab annis circiter 700 scripto, adjicitur sequens lemma, quod etsi Victoris nostri esse nobis non videatur, huc tamen referre operæ pretium erit. *Hæc est lex, hoc præceptum iniquissimi regis et Deo odibilis Hunerici, filii*

III. *Sævitia in episcopos catholicos.* — Post hæc edicta feralia veneno [a] toxicato transversa, jubet cunctos episcopos qui Carthagine fuerant congregati, quorum jam ecclesias, domos et substantiam ceperat, in hospitiis quibus erant exspoliari, et exspoliatos foras muros propelli. Non animal, non servus, non mutanda quæ ferebant vestimenta penitus dimittuntur. Addens adhuc ut nullus quempiam illorum hospitio reciperet, aut alimoniam præstaret. Qui autem hoc miserationis causa facere tentasset, cum universa domo sua incendio cremaretur. Sapienter tunc etiam projecti episcopi fecerunt, ut, licet mendicantes, exinde non abirent: quia si recederent, [b] non tantum violenter omnino revocarentur, sed et mentirentur eos, sicut mentiti sunt, fugisse conflictum; maxime quia ubi reverterentur, jam nequaquam fuerat ecclesiis substantia vel domibus occupatis. Dum ergo gementes in circuitu murorum nudo sub aere jacerent, factum est ut rex impius ad piscinas exisset, cui universi occurrere maluerunt, dicentes: Ut quid taliter affligimur? pro quibus malis forte commissis ista perpetimur? Si ad disputationem congregati sumus, quare exspoliamur, quare traducimur, quare differimur, et sine ecclesiis, et domibus nostris foras civitatem fame et nuditate laborantes, mediis stercoribus volutamur? Quos ille torvis oculis respiciens, priusquam suggestionem eorum audisset, jussit super eos cum sessoribus equos dimitti ut tali violentia possent non solum conteri, verum etiam enecari. Quorum tunc multi contriti sunt, et præcipue senes et infirmi.

IV. *Dolo circumveniuntur.* — Tunc deinde jubentur ad quemdam locum, qui dicitur ædes Memoriæ, illi viri Dei occurrere, fraudem sibi nescientes aptatam. Ubi cum venissent, charta eis ostenditur involuta, diciturque illis ista subtilitate serpentis; Dominus noster rex Hunericus, licet doleat quod fueritis contemptores, et adhuc ejus voluntati obedire tardetis, ut ejus efficiamini religionis cujus est ipse, nunc tamen bonum de vobis cogitavit. Si juraveritis ita ut quod ista charta continet faciatis, dimittet vos ecclesiis et domibus vestris. Ad quod universi episcopi responderunt: Semper dicimus, et diximus, et dicturi sumus: Christiani sumus, 37 episcopi sumus, apostolicam fidem unam et veram tenemus. Factoque post confessionem fidei silentio modico, illi qui a rege fuerant destinati festinabant extorquere episcopis sacramentum. Tunc beati viri [c] Hortulanus et Florentianus episcopi pro omnibus et cum omnibus dixerunt: Nunquid animalia nos irrationabilia sumus, ut nescientes quid charta contineat facile aut temere juremus? Acceleraverunt quoque illi a rege destinati scripturæ eis propalare tenorem, qui hujusmodi sermonibus fuerat coloratus. Sic enim calumniosa series continebat. Jurate, si post obitum domini nostri regis, ejus filium Hilderich desideretis esse regem, vel si nullus vestrum ad regiones transmarinas epistolas diriget: quia si sacramentum hujus rei dederitis, restituet vos ecclesiis vestris. Cogitavit tunc multorum pia simplicitas, etiam contra prohibitionem divinam, sacramentum dare, ne Dei populus in posterum diceret, quod vitio sacerdotum, qui jurare noluerunt, non fuerint ecclesiæ restitutæ. Alii quoque astutiores episcopi, sentientes dolum fraudis, nequaquam jurare voluerunt, dicentes prohibitum fuisse evangelica auctoritate, ipso Domino dicente, *Non jurabitis in toto* (*Matth.* v, 34). Quibus ministri regis: Secedant in parte, inquiunt, qui jurare disponunt. Qui cum secederent, notariis scribentibus quid quisque diceret, et de qua civitate fuisset exceptum est. Similiter factum est et de illis qui minime juraverunt. Statimque pars utraque custodiæ mancipatur.

V. *In exsilium truduntur.* — Postmodum vero fraus quæ celabatur apparuit. Jurantibus itaque dictum est: [d] Quia contra præceptum Evangelii jurare voluistis, jussit rex ut civitates atque ecclesias vestras nunquam videatis, sed relegati, colonatus jure ad excolendum agros accipiatis: ita tamen ut non psallatis, neque oretis, aut ad legendum codicem in manibus gestetis; non baptizetis, neque ordinetis, aut aliquem reconciliare præsumatis. Similiter non jurantibus, aiunt: Quia regnum filii domini nostri non optatis, idcirco jurare noluistis. Ob quam causam jussi estis in Corsicanam insulam relegari, ut ligna profutura navibus dominicis incidatis [e].

Geiserici, *quam adversus piorum gentem, veluti draco bino ore sibilans, edidit. Sed jam tempus est ut in quarto hoc libello finem narrationis facere debeamus; quia indignum et indecens est ut sub tyrannica collocutione sermo subjaceat divinus. Auditum ergo petimus ab auditoribus libenter accommodari, cum principium libri quinti in eorum sonuerit auribus, quoniam magna et miranda martyrum certamina condidimus narratura, præstante ipso Jesu Christo, qui laureis mirifice sanctos coronat suos, amen.* Tum habet. *Incipit liber quintus. Post hæc,* etc.

[a] Ali quot mss. et editi, *toxicata transverso.* Cæterum Cyprianus *edicta* persecutionis *feralia* appellat epist. 52 ad Antonianum, quæ nunc est edit. Oxon. 55. *Feralia edicta* memorat quoque auctor Passionis septem monachorum martyrum, superius a nobis relatæ.

[b] Orthodox et Lorichius, *nunquam omnino revocarentur.* Et infra, *maxime quia ubi,* etc. Lorichius et alii, *maxime quia non reverterentur. Jam neque ulla erat Ecclesiæ substantia, vel omnibus occupatis.*

[c] Colb. 2 et Ful., *Hortalanus.* Alii sine aspiratione, *Ortulanus.* Fuit autem episcopus *Benefensis* in Byzacena, ut ex Notitia patet. *Florentianus* vero sic dicitur in Colb. 2, Ful., Mart., Port., Orth., Lorich., et Belf.; sicut et in Notitia Africæ, ubi episcopus *Midilensis* in Numidia appellatur. Colb. tertius cum aliquot editis, *Florentinianus.* Is porro simul cum Hortulano accensetur apud Adonem; et in Romano Martyrologio, aliis confessoribus Africanis supra memoratis, die 28 Novembris; de quibus vide supra notam 11 et 23 (*Coll.* 185. n. [a], *et* 190, n. [c]). Porro hoc loco in aliquot mss. codicibus et editis interserunt multa quæ ex superius relato Hunerici edicto detracta sunt, quæ suo loco, ut alii codices habent, et ordo rerum gestarum postulat, retulimus.

[d] Sic Lorichius. At Chiffl. et alii, *Quare contra.... voluistis? Jussit rex,* etc. Alii, *pro qua re jussit,* etc. 84 Et infra, *colonatus jure,* etc. Comp. et Lorichius, *colonias jure ad excolendum agrum accipiatis.*

[e] Hic Chiffletius Notitiam Ecclesiæ Africanæ inseruit, quam visum est potius seorsim postmodum proferre.

LIBER QUINTUS.

PERSECUTIO GENERALIS HUNERICI ADVERSUS OMNES ORTHODOXOS.

I. *Persecutio generalis.* — Addidit itaque [a] bestia illa, sanguinem sitiens innocentum, episcopis necdum adhuc in exsilium directis, per universas Africanæ terræ provincias, uno tempore tortores crudelissimos destinare, et nulla remansisset domus et locus ubi non fuisset [*al.* ululatus] ejulatus et luctus, ut nulli ætati, nulli parceretur sexui, nisi illis qui eorum succumberent voluntati. Hos fustibus, illos suspendio, alios ignibus concremabant. Mulieres vero et præcipue nobiles, contra jura naturæ, nudas omnino in facie publica cruciabant. Ex quibus unam nostram Dionysiam cursim ac breviter nominabo. Cum viderent eam non solum audacem esse, sed etiam matronis cæteris pulchriorem, ipsam primo nisi sunt fustibus exspoliatam appetere. [b] Quæ cum pateretur, diceretque de Domino suo secura : Qualiter libet cruciate, verecunda tamen membra nolite nudare; amplius illi magis furentes, celsiori loco vestimentis exutam constituunt, spectaculum eam omnibus facientes. Quæ inter ictus virgarum, dum rivuli sanguinis toto jam corpore fluitarent, libera voce dicebat : Ministri diaboli, quod ad opprobrium meum facere computatis, ipsa laus mea est ; et quia erat Scripturarum divinarum scientia plena, aptatis arctata pœnis, et ipsa jam martyr, alios ad martyrium confortabat. Quæ suo sancto exemplo pene universam suam patriam liberavit. Quæ cum suum unicum filium, admodum adhuc teneræ ætatis et delicatum, timore pœnarum formidolosum conspiceret, verberans eum nutibus oculorum, et increpans auctoritate materna, ita confortavit, ut matre multo fortior redderetur. Cui inter crudelia verbera constituto ita dicebat : Memento, fili mi, quia in nomine Trinitatis in matre Ecclesia catholica baptizati sumus. Non perdamus indumentum nostræ salutis, ne veniens invitator vestem non inveniat nuptialem, et dicat ministris : *Mittite in tenebras exteriores, ubi erit fletus oculorum , et stridor dentium* (Matth. XXII, 13). Illa, fili, pœna timenda est quæ nunquam finitur ; illa desideranda vita quæ semper habetur. Talibus itaque filium solidans verbis, velociter martyrem fecit. Venerabilis vero adolescens, Majoricus nomine, in certamine confessionis spiritum reddens, cursum palmiferum consummavit; amplexansque illa hostiam suam, quantis potuit vocibus Domino gratias agens, ad gaudium spei futuræ, in sua domo maluit sepeliri; ut quotiens super sepulcrum ejus Trinitati preces effundit, alienam se a filio nunquam esse confidat. Quanti igitur per eam in illa civitate, ut præfati sumus, acquisiti sint Deo, longum est enarrare. Nam et ejus germana, nomine Dativa, atque Leontia filia sancti [c] Germani episcopi, cognatusque Dativæ, venerabilis Emilius medicus, religiosus quoque Tertius Trinitatis confessione præclarus, vel Sibidensis Bonifacius quanta pertulerint, qualibusque cruciatibus evisceratæ, vel eviscerati sint, qui valet ex ordine dicat.

II. *Servi passio.* — [d] Servus quoque Tuburbitanæ civitatis majoris, generosus et nobilis vir, pro Chri-

---

[a] Bestiæ nomen persecutoribus tribuit passim Lactantius in libro de Mortibus Persecutorum. Ita Neronem *malam bestiam* appellat num. 2. De Diocletiano ejusque collegis dicit num. 16. *Tres acerbissimæ bestiæ sæviebant,* etc. Hoc autem optime persecutoribus congruere probat idem auctor lib. v Divinarum Institutionum, cap. 11. De his plura Baluzius in notis ad cap. 19 prædicti libelli.

[b] Comp., *Quæ cum peteret, diceretque : De Deo sum secura,* etc. Rhen. ut editi alii, nisi quod pro *pateretur,* habeat *peteret.* Paulo ante, *nisi sunt... appetere.* Lorichius habet *jussi sunt... aptare.*

[c] Unicum Germanum, episcopum scilicet Peradamiensem in Byzacena, repræsentat Notitia Africæ, de quo superius mentio facta est. Si is est ipse qui hic memoratur, colligere possumus Victorem nostrum patria Peradamiensem fuisse, ex his scilicet verbis : *Unam nostram Dionysiam,* etc. Et quidem de Dionysia aliisque martyribus hic memoratis, tanquam de sibi magis notis loquitur. Paulo infra, num. 11, Habetdeum *nostrum episcopum* appellat. Porro horum omnium martyrum memoriam simul recolunt vulgata Latinorum martyrologia die 6 Decembris; Græci vero die sequenti. Usuardus sic habet : *In Africa sanctarum Dionysiæ, Dativæ, Leontiæ, et religiosi viri nomine Tertii, Æmiliani et Bonifacii, cum aliis tribus, qui passi sunt,* etc. In Martyrologio Romano his Usuardi verbis adjicitur separatim : *Ibidem sancti Majorici, filii sanctæ Dionysiæ, qui,* etc. Et die sequenti : *Tuburbi sancti Servi martyris, qui,* etc. At Ado trium ab Usuardo designatorum nomina recenset, *et Servilii, et Victricis, et Majorici.* Ex quibus verbis liquet *tres illos,* quorum Usuardus tacuit nomina, fuisse *Majoricum* filium sanctæ Dionysiæ ; Ser-

vum *Tuburbitanum, et Victoriam* inferius memorandam, qui proinde, excepta Victoria, bis in Baronii martyrologio commemorantur. Porro *Emilius,* quem alii *Emelium* dicunt, ab Usuardo et Adone *Æmilianus* appellatur. Paulo infra, *Sibidensis.* Urbem hanc reperire non licuit. Forte legendum *Sicilibensis.* Hæc enim, ut observat Norisius, utrumque Tuburbum oblique respiciebat, a majori M. P. 18 distans. Cujus episcopus ex parte Donati, *Quadratianus* nomine, collationi Carthag. interfuit cap. 198. Est et urbs *Cilibiensis* cujus *Tertullus* episcopus item Donatista in eadem collatione recensitus fuit cap. 206. *Zubedi fundum in territorio Fussalensi* memorat Augustinus libro XXII de Civitate Dei, cap. 8.

85 [d] Variat in omnibus codicibus loci hujus lectio. Chiffletianam retinuimus, quam exhibent etiam Bign., Rhenan. et Bald., nisi quod, pro *Servus,* habent *servi.* Port., Ful., Germ., Orth., Sur., et Lorichius, *servus quoque Tuburbitanæ civitatis Majorus, generosi et nobilis viri,* etc. Sic et Colb. 1; sed pro *Majorus* habet *majoris;* et Comp. *Majoricus.* Colb. alter ut Chiffletius, nisi quod habet *generosi et nobilis viri.* Colb. tertius in margine prima manu habet *Majori mart.* Porro erat in Africa duplex civitas *Tuburbium* dicta, *majus* scilicet et *minus.* Et quidem unicum ex hoc Victoris loco martyrem, qui *Servus* dicebatur, agnoscunt laudata superius martyrologia; quamvis recentiores aliqui vocem *majoris,* quæ ad *Tuburbii* revocari debet, pro confessoris nomine accipientes, alterum martyrem nomine *Majorum* excogitaverunt. De alio item martyre, hujus *Servi* occasione, Tiburi *in Italia* conficto agemus in Commentario nostro historico, cap. 6.

sto quas pertulit quis explicet pœnas? Qui post cædes innumerabilium fustium, trochleis frequentibus elevatus, dum ª tota præ urbe penderet, hunc in sublime tollentes, ictu celeri dimissis iterum funibus cannabinis, super silices platearum pondere corporis veniens, ut lapis super lapides corruebat. Sed et sæpius tractum, et lapidibus acutissimis defricatum, [al. ut] et cutibus separatis, pelles corporis lateribus dorsoque videres et [al. ventre] ventri pendere. Iste jam temporibus Geiserici non valde dissimilia pertulerat, ne amici cujusdam sui secreta nudaret: quanto magis nunc, ut [al. sua] suæ fidei sacramenta muniret? Et si homini gratis fideliter exhibuit fidem, quantum debuit illi, qui redditurus est pro fide mercedem?

III. *Victoriæ fortitudo.* — In civitate vero [b] Culusitana non valeo quæ gesta sunt nuntiare, quia et ipsam quantitatem martyrum vel etiam confessorum impossibile est homini supputare. Ubi quædam matrona, auctrix sui nominis Victoria, dum in conspectu vulgi continuato suspendio cremaretur, a marito jam perdito filiis præsentibus taliter rogabatur: Quid pateris conjunx? Si me despicis, vel horum miserere quos genuisti, impia, parvulorum. Quare obliviscéris uteri tui, et pro nihilo ducis quos cum gemitu peperisti? Ubi sunt fœdera conjugalis amoris? ubi societatis vincula, quæ inter nos dudum honestatis jure tabulæ conscriptæ fecerunt? Respice, quæso, filios ac maritum, et regiæ jussionis implere festina præceptum, ut et imminentia adhuc tormenta lucreris, simul et mihi doneris et liberis nostris. Sed illa nec filiorum fletus, nec serpentis audiens blandimenta, [c] affectum multo altius elevans a terra, mundum cum suis desideriis contemnebat. Quam cum jam continuatione suspendii avulsis humeris,

A etiam qui cruciabant conspicerent mortuam, deposuerunt prorsus omni parte exanimatam. Quæ postea retulit quamdam sibi virginem astitisse, atque tetigisse membra singula, et illico fuisse sanatam.

IV. *Victoriani martyris fides.* — Qualiter autem Adrumetinæ civitatis civem Victorianum, tunc [d] pro consulem Carthaginis, prædicem, nescio, deficientibus verbis. Quo in Africæ partibus nullus ditior fuit, qui etiam apud impium regem pro rebus semper sibi commissis fidelissimus habebatur. Mandatur ei a rege familiariter, diciturque quod eum habiturus esset præ omnibus [e] domesticum, si ejus præcepto facilem commodasset assensum. Sed ille vir Dei missis ad se tale dedit cum fiducia magna responsum: Securus ego sum de Christo Deo et Domino meo. Hæc

B regi dicatis: Subrigat ignibus, adigat bestiis, excruciet generibus omnium tormentorum. Si consensero, frustra sum in Ecclesia catholica baptizatus. Nam si hæc præsens vita sola fuisset, 40 et aliam, quæ vere est, non speraremus æternam, nec ita [f] facerem ut ad modicum atque temporaliter gloriarer, et ingratus existerem ei qui suam fidem mihi contulit, [al. creditori] Creatori. Ad quod tyrannus excitatus, quantorum temporum, et quantis eum afflixit pœnis, humanus sermo non poterit explicare. Qui tripudians in Domino, feliciterque consummans, martyrialem coronam accepit.

V. *Fratres duo confessores.* — Apud [g] Tambaiensem quoque civitatem gesta quis queat certamina martyrum explicare? Ubi duo germani fratres Aquis-Regensis civitatis, sibi securi de Domino invicem [h] juraverunt ut rogarent tortores ut una pœna parique supplicio torquerentur. Et dum primo suspendio, molibus lapidum pedibus alligatis, tota die penderent, unus illorum petivit se deponi, et sibi inducias

ª Sic Colb. 1 et edit. duo. Alii omnes, *totam per urbem*: quæ lectio confirmari potest ex sequentibus verbis, ubi sanctus martyr *super silices platearum* corruisse dicitur. Deducebatur forte ex platea in plateam. Infra, Comp., pro *dimissis*, habet *dimissus*.

[b] Urbs est in Proconsulari, cujus *Æmilianus* episcopus in Notitia recensetur. De qua urbe plura habes in notis ad Notitiam infra.

[c] Colb. 1 et Orth. cum Lorichio, *aspectum oculorum multo*. Colb. alter, *affectu multo altius elevata*.

[d] Hoc nomine intelligendus hic, ut puto, est magistratus aliquis a rege institutus, qui jus diceret, veluti umbra quædam Romanorum proconsulum in Africa. Victorianum simul cum duobus germanis infra laudatis celebrant vulgata martyrologia die 23 Martii. Iis interserit Galesinius *Verolum* et alios, de quibus infra agemus in Commentario historico cap. 10. De his Bollandiani 21 Februarii et 23 Martii; quo item die in vetusto calendario Capuano, quod Michael monachus publici juris fecit in sanctuario Capuano, festivitas indicatur *sancti Victoriani et sociorum ejus martyrum*. Porro Victoriani ejus de quo hic agimus reliquias aliquot se habere gloriantur Leodienses, ut testatur Saussayus in martyrologio Gallicano die 23 Martii. Adrumetum porro celebris erat urbs in Africa, Byzacenæ provinciæ caput, cujus Felix episcopus supra lib. I, num. 7, a Victore memoratur. Plura de hac urbe congerere inutile esset.

[j] Famosi fuere sancti Augustini temporibus Adrumetini monachi, ob motas de Gratia et Prædestinatione controversias, quorum gratia sanctus doctor aliquot opuscula edidit. Denique hanc urbem, *Sissam Nigram* aliquando appellatam fuisse observat Oxoniensis operum sancti Cypriani editionis auctor, in notis ad concilium Carthag., num. 3.

[e] Hæc vox deest in Colb. 2, Mart., Lorich., Orth., Rhen., etc. At Colb. 1 habet *quod eum carum præ omnibus haberet*. Et infra, *securus ego*, etc. Sic Lorichius. Cæteri, *securus de Deo.... Dico quæ regi*, etc. Mart. et Comp., *Hæc regi*, etc.

[f] Colb. 2 cum editis aliquot, *fecissem ad modicum... gloriari.*

[g] Mart., Colb. et Orth., *Tambadensem*. Colb. alter, *Tambianensem*. Ful. et Germ., *Tambudensem*. Apud Augustinum libro VII contra Donatistas, cap. 44, memoratur *Secundinus episcopus a Tambais*, qui in concilio Carthag. sub sancto Cypriano, num. 80, dicitur *martyr Secundianus a Thambeis*. In Notitia Africæ inter Byzacenos Patres recensetur 86 *Servusdei Tambeitanus*. De hac urbe et Aquis Regiensi, hic quoque memorata, vide notas in Notitiam Africæ.

[h] Ful., *intraverunt*. Rhenan., Chiffl. et alii editi, *juraverunt et rogaverunt*. Paulo infra exponitur quale fuerat eorum juramentum, cum eorum alter ad fratrem titubantem dixit: *Super corpus et sanguinem Christi juravimus*. Jam sub sæculi tertii medium Novatianus schismaticus suos jurare cogebat *super corpus et sanguinem Christi* quod nunquam ad Cornelii pontificis partes transirent.

daci. Cui frater alius, metuens ne fidem negaret, de suspendio clamabat: Noli, noli, frater; non ita juravimus Christo. Accusabo te cum ante thronum ejus terribilem venerimus : quia super corpus ejus et sanguinem juravimus ut pro eo [*Lor*., simul] invicem patiamur. Ista dicens et alia multa, confortavit germanum ad prælium passionis, qui clamans ingenti voce dicebat : [*al*. Adicite] Adigete suppliciis quibus vultis, et pœnis Christianos arctate crudelibus : quod frater meus facturus est, hoc ego etiam ago. Quantis jam laminis ignitis adusti sunt, qualibus ungulis exarati, quibus cruciatibus torti, res ipsa docet, quod eos ipsi tortores a sua facie projecerunt, dicentes : Istos imitatur universus populus, ut nullus ad nostram religionem penitus convertatur; et præcipue quia nulli livores, nulla pœnarum vestigia in eis penitus videbantur.

VI. *Mira fides Typasensium. Ingens miraculum*. — In [a] Typasensi vero quod gestum est Mauritaniæ majoris civitate ad laudem Dei insinuare festinemus. Dum suæ civitati Arianum episcopum ex notario [b] Cyrilæ ad perdendas animas ordinatum vidissent, omnis simul civitas evectione navali de proximo ad Hispaniam confugit, relictis paucissimis qui aditum non invenerant navigandi. Quos Arianorum episcopus primo blandimentis, postea minis compellere cœpit, ut eos faceret Arianos. Sed fortes in Domino permanentes, non solum suadentis insaniam irriserunt, verum etiam publice mysteria divina in domo una congregati celebrare cœperunt. Quod ille cognoscens, relationem occulte Carthaginem adversus eos direxit. Quæ cum regi innotuisset, comitem quemdam cum iracundia dirigens, præcepit ut in medio foro, congregata illuc omni provincia, linguas eis et manus dexteras radicitus abscidisset. Quod cum factum fuisset, Spiritu sancto præstante, ita locuti sunt et loquuntur, quomodo antea loquebantur. Sed si quis incredulus esse voluerit, pergat nunc Constantinopolim, et ibi reperiet unum de illis, subdiaconem Reparatum, sermones politos sine ulla offensione [c] loquentem. Ob quam causam venerabilis nimium in palatio Zenonis imperatoris habetur, et præcipue regina mira eum reverentia veneratur.

VII. *Vandali in suos sæviunt*. — Sed quis congruo sermone possit exsequi aut coacervare diversitates pœnarum quas ex jussu regis sui, etiam ipsi Vandali in suos homines exercuerunt? In ipsa quoque quæ gesta sunt Carthagine, si nitatur scriptor singillatim astruere, etiam sine ornatu sermonis, nec ipsa nomina tormentorum poterit edicere. Quæ res [d] hodieque posita in promptu demonstrat. Alios sine manibus, alios sine oculis, alios absque pedibus, alios truncos naribus auribusque intendas, 41 aliosque videas nimio suspendio spatulis [*al*. scapulis] evulsis, caput, quod eminere solebat, in medio scapularum fuisse demersum, dum jugiter in altis [*al*. sedibus] ædibus suspendio cruciantes, impulsione manuum funibus agitatis, per vacuum aerem huc atque illuc faciebant vagari pendentes. Qui nonnunquam disruptis funibus de illa altitudine suspensionis, ictu valido corruentes, plurimi arcem cerebri cum oculis amiserunt : alii confractis ossibus spiritum continuo reddiderunt, alii post paulum exhalaverunt. Sed qui hoc fabulosum putat, [e] Uranium Zenonis legatum interroget, in cujus præsentia præcipue gesta sunt; illa scilicet causa, quia veniens Carthaginem sese pro defensione ecclesiarum catholicarum venisse jactabat. Et ut illi ostenderet tyrannus se neminem formidare, in illis plateis vel vicis plures tortores et crudeliores statuit, in quibus legatis moris est ascendendo ad palatium et descendendo transire : ad opprobrium videlicet ipsius reipublicæ, et nostri jam deficientis temporis fæcem.

VIII. *Matronæ exsulantis constantia*. — Tunc igitur et quædam uxor cujusdam cellaritæ regis nomine [f] Dagila, quæ temporibus Geiserici multoties jam confessor exstiterat, matrona nobilis ac delicata, flagellis et fustibus omnino debilitata, exsilio arido et invio relegatur, ubi nullus hominum forte consolationis gratia veniendi haberet accessum, relinquens cum gaudio domum, maritum simul et [*al*. filium] filios. Cui posita oblatum esse dicitur, ut in mitiorem eremum translata, frueretur, si vellet, solatio sociorum. Illa vero ingens sibi adesse credens gaudium, ubi nullus humanus esset consolantis affectus, ne fieret supplicavit.

IX. *Cleri Carthaginensis certamina. Murittæ egregium facinus*. — Tunc etiam Eugenio pastore jam in exsilio constituto, universus clerus Ecclesiæ Carthaginis cæde inediaque maceratur, [g] fere quingentis vel amplius. Inter quos quamplurimi erant lectores infantuli, qui gaudentes in Domino, procul exsilio crudeli trudantur. Sed libertatem tunc, cum media urbe cæderentur [*al*. Miritæ] Murittæ diaconi cæteris liberiorem tacere non debeo. Fuit quidam [h] Elpidoforus nomine, nimium crudelis et ferus, cui fuerat delegatum membra confessorum Christi suppliciis grassantibus laniare. Hic dudum fuerat apud nos in ecclesia

---

[a] In Africæ Notitia memoratur inter episcopos Mauritaniæ Cæsariensis *Reparatus Tipasitanus*. Est et alia Typasa in Numidia, cujus episcopus *Rusticus* in eadem Notitia recensetur. De utraque agimus in notis ad Notitiam Africæ.

[b] Rhenan. et Chiffl. cum aliquot mss. et editis, *Cyrilam*. Orth. et Lorichius, *ex notario aulæ ad*.

[c] De confessoribus absque lingua loquentibus plura dicemus in Commentario historico cap. 7.

[d] Lorichius, *hodie cuique proposita in promptu demonstratur*.
Germ., Ful., Mart., Comp., et Colb. 1, *Anium*

Orth. et Lorichius, *Avium*.

[f] Colb. 1, Comp. et Port., *cellarii regis nomine Dagilli*, qui. Orth. et Lorich., *Dagilli*, Ful., Germ., Mart., Colb. alter, et Belfor., *Dagilium*, qui, etc.; ita ut maritus etiam aliquando confessor fuerit.

[g] Horum omnium simul cum *Eugenio*, *Muritta* et *Salutari*, memoriam celebrant martyrologia vulgata die 13 Julii. Murittam aliquot item martyrologia singillatim memorant die 24 Martii.

[h] Colb. 1 et Port., *Helpidoforus*. Orthod. Lorichius, *Epidoforus*.

Fausti baptizatus, quem venerabilis Muritta diaconus de alveo fontis susceperat generatum. Post vero dum apostataret, tantæ exstitit feritatis adversus Ecclesiam Dei, ut superior omnibus exsecutor persecutionis fuisset inventus. Quid multa? Dum primo presbyteri suppliciis macerandi ordine citarentur, post archidiaconum Salutarem, aptatur pœnis memoratus Muritta. Fuit enim secundus in officio ministrorum. Quia cum Elpidoforo sedente et fremente, honorabilis senior cœpisset extendi, priusquam [*Lor.*, cruciaretur] exueretur, clam forte nescientibus cunctis, illa, quibus eum suscipiens de fonte dudum texerat, [a] sabana bajulabat. Quibus ventilatis, simulque in ostentione cunctis extentis, in his verbis loqui exorsus, totam ad fletum et lacrymas commovisse dicitur civitatem. Hæc sunt linteamina, Elpidofore minister erroris, quæ te accusabunt, cum majestas venerit judicantis. Custodientur diligentia mea ad testimonium tuæ perditionis, ad demergendum te in abyssum putei sulphurantis. Hæc te, infelix, immaculatum cinxerunt de fonte surgentem : hæc te, miserrime, acrius persequentur, flammantem gehennam cum cœperis possidere : quia induisti te maledictionem sicut vestimentum, scindens atque amittens veri baptismatis et fidei sacramentum. Quid facturus es, miser, cum servi Patrisfamilias ad cœnam regiam congregare cœperint invitatos? Tunc te aliquando vocatum, terribiliter indignatus exutum stola rex conspiciens nuptiali, dicet tibi : *Amice, quomodo huc venisti vestem non habens nuptialem* (*Matth.* XXII, 12 seq.)? Non video quod contuli, non agnosco quod dedi. Perdidisti militiæ chlamydem quam [b] in tutela virgineorum membrorum decem mensibus texui, et tendicula crucis extendens aqua mundavi, et purpura mei sanguinis decoravi. Non conspicio cultum signaculi mei, characterem non video Trinitatis. Talis interesse non poterit epulis meis. Ligate eum manibus, et pedibus suis, funiculis, quia se ipse voluntarie separare voluit a catholicis dudum fratribus suis. Ipse funes extendit continuatos in laqueum, quibus et semetipsum vinxit ; et alios, ne ad istud venirent convivium, impedivit. Juxta semitam multis scandalum posuit, quem nunc cum rubore perpetuo et dedecore sempiterno de convivio meo projeci. Hæc et alia Muritta dicente, igne conscientiæ ante ignem æternum obmutescens Elpidoforus torrebatur

X. *Clerici in exsilium trusi.*—[c] Parantes itaque universi dorsa sua verberibus, alacres ad exsilium pergunt. Quibus adhuc in itinere longioris viæ constitutis, destinantur, episcopis Arianorum suggerentibus, homines immisericordes ac violenti, ut illud quod eis forte miseratio Christiana victui contulerat profuturum, crudeliter auferretur : quando unusquisque eorum libentius forte cantabat : *Nudus exivi de utero matris meæ* (*Job* I, 21), nudum etiam me oportet ad exsilium pergere, quia Dominus novit esurientibus cibum porrigere, et in deserto vestire. Vandali namque duo sub Geiserico sæpius facti confessores, comitante matre, contemptis omnibus divitiis suis, cum eisdem clericis ad exsilium perrexerunt. De multitudine autem pergentium confessorum, id est Ecclesiæ Carthaginis clericorum, suggerente quodam [d] exlectore Theucario perdito, quos ille noverat vocales strenuos atque aptos modulis cantilenæ, designatione sua debere dicit duodecim infantulos separari, quos ipse cum catholicis esset, tunc discipulos habuit. Statim illo suggerente, sub festinatione viro dimittuntur, et vi barbarici furoris bissenus numerus puerorum de itinere revocatur. Segregantur corpore, non spiritu a grege sanctorum, qui timentes præcipitium, cum suspiriis lacrymarum, ne divellerentur constringebant manibus genua sociorum, quos violentia tamen hæretica, minacibus separans gladiis, Carthaginem revocavit. Sed dum cum eis, quasi cum tali ætate [*al.* plerique non] jam blanditiis ageretur, superiores suis inventi sunt annis, et ne obdormirent in morte, lucernam sibi evangelici luminis accenderunt. Indignantur ob hoc graviter Ariani, et se superatos a pueris erubescunt. Unde accensi subdi iterum fustibus jubent; quos jam ante paucissimos dies variis verberibus dissipaverant. Imprimuntur vulneribus vulnera, et rursum pœna restaurata recrudescit. Factum est, Domino confortante, ut nec ætas minor deficeret in dolore [*al.* sed], et magis animus cresceret roboratus in fide quos nunc Carthago miro colit affectu, et quasi duodecim apostolorum chorum conspicit puerorum. Una degunt, simul vescuntur, pariter psallunt, simul in Domino gloriantur. Illis diebus et duo negotiatores, Frumentius, [e] et alius cum Lorichio, habent *vultum*. Sur., Bign., Colb. 1, et Rhen., *non conspiciunt oculi mei characterem.*

[c] Colb. 1 habet, *Parentes itaque universi, dorsa sua verberibus habentes repleta, alacres,* etc.

[d] In editis legitur *ex lectore*; videtur tamen legendum esse *exlectore* uno vocabulo, ut ostendatur hunc olim Ecclesiæ lectorem, postea apostatam spurcissimum fuisse. Pro *Theucario*, Lorich. et Orth. habent *Theucorio*, Bign. *Theucariæ*. Apud Bollandianos die 24 Martii *Theutorico*. Mart. *Theucario perdico.*

[e] Colb. 1, paulo fusius : *et alius similiter ejus æquivocus Frumentius dicebatur, ipsius ejusdem urbis Carthaginis, uno vocabulo, pariterque gratia simul egregio,* etc. Port. habet quoque hæc verba : *Ipsius ejusdem* urbis *Carthaginis.* Eorum memoriam vulgata martyrologia celebrant die 23 Martii.

[a] Hac voce lintea designari, vel ex hoc Victoris loco, colligere licet. Consentiunt fere omnes glossariorum scriptores apud eruditum Cangium in Glossario, ubi a Græcis mutuata dicitur. Eadem voce usus est non semel Gregorius Magnus, potissimum Dialogorum libro IV, cap. 55, ubi homini e balneo exeunti *sabana præparata fuisse refert.* Et lib. III, cap. 17, homo *sabano constrictus sepultus fuit. In collat. Carthaginensi cognitione 2*, cap. 53, *cumque intra sabanum volumen,* etc. Plura occurrunt passim hujus rei exempla. Vide Bolland. in vitam sancti Zozimi, die 24 Januarii.

[b] Sic Lorichius. Alii, *in tela virgineorum,* etc. Aliqui post *membrorum* addunt *gestatus.* Sic et pro *tendicula,* Sur. et Bign. habent *tendiculas crucis, quas extendens.* Colb. 1, post *crucis,* addit *manus.* Et infra, pro *cultum,* Ful., Germ., Comp., et Orthod.,

Frumentius ejusdem urbis egregio martyrio coronati sunt. Tunc et septem fratres, non natura sed gratia, simul in monasterio 43 commanentes, confessionis certamine expleto, immarcescibilem pervenerunt ad coronam, id est Liberatus abbas, Bonifacius diaconus, ᵃ Servus subdiaconus, Rusticus subdiaconus, Rogatus monachus, Septimus monachus et Maximus monachus.

XI. *Antonii sævitia in sanctum Eugenium.* — Nam illo tempore crudelius Arianorum episcopi, presbyteri et clerici, quam rex et Vandali, sæviebant. Nam ad persequendum ipsi cum suis clericis ubique gladiis accincti currebant; sicut quidam episcopus, inter illos cæteris crudelior, Antonius nomine; qui tam nefaria et incredibilia in nostros exercuit, ut narrari non queant. Fuit iste in quadam civitate proxima eremo, quæ Tripolitanæ provinciæ vicinatur, qui, ut bestia insatiabilis, catholicorum sitiens sanguinem, huc illucque ad rapiendum [*Rhen.*, *fugientes*] rugiens excurrebat. Nam impius Hunericus sciens Antonii ferocitatem, in [*al.* ipsius] ipsis eremi partibus voluit sanctum Eugenium ᵇ relegari. Quem cum custodiendum Antonius accepisset, ita eum arctiori custodia cinxit, ut nullum ad eum introire permitteret: insuper variis insidiarum atque pœnarum suppliciis cogitabat eum exstinguere. Sed Eugenius sanctus, dum nostræ persecutionis defleret incommoda, et asperitate cilicii senile attereret corpus, nudamque super humum cubitans stratum [*al.* sacris] sacci sui rigaret imbribus lacrymarum, aliquando sensit infestum paralysis morbum. Quo [*al.* nuntio] nuntiato, in gaudia conversus Arianus, pergit festinus ad cubile [*mss.* 44, exsilii] eximii hominis Dei; et cum videret, urgente passione, verum pontificem balbutientia verba producere, cogitavit simul exstinguere quem superesse nolebat. Præcepit ut acetum asperum nimisque acerrimum quæreretur; quod cum fuisset allatum venerabilis senis recusantibus et nolentibus faucibus ingerebat. Nam si communis Dominus, qui ad hoc venerat ut potaret, cum gustasset noluit bibere, quanto magis iste servus et confessor fidelis omnino nollet, nisi hæretica feritas ingessisset? Ex quo aceto præsertim illi passioni noxio morbus accepit augmentum. Cui pietas Christi misericorditer subveniens postea sanum ᶜ exhibuit.

XII. *In sanctum Habetdeum.* — ᵈ Alium autem nostrum episcopum Habetdeum similiter relegatum Tamallumensi civitate, in qua Antonius fuerat, quantum potuit infestare res ipsa demonstrat. Nam cum diversis eum persecutionibus affligeret, nec posset eum facere Arianum, videretque Christi militem semper in confessione constantem, promiserat suis, dicens: Nisi eum nostræ fecero religionis, non [*al.* sum] sit Antonius. At ubi in sua promissione minor inventus est, suggerente sibi diabolo cogitat aliud. Pedibus manibusque ligatis, vinculis ingentibus arctat episcopum, oreque obturato ne lingua clamaret, aquam corpori, ut putabat, rebaptizationis spargit: quasi valeret conscientiam ligare cum corpore, aut non ibi adesset qui audit gemitus compeditorum, et cordis secreta rimatur: vel superare posset aqua mendax tantæ voluntatis propositum, quod jam homo Dei ᵉ metantibus lacrymis miserat legatum in cœlum. Exuit statim vinculis virum, et tali, quasi gaudens, prosequitur voce: Ecce jam, frater Habetdeum, noster Christianus effectus es; quid ultra facere poteris nisi ut voluntati consentias regis? Cui Habetdeum: *Illa est, impie Antoni, mortis damnatio, ubi voluntatis tenetur assensio.* Ego fidei meæ tenax, vocibus confitens crebris, quod credo et credidi, clamando defendi. Sed et 44 postea quam catenis vinxisti, et oris januam oppilasti, in prætorio cordis violentiæ meæ, subscribentibus angelis, gesta confeci, et lectitanda imperatori meo transmisi.

XIII. *Arianorum violentiæ.* — Erat quidem gene-

ᵃ Codex Port., *Servius... Septiminus.* Horum porro sanctorum martyrum passionem retulimus supra pagina 99, ad calcem Historiæ Victoris Vitensis (*Vide infra col.* 263), quo loco plura de illis observavimus; potissimum de additione quæ in codicibus duobus manuscriptis habetur, uno scilicet carthusiæ Portarum, et altero bibliothecæ Colbertinæ, num. 1746. Colbertinus itaque, quem vidimus, post horum martyrum recensita nomina, sic habet : *Sed licet horum gloriosissimorum martyrum in præsenti non quiverimus plenius explanare imitanda vel admiranda certamina, propter aliorum videlicet innumerabilium multitudinem martyrum; in fine tamen hujus operis nostri, promittimus, Domino adjuvante, nos eaᵢ narraturos.* Nunc ergo hujus libelli quinti narrationis nostræ hic finis est. Incipit autem liber sextus in isto codice sic : *Ex illo jam tempore crudelius,* etc.

ᵇ Eugenius *Tamallenum* relegatus fuisse dicitur in Notitia Africana. Nullum autem urbis nomen in tota Notitia occurrit quod propius ad istud accedat quam *Tamalluma,* quo etiam *Habetdeus* exsulasse infra dicitur. Duplex autem erat Tamalluma, una in Byzacena, altera in Mauritania Sitifensi. Erat et *Turris Tamallumæ*, cujus episcopus collationi Carthag. interfuit. Hanc vero eamdem esse ac Tamallumam Byzacenæ censet eruditus Baluzius. De his locis agimus in notis ad Notitiam Africanam. Porro ex Victoris contextu patet Antonium Tamallumæ, uni scilicet ex his urbibus, præfectum fuisse. Pene omiseram munere in Colb. 1 hic haberi, *eremo Tamalbiniensi.*

ᶜ Hic in Colb. 1, n. 3119, margine ista habentur : *Qui venerabilis vir per multas tribulationes, multasque patientiæ coronas, ad ultimum III idus Julii in pace quievit. Prædicandi vero Salutaris archidiaconus, et Muritta secundus in officio ministrorum, tertio jam confessores erecti, gloriosæ in Christo perseverantiæ titulo illustrati sunt.* De Eugenio et sociis seorsim agemus in Commentario historico, cap. 8.

ᵈ Aliquot mss. et editi : *Alio autem nostro episcopo Habetdeum relegato.... infestari,* etc. Comp. pro *Habetdeum* habet *apud eum;* illum tamen infra *Habetdeum* appellat. et pro *Tamallumensi* habet *Adlumensis.* Habetdeus in Africæ Notitia Tamallumensis in Byzacena episcopus dicitur, qui proinde ex urbe Tamallum. in Byzacena Tammallumam Mauritaniæ relegatus fuit.

ᵉ Colb. 1 et Port., *micantibus.* Mart., Comp., Lorichius, et Orth., *mittentibus.* Et infra : *Ecce,* etc. Colb. 1, Comp. et Mart., *Ecclesiæ jam, frater Habetdeum, nostræ Christianus,* etc. In cod. autem Comp. et edit. Lorichii desunt hæc verba : *Quid ultra,* etc., usque ad *Cui,* etc.

ralis ista violentia tyrannorum. Nam Vandali pro hac re ubique erant destinati, ut transeuntes itinera sacerdotibus suis adducerent jugulandos. [Al. ac] At ubi eos fallacis aquæ gladio peremissent, indicium eis perditionis scriptura teste tradebant, ne alibi simili violentia traherentur; quia non licebat sive negotiatoribus, sive privatis alicubi transire, nisi descriptam characteris indicio suam miseri ostenderent mortem. Quod per revelationem servo suo Joanni olim jam ostenderat Christus, ubi dicit: *Nulli licebit aliquid emere vel vendere, nisi qui habuerit characterem bestiæ in fronte sua et in manu sua* (Apoc. XIII, 16, 17). Nam et episcopi atque presbyteri illorum, cum armatorum manu nocturnis temporibus vicos et oppida circuibant, et sic despicatis postibus januarum, aquam gladiumque gestantes animarum prædones intrabant: et quos domi repererant, alios forte in lectulis soporatos imbre igneo atque fulmineo respergentes, dæmoniaca vociferatione Christianos suos ipsi pariter vocitabant, ut [a] ludum potius suæ hæreseos, quam aliquam religionem ostenderent. In quo minus capaces et ignari impletum in se pollutionis sacrilegium [al. imputabant] putabant: prudentiores vero nihil sibi, quod nolentibus atque dormientibus ingestum est, obesse gaudebant. Nam et multi eadem hora cinerem capitibus suis injecerunt, alii sese, vel quia factum est, cilicio lugubri texerunt, nonnulli cœno fetido linierunt, et linteamina violenter imposita per fila consciderunt, atque in latrinas fetidaque loca manu fidei projecerunt.

XIV. *Egregium mulieris factum.* — [b] Tali violentia, nobis videntibus, in Carthagine filius cujusdam nobilis, annorum circiter septem, jussu Cyrilæ a parentibus separatus est, matre sine verecundia matronali, solutis crinibus, post raptores tota urbe currente, infantulo clamante ut poterat: Christianus sum, Christianus sum, [c] Christianus sum. Cui, Trinitatem in his ternis vocibus declarantem, os obturantes, insontem infantiam in suum gurgitem demerserunt. Ita de filiis medici venerabilis [d] Liberati factum esse probatur. Nam cum ex jussu regis cum uxore et liberis ad exsilium mitti juberetur, cogitavit impietas Ariana a parentibus filios parvulos separare, ut posset per pietatis affectum etiam virtutem prosternere genitorum. Disjunguntur ergo a parentibus tenera pignora filiorum. Cumque vellet Liberatus lacrymas emittere, auctoritate uxoria increpatur, et in ipso meatu exitus sui illico lacrymæ siccaverunt. Ait enim ei conjux: [al. Et] En propter filios, Liberate, perditurus es animam tuam? Computa eos non fuisse natos; nam et ipsos omnino vindicaturus est Christus. Nonne vides eos clamantes, et dicentes, Christiani sumus? Sed hæc mulier quid in conspectu judicum egerit tacendum non est. Nam cum ipsa et maritus, licet seorsum, carceris custodia tenerentur, ita ut se penitus non viderent, mandatur mulieri, diciturque illi: Solve jam duritiam tuam. Ecce vir tuus paruit imperio regis, et noster factus est Christianus. Atque illa: Videam illum, et faciam ego quod voluerit Deus. Educta igitur de carcere, invenit virum suum stantem, cum ingenti multitudine, pro [al. tribunali] tribunalibus connexum, et verum æstimans quod finxerant inimici, injecta manu apprehendens oram vestimentorum ejus gutturi proximam, videntibus omnibus suffocabat eum, dicens: Perdite, et reprobe, gratiæ Dei et misericordiæ ejus indigne, quare voluisti ad modicum gloriari, et in æternum perire? Quid tibi proderit aurum? quid argentum? Nunquid liberabunt te de camino gehennæ? Dixit et alia multa. Cui maritus respondit: Quid pateris, mulier? quid tibi videtur, aut quid forte de me audire potuisti? Ego in nomine Christi [e] Catholicus permaneo, nec amittere potero aliquando quod teneo. [Al. ubi] Tunc hæretici mendacii sui conscii, et detecti, fallaciam suam colorare minime potuerunt.

XV. *Confessores in desertis mortui.* — Et quia superius de violentia immanitatis eorum breviter diximus, hanc plurimi metuentes, alii in speluncis, alii in desertis locis viri vel feminæ, nullo sibi conscio sese claudebant: et ibidem, nulla succurrente sustentatione ciborum, fame vel frigore victi, contritum et contribulatum spiritum exhalabant, [al. per] inter hæc afflictionis incommoda, inviolatæ secum fidei securitatem portantes. Sic enim [f] Cresconius pretem, etc.

---

[a] Mss. fere omnes et editi: *Ludum prorsus suæ hæreseas magis quam*, etc. Comp. tamen habet potius. Lorichius, *Ludum potius suæ hæreseos aquam, quam*, etc.

[b] Colb. 1 et Port., *Talis violentia... Carthagine facta est: Filius*, etc.

[c] Ful., Germ., Comp., Colb. 1, Port., et Mart., *per sanctum Stephanum Christianus sum*, Nemo nescit sanctum Stephanum tunc temporis in Africa celeberrimum fuisse, ob miracula quæ per ejus sacras reliquias ex Palæstina allatas, crebrius in ea provincia fiebant. Augustinus de iis passim agit, potissimum in libris de Civitate Dei. Quæ autem sequuntur, *Cui*, etc., ex Port. et Colb. 1 descripsimus; alii vero cum editis tantummodo habent, *cui et os obturantes.*

[d] Hujus sancti, atque uxoris illius et filiorum memoriam celebrant Galesinius et aliquot martyrologia die 23 Martii; qua die de iis quoque agunt Bollandiani. Inferius autem, *Nam cum*, etc., aliter habentur in cod. Comp.; ubi, *Nam cum jussu.... parvulos suos filios separari non posse et per pietatis affectum virtu-*

[e] Catholici nomen veræ fidei cultoribus semper adhæsisse, contra nitentibus frustra hæreticis, patet ex variis sanctorum Patrum, atque Historiæ ecclesiasticæ scriptorum locis; Lactantio lib. IV, cap. 30; Augustino passim; Socrate, qui et Novatianos a catholicis discernit, etc. *In catholicæ Ecclesiæ gremio*, inquit Augustinus contra epistolam Manichæi, cap. 4, *me tenet ipsum nomen catholicæ, quod non sine causa inter multas hæreses sic ista Ecclesia obtinuit, ut cum omnes hæretici se catholicos dici velint, quærenti tamen peregrino alicui, ubi ad catholicam conveniatur, nullus hæreticorum vel basilicam suam, vel domum audeat ostendere.*

[f] Eum cum supra recensitis memorant vetera aliquot martyrologia apud Bollandianos die 23 Martii. Pro *Misentinæ* Port. habet *Mizentanæ*. Colb. 2, Mart., Ful., et Germ., *Mizeitanæ*. Colb. tertius, *Miletanæ*. Orib., Lorich. et Belf., *Miritanæ*. De civitate autem Ziquensium jam supra egimus (*Supra* col. 207, n. a). Cæterum mss. Port., Colb. 1, Mart., Germ. et Ful.,

sbyter Mizentinæ civitatis in spelunca Ziquensis montis repertus est, putrescente jam solutus cadavere.

XVI. Et quia de sancto Habetdeum præfati jam sumus, pergit tunc ad Carthaginem, adire censuit nefarium regem, ut conscientiam suam quam semper familiarem [a] Trinitatis [*al.* habuit] habuerat et amicam, etiam hominibus faceret manifestam. Nec eum retinere potuit Antonius propter verecundiam suam. Offert impiissimo regi libellum in hac similitudine verborum. Quid quæso jam cum projectis habetis? quid cum eis quos exsilio relegastis, quotidie dimicatis? Abstulistis substantias; ecclesiis, patria, domibusque privastis. Sola anima remansit, quam captivare contenditis. O tempora! o mores! universus hæc mundus intelligit, et ipse qui persequitur videt. Si fides dicitur quam tenetis, quid veræ fidei membra tantis persecutionibus agitatis? quid vobis cum exsilio nostro, quid vobis cum egenis in hoc sæculo, querum est vita semper in Christo? Liceat saltem gaudere consortio bestiarum eis quos abjecistis a facie omnium populorum. Dum hæc et his similia pontifex Dei dixisset, sceleratus tyrannus hoc ei mandasse perhibetur: Vade ad episcopos nostros, et quod tibi dixerint sequere, quia ipsi hujus rei habere noscuntur per omnia potestatem. Sed neque Antonium hæc res ab insania potuit revocare, scientem magis imperio regis ob hoc multum posse placere. Habetdeum vero episcopus gaudens bona conscientiæ suæ ad locum exsilii maluit remeare.

XVII. *Fames valida.* — Ea tempestate facta est incredibilis fames, et cœpit Africam totam una depopulatione vastare. Nullus tunc adfuit imber, nulla prorsus gutta de cœlo profluxit. Nec frustra, sed vero et justo judicio Dei, ut ubi, persequentibus Arianis, cœnosi gurgitis aqua [*al.* et ignis] ignis et sulphuris bulliebat, indulgentiæ cœlestis, quæ semper affluenter aderat, pluvia negaretur. Lurida remanserat terræ facies omnis. Non vitis tegebatur æstate pampineis opacata virgultis, non sata respersa vultus cespitum viridabant: non olea semper viridis, foliisque repleta [*al.* jucundi] jucundis decoris sui consuetum tegmen habebat: non pomorum virgulta, maritante tellure, gemmas producerant florum, postea fructus, ut assolent, [*al.* edituræ] reddituras. Tristia fuere tetraque omnia, et par pestilentiæ clades Africam confuderat omnem. Non hominibus, non jumentis germinantis herbæ ediderat tellus omnino virorem. Aruerant dudum currentium impetu præcipiti alvei fluminum, fontiumque crispantes perennitate subtracta pariter siccatæ erant venæ. Oves et boves universi, insuper et pecora campi, simulque bestiæ silvarum, inedia consumente, nusquam penitus visebantur. Et ubi forte graminosus cespes humida tunc in valle locatus, pallentem potius quam virentem nascentis feni cœperat proferre colorem, illico urens et igneus flatus aderat, totum torrendo desiccans, quia [*al.* pulverea] pulverulenta tempestas arido sub aere decoquens cuncta, omnem nebulaverat locum. Nullum gestum est tempore illo commercium: nullum cespitem terræ, juvencis trahentibus, scindens vertit aratrum; quia nec boves suberant, nec [b] rastra omnino remanserant. Inter hæc omnia autem mala, et rusticorum manus alia interierat, et subinde quæ forte superat, jam sepulturam quærebat. Et quia, urgente famis incommodo, neque commercia, ut fati sumus, pro consuetudine, neque cultura reddebatur debita terris; juvenum, senum, adolescentium, atque adolescentularum, puerorum vel etiam puellarum agmina simul et funera, ubi poterant, quomodo poterant, passim diffundebantur, circumeuntes oppida, vicos vel singulas urbes. Conversi enim in arcum pravum et perversum (*Psal.* LXXVII, 57), atque irritantes Deum ad aquas contradictionis (*Psal.* CV, 32) famem patiebantur ut canes (*Psal.* LVIII, 7, 15), non ut comederent panem, sed ut infensam sentirent, quam negaverant, Trinitatem. Alii diffusi per campos, alii secreta silvarum petebant; antiquas radices herbarum, vel quisquilias aliquas requirentes. Nonnulli, cum domo niterentur egredi, in ipso limine corruentes, catervatim fame debellante cadebant; stratæ vero vel semitæ cadaveribus repletæ, exhalantium fetore mortuorum, gradientes vivos omni ex parte necabant. Nec deerant quotidie ubique exspirantium funera, et non erat virtus, quæ miserationis impenderet sepulturam. Neque enim sufficiebant ad sepeliendum vivi, fame dominante, et ipsi post paululum morituri. Cupiebant singuli libertatem suam filiorumque suorum perpetuæ servituti redigere, et non poterant invenire. Montes et colles, plateæ civitatum, viæ vel semitæ unum omnibus fecerant ubique sepulcrum, quibus inedia depascens denegaverat victum. Vandali autem ipsi, quos et prius frequentia multarum provinciarum spolia, et [*Colb.* 1, recentia] retentio Africæ primo fecerant divites, majore inopia torquebantur. Et quanto sibi videbantur servorum aggestione superbi, tanto amplius deficiebant fame torquente defecti. Nullus filium, nullus conjugem, nullus proprium tenuit servum: sed exiens unusquisque, non ubi voluit sed ubi valuit, aut statim defecit, aut nunquam omnino rediit. Urgebatur etiam tunc infelix multitudo ad ipsam urbem Carthaginem congregari. Et dum illuc catervatim adhuc animata cadavera confluerent, ubi rex inferendarum mortium vidit strages, pelli urbe omnes illico jubet, ne conta-

---

cum edit. Orth. et Belf., habent *Quizitanæ*: quæ lectio, si vera est, hic *Quiza* aut *Quida* Mauritaniæ Cæsariensis civitas indicatur, cujus loci episcopus, *Tiberianus* dictus, secundo loco inter istius provinciæ episcopos, in *Notitia* memoratur. De qua urbe plura inferius observabimus in notis ad *Notitiam*.

[a] Comp. et Rhen., *Trinitas*. Lorichius, *divinitatis*. Et intra pro *verecundiam*, Colb. 1 habet *iracundiam*.
[b] Sic optime Fuf. At Colb. 1 et Orth. cum Lorichio, *aratra*. Colb. alter, mendose, *astra*; alii, *castra*.

gio deficientium, commune pararet etiam [a] exercitui ejus sepulcrum. Suis ergo provinciis et domibus singulos imperat revocari. Sed nec erant qui reverterentur, dum quisque utique sepulturam suam in vultu portaret. Et idcirco forte major rebaptizatorum perditio potuit provenire, quia dum promittitur ab Arianis præsentis transactio vitæ, nec illud obvenit, et mors sequens prima secundam prævenit. In tantum igitur sibi devastans vindicavit fames dominium, ut loca nonnulla et admodum populosa, habitatoribus exstinctis, alto nunc silentio, **47** parietibus solis exstantibus, conquiescant.

XVIII. *Barbarorum mores.* — Sed quid ego jam immoror in hoc quod explicare non queo? Nam et si nunc superessent, vel eis fari de talibus licuisset, et Tullianæ eloquentiæ fluvius siccaretur, et Sallustius elinguis omnimodis remaneret. Et, ut alienos indignos rei tantæ prætereant, si Cæsariensis surgeret Eusebius ad hoc opus idoneus, aut ejus translator Græcæ facundiæ, [*Lor.*, Latinæque] Latinisque floribus Rufinus ornatus : et quid multa? non Ambrosius, non Hieronymus, nec ipse noster sufficeret Augustinus. *Audite hæc, omnes gentes; auribus percipite, omnes qui habitatis orbem, quique terrigenæ, et filii hominum, simul in unum dives et pauper* (*Psal.* XLVIII, 1). Nonnulli qui barbaros diligitis, et eos in condemnationem vestram aliquando laudatis, discutite nomen, et intelligite mores. Nunquid alio proprio nomine vocitari poterant, nisi ut barbari dicerentur; ferocitatis utique, crudelitatis et terroris vocabulum possidentes? Quos quantiscunque muneribus foveris, quantiscunque delinieris obsequiis? illi aliud nesciunt, nisi invidere [b] Romanis : et quantum ad eorum attinet voluntatem, semper cupiunt splendorem et genus Romani nominis obnubilare, nec ullum Romanorum omnino desiderant vivere. Et ubi adhuc noscuntur parcere subjectis, ad utendum servitiis illorum parcunt; nam nullum dilexerunt aliquando Romanorum. Si disputare nitebatur nobiscum de fide barbara ferocitas, et hæresis Ariana rationabiliter disputaret. Sed quando [*al.* tenuit] tenet rationem, quæ a Patre Deo Deum Filium separat Salvatorem? Quare dolis et calumniis egerunt, et velut spiritus tempestatis, procella sui furoris totum subvertere voluerunt? Si disputatio necessaria fuerat episcopalis, quare suspendia, quare ignes, quare ungulæ simul et cruces? Quare Arianorum serpentina proles contra innocentes genera talia tormentorum invenit, qualia nec ipse [c] Mezentius exquisivit? Dimicavit contra innocentiam cupiditas furoris, et [d] avaritiæ crudelitas, ut et animas perderet, et substantiam harpagaret. Si collatio desiderabatur, quare rapinæ rerum alienarum, non tantum sacerdotum, verum etiam omnium laicorum? Sed illi exspoliati lætati sunt, et rapinam rerum suarum cum gaudio susceperunt.

XIX. Adsit jam quæso omnis ætas, omnis sexus, omnisque conditio. Adsit, obsecro, omnis turba catholici nominis : quæ gremio materno toto orbe gestatur, quæ sola germanum commodare novit affectum, quæ didicit a Paulo magistro et gaudentibus collætari, et cum lugentibus lamentari (*Rom.* XII, 15). Conveniant simul ad domum nostri doloris, et paribus oculis fundamus flumina lacrymarum, quia causæ et fidei nostræ unum est negotium. Nullum volo ad condolendum mecum hæreticum convenire, qui forte addere concupiscit super dolorem vulnerum meorum (*Psal.* LXVIII, 27), et gratulatur quotidie malis meis (*Psal.* XXXIV, 26). Nolo, nolo ego extraneum, sed fraternum quæro affectum : nolo aliquem filiorum alienorum, quorum os locutum est vanitatem, et dextera eorum dextera iniquitatis (*Psal.* CXLIII, 8) : quia filii alieni semper mentiti sunt mihi, qui inveteraverunt et claudicaverunt a semitis suis (*Psal.* XVII, 46). Isti dicunt mihi quotidie : *Ubi est Deus tuus* (*Psal.* XLI, 4)? dum affligitur populus pretioso Agni sanguine comparatus. Inter quorum opprobria ego ad flagella paratus (*Psal.* XXXVII, 18), cantare non desisto Domino flagellanti : Amove a me flagella tua (*Psal.* XXXVIII, 11), quia ego defeci, non a fortitudine manus tuæ, sed a persecutione hæresis Arianæ. Adveniant igitur nunc omnes qui mecum angustæ **48** viæ carpunt iter, et propter verba labiorum Dei custodiunt vias duras (*Psal.* XVI, 4), et videant si est dolor, sicut dolor meus. *Quoniam vindemiatus sum in die furoris Domini* (*Thren.* I, 12), *aperuerunt super me os suum omnes inimici mei, sibilaverunt et fremuerunt dentibus; dixerunt : Devorabimus eam. En ista est dies quam exspectabamus : invenimus, vidimus* (*Thren.* II, 16). Adestote, angeli Dei mei, qui nunquam deestis constituti in ministerio vestro, propter eos qui hæreditatem capessuri sunt æternæ salutis (*Hebr.* I, 14), et videte Africam totam, dudum tantarum ecclesiarum cuneis fultam, nunc ab omnibus desolatam; tantis ordinibus sacerdotum ornatam, modo sedentem vi-

---

[a] Lorichius, *pararet etiam suis, sibi quoque sepulcrum.*

[b] Post varias barbarorum irruptiones, cum in plerisque imperii, potissimum Occidentalis, provinciis, barbari simul et antiqui populi, quos olim Romani subjugaverant, permixti essent, mos invaluit ut isti *Romani*, alii *Barbari* appellarentur, ita ut nulla *Barbari* vocabulo ulli irrogaretur injuria, quod econtrario honori ducebant ii, qui nunquam Romanorum jugo fuerant subditi. Unde Theodoricus, Ostrogothorum in Italia rex, leges pro *barbaris*, id est suæ gentis hominibus, et pro *Romanis*, antiquis scilicet Italiæ incolis, tulit. Plura ea de re exempla vide si vacat, apud Hadrianum Valesium libro VI Rerum Francicarum circa medium, et jam de hac re aliquid diximus supra (*Col.* 199, n. a).

[c] Hic fuit Tyrrhenorum rex, ob summam in deos et homines impietatem famosus. Cum vero a suis pulsus e regno fuisset, Turno adversus Æneam bellum gerenti adhæsit, in quo ab eodem Ænea fuit occisus, ut narrat Virgilius Æneidos libro X. Meminit et Plinius lib. XIV, cap. 11, Mezentii Etruriæ regis a Varrone memorati, quem Rutulis adversus Latinos sub vini mercede auxilium tulisse refert.

[d] Sic Comp.; alii, *avaritia crudelitatis.* Idem Comp. cum Lorichio, pro *harpagaret* habet *arriperet*.

duam et abjectam. ᵃ Sacerdotes ejus et seniores in desertis locis et insulis defecerunt, quærendo sibi escas ad manducandum, et non inveniunt (*Thren.* ɪ, 19). Considerate et videte quia Sion civitas Dei nostri facta est vilis, facta quasi polluta menstruis inter inimicos suos (*Thren.* ɪ, 11, 17). Manum suam misit hostis ad omnia desiderabilia ejus, quia vidit gentes invadere, et ingredi atria sua, de quibus præceperas ne introirent ecclesiam tuam (*Thren.* ɪ, 10). Viæ ejus lugent, eo quod nemo conveniat in die festo. Egressus est a facie ejus omnis decor et deliciæ (*Thren.* ɪ, 4, 6) : didicerunt vias asperas ambulare virgines ejus, et juvenes ejus, in aulis educati monasteriorum, abierunt in captivitatem Maurorum; dum lapides [*al.* sancti] sanctuarii ejus disperguntur, non tantum in capitibus omnium platearum (*Thren.* ɪᴠ, 1), sed etiam in locis squalidis metallorum. Dicite Deo nostro susceptori ejus, habentes fiduciam supplicandi, quoniam tribulatur, et venter illius turbatus est a fletu ejus (*Thren.* ɪ, 20); quia sedit inter gentes, et requiem non invenit, nec est qui consoletur eam (*Thren.* ɪ, 2, 3). Quæsivit a ᵇ Patribus Orientis qui simul contristaretur, et non fuit; consolantem, et non invenit : dum manducaret in esca sua fel, et in siti sua potaretur aceto (*Ps.* ʟᴠɪɪɪ, 21, 22), sponsi et Domini sui passiones imitando, qui idcirco passus est pro ea, ut sequatur vestigia ejus (ɪ *Pet.* ɪɪ, 21).

XX. *Auctor sanctos invocat.* — Deprecamini, sanctissimi patriarchæ, de quorum stirpe generis nata est quæ nunc laborat in terris. Orate, sancti prophetæ, cognoscentes afflictam quam antea vaticinante præconio cecinistis. Estote, apostoli, suffragatores ejus quam ut aggregaretis, universum orbem, ascendente in vobis Domino, ut equi velocissimi cursitastis. Præcipue tu, beate Petre, quare siles ᶜ pro ovibus et agnis a communi magno Domino magna tibi cautela et sollicitudine commendatis (*Joan.* xxɪ, 15*seq.*)? Tu sancte Paule gentium magister, qui ab Hierusalem usque ad Illyricum prædicasti Evangelium Dei (*Rom.* xᴠ, 19), cognosce quid Vandali faciunt et Ariani, et filii tui gemunt lugendo captivi. ᵈ Tu Petri germane, et non in passione dispar, gloriose Andrea, qui interpretaris virilis, quoniam viriliter certasti, considera gemitum Africani populi, et non displiceat tibi, sed interveni pro nobis ad Deum. Universique ingemiscite sancti simul pro nobis ᵉ apostoli. Sed scimus quia indignum est vobis pro nobis orare; quia ista quæ evenerunt nobis, non ad probationem, quomodo sanctis, sed malis meritis supplicia debebantur. Sed et pro malis orate jam filiis, quia et Christus oravit etiam pro inimicis Judæis (*Luc.* xxɪɪɪ, 34). Sufficiant castigationi quæ juste illata sunt nobis, et jam jamque delinquentibus venia postuletur; dicaturque Angelo percutienti : Sufficit, jam cohibe manum tuam (ɪ *Paral.* xxɪ, 15). Quis ignorat hæc nobis probrorum nostrorum scelera procurasse, aberrantibus a mandatis Dei, et in lege ejus nolentibus ambulare (*Psal.* ʟxxᴠɪɪ, 10)? Sed prostrati rogamus, ut non spernatis vestros miseros ᶠ peccatores, per eum qui vos ad apostolicum 49 culmen provexit humiles piscatores.

XXI. Tenuit sceleratissimus Hunericus dominationem regni annis septem, mensibus decem, meritorum suorum ᵍ mortem consummans. Nam putrefactus et ebulliens vermibus, non corpus, sed partes corporis ejus videntur esse sepultæ. ʰ Sicut ille

89 ᵃ His verbis Victore piscopos et presbyteros, uti videtur, designat. Sacerdotis nomen frequentius olim episcopis quam presbyteris tribuebatur, ut videre est in Glossario Cangiano, et passim apud auctores antiquos. Sic auctor Vitæ sancti Fulgentii sanctum hunc virum a Fausto episcopo presbyterum fuisse ordinatum his verbis exprimit : *Repente eum sacerdos consecrat presbyterum.* Tamen, et quidem ipsis prioribus Ecclesiæ sæculis, sacerdotis nomen presbyteris tribuitum est in Africa, ut videre est apud Cyprianum epistola 67, alias 68. Imo Optatus lib. ɪ diaconos in *tertio sacerdotio constitutos* dicit : episcopos *primo*, presbyteros *secundo sacerdotii gradu* concludens. Quin et apud Afros, primates sæpius vocabantur *senes*, quod nomen aliis etiam episcopis nonnunquam tribuebant, ut observat Cangius in Glossario. Cæterum hæc verba et sequentia fere omnia ex Threnis seu Lamentationibus Jeremiæ sumpta sunt.

ᵇ Colb. 1 et Mart., *partibus*. Et fortassis melius. Nam, ut infra dicemus in Commentario historico, sæpius imperatores, potissimum Orientis, Africam e barbarorum manibus eripere conati sunt; sed incassum usque ad Justiniani tempora. Africanos autem ab episcopis Orientalibus auxilium popoescisse nusquam legimus.

ᶜ Non quippe populi solum, sed et ipsæ oves, id est populorum pastores beati Petri curæ commissæ sunt. Ambrosius lib. x in Lucam, num. 176, tres fidelium ordines Petro commendatos fuisse testatur, primo quidem *agnos*, secunda vice, *oviculas*, tertio denique *oves*. Unde conjiciunt nonnulli in textu Joannis pro voce προβάτια, quæ secundo loco legitur, olim scriptum fuisse πρόβατα. Hæc tamen lectio nullo codice ms. nititur, saltem cognito, ut patet tum ex editione Regia, tum ex Oxoniensi. Cæterum tres illos gradus interpretantur nonnulli, populos, presbyteros et episcopos. *Ideo* enim, ut ait ibidem Ambrosius num. 175, *quia solus profitetur ex omnibus*, Petrus, *omnibus antefertur*. De cura omnium beato Petro commissa, plura habet Bernardus lib. ɪɪ de Consideratione, cap. 8.

ᵈ Hæc verba usque ad *universique*, desunt in mss. Colb. 1, Mart., Ful., Germ., et in editis Sur., Bald., Bign., Orth., et Belfor. Tamen erga sanctum Andream singulari devotione affectos fuisse Africanos colligi potest ex veteri calendario Carthaginensis Ecclesiæ, in quo ex apostolis solus *Andreas*, qui ibi *apostolus et martyr* dicitur, cum Jacobo, præter forte apostolorum principes, celebratur.

ᵉ Huc referendum quod de Afris habet Salvianus in libris de Gubernatione Dei, potissimum lib. ᴠɪɪ et ᴠɪɪɪ, ubi eorum depravatissimos mores, ac præsertim luxuriam, spectaculorum aviditatem, hominum Deo sacratorum contemptum aliaque id genus vitia, quibus illi in sese ipsos Dei vindictam commoverunt, egregie describit ac deplorat.

ᶠ Legendum forte *precatores*. Porro Colb. 1, Port., Germ., Ful., et Chiffl. habent, *peccatores, ut illum pro nobis deprecari dignemini* qui vos, etc.

ᵍ Lor. habet *morte consummatus*. Et infra soli Comp., Orth., et Lorichius habent *putrefactus*. Cæteri mss. et editi, *putrefactum*.

ʰ Hunc locum sic ope Orthod. et Lorichii restituimus. In cæteris nullus sensus apparet. Singulorum tamen codicum lectiones repræsentare libet, ut quisque ea de re possit judicium ferre, ut sibi placuerit. **90** Editiones Rhenani, Chiffl., Sur. Bign., et Bald.

legis datæ transgressor rex quondam ut asinus sepultus est, ita iste in brevi simili morte periit. sic habent : *Sed et ille legis dator, et transversor, ex Donatianorum hæresi ad eos veniens, quondam Nicasius in brevi simili morte periit.* Colb. 1, *legis datæ transversor,* etc. Port., *transgressor.* Colb. alter et Mart., *legis datæ transgressor rex Donatianorum hæresium ad eos veniens quondam Ucasius,* etc. Sic et Ful. cum Germ., qui pro *Donatianorum* habent *Donatistarum.* Comp., *legis datæ transversor rex Donatistarum hæresum,* etc., ut alii. Colb. tertius, adhuc mendosius, sed ille *lege data et transverso rex donatio eorum,* etc. Observandum quod pro *Nicasius* mss. habeant *Ucasius* aut *Utasius,* quod nostræ restitutioni favet, sic enim habent pro *ut asinus.* Porro in hoc loco, eo modo quo a nobis restitutus est, alludit Victor ad id quod refertur Jeremiæ cap. 22, ubi propheta versu 19, Joachim regi Judæ prædicit quod ob scelera quibus involutabatur *sepultura asini foret sepultus,* putrefactus et projectus extra portas Jerusalem. Hanc vero infaustam Hunerici mortem describit Victor Tunnonensis, et ex eo sanctus Isidorus in Chronico æra 504, referentes ipsum *inter innumerabiles impietatum suarum strages quas in catholicos exercuerat, octavo regni anno, ut Arius pater ejus, interioribus cunctis effusis miserabiliter vitam finisse.* Idem, uti videtur, innuit Gregorius Turonensis antistes, qui lib. II de Gestis Francorum, cap. 3, narrat hunc regem a dæmone correptum sese propriis morsibus dilaniasse : *qua,* inquit, *in rabie vitam amisit, cum paulo ante sol tetro omnino visus fuisset;* quod sub finem anni 484 contigit.

APPENDIX PRIMA,

SIVE

OPUSCULUM VICTORI VITENSI PROBABILITER ATTRIBUTUM.

ADMONITIO.

1. Hanc beatorum monachorum Passionem Victoris Vitensis Historiæ subjungimus, universos quotquot videre licuit codices manuscriptos et editos secuti, in quibus omnibus utrumque opus simul conjungitur. Et quidem in mss. codicibus plerisque hæc Passio sub quarti aut quinti libri Victoris Historiæ titulo habetur, ita ut dubium esse non possit quin iis qui hos codices descripserunt persuasum fuerit hanc Passionem germanum fuisse fetum ipsiusmet Victoris episcopi qui persecutionem Africanam tam pio fidelique calamo descripsit. Quin et in uno codice Colbertino, numero scilicet 905 historiæ Victorinæ ita conjungitur ista Passio, absque ullo titulo aut divisionis nota, ut legentibus videatur esse unius et ejusdem narrationis series. Omnes vero clausulam *Explicit,* quæ in manuscriptis codicibus post singula quæque opuscula apponi solet, nonnisi post hanc Passionem repræsentant ; sub hac vel alia simili in aliis forma, *Explicit Historia persecutionis Africanæ per beatum Victorem,* etc. His adde quod in altero Colbertino codice, numero 3119, in quo, uti jam a nobis observatum est in præfatione, variæ aliquot alterius codicis lectiones repræsentantur in margine, post Victoris Historiam statim subsequatur memorata Passio, hanc præ se ferens titulum : *Libellus ejusdem de Passionibus,* etc. **50** In Colbertino vero tertio, num. scilicet 1746, verba hæc iidem in margine e regione tituli addita sunt, *Prosequitur plene martyrium septem monachorum, sicut promiserat supra,* etc. At codex manuscriptus carthusiæ Portarum, ut observat Petrus Franc. Chiffletius, in ipso Passionis titulo id ipsum exprimit, sub his verbis : *Incipit Passio sanctorum superius promissa, qui apud Carthaginem passi sunt.* Locus vero in quo hanc Passionis narrationem promisit Victor, alius non est ab eo lemmate, quod in laudato Colbertino codice tertio insertum, infra in notis ad Victorem Vitensem, integrum suo loco proferemus, quod quidem et in codice Portarum, ut idem Chiffletius observat, habetur in hæc verba : *Sed licet horum gloriosissimorum martyrum in præsenti non quiverimus explanare admiranda certamina, propter aliorum videlicet innumerabilium multitudinem martyrum, in fine tamen hujus operis nostri promittimus, Domino adjuvante, nos ea narraturos.* Hæc illi codices, quæ etsi a Victore non putemus fuisse scripta, de iis tamen lectorem monere necessarium duximus.

2. Pene omiseram Adonem Viennensem archiepiscopum, et post eum Notkerum monachum Sancti Galli, eorumdem sanctorum monachorum martyrii narrationem Victori item nostro attribuisse, ut patet ex ipsiusmet Passionis compendio, quod ex hac ipsa quam exhibemus narratione verbo tenus excerptum, Victori Africano episcopo ; qui persecutionem Vandalicam descripsit, attribuunt. Sed eorum verba proferre juvabit. Sic quippe habent in suis martyrologiis ad diem 17 Augusti : *Apud Africam, natale sanctorum martyrum Liberati abbatis, Bonifacii diaconi, Servi et Rustici subdiaconorum, Rogati et Septimii monachorum, et Maximi pueri, qui persecutione Vandalica jussu crudelissimi atque impiissimi regis Hunerici, de territorio Capsensi civitatis, ex habitaculo monasterii abstracti, atque ad urbem Carthaginem perducti sunt. Ubi pro confessione catholicæ fidei et unici baptismatis defensione, primo carcerali custodiæ mancipati, et crudelibus ferri ponderibus anciati, tenebrosis deputati sunt locis. Ubi cum die ac nocte Christianum populum in fidei constantia* **51** *roborassent, jussit tyrannus furore succensus, navem lignorum manipulis adimpleri, atque omnes pariter alligatos, in pelago, igne supposito, adcremari. Cum autem pro voluntate infandi regis vel crudelium ministrorum, extensis eorum manibus, ac pedibus elevatis, lignis ignis fuisset injectus, statim imperio divino, videntibus cunctis, exstinctus est : et dum sæpius renovaretur, iterum atque iterum exstinguebantur globi flammarum. Unde magis tyrannus furore simul et pudore repletus, jussit eos remorum vectibus enecari, et ita singulos in modum canum, cerebris comminutis, perimi. Sicque speciosum cursum certaminis sui, coronante Domino, perfecerunt. Corpora eorum in mare jactata, sub eadem hora illæsa littoribus reddita, a Christiano populo reverenter sublata, præeunte clero, cum hymnis solemnibus condita sunt in monasterio contiguo basilicæ quæ dicitur Celerinæ. Scribit beatus Victor Africanus episcopus in Historia ejusdem Vandalicæ persecutionis, quam et ipse cum cæteris sustinuit, et fideli atque illustri stylo digessit.*

3. Hæc fusius referre visum est, prout in illis auctoribus habetur, ut clarum sit jam nono sæculo persuasum fuisse viris historiæ sacræ studiosis, Victorem nostrum hujus sanctorum monachorum Passionis fuisse auctorem. Idem confirmari posset ex loquendi modis qui iidem in utroque opusculo passim occurrunt, styli similitudine, aliisque ejusmodi argumentis, quæ unicuique vel parum attendenti obvia sunt. Sed hæc fusius persequi non vacat ; præsertim cum etsi non fuerit undequaque certum an idem prorsus fuerit Historiæ et

Passionis auctor, nemo tamen, ut quidem existimo, inficiari potest, et istam ab antiquissimo, et quidem Victori, si is ipse non sit, æquali auctore descriptam fuisse: quod vel ex ipsius lectione quivis facile deprehendere potest.

4. Tempus quo sancti martyres illi coronati fuerunt, satis indicat Passionis auctor cum eos anno Hunerici regis septimo martyrii palmam adeptos fuisse refert. Cum enim Hunericus anno 484 excesserit e vita, completo fere octavo regni sui anno, mors eorum anno præcedenti, scilicet 483, consignanda est. Quo autem die martyrium illi compleverint 52 non satis inter se conveniunt auctores. Actis nempe si credamus, sexto nonas Julii, id est secunda ejusdem mensis die, passi fuerunt; eorum vero memoriam martyrologia recentiora simul et antiqua die 17 Augusti celebrant. Sed Passionis auctoritas videtur præferenda martyrologiis, quæ fortassis festivum horum martyrum diem mutaverunt, ob aliquam eorum sacrarum reliquiarum translationem, quod alias sæpius contigit.

5. Quonam tandem in loco, aut apprehensi fuerint, aut mortem subierint, non est opus ut hic fusius inquiramus, cum ex ipsa eorum Passione constet eos e monasterio territorii Capsensis in Byzacena, ubi vitam monasticam ducebant, Carthaginem adductos fuisse, ibique martyrio coronatos. Sed occasione *Capsensis* civitatis, in cujus vicinia eos commoratos fuisse narrat Passionis auctor, mihi in mentem venit eos fortassis ipsos martyres esse qui in vetustissimo calendario Africano *Capitani martyres* celebrantur. Certe eruditissimus vir Joannes Mabillonius, qui e ms. codice calendarium istud eruit, et primus edidit, suspicatur pro *Capitanorum* legendum esse *Capsitanorum*; observatque in epistola 63 Cypriani, ubi editi habent *Capsensem*, manuscriptos codices habuisse *Capensem*. Et quidem mirum videretur hos sanctos martyres, quos adeo apud Carthaginem celebres fuisse certum est, nullum in calendario illo, quod circa eorum martyrii tempus concinnatum fuisse probat idem vir eruditus, locum habuisse. Hæc tamen nonnisi conjectando proferimus, quod nempe aliæ item sint civitates Africæ quibus æque *Capitanorum* nomen attribui possit. Habemus quippe in Notitia Africana Felicem episcopum Carpitanum ex proconsulari, ut nihil dicam de *Primo Caprensi*, ex Mauritania. Quin et *Tacape*, Tripolitanæ provinciæ nota civitas, in variis Ptolemæi editionibus et codicibus manuscriptis, excepto uno Palæstino, dicitur *Cape*. Accedit quod martyres nostri die 2 Julii passi in actis dicuntur, quorum tamen memoriam, uti diximus, vulgata martyrologia die 17 Augusti recolunt. At *Capitanorum* 53 festivitas neutro ex his die sed... *idus novembris* consignatur in calendario Africano

6. Cæterum hanc martyrum Passionis narrationem tanti fecit Lorichius, ut eam Victoris Historiæ præmittendam esse duxerit, quamvis in codice quo usus fuerat constitueret quartam ejusdem Historiæ librum; quod se fecisse testatur ob duas potissimum rationes, primo nempe quod eorum martyrum mentio fiat in Victoris Historia, ut, cum hoc lector pervenerit, jam sit de eorum gloriosis certaminibus instructus. Et quidem est veluti brevis et perspicua sævitiæ qua in catholicos exarsere Ariani Expositio, unde magis placet altera ejus ratio, qua se eam Historiæ præmisisse dicit, *ut vel unica lecta passio, statim accipiat lector specimen constantiæ qua fortes Christi martyres in historia sequenti mortem uppetere maluerunt quam a Christo revelli*. Eam porro ad totidem codices manuscriptos et editos contulimus, quot Historiam Victoris, eos nempe in quibus Victoris Historia integra continebatur, manuscriptos scilicet Colbertinos tres et unum Sancti Martini a Campis, præter carthusianum Portarum. De his autem et vetustis editis superfluum foret hic agere, cum nihil dicendum occurrat præter ea quæ in præfatione ad Victorem observavimus.

54 PASSIO LIBERATI ET SOCIORUM.

(Ad codices mss. et veteres editiones collata.)

I. Prædicaturus triumphos Martyrum beatorum, ad enarranda quæ gesta sunt auxilium exposco divinum, ut qui illis præstitit superandi victoriam, mihi indigno et immerito quantulacunque verborum porrigat ornamenta. Tunc etenim valebo quæ desiderata sunt indicare, si ipsi dignentur pro me misero Domino supplicare.

II. *Persecutio gravis in Africa.* — Septimus namque agebatur annus crudelissimi atque impiissimi regis Hunerici, et ecce antiquus hostis, veternosus utique anguis, [al. trisulci] trisulcæ linguæ venena vibrans, Cyrila quodam Arianitarum episcopo ministro usus est; subvertens et obtinens animum regis cruenti, ut ita suaderet non posse eum pacatum atque longævum obtinere regnum, nisi nomen perderet innocentum. Qui tamen Dei judicio post non multos dies turpissima morte præventus sontem vermibus exspiravit. Insectari cœpit ore cruento omnem catholicorum multitudinem, quæ per totam provinciam Africanam, in modum (sicut prædictum est Abrahæ patriarchæ [Gen. XXII, 17]) arenæ maris fuerat multiplicata, ut eam rebaptizationis sauciaret machæra, atque stolam illam singularis et puri baptismatis, quam Christus vino carnis suæ purificans, prelo exprimens crucis fecerat dealbatam, terræ nigredinis turparet illuvie sordulenta. Accipiens quoque tyrannus, ut erat [a] ducibilis et ferus, serpentinam suggestionem, feralibus edictis uno tempore totam cœpit Africam commovere. Primo sacerdotum et ministrorum copiosissimam et maximam turbam, et in longinquas et extremas regiones exsilio crudeli detrusit. Quibus [b] his acutum genus frumenti, quod jumentis solis edere concessum est, nequaquam industria molari excussum, sed manente furfuris cortice toricatum, pro miseratione dari præcepit. Post vero, crescente impietatis insania, etiam hoc auferri crudelissimus imperavit. Post modicum quoque temporis, universas simul ecclesias, præjudicatis venerabilibus portis, cæmentis ingentibus claudi mandavit. Universa namque monasteria virorum vel puellarum sanctarum gentilibus, id est, Mauris, cum habitatoribus donari præcepit. Unus fuit omnibus ejulatus, mors pro Christo moriendi integer et plenus affectus. Paria currebant flumina lacrymarum; quia [c] permiserat Dominus cibari eos pane lacrymarum, et potari eos in lacrymis in mensura, aut forsitan sine mensura. Et si reperta est exiens de arca inhians cadaveribus mortuis pars aliqua pereuntium 55 corvorum, major est tamen in honore Trinitatis numerus felicium columbarum. Quam nobiles et optimi viri, ampli et lati cespitis [d] dominici terram eum cœlo commutaverunt, et simul corpus cum substantia tradiderunt; atque delicatæ et nobilissimæ feminæ, contra verecundiam naturæ, spectante vulgo virgis cæsæ, variisque tormentis

---

[a] Codices 2 Colb., *docibilis*, quibus favent editi Orthodoxographiæ et Lorichii; ubi, *docilis*. Codex Portarum habet *nocibilis*. Paulo inferius, *uno tempore:* aliquot editi habent *pro tempore*.

[b] Colb. 1, *bisactum*. Et infra pro *solis* quidam habent *solum*.

[c] Colb. 2 cum Orthodox. et Lorichio, *promiserat*.

[d] Sic Rhenanus. Alii, *Domini*. Colb. 1, *cespites Domini*.

cruciatæ, [al. victricia] victoriæ tropæa portarunt? Quanti infantuli irridentes edicta feralia ante mundum contempserunt quam in illecebrosam ejus semitam introirent?

III. *Monachi septem apprehensi.* — Tunc apprehensi sunt et septem fratres quantum pertinet ad concordiam dominicæ servitutis, in monasterio habitantes in unum : quia bonum est et jucundum habitare fratres in unum : id est Bonifacius diaconus, ᵃ Servus subdiaconus, Rusticus subdiaconus, Liberatus abbas, Rogatus monachus, Septimus monachus, et Maximus monachus, in numero scilicet Machabæorum germanorum, quos una mater Ecclesia catholica genuerat, et per viscera fontis æterni salubriter pepererat, de territorio ᵇ Capsensis civitatis, cui præfuit sanctus Vindemialis sacerdos egregius, et Christi fidelis antistes. Quibus attractis ad urbem Carthaginensem, primo eis illecebrosis blandimentis serpens voluit sibilare, promittens honores caducos, et divitias ingentium voluptatum; nec non et regis amicitiam, vel alia multa, quæ solent insipientium animas, aucupante diabolo, visco mundiali captare. Sed hæc omnia Christi milites ac si contagia respuerunt, clamantes uno ore : Unus Dominus, una fides, unum baptisma. Nec poterit in nobis, adjuvante Domino, iterari, quod in sancto Evangelio semel præceptum est dari : qui semel lotus est, non habet necesse iterum lavari, quia mundus est totus. Facite quod vultis, inferte pœnas corporibus nostris. Melius est temporalia ad modicum sufferre supplicia quam æterna [al. pati] pendere et subire tormenta. Habete quæ promittitis, cum ipsis divitiis post paululum perituri. Nobis vero nullus de postibus frontium valebit evellere, ᶜ quod in uno baptismate artifex Trinitas dignata est titulare.

IV. *In carcerem truduntur.* — Quid multa? Dum tali constantia divinitus munirentur, jussi sunt carcerali custodiæ mancipari, et ita crudelius ᵈ onerati ferri ponderibus, tenebrosis deputati sunt locis, ubi nulla miseratio arrideret lenitatis. Sed populus memoratæ urbis, in Domino semper fidelis, dato munere carcerariis, die ac nocte Christi martyres frequentabat, et ita ab eis doctrina et virtute fidei roborabatur, ut talia etiam ipsi pro Christi nomine plena delectatione perferre cuperent, et capulo persequentis [al. facile] facilia supponerent colla. Hoc autem tyrannicas pervenit ad aures, qui ebrietate furoris accensus, jubet eos adhuc inauditis suppliciis adigi, et majoribus vinculis onerari, navimque imperat lignorum aridorum manipulis adimpleri, atque in eadem omnibus alligatis in medio pelago igne supposito concremar.

V. *Eorum fortitudo.* — Eductisque illis de custodia, multitudo populi Dei, bellatores Trinitatis quasi agnos innocuos ad victimam deducebat, et rigentium pondera catenarum, quasi quædam monilia pervidebat, quia non fuerunt illa vincula, sed ornamenta. Incedebant itaque cum fiducia ad supplicium, quasi ad epulas concurrentes, una voce per ambitus platearum Domino decantantes: Gloria in excelsis Deo, et in terra pax hominibus bonæ voluntatis. Votiva nobis hæc dies est et omni solemnitate festivior. Ecce **56** nunc tempus acceptabile, ecce nunc dies salutis, quando pro fide Domini Dei nostri perferimus præparatum supplicium, ne amittamus acquisitæ fidei indumentum. Sed et populis publica voce ᵉ clamabant : Ne timeatis, o populi Dei, neque formideris minas atque terrores præsentium tribulationum : sed potius moriamur pro Christo, quomodo et ipse mortuus est pro nobis, redimens nos ᶠ pretio sui sanguinis salutaris. Unum tamen vehementi conatu, qui inter eos infantulus videbatur, nomine Maximum, cupiebant auctores malorum a sanctorum consortio separare, dicentes : Infantule, quid festinas ad mortem? dimitte eos, insaniunt, et audi consilium nostrum, ut possis invenire vitæ remedium, et tanti regis adire palatium. Tunc ille, ætate quidem puerili, senili tamen maturitate, clamabat : Nemo me [*Lor.*, separet] separat a sancto patre meo Liberato abbate, et fratribus meis, qui me in monasterio nutrierunt. Cum ipsis sum in timore Dei conversatus, cum ipsis desidero passionem suscipere, cum quibus credo me et futuram gloriam invenire. Nolite putare quia possitis seducere pueritiam meam; simul nos Dominus septem voluit congregare, simul dignabitur omnes uno martyrio coronare. Quomodo nemo perire potuit de septenario illo numero felicium Machabæorum, ita etiam septenus nostræ congregationis numerus nullum inveniet detrimentum. Nam si negavero eum, et ipse negabit me; quoniam ab ipso dictum est : Qui me negaverit coram hominibus, negabo et ego eum coram Patre meo, qui est in cœlis; et qui me confessus fuerit coram hominibus, confitebor et ego eum coram Patre meo, qui est in cœlis.

VI. *Palmam assequuntur.* — Perducti itaque cum festinatione ad navale supplicium, pro voluntate infandi regis vel crudelium ministrorum, extensis manibus et pedibus, ᵍ clavati potius feruntur quam ligati. Quo dum ignis fuisset lignis injectus, statim imperio divino videntibus cunctis exstinctus est : et dum sæpius renovaretur nutrientibus pabulis, iterum atque iterum ʰ exstinguebatur rogus globo flammarum. Et cum exinde magis tyrannus furore simul esset et rubore repletus, jussit eos remorum vectibus enecari, et ita singulos in modum canum cerebris comminutis exstingui. Qui tali genere mortis debitum spiritum feliciter Domino reddiderunt : nec expaverunt lignis quatientibus mortificari, quibus semper fuit omnis spes in ligno. Sed cum in mari venerabilia corpora jactarentur, illico, quod contra naturam est æquoris, eadem hora illæsa corpora pelagus littori reddere maturavit; nec ausum fuit, ut moris est, triduana dilatione in profundo retinere, ne præcepto dominico minime paruisset. Ad quod miraculi genus et ipse tyrannus, licet impœnitens, ut fertur, expavit. Gaudens autem quæ aderat multitudo, corpora sanctorum martyrum diligenti tradidit sepulturæ, præeunte clero venerabili Carthaginensis Ecclesiæ. Ubi etiam

---

ᵃ Port. et Notkerus in martyrologio, *Servius*; Orthod. cum Lorichio, *Serus*. Et infra, pro *Septimus*, Colb. 1 et Port. cum Notkero habent *Septiminus*. Ado vero legit *Septimius*. Porro in recensendis horum martyrum nominibus, *Liberatus* nominatur post eos qui sacris initiati erant, ob Ordinis reverentiam. Postea statutum est ut abbates sacris essent ordinibus insigniti. Observa item eos qui aliquo ordine insigniti erant, omisso monachi nomine, hic titulo suæ dignitatis fuisse designatos, quæ erat veterum consuetudo. Hinc sanctus Hieronymus, Beda venerabilis, aliique viri sancti, presbyteri solummodo passim appellantur, quos tamen vere monachos fuisse constat. Unde Gennadius cap. 59, *Leporius adhuc monachus, postea presbyter*, etc.

ᵇ Hæc urbs in Byzacena sita erat, de qua, et *Vindemiali* beatissimo pontifice, plura habes in notis ad Notitiam infra inter Byzacenos, num. 60 (*col.* 325).

ᶜ Colb. 1, Lorich. et Orth., *quos in uno*, etc. Alii, quod in..... *Trinitatis dignatus est*, etc. Nonnulli pro *quod* habent *qui*.

ᵈ Aliquot codices habent *arctati*. Et quidem sic legit Ado, qui in hujus Passionis compendio sic habet : *crudelibus ferri ponderibus arctati*, etc.

ᵉ Alii habent, *sed et populus publica voce clamabat*.

ᶠ Lorichius habet, *pretioso sanguine salutari*.

ᵍ Colb. 1 cum Chiffletio, *clavatis potius feruntur quam ligatis*. At Lorichius cum Orthodox., *elevari potius feruntur quam ligari*. Ado habet, *manibus extensis, et pedibus elevatis*, lignis, etc.

ʰ Duo Colb. cum Martin., *exstinguebantur rogi globo flammarum*. Lorich. et Orthod., *ignei globi flammarum*. Chiffl. et alii, *exstinguebantur globi flammarum* : quod idem hab. t Ado.

et prædicandi diacones, tertio jam confessores effecti, confessione Trinitatis beatissimi martyres passi sunt, et speciosum cursum certaminis sui, coronante Domino, perfecerunt : cui est honor et gloria in sæcula sæculorum. Amen.

Salutaris et Muritta, geruli reliquiarum adfuerunt.

VII. Humatæ sunt igitur cum hymnis solemnibus lipsanæ beatæ sanctorum in monasterio [a] Biguæ, contiguo basilicæ quæ dicitur Celerinæ. Et sic in

---

[a] Sic et Ado in martyrologio. Tamen Colb. 2, Port., Lorich. et Orthod., non habent *Biguæ*; et pro *contiguo*, Colb. duo, Port., Martin. cum Bignio, Rhenano et Balduino, habent *continuo*. Basilicam Celerinæ memorat item Victor lib. I, num. 3; et de ea vide notam 10 in eumdem auctorem, supra col.....

APPENDIX SECUNDA

SIVE
OPUSCULA VICTORI VITENSI PERPERAM ATTRIBUTA.

ADMONITIO IN HOMILIAM SEQUENTEM.

57 Homiliam sequentem de beato martyre Cypriano, quæ in codicibus manuscriptis duobus vetustis, uno scilicet bibliothecæ Colbertinæ et altero monasterii Sancti Martini a Campis, habetur post relatam a nobis sanctorum septem monachorum Passionem, huc etiam proferre visum est; quod etsi fortassis Victoris nostri non fuerit, ejus tamen est ætatis, nec indigna est omnino quæ ipsi attribuatur. Porro Cyprianum singulari animi devotione coluerunt semper Afri, apud quos hujus sancti martyris festivitas adeo celebris erat, ut dies qua recolebatur simpliciter *Cyprianea*, attestante Procopio libro I de Bello Vandalico, appellaretur; quod etiam nomen nautæ, ut idem auctor affirmat, ad procellas quæ circa id tempus per singulos annos oriri solebant, transtulerant. Inter tot autem immania facinora quæ a Vandalis post captam Carthaginem commissa fuerant, id potissimum abhorrebant catholici, quod præclarissimam ecclesiam quæ ipso in maris littore in ejusdem sancti martyris honorem constructa erat, sub Hunerici principatu invasissent Ariani, ubi, pulsis inde catholicis sacerdotibus, nefario suo ritu sacra peragebant.

2. Id cum ægre admodum ferrent veræ fidei cultores, sanctus Cyprianus, ut ex publica fama acceperat Procopius, qui id ipsum refert in libro II de Bello Vandalico, sæpius noctu iis qui in fide orthodoxa constanter perseverabant, per visum apparebat, eos ad patientiam adhortandi gratia, pollicens sese tandem aliquando, idque brevi, adversus fidei hostes vindicaturum; atque eo temporis intervallo, cum nempe maxime persecutio sæviret, præsentis homiliæ auctor sermonem habuit, ut ex ejus lectione patebit. Et quidem paulo post rei eventus beati martyris pollicitationum veritatem comprobavit, ut idem scribit Procopius, qui rebus gestis præsens aderat. Etenim cum Belisarius Justiniano imperante circa sancti martyris festivitatis tempus in Africam appulisset, recta Carthaginem petiit, atque in ipso natalis Cyprianici pervigilio, Ariani qui templum, ut jam diximus, ipsi dicatum, ea qua potuerant magnificentia adornarant, audita Vandalorum strage, fugam statim arripuere, sicque catholici recuperato beati martyris templo, festivitatem ejus cum ingenti gaudio celebraverunt. Sed de hac re fusius, Deo dante, agendum erit inferius in nostro Commentario historico capite 12.

HOMILIA DE S. CYPRIANO EPISC. ET MARTYRE.

58 I. Hodie nos solitum deferre sermonem beati Cypriani natalitia festa compellunt. Quis enim posset tanti martyris silere virtutes, tacere gloriam, merita non referre, nisi forte qui nunc mœroris ejus propriæ sedis amissionem persentiunt. Non ille victoriarum suarum modo agit in cœlestibus sic triumphos coronarum suarum [nec] supernis infulis sic potitur, ut non laniati populi, dispersi cleri, fugati sacerdotii, perditæ castitatis, violati pudoris, polluti sanctuarii, altaris profanati grande vulnus cum ipsa viscerum suorum captivitate deploret. Ipse est qui et ante lapsos et ruinas suorum tali deflet affectu, dicens : [a] *Et nos cum prostratis fratribus prostravit affectus*. Antistes populum, pastor gregem, parens [*Colb.* pariens] patriam, martyr fidem non sine magno dolore perquirit. Exstingueretur barbarus, quia civis habetur exstinctus; nec teneret altaria perfidus, a quibus fidelis lugetur exclusus, vel ex parte solaretur ipse martyrum solitudo, cui utique obsecuturus deerat, si devotus non insultabat, sacrilegus non instabat illusor. Hoc diximus, fratres, ut probaremus iterum pati martyrem, iterum martyrem tormenta sentire, iterum pro omnibus carnifices sustinere, qui pro se et de se, post tantas palmas fuerat jam securus; tunc semel cæsus capite, nunc quotidie propriis punitur in membris, et quorum lætabatur obsequiis, eorum luctibus nunc tenetur astrictus.

II. Sed in his omnibus, fratres, erigamur ad Dominum, qui jacemus ex nobis; nec desperationis exstinguamur incommodo, qui spei nostræ remediis Christo vivificante salvati. Beatus Cyprianus in Deo et cum Deo liber est, qui captivus habetur in nobis; et in supernis regnat, qui in terris hostibus videtur addictus. Adest sibi, nec nobis deest; pro peccatoribus apud justum judicem justus patronus [b] assistit, apud pium regem innocens advocatus exorat. Dicit Domino : Domine, quare tradidisti adversariis domum tuam, inimicis hæreditatem tuam? cur profanis sancta, cur munda pollutis, et cur lupis agnos? Cur tradit bestiis gregem, pastorum Principem pastor audacter appellat; cur Rex exercitum sic devotum hostili subjecerit ditioni, dux strenuus convenienter inquirit; cur perfidis addixerit sic fideles, sacerdos in martyrio probatus inclamat. Ait etiam corporis sui causas dicendo : Domine, cur membra quæ te sic confessa sunt passus es captivari? cur testem sanguinis, quem tanto sublimaveras honore, tante despectui reliquisti, ad postremum et de nobis et de nostris, quæ [*Mart.* quia] tua **59** sunt omnia fac sicut vis. Ubi est nomen tuum, ubi est gloria tua, ubi est virtus tua ? Hæc dicendo gentes quæ te ut non invaderent blasphemaverunt. Exsurge : quare obdormis, Domine ? exsurge, et ne repellas usque in finem. Redde tibi tuam gloriam, terram tuam tuis redde,

---

[a] Sic quippe loquitur Cyprianus initio libri de Lapsis : *In prostratis fratribus, et me prostravit affectus*.

[b] Cod. Mart., *exsistit.* Colb., *pium judicem vel regem*.

redde meis ossa mea; ut te triumphante, et hostes Ár stes, qui hoc eodem die passus in tali causa socium tali pereant, et nos in sedibus nostris nostro ordine gaudeamus.

III. Adest et sanctus Cornelius Romæ urbis anti- non relinquit, non deserit in tali postulatione collegam.

ADMONITIO IN NOTITIAM AFRICANAM.

62 1. Episcoporum catholicorum qui pro fidei suæ ratione reddenda, præcepto Hunerici regis Vandalorum Ariani Carthaginem convenerant, catalogum, sub *Notitiæ provinciarum et civitatum Africæ* titulo, ex antiquo manuscripto codice cathedralis Ecclesiæ Laudunensis primus omnium publici juris fecit vir ob antiquitatis sacræ studium et summam eruditionem clarissimus, Jacobus Sirmondus societatis Jesu presbyter. Verum cum in eo codice fidei libello, qui tertium Victoris Vitensis Historiæ librum constituit, Notitia ista subjungeretur, Petrus Franciscus Chiffletius ex eadem societate ansam inde accepit, eam integram Victoris Historiæ, in nova hujus auctoris editione, quam procuravit, inserendi, tribus potissimum, ut ipse ait in opusculo Elucidationum in Victorem, capite 2, ad id faciendum rationibus inductus. Primo scilicet, quod, u jam diximus, Notitia hæc fidei professioni quæ apud Victorem habetur, subjecta in codice Laudunensi fuerit. Deinde quod non solum episcoporum aut civitatum nomina ibi nude recenserentur, sed etiam monuerit auctor qui eam collegit, quid cuique antistitum acciderit, quinam scilicet perierint ex iis in itinere, aut remanserint, quive effugerint, aliaque ejusmodi peculiariter observata fuerint, quæ colligere debuerat is qui persecutionis historiam integram describendi provinciam in se suscepisset. Denique Abrahamus Ortelius, qui in Thesauro Geographico sæpe sæpius ex manuscripto codice hanc Notitiam laudat, eam passim Victori Uticensi tribuit.

2. Verum licet ultro fateamur Notitiam Africanam, prout a Sirmondo edita est, ac in codice ms. Laudunensi habetur, ad Vandalicæ persecutionis historiam pertinere; non statim tamen inferendum esse putamus eam a Victore adoptatam fuisse, præsertim cum alia monumenta ad idem argumentum pertinentia exstitisse certum sit, quæ tamen suæ Historiæ non inseruit iste auctor, qui multa de martyrum et confessorum præclaris actionibus se prætermisisse non semel fatetur. Sed et eorumdem **63** martyrum *passiones* aliquas laudat Gregorius Turonensis libro II Historiæ Francorum, quas tamen non habet Victor, ut nihil de præclara Eugenii Carthaginensis epistola, ab eodem Gregorio nobis servata, dicam, quam Eugenius suis scripserat in exsilium perrecturus, ut eos ad constanter in fide perseverandum adhortaretur, qua proinde nihil magis ad persecutionis Vandalicæ historiam pertinebat. Omisit tamen eam Victor; qua ratione, nobis divinare non licet; sicut neque de aliis rebus, quæ ex libera hominum voluntate pendent, rationem reddere tenemur. Sufficit enim nobis ut eam Notitiam seorsim a Victoris Historia proferamus, quod in nullo prorsus manuscripto codice, saltem ex iis qui hactenus nobis sunt noti, Victoris Historiæ inserta habeatur. Nec multum nos movet quod Abraham Ortelius hanc Notitiam sæpius sub *Victoris Uticensis* nomine laudaverit. Verisimile quippe est eam in codice Halleri, a quo Ortelius illam acceperat, subjunctam fuisse fidei libello, ut in codice Laudunensi; quem quidem libellum cum Victorinæ Historiæ partem esse deprehendisset Ortelius, totum simul *Fragmentum Victoris* appellavit. Eodem pacto Victorem dixit *Uticensem*, quod nempe in editis eum sic nominatum legisset.

3. Verum utut sit ea de re quæ sane magni momenti esse mihi non videtur, manuscriptis codicibus, virorum eruditorum consilio, inhæsimus; nobisque multo magis animo fuit tam pretiosi monumenti diligentem et accuratam editionem procurare, quam rescire an revera Victor ipsum suæ Historiæ inseruerit necne. Quare cum jam ab aliquot annis in Campaniam profectus, Laudunο transirem, gavisus sum hanc occasionem opportunam mi nactum fuisse inspiciendi coram ipsum codicem manuscriptum, cujus rei cum mihi ab humanissimis hujus urbis insignis Ecclesiæ canonicis copia facta fuisset, Sirmondi editionem cum manuscripto, qui optimæ notæ est, et ab annis ad minus octingentis diligenti et accurata manu descriptus, sedulo contuli, variasque lectiones annotavi, quas inferius in notis referemus. Ut vero nihil a me desideraretur ex iis quæ in mea potestate fuissent, Abrahami Ortelii Thesaurum Geographicum, ab eo recognitum et auctum Antuerpiæ anno 1596 evolvi; atque civitatum Africanarum nomina quæ in ea editione ex Fragmento Victoris Uticensis manuscripto passim laudantur collegi; quæ cum simul cum Notitia a Sirmondo edita contulissem, deprehendi quibusnam in locis convenirent, aut inter sese discreparent codices illi duo, de quibus rebus lectorem suo loco monere curabo. Fragmentum porro illud sæpius sub *Halleri codicis* nomine laudamus, quod hoc ipsum a *viro clarissimo Ludovico Hallero ab Harlesteyn*, sacræ antiquitatis studiosissimo, se accepisse passim Ortelius profiteatur.

4. Unum superest de quo lectorem monitum velim, priusquam **64** Notitia exhibeatur, quod scilicet post pleraque episcoporum qui in hac Notitia recensentur nomina, Sirmondus has litteras *per.* apposuerit; quamvis in manuscripto codice hæ habeantur *prbt.* aut in aliquibus *pbr.*, ita ut in istis vocabulis lineola litteram *b* per medium ut plurimum secet. Sirmondi restitutioni, aut potius conjecturæ favet codex ipse manuscriptus Laudunensis, in quo post recensita seorsim omnium confessorum nomina, quantus fuerit eorum numerus exponit, exindeque quot ex eorum numero *perierint*, quotve *permanserint*, aut in exsilium abierint indicat. Sicque litteras illas, quæ post episcoporum aliquot nomina habentur, nihil aliud significasse probabile est, quam hos ipsos qui tali vocula a cæteris discernuntur, in via periisse; sicut et eos qui in Corsicam relegati, aut fuga elapsi erant, his vocibus *Corsica,* aut *fug.* designati inveniuntur. Deinde verisimile non est his litteris presbyteros, quod aliquando suspicabas, designari. Non enim presbyteri ad conventum illum venire jussi fuerant; nec tot occurrissent, qui pro suis episcopis comparerent, idque non impune tulisset tyrannus. Accedit quod nonnunquam etiam post eorum nomina, qui priores recensentur, hæc vocula occurrat. Verum licet hæc omnia momenta ad mutandam codicis lectionem Sirmondum inducere potuissent, visum est tamen melius rem prout in manuscripto habetur exhibere, relinquens ea de re, cuique prout voluerit, liberum judicandi arbitrium. Et quidem non semel deprehendi iisdem litteris in aliquot manuscriptis presbyteros fuisse designatos, quod potissimum observari in cod. ms. Bibliothecæ Colbertinæ num. 3281, ab annis circiter octingentis scripto, et in altero ejusdem bibliothecæ annorum 600, num. 401, quamvis in isto sæpius his litteris *prbr.* vox presbyter scribatur. Plura de hac re proferre superfluum esset. Fortassis aliquando codex aliquis occurret cujus opera difficultas hæc elevari poterit.

5. Denique numerus episcoporum qui summatim in ejusdem Notitiæ fine repetitur, non congruit cum eo

qui deprehenditur eosdem episcopos seorsim enumerando. Qua in re etiam manuscripti lectionem servavimus', cum fieri potuerit ut aliquot nomina e Notitia exciderint. Ne tamen hoc aliquibus incommodum videatur, quod alius numerus in singulorum enumeratione habeatur, et alius in iis simul collectis, retenta manuscripti lectione, Sirmondi restitutiones inter ansulas apponi curavimus. Sic et titulum ab eodem viro docto huic monumento impositum, *Notitia* scilicet *provinciarum*, etc., ei qui in manuscripto habetur, *Incipiunt nomina*, etc., præmisimus.

NOTITIA
PROVINCIARUM ET CIVITATUM AFRICÆ.

55 INCIPIUNT NOMINA EPISCOPORUM CATHOLICORUM DIVERSARUM PROVINCIARUM QUI CARTHAGINE EX PRÆCEPTO REGALI VENERUNT PRO REDDENDA RATIONE FIDEI, DIE CALEND. FEBRUARIAS, ANNO SEXTO REGIS HUNERICI.

Nomina episcoporum provinciæ proconsularis, vel qui in exsilium missi sunt.

Eugenius Carthaginiensis, Tamalleni.
Felix Abaritanus, exsilium.
Paulus Sinnarensis, exsilium.
Felix Piensis, Corsica exsilium.
Marianus Hippzaritensis, ut supra.
Pascasius Gunelensis, ut supra.
Sacconius Uzialensis, ut supra.
Bonifacius Membrositanus, fung.
Gulosus Beneventensis, Corsica.
Reparatus Utimmirensis, ut supra.
Pastinatus Puppitanus, ut supra.
Reparatus Puppianensis.
Fortunatianus Araditanus, Corsica.
Deumhabet Thelensis, Corsica.
Liberatus Mullitanus, ut supra.
Mannucius Duassedemsai.
Hirundinus Missuensis, Corsica.
Jona Lapdensis, ut supra.
Peregrinus Assuritanus, in exsilium hic.
Quintianus Urcitanus.
Cresconius Tennonnensis, prbt.
Florentinus Uticensis, Corsica.
Pascasius Migirpensis, ut supra.
Carissimus Gisipensis, in exsilium.
Gaius Uzitensis, prbt.
Exitziosus Verensis, Corsica.
Cresces Cicsitanus, in exsilium.
Bonifacius Bolitanus, Corsica.
Felix Carpitanus, ut supra.
Carcadius Maxulitanus, ut supra.
Cyprianus Bonustensis.
Dalmatius Tinnisensis, Corsica.
Æmilianus Culsitanus, Corsica.
Felix Bullensis, prbt.
Clementinus Neapolitanus, Corsica.
Felix Curbitanus, ut supra.
Deuterius Simminensis, ut supra.
Aurelius Clipiensis, ut supra.
Coronius Meglapolitanus, ut supra.
Benenatus Timidensis, ut supra.
Vincentius Ziggensis, in exsilium.
56 Florentius Ceminensis, Corsica.
Honoratus Tagaratensis, prbt.
Vindemius Altuburitanus, in exsilium.
Cyprianus Cellensis, in exsilium.
Augentius Uzipparitanus, in exsilium.
Cassosus Ausanensis, hic.
Maximinus Maraggaritanus hic.
Felix Muzuensis.
Joannes Bullensium regio.
Crescitus Titulitanus.
Benenatus Tuburbitensis.
Victor Ludalensis.
Pascasius Tulanensis.
    Sunt numero 54.

Nomina episcoporum provinciæ Numidiæ.

Felix Berceritanus.
Augentius Gazaufulensis, prbt.
Quodvultdeus Calamensis.
Honoratus Castellanus.
Leontius Burcensis.
Firmianus Centurionensis, prbt.
Rufinianus Vadensis.
Paulus Nibensis, prbt.
Martialis Girensis.
Victor Cuiculitanus.
Cresconius Amporensis.
Adeodatus Fesseitanus, prbt.
Vitalianus Bocconiensis.
Dumvirialis Damatcorensis, prbt.
Donatus Ausuccurensis.
Palladius Idicrensis prbt.
Gaudentius Putiensis.
Victor Suggitanus.
Benenatus Lamviritanus.
Timotheus Tagurensis.
Melior Fossalensis, Nam.
Frumentius Tubusicensis.
Felix Lamsortensis.
Abundius Tididitanus prbt.
Valentianus Montensis, prbt.
Adeodatus Nobabarbarensis.
Adeodatus Idassensis.
Florentius Nobagermaniensis.
Villaticus de Casis Medianensis.
Eusebius Susicaziensis.
Victorinus de Noba Cæsaris.
Vitalianus Vazaritanus.
Junior Tigillabensis.
Vigilius Ressanensis, prbt.
Leporius Augurensis.
Pascentius Octabensis.
Petrus Madensis.
Felix Matharensis, prbt.
Florentius Centenariensis.
Felix Gilbensis, prbt.
Florentius Midilensis.
Fluminius Tabudensis.
Optantius Casensicalanensis.
Peregrinus Punentianensis, prbt.
Felix Nobasparsensis, prbt.
Felicianus Metensis.
Domnicus Cæsariensis, prbt.
Candidus Nobasinensis, prbt.
Quodvultdeus Cœlianensis, Nam.
Januarius Jacterensis.
Victorinus de Castello Tituliano.
Fructuosus de Giru Marcelli.
Cresconius Tharasensis.
Maximus Sillitanus, prbt.
Vigilius Hizirzadensis, prbt.
Victor Municipensis.
Servus Arsicaritanus.
Felix Casennigrensis.
Donatianus Vaselitanus.
Pudentius Madaurensis.

APPENDIX AD VICTOREM VITENSEM.

A

Donatus Rusticianensis.
Donatus Villadegensis.
Cresces Buffadensis, prbt.
Adeodatus Sistronianensis, prbt.
Rusticus Tipasensis.
Simplicius Vibilitanus.
Stephanus Sinitensis.
Pascentius Cethaquensuses.
Donatianus Teglatensis.
Cresconius Zabensis.
Antonianus Mustitanus.
Reparatus Tubuniensis.
Anastasius Aquenobensis.
Victorinus Brabrensis, prbt.
Felix Tebestinus.
Domninus Moxoritanus, metallo.
Secundus Tamogaziensis, prbt.
Victorinus Legiensis.
Quodvultdeus Respectensis.
57 Januarius Velesitanus.
Benenatus Mazacensis, prbt.
Donatus Lugurensis, prbt.
Victor Circensis, prbt.
Pardalius Macomadiensis.
Januarius Legensis, prbt.
Quodvultdeus ad Turres Concordi.
Maximus Lamfuensis, prbt.
Marcellinus Vagrantensis.
Domnicosus Tigisitanus.
Donatus Gilbensis.
Fortunius Regianensis, prbt.
Donatus Silensis.
Victor Gaudiabensis.
Januarianus Marculitanus.
Januarius Centuriensis.
Felix Suabensis.
Crescentianus Germaniensis.
Annibonius Vadesitanus.
Januarius Gaurianensis, prbt.
Fortunatianus Naratcatensis.
Maximus Lamiggigensis.
Felix Garbensis, prbt.
Julius Vagarmelitanus.
Ponticanus Formensis, prbt.
Victor de Turres Ammeniarum.
Servus Belesasensis.
Honoratus Fatensis.
Mensor Formensis.
Peregrinus Muliensis.
Gedalius Ospitensis.
Fulgentius Vagadensis, prbt.
Secundinus Lamasuensis.
Crescentius Tacaretensis.
Benenatus Milevitanus.
Quodvultdeus Ullitanus.
Proficius Seleucianensis, prbt.
Proficius Vadensis, prbt.
Januarius Tagastensis, prbt.
Donatus Maximianensis.
Adeodatus Zaradtensis, prbt.
Felicianus de Giru-Tarasi.
Cardelus Lamiggigensis.
Flabianus Vicopacensis.
Sunt numero 125*.

Nomina episcoporum provinciæ Byzacenæ.

Vassinassensis *.
Et Aquis.
Liberatus prbt. Amudarsensis.
Mansuetus Afufeniensis.
Pascasius Septimuniciensis.
Hortulanus Benefensis.
Victorinus Ancusensis.
Eubodius Mididitanus.
Terentianus Tubulbacensis.
Rogatianus Vadentinianensis.

Bonifacius Masclianensis.
Victorinus Seberianensis.
Victor Narensis.
Leontius Decorianensis.
Servusdei Tambeitanus.
Lætus Neptitanus.
Felix Custrensis, prbt.
Flabianus Bulelianensis.
Decimus Theuzitanus.
Serbandus Putiensis.
Restitutus Thagamutensis.
Præsidius Sufetulensis, in exsilium.
Eustratius Sufetanus.
Secundinus Garrianensis, prbt.
Præfectianus Abaradirensis, prbt.
Sabinicus Octabiensis.
Adelfius Mactaritanus.
Restitutus Aquiabensis.
Antacius Medianensis.

B

Mensius Turrensis.
Filtiosus Aggaritanus.
Fastidiosus Egnatiensis.
Germanus Peradamiensis.
Donatus Ermianensis.
Pascasius Tenitanus.
Domninus Tarazensis.
Hilarinus Trofinianensis.
Fortunatianus Leptiminensis.
Honoratus Tagariatanus.
Albinus Octabensis.
Aurelius Feradimaiensis.
Felix Crepedulensis.
Cyprianus Unuzibirensis.
Innocentius Muzucensis.
Possidius Massimanensis, non occurrit.
Victor Vitensis, non occurrit.
Victorinus Scebatianensis.
Adeodatus Pederodianensis.
Athenius Circinitanus.

C

Florentinus Tuziritanus.
Vindicianus Marazianensis.
Adelfius Mattaritanus.
Adeodatus Præcausensis.
Restitutus Aquis Albensium.
Felix Irpinianensis.
Victorinus Usulensis.
Habetdeus Tamaullmensis.
Concordius Cululitanus.
Servus Menefessitanus.
Quintianus Casulis Carianensis.
Restitutus Acolitanus.
58 Vindemialis Capsensis.
Quodvultdeus Durensis, prbt.
Heliodorus Cufrutensis.
Marcellinus Tasbalten-is.
Fortunatianus Cilitanus.
Honoratus Tiziensis.
Bonifacius Foratianensis.

D

Servius Arsuritanus.
Felix Forontonianensis.
Succensianus Febianensis.
Julianus Vararitanus.
Bonifacius Frontonianensis.
Secundianus Mimianensis, in exsilium.
Donatus Boanensis.
Bonifacius Maraguiensis.
Pirasius Nationensis.
Faustus Præsidiensis.
Rusticus Tetcitanus.
Primianus Gurgaitensis.
Bonifacius Filacensis.
Honoratus Macrianensis, prbt.
Frumentius Teleptensis.
Honorius Oppennensis.
Fortunatianus Tagarbalensis.
Simplicius Carcabianensis.
Donatus Rufinianensis.

NOTITIA AFRICÆ.

Liberatus Aquarum Regiarum, prbt.
Victorianus Quæstorianensis.
Rufinianus Victorianensis.
Maximus Gummitanus.
Peregrinus Materianensis.
Fortunatus Mozotcoritanus.
Pacatus Vicoateriensis.
Proficius Sublectinus.
Saturus Irensis.
Mangentius Ticualtensis.
Villaticus Ausegerensis.
Cresconius Temoniarensis, prbt.
Paulus Turreblandinus, prbt.
Restitutus Segermitanus, in exsilium.
Victor Gauvaritanus.
Donatianus Eliensis.
Stephanus Rusfensis.
Vinitor Talaptulensis.
Hortensius Autentesis.
Tertullus Juncensis.
Eusebius Jubaltoanensis, prbt.
Servitius Unuricopolitanus.
Donatus Aggaritanus.
Vigilius Tapsitanus.
    Sunt numero 117 *.
Et cathedræ quæ episcopos non habuerunt.
Madassuma.
Dionysiana.
Sulianis.
Orroea Cœlia.
Cunculiana.
Ticibus.
    Sunt numero 5 *.

Nomina episcoporum Mauritaniæ Cæsariensis.

Glorinus Juncensis.
Teberianus Quidiensis.
Victor Sufaritanus.
Syrus Corniculanensis.
Lucius Itensis.
Honoratus Timicitanus.
Donatus Nobicensis, prbt.
Patera Milianensis.
Reparatus Girumontensis.
Avus Altabensis.
Donatus Panatoriensis.
Martialis Columpnatensis.
Subdatius Sucardensis.
Subitanus Idensis, prbt.
Donatus Tifiltensis.
Felicianus Idensis.
Onesimus Fidolomensis.
Victor Taborentensis.
Verecundus Nobensis.
Stephanus Zucabiaritanus.
Apocorius Cæsariensis.
Felix Rusubiritanus.
Donatus Subbaritanus.
Januarius Aquensis.
Martianus Murustagensis, prbt.
Claudius Vagalitanus.
Passitanus Tigisitanus.
Sato Fallabensis.
Donatianus Usinadensis.
Paulus Flumenzeritanus.
Nicetius Castellominoritanus.
Restitutus Florianensis.
Mensius Alamiliarensis.
Maxentius Tigamibenensis, prbt.
Urbanus Amaurensis, prbt.
Cresces Sestensis, prbt.
Donatus Ternamunensis.
Fortis Caputcillensis.
Januarius Nasbincensis, prbt.
Palladius Bacanariensis.
Balens Villenobensis.

Passinatus Masuccabensis, prbt.
Longinus Pamariensis.
59 Honorius Benepotensis.
Burco Vardimissensis, prbt.
Felix Ambiensis.
Æmilius Mediensis
Arator Catulensis.
Cæcilius Minnensis
Lucidus Cartennitanus.
Victor Regiensis.
Rogatianus Vannidensis, prbt.
Primus Caprensis.
Meteun Rusuccuritanus.
Rufus Sfasferiensis.
Eusebius Obbitanus.
Securus Timidanensis.
Donatus Frontensis.
Victor Icositanus.
Quodvultdeus Tablensis, prbt.
Restutus Lapidiensis, prbt.
Donatus Voncariensis.
Bonifacius Rusguniensis.
Benantius Oppidonebensis, prbt.
Mattasius Castelijabaritanus.
Felix Aquisirensis.
Victor Caltadriensis, prbt.
Cresces Tigabitanus.
Idonius Rusaditanus.
Gelianus Reperitanus.
Ingenuus Ubabensis.
Petrus Oboritanus.
Faustus Castraseberianensis.
Vitalis Castranobensis.
Petrus Castelanus, prbt.
Quintasius Mutecitanus.
Paulinus Rubicariensis.
Pascasius Mammillensis.
Tacanus Albulensis.
Emptacius Siccesitanus.
Talasius Gratinopolitanus.
Victor Manaecenseritanus, prbt.
Pannonius Bitensis.
Felix Flenucletensis, prbt.
Campanus Bidensis.
Valentinus Castelli Mediani.
Romanus Sufaritanus.
Secundus Maurianensis.
Reparatus Bulturiensis.
Lucius Maturbensis, prbt.
Cæcilius Balianensis.
Rogatus Sereddelitanus.
Mingin Nobensis, prbt.
Reparatus Castelli Tatroportensis.
Philo Arsinnaritanus.
Vassinus Elfantariensis, prbt.
Patera Catabitanus.
Vincemalus Baparensis.
Reparatus Tipasitanus, prbt.
Romanus Tamadensis, prbt.
Victor Voncarianensis.
Maddanius Murconensis.
Crispinus Tabadcarensis.
Quodvultdeus Summulensis, prbt.
David Tadamatensis.
Candidianus Catrensis, prbt.
Reparatus Cissitanus.
Pœquarius Tasaccurensis, prbt.
Quintus Tabuniensis, prbt.
Maximus Tuscamiensis.
Auxilius Gunugitanus, prbt.
Reparatus Sitensis.
Saturninus Vissalsensis, prbt.
Felix Maxitensis, prbt.
Gaius Adsinnadensis, prbt.
Cresces Satafensis, prbt.
Saturninus Seriensis, prbt.
Victor Numidensis, prbt.

APPENDIX AD VICTOREM VITENSEM.

Cerealis Castelloripensis.
Lucius Tamazucensis.
Sunt numero 120.
Et cathedræ quæ episcopos non habuerunt :
Majucensis.
Nabalensis.
Tubunensis.
Maurensis.
Tingariensis.
Oboritanus.
Num. 3 *.

Nomina episcoporum provinciæ Mauritaniæ Sitifensis.

Rufinus Tamallumensis.
Donatus Sitifensis.
Maximus Coviensis.
Domitianus Igilgitanus.
Honorius Aquæ Albensis.
Festus Satafensis.
Victor Horrensis.
Maximus Thugusubditanus.
Victor Jerafitanus.
Vadius Lesuitanus.
Pacatus Equizotensis.
Felix Castellanus, prbt.
Constantius Gegitanus,
Victor Eminentianensis.
Saturnius Sociensis, prbt.
Jacobus Lemelefensis.
Cresciturus Cellensis, prbt.
Emeritus Macrensis, prbt.
60 [a] Redux Nobalicianensis.
Argentius Zallatensis.
Vindemius Lemfoctensis.
Abus Ficensis.
Restutus Macrianensis, prbt.
Vitalis Assafensis.
Victor Flumenpiscensis.
Inventinus Maronanensis,
Romanus Molicunzensis.
Victorinus Serteitanus, prbt.
Montanus Cedamusensis.
Clemens Thamagristensis.
Adeodatus Pribatensis.
Rogatus Parteniensis.

A

Villaticus Mozotensis.
Honoratus Tamascaniensis, prbt.
Justus Acufidensis, prbt.
Æmilius Asvoremixtensis.
Uzulus Thuccensis.
Aufidius Suristensis.
Victorinus Perdicensis.
Possessor Zabensis.
Pascasius Salditanus.
Flavianus Vamallensis.
Sunt numero 44 *.

Nomina episcoporum provinciæ Tripolitanæ.

Calipides Leptimagnensis.
Leo Sabratensis.
Faustinus Kirbitanus.
Cresconius Oensis.
Servilius Tacapitanus.
Sunt numero 5 *.

B

Nomina episcoporum insulæ Sardiniæ.

Lucifer Calaritanus.
Martinianus de Foru Trojani.
Bonifacius de Sanafer.
Macarius de Minorica.
Vitalis Sulcitanus.
Felix de Turribus.
Helias de Majorica.
Opilio de Euuso.
Sunt numero 8 *.

Ac sic fiunt omnes episcopi diversarum provinciarum numero 466 *.
Ex quibus perierunt numero 88, id est :
De proconsulari numero 3 [4].
De provincia Numidiæ numero 33 [34].
[De provincia Byzacena numero 10.]
De provincia Mauritaniæ Cæsariensis numero 32.
[De provincia Mauritaniæ Sitifensis numero 8.]
Permanserunt numero 478 [378].
Corsica relegati numero 46.
Hic relegati numero 302.
Fugerunt numero 28.
Passus numero 1.
Confessor numero 1.

C

[a] Columnæ sequentes usque ad 90 inter notas textui *Historiæ* subjectas requirendæ sunt, a nostræ editionis columna 179 ad col. 259. Novem autem quæ supersunt ut ad 99 perveniatur, indicem *Scripturæ sacræ* continent, quem de more prætermittimus, *Indicem Scripturæ generalem* in universam Patrologiam postea edituri. Confer observationem nostram, col. supra citata 179 ante prologum positam. EDIT.

NOTÆ ET OBSERVATIONES IN NOTITIAM ECCLESIÆ AFRICANÆ.

99 Notitiam Africanæ Ecclesiæ, superius a nobis editam, ad manuscriptos codices conferre non satis esse visum est, nisi ea quoque notis et observationibus illustraretur, ne nuda urbium oppidorumve nomina lectoribus exhiberemus. Quapropter rem nemini ingratam me facturum esse existimavi, si quæcunque ex antiquis monumentis tam sacris quam profanis colligere licuit huc proferrem, ad illustrandam Africæ geographiam sacram. Huc vero laborem eo libentiori animo suscepi, quo nemo hactenus id operis aggressus est; tametsi non modo semel et iterum, sed sæpius recusa fuerit Notitia Africana, ex quo, ab eruditissimo viro Jacobo Sirmundo e tenebris eruta, primam lucem aspexit. Id quidem sperare fecerat libri titulus, quem sub *Ecclesiæ Africanæ* nomine ab aliquot annis evulgavit vir clarissimus Emmanuel Schelestratus; sed alio cogitationem vertit, nec de episcopalibus Africæ urbibus illustrandis quidquam curasse visus est.

Rem porro arduam, viribusque imparem meis a me susceptam fuisse, etsi ante opus tentatum mihi non satis fuisset persuasum, sane in ipso operis decursu omnino expertus sum, adeoque incunctanter incœptum laborem abjecissem, nisi hunc virorum erudi-

D

torum qui de Africanis urbibus egere, commentarii relevassent. Et quidem cum ex hominum doctorum dissidiis semper aliquod reipublicæ litterariæ commodum accedat; id mihi contigisse non diffiteor ex controversia quæ orta est inter eruditos viros Joannem Garnerium e societate Jesu presbyterum, et Henricum de Noris Augustinianæ familiæ, bibliothecæ Vaticanæ nuper a beatissimo pontifice Innocentio XII præfectum. Hac enim occasione dum Norisius Garnerii notas in inscriptiones epistolarum synodalium, quæ inter Augustinianas tunc erant 90 et 91 jam vero in nova editione Benedictina num. 175 et 176 habentur, severius vexat, multa non minus erudita quam subtili calamo de Africanis urbibus, abstrusa prius et multis ambagibus involuta, explicuit et detexit. Haud minus utiles mihi fuere eruditæ observationes et notæ, quibus vir clarissimus Stephanus Baluzius Collationem Carthaginensem, in tomo primo novæ Collectionis Conciliorum a se editam, illustravit. Alios viros eruditos qui mihi subsidio fuere, cum sese opportuna obtulerit occasio, suo loco absque grati animi testificatione abire non permittam.

Cæterum hic lectorem monitum velim me, si quando plus æquo conjecturis indulgere videar, id semper in

primis attendisse, ut in referendis urbium, oppidorum aut certe ipsorum hominum nominibus, ea semper, prout in manuscriptis codicibus aut saltem in
editis habentur repræsentarem : ratus unius litterulæ
mutatione res aliquando ita perturbari, ut urbs una ex
provincia in **100** alteram provinciam transferatur
aut certe una consletur ex duabus, aut alter dividatur
in duas, aliaque id genus incommoda oriantur, quos
in scopulos viros etiam eruditos aliquando, incautos
impegisse difßteri non possumus. Sic, ut alia exempla
prætermittam, Victor noster ex Vitensi factus est
episcopus Uticensis, ex Byzacena in proconsularem
provinciam translatus, et ex humili forte vico aut
oppido cui præerat, in celebris Romanorum coloniæ
sedem evectus. Certe, quamvis hæc cautela in omnibus rebus adhibenda sit, religiosius tamen in descri-
bendis urbibus Africanis tenenda est; quippe cum,
ut ait Plinius initio libri quinti, *populorum vel oppidorum* Africæ *nomina vel maxime sint ineffabilia,
præterquam ipsorum linguis;* ex pronuntiationis similitudine, quæ in aliena lingua reperitur, vix ac ne
vix quidem aliquid certi erui potest.

Anno sexto. Sic habet codex ms. ecclesiæ Laudunensis, sed mendose. Certum quippe est ex Victore
cæterisque antiquis scriptoribus, edictum pro episcoporum conventu, mense Februario anni sequentis
apud Carthaginem habendo, datum fuisse xııı calend.
Junias, anno 7 regni Hunerici. Unde merito emendavit Chiffletius 8 pro sexto.

AD PROVINCIAM PROCONSULAREM.

1. Eugenius Carthaginiensis, Tamalleni. De Eugenio illustrissimo Christi confessore multa habes apud
Victorem Vitensem libro ıı et sequentibus, et adhuc
plura inferius in nostro Commentario historico, capite 8. De Carthagine vero, quam Solinus Polyhistoris
capite 50, *alterum post Romam orbis terrarum decus*
appellat, plura congerere superfluum esset. Nam, ut
Sallustii in libro de Bello Jugurthino verbis utar,
de Carthagine silere melius puto quam pauca dicere.
Ejus excidium paucis exponit Victor noster libro ı; de
quo plura dicemus in Commentario nostro cap. 5.
Loci autem hic *Tamallenum* appellati, quo Eugenius
exsul actus est, situm describit Victor, libro v, num.
ıı, quem *Tamallumensem civitatem* fuisse numero
sequenti indicat, de qua urbe fusius agemus infra, ubi
de Tamallumensi episcopo, inter Byzacenos num. 55.

2. Felix Abaritanus. Is ipse videtur esse qui apud
Victorem libro ıı, num. 8, *Felix Abbiritanus* appellatur, in quem locum plura de urbe *Abbir* observavimus
nota 79 (*Supra* col. 209, n. c). *Abaritanam* tamen *provinciam* memorat idem Victor lib. ı, num. 4; et quidem
a proconsulari diversam. Etenim ibidem *Abaritanam,*
aliasque provincias sibi reservasse dicitur Gensericus,
exercitui suo *Zeugitana seu proconsulari* dimissa. Et
Plinius libro xvı, cap. 56, Arundinem *piscatoriam
Abaritanam ex Africa,* tanquam cæteris præstantiorem
laudat, *Castellum Aboritanum* laudat Ortelius ex Victore, ut ait, Uticensi; sed cum *Abaritanam* urbem ex
eodem Victore iste auctor memoret, non unum et eumdem locum his vocibus soluit designare. Haud tamen
improbabile est *Aboritana* hic in Notitia pro *Abaritanus* legendum esse. Habemus nempe *Aboram* urbem
in Africa, quam ad proconsularem provinciam **101**
pertinuisse certum est ex epistola synodica ejusdem
provinciæ episcoporum ad Paulum Constantinopolitanum episcopum, quæ lecta fuit in concilio Lateranensi contra Monothelitas sub sancto Martino, actione
seu secretario 2. Huic enim subscripsit *Felix episcopus sanctæ ecclesiæ Aborensis.* Præterea Carthaginensi
Collationi anno 411 in Donatistarum causa habitæ,
cognitione **1**, cap. 133, interfuit *Trifolius episcopus
Aborensis* catholicus. Denique apud Plinium lib. v,
cap. 4, *Aboriense oppidum* memoratur.

5. Paulus Sinnarensis. Hic episcopus laudatur a
Victore lib. ı, num. 9, ubi sedes ejus varie in variis
codicibus scribitur, ut observavimus in nota 50 (*Col.*

A **194**, n. b). *Sinnarensis* vero restituimus ex codice Laudunensi, nam alias editi habebant *Sinuarensis.* Nostra
autem lectio confirmatur ex concilio quinto generali,
cui subscripsit *Victor episcopus municipii Sinna, provinciæ proconsularis.* Ad utramque lectionem flecti
potest ea quæ habetur in Collatione Carthag., ubi
cap. 133 inter catholicos antistites recensetur *Stephanus episcopus plebis Sinnuaritensis.* Aliqui tamen
editi habent *Sinuaritensis,* et paulo post *Ad Sinuar.*
Licet vetus codex, ut testatur vir eruditus Stephanus Baluzius, habeat *Ad Sinnar.;* de qua voce vide
infra inter Mauritaniæ Cæsariensis urbes, num. 115.

4. Piensis. Hunc locum ex Halleri codice reperire
non licuit apud Ortelium. Legendum fortassis *Picen-
sis.* Etenim in Tabulis Peutingerianis *Picus* memoratur. Habetur etiam inter proconsularis provinciæ
episcopos qui synodicæ supra n. 21 laudatæ subscripserunt, *Felix episcopus Pariensis,* an huc revocandus? Apud Polybium memoratur locus *Prion* di-
B ctus, ubi Hamilcar Carthaginensium dux Spendium
aliosque rebelles fudit et cepit.

5. Hippazaritensis. Mirum est quantum varient
auctores in hujus verbi nomine describendo, non
solum diversi, sed etiam quandoque unus et idem.
Apud Ptolemæum lib. ıv, cap. 3, Ἵππον Διάρρυτος appellatur quam urbem sic a Græcis nominari observat Plinius libro v, capit. 4, *propter aquarum irrigua.*
Eodem cognomine designatur apud Pomponium Me-
lam lib. ı de Situ orbis, cap. 7; idque jure, ut probat Vossius in notis ad hunc Pomponii locum, contra Salmasium, qui id inficiari ausus est contra
omnium fere scriptorum fidem. Eadem porro civitas
Hippozarrhutus dicitur ab Antonino, et in Tabulis
Peutingerianis *Ipponte Diarito.* Apud anonymum Ravennensem geographum, quem e Regiæ Bibliothecæ
codice ms. edidit noster domnus Placidus Porcheron, lib. ııı, num. 6, appellatur *Hippone Zareston,*
et lib. v, num. 5 *Yppone Zarestum.* Denique
Uticensium, et Hippacritarum civitates Carthagini
C vicinas passim laudat Polybius libro ııı Historiarum. Haud minus variant monumenta ecclesiastica quam profana. In concilio Carthaginensi sub
sancto Cypriano, pro rebaptizandis hæreticis num.
72, sententiam tulit *martyr Petrus ab Hippone Diar-
rhito,* cujus objectionem solvit Augustinus lib. vıı de
Baptismo contra Donatistas, cap. 55, ubi eodem nomine civitas ista designatur, quanquam in editis aliquot, et in omnibus manuscriptis, ut nostri in nova
hujus sancti operum editione observarunt, habeatur,
Hippone Zarito. Ipse tamen Augustinus lib. xvı de
Civitate Dei, cap. 8, *Hipponem Diarrhitum* appellat.
Epistolæ synodicæ proconsularium antistitum in concilio Lateranensi subscripsit *Donatus gratia Dei episcopus sanctæ ecclesiæ Ipponizaritensis.* Ejusdem loci
episcopus ex parte Donatistarum, nomine *Victor,* in
Collatione Carthaginensi cap. 133, ubi unus e custodibus cartharum constituitur, **102** appellatur absque
addito *episcopus Hipponiensis.* Sed cap. 179 dicitur *episcopus Hipponensis Diarrytorum ;* et idem cap. 139 jam
D dictus fuerat adversarius *Florentini episcopi ecclesiæ
catholicæ Hippensis Zaritorensis,* sive, ut emendat
clarissimus vir Stephanus Baluzius, *Hipponensium
Zaritorum.* Ex varia autem hujus nomenclaturæ scribendi ratione apud auctores antiquos, liquet omnino,
quod jam non semel a viris eruditis observatum est,
litteras *z* et *d* seu *di* promiscue ab illis adhibitas
fuisse. Quod compluribus exemplis, si necessarium
esset, facile posset comprobari. Ea de re consule si
lubet Justellum in cap. 78 codicis Ecclesiæ Africanæ,
Norisium Historiæ Pelagianæ libro ıı, cap. 3, et in
observationibus adversus Garnerii notas, Baluzium
passim in notis ad Collationem Carthaginensem, potissimum in cap. 139, tomo I Collectionis novæ Conciliorum, et in cap. 6 Lactantii de Mortibus persecutorum; Joannem Harduinum in notis ad Plinium;
Garnerium, Chiffletium, aliosque passim auctores,
quos fusius recensere non vacat. Denique etsi nemo

nesciat alium præter hunc *Hipponem* fuisse cognomento *Regium*, cui nempe præfuit Augustinus; non tamen erit inutile hic observasse, utramque hanc urbem a Strabone libro xvii *Hipponem Regium* fuisse appellatam. De utraque Solinus in Polyhistore cap. 30. *Hipponem, Regium postea dictum, item Hipponem alterum, de interfluente freto, Diarrhiton nuncupatum nobilissima oppida equites Græci condiderunt.*

6. GUNELENSIS. Codex Halleri apud Ortelium, *Gunelmensis*, urbs sub utroque nomine æque mihi ignota.

7. UZIALENSIS. Sic uterque codex ms. Editi autem habent *Uzalensis*, et quidem melius : Celebris est apud Augustinum epistola 33 et alibi passim *Evodius Uzalensis episcopus*, quem laudant omnia fere istius ævi sacra monumenta. Hunc vero miratur Baluzius inter alios episcopos, qui Collationi Carthaginensi anno 411, interfuerunt, non fuisse recensitum; cum ex adverso *Felix* ejusdem urbis episcopus, cap. 204, inter Donatistas comparuerit. Evodii nomen, quod in laudatæ Collationis, cognitione 3, cap. 141, depravatum fuerat ex codice ms. restituit idem Baluzius, ubi antea *Emœdio*, seu *Ennodio* legebatur. *Mustulus episcopus*, item *Uzalensis* subscripsit concilio Carthaginensi sub Bonifacio. Uzalæ situm designat Augustinus lib. xxii de Civitate Dei, cap. 8, ubi urbem hanc Uticæ coloniæ proximam fuisse testatur. *Uzalitanum oppidum Latinum* appellat Plinius lib. v, cap. 4.

8. MEMBROSITANUS. Codex Halleri apud Ortelium, *Membresitanus*. *Memblosa et Membresa*, seu potius *Membressa*, duæ sunt ejusdem fere nominis urbes in Africa, a se invicem diversæ, ut invicte probat adversus Garnerium Henricus Norisius, in animadversionibus ad ejusdem Garnerii notas in Marium Mercatorem. Et quidem in Collatione Carthag., cap. 133, memoratur *Theasius episcopus plebis Memblositanæ*, qui *unitatem Ecclesiæ catholicæ* apud se haberi testificatus est. Licet paulo antea recensitus fuisset *Gennadius episcopus plebis Membressitanæ* catholicus, cui ex parte Donati cap. 198 opponitur *Restitutus*. Fateor hunc Restitutum in vulgatis editionibus *episcopum plebis Simingitensis* appellari, sed mendose, ut animadverit eruditus Baluzius, qui eo loci verba aliquot inter ansulas adjecit, ut duos Restitutos, hic ex errore librariorum in unum conflatos, restitueret : unum scilicet Donatistam, Gennadii Membressitani adversarium, alterum vero catholicum, Simingitensem episcopum. Et quidem ille *Restitutus* alius non est ab eo *Restituto* qui **103** fervente inter Donatistas schismate in locum *Salvii Membressitani* fuerat ordinatus, ut narrat Augustinus epistola 108 novæ editionis. *Salvius* autem ille in famosa Bagajensi synodo anno 394 damnatus fuerat; de quo passim Augustinus in libris adversus Donatistas, ubi varias ejus fortunas describit. Utramque vero urbem, *Membressam* nempe et *Memblosam*, memorat, ni fallor, anonymus Ravennensis, apud quem libro III, num. 3, habetur *Membrisca*, et numero sequenti *Membrone*. Hæ sunt etiam, ut puto, in Tabulis Peutingerianis *Membrissa* et *Membione*. Jam vero cum *Bonifacius*, hic in Notitia memoratus, in codice Laudunensi et in editis *Membrositanus* appelletur, quæ vox tam ex *Memblosa* quam ex *Membresa* deduci potest, quod utrobique unica solummodo littera mutanda sit : incertum relinquitur cuinam ex duabus istis urbibus ille antistes præfuerit. Baluzius quidem *Gennadium Membressitanum* episcopum, et paulo post *Theasium Memblositanum* in notis ad cap. 133 Collationis Carthaginensis, provinciæ proconsularis antistitibus, ex Notitia, ut ait, Africana accenset. Sed cum in ipsa Notitia unicus occurrat episcopus Membrositanus, alterutræ solummodo debebat ex hoc argumento Proconsularibus attribui, quamvis utramque hanc urbem ad proconsularem provinciam pertinuisse inficiari nolim. Verum si accurate descriptæ fuerunt schedæ, quas ex codice Halleri Ortelius acceperat, in quibus *Membresitanus* habetur ; Bonifacium Membressitanum

A fuisse episcopum potius crediderim quam Memblositanum. Nec obstat quod nonnulli Membressam ad Numidiam pertinuisse existimaverint : cum *Victorem episcopum ecclesiæ Membressitanæ habeamus*, qui inter cæteros proconsularis provinciæ episcopos, synodicæ jam laudatæ subscripsit in concilio Lateranensi sub sancto Martino, actione 2, et *Paschasius Membressitanus* item episcopus interfuerit synodo Carthaginensi sub Bonifacio, anno 525. Quin et *Membresa*, ut in codice Halleri, cum unica s scribitur in concilio Carthag. sub sancto Cypriano, in quo pro rebaptizandis hæreticis *confessor Lucius a Membresa* sententiam dixit. Ejusdem urbis, quam *Membrissam* appellat, meminit Procopius libro II de Bello Vandalico, ubi eam Carthagine *trecentis et quinquaginta stadiis* distitisse scribit. Ipsam vero in Numidiæ et proconsularis finibus sitam fuisse ex Antonio liquet.

9. BENEVENTENSIS. Sic codex ms. Laudunensis cum vulgatis editionibus. Codex tamen Halleri apud Ortelium habet *Benenlensis*. Unde suspicatur eruditus Baluzius in notis ad caput 128 Collationis Carthaginensis, *Beneventensem* seu *Benentensem* urbem, hic in Notitia memoratam, eam ipsam esse cui præerat *Adeodatus episcopus plebis Bencennensis*, inter catholicos antistites in Collationis capite laudato recensitus. Jam antea Garnerius *Bencenensis* pro *Beneventensis* legendum esse censuerat ; sed hæc sententia Henrico Norisio non placuit, qui ea de causa Garnerium redarguit in censura adversus ipsius notas in inscriptionem epistolæ synodicæ Carthaginensis concilii. Contendit quippe Norisius Bencennam et Beneventum duas fuisse in Africa urbes omnino diversas : quarum priorem ex Collatione Carthaginensi notam fuisse dicit ; alteram vero non solum in Notitia, sed etiam in percelebri concilio Arelatensi quod anno 414 celebratum fuit, memorari. Et quidem huic synodo, inter alios antistites qui cum Cæciliano Carthaginensi ex Africa convenerant, subscripsit *Anastasius episcopus de civitate Beneventina*.

10. UTIMMIRENSIS. In Collatione Carthag., cap. 126, memoratur *Severus episcopus plebis Utimari* : **104** an huc revocandus ? Porro sæpe laudatus Baluzius pro *Utimmirensis* legendum censet *Utimminensis;* cui loco præfuisse putat *Octavium episcopum plebis Utimmensis*, in Collatione cap. 133 memoratum. Huic sententiæ favet codex Halleri, in quo pro *Utimmirensis*, ut observavit Ortelius, legitur *Utimiensis*. Sed forte non advertit vir eruditus urbem Utimmirensem hic in Notitia memoratam, jam ab eo cum *Utmensi* conjunctam fuisse. Nam cap. 126 dictæ Collationis, ubi antea legebatur *Timianus episcopus plebis Utinensis*, cum *Felice* ejus adversario, pro *Utinensis* restituit *Utmensis*, eo quod inferius capite scilicet 135, *Isaac episcopus Utinensis* catholicus cum *Feliciano* Donatista recenseretur ; et in notis ad hunc locum infert *Utmam* ad proconsularem provinciam pertinuisse, quod episcopus in Notitia vulgata Utimmirensis dictus, in codice Halleri, quo usus est Ortelius, *Utimiensis* appellatus, occurrat. Verum cum hæc quasi subdubitando ille dixerit, nihil aliud voluisse videtur quam suas conjecturas in medium proferre, ut quisque postea, quod sibi melius visum fuerit, amplecti possit. Cæterum Leo Allatius, et Henricus Norisius, duas urbes *Utinas* in Africa admittunt, ex quibus alterutra cum aspiratione *Uthina* scribi debet. Deinde veteres Collationis editiones *Octavium episcopum plebis*, non *Utimmensis*, sed *Utinmuensis* appellant ; et cap. 198 *Bonifacius* ejus ex parte Donati adversarius, *Utunnensis episcopus* dicitur. Præferenda tamen videtur Baluzii lectio quæ habet *Utimmensis*.

11. PUPPITANUS. In Collatione Carthaginensi cap. 126 inter Patres catholicos recensitus fuit *Pannonius episcopus plebis Puppitensis*. Et *Fortunatus episcopus plebis Puppitanæ* interfuit Carthaginensi synodo quæ sub Bonifacio anno 525 celebrata fuit. Primus omnium epistolæ synodicæ proconsularium, sæpius jam me-

moratæ, subscripsit *Gulosus episcopus Puppitanus*. Sic et in plerisque aliis conciliis et monumentis ecclesiasticis passim occurrit episcopus *Puppitanus*, aut *ecclesiæ Puppitanæ*. Tamen Antoninus urbem hanc *Pulput* in Itinerario appellat. Dicitur in Tabulis Peutingerianis *Pudput*. Anonymus Ravennas lib. v, num. 5, habet *Pulpu*; quam lectionem confirmat noster Placidus Porcheron ex Prisciani libro sexto de Partibus orationis, ubi hæc Titi Livii verba ex libro cxiii, ut observat Ortelius, deperdito, laudat iste auctor. *Et ipse circa Pulpud oram tuebatur*.

12. REPARATUS PUPPIANENSIS. Is ipse dedicavit monasterium in Byzacena provincia, pro cujus asserenda libertate Petrus abbas tantopere desudavit in concilio Carthaginensi sub Bonifacio; cui concilio subscripsit Reparati successor *Gaudiosus episcopus plebis Pupianensis*. Huc quoque revocandus est *Bonifacius episcopus Pappianensis*, qui synodicæ proconsularium antistitum in concilio Lateranensi sub sancto Martino lectæ subscripsit. His omnibus antiquior fuit *Victor senex Puppianensis*, laudatus in concilio Carthaginensi sub Aurelio anno 397, cujus concilii canones in codice Ecclesiæ Africanæ referuntur a Justello pag. 546. In concilio autem quod sub Genethlio in eadem urbe habitum fuit, *Victor Pupputonensis* dicitur in quibusdam codicibus, in aliis vero *Puppianensis*. Vide tom. II Concil. editionis Labbei, col. 1158 et 1828.

13. ARADITANUS. Sic uterque codex ms. cum editis. Hunc Ortelius sic dictum fuisse suspicatur *ab Aradi Sardiniæ*, quam, inquit, insulam *Victor sub Africæ diœcesi* computat. Sed fallitur vir eruditus. Sardiniæ quidem episcopi tunc temporis ex Africana diœcesi erant, sed inferius seorsim recensentur; nec unquam ad proconsularem provinciam pertinuerunt. Concilio Carthaginensi sub Bonifacio anno 525 habitæ adfuit *Æmilianus episcopus plebis Araditanæ*. Occurrunt passim in Orientalibus synodis episcopi *Aradi*, sed isti ex Phœnicia fuerunt.

14. TUELENSIS. Eidem urbi præfuit *Bonifacius episcopus Telensis*, qui epistolæ synodicæ, in concilio Lateranensi sub sancto Martino laudatæ, inter antistites proconsularis provinciæ subscripsit. *Natalicus episcopus Telensis* Donatista interfuit concilio Cabarsussitano; jam quippe inter omnes viros eruditos constat sic istud concilium appellari debere, quod antea editi *Cavernense* dicebant, cujus occasione confinxerant nonnulli *Cavernas Susis*, locum Carthagini propinquum. De hac re vide Baluzium in nova Canonum Collectione, col. 95 et 256, aliosque passim auctores. Cæterum *Felix Telensis* ex eadem Donatistarum secta Collationi Carthag. interfuit cap. 208; quo ex loco Baluzius argumentum deducit ad probandum *Telam* et *Zelam* duas fuisse in Africa urbes a se invicem diversas. Nam in eadem Collatione cap. 136, *Natalicus* Donatista adversarius esse dicitur *Donationi episcopi plebis Zellensis* catholici; et rursus cap. 163 idem *Natalicus episcopus Zellensis* inter Donatistas comparuit. In hac itaque sententia dicendum est *Felicem* successorem Natalico, qui Cabarsussitanæ synodo subscripsit, a quo diversus fuerit *Natalicus* qui hic in Collatione memoratur. Denique celebris est synodus *Telensis* sive *Zellensis*, ob controversias de ejus sinceritate aut falsitate hoc sæculo commotas.

15. MULLITANUS. Interfuit Collationi Carthaginensi cap. 133 *Candorius episcopus plebis Mullitanæ*, cum *Marcellino* Donatista suo adversario, qui et cap. 198 memoratur. *Segetius* ejusdem urbis antistes, post restitutam Ecclesiæ Africanæ pacem, subscripsit synodo Carthaginensi sub Bonifacio habitæ anno 525.

16. DUASSEDEMSAL. Sic uterque codex ms. cum editis. Garnerius legit *Duassendelinai*, Sed ex proprio marte. Nec felicius censuit ea voce *Dionysianam* urbem designari, cum infra inter Byzacenæ provinciæ urbes, quæ episcopis erant destitutæ, memoretur *Dionysiana*. Norisius vero in observationibus adver- sus eumdem Garnerium hic designari putat sedem *Assenemsalensem*, cujus episcopus ex parte Donati *Fortunatianus Assenemsalensis*, seu potius, ut habet editio Baluziana, *a Senemsalis* interfuit Collationi Carthag. cap. 201. Et in concilio Carthaginensi sub Bonifacio, inter proconsulares recensetur *Patronianus Senemsalensis*, et in synodo Lateranensi sub sancto Martino *Julianus Senepsalitanarum*, quibus vocibus eamdem urbem designari censet vir eruditus. Verum rem, ut quidem mihi videtur post Holstenium acu tetigit Baluzius, in emendandis veteribus monumentis sagacissimus, qui hic legendum esse monet *Duas Senemsal.*, id est *duarum Senemsalensium*. Sic *Julianus* supra memoratus, in laudato Lateranensi concilio subscripsit proconsularium epistolæ synodicæ ad Paulum Constantinopolitanum datæ, sub hac formula, *Julianus episcopus sanctæ Ecclesiæ duarum Senepsalitinarum*, seu potius, *duarum Senemsalitanarum*. Duplex igitur erat, uti videtur, locus ejusdem nominis, unicum habens episcopum, qui, hac de causa quandoque *Senemsalitanus* dicebatur, alias vero *duarum Senemsalitanarum*, ut hic in Notitia, aliquando etiam *a Senemsalis*, uti supra observavimus ex Collatione Carthaginensi. Alia porro fuit ejusdem pene nominis urbs in proconsulari, cui præfuit *Felix Selemselitanus*, in concilio Carthaginensi sub Genethlio memoratus. De quo et Gratianus loquitur 16 q, 1 c. *Felix*, uti monet Baluzius in notis ad cap. 201 Collationis Carthag., occasione **106** *Cresconii episcopi Silemsilensis*, ex Donatistarum secta, qui ibidem memoratur.

17. MISSUENSIS. *Missuam* memorant Antoninus in Itinerario, et anonymus Ravennas lib. v. At Tabulæ Peutinger., Plin. lib. v, cap. 4, et alii auctores hanc urbem *Misuam* appellant, Ptolemæus vero *Nisuam*. *Missuam Carthaginensium navale* appellat Procopius lib. II de Bello Vandalico. *Servusdei episcopus Missuensis* subscripsit concilio Carthag. sub Bonifacio anno 525. Habetur et inferius num. 49 *Muxua*.

18. LAPDENSIS. Ejusdem loci videtur fuisse *Rufinus episcopus Labdensis* ex parte Donati in Collatione cap. 198 memoratus. *Victor* item *Lapdensis* episcopus interfuit concilio Carthaginensi sub Bonifacio. Et infra inter antistites Mauritaniæ Cæsariensis, *Restitutus Lapidiensis episcopus*, num. 61.

19. ASSURITANUS. In concilio Carthaginensi sub sancto Cypriano, pro rebaptizandis hæreticis sententiam tulit num. 68 *confessor Victor ab Assuris*. Et idem Cyprianus *Epicteto fratri*, id est episcopo, ni fallor, *et plebi apud Assuras consistenti* scripsit epistolam, quæ est in nova editione num. 65. Eidem urbi præfuit *Evangelus episcopus Ecclesiæ Assuritanæ*, in concilio Carthaginensi sub Aurelio memoratus in codice canonum Ecclesiæ Africanæ, apud Justellum pag. 546, qui et adfuit Collationi Carthag. cap. 120. Porro *Prætextatus episcopus Assuritanus* Donatista subscripsit concilio Cabarsussitano an 393, et anno sequenti in Bagaiensi synodo e sede sua dejectus est. *Rogati*, quem iidem Donatistæ Prætextato subrogaverant, meminit sanctus Augustinus libro III contra Cresconium, cap. 56, cui postea ad unitatem catholicam converso, ut idem sanctus doctor narrat in libro de Gestis cum Emerito num. 9, Circumcelliones manus et linguam præciderunt. *Assuras* haud semel memorat Antoninus in Itinerario; quam urbem *Assurus* Ptolemæus appellat, Tabulæ Peutingerianæ *Assures*. Eamdem porro urbem esse *oppidum Azuritanum*, seu, ut alii codices habent, *Absuritanum*, a Plinio lib. v, cap. 4, laudatum, vult Harduinus, cui favet synodica proconsularium in concilio Lateranensi sub sancto Martino: ipsi enim subscripsit *Victorinus episcopus Ecclesiæ Auziritanæ*. Tamen præter *Evangelum Assuritanum* episcopum, quem supra diximus in Collatione Carthaginensi inter catholicos comparuisse, cap. 120, *Victor episcopus Azuresis* catholicus interlocutus est capite 187. Sed nodum hunc solvit Baluzius, qui observat Victorem istum, cognitione 2, cap. 15, *Ajurensem* episcopum appellari. Et quidem

cum cap. 187 laudato Victor affirmet se in urbe Rotariensi ecclesiam habere, ad Numidiam videtur pertinuisse. *Felix* quippe *a Roturio*, apud Optatum libro I memoratus, ex Numidis erat. Vide infra *Sersium Arsuritanum* inter Byzacenæ provinciæ episcopos, num. 67.

20. URCITANUS. Codex Halleri apud Ortelium habet *Uracitanus*. Et apud Victorem libro I, num. 3, laudatur *Mansuetus Uricitanus*, qui jubente Genserico rege in *porta incensus est Fornitana*: cujus occasione plura de hac urbe observavimus in nota ad hunc locum (*Col.* 185, *n.* b). Ejusdem urbis episcopum fuisse censet Baluzius *Bonifacium Urugitanum*, qui ex Donati parte Collationi Carthaginensi interfuit, cap. 187.

21. TENNONENSIS. *Optatus episcopus Tonnonensis* subscripsit concilio Carthaginensi sub Bonifacio, anno 525, qui celebrior fuit *Victor* ejusdem urbis antistes, Chronici quod sub ejus nomine vulgatum est auctor. Is pro trium capitulorum defensione cum aliis Africanis episcopis, imperante Justiniano, exsilium aliaque graviora incommoda pertulit, ut ipsemet in laudato Chronico attestatur.

107 22. UTICENSIS. *Urbes Utica et Carthago*, inquit Pomponius Mela libro I, cap. 7, *ambæ inclytæ, ambæ a Phœnicibus conditæ: illa fato Catonis insignis, hæc suo*. Uticam *altera veluti Africæ claustra* appellat Florus libro IV, cap. 2. *Morte Catonis nobilem* Plinius libro V, cap. 4, quam haud procul Carthagine distitisse ex Antonini Itinerario, Tabulis Peutingerianis, Polybio, aliisque auctoribus facile colligi potest. *Victor episcopus Uticensis* cum *Gedalio* Donatista ipsius adversario interfuit Collationi Carthaginensi, capite 128. Plura de hac urbe, apud sacros simul et profanos scriptores celebri, congerere superfluum esset.

23. MIGIRPENSIS. In concilio Carthaginensi sub sancto Cypriano, secundus pro rebaptizandis hæreticis sententiam dixit *Primus a Migirpa*, seu potius, ut observat editor Oxoniensis, *Felix* eo nomine *primus a Misgirpa*; non enim aliter quam *Felix a Migirpa* ab Augustino appellatur, præsertim libro VI de Baptismo contra Donatistas, cap. 6, ubi illius objectiones solvit. Videsis quæ ad hunc locum nostri in notis observarunt. *Victor episcopus plebis Migirpensis* catholicus cum *Glorioso* suo adversario comparuit in Collatione Carthaginensi, cap. 126. Sed et idem Gloriosus iterum, cap. 198, inter Donatistas recensitus fuit. Habemus et *Titum* seu *Tutum Migirpensem episcopum*, qui concilio Carthaginensi sub Aurelio interfuit anno 397, apud Justellum in codice canonum Ecclesiæ Africanæ, pag. 346.

24. GISIPENSIS. In Collatione Carthaginensi, cap. 233, recensitus fuit inter catholicos Patres *Januarius episcopus Ecclesiæ Gisipensis majoris*, qui nullum adversus se Donatistam habebat. An vero ex hoc loco colligi possit duas fuisse in Africa civitates, quarum una *Majoris* additamento ab altera discerneretur, affirmare non ausim; præsertim quod nullum ejus rei argumentum in monumentis antiquis mihi occurrat. *Redemtus Gisipensis* interfuit concilio Carthaginensi sub Bonifacio anno 525 celebrato; et epistolæ synodali proconsularium Patrum ad Paulum Constantinopolitanum episcopum, in concilio Lateranensi sub sancto Martino laudatæ, subscripsit *Mellosus episcopus Ecclesiæ Gisipensis*. Cave autem ne Gisipensem urbem cum Ginesitensi confundas cum Garnerio, qui gravem inde Norisii censuram incurrit.

25. UZITENSIS. Norisius hic legendum putat *Uciteusis*, ab *Uci* urbe, quæ duplex erat ejus nominis in Africa, ut ex Plinio observavimus in nota 42 ad Victorem Vitensem (*Col.* 185, *n.* b). Erat tamen in Africa *oppidum Uzita* dictum, quod laudat Hirtius in libro de Bello Africano, et Dio Cassius lib. XLIII. At oppidum istud ad Byzacenam pertinuisse contendit Norisius, idque ex ipsius Hirtii verbis posse evinci putat. Ibi enim Uzita dicitur a portu Leptis Parvæ *millia sex passuum* abfuisse. Leptis autem erat in Byzacena supra Adrumetum versus Tripolim millia passuum decem et octo, ut testatur Antoninus in Itinerario, proindeque longius a proconsulari dissita quam ut e provinciæ attribui possit. Huic etiam sententiæ favet Ptolemæus, qui libro IV, cap. 3, inter urbes quæ *sub Adrumeto* erant, *Uzitam* commemorat. Quis autem nescit Adrumetum ad Byzacenam pertinuisse? Cæterum Baluzius Uzitensi huic urbi in Notitia recensitæ præfuisse putat *Paulum episcopum pleb s Uzittarensis*, qui in Collatione Carthaginensi cap. 128 cum aliis catholicis Patribus comparuit.

26. EXITZIOSUS VERENSIS. Editi *Exitiosus*. Porro huic sedi suspicatur Baluzius præfuisse *Vitalem episcopum Ucrensem*, qui in Collatione Carthaginensi capit. 208 inter Donatistas memoratur. Certe in Collationis editionibus quæ Baluzianam præcesserunt, *Vitalis* iste, non *Ucrensis* appellatur, **108** sed *Virensis*. Et quidem in Tabulis Peutingerianis habetur *Veri*, quem locum anonymus Ravennas libro III, num. 5, *Verim* nominat. *Quodvultdeus episcopus Verensis* subscripsit concilio Carthaginensi anno 419 sub Aurelio; sed his antiquior est *Vitalis episcopus de civitate Verensium*, qui cum Cæciliano aliisque antistitibus ad concilium Arelatense primum *ex Africa* advenit.

27. CRESCES CICSITANUS. Editi *Crescens*. In collatione Carthaginensi cap. 209 inter Donatistas comparuit *Flavosus episcopus Cissitanus*; cum jam paulo superius, cap. scilicet 206, *Quovultdeus episcopus Cessitanus* ex eadem secta recensitus fuisset, qui tamen Quodvultdeus in aliis editionibus, quæ scilicet Baluzianam præcesserunt, *Cissitensis*, et in Labbeana cap. 207 *Gessitensis* appellabatur. Alteruter fortassis ex his duobus Cicsitanam sedem hic in Notitia memoratam occupavit. An vero alter ad Mauritaniam, in qua provincia etiam Cissitana civitas infra num. 107 habetur, pertinuerit, incertum est. Suspicatur Baluzius Flavosum in Quodvultdei, qui in itinere defunctus fuerat, locum a Donatistis substitutum fuisse, quod tamen, etiam ipsimet Baluzio difficile videtur, ob hoc potissimum quod amborum istorum episcoporum nomina, uno et eodem die in Collatione recitata fuerint, nihil ad *Flavosi Cissitani episcopi* nomen dicentibus catholicis, qui paulo ante, cum Quodvultdeus jam defunctus recensereretur, gravem controversiam ea occasione adversus Donatistas commovarant. Cæterum in concilio Carthaginensi sub Grato laudatur *Elpidoforus Cuisitanus*, qui huc posset revocari, nisi aliunde eo loci *Cuicultanus* legi debere nobis constaret. Vide infra inter Numidas num. 10.

28. BOLITANUS. Ptolemæus inter alias urbes quas libro IV, cap. 3, *sub Carthagine* fuisse commemorat, *Vol* secundam recenset. Huic præfuit *Crispulus episcopus Ecclesiæ Volitanæ*, qui cum *Quodvultdeo* Donatista ipsius adversario, Collationi Carthaginensi interfuit cap. 128. *Quodvultdeus* item comparuit cap. 208, in quem locum U. C. Stephanus Baluzius emendat quæ ad caput 128 de Volitana plebe dixerat, quam scilicet eo loci cum *Volis* Mauritaniæ Tingitanæ populis lapsu calami confuderat. Monet idem vir eruditus in caput 135 Volitanam urbem a Vallitana distinguendam esse. Cæterum Notitiæ lectio confirmari potest ex Vita sancti Ambrosii, capite ultimo, ubi Paulinus *Muranum episcopum Bolitanum* laudat. Bolitanos Martyres in Africa celebres fuisse ex Augustino patet, qui in eorum natali die sermonem habuit in *basilica Gratiani*, ut ex sermo 13 de Verbis Apostoli. *Sanctorum Volitanorum* memoria celebratur in vetustissimo Carthaginensi calendario, die XVI calend. Novembris.

29. CARPITANUS. *Carpis* a Ptolemæo memoratur lib. IV, cap. 3. Hanc urbem Plinius appellat *Carpi*. *Carpos* vero memorat Optatus Milevitanus libro II adversus Parmenianum. *Secundinus a Carpis* censuit hæreticos esse rebaptizandos, in concilio Carthaginensi sub sancto Cypriano num. 24, cui respondet sanctus Augustinus libro VI de Baptismo contra Do-

natistas, cap. 31. *Antonius episcopus plebis Carpitanæ*, cum suo adversario ex parte Donati, nomine *Veratiano*, recensitus est in Collatione Carthaginensi cap. 126. Idem *Veratianus* cap. 223 inter custodes tabularum ex secta Donatistarum computatus est. Penthadius Antonii successor, *episcopus Ecclesiæ Carpitanæ* subscripsit concilio Carthaginensi quod sub Aurelio anno 419 celebratum fuit. *Venerius* item Carpitanus episcopus sæculo sequenti concilio Carthaginensi sub Bonifacio interfuit. Denique inter alios proconsularis provinciæ episcopos **109** qui synodicæ subscripserunt in concilio Lateranensi sub sancto Martino, actione 2 memoratur *Bassus episcopus Ecclesiæ Capitanæ*.

30. MAXULITANUS. *Maxulam* habent Tabulæ Peutingerianæ. Ptolemæus vero lib. IV, cap. 3, *Maxulam* commemorat, et paulo inferius inter eas urbes quæ sub Carthagine erant, *Maxulam Veterem* omnium primam recenset. *Maxulam coloniam* appellat Plinius libro V, cap. 4. Porro in concilio Carthaginensi sub Genethlio *Numidius Massylitanus* memoratur capitulo 6, quod est in codice Africanæ Ecclesiæ cap. 8. At in Collatione Carthaginensi capite 112, comparuit item *Numidius episcopus Ecclesiæ catholicæ Maxulitanæ*, simul cum *Felice* ipsius adversario ex secta Donatistarum. Denique alius *Numidius* ejusdem urbis antistes concilio Carthaginensi sub Bonifacio, anno 525 subscripsit. *Sanctorum Maxulitanorum* festivitas in veteri calendario Carthaginensi celebratur die XI cal. Augusti. De iis duos habemus sancti Augustini sermones, qui *de sanctis martyribus Massylitanis* inscribuntur.

31. BONUSTENSIS. Inter catholicos Patres qui ad Collationem Carthaginensem convenere, memoratur capite 133 *Rufinianus episcopus Bonustensis*.

32. TINNISENSIS. In Tabulis Peutingerianis occurrit *Tumsa*, fortassis pro *Tunisa*. *Tumissam* et *Tunizam* memorat anonymus Ravennas libro III, num. 6; Ptolemæus lib. IV, cap. 3, *Thinissam* laudat, *et* inter urbes quæ sub Carthagine erant *Thernisam* et *Uthinam*. Præcedenti autem capite jam *Tenissam* memoraverat, sed in Cæsariensi Mauritania. *Tunes* celebris est apud Polybium, cujus situm libro XIV describit his verbis: *Tunes Carthagine abest stadia ferme* 120..... *ex omni ferme parte Carthaginis potest conspici.* Hanc urbem ex Carthaginis ruinis crevisse verisimile est, etiam nunc regni, seu potius reipublicæ ipsi cognominis caput. *Sextilianus Tuneiensis* seu *Tuniensis episcopus*, vices egit *Primosi episcopi Carthaginis* in concilio V generali. Suspicatur Baluzius Tinnisensi urbi, hic in Notitia memoratæ, præfuisse *Valerium episcopum plebis Utiniensis*, in Collatione Carthaginensi capite 126 inter Orthodoxos Patres recensitum. Editiones tamen quæ Baluzianam præcessere habent *Utinicensis*. Sed hanc tamen ad Numidiam revocari debere arbitratur cum Baronio. Denique in concilio Carthaginensi sub sancto Cypriano inter rebaptizantes num. 29 sententiam pronuntiavit *confessor Venantius a Tinisa*, cujus objectionem solvit Augustinus libro VII de Baptismo contra Donatistas, capit. 13.

33. CULSITANUS, seu potius *Culusitanus*. *Nicasius* quippe *Culusitanus* memoratur in concilio Carthaginensi sub Grato. Celebris fuit *Vincentius episcopus Ecclesiæ Culusitanæ*, qui fuit unus e septem catholicis episcopis qui in Collatione Carthaginensi electi sunt pro tuenda Ecclesiæ catholicæ causa adversus schismaticos Donatistas; recensitus quoque inter cæteros Patres cap. 158. Idem antistes interfuit concilio Carthaginensi sub Aurelio quod anno 319 celebratum fuit, ut patet tum ex editione Labbeana, tum etiam ex codice canonum Ecclesiæ Africanæ. Is idem ipse est qui a Paulino laudatur in Vita sancti Ambrosii capite ultimo, quamvis ibi in editis *episcopus Colossitanus* appellatur, contra **110** omnium fere mss. cod. fidem, qui, ut testantur nostri in nova sancti hujus doctoris operum editione, habent *Culusitanus*, quod tamen nec ipsi emendaverunt. Sæculo sequenti *Marcianus episcopus plebis Culusitanæ* interfuit concilio Carthaginensi sub Bonifacio anno 525. Denique synodicæ episcoporum proconsularium quæ in concilio Lateranensi sub sancto Martino actione 2 recitata fuit, subscripsit *Petrus gratia Dei episcopus Ecclesiæ Culcitanensis*. Urbem tamen *Culucitanam* a *Culusitana* distinguendam esse contendit Norisius adversus Garnerium. Nam Antoninus in Itinerario, et Tabulæ Peutingerianæ *Culucitanas* in media Numidia locant, cum tamen certum sit ex omnibus testimoniis quæ supra laudavimus *Culusitam* ad proconsularem pertinuisse. *Culuciam* memorat anonymus Ravennas libro V, num. 4. Nec immorari licet refellendo alteri Garnerii errato, qui eamdem Culusitanam urbem cum Curobitensi confundit. Ex his quippe quæ inferius de Curubi dicemus num. 36, patebit has omnino diversas fuisse. Denique Culusitanam civitatem laudat Victor Vitensis libro V, num. 3, in qua tot martyres ac confessores sub Vandalica persecutione floruerunt, ut *impossibile* fuerit eos *homini supputare*. Præ cæteris laudat *Victoriam* matronam illustrem.

34. BULLENSIS. *Confessor Therapius a Bulla* tulit sententiam adversus hæreticorum baptisma in concilio Carthaginensi sub sancto Cypriano, num. 61; cujus argumento respondet Augustinus libro VII de Baptismo contra Donatistas, cap. 25. Huc forte revocandus quoque est *Victor Bulnensis* qui synodali epistolæ proconsularis provinciæ episcoporum jam sæpius laudatæ subscripsit, ut videre est in concilio Lateranensi sub sancto Martino actione 2. *Bulæ campum* semel et iterum memorat Pocopius libro I de Bello Vandalico, qui erat in itinere versus Numidiam. *Campi Bullensis* meminit quoque sanctus Augustinus epistola 65. Vide inferius num. 50, BULLENSIS REGIOR.

35. NEAPOLITANUS. Omnium postremus *Junius a Neapoli* pro rebaptizandis hæreticis sententiam dixit in concilio Carthaginensi sub sancto Cypriano. *Fortunatianus Neapolitanus episcopus* subscripsit concilio Carthaginensi quod anno 419 sub Aurelio celebratum fuit; idemque interfuit Collationi Carthaginensi capite 126 cum *Ampelio* Donatista ipsius adversario; qui Ampelius iterum capite 206 inter ejusdem sectæ episcopos recensitus est. De hac urbe agunt Hirtius in libro de Bello Africano, Pomponius Mela, aliique auctores, quam Tabulæ Peutingerianæ mediam fere inter Clypeam et Pudput locant. Consentit Antoninus in Itinerario, ubi *Putput, Curubis, Neapolis, Clypea*. Cæterum Ptolemæus *Neapolim coloniam* appellat, *Liberum Oppidum* Plinius. Aliæ erant in aliis provinciis urbes *Neapolis* dictæ.

36. CURBITANUS. Huic lectioni favet jam non semel laudata synodica proconsularis provinciæ episcoporum, in concilio Lateranensi sub sancto Martino approbata, cui subscripsit *Benenatus gratia Dei episcopus sanctæ Ecclesiæ Curbitanæ*. Frequentius tamen veteres *Curubim* scribebant. In Collatione Carthaginensi cap. 198 inter Donatistas recensitus fuit *Victor episcopus Curubitanus*. Adfuit et concilio Carthaginensi sub Bonifacio anno 525 *Peregrinus episcopus Ecclesiæ Curubitanæ*. Eadem civitas *Curubis* a sancto Augustino appellatur libro XXII de Civitate Dei, cap. 8. Sacris scriptoribus profani consentiunt Plinius, Antoninus in Itinerario, anonymus Ravennas libro V, numer. 5. *Curubim* tamen, seu, ut habet codex Palatinus, *Curabim* appellat Ptolemæus libro IV, cap. 3. Post. Norisii in **111** Garnerium, censuram nemo erit, opinor, in posterum qui hanc urbem cum Culusitana confundat.

37. SIMMINENSIS. In codice Halleri *Simminiensis*. Apud anonymum Ravennensem libro v, num. 5, occurrit *Siminina*, quam urbem eamdem esse putat noster Placidus Porcheron cum *Sinuama*, quæ libro III, num. 5, apud eumdem auctorem memoratur. Opinatur Baluzius hic in Notitia scriptum fuisse *Simminensis*, et inferius num. 42, *Seminensis* pro *Simitensis*, quod in Collatione Carthaginensi cap. 126 interfuerit inter Patres catholicos *Benenatus episcopus Ecclesiæ Simittensis*; et alter *Benenatus episcopus Ecclesiæ Semitensis* subscripserit cum aliis proconsularis provinciæ Patribus synodicæ jam sæpius laudatæ, quæ approbata fuit in concilio Lateranensi sub sancto Martino. Sane varii modi, quibus variis in locis civitas hæc scribitur, ansam præbent conjecturis indulgendi. *Oppidum Simittuense* memorat Plinius lib. v, cap. 4. Antonino dicitur *Simittu*. In concilio Carthaginensi editionis Labbeanæ, quod anno 419 sub Aurelio celebratum est, interfuit *Adeodatus Simituensis*, seu *Sumitensis*, seu *Simoethensis*, qui in codice canonum ecclesiasticorum ex Dionysio Exiguo apud Justellum col. 169, et in codice canonum Ecclesiæ Africanæ col. 396, dicitur *Adeodatus Simidicus*, seu ut habet textus græcus, Σιμηδικίτης. Cave tamen ne unam et eamdem urbem esse existimes *Simittu* et *Simidicam*. Duas enim esse omnino diversas probat Norisius in observationibus adversus Garnerium, jam sæpe laudatis. Et quidem id facile evinci potest ex Collatione Carthaginensi, ubi cap. 126 *Benenatus Simittensis* jam memoratus, testatur nec *alium secum* episcopum, nec *hæreticos* sibi adversarios habere. Et cap. 135 item inter catholicos recensitus est *Adeodatus episcopus plebis Simidicensis*, qui pariter unitate catholica gaudebat. Hinc collige aut in subscriptionibus Labbeanis restituendum esse *Simidicensis* pro *Simitensis*, aut certe Adeodatum in isto Carthaginensi concilio memoratum, alium prorsus esse ab Adeodato Simidicensi, in Collatione cap. 135 laudato, qui Benenato successerit, ut vult Norisius. Vide infra num. 42, ubi de *Seminensi* episcopo agemus.

38. CLIPIENSIS. Eodem modo scribitur nomen *Stephani episcopi Ecclesiæ Clipiensis*, qui subscripsit synodicæ proconsularium in concilio Lateranensi sub sancto Martino, actione 2. Et *Crescens Clipiensis episcopus* interfuit concilio Carthaginensi sub Bonifacio anno 525. Tabulæ Peutingerianæ habent etiam *Clipeis*. Sæpius tamen veteres scribebant *Clypeam* aut *Clupeam*. Sic quippe habent Ptolemæus libro IV, cap. 3; Cæsar libro II de Bello civili; Hirtius libro de Bello Africano; Plinius, Antoninus in Itinerario, Pomponius Mela, Solinus, Polybius, et alii passim auctores. Ejus rei rationem reddit Silius Italicus lib. I, quod nempe in clypei modum esset exstructa. Collationi Carthaginensi interfuit *Laodicius episcopus plebis Clypiensis*, qui cap. 133 cum *Geminio* suo adversario memoratus est. *Geminius* iterum cap. 198 cum cæteris Donatistis comparuit. Hæc urbs prima omnium Africanarum in Romanorum potestatem devenit sub Regulo, ut observat Polybius libro I Historiarum, Florus libro II Historiæ Romanæ, cap. 2. Herculem in ea cum Anthæo Afrorum rege decertasse veteres putabant, ut refert Procopius libro II de Bello Vandalico. De Anthæo autem plura habent fabulæ, sed quæ hic recensere non vacat.

39. MEGLAPOLITANUS. Sic legendum esse compluribus exemplis probat Norisius, qui Garnerium reprehendit quod *Megalopolitanus* absque ullius codicis auctoritate scripserit. **112** Codex Halleri apud Ortelium habet *Megapolis*; sed pro Norisio stat codex Laudunensis annorum 800. Et quidem licet in Labbeana Conciliorum editione capite 133 Collationis Carthaginensis memoretur *Romanus episcopus plebis Megapolitanæ*, in editione tamen Albaspinei habetur *Meglapolitanæ*, cui lectioni responderet veterem codicem manuscriptum monet Baluzius in nota ad hunc locum. Editio Papirii Massoni habet *Neglapolitanæ*. Cæterum nostræ lectioni favet etiam synodalis epistola ex concilio Lateranensi sub sancto Martino jam sæpius laudata, cui inter provinciæ proconsularis episcopos subscripsit *Reparatus episcopus Ecclesiæ Meglapolitanæ*.

40. TIMIDENSIS. *Felix episcopus Ecclesiæ Timidensis* recensetur inter episcopos proconsularis qui synodicæ subscripserunt eidem Concilio act. 2, et *Timidensium martyrum* memoria celebris olim fuit in Africa, ut ex vetusto calendario Carthaginensi patet, in quo 11 calend. Junii sanctorum Timidensium festivitas memoratur. Hæc eadem urbs est quæ vulgo *Timida Regia* dicebatur, cujus episcopum *Faustum confessorem* laudat Augustinus libro VII de Baptismo contra Donatistas, cap. 22, qui longe antea in concilio Carthaginensi sub sancto Cypriano pro hæreticis rebaptizandis num. 58 sententiam dixerat. *Restitutus episcopus Timidensium Regiorum* subscripsit concilio Carthag. sub Bonifacio anno 525. Porro huic etiam urbi præfuisse *Januarium episcopum plebis Tunudensis*, qui in Collatione Carthag. cap. 120 memoratur, censuerunt aliqui viri eruditi: contra quos insurgit Norisius in observationibus adversus Garnerii notas, qui sedem Tunudensem a *Thunu* ex Tabulis Peutingerianis, aut a *Tunuba* ex Ptolemaicis, aut certe ab oppido *Tunudisensi*, quod Plinius lib. v, cap. 4, in proconsulari locat, potius esse repetendam censet. *Tunudisensis* reposuit Baluzius in notis ad hunc Collationis locum, quod *Victorianus* Donatista, qui ibi Januarii adversarius dicitur, infra cap. 201 ejusdem Collationis appellatur *episcopus Tunusudensis*. *Thunusdam* memorat Ptolemæus lib. IV, cap. 3. Sed de urbe Tunusudensi plura diximus in nota 46 ad Victorem Vitensem (*Col.* 198, n. ¹). Porro id viros eruditos impulerat ut hic *Tunudensis* pro *Timidensis* scriptum fuisse censuerint, quod veteres Collationis editiones haberent *Tumidensis*, quod mendum etiam viro erudito, qui sancti Cypriani Oxoniensem novissimam editionem curavit, fucum fecit.

41. VINCENTIUS ZIGGENSIS. In Collatione Carthag. cap. 197 inter Donatistas comparuit *Donatus episcopus Zicensis*, quo nomine sedem *Ziggensem* hic in Notitia memoratam designari putat V. C. Baluzius in notis ad hunc Collationis locum; ibique reprehendit Holstenium, qui Zicensem hanc urbem cum Siccensi eamdem esse putavit, cum alias *Paulus Siccensis episcopus* ex Donatistis cap. sequenti memoretur. Et quidem *Fortunatianus Siccensis Catholicus episcopus* cap. 139 profitetur ita unitatem catholicam in urbe sua haberi, ut episcopus Donatista qui ibi morabatur, vix nomine notus esset. Cæterum *Vincentium*, qui hic in Notitia *Ziggensis* episcopus dicitur, eum ipsum esse censet Baluzius, qui apud Victorem Vitensem lib. I, num. 9, appellatur *episcopus Gigitanus*, de quo vide notam 29 in hunc auctorem (*Col.* 193, n. ª). Sed eo pacto urbs *Zicensis*, seu, ut vult Baluzius, *Ziggensis* in Collatione memorata, alia erit ab ista *Ziggensi* de qua agimus, quam tamen eamdem cum *Gegitana* esse dicit. Nam in Collatione *Quadratus episcopus plebis Gegitanæ* catholicus cap. 128 profitetur nunquam in sua urbe ullum fuisse Donatistarum episcopum; **113** proindeque *Donatus Zicensis*, qui, uti diximus cap. 197 inter Donatistas adfuit, adversarius ejus esse non poterat. Denique in Antonini Itinerario inter Carthaginem et Tuburbum Minus locatur *Cigisa*. Et Anonymus Ravennas memorat lib. III, num. 6, *Gegite* inter urbes quæ in proconsulari et Numidiæ finibus jacent. *Candidus episcopus Sicensis* subscripsit synodicæ proconsularium in concilio Lateranensi sub sancto Martino actione 2. Sed iste fortassis *Siccæ Veneriæ* episcopus fuit, quæ civitas ut plurimum *Sicca* absque ullo addito dicebatur. De hac vide notam 75 in Victorem Vitensem (*Col.* 207, n. ᵉ).

42. SEMINENSIS. Hic *Seminensis* et supra *Simminensis* pro *Simitensis* scriptum fuisse censet Baluzius. Adfuit tamen, ut ipsemet fatetur, concilio Carthagin. sub Bonifacio anno 525 *Junianus episcopus Siminensis*, qui et alias scribitur *Simminensis*. Vide supra num. 37.

43. TAGARATENSIS. In Collatione Carthag. cap. 128 memoratur *Lucius episcopus civitatis Tagaratensis*, cum *Quinto* ipsius adversario, qui iterum inter Donatistas recensitus fuit cap. 208. Ortelius ex ms. Halleri *Tagarensem* urbem in proconsulari memorat. Habemus inferius inter Numidiæ antistites num. 112 *Crescentium Tacaratensem*.

44. ALTUBURITANUS. Sic ms. Laudun. Codex vero Halleri, *Altubaritanus*. At editi *Altaburitanus*. Nostram lectionem firmant Tabulæ Peuting. et veteres quique geographi. In Collat. Carthag. cap. 128 inter catholicos recensetur *Basilius episcopus plebis Altiburitanæ*, cum *Augustali* ex parte Donatistarum, qui cap. 197 iterum memoratur. Ex eadem secta *Victor episcopus Altiburitanus* concilio Cabarsussitano interfuit. At catholicus fuit *Constantinus episcopus Ecclesiæ Altoburitanæ*, qui synodicæ proconsularium subscripsit in concilio Lateranensi sub sancto Martino. Eadem urbs, ni fallor, memoratur in Antonini Itinerario, ubi *Altieuros* locus occurrit medius fere inter Carthaginem et Cirtam.

45. CELLENSIS. Occurrit infra inter Patres Mauritaniæ Sitifensis num. 17 *Cresciturus Cellensis*. Ad alterutram urbem referendus est *Honorius episcopus plebis Cellensis*, qui interfuit Collationi Carthag. cap. 126 cum *Casto* Donatista, qui et cap. 187 memoratur.

46. UZIPPARITANUS. In Tabulis Peutingerianis habetur *Uzippira*, et in Collatione Carthag. cap. 131 recensetur *Marianus episcopus Utzipparitanorum*. Nostram tamen lectionem confirmant alia vetera instrumenta; nam concilio Carthag. sub Bonifacio anno 525 adfuit *Sementius Uzipparensis*.

47. AUSANENSIS. Sic codex uterque ms. cum editis. Legendum forte *Ausafensis*. Nam concilio Cabarsussitano anno 393 inter alios Donatistas subscripsit *Salvius Ausafensis episcopus*, qui anno sequenti in synodo Bagaiensi e sua sede dejectus fuit. Et quidem iste Salvius in editione Labbeana *Ausacensis*, seu, ut in margine habetur, *Ausanensis* appellatur. Ipsum tamen ad Sitifensem provinciam pertinuisse verisimilius est, ubi *Assafa*; de qua urbe vide infra SITIFENSES, num. 24.

48. NARAGGARITANUS. Sic codex Laudun. cum editis. Scribendum tamen absque dubio *Naraggaritanus*. Et quidem Halleri codex apud Ortelium habet *Naraggaritensis*, quam tamen urbem auctor iste incaute Numidiæ attribuit. Porro *Naraggara* civitas est ex Ptolemæo, Antonino, Tabulis Peutingerianis, aliisque auctoribus nota, cujus episcopus ex Donatistarum secta, nomine *Faustinus*, in Collatione Carthag. cap. 208 memoratur. Concilio Carthag. sub Bonifacio anno 525 subscripsisse legitur *Victorinus episcopus plebis Nagargaritanæ*, pro *Naraggaritanæ*. **114** Inter alios proconsularis provinciæ Patres, qui sæpius jam laudatæ epistolæ synodali subscripserunt in concilio Lateranensi sub sancto Martino, occurrit *Benenatus gratia Dei episcopus sanctæ Ecclesiæ Naraggaritanæ*. Denique Polybius libro 15 Historiarum πόλιν Μάργαρον memorat in Africa, quem locum Casaubonus vertit simul et interpretatur *Margarum, sive Nadagaram*. Sane iste Polybii locus nostræ favet lectioni, cum alias litteram *M* pro *N* librariorum incuria irrepsisse nobis visum fuisset.

49. MUZUENSIS. In Collatione Carthaginensi capite 128 comparuit *Rufinianus episcopus plebis Muzuensis*, qui professus est unitatem catholicam se habere. Is est ipse Rufinianus, ut monet eruditus Baluzius, qui concilio Carthaginensi sub Aurelio anno 419 interfuit; quanquam ipsius sedis nomen varie in variis codicibus, tam editis quam manuscriptis, scriptum reperitur. Nam in Labbeana editione tom. ii Conciliorum, col. 1603 et 1605, dicitur *Rufinianus Muzutensis*, seu *Mustensis;* col. autem 1670 *Rufinus episcopus Ecclesiæ Mazensis* appellatur. Apud Justellum in codice canonum Ecclesiæ Africanæ primo, col. 396, dicitur *Rufinianus Muzucensis;* at postea, scilicet in

concilii subscriptionibus, col. 399, *Rufianus Mazensis* appellatur, et in alio codice, ut monet idem Justellus, *Rufinianus episcopus Mazensis :* certius codex habet *Mugensis*. In collatione autem Dionysii Exigui apud eumdem, col. 169, dicitur *Rufinianus Muzubensis*. Porro etsi in tanta lectionum varietate genuina lectio non facile discerni possit, cæteris tamen potior nobis videtur ea quæ *Rufinianum* appellat *Muzuensem episcopum*. Cerium quippe est aliquem e proconsularibus episcopis hic recenseri. At *Muzucensis* sedes ad Byzacenam pertinebat, de qua et de *Muzulensi*, infra inter istius provinciæ episcopos num. 42 dicemus. *Mustensis* vero ad Numidiam, ut ex Antonini Itinerario aliisque auctoribus certum est, et *Antonianus Mustitanus* infra inter Numidas num. 71 recensetur. Et quidem licet fuerit in proconsulari urbs Mustensis dicta, a Muzuensi distingui debet, ut ex Collatione certum est. Rufinianus quippe Muzuensis ibi, ut jam diximus, testatus est se unitatem catholicam habere. Et Victorianus Mustitanus, quem Norisius contendit ex proconsulari fuisse, duos habebat adversus se episcopos Donatistas. Vide infra NUMIDIANOS num. 71. *Mazensis* vero, *Maxensis*, aut *Mugensis*, seu *Muzntensis*, aut *Muzubensis* urbes ex aliis monumentis nobis notæ non sunt. *Madensem* quidem in Notitia habemus, sed ex Numidia num. 57. Denique concilio Cabarsussitano subscripsit *Latinus Mugiensis*, at e qua fuerit provincia nos latet; et quidem *Rusticianus Mutigensis*, de quo agit sermo sub nomine sancti Augustini in fine tomi IX edit. Benedictinæ e Numidia videtur fuisse. Denique omnes codices Græci, sive in concilii prologo, sive in subscriptionibus, constanter habent Ῥουφικνὸς Μουζουενασίανος, unico excepto qui semel habet, Μαξένσης. Sed hæc fortassis fusius quam res postulabat.

50. BULLENSIUM REGIO. Legendum est *Bullensium Regiorum*. Cujus loci antistes aliquando simpliciter *Bullensis episcopus* dicebatur, ut ex Collatione Carthaginensi patet, ubi capite 208 inter Donatistas recensetur *Felix episcopus Bullensis*, qui tamen antea cap. 135 dictus fuerat adversarius *Dominici episcopi plebis Bullensium Regiorum*. In concilio Carthaginensi sub Genethlio memoratur *Epigonius episcopus Bullensium Regiorum*, ut emendatum est ex codice ms. Lucæ Holstenii; nam antea legebatur *Bullensium Regionum*, ut videre est in tomo II. Conciliorum Labbeanæ edit., col. 1161, **115** et in appendice col. 1830. *Bullam Regiam* memorant Antoninus in Itinerario, Tabulæ Peutingerianæ, et Plinius libro v, cap. 3, qui eam *liberum oppidum* appellat. Eadem est, ni fallor, quam Ptolemæus *Bullarium* appellat libro IV, cap. 3, ubi hanc urbem sub *Legione Augusti* 3 constitutam fuisse memorat. Et fortassis pro *Bulleriensis* legendum est *Bullariensis* in subscriptionibus synodicæ proconsularium in concilio Lateranensi sub sancto Martino, ubi *Mellosus episcopus Bulleriensis* occurrit.

51. TITULITANUS. Inter Donatistas qui in Collatione Carthaginensi capite 202 comparuere, memoratur *Victor episcopus Titulitanus*, qui jam capite 126 dictus fuerat adversarius *Cresconii episcopi plebis Tituli*. Unde conjicimus urbem hanc *Titulum* fuisse appellatam. *Victorinus de Castello-Tituliano* infra inter Numidas habetur num. 51.

52. TUBURBITENSIS. Duplex erat in Africa, ut sciunt omnes, urbs *Tuburbium* dicta, quæ *Majoris*, aut *Minoris* additamento distinguebantur. Utraque tamen promiscue *Tuburbium* simpliciter quandoque dicebatur, quod ex Collatione Carthaginensi patet. In ea quippe cap. 203, *Maximinus* Donatista *episcopus Tuburbitanus* dicitur, qui antea, capite scilicet 133 adversarius *Victoris episcopi Tuburbitanorum Minorum* fuerat appellatus. Sic *Rufinianus episcopus Tuburbitanus* item Donatista sine addito capite 201 memoratur, qui adversarius erat *Cypriani episcopi plebis Tuburbitanorum Majorum* catholici, ut patet ex capite 135, ubi dicitur *Rufinus*. Alterutrius episcopi fuere *Sedatus a Tuburbo*, qui in concilio Carthaginensi sub sancto Cypriano inter rebaptizantes sedit, locutusque est num. 18; *et Faustus episcopus de civitate Tuborbitana*, unus ex Africanis antistitibus qui cum Cæciliano Carthag. ad concilium Arelatense primum convenere, ut ex ejusdem synodi subscriptionibus patet. *Tuburbim coloniam* habet Plinius libro v, cap. 4. *Tuburbominus* inter Bullam Regiam et Cigisam locat Antoninus in Itinerario. Utriusque vero situm exhibent Tabulæ Peutingerianæ. *Tuburbo* memorat Ptolemæus: alios auctores omitto. Eidem fortassis urbi præfuit *Germanus*, qui synodicæ proconsularium subscripsisse dicitur in concilio Lateranensi sub sancto Martino, ubi *episcopus sanctæ Ecclesiæ Ciumturbo* appellatur, forte pro *civ. m.* id est *civitatis Majoris*, aut *Minoris Tuburbii;* sane episcopalium sedium nomina in hac epistola ut plurimum sunt depravata. Servum illustrem confessorem *Tuburbitanæ civitatis majoris* laudat Victor noster lib. 165 num. 2, de quo vide notam ad eumdem locum (*Col.* 242, n d). *Tuburbitanas martyres* celebrat vetus calendarium Carthaginense in *cal. Augusti;* quod nomen aliqui celebribus martyribus Felicitati et Perpetuæ attribuerunt. Alii vero Maximæ et aliis ejus consortibus. De his erudite noster Joannes Mabillonius in notis ad prædictum calendarium, quam quidem quæstionem nos quoque agitavimus in Admonitione ad Passionem sanctarum Perpetuæ et Felicitatis in Actis Martyrum sinceris, pag. 81. Vide et page 495.

53. EUDALENSIS. Sic uterque codex ms, cum editis. Mallem tamen legere cum viris eruditis, Stephano Baluz o in notis ad Collationem Carthag. et Joanne Harduino in notis ad Plinium, *Theudalensis.* Certe Victor Vitensis libro I, num. 7, laudat *Habetdeum episcopum Teudalensem* a Genserico relegatum: de quo vide BYZACENOS, num. 55. Collationi Carthag. cap. 126 adfuit *Urbanus episcopus plebis Theudalensis.* Eudalam tamen a Theudala distinguit Carolus a Sancto Paulo in Geographia sacra, sed ex hoc Notitiæ loco. 116 *Theudale* memoratur a Ptolemæo lib. IV, cap. 5, quod a Plinio lib. v, cap. 4, *immune oppidum* appellatur.

54. TULANENSIS. Non habetur apud Ortelium. In concilio Carthag. sub Grato adfuit *Metus Taccanensis:* an huc revocandus? In alio cod. vocatur *Caunensis.* Sed ejusmodi conjectationibus hærere non vacat.

Porro hic quinquaginta tantummodo et quatuor episcopi in provincia proconsulari memorantur, quamvis longe plures in ista provincia olim fuisse certum sit. Sed populis in varias regiones dispersis, *urbes quamplurimæ*, ut ait noster Victor lib. I, num. 3, *aut raris, aut nullis habitatoribus incolebantur.* Certe numerum eorum centum sexaginta quatuor *fuisse* idem auctor asseverat num. 9 libri laudati, cum post Deogratias *Carthaginensis episcopi obitum* Gensericus *Zeugitanæ et proconsulari provinciæ episcopos interdixit ordinandos.* Synodicæ epistolæ istius provinciæ episcoporum ad Paulum patriarcham Constantinopolitanum, quæ lecta fuit in concilio Lateranensi sub sancto Martino actione 2, sexaginta et octo Patres subscripsisse memorantur. Nec tamen ibi aut Carthaginis, aut complurium aliarum urbium, quæ hic in Notitia habentur, recensentur episcopi.

AD PROVINCIAM NUMIDIÆ.

1. BERGERITANUS. Codex Halleri, *Becerritanus.* Eidem sedi præfuisse censet V. C. Baluzius *Fortunatum episcopum Vesceritanum*, qui in Collatione Carthag. cap. 187 inter Donatistas recensetur. Ortelius tamen et Carolus a Sancto Paulo *Vesceritanam* urbem in Collatione memoratam eam esse putant quæ a Ptolemæo Οὐεσκεθήρ dicitur, in Mauritania. Inter Numidiæ civitates quæ in Notitia Leonis Sapientis, de qua infra n. 3 habentur, occurrit κάστρον Βέδερα, seu *Castrum Bedere*, ut vertitur in editione Beveregiana; at Goaris versio habet *Castra Vetera.*

2. GAZAUFULENSIS. Sic dicitur apud Antoninum, ubi *Gazaufula.* Adversus hæreticorum baptismum in concilio Carthaginensi sub sancto Cypriano sententiam protulit num. 76 *martyr Salvianus a Gazaufala;* cujus objectionem solvit Augustinus libro vii de Baptismo contra Donatistas, capite 40. *Gazophyla* appellat Procopius lib. II de Bello Vandalico, quem locum *bidui iter a Constantina* distitisse scribit. *Gazaupala* habetur in Tabulis Peutingerianis.

3. CALAMENSIS. Memoratur frequenter urbs ista apud Augustinum, utpote quæ non longe ab Hipponeregiensi distabat, ex libro XXII de Civitate Dei, cap. 8. Idem sanctus doctor *Megalium* Calamensem episcopum, tunc temporis Numidiæ primatem, passim laudat, a quo ad episcopalis dignitatis apicem se evectum fuisse professus est in Collatione Carthaginensi, cognitione 3, cap. 247. Idem refert Possidius Megalii post Crescentianum in Calamensi sede successor; qui Collationi Carthaginensi inter Patres catholicos capite 159 comparuit, cum jam antea capite 55 cum aliis sex episcopis pro tuenda adversus Donatistas Ecclesiæ causa fuisset electus. Celebris est idem antistes ob vitam Augustini a se litteris mandatam, quo nomine inter scriptores sacros locum jure adeptus est. Crispinum habuit adversarium ex Donatistarum secta, ab Augustino passim 117 moratorum, qui paulo ante Collationem defunctus est, ut in ea testificatus est Petilianus capite 139 jam laudato. *Donatus Calamensis* episcopus ex eadem secta apud Optatum libro I inter traditores recensetur qui Cirtensi synodo sub Secundo primate Tigisitano adfuerant. Cæterum celebris adhuc erat Calamensis civitas sæculo nono exeunte, utpote quæ prima recensetur inter cæteras Numidiæ urbes in Notitia, quæ imperante Leone Sapiente conscripta fuit. Hanc Notitiam omnium primus Græce et Latine edidit Carolus a Sancto Paulo, sed mutilam, ut conqueritur Guillelmus Beveregius, qui eamdem ex codice ms. bibliothecæ Bodleianæ Oxonii integram typis Scheldonianis publici juris fecit anno 1672, in adnotationibus ad canones concilii Trullani tomo II Synodici seu Pandectarum Canonum apostolorum, etc. Sed immerito vir ille, alias eruditus, catholicis, quos pro more hæreticorum papistas appellat, pravæ fidei crimen impingit, eis exprobrans hanc Notitiam in eorum codicibus aut corruptam fuisse, aut saltem ab iis haud fideliter editam; idque factum fuisse dicit in gratiam Romanorum pontificum, propterea quod in ea *longe plures episcopatus Constantinopolitano quam Romano patriarchæ subjecti enumerarentur, et fines illi præscriberentur, qui dominium et potestatem in totum Christianum orbem sibi arroganter vindicat:* quasi vero Romanæ Ecclesiæ pontificum prærogativæ, ex majori aut minori episcoporum numero qui ei, ut aiunt, patriarchico jure subjiciuntur, repeti debeant; et non potius ex primatu Petro supra cæteros apostolos, a Christo concesso, quem ad ejus sedis successores transmissum fuisse perpetua ac constanti traditione semper credidit, uti etiam nunc credit Ecclesia catholica; docuere sancti Patres, Græci simul et Latini, agnoscebantque Græci ipsi eo tempore quo ab eis Notitia hæc descripta fuit; in cujus initio Patriarcharum ordo ita dispositus habetur, ut primum locum obtineat Romanus pontifex. Denique non erat quod Beveregius adversus catholicos adeo commoveretur, cum multo antequam scriberet tempore, eadem Notitia, integra prorsus et insecta, a viro catholico et erudito, Jacobo scilicet Goare e familia sancti Dominici, edita fuisset anno 1648 in appendice ad Codinum Curopalatem, qui unus est ex auctoribus qui in percelebri Byzantinæ Historiæ scriptorum collectione typis regiis Lutetiæ Parisiorum editi sunt. Sed his diutius immorari non vacat. Ipsam vero Notitiam in posterum laudabimus sub *Leonis Notitiæ* nomine, cujus ut variæ editiones discerni possint, earum alteram Jacobi Goaris, alteram vero Beveregii, aut, ut jam a viris eruditis passim laudatur, Notitiam Bodleianam

appellabimus. *Basilii Armeni Notitia* a nonnullis etiam dicta fuit, quod in Beveregiana editione Matthæus quidam Armenus se eam descripsisse progressus fuerit.

4. CASTELLANUS. Inter Donatistas qui ad Collationem Carthaginensem convenere, memoratur cap. 180 *Severinus Castellanus episcopus*. Sed incertum est utrum hic ex Numidis fuerit, cum aliæ in aliis Africæ provinciis urbes passim occurrant *Castellum* dictæ. Vide infra inter Mauritaniæ Cæsariensis urbes num. 75, et inter Sitifenses num. 12. *Castellum* locum munitissimum, in quo Jugurthæ Numidarum regis divitiæ asservabantur, describit Salustius in libro de Bello Jugurthino, quod tandem a Caio Mario consule expugnatum fuit. Idem est, ni fallor, oppidum quod *Castellum in montis loco munito locatum* appellat Hirtius de Bello Africo, in quod *Juba frumentum aliaque ad bellum gerendum necessaria congesserat*. In Notitia Leonis imperatoris a Goare **118** edita, *Castellum* inter Numidiæ civitates memoratur. Græcus tamen textus habet Καστα6άγε, in editione Beveregii Κασταμαγαι, Latine *Castamagæ*.

5. BURCENSIS. Codex Halleri *Bursensis*. Burcam a Ptolemæo memoratam editor Oxoniensis novæ editionis operum sancti Cypriani non aliam esse censet a *Buruch*, cujus episcopus *Quietus* sententiam num. 27 dixit in concilio rebaptizantium sub sancto Cypriano. Sic quoque *Quietus* appellatur apud Augustinum libro VI de Baptismo contra Donatistas, cap. 34, ubi sanctus doctor illius argumenta refellit. Et quidem a *Buruc* deduci potuit *Burucensis*. Tamen in Collatione Carthag. cap. 201 memoratur inter Donatistas *Lucianus episcopus Burugiatensis*.

6. CENTURIONENSIS. Uterque codex ms. habet *Centuriamensis*. Editorum lectionem retinuimus, quæ veteribus monumentis magis consentanea est. Nam in Collatione Carthaginensi cap. 202 inter Donatistas recensitus fuit *Januarius episcopus Centurionensis*. Apud Optatum lib. I memorantur *Felix a Rotario et Nabor a Centurion*. Codex ms. archimonasterii Remigiani apud Remos habet *Felix a Ratorio, et Nabor a Centurionis;* quæ verba eodem quoque modo habentur in altero cod. ms. monasterii nostri sancti Theoderici prope eamdem Remorum urbem; sed pro *Ratorio* legendum est *Rotario*, ut habet codex ms. Sancti Germani a Pratis. Ex autem Optati verbis emendandus est actorum Cirtensis synodi locus, qui apud Augustinum libro III contra Cresconium laudatur cap. 27, ubi *Secundus* primas dixit *Felici a Rotaria Centurioni*, etc.; quæ lectio eodem modo depravata habebatur in veteribus Optati editionibus. Duas autem urbes his verbis designari tum apud Optatum, tum apud Augustinum, confirmatur ex Collatione Carthaginensi, ubi præter episcopum Centurionensem, uti diximus, cap. 202 memoratum, cap. 187 inter Donatistas occurrit *Victor episcopus Rotariensis*. Quin et Centurionensis hujus episcopi occasione liceat mihi illustrare locum ex passione sanctorum Jacobi et Mariani, quam inter acta martyrum sincera et selecta ad annum circiter 259 protuli. Ibi autem num. 5 *Centurionum et Cirtensium magistratus* in auxilium advocati fuisse dicuntur a Stationario, qui sanctos martyres cruciabat: quo loco Henschenius pro *Centurionum* reposuerat *centuriarum*, quasi alias nullus esset sensus. Ego vero veterum codicum lectionem retinui; sed mihi non venerat in mentem hac voce *Centurionum* alicujus urbis nomen signari, quod tamen jam omnibus perspicuum esse debet. Quin et ex eodem actorum loco Centurionensis urbis situm discimus, cum ibi haud procul Cirta seu Constantina, urbe celebri, et *Muguis*, quæ erat ejusdem Cirtensis *coloniæ suburbana vicinitas*, eam distitisse laudata acta testentur num. 2 et seqq.

7. VADENSIS. Sic uterque codex ms. cum editis. Duas hujus nominis urbes in Numidia fuisse vel ex hac ipsa Notitia colligitur: nam præter *Rufinianum Vadensem* hic memoratum, habetur inferius num. 117

Proficius Vadensis. Porro Norisius in observationibus adversus Garnerium, *Vadensis* et *Vagensis* nomine idem significari existimat. Cujus sententia confirmari potest ex Notitia Leonis Augusti, in qua inter urbes Numidiæ episcopales Græcus textus recenset Βάγης, quæ in editione Jacobi Goaris Latine dicitur *Vada*, in Beveregiana autem *Bages*. In eadem editione Beveregiana memoratur ibidem num. 6 Βάδης, Latine *Bades*; et num. sequenti *Meleum*. At in Goaris editione ambæ istæ urbes in unam conflantur, quæ Græce Βάδος Μηλέως, Latine vero *Vagarmelita*, appellatur. In concilio Carthaginensi **119** sub sancto Cypriano, pro hæreticis rebaptizandis sententiam tulerunt numero 15 *Dativus a Badis, et* num. 30 *Libosus a Vaga*; et sic quoque appellantur a sancto Augustino, qui eorum objectiones solvit, prioris quidem libro 6 de Baptismo contra Donatistas, cap. 22; alterius vero eodem libro cap. 57, et libro III, cap. 6. Concilio Carthaginensi sub Grato interfuit *Crescens Vagensis*, seu, ut habet exemplar Vaticanum, *Bagensis episcopus*. In Collatione autem Carthaginensi cap. 180 inter Donatistas comparuit *Pancratius episcopus Badiensis*, quem Baluzius censet adversarium fuisse *Potentii episcopi Bladiensis*, capite 121 inter catholicos recensiti; putatque vir eruditus his vocibus *Badiensis* aut *Bladiensis* Vadensem urbem hic in Notitia memoratam designari. Sed in eadem Carthaginensi Collatione cap. 215 duo episcopi Vagenses catholici memorantur *Ampelius* et *Primulus*, quorum cum unum Vadensem, alterum Vagensem appellari debere censuisset Garnerius, a Norisio reprehensus est, quod certum sit duas fuisse hujus nominis urbes in Africa ex Plinio lib. v, cap. 4. Consentit Ptolemæus, qui primam libro IV, cap. 2, in Mauritania Cæsariensi, alteram vero in Numidia locat, quam nempe *sub Cirtesiis* fuisse scribit capite sequenti. Prioris situs ex Tabulis Peutingerianis discitur. *Badam* in Mauritania Gaditana habet anonymus Ravennas libro III, num. 11. Sed etiam si duæ non essent in Africa urbes Vaga dictæ, nihil tamen hic in Collatione esset emendandum; cum unica solummodo urbs Vaga hoc loco designetur, quæ duos simul habebat catholicos episcopos, Ampelium scilicet, qui a catholicis fuerat electus et ordinatus, et Primulum, cui, cum antea fuisset in ea urbe Donatistarum episcopus, ad unitatem catholicam converso, episcopalis honor et locus reservatus fuerat, ut ipse Ampelius testificatus est in eadem Collatione cap. 176, ubi affirmat ex eo tempore unitatem catholicam semper in Vagensi Ecclesia integram inviolatamque perseverasse. Quare alterius urbis fuisse dicendus est *Privatus Vagensis episcopus* in eadem Collatione cap. 177 inter Donatistas memoratus. Et quidem iste cap. præcedenti *episcopus Ausagensis* dictus fuerat. Hinceque infert Norisius Vagam fuisse urbem unam in Africa, quæ Ausagæ cognomen habuerit. Imo cum et cap. 179 duas fuisse Auzaggas dicatur, unam cui *Januarius*, alteram cui *Privatus* ex Donatistis præfuerunt, quatuor in Africa Vagas fuisse colligit vir eruditus. Verum Ausaggam nonnisi ex errore pronuntiationis pro Vaga hic acceptam fuisse acute observavit eruditus Baluzius in notis ad ejusdem Collationis caput 176. Quippe cum Notarius recitasset *Privatus episcopus Ausagensis*, seu, ut veteres manuscripti habent, et uti videtur, sicut pronuntiabant Afri, *Ausvagensis*; Ampelius, qui Vagensis episcopus erat, non audita priori syllaba, putavit Vagensem urbem suam recenseri, statimque interlocutus est in sua civitate perfectam unitatem esse. Unde cum de sua ipsius civitate non fieri mentionem postea intellexisset, controversia illico sopita est. Norisio tamen favet, quod non semel postea Privatus simpliciter *Vagensis episcopus* in eadem Collatione nominatus occurrat. Cæterum ibidem cap. centesimo trigesimo quinto memoratur *Valentinus episcopus Vaiensis* ex catholicis, et cap. centesimo octuagesimo sexto *Quintasius* ejusdem loci ex Donatistarum secta; sed utrobique Baluzius reposuit *Vaianensis*. Vide ejus notas in cap. 55, et alias ibi laudatas. Nihil attexo de Bagaia, quam celebrem adeo reddiderunt, tum Bagaiensis Donatistarum famosa pseudo-synodus, tum Donatus Bagaiensis, quem uti martyrem iidem Donatistæ adeo impense **120** colebant, de quo Optatus plura habet lib. III. Sed hæc urbs illustrior evasit ob immania supplicia, quibus in Maximianum ejusdem loci catholicum antistitem Donatistæ sævierunt. Hæc fusius exponit sanctus Augustinus epistola 85, num. 26 et seqq., qui passim eumdem sanctum confessorem laudat; illius autem memoria celebratur in Martyrologio Romano die 3 Octobris, in quem diem vide Baronii notas : ibi quippe illustrissimus cardinalis plura de isto egregio confessore congessit. Cæterum Donatianus Bagaiensis episcopus, sed Donatista, adfuit etiam Collationi Carthag. cap. 176, sicut et *Felix a Bagai* concilio rebaptizantium sub sancto Cypriano num. 12. Ex his autem omnibus quæ protulimus, quivis facile intelligere potest quam difficile sit inter tot ambages aliquid certi de istarum civitatum nominibus statuere. Vagæ in Numidiæ provincia urbis situm discimus ex actis sancti Mammarii sociorumque martyrum, quæ ex celebri bibliotheca principalis monasterii Benedictini Sancti Galli apud Helvetios eruta, tomo IV Veterum Analectorum a domino Joanne Mabillonio edita sunt. Ibi Mammarius apud *Vagensem civitatem* in Numidia apprehensus dicitur, non longe a Lambese, altera ejusdem provinciæ nota civitate, a quibus etiam haud procul distitisse *Tamugadin, Tigisim et Boseth* cognomento *Anforariam* ex iisdem actis colligitur. Mihi fere exciderat monere in vetustissimo Carthaginensi kalendari IV *kalendas Novembris Vagenses* martyres celebrari, quos sibi ignotos esse fatetur idem Mabillonius. Sed suspicari fortasse quis posset eos esse Mammarium sociosque ejus, quorum acta modo laudabamus. Licet enim in civitate Boseth fuerint consummati, Mammarius tamen, qui omnium erat veluti pater et præcipuus, apud Vagam primus omnium comprehensus fuit, indeque per varias urbes cum aliis circumductus; omnes apud Vagam interrogati sunt et in carcere reclusi a comite; unde tandem ad Anulinum missi, qui erat in civitate Boseth, *Vagenses* dici extunc potuerunt, quod nomen etiam ad posteros transmissum est. Utut sit, *Mammarii* et sociorum ejus memoriam, quam ubique ignotam esse existimaverat idem vir eruditus, deprehendisse celebrem esse in Lotharingia, ut testis est Andreas Saussayus Tullensium in eadem provincia antistes, qui in martyrologii Gallicani supplemento hæc habet pag. 1131 : *Quarto idus Junii. In Lotharingia natalis sancti Mammarii et sociorum martyrum, quos in una confessione summæ Deitatis persistentes, ferus persecutor trucidavit.* Quæ optime cum actis Mabillonianis congruunt, in quibus etiam iidem martyres *hora sexta* IV *idus Junii* passi dicuntur. Porro Notkerus die 14 Martii inter alios Africanos martyres *Mammarium* recenset; sed nec sociorum nomina, nec dies ejus festivus cum actis componi possunt. De istis vide Bollandianos ad eamdem 14 Martii diem.

8. NIBENSIS. Suspicatur V. C. Baluzius huic eidem sedi præfuisse Justum episcopum Nicibensem, qui inter Donatistas Collationi Carthag. adfuit cap. 201. Memoratur in eadem Collatione cap. 197 *Quodvultdeus Nebbitanus*, de quo inter Byzacenos infra num. 14, ubi de Læto Neptitano. Ortelius autem in Thesauro Geographico pro *Nibensis* legendum esse putat *Nobensis*. Attamen non editi solum, cum codice Laudunensi, sed ipse etiam Halleri codex *Nibensis* habet, ut ipsemet Ortelius attestatur. Vide infra inter episcopos Mauritaniæ Cæsariensis num. 94. *Nobas Fusciani* in Numidia habent Peutingeri Tabulæ.

9. GIRENSIS. Ejusdem loci, ut quidem censet Baluzius, fuit *Lucianus episcopus Ecclesiæ Guirensis* in Collatione Carthag., cap. 125, **121** quam urbem suspicatur Carolus a Sancto Paulo esse *Gurram* in Tabulis Peutingerianis memoratam. Certe non una urbs fuit in Africa cui nomen erat *Giru*. Sic infra num. 52 *Giru Marcelli*, num. 121 *Giru Tarasi*; et in Mauritania Cæsariensi num. 9 *Girumontensis*.

10. CUICULITANUS. Memoratur in Collatione Carth. cap. 121 *Cresconius episcopus Ecclesiæ Cuiculitanæ* catholicus, qui testatus est adversarium suum e corpore exivisse. *Elpidoforus episcopus Cuicultanus provinciæ Numidiæ* laudatur in concilio Carthaginensi sub Bonifacio, ex altera synodo sub Grato habita : indeque emendanda istius synodi utraque editio tomo II Conc. Labb., ubi col. 717, cap. 11, *Elpidophorus Cuizitanus*, seu *Chuzitanus*, aut *Cuicialitanus*; et col. 1825, ex cod. Vaticano *Cuiccalitanus* nominatur. *Crescus* seu *Cresconius episcopus Cuiculi* subscripsit concilio v generali. Sed his omnibus antiquior est *Pudentianus a Cuiculi*, qui pro rebaptizandis hæreticis sententiam tulit in concilio Carthag. sub sancto Cypriano num. 71, cujus objectionem ex responsionibus quas ad aliorum rationes jam fecerat, solvit Augustinus libro VII de Baptismo contra Donatistas, cap. 35. Hujus urbis mentio habetur in Antonini Itinerario.

11. AMPORENSIS. In Collatione Carthag. cap. 198 inter Donatistas recensitus fuit *Servatus episcopus Amphorensis*, quem hunc ipsum esse putat Norisius qui cap. 121 *Donati episcopi Ecclesiæ Anburensis* adversarius dicitur. *Anburam et Amporam* seu *Amphoram* unam et eamdem esse urbem præter Norisium, asserunt etiam viri eruditi Joannes Garnerius in notis ad Marium Mercatorem, et Stephanus Baluzius in notis ad Collationem Carthag. ; qui loco laudato pro *Anburensi*, legit *Amburensi*, monetque frequentes esse in ms. codicibus litterarum *p* et *b*, aut *o* et *u* permutationes. Hinc non audiendus Lucas Holstenius, qui pro *Anburensis* legendum esse putat *Abbirensis*.

12. FESSEITANUS. Sic codex ms. uterque cum editis. Hunc locum legenti primum in mentem venit *Fezza* urbs his temporibus in hodierna Barbaria celebris, cum regno sibi cognomine; quam putant esse *Volubilem* urbem a Ptolemæo, Antonino, aliisque antiquis memoratam. At *Volubilis*, totumque Fezzanum regnum ad eam Africæ partem spectat quæ olim Mauritania Tingitana appellabatur, et ipsa urbs Fezza in maris littore versus Hispaniam sita est, proindeque longe distans a Numidia, ad quam *Fesseitana* urbs hic memorata attinebat.

13. BOCCONIENSIS. In Collatione Carthag. cap. 198 inter Donatistas occurrit *Donatus episcopus Bucconiensis*, haud dubie huc revocandus.

14. DAMATCORENSIS. Legendum, admonente erudito Baluzio, *Bamaccorensis*, vel *Vamaccorensis*, cujus loci *Cassianus* episcopus adfuit Collationi Carthag. cap. 128 cum *Donato* ipsius adversario. Mirum autem eidem Baluzio videtur quod Donatus cap. 187 ejusdem Collationis dixerit nullum sese adversarium habere in plebe sua, nisi solum *Absalonem, cum*, inquit vir eruditus in notis ad hunc locum, *Cassianus cap. 128 episcopus Bamaccorensis catholicus nominatus sit, et a Donato agnitus.* Sed fallor si Donatus nomine Absalonis hic alium voluerit designare præter ipsummet Cassianum, quem Absalonem appellat, id est filium rebellem, quod, cum antea ejus presbyter Donatista fuisset, ad unitatem catholicam conversus eidem ac ipsæ ecclesiæ a catholicis præfectus fuerit. Unde Donatus capit. 128 ait : *Agnosco illum* Cassianum, *presbyter meus fuit*. Et cap. 187, cum idem Donatus dixisset, **122** *Nullum habeo adversarium nisi Absalonem*, Aurelius Macomadiensis catholicus episcopus subjunxit : *Hic est episcopus præsens Cassianus*. Porro hujus episcopi occasione locum concilii Carthaginensis sub sancto Cypriano habiti corruptum emendat idem Baluzius, quod jam editor Oxoniensis subodoratus fuerat. Qui enim ibi *Felix ab Amaccura* aut *Amachorra* in vulgatis editionibus trigesimus octavus sententiam dixit, *a Bamaccura* appellari debet. Eodem modo emendandum est istius urbis nomen apud Augustinum libro VI de Baptismo

contra Donatistas, cap. 40, ubi sanctus doctor ejusdem Felicis objectionem solvit. Denique Plinius lib. v, cap. 4, memorat *Vamacures* civitatem, quam eam ipsam esse de qua hic agimus idem Baluzius existimat. Aliud tamen videtur Joanni Harduino, quos auctores tu, si lubet, consule. Non enim decet inter tantos viros me judicem interponere.

15. AUSUCCURENSIS. Sic uterque codex ms. et editi. Dissimulare non licet quod *Felix ab Amacurra*, num. præcedenti ex Cypriano et Augustino memoratus, in plerisque Augustini codicibus mss. et editis dicatur *Felix ab Accura* aut *Acura*, ex quo *Auccurensis*, seu *Ausucurrensis* deduci potuisse nonnulli fortassis existimabunt.

16. IDICRENSIS. In vulgatis editionibus Carthaginensis Collationis cap. 128 *Marcianus* recensetur *episcopus Idierensis* dictus, et in editione Massoniana *Idurensis*, cui opponitur *Martialis* Donatista. Sed error est scriptoris. Nam idem Martialis cap. 187 in omnibus editis dicitur *Idicrensis*: quin et in Baluziana editione, quæ omnium est castigatissima, utrobique dicitur *Idicrensis*. Sic et apud Optatum lib. II *Felix* Donatista in ms. codice Remigiano dicitur *Edierensis*, et paulo post *Idicrensis*. Hujus autem Felicis nefaria facinora fusius prosequitur Optatus libro laudato. *Idicram* memorat Antoninus in Itinerario.

17. PUTIENSIS. Chiffletius habet *Puriensis*, sed mendose. Nam Sirmondus, ex quo Notitiam hanc exscripsit, diserte habet *Putiensis*, sicut et codex ms. ecclesiæ Laudunensis; Ortelius vero ex Halleri codice *Putiensis*, et *Putientis*. Infra inter Byzacenæ provinciæ civitates iterum habetur *Putiensis* num. 18. Porro in Collatione Carthaginensi cap. 204 inter Donatistas comparuit *Felix episcopus Putiensis*, quem eumdem esse Felicem censet Baluzius, qui cap. 133 ejusdem Collationis adversarius dicitur *Ambibii episcopi catholici plebis Pisitensis*. Quin et capite 149 memoratur item ex Donatistarum secta *Florianus episcopus plebis Putiziensis*, seu, ut addit idem Baluzius in notis ad hunc Collationis locum, *Putiensis in provincia Byzacena*, ut patet ex *Notitia*. Verum etsi daretur *Putiensis* et *Pisitensis*, seu *Pytiziensis* nominibus, Puteam urbem promiscue in Collatione designatam fuisse, haud tamen assentiri possum Felicem Putiensem capite 204 memoratum, hunc ipsum esse Felicem qui cap. 133 dictus fuerat adversarius Ambibii Pisitensis. Felix quippe Putiensis Collationi præsens adfuit, *accessit, mandavit, et subscripsit*. At Felix Ambibii adversarius, teste Valentiniano diacono Donatista capite 133 abfuit a Collatione, *litterasque excusatorias misit senectutis causa*. Quin et Ambivium Pisitensem, de quo hic agimus, ex proconsulari provincia fuisse censet eruditus vir Henricus Norisius in observationibus adversus Garnerium, eumdemque præfuisse putat *Pisitanæ civitati*, quæ libro primo de Miraculis sancti Stephani, sub nomine Evodii Uzalensis, cap. 13, memoratur. Ab ea itaque alia erat *Pisita* seu *Pisida*, quam in confinio provinciarum Tripolitanæ et Byzacenæ sitam fuisse probat eruditus Baluzius ex Tabulis Peutingerianis, **123** ubi inter Puteam Byzacenæ urbem, et Sabratam in Tripolitana Pisida locata est. Unde cum nec *Pisida* Norisii, utpote quam in proconsulari sitam fuisse dicit; nec etiam Baluziana *Pisita* seu *Pisida*, quam nempe in Byzacenæ et Tripolitanæ finibus locat, Putiensi urbi, hic in Notitia memoratæ, possint aptari : aliundeque idem vir eruditus Putiziensem Florianum ad Byzacenam revocaverit; superest ut solus Felix, qui capite ducentesimo quarto Collationis inter Donatistas memoratur, Putiensi Numidiæ urbi, de qua hic agimus, præfuisse dici possit.

18. SUGGITANUS. Memorator in collatione Carthaginensi capite 209 *Cresconius episcopus Siguitanus*, ex Donatistarum secta, huc fortassis revocandus. Adfuit eidem Collationi cap. 187 *Paschasius episcopus Tuggensis* item Donatista, sed istum eruditus Baluzius

A censet præfuisse *municipio Togiæ*, cujus loci Victor episcopus inter proconsularis provinciæ Patres subscripsit synodicæ in concilio Lateranensi sub sancto Martino laudatæ, actione 2. Porro erat in Numidia urbs *Sugus* dicta, quæ forte hic in Notitia designatur. Eam non semel Antoninus in Itinerario memorat, quæ a Cirtensi colonia provinciæ metropoli 25 millia passuum distabat. Sigus dicitur in Tabulis Peutingerianis.

19. LAMVIRITANUS. Sic codex Laudunensis. Ortelius ex Halleri codice, *Jamviritanus*. Sed in nonnullis mss. codicibus litteræ L et J nisi ex sensu vix distingui possunt. Editi, *Lambiritanus*. In Collatione Carthaginensi capite ducentesimo sexto, *Crescentilianus episcopus Latambirinus* Donatista palam professus est apud se non haberi traditores : sic illi schismatici catholicos appellabant. Anonymus Ravennas libro tertio, num. 6, inter Numidiæ civitates recenset *Lambrese et Lambridin*. Habetur et in Tabulis Peutingerianis *Lambridi*. Erat in eadem provincia *Lambesa* civitas, passim apud veteres memorata. Quin et duo episcopi, *a Lambese* dicti, habentur inter rebaptizantes in concilio Carthaginensi sub sancto Cypriano editionis Oxoniensis, sed mendose. Vide infra num. 112. Omitto *Felicem Lambiensem* episcopum Donatistam, de quo plura in Collatione cap. 201.

20. TAGURENSIS, seu *Tagorensis*, ut videtur. Duplex autem erat Tagora. Nam in Collatione Carthag. cap. 133 memoratur *Posthumianus episcopus plebis Tagorensis*, qui unitatem se habere profitetur; et cap. 143 *Restitutus episcopus* item catholicus *Tagorensis* recensetur, qui erat custos tabularum. Unam ex his in Numidia fuisse vel ex hoc Notitiæ loco patet : quod item ex Antonini Itinerario colligitur, sicut et ex epistola 59 sancti Augustini, ubi Xantippus episcopus Tagorensis de Numidiæ primatu cum Victorino contendisse memoratur, quamvis in nova sancti Augustini operum editione, Xantippus iste dicatur episcopus *Tagosensis*; quam sedem a Tagora diversam fuisse suspicatur Norisius libro II Historiæ Pelag., cap. 8. Et quidem, ut nostri observarunt in notis ad laudatam epistolam, omnes fere mss. hunc episcopum Tagosensem appellant : unus habet *Tagonensis*. Lovanienses *Tagastensis* reposuerunt pro *Tagosensis*, sed mendose, ut viri eruditi jam non semel monuere; et mendosius Justellus in canonem 86 Collectionis Africanæ putat reponendum esse *Constantiensis*. Tagoram e duabus unam Norisius in animadversionibus adversus Garnerium in proconsulari locat ex Tabulis Peutingerianis, ubi *Tagora* seu *Tachora*; quæ tamen distingui debet a Tagarata cujus episcopus tum ex catholicis, tum ex parte Donati habetur in Collatione, ut ex iis patet quæ diximus in nota 43 (*Col.* 189) ad proconsulares in actis **124** sanctæ Crispinæ, quæ ex 2 mss. codicibus sancti Theodorici prope Remos inter acta martyrum sincera protulimus, celeberrima isthæc martyr dicitur *Thagarensis*, ab Anulino proconsule vexata, et in Colonia *Thebestina*, quæ sane ad Numidiam pertinebat, mortem passa.

21. FOSSALENSIS. Sic mss.; at editi, *Fussalensis*. Celebris est in Africanis historiis Antonii Fussalensis causa, quam fusius Cœlestino papæ Augustinus exponit epistola 209, ubi hanc urbem ab Hipponensi quadraginta tantum millibus abesse scribit, quamque ad parœciam Hipponensis Ecclesiæ aliquandiu pertinuisse ibidem testatur. Miracula ibidem sancti Stephani meritis edita narrat idem sanctus doctor lib. XXII de Civitate Dei, cap. 8.

22. TUBUSICENSIS. Sic uterque codex ms.; at editi habent *Tubursicensis*. Et quidem *Tubursicum* memorat Antoninus in Itinerario. Dicitur a Plinio libro v, cap. 4, *Tuburnicense oppidum*. Meminit Augustinus epistola 44 *Fortunii Tubursici episcopi*, ex secta Donatistarum. In codice canonum Ecclesiæ Africanæ, capite 100, laudatur *civitas Thubursicensis* in Numidia, ibique agitur de Maurentio episcopo, quem eidem

Ecclesiæ præfuisse discimus ex Collatione Carthaginensi, capite 143, ubi *Maurentius episcopus Ecclesiæ Tubursicensis* comparuisse dicitur, cum Januario ipsius ex secta Donatistarum adversario; Januarius item recensetur capite 201, ibique *episcopus* appellatur *de Tubursico Numidiarum*, ut urbs ista distinguatur a *Tubursico Buræ*, cujus antistes *Servusdei episcopus plebis Tubursicen Buræ* habetur in eadem Collatione, cap. 121. Is ipse est quem Augustinus lib. III contra Cresconium, capite 43, *Servum episcopum catholicum a Tubursicubure* appellat. Hanc vero Ecclesiam ad proconsularem pertinuisse probatur ex concilio Carthaginensi sub Bonifacio, cui inter cæteros istius provinciæ episcopos subscripsit *Reparatus episcopus Tubursicuburensis*. Buram autem Tubursici agnomen solummodo fuisse constat ex Collatione; jam Donatus capite 121 adversarius *Servidei Tubursici Buræ* dicitur, et capite 207 simpliciter *episcopus Thubursicensis*, ut jam adversus Garnerium observavit Norisius. Familiare autem erat Afris voces duas sic in unum conjunctas efferre, ita infra episcopus Leptiminensis, etc.

23. LAMSORTENSIS. Codex Halleri apud Ortelium habet *Jamsortensis*; retinenda tamen est vulgata lectio. Etenim Collationi Carthaginensi capite 149 interfuit *Antonianus episcopus Lamsortensis* Donatista, qui iterum sub *Antonii* nomine recensetur cap. 163, ubi nullum sibi adversantem catholicum habuisse palam professus est. De Antoniano Lamsortensi plura habet Norisius adversus Garnerium. Falfitur tamen vir eruditus cum ait Antonianum hunc nusquam *Antonium* dictum fuisse; at jure Garnerium reprehendit, qui hunc pessimum Donatistam pro catholico episcopo intruserat. Cœterum *Florentius episcopus catholicus Lamsortensis* subscripsit concilio Carthaginensi sub Bonifacio anno 525. Inter episcopos Mauritaniæ Sitifensis infra num 21 habetur *Vindemius Lemfoctensis*.

24. TIDIDITANUS. Codex Halleri, *Tiditanus*. In Collatione Carthag. cap. 135 inter catholicos recensitus fuit *Lampadius episcopus plebis Tiseditensis* cum *Donato* ipsius adversario, ut restituit Baluzius ex capite 198, ubi inter Donatistas comparuit *Donatus episcopus Tiseditanus*. Jam vero Garnerius ex Notitia emendandum esse Collationis textum contendit; e contrario autem Norisius ex Collatione emendari debere Notitiam asseverat; proindeque hic reponendum esse *Tisiditanus*. Rem in medio relinquit Baluzius; et quidem **125** satis est quod uterque unam et eamdem esse urbem consentiant. Favet Norisio Salustius, qui *Tisidium* describit in libro de Bello Jugurthino, cap. 62. At pro Garnerio stare videtur Notitia Leonis imp. superius memorata: in qua ex Latina Goaris editione, inter Numidiæ civitates recensetur *Tididita*, quæ Græce appellatur Τιτιστιν. Sed editio Beveregii Græce et Latine habet Τιτάσιον.

25. MONTENSIS. Eidem, uti videtur, urbi præfuit *Donatianus episcopus Montenus*, qui inter catholicos antistites memoratur in Collatione Carthag. cap. 121. In Tabulis Peutingerianis occurrit *Monte*.

26. NOBABARBARENSIS, seu *Nova Barbarensis*, ut habet codex Halleri.

27. IDASSENSIS. Codex Halleri, *Idacensis*. *Rogatianus episcopus Idussensis* Donatista Collationi Carthag. cap 182 comparuit; quo ex loco hanc urbem non longe Macomadia abfuisse colligimus. Nam cum Rogatianus nullum adversum se catholicum episcopum habere professus fuisset, Aurelius episcopus Macomadiensis interlocutus est se ibi presbyterum Florentinum habere, donec huic sedi episcopus ordinaretur.

28. NOBAGERMANIENSIS. Codex Halleri habet *Nobagermonensis*, id est *Nova Germania*, sic dicta, ut a *Germania* civitate distinguatur, de qua inferius num. 97. Seniores *Novæ Germaniæ* semel et iterum memorantur in codice canonum Ecclesiæ Africanæ, cap. 100. *Confessor Jambus a Germaniciana* in concilio Carthag. sub sancto Cypriano memoratus eidem civitati

A præfuit, si hujus sancti operum editori Oxoniensi credamus. At potius revocari debet ad *Germaniam* infra memoratam, num. 97, ut ibi dicemus.

29. VILLATICUS DE CASIS MEDIANENSIS. Unus fuit ex episcopis qui libellum fidei Huneric regi obtulerunt, ut ex libro III Victoris Vitensis patet, supra p. 35 (Col. 234). Pro *Januario episcopo plebis Casarum Medianensium* subscripsit Honorius episcopus in Collatione Carthag. cap. 135. Comparuit tamen Januarius, et declaravit se habere ex parte Donati adversarium nomine *Æmilianum*, qui Æmilianus recensetur est inter Donatistas capite 198, ibique *episcopus Casensium Medianensium* appellatur. Inter episcopos Byzacenos infra num. 27 habetur *Antacius Medianensis*.

30. SUSICAZIENSIS. Ortelius ex codice ms. Halleri laudat *locum Susicaziensem*.

31. DE NOBA CÆSARIS. Hanc urbem eamdem fuisse cum *Vico Cæsaris* putat Oxoniensis operum sancti Cypriani editor, in notis ad concilium Carthag. sub sancto Cypriano, num. 23; ubi sententiam dixit *Januarius a vico Cæsaris*. Pamelius tamen eo loco *Vici Cæsaris* nomine *Jol.* sive *Juliam Cæsaream* in Mauritania designari scribit.

32. VAZARITANUS. Interfuit Collationi Carthag. cap. 188 *Calipodius episcopus Vazaritanus* inter Donatistas, qui cap. 129 dictus fuerat adversarius *Adeodati episcopi plebis Bazaritanæ*. Quam urbem cum *Vararitano* Byzacenæ urbe de qua inferius, n. 70, incaute confudit vir alias perquam eruditus. *Loci Vazaritani* mentio fit in capite 54 codicis canonum Ecclesiæ Africanæ. Sed is locus ad proconsularem pertinuisse videtur. Nam it I Epigonius Bullensium Regiorum episcopus conqueritur adversus Julianum, quod clericum a se baptizatum, et in Mappaliensi Ecclesia lectorem constitutum, Julianus diaconum tamen ordinasset, ea specie quod *loci Vazaritani* civis esset; atque in sui patrocinium Victoris Puppianensis ordinatione antiquissimi a ctoritatem adducit. Epigonius autem et Victor Puppianensis ex proconsularibus erant. Sed tamen cum ibi non **126** dicatur cujusnam provinciæ fuerit Julianus, Bullensium vero diœcesis Numidiæ fuerit contermina, nil impedit quominus Julianus Numida dicatur, contra quem in concilio coram totius Africæ primate Epigonius questus fuerit. Habentur in Tabulis Peutingerianis *Vatari* et *Bararus*.

33. TIGILLABENSIS. *Donatus episcopus Tigillabensis* ex parte Donati adfuit Collationi Carthag. cap. 215, qui jam antea, cap. scilicet 133, dictus fuerat adversarius *Regini episcopi Tigillavens s*.

34. RESSANENSIS. Ejusdem loci fuit *Octavianus episcopus plebis Ressanensis*, qui unitatem catholicam se habere professus est in Collatione Carthag. cap. 126. Conquestus tamen est *Verissimus Tacaratensis episcopus* Donatista cap. 121 quatuor episcopos in sua plebe a catholicis fuisse ordinatos, inter quos *Octavianum* recenset, quem Baluzius eum ipsum fuisse existimat, qui *Ressanensis* cap. 126 dicitur.

35. AUGURENSIS. Huic procul dubio urbi præfuit *Montanus* in Collatione Carthag. cap. 126 memoratus, ubi dicitur *episcopus Ecclesiæ cath.*, id est catholicæ, *Augurituæ*, quem vulgatæ editiones, ultima duo verba in unum conflantes, *Cathauguritensis Ecclesiæ* episcopum appellaverant, ut monet Baluzius in notis ad hunc Collationis locum. *Audurus fundus* ab Augustino memoratur lib. XXII de Civit. Dei, cap. 8.

36. OCTABENSIS. Inter Patres Byzacenæ provinciæ num. 38 habetur *Albinus Octabensis*, et num. 24 *Sabinicus Octabiensis*. Neutrum tamen ex his habet Ortelius ex codice Halleri, quamvis *Octavum* urbem aliis ex auctoribus commemoret. In concilio Carthag. sub sancto Cypriano sententiam dixit num. 78 *Victor ab Octavo*. Apud Optatum lib. III memoratur *locus Octavensis*, in quo Circumcellionum plurimi occisi fuerunt.

37. MADENSIS. Sic mss et editi. *Limitis Madensis* meminit liber Notitiarum imperii sect. 55.

38. MATHARENSIS. Interfuit Collationi Carthag. cap. 120 *Honoratus Matharensis episcopus catholicus*, qui

nullum contra se habebat episcopum Donatistam.

39. CENTENARIENSIS. *Cresconius episcopus Centenariensis* in Collatione Carthaginensi inter Patres catholicos recensitus est cap. 133, quamvis infirmitate corporis præpeditus adesse non potuerit. *Centenarias* recenset anonymus Ravennensis lib. III, n. 6. *Ad Centenarium* habent Tabulæ Peutingerianæ segmento 1 et 2.

40. GILBENSIS. Est et infra num. 90 *Donatus Gilbensis*. Unde conjici potest duas fuisse hujus nominis urbes in Numidia. In concilio Carthag. sub sancto Cypriano inter rebaptizantes septimus sententiam dixit *Lucius a Castro Galba*. In quem locum observat editor Oxoniensis, *Galba* et *Gilba* idem signari, ejusque nominis urbes duas fuisse, quarum altera *Castri* additamento distinguebatur. In Collatione Carthag. cap. 201 inter Donatistas recensitus fuit *Victor episcopus Gibbensis.* Apud Victorem Vit. lib. I, num. 7, laudatur *Urbanus Girbensis*, qui forte ad alterutram ex his urbibus revocandus est. Non enim erat ex Tripolitana, ubi etiam habetur episcopus *Girbitanus*. Nam Victor ibi *Urbanum*, scilicet *Girbensem*, a Tripolitanis discernit. Et sane in concilio Carthag. sub Bonifacio anno 525, præter *Vincentium Girbitanum* ex Tripolitana occurrit *Donatus episcopus plebis Gervitanæ.*

41. MIDILENSIS. *Confessor et Martyr. Jader a Midila* adfuit concilio Carthaginensi sub sancto Cypriano, pro rebaptizandis hæreticis, cujus objectionem solvit Augustinus libro VII de Baptismo contra Donatistas, cap. 9. Eidem urbi præfuisse censuerat Baluzius *Serenianum*, qui in Collatione Carthag. **127** cap. 142 *episcopus Miditensis* appellatur. Sed hunc errorem emendavit in nota ad cap. 194, et ad calcem tomi I Novæ Collectionis Conciliorum, col. 1591. *Midilensem* tamen episcopum habemus in eadem Collatione, *Julianum* scilicet, *episcopum Midlensem* Donatistam, pro quo ob infirmitatem absente, *Rufinus presbyter* comparuit, et subscripsit cap. 142.

42. TABUDENSIS. Huic urbi præfuit *Victorinus episcopus plebis Tabudensis*, uti restituit Baluzius in Collatione Carthag. cap. 133. Ibi enim antea legebatur *Tabudesenensis*. Certe paulo post ipsemet Victorinus se *Tabudensem* episcopum dicit, et cap. 202 *Argutus* adversarius ejus ex Donatistarum secta, *episcopus Tabudensis* appellatur. *Thabudeos* habent Tabulæ Peutingerianæ. *Paulus episcopus Tabucensis* inter proconsularis provinciæ episcopos subscripsit synodicæ quæ lecta fuit in concilio Lateranensi, sub sancto Martino, actione 2.

43. CASENSI - CALANENSIS. In Collatione Carthag. cap. 133 *Fortunatus* dicitur *episcopus loci Casensis Calanensis.* Porro *Casæ Calaneæ* civitas memoratur in Notitia Leonis imperatoris a Goare edita, quæ tamen in editione Beveregii dicitur *Cascala*. Et quiquidem utrobique Græcus textus habet Κασκάλα, omissione scilicet ultimarum utriusque voculæ syllabarum.

44. PUNENTIANENSIS. Sic uterque ms. cum editis. Legendum tamen absque dubio *Pudentianensis*. Nam in Collatione Carthag. cap. 201 memoratur *Cresconius episcopus Pudentianensis* ex parte Donati. Et Gregorius Magnus epistola 53. lib. II, indictione 10, meminit *Maximiani Ecclesiæ Pudentianæ in Numidia constitutæ episcopi*, qui cum pecunia corruptus fuisset, episcopum Donatistam in sua ipsius civitate ordinari permiserat.

45. NOBASPARSENSIS. Codex Halleri *Nobaspartensis*. Tamen paulo ante Ortelius memorat *Novam Sparsam*; et *Novæ Sparsæ* meminit Antoninus in Itinerario, ex quo patet hanc urbem haud procul a Sitifi sitam fuisse.

46. METENSIS. Eidem urbi præfuit *Gratianus episcopus plebis Metensis* in Collatione Carthag. cap. 126, ut ex veteri codice ms. emendavit Baluzius, cum antea *Metenensis* legeretur: quæ emendatio ex hoc firmatur quod *Fortunatianus*, qui cap. 126 dicitur adversarius Gratiani, cap. 187 in aliis quoque editionibus *Metensis episcopus* appellatur. Apud anonymum Ravennensem libro V, num. 6, habetur *Mata*.

47. CÆSARIENSIS. Urbem Cæsariensem in Numidia fuisse colligi potest ex sancti Maximiliani actis, quæ inter alia martyrum acta sincera edidimus supra. Ibi autem memoratur *Præpositus Cæsariensis* qui adfuit coram Dione proconsule in foro apud Tevesten. Thebeste autem, ut omnibus notum est, ad Numidiam pertinebat. Cæterum in Collatione Carthag., præter *Deuterium* episcopum Cæsariensem in Mauritania, qui cap. 143 cum *Emerito* ex parte Donati memoratur, occurrit cap. 188 *Cresconius episcopus Cæsariensis* Donatista; qui tamen videtur fuisse ex Mauritania Sitifensi. Nam cap. 189 Novatus episcopus catholicus Sitifensis presbyterum catholicum in ea urbe haberi testatur, fusiusque exponit quanta mala ibi Donatistæ patraverint.

48. NOBASINENSIS. In Collatione Carthag. cap. 121 recensetur inter catholicos *Restitutus episcopus plebis Novasinnensis,* cum *Felice* ipsius adversario ex parte Donati; sed et iste inter Donatistas cap. 187 et 208 iterum memoratur.

49. CÆLIANENSIS. Sic ms. uterque cum editis.

50. JANUARIUS JACTERENSIS. Sic uterque codex ms. Editi **128** autem habent *Zactarensis*, quæ lectio videtur es e alteri præferenda, non solum quod *Zactara* urbs sit Numidiæ notissima, verum etiam quod ex episcopis quatuor, qui fidei professionis libellum Hunerico regi obtulere, unus fuerit *Januarius Zattarensis* e Numidia, ut testatur Victor Vitensis libro III, pa. 33 (*nobis col.* 234); de quo vide notam 139 (*Col.* 234, *n.* e), ubi pro *Zattarensis* aliqui codices mss. habent *Zatterensis*. In Collatione Carthag. cap. 128 inter Patres catholicos recensitus fuit *Licentius episcopus plebis Zattarensis. Felix* item *Zactarensis episcopus legatus Numidiæ* interfuit concilio Carthag. sub Bonifacio anno 525, et alteri in eadem urbe sub Reparato archiepiscopo anno 534. Habemus etiam *Cresconium episcopum Zattarensem provinciæ Numidiæ*, qui adfuit concilio V generali, ut videre est apud Baluzium tomo I novæ Collectionis Conciliorum, col. 1498. Si tamen aliquis *Jacterensem* episcopum, qui hic in Notitia juxta manuscriptos codices memoratur, a Januario Zattarensi, qui libellum fidei Hunerico obtulit, voluerit distinguere, suam ipsius sententiam poterit Bonifacii Gratianique exemplo tueri, qui licet a Victore fuerit recensitus inter eos qui eumdem libellum regi obtulerunt, nusquam tamen in Notitia comparet. Deinde Januarius Zactarensis, qui libellum fidei obtulit, antiquior erat Villatico Casæ Medianensi, cui a Victore loco laudato præponitur; et tamen hic in Notitia Januarius num. 50 recensetur, cum jam prius, num. scilicet 29, Villatici nomen fuerit descriptum.

51. DE CASTELLO TITULI. Codex Halleri, *Castello Titulitano*. Huic sedi aliquando præfuisse *Cresconium episcopum plebis Tituli* inter catholicos Collationis Carthag. cap. 126 memoratum, censuit Joannes Garnerius. Sed ea de re a Norisio reprehensus est. Nam *Victor*, qui ibidem Cresconii adversarius dicitur, cap. 202 appellatur *episcopus Titulitanus.* Titulitanus autem episcopus ex proconsularibus erat, ut vidimus supra inter istius provinciæ episcopos num. 51.

52. DE GIRU MARCELLI. Ortelius ex Halleri codice habet *Giga Marcellæ.* Locus sub utroque nomine mihi æque ignotus. Huic fortassis præfuit *Lucidus episcopus Marcellianensis*, qui in Collatione Carthag. cap. 133 inter Donatistas comparuit. Adfuit et concilio Carthag. sub sancto Cypriano *Julianus a Marcelliana*, qui apud Augustinum libro VII de Baptismo contra Donatistas, cap. 30, in editis nonnullis et plerisque mss. *a Marcellina* appellatur.

53. THARASENSIS. Infra inter Patres Byzacenos occurrit num. 32 *Domninus Tarasensis.* Ortelius laudat ex codice Halleri urbem *Tarazensem*, a Victore Uticensi laudatam; sed provinciam non indicat. Adfuit concilio Carthag. sub sancto Cypriano *Zozimus a Tharassa;* cujus objectioni respondet Augustinus lib. VII de Baptismo contra Donatistas cap. 20.

54. SILLITANUS. Eidem urbi præfuit *Faustinus episcopus plebis Sillitanæ*, qui Collationi Carthag. cap. 128 cum *Possidonio* suo adversario comparuit. Et hunc quidem Possidonium Baluzius non distinguit a *Possidio Sillitensi*, seu, ut ipse legit, *Sillitensi*, qui cap. 197 inter Donatistas recensetur. Porro idem vir eruditus *Squillacium episcopum Ecclesiæ Scillitanæ* cum Donato ipsius adversario cap. 143 ejusdem Collationis memoratum, Numidiæ quoque ascribit, ex Notitia, ut ait; quanquam in Notitia Scillitanus episcopus nusquam, Sillitanus vero semel tantummodo habeatur. Quin et Scillitanam urbem ad proconsularem pertinuisse patet ex epistola synodica ejusdem provinciæ episcoporum ad Paulum Constantinopolitanum scripta, quæ in concilio Lateranensi **129** sub sancto Martino actione 2 recitata est : cui inter alios, ut jam in Notis ad Victorem observavimus, *Pariator episcopus sanctæ Ecclesiæ Scilitanæ* subscripsit. His adde Speratum, aliosque martyres, sub Scillitanorum nomine celeberrimos, apud Carthaginem proconsuli oblatos, ac ab eo damnatos martyrium complevisse, ut ex eorum actis patet, quæ inter acta martyrum sincera edidimus pag. 77. Fatendum tamen est in Leonis Augusti Notitia inter Numidiæ civitates haberi Σχηλη, quæ in Goaris versione dicitur *Scilita*. At divisiones provinciarum tunc temporis fuisse mutatas, vel ex eo patet, quod Carthago ibi sub Byzacena statuitur.

55. HIZIRZADENSIS. Sic uterque codex et editi. Ejusdem loci fuit, ut censet Baluzius, *Felix episcopus Izirianensis*, in Collatione Carthag. cap. 133 memoratus. Sed an Notitia ex Collatione, aut Collatio ex No itia sit emendanda, incertum est.

56. MUNICIPENSIS. Nescio quo pacto Joanni Garnerio, viro erudito, exciderit, ut urbem hanc cum Moptensi Sitifensis provinciæ municipio confunderet. *Mopta* enim, seu potius *Mopti*, non alia ratione *municipium* dicitur, quam quod non esset *colonia*, seu, ut loquuntur, *urbs latio donata*, sed quæ vivebat lege municipali, ut observat eruditus Norisius. Hinc *Felix Donatista* qui cap. 143 Collationis Carthag. adversarius *Leonis episcopi municipii Moptensis* dicitur, postea cap. 180 inter Donatistas *episcopus Moptensis* absque ullo additio appellatur.

57. ARSICARITANUS. Sic editi et mss.

58. CASENNIGRENSIS. Codex Halleri *Cassenigrensis*. Nemini notus non est famosus *Donatus a Casis Nigris*, præcipuus Donatistarum nascentium antesignanus, et a quo illi, ut plerisque viris eruditis placet, nomen assumpsere. Inter omnes Donatistas in Collatione **129** Carthag. cap. 149 prior recensetur *Januarinus episcopus Casensium Nigrensium*.

59. VASELITANUS. Codex Halleri *Vesolitanus*. Scribendum absque dubio *Vegeselitanus*. Duæ fuerunt hujus nominis urbes in Africa. Nam in Collatione Carthag. cap. 135 memoratur *Reginus episcopus Ecclesiæ Vegeselitanæ* cum *Gavino* Donatista ipsius adversario; et antea cap. scilicet 133 jam recensitus fuerat inter catholicos *Privatianus episcopus plebis Vegeselitanæ*. Unam ex illis ad Numidiam spectasse certum est tum ex hoc Notitiæ loco, tum ex concilio Carthag. sub Bonifacio, cui pro se et pro Januario Masculitano subscripsit *Januarius episcopus Vegesilitanus provinciæ Numidiæ*. Ea ipsa procul dubio urbs est *Megesela*, quam prope Masculam Antoninus in Itinerario locat. *Privatus Vegesilitanus episcopus* adfuit concilio Carthaginensi sub Grato; et *Vigisilitanam plebem* laudat Augustinus epistola 64 quod episcopum in plenario Africæ concilio exauctoratum suscipere constanter renuisset. *Vegeselæ* item in Numidia *possessionis*, ubi Marculus famosus Donatista, et alii ejusdem sectæ a Macarianis, ut ipsi aiebant, male habiti sunt, mentio est in ejusdem Marculi passione, quam edidit noster Mabillonius tomo IV Analectorum, quanquam ibi habeatur *Vægesselæ*, sed in cod. ms. Corbeiensi, ad quem hanc passionem contulimus, legitur *Veaeselæ*. Alteram vero Vegeselam ad Byzacenam pertinuisse probat eruditus Baluzius, ex Antonini Itinerario, in quo Vegesela, seu Vegersalla inter Amudarsam, Autentum, Sufetulam, et Menegem, seu Menefem Byzacenæ urbes statuitur. Id ipsum confirmat ex Collatione, ubi Privatianus supra laudatus fatetur se episcopum Cillitanum Donatistam adversarium habere; et quidem Donatus Cillitanus accedens agnovit Privatianum, et jestatus est Vegeselam **130** ex sua fuisse diœcesi. At Cillitana civitas ad Byzacenam pertinebat, inquit Baluzius, quod vel ex ipsa Notitia certum est; siquidem inter istius provinciæ Patres infra num. 64 *Fortunatianus* episcopus *Cilitanus* memoratur. Verum ibi ostendemus duas admitti posse Cilitanas urbes, quarum proinde una ad Byzacenam pertinere potuit, altera vero ad alteram provinciam, Numidiam scilicet, si utramque Vegeselam ad Numidiam pertinuisse aliunde probari possit. Et quidem si *Januarius Velesitanus* infra num. 20 recensitus alteri Vegeselæ præfuerit, duæ admittendæ erunt istius nominis in Africa urbes. Nec obstabit Antonini locus supra laudatus, ex eo nempe, uti observavit Norisius, nihil aliud deduci potest quam Vegeselam in Byzacii et Numidiæ confinio sitam fuisse.

60. MADAURENSIS. Urbs ob Apuleii natale celebris, sed multo felicior quod in ea Augustinus litteras didicerit, ut ipsemet testatur libro II Confessionum, cap. 3. Vide et ejusdem epistolam 232. Martyres Madaurenses idem sanctus doctor vindicat adversus Maximum grammaticum epistola 17. *Madurum sub legione Augusti* 3 locat Ptolemæus libro IV, cap. 3. *Antigonus* episcopus Madaurensis adfuit concilio Carthaginensi sub Grato. Collationi vero Carthaginensi cap. 126 *Placentius episcopus* catholicus *plebis Madaurensis* comparuit cum *Donato* ipsius adversario ex Donatistarum secta. Porro in notis ad hunc Collatinnis locum monet et probat eruditus Baluzius immerito nonnullos Madaurum urbem cum Quidia confudisse.

61. RUSTICIANENSIS. *Leontius episcopus Rusticanensis* Donatista in Collatione Carthag. cap. 198 comparuit, nullumque contra se adversarium habere professus est. *Rustici* habent Tabulæ Peutingerianæ. *Macomadia Rusticiana* inferius memoratur in num. 84.

62. VILLADEGIENSIS. Sic codex uterque ms. Legendum *Villaregensis*; cujus loci *Felix episcopus* cum *Victore* Donatista suo adversario interfuit Collationi Carthag., cap. 128 edit. Baluzianæ. Iterum cap. 207 memoratur idem *Victor* inter Donatistas. Et cap. 48 et 77 codicis canonum Ecclesiæ Africanæ *Cresconius Villaregensis* in Numidia episcopus reprehenditur, quod propria sede relicta, Tubiensem Ecclesiam invasisset. *Candidum Villaregiensem episcopum*, cui ex Donatista facto catholico honor episcopalis serva us est, laudat Augustinus libro II contra Cresconium Donatistam, cap. 10.

63. BUFFADENSIS. Suspicatur V. C. Stephanus Baluzius hujus loci episcopum fuisse *Hilarum*, qui in Collatione Carthag. cap. 120 *episcopus Ecclesiæ Bofetanæ*, seu, ut aliæ editiones habent, *Bofet* dicitur. Sed melius forte ibi legeretur *Boset*. Nec obstat quod inferius cap. 126 recenseatur *Palatinus episcopus Bosetensis*, cum *Felice* ipsius adversario, qui *Vosetanus* cap. 202 dicitur. Nam Palatinus ex proconsularibus erat, uti infert idem Baluzius ex epistola proconsularium in concilio Lateran. sub sancto Martino act. 2 relata, qui subscripsit *Crescituras episcopus Ecclesiæ Busitanæ*, seu, ut habet cod. ms. Bellovacensis, *Bositanæ*. At habemus aliam civitatem *Boseth* in Numidia ex actis sanctorum Mammarii et sociorum, a nostro Joanne Mabillonio tomo IV Analectorum vulgatis; in quibus civitas ista ter memoratur: prima vice dicitur *civitas Boseth Anforiaria*, secundo *civitas Boseth*, tertio denique *civitas Boseth Amphoriaria*. Quam urbem ad Numidiam pertinuisse colligimus ex eo quod prædicti martyres per varias Numidiæ civitates, scilicet Vagam, Lambesem, Tamugadim et Tigisim

circumacti, ab ipsis tandem *Numidiæ militibus Boseth* perducti sunt, ubi martyrium consummavere.

131 64. SISTRONIANENSIS. Sic editi et mss.

65. TIPASENSIS. Habetur infra inter episcopos Mauritaniæ Cæsariensis num. 99 *Reparatus Tipasitanus*. Tipasam in Numidia memorant Tabulæ Peutingerianæ, Antoninus in Itinerario, et anonymus Ravennas libro III, num. 6. *Firmus episcopus Ecclesiæ Tipasensis*, Numidiæ provinciæ *legatus*, subscripsit concilio Carthaginensi sub Bonifacio anno 525. Idem, vel illius nomin's simul et sedis successor, *Firmus episcopus Tipason Africanæ provinciæ adfuit concilio* v *generali*.

66. TIBILITANUS. Codex Halleri apud Ortelium *Tiblitanus*. Huic urbi præfuisse *Donatum Tisilitanum episcopum*, qui in Collatione Carthag. cap. 121 inter catholicos recensitus est, contendit Joannes Garnerius. At contra insurgunt viri eruditi Henricus Norisius, et Stephanus Baluzius, Tibilitanam urbem a Tisilitana distinguendam esse invicte probantes ex hoc ipso Collationis loco, quem pro sua sententia stabilienda protulerat Garnerius. Nam ibi Donatus Tisilitanus nullum habere adversus se Donatistam episcopum palam professus est, nemine reclamante. Et tamen capit. 197 *Sallustius episcopus Tibilitanus* inter Donatistas comparuit, qui et ipse nullum contra se catholicum episcopum habere asseveravit. Cæterum *Florentius episcopus Tisiliensis* adfuit concilio Carthaginensi sub Bonifacio anno 525. Sed gravior est difficultas an Tibilitana civitas hic memorata ab Aquis Tibilitanis distingui debeat. *Marinus ab Aquis Tibilitanis* Donatista occurrit apud Optatum libro I, is scilicet ipse qui synodo Cirtensi inter alios Donatistas traditores interfuit, ut ex ejusdem concilii actis narrat Augustinus libro III contra Cresconium Donatistam, cap. 27. Et idem Augustinus libro XXII de Civitate Dei, cap. 8, refert miraculum quod *apud Aquas Tibilitanas in memoria sancti Stephani* contigerat sub Proculo ejusdem loci episcopo. *Tibili* habet anonymus Ravennas, sed non memorat Aquas Tibilitanas; cum tamen *Thibilim* habeant Tabulæ Peutingerianæ, simul et *Aquas Tibilitanas*, facile crediderim duas fuisse civitates a sese invicem diversas.

67. SINITENSIS. Testatur Possidius in Indiculo sermonem *Siniti* contra Donatistas a beato Augustino habitum fuisse. In Collatione Carthag. cap. 202 *Cresconius episcopus Sinitensis* ex parte Donati comparuit. Erat prope Hipponensem urbem *Castellum Sinitense* ex Augustino lib. XXII de Civitate Dei, cap. 8. Vide ejusdem epistolam 105, num. 4, ubi de Marcellino ejusdem loci episcopo agitur, cujus nomen ex Collationis Carthaginensis gestis excidisse suspicatur Baluzius. *Sunitu coloniam* habent Tabulæ Peutingerianæ.

68. CETHAQUENSUSCA. Monet eruditus Baluzius monstrosum istud nomen ex eo natum esse quod, cum in veteri exemplari scriptum esset *Cethaquensis*, studiosus aliquis advertens primam hujus nominis syllabam mutandam esse in *ca*, duas has litteras in margine apposuerit, quas posteri exscriptores simul cum priori lectione conjungentes, fecerunt *Cethaquensusca*. Inde infert *Pascentium*, hic in Notitia memoratum, eidem urbi præfuisse ac *Bonifacium*, qui in Collatione Carthag. cap. 143 *episcopus Ecclesiæ Cataquensis* dicitur. Ibidem *Speratus* Donatista Bonifacii adversarius, sicut et inferius cap. 202 recensetur. Denique sanctus Augustinus de *Paulo et Bonifacio episcopis Cathaquensibus* agit epist. 96 et seq. editionis Benedictinæ.

69. TEGLATENSIS, aut *Tegulatensis*, cujus loci *Donatus episcopus* Donatista interfuit Collationi Carthag. cap. 198. Mirum autem est hunc Donatum a Carolo a Sancto **132** Paulo Fuliensi episcopis Sardiniæ accenseri, in qua insula Tegulam locat inter Sulchi et Nuram, in Geographia sacra. *Teglata* habetur in Tabulis Peutingerianis segmento 3.

70. ZABENSIS. Hunc memorat quoque codex Halleri. Fuit et in Mauritania Sitifensi *Zabensis* urbs, cujus antistes inter istius provinciæ episcopos num. 40 recensetur. Alterutrius fuit *Lucius episcopus Zubensis* ex parte Donati, qui Collationi Carthag. cap. 198 interfuit. In Notitia jam laudata a Goare edita, sub provincia Byzacenæ, quæ urbes aliquot e proconsulari, Numidia et Byzacena complectitur, occurrit *Zabi*, quæ in editione Beveregiana appellatur *Subiba*, et utrobique Græce habetur Σουβιβα. Holstenius putat hanc esse *Zamam* urbem regiam.

71. MUSTITANUS. Memoratur in Collatione Carthag. cap. 121 *Victorianus episcopus plebis Mustitanæ*, qui ibidem duos adversarios Donatistas se habere conqueritur, *Felicianum*, nempe *Mustitanum*, et *Donatum Turensem*. De his agit Augustinus in breviculo collationis primæ diei, cap. 12. Verum hos episcopos e proconsularibus fuisse contendit Henricus Norisius in observationibus adversus Garnerium, qua in provincia Mustensem et Turrensem urbes invenit. Priorem quidem ex epistola synodica Patrum provinciæ proconsularis, quæ laudata est in concilio Lateran. sub sancto Martino actione 2, cui inter alios subscripsit *Januarius misericordia Dei episcopus sanctæ Ecclesiæ Mustitanæ*. Et quidem Felicianus in Collatione cap. 422 interrogatus fuit an communionem haberet cum Primiano, qui scilicet erat ex Donati secta episcopus Carthaginensis, proindeque ex proconsulari, quanquam, ut nihil dissimulemus, non ibi de provincia agebatur, sed de schismate quod inter ipsos Donatistas ortum fuerat, aliis Primiano, aliis vero Maximiano adhærentibus. Ille Felicianus ex iis unus erat qui anno 393 concilio Cabarsussitano interfuerat, et anno sequenti in synodo Bagaiensi fuerat condemnatus. *Mustitanorum* simul et *Assuritanorum* mentio frequenter apud Augustinum occurrit in libris contra Donatistas. Assuritani autem ad proconsularem pertinebant, ut supra vidimus (*Col.* 282). *Musti* ex Antonini Itinerario in utriusque provinciæ proconsularis scilicet et Numidiæ confinio sita erat. Eadem est, ni fallor, quæ *Mubsi* dicitur in Tabulis Peutingerianis. *Muste vicum inter duas Syrtes* memorat Ptolemæus lib. IV, cap. 3. Porro *Thurris* Siciliæ proxima in Tabulis Peutingerianis, eidem proconsulari provinciæ attributa videtur. Sed de hac urbe iterum agemus infra, ubi de Byzacenis num. 28. Verum etsi Norisius Mustitanam in proconsulari provincia urbem admiserit, haud tamen inficiatur aliam ejusdem nominis in Numidia quoque exstitisse, cujus episcopus ex Donatistarum secta, nomine *Cresconius*, Collationi Carthag. cap. 206 interfuit, ubi dicitur episcopus *Musti*. At admissa hac sententia, rejicienda erit Baluzii emendatio, qui *Musertitanus* ibi pro *Musti* posuit. Sed id, ut vir eruditus ipse monet, ex conjectura, fatetur quippe vetus exemplar, simul cum omnibus editis *Musti* habere. Vide infra Mauritaniæ Cæsariensis episcopos num. 76.

72. TUBUNIENSIS. Sic scribendum esse hujus urbis nomen monet Norisius in Animadversionibus contra Garnerium, quamvis in Collatione Carthag. cap. 121 habeatur *Cresconius episcopus Ecclesiæ Tubiniensis*. Cave autem ne urbem hanc cum Tubiensi in Mauritania Cæsariensi confundas. Diversas enim esse vel ex eo evinci potest, quod præter Cresconium supra memoratum et Protasium adversarium ipsius, comparuerit in eadem collatione cap. 133 *Felix episcopus Tubiensis*, **133** et ipse catholicus. Tubunum tamen urbem in Mauritania Cæsariensi exstitisse certum est. Et inferius in hac ipsa Notitia *Tubuna* inter sedes istius provinciæ, quæ episcopos non habebant, recensetur. *Nemesianus a Thubunis* quintus inter rebaptizantes sententiam dixit in concilio Carthag. sub sancto Cypriano; cujus objectiones fusius refellit Augustinus lib. VI de Baptismo contra Donatistas, cap. 12. Apud *Tubunas* colloquium habuerat Augustinus cum Bonifacio comite, qui tunc cupiebat dimissis rebus omnibus vitam monasticam amplecti, hocque ipsi ad deteriora lapso in memoriam revocat

Augustinus epistola 220. Cæterum Ortelius ex Victore, ut ait, Uticensi ms. *Tubaniam in Numidia locum* memorat. Sed *Tubaniam* pro *Tubuniam* lapsu calami huc irrepsit.

73. AQUÆNOBENSIS. *Felicianus episcopus Aquænorensis* inter Donatistas comparuit in Collatione Carthag. cap. 198.

74. BABRENSIS. Sic quoque codex Halleri apud Ortelium.

75. TEBESTINUS. Celeberrima fuit *colonia Thebestina*, quam martyrio præclaro illustravit beata Crispina, cujus acta ex duplici ms. codice monasterii nostri Sancti Theoderici prope Remos protulimus inter acta martyrum sincera ad annum 304, pag. 494. *Lucius a Thebeste* in concilio Carthaginensi sub sancto Cypriano, pro hæreticis rebaptizandis sententiam tulit num. 31; cui respondet Augustinus libro VI de Baptismo contra Donatistas, cap. 38. *Romulus Thebestensis* adfuit concilio Carthaginensi sub Grato. Carthaginensi autem Collationi cap. 121 interfuit *Urbicus episcopus plebis Thebestinæ* catholicus cum *Perseverantio* illius adversario, iterum cap. 180 inter Donatistas recensito, ubi *episcopus Tevestinus* appellatur, sub quo nomine Cabarsussitano concilio jam antea subscripserat. Quin et *synodum Thevestinam* Donatistarum memorat Optatus libro II. *Theveste* dicitur a Ptolemæo lib. IV, cap. 3, sicut et in Antonini Itinerario, atque in Tabulis Peutingerianis. Plura de hac urbe ex antiquis scriptoribus congerere superfluum esset. Sex dierum itinere Carthaginensi ab urbe distitisse asseverat Procopius lib. II de Bello Vandalico. Ibi, ut refert idem auctor, Romani cum Mauris iniere prælium, in quo Salomon, quem Justinianus imperator Africæ præfecerat, occisus fuit. Denique in Notitia Bodleiana inter Numidiæ urbes memoratur *Tebete*. Sed Goaris editio Latina habet *Telepte*, Græce autem Τελέστη.

76. MOXORITANUS. Sic codex Laudun. cum editis; codex tamen Halleri apud Ortelium habet *Maxorianus*.

77. TAMOGAZIENSIS. Thamogada seu, ut alii scribunt, Tamugada, celebris inter cæteras Numidiæ urbes fuit, de qua plura congessit V. C. Stephanus Baluzius in Notis ad Acta purgationis Cæciliani, tomo II Miscellaneorum, pag. 480. *Novatus a Tamugade* in concilio Carthaginensi sub sancto Cypriano, num. 4, hæreticos esse rebaptizandos censuit, cujus sententiam refellit sanctus Augustinus libro VI de Baptismo contra Donatistas, cap. 11. Duo fuere ejusdem urbis episcopi ex Donatistarum secta celebres, *Optatus* scilicet, a beato Augustino passim memoratus, cujus Donatistæ natalitia celebrabant; et *Gaudentius*, quem iidem schismatici cum aliis sex suæ sectæ episcopis delegerant ut causam communem contra catholicos in collatione propugnarent; in qua simul cum *Faustiniano episcopo plebis Thamogadensis* catholico comparuit cap. 128. Duos libros contra eumdem Gaudentium conscripsit sanctus Augustinus, qui habentur tom. IX edit. Benedictinæ. *Tamogadi* habent Tabulæ Peutingerianæ, *Tamugadi* in Antonini Itinerario; sic quoque appellatur in actis sancti Mammarii 134 jam a nobis laudatis, ex quibus discimus urbem istam haud longe a civitatibus Vaga, Lambese et Tigisi remotam fuisse. Eversa fuit a Mauris, ut testatur Procopius lib. II de Bello Vandalico, sed brevi postea restauratam fuisse colligitur ex eodem auctore, qui paulo inferius copiam frugum maximam in ea exstitisse scribit.

78. LEGIENSIS. Infra num. 85 memoratur *Januarius Legensis*. Et ex Collatione Carthag. colligimus duplicem in Africa fuisse Legensem urbem. Nam cap. 121 *Dacianus episcopus plebis Legensis* catholicus affirmavit nullum se habere Donatistam adversarium. Capite vero 187 *Cresconius episcopus Legensis* ex parte Donati, adversarium nec se habere, nec unquam habuisse professus est. Fortassis in alterutro Collationis loco *Legiensis* pro *Legensis* legendum est; aut certe ¹ Notitia utrobique *Legensis* scribi debet. Porro dicecesim Legensem, cui præerat Dacianus, ex Tacaratensi distractam fuisse existimat Baluzius in notis ad cap. 121 Collationis.

79. RESPECTENSIS. Sic mss. et editi.

80. VALESITANUS. Sic mss. et editi. Vide quæ supra observavimus de *Veselitano* num. 59. Habetur in Tabulis Peutingerianis *Velesi*, segmento 3.

81. MAZACENSIS. *Apronianus episcopus Ecclesiæ catholicæ Mazacensis* mandato, cui per absentiam non subscripserat, consensum præbuit in collatione Carthag. cap. 215.

82. LUGURENSIS. Sic ms. Laudun. cum editis. At codex ms. apud Ortelium habet, *Jugurensis*.

83. CIRCENSIS. Sic codex ms. uterque. Editi vero habent *Cirtensis*. Et quidem nullus alias in hac Notitia *Cirtæ*, seu *Constantinæ* episcopus memoratur, quæ tamen erat provinciæ *metropolis*, ut appellatur in codice canonum Ecclesiæ Africanæ, cap. 86. In vetusta Antonini Itinerarii editione Lugdunensi, pro *Cirta* fere semper *Circa* habetur. Epistolam Augustini 130 *Circensibus* pro *Cirtensibus* inscriptam fuisse monet Pamelius in notis ad concilium Rebaptizantium sub sancto Cypriano; ubi complura refert exempla ex quibus liquet sæpius *Circa* pro *Cirta* in veteribus monumentis scriptum fuisse, quod tamen ex librariorum solummodo errore provenisse nemo inficiabitur. Et quidem in epistola laudata, quæ nunc est 144, *Cirtensibus* emendatum est. Non licuit tamen hic manuscriptorum lectionem mutare, cum aliæ multæ in eadem Notitia occurrant alias urbes ignotæ, et e contrario nonnullæ alias notissimæ omittantur; fortassis quod tunc excisæ jacerent, ut Adrumetum, Hipporegius, etc. Certe in proconsulari quinquaginta tantummodo et quatuor episcopales civitates Notitia exhibet, at tamen Victor Vitensis libro I, num. 9, affirmat eo tempore quo Vandali in Africam transmiserunt, episcopos in proconsulari centum sexaginta quatuor fuisse. Cæterum inter eos antistites qui concilio Chalcedonensi interfuerunt, memoratur *Abramius episcopus Circensis*. Sed ille, uti videtur, ex Afris non erat. Magis ad rem pertinet *Rufinus Principalis Circensis*, in epistola 159, alias 158, memoratus ab Augustino; quamvis enim nostri *Cirtensis* reposuerint, monuerunt tamen in codicibus mss. 3 totidemque editis *Circensis* haberi.

84. PARDALIUS MACOMADIENSIS. Is ipse est *Pardalius* episcopus, uti videtur, qui Romano concilio cum tribus aliis Africanis episcopis interfuit anno 487. Tres porro hujus nominis urbes in Africa distinguit Henricus Norisius, quarum situs ex Antonino facile colligi potest. Priorem quippe in Numidia locat M. M. P. LIII *Cirta* distantem; alteram in Tabulis Peutingerianis *Macomades Minores* appellatam, statuit inter 135 *Thabaltam* et *Thenas* Byzacenæ provinciæ civitates, et paulo post inter *Thenas* et *Villas Vicum*, tum *Tacapas*, unde istam in Byzacenæ et Tripolitanæ confinio sitam fuisse discimus, quod etiam patet ex Plinii lib. V, cap. 4, ubi Byzacii urbes commemorans, habet *Rhuspina*, *Thapsus*. Inde *Thenæ*, *Macomades*, *Tacape*, *Subrata*. Urbes hie recensitæ ante Macomades ex Byzacena erant; quæ vero postea sequuntur ex Tripolitana. Hinc *Limes Macomadiensis* in Notitia imperii Occidentalis ponitur *sub custodia ducis Tripolitani*. Tertio denique urbs *Macomades Syrtis* in itinere a Lepti Magna Alexandriam occurrit, proinde omnino diversa ab iis quas supra commemoravimus. Porro in Collatione Carthaginensi sæpius interlocutus est Aurelus episcopus Ecclesiæ Macomadiensis, et comparuit inter Patres catholicos, cap. 116, cum suo adversario ex parte Donati *Satustio*. Illum vero ex Numidia fuisse patet ex cap. 182, ubi se presbyterum habere testatus est in urbe *Idassensi*, dum illic episcopus ordinaretur. Idassa enim ad Numidiam pertinebat, ut ex hac ipsa Notitia certum est. Ad Byzacenam itaque referenda est altera Macomadia, quæ in eadem Collatione memoratur. Nam Macomadiam duplicem in Numidia solus exco-

gitavit Garnerius absque ullo auctoris, sive antiqui sive recentioris, testimonio. Istam vero *Rusticianam* dictam fuisse discimus ex Collationis cap. 197; ubi cum *Porficentius episcopus Macomaziensis* Donatista comparuisset, seque nullum habere adversarium fuisset professus, Fortunati inus episcopus catholicus ex qua esset Macomadia interrogavit; cui cum Proficentius *ex Rusticiana* respondisset, nihil amplius Fortunatianus interlocutus est. *Cassius a Macomadibus* in concilio Carthag. pro rebaptizantibus stetit num. 22; cujus objectionem solvit Augustinus libro vi de Baptismo contra Donatistas, cap. 29. *Donatum Macomadiensem* episcopum, qui relicto Donatistarum schismate ad Ecclesiæ catholicæ unitatem transierat, laudat idem Augustinus lib. ii contra Cresconium, cap. 10. Ptolemæus *Macodamam* habet lib. iv, cap. 5, pro *Macomadim*.

85. Legensis. Vide supra *Legiensis* num. 78. In codice Halleri non habetur.

86. Ad Turres Concordi. Apud Ortelium ex cod. Halleri dicitur *Turris Concordiæ*.

87. Lamfdensis. Ortelius ex Halleri codice habet *Jamfuensis*. In codice Laudunensi quem vidimus, ita efformata est prima littera, ut *Jamfuensis* æque ac *Lamfuensis* legi possit. Pro vulgata editorum lectione stat Collatio Carthaginensis, in qua capite 133 inter catholicos Patres recensitus est *Safargius episcopus plebis Lampuensis*. Quin et concilio Carthaginensi sub Bonifacio anno 525 subscripsit *Pontius episcopus plebis Lamfuensis*. Dubitat autem V. C. Stephanus Baluzius an *Lamfoctense oppidum* ab Ammiano Marcellino lib. xxix laudatum, idem fuerit cum hac Lamfuensi urbe. Sed hunc scrupulum amovebimus in notis ad Sitifenses episcopos num. 21, ubi *Lemfoctensem* urbem ex codicibus mss. restituimus.

88. Vagrautensis. Sic uterque codex ms. cum editis.

89. Tigisitanus. Hujus urbis situm discimus ex actis sancti Mammarii, jam non semel laudatis, ex quibus *Vagam, Lambesem, locum qui dicitur, Ad Centum Arbores, Tamugadin, Tigisim et Boseth* a sese invicem haud longius distitisse colligi potest. *Tigisim* Numidiæ urbem memorat Procopius libro ii de Bello Vandalico. Celebris est in Donatistarum historia Secundus Tigisitanus Numidiæ primas tempore persecutionis, qui synodo Cirtensi præfuit. De eo Optatus libro i adversus Parmenianum, Augustinus epistola 43 ad Glorium **136** et alios, quæ antea erat 162, et passim in libris contra Donatistas. Plura de eodem habebantur in cognitione 3 Collationis Carthag., cap. 157 et seqq., ut patet ex indice quem eruditus Baluzius tomo I Novæ Collectionis Conciliorum edidit. Sed ipsa gesta excidere, quæ tamen aliquatenus suppleri possunt ex ejusdem Collationis Breviculo sancti Augustini, in quo multa de Secundo Tigisitano cap. 13 et seqq. Collationis diei 3 habentur. Porro duæ erant in Africa urbes *Tigisis* dictæ. Nam infra inter Mauritaniæ Cæsariensis Patres num. 27 *Passitanus Tigisitanus* memoratur. *Tigisi* et *Thigisi*, præter *Thiges*, habentur in Tabulis Peutingerianis. Et quidem in Collatione Carthaginensi præter *Sollemnium episcopum plebis Tigisitanæ* catholicum, et *Paschasium* Donatistam illius adversarium cap. 133 memoratos, recensitus est cap. 209 *Gaudentius episcopus loci Tigisitani* ex Donatistarum secta; pro quo, cum ex infirmitate in itinere remansisset, subscripsit *Cresconius episcopus Siguitanus*. Quinam vero ex istis Numidiæ tribuendus sit incertum est. Baluzus Sollemnium Numidam fuisse infert, quod Restitutus, *qui*, inquit, *olius esse non potest quam Novasinnensis* in Numidia episcopus, pro eo subscripserit. At pro Gaudentio Cresconius Siguitanus subscripsit. *Sugus* autem erat in Numidia M. P. xxv Cirta distans ut ex Antonini Itinerario certum est, et ex Tabulis Peutingerianis, ubi segmento 2 Tigisi media locatur inter *Sigus* et *Cirtam*, segmento 3 memoratur *Siguese*. Quin et supra num. 18 recensitus est

Victor Suggitanus. Erat tamen in Mauritania Cæsariensi *Siga colonia* apud Ptolemæum libro v, cap. 2, quam Antoninus *Sigam municipium* appellat; ex qua fortassis nonnulli Cresconium appellatum fuisse *Siguitanum* opinabuntur.

90. Gilbensis. Jam recensitus fuit supra num. 40 *Felix Gilbensis*: ubi plura de hac urbe diximus.

91. Regianensis. Hunc quoque memorat Ortelius ex Victore. Sirmondus nudum nomen exhibet; at in Laudunensi ms. codice additur *prbt.* ut ad pleraque aliorum nomina. Gregorius Magnus libro x, epist. 52, scribit ad Columbum Numidiæ episcopum occasione *Paulini* cujusdam *Regensis episcopi*, qui apud sanctissimum pontificem accusatus fuerat. Hunc vero *Regianensi* Ecclesiæ præfuisse crediderim potius quam *Regiensi*, infra in Mauritania Cæsariensi n. 51 recensitæ, quod de episcopo ex Numidia provincia Gregorius eo loci agere videatur. Vide Sitif. num. 37.

92. Silensis. Huc revocari posse *Saturnum Sitensem* episcopum Donatistam cap. 197 Collationis memoratum, suspicatur Baluzius. At Sitensis episcopus ad Mauritaniam Cæsariensem pertinebat, qui inter istius provinciæ episcopos num. 112 inferius habetur.

93. Gaudiabensis. Sic editi et mss. In Collatione cap. 201 inter Donatistas recensitus est *Saturninus episcopus Gazabianensis*. *Glaudi* in Numidia habet Antonini Itinerarium.

94. Marculitensis. Legendum puto *Masculitanus*. Codicis tamen utriusque ms. lectionem mutare non licuit. Et quidem in indice geographico operibus sancti Cypriani editionis Oxoniensis præfixo, præter *Masculam*, habetur quoque *Marculi* in Numidia, sed fortassis ex hoc Notitiæ loco. Cæterum Mascula urbs erat in Numidia omnibus nota, cui præerat tempore Collationis Carthag. *Malchus episcopus plebis Masculitanæ*, qui in ea recensetur cum *Vitali* ipsius adversario cap. 128 et 201. Et longe antea concilio Carthag. sub sancto Cypriano interfuerat *confessor Clarus a Mascula*. Januarius item *Masculitanus episcopus* subscripsit concilio Carthag. sub Bonifacio anno lxxv. *Donatus Masculitanus* **137** Donatista memoratur non semel ab Optato lib. i, et ab Augustino libro iii contra Cresconium ex actis synodi Cirtensis, cui ille cum aliis traditoribus ex eadem secta interfuerat. Archinimum Masculanum laudat Victor Virensis libro i, num. 1. De quo vide notam 52 (*Col.* 199, *n.* d).

95. Centuriensis. Memoratur in codice canonum Ecclesiæ Africanæ cap. 87 *Quotvultdeus episcopus Centuriensis*, is ipse, ni fallor, qui in Collatione Carthaginensi cap. 126 inter catholicos recensitus est, cum *Cresconio* illius adversario ex parte Donati. Testis est Procopius libro ii de Bello Vandalico castellum *Centuriæ* dictum, in Numidia exstitisse.

96. Suabensis. Sic editi ex codice Laudunensi. Codex Halleri habet *Suavensis*, quod idem est. *Litorius episcopus plebis Suavensis* catholicus adfuit Collationi Carthag. cap. 133, quem male Garnerius *Suanensem* appellavit, ut eum *Sugunensem* episcopum faceret: qua de re a Norisio reprehensus est.

97. Germaniensis. Anonymus Ravennensis lib. iii, num. 6, meminit urbis *Germani*, et in Tabulis Peutingerianis habetur *Ad Germani*. Supra num. 28 recensitus est *Florentius Noba Germaniensis*; cui loco Innocentium episcopum Ecclesiæ *Germaniensis* catholicum, in Collatione Carthaginensi memoratum, præfuisse putat auctor editionis Oxoniensis operum sancti Cypriani; qui et *confessorem Jambum a Germaniciana* unum e rebaptizantibus qui concilio Carthaginensi sub sancto Cypriano interfuere, eidem loco tribuit: quod tamen ad hanc Germaniensem urbem, de qua hic agimus, revocari debere verisimilius est. Sed et fallitur idem vir eruditus attribuens *Germanicianam*, ut ait, *novam* Byzacenæ provinciæ, cum ex hac ipsa Notitia certum sit tum Germaniam Novam, tum alteram quæ simpliciter *Germania* dice-

batur, aa Numidiam pertinuisse. Germanicianam tamen in Byzacena admittere videtur Antoninus in Itinerario. *Germanicianenses* ad curam suam pertinuisse testatur Augustinus, qui ipse Numida erat, epistola 251. Porro in concilio Carthaginensi sub Aurelio anno 419 in codice canonum Ecclesiæ Africanæ cap. 133 subscripsit *Candidus episcopus Germaniæ*. Sed iste episcopus fuit *Abbir Germanicianæ*. Nam in altero codice, ut monet Justellus, vocatur *episcopus Ecclesiæ Abitinensis Germanicianorum Ecclesiæ*, et in ejusdem concilii prologo dicitur *Candidus Abbiritanus*. In editione autem Labbeana tomo II Concil., col. 1603, *Abbiritanus*, seu *Abderitanus*, et col. 1605 *Abbiritanus*, alias *Germanicianorum*. Utrobique vero inter proconsularis provinciæ episcopos iste recensetur. Huic urbi præfuit *Successus ab Abbir Germaniciana* in concilio Carthag. sub sancto Cypriano memoratus num. 16. Vide notam in Victorem Vitensem supra pag. 75 (*Col.* 209, n. °).

98. VADESITANUS. Sic codex uterque ms. cum editis. Huic urbi, ut opinatur V. C. Baluzius, præfuit *Cresconius episcopus Baiesitanus* ex Donatistis in Collat. Carthag. cap. 201 memoratus, quem eumdem esse censet *Cresconium* qui cap. 126 adversarius dicitur *Fortunati episcopi* catholici *Ecclesiæ Undesitanæ*; quare idem vir eruditus ibi emendavit *Vadesitanæ*.

99. GAURIANENSIS. Sic scribitur in utroque ms. cod. et editis. Apud Ptolemæum libro IV, cap. 2, memoratur *Garra*; et infra in Byzacena num. 22 memoratur *Secundinus Garianensis*.

100. NARATCATENSIS. Codex Halleri *Narateatensis*. Nostra lectio firmatur ex concilio Carthag. sub Bonifacio, cui subscripsit *Columbus episcopus plebis Naraccatensis*.

101. LAMIGGIGENSIS. Sic ms. codex, Laudum. At editi habent *Lamiggizensis*. Melior est nostra **138** lectio, quamvis inferius iterum habeatur episcopus *Lamiggigensis*. Duas quippe hujus nominis urbes in Africa fuisse ex Collatione Carthag. patet, ubi cap. 133 *Innocentius Lamiggigensis* recensetur cum *Juniano* Donatista ipsius adversario, qui et iterum comparuit cap. 298. Et cap. 187 memoratur *Recargentius episcopus Lamiggigensis* Donatista, qui profitetur se nullum habere adversarium. Ex hac lectione restituta solvitur scrupulus eruditi Baluzii, qui in notis ad hoc 187 Collationis caput, suspicatur pro *Lamiggigensis* ibi debere legi *Lamiggizensis*. Sic quoque in recentioribus catalogis, in quos invexit est *Lamiggiza*, restitui debet *Lamiggiga*. Cæterum in cod. Halleri, ut refert Ortelius, una earum civitatum dicitur *Lamigginensis*, altera *Jamigginensis*. Vide Greg. M. lib. I, ep. 82, ubi *Argentii Lamigensis*.

102. GARBENSIS. Adfuit Collationi Carthag. cap. 209 *Felix Garbensis* celebris Donatista, qui in vulgatis Optati Milevitani episcopi editionibus libro I appellatur *Garbiensis* aut *Gabriensis*, et in 2 mss. codicibus, uno scilicet sancti Remigii Remensis, et altero sancti Theoderici prope eamdem urbem, *Gardensis*, in tertio, qui est Sancti Germani a Pratis, *Gabrensis* dicitur. At Victor ab iisdem Donatistis Romam missus ut ibi eorum sectæ episcopatum teneret, in iisdem Optati editionibus libro II *Garbiensis* dictus, in laudatis mss. *Garbensis* appellatur. *Victor a Garbe* dicitur in actis synodi Cirtensis apud Augustinum libro III contra Cresconium, cap. 27.

103. VAGARMELITANUS. Codex Halleri *Vagormelitanus*. Scribendum est *Magarmelitanus*, ut recte monet Baluzius in notis ad cap. 126 Collationis Carthag., ubi *Secundus episcopus plebis Magarmelitanæ* recensitus fuit cum *Felice* ipsius adversario, qui et cap. 298 inter Donatistas adfuit. Secundus vero hic in Collatione memoratus is ipse est, ni fallor, qui Lepori libello emendationis per Sirmondum edito, subscripsit his verbis: *Secundus episcopus Ecclesiæ Aquensis sive Megarmitahæ*, et in epistola quæ ea occasione ad episcopos Gallicanos scripta fuit, *Secundinus* appel-

latur. In Notitia vero quæ sub Leone Sapiente conscripta est, habetur inter Numidiæ civitates *Vagarmelita* in editione Goaris; Græcum tamen textus habet Βάδης Μηλέων; quem locum editio Beveregii in duas urbes distinguit Βάδης et Μηλέων; Latine *Bades* et *Meleum*, quæ num. 6 et 7 recensentur.

104. FORMENSIS. Inferius num. 108 iterum *Formensis* episcopus habetur. Alterutrius fuit *Justus Formensis* episcopus Donatista, pro quo ægrotante subscripsit *Martialis Idicrensis* in Collatione Carthag. cap. 209. Idem dicendum de *Urbano Formensi* episcopo Donatista, de quo Optatus lib. II.

105. DE TURRES AMMENIARUM. Aliis, ut monet Carolus a Sancto Paulo in Geographia sacra, *de Turres Armeniarum*. Codex Halleri habet *Turris Sammeriarum*.

106. BALESASENSIS. Codex Halleri *Balesasensis*. Eamdem urbem esse suspicatur Baluzius cujus antistes in Collatione Carthag. cap. 126 *Adeodatus episcopus Belatitensis* inter catholicos Patres recensitus fuit.

107. FATENSIS. Ortelius memorat *Facensem* in Mauritania Sitifensi locum episcopalem ex Victore Uticensi. Verum nullus istius nominis infra inter hujus provinciæ antistites recensetur.

108. FORMENSIS. Jam supra num. 104 recensitus est *Ponticanus Formensis*.

109. MULIENSIS. Hunc quoque memorat codex Halleri apud Ortelium. Subscripsit concilio Carthag. sub Bonifacio *Marianus episcopus municipii Tulliensis* ex Numidia legatus. Jam supra observavimus concilio Cabarsussitano subscripsisse *Latinum Mugiensem episcopum* ex **139** Donatistarum secta. *Milia* habetur in Tabulis Peutingerianis.

110. OSPITENSIS, seu, uti videretur, *Hospitensis*. Nam in Collatione Carthag. occurrit *Benenatus episcopus plebis Hospitensis* catholicus; qui cum cap. 133 affirmasset nullum alium in suo *loco* episcopum esse, *Lucullus episcopus* Donatista *dixit*: *Persecutio semper me fugavit*; et cap. 198 idem *Lucullus episcopus ab Hospitiis* duos adversus se habere catholicos professus est, quorum unus *modo* fuerat ordinatus, quod scilicet, cum forte Lucullus ab Hospitiis fugatus, sese recepisset in aliquod oppidum ejusdem diœcesis, ibi et catholici episcopum ordinaverint, qui ei resisteret. Cæterum Carolus a Sancto Paulo hic in Notitia pro *Ospitensis* legendum esse putat *Ospinensis*, laudatque *Leonem episcopum Ospinensem* in concilio VII Carthag. memoratum; sed idem auctor, ubi de Mauritania Cæsariensi agit, in ea provincia locat *Oppinum*, a Ptolemæo libro IV, cap. 1, memoratum, eique loco præfuisse ait *Leonem Oppini* episcopum, qui concilio Carthag. VII subscripsit. Unicus vero Leo Oppini subscripsit huic synodo, et quidem ex Tingitana, ut dicemus infra ubi de Byzacenis num. 82, et in Sitifensibus num. 33, ad verbum MOZOTENSIS.

111. VAGADENSIS. Codex Halleri, *Vagradensis*. Ejusdem forte loci fuit *Donatus episcopus Vageatensis* in Collatione Carthag. inter Donatistas cap. 180 memoratus. Cæterum *Bagrada* celebris est Africæ fluvius, qui urbem cognominem habebat, ubi Romanorum legatos a Carthaginensibus contra jus gentium comprehensos fuisse scribit Livius. *Bagradas* urbem et *Bagradam* fluvium memorat anonymus Ravennensis lib. III, num. 6. Placet eorum sententia qui Vagadensem urbem hic memoratam, Bagaiense oppidum esse censent, adeo in Donatistarum historia famosum. De quo plura habes supra num. 7 (*Col.* 293).

112. LAMASUENSIS. Hæc urbs in Tabulis Peutingerianis dicitur *Lamasbua*, ab Antonino in Itinerario *Lamasba*. Utramque lectionem admittit Collatio Carthag., ubi cap. 128 *Avitus episcopus plebis Lamasuensis* memoratur cum *Jannario* ipsius adversario, qui cap. 187 *Lamasbensis* dicitur. Pusillus ejusdem urbis episcopus interfuit concilio Carthaginensi sub sancto Cypriano pro rebaptizandis hæreticis, cujus objectionem solvit Augustinus libro VII de Baptismo contra

Donatistas, cap. 39. Hic tamen in editione Oxoniensi dicitur *Pusillus a Lambesa*; sed errore, ut arbitror, amanuensium : etenim priores editiones simul cum Augustino habent *a Lamasba*, et quidem in eadem synodo num. 6 jam memoratus fuerat *Januarius a Lambese*.

113. TACARATENSIS. Nescio quo pacto Holstenius et Harduinus in notis ad Plinium lib. v, cap. 3, hunc episcopum sic a *Tacatua* urbe dictum fuisse scripserunt. Erat quippe Tacarata urbs in Numidia, cujus diœcesis adeo ampla erat, ut *Verissimus*, illius urbis ex parte Donati *episcopus*, in Collatione Carthag. cap. 121 conquestus fuerit quod in sua diœcesi catholici quatuor episcopos constituissent. Ex his ibidem *Aspidius episcopus plebis Tacaratensis* recensetur. Cæteros fuisse *Datianum* Legensem, *Octavianum Ressianensem* et *Fortunatum* Casensem Calanensem, qui Collationi interfuerunt, viri eruditi existimant. Verissimus quippe loco laudato quatuor sibi adversantes catholicos recensuit. Sed oppidorum in quibus erant constituti nomina non retulit. Porro non imus inficias Tacatuam urbem in Numidia, et quidem celebrem fuisse, quam Ptolemæus libro iv, cap. 3; Antoninus in Itinerario; Plinius lib. v, cap. 3; anonymus Ravennas, et Tabulæ Peutingerianæ laudant. Eamdem inter Rusicadam et Hipponem Regium sitam fuisse ex Antonini Itinerario colligimus. Habemus et Tagaratam ab his **140** diversam, de qua inter proconsulares num. 43 Taguram in Numidia num. 20, et Tagariatam in Byzacena num. 37.

114. MILEVITANUS. Illustrem hanc sedem fecit Optatus Milevitanus episcopus, cujus libros ad Parmenianum de schismate Donatistarum sæpius excusos nemo non novit. Nomen ejus in martyrologio Romano die 4 Junii inter sanctos confessores inscriptum est. Complures in eadem urbe habitæ sunt synodi, inter quas celebris est ea quæ anno 416 in Pelagianorum causa habita fuit : cujus synodalis epistola ad Innocentium papam inter Augustinianas epistolas exstat num. 176; eamque confirmavit idem pontifex ibidem epistolis 182 et 183 editionis Benedictinæ. *Adeodatus episcopus Milevitanus* e Donatistarum secta cum aliis sex episcopis electus est ad agendam suæ sectæ causam contra catholicos in Collatione Carthaginensi, in qua sæpius interlocutus est. Severus vero, ejusdem urbis episcopus catholicus, paulo antea e vivis excesserat, ut dicitur cap. 215. *Mileum* habet Antoninus in Itinerario ; *Mileu coloniam* Tabulæ Peutingerianæ, et in synodo Cirtensi Secundus primas Purpurium a Limata objurgavit, quod duos sororis suæ filios occidisset Milei, quam urbem a Milevi distinxit Carolus a Sancto Paulo; sed alii viri eruditi refragantur.

115. ULLITANUS. Codex Halleri apud Ortelium habet *Villitanus*, forte pro *Vallitanus*, ut censet Holstenius in annotationibus ad Carolum a Sancto Paulo. Et quidem *Bonifacius episcopus plebis Vallitanæ* inter catholicos Patres in Collatione Carthaginensi capite 135 recensitus est. Victori Garbensi, Donatistarum Romano episcopo, ut ipsi aiebant, *Bonifacius Ballitanus* successit, apud Optatum libro ii. At *Vallim* in proconsulari Antoninus et Tabulæ Peutingerianæ locant. Certe in concilio Carthag. sub Bonifacio subscripsit *Restitutus episcopus plebis Vallitanæ*. Sed in eadem synodo memorantur *Restitutus Villensis* et *Porpirius Vullensis*, quorum fortassis alteruter huc esset revocandus, si a Numidia esset.

116. SELEUCIANENSIS. Ortelius ex codice Halleri habet *Seleuciamensis*. In Collatione Carthag. cap. 121 comparuit *Terentius episcopus Seleucianensis* catholicus, cum *Messiano* Donatista ipsius adversario, qui iterum cap. 206 memoratur; ita tamen ut in editione Papiri Massoni cap. 121 habetur *Solencianensis*, et cap. 206 *Seleuciamensis*, ex quo fortassis ultimo loco Ortelius nomen hujus urbis exscripsit, nam Collationem Carthag. simul cum Victore ms. laudat.

117. VADENSIS. Plura de hac urbe diximus supra num. 7.

118. TAGASTENSIS. Codex Halleri apud Ortelium, *Tagartensis*. Celebris et fortunata civitas, quæ magno Augustino ortum præbuit, et *Alpium* ejusdem Augustini amicum habuit antistitem. Iste variis Africanæ Ecclesiæ conciliis interfuit, passimque in Collatione Carthaginensi interlocutus est, in qua unus e septem fuit episcopis qui pro tuenda Ecclesiæ catholicæ causa adversus schismaticos electi fuerant. Firmi Tagastensis episcopi constantiam laudat idem Augustinus libro de Mendacio, cap. 13, quod nec mentiri voluerit, nec tormentis etiam atrocissimis unquam adigi potuerit ad hominem quem occultaverat prodendum. Celebratur ejus memoria in martyrologio Romano die 31 Julii. Plura vero de Tagasta proferre supervacaneum esset. In Antonini Itinerario inter Hipponem Regium et Naraggaram media locatur.

119. MAXIMIANENSIS. Codex Halleri, *Maximinensis*. Petrus abbas in concilio Carthag. anno 525 sub Bonifacio, pro tuenda monasterii sui libertate exemplum attulit *Baccensis monasterii*, quod licet *Maximianensi Ecclesiæ* vicinum fuerit, *ad consolationem tamen* **141** *primatis provinciæ Byzacenæ se conferebat*. *Maximianensem* memorat Liberatus primas Byzacenæ in epist. ad Bonifacium Carthag. in concilio Juncensi. Hanc vero urbem a Ruspensi haud procul abfuisse colligitur ex Vita sancti Fulgentii cap. 29, ubi sanctus ille pontifex ob compressas finitimarum plebium rixas laudatur, et potissimum quod *Maximianensis animositatem plebis, quæ ordinatum sibi episcopum recipere nolebat*, sedaverit. Synodicæ Patrum provinciæ Byzacenæ quæ lecta est in concilio Lateran. sub sancto Martino actione 2 inter alios subscripsit *Bonifacius episcopus sanctæ Ecclesiæ Justini et Maximiensis*.

120. ZARADTANSIS. Sic uterque codex ms., editi vero *Zaradtensis*. Laudat Baluzius concilium Carthag. anni 525, sed ibi subscripsit *episcopus Zactarensis*. At in collatione Carthag. cap. 128 recensitus fuit *Cresconius episcopus plebis Zaraitensis*, cum *Rogato* ipsius adversario, qui et cap. 203 inter Donatistas comparuit. Apud Ptolemæum memoratur *Zaratha*, quam inter Mauritaniæ urbes recenset. Huic loco magis convenit *Zarat* urbs in Numidia, quam nempe prope Lamasbam locat Antoninus in Itinerario.

121. DE GIRU TARAZI. Hanc urbem apud Ortelium ex codice Halleri reperire non licuit.

122. LAMIGGIGENSIS. De hac sede actum est supra num. 101.

123. VICOPACENSIS. Hujus oppidi nomen est, ni fallor, *Vicus Pacis*. Cod. Halleri habet *Vicuspacensis*. Adfuit Collationi Carthag. cap. 143 *Asterius episcopus plebis Vicensis*, cum *Urbano* episcopo Donatista, qui cap. 206 *episcopus Vicensis* dicitur, nec tamen sese alterutrum noverant. His locis insuspicatur Baluzius *Vicipacensis* episcopum designari, quamvis, ut ipsemet prosequitur, aliæ sint urbes in Africa *Vici* dictæ. Melius huc revocatur *Florentianus Vicopacatensis* ex Numidia legatus in concilio Carthaginensi sub Bonifacio anno 525 qui et ibi dicitur *Vicopacensis*.

*124. SUNT NUMERO 125. Tamen nonnisi 123 recensentur; nonnulli fortasse per amanuensium incuriam exciderc.

AD PROVINCIAM BYZACENAM.

*VASSINASSENSIS ET AQUIS. Hæc verba in editis referuntur post aliquot puncta, veluti si quod prius erat in codice legi non potuisset. At nos ea retulimus eo prorsus modo quo in ms. Laudunensi habentur, in quo nihil omnino detritum aut lacunam apparet, relinquentes unicuique quid ea de re voluerit judicandi libertatem. Vix tamen dubium esse potest quin his vocibus duæ sedes designatæ aliquando fuerint. Porro Ortelius citat *Africæ locum episcopalem* nomine *Vassitanum*, ex *Victore Uticensi*, qui alias in Notitia non occurrit. Concilio Chalcedonensi act. 15 subscripsit *Valerianus Bassianensis* ex Africa.

1. AMUDARSENSIS. Sirmondus sic habet : *Liberatus Amudarsensis, per.* At in eod. ms. Laudunensi sic habetur, *Liberatus prb. Amudarsensis.* In Collatione Carthag. editionis Massoni hæc leguntur cap. 126 : *Maius episcopus Plenius Auvidarsens s; aliæ edit., Amudarsens s;* quem locum Baluzius sic emendavit, *Majus episcopus plebis Amudarsensis,* ejusdem scilicet urbis quæ hic in Notitia memoratur. Et quidem nota **142** est apud veteres *Amudarsa,* quam, ut idem vir eruditus observat, Ptolemæus et veteres Itinerarii Antonini editiones *Amurdasam* appellant. Bertii editio Antonini *Amudarsam* habet.

2. MANSUETUS AFUFENIENSIS. Sic codex uterque ms. cum editis. Is autem Mansuetus ipse videtur esse quem Victor Vitensis laudat libro II, num. 16 : de quo vide notam supra 93 (*Col.* 215, n. b).

3. SEPTIMUNICIENSIS. Sicediti et mss. *Septimuniciam* memorat Antoninus in Itinerario. Et Ferrandus aliquot refert concilii Septimunicensis canones in Breviatione.

4. BENEFENSIS. Urbis hujus situm discimus ex cap. 14 Vitæ sancti Fulgentii, ubi laudatur monasterium *Vicensi*, seu, ut habent alii codices, *Juncensi proximum littori, Benefensi autem maxima ex parte contiguum*, in quod sese Fulgentius recepit, quod ibi *rigidi propositi disciplina antiquæ* servaretur. Concilio Cabarsussitano Donatistarum subscripsit *Guntasius Benefensis episcopus.* Collationi autem Carthag. cap. 133 adfuit *Æmilianus episcopus Ecclesiæ Benefensis catholicus,* eo ipso die quo *Maximianus* illius adversarius defunctus est , ut ibidem et cap. 198 Donatistæ affirmarunt.

5. ANCUSENSIS. Ejusdem loci episcopus fuit ex Donatistarum secta *Donatus episcopus Ancusensis ,* in Collatione Carthag. cap. 208 memoratus, quem eumdem Donatum esse putat Baluzius qui cap. 126 *Gududi episcopi Aniusensis* seu *Avinsensis* adversarius in vulgatis editionibus dicitur. Hinc ipse pro *Aniusensis* reposuit *Ancusensis.*

6. MIDIDITANUS. Is est forte qui in cod. Halleri *Meditlitanus* dicitur. In Collatione Carthag. cap. 208 inter Donatistas recensetur *Liberalis episcopus Mididiensis;* pro quo suspicatur Baluzius legendum esse *Mididiensis.* Sic et in Vita sancti Fulgentii cap. 12, ubi in editis memoratur *civitas Ididi,* monet idem vir eruditus in antiquo cod. ms. Colbertino haberi *Mididi.* Porro in Collatione Carthaginensi cap. 142 memoratur *Serenianus episcopus Miditensis,* quem fortassis nonnulli huc revocari posse censebunt. Pertinebat enim h te ad Byzacenam provinciam. Nam cum sese habere *catholicam* unitatem professus fuisset , *Peregrinus Sufetanus* episcopus Donatista interlocutus est : *Presbyterum illic habeo Victorem; diœcesis mea est.* Sufetam autem ex Byzacena fuisse nemo inficiari potest, memoratur quippe infra num. 21.

7. TUBULBACENSIS. Codex Halleri , *Tubolbacensis.* Nostra lectio potior. Etenim in Collatione Carthag. cap. 126 memoratur *Januarius episcopus catholicus plebis Tubulbacensis.*

8. VADENTINIANENSIS, seu *Valentinianensis* Etenim epistolæ synodicæ concilii Byzaceni ad Constantinum Augustum , quæ in concilio Lateranensi sub sancto Martino actione seu secretario 2 lecta fuit, inter alios subscripsit ultimus *Rodibaldus gratia Dei episcopus sanctæ Ecclesiæ Valentinianensis.* In codice Halleri memoratur episcopus *Vadaciniensis in Africa.*

9. MASCLIANENSIS. Codex Halleri, si bene legit Ortelius, habet *Masdianensis. Masclianas* memorat Antoninus in Itinerario. Collationi Carthag. cap. 208 interfuit *Plutianus episcopus Masclianensis* Donatista, in quem locum observat eruditus Baluzius concilio Carthag. sub sancto Cypriano inter rebaptizantes adfuisse *Julianum a Masclianis.* Sed hunc invenire non licuit in editis, nec eum memorat Augustinus in libris de Baptismo contra Donatistas, in quibus antistitum qui concilio isti interfuerunt objectiones singillatim refellit. Et quidem fallor si Julianus iste a Baluzio memoratus alius sit a *Juliano a Marcelliana,* qui apud Cyprianum et August num memoratur, **143** ut diximus nota 52 in Numidas. Neque dicas Marcellianam et Mascllanam eamdem urbem fuisse. Nam in Collatione Carthagin. cap. 133 *Lucidus episcopus plebis Marceltianensis et Basitensis,* ait apud se catholicam unitatem haberi, et tamen, ut mox dicebamus, *Plutianus episcopus Masclianensis* Donatista cap. 208 comparuit. Errore item librariorum *Numidius,* qui in concilio Carthag. sub Genethlio memoratur, *Masclianitanus* appellatus est tomo II Concil. edit. Labb., col. 1160; nam ille episcopus fuit *Massylitanus,* ut ex ejusdem tomi appendice, ubi concilium istud ex cod. Vaticano correctum habetur, et ex capite octavo codicis canonum Ecclesiæ Africanæ patet.

10. SEBERIANENSIS. Sic editi simul et mss.

11. NARENSIS. *Naram* memorat Antoninus in Itinerario. Et *Januarius episcopus Narensis ex* Donatistarum secta interfuit Collationi Carthag. cap. 206.

12. DECORIANENSIS. Urbis hujus nomen unica littera aliter scribitur in synodica Patrum Byzacenorum ad Constantinum imperatorem contra Monothelitas, quæ recitata est et approbata in concilio Lateranensi sub sancto Martino actione seu secretario 2, cui inter alios subscripsit *Paschasius misericordia Dei episcopus sanctæ Ecclesiæ Detorianensis.*

13. TAMBEITANUS. *Tambaiensem civitatem* memorat Victor Vitensis lib. v, num. 5. *Martyr Secundianus a Thambeis* adfuit concilio Carthag. sub sancto Cypriano num. 80, cujus objectionem solvit Augustinus libro VII de Baptismo contra Donatistas, cap. 44. *Gemelius episcopus a Tambeis* cum cæteris Donatistæ sectæ episcopis subscripsit concilio Cabarsussitano. Denique in Collatione Carthaginensi capite 198 *Faustinus* item Donatista, *episcopus Tambeiensis* comparuit : qui is ipse procul dubio est qui cap. 128 *Sopatris episcopi plebis Tambalensis* catholici adversarius appellatur. Hinc ibi eruditus Baluzius *Tambaiensis* restituit.

14. LÆTUS NEPTITANUS. Hic est celebris martyr quem laudat Victor Vitensis libro II , numero 18 ; de quo plura diximus nota 98 (*Supra col.* 217, n. c). *Nepte* ab anonymo Ravennensi memoratur libro III, num. 5. Eidem vero urbi præfuisse suspicatur Baluzius *Quodvultdeum episcopum Nebbitanum ,* qui in Collatione Carthaginensi capite 197 inter Donatistas recensitus fuit.

15. CUSTRENSIS. Codex Halleri , *Custensis.* Editi , *Castrensis.* Lectionem eod. ms. Laudunensis retinere visum est, dum mutandi ratio suppetat. *Castra* habetur in Tabulis Peutingerianis, sed extra Byzacenam.

16. FLABIANUS BULELIANENSIS. Editi habent *Flavianus Bubelianensis,* ex quibus, uti videtur, index operibus sancti Cypriani præfixus memorat *Bubeliam;* quam habet quoque Ortelius ex Halleri codice. *Bulalam* oppidum Africæ interioris idem auctor memorat a Cornelio Balbo expugnatum, cujus rei testem laudat Plinium. At Plinius libro v, cap. 5, inter oppida quorum simulacra Cornelius Balbus in triumphum duxit, *Bulubam* recenset et *Bubeium nationem.*

17. THEUZITANUS , seu *Theuditanus.* Familiaris quippe erat, ut jam observavimus, apud Afros litterarum z et d permutatio. Plinius lib. v, cap. 4, inter alia oppida libera *Theudense* memorat. Cæterum codex Halleri habet *Zteusitanus.*

18. SERBANDUS PUTIENSIS. Editi, *Servandus.* De urbe Putiensi plura habes supra, pag. 122 (*Col.* 297, num. 17), ubi de *Gaudentio Putiensi* inter Numidas num. 17. Iis adde apud anonymum Ravennensem nota **144** lib. III, num. 5. *Putea,* et *Ad Putea* inter Africanas civitates recenseri. *Puteam* recenset Ptolemæus inter urbes quæ sub Adrumeto constitutæ erant, proinde huc revocandam.

19. THAGAMUTENSIS. Huic loco præfuit *Milicus episcopus, plebis Tagamutensis,* inter catholicos antisites, in Collatione Carth. cap. 126 memoratus. Quam urbem cum Tadamatensi, infra inter Mauritaniæ Cæsariensis urbes num. 105 recensita, eamdem esse dixit Baluzius.

20. PRÆSIDIUS SUFETULENSIS. Laudatur hic antistes apud Victorem Vitensem libro II, num. 16, et in nota " in hunc locum (Col. 215, n. b). Privatianus a Sufetula sedit in concilio Carth. sub sancto Cypriano inter rebaptizantes num. 19. Et Jocundus episcopus plebis Subfetulensis, cum Titiano ipsius adversario Collationi Carthag. interfuit cap. 127. Titanus item inter Donatistas comparuit cap. 208. Quin et idem Jocundus legatus fuit provinciæ Byzacenæ ad concilium Carth. anno 419, ut ex eadem synodo et ex codice canonum Ecclesiæ Africanæ cap. 127 discimus. Concilium Sufetulense laudat Ferrandus cap. 2. Sufetulam denique memorat Antoninus in Itinerario.

21. EUSTRATIUS SUFETANUS. Codex ms. habet Eustrasius. Lectionem tamen vulgatam retinuimus, quod eam confirmet ipse Victor Vitensis lib. I, num. 7, pag. 7, ubi Eustratius laudatur. Dicitur tamen Eustachius ab Adone, sicut et in Martyrologio Romano, die 28 Novembris. In concilio Carthag. sub sancto Cypriano, num. 20, sententiam tulit Privatus a Sufibus; cui et Privatiano Sufetulensi, num. præcedenti memorato, respondet Augustinus libro VI de Baptismo contra Donatistas, cap. 26 et 27. In Collatione Carthag. cap. 142, cum nominatus fuisset Serenianus episcopus Midilensis, statim Peregrinus Donatista episcopus Sufetanus, qui et sic cap. 187 appellatur, interlocutus est, asserens hunc locum e sua esse diœcesi, ubi presbyterum nomine Victorem habebat. Capite autem 215 Maximinus Sufetanus, aut, ut aliæ editiones habent, Sufetus episcopus, inter catholicos qui nondum subscripserant occurrit. Cæterum Sufi memoratur in Antonini Itinerario. In synodo Suphetana beatus Fulgentius Patres supplex oravit ut Quodvultdeo episcopo prior supra seipsum locus concederetur, ut in ejus Vita narratur cap. 29. Suffectanos martyres sexaginta memorat Augustinus epistola 50, quos hujus oppidi incolæ ob confractum Herculis simulacrum trucidarunt. Horum memoriam celebrat Martyrologium Romanum die 30 Augusti.

22. GARRIANENSIS. Ortelius ex codice Halleri habet Garrensis, quæ lectio favet sententiæ editoris Oxoniensis operum sancti Cypriani, qui putat Victorem a Gor in concilio rebaptizantium num. 40 memoratum, ad urbem istam Garrianensem posse revocari. Garrham habet Ptolemæus lib. IV, cap. 2; sed inter Mauritaniæ civitates. Porro V. C. Stephanus Baluzius hic legendum esse censet Gattianensis, quod in Collatione Carthaginensi cap. 198 recensitus fuerit Victor episcopus Gatianensis Donatista; et ex episcopis quatuor qui fidei professionem Hunerico regi obtulerunt apud Victorem Vitensem sub finem libri III unus fuerit Bonifacius Gattianensis. Sed hæc sententia id habet incommodi, quod episcopus Gattianensis, qui libellum fidei Hunerico porrexit, apud Victorem dicatur Bonifacius; Garrianensis vero antistes hic in Notitia memoratus dicitur Secundinus. Nec facile quis sibi persuadeat Secundinum tunc Bonifacio successorem datum fuisse cum Notitia hæc fuit scripta. Nam, ut vel ex titulo patet, episcopi in ea recensentur qui ad conventum Carthaginensem jussu Hunerici regis convenerant; deinde Secundinus ex antiquioribus erat, utpote qui ex centum et septem vigesimus saltem secundus erat. Si tamen alicui V. C. Baluzii sententia magis placuerit eidem quoque sedi præfuisse dicendus erit Januarus gratia Dei episcopus sanctæ Ecclesiæ Gatianensis, qui synodicæ Byzacenorum Patrum subscripsit in concilio Lateranensi sub sancto Martino actione 2. Vide notas in Victor. pag. 81.

23. ABARADIRENSIS. Abaradiram Africæ episcopatum habet Ortelius ex codice Halleri.

24. SABINICUUS OCTABIENSIS. Editi, Sabinianus. Vide Numidas n. 36, ubi PASCENTIUS OCTABENSIS.

25. MACTARITANUS. In concilio Carthag. sub sancto Cypriano inter rebaptizantes Marcus a Mactari sententiam dixit num. 38; cujus objectionem fusius refellit Augustinus lib. VII de Baptismo contra Donatistas, cap. 2. In Collatione autem Carthaginensi cap. 202 inter Donatistas recensitus fuit Comparator episcopus Mactaritanus. Denique Plinius lib. v, cap. 4, inter oppida libera computat Matterense, quod idem esse ac Mactaritanum censuit vir eruditus Joannes Harduinus. Sed fortassis Matterense quod, ut fatetur Harduinus, præferunt omnes codices, melius Mattaritano oppido inferius num. 50 recensito, quam Mactaritano congrueret.

26. AQUIABENSIS. Cod. ms. Laudun. habet solummodo Aquiaben. Inter Donatistas qui concilio Cabarsusitano subscripsere fuit Januarius Aquenensis episcopus.

27. ANTACIUS MEDIANENSIS. Editi habent Autacius. Donatus episcopus a Medianis Zabuniorum inter Donatistas recensitus fuit in Collatione Carthag. cap. 202. Sed ad Mauritaniam Sitifensem pertinuisse videtur. Nam ibi Novatus episcopus Ecclesiæ catholicæ Sitifi se presbyterum in ea urbe supra mortui episcopi catholici corpus ordinasse professus est, qui Ecclesiam hanc regeret, donec ibi quampriuum episcopus consecraretur. Cæterum infra inter episcopos Mauritaniæ Cæsariensis num. 86 habetur Valentinus episcopus Castelli Mediani, quem locum apud Ammianum Marcellinum memorari censet Hadrianus Valesius, ut ibi dicemus.

28. TURRENSIS. In Collatione Carthag. cap. 121 memoratur Maximianus episcopus plebis Turrensis catholicus, qui nullum se habere adversarium Donatistam declaravit. Tamen cap. 197 inter Donatistas comparuit Pascasius episcopus Turensis, quem lapsu memoriæ Baluzius Numidis ex Notitia attribuit. Nam in Notitia Turrensis unicus hic inter Byacenos, nullus vero in Numidia recensetur. Non tamen audemus inficiari Turensem episcopum unum in Numidia fuisse. Nam Donatus Turensis, et Felicianus Mustitanus adversarii dicuntur Victoriani episcopi plebis Mustitanæ catholici, in Collatione Carthag. cap. 121. Mustitana autem civitas ad Numidiam pertinebat, aut certe ad proconsularem, ut supra a nobis expositum est in notis ad Numidas num. 71. Unde Donatus iste tertiæ Turensi a duabus supra recensitis diversæ præerat. Tres itaque ex Collatione habemus Turrenses episcopos in Africa, et quidem ex diversis provinciis. Ex iis unum ad Byzacenos pertinuisse, vel ex hoc Notitiæ loco quem illustramus, certum est. Secundum ad Sitifensem Mauritaniam revocat Baluzius ex Notitia Bodleiana, in qua inter Mauritaniæ secundæ civitates recensetur Turris, seu, ut Goaris editio habet, Tures. Sed, ni fallor, Turris ista quæ in Bodleiana Notitia memoratur, extra Africam erat, adeoque non potest ad Sitifensem provinciam revocari. Ea enim est quæ inter Sardiniæ insulæ urbes infra num. 6 recensetur; quod ex ipsamet Bodleiana Notitia evinci potest, ubi cum Turri Calaris metropolis, et Sulci, quæ certo certius ad Sardiniam pertinebant, recensentur. Nec in ista Notitia Mauritaniæ secundæ nomine intelligi debet Mauritania Sitifensis, cum ipsa Sitifis extra illam provinciam recenseatur, scilicet in Numidia. Sicut nec quæ Mauritania prima hic appellatur, fuit Mauritania Cæsariensis, cum sola urbs Rhiconorum, seu potius ut in editione Goaris et in utriusque textu Græco Rinocorurum recenseatur. Alia denique Turensis urbs fuit, quæ ex Mustitana diœcesi a Donatistis avulsa fuerat; quæque aut ad proconsularem, aut ad Numidiam, uti diximus, revocari debet. Isti videtur præfuisse Samfucius episcopus plebis Turrensis, de quo Augustinus agit epist. 34 et 85. Denique lectorem monitum velim Turrensem aut Turensem episcopum promiscue in auctoribus scriptum reperiri, quod multis argumentis evinci posset. Unicum exemplum sufficiet, Donati scilicet, qui in

Collatione Carthag. cap. 121 *Turensis* dicitur episcopus, et in Breviculo ejusdem Collationis apud Augustinum die 1, cap. 12, *Turrensis.*

29. AGGARITANUS. Iterum infra num. 108 occurrit *Aggaritana civitas.* Alterutri præfuit *Æmilianus episcopus Aggeritensis,* qui inter catholicos antistites in Collatione Carthag. cap. 126 comparuit cum Candorio suo ex Donatistarum secta adversario. *Candorius* item memoratur capp. 149 et 163. *Agar* oppidum in Byzacena memorat Hirtius in libro de Bello Africano. *Aggar* habetur in Tabulis Peutingerianis, a qua non procul sita cernitur *Aggar Sélnepie,* tum *Agarsel;* et juxta priorem *Aggar* visitur *Aggerfel,* qui tamen locus in proconsulari videtur situs fuisse. Porro apud Plinium lib. v, cap. 4, inter oppida libera recensetur *Acharitanum,* seu, ut alii codices habent, *Accharitanum,* seu *Accaritanum;* quo nomine V. C. Joannes Harduinus indicari censet *Aggaritanam* civitatem, cui præfuit *Donatus,* in Notitia memoratam. Ea est ipsa quæ inferius num. 108 habetur. Ad alterutram Plinii locum revocari posse ultro fateor; sed quam e duabus Plinius indicare voluerit, divinare non licet.

30. EGNATIENSIS. Sic uterque ms. cum editis. Hanc urbem nusquam reperire licuit.

31. GERMANUS PERADAMIENSIS. Is ipse est qui laudatur apud Victorem Vitensem libro II, num. 16. De quo vide notam 93 (*Col.* 215, n. b). Eadem urbs est, ni fallor, quam Hirtius *Paradam* appellat in libro de Bello Africano, ubi miserabilem illius sortem describit. Porro Lucas Holstenius suspicatur hanc urbem esse Ferradum Minus, cui præfuit *Felicianus episcopus plebis Feraditanæ Minoris,* in Collatione Carth. cap. 133 inter catholicos memoratus.

32. ERMIANENSIS. Celebrem hanc Ecclesiam fecit Facundus Hermianensis, qui duodecim libros pro trium Capitulorum defensione ad imperatorem Justinianum scripsit. *Benadus episcopus Hermianensis* subscripsit synodicæ Patrum Byzacenorum in concilio Lateran. sub sancto Martino, act. 2. Hæc autem urbs sæpius scribitur cum aspiratione, ut ex allatis exemplis patet, et ex Collatione Carthag. cap. 133, ubi *Secundinus episcopus plebis Hermianensis* occurrit cum *Maximiano* ipsius adversario. Iste tamen Maximianus in veteribus editionibus cap. 187 dicitur *Ermianensis.* Procopius lib. I de Bello Vandalico *Hermionem* Byzacii locum commemorat.

33. TENITANUS. Codex Halleri, *Tevitanus.* *Thenas* cum aspiratione scribunt Plinius lib. v, cap. 4; Antoninus in Itinerario, et anonymus Ravennas lib. III; qui lib. v habet *Thænas.* Sic apud Gruterum pag. 363, ubi *Mercurialis Thænit.* memoratur. Ptolemæus scribit *Theænæ.* Concilium *Thenitanum* laudat 147 Ferrandus in Breviatione canonum. In concilio Carthag. sub sancto Cypriano sententiam tulit inter rebaptizantes num. 29 *Euchratius a Thenis.* Et in synodo Lateran. sub sancto Martino, act. 2, lecta fuit epistola synodica episcoporum Byzacenæ provinciæ, cui inter alios subscripsit *Felix episcopus civitatis Thenisiis.* In Collatione tamen Carthag. cap. 133 scribitur *Latonius episcopus Ecclesiæ Tenitanæ,* cujus adversarius cap. 201 *Securus episcopus urbis Tenitanæ* appellatur. Denique Pontianus episcopus Thenitanus memoratur in Vita sancti Fulgentii cap. 29.

34. TARAZENSIS. Eidem fortassis urbi præfuit *Secundus episcopus sanctæ Ecclesiæ Tagasensis,* qui synodicæ Byzacenorum sæpius laudatæ subscripsit in concilio Lateran. sub sancto Martino: quæ tamen sedes melius forte congrueret oppido, *Tagestensi,* seu, ut alii codices habent, *Tagesensi,* quod Plinius inter oppida libera Africæ recenset lib. v, cap. 4. Sed eidem synodicæ subscripsit *Theodorus episcopus Ecclesiæ Tamaxeni;* et Lucas Holstenius laudat *Stephanum Taracensem* ex eadem epistola, qui in editis dicitur *Taraquensis.* Porro recensitus est supra inter Numidas num. 53 *Cresconius Tharasensis.*

35. TROFIMIANENSIS. Collationi Carthag. cap. 133 inter catholicos antistites interfuit *Probantius episcopus plebis Trofimianensis;* quam lectionem alteri præfert Lucas Holstenius.

36. LEPTIMINENSIS. Codex Halleri *Leptimiensis,* id est *Leptis Minoris;* Ptolemæo Λέπτις Μικρά, Antonino *Leptis Minor;* anonymo Ravennensi post Tabulas Peutingerianas, *Lepte Minus.* In concilio Carthag. sub sancto Cypriano pro rebaptizandis hæreticis sententiam tulit *Demetrius a Leptiminus,* num. 36. Et collationi Carthag. cap. 121 interfuit *Romanus episcopus plebis Leptiminensis* cum *Victorino* ejus adversario, qui et cap. 187 inter Donatistas comparuit, ubi mendose in editionibus Baluzianam antecedentibus *episcopus Eptiminensis* appellatur. Hanc vero urbem, *Leptim* absque addito aliqui nominarunt, ut Pomponius Mela, qui libro I de Situ orbis. cap. 7, in Africa minori *Leptim* recenset, et paulo post *Leptim alteram.* Sic omnino Plinius, qui tamen post vocem *alteram* addit, *quæ vocatur Magna. Hipponem, Adrimetum, Leptim,* aliasque urbes in ora maritima a Phœnicibus conditas fuisse dicit Sallustius lib. de Bello Jugurthino; *liberam civitatem Leptin* appellat Hirtius de Bello Africano; Λέπτιν Polybius sub finem libri I Historiarum; *Leptim* urbem memorat Titus Livius libro XXXIV, in ora Syrtis Minoris sitam, quam adeo potentem fuisse dicit, ut *singula* in dies *talenta vectigal Carthaginensibus* daret. Hanc fuisse Leptim magnam verisimilius est. Contrariæ tamen opinioni favet, quod ipsam Massinissa Numidiæ rex ad regnum suum pertinere contenderet. Denique in concilio Lateran. sub sancto Martino act. 2, synodicæ Patrum Byzacenorum subscripsit *Criscintinus gratia Dei episcopus sanctæ Ecclesiæ civitatis Leptis.* De Lepti Magna dicemus ubi de Tripolitanis, num. 1.

37. TAGARIATANUS. Sic codex ms. Laudun. Editi habent *Tegariatensis.* Erat in proconsulari *Tagarata,* ut in nota 44 ad illius provinciæ episcopos vidimus. Erat in Africa *Tagora,* seu *Tagura* duplex, de quibus vide notam 20 ad Numidas. Denique erat et *Tacarata* in eadem provincia, de qua num. 113. De *Tagariata* autem seu Tegarieta nihil dicendum occurrit, nisi quod in Collatione Carthag. cap. 201 ex Donatistis adfuerit *Felix episcopus Tagariensis:* an ejusdem loci? Ortelius ex ms. cod. Halleri *Tagaritanum* oppidum memorat, quod fortassis ad hunc locum pertinet. Et Ptolemæus inter urbes quæ sub *Adrumeto* erant, *Targarum* recenset, proindeque in Byzacio.

148 38. OCTAEENSIS. Vide inter Numidas num. 36.

39. FERADIMAIENSIS. Ejusdem urbis fuit *Vincentianus episcopus plebis Feraditanæ Majoris* in Collatione Carthag. cap. 126 memoratus. Alia erat Feraditana, *Minor* dicta ex cap. 133 ejusdem Collationis: ubi occurrit *Felicianus episcopus plebis Feraditanæ Minoris,* et in utraque civitate unitas erat catholica. Vide supra num. 31.

40. CREPEDULENSIS. In Collatione Carthag. cap. 133 memoratur inter catholicos antistites *Barbarianus episcopus Crepeuulensis.* Notitiæ lectionem confirmat synodica Patrum Byzacenorum in concilio Lateran. sub sancto Martino, act. 2, cui subscripsit *Spes gratia Dei episcopus sanctæ Ecclesiæ Secrepedulensis.* Scriptum erat, uti videtur, *episcopus S. E. Crepedulensis,* et inde *sanctæ Ecclesiæ,* etc.; quæ exscriptor simul conjunxit, et verba *sanctæ Ecclesiæ* iterum alius fortassis postea addidit, quod in omnibus aliis subscriptionibus haberentur.

41. CYPRIANUS UNUZIBIRENSIS. Is ipse est qui apud Victorem lib. II, num. 11, laudatur, de quo vide in eumdem locum notam 83 (*Col.* 211, n. b). Synodicæ Patrum Byzacenorum in concilio Lateran. ipsa sæpius laudatæ subscripsit *Donatus misericordia Dei episcopus sanctæ Ecclesiæ Unizirerensis.* Eidem item urbi præfuisse ex parte Donati *Maximinum episcopum Uzabirens. m* in Collatione Carthag. cap. 201 recensitum, opinatur Baluzius in notis ad eum locum; ubi et hanc urbem a Ptolemæo Οὐλιζιβίρρων dictam fuisse monet. Occurrit et apud Plinium lib. v, cap. 4, inter oppida libera Africæ, *Utusubritanum.*

42. Muzucensis. Reprehenditur a Norisio Joannes Garnerius quod *Maxensem, Muzuensem et Muzucensem* Africæ urbes confuderit. Alias vero idem auctor *Muzulensem* a *Muzucensi* non satis distinxit, ut cum eodem Norisio Baluzius monet in cap. 133 Collationis Carthag. De his confer quæ supra observavimus in nota 49 ad episcopos provinciæ proconsularis. Porro in ipsa Collatione cap. 133 memoratur *Restitutus episcopus plebis Muzucensis* cum *Idaxio* ipsius adversario, qui iterum cap. 206 comparuit. In concilio Carthag. sub sancto Cypriano sententiam dixit pro rebaptizandis hæreticis num. 34 *Januarius Muzulensis*, ubi in cod. Corbeiensi, ut observat Rigaltius, legitur a *Muzucha*, Holstenius e vetustissimo ms. contendit legendum esse *Muzuca*, ut refert Baluzius, qui et ipse asserit in cod. Colbertino legi *Modulensis*. *Muzulensis* habet Augustinus lib. vi de Baptismo contra Donatistas, cap. 41, ubi Januarii objectionem solvit. *Muzulam*, ut observat editor Oxoniensis, exhibent Tabulæ Peutingerianæ. Plinius inter majores civitates quæ nationes dici possent lib. v, cap. 4, *Misulanos*, seu, ut alii codices habent, *Musulanos* memorat. A Tacito lib. II Annalium *Muzulanorum valida gens et solitudinibus Africæ propinqua* dicitur. Florus vero lib. III, cap. 1, *Mulucham urbem* habet.

43. Massimanensis. Id est *Maximianensis*, ut monet V. C. Lucas Holstenius. Unde huc revocandum esse putat Bonifacium episcopum *Ecclesiæ Justini ac Maximiensis*, qui inter alios Byzacenos Patres synodicæ subscripsit in concilio Lateranensi sub sancto Martino. Certe littera *x* sæpius in *ss* mutatur, unde *Maxulitanus* episcopus ex proconsulari sæpius dicitur *Massylitanus*. Habetur inter Numidas num. 119 episcopus *Maximianensis*.

44. Victor Vitensis. Librorum de Persecutione Africana auctor, de quo et ipsius sede plura diximus in nostra præfatione, quæ hic repetere superfluum fuerit.

45. Scebatianensis. Sic uterque codex ms. Editi habent *Sebastianensis*.

149 46. Pederodianensis. Sic habent mss. codices et editi.

47. Circinitanus. Codex Halleri, *Circitanus*. Hoc nomine insulam *Circinam* designari putat Chilfletius, in quam sanctus Fulgentius paulo ante mortem secessit, ut in ipsius Vita narratur cap. 29. *Cercinnam insulam* ejusque incolas Cercinnates, non semel memorat Hirtius; et Ptolemæus *Cercinam insulam et civitatem* inter insulas quæ Africæ adjacent recenset; et Polybius *Cercinam Africæ insulam* memorat libro III. Sita dicitur *inter Siciliam et Africam* in Antonini Itinerario maritimo, *a Tacapis distans stadia* 622. Eamdem haud longe ab Acylla et Thapso remotam fuisse colligitur ex Tito Livio lib. XXXIII.

48. Florentinus Tuziritanus. Editi, *Florentius*. Ex Ptolemæi libro IV, capite 3, tres habemus *sub Adrumeto civitate*, proindeque in Byzacena provincia urbes, quæ, licet nomine aliquatenus conveniant, a se tamen invicem sunt distinguendæ, priusquam de Tuziritana sede hic memorata aliquid scribamus. Hæ sunt *Turzo, Tisurus, et Thysdrus*: a quibus etiam distingui debet *Thurusa* in proconsulari, et fortasse *Tuzurus* in Arzugitana. De omnibus istis urbibus singillatim agendum, quod earum duas, vel etiam tres aliquando nonnulli in unam conflarint. V. C. Joannes Harduinus in notis ad Plinium opinatur *Tusdritanum*, quod inter *oppida libera* recenset Plinius lib. v, cap. 4, idem esse ac Tuziritanam urbem, hic in Notitia memoratam. Deinde gradum faciens, Aptum, qui in Collatione Carthaginensi cap. 187 *Tuzuritanus episcopus* dicitur, ad idem quoque Tusdritanum oppidum revocat. Verum etsi nonnullis forte videretur *Florentium Tuziritanum* æque ad *Thusdrum* ac ad *Tisurum* revocari posse, cum litteræ *d* et *z* apud Afros promiscue usurpari solerent; nemo tamen inficiari potest aliam fuisse urbem Tuzuritanam, cui Aptus præerat, a Tuziritana quam Tusdritanam fuisse censet Harduinus; idque duobus argumentis evinci potest ex Collatione Carthaginensi petitis, in qua Tusdritanus episcopus a Tuzuritano aperte distinguitur. Aptus nempe *Tuzuritanus* ab Harduino memoratus is est ipse qui cap. 187 inter Donatistas comparuit, et jam cap. 120 dictus fuerat adversarius *Asselici episcopi catholici Ecclesiæ Tuzuritanæ*. Proindeque alius est qui in ipsa Collatione cap. 206 habetur inter Donatistas *episcopus Tusdritanus*, nomine *Honoratus*. Quin et ejusdem urbis episcopum catholicum detexit vir perspicacissimus Baluzius. Nam capite 122 ejusdem Collationis memoratur inter Patres orthodoxos *Navigius episcopus Dydritanus*, pro quo Tusdritanus reponendum esse monuit vir eruditus, quod *Honoratus* qui ipsius Navigii ex Donatistarum secta adversarius ibi dicitur esse, is ipse sit quem *Tusdritanum* cap. 207 appellatum fuisse diximus. Alterum argumentum suppeditat nobis idem Baluzius, quod nempe Tuziritana seu Tusdritana civitas hic memorata, non ejusdem provinciæ fuerit ac Tuzuritana quæ Aptum habuit episcopum. Certe Thusdrum, nemine diffitente, ad Byzacenam pertinebat, quod ex Antonini Itinerario haud procul ab Adrumeto, Lepti Minore et Usulis situm fuisse novimus. At Aptus erat ex Arzugitana provincia, ut ipsemet Asselicus cap. 208 Collationis declarat his verbis: *Sub testificatione omnipotentis Dei... dico nos sic esse de Arzugibus profectos die tertio calendarum Maiarum.* Arzugitana autem Tripolitanæ provinciæ pars erat, aut certe ipsi contigua, ut patet ex cap. 49 codicis canonum Ecclesiæ Africanæ, ubi *In Tripoli forte et in Arzuge interjacere videntur barbaræ gentes*. Et quidem licet Byzacenæ conterminæ fuerit, Tusdrum in altera Byzacenæ **150** parte versus proconsularem sita erat, ut ex Antonino vidimus. Quin et Tusdrum nemo unquam extra Byzacium locavit. Oppidum *Tisdre* memorat Hirtius in libro de Bello Africo; et synodicæ inter cæteros Byzacenæ provinciæ episcopos subscripsit *Benerius episcopus Ecclesiæ Turditanæ*. Θύστρος est Herodiano lib. VII. Porro præter hos omnes habemus item *Turuxitanæ plebis episcopum*, nomine Serotinum, in Collatione Carthag. cap. 133 inter catholicos memoratum, quem cum Thurzæ aut Turzo in Byzacena urbi, supra a nobis ex Ptolemæo laudata, præfuisse scripsisset Garnerius, a Norisio reprehensus est quod a *Thurxa Thurusitanus* minus recte declinaretur, putatque hunc antistitem potiori jure ad proconsulares esse revocandum. Nam cum ipse Serotinus nullum adversus se Donatistam habere dixisset, reposuit Habetdeum diaconus Primiani Carthaginensis: *Presbyter illic est Cattus*. At certum est, ipsomet Norisio fatente, Habetdeum aliquando, etiam cum de aliis provinciis ageretur, fuisse interlocutum. Cæterum *Thusuros* in proconsulari et Byzacenæ finibus exhibent Tabulæ Peutingerianæ, et *Helpidius Tusdritanus* episcopus Donatista subscripsit concilio Cabarsussitano anno 393.

49. Marazianensis. *Marazaniam* appellat Antoninus in Itinerario. Ejusdem, ut puto, loci fuit *Felix a Marrazana*, qui adfuit concilio Carthag. sub sancto Cypriano inter rebaptizantes num. 46. In Collatione Carthag. cap. 133 recensitus fuit *Eunomius episcopus plebis Marazanensis*, cujus adversarius *Habeldeus* ex Donatistarum secta ibidem multum conqueritur, quod nec ipse nec ejus præcessor unquam fuerit in civitatem admissi, ad quam tamen ordinati fuerant. Marazanense concilium laudat Ferrandus in Breviatione canonum. Huic item urbi præfuisse censet Lucas Holstenius *Saturinum episcopum Ecclesiæ Miricianensis*, qui cum aliis Patribus Byzacenæ provinciæ subscripsit synodicæ in concilio Lateran. sub sancto Martino, act. 2.

50. Mattaritanus. In collatione Carthag. cap. 133 memoratur *Cultasius episcopus plebis Mataritanæ*, qui unitatem se habere professus est. Vide supra Mactaritanus, num. 25. *Marcus a Mactari* ex Carthaginensi concilio apud Augustinum memoratus, in libro VII

de Baptismo contra Donatistas, cap. 2, ut diximus suprà num. 25, in plerisque Augustini codicibus mss. dicitur *a Mattari*. Plinius lib. v, cap. 4, habet *oppidum Matterense*, pro quo Hermolaus *Madaurense* obtrusit, contra omnium mss. fidem, ut conqueritur Harduinus, nota 17 : quam lectionem alii incaute adoptaverunt. Eidem urbi præfuit, ut censet Holstenius, Victor Martyritanus episcopus Afer, qui apud Cassiodorum libro de Divinis Institutionibus, cap. 29, Cassiani Collationes expurgasse dicitur. Certe mss. codices, ut noster Joannes Garetius observavit in nova hujus auctoris operum editione, habent *Martaritanus*. Editio Parisiensis anni 1529 Martyritanum quidem habet in textu, sed in margine laudat codicem qui habebat *Mattaritanus*.

51. PRÆCAUSENSIS. Sic mss. et editi. Suspicatur Holstenius huc posse revocari monasterium *Præcisu* in concilio Carthag. sub Bonifacio memoratum occasione immunitatis quam monasterio suo asserere conabatur Petrus abbas. Ex ejusdem tamen abbatis libello supplici monasterium Præcisu intra Lepti Minoris diœcesis fines situm fuisse colligi potest. Vide infra num. 92.

52. AQUISALBENSIUM. Inter Donatistas *Januarius episcopus Aquæ Albensis* adfuit Collationi Carthag. cap. 197. At incertum est an isti urbi præfuerit, aut alteri ejusdem nominis inferius in Mauritania Sitifensi recensitæ numero quinto.

151 53. IRPINIANENSIS. Paulo aliter scribitur in Collatione Carthag. cap 133, ubi *Barbarus episcopus plebis Hierpinianensis*, editioni Labbeanæ *Hierpiniacensis*, inter orthodoxos Patres recensetur.

54. USULENSIS. *Cassianus Usulensis* episcopus interfuit concilio Carthaginensi sub Grato; et *Theodorus Usulensis* famosus Donatista, de quo passim Augustinus in libris contra Cresconium agit, concilio Cabarsussitano subscripsit anno 393, atque anno sequenti in Bagaïensi synodo condemnatus est. Is vero in codice ms. Colbertinæ bibliothecæ, ut monet Baluzius, *Uculensis* dicitur, quamvis Usulensem urbem ab Uculensi diversam fuisse certum videatur. Etenim in Collatione Carthag. cap. 126 comparuit *Privatus episcopus plebis Usilensis* e catholicorum numero, et cap. 128 *Cericius episcopus plebis Uculensis* item catholicus memoratur, qui unitatem catholicam apud se haberi professus est. Hunc vero a proconsulari fuisse discimus ex synodica epistola istius provinciæ Patrum, quæ in concilio Lateranensi sub sancto Martino lecta fuit, cui *Crisconius episcopus Ecclesiæ Uculensis* subscripsisse legitur. Synodicæ Byzacenorum quæ in eodem Lateranensi concilio laudata fuit, subscripsit *Laurentius episcopus civitatis Usilabis*, huc forte revocandus. Sedit inter episcopos concilii Carthag. sub sancto Cypriano *confessor Irenæus ab Utulis*, quem Usulensem episcopum fuisse censet operum sancti Cypriani editor Oxoniensis : et quidem jam antea Lovanienses apud Augustinum libro vi de Baptismo contra Donatistas, ubi sanctus doctor argumenta Irenæi pro rebaptizandis hæreticis solvit, pro *Utulis* ediderant *Usulis*. Sed hunc locum ad manuscriptorum fidem nostri restituerunt. Οὐτύλα a Ptolemæo memoratur, Antoninus inter Tusdrum et Thenas *Usulam civitatem* locat. *Ispyla* dicitur ab anonymo Ravennensi lib. III. num. 5, et iterum lib. v, num. 5. Denique in Tabulis Peutingerianis media inter Ruspem et Taparuram *Municipium Usilla* statuitur. Cave autem ne *Zellensem* urbem cum *Usilensi* confundas. Illas vero diversas esse vel ex eo evinci potest, quod in Collatione Carthaginensi præter Usulensem et Uculensem episcopos supra laudatos, habeatur cap. 134 *Donatianus episcopus plebis Zellensis* catholicus, cum *Natalico* ipsius adversario, qui iterum inter Donatistas cap. 163 memoratur.

55. HABETDEUS TAMALLUMENSIS. Duæ saltem erant in Africa urbes *Tamalluma* dictæ. Nam infra *Rufinus Tamallumensis* primus inter Mauritaniæ Sitifensis episcopos recensetur. In Collatione Carthag. cap. 127 memoratur *Gregorius episcopus Tamamallensis*, pro quo V. C. Baluzius posuit *Tamallensis*, et quidem recte, nam *Lucius* Donatista, qui ibidem Gregorii adversarius dicitur, cap. 208 nominatur *episcopus Tamallensis*. Præter hunc cap. 126 occurrit *Sabratius episcopus plebis Turre Tamallumensis* cum Jurata ipsius adversario, qui iterum comparuit inter Donatistas cap. 208. Baluzius censet *Gregorium* cap. 127 memoratum, fuisse episcopum Tamallumæ in Sitifensi provincia; Tamallumam vero hic in Notitia memoratam aliam non fuisse a Turre Tamallumensi, cui Sabratius præfuit, apud quam etiam Eugenium episcopum Carthaginensem fuisse relegatum putat. Certe Turrem Tamallum in in Byzacena exstitisse nemo inficiari potest, nam inter alios provinciæ Byzacenæ episcopos qui synodicæ ad imperatorem Constantinum scriptæ in concilio Lateranensi sub sancto Martino, act. 2, subscripserunt, habetur *Pentasius episcopus sanctæ Ecclesiæ Turrium Tamulus*, seu *Turrium Tamal*, ut ex codice ms. Bellovacensis Ecclesiæ emendat idem Baluzius. *Tamallumensis Ecclesiæ plebes invaserat Vincentius* **152** *Girbitanus, ex consilio Juncensi* : unde conjicitur hanc urbem in extremis Byzacenæ partibus fuisse sitam versus Tripolitanam, ad quam Girba pertinebat. Et quidem in limite Tripolitano Turrem Tamalleni sitam fuisse docet Antoninus in Itinerario, ubi hic titulus occurrit : *Iter quod limitem Tripolitanum per turrem Tamalleni a Tacapis Leptin Magnam ducit*. Tum recensens oppida : *A Tacapis ad Aquas, Agarlabas, Turrem Tamulleni, Ad Templum*, etc. Porro *Tamalleni* nomen, hic ab Antonino usurpatum, Baluzii sententiam confirmat, Eugenium apud Turrem Tamallumæ exulasse scribentis. Eugenius quippe in Notitia *Tamallenum* relegatus dicitur: Si tamen Turris Tamallumæ a Tamallumensi Byzacenæ civitate non distinguatur, Habetdeus hic in Notitia memoratus alius esse dicendus est ab Habetdeo, quem Victor libro v, num. 12, laudat; nam ipse in propriam suam civitatem relegatus fuisset, quod nemo facile admiserit. Nullus tamen præter istum Habetdeus in Notitia occurrit. Nec dicendum Victorem loco laudato loqui de Habetdeo Theudalensi, quem jam libro I, num. 7, laudaverat. Iste enim, nisi omnem prorsus temporum ordinem perturbaverit Victor, jam defunctus erat, siquidem Victor Theudalensis, ut pro *Eudalensis* legendum censet ipse Baluzius, in Notitia recensetur inter proconsularis provinciæ episcopos. Fortassis Turris Tamallumæ aut Tamalleni a Tamallumensi civitate Byzacii distinguenda est, quod innuere videtur Victor, Antonium *fuisse* dicens *in civitate proxima eremo*, et statim subjungens Eugenium *in ipsis eremi partibus* fuisse relegatum; numero tamen sequenti *Habetdeum similiter relegatum in civitate ipsa Tamallumensi* scribit; quæ verba ideo de Tamalluma Byzacenæ in Tamallumam Mauritaniæ Sitifensis infra recensitam interpretatus sum, not. 188, in Victoris Historiam (*Col*. 250, *n*. d), quod tamen a Victoris sensu videtur alienum. Nam de Tamalluma loquitur, quæ vicina erat Tripolitanæ provinciæ; at Tripolitanam inter et Mauritaniam Sitifensem interjacebant Byzacena et Numidia. Has difficultates sagacioribus solvendas relinquo.

56. CULULITANUS. Forte huc revocandus est *Restitutianus episcopus plebis Sululitanæ* inter catholicos recensitus in Collatione Carthag. cap. 135. Vide infra num. 93. Eamdem urbem esse *Chullabi*, cujus antistes *Aurelius* concilio Carthag. sub sancto Cypriano adfuit, putat editor Oxoniensis. *Cululim* recenset Procopius libro vi de Ædificiis Justiniani inter urbes Mediterraneas Byzacenæ quas hic imperator adversus Mauros munierat. In Notitia Bodleiana a V. C. Guillelmo Beveregio edita, inter *provinciæ Byzaciæ* urbes occurrit num. 12 *Colules*, Græce Κολούλης, quo nomine Cululitanam civitatem hic memoratam designari patet ex ejusdem Notitiæ editione a Goare procurata, ubi habetur Latine *Cululi*, quanquam Græcus textus præferat Κουκούλης.

57. MENEFESSITANUS. In Collatione Carthag. cap. 135 memoratur *Mensurius episcopus plebis Medefessitanæ*, vulgari litteræ *n* in *d* mutatione. Nostra autem lectio confirmatur ex Procopio lib. II de Bello Vandalico, capite 23; ubi *Menefesen* in Byzacio urbem memorat. *Menegesem* habet Antoninus in Itinerario, inter *Vergersallam* et *Thevesten* sitam.

58. CASULIS CARIANENSIS. Huic urbi præfuit, ut putat V. C. Baluzius, *Silvanus episcopus Carianensis* in Collatione Carthag. cap. 126 memoratus. Ibi tamen Holstenius legit *Cartanensis*, ut *Cartennam* urbem inveniret, sed perperam. *Casulam* memorat Antoninus, in proconsulari provincia sitam. In alterutra ex istis urbibus, studiosus quidam contulit codicem ms. operum sancti Hilarii, **153** ineunte sæculo sexto, ut apparet ex veteri inscriptione, quam ex eodem codice delineatam domnus Joannes Mabillonius in libro V de Re diplomatica, pag. 355, retulit. *Contuli in nomine Domini Jesu Christi aput Kasulis constitutus, anno quarto decimo Trasamundi regis.* Porro idem Mabillonius et D. Michael Germanus in itinere Italico, pag. 143, testantur se Romæ vidisse pretiosum istud sacræ antiquitatis monumentum, ab annis fere mille et ducentis, id est medio circiter sæculo antequam conferretur, scriptum : quod in bibliotheca Vaticanæ ecclesiæ propria asservatur.

59. ACOLITANUS. Scribitur quandoque cum aspiratione *Achola*. Sic Ptolemæus lib. IV, cap. 3. Strabo lib. XVII *Acholam* inter civitates liberas recenset : quam Tabulæ Peutingerianæ inter Tapsum et Ruspam locant. *Quintus episcopus Acolitaneus* synodicæ Byzacenorum subscripsit in concilio Lateranensi sub sancto Martyno, actione 2. *Acolam* recenset anonymus Ravennas lib. V, num. 5. Hanc esse *Acillam* ab Hirtio memoratam putant Holstenius in notis ad Carolum a Sancto Paulo, et Harduinus in notis ad Plinii lib. V, cap. 4; ubi *oppidum Acolitanum* inter *libera* recensetur. Sed ea de re subdubitat Ortelius in Thesauro geographico. Holstenio et Harduino favere videtur Titus Livius, qui lib XXXIII *Acyllam* haud longe a Thapso et a Cercina insula fuisse scribit. Thapsus autem in Byzacena erat, et ad eamdem provinciam revocabatur Cercina, ut patet ex hac ipsa Notitia, supra num. 47. Unde Sigonius et Glareanus in notis ad hunc Livii locum *Acholam* et *Acyllam* eamdem esse urbem asseruerunt. Ejusdem loci cives fuisse *Aquilitanos*, apud Gruterum DXII, cum Leptitanis et Usallitanis junctos censet idem Holstenius.

60. VINDEMIALIS CAPSENSIS. De hoc sanctissimo antistite plura dicentur in Commentario historico cap. 8, præter ea quæ habentur in Passione sanctorum monachorum qui in Capsensi territorio commorabantur, supra pag. 55 (nob. col. 263). Porro hic pro *Capsensis*, codex ms. habet *Cabsensis*, sed idem est. Capsa vero urbs celebris fuit, quam Ptolemæus lib. IV, cap. 3, inter urbes sub *Adrumeto* constitutas recenset. Munitam fuisse ex eo patet quod in ea Jugurthæ regis thesauri, teste Strabone lib. XVII, asservarentur. De eadem urbe Sallustius in libro de Bello Jugurthino scribit : *Erat inter ingentes solitudines oppidum magnum atque valens nomine Capsa :* ipsius excidium postea descripsit, sicut et Florus lib. III, cap. 1. Plinius vero lib. V, cap. 4, *Capsitanos* memorat ex iis qui *non civitates tantum, sed pleræque etiam nationes jure dici possunt*. *Capsam coloniam* habent Peutingerianæ Tabulæ. *Capsensis civitatis* meminit sanctus Cyprianus ep. 56 ad Fortunatum aliosque episcopos. Et in concilio Carthag. sub eodem Cypriano inter rebaptizantes sedit num. 69 *Donatulus a Capse*. *Fortunatianus Capsitanus* adfuit concilio Carthag. sub Grato. Et inter Donatistas concilio Cabarsusitano anno 393 subscripsit *Quintasius Capsensis*. In Collatione autem Carthaginensi *Fortunatus episcopus plebis Capsensis* occurrit cap. 126 cum *Celere* Donatista ipsius adversario, qui et cap. 206 memoratur. Nescio autem quo pacto cap. 205 *Donatianus episcopus item Capsensis*

A Donatista habeatur in eadem Collatione, de qua re tamen nemo est interlocutus. Denique *Capses* habetur in Notitia Leonis imperatoris tum apud Guillelmum Beveregium, tum in editione Jacobi Goaris.

61. DURENSIS. In Collatione Carthag. cap. 197 inter Donatistas memoratur *Antonianus episcopus Druensis*, et cap. sequenti *Bebianus episcopus Dusensis*, quin et cap. 197 *Paschasius episcopus* **154** *Duzitanus*, omnes ex Donati parte. An aliquis ex his *Durensis* fuerit alii divinabunt.

62. CUFRUTENSIS. Codex Halleri *Cufratensis*. Lectio nostra alteri præferenda est. Nam *Felicianus episcopus plebis Cufrutensis* adfuit concilio Carthag. anno 403, qui et Collattoni Carthag. cap 128 inter episcopos catholicos recensitus est.

63. TASBALTENSIS, seu *Tasvaltensis*. Hinc qui Collationis gesta exscripsere, *v* in *f* mutato, quod eumdem redderent sonum, posuerunt *Julianus episcopus plebis Tasfaltensis*, qui cap. 128 inter catholicos recensitus est. Nostra lectio confirmatur ex concilio Carthag. sub sancto Cypriano editionis Oxoniensis, in quo pro rebaptizandis hæreticis sententiam tulit num. 35 *Adelfius a Thasbalte;* cui Augustinus respondit in libro VI de Baptismo contra Donatistas, cap. 42; ubi nonnulli codices habent a *Thasvalte*, sicut et Cypriani editiones a Pamelio et a Rigaltio procuratæ. Aspirationem addit quoque codex Halleri apud Ortelium, ubi *Thasbaltensis* legitur. Antoninus in Itinerario *Tabaltam* memorat inter urbes Byzacenæ. Et *Innocentius Thebaltensis* inter cæteros Donati sectæ episcopos subscripsit concilio Cabarsussitano anno 393.

64. CILLITANUS. Ejusdem loci fuisse videtur *Tertiolus episcopus plebis Cillitanæ* in Collatione Carthag. cap. 128 recensitus, cum *Donato* ipsius adversario, cap. 187 iterum inter Donatistas memorato. At Privatianus episcopus Vegeselitanus catholicus cap. 133 ait se habere adversarium *Donatum episcopum Cillitanum*, qui Donatus ibidem ait *Vegeselum* suæ esse diœceseos, seque ibi presbyteros habere; unde infert V. C. Baluzius Vegeselam in Byzacio urbem admittendam esse. Fieri tamen potuit ut Donatus Cillitanus, Tertioli adversarius, alius fuerit a Donato Cillitano, quem suum adversarium appellavit Privatianus Vegeselitanus : atque eo pacto duæ admittendæ essent Cillitanæ urbes. Cæterum inter Patres Byzacenos qui synodicæ subscripserunt in concilio Lateranensi sub sancto Martino, occurrit *Fortunius episcopus Cellensis*, forte pro *Cillensis*. *Cellas Picentinas* in Byzacenæ et Tripolitanæ confinio habet Antoninus, qui paulo post *Cellas vicum* memorat, utraque a Tacapa M. P. XXX distabat. Idem forte locus est sub duplici nomine. Memorat idem auctor *Cilio* in Byzacena.

65. TIZIENSIS. Censet V. C. Stephanus Baluzius urbi huic præfuisse *Aptum episcopum plebis Tigiensis* qui Collationi Carthag. inter catholicos cap. 120 interfuit. Tamen in notis ad caput 126, in quo item inter catholicos occurrit *Pascasius episcopus plebis Tijucensis*, monet *Honoratum episcopum Tiziensem* in Notitia haberi. Tum laudat Augustinum, qui lib. contra Donatistas post Collationem cap. 22 meminit urbis *Tizicæ*, quam in proconsulari locari innuit. Deinde aliis judicandum relinquit, an *Tizica* sit eadem urbs ac *Tujuca*. Sane in ejusmodi dubiis satius est ea quæ in auctoribus antiquis habentur, in medium proferre, suspensa interim sententia. Vide Maurit. Cæsar num. 27.

66. BONIFACIUS FORATIANENSIS. Codex ms. Laudun., *Fortianensis*. Halleri vero, *Forianensis*. Vulgatam tamen lectionem retinuimus, quæ conformis est Victori Vitensi, apud quem *Bonifacius*, unus scilicet ex quatuor episcopis qui fidei professionem Hunerico regi obtulere, *Foratianensis* in omnibus tam editis quam manuscriptis appellatur. Hinc mirari subit *Foratianam* in indice sancti Cypriani operibus præfixo incertæ provinciæ sedibus annumerari.

67. Servius Absuritanus. Sic codex ms. Laudunensis. Editi vero, *Servus*. V. C. Joannes Harduinus in notis ad Plinium I. v, **155** c. 4, hic in Notitia scribendum esse censet *Apsiritanus*, ut inveniat *Abziritanus*, cujus loci *Fructuosus* episcopus Collationi Carthaginensi interfuit cap. 128. At urbs Abziritana ad proconsularem pertinebat; eadem enim est quæ Abdera alias dicitur. Abdera autem nemine diffitente in proconsulari erat, quam *sub Carthagine constitutam* dicit Ptolemæus lib. IV, cap. 3; *Abderitanam* vero et *Abziritanam* eamdem esse urbem probatur non solum quod litteræ *d* et *z* promiscue passim ad eamdem rem designandam assumantur, ut alias ipse Harduinus probat, sed etiam ex concilio Carthag. sub Genethlio, ubi *Victor* in editis et aliquot mss. *Abziritanus* dicitur, in aliis vero *Abderitanus*, ut observarunt viri eruditi Norisius et Baluzius, quod etiam in Conciliorum Labbeana editione in margine notatum est. Cave tamen ne Abderitanam seu Abziritanam urbem cum *Abbiritana* confundas, eas enim esse omnino diversas probat Norisius adversus Garnerium. Præter has Plinius meminit etiam oppidi *Azuritani*, quo nomine *Assuras* designari monet idem Harduinus. De ista urbe plura diximus, ubi de proconsularibus num. 19. Cæterum in indice sancti Cypriani operibus prælixo, *Arzuri* in Byzacena locatur, sed forte ex hoc Notitiæ loco. Non est autem contemnenda Caroli a Sancto Paulo conjectura, qui in Geographia sacra putat hujus *Arsuritanæ* urbis episcopum fuisse Bonifacium, qui synodicæ patrum Byzacenorum in concilio Lateranensi sub sancto Martino, act. 2, laudatæ, sic subscripsisse reperitur : *Bonifacius gratia Dei episcopus sanctæ Ecclesiæ Sasuritanæ*. *Sassura Vicus* habetur in Tabulis Peutingerianis.

68. Forontonianensis. Codex Halleri apud Ortelium, *Ferontonianensis*. Infra num. 71 habetur *Bonifacius Frontonianensis*.

69. Febianensis. Haud dubium quin eidem sedi præfuerit *Sallustius episcopus sanctæ Ecclesiæ Rebianensis*, qui cum aliis Byzacenis Patribus synodicæ subscripsit in concilio Lateranensi sub sancto Martino, act. 2. Synodicam ex hoc Notitiæ loco emendandam esse putat Holstenius.

70. Vararitanus. Distinguenda est hæc sedes a *Vazaritana* Numidiæ urbe, de qua in notis ad istius provinciæ episcopos num. 32 egimus. Et quidem in Tabulis Peutingerianis habetur in Byzacena *Bararus municipium*; et inter urbes quas *sub Adrumeto* fuisse scribit Ptolemæus, occurrit *Cararus*.

71. Frontonianensis. Codex Halleri *Frotonianensis*. Habetur supra num. 68 *Forontonianensis*.

72. Mimianensis. Codex Halleri, *Miminensis*. Hucforte potius quam ad Marazanam revocandus esset *Saturinus episcopus sanctæ Ecclesiæ Miricianensis*, recensitus inter Byzacenæ antistites qui synodicæ subscripserunt in concilio Lateranensi sub sancto Martino, act. 2. Certe corrupta pleraque urbium nomina in hujus epistolæ subscriptionibus, me audaciorem faciunt in conjectando quam alias par esset.

73. Boanensis. Ejusdem loci, ut suspicatur eruditus Baluzius, fuit *Januarius episcopus Ecclesiæ Banensis*, qui synodicæ ad Constantinum Augustum inter alios patres Byzacenos subscripsit in concilio Lateranensi sub sancto Martino act. 2. Adfuit etiam Collationi Carthag. cap. 126 inter catholicos *Victor episcopus plebis Bahannensis*, quæ eadem fuisse videtur cum Boanensi. *Beianum Baianensem* Donatistam ex Maximianistis in synodo *Bagaiensi* exauctoratum huc quoque revocat eruditus vir Lucas Holstenius.

74. Maraguiensis. Codex Halleri, *Maraguinensis*. Ejusdem forte loci fuit *Stephanus episcopus* **156** *sanctæ Ecclesiæ Taraquensis*, qui synodicæ inter Patres Byzacenos subscripsit in concilio Lateranensi sub sancto Martino, actione 2. Quænam autem lectio sit præferenda incertum est, tametsi mendosiores sunt in synodica subscriptione quam in Notitia. Cæterum in synodica pro *Taraquensis* Holstenius legit *Taracensis*, ut diximus supra numero 34.

75. Nationensis. *Faustinus episcopus Nationensis* inter Donatistas memoratur in Collatione Carthag. cap. 208.

76. Faustus Præsidiensis. Iste *Faustus* ipse idem videtur esse qui non procul a sua sede in exsilio agens, monasterio præfuit in quod sese beatus Fulgentius recepit, ut in ipsius Vita narratur cap. 4. De eo plura habes infra in Commentario historico cap. 11. *Leontius episcopus Præsidiensis* inter Donatistas recensitus est in Collatione Carthag. cap. 208. Præsidium non semel occurrit in Tabulis Peutingerianis, sed ut plurimum per modum adjuncti, ut sunt *Municipium, colonia*, etc. Segmento 1 habetur *Præsidium*, et segm. 4 *Præsidio*.

77. Teucitanus. Sic duo mss. et editi. In Notitia Imperii sub dispositione ducis Tripolitanæ habetur *Præpositus limitis Teuchitani*.

78. Gurgaitensis. Sic uterque codex ms. cum editis; forte legendum *Gurgitensis*. Etenim in concilio Carthag. sub sancto Cypriano pro rebaptizandis hæreticis sententiam tulit num. 74 *Felix a Gurgitibus*, qui et eodem modo appellatur a sancto Augustino lib. VII de Baptismo contra Donatistas, cap. 38, ubi sanctus doctor istius antistitis objectionem solvit.

79. Filacensis. Hanc urbem apud Ortelium reperire non licuit, quod forte in codice Halleri deesset.

80. Macrianensis. Ejusdem loci fuisse *Ferocem episcopum plebis Macrianensis Majoris* in Collatione Carthag. cap. 125 memoratum, censet Baluzius, quam tamen urbem lapsu memoriæ Numidiæ attribuit ex Notitia. In ea quippe Macrianenses duo tantum episcopi habentur, unus in Byzacena de quo agimus, alter vero in Mauritania Sitifensi num. 23. Porro ex Collatione tres hujus nominis urbes fuisse in Africa colligimus ex totidem scilicet episcopis catholicis Macrianensibus qui in ea laudantur. Etenim præter Ferocem supra laudatum, et ipsius ex parte Donati adversarium nomine *Pomponium*, in Cabarsussitana synodo memoratum, *Silvanus* cap. 133 memoratur, qui profitetur nullum habere adversus se Donatistam; et cap. 215 inter episcopos catholicos, qui antea non comparuerant, sed postea subscripsere, occurrit *Felix episcopus Macrianensis*. Recte tamen eruditus Baluzius monet ex numero episcoporum etiam unius communionis qui eidem loco præ fuisse dicuntur, non statim inferendum esse totidem fuisse ejusdem nominis urbes quot occurrunt episcopi; quandoque enim duo erant catholici episcopi in una et eadem urbe : quod contingebat potissimum cum aliquis Donatista ad Ecclesiæ catholicæ unitatem accessisset. Huic enim et nomen, et locus episcopi relinquebatur, ut patet ex Ampelio et Primulo episcopis Vagensibus in cap. 176 Collationis Carthag. memoratis, de quibus diximus supra ubi de episcopo *Vadensi* inter Numidas num. 7. Porro *Silvanus episcopus plebis Macrianensis* supra memoratus, concilio Carthag. anno 403 subscripsit. Concilium Macrianense laudat Ferrandus in Breviatione canonum.

81. Teleptensis. In ea civitate natus est sanctus Fulgentius. *Julianus a Telepte* sententiam dixit in concilio arthag. sub sancto Cypriano. Et *Donatianus episcopus Ecclesiæ Teleptensis* cum *Bellicio* ipsius adversario Donatista **157** interfuit Collationi Carthag. cap. 121. Bellicius iterum cap. 198 memoratur. Tamen cap. 208 rursus inter Donatistas comparuit *Datianus episcopus Teleptensis*, quod Baluzius hæreticorum impudentiæ tribuendum esse censet, qui falsos episcopos intrudebant, nisi mendum aliquod in hunc locum irrepserit. Fortasse legendum est *Taleptulensis* seu *Talaptensis*. Istius quippe nominis antistes occurrit infra num. 103. Cæterum *Donatianus Teleptensis episcopus primæ sedis* Byzacenæ passim in conciliis memoratur. De Talapta et Telepte in Notitia Leonis imperatoris memoratis vide infra num. 103. *Televtem* urbem in Byzacena

mediterraneam muniit Justinianus Augustus, ex Procopio lib. vi de Ædificiis.

82. OPPENNENSIS. Editi habent *Openuensis*, et codex Halleri apud Ortelium *Opemiensis*. Index geographicus operibus sancti Cypriani præfixus, nostræ lectioni ex codice Laudun. conformis, memorat *Oppenna*. Leo *Ospinensis*, seu *Opinensis* apud Labbeum tomo II Concil., coll. 1603 et 1605, concilio Carthaginensi sub Aurelio anno 419 subscripsit. Sed iste episcopus erat e Mauritania Tingitana, ut dicemus infra num. 33 ad Sitifenses. *Oppinum* nempe, seu, ut habet codex Palatinus, *Opinum* inter Mauritaniæ Tingitanæ oppida recenset Ptolemæus lib. IV, cap. 1.

83. TAGARBALENSIS. Codex Halleri, *Targabolensis*. In Antonini itinerario inter Tacapem et Turrem Tamalleni in limite Tripolitano occurrit *Agarlabas*.

84. CARCABIANENSIS. Concilio Cabarsussensi inter alios Donatistas anno 393 subscripsit *Victorianus Carcabianensis episcopus*, qui anno sequenti in Bagaiensi synodo, vigente gravi inter Donatistas schismate, e sede sua dejectus fuit. De illo agit Augustinus epistola 108, et passim in libris contra Cresconium Donatistam, sicut et in sermone 2 in psalmum 36. *Donatianus* Victoriani successor ex eadem secta interfuit Collationi Carthag. cap. 201.

85. RUFINIANENSIS. Codex Halleri *Ruffianensis*. Ejusdem loci fuit *Marianus episcopus plebis Rufinianensis*, ut restituit Stephanus Baluzius, in Collatione Carthagin. cap. 128 memoratus. Cum enim, ut idem vir eruditus monet, in codice scriptum esset *Marianus episcopus plebis Rufinensis*, aut forte *Rufinian.*, putavit Pithæus voce *Rufinianus* quempiam episcoporum designari, aliquidque ab exscriptore fuisse omissum; unde sic edidit; *episc. plebis...... Rufinianus. Idem dixit*, etc. Sane in editione Papirii Massoni, unicum est punctum post vocem plebis, ex quo inferri potest nihil in manuscriptis detritum fuisse.

86. AQUARUM REGIARUM. In cap. 126 Collationis Carthag. inter catholicos antistites recensitus fuit *Maximianus episcopus Aquensium Regiorum*, qui *alium episcopum in patria sua non haberi* professus est. Is ipse legatus provinciæ Byzacenæ interfuit concilio Carthag. VII sub Aurelio, ubi in edit. Labbeana *episcopus Aquæ Regiensis*; in codice autem canonum Ecclesiæ Africanæ cap. 127 et 133 solummodo *Maximianus Aquensis*; licet in aliis codd. mss., ut monet Justellus, dicatur *Aquensis Regiorum, legatus provinciæ Byzacenæ*. Sed utrobique in textu Græco habetur Ἀκυρεγενσιῶτης. *Aquas Regias* appellant Tabulæ Peutingerianæ et Antoninus in Itinerario. Eamdem urbem laudat Victor Vitensis lib. v, num. 5.

87. QUÆSTORIANENSIS. Codex Halleri apud Ortelium, *Quæstorianensis*, sine diphthongo. Inter Patres Byzacenæ provinciæ qui synodicam scripserunt ad Constantinum Augustum, in concilio Lateranensi sub sancto Martino, act. 2, habetur *Beatus Stephanus Spesindeo* **158** *misericordia Dei episcopus sanctæ Ecclesiæ Questorianensis*.

88. RUFINIANUS VICTORIANENSIS. Is ipse est, ni fallor, quem ex Africa profugum, in insula Siciliæ vicina monasticam vitam agentem consuluit sanctus Fulgentius, ut narratur in ejusdem sancti viri Vita cap. 13, quam consule. Porro *Saturninus a Victoriana* pro iterando hæreticorum baptismo sententiam tulit in concilio Carthag. sub sancto Cypriano, num. 51; cujus argumento respondet Augustinus lib. VII de Baptismo contra Donatistas, cap. 15. *Getulicus Victorianensis episcopus* subscripsit concilio Cabarsussitano inter Donatistas. Cujus etiam sectæ fuit *Saturninus episcopus Victorianensis*, in Collatione Carthag. cap. 201 memoratus. *Restitutum Victorianensem* laudat Augustinus epist. 105, quem ex Donati schismate ad unitatem catholicam conversum schismatici variis pœnis exagitarunt. Alia fuit *Victoriana villa* de qua idem Augustinus lib. XXII de Civitate Dei, cap. 8. Ab utraque autem diversa fuit *Victoria* a Ptolemæo recensita inter Mauritaniæ Cæsariensis urbes, lib. IV, cap. 2.

89. GUMMITANUS. In Collatione Carthag. cap. 215 inter episcopos catholicos qui non subscripserant, et postea comparuerunt, memoratur *Joannes Gummitanus episcopus*. Sæculo undecimo cum ob barbarorum illuvies quinque solummodo superessent in Africa episcopi, unus ex iis erat *Gummitanus*, qui forte cum esset cæteris ætate senior, primatis Africæ nomen et honorem ambiebat contra Carthaginensis Ecclesiæ privilegia, cujus conatus retudit sanctus Leo nonus papa epistolis 3 et 4. Haud dubium quin ejusdem urbis fuerit *Stephanus episcopus Ecclesiæ civitatis Gummasis*, qui cum aliis Byzacenæ provinciæ episcopis synodicam scripsit ad Constantinum Augustum, quæ exstat in Concilio Lateranensi sub sancto Martino, act. 2. Huc quoque revocat V. C. Stephanus Baluzius *Sabnianum episcopum plebis Gummenartarum*, qui concilio Carthaginensi sub Bonifacio anno 525 interfuit et subscripsit.

90. MATERIANENSIS. Sic quoque in Halleri ms. dicitur, Ortelio teste.

91. MOZOTCORITANUS. Sic uterque codex ms., at in editis legitur *Moroteoritanus*. In indice operibus sancti Cypriani præfixo occurrit *Moroteri* in Byzacena.

92. VICOATERIENSIS. Sic etiam subscripsit synodicæ Byzacenorum Patrum in concilio Lateranensi sub sancto Martino, act. 2, *Ebasius episcopus sanctæ Ecclesiæ Vico Ateriensi*. Et Petrus abbas in concilio Carthag. anno 525, sub Bonifacio, pro tuenda monasterii sui immunitate adversus Liberatum Byzacenæ provinciæ primatem, exemplum profert *monasterii Præcisu*, quod licet *in medio Leptiminensis Ecclesiæ* positum esset, prætermisso episcopo vicino, *Vicoateriensis Ecclesiæ episcopi in longinquo positi* consolationem habebat. *Rogatianus* vero Donatista in collatione Carthag. cap. 198 dicitur *episcopus a Vico Ateri*.

93. SUBLECTINUS. Sic et in anonymo Ravennensi scribitur *Sublecte*, lib. scilicet III, num 5, et lib. v, num 5. Tamen sæpius cum duplici *l* occurrit apud veteres. Tabulæ Peutingerianæ habent *Sullecti*. *Martianus Sullectinus* Donatista in synodo Bagaiensi ab aliis Donatistas condemnatus est, anno 394, ut refertur in collectione Conciliorum Baluziana col. 98. Idem testatur sanctus Augustinus passim in libris III et IV contra Cresconium, *Restitutum* episcopum plebis Sullullitanæ, in Collatione Carthag. cap. 135 inter Catholicos memoratum, huc revocat Holstenius, sicut et *Hilarum Sullitanum* Donatistam, qui cap. 201 comparuit. Hoc tamen de alterutro dici non potest, cum Restitutianus **159** unitatem catholicam se habere professus fuerit. Istum e Mauritania fuisse verisimilius videtur Baluzio, quem ad urbem Cululitanam, supra num. 56 recensitam, revocari posse suspicati sumus. Cæterum habemus ex Procopio, libro I de Bello Vandalico, *Syllectum maritimum oppidum*, in quod primum appulit Belizarius Africam a Vandalis vindicaturus, cum antea loci antistitem cum primoribus urbis sibi conciliasset. Quin et ex hoc loco ejus situm discimus; nam Romani exinde per Leptim et Adrumetum Grassam pervenere, postea Decimum, qui locus septuaginta prope stadia Carthagine aberat.

94. IRENSIS. Franciscus Chiffletius vir eruditus, in notis ad Ferrandum hic legendum esse censet *Idirensis*, cujus loci, inquit, episcopus Collationi Carthag. interfuit. Habetur quidem in Collatione cap. 128 *Marcianus episcopus Idicrensis*, qui in veteribus editionibus dicitur *Idierensis*, et in ea quam Papirius Massonus vulgavit, *Idurensis*. Sed iste ad Numidiam pertinebat; de quo egimus in notis ad illius provinciæ episcopos num. 16. Verisimilius est *Irensem* urbem eamdem esse ac Irinensem, ut putat Carolus a Sancto Paulo ex Fuliensi episcopo abrincensi, cujus antistes in Collatione Carthag. cap. 215 inter episcopos catholicos qui initio Collationis non subscripserant, recensetur, appellaturque *Tertullianus episcopus Hirenensis*. Certe iste ad Byzacenam pertinebat, nam

in concilio Lateranensi sub sancto Martino, actione 2, synodicæ cum aliis Patribus Byzacenis subscripsit *Theodorus humilis episcopus sanctæ Ecclesiæ Hirinensis.*

95. TIGUALTENSIS. Ejusdem loci, uti opinatur Baluzius post Holstenium, fuit *Asmunius*, seu, ut veteres editiones habent, *Somnius episcopus Tigualensis*, in Collatione Carthag. cap. 126 memoratus; qui conquestus est duos in sua diœcesi a Donatistis ordinatos fuisse episcopos, *Gaianum* nempe et *Privatum*. E quibus *Gaianus* eodem capite, et infra cap. 186 comparuit, quique antea jam interfuerat concilio Cabarsussitano anno 393. Alypius tamen Tagastensis episcopus catholicus in Numidia pro *Asmunio* interlocutus est; sed exinde non inferendum est quod fuerint ejusdem provinciæ.

96. AUZEGERENSIS. Memoratur in collatione Carthag. cap. 208 *Donatus episcopus Auzigerensis*, Donatista.

97. TEMONIARENSIS. Legendum absque dubio *Temonianensis*; nam Collationi Carthag. cap. 126 recensetur inter catholicos *Cresconius episcopus plebis Temoniensis*, quem hunc ipsum esse *Cresconium*, qui in codice canonum Africanæ Ecclesiæ, cap. 127, memoratur, censet Baluzius. *Victorinus episcopus Ecclesiæ Temunianensis* subscripsit synodicæ Byzacenorum in concilio Lateranensi sub sancto Martino, act. 2.

98. TURREBLANDINUS. Ejusdem urbis episcopus Donatista memoratur in Collatione Carthaginensi cap. 208, ubi *Maximinus episcopus Turreblandensis*, seu, ut veteres habebant editiones, *Turreblansis*. Paulo aliter in concilio Lateranensi sub sancto Martino synodicæ Patrum Byzacenorum subscribit *Datianus episcopus sanctæ Ecclesiæ Turreblandis*, Græce Τουρρεϐλανδίνς. Ortelius ex Victore ms. codicis Halleri habet *Turris Blandini*, et *Turris Blansis.*

99. RESTITUTUS SEGERMITANUS. Codex Laudunensis *Restutus*. Alius *Restitutus episcopus Segermitanus* Donatista interfuit Collationi Carthaginensi cap. 198, qui jam comparuerat cap. 126, cum *Felix episcopus plebis Segernitensis* catholicus recensereretur. Inter rebaptizantes sententiam dixit *Nicomedes a Segermis*, num. 9, in concilio Carthag. sub sancto Cypriano; cui respondit Augustinus **160** libro VI de Baptismo contra Donatistas, cap. 16.

100. GAUVARITANUS. Codex Halleri, *Gaunaritanus*. Collationi Carthag. cap. 128 interfuit *Rogatus episcopus Gaguaritanus*, qui ex Donatistis ad unitatem catholicam transierat.

101. ELIENSIS. Sic etiam scribitur in Collatione Carthagin., ubi cap. 126 memoratur *Fuscinullus episcopus plebis Eliensis*. Apud anonymum Ravennensem libro III, num. v habetur *Elie*, sicut et in aliquot codicibus mss. Itinerarii Antonini, quamvis editi habeant *Elices*, ut monet noster Placidus Porcheron in notis ad hunc anonymi locum, ubi laudat Tabulas Peutingerianas, quæ habent *Æliæ*. Inter Patres Byzacenos qui synodicæ in concilio Lateranensi sub sancto Martino laudatæ subscripserunt, occurrit *Constantinus episcopus sanctæ Ecclesiæ Heliensis.*

102. RUSFENSIS. Sic codex Laudun. At Ortelius ex Halleri codice habet *Rufensis*. Editi *Ruspensis*. Codicis ms. Laudun. lectionem retinuimus, quamvis editorum lectio melior videatur. Hæc autem varietas non est nisi penes scribendi modum. Etenim litteræ *ph*. simul, aut sola littera *p* indifferenter olim adhibebantur, ut *Trophæa* pro *Tropæa*. *Typhus* pro *Typus*, et alia ejusmodi *Ph*. vero et *f* juxta nostrum pronuntiandi modum idem sonant, inde ex *Ruspensis* scriptum est *Rusphensis*; et postmodum *Rusfensis* et dictum et scriptum est. Jam vero nemo est in Historia ecclesiastica ita hospes qui Ruspensem civitatem ignoret, celebrem in primis ob magnum Fulgentium, sanctitate vitæ, gloria confessionis, et scriptis illustrem · de quo plura dicemus in Commentario historico, potissimum capp. 11 et 12. *Julianus episcopus*

sanctæ Ecclesiæ Ruspensis subscripsit synodicæ Patrum provinciæ Byzacenæ quæ lecta est in concilio Lateranensi sub sancto Martino, act. 2. Porro *Ruspinam a Ruspe* non distinguit Joannes Harduinus nota 13 in librum v Plinii, *cum magna*, inquit, *apud se non sit unius Ptolæmei auctoritas*, qui eas lib. IV, cap. III, diversas facit, cum tamen alii auctores nonnisi alterutram laudent. At pace viri eruditi, utramque Tabulæ Peutingerianæ repræsentant, sicut et anonymus Ravennas lib. v. Alterutrius fuit *Secundus episcopus Ecclesiæ Ruspitensis*, qui inter catholicos cap. 121 collationis Carthag. recensetur: quem incaute omnino Garnerius Numidis attribuit ut adversus illum probat Henricus Norisius. Ruspina celebris est in Historiæ Romanæ scriptoribus qui bellum a Cæsare gestum in Africa descripsere, Hirtio, Dione, Cassio, etc.

103. TALAPTULENSIS. Codex Halleri, *Taleptulensis*. *Stephanus episcopus sanctæ Ecclesiæ Talaptulensis*, cum aliis Byzacenis Patribus subscripsit synodicæ ad Constantinum Augustum quæ lecta fuit in concilio Lateranensi sub sancto Martino, actione 2, an vero hic Stephanus huic sedi potius quam *Teleptensi* attribuendus sit, alii judicabunt. Idem dicendum de *Datiano Teleptino* in Collatione Carthag. memorato de quo supra num. 81. Sic et in Notitia Leonis imp. editionis Beveregianæ memoratur *Taleptes*, quæ in editione Goaris dicitur *Talapta*. Et utrobique Græcus textus habet Ταλέπτης. Paulo inferius inter Numidiæ urbes occurrit *Telepte* apud Goarem, sed videtur esse potius Thebeste, ut diximus supra num. 75 de Numidis.

104. AUTENTESIS. Codex Halleri, *Auteniensis*, pro Autentensis. *Autentum* in Byzacena locat Antoninus in Itinerario. *Optatus episcopus sanctæ Ecclesiæ Autentensis*, cum aliis ejusdem provinciæ episcopis subscripsit synodicæ laudatæ in concilio Lateranensi sub sancto Martino, actione 2.

105. JUNCENSIS. Adfuit Collationi **161** Carthag. cap. 187 inter Donatistas *Valentinianus episcopus Juncensis*, ut ex veteri codice ms. restituit V. C. Baluzius, cum antea haberetur *Inucensis*. Posteriorem tamen hanc lectionem retineri debere censet Henricus Norisius in censura Garnerii, *Juncensem* et *Inucensem* urbes distinguens, quarum priorem in Byzacena, alteram vero, cui præerat Valentinianus, in proconsulari locat. *Inuca* habetur in Tabulis Peutingerianis haud procul a Majori Turburbo, atque prope urbem Carthaginem locat Antoninus in Itinerario, ubi *Unuca* dicitur, media inter Vallem et Carthaginem ipsam. Consentit anonymus Ravennas lib. III, num. 5. *Junces* in Notitia Bodleiana inter *Byzaciæ* urbes memoratur, quæ in Goaris editione *Juca* dicitur. Græcus textus habet Γούγκη. Celebris fuit synodus *Juncensis* sub Liberato Byzacenæ provinciæ primate anno 524 ineunte, id est, Hilderici regis primo, e qua legati ad concilium Carthaginense, sub Bonifacio anno sequenti habendum missi fuere. Ejusdem synodi canonem refert Ferrandus diaconus in sua canonum Breviatione num. 26. In ea item synodo, quamvis editi quidam habeant *Vincensi*, sed mendose, ut monent viri eruditi (codex noster annorum 800 habet *Juncensi*), sanctus Fulgentius Quodvultdeo episcopo prælatus est; cui tamen locum cessit paulo post in concilio Sufetano, ut narrat ejusdem sancti Vitæ auctor cap. 29. Huic fortassis urbi præfuit Numidius, qui inter alios Byzacenæ provinciæ episcopos synodicæ ad Constantinum Augustum datæ, in concilio Lateranensi sub sancto Martino, actione 2, subscripsisse legitur in hunc modum : *Numidius humilis episcopus sanctæ Ecclesiæ Susianæ Juncis*. Holstenius suspicatur Græce scriptum fuisse Σουγικης Γούγκης, quod hujus loci Ecclesia Sapientiæ divinæ fuerit dicata. Sed hoc divinare est. Pene omiseram monasterium quod in beati Fulgentii Vita memoratur cap. 14, *Juncensi littori proximum*, ut diserte habet codex sancti Germani jam laudatus, et *Benefensi contiguum*. Cæterum inter Mauritaniæ Cæsariensis

Patres primus omnium infra *Glorinus Juncensis* habetur.

106. JUBALTIANENSIS. Collationi Carthaginensi cap. 128 interfuit *Geta episcopus plebis Jubaltianensis*, qui is ipse est Geta, ut censet V. C. Baluzius, qui legatus fuit ex provincia Byzacena ad concilium Carthag. anno 403, ut refertur in codice canonum Ecclesiæ Africanæ cap. 90. Eidem viro docto et Holstenio ultro assentior existimantibus ejusdem loci episcopum fuisse *Restutum* seu *Restitutum*, qui dicitur *episcopus sanctæ Ecclesiæ Jubeclidiensis*, vel, ut habet codex ms. Ecclesiæ Bellovacensis, *Jubalidiensis*, in subscriptionibus synodicæ Byzacenorum antistitum in concilio Lateranensi sub sancto Martino, act. 2.

107. SERVITIUS UNURICOPOLITANUS. Editi habent *Servilius*. Codex Halleri *Unorecopolitanus*.

108. AGGARITANUS. Supra num. 29 habetur *Filtiosus Aggaritanus;* quo loco nonnulla de urbe Aggaritana observavimus. Sane duas urbes *Aggar* dictas, exhibet index operibus sancti Cypriani præfixus; unam in Byzacena, alteram in proconsulari. Sed uterque *Aggaritanus* antistes in hac Notitia ex Byzacenis fuit.

109. VIGILIUS TAPSENSIS. Celebris scriptor, cujus opera edidit et illustravit vir eruditus Petrus Franciscus Chiffletius e societate Jesu presbyter, qui multa de eodem antistite et de ipsius operibus scitu digna observavit, cum antea paulo obscura esset ejus memoria, ut patet ex Bellarmino in libro de Scriptoribus ecclesiasticis ad annum 495, et Labbeo in dissertatione Historica de eodem argumento. Excusari non potest Casimirus 162 Oudinus, qui post Vigilii editionem Chiffletianam, ipsum anno 560 floruisse scripsit in supplemento Bellarmini. Porro urbis istius nomen sæpius apud auctores cum aspiratione scriptum occurrit. *Thapsum* nempe habent Ptolemæus, Titus Livius lib. XXIX et XXXIII, et Lucius Florus libro IV Historiæ Rom., cap. 4. *Thapsum* oppidum maritimum appellant Hirtius libro de Bello Africo, et Plinius libro V, cap. 4. *Capsum* tamen habent Tabulæ Peutingerianæ, Epitome libri CXIV Titi Livii deperditi, et anonymus Ravennas. Celebre autem fuit istud oppidum ob fugam Jubæ regis cæterorumque Julii Cæsaris hostium, qua occasione situm ejus egregie describit Dio Cassius libro XLIII Historiarum Romanarum.

SUNT NUMERO 107. Sic codex Laudunensis et Sirmundi editio. Chiffletius tamen posuit 111, quod præter 109 antistites qui hic recensentur, sint etiam duo quorum nomina initio videntur excidisse.

110. MADASSUMA. Codex Halleri *Madyssumma*. Apud Antoninum in Itinerario dicitur *Mardarsuma*. Huic urbi pro Donatistis præfuit *Primulianus episcopus Mandasumitanus*, in Collatione Carthaginensi cap. 187 memoratus, qui et videtur interfuisse concilio Cabarsussitano, nam inter eos qui subscripsere habetur *Primulianus episcopus*, cujus sedes non designatur. Notitia Leonis imperatoris a Goare edita inter Byzacenæ civitates memorat *Madassumma*. Græcus tamen textus ibidem, sicut Latina simul et Græca editio Beveragiana habet Μαδασούβα.

111. DIONYSIANA. Codex Halleri, *Donisiana*. Confessor *Pomponius a Dionysiana* pro rebaptizandis hæreticis sententiam protulit in concilio Carthag. sub sancto Cypriano, num. 48; cujus objectionem solvit Augustinus lib. VII de Baptismo contra Donatistas, cap. 12. Fortunatus item *Dionysianensis episcopus* cum aliis Donatistis subscripsit concilio Cabarsussitano anno 393. *Victor* ex eadem secta, *episcopus item Dionysianensis*, recensitus est in Collatione Carthag. cap. 198; sed non comparuit, quod tunc ægrotaret, ut testatus est Primianus episcopus Carthaginensis Donatista.

112. SULIANIS. Codex Halleri, *Sulianæ*. Huc fortassis revocandus est *Urbanus episcopus Sulitanus*, qui inter Donatistas comparuit in Collatione Carthag. cap. 201. At Holstenius *Sulianis* locum hunc esse putat qui in Antonini Itinerario dicitur *Silvani*.

113. ORREA CÆLIA. Eadem linea cum præcedenti urbe in codice manuscripto legitur, interposito aliquo spatio, cum tamen alias singulæ urbes singulas lineas occupent, quin et in fine, quasi duæ non essent urbes, habetur. *Sunt numero* 5. Porro hujus urbis nomen sæpius scribitur cum aspiratione apud veteres, ut in editione Sirmondi. Dicitur ab Antonino *Horrea Cælia vicus Byzacenæ*. Concilio Carthag. sub sancto Cypriano inter rebaptizantes adfuit num. 67 *Tenax ab Horreiscæliæ;* quo etiam modo scribitur apud Augustinum lib. VII de Baptismo contra Donatistas, cap. 31, ubi sanctus doctor Tenacis objectionem solvit. In prioribus editionibus Collationis Carthag. cap. 201 inter Donatistas recensetur *Januarius episcopus Haran.......celtensis*, sed legendum est, ut restituit eruditus Baluzius, *Horreæ Cæliensis*. Denique *Hilarinus episcopus Orreocælensis*, synodo Carthagin. sub Aurelio anno 419 *legatus provinciæ Byzacenæ interfuit;* qui in codice canonum Ecclesiæ Africanæ post cap. 127 dicitur *Hilarianus episcopus Horreocellorum*, in alio codice *Horreicæliensis*, ut monet Justellus : Græce autem Ὀῤῥεοκηλίων, et in subscriptionibus *Horreocællensis*, Græce Ὀῤῥεοκήλης.

114. CUNCULIANA. Huic procul dubio **163** urbi præfuit *Januarius episcopus plebis Cenculianensis*, inter catholicos Patres in Collatione Carth. cap. 128 memoratus, quem Baluzius lapsu calami Numidiæ attribuit. In Notitia a Goare edita sub Byzacena provincia memoratur *Cenculiana;* Græcus textus habet Κανβαχλέως; quam vocem in duas dividit Notitia Bodleiana a Beveregio edita, duasque urbes commemorat Latine *Campsa et Cileos;* Græce autem Χαμψία et Χίλεως.

115. TICIBUS. Eodem modo appellatur in synodica Patrum Byzacenorum in concilio Lateranensi sub sancto Martino, act. 2, cui inter alios subscribit *Romulus episcopus sanctæ Ecclesiæ civitatis Ticibus*. Ti ces in Getulia memorat anonymus Ravennas lib. III, num. 9. *Ticenam* urbem habet Ptolemæus; et in Collatione Carthag. cap. 121, *Gallus episcopus Ticensis* inter catholicos comparuit. Si tamen Ticensi urbi præfuerit *Candidus patriæ Dicensis episcopus*, qui laudatæ Byzacenorum synodicæ subscripsit, Ticensis civitas a Ticibus erit distinguenda, alias duo ejusdem urbis episcopi synodicæ subscripsissent, quod nemo facile admissurus est.

AD PROVINCIAM MAURITANIÆ CÆSARIENSIS.

1. JUNCENSIS. Vide quæ supra diximus de *Juncensi* episcopo, inter Byzacenos num. 105.

2. TEBERIANUS QUIDIENSIS. Editi, *Tiberianus*. Hanc urbem Ortelius ex Victore Uticensi ms. laudat, sed in Numidia, quod lapsu memoriæ contigisse crediderim. *Quidam* vero et *Quiziam*, seu *Quizam* eamdem urbem esse diversis nominibus appellatam nemo potest inficiari, cum litteræ *d* et *z* ab Afris indifferenter adhiberentur, uti jam non semel monuimus; idque speciatim de hac urbe evinci potest ex Collatione Carthagin. cap. 143, ubi cum *Priscus episcopus Ecclesiæ Quidiensis* inter catholicos Patres recensitus attestatus fuisset, converso cum suis parentibus ad unitatem catholicam eo qui sibi adversabatur episcopo Donatista, nullum superesse in sua civitate ex ista secta schismaticum, interlocutus est Honoratus Donatista, et dixit : *Episcopus noster Quizicensis succubuit in persecutione*, ut emendavit eruditus Baluzius; nam antea ibi legebatur : *Episcopus noster qui Zicensibus succubuit in persecutione*. Porro hæc urbs apud Plinium lib. V, cap. 2, dicitur *Quiza Xenitana, peregrinorum oppidum;* quibus vocibus eadem urbs triplici lingua designatur. *Quiza* nempe dicta est a Mauris, inquit Harduinus; *Xenitana* vero a peregrinis qui eam condidere : Ξένος enim Græce peregrinum sonat quod sequentibus verbis Plinius Latine exposuit *Cæterum varias ipsi varii auctores dignitates tribuunt*, ut idem observat vir eruditus; nam a Pom

ponio Mela lib. 1, cap. 6, *castellum* dicitur; *municipium* ab Antonino in Itinerario; et *colonia* a Ptolemæo lib. IV, cap. 2, ubi *Buiza*; et ex codice Palatino *Cuiza* appellatur. Porro vir clarissimus qui operum sancti Cypriani novam editionem Oxonii procuravit, suspicatur *Secundinum a Cedias*, qui undecimus inter rebaptizantes in concilio Carthag. sub sancto Cypriano locutus est, Quidiensi urbi præfuisse, ita ut *Cedias* pro *Quidias* scriptum sit. At si hæc conjectura admittatur, jam duæ Quidiæ urbes recipiendæ erunt; nam præter Priscum jam laudatum, qui in Collatione Carthagin. cap. 143, **164** ut diximus, affirmavit se adversarium tunc non habere, quod et Donatistæ fassi sunt, occurrit cap. 163 *Fortis episcopus Cediensis* ex Donati parte, qui nullum contra se catholicum habere protestatus est. *Secundinus* vero concilii Cypriani ejam apud Augustinum lib. VI de Baptismo contra Donatistas, *a Cedias* dicitur, ubi sanctus doctor ejus objectioni respondet, pro qua tamen voce mss. duo, ut nostri in nova editione observavunt, habent *a Cezas*, alii plures *a Chezas*. Sic fere Pamelius in Notis ad Cyprianum. Sed hæc lectionum varietas difficultatem non solvit.

3. SUFARITANUS. Inferius num. 87 iterum recitatur episcopus *Sufaritanus*. In codice tamen Halleri semel *Sufaritanus* occurrit, nam alter *Susaritanus* dicitur. Cæterum si nostra lectio admittatur, aut duas fuisse hujus nominis urbes in hac provincia dicendum erit, aut certe duos in una civitate fuisse catholicos antistites, ex quibus alter fortassis e schismate ad unitatem conversus, locum et dignitatem episcopi retinebat. Eidem porro Ecclesiæ præerat tempore Collationis Carth., ut censet eruditus Baluzius, *Reparatus episcopus plebis Sufasaritanæ*, qui inter catholicos antistites comparuit cap. 135. Quin et cap. 188, ubi antea legebatur *Reparatus episcopus Ecclesiæ catholicæ Sifaitensis*, qui interlocutus est, idem Baluzius reposuit *Sufasaritanæ*. Cæterum in Antonini Itinerario semel et iterum inter Mauritaniæ urbes memoratur *Sufasar*, quæ civitas ab anonymo Ravennensi *Sufasa* dicitur. In Notitia Leonis imperatoris a Goare edita inter Mauritaniæ secundæ urbes locum habet *Suffara*, sed quæ in editione Beveregiana *Senaphas* appellatur. Vide inferius in provincia Sardiniæ SONASTER, num. 3.

4. CORNICULANENSIS. Sic editi codices simul et mss. *Corniclano* meminit anonymus Ravennensis lib. III, num. 4; sed *in Mauritania quæ dicitur Cyrenensis*. Habetur iterum lib. V, num. 6; cujus situm ex Tabulis Peutingerianis melius disces.

5. ITENSIS. Nihil occurrit de hac urbe. *Tertullus Abitensis episcopus* inter Donatistas sedit in concilio Cabarsussitano; sed revocare potius debet ad proconsularem, in qua provincia apud Antoninum *Abitta* locatur. Quam urbem Ptolemæus inter illas quæ *sub legione Augusta tertia* erant, recenset.

6. TIMICITANUS. Interfuit Collationi Carthag. cap. 135 *Victor episcopus plebis Timicitanæ*, qui habebat adversarium e Donatistis *Optatum*, ibidem et inferius cap. 197 memoratum. Plinius lib. V, cap. 2, *Timici* inter *civitates* memorat; Ptolemæus lib. IV, cap. 2, *Timice* cum aliis Mauritaniæ Cæsariensis urbibus recenset, et cap. sequenti occurrit item *Timica* inter ea loca quæ *sub legione Augusti tertia* erant.

7. NOBICENSIS. Sic quoque appellatur in codice Halleri, pro *Novicensi*, ut putat Ortelius.

8. MILIANENSIS. Eidem procul dubio urbi præfuit *Victor episcopus plebis Malianensis*, qui recensitus est in Collatione Carthag. cap. 135, cum *Nestorio* Donatista ipsius adversario, qui et iterum inter alios sectæ suæ episcopos cap. 208 comparuit. *Mallianam* habet Antoninus in Itinerario inter Sufasar et Tigavas Castra Mauritaniæ Cæsariensis urbes. *Tivaga* habet editio Bertii, sed mendum est librarii. Scripsit Augustinus epistolam, quæ est in nova editione 236, alias 74, ad Deuterium episcopum occasione *Victorini* cujusdam *subdiaconi Mallianensis* ex Manichæorum secta.

9. GIRUMONTENSIS. Codex Halleri, *Girumentensis*.

10. ALTABENSIS. Sic mss. et editi. Antoninus, *Altabam* in Numidia locat. Notitia Leonis Sapientis inter ejusdem provinciæ civitates, in Latina Goaris editione, habet *Altaba*; Græcus vero Ἀλκάδους. In **165** Bodleiana vero Græce et Latine locus iste *Leradus* appellatur. In Collatione Carthag. memoratur episcopus *Assabensis*; de quo vide infra inter Sitifenses num. 24.

11. PANATORIENSIS. Suspicatur eruditus Baluzius ejusdem loci fuisse *Pelagium episcopum Vanarionensem*, qui inter Donatistas cap. 187 Collationis Carthag. recensetur, ubi profitetur se adversarium non habere. Certe pro *Panatoriensis* scriptum forte erat *Banatoriensis*, litteræ vero *b* et *v* indifferenter pro alterutra apud veteres adhibebantur.

12. COLUMNATENSIS. Liber Notitiarum Imperii sect. 54 memorat *Præpositum Limitis Columnatensis*; exscriptor addidit litteram *p*, ut nonnulli scribebant. *Dompnus* pro *Domnus*.

13. SUCARDENSIS. In Collatione Carthag. cap. 135 recitatum fuit nomen *Pompeiani episcopi Sucardensis* catholici, pro quo, cum ægrotaret, respondit Alypius. Ipsius quoque adversarius *Donatus Sucardensis* ægrotabat, ut testatus est Marinianus Donatista cap. 210.

14. IDENSIS. Ortelius ex Victore, uti vocat, Uticensi, Idense in Mauritania Cæsariensi episcopum memorat. At non dicit utrum semel aut bis in Halleri codice ms. urbs ista recensita fuerit. Vide infra num. 16. Hanc suspicatur Holstenius esse *Ididi* oppidum in vita sancti Fulgentii memoratum. Sed *Mididi* habent codices duo mss., Colbertinus scilicet unus et alter Sancti Germani a Pratis ab annis 800 conscriptus: quæ urbs erat *in Byzacena*, supra col. 000.

15. TITILTENSIS. Sic editi et mss. Huc revocandum esse suspicatur Holstenius *Donatum episcopum Tisilitanum*, qui in Collatione Carthag. 121 inter catholicos Patres recensitus fuit. De quo supra col. 000.

16. IDENSIS. Jam supra num. 14 recensitus est *Subitanus Idensis*, et num. 5 *Lucius Itensis*.

17. FIDOLOMENSIS. Sic habetur in mss. et editis.

18. TABORENTENSIS. In Collatione Carthaginensi cap. 115 *Marinus*, seu *Martinus Ecclesiæ catholicæ Taborensis* comparuisse legitur cum Victore ipsius adversario, qui et iterum cap. 201 inter sectæ suæ episcopos recensitus est. At V. C. Baluzius hunc ex provincia proconsulari fuisse probat duobus argumentis. Primo, quod inter alios istius provinciæ antistites qui epistolæ synodicæ ad Paulum Constantinopolitanum in concilio Lateranensi sub san. to Martino, actione 2, relatæ subscripserunt, occurrit *Coustantius gratia Dei episcopus sanctæ Ecclesiæ Tulborensis*. Altero, quod cum cap. 126 ejusdem collationis *Felix episcopus plebis Visitensis* dixisset se adversarium non habere, *Victor episcopus civitatis Taborensis*, ille scilicet Donatista qui supra memoratus est, dixit : *Proxime recessit. Ego ibi intervenio*, id est, ut idem Baluzius interpretatur, a paucis diebus obiit, ego plebis ejus curam gero. At Visitensis Ecclesia ad proconsularem pertinebat; nam *Valentinianus episcopus plebis Visicensis* epistolæ synodicæ proconsularium laudatæ subscripsit. Visitensem autem a Visicensi Ecclesia non distinguit vir eruditus. Unde, si vera sit ejus sententia, alia Taborentensis Ecclesia quæ in Mauritania fuerit, quærenda est, cui præfuerit noster Victor hic in Notitia laudatus.

19. VERECUNDUS NOBENSIS. *Verecundum Nobensem* habet quoque codex Halleri, teste Ortelio. Vide infra num. 95, ubi *Mingin* item *Nobensis*. Alterutrius episcopus fuit *Felix episcopus Novensis* catholicus, in Collatione Carthag. cap. 215 memoratus. In concilio Carthag. sub sancto Cypriano pro iterando hæreticorum baptismo sententiam tulit cap. 60 *Rogatianus a Nova*; cujus objectioni respondet Augustinus libro VII contra Donatistas, cap. 24. Habentur in **166** Africa plures ejus nominis urbes, sed cum aliquo ad-

dito, ut *Nova Sparsa*, *Nova Cæsaris*, etc.; de quibus suis locis dicendum. *Ad Novas* habet Antoninus in Itinerario, haud procul ab *Oppido Novo*, infra num. 64 in hac ipsa provincia memorato.

20. ZUCABIARITANUS. In Collatione Carthag. cap. 135 inter catholicos Patres recensitus est *Maximianus episcopus plebis Zugabbaritanæ*, qui in prioribus editionibus ante Baluzianam *Suboabburitensis* mendose dicebatur. At sic emendavit eruditus Baluzius, quod *Germanus*, qui hic Maximiani adversarius ex Donatistarum secta dicitur, cap. 182 diserte *episcopus Zugabaritanus* nominetur. Veteres Plinii editiones lib. v, cap. 2, *Succubar* memorabant, quem locum Joannes Harduinus ex *omnibus manuscriptis*, uti ait, emendavit, habetque *Succabar*, quæ urbs ibi dicitur *Colonia Augusta*. Sic quoque appellatur in Thesauro Goltzii pag. 258. Ammianus vero lib. XXIX *municipium Sugabaritanum* memorat *monti Transcellensi adclive*. Ptolemæus lib. IV, cap. 2, habet ex cod. Palatino apud Bertium *Zuchabari*. Editi antea habebant *Buchambari*. Huic urbi *Fortunatum a Tuccchabori*, qui inter rebaptizantes in concilio Carthag. sub sancto Cypriano, num. 17, adfuit, præfuisse arbitratur Pamelius in notis ad sanctum Cyprianum, sed perperam. Nam *Stephanus episcopus Tuccaboriensis*, inter proconsulares habetur qui synodicæ subscripserunt in concilio Lateran. sub sancto Martino, act. 2.

21. CÆSARIENSIS, urbs totius provinciæ nobilior, ex qua dicta est Mauritania Cæsariensis. Paucis verbis elogium ejus absolvit Plinius lib. v, cap. 2. *Oppidum ibi celeberrimum Cæsarea*, *antea vocitatum Jol*, *Jubæ regia*, *a divo Claudio coloniæ jure donata ejusdem jussu deductis veteranis*. Dicitur a Ptolemæo lib. II, cap. 4, *Jol Cæsarea*; ab Antonino *Cæsarea Colonia*; a Pomponio Mela lib. I, cap. 6, *Jol ad mare aliquando ignobilis, nunc quia Jubæ regio fuit, et quod Cæsarea vocitatur illustris*. Bocchi quoque regnum fuisse contendit Solinus. *Prius*, inquit cap. 28, *Bocchi regia, postmodum Jubæ indulgentia populi Romani dono data*. Dicitur a Procopio μεγάλη καὶ πολυάνθρωπος ἐκ παλαιοῦ οὖσα. Cæteros profanos omitto qui plura de hac urbe congesserunt; quæ hodie superest, ut multis placet, sub Algerii nomine, celebris regni cognominis caput: quam tamen opinionem Samson aliique geographi eruditi rejiciunt. Olim civilis erat totius provinciæ metropolis, quod nomen ad ejus quoque episcopum transtulit sanctus Augustinus, qui, ut jam alias observavimus, *Deuterium episcopum metropolitanum Cæsariensem* appellat initio libri de Gestis cum Emerito Cæsariensi Donatistarum episcopo. Porro hic Emeritus unus e septem fuit episcopis quos Donatistæ pro suæ causæ defensione agenda in Collatione Carthaginensi elegerant, qui passim in ea interlocutus legitur. Idem præsens erat cum totius provinciæ episcopis et universa plebe, quando Augustinus sermonem habuit apud Cæsaream, quem *totum*, ut ipsemet Augustinus refert libro II Retractationum cap. 51, *non inveniens quid responderet*, *Emeritus tanquam mutus audivit*. At vero, *Deuterius* ejusdem urbis catholicus episcopus in eadem Collatione unus fuit e custodibus tabularum: simulque comparuerunt et sese invicem agnoverunt cap. 143. Cæterum ex hoc Notitiæ loco falsi convincitur eorum opinio qui putabant eos Africæ primates, etiam in aliis a proconsulari provinciis, pro sedium suarum dignitate, non vero secundum ordinationis tempus fuisse constitutos: quæ opinatio jam ab omnibus explosa est.

22. RUSUBIRITANUS. *Rusubus* apud Orteium ex Victore Uticensi ms. memoratur. Ptolemæus habet lib. IV, cap. 5, *Rusicibar*, vide infra **167** num. 77. *Rusippisim municipium* exhibent Tabulæ Peutingerianæ.

23. SUBBARITANUS. Codex Halleri, *Subarritanus*. Ptolemæus lib. IV, cap. 1, memorat inter Tingitanæ civitates *Subur*, ex qua *Maximianum* in Collatione Carthag. *episcopum Suburitanum* dictum fuisse scribit Carolus a Sancto Paulo. At *Maximianus Suburitanus* nullus est in Collatione Carthag. Nam Maximia-

A nus, qui cap. 135 *Subo-abburitensis* dicitur in editionibus Baluzianam antecedentibus, non *Suburitanus*, neque *Subbaritanus*, sed *Zuggabaritanus*, appellari debet, uti emendavit Baluzius. Vide supra num. 20. *Martyrum Suburbitarum* mentio habebatur in sermone 52 sancti Augustini a Sirmundo edito, qui est novæ editionis 345. De quibus vide admonitionem nostram in passionem sanctarum martyrum Perpetuæ et Felicitatis, num. 3, in Actis Martyrum sinceris, pag. 82.

24. AQUENSIS. Complures erant hujus nominis urbes in Africa, etiam præter eas quæ aliquo additamento distinguebantur. Secundus, qui Leporii libello subscripsit, sese *Ecclesiæ Aquensis*, *sive Megarmitanæ episcopum* appellat; sed hic erat ex Numidis, ut diximus in notis ad ejus provinciæ episcopos num. 103. Adfuit Collationi Carthag. cap. 208 *Victorinianus episcopus Aquensis* ex Donatistarum secta, quem ad Arzugitanam provinciam pertinuisse colligitur ex eodem Collationis loco, ubi *Asselicus episcopus catholicus municipii Tusuritani* interloquitur se de *Arzugibus die III calendarum Maiarum profectum fuisse*, ac Victorinianum in via Donatistarum factione fuisse ordinatum. Recensetur et cap. 198 item ex Donatistis *Cresconius episcopus Aquensis*; sed Numidis istum accenseri debere facile colligi potest ex eodem loco, nam cum ibi Cresconius *traditorem* se non habere dixisset, interlocutus est Aurelius episcopus catholicus Macomadiæ, et dixit: *Habemus hic presbyterum*, *nam et episcopus ibi fuit*, *modo defunctus est*, *et in loco ejus necdum est ordinatus*. Aurelium autem Macomadiæ Numidicæ episcopum fuisse probavimus supra in notis ad istius provinciæ episcopos num. 84. Sed præter hos omnes habemus adhuc episcopum Aquensem in Collatione, qui, ut videtur, hujusce Aquensis Mauritaniæ urbis episcopus fuit. Is est *Helpidius episcopus plebis Aquensis* qui cum *Reparato* suo adversario cap. 135 recensitus est; qui Reparatus iterum inter Donatistas capit. 197 comparuit. *Aquas* inter Sufasar et ipsam Cæsaream habet Antoninus

C in Itinerario, cui loco videtur Aquensis episcopus hic memoratus præfuisse. Cæterum V. C. Stephanus Baluzius urbem Aquensem hic laudatam eam ipsam esse censet *civitatem Aquitaniæ* cujus Crescens in libro I Historiæ Victoris Vitensis, numero 7 *Metropolitanus* fuisse dicitur. Qua de re plura diximus in notis ad hunc Victoris locum, num. 22. Certe *Aquitani* ab *Aquis* in Gallia dicti sunt, ut observat Joannes Harduinus in libro IV Plinii, cap. 19, qui ideo indifferenter *Aquenses* et *Aquitani*, ut vult Baluzius, dicebantur. Baluzio etiam favet, quod Crescens *centum et viginti episcopis* præfuisse dicatur: totidem enim Mauritaniæ Cæsariensis antistites habentur in Notitia, præter sex alias sedes, quæ tunc temporis episcopos non habebant.

25. MURUSTAGENSIS. Sic mss. et editi.

26. VAGALITANUS. Eidem urbi præfuit ex parte Donati *Miggin episcopus Vagalitanus* in Collatione

D Carthaginensi cap. 208 recensitus. *Vagal* inter Mauritaniæ oppida memorat Antoninus in Itinerario.

27. TIGISITANUS. Jam vidimus inter Numidiæ episcopos num. 89 *Tisigitanum* episcopum, quo loco retulimus ea quæ de utraque urbe **168** cognomine colligere licuit: quæ consulas. Ortelius *Tigisitanum* memorat et *Tigisitanum* ex Victore, ut loquitur, Uticensi. *Tigis* inter Mauritaniæ Cæsariensis urbes habet Ptolemæus libro IV, cap. 2. *Tigisim* anonymus Ravennas lib. III, num. 8. *Aptum Tigiensem* in Collatione Carthaginensi cap. 120 episcopum catholicum huc revocari debere censet Lucas Holstenius. Hunc tamen Tiziensi in Byzacena civitati præfuisse ait Baluzius, ut diximus num. 65 inter Byzacenos.

28. FALLABENSIS. Hanc urbem non memorat Ortelius, quod in fragmento Halleri fortassis non haberetur.

29. USINADENSIS. Codex Halleri, *Usidanensis*.

30. FLUMENZERITANUS. Sic editi et mss.

31. Castellominoritanus. Hunc non habet Ortelius ex Halleri fragmento.

32. Restitutus Florianensis. Sic editi; codex Laudunensis habet *Restutus*: quæ varia lectio sæpius in hac Notitia contingit. Ptolemæus libro IV, cap. 2, inter Mauritaniæ Cæsariensis urbes memorat *Phloryiam*; Græcus textus habet Φλωρύϊα; ex qua dubio procul *Phloryanensis* seu *Florianensis* vox derivata est.

33. Alamiliarensis. Sic hujus loci nomen Ortelius ex Victore scribit, ac si ex duabus vocibus fuerit compositum, scilicet *Ala-Miliarensis*. Et quidem non semel in Notitia Imperii *Ala Miliaria*, seu *Ala Miliarensis* habetur; atque exinde fortassis urbs ista nomen sortita est, ut a Germanis *Germania*.

34. Tigamibenensis. Codex Halleri, *Tigamibemensis*.

35. Amaurensis. Sic editi et mss. Anonymus Ravennas inter urbes quæ *ad aliam partem Mauritaniæ Sitifensis sunt*, *Amabu Mune*, id est municipium memorat ex quo forte *Amauvensis*, tum *Amaurensis* vox deducta est.

36. Sestenesis. Sic mss. simul et editi; et infra num. 117 habetur *Sertensis*. Porro Ortelius suspicatur hic esse legendum *Septensis*, quamvis nihil afferat de urbe Septensi, quæ tamen notissima est. Septum sic appellatum fuisse refert Procopius libro I de Bello Vandalico, quod juxta illam urbem septem tumuli attollerentur, a qua alteram Herculis columnam haud procul sitam fuisse scribit: quod idem fere repetit libro II. Testis est idem Procopius libro VI de Ædificiis, cap. 7, castrum istud post expulsos ex Africa Vandalos a Justiniano Augusto restauratum fuisse, quo jubente exstructum est ibi templum in Deiparæ Virginis honorem. In Notitia Bodleiana semel et iterum memoratur *Septum* inter Mauritaniæ secundæ urbes, ubi tres istius provinciæ priores civitates sic exhibentur: primo quidem *Septum* simpliciter; altera vice *Septum ad partem Thenissi*; tertio denique loco habetur *Spanias*, cui conformis est textus Græcus ibidem relatus. At in Goaris editione omnia hæc unico articulo concluduntur, Græce quidem sic: Πεπτὸν εἰς τὸ μέρος Ἰσπανίας; Latina autem versio hæc habet, *Benepota in parte Hispaniæ*.

37. Ternamunensis. Ejusdem loci fuit ex parte Donatistarum *Sarmentius episcopus Ternamusensis*, in Collatione Carthag. cap. 180 memoratus in Baluziana editione; nam aliæ habent, et quidem cap. 179, *Cernamusensis*, et Massoniana *Cerramusensis*. Ea est dubio procul civitas quæ ab Antonino dicitur *Taranamusa Castra*; unde infert Baluzius hic in Notitia legendum esse *Ternamusensis* pro *Ternamunensis*: quin et in Notis ad laudatum Collationis locum fusius, et quidem pro more suo erudite, disserit de variis litterarum mutationibus quæ occurrere solent in veteribus monumentis, potissimum Africanis.

38. Caputcillensis. Memoratur ab Antonino in Itinerario, ubi *Caput Cila* dicitur. Et in Notitia Imperii sect. 54, *Præpositus* **169** *limitis Caput Cillensis* notatur sub dispositione ducis Mauritaniæ Cæsariensis.

39. Nasbincensis. Codex Halleri apud Ortelium, *Narbincensis*.

40. Bacanariensis. Sic habet uterque ms. simul cum editis.

41. Ballens Villenobensis. Sic codex ms. Laudun. At editi, *Valens*. Codex Halleri, *Baleus*. Nam Ortelius ait in Victore mentionem fieri *Balei Villenobensis*.

42. Masuccabensis. Sic Laudun. et editi; unica littera aliter codex Halleri apud Ortelium, *Mazuccabensis*.

43. Pamariensis. Hunc quoque laudat Ortelius ex Victore. *Palmariam insulam* habet Antonius in Itinerario maritimo sitam inter Africam et Sardiniam.

44. Benepotentis. Sic uterque ms. et editi. Supra num. 36 vidimus in Notitia Leonis imperatoris recenseri inter Mauritaniæ secundæ civitates *Benepotam*.

45. Vardimissensis. Huc revocandus est *Victor episcopus plebis Bartimisiensis*, qui inter catholicos antistites recensitus fuit in Collatione Carthag. cap. 135.

46. Ambiensis. Maximus martyr in aliquot codicibus mss. passus dicitur apud *Ambiensem provinciam*, ut observavimus in admonitione ad ejusdem sancti acta, n. 2, in Actis Mart. sincer., pag. 143.

47. Mediensis. Hunc non memorat Ortelius ex Halleri codice. *Ad Medias* habent Tabulæ Peutingerianæ segmento tertio, sed, ni fallor, extra Mauritaniam.

48. Catulensis. Sic mss. et editi. *Casulam*, ut jam observavimus, memorat Antoninus in Itinerario. Sed quando hic locus haud procul Carthagine aberat, huc revocari non potest. Cerealis episcopus Afer, qui librum adversus Arianos edidisse dicitur apud Gennadium cap. 96, *episcopus Castulensis* appellatur ab anonymo auctore antiquo de 12 scriptoribus ecclesiasticis apud Miræum. Vide infra num. 119.

49. Minnensis. Codex Halleri, *Minuensis*. Conc. Carth. sub Bonifacio subscripsit *Secundinus episcopus plebis Minensis*, provinciæ Mauritaniæ, et quidem *Cæsariensis*, ut patet ex Bonifacii epistola ibi relata, ubi dicitur *Secundus*. *Minam* semel habet Antoninus in Itinerario, et alias *Minnam*. Alia est *Minna Villa Marsi*, ab eodem auctore prope Leptim Magnam designata.

50. Cartennitanus. Hanc sedem illustravit *Victor Cartennæ Mauritaniæ civitatis episcopus*, ut loquitur Gennadius in libro de scriptoribus ecclesiasticis, qui *scripsit adversus Arianos librum unum longum, quem Generico regi per suos audiendum obtulit*, etc. Porro variant codices in istius auctoris nomine describendo: dicitur quippe *Victor Carthenæ* in codice ms. monasterii Fiscamnensis; in nostro autem vetustissimo appellatur *Maurus Cartennæ*. Quod vero ille pietatem et Scripturarum scientiam simul cum ardore fidei conjunxerit testis est Gennadius, qui alia ipsius opuscula ibidem commendat. Ex his est *Libellus consolatorius ad Basilium quemdam de morte filii*, quem hunc ipsum esse existimant viri eruditi, qui sub titulo *de Consolatione in adversis* inter opera sancti Basilii Magni in nonnullis editis habetur. Scripsit præterea librum *d. Pœnitentia Publicani*, aut potius *de Pœnitentia publica*, ut habet nostrum Gennadii exemplar jam laudatum, quod ab annis circiter centum supra mille exaratum est. In codice Fiscamnensi annorum circiter 600 dicitur *de Pœnitentia* sine ullo additamento, qui fortasse verus est titulus. Nam in Appendice operum sancti Ambrosii editus est liber *de Pœnitentia*, cujus auctor sese ipse *Victorem* appellat, eumque esse censent viri eruditi, quem Gennadius loco laudato commemorat. In codice tamen Sorbonico opus istud sub sancti Ambrosii nomine habetur, sed perperam. Plerique **170** autem viri eruditi ipsum Victori Tununensi episcopo tribuendum esse existimant, quod in uno codice majoris ecclesiæ Remensis, et in altero Herivallensis monasterii, istum præ se ferat titulum, *Incipit liber sancti Victoris de Lapsis Tonensis episcopi, historiographi*. Codex vero Remensis optimæ notæ ab annis saltem 800 conscriptus est, quem Hincmarus archiepiscopus huic ecclesiæ donavit, ut non semel in ipso codice indicatur. Titulus autem supra laudatus prima manu descriptus est. Porro *Rusticum Cartenitanum* episcopum catholicum sanctus Augustinus memorat initio libri de Gestis cum Emerito Cæsariensi episcopo Donatista. Famosus est *Rogatus* episcopus Cartennensis, qui in Donatistarum schismate factionis Rogatistarum nomen dedit. Successit ei *Vincentius*, cujus epistolam confutat Augustinus epistola 93, quæ merito inter libros locum obtinere posset. *Cartennus* memorat Ptolemæus libro III, cap. 2, et Antoninus in Itinerario. *Cartennam* habet Pomponius Mela, seu

Cartinnam oppidum, ut ex mss. codicibus monuit Isaac Vossius. Eamdem urbem *Coloniæ Augusti* titulo donatam fuisse refert Plinius libro v, cap. 2. Calendarium Carthaginense vetustissimum die IV *nonas Februarii sanctorum Carteriensium* memoriam recolit, in quorum die festo sermonem habuit Augustinus, *per Natale Cartheriensium* inscriptum, ut testatur Possidius Indiculi cap. 9; quos quidem martyres suspicatur noster Mabillonius, tomo III Analectorum, pag. 421, ad Cartennam Mauritaniæ civitatem posse revocari. Viri eruditi conjecturæ favet locus codicis Fascamnensis supra memoratus. Jam supra monuimus in notis ad Byzacenos, num. 58, Carianensem et Cartennensem, duas in Africa urbes episcopales ab altero viro erudito in unam fuisse conflatas, quod jam antea Holstenius fecerat.

51. RIGIENSIS. Apud Victorem Vitensem libro 1, num. 13, memoratur locus quidam nomine *Regia*, in quo Ariani armata manu ecclesiam violarunt, quemdamque lectorem in pulpito canentem inter alios sagitta confoderunt. Duplex autem urbs est in indice Cypriani operibus præfixo *Regium* dicta, quarum altera Mauritaniæ attribuitur. Ea fortassis est quæ in Antonini Itinerario *Ad Regias*. Vide Numidas num. 91, ubi episcopus REGIANENSIS.

52. VANNIDENSIS. Sic uterque codex ms. Editi autem *Vaunidensis*.

53. CAPRENSIS. Eremum *Caprapicta* dictam memorat ipse Victor Vitensis. An ex ea, aut certe ex aliquo oppido ipsi cognomine episcopus Caprensis nomen accepit? Certe nova ecclesia in hac regione excitata memoratur apud laudatum auctorem libro 1, num. 11.

54. METCUN RUSUCCURITANUS. Editi *Metcur*. Eidem urbi præfuit *Fortunatus episcopus plebis Rusuecurritanæ* catholicus, qui in Collatione Carthag. cap. 155 recensitus est cum *Optato* illius adversario, iterum inter Donatistas cap. 176 memorato. Huc etiam revocandus est *Nicellus Rusurrensis*, aut *Rusurrianensis*, *Mauritaniæ Cæsariensis legatus* ad concilium Carthag. anno 419 sub Aurelio, ut refertur in codice Africanæ Ecclesiæ. Et quidem lectio Labbeana magis nobis favet, ubi habetur *Nivellus Ruscuriensis*, et in margine *Rusuccurrensis*, vel *Rusccorensis*, tomo II, col. 1603 et 1605. Cæterum Plinius lib. v, cap. 2, ait *Rusucurium civitate honoratum* fuisse *a Claudio*. Coloniam appellant Antoninus in Itinerario, et Tabulæ Peuingerianæ. Ab aliis item auctoribus memoratur, apud Ptolemæum lib. IV, cap. 2, *Rusuccore* dicta.

55. SFASFERIENSIS. Sic uterque ms. cum editis.

56. OBBITANUS. In Collatione Carthag. cap. 195 inter Donatistas comparuit **171** *Felicissimus episcopus Obbensis*. Interfuit etiam concilio quinto generali *Valerianus episcopus Obbæ*, *Africanæ provinciæ*, ut habetur in nova conciliorum Collectione Baluziana; in editione Labbeana dicitur *provinciæ proconsularis*, et in margine *Africanæ*. Sed his omnibus antiquior est *Paulus confessor ab Obba*, qui in concilio Carthag. sub sancto Cypriano pro baptismo hæreticorum iterando sententiam dixit num. 47. Aliquot mss. et editi habent *a Bobba*, quo etiam modo legitur apud Augustinum lib. VII contra Donatistas, cap. 11; quam lectionem editor Oxoniensis operum sancti Cypriani confirmari posse ait ex Plinio, *qui*, ut ipse in notis refert, *in Mauritania a Lixa* 40 *M. P. in mediterraneo Augusti Coloniam Bobbam collocat*.

57. TIMIDANENSIS. Codex Halleri, *Timidianensis*.

58. FRONTENSIS. Sic scribitur in utroque codice et in editis.

59. ICOSITANUS. Sic diserte habet codex ms. Laudunensis. Editi vero mendose *Leositanus*. Et quidem nemo non novit *Icosium*, celebrem apud scriptores tum sacros tum profanos urbem quæ Coloniæ nomine et privilegiis gaudebat. Eam a Vespasiano donatam Latio fuisse scribit Plinius lib. v, cap. 2. Hanc memorat Ptolemæus, Pomponius-Mela, Antoninus, Ammianus Marcellinus lib. XXIX, anonymus Ravennas,

A et alii passim. Nomen ipsi et originem tribuisse viginti Herculis socios narrat Solinus in Polyhistore cap. 28, cum nempe *Hercule illac transeunte*, ut ille auctor habet, *viginti ab ejus comitatu descivissent*, *locum deligunt, jaciunt mænia; ac ne quis imposito a se nomine privatim gloriaretur, de condentium numero urbi nomen datum est*. Εἴκοτι quippe Græce, *viginti* Latine sonat. Ejusdem urbis episcopus fuit *Laurentius Icositanus*, *Legatus Mauritaniæ Cæsariensis* ad concilium Carthag. anno 419 sub Aurelio habitum, ut memoratur in codice Africanæ Ecclesiæ. *Crescens vero item Icositanus episcopus*, sed ex Donatistarum secta, interfuit Collationi Carthag. cap. 197. Ex his patet expungendam esse ex urbium Africanarum catalogo *Leositam*, quam ex hac Notitiæ lectione mendosa nonnulli invexerant.

60. TABLENSIS. Eidem forte urbi præfuit ex Donatistis *Urbanus episcopus Talensis* in Collatione cap. 193 memoratus. Huc Holstenius revocat *limitem Tablacensem* in Notitia Imperii memoratum.

B

61. RESTUTUS LAPIDIENSIS. Et hic editi habent *Restitutus*. Laudiam memorat Ptolemæus lib. IV, cap. 2, ubi de Mauritaniæ urbibus agit: quæ tamen vox melius *Lapdensi*, seu, ut in quibusdam codicibus legitur, *Labdensi* urbi competeret, cujus episcopus supra inter proconsulares num. 18 recensetur, ni impediret provinciarum distantia

62. VONCARIENSIS. Memoratur in Collatione Carthag. cap. 208. *Felix episcopus Boncarensis* ex Donatistarum secta, quo nomine absque dubio *Voncariensis* civitas hic memorata designatur.

63. RUSGUNIENSIS. Mirum est quam varie hujus urbis nomen apud varios auctores, imo apud eosdem in variis codicibus, scriptum reperiatur, uti fuse disseriteruditus Baluzius in notis ad caput 180 Collationis Carthaginensis, occasione vocis *Ternamusensis*. Porro *Numerianus Rusguniensis* episcopus, unus e legatis Mauritaniæ Cæsariensis, adfuit concilio Carthag. sub Aurelio anno 419. Eadem civitas memoratur in Antonini Itinerario *Coloniæ* nomine donata, ubi, sicut C et apud anonymum Ravennatem lib. III et v dicitur *Rusguniæ*. Hanc Harduinus putat esse *Coloniam Augusti Rusconias* a Plinio lib. v, cap. 2, memoratam. Dicitur a Ptolemæo *Rustonium:* et quidem in indice Cypriani operibus præfixo *Rustonio* et **172** *Rusgonia* idem significari dicitur.

64. BENANTIUS OPPIDONEBENSIS. Sic codex ms. Laudunensis. Editi autem, *Venantius*. Ortelius vero ex Halleri codice, *Benantius opidonobensis*, quo nomine designatur *Oppidum Novum*, de quo Plinius libro v, cap. 2; Antoninus in Itinerario; anonymus Ravennas et alii, quibus adjungendus est Ptolemæus libro IV, cap. 2; ubi Ὀππιδόνεο, Latine *Oppidoneum*, quod *Coloniæ* titulo ibi insignitur, sicut et apud Antoninum.

65. CASTELLI-JABARITANUS. Illud est forte *Castellum Aboritanum*, quod ex Victore Uticensi laudat Ortelius in Thesauro geographico, qui alias ex eodem *Auboritanum episcopum in Mauritania Cæsariensi* memorat. Vide infra num. 72.

D

66. AQUISIRENSIS. Huic, ut verisimile est, loco ex sexta Donatistarum præfuit *Honoratus episcopus Adquesirensis*, in Collatione Carthag. cap. 188, memoratus.

67. CALTADRIENSIS. Sic mss. et editi

68. TIGABITANUS. Inter catholicos antistites quos initio libri de Gestis cum Emerito recenset Augustinus, occurrit *Palladius Tigabitanus* episcopus. Eidem sedi paulo post præfuit Honoratus, ad quem egregiam epistolam scripsit idem sanctus Augustinus, novæ editionis 228, in qua fusius disserit an liceat pastoribus, fervente persecutione, plebes proprias deserere. Hanc epistolam fere integram refert Possidius in Vita sancti Augustini. In codice canonum Ecclesiæ Africanæ cap. 97 mentio fit *civitatis Thiganensis* in Mauritania, cui, uti videtur, præerat *Primosus*; et quidem ms. codex, ut monet Holstenius, habet *Ti-*

gavensis, Græcus textus in editis τῆς Θιγαβενοσίας πόλεως. Apud Ptolemæum lib. ιv, cap. 2, dicitur *Tigava;* codex Palatinus habet *Pigava.* Civ tas *Tigavæ* memoratur a Plinio lib. v, cap. 2. *Tigavias* laudat Ammianus Marcellinus lib. xxix, cap. 5. Porro duplicem nominis istius locum in Mauritania fuisse ex Antonini Itinerario patet, ubi *Tigavas municipium, Oppidum Novum colonia, Tigava castra.* Tamen editio Bertii habet *Tivagas castra.*

69. Rusaditanus. Legendum putat Harduinus *Rusadiranus*, seu potius *Rusadiritanus*, quod ex Plinio lib. v, cap. 2, in Mauritania Tingitana *Rusadir oppidum et portus* habeatur. Dicitur *Rusadder colonia* apud Antoninum in Itinerario, a Ptolemæo vero lib. ιv, cap. 1, Ῥυσάδιρον. Et Pomponius Mela *Rusadir* et *Sigam parvas urbes* in Mauritania Tingitana recenset, cum alias, inquit, nihil sit in hac provincia memoratu dignum. Verum, ni fallor, Rusaditanus episcopus hic in notitia recensitus sic dictus fuit a Rusazo. Erat autem *Rusazus colonia Augusti*, quam paulo inferius ipse Plinius in Mauritania Cæsariensi recenset. Dicitur ab Antonino *Rusazus munisipium*, a quo sicut et a Ptolemæo libro ιv, cap. 2, in eadem provincia locatur. Et quidem præter loci situm, favet etiam nobis Afrorum familiaris scribendi ratio, qui, ut ex ipso Harduino aliisque viris eruditis jam non semel observatum est, litteras *d* et *z* indifferenter adhibebant; ita ut *Ruzasus* et *Rusadus* idem sint.

70. Reperitanus. *Oppidum Reperitanum* ex Victore habet Ortelius. Anonymus Ravennas lib. ιιι, num. 8, *Repetinianam* urbem memorat in Mauritania Cæsariensi, pro qua pster Placidus Porcheron suspicatur legendum esse *Reperitana.*

71. Ubabensis. *Ubadam* in Mauritania Cæsariensi memorat Ortelius ex Victore Uticensi. Habetur et *Ubata* in Africa propria ex Ptolemæo, quam urbem *sub Adrumeto* fuisse dicit lib. ιv, cap. 3 ; quæ proinde ad Byzacenam revocari debet. *Ubasa castellum* habetur in Tabulis Peutingerianis, sed in Numidia, **173** ut quidem mihi videtur. Porro Ubabam eamdem urbem esse cum *Baba* a Ptolemæo et Stephano memorata censet Holstenius.

72. Oboritanus. Inter hujus provinciæ sedes, quæ inferius episcopos tunc non habuisse dicuntur, quando Africæ episcopi Carthaginem mandato regis convenire jussi sunt, numeratur loco 6 *Oboritana.* Ex compluribus autem urbibus quas ex Victore Uticensi memorat Ortelius, una est cui præfuit *Auboritanus episcopus in Mauritania Cæsariensi*, quem iste auctor ab urbe *Aubureum* dicta sic appellatum fuisse putat. Ego vero hac voce nullum alium a *Petro Oboritano*, hic in Notitia memorato, designari existimo. Nec obstat quod ex eodem Victore *Oboritanam* urbem memoret ipse Ortelius, cum infra, ut mox dicebamus, altera ejusdem nominis sedes habeatur.

73. Castraseberianensis. *Castrorum Seberianensis* mentionem ex Victore facit Ortelius.

74. Castranobensis. Codex Halleri, *Castranobensis.* Ea est urbs quam Antoninus in Itinerario *Castra Nova* appellat. Ejusdem nominis urbem memorat anonymus Ravennensis in Tingitana lib. ιιι, n. 9.

75. Castellanus. Hanc sedem aliis plerisque hujus provinciæ urbibus notiorem fecit *Voconius Castellani Mauritaniæ oppidi episcopus*, qui a Gennadio inter scriptores ecclesiasticos in Catalogo cap. 78 computatur, ibique laudatur quod præter ea quæ contra Judæos, Arianos, aliosque Ecclesiæ inimicos scripsit, ediderit etiam *Sacramentorum egregium volumen.* Hic antistes, ut Miræus observat, ab Honorio et Trithemio dicitur *Buconius*, quam lectionem habet quoque vetus exemplar Gennadii ex bibliotheca Fiscannensi. In nostro autem vetustissimo codice dicitur *Vuconius.* De Cereali Castellano, qui etiam inter scriptores ecclesiasticos locum meruit, vide infra num. 119. Porro in Collatione Carthag. cap. 180 *Severinus episcopus Castellanus* ex Donatistarum secta recensitus est; quem se nescire ait Baluzius in nota ad hunc locum, an e Numidia fuerit aut e Mauritania Cæsariensi. Tamen supra, ad cap. scilicet 135 ejusdem Collationis, ubi *Severinus episcopus* Donatista testimonium reddit in negotio quod ad Cæsarienses spectabat, eum *Castellanum* in Mauritania episcopum fuisse fassus est. *Castellum* inter Mauritaniæ Cæsariensis urbes memorat anonymus Ravennensis lib. ιιι, n. 8.

76. Mutecitanus. In Carthaginensi Collatione cap. 133 memoratur *Leontius episcopus plebis Musertitanæ,* pro quo suspicatur V. C. Baluzius legendum esse *Mutecitanæ.* Et quidem Ortelius in Thesauro geographico *Mutecitanum* urbem ex Collatione Carthag. laudat, quam tamen nusquam reperire mihi licuit. Idem auctor paulo inferius *Muticitanum Limitem in Mauritania Cæsariensi* laudans ex libro Notitiæ, ubi habetur sect. 54, monet in codice membraneo pro *Muticitani* haberi *Mauticitani.* Porro cum *Leontius* supra ex Collatione laudatus ibidem nullum se habere Donatistam adversarium asseverasset, Habetdeus diaconus respondit *Cresconium* modo fuisse pro ea urbe ordinatum. Unde infert Baluzius Cresconium Donatistam qui inferius cap. 206 *episcopus Mustitanus* dicitur, ipsummet esse *Cresconium* quem Habetdeus memoraverat; ac proinde, ibi pro *Mustitanus* reponendum esse *Musertitanus*, quod et fecit. Sed, ut supra diximus in notis ad episcopos Numidiæ num. 71, et ad Byzacenos num. 28, Henricus Norisius contendit *Cresconium* istum vere Mustitanum in Numidia episcopum fuisse, duasque ejus nominis urbes in Africa exstitisse scribit, quarum altera ad proconsularem, altera vero ad Numidiam spectabat. Denique in calendario Carthaginensi vιι *id. Octobris* fit memoria *sancti Quintasi*, quem hunc ipsum **174** esse *Quintasum* suspicatur dominus Joannes Mabillonius, qui hic in Notitia *Mutecitanus* episcopus dicitur. At in vulgato martyrologio Hieronymiano, ut idem vir eruditus observat, cæterum de inter alios Afros recolitur *Quintasus.* In istis autem martyrologiis pauciores e recentioribus sanctis occurrunt prima manu descripti.

77. Rubicariensis. Sic et codex Halleri. In Carthag. Collatione, cap. 197, inter Donatistas *Constantius episcopus Rusubiccariensis* comparuit, quem ad Mauritaniam Cæsariensem pertinuisse ex Notitia se colligere ait Baluzius. In Notitia vero *Rusubiccariensis* episcopus nusquam habetur, nisi eo nomine *Rubicariensem* urbem, de qua hic agimus, aut certe *Rusubiritanam*, superius num. 22 recensitam, designare voluerit vir eruditus. *Subicarense castellum* in Mauritania situm memorat Ammianus Marcellinus lib. xxιx, cap. 5, quod ab hoc *Rusubiccariensi* seu *Rubicariensi* oppido aliud non esse verisimillimum est. Certe cl. vir Hadrianus Valesius, cui Baluzius se ultro assentiri profitetur, eo loci apud Ammianum *Rusubbicarense* legi oportere suspicatur. Si tamen Notitiæ lectio, quæ *Rubicariensis* habet, melior fuerit, potius retinenda erit vulgata Ammiani lectio, cum propius *Rubicariensis* vox ad *Subicarensis* accedat quam ad *Rusubiccariensis.* Porro *Rusubricari* habet Antonius in Itinerario, *Rusubeser* Ptolemæus libro ιv, cap. 2, et *Rusiciber* cap. sequenti. In Tabulis Peutingeri *Rusibricari.*

78. Mammillensis. *Victor episcopus Mammillensis*, cum *Sereniano* suo adversario cap. 208 item memorato, adfuit Collationi Carthag. cap. 135. An huc revocari posset *Mammæ regio*, in qua Maurorum principes castra habuisse dicuntur apud Procopium lib. ιι de Bello Vandalico, alii judicabunt. Videtur tamen ad Byzacium pertinuisse : et quidem Mammam Byzacenæ urbem mediterraneam habet idem auctor libro vι de Ædificiis, cap. 6. *Mamillam* inter Byzacenæ civitates memorat Notitia Leonis imperatoris apud Goarem, sed Græcus textus habet Μαμηδα; editio autem Bodleiana Græce et Latine Μαμιδα.

79. Albulensis. Sic habet uterque codex ms. cum editis. Hæc urbs *ad Albulas* in Antonini Itinerario

appellatur. *Albulas* in Mauritania Sitifensi memorat anonymus Ravennas lib. III, num. 8.

80. SICCESITANUS. Sic editi cum utroque codice ms. Nomen istud a *Sicca Veneria* celebri urbe derivari putat Ortelius. At fallitur; nam in Collatione Carthag. præter *Fortunatum* episcopum catholicum *Siccensem* sæpius memoratum, et *Paulum* ipsius ex parte Donati adversarium, ut diximus in Notis ad episcopos provinciæ proconsularis num. 41, inter Donatistas comparuit *Martinus* episcopus *Siccesitanus*, cap. 197. Adde quod Siccam nemo hactenus Mauritaniæ attribuerit. Melius forte a *Sicelia* Mauritaniæ urbe, quæ juxta Dionem Xyphilini, Macrini, imperatoris patria fuit, *Sicelitanus* diceretur, indeque *Siccesitanus*.

81. GRATINOPOLITANUS. Hac in urbe sedit *Publicius episcopus Gratianopolitanæ plebis*, in Collatione Carthaginensi cum *Deuterio*, Donatista ipsius adversario, cap. 135 memoratus. Altera ejusdem nominis urbs fuit cui *Philadelphus episcopus Gratianopolitanus* præerat, tempore concilii Ephesini, qui inter alios ejusdem synodi Patres subscripsisse invenitur.

82. MANACCENSERITANUS. Sic etiam habet codex Halleri.

83. BITENSIS. *Tertullus Abitensis episcopus* subscripsit concilio Cabarsussitano, ut jam diximus supra num. 5.

84. FLENUCLETENSIS. Hic apud Ortelium ex Halleri codice non habetur.

85. BIDENSIS. Hanc urbem a *Vindensi* distinguendam non esse censet Baluzius in notis ad cap. 208 Collationis Carthag., ubi inter Donatistas occurrit *Reparatus episcopus Vindensis*. At Bidensis episcopus hic memoratus, sic dicitur a Bida, urbe et colonia, quam Ptolemæus libro IV, cap. 2, inter Mauritaniæ Cæsariensis civitates commemorat. In Notitia Imperii sectione 54 habetur *Limes Bidensis* sub dispositione ducis Mauritaniæ Cæsariensis. *Biddam municipium* in Mauritania Cæsariensi locat anonymus Ravennas lib. III, num. 8. Ab his distinguenda est Bina, cujus episcopus, *Faustinus Binensis* Donatista, concilio Cabarsussitano subscripsit; et ex catholicis *Victor episcopus plebis Vinensis* in Collatione Carthag. cap. 128 recensitus est. Hanc enim urbem ad proconsularem pertinuisse patet ex synodica istius provinciæ episcoporum in concilio Lateranensi sub sancto Martino, actione 2, cui subscripsit *Fructuosus Vinensis episcopus*; et ex concilio Carthag. anni 525, ubi refertur Bonifacii epistola ad quosdam proconsularis provinciæ antistites, inter quos memoratur *Cresconius Binensis*. Quin et illius situm discimus ex Antonini Itinerario, ubi media locatur inter Carthaginem et Putput.

86. VALENTINUS CASTELLI MENDIANI. Hunc ipsum esse censet Mabillonius noster qui in calendario Carthaginensi idibus Novembris recolitur. Porro jam supra inter episcopos provinciæ Byzacenæ num. 27 habetur *Antacius Medianensis*. Apud Ammianum Marcellinum libro XXIX, cap. 5, mentio occurrit *Munimenti nonime Mediani*, quod ad Mauritaniam Cæsariensem revocari posse censet Valesius. Et quidem Marcellinii narratio ferre non potest, ut hunc locum de *Mediano Byzacenæ* urbe interpretemur.

87. SUFARITANUS. Jam supra num. 3, *Sufaritanus* episcopus recensitus est, ubi nonnulla observavimus de hac urbe. Cæterum, ut jam ibi monuimus, in codice Halleri alter eorum *Susaritanus* dicitur. Sed Ortelius, qui hujus manuscripti lectiones nobis servavit, non monet quinam ex his duobus *Susaritanus*, aut *Sufaritanus* dictus fuerit.

88. MAURIANENSIS. Sic quoque scribitur apud Ortelium ex ms. Halleri. Huc *Mallianam* urbem revocari posse censet Holstenius, de qua plura diximus supra num. 8.

89. BULTURIENSIS. Sic ms. uterque et editi.

90. MATURBENSIS. *Maturbum* memorat Ortelius ex Victore.

91. BALIANENSIS. Adjecit Sirmondus voculam *per;*

nihil tamen habet codex ms. Concilio Cabarsussitano anno 393 habito subscripsit inter cæteros Donatistas *Pancratius Balianensis episcopus;* quam urbem a Baianensi distinguendam esse infert eruditus Baluzius, quod anno sequenti in famosa Bagaiensi synodo *Beianus Baianensis* cum aliis nonnullis e sede sua fuerit dejectus. Certe in laudato Cabarsussitano concilio adfuit quoque *Donatus episcopus Belianensis;* quibus vocibus diversas urbes designari certum est, nisi quis affirmare voluerit in una atque eadem urbe complures simul unius Donatistarum sectæ episcopos fuisse, quod nemo facile sibi persuadebit.

92. SEREDDELITANUS. Hunc quoque ex Victore Ortelius laudat.

93. NOBENSIS. Jam supra num. 19 habetur *Verecundus Nobensis*. Et quidem in codice Halleri duplex urbs *Nobensis* memoratur, quarum episcopi fuere *Verecundus* et *Paulus*, ut testatur Ortelius. *Verecundus* autem, ut jam diximus, supra recensitus est; at alter tum in editis, tum in codice Laudunensi *Mingin* dicitur. Quod nomen apud Afros inusitatum non erat, ut compluribus exemplis probare difficile non esset. Unde vereor ne Nobensem urbem cum Nibensi confuderit Ortelius. Etenim inter episcopos **176** Numidiæ supra num. 8 habetur *Paulus Nibensis*. Nibensem autem ex manuscripto Halleri laudat idem Ortelius, sed statim monet legendum fortassis esse *Nobensem;* inde conjicio Ortelium id quod prius subdubitando dixerat, postmodum affirmate scripsisse.

94. CASTELLI TATROPORTENSIS. Hunc apud Ortelium ex Halleri codice reperire non licuit.

95. ARSINNARITANUS. Sic uterque codex ms. quamvis editi habeant *Arsinuaritanus*, sed mendose. Etenim Plinius lib. V, cap. 2, *Arsennariam* memorat *oppidum Latinorum*, quod a Ptolemæo lib. IV, cap. 2, *Arsenaria colonia* dicitur, ab Antonino et ab anonymo Ravennensi *Arsenaria*. Eandem urbem *Arsinnam* appellat Pomponius Mela lib. I de Situ orbis, cap. 6; quam Isaac Vossius in hunc Melæ locum, vulgo *Arsenuriam* dici observat. In Collatione Carthag. cap. 133, mentio fit *Adsinnar;* sed hic locus revocari debet ad urbem Sinnaritanam, ut supra diximus in notis ad episcopos provinciæ proconsularis, num. 3.

96. VASSINUS ELFANTARIENSIS. Editi, *Vassinus*. Concilio Cabarsussitano anno 393 subscripsit *Miggin ab Elefantaria episcopus* Donatista, qui anno sequenti in Bagalensi concilio exauctoratus fuit. De eodem Augustinus passim agit in libris III et IV contra Cresconium. Occurrit in Tabulis Peulingerianis *Elefantaria*, sed in proconsulari, ut videtur, non procul ab Utica. Et quidem duas hujus nominis in Africa urbes fuisse indicat anonymus Ravennensis, qui *Elefantariam* inter Numidiæ sive proconsularis urbes habet lib. III, num. 6. Et postea, num. 8, recensens Mauritaniæ Cæsariensis oppida, *Helepantariam* memorat.

97. CATABITANUS. Sic mss. cum editis.

98. VINCEMALUS BAPARENSIS. Codex Laudunensis *Vincemalos*. Ptolemæus lib. IV, cap. 2, inter Mauritaniæ Cæsariensis civitates memorat *Vabar*, ex qua *Vabarensis*, et inde fortassis Baparensis urbs dicta est.

99. TIPASITANUS. Jam supra inter Numidiæ episcopos num. 65, recensitus fuit *Rusticus Tipuensis*. Apud *Thipasam Cæsariensis Mauritaniæ* civitatem, teste Optato lib. II, *Urbanus Formensis*, et *Felix Idicrensis*, *duæ faculæ incensæ livoribus*, aliique Donatistæ nihil non adversus catholicos ausi fuerunt. *Lacerati sunt viri, tractæ sunt matronæ, infantes necati, abacti sunt partus.* Quin et, ut paulo inferius Optatus narrat, iidem episcopi, quod horrendum est, *jusserunt eucharistiam canibus fundi;* sed isti statim accensi rabie, ipsos dominos suos, quasi latrones sancti corporis reos, dente violento laniaverunt. Ampulla vero sancti chrismatis, quam per fenestram projecerant, angelica manu subvecta, inter saxa illæsa consedit.

Ejusdem urbis civium fidem egregiam laudat Victor Vitensis lib. v, num. 6. Cæterum urbem hanc memorat Ptolemæus, lib. iv, cap. 2. Occurrit et in Antonini itinerario *coloniæ* titulo decorata. *Latio data dicitur* a Plinio lib. v, cap. 2. *Tiposa* errore, ni fallor, librariorum, pro *Tipasa* legitur apud Ammianum Marcellinum lib. xxix, c. 5.

100. TAMADENSIS. Sic codex Halleri. At editi cum cod. Laudunensi *Tamadempsis*. Fluvium *Tamundam* memorat Pomponius Mela lib. i, cap. 5. Eumdem fluvium simul cum urbe sibi cognomine laudat Plinius lib. v, cap. 2, quam Carolus a Sancto Paulo *Tanudam* appellari debere censet post Ortelium, cujus episcopus *Donatus Tanudatensis* inter Donatistas Collationi Carthag. cap. 197 interfuit. Sed hic locus videtur a nostra *Tamada* differre. Et quidem editi habent *Donatus Tanudaiensis*.

101. VONCARIANENSIS. Supra jam recensitus est *Voncariensis* num. 62, et uterque habetur etiam in codice Halleri.

177 102. MURCONENSIS. Sic uterque codex ms. cum editis. Tamen in Collatione Carthag. cap. 135 *Auxilius episcopus plebis Nurconensis* inter catholicos antistites comparuit, qui ex Mauritania Cæsariensi fuisse indicavit.

103. TABAUCARENSIS. Codex Halleri, *Tababcarensis*, Paulo item aliter scribitur in Collatione Carthag. cap. 135, ubi *Victor episcopus plebis Tabaicarensis*, et *Marcianus* ejus ex parte Donati adversarius recensentur.

104. SUMMULENSIS. Codex Halleri, *Sumulensis*. Notus est *Silvanus episcopus Summensis* seu *Zummensis*, sed hic erat ex Numidia, cujus provinciæ primas fuit passimque apud Augustinum dicitur *Senex Silvanus*. Vide epist. 141. Huc revocari posse locum *Subbulensem*, ab Optato Milevitano lib. iii memoratum, existimat Holstenius. Sed ex conjectura, Optatus noster ms., ut editi, habet *loco Subbulensi*.

105. TADAMATENSIS. Codex Halleri, *Tadamensis*: quæ lectio non favet sententiæ V. C. Baluzii, qui Tadamatensi oppido præfuisse censet *Milicum episcopum plebis Tagamutensis*, in Collatione Carthag. cap. 126 inter catholicos memoratum. Vide supra Byzacenos num. 19.

106. CATRENSIS. Sic uterque codex ms. cum editis. Mavult tamen Carolus a Sancto Paulo legere *Castrensis*, quod apud Antoninum locus *Castra* dictus memoretur, qui item habetur in Tabulis Peutingerianis. Non tamen licuit, ex sola conjectura, manuscriptorum simul et editorum lectionem mutare.

107. CISSITANUS. Ptolemæo κισσος. Tabulæ Peutingerianæ habent *Cissi municipium*; una litterula aliter Antoninus in Itinerario *Cissi municipium*. Huc absque dubio revocandus est *Flavosus episcopus Cissitanus*, qui in Collatione Carthaginensi cap. 207 inter Donatistas recensitus fuit. De isto et Quodvultdeo, qui etiam aliquando dicitur episcopus Cissitanus, vide supra proconsulares num. 27.

108. TASACCURENSIS. Sic uterque codex. Apud Antoninum in Itinerario *Tasagora* inter Mauritaniæ majores urbes memoratur, quam ab hac Tasaccurensi aliam non esse arbitramur.

109. TABUNIENSIS. Hunc quoque Ortelius in Victore habet. *Thabenenses* memorat Hirtius *in extrema regni Jubæ regione maritima locatos*; sed quos ad Mauritaniam Sitifensem pertinuisse fuse et erudite probat Henricus Norisius.

110. TUSCAMIENSIS. Codex Halleri habet *Tuscamensis*.

111. GUNUGITANUS. Editi, *Gunagitanus*. Codex vero Halleri, *Gunaitanus*. Melior tamen nostra lectio, quæ est codicis Laudunensis. Nam coloniam Augusti *Gunugi* memorat Plinius lib. v, cap. 2. Habetur item in Itinerario Antonini et apud anonymum Ravennatem lib. iii et v, ubi *Gunugus*.

112. SITENSIS. Hujus loci fuit *Saturnus episcopus Sitensis* Donatista, in Collatione Carthag. cap. 198

memoratus. Hinc levanda Baluzii suspicio, qui Saturnum hunc *Sileysi* in Numidia urbi præfuisse in notis ad hunc Collationis locum innuit.

113. VISSALSENSIS. Codex Halleri, *Vissalensis*. *Visalta* habetur in Tabulis Peutingerianis, sed in Numidia.

114. MAXITENSIS. Sic et codex Halleri apud Ortelium, qui ex Trogo *Hiarbam Maxitanorum regem* laudat. *Maxices* passim laudat Ammianus Marcellinus libro xxix.

115. ADSINNADENSIS. Editi, *Adsinuadensis*. In Indice Cypriani habetur *Adsinuada*. An *Cyprianus* Donatista, qui memoratur in cap. 133 Collationis, huc sit revocandus, incertum est, quod locus in editis et mss. sit ita corruptus, ut nullum sensum pati possit. Sic habet: *Cyprianus dicitur episcopus qui* **178** *illic intendit Adsinuar*, seu, ut mss. habent, *Adsinnar*. Vide Baluzii notam in hunc locum.

116. SATAFENSIS. Infra inter Sitifenses num. 6 habetur *Festus Satafensis*. Alterutrius loci fuit *Adeodatus episcopus plebis Satafensis*, qui Collationi Carthag. cap. 128, comparuit cum *Urbano* ipsius adversario, inter Donatistas iterum, cap. 187, recensito. *Salaphitanum* oppidum memorat Plinius libro v, cap. 4, quod sibi ignotum esse fatetur Harduinus: quare varias conjectationes proponit, ex quibus una est qua suspicatur legi posse *Sataphitanum*, ut eo pacto locus iste intelligi possit de Satafensi urbe, quæ in hac Notitia memoratur. *Donatum Salicinensem* in Mauritania Cæsariensi episcopum, ex Novati secta ad unitatem catholicam conversum, laudat sanctus Leo Magnus papa epist. 1, alias 87, quem Satafensem fuisse contendit Lucas Holstenius, quod et in vetustissimo codice ms. Vaticano num. 1342 appelletur *episcopus Satafensis*.

117. SERTENSIS. Sic uterque codex ms. cum editis. In Collatione Carthaginensi capite 135 memoratur *Proculus episcopus plebis loci Sertensis*, quem locum eumdem esse ac Sertensem, hic in Notitia memoratum, censet V. C. Baluzius. Præter hunc duo item occurrunt in Collatione episcopi, *Zertenses* dicti: nempe *Gaudentius episcopus Zertensis* ex parte Donati, cap. 187 recensitus, qui nonnisi presbyterum ex catholicis adversarium habebat, et cap. 201 iterum inter Donatistas *Salustius episcopus Zertensis* comparuit. Alteruter forte ex proconsulari erat: nam inter hujus provinciæ antistites synodicæ ad Paulum Constantinopolitanum scriptæ subscripsit *Florentius gratia Dei episcopus sanctæ Ecclesiæ Zentensis*. An vero alter e Mauritania fuerit incertum est. Certe neuter ex istis Proculi adversarius erat, siquidem ipse loco laudato se unitatem habere professus est. Quinimo, si vera sit lectio epistolæ 141 sancti Augustini, erat in Numidia urbs *Zerta*, quæ Zertensi concilio adversus Donatistas habito in Numidia nomen dederit.

118. NUMIDENSIS. Ejusdem urbis *Januarius episcopus Numidiensis* ex parte Donatistarum Collationi Carthag. interfuit cap. 188, qui se ex Mauritania Cæsariensi fuisse professus est. Eamdem sedem a sua diœcesi excisam fuisse ibidem conquestus est *Reparatus episcopus Ecclesiæ catholicæ Sifaitensis*, sive, ut emendat Baluzius, *Sufasaritanæ*. Cæterum Ortelius ex ms. Halleri laudat episcopum *Nuooidensem* ex Victore ms., quo nomine, ut puto, *Numidensis* intelligendus est.

119. CEREALIS CASTELLO RIPENSIS. *Castellum Ripense* ex codice Halleri memorat Ortelius. Lucas Holstenius in annotationibus ad Carolum a Sancto Paulo putat Cerealem hic memoratum hunc ipsum esse *Cerealem* episcopum Afrum quem Gennadius inter scriptores ecclesiasticos laudat in Catalogo cap. 96, ob libellum quem contra Maximinum episcopum Arianum conscripsit. Opusculum istud habemus in Bibliotheca Patrum, ubi auctor sese ipsum *Cerealem Castellanum episcopum* appellat, cui proinde potius fides est habenda quam scriptori anonymo de 12 scri-

ptoribus ecclesiasticis, aut aliis posteriorum temporum auctoribus, qui illum *Castulensem* aut *Castalensem* episcopum scribunt. Gennadius sedis ipsius nomen non retulit. Scripsit eo tempore quo Vandali capta Carthagine in Africa regnabant.

120. TAMAZUCENSIS. Codex Halleri, *Tamazensis.* Tamazensem tamen episcopum, ab Ortelio ex Victore Uticensi laudatum, Byzacenæ attribuit Carolus a Sancto Paulo, quod ejusdem provinciæ episcoporum synodicæ, in concilio Lateranensi sub sancto Martino laudato, subscripserit *Theodorus episcopus* **179** *Tamasenus.* At inter Byzacenos nullus est Tamazensis episcopus ex hac Notitia. Forte huic loco præfuit *Dacianus episcopus Tamicensis*, inter Donatistas in Collatione Carthag. cap. 163 memoratus. Iste enim non erat *Timicensis*, de qua urbe supra num. 6.

121. MAJUCENSIS. Sic etiam Ortelius ex Victore, ut ait Uticensi.

122. NABALENSIS. Hæc est secunda cathedra ex iis quæ tunc episcopos non habebant. Tamen Ortelius ait in codice Halleri *Nabalensis* episcopi mentionem fieri, sed lapsu, uti videtur, memoriæ. *Nabudes* Mauritaniæ Cæsariensis gentem memorat Plinius.

123. TUBUNENSIS. Vide quæ de hac urbe diximus in notis ad episcopos Numidiæ numero 72. Inter Mauritaniæ Cæsariensis urbes recenset Ptolemæus *Thubunam* lib. IV, cap. 2. Anonymus Ravennensis lib. III, num. 8, *Tubonis.*

124. MAURENSIS. Sic editi et mss. Forte eidem loco præfuit ex Donatistarum secta *Crescentianus Marrensis*, aut, ut alii habent, *Murensis*, qui concilio Cabarsussitano subscripsit. *Maurum* recenset Anonymus Ravennas lib. III, num. 11, inter civitates Mauritaniæ, quam Gaditanam appellat.

125. TINGARIENSIS. Sic et Ortelius ex Victore.

126. OBORITANUS. Jam supra num. 72 Oboritanus episcopus recensitus est. Quem locum consule.

NUM. 3. Hoc lemma deest in editis. Ex eo autem patet, exscriptorem ejusmodi numeris versus seu lineas, non vero civitatum numerum designare voluisse. Unde licet evidens sit sex civitates hic recenseri, cum tamen duæ in unaquaque linea haberentur, appositum est num. 3.

AD PROVINCIAM MAURITANIÆ SITIFENSIS.

1. TAMALLUMENSIS. *Tamullumam* ex Victore, ut appellat, Uticensi memorat Ortelius in Thesauro geographico, ubi ait in Mauritania Cæsariensi ex Tabulis Peutingerianis haberi *Tamannunam* aut *Tamaununam.* Et quidem ibi legitur *Tamannuna municipium, et castellum.* Cæterum inter Byzacenæ urbes supra memoratas num. 55 habetur item episcopus Tamallumensis, quo loco plura de his urbibus diximus.

2. SITIFENSIS. Nota est hæc civitas vel ex eo quod toti provinciæ nomen dederit. *Novatus* Sitifensis antistes laudatur ab Augustino epist. 229, sub ipsius vitæ finem scripta; suæ provinciæ legatus adfuit concilio Carthag. anno 419, et non semel in Collatione Carthag. interlocutus est, in qua cap. 143 cum *Marciano* suo adversario comparuit. *Optatus* item *Sitifensis* laudatur in epistola Bonifacii Carthaginensis concil. tom. IV, col. 1633. Optatus episcopus in epistola 185 sancti Augustini memoratus, aut non fuit Sitifensis episcopus, aut inter duos Novatos sedit. *Sitifa colonia* dicitur a Ptolemæo lib. IV, cap. 2. *Sitifi* passim in Antonini Itinerario occurrit. Alios auctores prætermitto. Cæterum sub Numidiæ provincia, in Notitia Leonis Imperatoris a Goare edita occurrit *Sitiphi*, quanquam Græcus textus ibidem, et Græcus simulque Latinus in Bevegerii editione habeat Σιτιφνος.

3. COVIENSIS. Nihil de hac urbe habet Ortelius. Hanc esse *Coba municipium* ab Antonino memoratum facile crediderim. Ad Sitifensem **180** quippe provinciam istud oppidum pertinuisse Antoninus ipse indicat in Itinerario, ubi Coba inter Saldin et Igilgilim notas Sitifensis provinciæ civitates locatur.

A *Choba municipium* habent quoque Tabulæ Peutingerianæ, quibus consentit Anonymus Ravennas, qui libro III, num. 6, *Choba mune*, id est *municipium*, inter alia Mauritaniæ loca recenset.

4. IGILGITANUS. Codex Halleri, *Igillitanus.* Scribendum absque dubio *Igilgilitanus.* Celebris quippe est *colonia Igilgili*, quam laudant Ptolemæus, Plinius libro V, cap. 2, et anonymus Ravennas. Habetur quoque in Tabulis Peutingerianis, in Antonini Itinerario, *etc.* Notitiæ tamen lectioni favet Ammianus Marcellinus libro XXIX, cap. 5, ubi *Sitifensis Mauritaniæ littus* memorat, quod appellant accolæ *Igilgitanum.* Codices tamen mss. quos laudat Valesius habebant *Gilgitanum*; et in Sitifensi provincia fuit urbs *Gegitana*, cujus antistes infra habetur num. 13. Denique in Collatione Carthag. cap. 121 recensitus fuit inter Patres orthodoxos *Urbicosus episcopus plebis Eguilguilitanæ*, quo loco viri eruditi censent legendum *Igilgilatinæ.*

B 5. AQUÆALBENSIS. *Aquæ Albensium loci episcopalis in Mauritania Sitifensi* ex Victore *Uticensi* laudat Ortelius. Jam supra inter Patres Byzacenæ provinciæ numero 52 recensitus est episcopus *Aquis Albensium*; ubi Januarii episcopi Aquæ Albensis et Donatistæ, in Collatione Carthag. cap. 197 memorati, fecimus mentionem.

6. SATAFENSIS. Jam supra inter Mauritaniæ Cæsariensis Patres num. 116 memoratus fuit *Cresees Satafensis.* Satafensem hanc posteriorem in Antonini Itinerario memorari ex loci situ patet, nam auctor ille *Satafi* inter Sitifensem et Ficensem urbes locat.

7. HORRENSIS. Eamdem sedem memorari in Collatione Carthag. cap. 198 censet Baluzius, ubi inter Donatistas comparuit *Cresconius episcopus ab Horrea Aninicensi*, cum *Horrea*, quæ *Cœlia* cognominabatur, ad Byzacenam pertinuerit. Sed erat item Horrea urbs in proconsulari, nam inter hujus provinciæ episcopos qui synodicæ ad Paulum Constantinopolitanum in concilio Lateranensi sub sancto Martino,

C act. 2, subscripserunt, occurrit Donatus *episcopus Orreensis*, ut ex codice Bellovacensi restituit Baluzius, nam editi habent *Ortensis.* Certe anonymus Ravennas lib. III, num. 7, et lib. V, num. 4, *Horream* in Sitifensi memorat, et aliam ejusdem nominis lib. III, num. 4, mediam inter proconsularis et Byzacenæ urbes, quæ videntur in Tabulis Peutingerianis indicari; ubi prior *Ad Horrea Orbita*, altera vero *Musiubio Horreta* appellatur. Denique concilio Carthagin. sub Bonifacio subscripsit *Avus episcopus plebis Horreensis.* Sed *Horream* Sitifensem perspicue habemus in Antonini Itinerario designatam, ubi inter Sitifim et Tubusubtum locata dicitur, M. P. 18 a priore distans.

8. THUGUSUBDITANUS. Sic editi cum utroque cod. ms. Harduinus tamen in notis ad Plinii lib v, cap. 2, monet legendum esse *Tubusubditanus. Maximum Tubusubditanum* ex hac ipsa Notitia laudat Valesius in notis ad Ammianum Marcellinum. Et quidem in

D Notitia provinciarum sectione 20 habetur *Præpositus limitis Tubusubditani.* Veteres tamen *Tubusuptum* scribebant. Sic Ptolemæus lib. IV, cap. 2; Plinius loco laudato, Antoninus in Itinerario, Ammianus Marcellinus lib. XXIX, cap. 5, et alii. Anonymus Ravennas habet lib. III *Tubusubros.* In Collatione Carthag. cap. 187 memoratur *Florentinus episcopus a Tubusuptu* Donatista, in quem locum censet Baluzius, eamdem urbem in Tabulis Peutingerianis appellari *Subutula* **181** quæ haud procul Leptimagna ibi indicatur. At Tubusupti situm discimus ex Antonini Itinerario, ubi semel et iterum prope *Saldas* locatum memoratur, ab ista civitate M. P. 18 dissitum. Certe apud Ammianum loco laudato *Tubasuptum oppidum Ferrato contiguum monti* dicitur. Mons aute a Ferratus, ut ex Peutingerianis Tabulis patet, a Rusuccurro colonia Saldas usque pertingebat.

9. JERAFITANUS. Codex Halleri, *Gerafitanus.*

10. LE-UITANUS. Ex Donatistis Collationi Carthag.

cap. 198 adfuit *Romanus episcopus Lesuitanus.* Medio fere itinere Saldas et Sitifim *Lesbi* habetur in Antonini Itinerario, M. P. xxv a Tubusupto distans.

11. EQUIZOTENSIS. Codex Halleri, *Equotensis.* Tabulæ Peutingerianæ *Equeheto.* In Collatione Carthag. cap. 201, memoratur *Victor episcopus Equizetensis* Donatista. Priores Baluziana editiones habent *Equizetensis:* quibus verbis eamdem urbem designari nemo inficiabitur.

12. CASTELLANUS. Castelli nomen familiare erat apud Afros. De isto singulari nihil dicendum occurrit. Vide supra Numidas num. 4, et Cæsarienses num. 75. Sed assentiri non licet Holstenio, qui putat Castellum istud idem esse cum Castello Mauritaniæ Cæsariensis civitate, supra inter istius provinciæ urbes recensito num. 75.

13. GEGITANUS. In Collatione Carthag. cap. 128 habetur *Quadratus episcopus plebis Gegitanæ* inter catholicos. Sed incertum est an ex Sitifensibus fuerit. Vide notam 29 in Victorem Vitensem (*Supra col.* 193, n. ª) et 41 in proconsulares (*Supra col.* 288).

14. EMINENTIANENSIS. Haud improbabilis est eorum opinio qui in Collatione Carthag. cap. 208 locum hunc corruptum: *Marcianus episcopus Eminentius episcopus in itinere remansit; Felix Novasinnensis subscripsit pro eo.* Sic sanari posse putant: *Marcianus episcopus Eminentianensis in itinere remansit,* etc. Porro Marcianus et Felix hic memorati e Donatistarum secta erant.

15. SOCIENSIS. Hunc ex Victore ms. Mauritiniæ Cæsariensi tribuit Ortelius, sed lapsu memoriæ, ni fallor.

16. LEMELEFENSIS. Sic codex ms. uterque cum editis. Dubitat Ortelius num ista urbs ea fuerit quæ ab Optato lib. II dicitur *Lemellense castellum.* Id innuit loci situs, nam Januarius Flumenpiscensis et Felix Diabensis Donatistæ episcopi, qui illuc cucurrisse dicuntur, ex Sitifensi provincia erant. Lemellensem episcopum catholicum nomine *Primosum* ibidem laudat Optatus, qui ejusdem urbis ecclesiam a Donatistis violatam fuisse refert; qua occasione *diaconi plurimi cum altare defenderent cruentati sunt,* et ex iis duo, *Primus* scilicet et *Donatus,* occisi fuere; quorum memoria die 9 Februarii in Martyrologio Romano recolitur.

17. CELLENSIS. Vide supra inter proconsulares num. 45, ubi habetur *Cyprianus Cellensis. Cellas* in Sitifensi memorat Antonius in Itinerario, ubi hæc urbs media inter Perdicen et Macri visitur.

18. MACRENSIS. Interfuit Collationi Carthagin. cap. 206 *Maximus episcopus Macrensis* Donatista. *Macri,* ut mox dicebamus, prope *Cellas* in Antonini Itinerario habetur. *Magri* habent Tabulæ Peutingerianæ.

19. NOBALICIANENSIS. Sic quoque appellatur in ms. Halleri. Urbis nomen videtur fuisse *Nova-Liciana.*

20. ZALLATENSIS. Sic mss. et editi. Memoratur apud Ptolemæum *Zalapa,* sed inter urbes quæ sub Adrumeto erant, proindeque ad Byzacenam pertinens.

21. ZENFOCTENSIS. Sic uterque codex ms. At editi habent *Lemfactensis;* ex quo fortassis loco Index Cypriani operibus præfixus *Lemfactam* exhibet. Nostra autem lectio confirmatur ex Ammiano Marcellino libro XXIX, cap. 5, ubi *Lamfoctense oppidum inter Tyndensium et Massinissensium gentes positum* memoratur. Porro si ista restitutio nota Valesio fuisset, Lamfoctense oppidum Ammiani hoc ipsum esse quod hic in Notitia habetur, ultro asseverasset, quod nonnisi subdubitando proferre ausus est. Sic et Baluzius suspicatus non fuisset Lamfoctense oppidum Ammiani idem esse cum Lamfuensi Byzacenæ urbe, de qua supra col. 155 (*Col.* 509, *num.* 87).

22. FICENSIS. *Felix episcopus Ficensis* catholicus comparuit in Collatione Carthag. cap. 215. In Tabulis Peutingerianis memoratur *Ad Ficum;* qui locus in Antonini Itinerario inter Satafam et Igilgilim situs dicitur.

23. RESTUTUS MACRIANENSIS. Editi, *Restitutus.* Erat item in Byzacena civitas Macrianensis, cujus episcopus num. 80 inter illius provinciæ antistites recensitus est supra pag. 156 (*Nobis col.* 528): quem locum consule. Porro *Macrianensem* in Sitifensi Mauritania episcopum agnoscit codex Halleri, teste Ortelio, qui de Byzaceno nihil habet. *Deuterii Macrianensis* episcopi ex Donati secta meminit Augustinus epist. 93, quem ex Mauritania fuisse innuit.

24. ASSAFENSIS. Sic codex uterque cum editis. In Collatione Carthag. cap. 128 memoratur *Sextilius episcopus plebis Assabensis* cum *Martiano* Donatista, qui et sic cap. 198 appellatur. *Asava* seu *Ad Sava* municipium habetur in Antonini Itinerario, et in Tabulis Peutingerianis. Eidem forte urbi præerat tempore sancti Cypriani *Lucius ab Ausafa,* qui in concilio Carthag. num. 73 hæreticos rebaptizandos esse censuit. Cujus objectioni respondet Augustinus lib. VI de Baptismo contra Donatistas, cap. 37, *Salvius Ausafensis* episcopus Donatista subscripsit synodo Cabarsussitanæ anno 393, et anno sequenti in concilio Bagaiensi fuit exauctoratus. De quo passim Augustinus agit in libris contra Cresconium Donatistam. Vide AUSANENSEM inter proconsulares, num. 47.

25. FLUMENPISCENSIS. In Collatione Carthag. cap. 205 inter Donatistas comparuit *Victor episcopus Flumenpiscensis.* Exinde viri eruditi censuerunt apud Optatum libro II, ubi memoratur *Januarius Flamen Pistensis,* legi debere *Flumenpiscensis.* Quod certum esse ex tribus mss. codicibus nobis constat, uno scilicet monasterii Remigiani apud Remos, altero ex monasterio Sancti Theoderici prope eamdem urbem; tertio denique nostræ bibliothecæ Sancti Germani a Pratis.

26. INVENTINUS MARONANENSIS. Editi, *Juventinus Marovanensis.* Codex Halleri apud Ortelium, *Maronensis.* Quænam vero ex istis lectio sit præferenda divinare non licet.

27. MOLICUNZENSIS. Sic codex Laudunensis. Ortelius vero ex Halleri codice, *Molicuntensis.* At editi habent *Melicbuzensis,* et ex iis, ni fallor, index Cyprianicus *Melicbuzam* recenset.

28. SERTEITANUS. Sic uterque codex ms. Editi vero, *Serteitanus.* Nostra lectio firmatur ex Collatione Carthag., ubi cap. 80 memoratur *Maximianus Serteitanus episcopus* Donatista; capite vero 215, *Felix Serteitanus episcopus catholicus pedem dolere* dicitur, quanquam iste in prioribus editionibus *Sertertensis* aut *Sertirtensis* appellatur.

29. CEDAMUSENSIS. Sic uterque ms.; sed editi habent *Cadamusensis.* Index Cyprianicus, *memorat Cidamum.* Procopius libro VI de Ædificiis memorat urbem *Cidamam* a Mauris inhabitatam, sed in limite Tripolitano. *Cydamum* habet Plinius lib. v, cap. 5, *e regione Sabratæ,* proindeque in Tripolitana. Cæterum lectio nostra favet erudito Baluzio, qui suspicatur legendum esse *Ceramusensem;* cujus loci *Severianus episcopus Ceramunensis* catholicus Collationi Carth. interfuit cap. 133. De hac re fuse dissentientem Baluzium consule in notis ad laudatum Collationis locum.

30. THAMAGRISTENSIS. In cod. Halleri scribitur absque aspiratione *Tamagristensis.* Sic habetur in Collatione Carthag. cap. 128, ubi *Primulus episcopus plebis Tamagristensis* catholicus memoratur cum *Saturnino* Donatista ipsius adversario, iterum cap. 197 recensito.

31. PRIVATENSIS. *Privatum* locum episcopalem ex Victore laudat Ortelius *Villam Magnam* et *Villam Privatam* habet Antoninus, sed in Tripolitana. *Cyprianus episcopus Villæ Magnensis* subscripsit synodicæ proconsularium in concilio Lateran. sub sancto Martino.

32. PARTENIENSIS. Sic quoque scribitur apud Ortelium ex Victore.

33. MOZOTENSIS. Sic mss. et editi. Ea est absque dubio civitas quæ alias *Moctensis* aut *Moptensis* dicitur. *Mopti municipium* habetur in Tabulis Peutinge-

rianis, quod occasionem præbuit Garnerio urbem istam cum municipio Numidiæ civitate confundendi; quam ob rem Norisii censuram incurrit. In Collat. Carth. cap. 143 inter Patres catholicos recensitus est *Leo Moptensis episcopus*, qui Felicem ex Donati parte adversarium habebat; et idem *Felix* cap. 180 inter Donatistas comparuit. Porro is idem est Leo qui provinciæ Sitifensis legatus adfuit concilio Carthag. sub Aurelio anno 419, quanquam in editis non semel confunditur cum Leone Oppinnensi episcopo, qui ad eamdem synodum a Mauritania Tingitana legatus missus fuerat. Et quidem *Leonem Moctensem* diserte habet textus latinus codicis Ecclesiæ Africanæ, tum in concilii præfatione, tum in subscriptionibus. In subscriptionibus autem græcis Λεως απο Μοκτη (sic); sed in præfatione Λέων Οπτευσιακός dicitur. In Labbeana editione tomo II Concil. col. 1603, duo pariter Leones occurrunt: uterque dictus *legatus Mauritaniæ Tingitanæ vel Sitifensis*; ibique posterioris sedes non indicatur, at prior dicitur *episcopus Ospinensis*, et in margine adnotatur: *Al. Moctensis*, quasi his duabus vocibus unica urbs indicaretur. Sed cum certi simus Opinum et Moctum duas fuisse civitates ab invicem diversas, et *legatum Tingitanæ* aut *Sitifensis* simul unum et eumdem episcopum non fuisse; haud dubitamus quin ex his duobus Leonibus, unus Opinensis ex Tingitana legatus Mauritaniæ majoris legatus fuerit, de quo inter Byzacenos num. 82, et alter Moctensis e Sitifensi provincia. Hæc fortasse evidentius patebunt, si aliquando occurrat codex emendatior.

34. TAMASCANIENSIS. Ejusdem procul dubio loci fuit *Donatus episcopus Tamascaniensis* ex secta Donatistarum, in Collatione Carthag. cap. 197 memoratus. *Tamascani municipium* exhibent Tabulæ Peutingerianæ.

35. ACUFIDENSIS. *Acufidam* ex ms. Halleri laudat Ortelius.

36. ASVOREMIXTENSIS. Sic codex uterque ms. Editi autem, *Asuoremitensis*. Hinc in indice Cypriacico, *Asvoremita*. Carolus, a Sancto Paulo laudat codicem ms. in quo legitur *Asaoremixtens s*. Sed hoc est forte librarii erratum. Nec puto alium codicem ab Halleriano, quem Ortelius laudat, Carolo a Sancto Paulo visum fuisse.

37. THUCCENSIS. Sæpius absque aspiratione scribitur *Tucca*. Quatuor vero hujus nominis urbes in Africa fuisse probat Norisius in Censura adversus Garnerium. Sitifensis, de qua hic agimus, situm accurate describit Plinius lib. v cap. 2, his verbis: 184 *Oppidum Tucca impositum mari et flumini Ampsagæ*. Ampsaga autem Numidiam a Mauritania Sitifensi separabat. Hinc Tabulæ Peutingerianæ habent, *Tuccæ fines Mauritaniæ et Africæ*; et anonymus Ravennas lib. III, num. 6, *Civitas Tuca, quæ juxta mare magnum dividit Numidiam et Mauritaniam Sitifensium*. Alia erat *Tucca*, cognomento *Terebinthina*, quam in extremis provinciæ proconsularis et Byzacenæ finibus exstitisse indicat Antonini Itinerarium. Concilio Carthag. sub sancto Cypriano duo adfuere episcopi Tuccenses, nempe *confessor Saturninus a Thucca*, num. 52, et *Honoratus a Tucca*, num. 77, præter *Fortunatum a Tuccabori*, num. 17 memoratum; quo nomine Tuccam Terebinthinam designari putat editor Oxoniensis. Et quidem episcopus Tuccaboritanus erat ex proconsulari, ut diximus nota 20 de Mauritania Cæsariensi. Recentior erat episcopatus *Tuccensis*, aut *Tuncensis*, in Numidia, cui tempore Collationis Carthag. præerat *Sabinus episcopus catholicus*; nam ibi cap. 65 et 130 *Adeodatus episcopus Milevitanus* Donatista conquestus est oppidum istud a sua diœcesi fuisse avulsum. *Tuccam* in Numidia nova memorat Ptolemæus lib. IV cap. 3, et aliam *sub Legione Augusta* 3. Huc revocat Holstenius *Paulinum Tuggensem* in Numidia episcopum, de quo Gregorius Magnus lib. X, epist. 32, agit. Sed iste nusquam *Tuccensis* dicitur, imo, nec forte *Tuggensis*.

A In editione Gussanvillæi idem Paulinus dicitur episcopus *Tegessis civitatis*, ex plerisque mss. ut iste auctor observat; alii codices cum editis *Tegesis*; apud Labbeum tomo V Conciliorum *Regensis*, ut diximus in notis ad Numidas num. 91. Laudat idem Holstenius *Metum Tuccanensem* ex concilio Carthag. sub Grato: sed iste *Taccanensis* aut *Cannensis* dicitur in vulgatis editionibus. Vide proconsulares num. 54. Habemus item *Tuccam Castellum*, quod in proconsulari a Justiniano imperatore ædificatum est, ut refert Procopius lib. VI de Ædificiis. Denique Tuccam inter Mauritaniæ secundæ civitates exhibet Notitia Leonis imperatoris a Goare edita. Græcus tamen textus habet Χάστρον Τούζα, cui editio Beveregiana conformis est, ubi Græce et Latine dicitur *Castrum Tutar*.

38. SURISTENSIS. Sic editi simul et mss.

39. PERDICENSIS. Antoninus in Itinerario *Perdicem* memorat inter *Zarat* et ipsam *Sitifim*, ab ista M. P. B 25 dissitam. *Silvanus episcopus plebis Perdicensis* Collationi Carthag. adfuit cap. 124 cum *Rogato* Donatista ipsius adversario, qui et iterum comparuit cap. 187. *Silvanus legatus provinciæ Mauritaniæ Sitifensis* in concilio Carthag. anno 303 memoratur, quem hunc ipsum esse censet Holstenius qui in Collatione Perdicensis episcopus dicitur.

40. ZABENSIS. Jam hujus nominis civitas recensita est in Numidia num. 70. *Sabi* memorat Antonini Itinerarium inter oppida *Macri* et *Aras*, quorum prius supra num. 18 habetur. Hujus urbis episcopus fuit *Felix Diabensis*, cum *Januario Flumenpiscensi*, apud Optatum lib. II memoratus. Licet enim in editis, imo et in codicibus mss. Remigiano et Sancti Theoderici appelletur *Diabensis*, codex noster Sancti Germani a Pratis diserte habet *Zabensis*. Et certe notant omnes litteras *di* et *z* apud Afros indifferenter sumptas fuisse. An ad hanc quoque sedem, aut ad Zabensem Numidiæ urbem revocandus etiam sit *Fidentius episcopus Dianensis* Donatista qui Collationi C Carthag. cap. 198 adfuit, incertum mihi est. *Dianam* quippe in Numidia exstitisse ex Itinerario Antonini certum est, quam urbem Baluzius commemorat in notis ad eumdem Collationis locum. *Zeben regionem, cui caput Sitiphis*, 185 memorat Procopius lib. II de Bello Vandalico, quæ forte ab hac Zabensi civitate nomen habuit.

41. SALDITANUS. Hæc sedes ex Halleri codice non habetur apud Ortelium, qui tamen *Saldas coloniam* laudat ex Ptolemæo, ubi lib. IV, cap. 2, inter Mauritaniæ Cæsariensis civitates memoratur. Eodem *coloniæ* titulo donatur in Tabulis Peutingeri, et in Antonini Itinerario. *Coloniam Augusti Salde* appellat Plinius libro v, cap. 2. *Donatum episcopum Sayensem*, cap. 126 Collationis Carthag. memoratum huc revocari posse suspicatur Holstenius. *Donatus Saiensis* dicitur in editione Baluzii, et quidem forte pro *Suensis*, uti ille existimat, quod *Maximus episcopus Suensis* inter proconsulares subscripserit Synodicæ D in concilio Lateranensi sub sancto Martino.

42. VAMALLENSIS. Sic mss. et editi. Huc revocari posset oppidum *Gemmellense*, ni ab omnibus Numidiæ tribueretur. Quippe cum litteræ *V* et *G* sæpe sæpius pro eadem re signanda adhibeantur apud veteres, pro *Gemellensis* scribi potuisset *Vemellensis*. Sane in Sitifensis Mauritaniæ et Numidiæ finibus *Gemellas* urbem sitam fuisse colligitur ex Antonini Itinerario, ubi media inter *Novam Sparsam*, quæ ad Numidiam pertinebat, et ipsam *Sitifim* locatur, ab ista M. P. 25 distans, quod et articulo sequenti repetitur; ubi sita est inter *Novam Petram* et eamdem *Sitifim*. An vero alia sit quæ inter *Thebesten* Numidiæ urbem et *Capsam* Byzacenæ paulo inferius in eodem Itinerario recensetur, aliis judicandum relinquo. *Littæus a Gemellis* fuit unus e rebaptizantibus in concilio Carthag. sub sancto Cypriano, num. 82, et apud sanctum Augustinum libro VII de Baptismo contra Donatistas.

Num. 44. Et tamen 43 solummodo recensentur: aliquot fortassis nomina excidere.

AD PROVINCIAM TRIPOLITANAM.

1. LEPTIMAGNENSIS. Leptis Magna urbs est apud veteres notissima, quæ Tripolitanæ provinciæ civilis metropolis erat. Magna dicebatur, quod altera *Leptis* civitas *Minor* scilicet dicta, in Africa haberetur; de qua egimus inter Byzacenas num. 36. *Leptis Magna*, inquit editor Oxoniensis operum sancti Cypriani in notis ad concilium rebaptizantium, erat *urbs Tripolitanæ ex tribus urbibus Taphri, Abrotono, et Lepti Magna conflata*, quæ mutuatus est ex Julii Solini Polyhistore, ubi capite 30 hæc habentur: *Tripolim Achæi lingua sua signant de trium urbium numero Taphræ, Abrotoni, Leptis Magnæ*. At quod de provincia seu regione dixit Solinus, id ita Oxoniensis editor interpretatus est, quasi de ipsa urbe dictum fuisset. Porro Harduinus in notis ad Plinii librum v, c. 4, aliter refert Solini verba. *Tripolim*, inquit, *Achæi lingua sua signant de trium urbium numero, Oeæ, Sabratæ, Leptis Magnæ*. Plinius tamen loco laudato littus inter duas Syrtes describens, ait: *Ibi civitas Oeensis, Cynips fluvius ac regio. Oppida Neapolis, Gaphara, Abrotonum, Leptis altera, quæ cognominatur Magna*. Sed Harduinus fatetur in notis fusioribus, num. 14, omnes *libros pro Gaphara habere Taphra*; se tamen *Gaphara* posuisse ex Ptolemæo, 186 *quod nullum*, inquit, *sit in tota Africa oppidum quod Taphra vocetur*. Verum nec ille Ptolemæum secutus est: iste enim habet *Garapha portus* libro IV, cap. 3. Paulo etiam aliter habet Scylax, ipso attestante Harduino; nempe Τράφαρα πόλις. Ubi vides Harduinum Taphram urbem, quam Solinus et Plinius diserte habebant, sustulisse, ut Gapharam induceret, etiam reclamantibus, quos in sui patrocinium adduxit, Sylace et Ptolemæo. Cæterum Ptolemæus loco laudato, præter portum *Garapha* supra memoratum, *Neapolim, Tripolim*, et ex Palatino codice *Leptim Magnam*, inter urbis tria nomina commemorat. Tripolitana civitas etiam nunc celebris est cum regno sibi cognomine in Africa, vulgo dicta *Tripoli di Barbaria*. *Leptim Magnam* non semel habet Antoninus in Itinerario, cujus episcopus *Dioga* in concilio Carth. sub sancto Cypriano memoratur, et *Victorinus episcopus Leptimagnensis* Donatista subscripsit concil. Cabarsussitano anno 393. *Salvianus* ejusdem urbis item ex Donatistarum secta episcopus, Collationi Carth. adfuit cap. 208, ubi *Leptitanus* simpliciter episcopus dicitur. Lepti autem Magnæ ipsum præfuisse ex eo colligimus, quod *Victorinus* Donatista *Leptiminensis* episcopus in eadem Collatione habeatur, ut diximus num. 36 ad Byzacenos. Amminius Marcellinus libro XXIX, cap. 6, eamdem etiam urbem *Leptim* sine addito appellat. *Leptim Magnam, Tripolim et Pentapolim* memorat Procopius libro II de Bello Vandalico. Leptim fuisse patriam Severi Augusti testatur Aurelius Victor: quod de Lepti Magna intelligendum esse discimus ex lib. VI Procopii de Ædificiis.

2. SABRATENSIS. Sabratam laudant Ptolemæus libro IV cap. 3; Antoninus in Itinerario, Tabulæ Peutingerianæ, Plinius libro V, cap. 4, et alii. *Sabatram* appellat Procopius lib. VI de Ædificiis. *Nados episcopus Sabratensis* catholicus interfuit Collationi Carthaginensi cap. 133; ubi dixit: *E diverso habui, sed modo non habeo*. Adversarium scilicet habuerat *Donatum*, qui cum aliis Donatistis Cabarsussitano concilio subscripserat anno 393, et anno sequenti in Bagaiensi synodo fuerat exauctoratus. De hoc passim Augustinus in libris contra Cresconium. *Pomposius episcopus Sabratensis* erat tempore sancti Cypriani, ut dicemus infra num. 4. Denique *Vices Sabratenus* habetur apud Victorem libro I, num. 7 de quo plura diximus in nota 23 ad eumdem auctorem (*Supra col.* 190, *n. e*).

3. GIRBITANUS. In Concilio Carthag. sub sancto Cypriano *Monnulus a Girba* rebaptizandos esse hæreticos probare conatus est num. 10; cujus objectiones confutat Augustinus libro VI de Baptismo contra Donatistas, cap. 17. *Proculus Girbitanus episcopus* Donatista subscripsit concilio Cabarsussitano, et ex eadem secta in Collatione Carthagin. cap. 199 recensitus est *Evasius episcopus Girbitanus*, quem hunc ipsum Evasium esse censet Baluzius, qui cap. 126 adversarius dicitur *Quodvultdei episcopi Girutensis*, seu, ut ipse legit, *Girbitani*. Sæculo sequenti, anno scilicet 525, concilio Carthag. sub Bonifacio adfuit *Vincentius episcopus plebis Gervitanæ* seu *Girbitanæ*, *provinciæ Tripolitanæ legatus*. Idem in concilio Juncensi anno præcedenti accusatus fuerat *plebes Tamalumensis Ecclesiæ* invasisse, ut patet ex ejusdem synodi titulo apud Labbeum tomo IV concil., col. 1627, et ex Bonifacii Carthaginensis episcopi epistola, ibidem col. 1644. Vide Numidas num. 40. Porro Girba episcopalis sedes fuisse dicitur *insulæ Lotophagitæ*, quam urbem Ptolemæus libro IV. cap. 3, *Gerram* appellat. *Girbam insulam* habet Antoninus in Itinerario maritimo. *Girbam, Tipasam* et alia loca in insula repræsentant Tabulæ Peutingerianæ. Denique in Notitia Imperii sect. 42 memoratur *procurator Baphii Girbitani*, 187 *provinciæ Tripolitanæ*. Gallus et Volusianus *in insula Menynge, quæ nunc Girba* est, imperatores creati dicuntur in Epitome Sexti Aurelii Victoris.

4. CRESCONIUS OENSIS. Hunc ipsum a Genserico in exsilium relegatum fuisse scribit noster Victor Vitensis libro I, num. 7. Sed mirum est quam varii sint auctores in hujus urbis nomine scribendo, quod tamen codicum exscriptoribus tribuere malim, ut patet ex his quæ in nota 23 ad laudatum Victoris locum observavimus (*Supra col.* 901, *n. e*). *Oceam* habet Antoninus in Itinerario, *Heoam* Ptolemæus lib. IV, cap. 3. Dicitur a Plinio *urbs Oeensis*. Agrum *Oeensem* in Tripolitana provincia memorat Ammianus Marcellinus libro XXIX, cap. 6. Statuam *apud Oeenses* habuisse dicitur Apuleius in epistola 138, alias 5, Augustini ad Marcellinum; sed *Oeenses* legi debet, quod non solum ex duobus mss. qui ita habent, sed ex ipso etiam Augustini contextu probatur. Nam post hanc vocem sequitur, *ex qua civitate uxorem habebat*: Pudentilla autem Apuleii uxor, ipso Apuleio teste in Apologia, Oeensis erat, ut observavit Hadrianus Valesius in notis ad Ammian. Marcellin. Cæterum *Oeam* seu *Eam* passim laudat Augustinus, varie in variis codicibus mss. scriptam, ut a nostris observatum est. Porro *Natalis ab Oea* tam pro se quam pro suis comprovincialibus *Pompeio Sabratensi* et *Dioga Leptimagnensi* locutus est in concilio Carthag. sub sancto Cypriano. Rationes quas pro rebaptizandis hæreticis attulit, confutat Augustinus libro 7 de Baptismo contra Donatistas, cap. 47. *Marinianus episcopus ab Oea* ex parte Donati interfuit Collationi Carthag. cap. 201.

5. TACAPITANUS. *Tacape* memorat Ptolemæus lib. IV, cap. 3, ex codice Palatino: alii habent *Cape*. Dicitur in Tabulis Peutingerianis *Colonia Tacape*, et *Tacapas Coloniam* appellat Antoninus in Itinerario; Plinius vero libro V, cap. 4, *Tacape* simpliciter. De hac quoque Procopius lib. VI de Ædificiis. *Dulcitius episcopus plebis Tacapitanæ* catholicus interfuit Collationi Carthag. cap. 133, qui *Felicem* adversarium habebat ex Donatistarum secta: sed iste infirmitate præpeditus comparere non potuit. Porro ex hoc Collationis loco, ut monet Baluzius, nota fit sedes Dulcitii episcopi, qui in concilio Carthag. anni 503 Tripolitanæ provinciæ legatus dicitur. *Gaius* ejusdem urbis episcopus, et provinciæ suæ legatus subscripsit concilio Carthag. sub Bonifacio anno 525, qui tamen in concilii actis *Gallus* appellatur.

6. NUM. 5. Non plures erant in hac provincia Aurelii temporibus antistites; nam cum in concilio Carthaginensi Honoratus et Urbanus episcopi petiissent ut synodus statueret ne episcoporum ordinationes nonnisi a duodecim episcopis celebrarentur, respon-

dit Aureams formam antiquam servari debere, ut edita, memoratur Minorica, quæ Græce dicitur Μάννκα νῆσος. Eodem modo Græce scribitur in Beveregiana editione : at Latine *Menyca insula* pro *Mino rica* vertitur.
non minus quam tres sufficiant : aftas rem futuram valde incommodam iis qui Tripolitanam incolebant, cum in ea provincia, *ut asseritur, episcopi sint tantummodo quinque.*

188 AD PROVINCIAM SARDINIÆ.

Nomina *episcoporum insulæ Sardiniæ.* Addendum est et vicinarum insularum, quarum episcopi hic Sardiniæ attribuuntur, quod Calarim, præcipuam illius insulæ urbem, metropolim haberent. Cæterum Justinianus præfecto prætorio Africæ septem provincias assignavit, e quarum numero ultima *Sardinia* appellatur, Cod., tit. 27, constit. 1.

1. Lucifer Calaritanus. Bona simul et mala fama celebris et alius Lucifer Calaritanus episcopus, qui post innumeros pro Christi divinitate propugnanda superatos labores exsiliaque durissima, carceres et graviora incommoda pro causa Ecclesiæ, sub Constantio imperatore Ariano perpessa, tandem schismati occasionem aut saltem nomen tribuit. An vero hæc labes talis fuerit, ut exinde nomen ipsius e sanctorum confessorum catalogo expungi debeat, gravis est, potissimum inter recentiores, controversia. Luciferi sanctitatem ex Calaritanæ Ecclesiæ traditione et ex antiquis ædibus sacris quæ sub ejus nomine passim in Sardinia habentur, tueri conatur Ambrosius Machius ejusdem urbis archiepiscopus, cujus sententiam amplexus est eruditus vir Daniel Papebrochius die 20 Maii Bollandiani, quo die Luciferi Calaritani nomen in sacris Fastis scriptum legitur. At Luciferum, quem uti sanctum colunt Sardi, hunc ipsum esse suspicatur Natalis Alexander sæculo IV, art. 13, quem sub Vandalica persecutione ab Hunerico rege exagitatum hic Notitia Africana commemorat. Verum cum hæc opinio nullo præter conjecturam fundamento stabiliri possit, eam quasi inanem rejicit Papebrochius, multo plures et graviores esse affirmans pro asserenda prioris Luciferi sanctitate rationes, quam pro admittendo hujus posterioris, alias vix noti, cultu publico. Cæterum de Calarensi urbe, aut illius episcopis, plura ex antiquis monumentis congerere non vacat. Adhuc sæculo nono Sardinia ad Africam pertinebat, ut ex Notitia Leonis Sapientis patet, in qua Calaris metropolis inter civitates Mauritaniæ secundæ computatur, *sub gloriosissimo Africæ Eparco* constituta. Græcus textus habet Χάρμαλος; unde in editione Beveregii vertitur *Caralus.* Plerique veteres *Caralim* scribunt, Antoninus, Hirtius, Tabulæ Peutingeri, *etc.*

2. De Foro Trojani. Editi habent *de Foro Trajani.* Retinuimus tamen codicis ms. lectionem. Quamvis enim urbs ista notior sit sub *Fori Trajani* nomine, aliquot tamen codices, ut monet Ortelius, passim habent *Forum Trojani.* Hanc urbem muris cinxit Justinianus Augustus, ut refert Procopius lib. VI de Ædificiis.

3. De Sanafer. Hunc locum in Notitia Leonis imperatoris editionis Beveregianæ memorari existimamus, ubi inter alias civitas Mauritaniæ secundæ, quæ Sardiniam vicinasque insulas complectitur, recensetur *Sanaphus* num. 10, sicque dicitur etiam Græce. Goaris tamen editio habet *Suffara,* Græce Σουμάρφα.

4. De Min rica. Una est ex 189 Balearibus insulis, a Majorica stadiis 600 dissita, ut habet Antonini Itinerarium maritimum. Habemus Severi hujus insulæ episcopi epistolam de miraculis sancti Stephani, quæ edita est in appendice tomi VII operum sancti Augustini editionis Benedictinæ. Ex hac porro epistola discimus duo in ea insula oppida fuisse, quæ unicum solummodo habebant episcopum. Inter episcopales sedes quæ sub Mauritaniæ secundæ provincia habentur in Notitia Leonis imperatoris a Goare

5. Sulcitanus. Sulcitanos memorat Plinius libro III, cap. 7. Pomponius Mela libro II de Situ orbis, cap. 7 ait, *Urbium antiquissimæ Calaris et Sulchi,* etc. *Sulchi* item memoratur in Notitia Leonis superius laudata, et quidem eodem modo in utraque editione Latine et Græce. *Sulcei* memorat Antoninus in Itinerario. *Sulci* dicitur in Tabulis Peutingerianis. Celebratur passim apud auctores. Sulcitana sedes *Villam,* sive *Vallim Ecclesiæ* primo translata fuit, qua postmodum penitus exstincta, diœcesis Sulcitana Calaritanæ Ecclesiæ adjuncta est.

6. De Turribus. *Ad Turrem* inter Sardiniæ oppida memorat Antoninus in Itinerario. *Turrim Libysonis* Plinius habet libro III, cap. 7, quæ Ptolemæo libro III, cap. 3, est *Turris Byssonis.* Anonymus Ravennas insulas quæ Siciliæ vicinæ sunt sic recenset : *Turribus, Sibrorum, Cuniculari, Ficaria,* etc. *Turribus* habent Tabulæ Peutingerianæ inter Caralim et Nubam. Complures ibi martyres pro Christo passos martyrologia vulgata passim commemorant. Hanc quoque civitatem inter Mauritaniæ secundæ urbes computat Notitia Leonis imperatoris, in utraque editione. Archiepiscopali postmodum dignitate aucta fuit, quæ Sassarim tandem translata est.

7. De Majorica. Insula sic dicta quod e duabus Balearibus sit major. Africæ Eparco adhuc parebat tempore Leonis sapientis, ut ex Notitia sæpius laudata patet, ubi inter civitates quæ Mauritaniæ secundæ tunc erant attributæ, recensetur *Majorica insula* in Goaris editione, ubi Græce habetur Μαιούρηκα νῆσος. Græcus autem textus Beveraginæ editionis mutata prima littera habet Ναιούρηκα νῆσος, et ibi vertitur *Najorica insula.* Baleares autem insulæ postea a Mauris Hispanias devastantibus occupatæ sunt, qui ibi regnum ex istis duabus insulis, et Eubuso instituerunt, quod usque ad sæculi decimi tertii medium perseveravit. Unde Majoricæ regni nomen natum est. Sed anno 1252 Jacobus Arragoniæ rex, pulsis inde Mauris, easdem insulas regno suo adjecit. Et tunc apud Majoricam episcopalis sedes simul cum Christiana religione restituta fuit, cujus antistes Tarraconensi metropolitano primum subjectus, postmodum Valentia ad dignitatem archiepiscopa'em evecta, inter Valentini metropolitani suffraganeos computatus est.

8. De Evuso. Ebusum insula Mediterranei maris; una est ex duabus Pytiusis, prope Majoricam sita, quam Hispani vernacula lingua *Ivica* appellant. Procopius libro I de Bello Vandalico scribit, *Interno in mari Ebusam videri, veluti in ejus vestibulo, septem probe dierum navigatu ab Oceani illapsu,* juxta quam *Majoricam* et *Minoricam* fuisse dicit. Libro autem II tres easdem insulas *ab Oceani faucibus non ita multum distitisse* refert. *Ebusos* in Itinerario maritimo Antoninus commemorat. De eadem insula loquitur noster Victor libro I, num. 5. Singulare autem est hujus insulæ privilegium, ut uno ore omnes historici prædicant, quod in ea nullum animal 191 venenatum aut gigni possit, aut aliunde allatum enutriri.

9. Et sic fiunt... numero 466. Non tamen memorantur plusquam 461, nisi addantur duo Numidæ, ut diximus supra pag. 141 (*Col.* 314, *num.* 124), et aliquot Byzaceni, quorum fortassis nomina exciderunt. Vide pp. 141 et 57 (*Nobis Coll.* 314 *et* 271). Cæterorum vero numerorum quivis facile emendabit errata, quæ vel ex librariorum incuria, vel alia occasione irrepserunt. Cæterum, ut jam monuimus, codicis Laudunensis lectiones accurate descripsimus; quæ vero Sirmondus emendavit, retulimus inter ansulas.

APPENDIX TERTIA,

SIVE
TH. RUINARTI COMMENTARIUS HISTORICUS
DE
PERSECUTIONE VANDALICA.

193 Quamvis ex Victoris Vitensis Historia, quam modo exhibuimus, præcipua quæque Vandalicæ persecutionis capita haurienda sint, rem tamen nemini ingratam nos esse facturos arbitrati sumus, si ea quæ passim in probatis et vetustis auctoribus de eodem argumento occurrunt, hic in unum congerantur, ut hoc subsidio non solum ea quæ forte a Victore paulo strictius narrata fuerunt, fusius exponantur, sed ut ipsa etiam quæ ab eodem auctore fuerunt omissa, quatenus in tanta rerum ac temporum longinquitate licet, quocunque modo a nobis suppleri possint. Et quidem cum Arianicæ in Africa per Vandalos persecutionis describendæ provincia nobis obtigerit, nobis non licuit quidquam prætermittere, quod ad tam nobilem historiæ ecclesiasticæ portionem illustrandam conducere videretur. Verum ut absque ulla confusione narratio procedat, visum est operæ pretium eam in aliquot capita partiri.

CAPUT PRIMUM.
Vandalorum in Gallias irruptio.

1. Non una est auctorum de Vandalorum origine sententia. Hi, teste Procopio, libro I de Bello Vandalico, Gothicæ nationis portio, Arii placitis, sicut et cæteræ nationes barbaræ, addicti, ad M.rotidem olim sedes habuere: quibus ob rerum necessariarum penuriam dimissis, ascita secum Alanorum gente, primum in eas regiones quæ circa Rhenum sitæ sunt, tunc a Francis possessas, irrupere; tum paulo post simul cum aliis feris et barbaris nationibus in varias imperii Romani provincias ingressi, eas penitus devastarunt. At Hadrianus Valesius initio libri III Rerum Francicarum mirum sibi videri ait, hanc de Vandalorum origine opinionem cuiquam potuisse probari, quam nimirum omnium antiquorum testimoniis plane oppositam esse **194** contendit: cum, ut ipse ait, Vandalos, quos alii Vindilos, alii Vandilos, alii Vandalios appellant, Plinius Secundus inter genera Germanorum quinque; Tacitus inter antiquas Germaniæ gentes numeret: cumque Dio-Cassius in libro LXXII, Julius Capitolinus, Eutropius, Tabula Theodosiana, ac Hieronymus, eos Marcomanis et Quadis Germanorum populis confines circa Danubium et Albis caput ponant. Sed idem auctor postea innuit Procopii sententiam, Salviani, Sidonii, aliorumque scriptorum auctoritate confirmari posse: unde cum isti iis temporibus floruerint quibus Vandali in variis imperii Romani provinci s adhuc grassabantur, hanc opinionem de posteriorum saltem Vandalorum origine tunc receptissimam fuisse nemo diffiteri potest.

2. Hos omnes barbaros Stiliconis perfidia evocatos fuisse affirmant veteres simul et recentiores historici, quorum opera ad imperium Eucherio filio suo conciliandum uti volebat: atque ita perfidus ille, inquit Paulus Orosius sub libri VII finem, ut unum puerum purpura indueret, totius generis humani sanguinem dedit. Porro Vandalorum conatibus primi obstitere Franci; quos, viginti ex illis ferme millibus ferro peremptis, Godigiscloque eorum rege occiso, usque ad internecionem delevissent, nisi Alanis ad Vandalorum auxilium accurrentibus, ipsi postmodum Franci fugati fuissent. Inde Vandali simul cum Alanis conjuncti, substituto in Godigiscli locum Gunderico ejus filio, Rhenum transiere, et Gallias, quas Stilico præsidiis destituerat, invasere. Id Arcadio VI et Probo consulibus, sub anni scilicet 406 finem et sequentis initium, contigisse tradunt nonnulli veteres historiarum scriptores, Prosper, Cassiodorus, etc.; quam tamen cladem biennio post, Basso et Philippo consulibus, duobus scilicet annis antequam Roma ab Alarico Gothorum rege caperetur, alii cum Paulo Orosio et Marcellino comite evenisse volunt. In hoc autem consentiunt omnes, ea tempestate Gallias primo, tum Hispanias, ac tandem Africanas provincias exagitatas fuisse: quæ clades eo atrociores fuere, quo ipsi qui eas inferebant, animis efferatiores erant. Etenim præter eam quam invehit hæretica fraus crudelitatem, nulla naturali lenitate, nullo urbanitatis succo Vandalorum mores, uti apud Romanos, erant conditi.

3. Qua vero sævitia, quove furore in Gallias primo irruperint, describit testis omni exceptione major, sanctus Hieronymus in epistola ad Agerruchiam, ubi sic loquitur: *Præsentium miseriarum pauca percurram. Innumerabiles et ferocissimæ nationes universas Gallias occuparunt. Quidquid inter Alpes et Pyrenæum est, quod Oceano et Rheno includitur, Quadus, Vandalus, Sarmata, Alani, Gipedes, Heruli, Saxones, Burgundiones, Alemanni, et, o lugenda respublica! hostes Pannonii vastarunt. Etenim Assur venit cum illis.* Deinde recensens nobiliores Galliarum civitates quæ ea occasione excisæ aut direptæ fuerunt, sic prosequitur: *Magontiacum, nobilis quondam civitas, capta atque subversa est, et in ecclesia multa hominum millia trucidata. Vangiones longa obsidione deleti, Remorum urbs præpotens, Ambiani, Attrebatæ; extremique hominum Morini, Tornacus, Nemete, Argentoratus translati in Germaniam. Aquitaniæ, Novemque populorum, Lugdunensis et Narbonensis provinciæ, præter paucas urbes, populata sunt cuncta, quas et ipsas foris gladius et intus vastat fames. Non possum absque lacrymis Tolosæ facere mentionem, quæ ut* **195** *huc usque non rueret, sancti episcopi Exsuperii merita præstiterunt.* Alias in Stiliconem invehit idem sanctus Hieronymus, quem *semibarbarum proditorem* appellat, quod nempe ille e Vandalorum gente originem ducens ad primas imperii dignitates evectus, *nostris*, inquit, *contra nos opibus armasset inimicos.* In epistola ad Heliodorum de ejusmodi barbarorum incursionibus loquens, matronas nobiles et virgines Dei ludibrio habitas, episcopos captos, presbyteros et diversos clericorum gradus interfectos, ecclesias eversas, equos ad altaria stabulatos, martyrum effossas reliquias, et alia similia commemorat, quibus Romanus orbis jam ante urbis Romæ excidium fuerat obrutus.

4. Easdem vero Galliarum calamitates deplorat Salvianus presbyter Massiliensis, qui et ipse rebus gestis præsens aderat. Sic enim inter alia de iis qui urbium excidia evaserant, loquitur libro VI, de Gubernatione Dei: *Omnis civitas bustum erat, malis et post excidia crescentibus. Nam quos hostis in excidio non occiderat, post excidium calamitas obruebat: cum id quod in excidio evaserat morti, post excidium non superesset calamitati. Alios enim impressa altius vulnera longis mortibus necabant, alios ambustos hostium flammis, etiam post flammas pœna torquebat. Alii interibant fame, alii nuditate; alii tabescentes, alii rigentes; ac sic in unum exitum mortis per diversa moriendi genera corruebant. Et quid plura? excidio unius*

urbis affligebantur quoque aliæ civitates. Jacebant siquidem passim, quod ipse vidi atque sustinui, utriusque sexus cadavera nuda, lacera, urbis oculos incastantia, avibus canibusque laniata : lues erat viventium fetor funereus mortuorum, mors de morte exhalabatur ; ac sic etiam qui excidiis supradictæ urbis non interfuerant, mala alieni excidii perferebant. Nec ea putandum est a Salviano more oratorio dicta fuisse cum exaggeratione, ut populos ad pœnitentiam provocaret, cum ea omnia quæ nobis supersunt istorum temporum monumenta idem prorsus attestentur. Hujus rei testem locupletissimum adducimus auctorem libri de Providentia divina, qui sub sancti Prosperi nomine vulgatus est. Hic autem extrema quæque in his cladibus Gallos pertulisse affirmat in ejusdem opusculi prologo, ubi patriæ suæ, quas præ oculis habebat, calamitates deplorat. Nullam urbem, nullum oppidum; non castella aut arces, imo nec ipsos agros excidium evasisse ait, uno verbo :

Si totus Gallos sese effudisset in agros
Oceanus, vastis plus superesset aqnis.

Nec minus in homines quam in urbes sævitum fuisse scribit idem auctor; nulli ut sexui aut ætati barbari parcentes, obvios quosque trucidarent.

Nec querar exstinctam nullo discrimine plebem :
Mors quoque primorum cesset ab invidia.
Quid pueri insontes? quid commisere puellæ,
Nulla quibus dederat crimina vita brevis?
Quare templa Dei licuit popularier igni?
Cur violata sacri vasa ministerii ?
Non honor innuptas devotæ virginitatis,
Nec texit viduas relligionis amor.
Ipsi desertis qui vitam ducere in antris,
Suerant laudantes nocte dieque Deum,
Non aliam subiere necem, quam quisque profanus :
Idem turbo bonos sustulit atque malos.
Nulla sacerdotes reverentia nominis almi
Discrevit miseri suppliciis populi.
Sic duri cæsi flagris, sic igne perusti;
Inclusæ vinclis sic gemuere manus.

196 5. His calamitatibus decennio integro Gallias afflictatas fuisse laudatus auctor testatur, quod tamen de Gothis potissimum intelligi debet. Vandalos autem cæterosque barbaros eorum socios aliquandiu in Galliis substitisse tradit Paulus Orosius libro VII, cap. 40, quod Pyrenæi jugis præpediti fuerint, ne cito in Hispanias pertingerent. *Excitatæ per Stiliconem*, inquit, *gentes Alanorum, Suevorum, Vandalorum, multæque cum his aliæ Francos proterunt, Rhenum transeunt, Gallias invadunt, directoque impetu ad Pyrenæum usque perveniunt; cujus obice ad tempus repulsæ, per circumjacentes provincias refunduntur.* Laudat præcipue idem auctor Didymum et Verinianum fratres duos nobiles atque locupletes, qui cum servis suis aliisque quos tumultuatim collegerant, rusticis militibus, Honorio principi fide servata, Hispanias non solum a Constantino tyranno, sed etiam a barbarorum incursionibus, quandiu vixere tutati sunt; sed isti interea per Gallias diffusi, omnia ferro flammaque depopulabantur.

6. Porro cum istæ nationes barbaræ Ariana labe infectæ, aut variis gentilium superstitionibus adhuc addictæ essent, non minus animarum quam corporum saluti insidiabantur; nec dubium est quin his temporibus ob fidei integritatem servandam multi ex nostris Gallis graviora perpessi fuerint supplicia. Et quidem licet nemo de his rebus singulares commentarios, saltem qui ad nos usque pervenerint, ediderit, nonnulla tamen adhuc tum in historiis, tum in Fastis ecclesiasticis vestigia supersunt, ex quibus facile colligitur, et frequentia tunc temporis, et illustria fuisse complurium sanctorum martyria. Huc certe revocari possunt quæ supra ex prologo libri de Providentia divina retulimus num. 4. Celebrat autem Ecclesia Remensis die 14 Decembris beatissimi Nicasii pontificis sui festum, qui cum virgine Eutropia ipsius sorore, Florentio diacono et Jocundo lectore in ipso ecclesiæ limine martyrium gloriosum fecit; qua item occasione complures omnis sexus, ætatis et conditionis barbarorum manibus occubuerunt. Quorum mortem, etsi nonnulli ad Attilæ Hunnorum regis tempora referre conentur; cum scilicet post annos circiter 43 Remorum urbs ab eodem rege iterum expugnata fuisse dicitur : manet tamen inconcussa nobilis istius Ecclesiæ traditio, quæ Nicasium cæterosque ejus socios martyres a Vandalis fuisse interemptos constanter asseverat; quam quidem traditionem jam sæculo nono et decimo pro antiqua habitam fuisse ex Hincmaro et Flodoardo colligi potest. Quin, et cum innumeræ fere barbaræ nationes istis temporibus Gallias inundarint, mirum non est quod alii Vandalos, alii Hunnos, aut Alanos ejusmodi cladium fecerint auctores. Cæterum barbari per varia Remorum ditionis loca discurrentes, quos forte habebant obvios interficiebant : e quorum numero nonnulli, qui postea miraculis claruerunt, martyrum titulo condecorati sunt. Ex his est Adcrius in Chaniaco vico passus, cujus reliquiæ sub Gervasio pontifice sæculo undecimo miraculis detectæ, magna postmodum in veneratione a circumstantibus populis habitæ fuerunt. Celebrior fuit Oriculus, cum duabus sororibus suis Oricula et Basilica interemptus apud Sindunum Dulcomensis pagi vicum; quorum sacra corpora ob bellorum tumultus in urbem allata, in percelebri archimonasterio Remigiano religiosissime asservantur. Colitur apud Attrebates Diogenes, quem aiunt a Romano pontifice directum, et beato Nicasio primum istorum populorum antistitem **197** consecratum, in communi Galliæ Belgicæ clade trucidatum fuisse. At nulla hanc in rem habentur veterum testimonia, ut observarunt Bollandiani tomo I, Februarii die 6, in præmissis ad sancti Vedasti vitam. Eadem quoque tempestate involutam fuisse Veromanduorum Augustam nonnulli tradiderunt; at Laudunum seu, ut veteres scribunt, Lugdunum clavatum, a barbaris oppugnatum quidem fuisse, sed minime expugnatum, testis est auctor antiquus libri de Vita sanctæ Salabergæ.

7. Eamdem quam Remorum civitas sortem altera Belgicæ metropolis, Augusta scilicet Trevirorum, experta est : quam etsi non recensuerit Hieronymus loco laudato inter præcipuas Galliarum civitates quæ tunc a barbaris direptæ fuerunt, communem tamen hanc cladem pertulisse extra dubium videtur, cum, teste Salviano initio libri VI de Gubernatione Dei, in istis barbarorum incursionibus usque quater direpta et eversa fuerit. Id diserte asserit vetus auctor, qui primorum istius urbis episcoporum gesta descripsit, in vita sancti Materni. Et quidem in hac ipsa Vandalorum irruptione, de qua nunc agimus, Valentinum Trevirensem episcopum barbarorum gladio occubuisse tradit Andreas Saussayus in martyrologio Gallicano die 16 Julii ; qua item die Valentini Treverensis episcopi memoria in Romano Martyrologio celebratur, sed absque ulla de ipsius mortis tempore aut aliis circumstantiis facta mentione. Nec Valentini meminit Browerus, qui Trevirenses Annales conscripsit, in quibus tamen multa de Vandalis habet.

8. Post Belgicarum regionum devastationes, *totum etiam corpus omnium Galliarum*, ut loquitur Salvianus libro VII, *Vandalorum incendio exarsit*. Et quidem in varias earum provincias diffusi, quo furore apud Belgas sævierant, in cæteris quoque regionibus debacchati sunt. Bisuntini, Maximæ Sequanorum provinciæ gens præcipua, Antidium episcopum et martyrem a Vandalis occisum celebrant die 17 Junii. In Pseuduno castro apud Æduos in prima Lugdunensi, ut probat noster Mabillonius in sæculi quarti Benedictini parte II, pag. 494, passi sunt Florentinus et Hilarius martyres, die 27 Septembris in vulgatis martyrologiis celebrati; quos nonnulli ex nominis similitudine decepti apud Sedunum, quod nunc est Valesiæ superioris caput, martyrium complevisse arbitrati sunt. At Pseudunum diserte habent vetera

martyrologii Usuardi exemplaria mss. ipsumque autographum quod penes nos habemus. Quin et in vetustissimo codice ms. monasterii Remigiani apud Remos, ab annis circiter 800 scripto, habetur passio integra eorumdem martyrum, in qua apud Pseudonium castrum in finibus Æduorum martyrii coronam adepti fuisse dicuntur. Ad eamdem quoque persecutionem revocant Constantienses, secundæ Lugdunensis populi, Heterium martyrem die 16 Julii, quem in insula Gersuo occisum tradit Saussayus in martyrologio Gallicano. Idem auctor alios quoque trecentos sexaginta sex martyres, quos eadem persecutio in Vastinensi quartæ Lugdunensis pago percelebri sustulit, die 26 Decembris commemorat. Quin et Fraternus episcopus Autisiodorensis ipsa consecrationis suæ die a barbaris urbem suam devastantibus martyrio coronatus est, ex vetustissimis Autisiodorensium Annalibus, inquit Papirius Massonus in Historia calamitatum Galliæ; quo loco barbaros ibi memoratos non alios a Vandalis fuisse censet. His etiam adjungendus est DESIDERIUS **198** Lingoniensium episcopus, quem cum innumera cleri et populi sui multitudine interemptum a Vandalis fuisse tradunt, cujus festivitas die 23 Maii in Fastis Ecclesiæ recolitur. Passi quoque iisdem temporibus dicuntur Valerius Desiderii archidiaconus, et Prudentius martyres, quorum martyrologium Gallicanum, prioris quidem die 22 Octobris, alterius vero 6 ejusdem mensis festum commemorat. Desiderii episcopi item a Vandalis occisi celebris est memoria apud Genuenses Liguriæ populos, teste Ferrario in Catalogo generali sanctorum Italiæ die 23 Maii. Sed is ipse est qui a Lingonensibus celebratur, ut videre est apud Bollandianos die 23 Maii. Quin et eumdem ipsum etiam esse suspicor quem Saussayus die 19 ejusdem mensis, et alii etiam cum illo auctores apud Carnotenses passum commemorant. Huc etiam revocari forsitan debet Ausonius martyr Engolismensis; quamvis enim vulgo sub rege Chroco Valeriani temporibus martyr occubuisse dicatur; quæ tamen de eo narrantur, videntur melius hisce temporibus congruere. Apud Arceyas Trecensis diœcesis oppidum, die 16 Augusti recolitur festum sancti BALSEMII, quem pariter aiunt sub Vandalis martyrio coronatum. Sed si vera sit hæc traditio, alius iste dicendus est a Balsemio sancti Basoli nepote; cum constet Basolum diu post hanc persecutionem; Ægidii scilicet archiepiscopi temporibus, Remos accessisse.

9. Alii denique martyres aliis in locis venerationi habentur, quos sub Vandalis martyrio coronatos passim ferunt, sed de quibus fusius agere non vacat. Et quidem ex iis nonnulli sub Chroco rege, quem imperatoris Valeriani temporibus in Gallias irrupisse volunt, passi dicuntur; quamvis non desint qui et hæc Chroci tempora simul cum istis de quibus agimus Vandalorum persecutionibus commisceant. Istorum quippe temporum monumenta tot rebus dubiis et incertis, imo et quandoque certissime falsis permista sunt, ut vix illis, maxime quæ ad chronologiam spectant, adhiberi possit tuta fides. Neminem tamen inficiari posse existimo, eos sanctos, quos unanimi omnium consensu Vandalorum gladiis occubuisse profanæ simul et sacræ veteres historiæ referunt, ad hanc de qua agimus persecutionem et plurimum esse revocandos. Nec obstat quod eorum plerique sub Vandalis adhuc gentilium superstitionibus addictis passi memorentur; cum certum sit has nationes barbaras, etiam postquam Christianæ religioni nomen dederunt, diutius aliquot paganorum superstitiones retinuisse. Quin et plerosque ex illis adhuc gentium erroribus tunc temporis fuisse detentos dubium non est. Sed ad alia transeundum; jam quippe de istis paulo fusius quam par erat egimus, quanquam ea omittere fas non fuit quæ ad nostræ gentis martyres nonnihil illustrandos conferre poterant.

CAPUT II.

Hispaniæ a Vandalis occupatæ et oppressæ.

1. Direptis Galliis, Vandali in Hispanias ingressi, eas pariter ferro et flamma depopulati sunt. Actis namque, ut loquitur Orosius lib. VII, cap. 28, *magnis cruentisque discursibus, graves rebus atque hominibus vastationes intulere*. Quod contigisse scribit idem auctor, cum post Didymi et Veriniani fratrum necem, *Honoriaci*, sic vocabantur barbari quidam in militiæ societatem a Romanis allecti, quibus **199** Pyrenæorum custodia a Constante Constantini tyranni filio tradita fuerat, aditu patefacto, *cunctas gentes, quæ per Gallias vagabantur, Hispaniarum provinciis immiserunt, ut exinde majorem et ipsi prædandi licentiam haberent*. Hispanias a Vandalis occupatas fuisse Honorio VIII et Theodosio III consulibus, id est æræ Christianæ anno 409, testis est Prosper in Chronico, cum Cassiodoro et aliis. Consentit Idatius in Fastis consularibus; in Chronico autem non consules solum aut æram ex quibus annus colligi potest, sed ipsum etiam diem quo ista calamitas patriæ suæ contigerat, exprimit his verbis : *Alani, et Vandali, et Suevi Hispanias ingressi æra 447, alii IV calendas, alii III Idus Octobris memorant, die 4, tertia feria, Honorio VIII et Theodosio Arcadii filio III consulibus*.

2. Eo autem furore quo in Galliis sævierant Vandali, Hispanias aggressi sunt. Quod uno verbo exponit Salvianus, illorum temporum scriptor disertissimus, cum libro VII de Gubernatione Dei iisdem *flammis quibus arserunt Galli, Hispanos etiam arsisse* refert. Sed has calamitates paulo fusius exponit Idatius Lemicensis in Gallæcia episcopus, qui rebus gestis ut plurimum præsens adfuit. Sic quippe inter alia habet: *Debacchantibus per Hispanias barbaris, et sæviente nihilominus pestilentiæ malo, opes et conditam in urbibus substantiam tyrannicus exactor diripit, et miles exhaurit; fames dira grassatur, adeo ut humanæ carnes ab humano genere vi famis fuerint devoratæ; matres quoque necatis vel coctis per se natorum suorum sint pastæ corporibus. Bestiæ occisorum gladio, fame, pestilentia, cadaveribus assuetæ, quosque hominum fortiores interimunt, eorumque carnibus pastæ passim in humani generis efferantur interitum*. Et quidem sanctus Augustinus ab Honorato Tingavensi episcopo interrogatus quid in barbarorum irruptione pastoribus ecclesiarum agendum esset, exemplum Hispanorum antistitum iis verbis proponit, ex quibus colligere licet magnas tunc temporis in Hispania clades contigisse. Etenim urbes penitus eversas, et populos in captivitatem abductos, aliasque ejusmodi calamitates commemorat. *Ita enim*, inquit sanctus doctor in epistola ad eum quem laudavimus Honoratum, novæ editionis 228, alias 180, *quidam sancti episcopi de Hispania profugerunt, prius plebibus partim fuga lapsis, partim peremptis, partim obsidione consumptis, partim captivitate dispersis; sed multo plures, illic manentibus propter quos manerent, sub eorumdem periculorum densitate manserunt*.

3. Diuturniorem vero in Hispaniis Vandalorum moram fuisse nemo ambigit. Siquidem illi devictis Romanorum copiis *sub Godigisclo duce*, uti narrat Procopius libro I de Bello Vandalico, sed scribendum est Gunderico, in Hispanis *consederunt*. Romanos sub Castino magistro militum a barbaris in Hispania devictos fuisse Honorio XIII et Theodosio X consulibus, id est æræ Christianæ anno 422, cum Bonifacium comitem a societate belli rejecissent, ex Prosperi Chronico discimus, cui Cassiodorus et Idatius suffragantur. Ejusdem barbarorum in Romanos victoriæ meminit Salvianus libro VII de Gubernatione Dei, ubi non semel observat Hispanos a Vandalis, id est ab *infirmissimis*, ut ipse vocat, *et ignavissimis hostibus fuisse devictos et plane subactos, Deo sic disponente ut vel sic agnoscentes plagam cœlestis manus de præteritis pœnitentiam agerent*. Cæterum *subversis*, inquit

Idatius in **200** Chronico, *memorata plagarum grassatione Hispaniæ provinciis, barbari ad pacem ineundam Domino miserante conversi sunt*, quod altero post eorum in Hispanias ingressum anno contigisse scribit. Conditiones vero quibus Romani post tot clades in Hispaniis residui Vandalorum servituti mancipati fuerint Paulus Orosius libro VII, cap. 28, fusius exponit. At barbari Hispaniarum provincias inter sese sorte dividentes, Gallæciam, ut scribit Idatius, Vandali et Suevi occupavere; Alani Lusitaniam et Carthaginensem provinciam; Vandali, cognomento Silingi, Bæticam; Hispanis, qui in castellis et civitatibus communem cladem evaserant, barbarorum per diversas provincias dominantium imperio omnino subjectis. Quin et Hugo Grotius in prolegomenis ad Historias Vandalorum, Gothorum, etc., in ipso Andalusiæ Hispaniarum provinciæ nomine, imperii Vandalici vestigia superesse apud Hispaniam asseverat, quam nempe regionem olim *Vandalusiam*, seu Vandalico idiomate *Wandaloth*, ab istis barbaris appellatam fuisse contendit. Laudat autem Paulus Orosius loco laudato barbaros, quod post initum fœdus ita mites facti fuerint, ut eos tot cladibus Hispanias affecisse pœniteret, et quidam invenirentur Romani, qui sub Vandalorum dominio *pauperem libertatem habere mallent, quam inter Romanos tributariam sollicitudinem sustinere*. Sed quam brevis pax illa fuit, si tamen unquam fuisse dicenda est. Quam enim pacem barbari cum aliis habuissent, a quibus natura, moribus et religione adeo erant alieni, qui nec eam inter sese unquam habere potuerunt?

4. Varios bellorum tumultus, quibus tunc temporis Hispaniæ exagitatæ fuerunt, describere ad nostrum non pertinet institutum: sed intactam prætermittere non licet gravissimam persecutionem quam adversus orthodoxos in Hispania eo tempore fuisse commotam asseverat Gregorius Turonensis antistes libro II Historiæ Francorum, cap. 2: in hoc tamen falsus, quod regem sub quo illam fuisse excitatam scribit, appellat *Trasimundum*. Sed hoc nomine Gensericum ab eo semper designatum fuisse ex narrationis serie et potissimum ex capite sequenti facile colligitur, ubi successorem Trasimundi *Honoricum* nominatum scribit. Quod qua ratione contigerit, parum interest fusius inquirere; sed persecutionem illam acerbissimam fuisse patet, ex eo quod tyrannus, attestante eodem Gregorio, orthodoxos per *totam Hispaniam, ut Arianæ perfidiæ consentirent, tormentis ac diversis mortibus impellebat*.

5. At idem auctor loco laudato narrat nobilis cujusdam puellæ martyrium, quod huc ipsius verbis referre visum est. *Factum est*, inquit, *ut puella quædam religiosa, prædives opibus, et secundum sæculi dignitatem nobilitate senatoria florens, et, quod his omnibus est nobilius, fide catholica pollens, Deoque omnipotenti irreprehensibiliter serviens, ad hanc quæstionem adduceretur. Cumque regis fuisset oblata conspectibus, cœpit eam primum ad rebaptizandum blandis sermonibus illicere. Quæ cum venenosum ejus jaculum fidei parma propelleret, præcipit rex facultates ejus auferri quæ jam mente possidebat regna paradisi, deinde suppliciis applicatam sine spe præsentis vitæ torqueri. Quid plura? post multas quæstiones, post ablatos terrenarum divitiarum thesauros, cum ad hoc frangi non posset ut beatam scinderet Trinitatem, ad rebaptizandum invita deducitur. Cumque in illud cœnosum lavacrum vi cogeretur immergi, ac proclamaret: Patrem cum Filio ac Spiritum* **201** *sanctum unius credo esse substantiæ essentiæque: digno aquas unguine cunctas infecit, id est fluxu ventris aspergit*. Ex hinc ad legitimam deducta quæstionem, post eculeos, post flammas et ungulas, Christo Domino capitis decisione sacratur. Hæc Gregorius, quæ procul dubio ex vetustioribus monumentis excerpserat. Idque conjicere licet *ex legitimæ quæstionis* voce, quam vetus auctor Hispanus passionis sancti Vincentii, aliique scriptores antiqui qui martyrum agones descripsere, ad designandam quæstionem cæteri sæviorem adhibuerunt. Hoc autem potissimum ægre ferimus, quod sacræ istius Virginis nomen Gregorius reticuerit. Ipsam quidem Vincentiam appellant vulgati auctores Hispani apud Tamayum Salazarem in martyrologio Hispanico die 15 Martii, sed ex Dextro, id est suppositio, et nullius prorsus fidei auctore; quam aiunt anno 424 Cauriæ martyrium consummasse. Ejus tamen festivitatem die 16 Maii commemorat Higuera. Cæterum Cauria civitas est Lusitaniæ haud ignobilis, episcopatus sedes, Emeritensi olim, nunc vero Compostellanæ metropoli subjecta. Verum etsi cætera quæ ab illis auctoribus de Vincentia proferuntur, utcunque tolerari possent, nullo tamen pacto componi potest annus ab iis assignatus cum Gunderici successore, quem persecutionis istius auctorem Gregorius indicat. Idatius nempe Gunderici mortem ad quartum Valentiniani imperatoris annum revocat, quam uno scilicet anno contigisse scribit, antequam Gensericus ejus successor in Africam transmitteret; sed nemo ante annum 428 aut saltem 427 Vandalos in Africam ingressos fuisse dixerit; proindeque ista virgo ante annum 427 aut 426 passa dici non potest.

6. Cæterum ad eamdem quoque Vandalorum in Hispaniis persecutionem Victoriæ cujusdam viduæ martyrium revocaremus, quam idem Tamayus Horci in Hispania sub Vandalis coronatam fuisse commemorat die 17 Novembris, si aliquem hujus rei vadem haberemus præter idem Dextri nebulonis pseudochronicum, ejusque propugnatores, ut ne dicam illustratores: sed cum neminem præter hunc falsum testem proferat Tamayus, ullam ipsi fidem adhibere nobis religio est. Hic porro erat Hispaniarum status, cum Vandali post Baleares insulas devastatas, ut loquitur Idatius in Chronico, eversamque Carthaginem Spartariam, tum Hispalim, nobilissimas urbes, uno verbo *post Hispanias penitus deprædatas* in Africam a Bonifacio comite acciti sunt, ea occasione quam sequenti capite exposituri sumus.

CAPUT III.

Vandalorum in Africam ingressus.

1. Quæ causa fuerit Vandalorum in Africam adventus, Procopii verbis exponendum est, qui libro I Historiæ Vandalicæ his verbis rem narrat: *Africæ calamitas sic evenit. Duo Romani duces erant, Ætius et Bonifacius, validi ambo, bellique rerum peritia secundi ætatis suæ nemini. His æmulatus circa civile regimen intercedebant. Cæterum tanta erat animi magnitudo, virtutesque aliæ, ut si quis utrumvis Romanorum ultimum dicat, a vero non sit abiturus. Ita omnis Romana laus in illos duos confluxerat*. Horum alterum, Bonifacium Placidia, hæc erat imperatoris Valentiniani III mater, Constantii relicta, Theodosii magni filia, **202** et Honorii soror, quæ filii nomine imperium administrabat, toti præfecit Africæ. Dolebat id Ætio, sed minime displicere sibi rem ostendebat. Nondum enim in apertum odia proruperant, sed sub persona amicitiæ tegebantur. *Profectum jam in Africam Bonifacium criminari apud Placidiam Ætius cœpit ut regni appetitorem, et ipsi et imperatori Africam erepturum. Neque rem explorato difficilem. Si enim Romam Bonifacium vocaret, non venturum. Hæc ut audiit femina, laudatum Ætii consilium sequitur. At occuparat jam Ætius clam scribere Bonifacio matrem imperatoris insidias ipsius in exitium struere: ejus rei indicium prædixit, fore ut sine causa subito revocaretur. Hæc erant quæ litteris ipsius continebantur. Quibus neutiquam spretis Bonifacius, simul aderant qui ipsum ad imperatorem accirent, negavit se aut imperatori aut matri ejus pariturum, Ætii monita silentio premens. His Placidia intellectis tam Ætium fidissimum principi credidit, quam suspectum habuit Bonifacium. Hic vero nec parem se imperatoris potentiæ sentiens, nec salutem sperans si Romam proficisceretur, consultare cœpit quomodo Vandalos sibi adjungeret, qui Africæ propinquam Hispaniam obtinebant. Mortuo ibi Godigisclo,*

APPENDIX AD VICTOREM VITENSEM

filii successerant duo, natus justa matrefamilias Gontharis, Gizerichus aliter genitus, quorum ille ætate et ingenio secors, alter vero ad bella plurimum exercitus et solertiæ eximius. Missis igitur in Hispaniam Bonifacius de amicorum numero potissimis cum ambobus Godigisclis filiis æquum iniit fœdus, ut cuique ipsorum tertia pars Africæ cederet; quod si quis bello impeteretur, commune periculum esset. Hæc pacti, Vandali fretum ad Gades transvecti in Africam venere.

2. Ex hac autem Procopii narratione colligi potest Bonifacium, vivente adhuc Gunderico, fœdus cum Vandalis iniisse, quamvis illi nonnisi post ipsius mortem in Africam transfretarint. Nec ab ea sententia alienus videtur fuisse Idatius, qui in Chronico, ad primum Valentiniani imperatoris annum, refert Vandalos post direptas Hispanias Mauritaniam invasisse; deinde quarto Valentiniani anno Gunderici mortem consignat; ac denique anno sequenti observat Vandalos sub Genserico rege, relictis Hispaniis, in Africam transmisisse. Quin et Gunderici mortem in Hispania funestam fuisse narrat Idatius, auctor qui in hac parte omni exceptione major videtur, et ex eo sanctus Isidorus in brevi Vandalorum historia. Aiunt quippe illi auctores Gundericum, capta Hispalensi urbe, omnia sibi licere autumantem, in civitatis basilicam, quam sancto Vincentio sacram fuisse Isidorus Grotii et Rodericus affirmant, manus irreverenter immisisse, propter quod scelus divina manu punitum fuisse, statimque in ipsis templi foribus a dæmone correptum et miserabiliter exagitatum animam exhalasse scribunt. Alii tamen, ut sc ab ipsis Vandalis accepisse testatur Procopius, Guntharium, sic ille Gundericum appellare solet, Genserici fratris sui dolis occisum fuisse memorabant. At, ut ut sit ea de re, communis est omnium sententia Vandalos sub Genserico duce Africam occupasse, nec ea de re quisquam, ut puto, inficiari potest.

3. Hic autem mirari subit, Idatium, qui semel et iterum Vandalorum Africæ invasionem commemorat, nihil de Bonifacio hac occasione dixisse. At Prosper, qui Bonifacii defectionem narrat, ipsi simul et Romanis adversus eum bellum gerentibus barbararum nationum in Africam ingressum attribuit. *Exinde,* inquit, *gentibus quæ navibus uti nesciebant,* 203 *dum a concertantibus in auxilium vocantur, mare pervium factum est... Gens Vandalorum ab Hispania in Africam transiit.* Idem habet auctor Historiæ miscellæ, quæ vulgo sub Pauli diaconi nomine circumfertur. Sed paulo inferius culpam omnem in solum Bonifacium rejicit. *Bonifacius vero,* inquit lib. xiv, *sentiens se non posse tuto Africam tenere, cernensque periculum instare; in perniciem reipublicæ effervescens, Vandalorum Alanorumque gentem cum Genserico suo rege ab Hispaniis evocatos Africæ introniisit, qui cunctam pene Africam ferro, flamma, rapinis crudelissime devastantes, catholicam insuper fidem Ariana impietate subvertere.* His accedit Jornandes de rebus Geticis cap. 33, ubi refert Gizerichum regem Vandalorum a Bonifacio, ut in Africam veniret, fuisse invitatum, cum in Valentiniani Augusti offensam incurrens, non aliter quam reipublicæ malo vindicare se potuisset. Vandalos a Gothis ex Hispania pulsos in Africam transmisisse Hierio et Ardabure consulibus scribit Cassiodorus in Chronico.

4. Verum etsi illi auctores nullam penitus facinoris quo Ætius Augustam simul et Bonifacium delusit, mentionem fecerint, non tamen hanc historiam a Procopio aut confictam fuisse, aut ex falso rumore acceptam inferendum esse putamus. Imo, si paulo accuratius ea quæ ab Idatio aut a Prospero ea occasione referuntur discutere lubet, aliquot forsitan istius rei vestigia reperientur in eorum verbis, ex quibus veritatem expiscari licebit. Prosper nempe Bonifacium bellum *publico nomine* illatum fuisse ait, non solummodo quod ejus *intra Africam potentia gloriaque augeretur,* sed etiam *quia ad Italiam venire vbnuerat. Illum vero invitum ab imperatoris obsequio* defecisse vel ex eo patet quod in ipso belli initio ad Romanorum partes redierit, ubi sese prima obtulit occasio; imo, ut narrat Idatius, *in æmulationem Ætii de Africa per Placidiam evocatus in Italiam, ad palatium rediit;* et statim amoto Ætio, magister militum factus est; resque eo tandem devenere, ut aperto prælio Bonifacius et Ætius in sese invicem dimicarent, idque Placidiæ Augustæ instinctu, si Marcellino comiti credamus; quæ sane omnia Procopii narrationem egregie confirmant: nam, uti ex Procopio infra dicturi sumus, Placidia tandem, cognitis Ætii fraudibus, erga Bonifacium semper se benevolam præbuit.

5. At licet Bonifacii inimicorum pessimam voluntatem excusare animus non sit, cum tamen sua ipsius culpa ejusmodi struendis adversus se calumniis occasionem præbuisse fatendum est. Quippe cum defuncta priore conjuge sua, alteram ex Vandalorum gente duxisset, et æmulis eum calumniandi ansam, et imperatoribus mala de ipso suspicandi locum præbuit. Id forsitan ipsi etiam vitio vertebatur, quod Castinum magistrum militum in Hispania adversus Vandalos moventem, ob privatas quasdam simultates, ante aliquot annos dimisisset, indeque res Romanorum infelicem habuissent exitum. Quam vero male audieret etiam apud amicos Bonifacius, occasione nuptiarum, quas ut diximus, cum uxore Vandalica contraxerat, discimus ex sancto Augustino, qui alias ejus virtutes tantopere commendaverat. Ipsum enim ob id facinus graviter reprehendit sanctissimus antistes epistola novæ editionis 220, ubi conqueritur quod licet uxorem istam, nonnisi post ejuratam Arianorum sectam, et emissam fidei catholicæ professionem, sibi conjunxisset, exinde 204 tamen Ariani adeo in ejus domo prævaluerant, ut filiam ex ea, ut quidem videtur, susceptam Arianorum ritu baptizari obtinuissent: quin et *nisi,* inquit, *fama falsa fuerit, quædam ancillæ Deo dicatæ* per eosdem hæreticos rebaptizatæ fuerunt. Hæc Augustinus, qui amicitiæ, quam olim cum Bonifacio habuerat, memor, eum priusquam Vandalos in Africam introduxisset, ad meliorem frugem reducere conabatur. Id etiam sanctum virum maxime angebat, quod populi ex extremis Africæ partibus barbari, qui nunquam Romanorum armis subjici potuerant, occasionem opportunam nacti, in Romanorum provincias effusi essent, easque penitus devastarent: ex quibus rebus, tum Ecclesiæ, tum etiam reipublicæ innumera propemodum incommoda consequebantur. Sed hæc omnia nonnisi levia quædam gravissimarum calamitatum quæ paulo post contigerunt præludia fuere.

6. Bonifacius itaque, qui Ætii proditione Romani imperii publicus hostis dictus fuerat, cum bellum adversus se indictum sustinere propriis viribus non posset, pacto cum Vandalis inito, eos in sui ipsius et reipublicæ exitium in Africam accersivit. Illos ex omni ætate et conditione octoginta hominum millia numero tunc fuisse scribit Victor Vitensis libro i, num. 1. Cumque eo animo venissent ut exstinctis aut penitus servituti redactis incolis, in ea provincia figerent sedes, universa penitus depopulabantur, nec ætati, nec sexui parcentes. Et quidem Idatius Vandalos *omnes simul cum eorum familiis* in Mauritaniam et Africam, relictis Hispaniis, transmisisse observat, quod mense Maio, Olympiade cccii, anno 5 Valentiniani iii, contigisse scribit. Sed certior videtur consulum nota quæ in Prosperi Chronico habetur, ubi Genséricus rex Vandalorum ex Hispania in Africam transiisse dicitur, Hierio et Ardabure consulibus, id est æræ vulgaris anno 427.

7. Cum vero Africa tot tantisque tumultibus agitaretur, quæ quidem omnia in Bonifacii rejiciebantur rebellionem; qui Romæ erant familiares ipsius et antiqui amici, quibusque nota olim fuerant hominis morum probitas et animi virtus, persuadere sibi non poterant tantum virum regnandi cupidine abreptum a Romano imperio defecisse. Quare communi cum Placidia Augusta consilio, quidam ex illis, uti narrat

Procopius libro laudato, Carthaginem proficiscuntur, hominis adeo famosi imaginem veris ac nativis coloribus depictam aspicere. *Erat*, inquit, *Gizerichus* rem propius exploraturi. Ibi collocuti cum Bonifacio, visis etiam fraudulentis Ætii litteris, reque uti erat *Romanorum clade in Urbe notissimus, statura mediocris, et equi casu claudicans, animo profundus, sermone* omnino comperta, citissime in Italiam revertuntur, universam rerum seriem, quove artificio subornata *rarus, luxuriæ contemptor; ira turbidus, habendi cupidus, ad sollicitandas gentes providentissimus, semina* fuerat ista proditio, Augustæ atque etiam cæteris Bonifacii necessariis relaturi. Omnia Ætii fraudibus *contentionum jacere, odia miscere paratus*. Eumdem Idatius atque Isidorus locis superius a me laudatis, contigisse tunc primum intellexit Placidia, cujus tamen cum potentiam reformidaret, ejusque opus haberet industria ad sustentandas imperii vacillantis *ex fide catholica apostatam effectum in Arianam transiisse perfidiam, ut aliquorum relatio habet*, observant; quod an sit verum, divinare non licet. Certe Vandalos hæresi Arianæ, quam a Gothis popularibus suis vires, factum dissimulavit. Sed omni negotio comitis Bonifacii amicis declarato, eos obtestata est ut Bonifacium in imperatoris fidem et obsequium revocare hauserant, addictissimos fuisse ex Procopio jam supra diximus: cui Salvianus passim, a'iique **206** auctores consentiunt. modis omnibus conarentur, sese ipsam gravi jurejurando obstringens nunquam ei pro defectione nocituram. Et quidem, ni fallor, huc revocari debet Darii comitis in Africam adventus; cui gratulatur sanctus Augustinus epistola 229 quod in Africam 10. Quisnam vero tunc fuerit Africæ status, ex Possidio discendum est, in Vita sancti Augustini, suæ patriæ calamitates his verbis deplorante capite 28 : missus fuerit pacis, absque pugna, aut sanguinis effusione, conciliandæ causa. Qui enim *pugnant*, inquit ad illum sanctus antistes, *si boni sunt, pacem, sed* *Divina*, inquit, *voluntate et potestate provenit ut manus ingens diversis telis armata in bellis exercitata immanium gentium Vandalorum et Alanorum, commixtam* *per sanguinem* **205** *quærunt ; tu autem ne cujusquam sanguis quæreretur missus es*. Nec spe sua frustratus *secum habens Gothorum gentem, aliarumque diversarum personas, ex Hispaniæ partibus transmarinis, navibus Africæ influxisset et irruisset, universaque per* est Darius; nam, uti prosequitur Procopius, et rerum gestarum series satis probat, Augustæ amicorumque precibus libenti animo paruit Bonifacius, statimque *loca Mauritaniarum, etiam ad alias nostras transiens provincias et regiones, omni sæviens crudelitate et atrocitate, cuncta quæ potuit exspoliavit, cædibus, diver-* societatis cum Barbaris initæ pœnitentia ductus, qua precibus, qua promissis eos interpellavit, ut in Hispanias reverterentur. Quod cum illi facere præfracte *sisque tormentis, incendiis aliisque innumerabilibus et infandis malis depopulata est; nulli sexui, nulli parcens ætati, nec ipsis Dei sacerdotibus vel ministris, nec ipsis* detrectarent, bello aperto dimicatum est. At cum in eo Bonifacius comes simul cum Aspare Orientalium *ecclesiarum ornamentis, seu instrumentis vel ædificiis*. Et paulo inferius : *Videbat ille homo Dei*, sanctus copiarum duce victus atque fugatus a barbaris fuisset, tota pene Africa in Vandalorum potestatem devenit. Augustinus, *civitates excidio perditas, pariterque cum ædificiis villarum habitatores, alios hostili nece extinctos, alios effugatos atque dispersos; ecclesias sacerdotibus* 8. Rem porro plane admirabilem ea occasione contigisse Marciano, qui postea imperator fuit, narrat Procopius, quam hic referre libet. Is tum Asparis *ac ministris destitutas, Virginesque sacras, et quosque continentes ubique dissipatos; et in his alios tormentis defecisse, alios gladio interemptos esse, alios in capti-* domesticus, cum aliis multis Romanorum a Vandalis in prælio captus fuerat. Cum vero quadam die subdiu inter alios captivos dormiret Marcianus, Gensericus *vitate perdita animi et corporis integritate ac fidei, malo more ac duro hostibus deservire; hymnos Dei et laudes de ecclestis deperisse; ædificia ecclesiarum quam-plu-* vidit aquilam alis extensis super eum volitantem, ne ab æstu fervescente aliquid pateretur incommodi. Re diligenter perpensa, conjecit barbarus Marcianum *rimis locis ignibus concremata, solemnia quæ Deo debentur de propriis locis dessisse sacrificia, sacramenta divina vel non quæri, vel quærenti qui tradat non facile repe-* aliquando ad imperii fasces perventurum; quare eum liberum abire permisit jurejurando obligatum nunquam se adversus Vandalorum gentem militaturum. Unde, inquit idem auctor, ille *Theodosio postea* *riri; in ipsas montium silvas et cavernas petrarum, et speluncas confugientes, vel ad quasque munitiones, alios fuisse expugnatos, et interfectos, alios ita necessariis sustentaculis evolutos atque privatos, ut fame conta-* *mortuo ad imperium provectus, optimum de cætera principem præstitit; at res Africæ quales invenerat reliquit*. *bescerent, ipsosque ecclesiarum præpositos et clericos, qui forte Dei beneficio vel eos non incurrerant, vel in-* Eamdem historiam habet Evagrius scholasticus libro II Historiæ ecclesiasticæ, cap. 4, sed quam ex Procopio de-cripsit. Marcianum tamen, ut *imperatorem* *currentes evaserant, rebus omnibus exspoliatos atque nudatos, egentissimos mendicare; nec eis omnibus ad omnia quibus fulciendi essent subveniri posse : vix tres super-* *decebat*, commotum adversus Vandalos ad bellum se parasse asseverat Theodorus Lector lib. I, cum silicet ea didicisset quæ Gensericus in excidio urbis *stites ex innumerabilibus ecclesiis, hoc est Carthaginensem, Hipponensem et Cirtensem, quæ Dei beneficio excisæ non sunt, et earum permanent civitates, et divino* Romæ adversus Augustas patraverat; re tamen infecta e vivis excessit. *et humano fultæ præsidio; licet post ejus obitum urbs Hipponensis incolis destituta ab hostibus fuerit concre-* 9. At Gensericus, fugato Bonifacio, more barbarorum victoria abutens, cuncta simul, sacra scilicet et *mata*. Hæc ille de Vandalorum invasione, qui Hipponem, uti paulo inferius narrat, quatuordecim mensium profana, in Africanis provinciis devastabat; idque tanta cum atrocitate, ut et ipsi barbari ad crudelium quam innata eorum feritas soleret, cum Afris agendum, occulta quadam vi sese stimulatos faterentur. spatio obsessam tenuerunt, defuncto Augustino tertio ejusdem obsidionis mense, Theodosio XIII et Valentiniano III consulibus, id est anno æræ Christianæ 430, die V kalendas Septembris, cum annos vixisset Id testatur Salvianus libro VII de Gubernatione Dei. *Illa utique cœlestis manus*, in quit, *quæ eos*, Vandalos scilicet, *ad punienda Hispanorum flagitia illuc traxe-* 75 menses 9 dies 15. 11. Cæterum hanc Africanæ regionis cladem accurate ac sincere a Possidio fuisse descriptam confir-* *rat, etiam ad vastandam Africam transire cogebat. Ipsi denique fatebantur non suum esse quod facerent, agi enim se divino jussu ad perurgeri. Ex quo intelligi po-* mari potest ex Capreoli Carthaginensis antistitis epistola excusatoria ad Ephesinæ synodi generalis Patres, qua nec ipsum, nec ex Africanis episcopis quemquam *test quanta sint mala nostra, ad quos vastandos atque cruciandos ire barbari compelluntur inviti*. Idem innuit Jornandes de rebus Geticis cap. 33, scribens *Gize-* ad eam synodum occurrere potuisse asseverat, ob miserrimum totius Africæ statum, cum nequidem intra Africæ limites, ut ea de re tractarent, in unum *richum* in Africa *ad divinitatem, ut fertur, accepta potestate diu, regnasse*. Idem auctor Geuserici corporis habitum moresque animi et ingenium egregie repræ- convenire ipsis licuisset. *Omnis*, inquit, *hac tempestate viæ aditus præclusus est. Etenim effusa hostium multitudo, et ingens ubique provinciarum vastatio, quæ inco-* sentat loco laudato, cujus verba huc proferre juverit; neque enim cuiquam ingratum fore existimo *lis vartim exstinctis, partim in fugam actis, absolutam* desolationis speciem, quoquoversum longe lateque porrigitur, oculis offert, promptam illam coeundi facultatem ademit. Laudarunt Cyrillus ac cum eo universi Patres Capreoli in servanda fidei integritate sollicitudinem, cujus epistolam nihil aliud spirantem quam *ut expurgata novitate*, inquit Vincentius **207** Lirinensis in secundo commonitorio, *antiquitas defenderetur*, publicis synodi gestis inseri mandavit Cyrillus Alexandrinus, synodi præses, actione 1; ob idque Bessula Capreoli diaconus inter Patres concilio interfuit. Aliam item ejusdem Capreoli epistolam adversus Nestorianos ad Vitalem et Constantium, seu potius Tonantium, Hispanos, e codice ms. monasterii Herivallensis erutam primus integram edidit Jacobus Sirmondus, quæ postea sæpius recusa est. Denique *Capreoli* cum *sancti* titulo, quem ipsi etiam Vincentius loco laudato tribuit, memoria in veteri Carthaginensis ecclesiæ calendario, ... *cal. Augusti* recolitur, quod hic observare visum est, cum non omnes alii antistites in isto calendario designati hac sanctitatis nota honorentur.

CAPUT IV.

Generici Vandalorum regis persecutionis initia.

1. Cum inclinatis imperii rebus Valentinianus impar esset ad compescendos Vandalorum conatus, pax cum illis per Trigetium legatum eo pacto sancita est, ut una Africæ portio barbaris relinqueretur, altera sub potestate Romanorum permaneret. Alteram pacis hujus conditionem memorat Procopius lib. I Historiæ Vandalicæ, quod scilicet Gensericus annuum Valentiniano imperatori tributum penderet, dato ei in obsidem Hunerico filio; quem tamen postmodum, firmata inter utrumque amicitia, Valentinianum ad patrem remisisse idem auctor asseverat. Hæc omnia sacramento confirmata fuisse scribit Isidorus in Vandalorum Brevi Historia æra 467. Sed locum et tempus initi fœderis signat Prosper in Chronico, hanc pacem Hippone iii idus Februarii factam fuisse scribens, Theodosio xv et Valentiniano iv consulibus, id est, æræ vulgaris anno 435, quod et ex Cassiodori Chronico confirmatur.

2. Verum si pacis hujus beneficio orthodoxi qui sub Romanorum ditione remanserant, utcunque securi a barbarorum insultibus fuere, gravior inde adversus illos qui Vandalis subjecti fuerunt exorta est tempestas; quos nempe Gensericus vi aperta ad Arianorum hæresim pertrahere conatus est. Persecutionem hanc altero post initum fœdus anno consignat Prosper sub Ætio ii et Sigisvulto consulibus, anno scilicet 437, ubi hæc habet: *Geizericus rex Vandalorum intra habitationis suæ limites volens catholicam fidem Ariana impietate subvertere, quosdam nostrorum episcopos eatenus persecutus est, ut eos privatos jure basilicarum suarum etiam civitatibus pelleret, cum ipsorum constantia nullis superbissimi regis terroribus cederet.* Horum antistitum tres recensentur in editione Chronici Prosperi Labeana tomo I Bibliothecæ novæ, pag. 51, quorum nomina in cæteris desiderantur. Ii sunt *Possidius, Novatus* et *Severianus*, qui ibidem dicuntur *cæteris* fuisse *clariores.* Quinam vero fuerint illi præsules, divinare non licet. Celebres tunc fuere Possidius Calamensis in Numidia antistes, ob vitam sancti Augustini ab eo editam nemini ignotus, et Novatus, Sitifensis in Mauritania cognomine episcopus, qui Collationi Carthaginensi in causa Donatistarum adfuerunt, et concilio Carthaginensi adversus Pelagianos sub Aurelio episcopo subscripserunt. Certe Novatum Sitifensem adhuc superstitem fuisse sub Augustini vitæ finem ex ejusdem sancti viri epistola 229 ad Darium comitem superius laudata certum est.

208 3. At vero non solum adversus episcopos hanc persecutionem commotam fuisse patet ex iis quæ idem Prosper de Arcadio ejusque sociis subjungit, quos diversis pœnis exagitatos martyrio tandem glorioso vitam finiisse idem auctor testatur. Is ipse est Arcadius, ad quem pro fide orthodoxa exsulantem exstat epistola Antonini Constantinæ episcopi, qua eum ad martyrium fortiter pro fidei catholicæ defensione subeundum adhortatur; quam quidem epistolam diversam esse ab ea quæ a Gennadio tribuitur Honorato Constantinæ episcopo, suspicatus est Baronius ad annum Christi 447, propterea quod in editis sub Antonini nomine vulgata sit. Idem titulus Auberto Miræo fucum fecit in Auctuario scriptorum ecclesiasticorum, capite 114, ubi recenset Antoninum Constantiniensem episcopum, qui *scripsit epistolam consolatoriam ad Arcadium actum in exsilium a Genserico Vandalorum rege,* etc., quasi alius esset ab Honorato quem Gennadius in Catalogo commemorat. Eum tamen unum et eumdem fuisse jam consentiunt viri eruditi, qui *Antoninus Honoratus* appellabatur. Omnem sane dubitandi locum tollit antiquus codex manuscriptus bibliothecæ nostræ Sancti Germani a Pratis, ab annis circiter centum supra mille charactere Merovingico seu Franco-Gallico conscriptus, in quo Gennadii Catalogus Hieronymiano subjungitur; atque in eo auctor illius de qua agimus epistolæ, sine ulla falsi suspicione *Honoratus Antoninus* dicitur. Sic quippe habet numero 225, qui capiti 96 editionis Miræi respondet: *Honoratus Antoninus Constantiæ civitatis episcopus scripsit ad Arcadium, qui pro confessione fidei catholicæ in Africæ partibus a Genserico rege missus exsulabat, epistolam ad labores pro Christo ferendos cohortatoriam, et exemplis præsentibus, et Scripturarum relationibus roboratam; et quod confessionis fidei perseverantia non solum purget peccata, sed et meritum procuret martyrii.* Ibi tamen pro *Constantiæ* legendum est *Constantinæ*, quod nomen ista civitas habuit a Constantino Magno, cum alias Cirta appellaretur. Etiam nunc sub eodem Constantinæ nomine celebrem esse scribit vir de re litteraria optime meritus Gisbertus Cuperus, in notis ad Lactantii librum de Mortibus persecutorum ad cap. 43, ubi ejus iconem æri incisam exhibet, curiosisque observationibus illustrat.

4. Porro Antoninus successisse videtur Fortunato ejusdem Constantinæ civitatis antistiti, qui anno 411 Collationi Carthaginensi inter catholicos et donatistas habitæ interfuit, et anno 416 synodo Milevitanæ. Sed quo anno in Cirtensis ecclesiæ thronum conscenderit mihi plane incompertum est. Solius ejus epistolæ ad Arcadium meminere tum Gennadius, tum Honorius Augustodunensis; sed etsi brevior sit, ea est tamen quæ suo auctori locum inter ecclesiasticos scriptores jure merito acquisiverit, quod nemo qui eam legerit inficiabitur. Vix enim aliud reperire est in isto sæculo scriptum quod magis priorum temporum venam, apostolicamque vigorem spiret: quare hanc exhibere hic integram visum est operæ pretium, maxime quod ad martyrum Vandalicæ persecutionis historiam plane pertineat.

EPISTOLA COHORTATORIA.
HONORATI ANTONINI CONSTANTINÆ EPISCOPI
ad Arcadium pro fide exsulantem.

(Hanc epistolam dedimus Patrol. tom. L, col. 567.)

212 5. His Honorati litteris excitatus Arcadius, gloriosum agonem, quem pro fide orthodoxa exsulans jam inceperat, pretioso fine consummavit. Contemptis nempe quibus affluebat ingentibus divitiis, rejectaque ea quæ ipsi offerebatur, et qua adeo antea valuerat, regis amicitia, imo et pro nihilo ducens conjugis affectum, post superata forti animo diversa tormentorum genera, quibus ejus constantia tentata fuit, gloriosa tandem morte pro Christo illustre martyrium complevit cum tribus aliis suis contribulibus, ut refert Prosper in Chronico his verbis. *Ætio ii et Sigisvulto consulibus,* id est, secundum nostrum computandi modum, anno 437, *per idem tempus quatuor Hispani viri, Arcadius, Probus, Paschasius et Eutychianus, dudum apud Gensericum merito sapientiæ ac fidelis obsequii cari clarique habebantur; quos rex ut* *copulatiores sibi faceret, in Arianam perfidiam transire præcepit. Sed illi hoc facinus constantissime respuentes, excitato in rabidissimam iram barbaro, primum proscripti, deinde in exsilium acti, tum atrocissimis suppliciis excruciati, ad postremum diversis mortibus interempti illustri martyrio mirabiliter occubuerunt.* His subjungit idem auctor Paulilli pueri catholici certamen, qui maluit ex aulico ditissimo vile pro Christi nomine mancipium fieri, quam ejurare fidei catholicæ professionem. *Puer autem,* inquit, *Paulillus nomine, frater Eutychiani et Paschasii, pro elegantia formæ atque ingenii admodum regi acceptus, cum a professione atque amore catholicæ fidei nullis minis deturbari posset, fustibus diu cæsus, et ad infimam servitutem damnatus est : ideo, ut apparet, non interfectus, ne de superata sævitia impii regis etiam ætas illa gloriaretur.*

6. Horum sanctorum memoriam celebrant veterum simul et recentiorum martyrologiorum scriptores; ex quibus Ado locum Prosperi integrum martyrologio suo inseruit ad diem 13 Novembris, quod et postea in Romano quoque Martyrologio factum est. At Usuardus solum ea retulit quæ ad quatuor priores attinent, nihil de Paulillo commemorans, sicut nec Florus, in cujus martyrologio iidem sancti pariter recensentur, sed die præcedenti. Ibi etiam, sicut et in Canisiana Prosperi Chronici editione, qui inter ipsos quartus sub nomine Eutychiani recensetur, appellatur *Eutychius*. Eorumdem Christi martyrum festivitatem, veluti suorum concivium, celebrant Hispaniæ scriptores. Et merito quidem. Eos enim Hispanos fuisse, vel ex Prosperi loco quem supra descripsimus constat. Plura præ cæteris habet de iis Tamayus Salazar in martyrologio Hispanico, ubi eorum acta ad diem 13 Novembris ex variis auctoribus consarcinavit. Quin et ibi epitaphium eorum sepulcro, uti refert, inscriptum laudat, in quo Arcadius Toleti, cæteri Salmanticæ nati dicuntur, vocanturque martyrum Vandalicæ persecutionis in Africa *primitiæ.* Postremum hunc titulum eis esse debitum, ex epistola Honorati Antonini, quam supra 213 retulimus; nemo potest inficiari. Ibi enim Arcadium sic Honoratus alloquitur num. 5 : *Signifer es Christi, in acie primus ambulas. Si tu cecideris, ab aliorum morte non eris immunis,* etc. Sed quæ præterea de istis martyribus ex recentioribus narrat idem auctor, nemo facile admittet absque aliquo vade certioris fidei.

7. Cæterum multo plures hac tempestate martyres et confessores pro Christi asserenda divinitate in Africa decertasse auctores laudati innuunt, quamvis paucorum solummodo nomina brevitatis studio recensuerint. Nec etiam defuere sanctissimi præsules, qui sese veluti muros æreos pro domus Domini defensione Genserici conatibus opponerent : ex quorum numero aliquot laudat Gennadius in catalogo scriptorum ecclesiasticorum qui, accepto calamo, fidei catholicæ veritatem contra Arianos scriptis egregie propugnarunt. Celebris inter alios fuit Victor Cartennæ in Mauritania episcopus, qui librum a se adversus Arianos editum ipsimet regi Genserico offerri curavit, ut se didicisse testatur Gennadius cap. 77 ex ejusdem libri prologo. De hoc vide supra pag. 169 (*Nobis col.* 340, *num.* 50). Ad idem quoque procul dubio tempus revocari debet breviarium fidei adversus eosdem Arianos conscriptum, quod cum aliis quatuor veterum auctorum opusculis edidit Jacobus Sirmondus anno 1630. Et quidem jam supra observavimus in nota 20 ad Victorem Vitensem (*Supra col.* 188, *n.* e), Sebastianum comitem a Genserico sollicitatum ut patriam religionem abnegaret, ex isto breviario responsionem hausisse qua tyranni conatus irritos fecit. Iisdem temporibus prodiit in lucem *Liber* seu *Declaratio quorumque locorum de Trinitate contra Varimadum Arianæ sectæ diaconum,* quodquidem opus editum est in Bibliotheca Patrum, ubi ipsius auctor in præfatione operi præfixa se apud Neapolim Campaniæ urbem constitutum scripsisse testatur eo tempore *quo Ariani de infidelium regum gloriabantur superbia :* quem librum, veluti armarium instructissimum, catholicis contra Arianos proponit, ut exinde quid hæreticorum cavillationibus respondeant, haurire possint, cum ab iis impeterentur. Imo Varimadus diaconus Arianus, adversus quem liber iste scriptus est, non alius videtur esse, uti suspicatur Sirmondus in præfatione ad opuscula quinque dogmatica superius laudata, quam Marivadus diaconus, quem, teste ipsomet Victore Vitensi lib. I, num. 16, adhuc vivente Generico Hunericus *singulariter honorabat.* Porro ejusdem operis auctorem facit Petrus Franciscus Chiffletius Vigilium Tapsensem episcopum, in opusculo 2 de Vindiciis hujus Africani episcopi elucubrationum, quod etiam hoc nomine edidit in libros tres distributum. Sed refragantur codices mss., qui, ipsomet attestan'e Chiffletio, idem opus Idatio episcopo tribuunt. Chiffletii opinionem impugnat V. C. Joseph Antelmius in dissertatione quam nuper edidit de symboli Athanasiani auctore, sect. 2. Verum etsi persuasum nobis sit Idatium episcopum hujus operis auctorem, nequaquam esse Idatium Clarium episcopum Hispanum, qui Theodosii Magni temporibus ob accusatum Priscillianum hæreticum celebris fuit, ut plerique ex recentioribus nominum similitudine decepti arbitrati sunt; non tamen inficiari possumus ipsum alteri Idatio, Lemicæ scilicet in Gallæcia episcopo, ascribi posse, quem Genserici temporibus floruisse constat, cum Vandali Hispania relicta in Africam transfretarunt. Et quidem ipsemet in Chronico, quod ad tertium usque 214 imperatoris Anthemii annum perduxit, se rebus gestis quæ narrat præsentem ut plurimum fuisse passim testatur.

8. Paulo post istud tempus, cum scilicet Carthaginem jam Genserious invasisset, Cerealis Castellensis episcopus librum adversus Maximinum Arianæ sectæ episcopum conscripsit, qui exstat in Bibliotheca Patrum, laudaturque a Gennadio cap. 66. Idem Cerealis in Notitia Africana recensetur inter Mauritaniæ Cæsariensis episcopos, qui Hunerici regis mandato Carthaginem convenerunt pro reddenda fidei suæ ratione, de quo supra diximus pag. 179. Floruit in eademprovincia Voconius Castellanus, seu, ut habet nostrum vetus exemplar, *Castallanæ* Mauritaniæ urbisepiscopus,cujus varia opuscula recenset Gennadius cap. 78. Vide supra col. 173 (*Nobis col.* 345, *num.* 75). Denique *grandi opinionecelebris* apud eumdem auctorem, cap. 73, dicitur Asclepius Afer *in docendo ex tempore*, qui etiam adversus Arianos sicut et contra Donatistas multa scripsisse memoratur. Sed illius sedis nomen varie varii codices scribunt, ita tamen ut nullus a corruptione videatur immunis. Editi habent, *Asclepius Afer in Bagaiensi territorio vici non grandis episcopus;* nostrum vero Gennadii exemplar vetustissimum habet, *in Gabaensi territorio Vicinœgrantis*, etc.; alia manu, non tamen adeo antiqua, *Vicine civitatis*. Priorem tamen lectionem confirmat codex Fiscamnensis, ut monuit me noster domnus Guillelmus Fillastre, ubi in *Navigensi territorio Vicinigrandis episcopus* dicitur. Honorius cap. 72 eumdem simpliciter *in Baiensi territorio episcopum* appellat. Et quidem hic forte nomen alicujus vici designatur. Episcopos enim *in villis et in fundis, et per agros* in Africa fuisse nemo nescit, quod ex Collatione Carthaginensi cap. 181 et 182, aliisque vetustis monumentis absque magno negotio probari posset. Sed his diutius immorari non vacat. Cæteros vero auctores qui subsequentibus temporibus floruere prætermitto, inter quos enituit potissimum beatus Fulgentius, de quo plura suo loco dicturi sumus.

CAPUT V

Gensericus capta Carthagine in ipsius cives sævit.

1. Gensericus, de cujus fide ob pacem sacramento, uti diximus, confirmatam, securus videbatur imperator, videns Romanis alio detentis, eas urbes quæ sibi ipsi non parebant, se haud magno negotio invasurum, repentino impetu Carthaginem advolans, eam suo subiecit imperio, ratus, capta totius Africæ urbe

præcipua, cum senatum virosque nobiles in sua haberet potestate, fore ut nulli deinceps sibi resistendo pares essent. At tanta cum sævitia in istius miserrimæ urbis cives exarsit, ut nisi omnes fere istius ævi auctores testes eorum quæ hac occasione Gensericus patravit haberemus, omnium prorsus fidem excedere viderentur. Rem aliorum verbis exponere juvat, ne quis forte me celeberrimæ civitatis calamitates exaggerasse existimet. Sic itaque de hoc excidio loquitur Prosper in Chronico : *Theodosio* XVII *et Festo consulibus, id est æræ vulgaris anno* 439, *Ætio rebus quæ in Galliis componebantur intento, Gensericus, de cujus amicitia nihil metuebantur,* XIV *calendas Novembris Carthaginem dolo pacis invadit, omnesque opes ejus, excruciatis diverso tormentorum genere civibus, in jus suum vertit; nec ab ecclesiarum despoliatione abstinens, quas et sacris vasis exinanitas et sacerdotum administratione privatas, non jam divini cultus loca, sed suorum* **215** *jussit esse habitacula; in universum captivi populi ordinem sævus, sed præcipue nobilitati et religioni infensus, ut non discerneretur hominibus magis an Deo bellum intulisset. Hanc autem captivitatem Carthago subiit anno postquam Romana esse cœperat* 585. Eadem habet Isidorus in Historia Vandalorum æra 467. *Ille violata sacramenti religione Carthaginem dolo pacis invadit,* etc., ut Prosper; quibus addit : *Arianam pestilentiam per totam Africam intromittit, sacerdotes ecclesiæ pellit, martyres plurimos efficit; et, juxta prophetiam Danielis, demutatis mysteriis sanctorum ecclesias Christi hostibus tradidit.* Quæ ultima verba ex Idatii Chronico mutuatus est. Diem vero notat Marcellinus comes X calendas Novembris, quo asserit Carthaginem a Gensericio occupatam fuisse. At præferenda est Prosperi et Idatii auctoritas.

2. De Africanarum provinciarum ipsiusque Carthaginis excidio plura habet Salvianus Massiliensis presbyter in libris de Gubernatione Dei, quorum sextus et duo sequentes fere sunt toti de hoc argumento. Has vero calamitates *divinæ severitati tribuendas non esse*, dicit idem auctor, *sed Afrorum sceleri deputandas, qui Vandalos gravi, antequam illuc pergerent, ac longa iniquitate traxerant*. Eorumdem Afrorum vitia et depravatos mores ita exaggerat, ut *nullum apud ipsos bonum, sed totum malum fuisse asseverare non dubitet, quod nempe exclusa naturæ originalis sinceritate, aliam quodammodo in his naturam vitia fecissent.* Eorum potissimum impudicitiam insectatur libro VII. At libro sequenti in eos maxime invehit, quod nulla in servos Dei, potissimum monachos, *sanctos Dei* appellat, reverentia tenerentur, quos contra *irridebant, maledicebant, detestabantur, insectabantur, ea omnia in illos pene facientes quæ in Salvatorem nostrum Judæorum impietas ante fecit quam ad effusionem ipsam divini sanguinis perveniret.* Tum paulo post subjungit : *Inter Africæ civitates, et maxime intra Carthaginis muros, palliatum et pallidum, et recisis comarum fluentium jubis usque ad cutem tonsum videre, tam infelix ille populus quam infidelis sine convicio atque exsecrari one vix poterat. Et si quando aliquis Dei servus aut de Ægyptiorum cœnobiis, aut*, etc., *ad urbem illam officio divini operis accessit, simul ut populo apparuit, contumelias, sacrilegia et maledictiones excepit. Nec solum hoc, sed improbissimis flagitiosorum hominum cachinnis, et detestantibus ridentium sibilis quasi taureis cædebatur, vere, ut si quis ea inscius rerum fieri videret non aliquem hominem ludificari, sed novum inauditumque monstrum abigi atque exterminari arbitraretur.* Hæc et alia plura Salvianus more suo populos ad pœnitentiam provocandi desiderio abreptus. Sed de hac Carthaginis clade consulendus est potissimum Victor Vitensis libro primo : ex quo discimus Quodvultdeum Carthaginis episcopum cum maxima cleri sui parte, vetustæ navi impositum ut undis absorberentur, Neapolim Campaniæ feliciter appulisse. De isto agemus infra cap. 9.

3. Cæterum quo nobiliores erant Carthaginensis urbis cives, eo miserabilior fuit illorum casus. Cum enim timeret Gensericus ne, si illi vel modicum quid ex pristina auctoritate retinerent, aliquando sibi infensiores essent futuri, universos qui aliqua dignitate pollebant, vel generis nobilitate cæteris præstantiores utcunque videbantur, bonis omnibus spoliatos trans mare navigare compulit, nisi maluissent ad viliorum mancipiorum conditionem redigi. Priorem sortem beati Fulgentii avum **216** passum fuisse discimus ex ejusdem sancti vita, cap. 1, ubi Gordianus, sic enim appellabatur, ex senatorum Carthaginensium numero *impositam peregrinationem libenti animo suscepisse dicitur, volens saltem, facultatibus perditis, non perdere libertatem.*

4. Aliorum quorumdam fortunam docent nos Theodoriti epistolæ, qui e patria profugi, post peragratas varias Orientis provincias in Syriam usque pertigerunt. Celebris inter cæteros fuit Cœlestiacus, aut, ut aliæ editiones habent, Cœlestianus quidam, quem idem Theodoritus Appellioni commendat epistola 29 ; in qua Carthaginensium vices deplorans, egregie urbis istius cladem describit. Quæ Carthaginenses, inquit, passi sunt, *Æschyli et Sophoclis tragœdia egerent, atque horum quoque linguam fortasse vinceret malorum magnitudo. Illa enim a Romanis ipsis quondam vix capta, imo quæ cum maxima Roma de principatu sæpe certarat, eamque in summum discrimen adduxerat, ludibrium modo facta est barbarorum. Et qui celeberrimam ejus curiam ornabant, orbe toto nunc errant, vitam ex hospitalium hominum manibus sustentantes, cientque spectantibus lacrymas, et rerum humanarum instabilitatem volubilitatemque declarant. Alios equidem vidi complures inde profectos, et timui : nescio enim, quod ait Scriptura* (Prov. XXVII, 1), *quid superventura pariat dies.* Tum Appellionem Cœlestiacum speciali affectu commendat, qui magnum ex calamitatibus quibus afflictabatur faciebat in pietate proventum. *Veneror autem*, inquit, *in primis præstantissimum et magnificentissimum Cœlestiacum, qui et calamitatem æquo fert animo, et felicitatis mutationem in occasionem vertit philosophiæ, universumque Rectorem laudat, et hoc conducere arbitratur, quod ille aut fieri jussit, aut ne fieret non prohibuit. Ineffabilis namque est divinæ Providentiæ ratio. Hunc una cum uxore ac filiis peregrinantem Abrahamitica benevolentia excipiat magnificentia tua. De animi enim tui magnitudine confisus hospites istos introduco, et liberalem dexteram tuam ostendo.*

5. Exstant apud eumdem Theodoritum variæ litteræ ad episcopos nonnullos, aliosque viros nobiles datæ de eodem argumento, in quibus laudat summam Cœlestiaci in his calamitatibus perferendis patientiam. *Paupertatem autem*, inquit epistola 34 ad Patricium comitem, *facile illa fert, quomodo pauci divitias.* Utitur etiam hac occasione piissimus antistes ut rerum humanarum fragilitatem ob oculos poneret eorum ad quos scribebat. Sic ad Stasimum comitem et primatem loquitur epistola 35 : *Expono magnificentiæ tuæ patriam illi* (Cœlestiaco) *esse omnibus olim decantatam Libyam, civitatem vero spectatissimam Carthaginem, tribum et familiam in senatu clarissimo, tum opes magnas, et supra quam opus erat affluentes. Verum hæc omnia fabula nunc sunt, et rebus destituta narratio..... Talis nimirum est hominum fcli itas*, etc. Eadem ferme repetit in epistola 30 ad Arium Sophistam, et in epistola 32 ad Theotistum Bereæ episcopum. Sed observatione digna sunt quæ de eodem Cœlestiaco scribit ad Domnum Antiochenum episcopum, epistola 31. *Præstantissimo*, inquit, *et magnificentissimo Cœlestiaco patria quidem celeberrima Carthago, genus vero quod illa fuit spectabile. At nunc ex ea pulsus exteras oras peragrat, et Dei amantium manum circumspicit. Habet præterea onus necessarium, quod illi curas auget, uxorem et filios et famulos, quorum causa pluribus eget impensis. Ego vero illius animum admiror sum. Sic enim quasi secundis ventis ferretur, gubernatorem laudat, et gravem tempestatem* nihili **217** *facit. Pietatem namque ex calamitate sua*

lucratus est, felicissimumque hunc illi fructum infelicitas attulit. Nam dum prospera fortuna uteretur, hujusmodi sermones non admittebat : illa vero spoliatus, simul abjecit impietatem, et pietatis divitias nunc possidet, quarum gratia adversitatem istam contemnit. Hæc paulo fusius referre visum est, ut exinde pateat calamitates et vitæ hujus miserias ut plurimum illis esse pernecessarias qui saluti suæ consulere volunt, cum alias divitiis et honoribus affluentibus ne de ea quidem cogitare in mentem veniat.

6. Sed et alios quoque Africanos cives e patria extorres, litteris suis commendare curavit idem Theodoritus. Exstat ex iis una, numero scilicet 52, ad Ibam Edessæ episcopum, sicut et sequens ad Sophronium episcopum Constantinæ, in quibus episcoporum quemdam ex Africa ob barbarorum crudelitatem profugum, nomine Cyprianum, eorum pietati committit. Sed hic omittere non licet quod ejusdem Africanæ persecutionis occasione scribit idem Theodoritus epistola 70, ad Eustathium Ægarum antistitem, pro Maria nobili puella, quæ in communi patriæ clade in servam vendita, in Syriam usque pervenerat. Res est ipsius verbis exponenda, quæ interpretatione non indigent. Tragœdia dignum est quod de Maria nobilissima narratur. Hæc enim, ut ipsa refert, et alii quidam testati sunt, filia est magnificentissimi Eudæmonis, sed in illa calamitate quæ Africam invasit, avitam libertatem amisit, et mancipata est servituti. Mercatores vero eam a barbaris emptam popularibus quibusdam nostris vendiderunt. Vendita porro est una cum ipsa et puella, ipsius olim famula domestica. Itaque acerbum servitutis jugum pariter ducebant ancilla et domina. Cæterum discrimen ignorare famula noluit, nec oblita est pristinæ dominationis, sed benevolentiam in calamitate reservavit, et post communium dominorum famulatum, famulabatur etiam illi quæ conserva putabatur, pedes abluens, lectulum sternens, et reliqua similiter officia procurans. Res ad emptorum notitiam pervenit : inde vulgata per urbem hujus libertas, et probitas ancillæ. Quæ cum didicissent qui apud nos degunt milites fidelissimi, ego enim tunc aberam, pretio emptoribus restituto, illam a servitute vindicarunt. Ego vero post reditum, et de calamitatis casu, et de laudabili militum studio certior factus, illis quidem fausta precatus sum ; nobilissimam vero puellam cuidam e religiosissimis diaconis [Al. edit. piissimæ cuidam diaconissæ] commendavi, et annonam illi affatim præberi jussi. Jam decem elapsi menses erant, cum patrem audiens adhuc vivere, magistratumque gerere in Occidente, redire ad illum, ut par erat, concupivit. Et cum affirmarent nonnulli ad nundinas quæ apud vos nunc aguntur complures ab Occidente mercatores venturos, postulavit ut cum litteris meis proficisceretur. Hac ego de causa epistolam scripsi, pietatem tuam obtestans ut generosæ stirpis ornatam puellam, et religione prædito cuipiam jubeat, ut cum naviculariis et gubernatoribus, mercatoribusque agat, et fidis eam viris committat, qui patri restituere queant. Prorsus enim lucrum ingens referent, qui filiam ad patrem præter spem omnem humanam perduxerint. Hæc Theodoritus ad episcopum Ægarum, quæ civitas olim erat episcopalis sedes sub Anazarbensi metropolita, in extrema Ciliciæ parte, ad quam negotiatores ex diversis orbis partibus solebant convenire.

7. Huic vero historiæ aliam adjungit Baronius Juliæ cujusdam virginis, **218** quæ non solum, sicut Maria, post captam a Vandalis Carthaginem pariter in Syriam abducta et vendita fuit, sed præterea servitutem, aliasque calamitates glorioso tandem martyrio complev. t. Hæc est Julia virgo celebris cujus agonem idem Baronius ex Adonis martyrologio, seu potius ut ipsemet observat in notis ad Martyrologium Romanum, ex Adonis appendice profert ad annum 440.

ᵃ Cod. Remig., inoccultus tantæ martyris impendatur. Forte, nullus cultus tantæ martyri, etc.
ᵇ Capo Corso, promontorium in Corsicæ insulæ

A Nos vero ejus passionis gesta integra ex codice manuscripto, quem cum Bollandiana editione contulimus, nacti, ea operæ pretium duximus hic exhibere. Quamvis enim non ab iis scripta fuerint qui rebus gestis præsentes adfuere, non tamen iis deneganda omnino fides qui res prout eas a patribus suis acceperant, absque ullis fictionum additamentis posteritati mandare satagerunt. Nec quemquam movere debet quod in his Julia a paganis deorum sacrificia curantibus passa dicatur. Non enim adeo erant exstirpati tunc temporis gentiles, ut in locis saltem dissitis sacrificia consueta plane omiserint. Et quidem sæculo sequenti sanctus pater Benedictus, attestante Gregorio Magno libro II Dialogorum, cap. 8, ethnicos prope Casinum montem demorantes ad fidem adduxit, eorumque delubrum Apollini sacrum, silvamque eorum superstitioni dicatam, quæ adhuc supererant, plane evertit ac destruxit. Quin et Cyrus, homo gentilis, eo ipso tempore quo Carthaginem invaserunt Vandali, primas Romani imperii dignitates obtinebat, qui et altero post captam hanc urbem anno consul renuntiatus fuit. Non multum postea Marcellianus, et ipse ethnicus, dux Romani exercitus adversus Gensericum cum Heracliano constitutus fuit sub Leone imperatore. Sed quid externa quærere exempla opus est? cum ex sancto Gregorio constet adhuc suo tempore gentiles plurimos fuisse in Corsica insula, ubi ipsa Julia passa dicitur. Is enim lib. VII, indict. 1, epistola 2, Petro Corsicæ episcopo gratulatur quod gentilium conversioni procurandæ sollicite incumberet, quorum multos ejus opera ab idolorum cultu jam revocatos fuisse testatur. Porro sanctæ Juliæ virginis et martyris memoria celebris est in martyrologiis tum antiquis tum recentioribus, quæ ejus festum diem 22 Maii recolunt. Hac item die memoratur a Ferrario in Catalogo generali Sanctorum Italiæ, ubi ait Juliam apud Bonifacium Corsicæ oppidum fuisse occisam. Sacrum vero ipsius corpus in insula Gorgona remansit usque ad annum 763, quo a Desiderio Longobardorum rege Brixiam translatum est, ubi in monasterio Benedictino, a se Ansæ uxoris suæ suasionibus magnificentissime constructo pro Angelberga eorum filia, collocatum fuit, ibique hactenus summa populi devotione celebratur.

PASSIO

SANCTÆ JULIÆ VIRGINIS ET MARTYRIS

(Ex cod. ms. archimonasterii Remigii S. Remensis cum edit. coll.)

219 INCIPIT PROLOGUS.

I. Scriptum est, fratres carissimi : Narrabunt ea filiis suis, ut ponant in Deo spem suam, et non obliviscantur quæcunque operatus est Deus in sanctis suis (Psal. LXXVII, 6 et seq.). Illis namque diebus, requirentibus nobis a senioribus qualis fuit vita sanctæ martyris Juliæ, vel quod tropæum ejus passionis obtinuerit palma [Boll., palmam] martyrii, hoc nobis plena fide gestorum retulerunt sibi a parentibus suis ita fuisse relatum : quod nos idem posteritati qualicunque paginula, non tam elegantia sermonis quam simplicitate fidelissima, lectoribus credimus transmittendum, ne fortasse senescente fide, in occultis tantæ martyris passio ᵃ impendatur, quæ a ᵇ capite Corsicæ effusione sanguinis in amore Domini nostri Jesu Christi totam provinciam consecravit.

INCIPIT PASSIO.

II. In tempore illo cum civitas Carthago capta fuisset, tunc beata Julia ex ea captiva ducta est, atque sortito in servitium pervenit cujusdam viri nomine finibus versus Italiam. Tota nunc insula subest Genuensium dominio

Eusebii. Sed venerabilis martyr apostolicum observabat praeceptum. Serviebat domino carnali, non quasi ad oculum serviens, sed tanquam Deo omni imperio ^a sublimi subdita (*Ephes.* vi, 6; *Col.* iii, 22) famulabatur. Et licet ^b paganus fuisset dominus ejus, admirabatur tantam ejus servitii virtutem : propter quod etiam in aliquo venerabatur constantiam ejusdem religionis. At ubi expleto servitio famulatus sui requies ei data fuisset, aut lectioni vacabat, aut orationibus insistebat, Igitur cum se cibi contritione in amorem Dei [*Boll.*, affligeret] affligeret, nullatenus a domino suo nec blandimentis, nec monitionibus, vel unius diei, ut fertur, jejunio potuit relaxari, nisi solum Resurrectionis ^c dominicae diei. Pallebat vultus ejus jejunio, sed fides firma durabat : arescebant membra afflictione, sed mens coelo intenta verbis Dei quotidie pascebatur ; pallebat violis abstinentiae, [*Forte albescebat*] ardescebat liliis castitatis.

III. Itaque dominus ejus carnalis Eusebius, civis Syriae Palaestinae, ad Gallias cum pretiosissimis mercimoniis properans, inopinantibus nobis, quod pretiosum habuit Capite Corsicae reliquit. Igitur cum ibidem fortissimis remigiis navim suam anchoris sisterent, vident **220** eminus ritus sacrificiorum ibidem a paganis impendi. Statim praeceps Eusebius cum suis omnibus ad sacrificandum descendit. Eadem vero die taurum daemonibus suis immolabant. Interea cum illi crapulis baccharentur, sancta vero Julia propter illorum errorem de imo pectoris alta suspiria protraheret, nuntiatum est Felici ^d a satellitibus suis, in navi esse puellam quae cultum deorum irrideret. Alloquitur Eusebium illius serpentis, dicens : Quare non omnes qui tecum sunt, ad cultum deorum nostrorum descenderunt? Praeterea audio ibi esse puellam quae nomina deorum nostrorum deridet. Ad haec Eusebius respondit : Puellam quam dicis, nullomodo a cultu vel superstitione Christianorum amovere praevalui, neque ad nostram religionem adducere potui; et nisi mihi fidelissimo servitio famulatus sui necessaria esset, jam eam poenis afflicerem. Tunc Felix Saxo dixit ad eum : Aut eam diis nostris vota solvere compelle, aut certe dabo tibi de meis quatuor [*Cod. Rom.*, ancillis] ancillas, quae tibi placuerint meliores; aut pretium quod taxatum fuerit, tantum da mihi eam. Ad haec Eusebius respondit : Si mihi integrum censum tuum dare volueris, non poterit ad ejusdem meritum servitii comparari.

IV. Tunc habito consilio venenatissimus serpens convivium praeparavit, ubi Eusebius poculis crapulatus, alto somno sopitus est. Statim gentilium turba furens navim conscenderunt, atque exinde sanctam Juliam ad littus deposuerunt. Tunc Felix Saxo dixit ad eam : Sacrifica diis, puella : ego pro te domino tuo quantum petierit dabo, et nexum tuae conditionis absolvo. Sancta vero Julia respondit : Libertas mea Christi servitium est, cui ego quotidie pura mente deservio. Caeterum istum vestrum errorem non solum non veneror, verum etiam et detestor. Tunc Felix Saxo jubet eam alapis caedi. Sancta vero Julia ait : Si Dominus meus Jesus Christus propter me sputa et alapas in facie accepit, quare non ego [*Forte propter ipsum*] propter me, ipsam alapis caedar, et pro sputis lacrymis meis maxillae meae rigentur? Iterum saevissimus draco jussit eam crinibus torqueri. Venerabilis Dei martyr torquetur, flagellatur. Illa vero in confessione sua clamabat : Illum confiteor qui propter me flagellis caesus est : nam si Dominus meus propter me spinis est coronatus, et tropaeum crucis suscepit, quare non ego per mollitiem capillorum meorum, et per ejus vexillum fide sustineam hujus passionis certamina, ut merear pervenire ad martyrii palmam ?

V. Itaque festinus draco, saevitiae suae damna pateretur, statim jussit sanctam Christi famulam in patibulo crucis imponi : expergefacto Eusebio ibidem maxima perdomuit carnis certamina victrix ultima. ^e Cumque ille soporis frena laxasset, sancta illa anima carne soluta, martyrii palma roseata, ad astra coelorum laetum cum angelis petit volatum, ibidem in thalamo crucis dotalia sua, astantibus angelis, plena fide confessionis recitavit, et sanguinis sui effusione subscripsit : atque per eos divina dispensatione in insula Margarita ^f nuntiatum **221** est sanctorum congregationi monachorum. Qui confestim navim conscenderunt, et levantes vela, praestante sibi vento solatium, subito pervenerunt in Capite Corsicae, et requirentes ita invenerunt, sicut eis ab angelis fuerat revelatum. Qui cum omni reverentia deponentes corpus sanctae martyris Christi de cruce, posuerunt eam in navi, et levantes vela navigaverunt sub omni celeritate regredientes praestante sibi vento ^g.

VI. Tunc obviaverunt eis monachi, cum navi insula quae dicitur ^h Capraria, praestante sibi vento magnum solatium ; et mirati sunt quod contra venti fortitudinem in modum volucrum vela plena iter suum agerent. Qui accedentes et diligentissime requirentes, quae virtus Dei esset in navi, exposuerunt eis omnia per ordinem sicut gesta fuerant, et postulantes ab eis reliquiarum benedictionem impetraverunt et regressi sunt in sua. Illi autem pervenerunt in insulam Gorgonensem, et deponentes corpus ejus de navi, et condientes eam aromatibus posuerunt in monumento cum gaudio magno. Gesta autem sunt haec xi calendas Junii. In quo loco florent orationes sanctorum ad laudem Domini nostri Jesu Christi, cui est honor et gloria in saecula saeculorum. Amen

^a Boll., *imperio subdita publice famulabatur.*

^b Papebrochius censet reponi debere *Arianus*, aut *Saracenus*. At tota passionis series exigit ut legatur paganus.

^c His verbis quaslibet dominicas dies intellige, ut in plerisque sequioris aevi auctoribus. Vide epistolam 14 S. Leonis editionis Quesnelianae quae est ad Dioscorum Alexandrinum.

^d Cod. Bodec. apud Boll. addit, *qui major erat inter turbas immolantium.* In Adonis appendice dicitur *princeps*, quod forte praecipuus esset loci illius. Infra dicitur *Felix Saxo*, forte *Sago*, a Sagona Corsicae urbe nunc diruta, ut suspicatur Papebrochius. Apud Ferrarium in Catalogo sanctorum Italiae dicitur *Felix Tribunus.*

^e Lectionem cod. Bodecensis retinuimus. Florentinus et Remig. habent, *Cumque laxassent claustra sepulcri subjecta meritis, ex ore ejus columba rapido petiit astra volatu. Ibidem*, etc.

^f Cod. Remig. addit, *quae nunc vulgo Gorgona dicitur. Est autem inter Corsicam insulam et oram Tusciae sita, olim Pisanorum, nunc, sicut et Pisa ipsa, magno Etruriae duci subdita.* De Gorgonae insulae monachis Gregorius Magnus in lib. i, epist. 50.

^g Cod. Bol., *prospero vento pervenerunt ad monasterium suum*, etc.

^h Insula Capraria media est inter Corsicam et Gorgonam. Hujusce insulae monachos ob conversationem sanctam laudat Augustinus epist. 48 ad Eudoxium eorum abbatem datâ. Mascezel adversus fratrem suum Gildonem in Africa rebellantem pugnaturus, noctes in orationibus cum Capraraiae insulae monachis transegit ; quin et eorum aliquot secum in Africam duxit, ut ipse armis, illi vero precibus pugnarent. Post noctem *in hymnis et orationibus pervigilem transactam munitus ipsis coelestium sacramentorum mysteriis praelium init*, atque cum parva militum manu ingentem rebellium exercitum in fugam vertit, ut narrat Paulus Orosius, auctor illorum temporum, lib. vii, cap. 25. Monachos Etrusci maris insularum a Fabiola visitatos fuisse scribit Hieronymus in ejusdem Fabiolae epitaphio. Vide Baronium et auctores ab eo laudatos ad annum 398. Caeterum codex Bodec, nihil habet de hoc Capraraiae monachorum occursu.

CAPUT VI.

Gensericus Romam invadit, variasque imperii provincias devastat.

1. Cum Gensericus capta Carthagine nihil sibi in Africa metuendum esse sciret, Siciliam aggressus est, idque eodem anno quo Carthaginem invaserat, ut scribit auctor Chronici Paschalis; sed eam irruptionem cum Idatio, Prospero et Cassiodoro, anno sequenti potius consignandam esse censent viri eruditi, Valentiniano scilicet Augusto v et Anatolio consulibus, id est anno vulgaris æræ 440. Hæc est procul dubio patriæ suæ calamitas, quam Paschasinus Lilybætanus in Sicilia episcopus deplorat in epistola ad Leonem Magnum pontificem, in qua nuditatem et alias ærumnas, *amarissima captivitate faciente*, se incurrisse conqueritur. Et quidem gravem fuisse istam Siciliæ calamitatem ex aliis quoque auctoribus qui ea de re scripserunt, colligi potest. Testatur quippe Isidorus in brevi Vandalorum Historia, æra 467, Gensericum, direpta omni Sicilia, etiam Panormum, totius insulæ caput, obsidione cinxisse. Id vero hausit ex Idatii episcopi Chronico, qui gravem ea occasione persecutionem adversus catholicos in eadem provincia a barbaro rege commotam fuisse scribit, instigante scilicet Maximino Arianæ sectæ fautore, quod ab orthodoxis antistitibus paulo antea fuisset condemnatus. Hæc sunt Idatii verba: *Gaisericus Siciliam deprædatus, Panormum diu obsedit : qui damnati a catholicis episcopis Maximi, apud Ciciliam Arianorum* **222** *ducis, adversum catholicos præcipitatur instinctu, ut eos quoquo pacto in impietatem cogeret Arianam : nonnullis declinantibus, aliquanti durantes in catholica fide consummavere martyrium.* Eam tamen provinciam, sicut et Brutios, Gensericum invadere nunquam potuisse testatur Theodoricus rex Gothorum, apud Cassiodorum lib. I Variarum, epist. 4, quod eas Cassiodorus avus fortiter tutatus fuisset.

2. Totus itaque huic expeditioni incumbebat Gensericus, *Siciliam*, inquit Prosper in Chronico, et *post eum Cassiodorus*, *graviter affligens*, cum cœptum opus, audito Sebastiani comitis in Africam adventu, interrupit: veritus quippe ne tantus vir sibi absenti aliqua negotia facesseret, statim Carthaginem rediit. Verum nihil aliud Sebastianus quam saluti propriæ consulere fuga quærebat. Hic enim potest Bonifacii, cujus filiam duxerat, mortem, socero suo substitutus, paulo post Ætio locum cedere coactus fuerat, a quo statim e palatio, ut Idatius scribit, expulsus est. Elapsis deinde aliquot annis *exsul et profugus*, eodem Idatio teste, *ad palatium Orientis navigavit*, exindeque simili fortuna fugatus, *ad Theodoridem*, sic ille Theodoricum appellat, Gothorum regem confugit; ac tandem in Africam ad Vandalos transiens, post aliquod temporis intervallum, confictis adversus eum calumniis, Generici jussu apud Carthaginem occisus est. Quæ omnia variis in locis ab Idatio commemorata, uno articulo Marcellinus comes concludit, ad annum 435. Prosper vero ejus ex Hispania in Africam adventum anno 440 consignat. Laudanda autem in ipso potissimum est summa ejus in conservanda orthodoxæ fidei puritate constantia, de qua Victor Vitensis lib. I, num. 6; unde occasionem sumpserunt nonnulli ipsius nomen in fastis ecclesiasticis inscribendi, ut diximus in nota 20 ad Victorem (*Supracol*. 188, n. e).

3. Cum autem hæc in Africa et Sicilia gererentur, Theodosius Augustus, comparata ingenti classe, adversus Vandalos bellum movit, sed infelici exitu, ut Prosper refert ad annum 441, quo Cyrus consulatum gerebat. Ariobinda nempe et alii duces, quos imperator classi præfecerat, *negotium longis cunctationibus differentes*, *Siciliæ magis oneri quam Africæ præsidio fuerunt.* Quin et cum anno sequenti, Dioscoro scilicet et Eudoxio consulibus, Hunni sub Attila rege in Thraciam et Illyricum ingressi, has provincias depopularentur, Theodosius exercitum revocare coactus est quem in Vandalos direxerat. An vero istam in Orientales provincias irruptionem proprio motu susceperit Attila, aut certe a Genserico, viro callidissimo, ad id fuerit pecunia instigatus, ut nonnulli volunt, incertum est.

4. Cæterum Valentinianus omni spe Carthaginis imperio vindicandæ frustratus, tertio postquam a Vandalis capta fuerat anno, Dioscoro et Eudoxio consulibus, id est anno 442, pacem cum Genserico renovavit, *Africa*, uti refert Prosper, et cum eo Cassiodorus, et alii, *certis spatiis inter utrumque divisa*, Byzacenam, Tripolitanam, et provinciam quæ proconsularis dicebatur, barbaris dimisit imperator, retentis Mauritania utraque Cæsariensi scilicet et Sitifensi, Numidia, et ea regione quæ veteris olim Mauritaniæ pars erat postea sub Tingitanæ nomine cognita, sed quæ ad Hispaniarum diœcesim pertinebat. Numidiæ partem adjicit Victor Vitensis libro I, num. 4, ubi Byzacenam, Abaritanam, atque Gettuliam, et partem Numidiæ Genserisum **223** sibi reservasse scribit, data exercitui proconsulari seu Zeugitana, *Cæteras*, inquit, *provincias licet exterminatas Valentiniano adhuc defendente.* Hic porro in memoriam revocare juvat Leonis, rebus gestis plus quam nomine Magni, Romani pontificis, pro Ecclesia Dei sibi commissa summam sollicitudinem, qui veritus ne inter tantos bellorum tumultus, quibus agitabatur Africa, ecclesiasticæ disciplinæ vigor aliquod dispendium pateretur, pacis obtentu, quam inter imperatorem et Gensericum confirmatam fuisse mox dicebamus, opportunam esse censuit occasionem mittendi in istas regiones legati, qui vice sua rebus omnibus provideret. *Potentium episcopum*, ad id opus a beato pontifice electum fuisse, atque in Africam transmisisse discimus ex ipsius epistola ad episcopos per Mauritaniam Cæsariensem constitutos data, quæ in prioribus editionibus ordine 87, in Quesneliana vero editione omnium prima est. In ea vero epistola reprehendit vigilantissimus pontifex Mauritaniæ episcopos, quod vel ob *temporum perturbationes*, aut *ambientium præsumptiones*, aut certe ob *populares tumultus* indulgentiores facti, indignos aliquot ad pastorale fastigium evexissent; quos ex ordine dejici imperavit, servata tamen ea moderatione quam temporis acerbissimi necessitas exigebat. Ibidem præscribit quid *famulabus Dei quæ integritatem pudoris in oppressione barbarica perdiderant*, faciendum esset. Concilio Chalcedonensi, quod durante hac tranquillitate contra Eutychetem habitum est anno 451, nonnulli ex Africanis episcopis adfuerunt. Ex his duo, scilicet *Valerianus Bassianensis*, et alter *Bassianus Afrus*, subscripsere actione 16. Jam antea actione 6 memorati fuerant *Aurelius episcopus Adrumetinus*, et *Rusticianus episcopus Africanus.*

5. Respirabant paulum in altera Africæ parte veræ fidei cultores, qui sub Valentiniani ditione remanserant. At qui Generici subjacebant imperio, extrema quæque patiebantur, ut vix quidem iis in tuto respirare liceret, ut fusius narrat Victor Vitensis lib. I, num. 7. Non minus in suos sæviit tyrannus, cum optimates quosdam e suis vitæ suæ insidiatos fuisse intellexisset. Imo, ut aliorum præveniret conatus, quos ad idem audendum, data occasione, pronos fore suspicabatur, plurimos variis suppliciis vexatos interimi jussit. Et *tam multis*, inquit Prosper ad annum 442, quo consules erant Dioscorus et Eudoxius, *regis suspicio exitio fuit, ut hac sui cura plus virium perderet quam si bello superaretur.*

6. Valuit tamen aliquid apud regem barbarum Valentiniani Augusti nomen, quo nempe *supplicante*, ut loquitur Victor Vitensis lib. I, num. 8, *Carthaginensi Ecclesiæ post longum silentium desolationis episcopum ordinari tyrannus permisit*, annis nempe circiter tredecim postquam Quodvultdeus navi vetustæ impositus in exsilium pulsus fuerat. Ad hanc dignitatem evectus est Deogratias, vir sanctissimus, cujus egregias virtutes, et potissimum summam adversus eos qui ex urbe Roma in Africam captivi deportati fuerant, caritatem pluribus laudat Victor noster libro laudato, num. 8. Ejus inaugurationis diem et annum, imo et ipsum locum notavit auctor Chronici, quod ex ms. codice Augustano sub tironis Prosperi nomine publici juris fecit Canisius tomo I Antiquæ Lectionis. Sic ibi legitur : *Ætio et Studio consulibus*, id est juxta nostrum vulgarem numerandi modum, anno 454, *Carthagine ordinatur episcopus Deogratias in basilica **224** Fausti, die dominico*, VIII *calendas Novembris*; quem Ecclesiæ Carthaginensi, et quidem difficillimis temporibus, annis tribus præfuisse scribit Victor laudatus, indeque ipsius obitum anno circiter 457 contigisse colligimus. Festum ejus diem, ut in nota 27 ad Victorem diximus (*Supra* col. 191, n. ᵇ), Martyrologium Romanum 22 Martii celebrat; at in calendario Carthaginensi, quod paulo post ipsius obitum conscriptum est, *nonis Januarii* beatissimi hujus antistitis *depositio* consignatur.

7. Is erat in Africa rerum status, cum Ætio et Studio consulibus, id est anno 454, Valentinianus Maximi secretis artibus, cujus uxori ipse vim intulerat, impulsus, Ætium sub specie rerum novarum occidit. Hoc tamen facinus Heraclio spadone instigante Augustum admisisse, ex vulgari fama scripsit Prosper in Chronico; sed Heraclii opera utebatur Maximus, ut ex Marcellino comite colligitur, qui Ætio sublato jam neminem sibi adversaturum ratus, Valentinianum ipsum sequenti anno interfecit, statimque non solum imperium invasit, verum etiam mortua, ut refert Procopius, priori sua uxore, Eudoxiam Valentiniani relictam matrimonio, quamvis invitam, sibi copulavit. Inde natum Romanæ reipublicæ excidium, atque ipsius Urbis clades. Nam cum aliquando Maximus Eudoxiæ totam rerum gestarum seriem enarrasset, fassusque esset Valentinianum sua opera interfectum fuisse, ejus, ut inquiebat, ducendæ desiderio, hæc furore, quem tamen dissimulare conabatur, accensa, mariti necem, quam ab ipsa procuratam nonnulli suspicabantur, quoquo pacto ulcisci constituit. Tum moræ impatiens statim ad Gensericum Carthaginem misit barbarum, supplicans ne proditorem homicidam Valentiniani principis optimi, quem vivum inter amicos habuerat, cæde gaudere impune sineret, sub cujus tyrannide ipsa quoque cum toto imperio gemebat; cuncta se illi proditurum pollicita, si sibi hac in rerum angustia opem ferre vellet.

8. Eudoxiæ consiliis facile aurem accommodavit Gensericus, vir suo gentisque totius vitio avarissimus, oblatamque Italiæ ac Urbis ipsius diripiendæ occasionem ambabus, ut aiunt, manibus arripiens, copiis quas ad piraticam exercendam, repentinasque expeditiones habere consueverat, congregatis, et ingenti classe brevi comparata, in Italiam transmisit. Romam statim profectus, neminem ibi sibi resistentem inveniens, Urbe simul et palatio potitus est. Jam enim antea Maximus, qui audita barbarorum adventus fama fugam capessierat, a populis regiisque administris interfectus, et in partes dissectus fuerat. Quam fœda tunc fuerit senatus populique Romani facies, nemo est qui possit verbis exprimere, quamvis ab incendiis et cædibus Gensericum Leonis papæ precibus motum abstinuisse scripserit Prosper, qui his verbis tam ingentem cladem deploravit, ad annum æræ vulgaris 455, quem Valentiniani VIII et Anthemii consulatu designavit : *Ut autem*, inquit, *hoc parricidium*, Valentiniani nempe Augusti cædes, *perpetratum est, Maximus vir gemini consulatus et patriciæ dignitatis sumpsit imperium.... Augustam amissionem viri lugere prohibitam intra paucissimos dies in conjugium suum transire coegit. Sed hac incontinentia non diu potitus est. Nam post alterum mensem, nuntiato ex Africa Generici regis adventu, multisque nobilibus ac popularibus ex Urbe fugientibus, cum ipse quoque, data cunctis abeundi licentia, trepide vellet **225** abscedere, a famulis* [edit. Can., *forte reginæ*] *regiis dilaniatus est, et membratim dejectus in Tiberim, se-*

pultura quoque caruit. Post hunc Maximi exitum confestim secuta est multis digna lacrymis Romana captivitas, et Urbem omni præsidio vacuam Gensericus obtinuit, occurrente sibi extra portas sancto Leone episcopo, cujus supplicatio ita eum, Deo agente, lenivit, ut cum omnia in potestate ipsius essent, tradita sibi civitate, ab igne tamen et cæde atque suppliciis abstineret. Per quatuordecim igitur dies secura et libera scrutatione omnibus opibus suis Roma vacuata est, multaque millia captivorum, prout quique aut ætate, aut arte placuerunt, cum regina et filiabus ejus Carthaginem abducta sunt. Hæc Prosper, cui cum cæteri auctores qui de cadem Romana clade scripsere consentiant, ipsorum verba referre supervacaneum foret. Infelicem Petronii Maximi sortem, qui *non sustinebat dominus esse, cum antea non sustinuerat esse sub domino*, luget Sidonius Apollinaris lib. II, epist. 13.

9. At Evagrius Urbem a Generico incensam fuisse scribit libro II Historiæ, cap. 7 quem aurum, argentum, cæterasque regias gazas navibus impositas Carthaginem revexisse asseverat Procopius libro I de Bello Vandalico, ex quibus unam simulacris onustam naufragio periisse, fama attestante, refert. Denique idem auctor asserit nihil quod al cujus momenti in regia domo fuerit, a barbaro intactum remansisse : *Ne æs quidem*, inquit, *aut quidquam aliud unde pretium fieri posset in palatio reliquerat. Diripuerat et Capitolium, Jovis templum, tegularumque partem abstulerat alteram, quæ ex ære purissimo factæ, auroque largiter oblitæ, magnificam plane mirandamque speciem præbebant.* In his vero spoliis ex eodem auctore discimus, libro II, ea fuisse *quæ olim captis Jerosolymis Romam pertulerat Titus Vespasianus*, quæ sæculo sequenti Justinianus imperator, recuperata Carthagine, Jerosolymis restituit. Sed et ipse Justinianus in constitutione de officio præfecti prætorio Africæ, inter alia quæ a Generico Roma capta, in Africam delata fuisse commemorat, recenset *imperialia ornamenta*, quæ item capto Gilimere Constantinopolim advecta sunt.

10. Fama est apud vulgatos auctores, maxime posterioris ævi, recepta, Gensericum tribus præcipuis Romæ basilicis pepercisse, quam indulgentiam Leonis papæ precibus et monitis acceptam volunt. Quin et addit auctor libri pontificum, vasa ab imperatore Constantino variis locis sacris Romæ consecrata, in tres memoratas basilicas delata, communem cladem evasisse, ex quibus sanctissimus pontifex, cæteras ecclesias, quæ barbarorum manibus direptæ ac labefactatæ fuerant, restauravit. Certe ob liberatam a barbaris Urbem, Romæ festivitatem publicam institutam fuisse testis est ipsemet sanctus Leo sermone 81, qui inscribitur de Octava sanctorum apostolorum Petri et Pauli. In eo autem conqueritur sanctus pontifex quod ista celebritas, *ad quam antea ob diem castigationis*, inquit, *et liberationis nostræ cunctus fidelium populus ad agendas Deo gratias confluebat*, ita eo anno quo sermonem hunc habuit fuisset neglecta, ut pauci admodum ad eam convenissent. Hæc autem contra Baronium, qui eo loco de Attilana irruptione Leonem Magnum sermonem habere censet, de Urbis sub Generico direptione omnino intelligenda esse probat Quesnellus ex ipso totius sermonis contextu. Et quidem Leo hanc Urbis *liberationem*, non solum *ineffabili omnipotentis Dei misericordiæ* deputat, *qui corda furentium barbarorum* **226** *mitigare dignatus est;* sed et *sanctorum curæ* attribuit, quæ *Urbem reformavit saluti, a captivitate eruit, a cæde defendit*: quæ quidem verba Attilanæ minus recte, Generici vero irruptioni optime congruunt. Favet etiam temporis a sancto Leone designati circumstantia. Quippe cum in die octava festivitatis apostolorum de neglecta Urbis liberatæ commemoratione conquestus sit, patet hanc circa illud tempus Romæ celebrari solitam fuisse. At hoc ipso tempore Urbem e Generici tyrannide liberatam fuisse inde colligitur, quod occiso pridie idus Junii Maximo, tertia die sequenti

Gensericus Romam invaserit, quam tandem per quatuordecim dies direptam et expilatam, ut ex Prospero diximus, demum reliquit, in Africam transmissurus. Nec obest quod eo in sermone ludis circensibus, qui nequaquam mense Junio celebrabantur, magis quam sanctorum cultui addictos fuisse Romanos dicat sanctissimus pontifex: cum ex ipsius verbis inferri non possit, ipso tempore quo hæc loquebatur, ejusmodi ludos celebratos fuisse.

11. Cæterum Gensericus Carthaginem redux Eudoxiam juniorem Hunerico filio suo uxorem dedit; Placidiam vero ipsius sororem, quæ Olybrio desponsata fuerat, cum Eudoxia Augusta earum matre Constantinopolim ad Leonem imperatorem direxit, ut sæpe laudatus Procopius narrat. Evagrius tamen lib. II, cap. 7, eas Marciano redditas a Genserico fuisse scribit, ut eum placaret, ira excandescentem tum ob Urbis incendium, tum quod Augustæ tanta contumelia affectæ fuissent. Procopio consentit Chronici Alexandrini seu Paschalis auctor, qui *Valentiniano Augusto* VIII *et Anthemio consulibus*, refert has principes feminas a Leone imperatore e Gensericri captivitate redemptas fuisse. Sed tunc temporis vivebat adhuc Marcianus. Eudoxiam anno sexto Leonis imperatoris Constantinopolim *remissam* fuisse scribit Idatius in Chronico, postquam scilicet per aliquot annos in Africa a Gensericro detenta fuisset. Hæc tamen opinionum varietas ita componi potest, ut Marciano ob tantam injuriam imperatoriæ familiæ illatam excandescenti, Augustas dimittere pollicitus fuerit, quamvis id, exstincto paulo post Marciano, non nisi post aliquot annos sit exsecutus. Certe jam supra, cap. scilicet 4, num. 8, ex Theodoro lectore observavimus Marcianum adversus Vandalos exercitum comparasse, quamvis ejus conatus morte interveniente irriti fuerint. Gensericus interea, uti testis est idem Procopius, ut sibi Africam contra Romanorum insultus assereret, omnes, excepta Carthagine, illius urbes ac oppida munita, muris prorsus nudavit, eo scilicet consilio, non solum ut Afri qui nova moliri vellent, carerent confugio, sed etiam ut ne ii qui forte mitterentur ab imperatoribus, spem ullam quidquam tentandi in Vandalos haberent.

12. Verum gravior fuit ejus in homines quam in urbium muros persecutio. Etenim quos, uti prosequitur idem auctor, *fama aut opibus egregios noverat, cum agris simulque pecunia omni, velut mancipia, filiis Honoricho et Gensoni tradebat......Aliis Afrorum plurimos optimosque fundos ademit...quorum veteribus dominis, liberis quidem, sed egestate pressis, abire quo vellent licebat..... Deteriores terras veteribus relinquebat dominis, sed tanto sub tributo, ut illis de suo nihil rediret. Hinc,* inquit, *factum ut fugerent multi, multi et interficerentur criminibus variis, uno frequentissimo, quod pecunias occultare dicerentur. Ita omnis* **227** *Africa gravissimis calamitatibus implicita est*. Persecutionem hanc fusius describit Victor Vitensis libro I, a num. 9 usque ad libri finem; ubi etiam quorumdam martyrum agones refert, qui in variis provinciis consummato martyrio claruerunt. Sed hæc ex ipso Victore repetenda sunt, quæ videsis supra pag. 8 (col. 193) et sequentibus.

13. Non minus autem extra Africam sæviebat Gensericus, ut testatur idem auctor, qui libro laudato, num. 17, tredecim provincias recenset in quibus crudelissimus ille tyrannus acerbissimam persecutionem commovit. *Quæ vero,* inquit, *in Hispania, in Italia, Dalmatia, Campania, Calabria, Apulia, Sicilia, Sardinia, Brutiis, Venetia, Lucania, Epiro Veteri vel Hellada gesserit, melius ibi ipsi qui passi sunt miserabiliter lugendo narrabunt.* Non enim sese continebat intra Africæ terminos barbari regis sævitia. Singulis nempe annis piraticam exercens, Siciliam, Italiam, cæterasque Romanorum provincias, quas præsidio destitutas languente imperio sciebat, depopulabatur. De hac re conqueritur Sidonius Apollinaris ea mire

A 2 in Panegyrico Anthemii imperatoris, his versibus:

Hinc Vandalus hostis
Urget, et in nostrum numerosa classe quotannis
Militat excidium, conversoque ordine fati
Torrida Caucaseos infert mihi Byrsa furores

14. Ejusdem rei testem luculentissimum habemus Procopium, qui libro I de Bello Vandalico, ejusmodi irruptiones post Valentiniani obitum frequentiores fuisse refert; cum nempe præter Alanos Mauri quoque sese Vandalis in his expeditionibus adjunxere. Gensericus, inquit, *Maurorum auxilio validior factus, postquam Valentinianus fatis concesserat, quoties ver redierat, nunc Siciliam, nunc Italiam populabundus vexabat, oppida alia in servitium trahens, diruens, alia cuncta rapinis exhauriens, donec inde ipsa vastitate locorum rerumque penuria fugatus ad Orientis imperatoris subdita se vertit, Illyricumque omne et Peloponnesum, eique adjacentes insulas, aliaque Græci nominis invadit. Inde Italiam Siciliamque repetens, si quid nuper relictum fuerat, diripit.* Certe Mauros simul cum Vandalis commissos in Italiam irrupisse memorat supra laudatus Sidonius Apollinaris carmine 5; ubi Majoriano Augusto gratulatur ob Victoriam in istas gentes barbaras relatam:

.... Campanam flantibus austris
Ingrediens terram, securum milite Mauro
Agricolam aggreditur, pinguis per transtra sedebat
Vandalus, opperiens prædam quam jusserat illuc
Captivo capiente trahi; sed vestra repente
Inter utrumque hostem dederant sese agmina planis.

Magnam hac occasione cladem Vandalis illatam describit idem auctor, dissipato penitus et fugato barbarorum exercitu, cui a Gensericro præfectus fuerat sororis suæ maritus. Ingentem quoque victoriam sub Avito in Vandalos relatam memorat Idatius in Chronico, qui magnam eorum multitudinem a Ricimere circumventam cæsamque fuisse asserit, qui *cum sexaginta navibus ad Gallias vel Italiam moverant.* Id in Corsica insula contigisse articulo sequenti testatur.

15. Cæterum Majoranus omnes, inquit Procopius, qui antea Romanis imperaverant, virtute superans, Africæ damnum nunquam leviter perferre potuit, nihilque non audere paratus erat **228** ut partem hanc terrarum orbis imperio Romano restitueret. Eo animo in Africam mutato habitu transmeasse dicitur, Genserici vires aliasque per semetipsum, priusquam bellum susciperet exploraturus. *Aliquantas etiam naves,* ut in Idatii Chronico legitur, in Hispania præparari curaverat *ad transitum,* hucque in Africam statim transmissurus jam properabat, cum illas Vandali per proditores commoniti corripuere; sicque imperator re infecta in Italiam reversus est; quæ duobus Augustis, Leone scilicet et Majoriano, consulibus, id est anno Christi 458, contigisse Cassiodorus tradit. Verum etsi tanto classis suæ damno perculsus fuisset Majorianus, ab incœpto tamen præter minime deterritus est, qui nunquam propositum Africæ recuperandæ abjecit, Romanis idipsum ex imperatoris virtute sperantibus: cum econtrario Gensericus nihil non moveret ad pacem ab eo impetrandam, quam per legatos paulo post creptas quas supra memoravimus naves, postulasse ab imperatore observat Idatius. Verum cum huic expeditioni totus incumberet Majorianus, *repentino viscerum morbo absumitur,* inquit Procopius, *vir in subditos moderatus, in hostes terribilis.* Eum tamen a Ricimere interfectum fuisse Latini auctores produnt, quorum potior, ut ait Papirius Massonus in Historia calamitatum Galliæ, licet in parte debet esse auctoritas. Et quidem his favet, præter locorum viciniam, ipsa temporum circumstantia. Idatius quippe, qui id diserte habet, sicut Ennodius Ticinensis, et Cassiodorus, eodem quo Majorianus tempore vivebant. Locum indicant comes Marcellinus et Marius Aventinensis seu Lausannensis episcopus in Chronicis, cum

Jornande in libro de rebus Geticis cap. 45, ubi Majoriani mortem Dertonæ ad Iram amnem contigisse testantur. Hanc porro Genserici artibus ipsi accersitam fuisse mihi verisimillimum reddit ipsa hominis improbissimi nequitia, qui multo plura fraudulentis molitionibus quam virtute bellica aut magnitudine animi ausus est. Cæterum post Majoriani necem, quæ Degalaifo et Severino consulibus, hoc est anno vulgaris æræ 461 contigit, paulatim republica ad interitum vergente, nihil adversus Vandalos ipsius successores suscepere, quos ne vix quidem nomine sibi notos fuisse fatetur Procopius, cum, inquit, nec diuturnum ipsis, nec rebus gestis insigne fuerit imperium.

16. Cum itaque Gensericus nullum jam haberet sibi resistentem, impune Romani imperii provincias devastabat, quem ideo *piratam et latronem* appellat Sidonius, qui plura locis a me supra laudatis de Vandalorum deprædationibus habet. Tantus autem erat Genserici Vandalicique nominis terror, ut nulla imperii provincias se ab ejus insultibus tutam esse putaret. Narrat auctor Vitæ sancti Danielis Stylitæ cap. 53, apud Surium die 11 Decembris, famam tunc temporis per universas imperii provincias vulgatam fuisse Gensericum cum ingenti classe adversus Romanos brevi venturum, cujus belli præmium ipsa foret Alexandria civitas. Insolens est quod de eo habet Procopius, nempe ferum illum principem, cum aliquando e Carthaginis portu solvisset, a nauta interrogatum quo vellet inferre bellum, respondisse, *In eos quibus iratus est Deus. Ita nullis de causis*, subjicit idem auctor, *in quosvis hostiliter incurrebat*. Vandalos ideo *repentinum et sævum hostem* appellat Theodoricus rex apud Cassiodorum libro I Variarum, epist. 4, quod absque causa et ulla belli indictione provincias quasque, **229** prout ipsis placebat, depopulandas aggrederentur.

17. Ad aliquam porro ex his annuis barbarorum excursionibus revocare conantur nonnulli auctores celebre illud Paulini Nolani episcopi factum, quod a Gregorio Magno in lib. III Dialogorum, capite 1 relatum est. Ibi sanctissimus pontifex narrat se a senioribus accepisse, beatum Paulinum, cum in redimendis captivis egenisque sublevandis res suas omnes prorsus consumpsisset, a paupere quadam vidua sollicitatum fuisse de pretio quo filium suum a Vandalis Campaniam devastantibus captum, atque in Africam deportatum redimere posset. Cui cum nihil erogandum superesset, sese ipsum pro viduæ filio in servitutem commutandum dedisse. Verum cum hæc omnia, aliaque quæ ibi narrantur sancti Paulini gesta cum eo tempore de quo hic agimus componi prorsus non valeant, alia salvandæ hujus narrationis via quærenda est. Paulinum a barbaris Campaniam devastantibus vexatum fuisse scribit sanctus August. lib. I de Civ. Dei, cap. 10. Cum enim illi Nolam, cui beatus Paulinus præerat episcopus, devenissent, comprehensum variis tormentis affecere, ut locum ubi opes suas reconditas haberet ab eo extorquerent. Sed cum ille ex immensis quas olim possederat divitiis nihil omnino sibi reservasset, hic vocibus, uti loco laudato refert Augustinus, Deum deprecabatur: *Domine, non excrucier propter aurum et argentum, ubi enim sint omnia mea tu scis*. Sed hæc eo tempore quo Gothi post captam sub Alarico Urbem per varias Italiæ provincias diffusi omnia depopulabantur, contigisse consentiunt universi; quam tamen historiam narrationi a sancto Gregorio tanquam ex vetusta seniorum traditione relatæ locum præbuisse existimarem, nisi multa quæ illi a sanctissimo pontifice referuntur de Vandalis, ab hac sententia me dimoverent. Et quidem Baronius Paulinum revera in Africam abductum fuisse sub Gunthari Genserici fratre contendit ad annum 431. Sed hunc ipsum regem in Hispania occisum fuisse supra diximus, antequam Vandali in Africam transmitterent. De ista Paulini captivitate fuse agunt Chiffletius in libro cui titulus est *Paulinus illustratus*, Peraldus in præfatione in poema Gallicum de eodem sancto Paulino, et auctor qui novam ejusdem sancti viri operum editionem, anno 1685, Parisiis procuravit, quos aliosque qui de hac controversia fusius egerunt, consulas si vacat.

18. Laudat Ferrarius in Catalogo generali sanctorum Italiæ die 25 Maii, *Sentium*, seu *Sensium*, aut, ut alii scribunt, *Senzium*, quem cum *Mammiliano presbytero ac tribus monachis*, *Covuldeo*, *Istochio et Infante*, a Generico Campaniam Italicam devastante in Africam deportatum fuisse refert. At nil de iis sanctis certi habetur, uti videri potest ex his quæ Godefridus Henschenius observavit ad diem 25 Maii, ubi ejusdem sancti Sentii acta proferuntur, sed quæ nullius sunt auctoritatis. Id unum constat, Sentium Bleræ, vulgo *Bieda*, in Etruria, uti præcipuum loci patronum coli: sacræ autem ipsius reliquiæ Spoleti in ecclesia sanctimonialium ordinis Servorum, magno populi concursu celebrantur.

19. Iisdem Genserici temporibus Majorii, qui Tiburtini cujusdam nobilis viri servus erat, martyrium contigisse, mihi aliquandiu verisimile visum est, quamvis apud Petrum Equilinum episcopum in Catalogo lib. IX, cap. 104, et Ferrarium in Catalogo generali sanctorum Italiæ 24 die Octobris, dicatur *in persecutione* **230** *Vandalica sub Hunerico rege* comprehensus. Hunericus quippe Tiburi nullam unquam habuit potestatem. Varios cruciatus quibus in eum barbari sævière produnt illi auctores. *Primum*, inquiunt, *fustibus diu mactatus, trocleis deinde in altum pluries elevatus, et deorsum celerrime demersus super silices corruebat. Tum lapidibus illi plagæ usque adeo confricantur, donec nudata viscera cernerentur et diffluerent. Quibus in suppliciis nihil de constantia remittens, quin etiam cum in fidei catholicæ confessione constantior appareret, novissime gladio cæsus nobile martyrium absolvit nono calendas Novembris. Cujus corpus ibi* (Tibure) *sepultum adhuc perseverat*. Hæc illi: sed cum hæc verba exscriberem, mihi in mentem venit apud istos auctores non alium hic indicatum quam *Servum Tuburbii Majoris* in Africa martyrem, quem revera sub Hunerico passum laudat Victor Vitensis initio libri quinti, ut jam in notis ad hunc locum præmonuimus. Et quidem si quis illorum verba cum Victoris textu comparare voluerit, facile intelliget eumdem reipsa esse martyrem, quem ob *Tuburbii* et *Tiburi* nominum similitudinem Ferrarius, Petrum incaute secutus, Catalogo suo sanctorum Italiæ inseruit. Cautius egit cardinalis Baronius, qui *Servum* hunc a Victore memoratum, absque ulla usquam Majorii Tiburtini martyris mentione, die 7 Decembris celebravit in Martyrologio Romano. Ex hoc tamen aliisque similibus locis intelligere possumus quo pacto ejusmodi auctores, ob levem quandoque conjecturam, martyres alienis locis aut temporibus consignarint, vera cum falsis permiscendo, ut conjectationes suas faciant verisimiliores. Hinc perturbatæ historiæ, et martyrum gesta, quæ alias sinceriora erant, auctoritate sua excidunt.

20. Sed et aliud ejus rei exemplum proferre lubet. Hoc enim ad nostrum pertinet institutum ut res gestas martyrum qui sub Vandalorum persecutionibus passi dicuntur, pro modulo nostro illustrare satagamus. Idem Petrus Equilinus lib. XI Catalogi sanctorum, cap. 59, vitæ compendium refert sancti *Habetdeum* martyris, quem Lunensem episcopum fuisse asseverat. Inde Ughellus tomo I Italiæ Sacræ, col. 892, primum inter ejusdem Ecclesiæ antistites *Habetdeum* recenset. Cujus festivitatem eo nomine Ecclesia Sarzanensis, in quam Lunensis episcopalis sedes translata est, celebrat singulis annis die 17 Februarii; qua item die pariter istius sancti memoriam Ferrarius in Catalogo generali sanctorum Italiæ, et Bollandiani recolunt, hæc de ipso, Petro auctore, referentes: *Habetdeum episcopus Lunensis et martyr, tempore Vandalicæ persecutionis in Italia martyrium passus est, qui dum Arianæ professioni resisteret, primo*

in exsilium relegatus est. Deinde ipsum Vandali revocantes, obturato eidem ore, ipsum aqua more Arianorum rebaptizarunt, putantes ex hoc ejus conscientiam violare: sed dum adhuc illis fortius resisteret, ab eisdem capite cæsus est. Frustra autem sese torquent Ferrarius et Bollandiani in adinveniendo hoc Habetdeo, quem divinant unum fuisse ex iis episcopis qui tempore Vandalicæ persecutionis ex Africa profugi aut pulsi in Italiam confugerunt, quemque ab Arianis in Italia ob catholicæ fidei defensionem occisum suspicantur. Hic enim, ut mihi quidem certum videtur, alius non est ab Habetdeo episcopo qui, referente Victore Vitensi libro v, num. 12, in Tamallumensem urbem relegatus, ibi ab Antonio rebaptizatus, eademque passus est quæ Petrus Equilinus de suo Lunensi martyre narrat. Hinc dubio procul Habetdeus Lunensi nullum **231** in Romano Martyrologio locum invenit. Ex eadem Petri officina prodiit Victor Carthaginensis episcopus, quem ille auctor in Catalogo sanctorum, libro iv, cap. 70, floruisse scribit Anastasii imperatoris temporibus, eique attribuit universa opera quæ Gennadius a Victore Cartennensi in Mauritania episcopo edita fuisse commemorat. Porro etsi nihil loco errore turpius sit, Victorem tamen Carthaginensem inde recentiores aliquot suis martyrologiis inseruere. Vide admonitionem in Victorem Vitensem num. 7. Falluntur denique qui putant iisdem quoque Vandalorum incursionibus Lirinensem insulam cum celeberrimo sancti Honorati monasterio a Genserico direptam fuisse. Qui enim Porcarium abbatem, innumerosque istius insulæ monachos, ea occasione martyrium pertulisse asserunt, fabulas venditant, ad quos refellendos, si quis argumenta cupit, adeat Baronium ad annum 453, aut certe Mabillonium tom. III Actorum sanctorum ordinis nostri Benedictini, pag. 525 et 526. Jam ad id unde divertit, orationem revocemus.

21. Leo imperator tot cladium, quas quotidie a Genserico variis provinciis illatas accipiebat, pertæsus, his tandem imperii calamitatibus remedium adhibere volens, ingentes copias adversus Vandalos parat, quos terra marique simul aggredi constituit. Jam Marcellianus in Occidente patricius eos e Sardinia insula penitus expulerat; jam Heraclius alter belli dux, qui ex urbe regia in Africanam Tripolim ab imperatore missus fuerat, agentes ibi Vandalos commisso prælio vicerat, suosque recta ducebat Carthaginem, brevi eam occupaturus: cum Basilisci, qui imperatoriæ mille et centum navium classi præerat, socordia aut, ut aliis placet, proditione, tam præclara initia fœdissimum exitum habuerunt. Rem sic evenisse tradunt auctores Græci. Basiliscus, Verinæ Augustæ frater, ob impietates et hæresim Eutychianam, quam fovebat, celebris, cum Aspare et Ardaburio ducibus militum Arianæ sectæ addictissimis fœdus occultum iniit sub his conditionibus, ut scilicet Aspar et Ardaburius, qui erant cæteris ducibus eminentiores, Basilisco procurarent imperium, quo ille adepto eis rependeret, ut Arianis suam ipsorum sectam liceret tuto propagare. Addunt nonnulli imperium Basilisco promissum fuisse ea lege ut Genserico, cui, ut pote Arianæ sectæ acerrimo defensori, occulte favebant Aspar et Ardaburius, imperatoriam classem proderet: quamvis communior opinio fuerit Basiliscum Genserici pecunia corruptum id fecisse, ut aperte declarat Theodorus lector libro I Excerptorum Historiæ. Ut ut sit de variis istis rumoribus, id unum apud omnes constat, Basilisci culpa Romanorum classem Carthagini jamjam imminentem periisse, quod ille diutius, Genserici vel corruptus pecunia, vel dolo deceptus, anceps cunctatus fuisset, cum alioqui, si recta perrexisset Carthaginem, eam absque dubio, omni tunc Vandalorum præsidio destitutam, facile occupasset. Classe itaque dissipata, Gensericus, qui paulo ante videbatur animo concidisse, terrestris Romanorum exercitus milites, et sua spe potiundæ Carthaginis plane dejectos, partim dolo circumventos cecidit, partim vi ejecit ex Africa, uti fusius narrat Procopius lib. I de Bello Vandalico. Sicque Leonis expeditio irrita fuit.

22. Haud feliciores fuere Anthemii conatus, cui, uti testatur idem Procopius, Leo ad capessendum Occidentis imperium auctor fuerat, **232** ut ejus opera contra Vandalos uteretur. Primum Anthemii adversus illos conatum, statim atque ad imperium evectus est, inutilem fuisse *metabolarum commutatione atque importunitate navigationis*, testatur Idatius in Chronico. Vandalos tamen circa illud tempus in Sicilia fusos atque fugatos fuisse sub duce Marcellino ex eodem Idatio discimus; sed victoriam hanc postea fœdavit Marcellini cædes, quem ab ipsis Romanis occisum fuisse tradit Marcellinus comes, cum iisdem Carthaginem properantibus opem ferre contenderet: quod in Sicilia contigisse, Anthemio II consule, id est anno 468 Cassiodorus scribit. Sed et postea ipse Anthemius Festo et Marciano consulibus, id est, anno 472 a Ricimere sublatus est: nec deinceps aliquid ulterius adversus Vandalos Occidentis imperatores aggressi sunt.

23. Hinc animo elatus Gensericus, magis etiam quam antea, inquit Procopius, res Romanas raptabat. Iniquo animo eum tulisse scribit idem auctor, quod Anthemius, rejecto Olybrio, a Leone præfectus imperio Occidentali fuisset. Olybrium quippe Gensericus multis precibus multoque studio commendarat, ob necessitudinem quam cum eo habebat per Placidiam Valentiniani III filiam, Eudoxiæ Hunerici uxoris sororem, quæ Olybrio nupserat, ut jam supra observavimus. Hanc itaque repulsam passus Gensericus, in imperii provincias atrocius sævire cœpit, vir alias ad rapinas semper paratus. Horrendum est quod de ejus crudelitate narrat idem auctor sub libri primi finem. Cum enim aliquando idem tyrannus Peloponneso inhians Tænarum appulisset, indeque multis suorum occisis fuisset ejectus, paulo post Zacynthum venit, et multis quos ibi repererat interfectis, quingentis vero primorum in servitutem abductis solvit e littore: sed cum jam medium teneret Ionium, omnium istorum corpora in frusta concisa projici in mare imperavit. Hæc in specimen Genserici crudelitatis Procopius refert. Cum vero tam sævi hostis irruptiones continuas impedire non posset Zeno, qui tunc temporis imperium administrabat, *ad pacta tandem*, inquit Procopius, *cum Genserico venit, fœdusque perpetuum sanxit, ne quid unquam hostile Vandali in Romanos cœptarent, aut a Romanis paterentur; quod fœdus usque ad Justiniani tempora*, ut subjungit idem auctor, *perseveravit*. Hic enim suscepto adversus Vandalos bello, Africam ab eorum servitute liberavit. Cæterum Theodoricus Gothorum rex in Italia a Cassiodoro laudatur in Chronico, quod, inter alia præclare in reipublicæ bonum gesta, Siciliam a Vandalorum continuis deprædationibus liberaverit. Cujus rei alium quoque testem habemus locupletissimum Ennodium Ticinensem episcopum, in panegyrico quem eidem Theodorico regi dixit, ubi sic eum alloquitur: *Quid castigatas Vandalorum, ventis parentibus eloquar deprædationes, quibus pro annua pensione satis est amicitia tua? Evagari ultra possibilitatem nesciunt, duce sapientia affines esse meruerunt, quia obedire non abnuunt*. Sed id multo post Genserici obitum contigit, anno scilicet 491, Olybrio consule. Cæterum pacti fœderis intuitu Gensericus, supplicante per patricium Severum Zenone, ut scribit Victor libro I, n. 17, pacem utcunque Ecclesiæ restituit. Reserata quippe est ecclesia Carthaginensis, ut idem auctor testatur, quam antea, dissipatis atque dispersis per diversa exsiliorum loca presbyteris et ministris, claudi jusserat; et sic universi ab exsilio redierunt.

233 CAPUT VII.

Genserico Hunericus succedit; sub quo multi claruere

martyres et confessores, hi potissimum qui præcisa lingua loquebantur.

1. Paulo post initam cum Zenone imperatore pacem, Gensericus, *post multarum provinciarum clades,* inquit Victor Tunnonensis in Chronico, *et Christiani apud Africam populi spolia atque neces,* e vivis excessit, anno, ut auctor est Procopius, post captam Carthaginem trigesimo septimo, nempe quadragesimo regni sui anno, *Olybrio et Rustico consulibus,* id est, æræ vulgaris anno 464, ut scribit Victor Tunnonensis loco laudato: sed utrumque a vero aberrasse nemo ambigit; tametsi eumdem errorem secutus est Isidorus in brevi Vandalorum Historia, ubi Victoris verba descripsit : in hoc etiam falsus, quod Romæ excidium Augustarumque captivitatem post Majoriani imperatoris mortem contigisse existimavit. Rei veritas ex Historia Victoris Vitensis potius est repetenda, qui in fine libri I Gensericum *in regno annis triginta septem et mensibus tribus durasse* testatur, post captam scilicet Carthaginem, ut ex Procopio jam observavimus; alias sane Zenone nondum imperante defunctus fuisset, quod nemo unquam dixerit. Itaque cum ex omnium consensu Carthaginis excidium anno 439, mense Octobris contigerit, recte colligitur Gensericum anni 477 initio e vivis abiisse. Quin et cum in veteri fragmento quod Prosperi Chronico subjungitur in codice Augustano apud Canisium tomo I Antiquæ Lectionis, *dies sex* supradicto numero addantur, aliundeque, ut diximus cap. 5, num. 1 certum sit Carthaginem XIV calendas Novembris captam fuisse, recte Genserici obitus a V. C. Henrico Norisio anno 477, die 25 Januarii consignatus est lib. II Historiæ Pelag., cap. 21.

2. Generico Hunericus ex ipsius filiis natu maximus successit, ob ipsius in orthodoxos, potissimum Ecclesiarum antistites, crudelitatem famosus. Hoc quippe solo nomine apud auctores notus est, quippe quem nec res in bellis præclare gestæ, nec ulla magnarum rerum expeditio, ut in patre contigerat, illustrem fecerunt. Sic brevi inter alios ejus vitam compendio concludit Procopius libro I de Bello Vandalico: *Fuit hic Honoricus,* inquit, *in Africam habitantes Christianos omnium qui unquam fuere sævissimus iniquissimusque. Vi enim in Arianorum eos placita pertrahere volens, quos sibi obnitentes repererat, flamma aliisque cruciatibus enecabat. Multis et linguas exscindebat e faucibus, qui mea etiam ætate Byzantii ambulabant, integro utentes sermone, nihilque de vetere pœna persentiscentes: e queis duo, postquam se prostituti pudoris feminis miscuerant, loqui desiere. Octo ille annos regni cum explesset, morbo exemptus est rebus humanis.*

3. Africanos istos confessores qui lingua excisa recte loquebantur, alii quoque auctores, etiam Procopio antiquiores, celebrarunt; ex quibus fuere Victor Vitensis episcopus, et Æneas Gazensis, qui Zenone imperatore floruerunt. Victoris verba ex quinto ejus historiæ libro, num. 6, repetenda sunt, ubi testatur hoc ipso tempore quo scribebat, unum adhuc ex illis confessoribus, nomine Reparatum, subdiaconum, superstitem fuisse, quem in Zenonis palatio commorantem, ob hoc miraculum regina summopere venerabatur. Cætera quæ de hac re debet iste auctor, videsis supra pag. 43 *(Nobis col.* 249) Haud minoris est auctoritatis Æneæ **234** testimonium. Quæ enim in Africa contigerant refert Victor; iste vero quæ Constantinopoli probe noverat, scriptis commendavit in libro de Immortalitate animæ et corporum resurrectione; in dialogo scilicet qui *Theophrastus* inscribitur, ubi postquam de *Magna Libya,* sic Africam Græci appellabant, nonnulla præmisisset, quam ait *dura premi tyrannide,* hæc postea subjungit: *Tyrannus criminis in loco ducit eorum qui ejus imperio subsunt, pietatem; jubetque illud tam præclarum et bonum dogma sacerdotes abnegare; iis qui non obtemperant, proh scelus! caram Deo linguam exscindit.... Illi vero ipsius naturæ Conditorem implorant, qui recentiorem eis naturam die tertia post largitur, non dato quidem alterius linguæ, sed facultatis sine lingua articulate, quam unquam antea, quod vellent eloquendi munere.* Tantum porro miraculum non vulgari rumore, aut ex aliorum quorumpiam relatione accepisse se dicit iste auctor; sed rem a seipso diligentissime exploratam fuisse testatur, ne ullus remaneret dubii, aut forte suspicionis locus. *Ipse ego,* inquit, *eos viros vidi, et loquentes audivi, et vocem adeo articulatam esse posse miratus sum: instrumentum vocis inquirebam, et auribus non credens, oculis judicandi munus remisi; atque ore aperto linguam totam radicitus evulsam vidi, ac stupefactus mirabar, non sane quo pacto vocem conformarent, sed quomodo conservati essent. Dicit medicorum doctrina, contestatur etiam et natura, quia linguæ incisio, interfectio est ejus a quo inciditur.* Idem testatur Eusebius occasione sancti Romani, ut a nobis observatum est in Actis Martyrum sinceris pag. 381. Et forte ex hoc Eusebii loco Æneas medicorum placitum a se laudatum didicerat. Porro Æneas, philosophiæ Platonicæ sectator, ex istorum confessorum miraculo argumentum deducebat ad probandam corporum futuram resurrectionem; quin et exinde se didicisse testabatur Deum ita esse universæ naturæ Dominum, ut nihil earum quæ videntur rerum firmum ac fixum existimare debeamus, si id Deus loco suo movere voluerit.

4. Rem majori adhuc admiratione dignam narrat Marcellinus comes in Chronico, puerum scilicet catholicum qui antea mutus erat, præcisa lingua recte exinde locutum fuisse. Integrum ejus auctoris locum referre juverit, quippe qui paucis hanc Africanam persecutionem attingit, et res a se visas scribit. Ind. VII, *Theodorico et Venantio, coss.,* id est, æræ Christianæ anno 484, *totam per Africam crudelis Hunerici Vandalorum regis in nostros catholicos persecutio importata est. Nam exsulatis diffugatisque plusquam 334 Orthodoxorum episcopis, ecclesiisque eorum clausis, plebs fidelium in subacta suppliciis, beatum consummavit agonem. Nempe tunc idem rex Hunericus, unius catholici adolescentis, vitam a nativitate sua sine ullo sermone ducentis, linguam præcepit excidi, idemque mutus, quod sine humano auditu Christo credens fide didicerat, mox præcisa sibi lingua locutus est, gloriamque Deo in primo vocis suæ exordio dedit. Denique ex hoc fidelium contubernio aliquantos ego religiosissimos viros, præcisis linguis, manibus truncatis, apud Byzantium integra voce conspexi loquentes. Hæc Arianorum crudelitas in religiosos Christi cultores, suprascriptis consulibus, mense Februario cœpit infligi. Quod scilicet conventus Carthaginensis ad diem calend. Februariarum indictus esset, unde ansam cepit tyrannus orthodoxos antistites gravius affligendi.*

5. His denique tanti miraculi testibus adjiciendus est Gregorius Magnus, **235** cujus, etsi ea tantum narret quæ ab aliis didicerat, auctoritas spernenda non est. Hic vero lib. III Dialogorum, cap. 32, se, cum apud Constantinopolim moraretur, seniorem quemdam episcopum cognovisse refert, attestantem se aliquot ex iis antistitibus Africanis olim vidisse qui absque lingua loquebantur, e quorum numero unus in carnis peccatum lapsus, hoc dono privatus illico fuerat. Sed hos antistites ea pœna affectos fuisse scribit in persecutione Africana quæ Justiniani imperatoris temporibus a rege Vandalorum excitata fuerat, quod lapsu memoriæ a sancto Gregorio dictum fuisse volunt nonnulli. Et quidem e prioribus, quos Hunerici temporibus passos fuisse certum est, aliquos sua æate, id est imperante Justiniano, superstites fuisse scribit Procopius, uti supra diximus. Et ipsemet Justinianus imperator in constitutione de officio præfecti prætorio Africæ lib. I cod. Justiniani. tit. 27, se vidisse testatur *hos venerabiles viros, qui abscissis radicitus linguis pœnas suas miserabiliter loquebantur.* Quam Justiniani Augusti constitutionem laudat Evagrius lib. IV, cap. 14; ubi suæ Historiæ ea ipsa inseruit quæ ex Procopio de his sanctis viris supra retulimus.

6. Eosdem confessores Constantinopoli sepultos fuisse scribit Victor Tunnonensis in Chronico sub consulatu Zenonis Augusti, ubi ait, *quod linguis abscissis perfecte finem ad usque locuti sunt, urbs regia attestatur, ubi eorum corpora jacent.* Et sub finem Chronici idem auctor testatur Theodorum Cabarsusitanum, episcopum Africanum, qui cum ipso ob causam trium capitulorum in exsilium missus fuerat, tuncque in urbe regia agentem post mortem, *juxta confessores quibus Ugnericus Vandalorum rex linguas absciderat,* sepultum fuisse. Ipsorum vero, quos sexaginta numero fuisse aiunt, memoriam celebrant Græci, tam in menologio, quam in magnis, ut loquuntur, menæis ubi, λογώbατοι appellantur. In menologio quod e versione cardinalis Sirleti Canisius tomo II Lectionis Antiquæ inseruit, complures simul memorantur apud Carthaginem partim interfecti, partim amputatis linguis in exsilium ejecti sub Hunerico rege. Sic res ibi narratur : *Eodem die, 7 scilicet Decembris, sancti trecenti martyres in Africa gladio consummati sunt, sub Zenone imperatore et Hunerico Ariano rege, propter orthodoxæ fidei confessionem apud urbem Carthaginem obtruncati, cum Arianis sentire non passi. Sacerdotibus autem majora excogitantes supplicia, duos incenderunt, sexaginta vero eloquentioribus linguas exciderunt, qui dispersi per omnem Romanorum regionem, Dei ipsius vim in efficiendis miraculis maximam sine lingua prædicabant, ita distincte et aperte, et articulata verba proferentes, ut hæc videntes et audientes obstupescerent: ex quibus unus quispiam post gratiam confessionis Christi lapsus in peccatum carnis divinam gratiam a se ipso fecit discedere.*

7. Verum etsi apud auctores etiam antiquos, inter confessores qui post præcisam linguam expedite loquebantur, potissimum laudentur episcopi qui hoc immani supplicio affecti fuerunt, adeo ut vix cæterorum mentio fiat (quod contigisse putamus, vel quod isti ob dignitatem magis essent conspicui, vel quod postea in varias imperii Romani provincias dispersi, notiores cæteris fruere, potissimum in urbe regia, ubi eorum plerique commorabantur); multos tamen alios fuisse etiam promiscui sexus, quibus hoc supplicium illatum est, indubium videtur. Hujus **236** rei testem habemus omni exceptione majorem Victorem Vitensem, qui libro v, num. 6, refert plerosque Typasitanæ urbis cives in Hispaniam aufugisse, cum Arianum episcopum suæ civitati ordinatum fuisse accepissent; cæteris vero qui residui fuerant, quod mysteria divina catholico more celebrassent, linguas simul et dexteras manus amputatas fuisse *Quod cum factum fuisset,* inquit ille, *sanctissimi illi confessores, præstante Spiritu sancto, ita locuti sunt et loquuntur, quomodo antea loquebantur.*

8. Fuerunt et alii plurimi confessores qui vel in Africa martyrium consummarunt, aut certe in patria sponte, vel persecutorum violentia extorres facti, per varias orbis plagas absque certis sedibus vagari coacti fuerunt. Quin et complures item fuisse certum est qui in ipsa Africa dura captivitate mancipati, gloriosum certamen inierunt pro Christi divinitatis defensione, ut colligere licet ex variis Victoris Historiæ locis. Laudatur in Vita sancti Fulgentii, cap. 4, Faustus episcopus, qui propter fidei catholicæ confessionem non longe a sua cathedra relegatus, monasterium in ipso exsilii sub loco construxerat. Qua occasione observat idem Fulgentii Vitæ auctor, multos alios Africæ episcopos ejusmodi exsilio tunc temporis punitos fuisse, quod hoc pacto persecutores Ariani sanctos illos antistites variis incommodis facilius divexandos, et ad veram fidem abnegandam inducendos crederent: cum alias id difficillimum esset, si illi extra Africæ terminos transmigrantes, inter catholicos versarentur. *De multis enim sacerdotibus,* inquit ille, *hoc Hunerici tyranni persecutoris astuta malignitas ordinaverat, ut juxta patriam pro-*

priam peregrinationis incommodum sustinentes, ad negandum Deum facile flecterentur. Quod autem his in exsiliis ab hæreticorum vexationibus minime securi fuerint sancti illi viri, declarat idem auctor, cum postea, capite scilicet 8, de eodem Fausto subjungit, ipsum recrudescente persecutione *per diversas latebras commigrasse,* ne barbarorum insultibus pateret. Unde mirum non est si plerique maluerint apud exteros pauperem vitam quiete transigere, quam in patria tot subesse calamitatibus. Ex istis indubie fuit Rufinianus, Byzacenæ provinciæ episcopus, quem ex Africana persecutione fuga elapsum in Siciliæ vicina insula monachi vitam agentem visitavit sanctus Fulgentius, ex ejus Vita, capite 13.

9. Persecutionem itaque ab Hunerico motam acerbissimam fuisse ea quæ jam protulimus satis probant, quod et ex aliis item auctoribus qui de hoc argumento scripserunt, constat. De hac Isidorus Hispalensis in brevi Vandalorum Historia sic loquitur : *Hunericus Ariano suscitatus furore catholicos per totam Africam atrocior patre persequitur. Ecclesias tollit, sacerdotes et cunctos sacri ordinis clericos exsilio mittit, monachos quoque atque laicos quatuor circiter millia exsiliis durioribus relegavit. Martyres fecit, confessoribus linguas abscidit, qui linguis abscissis usque ad finem perfecte locuti sunt.* Eamdem persecutionem Victor Tunnonensis, Isidoro antiquior, in Chronico duobus locis commemorat ; sed perturbat temporum ordinem, cum illam prima vice revocat ad tertium Leonis Augusti consulatum, id est, æræ vulgaris annum 467, decennio scilicet et amplius antequam Hunericus patri successerit. Ibi tamen Hunericum Ariano furore suscitatum catholicos præ patre persecutum fuisse scribens, hæc subjungit: *Christianorum* **237** *ecclesias tollit, sacerdotes exsilio mittit.* At aliquot post annis eamdem persecutionem jam plane effervescentem in cæteros etiam orthodoxos sæviisse narrat; cujus verba proferre operæ pretium ducimus, cum ibi loca quædam, in quæ sancti confessores relegati fuerunt, recenseantur, quæ alias nobis ignota erant. Sic vero habet : *Zenone Augusto consule,* id est, anno Christi 479, nam hic Victor de tertio Zenonis Augusti consulatu agit, *Hunericus Vandalorum rex persecutioni per totam Africam nimis insistens, Tibunnis, Macri et* [al. Nippii] *Nippis, aliisque eremi partibus catholicos, jam non solum sacerdotes, et cuncti ordinis clericos, sed et monachos atque laicos, quatuor circiter millia exsiliis durioribus relegat, et confessores ac martyres facit, confessoribusque linguas abscidit,* etc. *Tunc Lætus Neptensis Ecclesiæ episcopus glorioso martyrio coronatur ux calendas Octobris, et Eugenius episcopus Carthaginensis Ecclesiæ, post dira eremi exsilia, plurimis afflictionibus pœnisque clarus habetur.* Hæc vero omnia infami Hunerici persecutoris exitu concludit, quem *inter innumerabiles suarum impietatum strages, quas in catholicos exercebat, octavo regni sui anno, interioribus cunctis effusis, ut Arium patrem ejus misere vitam finiisse* narrat, quæ verba Isidorus supra laudatus ex hoc Victoris loco exscripsit. Porro fragmentum Tyronis Chronico assutum, quod ex Canisii editione jam non semel laudavimus, hanc Hunerici persecutionem anno regni ejus septimo consignat his verbis. *In fine anni 7 regni sui catholicæ Ecclesiæ persecutionem fecit, omnesque ecclesias clausit, et cunctos Domini sacerdotes cum Eugenio Carthaginensi episcopo exsilio relegavit. Qui Dei judicio scatens vermibus vitam finivit.*

10. At tota persecutionis ab Hunerico motæ series repetenda est ex Victoris Vitensis Historia, ubi illius initium, variaque incrementa et diligenter observavit, et accurate descripsit. Incœpit paulo post Eugenii Carthaginensis episcopi ordinationem, quæ anno 481, ut cap. sequenti dicemus, celebrata est. Cum nempe, uti narrat laudatus auctor libro II, num. 3, Eugenii fama ubique celebris esset, Arianorum episcopi tyranno suggesserunt ut beatum antistitem po-

olio verbum facere non pateretur, aliaque ab eo exigeret quæ religioni nostræ contraria erant. *Hinc*, inquit, *Hunerici persecutio doloris atque parturitionis nostræ sumpsit initium*. Postea edixit ut *nemo in palatio militaret, neque publicas ageret actiones, nisi sese Arianum fecisset;* tum eos qui ea occasione militiam abjecerant, in Siciliam et Sardiniam relegavit, ut habetur num. 7. Ibidem contumelias virginibus sacris illatas, aliique Victor describit, quibus tyrannus *semitam nitebatur invenire per cujus aditum publicam faceret persecutionem.* Num. seq. ad. 13 egregie describit iter infinitorum propemodum confessorum qui tyranni jussu in exsilium deportati sunt. Sed hæc præludia fuere majoris persecutionis. *Cogitabat* quippe Hunericus, inquit Victor num. 13, *acriora adversus Ecclesiam Dei; ut qui membra aliqua absciderat, totum laniando perderet corpus.* Ea de causa universos Africæ episcopos Carthaginem evocat ad collationem de rebus fidei catholicos inter et Arianos anno sequenti habendam. Datum est autem edictum mense Maio, anno septimo Hunerici, qui anno vulgaris æræ 483 respondet.

11. Anno itaque 484 Eugenius cum cæteris orthodoxæ fidei defensoribus ad diem **238** venit præstitutum, ut cum Arianis conferret. Verum tyrannus, qui in suo edicto pollicitus catholicis fuerat omnia tuta, fidem statim infringit, iis qui bona fide venerant manum injiciendo; deinde in doctissimos potissimum sævit, eorumque nonnullos necat, e quibus celebris est Lætus, qui h c occasione martyrium felici agone complevit, ut dicitur num. 18. Alios item recenset Victor num. 16, quos fustibus cæsos jam antea in exsilium detrudi jusserat. Nec tamen his injuriis fracti animo fuere episcopi catholici, sed qui superstites remanserant ad locum conveniunt, collationem de rebus fidei habere parati. Quod cum ferre non possent Ariani, tumultu concitato catholicos calumniis variis afficere; *Tuncque*, inquit Victor, *universi Ecclesiæ catholicæ filii qui aderant, centenis fustibus tundi jubentur.* Orthodoxi itaque nihil verbis se facturos advertentes, fidei libellum, quem antea scripserant, protulerunt, sicque finita est collatio. Nam Ariani, qui suam vicissim edere debuissent fidei professionem, cum se victos fuisse eos puderet, clamarunt omousianos, sic catholicos appellabant, seditiosos esse et procaces, idque suo Hunerico ita persuasere, ut ille deinceps iniquissimo semper animo adversus orthodoxos fuerit. Jubet itaque tyrannus ecclesias catholicas claudi in universa Africa, atque earum episcoporumque bona suis attribui imperat, edicens adversus orthodoxos quæcunque a catholicis imperatoribus adversus hæreticos variorum temporum statuta fuerant. Edictum integrum refert Victor lib. iv. Nec his contentus, episcopos omnes qui Carthaginem convenerant in exsilium pelli jubet, qui statim in hospitiis, ubi degebant, exspoliati foras muros propelluntur, cum vetitum fuisset sub gravissimis pœnis ne eos quisquam aut hospitio reciperet, aut alieni cibum præberet, ut narrat idem Victor lib. iv, num. 3.

12. At generalem in Africa persecutionem ab Hunerico motam fuisse, etiam priusquam episcopi pellerentur, diserte scribit laudatus auctor libro v; ubi num. 1 refert, *per universas Africanæ terræ provincias uno tempore tortores crudelissimos fuisse destinatos... ut nulli ætati, nulli parceretur sexui, nisi illis qui eorum succumberent voluntati.* Hos fustibus, illos suspendio, alios ignibus tortos fuisse commemorat: tum varia in diversis provinciis sanctorum martyrum certamina describit, quæ ex eo repetenda sunt a num. scilicet 2 ad 15. Multos etiam hæreticorum violentiam declinantes, in desertis et speluncis fame aut frigore iisdem temporibus necatos fuisse testatur. Sed paulo post tyrannus in suo peccato mortuus est, cum sol tantam crudelitatem, ut Gregorii Turonensis verbis utar, exhorruisset. De hac porro eclipsi quam tunc temporis sol passus est, consulendus

A V. C. Henricus Norisius lib. ii Historiæ Pelag., cap. 21; et potissimum in emendandis quæ ad calcem operis habentur.

13. Porro tantis Africanæ Ecclesiæ calamitatibus Felicem pontificem Romanum condoluisse discimus ex Evagrio, qui libro iii Historiæ ecclesiasticæ, cap. 20, litteras Felicis papæ ad Zenonem imperatorem scriptas laudat, *quibus eum commonebat de persecutione quæ in Africa excitata fuerat ab Hunerico*. Sed exciderunt pontificiæ illæ litteræ, quibus tamen paruisse imperatorem inde conjicimus, quod Uranius Zenonis ad Hunericum legatus, apud Victorem lib. v, num. 7, *sese pro defensione catholicarum ecclesiarum Carthaginem venisse jactitarit.* Sed quantum ista legatio **239** apud Hunericum profuerit, ex eodem Victore discendum est. *Ut enim*, inquit, *illi ostenderet tyrannus se neminem formidare, in illis plateis vel vicis plures tortores et crudeliores statuit, in quibus legatis, moris est, ascendendo ad palatium et descendendo transire, ad opprobrium videlicet ipsius Reipublicæ*, etc.

CAPUT VIII.

De sancto Eugenio episcopo Carthaginensi, aliisque nonnullis confessoribus et martyribus qui sub Hunerici persecutione vexati fuerunt.

1. Multa licet in Victoris Vitensis Historia de beato Eugenio Carthaginensi episcopo habeantur, visum est tamen operæ pretium de eo seorsim agere, quod multa, et quidem non levis momenti, in aliis auctoribus de ejus gestis passim occurrant, quæ prætermittere non licet. Tanta enim fuit apud omnes sanctissimi hujus confessoris fama, ut paucos reperias istius ævi auctores qui eum scriptis suis non celebraverint. Laudandus est ob eam rem inter alios Gregorius Turonensis antistes, qui initio libri ii Historiæ Francorum observat jam sua ætate martyrum aut confessorum Africanorum qui in Vandalica persecutione claruerant, *passiones conscriptas fuisse*, quarum aliquot se legisse testatur, ex quibus nonnulla excerpsit suæ Historiæ inferenda. At sane melius hac in re consuluisset posteritati, si excerptis minime contentus, tam pretiosa monumenta integra scriptis commendasset. Etenim aliud a se visum fuisse præter Victoris Vitensis Historiam, vel ex eo solo evinci potest, quod ex paucis quæ ex istis passionibus a se delibata commemorat, complura occurrant in Victoris libris desiderata. Unde etiamsi aliquando hæc in Victoris Historia exstiterint, ut nonnulli suspicantur, qui Victoris opus ad nos integrum non pervenisse volunt; non minus tamen nobis utilia forent ad supplendos saltem istos Victorinæ Historiæ hiatus. Verum ut ut sit de rebus istis, id unum nobis persuasum est, ea scilicet quæ a Gregorio narrantur de illis sanctis viris, pro certis et indubitatis haberi posse, ut pote quæ ab auctoribus Eugenio coæqualibus scripta fuisse nemo potest inficiari. Cum enim Eugenius ipse atque Gregorius eodem sæculo excesserint e vita, iste scilicet sæculo sexto labente, hic ineunte: fieri non potest ut passiones martyrum, quas jam scriptas invenerat Gregorius priusquam Historiam suam scriberet, initio saltem sui sæculi editæ non fuerint. Quin et, si conjecturis indulgere liceat, verisimile est tam pretiosa monumenta ab Eugenio ejusque sociis in Gallias allata fuisse, patrum scilicet suorum hac in re, sicut et in persecutionum tolerantia exemplum imitantibus, qui sæculo tertio in exsilium pro fide detrusi, præclaræ sancti Cypriani confessionis acta præ manibus semper habebant, ut eorum lectione ad martyrium erudirentur, quod jam observavimus in Actis Martyrum sinceris pag. 193. Et quidem Eugenii epistolam ad suos, cum in exsilium deportaretur, scriptam aliunde non habuisse existimamus. Hinc patet nihil adversus horum gestorum veritatem concludi posse, quod Gregorius in recensendis Vandalorum regum nominibus lapsus fuerit. Hæc enim ex proprio

fundo, cætera vero quæ de Eugenio aliisque confessoribus Africanis profert, ex antiquioribus atque certis monumentis hauserat. Cæterum ea omnia quæ de hac persecutione tam in **240** Historia Francorum quam in libro de Gloria Martyrum refert, suo loco inferius exhibebimus, cum nonnulla præmiserimus quæ de illis sanctissimis confessoribus alii auctores habent.

2. De Eugenii ordinatione sic loquitur Victor Tunnonensis episcopus in Chronico : *Viviano V. C. et Basilio consulibus Carthaginensis Ecclesiæ post Capreolum, Quodvultdeus, Eugenius episcopus ordinatur.* Annus his consulibus designatus apud Victorem æræ Christianæ anno 463 respondet, quo sane Eugenii ordinatio consignari nequit. Etenim ex alterius Victoris, Vitensis scilicet Historia, certum est Eugenium huic Ecclesiæ præfectum fuisse sub Hunerico rege, cum nimirum iste barbarus ad Zenonis imperatoris Placidiæque Olybrii relictæ preces, catholicis Carthaginensibus permisisset episcopi electionem, ut fusius narrat ille auctor libri II initio. At anno 462 Genséricus Hunerici pater et præcessor adhuc in vivis agebat, et Zeno his temporibus nondum conscenderat imperialem thronum, uti certum est, et ex ipso Victoris Tunnonensis Chronico probari posset. Sane ex aliis compluribus Victorini hujus Chronici locis certum est hunc auctorem, cum episcopos diversarum sedium recenset, simul in unum annum plures congessisse quos tamen variis et plurimum dissitis temporibus ordinatos fuisse nemo inficiabitur. Sic paulo inferius Hilarium, Simplicitum et Felicem pontifices Romanos in unum congerit, sicut et Gennadium, Anatolium et Acacium episcopos Constantinopolitanos, et, ut cæteros taceam, Alexandrum, Martyrium et Julianum Antiochenos. Adde Victorem eo loci nullam Deogratias episcopi fecisse mentionem : quem tamen inter Quodvultdeum, qui pro fide in exsilium pulsus est, et Eugenium Ecclesiæ Carthaginensi præfuisse constat. At Eugenii ordinationis tempus ex longe certioribus argumentis colligere licet, ex iis scilicet quæ supra cap. 6, num. 6, de beato Deogratias ejus decessore observavimus. Cum enim ex his pateat Deogratias anno circiter 457 ad superos abiisse, aliundeque *ex Victore Vitensi lib.* II, num. **1**, certum sit Ecclesiam Carthaginensem annis 24 post ipsius obitum episcopo destitutam mansisse ; patet quoque Eugenii ordinationem, qui, ut ex eodem auctore discimus, beato Deogratias successit, anno circiter 481 debere consignari. Et quidem hoc anno nondum aperta erat gravis illa persecutio qua Hunericus postea tam graviter Africanam turbavit Ecclesiam, ut supra cap. præcedenti num. 10 et sequenti exposuimus.

3. Porro Victor Tunnonensis loco laudato observat Eugenium *post dira eremi exsilia plurimis afflictionibus pœnisque clarum apud omnes* fuisse, quod ex aliorum etiam ejusdem ævi illustriorum scriptorum testimoniis confirmari potest. De his quæ ab Antonio Tamallumensi Arianorum episcopo in exsilio apud eum constitutus pertulit, non alium quærimus testem præter Victorem Vitensem, quem consulere licet lib. v, num. 11. Animi vero ipsius magnitudinem plurimum commendat Gelasius papa in epistola 13 ad episcopos Dardaniæ, quibus Eugenii collegarumque illius exemplum ante oculos ponit, ut e re sacerdotum esse ostendat, principum conatibus obsistere, cum regia auctoritate firmare nituntur ea quæ adversus justitiæ leges fiunt. *Ecce*, inquit, *nuper Hunerico regi Vandalicæ nationis, vir magnus et egregius sacerdos et Eugenius Carthaginensis episcopus, multique cum eodem catholici sacerdotes* **241** *constanter restiterunt sævienti, cunctaque extrema tolerantes, hodieque persecutoribus resistere non omittunt.* Eumdem sanctissimum antistitem *confessoris publici* titulo exornat Gennadius Massiliensis in Catalogo scriptorum ecclesiasticorum, quem vivente adhuc Eugenio scribebat : ibi enim, cap. 97, Eugenium *adhuc ad Ec-* *clesiæ confirmationem vivere* asserit. Locum integrum referre ab re non erit ex quo discimus tanti viri elucubrationes quibus Ecclesiam catholicam illustravit. Sic autem habet in vetustissimo nostræ bibliothecæ Sancti Germani codice manuscripto, litteris Franco-Gallicis, sive Merovingicis, ab annis circiter centum supra mille, ut jam diximus, exarato : *Eugenius Carthaginis Africæ civitatis episcopus, et confessor publicus, petitus a Chunerico Vandalorum rege, catholicæ fidei expositionem et maxime verbi omousii rationem, consensu omnium Africanorum et Maurorum, Sardiniæ et Corsicæ episcoporum et confessorum qui in catholica permanserunt fide, composuit librum fidei, non solum sanctarum Scripturarum, sed et Patrum testimoniis communitum; et per collegas confessionis suæ porrexit ad portandum.* [Editi *perrexit. Jam vero asportandus*] *pro fidelis linguæ remuneratione in exsilium, vice sui commonitoria fidei, et unius sacri et conservandi baptismatis ovibus suis, quasi pastor sollicitus dereliquit. Altercationes quoque quas contra Arianos præsules per internuntios habuit, conscripsit; et legendas per majorem domus Chunerico direxit. Similiter et preces pro quiete Christianorum eidem velut apologias obtulit. Vivere adhuc ad confirmationem Ecclesiæ dicitur.* Ex his autem Eugenii opusculis a Gennadio recensitis, præter fidei Confessionis librum, qui totus Victoris Historiæ insertus est, et *suggerendam* Hunerico regi oblatam, apud eumdem auctorem, unica superest ejus epistola, quam in exsilium abripiendus ad suos cives Carthaginenses conscripsit, ut eos in fide catholica confirmaret. Hanc porro cum aliis similibus hac voce *commonitoria*, seu, ut editi habent, *epistolas* designari dubium non est. Eamdem infra ex Gregorio Turonensi, qui nobis illam conservavit, exhibebimus ad aliquot manuscriptos codices collatam.

4. Cardinalis Baronius, ad annum 495, contendit Eugenium a Guntabundo Hunerici successore varie exagitatum, et tandem extra Africam ejectum in Gallias appulisse, atque ibi apud Albigensem Aquitaniæ civitatem hoc ipso anno quem etiam regi Guntabundo extremum fuisse dicit, e vivis excessisse. At V. C. Henricus Norisius, lib. II Historiæ Pelagianæ, cap. 21, Eugenii obitum nonnisi decennio post contigisse existimat. Et merito quidem. Nam Victor Tunnonensis antistes in Chronico, qui jam antea, ut diximus, Eugenium *post diversa eremi exsilia, plurimis afflictionibus et pœnis clarum* fuisse dixerat, disertis verbis asserit eumdem sanctum virum sub Theodori consulatu, id est vulgaris æræ anno 505, mortuum fuisse. En ejus verba : *Theodoro V. C. consule Eugenius Carthaginensis episcopus confessor moritur.* Nec ibi res plures in unum commiscuisse Victor accusari potest, ut supra de eo dicebamus : cum nempe hic de solo Eugenii obitu verba faciat, superius autem res multas variis temporibus gestas in unum quasi fasciculum congesserit. Sed et Victoris testimonio alterius etiam antiqui scriptoris auctoritatem adjungit idem Norisius, fragmenti scilicet vetustissimi, quod Tyronis Chronico subjunctum est apud Canisium tomo I Lectionis Antiquæ, ubi Guntabundo ita Eugenius acceptus fuisse dicitur, ut ab eo rege non solum ipse ab exsilio fuerit **242** revocatus, sed et cæteris quoque antistitibus orthodoxis Eugenii precibus integra libertas fuerit restituta. *Guntamundus*, inquit ille auctor, *tertio anno regni sui cœmeterium sancti martyris Agilei apud Carthaginem catholicis dare præcepit, Eugenio Carthaginensi episcopo, jam de exsilio revocato.* Tum subjungit : *Decimo autem anno regni sui ecclesias catholicorum aperuit, et omnes Dei sacerdotes, petente Carthaginensi episcopo, de exsilio revocavit.* Idem quoque testantur posterioris ævi auctores, inter quos Hermannus Contractus in Chronico laudati fragmenti verba exscripsisse videtur, testatus Guntabundum decimo regni sui anno catholicos omnes episcopos, persuadente Eugenio episcopo, ab exsilio revocasse, et diu clausas ecclesias ace reddidit

aperuisse. Neque dicas Guntabundum post id clementiæ tempus in sævitiam tandem declinasse. Etenim fragmenti auctor, qui altero post hanc generalem exsilii relaxationem anno Guntabundum interiisse scribit, nullam facit persecutionis mentionem. Unde conjicere licet nullam revera ab eo rege excitatam fuisse; proindeque alterum Eugenii exsilium potius ad Trasamundi tempora esse revocandum: quem quidem regem gravissimam adversus orthodoxos persecutionem commovisse nemo est qui nesciat. Certe Gelasius pontifex Romanus, qui epistolam ad episcopos Dardaniæ, jam a nobis superius laudatam, *Victore* seu potius *Viatore V. C. consule*, id est anno 495 conscripsit, testatur eo adhuc tempore quo scribebat Eugenium cum cæteris Africanis episcopis persecutoribus restitisse; quod sane de Eugenio in Gallis agente non dixisset.

5. Celebris est beati Eugenii memoria in martyrologiis tam recentioribus quam antiquis, in quibus ipsius festivitas die 13 Julii celebratur, adjunctis ipsi cæteris cleri Carthaginensis confessoribus quos in Hunerici persecutione passos fuisse Victor Vitensis commemorat. Cæteris brevius rem exprimit Florus: *Apud Africam*, inquit, *natale sanctorum confessorum Eugenii Carthaginensis episcopi, fide et virtutibus ac miraculis gloriosi, et universi cleri ejusdem Ecclesiæ.* Quibus verbis Ado sequentia subjungit: *Qui cæde inediaque macerati, fere quingenti vel eo amplius: inter quos quamplurimi erant lectores (et) infantuli gaudentes in Domino; procul exsilio crudeli extrusi sunt.* Tum Salutarem et Murittam ex Victoris Historia notissimos laudat; quæ quidem omnia apud Usuardum et Notkerum totidem verbis referuntur, sicut et in hodierno Martyrologio Romano. Notkerus tamen post hanc vocem *confessorum*, habet, *imo et victoriosorum martyrum*. Huic vero *infantuli* adjungit conjunctivam *que*, ne aliquis existimet eosdem *lectores fuisse et infantulos* qui hic commemorantur. Hoc autem observare visum est, quod Baronius ita apud Usuardum legendum monuerit in Martyrologii Romani notis ad hanc diem, quam quidem illustrissimi cardinalis conjecturam Notkeri auctoritate fultam esse deprehendimus; quanquam fatendum est in Usuardi autographo dilucide scriptum, *lectores infantuli*: quæ verba ex Victoris Vitensis lib. v, num. 9, desumpta sunt. Recentiorum martyrologiorum verba singillatim proferre supervacaneum foret. Galesinius pro Eugenio, *Eusebium Carthaginensem episcopum* habet.

6. Cæterum etsi tanta auctorum nubes in hoc conveniat, ut pro Eugenii festo, die 13 Julii celebrando, omnes consentiant: inde tamen colligere non licet hunc fuisse sancti hujus viri depositionis diem: siquidem in vetustissimo calendario Africano, quod certe paulo post ipsius 243 mortem conscriptum est, *Nonis Januarii depositio sanctorum episcoporum Deogratias et Eugenii* celebratur. Ejus vero in Gallias adventum commemorat Andreas Saussayus in corollario martyrologii Gallicani die 1 Januarii, his verbis: *Albigæ in Aquitania adventus sancti Eugenii episcopi Carthaginensis et martyris*, quæ ex veteri Albigensis Ecclesiæ traditione, ut videtur, desumpsit; at ea quæ postea subjungit, Eugenium scilicet a Guntabundo Vandalorum rege iterato exsilio damnatum ac fragili rati impositum in Gallias advenisse, aliaque ejusmodi non pauca, ex Baronio aliisque recentioribus, aut etiam ex proprio fundo hausit.

7. Sed verum Eugenii obitus diem certius forte ex ejusdem Ecclesiæ Albiensis traditione, quam ex quocunque alio instrumento repeti posset. Cum enim ibi fato functus fuerit sanctissimus ille pontifex, ejusque sacræ reliquiæ ibi semper veneratione habitæ fuerint, verisimile est festum ejus diem hunc ipsum esse institutum, qui aliquando ei supremus fuerat. Hic vero dies est sextus mensis Septembris, quo beati Eugenii festivitas in Albiensi Ecclesia etiam nunc sub ritu duplici celebratur, idque ex veteri multorum sæculorum traditione, ut patet ex veteri ms. codice

bibliothecæ Colbertinæ, in quo Passioni sancti Eugenii ex Gregorio Turonensi desumptæ, quam infra exhibebimus, præmittitur hic titulus: *Incipit Vita sancti Eugenii episcopi, qui obiit in vico Viancio* VIII *idus Septembris*. De ejusdem vero obitu hæc in Albiensi Breviario habentur: *Eugenius..... in Galliam pulsus, in Albigensi pago ad Veram amnem, juxta sepulcrum Amaranthi martyris consedit; ubi ædificato monasterio tot laboribus ærumnisque perfunctus, mortuus est, ejusque sepulcrum gloriosum fuit.* Cætera ex Victore Vitensi et ex Gregorio Turonensi excerpta sunt.

8. Est autem Viancium vicus haud procul ab urbe Albiensi, quem Pontius comes Tolosanus Amelio Albiensi episcopo et canonicis Sanctæ Cæciliæ dedit labente sæculo decimo, ut patet ex ejusdem Pontii charta apud Catellum libro I Historiæ Comitum Tolosanorum, qua Pontius vicum Viancii *salvum fore in posterum decernit ad honorem sancti confessoris Christi Eugenii, et sancti Amerandi martyris, et cæterorum sanctorum qui ibi requiescunt. Data est..... rege Lothario defuncto, anno secundo quo filius ejus Ludovicus cœpit regnare;* atque in ea laudantur *Adelardus abbas Viancii, Aymerius præpositus, Amelius capiscola, et alii canonici*. Hanc avi sui donationem confirmat *Raymundus comes Tolosanus, Ildefonsi comitis filius*, apud eumdem Catellum loco laudato; et hoc pariter in honorem sancti Eugenii et aliorum sanctorum qui in Viancio requiescunt. Sæculo duodecimo contentio orta est inter monachos Auriliacenses et episcopum ac canonicos ecclesiæ Albiensis, occasione ecclesiæ Viancii, quam utrique sibi vindicabant. Rem commisit Alexander papa episcopis Ruthenensi et Cadurcensi, ut patet ex ejusdem pontificis epistola, quam ex cod. ms. Colbertino edidit V. C. Stephanus Baluzius libro IV Miscellaneorum, pag. 465. Et quidem Auriliacenses monachos causa cecidisse colligimus ex actis visitationis factæ a Simone de Bello Loco archiepiscopo Bituricensi, apud eumdem Baluzium libro laudato. Ibi enim Simon archiepiscopus anno 1286, mense Aprili, Albiensem diœcesim visitans, *apud Viancium prioratum ecclesiæ Albiensis venisse dicitur*, ubi a præposito prædicti loci receptus et procuratus est. Anno 1291 idem antistes rursus 244 Albiensem diœcesim visitavit, qui receptus est ut antea apud *Viancium præposituram de ecclesia Albiensi*. Tandem Ludovicus de Ambesia Albiensis episcopus, *sanctorum Eugenii, Vindemialis, Longini, Amaranthi martyrum et Charissimæ virginis corpora, quæ ab ipsa illorum morte in ecclesia Viancii in territorio Albiensi reposita fuerant*, in ecclesiam cathedralem, sanctæ Cæciliæ sacram, transferri curavit, anno 1404, die 29 Septembris, ubi etiam nunc religiosissime asservantur; quanquam translationis istius memoria die 2 Octobris potissimum celebratur, ut ex Breviario Albiensi discimus.

9. Quæri potest hoc loco quonam jure Trasamundus Eugenium relegaverit in urbem Albiam, in regno Gothorum sitam, atque adeo Trasamundo haud subjectam, ut quæ ab Africa longo terrarum marisque intervallo disjuncta esset. Cur non potius eum in Sardiniam deportari jussit, littora Africæ contra sitam? cur non in extremas Africæ solitudines? Neque enim verisimile est datum Eugenio fuisse arbitrium exsilii; nam si illud ipsi concessum fuisset, non arbitror prælaturum Italiæ fuisse sedes Gothorum, quos fidei catholicæ adversarios esse non ignorabat. Nulla vero hujus rei probabilior causa nobis occurrit, quam antiqua Vandalorum cum Gothis affinitas, et eadem secta et religio: quæ ratio Eugenii persecutores induxit ut is a collegis suis distractus, inter Gothos, pertinacissimos videlicet Ariani dogmatis defensores, quibus tunc Alaricus imperabat, eo miserabiliorem, quo longiorem vitam traheret.

10. Aliam item quæstionem movent nonnulli, utrum scilicet Eugenio martyris titulus debeatur? Sed his immorari parum interest. Cum enim Euge-

nius post varios pro Christi nomine superatos labores, post ingentes ærumnas, semel et iterum e patria pulsus in exsilio tandem vitam finierit, viderint qui hæc quærunt, an ii tantummodo martyres appellari possint, qui inter tormenta ac supplicia exspirantes martyrium consummarint. Certe si confessoris titulus Eugenio solum concedatur, ipsi tamen martyrii meritum et præmium non defuisse nemo non fatebitur. In veteribus scriptis quæ supra laudavimus, *confessor* dicitur; in hodierno autem Albiensis ecclesiæ breviario appellatur *martyr*, sed paulo latiori significatione, quippe cum ei responsorium istud assignetur quod pro iis qui sanguinem suum non fuderunt solet recitari.

11. Præter Eugenium, tres alios confessores commemorat Gregorius Turonensis, Longinum scilicet et Vindemialem episcopos, atque Octavianum archidiaconum, de quibus pauca, deficientibus vetustis monumentis, hic dicenda occurrunt. In Notitia Africana, quam post Victoris Historiam (*Supra col.* 269) exhibuimus, inter alios diversarum provinciarum antistites qui Hunerici mandato ad conventum Carthaginensem occurrerunt, recensetur Longinus Pamariensis episcopus ex Mauritania Cæsariensi, num. 43, et Vindemialis Capsensis episcopus ex provincia Byzacena, num. 60. Idem Vindemialis in Passione sanctorum monachorum num. 5 (*Supra col.* 263) sancti titulo donatur, appellaturque *sacerdos egregius et Christi fidelis antistes*. Hos vero ipsos esse qui a Gregorio laudantur, etsi omnino affirmare non audeamus; verisimile tamen nobis videtur. Neque enim alii occurrunt horum nominum antistites in antiquis monumentis, qui cum Eugenio Carthaginensi adversus Hunericum et Cyrilam pro fide Christi decertare 245 potuissent. Eosdem in Galliam cum Eugenio venisse putant Albigenses, qui ipsos apud Viancium sepultos fuisse commemorant. Legimus in breviario Albiensi ad diem 2 Octobris, sanctorum Vindemialis et Longini martyrum corpora, simul cum sancti Eugenii sacris reliquiis ex vico Viancio in cathedralem ecclesiam Albiensem translata fuisse : et quidem in chartis comitum Tolosanorum, quas ex Catello supra laudavimus, non solum Eugenius et Amaranthus in Viancii ecclesia requiescere dicuntur, sed et alii quoque sancti, quorum nomina reticentur. Vindemialem item et Eugenium episcopos celebrant Itali scriptores, de quibus, cum nonnulli ipsos eosdem esse existimaverint cum Eugenio Carthaginensi, et Vindemiali a Gregorio Turonensi memoratis, accuratius hic agendum est.

12. Tarvisium urbs est in Italia celebris, quæ toti marchiæ Tarvisinæ nomen tribuit. Ejus incolæ præcipuos patriæ suæ protectores ac patronos colunt sanctos Florentium et Vindemialem episcopos, quorum istum ratione Afrum, atque Eugenii, iidem Africani episcopi, socium fuisse commemorant. Ilos laudat Petrus de Natalibus, in eadem marchia Equilinus episcopus, in Catalogo sanctorum lib. iv, cap. 116, ubi eorundem corpora ex insula Corsicæ, cum a Saracenis devastaretur, Tarvisium a Titiano ejusdem url is episcopo advecta fuisse scribit. Hujus vero translationis meminit quoque Ughellus tomo V Italiæ sacræ in Tarvisianorum episcoporum catalogo, ubi Titianum anno circiter quadringentesimo huic Ecclesiæ præfuisse scribit. Sed quantum in designanda hujus antistitis ætate a vero deflexerit, vel ex eo convinci potest quod Vindemialis, cujus Titianus vitam scripsisse dicitur, conventui Carthaginensi cum Arianis, jubente Hunerico, habito interfuisse memoretur. Et quidem licet Ughellus Hunericianæ hujus collationis diserte non meminerit, eam tamen satis designasse videtur, cum Eugenium et Vindemialem *Carthaginensi contra Arianos concilio adfuisse*, atque eosdem *ex Africa persequentibus Arianis in Italiam descendisse* scribit.

13. Verum de istius auctoris sensu fusius disputare nihil interest, cum habemus tomo I Maii Bol-

landiani, die 2 ejusdem mensis, horum antistitum vitam, a Godefrido Henschenio e manuscripto codice Christinæ Sueciæ reginæ erutam, ex qua, cum ab ipso Titiano scripta fuisse dicatur, aliquid forte expiscari licebit, tum de tempore quo idem Titianus Tarvisinæ Ecclesiæ præfuit, tum de Eugenio et Vindemiali, quos Itali celebrant. Sic vero incipit : *Dum universalis synodus apud Carthaginem ab Honerico rege congregaretur, ex omnibus regnis atque insulis quæ sub ejus regimine tunc temporis degebant, die calendarum Februariarum, sexcenti septuaginta episcopi in unum sunt pariter congregati, pro fide sanctæ et individuæ Trinitatis certaturi ; quos ipse deceptus Arianorum perfidia, omnes exsilio damnare jussit; e quibus Carthaginensis episcopus Eugenius et Vindemialis summæ scientiæ summæque sanctitatis inter alios emicuerunt, et fidem sanctæ et individuæ Trinitatis inviolabiliter constantissima voce edocuerunt. Qua de re a propriis sedibus expulsi, peregrinationis causa ad transmarina convolarunt*, etc. Hæc in Vita. In opusculo vero de Vindemialis et Florentii translatione ab eodem auctore conscripto, ista leguntur : *Florentii vero atque Vindemialis, licet ortus eorum, vita atque transitus apud illos floruissent, nobis tamen Dominus venerabilia eorum corpora eorum, tempore quo voluit revelavit*, etc. De Florentii vita nihil habet, sed de 246 Vindemiali atque Eugenio sic resumit : *Igitur beatissimus Vindemialis Africano solo ortus, atque nutritus est, sed a beato confessore Christi Appiano episcopo edoctus, et cœlesti conversatione, fide ac religione imbutus, presbyteri dignitatem adeptus, in quo digne Deo militans ad episcopatus onus usque pervenit ; ubi et in partibus Africæ una cum Eugenio, multa per illos signa magnifica et innumerabilia omnipotens Dominus operari dignatus est. Deinde vero tam peregrinationis causa quam et prædicationis ob amorem Christi, ad insulam Corsicam pervenerunt, ubi dum fidem Domini nostri Jesu Christi prædicarent, etc...... Sanctus vero Vindemialis ex præfatis partibus regrediens, maritimaque littora circuiens, procellosis fluctibus ultra progrediens, usque ad castrum Saurense pervenit una cum sanctissimo Eugenio, cum quo et multa miracula in partibus Africæ atque Carthagine egit. In deque venientes usque ad castrum Vundense, in illis partibus plurimam populi multitudinem sua prædicatione Domino nostro Jesu Christo acquisierunt.* Tum sanctus Eugenius *in insula prope Vadense castrum, duobus inde milliaribus distante, vita functus dicitur ; ad cujus tumulum*, inquit Titianus, *multa et innumerabilia omnipotens Dominus dignatus est operari miracula. Sanctus vero Vindemialis a præfato castro recedens, Corsicam properans, ibi in sancto proposito incontaminatum reddidit spiritum.* Tum de translatione a se facta sic narrationem prosequitur : *Postquam a Saracenis captam Corsicam, multasque ecclesias Dei a fundamentis destructas relatu multorum comperissemus, ego Titianus sanctæ Tarvisianæ Ecclesiæ episcopus, nutu divino ad præfatam perveni insulam, ubi tam a nautis quam a loci illius incolis didicimus ubi beatissimorum confessorum Christi in sarcophagis posita corpora fuerant, Vindemialis utique ac Florentii episcoporum..... Inde corpora eorum levantes, ad Tarvisinum solum pervenimus.... collocavimus in ecclesia Sancti Joannis Baptistæ.*

14. Hæc autem paulo fusius retulimus, ut pote necessaria ad illustrandam istorum sanctorum historiam. Ex hac quippe Titiani narratione complura colligere licet. Primo ipsummet Titianum sæculi quinti initio, ut Ughellus existimavit, non vixisse : siquidem Vindemialem et Eugenium conventui Carthaginensi qui sub Hunerico rege anno 484 coactus est, interfuisse refert. Sed et ejusdem rei aliud præbet nobis argumentum, cum se sanctorum Florentii et Vindemialis corpora suam in urbem transtulisse narrat eo tempore quo post captam a Saracenis Corsicam insulam, dirutæ erant ecclesiæ : quæ sane septimo aut octavo sæculo, quibus Saraceni insulam istam aliasque re-

giones vicinas depopulabantur, potius videntur congruere quam quarto aut quinto: quippe cum ea tempestate Corsica Romanorum aut certe Vandalorum dominio subesset. Deinde ex Titiani narratione deducimus ipsummet Titianum multa de Eugenio, Vindemiali, etc., conscripsisse, quæ non ei satis comperta erant, imo et a veritate aliena. Nam ut de Vindemiali nihil dicam, Eugenium a se laudatum, ipsum esse putat celebrem. Carthaginensem episcopum qui conventui Carthaginensi interfuit; quod tamen certis et indubitatis historiæ monumentis repugnat. Legantur quæ de Eugenii Carthaginensis exsilio et ærumnis quas ab Antonio apud Tamallumam passus est, scripsit testis integræ fidei Victor Vitensis lib. v, n. 11, nemoque non advertet ea cum iis quæ de suo Eugenio narrat Titianus componi nullatenus posse. Deinde Eugenius Carthaginensis ex Gregorio Turonensi, auctore suppari, atque ob locorum viciniam minime suspecto, in **247** Albigensi Aquitaniæ civitate defunctus est, ubi sepulcrum ipsius jam tunc temporis ob creberrima miracula celeberrimum erat, quod et ex ejusdem Ecclesiæ continua traditione, veteribusque instrumentis confirmari potest. Titianus vero suum Eugenium in insula quadam Italiæ vicina e vivis excessisse scribit.

15. Cum itaque nobis constet Eugenium et Vindemialem a Titiano memoratos alios e se ab iis sanctissimis antistitibus qui apud Victorem et Gregorium Turonensem sub iisdem nominibus celebrantur, nihil nobis de illis dicendum occurrit, nisi quod forte fuerint ex illorum confessorum numero qui ex Africa ob Vandalorum persecutionem extorres facti, in Corsicam devenerunt, ubi in Christi divinitatis confessione defuncti, celebres evaserunt. Horum vero reliquias post aliquot sæcula nactus Titianus Tarvisianus antistes, eorum vitam, tum ex iis quæ publica regionis istius fama vulgata erant, tum etiam ex iis quæ sibi aliunde comperta erant de Eugenii Carthaginensis præclare gestis consarcinavit, vera scilicet cum falsis, ut fit, incaute permiscens; indeque apud auctores qui postmodum in istis partibus floruerunt, invaluit opinio Eugenium et Vindemialem quos venerabantur eosdem esse cum Eugenio Carthaginensi ac Vindemiali Capsensi episcopis quos tantopere veteres historici celebraverunt.

16. Eamdem fere fortunam expertus est Vindemialis in Romano Martyrologio, die 2 Maii. Cum enim ex antiquis fastis Vindemialis Corsicensis, absque ullo addito, prædicta die memoraretur : qui postea Martyrologii Romani editionem curarunt, eumdem esse hunc Vindemialem cum altero quem Gregorius Turonensis laudat existimantes, Gregorii elogium addiderunt priori commemorationi ; atque ita unum ex duobus conficientes, neutrum rite recolendum proposuere. Sic quippe ibi laudatur : *Sancti Vindemialis episcopi:* hæc de Corsicensi dicta erant; additum est quod de Vindemiali altero Gregorius scripsit, *et martyris, qui una cum sancti episcopis Eugenio et Longino, doctrina et miraculis adversus Arianos decertans, ab Hunerico rege obtruncari jubetur.* Et quidem Ferrarius, quasi nulla hic esset Vindemialis Corsicensis mentio, ipsum eumdem cum Eugenio, inter sanctos qui in Martyrologio Romano non habentur recensuit in Catalogo die item 2 Maii.

17. Denique eo modo quo Eugenius et Vindemialis in Corsica celebres, incaute pro Eugenio Carthaginensi et Vindemiali Capsensi episcopis habiti sunt, sic Florentius inter Africanos præsules a Maurolico, Galesinio et Ferrario, aliisque recentioris ævi scriptoribus recensitus est, quod ejus corpus simul cum Vindemialis Africani reliquiis ex Corsica Tarvisium translatum fuerit : quamvis Titianus, qui, ut supra vidimus, translationem hanc curavit, ejusque historiam scriptis edidit, nihil usquam dixerit ex quo vel levis oriri possit istius opinionis suspicio. Quin et contrarium omnino innuit Petrus Equilinus lib. IV Catalogi, cap. 116, ad diem 2 Maii, ubi exposita va-

A ria Eugenii et Vindemialis episcoporum Africanorum fortuna, ex Titiani, ut videtur, narratione accepta, Vindemialem in Corsicam reversum, ibi defunctum fuisse testatur et *sepultum ubi et olim sanctus Florentius quiescebat;* nihilque amplius sive Titianus, sive Petrus de ejusdem Florentii rebus gestis habent. Hinc, si conjecturis in re tam obscura indulgere licet, suspicari possumus Florentium antiquum Corsicæ insulæ episcopum fuisse, juxta **248** cujus sepulcrum forte honoris causa, Vindemialis confessor sepultus fuerit, sicut Eugenius Carthaginensis, attestante Gregorio Turonensi, prope beati Amaranthi tumulum in Galliis sepulturam meruit. Ejusdem vero sancti Florentii memoria etiam nunc celebris est in insula Corsica, ob *Sancti Florentii* urbem, sic ab ipsius Ecclesia dictum, in quam antiqua episcopalis sedes Nebbiensis urbis, a sancto Florentio medio milliari dissitæ, postmodum translata fuit. Unde quis conjicere posset sanctum Florentium Nebbiensem episcopum fuisse; quæ tamen a nobis ita dicta sic accipi velim, ut inficiari nolimus Florentium hic memoratum, forte unum esse ex eorum confessorum numero qui sub Hunerico rege ex Africa in Corsicam relegati fuerunt. Id fortasse nonnullis eo verisimilius videbitur, quod in Notitia Africana, id est, in catalogo eorum antistitum qui sub Hunerico fidei causa vexati fuerunt, inter proconsularis provinciæ episcopos *Florentinus Uticensis* et *Florentius Seminensis* in Corsicam relegati recensentur, præter alios plures ejusdem nominis sanctissimos antistites qui ibi habentur ex aliis provinciis. Cæterum in Flori martyrologio, sicut et in antiquo Romano per Florentinium edito, die 1 Februarii recolitur *Passio sanctorum Vindemialis et Eugenii.* Sed quinam ii fuerint, nec illi indicant, nec nobis divinare licet. Certe in Florentinii martyrologiis, martyres posterioris ævi persecutionum pauci aut nulli omnino memorantur, ut jam non semel observavimus. Sed de his satis ; superest ut de Octaviano aliquid dicamus.

18. Octaviani archidiaconi primus mentionem fecit Gregorius Turonensis , ex quo recentiores nomen ejus martyrologiis inscripserunt. Hos secutus Baronius ipsius elogium die 22 Martii Romano Martyrologio inseruit his verbis : *Carthagine sancti Octaviani archidiaconi, et multorum millium martyrum qui ob fidem catholicam a Vandalis cæsi sunt.* Alterius Carthaginensis archidiaconi, nomine Salutaris, meminit Victor Vitensis lib. v, num. 9, cui vel successit Octavianus, vel certe ipse Octaviano. Tunc enim unus erat solummodo in singulis ecclesiis archidiaconus ; qui vero eum sequebatur *secundus erat in officio ministrorum*, ut Muritta loco laudato Victor loquitur. Sed jam Gregorium Turonensem de Vandalorum in Africa persecutione loquentem audiamus : cujus quidem fragmentum ad tres manuscriptos codices contulimus : unum scilicet e Regia bibliotheca, alterum e Colbertina, et tertium, quem penes nos habemus, in quorum duobus posterioribus sub titulo *Passionis sancti Eugenii* descriptum est : quem titulum retinuimus. Habetur vero apud eumdem Gregorium Turonensem libro secundo Historiæ Francorum, cap. 2 et sequentibus.

PASSIO

S. EUGENII CARTHAGINENSIS EPISCOPI ET ALIORUM CONFESSORUM.

(Videsis infra col. 769.)

EPISTOLA

S. EUGENII EPISCOPI CARTHAGINENSIS AD CIVES SUOS

Pro custodienda fide catholica.

(Hanc epistolam videsis infra col. 769.)

CAPUT IX.

De sanctis confessoribus qui sub Vandalorum persecutionibus, regnantibus Generico aut Hunerico ex Africa pulsi vel profugi in Italia floruerunt.

1. Complures fidei catholicæ defensores laudat passim Victor Vitensis qui persecutionibus Vandalorum exagitati Africam illustrarunt : de quibus cum nihil dicendum occurrat præter ea quæ aut ab ipso Victore memorantur, aut quæ in notis ad ejusdem Victoris Historiæ textum, vel certe capite præcedenti de sancto Eugenio ejusque collegis a nobis observata sunt ; de illis potissimum hic nobis agendum incumbit qui ex Africa pulsi, vel propria sponte exsultantes, in Italiam advecti ibi claruerunt ; quos quidem, etsi pauca de ipsis ex auctoribus antiquis dicenda supersint, omittere non licuit, ne quis tam præclaros viros, ob fidei confessionem vitæ sanctitatem, ac etiam miracula frequentia celeberrimos, a nobis insuper habitos jure conqueratur.

2. Narrat Victor Vitensis libro I, num. 4, Gensericum post captam Carthaginem, divisa suis Vandalis Africa, præcepisse ut episcopi simul et laici nobiles e propriis locis et ecclesiis nudi pellerentur, quos, si parere recusarent, in servitutem redigi imperavit. Idem colligi potest ex Vita sancti Fulgentii cap. 1. At longe acerbius a contra Quodvultdeum Carthaginensem episcopum fieri præcepit, ut forte cæteri tali exemplo a vera religione deterrerentur. Illum nempe, ut narrat idem auctor libro laudato, num. 5, simul *et maximam turbam clericorum navibus fractis impositos, nudos atque exspoliatos* jussit expelli : *quos Deus miseratione bonitatis suæ prospera navigatione Neapolim Campaniæ perducere dignatus est civitatem.* Hæc Victor, qui ulterius non loquitur de isto sanctissimo antistite, ea procul dubio ratione quod ea tantum quæ intra Africam contigerant describere voluerit, ut alias aperte declarat. Etenim Quodvultdei memoriam apud Carthaginenses non excidisse patet ex vetustissimo calendario Carthaginensi, ubi vi *idus Januarii depositio Quodvultdeus episcopi* memoratur. Idem Neapoli in exsilio positus confessor occubuisse dicitur in Martyrologio Romano die 26 Octobris, quo item die celebratur a Ferrario in Catalogo generali sanctorum Italiæ. Ipsius vero sacræ reliquiæ in ejusdem urbis ecclesia, sub sancti Gaudiosi nomine dicata, religiose asservantur.

3. Gaudiosum inter alios Quodvultdei exsulantis socios recensent vetera ecclesiæ Neapolitanæ monumenta, ejusque memoria in ea urbe cæteris celebrior fuit, ob monasterium quod ab eo constructum fuisse ferunt, in quo postea Agnellus abbas sanctissimus floruit. Id testatur vetus auctor ejusdem Agnelli vitæ, cujus fragmentum Baronius Annalibus ecclesiasticis inseruit, in quo hæc de nostro Gaudioso leguntur: *Agnellus abbas electus in monasterio quod beatus Gaudiosus cognomento Septimius Cœlius, sanctæ Bitinensis Ecclesiæ pontifex in Africa, condere studuit in hac Parthenopea civitate, eo tempore quo ex Africæ partibus advenit cum sancto Quodvultdeo et cæteris præsulibus, fugiens persecutionem Vandalorum.* Nec mirum est Gaudiorum in terra peregrina exsulantem monasterium condidisse. Sic enim erant vitæ monasticæ affecti sanctissimi illi confessores, ut quamprimum in exsilii locum advenissent, ibi monasteria statuerent: quod compluribus exemplis comprobari posset. Sic, ut Faustum prætermittamus, qui haud longe a sua cathedra ablegatus monasterium construxerat, Eugenius, ut capite præcedenti diximus, prope Albiensem in Gallia civitatem, monasterium apud Viancium vicum ædificavit; idem fecere Fulgentius aliique sancti antistites, qui sub Trasamundo in Sardiniam pulsi fuerunt. Rufinianum item Africanum episcopum, in insula Siciliæ vicina vitam monasticam agentem, invisit idem Fulgentius cum ad loca sacra iter institueret. Jure merito itaque laudatus Gaudiosus apud Ferrarium in Catalogo generali sanctorum Italiæ,

A quod in monasterio a se apud Neapolim constructo vitam coluerit monasticam cum Quodvuldeo et aliis episcopis ex Africa ejectis. Consentit Martyrologium Romanum die 28 Octobris, ubi Gaudiosus in monasterio apud eamdem urbem sancto fine quievisse dicitur.

4. Exstat etiam nunc Neapoli celeberrimum sacrarum virginum cœnobium cum ecclesia sibi adjuncta, quæ sub beati Gaudiosi nomine Deo sacrata est. At illud monasterium ab eo quod Gaudiosus condidit diversum omnino esse contendit Caracciolus in Historia Neapolitana, ubi Gaudiosi monasterium sub sancti Agnelli nomine nunc notum esse arbitratur. Observat noster Mabillonius in Actis sanctorum ordinis S. P. N. Benedicti ad annum 596, ubi de sancto Agnello, beati Gaudiosi monasterium eo in loco olim exstitisse ubi Dominicani postea ecclesiam semirutam in honorem beatæ Mariæ *de Sanitate* vulgo nuncupatam, erexerunt : quod ex Paulo Regio in Italica sancti Agnelli vita se accepisse ait. Eumdem locum *Caput-Trii* olim dictum fuisse Ughellus scribit. Cæterum antiquæ beati Gaudiosi ecclesiæ situm dignoscere possumus ex Joanne diacono, qui apud Ughellum de sancto Nostriano episcopo Neapolitano, qui paulo post sancti Gaudiosi adventum vixit, agens, eum sepultum fuisse refert *in ecclesia beati Gaudiosi Christi confessoris, foris urbem euntibus ad sanctum Januarium martyrem, in porticu sita.* De hac sancti Januarii ecclesia vide Mabillonii Iter Italicum, pag. 114.

B 5. Gaudiosum Bythiniæ urbis episcopum appellat Ughellus tomo VI Italiæ sacræ, quem ibi Timasii Neapolitani episcopi temporibus in Italiam appulisse scribit. Certe *Bithinam* inter alias Africæ urbes commemorat anonymus Ravennensis, quo nomine facile crediderim *Abitinensem* notam urbem designari. Et quidem Gaudiosum vicinæ Carthaginensibus civitati præfuisse verisimile est. Abitina autem urbs erat ex proconsulari, et quidem satis celebris, ut liquet ex ejusdem provinciæ antistitum epistola synodica ad C Paulum Patriarcham Constantinopolitanum, quæ in concilio Lateranensi sub sancto Martino, actione 2, lecta fuit. Ipsi quippe inter alios subscripsit *Augustalis gratia Dei episcopus sanctæ Ecclesiæ Abitinensis.* Abitinensium martyrum, qui antea mendose *Alutinenses martyres* appellabantur acta protulimus inter alia sincera ad annum 304, pag. 409 ; ex quibus etiam patet hanc urbem ad proconsularem pertinuisse. Antiquam esse episcopi sedem ex concilio Carthaginensi sub sancto Cypriano colligitur, cui inter alios rebaptizantes interfuit *Saturninus ab Avitinis.* Eamdem urbem memorat Augustinus libro III contra epistolam Parmeniani, et alias non semel. Denique Victor ejusdem Ecclesiæ episcopus catholicus, ex iis qui initio absentes fuerant, tandem subscripsit Collationi Carthaginensi cap. 215, cum jam antea Felix ejus adversarius inter Donatistas cap. 201 comparuisset.

6. Gaudiosi obitum anno 453 contigisse tradit Ughellus post Capacium : sed quo fundamento ? Baronius eumdem anno circiter 411 floruisse dicit in notis ad Martyrologium Romanum, die 28 Octobris, cui, ut jam diximus, ipsius festivitas consignatur. Certe anno 439 Gensericus Carthaginem invasit mense Octobri, atque paulo post Quodvultdeum, cujus exsilii socius Gaudiosus fuisse dicitur, expulit. Ejusdem sancti viri corpus in ipsa, quam supra laudavimus, sanctimonialium ecclesia religiosissime Neapoli asservatur. Hinc ipse distinguendus est, ut monet cardinalis Baronius, ab alio ejusdem nominis sancto antistite cujus reliquiæ apud Salernum in crypta inferiori cathedralis ecclesiæ reconditæ sunt, quamvis acta utriusque a nonnullis auctoribus simul permista fuerint. Gaudiosi Salernitani festivitas in Romano Martyrologio die 26 Octobris memoratur. Haud tamen arbitramur recte colligi posse diversos fuisse ejusdem nominis sanctos, quod eorum reliquiæ diversis in locis asservari dicantur, cum sæpius contingat alicujus sancti corporis partes in diversis ecclesiis ha-

beri, quæ tamen utrobique *corporis* nomine donantur. Hunc loquendi modum in Ecclesia antiquissimum esse ex Theodorito patet; qui in epistola 130, ad Timotheum episcopum data, sic ea de re, veluti de receptissimo loquendi usu scribit : *Ipsi quoque ad hunc diem cum triumphantium martyrum templa ingredimur, sciscitari solemus quis vocetur qui in theca conditus est* : *et quibus res nota est respondent, Julianum fortasse martyrem, aut Romanum, aut Timotheum. Et quamvis ne integra quidem ibi sint corpora, sed perexiguæ reliquiæ, communi tamen nomine etiam corpus appellamus.* Καίτοι πολλάκις οὐδὲ τελείων τῶν σωμάτων κειμένων, ἀλλὰ σμικροτάτων λειψάνων, ἀλλ' ὅμως τῷ κοινῷ ὀνόματι καὶ τὸ σῶμα προσαγορεύομεν. Porro Baronius in notis ad Martyrologium Romanum die 26 Octobris testatur se in vetustissimo Neapolitani suburbii cœmeterio vidisse inter alia insignia sacræ antiquitatis monumenta, inscriptionem sancti Gaudiosi tumulo olim impositam, quam ob vetustatem licet jam pene diminutam descripsit, ex quo nos eam quoque hic exhibemus : HIC. REQUIESCIT S. GAUDIOSUS. QUI. VIXIT ANN..... DIE. KAL. NOVEMB..... INDICT. VI. **257** De eadem sepulcrali inscriptione agunt Capacius et Ughellus. Sed an statim post Gaudiosi obitum sepulcro ipsius imposita fuerit, pronuntiare non licet. Sane præterquam quod Gaudiosus ibi *sanctus* dicitur, cui *confessoris* titulus melius congruisset, mirum fortasse videbitur nonnullis, quod nulla ipsius episcopalis dignitatis mentio ibi facta fuerit.

7. Antiquam Ecclesiæ Neapolitanæ traditionem occasione ejusdem sancti viri memorant auctores Itali, quam hic prætermittere non licuit. Aiunt nempe Gaudiosum ex Africa extorrem factum, secum inter alias sanctorum reliquias Neapolim attulisse ampullam vitream, concreto sanguine beati protomartyris Stephani repletam, quæ hactenus in ejusdem sancti ecclesia asservatur, *ubi*, inquit Baronius in notis ad Martyrologium Romanum die 3 Augusti, *miraculum hactenus perseverat, ut super altare ampulla posita, dum sacra missarum solemnia peraguntur, liquescere velut recens effusus sanguis aliquando conspiciatur.* Testatur idem Baronius quod auctoritate Gregorii XIII summi pontificis calendarium Romanum emendatum fuit, istud miraculum eo ipso die quo beati Gaudiosi festum fuit celebratum, contigisse, cum antea decimo solummodo die post hujus sancti festivitatem videri soleret : hujusque rei testem affert Franciscum Mariam Tarasium cardinalem, cui tunc temporis apud Neapolim commoranti, et sacrum in ejusdem sancti sacello celebranti, sanguis visus est liquefieri. Certe in libro I de Miraculis sancti Stephani, qui sub Evodii nomine inter sancti Augustini opera vulgatus est, cap. 1, mentio habetur ejusmodi ampullæ quæ in Uzalensi proconsularis provinciæ urbe asservabatur.

8. Ex eodem sancti Quodvultdei Carthaginensis sodalitio Priscum aliosque confessores undecim fuisse putat Antonius Caracciolus in sacra Neapoli cap. 26, eosque episcopos non fuisse censet, sed diversorum ordinum clericos, eos scilicet quos Victor Vitensis et Carthaginensis Ecclesiæ clero simul cum suo episcopo vetustæ navi impositos Neapolim appulisse memorat. At hæc sententia aliis non placet. Et quidem si iis quæ nobis supersunt de his rebus monumentis fides aliqua possit adhiberi, stare non poterit Caracciolii opinio, quæ neque recentiorum suffragiis, neque veterum auctoritate stabiliri potest. V. C. Godefridus Henschenius tomo II Februarii Bollandiani, die 11 ejusdem mensis edidit Vitam sancti Castrensis episcopi, unius scilicet ex istorum confessorum numero, ex qua forte nobis aliqua lux affulgere poterit ad illustranda ipsorum gesta. Quamvis enim nævis non careat, atque scripta fuerit ab auctore rerum ante sua tempora gestarum prorsus ignaro, aut certe ab aliquo posteriori vitiata, qui Valentis Ariani imperatoris persecutionem cum Vandalica confudit, non ta-

men ei omnis prorsus deneganda fides. Etenim cap. 3, num. 16, nonnulla quæ refert, se *ex relatu quorumdam sacerdotum*, qui Castrensi morti proximo adfuerant, se accepisse testatur : quæ verba ex antiquo vitæ scriptore fuisse crediderim, quæ vero sequuntur ex interpolatore : *Hæc vero*, inquit, *quæ nostris sensibus pietas perennis Dei per sanctorum Patrum dicta tradidit, idcirco annotare studuimus, ut dum aliquis fidelium alicujus sancti*, ex Castrensis scilicet sociis, *solemnitatem celebrat, pariter de cunctorum triumpho lætetur*. Ibi enim rationem reddit cur in Castrensis Vita, aliorum etiam gesta interseruerit, qui simul cum eo ex Africa pulsi, varias in Italiæ urbes **258** et regiones dispersi, ibique defuncti celebrabantur.

9. Eorumdem confessorum nomina recenset idem auctor, cap. 2, num. 8, eo scilicet ordine quo navim ingressi fuerunt. Primus dicitur Rosius; tum Secundinus, qui *fecundæ sobolis proles* appellatur : deinde Heraclius, qui *jura Christi in populis audacter consparsit*. Postea Benignus, Priscus, Elpidius, Marcus, Augustinus, Canion, Vindonius; loco undecimo *Signifer præceptor Castrensis*, cui *puppis arx possidenda* traditur, *ab indole qui flatibus imperavit iniquis*; ultimus denique Tammarus, cui *prora navis gubernanda* committitur. Iidem habentur in Romano Martyrologio die 1 Septembris, et apud Ughellum tomo VI Italiæ sacræ, ubi de Capuanis archiepiscopis; nisi quod in utroque auctore pro Benigno *Adjutor*, et pro Augustino *Augustus* recenseantur. Plerosque vero ex ipsis episcopali dignitate illustres fuisse, præter variarum Italiæ Ecclesiarum traditionem, innuit quoque laudatus Vitæ auctor, cap. 2, num. 6, Castrensis *conversus ad confratres et coepiscopos ita est allocutus* : *Fratres mei et domini*, etc. Quin et jam cap. 1, num. 3, dixerat a tyranno præceptum fuisse ut ex unaquaque provincia *sancti Dei vincti adducerentur*. Congregata vero ingenti multitudine, *etiam et sancti viri*... *summi sacerdotii honore præditi inter erant, qui gratantes cum commissis gregibus gradiebantur, putantes se cum martyrii triumpho vitam consequi sempiternam; ex quibus præcipue rutilabant Rossius, Priscus, et Tammarinus*, seu, ut alius codex habet, *Zamorus et Castrensis*.

10. Non solum itaque pastores, sed ipsos quoque greges hæc tempestas involvit, ut idem vitæ auctor fuse narrat. Pueros ac senes, mulieresque simul cum viris ad certamen accurrisse scribit cap. 1. Et quidem hæc initio persecutionis : quæ cum postea magis invaluisset, *catervatim ex unaquaque provincia sancti Dei vincti adducti* sunt, qui variis pœnis cruciati fuerunt priusquam mari committerentur, ut dicitur num. 3. Primo itaque alter ab altero separatim in carcerem retrusi fuerunt, tum simul in unum locum congregati, alii virgis, alii alapis, lapidibus alii cæsi fuere; cumque variis modis tentati fuissent, et nec minis aut verberibus eorum constantia potuisset frangi, tandem consilio nescio cujus Aristodemi, navi vetustissimæ impositi fuerunt, ut in mare demersi nihil eorum reliquiarum residuum esset; sed Dei nutu in Campaniam Italicam feliciter appulsi, provinciam istam miraculis et sanctitate vitæ illustrarunt. His consentit Martyrologium Romanum die 1 Septembris, ubi duodecim illi viri sancti, qui cæterorum erant veluti duces et magistri, in Vandalorum persecutione ob fidem catholicam *varie afflicti* dicuntur, et vetustæ navi impositi ex Africa ad Campaniæ littora pervenisse, ubi Christianam religionem in iis locis dispersi, diversique ecclesiis præfecti mirifice propagaverint. Eorum porro in Italiam adventum anno quarto Vandalicæ persecutionis consignat sæpe laudatus sancti Castrensis Vitæ auctor; sed cum alias tempora prorsus permisceat, nulla tuto fides ejus calculo adhiberi potest. Si autem conjecturis indulgere voluerimus, nullus fere erit annus sub Vandalica dominatione ad quem hæc persecutio revocari non possit. Eos tamen ex Quodvult-

dei sodalitio fuisse non arbitramur, quod istius turmæ Castrensis signifer et præceptor dicatur, qui titulus Quodvultdeo melius vel ob sedis prærogativam congruisset, cujus tamen ne quidem mentio ulla hic habetur. Sed de ipsis sigillatim agendum.

259 11. Rossius, seu, ut alii scribunt, *Rosius*, primus inter cæteros confessores recensetur in Vita sancti Castrensis cap. 1, num. 3; ubi non solum summi sacerdotii dignitate præfulsisse, verum etiam *meritis, et moribus, et sensus decore rutilasse* memoratur. Cur priorem locum obtinuerit ratio redditur cap. 2, num. 8. *Ingrediatur* prius, inquiunt satellites, *reverenda canitie et sanctitate præditus Rossius.* Quæ verba licet a persecutoribus prolata fuerint, indicant tamen talem ab orthodoxis Rossium habitum fuisse. Res ejus in Italia gestæ nobis ignotæ sunt; sed ipsius festivitatem aliquot martyrologia apud Bollandianos die 16 mensis Maii celebrant. Colitur potissimum Beneventi, ob ipsius sacri corporis translationem in Sanctæ Sophiæ ecclesiam, quam ea in urbe Arechis, unus e Longobardorum ducibus, magnificentissime construxerat. Celebris est etiam in Suessana dioecesi Rossii memoria, in qua olim celebrem ipsi dicatam fuisse colligimus ex charta Athenulfi Capuani episcopi, apud Ughellum tomo VI Italiæ sacræ, col. 675, ubi de Suessensibus episcopis.

12. Secundinus aliunde nobis probe notus non est quam ex iis quæ ex sancti Castrensis vita protulimus. Sancti Secundini episcopi corpus asservatur in majori ecclesia apud Troiam Apuliæ opulentissimam civitatem, cujus festum ibi die 11 Februarii celebratur, huncque nonnulli ab eo quem hic laudamus, alium non esse censent : sed res est incerta. Plura de Secundini Trojani inventione habentur apud Bollandianos die supra memorato. Secundini festum 8 Decembris apud Mantuam celebrari testis est Michael monachus in Sanctuario Capuano, ubi laudat vetustissimum calendarium, in quo 27 mensis Maii festivitas sancti Secundini consignata habetur. Ejusdem sancti memoriam apud Mantuanos olim celebrem fuisse colligit idem auctor ex compluribus ecclesiis, quæ sub ejusdem sancti nomine dicatæ passim in Mantuana dioecesi occurrunt. Quin et Sancti item Secundini ecclesia in diœcesi Athenulfi memoratur in charta Athenulfi, quam num. superiori laudavimus. Denique Ferrarius in Catalogo generali sanctorum Italiæ Secundinum et Castum episcopos Sinuessæ commemorat, die prima Julii; quos tamen apud Suessam celebres esse fatetur, vel quod Sinuessæ nomen pro Suessa obrepserit, vel quod eversa Sinuessa sacræ eorum reliquiæ Suessam translatæ fuerint, ubi etiam nunc, ipso Ferrario attestante, quiescunt : hunc vero Secundinum, a Trojano alium esse contendit quem alius die 11 Februarii laudaverat. Sancti Secundini Vitam a Benedicto, *qui et Guaiferius* dicebatur, monacho Casinensi scriptam laudat Petrus diaconus in libro de Viris illustribus Casinensibus, cap. 29; quam quidem Vitam e codice ms. Casinensi noster Mabillonius ab aliquot annis in Italiam profectus descripsit. Sed nihil aliud est quam ipsius Secundini Inventionis historia, quam ex manuscripto cardinalis Baronii edidit Bollandus die 11 Februarii, cum alia quam vetustiorem putat vir eruditus. Ex his autem discimus, cum Troja civitas Apuliæ super veteris urbis, *Ecana* dictæ, ruinas construeretur, in coemeterio Sancti Marci inventum fuisse sepulcrum marmoreum cum hac inscriptione, exesis quidem inferioribus lapidis partibus, sed quæ tamen facile legi poterat. *Hic requiescit S. ac venerabilis Secundinus episcopus, qui sanctorum fabricas renovavit, raptus in requiem* m *Id. Febr.* Porro cum inventi sacri corporis fama per totam civitatem celebrata fuisset, accurrerunt statim omnes ferme urbis incolæ, qui putantes, **260** ut ait Guaiferius, *fas esse quod pium est*, cœpere osculari reliquias, etc. At loci episcopus ut eas coli sineret nonnisi postquam divinitus fuit punitus, adduci potuit. Reliquiæ igitur, pro istorum temporum usu, ignem projectæ nullatenus potuerunt violari. *Instatur undique flatibus, fit in illis color rubicundus. Saltum tandem ex igne faciunt; nulla in illis combustionis nota invenitur, sicuti qui præsto erant retulerunt.* Aliquot item opuscula in sancti Secundini honorem a Guaiferio edita laudat Petrus diaconus, qui Guaiferium temporibus Alexii et Henrici imperatorum ac Desiderii abbatis vixisse testatur. Sed ipse Guaiferius suam ætatem prodit in Vitæ laudatæ prologo, quam nempe se Desiderii abbatis jussu scripsisse commemorat. Desiderius vero anno 1086, Gregorio VII summo pontifici defuncto substitutus est, sub Victoris III nomine, cum anno 1059 a Nicolao II cardinalis fuisset creatus. Plura de Guaiferio habet Bollandus loco laudato. Beatum Guaiferium monachum Cassinatem inter sanctos quorum dies natalis ignoratur, celebrant Arnoldus Vion et Hugo Menardus in Appendice martyrologii Benedictini.

13. De Heraclio nihil dicendum occurrit, nisi quod ecclesia ipsius nomini dicata in charta Athenulfi laudata memoretur. Heraclium, Maurum et Justum martyres colunt Fulginates Umbriæ populi, apud quos eorumdem martyrum corpora in ecclesia cathedrali asservantur; sed quinam illi fuerint, quove loco aut tempore martyrio coronati fuerint, plane ignorant.

14. Benigni ex Africa exsulis nomen in sola sancti Castrensis Vita legitur. At qui ibi Benignus, ab aliis Adjutor seu Adjutorius, ut jam a nobis observatum est, appellatur. Porro Adjutoris memoria apud Beneventum et Cavam, ubi sacræ illius habentur reliquiæ, celebris est. Quin et prope amplum est oppidum quod sub sancti Adjutoris nomine notissimum est. Ejusdem sancti viri festivitas die 19 Novembris in Catalogo generali sanctorum Italiæ a Philippo Ferrario memoratur, ubi de isto sanctissimo confessore agit. At plura de eo habet hac ipsa die Tamajus Salazar in martyrologio Hispanico, qui eumdem sanctum virum ex Hispania cum Generico, in cujus exercitu militabat, in Africam transmeasse scribit. Sed cum ibi Adjutor, uti refert, orthodoxos variis pœnis a rege affligi cerneret, relicta militia apud Habensem civitatem se recepit, cujus postea urbis episcopus factus est; ac tandem sub Trasamundo rege cum aliis confessoribus vetustæ navi impositus, in Campaniam appulit, qua in provincia apud Cavam episcopali munere fungens, excessit e vita. Hæc ille ex variis auctoribus quos laudat, pro more suo sanctos quoslibet ad Hispaniam per fas et nefas pertrahens. Sed antiquum aliquem auctorem harum rerum testem exspectamus. Certe apud Victorem Vitensem lib. I, num. 12, Valerianus Abbenzensis, aut Abensis, ut in nota 41 observavimus, laudatur ob præclaram confessionem; sed in Notitia Africæ nec ipse, jam quippe defunctus erat, nec alius quisquam ejusdem sedis episcopus memoratur. Nemo etiam sibi facile persuadebit Adjutorem, quem in Hispania primo militantem , deinde anno 427 in Africam cum Vandalis transmisisse volunt, postmodum sub Trasamundo, qui anno 496 Vandalorum imperium suscepit, episcopum in Italiam pulsum fuisse, in qua etiam regione episcopatum administraverit. Denique Abba aut Abe urbs erat ad proconsularem pertinens, ut ex Polybii lib. x cerium est, **261** qui eam haud procul a Carthagine exstitisse memorat. At ex Victore Vitensi lib. 1, num. 9, constat nullum suo tempore ex proconsularis et Zeugitanæ provinciæ episcopis residuum prorsus fuisse, præter tres quos ibi recenset. Scribebat autem anno 487, ut ipsemet attestatur, id est, annis undecim priusquam Trasamundus regnum adeptus fuisset.

15. Priscus præ cæteris celebris fuit. Hunc simul cum Castrensi, ut narratur in istius Vita, cap. 1, num. 3, barbari a cæteris sejunxerant, ut eorum constantiam tentarent, quod iis devictis, cæteros facile cessuros arbitrarentur. Ejusdem Prisci festivitas potissimum in Romano Martyrologio, et apud Ferrarium in Catalogo sanctorum Italiæ recolitur die 1 Septembris,

cujus solummodo occasione cæterorum ipsius sociorum nomina videntur recenseri. Michael monachus in Sanctuario Capuano testatur Prisci memoriam ex veteri traditione Capuæ celebrari, quem Mantuæ episcopum fuisse scribit, quare hunc auctorem secutus Ughellus, eidem Prisco locum duodecimum inter Mantuanos episcopos dedit, tomo VI Italiæ sacræ, ubi plura de eo habet, sed prorsus incerta.

16. De Elpidio pauca occurrunt, nihil exploratum. Michael monachus in sæpe laudato Sanctuario Capuano hujus sancti viri festum in *ecclesia Casapulli* die 26 Maii recoli scribit. At alii alium ibi Elpidium a nostro Africano diversum celebrari putant, qui Atellensi Ecclesiæ sæculo quinto præfuisse dicitur. Istius festivitas tum in Ecclesia Beneventana, tum in oppido sancti Elpidii dicto prope Aversam, die 24 ejusdem mensis celebratur. Sed hæ difficultates absque certioribus monumentis dirimi non possunt. Elpidii Atellani reliquias in Ecclesia Salernitana asservari affirmat Ferrarius in Catalogo generali sanctorum Italiæ, quem etiam ab Elpidio Africano distinguit. Plura de hac re habent Bollandiani tomo V, die 24 Maii.

17. Marcus nomine tenus nobis cognitus est. Marcus Bovini in Apulia episcopus celebris est in eadem urbe et apud Beneventum, ubi festivitas ipsius die 14 Junii recolitur. Habetur et alius ejusdem nominis episcopus Ecanæ, cujus festum die 13 Octobris celebratur, ut observat Ughellus tomo VI Italiæ sacræ, ubi de episcopis Capuanis. Sed quinam illi fuerint incertum est.

18. Qui Augustinus dicitur in Vita sancti Castrensis, idem appellatur *Augustus* in Martyrologio Romano, consentientibus Ughello in Italia sacra, Ferrario in Catalogo generali SS. Italiæ, aliisque auctoribus vulgatis. De cætero Augustinus sive Augustus plane ignotus est, nisi quod ecclesiam ipsius nomini dicatam memorat Michael monachus in Sanctuario Capuano. Fortunatus lib. IV de Vita sancti Martini Augustinum Concordiæ in Italia celebrem laudat, sed quem longe alium a nostro esse putamus. Hunc ipsum Concordiæ episcopum appellat Ughellus. Sed mirari subit quod nec apud Ferrarium in utroque Catalogo, nec apud alios sanctorum Italiæ collectores, quos quidem videre licuit, ipsius memoria occurrat, quamvis jam Fortunati tempore notissimus fuerit, quem nempe inter illustriores urbium Italiæ patronos laudatus auctor recenset his versibus:

Si petis illud iter, qua se Concordia cingit,
Augustinus adest pretiosus, Basiliusque.

Est et alius Augustinus Aquileiensis episcopus, qui paulo post eversam a Gothis Romam floruit, eo ipso tempore quo alter Augustinus Ecclesiam Africanam illustrabat, ut ex Henrico Palladio 262 observat Norisius in Censura Garnerii, quam V. C. Antonio Magliabeco Magni Etruriæ ducis bibliothecario nuncupavit.

19. Canion celebris est apud Acherontinos, qui corpus ipsius in metropolitana ecclesia religiose asservatum magna devotione venerantur. At si fabulosis quæ illi exhibent actis aliqua fides præbeatur, Canion iste longe alius est ab eo de quo hic agimus. Iste quippe sub Diocletiano et Maximiano martyrium consummavit, noster vero nonnisi sub Vandalica persecutione confessoris titulum adeptus. Cum tamen Acherontini in istis actis suum Canionem primo in Africa episcopum fuisse dicant indeque in Italiam transmissum, ibi ab Elpidio Atellensi episcopo sepultum fuisse, conjiciunt merito Bollandiani aliique auctores post Michaelem monachum et Ughellum, unum ab altero distinguendum non esse. De his plura leges, si vacat, apud Bollandianos tomo VI Maii, ad diem 25 ejusdem mensis, quo beati Canionis festum Acherontini potissimum recolitur.

20. Vindonii nullam prorsus memoriam reperire licuit. Mindonii ecclesiam olim foris Capuam urbem exstitisse colligit Ughellus ex charta veteri sanctimonialium sancti Joannis, in quam *Mindonii* pro Vindonii nomen irrepsisse suspicatur.

21. Castrensis inter cæteros turmæ duodenæ confessores celebrior est, imo cæteri fere omnes ex ipsius actis solummodo noti sunt, ut ex his quæ in hoc fere toto capite diximus evidens est. Episcopum illum fuisse priusquam in Italiam transferretur, aperte declarat ejus Vitæ auctor: sed cuinam Ecclesiæ præfuerit altum ubique silentium. Ego vero suspicatus sum non semel, Castrensis vocabulo non viri alicujus, sed urbis episcopalis nomen designari, quod ad ipsum episcopum amisso proprio nomine, translatum fuisset. Id persuadere videtur ipsius vocabuli forma, qua locum potius quam hominem indicari prima fronte nemo non existimat. Deinde castri nomen urbibus attributum frequenter in veteribus Africæ monumentis legitur, et quidem inter Patres Byzacenæ provinciæ Felix episcopus Castrensis in Notitia Africana editionis Sirmondi occurrit. Verum cum auctores quique, cum recentiores, tum antiqui, sanctum Castrensem constanter appellaverint, ab eis, sine ulla præter conjecturis auctoritate, recedere non licuit. Porro Castrensis in Campaniam appulsus Suessam urbem petiit, ubi in suburbano quodam tuguriolo vitam angelicam ducens, miraculis clarus est, ut narrat ejus Vitæ auctor cap. 3, excessit e vita die undecima Februarii, qua ipsius festum in Romano Martyrologio celebratur. Sepultus est in Castro-Vulturni, quod tunc ad Capuanos episcopos pertinebat, ibique sacrum ejus corpus sæculo nono adhuc servabatur, ut ex Radalperti episcopi Capuani veteri epitaphio patet, quod ex Michaele monacho Henschenius retulit in præmissis ad ejusdem sancti Castrensis Vitam, paragr. 2, num. 6. Postea sæculo duodecimo excepto capite, translatum est a Guillelmo II cognomento Bono, Siciliæ rege, in ecclesiam Montis Regalis metropolitanam, quam evocatis e monasterio Cavensi monachis Benedictinis Caluniacensis familiæ, pius iste princeps ædificaverat. Cæterum beati Castrensis memoriam per universam Campaniæ regionem celebrem fuisse probant non solum complures ecclesiæ, quas sub ejus nomine Deo dicatas fuisse testantur Michael monachus, Ughellus, et alii passim auctores; sed etiam vetera quæque martyrologia, quæ memoriam ipsius celebrant. Ex 263 iis vero aliquot Castrensem *martyris* titulo exornarunt, quod scilicet multa pro Christi divinitatis confessione pertulerit. Certe cultum ipsius vetustissimum esse evinci potest ex calendario ante annum, inquit Godefridus Henschenius, septingentesimum quadragesimum primum exarato, in quo beati Castrensis memoria colitur. Nomen ipsius legitur etiam in Martyrologio Romano veteri, quod sub sancti Hieronymi nomine vulgatum est, quanquam recentius censeri debeat, aut saltem multis sanctorum nominibus auctum. Cætera non recensebo, quæ apud Bollandianos ad diem 11 Februarii videre licet. Laudat Petrus diaconus in libro de Viris illustribus Casinensibus, cap. 6, Laurentium quemdam, ex monacho Casinensi incertæ sedis episcopum, qui sæculo circiter decimo *Castrensis episcopi passionem versibus adornavit.* Denique ejusdem sancti cultus ex Italia in Siciliam propagatus est, cum sacræ ipsius reliquiæ, uti supra diximus, in Montis Regalis ecclesiam translatæ fuerunt, ubi etiam nunc religiose asservantur a nostris monachis Benedictinis, qui in hac metropolitana ecclesia perseverant.

22. Ultimus ex duodenario confessorum numero recensetur Tammarus, seu, ut alius codex habet, Zammarus, et apud Ferrarium in Catalogo sanctorum Italiæ 11 Februarii, Tomasus. Hunc Ughellus tomo VIII Italiæ sacræ, Viperam secutus, inter episcopos Beneventanos recenset. Alii tamen, quibus videtur accedere Ferrarius in Catalogo laudato die 15 Octobris, Thammarum Beneventanum a nostro diversum esse sentiunt. Prioris festum die 15 Octobris ce-

lebratur Beneventi, in cujus urbis ecclesia metropolitana sacræ ejusdem sancti reliquiæ sub majore altari requiescunt. Tammari vero Africani memoriam die 16 Januarii in Capuana diœcesi celebrem esse scribit Michael monachus in Sanctuario Capuano, ubi observat eumdem sanctum confessorem in vico *de Pontano*, olim Sancti Tammari dicto, qui nunc ad Aversanam diœcesim pertinet, supremum diem obiisse, ibique fuisse sepultum hoc ipso loco ubi etiam nunc ejus tumulus visitur.

23. Hæc sunt quæ de illis sanctis confessoribus ex Africa in Italiam pulsis observare visum est operæ pretium, quorum gesta, etsi rebus incertis et dubiis, aliquando etiam falsis, permista sint, intacta tamen prætermittere non licuit, cum ipsorum memoria in plerisque Italiæ urbibus celebretur. Et quidem, licet nos deficeret Victoris auctoritas, neminem esse puto qui inficiari velit, Africa a Vandalis devastata, infinitos propemodum omnis sexus et conditionis homines ex hac regione in varias provincias diffusos esse, potissimum in Italiam, quæ cæteris Europæ provinciis paulo pacatior erat ob imperatorum præsentiam. Ex istis vero complures episcopos fuisse inde conjicimus, quod jam ante Augustini obitum, ut affirmat Possidius, tres solummodo superstites essent in Africa Ecclesiæ quæ suos episcopos haberent. Deinde barbari episcopos acrius cæteris insequebantur, quod eos scirent præ aliis fidei orthodoxæ addictiores: et quidem eos omnes non semel sub Generici et Hunerici principatu e sedibus pulsos fuisse testatur ipse Victor. Unde licet pauci admodum hic a nobis recensiti fuerint, hinc tamen inferendum non est plures omnino non fuisse, quos omisimus, vel quod nobis satis non fuerint noti, vel etiam quod non supeterent verisimilia saltem instrumenta quibus res ipsorum gestas illustrare possemus.

264 24. Ex his in exemplum sit Theonestus, qui ab Hunerico ex Africa pulsus, a Damaso tamen Romano pontifice Altinensi Ecclesiæ præfectus fuisse dicitur. Mirum est autem quantum in exponenda illius sociorumque fortuna varii sint auctores, qui tempora, loca, personas, resque omnes ita perturbant atque confundunt, ut nihil prorsus certi ex eorum scriptis colligi possit. Theonestos alii duos fuisse dicunt, qui in unum conflati sint; alii unicum fuisse propugnant. Inter Theonesti socios celebris est Albanus, qui apud Magontiam, superioris Germaniæ urbem, contra Arianos disputans, ab iis occisus dicitur; quam fortunam expertum etiam fuisse Ursum Augustæ in Rhætia volunt. Quin et nonnulli ipsummet Theonestum violentas Arianorum manus sensisse memorant, quem nempe prope Tarvisium Italiæ urbem ab illis hæreticis furentibus occisum fuisse dicunt, cum aliis duobus sociis, Tabra scilicet cum Tabratam. Nonnulli tamen opinantur Albanum et Ursum, atque ipsummet Theonestum, qui Vercellis potissimum colitur, ex Thebæorum legione milites fuisse, quos incaute a posterioris ævi scriptoribus ad Arianorum tempora summotos fuisse dicunt. Ita Ferrarius in Vita sancti Eusebii episcopi Vercellensis, qui duos Theonestos distinguit, unum Vercellensem, qui cum sociis suis Urso et Albano ex Thebæorum legione, sub Maximiano imperatore martyrium complevit; alterum vero Altini episcopum, qui Tabram et Tabratam socios habuit. Eamdem opinionem sequitur Ferrarius in Catalogo generali sanctorum Italiæ, ubi die 20 Novembris Theonestum Vercellensem commemorat, die vero 22 ejusdem mensis Theonestum Altini episcopum. At Moguntini Albanum suum Theonesti episcopi discipulum fuisse volunt, cujus pariter socii fuere Tabra et Tabrata, eosque *Tabruamum* et *Tabrothaamum*, quæ vocabula Punica putat esse Serarius, appellant. Sed his difficultatibus enodandis, imo potius proponendis, diutius immorari non licet: qui plura cupit, adeat Ferrerii episcopi Vercellensis, viri eruditissimi, librum supra laudatum de Vita sancti Eusebii, pag. 121 et seqq., et Nicolaum Sera-

rium S. J. presbyterum, libro II Rerum Moguntiacarum, capp. potissimum 27 et 28, ubi fuse et erudite disserit de sancto Albano et sociis ejus, sub quorum nomine exstabat olim nobile cœnobium ordinis nostri Benedictini apud eamdem urbem constructum. Hic tamen observari velim, *Honorii* nomen in Albani vitæ Historiam, sicut et in plerasque istius ævi sanctorum vitas, loco *Hunerici* irrepsisse: quod factum esse puto amanuensium inscitia, qui cum Honorii imperatoris nomen magis quam mores scirent, ipsum Hunerico, seu, ut veteres codices plerumque habent, *Honorico*, non minus furioso Ariano quam impio tyranno, substituerunt. Hinc natæ in plerisque istis gestis hæ loquendi formulæ: *Honorii imperatoris persecutione sæviente*, etc. *Cum Honorius sævissimus persecutor*, et aliæ ejusmodi, quæ occasionem aliis præbuerunt etiam pontificum nomina, aliaque immutandi quæ videbant in prioribus gestis non satis Honorii temporibus congruere. Sicque res omnino perturbatæ fuerunt, atque gesta illa omni sua auctoritate exciderunt.

25. Haud certiora sunt quæ de Possidio Calamensi episcopo, sancti Augustini amico ipsiusque Vitæ scriptore, narrant cives Mirandulæ oppidi in Lombardia, qui se istius sancti viri corpus habere gloriantur. Nihil quippe aliud ea de re compertum est, nisi sancti Possidonii cujusdam presbyteri aut episcopi reliquias hunc in locum sæculo nono ex Apulia translatas esse, ut observavit **265** Daniel Papebrochius die 17 Maii Bollandiani, ubi ea de re fuse disserit. Sed nescio quo pacto ipsi irrepsit, ut ibi probaret Possidium a Possidonio diversum esse nomen, observasse Calamensem episcopum, in Collatione Carthaginensi *Possidium* appellari, *Possidonium* vero qui cap. 127, cognit. 1, ejusdem collationis recensetur, fuisse episcopum *loci superioris*: quasi istis vocibus aliqua urbs sic appellata indicaretur. Mirum est, inquam, virum eruditum non animadvertisse Possidonium ibi memoratum, Vitalem, Donatum ac cæteros, quos ibi *loci*, aut *civitatis superioris* episcopos appellari observat, fuisse Donatistas, qui *superioris loci* aut *civitatis*, id est, ejusdem cum catholico episcopo, qui proxime antea nominatus fuerat, sedis episcopi suæ sectæ. Sic ibi *Faustinus episcopus* catholicus *plebis Sillitensis* a notario recensitus *dixit : Præsto sum; statim*que Possidonius *superioris loci*, id est Sillitensis, ex parte Donati comparuit, et dixit: *Agnosco illum*; nempe Sillitensis episcopus Donatista fassus est se agnoscere episcopum Sillitensem catholicum.

26. Denique sunt et alii confessores qui ex Africa in Italiam tempore Vandalicæ persecutionis advenstasse dicuntur: sed cum plerique eos ad usque Totilæ regis Gothorum tempora pertigisse affirment, satius visum est eorum exsilium ad Trasamundi persecutionem revocare.

CAPUT X.

De persecutione Vandalorum in Africa sub Guntabundo rege.

1. Exstincto Hunerico, Gunitabundus, sive, ut alii scribunt, Guntamundus Vandalorum in Africa imperium adeptus est desinente anno 484. Hunericus quippe, qui initio anni 477 patri successerat, annos fere octo integros regnavit. Rem accurate exponit auctor fragmenti jam laudati, quod Prosperi Chronico additum est apud Canisium tomo I Lectionis antiquæ, ubi Hunericus annis 7 mensibus 10 et diebus 22 Vandalicum in Africa imperium tenuisse memoratur: quo ex loco patet ipsum idibus Decembris e vita decessisse, siquidem, ut ex eodem fragmento supra cap. 7, num. 1, collegimus, die 25 Januarii patri defuncto successerat. Porro Guntabundum Genserici ex Genzone filio nepotem fuisse scribit Procopius lib. I de Bello Vandalico, quem hunc esse Godagis a Victore Vitensi, lib. II, num. 5, memoratum, nonnulli existimant. Regnum autem obtinuit præ Hilderico Hunerici filio, quod e Genserici liberis natu

major esset. Gensericus quippe, regni Vandalici in Africa conditor, testamento suo, ut jam a nobis observatum est, præceperat ut regnum ad illum semper deveheretur qui ex sua agnatione omnium esset natu maximus.

2. Porro Iis est inter auctores utrum iste Guntabundus inter orthodoxorum persecutores debeat recenseri, cum non una sit ea de re scriptorum, etiam antiquorum, sententia : Procopius lib. I de Bello Vandalico disertis verbis affirmat eo regnante catholicos exagitatos fuisse. *Hic*, inquit, *Gundemundus multis in Mauros prœliis factis, tractatisque pessime Christianis, ægro corpore interiit;* ex quibus verbis Baronius Guntabundum *a Deo e vita hominum abreptum* fuisse collegit, quod persecutionem aliquandiu intermissam denuo excitasset, in qua, ut ipse putat, Eugenius Carthaginensis, episcopus secundo e sede pulsus, in Gallias **266** amandatus est, ubi vivendi finem habuit. Eidem sententiæ suffragrari videtur epistola Gelasii papæ ad Dardaniæ episcopos, initio anni, uti jam observavimus, 495, proindeque regnante adhuc Guntabundo, data. In ea quippe beatus pontifex sanctum Eugenium laudat, quod cum aliis dignitatis suæ collegis Vandalorum furori pro catholicæ fidei defensione constanti animo restitisset, et eo ipso tempore quo hanc scribebat epistolam, resisteret; quibus verbis Gelasius, ut evidens est, et ea quæ fecerat Eugenius cum cæteris Africanis episcopis in Collatione Carthaginensi, et ea quæ tunc regnante Guntabundo patiebatur, voluit indicare. Contrariam tamen omnino sententiam amplexus est sanctus Isidorus Hispalensis episcopus, qui in brevi Vandalorum Historia totum Guntabundi regnum æra 514 his verbis concludit : *Unerico succedit Guntamundus, regnans annis duodecim. Qui statim pacem Ecclesiæ reformans, catholicos ab exsilio revocavit.* Eodem fere modo loquitur Victor Tunnonensis in ipsa Africa episcopus, et Isidoro antiquior, qui hæc in Chronico habet : *Hunerico succedit Guntamundus, regnat annis duodecim, qui nostros protinus de exsilio revocavit.*

3. Huc etiam revocari potest Felicis papæ epistola, quam ipsemet Baronius laudat, ad episcopos Africanos data, Dynamio et Sufidio consulibus, id est, Christianæ æræ anno 488. In hac autem epistola pontifex, post deploratam Ecclesiæ Africanæ cladem, in qua non solum vulgus promiscuum, aut inferiorum ordinum clerici, sed ex ipsismet etiam diaconis, presbyteris, et episcopis nonnulli lapsi fuerant, modum et conditiones præscribit quibus ii, qui secundo baptismo ab Arianis polluti fuerant, ad pœnitentiam reciperentur. Eadem vero epistola jam antea in concilio Romano anno præcedente lecta fuerat; unde cum ejusmodi remedia fervescente persecutione requiri non soleant, verisimile est tunc temporis Ecclesiam Africanam aliqua pace, concedente aut saltem dissimulante Guntabundo, fruitam esse. Et quidem Romano huic concilio quatuor intererant episcopi Africani, qui forte a suis collegis Romam legati fuerant, ut, sicut olim Magnus Cyprianus fecerat, sedis apostolicæ sententiam circa lapsorum restitutionem sciscitarentur. Non enim fortuito huc adveniçse putandi sunt. Siquidem in ea synodo nihil fere de alia quapiam re actum est quam de Africanæ Ecclesiæ necessitatibus. Quatuor porro isti antistites Africani in subscriptionibus appellantur Pardalius, Rusticus, Donatus et Victor; at ibi quibusnam Ecclesiis præfuerint, vel ex qua fuerint Africæ provincia, non indicatur. Si tamen conjectura uti liceat, cum eos conventui Carthaginensi sub Hunerico interfuisse verisimile sit, sedes eorum ex Notitia Africana erui poterunt. In ea autem unicus *Pardalius*, qui Macomadiensis Ecclesiæ in Numidia episcopus fuit, recensetur. *Rusticus* vero duplex occurrit, primus Typaseensis in Numidia, alter Tetcitanus in Byzacena. At vero cum Donati ibidem novemdecim, et Victores viginti duo recenseantur, quinam ex istis concilio Romano adfuerint, nonnisi temere divinari potest.

4. Cæterum etsi variæ auctorum sententiæ quas modo de Guntabundi persecutione protulimus, ita a se invicem dissitæ videantur, ut difficile fuerit eas componere; eas tamen utcunque tolerari posse arbitror, si ad ea attendamus quæ **267** de rege Guntabundo referuntur in Tyronis Prosperi Chronico, seu potius, ut ipsum appellat Henricus Norisius lib. I Historiæ Pelag. c. 21, in nobili fragmento appendicis Chronici Prosperi, quod, ut jam diximus, ex ms. codice Augustano edidit Henricus Canisius tomo I Lectionis antiquæ. Integrum porro hujus auctoris locum exhibere operæ pretium est, cum aptissimus sit ad ea componenda quæ de Guntabundi regno apud auctores antiquos contraria videntur. Sic vero se habet : *Post eum*, Hunericum scilicet, *regnavit Guntamundus, Gentunis ejusdem Hunerici regis fratris filius, annos undecim menses novem dies undecim : qui tertio anno regni sui cœmeterium sancti martyris Agilei apud Carthaginem catholicis dare præcepit, Eugenio Carthaginensi episcopo, ab eodem jam de exsilio revocato. Decimo autem anno regni sui ecclesias catholicorum aperuit, et omnes Dei sacerdotes petente Eugenio Carthaginensi episcopo, de exsilio revocavit. Quæ ecclesiæ fuerunt clausæ annos 11 [lege 10 ut infra] menses 6, dies 5, hoc est ab octavo anno Hunerici, id est, ex die VII idus Februarii usque in decimum annum regis Guntamundi, in diem IV idus Augusti, in quo completi sunt supradicti anni 10 menses 6 dies 5; qui memoratus Guntamundus rex postmodum vixit annos duos mensem unum.* Hæc inficiabitur nemo, scripta fuisse ab homine accurato et diligenti, qui certe rebus gestis videtur interfuisse, ut menses et dies ipsos ita studiose designare potuerit. Ex hoc autem fragmento colligitur Guntabundum tertio saltem regni sui anno catholicis favisse, quibus alias ecclesiam in ipsa urbe regia habere non permisisset; imo et ipsummet Eugenium ei fuisse acceptissimum ex eo patet, quod ipsum longe ante cæteros orthodoxos antistites ab exsilio revocaverit; ac postmodum ipsius precibus, cæteris quoque episcopis, post restitutas ipsis ecclesias, redire permiserit in suas sedes. Hinc tamen inferre non licet prioribus Guntabundi regni annis persecutiones in Africa cessasse, quam inchoatam saltem permisisse multo verisimilius est, idque Arianis furentibus ad multa audendum sufficiebat : imo cum plane revocata non fuerit ante decimum ipsius regni annum, ut ex laudato fragmento colligitur, toto hoc temporis intervallo catholicos ab Arianis pessime habitos, ac multa et gravia pertulisse nemo diffiteri potest qui apud Victorem Vitensem legisse meminerit ipsos rege etiam crudeli, scilicet Hunerico, crudeliores fuisse, *Crudelius*, inquit ille libro V, numero 11, *Arianorum episcopi, presbyteri et clerici, quam rex et Vandali sæviebant.*

5. Certe ex Fulgentii Vita patet persecutiones Arianorum non semel istis temporibus recruduisse. Cum enim ipse Fulgentius cap. 4 sese recepisset in monasterium quod a beato Fausto episcopo, non longe a sua cathedra relegato, fuerat ædificatum in ipso exsilii sui loco; inde abire coactus est, quod *nata rursus talis persecutio fidei fuerit*, inquit Vitæ auctor capite octavo, *quæ sanctæ memoriæ Faustum episcopum cogeret per diversas latebras commigrare, nec in ipso monasterio jugiter sineret requiescere.* Hanc tamen persecutionem adversus episcopos potissimum commotam fuisse patet ex eo quod Fulgentius paulo post sese in *vicinum* monasterium cui Felix abbas ipsius amicus præerat, recepisse dicitur, in quo ab Arianorum insultibus plane securus fuit. Unde cardinali Baronio facile subscribimus asserenti hanc tempestatem in sacerdotes speciatim fuisse excitatam, quod complures **268** catholicos, qui, urgente sævissima Hunerici persecutione, iterato baptismate ab Arianis polluti fuerant, ad pœnitentiam juxta concilii Romani decretum et Felicis papæ epistolam recepissent. Hinc Felix Arianus presbyter Felicem abbatem et Fulgentium acrius persecutus est, quod eos, uti ob-

servat Vitæ auctor cap. 10, ad occulte *reconciliandos*, quos ipse perverterat, advenisse in suam patriam suspicaretur.

6. Verum eidem Baronio assentiri non possumus, complurium martyrum necem sub Guntabundi persecutione factam referenti, quos nempe anno circiter 490 martyrium pertulisse scribit passim in notis ad Martyrologium Romanum, incaute hac in re Petrum Galesinium secutus, qui varios martyres, quos sub antiquis principum ethnicorum persecutionibus in Africa passos fuisse longe verisimilius est, ad Vandalorum tempora absque legitimo fundamento revocavit. Fucum fecit eruditissimo cardinali Galesinius laudans codicem manuscriptum antiquum in quo sanctorum istorum memoria inscripta haberetur in veteri martyrologio : quod quidem negare noluerim ; at si non me fallit conjectura, nihil aliud præter nuda martyrum nomina in eo codice habebatur : ex quibus complures, qui in Africa passi laudabantur, Vandalicæ persecutioni pro suo arbitrio, conjectationibus suis plus æquo indulgens, ille auctor attribuit, ut de nonnullis jam non semel observavere Joannes Bollandus, ejusque sinceræ eruditionis sacræ amantissimi continuatores. Ex iisdem vero aliquot in exemplum huc proferre visum est, ne quis, ejusmodi auctorum testimonio fide leviter habita, incaute in errorem labatur.

7. Die 27 Januarii Galesinius hæc habet : *In Africa sanctorum martyrum Datii, Reatrii, Æmiliani, Archimini, Armati, Caii, Aviti et Adjuti, qui, Vandalis Ecclesiam Dei oppugnantibus, pro Christi fide fortiter dimicatione suscepta, martyrii coronam acceperunt.* Laudat pro hac re confirmanda martyrologium vetus manuscriptum, quod quidem revera ab ipso visum fuisse ultro assentiar, sed in quo laudata martyrum nomina absque ulla persecutionis Vandalicæ mentione inscripta erant. Certe in veteri martyrologio sub sancti Hieronymi nomine vulgato, quod ex compluribus exemplaribus editis et manuscriptis edidit V. C. Franciscus Maria Florentinius nobilis Lucensis, habentur iidem martyres diebus 26, 27 at 28 Januarii, paulo tamen mutatis quorumdam nominibus ; imo et nonnulli ex iis ibi extra Africam passi commemorantur. De quibus, si lubet, consule hunc auctorem, et Bollandum ad 27 Januarii diem. Idem dicendum est de sanctis *Verulo, Secundino, Servulo et sociis viginti*, quos 21 die Februarii Adrumeti in Africa *sub Vandalorum persecutione corona insigniter donatos* fuisse idem Galesinius scribit. Ex istorum viginti martyrum numero *Siricium, Felicem, Saturninum et Fortunatum* Baronius nominat, qui quidem recensetur in variis antiquis martyrologiis apud Florentinium et Bollandianos eadem die, sed absque ulla temporis nota ex qua conjici possit eos sub Vandalis potius quam sub aliorum principum persecutionibus occubuisse.

8. Ulterius processit idem Galesinius ad diem 23 Maii, ubi ex cod. ms., ut ipse ait, et ex Victore laudat *Quintium, Lucium et Julianum, qui in persecutione Vandalica, pro pietate catholica susceptis fortiter concertationibus, ut fortissimi Dei milites coronis pro victoria donati sunt.* Eosdem martyres adoptavit Baronius, nisi quod pro Quintio, aut Quinto *Quintianum* substituit, ut istius nominis antistitem a Victore Vitensi libro II memoratum inveniret : sed hæc absque ullo vel probabili fundamento, ut patet ex iis quæ de istis martyribus Florentinius et Bollandiani ad eamdem diem observaverunt. Cæterum cum pro asserendis Vandalicæ persecutioni istis martyribus Galesinius Victorem laudaverit, qui tamen, ut certum est, nihil prorsus de iis habet, quidni etiam ei fidem denegemus martyrologio ms. laudanti, quod a cæteris omnibus adeo discreparet. Mala tamen fide eum egisse credere nolim, sed quod plus æquo induxerit conjectationibus excusari non potest, ut pote qui adeo levi fundamento martyres, ea solum ratione quod in Africa passi dicerentur, ad Vandalicam persecutionem revocaverit.

9. Eamdem censuram meretur cum die 14 Martii *Petrum* et *Aphrodisium* sub Vandalis in Africa martyres laudat, apud Victorem Uticensem, ut ipse ait in adnotationibus, memoratos. De illis enim apud laudatum auctorem altum ubique silentium. Ex hoc tamen Galesinii loco Baronius eosdem martyres anno circiter 490 consummatos fuisse scribit, laudatque hanc in rem Usuardum. At neque Usuardus, neque alii martyrologiorum scriptores apud Florentinium aut Bollandianos, qui istos martyres memorant, Vandalicæ persecutionis meminere ; imo nec Aphrodisium seu Eufrosium usquam Petro conjungunt. Sed istos omnes martyres, quos ex Galesinio aliisque similibus auctoribus recensuimus, ad Vandalicam persecutionem non pertinuisse, vel ex eo evinci potest, quod eorum memoria in vetustissimis martyrologiis apud Florentinium laudatis passim habeatur : in istis enim ne unus quidem ex illustrioribus illis sanctis viris, quos sub Vandalis in Africa claruisse certo scimus, occurrit. Quis vero sibi persuadeat Deogratias, Eugenium, Lætum, Maximam, sanctos monachos septem, duos Frumentios, aliosque ejusmodi celeberrimos confessores et martyres in iis ipsis Fastis desiderari, in quibus alii compluries ignoti quos sub eadem persecutione passos putant, admissi fuissent ? Haud certiora sunt quæ de *Florentio*, apud castrum *Tyle* sub persecutione Vandalica passo, narrat Andreas Saussayus in martyrologio Gallicano, diebus 23 Maii et 27 Octobris, ubi istum martyrem *super ingens saxum in flumine positum aratri vomere truncatum fuisse* scribit, cujus sacrum caput miro modo in insulam Barbaram prope Lugdunum advectum, ibi honorifice asservari testatur.

10. Cautius itaque egit illustrissimus cardinalis ad decimum octavum Februarii diem, ubi *Lucium, Silvanum, Rutulum, Crassicum, Secundinum, Fructulum* et *Maximum* Africæ quidem restitutos fuisse dicit ex sæpius laudato Galesinii codice manuscripto, sed quos tamen incerto et tempore et loco passos fuisse confitetur : quamvis Galesinius ipse eosdem, exceptis Classico, Secundino et Fructulo, de quibus nihil habet, *sub Vandalica persecutione crudelissime cruciatos, et tormenta et necem pro catholica fide fortiter subiisse* indubitanter asseraverit, additis etiam eorum dignitatibus ; nam tres priores clericos, Maximum vero monachum fuisse dicit. Ghinius plus ausus est, qui omnes omnino eidem attribuit Vandalicæ persecutioni : cum tamen nihil aliud ex antiquis martyrologiis a Bollandianis et Florentinio laudatis colligi possit, quam istos martyres in Africa celebres fuisse. De his laudatos auctores, si vacat, consule ad dies 17 et 18 Februarii. Aliud item exemplum proferendum est, ex quo patebit ipsummet Baronium non multum laudato Galesinii martyrologio adhæsisse. In vulgatis martyrologiis die 14 Januarii commemoratio fit sancti Euphrasii episcopi, de quo Galesinius, ut alias, fidenter dixit : *In Africa sanctorum martyrum Euphrasii episcopi, Cyriaci diaconi et sociorum, qui a Vandalis pro catholicæ fidei defensione teterrimis excruciati suppliciis, nobili martyrio coronati sunt.* In notis vero monet pro Euphrasio legendum esse *Eustathium*, ut ipsum cum *Eustratio*, aut, ut alii scribunt, *Eustachio*, Suffetano episcopo, qui sub Genserico passus apud Victorem Vitensem memoratur, confunderet. At Baronius nihil ad textum aut ad notas Galesinii attendens, Euphrasium hic laudatum suspicatur hunc esse *Euchratium* cui sanctus Cyprianus scripsit epistolam 64, quique in concilio Rebaptizantium sub *Thenitani episcopi* nomine sententiam dixit.

11. Fatendum tamen est alios ante Galesinium auctores exstitisse qui martyres aliquot Africanos Vandalicæ persecutioni absque legitimo fundamento attribuerunt. In his Petrus de Natalibus episcopus Equilinus longe antea id commiserat in Catalogo

sanctorum. Cujus rei exemplum habemus in sancto Aquilino sociisque ejus, de quibus lib. ii, cap. 44, sic scribit : *Aquilinus, Geminus , Eugenius, Martianus, Quintus, Theodotus et Tryphon martyres apud Africam sub persecutione Vandalica præclarissimo martyrio coronati sunt die II nonas Januarii*, ut dicit Ado. Quæ verba Galesinius, Maurolicus et Canisius ambabus, ut aiunt, manibus excepere. Baronius in notis Adonem pro hac re ex Petro laudat. Sed hæc nusquam, quod quidem sciamus, Ado scripsit. In martyrologiis Florentinii et aliis a Bollando laudatis, *in Africa eorum fieri commemoratio dicitur*, sed nec tempus, nec locum passionis indicant. Cæterum nonnulli præter eos quos laudavimus, fortasse occurrent martyres quos incaute recentiores illi ad Vandalicam persecutionem revocare conati sunt. Sed de his plura scribere supervacaneum existimamus, cum ea quæ protulimus sufficiant ad præmuniendos lectores contra inanes horum auctorum conjecturas. De istis autem paulo fusius hic agere visum est, quod ipsorum martyrium Baronius anno circiter 490 passim consignaverit, quos tamen, etsi sub Vandalis passos fuisse constaret, ad Guntabundi tempora non debuisset revocare. Non enim ille ita unquam adversus orthodoxos exarsit, ut ipso regnante tam sæva persecutio excitata fuisse affirmari possit, quem econtrario persecutionem sedasse certo scimus. Et quidem ante annum 490 jam Eugenium ab exsilio revocaverat, eique restitui præceperat sancti Agilei cœmeterium.

12. Sed qualiscunque fuerit Guntabundi regis erga catholicos indulgentia, hi tamen non ita ab Arianorum insultibus securi erant, ut eorum furorem aliquando non fuerint experti. Id patet ex sancti Fulgentii exemplo : cum enim ille et Felix abbas sedem mutare coacti, quod *subito barbaricæ multitudinis provincia turbaretur incursu*, in pagum Siccensem devenissent, ibi a presbytero quodam Ariano contumeliis et verberibus affecti, gloriosæ confessionis coronam obtinuere, ut narrat Vitæ Fulgentii auctor. Id vero contigisse cum nulla adversus catholicos commota esset persecutio, saltem aperta, ex eodem Vitæ scriptore facile colligitur, attestante, cap. 11, Carthaginensem Arianæ sectæ episcopum eo tempore fuisse, ut Fulgentius vindicare ob acceptas injurias paratus esset, **271** si ipse Fulgentius voluisset ad eum querelas referre adversus presbyterum Arianum : quod sane episcopus Arianus fervente persecutione non fuisset ausus. Sed operæ pretium erit integram hujus confessionis narrationem exhibere ex sæpe laudato Vitæ auctore, ipsiusmet Fulgentii discipulo, postquam pauca de ipso Felice abbate præmiserimus.

13. Felix abbas erat illius monasterii in quod Fulgentius , ut supra diximus, post aliquantam in Fausti episcopi cœnobio moram , sese receperat. Tanta autem erat modestissimi abbatis humilitas, ut Fulgentium, statim atque monasterium ingressus fuit, in sui ipsius locum cæteris præesse voluerit; nec a cœpto destitit , donec Fulgentium saltem socium dignitatis et sollicitudinis participem fecerit, ita ut uterque monasterii abbas esset, ut narrat sæpe laudatus Vitæ auctor. *Igitur*, inquit cap. 8, *Fulgentium, Felix abbas cum gaudio suscipiens, imparemque se ejus virtutibus sciens , et nomen et potestatem ei tradidit abbatis. Ille plenus studio humilitatis recusabat privilegium potestatis : et post multa certamina pietatis, ex consensu totius congregationis, passus violentiam caritatis vix consentit esse collega boni consortis. Ita duo viri sanctissimi....jugum bonum gubernandæ congregationis excipiunt .... Unus eorum, beatus videlicet Fulgentius, docendis fratribus peculiariter vacabat, alter in quotidiano ministerio sollicitius laborabat .... nihil alter sine consensu alterius faciens*, etc. Sed jam utriusque pro fide certamen referendum est.

CONFESSIO
FELICIS ABBATIS ET S. FULGENTII POSTEA RUSPENSIS EPISC.

274 CAPUT XI.

De persecutione Trasamundi Vandalorum regis in Africa.

1. Trasamundus post fratris sui Guntabundi mortem Vandalorum in Africa regnum adeptus est anno 496, ut contendit eruditus Norisius libro II Historiæ Pelagianæ, capite 21, qui ex fragmento jam non semel laudato, cujus verba capite præcedenti retulimus , Guntabundum die 24 Septembris anni 496 e vivis abiisse probat ; tametsi Baronius, Petavius aliique viri docti, Guntabundi mortem anno præcedenti consignaverint.

2. Persecutionem a Trasamundo rege adversus orthodoxos excitatam fuisse nemo unquam in dubium revocavit : at quænam illa fuerit, vel quousque progressa, aut quive in ea confessores vel martyres passi fuerint, non est adeo certum, cum istorum temporum auctores non satis accurate ea descripserint. Certe Trasamundum, quem alias multis laudabilibus exornat, plus astu quam vi aperta in catholicos egisse tradit Procopius libro I de Bello Vandalico, ubi hæc habet : *Frater Trasamundus successor, ei*, scilicet Guntabundo, *fuit, forma, ingenio, animique magnitudine excellens , Christianos vero ad patrium sibi dogma transferre cupiens, non vi in corpora incessit, ut priores, sed honores magistratusque ostentans, pecuniæ quoque largus, inobsequentes qui essent nosse dissimulans. Quin et si aut consilio, aut fortuna gravibus delictis se implicuerant, his sectam mutantibus impunitatem criminum dabat*. His Procopii verbis utitur Baronius ad annum 495 ut probet Eugenium Carthaginensem episcopum sub Guntabundo in exsilium ejectum fuisse , cum verisimile non sit, ut ipse ait, principem quem scriptores catholici tot egregiis dotibus exornatum prædicant, quemque Fulgentius ipse, qui sane Trasamundum probe noverat, regem *parente meliorem* appellat, auctorem fuisse ut vir sanctissimus in tam longinquas regiones ejiceretur. At certioribus, ut nobis videtur, momentis supra capit. 8 demonstravimus, Eugenium revera a Trasamundo exsilio multatum fuisse ; nec argumentis quæ ibi protulimus Procopii verbis elevantur, nec ipsis adversatur beati Fulgentii auctoritas. Procopio quippe ignotum non fuit multos confessores a Trasamundo in exsilium ejectos fuisse ; quod et si ipse ignorasset, id sexcenti alii auctores contestarentur, ut Baronius ipse non inficiatur. Fulgentius vero eo ipso tempore quo Trasamundum laudato elogio donavit, ipse cum cæteris Byzacenæ provinciæ antistitibus e patria et sua sede extorris erat.

3. Porro certum est longe ante annum 508, quo Fulgentii ordinationem celebratam fuisse contendimus , persecutionem adversus catholicos a Trasamundo inchoatam fuisse, cum scilicet edicto vetustam ne episcopi novi in demortuorum catholicorum sedes promoverentur : nec nisi cum istam legem transgressi fuissent Byzaceni Patres, a rege in exsilium abire jussi sunt, **275** Fulgentium vero non statim post promulgatum interdictionis edictum fuisse ordinatum , ex ipso Fulgentii discipulo illius Vitæ auctore discimus , qui cap. 16 sic de illo edicto loquitur : *Tunc regalis auctoritas episcopos ordinari prohibuerat, nec viduatis plebibus providere pastores licebat*. Nec statim ei contradixere catholici antistites. Siquidem , ut idem auctor observat, Fulgentius, quem episcopum habere vicinæ Ecclesiæ vehementer desiderabant , *securus hujus interdictionis tempora in monasterio transigebat*. Ordinationes quippe celebrare non tentaverunt orthodoxi, dum complures Ecclesiæ viduatæ pastoribus fuerant. *Postquam* , in-

quit idem auctor, *sacra turba pontificum qui remanserant, communicato inter se consilio, definierunt adversus præceptum regis in omnibus locis ordinationes celebrare pontificum....fit repente communis assumptio, presbyteros, diaconos, et si quos inveniret electio, rapere, benedicere, consecrare certatim locis singulis properantibus.* Latebat interea Fulgentius, nec in monasterium reversus est, dum *cathedris quam maxime proximis episcopos haberi proprios existimavit.* Cum itaque longe ante annum 508 cessaverint ordinationes, quod verisimile non sit intra unius aut alterius anni intervallum tot episcopos e vivis abiisse, ut præsenti periculo novorum ordinatione provideretur; istud interdictionis edictum a Trasamundo regni initio latum fuisse conjicimus. Quin et juxta Baronii sententiam, qui anno 504 sancti Fulgentii episcopatus initium consignat, Eugenius nonnisi post declaratam aperte persecutionem in exsilium pulsus dici potest. Nec insolens cuiquam videri debet, Eugenium, quem præ cæteris aversabantur Ariani, Trasamundi jussu exsilio fuisse punitum, quod et Guntabundo auctor fuisset catholicos antistites ab exsilio revocandi, et ipse Carthagine catholicam religionem palam profiteretur.

4. Cæterum hanc regiæ præceptionis transgressionem locum et occasionem apertæ persecutioni præbuisse innuit sæpe laudatus auctor Vitæ sancti Fulgentii cap. 16. Id quippe facinus aggressi sunt episcopi Byzacenæ provinciæ, *quod cogitarent, aut regis iracundiam, si qua forsitan existeret, mitigandam, quo facilius ordinati in suis locis vel plebibus viverent; aut si persecutionis violent a nascenterur, coronandos etiam fidei confessione, quos dignos inveniebant promotione; ministerium vero suum facilius impleturos atque inter ipsas tribulationes propriis plebibus solatia præstituros.* Sed contrarium omnino evenit. Nam *succedente*, inquit idem auctor, *majore tristitia, versa fuit in publicos luctus ordinationis assumptæ lætitia.* Excanduit nempe Trasamundus ob violatam a se latam legem, statimque cunctos antistites exsilio multandos decrevit.

5. Primos iracundiæ regis impetus pertulit *Victor* ipsius provinciæ Byzacenæ primas, qui *omnium prior a regis servis exeuntibus captus* Carthaginem adductus est. Sed *ne deesset*, inquit Fulgentii Vitæ auctor cap. 17, *fidei catholicæ contra Arianos fidelissimus prædicator, Deus in tempore tribulationis abscondere noluit sua electionis*, sanctum videlicet Fulgentium, quem Ruspenses a Victore primate in itinere constituto petierunt, ut sibi ipsis a vicinis episcopis in antistitem ordinari permitteret, quod admirante Victore statim factum est, anno scilicet 508, ut ex ipsius Vitæ auctore colligit Henricus Norisius libro II Historiæ Pelag., cap. ultimo, quod anno videlicet 533 idem sanctus e vivis excesserit ipsismet Januarii calendis **276** cum Ruspensem sedem per annos viginti et sex obtinuisset.

6. Quænam vero fuerint beatissimi hujus viri in episcopatu virtutes, fuse exponit sæpe laudatus Vitæ auctor cap. 18, nec ab re erit eas brevi hic commemorare, cum iis sese ad gloriosæ confessionis coronam comparaverit beatissimus antistes. *Suscepit episcopatum*, inquit Vitæ auctor, *sine aliqua ambitione.... nec ita factus est episcopus, ut esse desisteret monachus : sed accepta pontificis dignitate , professionis præteritæ servavit integritatem. Servata vero professionis integritas plus ornavit pontificis dignitatem. Nunquam denique pretiosa vestimenta quæsivit, aut quotidiana jejunia prætermisit, aut conditos suaviter cibos, vel inter hospites manducavit, aut discumbendo saltem requiescere, et resolvere rigidum propositum voluit; sed una tantum vilissima tunica, sive per æstatem, sive per hiemem, patienter indutus. Orario quidem, sicut omnes episcopi, nunquam utebatur : pelliceo cingulo tanquam monachus utebatur. Sic.... ambitionem vestium fugiebat, ut nec ipsa calceamenta suscipiens clericorum, aut ultimis caligis in tempore hiemis, aut caligulis in tempore æstatis uteretur. Intra monasterium sane interdum soleas accipiebat, frequenter nudis pedibus ambulabat. Casulam pretiosam vel superbi coloris nec ipse habuit, nec monachos suos habere permisit.... Suæ autem continentiæ, Deo teste, fiduciam gerens, in qua tunica dormiebat, in ipsa sacrificabat : et tempore sacrificii mutanda esse corda potius quam vestimenta dicebat. Huic beatissimo sacerdoti nullus aliquando extorsit cujuslibet generis carnes accipere, sed sola simpliciter olera, ptisanas et ova, quandiu fuit juvenis sine oleo; postquam vero senuit, superfuso oleo manducavit, ideo oleum persuasus accipere, ne caligo prævalens oculorum, lectionis impediret officium. A vino autem sanus semper abstinuit.... Antequam vigiliæ nuntiarentur a fratribus, ipse semper corde et corpore vigilans aut orabat, aut legebat, aut dictabat, aut cuicumque spiritali meditationi solus vacabat... Ad agendas cum servis Dei vigilias interdum descendebat, sed privatas apud se vigilias, studiis quibus dixi, multo laudabilius exercebat.* Istæ erant Fulgentii deliciæ, quare, uti prosequitur idem auctor cap. 19, *in nullo loco visus est unquam sine monachis habitare.* Cumque Ruspensi Ecclesiæ fuisset præfectus, hoc *primum beneficium* a suis civibus impetravit, ut sibi monasterium ædificaretur. Idque non longe ab ecclesia conditum fuit, Ruspensibus certatim ad hoc ædificium sumptus conferentibus, inter quos potissimum Posthumianus *christianissimus et inter suos nobilissimus* laudatur, quod agrum ad id opus aptissimum sponte beato pontifici obtulerit.

7. Cum itaque sanctissimus antistes totus gregi suo pascendo incumberet, ac simul vitæ monasticæ exercitiis ad martyrium erudiretur, *repente*, inquit Vitæ auctor cap. 20, *diriguntur ministri regalis furoris, ut detentus etiam ipse cum cæteris in exsilium Sardiniæ confessor Christi nobilis truderetur. Abductus velociter..... tristitiam gaudio majore vincebat, quod tam gloriosæ confessionis esse particeps inchoabat. Comitantibus ergo monachis simul et clericis, magister egregius utriusque professionis exit, flentibus omnibus laicis, de cathedra honoris ad locum certaminis properavit.* Carthaginem adductus, munera, quæ sibi a fidelibus oblata fuerant, monasterio suo, quod apud Ruspas construere cœperat, *profutura mandavit. Ipse vero navim crucifixo corde et corpore nudus ascendit.* Constitutus in exsilio nihil de consueta vivendi severitate remisit, atque eamdem quam in monasterio **277** duxerat vitam, quoad licuit, cum paucis monachis, qui ipsum comitati fuerant, studuit exercere; quin et duobus episcopis, *Illustri*, scilicet et *Januario*, ut secum habitarent adductis, *similitudinem magni cujusdam monasterii, monachis et clericis adunatis. sapienter effecit.* Post aliquot vero de strictissima Fulgentii sociorumque ejus vitæ disciplina sic concludit auctor : *Quis illius habitationis digne explicet laudes? Domus illa tunc Caralitanæ civitatis oraculum fuit. Illuc enim veniebat afflictus percipere remedium consolationis, ibi gerebantur inter discordantes pacis et concordiæ pacta fidelia, divinam volentibus audire diligentius lectionem, ministrabat ibi Dominus plenissimæ expositionis ædificationem. Delectabat nobiles viros, si fieri posset, quotidie beatum Fulgentium cernere disputantem,* etc. Hæc paulo fusius ex Vita sancti Fulgentii delibare visum est, cum vix quidquam aliud de ista Trasamundi persecutione in aliis auctoribus antiquis habeatur. Sed nec tanti viri egregias virtutes prætermittere licuit, quarum, teste ipsius vitæ auctore, vel sola fama tempore persecutionis *Carthaginensis Ecclesiæ populos recreabat, et provocabat ad majora gaudia, quod scilicet catholica fides in tanto pontifice, qui cæterorum erat et ingenium et lingua*, de hæresi ejusque fautoribus gloriosa triumpharet.

8. Hic vero locus esset inquirendi quantus fuerit istorum confessorum numerus qui pro fidei veritate a tyranno hac tempestate exagitati fuerunt. *Sexaginta et eo amplius episcopos* tunc catena ligatos exsilii fuisse refert sæpe laudatus Vitæ auctor, præter monachos et clericos complures, qui, ut ex eodem auctore colligitur, antistites suos in exsilium fuerunt secuti. Et

quidem Felicianus, Fulgentii postea in sede Ruspensi successor, apud Sardiniam cum beato pontifice *presbyter* exsul *habitaverat*, ut ex Vitæ prologo patet, quin et ipse Vitæ auctor, quem Chiffletius aliique viri eruditi Ferrandum, celebrem Ecclesiæ Carthaginensis diaconum, esse existimant, non semel indicat se ex eodem confessorum sodalitio fuisse. Cæterum longe plures episcopos quam iste auctor, ex Africa in Sardiniam tunc temporis pulsos fuisse tradunt alii scriptores etiam antiquissimi. Solos enim Byzacenæ provinciæ antistites memorat idem auctor; alii vero eos etiam qui ex aliis provinciis ejecti fuerant recensent. Certe Victor Tunnonensis in Africa episcopus, qui vivente Justiniano floruit, disertis verbis affirmat in Chronico, ex omni Africa centum viginti episcopos a Trasamundo in exsilium detrusos fuisse. Hæc sunt ejus verba : *Trasamundus, Ariana insania plenus, catholicos insectatur, catholicorum ecclesias claudit, et in Sardiniam exsilio ex omni Africana Ecclesia centum viginti episcopos mittit.* Eadem habet Isidorus in brevi Vandalorum Historia æra 526. Totidem recenset auctor Historiæ miscellæ, quæ vulgo Pauli diaconi nomine inscribitur. Quinque superadjiciunt Sigebertus et Marianus Scotus. At Hermannus Contractus triginta et ducentos episcopos a Trasamundo in Sardinia variisque insulis afflictos fuisse commemorat. Idem fere habent alii istius ævi scriptores, quos singillatim recensere nihil juvat; at vel ex solo Eugenii Carthaginensis exemplo patet aliarum etiam, præter Byzacenam, provinciarum episcopos e suis sedibus a Trasamundo ejectos fuisse.

9. Id autem potissimum nos movet, quod tantorum virorum **278** ferme omnium non solum res gestæ, sed ipsa etiam nomina prorsus ignota nobis sint. Quæ vero de iis colligere licuit ex antiquis Africanæ Ecclesiæ monumentis, hæc sunt. Primo ex Vita sancti Fulgentii cap. 16 certum est, Victorem totius Byzacenæ provinciæ primatem, omnium primum in exsilium trusum fuisse. *Regis,* inquit auctor laudatus, *commota sævitia cunctos jam decreverat exsilio mancipandos, in ipsum primitus ordinatorem, id est primatem, nomine Victorem, procedente sententia, qui jam a servis regis exeuntibus captus ducebatur ad Carthaginem*, etc. Hunc Victorem eum ipsum esse censet Chiffletius qui sub Victoris Vitensis nomine notissimus, persecutionis Africanæ historiam descripsit. Quo id fundamento conjiciat vir eruditus, diximus in admonitione prævia ad eamdem Historiam num. 6, ubi etiam observavimus Victorem primatem hic memoratum, quisquis ille tandem sit, in exsilio excessisse e vivis. Victori cæterisque Byzacenæ antistitibus in exsilium trudendis paulo post adjunctus est ipse Fulgentius, eaque de causa, ut narrat Vitæ auctor cap. 20, a ministris *regalis furoris* detentus Carthaginem adductus est. Duos item ex iisdem sanctis confessoribus episcopos memorat idem auctor capite laudato, Illustrem scilicet et Januarium, qui Calari, ut superius a nobis observatum est, communem vitam cum Fulgentio ducebant. Iis dubio procul accensendus quoque est Quodvultdeus episcopus, qui in synodo Juncensi (sic quippe scribendum esse ex veteribus codicibus mss. constat, et ex eo quod Juncensis, non vero Vincensis civitas in Byzacena occurrat) Fulgentio interim locum præripere conatus est, quem ei vir sanctus postea in concilio Sufetensi ultro cessit. Denique ejusdem Vitæ capite ultimo duo item episcopi recensentur, ex confessorum, uti videtur, numero. Ili sunt Dacianus Byzacenæ primas, et Ponticanus, seu, ut alii habent, Pontianus episcopus Thenitanus; cui, cum ad Fulgentii successorem eligendum Ruspas properaret, idem vir sanctus conspicuus visus est, eique suum successorem jam ordinatum esse declaravit. Certe de Daciano nulla videtur esse difficultas; cum enim primatis dignitas in Africa omnium ordinatione seniori episcopo provinciæ deferri soleret, Dacianus Fulgentio, qui nunquam primas fuit, ordinatione prior esse debuerat, proindeque cum cæteris in Sardiniam re-

legatus. Et quidem is ipse est Diacianus, ni fallor, qui in epistolis monachorum Scytharum quas modo laudabimus, inter Byzacenos Patres primus omnium recensetur. Major est de Ponticano difficultas, nisi *beati et sanctitatis* tituli, quos huic antistiti, quod alias non solet, tribuit Vitæ Fulgentii auctor, videantur probare hunc episcopum e Confessorum numero fuisse, et quidem ex iis qui majori sanctitate eminebant, ut ex vitæ textu colligitur. *Recole*, inquit auctor ad Felicianum Fulgentii successorem, *visionem fidelissimam beati Ponticani Thenitani episcopi*, etc., cui *beatus. Fulgentius per tempus quietis apparuit, et affabili, sicut solebat, aspectu salutans amicabiliter: Quo,* inquit, *nunc sanctitas tua velociter ambulat? Cui,* etc.

10. Pontianum item e Byzacena provincia episcopum habemus; qui statim post reditum e Sardinia concilio Juncensi interfuit. Sed an idem ipse sit quem num. præcedenti laudavimus, non satis nobis constat. Sane et ipse *Ponticanus* nonnunquam appellatur, ut patet ex epistola Bonifacii episcopi Carthaginensis ad Liberatum primatem cæterosque Byzacenæ provinciæ antistites. Baronius **279** ad annum 546 laudat epistolam Pontiani episcopi Africani ad Justinianum Augustum de celebri trium Capitulorum quæstione. Ex qua quidem epistola, quod a Pontiano nomine complurium episcoporum conscripta fuerit, colligit Chiffletius, ipsum ejus scriptorem provinciæ primatem fuisse, et forte hunc ipsum Pontianum, quem ex Fulgentii vita et ex synodo Juncensi laudavimus. Sed etsi id non adeo constet, certum est Pontianum, seu Ponticanum, qui concilio Juncensi interfuit, e confessorum numero fuisse, sicut et Restitutum ejus collegam, qui ambo e laudata synodo ad Carthaginense concilium, quod statim post ordinationem suam convocavit Bonifacius, nomine totius provinciæ Byzacenæ antistitum legati fuerunt. Iis denique confessoribus certo certius accensendus quoque est Liberatus, ejusdem provinciæ Byzacenæ primas, qui nomine statim post reditum ab exsilio sæpe laudatæ synodo Juncensi præfuit. De his vide tom. IV Concil. editionis Labbeanæ, col. 1627 et sequentibus.

11. Plures item ex iisdem sanctis confessoribus noti sunt nobis occasione monachorum Scytharum, qui ob nonnullas quæstiones in Oriente excitatas Romam missi, ad Fulgentium cæterosque ipsius in Sardinia exsulantes collegas litteras dedere, ut ipsorum de agitatis quæstionibus sententiam sciscitarentur. Exstat inter opera sancti Fulgentii epistola, seu liber Petri diaconi aliorumque ipsius fratrum ea occasione scripta, in cujus inscriptione septem ex iisdem confessoribus recensentur. Sic se habet : *Dominis sanctissimis, et cum omni veneratione nominandis, Datiano*, aliquot editi habent *Diacono, Fortunato, Albano, Orontio, Boeto, Fulgentio, Januario et cæteris episcopis et in Christi confessione decoratis, exigui Petrus diaconus, Joannes, Leontius, alius Joannes, et cæteri fratres in causa fidei Romam missi.* Iis responderunt Africani Patres numero quindecim, id est, præter memoratos in superiori epistola novem. Nam Albanus in priori recensuit, in ista responsione non habetur, quod fortasse jam fato functus esset. Ii autem hoc ordine descripti sunt : *Datianus, Fortunatus, Boethus, Victor, Scholasticus, Orontius, Vindicianus, Victor, Januarius, Victorianus, Photinus, Quodvultdeus, Fulgentius, Felix* et *Januarius.* Qui omnes, exceptis Fulgentio, Felice et Januario, aliam scripserunt epistolam ad Joannem archimandritam et Venerium diaconum de gratia Dei et humano arbitrio, quanquam mirum sit Fulgentii nomen in istius epistolæ inscriptione desideruri, quæ, quia ejus esse fetus putatur, inter cætera Fulgentii opera edita est. Hactenus quæ ex certioribus Ecclesiæ monumentis de istorum in provincia Byzacena antistitum exsulum nominibus colligere licuit.

12. Iisdem vero temporibus celebris fuit Possessor Africanus episcopus, sed incertæ provinciæ, qui Con-

stantinopoli adversus Anastasium imperatorem, Timotheum ejusdem urbis episcopum, aliosque Eutychianæ hæreseos fautores egregie decertavit. Qua de re exstat ad eumdem Possessorem Hormisdæ pontificis Romani epistola, in qua fidem ipsius et constantiam egregie laudat, eumque ut in cœptis perseveret adhortatur. *Optimam*, inquit, *vestræ caritatis audientes instantiam, et cognoscentes rectæ vitæ tramitem, quem sine strepitu vindicatis, Deo nostro gratias sine cessatione persolvimus, ut in ea dispositione* 280 *persistas, et cæteris quod sequantur tribuas exemplum. Ista sunt dona cœlestia, ista sunt divinæ retributionis indicia, ista sunt Dei judicia, quæ te a catholico sacerdotum noluerunt separari consortio. Unde, frater carissime, præsentibus hortamur alloquiis ut in ea constantia qua exorsus es perseveres, et augmenta probabilibus initiis subministres: quia bonum opus, præcipue quod ad doctrinam fidei pertinet, nisi semper creverit, videtur imminui. Et si tribulatio mundana contigerit, ante oculos vestros futura præmia ponentes, apostolica vos admonitione consulimus: Non sunt condignæ passiones hujus temporis ad futuram gloriam quæ revelabitur in nobis*, etc. (Rom. VIII). Hæc paulo fusius referre visum est, quod vix dubium esse possit quin ob fidei catholicæ defensionem Possessor ex Africa ab Arianis extorris factus fuerit. Id affirmare non dubitat cardinalis Baronius ad annum 517, qui et multa de eodem Possessore habet ad annum 520, ubi ipsius ad Hormisdam et Hormisdæ ad ipsum epistolas, occasione Joannis Maxentii, monachorumque Scytharum scriptas profert. Et quidem Byzaceni Patres in epistola inter Fulgentianas decima quinta, ad Joannem et Venerium data, Hormisdæ epistolam ad Possessorem scriptam commemorant, ibique eumdem antistitem appellant *sanctum fratrem, consacerdotemque nostrum Possessorem*. Porro idem Baronius ad annum 504 eidem confessorum numero accenset *beatum episcopum Primasium antistitem Africanum*, cujus expositionem in Apocalypsim laudat Cassiodorus Institutionum divinarum cap. 9. *Optatum Sitifensem, regali præceptione detentum* memorat Bonifacius in concilio Carthaginensi anno 525, sed ibi non declarat cur, cæteris restitutis, huic ad Ecclesiam suam redire fuerit interdictum. Huc forte revocandus quoque est Maracinus episcopus, qui concilio Toletano II, anno 531, sub hac forma subscripsit: *Maracinus in Christi nomine episcopus, ob causam fidei catholicæ in Toletana urbe exsilio deputatus... interfui, relegi et subscripsi.* Iisdem denique temporibus *Pomerius*, natione, ut observat Gennadius in Catalogo, *Maurus*, in Galliis floruit.

13. Quod si stemus nonnullarum Italiæ Ecclesiarum traditionibus, aliquot insuper confessores ex Africa extorres sub Trasamundo in Italiam adventasse fatendum erit. Cum enim sub Totila Gothorum rege inistis regionibus clarisse dicantur, non potest eorum exsilium ad priores persecutiones, quæ ante Trasamundi tempora excitatæ sunt, revocari: alias viri illi sancti ante annum 496, qui Guntabundo Trasamundi præcessori supremus fuit, in Italiam accessissent; et tamen adhuc post quadraginta et amplius annos (Totila quippe ante annum 541 Gothorum in Italia regnum non suscepit), variis Ecclesiis præfecti dicerentur: quod nemo, ut arbitror, sibi facile persuasurus est. Ex iis præcipuus est Regulus, qui, ut refertur in Martyrologio Romano die 1 Septembris, *ex Africa in Italiam appulsus, Popuionii* in Umbria sub Totila rege martyrium consummavit. Discipulus ipsius fuisse dicitur Cerbonius, inter Populonii antistites omnium prior ab Ughello tomo III Italiæ sacræ recensitus. Idem auctor tomo I inter Volaterranos episcopos secundum appellat Justum Africanum, qui Vandalorum persecutionem fugiens in Laliam venit, ubi a Volaterranis in episcopum adlectus, a *Clemente fratre suo et Octaviano collegis in exercendo pastorali munere adjutus est*. Iis etiam Felicem episcopum accenset Ferrarius in 281 Catalogo generali eadem die prima Septembris, qua Reguli festum celebrari diximus, tum etiam die 3 ejusdem mensis, quam sub Octaviani nomine sacram esse scribit, qui pariter Justum et Clementem, sed die quinta Junii, celebrat.

14. His adjici possent nonnulli quos Sardi, et potissimum Calaritani apud se sepultos fuisse tradunt: sed quamvis inficiari nolimus ex tanta confessorum multitudine qui in Sardinia insula exsilium pertulerunt, multos ante reditum in patriam interiisse, nondum tamen videre licuit idonea monumenta ex quibus eorum nomina hic recenseri possent. Certe ex unica inscriptione, quam Papebrochius ad diem 20 Maii Bollandiani, tomo V, exhibet, facile colligimus ejusmodi instrumenta prorsus incerta esse ac nullius auctoritatis. Sic quippe se habet.

☩ S. JANUARIUS EPP. ET M.
S. LUDOVICUS EPP. ET M.
ET S. EGIDIANUS EPP. ET M.
SUNT AFRICANUS.

Hujus inscriptionis vitia singulatim discutere non vacat, cum vel unum *Ludovici* nomen, quod tunc nec apud Afros, nec apud Romanos in usu erat, imo nec etiam apud barbaros eo modo scriptum, satis superque probet hæc monumenta suspectæ omnino fidei esse, utpote vitiata, si non plane supposititia. Melioris notæ sunt variæ inscriptiones quæ in Turritane ecclesiæ ruderibus repertæ sunt sæculo superiori a Gavino ejusdem loci, seu Sassaritano archiepiscopo: sed nihil prorsus ad illustrandam Africanæ persecutionis Historiam conferunt. Eas videsis apud Jacobum Pintum libro III de Christo crucifixo, titulo 4, loco 12.

15. Verum, ut ad id unde paulo digressa est, recurrat oratio, Symmachus, qui, fervescente in Africa Trasamundi persecutione, apostolicæ sedi præerat, accepto tam sævæ adversus Ecclesiam catholicam tempestatis nuntio, sui esse muneris esse ratus confirmare fratres suos, in tribulationibus et ærumnis positos, egregiam ad eos epistolam conscripsit, ut eos tum ad æquo animo perferendos exsilii labores, tum etiam ad constantiam in defendenda Ecclesiæ causa servandam adhortaretur. Hanc epistolam habemus apud Ennodium libro II, epist. 14, quam inde descriptam huc proferre visum est.

EPISTOLA

SYMMACHI PAPÆ AD EPISC. IN SARDINIAM DEPORTATOS.

(Hanc epistolam edemus cum et Symmachi opera.)

282 16. Ex hoc porro conquirendarum reliquiarum studio quo confessores istos flagrasse colligimus ex laudata Symmachi epistola, confirmari potest aliquot Italiæ Ecclesiarum traditio, quæ sanctorum martyrum corpora ex Africa per istos confessores allata, apud se asservari contendunt. Ex his fuisse sanctorum Marcelli, Casti, Emilii, et Saturnini martyrum reliquias putat cardinalis Baronius in notis ad Martyrologium Romanum die sexta Octobris, qua istorum festivitas 283 Capuæ celebratur. Casti, et Cassii episcoporum ibidem celebrium meminit quoque Ferrarius in Catalogo generali sanctorum Italiæ die 7 Novembris. Aliæ in aliis ecclesiis esse dicuntur, sed quas singillatim recensere non est operæ pretium. Et quidem Neapoli, occasione translationis sancti Severini Noricorum apostoli in eam urbem, gratulatur Baronius ad annum 496, quod *mirifice civitas illa studiosa semper fuerit reliquiarum sanctorum martyrum et confessorum*; utpote quæ *non satis habuerit e proximo accipere sanctum Januarium*, iste fuit Beneventi episcopus, *et e longe ex Africa ejusmodi ditari thesauris*, nisi etiam e Danubii ripis *sacra pignora sancti Severini in Italiam delata a sancto pontifice Gelasio impetraret*.

17. Sed inter alia cimelia quæ secum in Sardiniam attulere episcopi Africani, unum certe e pretiosissi-

mis fuit beati Augustini corpus. Cujus quidem translationem etsi nullus istius temporis scriptor memoraverit, tunc tamen factam fuisse ex iis quæ postmodum contigere certissime scimus. Constat quippe sanctissimi doctoris corpus sæculi octavi initio e Sardinia in suburbanum Papiense monasterium, quod Cœlum-Aureum jam dicebatur, translatum fuisse a Liutprando rege Longobardorum, cum ea tempestate Sardinia a Sarracenis devastaretur; idque Petri Papiensis episcopi suasu, ut scribit Ferrarius in Catalogo sanctorum Italiæ die septima Maii. Porro tunc temporis fama erat ubique recepta, ejusdem sancti doctoris reliquias in istam insulam allatas fuisse a sanctis confessoribus, quos Vandali Ariani ex Africa exterres fecerant. Hujus rei testem habemus Petrum Oldradum episcopum Mediolanensem qui jussu Caroli Magni istius translationis historiam scriptis mandavit. Oldradi epistolam ad eumdem imperatorem ea de re datam profert Baronius ad annum 725, ubi hæc habet: *Corpus sancti Augustini in Sardiniam translatum est a fidelibus et catholicis episcopis, qui ob Christi fidem ab iniquo Trasamundo rege, una cum Fulgentio Ruspensi episcopo, una cum innumerabilibus Christi fidelibus in eamdem insulam relegati fuerant quo tempore Vandali armis Africam vastabant, ne gemma et thesaurus tantus ab immundis spiritibus polluerelur, secum cum nonnullis aliis sanctorum reliquiis deportarunt: ibi multis miraculis claruit.* Utriusque etiam translationis meminit Paulus diaconus libro vi de Gestis Langobardorum, cap. 48. *Luitprandus*, inquit, *audiens quod Sarraceni, depopulata Sardinia, etiam loca illa ubi ossa Augustini propter vastationem barbarorum olim translata et honorifice fuerant condita, fœdarent, misit eo; et dato magno pretio accepit et transtulit ea in urbem Ticinensem*, etc. His accedit Beda, qui in martyrologio sincero die 28 Augusti hæc habet: *In Africa sancti Augustini episcopi, qui primo de sua civitate propter barbaros Sardiniam translatus, nuper a Luitbrando rege Longobardorum Ticinis relatus, et honorifice conditus est.* Celebris fuit, in plerisque ecclesiis hujus translationis memoria, quæ etiam nunc in variis martyrologiis recolitur die 28 mensis Februarii. Contigit vero, uti probat noster Mabillonius in Itinere Italico pag. 221, anno 712. Indeque emendat quod in actis sanctorum ordinis Benedictini scripserat, ubi hanc translationem consignaverat anno 722. Monasterium vero Cœlum-Aureum, quod diu sub nostro S. P. Benedicti ordine perseveravit, canonicis regularibus sæculo XIII cessit, quibus postmodum adjuncti fuere Augustiniani eremitæ. De his plura Baronius et Mabillonius locis laudatis.

284 18. At vero Symmachus pontifex, cujus epistolam consolatoriam supra retulimus, non voce solummodo aut calamo Christi confessoribus, sed re etiam et opere opem tulit. Exempla nempe præcessorum suorum secutus, sanctorum Christi confessorum passionibus communicabat, eis quæ ad victum aut vestitum necessaria erant suppeditando. *Hic*, inquit Anastasius, *omni anno per Africam vel Sardiniam episcopis qui in exsilio erant retrusi, pecunias et vestes ministrabat.* Habemus et alterum hujus rei testem, auctorem nempe Vitæ sancti Aviti Viennensis episcopi, quam e veteri manuscripto codice eruit eruditus vir Philippus Labbeus tomo I Bibliothecæ novæ, pag. 693, ubi hæc leguntur: *Hujus*, beati Aviti, *temporibus gravissima persecutio Vandalorum cæterarumque gentium in Africa excanduit, et Symmachus pontifex per Africam et Sardiniam episcopis qui in exsilio erant, quingentis quinquaginta pecunias et vestes ministravit.* Eisdem beatum Symmachum *quotidiana subsidia ministrare non destitisse* scribit auctor Historiæ miscellæ sub nomine Pauli Diaconi, lib. XVII. Omitto Adonem in Chronico, Hermannum Contractum, aliosque ævi posterioris scriptores, qui antiquos exscripsere.

19. Cæterum pulsis pastoribus Trasamundus se absque ullo negotio invasurum greges existimabat,

nihil non movens ut orthodoxos partim vi, partim promissis, imo etiam et ratiociniis (eloquentia enim et magna loquendi facilitate pollebat) ad suam sententiam adduceret, ut narrat Vitæ sancti Fulgentii auctor, quem fere unicum habemus qui de ea persecutione fusius conscripserit. Interea, inquit cap. 21, *Trasamundi regis adversus religionem catholicam mens implacabilis et ira terribilis, inter asperas persecutiones, subdolasque factiones, quibus æqualem Deo Patri negare Christum, catholicos nunc terroribus cogebat, nunc promissionibus invitabat. Simulare cæpit rationem se simpliciter inquirere catholicæ religionis; reperiri neminem putans cujus posset in suis erroribus assertione convinci. Proponebat denique multas* [al. multis] *ineptarum tendiculas quæstionum, nec si quis ei respondere voluisset, aut despiciebat aut repellebat, imo quasi patienter audiens, satisfieri sibi non posse jactabat.* Huc revocari debent quæ supra ex Procopio observavimus, Trasamundum plus astutia quam cruciatibus catholicos persecutum fuisse. Sed nemo non videt persecutionem hanc cæteris multo fuisse periculosiorem. Haud tamen permisit Deus ut his in angustiis fideles orthodoxi necessaria sibi ope destituerentur. *Efficiebat* enim, uti loquitur idem auctor, *plurimos religiosos audax fidei suæ constantia, per occasiones a Domino prævaratas studiosi regis convincere blasphemias.*

20. Sed et nonnulli quibus ad regis aliorumve objecta respondendi facultas deerat, ad episcopos exsules litteras dederunt, ut ab eis discerent qua ratione hæreticorum cavillationes possent refelleri. Exstant de hoc argumento complures tractatus apud Fulgentium, quibus absentes in fide confirmabat. Sic in libro de Fide orthodoxa instruxit Donatum, quem Ariani, propositis adversus Christi cum Patre æqualitatem variis quæstionibus, a recta fide revocare conabantur. Scripsit et ad Felicem Notarium ut insidias hæreticorum, quibuscum conversari illum oportebat, facilius devitaret. In libro secundo ad Monimum palmarem, uti aiebant, referente ad Fulgentium ipso Monimo, hæreticorum **285** interrogationem refutat, *de sacrificio corporis et sanguinis Christi, quod plerique soli Patri existimabant immolari: Cur*, inquit capite 6, *ipse Filius sanctificare nequeat sacrificium corporis sui, quod offerimus nos, cum corpus suum ipse sanctificaverit, quod obtulit, ut redimeret nos?* Tanta vero erat Fulgentii, etiam absentis auctoritas, *ut quicunque*, ait illius Vitæ auctor cap. 20, *in qualibet sacerdotum exsulantium plebe tentabat inquietus exsistere, vel episcopi proprii jussa contemnere; beato Fulgentio dictante sic corripiebatur absens, ut satisfactionis remedium quærens, enarigato mari continuo fieret præsens.*

21. Tanti viri videndi et audiendi desiderio captus Trasamundus, hunc e Sardinia Carthaginem adduci præcepit: cui cum, *dicta quædam veneno perfidiæ plena legenda celeriter direxisset*, ita plane eis respondit sanctus antistes, ut etsi *sapientiam ejus rex laudaret*, humilitatem prædicaret, tamen obstinata mente veritatem intelligere non meruerit. Cum interea *Carthaginensis populus triumphi spiritalis interpres, propositiones regis fuisse convictas læto murmure confiteretur, et catholicæ fidem semper esse victricem, conjunctis beati Fulgentii laudibus gloriaretur.* Alterum inire prælium paulo postea tentavit rex infidelis, missis ad Fulgentium novis quæstionibus, quibus omni fere meditandi, aut describendi facultate sublata, eum nunquam facturum satis existimabat. At quantum a spe sua fuerit dejectus vafer ille princeps probant Fulgentii libri tres ad Trasamundum inscripti, quos ea occasione beatus antistes conscripsit. Eadem facilitate Pintam Arianum episcopum, qui regem devictum vindicare conatus fuerat, confutavit singulari libro adversus eum edito. Mirum est autem quantum tunc catholicæ religioni profuerit Fulgentius, qui, ut sæpe laudatus testatur auctor ejus Vitæ cap. 21 *Alios jam rebaptizatos errorem suum plan-*

gere docebat, et reconciliabat; alios ne suas animas pro terrenis commodis perderent admonebat; et quos jam perditioni proximos sentiebat, ita blandis sermonibus leniebat, ut propter ejus benevolentiam, verecundarentur cogitatam implere malitiam, reversique velociter agerent pœnitentiam. Et consortati alii verbis ejus, et doctrinæ sale conditi, redarguebant Arianos hæreticos cum omni fiducia. Sic mirabili gratia factum fuit... ut per [ministerium persecutionis fides catholica incrementum potius quam defectum acciperet. Imo et capite **24** conqueruntur Ariani Fulgentii doctrinam ita prævaluisse, *ut de sacerdotibus tuis (regem alloquuntur) reconciliet aliquantos. Proinde nisi cito subveneris, religio nostra deficiet, et quicunque a nobis est baptizatus, homousion iterum prædicabit publice reconciliatus: nec si persecutionem volueris concitare, timeri poterit regalis sævitia. Multum quippe confortat stabilesque facit omnes episcopos Fulgentii præsentia.*

§ 22. Nihil itaque non movebant Ariani ut Fulgentium Carthagine pellerent; sed iis assentiri non poterat Trasamundus, qui beatum antistitem, sive quod ipsius doctrinam et virtutes reveritus, nihil adversus eum decernere vellet, sive quod eo pacto se victum fuisse palam fateri videretur, *intra Carthaginem diutius retinere volebat.* Et quidem nonnisi *magna necessitate constrictus,* suis ipsi importune suggerentibus, quod alias frustra adversus catholicos laboraret, nihilque suam sectæ suæ proficere posse diligentiam, quandiu præsens in Africa esset Fulgentius, eum in exsilium rursus deportari ægre licet et quasi invitus assensit, ea tamen lege ut id noctu et clam populo fieret. **286** Sed servi sui triumphum publicum esse voluit Deus: *flantibus nempe ex adverso ventis, plurimos dies (Fulgentius) in littore transegit, ita ut per dies plurimos omnis pene illuc civitas conveniret, et de manu ejus, valefaciens, communicaret.* Sicque postea *favente aeris serenitate in Sardiniam reportatus, exsulantium coepiscoporum lætos animos reddidit...., concurrentibus undique cum gaudio Christianis hominibus videre athletam Christi fortissimum, qui certamine singulari sævientis impetum regis fregerat, ad divina castra rediisse insignibus laureis adornatum.* Reversus in exsilium Fulgentius, monasterium, permittente *Brumatio* seu, ut alii scribunt, *Primasio,* aut *Viliateo,* Calaritano episcopo, prope sancti martyris Saturnini basilicam, extra urbis muros construxit, ubi *congregatis quadraginta et amplius fratribus, disciplinæ cœnobialis ordinem custodivit illæsum;* ibique vitæ superioris exemplo, et scriptis, quibus Ecclesiam illustrabat, confessionis suæ gloriam adaugens, usque ad Trasamundi mortem perduravit.

23. Quid vero post Fulgentii ex Africa discessum adversus orthodoxos decreverit Trasamundus, auctores non referunt: quamvis verisimile sit Arianos, sublato tam invictissimo fidei defensore, regis animum in cæteros exasperasse. Commemorat auctor Vitæ sæpe laudatus, Fulgentium *eo tempore Carthaginensibus epistolam, sublimi exhortatione perspicuam, ubi pene cunctos dolos et fallacia blandimenta, quibus infelices seducebantur animæ ad mortem, gravissima conquestione digessisse.* Vi aperta in orthodoxos sævitum fuisse innuit ipse Fulgentius, sive quivis alius auctor libri qui inter ipsius opera adversus Pintam, tunc temporis Arianum episcopum, inscribitur. Ibi numero **4** fidem tum crevisse probatur : *per exsilia innocentium, et proscriptiones miserorum, et tormenta et oppressionem captivorum.* Idem colligi potest ex Bonifacii episcopi Carthaginensis epistola ad Missorem Numidiæ primatem, secundo Hilderici anno scripta, ubi sic loquitur : *Post gravissimæ tribulationis jugem pene molestiam quam communiter universa provinciæ Africanæ toleravit Ecclesia.* Eodem fere modo loquitur Felix Zactarensis episcopus, Numidiæ legatus ad concilium Carthaginense sub eodem Bonifacio : *Post discrimina exitialia,* inquit, *quibus perstrictim episcopalis honor subjacebat arctatus.* Et sane nemo eum graviter adversus catholicos excanduisse inficiari

A potest, quem constat non viventem solum, sed etiam, quantum ei fas fuit, mortuum in eos sæviisse. Morti siquidem proximus, ut post Victorem Tunnonensem, alii quoque auctores asserunt, Hildericum, qui ei erat successurus, sacramento obstrinxit, ne catholicis aut ecclesias redderet unquam, aut restitueret privilegia. Quantum vero infesti essent catholicis tunc temporis Vandali, vel ex uno exemplo colligi potest, quod Procopius, alia Trasamundo plus æquo favens, Historiæ Vandalorum lib. I inseruit. Narrat quippe iste auctor loco laudato Vandalos adversus Mauros qui circa Tripolim habitabant bellum illaturos : *Prima statim die ut castra posuere, in Christianorum templa inductis equis animantibusque aliis, nullo ludibrio abstinentes libidini indulsisse, et quos nacti erant sacerdotes, alapis multisque in tergum verberibus vexatos coegisse ea ad ministeria quæ servorum vilissimis injungi solent. Nec desinebant per id iter quotidie Vandali eadem peccare.* Sed istis aliisque ejusmodi facinoribus Dei vin-
B dictam in seipsos concitantes, fugati planeque a barbaris victi fuere, atque paulo post Trasamundus mœrore confectus excessit e vita, anno 523, die 28 **287** Maii, uti probat Norisius Historiæ Pelagianæ lib. II, cap. 21.

CAPUT XII.
Pax Ecclesiæ Africanæ restituta.

1. Ex Trasamundi morte mutata est omnino Africanæ Ecclesiæ facies. *Mirabilis* nempe *bonitas,* inquit Fulgentii Vitæ auctor cap. 28, *Hilderici regnare incipientis, Ecclesiæ catholicæ per Africam constitutæ libertatem restituens, Carthaginensi plebi proprium donavit antistitem, cunctisque in locis ordinationes pontificum fieri clementissima auctoritate mandavit.* Bonifacii ordinationem in ecclesia Sancti Agilei apud Carthaginem fieri præcepisse Hildericum in regni sui exordio, restituta omnibus catholicis libertate, testatur vetus auctor fragmenti Tironis chronico subjuncti apud Canisium. At Victor Tunnonensis episcopus in Chronico
C contendit id ab Hilderico antequam regnum capesseret præstitum fuisse : quod ipse a Trasamundo sacramento fuisset obstrictus, uti supradiximus, ne posteaquam regnum fuisset adeptus, catholicis unquam restitueret libertatem. *Hilderix,* inquit, *qui ex Valentiniani imperatoris filia a Gizerico captivata et Ugnerico juncta natus est, regnavit annis 7 mensibus 3. Hic ergo sacramento a decessore suo Trasamundo obstrictus ne catholicis in regno suo aut ecclesias aperiret, aut privilegia restitueret, priusquam regnaret, nec sacramenti terminos præteriret, præcipit et sacerdotes catholicos ab exsilio redire, ecclesias aperire; et Bonifacium cum dogmatibus divinis satis strenuum, ad postulationem totius urbis Carthaginensis Ecclesiæ episcopum consecravit.* Idem testatur Isidorus in brevi Chronico Vandalorum æra 555. Porro tanta Hilderici erga catholicos benevolentia nonnullis persuasit ipsum catholicam fidem professum fuisse, quam ab Eudoxia matre sua accepisset. Eam tamen mansuetudini ipsi innatæ
D potius referendam esse alii censent, cum, teste Procopio, nulli unquam, nec catholicis nec aliis gravis fuerit.

2. Devotionem populi Carthaginensis, qua gratulabundus excepit sanctos confessores, ac præsertim Fulgentium, ab exsilio redeuntes, describit auctor Vitæ ejusdem sancti Fulgentii cap. 29: *Resonabat,* inquit, *divina laus ex omnibus linguis. Ad sancti quippe Agilei basilicam sequens populus et præcedens, confessorum beatorum triumphum nobilem celebrabat.* Sed singularis erat omnium in beatum Fulgentium affectus. *Ubi,* inquit Vitæ ipsius auctor, *facies Fulgentii apparuit, immensus nascitur clamor, altercantibus omnibus quis primo salutaret agnoscendum, quis caput benedicenti supponeret, quis extremis vel saltem digitis mereretur tangere gradientem, quis videre vel oculis procul stantem. Cum vero immensa pluvia eodem tempore supervenisset, impedita non est populorum concursus; imo tantum fides nobilium crevit, ut planatis*

suis super beatum Fulgentium gratanter expansis repellerent imbres, et novum tabernaculi genus artificiosa caritate componerent. Hic vero observare juvat quanta fuerit beatorum confessorum religio, qui e longa peregrinatione reduces, ut primum attigerunt littus, e navibus egressi statim ad ecclesiam Sancti Agilei properarunt, gratiarum actiones publicas Deo reddituri: et quidem ut paulo inferius habet auctor Vitæ laudatus, *vix appropinquante vespere sanctæ memoriæ Bonifacio episcopo repræsentati, benedixerunt omnes et laudaverunt communiter Deum,*

3. Fulgentius post aliquot dies Ruspas profectus, *per omnes itineris prolixi vias gaudia majora* **288** *reperiens, in occursum suum populis undique tendentibus, cum lucernis et lampadibus et arborum frondibus, reddentibus gratiam ineffabili Deo.... per omnes Ecclesias tanquam proprius episcopus suscipiebatur.* Sedi suæ restitutus simul cum suis monachis vixit, ita tamen ut absque abbatis Felicis conscientia quidquam de rebus ad monasterium pertinentibus non ageret. Monachos sæpius *ad ecclesiasticam militiam* assumpsit; adeo omnia temperans, ut *nulla lis aliquando inter monachos et clericos ventilaretur.* Plura habet idem Vitæ auctor de Fulgentii in plebe regenda sedulitate, variisque libris pro fidei catholicæ defensione editis. Sed de istis fusius disserere ad nostrum non pertinet institutum. At omittere non licet eximium summæ humilitatis exemplum, quod ab ejus Vitæ auctore refertur cap. 29. Cum enim pro reparanda Ecclesiæ disciplina post reditum ab exsilio patres Byzaceni ad concilium Juncense convenissent, Fulgentius Quodvultdeo episcopo, qui se eo priorem existimabat, omnium judicio prælatus est: quod tunc quidem tacite tulit beatus antistes, ne auctoritatem concilii excusando minuere videretur. Sed paulo post in synodo Suffetana preces supplices coram omnibus Patribus fudit, ut sibi volenti Quodvultdeus anteponeretur, *timens propter suum honorem generari fratri scandalum; meliusque judicans per caritatem se fieri minorem, quam sine caritate majorem.* Cum itaque ruinis Ecclesiæ suæ reparandis totus insisteret, quod etiam Bonifacius Carthaginensis episcopus generali totius Africæ concilio convocato, quod anno 525 habitum est, per universam Africam fieri procurabat, ad meliorem vitam anhelans, in insulam Circinam cum paucis fratribus majoris perfectionis studio secessit, ubi paulo post *ad extremam usque horam sana-mente perseverans,* inquit Vitæ ipsius auctor, ipsis Januarii calendis, *post peractam vesperam* migravit e vita, anno postquam Ecclesiæ Ruspensi præfectus fuerat vigesimo quinto, ætatis vero suæ sexagesimo quinto: quibus verbis annum æræ vulgaris 533 indicari probat Henricus Norisius libro ii Historiæ Pelag., capite ultimo. Fulgentius die 1 Januarii recentiora simul et vetera martyrologia commemorant, quem merito ut sanctissimum doctorem, vigilantissimum antistitem, invictissimumque Christi confessorem Ecclesia catholica veneratur.

4. Cæterum pax ab Hilderico concessa nonnisi aliquod veluti præludium fuit summæ illius tranquillitatis quam Ecclesia Africana post paucos annos consecuta est. Etenim Gelimer Gelilaride Genserici filio natus, qui post Hilderici mortem Vandalorum regnum debebat, moræ impatiens, pulso Hilderico, anno 531 regnum invasit. Favit ejus rebellioni Hilderici indoles; is nempe adeo timidus erat, ut ne quidem gladii aspectum ferre posset. Deinde idem Hildericus Gothorum animos a se alienos fecerat ob Amalafridæ Theodorici magni filiæ necem. Hæc Trasamundo nupserat: at cum post mariti mortem, ut narrat Victor Tunnonensis, ad barbaros fugiens, commisso prælio Capsæ prope eremum intercepta fuisset, *paulo post in custodia defuncta est:* quod ægre ferens Athalaricus, Theodorici ex Amalasuntha filia nepos, qui Ostrogothis in Italia imperabat, ea de re conquestus est apud Cassiodorum lib. ix Variarum, epistola 1, *quæ est ad Hildericum data,* ubi *violentam* fuisse Ama-

lafridæ mortem dicit, minaturque se reginæ ex Amali sanguine exortæ cædem armis brevi vindicaturum, nisi ipsi cunctæque Gothorum genti fiat satis. Amalafridam in vinculis detentam, et Gothos omnes **289** a Vandalis interfectos fuisse scribit Procopius libro i Historiæ Vandalicæ, incusatos res novas in regis regnique perniciem moliri. Non tamen Gothos adversus Hildericum quidquam istis temporibus tentasse legimus, quod forte paulo post Hildericus e solio a Gelimere absque magno negotio fuisset dejectus. Quorum animos tyrannus ille regnum affectans haud dubium placaverat. Theodoricum has injurias ultum non fuisse testatur laudatus Procopius, quod non satis valere se classe ad petendam Africam judicaret. Cæterum Hilderico favebant Justinus Augustus, et, qui paulo post imperium adeptus est, Justinianus, quod ex matre Eudoxia genitus Hildericus imperatorum Romanorum affinis esset. Et quidem Justinianus factus imperator, cum Gelimer Hildericum e solio dejecisset, fœdus inter Zenonem et Gensericum regem olim initum abrupit, atque comparato ingenti exercitu, per Belisarium ducem victo captoque Gelimere, qui paulo post Constantinopolim ad triumphum perductus est, Africam totam recuperavit, ut fuse scribit Procopius in libris de Bello Vandalico. Belisarii triumphum egregie repræsentat idem auctor, qua occasione Gelimer illustre rerum humanarum fragilitatis re simul et voce exemplum dedit. Adductus quippe ad circum cum stirpis regiæ principibus cæterisque primoribus Vandalorum, qui natalibus aut etiam corpori proceritate erant spectabiles, statim atque imperatorem in sublimi sede positum vidit, quo ipse venisset malorum considerans, neque ad lacrymas, neque ad lamenta prolapsus, has in voces erupit ex sacris libris desumptas: *Vanitas vanitatum, vanitas.* Recenset Procopius spolia pretiosiora quæ ex Vandalis reportata in triumphum ferebantur. *Erant,* inquit laudatus auctor, *ea quibus solitum ministrare regi Vandalo, sedes aureæ et pilenta, quæ regiam matronam vectaverant, gemmarum præter ea incredibilis splendor, ex auro pocula quæque alia regiæ mensæ ostentamenta. Tum vero argenti centena aliquot millia pondo, pretiique ingentis alia, quæ Romano quondam palatio direpto Gizerichus abstulerat. In his et illa quæ captis olim Jerosolymis Romam pertulerat Titus Vespasianus.* Omnia quoque imperialia ornamenta quæ Gensericus Roma capta in Africam transtulerat, sibi restituta fuisse testatur Justinianus imperator cod. lib. i, tit. 27. Anno sequenti, qui erat vulgaris æræ 535, Belisarius consulatum adeptus, more veterum consulum triumphavit, ac captivorum humeris portatus, curruique impositus, ut Procopius narrat, *inde missilia de Vandalorum spoliis* sparsit in vulgus; *vasa scilicet argentea, zonas aureas, variaque regii luxus instrumenta,* quæ plebs cum magnis plausibus recipiebat.

5. Maximus vero hujus victoriæ fructus fuit pax Ecclesiæ Africanæ: persecutionem quippe, quam nonnulli sub Gelimeris tyrannide recruduisse volunt, penitus tunc temporis exstinctam fuisse nemo diffitetur. Certe Gelimerem catholicis favisse nemo sibi persuadebit, quem scilicet etiam in suos fuisse sævissimum omnes consentiunt, ut ne quid dicam de Hilderico, optimo principe, quem crudeliter cum aliis ipsius affinibus occidi jussit, ut testatur Victor Tunnonensis in Chronico, ad quartum Justiniani Augusti consulatum: qui auctor non semel observat *multos nobilium Africæ ab eodem rege fuisse interemptos, quorum bona per fas et nefas postea diripiebat.* Eumdem vero Arianorum sectæ addictissimum fuisse ex Procopio colligimus, qui libro ii de Bello Vandalico refert Gelimerem speciosis **290** in Galatia prædiis, quæ cum propinquis inhabitaret, a Justiniano donatum quidem fuisse, patriciatus vero dignitatem nor fuisse adeptum, quod ab *Arii placitis* discedere noluisset.

6. Recuperata itaque a Romanis fuit Africa indictione xii, Justiniano Augusto iv et Paulino consu-

libus, id est vulgaris æræ anno 534, post annos scilicet septem supracentum quam a Vandalis occupata fuerat. Simulque restituta fuit imperio Carthaginensis civitas, anno postquam a Genserico capta fuerat nonagesimo quinto. Publicas ea de re gratiarum actiones Deo Opt. Max. retulit Justinianus Augustus in constitutione de officio præfecti prætorio Africæ, quæ habetur in codice Justiniani libro I, titulo 27; ubi sibimet ipsi de tanto beneficio sibi a Deo concesso gratulatur. *Quas*, inquit, *gratias, aut quas laudes Domino Deo nostro Jesu Christo exhibere debeamus, nec mens nostra potest concipere, nec lingua proferre. Multas quidem et antea a Deo meruimus largitates, et innumerabilia circa nos ejus beneficia confitemur, pro quibus nihil dignum nos egisse cognoscimus. Præ omnibus tamen hoc, quod nunc omnipotens Deus per nos pro sua laude, et pro suo nomine demonstrare dignatus est, excedit omnia mirabilia opera quæ in sæculo contigerunt, ut Africa per nos tam brevi tempore reciperet libertatem, antea nonaginta quinque annos a Vandalis captivata; qui animarum fuerant simul hostes et corporum. Nam animas quidem, diversa tormenta atque supplicia non ferentes, rebaptizando ad suam perfidiam transferebant; corpora vero liberis natalibus clara jugo barbarico durissime subjugabant: ipsas quoque Dei sacrosanctas ecclesias suis perfidiis maculabant, aliquas vero ex eis stabula fecerunt.* Vidimus venerabiles viros qui abscissis radicitus linguis suas pœnas miserabiliter (mallem legere *mirabiliter*) loquebantur. *Alii vero post diversa tormenta per diversas dispersi provincias vitam in exsilio peregerunt. Quo ergo sermone, aut quibus operibus dignas Deo gratias agere valeamus*, etc. Hac in constitutione imperator Africam in pristinum statum restitutam, iisdem privilegiis gaudere vult quibus antea perfruebatur. Præter præfectum prætorio, quem Carthagine commorari jussit, cæteros quoque officiales instituit, qui per diversas Africæ regiones in majoribus urbibus sedes proprias haberent, eisque omnibus stipendia singillatim assignavit. Diœcesim Africanam septem in provincias partitus est: Tingitanam scilicet, et quæ antea proconsularis vocabatur Carthaginem, Byzacium, Tripolim, Numidiam, Mauritaniam, et Sardiniam, quarum priores quatuor a consularibus, tres vero posteriores a præsidibus administrari voluit. In sequenti constitutione, de militaribus officiis ac judicibus agit, assignans loca in quibus militum duces per varias Africæ provincias instituti sedes habere debeant.

7. Nec his contentus imperator, ut Africam pristino splendori restitueret, novas urbes ædificavit, vero muris cinxit, omnem denique regionem magnificentissimis ædificiis, necessariisque munimentis adversus barbaros, et ornavit, et protexit, ut fusius narrat Procopius libro sexto de Ædificiis a cap. 3 usque ad finem. Et his Caput Vadam in Byzacena, et Toccam in proconsulari urbes de novo exstructas recenset, Leptim Magnam Tripolitanæ metropolim pene dejectam muris cinxit, in ea vetus palatium, olim a Severo Augusto, qui ibi natus fuerat, ædificatum, sed penitus fere collapsum restauravit. Carthaginem Justinianeam appellari voluit, quo nomine etiam donavit Adrumetum, Byzacii metropolim, olim, ut Plinius observat, Sissam Nigram dictum, quæ civitas adeo a barbaris **291** fuerat neglecta, ut vix antiqui splendoris umbram retineret. Bagam vero in proconsulari urbem, antea vix notam, *vere urbem*, inquit Procopius, fecit, quam ipsius cives, ne ingrati viderentur, in honorem Theodoræ Justiniani uxoris, Theodoriadem appellarunt. Ex ejusdem Augustæ nomine Theodorianæ balneæ *spectatu dignæ*, inquit idem auctor, dictæ sunt. Alia in aliis Africæ locis publica ædificia ab eodem Imperatore constructa videsis apud laudatum auctorem.

8. Cæterum non minus in sacris quam in profanis ædificiis construendis magnificus fuit Justinianus, quem apud solam Leptim Magnam ecclesias quinque construxisse. refert Procopius libro laudato: ex iis una in honorem Deiparæ Virginis sacrata præ cæteris eminebat; alteram sub ejusdem beatissimæ Virginis nomine apud Septam, quæ in ora Africæ prope alteram Herculis columnam sita est, construxit: *Primam*, inquit Procopius, *ipsi Mariæ Deiparæ dicans consecransque oram imperii, castellum hoc universo hominum generi inexpugnabile reddidit.* Nobilissimam item ecclesiam apud Sabratam Tripolitanæ urbem a Justiniano ædificatam memorat idem auctor; duas vero apud Carthaginem fieri præcepit, priorem scilicet in palatio Dei Genitrici, alteram extra palatium Sanctæ Primæ, quæ una erat, inquit Procopius, ex sanctis indigenis, sacram. Monasterium præterea intra ejusdem urbis muros ad portum qui Mandracium appellabatur condidit. Porro ecclesiarum bona quæ barbari invaserant, idem imperator suis quæque locis restitui curavit, aliaque bene multa decrevit in ecclesiarum ac sacrorum ministrorum gratiam, quæ in Novellis aliisque imperatoriis constitutionibus habentur. Gaudium auxit novarum aliquot gentium ad Christi fidem conversio, barbarorum scilicet qui circa limitem Tripolitanum habitabant. Ex his Mauros, cognomento *Pacatos*, qui Cidamam urbem incolebant, memorat Procopius libro VI de Ædificiis, cap. 3; et Mauros Gadabitanos capite sequenti, quos haud procul ab urbe Lepti Magna habitasse scribit.

9. Defuncto autem his temporibus Bonifacio episcopo Carthaginensi, Reparatus in ipsius locum assumptus est, Belisario V. C. consule, id est anno 535, si Victori Tunnonensi credamus. Qui tamen concilium Carthaginense sub Reparato anno 534 habitum fuisse volunt, necessarium est ut ipsius ordinationem eodem saltem anno consignent. Certe Agapeti epistolæ ad Reparatum scriptæ mense Septembri datæ sunt post consulatum Paulini, quo idem 535 annus designatur. Porro Reparatus statim post suam ordinationem, restituta episcopali Carthaginis sede apud Fausti basilicam, multis locupletatam sanctorum martyrum reliquiis, quam Ariani sub Hunerico per vim occupaverant, concilium generale totius Africæ in ea celebravit, ad quod ducenti decem et septem episcopi convenisse dicuntur. Lecti sunt ibi veterum conciliorum canones, multaque decreta fuerunt pro restauranda Ecclesiæ disciplina, quam priorum temporum acerbitas in istis regionibus labefactarat. Missæ sunt etiam ex eadem synodo legationes duæ, ad pontificem Romanum una, altera vero ad Justinianum Augustum. Hac petitum est ab imperatore ut res ecclesiarum quas barbari rapuerant, catholici antistites aliique sacri ministri reciperent, quod ab imperatore concessum fuisse jam supra observavimus, idque patet ex novellis 36 et 37; altera vero legatione Patres Africani Romanum pontificem de pace Ecclesiis restituta certiorem faciebant, cujus sententiam de recipiendis ad Ecclesiam presbyteris Arianis qui ejurata hæresi redibant, ac de aliis nonnullis ecclesiasticæ disciplinæ capitibus sciscitabantur. **292** Legati erant Caius et Petrus episcopi, cum Liberato Carthaginensis Ecclesiæ diacono, qui ob scriptum Breviarium celebris fuit. Hos, Joanne II mortuo, Romam appulsos Agapetus ipsi substitutus, suscepit. Concilii Carthaginensis acta excidere; at synodicam epistolam ad Joannem papam habemus, sicut et Agapeti responsionem, quam pontifex Reparato, Florentio, Daciano et aliis episcopis inscripsit, quos exinde collegimus fuisse provinciarum primates, Reparatum scilicet Carthaginensem; Florentium Numidiæ, ac Pontianum Byzacenæ. Litteras præterea seorsim Agapetus dedit Reparato Carthaginensi, qui paulo post legationem missam, accepta ipsius in Joannis locum ordinatione, ei scripserat. In illis pontifex gratulatur de restituta Ecclesiæ Africanæ libertate, quam gratiis Deo omnipotenti redditis, ut utilis ac fructifera fiat apprecatur. Et hic erat felix Africanæ Ecclesiæ status, quæ post tot calamitates tandem barbarorum oppressione liberata, brevi pristinum splendorem recuperavit.

ANNO DOMINI CCCCLXXXII.

SIDONIUS APOLLINARIS

ARVERNORUM EPISCOPUS.

PROLEGOMENA.

EPISTOLA DEDICATORIA.

Jacobus Sirmondus D. Rupifucaldio Randano,

S. R. E. cardinali episcopo Silvanectensi.

Destinatum tibi ante annos complures Sidonium nostrum, illustrissime cardinalis, pro voto accidit ut per eosdem fere dies prelo subjicerem, quibus te ab Italia reducem plaudens Gallia privatis publicisque gratulationibus prosequebatur. Nam cum a me itidem ex veteris clientelæ nexu adventorium tibi munus aliquod deberi sentirem, optandum erat profecto ut tale nanciscerer, quod non solum desideria nostra testari, sed tuam quoque gratiam inire ac promereri posset. Nunc vero sua sponte id oblatum est, quod amari abs te, si te amas, probarique necesse sit. Quid enim aliud tibi offero cum Sidonium offero, quam alterum te tibi, hoc est præstantissimum genere, doctrina, virtute antistitem, iisdem laudibus ornamentisque prædito antistiti? præfecto Galliarum patre natum, Gallicanæ militiæ magistri filio; præfectum urbi Romæ, cardinali tantum non primo in Ecclesiæ Romanæ gradu constituto; episcopum denique Arvernorum Arvernicæ sedis ejusdem episcopo? Tametsi enim te Arvernis tuis jampridem subduxeris, malueris que desiderari ab iis præsentiam tuam quam perpetuum illis bonum esse quo fruebantur, hæret tamen vigetque in omnium animis gratissima pontificatus tui recordatio. Neque ulla unquam erit ætas quæ lustra illa quinque non celebret, quibus ad Ecclesiæ Claromontanæ clavum sedens, omnes illi prudentissimi vigilantissimique pastoris numeros reddidisti : cum creditam tibi plebem cœlestibus disciplinis, nec verbis tantum ac sermone, sed scriptis etiam voluminibus, veræ pietatis magister erudires; tum vitam ipse, morumque formam omnem sic instrueres, ut quibus successisses, quorumve in cathedra sederes, perpetuo meditari, laudandæque imitationis studio, nunc Austremonii, Illidiique sanctitatem, Venerandi atque Eparchii religionem, Quintiani constantiam, Galli modestiam, benignitatemque æmulari viderere : nunc eniti, ut humanarum rerum despicientia Bonitos, sacrorum locorum cultu Genesios, revocandis ad rectam fidem deviis Avitos, sublevandis inopum calamitatibus Sidonios, universum denique lectissimorum quondam præsulum senatum, Arverniæ suæ virtutum tuarum luminibus exemplisque renovares. Quanquam hæc a me quorsum, qui nec laudes tuas scribere institui, nec si velim, opus habeam præterita retexere, cum in promptu sint, ac laudem omnem vincant, quæ in te aut Roma nuper venerata est, aut nunc aula suspicit, aut forte sua læti prædicant Silvanectenses tui? Attamen hinc vides, illustrissime cardinalis, qua fiducia benevolentiæ approbationisque tuæ vernaculum tibi ac pene domesticum munus exhibeam; ut cum nominis tui studiosorum conatus omnes benigne complecti soleas, præcipuam tamen Sidonio nostro gratiam tot tibi nominibus addicto et consecrato deberi confidam. Itaque ne istam quidem tam lenti post tot annos officii tarditatem, ne mihi fraudi sit pertimesco, cum facilem veniam, aut laudem potius, ni fallor, judicio tuo relaturus videar; quem intelliges hac ipsa veteris debiti professione antiquam et constantem in tui veneratione atque obsequio perseverantiam declarare.

U. A. T

Deditissimus Jac. Sirmondus,
Soc. Jesu presb.

NOTITIA IN SIDONIUM APOLLINAREM.

(Ex Galland.)

I. Quæ nunc Clarus Mons, Gallice *Clermont*, appellatur princeps in Aquitania I civitas, olim vocabatur Augustonemetum, moxque dicta est *Arverni*, ut ex Plinio constat (*a*); atque hoc solo fere nomine passim designata est apud veteres atque in conciliis (*b*). Hujus itaque urbis episcopatum obtinuit Sidonius, Lugduni ortus (*c*) nonis Novembris (*d*) circa annum 430, cujus integrum nomen Caius Sollius Apollinaris Sidonius; *vir scilicet*, ut ait Gregorius Turonensis (*e*), *secundum sæculi dignitatem nobilissimus, et de primis Galliarum senatoribus*. Cathedram Arvernensem ascendisse Sidonium anno 473 ex variis ejus epistolis astruere nititur Pagius (*f*); secus atque duxerat Baronius vir maximus, initium ejus pontificatus illigans præcedenti anno 472 (*g*): ejusque sententiæ adhærere noscuntur viri doctissimi, Sirmondus imprimis (*h*), Tillemontius (*i*) et Sammarthanus (*j*). Neque enim audiendus Labbeus, qui ab aliquot annis ante 472 ordinatum fuisse Sidonium ex crebris ejus per ea tempora datis ad varios epistolis evinci affirmat (*k*).

II. Ad episcopatum igitur licet invitus assumptus, qui prius in excolendis liberalibus disciplinis se pene contriverat, deinceps ad divinas litteras pertractandas animum studiaque omnia convertit. Porro tanta erat de ejus prudentia existimatio, ut oborta contentione in eligendo metropolitano episcopo Bituricensi, hujusmodi electionem comprovinciales præsules ab ipso pendere voluerunt (*l*). Magna vero animi demissione præditum fuisse nostrum antistitem, ex iis potissimum ipsius epistolis quas compluribus episcopis inscripsit, compertum habemus: ut propterea dignus fuerit qui ad sanctitatis culmen a Deo eveheretur (*m*). Exactis denique in episcopatu Arvernensi octodecim ferme annis, vir non minus litteris quam egregia morum probitate insignis, in cœlum ex hac vita emigravit, ejusque nomen in tabulas ecclesiasticas sub die 23 Augusti relatum.

III. At vero de anno sancti Sidonii emortuali, deque supremo ejus die, haud una est virorum eruditorum sententia. Si Pagium audias (*n*), rem penitus ignoramus. Tillemontius annum 490, diemque 21 Augusti decernit (*o*). Historiæ Gallicæ litterariæ scriptores Tillemontii placitis quam proxime accedunt (*p*). Sammarthanus denique, ut alios omittamus, XII cal. Septembris anno 482 sancti præsulis obitum consignat (*q*). Quandoquidem autem viros doctos modo laudatos latuere quæ hac de re scripserit Scaliger, ea hic referre haud otiosum fortasse fuerit. Sic igitur ille (*r*): « Gregorius Turonensis agens de Sidonio Apollinari Augustonemeti Arvernorum episcopo, ex iis quæ de tempore obitus ejus summi viri memorat, nobis præivit ad annum quo is decessit indagandum. Ait (*s*) diem proximum ab ejus obitu fuisse dominicam. Jam ex ecclesia Augustonemetensi (Clarum Montem vocant) constat eum decessisse 23 Augusti. Ergo 24 fuit dominica, littera dominicali E. Ex schedio veteri Cluniacensi in quo erat scriptum ejus epitaphium, additum est obiisse Zenone imperante. Procul dubio igitur hoc contigit anno 480 Christi, cyclo solis XIII (*t*). Nam non videtur anno 486 cyclo solis XIX. Nimium enim remotum est tempus. In schedio igitur ita scriptum fuit epitaphium, quod P. Pithœus noster, vir summa et probitate et eruditione, nobis communicavit (*u*):

C. SOLLII APOLLINARIS MODESTI SIDONII
Sanctis contiguus sacroque patri
Vivit hic meritis Apollinaris.
. . . .
Illic Sidonius tibi invocetur.
XII *cal. Sept. Zenone imperatore*

XII cal. Sept. ponit, cum ecclesia Arvernorum a prima usque antiquitate retinet X cal. Alioqui si obierit XII cal., hoc fuerit anno Christi quidem 482, imperii autem Zenoniani 7. — Obiit igitur Sidonius anno 5 Zenonis Augusti, post consulatum ipsius Zenonis (III), Fl. Basilio juniore V. C. cos., anno secundo Hlodovei, indictione tertia, X cal. Sept., sabbato. » Hactenus Scaliger.

(*a*) *Plin.* Hist. nat. lib. XXXIV, cap. 7.
(*b*) *Sammarth.* Gall. Christ. nov. tom. II, pag. 223.
(*c*) *Sidon.* lib. I epistt. 5 et 8, et Sirmond. ad carm. 17.
(*d*) *Id.* carm. 20.
(*e*) *Greg. Turon.* Hist. Franc. lib. II, cap. 21.
(*f*) *Pagi.* Prolegom. ad Dissert. Hypat., §§ 31 et 32, et ad ann. 472, § 5.
(*g*) *Baron.* ad ann. 472, § 14.
(*h*) *Sirmond.* ad Sidon. epist. 1, lib. VI, et epist. 12, lib. IX.
(*i*) *Tillem.* Mém. eccl. tom. XVI, pag. 749, not. 6 sur saint Sidoine.
(*j*) *Sammarth.* l. c., pag. 232.
(*k*) *Labb.* Chronol. hist. part. 1, pag. 344 edit. Paris. 1670.
(*l*) *Sidon.* lib. VII, epistt. 5, 8, 9.
(*m*) *Baron.* ad ann. 472, § 16.
(*n*) *Pagi.* ad ann. 484, § 28.
(*o*) *Tillem.* Mém. eccl. tom. XVI, pagg. 274 et 755, not. 16 sur saint Sidoine.
(*p*) Hist. littér. de la France tom. II, pag. 557.
(*q*) *Sammarth.* l. c. pag. 233.
(*r*) *Scalig.* de Emend. Temp. lib. VI, pag. 615 seq.
(*s*) *Gregor. Turon.* Hist. Franc. lib. II, cap. 23, pag. 75, edit. Ruinart.
(*t*) Confer *Labb.* Chronol. techn. part. 1, pag. 114, ad ann. 480.
(*u*) Integrum epitaphium habes infra, Vitæ Sidonianæ a Sirmondo conscriptæ subjectum.

V. Verum, ut cum Baunio loquar (a), « nihil est admodum quod cogat discedere a sententia cardinalis Baronii (b), quam quidem approbavisse et veriorem existimavisse Sirmondus videtur (c) : nempe Sidonium pervenisse ad annum 484, idque intelligi ex ipsius ad Oresium epistola, in qua se *ab exordio religiosæ professionis*, poeticæ renuntiavisse ac eo *in silentio tres jam olympiadas*, hoc est annos duodecim, *decurrisse* scribit (d). Nam verba hæc, *ab exordio religiosæ professionis*, de initio episcopatus et Baronius et Sirmondus merito intelligunt : siquidem, *Eparchio migrante*, *Sidonium ex* Urbi *præfecto substitutum* testatur Gregorius Turonensis (e) : migrationem autem Eparchii Baronius aliique ad annum 472 referunt..» Hæc ille. At de his satis.

V. Maxime claruit Sidonius poeticis imprimis et rhetoricis litteris; quo nomine nulli suæ ætatis secundus : ut proinde viris ea tempestate præstantibus fuerit magno in pretio habitus et summis laudibus auctus. Cujusmodi sunt sancti præsules, Lupus Trecensis, Euphronius Augustodunensis, Principius Suessionensis, Remigius Remensis, Ruricius Lemovicensis, ut alios prætereamus. Claudianus Mamertus, qui suos libros *de Statu animæ* auctori nostro tum præfectorio dicavit, in epistola nuncupatoria eum vocat (f) *doctissimum et optimum virum, potissimum disertorum, eruditissimum virorum ac veteris eloquentiæ reparatorem*. Et alibi ad ipsum jam episcopum scribens (g) : *Cum*, inquit, *Scripturarum cœlestium mysteria rimaris, quo te studiosius imbuis, eo doctrinam cæteris copiosius infundis*. Gennadius autem de eodem Sidonio hæc habet (h) : *Sidonius Arvernorum episcopus scripsit varia et grata opuscula, et sanæ doctrinæ. Homo siquidem tam divinis quam humanis ad integrum imbutus, acerque ingenio.... catholicus pater, et doctor insignis habetur*. Sanctus item Avitus Viennensis de Apollinari Sidonii filio verba faciens, *paternæ facundiæ* (Sidonianæ) *delicias, et flumina fontium paternorum* extollit (i). Qui rursus ad ipsum Apollinarem scribens (j) : *Hic nunc*, inquit, *nihil falso, nihil assentatorie me loqui, coram sinceritate vestra imprecor testem Deum, tantum me tuo judicio delectatum, veluti si auribus domni mei patris tui* (Sidonii) *meditata confessus, cujuscunque laudis momento sub censore donarer*. Gregorius denique Turonensis (k) : *Sanctus Sidonius*, ait, *tantæ facundiæ erat, ut plerumque ex improviso luculentissime quæ voluisset, nulla obsistente mora componeret*. Neque aliter de antistite nostro censuere sequioris ævi scriptores, Flodoardus, Sigebertus Gemblacensis, Honorius Augustodunensis, Hugo Floriacensis, Petrus Venerabilis, abbas Cluniacensis, aliique, quorum præconia proferre neque refert neque libet.

VI. Cæterum quanti habendus sit Sidonius, Sirmondum audire juverit, qui ejus scriptorum dotes probe noverat. Sic igitur ille in ipsius elogio, quod opusculis Sidonianis attexuit (l) : « Ingenii monimenta, quamvis alia plurima scripserit, hæc sola quæ restant publici juris esse voluit. In quibus sane, seu metro vinctis, seu liberis ac solutis, sive narret aut suadeat, sive laudet aut vituperet, et quodcunque argumentum tractet, par in omnibus felicitas et copia, atque ea tum verborum tum sententiarum varietas, ut mira in eo vis ingenii et abundantia quædam doctrinæ statim eluceat..... Neque vero in iis tantum quæ attentius meditabatur et elaborabat, quantus esset ostendit ; sed in extemporalibus etiam repentinisque scriptionibus, quarum illi tam prompta facultas erat, ut non pauculos duntaxat versus non meditatos funderet e vestigio....., sed justa interdum utroque orationis genere opuscula pari celeritate pertexeret..... Cæterum cum talis omni ex parte tantusque esset Sidonius, ejusque scripta omnibus mirifice probarentur, ipse unus de se modice sentire ac parum sibi usquequaque satisfacere videbatur. Itaque et multa suppressit, et quædam adorsus, ut Attilæ bellum, operis pertæsus abjecit. Historiam præterea sui temporis ut scriberet hortante Leone Eurici regis consiliario detrectavit, cum diceret historiæ scribendæ consilium clericis minime convenire. » Huc usque Sirmondus.

VII. Quod superest, eam Sidonianorum editionem, Baunium secuti (m), typis exprimendam tradidimus quam ipsemet Sirmondus summa diligentia recognitam et illustratam evulgavit. Neque tamen eorum ulla prætermisimus, sive quæ in posteriori editione Labbeus ex Sirmondi schedis adjecit, sive quæ Sirmondianorum editor ex compluribus tum regiæ tum Colbertinæ bibliothecæ mss. codicibus ad Sidonii textum emaculandum eruit. Adjecimus præterea observationes illas quas in idem consilium laudatus editor in præfatione ad tomum I collectionis Sirmondianæ ex variis virorum eruditorum operibus descripsit. Nonnulla denique alicubi adnotavimus, nobis aliunde petita.

(a) *Baun.* præfat. ad tom. I opp. Sirmond., § 11 sub fin.
(b) *Baron.* ad ann. 484, §§ 136, 139.
(c) *Sirmond.* ad epist. 12, lib. ix.
(d) *Sidon.* epist. 12, lib. ix.
(e) *Greg. Turon.* Hist. Franc. lib. ii, cap. 21.
(f) *Claudian.*, pag. 417.
(g) *Id.* epist. 1, pag. 455.
(h) *Gennad.* de Vir. illustr. cap. 92.
(i) *Avit. Vien.* epist. 38.
(j) *Id.* epist. 45.
(k) *Greg. Turon.* Hist. Franc. lib. ii, cap. 22
(l) *Sirmond.* Vit. S. Sidon., col. seq.
(m) *Baun.* præfat. ad Sirmond. opp. tom I, § 11, initio.

VITA
S. SIDONII APOLLINARIS
A SIRMONDO ADORNATA.

Sidonium nobilissimo inter Gallos genere, ac patre avoque præfectis prætorio Galliarum natum constat. De patria cum alii diversa sentiant, ipse Lugdunensem se non semel nec obscuris verbis significat. Sed crebra in ejus libris Arvernorum mentio, apud quos conjugem primum Aviti imp. filiam, deinde cathedram episcopalem sortitus est, nonnullis ansam dedit ut Arvernum suspicarentur. Lugduni ergo natus, atque optimis, quibus tum adhuc referta erat Gallia, liberalium artium usus magistris, inter quos Ennium in poeticis, Eusebium in philosophicis commemorat, eam in omnibus natura et studio laudem est consecutus, ut eruditorum sui ævi (quod Mamerti Claudiani de ipso elogia docent) peritissimus ac disertissimus haberetur. Poeticæ imprimis fama clarus, non solum apud æquales amicos, verum etiam apud principes ipsos in pretio fuit. Quorum alterum declarant omnium generum epigrammata et carmina, quæ amicorum rogatu variis de rebus officiosissime scripsit; alterum tres panegyrici, quibus Avitum socerum, Majorianum, et Anthemium Augustos publice laudavit, benevolentiæque a singulis fructum tulit. Nam et Romæ statuam inter poetas sub Avito in fori Trajani bibliotheca meruit, et a Majoriano, cum circenses daret Arelate, solemni ejus epulo inter honoratos adhibitus est, atque a Satyræ, cujus insimulabatur, invidia singulari exemplo vindicatus. Ab Anthemio denique, post comitivam aliasque quibus ornatus antea fuerat dignitates, præfectus Urbi creatus, atque patricius, familiam suam, quam præfectoriam a majoribus acceperat, reddidit patriciam. Nec multo post defuncto Arvernorum episcopo Eparchio, in ejus locum, quamvis renitens, et nondum clericus, suffectus est. Quod munus summa cum modestia susceptum, pari cum sanctitate ac vigilantia, turbidissimis temporibus, maximasque inter difficultates tum privatas tum publicas administravit. Primum enim obsessis per Gothos Arvernis, diutinæ acerrimæque oppugnationis molestias pertulit; deinde redacto ex nepotis Aug. fœdere in hostium potestatem oppido, ab his per legationis speciem relegatus aliquandiu exsulare coactus est. Tum suis tandem redditus, cum in officii curam intentus, nullam inter barbaros optimi pastoris partem omitteret, ac singulari in omnes benignitate, præcipua in egenos munificentia, neminem ipse lacesseret, æmulorum tamen, ut mos est, in se odia concitavit: duorum videlicet presbyterorum, qui omni Ecclesiæ suæ potestate per summam contumeliam exutum, in maximas rerum omnium angustias conjecerunt. Sed diuturnam eam cladem esse divina ultio passa non est. In integrum ergo restitutus, nec diu tamen postea superstes, Aprunculo successor non sine divina præsensione designato, ad cœli præmia evolavit xii calendas Septembris. Qui dies exinde anniversariæ ipsius memoriæ apud Arvernos dicatus est, et tumulo inscriptus cum epitaphio. Liberos ex Papianilla conjuge ante episcopatum susceptos reliquit Apollinarem filium, et Rosciam ac Severianam filias. Ingenii vero monimenta, quamvis alia plurima scripserit, hæc sola quæ restant publici juris esse voluit. In quibus sane, seu metro vinctis, seu liberis ac solutis, sive narret aut suadeat, sive laudet aut vituperet, et quodcunque argumentum tractet, par in omnibus felicitas et copia, atque ea tum verborum, tum sententiarum varietas, ut mira in eo vis ingenii et abundantia quædam doctrinæ statim eluceat. Qua opinor fiebat ut doctis etiam ætatis suæ hominibus, velut Ruricio Lemovicensi, obscurior atque interprete egere judicaretur. Neque vero in iis tantum quæ attentius meditabatur et elaborabat quantus esset ostendit, sed in extemporalibus etiam repentinisque scriptionibus. Quarum illi tam prompta facultas erat, ut non pauculos duntaxat versus non meditatos funderet e vestigio, quale fuit distichum quo Satyræ calumniam deprecatus est apud Majorianum, et alterum reciprocum quo lusit in torrentem, aut tetrastichum quod in Philematii gratiam composuit; sed justa interdum utroque orationis genere opuscula pari celeritate pertexeret. Ejusmodi enim fuit concio Bituricensis, quam paucis horis dictavit, et Anacreonticum carmen, quod Burdegalæ in Petri librum magistri epistolarum subito proferens, cum eximiis illius sæculi poetis Domnulo, Severiano atque Lamprido decertavit. Sed nunquam quid in hoc genere posset clarius enituit quam cum subtracto sibi, ut est apud Gregorium Turonensem, inter sacra libello ex quo recitare consueverat, totam nihilominus dicendorum seriem apposite ac luculenter explicuit. Cæterum cum talis omni ex parte tantusque esset Sidonius, ejusque scripta omnibus mirifice probarentur, ipse unus de se modice sentire ac parum sibi usquequaque satisfacere videbatur. Itaque et multa, ut dictum est, suppressit, et quædam adorsus, ut Attilæ bellum, operis pertæsus abjecit. Historiam præterea sui temporis ut scriberet hortante Leone, Eurici regis consiliario, detrectavit, cum diceret historiæ scribendæ consilium clerico minime convenire. Atque hæc fere omnia, multoque etiam plura de Sidonio discere licet ex ipsis operibus Sidonianis. Colitur autem apud Arvernos, ut jam quoque monuimus, stato die rituque sanctorum numero præclari antistitis memoria, religioseque asservantur sacra ejus ossa in basilica Genesiana, quo jam olim ex vetere S. Saturnini ædicula, in qua primum conditus fuerat, translata commemorant. Ejus A porro epitaphium, cujus supra meminimus, ex veteri codice Cluniacensi depromptum sic habet :

EPITAPHIUM SIDONII.

Sanctis contiguus, sacroque patri
Vivit sic meritis Apollinaris,
Inlustris titulis, potens honore,
Réctor militiæ, forique judex.
Mundi inter tumidas quietus undas,
Causarum moderans subinde motus,
Leges barbarico dedit furori,
Discordantibus inter arma regnis,
Pacem consilio reduxit amplo.
Hæc inter tamen et philosophando
Scripsit perpetuis habenda sæclis.
Et post talia dona gratiarum,
Summi pontificis sedens cathedram,
Mundanos suboli refundit actus.
Quisque hic dum lacrymis Deum rogabis
Dextrum funde preces super sepulcrum.
Nulli incognitus, et legendus orbi,
Illic Sidonius tibi invocetur.
xii cal. Septemb. Zenone imp.

TESTIMONIA DE SIDONIO APPOLLINARI.

MAMERTI CLAUDIANI PRESBYTERI VIENNENSIS.

Exstant Mamerti Claudiani de Statu animæ libri tres ad Sidonium scripti, in quibus illum, inter cætera laudum elogia, potissimum disertorum, eruditissimum virorum, ac veteris eloquentiæ reparatorem appellat. Epistolæ autem, quam operi præfixit, titulus hic est : *Præfectorio patricio doctissimo viro et optimo C. Sollio Sidonio Claudianus S.*

GENNADII PRESBYTERI MASSILIENSIS DE VIRIS ILLUSTRIBUS CAP. XCII.

Sidonius Arvernorum episcopus scripsit varia et grata volumina, et sanæ doctrinæ. Homo siquidem tam divinis quam humanis ad integrum imbutus acerque ingenio, scripsit ad diversos diverso metro vel prosa compositum insigne volumen, in quo quid in litteris possit ostendit. Verum in Christiano vigore pollens etiam inter barbaræ ferocitatis duritiem, quæ eo tempore Gallos oppresserat, catholicus pater et doctor habetur insignis. Floruit ea tempestate qua Leo et Zeno Romanis imperabant

C. SOLLII APOLLINARIS SIDONII
EPISTOLÆ.

LIBER PRIMUS.

N. B. In editione Sirmondiana notæ post textum separatim editæ sunt. Nos, lectoris commoditati consulentes, sub textum revocavimus. Illarum vero *paginationem*, sicut in Sirmondo habetur, crassiori charactere expressimus, ut index analyticus *in notas* postea non sine fructu recudatur. EDIT.

EPISTOLA PRIMA.

Sidonius [b] *Constantio suo salutem.*

1 Diu præcipis, domine major, summa suadendi auctoritate, sicuti es in iis quæ deliberabuntur consiliosissimus, ut si quæ litteræ paulo politiores varia occasione fluxerunt, prout eas causa, persona, tempus elicuit, omnes retractatis exemplaribus enucleatisque uno volumine includam, Q. Symmachi rotunditatem, C. Plinii disciplinam maturitatemque vestigiis [c] præsumptiosis insecuturus. Nam [d] de Marco Tullio silere me in stylo epistolari melius puto, quem **2** nec [e] Julius Titianus totum sub no-

[a] Quidam codices *Modesti* quoque nomen addunt, hoc modo, « C. Sollii Apollinaris Modesti Sidonii, » nec insolens fuit ea ætate, ut quinque unius essent vocabula : cæterum hujus prænominis nulla usquam est mentio apud Sidonium : nisi eo forsan alludere videatur, cum ad Oresium scribens significat, malle se modestum quam facetum existimari. Sidonii vero nomen ultimo loco positum, ut verum et proprium. Quare qui ordine inverso Sidonium Apollinarem vocant, Angelum Politianum et alios quosdam secuti, qui ante centum fere annos ita primi appellarunt, præter morem faciunt sæculi Sidoniani. Eodemque in errore versantur qui Prosperum Tironem scribunt, cum Tiro Prosper dicendus sit, atque ita in antiquis exemplaribus inscribatur.

[b] Lugdunensi postea presbytero : cujus exstant libri duo de Vita S. Germani Antisiodorensis. Hunc eumdem multis sæpe laudibus ornat Sidonius, tum in cæteris quas ad ipsum aliosve scribit, tum maxime in postrema omnium epistola ad Firminum. Apud Isidorum de Viris illustribus in mentione Paulini episcopus appellatur, sed perperam ni fallor.

[c] In aliquibus mss., *præsumptuosis*.

[d] Non quod Ciceronis stylum in eo non probet, ut Petrarcha et Politianus censuerunt : sed **7** quod superbum ducat Ciceronis imitationem sibi polliceri, quam ne Titianus quidem pro dignitate expresserit.

[e] Senior, pater Titiani alterius, quo magistro usus est filius Maximini Aug. Capitolinus : *Oratore usus est Titiano filio Titiani senioris, qui provinciarum*

* Quinque priores notarum paginas, sicut etiam tres ultimas, ad Sidonii operum calcem rejecimus, ubi excusæ sunt sui titulo *Coronidis*, a nostra pag. 747-748 media, ad finem paginæ 751-752. Has autem octo paginas crassiori charactere non expressimus, ut pote ad quas lector in indice non revocatur. EDIT.

ninibus illustrium feminarum digna similitudine exressit. Propter quod illum cæteri quique ª Frononianorum, utpote consectaneum æmulati, cum æternorum dicendi genus imitaretur, oratorum similam nuncupaverunt. ᵇ Quibus omnibus ego, immane dictu est, quantum semper judicio meo cesserim, quantumque servandam singulis pronuntiaverim, temporum suorum meritorumque prærogativam. Sed scilicet tibi parui, tuæque examinationi has non recensendas (hoc enim parum est), sed defæcandas, ut aiunt, limandasque commisi, sciens te immodicum esse fautorem non studiorum modo, verum etiam studiosorum. Quamobrem nos nunc perquam hæsitabundos in hoc deinceps famæ pelagus impellis. Porro autem super hujusmodi opusculo tutius conticueramus, contenti ᶜ versuum felicius quam peritius editorum opinione, de qua mihi jampridem in portu judicii publici, post lividorum latratuum scyllas enavigatas, sufficientis gloriæ anchora sedet. Sed si et hisce deliramentis genuinum molarem invidia non fixerit, actutum tibi a nobis volumina numerosiora percopiosis scaturentia sermocinationibus multiplicabuntur. Vale.

EPISTOLA II.
Sidonius ᵈ Agricolæ suo salutem.

Sæpenumero postulavisti ut, quia ᵉ Theodorici regis Gothorum commendat populis fama civilitatem, litteris tibi formæ suæ quantitas, vitæ qualitas significaretur. Pareo libens, in quantum 3 epistolaris pagina sinit, laudans in te tam delicatæ sollicitudinis ingenuitatem. Igitur vir est et illis dignus agnosci qui eum minus familiariter intuentur: ita personam suam Deus arbiter et ratio, naturæ consummatæ felicitatis dote sociata, cumulaverunt. Mores autem hujuscemodi, ut laudibus eorum ᶠ nihil ne regni quidem defraudet invidia. Si forma quæratur, corpore exacto, longissimis brevior, procerior, eminentiorque mediocribus. Capitis apex rotundus, in quo paululum a planitie frontis in verticem cæsaries refuga crispatur. Cervix non sedet nervis. Geminos orbes hispidus superciliorum coronat arcus. Si vero cilia flectantur, ad malas medias palpebrarum margo prope pervenit. ᵍ Aurium legulæ, sicut mos gentis est, ʰ crinium superjacentium flagellis operiuntur. Nasus venustissime incurvus. Labra subtilia, nec dilatatis oris angulis ampliata. Si casu dentium series ordinata promineat, niveum protinus repræsentat colorem. Pilis infra narium antra fruticantibus quotidiana succisio. Barba concavis hirta temporibus, quam in subdita vultus parte surgentem stirpitus tonsor assiduus genas ad usque forpicibus evellit. Menti, gutturis, colli non obesi, sed succulenti, lactea cutis, quæ propius inspecta juvenili rubore suffunditur. Namque hunc illi crebro colorem non ira, sed verecundia facit. Teretes humeri, validi lacerti, dura brachia, patulæ manus, recedente alvo

---

libros pulcherrimos scripsit, et qui dictus est simia sui temporis, quod cuncta imitatus esset. Jullum Titianum utroque nomine vocat etiam Ausonius ad Probum epist. 16; Julium oratorem Cassiodorus lib. ɪ Divinarum Institutionum 25. Cujus quidem varia fuerunt opera, quæ ab antiquis scriptoribus commemorantur : ut libri Provinciarum, seu Cosmographiæ, a Capitolino, Servio et Cassiodoro; fabulæ Æsopiæ ab Ausonio; libri de Agricultura a Diomede; artis rhetoricæ præcepta ab Isidoro; themata Virgiliana a Servio eodem. Sidonius hoc loco epistolas etiam a Titiano editas significat; non veras, sed fictas nominibus illustrium feminarum, quales sunt Ovidii quæ Heroidum nuncupantur.

ª Sectatorum Cornelii Frontonis, qui princeps fuit oratorum sui sæculi, τὰ πρῶτα, ut est in Dionis epitome, τῶν τότε Ῥωμαίων ἐν δίκαις φερόμενος. Diversæ enim per singulas ætates fuerunt philosophorum, poetarum, oratorum sectæ et familiæ. Ut igitur poetæ alii Virgiliani, alii Ovidiani, et jurisconsulti alii Cassiani, alii Proculiani : sic oratores ea ætate Frontoniani dicti, qui Frontonis imitationem profitebantur, et Festiani fortasse, qui Postumii Festi. Vetus inscriptio, *Postumio Titiano oratori|pronepoti et sectatori M. Postumii Fes:i oratoris.*

ᵇ Non solum Ciceroni, verum etiam Plinio et Symmacho. Ad illos enim redit, post ea quæ de Frontonianis inseruit. Etsi sentio, inquit, quam impar illis omnibus sim, qui epistolas suas superioribus sæculis ediderunt, tibi tamen parui, et has meas vel famæ periculo emisi.

ᶜ Hinc apparet poemata Sidonii haud paulo ante epistolas in lucem exiisse.

ᵈ Sidonii sororio, Papianillæ uxoris fratri, ut docebit epistola 12, lib. ɪɪ.

ᵉ Juniorris. Duo enim hujus nominis Vesogothorum in Gallia reges fuerunt : prior Valliæ successor, qui in pugna Catalaunica occubuit : alter ejus filius, post Thorismodi fratris cædem, anno a pugna tertio re- gnum adeptus. Hujus ergo adhuc superstitis formam, mores, actiones omnes graphice describit.

ᶠ Hoc addit, quia rarum est ut principes suis invisi non sint. Seneca Thyeste: *Simul ista mundi conditor posuit Deus, odium atque regnum.* Cicero pro Flacco : 8 *Fæcem civitatum quid est negotii concitare? in eum præsertim qui nuper summo cum imperio fuerit, summo autem in amore esse propter nomen ipsum imperii non potuerit?*

ᵍ Notæ sunt ligulæ in mensæ vasculis instar cochlearium. Aliud est cochlear, aliud ligula : sed nos hodie cochlearia vocamus, quæ ligulæ sunt verius. Ab harum similitudine aurium legulas dixit, quia curvæ et cavæ sunt; lolliginum item ligulas eamdem ob causam Apuleius : ut contra, lienis regulam alibi Sidonius et Alcimus Avitus dixerunt, patuli et recti. Nec minus eleganter Severianus Gabalensis, qui cymbalum auribus tribuit homilia 5 in Hexacmeron Ἡ ἀκοὴ ἔχει τὴν χρῆσιν ἔχει τὴν ὄψιν. Τὸ γὰρ περικείμενον κυμβάλον κοσμεῖ τὸ ζῷον. Legulam autem pro ligula agnoscunt etiam glossaria, quæ μυστρὸν interpretantur.

ʰ Gothicæ gentis mos fuit cæsariem discriminare, atque implexa crinium flagella in aures et terga demittere. Isidorus Originum xxɪx: *Nonnullæ gentes non solum in vestibus, sed et in corpore aliqua sibi propria quasi insignia vindicant, ut videmus cirros Germanorum, granos et cinnabar Gothorum.* Ubi cirros intelligo in nodum coactos: quod proprium Suevorum, qui majorem Germaniæ partem obtinebant, insigne facit Tacitus : granos vero hæc ipsa crinium flagella de quibus et synodus Bracarensis, cum de lectoribus cavet, *ne granos gentili ritu dimittant.* Sic enim legendum recte monuit Garsias Loaysa; sed perperam exposuit de veste laica et oblonga, cum ex ipsis Isidori verbis liqueat granos ad vestes minime pertinere. Crinium porro flagella Francis etiam, regis præsertim stirpe natis, in usu fuisse docent Agathias lib. v, et Gregorius Turonensis lib. vɪ, cap. 24, et aliis locis.

pectus accedens. Aream dorsi humilior inter excrementa costarum spina discriminat. Tuberosum est utrumque musculis prominentibus latus. **4** In succinctis regnat vigor ilibus. Corneum femur, internodia poplitum bene mascula. Maximus in minime rugosis genibus honor. Crura suris fulta turgentibus, et qui magna sustentat membra pes modicus. Si actionem diuturnam, quæ est forinsecus exposita, perquiras, antelucanos [a] sacerdotum suorum cœtus minimo comitatu expetit, grandi sedulitate veneratur: quanquam, si sermo secretus, possis animadvertere quod servet istam pro consuetudine potius quam pro [b] ratione reverentiam. Reliquum mane regni administrandi cura sibi deputat. Circumsistit sellam comes armiger, pellitorum turba satellitum ne absit admittitur, ne obstrepat eliminatur: sicque pro foribus immurmurat [c] exclusa velis, inclusa cancellis. Inter hæc intromissis gentium legationibus, audit plurima, pauca respondet. Si quid tractabitur, differt : si quid expedietur, accelerat. Hora est secunda? surgit e solio, aut thesauris inspiciendis vacaturus, aut stabulis. Si venatione nuntiata procedit, arcum lateri innectere citra gravitatem regiam judicat: quem tamen, si cominus avem feramque aut venanti monstres, aut vianti sors offerat, manui post tergum reflexæ puer inserit, nervo lorove fluitantibus : quem sicut puerile computat gestare thecatum, ita muliebre accipere iam tensum. Igitur

[a] Suos dixit, Arianos denotans, quales erant omnes Gothi.
[b] In poster. edit., *religione*. Sic et Savaroniana, ac mss. aliqui.
[c] Sic et Corippus lib. III, Justini minoris consistorium describens, protectores extra velum collocat, his versibus:

Nobilitas medios sedes Augusta penates,
Quattuor eximiis circumvallata columnis.

Et post alia :

Vela tegunt postes : custodes ardua servant
Limina, et indignis intrare volentibus obstant,
Condensi numeris fastu nutuque tremendi.

Consistorii regii fores velis prætendebantur : proxima huic statio cancellis septa et clausa erat. Intra velum, hoc est in consistorium ipsum, admissi comites et participes consilii : satellites inter cancellos et vela substitere. De his cancellis quibus judicum item omnium secretaria vallabantur, Cassiodorus senator XI Variarum 7 **9** et glossæ antiquæ : *Caula, cancelli ante judicem. Extra caula, foris versus atria.* Græci κιγκλίδας vocant, hoc est, θύρας δικτυωτὰς τῶν ἀρχείων, ἢ δικαστηρίων, Suida teste.
[d] Libro II, epistola ad *Serranum, sericatum toreuma*; et lib. IX, in carmine Anacreontico, *rutilum toreuma bysso*. Quibus omnibus locis toreumata pro toralibus posuit, et voce abusus est, Prudentii exemplo in Psychomachia :

uda ubi multo
Fulcra mero veterique toreumata rore rigantur.

Et Salviani lib. IV ad Ecclesiam. Toreumata enim proprie sunt thericlea vasa cælata, quibus nihil commune cum purpura et bysso. At toralia, stragulæ vestes lectorum tricliniarium : quæ vulgo ex pellibus erant, pro facultatum luxusque modo purpurea fiebant et serica. Cicero Philippica 2 : *Conchyliatis Cn. Pompeii peristromatis servorum in cellis lectos stratos*

acceptum modo insinuatis e regione capitibus intendit, modo ad talum pendulum nodi parte conversa, languentem chordæ laqueum vagantis digito superlabente prosequitur: et mox **5** spicula capit, implt, expellit: quidve cupias percuti, prior admonet: eligis quid faciat, quod elegeris ferit: et si ab alterutro errandum est, rarius fallitur figentis ictus, quam destinantis obtutus. Si in convivium venitur, quod quidem diebus profestis simile privato est, non ibi impolitam congeriem liventis argenti mensis cedentibus suspiriosus minister imponit. Maximum tunc pondus in verbis est : quippe cum illic aut nulla narrantur, aut seria. [d] Toreumatum peripetasmatumque modo conchyliata profertur suppellex, modo byssina. Cibi arte, non pretio placent : [e] fercula nitore, non pondere. Scyphorum, paterarumque raras oblationes facilius est ut accuset sitis, quam recuset ebrietas. Quid multis ? Videas ibi elegantiam Græcam, [f] abundantiam Gallicanam, celeritatem Italam, publicam pompam, privatam diligentiam, regiam disciplinam. De [g] luxu autem illo sabbatario narrationi meæ supersedendum est, qui nec latentes potest latere personas. Ad cœpta redeatur. Dapibus expleto somnus meridianus sæpe nullus, semper exiguus. Quibus horis viro tabula cordi est, tesseras colligit rapide, inspicit sollicite, volvit argute, mittit instanter, [h] joculanter compellat, patienter exspectat. In bonis jactibus tacet, in malis ridet, in neutris videres. Martialis lib. III.

Cubitis trudit et inde convivas,
Effultus ostro, sericisque pulvinis.

[e] Plerique *pondere* legunt; alii *splendore*, ut Pithœi codex, quod non minus arridet. Eadem enim conjunxit Plinius de Carmaniæ murrhinis agens lib. XXXVII, cap. 2 : *Splendor his sine viribus, nitorque verius quam splendor*.
[f] Quam in dialogis non semel suggillat Sulpicius Severus : et Francis familiarem testatur Luitprandus Ticinensis lib. I, cap. 6 : *Metensis*, ait, *episcopus cibaria ei multa secundum Francorum consuetudinem ministraret*.
[g] Festorum dierum, per quos publicis privatisque conviviis major luxus : adeo quidem ut cynico dente Antisthenes ἑορτὴν γαστριμαργίας ἀφορμὴν vocitaret. Quin dies festos intelligat dubium esse non potest. Hos enim profestis opponit, quorum convivia sine luxu fuisse dixit. Sacrarum nempe litterarum more locutus est, quæ festa omnia, quoscunque in dies incidant, sabbata vocant : σάββατον πᾶσαν ἑορτὴν καλοῦσιν, ait Isidorus Pelusiotes lib. III, c. 10. Constat quidem Orientales olim in ecclesia etiam sabbatis, perinde ac dominicis, feriari solitos, conventusque sacros agere: quam ob causam Asterius, Amaseæ Ponti episcopus, in homilia de repudio καλὴν τὴν συνωρίδα τοῦ σαββάτου καὶ τῆς κυριακῆς; et Gregorius Nyssenus in oratione quadam dies illos fratres vocat; luxumque adeo et delicias sabbatarias reprehendit : cum Occidentales contra dominico contenti, sabbati ferias, ut Judæorum proprias, neglexerint. Unde et Tertullianus in Apologetico : *Secundo* **10** *loco ab iis sumus, qui diem sabbati otio et luxui discernunt* : id est dominico feriamur, ut illi sabbato. Licet ergo potuerint fortasse Gothi, ut Græcorum disciplinæ alumni, sabbatis quoque Græcorum ritu feriari; aptius tamen est quod diximus, sabbati nomine hoc loco dies festos omnes intelligi.
[h] In aliquibus mss., *joculariter*.

irascitur, in utrisque philosophatur. Secundas fastidit vel timere, vel facere : quarum opportunitates spernit oblatas, transit oppositas. Sine motu evaditur, sine colludio evadit. Putes illum et in calculis arma tractare. Sola est illi cura vincendi. **6** Cum ludendum est, regiam sequestrat tantisper severitatem, hortatur ad ludum, libertatem, communionemque. Dicam quod sentio : timet timeri. Denique oblectatur commotione superati : et tunc demum credit sibi non cessisse collegam, cum fidem fecerit victoriæ suæ bilis aliena. Quodque mirere, sæpe illa lætitia, minimis occasionibus veniens, ingentium negotiorum merita fortunat. Tunc petitionibus diu ante per patrociniorum naufragia jactatis, absolutionis subitæ portus aperitur. Tunc etiam ego aliquid obsecraturus feliciter vincor, quando mihi ad hoc tabula petit, ut causa salvetur. Circa nonam recrudescit moles illa regnandi. Redeunt pulsantes, redeunt submovenies, ubique litigiosus fremit ambitus : qui tractus in vesperam, cœna regia interpellante rarescit, et per aulicos deinceps pro patronorum varietate dispergitur, usque ad tempus concubiæ noctis excubaturus. Sane intromittuntur, quanquam raro, inter cœnandum mimici sales, ita ut nullus conviva mordacis linguæ felle feriatur. Sic tamen quod illic nec organa hydraulica sonant, nec sub phonasco vocalium concentus meditatum acroama simul intonat. Nullus ibi lyristes, choraules, ª mesochorus, tympanistria, psaltria canit : rege solum illis fidibus delinito, quibus non minus mulcet virtus animum quam cantus auditum. Cum surrexerit, inchoat nocturnas aulica gaza custodias, armati regiæ domus aditibus assistunt, quibus horæ primi soporis vigilabuntur. Sed jam quid meas istud ad **7** partes, qui tibi indicanda non multa de regno, sed pauca de rege promisi? Simul et stylo finem fieri decet : quia et tu cognoscere viri non amplius quam studia personamque voluisti, et ego non historiam, sed epistolam efficere curavi. Vale.

EPISTOLA III.
Sidonius b *Philimatio suo salutem.*

I nunc, et legibus me ambitus interrogatum c senatu move, cur adipiscendæ dignitati hæreditariæ curis pervigilibus incumbam : d cui pater, socer, avus, proavus, præfecturis urbanis prætorianisque, e magisterii palatinis militaribusque micuerunt. Et ecce Gaudentius meus hactenus tantum Tribunitius, oscitantem nostrorum civium desidiam f vicariano apice transcendit. Mussitat quidem juvenum nostrorum calcata generositas : sed qui transit derogantes, in hoc solum movetur, ut gaudeat. Igitur venerantur hucusque contemptum, ac subitæ stupentes dona fortunæ, quem consessu despiciebant, sede suspiciunt. Ille obiter stertentum oblatratorum aures rauci voce præconis everberat : qui in eum licet stimulis inimicalibus excitentur, scamnis tamen amicalibus deputantur. g Unde te etiam par fuerit privilegio m præfecturæ, in h quæ participanda de-

---

a Pertinet ad pantomimos cordacistas, qui cordacem, αἰσχρὰν καὶ ἀπρεπῆ ὄρχησιν, saltabant. His enim qui crotalis vel manuum plausu signa dabat, quia in medio choro erat, *mesochorus* dicebatur, ut docuit nos vetus scholiastes Juvenalis ad satyram 11. Quo spectans Plinius junior lib. ii epistolas ad Maximum, *mesochorum* non inepte dixit eum qui in auditorum corona cæteris ad laudandum [oratorem conductis plaudendi signum dabat.

b Lugdunensi Caussidico, de quo lib. v, epist. 17 ad Eriphium ejus generum.

c Lege Calpurnia sancitum olim fuerat ambitus damnatos μήτε ἄρχειν, μήτε βουλεύειν, ita ut aditu curiæ honorumque perpetuo arcerentur. Lex Julia pœnam mitigavit, eamque redegit ad quinquennium : auctor Dio lib. xxxvi et lvi. Verum lex Julia, ut Modestinus docet, in Urbe cessavit, postquam magistratus a principe creari cœpti ; et pœnæ in eos qui apud principem ambirent aliæ postea decretæ, ut lib. i cod. Theod. ad legem Juliam de ambitu. Quare Sidonius, cum senatu movere leges ambitus dixit, non ad sui, sed ad superiorum temporum morem respexit.

d De proavo Sidonii ejusque honoribus nihil lectum memini. Apollinaris avus præfectus prætorio Galliarum fuerat principe Honorio, pater imperante Valentiniano. Avitus denique socer, et præfectus item, et magister utriusque militiæ, ut suis locis ostendetur.

e Officiorum : quæ palatii magisterii Eumenio rhetori pro scholis Æduorum. Magister officiorum totam palatii disciplinam, omnesque scholarum ordines et officia regebat. Inde nomen illi, vel ab officiis vel ab aula ipsa et palatio. Rutilius Numatianus :

Officiis regerem cum regia tecti magister,
Armigerasque pii principis excubias.

Græci quoque nunc ἡγούμενον τῶν βασιλείων, ut Theo-

doretus lib. v ; nunc ἡγεμόνα τῶν ἐν αὐλῇ τάξεων, ut Zosimus lib. ii. Glossæ nostræ, μάγιστρος ὀφφικίων ὄνομα οὐδέν ἧττον τοῦ ἡγουμένου τῶν αὐλικῶν καταλόγων διασημαίνων.

f Vicariæ præfecturæ : qui vicarianus honor, et vicariana dignitas passim, aut etiam vicaria absolute, ut de magisteria dicebamus. Vicarii ergo erant qui pro præfectis **11** prætorio sibi creditas aliquot provinciarum diœceses administrabant : ut præfecti prætorio Italiæ vicarii tres fuerunt, urbis Romæ, Italiæ et Africæ: totidem præfecti prætorii Galliarum vicarii, unus Hispaniarum, alter Britanniarum, tertius septem provinciarum per Gallias, de quo hic agi censeo. Non enim audiendi sunt qui tres vicarios in una Gallia ponunt, cum recte in Notitia scriptum sit vicarios in Occidente sex tantum fuisse ; hos nimirum quos enumeravimus. Quia igitur vicarii proximo gradu erant a præfectis, Ausonius in Mosella vicariam secundam præfecturam vocat, vicariosque Italiæ et Britanniarum designat his verbis :

Aut Italum populos, Aquilonigenasque Britanno.
Præfecturarum titulo tenuere secundo.

g Suadet ut præfecturæ assessionem sibi oblatam recipiat, atque hujus muneris privilegio antiquati honoris, alterius fortasse assessionis quam apud vicarium gesserat, jacturam resarciat. Assessores consiliarii præfectorum peracta militia multis privilegiis ornabantur, ac vicariis denique ipsis æquabantur, cod. Theod. de comitibus qui illustribus assederunt. Qua prærogativa carebant qui vicariis tantum aut aliis minoribus judicibus assederant. Ideo verendum ait Philematio, ne si extra præfectorianæ assessionis prærogativam in concilium venerit, reipsa sentiat se nullum fructum ex vicariorum assessione cepisse.

h In poster. edit., *quam varticipandam.* Sic in aliis libris editis.

posceris, antiquati honoris perniciter sarcire dispendium : ne si extra prærogativam consiliarii in concilium veneris, solas vicariorum vices egisse videare. Vale.

EPISTOLA IV.

Sidonius a *Gaudentio suo salutem.*

Macte esto, vir amplissime, fascibus partis dote meritorum : quorum ut titulis apicibusque potiare, non maternos reditus, non avitas largitiones, non uxorias gemmas, non paternas pecunias numeravisti : quia tibi econtrario b apud principis domum, inspecta sinceritas, spectata sedulitas, admissa sodalitas laudi fuere. O terque quaterque beatum te, de cujus culmine datur amicis lætitia, lividis pœna, posteris gloria ; tum præterea vegetis et alacribus exemplum, desidibus et pigris incitamentum ; et tamen si qui sunt qui te quocunque animo deinceps æmulabuntur, sibi forsitan, si te consequantur, debeant ; tibi debebunt procul dubio, quod sequuntur. Spectare mihi videor, bonorum pace præfata, illam in invidis ignaviam superbientem, et illud militandi inertibus familiare fastidium, cum a desperatione crescendi, inter bibendum philosophantes, ferias inhonoratorum laudant, vitio desidiæ, non studio perfectionis. Cujus appetitus, ne adhuc pueris usui foret, majorum judicio rejiciebatur ; sic adolescentum declamatiunculas pannis textilibus comparantes, intelligebant eloquia juvenum laboriosius brevia produci quam porrecta succidi. Sed hinc quia ista hæc satis, quod subest, quæso, reminiscaris, velle me tibi studii hujusce vicissitudinem repondere, modo me actionibus justis Deus annuens et sospitem præstet, et reducem. Vale.

a Vicario 7 provinciarum, ejus honoris apices codicillosque tunc adepto.
b Anthemii Aug. vicarii a principe ipso creabantur, non a præfectis. Cassiodorus senator in Formula vicarii urbis, *Propria est jurisdictio, quæ datur a principe.* Proinde Maximinus ferox ille præfectus prætorii de quo Marcellinus lib. XXVIII, cum vicariam Doryphoriano delatam cuperet, non eam detulit ipse, sed a principe impetravit. Secus rectores provinciarum qui a præfectis ipsis mittebantur, removebanturque sine speciali auctoritate principis, ut patet ex lib. III de Officio PP. Orientis et Illyrici, et lib. IX de Advocatis divers. judicum. Propterea vice tantum præfectoria judicare dicebantur ; vicarii autem vice sacra, ut qui a principe jurisdictionem haberent. Senator idem, *vice sacra sententiam dicis.* Et lib. I cod. de officio vicarii, *Vicaria dignitas sacræ cognitionis habet potestatem, et judicationis nostræ solet repræsentare reverentiam.*
c Lugdunum ab Urbe missa, ut duæ præcedentes ac reliquæ hujus libri omnes præter ultimam. Hæc vero elegantissimam 12 continet totius itineris Romani descriptionem.
d In aliis libris, *de.*
e Lugduni, patriæ utrique communis. Ut Rhodanusia Sidonio, sic Araria interdum aliis, quod ad utriusque fluminis confluentes posita sit. Alias quoque urbes ad Rhodanum sitas Rhodanitidas dixit in carmine Anacreontico. Irenæus vero rationem ipsam tractumque circa Rhodanum Ῥοδανουσίαν, Rhodanu-

EPISTOLA V.

Sidonius e *Heronio suo salutem.*

Litteras tuas Romæ positus accepi, quibus an secundum commune consilium sese peregrinationis meæ cœpta promoveant sollicitus inquiris. Viam etiam qualem qualiterque confecerim, quos aut fluvios viderim poetarum carminibus illustres, aut urbes mœnium situ inclytas, aut montes nominum opinione vulgatos, aut campos præliorum replicatione monstrabiles : quia voluptuosum censeas, quæ lectione compereris, eorum qui inspexerint fideliore didicisse memoratu. Quocirca gaudeo te quid agam cupere cognoscere ; namque hujuscemodi studium d ex affectu interiore proficiscitur. Illicet, si et secus quæpiam, sub ope tamen Dei ordiar a secundis ; quibus primordiis majores nostri etiam sinisteritatum suarum relationes evolvere auspicabantur. Egresso mihi e Rhodanusiæ nostræ mœnibus publicus cursus usui fuit, f utpote sacris apicibus accito, et quidem per domicilia sodalium propinquorumque : ubi sane moram vianti non veredorum paucitas, sed amicorum multitudo faciebat : quæ mihi arcto implicita complexu, itum reditumque felicem certantibus votis comprecabatur. Sic Alpium jugis appropinquatum : quarum mihi citus et facilis ascensus, et inter utrimque 10 terrentis latera prærupti cavatis in callem nivibus itinera mollita. Fluviorum quoque si qui non navigabeles, vada commoda, vel certe pervii pontes, quos antiquitas a fundamentis ad usque aggerem calcabili silice crustatum crypticis arcubus fornicavit. g Ticini cursoriam (sic navigio nomen) ascendi : qua in Eridanum brevi delatus, et cantatas sæpe comessaliter nobis Phaethontiadas, et commentitias arborei metalli lacrymas risi. Ulvosum Lambrum, cœrulum Adduam, siam appellavit.

f Alioqui privato veredis publicis uti non licuisset, cum lex Honorii hoc excepto capite interdicat. *Ne quis,* ait, *sibi deinceps cursum publicum privatus usurpet, nisi cum aut a nobis evocatur, aut a clementiæ nostræ veneratione discedit.* Moris autem fuisse ut quos ad se accirent principes, evectionem illis concederent, indicant litteræ Constantii Aug. S. Athanasium evocantis apud Theodoretum lib. II Juliani ad Eustochium his verbis, ἥκε μεθέξων ὑπατείας. Ἄξει δέ σε δημόσιος δρόμος ὀχήματι χρώμενον ἑνί, καὶ παρίππῳ.
g Ostendit hic locus cursum publicum non equis tantum vehiculisque stetisse, sed navigiis etiam ac dromonibus per flumina, lacus, sinus, ut res tulit, distributis. Quod sane verum est. Nam id satis quoque apparet ex tabula itineraria, quæ iter Verona Ravennam per Hostilias designans, Hostiliis Ravennam per Padum iter faciendum notat ; et ex Senatore apud quem Theodoricus rex dromonariis Hostiliensibus in hunc modum scribit lib. II Variarum : *Et ideo comiti sacrarum largitionum nostra præcepit auctoritas, ut in Hostiliensi loco constitui debeatis ; quatenus fiscali humanitate recreati, excursum cum veredariis per alveum Padi more solito faciatis : ut diviso labore equis publicis debeat subveniri, quando cursus vester non atteritur, qui per vias liquidas expeditur.* Dromonarii remiges erant dromonum : dromones autem, δρόμωνες, cursoriæ, expediti cursus navigia huic rei destinata.

velocem Athesim, pigrum Mincium, qui Ligusticis utriusque Adriatici maris oppida divisui fuere. Hinc Euganeisque montibus oriebantur, paulum per ostia adversa subvectus, in suis etiam gurgitibus inspexi: quorum ripæ torique passim quernis acernisque nemoribus vestiebantur. Hic avium resonans dulce concentus, quibus nunc in concavis arundinibus, nunc quoque in juncis pungentibus, nunc et in scirpis enodibus, nidorum strues imposita nutabat : quæ cuncta virgulta tumultuatim super amnicos margines soli bibuli succo fota fruticaverant. Atque obiter Cremonam pervectus adveni, cujus olim est Tityro Mantuano larium suspirata proximitas. Brixillum dein oppidum, dum succedenti ^a Æmiliano nautæ decedit Venetus remex, tantum ut exiremus, intravimus, Ravennam paulo post cursu dexteriore subeuntes : quo loci veterem civitatem, novumque portum, ^b media via Cæsaris ambigas utrum connectat, an separet. Insuper oppidum duplex pars interluit Padi certa, pars alluit : qui ab alveo principali molium publicarum discerptus objectu, et **11** per easdem derivatis tramitibus exhaustus, sic dividua fluenta partitur, ut præbeant mœnibus circumfusa præsidium, infusa commercium. Huc cum peropportuna cuncta mercatui, tum præcipue quod esui competeret deferebatur : nisi quod, cum sese hinc salsum portis pelagus impingeret, hinc cloacali pulte fossarum discursu lintrium ventilata, et ipse lentati languidus lapsus humoris nauticis cuspidibus foraminato fundi glutino sordidaretur, in medio undarum sitiebamus : quia nusquam vel aquæ ductuum liquor integer, vel cisterna defæcabilis, vel fons irriguus, vel puteus illimis. Unde progressis ad Rubiconem ventum, qui originem nominis de glarearum puniceo colore mutuatur : quique olim Gallis Cisalpinis, ^c Italisque veteribus terminus erat, cum populis utriusque Adriatici maris oppida divisui fuere. Hinc Ariminum, Fanumque perveni, illud Juliana rebellione memorabile, hoc Asdrubaliano funere infectum. Siquidem illic Metaurus, cujus ita in longum felicitas uno die parta porrigitur, ac si etiam nunc Dalmatico salo cadavera sanguinolenta decoloratis gurgitibus inferret. Hinc cætera Flaminiæ oppida, statim ut ingrediebar, egressus, lævo Picentes, dextro Umbros latere transmisi. Ubi mihi seu Calaber Atabulus, seu pestilens regio Tuscorum, spiritu aeris venenatis flatibus inebriato, et modo calores alternante, modo frigora, vaporatum corpus infecit. Interea febris, sitisque penitissimum cordis medullarumque secretum depopulabantur. Quarum aviditati **12** non solum amœna fontium, aut abstrusa puteorum (quanquam hæc quoque), sed tota illa vel vicina vel obvia fluenta, id est vitrea Fucini, gelida Clitumni, Aniënis cœrula, Naris sulphurea, pura Fabaris, turbida Tiberis, metu tamen desiderium fallente, pollicebamur. Inter hæc patuit et Roma conspectui : cujus mihi ^d non solum formas, verum etiam naumachias videbar epotaturus. Ubi ^e priusquam vel pomœria contingerem, triumphalibus apostolorum liminibus affusus, omnem protinus sensi membris male fortibus explosum esse langorem. Post quæ cœlestis experimenta patrocinii, conducti diversorii parte susceptus, atque etiam nunc ista hæc inter jacendum scriptitans, quieti pauxillulum operam impendo. Neque adhuc principis, aulicorumque tumultuosis foribus obversor. Interveni etenim ^f nuptiis patricii Ricimeris, cui filia perennis Augusti in spem publicæ securitatis copulabatur. Igitur nunc in ista non modo personarum, sed etiam ordinum partiumque lætitia, Transalpino tuo latere conducibilius visum : quippe cum hoc ipso tempore quo hæc mihi exarabantur,

---

^a Quemadmodum in viis militaribus statæ mutationes erant vehiculorum equorumque qui cursui publico serviebant; sic in fluviis dromonum. De Ticinensi et Hostiliensi vidimus : nunc de Brixillensi docemur. Significat enim Brixilli, quod oppidum in dextra Padi ripa Æmiliæ fuit provinciæ, mutationem remigum fuisse, ac Venetis Æmilianos successisse; ita videlicet, ut supra Brixillum supernates dromonarii Veneti fuerint; deinceps vero infernates Æmiliani.

^b Quæ et ipsa tertii oppidi speciem gessit. Triplex enim Ravenna Jornandi in Geticis. Prima Ravenna, ultima Classis, media Cæsarea. Itaque *urbs vetus* Sidonii est Ravenna, πόλις ἀρχαία Zosimo. *Novus portus*, Classis, nomen hoc **13** a classe nacta quam Augustus ibi collocavit. *Via Cæsaris*, Cæsarca ipsa, media Inter Urbem et mare. Quod sequitur *oppidum duplex*, non ad tria hæc membra, sed ad veterem tantum Ravennam referendum, quam Padi pars influens duplicem faciebat.

^c Olim Rubico finis Italiæ. Cicero in Antonium Philip. 6 : *ut exercitum citra flumen Rubiconem, qui finis est Galliæ, educeret.* Italiam enim a Gallia Cisalpina dirimebat. Post Augustum, qui Cisalpinam Italiæ adjecit, Italiæ finis Alpes fuere, non Rubico. Strabo lib. V: Μετὰ δὲ τὴν ὑπωρείαν τῶν Ἀλπίων, ἀρχὴ τῆς νῦν Ἰταλίας. *Post Alpium*, inquit, *radices initium nunc Italiæ*.

^d Aquæ ductus. Cassiodorus in Comitiva Formarum Urbis : *In formis Romanis utrumque præcipuum* est, ut fabrica sit mirabilis, et aquarum salubritas singularis. Cum tribus generibus ductus aquæ fiant, auctore Vitruvio, rivis per canales structiles, aut fistulis plumbeis, seu tubulis fictilibus; qui structiles fiunt rivorum canales, Formæ proprie nuncupantur. Nomen inde, ut apparet, quod subditis formis instruebantur. Qua ratione formacei quoque Afrorum Hispanorumque ex terra parietes dicti, quoniam in forma circumdatis duabus tabulis inferciantur, ut docet Plinius lib. xxxv, cap. 14.

^e Extra pomœrium erat divi Petri basilica : nec clausa fuit ante Leonis papæ IV tempora, qui novam nominis sui urbem mœnibus cinxit, quæ basilicæ præsidio esset adversus Sarracenos.

^f Harum etiam meminit epi t. 9 et in Panegyrico Anthemii : *Sic socer Augustus genero Ricimere beatus.* Infaustæ nuptiæ : quas ingrato genero exprobrat Anthemius apud Ennodium in Vita Epiphanii. *Quis,* inquit, *hoc veterum retro principum fecit unquam, ut inter munera quæ pellito Getæ dari necesse erat, pro quiete communi filia poneretur? Nescimus parcere sanguini nostro, dum servamus alienum.* Anthemii filiæ nomen Ascilam non fuisse, ut quidam censuerunt, monuimus in Notis ad Ennodium, simulque erroris fontem indicavimus ex verbis Gregorii Turonensis. Et quidem animadverti potuerat barbarum Ascilæ nomen Græcæ puellæ non convenire, cum Græcorum mos fuerit patriis et significantibus nominum vocabulis uti

vix per omnia theatra, macena, prætoria, fora, templa, gymnasia, ᵃ talassio fescenninus explicaretur. Atque etiamnum econtrario studia sileant, negotia quiescant, judicia conticescant, differantur legationes, vacet ambitus, et inter scurrilitates histrionum totus actionum seriarum status peregrinetur. Jam quidem virgo tradita est, jam ᵇ corona sponsus, jam palmata consularis, jam cyclade **13** pronuba, jam toga senator honoratur, jam penulam deponit inglorius : et nondum tamen cuncta thalamorum pompa defremuit, quia necdum ᶜ ad mariti domum nova nupta migravit. Qua festivitate decursa, cætera tibi laborum meorum molimina reserabuntur, si tamen vel consummata solemnitas aliquando terminaverit istam totius civitatis occupatissimam vacationem. Vale.

EPISTOLA VI.
Sidonius ᵈ *Eutropio suo salutem.*

Olim quidem scribere tibi concupiscebam, sed nunc vel maxime impellor, id est, cum mihi ducens in Urbem, Christo propitiante, via carpitur. Scribendi causa vel sola, vel maxima, qua te scilicet a profundo domesticæ quietis extractum ad capessenda ᵉ militiæ palatinæ munia vocem. His additur, quod munere Dei tibi congruit ævi, corporis, animi vigor integer ; dein quod equis, armis, veste, sumptu, famulitio instructus, solum, nisi fallimur, incipere formidas : et cum sis alacer domi, in aggredienda peregrinatione trepidum te iners desperatio facit : si tamen senatorii seminis homo, qui quotidie trabeatis proavorum imaginibus ingeritur, juste dicere potest semet peregrinatum, si semel et in juventa viderit domicilium legum, gymnasium litterarum, curiam dignitatum, verticem mundi, patriam libertatis, in qua unica ᶠ totius ᵍ mundi civitate soli barbari et

---

ᵃ Sic libri optimæ notæ. Alii *thalassia*, quod ad rem nihil facit. Talassionis autem et vox et carmen notum in nuptiis.

ᵇ Primi Christiani corona in nuptiis usi non sunt. Nam cum in numinis alicujus tutela coronæ omnes essent, ideo abstinebant, ne profanæ religionis participes viderentur. Tertullianus **14** de Corona militis : *Coronant et nuptiæ sponsos : et ideo non nubimus ethnicis, ne nos ad idololatriam usque deducant, a qua apud illos nuptiæ incipiunt.* Postquam desiit hoc periculum, pristinum morem amplexi sunt : quem antiquissimum apud Hebræos fuisse testis est Esaias, qui sponsum corona decoratum describit cap. 61. Basilius Seleuciæ in Tecla. Χορεύσω γὰρ ἐπὶ τῷ σῷ γάμῳ. Κἀγὼ δὲ περιθήσω μέν σοι, περιθήσω δὲ τῷ νυμφίῳ τῷ σῷ τὸν πολύευκτον Στέφανον. Theophanes Chronici auctor in Copronymo. Ἐξεύξεν Εἰρήνην Λέοντι τῷ υἱῷ αὐτοῦ, στέψας αὐτοὺς ἐν τῷ ναῷ τοῦ ἁγίου Στεφάνου τῆς βασιλείας καὶ τοῦ γάμου. *Irenen Leoni filio copulavit, coronans illos in sancti Stephani templo imperii simul ac nuptiarum corona.*

ᶜ Ducendæ ad maritum sponsæ primum exemplum, legemque a Deo manasse, qui Evam ad Adamum deduxit, probat Severianus hom. 5 in Hexaemeron : Καὶ ὅρα τὸν νόμον· πᾶσα γὰρ Θεοῦ φωνὴ ἀρχαία κανὼν ἦν τῆς φύσεως. Ἤγαγεν ὁ Θεὸς τὴν γυναῖκα πρὸς τὸν Ἀδάμ· καὶ ἔμεινεν τοῦτο ὁ νόμος ἕως σήμερον, τὴν γυναῖκα ἄγεσθαι τῷ ἀνδρί, οὐ τὸν ἄνδρα πρὸς τὴν γυναῖκα. *Legem inspice : omnis quippe antiqua vox Dei regula est naturæ. Duxit Deus uxorem ad* ~~hominem~~ *: et manet hodieque*

servi peregrinantur. **14** Et nunc (proh pudor!) si relinquare inter bussequas rusticanos, subulcosque ronchantes. Quippe si et campum stiva tremente proscindas, aut prati floreas opes panda curvus falce populeris, aut vineam palmite gravem cernuus rastris fossor invertas ; tunc est tibi summa votorum beatitudo. Quin potius expergiscere, et ad majora se pingui otio marcidus, et innervis animus attollat. Non minus est tuorum natalium viro, personam suam excolere, quam villam. Ad extremum quod tu tibi juventutis exercitium appellas, hoc est otium veteranorum, in quorum manibus effetis enses rubiginosi sero ligone mutantur. Esto, multiplicatis tibi spumabunt musta vinetis, innumeros quoque cumulos frugibus rupta congestis horrea dabunt, densum pecus gravidis uberibus in mulctram per antra olida caularum pinguis tibi pastor includet : quo spectat tam fæculento patrimonium promovisse compendio ; et non solum inter ista, sed, quod est turpius, propter ista latuisse ? Non nequiter te concilii tempore, post sedentes censentesque juvenes, inglorium rusticum, senem stantem, nobilem latitabundum pauperis honorati sententia premet, cum eos quos esset indignum si vestigia nostra sequerentur, videris dolens antecessisse. Sed quid plura? Si pateris hortantem conatuum tuorum socius adjutor, prævius particeps ero. Sin autem illecebrosis deliciarum cassibus involutus, mavis, ut aiunt, Epicuri dogmatibus copulari, qui jactura virtutis admissa, summum **15** bonum sola corporis voluptate determinat, testor ecce majores, testor posteros nostros, huic me noxæ non esse confinem.

EPISTOLA VII.
Sidonius Vincentio suo salutem.

Angit me ʰ casus Arvandi, nec dissimu'o quin

---

lex illa, ut ducatur uxor ad virum, non vir ad uxorem.

ᵈ Viro nobili, adhuc quidem privato, postea præfecto prætorio Galliarum, lib. ɪɪɪ, epist. 6.

ᵉ Non veræ militiæ, sed quo sensu militare palatio dicti omnes qui in aula versantur, etiam si arma non tractent, ut notarii, scriniarii, largitionales et cæteri, de quibus titulus de privilegiis eorum qui sacro palatio militant. Quinimo militiam palatinam veræ et armatæ leges opponunt. Tria enim omnino militiæ genera distinguunt : armatam seu militarem, quæ ita vocari cœpit postquam militiæ nomen ad alia translatum ; palatinam eorum qui intra palatium merebant ; tertiam reliquorum omnium, qui diversis judicibus potestatibusque apparebant, qualis quæ militia proconsularis aut præfectiana dicebatur. Honorius imp. de diversis officiis et appar. : *Cujuslibet judicis apparitores, inter quos etiam præfectianos locamus, ad quamcunque aliam militiam vel palatinam vel militarem transierint, retrahendi hos copiam illis quos deseruere tribuimus.*

ᶠ Orbis scilicet Romani, post Antoninum Pium, qui quod Augusto, si Dioni fides, suadebat Mecenas, re perfecit, ut jus Romanæ civitatis commune fieret omnibus subjectis. Novella 78 Justiniani. Quo factum ut Roma una omnium patria et civitas esset : in qua soli, quod ait Sidonius, peregrini censerentur aut servi, in quos jus illud cadere non poterat, aut barbari qui non parebant imperio.

ᵍ In aliquibus libris *orbis.*

15 ʰ Arvandi hujus præfecti prætorii Galliarum.

angat. Namque hic quoque cumulus accedit laudibus imperatoris, quod amare palam licet et capite damnatos. Amicus homini fui, supra quam morum ejus facilitas varietasque patiebantur. Testatur hoc, propter ipsum mihi nuper invidia conflata, cujus me paulo incautiorem flamma detorruit. Sed quod in amicitia steti, mihi debui. Porro autem in natura illa non habuit diligentiam perseverandi : libere queror, non insultatorie : quia fidelium consilia despiciens, fortunæ ludibrium per omnia fuit : denique non eum aliquando cecidisse, sed tam diu stetisse plus miror. O quoties sæpe ipse se adversa perpessum gloriabatur! cum tamen nos ab affectu profundiore ruituram ejus quandoque temeritatem miseraremur, definientes non esse felicem, qui hoc frequenter potius esse, quam semper judicaretur. Sed gubernationis suæ ordinem exposcis. Salva fidei reverentia quæ amico etiam afflicto debetur, rem breviter exponam. Præfecturam primam gubernavit cum magna popularitate, consequentemque cum maxima populatione. Pariter onere depressus **16** æris alieni, metu creditorum successuros sibi optimates æmulabatur. Omnium colloquia ridere, consilia rimari, officia contemnere, pati de occurrentum raritate suspicionem, de assiduitate fastidium : donec odii publici mole vallatus, et prius

A cinctus custodia quam potestate discinctus, captus, destinatusque pervenit Romam : illico tumens, quod prospero cursu procellosum Tusciæ littus enavigasset, tanquam sibi bene conscio ipsa quodammodo elementa famularentur. In Capitolio custodiebatur ab hospite ª Flavio Asello, comite sacrarum largitionum, qui adhuc in eo semifumantem præfecturæ nuper extortæ dignitatem venerabatur. Interea legati provinciæ Galliæ Tonantius ᵇ Ferreolus præfectorius, ᶜ Afranii Syagrii consulis e filia nepos, ᵈ Thaumastus quoque et Petronius, maxima rerum verborumque scientia præditi, et inter principalia patriæ nostræ decora ponendi, prævium Arvandum publico nomine accusaturi ᵉ cum gestis decretalibus insequuntur. Qui inter cætera quæ sibi
B provinciales agenda mandaverant, interceptas litteras deferebant, quas Arvandi scriba correptus dominum dictasse profitebatur. Hæc ad ᶠ regem Gothorum charta videbatur emitti, pacem cum Græco imperatore dissuadens, ᵍ Britannos super Ligerim sitos impugnari oportere demonstrans, ʰ cum Burgundionibus jure gentium Gallias dividi debere confirmans, et in hunc ferme modum plurima insana, quæ inani regi feroci, placido verecundiam inferrent. Hanc epistolam læsæ **17** majestatis crimine ardenter jurisconsulti interpretabantur. Me et ⁱ Auxanium, præ-

et judicii quo majestatis Romæ damnatus est ab Anthemio, meminere veteres plerique chronographi, sed nomine interpolato. Cassiodorus, eumque secuti Marianus et Hermannus Aravundum vocant. Paulus diaconus Servandum; quo etiam modo Sigebertus, Otho, Conradus abbas et alii : verum nomen cum integra historia Sidonio debetur.

ª Qui in antiqua inscriptione Fl. Eugenius Asellus. Hoc tempore comes erat largitionum : postmodum præfectus Urbi fuit, et in eoque magistratu in basilica S. Pauli aræ maximæ tholum cum quadrato circum aram exedræ ambitu reparavit. Vidimus ipsi, cum opus adhuc restaret (nunc enim eversum est), subjectas porphyreticis columnis bases marmoreas, atque in his binas ad utrumque aditum his verbis inscriptas.

FL. EUGENIUS ASELLUS
V. C. PRÆF. URBI
V. S. I. REPARAVIT.

ᵇ Præfectus fuerat prætorii Galliarum. In carmine Propemptico :

Hic docti invenies patrem Tonanti,
Rectorem columenque Galliarum,
Prisci Ferreolum parem Syagri.

Sed de Ferreolo Sidonii affine plura ad epistolam 12, lib. VII. Nunc satis sit monere falli eos qui hoc loco Tonantium a Ferreolo distinguunt, quasi duo sint, cum unicus sit Ferreolus prænomine Tonantius; sicut Afranius Syagrius non duorum, sed unius est appellatio. Alioqui quatuor ab una provincia legati essent, cum plures quam ternos mitti leges vetent.

ᶜ Syagrii consulatum quem Gratiano imperante cum Antonio gessit, fasti omnes loquuntur, Afranii prænomen unus habet Sidonius. Quod vero Postumum Syagrium in commentariis suis appellat Onufrius, suo nimirum more facit, quo solet vir diligentissimus, nomina quæ semel in uno quopiam conjuncta meminerit, in omnibus copulare quos eorum aliquo affectos videt. Sic enim post aliquot annos Atticum qui collega fuit Cæsarii, Pontium cognomi-

nat, quia Pontium Atticum per ea tempora virum clarissimum legerat : cum tamen ex lapide sepulcrali qui Romæ visitur, certum sit Attici hujus consulis cognomen Nonium fuisse, non Pontium. Sic et Mariniani, Asclepiodori collegæ, nomina concinnans, Ru-
C fium Prætextatum Marinianum finxit pro Fl. Avito Mariniano, ut in alio marmore appellatur : et pro Petronio Maximo Sidonii nostri, Anicium Maximum. Eodemque modo in aliis compluribus, **16** quos hic persequi consilium non est. De Syagrio autem dicetur ad librum v.

ᵈ Thaumasto Apollinaris fratri scribit lib. v, epist. 6, Petronio Arelatensi, ut reor, jurisconsulto lib. II, v et VIII.

ᵉ Quæ provincialium decretum de Arvandi accusatione continebant : quod infra provinciæ mandatum, pagina decretalis dicitur in concione Bituricensi. Legati enim sine civitatis aut provinciæ a qua missi fuerunt decreti tabulis non audiebantur. L. II, cod. Theod., de legatis.

ᶠ Euricum, qui Theodorico fratri, de quo epist. 2 dictum, successerat ante biennium. Græcus autem imperator quocum pacem fieri nolebat Arvandus, non est Leo, qui procul a Gothis in Oriente regnabat, sed
D Anthemius, qui Romam e Græcia venerat, ideoque ab Arvando Græcus imp. per ludibrium vocatur, ut a Ricimere Galata et Græculus apud Ennodium in Epiphanio.

ᵍ Armoricos. Ne quis de Britannia insula cogitaret, notam adjecit quas Britones Gallicos designabit. Horum, cum scripserit Sidonius, rex fuit Riothimus, is quem Euricus, ut Jornandes in Geticis narrat, Anthemio Aug. suppetias ferentem ad Bituricas profligavit.

ʰ Ut Britanni in Armoricis, sic Burgundiones in Sequanis et finitimis Galliæ populis sedes fixerant. Rex autem illorum hoc tempore Gundeucus, opinor, seu Gunduicius, Gundobaldi et fratrum parens.

ⁱ Præfectorio patre natum Arvandi verbis mox docebit. Sed Auxanios in Gallia præter hunc insignes duos eadem ætas habuit. Unum episcopum, qui cum Fausto Reiensi Romam de Hermetis Narbonensis

stantissimum virum, tractatus iste non latuit, qui **A** ut moris est, e regione consistunt. Offertur præfectoriis, ante propositionis exordium, jus sedendi. Arvandus jam tunc infelici impudentia concito gressu mediis prope judicum sinibus ingeritur. Ferreolus, circumstantibus latera collegis, verecunde ac leniter in imo subselliorum capite consedit, ita ut non minus legatum se quam senatorem reminisceretur: plus ob hoc postea laudatus honoratusque. Dum hæc, et qui procerum defuerant, adfuerunt, consurgunt partes, legatique proponunt. Epistola, post provinciale mandatum cujus supra mentio facta est, profertur; atque cum sensim recitaretur, Arvandus necdum interrogatus se dictasse proclamat. Respondere legati, quanquam valde nequiter constaret quod ipse dictasset. At ubi se furens ille, quantumque caderet ignarus, bis terque repetita confessione transfodit, **19** acclamatur ab accusatoribus, conclamatur a judicibus, reum læsæ majestatis confitentem teneri. Ad hoc, et millibus formularum juris id sancientum jugulabatur. Tum demum laboriosus tarda pœnitudine loquacitatis impalluisse perhibetur, sero cognosceus posse reum majestatis pronuntiari etiam eum qui non affectasset habitum purpuratorum. Confestim privilegiis geminæ præfecturæ, quam per quinquennium repetitis fascibus rexerat, exauguratus, et plebeiæ familiæ non ut additus, sed ut redditus, publico carceri adjudicatus est. Illud sane ærumnosissimum, sicut narravere qui viderant, quod quia se sub atratis accusatoribus exornatum ille, politumque judicibus intulerat, paulo post cum duceretur addictus, miser, **C** nec miserabilis erat. Quis enim super statu ejus nimis inflecteretur, quem videret accuratum delibutumque latomiis aut ergastulo inferri? Sed et judicio vix per hebdomadem duplicem comperendinato, capite multatus, in [c] insulam conjectus est serpentis Epidaurii: ubi usque ad inimicorum dolorem devenustatus, et a rebus humanis veluti vomitu fortunæ nauseantis exsputus, nunc [d] ex vetere senatusconsulto Tiberiano,

Arvandi amicitias, quoquo genere incursas, inter ipsius adversa vitare, perfidum, barbarum, ignavum computabamus. Deferimus igitur nihil tale metuenti [a] totam perimachiam, quam summo artificio acres et flammei viri occulere in tempus judicii meditabantur: scilicet ut adversarium incautum, et consiliis sodalium repudiatis sibi soli temere fidentem professione responsi præcipitis involverent. Dicimus ergo, quid nobis, quid amicis secretioribus tutum putaretur. Suademus nil quasi leve fatendum, si quid ab inimicis etiam pro levissimo flagitaretur: ipsam illam dissimulationem tribulosissimam fore, quo facilius persuasionis securitatem inferrent. Quibus agnitis, proripit sese; atque in convicia subita prorumpens: Abite degeneres, inquit, et præfectoriis patribus indigni, cum hac superforanea trepidatione: mihi, quia nihil intelligitis, hanc negotii partem sinite curandam. Satis Arvando conscientia sua sufficit: vix illud dignabor admittere, ut advocati mihi in actionibus repetundarum patrocinentur. Discedimus tristes, et non magis injuria quam mœrore confusi: quis enim medicorum jure moveatur, quoties desperatum furor arripiat? Inter hæc reus noster aream Capitolinam percurrere albatus: modo subdolis salutationibus pasci, modo crepantes adulationum bullas ut recognoscens libenter audire, **18** modo serica, et gemmas, et pretiosa quæque trapezitarum involucra rimari, et quasi mercaturus inspicere, prensare, depretiare, devolvere, et inter agendum multum de legibus, de temporibus, de senatu, de principe queri, **C** quod se non priusquam discuterent, ulciscerentur. Pauci medii dies; it in tractatorium frequens senatus; sic post comperi: nam inter ista discesseram. Procedit noster ad curiam paulo ante detonsus pumicatusque, cum accusatores semipullati atque concreti, nuntios [b] a decemviris operirentur, et ab industria squalidi præripuissent reo debitam miserationem sub invidia sordidatorum. Citati intromittuntur; partes,

causa legatus Hilari papæ synodo interfuit, ut Hilari epistolæ testantur. Alterum abbatem, Sidoniani Abrahæ apud Arvernos successorem: de quo lib. VII, epist. 17 ad Volusianum.

[a] Totum susceptæ accusationis ordinem et apparatum. Legati enim, cum duplici actione Arvandum aggredi liceret, majestatis ob litteras ad Euricum datas, et repetundarum ob notas posterioris præfecturæ **D** populationes; solam hanc præ se ferebant, de majestate studio dissimulabant, ut incautum in judicio imparatumque opprimerent.

[b] Quidam legendum conjiciunt *a quinque viris*: quia scilicet de capite senatoris cum præfecto Urbis judicabant quinque senatores sorte ducti, ex lege ultima cod. Theod. **17** de Jurisdictione, et l. XIII de accusationibus. Quod sane post Sidonii etiam tempora observatum, prodit judicium Basilii et Prætextati apud Cassiodorum 4 Variarum. Sed in decemviris hoc loco libri omnes consentiunt.

[c] Æsculapii. Triplex itaque in hoc judicio Arvandi custodia. Primum enim liberæ custodiæ traditur hospiti Asello: quod hominis dignitati tributum est judicio nondum constituto, ex l. 1 d. de custodia reorum. Reos enim dignitate conspicuos, ut senatores, ante probationes carceri non addicebant. Quo allu-

dens Hieronymus adversus Vigilantium, *Senatoriæ videlicet dignitatis sunt*, inquit, *ut non inter homicidas teterrimo carcere, sed in libera honestaque custodia, in Fortunatorum insulis, et in Campis Elysiis recludantur*. Post hæc comperto jam crimine publico carceri addicitur. Venuleius d. cod., l. 5: *Si confessus fuerit* **D** *reus, donec de eo pronuntietur in vincula publica conjiciendus est*. Nunc denique judicum sententiis damnatus in insulam Tiberinam conjicitur, donec ad principem referatur.

[d] Quod Tiberii Augusti jussu factum est, ut pœnæ damnatorum a senatu in decimum semper diem differrentur; ut narrant Tacitus III Annal., et Dio lib. LVII. Verum Arvando pœna non 10, sed 30 dierum spatio dilata. Quare Justus Lipsius Sidonium memoria lapsum censuit, qui senatusconsulto Tiberiano tribuat quod proprium erat legis Theodosianæ *Si vindicari*, cod. de pœnis, quæ dies 30 pœnam suspendi jussit. Sed nos politissimo viro assentiri res ipsa vetat. Etenim lex Theodosii, ut verba declarant, solius principis sententias coercuit, senatusconsultum sola senatus judicia, ut Dio notat. Arvandi vero judicium senatorium fuit, ac proinde ex senatusconsulto, non ex lege moderandum. Quod igitur 30 dies senatusconsulto ascribit, argumento est ad dies 10 veteris

triginta dierum vitam post sententiam trahit, uncum et gemonias, et laqueum per horas turbulenti carnificis horrescens. Nos quidem, prout valemus, absentes præsentesque vota facimus, preces supplicationesque geminamus, ut suspenso ictu jam jamque mucronis exserti, pietas Augusta seminecem, quanquam **20** publicatis bonis, vel ª exsilio muneretur. Illo tamen, seu exspectat extrema quæque, seu sustinet, infelicius nihil est, si post tot notas inustas contumeliasque, aliquid nunc amplius quam vivere timet. Vale.

EPISTOLA VIII.
Sidonius [b] *Candidiano suo salutem.*

Morari me Romæ congratularis : id tamen quasi facete, et fatigationum salibus admixtis. Ais enim gaudere te, quod aliquando necessarius tuus videam solem, quem utique raro bibitor Ataricus inspexerim. Nebulas enim mihi meorum Lugdunensium exprobras, et diem quereris nobis matutina caligine obstructum vix meridiano fervore reserari. Et tu mihi hæc ista Cæsenatis furni potius quam oppidi verna deblateras? De cujus natalis tibi soli, vel jocunditate vel commodo; quid etiam ipse sentires, dum migras, indicasti: ita tamen quod te Ravennæ felicius exsulantem, auribus Padano culice perfossis, municipalium ranarum loquax turba circumsilit. In qua palude indesinenter rerum omnium lege perversa, muri cadunt, aquæ stant, turres fluunt, naves sedent, ægri deambulant, medici jacent, algent balnea, domicilia conflagrant, sitiunt vivi, natant sepulti, vigilant fures, dormiunt potestates, [c] fenerantur clerici, Syri psallunt, [d] negotiatores militant, milites negotiantur, student pilæ senes, **21** aleæ juvenes, [o] armis eunuchi, litteris fœderati. Tu vide qualis sit civitas, ubi tibi lar familiaris incolitur, quæ [f] facilius territorium potuit habere quam terram. Quocirca memento innoxiis Transalpinis esse parcendum, quibus cœli sui dote contentis, non grandis gloria datur, si deteriorum collatione clarescant. Vale.

EPISTOLA IX.
Sidonius [g] *Heronio suo salutem.*

Post nuptias patricii Ricimeris, id est, post imperii utriusque opes eventilatas, tandem reditum est in publicam serietatem, quæ rebus actitandis januam campumque patefecit. Interea nos [h] Pauli præfectorii tam doctrina quam sanctitate venerandis laribus excepti, comiter blandæ hospitalitatis officiis excolebamur. Porro non isto quisquam viro est in omni artium genere præstantior. Deus bone, quæ ille propositionibus ænigmata, sententiis schemata, versibus commata, digitis mechanemata facit? Illud tamen in eodem studiorum omnium culmen antevenit, quod habet huic eminenti scientiæ conscientiam superiorem. Igitur per hunc primum, si quis quoquo modo aulam gratiæ aditus, exploro : cum hoc confero, quinam potissimum procerum spebus valeret nostris opitulari. Nec sane multa cunctatio, quia pauci, de quorum eligendo patrocinio dubitaretur. Erant quidem in senatu plerique opibus culti, genere **22** sublimes, ætate graves, consilio utiles, dignitate elati, dignatione communes : sed servata pace reliquorum, duo fastigatissimi consulares, [i] Gennadius Avienus, et [j] Cæcina Basilius præ

---

senatusconsulti accessisse postea (quo tempore incertum) dies alios 20, et tamen eidem senatusconsulto tributos fuisse, quo more legibus Juliis, aliisque multa quæ illis postea adjecta fuerunt, tribui solere juris interpretes observarunt.

ª Hoc Sidonii precibus concessisse videtur Anthemius. Nam Cassiodorus, Paulus diaconus et alii, Arvandum jussu Anthemii non morte, sed exsilio multatum scribunt.

[b] Fuit is Cæsenas patria, sed domo Ravennas. Ravennam enim migrarat. Huic vero cognominis, et qui per ætatem avus esse potuit, Candidianus alter, qui contra Joannem tyrannum ad Ravennam multa fortiter gessit: de quo inter alios Olympiodorus in excerptis Photii.

18 [c] Procul erant a fenoris quæstu clerici, quos quoquo modo fenerentur ordine moveri, καθαιρεῖσθαι τοῦ κλήρου canones jubent. At Syrorum ars propria fenerari. Quare Syrorum nomine feneratorum genus omne complexus est, ut Salvianus lib. IV de Providentia : *Consideremus solas negotiatorum et Syricorum omnium turbas, quæ majorem ferme civitatum universarum partem occuparunt.*

[d] Non solum armata, sed omni prorsus militia negotiatores prohibiti. Cod. : Negotiatores ne militent. Militibus rursum non sola mercatura, sed alia quoque privati usus negotia interdicta. Ambrosius lib. I de Officiis : *Etenim si is qui imperatori militat a susceptionibus litium, actu negotiorum forensium, venditione mercium prohibetur humanis legibus; quanto magis qui fidei exercet militiam ab omni usu negotiationis abstinere debet.*

[e] Militare eunuchos jure non potuisse arguit lex 4 **d.** de re militari : et Claudianus in Eutropium, *Arma* *relinque viris.* Fœderati autem, quos iterum nominat lib. II, epistola XIII, militum genus erant e barbaris gentibus, quæ pro Romanis principibus militabant. In quibus facile principes Gothi, qui a Constantino primum conducti fœderatorum inde nomen sortiti sunt. Γοτθοὶ φοιδοράτοι in epitome Novellæ Græcæ 11. Sed fœderatos ex aliis etiam gentibus dictos docet Olympiodorus in excerptis Photii, et novella 31 Theodosii, quæ Sarracenos fœderatos commemorat. Item Procopius 1 belli Persici.

[f] Propter circumfusas paludes, quæ terræ partem occupant, ejusque usum negant. Est enim proprie terra quæ aratur et colitur: territorium quoquo civitatis fines et jura tenduntur.

[g] Ad quem scripsit epistolam 5, cujus hæc quodam modo succidanea est, reliqua persequens Romanæ narrationis, cum præfecturam urbis adeptus jam esset.

[h] De hoc Sidonii hospite Paulo quem tantopere laudat, nihil compertum.

[i] Collega Valentiniani Aug. septimo ejus consulatu, anno Christi 450. Vetus inscriptio Romæ in basilica D. Pauli :

FL.

[j] Quinto ante hæc anno consul cum Viviano. Fuerat idem et præfectus præt. Italiæ per aliquot annos, et patricius, ut testantur novellæ Majoriani et Severi. Post hunc autem Basilium, duo alii ejus nominis consules fuere : unus ultimo anno Odoacris, qui ad hujus nostri discrimen Basilius junior dicitur a Cassiodoro, qui et ipse præfectus prætorio Italiæ ac patricius fuit : alter anno 15 Justiniani, ordinariorum consulum postremus. — Hæc nota ad pag. **19** pertinet. EDIT.

cæteris conspiciebantur. Hi in amplissimo ordine, seposita *a* prærogativa partis armatæ, facile post purpuratum principem principes erant. Sed inter hos quoque, quanquam stupendi, tamen varii mores, et genii potius quam ingenii similitudo. Fabor namque super his aliqua succinctius. Avienus ad consulatum felicitate, Basilius virtute pervenerat. Itaque dignitatum in Avieno jocunda velocitas, in Basilio sera numerositas prædicabatur. Utrumque quidem, si fors laribus egrediebantur, arctabat clientium prævia, pedissequa, circumfusa populositas: sed longe in paribus dispares sodalium spes et spiritus erant. Avienus si quid poterat, in filiis, generis, fratribus provehendis moliebatur; cumque semper domesticis candidatis destringeretur, erga expediendas forinsecus ambientium necessitates minus valenter efficax erat: et in hoc Corvinorum familiæ Deciana præferebatur, quod qualia impetrabat cinctus Avienus suis, talia conferebat Basilius discinctus alienis. Avieni animus totis, et cito, sed infructuosius; Basilii paucis, et sero, sed commodius aperiebatur. Neuter aditu diffi-

FL. CELERINUS V. D. SCRINIARIUS INL. PATRICIÆ SEDIS DEP. ID. NOVEMB. D. N. FL. VALENTINIANO AUG. VII. ET AVIENO V. C. COSS.

Idem, biennio a consulatu, honorifica cum Leone Magno ad Attilam regem **19** legatione] functus est, ut ex Prosperi Chronico didici: cujus verba hoc loco propterea subjicimus, quod memorabilis et hactenus inauditæ rei notitiam continent, cum in vulgatis Prosperi editionibus desideretur: sic autem habent in antiquo exemplari:

HERCULANO ET SPORATIO COSS.

Attila redintegratis viribus quas in Gallia amiserat, Italiam ingredi per Pannonias intendit, nihil duce nostro Aetio secundum prioris belli opera prospiciente; ita ut ne clusuris quidem Alpium quibus hostes prohiberi poterant uteretur: hoc solum spei suis superesse existimans, si ab omni Italia cum imperatore discederet. Sed cum hoc plenum dedecoris et periculi videretur, continuit verecundia metum, et tot nobilium provinciarum latissima eversione credita est sævitia et cupiditas hostilis expleta. Nihilque inter omnia consilia principis ac senatus populique Romani salubrius visum est, quam ut per legatos pax truculentissimi regis expeteretur. Suscepit hoc negotium cum viro consulari Avieno, et viro præfectorio Trigetio beatissimus papa Leo auxilio Dei fretus, quem sciret nunquam piorum laboribus defuisse. Nec aliud secutum quam præsumpserat fides. Nam tota legatione dignanter accepta, ita summi sacerdotis præsentia rex gavisus est, ut bello abstineri præciperet, et ultra Danubium promissa pace discederet.

a Pars armata est, cui opponitur civilis. In Panegyrico Majoriani, de Petro magistro epistolarum ejus:

Qui cum civilis dispenset partis habenas,
Sustinet armati curas.

Vegetius item Renatus lib. 1: *Plures militiam sequebantur armatam: necdum enim pars civilis florentiorem abduxerat juventutem.* In illa censentur qui arma tractant; in hac qui leges, et reliqua studia pacis. Ut ergo duplicem hoc loco senatum distinguit Sidonius, sic duplicem Maximi imp. aulam Paulinus lib. III de Vita S. Martini:

Adduntur lecti proceres, quos regia juxta
Culmina vicini splendor connectit honoris,
Insignes trabeis, legum armorumque tenentes
Arbitrium, vel jura fori, vel classica belli.

cili, neuter sumptuoso: sed si utrumque coluisses, facilius ab Avieno familiaritatem, a Basilio beneficium consequebare. Quibus diu utrinque libratis, id tractatus mutuus temperavit, ut reservata senioris consularis **23** reverentia, in domum cujus nec nimis raro ventitabamus, Basilianis potius frequentatoribus applicaremur. Illicet dum per hunc amplissimum virum aliquid de legationis Arvernæ petitionibus elaboramus, ecce calendæ Januariæ, quæ *b* Augusti consulis mox futuri repetendum fastis nomen opperiebantur. Tunc patronus, *c* Eia, inquit, Solli meus, quanquam suscepti officii onere pressaris, exseras volo in obsequium novi consulis veterem musam, votivum quippiam vel tumultuariis fidibus carminantem. Præbebo admittendo aditum, recitaturoque solatium, recitantique suffragium. Si quid experto credis, multa tibi seria hoc ludo promovebuntur. Parui *d* ergo præceptis: favorem ille non subtraxit injunctis: et impositæ devotionis astipulator invictus, egit cum consule meo, ut me *e* præfectum faceret senatui suo. Sed tu, ni fallor, epistolæ perosus

20 *b* Anthemii, qui jam antea consul fuerat in Oriente, sed privatus, nunc iterum suscepto imperio futurus, ut novis principibus mos erat. Solebant enim novi imperatores proximis post imperii auspicia calendis Januarii consulatum edere, quod fasti omnes ostendunt, et Sidonius de Avito carmine 8:

Principis anterior, nunc consulis iste coruscat
Annus, et merita trabeis diademata crescunt.

Plinius quoque junior Trajani moderationem laudat, quod hunc annum qui ejus fascibus de more debebatur, privatis consulibus credere maluerit: cum ab aliis principibus tanta aviditate ambiretur, ut illum plerique destinatis consulibus præreptum in se transferrent. Hinc est quod post tempora Justiniani, cum sublatis consulibus ordinariis, in publicis monimentis imperii simul et consulatus principum notæ jungerentur, anno uno posterior erat æra consulatus, hoc modo: *Data kalendis Maii C. P. imperante Augusto Fl. Heraclio, anno* IX, *et post consulatum ejusdem anno* VIII; quia imperium Heraclius Martio mense inierat, sequenti deinde Januario consulatum. At in synodo VI, actione 4, Constantini imp. annus 27 cum anno post ejus consulatum 12 comparatur, magno numeri utriusque intervallo, propterea quod in annis imperii omnes ii computantur quibus cum patre superstite ante consulatum suum regnarat.

c De panegyrico Anthemii quem Basilii hortatu dictum ait, dicetur suo loco: de more autem novos consules per panegyricos salutandi, lib. VIII, epist. 6.

d In aliquibus libris, *ego.*

e Hinc liquet Sidonium præfectura Urbis donatum ab Anthemio II consule, hoc est anno 468. Præfectum Urbis præfectum senatus vocat, quia senatus princeps erat, patres consulebat, de illis judicabat, illorumque jura tuebatur. Senator in formula, Symmachus lib. X. Epist. Numatianus ex præfecto Urbi:

Si non displicui, regerem cum jura Quirini,
Si colui sanctos consuluique patres.

Et Sidonius ipse suam hanc præfecturam in sapphico sic describit:

Capiens honorem,
Qui patrum ac plebis simul unus olim,
Jura gubernat.

prolixitatem, voluptuosius nunc ^a opusculi ipsius relegendis versibus immorabere, scio ; atque ob hoc carmen ipsum loquax in consequentibus charta deportat, quæ pro me interim dum venio diebus tibi pauculis sermocinetur. Cui si examinis tui quoque puncta tribuantur, æque gratum mihi, ac si me in comitio vel inter rostra concionante, ad sophos meum, non modo lati clavi, sed tribulium quoque fragor concitaretur. Sane moneo, præque denuntio, quisquilias ipsas Clius tuæ hexametris minime exæques. Merito enim collata vestris mea carmina, non heroicorum phaleris, sed epitaphistarum næniis comparabuntur. At tamen gaude, **24** quod hic ipse panegyricus, et si non judicium, certe eventum boni operis accepit. Quapropter, si tamen tetrica sunt amœnanda jocularibus, volo paginam glorioso, id est, quasi Thrasoniano fine concludere, Plautini Pyrgopolynicis imitator. Igitur cum ad præfecturam, sub ope Christi, styli occasione pervenerim, jubeas ilicet ^b pro potestate cinctuti, undique omnium laudum convasatis acclamationibus, ad astra portare, si placeo, eloquentiam ; si displiceo, felicitatem. Videre mihi videor ut rideas, quia perspicis nostram cum milite Comico ferocissimo jactantiam. Vale.

EPISTOLA X.

Sidonius ^c Campaniano suo salutem.

Accepi ^d per præfectum annonæ litteras tuas, quibus cum tibi sodalem veterem mihi insinuas judici novo. Gratias ago magnas illi, maximas tibi, quod statuistis de amicitia mea, vel præsumere tuta, vel illæsa credere. Ego vero notitiam viri familiaritatemque non solum volens, sed et avidus amplector : quippe qui noverim nostram quoque gratiam hoc obsequio meo fore copulatiorem. Sed et tu vigilantiæ suæ me, id est, famæ meæ statum causamque commenda. Vereor autem ne ^e famem populi Romani theatralis caveæ fragor insonet, et infortunio meo publica deputetur esuries. Sane hunc ipsum e vestigio ad portum mittere paro, quia comperi naves quinque Brundusio profectas **25** cum speciebus tritici ac mellis, ostia Tiberina tetigisse. Quarum onera exspectationi plebis, si quid strenue gerit, raptim faciet offerri, commendaturus se mihi, me populo, utrumque tibi. Vale.

EPISTOLA XI.

Sidonius ^f Montio suo salutem.

Petis tibi, vir disertissime, Sequanos tuos expetituro satyram nescio quam ; si sit a nobis perscripta, transmitti : quod equidem te postulasse demiror. Non enim sanctum est, ut de moribus amici cito perperam sentias. Huic eram themati scilicet incubaturus, id jam agens otii, idque habens ævi, quod juvenem militantemque dictasse præsumptiosum fuisset, publicasse autem periculosum. Cui namque grammaticum vel salutanti Calaber ille non dixit :

Si mala condiderit in quem quis carmina, jus est,
Judiciumque ?

Sed ne quid ultra tu de sodali simile credas, quid fuerit illud, quod me sinistræ rumor ac fumus opinionis afflavit, longius paulo, sed ab origine exponam. Temporibus Augusti Majoriani, venit in medium charta comitatum, sed carens indice, versuum plena satyricorum mordacium : sane qui satis invectivaliter abusi nominum nuditate, carpebant plurimum vitia, plus homines. Inter hæc fremere Arelatenses, quo loci res agebatur, et quærere quem poetarum publici furoris merito pondus urgeret, **26** iis maxime auctoribus quos notis certis auctor incertus exacerbaverat. Accidit casu, ut ^g Catullinus illustris tunc ab Arvernis illo veniret, cum semper mihi, tum præcipue commilitio recenti familiaris. Sæpe enim cives magis amicos peregrinatio facit. Igitur insidias nescienti, tam Pæonius, quam Bigerus has tetenderunt, ut plurimis coram tanquam ab incauto sciscitarentur, hoc novum carmen an recognosceret. Et ille : Si, inquit, dixeritis. Cumque frustra diversa, quasi per jocum effunderent, solvitur Catullinus in risum, intempestivoque suffragio clamare cœpit, dignum poema, quod apicibus perennandum auratis juste ^h tabula rostra-

---

^a Panegyrici Anthemiani, quem cum his litteris mittebat.

^b Mea nimirum præfectoria. **21** Cinctuti, hoc est cincti erant præfecti, et alii omnes magistratus quibus gladii jus erat, quorum insigne cingulum οἱ ἀρχὴν ἄρχοισι μετὰ ξίφους καὶ τελαμῶνος, ut loquitur Gregorius Nazianzenus epistola ad Africanum : qui demor cinguli in jure passim. Hinc illa superius, *cinctus Avienus, Basilius discinctus* ; et lib. v, ep. 7, *cinctis jura, discinctis privilegia.*

^c Sic veteres libri, non *Campanio* : quomodo et Julius Ferox Campanianus V. C. præfectus Urbi temporibus Diocletiani in antiquæ basis inscriptione : et Campanianus vir disertissimus apud Cassiod.,l. ix, Var. 4.

^d Erat is sub præfecti Urbis potestate. Quare Paulo post ad portum Ostiensem mittitur a Sidonio, ut frumentum quod naves Brundusinæ advexerant, per caudicarios in Urbem subvehendum curet. Etsi enim augere Urbis copias propria erat cura præfecti annonæ, eadem tamen ad præfectum quoque Urbis tanquam ad superiorem potestatem pertinebat, l. 1, cod **de officio Præfecti Urbi.** Itaque et Sidonius hoc loco, et Symmachus lib. x, ep. 48, præfectura urbica fungentes communem cum præfecto annonæ com-

meatus curam gerunt.

^e Querelæ panis, per quas populus ingruente fame tumultuabatur, præfecti Urbis capiti sæpe imminebant, ut Tertulli exemplum docet apud Marcellinum lib. xix. Hæ autem in theatris maxime circisque audiebantur, ubi et populus frequens, et major licentia. Tacitus v Annal. in Domitii et Scribonis consulatu : *Iisdem consulibus gravitate annonæ juxta seditionem ventum : multaque et plures per dies in theatro licentius efflagitata.* De circensi alio tumultu qui Constantinopoli accidit, Eunapius in Sopatro : de Romano Zosimus lib. v, quando Heracliano comite Africæ occupatos portus tenente ferali illa vox in circo audita : *Pone pretium carni humanæ.*

^f Sequano, ut prima statim verba indicant. Scripta est epistola temporibus Anthemii ; sed ea narrat quæ Majoriano regnante acciderant, anno, ut Severini consulatus ostendit, 461.

^g In epigraphe carminis 12 non amplius quam *clarissimus* appellatur. Honore igitur aut privilegio quopiam ornatus postea fuerat quo fieret *illustris*.

^h *Digna,* inquit, *satyra, quæ in æs incisa pro rostris vel in Capitolio inter legum ac publicorum monumentorum tabulas collocetur.*

lis acciperet, aut etiam Capitolina. Pæonius exarsit, cui satyricus ille morsum dentis igniti avidius impresserat : atque ad astantes circulatores, Injuriæ communis, inquit, jam reum inveni. Videtis ut Catullinus deperit risu? Apparet ei nota memorari. Nam quæ causa compulit festinam præcipitare sententiam, nisi quod jam tenet totum, qui de parte sic judicat? Itaque Sidonius nunc in Arverno est : unde colligitur auctore illo, isto auditore, rem textam. Itur in furias, inque convicia absentis, nescientis, innocentiusque conscientiæ; fidei quæstioni nil reservatur. Sic levis turbæ facilitatem, qua voluit, contraxit persona popularis. Erat enim ipse Pæonius populi totus, qui tribunitiis flatibus crebro seditionum pelagus impelleret. Cæterum si requisisses, qui genus, unde domo; non eminentius quam [a] municipaliter natus : quemquem inter initia **27** cognosci, claritas vitrici magis quam patris fecerit. Identidem tamen per fas nefasque crescere affectans; pecuniæque per avaritiam parcus, per ambitum prodigus. Namque ut familiæ superiori per filiam saltim quanquam honestissimam jungeretur, contra rigorem civici moris, splendidam, ut ferunt, dotem Chremes noster Pamphilo suo dixerat. Cumque de capessendo diademate [b] conjuratio Marcelliana coqueretur, nobilium juventuti signiferum sese in factione præbuerat: homo adhuc novus in senectute, donec aliquando propter experimenta felicis audaciæ, natalium ejus obscuritati dedit hiantis interregni rima fulgorem. Nam vacante aula, turbataque republica, solus inventus est, qui ad Gallias administrandas, fascibus prius quam codicillis ausus accingi, mensibus multis tribunal illustrium potestatum spectabilis præfectus ascenderet : anno peracto militiæ extremæ terminum circa vix honoratus, [c] numerariorum more, seu potius advocatorum, quorum cum finiuntur actiones,

A tunc incipiunt dignitates. Igitur iste sic præfectorius, sic senator (cujus moribus quod præconia competentia non ex asse persolvo, generi sui moribus debeo), multorum plus quam bonorum odia commovit adhuc ignoranti mihi, adhuc amico, tanquam sæculo meo canere solus versu valerem. Venio Arelatem, nihil adhuc suspicans : unde enim? quanquam putarer ab inimicis non adfuturus; ac principe post diem viso, in forum ex more descendo; quod ubi visum est illico expavit, ut ait ille, **28** nil fortiter ausa seditio. Alii tamen mihi plus quam deceret ad genua provolvi ; alii ne salutarent, [d] fugere post statuas, occuli post columnas; alii tristes, vultuosique junctis mihi lateribus incedere. Hic ego, quid sibi hæc vellet in illis superbiæ nimiæ, in istis humili-
B tatis forma, mirari, nec ultro tamen causas interrogare, cum subornatus unus e turba factiosorum da[t] sese mihi consalutandum. Tunc procedente sermone, Cernis hoc? inquit. Et ego, Video, inquam, gestusque eorum miror equidem, nec admiror. Ad hæc noster interpres : Ut satyrographum te, inquit, aut exsecrantur, aut reformidant. Unde? quando? respondi: quis crimen agnovit? quis detulit? quis probavit? Moxque subridens : Perge, inquam, amice, nisi molestum est, et tumescentes nomine meo consulere dignare, utrumnam ille delator aut index, qui satyram me scripsisse confinxit, et perscripsisse confinxerit: unde forte sit tutius si retractabunt, ut superbire desistant. Quod ubi nuntius retulit, protinus cuncti non modeste, neque singuli, sed propere et caterva-
C tim oscula ac dexteras mihi dederunt. Solus Curio meus, in transfugarum perfidiam invectus, cum advesperasceret, per cathedrarios servos vespillonibus tetriores domum raptus ac reportatus est. Postridie jussit Augustus ut epulo suo circensibus ludis interessemus. [e] Primus jacebat cornu sinistro consul

---

[a] Cujus nimirum majores publicam nullam dignitatem attigerant, sed intra municipiorum suorum honores ac jura consenuerant. Quomodo et Augusti avum municipalibus **22** magisteriis contentum vixisse narrat Suetonius cap. 2. Cicero pro Sylla : *Est enim ipse a materno genere municipalis.* Eodemque sensu, quia in municipiis humiliora et obscuriora sunt omnia, *municipalem scholam* Ausonius ad Gratianum, et Sidonius lib. IV, 3, *municipales oratores,* in carmine ad Felicem *municipales poetas* dixit ignobiles et obscuros.

[b] Marcelliani patricii, Aetii quondam familiaris ; quem auctor est Procopius I Vandalici, cæso Aetio rebus novis in Dalmatia studuisse, potentiamque sibi comparasse utrique imperio formidabilem. Quod Prisci etiam rhetoris excerpta confirmant. Interregnum vero, cujus occasionem nactus Pæonius præfecturam Gallicanam arripuit, non post Maximi cædem cui Avitus mox successit, sed ante Majoriani auspicia, post ereptum Avito imperium. Nam decem amplius mensium fuit intervallum, et turbata Ricimeris factionibus respublica.

[c] Numerariorum munus dignitas non est, sed officium dignitatis. Principes tamen numerariis qui in officio præfecti præt. militiam deponerent, honoris prærogativam decreverunt. Ac Sidonii quidem ætate tribuni prætoriani fiebant: postea vero Anastasius Aug. eos honore comitivæ dignitatis ornavit, l. ultima cod. de Numerariis. Idem judicium de advocatis præfecturæ utriusque, qui post officium expletum dimittebantur cum comitiva consistoriana, l. 8 de Advocatis divers. judicum. Cum his ergo Pæonium comparat, qui præfecturæ quam usurparat, codicillos circa finem tantum administrationis acceperat.

[d] Quibus videlicet refertum erat forum Arelatense, ut aliarum fere civitatum. Joannes Maxentius in Apologia : *In publicum usque prodiere, circa regum etiam statuas inclamantes.* Ad hunc vero morem occultandi se post columnas alludit Basilius de feneratoribus agens, quorum occursum declinant debitores: Οὐδεὶς πύκτης οὕτω τὰς πληγὰς τοῦ ἀνταγωνιστοῦ ὑποφεύγει, ὡς ὁ δανειζόμενος τοῦ χρήστου τὰς συντυχίας πρὸς κίονας καὶ τοίχους ὑποσκιάζων τὴν κεφαλήν. Et Ambrosius Basilii imitatione lib. de Tobia, cap. 7 : *Ille gressus delatoris singulos numerat, aucupatur deflexus : iste continuo post columnas caput obumbrat.*

[e] Operæ pretium est quo quisque loco jaceat observare, ut hoc exemplo doceamur, qui olim accumbendi ordo fuerit in sigmate, hoc est in stibadio seu lecto semirotundo. In sigmate enim fuit epulum Majoriani. Sigmatis porro duo erant extrema velut cornua. Cum igitur in dextro stibadii cornu collocet Majorianum, in sinistro consulem Severinum, dubium **23** non est quin primus ille locus habitus sit quem occupat imperator, proximus quem consul. Neque in his opinor est quod miremur. Hi duo etiam

ordinarius Severinus, vir inter ingentes principum motus atque inæqualem reipublicæ statum gratiæ semper æqualis. Juxta eum Magnus, olim ex præfecto, **29** nuper ex consule, par honoribus persona geminatis: recumbente post se Camillo filio fratris, qui duabus dignitatibus et ipse decursis, pariter ornaverat proconsulatum patris, patrui consulatum. Pæonius hinc propter, atque hinc Athenius, homo litium temporumque varietatibus exercitatus. Hunc sequebatur Gratianensis omni ab infamia vir sequestrandus, qui Severinum sicut honore post ibat, ita favore præcesserat. Ultimus ego jacebam, qua purpurati lævum latus in dextro margine porrigebatur. Edulium multa parte finita, Cæsaris ad consulem sermo dirigitur, isque succinctus: inde devolvitur ad consularem, cum quo sæpe repetitus, quia de litteris factus, ad virum illustrem Camillum ex occasione transfertur, in tantum ut diceret princeps, Vere habes patruum, frater Camille, propter quem me familiæ tuæ consulatum unum grátuler contulisse. Tunc ille, qui simile aliquid optaret, tempore invento, Non unum, inquit, Domine Auguste, sed primum. Summo fragore, ut nec Augusti reverentia obsisteret, excepta sententia est. Inde nescio quid Athenium interrogans superjectum Pæonium compellatio Augusta præteriit, casu an industria, ignoro. Quod cum turpiter Pæonius ægre tulisset, quod fuit turpius, compellato tacente respondit. Subrisit Augustus, ut erat auctoritate servata, cum se communioni dedisset, joci plenus : per quem cachinnum non minus obtigit Athenio vindictæ, quam contigisset injuriæ. Colligit itaque sese [a] trebacissimus senex, et ut semper intrinsecus æstu pudoris excoquebatur, cur sibi Pæonius anteferretur, Non miror, inquit, Auguste, **30** si mihi standi locum præripere conetur, qui tibi invadere non erubescit loquendi. Et vir illustris Gratianensis, Multus, inquit, satyricis hoc jurgio campus aperitur. Hic imperator, ad me [b] cervice conversa, Audio, ait, [c] comes Sidoni, quod satyram scribas. Et ego, inquam, hoc audio, domine princeps. Tunc ille, [d] sed ridens, parce vel nobis. At ego, inquam, quod ab illicitis tempero, mihi parco. Post quæ ille : Et quid faciemus his, inquit, qui te lacessunt? Et ego : Quisquis est iste, domine imperator, publice accuset. Si redarguimur, debita luamus supplicia convicti : cæterum objecta si non improbabiliter cassaverimus, oro ut indultu clementiæ tuæ, præter juris injuriam, in accusatorem meum quæ volo scribam. Ad hoc ipse Pæonium conspicatus, nutu cœpit consulere nutantem, placeret ne conditio. Sed cum ille confusus reticuisset, principsque consuleret erubescenti, ait, Annuo postulatis, si hoc ipsum e vestigio

apud nos primi et eximii accubitus. Summa cornua Juvenco lib. III :

> Si ves quisque vocat cœnæ convivia ponens,
> Cornibus in summis evitat ponere membra
> Quisque sapit.

Id novum potius videri queat, et ab usu nostro remotius, quod tertius, quartus ac reliqui deinceps illum ordine subsequantur qui primus est in cornu sinistro. Nam post Severinum consu em sequitur Magnus ex consule, tum Camillus, Pæonius, Athenius, Gratianensis, ultimusque Sidonius ad dextram cornu vergens, in quo jacebat Majorianus. Itaque in pleno stibadio ultimus primo proximus erat, a primo eodem remotiss'mus ex adverso secundus. Nec alius ordo fuit in Maximi convivio cui interfuit S. Martinus, apud Sulpicium Severum et alios. In dextro enim cornu Maximus Aug. in sinistro consul Evodius, dein comites Maximi frater ac patruus, et reliqui ordine proceres describuntur, atque inter hos medius presbyter Martini : extra stibadium vero in sella Martinus ad dextram Maximi. Paulinus lib. III de Vita Martini, cum proceres commemorasset,

> Hos inter medius, qua sigma flectitur orbe,
> Presbyter accubuit: dextra lævaque potentum
> Ordo ducum, membris super aurea fulcra locatis
> Pressit subjectum pretiosi velleris ostrum
> Ad dextram regis sancto venerabilis ore
> Consedit senior.

Quo profecto ad dextram Maximi sedere non poterat, nisi Maximus in dextro cornu accumberet. Honoratissimus ergo stibadii locus cornu dextrum, ut diximus, proximus sinistrum. Quare apud Gregorium Turon. l. Mirac. LXXX, Arianus ille qui dextræ partis cornu occupat, et catholicum sacerdotem hospitem suum in sinistro statuit, ludibrio illum hac etiam in re ut in cæteris habet. Sed admonet nos stibadii mentio et ordo accumbentium, ut de Christi quoque Domini suprema cœna disquiramus [*], quam in stibadio itidem strato celebratam constat ἐπὶ στιβάδος,

[*] Sunt et duæ in eamdem rem epistolæ Sirmondi Josepho Mariæ Suaresio inscriptæ : exstantque inter opp. Sirmondiana tom. IV, pag. 665 seqq., ubi quoque Cœnæ

ut loquitur Chrysostomus homilia 27 in I ad Corinthios ; sive in lectulo, ut Tertullianus de Corona. *Agnoscam*, inquit, *necesse est et recumbentem in lectulo Christum*. Recubuisse autem in ea Christum, non in medio stipantibus latera hinc inde apostolis, ut nostri vulgo pictores repræsentant, sed dextro in cornu, quo loco Maximum, Majorianumque jacentes vidimus, tum alia in libris tabulisque antiquis monumenta ostendunt, tum musivum Capuæ opus, **24** a desiderio Casinensi abbate, qui Victor II postea fuit, dedicatum. Quæquidem si ad veram imaginem expressa sunt (nec certe apparet cur videri non debeat), haud difficile fuerit intelligere cur aut Joannes, qui per ætatem fortasse ultimus erat, Christo proximus in ejus sinu accubuerit, aut Petrus, qui remotior innuisse Joanni dicatur ut Christum de proditore interrogaret.

[a] Exercitatissimus. Supra de eodem, *homo litium temporumque varietatibus exercitatus.* Vox Græcæ originis ab eo quod est τρίβαξ ; qua ratione Demosthenes Æschinem περίτριμμα τῆς ἀγορᾶς appellavit, qui in foro versatus usuque tritus esset. Quo sensu et Martialis lib. VII de Pompeio Avito :

> Jure madens, varioque togæ limatus in usu.

Neque alia est notio τοῦ trebaciter lib. IX, epist. 11, *malui factum confiteri simpliciter, quam trebaciter diffiteri*, hoc est callide et astute. Ut ergo legula superius pro ligula, sic trebacissimus nunc item pro tribacissimus ; facilis enim harum litterarum permutatio.

[b] Reflexa. Ambrosius in Lucam cap. XVI : *Nonne tibi videtur Christum cecidisse in collum Joannis, quando erat Joannes in sinu Jesu cervice recumbens reflexa ?*

[c] Ex eo genere comitum, ut opinor, qui honorarii tantum et sine administratione fuerunt, Constantini Aug. vetere instituto, ut docet Eusebius in Vita ejus lib. IV.

[d] In ms., *subridens.*

Domini, nec non convivii apud Simeonem Pharisæum typi comparent, quos in ipsius Sirmondi scriniis reperit cl, Baunius.

versibus petas. Fiat, inquam : retrorsumque conversus, tanquam aquam poscerem manibus, tantumque remoratus quantum stibadii circulum celerantia ministeria percurrunt, cubitum toro reddidi. Et imperator : Spoponderas te licentiam scribendæ satyræ versibus subitis postulaturum. Et ego :

Scribere me satyra qui culpat, maxime princeps,
Hanc rogo decernas, aut probet aut timeat.

Secutus est fragor, nisi quod dico jactantia est, par Camillano : quem quidem non tam carminis dignitas, quam temporis brevitas meruit. Et princeps, Deum testor et statum publicum, me de cætero nunquam prohibiturum quin quæ velis scribas, quippe cum tibi crimen impactum probari nullo modo possit ; simul et perinjurium est sententiam purpurati tribuere privatis hoc simultatibus, ut innocens ac secura nobilitas propter odia certa crimine incerto periclitetur. Ad hanc ipse sententiam cum verecunde, capite demisso, gratias agerem, concionatoris mei cœperunt ora pallere, in quæ paulo ante post iram tristitia successerat ; nec satis defuit quin gelarent, tanquam ad exsertum præbere cervices jussa mucronem. Vix post hæc alia pauca, surreximus. Paululum ab aspectu imperatoris processeramus, atque etiamnum chlamydibus induebamur, cum mihi consul ad pectus, præfectorii ad manus cadere, ipse ille meus amicus crebro et abjecte miserantibus cunctis humiliari : ita ut timerem ne mihi invidiam supplicando moveret, quam criminando non concitaverat. Dixi ad extremum, pressus oratu procerum conglobatorum, sciret conatibus suis versu nil reponendum, derogare actibus meis si tamen in posterum pepercisset ; etenim sufficere debere, quod satyræ objectio famam mihi parasset, sibi infamiam. In summa pertuli quidem, domine major, non assertorem calumniæ tantum, quantum murmuratorem. Sed cum mihi sic satisfactum est, ut pectori meo, pro reatu ejus, tot potestatum dignitatumque culmina et jura submitterentur, fateor exordium contumeliæ talis tanti fuisse, cui finis gloria fuit. Vale.

LIBER SECUNDUS.

EPISTOLA PRIMA.

Sidonius a *Edicio suo salutem.*

Duo nunc pariter mala sustinent Arverni tui. Quænam? inquis : præsentiam b Seronati, et absentiam tuam. Seronati, inquam, de cujus ut primum etiam nomine loquar, sic mihi videtur quasi præscia futurorum lusisse fortuna, sicuti ex adverso majores nostri prælia quibus nihil est fœdius, bella dixerunt : quique etiam pari contrarietate, fata, c quæ non parcerent, Parcas vocitavere. Rediit ipse Catilina sæculi nostri, nuper d Aturribus, ut sanguinem fortunasque miserorum, quas ille ibi ex parte propinaverat, hic ex asse misceret. Scitote in eo per dies spiritum diu dissimulati furoris aperiri : aperte invidet, abjecte fingit, serviliter superbit : indicit ut dominus, exigit ut tyrannus, addicit ut judex, calumniatur ut barbarus, toto die a metu armatus, ab avaritia jejunus, a cupiditate terribilis, a vanitate crudelis ; non cessat simul furta vel punire, vel facere ; palam et ridentibus convocatis ructat inter cives pugnas, inter barbaros litteras : epistolas, ne primis quidem apicibus sufficienter initiatus, publice a jactantia dictat, ab impudentia emendat ; totum quod concupiscit quasi comparat, nec dat pretia contemnens, nec accipit instrumenta desperans ; in consilio tacet, in concilio jubet, in ecclesia jocatur, in convivio prædicat, in cubiculo damnat, in quæstione dormitat ; implet quotidie silvas fugientibus, villas hospitibus, altaria reis, carceres clericis ; exsultans Gothis, insultans Romanis, illudens præfectis, colludensque numerariis ; o leges Theodosia-

---

a Sororio suo : sic enim appellat carmine 20 Papianillæ scilicet uxoris fratrem, Aviti Aug. filium : qui primum sub Anthemio comes et magister militum fuit in Gallia, deinde patricius creatus est a Nepote. Verum ejus nomen Ecdicius : quo modo in codice et in epistolis Juliani, Ἐκδικίῳ ἐπάρχῳ Αἰγύπτου. Sic et Alcimus Ecdicius episcopus Viennensis. Quin recte quoque Ecdicius hic ipse appellatur et scribitur apud Gregorium Turonensem lib. II, cap. 24, truncata voce Decius apud Jornandem.

b Hujus patriæ pestis solus omnium meminit Sidonius : ex quo tamen non facile deprehendas quemnam gesserit magistratum. Publicis tributis præfuisse constat, iisque indicendis vel exigendis in provincialium viscera sævisse. Quo nomine aliisque delatus ab Arvernis, Romæ tandem capitis damnatus est, ut scribit lib. VII, epist. 7. Contrarium Seronato nomen est Citonatus apud Gregorium Magnum.

c In aliquibus libris, *quia*.

d Recte ex manuscriptis hanc lectionem asseruit Joannes Savaro V. C.; nos enim fugerat emendatio. Sunt autem, ut idem docuit, Aturres in Novempopulis ad Aturrum fluvium qui Adures postea dici cœperunt : quo etiam modo Aduris legitur in verbis Aniani post auctoritatem Alarici, quæ codici Theodosiano præfixa est. Cæterum Aturres, seu Adures, nomen primum fuit populi, non oppidi. Oppidi enim Aturrensium nomen Vicus Julius, cujus mentio apud Gregorium Turonensem lib. IX, cap. 7 et 20, et de Gloria confessorum cap. 52. Quare Rusticus Vicojuliensis episcopus, qui concilio Matisconensi II subscribit, episcopus est Adurensis : idemque judicium in Vita S. Philiberti, cum a Vici Julii civibus expetitus dicitur. Sed ut in eadem Novempopulania, quæ Cossio Vassatum olim erat, Vasates postea de gentis nomine nuncupata est : sic Vicus Julius Aturres. Erant autem Aturres hoc tempore cum tota vetere Aquitania in potestate et imperio Gothorum. Itaque a Gothis redibat Seronatus.

e Theodosianæ leges sunt Romanæ redactæ in codice Theodosianum, qui tum vigebat : Theodoricianæ Gothicæ, a Theodoricis regibus Gothorum. Quanquam enim Anthemii temporibus, cum hæc scriberet Sidonius, Gothis in Gallia præfuit Euricus Theodorici fratris successor, Theodoricianas tamen dicere maluit ob paronomasiam cum Theodosianis. Ex his porro conjectura est, cum Euricus in Isidori Chronico legum instituta Gothis primus tradidisse dicitur, non sic esse accipiendum, quasi ante Euricum leges Gothicæ nullæ fuerint : sed quod earum

nas calcans, **Theodoricianasque** proponens veteres culpas, nova tributa perquirit. Proinde moras tuas citus explica, et quidquid illud est quod te retentat, incide. Te exspectat palpitantium civium extrema libertas. Quidquid sperandum, quidquid desperandum est, fieri te medio, te præsule, placet. Si nullæ a republica vires, nulla præsidia, si nullæ quantum rumor est. Anthemii principis opes : statuit te auctore nobilitas, [a] seu patriam dimittere, seu capillos.

34 EPISTOLA II.

Sidonius [b] *Domitio suo salutem.*

Ruri me esse causaris, cum mihi potius queri suppetat te nunc urbe retineri. Jam ver decedit æstati, et [c] per lineas sol altatus extremas, in axem Scythicum radio peregrinante porrigitur. Hic quid de regionis nostræ climate loquar? cujus spatia divinum sic tetendit opificium, ut magis vaporibus orbis occidui subjiceremur. Quid pl ra? Mundus incanduit, glacies Alpina deletur, et hiulcis arentium rimarum flexibus terra perscribitur, squalet glarea in vadis, limus in ripis, pulvis in campis, aqua ipsa quæcunque perpetuo labens, tractu cunctante languescit. Jam non solum calet unda, sed coquitur; et nunc dum in carbaso sudat unus, alter in bombyce, tu endromidatus exterius, interius fasciatus; insuper et concava [d] municipii Camerini sede compressus, discipulis non æstu minus quam timore pallentibus, exponere oscitabundus ordiris, *Samia mihi mater fuit.* Quin tu mage, si quid salubre tibi cordi, raptim subduceris anhelantibus angustiis civitatis, et conturbernio nostro aventer insertus, fallis clementissimo recessu inclementiam canicularem? Sane si placet, quis sit agri in quem vocaris, situs accipe.

[e] Avitaci sumus ; nomen hoc prædio: quod quia corpus et codicem primus collegerit Euricus : quod perspicue docent verba Isidori ejusdem in Leuvigildo.

[a] Aut spontaneum exsilium subire, aut clericatum. Hoc malebat videlicet Arverna nobilitas, quam Gothorum partibus, si in illorum potestatem veniret, militare. Clerici enim a militia immunes. Porro qui clerici fiebant, tondebantur, ut notum est : interdum vero dimittere capillos dicebant non tondere, sed demittere et prolixos nutrire, ut Gregorius Turon. non semel. Quo more si loqui placeat Sidonium, ita quoque deditionem Gothicam intelliget, quia Gothi criniti.

[b] Grammatico doctori : de cujus doctrina et censoria severitate in carmine Propemptico :

Ac primum Domini larem severi
Intrabis, trepidantibus Camœnis.

[c] Cum vergit ad tropicum solstitii æstivi : quo spectant etiam illa Plutarchii ad principem indoctum :
Ἥλιος ὅταν ὕψωμα λάβῃ μέγιστον, ἐξαρθεὶς ἐν τοῖς βορείοις.

26 [d] Abest a nonnullis codicibus vox *Camerini* : in quibusdam aliis expungitur : ut addita videri possit, tanquam glossema municipii. Sunt in quibus legatur *Amerini*, ut jam suspicari liceat a glossographo scriptum fuisse municipii Arverni. De Arverno quippe oppido agi videtur.

[e] Ita scribunt antiqui libri fere omnes. Nomen ab Avito ductum, Papianillæ prædii dominæ patre; ut apud Ausonium Pauliacus et Lucaniacus a Paulo et

uxorium patrio mihi dulcius. Hæc mihi cum meis, præsule Deo, nisi quid tu fascinum verere, concordia. **35** Mons ab occasu quanquam terrenus, arduus tamen inferiores sibi colles tanquam gemino fomite effundit, quatuor a se circiter jugerum latitudine abductos. Sed donec domicilio competens vestibuli campus aperitur, mediam vallem rectis tractibus prosequuntur latera clivorum, usque in marginem villæ, quæ in Boream Austrumque conversis frontibus tenditur. Balneum ab Africo radicibus nemorosæ rupis adhærescit; et si cædua per jugum silva truncetur, in ora fornacis lapsu velut spontaneo, decidua struibus impingitur. Hinc aquarum surgit cella coctilium; quæ consequenti unguentariæ spatii parilitate conquadrat, excepto solii capacis hemicyclio : [b] ubi et vis ferventis undæ per parietem foraminata flexilis plumbi meatibus implicita singultat. Intra conclave succensum solidus dies, et hæc abundantia lucis inclusæ, ut verecundos quosque compellat aliquid se plus putare quam nudos. Hinc frigidaria dilatatur, quæ piscinas publicis operibus exstructas non impudenter æmularetur. Primum tecti apice in conum cacuminato, cum ab angulis quadrifariam concurrentia dorsa cristarum tegulis interjacentibus imbricarentur; ipsa vero convenientibus mensuris exactissima spatiositate quadratur : ita ut ministeriorum sese non impedicnte famulatu, tot possit recipere sellas, [f] quot solii sigma personas. Fenestras e regione conditor binas confinio cameræ pendentis admovit, ut suspicientum visui fabrefactum lacunar aperiret. Interior parietum facies **36** solo lævigati cæmenti candore contenta est. Non hic per nudam pictorum corporum pulchritudinem turpis prostat historia; quæ sicut ornat artem, sic devenustat artificem. Absunt ridiculi vestitu et vultibus histriones, pigmentis multicoloribus [g] Philistionis supellectilem

Lucano. Eodemque modo ex antiquis exemplaribus restituimus carmine 18.

Si quis Avitacum dignaris visere nostram.

Hujus autem prædii, quod elegantissime copiosissimeque describitur a Sidonio, reliquiæ aliquando creditæ sunt exstare ad Serlievam lacum, qui a municipio Arvernorum modico spatio aberat. Verum is paucos ante annos derivatis quæ illic stagnabant aquis penitus exhaustus, opinionis hujus vanitatem ostendit. Sunt qui Papianillæ lacum de Cambonensi accipiant : verisimilius aliquanto. Sed ne huic quidem, mea sententia, satis congruit Sidoniana descriptio.

[f] Ita prorsus legendum, non *quot solet*, ut in vulgatis hactenus. Cyprianus epist. 76 ad Magnum : *Et solio et piscina opus sit, quibus ablui et mundari corpusculum possit.* Sermo enim est, non de sigmate seu stibadio, sed de solio cellæ caldariæ, quod paulo ante solii hemicyclium dixit, nunc eodem sensu solii sigma a figura semirotunda : a qua et tori accubitales seu stibadia sigma nuncupantur : quemadmodum porticus Constantinopolitana Juliani apud Zosimum lib. III, sigma quoque dicta est a semicirculi figura. In balneis qui lavabant, a cella caldaria ejusque solio transibant ad frigidariam, ibique in sellis considebant. Tot igitur in frigidaria sellas esse oportebat, quot personis locus erat in caldaria.

[g] Poetæ mimographi, γελωτοποιοί, ridiculi, ipso in

mentientes. Absunt lubrici, tortuosique pugillatu et nexibus palæstritæ: quorum etiam viventum luctas, si involvantur obscenius, casta confestim [a] gymnasiarchorum virga dissolvit. Quid plura? nihil illis paginis impressum reperietur, quod non vidisse sit sanctius. [b] Pauci tamen versiculi lectorem adventitium remorabuntur, minime improbo temperamento; quia eos nec relegisse desiderio est, nec perlegisse fastidio. Jam si marmora inquiras, non illic quidem Paros, Carystos, [c] Proconissos, Phryges, Numidæ, Spartiatæ, rupium variatarum posuere crustas; neque per scopulos Æthiopicos, et abrupta purpurea genuino fucata conchyllo, sparsum mihi saxa furfurem mentiuntur. Sed etsi nullo peregrinarum cautium rigore ditamur, habent tamen tuguria seu mapalia nostra civicum frigus. Quin potius quid habeamus quam quid non habeamus ausculta. Huic basilicæ appendix piscina forinsecus, seu si græcari mavis, baptisterium ab Oriente connectitur, quod viginti circiter modiorum millia capit. Huc elutis e calore venientibus triplex medii parietis aditus per

A arcuata intervalla reseratur: nec pilæ sunt, sed columnæ, quas architecti peritiores [d] ædi purpuras **37** nuncupavere. In hanc ergo piscinam [e] fluentum de supercilio montis elicitum, canalibusque circumactis per exteriora natatoriæ [f] latera curvatum, sex fistulæ prominentes leonum simulatis capitibus effundunt; quæ temere ingressis veras dentium crates, meros oculorum furores, certas cervicum jubas imaginabuntur. Hic si dominum seu domestica, seu hospitalis turba circumstet, quia præ strepitu caduci fluminis, mutuæ vocum vices minus intelliguntur, in aurem sibi populus confabulatur: ita sonitu pressus alieno ridiculum affectat publicus sermo secretum. Hinc egressis frons triclinii matronalis offertur; cui continuatur vicinante textrino cella penuaria, discriminata tantum pariete castrensi. Ab

B ortu lacum porticus intuetur, magis [g] rotundatis su'ta [h] collyriis, quam [i] columnis invidiosa monubilibus. A parte vestibuli longitudo [j] tecta interius patet, mediis non interpellata parietibus: quæ quia nihil ipsa prospectat, et [k] si non hypodromus, saltim cry-

---

risu mortui, ut refert Suidas. Eusebius in Chronico sub Tiberio, *Philistio mimographus natione Magnesianus, Romæ clarus habetur.* Mimorum inventorem facit Cassiodorus lib. xiv Variarum ultima. Epiphanius de Manichæis: Τὰ δὲ ἄλλα εἰπεῖν τίς οὐκ ἂν γελάσειεν; ὡς τάχα τὰ τοῦ Φιλιστίωνος εἶναι ἀναγκαιότερα, ἢ τὰ τούτου μυθολογίας. *Cætera sine risu quis commemoret? cum verisimiliora quodam modo videantur, quæ Philistion, quam quæ hic fabulis suis commentus est.*

[a] Βάτων γυμνασίαρχος in marmore Anconitano. De virga autem Servius in I Æneidos: *Hodieque tam athletarum, quam gladiatorum certamina virga dirimuntur.* Sed lanistarum virga, qua gladiatoribus modum adhibebant, rudis proprie dicta. Glossæ veteres: *Rudis* ῥάβδος, ἡ τῶν ἐπιστατῶν τῶν μονομάχων.

[b] **27** Tetrasticum nempe hujus piscinæ foribus impositum, quod inter Sidonii carmina exstat. Tit. 19:

Intrate algentes post balnea torrida fluctus, etc.

Res exigit ut Proconnesos scribatur. Προκόννησος, insula maris Ægæi, candidi marmoris fodina celebris, ut auctor est Strabo lib. xiii.

[d] Ornamenta. Sicut enim vesti affert lumen clavus purpuræ, ut Fabii verbis utar, sic ædibus columnæ. Purpuræ nomen scriptores ad omnia transferunt, quæ ornatum decoremque significant. Sidonius infra epist. 10: *Omnes nobilium sermonum purpuræ.* Cicero in Oratore: *Quos numeros cum quibus tanquam purpura misceri oportet.* Lucianus in Hippia de membris balnei: Ὁ δὲ ἔνδον οἶκος κάλλιστος, φωτός τε πολλοῦ ἀνάμεστος, καὶ ὡς πορφύρα διηνθισμένος. In onyche demum gemma quam Baronii cardinalis optimi beneficentiæ debemus, artificis manu sculpta hæc leguntur, ΕΥΤΥΧΕΙ, ΜΑΚΕΔΟΝ, Η ΠΟΡΦΥΡΑ ΤΩΝ ΑΔΕΛΦΩΝ. *Sis felix, Macedo, purpura, hoc est decus et gemma, fratrum.*

[e] In aliquibus libris *fluvium.*
[f] In aliquibus libris *littora.*

[g] Collyria quid sint hoc loco non capio. Scriptum crediderim a Sidonio *coluriis.* Intelligit enim pilas ex pluribus saxis in orbem accisis exstructas: quas ideo columnis opponit, ut paulo superius *nec pilæ sunt mediæ, sed columnæ;* quia columnæ ex unico fiunt lapide, pilæ e multis. Saxa autem in orbem cæsa non poterant aptius appellari quam rotundata coluria. Colura enim dicuntur quæ extrema sui parte truncantur, et κολουραίαν πέτραν interpretatur Suidas

e Callimacho κοίλην κεκαμμένην ἢ στρογγύλην: et κολουρίαν Hesychius ἀποτομίαν. Par pilarum columnarumque, sed conversa antithesis Natali 10 Paulini:

Nam steterant vasto deformibus agmine pilis,
Nunc meliore datis eadem vice fulta columnis
Et spatii cepere et luminis incrementum.

[h] *Coluriis.*
[i] *Insignibus:* quales adhiberi solent in monimentis. Cyprianus diaconus in Vita S. Cæsarii lib. i, sub finem: *Et ut conferret sacris virginibus quas congregaverat curam necessariam sepulturæ, monubiles arcas corporibus humandis de saxis ingentibus noviter fecit excidi.*

[j] In quibusdam libris, *intrinsecus.*

[k] Certa emendatio, quam libri omnes scripti asserunt, pro quo mendose vulgati exhibent hippodromum, id est circum. Non enim circum intelligit, qui quorsum in ædium vestibulo, aut quid habet cum cryptoporticu commune? sed tectam ut dicit longitudinem, et clausum undequaque deambulacrum: qualia sunt in vestibulis magnatum, aut qualia quæ stadia opaca vocat Tertullianus **28** in libello ad martyres. Hypodromus autem ex eo dictus, quod sub eo incedatur, sicut peridromis in xysto hypæthra ambulatio a circumitu, et diadromis a transitu: balnei membrum in Hippia Luciani. Non latuit ea vox Angelum Decembrium, qui lib. v hypodromum distinguit ab hippodromo: nec sæculi sui eruditissimum Aldelmum, apud quem in libro de Virginitate Babylas martyr *ad palatinas ducitur zetas, et imperialis vestibuli hypodromum.* In quibus verbis imaginem vides porticus Sidonianæ: et si suam Sidonius, quia nihil prospectabat, cryptoporticum appellare malit. Plinius vero junior, a quo vocem hanc haud dubie mutuatus est, in descriptione Tuscanicæ villæ suæ lib. v, epist. 6, hypodromum vocat nativam porticum, consertis inter se ac reflexis arborum fruticumque ramis contextam; quales quæ in hortis natura vel arte fieri solent, et qualem in Voroango Appollinaris sui prædio depingit Sidonius in Propemptico. Talis et vitea porticus Cypriano in epistolam ad Donatum. Dant, inquit, secessum vicina secreta: *ubi dum erratici palmitum lapsus nexibus pendulis per arundinea bajulas repunt, viteam porticum frondea tecta fecerunt.* Plinii verba interpretatione non egent: ascribam tamen, ut ex iis statim liqueat, jure illi per Sidonium reddendam esse vocem

ptoporticus meo mihi jure vocitabitur. Hæc tamen aliquid spatio suo in extimo deambulacri capite defrudans, efficit membrum bene frigidum, ubi publico lectisternio exstructo, clientarum sive nutricum loquacissimus chorus receptui canit, cum ego meique dormitorium cubiculum petierimus. A cryptoporticu in hiemale triclinium venitur, quod arcuatili camino sæpe ignis animatus pulla fuligine infecit. Sed quid hæc tibi, quem nunc ad focum minime invito? quin potius ad te, tempusque pertinentia loquar. Ex hoc triclinio fit in diætam **38** sive cœnatiunculam transitus, cui fere totus lacus, quæque tota lacui patet. In hac stibadium, et nitens abacus : in quorum aream, sive suggestum, a subjecta porticu sensim, non breviatis angustatisque gradibus ascenditur. Quo loci recumbens, si quid inter edendum vacas, prospiciendi voluptatibus occuparis. Jam si tibi ex illo conclamantissimo fontium decocta referatur, videbis in calicibus repente perfusis nivalium maculas ac frusta nebularum; et illam lucem lubricam poculorum, quadam quasi pinguedine subiti algoris hebetatam. Tum respondentes poculis potiones, quarum rigentes cyathi siticuloso cuique, ne dicam tibi granditer abstemio, metuerentur. Hinc jam spectabis ut promoveat alnum piscator in pelagus; ut stataria retia suberinis corticibus extendat, aut signis per certa intervalla dispositis, tractus funium librentur hamati : scilicet ut nocturnis per lacum excursibus rapacissimi [a] salares in consanguineas agantur insidias. Quid enim hic congruentius dixerim, cum piscis pisce decipitur? Edulibus terminatis, excipiet te diversorium, quia minime æstuosum, maxime æstivum. Nam per hoc, quod in aquilonem solum patescit, habet diem, non habet solem, interjecto consistorio perangusto, ubi somnolentiæ cubiculariorum dormitandi potius quam dormiendi locus est. Hic jam quam volupe est auribus insonare cicadas meridie concrepantes, ranas crepusculo incumbente blaterantes, cycnos atque anseres concubia nocte clangentes, intempesta gallos gallinaceos concinentes, **39** oscines corvos voce triplicata puniceam surgentis auroræ facem consalutantes; diluculo ante philomelam inter frutices sibilantem, [b] prognem inter asseres minurientem? Cui concentui licebit adjungas fistulæ septiforis armentalem camœnam, quam sæpe nocturnis carminum certaminibus insomnes nostrorum montium Tityri exercent, inter greges tinnibulatos per depasta buceta reboantes : quæ tamen varia vocum cantuumque [c] certamina, profundius confovendo sopori tuo lenocinabuntur. Porticibus egresso, si portum littoris petas, in area virenti, vulgare quanquam, non procul nemus : ingentes tiliæ duæ, connexis frondibus, fomitibus abjunctis, unam umbram non una radice conficiunt : in cujus opacitate, cum me meus Ecdicius illustrat, pilæ vacamus : sed hoc eo usque, donec arborum imago contractior, intra spatium ramorum recussa cohibeatur; atque illic aleatorium lassis consumpto sphæristerio faciat. Sed quia tibi sicut ædificium solvi, sic lacum debeo, quod restat agnosce. Lacus in Eurum defluus meat, ejusque arenis fundamenta impressa domicilii, ventis motantibus æstuans humectat alluvio. Is quidem sane circa principia sui, solo palustri voraginosus, et vestigio inspectoris inadibilis est : ita limi bibuli pinguedo coalescit, ambientibus sese fontibus algidis, littoribus algosis. Attamen pelagi mobilis campus cymbulis late secatur pervagabilibus, si flabra posuere. Si turbo Austrinus insorduit, immane turgescit; ita ut arborum comis quæ margini **40** insistunt, superjectæ asperginis fragor impluat. Ipse autem secundum mensuras quas ferunt nauticas, in decem et septem stadia procedit. Fluvio intratur, qui salebratim saxorum obicibus affractus spumoso canescit impulsu, et nec longum scopulis præcipitibus exemptus, lacu conditur : quem fors fuat, an incurrat, an faciat, præterit certe, coactus per cola sub-

---

quam ex ejus scrinio deprompserat. Nam apud Plinium quoque hippodromus inepte legitur pro hypodromo. Sic igitur habent. *Hanc dispositionem amœnitatemque tectorum longe lateque præcedit hypodromus. Medius patescit, statimque intrantium oculis totus offertur. Platanis circuitur : illæ hedera vestiuntur, utique summæ suis, ita imæ alienis frondibus virent.* Hedera truncum et ramos pererrat, vicinasque platanos transitu suo copulat. Has buxus interjacet : exteriores buxos circumvenit laurus, umbræque platanorum suam confert. Rectus hic hypodromi limes. In extrema parte hemicyclo frangitur, mutatque faciem : cupressis ambitur et tegitur, densiore umbra opacior nigriorque. Ac hujusmodi porticum Plato κατάστεγον δρόμον dicere videtur in Euthydemo, εἰσελθόντες δὲ, inquit, περιπατείτην ἐν καταστέγῳ δρόμῳ. Porro autem ut hippodromus in his locis pro hypodromo, sic apud Plinium alterum lib. v, cap. 32, *Hippius mons*, et apud Ptolemæum in descriptione Bithyniæ Ἵππιος ποταμὸς, *Hippius fluvius* perverse legitur pro *Hypius*. De Prusa enim urbe agunt, quæ duplex erat in Bithynia ; una sub Olympo monte, altera ad Hypium fluvium. Sic enim scribendum hoc nomen docet inscriptio veterum nummorum L. Veri et Diadumeniani ΠΡΟΥΣΙΕΩΝ ΠΡΟΣ ΥΠΙΩ, et vetus quoque lapis Romæ in quo distinguuntur ΠΡΟΥΣΑΕΙΣ ΑΠΟ ΟΛΥΜΠΟΥ, et ΠΡΟΥΣΑΕΙΣ ΑΠΟ ΥΠΙΟΥ.

[a] Hujus piscis meminit Ausonius in Mosella :
Purpureisque salar distinctus tergora guttis.

Quo indicio purpurearum notarum, et quia ex salare farionem, ex farione salmonem fieri docet, salares tructas esse multi conjiciunt, quo salmonatæ vocantur, **29** et in salmonem transire creduntur. Alanus ab Insulis de planctu naturæ : *Illic tructula sinus marinos ingrediens in æquore baptizata salmonis nomine censebatur.*

[b] Minuriunt hirundines Sidonio, Spartiano in Geta palumbes. Scite utrumque : nam minuritio et minorum avium cantum omnem significat, et flebilem, qualis est gemitus palumbium. Ita grammatici Græci μινυρίζειν exponunt τὸ ἠρέμα καὶ λεπτὸν ᾄδειν, ἢ θρηνεῖν. Cicero I de Oratore : *Hoc nos*, inquit, *si facere velimus, ante condemnentur ii quorum causas receperimus, quam toties quoties præscribitur pæana aut minuritionem citarimus* : duo genera conjunxit, pæana, qui concitatioris vocis est cantus, et minuritionem, quæ remissioris. Plutarchus de discrimine adulatoris et amici : Οἱ πολλοὶ βασιλέων οὐκ Ἀπόλλωνες μὲν ἂν μινυρίσωσι, Διόνυσοι δὲ ἂν μεθυσθῶσιν, Ἡρακλεῖς δὲ ἂν παλαίωσι.

[c] In aliquibus libris, *modulamina*.

terranea deliquari, non ut fluctibus, sed ut piscibus pauperaretur : qui repulsi in gurgitem pigriorem, carnes rubras albis abdominibus extendunt. Ita illis nec redire valentibus, nec exire permissis, quemdam vivum et circumlatitium carcerem corpulentia facit. Lacus ipse qua dexter, incisus, flexuosus, nemorosusque; qua lævus, patens, herbosus, æqualis. Æquor ab Africo viride per littus, quia in undam fronde porrecta, ut glareas aqua, sic aquas umbra perfundit. Hujusmodi colorem ab Oriente par silvarum corona continuat : per Arctoum latus, ut pelago natura, sic species; a Zephyro plebeius et tumultuarius frutex, frequenterque lemborum superlabentum ponderibus inflexus. Hunc circa lubrici scirporum cirri plicantur simulque pingues ulvarum paginæ natant, salicumque glaucarum fota semper dulcibus aquis amaritudo. In medio profundi brevis insula, ubi supra molares naturaliter aggeratos, per impactorum puncta remorum navalibus trita gyris meta protuberat, ad quam se jocunda ludentum naufragia collidunt. Nam moris istic fuit senioribus nostris [a] agonem Drepanitanum Trojanæ superstitionis **41** imitari. Jam vero ager ipse (quanquam hoc supra debilium), diffusus in silvis, pictus in pratis, pecorosus in pascuis, in pastoribus peculiosus. Sed non amplius moror, ne, si longior stylo terminus, relegentem te autumnus inveniat. Proinde mihi tribue veniendi celeritatem, nam redeundi moram tibi ipse præstabis : daturus hinc veniam, quod brevitatem sibi debitam paulo scrupulosior epistola excessit, dum totum ruris situm sollicita rimatur, quæ tamen submovendi fastidii studio nec cuncta perstrinxit. Quapropter bonus arbiter, et artifex lector non paginam quæ spatia describit, sed villam quæ spatiosa describitur, grandem pronuntiabunt. Vale.

EPISTOLA III.
Sidonius [b] Felici suo salutem.

Gaudeo te, domine major, amplissimæ dignitatis infulas consecutum. Sed id mihi ob hoc solum destinato tabellario nuntiatum non minus gaudeo. Nam licet impræsentiarum sis potissimus magistratus, et in lares Philagrianos patricius apex tantis post sæculis, tua tantum felicitate remeaverit: invenis tamen, vir amicitiarum servantissime, qualiter bonorum tuorum crescat communione fastigium, raroque genere exempli altitudinem tuam humilitate sublimas. Sic quondam Q. Fabium magistrum equitum dictatorio rigori, et Papirianæ superbiæ favor publicus prætulit. **42** Sic et Cn. Pompeium super æmulos extulit nunquam fastidita popularitas. Sic invidiam Tiberianam pressit universitatis amore Germanicus. Quocirca nolo sibi de successibus tuis principalia beneficia plurimum blandiantur; quæ nihil

tibi amplius conferre potuerunt, quam ut si id noluissimus, [c] transiremus inviti. Illud peculiare tuum est, illud gratiæ singularis, quod tam qui te æmulentur non habes, quam non invenis qui sequantur. Vale.

EPISTOLA IV.
Sidonius Syagrio suo salutem.

Vir clarissimus Projectus domi nobilis, et patre patruoque spectabilibus, avo etiam præstantissimo sacerdote conspicuus, amicitiarum tuarum, nisi respuis, avidissime sinibus infertur : et cum illi familiæ splendor, probitas morum, patrimonii facultas, juventutis alacritas, in omne decus pari lance conquadrent; ita demum sibi tamen videbitur ad arcem fastigatissimæ felicitatis evectus, si gratiæ tuæ sodalitate potiatur. Optantii clarissimi viri nuper vita functi filiam (quod Deo prosperante succedat) licet in conjugium petierit, obtinueritque a matre pupillæ; parum tamen votorum suorum promotum censet effectum, nisi assensum tuum super his omnibus, seu sedulitate sua, seu precatu nostræ intercessionis adipiscitur. Namque ipse quantum ad institutionem spectat puellæ in **43** locum mortui patris curarum participatione succedis, conferendo virgini parentis affectum, patroni auctoritatem, tutoris officium. Quocirca quia dignus es ut domus tuæ celeberrimam disciplinam, etiam procul positorum petat ambitus, sicut decet bonarum partium viros, benignitate responsi proci supplicis verecundiam munerare; et qui ita expetitus deberes illi expetere pollicendam, securus permitte promissam : quia sic te conditioni huic meritorum ratio præfecit, ut nec superstiti Optantio in liberos suos decuerit plus licere. Vale.

EPISTOLA V.
Sidonius Petronio suo salutem.

Joannes familiaris meus inextricabilem labyrinthum negotii multiplicis incurrit, et donec suarum merita chartarum, vel vestra scientia, vel si qua est vestræ, si tamen est ulla, similis inspexerit, quid respuat quidve optet ignorat. Ita se quodam modo bipertitæ litis forma confundit; ut propositio sua, quem actionis ordinem propugnatura, quem sit impugnatura, non noverit. Pro quo precem sedulam fundo, ut perspectis chartulis suis, si quid jure competit instruatis ; quæ qualiterve sint objicienda, quæ refellenda monstrantes. Non enim verebimur, quod causæ istius cursus, si de vestri manaverit fonte consilii, ulla contrastantium derivatione tenuetur. Vale.

44 EPISTOLA VI.
Sidonius Pegasio suo salutem.

Proverbialiter celebre est sæpe **moram esse** metulatur, non est consulatus, ad quem Felix nunquam pervenit; sed patriciatus, cujus præterea testis est Gennadius in Fausto.

---

[a] Ludricam naumachiam, qua Æneas ad Drepanum Siciliæ, patri parentavit, de qua Eneid. v.

[b] Magno Felici, Magni exconsulis filio. Hos enim a Philagrio patricio oriundos diserte scribit Propemptico, ut Avitum quoque Augustum in panegyrico. Sed de Felice plura carmine 9, quod totum illi dicatum est. Amplissima porro dignitas quam Felici gra-

[c] Fuit tamen postea patricius et ipse Sidonius, ut patet ex epist. 16 ad Papianillam, lib. v, et ex Mamerti Claudiani dedicatoria ad Sidonium.

morem, sicuti et nunc experti sumus. Menstruanus amicus tuus longo istic tempore inspectus, meruit inter personas nobis quoque caras devinctasque censeri : opportunus, elegans, verecundus, sobrius, parcus, religiosus, et his morum dotibus praeditus, ut quoties in boni cujusque asciscitur amicitias, non amplius consequatur beneficii ipse quam tribuat. Haec tibi non ut ignoranti, sed ut judicio meo satisfacerem, scripsi. Quamobrem triplex causa laetandi: tibi prima, cui amicos sic aut instituere, aut eligere contingit ; Arvernis secunda, quibus hoc in eo placuisse confirmo, quod te probasse non ambigo ; illi tertia, de quo boni quique bona quaeque judicaverunt. Vale.

EPISTOLA VII.
Sidonius Explicio suo salutem.

Quia justitia vestra jure fit universitati per complura recti experimenta venerabilis, idcirco singulas quasque personas id ipsum efflagitantes in examen vestrum libens et avidus emitto, quamprimum ambiens, me discussionis, illos simultatis onere laxari: quod demum ita sequetur, si non ex solido querimonias partium verecundus censor excludas : quanquam et hoc ipsum, quod copiam tui jurgantibus difficile concedis, indicium sit bene judicaturi. Quis enim se non ambiat arbitrum legi, aut pretio aliquid induliturus, aut gratiae? Igitur ignosce ad tam sanctae conscientiae praerogativam raptim perniciterque properantibus : quandoquidem sententiam tuam, nec victus ut stolidus accusat ; nec victor ut argutus irridet ; veritatisque respectu dependunt tibi addicti reverentiam, gratiam liberati. Proinde impense obsecro, ut inter Alethium et Paulum, quae veniunt in disceptationem, mox ut utrinque fuerint opposita, discingas. Namque, ni fallor, supra decemvirales, pontificalesque sententias, aegritudini hujus prope interminabilis jurgii, sola morum tuorum temperantia solita judicandi salubritate medicabitur. Vale.

ª Pro Philematia. Priscum et verum nomen erat Philematium: quomodo a Luciano scribitur in dialogo Charmidis et Tryphaenae, quem claudit his verbis : Φιλημάτιον δὲ πολλὰ χαιρέτω. Dicta enim Philematium ὑποκοριστικῶς ab osculo : quod innuit Lucretius illo versu lib. IV :

Simula εὐάφη ac satyra est, labiosa φίλημα :

eadem forma qua Chelidonium, Eustochium, Glycerium, Musarium, Cymbalium, et alia seu vera seu ficta nomina mulierum : quae posterior aetas aliter inflexit, ut Philematia, Chelidonia, eodemque modo caeterae appellarentur. Sed pro Philematia Filimatia, et pro Philematio Filimatius tandem scribi coepit, retento Graecae vocis sono, non orthographia et quantitate. Ita enim Filimatius in codice Theodosiano legitur comes sacrarum largitionum sub Gratiano: item apud Sidonium lib. I, epist. 3, et lib. V, epist. 17, ubi Filimatii mentio est hujusce, opinor, Filimatiae nostrae patris. Jam vero non solum Philematium apud veteres femina dicebatur, verum etiam Philematio. Sicut enim Venuleia Philematium, sic

* De isto Abgaro regio juvene cujus epitaphium hic exhibet Sirmondus, videsis quae conjecerit eruditus Franci-

EPISTOLA VIII.
Sidonius Desiderato suo salutem.

Moestissimus haec tibi nuntio. Decessit nudius tertius, non absque justitio, ª matrona Filimatia, morigera conjux, domina clemens, utilis mater, pia filia: cui debuerit domi forisque persona minor obsequium, major officium, aequalis affectum. Haec cum esset unica jamdiu matri amissae, facile diversis blandimentorum generibus effecerat, ne patri adhuc juveni sobole, sexus alterius desideraretur. Nunc autem per subita suprema virium coelibatu, patrem orbitate confodit. His additur, quod quinque liberum parens immaturo exitu reddidit infortunatam fecunditatem. Qui parvuli, si matre sospite perdidissent jamdiu debilem patrem, minus pupilli existimarentur. Hanc tamen, si quis haud incassum honor cadaveribus impenditur, non vespillonum sandapilariorumque ministeria ominosa tumulavere : sed cum Libitinam ipsam flentes omnes externi quoque prensitarent, remorarentur, exoscularentur, sacerdotum propinquorumque manibus excepta, perpetuis sedibus dormienti similior illata est. Post quae, precatu parentis orbati, naeniam funebrem, non per elegos sed per hendecasyllabos, marmori incisam, planctu prope calente dictavi. Quam si non satis improbas, caeteris epigrammatum meorum voluminibus applicandam mercenarius bibliopola suscipiet. Si quid secus, sufficit saxo carmen saxeum contineri. Hoc enim epitaphium est.

> Occasu celeri feroque raptam
> Natis quinque, patrique, conjugique,
> Hoc flentis patriae manus locarunt
> Matronam Philimatiam sepulcro.
> O splendor generis, decus mariti.
> Prudens, casta, decens, severa, dulcis,
> Atque ipsis senioribus sequenda :
> Discordantia quae solent putari,
> Morum commoditate copulasti.
> Nam vitae comites bonae fuerunt,
> Libertas gravis, et pudor facetus.
> Hinc est quod decimam tuae saluti
> Vix actam trieteridem dolemus,
> Atque in temporibus vigentis aevi,
> ᵇ Injuste tibi justa persoluta.

Aelia Philematio in antiquis lapidibus reperitur, et Titia Philematio in hoc Uceciensi,

TITIA
PHILEMATIO
VIVA SIBI
ET SUIS FECIT.

Utriusque autem exemplum exstat in altero lapide pervetusto, nostra memoria in urbe ad portam Salariam effosso : in quo exsculpti sunt duo conjuges colliberti, et sub utraque effigie singula epitaphia rudi opere incisa. Muliebris autem hoc est initium,

AURELIA L. L. PHILEMATIO.

Viva Philematium sum Aurelia nominata,
Casta, pudens, volgei nescia, feida viro.

ᵇ Communis haec querimonia in morte immatura sublatis. Hinc illa in antiquis monumentis, *Male judicantibus fatis*, et , *Sublata est oculis fato dictante iniquo*. Elegans in hoc genere ' Abgari regii juvenis epitaphium, quod Romae paucis abhinc annis ad D. Pauli basilicam erutum meminimus, dignumque vi-

scus Wise in epistola ad V. C. Joannem Masson de nummo Abgari regis, edita Oxoniae 1736, pag. 21.

47 Placeat tibi carmen nec ne, tu propera, civitatemque festinus invise. Debes enim consolationis officium duorum civium domibus afflictis. Quod ita scivas, Deum quæso, ne unquam tibi redhibeatur.

EPISTOLA IX.

Sidonius [a] *Donidio suo salutem.*

Quæris cur ipse jam pridem Nemausum profectus vestra serum ob adventum desideria producam. Reddo causas reditus tardioris, nec moras meas prodere moror, quia quæ mihi dulcia sunt, tibi quoque. Inter agros amœnissimos, apud humanissimos dominos Ferreolum et Apollinarem tempus voluptuosissimum exegi. Prædiorum iis jura contermina, domicilia vicina, quibus [b] interjecta gestatio lassat peditem, nec sufficit equitaturo. Colles ædibus superiores exercentur vinitori et olivitori. Aracynthum et Nysam, celebrata poetarum carminibus juga, censeas. Uni domui in plana patentiaque, alteri in nemora prospectus; sed nihilominus dissimilis situs similiter oblectat. Quanquam de prædiorum quid nunc amplius positione, cum restat hospitalitatis ordo reserandus? Jam primum agae issimis in hoc exploratoribus destinatis, qui reditus nostri iter aucuparentur, domus utraque non solum tramites aggerum publicorum, verum **48** etiam calles compendiis tortuosos, atque pastoria diverticula insedit, ne quo casu dispositis officiorum insidiis elaberemur. Quas incidimus, fateor, sed minime inviti: jusquejurandum confestim præbere compulsi, ne priusquam septem dies evolverentur, quidquam de itineris nostri continuatione meditaremur. Igitur mane quotidiano, partibus super hospite prima et grata contentio quænam potissimum anterius edulibus nostris culina fumaret: nec sane potedetur quod huic loco intexatur. Est ergo hujusmodi.

Ἕκτον ἐπ' εἰκοστῷ πλήσας ἔτος Ἄβγαρος, ἔνθα
Ταρχύθη, μοιρῶν ὡς ἐπέκλωσε μίτος.
Ὢ φθόνος ὡς ἀδικός τις ἀπέσβεσεν ἀρχόμενον φῶς,
Λυπήσας τὸ γένος καὶ φιλίους ἑτάρους.
Τύμβον δέ Ἀντωνεῖνος ἐφ' θέτο τοῦτον ἀδελφῷ,
Θέσιν ὁ πρὶν βασιλεὺς Ἄβγαρος ἦν γενέτης.

Qui sex, bisque decem compleverat Abgarus annos,
Parcarum duro est hic situs imperio.
Primævam exstinxit lucem cui livor iniquus,
Mœrore afficiens et genus et socios.
Germano hunc tumulum fratri dedit Antoninus,
Abgarus olim rex quois genitor fuerat.

[a] Viro spectabili, civique Arverno, ut conjectura est ex epist. 5, lib. III. Hæc autem scripta est in agro Nemausensi, e villis Apollinaris et Ferreoli, quas describit.

[b] Nunc locus et spatium in quo gestari licet: sicut in Romana inscriptione, IN HOC POMARIO GESTATIONIS PER CIRCUITUM QUINQUIENS EFFICIT PASSUS MILLE. Alias gestatio est ipsa exercitatio, qua gestamur aut vehimur, equo, lectica, vel quovis genere vehiculi. Sed Sidonius præterea transfert etiam ad ambulationem, cum alii distinguant. **31** Seneca epist. 55. *A gestatione cum maxime redeo, non minus fatigatus quam si tantum ambulassem, quantum sedi: labor enim est diu ferri.* Et Plinius lib. XXVII: *Imprimis vero prodest ambulatio, gestatio, et ea pluribus modis.*

[c] Lib. IX, epist 14: *Athenæi subsellia cuneata.*

A rat ex æquo divisioni lancem ponere vicissitudo, licet uni domui mecum, alteri cum meis vinculum foret propinquitatis: quia Ferreolo, prælectorio viro, præter necessitudinem sibi debitam, dabat ætas et dignitas primi invitatoris prærogativam. Illicet a deliciis in delicias rapiebamur. Vix quodcunque vestibulum intratum, et ecce huc sphæristarum contrastantium paria inter rotatiles catastropharum gyros duplicabantur, huc inter aleatoriarum vocum competitiones, frequens crepitantium fritillorum tesserarumque strepitus audiebatur. Huc libri affatim in promptu: videre te crederes aut grammaticales pluteos, aut [c] Athenæi cuneos, aut armaria exstructa bibliopolarum. Sic tamen quod qui inter matronarum cathedras codices erant, stylus iis religiosus invenie **B** batur: qui vero per subsellia patrumfamilias, ii cothurno Latialis eloquii nobilitabatur. Licet quæpiam volumina quorumpiam auctorum servarent in causis disparibus dicendi parilitatem. Nam similis scientiæ viri, hinc Augustinus, hinc Varro; **49** hinc Horatius, hinc Prudentius lectitabantur. Quos inter Adamantius Origenes, Turranio Rufino interpretatus, sedulo fidei nostræ lectoribus inspiciebatur. Pariter et prout singulis cordi diversa censentes sermocinabantur, cur a quibusdam protomystarum, tanquam sævus cavendusque tractator improbaretur: quanquam sic esset [d] ad verbum sententiamque translatus, ut nec Apuleius Phædonem sic Platonis, neque Tullius Ctesiphontem sic Demosthenis in usum regulamque Romani sermonis exscripserint. Studiis **C** hisce dum nostrum singuli quique prout libuerat, occupabantur, ecce et ab archimagiro adventans, qui tempus instare curandi corpora moneret: quem quidem nuntium [e] per spatia clepsydræ horarum

Fuit autem Athenæum publicum urbis gymnasium litterarum, quod Hadrianus Aug., ut Aurelius Victor tradit, Græco ritu constituit. Qua in urbis parte non indicat: fortasse in regione 8 fori Romani. Nam eo sane loco ludos litterarios collocat P. Victor et manet illo in tractu ad radices Aventini scholæ Græcorum nomen in æde S. Mariæ: ubi et B. Augustinum docuisse ferunt, quem in Athenæo Romano rethoricam professum fuisse obscurum non est. Athenæi autem meminit inter cæteros Dio apud Xiphilinum de Didio Juliano: Συναγαγὼν ἡμᾶς εἰς τὸ Ἀθήναιον, καλούμενον ἀπὸ τῆς ἐν αὐτῷ παιδευομένων ἀσκήσεως. *Nos consul,* **D** inquit, *in Athenæum convocat: cui loco nomen est ab exercitatione eorum qui in ipso erudiuntur.*

[d] Origenis plurima interpretatus est Rufinus. Cujus versionem mirum est tantopere a Sidonio laudari; cum Hieronymus de libris περὶ ἀρχῶν testetur multa ab illo interpolata, detracta, addita, infameumque eam interpretationem appellet in epitaphio Marcellæ. Sed mirari desino, cum redit in mentem nostros fere Gallos et Occidentales omnes in Rufinum propensiores fuisse.

[e] Geminum antiqui moris vestigium, clepsydra et horæ inæquales. Horarum ex aqua, id est clepsydram Romanis primus fecit Nasica Censor, ut notat Censorinus: nominat iterum Sidonius epist. 13 ad Serranum. Cassiodorus in ea quam pro Theodorico rege scripsit ad Gundobaldum. *Horologium aliud,* inquit, *ubi solis meatus sine sole cognoscitur, et aquis guttantibus horarum spatia terminantur.* Aquatile vocat in divinis Institutionibus. Græci ὕδρια ὡροσκοπεῖα, ut Hero Alexandrinus πνευματικῶν 1: Ἀκόλουθον εἶναι νο-

incrementa servantem, probabat competenter ingressum ª quinta digrediens. Prandebamus breviter, copiose, senatorium ad morem, quo insitum institutumque, multas epulas paucis paropsidibus apponi : quamvis convivium per edulia nunc assa, nunc jurulenta varietur. Inter bibendum narratiunculæ, quarum cognitu hilararemur institueremurque, quia eas bifariam orditas, lætitia peritiaque comitabantur. Quid multa? Sancte, pulchre, abundanter accipiebamur. Inde surgentes, ᵇ si Voroangi eramus, (hoc uni prædio nomen) ad sarcinas et ad diversorium pedem referebamus : si Prusiani (sic fundus alter nuncupabatur) Tonantium cum fratribus, lectissimos æquævorum nobilium principes, stratis suis ejiciebamus, quia nec facile **50** crebro cubilium nostrorum instrumenta circumferebantur. Excusso ᶜ torpore meridiano, paulisper equitabamus, quo facilius pectora marcida cibis cœnatoriæ fami exacueremus. Balneas habebat uterque hospes in opere, in usu neuter : sed cum vel pauxillulum bibere desiisset asseclarum meorum famulorumque turba compotrix, quorum cerebris hospitales crateræ nimium immersæ dominabantur, vicina fonti aut fluvio raptim scrobs fodiebatur, in quam forte cum cumulus lapidum ambustus demitteretur, antro in hemisphærii formam corylis flexilibus intexto, fossa inardescens operiebatur : sic tamen ut superjectis Cilicum velis, patentia intervalla virgarum, lumine excluso, tenebrantur, vaporem repulsura salientem, qui undæ ferventis aspergine flammatis silicibus excuditur. Hic nobis trahebantur horæ, non absque sermonibus salsis jocularibusque; quos inter halitu nebulæ stridentis oppletis, involutisque saluberrimus sudor eliciebatur; quo prout libuisset effuso, coctilibus aquis ingerebamur, harumque fotu cruditatem nostram tergente resoluti, aut fontano deinceps frigore, puteaœue, aut fluviali copia solidabamur. Siquidem domibus medius it Vuardo fluvius, nisi cum deflua nive pastus impalluit flavis ruber glareis, et per alveum perspicuus, quietus, calculosusque, neque ob hoc minus piscium ferax delicatorum. Dicerem et cœnas, et quidem unctissimas, nisi terminum nostræ loquacitati quem verecundia non adhibet, charta posuisset. Quarum quoque replicatio **51** fieret amœna narratu, nisi epistolæ tergum madidis sordidare calamis erubesceremus. Sed qui et ipsi in procinctu sumus, teque sub ope Christi actutum nobis invisere placet, expeditius tibi cœnæ amicorum in mea cœna tuaque commemorabuntur : modo nos quamprimum hebdomadis exactæ spatia completa votivæ restituant esuritioni : quia disruptum ganea stomachum nulla sarcire res melius quam parcimonia solet. Vale.

EPISTOLA X.

Sidonius ᵈ *Hesperio suo salutem.*

Amo in te quod litteras amas, et usquequaque præconiis cumulatissimis excolere contendo tantæ diligentiæ generositatem per quam nobis non solum initia tua, verum etiam studia nostra commendas. Nam cum videmus in hujusmodi disciplinam juniorum ingenia succrescere, propter quam nos quoque subduximus ferulæ manum, copiosissimum fructum nostri laboris adipiscimur. Illud appone, quod tantum increbuit multitudo desidiosorum, ut nisi vel paucissimi quique meram Latiaris linguæ proprietatem de trivialium barbarismorum rubigine vindicaveritis, eam brevi abolitam defleamus interitamque : sic omnes nobilium sermonum purpuræ per incuriam vulgi decolorabuntur. Sed isthæc alias. Interea tu quod petis accipe. Petis autem ut si qui versiculi mihi fluxerunt, **52** postquam ab alterutro discessimus, hos tibi pro quadam morarum mercede pernumerem. Dicto pareo, Nam præditus es, quanquam juvenis, hac animi maturitate, ut tibi etiam natu priores gerere morem concupiscamus. ᵉ Ecclesia nuper exstructa Lugduni est, quæ studio papæ Patientis summum cœpti operis accessit, viri sancti, strenui, severi, misericordis, quique per uberem munificentiam in pauperes humanitatemque, non minora bonæ conscientiæ culmina levet. Hujus igitur ædis extimis, rogatu præfati antistitis, tumultuarium carmen inscripsi trochæis triplicibus, adhuc mihi jamque tibi perfamiliaribus. Namque ab hexametris

μισαντες τῇ τῶν ὑδρίων ὡροσκοπείων ἕξει, ἥ τις ἡμῖν ἐν τέτταρσι βιβλίοις προσαναγέγραπται.

ª Hoc est undecima nostra. Horarum apud veteres usus erat inæqualium : quæ duodenæ in dies singulos ab exortu solis ad occasum numerabantur, totidem in singulas noctes. Quo fiebat ut pro dierum modo vel noctium inæquales essent, nunc breviores, nunc longiores. Quod spectans Augustinus de Vera Religione, *Hora*, inquit, *brumalis æstivæ comparata minor est*. Cæterum quia sexta illorum hora in meridien terminabatur, eo fiebat ut quinta unde imæ affinis semper esset. Hanc igitur eamdem denotat Persius sat. 3, *quinta dum linea tangitur umbra* : in solario **32** scilicet heliotropio sciuterico, in quo ejusmodi horæ notabantur. Quinta autem hora prandii. Martialis lib. VIII :

Horas quinque puer nondum tibi nuntiat, et tu
Jam conviva mihi, Cæciliane, venis.

Ausonius in Ephemeride :

Sosia, prandendum est : quartam jam totus in horam
Sol calet, ad quintam flectitur umbra notam.

ᵇ Prædium id Apollinaris. In Propemptico : *Lassum te Voroangus obtinebit. Nostrum hic invenies Apollinarem*. Prusianus erat Tonantii Ferreoli. Utraque villa ad Wardonem fluvium, qui per Volcas Arecomicos evolvitur in Rhodanum, vetusto ponte et aquæductu structuræ Romanæ nobilis : quorum adhuc reliqua sunt vestigia.

ᶜ Supra lib. I, epist. 2 de Theodorico : *Dapibus expleto somnus meridianus semper exiguus, sæpe nullus*. Meridionationem appellant : de qua intelligendus est Juliani locus ad Libanium. Ἀνέγνων χθές τὸν λόγον πρὸ ἀρίστου σχεδόν. Ἀριστήσας δέ, πρὶν ἀναπαύσασθαι, τὸ λοιπὸν ἀποδέδωκα. *Hesterno*, inquit, *die orationem legi ante prandium prope integram : post prandium vero, ante somnum quod deerat absolvi.*

ᵈ Is videtur quem lib. IV, epist. 22, virum magnificum appellat, gemmam amicorum litterarumque. Huic ergo Hendecasyllabos mittit, quos de basilica Lugduni exstructa condiderat.

ᵉ Quænam illa fuerit incertum est. Nam quo minus S. Irenæi basilica videatur, facit quod ab **Arari** pro-

eminentium poetarum ᵃ Constantii et Secundini vicinantia altari basilicæ latera clarescunt : quos in hanc paginam admitti nostra quam maxime verecundia vetat, quam suas otiositates trepidanter edentem meliorum carminum comparatio premit. Nam sicuti novam nuptam nihil minus quam pulchrior pronuba decet : et sicuti si vestiatur albo quisque fuscus, fit nigrior : sic nostra, quantulacunque est, tubis circumfusa potioribus stipula vilescit : quam mediam loco, infimam merito, despicabiliorem pronuntiari. non imperitia modo, sed et arrogantia facit. Quapropter illorum justius epigrammata micant, quam ista hæc, quæ imaginarie tantum et quodam modo umbratiliter effingimus. Sed quorsum ista? quin potius paupertinus flagitatæ cantilenæ culmus immurmuret.

53 Quisquis pontificis patrisque nostri
Collaudas Patientis hic laborem,
Voti compote supplicatione
Concessum experiere quod rogabis.
Ædes celsa nitet, nec in sinistrum
Aut dextrum trahitur, sed arce frontis
ᵇ Ortum prospicit æquinoctialem.
Intus lux micat, atque bracteatum
Sol sic sollicitatur ad lacunar,
Fulvo ut concolor erret in metallo.
Distinctum vario nitore marmor,
Percurrit cameram, solum, fenestras :
Ac sub versicoloribus figuris
Vernans herbida crusta sapphiratos
Flecti per prasinum vitrum lapillos.
Huic est porticus applicata triplex
ᶜ Fulmentis Aquitanicis superba :
Ad cujus specimen remotiora
Claudunt atria porticus secundæ :
Et campum medium procul locatas
Vestis saxea silva per columnas.
Hinc agger sonat, hinc Arar resultat.

cul absit, parumque ei conveniat situs ecclesiæ Sidonianæ. Papirius Massonus de S. Stephani ecclesia quæ metropolitana sedes olim fuit, interpretatur. Quæ cum inter Ararim aggeremque publicum posita sit, Sidonii descriptionem facile recipiet, si exstructa constet a Patiente, a quo sane multas plurimis locis fundatas restitutasque testis est epistola ultima lib. VI.

ᵃ Constantius notus est ex epistola 1 et aliis passim. Secundini ut poetæ meminit iterum lib. v, epist. 8.

ᵇ Christianorum ædes sacræ ab exordio in Orientem converti solitæ. Clemens lib. II Constitutionum, Ὁ οἶκος ἔστω ἐπιμήκης, κατὰ ἀνατολὰς τετραμμένος. Paulinus epistola 12 ad Severum, *Prospectus basilicæ non, ut usitatior mos est, Orientem spectat.* Quod si quid interpellaret, altare saltem eo dirigebant : quo situ Romæ plurima visuntur. Ideo notati quondam ὡς ἰδιονόμοι Antiocheni, quod ab usitato ritu discederent. **33** Socrates lib. v, cap. 21 : Ἐν Ἀντιοχείᾳ δὲ τῆς Συρίας ἡ ἐκκλησία ἀντίστροφον ἔχει τὴν θέσιν· οὐ γὰρ πρὸς ἀνατολὰς τὸ θυσιαστήριον, ἀλλὰ πρὸς δύσιν ὁρᾷ. Judæorum vero templum ad obeuntem cœli plagam spectabat : quod divinæ litteræ docent, observatque inter alios Theodoretus. Nec repugnat Aristeas et Josephus, qui ναὸν πρὸς τὴν ἕω καὶ τὴν ἀνατολὴν τετράφθαι, ad auroram, et Orientem conversum fuisse scribunt : quia de vestibuli non de frontis prospectu loquuntur.

ᶜ Columnis e marmore Aquitanico in Pyrenæi jugis cæso ; quarum etiam mentio in Vita Hilari papæ, in qua nominantur columnæ Aquitanicæ, Tripolitæ et porphyreticæ. Aliud est scriptoribus Græcis marmor Ἀκυτανόν, ut Theophani et Cedreno de funere Anastasii Aug. ab Acyto Sporadum una.

ᵈ Dum nautæ, inquit, alleluia decantant, id ipsum

Hinc sese pedes, atque eques reflectit,
Stridentum et moderator essedorum :
Curvorum hinc chorus helciariorum,
ᵈ Responsantibus alleluia ripis,
Ad Christum levat amnicum celeuma.
Sic sic psallite, nauta, vel viator :
Namque iste est locus omnibus petendus,
Omnes quo via ducit ad salutem.

54 Ecce parui tanquam junior imperatis. Tu modo fac memineris multiplicato me fenore remunerandum : quoque id facilius possit voluptuosiusque, opus est ut sine dissimulatione lectites, sine fine lecturias. Neque patiaris, ut te ab hoc proposito propediem conjux domum feliciter ducenda deflectat : sisque oppido meminens, quo olim Martia Hortensio, Terentia Tullio, Calpurnia Plinio, Pudentilla Apuleio, Rusticiana Symmacho legentibus meditantibusque candelas et candelabra tenuerunt. Certe si præter rem oratoriam, contubernio feminarum poeticum ingenium, et oris tui limam frequentium studiorum cotibus expolitam, quereris obtundi, reminiscere quod sæpe versum Corinna cum suo Nasone complevit, Lesbia cum Catullo, Cesennia cum Gætulico, Argentaria cum Lucano, Cynthia cum Propertio, Delia cum Tibullo. Proinde liquido claret, studentibus discendi per nuptias occasionem tribui, desidibus excusationem. Igitur incumbe, neque apud te litterariam curam turba depretiet imperitorum : quia natura comparatum est ut in omnibus artibus hoc sit scientiæ pretiosior pompa, quo rarior. Vale.

EPISTOLA XI.

Sidonius ᵉ *Rustico suo salutem.*

Si nobis pro situ spatiisque regionum vicinaremur, echo in ripa resonat. Et cantici ergo lemma expressit, et voce usus est propria. Est enim proprie celeuma carmen nauticum ; quod proinde qui canunt nautæ, κελεύοντες Longo dicuntur lib. III Ποιμενικῶν; ubi et celeusma elegantissime describit, et echo in proxima valle ut Sidonius in ripis, celeusmati responsantem. Sed celeumatis Sidoniani argumentum, Alleluia et Dei laudes erant. Quo more veteres Christiani modulos suos et cantica in Christi sanctorumque honorem sæpe vertebant. Ac ne a nautis discedamus, Paulinus de reditu Nicetæ:

Navitæ læti solitum celeusma
Concinent versis modulis in hymnos,
Et piis ducent comites in æquor
Vocibus auras

Item Asterius Amaseæ episcopus in Phocam martyrem. Ναῦται δὲ καὶ πλωτῆρες οἱ πανταχοῦ, τὰ συνήθη κελεύσματα, οἷς τοῦ πλοῦ πόνον προσαναπαύουσιν, εἰς κοινὴν τοῦ μάρτυρος μετέβαλον εὐφημίαν. καὶ διὰ γλώσσης ἐστὶν ὅλως ὁ Φωκᾶς αὐτοῖς ἐπᾳδόμενος. *Nautæ*, inquit, *et remiges ubique gentium consueta celeusmata, quibus navigationis tædium consolantur, ad communem martyris laudem transferunt, unoque prorsus omnium ore Phocas decantatur.* Augustinus de Cantico novo : *At sit nostra tutela Christi gratia, celeuma nostrum dulce cantemus Alleluia, ut læti ac securi ingrediamur sempiternam ac felicissimam patriam.*

ᵉ Burdegalensi. Lib. VIII, epist. 11. Sed alii præterea ejus nominis in Gallia paulo ante Sidonium illustres vixerunt, ut Decimius Rusticus, de quo lib. v, epist. 9 et Rusticus episcopus Narbonensis, ad quem Leo papa scribit. Quorum utri, an alii potius cuipiam Rustico tribuenda sit epistola ad Eucherium, quæ in codice Corbeiensi post ejus Quæstiones in Scripturam subjicitur epistolis Salviani et Hilarii et Euche-

nec a se præsentia mutua vasti itineris longinquitate discriminaretur, nihil apicum raritati licere in cœptæ familiaritatis officia permitterem : neque jam semel missa fundamenta certantis amicitiæ, diversis honorum generibus exstruere cessarem. Sed animorum conjunctioni separata utrimque porrectioribus terminis obsistit habitatio, equidem semel devinctis parum nocitura pectoribus. Sed tamen ex ipsa communium municipiorum discretione procedit, quod cum amicissimi simus, raritatem colloquii de prolixa terrarum interjectione venientem, in reatum volumus transferre communem, cum de naturalium rerum difficultate nec culpa nos debeat manere nec venia. Domine illustris, gerulos litterarum de disciplinæ tuæ institutione formatos, et morum herilium verecundiam præferentes, opportune admisi, patienter audivi, competenter explicui. Vale.

EPISTOLA XII.

Sidonius ᵃ *Agricolæ suo salutem.*

Misisti tu quidem lembum mobilem, solidum, lecti capacem, jamque cum piscibus. Tum præterea gubernatorem longe peritum, remiges etiam robustos expeditosque, qui scilicet ea rapiditate prætervolant amnis adversi terga, qua defluit. Sed dabis veniam,

rium eumdem, nescio. Hoc tamen loco, ne diutius lateat, non ingratum, ut spero, lectori embolum producenda putavi.

EPISTOLA RUSTICI AD EUCHERIUM.

Domino nere sancto papæ Eucherio Rusticus. Transcriptis exsultanter ac raptim quæ deprecante me exemplanda misisti, illico ad beatitudinem vestram volumen utrumque direxi. Unica vero illa ac sine comparatione doctrina, quæ ex utroque Testamento magnorum ænigmatum absolutissime aperiens quæstiones, amoto velamine oculis cordis rerum spiritalis intelligentiæ lumen infundit, quam admirationi mihi fuerit, manifestius declarasse non potui, quam ut eam a me fatear non digne posse laudari. Quanquam quid ego ad attollendum quæ edidisti solum me esse imparem dicam? Pace dictum sit omnium qui sunt optime his quæ liberalia appellant studia instituti, nec ab his quidem mira librorum tuorum præconia satis digne excoli posse existimo. Quia licet facilius esse decernam judicare quam dicere, mihi tamen adeo persuasum est non esse hoc facile, ut merito definiam, quod nemo rectius tam præclari operis prædicator existeret, quam ejus inventor et cognitor; quia quod nemo sic potuit invenire, utique nemo sic laudare. Sed dum hæc tacitus mecum volvo, occurrit mihi quod in bibliotheca studiosi sæcularium litterarum puer quondam, ut se ætatis illius curiositas habet, præfereundo legissem. Nam cum supra memoratæ ædis ordinator ac dominus, inter expressas lapillis aut ceris discoloribus, formatasque effigies vel oratorum, vel etiam poetarum, specialia singulorum autotypis epigrammata subdidisset; ubi ad præjudicati eloquii venit poetam, hoc modo orsus est:

Virgilium vatem melius sua carmina laudant,
In freta dum fluvii current, dum montibus umbræ
Lustrabunt convexa, polus dum sidera pascet,
Semper honos, nomenque tuum, laudesque manebunt.

Et vere, dummodo orationibus tuis culpa non teneat, quod inter sacros apices commemorationesque sanctorum mundialium a me scripturarum ponuntur exempla, merito mihi dominum Eucherium mente recolenti memorantum in memoriam opus recurrit. Nam dum erunt superius comprehensa, omnium Christianorum ore et amore celebraberis, prædicandus in posterum

PATROL. LVIII.

quod invitandi tibi in piscationem comes venire dissimulo. Namque me multo decumbentibus nostris validiora mœroris retia tenent; quæ sunt amicis quoque et externis indolescenda. Unde te quoque puto, si rite germano moveris affectu, quo temporis puncto paginam hanc sumpseris, de reditu potius cogitaturum. Severiana sollicitudo communis, inquietata primum lentæ tussis impulsu, febribus quoque jam fatigatur, iisque per noctes ingravescentibus : propter quod optat exire in suburbanum : litteras tuas denique cum sumeremus, egredi ad villulam jam parabamus. Quocirca seu tu venias, seu moreris, preces nostras orationibus juva, ut ruris auram desideranti salubriter cedat ipsa vegetatio. Certe ego, vel tua soror, inter spem metumque suspensi, credidimus ejus tædium augendum, si voluptati jacentis obstitissemus. Igitur ardori civitatis atque torpori, tam nos quam domum totam, prævio Christo, pariter eximimus : simulque mediocrum consilia vitamus assidentum dissidentumque; qui parum docti et satis seduli languidos multos officiosissime occidunt. Sane contubernio nostro jure amicitiæ ᵇ Justus adhibebitur, quem, si jocari liberet in tristibus, facile convincerem, ᶜ Chironica magis in-

dum doces posteros. Ora pro me, vere sancte atque amice Dei, et mihi in Christo omni cultu suscipiende papa.

ᵃ *Ad quem libri* I, *epist.* 2 *Papianillæ fratrem conjicere licet ex his verbis : Ego vel tua soror, quibus intelligit Papianillam. Severiana vero Sidonii filia, de qua, aut altera cognomine, Alcimus Avitus ad Fuscinam sororem.*

ᵇ Admonet Justi hujus medici commemoratio perantiqui et elegantis epitaphii L. Primigenii medici περιοδευτοῦ, hoc est circumforanei, quod Iguvii apud Umbros ante biennium hoc effossum est. Ejus porro exemplum, quod ex Urbe ad nos misit Petrus Marionus, præstanti juvenis ingenio et doctrina, sic habet:

L. SABINUS L. L.
PRIMIGENIUS
ORTUS ABIGUVIO MEDICUS FORA
MULTA SECUTUS
ARTE FEROR NOTA NOBILIORE FIDE.
ME CONSURGENTEM VALIDA FORTU-
NA JUVENTA
DESTIVIT RAPIDIS IMPOSUITQUE ROGIS.
CLUSINO CINERES FLAMMÆ CESSERE
SEPULCRO
PATRONUS PATRIO CONDIDIT OS-
SA SOLO.

ᶜ *Uterque insignis : ac* Chiron *quidem adeo præstans medicus, quod Junius Philargyrius observat, ut Æsculapium ipsum docuisse dicatur. Quare Sidonius de Chironis arte nihil detrahit : sed uti imperitiam Justi medici notet, jocum captat ex altera notione vocis* χείρων, *qua deteriorem significat, et multis sæpe similes argutias præbuit. Ita enim Diogenes Cynicus, auctore Laertio,* Ἰδὼν ποτε δύο κεντάυρους κάκιστα ἐζωγραφημένους, ἔφη, Πότερος τούτων χείρων; *Conspicatus aliquando duos centauros pessime pictos,* Uter, inquit, horum est Chiron? *hoc est pejor et ineptior : non centauri nomen, sed picturæ vitium designans. Par etiam, et Sidoniano propior Aristidis rhetoris jocus oratione in Asclepiadas, quos ait a patre Æsculapio medicinam edoctos. Nec enim opus fuisse ut in Chironis disciplinam traderentur, cum domi magistrum haberent, quo Ch ron juxta nomen*

16

stitutum arte quam Machaonica. Quo diligentius postulandus est Christus obsecrandusque ut valetudini cujus curationem cura nostra non invenit, potentia superna medeatur. Vale.

EPISTOLA XIII.

Sidonius Serrano suo salutem

Epistolam tuam nobis [a] Marcellinus Togatus exhibuit, homo peritus, virque amicorum : quæ primoribus verbis salutatione libata, reliquo sui **57** tractu qui quidem grandis est, patroni tui [b] Petronii Maximi imperatoris laudes habebat. Quem tamen tu pertinacius aut amabilius quam rectius veriusque felicissimum appellas, propter hoc quippe, cur per amplissimos fascium titulos fuerit evectus usque ad imperium. Sed sententiæ tali nunquam ego assentior, ut fortunatos putem, qui reipublicæ præcipitibus ac lubricis culminibus insistunt. Nam dici nequit quantum per horas fert in hac vita miseriarum vita felicium istorum, si tamen sic sunt pronuntiandi, qui sibi [c] hoc nomen, ut Sylla, præsumunt : nimirum qui supergressi jus fasque commune; summam beatitudinem existimant, summam potestatem : hoc ipso satis miseriores, quod parum intelligunt inquietissimo se subjacere famulatui. Nam sicut hominibus reges, ita regibus dominandi desideria dominantur. Hic si omittamus antecedentium principum casus,

suum longe inferior erat. Sed Aristidem ipsum audiamus : Γενομένους δὲ αὐτοὺς τρέφει ὁ πατὴρ ἐν ὑγείας κήποις. Καὶ ἐπειδὴ ἐδέχετο ἡ ἡλικία, οὐκ ἐδιδάξατο τὴν τέχνην ἰατρικήν, ἀλλ' ἐδίδαξεν αὐτός· οὐ γὰρ ἔτι ἐν Χείρωνος ἔδει βαδίζειν, ἔχοντας οἴκοι ἐπιστάτην· οὐ πολὺ δὴ κατ' ἐπωνυμίαν χειρῶν ἤδη ἦν δευτέρος.

[a] Caussidicus, advocatus : ut lib. IV, epist. 3, de advocatis Arelatensibus : *Togatorum illic peroranium peritiam consulere perrexit.* In antiquo marmore quod ad Ennodium produximus, *Petilius Processius V. S. togatus inlusiris præfecti prætorio :* et togati prætorianæ atque urbicariæ præfecturæ in codice passim. Quomodo et toga ipsa pro advocatione et causidicina. Constantius in Vita Germani : *Tribunalia præfecturæ professione advocationis ornavit. Togæ præconiis præminentem protinus respublica ad honorum præsumpsit insignia.* Fuit autem Marcellino **36** patria Narbo-Martius. Quare inter claros Narbonenses laudatur carmine 23.

[b] Qui cæso Placido Valentiniano imperii sedem invasit anno Christi 455. Res nota ex omnibus historicis. Sed quod vulgatis hactenus scriptoribus intactum, filium quoque Cæsarem habuit Maximus nomine Palladium. Quod uni debemus Idatio nostro integro. Nam quod Idatii titulo excusum est Chronicum, Idatiani Chronici tantum est breviarium. In nostro igitur exemplari, post Valentiniani Aug. cædem hæc leguntur : *Post quem mox Maximus ex consulibus 43 Romæ Augustus appellatur. Qui cum imperator factus relictam Valentiniano sibi duxisset uxorem, et filio suo ex priori conjuge Palladio quem Cæsarem fecerat, Valentiniani filiam in conjugium tradidisset, magnorum motuum quos verebatur, perturbatione distortus, et quia in occisorum per Valentinianum, et in ipsius interitum Valentiniani, ambitu regni consilia scelesta patrata contulerat, cum imperium deserere vellet et Romam, vix quatuor regni sui mensibus expletis, in ipsa Urbe tumultu populi et seditione occiditur militari.*

[c] Jussit enim se Felicem appellari. Plutarchus, ἐκέλευσεν ἑαυτὸν εὐτυχῆ προσαγορεύεσθαι. Τοῦτο γὰρ ὁ

A vel secutorum, solus iste peculiaris tuus Maximus, maximo nobis ad ista documento poterit esse : qui quanquam [d] in arcem præfectoriam, patriciam, consularemque intrepidus ascenderat, eosque quos gesserat magistratus, ceu recurrentibus orbitis inexpletus iteraverat : cum tamen venit omnibus viribus ad principalis apicis abruptum, quamdam potestatis immensæ vertiginem sub corona patiebatur, nec sustinebat dominus esse, qui non sustinuerat esse sub domino. Denique require in supradicto vitæ prioris gratiam, potentiam, diuturnitatem, æque diverso principatus [e] paulo amplius quam bimestris originem, turbinem, finem : **58** profecto invenies hominem beatiorem prius fuisse, quam beatissimus nominaretur. Igitur ille cujus anterius epulæ, mores,
B pecuniæ, pompæ, litteræ, fasces, patrimonia, patrocinia florebant, cujus ipsa sic denique spatia vitæ custodiebantur, ut per horarum dispositas clepsydras explicarentur; is nuncupatus Augustus, ac sub hac specie palatinis liminibus inclusus, ante crepusculum ingemuit, quod ad vota pervenerat. Cumque mole curarum pristinæ quietis tenere dimensum prohiberetur, veteris actutum regulæ legibus renuntiavit, atque perspexit pariter ire non posse negotium principis et otium senatoris. Nec fefellerunt futura mœrentem. Namque cum cæteros aulicos honores tranquillissime percurrisset, ipsam aulam turbulen-

Φηληξ μάλιστα βούλεται δηλοῦν. Quo nomine Sullam exagitarunt multi : sed ad Sidonii mentem Paterculus lib. II : *Felicis nomen assumpsit : quod quidem usur-*
C *passet justissime, si eumdem et vincendi et vivendi finem habuisset.* Non enim est felix qui non semper felix. Boetius de Consolatione I :

Quid me felicem toties jactastis, amici ?
Qui cecidit stabili non erat ille gradu.

[d] Præfecturæ urbicariæ, quam pene adhuc adolescens anno et sex mensibus Honorio regnante gessit, testis est, præter statuæ Petronianæ inscriptionem, hæc altera brevior, quæ Romæ in basilica S. Mariæ majoris exstat, sed a paucis observatur.

PETRONIUS
MAXIMUS V. C.
PRÆF. URBI
CURAVIT.

Prætorianam quam sub Valentiniano principe iteravit, et patriciatum indicat novella Valentiniani ejusdem 31, quæ inscribitur Maximo II præfecto præt. et patricio. Consulatuum denique indices sunt Fasti ad annos Christi 433 et 443. Itaque in Tironis Prosperi
D Chronico Pithœano Maximus vir dicitur gemini consulatus et patriciæ dignitatis. Præter hæc omnia, novum et **37** privatis inusitatum honoris genus Petronio Maximo tributum a Valentiniano vidimus in nummo æreo prægrandi, in quo antica facies Valentiniani vultum exhibet cum solita inscriptione, D. N. PLA. VALENTINIANUS P. F. AUG.; altera Maximum senatorio habitu in sella sedentem, et volumen in ejus dextera, in læva scipionem cum aquila, nomine hinc inde ascripto, PETRONIUS MAXIMUS V. C. CONS.

[e] Pene trimestris. Chronicum anonymum Cuspiniani : *Post interitum Valentiniani imp. levatus est Maximus imp. XVI cal. Aprilis; et occisus est prid. idus Junias.* Tres ergo pene menses : recteque Marcellinus comes tertio tyrannidis mense membratim disceptum scribit : male Cassiodorus, qui intra duo menses, et Idatius, qui quarto expleto.

tissime rexit, inter tumultus multum, popularium, fœderatorum, quod et exitus prodidit novus, celer, acerbus: quem cruentavit fortunæ diu lenocinantis perfidus finis, quæ virum, ut scorpius, ultima sui parte percussit. Dicere solebat vir litteratus, atque ob ingenii merita quæstorius, partium certe bonarum pars magna, [a] Fulgentius, ore se ex ejus frequenter audisse, cum perosus pondus imperii, veterem securitatem desideraret, Felicem te, Damocles, qui non uno longius prandio regni necessitatem toleravisti. Iste enim, ut legimus, Damocles provincia Siculus, urbe Syracusanus, familiaris tyranno Dionysio fuit: qui cum nimiis laudibus bona patroni, ut cætera, scilicet inexpertus, efferret: Vis, inquit Dionysius, hodie saltem in hac mensa bonis meis pariter ac malis uti? **59** Libenter, inquit. Tum ille confestim lætum clientem, quanquam et attonitum, plebeio tegmine erepto, muricis Tyrii, seu Tarentini, conchyliato ditat induta: et renidentem gemmis, margaritisque aureo lecto, sericatoque toreumati imponit. Cumque pransuro Sardanapalicum in morem, panis daretur e Leontina segete confectus, insuper dapes cultæ ferculis cultioribus apponerentur, spumarent falerno gemmæ capaces, inque crystallis calerent unguenta glacialibus: hinc suffita cinnamo ac thure cœnatio spargeret peregrinos naribus odores, et madescentes nardo capillos circumfusa florum serta siccarent: cœpit supra tergum sic recumbentis repente vibrari mucro districtus e lacunaribus, qui videbatur in jugulum purpurati jam jamque ruiturus: nam filo equinæ setæ ligatus, et ita pondere minax, ut acumine gulam formidolosi Tantaleo frenabat exemplo, ne cibi ingressi per ora, per vulnera exirent. Unde post mixtas fletibus preces atque multimoda suspiria, vix absolutus emicatimque prosiliens, illa refugit celeritate divitias deliciasque regales, qua solent appeti: reductus ad desideria mediocrium timore summorum, et satis cavens, ne beatum ultra diceret duceretque, qui septus armis ac satellitibus, et per hoc raptis incubans opibus, ferro pressus, premeret aurum. Quapropter ad statum hujusmodi, domine frater, nescio an constet tendere beatos: patet certe miseros pervenire. Vale.

60 EPISTOLA XIV.
Sidonius Maurusio suo salutem.

Audio industriæ tuæ votisque communibus, uberiore proventu quam minabatur sterilis annus, respondere vindemiam. Unde et in [b] pago Vialoscensi, qui Martialis ætate citeriore vocitatus est propter hiberna legionum Julianarum, suspicor diuturnius te moraturum. Quo loco tibi cum ferax vinea est, tum præterea prædium magno non minus domino, quod te tuosque plurifaria frugum mansionumque dote remoretur. Ilicet si horreis apothecisque, seu penu impleta, destinas illic usque ad adventum hirundineum, vel ciconinum, Jani Numæque ninguidos menses in otio fuliginoso, seu tunicata quiete transmittere, nobis quoque parum in oppido fructuosæ protinus amputabuntur causæ morarum; ut dum ipse nimirum frueris rure, nos te fruamur, quibus ut recognoscis, non magis cordi est aut voluptati ager cum reditibus amplis, quam vicinus æqualis cum bonis moribus. Vale.

---

[a] Qui sacri palatii quæstor fuerat. Quæstura autem, quia litteratos postulat, dignitas dicta est litterarum, a Senatore i Variar. 12.

[b] Ita libri omnes, quos vidimus. Cæterum vici hujus nomen hodiernum adhuc incertum. Cum autem significet antiquum illius nomen fuisse Vialoscum, postea ob hiberna Julii Cæsaris dictum fuisse Martialem, non aspernanda est Savaronis conjectura, qui Martiacum esse putat, vicum agri Ricomagensis, Volvico finitimum.

LIBER TERTIUS.

61 EPISTOLA PRIMA.
Sidonius [d] Avito suo salutem.

Multis quidem vinculis caritatis ab ineunte pueritia, quidquid venimus in juventutem, gratiæ sese mutuæ cura nexuerat. Primum quia matribus nostris summa sanguinis juncti necessitudo. Dein quod ipsi iisdem temporibus nati, magistris usi, artibus instituti, lusibus otiati, principibus evecti, stipendiis perfuncti sumus: et quod est ad amicitias ampliandas h s validius efficaciusque, in singulis quibusque personis, **62** vel expetendis æqualiter vel cavendis, judicii parilitate certavimus. Propter quæ omnia, præter conscientiam quæ interius tibi longe præstantior eminentiorque, multum voluntates nostras copulaverat decursarum forinsecus actionum similitudo. Sed quod fatendum est, diu erectis utriusque amoris machinis, ipse culmina pretiosa posuisti, ecclesiam [b] Arverni municipioli, cui præpositus etsi immerito videor, peropportuna oblatione locupletando: cujus possessioni plurimum contulisti Cuticiacensis prædii modo nunc a quibusdam usurpari cœpit, veterum, opinor, nemo dixit, sed Arvernos integro gentis vocabulo, ut Parisios, Petrocorios, Remos, postquam usus invaluit, ut princeps cujusque populi et civitatis oppidum communi ejus nomine ornaretur. Ita enim Plinius, Marcellinus, Orosius, Paulinus, Notitia Occidentis et alii Arvernorum urbem, quam Clarum Montem dicimus, Arvernos appellant, Arvernam nunquam.

---

[a] Consobrino, ut videtur: cui gratias agit de Cuticiacensi prædio suburbano, quod ille Arvernorum Ecclesiæ cujus episcopus jam erat Sidonius, ex sororia hæreditate donaverat

[b] Quæ *urbs Arverna* epist. 12, *oppidum Arvernum* lib. vi epist. 11 tum. et lib. vii, epist. 5. Sic etiam Gregorius Turon. *urb m Arvernicam* vocat. Jornandes *urbem Arvernatem*, et *civitatem Arvernam*, omnes cum adjecto. Arvernam absolute, ut Romam, quo-

suburbanitate, non minus nostræ professionis fraternitatem loci proximitate dignatus ditare, quam reditu. Et licet sororiæ hæreditatis duo consortes esse videamini, exemplo tamen fidei tuæ, superstes germana commota est ad boni operis imitationem. Itaque tibi cœlitus jure redhibetur tui facti meritum, alieni incitamentum. Quo fit ut reperiare dignissimus, quem divinitas inusitato successionum genere sublimet : quæ tamen nec diu distulit religiosam devotionem centuplicatis opulentare muneribus : quæque ut confidimus, nihilo segnius cœlestia largietur, cum terrena jam solverit. Nicetiana namque, si nescis, hæreditas Cuticiaci supernum pretium fuit. Quod restat exposcimus, ut sicut Ecclesiæ nostræ, ita etiam civitatis æque tibi sit cura communis : quæ cum olim, tum debebit ex hoc præcipue tempore, ad tuum patrocinium vel ob tuum patrimonium pertinere. Quod cujus meriti esse possit, quippe si vestra crebro illud præsentia invisat, vel *a* Gothis credite, qui sæpenumero **63** etiam *b* Septimaniam suam fastidiunt vel refundunt, modo invidiosi hujus anguli etiam desolata proprietate potiantur. Sed fas est, præsule Deo, vobis inter eos et rempublicam mediis, animo quietiora concipere. Quia etsi illi, veterum finium limitibus effractis, omni vel virtute vel mole, possessionis turbidæ metas in Rhodanum Ligerimque proterminant : vestra tamen auctoritas pro dignitate sententiæ sic partem utramque moderabitur, ut et nostra discat, quid debeat negare cum petitur, et poscere adversa desinat, cum negatur. Vale.

EPISTOLA II.
Sidonius c Constantio suo salutem

Salutat te populus Arvernus, cujus parva tuguria magnus hospes implesti, non ambitu comitatu, sed ambiendus affectu. Deus bone! quod gaudium fuit laboriosis, cum tu sanctum pedem semirutis mœnibus intulisti? quam tu ab omni ordine, sexu, ætate stipatissimus ambiebare? quæ salsi erga singulos libra sermonis? quam te blandum pueri, comem juvenes, gravem senes metiebantur? Quas tu lacrymas, ut parens omnium, super ædes incendio prorutas et domicilia semiusta fudisti? quantum doluisti campos sepultos ossibus insepultis? quæ tua deinceps exhortatio, quæ reparationem suadentis animositas? Illis adjicitur, quod cum inveneris civitatem non minus civica simultate, quam barbarica incursione vacuatam, **64** pacem omnibus suadens, caritatem illis illos patriæ reddidisti. Quibus tuo monitu non minus in unum consilium, quam in unum oppidum revertentibus, muri tibi debent plebem reductam, plebs reducta concordiam. Quocirca satis te toti suum, satis se toti tuos æstimant : et, quæ gloria tua maxima est, minime falluntur. Obversatur etenim per dies mentibus singulorum; quod persona ætate gravis, infirmitate fragilis, nobilitate sublimis, religione venerabilis, solius dilectionis obtentu, abrupisti tot repagula, tot objectas veniendi difficultates : itinerum videlicet longitudinem, brevitatem dierum, nivium copiam, penuriam pabulorum, latitudines solitudinum, angustias mansionum, viarum voragines, aut humore imbrium putres, aut frigorum siccitate tribulosas : ad hoc aut aggeres saxis asperos, aut fluvios gelu lubricos, aut colles ascensu salebrosos, aut valles lapsuum assiduitate derasas : per quæ omnia incommoda, quia non privatum commodum requirebas, amorem publicum retulisti. Quod restat, Deum precamur, ut ævi metis secundum vota promotis, bonorum amicitias indefessim expetas, capias, referas : sequaturque te affectio, quam relin-

---

a Quæ de Vesogothorum in Gallia motibus **38** sparsim a Sidonio sequentibus libris commemorantur, ea fere pertinent ad Julii Nepotis imperium, hoc est ad annum Christi 474, quo tempore Arverni ab Eurico rege obsessi. Euricus enim, ut Jornandes narrat, cum paucis annis crebras principum Romanorum mutationes videret, rei bene gerendæ spem adeptus, continuo in eorum fines irrupit. Missus est a Nepote Aug. legatus Epiphanius episcopus Ticinensis qui pactione cum Eurico feliciter, ut videbatur, inita rediit ad Nepotem. Acta legationis persequitur Ennodius in Vita Epiphanii. Verum Euricus, rupto mox fœdere, cum imperium in Rhodanum Ligerimque promovere statuisset, interjectas gentes armis aggressus, earum episcopos odio catholicæ partis homo barbarus et Arianus partim exsilio, partim ferro multat. Arvernos, qui reliqui erant in Romanorum fide obsidet, fortiter propugnante Ecdicio comite et magistro militum, Sidonii sororio. Soluta jam obsidione hostes in hiberna discesserant : cum Licinianus quæstor a Gothos Roma missus, Arvernos ex pacto dedi jubet, Sidonio frustra reclamante, qui solum vertere coactus aliquandiu abfuit a suis. Ecdicius ad Burgundionum reges se contulit. Euricus Victorium comitem Arvernis imposuit. Hæc Sidonius epistola 1, 3, 4, 7, hujus libri; et lib. vii, epist. 1, 6, 7, 17; lib. viii, epist. 9; lib. ix, epist. 2.

b Imperii sui fines. Gothorum in Gallia primæ sedes in Septimania. Quo nomine primum dictus est pagus et ager Biterrensis. Nam ut Arelate Sextanorum, et Forum Julium Octavanorum cognomen tulerunt a militaribus coloniis sextæ vel octavæ legionis; sic Biterræ seu Bætiræ Septimanorum, Plinio teste, et subditus urbi ager Septimaniæ. Atque hoc sensu Aphrodisium Bitterrensium in Septimania primum episcopum memorant antiqua martyrologia, et Vita Ludovici Pii Vadalam monasterium in Septimania. Porro Gothos in eo primum provinciæ Narbonensis tractu consedisse, nec desunt qui scribant, et fidem faciunt quæ de illis narrat Olympiodorus Thebæus apud Photium. Quare hæc primum fuit Septimania Gothorum : postea nomen ad totam primam Narbonensem transfusum est, quam hodieque Linguadociam a Gothis dici volunt, quasi Laudgothiam. In testamento Caroli Magni : *Partem Burgundiæ cum provincia, et Septimania sive Gothia, usque ad Hispaniam Pippinus accipiet.* Ita et Gregorius Turonicus, Jonas Aurelian. Nithardus, Joannes VIII, epist. 111, et alii, Septimaniam perpetuo sumunt pro prima Narbonensi.

c Lugdunensi, ut adnotatum est lib. I, epist. 1. Scripta post obsidionem urbis Arvernæ, cum eo Constantius Lugduno venisset. Quare iter asperum quod describit, illud est quod **39** Lugdunum et Arvernos interjacet : quod quidem in Tabula Peutingeriana, sed longiore, ut in viis militaribus mos est, anfractu designatur hoc modo : *Lugduno, Foro Sequsianorum* xvi, *Mediolano* xv, *Raidomno* xxi, *Ariolica* xii, *Vorogio* xiv, *Aquis Calidis* viii, *Augustonemeto* xxii.

65 EPISTOLA III.

Sidonius [a] Ecdicio suo salutem.

Si quando, nunc maxime Arvernis meis desideraris, quibus dilectio tui immane dominatur, et quidem multiplicibus ex causis. Primum quod summas in affectu partes jure sibi usurpat terra quæ genuit. Dein quod sæculo tuo solus ferme mortalium es, qui patriæ non minus desiderii nasciturus, quam gaudii natus feceris. Astipulantur assertis materni quondam puerperii tempora, quæ proficiente conceptu concordantibus civium votis numerabantur. Omitto illa communia quidem, sed quæ non mediocria caritatis incitamenta sunt, istius tibi reptatas cespitis glebas. Prætereo quod hæc primum gramina incessu, flumina natatu, venatu nemora fregisti. Omitto quod hic primum tibi pila, pyrgus, accipiter, canis, equus, arcus ludo fuere. Mitto istic ob gratiam pueritiæ tuæ undique gentium confluxisse studia litterarum, tuæque personæ quondam debitum, quod sermonis Celtici squamam depositura nobilitas, nunc oratorio stylo, nunc etiam camœnalibus modis imbuebatur. Illud in te affectum principaliter universitatis accendit, quod quos olim Latinos fieri exegeras, barbaros deinceps esse vetuisti. Non enim potest unquam civicis pectoribus elabi, quem te, quantumque nuper omnis ætas, ordo, sexus e semirutis murorum aggeribus conspicabantur, cum interjectis æquoribus in adversum perambulatis, et vix [b] duodeviginti equitum sodalitate comitatus, aliquot millia Gothorum; non minus die quam campo medio (quod difficile sit posteritas creditura) transisti. Ad nominis tui rumorem personæque conspectum, exercitum exercitatissimum stupor obruit: ita ut præ admiratione nescirent duces partis inimicæ, quam se multi, quamque te pauci comitarentur. Subducta est tota protinus acies in supercilium collis abrupti: quæ cum prius applicata esset oppugnationi, te viso non est explicata congressui. Interea tu cæsis quibusque optimis, quos, novissimos agmini non ignavia, sed audacia fecerat, nullis tuorum certamine ex tanto desideratis, solus planitie quam patentissima potiebare, cum tibi non daret tot pugna socios, quot solet mensa convivas. Hinc jam per otium in urbem reduci, quid tibi obviam processerit officiorum, plausuum, fletuum, gaudiorum, magis tentant vota conjicere, quam verba reserare. Siquidem cernere erat refertis capacissimæ domus atriis, illam ipsam felicissimam stipati reditus tui ovationem: dum alii osculis pulverem tuum rapiunt, alii sanguine ac spumis pinguia lupata suscipiunt, alii sellarum equestrium madefacta sudoribus fulcra resupinant, alii de concavo tibi cassidis exituro flexilium laminarum vincula dissibulant, alii explicandis ocrearum nexibus implicantur, alii hebetatorum cæde gladiorum latera dentata pernumerant, alii cæsim atque punctim foraminatos circulos loricarum digitis livescentibus metiuntur. Hic licet multi complexibus tuorum tripudiantes adhærescerent, in te maximus tamen lætitiæ popularis impetus congerebatur: tandemque in turbam inermem quidem veneras, sed de qua te nec armatus evolveres: ferebasque nimirum eleganter ineptias gratulantum; et dum irruentum tumultuoso diriperis amplexu, eo conditionis accesseras, piissimus publici amoris interpres, ut necesse esset illi uberiorem referre te gratiam, qui tibi liberiorem fecisset injuriam. Taceo deinceps collegisse te privatis viribus publici exercitus speciem, parvis extrinsecus majorum opibus adjutum, et inferiores hostium ante discursus castigatis coercuisse populatibus. Taceo te aliquot superventibus cuneos mactasse turmales, e numero tuorum vix binis ternisve post prælium desideratis: et tantum calamitatis adversæ partis inopinatis certaminibus inflictum, ut occulere cæsorum numerositatem consilio deformiore meditarentur. Siquidem quos humari nox succincta prohibuerat, decervicatis liquere cadaveribus: tanquam minoris indicii foret, quam villis agnosci crinitum, dimisisse truncatum. Qui postquam luce revoluta, intellexerunt furtum ruinæ suæ crudeli vilitate patuisse; tum demum palam officiis exsequialibus occupabantur, non magis cladem fraude quam fraudem festinatione celantes: sic tamen, quod nec ossa tumultuarii cespitis mole tumulabant: quibus nec elutis vestimenta, nec vestitis sepulcra tribuebant, juste sic mortuis talia justa solventes. Jacebant corpora undique locorum plaustris convecta rorantibus: quæ quoniam perculsis indesinenter incumberes, raptim succensis conclusa domiciliis culminum superlabentium rogalibus fragmentis funerabantur. Sed quid ego ista hæc justo plusculum garrio? qui laborum tuorum non ex asse historiam texere, sed pro parte memoriam facere præsumpsi, quo magis crederes votis tuorum; quorum exspectationi ægrescenti nulla salubrius ociusque, quam tui adventus remedia medicabuntur. Igitur si quid nostratium precatibus acquiescis, actutum in patriam receptui canere festina, et assiduitatem tuam periculosæ [c] regum familiaritati celer exime; quorum consuetudinem spectatissimus quisque flammarum naturæ bene comparat, quæ sicut paululum a se remota illuminant, ita satis sibi admota comburunt. Vale.

---

[a] Arverno, Aviti imp. filio, ut dictum est lib. II, epist. 1. Is comes hoc tempore magisterque militum Arvernorum urbem a Gothis obsessam propugnarat, multaque adversus Gothos fortiter gesserat, quæ a Sidonio laudantur.

[b] Apud Gregorium Turon. decem tantum numerantur. Sic enim de hac ipsa Gothorum fuga scribit lib. II, cap. 24: *Quem Ecdicium miræ velocitatis fuisse multi commemorant. Nam quadam vice multitudinem Gothorum cum decem viris fugasse perscribitur.*

[c] Burgundionum, quibus familiaris erat Ecdicius. Itaque in Burgundiam postea, urbe Gothis dedita secessit, in eaque habitavit, ut ostendunt quæ de eo narrat Gregorius loco supra scripto.

EPISTOLA IV.
Sidonius Felici suo salutem.

[a] Gozolas natione Judæus, cliens culminis tui, cujus mihi quoque esset persona cordi, si non esset secta despectui, defert litteras meas, quas granditer anxius exaravi. Oppidum siquidem nostrum, quasi quemdam sui limitis oppositi obicem, circumfusarum nobis gentium arma terrificant. Sic æmulorum sibi in medio positi populorum lacrymabilis præda, suspecti Burgundionibus, proximi Gothis, nec impugnantum ira, nec [b] propugnantum caremus invidia. Sed isthinc alias. Interea si vel penes vos recta sunt, bene est. Neque enim hujusmodi pectore **69** sumus, ut licet apertis ipsi pœnis, propter criminum occulta, plectamur; non agi prospere, vel ubicunque velimus. Nam certum est, non minus vitiorum, quam hostium esse captivum, qui non etiam inter mala tempora bona vota servaverit. Vale.

EPISTOLA V.
Sidonius Hypatio suo salutem.

Si vir spectabilis, morumque vestrorum suspector admiratorque Donidius solam rationem domesticæ utilitatis habuisset, satis abundeque sufficeret fides vestra commodis suis, etsi nullus intercessor accederet. Sed amore meo ductus est, ut quod ipse per se impetraverat, me faceret postulare. Itaque nunc honori vestro hic quoque cumulus accrescit, quod duo efficimur debitores, cum tamen unus e nobis beneficium consequatur. [c] Eborolacensis prædii etiam ante barbaros desolatam medietatem, quæ domus patriciæ jura modo respicit, suffragio vestro juri suo optat adjungi. Neque ad hanc nuncupationem stimulo cupiditatis, sed respectu avitæ recordationis adducitur. Siquidem fundi ipsius integritas familiæ suæ dominium, usque in obitum vitrici nuper vita decedentis, aspexit. Nunc autem vir alieni non appetens, sui parcus, possessionis antiquæ a se alienatæ non tam damno angitur quam pudore: quam ut redimere conetur, non avaritiæ vitio, sed verecundiæ necessitate compellitur. Tribuere dignare votis **70** suis, precibus meis, moribus tuis, ut ad soliditatem ruris istius te patrocinante perveniat, cui rem parentum, sibique non solum notam, verum etiam inter lactentis infantiæ rudimenta reptatam, sicut recepisse parum fructuosum, sic non emeruisse nimis videtur ignavum. Ego vero tantum obstringar indultis, ac si meæ proficiat peculiariter proprietati, quidquid meus ætate frater, professione filius, loco civis, fide amicus, acceperit. Vale.

---

[a] Per quem Felici eidem scribit lib. IV, epistola 5. Narbonensis ergo patria fuit, ut Magnus Felix.

[b] Burgundionum item, qui Romanorum in fide steterant post pacem ab Aetio duce datam. Itaque Aetio adfuerant in pugna Catalaunica; et nuper sub Anthemio Riothimum regem reipublicæ fœderatum, a Gothis acie fusum fugatumque exceperant: ut hoc etiam bello Arvernis auxilio fuisse mirum non sit. Propterea Euricus gentibus ad Rhodanum usque potitus, mox Burgundiones quoque armis appetiit, teste Jornande.

[c] Ebrolium hodie oppidulum Arvernorum ad Si-

EPISTOLA VI.
Sidonius [d] Eutropio suo salutem.

Si veteris commilitii, si deinceps innovatæ per dies gratiæ bene impræsentiarum fides vestra reminiscitur, profecto intelligitis ut vos ad dignitatum, sic nos ad desideriorum culmina ascendere. Ita namque fascibus vestris gratamur omnes, ut erectam per illos non magis vestram domum quam nostram amicitiam censeamus. Testis est ille tractatus, in quo exhortationis meæ non minimum incitamenta valuerunt: quibus vix potuistis adduci, ut præfecturam philosophiæ jungeretis, cum vos consectanei vestri Plotini dogmatibus inhærentes, ad profundum intempestivæ quietis otium Platonicorum palæstra rapuisset: cujus disciplinæ tunc fore astruxi liberam professionem, cum nil familiæ debuisset. Porro autem desidiæ vicinior putabatur contemptus ille militiæ, ad quam jactitant **71** lividi, bonarum partium viros non posse potius quam nolle conscendere. Igitur quod loco primore fieri par est, agimus gratias uberes Christo, qui statum celsitudinis tuæ, ut hactenus parentum nobilitate decorabat, ita etiam nunc titulorum parilitate fastigat: simul et animorum spebus erectis fas est de cætero sperare meliora. Certe creber provincialium sermo est, annum bonum de magnis, non tam fructibus quam potestatibus æstimandum. Qua de re vestrum est, domine major, exspectationem nostram competentibus dispositionibus munerari. Nam memor originis tuæ nobilium sibi persuasit universitas: quandiu nos Sabini familia rexerit, Sabiniani familiam non timendam. Vale.

EPISTOLA VII.
Sidonius Felici suo salutem.

Longum a litteris temperatis. Igitur utrque nostrum mos suus agitur: ego garrio, vos tacetis. Unde etiam, vir ad reliqua fidei officia insignis, genus reor esse virtutis, tanto te otio non posse lassari. Ecquid?. nunquamne respectu movebere familiaritatis antiquæ, ut tandem a continuati silentii proposito pedem referas? aut nescis, quia garrulo non respondere convicium est? Tu retices, vel bibliothecarum medius, vel togarum; et a me officium paupertini sermonis exspectas, cui scribendi, si bene perspicis, magis est facilitas quam facultas. Certe vel metus noster materiam tuo stylo **72** faciat: mementoque viatorum manus gravare chartis, quatenus amicorum cura releveretur: et indicare festina, si quam prævio Deo, [e] quæstor Licinianus trepida-

---

caulam fluvium, vetusto Benedictinorum cœnobio notum. Hinc oriundus erat Donidius, tunc clericus, et incola urbis Arvernæ. Ideo Sidonius episcopus loco civem, professione filium dicit.

[d] Viro nobili et philosophiæ studiis dedito, nunc præfecto prætorio Galliarum. Hanc enim illi dignitatem gratulatur. Et quia eumdem ipsum ad militiam palatinam et honores capessendos hortatus antea fuerat lib. I, epist. 6, ejus hic epistolæ meminit, et exhortationis tractatum appellat.

[e] Quem a nepote Augusto legatum ad Euricum regem supra monuimus. Ex hac autem epistola tum

tioni mutuæ anuam securitatis aperuerit. Persona siquidem est, ut perhibent, magna exspectatione, major adventu, relatu sublimis, inspectione sublimior, et ob omnia felicitatis naturæque dona monstrabilis. Summa censura, par comitas, et prudentia fidesque misso mittentique conveniens. Nihil affectatum simulatumque, ponderique sermonum vera potius severitas quam severitatis imitatio; et non ut plurimi, qui cum credita diffidenter allegant, volunt videri egisse se cautius. Sed neque ex illorum, ut ferunt, numero, qui secreta dirigentium principum venditantes, ambiunt a barbaris bene agi cum legato potius quam cum legatione. Hunc nobis morum viri tenorem secundus rumor invexit. Mandate perniciter, si vero dicta conquadrant; ut tantisper a pervigili statione respirent, quos a muralibus excubiis non dies ninguidus, non nox illunis et turbida receptui canere persuadent : quia etsi barbarus in hiberna concedat, mage differunt quam relinquunt semel radicatam corda formidinem. Palpate nos prosperis, quia nostra non tam procul est a vobis causa, quam patria. Vale.

73 EPISTOLA VIII.
Sidonius a *Eucherio suo salutem.*

Veneror antiquos, non tamen ita ut qui æquævorum meorum virtutes aut merita postponam. Neque si Romana respublica in extrema hæc miseriarum defluxit, ut studiosos sui nunquam remuneretur, non idcirco Brutos Torquatosque non pariunt sæcula mea. Quorsum ista hæc? inquis. De te ad te mihi sermo est, vir efficacissime, cui debet respublica, quod supradictis solutum laudat historia. Quapropter ignari rerum temeraria judicia suspendant, nec perseverent satis aut suspicere præteritos, aut despicere præsentes : quandoquidem facile clarescit, rempublicam b morari beneficia, vos mereri. Quanquam mirandum granditer non sit, natione feneratorum non solum inciviliter Romanas vires administrante, verum etiam fundamentaliter eruente, si nobilium virorum militariumque, et supra vel spem nostræ, vel opinionem partis adversæ bellicosorum, non tam defuerint facta quam præmia. Vale.

EPISTOLA IX.
Sidonius c *Riothamo suo salutem.*

Servatur nostri consuetudo sermonis ; namque miscemus cum salutatione querimoniam : non omnino huic rei studentes, ut stylus noster 74 sit officiosus in titulis, asper in paginis; sed quod ea semper eveniunt, de quibus loci mei aut ordinis hominem venisse liquet, cum Gothi ab obsidione Arvernorum in hiberna concessissent. De Liciniano iterum scribet lib. v, epistola 16 ad Papianillam.

40 a Virum illustrem vocat in concione Bituricensi, senatorem Gregorius Turon. Hunc enim esse conjicio Eucherium senatorem, quem a Victorio duce fictis calumniis oppressum, necatumque narrat lib. II, cap. 20.

b In aliquot mss., *moderari.*

c Britonum regi, ut opinor : quem Euricus Anthemio cum 12 millibus suppetias ferentem in pago Biturico, ut Jornandes in rebus Geticis refert, collatis constat inconciliari, si loquatur; peccare, si taceat. Sed et ipsi sarcinam vestri pudoris inspicimus, cujus hæc semper verecundia fuit, ut pro culpis erubesceretis alienis. Gerulus epistolarum, humilis, obscurus, despicabilisque etiam usque ad damnum innocentis ignaviæ, mancipia sua, Britannis clam sollicitantibus, abducta deplorat. Incertum mihi est an sit certa causatio : sed si inter coram positos æquanimiter objecta discingitis, arbitror hunc laboriosum posse probare, quod objicit : si tamen inter argutos, armatos, tumultuosos, virtute, numero, contubernio contumaces, poterit ex æquo et bono solus, inermis, abjectus, rusticus, peregrinus, pauper audiri. Vale.

EPISTOLA X.
Sidonius Tetradio suo salutem.

Plurimum laudis juvenes nostri moribus suis applicant, quoties de negotiorum meritis ambigentes ad peritorum consilia decurrunt : sicuti nunc vir clarissimus Theodorus, domi quidem nobilis, sed modestissimæ conversationis opinione generosior, qui per litteras meas ad tuas litteras, id est ad meracissimum scientiæ fontem, laudabili aviditate proficiscitur, non modo reperturus illic ipse quod discat, sed et forsitan relaturus inde quod doceat. Cui contra potentes factiososque, si vestra 75 peritia abundanter non opitularetur, prudentia consulta sufficeret. Respondete, obsecramus, nisi vobis tamen utriusque nostrum sociæ preces oneri fastidiove reputabuntur, judicio suo, testimonio meo; et substantiam causamque supplicis fluctuantem medicabilis responsi salubritate fulcite. Vale.

EPISTOLA XI.
Sidonius d *Simplicio suo salutem.*

Etsi desiderium nostrum sinisteritas tanta comitatur, ut etiam nunc nostris invidearis obtutibus : non idcirco is es, virorum optime, de cujus nos moribus lateant celsa memoratu. Ita cuncti nostrates, iidemque summates viri, optimarum te exactissimarumque partium præstantissimum patremfamilias consono præconio prosequuntur. Astipulatur huic de te sententiæ bonorum, vel sic electus gener, vel educta sic filia : in quorum copula tam felicem tibi controversiam vota pepererunt, ut ambigas, utrum judicio, an institutione superaveris. Sed tamen hinc vel maxime parentes ambo venerabiles esse securi : idcirco cæteros vincitis, quod vos filii transierunt. Igitur dona venia litteras primas; quas ut necdum mittere desidia fuerat, ita vereor ne sit misisse garrulitas. Vale.

signis profligavit. Nec vero mirum est regem non appellari Riothamum, sive, ut Jornandes scribit, Riothimum, cum nec Gundwicium Hilarus papa, nec Chilpericum Sidonius reges vocent; quorum tamen uterque rex fuit Burgundionum.

d Illi ipsi fortasse, qui paucis post annis Sidonio designante creatus est episcopus Bituricensis. Juvat conjecturam quod de Simplicii hujus filiis ait : *Vos filii transierunt :* de Simplicii episcopi filiis in concione, *Quibus comparatus pater felicior inde incipit esse quod vincitur.*

rulitas. Carebit sane nostrum nævo loquacitatis officium, si exemplo recursantis alloquii, impudentiam
paginæ præsentis absolveris. Vale.

76 EPISTOLA XII.
Sidonius [a] Secundo suo salutem.

Avi mei, proavi tui tumulum hesterno, proh dolor!
de manus profana pene temeraverat : sed Deus
adfuit, ne nefas tantum perpetraretur. Campus autem
ipse dudum refertus tam bustualibus favillis quam
cadaveribus, nullam jamdiu scrobem recipiebat! Sed
tamen tellus, humatis quæ superduciter, redierat in
pristinam distenta planitiem, pondere nivali, seu
diuturno imbrium fluxu sidentibus acervis. Quæ fuit
causa ut locum auderent, tanquam vacantem, corporum bajuli rastris funebribus impiare. Quid plura?
Jam niger cespes ex viridi; jam supra antiquum
sepulcrum glebæ recentes, cum forte pergens urbem
ad Arvernam, publicum scelus e supercilio vicini
collis aspexi; meque equo effuso tam per æquata
quam per abrupta proripiens, et moræ exiguæ sic
quoque impatiens, antequam pervenirem, facinus
audax prævio clamore compescui. Dum dubitant in
crimine reperti, dilaberentur an starent, superveni.
Confiteor errorem; supplicia captorum differre non
potui : sed supra ipsum senis nostri opertorium
torsi latrones, quantum sufficere possit superstitum
curæ, mortuorum securitati. Cæterum nostro quod
sacerdoti nil reservavi; meæ causæ, suæque personæ
præscius, in commune consului; ne vel hæc justo
clementius vindicaretur, vel illa justo severius vindicaret. **77** Cui cum tamen totum ordinem rei, ut
satisfaciens ex itinere mandassem; vir sanctus et
ustus iracundiæ meæ dedit gloriam, cum nil amplius
ego veniam postularem, pronuntians more majorum
reos tantæ temeritatis jure cæsos videri. Sed ne quid
in posterum casibus liceat, quos ab exemplo vitare
debemus, posco ut actutum, me quoque absente, tua
cura, sed meo sumptu resurgat in molem sparsa con-

[a] Fratris filio : ad quem mittit Apollinaris avi sui
epitaphium, quod nocte proxima exararat; mandatque
ut in marmore incisum ejus tumulo imponat : atque
hæc se quoque absente, id est ante reditum suum,
ut curet hortatur. Cum igitur ad urbem Arvernam
pergens ex itinere hæc scribat, consequens est tumulum Apollinaris avi non Arvernorum urbi vicinum
fuisse, sed Lugduno : unde digressus in sepulcri
violatores ipso itineris initio inciderat. Non enim
procul Lugduno abfuisse tumulum hinc patet, quod
cum de multatis reis ad episcopum retulisset, illico
responsum in ipso itinere accepit. Sacerdotem itaque
suum appellat Patientem episcopum Lugdunensem,
et in epitaphio Apollinaris patriam Lugdunum.

[b] Lapidicidæ. Cod. de excusat. artif. l. 1 : *Quadratarii, quos Græco vocabulo* λιθοθήκτας *appellant : et
saxorum quadratarii*, Cassiodorus in psalmos. Ars
quadrataria in Agone SS. Coronatorum, et in fragmento vetusti lapidis Romæ in æde S. Hagnes.

[c] De præfectura Apollinaris avi, et de tyrann s
quos eo tempore passa est Gallia, dicendum lib. v,
epistola 9, ad Aquilinum.

[d] In baptismo, quem primus e familia sua suscepit :
unde patet error Beati Rhenani, qui Sidonio nostro
tribuit, quod ejus avo debebatur. Huc autem facit
antiquum urbis epigramma, quod reliqui e biblio-

geries, quam lævigata pagina tegat. Ego venerabili
Gaudentio reliqui pretium lapidis, operisque mercedem. Carmen hoc sane quod consequetur, nocte
proxima feci, non expolitum, credo, quod viæ non
parum intentus : quod peto, ut tabulæ quantulumcunque est, celeriter indatur. Sed vide ut vitium non
faciat in marmore lapidicida : quod factum sive ab
industria, seu per incuriam, mihi magis quam [b]
quadratario, lividus lector ascribat. Ego vero, si pio
studio rogata curaveris, sic agam gratias, quasi nil
tibi quoque laudis aut gloriæ accedat, quem patruo
tuo, id est me remoto, solida præsentis officii sollicitudo mansisset pro gradu seminis. Vale.

Serum post patruos, patremque carmen
Haud indignus avo nepos dicavi :
Ne fors tempore postumo, viator,
Ignorans reverentiam sepulti,
Tellurem tereres inaggeratam.
[c] Præfectus jacet hic Apollinaris,
Post prætoria recta Galliarum,
Mœrentis patriæ sinu receptus.
78 Consultissimus, utilissimusque,
Ruris, militiæ, forique cultor,
Exemploque aliis periculoso,
Liber sub dominantibus tyrannis.
Hæc sed maxima dignitas probatur :
Quod frontem cruce, [d] membra fonte purgans,
Primus de numero patrum suorum
Sacris sacrilegis renuntiavit.
Hoc primum est decus, hæc superba virtus,
Spe præcedere, quos honore jungas.
Quique hic sunt titulis pares parentes,
Hos illic meritis supervenire.

Novi quidem auctoris nostri non respondere doctrina
epitaphii qualitatem; sed anima perita musicas non
refutat inferias. Tibi quoque non decet tardum videri, quod hæres tertius quartusque dependimus :
cum tot annorum gyro voluto magnum Alexandrum
parentasse manibus Achillis, et Julium Cæsarem
Hectori, ut suo, justa persolvisse didicerimus. Vale.

EPISTOLA XIII.
Sidonius [e] Apollinari suo salutem.

Unice probo, gaudeo, admiror quod castitatis

theca Palatina vulgatis addi licet ex codice S. Mariæ
Virdunensis.

41 *Ad ecclesiam S. Laurentii in Damaso, quæ alio
nomine appellatur in Prasino.*

Ad Fontem.

Iste salutare fons continet inclitus undas,
Et solet humanam purificare luem.
Munia sacrati quæ sint vis scire liquoris ?
Dant regnatricem flumina sancta fidem.
Ablue fonte sacro veteris contagia vitæ,
O nimium felix, vive renatus aqua !
Hunc fontem quicunque petit, terrena relinquit,
Subjicit et pedibus cæca ministeria.

[e] Quidam codices ascribunt filio. Patris enim est
ad filium parænesis, et Apollinarem Sidonii filio nomen fuisse, docet tum epist. 9, lib. v, tum 1, lib. ix;
et Ruricius lib. II, epist. 25. Apollinaris autem hic
videtur, quem Mediolani S. Victoris ope custodia solutum narrat Gregorius Turon. 1 Mirac. 45. Vocladensi dein prælio cum Arveruis interfuisse lib. II
histor. 37, non tamen occubuisse, quod de suo quidam addunt. Nam eumdem postea in episcopali Arvernorum cathedra mortuum, idem alibi, ut censeo,
testis est Gregorius. Apollinaris porro ex Placidina
uxore filius Arcadius : de quo scribit idem lib. III,

affectu contubernia fugis impudicorum ; præsertim quibus nihil pensi , nihil sancti est , in appetendis garriendisque turpitudinibus : quique quod verbis inverecundis aurium publicarum reverentiam incestant, granditer sibi videntur facetiari : **79** cujus vilitatis esse signiferum gnathonem patriæ nostræ vel maximum intellige. Est enim hic gurges de sutoribus fabularum, de concinnatoribus criminum , de sinistrarum opinionum duplicatoribus; loquax ipse, nec dicax, ridiculusque, nec lætus, arrogansque, nec constans, curiosusque, nec perspicax, atque indecenter affectato lepore, plus rusticus : tempora præsentia colens, præterita carpens, futura fastidiens. Beneficii, si rogaturus est , importunus petendi, derogator negati, æmulator accepti, callidus reformandi , querulus flagitati, garrulus restituti; at si rogandus , simulator parati, dissimulator petiti, venditor præstiti, publicator occulti, calumniator morati, inficiator soluti : osor jejuniorum , sectator epularum; laudabilem proferens non de bene vivente, sed de bene pascente sententiam. Inter hæc tamen ipse avarissimus, quemque non pascit tam panis bonus quam panis alienus : hoc solum comedens domi, si quid e raptis inter alaparum procellas præmisit obsoniis. Sed nec est sane prædicabilis viri in totum silenda frugalitas; jejunat quoties non vocatur; sed sic quoque levitate parasitica, si invitetur excusans, si vitetur explorans, si excludatur exprobrans, si admittatur exsultans, si verberetur exspectans. Cum discubuerit, fertur actutum, si tarde comedat, in rapinas; si cito saturetur, in lacrymas; si sitiat, in querelas; si inebrietur, in vomicas; si fatiget, in contumelias, si fatigetur, in furias : fetulentiæ omnino par cloacali, quæ quo plus commota, plus **80** fetida est. Ita vivens paucis voluptati, nullis amori, omnibus risui est : vesicarum ruptor, fractorque ferularum; bibendi avidus, avidior detrahendi, rabido pariter ore spirans cœnum, spumans vinum , loquens venenum , facit ambigi puditior, temulentior, an facinorosior existimetur. Sed dicis, animi probra vultu colorat, et deprecatur ineptias mentis qualitas corporis. Elegans videlicet homo pervenustusque, cujusque sit spectabilis persona visentibus. Enim vero illa sordidior atque deformior est cadavere rogali, quod facibus admotis semicombustum, moxque sidente strue tortium devolutum , reddere pyræ jam fastidiosus pollinctor exhorret. Præter hæc , lumina gerit idem lumine carentia; quæ Stygiæ vice paludis, volvunt lacrymas per tenebras. Gerit et aures immanitate barrinas; quarum fistulam biforem pellis ulcerosa circumvenit, saxeis nodis et tofosis humore verrucis per marginem curvum protuberantibus. Portat et nasum, qui cum sit amplus in foraminibus, et strictus in spina, sic patescit horrori, quod angustatur olfactui. Prætendit os etiam labris plumbeum, rictu ferinum, gingivis purulentum, dentibus buxeum; quod spurcat frequenter exhalatus e concavo molarium computrescentium mephiticus odor, quem supercumulat esculenta ructatio de dapibus hesternis et redundantium sentina cœnarum. Promit et frontem , quæ fœdissimo gestu cutem plicat , supercilia distendit. Nutrit et barbam, quæ jam senectute canescens , fit tamen morbo nigra Syllano. **81** Tota denique est misero facies ita pallida, veluti per horas umbris mœstificata larvalibus. Taceo reliquam sui molem, vinctam podagra, pinguedine solutam. Taceo cerebrum crebra vibice peraratum ; quod parum amplius tegi constat capillis quam cicatricibus. Taceo præ brevitate cervicis, occipiti supinato scapularum adhærere confinia. Taceo quod decidit honor humeris , decor brachiis, robur lacertis. Taceo chiragricas manus unctis cataplasmatum pannis , tanquam cæstibus involutas. Taceo quod alarum specubus hircosis atque acescentibus latera captiva vallatus, nares circumsedentium ventilata duplicis Ampsancti peste funestat. Taceo fractas pondere arvinæ jacere mammas , quasque fœdum esset in pectore virili vel prominere, has ut ubera materna cecidisse. Taceo ventris inflexi pendulos casses partium genitalium, quia debilibus pudendæ, turpibus rugis turpius præbere velamen. Jam quid hic tergum, spinamque commemorem? de cujus licet internodiorum fumitibus erumpens aream pectoris texat curvatura costarum; tota nihilominus hæc ossium ramosa compago sub uno velut exundantis abdominis pelago latet. Taceo lumborum corpulentiam , cliniumque , cui crassitudini comparata censetur alvus exilis. Taceo femur aridum et pandum, genua vasta, poplites delicatos, crura cornea, vitreos talos , parvos digitos , pedes grandes. Cumque distortis horreat ita liniamentis, per quæ multiplicem pestilentiam exsanguis semivivusque, nec portatus sentiat, nec sustentatus incedat, **82** verbis tamen est ille quam membris exsecrabilior. Nam quanquam pruritu laborat sermonis inhonesti, tum patronorum est præcipue cavendus arcanis ; quorum est laudator in prosperis, delator in dubiis : at si ad occulta familiarium publicanda temporis ratio sollicitet, mox per hunc Spartacum quæcunque sunt clausa franguntur, quæque obserata reserantur : ita quod quas domorum nequiverit machinis apertæ simultatis impetere, cuniculis clandestinæ proditionis impugnat. Hoc fabricatu Dædalus

---

capp. 9, 12, 18. Arcadii filia Placidina, uxor quondam Leontii junioris Burdigalensium episcopi. Ex quibus lucem accipiet Fortunatus, qui Placidinæ hujus originem refert ad Avitum Augustum, lib. 1, carmine 14 :

Cogor amore etiam Placidinæ pauca referre,
  Quæ tibi tunc conjunx, est modo cara soror.
Lumen ab Arcadio veniens genitore refulget,
  Quo manet Augustum germen, Avite, tuum.

Imperii fastus toto qui rexit in orbe,
  Cujus adhuc pollens jura senatus habet.
Humani generis si culmina prima requiras,
  Nomine Cæsareo nil superesse potest.

Vere prorsus. Nam abneptis fuit Aviti ex Papianilla filia et Sidonio. Itaque apud Gregorium corruptus est locus I Mirac. 65, in hunc modum restituendus, *Alcima soror et Placidina conjux Apollinaris episcopi*, quod perspicuum est ex libr. III, cap. 2 et 12.

noster am.citharu.n culmen ædificat : qui sicut sodalibus velut Theseus inter secunda sociatur; sic ab iis postmodum velut Proteus inter adversa dilabitur. Igitur ex voto meo feceris, si talium sodalitati ne congressu quidem primore sociere, maxime illorum quorum sermonibus prostitutis ac theatralibus nullas habenas, nulla præmittit repagula pudor. Nam quibus citra honestatis nitorem jactitabundis loquacis fæce petulantiæ lingua polluitur infrenis, his conscientia quoque sordidatissima est. Denique facilius obtingit, ut quispiam seria loquens vivat obscene, quam valeat ostendi, qui pariter existat improbus dictis, et probus moribus. Vale.

EPISTOLA XIV.
Sidonius Placido suo salutem.

Quanquam te tua tenet ^a Gratianopolis, comperi tamen hospitium veterum fido relatu, quod meas

^a Nomen inditum a Gratiano. Vetus enim et proprium fuit Cularo. Undè muri Cularonenses hodieque leguntur in antiqua inscriptione portæ civitatis. Nominatur item in Tabula Itineraria Peutingeri, et in Notitia imperii, quæ tribunum cohortis primæ Flaviæ Cu'arone stationem habuisse docet. In epistola

nugas sive confectas opere prosario, seu poetarum stylo cantilenosas, plus voluminum lectione dignere repositorum. Gaudeo hoc ipso, quod recognovi chartulis occupari nostris otium tuum. Sed probe intelligo, quod moribus tuis hanc voluptatem non operis effectus excudit, sed auctoris affectus. Ideoque plus debeo, quia gloriæ punctum quod dictioni negares, das amicitiæ. De cæteris vero studii nostri derogatoribus, quid ex asse pronuntiem, nondum deliberavi. Nam qui maxime sibi doctus videtur, dictionem sanam et insanam ferme appetitu pari revolvit, non amplius concupiscens erecta quæ laudet, quam despecta quæ rideat. Atque in hunc modum scientia, pompa, proprietas linguæ Latinæ judiciis otiosorum maximo spretui est : quorum scurrilitati negligentia comes, hoc volens tantum legere quod carpat, sic non utitur litteris, quod abutitur. Vale.

50 Planci ad Ciceronem, quæ est 23 libri x ad Familiares, legendum jam olim censuimus in ultimis verbis, *Cularone in finibus Allobrogum*, non *Civarone*, ut vulgo edi solet. Fines Allobrogum facit Gratianopolim, quia ad Isaram posita est, quæ Allobroges claudit, separatque a Vocontiis.

LIBER QUARTUS.

EPISTOLA PRIMA.
Sidonius ^a Probo suo salutem.

Soror mihi quæ uxor tibi : hinc inter nos summa et principalis necessitudo, et ea quidem patruelis, non germana fraternitas, quæ plerumque se purius fortius, meracius amat. Nam facultatum inter germanos prius lite sopita, jam qui nascuntur ex fratribus, nihil invicem controversantur : et hinc sæpe caritas in patruelibus major, quia desistit simultas a divisione, nec cessat affectus a semine. Secundus nobis animorum nexus accessit de studiorum parilitate, quia idem sentimus, culpamus, laudamus in litteris, et æque nobis quælibet dictio placet improbaturque. Quanquam mihi nimis arrogo meum judicium conferens tuo. Quis enim juvenum nesciat seniorumque, te mihi magistrum fuisse proprium, cum videremur habere communem? et si quid heroicus arduum, comicus lepidum, lyricus cantinelosum, orator maturum, historicus verum, satiricus figuratum, grammaticus regulare, panegyrista plausibile, sophista serium, epigrammista lascivum, commentator lucidum, jurisconsultus obscurum, multifariam condiderunt; id te omnifariam singulis, nisi cui ingenium sibique quis defuit tradidisse? Deus bone! quam sibi hinc patres nostri gloriabantur, cum viderent, sub ope Christi, te docere posse, me discere : et non solum te facere quod posses, sed et velle quod faceres : ideoque te bonum non minus quam peritum pronuntiari? Et vere intra Eusebianos lares talium te quædam moneta susceperat disciplinarum, cujus philosophica incude formatus : nunc varias nobis rerum sermonumque rationes, ipso etiam qui docuerat, probante pandebas : nunc ut Plato discipulus jam prope potior sub Socrate, sic jam tu sub Eusebio nostro, inter Aristotelicas categorias artifex dialecticus atticissabas, cum ille adhuc ætatulam nostram, mobilem, teneram, crudam, modo castigatoria severitate decoqueret, modo mandatorum salubritate condiret. At qualium, Deus bone, quamque pretiosorum !... quæ si quis deportaret philosophaturus, aut ad paludicolas Sicambros, aut ad Caucasigenas Alanos, aut ad equimulgas Gelonos, bestialium rigidarumque nationum corda cornea, fibræque glaciales procul dubio emollirentur egelidarenturque : neque illorum feroc'am stoliditatemque quæ secundum belluas ineptit, brutescit, accenditur, rideremus, contemneremus, pertimesceremus. Igitur quia nos ut affinitas, ita studia junxerunt, precor, quoquo loci es, amicitiæ jura inconcussa custodias : longumque tibi, et si sede absumus, adsimus affectu : cujus intemeratæ partes, quantum ad nos spectat, a nobis in ævum, si quid est vitæ reliquum, perennabuntur. Vale.

^a Magni Felicis fratri, præstantis doctrinæ ac judicii viro. Sic enim Felicem alloquitur in carmine 9 :

Germanum tamen ante sed memento
Doctrinæ columen Probum advocare.

Probi vero uxor Eulalia, carmine 24, sub finem. Quare Eulalia Sidonii soror hoc loco, sed soror patruelis. Nam ut frater interdum dicitur non solum germanus, verum etiam patruelis; sic soror tum germana, tum patruelis, aut etiam consobrina.

87 EPISTOLA II.
"Claudianus Sidonio papæ salutem.

(Hanc epistolam edidimus Patrologiæ tom. LIII, col. 779, ubi videsis.)

88 EPISTOLA III.
Sidonius Claudiano suo salutem.

(Hanc etiam epistolam videsis Patrol. tom. LIII, col. 781.)

92 EPISTOLA IV.
Sidonius [b] Simplicio et Apollinari suis salutem.

Eccum, vel tandem adest promissio mea, exspectatio vestra, Faustinus paterfamilias domi nobilis, et inter maxima patriæ, jam mihi sibique communis, ornamenta numerandus. Hic meus frater natalium parilitate, amicus animorum similitudine : sæpe cum hoc seria, sæpe etiam joca miscui, cumque ab hinc retro juvenes eramus, in pila, in tesseris, in saltibus, cursu, venatu, natatu, sancta semper ambobus, quia manente caritate, contentio. Mihi quidem major hic natu, tantum tamen, ut eum non tam honorari necesse esset, quam delectaret imitari : simul et ipse hinc amplius capiebatur, quod se diligi magis, quam quasi coli intelligebat. Sed provectu ætatis, ex militia clericali, cum esset amabilis prius, cœpit modo esse venerabilis. Per hunc salutem dico, videre vos, sub ope Christi, quam maturissime, si per statum publicum liceat, cupiens. Quocirca nisi desiderium meum videtur onerosum, remeante præfato, fiam locorum vestrorum et temporum gnarus. Stat sententia eluctari oppositas privatarum occupationum difficultates; et complectendis pectoribus vestris quamlibet longum officium deputare : si tamen, quod etiam nunc veremur, non vis major disposita confundat : quæ vos quoque non 93 perindignum est cum fratre Faustino, prout tempora monent, tractatu communicato deliberare : quem ego quia diligo, tanquam qui me diligat, misi. Si respondet judicio meo, gratias ago. Porro autem, cum vir bonus ab omnibus censeatur, non est homo pejor, si non est optimus. Valete.

EPISTOLA V.
Sidonius Felici suo salutem.

Iterat portitorem salutationis iteratio. Gozolas vester (Deus tribuat ut noster) apicum meorum secundo gerulus efficitur. Igitur verecundiam utrique A eximiæ communi...n. Nam si etiamnum silere meditemini, omnes et me cui, et illum per quem scribere debeatis, indignum arbitrabuntur. De temporum statu jam nihil, ut prius, consulo, ne sit moribus tuis oneri, si adversa significes, cum prospera non sequantur. Nam cum te non deceat falsa mandare, atque item desint votiva memoratu ; fugio quidquid illud mali est, per bonorum indicia cognoscere. Vale.

EPISTOLA VI.
Sidonius [c] Apollinari suo salutem.

Per Faustinum antistitem, non minus mihi veteris contubernii sodalitate quam novæ professionis communione devinctum, verbo quæpiam 94 cavenda mandaveram : dicto paruisse vos gaudeo. Siquidem prudentibus cordicitus insitum est, vitare fortuita ; sicut itidem absurdum est, si cœptis audacibus adversetur eventus, consurgere in querimonias, et inconsultarum dispositionum culpabiles exitus ad informanda casuum incerta convertere. Quorsum ista hæc? ais. Fateor me nimis veritum, ne tempore timoris publici non timeretis, et solidæ domus ad hoc ævi inconcussa securitas, ad tempestuosos hostium incursus pro intempestiva devotione trepidaret, inchoaretque apud animorum matronalium teneritudinem solemnitas expetita vilescere : quanquam in pectoribus earumdem ita sibi sit genuina sanctitas peculiare metata domicilium, ut si quid secus viantibus accidisset, lætaturæ fuerint quoddam se pro martyre tolerasse martyrium. Ast ego cui majorem diffidentiam minor innocentia facit, super hoc ambiguo sententiæ cautiori libentius adhæresco, nec difficulter applicor etiam tuta metuentibus. Proinde factum bene est, quod anceps iter salubriter distulistis, neque intra jactum tantæ aleæ status tantæ familiæ fu't. Et licet inchoata via potuerit prosperari, ego tamen hujusmodi consilio album calculum minime apponam, cujus temeritas absolvi nequit, nisi beneficio felicitatis. Dabit quidem talia vota divinitas dignis successibus promoveri : licebitque adhuc horumce terrorum sub pacis amœnitate meminisse; sed præsentia faciunt cautos, quos videbunt futura securos. Interim ad præsens, apicum 95 oblator damna sibi quæpiam per Genesium vestrum inflicta suspirat. Si perspicis a vero non discrepare querimoniam, tribui quæso convincenti reformationem, peregrino celeritatem. Si vero calumniam plectibili sufflammat invidia, in eo jam præcessit vindicta pulsati, quod procax peti-

---

[a] Mamertus Claudianus Viennensis ecclesiæ presbyter, Mamerti episcopi frater. Discernendi enim sunt germani duo, Mamertus episcopus et Mamertus Claudianus presbyter, cujus est hæc epistola. Utrique commune vocabulum, Mamertus : sed episcopo proprium id nomen fuit, presbytero cognomen : nam proprium et verum hujus nomen, Claudianus.

[b] Hos iterum conjungit epist. 12, ad singulos etiam seorsim alias scribit. Videntur fratres fuisse, cum Sidonii necessitudinis vinculo colligati : quod quidem de Apollinari liquet ex epist. 9, lib. II.

[c] Eidem. Invitati ad martyris apud Arvernos solemnitatem Simplicius et Apollinaris, ab instituto itinere metu hostium destiterant. Factum laudat Sidonius, gaudetque domum, id est familiam, nullis ad id tempus adversis turbatam, hostium incursibus non fuisse expositam. Cave igitur ad arcem Poliniacam cum viro docto referas : aut de arce illa tibi persuadeas vel Apollinarium olim fuisse, vel nomen ab Apolline derivasse : quod Gabriel Simeonius, homo Etruscus ingenioso commento sibi visus est divinasse. Nam vetus nomen arcis Podomniacus : quod passim legere est tum in aliis antiquis monumentis, tum in litteris Urbani V papæ ad Carolum regem pro Armando vicecomite, loci domino

tor sumptu et itinere confectus, temere propositæ litis exsudat incommoda : atque hoc in ⁿ maximo hiemis accentu, summisque cumulis nivium, crustisque glacierum : quod tempus, quantum ad sectatores litium spectat, breve quidem sæpe est audientiæ, sed diuturnum semper injuriæ. Vale.

EPISTOLA VII.
Sidonius Simplicio suo salutem.

Solet dicere, currentem mones, qui rogatur ut faciat quod facturus fuerat etiam non rogatus. Percunctere forsitan, quo spectet ista præmitti. Bajulus apicum sedulo precatur, ut ad vos a me litteras ferat : cujus a nobis itinere comperto, id ipsum erat utique, si tacuisset, orandus : namque hoc officium vester potius amor, quam geruli respectus elicuit. Cæterum hic ipse beneficium se computat meruisse, qui præstitit; quanquam identidem quod poposcit acceperit; sed quæ nobis amicitiarum jura, minime agnoscens. Unde, quanquam absens, facile conjecto, quo repente stupore ferietur, cum intuitu nostri dignanter admissus, intellexerit se paginam meam magis otiose flagitasse **96** quam tradere. Videre mihi videor, ut homini non usque ad invidiam perfaceto, nova erunt omnia, cum invitabitur peregrinus ad domicilium, trepidus ad colloquium, rusticus ad lætitiam, pauper ad mensam. Et cum apud crudos ceparumque crapulis esculentos hic agat vulgus, illic ea comitate tractabitur, ac si inter Apicios epulones et Byzantinos chironomontas hucusque ructaverit. Attamen qualis ipse quantusque est, percopiose me officii votivi compotem fecit. Sed quanquam hujuscemodi sæpe personæ despicabiles sunt ferme, in sodalibus tamen per litteras excolendis, dispendii multum caritas sustinet, si ab usu frequentioris alloquii portitorum vilitate revocetur. Vale.

EPISTOLA VIII.
Sidonius ᵇ *Evodio suo salutem.*

Cum tabellarius mihi litteras tuas reddidit, qui te Tolosam, rege mandante, mox profecturus certis amicis confitebatur; nos quoque ex oppido longe remotum rus petebamus. Me quidem mane primo remoratum, vix e tenaci caterva prosecutorum paginæ tuæ occasio excussit, ut satisfacere mandato saltim viator, saltim eques possem. Cæterum diluculo familia præcesserat, ad duodeviginti millia passuum fixura tentorium, quo quidem loci sarcinulis relaxandis multa succedunt conducibilia : fons gelidus in colle nemoroso,

A 97 subditus ager herbis abundans, fluvius ante oculos avibus ac pisce multo refertus : præter hæc junctam habens ripæ domum novam vetus amicus, cujus immensæ humanitati, nec si acquiescas, nec si recuses, modum ponas. Igitur huc nostris antecedentibus, cum tui causa substitissemus, quo puer ocius vel e capite vici remitteretur, ᶜ jam duæ secundæ facile processerant, jam sol adultus roscidæ noctis humorem radio crescente sorbuerat, æstus ac sitis invalescebant, atque in profunda serenitate contra calorem sola quæ tegeret nebula de pulvere. Tum longinquitas viæ, per virens æquor campi patentis exposita visentibus, quippe ob hoc ipsum sero pransuris, ingemebatur : nam viaturos et si nondum terebat labore, jam tamen exspectatione terrebat. Quæ cuncta **B** præmissa, domine frater, huc tendunt, ut tibi probem, neque animo vacasse me multum, neque corpore, neque tempore, quo postulatis obtemperavi. Ilicet ut ad epistolæ vestræ tenorem jam revertamur, post verba quæ primum salve ferebant, hoc poposcisti, ut epigramma transmitterem duodecim versibus terminatum, quod possit aptari conchæ capaci, quæ per ansarum latus utrumque in extremum gyri a rota fundi ᵈ senis cavatur striaturis. Quarum puto destinas vel ventribus pandis singulos versus, vel curvis, meliore consilio, si id magis deceat, capitibus inscribere : istoque cultu expolitam ᵉ reginæ Ragnahildæ disponis offerre, votis nimirum tuis pariter atque actibus patrocinium invictum præparaturus. Famulor **98** injunctis quomodocunque, non ut volebam : sed tuæ culpæ primus ignosce, qui spatii plus **C** præstitisti argentario quam poetæ; cum procul dubio non te lateret, intra officinam litteratorum carminis si quid incus metrica produxerit, non minus forti et asprata lima poliri. Sed ista vel similia quorsum? ecce jam canto.

Pistrigero quæ concha vehit Tritone Cytheren,
  Hac sibi collata cedere non dubitet.
Poscimus, inclina paulisper culmen herile :
  Et munus parvum magna patrona cape.
Evodiumque libens non aspernare clientem,
  Quem facies grandem, tu quoque major eris.
Sic tibi, cui rex est genitor, socer atque maritus
  Natus rex quoque sit cum patre, postque patrem,
Felices lymphæ, clausæ quæ luce metalli,
  Ora tamen dominæ lucidiora fovent.
Nam cum dignatur regina hic tingere vultus,
  Candor in argentum mittitur e facie.

D Si tantum amore nostro teneris, ut scribere has

ⁿ Id Græcis θέρους καὶ χειμῶνος ἀκμή. Nova vocis notio : quam iterum usurpat lib. v, **44** epist. 17, *ab accento ludi*; et lib. vii, *plausuum maximo accentu.*

ᵇ Quidam libri *Ennodio*, alii *Euhodio*, more antiquo. Huic mittit epigramma : quod ejus rogatu scripserat in argentea concha incidendum, quam reginæ Gothorum Ragnahildæ Eurici conjugi oblaturus erat.

ᶜ Horæ quatuor ab ortu solis. Alteram secundam dixit in Narbone : *Cum mane exierat novum, et calescens horam sol dabat alteram secundam.* Ea est hora nostra per æstatem paulo amplius quam nona.

ᵈ Striatam fieri concham oportuit, ut nativam referret. Sunt enim conchæ marinæ quædam striatæ Plinio et Apuleio. Striæ porro et striges in columnis et vasculis quid sint, notum ex Vitruvio. Ilic *ventres pandi* sunt striges, id est canaliculi, quasi sulcus in aratro; *curva capita* striæ, partes eminulæ, velut porcæ inter sulcos.

ᵉ Eurici uxori. Hujus enim ut potius existimem quam Theodorici, facit ratio temporum quibus hæ scriptæ sunt epistolæ, et quasi sub hujus finem suadet occuli auctorem epigrammatis, ne videlicet muneris gratiam deteret si prodatur, quod quidem superstite Theodorico cui gratus et familiaris erat, non diceret Sidonius. Reginæ igitur nomen uni Sidonio debemus : cui cognominem alteram, Sigivaldi nostratis uxorem, memorat Gregor. Turon. in Vita Æmiliani.

nugas non eruescas occule auctorem, de tua rectius parte securus. Namque in ᵃ foro tali, sive Athenæo, ᵇ plus charta vestra quam nostra scriptura laudabitur.

EPISTOLA IX.
Sidonius Industrio suo salutem.

Interveni proxime Vectio, illustri viro, et actiones ejus quotidianas penitissime et veluti ex otio inspexi. Quas quoniam dignas cognitu inveni, non indignas relatu existimavi. Primore loco, quod jure cæteris laudibus anteponemus, servat illæsam domino domus par pudicitiam: servi utiles, rustici morigeri, urbani, amici, obedientes, patronoque contenti; mensa non minus pascens hospitem quam clientem; humanitas grandis, grandiorque sobrietas. Illa leviora, quod ipse quem loquimur, in equis, canibus, accipitribus instituendis, spectandis, circumferendis, nulli secundus. Summus nitor in vestibus, cultus in singulis, splendor in phaleris; pomposus incessus, animus serius; iste publicam fidem, ille privatam asserit dignitatem; remissio non vitians, correptio non cruentans, et severitas ejus temperamenti, quæ non sit tetra, sed tetrica. Inter hæc sacrorum voluminum lectio frequens; per quam inter edendum sæpius sumit animæ cibum; psalmos crebro lectitat, crebrius cantat, novoque genere vivendi, ᶜ monachum complet, non sub palliolo, sed sub paludamento, ferarum carnibus abstinet, cursibus acquiescit: itaque occulte delicateque religiosus venatu utitur, nec utitur venatione. Filiam unicam parvam, post obitum uxoris relictam, solatio cœlibatus alit avita teneritudine, materna diligentia, paterna benignitate. Erga familiam suam nec in proferendo alloquio minax, nec in admittendo concilio spernax, nec in reatu investigando persequax, subjectorum statum conditionemque non dominio, sed judicio regit: putes eum domum propriam non possidere, sed potius administrare. Qua industria viri ac temperantia inspecta, ad reliquorum quoque censui pertinere informationem, si vel summo tenus vita cæteris talis publicaretur. Ad quam sequendam, præter habitum quo interim præsenti sæculo imponitur, omnes nostræ professionis homines utilissime incitarentur. Quia, quod pace ordinis mei dixerim, si tantum bona singula in singulis erunt, plus ego admiror sacerdotalem virum quam sacerdotem. Vale.

EPISTOLA X.
Sidonius Felici suo salutem.

Erumpo in salutationem licet seram, domine meus, annis ipse jam multis insalutatus; frequentiam veteris officii servare non audens, post quam me soli patrii finibus eliminatum peregrinationis adversa fregerunt. Quapropter ignoscere vos quoque decet erubescentibus: siquidem convenit humiliatos humilia sectari, neque cum illis parem familiaritatis tenere constantiam, quibus forte sit improbum plus amoris quam reverentiæ impendere. Propter hoc denique jam diu taceo, vosque tacuisse, cum filius meus Heliodorus huc venit, magis toleranter quam libenter accepi: sed dicere solebas, quanquam fatigans, quod meam quasi facundiam vererere. Excusatio ista hæc, etiam si fuisset vera, transierat: quia ᵈ post terminatum libellum qui parum cultior est, reliquas denuo litteras ᵉ usuali, licet accuratus mihi melior non sit, sermone contexo. Non enim tanti est poliri formulas editione carituras. Cæterum si caritatis tuæ morem pristino colloquiorum cursui reddis, et nos vetustæ loquacitatis orbitas recurremus. Præter hæc avide, prævio Christo, sicubi locorum fueritis, modo

---

ᵃ Alludit ad Romanæ urbis loca, in quibus recitari poemata et orationes solebant. De Athenæo testis Lampridius in Alexandro: *Ad Athenæum*, inquit, *audiendorum et Græcorum et Latinorum rhetorum vel poetarum causa frequenter processit.* Capitolinus item in Pertinace et Gordiano; ac Sidonius ipse lib. ɪx, epist. 14, ad Burgundionem: *Dignus omnino quem Roma plausibilibus foveret ulnis: quoque recitante crepitantis Athenæi subsellia cuneata quaterentur.* Symmachus denique lib. ɪx, 84. De Foro Trajano Fortunatus ad Bertheramnum episcopum Cenomannensem:

Vix modo tam nitido pomposa poemata cultu
Audit Trojano Roma verenda foro.

De Foro Martis, index vetus adnotatio in codice Apuleiano bibliothecæ Vaticanæ his verbis: *Ego Sallustius legi et emendavi Romæ feliciter, Olibrio et Probino coss. in foro Martis controversiam declamans oratori Endelechio. Rursus Constantinopoli recognovi Cæsario et Attico coss.* Quo ex loco præterea docemur quo tempore cathedram Romæ tenuerit Endelechius rhetor, hoc est, ut interpretor Severus, sanctus Endelechius, orator et poeta Christianus cujus exstat breve carmen de mortibus boum: quanquam ætatis alterum erat argumentum ex Paulino, qui Eudelechii, ut amici sui, meminit in epist. 9 ad Severum.

ᵇ Concha argentea, in qua exarandi erant versus Sidonii.

ᶜ Monachorum insigne fuit pallium, ut philosophorum. Nam et ipsam monachorum vitam καὶ ἄσκησιν Græci Patres philosophiam nominarunt. Unde agmina palliata monachorum in funere S. Martini apud Sulpicium Severum. Atque ut philosophos Græci merito ridebant, qui pallio et barba tenus philosopharentur, sic nostri monachos, qui habitu sæculo imponerent, ut ait Sidonius, quibusque φιλοσοφία ἦν τὸ τριβώνιον. Isidorus Pelusiotes epist. 22, οὐκ ἔστιν, ἀδελφοί, ἀσκήσεως πληροφορία τρίβωνος καὶ ὑπήνης ἐπιδείξις: *Monachi vitam, fratres, non complet pallii et barbæ ostentatio.*

ᵈ Infra epist. 22: *Ut epistolarum curam terminatis libris earum converteremus ad stylum historiæ.* Uterque locus indicat Sidonii epistolarum primam editionem non fuisse, quam Constantio nuncupavit: sed earum aliquot libellos ante Constantianam collectionem in lucem emissos.

ᵉ Latino quidem, sed rudi et impolito, qualis tunc in usu vulgo Galliæ. Olim sane Gallis sermo peculiaris et diversus a Latino. Unde Varro, Hieronymo teste, Massilienses trilingues vocabat, quod Græce, Latine et Gallice scirent. Postea fecit assidua cum Romanis consuetudo, ut Latinum usurparent, sed ut exteris gentibus evenire solet, rudem et incultum, qui proinde magistri studio et industria perpoliri deberet. Ideo laudat Ecdicium Sidonius lib. ɪɪɪ, epist. 3, quod ejus exemplo nobilitas Gallicana Celtici sermonis squama deposita Latinam linguam in scholis accurate perdisceret. Eodemque spectat lib. vɪɪɪ, epist. 2 ad Joannem.

redux patronus indulgeat, advolaturi, ut rebus amicitia vegetetur, quæ verbis infrequentata torpuerat. Vale.

EPISTOLA XI.

Sidonius [b] *Petreio suo salutem.*

Angit me nimis damnum sæculi mei, nuper erepto avunculo tuo Claudiano oculis nostris, ambigo an quempiam deinceps parem conspicaturis. Vir siquidem fuit providus, prudens, doctus, eloquens, acer, et hominum ævi, loci, populi sui ingeniosissimus : quique indesinenter salva religione philosopharetur; et licet crinem barbamque non pasceret, [c] pallium et clavam nunc irrideret, nunc etiam exsecraretur, a collegio tamen complatonicorum solo habitu ac fide dissociabatur. Deus bone ! quid erat illud, quoties ad eum sola consultationis gratia conveniebamus? Quam ille omnibus statim totum non dubitans, non fastidiens aperiebat? voluptuosissimum reputans, si forte oborta quarumpiam quæstionum insolubilitate labyrinthica scientiæ suæ thesauri evenilarentur. Jam si frequentes consederamus, officium audiendi omnibus, uni solum quem forsitan elegissemus, deputans **102** jus loquendi : viritim, vicissimque, non tumultuatim, nec sine schematis cujuspiam gestu artificioso doctrinæ suæ opes erogaturus. Dein quæcunque dixisset, protinus reluctantium syllogismorum contrarietatibus excipiebamus. Sed repellebat omnium nostrum temerarias oppositiones. Itaque nihil non perpensum probatumque recipiebatur. Hinc etiam illi apud nos maxima reverentia fuit, quod non satis ferebat ægre pigram in quibuspiam sequacitatem. Hæc apud eum culpa veniabilis erat : quo fiebat, esset ut nobis patientia ejusdem sine imitatione laudabilis. Quis enim virum super abditis consuleret invitus, a cujus disputationis communione ne idiotarum quidem imperitorumque sciscitatio repudiaretur? Hæc pauca de studiis. Cæterum cætera quis competenti præconio extollat? quod conditionis humanæ per omnia memor, clericos opere, sermone populares, exhortatione mœrentes, destitutos solatio, captivos pretio, jejunos cibo, nudos operimento consolabatur. Pariter et super his plura replicare superforaneum statuo. Nam merita sua, quibus divitem conscientiam censu pauperatus locupletavit, spe futuræ retributionis celare plus studuit. Episcopum fratrem majorem natu affectuosissime observans, quem diligebat ut filium, cum tanquam patrem veneraretur. Sed et ille suspiciebat hunc granditer, habens in eo consiliarium in judiciis, vicarium in ecclesiis, procuratorem in negotiis, villicum in prædiis, tabularium in tributis, in lectionibus comitem, in expositionibus **103** interpretem, in itineribus contubernalem. Sic utrique ab alterutro, usque ad invidiam exempli, matura fide germanitatis officia restituebantur. Sed quid dolorem nostrum moderaturi causis potius doloris fomenta sufficinus? Igitur ut dicere institueramus, huic jam, ut est illud Maronianum, cineri ingrato, id est gratiam non relaturo, næniam condidimus tristem luctuosamque, propemodum laboriose, quia faceret dictandi desuetudo difficultatem : nisi quod animum natura desidiosissimum, dolor fletu gravidus accendit. Ejus hoc carmen est.

Germani decus et dolor Mamerti,
Mirantum unica pompa episcoporum,
Hoc dat cespite membra Claudianus.
Triplex bibliotheca quo magistro
Romana, Attica, Christiana fulsit :
Quam totam monachus virente in ævo
Secreta bibit institutione.
Orator, dialecticus, poeta,
[d] Tractator, geometra, musicusque.
Doctus solvere vincla quæstionum,
Et verbis gladio secare sectas,
Si quæ catholicam fidem lacessunt.
Psalmorum hic modulator et phonascus,
Ante altaria, fratre gratulante,
Instructas docuit sonare classes.
Hic solemnibus annuis paravit,
Quæ quo tempore lecta convenirent.
[e] Antistes fuit ordine in secundo,

---

[a] Victorius comes Arvernorum, quem suum jure sæculari patronum dicit lib. vii, epist. 17 ad Volusianum.

[b] Filio sororis Mamerti et Claudiani : ad quem mittit Claudiani avunculi nuper vita functi epitaphium.

[c] Clavam itidem inter philosophorum insignia cum pallio jungit lib. ix, epist. 9, et carmine 15,

Tesrica nodosæ commendat pallia clavæ

Prudentius in Hamartigenia :

Hinc gerit Herculeam vilis sapientia clavam,
Ostentatque suos vicatim Gymnosophistas.

46 E Græcis Lucianus in Parasito : Ξύλα μὲν ἔχουσι καὶ εἰς βαλανεῖον ἀπιόντες, καὶ ἐπ' ἄριστον. Libanius Andronico epist. 136 : τῶν δὲ οὐ φιλοσοφούντων χαίρειν ἐᾶν πώγωνα καὶ τρίβωνα καὶ βακτήριον. Philosophantium, inquit, valedicere barbæ et pallio et baculo. Et quod propius ad clavam, Chrysostomus de statuis xvii : Ποῦ νῦν εἰσιν οἱ τοὺς τρίβωνας ἀναβεβλημένοι, καὶ βαθὺ γένειον δεικνύντες, καὶ ῥόπαλα τῇ δεξιᾷ φέροντες οἱ τῶν ἔξωθεν φιλόσοφοι : Ubi nunc sunt qui pallis amiciuntur, et promissam barbam ostentant, et clavas dextra gestant externi philosophi ?

[d] Paulo superius dixit : *In expositionibus interpretem*, quod eodem referri potest. Tractatores enim dcti, sacrarum litterarum interpretes et doctores. Idcirco authenticis opponit Sidonius lib. vii, epist 9, et Claudianus ipse de Statu animæ, lib. i : *Sed video prophetas, evangelistas, apostolos* (bi authentici) *post etiam authenticorum plurimos tractatores suas propriis voluminibus nomina prænotasse.* Similia etiam scribit lib. ii, ubi Hieronymum laudat potissimum tractatorum; et Severus dialogo 1 Origenem tractatorem sacrarum litterarum peritissimum. Vox crebra illius maxime sæculi scriptoribus, quo natum videtur innuere Vincentius Lirinensis in commonitorio : *Doctores*, inquit, *qui tractatores nunc appellantur : quos hic idem Apostolus etiam prophetas interdum nuncupat, eo quod per eos prophetarum mysteria populis aperiuntur.*

[e] Episcopus , in ordine et gradu presbyteri. Mamertum, inquit, fratrem episcopum plurimis in rebus ita sublevabat, ut quamvis presbyter tantum esset, episcopus ipse quodam modo videretur. Clericorum primo in ordine sunt episcopi, in secundo presbyteri, in tertio diaconi, itaque ita deinceps. Optatus Milevitanus lib. 1 : *Quid commemorem laicos qui tunc in ecclesia nulla fuerant dignitate suffulti? quid ministros plurimos? quid diacones in tertio? quid presbyteros in secundo sacerdotio constitutos? Ipsi apices et principes omnium episcopi*, etc. Ordo igitur secundus Sidonio est ordo presbyterorum. Odo Dorobernicus de S. Wilfrido, quando factus est presbyter :

Tandem colla jugo subdens dejecta petito
Ordinis aptatur cælebs in honore secundi.

104 Fratrem fasce levans episcopau.
Nam de pontificis tenore summi,
Ille insignia sumpsit, hic laborem.
At ut quisque doles, amice lector,
De tanto quasi nil viro supersit;
Udis parce genis rigare marmor;
Mens et gloria non queunt humari.

Ecce quod carmen, cum primum adfui, super unanimi fratris ossa conscripsi. Namque tunc abfui cum funeraretur; nec ob hoc tamen perdidi in totum desideratissimam flendi occasionem. Nam dum forte meditarer, lacrymis habenas anima parturiente laxavi: fecique ad epitaphium, quod alii fecerant ad sepulcrum. Hæc ergo scripsimus tibi, ne forte arbitrarere solam nos colere vivorum sodalitatem, reique tuo judicio essemus, nisi amicorum vita carentum semper, æque ut incolumium, reminisceremur. Namque et ex hoc, quod vix reservatur imaginaria fides vel superstitibus, non præter æquum opinabere, si perpaucos esse conjicias, qui mortuos ament. Vale.

EPISTOLA XII.
Sidonius Simplicio et Apollinari suis salutem.

Deus bone! quantum naufragioso pelago conformis est motus animorum, quippe cum nuntiorum turbinibus adversis quasi propria tempestate confunditur. Nuper ego filiusque communis Terentianæ Hecyræ sales ruminabamus: studenti **105** assidebam naturæ meminens, et professionis oblitus. Quoque absolutius rhythmos comicos incitata docilitate sequeretur, ipse etiam fabulam similis argumenti, id est, ª Epitrepontem Menandri in manibus habebam. Legebamus pariter, laudabamus, iocabamurque: et A quæ vota sun. communia, illum lectio, me ille capiebat; cum repente puer familiaris astitit vultuosus: cui nos, quid ita? et ille lectorem, inquit, Constantem nomine pro foribus vidi a dominis Simplicio et Apollinare redeuntem; dedit, inquit, litteras quas acceperat, sed perdidit quas recepit. Quibus agnitis, serenitas lætitiæ meæ confestim nubilo superducti mœroris insorduit; tantamque mihi bilem nuntii hujusce contrarietas excitavit; ut per plurimos dies illum ipsum hermam stolidissimum venire ante oculos meos inexoratus arcuerim; laturus ægre, si mihi apices, aut quoscunque, aut quorumcunque non redderet; taceam vestros, qui mihi, dum recti compos animus durat, minime frequentes maxime desiderabiles judicabuntur. At postquam nostra sensim temporis intervallo ira defremuit, percontor num verbo quispiam præterea detulisset. Respondit ipse, quanquam esset trepidus et sternax, et præ reatu balbutiret ore, exutiret intuitu, totum quo instrui, quo delectari valerem, paginis quæ intercidissent, fuisse mandatum. Quocirca recurrite ad pugillares, replicate membranas, et scripta rescribite. Tandiu enim æquanimiter admitto, ut desiderio meo sinister eventus officiat, donec ad vos **106** nostro sermone perveniat, ad nos vestrum non pervenisse sermonem. Valete.

EPISTOLA XIII.
Sidonius ᵇ *Vectio suo salutem.*

Nuper rogatu Germanici spectabilis viri Cantillensem ecclesiam inspexi. Est ipse loco sitorum facile primus; quique post tergum cum jam ᶜ duodecim

---

Possent ejus generis testimonia innumera proferri: sed omnium instar erit lex nova impp. Theodosii et Valentiniani, in qua presbyteri secundi sacerdotes nuncupantur. Ea autem in codice pervetusto legitur his verbis:

THEODOSIUS ET VALENTINIANUS AUGUSTI AD VERUM PRÆFECTUM PRÆTORII.

Audemus quidem sermonem facere, solito plus timore capti de sanctis et venerabilibus sacerdotibus, et secundis sacerdotibus **47** *vel etiam levitis, et eos cum omni timore nominare, quibus omnis terra caput inclinat. Et post alia: De obnoxiis vero, si qui ambulaverint cum episcopo, vel cum presbytero, aut etiam cum diacono, sive in platea, sive in agro, sive in quolibet loco, nullo pacto eos retineri vel adduci jubemus, quoniam in sacerdotibus Ecclesia constat. Data* XV *calendas Januarias, Theodosio* XIII *et Valentiniano* III *coss.*

Ex his, opinor, nemo non videt presbyteros interdum dictos fuisse secundos sacerdotes, aut secundi ordinis sacerdotes: qua nimirum nota distinguebantur ab episcopis, qui primi ordinis erant sacerdotes, et summi sacerdotes appellabantur. Quod vero doctissimo Savaroni venit in mentem, presbyteros olim etiam episcopos fuisse nuncupatos, atque ita Claudianum hoc loco episcopum dici a Sidonio; id, ut paucis dicam, a Sidonii mente et veterum more alienissimum est. Nec mirari satis possum inanem fabellam de primi et secundi ordinis episcopis in quorumdam animis tantum fidei obtinuisse, ut in ore scriptisque suis nihil frequentius habeant, quam duos olim, si Deo placet, in singulis cathedris episcopos fuisse. Mera est fabula, ut dixi: neque ad eam astruendam ab illis quidquam affertur, quod non sua sponte dissiliat. Etenim Gennadii locum, ubi Claudianum episcopum appellare videtur, corruptum esse jam alii monuerunt. Quorsum enim secum ipse pugnaret, ut episcopum hic diceret quem presbyterum postea vocat? Justus vero, qui in arca sepulcrali quæ in S. Illidii basilica visitur, Arvernæ urbis episcopus inscribitur, non est Justus ille archidiaconus S. Illidii episcopi; sed Justus alter qui reipsa fuit episcopus Arvernorum post Avolum; ante Cæsarium: cujus sane nomen apud Gregorium Turonicum in episcoporum elencho quæri non debet, quia post Gregorium vixit. De Joanne denique archidiacono Cabilonensi par est allucinatio, quam prodet epist. 23.

ª Epitrepontem Menandri fabulam citat Stobæus sermone 87 ex eaque profert hos versus,

Ἐλευθέρῳ τὸ καταγελᾶσθαι πολὺ
Αἴσχιόν ἐστι, τὸ δ' ἀδυνάσθ' ἀνθρώπινον.

Idem aliis locis ἐπιτρέποντας, καὶ ἐπιτρόπους. Alciphron item ἐπιτρέποντας inter fabulas Menandri numerat epistola ultima et Athenæus lib. XIV. Meminit et tacito auctoris nomine Quintilianus, Epitrepontas perfectam oratorii judicii ideam continere docens, lib. x, cap. 1.

ᵇ Viro illustri, cujus supra mentio epistola 9. Cantillensem ecclesiam dicit, a Cantilla vetere castello Arvernorum, **48** cujus mentio in Tabula Itineraria Peutingeri. Annales rerum a Pippino gestarum anno 762: *Aquitaniam ingressus quædam oppida et castella manu cepit: in quibus præcipua fuere Burbonium, Cantilla, Clarus Mons.*

ᶜ Annos 60, ut Juvenalis, quem æmulatur satira 8:

Stupet hæc qui jam post terga reliquit
Sexaginta annos, Fonteio consule natus.

lustra transmittat, quotidie tamen habitu cultuque conspicuo non juvenescit solum, sed quodammodo repuerascit. Enim vero vestis astricta, tensus cothurnus, [a] crinis in rotæ specimen accisus, barba intra rugarum latebras mersis ad cutem secta forpicibus; ad hoc et munere superno membrorum solida conjunctio, integer visus, amplus in celeri gressus incessu, incorruptæ lactea dentium compage gingivæ. Non illi stomachus nauseat, non vena flammatur, non cor incutitur, non pulmo suspirat, non riget lumbus, non jecur turget, non mollescit manus, non spina curvatur; sed præditus sanitate juvenili, solam sibi vindicat de senectute reverentiam. Propter quæ beneficia peculiaria Dei, quoniam vobis jura amicitiæ grandia vigent, quippe vicinis; obsecro ac moneo ut consilio tuo, cui sequendo per conscientiam magnam maximam tribuis auctoritatem, non multum fidat ambiguis, nec nimis nimiæ credat incolumitati : sed tandem professione religionis arrepta, viribus potius resurgentis innocentiæ convalescat, **107** faciat se vetustus annis meritis novum. Et quoniam nemo ferme est qui plectibilibus careat occultis, ipse super his quæ clam commissa reminiscitur, palam fusa satisfactione solvatur. Nam sacerdotis pater, filiusque pontificis, nisi sanctus est, rubo similis efficitur; quem de rosis natum, rosasque parientem, et genitis gignentibusque floribus medium, pungentibus comparanda peccatis dumorum vallat asperitas. Vale.

EPISTOLA XIV.
Sidonius [b] *Polemio suo salutem.*

C. Tacitus e majoribus unus tuis, Ulpianorum temporum consularis, sub verbis cujuspiam Germanici ducis in historia sua retulit dicens : [c] *Cum Vespasiano mihi vetus amicitia, et dum privatus esset, amici vocabamur.* Quo respicit, ais, ista præfari? ut scilicet memineris, eo tempore quo personam publicam portas, gratiæ te privatæ memorem semper esse oportere. Biennium prope clauditur, quod te præfectum prætorio Galliarum, non nova vestra dignatione, sed nostro affectu adhuc vetere gaudemus. Qui si Romanarum rerum sineret adversitas, ægre toleraremus, nisi singulæ personæ, non dicam provinciæ, variis per te beneficiis amplificarentur. Et nunc cum id quod possibilitas tua non habet, verecundia non petatur: dicas velim, qualiter fueris futurus humanus in factis, qui perduras avarus in verbis. Nam tuorum peritiæ comparatus, **108** non solum Cornelios oratores, sed Ausonios quoque poetas vincere potes. Si te hactenus philosophantem, nova subito ob jurisdictionem gloria capit, [d] et nos aliquod nomenque decusque gessimus. At si videtur humilitas nostræ professionis habenda contemptui, quia Christo res humanas vitasque medicaturo putrium conscientiarum cultro squalens ulcus aperimus : quod et in nostri ordinis viris et si adhuc aliquid de negligentia fetet, nihil jam tamen de 'superbia' tumet : noveris volo, non ut est apud præsulem fori, sic esse apud judicem mundi. Namque ut is qui propria vobis non tacuerit flagitia, damnatur; ita nobiscum qui eadem Deo fuerit confessus, absolvitur. Unde liquido patet, incongrue a partibus vestris nimis reum pronuntiari, cujus causa plus spectat tribunal alienum. Quapropter imminentem querelam nostri doloris nequaquam valebis ulterius effundere ; quia succedentibus prosperis, sive obliviscare, sive negligas gratiam antiquam, juxta est acerbum. Proinde si futura magni pensitas, scribe clerico ; si præsentia, scribe collegæ. Et hanc in te ipse virtutem, si naturalis est, excole ; si minus, ut insititiam appone; qua sodales vetustos nunquam pro consequentum novitate fastidias. Porro autem videbere sic amicis uti quasi floribus, tandiu gratis, donec recentibus. Vale.

109 EPISTOLA XV.
Sidonius [e] *Elaphio suo salutem.*

Epulum multiplex, et capacissima lectisternia para ; plurimis viis, pluribus turbis ad te venitur; ita bonorum contubernio sedit : quippe postquam omnibus tempus futuræ dedicationis inclaruit. Nam baptisterium quod olim fabricabamini, scribitis jam posse consecrari. Ad quæ festa vos voti, nos ministerii, officii multos, fidei totos causa sollicitat. Siquidem res est grandis exempli, eo tempore a vobis nova ecclesiarum culmina strui, quo vix auderet alius vetusta sarcire. Quod restat, optamus, ut Deo nostro per uberes annos, sicut vota redditis, ita voveatis reddenda : idque non solum religione celata, sed et conversione manifesta : mitigatoque temporum statu, tam desiderio meo Christus indulgeat, quam Ruthenorum; ut possitis et pro illis offerre sacrificia, qui jam pro vobis offertis altaria. De cætero, quanquam et extremus autumnus jam diem breviat, et viatorum sollicitas aures, foliis toto nemore labentibus, crepulo fragore circumstrepit ; inque castellum ad quod invitas, ut pote Alpinis rupibus cinctum, sub vicinitate brumali difficilius ascenditur ; nos tamen, Deo prævio, per tuorum montium latera

---

[a] Utrumque inter prisci cultus delicias, lege cautum Levitici XIX : Οὐ ποιήσετε σισόην ἐκ τῆς κόμης τῆς κεφαλῆς ὑμῶν. Οὐδὲ φθερεῖτε τὴν ὄψιν τοῦ πώγωνος ὑμῶν. Hoc est, interprete Hieronymo : *Non in rotundum attondebitis comam, nec radetis barbam* : quemadmodum, inquit Hesychius lib. VI in Leviticum, hi facere consueverunt qui barbaticas student comas.

[b] Præfecto prætorio Galliarum, cujus et Araneolæ sponsæ luserat epithalamium carmine 15, in quo quidem, atque in epistola nuncupatoria, de Polemii doctrina philosophandique studio permulta.

[c] Verba sunt Claudii civilis Batavorum principis apud Tacitum lib. V Historiarum, sed paulo aliter a Tacito concepta : *Erga Vespasianum*, inquit, *vetus mihi observantia, et cum privatus esset, amici vocabamur.*

[d] Fuerat enim præfectus Urbi : cujus dignitatis ac magisteriæ militum, par erat prærogativa prætorianæ, lib. I cod. Theod. de Præfectis. prætorio, sive Urbis, et magistris militum.

[e] Quidam, *Eriphio*. Rogatus ab Elaphio Sidonius, ut ad dedicandam ecclesiam veniret quam ille in quodam castello Ruthenicæ diœcesis extruxerat, operam spondet : quia nimirum episcopus Ruthenis eo tempore nullus erat, ut docet epistola 6, lib. VII. Ad Elaphium est Ruricii epist. 7, lib. II.

confragosa venientes, nec subjectas cautes, nec superjectas nives expavescemus : quamvis jugorum profunda declivitas aggere cochleatim fracto sæpe redeunda **110** sit : quia etsi nulla solemnitas, tu satis dignus es, ut est [a] Tullianum illud, propter quem Thespiæ visantur. Vale.

EPISTOLA XVI.
Sidonius [b] *Ruricio suo salutem.*

Accepi per Paterninum paginam vestram, quæ plus mellis an salis habeat incertum est. Cæterum eloquii copiam hanc præfert, hos olet flores, ut bene appareat, non vos manifesta modo, verum etiam furtiva quoque lectione proficere. Quanquam et hoc furtum quod deprecaris, exemplati libelli, non venia tam debet respicere quam gloria. Quid tu enim facias absque virtute, qui nec ipsa peccata sine laude committis? Ego vero quidquid impositum est fraudis mihi ut pote absenti, libens audio, principalique pro munere amplector, qui quodammodo damnum indemne toleravi. Neque enim quod tuo accessit usui, decessit hoc nostræ proprietati ; aut ad incrementa scientiæ vestræ per detrimenta venistis alienæ. Quin potius ipse jure abhinc uberi præconio non carebis ; qui magis igneo ingenio naturam decenter ignis imitatus es, de quo si quid demere velis, remanet totus qui transfertur. Unde jam parce trepidare, deque moribus amici plusculum recto secus credere. Namque in hoc facto nos magis vulnus polluit culpæ, si feriat ictus invidiæ. Vale.

111 EPISTOLA XVII.
Sidonius [c] *Arvogasti suo salutem.*

Eminentius amicus tuus, domine major, obtulit mihi, quas ipse dictasti, litteras litteratas, et gratiæ trifariam renidentis cultu refertas : quarum utique virtutum caritas prima est, quæ te coegit in nobis, vel peregrinis, vel jam latere cupientibus, humilia dignari : tum verecundia, cujus instinctu dum immerito trepidas, merito prædicaris ; tertia urbanitas, qua te ineptire facetissime allegas, et Quirinalis impletus fonte facundiæ, potor Mosellæ Tiberim ructas: sic barbarorum familiaris, quod tamen nescius barbarismorum ; par ducibus antiquis lingua, manuque ; sed quorum dextera solebat non minus stylum tractare quam gladium. Quocirca sermonis pompa Romani, si qua adhuc uspiam est, Belgicis olim sive Rhenanis abolita terris, in te resedit : quo vel incolumi, vel perorante, etsi apud limitem ipsum Latina jura ceciderunt, verba non titubant. Quapropter alternum salve rependens, granditer lætor, saltem in illustri pectore tuo vanescentium litterarum remansisse vestigia : quæ si frequenti lectione continuas, experiere per dies, quanto antecellunt belluis homines, tanto anteferri rusticis institutos. De paginis sane quod spiritalibus vis ut aliquid interpres improbus garriam, justius hæc postulabuntur a sacerdotibus loco propinquis, ætate grandævis, fide claris, opere **112** vulgatis, ore promptis, memoria tenacibus, omni denique meritorum sublimium dote potioribus. Namque ut antistitem civitatis vestræ relinquam, consummatissimum virum, cunctarumque virtutum conscientia et fama juxta beatum, multo opportunius de quibuscunque quæstionibus tibi interrogantur inclyti Galliarum patres et protomystæ, nec satis positus in longinquo Lupus, nec parum in proximo Auspicius : quorum doctrinæ abundanti eventilandæ, nec consultatio tua sufficit. Proinde quod super hac precum parte non parui, benignus quidem, sed et justus ignosce : quia si vos imperitiam fugere par est, me quoque decet vitare jactantiam. Vale.

EPISTOLA XVIII.
Sidonius Leontio suo salutem

Obliviceris quod rogaris, eque contrario, si quid injungas, ex asse meministi repetere. Perlongum est, de cito reditu quæ tu, tuique promiseritis mihi, meisque : quorum omnium non sunt vel minima completa. Quin potius, cum fugam a nobis machinaremini, quo reversuros ad sacrum pascha vos putaremus, nullæ graves sarcinæ ad prædium ex oppido ductæ, nulla serraca, nulla esseda subvehendis oneribus attrahebantur. Utque de matronalium partium nil querar fraude, quas cum expeditis tulistis impedimentis, tuque fraterque communis [d] Volusianus, vix singulorum clientum **113** puerorumque comitatu ambiebamini : per quod sollicitudinem prosequentum vana mox recurrendi spe fefellistis ; certe frater Volusianus, qui forte pergens in prædia Bajocassina, totamque provinciam [e] Lugdunensem sesium videlicet Leucorum episcopo : cujus nuperrime ad Arbogastem edita est epistola quæ hæc omnia confirmat. Docet enim Arigii filium fuisse, comitem Treverorum, e stirpe Arbogastis alterius Franci, qui comes fuit Valentiniani junioris. Barbaros ergo quibuscum versabatur, Francos interpretor, qui jam tum in Belgica prima dominabantur; antistitem civitatis episcopum Treverensem ; Lupum vero Tricassinum, ad quem non semel Sidonius.

[d] Frater Sidonii : ad quem lib. viii epist. 17.

[e] Lugdunenses provinciæ Sidonii ævo quatuor erant, totidemque in Notitia imperii describuntur: quæ ad nostram hanc ætatem antiquas retinent metropoles. Primæ caput Lugdunum, de qua lib. v, epist. 7. Secundæ Rothomagus, cui subest civitas Baiocassium hoc loco. Tertiæ Turoni, de qua nominatur in epistola Leonis Bituricensis, aliorumque episcoporum, *Ne clericis expetant sæcularia judicia,*

---

[a] Libro iv in Verrem : *Praxiteles Cupidinem fecit, illum qui est Thespiis : propter quem Thespiæ visuntur. Nam alia visendi causa nulla est.* Idem tradit Strabo lib. ix : Αἱ δὲ Θεσπιαὶ πρότερον μὲν ἐγνωρίζοντο διὰ τὸν Ἔρωτα Πραξιτέλους, ὃν ἔγλυψε μὲν ἐκεῖνος, ἀνέθηκε δὲ ἡ ἑταίρα Θεσπιῶσι. Πρότερον μὲν νῦν ὀψόμενοί τινες τὸν Ἔρωτα ἀνέβαινον ἐπὶ τὴν θέαν, ἄλλως οὐκ οὔσαν ἀξιοθέατον.

[b] Cujus et Iberiæ conjugis epithalamium cecinit carmine 11, episcopo postea Lemovicensi. Is enim est cujus paucis abhinc annis ex S. Galli bibliotheca editi sunt duo libri epistolarum, quas partim episcopus, partim ante episcopatum scripsit. In illis sunt aliquot ad Sidonium, atque in his octava, cui Sidonius hoc **49** loco respondet. Eidem et alias scribit lib. v et viii, nondum episcopo.

[c] Ex Sidonii verbis docemur Arbogastem stylum inter arma tractasse, domo Belgam fuisse, habitasseque ad Mosellam, non procul ab Auspicio, Tullen-

cundam pervagaturus, exspectationem nostram spe- **A** cie brevioris itineris elusit. Et nunc tu ipse sic multis contra fidem diebus otiabundus, ais tibi, si quas postea luserim metro nugas, mitti oportere. Annuo injunctis, quia dignus es ut talia legas. Nam carmen ipsum quod nunc e manibus elabitur, tam rusticanum est tamque impolitum, ut me non illud ad villam, sed potius e villa mittere putes. a Basilicam sancti pontificis confessorisque Martini, Perpetuus episcopus, dignissimus tanto praedecessore successor, multum priori, quae fuit hactenus, capaciorem novavit. Magnum est, ut ferunt, opus nominandumque; quod in honorem talis viri factum, talis vir fecisse debuerit. Hujus me parietibus inscribere supradictus sacerdos hoc epigramma compellit, quod recensebis; ut est in his quaecunque deposcit privilegio caritatis **B** imperiosissimus. Atque utinam molis illius pompam, sive donaria, nil hujus obsequii turpet oblatio: quod secus fore plurimum timeo. Nisi forsitan inter omnia venusta sic epigrammatis istius foeditas placeat, ut niger naevus candido in corpore: qui quidem solet sic facere risum, quod accipere suffragium. Sed quid hinc amplius? pone fistulas ipse pastorias, et elegiae nostrae, quia pede claudicat, manum porrige.

114 Martini corpus, totis venerabile terris,
In quo post vitae tempora vivit honor,
Texerat hic primum plebeio machina cultu,
Quae confessori non erat aequa suo:
Nec desistebat cives onerare pudore
Gloria magna viri, gratia parva loci.
Antistes sed qui numeratur b sextus ab ipso,
Longam Perpetuus sustulit invidiam:
Internum removens modici penetrale sacelli,
Amplaque tecta levans exteriore domo.
Crevit uatque simul, valido tribuente patrono, **C**
c In spatiis aedes, conditor in meritis:
Quae Salomoniaco potis est confligere templo,

ad episcopos provinciae Tertiae. Sic enim ex antiquis exemplaribus ibi legendum est; non *Thraciae*, ut vulgo legitur inter epistolas Leonis papae, quibus haec parum caute inserta est, cum ejus non sit. Quartae metropolis Senones, unde Senonia appellatur lib. VII, epist. 5, et in Notitia de Tractu Armoricano. Caeterum Lugdunensis provinciae, cum primum dividi coeperunt, duae tantum fuere: post quatuor factae, a Theodosio, ut conjicio. Nam a Rufio Festo duae tantum numerantur, nec plures ab Ammiano Marcellino, qui Turones in secunda Lugdunensi collocat, Senones in prima: ut satis appareat tertiam ex secunda, quartam ex prima natam esse.

a De hac S. Martini basilica quam Perpetuus Turonum episcopus condidit, remota vetere parvula, quam Briccius aedificarat, agit Gregorius Turon. lib. II, cap. 14, et lib. x in elencho episcoporum. Ejus parietibus Perpetui rogatu varia diversorum poetarum inscripta fuerunt epigrammata: quae olim collecta, nunc etiam in plerisque Sulpicii Severi codicibus ad Vitae S. Martini calcem adjecta reperiuntur: atque inter alia Sidonianum hoc, quod nobilissimo basilicae loco, id est in abside, inclusum notant, **D** in quam S. Martini corpus fuerat translatum: deinde alterum Paulini Petrocorii, *supra ostium basilicae a parte Ligeris:* quod versibus constat 25, hoc modo.

Quisque solo adclinis maersisti in pulvere vultum,

50 et qui sequuntur. Editi enim sunt sub finem librorum VI de Vita Martini, sed sine titulo: de quibus et Paulinus ipse scribit in epistola ad Perpetuum. Sunt praeterea ibidem Martini Dumiensis versiculi:

Septima quae mundo fabrica mira fuit.
Nam gemmis, auro, argento si splenduit illud,
Istud transgreditur cuncta metalla fide.
Livor abi mordax, abso vanturque priores,
Nil novet, aut addat garrula posteritas.
Dumque venit Christus, populos qui suscitet omnes,
Perpetuo durent culmina Perpetui.

Obtulimus, ut cernis, quod cantilenae recentis obviam manui fuit; sed nec hoc minus, si moras nectis, astra quatiemus, versibus quoque satirographis, si res exegerit, usuri: quos huic carmini lenitate adaequandos falso putabis. Namque efficacius, citius, ardentius natura mortalium culpat aliqua, quam laudet. Vale.

115 EPISTOLA XIX.
Sidonius Florentino suo salutem

Et moras nostras, et silentium accusas: utrumque purgabile est; namque et venimus et scribimus. Vale.

EPISTOLA XX.
Sidonius Domitio suo salutem.

Tu cui frequenter arma et armatum et armatos inspicere jucundum est; quam voluptatem putamus mente conciperes, si d Sigismerem regium juvenem, ritu atque cultu gentilitio ornatum, ut pote sponsum, seu petitorem, praetorium soceri expetere vidisses? Illum equus quidem phaleris comptus, imo equi radiantibus gemmis onusti antecedebant, vel etiam subsequebantur: cum tamen hoc magis ibi decorum conspiciebatur, quod praecursoribus suis, sive pedissequis, pedes et ipse medius incessit, flammeus cocco, rutilus auro, lacteus serico, tum cultui tanto, coma, rubore, cute concolor. Regulorum autem, sociorumque comitantum forma et in pace terribilis: quorum pedes primi perone setoso talos adusque vinciebantur; genua, crura, suraeque sine tegmine.

ii scilicet quos super ostium *a parte meridiana* adjectos postea fuisse auctor est idem Gregorius lib. v, cap. 37.

b Sextum a Marthio Perpetuum dixit, quia Justinianum, opinor, et Armentium numerat qui Briccio pulso sedem ejus tenuerunt; quos in episcoporum indiculo praeterit Gregorius: proinde quartum illic a Martino statuit Perpetuum. At lib. II alium calculum secutus quintum tacit.

c Hanc saepe causam ascribunt, qui antiquis aedificiis nova substituunt: quod videre est in Christianis monumentis antiquarum inscriptionum. Nolae autem in suburbana S. Felicis ecclesia quam Paulinus episcopus condidit, restant hodieque versus quos Paulini ipsius esse plerique judicant, renovata ab eo, ut est in Natali x, basilica compositos.

Parvus erat locus ante, sacris angustus agendis,
Supplicibusque negans pandere posse manus.
Nunc populo spatiosa sacris altaria praebet
Officiis, medii martyris in gremio.
Cuncta Deo renovata placent, novat omnia semper
Christus, et in cumulum luminis amplificat
Sic ei dilecti solium Felicis honorans,
Et splendore simul protulit et spatio.

d Gothumne, Francum, an Burgundionem, non satis exploratum. Illud certum est, Sigismerem hunc, contra quam viro docto visum sit, diversum esse a Sigismere comite Athalarici regis Italiae, cujus mentio apud Senatorem lib. VIII, epist. 2, tum quia loca et tempora discrepant, tum quia comitem illum regio sanguine ortum fuisse nihil est quod suadeat.

Præter hoc vestis alta, stricta, versicolor, vix appropinquans poplitibus exsertis, manicæ sola brachiorum principia velantes, viridantia saga limbis marginata puniceis: **116** penduli ex humero gladii balteis supercurrentibus strinxerant clausa bullatis latera rhenonibus. Eo quo comebantur ornatu, muniebantur: lanceis uncatis, securibusque missibilibus dextræ refertæ, clypeis lævam partem adumbrantibus, quorum lux in orbibus nivea, fulva in umbonibus, ita censum prodebat, ut studium. Cuncta prorsus hujusmodi, ut in actione thalamorum non appareret minor Martis pompa quam Veneris. Sed quid hæc pluribus? Spectaculo tali sola præsentia tua defuit. Nam cum spectarem quæ tibi pulchra sunt non te videre, ipsam eo tempore desiderii tui impatientiam desideravi. Vale.

EPISTOLA XXI.
Sidonius Apro suo salutem.

Est quidem princeps in genere monstrando partis paternæ prærogativa: sed tamen multum est quod debemus et matribus. Non enim a nobis aliquid exsilius fas est honorari, quod pondera illarum, quam quod istorum semina sumus. Sed originis nostræ definiendæ materia vel ratio sit penes physicos: nos unde hæc ista præmissimus persequamur. [a] Heduus pater tibi, mater Arverna est. Primis Heduis deberis: ergo non solis, vel propter illud exemplum nostri Maronis, quo teste Pallas sic habitus Arcas, quod pariter et Samnis, in Mezentium movere potuisset, ut peregrinus, arma Hetruscorum, ni mixtus matre Sabella, partem quoque **117** patriæ inde traxisset. Ecce habes magnum maximo auctore documentum, quod patriæ pars computanda sit et regio materna: nisi poetas, et cum ab historia non recedunt, mentiri existimabis. Igitur Arverni si portionem tui saltim vicissim jure sibi vindicant, patienter admitte querimoniam desiderantum; qui tibi per unius oris mei officium, non unius pectoris profudere secretum. Quos palam et coram dicere puta: Quid in te mali tantum, ingrate, commisimus, ut per tot annos quondam humum altricem nunc velut hosticum solum fugias? Hic incunabula tua fovimus; hic vagientis infantiæ lactentia membra formavimus; hic civicarum bajulabare pondus ulnarum. Hinc [b] avus Fronto blandus tibi, sibi severus, qui exemplo esse potuisset his quos habemus nos in exemplo; hinc avia Auspicia, quæ tibi post tuæ matris orbata decessum, dependit una curam duarum. Sed et matertera tua hinc, et hinc fuit sanctior sanctis Frontina virginibus, quam verebatur mater, pater venerabatur, summæ abstinentiæ puella, summi rigoris ac fidei ingentis, sic Deum timens, ut ab hominibus timeretur. Hic te imbuendum liberalibus disciplinis, grammatici, rhetorisque studia florentia monitu certante foverunt: unde tu non tam mediocriter institutus existis, ut tibi liceat Arvernos vel propter litteras non amare. Taceo [c] territorii peculiarem jocunditatem; taceo illud æquor agrorum, in quo sine periculo quæstuosæ fluctuant in segetibus undæ: quod industrius quisque quo plus **118** frequentat, hoc minus naufragat: viatoribus molle, fructuosum aratoribus, venatoribus voluptuosum; quod montium cingunt dorsa pascuis, latera vinetis, terrena villis, saxosa castellis, opaca lustris, aperta culturis, concava fontibus, abrupta fluminibus; quod denique hujusmodi est, ut semel visum advenis, multis patriæ oblivionem sæpe persuadeat. Taceo civitatem ipsam, tui semper sic amantissimam, ut soli nobilium contubernio præferre nil debeas; cui tu manu injecta feliciter raptus inserebare: sicque omnes præsentiæ vestræ voluptas, quod tamen nullum satias cepit. Jam quid istic de re familiari tua dicam, cujus hic status est, ut tuam expensam hoc sit facilius toleratura, quod crebrius? Nam dominus agricola si larem hic foveat, sic facit sumptum, quod auget et reditum. Hæc unus tibi omnium, certe bonorum civium voto, petitu, vice garrio: qui cum tanto honore te poscant, tanto amore desiderent, intelligi datur, gaudii plus te, dum tribuis quod rogaris, assecuturum. Vale.

EPISTOLA XXII.
Sidonius [d] Leoni suo salutem.

Vir magnificus Hesperius, gemma amicorum litterarumque, nuper urbe cum rediit e Tolosatium, præcipere te dixit, ut epistolarum curam, jam termi-

---

[a] Hedui Arvernis ut sedibus vicinis, ita multis sæpe privatis publicisque fœderibus conjuncti. Fidem faciat vetus ara marmorea, quæ Genio Arvernorum a Suavi quondam Æduo posita, in Ricomagi nostræ suburbano Mausiacensi cœnobio restat his verbis:

GENIO ARVERNORUM
SEX. ORCIUS SUAVIS
ÆDUUS.

[b] Hic idem videri potest, quod non facile affirmarim, Fronto comes, gemina legatione functus ad Suevos in Hispaniam, primum sub Valentiniano, deinde sub Avito. Utriusque meminit **51** Idatius noster: prioris anno 11 Martiani, posterioris triennio post, his verbis: *Per Avitum Augustum Fronto comes legatus mittitur ad Suevos: similiter et a rege Gothorum Theuderico, quia fidus Romano esset imperio: ut quia uno essent pacis fœdere copulati, jura fœderis promissa servarent.*

[c] Inferioris Arverniæ nostræ, quæ peculiari vocabulo Lemane dicta. Hujus ubertatem multis etiam versibus ornat in panegyrico Aviti. Certat enim Lemanici agri amœnitas cum fecunditate. Sed amœnitatis famam testantur Childeberti regis verba, quæ recitat Gregorius, et ipse Arvernus, lib. III, cap. 9: *Dicere,* inquit, *erat solitus rex, Velim unquam Arvernam Lemanem, quæ tantæ jocunditatis gratia refulgere dicitur, oculis cernere.*

[d] Consiliario Eurici regis Gothorum, et velut quæstori: hoc enim significant quæ ad eumdem scribit lib. VIII, epist. 5. Quantus præterea vir fuerit eloquentiæ ac poeticæ studiis, jurisque civilis eximia cognitione, multis passim locis prædicat Sidonius. Item Ennodius in Vita Epiphanii, de hujus agens legatione ad Euricum: *Erat,* inquit, *ea tempestate consiliorum principis et moderator et arbiter, Leo nomine, quem per eloquentiæ meritum non una jam declamationum palma susceperat: qui cum summo gaudio adventum pontificis indicavit notitiæ publicæ.* Sed et superstes Eurico Leo, idem quoque munus obiit in aula Alarici filii: cujus item consiliarius a Gregorio dicitur lib. I Miraculorum, cap. 92.

natis libris earum, converteremus ad stylum historiæ. Reverentia summa, summo et affectu, talem atque tantam sententiam amplector: idoneum quippe pronuntias ad opera majora, quem mediocria putas deserere debere. Sed quod fatendum est, facilius audeo hujusmodi suspicere judicium, quam suscipere consilium. Res quidem digna quam tu juberes: sed non minus digna quam faceres. Namque et antiquitus, cum C. Cornelius C. Secundo paria suasisset, ipse postmodum quod injunxit arripuit: idque ab exemplo nunc melius aggrederis: quia et ego Plinio ut discipulus assurgo, et tu vetusto genere narrandi jure Cornelium antevenis; qui sæculo nostro si revivisceret, teque qualis in litteris et quantus habeare, conspiceretur, modo verius Tacitus esset. Itaque tu molem thematis missi recte capessis, cui præter eloquentiam singularem, scientiæ ingentis magna opportunitas. Quotidie namque per potentissimi consilia regis, totius sollicitus orbis, pariter ejus negotia et jura, fœdera et bella, loca, spatia, merita cognoscis. Unde quis justius sese ad ista succinxerit, quam ille, quem constat gentium motus, legationum varietates, facta ducum, pacta regnantum, tota denique publicarum rerum secreta didicisse? quique præstanti positus in culmine, non necesse habet, vel supprimere verum, vel concinnare mendacium? At nostra longe conditio dispar, quibus dolori peregrinatio nova, nec usui lectio vetusta: tum religio professioni est, humilitas appetitui, mediocritas obscuritati; nec in præsentibus rei tantum, quantum in futuris spei locatum. Postremo languor impedimento; jamque vel sero propter hunc ipsum desidia cordi æquæva. Certe jam super studiis nulla laus curæ, sed ne posthuma quidem: præcipue gloriam nobis parvam ab historia petere fixum; quia per homines clericalis officii temerarie nostra, jactanter aliena, præterita infructuose, præsentia semiplene, turpiter falsa, periculose vera dicuntur. Est enim hujusmodi thema, vel opus, in quo bonorum si facias mentionem, modica gratia paratur; si notabilium, maxima offensa. Sic se ille protinus dictioni color, odorque satyricus admiscet. Ilicet scriptio historica videtur ordine a nostro multum abhorrere, cujus inchoatio invidia, continuatio labor, finis est odium. Sed tunc ista proveniunt, clericis si aliquid dicetur auctoribus, qui colubrinis oblatratorum molaribus fixi, si quid simpliciter edamus, insani; si quid exacte, vocamur præsumptiosi. At si tu ipse, cui datum est saltibus gloriæ proterere posse cervices vituperonum, seu supercurrere, materiæ istius libens provinciam sortiare: nemo te celsius scripserit, nemo antiquius, etiam si placeat recentia loqui; quandoquidem ser-

monum copia impletus ante, nunc rerum, non reliquisti cur venenato morsu secere. Atque ideo te in posterum consuli utilitas, audiri voluptas, legi auctoritas erit. Vale.

EPISTOLA XXIII.
Sidonius [a] Proculo suo salutem

Filius tuus, imo communis, ad me cucurrit; qui te relicto deliquisse se mœret, obrutus pœnitendi pudore transfugii. Igitur audito culpæ tenore, corripui latitabundum verbis amaris, vultu minaci, et mea quidem voce, sed vice tua: dignum abdicatione, cruce, culeo clamans, cæterisque suppliciis parricidalibus. Ad hæc ille confusus irrubuit, nil impudenti excusatione deprecatus errorem; sed ad cuncta convictum cum redarguerem, verecundiæ junxit comites lacrymas, ita profluas ubertimque manantes, ut secuturæ correctioni fidem fecerint. Rogo ergo sis clemens in se severo: et dominum sequens, non habeas te judice reum se profitente damnabilem: quem si inaudita genera pœnarum jubeas inexoratus excipere, non potest amplius per te dolore, quam per se pudore torqueri. Libera metu desperationem suam, libera confidentiam meam, et pietatis paternæ necessitate, si bene interpretor, te quoque absolve, qui conficeris occulto, quod filius publico mœrore conficitur: cui fecisse me constat plurimum injuriæ; si tu tamen vel parum feceris: quam certe ut spero non facies, nisi scopulis durior duras, aut adamantibus rigidior perseveras insecabilibus. Ergo si de moribus tuis deque amicitiis juste meliora præsumo, excusato propitius indulge: quem reconcilians fore fidelem constanter in posterum spondeo; quoque velociter culpa soluto, ego beneficio ligor: magnopere deposcens, non ut ignoscas modo, verum ut et protinus, et revertentem non domo solum, sed et pectore admittas. Deus magne! quam lætus orietur tibi dies, mihi nuntius, animus illi, cum paternis pedibus affusus, ex illo ore læso, ore terribili convicium exspectans, osculum exceperit. Vale.

EPISTOLA XXIV.
Sidonius Turno suo salutem.

Bene nomini, bene negotio tuo congruit Mantuani illud:

> Turne, quod optanti divum promittere nemo
> Auderet, volvenda dies en attulit ultro.

Pecuniam pater tuus **Turpio**, vir tribunitius, mutuam pridem, si recordaris, [b] a Maximo Palatino postulavit, impetravitque; nil quidem loco fiduciæ pignorisque, vel argenti sequestrans, vel obligans prædiorum: sed, ut chirographo facto docetur, cauta centesima est feneratori: quæ per bilustre producta tempus modum [c] sortis ad duplum adduxit. Sed cum

---

[a] Ejusdem est argumenti cum epistola Plinii 22, lib. III, nisi quod Plinius pro liberto Sabinianum patronum, Sidonius pro filio patrem exorat.

[b] Ex eorum genere, opinor, qui sacris aut privatis largitionibus militabant, et in provincias a comitibus dirigi solebant, l. 1 cod. Theod. de palatinis sacrarum largitionum et rerum privatarum.

[c] Usura centesima duodecim nummos singulis annis peragit in centenos. Fuerint ergo centum aurei Turpioni hac lege dati a Maximo: usura in decennium producta cum capite conficiet ducentos vicenos: quæ summa duplum sortis non æquat modo, sed superat. Verum Sidonius, ut viri docti observarunt, excurrentis supra duplum summæ rationem

pater tuus morti propinquæ morbo incumbente succumberet; atque ob hoc ipsum publica auctoritas male valentem patremfamilias violentius ad reformandum debitum arctaret, nec sustineri valeret improbitas exsecutorum ; proficiscenti mihi Tolosam, jam desperatus **123** litteris imperavit, ut me rogante creditor vester modicas saltem largiretur inducias. Precibus orantis citus annui: quia cum Maximo mihi non notitiæ solum, verum et hospitii vetera jura. Igitur ad amicum libens ex itinere perrexi, quanquam villa non paucis aggere a publico millibus abesset. Ut veni, occurrit mihi ipse, quem noveram anterius corpore erectum, gressu expeditum, voce liberum, facie liberalem, multum ab antiquo dissimilis incessu. Habitus viro, gradus, pudor, color, sermo religiosus; tum ᵃ coma brevis, barba prolixa, tripodes sellæ, cilicium vela foribus appensa, lectus nil habens plumæ, mensa nil purpuræ; humanitas ipsa sic benigna, quod frugi, nec ita carnibus abundans, ut leguminibus. Certe si quid in cibis unctius, non sibi, sed hospitibus indulgens. Cum surgeremus, clam percontor astantes, quod genus vitæ de tribus arripuisset ordinibus; ᵇ monachum ageret, an clericum, pœnitentemne? dixerunt, nuper impacto sacerdotio fungi, quo recusantem factiose ligasset civicus amor. Luce revoluta, dum pueri clientesque capiendis animalibus occuparentur, secretæ collocutionis peto copiam. Præstat: amplector nil opinantem, gratularique me primum pro sui status apice confirmo, tum consequentes misceo preces. Turpionis nostri rogata profero, allego necessitates, extrema deploro, quæ duriora mœrentibus amicis hinc viderentur, quod fenore ligatus corpore solveretur: meminisset ergo professionis suæ novæ, **124** sodalitatis antiquæ, exactorumque circumlatrantum barbaram instantiam indultis tantisper induciis moderaretur: et si decessisset æger, tribueret hæredibus annui luctus tempus immune: si, quod optarem, pristinam Turpio salutem recuperasset, indulgeret exhausto per otium facultatem convalescendi. Adhuc rogabam, cum repente vir totius caritatis flere granditer cœpit non moram debiti, sed periculum debitoris; frenatoque singultu, Absit a me, inquit, ut hæc reposcam clericus ab ægro, quæ vix petissem miles a sospite. Sed et liberos ejus ita diligo, ut etiamsi quid adversum cesserit amico, nil sim ab his amplius postulaturus quam mei officii ratio permittit. Quapropter scribe sollicitis; quoque credant plus litteris tuis, meas junge, quisquis ille fuerit languoris eventus (quem tamen fratri prosperum optamus) quod et annuum solutioni spatium prorogabo, et superpositam medietatem quæ per usuræ nomen accrevit, indulgeam, sola simpli restitutione contentus. Egi ad hæc gratias, Deo maximas, hospiti magnas, qui sic amaret tam suam famam quam conscientiam, confirmans amicum præmittere sibi quod dimitteret vobis, atque hinc superna regna mercari, quod beneficia terrena non venderet. Ergo quod restat, enitere, ut auctore te protinus saltim commodata summa solvatur: sic ut ingentes nihilominus gratias agas etiam nomine illorum qui tibi germanitate conjuncti, fors per ætatem sapere non possunt quid muneris consequantur. **125** Non est cur dicere incipias, Habeo consortes, necdum celebrata divisio est; avarius constat me esse tractatum quam cohæredes; frater et soror sub annis adhuc tutelaribus agunt; necdum sorori maritus, fratri necdum curator, curatori necdum satisdator inventus est; quod quidem totum creditoribus bene, sed malis dicitur. At cum habet talis persona contractum, quæ velit medium relaxare,

---

non habuit, quia sciebat usuras communes supra duplum nec deberi, nec exigi posse, l. 26 D. de condit. indeb., et l. 4 D. de fenore nautico. Cujus legis meminit Plutarchus, sed privatæ, Asianis a Lucullo impositæ: Τοὺς μακροτέρους, inquit, τοῦ ἀρχαίου τόκους ἀπέχωψεν. Meminit et Diodorus lib. ɪɪ Antiquit. Ægyptiis olim latæ **52** a Bocchoride: Τοῦ μετὰ ξυγγραφῆς δανείσαντας ἐκώλυε διὰ τοῦ τόκου πλεῖον ποιεῖν ἢ διπλάσιον: *Eos qui ex syngrapha fenerarent, vetuit amplius quam duplum sortis usura conficere.*

ᵃ Observare licet in his verbis veterem cultum cleri Gallicani ac totius Ecclesiæ Occidentalis: ubi comam fluentem statim ponebant, qui se militiæ sacræ accinxerant. Prudentius de sancto Cypriano:

Deflua cæsaries compescitur ad breves capillos.

Et manent hujus moris vestigia in sacro ritu quo fiunt clerici. Episcopus enim quos cooptat, iis capillorum cinnos hinc inde delibat, quæ prima tonsura nominatur, et tonsi olim ejus gradus clerici. Olim enim revera tondebantur, nec postea integrum erat comam alere. Synodus Agathensis can. 15: *Clerici qui comam nutriunt, ab archidiacono etiam si noluerint, inviti detondeantur.* Inde concilii ɪᴠ Carthaginensis, can. 44: *Clericus nec comam nutriat, nec barbam radat,* vel ut alii veteres libri legunt, *tondeat.* Barbam igitur alebant, ut hodieque Græci, et Latini non pauci: ut prorsus non capiam, quod scribit Gregorius VII ad judicem Caralitanum lib. ɪx, epist. 10 : *Totius Occidentalis Ecclesiæ clerum ab ipsis Ecclesiæ Christi primordiis barbam radendi morem tenuisse.* Latini tamen postea barbam plerique rasitarunt. Idque discrimen Græci Latinique cleri : quod religioni nostræ nihil officere accurate disserit synodus Lemovicina: in cujus actis diei secundæ recitantur canones synodi Bituricensis, quorum septimus clericos omnes tonsuram ecclesiasticam habere jubet, hoc est barbam rasam et coronam in capite. Adeo variæ hac etiam in parte vices temporum fuerunt.

ᵇ Facit Sidonii dubitatio, ut intelligamus brevem comam, barbam prolixam, monachis ac pœnitentibus fuisse cum clericis communem. De monachis docet Hilarius Arelatensis in Vita Honorati: *Rediguntur ad breves capillos luxuriantes comæ, transfertur ad nitorem mentis vestium splendor, cervicis lacteæ decus palliis rigentibus occupatur*: quibus verbis monachum designat. Item Salvianus lib. vɪɪɪ : *Intra Carthaginis muros palliatum, et pallidum, et recisis comarum fluentium jubis usque ad cutem tonsum videre populus vix poterat*: id est monachum. De pœnitentibus autem comam itidem tondere solitos constat ex canone 15 synodi Agathensis, et can. 12 synodi ɪɪɪ Toletanæ, lib. v, capitularium 52. Gregorius Turon. lib. vɪ; cap. 57: *Caput,* inquit, *totondit, atque pœnitentiam accipiens spiritum exhalavit.* Inde est quod in Onirocriticis legitur : Ἐάν τις ἴδῃ ὅτι ἐκούρευσε τὴν κεφαλὴν αὐτοῦ ὡς ἐν τύπῳ μοναχοῦ, μετανοήσει οὗτος, ἢ ἀποβαλεῖ θλίψιν.

cum totum possit exigere; si moram patitur quidquid propter misericordiam concesserat pie, juste
reposcit propter injuriam. Vale.

EPISTOLA XXV.

Sidonius [a] Domnulo suo salutem.

Nequeo differre, quin grandis communione te gaudii festinus impertiam : nimirum nosse cupientem,
quid pater noster in Christo, pariter et pontifex Patiens, [b] Cabillonum profectus, more religionis, more
constantiæ suæ fecerit. Cum venisset in oppidum
suprascriptum, provincialium sacerdotum prævio
partim, partim comitante collegio, scilicet ut municipio summus aliquis antistes ordinaretur : cujus ecclesiæ disciplina nutabat, postquam junior episcopus
Paulus discesserat decesseratque : exceperunt ponti-
ficale concilium variæ voluntates oppidanorum, nec
non et illa, quæ bonum publicum semper evertunt,
studia privata ; quæ quidam triumviratus accenderat
competitorum : quorum hinc antiquam natalium prærogativam reliqua destitutus morum dote
ructabat : hic per fragores parasiticos, culinarum suffragio comparatos, Apicianis plausibus ingerebatur ;
hic apice votivo si potiretur, tacita pactione promiserat ecclesiastica plausoribus suis prædæ prædia
fore. Quod ubi viderunt sanctus Patiens et sanctus
Euphronius, qui rigorem firmitatemque sententiæ
sanioris, præter odium gratiamque, primi tenebant ;
consilio cum coepiscopis prius clam communicato,

[a] Afro, viro docto, et ob litteras quæstorio :
quorum alterum docent epist. 13 et 15, lib. IX, alterum epistola ad Polemium, quæ præcedit ejus epithalamium. Domnulum etiam inter eos qui scriptis
suis claruere, numerat auctor Vitæ Hilarii Arelatensis. Vox est ὑποκοριστική, a domno seu domino. Salvianus epistola ad Hypatium : *Illa ego vestra Palladia, vestra gracula, vestra domnula : cum qua his tot
vocabulis quondam indulgentissima pietate lusistis.*

[b] Vetus Ecclesiæ mos erat in episcopis constituendis, ut quem clerus Ecclesiæ et utriusque ordinis
populus delegisset, hunc sibi collegisque provincialibus qui convenerant, probatum metropolitanus episcopum renuntiaret. Leo episcopis Galliæ de electione Ravennii : *Quod ergo,* inquit, *in Arelatensi civitate,
defuncto beatæ memoriæ Hilario, virum etiam nobis
probatum, fratrem Ravennium, secundum desideria
cleri, honoratorum et plebis unanimiter consecrastis,
vestrum fraternitatis vestræ opus nostro judicio robora-
mus. Idem ad episcopos Viennensis provinciæ : Per
pacem et quietem qui præfuturi sunt postulentur. Teneatur subscriptio clericorum, honoratorum testimonium, ordinis consensus et plebis : qui præfuturus est
omnibus, ab omnibus deligatur.* Convenerant ergo
Patiens metropolitanus Lugdunensis, Euphronius
episcopus Augustodunensis, aliique provinciales ut
rite ex more agerent. Qui cum diversa nacti essent
civium studia, ipsi episcopum inter se detegerunt
quem populus renuntiatum susciperet.

[c] Hoc est presbyterum, qui secundi ordinis et
proximi post episcopum est gradus, ut dictum est ad

quam palam provoito, strepituque despecto turbæ furentis, jactis repente manibus arreptum, nihilque
tum minus quam quæ agebantur optantem suspican-
temque, sanctum Joannem, virum honestate, mansuetudine insignem (lector hic primum, sic minister
altaris, idque ab infantia ; post laborum temporumque processu, archidiaconus ; in quo seu gradu, seu
ministerio multum retentus propter industriam, diu
dignitate non potuit augeri, ne potestate posset ab
solvi), attamen hunc [c] jam secundi ordinis sacerdotem, dissonas inter partium voces, quæ differebant
laudare non ambientem, sed nec audebant culpare
laudabilem ; stupentibus factiosis, erubescentibus
malis, acclamantibus bonis, reclamantibus nullis,
collegam sibi consecravere. Nunc ergo [d] Jurensia si
te remittunt jam monasteria in quæ libenter solitus
ascendere, jam coelestibus supernisque præludis ha-
bitaculis, gaudere te par est de communium patrum
vel patronorum, seu sic sentiente concordia,
seu sic concordante sententia. Illius quoque nomine
exsulta, quem creaverunt Euphronius testimonio,
Patiens manu, ambo judicio. In quo fecit Euphronius
quod conveniret non senectuti modo suæ, verum
etiam dignitatis longævitati : fecit et Patiens vir
quamlibet magnis par tamen laudibus, quod satis decuit facere personam, quæ caput est [e] civitati nostræ
per sacerdotium, provinciæ vero vestræ per civitatem. Vale.

epistolam 11 de Claudiano. Joannes, inquit, cum diu
in archidiaconi gradu detentus fuisset propter industriam, jam tamen aucta dignitate presbyter erat,
cum electus est in episcopum. Archidiaconorum ordo
et gradus olim alius non erat quam diaconorum.
Quare cum presbyteri fiebant, archidiaconatu defun-
gebantur, quod ex antiquis omnibus historiis perspicuum est. Ideo canones qui ordines sacros archidia-
conis indicunt, non alium quam diaconatum præscri-
bunt. Synodus Arvernica Urbani II, can. 3 : *Ut nullus fiat decanus in ecclesia nisi presbyter, nullus
archidiaconus nisi levita.* Laxata exinde disciplina
usus obtinuit ut archidiaconatus etiam presbyteris
deferretur.

[d] Quæ in Jura monte crebra. Gregorius Turon.
in Vita Lupicini et Romani : *Illa Jurensis deserti
secreta, quæ inter Burgundiam Alamanniamque sita
Abenticæ adjacent civitati.* Horum facile princeps
monasterium S. Eugendi, quod S. Claudii postea
nuncupatum. Ut autem hæc Jurensia, sic Jurenses
reges Flodoardo in Chronico dicti Rodulphus
et Conradus, qui in illo Burgundiæ tractu imperabant.

[e] Lugduno, cujus caput Patiens, quia episcopus ;
per civitatem vero, quia Lugdunum metropolis et
provinciæ, idem quoque caput totius provinciæ primæ
Lugdunensis. Lugdunum porro civitas et patria Sidonii : ejus episcopus, cum hæc scriberet, Patiens,
quem propterea initio epistolæ suum in Christo patrem vocat

LIBER QUINTUS.

EPISTOLA PRIMA.

Sidonius [a] Petronio suo salutem.

Audio quod lectitandis epistolis meis voluptuosam

[a] Arelatensis fori togato, quem Romam cum aliis

patientiam impendas. Magnum hoc est, et litterarum
viro convenientissimum, cum studiis ipse maximis
polleas, ea et in aliis etiam minima complecti. Sed

legatum vidimus in causa Arvandi lib. I, epist. 7.

ex hoc ipso consummatissima tibi gloria reponderatur, nam satis eminet meritis ingenii proprii, qui fuerit fautor alieni. Commendo Vindicium necessarium **129** meum, virum religiosum, et leviticæ dignitati quam nuper indeptus est, accommodatissimum. Qui meis e pugillaribus transferre quæ jusseras non vacans, per quam provinciam fuit, hic vobis aliquid næniarum munusculi vice detulit : quanquam quæ tua sanctitas, semper grandia litteras nostras præmia putes. Interea necessitatem præfati portitoris insinuo, quem traxit isto negotii oborti bipartita conditio. Siquidem hac definitione perrexit, ut aut ineat litem, aut adeat hæreditatem. Nam patrueli paterno cœlibi intestatoque defuncto, per agnationis prærogativam succedere parat ; nisi tamen cœptis factiosa vis obviet. Contra quas tamen cunctas difficultates, solus post opem Christi supplici tuo sufficis : cujus confido, quod si meruerit persona gratiam, consequetur causa victoriam. Vale.

EPISTOLA II.
Sidonius Nymphidio suo salutem.

[a] Librum de Statu animæ, tribus voluminibus illustrem, Mamertus Claudianus, peritissimus Christianorum philosophus, et quorumlibet primus eruditorum totis sectatæ philosophiæ membris, artibus, partibusque comere et excolere curavit, novem quas vocant Musas, disciplinas aperiens esse, non feminas. Namque in paginis ejus vigilax lector inveniet veriora nomina Camœnarum, quæ propriam de se sibi pariunt nuncupationem. **130** Illic enim et grammatica dividit, et oratoria declamat, et arithmetica numerat, et geometria metitur, et musica ponderat, et dialectica disputat, et astrologia prænoscit, et architectonica struit, et metrica modulatur. Hujus lectionis novitate lætatus, excitatusque maturitate, raptim recensendam transferendamque, ut videras, petisti, ut petieras impetrasti, sub sponsione citæ redhibitionis. Nec me falli, nec te fallere decet. Tempus est commodata restitui : quia liber ipse, si placuit, debuit exhibere satietatem, si displicuit, debuit movere fastidium. Tu autem quidquid illud est, fidem tuam celeriter absolve : ne si repetitum libellum serius reddere paras, membranas potius videaris amare, quam litteras. Vale.

EPISTOLA III.
Sidonius Apollinari suo salutem.

Par erat quidem garrulitatem nostram silentii vestri talione frenari. Sed quoniam perfecta dilectio non tam debet recolere quid officiorum solvat, quam meminisse quid debeat ; etiam nunc laxatis verecun-

Huic ergo ut jurisconsulto commendat Vindicium ecclesiæ suæ diaconum, cujus iterum meminit lib. VII, epist. 4.
[a] De quo ejusque auctore Claudiano, multa epist. 2 et 3, lib. IV.
[b] Ambrosius in re pari, hoc est in auspiciis impacti episcopatus, lib. I de Officiis ministrorum : *Cum jam effugere non possimus officium docendi, quod nobis refugientibus imposuit sacerdotii necessitudo.* Et post alia : *Ego enim raptus de tribunalibus atque administrationis infulis ad sacerdotium, docere vos cœpi quod*

diæ habenis obsequium alloquii impudentis iteramus. Cujus improbitas vel hinc maxime dignoscitur, quod tacetis. Ergo ne quid tempore hostilitatis ageretis, frater, nosse non merui ? Dissimulastis trepido pro vobis amico vel securitatem prodere, vel timorem ? Quid est aliud, si requirenti tuas supprimis actiones, **131** quam suspicari eum qui tui sollicitus existat, aut certe non gavisurum compertis prosperis, aut tristem, si diversa cesserint, non futurum ? Facessat hæc a bonis moribus impietatis opinio, et a candore suo vera caritas nævum tam miseræ suspicionis eliminet. Namque, ut Crispus vester affirmat, idem velle, atque idem nolle, ea demum firma amicitia est. Interea si vel vos valetis, bene est. Ego autem infelicis conscientiæ mole depressus, vi febrium nuper extremum salutis accessi ; ut pote cui indignissimo tantæ professionis pondus impactum est : qui miser [b] ante compulsus docere quam discere, et ante præsumens bonum prædicare quam facere, tanquam sterilis arbor, cum non habeam opera pro pomis, spargo verba pro foliis. Quod restat, orate, ut operæ pretium sit, quod ab inferna propemodum sede remeavimus : ne si in præteritis criminibus manserimus, incipiat ad animæ potius mortem pertinere, quod vivimus. Ecce quod agimus indicavimus ; ecce adhuc quid agatis inquirimus. Fit a nostra parte quod pium est : vos deinceps facite quod videtur. Illud sane velut Atticas leges ita ære credite incisum, nos sub ope Christi nunquam admissuros amoris terminum, cujus studuimus fundare principium. Vale.

132 EPISTOLA IV.
Sidonius Simplicio suo salutem.

Quod non recepi scripta qui miseram, imputo amicitiæ, sed deputo plus pudori. Nam, nisi præter æquum autumo, ut salutatio mihi debita dissimularetur, non illud contumacia, sed verecundia fuit. At si ulterius paginæ garrienti forem claudis, pessulum opponis ; quieti quidem tuæ non invitus indulgeo, sed non procul a te reos meos inventurum me esse denuntio. Nam totam silentii vestri invidiam verti non injurium est ad superbiam filiorum, qui se diligi sentientes, quoddam patiuntur de nostra sedulitate fastidium : quos monere pro patria auctoritate debetis, ut contractæ apud nos offensæ amaritudinem politis affatibus dulcare non desinant. Vale.

EPISTOLA V.
Sidonius [c] Syagrio suo salutem.

Cum sis consulis pronepos, idque per virilem suc-

ipse non didici. Itaque factum est, ut prius docere inciperem quam discere.
[c] Afranii Syagrii olim consulis pronepoti, a quo etiam, sed genere materno, ex filia ortus Tonantius, lib. I, epist. 7. Ad hunc vero iterum scribit lib. VIII, epist. 8. Syagrii Lugdunenses fuere. Nam Syagrii consulis sepulcrum Lugduni, epist. 12 hujus libri ; et ex eadem gente Syagria, quam Ecclesiæ thesaurum appellat Ennodius in Epiphanio, Lugduni florebat sub Gundobaldo rege Burgundionum : apud quos et hic Syagrius in pretio. Itaque quod Symmachus

cessionem (quanquam id ad causam subjiciendam minus attinet); cum sis igitur e semine poetæ, cui procul dubio statuas dederant litteræ, si trabeæ non dedissent : quod etiam nunc auctoris culta versibus verba testantur, a quo studia posterorum, ne parum quidem, quippe in hac parte, degeneraverunt : immane narratu est, quantum stupeam sermonis te Germanici notitiam tanta facilitate rapuisse. Atqui pueritiam tuam competenter scholis liberalibus memini imbutam, et sæpenumero acriter eloquenterque declamasse coram oratore, satis habeo compertum. Atque hæc cum ita sint, velim dicas, unde subito hauserunt pectora tua euphoniam gentis alienæ; ut modo mihi post ferulas lectionis Maronianæ, postque desudatam varicosi Arpinatis opulentiam loquacitatemque, *a* quasi *b* de Hilario vetere novus falco prorumpas? Æstimari minime potest, quanto mihi cæterisque sit risui, quoties audio, quod te præsente formidet facere linguæ suæ barbarus barbarismum. Astupet tibi epistolas interpretanti curva Germanorum senectus, et negotiis mutuis arbitrum te disceptatoremque desumit. Novus Burgundionum Solon in legibus disserendis; novus Amphion in citharis, sed tricordibus temperandis, amaris, frequentaris, expeteris, oblectas, eligeris, adhiberis, decernis, audiris. Et quanquam æque corporibus ac sensu rigidi sint indolatilesque, amplectuntur in te pariter et discunt sermonem patrium, cor Latinum. Restat hoc unum, vir facetissime, ut nihilo segnius, vel cum vacabit, aliquid lectioni operis impendas, custodiasque hoc, prout es elegantissimus, temperamentum, ut ista tibi lingua teneatur, ne rideāris; illa exerceatur, ut rideas. Vale.

EPISTOLA VI.
Sidonius c Apollinari suo salutem.

Cum primum æstas decessit autumno, et Arvernorum timor potuit aliquantisper ratione temporis temperari, Viennam veni : ubi Thaumastum germanum tuum, quem pro jure vel sanguinis vel ætatis, reverenda familiaritate complector, mœstissimum inveni. Qui quanquam recenti cælibatu granditer afficiebatur, pro te tamen parum minus anxius erat. Timebat enim verebaturque, ne quam tibi calumniam turbo barbaricus, aut militaris concinnaret improbitas. Namque confirmat *d* magistro militum Chilperico, victoriosissimo viro, relatu venenato quorumpiam sceleratorum fuisse secreto insusurratum, tuo præcipue machinatu, *e* oppidum Vasionense *f* partibus novi principis applicari. Si quid hinc tibi tuisque suspicionis incutitur, raptim doce recursu familiarium paginarum; ne vobis sollicitudinis aut præsentiæ meæ opportunitas pereat. Curæ mihi peculiariter erit, si quid tamen cavendum existimabis, ut te faciat aut gratia impetrata securum, aut explorata iracundia cautiorem. Vale.

EPISTOLA VII.
Sidonius Thaumasto suo salutem.

Indagavimus tandem, qui apud *g* tetrarcham nostrum germani tui, et e diverso partium, novi principis amicitias criminarentur, si tamen fidam sodalium sagacitatem clandestina delatorum non fefellere vestigia. Hi nimirum sunt, ut idem coram positus audisti, quos se jam dudum perpeti inter clementiores barbaros Gallia gemit. Hi sunt quos timent etiam qui timentur. Hi sunt quos hæc peculiariter provincia manet inferre calumnias, deferre personas,

---

lib. I epistolarum Syagrium consulem trans Alpes habitasse significat, de Lugduno intelligendum est.

a Petrus Colvius ex ms. Claromontensi : *quasi de Syagrio vetere novus Franco prorumpas?*

b Sic libri plerique : alii varie *harilao* vel *harilio*, ut difficile sit statuere quid omnium potissimum scripserit Sidonius. Sensus est, Ut videaris mihi ex avi patria in exoticam mutatus, ex Gallica in Germanicam. Pari elegantia Ruricius lib. I, epist. 3 ad Hesperium, ex Arione in Orpheum repente mutari dixit, pro eo quod est, doctum subito fieri ex rustico. *Scilicet*, inquit, *tam consuetudinis meæ immemor, quam rusticitatis oblitus, quasi ex Arione in Orpheum repente mutatus, velim disertissimis auribus tuis ore garrulo non tam officiosus quam injuriosus existere.*

c Thaumasti fratri, Sidonii consanguineo.

d Burgundionum regi, Clotildis nostræ, ut reor, patri. Quatuor hoc tempore Burgundionibus reges imperabant, Gundobaldus, Gundegisclus, Chilpericus et Gundomarus, Gundeuci, ut Gregorius, lib. II, cap. 28, docet, filii, ejus qui post Gundicarium ab Aetio cæsum, regnum obtinuit cum altero Chilperico fratre : quorum meminit Jornandes in rebus Geticis. Itaque ambigi posset de utro Chilperico agat Sidonius, nisi epistola sequenti tetrarcham appellaret, quatuor fratres designans qui simul regnabant. Jam quod Chilpericum hunc non regem, sed magistrum militum vocat, eo more facit, quo Sigismundum Gundobaldi filium Alcimus Avitus patricium, Hilarus papa Gunduicium seu Gundeucum, aut, ut est apud Jornandem, Gundiacum horum quatuor patrem, magistrum item militum appellat, in epistola ad Leontium episcopum Arelatensem.

e Quod Vasio Vocontiorum Pomponio Melæ et Plinio, Οὐασίων Ptolemæo. Posterior ætas Vasense dixit pro Vasionensi. Sed Vocontiorum fines olim in provincia Viennensi latissime patuerunt. Plinii verba sunt lib. III, cap. 4 : *Vocontiorum civitatis fœderatæ duo capita, Vasio et Lucus Augusti : oppida vero ignobilia 19.* At Luci hodie nomen obscurum et jam olim a Fabii Valentis exercitu incendio deformatum narrat Tacitus lib. I Historiæ. Clarior fama urbis Deensis, quæ Colonia Dea Augusta Vocontiorum dicitur in lapide Arelatensi. Fuit et Mons Seleucus inter oppida Vocontiorum, Magnentiana clade nobilis : sed cujus nomen apud omnes ferme depravatum est. Nam apud Socratem Μιλτοσέλευκος legitur, apud Sozomenum Μοντοσέλευκος; alibi Μοῦρος Σέλευχος : vera appellatio quam Historia Tripartita retinet, Mons Seleuci, Lucum inter et fines Vocontiorum, ac Vapincum, ut ex Itinerariis Æthici ac Burdigalensi videre est. Tridui plus minus itinere abest Lugduno. Quare ad montem Seleuci referendum est quod Mursæ hac in parte tribuit Socrates lib. II, cap. 27.

f Non dubium quin novum principem appellet, qui Romæ cœperat imperare : sed quemnam intelligat, in tanta principum quæ tum paucis annis accidit, mutatione et varietate non liquet.

g Chilpericum, qui Lugduni rerum potiebatur, diviso tunc in quatuor regna Burgundionum imperio.

afferre minas, auferre substantias. Hi sunt quorum laudari audis in otio occupationes, in pace prædas, inter arma fugas, inter vina victorias. Hi sunt qui causas morantur adhibiti, impediunt prætermissi, fastidiunt admoniti, obliviscuntur locupletati. Ili sunt qui emunt lites, vendunt intercessiones, deputant arbitros, judicanda dictant, dictata convellunt, attrahunt litigaturos, protrahunt audiendos, trahunt addictos, retrahunt transigentes. Hi sunt quos si petas etiam nullo adversante beneficium, piget promittere, pudet negare, pœnitet præstitisse. Ili sunt quorum comparationi digitum tollerent ª Narcissus, Asiaticus, Massa, Marcellus, Carus, Parthenius, Licinus et Pallas. Hi sunt qui invident tunicatis otia, stipendia paludatis, viatica veredariis, mercatoribus nundinas, munuscula legatis, portoria quadruplatoribus, prædia provincialibus, ᵇ flamonia municipibus, arcariis pondera, mensuras allectis, salaria tabulariis, dispositiones numerariis, prætorianis sportulas, civitatibus inducias, vectigalia publicanis, reverentiam clericis, *originem nobilibus*, *consessum prioribus*, *congressum æqualibus*, *cinctis* **136** *jura*, *discinctis privilegia*, *scholas instituendis*, *mercedes instituentibus*, *litteras institutis*. Hi sunt qui novis opibus ebrii, ut et minima cognoscas, per utendi intemperantiam produnt imperitiam possidendi. Nam libenter incedunt armati ad epulas, albati ad exsequias, pelliti ad ecclesias, pullati ad nuptias, ᶜ castorinati ad litanias. Nullum illis genus hominum, ordinum, temporum, cordi est. In foro Scythæ, in cubiculo viperæ, in convivio scurræ, in exactionibus harpyiæ, in collocutionibus statuæ, in quæstionibus bestiæ, in tractatibus cochleæ, in contractibus trapezitæ; ad intelligendum saxei, ad judicandum lignei, ad succensendum flammei, ad ignoscendum ferrei, ad amicitias

A pardi, ad facetias ursi, ad fallendum vulpes, ad superbiendum tauri, ad consumendum minotauri. Spes firmas in rerum motibus habent, dubia tempora certius amant, et ignavia pariter conscientiaque trepidantes, cum sint in prætoriis leones, in castris lepores, timent fœdera, ne discutiantur; bella, ne pugnent. Quorum si nares afflaverit uspiam rubiginosi aura marsupii, confestim videbis illic et oculos Argi et manus Briarei, et Sphingarum ungues, et perjuria Laomedontis, et Ulyssis argutias, et Sinonis fallacias, et fidem Polymnestoris, et pietatem Pygmalionis adhiberi. His moribus obruunt virum non minus bonitate quam potestate præstantem. Sed quid faciat unus undique venenato vallatus interprete? Quid inquam faciat, cui natura cum bonis, vita cum B malis est? Ad quorum **137** consilia Phalaris cruentior, Mida cupidior, Ancus jactantior, Tarquinius superbior, Tiberius callidior, Caius periculosior, Claudius socordior, Nero impurior, Galba avarior, Otho audacior, Vitellius sumptuosior, Domitianus truculentior redderetur. Sane quod principaliter medetur afflictis, temperat ᵈ Lucumonem nostrum Tanaquil sua, et aures mariti virosa susurronum fæce completas opportunitate salsi sermonis eruderat. Cujus studio scire vos par est; nihil interim quieti fratrum communium apud animum communis patroni ᵉ juniorum Cibyratarum venena nocuisse, neque quidquam (Deo propitiante) nocitura; si modo quandiu præsens potestas ᶠ Lugdunensem Germaniam ᶠ regit, nostrum suumque Germanicum præsens Agrippina C moderetur. Vale.

EPISTOLA VIII
Sidonius ᵍ Secundino suo salutem.

Diu quidem est, quod te hexametris familiarius inservientem stupentes prædicantesque lectitabamus.

---

56 ª Cæsariani omnes liberti, pravo ingenio, delationumque infamia clari: Narcissus, Pallas et Licinius Claudii Augusti; Massa, Marcellus et Carus Neronis; Asiaticus Vitellii; Parthenius Domitiani: de quibus Seneca, Persius, Juvenalis, Martialis, Tacitus, Plinius uterque, Suetonius et Dio.

ᵇ Flaminia, flaminum sacerdotia. Flamonii vocem pro flaminio agnoscunt veteres glossæ, et inscriptio Albæ Juliæ.

L. FL. VALENS
OB HONOREM
FLAMONII
B. P. D.

Id flaminicum munus dicitur in alia inscriptione antiqua. Flamines autem in municipiis fuisse constat, et peculiariter municipiis tributos, ut provinciis sacerdotes. Drepanius Pacatus in panegyrico, *reverendos municipali purpura flamines, insignes apicibus sacerdotes*. Novella Martiani 15, *Ne flamini municipali, sacerdotio provinciæ liceret habere uxorem ancillam*.

ᶜ Castorina, seu fibrina veste amicti. Isidorus originum xix: *Fibrinum*, inquit, *lana castorum, et fibrina vestis, tramam de fibri lana habens, castorina*. Ambrosius de dignitate sacerdotii: *Castorinas quærinus et sericas vestes: et ille se inter episcopos credit altiorem, qui vestem induerit clariorem*. Eodem spectant lutrinæ pelles in Carolo Eginarthi.

ᵈ Chilpericum regem uxor. Quia Lucumonis, hoc est Tarquinii Prisci, uxor fuit Tanaquil, figurate hæc nomina transfert ad Chilpericum et uxorem: ut paulo inferius, Germanici et Agrippinæ nominibus eosdem designat, quia Agrippina uxor fuit Germanici patris Caligulæ.

ᵉ Qui moribus referant fratres illos Tlepolemum et Hieronem e Cybiris Ciliciæ, quorum opera usus Verres in deprædanda Sicilia. De his Cicero 6 Verrina. Urbis vero nomen corrumpunt, qui aliter scribunt vel enuntiant. Sic enim Cybiratarum ipsorum nummus antiquus, in quo scriptum est KIBYPATΩN, et D Cybiratica civitas recte apud Tacitum iv Annalium.

ᶠ Sic appellat Lugdunensem regionem, in qua Burgundiones Germani dominabantur. Nihil Sidonio familiarius quam in Germanorum nomine ludere, cum de Burgundionibus est sermo, qui ex Germania, ut dixi, prodierant. Supra epist. 5, *curva Germanorum senectus*. Carmine 12, *et Germanica verba sustinentem*. Germaniam sane partem illam Galliæ quam Burgundiones **57** occuparant, quæ proprio dehinc nomine Burgundia nuncupata est, eo modo dici licuit, quo Britanniam insulam scimus Saxoniam transmarinam a nonnullis scriptoribus interdum vocitatam, ab Anglis qui e Saxonia eo trajecerant.

ᵍ Lugdunensi, cujus ut poetæ jam mentio fuit lib. ii, epist. 10.

ᶠ Sirmondi notam in hunc locum contra Savaronem confirmat Wesselingius ad Vett. Romanorum Itiner., pag. 568.

Erat siquidem materia jocunda, seu nuptiales tibi thalamorum faces, sive perfossae regiis ictibus ferae describerentur. Sed triplicibus trochaeis nuper in metrum hendecasyllabum compaginatis nihil ne tuo quidem judicio simile fecisti. Deus bone! quid illic inesse ᵃ fellis, leporis, piperataeque facundiae minime lacinus inspexi? nisi quod ferventis fulmen ingenii, et ἐτοιμόλι salsa libertas, **138** plus personis forte, quam causis impediebantur: ut mihi non figuratius Constantini domum vitamque videatur, vel pupugisse versu gemello ᵇ consul Ablavius, vel momordisse, disticho tali clam palatinis foribus appenso.

    Saturni aurea saecla quis requirat?
    Sunt haec gemmea, sed Neroniana

Quia scilicet praedictus Augustus, iisdem fere temporibus, extinxerat ᶜ conjugem Faustam calore balnei, filium Crispum frigore veneni. Tu tamen nihilo segnius operam saltem facetis satyrarum coloribus intrepidus impende. Nam tua scripta, ᵈ nostrorum

ᵃ In aliquibus mss., *mellis*.
ᵇ Nondum consul fuerat, sed quinto post anno consulatum cum Basso gessit, anno imperii Constantini 25. Crispum autem a patre necatum anno 20 Graeci fere ac Latini auctores consentiunt. Ablavii porro versuum in Constantinum unus omnium veterum meminit Sidonius.
ᶜ Ordo praeposterus. Nam Crispum prius occidit, deinde Faustam. Veneni autem Crispo dati solus auctor est Sidonius, et post Sidonium Gregorius Turonicus. Caetera fuse, sed quod solet odio Constantini, Zosimus lib. II. Historia Hippolyti et Phaedrae fabulis similima. De qua cum multi varia narrent, haud scio quam exploratum videri possit, quod in collectaneis antiquis θεαμάτων urbis Constantinopolitanae, quae in multis bibliothecis occurrunt, memini me legere, Constantinum Crispo filio a se interfecto, cum facti errorisque dolore ictus esset, statuam argenteam auro superfusam, capite aureo, cum hoc titulo posuisse, ΗΔΙΚΗΜΕΝΟΣ ΥΙΟΣ ΜΟΥ, *filius meus injuria laesus*. Cujus rei vindices laudant Herodotum atque Hippolytum chronographos.
ᵈ Burgundionum. Distrinxerat Secundinus (sic enim nostra est conjectura) satyricum dentem in tetrarchas illos fratres de quibus ante dictum est. Nota autem sunt omnibus tragica funera regiae domus: in qua Gundobaldus duorum fratrum sanguine manus imbuit, Chilperici et Gundemari, quorum ipse armis regni parte antea fuerat ejectus: Chilperici etiam conjugem Sidonio supra laudatam aquis obrui. Hoc igitur est argumentum, quod comparat cum Constantiniano. Scimus ad haec ex Ennodii Epiphanio, Gundobaldum post haec facinora Lugduni, Gondesclum fratrem Genevae regni solium habuisse.

  De Apollinaris Sidonii avi praefectura praetorio Galliarum, docui nos ejus epitaphium lib. III, epist. 12. Rusticus autem Aquilini avus, est Decimius Rusticus is, quem scripserat Renatus Frigeridus, ex magistro officiorum praefectum item ab iisdem tyrannis creatum fuisse post Apollinarem. Ita par utriusque dignitas. De morte, idem Frigeridus apud Gregorium Turon. lib. II, cap. 9: *iisdem*, inquit, *diebus praefectus tyrannorum Decimius Rusticus, Agraecius ex primicerio notariorum Jovini, multique* **58** *nobiles, apud Arvernos capti a ducibus Honorianis, et crudeliter interempti sunt* post debellatam Constantini tyrannidem. Idem praeterea Rusticus videtur, quem testatur Olympiodorus apud Photium, in nuptiis Placidiae et Ataulfi epithalamium cum Attalo et Phaebadio cecinisse.

ᶠ Qui e Britannia tyrannidem in Gallias transtulit, sedemque fixit Arelate. Inde ad occupandas Hispanias

vitiis proficientibus tyrannopolitarum, locupletabuntur. Non enim tam mediocriter intumescunt, quos nostra judicia, saecula, loca, fortunatos putant; ut de nominibus ipsorum quandoque reminiscendis sit posteritas laboratura. Namque improborum probra, aeque ut praeconia bonorum, immortalia manent. Vale.

EPISTOLA IX.
Sidonius Aquilino suo salutem.

In meo aere duco, vir omnium virtutum capacissime, si dignum tu quoque putas, et quantas habemus amicitiarum causas, tantas habeamus ipsi amicitias. Avitum est quod reposco: testes mihi impraesentiarum avi nostri super hoc negotio ᵉ Apollinaris et Rusticus advocabuntur; quos laudabili familiaritate conjunxerat litterarum, **139** dignitatum, periculorum, conscientiarum similitudo: cum ᶠ in Constantino inconstantiam, ᵍ in Jovino facilitatem, ʰ in Gerontio perfidiam; singula in singulis, omnia ⁱ in Dardano

Constantem filium misit cum Gerontio magistro militum, et Apollinare avo praefecto praetorii. Zosimus lib. VI: Ἐπὶ τούτοις ὁ Κωνστᾶς εἰς τὴν Ἰβηρίαν διέβη, στρατηγὸν μὲν Τέρεντιον ἔχων, Ἀπολινάριον δὲ τῆς αὐλῆς ὕπαρχον. Idem Zosimus Apollinarem post haec a Constantino praefectura spoliatum tradit: quae forsitan est inconstantia, quam notat Sidonius. Hujus porro Constantini consulatus indicium est in lapide Treviensi, cujus Graecam inscriptionem protulit Josephus Scaliger lib. V de Emendatione temporum, hoc modo.

ΕΝΘΑΔΕ ΚΕΙΤΑΙ ΕΥΣΕΒΙΑ ΕΝ ΕΙ
ΡΗΝΗ ΟΥΣΑ ΙΕΡΟΚΩΜΗΤΙΣ ΑΠΟ
ΚΩΜΗΣ ΑΔΔΑΝΩΝ ΖΗΣΑΣΑ ΜΙ
ΚΡΟΝ ΠΡΟΣ ΕΤΩΝ ΙΕ. ΥΠΑΤΕΙΑ
ΟΝΩΡΙΟΥ ΤΟ Η. ΚΑΙ ΚΩΝΣΤΑΝ
ΤΙΝΟΥ ΤΟ Α. ΜΗΝΙ ΠΑΝΕΜΟΥ
ΙΒ. ΗΜΕΡΑ ΚΙ. Β. ΕΝ ΕΙΡΗΝΗ

Quaerit Scaliger, et ignorare se fatetur, quis sit iste Constantinus Honorii collega in VIII consulatu. Mihi dubium non est quin hic sit Constantinus tyrannus, qui biennio ante venerat in Gallias, atque his in potestatem redactis, consulatum ediderat, anno Christi 409, collegam se Honorio Augusto consuli ascribens, cum quo, ut Olympiodorus Thebaeus scribit, concordiam imperiique societatem affectarat.

ᵍ Qui et ipse purpuram induit, quo tempore Constantinus Arelate obsessus ab Honorii ducibus tenebatur: a quibus iisdem cum Sebastiano fratre quem tyrannidis participem fecerat, armis oppressi, Narbone tandem, ut Idatius noster narrat, interfecti sunt.

ʰ Adversus Constantinum et Constantem. Nam cum Gerontio Constans Hispaniam commisisset, ille subito mutata voluntate barbaros concitavit Maximumque clientem suum regiis insignibus ornatum in Hispania relinquens, trajecto in Galliam exercitu, Constantem Viennae captum interfecit. Orosius lib. VII, Sozomenus lib. IX, cap. 13.

ⁱ Claudio Postumo Dardano, praefecto praetorio Galliarum: cujus maxime industria Jovinus tyrannus averso ab **59** ejus societate Ataulfo rege oppressus est, ut Tiro Prosper in Chronico tradit: quod etiam confirmat Olympiodorus. Dardani praefecturae testis est Honorii lex 117 cod. Theod. de decurionibus; et vetus inscriptio quae haud procul Sistarico provinciae II Narbonensis cernitur in rupe opere humano divisa, quam vulgo Petram scissam vocant.

CL. POSTUMUS DARDANUS V. INL. ET PA
TRICIAE DIGNITATIS. EXCONSULARI PRO
VINCIAE VIENNENSIS. EX MAGISTRO SCRI
NI LIB. EXQUAEST. EXPRAEF. PRAET.GALL.

crimina simul exsecrarentur. Ætateque media, patres nostri sub uno contubernio, vix dum a pueritia, in totam adolescentiam evecti, principi Honorio [a] tribuni notariique militavere, tanta caritate peregrinante ut inter eos minima fuerit causa concordiæ, quod filii amicorum commemorabantur. In principatu Valentiniani imperatoris [b] unus Galliarum præfuit parti, alter soliditati. Sed ita se quodam modo tituli amborum compensatione fraterna ponderaverunt, ut prior fuerit fascium [c] tempore, qui erat posterior dignitate. Ventum ad nos, id est, ventum est ad nepotes: quos nil decuerit plus cavere quam ne parentum antiquorumque nostrorum per nos forte videatur antiquata dilectio. Ad hoc in similem familiaritatem, præter hæreditariam prærogativam, multifaria opportunitate compellimur: ætas utriusque non minus juncta quam patria. Unus nos exercuit ludus, magister instituit; una nos lætitia dissolvit, severitas coercuit, disciplina formavit. De cætero, si Deus annuit, in annis jam senectutis initia pulsantibus, simus, nisi respuis, animæ duæ, animus unus; imbuamusque liberos invicem diligentes, idem velle, nolle, refugere, sectari. Hoc patrum vero jam supra vota, si per Rusticum Apollinaremque, proavorum prædicabilium, tam reformentur corda quam nomina. Vale.

140 EPISTOLA X.
Sidonius Sapaudo suo salutem.

Si quid omnino Pragmatius illustris, hoc inter reliquas animi virtutes optime facit; quod amore studiorum te singulariter amat, in quo solo, vel maxime animum advertit, veteris peritiæ, diligentiæque resedisse vestigia. Et quidem non injuria tibi fautor est: nam debetur ab eo percopiosus litteris honor. Hunc olim perorantem et rhetorica sedilia plausibili oratione frangentem, socer eloquens ultro in familiam patriciam ascivit: licet illi ad hoc (ut sileam de genere vel censu) ætas, venustas, pudor, patrocina-

ET NEVIA GALLA CLAR. ET INL. FEM. MATERFAM. EJUS LOCO CUI NOMEN THEOPOLI EST VIARUM USUM CÆSIS UTRIMQUE MONTIUM LATERIB. PRÆSTITERUNT. MUROS ET PORTAS DEDERUNT. QUOD IN AGRO PROPRIO CONSTITUTUM TUETIONI OMNIUM VOLUERUNT ESSE COMMUNE. ADNITENTE ETIAM V. INL. COM. AC FRATRE MEMORATI VIRI CL. LEPIDO EXCONSULARI GERMANIÆ PRIMÆ. EX MAG. MEMORIÆ EXCOM. RERUM PRIVAT. UT ERGA OMNIUM SALUTEM EORUM STUDIUM ET DEVOTIONIS PUBL: : TITULUS POSS: : OSTENDI.

Egregium insignis operis monumentum: ex quo non solum Dardani et Neviæ Gallæ uxoris nomina didicimus, sed varias præterea ejusdem et Claudii Lepidi fratris dignitates. Dardano item scribunt Hieronymus et Augustinus: sed Augustinus honorum ejus non meminit, Hieronymus duplicem ejus præfecturam commemorat.

[a] *Principis secretarii*: qui aditus honorum nobili adolescentiæ. Cassiod. Senator lib. I Variar.: *Pater candidati sub Valentiniano principe gessit tribuni et notarii laudabiliter dignitatem: honor qui tunc daba-* rentur. Sed ut comperi, erubescebat jam etiam tunc vir serius et formæ dote placuisse; quippe cui merito ingenii suffecisset adamari; et vere optimus quisque morum præstantius pulchritudine placet. Porro autem prætervolantia corporis decoramenta currentis ævi profectu defectuque labascunt. Hunc quoque manente sententia, Gallis post præfectus [d] Priscus Valerianus, consiliis suis tribunalibusque sociavit; judicium antiquum perseverantissime tenens, ut cui scientiæ obtentu junxerat sobolem, jungeret et dignitatem. Tua vero tam clara, tam spectabilis dictio est, ut illi divisio [e] Palæmonis, gravitas Gallionis abundantia Delphidii, Agrœcii disciplina, fortitudo Alcimi, Adelphii teneritudo, rigor Magni, dulcedo Victorii, non modo non superiora, 141 sed vix æquiparabilia scribantur. Sane ne videar tibi sub hoc quasi hyperbolico rhetorum catalogo blanditus quippiam gratificatusque, solam tibi acrimoniam Quintiliani pompamque Palladii comparari non ambigo, sed potius acquiesco. Quapropter si quis post vos Latinæ favet eruditioni, huic amicitiæ gratias agit, et sodalitati vestræ, si quid hominis habet, tertius optat adhiberi. Quanquam quod est gravius, non sit satis ambitus iste fastidium vobis excitaturus, quia pauci studia nunc honorant. Simul et naturali vitio fixum est radicatumque pectoribus humanis, ut qui non intelligunt artes, non mirentur artifices. Vale.

EPISTOLA XI.
Sidonius Potentino suo salutem

Multum te amamus: et quidem hujusce dilectionis non est erroneus aut fortuitus affectus. Namque ut sodalis tibi devinctior fierem, judicavi. Est enim consuetudinis meæ, ut eligam ante, post diligam. Quænam, inquis, in me tibi probanda placuere? Dicam libenter et breviter: quorum unum fieri gratia, alterum charta compellit. Veneror in actionibus tuis, quod multa bono cuique imitabilia geris. Colis ut qui solertissime, ædificas ut qui dispositissime, ve-

tur egregiis, dum ad imperiale secretum tales constet eligi in quibus reprehensionis vitium nequeat inveniri.
[b] Consularem aut præsidem in aliqua provincia Galliæ fuisse oportet patrem Aquilini. Nam Sidonii pater præfectus prætorio toti Galliæ præfuit, lib. VIII, epist. 6.
[c] In aliquibus libris, *tenore.*
[d] Vir præfectorius. Præfectus enim prætorio Galliarum fuerat, in eoque magistratu assessore usus genero suo Pragmatio. Et jam præfectorius erat Aviti Aug. principatu, ut docet titulus carminis 8.
60 [e] Horum omnium nihil hodie superest præter declamationes Quintiliani. Palæmonis tamen Hadriani temporum rhetoris meminit Eusebius in Chronico; Gallionis fratris sui Seneca in præfatione Quæstionum naturalium. Atticum Tironem Delphidium laudat Ausonius carmine 5 Professorum. Idem etiam Censorium Atticum Agrœcium carmine 15. Atticum Hieronymus in Chronico. Adelphii memoria obscurior. Magni oratoris Romani clarior ex epist. 84 Hieronymi, et ex apologia 1 in Rufinum. Victorius fortasse rhetor est Massiliensis, cujus exstant poemata. Palladius is videtur de quo Symmachus tum aliis locis tum epist. 9, lib. 1: *Movet,* inquit, *novus Athenæi hospes Latiare concilium, divisionis arte, inventionum copia, sensuum gravitate, luce verborum.*

naris ut qui efficacissime, pascis ut qui exactissime, jocaris ut qui facetissime, judicas ut qui æquissime, suades ut qui sincerissime, commoveris ut qui tardissime, placaris **142** ut qui celerrime, redamas ut qui fidelissime. Hæc omnia exempla vivendi jam hinc ab annis puberibus meus Apollinaris si sequitur, gaudeo : certe, ut sequatur, admoneo. In quo docendo instituendoque, modo sub ope Christi disposita succedant, plurimum lætor maximam me formulam vitæ de moribus tuis mutuaturum. Vale.

EPISTOLA XII.
Sidonius Culminio suo salutem.

Quod rarius ad vos a nobis pagina meat, non nostra superbia, sed aliena impotentia facit. Neque super his quidquam planius quæras; quippe cum silentii hujus necessitatem par apud vos metus interpretetur. Hoc solum tamen libere gemo, quod turbine dissidentium partium segreges facti, mutuo minime fruimur aspectu. Neque unquam patriæ sollicitis offerris obtutibus; nisi forsitan cum ad arbitrium terroris alieni, vos loricæ, nos propugnacula tegunt. Ubi ipse in hoc solum captivus adduceris, ut pharetras sagittis vacuare, lacrymis oculos implere cogaris ; nobis quoque non recusantibus, quod tua satis aliud moliuntur vota, quam jacula. Sed quia interdum, et si non per fœderum veritatem, saltem per induciarum imaginem, quædam spei nostræ libertatis fenestra resplendet: impense flagito, uti nos, cum maxime potes, affatu paginæ frequentis impertias ; sciens tibi in animis **143** obsessorum civium illam manere gratiam, quæ obliviscatur obsidentis invidiam. Vale.

EPISTOLA XIII.
Sidonius [a] Pannychio suo salutem.

[b] Seronatum Tolosa nosti redire : si nondum (et credo quod nondum), vel per hæc disce. Jam Clausentiam pergit Evanthius; jamque contractas operas cogit eruderare, si quid forte dejectu caducæ frondis agger insorduit. Certe si quid voraginosum est, ipse humo advecta scrobibus oppletis trepidus exæquat, ut pote belluam suam de valle Tarnis ducaliter antecessurus ; musculis similis inter saxosa, vel brevia, balenarum corpulentiam prægubernantibus. At ille sic ira celer, quod piger mole, seu draco e specu vix

---

[a] Bituricensi, viro illustri, ut est in Concione lib. vii.

[b] De quo superius lib. ii, epist. 1. Tunc Aturribus redibat, nunc Tolosa : utrobique ex aula regis Gothorum, quorum partibus favebat.

[c] Securitates sunt apochæ : documenta illationum appellat Symmachus lib. x, epist. 43, syngraphas nimirum, quas qui tributa solvunt a susceptoribus accipiunt fiduciæ causa. Cassiodorus canonicario Veneiarum : *Validas contra te apochas invenerunt, invictas securitates illis dedit calamitas sua : violenter abstulit quod quærebas.* Hinc, Primiscrinius securitatum in officio comitis privati.

[d] Scripti aliquot libri *Caienses*, alii *Calenses* legunt. Baiæ sunt aquæ calidæ. Et sunt hodie in Arvernis, quæ id nomen vico dederunt : nam calidas aquas patria lingua vocant. In Tabula etiam Peutingeri, ut supra dictum est, nominantur Aquæ Calidæ in itinere quod ab Augustonemeto Lugdunum ducit.

[A] evolutus, jam metu exsanguibus Gabalitanis e proximo infertur : quos singulos sparsos, inoppidatos, nunc inauditis indictionum generibus exhaurit, nunc flexuosa calumniarum fraude circumretit ; ne tum quidem domum laboriosos redire permittens, cum tributum annuum datavere. Signum et hoc certum est imminentis adventus, quod catervatim, quo se cunque converterit, vincti trahuntur vincula trahentes : quorum dolore lætatur, pascitur fame : præcipue pulchrum arbitratus, ante turpare quam punire damnandos: crinem viris nutrit, mulieribus incidit : e quibus tamen, si rara quosdam venia respexerit, hos venalitas solvit, **144** vanitas illos, nullos misericordia. Sed explicandæ bestiæ tali nec oratorum princeps Marcus Arpinas, nec poeta- [B] rum Publius Mantuanus, sufficere possunt. Proinde quia dicitur hæc ipsa pernicies appropinquare (cujus proditionibus Deus obviet) præveni morbum providentiæ salubritate ; contraque lites jurgiosorum, si quæ moventur, pactionibus consule, [c] contra tributa securitatibus : ne malus homo rebus bonorum vel quod noceat, vel quod præstet inveniat. In summa de Seronato vis acciperequid sentiam? Cæteri affligi per suprascriptum damno verentur; mihi latronis et beneficia suspecta sunt. Vale.

EPISTOLA XIV.
Sidonius Apro suo salutem.

[d] Calenses nunc te Baiæ, et scabris cavernatim ructata pumicibus aqua sulphuris, atque jecorosis ac phtisiscentibus languidis medicabilis piscina delectat. [C] An fortasse montana sedes circum castella ; et in eligenda sede perfugii, quamdam pateris ex munitionum frequentia difficultatem ? Quidquid illud est, quod vel negotio vacas, in urbem tamen, ni fallimur, [e] rogationum contemplatione revocabere. Quarum nobis solemnitatem primus Mamertus pater et pontifex, reverentissimo exemplo, utilissimo experimento, invenit, instituit, invexit. Erant quidem prius (quod salva fidei pace sit dictum) vagæ, tepentes, infrequentesque, utque **145** sic dixerim, oscitabundæ supplicationes ; quæ sæpe interpellantum prandiorum obicibus hebetabantur, maxime aut imbres, aut serenitatem deprecaturæ; ad quas (ut nil amplius dicam) figulo pariter atque hortulano non oportuit conve-

---

[e] De institutis a Mamerto Viennensi episcopo rogationibus exstat homilia Alcimi Aviti ejusdem Ecclesiæ antistitis, et consentiunt antiqui omnes scriptores. Quare frustra laborant, qui propterea quod litanias supplicationesque ante Mamertum in Ecclesia exstitisse legunt, ideo illum rogationum non primum auctorem, sed restauratorem dici volunt. Frustra, inquam. Neque enim quæstio est an primus litaniarum usum in Ecclesiam invexerit, quem constat multo antiquiorem fuisse : sed an eas instituerit quæ ante Ascensionem Domini celebrantur, Rogationesque propria jam voce nuncupantur. In quo, ut dixi, consentiunt omnes, et Sidonii verba *invenit, instituit, invexit*, dubitari non sinunt. Rogationum ergo primus auctor Mamertus. Non solum instituit, ut statæ ac solemnes illis diebus supplicationes essent, sed supplicationum formam usitata sanctiorem augustioremque præscripsit.

nirc. In his autem quas suprafatus summus sacerdos et protulit pariter et contulit, jejunatur, oratur, psallitur, fletur. Ad hæc te festa cervicum humiliatarum, et sternacium civium suspiriosa contubernia peto: et si spiritalem animum tuum bene metior, modo citius venies, quod non ad epulas, sed ad lacrymas evocaris. Vale.

EPISTOLA XV.
Sidonius Ruricio suo salutem.

Officii sermone præfato, bibliopolam vestrum non gratiose, sed judicialiter expertus insinuo : cujus ut fidem in pectore, sic in opere celeritatem, circa dominum te mihi sibique communem satis abunde probavi. a Librum igitur jam ipse deportat Heptateuchi, scriptum velocitate summa, summo nitore; quanquam et a nobis relectum et retractatum. Defert et volumen prophetarum, licet me absente decursum, sua tamen cura manuque de supervacuis sententiis eruderatum; nec semper b illo contra legente, qui promiserat operam suam : credo quia infirmitas fuerit impedimento, quominus pollicita compleret. Restat ut exhortatio vestra, sive sponsio, famulum sic vel studentem **146** placere, vel meritum, gratia competenti remuneretur : quæ utique pro tali labore si solvitur, incipiet vestram respicere mercedem. Sed cum hoc ego de sola gratia precer, vos quid mereatur aspicite, quem constat affectum domini magis ambire quam præmium. Vale.

EPISTOLA XVI.
Sidonius c Papianillæ suæ salutem.

Ravenna veniens d quæstor Licinianus, cum primum tetigit, Alpe transmissa, Galliæ solum, litteras adventus sui prævias misit, quibus indicat esse se gerulum codicellorum, quorum in adventu, fratri etiam tuo Ecdicio, cujus æque titulis ac meis gaudes, honor patricius accedit; celerrime, si cogites ejus ætatem; si merita, tardissime. Namque ille jam pridem suffragium dignitatis ineundæ non solvit in lance, sed in acie : ærariumque publicum ipse privatus non pecuniis, sed manubiis locupletavit. Hoc tamen sancte Julius Nepos, armis pariter summus Augustus ac moribus, quod decessoris Anthemii fidem, fratris tui sudoribus obligatam, quo citerior, hoc laudabilior absolvit; siquidem iste complevit, quod ille sæpissime pollicebatur. Quo fit, ut deinceps pro republica optimus quisque possit ac debeat, si quid cuipiam virium est, quia securus, hinc avidus impendere : quando quidem mortuo quoque imperatore, laborantium devotioni quidquid spoponderit princeps, semper redhibet **147** principatus. Interea tu, si affectum tuum bene colligo, hisce compertis, magnum solatium inter adversa maxima capis : nec animum tuum a tramite communium gaudiorum vicinæ quoque obsidionis terror exorbitat. Novi enim probe, ne meo quidem te, quem ex lege participas, sic honore lætatam : quia licet sis uxor bona, soror quoque optima es. Qua de re, propitio Deo Christo, ampliatos prosapiæ tuæ titulos ego festinus gratatoriis apicibus inscripsi, pariter absolvens sollicitudinem tuam, fratris pudorem : quem nil de propria dignitate indicaturum, si verecundum forte nescires, nec sic impium judicares. Ego vero non tantum insignibus vestris, quæ tu hactenus quanto liberius, tanto impatientius præstolabare (quanquam iis quoque granditer) quantum concordia fruor : quam parem nostris, suisque liberis in posterum exopto; votis in vult exercere mariti. Qua de re ut canones omittam qui passim occurrunt, præclara exstat Lupi Tricassini et Euphronii Augustodunensis episcoporum epistola quæ morem hunc testatur : sed huic edendæ alius erit locus, Deo adjuvante*. Nunc satis sit exemplum Paulini Nolani, cui Terasia de conjuge facta soror, ut in Chronico loquitur Idatius : Germani Antissiodorensis, de quo in ejus Vita Constantius presbyter : *Uxor in sororem ex conjuge mutatur* : et Leontii episcopi Burdegalensis, de cujus Placidina idem scribit Fortunatus : denique Urbici Arvernorum episcopi, quem narrat Gregorius lib. I, cap. 44, multis lacrymis eluisse, quod consuetudinem ecclesiasticam temere aliquando violasset. Quod ergo lege ac more sancitum, prædecessorisque sui facto testatum meminerat Sidonius, id aut ignorare, aut impune contemnere qui potuit? Et tamen sunt qui ex Papianillæ mentione hoc loco factum fieri posse confidant; et quia lib. IV, epist. 12, cum Apollinare filio Terentium Menandrumque legit Sidonius episcopus, inde filium **62** jam ephebum, jam Græcæ Latinæque linguæ auctoribus initiatum, a patre jam episcopo susceptum contendant : quem res ipsa docet epistolas omnes Constantianæ collectionis, hoc est librorum VII priorum, quas episcopo dictavit, in ipsis pene pontificatus auspiciis dictasse. Sed quid facias hominibus, qui cum veri nihil dicant, sibi tamen clausis oculis credi volunt?

d De hujus altero in Galliam adventu jam supra scripsit lib. III, epist. 7. Nunc de codicillis patriciatus, quos Ecdicio comiti attulit a Nepote Augusto.

---

61 a Ut Pentateuchum veteres appellarunt quinque libros Mosis, ita et Triteuchum tres qui proxime sequuntur, Josue, Judices et Ruth. Sic enim Athanasius ad Marcellinum : utrosque uno simul junctos, Octateuchum. Ita Cassiodorus cap. 1 Divinarum institutionum, et Græci omnes quorum scripta leguntur εἰς τὴν Ὀκτάτευχον. Quia autem Hebræi, ut Epiphanius et Hieronymus observant, historiam Ruth unum in librum cum Judicibus compingunt, inde factum est ut Heptateuchum plerique dixerint pro Octateucho : ut Hieronymus epist. 7 et 28, et Sidonius hoc loco.

b Vetus adnotatio in codice Martiani Capellæ, quam integram protuli ad Ennodium lib. I, epist. 19 : *Felix rhetor emendabam contra legente Deuterio scholastico discipulo meo.* Qui libros ex collatione meliorum codicum emendat, socium adhibet qui legat, dum ipse codicem unum inspicit. Is contra legere dicebatur. In alio codice Macrobii Theodosii emendator hæc annotarat : *Aurelius Memmius Symmachus V. C. emendabam Ravennæ cum Macrobio Plotino Eudoxio :* quibus verbis contra legisse Eudoxium significat.

c Aviti Augusti filiæ, Sidonii uxori ante sacerdotium, nunc sorori, ex canonum præscripto et perpetua consuetudine priscæ Ecclesiæ : in qua qui ex conjugio ad sacerdotium asciscebantur, ab uxorum toro separati, non aliter deinceps cum illis quam cum sororibus versabantur. Hieronymus epist. 1 ad Pammachium : *Episcopi, presbyteri, diaconi, aut virgines eliguntur, aut vidui, aut certe post sacerdotium in æternum pudici.* Faustus Reiensis in epistola non edita : *Perdit gratiam consecrati qui adhuc officium*

*Hanc epistolam edidimus supra col. 66.

commune deposcens, ut sicut nos utramque familiam nostram præfecturam nacti, etiam patriciam divino favore reddidimus: ita ipsi quam suscipiunt patriciam, [a] faciant consularem. Roscia te salutat, cura communis: quæ in aviæ amitarumque indulgentissimo sinu, quod raro nepotibus contingit alienis, et cum severitate nutritur: qua tamen tenerum non infirmatur ævum, sed informatur ingenium. Vale.

EPISTOLA XVII.
Sidonius [b] *Eriphio suo salutem.*

Es, Eriphi meus, ipse qui semper: nunquamque te tantum venatio, civitas, ager avocat, ut non obiter voluptate litteraria teneare: sitque eo studio, ut nec nostra fastidias, qui tibi, ut scribis, musas olemus. Quæ sententia tamen large probatur vero carere: quanquam et apparet, aut ex joco venire, si lætus es, aut ex amore, si serius. Cæterum a justo longe resultat, cum mihi assignas, quæ vix Maroni, vix aut Homero competenter accommodarentur. Hæc relinquamus, idque, unde causa, sermocinemur. Dirigi ad te præcipis versus, quos viri amplissimi soceri tui precibus indulsi: qui contubernio mixtus æqualium, vivit moribus ad jubendum obsequendumque juxta paratis. Sed quia scire desideras et locum et causam, quo facilius intelligas rem peregrinam, tibi potius vitio verte, quod loquacior erit opere præfatio. Conveneramus ad sancti Justi sepulcrum, sed tibi infirmitas impedimento, ne tunc adesses: processio fuerat ante lucana, solemnitas anniversaria, populus ingens sexu ex utroque, quem capacissima basilica non caperet, et quamlibet cincta diffusis crypta porticibus. Cultu peracto vigiliarum, quas alternante mulcedine monachi clericique psalmicines concelebraverant, quisque in diversa secessimus; non procul tamen; ut pote ad tertiam præsto futuri, cum sacerdotibus res divina facienda. De loci sane turbarumque compressu, deque numerosis luminibus illatis, nimis anheli: simul et æstati nox adhuc proxima tacito clausos vapore torruerat; et si jam primo frigore tamen autumnalis auroræ detepescebat. Itaque cum passim varia ordinum corpora dispergerentur, placuit ad [c] conditorium Syagrii consulis civium primis una coire, quod nec impleto jactu sagittæ separabatur. Hic pars sub umbra palmitis adulti, quam stipitibus altatis cancellatimque pendentibus pampinus superducta texuerat; pars cespite in viridi, sed floribus odoro consederamus. Verba erant dulcia, jocosa, fatigatoria: præterea (quod beatissimum) nulla mentio de potestatibus aut de tributis; nullus sermo qui proderet, nulla persona quæ proderetur. Fabulam certe referre dignam relatu, dignisque sententiis quisque potuisset: audiebatur ambitiosissime. Nec erat idcirco non distincta narratio, quia lætitia permixta. Inter hæc otio diu marcidis aliquid agere visum. Mox bipertitis, ut erat ætas, acclamationibus afflagitata profertur his pila, his tabula. Sphæræ primus ego signifer fui, quæ mihi, ut nosti, non minus libro comes habetur. Altera ex parte, frater meus Domnicius, homo gratiæ summæ, summi leporis, tesseras ceperat quatiebatque: quo velut classico ad pyrgum vocabat aleatores. Nos cum caterva scholasticorum lusimus abunde, quantum membra torpore statarii laboris hebetata, cursu salubri vegetarentur. Hic vir illustris Philematius, ut est illud Mantuani poetæ:

Ausus et ipse manu juvenum tentare laborem,

sparistarum se turmalibus constanter immiscuit. Pulchre enim hoc fecerat, sed cum adhuc essent anni minores. Qui cum frequenter de loco stantum medii currentis impulsu summoveretur; nunc quoque acceptus in aream, tam pilæ coram prætervolantis, quam superjectæ, nec intercideret tramitem, nec caveret; ad hoc per catastropham sæpe propatus, ægre de ruinoso flexu se recolligeret; primus ludi ab accentu sese removit suspiriosus extis incalescentibus. Namque et jecusculi fibra tumente pungebant exercitatum crebri dolores. Destiti protinus et ipse, facturus communione cessandi rem caritatis, ne verecundiam lassitudo fraterna pateretur. Ergo ut resedimus, et illum mox aquam ad faciem petere sudor admonuit, exhibita poscenti est: pariter et linteum villis onustum, quod pridiana squama politum casu sub ipsis ædiculæ valvis bipatentibus de janitoris erecto trochleatim fune nutabat: quo dum per otium genas siccat. Vellem, inquit, ad pannum similis officii, aliquod tetrastichon mihi scribi juberes. Fiat, inquam. Sed quod meum, dixit, et nomen metro teneret. Respondi possibilia factu quæ poposcisset. Ait et ipse, Dicta ergo. Tunc ego arridens, illico scias Musas moveri, si choro ipsarum non absque arbitris vacem. Respondit ille violenter et perurbane, ut est natura vir flammeus, quidamque facundiæ fons inexhaustus: Vide, domine Solli, ne magis Apollo forte moveatur, quod suas alumnas solus ad secreta sollicitas. Jam potes

---

[a] Rectus ordo dignitatum. Nam patriciatus honor medius est inter præfecturam et consulatum, ut docet Cassiodorus in Formula patriciatus. At consulatus omnium dignitatum apex, κορυφὴ καὶ κεφαλὴ, ut verbis utar Chrysostomi ex oratione εἰς τὴν ἐπιγραφὴν τῶν πράξεων. Ἐν ταῖς βιωτικοῖς, inquit, πράγμασιν εἰσιν ἀρχαὶ πολλαί· οὐ πᾶσαι δὲ τῆς αὐτῆς ἀξίας· ἀλλ' αἱ μὲν μείζους, αἱ δὲ ἐλάττους· οἷον, ἵνα ἀπὸ τῆς κατωτέρας τὸν ἀριθμὸν ποιησώμεθα, ἔστιν ὁ τῆς πόλεως ἔκδικος· ἔστιν ἀνώτερος ἐκείνου, ὁ τοῦ ἔθνους ἡγέμων· ἔστι μετ' ἐκεῖνον ἕτερος ἄρχων μείζων· ἔστι πάλιν ὁ στρατηλάτης· ἔστιν ὁ ὕπαρχος· ἔστιν ἀνωτέρα τούτων ἀρχὴ, ἡ τῶν ὑπάτων ἀρχή. Et post alia: ἡ τῶν ὑπάτων ἀρχὴ καθάπερ κορυφὴ καὶ κεφαλὴ πάσαις ἐπίκειται.

[b] Lugdunensi, genero Philematii: ad quem mittit tetrastichum, quod in soceri ejus gratiam scripserat, cum ad S. Justi basilicam una convenissent. Incidit autem S. Justi episcopi Lugdunensis anniversaria solemnitas in IV nonas Septembres: hoc est in autumni principium, ut innuit Sidonius.

[c] *Sepulcrum et monimentum. Petronius: In conditorium etiam prosecuta est defunctum.* Suetonius Augusti XVIII: *Conditorium et corpus Alexandri magni corona aurea imposita ac floribus aspersis veneratus est.* Et in epitaphio Karoli magni: *Sub hoc conditorio situm est corpus Karoli magni atque orthodoxi imperatoris:* in antiquis inscriptionibus *requietorium.*

nosse, quem plausum sententia tam repentina, tam lepida commoverit. Nec plus **151** moratus, mox suo scriba qui pugillarem juxta tenebat, ad me vocato, subditum sic epigramma composui.

> Mane novo, seu cum ferventia balnea poscunt,
> Seu cum venatu frons calefacta madet.
> Hoc foveat pulcher faciem Philematius udam,
> Migret ut in bibulum vellus ab ore liquor.

Epiphanius noster vix supra scripta peraraverat, et nuntiatum est, hora monente, progredi episcopum de receptorio : nosque surreximus. Da postulatæ tu veniam cantilenæ. Illud autem ambo, quod majus est, quodque me nuper in quemdam dies bonos male ferentem parabolice, seu figurate dictare jussistis, quodque expeditum cras dirigetur, clam recensete; et si placet, edentes fovete ; si displicet, delentes ignoscitote. Vale.

EPISTOLA XVIII.
Sidonius ª Attalo suo salutem.

Heduæ civitati te præsidere cœpisse, libens atque cum gaudio accepi. Lætitiæ causa quadripartita est : prima, quod amicus; secunda, quod justus es; tertia, quod severus; quarta, quod proximus. Quo fit, ut nostra nostrorumque contractibus, plurimum velis, debeas, possis opitulari. Igitur amplectens in familiari vetusto novum jus potestatis indeptæ, materiam beneficiis tuis jam diu quæro. Quibus me tantum fidere agnosce, ut et si non invenio quæ poscam, quæsiturus mihi videaris ipse quæ tribuas. Vale.

152 EPISTOLA XIX.
Sidonius Pudenti suo salutem.

Nutricis meæ filiam filius tuæ rapuit : facinus indignum, quodque vos nosque inimicasset, nisi protinus scissem te nescisse faciendum. Sed conscientiæ tuæ purgatione prælata, petere dignaris culpæ calentis impunitatem. Sub conditione concedo, si stupratorem ᵇ pro domino jam patronus originali solvas inquilinatu. Mulier autem illa jam libera est : quæ tum demum videbitur non ludibrio addicta, sed assumpta conjugio ; si reus noster pro quo precaris, mox cliens factus e tributario, plebeiam potius incipiat habere personam quam colonariam. Nam meam hæc sola seu compositio, seu satisfactio, vel non mediocriter contumeliam emendat : qui tuis votis atque amicitiis hoc acquiesco, si laxat libertas maritum, ne constringat pœna raptorem. Vale.

EPISTOLA XX.
Sidonius Pastori suo salutem

Quod die hesterno tractatui civitatis in concilio defuisti, ex industria factum pars melior accepit; quæ suspicata est id te cavere, ne tuis humeris onus futuræ legationis imponeretur. Gratulor tibi quod istis moribus vivis, ut necesse habeas electionem tui timere : laudo efficaciam, suspicio prudentiam, **153** prosequor laude felicitatem. Opto denique æqualia iis, quos æqualiter amo. Multi frequenter quos exsecrabilis popularitas agit, civium maximos manu prensant, æque consessu publico abducunt, ac sequestratis oscula impingunt, operam suam spondent, sed non petiti. Utque videantur in negotii communis assertione legati, evectionem refundunt, ipsosque sumptus ultro recusant, et ab ambitu clam rogant singulos, ut ab omnibus palam rogentur. Sic quoque cum fatigatio illorum gratuita possit libenter admitti, libentius tamen atque amabilius verecundi leguntur, idque cum expensa : tantum impudentia sese ingerentum ponderis habet, etiam ᶜ fasci cum tributario nomine ipsorum nil superfunditur. Proinde quanquam te non fefellit, quid boni quique meditarentur, redde te tamen exspectantium votis, expetentumque caritatem proba, qui jam probasti pudorem. Quod defuisti primum, modestiæ ascribitur : ad ignaviam respicit secunda dilatio. Præterea tibi Arelatem profecturo est venerabilis in itinere mater, fratres, amantes, redamantisque patriæ solum, ad quod et præter occasionem voluptuose venitur : tum domus propria, cujus auctorem, vineam, messem, olivetum, tectum quoque ipsum, vel dum præterveharis, inspicere res commodi est. Quapropter missus a nobis et tibi pervenis. Namque erit talis viæ tuæ causæque nostræ conditio, ni fallor, atque opportunitas, ut pro beneficio civitati posse imputare quandocunque videaris, quod tuos videris. Vale.

154 EPISTOLA XXI.
Sidonius Sacerdoti et Justino suis salutem.

ᵈ Victorius patruus vester, vir ut egregius, sic undecunque doctissimus, cum cætera potenter, tum potentissime condidit versus. Mihi quoque semper a parvo cura musarum. Nunc vos parenti venitis hæredes, quam jure, tam merito. Ilicet ego poetæ

ª Comiti Augustodunensi : hoc enim, opinor, est quod ait Æduæ civitati præsidere cœpisse. Comitatum Æduensem ante cathedram episcopalem rexit Gregorius Lingonicus annis 40, ut Turonensis in ejus Vita refert. Huic nepos fuit Attalus, de quo auctor idem l.b. III, cap. 15. Ante hos vero Attalus hic alter.
ᵇ Duplex illa distinctio agricolarum, in censitos seu tributarios, servos et colonos liberos, qui et inquilini, cod. de agricolis, perpetua et constans non est, ne apud ipsos quidem jurisconsultos. Quare ferri hoc loco potest Sidonius, qui eumdem Pudentis agricolam servum, originarium inquilinum, et colonum facit : et manumitti vult, ut fiat ex domino patronus, **63** ex servo cliens. Sic enim et l. II cod. in quibus causis coloni dominos accusare possunt, agricolarum domini et patroni distinguuntur

ᶜ Sic legendum, non *fascium tributario*. Etiam, inquit, cum expensam itineris in seipsos recipiunt, tributorumque oneribus eorum causa nihil accedit. Legatis enim decerni solet viaticum. Arcadius libro de Muneribus civilibus, D. de muneribus et honoribus : *Legati quoque qui ad sacrarium principis mittuntur, viaticum quod legativum dicitur, interdum solent accipere.*
ᵈ Quæri potest, cum tempora non discrepent, an hic sit Victorius Aquitanus qui Cyclum Paschalem Hilari archidiaconi, Romani postea pontificis, rogatu composuit, Constantino et Rufo coss., ut ex ejus ad Hilarum epistola patet. Victorii autem ex fratre nepotum Justini et fratris, tacito nomine iterum meminit in Propempctico.

proximus sto professione, vos semine. Ergo justissimum est, ut die functo sic quisque nostrum succedat, ut jungitur. Ideoque patrimonia tenete, date carmina. Valete.

LIBER SEXTUS.

155 EPISTOLA PRIMA.

Sidonius domino [a] *papæ Lupo salutem.*

Benedictus Spiritus sanctus et pater Dei omnipotentis, quod tu pater patrum, et episcopus episcoporum, et alter sæculi tui Jacobus, de quadam specula caritatis, nec de inferiori Hierusalem, tota Ecclesiæ Dei nostri membra superinspicis; dignus qui omnes consoleris infirmos, quique merito ab omnibus consularis. Et quid nunc ego dignum dignationi 156 huic putris et fetida reatu terra respondeam? Colloquii salutaris tui, et indigentiam patiens et timorem, recordatione vitæ plectibilis adducor, ut clamem tibi, quod dixit Domino tuus ille collega : *Exi a me, quia homo peccator sum, Domine* (Luc. v, 8). Sed si iste timor non temperetur affectu, vereor ne Gerasenorum destituar exemplo, discedas a finibus meis. Quin potius illud, quod mihi conducibilius est, colleprosi mei te proposita conditione constringam, ut aiam tibi : *Si vis, potes me mundare* (Matth. viii, 2). Qua ille sententia non plus de Christo quid peteret prodidit, quam qui crederet publicavit. Ergo ne cum sis procul ambiguo primus omnium toto, qua patet, orbe pontificum, cum prærogativæ subjiciatur, cum censuræ tuæ attremat etiam turba collegii; cum in gravitatis vestræ comparationem, ipsa etiam grandævorum corda puerascant; cum post desudatas [b] militiæ Lirinensis excubias, et in apostolica sede [c] novem jam decursa quinquennia, utriusque sanctorum ordinis quemdam te conclamatissimum primipilarem spiritalia castra venerentur : tu nihilominus hastatorum antesignatorumque paulisper contubernio sequestratus, ultimos calones tuos lixasque non despicis, et ad extimos trahariorum qui per insipientiam suam adhuc ad carnis sarcinas sedent, crucis diu portatæ vexilla circumfers, ac manum linguæ porrigis in conscientia vulneratis. Nosti, ut apparet, ex adversa acie sauciatos, dux veterane, colligere; et peritissimus tubicen ad Christum a peccatis receptui canere; 157 et evangelici pastoris exemplo non amplius lætaris, si permaneant sani, quam si non remaneant desperati. Te ergo norma morum, te columna virtutum, te, si blandiri reis licet, vera, quia sancta, dulcedo, despicatissimi vermis ulcera digitis exhortationis contrectare non piguit : tibi avaritiæ non fuit pascere monitis animam fragilitate jejunam; et de apotheca dilectionis altissimæ, sectandæ nobis humilitatis propinare mensuram. Sed ora, ut quandoque resipiscam, quantum meas deprimat oneris imposita massa cervices. Facinorum continuatione miser eo necessitatis accessi, ut is pro peccato populi nunc orare compellar, pro quo populus innocentum vix debet impetrare si supplicet. Nam quis bene medelam æger impartiat? quis febriens [d] arrotanti tactu pulsum distinguat incolumem? quis desertor scientiam militaris rei jure laudaverit? quis esculentus abstemium competenter arguerit? Indignissimus mortalium necesse habeo dicere quod facere detrecto : et ad mea ipse verba damnabilis, cum imperem quæ non impleo, idem in me quotidie cogor dictare sententiam. Sed si tu inter me et illum cui concrucifigeris, Jesum Christum Dominum nostrum, pro scelerum meorum populo, junior mage quam minor Moses, intercessor assistas; non ulterius descendemus in infernum viventes; nec per carnalium vitiorum incentiva flammati, ad altare Domini ignem diutius accendemus alienum. Quia quanquam nos, ut pote reos, gloriæ libra non respicit; 158 satis tamen superque gaudebimus, si precatu tuo levare valeamus interioris hominis nostri, et si non integrum ad remunerationem, certe vel cicatricatum pectus ad veniam. Memor nostri esse dignare, domine papa.

EPISTOLA II.

Sidonius papæ [e] *Pragmatio suo salutem.*

Venerabilis [f] Eutropia matrona, quod ad nos

---

[a] *Episcopo Tricassino.* In hunc librum et sequentem congestæ sunt epistolæ ad episcopos scriptæ. Gallicanorum autem ejus ævi pontificum Sidonii judicio facile princeps Lupus, cum cæteris rebus, tum Britannica legatione, et pacati civibus suis Attilæ gloria clarus.

[b] *Insulanam angelicæ congregationis militiam dixit* Faustus Reiensis epistola 5 ad Ruricium, de Lirino eadem loquens, quæ commune tunc erat sæculum abdicantibus gymnasium. In ea versatum fuisse Lupum non solum hic locus ostendit, et lib. viii, epist. 14, sed Eucherius quoque ad Hilarium de laude eremi : *Hæc habuit*, inquit, *reverendi nominis Lupum, qui nobis illum ex tribu Benjamin Lupum retulit : hæc habuit germanum ejus Vincentium, interno gemmam splendore perspicuam.* Lupi fratrem dicit Vincentium presbyterum, clarissimi nominis scriptorem. Quin horum potissimum meminisse apud Hilarium Arelatensem videtur, quod Hilarii sororem Pimeniolam Lupus in matrimonio quondam habuerat.

[c] *Annos* 45. Quibus ex verbis cardinalis Baronius æra subducta colligit Sidonium, qui non multo post adeptum episcopatum hanc epistolam scribebat, in episcopali cathedra sedere coepisse anno Christi 472. Is enim Lupi erat in episcopatu 45.

[d] In aliquibus libris, *arroganti* et *ægrotanti*.

[e] *Cujus sedis fuerit episcopus, non liquet.* Qui enim Augustodunensem fuisse conjiciunt, Euphronii successorem qui interfuit synodo Epaunensi, manifesto argumento revincuntur, quod Æduorum hoc tempore antistes fuerit Euphronius : cujus nomen una cum Pragmatio subscriptum cum legatur in epistola Fausti ad Lucidum, sequitur ut Pragmatius hic diversus sit ab Æduensi.

[f] Vidua Arverna, cujus filius Agrippini filiam duxerat. Hanc etiam levi conjectura S. Eutropiam esse putant, cujus nomen in martyrologium relatum est xvii calendas Octobris. Liceat autem cum singularis exempli femina alteram componere, cujus egregias sexuique decentissimas virtutes prædicat

spectat, singularis exempli (quæ parcimonia et humanitate certantibus : non minus se jejuniis, quam cibis pauperes pascit, et in Christi cultu pervigil, sola in se compellit peccata dormire) mœroribus orbitatis necessitate litis adjecta, in remedium mali duplicis perfectionem vestræ consolationis expetere festinat, gratanter habitura, sive istud tibi peregrinatio brevis, seu longum computetur officium. Igitur præfata venerabilis fratris mei nunc jam presbyteri Agrippini, ne injuriosum sit dixisse nequitiis, certe fatigatur argutiis : qui abutens imbecillitate matronæ, non desistit spiritalis animæ serenitatem sæcularium versutiarum flatibus turbidare :˙ cui filii, nec post multo nepotis amissi, duæ pariter plagæ recentes, ad diuturni viduvii vulnus adduntur. Tentavimus inter utrumque componere nos maxime quibus in eos novum jus professio, vetustumque faciebant amicitiæ, aliqua censentes, suadentes quæpiam, plurima supplicantes, quodque miremini, in omnem concordiæ statum **159** promptius a feminea parte discessum est. Et quanquam se altius profuturum filiæ paterna jactaret prærogativa, nurui tamen magis placuit munificentiæ socrualis oblatio. Jurgium interim semisopitum vestris modo sinibus infertur. Pacificate certantes, et pontificalis auctoritate censuræ suspectis sibi partibus indicite gratiam, dicite veritatem. Sancta enim Eutropia, si quid vadimonio meo creditis, victoriam computat, si vel post damna non litiget. Unde et suspicor vobis unam pronuntiandam domum discordiosam, licet inveniatis utramque discordem. Memor nostri esse dignare, domine papa.

EPISTOLA III.

Sidonius domino papæ a *Leontio salutem.*

Etsi nullis hortatibus primordia nostræ professio-epitaphium quod in vetere S. Petri basilica Romæ visebatur. Est autem hujusmodi :

GABINIA GAUDENTIA H. F. IN QUA FUIT INIMITABILIS CASTITAS IN PROBISSIMA VERE CUNDIA INCOMPARABILIS INNOCENTIA PERPETUA QUIESCIT IN PACE QUÆ VIXIT ANN. XVIII. M. XI. D. XXI. VARIUS VICTOR CONJUGI B. M. D. XII. KAL. AUGUST.

a Episcopo Arelatensi. Multa sunt in verbis Sidonii quæ Arelatem designent ; ut quod ait de privilegio loci et de togatis illic perorantibus. Arelatensium autem episcopum his temporibus fuisse Leontium, nulla est dubitatio. Hoc enim ostendunt Hilari papæ epistolæ : ex quibus etiam docemur Leontium sedem iniisse anno 462, hoc est decem plus minus annis ante Sidonium. Synodus præterea Arelatensis cujus meminit Faustus, cui præfuit ille Leontius : et Ruricii epist. 15 ad Æonium, in qua Leontio tunc vita functo Æonium successisse significat. Leontius Forojuliensis de quo vir doctus suspicatur, Sidonio anterior fuit, Burdegalensis posterior.

b Ennodius Symmacho papæ lib. IV, epist. 22 : *Erigat parvulos implorata coronæ vestræ miseratio. Id est auctoritas tua, miseratio vestra. Ut purpuram interdum pro principe dicimus, sic coronam pro clerico : quia hæc insigne est clerici, ut illa principis.* Augustinus Proculiano epist. 147 : *Per coronam nostram nos adjurant vestri : per coronam vestram vos adjurant nostri.* Tonsura clericalis ita olim fiebat, ut

nis animatis, neque sitim ignorantiæ hactenus sæcularis ullo supernæ rigatis imbre doctrinæ; non ego tamen tantum mei meminens non sum, ut a meis præsumam partibus æquali officiorum lance certandum. Nam cum nostra mediocritas ætate vitæ, tempore dignitatis, privilegio loci, laude scientiæ, dono conscientiæ vestræ facile vincatur; nullum meremur, si par exspectamus alloquium. Igitur non incusantes silentium vestrum, sed loquacitatem nostram potius excusare nitentes, commendamus apicum portitorem : cujus si peregrinationem prompto favore foveatis, grandis **160** actionibus illius portus securitatis aperitur. Negotium huic testamentarium est : latent eum propriarum merita chartarum. Togatorum illic perorantum merita peritiam consulere perrexit ; pro victoria computaturus, si se intellexerit jure superari ; modo ne sibi suisque desidiæ vitio perperam cavisse culpetur. Hunc eatenus commendare præsumo, ut si eum instruere dignanter advocatio consulta fastidit, b auctoritas coronæ tuæ dissimulantibus studeat excudere responsi celeritatem. Memor nostri esse dignare, domine papa.

EPISTOLA IV.

Sidonius domino papæ Lupo salutem.

Præter officium quod incomparabiliter eminenti apostolatui tuo sine fine debetur, et si absque intermissione solvatur, commendo supplicum bajulorum pro nova necessitate vetustam necessitudinem : qui in Arvernam regionem longum iter, his quippe temporibus, emensi, casso labore venerunt. Namque unam c feminam de affectibus suis, quam forte d Vargorum (hoc enim nomine indigenas latrunculos nuncupant) superventus abstraxerat, isto deductam ante aliquot annos, isticque distractam, cum non falso in circulus tantummodo capillorum eminere, instar coronæ. Sic enim describit Gregorius Turon. de Nicetio Trevirorum episcopo : S. Nicetius, inquit, *ab ortu suo clericus est designatus : nam cum partu fuisset effusus, omne caput ejus, ut est consuetudo puerorum, a capillis nudum quidem cernebatur : in circuitu vero mediorum capillorum ordo apparuit, ut putares ab iisdem coronam clerici fuisse signatam.* Hodie apud nos antiquam coronæ formam **65** soli vere monachi retinent, et pueri vocales symphoniaci. Nam brevis ille orbis in vertice quo cleri pars magna utitur, insolens olim atque inusitatus in Ecclesia fuit, ut docet canon 40 concilii IV Toletani.

c De familia propinquam. Paulinus auctor Eucharistici :

Cum mihi plena domus caris affectibus esset.

Et post alia :

jam dudum cunctis affectibus expers
Prima socru ac matre, dehinc et conjuge functa.

d Sidonius ipse interpretatur indigenas latrunculos. Proprie tamen Vargi dicebantur extorres, et patria expulsi : ut in lege Ripuaria 87 et in Salica 57 : *Si quis corpus jam sepultum exfodierit, et exspoliaverit, wargus sit, hoc est expulsus de eodem pago.* Nimirum ex profugis exsulibus indigenæ fiunt latrones. Non dissimili sensu aliquando dicti sunt et Bagaudæ. Aurelius Victor in Diocletiano : *Excita manu agrestium ac latronum, quos Bagaudas incolæ vocant.* Item Scamari, legum Lougobardarum titulo 1 apud Jornandem in Geticis. Eugippius in Vita S Severini : *Istri fluenta prætermeans latrones properanter insequitur, quos vulgus Scamaros appellabat.*

dicio comperissent, certis quidem signis, sed non recentibus inquisivere vestigiis. Atque obiter hæc eadem laboriosa, priusquam ii adessent, in negotiatoris nostri domo dominioque; palam sane venumdata defungitur; **161** quodam Prudente (hoc viro nomen, quem nunc Tricassibus degere fama divulgat) ignotorum nobis hominum collaudante contractum; cujus subscriptio intra formulam nundinarum, tanquam idonei astipulatoris, ostenditur. Auctoritas personæ, opportunitas præsentiæ tuæ, inter coram positos fac le valebit, si dignabitur, seriem totius indagare violentiæ. Quæ quod gravius est, eo facinoris accessit, quantum portitorum datur nosse memoratu, ut etiam in illo latrocinio quemdam de numero viantum constet exstinctum. Sed quia judicii vestri medicinam expetunt, civilitatemque qui negotium criminale parturiunt; vestrarum, si bene metior, partium pariter et morum est, aliqua indemni compositione istorum dolori, illorum periculo subvenire; et quodam salubris sententiæ temperamento, hanc partem minus afflictam, illam minus ream, et utramque plus facere securam : ne jurgii status, ut sese fert temporis locique civilitas, talem discedat ad terminum, qualem cœpit habere principium. Memor nostri esse dignare, domine papa.

EPISTOLA V.

Sidonius domino papæ [a] *Theoplasto salutem.*

Causam meam nesciens agit, qui ad vos a me litteras portat. Nam dum votivi mihi fit gerulus opportunus officii, beneficium præstat, quod se arbitratur accipere : sicuti nunc venerabilis Donidius, **162** dignus inter spectatissimos quosque numerari, cujus clientem puerosque commendo, profectos, seu in patroni necessitatem, seu in domini. Laborem peregrinantium, qua potestis ope, humanitate, intercessione tutamini; ac si in aliquo amicus ipse per imperitiam novitatemque publicæ conversationis videbitur minus efficax, vos hoc potius aspicite, quid absentis causa, non quid præsentis persona mereatur. Memor nostri esse dignare, domine papa.

EPISTOLA VI.

Sidonius domino papæ [b] *Eutropio salutem.*

Postquam fœdifragam gentem redisse in suas sedes comperi, neque quidquam viantibus insidiarum parare; nefas credidi ulterius officiorum differre sermonem, ne vester affectus quamdam vitio meo duceret, ut gladius impositus, de curæ raritate rubiginem. Unde misso in hoc solum negotii gerulo litterarum, quam vobis sit corpusculi status in solido, quamve ex animi sententia res agantur, sollicitus inquiro : sperans ne semel mihi amor vester indultus, aut interjecti itineris longitudine, aut absentiæ communis diuturnitate tenuetur : quia bonitas conditoris habitationem potius hominum quam, caritatem finalibus claudit angustiis. Restat ut vestra beatitudo compunctorii salubritate sermonis avidam nostræ ignorantiæ pascat esuriem. Est enim tibi nimis usui, ut exhortationibus tuis interioris **163** hominis maciem sæpenumero mysticus adeps et spiritalis arvina distendat. Memor nostri esse dignare, domine papa.

EPISTOLA VII.

Sidonius domino papæ [c] *Fonteio salutem.*

Si aliquid ad inchoandam gratiam compendii posteris tribuat necessitudo præmissa seniorum, ego quoque ad apostolatus tui notitiam pleniorem cum prærogativa domesticæ familiaritatis accedo. Nam sic te familiæ meæ validissimum in Christo semper patronum fuisse reminiscor, ut amicitias tuas non tam expetendas mihi quam repetendas putem. His adjicitur, quod indignissimo mihi impositum sacerdotalis nomen officii confugere me ad precum vestrarum præsidia compellit : ut adhuc ulcerosæ conscientiæ nimis hiulca vulnera vestro saltem cicatricentur oratu. Quapropter me meosque commendans, et excusans litteras seriores, granditer obsecro, ut intercessione consueta cujus viribus immane polletis, clericalis tirocinii in nobis reptantia rudimenta tueamini : ut si quid dignabitur de morum pravitate nostrorum immutabilis Dei mutare clementia, totum id suffragiorum vestrorum patrocinio debeamus. Memor nostri esse dignare, domine papa.

164 EPISTOLA VIII.

Sidonius domino papæ [d] *Græco salutem.*

Apicum oblator pauperem vitam sola mercandi actione sustentat : non illi est opificium quæstui, militia commodo, cultura compendio : hoc ipsum quod mercenariis prosecutionibus et locatitia fatigatione cognoscitur, fama quidem sua, sed facultas crescit aliena. Sed tamen quoniam illi fides magna est, et si parva substantia, quoties cum pecuniis quorumpiam [e] catapli recentis nundinas adit, creditoribus bene credulis sola deponit morum experimenta pro pi-

---

[a] Hujus nomen inter episcopos qui synodo Arelatensi, de qua Faustus, subscripsere.

[b] Ad hunc inter alios Galliæ episcopos scripta exstat epistola Hilari papæ anno 464. Interfuit etiam synodo Arelatensi suprascriptæ. Sunt qui putent Arausicanum episcopum esse cujus mentio in martyrologiis vi cal. Junias.

[c] Episcopo Vasionensi. Hoc enim docet epistola 4, lib. vii, ad eumdem. Quare idem quoque Fonteius videtur ad quem et collegas episcopos sunt Leonis magni et Hilari papæ epistolæ. Ex Lucidi etiam presbyteri professione liquet Fonteium synodo Arelatensi cum cæteris adfuisse.

[d] Episcopo Massiliensi, quod docebit epist. 2, lib. vii, et alia quas eidem postea scribit pro eodem Amantio : hoc enim nomen lectori quem commendat

Subscripsit idem synodo Arelatensi. Et quia novus erat episcopus cum hæc scriberet Sidonius, non futilis fuerit conjectura si hunc esse Græcum diaconum credamus, ad quem est Fausti Reiensis epistola contra Nestorium.

[e] Navium quæ ad portum Massiliensem appulerant. Proprie enim καταπλεῖν dicuntur quæ importantur. Quare in veteribus glossis, *Cataplus est adventus navium*. Utitur iterum ea voce lib. vii, epist. 7. Sic *cataplus* Puteolanus Ciceroni pro Rabirio Postumo, *Niliacus* Martiali; et alio genere, *Lalagæa cataplus* Marcello, sive ut aliis placet, Vindiciano in carmine de Medicina. **66** Contra, cum e portu solvitur, ἀνάπλους dicitur : quo nomine portus erat Constantinopoli.

gnore. Inter dictandum mihi ista suggesta sunt, nec ob hoc dubito audita fidenter asserere : quia non parum mihi intimos agunt, quibus est et ipse satis intimus. Hujus igitur teneram frontem, dura rudimenta commendo : et quia nomen ejusdem lectorum nuper albus accepit, agnoscitis profecturo ᵃ civi me epistolam, clerico debuisse formatam. Quem propediem non injuria reor mercatorem splendidum fore ; si hic ad vestra obsequia festinans, frigoribus fontium civicorum sæpe ᵇ fontem mercatoris anteferat. Memor nostri esse dignare, domine papa.

ᵃ Epistolam dicit hancce quam dictabat : privatas scilicet litteras, quibus Amantium, ut civem commendaturus erat, etiamsi clericus non fuisset. Formatam, canonicas litteras : quas ideo lectori, ut episcopus debebat, quia sine his peregrinari clericis non licuit, ut concilia omnia passim ostendunt. Sed formatarum, ut de his paulo liberius evagemur, duo genera fuerunt. Nam clerici aut in aliam diœcesim transibant, ut in ea manerent, et dimissoriæ dabantur, quas synodus in Trullo XVIII, ἀπολυτικὰς proprie vocat ; sine quibus inter Ecclesiæ alterius clericos non cooptabantur, μηδένα τῶν ἁπάντων κληρικῶν ἐκτὸς τῆς τοῦ οἰκείου ἐπισκόπου ἐγγράφου ἀπολυτικῆς ἐν ἑτέρᾳ καταττέσθαι (sic) Ἐκκλησία. Ejusque generis sunt formatæ omnes, quæ apud Burchardum, Ivonem et Gratianum leguntur. Aut non penitus migrabant, sed ad tempus, privati seu publici negotii causa, ut hic Amantius, et qui ad comitatum ibant : atque his commendatitiæ tantum dabantur, quas Græci promiscue nunc συστατικὰς nominant, nunc εἰρηνικάς, id est pacificas. Etsi enim pacificas a commendatitiis aliquando distinctas doceat canon 40 synodi Chalcedonensis, constat tamen neglectum ab aliis discrimen id fuisse. Quare Græci ipsi, cum harum litterarum formulas tradunt, de binis tantum quærere solent, πῶς γράφουσιν αἱ ἀρχιερεῖς συστατικὸν, καὶ πῶς ἀπολυτικὸν γράμμα. Latini vero utrumque genus formatarum nomine complexi sunt : ita ut formatæ litteræ universim respondeant canonicis, κανονικαῖς ἐπιστολαῖς (quo etiam modo appellantur in synodo Meldensi can. 50, et ab Hincmaro in formata ad Æneam episcopum Parisiensem) dividanturque in dimissorias et commendatitias, sicut illæ εἰς ἀπολυτικὰς καὶ συστατικὰς : quanquam dimissorias, quia sine commendatione aliqua pacisque symbolo non fiebant, commendatitias quoque interdum et pacificas appellabant : at non contra dimissorias, quæ commendatitiæ tantum essent. Ex quo patet rectius fecisse Græcum interpretem synodi Carthaginiensis, cum formatam can. 23 vim verbi secutus τετυπωμένην vertit, quam cum ἀπολυτικὴν exposuit : quia de dimissoriis ibi sermo non erat, sed de puris commendatitiis. De formatis ergo plena sunt concilia, ut dixi : et nota est ratio numerorum formatis addendorum, quam ex synodi Nicænæ præscripto edidit Atticus Constantinopolitanus, ex Attico Gratianus, cæterique canonum collectores, qui formatarum etiam exempla subjiciunt. Nec difficile est cuivis qui modo litteras Græcas et numeros quos singulæ significant, non penitus ignoret, totum illarum artificium collatis præsertim exemplis perspicere. Sed quia corrupta fere antiquariorum vitio ac mutila sunt exempla quæ proferunt, 67 emendari restituique ante omnia debent. Sit ergo nobis exemplum, quod a Gratiano d. 73 posteriore loco producitur. En est formata, non A, ut habent libri vulgati, sed Wolfeonis ep. Constantiensis ad Bernaltum Argentariensem (utraque olim civitas maximæ Sequanor. provinciæ), non pro Hermanno, sed pro Annone scripta. Quare sic legitur in vet. ms.

Π. Υ. Α. Π. *Sanctissimo in Christo fratri summaque dulcedine caritatis amplectendo Bernalto Argentariensis* civitatis episcopo, Wolfeon Constantiensis Ecclesiæ præsul perpetuæ beatitudinis optat in Christo salutem. Υ. Ε. Ν. Σ. *De cætero noverit sancta fraternitas vestra, quod iste clericus nomine Anno, nostra in parœcia instructus ac detonsus, parvitatem nostram rogavit quatenus illi commendatitias litteras conscriberemus.* Deinde post alia : *Sancta Trinitas vestram beatitudinem ad regimen sanctæ suæ Ecclesiæ perpetualiter bene valere concedat.* ϙθ', Indictione X. Continet hæc formata epistola summam numeri M. CCC. XXV.

Summa numeri adnotata est MCCCXXV recte. Ea enim est quæ ex omnibus, juxta Attici formulam, Græcis litteris et notis, tum communibus, tum propriis in unum collectis conficitur. Communes voco quæ in omnibus formatis reperiuntur ; proprias quæ variant in singulis, hoc modo :

Communes litteræ.		Propriæ.	
Π. prima Patris	LXXX.	Υ. prima Wolfeonis, qui scribit.	CCCC.
Υ. prima Filii	CCCC.	E. secunda Bernalti cui scribitur.	V.
Α. prima Spiritus S.	I.	N. tertia Annonis, qui accipit.	L.
Π. prima Patri.	LXXX.	Σ. quarta Constantiæ, unde scribitur.	CC.
ϙθ' nota numeri.	XCIX.	X. nota Indictionis, x. quæ id temporis erat, cum scripta est Formata.	
cui respondet A M H N, id est, I. XL. VIII. L.			
Summa	DCLX.	Summa	DCLXV.

Summa utriusque MCCCXXV.

Ad hunc modum cujusvis formatæ summam statim erues, si ad DCLX, quem numerum omnibus communem esse vides, alterum adjicias, qui ex propriis cujusque litteris et indictione prodierit. Sunt porro, qui ab his numeris, et quod certa quadam formula texerentur, inde nomen formatis factum putent. Verius est quod alibi observavimus, formatam a sigilli forma dictam, qua muniebatur. Sic enim veteres glossæ Vaticanæ : *Formatam epistolam sigillatam* interpretantur : idque haud dubie sensit qui formatam in concilio Carthaginensi Græce vertit τετυπωμένην. Est enim τυποῦν ἐπιστολὴν, obsignare : 68 et certum est sigillum apponi solitum formatis. Concilii Cabilonense II, can. 50 : *Litteris in quibus sint nomina episcopi et civitatis plumbo impressa*. Ratbodus episcopus Trevirensis in formata sua apud Ivonem : *Hanc epistolam Græcis litteris hinc inde munire decrevimus, et annulo ecclesiæ nostræ bullare censuimus. Bullare* illius sæculi verbo usus dixit, ut βουλλεύειν et βούλλας ἐπιβάλλειν. Nicetas Choniates, *Bullam*, id est, *sigillum, ac τύπον seu formam imprimere*. Bernardus epist. 230, *Exstant litteræ integræ et bullatæ*. Denique sicut imperatorum constitutiones inferioribus sæculis non solum τυπικὰ, quasi *formales*, sed etiam θεῖοι τύποι, *sacræ formæ*, utraque lingua vocitatæ sunt ; post etiam Cæsarum et pontificum diplomata bullæ vulgo a sigillis nuncupatæ : sic formatam epistolam a *forma* dixisse videntur, velut a *bulla* bullatam.

ᵇ Quidam, *mediatoris,* alii, *medicatoris.*

EPISTOLA IX
Sidonius domino papæ Lupo salutem.

Vir jam honestus Gallus, quia jussus ad conjugem redire non distulit, litterarum mearum 165 obsequium, vestrarum reportat effectum. Cui cum pagina quam miseratis, reseraretur, actutum compunctus ingemuit ; destinatamque non ad me epistolam, sed in se sententiam judicavit. Itaque confestim iter in patriam spopondit, adornavit, arripuit. Quem nos propter hanc ipsam pœnitudinis celeritatem, non increpative, sed consolatorie potius compellare curavimus; quia vicinaretur innocentiæ festinata correctio. Neque enim quisquam, etiam sibi bene conscius, plus facere præsumpsit; si quis tamen vestræ correptionis orbitam non reliquit : quippe cum ea ipsa quæ legimus, parcentis verba censuræ, maximæ emendationis incitamenta sint. Nam quid potest esse castigationis hujusce tenore pretiosius, in qua forte peccato animus æger, reperit intrinsecus remedium, cum non valeret extrinsecus invenire convicium? Quod superest, obsecramus, ut crebra oratione per quam vitiis omnibus immane dominamini, nos quoque sicut evangelicos magos remeasse manifestum est, vel jam nunc per aliam viam morum in beatorum patriam redire faciatis. Pene omiseram quod prætereundum minime fuit. Agite gratias Innocentio spectabili viro, qui ut præceperatis, gnaviter morem gessit injunctis. Memor nostri esse dignare, domine papa.

EPISTOLA X.
Sidonius domino papæ [a] *Censorio salutem.*

Gerulum litterarum levitici ordinis honestat officium. Hic cum familia sua deprædationis **166** Gothicæ turbinem vitans, in territorium vestrum delatus est, ipso, ut sic dixerimus, pondere fugæ; ubi in re Ecclesiæ cui sanctitas tua præsidet, parvam sementem semiconfecto cespiti advena jejunus injecit : cujus ex solido colligendæ fieri sibi copiam exorat. Quem si domesticis fidei deputata humanitate foveatis, id est, ut debitum [b] glebæ canonem non petatur, tantum lucelli præstitum sibi computat peregrini hominis, ut census, sic animus angustus, ac si in patrio solo rusticaretur. Huic si legitimam, ut mos est, solutionem perexiguæ segetis indulgeas, tanquam opipare viaticatus, cum gratiarum actione remeabit. Per quem si me stylo solitæ dignationis impartias, mihi fraternitatique istic sitæ, pagina tua veluti paulo lapsa reputabitur. Memor nostri esse dignare, domine papa.

EPISTOLA XI.
Sidonius domino papæ [c] *Eleutherio salutem.*

Judæum præsens charta commendat : non quod mihi placeat error per quem pereunt involuti; sed quia neminem ipsorum nos decet ex asse damnabilem pronuntiare dum vivit. In spe enim adhuc absolutionis est, cui suppetit posse converti. Quæ sit vero negotii sui series, ipse rectius [præsentanea coram narratione patefaciet. Nam prudentiæ satis obviat, epistolari formulæ debitam concinnitatem plurifario sermone porrigere. Sane quia secundum vel notitia, vel judicia terrena, solent **167** hujusmodi homines honestas habere causas; tu quoque potes hujus laboriosi, etsi impugnas perfidiam, propugnare personam. Memor nostri esse dignare, domine papa.

EPISTOLA XII.
Sidonius domino papæ [d] *Patienti salutem.*

Aliquis aliquem, ego illum præcipue puto suo vivere bono qui vivit alieno : quique fidelium calamitates indigentiamque miseratus, facit in terris opera cœlorum. Quorsum ista hæc, inquis? Te sententia quam maxime, papa beatissime, petit; cui non suffi cit illis tantum necessitatibus opem ferre quas noveris; quique usque in extimos terminos Galliarum caritatis indage porrecta, prius soles indigentum respicere causas, quam inspicere personas. Nullius obest tenuitati debilitatique, si te expetere non possit : nam prævenis manibus illum, qui non valuerit ad te pedibus pervenire. Transit in alienas provincias vigilantia tua : et in hoc curæ tuæ latitudo diffunditur, ut longe positorum consoletur angustias : et hinc fuit, ut quia crebro te non minus absentum verecundia, quam præsentum querimonia movet, sæpe terseris eorum lacrymas, quorum oculos non vidisti. Omitto illa quæ quotidie propter defectionem civium pauperatorum, irrequietis toleras excubiis, precibus, expensis. Omitto te tali semper agere temperamento, sic semper humanam, sic abstemium judicari; ut constet **168** indesinenter regem præsentem prandia tua, reginam laudare jejunia. Omitto te tanto cultu ecclesiam tibi creditam convenustare, ut dubitet inspector melius ne nova opera consurgant, an vetusta reparentur. Omitto per te plurimis locis basilicarum fundamenta consurgere, ornamenta duplicari. Cumque multa in statu fidei tuis dispositionibus augeantur, solum hæreticorum numerum minui : teque quodam venatu apostolico, feras [e] Photinianorum mentes spiritalium prædicationum cassibus implicare, atque a tuo barbaros jam sequaces, quoties convincuntur verbo, non exire vestigio, donec eos a profundo gurgite erroris felicissimus animarum piscator extraxeris. Et horum aliqua tamen cum reliquis forsan communicanda collegis. Illud autem deberi tibi

---

[a] Episcopo Antisiodorensi, ad quem Ruricii epist. 1, lib. II, et Constantii presbyteri altera, in fronte librorum de Vita S. Germani. Sed uterque Censurium vocat.

[b] Ita libri fere omnes, non *petatis* : ut carmine 23, *Usuram petimurque, reddimusque.* Canonem proprie dixit pensionem, quæ debetur ex prædio emphyteutico, ἐμφυτευτῶν munus, onusque τὴν γῆν γεωργεῖν, καὶ τέλος παρέχειν. Inde canonicarii, qui canonem publicum exigunt.

[c] Incertæ sedis episcopo. Nam Tornacensis Eleutherius de quo quibusdam venit in mentem, Sidonio videtur aliquanto fuisse posterior.

[d] Episcopo Lugdunensi, de quo epist. 10, lib. XI, et ultima lib. IV. Is est ad quem Vitam S. Germani scripsit Constantius, cujusque nomen inter alios epi

scopos in epistolis Fausti ac Lucidi, et in martyrologio. Nam Lugdunensibus suis anniversario die colitur III idus Septembres. Hujus vero Sidonii epistolæ, Patientisque episcopi munificentiæ, meminit Gregorius Turon. lib. XI, c. 24. Ubi cum famem in Burgundia grassatam scribit, confirmat regem a Sidonio Burgundionum intelligi : Gundobaldum scilicet, quem Lugduni sedem habuisse jam ante monuimus.

[e] Arianorum. Hoc enim erant Burgundiones, in quibus ad rectam fidem tradecendis laborabat Patiens. Paulianistæ, Photiniani, Bonosiaci, etsi aliquatenus diversos, cognatos tamen cum Arianis errores sectati sunt, æternam Christo generationem detrahentes.

quodam, ut jurisconsulti dicunt, ᵃ præcipui titulo, nec tuus poterit ire pudor inficias; quod post Gothicam depopulationem, post segetes incendio absumptas, peculiari sumptu, inopiæ communi per desolatas Gallias gratuita frumenta misisti; cum tabescentibus fame populis nimium contulisses, si commercio fuisset species ista, non munere. Vidimus angustas tuis frugibus vias; vidimus per Araris et Rhodani ripas, non unum, quod unus impleveras horreum. Fabularum cedant figmenta gentilium, et ille quasi in cœlum relatus pro reperta spicarum novitate Triptolemus; quem Græcia sua cæmentariis, pictoribus significubusque illustris, sacravit templis, formavit statuis, effigiavit **169** imaginibus. Illum dubia fama conciliat, per rudes adhuc et Dodonigenas populos, duabus vagum navibus, quibus poetæ deinceps formam draconum deputaverunt, ignotam circumtulisse sementem. Tu, ut de mediterranea taceam largitate, victum civitatibus Tyrrheni maris erogaturus, granariis tuis duo potius flumina, quam duo navigia complesti. Sed si forte Achaicis Eleusinæ

ᵃ Hæc propria et præcipua laus tua, cum **69** cæteris minime communis. Qui testamentum ita condit, ut rem certam cuipiam extra sortem prælegat, per præceptionem legare dicitur, res vero ipsa prælegatum et præcipuum. Glossæ Juris nostræ: Præceptio, τὸ ἐξαίρετον λεγάτον· εἶτοῦν τὸ ἔξωθεν τῆς κληρονομίας, ὡς ἐν προσθήκη καταλιμπανόμενον τῷ μερικῷ κληρονόμῳ. Οἷον ὅταν οὕτως εἴπω, Πρὸς τῷ μέρει τῆς κληρονομίας, ἧς κατέλιπόν τῷ δεῖνι, βούλομαι αὐτὸν καὶ τόδε τὸ πρᾶγμα ἔχειν ἐν ἐξαιρέτῳ.

ᵇ Aliquot, *Regenses*: quo etiam modo Gregorius Turon. Confessorum 83. Alii *Regium* vocant, ut legitur apud Gennadium de Scriptoribus ecclesiasticis in Fausto. Nota est civitas provinciæ II Narbonensis, cujus cathedram Maximus et Faustus illustrarunt. Vera et antiqua appellatio fuit, quam Sidonius usurpat in Eucharistico, cum Reios appellat. Hanc enim asserit vetus inscriptio in eadem provincia, ex qua simul discimus Reios Apollinares fuisse cognominatos: quod etiam docet Tabula itineraria Peutingeri: ut dubium esse non debeat quin ad hunc quoque modum emendandus sit corruptus Plinii locus lib. III, cap. 4. de Gallia Narbonensi: *Oppida*, inquit, *Latina Aquæ Sextiæ Salluviorum, Avenio Cavarum, Apta Julia Vulgentium, Alebece Reiorum Apollinarium, Alba Helvorum, Augusta Tricastinorum*: ubi male vulgo, *Alebeciorum Apollinarium*. Sed recta est codicis Vaticani lectio, quam exhibui. Inscriptio autem illa sic habet:

M. SEVERIUS M. F.
FABULATOR FLAM
ROM. ET. AUG. IIII VIR. PONT
LOL. REIOR. APOLLINAR
SIBI ET CAREIÆ CAREI FIL
PATERCLÆ OPTIM. UXORI

Est et alia Nemausi, quæ continet epitaphium POMPEI MATERNI CIVIS REI, et huc etiam referenda est.

ᶜ *Vivariensis*. In Notitia civitatum Galliæ, *Civitas Albensium, nunc Vivarium*. Qui nunc Vivarienses a

* Verum Hadriani Valesii sententia est in Notitia Galliæ pag. 60 Augustam et Neomagum, quas non Sirmondus modo, sed et Jos. Scaliger et Holstenius duas esse urbes diversas censuerunt, unam eamdemque urbem esse, quam Plinius Latino, Ptolemæus Gallico nomine designarit. Plinium enimvero non aliam Tricastinis urbem præter Augustam ascribere: pariterque Ptolemæum, qui suam

superstitionis exemplis, tanquam minus idoneis, religiosus laudatus offenditur; seposita mystici intellectus reverentia, venerabilis patriarchæ Joseph historialem diligentiam comparemus, qui contra sterilitatem septem uberes annos insecuturam, facile providit remedium quod prævidit. Secundum tamen moralem sententiam, nihil judicio meo minor est, qui in superveniente simili necessitate non divinat, et subvenit. Quapropter et si ad integrum conjicere non possum, quantas tibi gratias Arelatenses, ᵇ Reienses, Avennicus, Arausionensis quoque et ᶜ Albensis, ᵈ Valentinæque, nec non et ᵉ Tricastinæ urbis possessor exsolvat; quia difficile est eorum ex asse vota metiri, quibus noveris alimoniam sine asse collatam. Arverni tamen oppidi ego nomine uberes perquam gratias ago; cui ut succurrere meditarere, non te communio provinciæ, non proximitas civitatis, non opportunitas fluvii, non oblatio pretii adduxit. Itaque ingentes per me referunt grates, quibus obtigit per panis tui abundantiam, ad sui sufficientiam pervenire. Igitur si mandati officii munia **170** satis

nostris appellantur, dicti olim Helvii fuerunt, et præcipua eorum urbs, Plinio teste, Alba Helviorum: unde et ipsi quoque Albenses nuncupati. In litteris Paschalis II papæ ad Guidonem archiepiscopum Viennensem: *Alba, quæ et Vivarium dicitur*. Jam enim explosus est error eorum qui, Marlianum secuti, Helvios cum Albigensibus confundebant. Helvii quippe, eodem auctore Plinio, et omnibus geographis, in Gallia erant Narbonensi, ab Arvernis seu Vellaunis, qui Arvernis tum attribuebantur, Cebenna tantum monte disclusi, ut tradit Cæsar. Rhodano etiam alluebantur, quod notat Strabo. Quæ quidem omnia Vivariensibus apte conveniunt, non Albigensibus, qui in Aquitania, procul a Rhodano, Arvernisque siti sunt. Gregorius Turon. lib. x, cap. 24: **70** *Vivariensem, Avennicamque urbem graviter lues inguinaria devastavit*. Sidonius Albensem urbem dixisset.

ᵈ De Valentia notissima, atque ut Tiro Prosper in Chronico scribit, nobilissima Galliarum civitate, hoc animadvertendum est levi errore duci eos qui Cavarum urbem faciunt, si Plinium auctorem habere se putent, qui Valentiam in agro Cavarum locare videatur lib. III, cap. 4. Plinii enim verba ex emendatis codicibus distingui sic debent, ut in agro Cavarum non Valentia, sed Arausio sita intelligatur: quod verum est. Arausio quippe, ut Avenio, Cavarum erat. Valentia autem non Cavarum, sed Segolaunorum urbs fuit, ut docet Ptolemæus, qui Segolaunos cum Plinio supra Cavaras, inter illos et Allobrogas statuit.

ᵉ *Tricastini* Ptolemæo Segalaunis proximi sunt ad orientem, ex T. Livio noti, et Ammiano Marcellino, cum Annibalis iter ex Allobrogibus ad Alpes Cottias describunt per Tricastinos, Vocontios atque Tricorios: ex Notitia item civitatum et conciliis, in quibus civitas Tricastinorum et episcopi Tricastini suis locis nominantur. * Horum urbes memorant Plinius Augustam, Ptolemæus Neomagum: cujus nominis vestigia oppidulum in eo tractu retinet, quod Niomum vocant. Hodie vero Tricastinorum caput a S. Paulo nomen habet, ubi sedes episcoporum, cum Tricastinorum cognomento.

genti cuique urbem principem suumque caput assignare consuevit, unam iisdem Tricastinis urbem Noviomagum attribuere: ambos igitur non aliud gentis caput agnovisse. Nam Tricastinorum, inquit Valesius, gentis exiguæ et humilis duo fuisse capita verisimile non est. — BAUNIUS Sirmond editor præfat. ad tom. I, § 11.

videor explesse, ex legato nuntius ero. Ilicet scias
volo, per omnem fertur Aquitaniam gloria tua:
amaris, laudaris, desideraris, excoleris, omnium
pectoribus, omnium votis. Inter hæc temporum
A mala, bonus sacerdos, bonus pater, bonus annus es:
quibus operæ pretium fuit, fieri famem suam periculo, si aliter esse non poterat tua largitas experimento. Memor nostri esse dignare, domine papa.

LIBER SEPTIMUS.

171 EPISTOLA PRIMA
Sidonius domino [a] papæ Mamerto salutem.

Rumor est Gothos in Romanum solum castra movisse. Huic semper irruptioni nos miseri Arverni janua sumus. Namque odiis inimicorum hinc peculiaria fomenta subministramus, quia quod necdum terminos suos ab Oceano in Rhodanum Ligeris alveo limitaverunt, solam sub ope Christi moram de nostra tantum obice patiuntur. Circumjactarum 172 vero spatia, tractumque regionum jam pridem regni minacis importuna devoravit impressio. Sed animositati nostræ tam temerariæ, tamque periculosæ, non nos aut ambustam murorum faciem, aut putrem sudium cratem, aut propugnacula vigilum trita pectoribus confidimus opitulatura: solo tamen invectarum te auctore rogationum palpamur auxilio: quibus inchoandis instituendisque[b] populus Arvernus, et si non effectu pari, affectu certe non impari cœpit initiari, et ob hoc circumfusis necdum dat terga terroribus. Non enim latet nostram sciscitationem, primis temporibus harumce supplicationum institutarum, civitas cœlitus tibi credita per cujusmodi prodigiorum terriculamenta vacuabatur. Nam modo[c] scenæ mœnium publicorum crebris terræ motibus concutiebantur; nunc ignes sæpe flammati caducas culminum cristas superjecto favillarum monte tumulabant; nunc stupenda foro cubilia collocabant audacium pavenda mansuetudo cervorum: cum tu inter ista discessu primorum populariumque statu urbis exinanito, ad nova celer veterum Ninivitarum exempla decurristi, ne divinæ admonitioni tua quoque desperatio conviciaretur. Et verum jam de Deo tu minime poteras absque peccato post virtutum experimenta diffidere. Nam cum vice quadam civitas conflagrare cœpisset,

[a] Episcopo Viennensi, de quo supra. Mamertus etiam dicitur ab Hilaro papa et Lucido, Avito, Gregorio Turon. et aliis. Qui Mamertum scribunt, a libris antiquis discedunt et a vocis origine. Nam a Mamerte Mamertinus dicitur, et a Mamerto Mamertinus, non Mamercinus. Cum hac autem epistola comparanda est Alcimi Aviti homilia de Rogationibus, cujus mentio facta est ad epist. 14, lib. v. Sunt enim ut argumento, sic tota narrationis serie simillimæ.

[b] Mamerti Rogationes quæ Domini Ascensionem antecedunt, imitati sunt non solum vicini populi Galliæ, ut hic locus ostendit et concilium v Aurelianense, verum etiam cæteræ nationes, atque ipsa tandem Roma, Leonis III auctoritate, ut docent ritualium librorum auctores. Ideo litaniam Gallicanam appellarunt, quia ejus institutio e Gallia, et litaniam minorem, ut a majore distinguerent, quæ VII calendas Maii celebratur.

[c] 71 Facies exterior: ductum a scena theatri. Sic scenam corporis dixit Tertullianus de anima; scenam triumphi Eumenius in panegyrico de scholis:

B fides tua in illo ardore plus caluit: et cum in conspectu pavidæ plebis, objectu solo tui corporis ignis recussus in tergum fugitivis flexibus sinuaretur, miraculo novo, inusitato, adfuit 173 flammæ cedere per reverentiam, cui sentire defuit per naturam. Primum igitur et iis paucis nostri ordinis viris indicis jejunia, interdicis flagitia, supplicia prædicis, remedia promittis: exponis omnibus, nec pœnam longinquam esse, nec veniam; doces denuntiatæ solitudinis minas orationum frequentia esse amoliendas; mones assiduitatem furentis incendii, aqua potius oculorum quam fluminum posse restingui; mones minacem terræ motuum conflictationem fidei stabilitate firmandam. Cujus confestim sequax humilis turba consilii, majoribus quoque suis fuit incitamento, quos cum non piguisset fugere, redire non puduit. Qua devotione placatus inspector pectorum, Deus, fecit esse obsecrationem vestram vobis saluti, cæteris imitationi, utrisque præsidio. Denique illic deinceps non fuere vel damna calamitati, vel ostenta formidini. Quæ omnia sciens populus iste Viennensibus tuis et accidisse prius, et non accessisse posterius, vestigia tam sacrosanctæ informationis amplectitur, sedulo petens, ut conscientiæ tuæ beatitudo C mittat orationum suarum suffragia, quibus exempla transmisit. Et quia tibi soli concessa est, post avorum memoriam, vel confessorem [d] Ambrosium duorum martyrum repertorem, in partibus orbis occidui, martyris [e] Ferreoli solida translatio, adjecto nostri capite Juliani, quod istinc turbulento quondam persecutori manus retulit cruenta carnificis: non injurium est, quod pro compensatione deposcimus, ut nobis inde veniat pars patrocinii, quia 174 vobis hinc rediit pars patroni. Memor nostri esse dignare, domine papa.

Alium quidem tubarum sonus et strepitus armorum, alium quædam triumphi scena deterreat: quanquam ea vox temere omissa est in vulgatis.

[d] De reliquiis SS. Gervasii et Protasii ab Ambrosio Mediolani repertis, Ambrosius ipse epist. 15 et sermone 91; Augustinus IX Confessionum, et XXII de D Civitate; Gregorius Turon. de Gloria martyrum, lib. I, cap. 47.

[e] Ferreoli corpus integrum cum capite Juliani, quod ab Arvernis Viennam fuerat allatum, humiliore primum ad Rhodani ripam basilica condiderant Viennenses. Mamertus in ampliorem ecclesiam a se ibidem constructam transtulit, cum hac inscriptione:

Heros Christi geminos hæc continet aula
Julianum capite, corpore Ferreolum.

Hæc Gregorius Turon. hunc quoque Sidonii locum citans, de Gloria martyrum lib. II, cap. 2. Eadem martyrum lipsana post Saracenicam direptionem Wilicarius Viennensium itidem episcopus, proprio intra urbem templo locavit, ut refert Ado in Chronico.

EPISTOLA II.

Sidonius domino papæ Græco salutem.

Oneras, consummatissime pontificum, verecundiam meam multifaria laude cumulando, si quid stylo rusticante peraravero : atque utinam reatu careat, quod apicum primore congressu, quanquam circumscriptus, veritati resultantia tamen et diversa connexui. Ignorantiæ siquidem meæ [a] callidus viator imposuit. Nam dum solum mercatoris prætendit officium, litteras meas ad formatæ vicem, scilicet ut lector, elicuit, sed quas aliquam gratiarum actionem continere decuisset. Namque, ut post comperi, plus Massiliensium benignitate profectus est quam status sui, seu per censum, seu per familiam forma pateretur. Quæ tamen ut gesta sunt, si quispiam dignus relator evolveret, fierent jocunda memoratu. Sed quoniam jubetis ipse, ut aliquid vobis a me lætum copiosumque pagina ferat ; date veniam, si hanc ipsam tabellarii nostri hospitalitatem comicis salibus comparandam, salva vestrarum aurium severitate perstringamus ; ne secundo insinuatum non nunc primum nosse videamur. Simul et moris est regularum, ut ex materia omni usurpentur principia dicendi, cur hic quoque quodcunque mihi sermocinaturo materia longius quæratur exspectaturque, nisi ut sermoni 175 nostro sit ipse pro causa, cui noster sermo erit pro sarcina ? Arverni huic patria, parentes natalibus non superbis, sed absolutis, et sicut nihil illustre jactantes, ita nihil servile metuentes ; contenti censu modico, sed eodem vel sufficiente, vel libero : militia illis in clericali potius quam in palatino decursa comitatu. Pater isti granditer frugi, et liberis parum liberalis : quique per nimiam parcimoniam juveni filio plus prodesse quam placere maluerit. Quo relicto tunc puer iste vos petiit nimis expeditus ; quod erat maximum conatibus primis impedimentum : nihil est enim viatico levi gravius. Attamen primus illi in vestra mœnia satis secundus introitus. [b] Sancti Eustachii qui vobis decessit, actutum dicto factoque gemina benedictio est : hospitium brevi quæsitum, jam Eustachii cura facile inventum, celeriter aditum, civiliter locatum. Jam primum crebro accursu excolere vicinos, identidem ab iis ipse haud A aspernanter resalutari. Agere cum singulis, prout ætatis ratio permitteret ; grandævos obsequiis, æquævos officiis obligare ; pudicitiam præ cæteris sobrietatemque sectari : quod tam laudandum in juventute quam rarum. Summatibus deinceps, et tunc comiti civitati, non minus opportuni, quam frequentibus excubiis agnosci, innotescere, familiarescere ; sicque ejus in dies sedulitas majorum sodalitatibus promoveri : fovere boni quique certatim, votis omnes, plurimi consiliis, privati donis, cuncti beneficiis adjuvare ; perque hæc spes opesque istius 176 raptim, saltuatimque cumulari. Forte accidit ut diversorio cui ipse successerat, quædam femina non minus censu quam moribus idonea vicinaretur : cujus filia infantiæ jam temporibus emensis, necdum tamen B nubilibus annis appropinquabat. Huic hic blandus (siquidem ea ætas infantulæ, ut adhuc decenter), nunc quædam frivola, nunc ludo apta virgineo scruta donabat ; quibus isti parum grandibus causis plurimum virgunculæ animus copulabatur. Anni obiter thalamo pares : quid moror multis ? Adolescens solus, tenuis, peregrinus, filius familias, et e patria patre non solum non volente, verum etiam ignorante discedens, puellam non inferiorem natalibus, facultatibus superiorem, medio episcopo, quia lector, solatio comitis, quia cliens, socru non inspiciente substantiam, sponsa non dispiciente personam, uxorem petit, impetrat, ducit. Conscribuntur tabulæ nuptiales : et si qua istic municipioli nostri suburbanitas, matrimonialibus illic inserta documentis, mimica largitate recitatur. Peracta circumscriptione legitima C et fraude solenni, levat divitem conjugem pauper adamatus : et diligenter quæ ad socerum pertinuerant rimatis convasatisque, non parvo etiam corollario facilitatem credulitatemque munificentiæ socrualis mungens, receptui in patriam cecinit præstigiator invictus. Quo profecto mater puellæ pro [c] hyperbolicis instrumentis cœpit actionem repetundarum velle proponere ; et tunc demum de mancipiorum sponsalitiæ donationis 177 paucitate mœrere, quando jam de nepotum numerositate gaudebat. Ad hanc placandam noster Hippolytus perrexerat, cum litteras meas prius obtulit. Habetis historiam juvenis eximii : fabulam [d] Milesiæ vel Atticæ parem.

---

[a] *Amantius.* Ita enim vocat epistola 7 et 11 hujusce ; et supra indicavimus ad lib. vi , 8. Porro non dissimilem, at contrario eventu historiam de Andarchio Massiliensi, qui Ursi civis Arverni filiam uxorem callida fraude appetiit, habet Gregorius Turon. lib. iv, xlvi.

[b] Massiliensem cathedram ordine rexerant Venerius, Eustathius et Græcus episcopi. Decessit ergo Græco Eustathius, sive ut alii scribunt, Eustasius. Sic enim legitur in epistola Hilari papæ anno 464. Eustathius apud Gennadium de Scriptoribus ecclesiasticis in Museo.

[c] Alii *parhyperbolicis.* Jac. Cujacius, vir magni et exacti judicii, legendum censet *hypobolici* : quod valde probarem, si alicujus antiqui libri suffragio niteretur. De his enim est sermo. Verum utrovis modo legas, idem est sensus. Nam aut hypobolica licit instrumenta sponsalitiæ, ut mox vocat, dona- D tionis propter nuptias, quam hypobolum a Græcis appellari docent juris interpretes ; aut hyperbolica illa eadem instrumenta, in quibus Amantius multa prædia, non sua sed aliena, hypoboli nomine hyperbolice largitus fuerat : quæ nunc ab ipso frustra scilicet reposcebantur. Cæterum admonet sponsalitiæ donationis mentio, ut vocem hanc Ennodio nostro restituamus : in Vita Epiphanii, cujus oratio describitur 72 ad Gundobaldum regem : *Sit*, inquit, *filii tui sponsalitia largitas, absolutio captivorum : offerat pactæ suæ munus, quod et Christus accipiat.*

[d] *Nunquam* dubitavi quin ita scriptum esset a Sidonio, non *militiæ,* cujus hoc loco aliena est significatio. Milesiorum vero fabulæ, amatoriæ erant, et ἀκόλαστοι. Quare Milesiæ dicuntur omnes ejus generis et argumenti, in quo excelluit Aristides. Plutarchus in Crasso, de Surena Seleuciæ triumphante : Τὴν δὲ γερουσίαν τῶν Σελευκέων ἀθροίσας εἰσήνεγκεν ἀκόλαστα

Simul et ignoscite præter æquum epistolarem formulam porrigenti : quam ob hoc stylo morante produxi, ut non tanquam ignotum reciperetis, quem civem beneficiis reddidistis: Pariter et natura comparatum est, ut quibus impendimus studium, præstemus affectum. Vos vero Eustachium pontificem tunc ex asse digno hærede decessisse monstrabitis, si ut propinquis testamenti, sic clientibus patrocinii legata solvatis. Ecce parui, et obedientis officium garrulitate complevi, licet negotium indocto qui prolixitatis injungit, ægre ferre non debeat, si non tam eloquentes epistolas recepit quam loquaces. Memor nostri esse dignare, domine papa.

EPISTOLA III.

Sidonius domino papæ ª *Megethio salutem.*

Diu multumque deliberavi, quanquam mihi animo affectus studioque parendi sollicitaretur, an destinarem, sicuti injungis, contestatiunculas quas ipse dictavi. Vicit ad ultimum sententia, quæ tibi obsequendum definiebat : ergo petita transmisi. Et quid modo dicemus ? grandisne hæc obedientia ? puto grandis est : grandior impudentia tamen. Hac enim fronte possemus, fluminibus aquas, silvis ligna transmittere : hac enim temeritate Apellem peniculo, cœlo Phidiam, malleo Polycletum muneraremur. Dabis ergo veniam præsumptioni, papa sancte, facunde, venerabilis, quæ doctissimo examini tuo naturali garrulitate deblaterat. Habet consuetudo nostra pro ritu, ut et si pauca edit, multa conscribat : veluti est canibus innatum, ut et si non latrant, tamen hirriant. Memor nostri esse dignare, domine papa.

EPISTOLA IV.

Sidonius domino papæ Fonteio salutem.

Insinuare quoscunque jam paveo, quia commendatis nos damus verba, vos munera : tanquam non principalitas sit censenda beneficii, quod a me peccatore digressis sanctæ communionis portio patet. Testis horum est Vindicius noster, qui segnius domum pro munificentiæ vestræ fasce remeavit ; quoquo loci est constanter affirmans, cum sitis opinione magni, gradu maximi, non tamen esse vos amplius dignitate, quam dignatione laudandos. Prædicat sanctas, melleas et floridas, quæ procedunt de temperata communione, blanditias ; nec tamen ex hoc quidquam pontificali deperire personæ ; quod sacerdotii fastigium non frangitis comitate, sed flectitis. Quibus agnitis sic inardesco, ut tum me sim felicissimum judicaturus, cum mihi coram posito sub divina ope contigerit, tam securum de Deo suo pectus, licet præsumptiosis, arctis tamen fovere complexibus. Accipite confitentem : suspicio quidem nimis severos, et imbecillitatis meæ conscius, æquanimiter fero asperos mihi : sed, quod fatendum est, hisce moribus facilius humilitate submittimur, quam familiaritate sociemur. In summa, viderit qua conscientiæ dote turgescat, qui se ambientibus rigidum reddit : ego tamen morum illius æmulator esse præelegerim, qui etiam longe positorum incitare in se affectat affectum. Illud quoque mihi inter maxima granditer cordi est, quod apostolatus vestri patrocinium copiosum verissimis dominis animæ meæ, Simplicio et Apollinari, intermina intercessione conferre vos comperi. Si verum est, rogo ut non habeat vestra caritas finem : si falsum est, peto ut non differat habere principium. Præterea commendo gerulum litterarum, cui istic, id est, in Vasionensi oppido, quiddam necessitatis exortum sanari vestræ auctoritatis reverentiæ pondere potest. Memor nostri esse dignare, domine papa.

EPISTOLA V.

Sidonius domino papæ ᵇ *Agrœcio salutem.*

Bituricas decreto civium petitus adveni : causa fuit evocationis titubans Ecclesiæ status ; quæ nuper summo viduata pontifice, utriusque professionis ordinibus ambiendi sacerdotii quoddam classicum cecinit. Fremit populus per studia divisus : pauci alteros, multi sese non offerunt solum, sed inferunt. Si aliquid pro virili portione secundum Deum consulas veritatemque, omnia incurrunt. levia, varia, fucata : et quid dicam ? sola est illic simplex impudentia. Et nisi me immerito queri judicaretis, dicere auderem, tam præcipitis animi esse plerosque tamque periculosi, ut sacrosanctam sedem dignitatemque affectare pretio oblato non reformident : et rem jam dudum in nundinam mitti auctionemque potuisse, si quam paratus inveniretur emptor, venditor tam desperatus inveniretur. Proinde quæso ut officii mei nevitatem, pudorem, necessitatem, spectatissimi adventus tui ornes contubernio, tueris auxilio. Nec te, quanquam

---

βιβλία τῶν Ἀριστείδου Μιλησιακῶν. Meminit et Lucianus in dialogo cui titulus Ἔρωτες. Hinc et Milesiæ Ponicæ Apuleii dictæ a Severo imp. in epistola, quia Milesiarum genio scriptæ ab auctore Pœno. De his et Hieronymus apologia 1 in Rufinum : *Quasi non cirratorum turba Milesiorum in schola figmenta decantet.*

ª Episcopo Bellicensi. Numeratur inter episcopos qui synodo Arelatensi interfuerunt.

ᵇ Senoniæ, hoc est provinciæ quartæ Lugdunensis metropolitano : cujus inter sanctos antistites suos festum diem agunt Senonenses idibus Juniis. Cave cum Agrœcio altero confundas. Cujus nomen in synodo Agathensi legitur, et ad quem scripta exstat epistola synodi Carpentoratensis. Hic enim multo posterior, et alterius sedis fuit episcopus, Antipolitanæ nimirum, in Alpium maritimarum provincia. De Bituricensis episcopi electione cujus gratia Bituricas venerat Sidonius, aget postea epistola 9. Ex hac autem et octava, ad Euphronium, quæ in nonnullis exemplaribus huic proxime subjungitur, observare est, moris olim fuisse in constituendis episcopis, ut si quando provincialium episcoporum legitimus numerus deficeret, ex finitimis provinciis alios advocarent. Quos quidem etsi numerus alioqui non deesset, pro arbitrio tamen provincialium episcoporum adhibere ex synodi Nicænæ decretis licuisse, docet epistola synodi Constantinopolitanæ, quam recitat Theodoretus lib. v, cap. 8 : Περὶ δὲ τῶν κατὰ μέρος ἐν ταῖς ἐκκλησίαις παλαιὸς ж, ὡς ἴσθε, θεσμός, κεκράτηκε, καὶ τῶν ἁγίων ἐν τῇ Νικαίᾳ πατέρων ὅρος, καθ᾽ ἑκάστην ἐπαρχίαν τοὺς τῆς ἐπαρχίας, καὶ εἴπερ ἐκεῖνοι βούλοιντο, σὺν αὐτοῖς τοὺς ὁμόρους, πρὸς τὸ συμφέρον ποιεῖσθαι τὰς χειροτονίας.

a Senoniæ caput es, inter hæc dubia subtraxeris intentionibus medendis Aquitanorum : quia minimum refert quod nobis est in habitatione divisa provincia, quando in religione causa conjungitur. His accedit quod de urbibus b Aquitanicæ primæ solum oppidum Arvernum Romanis reliquum partibus bella fecerunt. Quapropter in constituendo præfatæ civitatis antistite, provincialium collegarum deficimur numero, nisi metropolitanorum reficiamur assensu. De cætero, quod ad honoris vestri spectat prærogativam, nullus a me hactenus nominatus, nullus adhibitus, nullus electus est: omnia censuræ tuæ salva, illibata, solida servantur. Tantum hoc mecum duco, vestras invitare personas, exspectare voluntates, laudare sententias : et cum in locum statumque pontificis quisque sufficitur, ut a vobis præceptum, **181** a me procedat obsequium. Sed si (quod tamen arbitror minime fore) precibus meis apud vos malesuadus obstiterit interpres, poteritis præsentiam vestram potius excusare quam culpam : sicut e diverso, si venitis, ostenditis quia terminus potuerit poni vestræ quidem regioni, sed non potuerit caritati. Memor nostri esse dignare, domine papa.

EPISTOLA VI.

Sidonius domino papæ e *Basilio salutem*

Sunt nobis, munere Dei, novo nostrorum temporum exemplo, amicitiarum vetera jura : diuque est quod invicem diligimus ex æquo. Porro autem, quod ad communem conscientiam pertinet, tu patronus : quanquam hoc ipsum præsumptiose arroganterque loquar. Namque iniquitas mea tanta est, ut mederi de lapsuum ejus assiduitate vix etiam tuæ supplicationis efficacia queat. Igitur quia mihi es tam patrocinio quam dilectione bis dominus, pariter et quod memini probe, quo polleas igne sensuum, fonte verborum : qui viderim Modaharium civem Gothum, Arianæ hæreseos jacula vibrantem, quo tu spiritualium testimoniorum mucrone confoderis ; servata cæterorum tam reverentia quam pace pontificum; non injuria tibi defleo, qualiter ecclesiasticas caulas istius aeris lupus qui peccatis pereuntium saginatur animarum, clandestino morsu necdum **182** intellecti dentis arrodat. Namque hostis antiquus, quo facilius insultet balatibus ovium destitutarum, prius dormitantium incipit cervicibus imminere pastorum. Neque ego ita mei meminens non sum, ut nequaquam me hunc esse reminiscar; quem longis adhuc abluenda fletibus conscientia premat; cujus stercora tamen, sub ope Christi, quandoque mysticis orationum tuarum rastris eruderabuntur. Sed quoniam supereminet privati reatus verecundiam publica salus, non verebor, etsi carpat zelum in me fidei sinister interpres, sub vanitatis invidia causam prodere veritatis. d Evarix, rex Gothorum, quod limitem regni sui, rupto dissolutoque fœdere antiquo, vel tutatur armorum jure, vel promovet, nec nobis peccatoribus hic accusare, nec vobis sanctis hic discutere permissum est. Quin potius si requiras, ordinis res est, ut et dives hic purpura byssoque veletur, et Lazarus hic ulceribus et paupertate feriatur. Ordinis res est, ut dum in hac allegorica versamur Ægypto, Pharao incedat cum diademate, Israelita cum cophino. Ordinis res est, ut dum in hac figuratæ Babylonis fornace decoquimur, nos cum Jeremia spiritualem Jerusalem suspiriosis plangamus ululatibus, et Assur fastu regio tonans sanctorum sancta proculcet. Quibus præsentum ego futurarumque beatitudinum vicissitudinibus inspectis, communia patientius incommoda fero. Primum, quod mihi quæ merear introspicienti, quæcunque adversa provenerint, leviora reputabuntur; dein **183** quod certum scio, maximum esse remedium interioris hominis, si in hac area mundi variis passionum flagellis trituretur exterior. Sed quod fatendum est, præfatum regem

---

a Provinciæ quartæ Lugdunensis, ut observatum est ad epist. 18, lib. iv.

b Ut lib. iv, epist. 18, *Lugdunensem secundam*. Provinciæ olim, cum simplices essent, pleræque postea principum nutu in plures dividi cœperunt. Hinc orta cognomina, ut aliæ primæ dicerentur, aliæ secundæ, tertiæ, et ita deinceps pro numero provinciarum. Aquitaniæ igitur duæ fuerunt. Prima, cujus caput Bituriges; secunda, cujus caput Burdegala. Semper autem **73** divisis provinciis pars illa primæ nomen obtinuit, cui metropolis obligit, quæ totius provinciæ ante divisionem caput erat : ut Narbonensis prima dicta est, in qua Narbo, Lugdunensis prima in qua Lugdunum, Aquitania prima in qua Bituriges. Inde est primarum provinciarum metropolitani primates erant reliquarum ejusdem nominis provinciarum. Sicut enim Lugdunensis episcopus, ut liquet ex Gregorii VII epist. 35 et 36, lib. vi. Primas est quatuor Lugdunensium : sic Bituricensis utriusque Aquitaniæ. Atque ita ferme in aliis provinciis, cum ex una plures fiebant, idem mos fuit, ut in ea primas esset quæ prima et antiquissima inter metropoles erat.

e Aquarum Sextiarum, ut reor, episcopo. Ut ita conjiciam facit, quod sub finem epistolæ Basilium urbe medium esse dicat inter Leontium Arelatensem, Faustum Reiorum, et Græcum Massiliæ episcopos : inter has autem urbes medio prope spatio sita est metropolis Aquensium. Basilii autem hujus, tunc adhuc presbyteri, prudens consilium factumque in funere Hilarii episcopi Arelatensis narrat auctor vitæ Hilarii.

d Euricus, qui et Eoricus, lib. viii, epist. 9. Sic Deudorix apud Strabonem et Theuderis ac Theodoricus, unicum est nomen. Hujus vero Euricianæ in catholicos persecutionis, Sidoniique epistolæ meminit Gregorius Turon. lib. ii, cap. 25 : *Sidonii*, inquit, *tempore Evariæ rex Gothorum, excedens Hispanum limitem, gravem in Galliis super Christianos intulit persecutionem. Truncabat passim perversitati suæ non consentientes, clericos carceribus subigebat; sacerdotes vero alios dabat exsilio, alios gladio trucidabat. Nam et ipsos sacrorum templorum aditus spinis jusserat obserari scilicet ut raritas ingrediendi oblivionem faceret fidei. Maxime tunc Novempopulanæ, geminæque Aquitaniæ urbes ab hac tempestate depopulatæ sunt. Exstatque hodie et pro hac causa ad Basilium episcopum nobilis Sidonii ipsius epistola*. Hæc ille, Sidonii hærens vestigiis. Nam in Novempopulis sunt Elusani, Vasates, Convenæ, Auscenses : reliqui in duabus Aquitaniis. Sed apud Gregorium mendose legitur : *geminæque Germaniæ*

Gothorum, quanquam sit ob virium merita terribilis, non tam Romanis mœnibus quam legibus Christianis insidiaturum pavesco. Tantum, ut ferunt, ori, tantum pectori suo catholici mentio nominis acet, ut ambigas, ampliusne suæ gentis, an suæ sectæ teneat principatum. Ad hoc, armis potens, acer animis, alacer annis, hunc solum patitur errorem, quod putat sibi tractatuum consiliorumque successum tribui pro religione legitima, quem potius assequitur pro felicitate terrena. Propter quod discite cito catholici status valetudinem occultam, ut apertam festinetis adhibere medicinam. Burdegala, Petrocorii, Ruteni, Lemovices, Gabalitani, [a] Elusani, Vasates, [b] Convenæ, Auscenses, multoque jam major numerus civitatum, summis sacerdotibus ipsorum morte truncatis, [c] nec ullis deinceps episcopis in defunctorum officia suffectis (per quos utique minorum ordinum ministeria subrogabantur, latum spiritualis ruinæ limitem traxit. Quam fere constat sic per singulos dies morientum patrum proficere defectu, ut non solum quoslibet hæreticos præsentum, verum etiam hæresiarchas priorum temporum potuerit inflectere: ita populos excessu pontificum orbatos, tristis intercisæ fidei (desperatio premit. Nulla in desolatis cura diœcesibus parochiisque. Videas in Ecclesiis aut putres culminum lapsus, aut valvarum cardinibus avulsis, basilicarum aditus hispidorum veprium fruticibus obstructos. Ipsa, proh dolor! videas armenta, non modo semipatentibus jacere vestibulis, sed etiam herbosa viridantium altarium latera depasci. Sed jam nec per rusticas solum solitudo parochias: ipsa insuper urbanarum ecclesiarum conventicula rarescunt. Quid enim fidelibus solatii superest, quando clericalis non modo disciplina, verum etiam memoria perit? Equidem cum clericus quisque defungitur, si benedictione succidua non accipiat dignitatis hæredem, in illa ecclesia sacerdotium moritur, non sacerdos. Atque ita quid spei restare pronunties, ubi facit terminus hominis finem religionis? Altius inspicite spiritualium damna membrorum; profecto intelligetis quanti subripiuntur episcopi, tantorum vobis populorum fidem periclitaturam. Taceo vestros [d] Crocum Simpliciumque collegas, quos cathedris sibi traditis eliminatos, similis exsilii cruciat pœna dissimilis. Namque unus ipsorum se dolet non videre, quo redeat: alter se dolet videre, quo non redit. Tu sacratissimorum pontificum Leontii, Fausti, Græci, urbe, ordine, caritate medius inveniris: per vos mala fœderum currunt, per vos regni utriusque pacta conditionesque portantur. Agite quatenus hæc sit amicitia, concordia principalis, ut episcopali ordinatione permissa, populos Galliarum quos limes Gothicæ sortis incluserit, teneamus ex fide, etsi non tenemus ex fœdere. Memor nostri esse dignare, domine papa.

185 EPISTOLA VII.

Sidonius domino papæ [e] Græco salutem.

Ecce iterum Amantius nugigerulus noster Massiliam suam repetit, aliquid, ut moris est, de manubiis civitatis domum reportaturus, si tamen cataplus arriserit: per quem jocularier plura garrirem, si pariter unus idemque valeret animus exercere læta et tristia sustinere. Siquidem nostri

---

[a] Nulla est injuria quod Elusanos præponat cæteris Novempopulanis. Fuit enim, cum Elusa metropolis esset totius provinciæ, et sub ea cum reliquis civitas Auscioruim, quæ nunc metropolis: ut testantur non modo veteres Notitiæ provinciarum, in quibus Novempopulanæ civitates hoc modo describuntur: *Metropolis civitas Elusatium, civitas Aquensium,* et post alias postrema, *civitas Ausciorum;* verum etiam subscriptiones antiquarum synodorum. Agathensi etenim concilio subscripserunt Clarus Elusæ metropolitanus et Nicetius Ausciorum episcopus; Aurelianensi 74 primo Leontius, non Tolosanæ, ut perperam excusum est, sed Elosanæ metropolis, et Nicetius idem Ausciorum episcopus. Remensi denique apud Flodoardum lib. II, cap. 5, subscripsere itidem Senocus Elosanensis et Audericus Auscensis: eodemque exemplo in aliis, quandiu metropolis fuit Elusa. Nunc enim, quæ rerum vices! sine episcopo in vicum pene redacta est. Eusam ab incolis, sive Eosam dici, recte docuit Scaliger ad Ausonium. Errant vero, et Ammiano Marcellino errorem affingunt, qui in his ejus verbis lib. xv, *In Narbonensi clusa est Narbona et Tolosa,* pro clusa Elusam legi volunt. Elusa enim in Novempopulis est, non in Narbonensi. Nec minus falluntur qui Elusonem Paulini epist. 6, sive Elusionem, ut est in Itinerario Burdegalensi, eamdem cum Elusa faciunt: cum Elusio inter Tolosam et Narbonem sita fuerit in Narbonensi, Elusa inter Auscios et Burdegalam, in Novempopulana, ut dictum est. Ad eam quoque pertinet vetus inscriptio Nemausi, quæ continet epitaphium L. Taurini Aurelii civis Elusensis.

[b] Qui nunc Comingenses. Narbonensibus proximi ad fontes Garumnæ. Horum olim civitas Lugdunum, Λούγδουνον Κονουενῶν dicta Straboni et Ptolemæo. At Comingensium hodie caput et sedes episcoporum, civitas S. Bertrandi: quam ipsam Lugdunum esse persuadet situs, ab eo nihil discrepans, quem urbis Convenicæ describit Gregorius Turon. lib. VII, cap. 34. Posita enim est in colle. Lugdunum autem vetere Gallorum lingua est Clarus Mons. Æthici quidem Itinerarium, cum ab Aquis Tarbellicis Tolosam iter assignat per Lugdunum; item cum ab Agenno Lugdunum millia passuum numerat, 65 de Lugduno Convenarum accipi debet.

[c] Hoc ipsum in persecutione Vandalica deflet Victor Uticensis, de episcopis agens in exsilium pulsis ab Hunerico: *Quibus,* inquit, *in exsilio positis dum obitus obvenisset, non licebat in eorum civitatibus alios ordinare.* Episcopis ergo morte sublatis cum alii non subrogarentur, per quos presbyteri, diacones cæterique inferiorum ordinum clerici designarentur, summam in Ecclesiis omnibus vastitatem sequi necesse erat.

[d] Croco episcopo inter alios inscripta est epistola Lucidi presbyteri. Ex quo liquet illum interfuisse synodo Arelatensi. Episcopus fuit Nemausensis; de Simplicio autem, non liquet.

[e] Episcopo Massiliensi, de quo supra. Scripta eo tempore quo ex fœdere pacis a Nepote initæ cum Eurico, Arverni Gothis a quibus vi capi non potuerant, dedi jussi sunt ut dictum est ad epistolam 1, lib. III. Propterea Sidonius non immerito queritur Arvernorum meliorem fuisse sub bello quam sub pace conditionem.

hic nunc est infelicis anguli status; cujus, ut fama confirmat, melior fuit sub bello quam sub pace conditio. Facta est servitus nostra pretium securitatis alienæ. Arvernorum, proh dolor! servitus: qui, si prisca replicarentur, audebant se quondam fratres Latio dicere, et sanguine ab Iliaco populos computare. Si recentia memorabuntur, ii sunt qui viribus propriis hostium publicorum arma remorati sunt: cui sæpe populo Gothus non fuit clauso intra mœnia formidini, cum vicissim ipse fieret oppugnatoribus positis intra castra terrori. Hi sunt qui sibi adversus vicinorum aciem tam duces fuere quam milites. De quorum tamen sorte certaminum, si quid prosperum cessit, vos secunda solata sunt; si quid contrarium, illos adversa fregerunt. Illi amore reipublicæ ᵃ Seronatum, barbaris provincias propinantem non timuere legibus tradere; quem convictum deinceps respublica vix præsumpsit occidere. Hoccine meruerunt inopia, flamma, ferrum, pestilentia, pingues cædibus gladii, **186** et macri jejuniis præliatores? Propter hujus tamen inclytæ pacis exspectationem, avulsas muralibus rimis herbas in cibum traximus; crebro per ignorantiam venenatis graminibus infecti, quæ indiscretis foliis succisque viridantia, sæpe manus fame concolor legit. Pro iis tot tantisque devotionis experimentis nostri (quantum audio) facta jactura est: pudeat vos, precamur, hujus fœderis nec utilis nec decori. Per vos legationes meant. Vobis primum, quanquam principe absente, non solum tractata reserantur, verum etiam tractanda committuntur. Veniabilis sit, quæsumus, apud aures vestras veritatis asperitas, cujus convicii invidiam dolor eripit. Parum in commune consulitis: et cum in concilium convenitis, non tam curæ est publicis mederi periculis, quam privatis studere fortunis: quod utique sæpe diuque facientes, jam ᵇ non primi comprovincialium cœpistis esse, sed ultimi. At quousque istæ poterunt durare præstigiæ? Non enim diutius ipsi majores nostri hoc nomine gloriabuntur, qui minores incipiunt non habere. Quapropter vel consilio, quo potestis, statum concordiæ tam turpis incidite. Adhuc si necesse est obsideri, adhuc pugnare, adhuc esurire delectat. Si vero tradimur, qui non potuimus viribus obtineri, invenisse vos certum est, quid barbarum suaderetis ignavi. Sed cur dolori nimio frena laxamus? Quin potius ignoscite afflictis, nec imputate mœrentibus.

75 ᵃ De quo lib. II, epist. I, et lib. V, epist. XXIII.
ᵇ Episcoporum provinciæ Arelatensis. Massilia olim provinciæ fuerat Viennensis: at Sidonii ævo Arelatensi attribuebatur. Jam enim Leonis magni decreto divisa in duas fuerat provincia Viennensis; ita ut pars Viennæ cederet metropoli, pars Arelato. Inter Arelatensis autem provinciæ civitates prima erat Massilia; tum Avenio, Arausio, Carpentorate, Vasio et aliæ. Primi ergo comprovincialium episcopi Massilienses. At nunc, ait Sidonius, reliquis fere civitatibus in Gothorum vel Burgundionum potestatem redactis, jam non primi in ea provincia cœperant esse, sed ultimi.
ᶜ Augustodunensi episcopo: ad quem est epist. 2,

Namque alia regio tradita servitium sperat, Arverna supplicium. Sane si medicari nostris **187** ultimis non valetis, saltem hoc efficite prece sedula, ut sanguis vivat quorum est moritura libertas: parate exsulibus terram, capiendis redemptionem, viaticum peregrinaturis. Si murus noster aperitur hostibus, non sit clausus vester hospitibus. Memor nostri esse dignare, domine papa.

EPISTOLA VIII.
Sidonius domino papæ ᶜ Euphronio salutem.

Quandoquidem me clericalis officii vincula ligant, felicissimum mediocritatis meæ statum pronuntiarem, si nobis haberentur ᵈ quam territoria vicina, tam mœnia. De minimis videlicet rebus coronam tuam maximisque consulerem: fieretque actionum mearum quasi cujuspiam fluvii placidissimus cursus atque inoffensus, si e tractatu tuo veluti e saluberrimo fonte manaret. Procul dubio tunc ille non esset aut spumosus per jactantiam, aut turbidus per superbiam, aut cœnosus per conscientiam, aut præceps per juventutem. Quin potius in illo squalidum si quid ac putre sorderet, totum id admixta consilii tui vena dilueret. Sed quod hujuscemodi votis spatia sunt longa inter posita præpedimento, sedulo precor, ut consulentem de scrupulo incursæ ambiguitatis expedias: et quia ᵉ Simplicium spectabilem virum episcopum sibi flagitat populus Biturix ordinari, quid super tanto debeam negotio facere decernas. Hujus es namque vel erga me dignationis, vel erga reliquos **188** auctoritatis, ut si quid fieri voles (voles autem quidquid æquissimum est), non suadere tam debeas, quam jubere. De quo tamen Simplicio scitote narrari plurima bona, atque ea quidem a plurimis bonis. Quæ testimonia mihi prima fronte colloquii non satis grata, quia satis gratiosa, judicabantur. At postquam æmulos ejus nihil vidi amplius quam silere, atque eos maxime qui fidem fovent Arianorum; neque quippiam nominato, licet necdum nostræ professionis, illicitum opponi: animum adverti exactissimum virum posse censeri, de quo civis malus loqui, bonus tacere non posset. Sed cur ego ista hæc ineptus adjeci, tanquam darem consilium qui poposci? Quin potius omnia ex vestro nutu, arbitrio, litterisque disponentur, sacerdotibus, popularibus manifestabuntur. Neque enim ita desipimus in totum, ut evocandum te primum, si venire possibile est; deinde si quid secus, certe consulen-

lib. IV, et de quo epistola ultima lib. IX. Colitur inter sanctos III nonas Augusti. Subscripsit epistolæ Fausti et synodo Arelatensi. Ante episcopatum vero basilicam S. Symphoriani in urbe sua condidit, ut auctor est Gregorius Turon. lib. II, cap. 15. Hujus et Lupi Tricassini habemus epistolam, cujus ante mentio facta est, de bigamis clericis et iis qui uxores duxerunt; alteram desideramus quam Idatio teste ad Agrippinum comitem scripserat, de prodigiis quæ in Gallia sub Attilæ adventum visa sunt.
ᵈ Arverni Æduos contingunt. Itaque inter utriusque populi diœceses et territoria nihil interjectum, At inter urbes ipsas longa dierum aliquot interposita spatia.
ᵉ De quo in concione, post epistolam sequentem.

dum decerneremus, nisi in omnibus obsecuturi. Memor nostri esse dignare, domine papa.

EPISTOLA IX.

Sidonius domino papæ a *Perpetuo salutem.*

Desiderio spiritualium lectionum quarum tibi tam per authenticos quam per disputatores bibliotheca fidei catholicæ perfamiliaris est, etiam illa quæ maxime tuarum scilicet aurium minime digna sunt occupare censuram, noscere **189** cupis. Siquidem injungis, ut orationem quam videor ad plebem Biturigis in ecclesia sermocinatus, tibi dirigam : cui non rhetorica partitio, non oratoriæ minæ, non grammaticales figuræ, congruentem decorem, disciplinamque suppeditaverunt. Neque enim illic, ut exacte perorantibus mos est, aut pondera historica, aut poetica schemata, scintillasve controversalium clausularum libuit aptari. Nam cum me partium seditiones, studia, varietates, in diversa raptarent; sic dictandi mihi materiam suggerebat injuria, quod tempus occupatio subtrahebat. Etenim tanta turba competitorum, ut cathedræ unius numerosissimos candidatos nec duo recipere scamna potuissent. Omnes placebant sibi, omnes omnibus displicebant. Neque enim valuissemus aliquid in commune consulere, nisi judicii sui faciens plebs lenita jacturam, sacerdotali se potius judicio subdidisset : presbyterorum sane paucis angulatim b fringultientibus; porro autem palam ne mussitantibus quidem; quia plerique non minus suum quam reliquos ordines pertimescebant. Igitur dum publice totos singuli cavent, factum est ut omnes non aspernanter audirent, quod deinceps ambienter expeterent. Itaque paginam sume subditis voluminibus adjunctam : quam duabus vigiliis unius noctis æstivæ, Christo teste, dictatam, plurimum vereor, ne ipsi amplius lectioni quæ hoc de se probat, quam mihi credas. Memor nostri esse dignare, domine papa.

CONCIO.

190 Refert historia sæcularis, dilectissimi, quemdam philosophorum discipulis advenientibus prius tacendi patientiam quam loquendi monstrasse doctrinam : et sic incipientes quosque inter disputantium consectaneorum cathedras mutum sustinuisse quinquennium; ut etiam celeriora quorumpiam ingenia non liceret ante laudari quam deceret agnosci. Ita fiebat, ut eosdem post longam taciturnitatem locutos, quisque audire cœperat, non taceret : quia donec scientiam natura combiberit, non major est gloria dixisse quod noveris, quam siluisse quod nescias. At nunc mediocritatem meam manet longe diversa conditio : cui per suspiriosas voragines et flagitiorum volutabra gradienti, professionis hujusce pondus impactum est. Et priusquam ulli bonorum reddam discentis obsequium, cogor debere cæteris docentis officium. Adjicitur huic impossibilitati pondus pudoris; quod mihi peculiariter paginæ decretalis oblatu, c pontificis eligendi mandastis arbitrium, coram sacrosancto et pontificatu maximo d dignissimo papa : qui cum sit suæ provinciæ caput, sit etiam mihi institutione, facundia, privilegio, tempore, ætate præstantior : ego deque, coramque metropolitano verba facturus, et provincialis, et junior, pariter fero imperiti verecundiam, procacis invidiam. Sed quoniam vestro sic libitum errori, ut ipse prudentia carens, prudentem vobis, in cujusque personam **191** bona multa concurrant, sub ope Christi episcopum exquiram : noveritis hujusmodi assensu multum me honoris, plus oneris excipere. Primore loco, grandem publicæ opinionis sarcinam penditote, quod injunxistis incipienti consummata judicia : atque ab hoc rectum concilii tramitem postulatis, in quo recolitis adhuc nuper erratum. Igitur quia vobis id fuit cordi, obsecro, ut quales nos fide creditis, tales intercessione faciatis; atque dignemini humilitatem nostram orationibus potius in cœlum ferre e quam plausibus. Primum tamen nosse vos par est, in quas me obloquiorum scyllas, et in quos linguarum, sed humanarum latratus quorumdam vos infamare conantum turbo conjecerit. Est enim hæc quædam vis malis moribus, ut innocentiam multitudinis devenu-

---

a Turonum episcopo, tertiæ Lugdunensis metropolitano : cujus provinciæ duabus synodis præfuit, Veneticæ et Turonensi. Huic ergo mittit Sidonius concionem quam ad plebem Bituricam in Simplicii episcopi electione habuerat. De Perpetuo et basilica S. Martini ab eo structa, jam dictum est lib. IV, epist. 18. Meminit ejusdem cum laude aliquot locis Paulinus lib. VI de Vita S. Martini, et in versibus de Nepotulo.

b Passerum more garrientibus. Nam passerum est fringultire seu fringutire. Unde Sidonius lib. IX, epist. 2 : *Fringultientes passerum susurros proprie dixit*; et passerum genus est fringillus. Glossæ, σπίνος ὁ στρουθός, *fringillus.*

c Quæ de populi suffragiis in episcopis eligendis ad epistolam ultimam lib. IV notavimus, eadem valebant in creandi metropolitani comitiis : quibus nimirum præerat qui prærogativa collegis provincialibus antelabat. Leo Magnus ad Anastasium epist. 82 : *Metropolitano,* inquit, *defuncto, provinciales episcopi ad civitatem metropolitanam convenire debebunt, ut omnium* **76** *clericorum atque omnium civium voluntate discussa, ex presbyteris ejus Ecclesiæ, vel diaconus optimus eligatur.* Fecissent ergo Bituriges ex vetere instituto. Sed provincialibus ab Eurico sublatis, vicinarum provinciarum evocandi fuerunt episcopi : et populus, cum e magno candidatorum numero incertus esset quem expeteret, communi decreto suffragia sua in unius Sidonii Arvernorum episcopi arbitrio et voluntate constituit. Sidonius Simplicium virum spectabilem delegit.

d Agrœcio Senonensi, quem epist. 5, invitarat. Coram hoc ergo metropolitano verba facturus erat de metropolitani Bituricensis electione, ipse provincialis tantum episcopus : quanquam inter comprovinciales Aquitaniæ primæ episcopos principem locum obtinet episcopus Arvernorum.

e Deprecatur inanem plausum, qui frequens olim ab auditorum corona excitari solebat, etiam in sacris concionibus. Ita et Chrysostomus Ἀνδριάντων XI : Τί μοι τῶν κρότων ὄφελος τούτων; τί δὲ τῶν ἐπαίνων, καὶ τῶν θορύβων; ἔπαινος ἐμοί, τὸ διὰ τῶν ἔργων ὑμᾶς ἐπιδείξαι τὰ λεγόμενα πάντας; *Quis mihi fructus plausuum istorum? aut quis laudum et strepituum? Laus mea est, ut ea quæ dicuntur, rebus factisque ipsis omnes exhibeatis.* Quem morem Bernardi etiam temporibus perdurasse nonnullæ ejus homiliæ declarant.

stent scelera paucorum : cum tamen e diverso bonorum raritas flagitia multorum nequeat excusare virtutibus communicatis. Si quempiam nominavero monachorum, quamvis illum Paulis, Antoniis, Hilarionibus, Macariis conferendum, sectatæ anachoreseos prærogativa comitetur, aures illico meas incondito tumultu circumstrepitas ignobilium pumilionum murmur everberat conquerentium : Hic qui nominatur, inquiunt, non episcopi, sed potius abbatis complet officium ; et intercedere magis pro animabus apud cœlestem, quam pro corporibus apud terrenum judicem potest. Sed quis non exacerbescat, cum videat sordidari virtutum sinceritatem **192** criminatione vitiorum? Si eligimus humilem, vocatur abjectus ; si proferimus erectum, superbire censetur. Si minus institutum, propter imperitiam creditur irridendus ; si aliquatenus doctum, propter scientiam clamatur inflatus. Si severum, tanquam crudelis horretur ; si indulgentem, facilitate culpatur. Si simplicem, despicitur ut brutus ; si acrem, vitatur ut callidus. Si diligentem, superstitiosus decernitur ; si remissum negligens judicatur. Si solertem, cupidus ; si quietum, pronuntiatur ignavus. Si abstemium producimus, avarus accipitur ; si eum qui prandendo pascat, edacitatis impetitur : si eum qui pascendo jejunet, vanitatis arguitur. Libertatem pro improbitate condemnant; verecundiam pro rusticitate fastidiunt ; rigidos ab austeritate non habent caros; blandi apud eos communione vilescunt. Ac si apud eos utrolibet genere vivatur, semper hic tamen bonarum partium mores pungentibus linguis maledicorum veluti bicipitibus hamis inuncabuntur. Inter hæc monasterialibus disciplinis ægre subditur, vel popularium cervicositas, vel licentia clericorum. Si clericum dixero, sequentes æmulantur, derogant antecedentes. Nam ita ex iis pauci, quod reliquorum pace sit dictum, solam clericatus diuturnitatem pro meritis autumant calculandam ; ut nos in antistite consecrando, non utilitatem velint eligere, sed ætatem : tanquam diu potius quam bene vivere, debeat accipi ad summum sacerdotium adipiscendum, pro omnium gratiarum privilegio **193** decoramento, lenocinamento. Et ita quispiam in ministrando segnes, in obloquendo celeres, in tractatibus otiosi, in seditionibus occupati, in caritate infirmi, in factione robusti, in æmulationum conservatione stabiles, in sententiarum assertione nutantes, nituntur regere Ecclesiam, quos jam regi necesse est per senectam. Sed nec diutius placet propter paucorum ambitus, A multorum notare personas : hoc solum astruo, quod cum nullum proferam nuncupatim, ille confitetur repulsam qui profitetur offensam. Sane id liberius dico de multitudine circumstantium multos episcopales esse, sed totos episcopos esse non posse ; et cum singuli diversorum charismatum proprietate potiantur, sufficere omnes sibi, omnibus neminem. Si militarem dixero forte personam, protinus in hæc verba consurgitur : Sidonius ad clericatum quia de sæculari professione translatus est, ideo sibi assumere metropolitanum de religiosa congregatione dissimulat : natalibus turget, dignitatum fastigatur insignibus, contemnit pauperes Christi. Quapropter impræsentiarum solvam, quam non tam bonorum charitati quam maledicorum suspicioni debeo fidem. Vivit B Spiritus sanctus, omnipotens Deus noster, qui Petri voce damnavit in Simone mago, cur opinaretur gratiam benedictionis pretio sese posse mercari ; me in eo quem vobis opportunum censui, nec pecuniæ favere nec gratiæ ; sed statu satis superque trutinato, personæ, temporis, provinciæ, civitatis, virum cujus in **194** consequentibus raptim vita replicabitur, competentissimum credidisse. [a] Benedictus Simplicius, hactenus vestri, jamque ab hinc nostri (modo per vos Deus annuat) habendus ordinis comes, ita utrique parti vel actu, vel professione respondet, ut et respublica in eo quod admiretur, et Ecclesia possit invenire quod diligat. Si natalibus servanda reverentia est, quia et hos non omittendus evangelista monstravit (nam Lucas laudationem Joannis aggressus, C præstantissimum computavit, quod sacerdotali de stirpe veniebat, et nobilitatem vitæ prædicaturus, prius tamen extulit familiæ dignitatem); parentes ipsius, aut cathedris, aut tribunalibus præsederunt. Illustris in utraque conversatione prosapia, aut episcopis floruit, aut præfectis : ita semper hujusce majoribus, aut humanum, aut divinum dictare jus ausus fuit; si vero personam suam tractatu consiliosiore pensemus, invenimus illam tenere istic [b] inter spectabiles principes locum. Sed dicitis viros Eucherium et Pannichium illustres haberi superiores : quod hactenus eos esto putatos : sed præsentem jam modo ad causam illi ex canone non requiruntur, qui ambo ad [c] secundas nuptias transierunt. Si annos ipsius computemus ; habet efficaciam de juventute, de senectute consilium. Si litteras vel ingenium conferamus, certat natura doctrinæ. Si humanitas requirenda est, civi, clerico, peregrino, minimo maximoque etiam supra sufficientiam offertur, et suum sæpius

---

[a] Non est cognomen hoc loco benedictus, sed epitheton quo Christianos viros plerique ornabant. Paulinus epistola 9 ad Severum : *Alius libellus ex his est quos ad benedictum, id est Christianum virum, amicum meum Endelechium scripsisse videor.* Endelechii enim nomina erant, Sanctus Severus Endelechius, ut alibi observatum. Sic benedictus Pascasius Paulino eidem in epistola ad Victricium, benedictus Eleutherus Tertulliano de Præscriptionibus, benedictus papa Cyprianus in epistola cleri Romani ad clerum Carthaginiensem, benedictus Paulinus Fausto Reiensi, benedictus Tetradius et benedictus Agricola Gregorio Turon. Confessorum 86, et lib. III Histor., 16.

[b] Principes municipii, principales. Glossarium: Princeps, πρωτοπολίτης. Jam supra Simplicium virum spectabilem dixit, epist. 8. Ad Eucherium vero et Pannychium scripsit lib. III et lib. v.

[c] Bigami enim episcopi esse per canones non possunt ; ac ne clerici quidem ullius gradus, ex canone primo synodi Valentinæ, et aliis passim : quanquam variant in inferioris gradus ordinibus, prout diversus locorum mos fuit.

panem ille potius qui non erat redditurus agnovit. Si necessitas **195** arripiendæ legationis incubuit, non ille semel pro hac civitate stetit ante pellitos reges, vel ante principes purpuratos. Si ambigitur, quo magistro rudimentis fidei fuerit imbutus, ut proverbialiter loquar, domi habuit unde disceret. Postremo iste est ille, carissimi, cui in tenebris ergastularibus constituto, multipliciter obserata barbariei carceris divinitus claustra patuerunt. Istum, ut audivimus, [a] tam socero quam patre postpositis, ad sacerdotium duci oportere vociferabimini. Quo quidem tempore plurimum laudis domum retulit, quando honorari parentum maluit dignitate quam propria. Pene transieram quod præteriri non oportuerat. Sub Moyse quondam, sicut psalmographus ait, in diebus antiquis, ut tabernaculi fœderis forma consurgeret, totus Israel in eremo ante Beseleelis pedes, oblatitii symbolum coacervavit impendii. Salomon deinceps, ut templum ædificaret in Solymis, solidas populi vires in opere concussit : quamvis Palæstiliorum captivas opes, et circumjectorum regum tributarias functiones, australis reginæ Sabaitis gaza cumulaverit. Hic vobis ecclesiam juvenis, miles, tenuis, solus, adhuc filius familias, et jam pater exstruxit. Nec illum a proposita devotione suspendit vel tenacitas senum, vel intuitus parvulorum : et tamen fuit [b] morum factura quæ taceret. Vir est namque, ni fallor, totius popularitatis alienus : gratiam non captat omnium, sed bonorum ; non indiscreta familiaritate vilescens, sed examinata sodalitate pretiosus ; et **196** bono viratu æmulis suis magis prodesse cupiens quam placere ; severis patribus comparandus, qui juvenum filiorum non tam cogitant vota quam commoda. In adversis constans, in dubiis fidus, in prosperis modestus, in habitu simplex, in sermone comis, in contubernio æqualis, in consilio præcellens. Amicitias probatas enixe expetit, constanter retinet, perenniter servat. Inimicitias indictas honeste exercet, tarde credit, celeriter deponit : maxime ambiendus, quia minime ambitiosus, non studet suscipere sacerdotium, sed mereri. Dicet mihi aliquis : Unde tibi de illo tam cito tanta comperta sunt? Cui respondeo, Prius Bituriges neveram quam Biturigas. Multos in itinere, multos in committio, multos in contractu, multos in tractatu, multos in sua, multos in nostra peregrinatione cognoscimus. Plurima notitiæ dantur et ex opinione compendia : quia non tam parvos terminos posuit famæ natura, quam patriæ. Quocirca si urbium status non tam murorum ambitu, quam civium claritate taxandus est ; non modo primum qui essetis, sed ubi essetis agnovi. Uxor illi de Palladiorum stirpe descendit, qui aut litterarum, aut altarium cathedras cum sui ordinis laude tenuerunt. Sane quia persona matronæ verecundam et succinctam sui exigit mentionem, constanter astruxerim, respondere illam feminam sacerdotii utriusque familiæ, vel ubi educata crevit, vel ubi electa migravit. Filios ambo bene et prudenter instituunt ; quibus comparatus pater inde felicior incipit esse, **197** quia vincitur. Et quia sententiam parvitatis meæ in hac electione valituram esse jurastis (siquidem non est validius dicere sacramenta, quam scribere), In nomine Patris, et Filii, et Spiritus sancti, Simplicius est, quem provinciæ nostræ metropolitanum, civitatis vestræ summum sacerdotem fieri debere pronuntio. Vos autem de viro de quo loquimur, si novam sententiam meam sequimini, secundum vestram veterem consonate.

EPISTOLA X.

Sidonius papæ [c] *Auspicio suo salutem.*

Si ratio temporum regionumque pateretur, non per sola officia verborum amicitias semel initas excolere curarem. Sed quoniam fraternæ quietis voto satis obstrepit conflictantium procella regnorum ; saltim inter discretos separatosque litterarii consuetudo sermonis jure retinebitur, quæ jam pridem caritatis obtentu merito inducta veteribus annuit exemplis. Superest ut sollicito veneratori culpam ratæ occursionis indulgeas : quæ quominus assidue conspectus tui sacrosancta contemplatione potiatur, nunc periculum de vicinis timet, nunc invidiam de patronis. Sed de his ista hæc etiam multa sunt. Interim Petrum, tribunitium virum, portitorem nostri sermonis insinuo, qui id ipsum sedulo exposcit ; quique quid negotii ferat præsentaneo compendiosius potest intimare memoratu : cui precor, quod in vobis est opis, intuitu paginæ **198** præsentis accedat ; manente respectu nihilominus æquitatis, contra quam nec magis familiarium causas commendare consuevi. Memor nostri esse dignare, domine papa.

EPISTOLA XI.

Sidonius domino papæ Græco salutem.

Invideo felicitati consuetudinarii portitoris, a quo contigit sæpius vos videri. Sed quid de Amantio loquar, cum ipsas quoque litteras meas æmuler, quæ sacrosanctis reserabuntur digitis, inspicientur obtutibus? Et ego istic inter semiustas muri fragilis clausus angustias, belli terrore contigui, desiderio de vobis meo nequaquam satisfacere permittor. Atque utinam hæc esset Arverniæ forma vel causa regionis, ut minus excusabiles excusaremur. Sed quod est durius, per injustitiæ nostræ merita conficitur, ut excusatio nobis justa non desit. Quocirca salutatione præfata, sicut mos poscit officii, magnopere deposco,

---

[a] Hinc patet Palladium et **77** Eulodium, qui proximi fuerant episcopi Bituricenses, hunc patrem, illum socerum Simplicii fuisse. Palladii ergo filia, uxor Simplicii. Infra : *Uxor illi de Palladiorum stirpe descendit.*

[b] Ita fuerit moribus compositus, ut ecclesiam a se conditam, laudem vitans, silentio premeret. Utitur eadem voce Ruricius epist. 14: *Equum qualem jusse-* ras destinavi, mansuetudine placidum, membris validum, firmum robore, forma præstantem, factura compositum, animis temperatum.

[c] Tullensi Leucorum episcopo. Scripta quo tempore Gothi cum Romanis bellum gerebant, et Burgundiones Arvernis, ut dictum est, auxilio erant adversus Gothos.

ut interim remittatis occursionis debitum vel verba solventi. Nam si commeandi libertas pace revocetur, illud magis verebor, ne assiduitas praesentiae meae sit potius futura fastidio. Memor nostri esse dignare, domine papa.

EPISTOLA XII.
Sidonius [a] Ferreolo salutem.

Si amicitiae nostrae potius affinitatisque, quam personae tuae tempus, ordinem, statum cogitaremus; jure vobis in hoc opere, quantulumcunque est, primae titulorum rubricae, prima sermonum officia dedicarentur. Isset per avitas tibi stylus noster curules; patricias nihilominus infulas enumeraturus; non tacuisset [b] triplices praefecturas, et Syagrio tuo pro toties mutatis praeconibus praeconia non negasset. Patrem inde patruosque minime silendos percurrisset: et quamlibet posset triumphalibus adoreis familiae tuae defatigari; non tamen eatenus explicandis antiquorum stemmatibus exinaniretur, ut ob hoc ad narrandam gloriam tuam fieret obtusior: qui si etiam in scribendis majorum tuorum virtutibus fuisset hebetatus, tuis denuo meritis acuminaretur. Sed salutationem tibi debitam destinaturus, non quid fuisses, sed quid potius nunc esses consideravit. Praetermisit Gallias tibi administratas tunc, cum maxime incolumes erant. Praetermisit Attilam Rheni hostem, Thorismodum Rhodani hospitem, Aetium Ligeris liberatorem sola te dispositionum salubritate tolerasse': propterque prudentiam tantam providentiamque, currum tuum provinciales cum plausuum maximo accentu spontaneis subisse cervicibus; quia sic habenas Galliarum moderare, ut possessor exhaustus tributario jugo relevaretur. Praetermisit [c] regem Gothiae ferocissimum, inflexum affatu tuo melleo, gravi, arguto, inusitato: et [d] ab Arelatensium portis, quem Aetius non potuisset praelio, te prandio removisse. Haec omnia praetermisit, sperans congruentius tuum salve [e] pontificum, quam senatorum jam nominibus adjungi: censuitque justius fieri si inter perfectos Christi, quam si inter praefectos Valentiniani constituerere. Neque te sacerdotibus potius admixtum vitio vertat malignus interpres; nam grandis ordinum ignorantia tenet. hinc aliquid derogaturos: quia secuti cum epulum festivitas publica facit, prior est in prima mensa conviva, postremus ei qui primus fuerit in secunda: sic absque conflictatione praestantior secundum bonorum sententiam computatur honorato maxime, minus religiosus. Vale. Ora pro nobis.

EPISTOLA XIII.
Sidonius Sulpicio suo salutem

[f] Himerius antistes, filius tuus, notus mihi hactenus parum vultu, satis opinione, quae quidem in bonam partem porrigebatur, Lugdunum nuper a-

---

[a] Tonantium Ferreolum, Syagrii consulis ex filia nepotem, praefectum praetorio Galliarum fuisse, intelligi licuit ex epist. 7, lib. 1. Ex hac vero docemur eo magistratu functum esse post annum Christi 450, fortasse post Sidonii patrem. In haec enim tempora res Attilae inciderunt, quocum pro Romanis confixere Aetius, quem ob liberatos obsidione Aurelianos Ligeris liberatorem vocat, et Thorismodus Gothus, Theuderici regis in acie caesi filius.

[b] Afranii Syagrii praefecturam commemorat Ambrosius in concilio Aquileiensi. De Syagrio enim accipi debent illa ejus verba de episcopis Orientalibus: *Denique etiam praefectus Italiae litteras dedit, ut si vellent convenire, in potestate haberent.* Meminit et Ammianus Marcellinus lib. xxviii. At Sidonius triplicem vocat, quia tribus annis eam continuavit, anno videlicet 380, ut docent leges codicis Theodosiani ad Syagrium P. P. Italiae lib. vii, 18; et lib. xi, 30. Tum anno 381, lib. viii, 5 et 7. Anno item 382, quo annus consul etiam fuit, lib. xi, 16; et lib. xii, 1. Ante praefecturam vero, magister officiorum fuerat anno 372. Ad Syagrium eumdem complures sunt epistolae Symmachi lib. 1: Ausonii quoque epigramma operis initio praefixum, quod summam utriusque benevolentiam et necessitudinem declarat.

[c] Thorismodum, qui regnum adeptus Romanis infestior esse coepit: eaque de causa a fratribus suis qui pacem optabant, necatus est. Prosper auctior in Chronico OPILIONE V. C. CONSULE. *Apud Gothos intra Gallias consistentes, inter filios Theodori regis, quorum Thorismodus maximus natu patri successerat, orta dissensio est; et cum rex ea moliretur quae et Romanae paci et Gothicae adversantur quieti, a germanis suis, quod noxiis dispositionibus irrevocabiliter insturet, occisus est.* Thorismodi caedem alii quoque narrant, caedis causam hic unus prodidit.

[d] Arelatensem urbem Gothi, priusquam ea potirentur, non semel frustra tentarunt. Nam triplicem 78 observasse videor obsidionem. Primam a Theuderico magno rege, qui Aetii virtute repulsus est, ut Prosper in Chronico docet, Theodosio Aug. II et Valentiniano Caes. consulibus, hoc est anno Christi 425, multo ante Ferreoli praefecturam: proinde ad hunc locum obsidio illa non pertinet. Altera fuit Thorismodi, cujus hic meminit Sidonius, depulsi periculi laudem Ferreolo tribuens: quem ait plus hostem demulcendo potuisse, quam armis praestiturus erat Aetius, si adfuisset. Sic enim ad superiorem obsidionem alludit. Tertiam commemorat Paulinus lib. vi de Vita S. Martini, narrans Aegidium comitem, ab hostili exercitu vallatum, facta eruptione, hostem fugasse, non sine coelesti ope S. Martini. Arelatum etsi non nominat, aperte tamen designat his verbis:

Haud alio penitusque ipso rerum ordine venit
Nuntius, illam urbem tanta obsidione solutam,
Praecipitem Rhodanum molli quae ponte subegit,
Et junxit geminas connexo tramite ripas.

Hanc porro ad Theoderici junioris tempora referendam puto, post mortem Aviti, priusquam ille cum Majoriano foedus renovaret. Nam Aegidius magister militiae tunc erat, ad Eurici vero tempora non pervenit, a quo tandem occupatam cum Massilia Arelatem scribunt Isidorus et Jornandes.

[e] Non quod pontifex jam factus esset Ferreolus, sed quia episcopis illum Sidonius admiscebat, qui epistolam ad ipsum missam iis insereret, quae toto hoc libro ad episcopos scriptae sunt. Episcopus certe Arelatensis, quod viro docto visum est, Ferreolus esse non potuit, cum Leontio, qui hoc tempore sedebat, successerit in ea cathedra Aeonius, et Aeonio Caesarius.

[f] Sulpicii ad quem scripta est epistola, filius Himerii nepos. A S. Lupo institutum et promotum constat: cujus autem loci antistes fuerit, incertum. Nam quod hunc eumdem nonnulli faciunt cum Cameliano S. Lupi successore, probari nobis non potest, et multis modis refellitur. Abbatem potius fuisse suspicor quam episcopum. Antistites enim Sidonio etiam abbates dicuntur, ut Abraham epist. 17.

Tricassibus venit : quo loci mihi raptim ac breviter inspectus, sanctum episcopum Lupum, facile principem pontificum Gallicanorum, suæ tam professionis magistrum quam dignitatis auctorem, morum nobis imitatione restituit. Deus bone! quæ viro censura cum venustate, si quid **201** deliberet forte, vel suadeat? Abundat animi sale cum consulitur, melle cum consulit. Summa homini cura de litteris, sed maximè religiosis, in quibus eum magis occupat medulla sensuum, quam spuma verborum. Tota illi actionum suarum intentio, celeritas, mora, Christus est; quodque mirere vel laudes, nihil otiosum facit, cum nihil faciat non quietum. Jejuniis delectatur, edulibus acquiescit; illis adhæret propter consuetudinem crucis, istis flectitur propter gratiam caritatis. Summo utrumque moderamine : quia comprimit, quoties prandere statuit, gulam; quoties abstinere, jactantiam. Officia multiplicat propria, vitat aliena : cumque ipsi vicissim deceat occurri, gratius habet, si sibi mutuus honor debeatur mage, quam rependatur. In convivio, itinere, consessu, inferioribus cedit ; quo fit ut se illi voluptuosius turba postponat superiorum. Sermonem maximo temperamento cum colloquente dispensat ; in quo non patitur ullam, aut verecundiam externus, aut familiaris injuriam, aut credulus invidiam, aut curiosus repulsam, aut suspiciosus nequitiam : aut peritus calumniam, aut imperitus infamiam. Simplicitatem columbæ in ecclesia servat, in foro serpentis astutiam; bonis prudens, malis cautus, neutris callidus judicatur. Quid plura? Totum te nobis ille jam reddidit : totam tuam temperantiam, religionem, libertatem, verecundiam, et illam delicatæ mentis pudicissimam teneritudinem jocunda similitudine exscripsit. Quapropter quantum **202** volueris deinceps frui secreto, indulgere secessui, licebit indulgeas : quandoquidem nos in fratre meo Himerio, avum nomine, patrem facie, utrumque prudentia jam tenemus. Vale.

EPISTOLA XIV.
Sidonius Philagrio suo salutem.

Proxime inter summates viros (erat et frequens ordo) vestri mentio fuit. Omnes de te boni in commune senserunt omnia bona, cum tamen singuli quique varia virtutum genera dixissent. Sane cum sibi quispiam de præsentia tua, quasi te magis nossent, præter æquum gloriarentur, incandui. Quippe cum dici non æquanimiter admitterem, virum omnium litterarum vicinantibus rusticis, quam institutis fieri remotioribus notiorem, processit in ulteriora contentio : et cum aliqui super hoc errore pervicaciter controversarentur (idiotarum siquidem est, sicut facile convinci, ita difficile compesci), constanter asserui, si eloquentibus amicis nunquam agnitio contemplativa proveniat, esse asperum, utcunque tolerabile tamen : quia prævaleant ingenia sua, coram quibus imperitia civica peregrinatur, ad remotarum desideria provinciarum, stylo adminiculante porrigere : per quem sæpenumero absentum duntaxat institutorum tantus colligitur affectus, quantus nec præsentanea sedulitate conficitur. Igitur si ita est, desistant calumniari communis absentiæ necessitatem, **203** vultuum mage quam morum prædicatores. Equidem si humana substantia rectius mole quam mente censenda est, plurimum ignoro quid secundum corpulentiam, per spatia quamvis porrecta, finalem, in homine miremur, quo nihil æque miserum destitutumque nascendi conditio produxit : quippe cum præbeat tanquam ab adverso, bovi pilus, apro seta, volucri pluma vestitum : quibus insuper, ut vim vel inferant, vel repellant, cornu, dens, unguis, arma genuina sunt : membra vero nostra in hunc mundum sola censeas ejecta, non edita : cumque gignendis artubus animalium cæterorum multifario natura præsidio, quasi quædam sinu patente mater occurrat : humana tantum corpora effudit, quorum imbecillitati quodammodo novercaretur. Nam illud, sicuti ego censeo, qui animum tuum membris duco potiorem, non habet æqualitatem, quod statum nostrum supra pecudes viri falsique nescias, ratiocinatio animæ intellectualis evexit : cujus si tantisper summoveant dignitatem isti, qui amicos ludificabundi non tam judicialiter, quam ocularem intuentur ; dicant, velim, in hominis forma quid satis præstans, quid spectabile putent. Proceritatemne? quasi non hæc sæpe congruentius trabibus aptetur ; an fortitudinem? quæ valentior in leoninæ cervicis toris regnat ; an decorem lineamentorum? quem crebro melius infigit, et argilla simulacris, et cera picturis ; an velocitatem? quæ competentius canibus ascribitur ; an vigilantiam? cui certat et noctua ; **204** an vocem? cui non cesserit asinus claritate ; an industriam? cui pro suo modulo comparari nec formica formidat. Sed forsitan præferunt vim videndi : tanquam non sit eminentior visus aquilarum. Præferunt audiendi efficaciam : tanquam sus hispidus non antistet auditu. Præferunt odorandi subtilitatem : tanquam non præcedat vultur olfactu. Præferunt gustandi discretionem : tanquam non plurimum hinc nos cedamus et simio. Quid de tactu loquar, quinto sensu corporis nostri, quem sibi indifferenter tam philosophus quam vermiculus usurpant? Taceo hic de appetitibus illecebrosis, quos in coitu motui belluino carnis humanæ voluptas inclinata communicat. Ecce quam miseriam præferunt excoluntque, qui mihi, quod eis solo sis obtutu notior, turgidi insultant. Ast ego illum semper Philagrium video, cujus si tacentis viderem faciem, Philagrium non viderem. Unde illud simile vulgatum est, quod ait quidam in causa dispari, sententia pari : *Filium M. Ciceronis populus Romanus non agnoscebat loquentem*. Conclamata sunt namque judicio universali scientiæ dignitas, virtus : prærogativa cujus ad maximum culmen meritorum gradibus ascenditur. Primum etiam bestiale corpus, si jam forte formatum est, dignitate transcendit materiam informem. Deinde formato præponitur corpus animatum. Tertio præcedit animam pecudis animus humanus; quia sicut inferior est caro vitæ, sic vita rationi : cujus assequendæ substantiam nostram compotem Deus artifex, ferinam vero impotem fecit. Ita tamen, quod in statu mentis humanæ pollet bipartita conditio. Nam sicut animæ, humanitus licet ratiocinantes, hebetes tamen pigrioresque, prudentum acutarumque calcantur ingenio; ita si quæ sunt quæ sola naturali sapientia vigent, hæ peritarum se meritis superveniri facile concedunt. Quorum ego graduum differentiam observans, illum Philagrium cordis oculo semper inspicio, cui me animus potentialiter, notum morum similitudine facit. Nam licet bonis omnibus placeas, nemo te plus valuit intrinsecus intueri, quam qui forinsecus affectat imitari. Sane qualiter studiorum tuorum consectaneus fiam, consequa paginæ parte reserabitur. Amas, ut comperi, quietos; ego et ignavos. Barbaros vitas, quia mali putentur; ego etiamsi boni. Lectioni adhibes diligentiam; ego quoque in illa parum mihi patior nocere desidiam. Comples personam religiosi; ego vel imaginem. Aliena non appetis; ego etiam refero ad quæstum, si propria non perdam. Delectaris contuberniis eruditorum; ego turbam quamlibet magnam litterariæ artis expertem, maximam solitudinem appello. Diceris esse lætissimus; ego quoque lacrymas omnes perire definio, quas quisque profuderit, nisi quoties Deo supplicat. Humanissimus esse narraris; nostram quoque mensulam nullus, ut specum Polyphemi, hospes exhorruit. Summa clementia tibi in famulos esse perhibetur; nec ego torqueor, si mei, quoties peccaverint, non toties torqueantur. Jejunandum alternis putas? non piget sequi : prandendum? non pudet prævenire. De cæteris, si vos a me videri Christi munere datur, ita gaudeam, tanquam cui de te nec minora subtracta sint. Porro autem, quæ sint in te majora jam satis novi. Propter quæ fieri facilius potest ut, et si quandoque faciem tuam coram positus inspexero, aliqua de te recens mihi lætitia potius quam sententia accedat. Vale in Christo.

^a Viennensi, non tamen episcopo : quod augurati sunt nonnulli ex mentione fratris. Hinc enim conjecerunt de Salonio et Verano fratribus, filiis Eucherii, ante episcopatum genitis. Atqui Eucherii filios constat ex Salviani verbis in epistola ad Eucherium, patre superstite, hoc est Sidonio vixdum puero, magistros ecclesiarum episcopos esse cœpisse. Hos autem fratres Sidonius episcopos fuisse non significat. Alii adeo videntur. Ad Eucherii vero filios referenda potius epistola Ceretii, Salonii et Verani episcoporum ad Leonem papam scripta, quæ exstat inter epistolas Leonis. Fuit postea et Salonius alter episcopus Genavensis, qui Lugdunensi concilio Guntramni regis temporibus subscripsit, centum circiter annis post Sidonium.

^b Fratris nomen addunt libri fere omnes : et fratrem appellat Sidonius ,Volusianum non solum in hac epistola, verum etiam in 18, lib. iv. Huic autem mittit epitaphium S. Abrahæ, Persæ quidem ortu, sed qui S. Cyrici abbas fuerat in suburbano Arvernorum monasterio, ut auctor est in ejus Vita Gregorius Turon. et lib. ii Hist., 21.

^c Quem Sidonius comitem, Gregorius Turonensis

EPISTOLA XV.
Sidonius Salonio suo salutem.

Quoties Viennam venio, emptum maximo velim, ut te fratremque communem colonum civitatis habitatio plus haberet, qui mihi non amore solum, verum etiam professione sociamini. Sed et ille imputationem meam prætextu frequentatæ suburbanitatis eludit : per quam efficitur, ut nobis, nec præsens ipse nec reus sit; et tu habes quo te interim excuses, quia te diu possidet vix recepta possessio. Quidquid illud est, jam venite; hac deinceps conditione discessum impetraturi, ut aut vicissim redeatis, aut serius. Nam quamlibet ruri positi strenuos impleatis agricolas, tunc vere propriam terram fecundabitis, si ecclesiam quamplurimum colitis, plus colatis. Vale.

EPISTOLA XVI.
Sidonius Chariobaudi abbati salutem.

Facis, o unice in Christo patrone, rem tui pariter et amoris et moris, quod peregrini curas amici litteris mitigas consolatoriis : atque utinam mei semper sic recorderis, ut sollicitudines ipsas angore succiduo concatenatas, qui exhortator attenuas, intercessor incidas? De cætero, libertos tuos, causis quas injunxeras expeditis, reverti puto; quos ita strenue constat rem peregisse, ut nec eguerint adjuvari; per quos nocturnalem cucullum, quo membra confecta jejuniis, inter orandum cubandumque dignanter tegare, transmisi : quanquam non opportune species villosa mittatur hieme finita, jamque temporibus æstatis appropinquantibus. Vale.

EPISTOLA XVII.
Sidonius ^b Volusiano fratri salutem.

Jubes me, domine frater, lege amicitiæ quam nefas lædi, jamdiu desides digitos incudibus officinæ veteris imponere, et sancto Abrahæ die functo næniam sepulcralem luctuosis carminibus inscribere. Celeriter injunctis obsecundabo, cum tua tractus auctoritate, tum principaliter amplissimi viri ^c Victorii comitis devotione præventus; quem jure sæducem vocat Victorium, qui ab Eurico rege impositus Arvernos regebat. Sidonius ergo unius Arvernicæ, Gregorius multarum quibus præerat civitatum rationem habuit. Sic enim scribit lib. ii, cap. 20 : *Euricus Gothorum rex Victorium ducem super septem civitates præposuit : qui protinus Arvernos adveniens, civitatem addere voluit.* Nam discrimen hoc certum Gregorii ævo, et inferiore, comitum atque ducum, quod comes unius, dux multarum civitatum rector erat, quæ singulæ suos comites haberent. Idem auctor lib. viii, cap. 18 : *Nicetius a comitatu Arverno submotus ducatum a rege Childeberto expetiit ; et sic in urbe Arverna, Ruthena atque Ucetica dux ordinatus est*; et lib. ix, cap. 7 : *Ennodius cum ducatum urbium Turonicæ atque Pictavæ ministraret, adhuc et Vici Juliensis atque Bennarnæ urbium principatum accipit : sed euntibus comitibus Turonicæ atque Pictavæ urbis ad regem Childebertum, obtinuerunt eum a se removeri.* Gradus igitur quidam a comitatu ad ducatum. Fortunatus Sigoaldo comiti :

Rex Childebertus crescens te crescere coga,
Qui modo dat comitis, det tibi jura ducis.

culari patronum, jure ecclesiastico filium, **208** A excolo ut cliens, ut pater diligo. [a] Qui satis docuit, quæ sibi aut qualis erga famulos Christi cura ferveret, cum torum circa decumbentis antistitis, non dignitatem minus quam membra curvatus, ac supra vultum propinqua morte pallentem, dolore concolor factus, quid viro vellet lacrymis indicibus ostenderet. Et quia sibi maximas humandi funeris partes ipse præripuit, totum apparatum supercurrentis impendii quod funerando sacerdoti competeret, impartiens; saltem ad obsequium, quæ remanserunt, verba conferimus, nihil aliud exaraturi styli scalpentis impressu, quam testimonium mutuæ dilectionis. Cæterum viri mores, gesta, virtutes, indignissime meorum dictorum ponderabuntur.

> Abraham sanctis merito sociande patronis,
> Quos tibi collegas dicere non trepidem.
> Nam s c præcedunt, ut mox tamen ipse sequare :
> Dat partem regni portio martyrii.
> Natus ad Euphratem, pro Christo ergastula passus,
> Et quinquennali vincula laxa fame ;
> Elapsus [b] reg truculento Susidis oræ,
> Occiduum properas solus adusque solum.
> Sed confessorem virtutum signa sequuntur :
> Spiritibusque malis fers, fugitive, fugam.
> Quaque venis, Lemurum se clamat cedere turba :
> Dæmonias ire jubes exsul in exsilium.
> Expeteris cunctis, nec te capit ambitus ullus :
> Est tibi delatus plus onerosus honor.
> **209** Romuleos refugis, Byzantinosque fragores,
> Atque sagittifero mœnia fracta Tito.
> Murus Alexandri et non tenet, Antiochique ;
> Spernis Elisseæ Byrsica tecta domus.
> Rura paludicolæ temnis populosa Ravennæ,
> Et quæ lanigero de sue nomen habent.
> Angulus iste placet, paupertinusque recessus,
> Et casa cui culmo culmina pressa forent.
> Ædificas hic ipse Deo venerabile templum,
> Ispe Dei templum corpore facte prius.
> Finiti cursus isic vitæque viæque,
> Sudori superest dupla corona tuo.
> Jam te circumstant paradisi millia sacri,
> Abraham jam te comperegrinus habet.

Inde est quod in legibus Vesogothicis dux provinciæ dicitur comes civitatis; et quod a divinorum officiorum scriptoribus comparantur cum comitibus episcopi, cum ducibus archiepiscopi; quia episcopi singularum erant civitatum, archiepiscopi totius provinciæ.

[a] De Victorio multa passim scribit Gregorius, quæ docent illum non semper sui similem fuisse : quippe qui propter libidinem ab Arvernis profugus, Romæ tandem ob eadem flagitia lapidibus obrutus vitam finiit. Hoc enim de eo narrat loco supra scripto. At libro de gloria Confessorum cap. 33, Victorium ait, cum apud Ricomagum nostram ad S. Amabilis lipsana preces fundere detrectaret, divino miraculo compulsum obtemperasse.

[b] Regi Persarum. De regum Persarum in Christianos persecutione, quam exorsi sunt Isdigertes et Vararanes, scribit inter cæteros Theodoretus lib. v Hist., cap. 38.

80 [c] Euphratis, Abraham enim Persa erat, natus ad Euphratem. Beatorum autem sedes significat, alludens ad paradisum Edem, ex quo fluere Euphratem produnt sacræ Litteræ. Cæterum Abrahæ hujus epitaphio alterum attexam, nondum opinor editum, Augusti presbyteri, quod in S. Hagnes basilica Romæ olim descriptum retinet codex S. Mariæ Virdunensis.

EPITAPHIUM AUGUSTI PRESBYTERI.

> Hoc, Auguste, quidem, tumulo tua membra teguntur,
> Sed nunquam meritum parvula claudit honos.
> Corpus habet tellus, animam cœlestia regna.
> Sic sedes proprias singula rite tenent

Jam patriam ingrederis, sed de qua decidit Adam,
Jam potes [c] ad fontem fluminis ire tui.

Ecce, ut injunxeras, quæ restant sepulto justa persolvimus; sed si vicissim caritatis imperiis fratres, amicos, commilitones obsequi decet, ad vicem quæso tu quoque, quibus emines institutis, discipulos ejus aggredere solari; fluctuantemque regulam fratrum destitutorum, secundum [d] statuta Lirinensium patrum, vel Grinincensium festinus informa : cujus disciplinæ si qui rebelles, ipse castiga; si qui sequaces, ipse collauda. Præpositus illis quidem videtur sanctus Auxanius, qui vir, ut nosti, pusculum justo et corpore infirmus, et verecundus ingenio, eoque parendi quam imperandi promptior, exigit te rogari, ut tuo ipse sub magisterio monasterii magister accedat : et si quis **210** illum de junioribus spreverit tanquam imperitum vel pusillanimem, per te unum sentiat utrumque non impune contemni. Quid multa? vis ut paucis quid velim agnoscas? quæso ut abbas sit frater Auxanius supra congregationem, [e] tu vero et supra abbatem. Vale.

EPISTOLA XVIII.

Sidonius Constantio suo salutem.

[f] A te principium, tibi desinet : nam petitum misimus opus, raptim relectis exemplaribus; quæ ob hoc in manus pauca venerunt, quia mihi nihil de libelli hujusce conscriptione meditanti, hactenus incustodita nequeunt inveniri. Sane ista pauca, quæ quidem et levia sunt, celeriter absolvi ; quanquam incitatus semel animus necdum scripturire desineret ; servans hoc sedulo genus temperamenti, ut epistolarum non produceretur textus, si numerus breviaretur. Pariter et censui librum, quem lector delicatissimus desiderare, et satis habilem, nec parum ex-

> Devotus Domino vixisti corde fideli,
> Presbyteri officium sub pietate gerens.
> Largus pauperibus, dives tibi, carus amicis,
> Divinæ legis jussa veneranda colens.
> Et felix tauto laudum cumulatus honore,
> Perpetuis merito jam fruiture bonis.

[d] Ita veteres plerique : quod rectius est quam *Grinicensium*. Alcimus Avitus epistola 65 ad Maximum episcopum : *Nam monasterii Grinincensibus occupatus ali quandiu jam habitaculo civitatis abfueram*. Erant enim Grinincenses monachi in Viennensium diœcesi, quorum mentio in Vita B. Clari abbatis Viennensis : et i vulgata exemplaria Grimanenses mendose appellant, pro *Griniacenses*. Primis autem illis sæculis, ante receptam S. Benedicti regulam, singulorum ferme cœnobiorum propriæ erant leges et statuta.

[e] Non ut primarius abbas sit ipse, sed ut curet Auxanio abbati ab omnibus pareri. Quod enim hic rursum vir doctus abbatum duos gradus facit, ut alii sint primarii, alii secundarii; non minus absurdum est quam quod supra de primi et secundi ordinis episcopis refutavimus. Erat quidem in monasteriis sub abbate inferioris gradus præpositus : sed Sidonius Auxanium monachis abbatem præfectum vult intelligi, non præpositum.

[f] Prima omnium epistola qua opus dedicavit, fuit ad Constantium : hæc item ad eundem. Finis hic igitur editionis Constantianæ, quæ septem tantum libros complexa est; reliqui duo qui sequuntur, seorsim postea singuli sunt adjecti.

cusabilem fore; si, quoniam te sensuum structurarumque levitas poterat offendere, membranarum certe fascibus minus onerarere. Commendo igitur varios judicio tuo nostri pectoris motus; minime ignarus, quod ita mens pateat in libro, ^a veluti vultus in speculo. Dictavi enim quaepiam hortando, laudando plurima, aliqua suadendo, moerendo pauca, jocandoque nonnulla. Et si me uspiam lectitavisti in aliquos concitatiorem, **211** scias, volo, Christi dextera opitulante, me nunquam toleraturum animi servitutem, compertissimum tenens bipartitam super iis moribus hominum esse censuram. Nam ut timidi me temerarium, ita constantes liberum appellant. Inter quae ipse decerno, satis illius jacere personam, cujus necesse est latere sententiam. Ad propositum redeo. Interea tu si quid a lectionis sacrae continuatione respiras, his licebit naeniis avocare. Nec faciet materia, ut immensa, fastidium: quia cum singulae causae singulis ferme epistolis finiantur, cito cognitis in quae oculum intenderis, ante legere cessabis quam lecturire desistas. Vale.

^a Affine est illud Democriti, ἐν μὲν τοῖς εἰσόπτροις ὁ τῆς ὄψεως, ἐν δὲ ταῖς ὁμιλίαις ὁ τῆς ψυχῆς χαρακτήρ βλέπεται. *Speculum cordis hominum verba sunt*, ait Cassiodorus Senator lib. vi Variar 9.

LIBER OCTAVUS.

212 EPISTOLA PRIMA.

Sidonius ^a Petronio suo salutem.

Tu quidem pulchre : mos hic tuus ; et persevera, vir omnium bonorum qui uspiam degunt, laude dignissime, quod amicorum gloriae, sicubi locus, lenocinaris. Hinc est quod etiam scrinia Arverna petis eventilari : cui sufficere suspicabamur, si quid superiore vulgatu protulissemus. Itaque morem geremus injunctis, actionem tamen styli eatenus prorogaturi, **213** ut epistolarum seriem, nimirum a primordio voluminis inchoatarum, in extimo fine parvi adhuc numeri summa protendat, opus videlicet explicitum quodam quasi marginis sui limbo coronatura. Sed plus cavendum est ne sera propterjam propalati augmenta voluminis, in aliquos forsitan incidamus vituperones, quorum fugere linguas cote livoris naturalitas acuminatas, nec Demosthenis quidem, Ciceronisque sententiae artifices, et eloquia fabra potuere : quorum anterior orator Demadem, citerior Antonium toleravere derogatores : qui lividi cum fuerint malitiae clarae, dictionis obscurae, tamen ad notitiam posterorum per odia virtutum decurrerunt. Sed quia hortaris, repetitis laxemus vela turbinibus: et qui veluti maria transmisimus, hoc quasi stagnum pernavigemus. Nam satis habeo deliberatum, sicut adhibendam in conscriptione diligentiam, ita tenendam in editione constantiam. Demum vero medium nihil est. Namque aut minimum ex hisce metuendum est, aut per omnia omnino conticescendum. Vale.

EPISTOLA II.

Sidonius ^b Joanni suo salutem.

Credidi me, vir peritissime, nefas in studia committere, si distulissem prosequi laudibus quod aboleri tu litteras distulisti; quarum quodammodo jam sepultarum suscitator, fautor, assertor, concelebraris; teque per Gallias uno magistro **214** sub hac tempestate bellorum Latina tenuerunt ora portum, cum pertulerint arma naufragium. Debent igitur vel aequaevi, vel posteri nostri, universatim ferventibus votis alterum te ut Demosthenem, alterum ut Tullium, nunc statuis, si liceat, consecrare, nunc imaginibus : qui te docente formati institutique jam sinu in medio sic gentis invictae, quod tamen alienae, talium vetustorum signa retinebunt. Nam jam remotis gradibus dignitatum, per quas solebat ultimo a quoque summus quisque discerni, solum erit posthac nobilitatis indicium litteras nosse. Nos vero, caeteros, supra doctrinae tuae beneficia constringunt: quibus aliquid scribere assuetis, quodque venturi legere possint elaborantibus, saltem de tua schola seu magisterio, competens lectorum turba proveniet. Vale.

EPISTOLA III.

Sidonius ^c Leoni suo salutem.

Apollonii Pythaghorici vitam, non ut Nicomachus operae testimonia in antiquis veterum auctorum codicibus obvia sunt : sed quod ad conjectaram nostram firmandam, Sidoniique locum facere videtur, plurima exstant T. Livii exemplaria, in quibus Nicomachum et Victorianum eamdem operam T. Livio impendisse adnotatum est, his verbis : *Nicomachus dexter V. C. emendavi ad exemplum parentis mei Clementiani, ab Urbe condita. Victorianus V. C. emendabam domnis Symmachis :* et alio loco, *Emendavi Nicomachus Flavianus V. C. praefectus urbi apud Hennam, ab Urbe condita. Victorianus V. C. emendabam domnis Symmachis.* Duo igitur Nicomachi cum fuissent, ideo fortasse Sidonius, ne ambigi posset, senioris notam adjecit. Victorianus autem pro Symmachis Livium emendarat, ut Sidonius pro Leone Philostratum hoc loco, et pro Ruricio Heptateuchum lib. v, epist. 15, et Q. Symmachus Livium eumdem pro Valeriano lib. ix, epist. 13. *Munus*, inquit, *totius Liviani operis quod spopondi, etiam nunc diligentia*

81 ^a Viro illustri, Arelatensi togato, ut dictum, est ad epist. 1, lib. v. Ejus rogatu liber hic post superiores editus est.

^b Doctori, ut videtur, grammatico in aliqua urbe Galliae: qualis et Eusebius, sed philosophiae professor, lib. iii, epist. 1, et Lampridius rhetor Burdegalensis lib. ix, epist. 13.

^c Eurici regis consiliario : de quo ad epist. 22, lib. iv, Petieratis a Sidonio exscribi sibi volumen Philostrati de vita Apollonii Tyanei. Mittit Sidonius, simulque indicat unde exscriptum sit : nimirum e codice quem Victorianus recognorat : et hoc amplius addit, Victorianum e Nicomachi antigrapho et emendatione, Nicomachum a Philostrati ipsius autographo exscripsisse. Nicomachus ergo et Victorianus nomina sunt, non auctorum qui Apollonii Vitam scripserint, neque scribarum antiquariorum, sed clarissimorum virorum, qui ab antiquariis mendose scripta ter otium et animi gratia castigabant. Cujusmodi

senior e Philostrati, sed ut Tascius Victorianus e Nicomachi schedio exscripsit, quia jusseras, misi : quam, dum parere festino, celeriter ejecit in tumultuarium exemplar, turbida et ᵃ præceps et opica translatio. Neque mihi rem credito diuturnius elaboratam vitio vertas. Nam dum me tenuit inclusum mora ᵇ mœnium Livianorum (cujus incommodi finem, post opem Christi, tibi **215** debeo), non valebat curis animus æger, saltim saltuatim tradenda percurrere, nunc per nocturna suspiria, nunc per diurna officia distractus. Ad hoc et cum me defatigatum ab excubiis ad diversorium crepusculascens hora revocaverat, vix dabatur luminibus inflexis parvula quies. Nam fragor illico quem movebant vicinantes impluvio cubiculi mei duæ quæpiam Gethides anus, quibus nihil unquam litigiosius, bibacius, vomacius erit. Sane cum primum reduci aliquid otii fuit, impolitum hunc semicrudumque, et, ut aiunt, ᶜ tanquam musteum librum, plus desiderii tui quam officii mei memor obtuli. Quocirca sepone tantisper Pythicas lauros Hippocrenemque, e illos carminum modos tibi uni tantum penitissime familiares ; qui tamen doctis, ut es ipse, personis non tam fonte quam fronte sudantur. Suspende perorandi illud quoque celeberrimum flumen, quod non solum gentilitium, sed domesticum tibi, quodque in tuum pectus per succiduas ætates ab atavo Frontone transfunditur. Sepone pauxillulum conclamatissimas declamationes, quas ᵈ oris regii vice conficis : quibus ipse rex inclytus modo corda terrificat gentium transmarinarum ; modo de superiore cum barbaris ad Vachalim trementibus fœdus victor innodat ; modo per promotæ limitem sortis, ut populos sub armis, sic frenat arma sub legibus. Exuere utcunque continuatissimis curis, et otium tuum molibus aulicis motibusque furare. Historiam flagitatam tunc recognosces opportune **216** competenterque, si cum Tyaneo nostro, nunc ad Caucasum Indumque, nunc ad Æthiopum gymnosophistas Indorumque bracmanas, totus lectioni vacans, et ipse quodammodo peregrinere. Lege virum, fidei catholicæ pace præfata, in plurimis similem tui, id est a divitibus ambitum, nec divitias ambientem ; cupidum scientiæ, continentem pecuniæ ; inter epulas abstemium, inter purpuratos linteatum, inter alabastra censorium : concretum, hispidum, hirsutum, in medio nationum delibutarum, atque inter satrapas regum tiaratorum myrrhatos, pumicatos, malobatratos venerabili squalore pretiosum : cumque proprio nihil esui aut indutui de pecude conferret, regnis ob hoc, quæ pererravit, non tam suspicioni quam fuisse suspectui ; et fortuna regum sibi in omnibus obsecundante, illa tantum beneficia poscentem, quæ mage sit suetus oblata præstare quam sumere. Quid multis ? Si vera metimur æstimamusque, fors fuat an philosophi vitæ scriptor æqualis majorum temporibus accesserit, certe par sæculo meo per te lector obvenit. Vale.

EPISTOLA IV.
Sidonius ᵉ *Consentio suo salutem.*

Unquamne nos Dei nutu, domine major, una videbit ille ager tuus Octavianus, nec tuus tantum, quantum amicorum? Qui civitati, fluvio, mari proximus, hospites epulis, te pascit **217** hospitibus. Præter hæc, oculis intuentium situ decorus : primore loco, quod domicilium parietibus attollitur, ad concinentiam scilicet architectonicam fabre locatis : tum sacrario, porticibus ac thermis conspicabilibus late coruscans : ad hoc agris, aquisque, vinetis atque olivetis, vestibulo, campo, colle amœnissimus. Jam super penum, vel supellectilem copiosam, thesauris bibliothecalibus large refertus : ubi ipse dum non minus stylo quam vomeri incumbis, difficile discernitur domini plus ne sit cultum rus, an ingenium. Hic tu igitur (quantum recordor) citos iambos, elegos acutos, ac rotundatos hendecasyllabos, et cætera carmina musicos flores thymumque redolentia, nunc Narbonensibus cantitanda, nunc Biterrensibus, ambigendum celerius an pulchrius elucubrasti, apud æquævos gratiam tuam, famam apud posteros ampliaturus. Certe quoties mihi tui versus a meditationis incude, tanquam adhuc calidi, deferebantur, sic videbatur, qui et si non bene scribo, bene judico. Sed quod fatendum est talibus studiis anterior ætas juste vacabat, seu quod est verius, occupabatur :

---

emendationis moratur. Non enim existimabant viri docti se officio perfunctos, cum ex codicibus suis librum amico exscribendum curarent, nisi eum opera sua quam emendatissimum redderent.

ᵃ *Exscriptio.* Sic lib. ɪx, epist. 16, de exemplaribus epistolarum suarum : *raptim coactimque translator festinus exscripsi* ; lib. ɪx, epist. 11. *copia transferendi* ; et Ruricius epist. 8 ad Sidonium nostrum : *Codicem namque, quem de fratre meo Leontio me cipere jusseratis, transtulisse me fateor* ; hoc est, ut ipse post loquitur, *exemplasse*. Vel hic porro locus, et alter **82** epist. 12, lib. ɪv, de Menandri Epitreponte quem legebat, Sidonium linguæ Græcæ peritum fuisse probant, eosque redarguunt qui contra sentiunt.

ᵇ *Livia*, castellum in finibus provinciæ Narbonensis, haud procul Carcassione, ut ex Aimoino colligitur lib. ɪɪ Translationis S. Vincentii, cap. 4. Idem etiam docet Tabula itineraria Peutingeri, quæ Carcassionem inter ac Narbonem locat, sed Livianam nominat, duodecimo a Carcassione milliario. Ad castrum hoc post Arvernorum deditionem relegatus a Gothis Sidonius, Leonis potissimum opera liberatum se profitetur.

ᶜ *Recentem et incoctum, instar musti.* Plinii junioris exemplo, qui musteum quoque librum dixerat, lib. vɪɪɪ, epist. 21, mustaceum Velius Longus. Sic musteum caseum Plinius alter, lib. ɪɪ Histor., 42 ; et mustea pyra, musteum succinum, aliis locis.

ᵈ *Leo* enim velut quæstor erat Eurici. Quæstor autem os principis. Gentes Transmarinæ hoc loco sunt Vandali, qui in Africa mari tantum a Gothorum Septimania divisi. Barbari ad Vachalim, Franci nostri : ut carmine 12.

Detonsus Vachalim bibat Sicamber.

Promotæ sortis limes ad imperii Romani fines referendus est, in quos pervaserat Euricus ; ut supra dictum ex Ennodio.

ᵉ *Narbonensi*, viro genere et litteris clarissimo, Consentii senioris filio, ut reor. Nam duo ejus nominis fuerunt, ut est in epist. 15 ad Gelasium, lib. ɪx. De eodem plura etiam in Narbone.

modo tempus est seria legi, seria scribi, deque perpetua vita potius quam memoria cogitari, nimiumque meminisse, nostra post mortem non opuscula, sed opera pensanda. Quæ quidem ad præsens non ita loquor, quasi tu non utraque laudanda conficias : aut si adhuc durat in sermone lætitia, non custodiatur in actione censura : sed ut qui Christo favente clam sanctus es, jam **218** palam religiosa venerandus jugo salubri colla pariter et corda subdare : invigilet cœlestibus lingua præconiis, anima sententiis, dextra donariis, præcipue tamen dextra donariis ; quia quidquid ecclesiis spargis, tibi colligis : ad cujus exercitia virtutis illud vel principaliter te poterit accendere, quod inter opes quaslibet positi (quæ bona stultis falso vocantur) si quid agimus, nostrum ; si quid habemus, alienum est. Vale.

EPISTOLA V.
Sidonius Fortunali suo salutem.

Ibis et tu in paginas nostras, amicitiæ columen Fortunalis, Ibericarum decus illustre regionum. Neque enim tibi familiaritas tam parva cum litteris, ut per has ipsas de te aliquid post te superesse non deceat. Vivet ilicet, vivet in posterum nominis tui gloria. Nam si qua nostris qualitercumque gratia, reverentia, fides chartulis inest, sciat ætas volo postuma, nihil tua fide firmius, forma pulchrius, sententia justius, patientia tolerantius, colloquio jucundius. Illud quoque supra cætera agnoscet, præconia laudibus tuis ex votorum contrarietate venisse. Nam prope est, ut eminentius censeatur, quod probaverunt te adversa constantem, quam si celarent secunda felicem. Vale.

219 EPISTOLA VI.
Sidonius [a] *Nammatio suo salutem.*

C. Cæsarem dictatorem, quo ferunt nullum rem militarem ducalius administrasse, studia dictandi lectitandique sibi mutuo vindicavere. Et licet in persona unius ejusdemque tempore suo principis viri, castrensis, oratoriæque scientiæ cura certaverit ferme gloria æquipari ; idem tamen nunquam se satis duxit in utriusque artis arce compositum, priusquam vestri Arpinatis testimonio cæteris mortalibus anteferretur. Quod mihi quoque, si parva magnis componere licet, secundum modulum meum, quanquam dissimillimo, similiter accessit. Quæ super cunctos te quamprimum decuit agnoscere, quia tibi est tam gloria mea quam verecundia plurimum curæ. [b] Flavius Nicetius, vir ortu clarissimus, privilegio spectabilis, merito illustris, et hominum patriæ nostræ prudentia peritiaque juxta maximus, præconio, quantum comperi, immenso præsentis opusculi volumina extollit ; insuper prædicans quod plurimos juvenum nec senum paucos, vario genere dictandi militandique, quippe adhuc ævo viridis, ipse sim supergressus. Equidem in quantum fieri præter jactantiam potest, gaudeo de præstantissimi viri auctoritate, si certus est ; amore, si fallitur : licet quis provocatus nunc ad facta majorum, non inertissimus, quis quoque ad verba non infantissimus erit ? Namque **220** virtutes artium istarum sæculis potius priscis sæculorum rector ingenuit ; quæ per ætatem mundi jam senescentis, lassatis veluti seminibus, emedullatæ, parum aliquid hoc tempore in quibuscunque, atque id in paucis mirandum ac memorabile ostentant. Hujus tamen ego, et si studiorum omnium caput est litterarumque, qui personam semper excolui, vereor sententiam, supra quam veritas habet, affectu ponderatiore prolatam. Neque ob hoc inficias ierim, me sæpe luculentis ejus actionibus astitisse. Quarum me (et si mutuum reddere videor) vel ex parte cursimque fieri memorem fas est. Audivi eum adolescens, atque adhuc nuper ex puero, cum [c] pater meus præfectus prætorio Gallicanis tribunalibus præsideret : sub cujus videlicet magistratu, [d] consul Asterius anni sui fores votivum trabeatus aperuerat. Adhærebam sellæ curuli, et si non latens per ordinem, certe non sedens per ætatem : mixtusque turmæ [e] censualium penulatorum, [f] proxime consuli proximis eram. Itaque ut primum brevi [g] peracta nec brevis spor-

---

[a] Non liquet an hic sit Namatius, consocer Ruricii, ad quem et Ceruniam ejus conjugem exstant aliquot epistolæ Ruricii ejusdem.

[b] Lugdunensis, ex advocato sedis prætorianæ et assessore, vir spectabilis. Tres autem honoratorum gradus in uno distinxit, clarissimatum, spectabilitatem, illustratum : de quibus Cassiodorus Variarum lib. VI et VII. Ita in edicto Hunerici regis apud Victorem Uticensem lib. III designantur *illustres*, *spectabiles*, *senatores*, hoc est clarissimi. Et e triplici judicum gradu provinciales rectores clarissimi erant, vicarii majorum diœcesum spectabiles, præfecti prætorio illustres. Nicetium itaque clarissimum fecerat ortus senatorius : spectabilem diuturnæ advocationis prætorianæ privilegium, ex Novella Valentiniani de postulando, quæ advocatis post 15 annos jus concedit vicariæ dignitatis. Illustrem denique merita reddebant.

[c] Patris sui nomen Sidonius nusquam prodit. Præfectum prætorio Galliarum fuisse anno 448 declarat **83** Asterii consulatus, qui nomen dedit anno 449. Ob hanc ergo præfecturam præfectorio patre natus ab Arvando dictus Sidonius, lib. I, epist. 7, et pater Sidonii Galliarum soliditati præfuisse, lib. V, epist. 9 ad Aquilinum. Hinc præterea ducitur epocha ætatis Sidonii, qui se per id tempus adolescentiam ingressum significat.

[d] Turcius Rufius Asterius, cum Protogene consul anno, ut jam dixi, 449. De eo nonnulla observavimus ad Ennodium. Nunc addendum est Asterium, teste Idatio, magistrum utriusque militiæ ante consulatum fuisse. Sic enim de illo scribit sub annum 440 : *Asterius dux utriusque militiæ ad Hispanias missus Tarraconensium cædit multitudinem Bacaudarum.*

[e] Censuales enim penulis uti jussi, ut cæteri officiales. Cod. Theodos. de habitu quo uti oportet intra urbem.

[f] In editione Labbei, *proximis consuli proximus eram.*

[g] Solemnia munera, quæ spargi aut mitti solebant in auspiciis consulatus, et aliorum magistratuum. Trebellius Pollio de sportula Gallieni : *Matronas ad consulatum suum rogavit iisdemque manum sibi osculantibus quaternos aureos sui nominis dedit.* Symmachus lib. IX, epist. ultima : *Sportulam consulatus mei et amicitiæ nostræ et honori tuo debeo. Hanc in solido*

tula, ª datique fasti, acclamatum est ab omni Galliæ cœtu primoribus advocatorum, ut festivitate præventas horas antelucanas, quæ diem serum cum silentio præstolarentur, congrua meritorum fascium ᵇ laude honestarent. Nicetium protinus circumspexere conspecti: qui non sensim singulatimque, sed tumultuatim petitus et cunctim, cum quodam prologo pudoris vultum modeste demissus irrubuit. Atque ob hoc illi maximum sophos non eloquentia prius **221** quam verecundia dedit. Dixit disposite, graviter, ardenter, magna acrimonia, majore facundia, maxima disciplina; et illam Sarranis ebriam succis inter crepitantia segmenta palmatam plus picta oratione, plus aurea convenustavit. Per ipsum fere tempus, ut decemviraliter loquar, ᶜ lex de præscriptione tricennii fue-

A rat ᵈ proquiritata: cujus peremptoriis abolita rubricis lis omnis in sextum tracta quinquennium terminabatur. Hanc intra Gallias ᵉ ante nescitam primus quem loquimur, orator indidit prosecutionibus, edidit tribunalibus, prodidit partibus, addidit titulis, frequente conventu, raro sedente, paucis sententiis, multis laudibus. Præter ista, per alias vices doctrinam illius (quo more citius homo discitur) inobservatus inspexi, tunc cum, quæ regit provincias fascibus, Nicetiano regeretur præfectura consilio. Quid multa? Nil quod non meum vellem, nil quod non admirarer, audivi. Propter quæ omnia bona in viro sita, lætor ad puncta censoris omnium voce concelebrati. Granditer enim sua in utramvis de me opinionem sententia valet: quæ, si ᶠ vera comperimus, tantum mihi est

misi, orans ut benigno animo solemnia officii mei **B** libamenta suscipias. De Justini quoque Augusti consulatu Corippus lib. ɪv:

> Dona calendarum quorum est ea cura parabant
> Officia, et turmis implent felicibus aulam.
> Convectant rutilum sportisque capacibus aurum.

Ab his enim sportis nomen. Glossæ nostræ: *Sportula,* τὰ ἐν σπυρίδι διδόμενα ξένια.

ª Tabellæ opinor eburneæ Consulis nominibus insculptæ, quas in auspiciis consulatus dari solitas indicat Claudianus lib. ɪɪɪ de laudibus Stiliconis:

> Tum virides pardos, et cætera colligit Austri
> Prodigia, immunesque simul Latonia dentes
> Qui secti ferro in tabulis, auroque micantes,
> Inscripti rutilum cælato consule nomen,
> Per proceres et vulgus eant.

Ad proceres nimirum et amicos mittebantur, in vulgus spargebantur. Ut fasti autem cum sportula hoc **C** loco, sic lib. ɪ cod. Theodos. de expensis ludorum, diptycha cum sportulis conjunguntur: itemque apud Symmachum eburnei pugillares aut diptychum eburneum cum apophoretis vel canistellis argentis, id est sportulis, lib. ɪɪ, epist. 81, et lib. ɪx, epist. 109, et aliis locis. Quare eodem spectare **84** crediderim: atque in diptychis illis insculpta fuisse nomina consulum aliorumve magistratuum qui solemnes sportulas dabant. Nam diptychum hujus generis eburneum insigne videre est in monasterio Compendiensi, cum inscriptione, quæ senatui oblatum docet olim fuisse a Philoxeno consule orientali anno 520. Sic enim se habet: FL. THEODORUS FILOXENUS SOTERICUS FILOXENUS VIR ILLUST. COM. DOMEST. EXMAGISTRO M. PER THRACIA ET CONSUL ORDINAR.

> Τουτὶ τὸ δῶρον τῇ σοφῇ γερουσίᾳ
> Ὕπατος ὑπάρχων προσφέρω Φιλόξενος.
>
> Docto catoque munus hoc senatui
> Consul creatus offero Philoxenus

85 Ex hoc etiam genere calculi eburnei, in quibus conscripta proconsulum Africæ nomina fuisse docet Prosper, aut quisquis auctor est librorum de Promissionibus et Prædictionibus Dei: cujus in peroratione operis hæc sunt verba: *In calculis,* inquit, *eburneis nomina proconsulum conscripta Carthagine in foro coram populo a præsenti judice sub certis vocabulis citabantur; et erat solemnis dies albi citatio. Hi qui avaritiam superantes remp. fideliter egerant absque flagitiis facinoribusque, etiam absentes honorabantur. Eos vero quos rapacitas vicerat, populus conviciis sibilisque notabat.* Mos memorabilis, et qui facere videtur ad legem 102 Cod. de officio rectoris provinciæ.

ᵇ Hujus moris publice laudandorum consulum calendis Januarii, quibus magistratum inibant, testes sunt panegyrici consulares utraque lingua tum versa, tum soluta oratione dicti a Mamertino, Libanio, Themistio, Claudiano, Sidonio. Dixit et Augustinus in consulatu Bautonis, ut narrat ipse lib. ɪɪɪ contra Petilianum, 25: *Cum ego Mediolanum ante Bautonem consulem venerim, eique calendis Januariis laudem in conventu conspectuque hominum, pro mea tunc rhetorica professione recitaverim.*

ᶜ Ea est novella Valentiniani, de 30 annorum præscriptione omnibus causis opponenda, quæ ascriptam habet hujus anni notam. In qua præiisse sibi dicit legem Theodosii patris sui, hoc est, ut doctissimus Cujacius Observationum lib. xvɪɪɪ, cap. 26, interpretatur, Theodosii senioris; ut ego sentio, junioris. Nam quod existimavit Cujacius, patrem a Valentiniano dici Theodosium minorem non posse, id frivolum certe est: cum eumdem ipsum sine controversia patrem etiam vocet, tum novella 12, *De episcopali judicio:* tum altera: *De reddito jure armorum,* quæ perperam nec sola edita est inter Theodosianas; socerum videlicet auctoremque imperii sui; ut vicissim Theodosius idem Valentinianum filium appellat novella 1 et 2. Rursum dominum appellat Theodosium, non divum, quemadmodum divum Honorium, quia Theodosius junior e vivis nondum excesserat. At novella 12, ubi ait exemptam illa Theodosii lege ætatem pupillarem, divæ memoriæ Theodosium indigitat; quippe biennio jam ante defunctum. Porro lex illa Theodosii minoris in utroque codice descripta est: *l. unica, cod. Theod. de actionibus certo temp. fin.* et l. 3, *cod. de præscript.* 30 annorum. In qua et eadem est pupillaris ætatis exceptio, et omnibus prorsus actionibus opposita præscriptio. Singula denique cum Valentiniani novella comparenti: licet vox *omnia* desideretur, quæ, ni fallor, si novellæ tantum verba spectentur, requirenda non est: et tamen in Theodosiana lege integra esse potuit, cujus exigua **D** est portio quæ restat. Theodosii vero magni de præscriptione 30 annorum **86** lex nulla memoratur; et nullam fuisse satis probat ipsa Theodosii junioris constitutio, in qua se primum (quod tanti viri acumen fugisse mirum est) hujus præscriptionis auctorem aperte significat.

ᵈ Promulgata. Mamertus Claudianus Sidonio: *Opusculum illud sine auctore proditum, et usquequaque proquiritatum.* Vox ducta a Quiritibus.

ᵉ Non enim simul hanc legem tulerunt Theodosius et Valentinianus. Theodosius Constantinopoli tulit, cum interregnum esset in Occidente ob Joannis tyrannidem, Victore consule, a quo ad Asterium, cujus anno lex data est Gallis a Valentiniano, anni fluxerant 25. Non ergo frustra est quod ait, intra Gallias ante nescitam.

ᶠ In aliquibus edit., *veram*

favens securitati, quantum fieret adversa formidini. De cætero fixum apud me stat constitutumque; prout rem ex asse cognovero, vel silentio me lora laxare, vel stringere frena garritui. Namque si supradicti confirmor assensu, Athenis loquacior; si minus, Amyclis ipsis traciturnior ero. Sed de sodali deque me satis dictum. Tu nunc inter ista quid rerum? quas mihi ad vicem nosse non **222** minus cordi. Venaris? ædificas? rusticarisne? An horum aliquid unum, an singula vicissim, an pariter cuncta? Sed de Vitruvio, sive Columella, seu alterutrum ambosve sectere, decentissime facis: potes enim utrumque more quo qui optimo, id est, te cultor aliquis e primis architectusque. Cæterum ut tibi de venatoris officio quam minimum blandiaris maxime injungo. Namque apros frustra in venabula vocas, quos canibus misericordissimis quibus abundas, et quidem solus, movere potiusquam commovere consuesti. Esto, sit indulgentia dignum, quod reformidant catuli tui bestiis appropinquare terribilibus corpulentisque: illud ignoro quomodo excuses, quod capreas pecus simum, pariter et damas in fugam pronos, jacentibus animis, pectoribus erectis, passibus raris, crebris latratibus prosequuntur. Quapropter de reliquo fructuosius retibus cassibusque scrupeas rupes, atque opacandis habilia lustris clusor statarius nemora circumvenis; ac pudor si quis, temperas cursibus apertis quatere campos, et insidiari lepusculis *a Olarionensibus* [1]; quos nec est tanti raro te insectante [b] superandos, copulis palam ductis inquietari; nisi fortisan dum tibi ac patri noster Apollinaris intervenit, rectius fiet ut exerceantur. Exceptis jocis, fac sciam tandem, quid te, quid domum circa. Sed ecce dum jam epistolam quæ diu garrit, claudere optarem, subitus a Santonis nuntius; cum quo dum tui obtentu aliquid horarum sermocinanter extrahimus, constanter asseveravit, nuper **223** vos classicum in classe cecinisse, atque inter officia nunc nautæ, modo militis, littoribus Oceani curvis inerrare contra [c] Saxonum pandos myoparones, quorum quot remiges videris, totidem te cernere putes archipiratas; ita simul omnes imperant, parent, docent, discunt latrocinari. Unde nunc etiam ut quamplurimum caveas, causa successit maxima monendi. Hostis est omni hoste

[a] Quæ hic Olario, Uliarus est Plinio, insula in sinu Aquitanico, e regione Santonum, apud quos Nammatius.

[b] Sic omnino legendum: non ut in vulgatis, *superando scopulis*. Intelligit enim copulas canum venaticorum. In Capitulis Caroli Magni, voce jam corrupta: *Ut episcopi et abbates et abbatissæ cuplas canum non habeant, nec falcones, nec accipitres*. Copula est ἀλυσίδιον: id est, interprete Suida, πλόχου γένος περὶ τὸν τράχηλον, vincula colli. Ovidius: *Copula detrahitur canibus*. Hinc canes copulis juncti.

[c] Hegesippus lib. v de Saxonibus iisdem: *Validum genus hominum et præstans cæteris, piraticis tantum myoparonibus, non viribus, nititur*. Saxones sane vicinas Rheno et mari gentes assiduis incursationibus infestas olim habuere post tempora Diocletiani. Et

[1] De hoc Sidonii loco aliter ac Sirmondus censuit Scaliger, quem sequitur Papebrochius, uti observa-

truculentior. Improvisus aggreditur, prævisus elabitur, spernit objectos, sternit incautos. Si sequatur, intercipit; si fugiat, evadit. Ad hoc exercent illos naufragia, non terrent. Est eis quædam cum discriminibus pelagi non notitia solum, sed familiaritas. Nam quoniam ipsa, si qua tempestas est, hinc securos efficit occupandos; hinc prospici vetat occupaturos; in medio fluctuum, scopulorumque confragosorum, spe superventus læti periclitantur. Præterea priusquam de continenti in patriam vela laxantes hostico mordaces anchoras vado vellant, mos est remeaturis decimum quemque captorum per æquales et cruciarias pœnas, plus ob hoc tristi, quod superstitioso ritu, necare; superque collectam turbam periturorum mortis iniquitatem sorti æquitate dispergere. Talibus eligunt votis, victimis solvunt; et per hujusmodi non tam sacrificia purgati, quam sacrilegia polluti, religiosum putant cædis infaustæ perpetratores de capite captivo magis exigere tormenta quam pretia. Quamobrem metuo multa, suspicor varia; quanquam me econtrario ingentia hortentur. Primum, quod **224** victoris populi signa comitaris; dein quod in sapientes viros quos inter jure censeris, minus annuo licere fortuitis. Tertio, quod pro sodalibus fide junctis, sede discretis, frequenter incutiunt et tuta mœrorem; quia promptius de actionibus longinquis ambigendisque sinistra quæque metus augurat. Sed dicas, non esse tantum forte curanda quæ perhorresco. Id quidem verum est, sed nec hoc falsum, quod iis quos amplius diligimus, plus timemus. Unde nihilominus precor, obortum tui causa sensibus nostris quamprimum prospero relatu exime angorem. Neque enim ex integro flecti unquam ad hoc possum, ut de peregrinantibus amicis (quippe quos bellica militarisque tessera terit) donec secunda cognosco, non adversa formidem. Varronem logistoricum, sicut poposceras, et Eusebium chronographum misi, quorum si ad te lima pervenerit, si quid inter excubiales curas, utpote in castris, saltem sortito vacabis, poteris, postquam arma deterseris, ori quoque tuo loquendi rubiginem submovere. Vale.

EPISTOLA VII.
Sidonius Audaci suo salutem.

Ubinam se nunc velim dicas gentium abscondunt nomen inde littori Saxonico natum in Belgica II, quam etiam prætervecti, per Nervicanum item et Armoricanum tractum eadem licentia prædas egerunt. Quod præter hanc epistolam indicat altera ad Lampridium, et panegyricus Aviti. Nunc quia Aquitaniæ II imminebant, res illis cum Gothis, quem victorem populum appellat.

[d] Præfecto Urbi sub Nepote: quod docuit nos inscriptio Romana urbani ponderis marmorei, parte utraque notati, hoc modo,

SALVO D. N.	AUDAX V. C.
JULIO NEPOTE	PRÆFECTUS
PP. AUG. N.	URB. FECIT.

Hæc itaque est præfectura quam Sidonius illi gratulatur. Ejusdem porro testis et altera inscriptio, quæ tum Wesselingio ad *Vett. Romanorum Itinerar.* pag. 453.

qui sæpe sibi de molibus facultatum congregatarum, deque congestis jam nigrescentis argenti struibus blandiebantur? ubi etiam illorum prærogativa, qui contra indolem juniorum sola **225** occasione præcedentis ætatis intumescebant? Ubi sunt illi, quorum affinitas nullo indicio majore cognoscitur quam simultate? Nempe cum primum bonis actibus locus est, et ad trutinam judicii principalis appensa tandem non nummorum libra, sed morum; remansere illi qui superbissime opinabantur solo se censu esse censendos : quique sic vitiis ut divitiis incubantes, volunt vanitatis videri alienam surrexisse personam, cum nolint cupiditatis notari suam crevisse substantiam. In qua tamen detrahendi palæstra exercitati, tanquam per oleum, sic per infusa æmulationum venena macerantur. Tu vero inter hæc macte, qui præfecturæ titulis ampliatus, licet hactenus e prosapia illustris computarere, peculiariter nihilo segnius elaborasti, ut a te gloriosius poster tui numerarentur. Nihil enim est illo per sententiam boni cujusque generosius, quisquis ingenii, corporis, opum junctam in hoc constans operam exercet, ut majoribus suis anteponatur. Quod superest, Deum posco ut te filii consequantur, aut quod plus decet velle, transcendant : et quicunque non sustinet te diligere provectum, medullitus æstuantes a semet ipso livoris proprii semper exigat pœnas : cumque nullas in te habuerit unquam misericordiæ causas, habeat invidiæ. Siquidem juste [a] sub justo principe jacet, qui per se minimus, et tantum per sua maximus, animo exiguus vivit, et patrimonio plurimus. Vale.

226 EPISTOLA VIII.

Sidonius [b] *Syagrio suo salutem.*

Dic, Gallicanæ flos juventutis, quousque tandem ruralium operum negotiosus urbana fastidis? quandiu attritas tesserarum quondam jactibus manus contra jus fasque sibi vindicant instrumenta cerealia? Quousque tua te [c] Taionnacus patriciæ stirpis lassabit agricolam? quousque prati comantis exuvias hibernis novalibus, non ut eques, sed ut bubulcus abscondis? quousque pondus ligonis obtusi nec perfossis antibus ponis? Quid Serranorum æmulus et Camillorum, cum regas stivam, dissimulas optare palmatam? Parce tantum in nobilitatis invidiam rusticari. Agrum si mediocriter colas, possides; si nimium, possideris. Redde te patri, redde te patriæ, redde te etiam fidelibus amicis, qui jure ponuntur inter affectus. Aut si te tantum Cincinnati dictatoris vita delectat, [d] duc ante Raciliam, quæ boves jungat. Neque dixerim sapienti viro rem domesticam non esse curandam, sed eo temperamento, quod non solum, quid habere, sed quid debeat esse consideret. Nam si cæteris nobilium studiorum artibus repudiatis, sola te propagandæ rei familiaris urtica sollicitat : licet tu deductum nomen a trabeis, atque eboratas curules, et gestatorias bracteatas, et fastos recolas purpurissatos, is profecto invenire, quem debeat sic industrium, quod latentem, non tam honorare censor, quam census onerare. Vale.

227 EPISTOLA IX.

Sidonius [e] *Lampridio suo salutem.*

Cum primum Burdegalam veni, litteras mihi tabellarius tuus obtulit plenas nectaris, florum, margaritarum : quibus silentium meum culpas, et aliquos versuum meorum versibus poscis, qui tibi solent per musicum palati concavum, variata voce tinnientes, quasi tibiis multiforatilibus effundi. Sed hoc tu munificentia regis satis abutens, jam securus post munera facis : quia forsitan satyricum illud de satyrico non recordaris;

Satur est, cum dicit Horatius evoe.

Quid multa? Merito me cantare ex otio jubes, quia te jam saltare delectat. Quidquid illud est, pareo tamen; idque non modo non coactus, verum etiam spontaliter facio. Tantum tu utcunque moderere Catonianum superciliosæ frontis arbitrium. Nosti enim prope lætitiam poetarum : quorum sic ingenia mœroribus, ut pisciculi retibus amiciuntur : et si quid asperum aut triste, non statim se poetica teneritudo a vinculo incursi angoris elaqueat. Necdum enim quidquam de hæreditate socruali, vel in usum tertiæ sub pretio medietatis obtinui. Interim tu videris quam tibi sit epigrammatis flagitati lemma placiturum : me tamen nequaquam sollicitudo permittit aliud nunc habere in actione, aliud in carmine. Illud sane præter justitiam feceris, si impræsentiarum vicissim scripta quasi compares. **228** Ago laboriosum, agis ipse felicem. Ago adhuc exsulem, agis ipse jam civem : et ob hoc inæqualia cano, quia similia posco, et paria non impetro. Quod si quopiam casu ineptias istas

---

Audacis quoque reliqua nomina prodit, et nescio quid operis ab eo Romæ post barbaricam incursionem **87** perfectum indicat his verbis.

CASTALIUS INNO
CENTIUS AUDAX V. C.
PRÆFECTUS URBIS
VICE SACRA JUDICANS
BARBARICA INCURSIONE
SUBLATA RESTITUIT.

Hanc ex Joannis de Marca nova collectaneis deprompsimus : qui Romæ olim (nunc enim non exstat) ad ædem S. Mariæ novæ positam fuisse monet,

[a] Julio Nepote, ut dictum est supra lib. v, epist. 16 : *Hoc tamen sancte Julius Nepos, armis pariter summus Augustus et moribus.*

[b] Ad quem epist. 5, lib. v, quod fastorum sub finem commemoratio confirmat : alludit enim ad Syagrium consulem hujus proavum.

[c] Vide ad referri huc possit Taionnus, quam Tabula itineraria in Æduis locat, haud procul Augustoduno.

[d] Ita restitui veteris libri vestigia secutus, in quo legebatur *ducant Erciliam*. Racilia enim nomen uxori L. Cincinnati apud Livium lib. III.

[e] Rhetori Burdegalensi, eximio poetæ, ut est in epistola 11 ad Lupum, et 13, lib. IX, ad Tonantium. Sidonio fuit in intimis : quod præcipue declarant quæ de illius morte ad Lupum scribit. Aberat is hoc tempore Burdegala : quo cum Sidonius ad Euricum regem exsilii finem flagitaturus venisset, sequens poema condidit, oppido elegans, atque ad contuendam aulæ Gothicæ amplitudinem aptissimum.

quas inter animi supplicia conscripsimus, nutu indulgentiore susceperis, persuadebis mihi, quia cantuum similes fuerint olorinorum, quorum modulatior est clangor in poenis; similes etiam chordæ lyricæ violentius tensæ, quæ quo plus torta, plus musica est. Cæterum si probari nequeunt versus otii aut hilaritatis expertes, tu quoque in pagina quam subter attexui nihil quod placeat invenies. His adhuc adde, quod materiam cui non auditor, sed potius lector obtigerit, nihil absentis auctoris pronuntiatio juvat. Neque enim post opus missum superest quid poeta vel vocalissimus agat, quem distantia loci nec hoc facere permittit, quod solent [a] chori pantomimorum, qui bono cantu male dictata commendant.

> Quid Cyrrham, vel Hyantias Camœnas,
> Quid doctos Heliconidum liquores,
> Scalptos alitis hinnientis ictu,
> Nunc in carmina commovere tentas,
> Nostræ, o Lampridius, decus Thaliæ ?
> Et me scribere sic subinde cogis,
> Ac si Delphica Delio tulissem
> Instrumenta tuo : novusque Apollo
> Cortinam, tripodas, chelym, pharetras,
> Arcus, grypas agam, duplæque frondis
> Hinc baccas quatiam, vel hinc corymbos.
> **229** Tu jam, o Tityre, rura post recepta,
> Myrtos et platanona pervagatus,
> Pulsas barbiton, atque concinentes
> Ora et plectra tibi modos resultant;
> Chorda, voce, metro stupende psaltes.
> Nos istic positos, semelque visos,
> Bis jam menstrua luna conspicatur :
> Nec multum domino vacat vel ipsi,
> Dum responsa petit subactus orbis.
> Istic Saxona cœrulum videmus,
> Assuetum ante salo, solum timere :
> Cujus verticis extimas per oras,
> Non contenta suos tenere morsus,
> Altat lamina marginem comarum ;
> Et sic crinibus ad cutem recisis
> Decrescit caput, additurque vultus.
> Hic tonso occipiti, senex Sicamber,
> Postquam victus es, elicis retrorsum
> Cervicem ad veterem novos capillos,
> Hic glaucis Herulus genis vagatur,
> Imos Oceani colens recessus,
> Algoso prope concolor profundo.
> Hic Burgundio septipes frequenter
> Flexo poplite supplicat quietem.
> Ist s Ostrogothus viget patronis,
> Vicinosque premens subinde Chunos,
> His quod subjitur, hinc superbit illis.

[a] Habebant enim chorum suum pantomimi, cujus carmen apto et composito gestu corporis exponebant. Manilius lib. v Astronom.

> Omnes fortunæ vultus per membra reducet,
> Æquabitque choro cantus.

Cassiodorius senator lib. iv. Variar. ultima : *Pantomimo, cum primum in scenam advenerit, assistunt consoni chori, diversis organis eruditi.* Aristænetus epist. 26, πρὸς ὀρχηστρίδα· Καὶ οἷά τις Φάριος Πρωτεύς, ἄλλοτε πρὸς ἄλλα μεταβεβλῆσθαι δοκεῖς πρὸς τὴν εὔμουσον τῶν ὑπορχημάτων ᾠδήν. Augustinus item lib. ii de Symbolo ad catechumenos 2, et vetus poeta lib. iv epigrammatum collectionis Pithœanæ, de pantomimo :

> Ingressus scenam populum saltator adorat,
> Sollerti pendet prodere verba manu.
> Nam cum grata chorus diffundit cantica dulcis,
> Quæ resonat cantor, motibus ipse probat.

[b] **88** Sic libri omnes quos vidi, uno atque altero demptis, quorum lectio depravata. Nec dubium est quin de Eurico rege sit sermo, non de Theoderico. Sub Eurico enim exsul fuit Sidonius. Falsum autem est, ut opinor, Euricum Theoderici etiam no-

> Hinc, Romane, tibi petis salutem .
> Et contra Scythicæ plagæ catervas,
> Si quos Parrhasis ursa fert tumultus,
> **230** [b] Eroice, tuæ manus rogantur.
> Ut Martem validus per inquilinum
> Defenset tenuem Garumna Tibrim.
> Ipse hic [c] Parthicus Arsaces precatur,
> Aulæ Susidis ut tenere culmen
> Possit, fœdere sub stipendiali.
> Nam quod partibus arma Bosphoranis
> Grandi hinc surgere sentit apparatu,
> Mœstam Persida jam sonum ad duelli
> Ripa Euphratide vix putat tuendam.
> Qui cognata licet sibi astra fingens,
> Phœbæa tumeat propinquitate ;
> Mortalem hic tamen implet obsecrando.
> Hæc inter, terimus moras inanes.
> Sed tu, o Tityre, parce provocare.
> Nam non invideo, magisque miror,
> Qui cum nil mereor, precesque frustra
> Impendo, Melibœus esse cœpi.

En carmen, quod recensens otiabundus, nostrumque sudorem ac pulverem spectans, veluti jam coronatus auriga de podio. De reliquo non est quod suspiceris par me officii genus repetiturum, etiamsi delectere præsenti, nisi prius ipse destiterim vaticinari magis damna quam carmina. Vale.

EPISTOLA X.

Sidonius [d] Ruricio suo salutem.

Esse tibi usui pariter et cordi litteras granditer gaudeo. Non stylum vestrum quanta comitetur **231** vel flamma sensuum, vel unda sermonum, liberius assererem, nisi dum me laudare non parum studes, laudari plurimum te vetares. Et quanquam in epistola tua servet caritas dulcedinem, natura facundiam, peritia disciplinam ; in sola materiæ tamen electione peccasti : licet id ipsum possit prædicari in voto, quod videris errasse judicio. Ingentes præconiorum titulos moribus meis applicas. Sed si pudoris nostri fecisses utcunque rationem, [e] Symmachianum illud te cogitare par fuerat : *Ut vera laus ornat, ita falsa castigat.* Quo loci tamen, si animum vestrum bene metior, super affectum quem maximum ostendis, hoc tu et arte fecisti. Nam moris est eloquentibus viris, ingeniorum facultatem negotiorum probare difficultatibus, et illic stylum peritum, quasi quemdam secundi

mine a quoquam sine vitio appellatum. Quare certa est emendatio.

[c] Rex Persarum : non quod proprium id ejus nomen fuerit : regnabat enim hoc tempore Perozes ; sed quod Arsacæ omnes a primo appellati sint. Strabo lib. xv : Ἀρσάκαι καλοῦνται πάντες, ἰδίᾳ δὲ ὁ μὲν Ὀρώδης, ὁ δὲ Φραάτης, ὁ δὲ ἄλλοτε. *Arsacæ*, inquit, *vocantur omnes : privatim autem hic Orodes, ille Phraates, alii alio modo.*

[d] Lemovicum postea episcopo, ut dictum est ad epist. 16 lib. iv, Ruricii ad Sidonium inter alias est epist. 9, lib. i, qua eum mirifice laudat : ut videri ea possit, cui Sidonius hoc loco respondet.

[e] Non exstat in operibus Symmachi. Fuit tamen in ore multorum. Citatur enim a Cæsario Arelatens. homilia xxv, et a Pelagio papa epist. ad Sapaudum. *Ea autem*, inquit, *quæ in nostris laudibus facundia oris vestri disseruit, quanquam vox congruentem vobis rem fecisse manifestum sit ; nos tamen nihil nostrorum ex omnibus quæ dicta sunt agnoscentes, verecundiam magis incurrimus, illud doctissimi viri ad animum referentes, Sicut vera laus ornat, sic falsa castigat.* Non dissimile est il'ud Theophylacti Simocatæ in Historia œcumenica, ἐπίπλαστος· ἔπαινος ἀτιμότερος ψόγου.

pectoris vomerem figere, ubi materiæ sterilis argumentum, velut arida cespitis macri gleba, jejunat. Scaturit mundus similibus exemplis; medicus in desperatione, gubernator in tempestate cognoscitur; horum omnium famam præcedentia pericula extollunt : quæ profecto delitescit, nisi ubi probetur, invenerit. Sic et magnus orator, si negotium aggrediatur angustum, tunc amplum plausibilius manifestat ingenium. M. Tullius in actionibus cæteris cæteros, ª pro A. Cluentio ipse se vicit. M. Fronto cum reliquis orationibus emineret, in Pelopem se sibi prætulit. C. Plinius pro Attia Variola plus gloriæ de centumvirali suggestu domum retulit, quam cum M. Ulpio incomparabili principi comparabilem **232** panegyricum dixit. Sic et ipse fecisti, qui dum vis exercere scientiam tuam, non veritus es fore tibi impedimento etiam conscientiam meam. Quin potius supplicando meis medere languoribus : neque per decipulam male blandientis eloquii ægrotantis adhuc animæ fragilitatem gloriæ falsæ pondere premas. Sane cum tibi sermone pulchro vita sit pulchrior, plus mihi indulges, si mei causa orare potius velis quam perorare. Vale.

EPISTOLA XI.
Sidonius Lupo suo salutem.

Quid agunt Nitiobroges, ᵇ quid Vesunnici tui, quibus de te sibi altrinsecus vindicando nascitur semper sancta contentio? Unus te patrimonio populus, alter

M. Tullii *oratio optima fertur*, *quæ maxima*, ait Plinius junior de Cluentiana : qui alibi quoque suam pro Variola præcipuam inter omnes habitam scribit. Verum hæc, ut Cornelii Frontonis actio in Pelopem, intercidit, cum cæteris ejusdem quæ laudantur a Charisio, Fulgentio et a Constantii panegyriste, cum hoc elogio, *Fronto Romanæ eloquentiæ non secundum, sed alterum decus.*

ᵇ Hunc locum olim, cum *quidve Sonnici legeretur*, ex conjectura correximus, partim unius codicis ope adjuti, partim ex utriusque populi vicinia. Proximi enim sunt Nitiobrigibus Vesunnici. Ptolemæus : Ὑπὸ τοὺς Καδούρκους Πετροχόριοι, καὶ πόλις Οὔεσσουνα, ὑπὸ Πετροχορίους παρήκουσι Νιτιόβριγες, καὶ πόλις Ἄγιννον: *Sub Cadurcis,* inquit, *sunt Petrocorii, et urbs Vesunna; sub Petrocorii siti sunt Nitiobriges, et urbs Aginnum.* Quam emendationem cum ad doctissimum Petrum Pithœum, ut mos erat, retulissemus, ita probavit, ut mercede muneraretur, antiqua inscriptione nondum tunc edita, quæ Vesunnæ hactenus conservatur, his verbis :

TUTELE AUG
VESUNNÆ
SECUNDUS
SOTER L. D. S. D.

89 Ut ergo Vesunnæ nomen male antea divulsum restituimus, ita restitui debet in Postumi Aug. nummo inscriptio, in qua HERCULES DEUSONIENSIS a Deusone veterum Francorum trans Rhenum urbe nuncupatur, ad quam cæsos olim Valentiniano regnante a Francis Saxones auctor est in Chronico Hieronymus. Male enim ab Huberto Goltzio divulsa voce lectum atque in Thesauro exaratum est, DEUS ONIENSIS. Vidimus et alios tum æneos, tum argenteos, in quibus eadem inscriptio, sed nuda Herculis imago sine templo.

ᶜ Latini Pacati Drepanii exstat panegyricus Theodosio Romæ dictus, in quo Transalpinum se Aquitanumque non obscure profitetur. Eumdem poetam

etiam matrimonio tenet : cumque hic origine, iste conjugio; melius illud, quod uterque judicio. Te tamen, munere Dei, inter ista felicem : de quo diutius occupando possidendoque, operæ pretium est votiva populorum studia confligere. Tu vero utrisque præsentiam tuam disposite, vicissimque partitus, nunc ᶜ Drepanium illis, modo istis restituis Anthedium : et si a te instructio rhetorica poscatur, hi ᵈ Paulinum, illi Alcimum non requirunt. Unde te magis miror, quem quotidie multiplicis bibliothecæ ventilata lassat egeries, aliquid a me veterum flagitare cantilenarum. Pareo quidem, licet intempestiva videatur recordatio jocorum tempore dolenti. Lampridius orator modo **233** primum mihi occisum agnoscitur : cujus interitus amorem meum summis conficeret angoribus, etiamsi non eum rebus humanis vis impacta rapuisset. Hic me quondam (ut inter amicos joca) Phœbum vocabat, ipse a nobis vatis Odrysii nomine accepto. Quod eo congruit ante narrari, ne vocabula figurata subditum carmen obscurent. Huic quodam tempore Burdegalam invisens ᵉ metatoriam paginam, quasi cum Musa prævia misi. Puto hanc tibi liberius offerri quam si aliquid super decedentis occasu lugubre componens, qui non placebam per eloquentiam, per materiam displicerem.

ᶠ *Dilectæ nimis, et peculiari*
Phœbus commonitorium Thaliæ.

Paulum depositis, alumna, plectris

eximium prædicat Ausonius Idyllio 7. Anthedium quoque poetis annumerat Sidonius in carmine 9 ad Felicem, et in epistola ad Leontium quæ Burgum (carm. 22) antecedit.

ᵈ Alcimus rhetor is videtur quem cum Delphidio in Aquitania florentissime docuisse scribit idem Hieronymus. *Fortitudo Alcimi*, lib. v, epist. 10. De Paulino, quemnam dicat minus exploratum. Nam præter Nolanum, plures alii scriptis etiam suis noti sæculo Sidoniano: ut Paulinus episcopus Biterrensis, cujus epistolam sub annum Christi 420 commemorat Idatius. Paulinum auctor carminis Eucharistici, quem Ausonii ex filio Hesperio nepotem videor ex ejus versibus deprehendisse; Paulinus denique, cujus sunt libri vi de Vita S. Martini, metro item scripti, quem cum vetera exemplaria, Vaticanum et Corbeiense, Paulinum Petricordium nominent, Petrocorium fortasse, hoc est Vesunnicum liceat suspicari. Sed Paulinus Sidonii rhetoricæ artis nomine laudatur, non poeticæ.

ᵉ Epistolam quam adventus sui nuntiam præmiserat, quasi diversorium καὶ καταγωγὴν designaturam, id enim munus metatorum. Plinius πρόδρομον et *præcursoriam* dixit lib. IV, epist. 9 et 13. Symmachus *præsulem*, a præsulibus Saliorum ; alibi, *prænuntias litteras,* ut Sidonius *prævias* in epist. ad Papianillam lib. v, *Licinianus litteras adventus sui prævias misit*. Quo epistolarum genere inter amicos nihil usitatius. At contra, quæ venientibus amicis obviam mittebantur, adventoriæ dictæ, αἱ ἀπαστικαὶ, Martiali lib. XII in prœmio : et Ausonio ad Paulum Santonos adventantem epist. 18.

ᶠ Distichum hoc a reliquo poemate sejungi debere tanquam titulum et ἐπιγραφὴν, jam monui ad Ennodium lib. II, epist. 1. Hujus etiam generis sunt tres primi versus carminis 9 ad Felicem; et primi rursum in aliquot epistolis Ausonii. **90** Item apud Ruricium in hendecasyllabis ad Sedatum episcopum Nemausensem.

Sancto Ruricius cliens patrono

Sparsam stringe comam virente vitta,
Et rugas tibi syrmatis profundi
Succingant hederæ expeditiores.
Succos terre cave, nec ut solebat
Laxo pes natet altus in cothurno.
Sed tales crepitas ligare cura,
Quales Harpalice, vel illa vinxit,
Quæ victos gladio procos cecidit.
Perges sic melius volante saltu,
Si vestigia fasceata nudi
Per summum digiti regant, citatis
Firmi ingressibus, atque vinculorum
Concurrentibus ansulis, reflexa
Ad crus per cameram catena surgat.
234 Hoc pernix habitu meum memento
ᵃ Orpheum visere, qui quotidiana
Saxa et robora, corneasque fibras
Mollit dulciloqua canorus arte.
Arpinas modo quem tonante lingua
Ditat, nunc stylus aut Maronianus,
Aut quo tu Latium beas, Horati,
Alcæo potior ᵇ lyristes ipso.
Et nunc inflat epos tragœdiarum,
Nunc comœdia temperat jocosa,
Nunc flammant satyræ, et tyrannicarum
Declamatio controversiarum.
Dic, Phœbus venit, atque post veredos
Remis velivolum qualit Garumnam.
Occurras jubet, ante sed parato
Acturum hospitio, ᶜ Leontioque,
Prisco Livia quem dat e senatu,
Dic, jam nunc aderit : satis facetum, et
Solo nomine Rusticum videto.
Sed si tecta negant, ut occupata;
Perge ad limina mox episcoporum,
Sancti et Gallicini manu osculata,
Tecti posce brevis vacationem :
Ne si destituor domo negata,
Mœrens ad madidas eam tabernas :
Et claudeus geminas subinde nares,
Propter fumificas gemam culinas.
Qua serpyliferis olet catenis
Baccas per geminas ruber botellus
Ollarum aut nebulæ vapore juncto
235 Fumavit cum crepitantibus patellis.

Seda o monitis parens paternis
Grates concinit, et refert salutem.

Commonitorium glossæ nostræ interpretantur ἐπιστολὴν προστακτικὴν, epistolam qua aliquid præcipitur, qualis in fronte codicis Theodosiani : *Commonitorium Timotheo V. S. comiti*. In concilio Carthaginensi vi, cap. 3, *Commonitorium fratri Faustino, et filiis Philippo et Asello presbyteris*, Zosimus episcopus. Ita enim legi locus hic debet.

ᵃ Lampridius. In his enim versibus figurate, ut præfatus est, Phœbus et Sidonius; Orpheus seu Odrysius vates, Lampridius.

ᵇ Ultimam corripit, illorum temporum normam secutus, de qua Martianus Capella lib. ɪɪɪ : *Et in Græcis nominibus brevis est, ut Anchises* : eodemque modo *Alciden* quoque postrema brevi extulit carmine 6.

ᶜ Pontio Leontio Liviæ filio, Burdegalensi, ad quem est carmen 22 cum epist. de quo etiam aget epist. 12. Ad Rusticum item fuit epist. 11, lib. ɪɪ. Gallicinii vero episcopi Burdegalensis conservatam memoriam huic uni loco debemus.

ᵈ Plerique manuscripti habent *Eschoicos*, vel aliud quid simile : pro quo, donec aptius quidpiam occurrat, litterula exempta feci *Echoicos*. Echoicos autem elegos ab Echo dicere videtur eos, quorum principii ac finis idem est hemistichium : ἐνιαυτοὺς καὶ κύκλους diceret Hermogenes. Tale est Pentadii de adventu veris integrum epigramma, in coque de Echo ipsa hoc distichon :

Per cava saxa sonat pecudem mugitibus Echo,
Voxque repulsa jugis per cava saxa sonat.

Scio in Servii centimetro echoicum versum definiri, cujus ultima syllaba penultimæ congruit, ut est hic :

Exercet mentes fraternas gratia rara.

A Hic cum festa dies cicre ravos
Cantus cœperit, et voluptuosam
Scurrarum querimoniam crepare :
Tunc tunc carmina digniora vobis,
Vinosi hospitis excitus camœna,
Plus illis ego barbarus susurrem.

O necessitas abjecta nascendi, vivendi misera, dura moriendi? Ecce quo rerum volubilitatis humanæ rota dicitur. Amavi fateor satis hominem, licet quibusdam tamen venialibus erratis implicaretur, atque virtutibus minora misceret. Namque crebro levibus ex causis, sed leviter excitabatur : quod nihilominus ego studebam sententiæ cæterorum naturam potius persuadere quam vitium : astruebamque meliora; quatenus in pectore viri iracundia materialiter regnans, quia nævo crudelitatis fuerat infe- B cta, prætextu saltem severitatis emacularetur. Præterea et si consilio fragilis, fide firmissimus erat, incautissimus, quia credulus ; securissimus, quia non nocens. Nullus illi ita inimicus, qui posset ejus extorquere maledictum ; et tamen nullus sic amicus, qui posset effugere convicium. Difficilis aditu, cum facilis inspectu; et portandus quidem, sed portabilis. De reliquo, si orationes illius metiaris, acer, rotundus, compositus, excussus; si poemata, tener, multimeter, argutus, artifex erat. Faciebat siquidem versus oppido exactos, tam pedum mira, quam figurarum varietate : hendecasyllabos lubricos, et enodes; hexametros **236** crepantes, et cothurnatos; ᵈ elegos vero nunc echoicos, nunc ᵉ recurrentes, nunc ᶠ per anadiplosim fine principiisque connexos.

C Sed hoc genus ad Sidonium non facit, qui artificia tractat quæ in elegis cernuntur. Mirum vero non debet videri, echoicos dici elegos Pentadii et cæteros ejusmodi, cum Cæstius rhetor similes in oratione soluta repetitiones echo solitus fuerit appellare. Seneca pater l. vɪɪ, controver. 7 : *Apud Cæstium quidam auditor hoc modo cœpit :* « *Ut verbis ducis, vestri scilicet, judices, incipiam, Cavete proditionem,* » *sic finivit declamationem, ut diceret, « In quibus vitam finit imperator, Cavete proditionem.* » *Hoc sententiæ genus Cæstius* ἠχὼ *vocabat et dicenti discipulo* **91** *statim exclamabat,* μὴ τὴν ἠχώ, *ut in illa suasoria, in qua deliberat Alexander, an oceanum naviget, cum exaudita vox esset, Quousque invicte? ab ipsa voce quidam cœpit declamare, et in hac desiit. Ait illi Cæstius desinenti,* ἐν σοὶ μὲν λήξω, σέο δ' ἄρξομαι.

ᵉ Non qui per singulas litteras redeunt, de quibus lib. ɪx, epist. 14; sed qui per singula verba, quos reciprocos grammatici vocant. Sed reciproci, ut docet Victorinus, vel per singulos versus redeunt, qui D ad hunc locum non faciunt, vel per elegum totum : de quo solo genere hic agit Sidonius. Tale est Sidonii ipsius distichum, quo lusit in torrentem, in eadem epistola lib. ɪx, et hoc Optatiani Porphyrii :

Perpetuis bene sic partiri munera sæclis
Sidera dant patriæ et patris imperium.

Quod si recurras, ita legitur :

Imperium patris et patriæ dant sidera sæclis
Munera partir, sic bene perpetuis.

ᶠ Per anadiplosim fiunt, ut Diomedes et alii scribunt, cum ultima prioris versus dictio in initio sequentis iteratur, ut

Sequitur pulcherrimus Astur,
Astur equo fidens.

Quo ex genere constat totum carmen primum Tec-

Hic ut arreptum suaserat opus, ᵃ ethicam dictionem pro personæ, temporis et loci qualitate variabat; idque non verbis qualibuscumque, sed grandibus, pulchris, elucubratis. In materia controversiali fortis et lacertosus : in satyrica sollicitus et mordax; in tragica sævus et flebilis. In comica urbanus multiformisque; in fescennina vernans verbis, æstuans votis; in bucolica vigilax, parcus, carminabundus; in georgica sic rusticans multum, quod nihil rusticus. Præterea quod ad epigrammata spectat, non copia, sed acumine placens ; quæ nec brevius disticho, nec longius tetrasticho finiebantur : eademque cum non pauca piperata, mellea multa conspiceres, omnia tamen salsa cernebas. In lyricis autem Flaccum secutus, nunc ferebatur in iambico citus, nunc in choriambico gravis, nunc in alcaico fluxuosus, nunc in sapphico inflatus. Quid plura? Subtilis, aptus, instructus; quaque mens stylum ferret, eloquentissimus prorsus, ut eum jure censeres post Horatianos et Pindaricos cycnos gloriæ pennis evolaturum. Aleæ, sphæræ, non juxta deditus. Nam cum tesseris ad laborem occuparetur, pila tantum ad voluptatem; fatigabat libenter, quodque plus dulce, libentius fatigabatur. Scribebat assidue, quanquam frequentius scripturiret. Legebat etiam incessanter auctores, cum reverentia antiquos, sine invidia recentes. Et quod inter 237 homines difficillimum est, nulli difficulter ingenii laudem cedebat. ¹ Illud sane non solum culpabile in viro fuit, sed peremptorium ; quod mathematicos quondam de vitæ suæ fine consuluit, urbium cives Africanarum ; quibus ut est regio, sic animus ardentior : qui constellatione percunctantis inspecta, pariter annum, mensem diemque dixerunt, quos (ut verbo matheseos utar) climactericos esset habiturus : utpote quibus themate oblato, quasi sanguinariæ geniturae schema patuisset : quia videlicet amici nascentis anno, quemcunque clementem planeticorum siderum globum in diastemate Zodiaco prosper ortus erexerat; hunc in occasu cruentis ignibus inrubescentes, seu ᵇ super diametro Mercurius asyndetus, seu super tetragono Saturnus retrogradus, seu super centro Mars apocatasticus exacerbassent. Sed de bis qualia, quoque modo sint, quanquam sint maxime ᶜ falsa, ideoque fallentia, si quid plenius planiusque cohæret, licet et ipse arithmeticæ studeas, et quæ tua diligentia, ᵈ Vertacum, Thrasibulum, Saturninum sollicitus evolvas, ut qui semper nil nisi arcanum celsumque meditere. Interim ad præsens nil conjecturaliter gestum, nil per ambages : quandoquidem hunc nostrum temerarium futurorum sciscitatorem, et diu frustra tergiversantem, tempus et qualitas prædictæ mortis innexuit. Nam domi pressus strangulatusque servorum manibus, obstructo anhelitu, gutture obstricto, ne dicam Lentuli, Jugurthæ atque Sejani, certe Numantini 238 Scipionis exitu periit. Hæc in hac cæde tristia minus, quod nefas ipsum cum auctore facti parricidalis diluculo inventum est. Nam quis ab hominibus tam procul sensu, quis ita gemino obtutu eluminatus, qui exanimati cadavere inspecto, non statim signa vitæ colligeret extortæ? Etenim protinus argumento fuere livida cutis, oculi protuberantes, et in obruto vultu non minora iræ vestigia, quam doloris. Inventa est quidem terra tabo madefacta deciduo, quia post facinus ipsi latrones ad pavimentum conversa defuncti ora pronaverant, tanquam sanguinis eum super-æstuans fluxus exinanisset. Sed protinus capto, qui fuerat ipsius factionis fomes, incentor, antesignanus, cæterisque complicibus oppressis, seorsumque discussis, criminis veritatem de pectoribus invitis tormentorum terror extraxit. Atque utinam hunc finem, dum inconsulte fides vana consultat, non meruisset excipere. Nam quisque præsumpserit interdicta, se-

nopægnii Ausoniani : nisi quod omnia ibi sunt hexametra. Sed si idem fiat in elegis, specimen erit operis Lampridiani. Vetus epitaphium Eutychetis aurigæ :

Invidere meis annis crudelia fata,
Fata quibus nequeas opposuisse manus

Possent etiam ad anadiplosim referri, quos supra echoicorum loco protulimus.

ᵃ *Male antea et hic additionem.* Emendationis jam commonefecimus in notis ad Ennodium. Ethicam dictionem, ἠθικὸν λόγον, rhetores vocant τὸν ἑπόμενον ἑκάστῳ ἤθει ; Sidonius personæ, loco, tempori congruentem. Morata oratio dicitur a Latinis, quod mores exprimat. Quo in genere , Varronis judicio , inter comicos excelluit Terentius. Sic enim de illo scribit apud Nonium : *In argumentis Cæcilius poscit palmam, in ethesin Terentius, in sermonibus Plautus* ; et inter pictores Aristides, de quo Plinius lib. xxxv, cap. 10 : *Æqualis,* inquit, *Apellis Aristides Thebanus. Is omnium primus animum pinxit, et sensus omnes, quos vocant Græci ethe : item perturbationes.* Hæc ethica pictura dici posset. Ethicas quoque controversias dixit Seneca pater lib. II, controv. 2.

ᵇ *Astrorum aspectus mentiuntur astrologi ex intervallo seu diastemate ipsorum inter se.* Διάμετρον oppositum vocat, qui fit in signo quod est septimum a primo ; τρίγωνον triquetrum in quinto ; τετράγωνον quadratum in quarto ; 92 ἑξάγωνον sextilem in tertio, quæ nulla ejusmodi radiatione junguntur, ea Græcis ἄδλεπτα καὶ ἀσυνδέτα dicuntur. Jam contra, cœli cardines sunt quatuor : ὡροσκόπος, ortus ; μεσουράνημα, meridies ; δύσις, occasus ; ὑπόγειον, imum cœli : quæ omnia perstringit Sidonius, sed centrum proprie nominat τὸ μεσουράνιον, quia is caput et princeps cardinum.

ᶜ *Propterea divinis et humanis legibus vetita matheseos, ut vanissimæ occupationis,* περιεργία. Tertullianus de idololatria : *Nihil scis, mathematice, si nesciebas te futurum Christianum. Sin sciebas, hoc quoque scire debueras, nihil tibi futurum cum ista professione. Ipsa te de periculo suo instrueret, quæ aliorum climacterica præcavit. Non est tibi pars, neque sors in ista ratione : non potest regna cœlorum sperare, cujus digitus aut radius abutitur cœlo.*

ᵈ Julianum Vertacum inter mathematicos nominat in epistola ad Polemium carmine 22 ; itemque Fullonium Saturninum. De Thrasybuli ætate docuit nos Lampridius in Alexandro. *Thrasybulus,* inquit, *mathematicus illi amicissimus fuit : qui cum ei dixisset, necessitatem esse ut gladio barbarico periret, primo latus est, quod sibi mortem bellicam et imperatoriam crederet imminere,* etc.

¹ Ad hunc locum videsis Cotelerium ad *Recognit. Clement.* lib. x, cap. 11, not. 5.

creta, vetita rimari, vereor hujusmodi a catholicæ fidei regulis exorbitaturum, et effici dignum, in statum cujus respondeantur adversa, dum requiruntur illicita. Secuta quidem est ultio exstinctum : sed magis prosunt ista victuris. Nam quoties homicida punitur, non est remedium, sed solatium vindicari. Longiuscule me progredi amor impulit, cujus angorem silentio exhalare non valui. Tu interim, si quid istic cognitu dignum est, citus indica : saltem ob hoc scribens, ut animum meum tristudine gravem lectio levet. **239** Namque confuso pectori mœror, et quidem jure plurimus erat, cum paginis ista committerem sola. Neque enim satis mihi aliud hoc tempore manu, sermone, consilio, scribere loqui, volvere libet. Vale.

EPISTOLA XII.

Sidonius [a] *Trigetio suo salutem.*

Tantumne te Vasatium civitas non cespiti imposita, sed pulveri? Tantum Syrticus ager, ac vagum solum, et volatiles ventis altercantibus arenæ sibi possident, ut te magnis flagitatum precibus, parvis separatum spatiis, multis exspectatum diebus, attrahere Burdegalam, non potestates, non amicitiæ, non opimata vivariis ostrea queant? An temporibus hibernis viarum te dubia suspendunt? et quia solet Bigerricus turbo mobilium aggerum indicia confundere, quoddam vereris in itinere terreno pedestre naufragium? Ubi, quæsumus, animo tam celeriter excessit vestigiis tuis nuper subacta Calpis? ubi fixa tentoria in occiduis finibus Gaditanorum? ubi ille Trigetio meo idem qui Herculi quondam terminus peregrinandi? Tantumne a te ipso ipse tu discrepas, ut totus in desidiæ jura concesseris; quo peragrante secreta regionum fabulosarum, prius defuit actio laboris quam fatigationis intentio? Et post hæc [b] portum Alingonis tam piger calcas, ac si tibi nunc esset ad limitem Danubinum contra incursaces Massagetas

[a] Illi ipsi, opinor, quem Prosperi fragmentum, quod lib. 1, epist. 9, produximus, præfectorium vocat, legatumque ad Attilam cum S. Leone et Avieno missum testatur. Præfectus ergo fuerat. Militarem quoque administrationem gesserat, ut ex Sidonii verbis colligitur. Prosper idem quarto Valentiniani consulatu, pacem cum Vandalis per Trigetium factam docet : quod Pauli quoque diaconi confirmat historia.

[b] Nomen oppido manet ad Garumnam in Vasatum diœcesi. Lengonam hodie vocitant : a quo Burdegalam secundo flumine brevis est cursus. Meminit hujus loci Paulinus epist. 2 ad Delphidium ; iterum ad Amandum epist. 2. Supra Alingonem ergo, in Novempopulis est Cossio Vasatium ; remotiores ad saltum Pireneum Bigerri, nunc Bigorrenses, a quibus spirans ventus Vasatum arenas Syrtium more miscet.

[c] Strabo lib. xvii de Berenice : Ἐκ τῆς ταύτης τῆς πόλεως τριακοσταῖος πεζῇ περιώδευσε τὴν Σύρτιν Μάρκος Κάτων, κατάγων στρατιὰν πλειόνων ἢ μυρίων ἀνδρῶν. *Ex hac urbe N. Cato Syrtem intra diem tricesimum peragravit, exercitum ductans hominum amplius decem millium.* Rem prodigii similem habit am multi celebrarunt. Ipsum etiam Catonis epitaphium :

Avius incerto peragravit tramite Syrtes.

[d] Evocatoriæ principum **93** epistolæ ad quas alludit, eæ dicebantur quibus aut absentes ad comi-

240 proficiscendum ; vel si nunc etiam tuæ naves stagna Nilotidis aquæ per indigenas formidata crocodilos transfretarent. Et cum nec duodecim millium objectu sic retarderis, quid putamus cum excercitu [e] M. Catonis in Leptitana Syrte fecisses? Sed quamlibet sola hiemalium mensium nomina tremas, tam clemens est facies cœli, tam tepida, tam suda, et sic auras mage quam ventos habet, ut te non valeat enixius retinere tempus, quam invitare temperies. Sed si [d] epistolam spernis evocatoriam, credo vel versibus non reluctaberis, impulsoribus blandis, et desiderii mei, quantum suspicor, strenuis exsecutoribus; quorum in te castra post biduum commovebuntur. Ecce jam [e] Leontius meus facile primus Aquitanorum, ecce jam parum inferior parente Paulinus, ad locum quem supra dixi, per Garumnæ fluenta refluentia, non modo tibi cum classe, vérum etiam cum flumine occurrent. Hic tuas laudes modificato celeumate, simul inter transtra remiges, gubernatores inter aplustria canent. Hic te ædificatus culcitis torus, hic tabula calculis strata bicoloribus, hic tessera frequens eboratis resultatura pyrgorum gradibus exspectat : hic, ne tibi pendulum tinguat volubilis sentina vestigium, pandi carinarum ventres abiegnarum trabium textu pulpitabuntur : hic superflexa [f] crate paradarum sereni brumalis infida vitabis. Quid delicatæ pigritiæ tuæ plus poterit impendi, quam ut te pervenisse invenias, cum venire vix sentias ? Quid mussitas? quid moraris? Ipse tuum mihi videntur **241** adventum reptiles cochleæ cum domibus nativis antecessuræ. Est præterea tibi copiosissima penus, aggeratis opipare referta deliciis, modo sit eventilando par animus impendio. Quid multa? Veni, ut aut pascaris, aut pascas : imo quod gratius, ut utrumque. Veni cum mediterraneo instructu ad debellandos subjugandosque istos Medulicæ suppellectilis epulones. Hic Aturricus piscis Garumnicis mugilibus insultet : hic ad copias [g] Lapurdensium tatum evocabant, aut principis ambientibus aspectum veniendi fiduciam dabant. Nam sine evocatoria ad comitatum venire omnibus non licebat, l. iii C. Theod. de decurionibus et silentiariis. Utriusque generis formulam proponit Senator lib. vii Variarum ; prioris exemplum est apud Jornandem in evocatoria Zenonis, qua Theodoricum Constantinopolim venire jussit.

[e] Pontii Leontii matrem Liviam didicimus ex epist. 11 ex hac filium ejus Paulinum ; ex carm. 22 generis principem Pontium Paulinum.

[f] Paradæ sunt integumenta navigiorum, ad arcendum solem, frigus, et reliquas cœli injurias. Ausonius Theoni epist. 6 :

Puppe citus propera, sinuosaque lintea veli
Pande, Medullini te feret aura Noti,
Expositum subter paradas, lectoque jacentem,
Corporis ut tanti non moveatur onus.

[g] Baionensium. Quæ enim hodie Baiona est civitas in Novempopulis, olim erat castrum Lapurdum, in quo stationem habuit tribunus cohortis Novempopulanæ, ut est in Notitia Occidentis. Baionenses item episcopi in Tabulis antiquis Lapurdenses appellantur. Deinique tractus ipse agri Baionensis patria indigenarum lingua integrum Lapurdi nomen retinet. Lapurdenses ergo locustas, carabos dicit, qui Baionæ ad Aturri ostia capiebantur.

ocustarum, cedat vilium turba cancrorum. Tu tametsi cæteris eris in hoc genere pugnandi dimicaturus, si quid meo judicio censes acquiescendum (neque enim injustum est credere experto), senatorem nostrum, hospitem meum, confluctui huic facies exsortem : cujus si convivio tectoque succedas, dapes Cleopatricas et [a] loca lautia putes. Nam quamvis super hoc studio tam ipse quam patria confligant, olim lata sententia est, quod ille transeat cæteros cives, lidet et illa cæteras civitales. Vale.

EPISTOLA XIII.

Sidonius domino papæ [b] Nonnechio salutem.

Multa in te genera virtutum, papa beatissime, munere superno congesta gaudemus. Siquidem agere narraris sine superbia nobilem, sine invidia potentem, sine superstitione religiosum, sine jactantia litteratum, sine ineptia gravem, sine studio facetum, sine asperitate constantem, **242** sine popularitate communem. Præterea his hoc præstantissimum bonis fama superaggerat, quod te asserit hasce tot gratias fastigatissimæ caritatis arce transcendere. Fama, inquam, quæ de laudibus tuis cum canat multa, plus reticet. Nam longius constitutis actionum tuarum propositum potest assignare, non numerum. Quarum relatione successus, ultro primus ut longe inferiorem decet, ad solvenda officia procurro ; nec vereor garrulitatis aliquando argui, qui potui taciturnitatis hucusque culpari. Commendo Promotum gerulum litterarum, nobis quidem jam ante cognitum, sed nostrum nuper effectum vestris orationibus contribulem : qui cum sit gente Judæus, fide tamen præelegit censeri Israelita quam sanguine ; et municipatum cœlestis illius civitatis affectans, occidentemque litteram spiritu vivificante fastidiens, pariter hinc justis præmia proposita contemplans, hinc, nisi faceret ad Christum de circumcisione transfugium, prævidens sese per æterna sæcula æquiterna supplicia passurum : patriam sibi maluit Hierusalem potius quam Hierosolymam computari. Quibus agnitis, adventantem Abrahæ nunc filium veriorem maternis ulnis spiritalis Sara suscipiat. Namque ad Agar ancillam pertinere tunc desiit, cum legali observantiæ servitutem gratiæ libertate mutavit. De cætero, quæ ipsi fuerit isto causa veniendi, præsentaneo conducibilibus idem poterit explicare memoratu. Nobis vero propter quæ supra scripsi carissimus habetur : quod **243** eo significo, quia is efficacissime quemque commendat, qui meras causas justæ commendationis aperuerit. Memor nostri esse dignare, domine papa.

[b] Sic potius a Sidonio scriptum censeo, quam *loca Latia*, atque ita prorsus habuit vetustissimum et probatissimæ notæ exemplar : in quo tamen recentior manus lautia in Latia mutarat. Loca lautia, quæ legatis decerni solita : tectum scilicet epulæque lautiores. Inde ad alia quoque transferebant : ut Apuleius lib. III, *Hospitium mihi et loca lautia præbituerum.* Symmachus lib. IV, epist. 56, *Musis in palatio loca lautia tu dedisti.*

[c] Nunechius, Νουνέχιος, emendatius scribitur in concilio Venetico, cui subscripsit. Fuit alter postea

EPISTOLA XIV.

Sidonius domino papæ [c] Principio salutem.

Jamdiu nobis, papa venerabilis, et si necdum vester vultus aspectus, tamen actus inspectus est. Namque sanctorum diffusa laus meritorum stringit spatiis non est contenta finalibus. Hinc est quod quia bonæ conscientiæ modus non ponitur, nec bonæ opinioni terminus invenitur. Quæ loquor falsa censete, nisi professioni meæ competens astipulator accesserit, satis in illo quondam cœnobio Lirinensi spectabile caput, Luporum concellita Maximorumque, et parcimoniæ saltibus consequi affectans Memphiticos et Palæstinos archimandritas. Is episcopus Antiolius : cujus relatu, qui pater vobis, quique qualesque vos fratres, qua morum prærogativa pontificatu maximo ambo fungamini, sollicitus cognoscere studui, et gaudens cognovisse me memini. Cui patri quondam videlicet vos habenti, vix domus Aaron pontificis antiqui merito compararetur : quem licet primum in medio plebis eremitidis, sanctificationis oleo legifери fratris dextra perfuderit, filios ejus in similis officii munia vocans ; tamen psius super Ithamar et Eleazaro felicitatem, Nadab et Abiu fulminibus **244** afflati decoloravere : quorum quamlibet interemptorum credamus absolvendas animas, punitas tamen scimus esse personas. Vos vero tacturi paginam altaris, nihil, ut audio, offertis ignis alieni : sed comitantibus victimis caritatis castitatisque, fragrantissimum incensum turibulis cordis adoletis. Ad hoc quoties jugum legis cervicibus superbientium per vincula prædicationis astringitis, tunc Deo tauros spiritualiter immolatis. Quoties conscientiæ luxuriantis fedore pollutos, ad suaveolentiam pudicitiæ stimulis correctionis impellitis, hircorum vos obtulisse virulentiam Christus sibi computat. Quoties hortantibus vobis in quocunque compuncto culpas suas anima pœnaliter recordata suspirat ; quis vos ambigat paria turturum, aut binos pullos columbarum, qui duplicem substantiam utriusque hominis nostri tam numero quam gemitu assignant, mystico litasse sacrificio ? Quoties vestro monitu obesum quicunque corpus, æstuantemque turgidi ventris arvinam, crebro jejuniorum decoquendus igne torruerit ; nulli dubium est vos tunc similam frixam in quadam continentiæ sartagine consecraturos. Quoties aliquem mentis perfidæ figmenta ponentem, sanam respondere doctrinam, fidem credere, viam tenere, vitam sperare suadetis ; quis vos dubitet in hujus emendatione conversi, qui jam sit

ejusdem nominis Guntramni regis temporibus Nonnechius episcopus Namnetensis. Felicis episcopi consobrinus et successor, de quo Gregorius Turon. lib. VI et VIII.

[b] Suessionum episcop, fratri Remigii episcopi Remensis : quem etiam, patremque Æmilium tacito nomine laudat. De iisdem omnibus Flodoardus lib. I, cap. 10. Antiolius autem, quem olim cum Lupo Tricassino et Maximo Reiensi Lirinensem eremum habuisse significat, cujusnam sedis fuerit episcopus incertum.

liber ab hæresi, liber ab hypocrisi, liber ab schismate, purgatissimum propositionis panem cum sinceritatis et veritatis azymis dedicaturos? Postremo quis nesciat, quidquid legis diebus 245 figuraliter immolabatur in corporibus, quod totum id gratiæ tempore manifeste vos offeratis in moribus? Atque ideo grates uberes Deo refero, quod secundum vestræ paginæ qualitatem, facile agnosco antistitem suprafatum de vobis cum magna dixerit, majora tacuisse. Quapropter nemo dubitaverit, qui bonus es cum indicaris, et melior cum legeris, esse te optimum cum videris. Megethius clericus, vestri gerulus eloquii, rebus ex sententia gestis, quia tuorum apicum detulit munera, meorum reportat obsequia: quem saltem juvimus voto, quia re forsitan non valemus: per quem obsecro impense ut sitim nostram frequenter litteris litteratis, ambo germani, tu frequentius, irrigetis. Sed si difficultas itineris intersiti resultat optatis, vel aliquoties pro supplicibus supplicate. Majus est autem, si nobis tribuere dignemini raris intercessionibus salutem, quam si crebris affatibus dignitatem. Memor nostri esse dignare, domine papa.

EPISTOLA XV.
Sidonius domino papæ [a] *Prospero salutem.*

Dum laudibus summis sanctum Anianum, maximum consummatissimumque pontificem, Lupo parem, Germanoque non imparem vis celebrari; fideliumque desideras pectoribus infigi viri talis ac tanti mores, merita, virtutes; cui etiam illud non absque justitia gloriæ datur, quod te 246 successore decessit; exegeras mihi ut promitterem tibi Attilæ bellum stylo me posteris intimaturum: quo videlicet Aurelianensis urbis obsidio, oppugnatio, irruptio, nec direptio, et illa vulgata exauditi cœlitus sacerdotis vaticinatio continebatur. Cœperam scribere,

---

94 [a] Episcopo Aurelianensi, cujus extra hunc locum et Bedæ martyrologium iv calend. Augusti, mentio apud antiquos vix occurrit. Prosper enim episcopus, qui Carpentoratensi et Vasionensi concilio interfuit, ab hoc diversus est, utpote posterior. Nam synodorum istarum tempore Aurelianorum episcopus erat non Prosper, sed Eusebius vel Leontius. Huic vero ætate propior, ac plane suppar fuit Prosper Aquitanus, quem alii Reiensem in Gallia, alii Regiensem in Italia episcopum faciunt. Sed is mea quidem sententia episcopus nunquam fuit. Reiensi sane (quod multis magnisque viris placuisse video) in provincia II Ecclesiæ præesse non potuit, cum certum sit, vel Sidonio auctore, in ea cathedra post Maximum sedisse Faustum: quorum ille Hilarii Arelatensis temporibus (ut ex Reiensi Arausicanoque concilio, atque ex Hilarii ipsius Vita constat) episcopus jam erat, ac proinde superstite adhuc Prospero, qui ultra Hilarii ætatem, hoc est urbem usque a Vandalis captam sua Chronica perduxit. Faustus vero Maximi successor, ut ex Sidonii epistolis liquet, Prosperi annos excessit, quem omnes consentiunt ad Anthemii Aug. tempora non pervenisse. Unde sequitur, Prosperum Aquitanum neque ante Maximum, neque post Faustum, Reiensem cathedram regere potuisse. Sed ut episcopum prorsus non fuisse sentiam, facit veterum omnium auctoritas, Victorii de cyclo Paschali ad Hilarum, Gennadii scriptorum ecclesiasticorum cap. 84, Gelasii papæ de Libris apocryphis,

sed operis arrepti fasce perspecto, tæduit inchoasse: propter hoc nullis auribus credidi quod primum me censore damnaveram. Dabitur, ut spero, precatui tuo et meritis antistitis summi, quatenus præconio suo sub quacunque et quidem cæteri occasione famulemur. Cæterum tu creditor justus, laudabiliter hoc imprudentiæ temerarii debitoris indulseris, ut quod mihi insolubile videtur, tibi quoque videatur irreposcibile. Memor nostri esse dignare, domine papa.

EPISTOLA XVI.
Sidonius Constantio suo salutem.

[b] Spoponderam Petronio, illustri viro, præsens opusculum paucis me epistolis expediturum: cujus auribus non peperci, dum tuis parco. Malui namque ut illum correctionis labor, te honor editionis aspiceret, perveniretque in manus vestras volumen istud alieno periculo, obsequio meo. Peracta promissio est: nam peritia tua si coactorum in membranas inspiciat signa titulorum, jam copiosum te, ni fallor, pulsat exemplar, jam venitur ad margines umbilicorum, jam tempus est, 247 ut satyricus ait, Orestem nostrum vel super terga finiri. Non hic ego commentitiam Terpsichorem more studii veteris ascivi; nec juxta scaturiginem fontis Aganippici, per roscidas ripas et pumices muscidos stylum traxi. Atque utinam hic nil molle, nil fluidum, nil de triviis compitalibus mutuatum reperiretur. Siquidem maturo, ut es ipse, lectori non tantum dictio exossis, tenera, delumbis, quantum vetuscula, torosa et quasi mascula placet. Sed reservetur ista potioribus: mihi sufficit, si cito ignoscas quod sumus tardi. Præterea si vir illustris aliquid insuper ampliuscule scribi depoposcisset, in moras grandes incidissemus. Nam per [a] armariola et zothecuolas nostras non remanserunt

---

Fulgentii ad Monimum lib. 1, cap. 30; Marcellini Comitis in chronico sincero et non vitiato, aliorumque: qui cum de Prospero alia omnia narrent, de episcopali ejus honore mentionem nullam faciunt. Quare Prosperum, qui inter Regii Lepidi antistites numeratur, alium ab Aquitano fuisse crediderim, fallique eos qui cum Trithemio et Flaminio utrumque confundunt.

[b] Cui peculiaris hic liber dicatus est epist. 1. *Ut epistolarum*, inquit, *seriem parvi adhuc numeri summa protendat*.

[c] Per scrinia et museola. Plinius junior in descriptione villæ suæ Laurentinæ, lib. II, epist. 17: *Contra parietem medium zotheca per quam eleganter recedit: quæ specularibus et velis obductis reductisve, modo adjicitur cubiculo, modo aufertur: lectum et duas cathedras capit*. Item lib. v, epist 6, in descriptione Tuscanicæ: *Mox zothecula refugit quasi in cubiculum idem atque aliud: lectulus hic et undique fenestræ*. Dubium non est quin vocem hanc mutuatus sit a Plinio. Nunc tamen vulgata Plinii exemplaria, correctorum vitio, quia in toto utriusque epistolæ texu diætarum diætarumve mentio crebra recurrit, hic etiam duobus in locis diætam et diætulam exhibent; sed certa est veterum codicum lectio 95 quam repræsentavi. Ex Plinii autem verbis non difficile est cognoscere, zothecas proprie dictas secretiores recos et habitatiunculas domus cubiculis adjunctas, in quibus domini diversabantur, privatisque studiis operam

digna prolatu. Unde cognosce, quod etsi tacere fecerit? Nos opuscula sermone edidimus arido, exili, necdum cepimus, certe taciturire jam deliberavimus, duplici ex causa: ut si placemus, pauca lecturis incitent voluptatem; si refutamur, non excitent multa fastidium: quippe in hoc stylo, cui non urbanus lepos inest, sed pagana simplicitas. Unde enim nobis illud loquendi tetricum genus ac perantiquum? Unde illa *a* verba Saliaria, vel Sibyllina, vel Sabinis abusque Curibus accita? quæ magistris plerumque reticentibus promptius fecialis aliquis, aut flamen, aut veternosus legalium quæstionum ænigmatista patedabant qualia sunt quæ vulgo *studia* aut *cabineta* dicimus. Utitur iterum eadem voce Sidonius lib. IX, 11, exstatque in Tiburtina inscriptione quam Savaro protulit, et in hac Reatina nondum hactenus edita.

Ti. Claudio Aug. L. Felici
Scapulano D. III. Q. III. Quinquennali
Inmuni Triplicario Benemerenti
Ex Consensu Decuriæ Universæ

fecerit? Nos opuscula sermone edidimus arido, exili, certe maxima ex parte vulgato: cujus hinc honor rarus, quod frequens usus; hinc difficilis gratia, quia facilis inventio est. Sane profiteor audenter, sicut istic nil acre, nil **248** eloquens; ita nihil inditum, non ab exemplo. Sed quid hæc pluribus? Dictio mea (quod mihi sufficit) placet amicis. In quibus tamen utrumque complector, sive non fallunt examine, seu caritate falluntur: Deumque quod restat, in posterum quæso, ut secuturi aut fallantur similiter, aut censeant. Vale.

Honoris Caussa Zothecam
Publice Dederunt
Atimetus L. Sua Pecunia Adornavit.

a Symmachus lib. III ad Siburium: *Si tibi vetustatis tantus est amor, pari studio in verba prisca redeamus, quibus Salii canunt, augures avem consulunt Decemviri tabulas condiderunt.*

LIBER NONUS.

249 EPISTOLA PRIMA.

Sidonius a Firmino suo salutem.

Exigis, domine fili, ut epistolarum priorum limite irrupto, stylus noster in ulteriora procurrat, numeri supra dicti privilegio non contentus includi. Addis et causas, quibus hic liber nonus octo superiorum voluminibus accrescat: eo quod *b* C. Secundus, cujus nos orbitas sequi hoc opere pronuntias, paribus titulis opus epistolare determinet. Quæ jubes non **250** sunt improbabilia: quanquam et hoc ipsum quod pie injungis, arduum existat, ac laudi quantulæcunque jam semel partæ non opportunum. Primum, quod opusculo prius edito præsentis augmenti sera conjunctio est; deinde quod arbitros ante quoscunque, nisi fallimur, indecentissimum est, materiæ unius simplex principium, triplices epilogos inveniri. Pariter et nescio qualiter fieri veniabile queat, quod coerceri nostra garrulitas nec post denuntiatum terminum sustinet; nisi quia forsitan qui modus paginis non potest poni ipse amicitiis. Quapropter esse te in quadam tuendæ opinionis meæ quasi specula decet, curiosisque facti hujusce rationem manifestare: quidve ad hoc sentiant optimi quique, rescripto quam frequentissimo mihi pandere. Porro autem, si, me garrire compulso, ipse reticere perseverabis, te quoque silentii nostri talione ad vicem plecti non perinjurium est. Itaque tu primus, maxime ignosce negotio quod imponis, ac ministerio. Nos vero, si quod exemplar manibus occurrerit, libri marginibus octavi celeriter addemus: et si Apollinaris tuus, *c* cui studium in cæteris rebus, est in hac certe negligentissimus: quippe qui perexiguum lectione teneatur, vel coactus, vel voluntarius: quantum tamen mihi videtur, qui patribus iis jungi non recusaverim, quorum studio, voto, timori laudabile aliquid in filiis, licet difficile persuadeatur, difficilius sufficit. Vale.

251 EPISTOLA II.

Sidonius domino papæ d Euphronio salutem.

Albiso antistes, Proculusque levites, ideo nobis morum magistri pronuntiandi, quia vestri merentur esse discipuli, litteras detulerunt, quarum me sacrosancto donastis affatu; quæ tamen litteræ plurimum nobis honoris, plus oneris impenunt. Unde et ipsarum sic benedictione lætor, quod injunctione confundor: quippe qui ex asse turbatus, vel ex parte non pareo. Jubetis enim tam diversa quam minima: explicarique decernitis opus, quod ab extremitate mea tam difficile completur, quam impudenter incipitur. Sed si amplitudinem in vobis pietatis expertæ bene metior, plus laborastis ut affectus cordis vestri, quam nostri operis effectus publicaretur. Neque enim cum Hieronymus interpres, dialecticus Augustinus, allegoricus Origenes gravidas tibi spiritualium sen-

---

a Arelatensi, viro genere ac pietate illustri. Hunc enim esse conjicio quem in B. Cæsarii Vita laudat Cyprianus, et a quo susceptum Cæsarium, opibusque adjutum testatur. Ad eumdem sunt epistolæ duæ Ennodii.

b Plinii epistolarum libros habemus decem; sed decimus qui totus est ad Trajanum e provincia scriptus, cæteris non annumerae. Eodem modo Symmachi epistolarum libri proprie sunt novem, qui ad privatos: decimus relationes continet ad principes in præfectura Urbi missas. Hunc ipsum porro numerum librorum alii etiam post Sidonium affectarunt, ut Avitus Viennensis, teste Gregorio Turon. lib. II, 33. Idem lib. VI, 7, auctor est Ferreolum quoque Ucecensem episcopum libros aliquot epistolarum, quasi Sidonium imitando composuisse: sed librorum numerum non designat.

c Alii codices diverso sensu, *cujus animus cùm in cæteris rebus, tum est in hac certe negligentissimus.*

d Augustodunensi episcopo: ad quem epist. 8, lib. VII. Rogatus ab eo Sidonius, ut aliquem sacrarum Litterarum partem exponeret, modestissime deprecatur.

suum spicas doctrinæ salubris messe parturiant, non scilicet tibi partibus meis arida jejunantis linguæ stipula crepitabit? Hoc more tu et olorinis cantibus anseres ravos, et modificatis lusciniarum querelis improborum passerum fringultientes susurros jure sociaveris. Quid quod quoque arroganter fieret indecenterque, si negotii præcepti pondus aggrederer, novus clericus, peccator antiquus, scientia levi, gravi conscientia? videlicet ut si scriptum quocunque misissem, persona mea nec tunc abesset 252 risui judicantum, cum defuisset obtutui. Ne quæso, domine papa, nimis exigas verecundiam meam, qualitercunque latitantem, cœpti operis hujusce temeritate devenustari : quia tantus est livor derogatorum, ut materia quam mittis, velocius sortiatur inchoata probrum, quam terminata suffragium. Memor nostri esse dignare, domine papa.

EPISTOLA III.

Sidonius domino papæ [a] *Fausto salutem.*

Servat consuetudinem suam tam facundia vestra quam pietas; atque ob hoc granditer, quod diserte scribitis, eloquium suscipimus, quod libenter affectum. Cæterum ad præsens, petita venia prius impetrataque, cautissimum reor ac saluberrimum, [b] per has maxime civitates quæ multum situ segreges agunt, dum sunt gentium motibus itinera suspecta, stylo frequentiori renuntiare; dilataque tantisper mutui sedulitate sermonis, curam potius assumere conticescendi. Quod inter obstrictas affectu mediante personas asperrimum quanquam atque acerbissimum est, non tamen causis efficitur qualibuscunque, sed plurimis, certis et necessariis, quæque diversis proficiscuntur ex originibus. Quarum ista calculo primore numerabitur, quod custodias aggerum publicorum nequaquam tabellarius transit irrequisitus : qui etsi periculi nihil, ut pote crimine vacans, plurimum sane perpeti 253 solet difficultatis; dum secretum omne gerulorum pervigil explorator indagat. Quorum si forte responsio quantumcunque ad interrogata trepidaverit, quæ non inveniantur scripta, mandata creduntur : ac per hoc sustinet injuriam plerumque qui mittitur; qui mittit, invidiam : plusque in hoc tempore, quo æmulantum invicem sese pridem fœdera statuta regnorum denuo per conditiones discordiosas ancipitia redduntur. Præter hoc, ipsa mens nostra domesticis hinc inde dispendiis saucia jacet. Nam per officii imaginem vel (quod est verius) necessitatem, solo patrio exactus, hoc relegatus, variis quaquaversum fragoribus, quia patior hic incommoda peregrini, illic damna proscripti. Quocirca solvere modo litteras paulo politiores aut intempestive petor, aut impudenter aggredior : quas vel joco lepidas, vel stylo cultas alternare, felicium est. Porro autem quidam [c] barbarismus est morum, sermo jucundus et animus afflictus. Quin potius animam male sibi consciam, et per horas ad recordata pœnalis vitæ debita contremiscentem, frequentissimis tuis illis et valentissimis orationum munerare suffragiis, precum peritus insulanarum, quas de palæstra congregationis eremitidis, et de senatu Lirinensium cellulanorum, in urbem quoque cujus Ecclesiæ sacra superinspicis, transtulisti, nil ab abbate mutatus per sacerdotem : quippe cum [d] novæ dignitatis obtentu, rigorem veteris disciplinæ non relaxaveris. His igitur, ut supradixi, precatibus efficacissimis 254 obtine ut portio nostra sit Dominus; atque ut ascripti turmis contribulium levitarum, non remaneamus terreni, quibus terra non remanet : inchoemusque, ut a sæculi lucris, sic quoque a culpis peregrinari. Tertia est causa vel maxima, exinde scribere tibi cur supersederim : quod immane suspicio dictandi istud in vobis tropologicum genus ac figuratum, limatisque plurifariam verbis eminentissimum, quod vestra, quam sumpsimus, epistola ostendit. Licet enim prædicationes tuas, nunc repentinas, nunc cum ratio poposcisset elucubratas, raucus plosor audierim; tunc præcipue, cum in [e] Lugdunensis ecclesiæ dedicatæ festis hebdoma-

---

[96] [a] Reiensi in provincia II episcopo ex abbate Lirinensi : quo munere utroque post Maximum functus est : ideo Maximi bis successor dicitur in carmine Eucharistico sub finem. Hunc adhuc abbatem quanti fecerit Hilarius Arelatensis, declarat ejus Vitæ auctor his verbis : *In eodem loco tunc temporis S. Faustum, presbyterum pariter et abbatem ita futurorum præscius honoravit, ut inter se et sanctos sacerdotes Theodorum et Maximum medium compelleret residere.* Sed de Fausto pluribus alias. Nunc satis sit monere, præter hunc seniorem, alterum quoque Faustum in eadem Reiensis ecclesiæ cathedra 80 circiter post annos sedisse. Quod ne penitus ignoreinus, docuerunt nos integræ subscriptiones synodi v Aurelianensis : ubi inter cæteros qui pro episcopis absentibus subscripsere, Claudianus legitur diaconus directus a Fausto episcopo Ecclesiæ Reiensis : is nimirum qui ejusdem postea sedis fuit antistes, Parisiacensique concilio in quo actum est de causa Promoti episcopi Dunensis, interfuit, ut concilii hujus quæ nacti sumus acta testantur.

[b] Assentior Savaroni, scriptam videri hanc epistolam Burdegalæ, cum in ea urbe apud Euricum, ut est in epist. 9, lib. VIII, exsul ageret Sidonius, post deditos Arvernos, pace cum Romanis iterum turbata.

[c] Pari elegantia solœcismi vocem ad alia sæpe transferunt optimi auctores. Cicero lib. II ad Atticum 11 : *Ludos Antii spectare non placet : est enim ὑποσόλοικον, cum velim vitare omnem deliciarum suspicionem.* Hieronymus in Helvidium : *Apud Christianos solœcismus est magnus et vitium, turpe quid vel narrare, vel facere.* Sic et Lucianus περὶ ὀρχήσεως, Herculem in scena μονῳδεῖν, σολοικίαν ait videri, cum in Andromache et Hecuba ferri possit. Polemo sophist. de histrione, qui ὦ ζεῦ dicens, ad terram, et ὦ γᾶ cum diceret, manum ad cœlum protenderet, Οὗτος, inquit, τῇ χειρὶ ἐσολοίκισε, quod narrat in ejus Vita Philostratus.

[d] Sunt quibus ex hoc loco elici posse videatur, Faustum ad episcopatum non multo ante provectum fuisse quam hæc scriberet Sidonius. Verum novam dignitatem appellat, non tunc temporis adeptam, sed quæ antiquæ abbatis dignitati successerat. Veteranum enim, hoc est annorum supra 12 episcopum fuisse Faustum, cum hæc scripsit Sidonius, docent Hilari papæ epistolæ, quæ Fausti jam episcopi cum Auxanio Romanam legationem anno 462 peractam commemorant.

[e] A Patiente constructæ et dedicatæ lib. II, epist. 10. Sacrarum Fausti concionum meminit iterum Si-

dalibus, collegarum sacrosanctorum rogatu exorareris ut perorares : ibi te inter spiritales regulas, vel forenses medioximum quiddam concionantem, quippe utrarumque doctissimum disciplinarum, pariter erectis sensibus auribusque curvatis ambiebamus, hinc parum factitantem desiderio nostro, quia judicio satisfeceras. His de causis temperavi stylo temporeque, breviter locutus ut pareant, longum taciturus ut discam. Sunt de cætero tuæ partes, domine papa, doctrinæ salutaris singularisque, victuris operibus incumbere satis. Neque enim quisquis auscultat docentem te disputantemque, plus loqui discit, quam facere laudanda. Nunc vero, quod restat, donate venia paginam rusticantem, vobis obsecundantem : cui me quoque auctore, si vestris litteris comparetur, stylus infantissimus inest. Sed ista **255** quorsum stolidus allego? Nam nimis deprecari ineptias ipsas est ineptissimum : in quibus tu merus arbiter, si rem ex asse discingas, ridebis plurima, plura culpabis. Sed et illud amplector, si pro caritate qua polles, non fueris usquequaque censendi continentissimus ; id est, si sententia tua quippiam super his apicibus antiquet. Tunc enim certius te probasse reliqua gaudebo, si liturasse aliqua cognovero. Memor nostri esse dignare, domine papa.

EPISTOLA IV.
Sidonius domino papæ Græco salutem.

Viator noster ac tabellarius terit orbitas itineris assueti, spatium viæ regionumque quod oppida nostra discriminat, sæpe relegendo. Quocirca nos quoque decet semel propositæ sedulitatis officia sectari : quæ cum reliquis commeantibus, tum præcipue Amantio intercurrente, geminare cum quadam mentis intentione debemus : ne forte videatur ipse plus litteras ex more deposcere, quam nos ex amore dictare. Ideo domine papa, vestrorum plus mementote, quos inter præsumimus computari : quique sicut vestris erigimur secundis, ita deprimimur adversis. Nam quod nuper quorumpiam fratrum necessitate multos pertuleritis angores, flebili ad flentes relatione pervenit. Sed tu, flos sacerdotum, gemma pontificum, scientia fortis, fortior conscientia, minas undasque **256** mundialium sperne nimborum : quia frequenter ipse docuisti, quod ad promissa convivia patriarcharum, vel ad nectar cœlestium poculorum, per amaritudinum terrenarum calices perveniretur. Velis nolis, quisque contempti mediatoris consequitur regnum, sequitur exemplum. Quantaslibet nobis anxietatum pateras vitæ præsentis propinet afflictio, parva toleramus, si recordamur quid biberit ad patibulum, qui invitat ad cœlum. Memor nostri esse dignare, domine papa.

EPISTOLA V.
Sidonius domino papæ [a] *Juliano salutem.*

Etsi plusculum forte discreta, quam communis animum optabat, sede consistimus, non tamen medii itineris objectu, quantum ad solvendum spectat officium, nostra sedulitas impediretur, nisi per regna divisi, a commercio frequentioris sermonis, diversarum sortium jure revocaremur : quæ nunc saltem, post pacis initam pactionem, quia fidelibus animis fœderabuntur, apices nostri incipient commeare crebri, quoniam cessant esse suspecti. Proinde, domine papa, cum sacrosanctis fratribus vestris pariter Christo supplicaturas jungite preces : ut dignatus prosperare quæ gerimus, nostrique dominii temperans lites, arma compescens, illos muneretur innocentia, nos quiete, totos securitate. Memor nostri esse dignare, domine papa.

257 EPISTOLA VI.
Sidonius domino papæ [b] *Ambrosio salutem.*

Viguit pro dilectissimo nostro (quid loquar, nomen, personam? tu recognosces cuncta) apud Christum tua sanctitas intercessionis effectu : de cujus facilitate [c] juvenili sæpe nunc arbitris palam ascitis conquerebare, nunc tacitus ingemiscebas. Igitur hic proxime abrupto contubernio ancillæ propudiosissimæ cui se totum consuetudine obscena junctus addixerat, patrimonio, posteris, famæ, subita sui correctione consuluit. Namque per rei familiaris damna vacuatus, ut primum intelligere cœpit, et retractare, quantum de bonusculis avitis paternisque sumptuositas domesticæ charybdis abligurisset ; quanquam sero resipiscens, attamen tandem veluti frenos momordit, excussitque cervices, atque Ulysseas (ut ferunt) ceras auribus figens, fugit, adversum vitia surdus, meretricii blandimenta naufragii : puellamque, prout decuit, intactam vir laudandus in matrimonium assumpsit, tam moribus natalibusque summotam, quam facultatis principalis. Esset quidem gloria, si voluptates sic reliquisset, ut nec uxori conjugaretur. Sed etsi forte contingat ad bonos mores ab errore migrare, paucorum est incipere de maximis : et eos qui diu totum indulserit t sibi, protinus totum et pariter incidere. Quocirca vestrum est, copulatis obtinere quamprimum prece sedula spem **258** liberorum : et post consequens erit ut filio uno alterove susceptis (et nimis dixi) abstineat de cætero licitis, qui illicita præsumpsit. Namque et conjuges ipsi, quanquam nupti nuper, iis moribus agunt ac vere-

---

donius in Eucharistico. Hodie quidem quæ Fausti nomen gerant, Homiliæ non exstant : occurrunt tamen interdum aliquæ in antiquis bibliothecis, **97** citanturque a Sedulio Scoto in Collectaneis in Matthæum ; ac nisi conjectura fallit, inter eas quæ Eusebii Emisseni nomine circumferuntur, Fausti hujus sunt nonnullæ.

[a] Episcopo, non Carpentoratensi, qui aliquanto posterior interfuit concilio Epaunensi, et per idem fere tempus Lugdunensi nondum edito de causa Stephani et Palladiæ, sub Sigismundo rege Burgundionum

non huic, inquam, quem constat ad Arausicani etiam II tempora pervenisse ; sed Juliano alterius ignotæ sedis episcopo, qui et Fausti epistolæ subscribit, et a Lucido inter eos numeratur qui ad synodum Arelatensem convenerant. Diversus autem, et utroque anterior videtur Julianus, ad quem cum aliis Galliæ episcopis scribit Leo magnus anno 452.

[b] Episcopo, ad quem Ruricius lib. II, epist. 43.

[c] In aliquibus libris *juvenali.* Videsis notas in Sidonii carmen 23, vers. 428.

cundis, vere ut agnoscas, si semel videris, plurimum esse, quod differat ille honestissimus uxorius amor, figmentis illecebrisque concubinalibus. Memor nostri esse dignare, domine papa

EPISTOLA VII.

Sidonius domino papæ [a] *Remigio salutem.*

Quidam ab Arvernis Belgicam petens (persona mihi cognita est, causa ignota, nec refert) postquam Remos advenerat, scribam tuum, seu bibliopolam, pretio fors fuat officiove demeritum, copiosissimo velis nolis declamationum tuarum schedio emunxit. Qui redux nobis atque oppido gloriabundus, quippe perceptis tot voluminibus, quidquid detulerat, quanquam mercari paratis (quod tamen [b] utrivis nec erat injustum), pro munere ingessit. Curæ mihi e vestigio fuit, iisque qui student, cum merito lecturiremus, plurima tenere, cuncta transcribere. Omnium assensu pronuntiatum, pauca nunc posse similia dictari. Etenim rarus aut nullus est, cui meditaturo par assistat dispositio per causas, positio per litteras, compositio per syllabas. Ad hoc opportunitas in exemp'is, fides in testimoniis, proprietas in epithetis, urbanitas in figuris, virtus in argumentis, pondus in sensibus, **259** flumen in verbis, fulmen in clausulis. Structura vero tortis et firma, conjunctionumque perfacetarum nexa cæsuris insolubilibus; sed nec hinc minus lubrica et levis, ac modis omnibus erotundata : quæque lectoris linguam inoffensam decenter expediat, ne salebrosas passa juncturas, per cameram palati volutata balbutiat. Tota denique liquida prorsus et ductilis, veluti cum crystallinas crustas, aut onychintinas non impacto digitus ungue perlabitur : quippe si nihil eum rimosis obicibus exceptum tenax fractura remoretur. Quid plura? Non exstat ad præsens vivi hominis oratio, quam peritia tua non sine labore transgredi queat ac supervadere. Unde et prope suspicor, domine papa, propter eloquium exundans atque ineffabile (venia sit dicto) te superbire. Sed licet bono fulgeas ut conscientiæ, sic diction's ordinatissimæ ; nos tibi tamen minime sumus refugiendi, qui bene scripta laudamus, etsi laudanda non scribimus. Quocirca desine in posterum nostra declinare judicia, quæ nil mordax nihilque minantur increpatorium. Alioqui si distuleris nostram sterilita-

tem facundis fecundare colloquiis, aucupabimur nundinas involantum ; et ultro scrinia tua, conniventibus nobis ac subornantibus, effractorum manus arguta populabitur : inchoabisque tunc frustra moveri spoliatus furto, si nunc rogatus non moveris officio. Memor nostri esse dignare, domine papa.

260 EPISTOLA VIII.

Sidonius domino papæ [c] *Principio salutem.*

Quanquam nobis non opinantibus, desiderantibus tamen, litteras tuas reddidit gerulus antiquus, idoneus inventus cui jure repetita credantur officia, quandoquidem prima sic detulit. Igitur affatu secundo, vel potius benedictione donatus, ipse quoque[d] repeto alterum salve, obsequia combinans, numeris æquata, non meritis. Et quia, domine papa, modo vivimus junctis abjunctisque regionibus, conspectibusque mutuis frui dissociatæ situ habitationis inhibemur ; orate ut optabili religiosoque decessu, vitæ præsentis angoribus atque onere perfuncti, cum judicii dies sanctus obfulserit, cum resurrectione agminibus vestris famulaturi, vel sub Gabaoniticæ servitutis occasione, jungamur ; quia secundum promissa cœlestia, quæ spoponderunt filios fidei de nationibus congregandos, si nos reos venia soletur, dum vos beatos gloria manet, et si per actionum differentiam, non tamen per locorum distantiam dividemur. Memor nostri esse dignare, domine papa.

EPISTOLA IX.

Sidonius domino papæ Fausto salutem.

Longum tacere, vir sacratissime, nos in commune dequestus es : cognosco vestræ partis **261** hinc studium, nostræ reatum non recognosco. Namque jam pridem jussus garrire non silui, istas litteris antecurrentibus : quibus etiam recensendis cum Reios advenerant, [e] quia tunc Aptæ fuistis, aptissime defuistis. Idque votivum mihi granditer fuit ac peroptatum ut epistola injuncta nec negaretur scripta amicitiæ, nec subderetur lecta censuræ. Ista omittamus. Mitti paginam copiosam denuo jubes. Parere properanti adsunt vota, causæ absunt. Nam salutatio, nisi negotium aliquod activa deportet materia, succincta est : quam qui porrigit verbis non necessariis, a regula Sallustiani tramitis detortus exorbitat, qui Catilinam culpat habuisse satis eloquentiæ, sapientiæ

---

[a] Remorum, quæ Belgicæ II metropolis, antistiti, regis Clodovei Francorumque apostolo. Hanc vero epistolam cum Sidonii elogio Historiæ suæ intexuit Flodoardus lib. I, cap. 12. Sed declamationes Remigii, quarum eloquentiam Sidonius tantopere commendat, nullæ ad nos pervenerunt ; nec recens hæc jactura, cum Hincmarus ipse ac Flodoardus eas penitus ignorasse videantur.

[b] In editione Labbei *utilius* ; aliqui libri (*quod tamen cujus nec erat, injustum*).

[c] Episcopo Suessionensi, ut dictum lib. VIII, epist. 14, in qua et Megethium clericum nominat, per quem litteras acceperat reddebatque : quem propterea gerulum antiquum nunc vocat.

[d] In aliquibus libris, *rependo*.

[e] Non difficilis fuit hujus loci emendatio, pro eo quod legebatur, *qui tunc apte fuistis*. Qui enim anti-

quos codices manibus terunt, sciunt ab antiquariis qui diphthongos negligunt, raro ista distingui. Significat ergo Faustum Aptæ in vicina urbe tum fuisse, cum Sidonii litteræ Reios perlatæ sunt : aptissime autem opportunissimeque ait Reiis abfuisse, ne litteræ illæ tam cito sub ejus censuram venirent. Sita est Apta Julia Vulgentium (sic enim a Plinio lib. III, c. 4, appellatur) medio fere spatio Reios inter et Avenionem : quod etiam videre est ex Itinerario Æthici et Tabula Peutingeri. Coloniam fuisse ostendit antiqui lapidis hæc inscriptio Arelate.

JUL. C. F. TERTULLIN
FLAM. COL. APTA
L. VALLIUS ATILAN
NEPOS.

parum. Unde [a] Ave dicto, mox Vale dicimus, orate pro nobis. Sed bene est, bene est, quia chartulam jam jamque complicaturo res fortis accurrit, de qua exprobranda, si diutius vel lætitia sese mea vel ira cohibuerit, ipse me accepta dignum contumelia judicabo. Venisti, magister, in manus meas, nec exsulto tantum, verum insulto, venisti : et quidem talis qualem ab hinc longo jamdiu tempore desideria nostra præstolabantur. Dubito sane utrum et invitus, at certe similis invito ; quippe quo providente, vel (si tamen hoc nimis abnuis) acquiescente, sim tuis libris insalutatus, iisque, quod multo est injuriosius, territorium Arvernum cum præterirent, non solum mœnia mea, verum etiam latera radentibus. An verebare ne tuis dictis invideremus? Sed Dei indultu, vitio nulli minus addicimur : cui si ita ut **262** cæteris a mea parte subjaceretur, sic quoque auferret congrediendi æmulationem desperatio consequendi. An supercilium tanquam difficilis ac rigidi plosoris extimescebas ? Et quænam est cuiquam peritiæ cervix tanta , quive hydrops, ut etiam tepida vestra non ferventissimis laudibus prosequatur ? An ideo me fastidiendum negligendumque curasti, quia contemneres juniorem? quod parum credo. An quia indoctum ? quod magis fero ; ita tamen, ut qui dicere ignorem, non et audire : quia et qui Circensibus ludis adfuerunt, sententiam de curribus non ferunt. An aliquo casu dissidebamus , ut putaremur iis libellis quos edissetis derogaturi ? atqui præsule Deo, tenues nobis esse amicitias, nec inimici fingere queunt. Ista quorsum ? inquis. Ecce jam pando, vel quid indagasse me gaudeam, vel quid te celasse successeam. Legi volumina tua, quæ Riochatus antistes ac monacnus, atque istius mundi bis peregrinus, Britannis tuis pro te reportat; illo jam impræsentiarum Fausto potius qui non senescit, quique viventibus non defuturus post sepulturam, flet per ipsa quæ scripsit sibi superstes. Hic igitur ipse venerabilis, apud oppidum nostrum cum moraretur, donec gentium concitatarum procella defremeret (cujus imaginis hinc et hinc turbo tunc inhorruerat) sic reliqua dona vestra detexit, ut perurbane quæ præstantiora portabat operuerit, spinas meas illustrare dissimulans tuis floribus. Sed post duos aut iis amplius menses, sic quoque a nobis cito profectum, cum quipiam prodidissent de **263** viatoribus, mysticæ gazæ clausis involucris clam ferre thesauros, pernicibus equis insecutus abeuntem, qui faciles possent itineris pridiani spatia prævertere, osculo in fauces occupati latronis insilui, humano joco, gestu ferino ; veluti si excussura quemcunque catulorum Parthi collo raptoris pede volatico tigris orbata superemicet. Quid multa ? capti hospitis genua complector , jumenta siste, frena ligo, sarcinas solvo, quæsitum volumen invenio, produco, lectito, excerpo, maxima ex magnis capita defrustans. Tribuit et quoddam dictare celeranti scribarum sequacitas saltuosa compendium, qui comprehendebat signis, quod litteris non tenebant. Quibus lacrymis sane maduerimus , mutuo vicissim fletu rigati, tunc cum ab amplexu sæpe repetito separaremur, longum est dixisse, nec refert : quod triumphali sufficit gaudio, spoliis onustum caritatis, et spiritualis compotem prædæ me domum retuli. Quæris nunc quid de manubiis meis judicem ? nollem adhuc prodere, quo diuturnius exspectatione penderes : plus me enim ulciscerer, si quod sensi tacerem. Sed jam nec ipse frustra superbis; ut pote intelligens, tibi inesse virtutem sic perorandi, ut lectori tuo seu reluctanti , seu voluntario, vis voluptatis excludat præconii necessitatem. Proinde accipe, quid super scriptis tuis et injuriam passi censeamus. [b] Legimus opus operosissimum, multiplex , acre, sublime , digestum titulis , exemplisque congestum, bipartitum sub dialogi schemate, sub causarum themate quadripartitum. **264** Scripseras autem plurima ardenter, plura pompose; simpliciter ista, nec argute illa, nec callide ; gravia mature, profunda sollicite, dubia constanter, argumentosa disputatorie, quædam severe , quædam blande , cuncta moraliter, lecte, potenter, eloquentissime. Itaque per tanta te genera narrandi toto latissimæ dictationis campo secutus, nihil in facundia cæterorum, nil in ingeniis facile perspexi juxta poli-

---

[a] Hinc patet solitos veteres initio epistolæ Ave et Salve scribere, ut in fine Vale. Ausonius Paulino :

98 Quid prohibet Salve atque Vale brevitate parata
Scribere felicesque notas mandare libellis ?

Cujus moris vestigia restant in nonnullis principum rescriptis. Have Felix carissime nobis, Salve Cynegi K. N. Ductum id a more usus quotidiani. Nam iisdem formulis in quotidiano congressu digressuque utebantur. Græcis Χαῖρε καὶ Ὑγίαινε, ut est in Hadriano Dionis. Plutarchus περὶ ἀδολεσχίας de Augusto ; qui Fulvio , cum temere nescio quid effutuisset, venienti postridie ac dicenti, Ave Cæsar, Vale Fulvi, respondit : Ἐλθόντος ἔσωθεν, ὡς εἰώθει τοῦ Φουλβίου πρὸς αὐτὸν καὶ εἰπόντος, Χαῖρε, Καῖσαρ, Ὑγίαινε, εἶπε, Φούλβιε.

[b] Duos libros, ut cardinali Baronio visum est, de Gratia Dei et humanæ mentis Libero Arbitrio. De his enim loqui hoc loco Sidonium multis astruit tomo VI Annalium ecclesiasticorum. Mihi vero cum opus hoc Fausti *bipartitum sub dialogi schemate, sub causarum themate quadripartitum* fuisse affirmet Sidonius, quod neque his duobus neque ulli cuiquam ex aliis qui restant Fausti libris conveniat, reliquum videtur ut opus hoc de quo agitur vel interiisse, vel adhuc uspiam latere sentiamus. — Hæc Sirmondi nota sic habet in posteriore Sidonii editione, cui præfuit Labbeus. Cæterum in priore Sidonii verba, *Legimus opus.... bipartitum sub dialogi schemate*, Sirmondus in notis pag. 162 ex Baronio interpretatus fuerat duos libros *de Gratia Dei et humanæ mentis Libero Arbitrio*. « De his, inquit, loqui hoc loco Sidonium multis astruit tomo VI Annalium Baronius cardinalis, neque aliud nos in reliquis Fausti operibus videmus cui hæc aptius conveniant. Quid ergo causæ cur a Sidonio tot laudibus ornentur, quos constat a Gelasio, Fulgentio, Avito, Cæsario, Facundo et aliis vel damnatos, vel contrariis etiam voluminibus confutatos ? At Sidonium difficile non est judicii aleæ subducere, qui Fausti in hoc opere ingenium, artem, eloquentiam prædicat , doctrinæ capita sententiasque non attingit. Faustum vero , et si qui tum in Gallia, quod dissimulari non potest, cum eo senserunt, aliquo modo excusare ratio illa videtur, quod ante synodum Arausicanam vixerint, cujus placitis Ecclesia deinceps tanquam norma doctrinæ, adversus Semipelagianorum errores usa est. » — BAUNIUS, l. c., quem consule ibid.

tum. Quæ me vera sentire satis approbas, cum nec offensus aliter judico. Denique absentis oratio, quantum opinamur, plus nequit crescere, nisi forsitan aliquid his addat coram loquentis auctoris vox, manus, motus, pudor, artifex. His igitur animi litterarumque dotibus praeditus, mulierem pulchram, sed illam Deuteronomio astipulante nubentem, domine papa, tibi jugasti : quam tu adhuc juvenis inter hostiles conspicatus catervas, atque illic in acie contrariæ partis adamatam, nihil per obstantes repulsus prælialores desiderii brachio vincente rapuisti. Philosophiam scilicet, quæ violenter e numero sacrilegarum artium exempta, raso capillo superfluæ religionis, ac supercilio scientiæ sæcularis, amputatisque pervetustarum vestium rugis, id est, tristis dialecticæ flexibus, falsa morum et illicita velantibus, mystico amplexu jam defæcata tecum membra conjunxit. Hæc ab annis vestra jam dudum pedissequa primoribus ; hæc tuo lateri comes inseparabilis, sive in palæstris exercereris urbanis, sive in abstrusis macerarere solitudinibus : hæc athenæi **265** consors, hæc monasterii, tecum mundanas abdicat, tecum supernas prædicat disciplinas. Huic copulatum te matrimonio qui lacessiverit, sentiet Ecclesiæ Christi Platonis Academiam militare, teque nobilius philosophari. Primum, ineffabilem Dei Patris asserere cum sancti Spiritus æternitate sapientiam. Tum præterea non cæsariem pascere, neque pallio aut clava, velut sophisticis insignibus, gloriari, aut affectare de vestium discretione superbiam, nitore pompam, squalore jactantiam : neque te satis hoc æmulari, quod per gymnasia pingantur Areopagitica vel Prytaneum, curva cervice Zeusippus, Aratus panda, Zenon fronte contracta, Epicurus cute distenta, Diogenes barba comante, Socrates coma cadente, Aristoteles brachio exserto, Xenocrates crure collecto, Heraclitus fletu oculis clausis, Democritus risu labris apertis, Chrysippus digitis propter numerorum indicia constrictis, Euclides propter mensurarum spatia laxatis, Cleanthes propter utrumque corrosis. Quin potius experietur quisque conflixerit, Stoicos, Cynicos, Peripateticos, hæresiarchas, propriis armis, propriis quoque

[a] Juvenalis satira x, de Nestore :

Atque suos jam dextra computat annos.

Dictum ex consuetudine veterum, qui vario flexu digitorum numeros indicabant : quos supputatorios digitorum gesticulos appellat Tertullianus. Totam artem inter Bedæ opera complectitur libellus, qui inscribitur de loquela digitorum. Lævæ ergo digitis usque ad centum numerabant : in centesimo ad dextram transibant. Hieronymus in Jovinianum 1 : *Centesimus numerus a sinistra transfertur ad dexteram*. Faustum igitur grandævum innuit fuisse : non quod re vera centesimum annum attigisset : est enim hyperbole, sed multo verecundior quam illam Nicarchi poetæ in Cotyttarim anum, quam ait annos suos iterum manu sinistra numerare coepisse : quod tum fiebat, cum ad decem millia pervenerant. Sic enim canit :

Ἡ φάος ἀθρήσασα ἐλάφου πλέον, ἡ χερὶ λαιῇ
Γῆρας ἀριθμεῖσθαι δεύτερον ἀρξαμένη.

Quæ soles vidit plures quam cervus, et annos

concuti machinamentis. Nam sectatores eorum, Christiano dogmati ac sensui si repugnaverint, mox te magistro ligati, vernaculis implicaturis in retia sua præcipites implagabuntur, syllogismis tuæ propositionis uncatis volubilem tergiversantum linguam inclamantibus, dum spiris categoricis lubricas quæstiones tu potius innodas, acrium more medicorum, qui remedium contra **266** venena, cum ratio compellit, et de serpente conficiunt. Sed hoc temporibus istis, sub tuæ tantum vel contemplatione conscientiæ, vel virtute doctrinæ. Nam quis æquali vestigia tua insequatur gressu ; cui datum est soli, loqui melius quam didiceris, vivere melius quam loquaris ? Quocirca merito te beatissimum boni omnes, idque supra omnes tua tempestate concelebrabunt : cujus ita dictis vita factisque dupliciter inclaruit, ut quandoquidem tuos [a] annos jam dextera numeraverit, sæculo prædicatus tuo, desiderandus alieno, utraque laudabilis actione decedas, te relicturus externis, tua proximis. Memor nostri esse dignare, domine papa.

EPISTOLA X.

Sidonius domino papæ [b] *Aprunculo salutem.*

Reddidit tibi epistolas meas, quem mihi tuas offerre par fuerat : nam frater noster Cœlestius, nuper ad te reversus [c] de Biterrensi, quoddam mihi super statu injuriosi nostri vinculum cessionis elicuit. Quod quidem scripsi, non minus tua verecundia fractus quam voluntate. Namque nos ultro vestro pudor[i] quasi quibusdam pedibus obsequii decuit occurrere. Quocirca me quoque volente posside indultum, sed liberaliter ; nec enim, ut suspicor, plus aliquid hoc genere solatii vel ipse quæsisti. Quem litteris istis non commendatoriis minus quam refusoriis, jam placatus insinuo : sic tamen ut tibi assistat, tibi pareat, te sequatur ; atque **267** ut si permanserit tecum, neutri nostrum judicetur famulus ; si forte discesserit, quæratur utrique fugitivus. Memor nostri esse dignare, domine papa.

EPISTOLA XI.

Sidonius domino papæ [d] *Lupo salutem.*

Propter libellum quem non ad vos magis quam per vos missum putastis, epistolam vestram non ad

Jam lævæ rursum computat articulis.

[b] Andemantuni Lingonum episcopo, cui postea, cum Arvernos relicta Burgundionum odio pristina sede migrasset, cathedram suam Sidonius moriens reliquit.

[c] Ita etiam id nomen scriptum lib. vii, epist. 4. Græcis Βαίτεραι, quod propius accedit ad antiquam inscriptionem Narbonensem, in qua Septimani Bœterrenses hoc modo **99** leguntur :

M. JULIO PHILIPPO
NOBILISSIMO CÆS
PRINCIPI JUVENTUTIS
SEP. BÆTERR.

[d] Episcopo Tricassino ad quem cum præcedentium librorum volumen misisset ea lege Sidonius, ut ad alium postea quemdam episcopum perferretur, questusque hoc nomine Lupus esset, facti culpam hac epistola deprecatur.

me magis quam in me scriptam recepi. Ad exprobrata respondeo pro æquitate causæ, non pro æqualitate facundiæ : quanquam quis nunc ego, aut quantus, qui agere præsumam vobis imputantibus innocentem? Quocirca delicto huic, quantulumcunque est, inter principia confestim supplico ignosci, diffidentiæ tantum, non et superbiæ fassus errorem. Nam cum mihi rigor censuræ tuæ in litteris æque ut moribus s t ambifariam contremiscendus, fateor tamen in voluminis ipsius operisque reseratu, illam mihi fuisse plus oneri, quam prætenditis caritatem. Nec citra justum ista conjicio : quandoquidem mortalium mentibus vis hæc naturalitus inest, ut si quid perperam fiat, minus indulgeant plus amici. Scripseram librum, sicut pronuntiatis, plenum onustumque vario causarum, temporum personarumque congestu : facturus rem videbar impudentissimam, si tantum mihi cuncta placuissent, ut nulla tibi displicitura confiderem. Huc item, quisquis judicii eventus **268** foret, vidi partibus meis nequaquam pietatis ex solido constare rationem, si non saltem vobis esset anterius allatum volumen, et si non videretur oblatum : sub hoc videlicet temperamento, ut si forte placuissem, non vos arrogantia prætoriisse; si secus, non vos improbitas expetisse judicaretur. Nec sane multo labore me credidi deprecaturum vitatas causas erubescendi. Pariter illud nosse vos noveram, quod auctores in operibus edendis pudor potius quam constantia decet; quodque tetricis puncta censoribus, tardius procacitas recitatoris, quam trepidatio excudit. Alioquin si quis est ille, qui cum fiduciæ prærogativa, thematis ante inauditi operam [a] provulgat : incipit exspectationi publicæ, quamvis solverit multa, plura redhibere. Præterea quidquid super hujusce rescripti tenore censueris, malui factum confiteri simpliciter, quam trebaciter diffiteri. Dixisset alius, Neminem tibi prætuli, nullas ad ullum peculiares litteras dedi : quem prædatum suspicabare, unius epistolæ forma contentus abscessit, atque ea quidem nihil super præsenti negotio deferente. Tu, qui te quereris omissum, tribus loquacissimis paginis fatigatus, potius in nauseam concitaris, dum frequenter insulsæ lectionis verbis inanibus immoraris. Adde, quia etiam in hoc, quod forsitan non notasti, reverentiæ tuæ meritorumque ratio servata est, quod sicut tu antistitum cæterorum cathedris, prior est tuus in libro titulus : illius nomen vix semel tantum, et sibi ascripta pagina sonat : tuo, præter tibi deputatas, **269** frequenter illustrantur alienæ. Illud his junge, quod si quid ibi vel causaliter placet, ut per consilium meum lectitas : ille quandoque per beneficium tuum; qui munusculi mei incassum pressus invidia, necdum ad facultatem legendi, ut suspicor, venit, cum jam diu ipse perveneris ad copiam transferendi. Aio, tanquam non sit [b] holographas membranas arbitraturus; si tamen quod ante percurras, vel exemplar acceperit : neque enim in iis quæ tractaveris ulla culpabitur aut distinctionum raritas, aut frequentia barbarismorum. Nempe ad extremum palam videtur etiam tibi transmissa proprietas, cui usus absque temporis fixi præscriptione transmissus est, quique supradicto tamdiu potes uti libello, ut eum non amplius zothecula tua, quam memoria includat. Hæc et his plura fors aliquis. Ego vero cuncta præterea, et malo precari veniam quam reatum, si hoc esse crediderit, deprecari. Præsentum quoque negligentiam litterarum nunc nec excuso : primum, quod etsi cupiam, parum cultius scribere queo : dein, quod libellari opere confecto, animus tandem feriaturus, jam quæ propalare dissimulat, excolere detrectat. At tamen cum satis tibi, et quidem merito (quidnam enim simile)? in omnibus cedam, quippe qui in alio genere virtutum, jam per quinquennia decem, non æquævis sacerdotibus tantum, verum et antiquis quoties collatus antelatusque sis; noveris volo, quamvis quæstibus quatias astra, atque majorum cineres favillasque in testimonium læsæ caritatis **270** implores, pedem me conflictui tuo, si mutuo super amore certandum est, non retracturum : quia cum in cæteris rebus, tum fœdissimum perquam est in dilectione superari. Quæ velis nolis certa professio conviciis tuis illis, cuncta sane blandimentorum mella vincentibus, non præter æquum reponderatur, Ecce habes litteras tam garrulas ferme, quam requirebas : quanquam sunt omnes (si quæ uspiam tamen sunt) loquacissimæ. Namque in audentiam sermocinandi quem non ipse compellas, qui omnium (de me enim taceo) litteratorum, licet oculi affectent, sic ingenia producis, ut solet aquam terræ in visceribus absconditam per atomos bibulos radius extrahere solaris? Cujus lucis aculeo non sola penetratur aut arena subtilis, aut humus sessilis; sed si saxei montis oppressu fontium conditorum vena celetur, aperit arcanum liquentis elementi secretorum cœlestium natura violentior. Ita si quos, vir sacrosancte, studiosorum senseris, aut quietos, aut verecundos, aut in

---

[a] In aliquibus libris *pervulgat*.
[b] Autographum exemplar, quod ad te misi. Holographa enim dicuntur, quæ auctoris sui manu scripta, idiographa, archetypa : ut *holographum testamentum*, quod testator ipse perscripsit : *holographa epistola* Hieronymo in Rufinum, auctoris manu exarata. Holographa etiam manu scribere, est sua ipsius manu scribere. In veteri codice Canonum Nicænorum : *Atticus episcopus ecclesiæ Constantinopolitanæ edidi canones sanctorum Patrum holographa manu a me subscriptos.* Itaque quod in principum rescriptis, atque in privatorum item epistolis, sub finem adjici solet, *et manu divina vel et alia manu*, id perinde sonat atque *holographa manu* : quia in hujusmodi epistolis hæ solum clausulæ auctoris manu perscriptæ, reliqua a notariis. At holographa epistola, tota ab auctore. Obvia sunt exempla. Ut Novella Valentiniani de episcoporum ordinatione : *Et manu divina : Divinitas te servet per multos annos, parens carissime.* Augustinus epistola XLV ad Armentarium et Riparium : *Et alia manu, Gaudeamus de vobis in abundanti gratia Christi, domini eximii, meritoque honorabiles ac desiderabiles filii.* Sic enim est in optimis manuscriptis. Sed in vulgatis exemplaribus, illa diversæ manus adnotatio, et hoc loco, et in aliis passim apud Augustinum et alios, librariorum temeritate omissa est.

obscuro jacentis famæ recessu delitescentes; hos compluribus anteponendum. Crederem tibi, si non, eloquii tui c'aritas, artifice confabulatu dum compellat, et publicat. Sed quorsum ista, quid morarum est? redeamus ad causam, super cujus abundante blateratu, quia pareo, precor ut errata confessum veniæ clementis indultu placatus impertias : licet quæ lætitia tua sancta, quæque communio, copiosius hilarere, si meæ culpæ defensio potius tibi scripta feratur quam satisfactio. Memor nostri esse dignare, domine papa.

EPISTOLA XII.
Sidonius [a] *Oresio suo salutem.*

Venit in nostras a te profecta pagina manus, quæ trahit multam similitudinem de sale Hispano in jugis cæso Tarraconensibus. Nam recensenti lucida et salsa es', nec tamen propter hoc ipsum mellea minus : sermo dulcis et propositionibus acer; sic enim oblectat eloquio, quod turbat imperio : quippe qui parum metiens quid ordinis agam, carmina a nobis nunc novat petat. Primum ab exordio religiosæ professionis, huic principaliter exercitio renuntiavi : quia nimirum facilitati posset accommodari, si me occupasset levitas versuum, quem respicere cœperat gravitas actionum. Tum præterea constat omnem operam, si longa intercapedine quiescat, ægre resumi. Quisnam enim ignoret cunctis aut artificibus aut artibus maximum decus usu venire? cumque studia consueta non frequentantur, brachia in corporibus, ingenia pigrescere in artibus? Unde est et illud, quod sero correptus aut raro, plus arcus manui, jugo bos, equus freno rebellat. Insuper desidiæ nostræ verecundia comes ad hoc sententiam inclinat, ut me, postquam in silentio decurri tres olympiadas, tam pudeat novum poema conficere, quam pigeat. Hoc item nefas, etiam difficilia factu tibi negari, cujus affectum tanto minus decipi decet, quanto constantius nil repulsam veretur. Tenebimus ergo quippiam medium : et sicut epigrammata recentia modo nulla dictabo, ita litteras, si quæ jacebunt versu refertæ, scilicet ante præsentis officii necessitatem, mittam tibi : petens ne tu sis eatenus justitiæ prævaricator, ut me opineris nunquam ab hujusmodi conscriptione temperaturum. Neque enim suffragio tuo minus augear, si forte digneris jam modestum potius quam facetum existimare. Vale.

EPISTOLA XIII.
Sidonius [b] *Tonantio suo salutem.*

Est quidem, fateor, versibus meis sententia tua tam plausibilis olim, tam favorabilis, ut poetarum me quibusque lectissimis comparandum putes, certe

[a] Homini Hispano, ut altera lib. VIII ad Fortunalem. Hanc vero scripsit cum in episcopi munere tres jam olympiadas, hoc est annos duodecim decurrisset. Anno ergo Christi, juxta Baronii calculum 484.
[b] Tonantii Ferreoli filio, epist. 9 lib. II, qui doctus Tonantius appellatur in Propemptico, ubi et matrem ejus Papianillam laudat.
[c] Apuleio : qui Quæstiones convivales scripserat, teste Macrobio lib. VII, cap. 3 : *Quæstiones*, inquit, *convivales proponas vel ipse dissolvas. Quod genus veteres ita lubricum non putarunt, ut et Aristoteles de*

compluribus anteponendum. Crederem tibi, si non, ut multum sapis, ita quoque multum me amares. Hinc est, quod de laudibus meis caritas tua mentiri potest, nec potest fallere. Præter hoc poscis, ut Horatiana incude formatos Asclepiadeos tibi quospiam, quibus inter bibendum pronuntiandis exerceare, transmittam. Pareo injunctis, licet si unquam, modo maxime prosario loquendi genere districtus occupatusque. Denique probabis circa nos plurima ex parte metrorum studia refrigescere. Non enim promptum est, unum eumdemque probe facere aliquid, et raro.

Jam dudum teretes hendecasyllabos,
Attrito calamis pollice lusimus,
Quos cantare magis pro choriambicis
Excusso poteras mobilius pede.
Sed tu per Calabri tramitis aggerem
Vis ut nostra dehinc cursitet orbita;
Qua Flaccus lyricos Pindaricum ad melos
Frenis flexit equos plectripotentibus,
Dum metro quatitur chorda Glyconio,
Nec non Alcaico, vel Pherecratio,
Juncto Lesbiaco, sive anapæstico,
Vernans per varii carminis eclogas,
Verborum violis multicoloribus.
Istud (da veniam) fingere vatibus
Priscis difficile est, difficile et mihi,
Ut diversa sonans os epigrammata,
Nil crebras titubet propter epistolas,
Quas cantu ac modulis luxuriantibus
Lascivire vetat mascula dictio.
Istud vix Leo, rex Castalii chori,
Vix hunc qui sequitur Lampridius queat,
Declamans gemini pondere sub styli,
Coram discipulis Burdegalensibus.
Hoc me, teque decet, parce, precor, jocis,
Quæso pollicitam servet ad extimum
Oratoris opus cura modestiam :
Quo nil deterius, si fuerit simul
In primis rigidus, mollis in ultimis.

Quinimo quoties epulo mensæ lautioris hilarabere, religiosis, quod magis approbo, narrationibus vaca : his proferendis confabulatio frequens, his redicendis sollicitus auditus inserviat. Certe si saluberrimis avocamentis, ut qui adhuc juvenis, tepidius inflecteris, a [e] Platonico Madaurensi saltem formulas mutuare convivalium quæstionum : quoque reddaris instructior, has solve propositas, has propone solvendas, iisque te studiis, et dum otiaris, exerce. Sed quia mentio conviviorum semel incidit; tuque sic carmen nobis vel ad aliam causam personamque compositum sedulo exposcis, ut me ejus edendi diutius habere non possis hæsitatorem; suscipe libens, quod temporibus Augusti Majoriani, cum rogatu cujusdam sodalis ad cœnam conveniremus, in [d] Petri librum magistri epistolarum subito prolatum subitus effudi, meis quoque contubernalibus, dum rex convivii circa ordinandum moras nectit oxygarum, Domnulo, Severiano atque Lampridio paria pangen-

ipsis aliqua conscripserit et *Plutarchus*, et vester *Apuleius*. Frontonem addit Joannes Saresberiensis, qui Macrobii verba repetit Polycratici VIII, 10.
[d] Majoriani Augusti : quo 100 legato et interprete Majorianus præsidium militum Lugduno impositum urbe depulit, ut est in panegyrico Majoriani sub finem. Eidem præterea panegyricum ipsum obtulit carmine 3.
[e] De Domnulo dictum lib. IV, epistola ultima. Severianum iterum laudat epistola 15, et carmine 15 ubi præstantem tuba, hoc est grandiloquum, vocat.

tibus (jactanter hoc dixi, imo meliora), quos undique urbium ascitos imperator in unam civitatem, invitator in unam cœnam forte contraxerat. Id moræ tantum, dum genera metrorum sorte partimur. Placuit namque pro caritate collegii, licet omnibus eadem scribendi materia existeret, non uno tamen epigrammata singulorum genere proferri : ne quispiam nostrum, qui cæteris dixisset exilius, verecundia primum, post morderetur invidia. Etenim citius agnoscitur in quocunque recitante, si quo cæteri metro canat, an eo quoque scribat ingenio. Tu vero tunc opportunius subjecta laudabis, cum totum te socio indulseris. Non enim justum est, ut censor incipias cum severitate discutere, quod non potuit amicus cum serietate dictare.

275 Age convocata pubes,
Locus, hora, mensa, causa,
Jubet ut volumen istud,
Quod et aure et ore discis,
Studiis in astra tollas.
Petrus est tibi legendus,
In utraque disciplina
Satis institutus auctor.
Celebremus ergo, fratres,
Pia festa litterarum.
Peragat diem cadentem
Dape, poculis, choreis,
Genialis apparatus.
Rutilum toreuma bysso,
Rutilasque forte blattas,
Recoquente quas aheno
Meliboea fucat unda ;
Opulentet ut meraco
Bibulum colore vellus.
Peregrina det supellex
Ctesiphontis ac Niphatis
a Juga texta, belluasque
Rapidas vacante panno,
Acuit quibus furorem
Bene ficta plaga cocco,
Jaculoque ceu forante
Cruor incruentus exit.
Ubi torvus, et per artem
Resupina flexus ora,
It equo, reditque telo,
Simulacra bestiarum
Fugiens, fugansque Parthus.
Nive pulchriora lina
Gerat orbis, atque lauris,
Hederisque, pampinisque
Viridantibus tegatur.
Cytisos, crocos, amellos,
Casias, ligustra, calthas,

276 Rosa sutilis coronet.
Juvat ire per corollas
Alabastra ventilantes,
Juvat et vago rotatu
Dare fracta membra ludo,
Simulare vel trementes
Pede, veste, voce Bacchas.
Bimari remittat urbe
Thymelem, Palemque doctas
Tepidas ad officinas
Citharistrias Corinthus :
Digiti quibus canentes,
Pariter sonante lingua,
Vice pectinis fatigent
Animata fila pulsu.
Date et æra fistulata
Satyris amica nudis :
Date *c* ravulos choraulas,
Quibus antra per palati
Crepulis reflanda buccis.
Gemit aura tibialis ;
f Date carminata socco,
Date dicta sub cothurno,
Date quidquid advocati,
Date quidquid et poetæ
Vario strepunt in actu :
Petrus hæc et illa transit.
Opus editum tenemus,
Bimetra quod arte texens,
Iter asperum, viasque
Labyrinthicas cucurrit.
Sed in omnibus laborans
Et ab omnibus probatus,
Rapit hinc et inde palmam.
Per et ora docta fertur.
Procul hinc et Hippocrenen,
Aganippicosque fontes,
Et Apollinem canorum
Calathi ferant capaces,
Redolentibusque sertis
Abacum, torosque pingant.
Manus uncta succo amomi
Domet hispidos capillos,
b Arabumque messe pinguis
Petat alta tecta fumus.
Veniente nocte nec non
Numerosus erigatur
Laquearibus coruscis
Cameræ in superna lychnus ;
Oleumque nescientes,
Adipesque glutinosos,
Utero tumente fundant
Opobalsamum lucernæ.
Geruli caput plicantes
Anaglyptico metallo
Epulas superbiores
Humeris ferant onustis.
Pateræ, scyphi, lebetes,
Socient falerna nardo :
Tripodasque, cantharosque

Julium opinor Severianum, cujus artis rhetoricæ præcepta syntomata leguntur. Lampridium vero rhetorem, cujus obitum luxit epist. 40, lib. VIII, cathedram Burdegalæ tenuisse hic locus ostendit.

a Quæ belluata tapetia in Plauti Pseudolo, Ζωωτά Græcis et Ζωδιωτά. Nec abs re Ctesiphontis ac Niphatis mentionem injecit, ut Babylonica designaret. Babylon enim, auctore Plinio, colores diversos vestium picturæ intexere maxime celebravit, et nomen imposuit. Babylonicæ vero picturæ argumentum, bella aut venatio. Ammianus Marcellinus rerum gestarum lib. XXIV, Juliani Aug. mansionem in agro Ctesiphontino describens: *Diversorium*, inquit, *opacum et amœnum, gentiles picturas per omnes ædium parietes ostendens, regis bestias venatione multiplici trucidantis. Nec enim apud eos pingitur vel fingitur aliud, præter varias cædes et bella.*

b Statius Papinius lacrymis Hetrusci :
.... tu messes Cilicumque Arabumque
Merge rogis.

1 Barthius *Advers.*, pag. 489, monet se in Trevirensi vetustissimo codice legisse *criminipta succo : sum, Quis non videt*, inquit solers criticus, CARMINA

Tibullus item lib. IV, in laude Sulpicii :
Cultor odoratæ dives Arabs segetis.

Arabum messis et seges, omnis generis odoramenta quæ in Arabia nascuntur. Hinc prompta emendatio versus Orientii, qui viros doctos exercuit, si *Arabum* legas, non *arvum*. Sic enim scribit, de cadaveribus quæ aromatibus condiuntur :
Non modo quæ tumulis bene condita saxa reservant,
Aut Arabum solidans pulvis odorque tenet.
Arabum pulvis et odor, nota figura, pro pulvere odorato Arabiæ.

c Qui tibias in choro inflant : quos pulcherrime itidem describit Cyprianus de spectaculis : *Alter cum choro et cum hominis canora voce contendens spiritu suo, quem de visceribus suis superioribus nitens hauserat, tibiarum foramina modulans, nunc effuso, et nunc intus recluso ac represso, nunc certis foraminibus emisso, atque in aerem profuso : item in articulorum sonum frangens, loqui digitis laborat, ingratus artifici qui linguam dedit.*

APTA SOCCO *veram esse lectionem?* BAUNIUS Sirmond. editor. præfat. ad tom. I, § 11:

Comitantibus Camenis
Abigamus, et Minervam
Quasi præsulem canendi
Removete ficta fatu,
Deus ista præstat unus.
Stupuit virum loquentem
Diadematis potestas,
Toga, miles, ordo equester,
Populusque Romularis :
Et adhuc sophos volutant
Fora, templa, rura, castra.
Super hæc, fragorem alumno
Padus, atque civitatum
Dat amor Ligusticarum.
Similis favor resultat
Rhodanitidas per urbes,
Imitabiturque Gallos
Feritas Ibericorum.
Nec in hoc moratus axe,
Cito ad arva perget Euri,
Aquilonibusque et Austris,
Zephyrisque perferetur.

277 Ecce dum quæro quid cantes, ipse cantavi. Tales enim nugas in imo scrinii fundo muribus perforatas, post annos circiter viginti profero in lucem, quales pari tempore absentes, cum domum rediit, Ulysses invenire potuisset. Proinde peto ut præsentibus ludicris libenter ignoscas. Illud vero nec verecunde, nec impudenter injungo, ut quod ipse de familiaris mei integro libro pronuntiavi, hoc tu quasi sollicitatus exempli necessitate de meo sentias. Vale.

EPISTOLA XIV.

Sidonius a *Burgundioni suo salutem.*

Dupliciter excrucior quod nostrum uterque lecto tenetur. Nihil enim est durius quam cum præsentes amici dividuntur communione languoris. Quippe si accidat, ut nec intra unum conclave decumbant, nulla sunt verba, nulla sunt solatia, nulla denique mutui oratus vicissitudo. Itaque singulis mœror ingens, isque plus de altero : nam parum possis, quanquam et infirmus, periclitante quem diligas, tibi timere. Sed Deus mihi, fili amantissime, pro te paventi validissimum scrupulum excussit, quia pristinas incipis vires recuperare. Diceris enim jam velle consurgere, quodque plus opto, jam posse. Me certe taliter consulis, et sollicitudine prope præcoqua quæstiunculis litterarum, jam quasi ex asse vegetus exerces, audire plus ambiens, etsi adhuc æger, Socratem de moribus, **278** quam Hippocratem de corporibus disputantem. Dignus omnino quem plausibilibus Roma foveret ulnis, quoque recitante crepitantis Athenæi subsellia cuneata quaterentur. Quod procul dubio consequebare, si pacis locique conditio permitteret, ut illic senatoriæ juventutis contubernio mixtus erudirere. Cujus te gloriæ pariter ac famæ capacem, de orationis tuæ qualitate conjecto : in qua decentissime te nuper pronuntiante, quæ quidem scripseras extemporaliter, admirabantur benevoli, mirabantur superbi, morabantur periti. Sed ne impudenter verecundiam tuam laudibus nimiis ultro premamus, præconia tua justius de te, quam tibi scribimus. Hoc potius, unde est causa sermonis, intromittamus. Igitur interrogas per pugillatorem, quos recurrentes asseram versus, ut celer explicem, sed sub exemplo. Ii nimirum sunt recurrentes, qui metro stante, neque litteris loco motis, ut ab exordio ad terminum, sic a fine releguntur ad summum. Sic est illud antiquum :

Roma tibi subito motibus ibit amor.

Et illud :

Sole medere pede, ede perede melos.

Nec non habentur pro recurrentibus, qui pedum lege servata, et si non per singulos apices, per singula tamen verba replicantur : ut est unum distichon meum (qualia reor equidem legi multa multorum) quod de rivulo lusi, qui repentino procellarum pastu illapsu, publicumque aggerem confragoso diluvio supergressus, subdita culta viæ inundaverat, **279** quanquam depositurus insanam mox abundantiam, quippe quam pluviis appendicibus intumescentem, nil superna venæ perennis pondera inflarent. Igitur istic (nam viator adveneram) dum magis ripam quam vadum quæro, tali jocatus epigrammate, per turbulenti terga torrentis bis saltem pedibus incessi.

Præcipiti modo quod decurrit tramite flumen,
Tempore consumptum jam cito deficiet.

Hoc si recurras, ita legitur :

Deficiet cito jam consumptum tempore flumen,
Tramite decurrit quod modo præcipiti.

Ecce habes versus, quorum syllabatim mirere rationem. Cæterum pompam quam non habent, non docebunt. Sufficienter indicasse me suspicor, quod tu requirendum existimasti. Simile quiddam facis et ipse si proposita restituas, æque diverso, quæ reperteris expedias. Namque eminet tibi thematis celeberrimi votiva redhibitio, laus videlicet peroranda,

---

a *Adolescenti scholastico.* Huic per litteras interroganti qui dicantur versus recurrentes, duo eorum genera proponit. Nam aut recurrunt per singulas litteras, cujus generis est Leonis Sapientis quasi distichum, lib. vi Anthologiæ epigrammatum Græcorum, **101** hoc modo :

Σόφος ἔγωγε ἤδη ὢν ἄνω, χαρᾷ τῶν ἄνω, γελῶ τὰ
κάτω, λέγων, ἂν ᾧ ταραχῶν ἄνω, ἤδη ἔγωγε σοφός.

Hoc enim si retroacto cursu a fine relegatur, non motis loco litteris, idem redit. Aut per singula tantum verba : quod genus Diomedes et Victorinus, qui prioris generis non meminerunt, reciprocos vocant. Sed horum rursus duæ sunt species. Nam reciproci (ut ad epistolam 11, lib. viii, observari cœptum), aut per singulos versus redeunt, tum generis ejusdem, ut hic pentameter Porphyrianus :

Ausoniæ decus, et lux pia Romulidum,

in pentametrum alterum :

Romulidum pia lux, et decus Ausoniæ.

Tum diversi, ut hic heroicus Porphyrii ejusdem :

Omne genus metri tibi pangens, optime Basse,

in Sotadicum,

Basse optime pangens tibi metri genus omne.

Aut per totum elegum : quale est distichum Sidonii de torrente, et hoc Nicodemi Heracleotæ eodem lib. vi Anthologiæ :

Πηνελόπη, τόδε σοι φᾶρος καὶ χλαῖναν Ὀδυσσεὺς
Ἤνεγκεν, δολιχὴν ἐξανύσας ἀτραπόν.

Quod ita recurrit :

Ἀτραπὸν ἐξανύσας δολιχήν, ἤνεγκεν Ὀδυσσεὺς
Χλαῖναν καὶ φᾶρος σοί τόδε, Πηνελόπη.

quam ediderat, Cæsaris Julii. Quæ materia tam **A** grandis est, ut studentum si quis fuerit ille copiosissimus, nihil amplius in ipsa debeat cavere, quam ne quid minus dicat. Nam si omittantur quæ titulis dictatoris invicti scripta ᵃ Patavinis sunt voluminibus; quis opera Suetonii, quis ᵇ Juventii Martialis historiam, quisve ad extremum ᶜ Balbi ephemeridem fando adæquaverit? Sed tuis ceris hæc reservamus. Officii magis nostri est auditoribus scamna componere, et præparare aures fragoribus intonaturis : dumque virtutes tu dicis alienas, nos moliamur **280** tuas dicere. Neque vereare me quospiam judices Catonianos advocaturum, qui modo invidiam, modo ignorantiam suam fictæ severitatis velamine tegant : quanquam imperitis venia debetur. Cæterum quisquis ita malus est, ut intelligat bene scripta, nec **B** tamen laudet, hunc boni intelligunt, nec tamen laudant. Proinde curas tuas hoc metu absolvo : faventes audient cuncti, cuncti foventes, gaudiisque quæ facies recitaturus, una fruemur. Nam plerique laudabunt facundiam tuam, plurimi ingenium, toti pudorem. Non enim minus laudi feretur, adolescentem, vel quod est pulchrius, pene adhuc puerum, de palæstra publici examinis tam morum referre suffragia, quam litterarum. Vale.

EPISTOLA XV.
Sidonius Gelasio suo salutem.

Probas, neque deprecor, me deliquisse : deliqui quippe, qui necdum nomine tuo ullas operi meo litteras junxerim. Sed tamen scribis tum quod erraverim veniabile fore : si quod et ipse decantes mittam **C** ab exemplo : quia scilicet, Tonantio meo, ad parem causam futuras usui litteras bimetras miserim. Præter hoc quereris paginam meam, si resolvatur in lusum, solis hendecasyllabis frequentari. Qua de re trochaica garrulitate suspensa, senariolos aliquos plus requiris. Servio injunctis : tu modo placidus accipias : si veodam hanc ipsam mavis vocare, sive eclogam. Nam metrum diu infrequentatum durius texitur.

281 Jubes, amice, nostra per volumina
Modis resultet invitatioribus
Ferox iambus, et trochæus hactenus,
Pigræsque bigas et quaterna tempora
Spondæus addat, ut moram volucripes
Habeat parum per insitam trimetria :

ᵃ Nondum enim perierat pars illa operis Liviani : **D** de qua et Symmachus lib. iv, epist. 17 : *Priscas Gallorum memorias deferri in manus tuas postulas : revolve Patavini scriptoris extrema, quibus res C. Cæsaris explicantur.*

ᵇ Quidam, *Viventii.* Idem fortasse qui Gargilius Martialis : quem inter auctores qui Cæsarum vitas in litteras miseruht, numerant Vopiscus in Probo, et Lampridius in Alexandro, cujus ætate vixit. Quanquam hic Gargilius quoque Martialis nuncupatur ab Æmiliano, Servio et Cassiodoro, qui ejus etiam de cura hortorum libros commemorant.

ᶜ Julii Cæsaris de rebus suis Ephemeridem citant Plutarchus et Servius ad xi Æneidos. Ad Balbum item eos Hirtii liber viii, quem ad reliquos vii Commentariorum Cæsaris adjecit. Balbi autem Ephemeridis quæ C. Cæsaris gesta explicaret, mentio nobis extra hunc locum apud veteres non occurrit.

Resonetque mixtus ille pes celerrimus,
Bene nuncupatus quondam ab arte Pyrricha,
Loco locandus undecunque in ultimo :
Spondam daturus et subinde versui,
Modo in priore parte, nunc in extima,
Anapæstus, ipse quanquam et absolutius
Pronuntietur, cum secuta tertia
Geminæ brevique longa adhæret syllabæ.
Quæ temperare vix callet gregarius
Poeta, ut ipse cernis esse Sollium.
In pectine errat, nec per ora concava
Vaga lingua flexum competenter explicat.
Epos sed istud aptius paraverit
Leo, Leonis aut secutus orbitas
Cantu in Latino, cum prior sit Attico,
Consentiorum qui superstes est patri,
Fide, voce, metris, ad fluenta Pegasi
Cecinisse dictus omniforme canticum :
Quotiesque verba Graia carminaverit,
Tenuisse celsa junctus astra Pindaro,
Montemque victor isse per biverticem
Nulli secundus inter astra Delphica.
At uterque vatum, si lyræ poeticæ
Latiare carmen aptet absque Dori·o,
282 Venusina Flacce plectra ineptus exseras,
Japygisque verna cycnus Aufidi,
ᵈ Aiacem tonare cum suis oloribus,
Cana et canora colla victus ingemas.
Nec ista sola sunt perita pectora,
Licet et peritis hæc peritiora sint :
Severianus ista rhetor altius,
Afer vaferque Domnulus politius,
Scholasticusque sub rotundioribus.
Petrus c menis dictitasset acrius :
Epistolaris usquequaque nec stylus
Virum vetaret, ut stupenda pangeret
Potuisset ista semper efficacius,
Humo atque gente cretus ᵉ in Ligustide
Proculus, melodis insonare pulsibus,
Limans facela quæque sic pnemata,
Venetam lacessat ut favore Mantuam :
Homericæque par et ipse gloriæ,
Rotas Maronis arte sectans compari.
Ego corde et ore jure despicabilis,
Quid inter hosce te rogante garriam,
Loquacitatis impudentiam probans,
Animique ᶠ vota destituta litteris ;
Sed quid negabo, nec pudore territus?
Amor timere nescit : inde parui.

Ignosce desueta repetenti, atque ob impleta quæ jusseras, nihil amplius quam raritatis indulgentiam præstolaturo. Cæterum mihi similia post si jusseris, quo queam magis fieri obsequens, curabis ad vicem carminis, aut dictare quæ cantem, aut saltare quæ rideam. Vale.

283 EPISTOLA XVI.
Sidonius Firmino suo salutem.

Si recordaris, domine fili, hoc mihi injunxeras, ut hic nonus libellus, peculiariter tibi dictatus, cæteris octo copularetur, quos ad Constantium scripsi, virum singularis ingenii, salutaris consilii certe in tra-

ᵈ Qui fluvius Narbonem alluit : patriam Leonis et Consentii. Fortunatus :

Excipit hinc Narbo, qua littora plana remordens
Mitis Atax Rhodani molliter intrat aquas.

102 Id est, easdem quas Rhodanus. Cycno se post Pindarum comparavit Horatius lib. ii carminum. Sidonius ergo Atacem cum Aufido Apuliæ componit, Narbonenses hos poetas cum Horatio.

ᵉ De hoc, ut monui, Ennodius lib. i carminum, in præfatione Proculi nepotibus dicta :

Horum Pindareus fulmina vincit arus.
Docta Camœnali cecinit qui carmina plectro,
Cujus Apollinei nil tacuere chori.

ᶠ Male hactenus, *vota distent ut a litteris.* Certa et necessaria emendatio : in qua tamen divinandum fuit, cum manuscripti nihil juvarent. Sensus est apertus. Destituta enim litteris vota dicuntur, ejus qui velit quidem, sed ob imperitiam non possit.

ctatibus publicis cæteros eloquentes, seu diversa, sive paria decernat, præstantioris facundiæ dotibus antecellentem. Sponsio impleta est, non quidem exacte, sed vel instanter. Nam [a] peragratis forte diœcesibus, cum domum veni, si quod schedium temere jacens chartulis putribus ac veternosis continebatur, raptim coactimque translator festinus exscripsi, tempore hiberno nil retardatus, quin actutum jussa complerem; licet antiquarium moraretur insiccabilis gelu pagina, et calamo durior gutta, quam judicasses imprimentibus digitis non fluere, sed frangi. Sic quoque tamen compotem officii prius agere curavi, quam duodecimum nostrum, quem Numæ mensem vos nuncupatis, Favonius flatu teporo, pluviisque natalibus maritaret. Restat ut te arbitro non reposcamus res omnino discrepantissimas, maturitatem celeritatemque. Nam quotiens liber quispiam scribi cito jubetur, non tantum honorem spectat auctor a merito, quantum ab obsequio. De reliquo, quia tibi nuper ad Gelasium virum sat benignissimum missos iambicos placuisse pronuntias, per hos te quoque Mitylenæi oppidi vernulas munerabor.

    Jam per alternum pelagus loquendi
    Egit audacem mea cymba cursum;
284 Nec bipertito timuit fluento
      Flectere clavum.
    Solvit antennas, legit alta vela,
    Palmulam ponit manus, atque transtris
    Littori junctis, petit osculandum
      Saltus arenam.
    Mussitans quanquam chorus invidorum
    Prodat irritu rabiem canino,
    Nil palam sane loquitur, pavetque
      Publica puncta.
    Verberant puppem, quatiunt carinam.
    Ventilant spondas laterum rotundas,
    Arborem circa volitant sinistræ
      Sibila linguæ.
    Nos tamen rectam comite arte proram,

[a] Hic diœceses posuit pro parochiis: distinxerat lib. VII, epist. 6: *nulla in desolatis cura diœcesibus parochiisque*. Ibi enim diœcesim ea notione dixit qua hodie sumitur, pro tota episcopi jurisdictione. Interdum vero latius porrigitur ad integram provinciam archiepiscopi, ut Remensis ac Senonensis diœcesis in Chronico Flodoardi anno 962. Imo etiam ac primatis administrationem, quæ multas provincias complectitur, ut lib. VI Capitularium, et in epist. Nicolai papæ ad Michaelem imp. Nonnunquam etiam contrahitur ad curias seu parochias, quæ multæ in una diœcesi, ut hoc loco, et apud Gregorium Turon., *Brivatensis diœcesis* lib. IV, 13: et diœceses Ruthenicæ Ecclesiæ lib. VII, 58. Sic vicissim parochia sæpe pro integra diœcesi, ut Vivariensis parochia Adoni Viennensi, et Suessionensis Rothaldo in epistola ad Nicolaum. Capitularium libro eodem: *Unusquisque episcoporum habeat suæ parochiæ potestatem*. Hincmarus Nicolao: *Quia non solum diœcesis, verum etiam parochia mea inter duo regna sub duobus regibus habetur divisa*: id est, non solum provincia, verum etiam episcopatus Remensis.

[b] Statuæ æreæ, et præfecturæ urbanæ. Has enim coronas vocat, ut sequentia declarant.

[c] Statuam Sidonio positam fuisse sub Avito Aug. argumento est, quod statuæ hujus meminit in epigrammate ad Priscum Valerianum, quod superstite Avito, et calente adhuc panegyrici memoria, scriptum patet; idque miror viros doctos non animadvertisse, qui sub Majoriano positam volunt. Præfecturam autem ab Anthemio II consule adeptus est,

    Nil tumescentes veriti procellas,
    Sistimus portu, [b] geminæ potiti
      Fronde coronæ:
    Quam mihi indulsit populus Quirini,
    Blattifer vel quam tribuit senatus,
    Quam peritorum dedit ordo consors
      Judiciorum.
    Cum meis poni [c] statuam perennem
    Nerva Trajanus titulis videret,
    Inter auctores utriusque fixam
      Bibliothecæ.
    Quamque post visus prope post bilustre
    Tempus, accepi capiens honorem,
    Qui patrum ac plebis simul unus olim
      Jura gubernat.
    Præter heroas, joca multa multis
285 Texui pannis; elegos frequenter
    Subditos senis pedibus rotavi
      [d] Commate bino.
    Nunc per undenas equitare suetus
    Syllabas, lusi celer; atque metro
    Sapphico creber recini, citato
      Rarus iambo.
    Nec recordari queo quanta quodam
    Scripserim primo juvenis calore:
    Unde pars major utinam taceri
      Possit et abdi.
    Nam senectutis propiore meta,
    Quidquid extremis sociamur annis,
    Plus pudet, si quid leve lusit ætas,
      Nunc reminisci.
    Quod perhorrescens, ad epistolarum
    Transtuli cultum genus omne curæ:
    Ne reus cantu petulantiore,
      Sim reus actu.
    Neu puter solvi per amœna dicta,
    Schema si chartis phalerasque jungam:
    Clerici ne quid maculet rigorem
      Fama poetæ.
    Denique ad quodvis epigramma posthac
    Non ferar pronus, teneroque metro,
    Vel gravi, nullum cito cogar exhinc
      Promere carmen.
    Persecutorum nisi quæstiones
    Forsitan dicam, meritosque cœlum
    Martyres mortis pretio parasse
      Præmia vitæ.
286 E quibus primum mihi psallat hymnus
    [e] Qui Tolosatem tenuit cathedram,
    De gradu summo capitoliorum
      Præcipitatum,

cum Romam iterum venisset, post annos circiter decem, quod est Sidonio, tempus prope post bilustre Rursum duplici statua donatum Sidonium, una in Græca, altera in Latina bibliotheca, censuit elegantissimus Lipsius **103** cap. 10 de bibliothecis. Mihi auctor est Sidonius, non solum hoc loco, sed in eodem etiam carmine ad Valerianum, unicam fuisse: in porticu nimirum, qua iter ad utramque bibliothecam. Sic enim ait:

    Nil vatum prodest adjectum laudibus illud,
      Ulpia quod rutilat porticus ære meo.

[d] Alioqui vitiosum est pentametrum, nisi duplici commate constet, quorum parti sit, ut loquitur Terentianus, finis utrique suus. Idem hunc improbat: *Inter nostros gentilis oberrat equus*, quia cola divisa non habet: et Hephæstion illum Callimachi, Ἱερὰ νῦν δὲ διοσκουρίδεω γενετή.

[e] Saturninum primum Tolosatum antistitem. Saturnini nomen respuebat metri ratio, sed carminis legem sprevit, ne sancti viri memoriam præteriret. Quod ipsum in hujusmodi nominibus causati passim poetæ: ut in alio ejusdem nominis Saturnino Prudentius in martyres Cæsaraugustanos, in Earino Martialis lib. IX, 12, in pariambo Terentianus. Vetus epitaphium Romæ duplici licentia:

    Θ   Κ
    Φιλήτῳ τόδε σῆμα κατοιχομένῳ συνομεύνῳ
      Ἀβασκαντὶς γαμετὴ μνημοσύνης ἕνεκεν.

Hoc est:

    Phileto hunc tumulum defuncto morte marito
    Abascantis conjunx grati animi officio.

Quem negatorem Jovis ac Minervæ,
Et crucis Christi bona confitentem,
Vixit ad tauri latus injungati
   Plebs furibunda :
Ut per abruptum bove concitato,
Spargere cursus lacerum cadaver,
Cautibus tinctis calida soluti
   Pulte cerebri,
Post Saturninum, volo plectra cantent,
Quos patronorum reliquos probavi
Anxio duros mihi per labores
   Auxiliatos.

Nam ectasi usus est auctor in Phileto, in Abascantide pleonasmo. Religiosior in Itinerario suo Numatianus, qui cum Venerii Rufii Volusiani verum nomen, hoc est ultimum, salvis metri legibus versu complecti non posset, satis habuit desiderium suum testari :

Hic præfecturam sacræ cognoscimus urbis
   Delatam meritis, dulcis amice, tuis.
Optarem verum complecti carmine nomen :
   Sed quosdam refugit regula dura pedes.
Cognomen versu Veneri carissime Rufi,
   Illo te dudum pagina nostra canit.

A Singulos quos nunc pia nuncupatim
Non valent versu cohibere verba,
Quos tamen chordæ nequeunt sonare,
   Corda sonabunt.

Redeamus in finem ad oratorium stylum, materiam præsentem proposito semel ordine terminaturi : ne si epilogis musicis opus prosarium clauserimus, secundum regulas Flacci, ubi amphora cœpit institui, urceus potius exisse videatur. Vale.

Alloquitur enim, ut dixi, Volusianum, Albini filium, cujus proprium nomen Volusianus, cognomina Venerius Rufius. Idem paulo superius :

Rufius Albini gloria magna patris,
Qui Volusi antiquo derivat stemmate nomen.

B Urbanæ vero Volusiani præfecturæ, quam ei delatam gratulatur, testis est Volusiani ipsius P. V. Edictum adversus Cœlestium hæreticum. Itaque Numatiani Itinerario, nostra quidem conjectura, redintegrandus est titulus, AD RUFIUM VENERIUM VOLUSIANUM.

C. S. APOLLINARIS SIDONII
CARMINA.

287 CARMEN PRIMUM.

PRÆFATIO [a] IN PANEGYRICUM DICTUM ANTHEMIO AUGUSTO BIS CONSULI.

Cum juvenem super astra Jovem natura locaret,
   Susciperetque novus regna vetusta deus,
Certavere suum venerari numina numen,
   Disparibusque modis par cecinere sophos.
Mars clangente tuba patris præconia dixit,
   Laudavitque sono fulmina fulmineo.
Arcas, et arcitenens fidibus strepuere sonoris,
   Doctior hic citharæ pulsibus, ille lyræ.
Castalidumque chorus vario modulamine plausit,
   Carminibus, cannis, pollice, voce, pede.
288 Sed post cœlicolas etiam mediocria fertur
   Cantica semideum sustinuisse deus.
Tunc faunis Dryades, Satyrisque Mimallones aptæ,
   Fuderunt lapidum rustica turba melos.
Alta cicuticines liquerunt Mænala Panes,
   Postque chelyn placuit fistula rauca Jovi.
Ilos inter Chiron ad plectra sonantia saltans,
   Flexit inepta sui membra facetus equi :
Semivir audiri meruit, meruitque placere,
   Quamvis hinnitum dum canit ille daret.

104 [a] Panegyricorum Sidonii præposterus est ordo. Recta series erat, ut primo loco appareret panegyricus Aviti, tum deinde Majoriani, postremo Anthemii, qui Majoriano post Severum successit, ἀνήρ, ut Theophanes in Chronico scribit, Χριστιανικώτατος καὶ εὐσεβῶς τὴν βασιλείαν ἰθύνων. Vir christianissimus, et qui cum pietate imperium rexit. Ex quo Damascii vanitatem redarguas, qui in vita Isidori Ægyptii Anthemium finxit impium, atque ἑλληνόφρονα, et qui occulta de renovando idolorum cultu consilia mente agitaret. Quæ autem occasio et causa Sidonio

Ergo sacrum dives et pauper lingua litabat,
   Summaque tunc voti victima cantus erat.
Sic nos, o Cæsar, nostri spes maxima sæcli,
C Post magnos proceres parvula thura damus,
Audacter docto [b] coram Victore canentes,
   Aut Phœbi, aut vestro qui solet ore loqui.
Qui licet æterna sit vobis quæstor in aula,
   Æternum nobis ille magister erit.
Ergo colat variæ te, princeps, hostia linguæ :
   Nam nova templa tibi pectora nostra facis.

CARMEN II.

PANEGYRICUS QUEM ROMÆ SIDONIUS DIXIT ANTHEMIO AUGUSTO BIS CONSULI.

Auspicio et numero fasces, Auguste, secundos
Erige, et effulgens trabealis mole metalli
Annum pande novum, consul vetus, ac sine fastu
Scribere bis fastis : quanquam diademate crinem
289 Fastigatus eas, humerosque ex more priorum
D Includat Sarrana chlamys, te picta togarum
Purpura plus capiat : quia res est semper ab ævo
Rara, frequens consul. Tuque, o cui laurea Jane
Annua debetur, religa torpore soluto
Quavis fronde comas, subita nec luce pavescas

fuerit panegyrici Anthemiani, docuit nos epist. 9 lib. I. Ex ea enim Romæ dictum constat calendis Januariis, cum Anthemius Aug. imperium nuper adeptus, consulatum alterum (priorem quippe adhuc privatus Constantinopoli egerat) solemni principum more auspicaretur, anno Christi 468. Quare ab hac iteratorum fascium gratulatione laudationis ducit exordium.

[b] Alii, *doctore*, ut vulgati. Sed cum in plerisque *victore* legeretur, non dubitavi quin id ejus nomen esset, qui sacri palatii quæstor fu[it] Anthemio.

Principis, aut rerum credas elementa moveri.
Nil natura novat : sol hic quoque venit ab ortu.
Ilic est, o proceres, ^a petiit quem Romula virtus,
Et quem vester amor : cui se ceu victa procellis,
Atque carens rectore ratis, respublica fractam
Intulit, ut digno melius flectenda magistro,
Ne tempestates, ^b ne te, pirata, timeret.
Te prece ruricola expetiit, te fœdere junctus
Assensu, te castra tubis, te curia plausu,
Te punctis scripsere tribus, collegaque misit
Te nobis, regnumque tibi; suffragia tot sunt,
Quanta legit mundus : fateor, trepidavimus omnes,
Ne vellet collega pius permittere voto
Publica vota tuo; credet ventura propago,
In nos ut possint, princeps, sic cuncta licere,
De te non totum licuit tibi. Facta priorum
Exsuperas, Auguste Leo; nam regna superstat
Qui regnare jubet: melius respublica vestra
Nunc erit una magis, quæ sic est facta duorum.

Salve sceptrorum columen, regina Orientis,
^c Orbis Roma tui, rerum mihi principe misso,
Jam non ^d Eoo solum veneranda quiriti
Imperii sedes; sed plus pretiosa, quod exstas

A Imperii genitrix. Rhodopem quæ portat et Hemum,
290 Thracum terra tua est, herôum fertilis ora.
Excipit hic natos glacies, et matris ab alvo
Artus infantum molles nix civica durat.
Pectore vix alitur quisquam, sed ab ubere tractus,
Plus potat per vulnus equum : sic lacte relicto,
Virtutem gens tota bibit; crevere parumper,
Mox pugnam ludunt jaculis; hos suggerit illis
Nutrix plaga jocos; pueri venatibus apti,
Lustra feris vacuant; rapto ditata juventus
Jura colit gladii; consummatamque senectam
Non ferro finire pudet : tali ordine vitæ
Cives Martis agunt. At tu circumflua ponto
Europæ atque Asiæ, commissam carpis utrinque
Temperiem ; nam Bistonios Aquilonis hiatus
B Proxima ^{e 1} Cachidici sensim tuba temperat Euri.
Interea te Susa tremunt, ac supplice cultu
Flectit Achæmenius lunatum Persa tiaram.
Indus odorifero crinem madefactus amomo,
In tua lucra feris exarmat guttur alumnis,
Ut pandum dependat ebur : sic trunca reportat
Bosphoreis elephas inglorius ora tributis.
Porrigis ingentem spatiosis mœnibus urbem,

---

^a Legationis qua Romani, mortuo Severo, principem a Leone postularunt, meminit Evagrius lib. II, cap. 16: Ἐκ πρεσβείας δὲ τῶν ἑσπερίων Ῥωμαίων Ἀνθέμιος βασιλεὺς τῆς Ῥωμαίων ἐκπέμπεται. Theophanes τῆς συγκλήτου πρεσβείαν, senatus legationem vocat. Delatum autem a Leone imperium Anthemio testantur omnes, et Leo ipse in novella De bonis vacantibus, ^C ubi et filium **105** suum ea causa, quod purpuræ auctor illi fuisset, nominat Anthemium. Hinc illa utriusque principis concordia, quam toto poemate prædicat : cujusque index aureus nummus, in quo Leo et Anthemius consertis inter se manibus, et Pacis numen ascriptum.

^b De Genserico Vandalorum rege, quem piratam, prædonem, latronem appellare solet.

^c Constantinus cum urbem a se conditam omnibus ornamentis Romæ æquasset, quod reliquum erat, lata lege adjecit, ut Constantinopolis nova Roma diceretur, ut narrat Socrates lib. I Hist., cap. 12. Certant exinde scriptores in utriusque Romæ comparatione. Gregorius Nazianzenus in carmine de Vita sua, adeo æquales facit, ut situ tantum ac loco discrepare dicat. Julianus vero Augustus in encomio Constantii novam veteri longe postponit. Πόλιντε, inquit, ἐπώνυμον αὐτοῦ κατέστησεν ἐν οὐδὲ ὅλοις ἔτεσι δέκα, τοσούτῳ τῶν ἄλλων ἁπασῶν μείζονα, ὅσῳ τῆς Ῥώμης ἐλαττοῦσθαι δοκεῖ, ἧς τὸ δεύτερον τετάχθαι μακρῷ βέλτιον ἔμοιγε φαίνεται, ἢ τῶν ἄλλων ἁπασῶν **D** μείζονα καὶ πρώτην νομίζεσθαι.

^d Hæc vetus et vera lectio, nec aliam patitur sensus, aut structura orationis. Nam si Quirini legas, quod viro docto placuit, sententia corrumpitur, et τὸ Ἑῷον ἀσυνάρτητον manet. Eoos ergo Quirites vocat cives Constantinopolitanos. Sequitur enim, si Constantinopolis nova est Roma, ut incolæ Quirites dicantur.

^e Byzantiis Eurus spirat e proxima Calchedone. Calchidicum ergo dixit pro Calchedonio, ut Paulinus Natali xi :

Et quo Calchidicis Euphemia martyr in oris
Signat virgineo sacratum sanguine littus.

Nam Calchedone passam esse S. Euphemiam nemo nescit. Sic Apollonium Stoicum philosophum, Marci et Lucii Cæsarum magistrum, alii Calchedonium appellant, ut Capitolinus in Marco, et Eutropius lib. VIII, alii Calchidicum, ut Eusebii interpretes Hieronymus in Chronico, et Cassiodorus in Fastis. Et Capitolinus idem in Antonino Pio Apollonium Calchide accitum ait, quod alii dicerent Calchedone. Aliud est Calchidicus a Calchide Eubœæ; aliud Calchidicus a Calchide seu Calchedone Bithyniæ. Quam quidem Chalcedonem hodie scribunt omnes, et Græci Χαλκηδόνα, quo etiam modo scribendam censuit Stephanus in voce Καρχηδών. Sed qui antiqua monumenta tractant, aliam in omnibus scripturam observant. Quarta denique ipsa synodus œcumenica in vetustissimis exemplaribus non Chalcedonensis, sed Calchedonensis nuncupatur. Et quod fidem præcipue facit, nunquam aliter veteres nummi. Vidimus sane complures, **106** tum Cæsarianos, tum antiquiores alios : atque in his unum, in quo parte adversa caput est Apollinis, cujus templum in ea urbe fuisse testis est in Pseudomante Lucianus, in aversa tripus cum inscriptione ΚΑΛΧΑΔΟΝΙΩΝ, quæ ipsa eadem est in omnibus aliis. Calchedonensium vero plurimi visuntur, quorum alii Mercurium habent impressum, alii Lyram, alii Χορεύοντας, alii alia.

¹ Sic legendum, non Chalcidici, hic monet Sirmondus. At Heribertus Rosweydus in notis ad S. Paulinum, pag. 860. « Receptam, inquit, scriptionem tuentur omnes scriptores antiqui, et diserte Stephanus in Καρχηδῶν. Nec movere multum debent vetusta exemplaria, cum certo constet pleraque nomina quæ ^h adjunctum habent, diversimode scribi, et ^h sæpe transponi. Sic invenias etiam in vetustissimis exemplaribus Chartago pro Carthago; item Phyton pro Python; sic et Cherintus pro Cerinthus;

itidem Cheruci pro Ceruchi. A nummis quoque nullum certum argumentum hic sumi potest, cum et in iis variatum sit. In Thesauro rei antiquariæ Huberti Goltzii, in nummo Sabinæ Tranquillinæ habes ΧΑΛΚΗΔΟΝΙΩΝ; in alio nummo ΧΑΛΚΕΔΟΝΩΝ; in nummo Anniæ Faustinæ ΚΑΛΚΗΔΟΝΩΝ. In Græcia ejusdem Goltzii exstat in duobus numismatibus ΧΑΛΚΕΔΟΝΩΝ. » Vide Harduini Nummos antiquos pag. 235. — BAUNIUS Sirmond. editor, præfat. ad tom. I, § 11.

Quam tamen angustam populus facit: ᵃ itur in æquor
Molibus, et veteres tellus nova contrahit undas.
Namque Dicarcheæ translatus pulvis arenæ
Intratis solidatur aquis, durataque massa
Sustinet advectos peregrino in gurgite campos.
Sic te dispositam, spectantemque undique portus,
Vallatam pelago, terrarum commoda cingunt.
Fortunata satis, Romæ partita triumphos.
291 Et jam non querimur, valeat divisio regni :
Concordant lancis partes, dum pondera nostra
Suscipis, æquasti. ᵇ Tali tu civis ab urbe
ᶜ Procopio genitore micas : cui prisca propago
Augustis venit a proavis, quem dicere digno
Non datur eloquio, nec si modo surgat Averno
Qui cantu flexit scopulos, digitisque canoris
Compulit auritas ad plectrum currere silvas,
Cum starent Hebri latices, cursuque ligato
Fluminis attoniti carmen magis unda sitiret.
ᵈ Huic quondam juveni reparatio credita pacis

ᵃ De amplitudine ac frequentia urbis Constantinopolitanæ, ejusque ædificiis mari impositis, Zosimus lib. II. Historiæ. Sidonius moles i las pulvere Puteolano congestas fuisse significat, quem ad structuras quæ in aqua fiebant, transferri solitum docet Vitruvius lib. v, cap. 12, e regionibus quæ sunt a Cumis continuatæ ad promontorium Minervæ. Est autem pulvis Puteolanus similis arenæ. Ideo ἄμμον appellat Strabo, et juncta voce ἀμμοκονίαν. Noster arenam Dicarchæam, id est Puteolanam. Puteolorum enim vetus nomen, Plinio teste, Dicæarchia, Δικαιαρχεία, quod poetis est Dicarchia, Dicarchis Petronio.

ᵇ Constantinopolitanum domo fuisse Anthemium docemur etiam ex libello περὶ κτισμάτων XII. de ædificiis Constantinopolitanis : in quo legimus Anthemium, ædes suas Constantinopoli, cum inde discederet, consecrasse in iisque templum, gerocomium et lavacrum condidisse. Sic enim habet : τὰ Ἀνθεμίου, οἶκος ἣν Ἀνθεμίου μαγίστρου ἐν τοῖς χρόνοις Μαρκιανοῦ τοῦ βασιλέως, ὃν ἔστεψεν ἡ πόλις, καὶ ἀπέστειλεν εἰς Ῥώμην βασιλέα· ὁ αὐτὸς δὲ Ἀνθέμιος ἔκτισε τὸν οἶκον αὐτοῦ ναόν, καὶ γηροκομεῖον ἀνήγειρε, καὶ λοῦμα.

ᶜ Patris laudibus patris avique materni laudes subjungit. Pater fuit Procopius, regio sanguine oriundus, a Procopio nimirum Cilice, cui de purpura et imperio cum Valente contentio : quem Juliani Augusti propinquum cognatumque Constantii fuisse, auctor est Marcellinus libro XXVI. At Idatius noster Procopii fratrem, non filium appellat Anthemium : *De Constantinopoli*, inquit, *a Leone Augusto Anthemius frater Procopii cum Marcellino, aliisque comitibus viris electis, et cum ingenti multitudine exercitus, copiosi ad Italiam Deo ordinante directus ascendit.*

ᵈ A Procopio Anthemii patre pacem cum Persis renovatam ait : eumdem, mox magistrum militum per Orientem creatum, atque patricium. Pacis descriptio tota est e Claudiano 1 in Stiliconem. Idem enim argumentum. Pacis fœdus cum Persis sanxerat Stilico, sanxit et Procopius. Nam pax per illa tempora bis facta cum Persis. Primum a Theodosio magno cum Artaxerxe, sive alius rex fuit, Richomere et Clearcho consulibus, anno Christi 384. Legationis Persicæ qua pacem a Theodosio postularunt, meminere Pacatus in panegyrico, Socrates lib. v, et Marcellinus comes consulibus suprascriptis, et alii. Appendix ad Victorem ; *Cum Persis quoque petitus pacem pepigit*. Illa est quam Stilico legatus composuit, **107** eleganterque et copiose describit Claudianus. Iterum a Theodosio minore cum Vararane rege, post acre ac multiplex bellum, icta est Honorio XIII Theodosio X coss., anno 420, ut adnotant

A Assyriæ : stupuit primis se Parthus in annis
Consilium non ferre senis : conterritus hæsit
Quisque sedet sub rege Satraps ; ita vinxerat omnes
Legati genius ; tremuerunt Medica rura,
Quæque draconigenæ portas non clauserat hosti,
Tum demum Babylon nimis est sibi visa patere.
Partibus at postquam statuit nova formula fœdus,
ᵉ Procopio dictante Magis ; juratur ab illis
ᶠ Ignis et unda deus ; nec non rata pacta futura,
Hic divos testatur avos. Chaldæus in extis
Pontificum de more senex arcana peregit
Murmura ; gemmantem pateram rex ipse retentans,
Fudit thuricremis carchesia cernuus aris.
ᵍ Suscipit hinc reducem duplicati culmen honoris,
Patricius, nec non peditumque equitumque magister,
B Præficitur castris, ubi Tauri claustra coercens,
Æthiopasque vagos belli terrore relegans,
Gurgite pacato famulum spectaret Orontem.
ʰ Huic socer Anthemius præfectus, consul et idem,

idem Socrates et Marcellinus. De hac loqui Sidonium nulla est controversia, cum Theophanes et Cedrenus Procopio auctore factam confirment.

ᵉ Vulgati hactenus, *Procopio dictante : magis juratur*, etc., nullo sensu. Locum interpunctione correximus, nomine *Magis* reddito. Claudianus de pace Stiliconis :

Thuris odorati cumulis, et messe Sabæa
Pacem conciliant aræ, rituque juvencos
Chaldæo stravere Magi : rex ipse micantem
Inclinat dextra pateram, secretaque Beli
Et vaga testatur volventem sidera Mithram.

Magi enim Persarum erant theologi et sacerdotes, C divinarum rerum periti et administri : quod vocem ipsam sonare docet Porphyrius περὶ ἀποχῆς τῶν ζώων, lib. III : Παρὰ μέν γε τοῖς Πέρσαις οἱ περὶ τὸ θεῖον σοφοί, καὶ αὐτοῦ θεράποντες, Μάγοι μὲν ὀνομάζονται. τοῦτο γὰρ κατὰ τὴν ἐπιχώριον διάλεκτον σημαίνει ὁ Μάγος. In penultimo versu Claudiani *Beli* restitui, pro *belli*. Belum enim intelligit, quem ut deum municipem colebant Chaldæi, ut observant Minucius Felix in Octavio, et Sulpicius Severus Historiæ II.

ᶠ Hos enim pro diis habuisse Persas compertum est. Herodotus Thalia : Πέρσαι θεῶν νομίζουσιν εἶναι τὸ πῦρ. Idem etiam eodem libro de aqua testatur, et Strabo lib. XV. Diogenes Laertius in procemio operis sui. Sed præcipua ignis veneratio. Chrysostomus Ἀνδριάντων IV : Θεὸς παρὰ τοῖς Πέρσαις νομίζεται τὸ πῦρ, καὶ τιμῶσιν αὐτὸ μετὰ πολλῆς θεραπείας οἱ βάρβαροι. Inde sacra illorum πυρεία ; et apud Socratem et Evagrium in castris Isdigerdæ et Chosroæ regum σέβαστον πῦρ. Nam ignem in sacris foculis perpetuus circumferebant. Religionis originem ethnici scriptores Persæ D ascribunt : nostri Nembroto, Cham nepoti, ut Marius Victor lib. III in Genesim.

ᵍ Procopius post fœdus Persicum magister utriusque militiæ, ac patricius factus est a Theodosio : quod testatur Theodosii ipsius lex 36 cod. Theod. de Erogatione annonæ militaris, cum inscriptione *Procopio magistro militum per Orientem*, Victore consule data, hoc est biennio post pacem. Magistri militum in Orientali imperio per diœceses a Theodosio magno divisi tres fuere per Orientem, per Thracias, per Illyricum. Diœceseos Orientis caput Antiochia ad Orontem, fines vero, ut Marcellinus lib. XIV docet, a Tauri montis jugo ripisque Euphratis ad Nilum usque porrigebatur. Quare Æthiopum quoque fines attingebat. **108** Ita nec brevius, nec aptius a Sidonio comprehendi potuit tota administratio magistri militum per Orientem.

ʰ Maternus Anthemii Aug. avus fuit Anthemius,

292 Judiciis populos atque annum nomine rexit.
Purpureos fortuna viros cum murice semper
Prosequitur, solum hoc tantum mutatur in illis,
Ut regnet qui consul erat ; sed omittimus omnes.
Jam tu ad plectra veni, tritus cui casside crinis
Ad diadema venit ; rutilum cui Cæsaris ostrum
Deposito thorace datur, sceptroque replenda
Mucrone est vacuata manus ; cunabula vestra
Imperii fulsere notis, et præscia tellus
Aurea converso promisit sæcula fetu.
Te nascente, ferunt, exorto flumina melle
Dulcatis cunctata vadis, oleique liquores
Isse per attonitas bacca pendente trapetas.
Protulit undantem segetem sine semine campus :
Et sine se natis invidit pampinus uvis.
Hibernæ rubuere rosæ, spretoque rigore
Lilia permixtis insultavere pruinis.
Tale puerperium quotiens Lucina resolvit,
Mos elementorum cedit, regnique futuri
Fit rerum novitate fides ; venisse beatos
Sic loquitur natura deos ; cunctantis huti
Lambebant teneros incendia blanda capillos.
Astyages Cyro pellendus [1] forte nepoti,
Inguinis expavit diffusum vite racemum.
Præbuit intrepido mammas lupa feta Quirino.
Julius in lucem venit, [a] dum laurea flagrat.
Magnus Alexander, nec non Augustus, habentur
Concepti serpente deo ; Phœbumque, Jovemque
Divisere sibi : namque horum quæsiit unus
Cinyphia sub Syrte patrem : [b] maculis genitricis
293 Alter Phœbigenam sese gaudebat haberi,
Pœonii jactans Epidauria signa draconis.
Multos cinxerunt aquilæ, subitumque per orbem
Lusit venturas famulatrix penna coronas.
Ast hunc, egregii proceres, ad sceptra vocari
Jam tum nosse datum est, laribus cum forte paternis
Protulit excisus jam non sua germina palmes.
Imperii ver illud erat ; sub imagine frondis,
Dextra per arentem florebant omnia virgam.
   At postquam primos infans exegerat annos,
Reptabat super arma patris ; quanquam arcta terebat
Lamina cervicem, gemina complexus ab ulna,
Livida laxatis intrabat ad oscula cristis.
Ludus erat puero raptas ex hoste sagittas
Festina tractare manu, captosque per arcus
Flexa reluctantes in cornua trudere nervos.

Nunc tremulum tenero jaculum torquere lacerto,
Inque frementis equi dorsum cum pondere conti
Indutas chalybum saltu transferre catenas,
Inventas agitare feras et fronde latentes
Quærere, deprensas modo claudere cassibus arctis,
Nunc torto penetrare veru ; tum sæpe fragore
Laudari comitum, frendens cum bellua ferrum
Ferret, et intratos exirent arma per armos.
Conde Pelethronios, alacer puer et venator
Æacida, titulos : quanquam subjecta magistri
Terga premens, et ob hoc securus lustra pererrans
Tu potius regereris equo ; non principe nostro
Spicula direxit melius Pythona superstans
Pæan, cum vacua turbatus pene pharetra,
294 Figeret innumeris numerosa volumina telis.
   Nec minus hæc inter veteres audire sophistas.
Mileto quod creto Thales vadimonia culpas,
Lindie quod Cleobule canis, modus optimus esto,
Ex Ephyra totum meditaris quod Periander,
Attice quodve Solon finem bene respicis ævi,
Prieannæe Bia, quod plus tibi turba malorum est,
Noscere quod tempus, Lesbo sate Pittace, suades,
Quod se nosse omnes vis ex Lacedæmone Chilon.
Præterea didicit varias nova dogmata sectas,
Quidquid laudavit Scythicis Anacharsis in arvis,
Quidquid legifero profecit Sparta Lycurgo,
Quidquid Erichtheis [c] Cynicorum turba volutat
Gymnasiis, imitata tuos Epicure sodales :
Quidquid nil verum statuens Academia duplex
Personat, arroso quidquid sapit ungue Cleanthes,
Quidquid Pythagoras, Democritus, Heraclitusque
Deflevit, risit, tacuit ; quodcunque Platonis
Ingenium, quod in arce fuit, docet ordine terno.
Quæ vel Aristoteles partitus membra loquendi,
Argumentosis dat retia syllogismis.
Quidquid Anaximenes, Euclides, Archita, Zenon,
Arcesilas, Chrysippus, Anaxagorasque dederunt,
Socraticusque animus post fatum in Phædone vivus
Despiciens vastas tenuato in crure catenas,
Cum tremeret mors ipsa reum, ferretque venenum
Pallida securo lictoris dextra magistro.
Præterea quidquid Latiaribus indere libris
Prisca ætas studuit, totum percurrere suetus :
Mantua quas acies, pelagique pericula lusit,
295 Smyrneas imitata tubas : quamcunque loquendi
Arpinas dat consul opem ; sine fine locutus

præfectus et consul sub Arcadio : is nimirum, qui post mortem Arcadii totam imperii molem pro Theodosio adhuc impubere suis humeris sustinuit. Μέγας Ἀνθέμιος Synesio, τῶν τότε ἀνθρώπων φρονιμώτατος Socrati, multis et eximiis laudibus ornatus a Chrysostomo epist. 147. Consulatum cum Stilicone gessit anno 405. Præfecturam per annos 13 continuavit.

[a] De hoc prodigio in Julii Cæsaris ortu, qui præter Sidonium scribat, haud facile reperias. Neque tamen idcirco fidem minuam. Quam multa enim apud S donium sunt quæ alibi hodie non leguntur !

[b] Hæc verba divelli a superioribus debent, ut cum sequentibus cohæreant, et ad Augustum referantur, non ad Alexandrum. De Olympiade enim Alexandri matre nemo scribit in corpore ejus relictam fuisse maculam a serpente ex quo conceperat. De Attia Augusti matre scripserat Asclepiades Mendesius, ex quo narrat Tranquillus cap. 95.

[c] Si utriusque sectæ originem spectes, antiquior Epicuro Antisthenes Cynicorum parens ; si dogmata, longe dissimillima, præcipue circa finem bonorum. Quomodo ergo Cynici Epicureos sectati ? Docet Augustinus 19 de Civitate, fuisse qui cum voluptatem cum Epicureis summum bonum prædicarent ; Cynici tamen, quod eorum habitu et consuetudine uterentur, appellari solerent. De his loqui videtur Sidonius, de quibus et Origenes lib. XV in Exodum.

[1] Veram scripturam esse SORTE, ait Barthius Advers. pag. 874, significari quippe oraculum cujus meminit Herodotus. — BAUNIUS Sirmond. editor præfat. ad tom. I, § 11.

Fabro progenitus, spreto cui patre polita
Eloquii= plus lingua fuit; vel quidquid in ævum
Mittunt Euganeis Patavina volumina chartis :
Qua Crispus brevitate placet, quo pondere Varro,
Quo genio Plautus, quo fulmine Quintilianus,
Qua pompa Tacitus, nunquam sine laude loquendus.

His hunc formatum studiis, natalibus ortum ;
Moribus imbutum, ᵃ princeps, cui mundus ab Euro
Ad Zephirum tunc sceptra dabat, cui nubilis atque
Unica purpureos debebat nata nepotes,
Elegit generum ; sed non ut deside luxu
Fortuna soceri contentus, et otia captans
Nil sibi deberet : ᵇ comitis sed jure recepto
Danubii ripas, et tractum limitis ampli
Circuit, hortatur, disponit, discutit, armat.
Sic sub patre Pius moderatus castra parentis,
Sic Marcus vivente Pio, post jura daturi,
Innumerabilibus legionibus imperabant.
Hinc reduci datur omnis honor, et ᶜ utrique magister
Militiæ, consulque micat : conjuncta potestas
Patricii, celerique gradu privata cucurrit
Culmina conscenditque senum puer ipse curulem,
Sedit et emerito juvenis veteranus in auro.
ᵈ Jamque parens divos ; sed vobis nulla cupido

ᵃ Marcianus Augustus. Is enim filiam Anthemio desponderat. Evagrius lib. II, 'Ω Μαρκιανὸς ὁ πρώην βεβασιλευκὼς τὴν οἰκείαν κατεγγύησε παῖδα. Ita fere omnes, cum de Anthemii creatione agunt, Marciani generum dicunt. Sidonius Euphemiam infra vocat, eamque unicam patri filiam fuisse docet, quod alii scriptores non produnt.

ᵇ Anthemium ait comitivæ insignibus ornatum fuisse, cum ad tuendum Danubii limitem missus est. Quod quidem non est intelligendum de comitiva Orientis, cui nihil est cum Danubii tractu commune. Sed qualis erat comitum rei militaris, qui cum primi ordinis comitiva militaribus copiis præfici a principe solebant, et provinciarum ducibus æquabantur. Theodosius junior cod. de Comitibus rei militaris : *Eos*, inquit, *qui sub comitivæ primi ordinis dignitate peculiariter ad quamlibet provinciam vel provincias defendendas milite credito auctoritate nostri numinis destinantur,* 109 *ducibus adæquamus.* Erat is quasi gradus ad militum magisterium, ad quam postea provehebantur. Marcellinus lib. XXVI : *Equitius Illyriciano præponitur exercitui, nondum magister, sed comes*; et post alia : *Valentinianus Equitio aucto magisterii dignitate repedare ad Illyricum destinabat.* Quomodo et Constantium, Bonifacium, Aetium, prius comites, deinde magistros fuisse legimus ; et Anthemius noster post hanc expeditionem continuo utriusque militiæ magister creatus est.

ᶜ Ἀρχαϊκῶς dictum, pro utriusque. Nam vetustissimi, teste Prisciano, omnem genitivum in *ius* desinentem *i* etiam littera terminabant. Cæcilius comicus : *Nulli alii rei, nisi amicitiæ eorum causa.* Afranius in Suscepta : *Adeo ut te satias caperet toti familiæ.* Poterat et *utræque* dici, antiqua etiam consuetudine, quam secutus est Fortunatus ad Bodegisilum : *de bonitate tua lis est regionis utræque.*

ᵈ Sic optima exemplaria. Non dubitandum quin ita scriptum sit a Sidonio. Nam vulgata editio, *paris divos*, ridicula est et nulli rei. Divos parens Marcianus post mortem dicitur, ut divos Julius, et divos Augustinus in nummis, et divos Trajanus in hoc antiquæ inscriptionis fragmento, quod paucis abhinc annis erutum est in agro Ricinensi.

DIVOS TRAJANUS,
AUGUSTUS

Imperii : longam diademata passa repulsam.
Insignem legere virum, quem deinde legemem
Spernere non posses; soli tibi contulit uni
Hoc fortuna decus, quanquam te posceret ordo,
296 Ut lectus princeps mage, quam videare relictus.
Post socerum Augustum regnas ; sed non tibi venit
Purpura per thalamos, et conjunx regia regno
Laus potius quam causa fuit; nam juris habenis
Non generum legit respublica, sed generosum.
Fallor, bis gemino nisi cardine rem probat orbis.
Ambit te Zephyrus, rectorem destinat Eurus,
Ad Boream pugnas, et formidaris ad Austrum.

Ante tamen quam te socium collega crearet,
Perstrinxisse libet, quos Illyris ora triumphos
Viderit, excisam quæ se ᵉ Valameris ab armis
Forte ducis nostri vitio deserta gemebat.
Haud aliter, cæsus quondam cum Cæpio robur
Dedidit Ausonium, subita cogente ruina,
Electura ducem post guttura fracta Jugurthæ,
Ultum Arpinatem Calpurnia fœdera lixam
Opposuit rabido respublica territa Cimbro.
Hic primum ut vestras aquilas provincia vidit,
Desiit ᶠ hostiles confestim horrere dracones.
Ilicet edomiti bello, prædaque carentes,

CONCESSA TUSCILI
NOMINATI HEREDITATE
REIPUB. RICINENSI
BALNEUM ET PLATIAS
. . . .
Sic infra de Marciano eodem,

..... patrio vestiri murice natam
Gaudeat Euphemiam sidus divale parentis.

Jam, inquit, defuncto sine mascula prole Marciano, imperium tibi ob conjugem ejus filiam debebatur. Sed tu regnandi minime cupidus, Leonem tibi præferri passus es, quo ipse postea non generis, sed virtutis prærogativa, in regni societatem vocarere. Hactenus ergo gesta superstite Marciano. Quæ sequuntur, ad Leonis tempora pertinent, ut duplex bellum Anthemii, Gothicum et Hunnicum.

ᵉ Belli Gothici auctor fuit Valamer Ostrogothorum rex, is qui cum Theodemire et Vindemire fratribus Attilam bello Gallico secutus, post ejus interitum sedes in Pannonia cum annuis muneribus obtinuit a Marciano. Quæ cum lentius deinde præstarentur a Leone, Illyricum pene totum , ut Jornandes in Geticis narrat, populando vastavit. Ideo populatores a Sidonio vocantur, 110 repressique Anthemii viribus dicuntur. Coactus tamen imperator consueta munera largiri, pacis obside Theodemiri filio Theoderico, qui Italiæ postea rex fuit, a Gothis dato, sub annum , ut ex Theoderici ætate quam Jornandes notat, conjicio, 462.

ᶠ Non quod dracones inter Romana signa non fuerint, sed quod eorum proprium ac princeps aquila Nam, ut primum signum, Vegetio Renato teste, totius legionis aquila, sic dracones singularum cohortium. Atque ut in castris aquilifer, qui aquilam portabat, sic draconarii, qui dracones. Themistius oratione 6 : Οὐ χρυσοῦς ἀετὸς, οὐδὲ δράκοντες λεπτῶν ὑφασμάτων; et Prudentius de militibus qui Christiani fiebant :

Cæsaris vexilla linquunt, eligunt signum crucis,
Proque ventosis draconum quæ gerebant pallii,
Proferunt insigne lignum quod draconem subdidit.

Sidonius ipse in panegyrico Majoriani

..... jam textillis anguis
Discurrit per utramque aciem,
Romanam et Vandalicam.

Mox ipsi tua præda jacent : sed omittimus istos
Ut populatores : [a] belli magis acta revolvo.
Quod bellum non parva manus, nec carcere fracto
Ad gradiaturam tu Spartace vincte parasti :
Sed Scythicæ vaga turba plagæ, feritatis abundans,
Dira, rapax, vehemens, ipsis quoque gentibus illic
Barbara barbaricis, cujus dux Hormidac atque
Civis erat, queis tale solum est, murique, genusque.
  [b] Albus Hyperboreis Tanais qua vallibus actus,
Riphæa de caute cadit, jacet axe sub ursæ
297 Gens animis membrisque minax : ita vultibus
                                              [ipsis
Infantum suus horror inest; consurgit in arctum
Massa rotunda caput ; geminis sub fronte cavernis
Visus adest oculis absentibus ; acta cerebri
In cameram vix ad refugos lux pervenit orbes,
Non tamen et clausos : nam fornice non spatioso,
Magna vident spatia, et majoris luminis usum
Perspicua in puteis compensant puncta profundis.
Tum ne per malas excrescat fistula duplex,
Obtundit teneras circumdata fascia nares,
Ut galeis cedant. Sic propter prælia natos
Maternus deformat amor, quia tensa genarum
Non interjecto fit latior area naso.
Cætera pars est pulchra viris; stant pectora vasta,
Insignes humeri, succincta subilibus alvus.
Forma quidem pediti media est, procera sed exstat,
Si cernas equites, sic longi sæpe putantur,
Si sedeant. Vix matre carens ut constitit infans,
Mox præbet dorsum sonipes ; cognata reare
Membra viris , ita semper equo ceu fixus adhæret
Rector. [c] Cornipedum tergo gens altera fertur,
Hæc habitat; teretes arcus, et spicula cordi ;
Terribiles certæque manus, jaculisque ferendæ

A Mortis fixa fides, et non peccante sub ictu,
Edoctus peccare furor. Gens ista repente
Erumpens, solidumque rotis transvecta per Istrum
Venerat, et sectas inciderat orbita lymphas.
Hanc tu directus [d] per Dacica rura vagantem
Contrahis, aggrederis, superas, includis; et ut te
Metato spatio castrorum Serdica vidit,
298 Obsidione premis; quæ te sic tempore multo
In vallo positum stupuit, quod miles in agros
Nec licitis, nec furtivis excursibus ibat.
Cui deesset cum sæpe Ceres, semperque Lyæus,
Disciplina tamen non defuit; inde propinquo
Hoste magis timuere ducem; sic denique factum est,
Ut [e] socius tum forte tuus, mox proditor, illis
Frustra terga daret, commissæ tempore pugnæ :
B Qui jam cum fugeret, flexo pede cornua nudans,
Tu stabas acie solus, te sparsa fugaci
Expetiit ductore manus, te Marte pedestri
Sudantem repetebat eques ; tua signa seculus
Non se desertum sensit certamine miles.
I nunc, et veteris profer præconia Tulli
Ætas cana patrum, quod pulchro hortamine mendax
Occuluit refugi nutantia fœdera Metti.
Nil simile est, fallique tuum tibi non placet hostem.
Tunc vicit miles, dum se putat esse juvandum :
Hic vicit, postquam se comperit esse relictum.
Dux fugit, insequeris : renovat certamina, vincis ;
Clauditur, expugnas ; elabitur, obruis ; atque
Sarmaticæ paci pretium sua funera ponis.
Paretur, jussum subiit jam transfuga lethum,
C Atque peregrino cecidit tua victima ferro.
Ecce iterum, si forte placet, conflige vetustas,
Hannibal ille ferox ad pœnam forte petitus,
Et si non habuit jus vitæ, fine supremo

---

[a] Hunnici belli, quod Anthemio duce adversus Hormidacem ad Serdicam in Dacia gestum est, memoria omnis apud alios auctores interiit. Falluntur enim qui cum Carolo Sigonio bellum hoc esse putant, in quo Arnegislus magister militum cum Attila pugnans in Dacia Ripense occisus est, ut Marcellinus Comes et Jornandes narrant. Quis non videt de bello hic agi in quo dux hostium Hormidac, non Attila ; magister militum Anthemius, non Arnegislus ? Discrepant etiam tempora. Nam Arnegislus Theodosio vivente occubuit , Callepio et Ardabure consulibus ; Anthemius vero Leone, ut dictum est, regnante hæc gessit.

[b] Comparanda hæc Hunnorum prosopographia cum iis quæ de illius gentis origine, forma, moribusque scribunt Marcellinus lib. xxx, Zosimus lib. iv, et omnium accuratissime Jornandes ex Prisco rhetore, Theodosii ad Attilam legato. Pleraque enim sunt Sidonii verbis simillima.

[c] Pessime antea vulgati. Sed de hujus loci emendatione jam monui ad epigramma 94 Ennodii. Aliæ, inquit, gentes equis subinde uti solent, hæc in illis habitat. Adeo enim in equis assidui erant Hunni, ut pedites nunquam cernerentur. Zosimus supra : Ἐπὶ τῶν ἵππων καὶ διαιτώμενοι καὶ καθεύδοντες. Marcellinus : *Equis prope affixi funguntur muneribus consuetis. In ipsis quivis in hac natione pernox et perdius emit et vendit, cibumque sumit et potum : et inclinatus cervici angustæ jumenti in altum soporem ad usque varietatem effunditur somniorum.*

[d] Belli aream in Dacia fuisse ostendit **111** ad Serdicam urbem, quam a barbaris occupatam obsidione cinxit Anthemius. Serdicam Eusebius in Chronico, Itineraria, et synodi Nicænæ subscriptiones, Daciæ urbem cum Sidonio faciunt : Socrates et Hermias Sozomeni, ubi de synodo Serdicensi agunt, Illyrici. Ptolemæus Thraciæ, quo etiam spectat et vetus inscriptio, in qua Diogenes miles *natione Thrax, civitate Serdica*. Quæ quidem vera sunt omnia, quia Dacia magni Illyrici pars fuit, ut dicetur ad panegyricum Majoriani : unde et Serdicam Theodoretus μητρόπολιν vocat Δακίας ἐν Ἰλλυριοῖς. Daciæ rursum attributa fuit ora Thraciæ, qua Serdica olim continebatur. Duplex enim fuit Dacia provincia. Vetus Trajani, trans Istrum ; altera Aureliani, quam priore omissa revocatis cis Istrum militibus, in utriusque Mœsiæ et Thraciæ finibus constituit : quæ sola deinceps appellata est Dacia. Sed hanc porro in duas divisam ex imperii Notitia liquet : Ripensem, quæ per præsidem regebatur ; et Mediterraneam, in qua Serdica, quæ per consularem. Paulinus de obitu Nicetæ :

> Et Getæ currunt, et uterque Dacus,
> Qui colit terræ medio, vel ille
> Divitis multo bove pelleatus
>   Accola ripæ.

[e] De transfuga socio Anthemii, qui ad Hunnos in ipsa pugna defecit, in tanta illius ætatis scriptorum paucitate nihil habemus. Ex Sidonio constat ab ipsis barbaris ex pacis fœdere cæsum fuisse. Ideo enim cum Hannibale confert, qui Romanis a Prusia rege dedendus erat, nisi veneno supplicium antevertisset.

Certe habuit mortis; quem cæcus carcer et uncus,
Et quem spectabat fracturus guttura lictor,
Hausit Bebrycio constantior hospite virus.
299 Nam te qui fugit, mandata morte peremptus,
Non tam victoris periit quam judicis ore.

ᵃ Nunc ades, o Pæan, lauro cui gryphas obuncos
Docta lupata ligant, quoties per frondea lora
Flectis penniferos hederis bicoloribus armos;
Huc converte chelyn; non est modo dicere tempus
Pythona exstinctum, nec bis septena sonare
Vulnera Tantalidum, quorum tibi funera servat
Cantus, et æterno vivunt in carmine mortes.
Vos quoque, Castalides, paucis quo numine nobis
Venerit Anthemius, gemini cum fœdere regni,
Pandite : pax rerum misit, qui bella gubernet.

Auxerat Augustus ᵇ naturæ lege Severus
Divorum numerum; quem mox Oenotria casum
Vidit ut aerei de rupibus Apennini,
Pergit cærulei vitreas ad Tibridis ædes,
Non galea conclusa genas, nec sutilis illi
Circulus impactis loricam texuit hamis,
Sed nudata caput; pro crine racemifer exit
Plurima per frontem constringens oppida palmes,
Perque humeros teretes, rutilantes perque lacertos
Pendula gemmiferæ mordebant suppara bullæ.
Segnior incedit genio, venerandaque membra
Viticomam retinens baculi vice flectit ad ulmum :
Sed tamen ubertas sequitur; quacunque propinquat,
Incessu fecundat iter, comitataque gressum
Læta per impressas rorat vindemia plantas.

ᵃ Pars altera panegyrici, quæ imperii auspicia
continet, quam poetico genio pertractat. Fingit enim,
mortuo Severo, Italiam, cum principe careret, ad
Tiberis fontes venisse, ac rogasse uti Romæ persuadeat, ut ad Auroram pergat, principemque ab ea petat; Auroram vero Anthemium Romæ precibus concessisse. Itaque horum omnium personas et congressus poetico more describit.

ᵇ Libius Severus (sic enim vocant veteres nummi) post cædem Majoriani, Ricimeris opera imperium tenuit ex A. D. XIII calend. Decemb. 461; deinde quarto post anno ejusdem, ut fama erat, Ricimeris dolo exstinctus est XVIII calend. Septemb. Cassiodorus : *Herminerico et Basilisco coss. His consulibus, ut dicitur, Ricimeris fraude Severus Romæ in palatio veneno peremptus est.* Alii sua morte functum tradunt, ut Paulus diaconus lib. VI. Quod Sidonius quoque intelligi voluit, cum naturæ lege mortuum ait : sive quod ita crederet, sive ut Ricimerem Anthemii generum ab ea nota vindicaret. Incidimus in brevem indiculum, Justiniani temporibus scriptum, in quo principes omnes ab Augusto quot annis regnarint, ubi et quo genere lethi perierint, paucis explicatur. **112** De Severo autem sic habet : *Severus Romæ imperavit annis 4, ibique religiose vivens decessit.*

ᶜ Duplex causa cur principem ab Oriente posci velit. Una quod brevi atque inauspicato regno usi sint indigenæ omnes, qui superioribus annis regnarant, Maximus, Avitus, Majorianus et Severus. Altera, quod Ricimer, qui post Severi obitum per interregnum rempublicam moderabatur, Genserico solus resistere non possit. Quare maturandum ut illinc imperator renuntietur, qui diu et feliciter regnet Vandalosque coerceat.

ᵈ Gensericus ex quo Carthaginem cepit, sed post excessum præcipue Valentiniani, utriusque imperii

A Ilicet ingreditur Tiberini gurgitis antrum.
Currebat fluvius residens, et arundinis altæ
Concolor in viridi fluitabat silva capillo.
300 Dat sonitum mento unda cadens, licet hispida
[setis
Suppositis multum sedaret barba fragorem.
Pectore ructabat latices, lapsuque citato,
Sulcabat madidam jam torrens alveus alvum,
Terretur veniente dea, manibusque remissis
Remus et urna cadunt : veniæ tum verba paranti
Illa prior :.Venio viduatam præsule nostro
Per te si placeat lacrymis inflectere Romam,
Expetat auroræ partes, fastuque remoto
Hoc unum præstet, jam plus dignetur amari.
Instrue quas quærat vires, orbique jacenti
B Quo poscat die orbe caput : quemcunque creavit
ᶜ Axe meo natum, confestim fregit in illo,
Imperii fortuna rotas : ᵈ hinc Vandalus hostis
Urget, et in nostrum numerosa classe quotannis
Militat excidium; conversoque ordine fati
Torrida Caucaseos infert mihi Byrsa furores.
Præterea ᵉ invictus Ricimer, quem publica fata
Respiciunt, proprio solus vix Marte repellit
Piratam per rura vagum, qui prælia vitans,
Victorem fugitivus agit : quis sufferat hostem
Qui pacem pugnamque negat ? nam fœdera nulla
Cum Ricimere jacit : quem cur nimis oderit, audi.
Incertum crepat ille patrem, cum serva sit illi
Certa parens : nunc ut regis sit filius, effert
Matris adulterium; tum livet quod Ricimerem

C provincias assiduis incursionibus populari non desiit tanta sui fiducia, ut interrogante aliquando nauclero, ecquo vela dari juberet, respondisse feratur, Quo Deus impulerit. Ex quo nimirum patet, cur *pirata vagus* Sidonio dicatur, et *hostis repentinus* Theodorico regi apud Senatorem I Variar. 4, et *repentinus ejus incursus et fortuita deprædatio, cunctis littoribus formidanda*, Novellæ Valentiniani, quæ est 20 inter Theodosianos. Quia igitur præter morem est, ut ab Africa irruant Scythæ, hoc est Vandali et Alani, quos alibi Caucasigenas vocat, hinc est quod ait,

Conversoque ordine fati
Torrida Caucaseos infert mihi Byrsa furores.

Et carmine 23 eadem antithesi, Gensericum dixit

Africanæ
Telluris Tanaiticum rebellem.

D ᵉ Quod Ricimerem laudat Sidonius, Anthemii qui generum illum asciverat gratiæ imputandum est. Alioqui parum causæ habuit cur hominem amaret, a quo Avitum socerum purpura exutum meminerat. Erat is patricius et magister militum : vir, ut Jornandes scribit, egregius et in re bellica tum prope singularis, sed qui nimia potentia barbaro ingenio abusus est. Nam non solum Avitum imperio dejecit, sed Majorianum occidit, et Severum, si vera fuit fama, clam sustulit. Anthemium quoque socerum ipsum bello adortus, Roma capta, necavit : nondum scilicet a principum sanguine destitutus, nisi quadragesimo ipse post soceri necem die interiisset. Mixtum illi genus, sed regium utrinque, patre Suevo, matre Gotha, Valliæ regis filia, eoque nobilior quam Gensericus, qui Gundegisclo quidem rege, sed matre serva spurius natus est.

In regnum duo regna vocant : nam patre Suevus,
A genitrice Gethes; simul et reminiscitur illud,
Quod Tartessiacis ᵃ avus hujus Vallia terris
Vandalicas turmas, et juncti Martis Alanos
301 Stravit, et occiduam texere cadavera Calpen.
Quid veteres narrare fugas, quid damna priorum?
ᵇ Agrigentini recolit dispendia campi.
Inde furit, quod se docuit satis iste nepotem
Illius esse viri, quo viso Vandale semper
Terga dabas : nam non Siculi illustrior arvis
Tu Marcelle redis, per quem tellure marique
Nostra Syracusios presserunt arma penates :
Nec tu ᶜ cui currum Curti superare, Metelle,
Contigit, ostentans nobis elephanta frequentem,
Grex niger albentes tegeret cum mole jugales,
Auctoremque suum celaret pompa triumphi.
ᵈ Noricus Ostrogothum quod continet, iste timetur :
Gallia quod Rheni Martem ligat, iste pavori est.
Quod ᵉ consanguineo me Vandalus hostis Alano
Diripuit radente, suis hic ultus ab armis.
Sed tamen unus homo est, nec tanta pericula solus
Tollere, sed differre potest : modo principe nobis
Est opus armato, veterum qui more parentum,
Non mandet, sed bella gerat; quem signa moventem
Terra vel unda tremant, ut tandem jure recepto,
Romula desuetas moderentur classica classes.
Audiit illa pater, simul annuit; itur in Urbem
Continuo ; videt ipse deam, summissus adorat,
Pectus et exertam tetigerunt cornua mammam.
Mandatas fert inde preces, quas diva secuta
Apparat ire viam ; laxatos torva capillos
Stringit, et inclusae latuerunt casside turres.
Infula laurus erat : bullis hostilibus asper
Applicat a laeva surgentem balteus ensem.
302 Inseritur clypeo victrix manus; illius orbem
Martigenae, lupa, Tibris, amor, Mars, Ilia, complent.

A Fibula mordaci refugas a pectore vestes
Dente capit; micat hasta minax, quercusque tropaeis
Curva tremit, placidoque deam sub fasce fatigat.
ᶠ Perpetuo stat planta solo, sed fascia primos
Sistitur ad digitos, retinacula bina cothurnis
Mittit in adversum vincto de fornice pollex,
Quae stringant crepidas, et concurrentibus ansis
Vinclorum, pandas texant per crura catenas.
Ergo sicut erat liquidam transvecta per aethram,
Nascentis petiit tepidos Hyperionis ortus.
  Est locus oceani, longinquis proximus Indis,
Axe sub Eoo, Nabathaeum tensus in Eurum,
Ver ubi continuum est, interpellata nec ullis
Frigoribus pallescit humus; sed flore perenni
Picta peregrinos ignorant arva rigores.
B Halant rura rosis, indescriptosque per agros
Fragrat odor : violam, cytisum, serpylla, ligustrum,
Lilia, narcissos, casiam, colocasia, calthas,
Costum, malobatrum, myrrhas, opobalsama, thura,
Parturiunt campi, nec non pulsante senecta,
Hinc rediviva petit vicinus cinnama phoenix.
Hic domus Aurorae rutilo crustante metallo,
Baccarum praefert laeves aspratа lapillos.
Diripiunt diversa oculos, et ab arte magistra,
Hoc vincit quodcunque vides; sed conditur omnis
Sub domina praesente decor, nimioque rubore
Gemmarum varios perdit, quia possidet, ignes.
Fundebat coma pexa crocos, flexoque lacerto
303 Lutea depressus comebat tempora pecten.
Fundebant oculi radios, color igneus illis,
C Non tamen ardor erat : quamvis de nocte recussa
Excepti soleant sudorem fingere rores.
Pectora bis cingunt zonae, parvisque papillis
Invidiam facit ipse sinus : pars extima pepli
Perfert puniceas ad crura rubentia rugas.
Sic regina sedet solio; sceptri vice ᵍ dextram

ᵃ Valliae regis de Vandalis Alanisque ad Tartessum et Calpen victoriae ab Idatio et Isidoro repetendae sunt. Narrant enim Valliam sub annum Christi 418 Vandalos Silingos in Baetica delevisse; Alanos vero sic attrivisse, ut cum Vandalis qui **113** in Gallaecia Gunderico regi parebant, unum postea in regnum coaluerint. Nec dubium quin de his bellis loquatur Sidonius.

ᵇ Cladis Siculae, qua Gensericus ipse a Ricimere in Agrigentino littore profligatus, illum Valliae Vandalorum quondam victoris nepotem esse sensit, Avito ut reor imperante. Missum enim ab Avito adversus Vandalos cum exercitu Ricimerem auctor est Priscus in excerptis legationum. Caesam etiam Ricimeris comitis circumventione Vandalorum multitudinem, quae Carthagine cum 60 navibus solverat, inter Aviti res gestas adnotat Idatius.

ᶜ Quidam, *Curium curru* : quod eamdem habet sententiam. Primus elephantos de Pyrrho triumphans duxerat Curius Dentatus anno U. C. 427, sed paucos, quatuor duntaxat, ut docet Eutropius. At L. Metellus in triumpho quem de victis in Sicilia Poenis egit anno U. C. 503, centum duxit et viginti, Livio auctore, ut est in Epitome 19, et Seneca de Brevitate vitae cap. 14. *Idem*, inquit, *narrabat Metellum victis in Sicilia Poenis triumphantem unum omnium Romanorum ante currum 100 et 20 captivos elephantos duxisse*. Vicit ergo Curii currum Metellus; nec Curii modo, sed aliorum, quotquot postea triumpharunt.

ᵈ Barbarorum terror est Ricimer. Quod enim Ostrogothi per Noricos in Italiam, Franci, aliaeque gentes Germanicae per Rhenum in Gallias non irrumpunt, ejus metu continentur.

ᵉ Alanos unam in gentem cum Vandalis in Hispania coaluisse jam dictum est. Quare una in Africam trajecerunt: quod notat Possidius in Vita S. Augustini; et Gensericus, ac posteri, Vandalorum simul Alanorumque reges appellati : ut apud Victorem Vitensem, in praecepto Hunerici ad episcopos orthodoxos, cujus haec est inscriptio : *Rex Hunericus Vandalorum et Alanorum universis episcopis homousianis*; itemque in edicto quod legitur lib. III. Inde ergo videre est, cur consanguineos et juncti Martis Alanos cum Vandalis, Romanaeque direptionis socios dicat.

ᶠ Solea. Genus id cothurnorum describit quod in antiquis statuis videre est : in quo, ut Gellii verbis utar, plantarum calces tantum infime teguntur, caetera nuda, et teretibus habenis vincta sunt. Solum ergo pro solea posuit, ut Plautus, Martialis, aliique. Fornicem vero, pro parte devexa, et cavo pedis opposita, quam lib. VIII, epist. 11, cameram dixit; fasceata pariter calceamenta describens, in quibus *vinculorum concurrentibus ansulis, reflexa ad crus per cameram catena surgit*. Sunt tamen codices qui non *fornice*, sed *fomite* legant.

ᵍ **114** Aurorae facem sceptri vice tribuit : quod ex vetere consuetudine ductum est. Nam cum face pingebatur : unde λαμπαδηφόρος quoque appellata

Lampadis hasta replet : nox adstat proxima divæ,
Jam refugos conversa pedes, ac pone tribunal
Promit lux summum vix intellecta cacumen.
Hinc Romam liquido venientem tramite cernens,
Exsiluit propere, et blandis prior orsa loquelis.
 Quid, caput o mundi, dixit, mea regna revisis :
Quidve jubes? Paulum illa silens, atque aspera miscens
Mitibus, hæc cœpit : Venio (desiste moveri,
Nec multum trepida) non ut mihi pressus Araxes
Imposito sub ponte fluat, nec ut ordine prisco
Indicus Ausonia potetur casside Ganges ;
Aut ut tigriferi pharetrata per arva Niphatis
Depopuletur ovans Artaxata Caspia consul.
ᵃ Non Pori modo regna precor, nec ut hisce lacertis
Frangat Hydaspeas aries impactus Erythras.
Non in Bactra feror, nec committentia pugnas
Arsacias non quæro domus, nec tessera castris
In Ctesiphonta datur : totum hunc tibi cessimus axem,
Et nec sic mereor nostram ut tueare senectam?
Omne quod Euphratem Tigrimque interjacet, olim
Sola tenes : res empta mihi est de sanguine Crassi :
304 Ad Carras pretium scripsi, nec inulta remansi,
Aut periit sic emptus ager : si fallo, probasti
ᵇ Ventidio mactate Sapor; nec sufficit istud :
Armenias Pontumque dedi, quo Marte petitum,
Dicat Sylla tibi; forsan non creditur uni :
Consule Lucullum. Taceo jam Cycladas omnes.
Acquisita meo servit tibi Creta Metello.
Transcripsi Cilicas : hos Magnus fuderat olim.
Adjeci Syriæ, quos nunc moderaris, Isauros :
Hos quoque sub nostris domuit Servilius armis.
Concessi Ætolos veteres, Acheloiaque arva,
Transfudi Attalicum male credula testamentum.
Epirum retines; tu scis qui debeat illam
Pyrrhus ; in Illyricum specto te mittere jura ,
Ac Macetum terras : et habes tu, Paule, nepotes.
Ægypti frumenta dedi; mihi vicerat olim
Leucadiis Agrippa fretis. Judæa tenetur

A Sub ditione tua, tanquam tu miseris illuc
Insignem cum patre Titum. Tibi Cypria merces
Fertur : pugnaces ego pauper laudo Catones,
Dorica·te tellus, et Achaica jura tremiscunt,
Tendis et in bimarem felicia regna Corinthum :
Dic : Byzantinus quis rem tibi Mummius egit?
 ᶜ Sed si forte placet veteres sopire querelas,
Anthemium concede mihi; sit partibus istis
Augustus, longumque Leo; mea jura gubernet
Quem petii; patrio vestiri murice natam
Gaudeat Euphemiam sidus divale parentis.
Adjice præterea privatum ad publica fœdus.
Sit socer Augustus genero Ricimere beatus ;
305 Nobilitate micant: est vobis regia virgo,
Regius ille mihi ; si concors annuis istud,
B Mox Libyam sperare dabis : circumspice tædas
Antiquas, par nulla tibi sic copula præsto est.
Proferat hic veterum thalamos discrimine partos
Græcia, ni pudor est : reparatis Pisa quadrigis
Suscitet Œnomaum, natæ quem fraude cadentem
Cerea destituit resolutis axibus obex.
Procedat Colchis prius agnita virgo marito
Crimine, quam sexu; spectet de carcere circi
Pallentes Atalanta procos, et poma decori
Hippomenis jam non pro solo colligat auro.
Dejanira tuas Acheloiis gymnade pinguis
Illustret tædas, et ab Hercule pressus anhelo
Lassatum foveat rivis rivalibus hostem.
Quantumvis repetam veteris connubia sæcli,
Transcendunt hic heroas, heroidas illa.
C Hos thalamos, Ricimer, virtus tibi pronuba poscit,
Atque Dionæam dat Martia laurea myrtum.
Ergo age : trade virum non otia pigra foventem,
Deliciisque gravem; sed ᵈ quem modo nauticus urit
Æstus, Abydenique sinus, et Sestias ora
Hellespontiacis circumclamata procellis :
Quas pelagi fauces non sic tenuisse vel illum
Crediderim, cui ruptus Athos, cui remige Medo

---

eoque habitu passim cernitur in antiquis monumentis. Ovidius v Fastorum :

> Postera cum roseam pulsis Hyperionis astris
> In matutinis lampada tollet equis.

Et Sidonius ipse carmine 9 Indos dixit

> Auroræ face civica perustes.

 ᵃ Sic legendum censui, non *Pharii*, ut in vulgatis. Regnum Pori ultra Hydaspem erat : in cujus ripa, ut Curtius lib. VIII narrat, victus est, prohibere transitu frustra conatus Alexandrum. Verum Erythras Jonicas, Bœoticas, Ætolicas legimus : Hydaspæas, hoc est Indicas, nusquam. Erythræos enim Bacchi triumphos Martialis, Erythræas gemmas et smaragdos Claudianus et alia alii, non ab urbe aliqua, sed ab Erythræo mari, quod Indiam alluit, nuncuparunt. At Sidonius ultra nomen esse existimavit, easque Hydaspæas, sagittiferas, tepidas Erythras appellare solet, ut a cæteris distinguat.
 ᵇ Ita libri omnes. Atqui Parthorum regi quem occidit Ventidius, non Sapori, sed Pacoro nomen fuit. Sed Sapor Sidonio dici potuit quivis rex Parthorum, ut Arsaces. Ita enim in Panegyrico Aviti legitur in optimis mss., *Parthicus ultro restituit mea signa Sapor*, cum restituerit Phraates. Pacorus Orodis filius illo ipso die quo ante annos 15 Crassum ad Carras per Surenam occiderat, a Ventidio ipse cæsus est. Quare Crassianam cædem Pacori cæde pensatam ait Florus lib. IV, 9.
 ᶜ Pro tot, inquit, Romani juris provinciis, quas imperio Constantinopolitano transcripsi, principem mihi Anthemium concede : Euphemiam filiam, ejus uxorem Augustam videat divus Marcianus : adde et Ricimeris nuptias cum filia Anthemii. Quæ omnia ex aliis Sidonii locis nota, præter nomen Euphemiæ, quod huic uni loco debemus. De hac tamen Hub. Goltzius antiqui nummi profert inscriptionem, in qua Fl. Marciana Augusta vociatur; quod si verum est, Fl. Euphemiam Marcianam appellatam oportuit. Cæterum ex Anthemio et Euphemia nati sunt, præter incerti nominis filiam quæ Ricimeri nupsit, tres filii, Marcianus, Romulus et Procopius, de quibus multa Theodorus Lector in Collectaneis, Malchus Sophista in Byzantiacis, et Candidus Isaurus lib. II Historiæ.
 ᵈ Significat Anthemium, quo tempore ad imperium accitus est, Hellesponticæ classi **115** præfuisse, quam in ejus freti portubus habere solebant imperatores Orientis. Erant enim et classes aliæ toto illo mari ad varios usus dispersæ, ut Carpathia, Seleucena, Alexandrina, quarum mentio in legibus Augustis.

Turgida silvosam currebant vela per Alpem.
Nec Lucullanis si hæc freta cincta carinis,
Segnis ad insignem sedit cum Cyzicon hostis;
Qui cogente fame, cognata cadavera mandens,
Vixit morte sua. Sed quid mea vota retardo?
306 Trade magis. Tum pauca refert Titonia conjux:
    Duc, age, sancta parens, quanquam mihi maximus
                  [usus
Invicti summique ducis, dum mitior exstes,
Et non disjunctas melius moderemur habenas.
Nam si forte placet veterum meminisse laborum,
Et qui pro patria vestri pugnaret Iuli,
Ut nil plus dicam, prior hinc ego Memnona misi.
    Finierant: geminas junxit concordia partes,
Electo tandem potitur quod principe Roma.
ᵃ Nunc aliquos voto simili vel amore, vetustas
Te legisse crepa, nunquam non invidia summis
Emeritisque viris. Brenni contra arma, Camillum
Profer ab exsilio: Cincinnatoque secures
Expulso Cæsone refer, flentemque parentem
A rastris ad rostra roga, miseroque tumultu
Pelle prius quos victa petas; si ruperit Alpes
Pœnus, ad afflictos condemnatosque recurre.
Improbus ut rubeat Barchina clade Metaurus,
Multatus tibi consul agat: qui millia fundens
Hasdrubalis, rutilum sibi cum fabricaverit ensem,
Concretum gerat ipse caput; longe altera nostri
Gratia judicii est: scit se non læsus amari.
    At mea jam nimii propellunt carbasa flatus.
Siste, Camœna, modos tenues, portumque petenti
Jam placido sedeat mihi carminis anchora fundo.
Attamen, o princeps, ᵇ quæ nunc tibi classis et arma
Tractentur, quam magna geras, quam tempore parvo,

ᵃ Hoc nomine Anthemium opponit et præfert aliquot Romanis ducibus antiquis, quod nulla prius, ut illi, læsus injuria ad imperium evectus sit. Nam L. Cincinnatus in mœrore ob Cæsonis filii exsilium versabatur, quando ad dictaturam bellumque contra Æquos gerendum vocatus est. M. Camillus Ardeæ exsulabat ipse, cum adversus Brennum dictator ii creatus est. M. Livius Salinator (is enim est qui consul ii Hasdrubalem Pœnorum ducem ad Metaurum vicit et interfecit) ex priore consulatu reus publico judicio damnatus multatusque fuerat. Quæ singula exponit Livius lib. iii, 5 et 27.

ᵇ Adversus Vandalos: ut auxilio esset Basilisco, quem Leo cum amplissima classe in Africam miserat contra Gensericum. Quin Anthemium hoc maxime consilio imperatorem designatum, destinatumque Romam, auctor est Procopius in Vandalicis lib. i, ubi de hac Basilisci expeditione multa. De Anthemianæ vero successu Idatius noster his verbis: *Expeditio ad Africam adversus Vandalos ordinata metabularum commutatione et navigationis importunitate revocatur.*

ᶜ Alterum consulatum optat Ricimeri, qui priorem jam gesserat anno 459, tertium Anthemio, qui secundum tunc inibat.

ᵈ Solemnia publicæ manumissionis, quæ a consulibus magistratum ineuntibus celebrabantur: quam propterea solemnitatem consulatus appellat Honorius imp. l. 13 cod. Theod. de Infirmandis iis quæ sub tyrannis gesta sunt; et Cassiodorus in formula consulatus inter alia consulum munia recenset, *solvere famulos jugo servili*. Ut igitur Anthemium hoc loco Sidonius, sic Julianum Libanius, Mamertinum Marcellinus, Honorium atque Eutropium Claudianus,

A Si mea vota Deus produxerit, ordine recto,
    ᶜ Aut genero bis mox, aut te ter consule dicam.
Nam modo ᵈ nos jam festa vocant, et ad Ulpia poscunt
307 Te fora, donabis quos libertate Quirites,
Quorum gaudentes exceptant verbera malæ,
Perge, pater patriæ felix, atque omine fausto
Captivos vincture novos, absolve vetustos.

CARMEN III.
PANEGYRICI ᵉ EDITIO AD PETRUM.

Quid faceret lætas segetes, quod tempus amandum
    Messibus, et gregibus, vitibus, atque apibus,
Ad Mæcenatis quondam sunt edita nomen:
    Hinc, Maro, post audes arma virumque loqui.
At mihi Petrus erit Mæcenas temporis hujus,
    Nam famæ pelagus sidere curro suo.
B Si probat, emittit: si damnat, carmina celat,
    Nec nos rhonchisono rhinocerote notat.
I liber, hic nostrum tutatur, crede, pudorem.
    Hoc censore etiam displicuisse placet.

CARMEN IV.
PRÆFATIO PANEGYRICI DICTI ᶠ MAJORIANO AUG.

Tityrus ut quondam patulæ sub tegmine fagi
    Volveret inflatos murmura per calamos,
Præstitit afflicto jus vitæ Cæsar et agri,
    Nec stetit ad tenuem celsior ira reum:
Sed rus concessum dum largo in principe laudat,
    Cœlum pro terris rustica musa dedit.
308 Nec fuit inferius Phœbeia dona referre:
    Fecerat hic dominum, fecit et ille deum:
C Et tibi, Flacce, acies Bruti Cassique secuto,
    Carminis est auctor, qui fuit et veniæ.
Sic mihi diverso nuper sub Marte cadenti,

Heraclianum Honorius lege citata, initio consulatus servos manumisisse testantur. Marcellinus lib. xxii: *Mamertino consule calendis Januariis ludos edente, manumittendis ex more inductis per admissionum proximum.* Claudianus in Eutropium 1:

    Libertatemque daturus,
Quam nondum meruit, scandit sublime tribunal.

ᵉ Carmen hoc male hactenus Anthemii panegyrico adnectebatur, quasi ad illum pertineret; cum pertineat ad panegyricum Majoriani, cujus magistro epistolarum Petro ejus editionem nuncupat. Quare illi præmittitur, sicut carmen ad Priscum Valerianum in antiquis libris præponitur panegyrico Aviti, cujus est editio. Panegyricus Anthemii editionis epigrammate caret, sicut omnes Claudiani.

116 ᶠ Avito Aug. post aliquot mensium interregnum successit Majorianus, anno Christi 457. Proximo dehinc anno consulatum de more gessit, Alpibusque aspera hieme cum ingenti exercitu superatis, Lugdunum venit, quam urbem paulo ante in potestatem suam receperat. Adventantem Sidonius hoc panegyrico excepit, cum veniam ab eo; ut est in præfatione, hostilis societatis jam impetrasset. Hoc igitur est discrimen hujus panegyrici et reliquorum, quod alii duo calendis Januariis ad celebranda consulatus auspicia dicti: hic vero alia occasione, et sub anni finem; cum adhuc tamen consul esset Majorianus: ut excusari nequeat Carolus Sigonius, qui biennio post dictum scripsit ad annum 460. Nam clare Sidonius:

    Imperium, *ait*, jam consul habet.

Jussisti placido victor ut essem animo,
Serviat ergo tibi servati lingua poetæ,
Atque meæ vitæ laus tua sit pretium.
Non ego mordaci fodiam modo dente Maronem,
Nec civem carpam, terra Sabella, tuum.
Res minor ingenio nobis, sed Cæsare major :
Vincant eloquio, dummodo nos domino.

CARMEN V.

PANEGYRICUS JULIO VALERIO MAJORIANO AUGUSTO DICTUS.

Concipe præteritos, respublica, mente triumphos :
Imperium jam consul habet, quem purpura non plus
Quam lorica operit, cujus diademata frontem
Non luxu sed lege tegunt, meritisque laborum
Post palmam palmata venit : decora omnia regni
Accumulant fasces, et ^a princeps consule crescit.
Personat ergo tuum cœlo, rure, urbibus, undis,
Exsultans Europa sophos, quod rector haberis,
Victor qui fueras : fateor, trepidaverat orbis,
Dum non vis vicisse tibi, nimioque pudore
Quod regnum mereare doles, tristique repulsa
309 Non moderanda subis, quæ defendenda putasti.
  ^b Sederat exserto bellatrix pectore Roma
Cristatum turrita caput, cui pone capaci
Casside prolapsus perfundit terga capillus.
Lætitiam censura manet, terrorque pudore
Crescit, et invita superat virtute venustas.
Ostricolor pepli textus, quem fibula torto
Mordax dente vorat : tunc quidquid mamma refundit
Tegminis, hoc patulo concludit gemma recessu.
Hinc fulcit rutilus spatioso circite lævum
Umbo latus : videas hic crasso fusa metallo
Antra Rheæ, fetamque lupam, quam fauce retecta
Blandiri quoque terror erat, quanquam illa vorare

^a **In panegyrico Aviti :**

Emerita trabeis diademata crescunt.

Imperatores enim, cum cæteras dignitates infra se ducerent, consulatus tamen infulas non solum fortunæ suæ congruere, sed nomini quoque Augusto, ut Valentinianus in Novella ad Sporatium loquitur, decus addere existimarunt. Ideo hunc solum ex omnibus assumebant. Claudianus in Eutropium 1 :

Hunc accipit unum
Aula magistratum : vobis patribusque recurrit
Hic alternus honos.

Libanius rhetor in Julianum : Μόνη γὰρ ἥδε τιμῶν καὶ βασιλέως ἥρμοσε τύχῃ. Julianus ipse in encomio Eusebiæ Augustæ : Οὔτε ἰδιώτης, οὔτε βασιλεύς ἐστιν ἢ γέγονεν, ὅς οὐ ζηλωτὸν ἐνόμιζεν ὕπατος ὀνομασθῆναι. Claudianus idem in Stiliconem 2 :

Titulumne levem parvique decoris
Credimus, Augusti quo se decorare fatentur?

^b Romæ prosopographia, elegans imprimis, **117** et quæ Claudianæ in consulatu Olybrii et Probini, ad cujus exemplum efficta videtur, parum debeat. Porro panegyrici hujus partes præcipuæ sunt duæ, quarum alteram fere occupat Africæ oratio Romam exorantis, ut Majorianus adversus Gensericum ultor veniat : alteram poeta ipse suapte ex persona loquens. In illa Majoriani laudes ex iis ducit quæ imperium antecesserunt; in hac reliqua persequitur ad adventum usque Lugdunensem.

A Martigenas et picta timet; pars proxima Tibrim
Exprimit ; hic scabri fusus sub pumice tophi,
Proflabat madidum per guttura glauca soporem.
Pectus palla tegit, quam neverat Ilia conjux,
Liquenti quæ juncta toro vult murmura lymphis
Tollere, et undosi somnum servare mariti.
Ista micant clypeo ; cuspis trabe surgit eburna,
Ebria cæde virum : propter Bellona tropæum
Exstruit, et quercum captivo pondere curvat.
Consurgit solium saxis, quæ cæsa rubenti
Æthiopum de monte cadunt, ubi sole propinquo
Nativa exustas afflavit purpura rupes.
Jungitur hic Sinnas, Numadum lapis additur isthic
Antiquum mentitus ebur : post caute Laconum
Marmoris herbosi radians interviret ordo.
B   Ergo ut se mediam solio dedit, advolat omnis
Terra simul ; tum quæque suos provincia fructus
310 Exposuit : fert Indus ebur, Chaldæus amomum,
Assyrius gemmas, Ser vellera, thura Sabæus,
Atthis mel, Phœnix palmas, Lacedæmon olivum,
^c Arcas equos, Epirus equas, pecuaria Gallus,
Arma Chalybs, frumenta Libys, Campanus Iacchum,
Aurum Lydus, Arabs guttam, Panchaia myrrham,
Pontus castorea, blattam Tyrus, æra Corinthus.
Sardinia argentum, naves Hispania defert,
^d Fulminis et lapidem ; scopulos jaculabile fulgur
Fucat, et accensam silicem fecunda maritat
Ira deum : quoties cœlum se commovet illic,
Plus ibi terra valet. ^e Subito flens Africa nigras
Procubuit lacerata genas, et cernua frontem
C   Jam male fecundas in vertice fregit aristas.
Et sic orsa loqui est : Venio pars tertia mundi,
Infelix felice uno, famula satus olim
Hic prædo, et dominis exstinctis, barbara dudum

^c Vulgati, *Argos* ; sed veterum librorum consensus Sidonium *Arcas* scripsisse persuadet. Alioqui laudantur etiam equi Argolici, ut Arcadici. Strabo lib. VIII : Ἔστι δὲ καὶ τὸ γένος τῶν ἵππων κράτιστον τὸ Ἀρκαδικὸν, καθάπερ καὶ τὸ Ἀργολικόν. Et Homero Ἀργὸς ἱππόβοτον dicitur, ἵππιος Ἀργὸς Euripidi, *aptum equis Argos* Horatio.

^d Ceraunium gemmam. Claudianus in laude Serenæ.

Pyreneique sub antris
Ignea fulmineis legere ceraunia Nymphæ.

D Solinus Polyhistoris cap. 36, et Isidorus Originum 16, non in Pyrenei jugis, sed in Lusitania legi tradunt. Duo enim faciunt genera cerauniorum : unum quod Carmania mittit, crystallo simile, quod splendet tamen cæruleo, et sub dio positum splendorem rapit siderum ; alterum e Lusitanis Hispaniæ littoribus, cui color est prope rubentis. Alludit Ruricius lib. II, epist. 14 Cerauniæ : *Ut possis*, inquit, *secundum nomen tuum cum illa beatorum turba vera splendere ceraunia, et vocabuli tui auctor existere*. Nomen inde, quod alibi quam in locis κεραυνῷ, id est fulmine, tactis, non inveniatur.

^e Africæ icon et oratio, quæ non parum etiam habet e Claudiani Gildoniacis. Ibi queritur illa se a Gildone oppressam ; hic a Genserico, qui Vandalis in Africa imperans, barbara, ut ait, sceptra tenebat ; nobilibus honoratisque, quod Prosper et Victor observant, præcipue infestus. Romam etiam triennio ante hæc captam suis opibus spoliarat.

Sceptra tenet tellure mea, penitusque fugata
Nobilitate furens, quod non est, non amat hospes.
O Latii sopite vigor tua mœnia ridet
Insidiis cessisse suis : non concutis hastam?
Non pro me vel capta doles? tua nempe putantur
Surgere fata malis, et celsior esse ruina.
Sed melius, quo terror abit : jam vincere restat
Si pugnas, ut victa soles. ᵃ Porsenna superbum
Tarquinium impingens, complevit milite Thusco
Janiculum quondam ; sed dum perrumpere portas
Obsidione parat, totam te pertulit uno
Coclitis in clypeo; presserunt millia solum
Multa virum, pendente via ; nec ponte soluto
311 Cum caderet, cecidit. Rex idem denique morte
Admonitus scribæ didicit sibi bella moveri,
Non solum cum bella forent ; mox pace petita,
In regnum rediit, non tam feriente fugatus,
Quam flagrante viro : steterat nam corde gelato
Scævola, et apposito dextram damnaverat igni,
Plus felix peccante manu, cum forte satelles
Palleret, constante reo, tormentaque capti
Is fugeret, qui tortor erat. Brennum tremuisti
Post melior : quodcunque tuum est, quodcunque vo-
[caris
Jam solus Tarpeius erat ; sed reppulit unus
Tum quoque totam aciem, Senones dum garrulus anser
Nuntiat, et vigilat vestrum sine milite fatum.
Me quoque (da veniam, quod bellum gessimus olim)
Post Trebiam Cannasque domas : Romanaque tecta
Hannibal ante meus, quam nostra Scipio vidit.
Quid merui ? fatis cogor tibi bella movere,
Cum volo, cum nolo : trepidus te territat hostis,
Sed tutus claudente freto, velut hispidus alta
Sus prope tesqua jacet, claususque cacuminat albis
Os nigrum telis gravidum, circumlatrat ingens
Turba canum, si forte velit concurrere campo :
Ille per objectos vepres tumet atque superbit,
Vi tenuis, fortisque loco, dum proximus Eia
Venator de colle sonet : vox nota magistri
Lassatam reparat rabiem : tum vulnera cæcus
Fastidit sentire furor. Quid prælia differs?

A Quid mare formidas, pro cujus sæpe triumphis
Et cœlum pugnare solet? Quid quod tibi princeps
Est nunc eximius, quem præscia sæcula clamant
312 Venturum excidio Libyæ, qui tertius ex me
Accipiet nomen? debent hoc fata labori,
Majoriane, tuo : quem cur conscendere classem,
Ac portus intrare meos, urbemque subire,
Si jubeas, cupiam, paucis ex ordine fabor.

Fertur Pannoniæ qua ᵇ Martia pollet Acincus,
Illyricum rexisse solum cum tractibus Istri
Hujus avus ; nam Theudosius quo tempore Sirmi
Augustum sumpsit nomen, per utramque magistrum
Militiam, ad partes regni venturus eoas,
Majorianum habuit. Latiis sunt condita fastis
Facta ducis : quoties Scythicis illata colonis

B Classica presserunt Hypanim, Peucemque rig..
Monte salutatis irrisit lixa pruinis?
Hunc socerum pater hujus habet, vir clarus, et una
Culmine militiæ semper contentus, ut unum
Casibus in dubiis junctus sequeretur amicum.
Non semel oblatis tentavit fascibus illum
Aetio rapere aula suo ; sed perstitit ille
Major honoratis : cœpit pretiosior esse,
Sic pretio non capta fides ; erat ille quod olim
Quæstor consulibus, tractabat publica jure
Æra suo, tantumque modum servabat, ut illum
Narraret rumor jam rebus parcere nati.
Senserat hoc sed forte ᶜ ducis jam livida conjux ;
Augeri famam pueri, suffusaque bili,
Coxerat internum per barbara corda venenum.

C Ilicet explorat cœlum, totamque volutis
Percurrit mathesim numeris, interrogat umbras,
Fulmina rimatur, fibras videt, undique gaudens
313 Secretum rapuisse Deo : sic torva Pelasgum
Colchis in aplustri steterat trepidante marito :
Absyrtum sparsura patri, ¹ facturaque cæsi
Germani plus morte nefas, dum funere pugnat,
Et fratrem sibi tela facit : vel cum obruit ignem
Taurorum, plus ipsa calens, texitque trementem
Frigida flamma virum, quem defendente veneno
Inter flagrantes perhibent alsisse juvencos.

ᵃ Quod Porsennæ, Brenno, Hannibali quondam accidit, ut a Romanis post maximas clades terroresque profligarentur, idem nunc Generico eventurum spondet, si Majorianus in eum arma convertat : quasi in fatis sit illum, quod ait, venturum excidio Libyæ, tertiumque ex ea post Scipiones cognomen relaturum.

ᵇ Urbs est Pannoniæ II, in qua et Sirmium provinciæ caput. Acincus eadem, non Acinthus scribitur etiam apud Marcellinum, et in Itinerariis, atque in Notitia, in qua et Acincenses milites sub magistro equitum per Gallias. Jam hoc quoque certum est, Illyrici nomen posterioribus sæculis imperii, **118** non unius in Hadriatici maris ora provinciæ finibus, ut olim, clausum fuisse ; sed ad plurimas circumquaque provincias pertinuisse : quod magnum Illyricum est Ausonio epigrammate 4. Festi Rufi ævo 17 provincias complectebatur ; post etiam 19, quarum aliæ post imperii divisionem quæ in Notitia describitur, hoc est post Arcadii et Honorii tempora, Illyrico Occidentali attributæ sunt, ut Noricum, Pannoniæ, Dalmatia : aliæ Orientali, ut Mœsia superior, Dacia, Macedonia, Epirus et aliæ, quas in eadem Notitia videre est. Non male ergo Sidonius Pannoniam in D Illyrico locat. Sed Majoriani magistri militum potestas extra Illyrici etiam fines porrigebatur. Hypanis etenim fluvius Scythiæ, et Peuce insula Istri ostiis in Mœsia inferiore adjacens, ad Thraciæ diœceseos provincias pertinent, non ad Illyricianas. Nondum videlicet magistri militum a Theodosio divisa fuerat potestas : qui primus, Zosimo teste, lib. IV hanc ita distinxit, ut alius in Illyrico, alius in Thracia militum magister esset, cum unus antea omnibus præesset.

ᶜ Aetii uxor. Nec temere conficta, quæ de illius in Majorianum juvenem odio dicuntur, quasi timeret ne is præterito filio principatum consequeretur. Revera enim Gaudentio filio imperium parabat Aetius.

¹ Barthius Advers., pag. 1626, sic scribi vult : *Germani plus morte (nefas!) nam alioqui absonum dictu esse, plus nefas facere pro majus scelus perpetrare.* — BAUNIUS Sirmond. editor, præfat. ad tom. I, § 11.

Ergo animi dudum impatiens, postquam audiit isti
Imperium et longum statui, laniata lacertos
Ingreditur qua strata viri, vocemque furentem
His rupit. Secure jaces oblite tuorum,
O piger, et mundo princeps (sic sæcula poscunt)
Majorianus erit; clamant hoc sidera signis,
Hoc homines votis : isti quid sidera quæro,
Fatum aliud cui fecit amor? nil fortius illo.
Et puer est cupidus nunquam, sed parcus habendi.
Pauper adhuc jam spargit opes, ingentia suadet
Consilia, et sequitur; totum quod cogitat, altum est.
Urget quod sperat : ludum si forte retexam,
Consumpsit, quidquid jaculis fecisse putaris,
Istius una dies : tribus hunc tremuere sagittis
[a] Anguis, cervus, aper; [b] non sic libravit in hostem
Spicula, qui nato serpentis corpore cincto,
Plus timuit, dum succurrit, dum jactibus iisdem
Interitum vitamque daret, stabilemque teneret
Corde tremente manum, totamque exiret in artem
Spe propiore metus, dans inter membra duorum
Unius mortem : libeat decernere cæstu,
Cessit Eryx Siculus, simili nec floruit arte
314 Sparta, Therapnæa pugilem cum gymnade pin-
[guem
[c] Stratus Bebryciis Amycus suspexit arenis.
Qui vigor in pedibus? frustra sibi natus Ophelte
Sicaniam tribuit palmam, plantasque superbas
Haud ita per siccam Nemeen [d] citus extulit Arcas,
Cujus in Ætolo [e] volitantem pulvere matrem
Horruit Hippomenes, multo qui cespite circi.
Contemptu præmissus erat, cum carceris antro
Emicuit pernix populo trepidante virago,
Nil toto tactura gradu, cum pallidus ille
Respiceret medium post se decrescere campum,
Et longas ad signa vias, flatuque propinquo
Pressus in hostili jam curreret anxius umbra,

A Donec ad anfractum metæ jam jamque relictus
Concita ter sparso fregit vestigia pomo.
Qui videt hunc equitem, Ledæum spernit alumnum,
Ac juvenem Sthenebœa tuum, cui terga vetustas
Pennati largitur equi, Lyciamque Chimæram
Quem superasse refert, vulnus cum sustulit unum
Tres animas : vitam tum si tibi fata dedissent,
Majoriane ferox, vetuisses Castora frenos,
Pollucem cæstus, Alconem spicula nosse,
Bellerophontæis insultaturus opimis.
Si clypeum capiat, vincit Telamone creatum,
Qui puppes inter Graias, contra Hectoris ignem,
Ipsam etiam infidi classem defendit Ulyxis.
Missile si quanto jaculetur pondere quæris,
Segnius insertæ trepidans pro fasce Camillæ
B Excussit telum Metabus, nec turbine tanto
Stridula Pelidæ per Troilon exiit ornus :
315 Nec sic heroum tardantem busta Creontem
Atticus Ægides rupit Marathonide quercu :
Nec sic intortum violatæ Phœbados ultrix
In Danaos fulmen jecit, cum Græcia Trojæ
Noctem habuit, similemque facem, fixusque Capharei,
Cautibus inter aquas flammam ructabat Oileus.
Parva loquor : quid quod quoties tibi bella gerun-
[tur,
Discipulus non miles adest? et fingit alumnum,
Æmulus econtra spectat? quod viceris odit,
Et quos vincis amat : totus dormitat ad istum
Magnus Alexander, patris quem gloria torsit.
Quid faciam infelix? nato quæ regna parabo,
C Exclusa sceptris Geticis, respublica si me
Præterit, et [f] parvus super hoc Gaudentius hujus
Calcatur fatis? istum jam Gallia laudat,
Quodque per Europam est : rigidis hunc abluit undis,
Rhenus, Arar, Rhodanus, Mosa, Matrona, Sequana,
[g] Ledus,

---

[a] Hæc iterum commemorat carmine 13, exstatque de eadem re vetus distichum lib. IV epigrammatum, quod Pithœus Sidonii ipsius esse conjectabat :
    Cervus, aper, coluber, non cursu, dente veneno
      Vitarunt ictus, Majoriane, tuos.

[b] Alcon hic Cretensis : de quo et Phalero filio Manilius v Astronomicon, et Valerius Flaccus Argonauticon I. Nec minus eleganter Græcus poeta Anthologiæ lib. VI, 11.

    Παῖδα πατὴρ Ἄλκων ὁλοῷ σφιγχθέντα δράκοντι
     Ἀθρήσας, δειλῇ τόξον ἔκαμψε χερί.
    Θηρὸς δ' οὐκ ἀφάμαρτε, διὰ στόματος γὰρ ὁ ἰὸς
     Ἵξεν τυτθοῦ βαιὸν ὕπερθε βρέφους.
    Παυσάμενος δὲ φόνου, παρὰ δρυῒ τῇδε φαρέτραν
     Σῆμα καὶ εὐτυχίης θῆκε καὶ εὐστοχίης.

[c] Contrario sensu vulgati, *stratum Amycum*. Amycus enim is est qui pugilis Therapnæi, seu Lacedæmonii Pollucis vires suspexit, cum ab eo prostratus esset, qui cæteros vincere solebat.

[d] *Parthenopæus Atalantæ*, de qua mox, filius ex Milanione. *Arcada Parthenopæum* vocat etiam Statius, cursuque in Nemea silva victorem facit libro VI Thebaidos; et **119** Apollodorus lib. III belli Thebani duces enumerans, Παρθενοπαῖος Μειλανίωνος· Ἀρκάς· *Parthenopæus Milanionis filius, Arcas*. De quo iterum post alia, ἐγέννησε δὲ ἐκ Μειλανίωνος Ἀταλάντη Παρθε-
νοπαῖον, ὃς ἐπὶ Θήβας ἐστρατεύσατο. Genuit ex Milanione *Atalanta Parthenopæum*, qui Thebanam expeditionem secutus est.

[e] *Atalantam*. Antea *Martem* legebatur, nullo sensu. Itaque certa est et necessaria, licet unius tantum et alterius, nec optimorum codicum, emendatio. Filii occasione matrem commemorat, ut et Statius eodem loco :

    Nota parens cursu : quis Mænaliæ Atalantæ
    Nesciat egregium decus, et vestigia cunctis
    Indeprehensa procis?

[f] Filiorum Aetii, quorum quidem memoria exstat, alter de avi materni nomine Carpilio appellatus est. Aetii namque uxor incerti nominis, filia fuit Carpilionis ex comite domesticorum, ut auctor est apud Gregorium Turon. Frigeridus. Sidonius Gothicam illi regiique sanguinis stirpem fuisse significat; alioqui exclusam se a sceptris Geticis non quereretur. Alter Gaudentius, de quo hic sermo, avo item sed paterno cognominis. Aetio enim pater fuit Gaudentius, comes et magister equitum, quem Prosper in Galliis a militibus occisum notat. Hunnicæ legationis qua functus est Carpilio filius, testis est Priscus in excerptis legationum, et Senator I Variar., 4. Gaudentium vero hunc Urbe capta in Africam cum Valentiniani filiabus abductum a Genserico narrat Idatius.

[g] In hoc elencho fluviorum Galliæ, quos Majoriani

Clitis, Elaris, Atax, Vachalis, Ligerimque bipenni
Excisum per frusta bibit; cum ᵃ bella timentes
Defendit Turonos, aberas: post tempore parvo
Pugnastis pariter, Francus qua ᵇ Cloio patentes
Atrebatum terras pervaserat: hic coeuntes
Claudebant angusta vias, arcuque subactum
Vicum Helenam, flumenque simul sub tramite longo
Artus suppositis trabibus transmiserat agger.
Illic te posito, pugnabat ponte sub ipso
Majorianus eques: fors ripæ colle propinquo,
Barbaricus resonabat hymen, Scythicisque choreis
Nubebat flavo similis nova nupta marito.
316 Hos ergo, ut perhibent, stravit; crepitabat ad
[ictus
Cassis, et oppositis hastarum verbera thorax
Arcebat squamis, donec conversa fugatus
Hostis terga dedit: plaustris rutilare videres
Barbarici vada festa tori, conjectaque passim
Fercula, captivasque dapes, cirroque madente
Ferre coronatos redolentia serta lebetas.
Ilicet increscit Mavors, thalamique refringit
Plus ardens Bellona faces; rapit esseda victor,
Nubentemque nurum, non sic Pholoetica monstra,
Atque Pelethronios Lapithas Semeleius Evan
Miscuit, Æmonias dum flammant orgia matres,
Et Venerem Martemque cient, ac prima cruentos
Consumunt ad bella cibos, Bacchoque rotato
Pocula tela putant, cum crudescente tumultu
Polluit Æmathium sanguis Centauricus Othrim.
Nec plus nubigenum celebrentur jurgia fratrum.

A Hic quoque monstra domat, ᶜ rutili quibus arce cerebri
Ad frontem coma tracta jacet, nudataque cervix
Setarum per damna nitet, tum lumine glauco
Albet aquosa acies, ac vultibus undique rasis,
Pro barba tenues perarantur pectine cristæ.
Strictius assutæ vestes procera coercent
Membra virum; patet iis altato tegmine poples,
Latus et angustam suspendit balteus alvum.
Excussisse citas vastum per inane bipennes,
Et plagæ præscisse locum, clypeosque rotare
Ludus, et intortas præcedere saltibus hastas,
Inque hostem venisse prius: puerilibus annis
Est belli maturus amor; si forte premantur
317 Seu numero, seu forte loci, mors obruit illos,
Non timor; invicti perstant, animoque supersunt
B Jam prope post animam. Tales te teste fugavit,
Et laudante viros: quisnam ferat? omnia tecum,
Te sine multa facit; ᵈ pugnant pro principe multi,
Quam timeo ne jam iste sibi; si regna tenebit,
Huic vincis, quodcunque domas; nil fata relinquunt
Hic medium: percussor enim si respuis esse,
Servus eris; certe recto si tramite servat
Sidera Chaldæus; novit si gramina Colchus,
Fulgura si Thuscus, si Thessalus elicit umbras,
Si Lyciæ sortes sapiunt, si nostra volatu
Fata loquuntur aves, doctis balatibus Hammon
Si sanctum sub syrte gemit, si denique verum
Phœbe, Themis, Dodona canis, post tempora nostra
Julius hic Augustus erit. Conjunctus amore
C Præterea est ᵉ juveni grandis quem spiritus armat

expeditionibus lustratos ait, pauci sunt qui non statim agnoscantur. Nam Elaris sine dubio noster est Elaver, Cæsaris Commentariis notissimus, qui per Arvernorum plana decurrens, collectis utrinque aliquot amnibus, in Ligerim paulo infra Nivernum evolvitur. Ledus in Septimania e Cemmenis montibus per Volcas Arecomicos et Montem Pessulum in mare Gallicum decurrit. De Cliti unica est controversia: in qua plerique Papyrio Massono assentiuntur, qui Clanum Pictonum esse docuit. Olitis certe Theodulfi Aurelianensis, de quo aliis placuit, in hunc locum, nisi luxato versu, recipi non potest.

ᵃ Timebant, opinor, a vicinis Armoricis, qui ad libertatem jam dudum, ut ex Zosimi lib. vi patet, aspirantes, aut Romanos armis appetebant ipsi, aut appetebantur: ut quo tempore bellum adversus illos, Aetio absente, Hunnis auxiliaribus gessit Litorius, ut est in panegyrico Aviti, sub annum, ut ostendemus, 438.

ᵇ Ita liber unus: quod certe aptius videtur **120** quam quod in aliis: *Pugnastis pariter Francis, qua Cloio.* Francicum autem hoc bellum, in quo ab Aetio et Majoriano cum Clodione rege pugnatum est, plerique omnes ad Felicem et Taurum consules, Christique annum 427 referri volunt; quod eo anno Prosper et Cassiodorus partem Galliarum propinquam Rheno quam Franci occuparant, Aetii comitis armis receptam tradant. Verum qui potuit Majorianus tunc adesse, et tam acriter dimicare, qui 30 post annos in hoc suo consulatu juvenis erat? Deinde prior illa expeditio ad Rhenum, hæc nostra ad Atrebates et Helenam vicum, cujus nunc quoque in pago Atrebatensi ad Caucium amnem vestigia restant; nam Hedinum Vetus vocant. Certius ergo, hæc gesta videri post annum Christi 445, quo tempore narrant cum Gregorio et Sigeberto Annales nostri, Clodione Thoringorum finibus egressum, protritis Romanis qui cis Rhenum erant, in Carbonariam silvam venisse, Tornacum et Cameracum urbes, aliaque mox omnia ad Somonam usque fluvium occupasse. Constat enim urbes illas Atrebatum agris proximas esse. Quare cum in hos quoque postea pervaderent Franci, ab Aetio inhibitos, et hac quam Sidonius laudat victoria repressos conjicio.

ᶜ Graphica veterum Francorum descriptio; qua non solum oris habitum cultumque omnem persequitur, procera corpora, rutilos crines, cæsios oculos, pronas in frontem tonso occipitio comas, tenues raso vultu barbas, vestes strictas et singulos artus exprimentes, nudos poplites, latos balteos; sed propria etiam eorum arma, pugnandique modum, et infractos bellis animos commemorat. Armorum genera Francis eadem tribuit Agathias lib. ii, secures scilicet et breves hastas, quas *anconas* vocabant. Dictæ et secures ipsæ ab eorum usu *franciscæ*, ut notat Isidorus, et Gallici Annales in Clodovæi rebus ostendunt. Bellicam vero Francorum virtutem asserit et Julianus imp., qui bellicosissimos Germanorum Francos et Saxones facit in encomio Constantii, de Magnentio loquens, in cujus castris utrique militabant: Ἠκολούθουν δὲ αὐτῷ κατὰ τὸ ξυγγενὲς σύμμαχοι προθυμότατοι Φράγκοι καὶ Σάξονες, τῶν ὑπὲρ τὸν Ῥῆνον καὶ τὴν Ἑσπερίαν θάλατταν ἐθνῶν τὰ μαχιμώτατα.

ᵈ Locus antea obscurus vitio interpunctionum. Pugnant, inquit, omnes pro principe: pro se jam pugnat Majorianus, ut pote princeps futurus. Quod si princeps futurus est, jam illi serviunt omnes victoriæ tuæ.

ᵉ Ricimeri, Valliæ, ut in Anthemiano dictum est, regis Gothorum ex filia nepoti.

Regis avi : quo te vertas? ad culmina mundi
Hic fatum fert, ambo animum : consurge, simul-
[que
Aggredere ignaros; neutrum mactare valebis,
Si jubeas utrumque mori ; sed necte dolosas
Blanditias uni, ferro tamen iste petatur.
Quid loquor incassum? nihil est quod tanta cavemus,
Ut regnet, victurus erit. Commotus in iras
  Aetius, sic pauca refert; Compesce furentis
.mpia vota animi; mortem mandare valebo
Insontis, taceam nostri? quisquamne precatur
Ut sine criminibus crimen fiat bene nasci ?
Ad pœnam quis fata vocet ? tua viscera ferro
Majoriane petam ? Phœbus si nocte refulget,
318 Luna die, duplex ponto si plaustra novatur
Parrhasis, Atlantem Tanais, si Bagrada cernit
Caucason, Hercinii nemoris si stipite lintris
Texta Nabathæum pro Rheno sulcet Hidaspem,
Si bibit Hispanus Gangem, tepidisque ab Erythris
Ad Tartesiacum venit Indus aquator Iberum :
Si se Pollucis perfundit sanguine Castor :
Thesea Pirithoi, Pyladem si stravit Oreste
Vel furibunda manus, raperet cum Taurica sacra
Matricida pius. Sed ne sprevisse dolorem
Forte tuum videar, vivat, careatque parumper
Militia : heu nobis potuit, nisi triste putasses,
Fortunam debere suam. Sic fatur, et illum
Rure jubet patrio suetos mutare labores,
Fatorum currente rota, quo disceret agro
Quid possessorem maneat, quos denique mores
Jus civile paret, ne solam militis artem
Ferret ad imperium. Suspenderat ilicet arma
Emeritus juvenis, sterilis jejunia terræ
Vomere fecundans, sic quondam consule curvo
Vertebas campos, paulum si pace sequestra
Classica laxasses, fortis cui læva regebat
Stivam post aquilas, humi dum juncta camino
Victoris fumum biberet palmata bubulci.
b Principis interea gladio lacrymabile fatum
Clauserat Aetius : cujus quo tutius ille
Magna Palatinis conjungeret agmina turmis,
Evocat hunc precibus; sed non se pœna moratur
Sanguinis effusi; numerum collegerat ergo,

A Non animum populi; ferri mala crimina ferro
319 Solvit, et in nostram plus concidit ille ruinam.
Jam tunc imperium præsentis principis aurea
Volvebant bona fata colu ; sed publica damna
Invidiam fugere viri : quicunque fuerunt
Nomen in Augustum lecti, tenuere relictum
Cæsaribus solium : postquam tu capta laboras,
Hic quod habet fecit. Trajanum Nerva vocavit
Cum pignus jam victor erat; Germanicus esset
Ut titulis, meritis fuerat ; res ordine currit,
Hanc ambit famam, quisquis sic incipit. Olim
Post Capreas Tiberi, post turpia numina Cai,
Censuram Claudi, citharam thalamosque Neronis,
Post speculi immanis pompam, quo se ille videbat
Hinc turpis, quod pulcher Otho, post quinta Viteli
B Millia, famosi ventris damnata baratro ;
His titulis princeps lectus, similique labori
Vespasianus erat. c Sed ne fortasse latronis
Me clausam virtute putes, consumpsit in illo
Vim gentis, vitæ vitium : Scythicam feritatem
Non vires sed vota tenent, spoliisque potitus
Immensis, robur luxu jam perdidit omne,
Quo valuit dum pauper erat; mea viscera pro se
In me nunc armat; laceror tot capta per annos
Jure suo, virtute mea ; fecundaque pœnis
Quos patiar pario; propriis nil conficit armis,
Gætulis, Numidis, Garamantibus, Autololisque
d Arzuge, Marmarida, Psyllo, Nasamone timetur
Segnis, et ingenti ferrum jam nescit ab auro.
Ipsi autem color exsanguis, quem crapula vexat,
C Et pallens pinguedo tenet, ganeaque perenni
320 Pressus acescentem stomachus non explicat
[auram.
Par est vita suis : non sic Barchæus opimam
Hannibal ad Capuam periit, cum fortia bello
Inter delicias mollirent corpora Baiæ
Et se Lucrinas qua vergit Gaurus in undas,
Erechia Massylus jactaret nigra natator.
At que ideo hunc dominum saltim post sæcula tanta
Uxorem mihi redde, precor, ne dimicet ultra
Carthago Italiam contra. Sic fata, dolore
Ingemuit, lacrymisque preces adjuvit obortis.
e His hæc Roma refert. Longas succinge querelas,

a Quem occidi suadebat uxor, satis habuit Aetius Majorianum militia privare, domumque remittere : **121** unde in aulam postea, mortuo Aetio, evocatus est a Valentiniano. Ita saluti illi fuit, quod ejus exitio parabatur.

b Cæsus est a Valentiniano Aetius anno 454, sequenti anno Valentinianus ipse ab Aetii familiaribus. Jam tum ergo regnare, inquit, poterat Majorianus. Sed felicitatis fuit tantisper differri, ne illo regnante a Vandalis Roma caperetur. Fuit et gloriæ imperium a Majoriano prius restitui quam suscipi. Nam Cæsares plerique relictum sibi ab aliis solium occupant, hic novum quodammodo post varias clades fecit, ut olim Vespasianus.

c Generici : quem amplius metuendum negat, ut qui luxu cum suis, tanquam Hannibal ad Capuam, jam fractus et enervatus, sola Afrorum militum virtute nitatur. Hoc enim est quod queritur Africa, in se armari viscera sua, se parere quos patiatur. Aliter aliis visum sentio, qui hæc ad Bonifacii proditionem

D referunt, et ad filios Generici, quorum jugum aliquando passura sit. Sed de quibus loquatur, ostendit Libycarum gentium enumeratio quæ sequitur.

d Arzugum regionem Orosius eamdem ait fuisse cum Tripoli provincia, in qua Leptis est Magna : *Quamvis,* inquit, *Arzuges per longum Africæ limitem generaliter dicantur.* Quod sane verius puto; cum Arzuges a Tripolitanis perpetuo distingui videam, ut in synodo Africana can. 16 et 19, et ab Augustino epist. 48, qui interiores ad meridiem esse docet, hoc est, in limite ipso Africæ. Publicola Augustino epist. 153 : *In Arzugibus, ut audivi, decurioni qui limiti præest, vel tribuno solent jurare barbari, jurantes per dæmones suos, qui ad deducendas bastagas pacti fuerint.* In Aurelii vero episcopi Carthaginiensis epistola contra Cœlestium et Pelagium Azuritana provincia legitur pro Arzugitana.

e Africæ precibus Roma ita respondet, ut venturum ad ipsam liberandam Majorianum spondeat, sed visendam ei prius Galliam esse, quæ ab interitu Va-

O devota mihi : **vindex** tibi nomine divum
Majorianus erit; sed paucis pauca retexam.
ᵃ Ex quo Theudosius communia jura fugato
Reddidit auctoris fratri, cui guttura fregit
Post in se vertenda manus, mea Gallia rerum
Ignoratur adhuc dominis, ignaraque servit.
Ex illo multum periit, quia principe clauso,
Quidquid erat miseri diversis partibus orbis,
Vastari solemne fuit : quæ vita placeret,
Cum rector moderandus erat? contempta tot annos
Nobilitas jacuit : pretium respublica forti
Rettulit invidiam. Princeps hæc omnia noster
Corrigit, atque tuum, vires ex gentibus addens,
Ad bellum per bella venit; nam maximus isse est,
Non pugnasse labor : terimus cur tempora verbis?
Pervenit, et vincit. Tali sermone peractum
Concilium est, verbisque deæ famulante metallo,
Aurea concordes traxerunt fila sorores.

Hos me, quos cecini, Romæ Libyæque labores
321 Vota hominum docuere loqui ; ᵇ jam tempus
[ad illa
Ferre pedem, quæ fanda mihi vel Apolline muto
Pro Musis Mars vester erit. Conscenderat Alpes,
Rætorumque jugo per longa silentia ductus,
Romano exierat populato trux Alamannus,
ᶜ Perque Cani quondam dictos de nomine campos,
In prædam centum novies dimiserat hostes :
Jamque magister eras, Burconem dirigis illo,
Exigua comitante manu; sed sufficit istud,
Cum pugnare jubes; certa est victoria nostris

A Te mandasse acies; peragit fortuna triumphum,
Non populo, sed amore tuo; nolo agmina campo
Quod mittis paucos; felix te respicit iste
Eventus belli : certatum est jure magistri,
Augusti fato. ᵈ Nuper post hostis aperto
Errabat lentus pelago; simul ordine vobis
Ordo omnis regnum dederat, plebs, curia, miles,
Et collega simul. Campanam flantibus austris
Ingrediens terram, securum milite Mauro
Agricolam aggreditur; pinguis per transtra sedebat
Vandalus, opperiens prædam, quam jusserat illuc
Captivo capiente trahi; sed vestra repente
Inter utrumque hostem dederant sese agmina planis,
Quæ pelagus collemque secant, portumque reducto
Efficiunt flexu fluvii. Perterrita primum,
B Montes turba petit, trabibus quæ clausa relictis
Prædæ præda fuit, tum concitus agmine toto,
In pugnam pirata coit : pars lintre cavata
Jam dociles exponit equos, pars ferrea texta
Concolor induitur, teretes pars explicat arcus,
322 Spiculaque infusum ferro latura venenum,
Quæ feriant bis missa semel ; ᵉ jam textilis anguis
Discurrit per utramque aciem, cui guttur adactis
Turgescit zephyris; patulo mentitur hiatu
Iratam pictura famem, pannoque furorem
Aura facit, quoties crassatur vertile tergum
Flatibus, et nimium jam non capit alvus inane.
At tuba terrisono strepuit grave rauca fragore,
Responsat clamor lituis, virtusque repente
Ignavis vel parva furit ; cadit undique ferrum,
C emersit ex privata fortuna, exsequitur; ac primum
duplicem ejus victoriam : unam de Alamannis, qui
per Alpes Rætias delapsi nongentos e suis ad prædam
immiserant. Hos Majorianus nondum imperator, sed
jam magister militum, directo in eos Burcone profligavit. Res itaque peracta mense Martio anni 457. Nam
ex incerti chronici auctore patet, Constantino et Rufo
coss., pridie calendas Martias magistrum militum
factum fuisse, purpuram deinde calendis Aprilibus
suscepisse.

ᶜ Campi Canini in ea Rætiæ ora fuerunt quæ Liguriæ contermina est. Situm docet item Marcellinus
lib. xv : *Ad quem procinctum imperator egressus, in
Rætias camposque venit Caninos*. Et ne ambigi queat,
indicio est Bilitio, vetus castrum in his campis positum, hodieque non obscurum. Gregorius X Histor.
III : *Olo dux ad Bilitionem castrum in campis istum
Caninis importune accedens, jaculo sauciatus cecidit
et mortuus est.*

ᵈ Altera Majoriani palma de Vandalis Maurisque,
D quos ex Africa in Campaniam advectos Majorianus
jam imperator, non solum præda quam collegerant
spoliavit, sed gravi attritos clade in fugam egit. Pugnæ
locum ita designat, ut perspicue Sinuessani tractus
planities indicari videatur, quæ a Lyris ostiis ad Vulturnum porrecta, hinc mari, illinc Massici montis jugo
clauditur. **123** Mauros ergo, quia a Vandalis subacti fuerant, captivos vocat, et prædam quæ per illos
agebatur, captivo capiente capi argute dixit, ac paulo
post, prædæ prædam fuisse, cum Mauri a Majoriani
copiis fugati et navium aditu exclusi, a Campanis
ipsis quos ceperant capti sunt.

ᵉ Gregorius Nazianzenus orat. 1 in Julianum :
Ὅσατε συνθήματα δρακόντων φοβεροῖς χάσμασιν ἐμπνεόμενα ἐπ' ἄκρων δοράτων αἰωρούμενοις, καὶ διὰ τῶν
ὁλκῶν ῥιπιζόμενα φολίσιν ὑφανταῖς καταστίκτων, ἡδιστόν
τε ὁμοῦ καὶ φρικτὸν θέαμα προσπίπτει ταῖς ὄψεσι.

lentiniani junioris per annos 66 legitimum principem
nullum viderat : ubi tacite Honorii, et Plac. Valentiniani socordiam insimulat, qui Ravennæ fere mœnibus inclusi, barbaris provincias lacerantibus omnia
pessumdederunt, cum alter ob inertiam, alter ob
ætatem moderatoribus egerent.

ᵃ Ita superius, et Claudianus passim, metri causa;
vetus inscriptio Constantinopoli supra Auream portam :
Hæc loca Theudosius decorat post fata tyranni.
Aurea sæcla gerit qui portam construit auro.

122 Theodosii auctor est Gratianus, a quo imperium acceperat : auctoris frater Valentinianus, cui
gulam qui fregit Arbogastes, idem sibi postea, cum
Eugenio tyranno victus a Theodosio, mortem conscivit, septimo fere post anno quam Valentinianus a
Maximo fugatus imperio per Theodosium restitutus
fuerat. Auctores ergo dicti, qui vel generis, vel
opum et honoris parentes aliis fuissent. Sic Hadriani
auctorem Trajanum appellat Spartianus, Juliani Constantium Senatus apud Marcellinum lib. xxi per quos
ad imperium evecti fuerant. Sidonius ipse Apollinarem avum auctorem suum vocat in epistola quæ ejus
epitaphium continet. Panegyristes vetus in Genethliaco Maximiani. *Itidemque, Maximine, Hercules
tuus auctor, cum inter homines esset, terras omnes et
monstra pacavit.* Ita enim legi debet. Auctorem Maximiani Herculem facit, ut paulo ante Diocletiani Jovem,
quod ab illis orti videri voluerint. Symmachus denique lib. **x**, epist. 22 et 57, cum Theodosii ejusdem
auctorem commemorat, ejus patrem intelligit Theodosium comitem, quem Africanum et Britannicum
ducem nominat, ob bellicas lauros quas ab utraque
gente retulerat. Verum hic generis auctor Theodosio,
imperii Gratianus.

ᵇ Hæc pars altera panegyrici, in qua redit ad partes suas poeta, et reliqua Majoriani gesta, postquam

a Hinc tamen in jugulos. Hunc torta falarica jactu
Præterit, ad mortem vix cessatura secundam :
Hunc conti rotat ictus, equo ruit aclide fossus
Ille, veruque alius; jacet hic simul alite telo,
Absentem passus dextram; pars poplite secto
Mortis ad invidiam vivit; partemque cerebri
Hic galeæ cum parte rapit, fortique lacerto
Dissicit ancipiti miserabile sinciput ense.
Ut primum versis dat tergum Vandalus armis,
Succedit cædes pugnæ discrimine nullo.
Sternuntur passim campis, et fortia quæque
Fecit iners trepidante fuga; mare pallidus intrat,
Et naves pertransit eques, turpique natatu
De pelago ad cymbam rediit. Sic tertia Pyrrhi
Quondam pugna fuit, cæsis cum millibus illum
Dentatus premeret; laceræ vix fragmina classis
Traxit in Epirum, qui Chaonas atque Molossos,
Qui Thracum, Macetumque manus per littora nostra
Sparserat, et cujus vires OEnotria pallens,
Ipsaque, quæ petiit, trepidaverat uncta Tarentus.
323 Hostibus expulsis, campum qui maximus exstat
Jam lustrare vacat : videas hic strage sub illa,
Utrorumque animos; nullus non pectore cæsus,
Quisquis vester erat; nullus non terga foratus,
Illorum quisquis; clamant hoc vulnera primi
b Prædonum tum forte ducis, cui regis avari
Narratur nupsisse soror, qui pulvere cæco
Clausus, et elisus pilis, vestigia turpis
Gestat adhuc probrosa fugæ; sic agmina vestra
Cum spoliis campum retinent, et Marte fruuntur.
c Interea duplici texis dum littore classem
Interno superoque mari, cadit omnis in æquor
Silva tibi, nimiumque diu per utrumque recisus
Apennine latus, navalique arbore dives,
Non minus in pelagus nemorum, quam mittis aqua-
[rum,
Gallia continuis quanquam sit lassa tributis,
Hoc censu placuisse cupit, nec pondera sentit,

A Quæ prodesse probat : non tantis major Atrides
Carpathium texit ratibus, cum Doricus hostis
Sigæas rapturus opes, Rhœteia clausit
Pergama ; nec tantæ Seston juncturus Abydo
Xerxes classis erat, tumidas cum sterneret undas,
Et pontum sub ponte daret, cum stagna superbo
Irrupit temerata gradu, turmæque frequentes
Hellespontiaco persultavere profundo.
Nec sic Leucadio classis Mareotica portu
Actiacas abscondit aquas, in bella mariti
Dum venit a Phario dotalis turba Canopo :
Cum patrio Cleopatra ferox circumdata sistro,
Milite vel piceo fulvas onerata carinas,
324 Dorida diffusam premeret Ptolemeide gaza.
Hoc tu non cultu pugnas, sed more priorum,
B Dite magis ferro, merito cui subjacet aurum
Divitis ignavi : tales ne sperne rebelles,
Et si non acies, decorant tamen ista triumphos.
Nec me Lagæam stirpem memorasse pigebit
Hostis ad exemplum vestri : namque auguror *d* isdem
Regnis fortunam similem, cum luxus in illa
Parte sit æqualis, nec pejor Cæsar in ista.
e Ilicet aggrederis, quod nullus tempore nostro
Augustus potuit : rigidum septemplicis Istri
Agmen in arma rapis; nam quidquid languidus axis
Cardine Sithonio sub Parrhase parturit ursa,
Hoc totum tua signa pavet : Bastarna, Suevus,
Pannonius, Neurus, Chunus, Geta, Dacus, Alanus,
Bellonothus, Rugus, Burgundio, Vesus, Alites,
Bisalta, Ostrogothus, Procustes, Sarmata, Moschus,
C Post aquilas venere tuas; tibi militat omnis
Caucasus, et Scythicæ potor Tanaiticus undæ.
Quid faciat fortuna viri? quascunque minatur,
Has tremuit jam Roma manus : modo principe sub te
Ne metuat, prope parva putat, nisi serviat illi,
Quod timuit regnante alio. Jam castra movebas,
Et te diversis stipabant millia signis :
f Obsequium gens una negat, quæ nuper ab Istro

---

a A parte Majoriani. Utrinque, ait, tela jaciebantur, sed quæ ab hac parte, jugulos petebant, et lethales ictus infligebant, non item quæ a Vandalis.

b Sersaonis, ut conjecit Savaro, ex Victore Vitensi, qui eum Generici regis cognatum vocat.

c De classico in Africam Majoriani apparatu, quem Sidonius sic extollit, ut cum Agamemnonis, Xerxis, Antonii et Cleopatræ navalibus copiis conferre non dubitet, scribunt Procopius, Idatius et Cassiodorus. Procopius sane maximum exercitum fuisse testatur. At tanti conatus irritus fuit eventus; quia per proditores commoniti Vandali, naves in portubus Hispaniæ, priusquam solverent, diripuerunt. Ita frustratus belli Vandalici spe Majorianus. Nec tamen omnino frustratus : quia Gensericus, ut auctor est Idatius, pacem ab eo postea petiit et impetravit.

d Romano et Africano. Sperabat futurum Sidonius ut qui exitus post Actiacam pugnam Cleopatræ regnoque ejus fuerat, idem nunc esset Gensericho, hoc est, ut eo victo cæsoque, Africa in Majoriani potestatem veniret. Inter eadem enim regna, Romanis scilicet Afrisque certamen : par Gnserici luxus et Cleopatræ, nec minor Majoriani virtus quam Augusti.

e Quod supra obscure posuit, *vires ex gentibus addens*, quid sit explicat barbararum gentium quæ sub Majoriani signis erant enumeratio. In his Bastarnæ

supra Daciam sedes habuerunt, non procul a Roxolanis, quibus in Tiburtina Æliani inscriptione copulantur : apud Capitolinum item in Marco. Horum coloniam centum millium in Thraciam in Romano solo translatam a Probo memorant Vopiscus, et Zosimus lib. I. Supra hos Neuri, Borysthenis fonte et fabulosa in lupos metamorphosi nobiles. Licentius in carmine ad Augustinum :

Solstitio Neuros, bruma sectaberis Istrum.

Alitæ videntur, quos Plinius Alutas in Illyrico nominat. Bellonotos etiam in castris Attilæ numerat in panegyrico Aviti. Valerio Flacco Ballonoti lib. VI, apud quem et Bisaltæ Scythicæ populi supra Heniochos. Procustes Attici latronis nomen fuit seu potius cognomen, **124** a re ductum, ut narrat Diodorus lib. V Rerum Antiquarum. Sidonius gentis nomen facit.

f Hunnorum, opinor, quos triplici nota designat : quod ab Istro profecti, quod in Italiam redeant, quod dominis per bella careant : quæ omnia Hunnis conveniunt : qui in Italiam paucis ante annis cum Attila venerant, et post Attilæ mortem, ut Jornandes in Geticis refert, orta inter Attilæ filios contentione, dum imperare cupiunt omnes, simul imperium perdidere, pulsique a Gepidis e Pannonia, juxta littus

Rettulit indomitum solito truculentior agmen,
Quod dominis per bella caret, populoque superbo
Tuldila plectendas in prælia suggerit iras.
Hic tu vix armis positis, iterum arma retractas.
Bistonides veluti Ciconum cum forte pruinas
325 Ogygiis complent thyasis, seu Strimonos arvis,
Seu se per Rhodopen, seu qua nimbosus in æquor
Volvit Hyperboreis in cautibus Ismarus Hebrum :
Dat somno vaga turba, simul lassata quiescunt
Orgia, et ad biforem reboat nec tibia flatum.
Vix requies : jam ponte ligant, rotat enthea thyrsum
Bassaris, et maculis Erythrææ nebridos horrens,
Excitat Odrysios ad marcida tympana mystas.
Tu tamen hanc differs pœnam, sed sanguinis auctor
Majoris, dum parcis, eras : non pertulit ultra
Hoc pro te plus cauta manus, vestrumque pudorem
Sprevit pro vobis ; primi cadit hostia belli,
Quisque rebellis erat ; prædam quoque dividis illis,
Mens devota quibus fuerat, quæ territa servit
Exemplo, gaudet pretio. Pharsalica Cæsar
Arva petens, subitas ferro compescuit iras :
Sed sua membra secans, et causa mole coactus,
Flevit quos perimit ; vestris hæc proficit armis
Seditio ; quodcunque jubes, nisi barbarus audit,
Hic cadit, ut miles timeat. ᵃ Jam tempore brumæ
Alpes marmoreas, atque occurrentia juncto
Saxa polo, rupesque vitri, siccamque minantes
Per scopulos pluviam, primus pede carpis, et idem
Lubrica præmisso firmas vestigia conto.
Cœperat ad rupis medium, quæ maxima turba est,
Interno squalere gelu, quod colle supino
Arctatis conclusa viis, reptare rigenti
Non poterat revoluta solo : fors unus ab illo
Agmine, canentem cujus rota triverat Istrum,
Exclamat : Gladios malo, et solemne quieta
326 Quod frigus de morte venit ; mea torpor inerti
Membra rigore ligat ; quodam mihi corpus adustum
Frigoris igne perit ; sequimur sine fine labori
Instantem juvenem ; quisquis fortissimus ille est,

A Aut rex, aut populus, castris modo clausus, aprica
Vel sub pelle jacet : nos anni vertimus usum.
Quod jubet hic, lex rebus erit ; non flectitur unquam
ᵇ Acceptis, damnumque putat, si temporis iras
Vel per damna timet ; qua dicam gente creatum,
Quem Scytha non patior ? cujus lac tigridis infans
Hircana sub rupe bibit ? quæ sustulit istum
Axe meo gravior tellus ? en vertice summo
Algentes cogit turmas, ac frigora ridet,
Dum solus plus mente calet ; cum classica regis
Arctoi sequerer, Romani principis arma,
Cæsareumque larem luxu torpere perenni
Audieram : dominos nil prodest isse priores,
Si rex hic quoque fortis erat. Majora parantem
Dicere, de scopulo verbis accendis amaris.

B Quisquis es, oppositi metuis qui lubrica clivi,
Frange cutem pendentis aquæ, ᶜ scalproque levata
Sit tibi lympha gradus, turpes depone querelas ;
Otia frigus habent : nunquid mihi membra biformis
Hylæi natura dedit ? num Pegasus alis
Adjuvit quidquid gradior ? pennasque volanti
Dat Calais Zetusque mihi, quem ninguida cernis
Calcantem jam dorsa jugi ? vos frigora frangunt,
Vos Alpes ; jamjam studeam pensare pruinas,
Æstatem sub Syrte dabo. Sic agmina voce
Erigis, exemploque levas, primusque labores
327 Aggrederis quoscunque jubes ; tum cætera paret
Turba libens, servit propriis cum legibus auctor.

ᵈ Qui tibi præterea comites, quantusque magister
Militiæ, vestrum post vos qui compulit agmen,
C Sed non invitum ? dignus qui cederet uni
Sylla acie, genio Fabius, pietate Metellus,
Appius eloquio, vi Fulvius, arte Camillus.
ᵉ Si præfecturæ quantus moderetur honorem
Vir quæras, tendit patulos qua Gallia fines.
Vix habuit mores similes, cui teste senatu,
In se etiam tractum commiserat Ulpius ensem.
Qui dictat modo jura Getis, sub judice vestro
Pellitus ravum præconem suscipit hostis.

Pontici maris ad Istri ostia consederunt. Horum ergo seditionem rebellium cæde compressam, dissimilem ejus ait fuisse quæ in castris Cæsaris accidit describiturque a Lucano lib. v Pharsalici, quia Cæsariana militum erat Romanorum, quorum interitu ejus vires minuebantur : hæc barbarorum, quos obsequium detrectantes ad militum terrorem plecti juvabat. Ita Hunnos, tametsi in Majorini exercitu merebant, milites non vocat ; quia milites proprie sunt Romani, et a barbaris auxiliaribus fœderatisque distinguuntur : ut novella Valentiniani de reddito jure armorum : *Magister militum Sigisvultus tam militum quam fœderatorum tuitionem urbibus ac littoribus non desinat ordinare,* et Sidonius ipse passim in epistolis.

ᵃ Hinc cognosci potest, quod initio præfati sumus, Majorianum consulem anno jam vertente in Galliam venisse. Et vero ex ejus novellis constat illum Ravenna non ante idus Novembres discessisse. Quæ autem sequitur Scythæ militis ob Cinisii montis (de hoc enim sermo) asperum gelu conquerentis increpatio, seu gesta res est, seu ficta in gratiam Majoriani, eo spectat, ut eximiam in illo imperatoriæ virtutis indolem demonstret. Quare cum Attila, quem Arctoum regem vocat, aliisque Scythicis olim ducibus suis, adversus frigora et labores duratis, a Scy-

tha comparatur. At Majorianus delicati barbari ignaviam ridens, post hibernas Alpium pruinas, æstivos Syrtium, quo tendebat ardores, hoc est post summa frigora summos calores prædicit.

ᵇ In aliquibus editionibus, *A cœptis.*

ᶜ Savaro et Labbeus, *scalptoque fluento.*

ᵈ Principis laudibus trium ejus comitum laudes adjungit, magistri militum, præfecti prætorio Galliarum, et Petri magistri epistolarum : quem solum nominat, de aliis quinam fuerit divinandum. De magistro enim militum quæri potest, an Ricimerem intelligat, quem magistrum militum in Italia fuisse docent novellæ Majoriani ; an Nepotianum, qui magister militum hoc item anno in Gallia dicitur ab Idatio nostro.

ᵉ Qui Basilium præfectum prætorio significari putant, non animadvertunt Basilium Italiæ præfectum fuisse ; hic vero agi de præfecto Galliarum. Certior fortasse conjectura **125** fuerit de Magno Narbonensi, cujus præfecturæ jam exactæ meminit lib. I, epist. 11, in epulo Majoriani, hoc est triennio post hunc panegyricum. Gothorum vero rex, qui præfectum hunc reverebatur, Theodoricus junior, de quo epistola 2.

Quid loquar hic illum [a] qui scrinia sacra gubernat?
Qui cum civilis dispensat partis habenas,
Sustinet armati curas, interprete sub quo
Flectitur ad vestras gens effera conditiones.
Quid laudare Petrum parvis temeraria Clio
Viribus aggrederis? cujus dignatur ab ore
Cæsar in orbe loqui, licet et quæstore diserto
Polleat; attamen hic nuper, placidissime princeps,
Obside percepto, [b] nostræ de mœnibus urbis,
Visceribus miseris insertum depulit hostem.

Et quia lassatis nimium spes unica rebus
Venisti, nostris petimus succurre ruinis :
Lugdunumque tuam, dum præteris, aspice victor.
Otia post nimios poscit te fracta labores;
Cui pacem das, redde animum; lassata juventi
Cervix deposito melius post sulcat aratro
Telluris glebam solidæ : bove, fruge, colono,
328 Civibus exhausta est; stantis fortuna latebat
Dum capitur, væ quanta fuit? post gaudia, princeps,
Delectat meminisse mali; populatibus, igni
Et si concidimus, veniens tamen omnia tecum
Restituis : fuimus vestri quia causa triumphi,

[a] Petrum magistrum epistolarum Majoriani quanti fecerit Sidonius, docuit editio panegyrici et epistola 13 lib. ix. Scrinia sacra sunt scrinia principis, et in glossis nostris σκρινιάριοι, οἱ χαρτοφύλακες τῶν βασιλικῶν χαρτίων, scrinia Augusta Symmacho lib. ix, epist. 53. Alia enim erant scrinia prætoriana, l. 13 cod. Theod. De indulgentiis debitorum : alia patriciæ sedis, ut in antiqua inscriptione, quam protulimus ad epist. 9.

[b] Ex hoc loco intelligi licet, Lugdunenses, cum imperium Majoriani detrectarent, ejus armis subactos captosque fuisse; præsidium etiam militare quod captæ urbi, ut eam in fide contineret, fuerat impositum, Petri interventu acceptis obsidibus remotum. Et quia multis incommodis attriti hoc bello fuerant Lugdunenses, tributorum laxationem per Sidonium postulant; qui et ipse paulo ante veniam participatæ defectionis impetrarat. De hac itaque venia paulo inferius capiendum est quod ait, *memini, cum parcere velles, Hic tibi vultus erat*, et illa in præfatione panegyrici :

Sic mihi diverso nuper sub Marte cadenti
Jussisti placido victor ut essem animo.

[c] Sic aliquot mss.; alii *vesties*. Quare aut metri legem neglexit, aut conjugationem mutavit, ut *evenat* Ennius apud Nonium, et *fodent* pro *fodient* Fortunatus lib. ix. Versu proximo Cinyphium Bocchum figurate dixit Gensericum, qui Mauritaniam quoque Bocchi regnum tenebat.

[d] Savaro, *An te tamen vicisse, mihi quod lumina flectis*.

[e] Alii, *certum*. Illud potius a Sidonio scriptum videtur : hoc est recto et irretorto gressu, ἀνεπιστρόφως : ut vere fugiant, qui fugam simulare solent et fugiendo jaculari. Panegyrico Aviti :

Aut cum diffugiunt fugiendos tum mage Persas.

Cæterum cassa hæc vota Sidonii, quibus exitus non respondit. Majorianus enim biennio partim in Gallia, partim in Hispania consumpto, classeque a Vandalis, ut dictum est, dissipata, in Italiam reversus, a Ricimere imperio spoliatus, ac necatus est vii idus Augustas anno 461. Humili conditum sepulcro testatur epitaphium quod inter Ennodii opera legitur in hunc modum :

[A] Ipsa ruina placet. Cum victor scandere currum
Incipies, crinemque sacrum tibi more priorum
Nectet muralis, vallaris, civica laurus,
Et regum aspicient capitolia fulva catenas :
[c] Cum vestes Romam spoliis, cum divite cera
Pinges Cinyphii captiva mapalia Bocchi :
Ipse per obstantes populos raucosque fragores
Præcedam, et tenui, sicut nunc, carmine dicam,
Te geminas Alpes, te Syrtes, te mare magnum,
Te freta, te Libycas pariter domuisse catervas :
[d] Ante tamen vicisse mihi. Quod lumina flectis,
Quodque serenato miseros jam respicis ore,
Exsultare libet : memini, cum parcere velles,
Hic tibi vultus erat, mitis dat signa venustas.
Annue, sic vestris respiret Byrsa tropæis.

[B] [e] Sic Partus rectum fugiat, Maurusque timore
Albus eat : sic Susa tremant, positisque pharetris
Exarmata tuum circumstent Bactra tribunal.

CARMEN VI.

PRÆFATIO [f] PANEGYRICI, QUEM DIXIT [g] AVITO AUGUSTO
SOCERO SUO ROMÆ.

Pallados armisonæ festum dum cantibus ortum

Cum perstat gravior, bustum fortuna petitum
Contulit exuviis, Majoriane, tuis.
Nunc indignis pyramidum fors prospice mole :
Vilia principibus linque sepulcra piis.

126 [f] Panegyricus Aviti Romæ, ut legenti statim liquet, dictus est in auspiciis consulatus, hoc est calendis Januariis, quæ imperii ejus exordium secutæ sunt anno Christi 456. Illas enim fascibus suis dicavit. Retinent hactenus Aviti consulis memoriam non solum fasti Idatiani, quos commodum nuper nacti sumus, sed duo etiam Romæ lapides antiqui : quorum unus in basilica Lateranensi, his verbis.

DEP. TIMOTHEA
IN PACE D. KAL. NOV
CONS. D. N. AVITI

Alter in æde S. Agnes via Numentana sic habet :

LOCUS GERONTI PRESB
DEPOSITUS XIV KAL. JUL
CONS. EPARCHI AVITI

Neque enim de posteriore, quamvis imperii notam non habeat, ambigi debet, quin is sit Avitus imp. Nam si hunc neges, quis ille alter Eparchius Avitus? ut omittam quod character ævo congruit, et Eparchii nomen Gallis in usu fuisse docent, tum Eparchius episcopus Arvernorum Sidonii decessor, tum Eparchius Engolismensium abbas, quorum meminit Gregorius Turonensis. Quid ergo causæ esse dicemus cur Aviti consulatus apud alios nulla sit mentio, cum in Fastis Græcorum, et apud Marcellinum comitem, Cassiodorum omnesque antiquos, non Avitus, sed Vararis et Joannes hujus anni consules describantur? Savaro inde factum putat, quasi Avito post abdicatum imperium suffectus sit Varares. Sed hoc refellunt, ut aliud nihil dicam, et lapides iidem, qui consulem Avitum post relictam purpuram notant : et Martiani Aug.

[g] Filiam Aviti imp. in matrimonio sibi sociasse Sidonium, auctor est Gregorius Turon. lib. ii, cap. 24. Inde Sidonius ipse aulam soceri sui nominat carmine 23, et purpureum socerum in Propemptico-Avitum designans. Tot igitur indiciis testatum habemus, non solum Aviti filiam fuisse Papianillam uxorem Sidonii, sed nuptias has eo anno quo Avitus regnavit copulatas videri.

Personat Ismario Thracia vate chelys,
329 Et dum Mopsorium stipantur per Marathonem,
    Qui steterant fluvii, quæque cucurrit humus :
Dulcisonum quatitur fidibus dum pectine murmur,
    Has perhibent laudes laude probasse deam.
Diva, Gigantæi fudit quàm tempore belli
    Armatus partus vertice dividuo :
Quam neque Deliacis peperit Latona sub antris,
    Fixura errantem Cyclada pignoribus.
Nec quæ Cadmæis pariens Alciden in oris,
    Suspendit triplici nocte puerperium.
Nec cujus pluvio turris madefacta metallo est,
    Cum matrem impleret filius aurigena.
Sed te, cum trepidum spectaret Phlegra tonantem,
    Impulit excussam vertice ruptus apex.
Cumque deos solæ traherent in prælia vires,
    Confusum valde te sine robur erat.
Protulit ut mox te patrius sapientia vertex,
    Tum mage vicerunt cum te habuere dei.
Te propter cessit manibus constructa tremendis,
    Jam prope per rutilum machina tensa polum.
Pindos, Othrys, Pholoe, dextris cecidere Gigantum,
    Decidit et Rhœti jam gravis Ossa manu.
Sternitur Ægæon Briareus, Ephialta, Mimasque,
    Arctoas sueti lambere calce rotas.
Enceladus patri jacuit, fratrique Typhœus,
    Euboicam hic rupem sustinet, hic Siculam.
Hinc sese ad totam genitricem transtulit Orpheus,
    Et docuit chordas dicere Calliopen.
Assurrexerunt Musæ sub laude Sororis,
    Et placuit divæ carmine plus pietas.

A **330** Quod si maternas laudes cantasse favori est,
    Nec valeo priscas æquiparare fides :
Publicus hic pater est, vovi cui carmen, Avitus :
    Materia est major, si mihi Musa minor.

CARMEN VII.

PANEGYRICUS AVITO AUGUSTO SOCERO DICTUS.

Phœbe, peragrato tandem visurus in orbe,
Quem possis perferre parem, da lumina cœlo,
Sufficit hic terris : nec se jam signifer astris
Jactet, Marmaricus quem ^a vertice conterit Atlas.
Sidera sunt isti, quæ sicut mersa nitescunt,
Adversis sic Roma micat : cui fixus ab ortu
Ordo fuit crevisse malis, modo principe surget
Consule. ^b Nempe, patres, collatos cernere fasces
B Vos juvat, et sociam sceptris mandasse curulem.
Credite, plus dabitis currus : jam necte bifrontes
Anceps Jane comas, duplicique accingere lauro.
Principis anterior, jam consulis iste coruscat
Annus, et emerita trabeis diademata crescunt.
Incassum jam, Musa, paves, quod propulit Auster
Vela ratis nostræ, pelago quia currere famæ
Cœpimus, en sidus, quod nos per cærula servet.
  ^c Forte pater superum prospexit æthere terras,
Ecce viget, quodcunque videt : mundum reparasse
Aspexisse fuit, solus fovet omnia nutus.
Jamque ut conveniant superi, Tegeaticus Arcas
331 Nunc plantis, nunc fronte volat; vix contigit
                                              [arva.
Et toto descendit avo ; mare, terra, vel aer,
C Indigenas misere deos. Germane tonantis

Aug. Constitutio cod. de episcopali audientia, in qua Varares cum Joanne Martio mense, hoc est ante Aviti abdicationem, consul appellatur. Unde constat non alios in Oriente toto anno consules fuisse, quam Vararim et Joannem, quos Martianus crearat; nec alium in Occidente quam Avitum. At Consularium chronicorum auctores consulatus Aviti, ut ambigui principis, rationem non habuerunt. Nec alia quærenda ratio cur prætermittatur, cum eodem modo alios omnes incertorum principum consulatus omittant. Omnes enim qui purpuram affectarant, et suos ipsi consulatus inibant, et alios suarum partium consules creabant. Quod videre est in libello de præfectis Urbis, quem **127** in lucem protulit Cuspinianus, in quo Magnentii consules eduntur, itemque Maxentii; utrique tamen a Cassiodoro aliisque pari silentio teguntur. Rursum exstat in D. Pauli basilica Dativæ et Basiliæ sororum epitaphium, in quo depositæ dicuntur CONSULATU JOANNIS AUG., quem nemo inficiabitur illum esse qui mortuo Honorio Ravennæ invasit imperium anno Christi 425, tum deinde anno proximo, ut principum mos erat, consulatum. Et tamen Joannem hunc inter consules nulli fasti recipiunt. Quin eodem ex fonte paria consulum interpolari nonnunquam, et uni consuli collegam hic unum, alibi alium copulari videas. Verbi gratia, in Titulo Equitii Romæ Eutychii cujusdam est epitaphium, in quo consules comparantur THEODOSIUS AUG. III ET AUG. P. N., id est, ut interpretor, *Eugenius princeps noster*, is nimirum qui occupato Arbogasti factione principatu, in Italia eo anno dominabatur, editoque consulatu collegam se Theodosio Aug. dixerat, cum a Theodosio in Oriente dictus esset Abundantius, quem consulem fasti omnes agnoscunt, de Eugenio tacent. Et in Græca epigraphe Trevirensi, quam ad epistolam 9, lib. v, exposuimus,

Honorio VIII consuli collega tribuitur, non Theodosius III, sed Constantinus tyrannus, qui in Galliis tum regnabat, et consulatum eo anno gerebat. Unde in publicis actis monumentisque, in Gallia consules ascribebantur Honorius VIII et Constantinus ; in reliquis vero provinciis quæ Constantino non parebant, non Constantinus, sed Theodosius III consul cum Honorio componebatur.

^a Euripides in Ione 1.

Ἄτλας ὁ χαλκέοισι νώτοις οὐρανὸν
Θεῶν παλαιὸν οἶκον ἐκτρίβων.

^b Significat Avito delatum a Senatu cum imperio fuisse consulatum. Avitus enim, ut Sidonius ipse narrabit, post mortem Petronii Maximi, vacante aula,
D imperator, a Gallis primum levatus est, deinde, quod ab Idatii chronico docemur, a Romanis evocatus et susceptus, cum Martiano etiam, ipso annuente, societatem junxit imperii. Idatius : *In Galliis Avitus Gallus civis ab exercitu Gallicano, et ab honoratis, primum Tolosæ, dehinc apud Arelatum Augustus appellatus, Romam pergit et suscipitur* ; et post pauca : **128** *Per Avitum, qui a Romanis et evocatus et susceptus fuerat imperator, legati ad Martianum pro unanimitate mittuntur imperii* : rursum post alia : *Martianus et Avitus concordes principatu Romani utuntur imperii.*

^c Multa sunt in poematis Sidonii ad exemplum afficta Claudiani, ad cujus imitationem argumentorum similitudinem ducebatur. Hujus generis est prosopopœia urbis Romæ hoc loco. Nam uterque Romam neglecto atque incompto corporis cultu supplicem Jovi facit. Sed postulationis apud Claudianum summa, ut reprimat Gildonem : apud Sidonium, ut principem concedat.

Prime venis, viridi qui Dorida findere curru
Suetus, in attonita spargis cito terga serenum.
Humentes Nymphas Phorcus comitatur; ibique
Glaucus Glauce venis : vatum et certissime Proteu
Certus eras; longo veniunt post ordine divi,
Pampineus Liber, Mars trux, Tirynthius hirtus,
Nuda Venus, fecunda Ceres, pharetrata Diana,
Juno gravis, prudens Pallas, turrita Cybele
Saturnus profugus, vaga Cynthia, Phœbus ephebus,
Pan pavidus, Fauni rigidi, Satyri petulantes.
Convenere etiam cœlum virtute tenentes,
Castor equo, Pollux cæstu, Perseius harpe,
Fulmine Vulcanus, Typhis rate, gente Quirinus.
Quis canat hic aulam cœli, rutilantia cujus
Ipsa pavimentum sunt sidera? Jam pater aureo
Tranquillus sese solio locat; inde priores
Consedere dei; fluviis quoque contigit illo
Sed senibus residere loco : tibi maxime fluctu
Eridane, et flavis in pocula fracte Sicambris
Rhene tumens, Scythiæque vagis equitate catervis
Ister, et ignotum plus notus Nile per ortum.
Cum procul erecta cœli de parte trahebat
Pigros Roma gradus, curvato cernua collo
Ora ferens; pendent crines de vertice tecti
Pulvere, non galea; clypeusque impingitur ægris
Gressibus, et pondus, non terror fertur in hasta.
Utque pii genibus primum est affusa tonantis :
332 Testor, sancte parens, inquit, te, numen et
[illud
Quidquid Roma fui, summo satis obruta fato,
Invideo abjectis : pondus non sustinet ampli
Culminis arcta domus, [a] nec fulmen vallibus instat.
Quid, rogo, bis seno mihi vulture Thuscus aruspex
Portendit? jaciens primæ cur mœnia genti
Omnibus jam celsa fui, dum collis Etrusci

A Fundamenta jugis aperis mihi, Romule pauper?
Plus gladio secura fui, cum turbine juncto
Me Rutulus, Veiens, pariterque Auruncus, et Æquus,
Hernicus et Volscus premerent; sat magna videbar
Et tibi, dum rumpit vitiatum femina ferro
Corpus, et ad castum remeas pudor erute vulnus;
Jam cum vallatam socio me clausit Etrusco
Tarquinius : proh Muti ignes! proh Coclitis undæ!
Proh dolor! hic quonam est, qui sub mea jura redegit
Samnitem gurges? Volsci qui terga cecidit
Martius, et Senones fundens dictator et exsul?
Fabricii vitam vellem, mortes Deciorum.
Vel sic vincentem, vel sic victos; mea redde
Principia : heu quo nunc pompæ, ditesque triumphi,
Et pauper consul? Libycum mea terruit axem
B Cuspis, et infido posui juga tertia Pœno.
Indorum Ganges, Colchorum Phasis, Araxes
Armeniæ, [b] Gir Æthiopum, Tanaisque Getarum,
Tribunum tremuere meum. Me Teutone juncto
Quondam fracte subis Cimber, gladiisque gravatas
Ante manus solas jussi portare catenas.
Væ mihi qualis eram, cum per mea jussa juberent
Sylla, [c] Asiagenes, Curius, Paulus, Pompeius,
333 Tigrani, Antiocho, Pyrrho, Persæ, Mithridati,
Pacem, regna, fugam, vectigal, vincla, venenum?
Sauromatem taceo ac Moschum, solitosque cruentum
Lac potare Getas, ac pocula tinguere venis,
Vel cum diffugiunt fugiendos tum mage Persas.
Nec terras dixisse sat est : fulgentibus armis
Tot maria intravi, duce te, longeque remotas
C Sole sub occiduo gentes; victricia Cæsar
Signa Caledonios transvexit adusque Britannos.
Fuderit et quanquam Scotum, [d] et cum Saxone Pi-
[ctum,
Hostes quæsivit, quem jam natura vetabat

[a] Vulgati, *flumen*, male : quid enim flumini magis insitum quam ut in valles decurrat? At fulmen montes ferit, non valles. Seneca choro 4 Hippolyti : *Humida vallis raros patitur fulminis ictus*.
[b] Ita olim restituimus, ms. unius vestigia secuti, et Claudianum in Stiliconem 1. *Et Gir*, inquit, *notissimus amnis Æthiopum, simili mentitus gurgite Nilum*. Alii cum vulgatis Tagum habent, cui nihil cum Æthiopia commune. Gir vero, Γὰρ Ptolemæo, Libyæ interioris Æthiopumque fluvius. Item Gira metropolis, a qua Giræi seu Girræi populi Claudiano in idyllio de Nilo.

Hunc bibit effrenis Garamas, domitorque ferarum
Girræus, qui vasta colit sub rupibus antra :
Qui ramos ebeni, qui dentes vellit eburnos.

Male enim vulgo *Cirtœus* : nec melius quod substituebat Scopas, *Candœus*, cum utraque gens ab his locis procul absit.
[c] Hæc constans veterum librorum lectio. Et quidem Asiagenes, Ἀσιαγενής, vox Græca et proba. Sed quid causæ habuit cur L. Scipionem sic appellare mallet, cum versus nihilo minus claudicet, quam si Asiaticum scripsisset? Antonius Augustinus de familiis Romanorum in Cornelia, ex indiciis primæ editionis Sidonianæ, in qua *Asiæ gentes* legebatur, scriptum conjecit Asiagetes : quod ita primum in Græcia dictum existimet L. Scipionem; ejusque cognominis exstare etiam ait vestigia in nummis, et in antiquis exemplaribus Livianis. Mihi vero in Livii libris aliud hactenus videre non contigit quam Asiaticus; nummorum vero hac in re levissima semper visa est conjectura. Unde enim in nummo Romano et Græcum et insolens vocabulum? deinde cum in his, Fulvio Ursino teste, aut L. SCIP. ASIA. G. excusum sit, aut sine interpunctione ASIAG., prius illud ad rem nihil facit, posterius nihil habet, unde Asiagetes potius legas quam Asiagenes. Potuit tamen, ut viro doctissimo visum est, a Sidonio scribi hoc loco Asiagetes, potuit et Asiagenetes : quod ea forma pro Asiagenes dicereretur, quo Eugenetes pro Eugene, apud Ennodium et Senatorem; et Ἐρισθενέτης pro Ἐρισθενής, apud Apollinarium.
[d] Manifesta prolepsis hoc loco. Sic enim loquitur quasi Picti, Saxones et Scoti, Britanniam jam tum incolerent, fusique a Cæsare forent, cum Britannic bellum intulit. At certum est Britannis vicinas quidem has gentes tum fuisse, sed illis semper infestas. Quod innuens vetus panegyristes Constantii, Britannos ait ante Cæsaris adventum, Pictis modo et Hibernis, id est Scotis hostibus assuetos. Hiberniam enim olim habitabant Scoti, ut Picti Thulen, Saxones Orcadas. Unde illa Claudiani de quarto consulatu Honorii :

Maduerunt Saxone fuso
Orcades, incaluit Pictorum sanguine Thule :
Scotorum cumulos flevit glacialis Hiberne.

Sero tandem, nec uno tempore, sedes in Britanniam transtulerunt, primum Picti, tum Saxones, postremo Scoti.

Quærere plus homines; vidit te frangere Leucas,
Trux Auguste, Pharon; dum classicus Actia miles
Stagna quatit, profugisque bibax Antonius armis
Incestam vacuat patrio Ptolemæida regno.
Cumque prius quererer stricto de cardine mundi,
Sum limes nunc ipsa mihi. Plus summe deorum,
Sum justo tibi visa potens, quod Parthicus ultro
ᵃ Restituit mea signa pavor, positaque tiara
Funera Crassorum flevit, dum purgat, et hinc jam,
Proh dolor! excusso populi jure atque senatus,
Quod timui, incurri : sum tota in principe, tota
Principis, et sio lacerum de Cæsare regnum,
Quæ quondam regina fui. Capreasque Tiberi,
Et caligas Caii, Claudi censura secuta est,
Et vir morte Nero tristi. Pisone verendum
Galbam sternis Otho, speculo qui pulcher haberi
Dum captas, ego turpis eram : mihi fœda Vitelli
Intulit ingluvies ventrem, qui tempore parvo
Regnans sero perit; lassam post inclytus armis
334 Vespasianus habet. Titus hinc : post hunc quo-
[que frater.
Post quem tranquillus vix me mihi reddere Nerva
Cœpit, adoptivo factus de Cæsare major.
Ulpius inde venit, quo formidata Sicambris
Agrippina fuit, fortis, pius, integer, acer.
Talem capta precor. Trajanum nescio si quis
Æquiparet, ni fors iterum tu, Gallia, mittas,
Qui vincat. Lacrymæ vocem clausere precantis,
Et quidquid superest luctus rogat. Undique cœli
Assurgunt proceres, Mars, Cypris, Romulus, et qui
Auctores tibi Roma dei: jam mitior ipsa
Flectitur, atque iras veteres Saturnia donat.
ᵇ Juppiter ista refert : Fatum quo cuncta reguntur,
Quoque ego, non licuit frangi; sat celsa laborant
Semper, et elatas nostro de munere vires
ᶜ Invidit fortuna sibi ; sed concipe magnos
Quanquam fracta animos. Si te Porsenna soluto
Plus timuit de ponte tremens, si mœnia capta
Mox Brenni videre fugam; si denique dirum
Annibalem, juncto terræ cœlique tumultu,
Reppulimus, cum castra tuis jam proxima muris
Starent, Collina fulmen pro turre cucurrit,
Atque illic iterum timuit natura paventem
Post Phlegram pugnare Jovem; torpentia tolle
Lumina, detersam mentem caligo relinquat.
Te mirum est vinci : incipies cum vincere, mirum
Non erit, utque tibi pateat quo surgere tandem
Fessa modo possis, paucis cognosce, docebo.
    ᵈ Est mihi, quæ Latio se sanguine tollit alumnam,
Tellus clara viris, cui non dedit optima quondam
335 Rerum opifex natura parem ; fecundus ab urbe
Pollet ager, primo qui vix proscissus aratro,
Semina tarda sitit, vel luxuriante juvenco
Arcana exponit piceam pinguedine glebam.
Assurrexit huic, coxit quod torridus Auster,
Niliacum Libycumque solum ; collataque semper
Arida Mygdoniæ damnarunt Gargara falces.
Apulus et Calaber cessit : spes unica rerum,
Hanc, Arverne, colens, nulli pede cedit in armis,
Quosvis vincis equo : testis mihi Cæsaris esto
Hic nimium Fortuna pavens, cum colle repulsus
Gergoviæ, castris miles vix restitit ipsis.
Hos ego tam fortes volui, sed cedere Avitum
Dum tibi Roma paro; rutilat cui maxima dudum
Stemmata complexum germen; palmata cucurrit
Per proavos, gentisque suæ, te teste, Philagri,
Patricius resplendet apex. Sed portio quanta est
Hæc laudum laudare patres? quos quippe curules
Et præfecturas constat debere nepoti.
Sunt aliis, per quos se posthuma jactet origo,
Et priscum titulis numeret ᵉ genus alter, Avite,
Nobilitas tu solus avos. Libet edere tanti
Gesta viri, et primam paucis percurrere vitam.
    Solverat in partum generosa puerpera casti
Ventris onus : manifesta dedit mox signa futuri
Principis, ac totam fausto trepidi patris aulam
Implevi augurio; licet idem grandia nati
Culparet fata, et pueri jam regna videret.
Sed sibi commissum tanto sub pignore cernens
Mundi depositum, ne quid tibi Roma perires,
336 Juvit fortunam studio : lactentia primum
Membra dedit nivibus, glaciemque ᶠ irrepere plantis
Jussit, et attritas parvum ridere pruinas.
Surgentes anni Musis formantur, et illo
Quo Cicerone tonas : didicit quoque facta tuoruᵐ
Ante ducum ; didicit pugnas, libroque relegit
Quæ gereret campo ; primus vix cœperat esse
Ex infante puer, rabidam cum forte cruentis

ᵃ Quidam, ut ante monui, *Sapor*, ut pro quovis
Parthorum rege ponatur. Restituit enim Phraates.
Morem vero ponendæ tiaræ in supplice cultu regum
tiaratorum expressit etiam] Cicero pro Sextio, et
Plutarchus in Pompeio de Tigrane : Καὶ τέλος ὡς πρὸς
αὐτὸν ἦλθε Πομπήϊον, ἀφελόμενος τὴν κίδαριν ὥρμησε πρὸ
τῶν ποδῶν θεῖναι.
ᵇ Reliquum poema in Jovis oratione consumitur,
qua Jupiter ipse designati a se principis laudes exsequitur, ejusque patriam, genus, institutionem, res
pace belloque gestas, imperii denique a Gallis delati
solemnia describit.
ᶜ Alii *natura*, sed illud rectius puto. Elegans dictum. Magnarum opum eversio alienæ vulgo invidiæ
tribui solet. Apollodorus comicus :
    Πρὸς γὰρ τὸ λαμπρὸν ὁ φθόνος βιάζεται,
    Σφάλλει δ' ἐκείνους οὓς ἂν ὑψώσει τύχη.
Sidonius fortunam ipsam sibi invidere, suisque muneribus infestam esse ait. Invidiæ ergo imputat, quod
P. Syrus levitati : *Levis*, inquit, *est fortuna : cito reposcit quod dedit.*
    ᵈ Aviti patria, Arverni. Gregorius Turon. lib. II,
11 : *Avitus unus ex senatoribus, et ut valde manifestum
est, civis Arvernus.* In Arvernia duo laudat : soli ferti-
litatem, de qua dictum lib. IV, epist. 21, et bellicam
virtutem, cujus testes etiam Græci, quibus Ἀρούερνοι
ἔθνος μαχιμώτατον, Arverni gens bellicosissima, dicuntur. Sidonius argumentum ducit a Gergoviæ obsidione, a qua Cæsarem cum ingenti clade repulerunt,
ut narrat Cæsar ipse lib. VII.
    130 ᵉ Locus antea depravatus, et sine sensu;
nunc, ut restitutus est, perspicua sunt omnia. Aliis,
inquit, decori et gloriæ sint majores : tu majoribus
tuis, quamvis clarissimis, præluces : per te illi nobi-
litantur.
    ᶠ Savarus et Labbeus, *irrumpere.*

Rictibus, atque escas jejuna fauce parantem,
Pius catulis, stravit (fuerant nam fragmina propter)
ᵃ Arreptam de caute lupam, fractusque molari
Dissiluit vertex, et saxum vulnere sedit.
Sic meus Alcides, Nemeæ dum saltibus errat,
Occurrit monstro vacuus, non robora portans,
Non pharetras : stetit ira tremens, atque hoste pro-
[pinquo
Consuluit solos virtus decepta lacertos.
Parva quidem, dicenda tamen : quis promptior isto
Tensa catenati submittere colla molossi ?
Et lustris recubare feras interprete nare
Discere non visas, et in aere quærere plantas ?
Jam si forte suem latratibus improbus Umber
Terruit, albentes nigro sub gutture lunas
Frangere ludus erat, colluctantique lacerto
Vasta per adversas venabula cogere prædas.
Quam pulchrum, cum forte domum post lustra re-
[vertens
Horrore splenderet apri, virtusque repugnans
Proderet invitum per fortia facta pudorem.
Sic Pandioniis castæ Tritonidos arvis,
Hippolytus roseo ᵇ sudans radiabat ab ore,
Sed simul a gemino flagrans cum Cressa furore
337 Transiit affectu matres, et fraude novercas.
Quid volucrum studium, dat quas natura rapaces,
In vulgus prope cognatum ? quis doctior isto
Instituit varias per nubila jungere lites ?
Alite vincit aves, celerique per æthera plausu
Hoc nulli melius pugnator militat unguis.
Nec minus hæc inter civilia jura secutus,

A ᶜ Eligitur primus, juvenis, solus, mala fractæ
Alliget ut patriæ, poscatque informe recidit
Vectigal ; procerum tum forte potentior illic,
Post etiam princeps, Constantius omnia præstat,
Indole defixus tanta, et miratus in annis
Parvis grande bonum, vel in ore precantis ephebi
Verba senis. Ducis hinc pugnas et fœdera regum
Pandere, Roma, libet. Variis incussa procellis
Bellorum, ᵈ regi Getico tua Gallia pacis
Pignora jussa dare est : inter quæ nobilis obses
Tu, Theodore, venis, quem pro pietate propinqui
Expetis in media ᵉ pelliti principis aula
Tutus, Avite, fide ; probat hoc jam Theuderis altum
Exemplum officii : res mira et digna relatu,
Quod fueris blandus, regi placuisse feroci.
B Hinc te paulatim prælibat sensibus imis,
Atque animis vult esse suum ; sed spernis amicum
Plus quam Romanum gerere : stupet ille repulsam,
Et plus inde places : rigidum sic, Pyrrhe, videbas
Fabricium, ingestas animo cum divite fugit
Pauper opes, regem temnens, dum supplice censu
Pignus amicitiæ vili mendicat ab auro.
ᶠ Aetium interea, Scythico quia sæpe duello
338 Edoctus, sequeris ; qui quanquam celsus in ar-
[mis
Nil sine te gessit, cum plurima tu sine illo.
ᴳ Nam post Juthungos et Norica bella, subacto
Victor Vindelico, ʰ Belgam, Burgundio quem trux
Presserat, absolvit junctus tibi ; vincitur illic
Cursu Herulus, Chunus jaculis, Francusque natatu,
C Sauromata clypeo, Salius pede, falce Gelonus,

ᵃ Legendum *arrepta*. Sensus enim est lupam, dum sibi et catulis escam quærit, obviam factam Avito, ab eoque, cum arma alia deessent, saxi quod inter vicinæ rupis fragmenta forte oblatum est, ictu prostratam. Itaque τὸ *propter* hoc loco adverbii vice positum, ut infra, *rex atque magister propter constiterant*.

ᵇ Savaro aliique, *sudum*.

ᶜ Prima hæc Aviti legatio, cum ab Arvernis suis evandi tributi causa missus est ad Honorium Aug. In hujus enim aula Constantius comes, cui nupserat Placidia ejus soror. Quo anno peracta, vel quibus tum cladibus fracta fuerit patria, non liquet. Sed legatum oportuit ante annum 421, quia hoc demum anno Constantius in consortium imperii ab Honorio ascitus est.

ᵈ Theodorico seniori, qui Gothorum in Gallia post Valliam rex fuit. Gregorius Turon. Theudonem vocat, Sidonius Theuderim et Theudoridam. Gothicum autem hoc fœdus, in quo dati sunt obsides a Gallis ; atque in his Theodorus Aviti propinquus, post Arelatensem, ni fallor, obsidionem intelligi debet, cum Theodoricus, ut Isidorus in Chronico scribit, regno Aquitanico non contentus, eam urbem obsedit, donec imminente Aetio liberata est, anno, ut Prosper notat, 425. Dignus enim venia Sigonius, qui mendosum nactus codicem in quo regis nomen deformatum erat, ad Valliam regem qui jam pridem obierat, referri hæc posse censuit.

ᵉ *Regis Gothorum*. Auctor carminis de Providentia, quod Prosperi operibus insertum :

Quod si forte lupos, lyncasque, ursosque creatos
Displicet, ad Scythicos proceres, regesque Getarum
Respice, queis ostro contempto et vellere Serum,
Eximius decor est tergis horrere ferarum.

ᶠ Duplex expeditio bellica, in qua utraque Aetio duci comes fuit Avitus. Una adversus Juthungos, altera adversus Burgundiones. Cum Juthungis res gesta sub annum Christi 430, ad quem Prosperi Pithœani verba sunt : *Aetius Juthungorum gentem delere intendit*. Cum his autem Vindelicos jungit et Noricos, qui tunc una fortasse rebellarant. Idatius noster : *Juthungi per Aetium debellantur et Nori*: et post pauca de necę Felicis patricii : *Aetius dux utriusque militiæ Noros edomat rebellantes*.

ᵍ Ita ex antiquis correximus, pro Vithungos. Quo etiam modo castigandus videtur panegyricus Constantii **131** Cæs. Nam Vithungorum alibi nulla est mentio. Juthungi autem, ut Marcellinus docet, Alamannorum pars, Rætiis contermini, quas proinde crebro vexabant. Ambrosius de legatione sua ad Maximum : *In medio Romani imperii sinu Juthungi populabantur Rætias : et ideo adversus Juthungum Hunnus accitus est*. Olim etiam inde pulsi a Juliano fuerant per Barbationem comitem, ut idem narrat Marcellinus lib. xvii. Nunc in iisdem oris per Aetium debellati. Fuere tamen etiam inter fœderatos Juthungi, sub duce Syriæ, et sub comite rei militaris per Ægyptum, ut est in Notitia.

ʰ Hæc memorabilis illa clades qua Burgundionum universa pene gens per Aetium deleta, quarto, ut Prosper et Cassiodorus notant, Valentiniani consulatu, anno Christi 435. Idatius : *Burgundiones, qui rebellaverant a Romanis, duce Aetio debellantur*. Idem auctor est cæsa in hoc prælio fuisse 20 millia Burgundionum ; Gothorum, qui eis auxiliabantur, octo millia. Sidonius vero, cum multas gentes quæ in illorum castris erant enumeret, de Gothis studio dissimulat.

Vulnere vel si quis plangit, cui flesse perisse est,
Ac ferro perarasse genas, vultuque minaci
Rubra cicatricum vestigia defodisse.
Illustri jam tum donatur celsus honore,
Squameus et rutilis etiamnum livida cristis
Ora gerens. ᵃ Vix arma domum sordentia castris
Rettulerat; nova bella iterum, pugnamque sub ipsis
Jam patriæ muris periturus commovet hostis.
Litorius Scythicos equites tum forte, ᵇ subacto
Celsus Aremorico, Geticum rapiebat in agmen
Per terras, Arverne, tuas; qui proxima quæque
Discursu, flammis, ferro, feritate, rapinis
Delebant, ᶜ pacis fallentes nomen inane,
Hujus tum famulum quidam truculentior horum
Mox feriende feris; ruit ille, et tristia fata
Commendat domino absenti, partemque futuram
Vindictæ moriens Stygium spe portat ad amnem.
Et jam fama viro turres portasque tuenti,
Intuitu pavidæ plebis perfert scelus actum.
Excutitur, restat, pallet, rubet, alget et ardet,
Ac sibimet multas vultum variata per unum
Ira facit facies; vel qui mos sæpe dolenti,
Plus amat exstinctum; tandem prorumpit, et arma,
339 Arma fremit, pinguisque etiamnum sanguine
                                          [fertur
Lorica, obtusus per barbara vulnera cœntus,
Atque sub assiduis dentatus cædibus ensis.
Includit suras ocreis, capitique micantem
Imponit galeam, fulvus cui crescit in altum
Conus, et iratam jaculatur vertice lucem.
Et jam scandit equum, vulsisque a cardine portis
Emicat; assistunt socio virtusque dolorque,
Et pudor; armatas pilo petit impiger alas,
Pugnando pugnam quærens, pavidumque per agmen
Multorum interitu compensat, quod latet unus.
Sic Phrygium Æmathia victorem cuspide poscens
Æacides, cæso luctum frenavit amico,
Per mortes tot, Troja, tuas, jam vilia per se
Agmina contentus ruere, strictumque per amplos
Exserere gladium populos: natat obruta tellus
Sanguine, dumque hebetat turba grave cædua telum.

A Absens in cuncto sibi vulnere jam cadit Hector.
   Proditus ut tandem, tanti qui causa tumultus,
Inquit Avitus, Age, Scythica nutrite sub arcto,
Qui furis, et cæso tantum qui fidis inermi,
Congredere armato : multum tibi præstitit ira
Jam mea, concessi pugnam, jubeoque resistas :
Certantem mactasse juvat. Sic fatur, et æquor
Prosilit in medium : nec non ferus advenit hostis.
Ut primum pectus vel cominus ora tulere,
Hic ira tremit, ille metu. Jam cætera turba
Diversis trepidat votis, variosque per ictus
Pendet ab eventu; sed postquam prima, secunda,
Tertiaque acta rota est, venit ecce, et celsa cruentum
340 Perforat hasta virum, post et confinia dorsi
Cedit transfosso ruptus bis pectore thorax :
B Et dum per duplicem sanguis singultat hiatum,
   Dividua ancipitem carpserunt vulnera vitam.
   Hæc post gesta viri, temet Styx livida testor,
Intemerata mihi ᵈ præfectus jura regebat :
Et caput hoc sibimet solitis defessa ruinis
Gallia suscipiens, Getica pallebat ab ira.
Nil prece, nil pretio, nil milite fractus agebat
Aetius; capto terrarum damna patebant
Litorio, in Rhodanum, proprios producere fines
Theodoridæ fixum, nec erat pugnare necesse,
Sed migrare Getis; rabidam trux asperat iram
Victor, quod sensit Scythicum pro mœnibus hostem,
Imputat, et nihil est gravius, si forsitan unquam
Vincere contingat, trepido. Postquam undique nul-
                                          [lum
C Præsidium, ducibusque tuis nil, Roma, relictum est,
Fœdus, Avite, novas; sævum tua pagina regem
Lecta domat; jussisse sat est te, quod rogat orbis.
Credent hoc unquam gentes, populique futuri?
Littera Romani cassat, quod barbare vincis.
Jura igitur rexit; namque hoc quoque par fuit, ut
                                          [tum
Assertor fieret legum, qui nunc erit auctor;
Ne dandus populis princeps, caput, induperator,
Cæsar et Augustus, solum fera prælia nosset.
   Jam præfecturæ perfunctus culmine tandem

ᵃ Burgundionico bello successit Gothicum alterum, cum eodem Theodorico : quod cœpit ab obsidione Narbonensi anno 436, Tolosæ peractum est, capto D Litorio, et pace composita 439. In hoc bello Hunnorum auxilio usos Romanos testantur Prosper. Cassiodorus, Jornandes et Salvianus lib. vii de Providentia. Horum ergo turmas cum ab Armoricis per Arvernos duceret Litorius, atque illi barbara feritate Arverniam vastarent, exortus est Aviti in illos impetus, et singulare cum Hunno equite certamen, quod a Sidonio tanta pompa describitur. Quæ quidem Sigonius in libris de Occidentis imperio, non male ad annum 437 refert : pessime autem direptionem Arvernicam, quæ Hunnis tribuenda erat, Gothis imputat; et versus hosce, qui de Avito scripti sunt, ad Theodoricum detorquet.
ᵇ Jam monuimus in panegyrico Majoriani Armoricos rebellionis causa crebro a Romanis appetitos. Nunc ergo a Litorio subacti; post decem circiter annos ab Aetio, per Eocharicum regem Alanorum, quem ad eos clomandos immisit, teste Constantio in Vita S. Germani lib. ii, cap. 5, etsi eo loco mendose

Alamannorum rex scriptum est pro Alanorum, quod Erici monachi versus docent.
ᶜ De hac auxiliarium Hunnorum perfidia, et hostili grassatione, queritur item Paulinus lib. vi de Vita S. Martini :

  Cum subito pavefacta metu, graviore periclo,
  Auxiliatores pateretur Gallia Chunos.
132 Nam socium quis ferre queat, qui durior host
  Exstet, et annexum fœdus feritate repellat ?

ᵈ Renovatæ cum Theodorico pacis laudem tribuit Avito, tum præfecto prætorio Galliarum. Hujus enim maxime litteris inflexum ad pacem post victoriam suam ait, tum scilicet, cum Litorius comes qui secunda ab Aetio potestate Hunnis auxiliaribus præerat, pugna cum Gothis ad Tolosam temere conserta, victus captusque eamdem urbem hostium, ut scribit Salvianus, quam eo die victorem se intraturum præsumpsit, captivus intravit, anno, ut jam indicavimus, 439. Quare in eumdem incidit Aviti præfectura.

Se dederat ruri; nunquam tamen otia, nunquam
Desidia imbellis, studiumque et cura quieto
Armorum semper; [a] subito cum rupta tumultu
Barbaries totas in te transfunderat arctos,
341 Gallia; pugnacem Rugum comitante Gelono,
Gepida trux sequitur, [b] Scyrum Burgundio cogit;
Chunus, Bellonotus, Neurus, Basterna, Toringus,
Bructerus, ulvosa quem vel [1] Nicer abluit unda,
Prorumpit Francus; cecidit cito secta bipenni
Hercinia in lintres, et Rhenum texuit alno.
Et jam terrificis diffuderat Attila turmis
In campos se, Belga, tuos; vix liquerat Alpes
Aetius, tenue et rarum sine milite ducens
Robur in auxiliis Geticum male credulus agmen
Incassum propriis præsumens adfore castris.
Nuntius at postquam ductorem perculit, Hunnos
Jam prope contemptum propriis in sedibus hostem
Exspectare Getas, versat vagus omnia secum
Consilia, et mentem curarum fluctibus urget.
Tandem cunctanti sedit sententia, celsum
Exorare virum, collectisque omnibus una
Principibus, coram supplex sic talibus infit.
 Orbis, Avite, salus, cui non nova gloria nunc est,
Quod rogat Aetius; voluisti, et non nocet hostis :
[c] Vis? prodest; inclusa tenes tot millia nutu,
Et populis Geticis sola est tua gratia limes.
Infensi semper nobis, pacem tibi præstant.
Victrices i prome aquilas : fac, optime, Chunos
Quorum forte prior fuga nos concusserat olim,
Bis victor prodesse mihi. Sic fatus, et ille
Pollicitus votum, fecit spem. Protinus inde
Advolat, et famulas in prælia concitat iras.
Ibant pellitæ post classica Romula turmæ,
Ad nomen currente Geta; timet ære vocari

A **342** Dirutus, opprobrium non damnum barbarus
[horrens.
Hos ad bella trahit tum jam spes orbis Avitus,
Vel jam privatus, vel adhuc. Sic cinnama busto,
Collis Erythræi portans Phœbeius ales,
Concitat omne avium vulgus : famulantia currunt
Agmina, et angustus pennas non explicat aer.
 [d] Jam prope fata tui bissenas vulturis alas
Complebant (scis namque tuos, scis, Roma, labores)
 [e] Aetium Placidus mactavit semivir amens
Vixque tuo imposituum capiti diadema, Petroni :
Illico barbaries, nec non sibi capta videri
Roma Getis, tellusque suo cessura furori,
Raptores ceu forte lupi, quis nare sagaci
Monstrat odor pinguem clausis ab ovilibus auram,
B Irritant, acuuntque famem, portantque rapinæ
In vultu speciem, patulo jejunia rictu
Fallentes; jam jamque tener spe frangitur agnus,
Atque absens avido crepitat jam præda palato.
 Quin et Aremoricus piratam Saxona tractus
Sperabat, cui pelle salum sulcare Britannum
Ludus, et assuto glaucum mare findere lembo.
Francus Germanum primum, Belgamque secundum
Sternebat, Rhenumque ferox Alamanne bibebas
Romanis ripis, et utroque superbus in agro
 [f] Vel civis, vel victor eras. Sed perdita cernens
Terrarum spatia, princeps jam Maximus, unum
Quod fuit in rebus, peditumque equitumque magi-
[strum
Te sibi, Avite, legit : collati rumor honoris
C Invenit agricolam, flexi dum forte ligonis
Exercet dentes, vel pando pronus aratro
343 Vertit inexcoctam per pinguia jugera glebam,
Sic quondam ad patriæ res fractas pauper arato-

---

[a] Duplex alia legatio Aviti. Prior ad Theodoricum eumdem, cum irruente in Galliam Attila Tolosam Aetii rogatu profectus est, ut Gothos in belli Hunnici societatem pertraheret.

[b] Vulgati olim, *Scotum* : scripti *Scerum* legunt, aut *Scoerum*, quod pro Scyro ab antiquariis scribi solitum, ut *goerum* pro *gyrum* apud Ausonium. Scyros autem Scythicam gentem, Alanorum partem fuisse docet Jornandes, eosque post Attilæ mortem in Mœsia consedisse, tum postea Odoacrem in Italiam secutos.

[c] Olim, inquit, cum tibi victorem Theodoricum ad pacem hortari libuit, desiit nocere : nunc si vis iterum rogare, proderit suis auxiliis. Sic ergo legendus, et distinguendus hic locus. Nam sententia in vulgatis nulla erat. Nec minus elegans clausula orationis, qua optat Hunnos qui bello Gothico, cum auxiliares essent, victi nocuerant, cladisque Litorianæ auctores fuga sua fuerant, nunc cum hostes sunt, iterum vinci atque ita bis victos prodesse.

[d] Varro apud Censorinum de die natali cap. 17 narrat, audisse se ex Vettio augure, *si ita esset, ut traderent historici de Romuli Urbis condendæ auspiciis, ac 12 vulturibus quoniam 120 annos incolumis præterisset populus Romanus, ad 1200 perventurum.* Hujus vaticinii memores Romani, Alarico in Italiam irruente, ut Claudianus de bello Getico scribit, Ur-

bis ruinam metuebant, etsi annorum numerum nondum explerant. Jupiter Sidonianus augurii eventum sub Aetii et Valentiniani cædem impendere denuntiat, quo tempore urbs Roma mille ducentos paucis annis excesserat.

[e] Tempus notat, causamque delati Avito per Petronium Maximum militiæ magisterii. Cæso enim
D post Aetii necem Valentiniano, cum Maximus purpuram induisset, continuo exorti sunt in Gallia varii motus Gothorum, Saxonum, **133** Francorum et Alamannorum. Ad quos sedandos nihil consultius visum Maximo, quam ut Avitum peditum equitumque per Gallias magistrum crearet.

[f] Alamannorum enim sedes in Suevia trans Rhenum. Nunc Rheno trajecto citeriorem quoque Romanorum ripam infestabant. Itaque in hac, id est, in Gallicana victores, in Germanica quam dudum incolebant, cives erant. Sed non multo post in Gallicanam quoque immigrarunt, totamque illam Maximæ Sequanorum partem occuparunt quæ a Rheno ad Juram usque montem porrigitur : cui et novæ Alamanniæ nomen fecerunt. De qua quidem Cisrhenana seu Gallica Alamannia, tum alii passim, tum Gregorius Turonensis in Vita SS. Lupicini et Romani : *Illa Jurensis deserti secreta, quæ inter Burgundiam Alamanniamque sita, Aventicæ adjacent civitati.*

[1] Hadrianus Valesius *Rer. Francic.* lib. v, pag. 221, scribi vult *Vicer*. (Vide infra notam ad carm. 23, v. 244.) Baunius Sirmond. editor, præfat. ad tom. I, § 11.

Cincinnate venis, veterem cum te induit uxor
Ante boves trabeam, dictatoremque salignæ
Excepere fores, atque ad sua tecta ferentem
Quod non persevit, turpique e fasce gravatæ
Vile triumphalis portavit purpura semen.

Ut primum ingesti pondus suscepit honoris,
Legas qui veniam poscant, Alamanne, furoris.
Saxonis incursus cessat, [a] Catthumque palustri
Alligat Albis aqua : vixque hoc ter menstrua totum
Luna videt. [b] Jamque ad populos et rura feroci
Tenta Getæ protendit iter, qua pulsus ab æstu
Oceanus, refluum spargit per culta Garumnam,
In flumen currente mari : transcendit amarus
Blanda fluenta latex, fluviique impacta per alveum
Salsa peregrinum sibi navigat unda profundum.
Hic jam disposito laxantes frena duello
[c] Vesorum proceres raptim suspendit ab ira
Rumor, [d] succincto referens diplomate Avitum
Jam Geticas intrare domos, positaque parumper
Mole magisterii, legati jura subisse.
Obstupuere duces pariter Scythicusque senatus,
Et timuere suam pacem ne forte negaret.
Sic rutilus Phaethonta levem cum carperet axis,
Jam pallente die, flagrantique excita mundo
Pax elementorum fureret, vel sicca propinquus
Sæviret per stagna vapor, limusque sitiret
Pulvereo ponti fundo ; tunc unica Phœbi
Insuetum clemens exstinxit flamma calorem.

344 Hic aliquis tum forte Getes, dum falce recocta
Ictibus informat, saxoque cacuminat ensem,
Jam promptus caluisse tubis, jam jamque frequenti
Cæde sepulturus terram, non hoste sepulto,
Claruit et primum nomen venientis Aviti.
Exclamat : Periit bellum, date rursus aratra.
Otia si replico priscæ bene nota quietis,
Non semel iste mihi ferrum tulit : o pudor ! o dii !
Tantum posse fidem ! quid fœdera lenta minaris,

[A] In damnum mihi fide meum ? compendia pacis
Et præstare jubes nos, et debere : quis unquam
Crederet ? en Getici reges parere volentes,
Inferius regnasse putant ; nec dicere saltim
Pacem fortis amas ; jam parteis sternit Avitus ;
Insuper et Geticas præmissus continet iras
Messianus : adhuc mandasti, et ponimus arma.
Quid restat, quod posse velis ? quod non sumus hostes,
Parva reor ; prisco tu si mihi notus in actu es,
Auxiliaris ero, vel sic pugnare licebit.

Hæc secum rigido Vesus dum corde volutat,
Ventum in conspectum fuerat. Rex atque magister,
Propter constiterant ; hic vultu erectus, at ille
Lætitia erubuit, veniamque rubore poposcit.
[e] Post hinc germano regis, hinc rege retento,
[B] Palladiam implicitis manibus subiere Tolosam.
Haud secus insertis ad pulvinaria palmis
Romulus et Tatius fœdus [f] jecere, [g] parentum
Cum ferro, et rabidis cognato in Marte maritis
Hersilia inseruit Pallantis colle Sabinas.

345 [h] Interea incautam furtivis Vandalus armis
Te capit, infidoque tibi Burgundio ductu
Extorquet trepidas mactandi principis iras,
Heu facinus ! in bella iterum, quartosque labores
Perfida Elisseæ crudescunt classica Byrsæ.
[i] Nutritis quod fata malum ? Conscenderat arces
Evandri Massyla phalanx, montesque Quirini
Marmarici pressere pedes, rursusque revexit
Quæ captiva dedit quondam stipendia Barche.
Exsilium patrum, plebis mala, principe cæso
[C] Captivum imperium ad Geticas rumor tulit aures.
Luce nova veterum cœtus de more Getarum
Contrahitur ; stat prisca annis, viridisque senectus
Consiliis ; squalent vestes, ac sordida macro
Lintea pinguescunt tergo, nec tangere possunt
Altatæ suram pelles, ac poplite nudo
Peronem pauper nodus suspendit equinum.

[a] Id est Francum. Catthi enim populi Germaniæ ad Rhenum, inter Francicas seu Francici imperii gentes censebantur ; quos etiam Marcomere duce Francorum adversus Arbogastem olim militasse scripserat, Gregorio teste, Sulpicius Alexander libro tertio.

[b] Sedatis aliarum gentium motibus, reliqui erant Gothi, ad quos pacandos Avitus ipse profectus est. Hæc posterior, quam dixi, ejus legatio, ad Theodoricum juniorem superioris filium : cujus hortatu, cum Tolosæ una essent, audita Maximi Aug. nece, imperium suscepit.

[c] Vesos dimidiata voce dicit Wisigothos, sive, ut apud veterem Horatii interpretem, Jornandem et alios legitur, Vesogothos, quasi Vesi pars fuerint Gothorum. In panegyrico Majoriani : *Geta, Vesus, Alites.*

[d] Brevibus litteris Aviti quas adventus sui nuntias præmiserat per Messianum. Tertullianus Apolog. cap. 24 : *O nuntios tardos ! o somniculosa diplomata, quorum vitio excessum imperatoris non ante Cybele cognovit !* Messianus vero is est quem postea in principatu patricium sibi allegit. Vetus chronicon incerti auctoris : *Captus est Avitus Placentiæ a magistro militum Ricimere, et occisus est Messianus patricius ejus.*

[e] Friderico. Hunc enim esse arbitror qui cum Theodorico rege medium Avitum, honoris causa protegit; cum proximus Theodorico ætate fuerit, teste Jornande, a quo Theodorici senioris filii ordine numerantur, Thorismundus, Theodoricus, Fridericus, Euricus, Retemeris et Himmericus. Thorismundus patri in Mauriacensi pugna mortuo successit, tertioque post anno a Theodorico et Friderico fratribus necatus est. Ita **134** regnum iniit Theodoricus, ad quem hæc legatio. Post Theodoricum regnavit [D] Euricus ; quia Fridericus ad quem successionis ordo pertinebat, paulo ante, ut Idatius refert, in Armoricis occubuerat. De hoc ipso Friderico Hilarus papa in epistola ad Leontium Arelatensem.

[f] Aliqui libri, *icere*.

[g] Parentum nomen ad Sabinas referri debet, quæ bello Sabino Romuli Hersilia duce ausæ, ut loquitur Livius, se inter tela volantia inferre, hinc patres hinc viros orando, diremere infestas acies ducesque ad fœdus faciendum permovere.

[h] Consentiunt omnes, Petronium Maximum, nuntiato Genserici adventu, in ipsa fugæ trepidatione occisum : de auctore necis mira scriptorum varietas. Prosper ab Eudoxiæ reginæ famulis dilaniatum, Cassiodorus a militibus exstinctum, Jornandes ab Urso milite Romano interemptum tradit, Theophanes a suis. Μάξιμος, inquit, φυγῇ ἐχρήσατο· οἱ δὲ συνόντες αὐτῷ ἀνεῖλον αὐτόν. Sidonius Burgundionis alicujus fortasse de schola protectorum ductu cæsum docet.

[i] In editione Wouweren. *nutristis.*

Postquam in concilium seniorum venit honora
Pauperies, pacisque simul rex verba poposcit :
Dux ait : *a* Optassem patriis securus in arvis
Emeritam fateor semper fovisse quietem,
Ex quo *b* militiæ post munia trina, superbum
Præfecturæ apicem quarto jam culmine rexi.
Sed dum me nostri princeps modo Maximus orbis
Ignarum, absentem, procerum post mille repulsas,
Ad lituos post jura vocat, voluitque sonoris
Præconem mutare tubis, promptissimus istud
Arripui officium, vos quo legatus adirem.
Fœdera prisca precor, quæ nunc meus ille teneret,
Jussissem si forte, senex, cui semper Avitum
346 Sectari crevisse fuit; tractare solebam
Res Geticas olim : scis te nescisse frequenter
Quæ suasi, nisi facta. Tamen fortuna priorem
Abripuit genium; periit quodcunque merebar,
Cum genitore tuo *c* Narbonem tabe solutum
Ambierat (tu parvus eras), trepidantia cingens
Millia, in infames jam jamque coegerat escas;
Jam tristis propriæ credebat defore prædæ,
Si clausus fortasse perit; cum nostra probavit
Consilia, et refugo laxavit mœnia bello.
Teque ipsum (sunt ecce senes) hoc pectore fotum
Hæ flentem tenuere manus, si forsitan altrix
Te mihi, cum nolles, lactandum tolleret. Ecce
Advenio, et prisci repeto modo pignus amoris.
Si tibi nulla fides, nulla est reverentia patris,
I durus, pacemque nega. Prorumpit ab omni
Murmur concilio : fremitusque et prælia damnans,
Seditiosa ciet concordem turba tumultum.

Tum rex effatur : *d* Dudum, dux inclyte, culpo
Poscere te pacem nostram, cum cogere possis
Servitium, trahere ac populos in bella sequaces
Ne quæso invidiam patrio mihi nomine inuras :
Quid mereor, si nulla jubes ? suadere sub illo
Quod poteras, modo velle sat est, solumque moratur,
Quod cupias, nescisse Getas : mihi Romula dudum
Per te jura placent : parvumque ediscere jussit
Ad tua verba pater, docili quo prisca Maronis
Carmine molliret Scythicos mihi pagina mores.
Jam pacem tum velle doces; sed percipe, quæ sit
Conditio obsequii, forsan rata pacta probabis.

A **347** Testor, Roma, tuum nobis venerabile numen,
Et socium de Marte genus, vel quidquid ab ævo,
(Nil te mundus habet melius, nil ipsa senatu)
Me pacem servare tibi, vel velle abolere
Quæ noster peccavit avus, quem fuscat id unum,
Quod te, Roma, capit : sed dii si vota secundant,
Excidii veteris crimen purgare valebit
Ultio præsentis, si tu, dux inclyte, solum
Augusti subeas nomen. Quid lumina flectis ?
Invitum plus esse decet ; non cogimus istud,
Sed contestamur. Romæ sum te duce amicus,
Principe te miles ; regnum non præripis ulli,
Nec quisquam Latias Augustus possidet arces :
Qua vacat aula, tua est : testor, non sufficit istud
Ne noceam, atque tuo hoc utinam diademate fiat

B Ut prosim ! suadere meum est , nam Gallia si te
Compulerit, quæ jure potest, tibi pareat orbis,
Ne pereat. Dixit, pariferque in verba petita
Dat sanctam cum fratre fidem. *e* Discedis, Avite.
Mœstus, qui Gallos scires non posse latere,
Quid possint servire Getæ te principe ; namque
Civibus ut patuit trepidis, te fœdera ferre,
Occurrunt alacres, ignaroque ante tribunal
Sternunt : utque satis sibimet numerosa coisse
Nobilitas visa est, quam *f* saxa nivalia Cotti
Despectant, variis nec non quam partibus ambit
Tyrrheni Rhenique liquor, vel longa *g* Pyrenei
Quam juga ab Hispano seclusam jure coercent,
Aggreditur nimio curarum pondere tristem
Gaudens turba virum ; procerum tum maximus unus,

C **348** Dignus qui patriæ personam sumeret, infi·
Quam nos per varios dudum fortuna labores,
Principe sub puero, laceris terat aspera rebus,
Fors longum, dux magne, queri, cum quippe dolentum
Maxima pars fueris, patriæ dum vulnera lugen
Sollicitudinibus vehementibus exagitaris.
Has nobis inter clades ac funera mundi,
Mors vixisse fuit ; sed dum per verba parentum
Ignavas colimus leges, sanctumque putamus
Rem veterem per damna sequi : portavimus umbram
Imperii, generis contenti ferre vetusti
Et vitia, ac solitam vestiri murice gentem
More magis quam jure pati ; promptissima nuper

---

a Aviti oratio sic efficta , quasi adhuc viveret
Maximus, de cujus interitu nihil dum cognorat.

b Cave enim iis sentias qui ex hoc loco Avitum ter
magistrum militum, quater præfectum prætorio fuisse
augurantur. Neque enim hoc dicit ; sed sibi, cum
triplici jam bello non sine honoris titulo militasset,
quarto loco præfecturam obtigisse. Qua ratione et de
magisteria militum dicere nunc poterat, quinto se
illam culmine adeptum; nec tamen sensus esset Avitum quinquies magistrum fuisse.

c Initio belli Gothici, ut dictum est, anno 436. Neque enim obscurum est de ea obsidione agi de qua
Prosper, Isidorus, Paulus diaconus et alii, cum a Litorio comite famis periculo liberatum Narbonem scribunt. Avitus consilio suo solutam a Theodorico fuisse
obsidionem commemorat.

d Theodoricus Avito non solum pacem, verum etiam
belli adversus Vandalos societatem spondet, si modo
se imperatorem, vacante per Maximi cædem aula, de-
ligi patiatur. Ita enim fore ut Romæ vetus excidium

D ab Alarico admissum, Genserici, qui Urbem per eos
dies iterum spoliarat, vindicta expietur.

e Ambiisse purpuram Avitum non dissimulat Gregorius Turon. lib. II, cap. 11, nec abest ab ea sententia quod scribit Isidorus, Theodoricum Avito sumendi imperialis fastigii cum Gallis auxilium præbuisse. Hanc ergo labem ut eluat Sidonius, **135**
imperium mœsto et invito delatum ingestumque
affirmat. Jam præfati sumus ex Idatio, Avitum Tolosæ primum, deinde Arelati Augustum fuisse appellatum. Quod cum Sidonio cohæret. Tolosæ enim, ut
putet, acta sunt quæ de Aviti cum Theodorico congressu, capessendique imperii consiliis hactenus cecinit; concionem vero Gallicæ nobilitatis, qua in
reditu exceptus inauguratusque describitur, in Arelatensium castro coiisse mox docebit.

f Alpes Cottiæ : sed harum nomine reliquas etiam
intelligi voluit quæ Galliam ab Italia secludunt.
Cottiæ autem mediæ sunt inter Graias et Maritimas.

g Alii, *Pyrene*.

Fulsit conditio, proprias qua Gallia vires
Exsereret, trepidam dum Maximus occupat urbem,
Imo orbem potuit, si te sibi tota magistro
Regna reformasset. Quis nostrum Belgica rura,
Littus Aremorici, Geticas quis moverit iras,
Non latet; his tantis tibi cessimus, inclyte, bellis.
Nunc jam summa vocant; dubio sub tempore regnum
Non regit ignavus: postponitur ambitus omnis,
Ultima cum claros quærunt : post damna Ticini
Ac Trebiæ trepidans raptim respublica venit
Ad Fabium, Cannas celebres Varrone fugato,
Scipiadumque etiam turgentem funere Pœnum
Livius electus fregit ; captivus, ut aiunt,
Orbis in Urbe jacet, princeps perit, hic caput omne
Nunc habet imperium ; petimus, conscende tribunal,
Erige collapsos; non hoc modo tempora poscunt,
Ut Romam plus alter amet : ne forte reare

349 Te regno non esse parem; cum Brennica signa
Tarpeium premerent, scis, tum respublica nostra
Tota Camillus erat, patriæ qui debitus ultor
Texit fumantes hostili strage favillas.
Non tibi centurias aurum populare paravit,
Nec modo venales numerosoque asse redemptæ
Concurrunt ad puncta tribus : suffragia mundi
Nullus emit; pauper legeris, quod sufficit unum,
Es meritis dives : patriæ cur vota moraris,
Quæ jubet, ut jubeas ? hæc est sententia cunctis,
Si dominus fis , liber ero. Fragor atria complet
[a] Ugerni, quo forte loco pia turba, senatus
Detulerat vim, vota, preces. Locus, hora diesque
Dicitur imperio felix ; ac protinus illic
Nobilium excubias gaudens sollertia mandat.
Tertia lux refugis Hyperiona fuderat astris :
Concurrunt proceres, ac milite circumfuso
[b] Aggere composito statuunt, ac torque coronant
Castrensi mœstum, donantque insignia regni.
Jam prius induerat solas de principe curas.
Haud alio quondam vultu Tirynthius heros
Pondera suscepit cœli, simul atque novercæ,
Cum Libyca se rupe Gigas subduceret, et cum
Tutior Herculeo sedisset machina dorso.
Hunc tibi, Roma, dedi, patulis dum Gallia campis
Intonat Augustum plausu, faustumque fragorem

[A] Portat in exsanguem Boreas jam fortior Austrum ;
Hic tibi restituet Libyen per vincula quarta.
Et cujus solum amissas post sæcula multa
[c] Pannonias revocavit iter, jam credere promptum est,

350 Quid faciet bellis : o quas tibi sæpe jugabit
Inflictis gentes aquilis ! qui maxima regni
Omina privatus fugit, cum forte vianti
Excuteret præpes plebeium motus amictum.
Lætior at tanto modo principe, prisca deorum
Roma parens, attolle genas, ac turpe veternum
Depone : en princeps faciet juvenescere major,
Quam pueri fecere senem. Finem pater ore
Vix dederat, plausere dii, fremitusque cucurrit
Concilio : felix tempus nevere Sorores
Imperiis, Auguste, tuis, et consulis anno
[B] Fulva volubilibus duxerunt sæcula pensis.

CARMEN VIII.

EDITIO PANEGYRICI [d] AD PRISCUM VALERIANUM PRÆFECTORIUM.

Prisce, decus semper nostrum, cui principe Avito
  Cognatum sociat purpura celsa genus,
Ad tua cum nostræ currant examina nugæ,
  Dico, state, vagæ, quo properatis ? amat.
Districtus semper censor qui diligit exstat :
  Dura fronte legit mollis amicitia,
Nil vatum prodest adjectum laudibus illud,
  Ulpia quod rutilat porticus ære meo
Vel quod adhuc populo simul et plaudente senatu,
  Ad nostrum reboat concava Roma sophos.
Respondent illæ : Properabimus, ibimus, et nos
[C]   Non retines : tanto judice culpa placet.

351 Cognitor hoc nullus melior , bene carmina [pensat,
Contemptu tardo, judicio celeri,
Et quia non potui temeraria sistere verba,
  Hæc rogo ne dubites lecta dicare rogo.

CARMEN IX.

[e] EXCUSATORIUM AD V. C. FELICEM.

Largam Sollius hanc Apollinaris
Felici domino, pioque fratri,
Dicit Sidonius suus salutem.

Dic, dic quod peto, Magne, dic amabo,

---

[a] Variant exemplaria. Quædam *Thierni* legunt, quo nomine appellant hodie vetus castrum et oppidum Arvernorum quod Gregorio Turonensi et aliis est Tigernum. Sed Thierni nomen nec metro, nec loco congruit. In aliis erat *Vierni,* ex quo feci *Ugerni :* quod more contra Bagocasses apud Ausonium scripti, qui Baiocasses. Fuit aut Ugernum, Οὔγερνον Straboni notissimum olim castrum Arelatensium, de quo Gregorius idem lib. VIII et IX, et Cyprianus Cæsarii discipulus in ejus Vita. Porro jam docuit nos Idatius, Avitum Augusti nomen Arelati suscepisse. Quare nemo repugnabit quin certa sit emendatio.

[b] Aggesta terra in speciem tribunalis, quod cespititium tribunal appellat Vopiscus in Tacito. Torque autem diadematis vice coronatos legimus etiam Julianum Parisiis, et Firmum in Africa, de quibus Marcellinus lib. XX et XXIX. Alios item, ut Hypatium Constantinopoli, de quo Marcellinus comes Lampadio et Oreste coss. De Juliano Socratis verba sunt : Ὡς δὲ Στέφανος βασιλικὸς οὐ παρῆν, εἰς τῶν δορυφόρων ὃν εἶχε

[D] περιτραχήλιον ἑαυτοῦ στρεπτὸν λαβών, τῇ κεφαλῇ Ἰουλιανοῦ περιέθηκε.

[c] Evectus ad imperium Avitus, Romamque, ut ex Idatio diximus, evocatus, iter, opinor, flexit per Treviros ubi ea contigerunt quæ de Lucii Senatoris conjuge narrat Aimoinus lib. I, cap. 3. Inde in Germaniam et Noricum transgressus, Pannonias a barbaris, ut innuere Sidonius videtur, sine armis recepit. Romæ susceptus imperator consulatum edidit, in cujus auspiciis dictus est panegyricus. Quod de legatis ad Martianum missis Martianique concordia cum Avito subdit Idatius, id post initum ab Avito consulatum accipi debet, cum alios in Oriente consules fuisse probaverimus.

[d] Hoc carmen editio est panegyrici superioris, cui proinde in antiquis libris præponitur, ut monui ad carmen 3. De Valeriano autem, et de statua ænea Sidonii dictum partim epistola 10, lib. V, partim ultima lib. IX.

136 [e] Carmen hoc reliquorum quæ sequuntur

Felix nomine, mente, honore, fama,
Natis, ᵃ conjuge, fratribus, parente,
Germanis genitoris atque matris,
Et ᵇ summo patruelium Camillo,
Quid nugas temerarias amici,
Quas sparsit teneræ jocus juventæ,
In formam redigi jubes libelli?
Ingentem simul et repente fascem
Conflari invidiæ, et perire chartam?
Mandatis famulor, sed ante testor,
Lector quas patieris hic salebras.

Non nos currimus aggerem vetustum,
Nec quidquam invenies, ubi priorum
Antiquas terat orbitas Thalia.
Non hic antipodas, salumque rubrum,
352 Non hic Memnonios canemus Indos,
Auroræ face civica perustos :
Non Artaxata, Susa, Bactra, Carrhas,
Non coctam Babylona personabo,
Quæ largum fluvio patens alumno,
Inclusum bibit ᶜ hinc et inde Tigrim.
Non hic Assyriis Ninum priorem,
Non Medis caput Arbacem profabor :
Nec quam divite, cum refugit hostem,
Arsit Sardanapalus in favilla.
Non Cyrum Astyagis loquar nepotem,
Nutritum ubere quem ferunt canino,
Cujus non valuit rapacitatem
Vel Lydi satiare gaza Crœsi :
Cujus nec feritas subacta tunc est,
Cæsis millibus ante cum ducentis.

A In vallis Scythicæ coactus artum,
Orbatæ ad Tomyris veniret utrem.
Non hic Cecropios leges triumphos,
Vel si quo Marathon rubet duello ;
Aut cum millia mille concitarent
Inflatum numerositate Xerxen ;
Atque hunc fluminibus satis profundis
Confestim ebibitis adhuc sitisse ;
Nec non Thermopylas, et Hellis undas,
Spretis obicibus soli salique,
Insanis equitasse cum catervis,
Admissoque in Athon tumente ponto
Juxta frondiferæ cacumen alpis
Scalptas classibus isse per cavernas.
353 Non prolem Garamantici tonantis,
B Regnis principibusque principantem,
Porrectas Asiæ loquar ᵈ paterno
Actam fulmine pervolasse terras.
Et primum Darii tumultuantes
Præfectos satrapasque perculisse :
Mox ipsum solio patrum superbum,
Cognatosque sibi deos crepantem,
Captis conjuge, liberis, parente,
In casus hominis redire jussum.
Qui cum maxima bella concitasset,
Tota et Persidis undique gregatæ
Uno constituisset arma campo,
Hoc solum perhibetur assecutus,
Dormire ut melius liberet hosti.
ᵉ **Non vectos Minyas loquente silva**
C Dicam Phasiaco stetisse portu,

est procemium ac veluti præfatio. Rogarat enim Felix Sidonium, ut poematia quæ variis occasionibus scripserat, in unius libri formam redigeret ac publicaret. In quo etsi non ignorabat quam grave foret alieni judicii aleam subire, amici tamen desiderio deesse non potuit. Itaque editionem suam parendi studio excusat : unde et carmini titulus in libris antiquis : EXCUSATORIUM AD V. C. FELICEM. Felix ergo is est ad quem aliquas epistolas vidimus, Magni consulis ex Majoriani epulo noti filius, a quo et cognomen tulit ; nam Magnus Felix appellatus est. Consul tamen non fuit, sed præfectus tantum prætorio et patricius. Prius enim quam ad consulatum perveniret, sæculum reliquit et religiosam vitam amplexus est. Quo tempore insignem ad ipsum, quæ exstat, epistolam scripsit Faustus episcopus Reiensis, qua nuper ἀποταξαμένῳ pœnitentiæ formam tradit. Gennadius in Fausto : *Scripsit postea ad Felicem præfectum prætorio, et patriciæ dignitatis virum, filium Magni consulis jam religiosum, epistolam ad Domini timorem hortatoriam, convenientem personis pleno animo pœnitentiam agere disponentum.* Utriusque præterea distincte meminit in Propemptico.

ᵃ Attica nomine. Ea enim videtur de qua Romæ vetus olim erat epigramma in ecclesia S. Laurentii in Damaso, in qua nescio quid operis suo sumptu construxerat :

Quisquis plena Deo mysteria mente requiris,
  Huc accede : domus religiosa patet.
Hæc sunt tecta pio semper devota timori,
  Auditumque Deus commodat hic precibus
Ergo lethiferos propera compescere sensus,
  Jam propera sacras lætus adire fores,
Ut transacta queas deponere crimina vitæ,
  Et quidquid scelerum noxius error habet.

ATTICA FELICIS MAGNI clarissima conjux,
Sumptibus hoc propriis ædificavit opus.

ᵇ Hunc Magni consulis fratris filium fuisse docuit epistola ultima, lib. I. Nos Magni Felicis Ennodii patrem conjecimus ad Ennodii epistolam 25, lib. IV.
ᶜ Imo Euphratem, ut historiæ omnes tradunt, et Propertius lib. III.

Duxit et Euphratem medium qui condidit arces.

137 Quare Tigrim posuit pro Euphrate.
ᵈ Summa celeritate tot gentes debellasse. Apelles Alexandrum κεραυνοφόρον, fulmen tenentem, pinxit. Quod etsi ad fabulosam Jovis patris originem referre potuit, constat tamen nulla re unquam aptius illi fulmen convenisse, quam cum ortus obitusque, ut cum Papinio loquar, fulminaret, hoc est, pari pernicitate atque impetu opprimeret. Propterea sacri quoque interpretes nostri Alexandrum Macedonem a Daniele
D propheta cum pardo alato comparatum docent : quia id genus feræ concitatissimum, et Alexandri victoria, ut Hieronymus notat, nihil fuit velocius.
ᵉ Argonautas. Seriem temporum Sidonius etiam in mythicis observat. Nam si ab Argonautis unde orditur, ad Odysseam usque in qua desinit, eodem omnia narrat ordine quo gesta finguntur. Χρονικῇ ergo μεθόδῳ usus est. At Lucianus τοπικῇ contentus, in dialogo περὶ Ὀρχήσεως, post ea quæ ad deos spectabant, quæ primo loco commemorat, reliquam omnem mythologiam locis ac regionibus distinxit, Atticam, Thebaicam, Corinthiacam, Æthiopicam, Laconicam, Eliacam, Arcadicam, Thessalicam, et cæteras quas hoc filo persequitur. Ad Thessalicam autem refert Argonautas, τὴν Ἀργώ, τὴν λάλον αὐτῆς τρόπιν, *Argo navim et garrulam ejus carinam.*

Forma percita cum ducis Pelasgi
Molliret rabidos virago tauros,
Nec tum territa, cum suus colonus,
Post anguis domiti satos molares,
Armatas tremebundus inter herbas,
Florere in segetem stuperet hostem
Et pugnantibus hinc et hinc aristis,
Supra belliferas madere glebas,
Culmosos viridi cruore fratres.

Non hic terrigenam loquar cohortem,
Admixto mage vividam veneno,
Cui præter speciem modo carentem,
Angues corporibus voluminosis
354 Alte squamea crura porrigentes,
In vestigia fauce desinebant.
Sic ⁿ formæ triplicis procax juventus,
Tellurem pede proterens voraci,
Currebat capitum stupenda gressu;
Et cum classica numinum sonabant,
Mox contra tonitrus resibilante
Audebat superos ciere planta.
Nec Phlegræ legis ampliata rura,
Missi dum volitant per astra montes,
Pindus, Pelion, Ossa, Olympus, Othris,
Cum silvis, gregibus, feris, pruinis,
Saxis, fontibus, oppidis, levati
Vibrantrum spatiosiore dextra.

ᵇ Non hic Herculis excolam labores,
Cui sus, cerva, leo, gigas, Amazon,
Hospes, taurus, Eryx, aves, Lycus, fur,
Nessus, Libs, juga, poma, virgo, serpens,
Geta, Thraces equi, boves Iberæ,
Luctator fluvius, canis triformis,
Portatusque polus polum dederunt.

Non hic Elida nobilem quadrigis,
ᶜ Nec notam minus amnis ex amore
Versu prosequar, ut per ima ponti
Alpheus fluat, atque transmarina
In fluctus cadat unda conjugales.

Non hic Tantaleam domum retexam,
Qua mixtum Pelopea per parentem est
Prolis facta soror, novoque monstro
Infamem genuit pater nepotem.

355 Nil mœstum hic canitur; nec esculentam
Fletus pangimus ad dapem Thyestæ,
Fratris crimine qui miser voratis

A Vivum pignoribus fuit sepulcrum :
Cum post has epulas repente flexis
Titan curribus occidens ad ortum,
Convivam fugeret, diem fugaret.

Nec Phryx pastor erit tibi legendus,
Decrescens cui Dindymon reciso
Fertur vertice texuisse classem;
Cum jussu Veneris patrocinantis
Terras Ochalias, et hospitales
Raptor depopulatus est Amyclas,
Prædam trans pelagus petens sequacem.
Sed nec Pergama, nec decenne bellum.
Nec sævas Agamemnonis phalangas :
Nec perjuria persequar Sinonis,
Arx quo Palladio dicata signo,
B Pellaci reserata proditore,
Portantem pedites equum recepit.

Non hic Mæoniæ stylo camenæ,
ᵈ Civis Dulichiique Thessalique
Virtutem sapentiamque narro.
Quorum hic Peliaco putatur antro,
Venatu, fidibus, palæstra et herbis,
Sub Saturnigena sene institutus.
Dum nunc lustra terens puer ferarum,
Passim per Pholoen jacet nivosam,
Nunc præsepibus accubans amatis,
Dormit mollius in juba magistri.

356 Inde Scyriadum datus parenti,
Falsæ nomina pertulisse Pyrrhæ,
Atque inter tetricæ choros Minervæ.
C Occultos Veneri rotasse thyrsos.
Postremo ad Phrygiæ sonum rapinæ
Tractus laudibus Hectoris trahendi.

Ast illum, cui contigit paternam
Quartum post Ithacam redire lustrum,
Nec Smyrnæ satis explicat volumen.
Nam quis continuare possit illos
Quos terra et pelago tulit labores?
Raptum Palladium, repertum Achillem,
Captum præpetibus Dolona plantis,
Et Rhœsi niveas prius quadrigas.
Xanthi quam biberent fluenta, tractas?
Ereptam quoque quem deus patronus,
Philocteta, tibi dedit pharetram?
Ajacem Telamonium furentem,
D Quod sese ante rates agente causam

ᵃ Forma, si rem spectas, gigantibus duplex; si numerum, triplex : quia pube tenus homines erant, cætera serpentes; sed geminus cuique serpens pro numero pedum. Hinc formæ triplicis dictī Sidonio, et ternæ Pelori gigantis a Marte occisi, animæ Claudiano : *Atque uno ternas animas interficit ictu* : quia binæ in pedibus erant, tertia in reliquo corpore.
ᵇ Herculis labores vicenos ternos enumerat, nec pauciores carmine 15. Nam 12 qui celebrantur, præcipui ac legitimi fuerunt, ab Eurystheo imperati : præter hos, quæ πάρεργα τῶν ἄθλων Græci vocant, plurima. Sed ἄθλους hoc loco 11 tantum commemorat, Augiæ stabulo prætermisso, quod ipsum etiam non satis probasse dicitur Eurystheus; πάρεργα vero 12, in quibus gigas est Halcyoneus, hospes Busiris, Libs Antæus, juga Calpe et Abyla, virgo Hesione,

luctator fluvius Achelous : reliqua sunt notiora.
ᶜ Id rectius quam quod in vulgatis, *notam nimis*. Eidem ait non minus notam esse ex fabulosis Alphei et Arethusæ amoribus quam ex ludis Olympicis. Utrorumque meminit etiam Lucianus. Sed Alphei amnis fabulam, Ἀλφειοῦ ἔρωτα, καὶ ὑφ᾽ ἅλον ἀποδημίαν, non Eliacæ, ut πρώτους τῶν Ὀλυμπίων ἀγωνιστάς, sed Arcadicæ tribuit mythologiæ : eo quod Alpheus, **138** licet Elida præterfluat, fontes tamen primumque cursum ducit ex Arcadia.
ᵈ Ulyssis et Achillis. Verum Achillis gesta levius delibat, nec aliud attingit quam ejus sub Chirone Centauro educationem, et latentem inter Lycomedis filias moram, quæ Ἀχιλλέως ἐν Σκύρῳ παρθένευσις dicta Luciano. Ulysses contra historiam fere universam, tum belli tum errorum, accurate persequitur.

Pugnacis tulit eloquens coronam?
Vitatum hinc Polyphemon, atque Circen,
Et Laestrigonii famem tyranni?
Tum pomaria divitis Calypsus,
Sirenas pereuntibus placentes,
Vitatas tenebras, facemque Naupli,
Et Scyllae rapidum voracis inguen,
Vel Taurominitana quos Charybdis
Ructato scopulos cavat profundo?

   Non [a] divos specialibus faventes
Agris, urbibus, insulisque canto,
357 Saturnum Latio, Jovemque Cretae,
Junonemque Samo, Rhodoque Solem,
Hennae Persephonem, Minervam Hymetto,
Vulcanum Liparae, Papho Dionem,
Argis Persea, Lampsaco Priapum,
Thebis Evhion, Ilioque Vestam,
Tymbrae Delion, Arcadem Lycaeo,
Martem Thracibus, ac Scythis Dianam:
Quos fecere deos dicata templa,
Thus, sal, far, mola, vel superfluarum
Consecratio caeremoniarum.

   [b] Non cum Triptolemo verendam Eleusin,
Qui primas populis dedere aristas
Pastis Chaonium per ilicetum,
   [c] Non Apin Mareoticum sonabo
Ad Memphitica sistra concitari.

   [a] Municipes deos appellat Minucius Felix qui peculiari cultu in singulis civitatibus vel provinciis consecrati sunt. Horum catalogos texunt etiam Tertullianus Apologetici cap. 24, Lactantius lib. 1, Prudentius in Symmachum 11. Sidonius, qua excellit brevitate, binos singulis versibus conclusit: vetus epigramma singulos singulis, in hunc modum:

> Dodone tibi, Juppiter, sacrata est,
> Junoni Samos et Mycena Diti,
> Undae Taenaros aequorisque regi.
> Pallas Cecropias tuetur arces,
> Delphos Pythius orbis umbilicum,
> Creten Delia, Cynthiosque colles,
> Faunus Maenalon, Arcadumque silvas.
> Est tutela Rhodos beata Solis,
> Gades Herculis, humidumque Tibur,
> Cyllene celeri deo nivosa.
> Tardo gratior aestuosa Lemnos.
> Enaeae Cererem nurus frequentant.
> Raptam Cyzicos ostreosa divam,
> Formosam Venerem Cnidos, Paphosque.

   [b] Cererem. Firmicus Maternus de Erroribus profanarum relig., cap. 7: *Ad Atticae urbis locum pervenit. Illic hospitio recepta incolis incognitum adhuc triticum dividit. Locus ex patria, et ex adventu mulieris nomen accepit. Nam Eleusin dictus est, quod illuc Ceres relicta Enna venerat.* Sed verendam Eleusin Sidonius dixit non urbem Atticae, in qua Ceres colebatur, sed Cererem ipsam, Claudianum secutus lib. 1 de Raptu:

> Sanctasque faces attollit Eleusin,
> Angues Triptolemi strident.

   [c] Memphitarum proprium numen. Clemens Alexandrinus Protreptico, inter ἄλογα τῶν ζώων apud Aegyptios κωμῳδῶν καὶ κατὰ πόλεις consecrata,- Heliopolitis ichneumonem ascribit, Saitis et Thebaeis ovem, Lycopolitis lupum, **139** Cynopolitis canem, hircum Mendesiis, Memphitis Apin, id est Aegyptiorum lingua bovem. Tibullus lib. 1, elegia 7, eumdem facit ac Osirin.

> Te canit, atque suum pubes miratur Osirin
> Barbara, Memphitem plangere docta bovem.

A Non dicam Lacedaemonis juventam
Unctas Tyndaridis dicasse luctas,
Doctos quos patriis Palem Therapnis
Gymnas Bebrycii tremit theatri.
[d] Non sortes Lyciasque, Caeritumque,
[e] Responsa aut Themidis priora Delphis.
Nec quae fulmine Thuscus expiato,
Septum numina quaerit ad bidental.
Nec quos Euganeum bibens Timavum
Colle Antenoreo [f] videbat augur
Divos Thessalicam movere pugnam.
Nec quos Amphiaraus, et Melampus.
Ex ipsis rapuit deos favillis,
Per templum male fluctuante flamma,
358 Gaudens lumine perdito Metellus.
B Non hic Cinyphius canetur Ammon,
Mitratum caput elevans arenis,
Vix se post [g] hecatombion litatum
Suetus promere Syrtium barathro.
Non hic Dindyma, nec crepante buxo
Curetas Berecynthiam sonantes,
Non Bacchum trieterica exserentem
Describam, et tremulas furore festo
Ire in Bassaridas, vel insulatos
Aram ad thuricremam rotare mystas.
Non hic Hesiodea pinguis Ascrae
Spectes carmina, Pindarique chordas.

Et Apin Osiridis animam esse, ex sacerdotum quoque mysteriis tradit Plutarchus. Ex Osiri porro et Api a Sesostri rege, ut Clemens idem narrat, factus Serapis. **C** Quare Serapis, Osiris et Apis, unus idemque Memphitarum deus.

   [d] Lycias sortes, Virgilii exemplo, dixit aliud genus oraculi, quod per Apollinem in Lycia reddebatur. At Caeritum sortes propriae fuerunt, ut Praenestinae, Antiatinae, Falerinae, Aponinae; tabellae nimirum ligneae, litteris inscriptae, quas oraculi vice consulebant, γραμματεῖα vocat Plutarchus, de Falerinis agens in Fabio. Quo genere qui utebantur, sortibus sublatis aliquid agere dicebantur. Antiqua inscriptio Mediolani, SACRO SUSCEPTO, SORTIBUS SUBLATIS. Cicero de Divinatione Deorum 11, de Praenestinis: *Ex illa olea arcam esse factam, in eaque conditas, quae hodie Fortunae monitu tolluntur.*

   [e] Quae prima omnium Delphis vaticinata fingitur, Apollinemque ipsum docuisse. Orpheus in hymno:

> Ἡ πρώτη κατέδειξε βροτοῖς μαντήιον ἁγνόν,
> Δελφικῷ ἐν κευθμῶνι θεμιστεύουσα θεοῖσι
> Πυθίῳ ἐν δαπέδῳ, ὅτι Πυθοῖ ἐμβασίλευσεν·
> Ἡ καὶ πρώτη Φοίβον ἄνακτα θεμιστοσύνας ἐδίδαξε.

   [f] Cornelius sacerdos, qui pugnae Pharsalicae imaginem absens, qua hora pugnabatur, repente mota mente conspexisse atque enuntiasse fertur. Lucanus lib. vii; Gellius lib. xv, c. 18; Julius Obsequens cap. 64: *C. Cornelius augur Patavinus eo die, cum aves admitterent, proclamavit rem geri, et vincere Caesarem.*

   [g] Sic liber optimae notae. Rectum erat ut hecatombœum diceretur, quod est ἑκατόμβοιον, ut Euboea, Sthenebœa, Boeotia. Sed in οἱ diphthongo, ut posteriorem interdum litteram auferri mos est, ut ποίημα poema, ποιητής poeta: sic priorem contra elidi non insolens fuit aevo inferiore. Ita enim soloecismum apud Ausonium, et miras infra carmine 15, et meticos in panegyrico Aeduo legimus, quod Graece est σολοικισμός, μοῖραι, μέτοικοι.

Non hic socciferi jocos Menandri,
Non læsi Archilochi feros iambos,
Vel plus Stesichori graves camenas.
Aut quod composuit puella Lesbi.
Non quod Mantua contumax Homero,
Adjecit Latiaribus loquelis,
Æquari sibimet subinde livens
Busto Parthenopem Maroniano.
Non quod per satyras epistolarum,
Sermonumque sales, novumque epodon,
Libros carminis, ac poeticam artem,
Phœbi laudibus et vagæ Dianæ
Conscriptis voluit sonare Flaccus.
Non quod Papinius tuus, meusque,
Inter Labdacios sonat furores.
Aut cum forte pedum minore rhythmo
Pingit gemmea prata silvularum.
359 ᵃ Non quod Corduba præpotens alumnis
Facundum ciet, hic putes legendum.
Quorum unus colit hispidum Platona,
Incassumque suum monet Neronem.
Orchestram quatit alter Euripidis,
Pictum fæcibus Æschylon secutus,
Aut plaustris solitum sonare Thespin,
Qui post pulpita trita sub cothurno
Ducebant olidæ marem capellæ.
Pugnam tertius ille Gallicani
Dixit Cæsaris, ut gener socerque
Cognata impulerint in arma Romam.
Tantum dans lacrymas suis Philippis,
Ut credat Cremeræ levem ruinam,
Infra et censeat Alliam dolendam,
Ac Brenni in trutina Jovem redemptum :
Postponat Trebiam, gravesque Cannas,
Stragem nec Thrasimenicam loquatur.
Fratres Scipiadas pudet silendos,
Quos Tartesiacus retentat orbis :
Euphratem taceat male appetitum,
Crassorum et madidas cruore Carrhas,
Vel quos Spartace consulum solebas
Victrici gladios fugare sica,
Ipsum nec fleat ille plus duellum,

A Quod post Cimbrica turbidus tropæa,
Et vinctum Nasamonium Jugurtham,
Dum quærit Mithridaticum triumphum,
Arpinas voluit movere Syllæ.
ᵇ Non Gætulicus hic tibi legetur,
360 Non Marsus, Pedo, Silius, Tibullus.
Non quod Sulpiciæ jocus Thaliæ
Scripsit blandiloquum suo Celeno.
Non Persi rigor, aut lepos Properti,
Sed nec centimeter Terentianus.
Non Lucilius hic, Lucretiusque est.
ᶜ Non Turnus, Memor, Ennius, Catullus,
Stella, et Septimius, Petroniusque,
Aut mordax sine fine Martialis.
Non qui tempore Cæsaris secundi
B Æterno incoluit Tomos reatu.
Nec qui consimili deinde casu.
Ad vulgi tenuem strepentis auram,
Irati fuit ᵈ histrionis exsul.
Non Pelusiaco satus Canopo
Qui ferruginei toros mariti,
Et musa canit inferos superna.
  Nec qui jam patribus fuere nostris
Primo tempore maximi sodales.
ᵉ Quorum unus Bonifacium secutus,
Nec non præcipitem Sebastianum,
Natales puer horruit Cadurcos,
Plus Pandionias amans Athenas.
Cujus si varium legas poema,
Tum Phœbum, vel Hyantias puellas,
C Potato madidas ab Hippocrene,
Tunc Anphiona, filiumque Maiæ,
Tunc vatem Rhodopeium sonare
Collato modulamine arbitreris.
Non tu hic nunc legeris, tuumque fulmen,
361 O dignissime ᶠ Quintianus alter,
Spernens qui Ligurum solum et penates,
Mutato lare Gallias amasti,
Inter classica signa, pila, turmas,
Laudans Aetium, vacansque libro,
In castris hedera ter aureatus.
ᵍ Sed nec tertius ille nunc legetur,

ᵃ De iisdem Martialis lib. I, cap. 62, ad Licinianum :

Duosque Senecas, unicumque Lucanum
140 Facunda loquitur Corduba.

ᵇ Lentuli Gætulici exstant Græca epigrammata in Anthologia. Martialis inter lascivos poetas numerat, Plinius inter viros graves qui ludicra scripsere lib. v, epist. 3. Meminit ejusdem Sidonius lib. II, epist. 10. Domitium vero Marsum et Pedonem, epigrammatographis quoque annumerat idem Martialis. Sed Marsi hodie, præter Cicutæ fragmentum, nihil superest ; C. Pedonis Albinovani aliquot elegiæ leguntur; Sulpitiæ, quam Martialis quoque laudat lib. x , satira unica de temporibus Domitiani.

ᶜ Fratres fuerunt Vespasianorum temporum poetæ; hic tragicus, ille satiricus, de quibus Martialis lib. XI, cap. 11. Turni e satira distichum profert vetus interpres Juvenalis ; Scævæ Memoris Herculem tragœdiam citat Fabius Fulgentius de prisco sermone. Stellæ autem poetæ laudes et epithalamium cecinit Papinius. De A. Septimio lyrico Sidonius iterum in epistola ad Polemium carmine 14.

ᵈ Juvenalis. Ovidium ergo ab exsilii loco designavit; Juvenalem ab auctore calamitatis, Paride pantomimo; Claudianum a patria Ægypto, et Proserpinæ raptu carminis argumento.

ᵉ Cadurci hujus poetæ qui Bonifacio comiti ejusque genero adhæsit, nomen ignotum. Præcipitem autem Sebastianum appellat, ob varia et subita consilia, quæ sæpe variavit. Primum enim, ut auctor est Idatius, post mortem Bonifacii, cui successerat, ab aula per Aetium pulsus ad palatium Orientis navigavit. Inde post aliquot annos, cum res novas moliri cœpisset, fugere coactus, ad Theodoricum Gothorum regem in Galliam venit, Barcinonemque repente hostis factus invasit. Qua ejectus ad Vandalos migravit et Gensericum ; a quo tandem haud multo post feliciore exitu, quam vita, quia fidei catholicæ odio, ut Victor scribit, necatus est.

ᶠ Diversus hic a Proculo, Ligure item poeta, de quo dictum lib. IX, epist. 15, ad Gelasium.

ᵍ Vide an Merobaudes. Fuit enim hic poeta, et ortu Hispanus, ut tradunt, et Asterii, quo consule Sidonii pater præfecturam gessit, gener, et statuis

Bætin qui patrium semel relinquens
Undosæ petiit sitim Ravennæ:
Plosores cui fulgidam Quirites,
Et carus popularitate princeps,
ᵃ Trajano statuam foro locarunt.

Sed ne tu mihi comparare tentes,
Quos multo minor ipse plus adoro,
Paulinum, ᵇ Ampeliumque, Symmachumque,
ᶜ Messalam ingenii satis profundi,
ᵈ Et nulli modo Martium secundum,
Dicendi arte nova parem vetustis,
Petrum et cum loquitur nimis stupendum,
Vel quem municipalibus poetis
Præponit bene Villicum senatus.
Nostrum aut quos retinet solum disertos
Dulcem Anthedion, et mihi magistri.

ᵉ Musas sat venerabiles Hoeni:
Acrem Lampridium, catum Leonem,
Præstantemque tuba Severianum.
Et sic scribere non minus valentem,
Marcus Quintilianus ut solebat.

Nos valde sterilis modos Camenæ
Raræ credimus hos, brevique chartæ,
362 Quæ scombros merito piperque portet.
Nam quisnam deus hoc dabit rejectæ,

A Ut vel suscipiens bonos odores,
Nardum, ac pinguia nicerotianis
Quæ flagrant alabastra tincta succis,
Indo cinnamon ex rogo petitum,
Quo phœnix juvenescit occidendo,
Costum, malobatrum, rosas, amomum,
Myrrham, thus, opobalsamumque servet?
Quapropter facinus meum tuere,
Et condiscipuli tibi obsequentis,
Incautum, precor, asseras pudorem,
Germanum tamen ante sed memento
Doctrinæ columen ᶠ Probum advocare:
Isti qui valet exarationi
Districtum bonus applicare theta.
Novi sed bene, non refello culpam,
B Nec doctis placet impudens poeta.
Sed nec turgida contumeliosi
Lectoris nimium verebor ora,
Si tanquam gravior severiorque
Nostræ Terpsichores jocum refutans,
Rugato ᵍ Cato Tetricus labello
Narem rhinoceroticam minetur.
Non te terreat hic nimis peritus:
Verum si cupias probare, tanta
Nullus scit, mihi crede, quanta nescit.

Postibus affixum dulce poema sacris.
Hic est qui primo seriem de consule ducit,
Usque ad Publicolas nobilitatus avos.
Hic et præfecti nutu prætoria rexit,
Sed menti et linguæ gloria major inest.
Ille docuit qualem poscat facundia sedem,
Ut bonus esse velit quisque disertus erit.

C Præfecturam ejus prætorianam, quàm Theodoro
consule sequentique anno gessit, testantur variæ
leges codicis, et Symmachus aliarum simul ejus laudum astipulator, libro VII, epist. 80 et sequentibus.
142 FL. VALERIUM MESSALAM appellat vetus
Romæ inscriptio.
ᵈ In Narbone Martium Myronem commemorat.
Sed ille Gallus, hic Romanus. Quare distinguendi
sunt. De Villico etiam poeta quærendum. Reliqui
enim ex aliis jam locis innotuere. Petrus magister
epistolarum Majoriani, Anthedius Vesunnicus, Lampridius rhetor Burdegalæ, Leo Eurici consiliarius,
et Julius Severianus auctor præceptorum artis rhetoricæ.

ᵉ Sic legendum. Idem enim huic nomen, quod T.
Hoenio Severo consuli sub Antonino Pio, cujus et
collegæ consulatus in ara antiqua e marmore Pario
Romæ ascriptus est.

D
SILVANO AVG.
SACRVM
C. IVLIVS
CASTRENSIS
EX VOTO.

Ad latus:

DEDIC. VIIII. KAL. IVN.
T. HOENIO SEVERO
M. PEDVCÆO SILOCA   COS.

donatus. Idatius in Chronico: *Asturio magistro utriusque militiæ gener ipsius successor ipsi mittitur Merobaudes, natu nobilis, et eloquentiæ merito, vel maxime in poematis studio veteribus comparandus: testimonio etiam provectus statuarum.* Hujus est de Christo breve carmen; quod editum est cum aliis Christianorum.
ᵃ Quo in loco et Sidonio ipsi **141** positam didicimus ex epistola ultima, et ex carmine 8, aliasque aliis positas docent antiquæ inscriptiones vulgatæ; quibus addi hæc etiam potest non inelegans nondum edita, quam Romæ observavimus in Hortis Montaltinis in Exquilino.

FL. PEREGRINO SATURNINO.
A PRIMIS ADULESCENTIÆ SUÆ ANNIS
PACE BELLOQUE IN REPUBLICA DESU
DANTI POST JUGES EXCUBIAS MILITIÆ
TRIBUNO MILITUM COMITI ORDINIS
PRIMI MODERANTI INLUSTREM SACRI
PATRIMONII COMITIVAM SECUNDO URBI
PRÆFECTO. CUI OB TESTIMONIUM MORUM
INTEGRITATIS ATQUE JUSTITIÆ
SINGULARIS INLUSTRIS URBANÆ
PRÆFECTURÆ GEMINAM DIGNITATEM
SACRO JUDICIO ÆTERNI PRINCIPES
DETULERUNT MERITORUMQUE INSIGNIUM
CONTEMPLATIONE AD POSTERITATIS
MEMORIAM DECORANDAM STATUAM SUB
AURO FULGENTEM IN FORO DIVI TRAJANI
ERIGI COLLOCARIQUE JUSSERUNT.

ᵇ L. Ampelii ad Marinum fragmenta quædam prolixioris operis exstare Divione in bibliotheca S. Benigni docuit nos olim P. Pithœus, et præfationem ostendit. Idemne an alius fuerit ab hoc Ampelio non affirmem.
ᶜ Hunc vero dulcem illum poetam esse non dubito quem præterea a generis, honorum, vitæ ac litterarum splendore laudat Numatianus, de Tauri Thermis agens, lib. 1 Itinerarii:

Hæc quoque Pieriis spiracula comparat antris
Carmine Messalæ nobilitatus ager.
Intrantemque capit, discedentemque moratur

ᶠ Eulaliæ maritum, ad quem epist. 1, lib. IV.
ᵍ Veteres lib., *tertius*. Juvenalis satyra 2, *Tertius e cœlo cecidit Cato*. Tertius Cato ea proverbii forma dicitur qua Sapientum octavus Horatio, et apud Ausonium, ἡ ἐνάτη λυρικῶν, Ἀονίδων δεκάτη. *Nona inter lyricas, Aonidum decima*.

363 CARMEN X.

PRÆFATIO EPITHALAMII RURICIO ET IBERIÆ DICTI.

Flucticolæ cum festa nurus Pagasæa per antra
 Rupe sub Æmathia Pelion explicuit ;
Angustabat humum superum satis ampla supellex,
 Certabant gazis, hinc polus, hinc pelagus.
Ducebatque choros, viridi prope tectus amictu,
 Ceruleæ pallæ concolor ipse socer.
Nympha quoque in thalamos veniens de gurgite nuda,
 Vestiti cœpit membra timere viri.
Tum divum quicunque aderat, terrore remoto,
 Quo quis pollebat lusit in officio.
Juppiter emisit tepidum sine pondere fulmen,
 Et dixit, melius nunc Cytherea calet.
Pollux tum cæstu laudatus, Castor habenis,
 Pallas tum cristis, Delia tum pharetris.
Alcides clava, Mavors tum lusit in hasta,
 Arcas tum virga, nebride tum Bromius.
Hic et Pimpliadas induxerat optimus Orpheus,
 Chordis, voce, manu, carminibus, calamis.
Ambitiosus Hymen totas ibi contulit artes :
 Qui non ingenio, fors placuit genio.
Fescennina tamen non sunt admissa, priusquam
 Intonuit solita noster Apollo lyra.

364 CARMEN XI.

^a EPITHALAMIUM RURICIO ET IBERIÆ DICTUM.

Inter Cyaneas Ephyræa cacumina cautes,
 Qua super Idalium levat Orithion in æthram
Exesi sale montis apex, ubi forte vagantem
 Dum fugit, et fixit trepidus Symplegada Tiphys,
Atque recurrentem ructatum ad rauca Maleam,
 Exit in Isthmiacum pelagus claudentibus alis
Saxorum de rupe sinus ; quo sæpe recessu,
 Sic tanquam toto coeat de lumine cœli,
Arctatur collecta dies, tremulasque per undas
 Insequitur secreta vadi ; transmittitur alto
Perfusus splendore latex, miroque relatu
 Lympha bibit solem, tenuique inserta fluento
Perforat arenti radio lux sicca liquorem.
 Profecit studio spatium ; nam Lemnius illic

^a Jam monui ad epistolam 16, lib. iv, Ruricium hunc esse qui postea episcopus fuit Lemovicum ; quod de seniore accipiendum est. Duo enim hujus cathedræ antistites Ruricii fuere, quorum alter alteri, hoc est avo nepos successit. Fortunatus lib. iv utrumque uno complexus est epitaphio ; in quo hæc post alia :

 Ruricii gemini flores, quibus Aniciorum
  Juncta parentali culmine Roma fuit.
 Actu, mente, gradu, spe, nomine, sanguine nexi,
  Exsultant pariter hinc avus, inde nepos.

Huic ergo Sidonius, cum uxorem apud Arvernos duceret, nuptiale **143** hoc carmen cecinit. Duxit autem Iberiam, Ommatii nobilis viri filiam : quæ sæculi curis se postea, ut Deo religiosius serviret, una cum Ruricio marito abdicavit, ut docent Fausti Reiensis epist. 6 et 7.

^b Αἰθίοψ. Græcum accentum secutus est, non quantitatem. Æthiopici autem marmoris color est purpureus. In panegyrico Majoriani : *Nativa exustas afflavit purpura rupes ;* et *saxa genuino fucata conchylio*, lib.

A Ceu templum lusit Veneri, fulmenque relinquens,
 Hic ferrugineus fumavit sæpe Pyracmon,
Hic lapis est de quinque locis, dans quinque colores,
^b Æthiops, Phrygius, Parius, Pœnus, Lacedæmon,
Purpureus, viridis, maculosus, eburnus et albus.
 Postes chrysolithi fulvus diffulgurat ardor,
Mirrhina, sardonyches, amethystus, Iberus, iaspis.
 Indus, Calchidicus, Scythicus, beryllus, achates,
Attollunt duplices argenti cardine valvas,
 Per quas inclusi lucem vomit umbra smaragdi.
365 Limina crassus onyx crustat, propterque hya-
            [cinthi
Cærula concordem faciunt in stagna colorem.
 Exterior non compta silex, sed prominet alte
Asper ab assiduo lympharum verbere pumex.
B Interiore loco simulavit Mulciber auro
 Exstantes late scopulos, atque arte magistra
¹ Ingenti cultu naturæ inculta fefellit.
 Huic operi insistens, quod needum noverat illa,
Quæ pro Lemniacis damnavit furta catenis.
 Squameus huc Triton, duplicis confinia dorsi
Qua coeunt, supra sinuamina tortilis alvi,
 Inter aquas calido portabat corde Dionem.
Sed premit adjecto radiantis pondere conchæ
 Semiferi Galatea latus, quod pollice fixo
Vellit, et occulto spondet connubia tactu.
 Tum gaudens torquente joco, subridet amator
Vulnere, jamque suam parcenti pistre flagellat.
 Pone subit turmis flagrantibus agmen Amorum.
Hic cohibet delphina rosis, viridique juvenco
C Hic vectus, spretis pendet per cornua frenis,
 Hi stantes motu titubant, plantaque madenti
Labuntur, firmantque pedum vestigia pinnis.
 Illa recurvato demiserat ora lacerto
Mollia : marcebant violæ, graviorque sopore
 Cœperat attritu florum descendere cervix.
Solus de numero fratrum, qui pulchrior ille est,
 Deerat Amor, dum festa parat celeberrima Gallis,
^c Quæ socer Ommatius, magnorum major avorum,
 Patriciæque nepos gentis, natæ, generoque
Excolit auspiciis faustis : sed fulsit ut ille

II, ep. 2. Phrygii, hoc est Sinnadici, puniceus et maculosus. Statius in Balneo Etrusci :

 Purpura sola, cavo Phrygiæ quam Sinnados antro
 Ipse cruentavit maculis lucentibus Atys.

Parii albus. In Burgo Leontii : *Candentem jam nolo Paron.* Punici seu Numidici eburneus. Panegyrico D eodem :

 Numadum lapis additur istis,
 Antiquum menditus ebur.

Laconici viridis. Prudentius in Symmachum ...

 Quæ viridis Lacedæmon habet maculosaque Sinnas.

Statius : *Hic dura Laconum saxa virent.* De iisdem omnibus in Burgo Leontii.

^c Iberiæ pater, ad quem est Sidonii carmen 17. Hujus nomen Ruricius, ut mos erat, in filio postea renovavit. Filio enim Ommatii nomen imposuit, ut videre est in ejus epistola 18, lib. I, et 27. lib. II. Ex quibus hoc etiam colligere est, Ommatium filium patre superstite in clerum allectum, presbyterique gradu ornatum fuisse.

¹ Barthius in *adversar.*, pag. 1336, legit *ingenii cultu.*

366 Forte dies, matrem celeri petit ipse volatu.
Cujus fax, arcus, [a] corytus pendebat : at ille
Cernuus, et lævæ pendens in margine palmæ,
Libratos per inane pedes adverberat alis,
Oscula sic matris carpens, somnoque refusæ
Semisopora levi scalpebat lumina penna.
Tum prior his alacer cœpit. Nova gaudia porto
Felicis prædæ, genitrix; calet ille superbus
Ruricius nostris facibus, dulcique veneno
Tactus, votivum suspirat corde dolorem.
Esset si præsens ætas, impenderet illi
Lemnias imperium, Cressa stamen labyrinthi,
Alceste vitam, Circe herbas, poma Calypso.
Scylla comas, Atalanta pedes, Medea furores,
Hippodame ceras, cycno Jove nata coronam.
Huic Dido in ferrum, simul in suspendia Phyllis,
Evadne in flammas, et Sestias isset in undas.

His hæc illa refert. Gaudemus, nate, rebellem
Quod vincis, laudasque virum; sed forma puellæ est,
Quam si spectasset quondam Sthenebœius heros,
Non pro contemptu domuisset monstra Chimeræ :
Thermodoontiaca vel qui genitrice superbus
Sprevit Gnosiacæ temeraria vota novercæ,
Hac visa occiderat, fateor, sed crimine vero.
Et si judicio forsan mihi quarta fuisset,
Me quoque Rhœtea damnasset [b] pastor in Ida,
Vincere vel si optas, istam da malo puellam
Dixerat, hanc dederam formam pro munere formæ :
Tantus honor geniusque genis : collata rubori
Pallida blatta latet, depressaque lumine vultus

367 Nigrescunt vincto baccarum fulgura collo,
Te quoque multimodis ambisset Iberia ludis,
Axe Pelops, cursu Hippomenes, luctaque Achelous,
Æneas bellis, spectatus Gorgone Perseus.
Nec minor hæc species, toties cui Juppiter esset
[c] Delia, taurus, olor, satyrus, draco, fulmen et au-
[rum.
Quare age, jungantur; nam census, forma, genusque
Conveniunt; nil hic dispar tua fixit arundo.
Sed quid vota moror? Dixit, currumque poposcit,
Cui dederant crystalla jugum, quæ frigore primo
Orbis adhuc teneri, glacies ubi Caucason auget,
Sirinxit Hyperboreis Tanaitica crusta pruinis,
Naturam sumens gemmæ, quia perdidit undæ.
Perforat hanc fulvo formatos temo metallo :
Miserat hoc fluvius, cujus sub gurgite Nymphæ

A Mygdonium fovere Midam, qui pauper in auro
Ditavit versis Pactoli flumina votis.
Splendet perspicuo radios tota margine cingens
Marmaricæ de fauce feræ, dum bellua curvis
Dentibus excussis gemit exarmarier ora.
Misit et hoc munus, tepidas qui nudus Erythras
Concolor Æthiopi, vel crinem pinguis amomo
Fluxus odoratis vexat venatibus Indus.
Illa tamen pasci suetos per Cypron olores
Vittata stringit myrto, queis cætera tensis
Lactea puniceo sinuantur colla corallo.

Ergo iter aggressi : pendens rota sulcat inanem
Aera, et in liquido non solvitur orbita tractu.
Hic triplex uno comitatur gratia nexu,
Hic redolet patulo fortunæ copia cornu,

B **368** Hic spargit calathis sed flores Flora perennes,
Hic Cererem Siculam Pharius comitatur Osiris,
Hic gravidos Pomona sinus pro tempore portat,
Hic Pallas madidis venit inter prela trapetis.
Hic distincta latus maculosa nebride Thyas
Indica Echionio Bromii rotat orgia thyrso.
Hic et Sigæis specubus qui Dindyma ludit,
Jam sectus recalet Corybas, cui gutture ravo
Ignem per bifores regemunt cava buxa cavernas.

Sic ventum ad thalamos : thus, nardus, balsama,
[myrrhæ
Hic sunt, hic phœnix busti dat cinnama vivi,
Proxima quin etiam festorum afflata calore,
Jam minus alget hiems, speciemque tenentia vernam
C Hoc dant vota loco, quod non dant tempora mundo.
Tum juvenis dextram Paphie dextramque puellæ
Complectens, paucis cecinit solemnia dictis,
Ne facerent vel verba moram; Feliciter ævum
Ducite concordes, sint nati, sintque nepotes,
Cernat et in proavo sibimet quod pronepos optet.

CARMEN XII.

[d] AD V. C. CATULLINUM, QUOD PROPTER HOSTILITATEM
BARBARORUM EPITHALAMIUM SCRIBERE NON VALERET.

Quid me, et si valeam, parare carmen
Fescenninicolæ jubes Diones,
Inter crinigeras situm catervas,
Et Germanica verba sustinentem,
Laudantem tetrico subinde vultu,
369 Quod Burgundio cantat esculentus,
Infundens acido comam butyro?
D Vis dicam tibi quid poema frangat?

---

[a] Duas priores in goryto corripuit, præter etymi rationem. Nam gorytus est γωρυτός, proprie τόξου θήκη, ut pharetra sagittarum, sagina scuti. Homerus Iliad. φ : Ἀίνυτο τόξον αὐτῷ γωρυτῷ. Hic pro pharetra, ut apud Statium : *Cœlestibus implet gorytum telis*; et in Glossis, *gorytus* βελοθήκη.
[b] Paris. Iberiam, inquit, Helenæ prætulisset Paris; istamque sibi, si optio foret, a me dari maluisset.
[c] Diana, sive ut in Polemii epithalamio, Dictynna :

Jamque Jovem in formas mutat, quibus ille tenere
Mnemosynem, Europam, Semelem, Ledam, Cynosuram,
Serpens, bos, fulmen, cycnus, Dictynna solebat.

Quo ex loco patet quonam hic referri singula debeant, præter Satyrum, qui ad Antiopam. Græcum epigramma :

Ζεὺς κύκνος, ταῦρος, σάτυρος, χρύσος δι' ἔρωτα
Λήδης, Εὐρώπης, Ἀντιόπης, Δανάης.

144 [d] Catullinum virum illustrem, et commilitio sibi familiarem dixit epistola 11, lib. I. Ab hoc rogatus ut epithalamium scriberet, negat se posse inter Burgundiones, cum quibus versabatur. Hos ergo crinigeros vocat, ut reliquos Germanos Lucanus et Claudianus. Insuaves præterea et asperos eorum cantus notat : quales Transrhenanis tribuit item Julianus in Misopogone : Ἐθεασάμην μέντοι τοὺς ὑπὲρ Ῥῆνον βαρβάρους, ἄγρια μέλη λέξει πεποιημένα παρκπλήσια· ταῖς κλαγγαῖς τῶν τραχὺ βοώντων ὀρνίθων ἀσμενίζοντας, καὶ εὐφραινομένους ἐν μέλεσι.

Ex hoc barbaricis abacta plectris
Spernit senipedem stylum Thalia,
Ex quo [a] septipedes videt patronos.
Felices oculos tuos et aures,
Felicemque libet vocare nasum,
Cui non allia, sordidæque cepæ,
Ructant mane novo decem apparatus.
Quem non ut vetulum patris parentem,
Nutricisque virum, die nec orto,
Tot tantique petunt simul Gigantes,
Quod vix Alcinoi culina ferret.
Sed jam Musa tacet, tenetque habenas
Paucis hendecasyllabis jocata.

[b] Ne quisquam satyram vel hos vocaret.

CARMEN XIII.

[c] EPIGRAMMA QUO AB IMPERATORE MAJORIANO TRIUM CAPITUM REMEDIUM POSTULAVIT.

Amphitrioniadem perhibet veneranda vetustas
  Dum relevat terras, promeruisse polos.
Et licet in nuda torvus confregerit ulna
  Ille Cleoneæ guttura rauca feræ.
Et quanquam ardenti gladio vix straverit hydram,
  Cum duplices pareret vulnere mors animas :
370 Captivumque ferens silva ex Erymanthide
  [monstrum
Exarmata feri riserit ora suis.
Collaque flammigenæ dirumpens fumida furis
  Tandem directas jusserit ire boves :
Taurus, cerva, gigas, hospes, luctator, Amazon,
  Cres, canis, Hesperides sint monimenta viri.
Nulla tamen fuso prior est Geryone pugna,
  Uni tergeminum cui tulit ille caput.
Hæc quondam Alcides; at tu Tirynthius alter,
  Sed princeps magni maxima cura Dei,
Quem draco, cervus, aper, paribus sensere sagittis,
  Cum dens, cum virus, cum fuga nil valuit.
Geryones nos esse puta, monstrumque tributum :

A Hic capita, ut vivam, tu mihi tolle tria.

Has supplex famulus preces dicavit,
Responsum opperiens pium ac salubre,
Ut reddas patriam, simulque vitam,
Lugdunum exonerans suis ruinis.
Hoc te Sidonius tuus precatur.
Sic te Sidonio recocta fuco,
Multos purpura vestiat per annos.
Sic [d] lustro imperii perennis acto,
Quinquennalia fascibus dicentur.
Sic ripæ duplicis tumore fracto,
Detonsus Vachalim bibat Sicamber.
Quod si contuleris tuo poetæ,
Mandem perpetuis legenda fastis;
Quæcunque egregiis geris triumphis.
Nam nunc Musa loquax tacet tributo,
371 Quæ pro Virgilio Terentioque,
Sextantes legit unciasque fisci,
[e] Marsyæque timet manum ac rudentem,
Qui Phœbi ex odio vetustiore
Nunc suspendia vatibus minatur.

Sidonius [f] *Polemio suo salutem.*

Dum post profectionem tuam, mi Polemi, frater amantissime, mecum granditer reputo, quatinus in votis tuis philosophi fescennina cantarem, obrepsit materia, qua decursa facile dignosci [g] *valet, magis me doctrinæ quam causæ tuæ habuisse rationem. Omissa itaque epithalamii teneritudine, per asperrimas philosophiæ et salebrosissimas regulas stylum traxi. Quarum talis ordo est, ut sine plurimis novis verbis quæ, præfata pace plurimorum eloquentum, specialiter tibi et complatonicis tuis nota sunt, nugæ ipsæ non valuerint expediri. Videris utrum aures quorumdam per imperitiam temere mentionem centri, proportionis, diastematum, climatum, vel* [h] *mirarum, epithalamio conducibilem non putent. Illud certe consulari viro vere magno, quæstorio viro*

---

[a] *Burgundio septiges*, lib. IX, epist. ad Lampridium. Varro I hebdomadum, modum dixit summum adolescendi humani corporis septem pedes. Einartus tamen justum censuit. Sic enim de Carolo Magno scribit : *Statura fuit eminenti, quæ tamen justam non excederet. Nam septem suorum pedum proceritatem eum constat habuisse figuram.*

[b] Ut Pæonius, de quo lib. I epistola 11. Eo enim alludit. Quare Majoriani temporibus hæc scribebat.

[c] De hoc duplicis metri acuto, elegantique epigrammate dubium non est quin Majoriano tum oblatum sit cum is Lugdunum post receptam illam urbem venit. Qua de re dictum est in Panegyrico : Remedia tributorum sunt indulgentiæ. Ennodius in Vita Epiphanii : *Fessis urbis habitatoribus remediorum utilitate prospexit. Nam directa legatione ad Odoacrem quinquennii vacationem fiscalium tributorum impetravit.* Capita quorum remedium quærit, sunt tributa quæ in singula capita indicebantur. Glossæ veteres, *Tributum capitulare*, ἐπικεφάλαιος φόρος. Panegyristes Æduus : *Septem millia capitum remisisti, quartam amplius partem nostrorum censuum.* Sidonius tria, quæ suo vel suorum nomine debebat, sibi remitti postulat.

[d] Illinc videre est quinquennalia, decennalia, et cætera id genus, non ineunte sed peracto ultimi anni circulo celebrari consuesse. Quod docet etiam locus Marcellini 15 : *Arelate hiemem agens Constantius, post theatrales ludos atque circenses ambitioso editos apparatu A. D. VI idus Octobres, qui imperii ejus annum 30 terminabat.* Designat enim tricennalia. Cæterum 145 Majorianus quintum imperii annum attigit tantum, non absolvit. Quare cassa fuere vota Sidonii.

[e] Marsyæ statua erat in foro Romano, ad quam lites agebantur, de qua Horatius I, Sermonum 6, *obeundus Marsya*; et Martialis II, 64 ;

Fora litibus omnia fervent,
Ipse potest fieri Marsya causidicus.

Scite ergo Marsyam, hoc est vadimonium, sibi poetæ, si tributa differat, metuendum ait, quod poetis propter Apollinem qui victo pelle detraxit, infestus sit Marsyas.

[f] Polemio eidem biennium jam præfecto Galliarum postea scripsit epistolam 14, lib. v, ex qua itidem ut ex hac ipsa, Platonicæ philosophiæ studiosum fuisse patet : ut non immerito Sidonius in pangendo ejus epithalamio, dum philosophicum lemma tractat, ejus se doctrinæ potius quam causæ rationem habuisse dicat.

[g] Savaro et Labbeus, *valeret*.

Vide infra adnotationem ad vers. 66.

Domnulo, spectabili viro Leone ducibus audacter affirmo, musicam et astrologiam, quæ sunt infra arithmeticam consequentia membra philosophiæ, nullatenus posse sine hisce nominibus indicari. Quæ si quispiam ut Græca, sicut sunt, et peregrina verba contempserit, noverit **372** sibi aut super ejuscemodi artis mentione supersedendum, aut nihil omnino se, aut certe non ad assem, Latiari lingua hinc posse disserere. Quod si aliquis secus atque assero, rem se habere censuerit, do quidem absens obtrectatoribus manus; sed noverint sententiam meam discrepantia sentientes sine Marco Varrone, sine [a] *Sereno*, non Septimio, sed Sammonico, sine Censorino, qui de die natali volumen illustre confecit, non posse damnari. Lecturus es hic etiam novum verbum, id est, *essentiam*: sed scias hoc ipsum dixisse Ciceronem. Nam [b] *essentiam*, nec non et *indoloriam* nominavit, addens, Licet enim novis rebus nova nomina imponere: et recte dixit. Nam sicut ab eo quod est, verbi gratia, sapere et intelligere, sapientiam et intelligentiam nominamus, regulariter et ab eo quod est esse, essentiam non tacemus. Igitur quoniam tui amoris studio inductus homo Gallus, scholæ sophisticæ intromisi materiam, vel te potissimum facti mei deprecatorem requiro. Illi Venus, vel Amorum commentitia pigmenta tribuantur, cui defuerit sic' posse laudari. Vale.

CARMEN XIV.
PRÆFATIO EPITHALAMII POLEMIO ET ARANEOLÆ DICTI.

Prosper connubio dies coruscat,
Quem Clotho niveis benigna pensis,
Albus quem picei lapillus Indi
Quem pacis simul arbor et juventæ,
373 Æternumque virens oliva signet.
Eia, Calliope, nitente palma,
Da sacri laticis loquacitatem,
Quem fodit pede Pegasus volanti,
Cognato madidus jubam veneno.
Non hic impletas, nec hanc puellam
Donat mortibus ambitus procorum.
Non hic Œnomai cruenta circo

Audit pacta Pelops, nec insequentem
Pallens Hippomenes ad ima metæ
Tardat Schœnida ter cadente pomo.
Non hic Herculeas videt palæstras
Ætola Calydon stupens ab arce,
Cum cornu fluvii superbientis
Alcides premeret, subinde fessum
Undoso refovens ab hoste pectus.
Sed doctus juvenis, decensque virgo,
[c] Ortu culmina Galliæ tenentes:
Junguntur; cito Diva necte chordas;
Nec quod detonuit camœna major,
Nostram pauperiem silere cogas.
At tædas Thetidis, probante Phœbo,
Et Chiron cecinit minore plectro:
Nec risit pia turba rusticantem,
Quamvis sæpe senex biformis illic
Carmen rumperet hinniente cantu.

374 CARMEN XV.
EPITHALAMIUM POLEMIO ET ARANEOLÆ DICTUM.

Forte procellosi remeans ex arce Capharei,
Phœbados Iliacæ raptum satis ulta pudorem.
Pallas, Erichthæo Xanthum mutabat Hymetto:
Aurato micat ære caput, majusque serenum
De terrore capit: posito nam fulmine necdum
Cinyphio Tritone truces hilaraverat artus.
Gorgo tenet pectus medium, factura videnti
Et truncata moras: nitet insidiosa superbum
Effigies, vivitque anima pereunte venustas.
Alta cerastarum spiris caput asperat atrum
Congeries; torquet maculosa volumina mordax
Crinis, et irati dant sibila tetra capilli.
Squameus ad mediam thorax non pervenit alvum
Post chalybem pendente peplo; tegit extima [d] limo
Circite palla pedes, qui cum sub veste moventur,
Crispato rigidæ crepitant in syrmate rugæ.
Lævam parma tegit, Phlegræi plena tumultus.
Hic rotat excussum vibrans in sidera Pindum
Enceladus, rapido fit missilis Ossa Typhœo.

---

[a] Sereni ergo inter scriptores duo. A. SEPTIMIUS SERENUS, lyricus poeta, Vespasianorum ævo clarus. Neque enim, quod in concinnandis veterum poetarum historiis, eorumque fragmentis vulgo fit, Septimius a Sereno distingui debet: cum Sidonius reclamet, et Marius Victorinus lib. III de Ratione carminum, ac Terentianus ipse, qui utroque nomine appellat, rurisque opuscula e Septimio citat, quorum auctorem alii Serenum nominant. Alter Q. SERENUS SAMMONICUS, qui Severi Aug. ætate floruit, et a Caracalla ejus filio, ut Lampridius narrat, necatus est. Cujus quidem libri plurimi olim fuerunt: nunc unicus restat libellus metrice conscriptus de Medicina. Macrobius Sammonici Rerum reconditarum libros laudat lib. III Saturnalium, quos a Sidonio hoc loco intelligi verisimile est. Filium is cognominem reliquit Serenum Sammonicum, præceptorem Gordiani minoris, cui moriens patris sui bibliothecam legavit, quæ ad 62 millia librorum censebatur. Quæ ideo fusius explicanda fuerunt, quod hunc contrario, quam in Septimio Sereno, errore nonnulli cum Sammonico patre confundant.

[b] Essentiæ vocabulum M. Tullio asseruit etiam Seneca, ut recte observavit Muretus lib. xv Variarum, extremo. Idem mox non *indoloriam*, sed *indolentiam*, scribendum censet, quod ita Cicero non semel usurparit. Nos cum veteres Sidonii **146** libros complures viderimus, unicum nacti sumus in quo *indolentia* legeretur, in reliquis omnibus *indoloria*: quæ vox apud Ciceronem quoque lib. II de Finibus in quibusdam antiquis exemplaribus exstare dicitur, ubi vulgati *indolentiam* legunt.

[c] Prima e nobilitate Galliæ. Polemii originem a Cornelio usque Tacito repetiit epistola suprascripta. Araneolæ proavorum consulem infra ostendet.

[d] *Obliquo vestis flexu ac circuitu*. Hæc optimi libri lectio, quæ aptior videtur quam si cum aliis *limi* legas. Limus enim genus vestis quale a Servio describitur, ab umbilico ad pedes propendens, non satis convenit Minervæ, nisi forte limum dici quis velit eam ejus pallæ partem quæ sola infra thoracem instar limi apparebat. Circitem autem pro circulo aliis etiam locis dixit: ut Marius victor lib. III de Iride.

Effundam radios, et pulchrum circite summo
Arcum curva mihi decorabit Solis imago.

Porphyrion Pangæa rapit, Rhodopenque Adamasthor
Strymonio cum fonte levat, veniensque superne
Intorto calidum restinguit flumine fulmen.
Hic Pallas Pallanta petit, cui Gorgone visa
Invenit solidum jam lancea tarda cadaver.
375 Hic Lemnon pro fratre Mimas contra ægida
          [torquet,
Impulsumque quatit jaculabulis insula cœlum.
Plurimus hic Briareus populoso corpore pugnat,
Cognatam portans aciem, cui vertice ab uno
Cernas ramosis palmas fruticare lacertis.
Nec species solas monstris, dedit arte furorem
Mulciber, atque ipsas timuit quas finxerat iras.
Hastam dextra tenet, nuper quam ª valle Aracynthi
Ipsa sibi posita Pallas protraxit oliva.
Hoc steterat genio, super ut vestigia divæ
Labentes teneat Marathonia bacca trapetas.

 Hic duo templa micant, quorum supereminet unus
Ut meritis, sic sede locus, qui continet alta
Scrutantes ratione viros, quid machina cœli,
Quid tellus, quid fossa maris, quid turbidus aer,
Quid noctis lucisque vices, quid menstrua lunæ
Incrementa parent, totidem cur damna sequantur.
Ilicet hic summi resident septem sapientes,
Innumerabilium primordia philosophorum.
Thales Mileto genitus vadimonia damnat,
Lyndie tu Cleobule jubes modus optimus ut sit,
Tu meditans totum decoras Periandre Corinthon,
Atticus inde Solon ne quid nimis approbat unum,
Prienæe Bia, plureis ais esse malignos,
Tu Mitylene satus cognoscis Pittace tempus,
Noscere sese ipsum Chilon Spartane docebas.
Asserit hic Samius post docta silentia lustri
Pythagoras, solidum princeps quod musica mundum
Temperet, et certis concentum reddat ab astris,
Signaque Zodiacus quæ circulus axe supremo
376 Terna quater retinet, proprio non currere motu,
Æquis inter se spatiis tamen esse locata.
Fixaque significo pariter quoque cernua ferri,
Præcipuumque etiam septem vaga sidera cantum
Hinc dare, perfectus numerus quod uterque habeatur:
Hoc numero affirmans, hoc ordine cuncta rotari.
Falciferi ᵇ Cronon ire senis per summa polorum,
Martis contiguum, medio Jove, pergere sidus,
Post hos, jam quarto se flectere tramite solem,
Sic placidam Paphien servare diastema quintum,
Arcadium sexto, lunam sic orbe supremo
 ᶜ Ter denas tropico prope currere climate miras.

A Si quos ergo chelys, si quos lyra, tibia si quos
Ediderint cum voce modos, exemplar ad istud
Ponderibus positis, quantum proportio suadet,
Intervalla sequi septeni sideris edit.
Harmoniam dicens etiam, quod quatuor istis
Sic sedeant elementa modis, ut pondere magnis
Sit locus inferior: media tellure quod autem
Perfecte medium est, imum patet esse rotundi,
Hinc fieri, ut terram levior supereminet undas;
Altior his quoque sit, qui purior eminet aer;
Omnia concludat cœlum levitate supremæ,
Pendeat et totum simul hoc ab origine centri.
 Thales hic etiam numeris perquirit et astris,
Defectum ut Phœbi, nec non lunæque laborem
Nuntiet anterius; sed rebus inutile ponit
B Principium, dum credit aquis subsistere mundum.
Hujus discipuli versa est sententia, dicens
Principiis propriis semper res quasque creari.
377 Singula qui quosdam fontes decernit habere
Æternum irriguos, ac rerum semine plenos,
Hunc etiam sequitur qui gignere cuncta putabat
Hunc aerem, pariterque deos sic autumat ortos.
Quartus Anaxagoras Thaletica dogmata servat.
Sed divinum animum sentit, qui fecerit orbem.
Junior huic junctus resident collega; sed idem
Materiam cunctis creaturis aera credens,
Judicat inde Deum faceret quo cuncta tulisse.
Post hos Arcesilas divina mente paratam
Conjicit hanc molem, confectam partibus illis
Quas atomos vocat ipse leves. ᵈ Socratica post hunc
C Secta micat, quæ de naturæ pondere migrans
Ad mores hominum limandos transtulit usum.
Hanc sectam perhibent summum excoluisse Platona,
Sed triplici formasse modo, dum primus et unus
Physica vel logico, logicum vel jungit ad ethos.
Invenit hic princeps quid prima essentia distet
A summo sextoque bono; cum denique saxa
Sint tantum, penitusque nihil nisi esse probentur:
Proxima succedant, quibus esse et vivere promptum
          [est,
Addere quis possis nil amplius arbore et herba;
Tertia sit pecorum, quorum esse et vivere motu
Non caret et sensu; mortales quarta deinde
Respiciat factura suos, quibus esse, moveri,
Vivere, cum sensu datur, et supereminet illud
D Quod sapiunt, veroque valent discernere falsum:
Quinta creaturas superas substantia prodat,
Quas quidam dixere deos, quia corpora sumant

ª Montis Bœotiæ: unde Aracynthias dea. Rhianus
ἐν φήμῃ:
 Κλῦθι μοι εὐχάων Ἀρακυνθιὰς εὐπατέρεια.

ᵇ Φαίνοντα Κρόνου, id est Saturni stellam.

ᶜ Quidam mœras reponunt, μοίρας: ut apud Censorinum cap. 8. Et quidem ita res exigebat, et Græca diphthongus. Sed de hoc genere scripturæ supra carmine 9 jam dictum est ad hecatombion. Sunt autem μοῖραι et μοῖρα Græcis astronomis, quæ partes signorum, et gradus Latinis. Ambrosius in hexaemeron 4: *In triginta portiunculas, quas μερίδας vocant, unamquamque duodecim illorum distribuunt portionem.*

ᵈ Secundam produxit, ut Prudentius hymno 10 in *Hippocratica* tertiam: quia in Socrates et Hippocrates easdem producebant, Græcum accentum secuti, Σωκράτης, Ἱπποκράτης. Ita enim et Maximianus elegia 1:
 Hoc quoque virtutum quondam certamine magnum
  Socratem palmam promeruisse ferunt.

Et Paulinus auctor Eucharistici: *Dogmata Socratus, et bellica plasmata Homeri.* Hujus generis et alia passim apud Sidonium: ut Æthiops et Euripides penultima longa: Aratus, Phædonis, diastema, mathesis, Heraclitus, sapphirus eadem brevi.

Contemplanda homini, paulo post ipsa relinquant,
378 Inque suam redeant, si qua est tenuissima,
[formam :
Sic fieri ut pateat substantia summa creator :
Sexta tamen, supraque nihil, sed cuncta sub ipso.
Hoc in gymnasio Polemi sapientia vitam
Excolit, adjunctamque suo fovet ipsa Platoni.
Obviet et quanquam totis Academia sectis,
Atque neget verum, veris hunc laudibus ornat.
Stoica post istos, sed concordantibus ipsis,
Chrysippus, Zenonque docent præcepta tenere.
Exclusi prope jam Cynici, sed limine restant,
Ast Epicureos eliminat undique virtus.
At parte ex alia textrino prima Minervæ.
Palla Jovis rutilat, cujus bis coctus aheno
Serica Sidonius fucabat stamina murex.
Ebria nec solum spirat conchylia sandix :
Insertum ram fulgur habet, filoque rigenti
Ardebat gravidum de fragmine fulminis ostrum.
Hic viridis patrio Glaucus pendebat amictu :

A Undabant hic arte sinus, fictoque tumore
Mersabat pandas tempestas texta carinas.
Amphitryoniadi surgebat tertia vestis :
Parvulus hic gemino cinctus serpente novercæ,
Inscius arridet monstris, ludumque putando
Insidias dum nescit amat, vultuque dolentis
Exstingui deflet quos ipse interficit angues.
Præterea sparsis sunt hæc subjecta figuris,
Sus, leo, cerva, gigas, taurus, juga, Cerberus, hydra,
Hospes, Nessus, Eryx, volucres, Thrax, Cacus,
[Amazon.
Cres, fluvius, Libs, poma, Lycus, virgo, polus, Oete.
Hoc opus, et si quid superest, quod nomina nescit,
379 Virgineæ posuere manus ; sed in agmine toto
Inter Cecropias Ephyreiadasque puellas
B Araneola micat : proprias conferre laborat
Ipsa Minerva manus, calathisque evicta recedens,
Cum tenet hæc telas, vult hæc plus tela tenere.
Hic igitur proavi trabeas imitata rigentes,
ª Palmatam parat ipsa patri, qua consul et idem

ª Turbato antea sensu, *pater qua consul.* Araneolæ proavus, qui et patris avus, Agricola consul fuerat. Optabat illa palmatam patri texens, ut pater item consul fieret, quo filli deinceps non abavum solum, sed avum etiam suum consulem ciere possent. Agricola Honorio imperante **147** consul cum Eustahio fuerat anno 421. Præfecturam idem prætorii Galliarum præcedentibus annis administrarat : quod patet ex edicto ipsius, et Palladii præfecti Italiæ de exsilio Pelagii ac Cœlestii, quod insertum est Annalibus ecclesiasticis ; et ex constitutione imperatoria C ad Agricolam præfectum Galliarum de agendo singulis annis Arelate conventu 7 provinciarum, quam in lucem primi dederunt Nicolaus de Cusa lib. III Concordiæ catholicæ 35, et Josephus Scaliger in Lectionibus Ausonianis lib. I, cap. 24, sed falsa uterque inscriptione. Est enim, non Constantini Magni, ut Cusanus censuit, neque Constantini tyranni, ut Scaligero visum est, sed Honorii Augusti, vel Hincmaro teste in epist. 6 et codice antiquo Arelatensi, ex quo integrum constitutionis exemplum, quod V. C. Nicolai Fabricii Pereschii senatoris Aquensis beneficio nactus sum, hoc loco subjiciam, quod in eo non pauca sint, quam in hactenus editis, meliora et auctiora.

HONORIUS ET THEODOSIUS AUGUST. V. I. AGRICOLÆ
PRÆFECTO GALLIARUM.

Saluberrima magnificentiæ tuæ suggestione inter reliquas reipubl. utilitates evidenter instructi, observanda provincialibus nostris, id est per septem provincias, mansura in ævum auctoritate decernimus, quod sperari plane ab ipsis provincialibus debuisset. Nam cum propter privatas ac publicas necessitates, de singulis civitatibus, non solum de provinciis singulis, ad examen magnificentiæ tuæ vel honoratos confluere, vel mitti legatos, aut possessorum utilitas, aut publicarum ratio exigat functionum : maxime opportunum et conducibile judicamus ut, servata posthac annis singulis consuetudine, constituto tempore in metropolitana, id est in Arelatensi urbe, incipiant septem provinciæ habere concilium. In quo plane tam singulis quam omnibus commune consulimus. Primum ut optimorum conventu sub illustri præsentia præfecturæ, si id tamen ratio publicæ dispositionis obtulerit, saluberrima de singulis rebus possint esse consilia. Tum quidquid tractatum fuerit, et discussis ratiociniis constitutum, nec latere potiores provincias poterit, et parem necesse est inter absentes æquitatis formam justitiæque servari. Ac plane præter *necessitates publicas, etiam humanæ ipsi conversationi non parum credimus commoditatis accedere, quod in Constantina urbe jubemus annis singulis esse concilium. Tanta enim loci opportunitas, tanta est copia commerciorum, tanta illic frequentia commeantium, ut quidquid usquam nascitur, illic commodius distrahatur.* **148** *Neque enim ulla provincia ita peculiari fructus sui felicitate lætatur, ut non hæc propria Arelatensi soli credatur esse fecunditas. Quidquid enim dives Oriens, quidquid odoratus Arabs, quidquid delicatus Assyrius, quod Africa fertilis, quod speciosa Hispania, quod fortis Gallia potest habere præclarum, ita illic affatim exuberat, quasi ibi nascantur omnia, quæ ubique constat esse magnifica. Jam vero decursus Rhodani, et Tirrheni recursus, necesse est ut vicinum faciant, ac pene conterminum, vel quod iste præterfluit, vel ille quod circuit. Cum ergo hnic serv at civitati quidquid habet terra præcipuum, ad hanc velo, remo, vehiculo, terra, mari, flumine deferatur, quidquid singulis nascitur : quomodo non multum sibi Galliæ nostræ præstitum credant, cum in ea civitate præcipiamus esse conventum, in qua divino quodammodo munere commoditatum et commerciorum opportunitas tanta præstatur ? Siquidem hoc, rationabili plane probatoque consilio, jam et vir illustris præfectus Petronius observari debere præceperit : quod interpolatum vel incuria emporum, vel desidia tyrannorum reparari solita prudentiæ nostræ auctoritate decernimus, Agricola parens carissime atque amantissime. Unde illustris magnificentia tua et hanc præceptionem nostram, et priorem* D *sedis suæ dispositionem secuta, id per septem provincias in perpetuum faciet custodiri, ut ab idibus Augusti, quibuscunque mediis diebus, in idus Septembris, in Arelatensi urbe noverint honorati vel possessores, judices singularum provinciarum, annis singulis concilium esse servandum. Ita ut de Novempopulana et secunda Aquitania, quæ provinciæ longius constitutæ sunt, si earum judices certa occupatio tenuerit, sciant legatos juxta consuetudinem esse mittendos. Qua provisione plurimum et provincialibus nostris gratiæ nos intelligimus utilitatisque præstare, et Arelatensi urbi, cujus fidei, secundum testimonia atque suffragia parentis patriciique nostri, multa debemus, non parum adjicere nos constat ornatui. Sciat autem magnificentia tua quinis auri libris judicem esse mulctandum, ternis honoratos vel cyriales, qui ad constitutum locum intra definitum tempus venire distulerint. Data XV cal. Maias, accepa Arel. X cal. Junias. DD. NN. Honorio XII et Theodosio VIII Augg. coss.*

Agricolam contingat avum, doceatque nepotes
Non abavi solum, sed avi quoque jungere fasces.
Texuerat tamen et chlamydes, quibus ille magister
Per Tartesiacas conspectus splenduit urbes,
Et quibus ingestæ sub tempore præfecturæ
Conspicuus, sanctas se reddit præsule leges.
Attamen in trabea segmento luserat alto,
Quod priscis illustre toris. Ithacesia primum
Fabula, Dulichiique lares formantur, et ipsam
Penelopen tardas texit distexere telas.
Tænaron hic frustra, bis rapta conjuge, pulsat
Thrax fidibus, legem postquam temeravit Averni,
Et prodesse putans, iterum non respicit umbram
Hic vovet Alceste prælato conjuge vitam
Rumpere : quam cernas Parcarum vellere in ipso
Nondum pernetam, fato præstante salutem.
Hic nox natarum Danai lucebat in auro,
Quinquaginta enses genitor quibus impius aptat,
Et ad concordem discordia jussa furorem.
Solus Hypermnestræ servatus munere Lynceus
Effugit, aspicias illam sibi parva paventem,
Et pro dimisso tantum pallere marito.
Jamque Jovem in formas mutat, quibus ille tenere
380 Mnemosynem, Europam, Semelen, Ledam,
[Cynosuram,
Serpens, bos, fulmen, cygnus, Dictynna solebat.
Jamque opus in turrem Danaæ, pluviamque metalli
Ibat, et hic alio stillabat Juppiter auro.
Cum virgo aspiciens vidit Tritonida verso
Lumine, doctisenas spectare libentius artes :
Commutat commota manus, ac pollice docto
Pingere a philosophi victricem ¹ Laida cœpit,
Quæ Cynici per menta feri, rugosaque colla,
Rupit odoratam redolenti forcipe barbam.
Subrisit Pallas, castoque hæc addidit ore :
Non nostra ulterius ridebis dogmata, virgo
Philosopho nuptura meo; mage flammea sumens,
Hoc mater sine texat opus. Consurge sophorum
Egregium Polemi decus, ac nunc stoica tandem
Pone supercilia, et Cynicos imitatus amantes,
Incipias iterum parvum mihi ferre Platona.
Hærentem tali compellat voce magister;
Perge libens, neu tu damnes fortasse jugari

Quod noster jubet ille senex, qui non piger hausit
Numina condemnans Anyto pallente venenum.
Dixerat ; ille simul surgit, vultuque modesto
Tetrica nodosæ commendat pallia clavæ.
Amborum tum diva comas viridantis olivæ
Pace ligat, nectit dextras, ac fœdera mandat,
Nymphidius quæ cernat avus, probat Atropos omen,
Fulvaque concordes junxerunt fila Sorores.

381 CARMEN XVI.

ᵇ EUCHARISTICUM AD FAUSTUM REIENSEM EPISCOPUM.

Phœbum et ter ternas decima cum Pallade Musas,
Orpheaque, et laticem simulatum fontis equini,
Ogygiamque chelyn, quæ saxa sequacia flectens
Cantibus, auritos erexit carmine muros,
Sperne fidis; magis ille veni nunc spiritus oro
Pontificem dicture tuum, qui pectora priscæ
Intrasti Mariæ, rapiens cum tympana siccus
Israel appensi per concava gurgitis iret,
Aggeribus vallatus aquæ, mediasque per undas
Pulverulenta tuum clamaret turba triumphum.
Quique manum Judith ferientem colla Holofernis
Juvisti, exciso jacuit cum gutture truncus,
Et fragilis valido latuit bene sexus in ictu.
Expresso vel qui complens de vellere pellem,
Inficiensque dehinc non tacto vellere terram,
Firmasti Gedeona, tubis inserte canoris,
Spiritus, et solo venit victoria cantu.
Quique etiam assumptum pecorosi de grege ᶜ Jesse
Afflasti regem, plaustro cum fœderis arcam
Imponens hostis, nullo moderante bubulco,
Proderet obscænum turgenti podice morbum.
Quique trium quondam puerorum in fauce sonasti,
Quos in Chaldæi positos fornace tyranni,
Roscida combusto madefecit flamma camino.
382 Quique volubilibus spatiantem tractibus alvi
Complesti Jonam, resonant dum viscera monstri
Introrsum psallente cibo, vel pondera ventris
Jejuni, pleniique tamen vate intemerato,
Ructat cruda fames; quem singultantibus extis
Esuriens vomuit suspenso bellua morsu.
Quique duplex quondam venisti in pectus Elisei,
Thesbiten cum forte senem jam flammeus axis

Is fuit annus Christi Dionysianus 418. In altero codice Antisiodorensi eadem constitutio factum appellatur, ab Hincmaro edicium. Ex ipsis autem ejus verbis, ut alia desint argumenta, facile est colligere, illam nec ad Constantinum tyrannum referri posse, cum hujus aliorumque tyrannorum desidiam notet ; nec ad Constantinum Magnum, quamvis hic primum Arelatensium urbi Constantinæ nomen imposuerit, cum infra ejus ætatem non solum Petronius et **149** Agricola præfecti, verum etiam septem Galliæ provinciarum divisio fuerit.

ᵃ Diogenis, a quo Laidem uxorem ductam prodit Lucianus, Ἀληθοῦς Ἱστορίας II. Διογένης μὲν ὁ Σινωπεὺς τοσοῦτον μετέβαλε τοῦ τρόπου, ὥστε γῆμαι Λαΐδα τὴν ἑταίραν, ὀρχεῖσθαί τί ὑπὸ μέθης ἀνιστάμενος καὶ παροινεῖν.

¹ Fabricius Bibl. Gr. tom. III, pag. 497, miratur Sirmondum ad hunc Sidonii locum adnotasse Laidem in uxorem ductam a Diogene Cynico ex Luciani

ᵇ De Fausto Reiorum Apollinarium episcopo dictum ad epist. 3, lib. IX. Ei nunc gratias agit duplici de causa, tum quod germani fratris sui adolescentiam, id est amicam vitiis ætatem, disciplinæ suæ commissam fideliter rexerit; tum quod seipsum Reios olim profectum amanter exceperit, ad matremque salutandam deduxerit.

ᶜ Memoriæ lapsus. David enim coram arca cecinit, et saltavit cum illa ex ædibus Abinadab ad Obed-Edon, indeque in urbem deducta est. II Regum, VI. At Philistæi ante Davidis, imo ante Saulis regis inaugurationem, fœdo illo vulnere percussi, arcam plaustro sine rectore vectandam imposuerant ; quo tempore cum in agro sponte constitisset, illata est in domum Abinadab. I Regum, VI et VII.

Ἀληθοῦς Ἱστορίας lib. II, quasi vere hoc contigisset; cum in iis libris narrationes fictas scripserit Lucianus.

Tolleret, et scissam linquens pro munere pellem,
Hispidus ardentes auriga intraret habenas.
Quique etiam Eliam terris missure secundum,
Zachariæ justi linguam placate ligasti,
Dum faceret serum rugosa puerpera patrem,
Edita significans jusso reticere propheta,
Gratia cum fulsit, nosset se ut lex tacituram.
Quique etiam nascens ex virgine semine nullo,
Ante ullum tempus Deus, atque in tempore Christus,
Ad corpus quantum spectat tu te ipse creasti.
Qui visum cæcis, gressum quoque reddere claudis,
Auditum surdis, mutis laxare loquelam
Suetus, ad hoc etiam venisti, ut mortua membra
Lecto, sandapila, tumulo consurgere possint.
Quique etiam pœnas suscepta in carne tulisti,
Sustentans alapas, ludibria, verbera, vepres,
Sortem, vincla, crucem, clavos, fel, missile, acetum,
Postremo mortem, sed surrecturus, adisti,
Eripiens quidquid veteris migraverat hostis
In jus, per nostrum facinus, cum femina prima
Præceptum solvens culpa nos perpete vinxit.
Qui cum te interitu petiit, nec repperit in te
383 Quod posset proprium convincere, perdidit
[omne,
Quod lapsu dedit Eva suo: chirographon illud,
Quo pervasus homo est, hæc compensatio rupit.
Expers peccati, pro peccatoribus amplum
Fis pretium, veteremque novus vice fenoris Adam
Dum moreris de morte rapis; sic mortua mors est,
Sic sese insidiis quas fecerat ipsa, fefellit.
Nam dum indiscrete petit insontemque reosque,
Egit ut absolvi possent et crimine nexi.
Quique etiam justos ad tempus surgere tecum
Jussisti cineres, cum tectis tempore longo
Irrupit festina salus, infusaque raptim
Excussit tumulis solidatas vita favillas.
Da Faustum laudare tuum, da solvere grates
Quas et post debere juvat. Te magne sacerdos,
Barbitus hic noster plectro licet impare cantat.

A Hæc igitur prima est vel causa, vel actio laudum,
Quod mihi germani, dum lubrica volvitur ætas,
Servatus tecum domini per dona probatur
Nec fama titubante pudor; te respicit istud
Quantumcunque bonum; merces debebitur illi,
Ille tibi; sit laus, si labi noluit, ejus:
Nam quod nec potuit, totum ad te jure redundat.
Præterea, quod me pridem Reios veniente,
Cum Procyon fureret, cum solis torridus ignis
Flexilibus rimis sitientes *a* scriberet agros,
Hospite te nostros excepit protinus æstus
Pax, domus, umbra, latex, benedictio, mensa, cubile.
Omnibus attamen his sat præstat, quod voluisti
Ut sanctæ matris sanctum quoque limen adirem.
384 Dirigui, fateor, mihi conscius, atque repente
B Tinxit adorantem pavido reverentia vultum.
Nec secus intremui, quam si me forte Rebeccæ
Israel, aut Samuel crinitus duceret Annæ.
Quapropter vel te votis sine fine colentes,
Affectum magnum per carmina parva fatemur.
Seu te flammatæ Syrtes, et inhospita tesqua,
Seu cœno viridante palus, seu nigra recessu
Incultum mage saxa tenent, ubi sole remoto
Concava longævas asservant antra tenebras.
Seu te præruptis porrecta in rupibus Alpis,
Succinctos gelido libantem cespite somnos,
b Anachoreta tremit, quæ quanquam frigora portet,
Conceptum Christi nunquam domat illa calorem.
c Qua nunc Elias, nunc te jubet ire Joannes,
Nunc duo Macarii, nunc et Paphnutius heros,
C Nunc Or, nunc Ammon, nunc Sarmata, nunc Hilarion
Nunc vocat in tunica nudus te Antonius illa,
Quam fecit palmæ foliis manus alma magistri.
d Seu te Lirinus priscum complexa parentem est,
Qua tu jam fractus pro magna sæpe quiete
Discipulis servire venis, vixque otia somni
Vix coctos capture cibos, abstemius ævum
Ducis, et insertis pingis jejunia psalmis.
Fratribus insinuans, ¹ quantos illa insula plana

---

a Lib. II, epist. 2, *hiulcis arentium rimarum flexibus terra perscribitur*. Quod genus tropi antiquis usitatissimum. Varro Marcipore: *Astrologi non sunt qui conscribillarunt pingentes cœlum*. Virgilius:

....versa pulvis inscribitur hasta,

Lycophron: Πτεροῖσι χέρσον αἰετός διαγράφων.

b Aut vocandi casu dixit, aut *Anachoronta* legendum: cujus lectionis hærent notæ in quibusdam libris. Anachoronta autem, ἀναχωροῦντα, ea forma dicere potuit qua Juvenalis et Sidonius ipse *Chironomonta*.

c Etsi non defuere inter Ægypti monachos qui his nominibus censerentur, tamen cum hos cæteris omnibus præponat, dubium non videtur quin Eliam prophetam et Joannem Baptistam designet: quos instituti sui duces ac principes prædicant anachoretæ, ut Hieronymus in Pauli Vita testatur, et Socrates lib. I,

¹ Hunc Sidonii locum de insula Lerinensi sunt imitati Cæsarius Arelatensis et Ennodius Ticinensis. Ille quidem Homil. 25 (Bibl. PP. Paris. tom. II, pag. 348): *Beata*, inquit, *et felix insula Lirinensis, quæ cum parvula et* PLANA *esse videatur, innumerabiles*

12. Quo spectans Gregorius Nazianzenus in Ἀπολογία post reditum, Ἠλίου, inquit, περιενόουν τὸν Κάρμηλον, καὶ Ἰωάννου τὴν ἔρημον. **150** καὶ τῶν οὕτω φιλοσοφούντων τὸ ὑπερκόσμιον.

d Notissimæ sunt in mari Gallico insulæ duæ, e regione Antipolis oppidi provinciæ II Narbonensis,
D Lero et Lerinus. Illa Λήρων Straboni, Λήρωνη Ptolemæo: hæc Lerina Plinio; utramque nominant Æthicus in Itinerario, et Ennodius in Vita Epiphanii: *Tolosa*, inquit, *regrediens singula sanctarum habitationum loca visitavit. Medianas insulas, Stæchadas, Lerum ipsamque nutricem summorum montium planam Lirinum*. Illi hodie nomen a S. Margarita, huic a S. Honorato, qui in ea primus celeberrimi olim tota Gallia cœnobii fundamenta jecit; cui tertius ab Honorato abbas præfuit Faustus, quem propterea priscum Lirini patrem vocat, quia hoc tempore non abbas, sed episcopus erat Reiensis.

tamen MONTES *ad cœlum misisse cognoscitur*. Iste vero in *Vit. B. Epiphanii Ticin.* (inter opp. Sirmondi tom. I, pag. 1668), *Medianas insulas*, ait, *Stœchadas, Lerum, ipsamque nutricem summorum* MONTIUM PLANAM *Lerinum adiit.*

Miserit in coelum montes : quæ sancta ᵃ Caprasi
Vita senis, ᵇ juvenisque Lupi: quæ gratia ᶜ patrem
Mansit Honoratum; fuerit ᵈ quis Maximus ille,
Urbem tu cujus monachosque antistes et abbas
ᵉ Bis successor agis : celebrans quoque laudibus illis
385 ᶠ Eucherii venientis iter, ᵍ redeuntis Hilari.
Seu te commissus populus tenet, et minor audet
Te medio tumidos majorum temnere mores.
Seu tu sollicitus curas, qua languidus esca,
Quave peregrinus vivat, quid pascat et illum,
Lubrica crura cui tenuat sub compede carcer.
Seu mage funeribus mentem distractus humandis,
Livida defuncti si pauperis ossa virescant
Infastiditum fers ipse ad busta cadaver.
Seu te conspicuis ʰ gradibus venerabilis aræ

ᵃ Quem religiosæ vitæ magistrum habuit Honoratus : *virum*, ut in Hilarii Arelatensis Vita scriptum est, *angelica in insulis conversatione degentem*. Venerabilem, ut Eucherius in libello de Laude eremi ait, *gravitate veteribus sanctis parem*.
ᵇ Episcopi postea Tricassini. Eucherius ibidem, de Lirino insula : *Hæc habuit reverendi nominis Lupum, qui nobis illum ex tribu Benjamin Lupum retulit*.
ᶜ Lirinensis monasterii, ut diximus, auctorem. Eucherius de eadem insula : *Digna quæ Honorato auctore fundata sit; quæ tanti instituti tantum nacta sit patrem, apostolici spiritus vigore et vultus honore radiantem : digna quæ illum susciperes, ita emitteret :* ad cathedram scilicet Arelatensem, ad quam ab insulæ præfectura evectus est.
ᵈ Honorati in monasterii præfectura successor, episcopus inde Reiensis. Eucherius de Honorato: *Hæc nunc successorem ejus tenet Maximum nomine clarum, quia post ipsum meruit ascisci:* Faustus de Maximo: *Dignus cui primus ille fundator gubernacula Lirinensis navis post se moderanda committeret.* Hæc ille in pseudepigrapha Eusebii Emiseni homilia de S. Maximo, quam ut Fausto vindicandam putem, hic ejus locus inter cætera persuadet: *Merito,* inquit, *se robis imputet beata illa insula ex hoc uno atque unico munere, licet multum erubescat ex altero.* Significat enim Lirinum insulam duos Reiis episcopos dedisse : Maximum, de quo jure gloriari possit, et Faustum ipsum de quo erubescat. Quæ verba de Fausto præter Faustum ipsum nemo usurpasset.
ᵉ Successit enim Maximo Faustus, primum in munere abbatis, cum Maximus a Lirinensi prælectura ad Reiensem cathedram ascitus est. Deinde iterum in episcopatu, cum mortuo Maximo Reiorum episcopus ex abbate creatus est. Ita ergo et monachos Maximi, et urbem ejus post illum rexit.
ᶠ **151** Lugdunensis postea episcopi. Lirinensis suæ habitationis testis est Eucherius ipse in libello de Laudibus eremi. *Equidem,* inquit, *cunctis eremi locis quæ piorum illuminantur secessu, reverentiam debeo : præcipue tamen Lirinum meam honore complector, quæ procellosi naufragiis mundi effusos piissimis ulnis receperat venientes.*
ᵍ Episcopi Arelatensis. Innuit Hilarium Lirinensem insulam bis incoluisse ; quod verum est. Primum siquidem Honorati precibus evictus eo secessit, ibique aliquandiu vixit cum Honorato. Quem deinde ad Arelatensem cathedram translatum cum ipsius rogatu relicta insula secutus esset, pristino tandem eremi amore captus, Lirinum rediit, quo tempore Eucherius elegantem de laude eremi libellum Hilario scripsit, qui hæc omnia confirmat : et Hilarius ipse homilia de sancto Honorato.
ʰ Inde enim sedentes in cathedra tribunali concionari solebant : quod ritualium quoque librorum au-

A Concionaturum ⁱ plebs sedula circumsistit,
Expositæ legis bibat auribus ut medicinam.
Quidquid agis, quocunque loci es, semper mihi
[Faustus,
Semper Honoratus, semper quoque Maximus esto.

CARMEN XVII.

INVITAT ʲ OMMATIUM V. C. AD NATALEM DIEM SUORUM.

Quattuor ante dies, quam lux Sextilis adusti
   Prima spiciferum proferat orbe caput,
Natalis nostris decimus sextusque coletur,
   Adventu felix qui petit esse tuo.
Non tibi gemmatis ponentur prandia mensis,
   Assyrius murex nec tibi sigma dabit.
Nec per multiplices abaco splendente cavernas

B ctores docent. Prudentius de S. Hippolyti ecclesia,
Fronte sub adversa gradibus sublime tribunal
Tollitur, antistes prædicat unde Deum.

Eumdem etiam Græcis morem fuisse, et hodiernus eorum mos ostendit, et quod de Chrysostomo a Socrate et aliis, ut peculiare proditum est, illum in ambonem conscendisse ut a pluribus audiretur. Concionabantur ergo pro gradibus aræ, intra cancellos, qui βῆμα seu ἱερατεῖον, hoc est tribunal, sive sacrarium dirimebant a capso, quod illi ναὸν appellabant. Hunc enim locum indicat Gregorius theologus, cum de Constantinopolitanis concionibus suis loquens in oratione ad episcopos 150, cancellos ab auditorum sese impellentium turba, vim passos scribit, his verbis : Χαίρετε τῶν ἐμῶν λόγων ἐρασταί, καὶ σύνδρομοι συνδρομαὶ, καὶ γραφίδες φανεραὶ, καὶ λανθάνουσαι, καὶ ἡ βιαζομένη κιγκλὶς αὕτη τοῖς περὶ λόγον ὠθιζομένοις.

ⁱ Neque hoc prætereundum eam olim fuisse divini verbi reverentiam, ut stantes, non sedentes, quod passim hodie fit, sacras conciones audirent. Auctor imprimis Augustinus, in sermone de honestate clericorum, et homilia 26. Et colligi licet ex libro IV
C Optati Milevitani, qui populum in ecclesia negat habere sedendi licentiam. Ita et Constantinum Magnum Eusebius libro Vitæ IV, ὄρθιον ἑστῶτα, stantem inter cæteros, oranti sibi aures dedisse testatur, cum æquum diceret, ut stando divina audiantur, ἑστῶτα γὰρ ὑπακούειν τῶν θείων ὅσιον. Nec tamen inficias eundum sua etiam auditoribus sedilia olim fuisse in quibusdam ecclesiis. Hoc enim docet, aptiusque ad attentionem judicat idem Augustinus in libro de Catechizandis rudibus, cap. 13. *Longeque,* ait, *consultius in quibusdam transmarinis ecclesiis, non solum antistites* **152** *sedentes loquuntur ad populum, sed ipsi etiam populo sedilia subjacent, ne quisquam infirmior stando lassatus a saluberrima intentione avertatur, aut etiam cogatur abscedere.*

ʲ Ommatium Ruricii socerum docuit nos carmen
D 11, quo loco Arvernum illum fuisse monuimus. Idem de Ommatio juniore, qui Turonorum antistes fuit, monet Gregorius lib. X Historiæ. Hunc vero Sidonius suorum natalem celebrans invitat pulcherrimo epigrammate : quod quidem Martino Dumiensi olim episcopo ita probatum est, ut triclinio suo, paucis mutatis, describendum curarit in hunc modum.

B. MARTINI DUMIENSIS EPISCOPI.
IN REFECTORIO.

Non hic auratis ornantur prandia fulcris,
   Assyrius murex nec tibi sigma dedit.
Nec per multiplices abaco splendente cavernas
   Ponentur nitidæ codicis arte dapes.
Non scyphus hic dabitur, rutilo cui forte metallo
   Crustatum stringat tortilis ansa latus.
Vina mihi non sunt Gazetica, Chia, Falerna,
   Quæque Sarapteno palmite missa bibas.
Sed quidquid tenuis non complet copia mensæ,
   Suppleat hoc petimus gratia plena tibi.

Argenti nigri pondera defodiam.
Nec scyphus hic dabitur, rutilo cui forte metallo
  Crustatum stringat tortilis ansa latus.
Fercula sunt nobis mediocria, non ita facta,
  386 Mensuræ ut grandis suppleat ars pretium.
Non panes Libyca solitos flavescere Syrte
  Accipiet [a] Galli rustica mensa tui.
Vina mihi non sunt [b] Gazetica, Chia, Falerna,
  Quæque Sareptano palmite missa bibas.
[c] Pocula non hic sunt illustria nomine pagi,
  Quod posuit nostris ipse Triumvir agris.
Tu tamen ut venias, petimus : dabit omnia Christus
  [d] Hic mihi qui patriam fecit amore tuo.

CARMEN XVIII.
[e] DE BALNEIS VILLÆ SUÆ SUPRA LACUM POSITÆ.

Si quis Avitacum dignaris visere nostram,
  Non tibi displiceat : si quod habes placeat,
Æmula Baiano tolluntur culmina cono,
  Parque cothurnato vertice fulget apex.
Garrula Gauranis plus murmurat unda fluentis,
  Contigui collis lapsa supercilio.
Lucrinum dives stagnum Campania nollet,
  Æquora si nostri cerneret illa lacus.
Illud piliceis ornatur littus echinis,
  Piscibus in nostris hospes utrumque vides,
Si libet, et placido partiris gaudia corde;

Quisquis ades, Baias tu facis hic animo.

387 CARMEN XIX.
TETRASTICHUM SUPRA PISCINAM.

Intrate algentes post balnea torrida fluctus,
  Ut solidet calidam frigore lympha cutem.
Et licet hoc solo mergatis membra liquore,
  Per stagnum nostrum lumina vestra natant.

CARMEN XX.
[f] AD SORORIUM SUUM ECDICIUM.

Natalis noster nonas instare Novembres
  Admonet : occurras non rogo, sed jubeo :
Sit tecum conjux, duo nunc properate ; sed illud
  Post annum optamus tertius ut venias.

CARMEN XXI.
DE PISCIBUS NOCTE CAPTIS.

Quattuor hæc primum pisces nox insuit hamis.
  Inde duos tenui, tu quoque sume duos.
Quos misi sunt majores : rectissimus ordo est.
  Namque animæ nostræ portio major eras.

388 *Sollius Apollinaris Sidonius Pontio Leontio salutem.*

Dum apud [g] *Narbonem quondam Martium dictum, sed nuper factum, moras necto, subiit animum quospiam secundum amorem tuum hexametros concinnare, quibus lectis oppido scires, etsi utrique nostrum dispa-*

---

[a] Id est Celtæ Lugdunensis. De Sidonii enim patria cogor a doctissimo Savarone qui Arvernum facit, dissidere. Cum religio sit aliter sentire quam Sidonius ipse significet, qui se passim Lugdunensem testatur, ut lib. I. epist. 5 et 8; lib. IV, epist. 25, carmine 5, 13. Apollinaris avi tumulum non in Arvernis, ut eidem videbatur, sed in Lugdunensi agro fuisse jam ostendimus ex epist. 12, lib. III. Nunc Arvernum ortu Sidonium non fuisse hic locus indicat; cum Gallum se nominat, diversam sibi, quam Ommatio Arverno, id est Aquitano, patriam significans: Aquitanos enim a Gallis illa ætas distinguebat. Sulpicius Severus Historiæ II : *Sed in nostris*, inquit, *id est Aquitanis, Gallis ac Britannis indecens visum.* Ausonius in Arelate:

.... populos alios et mœnia ditas :
Gallia queis fruitur, gremioque Aquitania lato.

Eoque spectat, quod in Æthici Itinerario descriptum iter est de **153** Aquitania in Gallias, a Burdegala Augustodunum. Hoc itaque sensu, Gallum se Sidonius, quia Lugdunensis; Ommatium vero, quia Arvernus erat, Aquitanum quidem, sed non Gallum vult intelligi : quemadmodum apud Severum eumdem in dialogis, quidam ne ex nomine Gallus, ait se hominem Gallum inter Aquitanos verba facturum : quia nimirum Aquitani ea quam dixi notione Galli non erant.

[b] Gazetum vinum Isidoro, a regione unde defertur, hoc est a Gaza Palæstinæ : ut Sareptanum a Sarepta Sidoniorum, quod Σερεφθῆνον οἶνον appellat Alexander Trallianus. Utrumque celebrant Corippus lib. III et Fortunatus lib. IV de Vita Martini. Gazetum vero Gregorius Turon. de Gloria confessorum 65, et Senator XII Variar. 12.

[c] De Arvernorum vinis non loquitur. Alioqui quomodo in Arvernis vina non essent, quæ Arvernorum erant ? sed de Lugdunensibus patriæ suæ. Quemnam vero Lugdunensium pagum vinetis celebrem dicat, cui Triumvir nomen imposuit quærendum est. Scimus enim ex Dionis 46 Lugdunensis coloniæ deducendæ triumviros fuisse Silanum, Lepidum et Plancum, et multa ab illis potuisse nomina derivari.

[d] Apud Arvernos, Alibi ergo natus, qui huc pos ea migrarit. Quare maneat Sidonium ortu Lugdunensem, conjugio et cathedra Arvernum fuisse. Nec indignentur Arverni nostri non totum sibi concedi, qui meliore illius parte potiti sunt cum ea fuerit Sidonii dignitas et splendor, quo non unicam patriam illustrari par erat.

[e] Avitacum villam, ejusque balneas et piscinam copiose descripsit epist. 2, lib. II.

[f] Ecdicii sorore fuit Papianilla, uxor Sidonii. Sidonii ergo sororius Ecdicius; Ecdicii vero cognatus Sidonius. Sororius enim proprie frater uxoris, cognatus vir sororis. Quare inter se opponuntur, ut in antiquo lapide Brixiæ : COGNATUS DULCISSIMUS SORORIO AMANTISSIMO.

[g] Vetus inscriptio nondum vulgata Narbone, in q a singularis litteræ Coloniam Juliam Paternam Narbonem Martium denotant. His enim nominibus in aliis quoque monumentis ornatur :

C. MANLIUS C. F
PAP RUFUS UMBER EXS
DECURIA LICTORUM VIATO
RUM QUÆ EST C. I. P. N. M
FECIT SIBI ET SUIS

Sed Juliam Paternam de Julii Cæsaris nomine, qui coloniam eo, ut Suetonius narrat, iterum deduxit, appellatam fuisse ambigit nemo. De Martii autem cognomento, qui a Q. Martio, quo consule deducta primum colonia fuerat, derivandum censet, et manifestis, ut alii docuere, rationibus revincuntur, et adversantem habent hoc loco Sidonium, qui non obscure ad Martem refert. Eo enim spectans, Narbonem reipsa Martium nuper factum ait, cum acerrimam Gothorum obsidionem de qua iterum carmine sequenti, fortissime sustinuit.

ratis æquo plusculum locis lar familiaris incolitur, non
idcirco tam nobis animum dissidere quam patriam.
Habes ergo hic Dionysium inter triumphi Indici oblec-
tamenta marcentem; habes et Phœbum, quem tibi jure
poetico inquilinum factum constat ex numine : illum
scilicet Phœbum; ª Anthedii mei perfamiliarem, cujus
collegio vir præfectus, non modo musicos quosque, verum etiam geometras, arithmeticos et astrologos disse-
rendi arte supervenit. Siquidem nullum hoc exactius
compertum habere censuerim, quid ᵇ sidera zodiaci obliqua, quid planetarum vaga, quid exotica sparsa prævaleant. Nam ita, ut sic dixerim, his membris philosophiæ claret, ut videatur mihi Julium Firmicum, Sammonicum, Julianum Vertacum, Fullonium Saturninum,
in libris matheseos peritissimos conditores absque interprete, ingenio tantum suffragante, didicisse. Nos vestigia doctrinæ ipsius adorantes, coram canoro cycno
raucum anserem profitemur. Quid te amplius moror?
Burgum tuam, quo jure amicum decuit, meam feci :
probe **389** sciens, vel materiam tibi esse placituram,
etiamsi ex solido poema displiceat.

CARMEN XXII.

ᶜ BURGUS PONTII LEONTII.

Bistonji stabulum regis, Busiridis aras,
Antiphatæ mensas, et Taurica regna Thoantis,
Atque Ithaci ingenio fraudatum luce cyclopem,
Portantem frontis campo per concava montis
Par prope transfossi tenebrosum luminis antrum,
Hospes adi, siquis Burgum taciturus adisti :
Et licet in carmen non passim laxet habenas
Phœbus, et hic totis non pandat carbasa fandi;
Quisque tamen tantos non laudans ore penates
Inspicis, inspiceris : resonat sine voce voluntas :
Nam tua te tacitum livere silentia clamant.

Ergo age, Pierias Erato mihi percute chordas :
Respondent-Satyri, digitumque pedemque moventes,
Ludant, et tremulo non rumpant cantica saltu.
Quidquid forte Dryas, vel quidquid Hamadryas un-
 [quam
Connexis sibimet festum plausere Napæis,
Dependant inodo, Burge, tibi, vel Naidas istic
Nereidum chorus alme doce, cum forte Garumna
Huc redeunte venis, pontumque in flumine sulcas.
Pande igitur causas Erato, laribusque sit ede
Quis genius : tantum non est sine præsule culmen.

Forte sagittiferas Evan populatus Erythras,
Vite capistratas cogebat ad esseda tigres :
Intrabat duplicem qua temo racemifer arcum,
390 Marcidus ipse sedet curru : madet ardua cervix

A Sudati de rore meri : caput aurea rumpunt
Cornua, et indigenam jaculantur fulminis ignem.
Sumpserat hoc primum nascens, cum transiit olim
In patrium de matre femur; fert tempus utrumque
Veris opes, rutilosque ligat vindemia flores.
Cantharus et thyrsus dextra lævaque feruntur :
Nec tegit exsertos, sed tangit palla lacertos.
Dulce natant oculi, quos si fors vertat in hostem,
Attonitos solum dum cernit inebriat Indos.
Tum salebris saliens quoties se concutit axis,
Passim deciduo perfunditur orbita musto.
Bassaridas, Satyros, Panas, Faunosque docebat
Ludere Silenus, jam numine plenus alumno,
Sed comptus tamen ille caput; nam vertice nudo
Amissos sertis studet excusare capillos.

B Corniger inde novi Ganges fit pompa triumphi.
Cernuus impexam faciem stetit ore madenti, et
Arentes vitreis adjuvit fletibus undas.
Conjectas in vincla manus post terga revinxit
Pampinus; hic sensim captivo humore refusus
Sponte refrondescit per brachia roscida palmes.
Nec non et rapti conjux ibi vincta mariti
It croceas demissa genas, vetitaque recondi
Lampade, cum solis radiis aurora rubebat.
Adfuit hic etiam post perdita cinnama phœnix,
Formidans mortem sibi non superesse secundam.
Succedit captiva cohors, quæ fercula gazis
Fert onerata suis : ebur hic, hebenusque, vel aurum,
Et niveæ piceo raptæ de pectore baccæ
391 Gestantur; quicumque nihil sustentat odoris,

C Mittitur in nexus. Videas hic ipsa placere
Supplicia, et virides violis halare catenas.
Ultima nigrantes incedunt præda elephanti.
Informis cui forma gregi; riget hispida dorso
Vix ferrum passura cutis : quippe improba cratem
Nativam nec tela forant, contracta vicissim
Tensaque terga feris crepitant, usuque cavendi
Pellunt excussis impactum missile rugis.

Jamque iter ad Thebas per magnum victor agebat
Aera, et ad summas erexerat orgia nubes :
Cum videt Aonia venientem Delion arce.
Grypas et ipse tenet : vultus his laurea curvos
Fronde lupata ligant, hederis quoque circumplexis
Pendula lora virent; sensim fera subvolat ales

D Aerias terræque vias, ne forte citato
Alarum strepitu lignosas frangat habenas.
Æternum nitet ipse genas : crevere corymbis
Tempora, et auratum verrit coma concolor axem.
Læva parte tenet vasta dulcedine raucam
Cælato Pithone lyram, pars dextra sagittas

ª Dulcem poetam alibi dixit; hic poetarum collegio
præfectum facit.
ᵇ Extra zodiacum posita. Tres enim Sidonio stellarum classes : planetæ, qui suis in orbibus vagantur;
sidera zodiaci, quæ duodecim ejus signis continetur; et reliqua extra zodiacum, quæ propterea exotica nominat, quasi ἔξω τοῦ ζωδιακοῦ.
154 ᶜ Burgi Paulinianæ, quam hoc idyllio describit, nomen antiquum hodie manet; Burgum enim
castrum vocant, ad Duranii fluminis ripam, non pro-

cul ab illius et Garumnæ confluentibus. De Leontio
autem, in cujus gratiam hæc scripsit, dictum epist.
11 et 12 lib. viii. Burgi vocis Græca est origo. Glossarium vetus : Πύργος, turris; burgus. Inde burgos vocarunt Romani turres seu turrita propugnacula in
limitibus constituta. Ab his porro, similia omnia mu-
nitiora loca burgorum quoque nomen tulerunt. Neque
ratio alia requirenda cur ita Burgum suam appellarit
Pontius Paulinus conditor, cum hanc ipsam prodat
tota ejus descriptio.

Continet, atque alio resonantes murmure nervos.
Ibant Pimpliades pariter, mediumque noveno
Circumsistentes umbrabant syrmate currum.
Pendet per teretes tripodas Epidaurius anguis,
Diffusus sanctum per colla salubria virus.
" Hic et crinisatas jungebat Pegasus alas,
Portans doctiloquo facundum crure Creontem.

   Ut sese junxere chori, consurgit uterque
Fratris in amplexus; sed paulo segnior Evan,
392 Dum pudet instabiles, si surgat, prodere plantas.
Tum Phœbus : Quo pergis? ait : num forte nocentes
Bacche petis Thebas? te cretus Echione nempe
Abnegat esse deum; linque iis, rogo, mœnia, linque;
Et mecum mage flecte rotas; despexit Agave
Te colere, et nosmet Niobe; riget inde superbum,
Vulnera tot patiens, quot spectat pignora ventris.
Optantemque mori gravius clementia fixit.
Parcere sæpe malum est, sensumque inferre dolori.
Ipsa autem nato occiso Pentheia mater
Amplius ut furiat, nunquid vesana futura est?
Ergo nec Aonios colles habitare valemus,
Cum patris exstincti thalamis potietur adulter,
Frater natorum, conjux genitricis habendus,
Vitricus ipse suus. Cordi est si jungere gressum,
Dicam, qua pariter sedem tellure locemus.

   ᵇ Est locus, irrigua qua rupe Garumna rotate,
Et tu, qui simili festinus in æquora lapsu
Exis, curvata Durani muscose saburra,
Jam pigrescentes sensim confunditis amnes.
Currit in adversum hic pontus, multoque recursu
Flumina quas volvunt, et spernit et expedit undas.
At cum summotus lunaribus incrementis
Ipse Garumna suos in dorsa recolligit æstus,
Præcipiti fluctu raptim redit, atque videtur
In fontem jam non refluus, sed defluus ire.
Tum recipit laticem, quamvis minor ille, minore
Stagnanti de fratre suum, turgescit et ipse
Oceano, propriasque facit sibi littora ripas.
Hos inter fluvios, uni mage proximus unde est
393 Æthera mons rumpens, alta spectabilis arce,
Plus celsos habiturus heros, vernamque senatum.
Quem generis princeps Paulinus Pontius olim,
Cum Latius patriæ dominabitur, ambiet altis
Mœnibus, et celsæ transmittent aera turres.
Quarum culminibus sedeant commune micantes
Pompa, vel auxilium; non illos machina muros
Non aries, non alta strues, vel proximus agger,
Non quæ stridentes torquet catapulta molares,
Sed nec testudo, nec vinea, nec rota currens,
Jam positis scalis unquam quassare valebunt.

   Cernere jam videor quæ sint tibi, Burge, futura.
Diceris sic; namque domus de flumine surgunt,
Splendentesque sedent per propugnacula thermæ.
Hic cum vexatur piceis aquilonibus æstus,
Scrupeus asprata latrare crepidine pumex

A Incipit; at fractis saliens e cautibus altum
Excutitur torrens, ipsisque aspergine tectis
Impluit, ac tollit nautas, et sæpe jocoso
Ludit naufragio; nam tempestate peracta
Destituit refluens missas in balnea classes.
Ipsa autem quantis, quibus aut sunt fulta columnis?
Cedat puniceo pretiosus livor in antro
Synnados, et Numadum qui portat eburnea saxa
Collis, et herbosis quæ vernant marmora venis.
Candentem jam nolo Paron, jam nolo Caryston.
Vilior est rubro quæ pendet purpura saxo.
Et ne posteritas dubitet, quis conditor exstet,
Fixus in introitu lapis est : hic nomina signat
Auctorum; sed propter aqua, et vestigia pressa
394 Quæ rapit, et fuso deterget gurgite cœnum :
B Sectilibus paries tabulis crustatus ad aurea
Tecta venit, fulvo nimis abscondenda metallo.
Nam locuples fortuna domus non passa latere,
Divitias prodit cum sic sua culmina celat.

   Hæc post assurgit, duplicemque supervenit ædem
Porticus, ipsa duplex, duplici non cognita plaustro
Quarum unam molli subductam vertice curvæ
Obversis paulum respectant cornibus alæ.
Ipsa diem natum cernit sinuamine dextro,
Fronte videns medium, lævo visura cadentem.
Non perdit quidquam trino de cardine cœli,
Et totum solem lunata per atria servat.
Sacra tridentiferi Jovis hic armenta profundo
Pharnacis immergit genitor; percussa securi
Corpora cornipedum, certasque rubescere plagas
C Sanguineo de rore putes; stat vulneris horror
Verus, et occisis vivit pictura quadrigis.
Ponticus hinc rector numerosis Cyzicon armis
Claudit; at hinc sociis consul Lucullus opem fert,
Compulsusque famis discrimina summa subire,
Invidet obsesso miles Mithridaticus hosti.
Enatat hic pelagus Romani militis ardor,
Et chartam madido transportat corpore siccam.
Desuper in longum porrectis horrea tectis
Crescunt, atque amplis angustant fructibus ædes
Huc veniet calidis quantum metit Africa terris,
Quantum vel Calaber, quantum colit Apulus acer,
Quanta Leontino turgescit messis acervo,
Quantum Mygdonio committunt Gargara sulco,
395 Quantum, quæ tacitis Cererem venerata choreis
D Attica Triptolemo civi condebat Eleusin,
Cum populis hominum glandem linquentibus olim
Fulva fruge data jam sæcula fulva perirent.

   Porticus ad gelidos patet hinc æstiva triones.
Illinc calor innocuus thermis hiemalibus exit,
Atque locum tempus mollit; quippe illa rigori
Pars est apta magis; nam quod fugit ora leonis;
Inde Lycaoniæ rabiem male sustinet ursæ.
Arcis at in thermas longe venit altior amnis,
Et cadit in montem, patulisque canalibus actus,

ᵃ Rectius alii, *Hic et crinisatas* : tanquam ex ipsis Pegasi crinibus natas.
155 ᵇ Topothesia confluentium Duranii et Garumnæ, ubi sitam diximus Burgum in ripa Duranii

sive, ut Gregorius ad hodiernum fere sonum lib. VIII nuncupat, Dorononiæ. Nunc enim Dordoniam dicunt.

Circumfert clausum cava per divortia flumen.
    Occiduum ad solem, post horrea, surgit opaca
Quæ dominis hiberna domus; strepit hic bona flamma
Appositas depasta trabes; sinuata camino
Ardentis perit unda globi, fractoque flagello
Spargit ᵃ lentatum per culmina tota vaporem.
Continuata dehinc videas, quæ conditor ausus
Æmula Palladiis textrina educere templis.
Hac celsi quondam conjux veneranda Leonti,
Qua non ulla magis nurus unquam Pontia gaudet
Illustris pro sorte viri, celebrabitur æde
Vel Syrias vacuasse colus, vel serica fila
Per cannas torsisse leves, vel stamine fulvo
Prægnantis fusi mollitum nesse metallum.
Parietibus post hinc rutilat quæ machina junctis,
Fert recutitorum primordia Judæorum.
Perpetuum pictura micat, nec tempore longo
Deprétiata suas turpant pigmenta figuras.
Flecteris ad lævam? te porticus accipit ampla
396 Directis curvata viis; ubi margine summo
Pendet, et arctatis stat saxea silva columnis.
Alta volubilibus patet hinc cœnatio valvis.
Fusilis euripus propter; cadit unda superne
Ante fores pendente lacu, venamque secuti
Undosa inveniunt nantes cœnacula pisces.
Cominus erigitur vel prima, vel extima turris.
Mors erit hic dominis hibernum sigma locare;
Hujus conspicuo residens in culmine, sæpe
Dilectum nostris musis simul atque capellis
Aspiciam montem lauri : spatiabor in istis
Frondibus, hic trepidam credam mihi credere
                                          [Daphnem.
Jam si forte gradus geminam convertis ad Arcton,
Ut venias in templa dei, qui maximus ille est :
Deliciis redolent junctis apotheca penusque.
Hic multus tu frater eris. Jam divide sedem,
Cessurus mihi fonte meo, quem monte fluentem
Umbrat multicavus spatioso circite fornix.
Non eget hic cultu, dedit huic natura decorem.
Nil fictum placuisse placet, non pompa per artem
Ulla, resultanti non comet malleus ictu
Saxa, nec exesum supplebunt marmora tophum.
Hic fons Castaliæ nobis vice sufficit undæ,
Cætera dives habe : colles tua jura tremiscant.

Captivos hic solve tuos, et per juga Burgi
Læta relaxatæ fiant vineta catenæ.
    Confirmat vocem jamjam prope sobrius istam
Silenus, pariterque chori cecinere faventes.
Nysa vale Bromio, Phœbo Parnasse bivertex.
Non illum Naxus, non istum Cyrrha requirat :
397 Sed mage perpetuo Burgus placitura petatur.

Ecce, quoties tibi libuerit pateris capacioribus hilarare convivium, misi quod inter scyphos et amystidas tuas legas. Subveneris verecundiæ meæ, si in sobrias aures ista non venerint; nec injuria hoc ac secus atque æquum est flagito : quandoquidem Baccho meo judicium decemvirale passuro, tempestivius quam convenit tribunal erigitur. Si quis autem carmen prolixius eatenus duxerit esse culpandum, quod epigrammatis excesserit paucitatem, istum liquido patet, neque balneas Etrusci, neque Herculem Surrentinum, neque ᵇ comas Flavii Earini, neque Tybur Vopisci, neque omnino quidquam de Papinii nostri silvulis lectitasse : quas omnes descriptiones vir ille præjudicatissimus, non distichorum aut tetrastichorum stringit angustiis, sed potius, ut lyricus Flaccus in artis poeticæ volumine præcipit, multis iisdemque purpureis communium pannis semel inchoatas materias decenter extendit. Hæc me ad defensionis exemplum posuisse sufficiat, ne hæc ipsa longitudinis deprecatio longa videatur. Vale.

CARMEN XXIII.

ᶜ NARBO. AD CONSENTIUM V. C. CIVEM NARBONENSEM.

Cum jam pro meritis tuis pararem
Consenti, columen decusque morum,
398 Vestræ laudibus hospitalitatis
Cantum impendere pauperis cicutæ;
Ultro in carmina tu tubam recludens,
Converso ordine, versibus citasti
Suetum ludere sic magis sodalem.
Paret musa tibi; sed impudentem
Multo cautius hinc stylum movebit.
Nam cum carmina postules diserte,
Suades scribere, sed facis tacere.
Nuper quadrupedante cum citato
Ires, ᵈ Phocida, Sextiasque Baias

ᵃ Per tubulos nimirum parietibus impressos, ut loquitur Seneca epist. 90. Atque ita legendus, intelligendusque Plinius junior lib. II, epist. 17 : *Adhæret dormitorium membrum, transitu interjacente; quod suspensum et tubulatum, conceptum vaporem salubri temperamento huc illuc digerit et ministrat.*

ᵇ Ita reposui, pro *Cumas Fl. Sabini,* quod antea legebatur. Neque dubia emendatio, cum Silvæ Papinianæ lib. III argumentum sit Coma Earini : de qua et Martialis exstat epigramma, lib. IX.

ᶜ Sidonius Narbonem olim profectus, cum humaniter acceptus habitusque esset a Consentio, decreverat hospiti suo gratiam suis versibus rependere; cum prior ille aliquot carminum eclogis Sidonium provocavit. Tum ergo carmen hoc ad illum misit, quo Narbonem mirificis laudibus, sed non alia re magis commendat, quam quod Consentios cives no-bilissimos et doctissimos tulerit, hunc ipsum ad quem scribit, et ejus patrem : quorum utriusque meminit lib. IX, epist. 15; ad filium autem data est epist. 4, lib. VIII.

ᵈ Massiliam et Aquas Sextias. Massiliensium urbem a Phocæensibus Asiæ populis conditam constat. Aliud autem fuerunt Φωκαεῖς, Phocæenses, a Phocæa urbe Asiæ; aliud Φωκεῖς, Phocenses, a Phocide, quæ regio fuit in Hellade. Sed multi, etiam antiqui, Phocenses et Phocidem nuncuparunt, ex quo orti Massilienses, vel nomina confundentes, vel historiam. Baias autem calidas omnes aquas dicebant, ab illis Campanis omnium, ut Eunapius scribit, toto orbe nobilissimis. Quare Aquis Sextiis, quod in iis thermæ essent, id etiam nomen obtigit. Sextias autem a Sextio Calvino dictas, qui primus urbem illam muro cinxit, omnes consentiunt. Ejus porro coloniæ quæ metropolis est provinciæ II Narbonensis, egregium hoc

Illustres titulisque prœliisque
Urbes, per duo consulum tropæa
(Nam Martem tulit ista Julianum,
Et Bruto duce nauticum furorem;
Ast hæc Teutonicas cruenta pugnas,
Erectum et Marium cadente Cimbro);
Misisti mihi multiplex poema,
Doctum, nobile, forte, delicatum.
Ibant hexametri superbientes,
Et vestigia juncta, sed minora,
Per quinos eligi pedes ferebant.
Misisti et triplicis metrum trochæi,
Spondœo comitante, dactyloque,
Dulces hendecasyllabos, tuumque
Blando fenore Sollium ligasti.
Usuram petimurque, reddimusque.
Nam quod carmine pro tuo rependo,
Hoc centesima laudum tuarum est.
Quid primum veneror, colamque pro te?
399 Ni fallor, patriam, patremque juxta.
Qui quanquam sibi vindicare summum
Possit jure locum, tamen necesse est
Illam vincere, quæ parit parentes.

Salve, Narbo, potens salubritate,
Urbe et rure simul bonus videri,
Muris, civibus, ambitu, tabernis,
Portis, porticibus, foro, theatro,
Delubris, capitoliis, monetis,
Thermis, arcubus, horreis, macellis,
Pratis, fontibus, insulis, salinis,
Stagnis, flumine, merce, ponte, ponto.
Unus qui venerere jure divos,
Lenæum, Cererem, Palem, Minervam
Spicis, palmite, pascuis, trapetis.
Solis fise viris, nec expetito
Naturæ auxilio, procul relictis
Promens montibus altius cacumen,
Non te fossa patens, nec hispidarum

A Objectu sudium coronat agger.
Non tu marmora, bracteam, vitrumque,
Non testudinis Indicæ nitorem,
Non si quas eboris trabes refractis
Rostris Marmarici dedere barri,
Figis mœnibus, aureasque portas
Exornas ᵃ asaroticis lapillis.
Sed per semirutas superbus arces,
Ostendens veteris decus duelli,
Quassatos geris ictibus molares,
400 Laudandis pretiosior ruinis.
Sint urbes aliæ situ minaces,
Quas vires humiles per alta condunt,
Et per præcipites locata cristas
Nunquam mœnia cæsa glorientur.
B Tu pulsate places, fidemque fortem
Oppugnatio passa publicavit.
 ᵇ Hinc te Martius ille rector, atque
Magno patre prior decus Getarum,
Romanæ columen salusque gentis,
Theodoricus amat, sibique fidum
Adversos probat ante per tumultus.
Sed non hinc videare forte turpis,
Quod te machina crebra perforavit.
Namque in corpore fortium virorum
Laus est amplior amplior, cicatrix.
In castris Marathoniis merentem
Vulnus non habuisse, grande probrum est.
Inter Publicolas manu feroces,
Trunco Mucius eminet lacerto.
C Vallum Cæsaris opprimente Magno,
Inter tot facies ab hoste tutas,
Luscus Scæva fuit magis decorus.
Laus est ardua dura sustinere.
Ignavis, timidis, et improbatis
 ᶜ Multum ringitur otiosa virtus.
Quid quod Cæsaribus ferax creandis,
Felix prole virum, simul dedisti
 ᵈ Natos cum genitore principantes?

monimentum exstat Romæ in antiqua basi statuæ.
L. ANTONIO
EPITYNCHANO
LICTORI DEC. CURIA
TIÆ QUÆ SACRIS
PUBLICIS APPARET
QQ. COLLEGI FABRUM
TIGNUARIORUM OSTIS
SEVIRO AUG. IN PROVINC
NARBONENSI COLONIA
AQUIS SEXTIS

156 ᵃ Testulis in varios colores tinctis, quales in asarotis pavimentis, de quibus Statius in Tiburtino Vopisci, et Plinius lib. XXXVI, cap. 20 : *Sosus Pergami statuit quem vocant asaraton œcon, quoniam purgamenta cœnæ in pavimento, quæque everri solent, veluti relicta fecerat parvis testulis tinctis in varios colores.*
ᵇ Theodoricus junior, Theodorici Magni filius, de quo epistola 2. Gothi enim cum Ataulfo duce Gallias ingressi Narbonem quoque occupassent, inde submoti sunt a Constantio comite, anno, ut ex Orosio et Idatio colligitur, 416. Post hæc Theodoricus pater, Aquitania non contentus, Narbonem longa illa obsidione cinxit, quæ hoc loco describitur, sed repulsus

est tandem a Litorio, ut dictum est in panegyrico Aviti. Demum vero junior hic Theodoricus prodita sibi per Agrippinum comitem urbe Narbonensi potitus
D est anno, ut ex Idatio eodem patet, 462. Quare post hunc annum, sed ante 466, quo mortuus est Theodoricus, a Sidonio scriptum hoc carmen dici necesse est.
 ᶜ In aliis *fingitur*. Horatius :
Paulum sepultæ distat inertiæ
Celata virtus.
 ᵈ Carinum et Numerianum cum Caro patre. Quanquam de Cari Aug. patria nihil certi fuisse docet Vopiscus, et quod mirere, inter varias opiniones non meminit Narbonis. Sed Narbone genitum, ante Sidonium prodidere e Græcis Eusebius in Chronico, e Latinis Sextus Victor, Eutropius et Orosius. Josephus Scaliger ad Eusebium, quia Carum in Illyrico natum quidam scripserant, ut Fabius Cerilianus, ita rem componit, ut Narbonæ natum affirmet, non in Gallia, sed in Illyrico, ubi Narbonam item oppidum esse contendit nominis ejusdem. Verum Dalmatiæ oppido, quod Scaliger designat, nomen fuit non Narbona, etsi mendose ita legitur apud Ptolemæum, sed Narona, quomodo in epistola Vatinii apud Cice-

Nam quis Persidis expeditionem,
401 Aut victricia castra præteribit
Curi principis, et perambulatum
Romanis legionibus Niphatem :
Tum, cum fulmine captus imperator,
Vitam fulminibus parem peregit?

His tu civibus, urbe, rure pollens,
a Consenti, mihi gignis almæ patrem,
Illum, cui nitidi sales, rigorque
Romanus fuit Attico in lepore.
Hunc Milesius et Thales stupere
Auditum potuit, simulque Lindi est
Notus qui Cleobulus inter arces,.
Et tu, qui Periandre de Corintho es,
Et tu, quem dederat Bias Priene,
Et tu Pittace Lesbius sophistes,
Et tu, qui tetricis potens Athenis
Vincis Socraticas Solon palæstras,
Et tu Tyndareis satus Therapnis
Chilon, legifero prior Lycurgo.
Non hic si voluit, vacante cura,
Quis sit sideribus notare cursus,
Diversas Arato vias cucurrit.
Non hunc cum geometricas ad artes
Mentem composuit, sequi valebat
Euclides spatium sciens olympi.
Non hunc, si voluit rotare rhythmos,
Quidquam proposito virum morari
Chrysippus potuisset ex acervo.
Hic cum Amphioniæ studebat arti,
Plectro, pollice, voce, tibiaque,
402 Thrax vates, deus Arcas, atque Phœbus,
Omni carmine post erant, et ipsas
Musas non ita musicas putares.
Hic si syrmate cultus et cothurno,
Intrasset semel Atticum theatrum,
Cessissent Sophocles et Euripides.
Et si pulpita personare socco
Comœdus voluisset, huic levato
Palmam tu digito dares, Menander.
Hic cum senipedem stylum polibat,
Smyrnææ vice doctus officinæ,
Aut cum sæ historiæ dabat severæ,
Primos vix poterant locos tueri
Torrens Herodotus, tonans Homerus.
Non isto potior fuisset olim,
Qui Pandioniam movebat arte
Orator caveam tumultuosus,
Seu luscum raperetur in Philippum,

A Causam seu Ctesiphontis actitaret,
Vir semper popularitate crescens,
Et juste residens in arce fandi,
Qui fabro genitore procreatus,
Oris maluit expolire limam.
Quid vos eloquii canam Latini
Arpinas, Patavine, Mantuane?
Et te, comica qui doces, Terenti?
Et te, tempore qui satus severo,
Graios Plaute sales lepore transis?
Et te multimoda satis verendum
Scriptorum numerositate, Varro?
403 Et te qui brevitate Crispe polles?
Et qui pro ingenio fluente nulli
Corneli Tacite es tacendus ori?
B Et te Massiliensium per hortos
Sacri stipitis, Arbiter, colonum
Hellespontiaco parem Priapo?
Et te carmina per libidinosa
Notum Naso tener. Tomosque missum;
Quondam Cæsareæ nimis puellæ
Ficto nomine subditum Corinnæ.
¹ Quid celsos Senecas loquar, vel illum
Quem dat Bilbilis alta Martialem,
Terrarum indigenas Hibericarum?
Quid quos duplicibus jugata tædis
Argentaria b Polla dat poetas?
Quid multos varii styli retexam,
Arguti, teneri, graves, dicaces?
Si Consentius adfuit, latebant.
C Huic summi ingenii viro, simulque
Summæ nobilitatis atque formæ,
Juncta est femina, quæ domum ad mariti
Prisci c insignia transferens Jovini,
Implevit trabeis larem sophistæ.
Sic intra proprios tibi penates,
Consenti, patriæ decus superbum,
Fastis vivit avus, paterque libris.

Hæc per stemmata te satis potentem,
Morum culmine sed potentiorem,
Non possim merita sonare laude :
Nec si me Odrysio canens in antro,
404 Qua late trepidantibus fluentis
Cautes per Ciconum resultat Hebrus,
Princeps instituisset ille vatum,
D Cum dulces animata saxa chordæ
Ferrent per Rhodopen trahente cantu,
Et versa vice fontibus ligatis,
Terras currere cogerent anhelas.

ronem appellatur; itemque apud Plinium et Aethicum, et in Tabula Peutingeri.
a Consentium patrem laudat a philosophicis poeticisque disciplinis, tum Græcis, tum Latinis.
157 b Lucanum et Statium. Lucani enim uxor fuit Polla Argentaria, et mortuo Lucano, Statii, ut Statius ipse in Silvis docet. Quidam libri *pallidat* legunt.
c Trabeæ et fastorum nomen consulatum denotat

¹ Barthius *Advers.* pag. 489 legit ex antiquo libro, *Quid Celsos, Senecas loquar;* fuisse enimvero præter

Fl. Valentis Jovini, quem Lupicino collega sub Valentiniano seniore gessit, cum equitum magister esset per Gallias, et Alamannos ingenti strage in Catalaunis profligasset, ut Marcellinus narrat l. xxvii. De quo etiam scribit Flodoardus i Historiæ 6, et antiquos versus profert a Jovino positos in S. Agricolæ basilica quam Remis fundarat. Hujus itaque filiam Consentio seniori nuptam ait. Quæ vero sequuntur, de juniore Consentio, ad quem scribit, capi debent.

Cornelium, et alios Celsi nomine celebres. — BAUNIUS Sirmond. editor, præfat. ad tom. I, § 11.

Nec non Ismara solibus paterent,
Aurita chelyn expetente silva,
Et nulli resolubiles calori
Curvata ruerent nives ab Ossa,
Stantem aut Strymona Bistones viderent,
Cum carmen rapidus latex sitiret.
Nec si Peliaco datus bimembri
Ad Centaurica plectra constitissem,
Hinnitum duplicis timens magistri.
Nec si me docuisset ille fari,
Jussus pascere qui gregem est clientis,
Amphrysi ad fluvium, deus bubulcus,
Quod ferrugineos Cyclopas arcu
Stravit sub Liparensibus caminis,
Vibrans plus grave fulmen in sagitta.
   Jam primo tenero calentem ab ortu,
Excepere sinu novem sorores,
Et te de genitrice vagientem.
Texerunt vitreæ vado Hippocrenes.
Tunc hac mersus aqua loquacis undæ,
Pro fluctu mage litteras bibisti.
Tunc tu jam puer aptior magistro,
Quidquid rhetoricæ institutionis,
405 Quidquid grammaticalis aut palestræ est,
Sicut jam tener hauseras, vorasti.
Et jam te aula tulit, *a* piusque princeps
Inter conspicuos statim locavit,
Consistoria quos habent, tribunos :
Namque et purpureus in arce regni
Præesse officiis tuis solebat,
Mores nobilitate quod merebant.
Tantum culminis et decus stupendum
Scripti annalibus indicant honores.
Hinc tu militiam secutus amplam,
Castrensem licet ampliare censum
Per suffragia justa debuisses.
Solemnis tamen abstinens lucelli,
Fama plus locuples domum redisti,
Solum quod dederas tuum putando.
   Tum si forte fuit quod imperator

A *b* Eoas soceri venire in aures
Fido interprete vellet et perito,
Te commercia duplicis loquelæ
Doctum solvere protinus legebat.
O, sodes, quoties tibi loquenti
Byzantina sophos dedere regna?
Et te seu latialiter sonantem,
Tanquam Romulea satum suburra,
Seu linguæ Argolicæ rotunditate
Undantem, Marathone ceu creatum :
Plaudentes stupuere Bosphorani,
Mirati minus Atticos alumnos.
Hinc si fœdera solverentur orbis,
406 Pacem te medio darent feroces
Chunus, Sauromates, Getes, Gelonus.
B Tu *1* Tuncrum, et Vachalim, Visurgin, Albin,
Francorum et penitissimas paludes
Intrares, venerantibus Sicambris,
Solis moribus inter arma tutus.
Tu Mœotida, Caspiasque portas,
Tu finxis equitata Bactra Parthis
Constans intrepidusque sic adires,
Ut fastu posito tumentis aulæ,
Qui supra satrapas sedet tyrannus,
Ructans semideum propinquitates,
Lunatum tibi flecteret tiaram.
Tu si publica fata non vetarent
Ut Byrsam peteres, vel Africanæ
Telluris Tanaiticum rebellem :
Confestim posito furore Martis,
C Post piratica damna destinaret
Plenas mercibus institor carinas;
Et per te bene pace restituta,
Non ultra mihi bella navigarent.
   Jam si seria forte terminantem
Te spectacula ceperant theatri,
Pallebat chorus omnis histrionum,
Tanquam si Arcitenens, novemque Musæ
Propter pulpita judices sederent.
Coram te *c* Caramalus, aut Phabaton

a Plac. Valentinianus, a quo tribunus et notarius in consistorio Consentius creatus est. In consistorio enim principis militabant tribuni et notarii. l. 2 cod. Theod. de Primicerio et notariis. Inscriptio statuæ Petronii Maximi, PRIMÆVUS IN CONSISTORIO SACRO TRIBUNUS ET NOTARIUS MERUIT.
b Theodosii junioris Aug. filiam Eudoxiam duxerat Valentinianus. Ad Theodosium ergo in Oriente legatum a Valentiniano Consentium ait, et idoneum fuisse qui ad Francos item, Persas, Vandalos aliosque reges mitteretur.
c Nobilium pantomimorum nomina; quorum alterum, id est Caramallum, laudat etiam Aristænetus epistola 26, et Leontius Scholasticus lib. iv Anthologiæ 25. Pantomimi, ὀρχησταί, ore tacito gestibus omnia explicabant. Cassiodorus lib. iv : *Orchestarum loquacissimæ manus, linguosi digiti, silentium*

clamosum, expositio tacita; et incertus auctor de Pantomimo :

   Tot linguæ quot membra viro : mirabilis ars est,
     Quæ facit articulos ore silente loqui.

Artis auctores Romæ, Augusti temporibus, Pylades D et Bathyllus. Nam cum veteres ipsi canerent et saltarent, hi chorum et fistulam sibi præcinere fecerunt, ut tradunt Lucianus Περὶ ὀρχήσεως, Eusebius in Chronico, Zosimus lib. i, et alii. Pantomimorum autem tot erant argumenta quot fabulæ poetarum ; nulla enim erat quam non repræsentarent. Itaque Sidonius multas hoc loco recenset ; longe plures Lucianus dialogo suprascripto. Cyprianus de spectaculis : *Nulla enim obscenis motibus membra distorquens desaltavit Græcæ libidinis fabulam.*

1 Hadrianus Valesius, Rer. Francic. lib. v, pag. 221, non *Tuncrum*, flumen omnibus, ut ipse ait, geographis et historicis ignotum, sed *Vicrum* legit. « Est autem *Vicer*, inquit, Franciæ transrhenanæ amnis, oppidum sui nominis attingens, vulgo Zuiderseum, hoc est paludem Austrinam, dictum; quem a Claudio Ptolemæo in Germania inter Rhenum et flumen Amisium positum, vitio exemplarium Vidrum pro Vicro appellari, et hodieque Vectum vocari animadverto. » — BAUNIUS l. c.

Clausis faucibus, et loquente gestu,
Nutu, crure, genu, manu, rotatu,
Toto in schemate vel semel latebit.
407 Sive Æetias, et suus Jason
Inducuntur ibi, ferusque Phasis,
Quis jactos super arva Colcha dentes
Expavit, fruticante cum duello
Spicis spicula mixta fluctuarent.
Sive prandia quis refert Thyestæ
Seu vestros Philomela torva planctus,
Discerptum aut puerum, cibumque factum
Jamjam conjugis innocentioris.
Seu raptus Tyrios, Jovemque taurum
Spreto fulmine fronte plus timendum.
Seu turris Danae refertur illic,
Cum multum pluvio rigata censu est,
Dans plus aurea furta quam metalla.
Seu Ledam quis agit, Phrygemque ephebum
Aptans ad cyathos, facit tonanti
Succo nectaris esse dulciorem.
Seu Martem simulat modo in catenas
Missum Lemniacas, modo aut repulso
Formam imponit apri, caputque setis.
Et tergum asperat, hispidisque malis
Læve incurvat ebur, vel ille fingit

A Hirtam dorsa feram, repanda tela
At ritu assiduo cacuminantem.
Seu Perseia virgo vindicata
Illic luditur harpe conjugali,
Seu quod carminis atque fabularum
Clausa ad Pergama dat bilustre bellum.
Quid dicam citharistrias, choraules,
Mimos, schœnobatas, gelasianos,
408 Cannas, plectra, jocos, palem, rudentem,
Coram te trepidanter explicare?
Nam ᵃ Circensibus ipse quanta ludis
Victor gesseris intonante Roma,
Lætam par fuit exarare musam.

Janus forte suas bifrons calendas,
Anni tempora circinante Phœbo,
B Sumendas referebat ad curules.
Mos est Cæsaris hic die bis uno
(Privatos vocitant) parare ludos.
Tunc cœtus juvenum, sed aulicorum,
Elei simulacra torva campi
Exercet spatiantibus quadrigis.
Et ᵇ jam te urna petit, cietque raucæ
Acclamatio sibilans coronæ.
Tum qua est ᶜ janua, consulumque sedes,

ᵃ *Circensium* Plac. Valentiniani nummum vidimus cum Vicennalium ejus nota. Sed ii publici et solemnes ludi erant, hi vero privati; sicut privatum Elagabali spectaculum, **158** in quo Lampridius narrat junxisse illum camelos quaternos ad currus in circo. In publicis agitare solebant promiscui aurigæ factionum circensium; in privatis nobiles plerumque ac principes ipsi exercebantur, ut hoc loco juvenes aulici.

ᵇ *Sortes* in circo ad electionem ducebantur, tum loci, tum quadrigarum. De quadrigarum electione Symmachus testatur, lib. x, 22. *Malo*, inquit, *fremitum Murtiæ vallis exponere, atque illam quadrigarum distributionem, in qua sibi cum fortunatus videretur cui electionem mox urna tribuebat par vel potior erat, quem sors fecisset extremum. Quoties sequenti primus invidit? Dubia est enim optio, cum de similibus judicatur.* Ubi aperte optionem sorte datam dicit; sed quadrigas a Theodosio missas adeo præstantes omnes fuisse, ut sors primo nihil conferre videretur, cum illa ambiguam redderent optionem. Sed quadrigarum electio non semper fuit in usu; loci nunquam omissa. Nam apud Homerum Iliad. 23, Sophoclem in Electra, Statium Thebaidos vi, quia Heroes antiqui suos ipsi currus agitant, solius loci fit sortitio. Item apud Virgilium in ludrico navali Æneidos v, *Tum loca sorte legunt*. Loca autem hæc in circo erant ostia ipsa et carceres equorum : ita ut primus, aut secundus locus, nihil aliud fuerit, quam primum aut secundum ostium. Consentius ergo, quem primum urna vocarat, et axem, hoc est quadrigas eligit, et primum ostium ingreditur : post eum reliqui alia deinceps suo quisque ordine. Cur autem in capiendis locis sors adhiberetur causam innuit, non explicat Donatus ad Virgilii verba, quæ proxime citavimus : *Non est*, ait, *idem labor in singulis locis ; et inde sors adhibetur, ut fieri consuevit in circo, ne sit in ordinatione contentio.* Cur enim non idem est labor? Ideo nimirum, quia non idem erat a singulis ostiis ad metam spatium : sed a primo rectum ac brevissimum ab ultimo longissimum. Quare quo quis remotior a primo cursum inibat, hoc longiore spatio ferebatur, et viæ ac laboris plus habebat. Ex quo etiam patet, cur in Dioclis agitatoris laude ponat vetus inscriptio, quod SUMMA QUA-

DRIGA, ET OSTIO QUARTO MISSUS VICERIT. Nam cum quaterni fere agitare solerent, quatuor tantum primis ostiis utebantur. Unde qui quarto exibat, is summa et ultima quadriga certabat, cujus difficillima erat victoria. Quo etiam sensu dictum sit ab Ovidio in Amorum, 2 :

Hoc mihi contingat, sacro de carcere missis
Insistam forti mente vehendus equis.

Idem enim est ac si dicat : Te favente non dubitem vel e sacro, id est ultimo sextoque ostio missus certamen inire, ac palmam sperare.

159 ᶜ In prima circi fronte janua erat qua ingressus in circum. Januæ latera hinc inde septa carceribus, senis utrinque, quos cryptas vocat, quod absidati essent, pariete in quo carceres erant in fornices inflexo, atque ut loquitur ipse, fornicato. Dicebantur et portæ, januæ, ostia circi, quoniam his ostiis ad cursum mittebantur equi ; ut contra, carceres dictos docuit Varro, quod iis coerceantur, ne inde exeant, priusquam mittat magistratus. Portas vocat P. Victor, cum ait circi maximi duodecim portas fuisse. Januas auctor epistolæ de viro perfecto inter pseudographa Hieronymi : *Adhuc*, inquit, *prior illa astat in januis, cui æque sua spatia debentur* ; et Paulinus epist. 2 : *Non decursus stadii, sed ingressus ; nec* D *ut meta, sed janua est.* Eodemque modo θύρας Græci. Glossæ nostræ : *Carceres*, θύραι ἱπποδρόμου. Πύλας Himerius : ἐκ πυλῶν εἰς ὕσσαν δρόμον ἰθύνατε. Ostia Senator lib. iii, 51. *Bissena ostia ad duodecim signa posuerunt*; et sine controversia Ausonius in epistola ad Ursulum, senarium numerum significans :

Ostia quot pro parte aperit stridentia circus,
Excepto medium quod patet in stadium.

De his enim carcerum ostiis loquitur, non de januis, quas per circi ambitum sibi fingunt interpretes doctissimi. Ostia enim carcerum, ut dictum est, in circo maximo fuerunt omnino 12, sed sena utrinque, quod pro parte dixit Ausonius. Septimum autem ostium quod excipit, ipsa est circi janua, quæ in medio carcerum posita, in mediam circi latitudinem patebat. Supra januam porro, consulum sedes, aliorumve magistratuum qui ludis præsidebant. Nam ut consulum sedes hic dicitur, sic *Prætorum sedes* Suetonio, Neronis 12,

Ambit quam paries utrinque senis.
Cryptis, carceribusque fornicatus,
Uno e quattuor axe forte lecto,
Curvas ingrederis premens habenas.
Id collega tuus, simulque vobis
Pars adversa facit : ᵃ micant colores,
Albus, vel Venetus, virens, rubensque :
Vestræ insignia, continent ministri
Ora, et lora manus, jubasque tortas
Cogunt flexibus latere nodis,
Hortanturque obiter, juvantque blandis
Ultro plausibus, et voluptuosum
Dictant quadrupedantibus furorem,
Illi ad claustra fremunt, repagulisque
409 Incumbunt simul, ac per obseratas
Transfumant tabulas, et ante cursum
Campus flatibus occupatur absens.
Impellunt, trepidant, trahunt, repugnant,
Ardescunt, saliunt, timent, timentur,
Nec gressum cohibent, sed inquieto
Duratum pede stipitem flagellant.
   ᵇ Tandem murmure buccinæ strepentis,
Suspensas tubicen vocans quadrigas,
Effundit celeres in arva currus.

A Non sic fulminis impetus trisulci,
  Non pulsa Scythico sagitta nervo,
  Non sulcus rapide cadentis astri,
  Non fundis Balearibus rotata
  Unquam sic liquidos poli meatus
  Rupit plumbea glandium procella
  Cedit terra rotis, et orbitarum
  Moto pulvere sordidatur aer.
  Instant verberibus simul regentes,
  Jamque et pectora prona de covinno
  Extensi rapiuntur, et jugales
  Trans armos feriunt, vacante tergo :
  Nec cernas cito, cernuos magistros
  Temones mage sufferant, an axes,
  Jam vos ex oculis velut volantes,
B ᶜ Consumpto spatio patentiore,
  Campus clauserat arctus arte factus :
  Per quem longam, humilem, duplamque muro
  Euripus sibi machinam retendit.
  ᵈ Ut meta ulterior remisit omnes,
  410 Fit collega tuus prior duobus,
  Qui te transierant ; ita ipse quartus
  Gyri conditione tum fuisti.
  ᵉ Curæ est id mediis, ut ille primus

ᵃ *prætoris tribunal* eidem, Augusti 45. De qua et Livius lib. XLV : *Ludorum Romanorum die, C. Licinio consuli ad quadrigas mittendas descendenti tabellarius reddidisse laureatas litteras dicitur.*
ᵃ Circi factiones tunicarum coloribus distinctæ. Erat enim factio albata, russata, prasina, veneta : quomodo nominantur in Dioclis inscriptione : Οἱ λευκῇ, καὶ πυῤῥᾷ σκευῇ χρώμενοι, καὶ τῇ πρασίνων, καὶ οὐενετίων a Dione; βενέτων, πρασίνων, ῥουσίων, λευκῶν, μέρη καὶ δῆμοι, in Anthologia epigrammatum Græcorum. Ab his diversorum colorum tunicis, ut Plinius junior vocat (στολάς Dio, πέπλους vetus epigramma) discolor agmen agitatorum dicitur Ovidio. Utebanturque ut hinc liquet, non solum in publicis ludis, verum etiam in privatis : quod et Commodi atque Heliogabali exempla docent, qui prasino domi aurigantes usi memorantur.
Effossa est paucis ab hinc annis, cum Romæ essemus, via Prænestina, tertio ab Urbe lapide, vetus altera duplex inscriptio, quæ Polynici et Tatiani filii agitatorum in singulis factionibus palmas enumerat, **160** senis versibus Græcis adjectis, quorum duo tantum primi restant incolumes. Sic enim habent:

M. AUR. POLYNICES NAT. VER
NA. QUI VIXIT ANN. XXIX. MENS
IX. DIEBUS V. QUI VICIT PALMAS
N. DCCXXXIX. SIC. IN RUSSEO N
DCLV. IN PRASINO LV. IN VENE
TO XII. IN ALBO N. XVII. PRÆ
MIA XXXX. N. III. XXX. XXVI. PU
RA. N. XI. OCTOJUG. N. VIII. DEC. N
VIIII. SEJUG. N. III.

Pari jugo cum superiore.

M. AUR. MOLLICIUS TATIANUS
NATIONE VERNA QUI VIXIT ANN
XX. MENS. VIII. DIEBUS VII. QUI
VIC. PALMAS N. CXXV. SIC. IN RUS
SEO LXXXVIIII. IN PRASINO XXIII.
IN VENETO N. V. IN ALBO N. VII.
PRÆMIA XXX. N. II.

Θρέψε πάτρη Ῥώμη κλυτὸς ἡνίοχος Πολυνείκης
Υἷε δύο μάκαριν (sic) Τατιανόν τε κάσιν.

ᵇ Mittendis quadrigis signum dabat magistratus' prolatoque signo, carceres illico simul omnes pandebantur. Id signum Romæ projecta mappa dari mos fuit. At Sidonius mappa omissa, quæ in privatis fortasse ludis locum non habuit, solius tubæ meminit quæ mappam sequebatur : quam solam norant antiC qui. Sophocles : χαλκῆς ὑπαὶ σάλπιγγος ᾖξαν. Virgilius,

Inde ubi clara dedit sonitum tuba.

Statius,

Insonuit contra Tyrrhenum murmur.

ᶜ Circo figura eadem quæ obelisco jacenti. Itaque prima sui parte qua cursum inibant, latior erat, spatio a carceribus ipsis paulatim decrescente; crci porro longitudo bifariam, septo seu pariete interjecto, in æqua utrinque latera dividebatur, hinc dextrum, illinc lævum, dextris lævisque ostiis oppositum. Per hæc autem laterum spatia procurrebat Euripus, structilis aquæ fossa, per circi gyrum acta, excepta ea parte qua carceres erant, ut describit Dionysius Halicarnasseus lib. III.

ᵈ Meta enim duplex fuit. Ulterior in imo circo, quam interiorem dixit Statius, ἐσχάτην στύλην Sophocles ; altera citerior, in prima ejus fronte, non
D longe ab ostiis : primas metas **161** appellat Tertullianus. Inter utrasque paries ille porrectus qui circi latera dirimebat. Ad primam metam curriculorum spatia incipiebant et desinebant, ad ultimam flectebantur; ideo Græci a flexu illo καμπτῆρα vocarunt, *campterem* Pacuvius in Atalanta. Sidonius ergo totam Consentiani certaminis scenam hoc modo designat. A primo, inquit, flexu Consentii socius omnes antebat, proximi ab eo adversarius uterque; tum denique Consentius ipse e primo postremus; sed equos studio inhibens, ac septimo spatio integros reservans. Hoc ordine secundum, tertium, quartum spatium peregere. Quinto curriculo socius ille fessis equis currum avertit, ac primum locum cessit adversariis. Qui sextum jam spatium emensi, palmæ proximi videbantur, cum subito citatis equis Consentius ambos antevertit, et septimo spatio victor evasit.

ᵉ Cum in circo initium currendi ducerent a dextro

Pressus dexteriore concitatu,
Partem si patefecerit sinistram,
Totas ad podium ferens habenas,
Curru praetereatur intus acto.
Tu conamine duplicatus ipso
Stringis ᵃ quadrijugos, et arte summa
In gyrum bene septimum reservas.
Instabant alii manu atque voce,
Passim et deciduis in arva guttis
Rectorum, alipedumque sudor ibat.
Raucus corda ferit fragor faventum,
Atque ipsis pariter viris equisque
Fit cursu calor, et timore frigus.
Itur sic semel, itur et secundo,
Est sic tertius, atque quartus orbis.
Quinto circite, non valens sequentum
Pondus ferre prior, retorquet axem,
Quod velocibus imperans quadrigis,
Exhaustos sibi senserat jugales.
Jam sexto reditu perexplicato
Jamque et praemia flagitante vulgo,
Pars contraria nil timens tuam vim
Securas prior orbitas terebat;
Tensis cum subito sinu lupatis,
Tensis pectoribus, pede ante fixo,
Quantum auriga suos solebat ille
411 Raptans Œnomaum tremente Pisa,
Tantum tu rapidos teris jugales.
Hic ᵇ compendia flexuosa metæ
Unus dum premit, incitatus a te

A Elatas semel impetu quadrigas
Juncto non valuit plicare gyro.
Quem tu, quod sine lege praeteriret,
Transisti remanens, ab arte restans,
Alter dum popularitate gaudet,
Dexter sub cuneis nimis cucurrit.
Hunc, dum obliquat iter, diuque lentus
Sero cornipedes citat flagello,
Tortum tramite transis ipse recto.
Hic te incautius assecutus hostis,
Sperans anticipasse jam priorem,
Transversum venit impudens in axem.
Incurvantur equi, proterva crurum
Intrat turba rotas, quaterque terni
Arctantur radii, repleta donec
B Intervalla crepent, volubilisque
Frangat margo pedes : ibi ipse quintus
Curru praecipitatus obruente,
Montem multiplici facit ruina,
Turpans procidnam cruore frontem.
Miscet cuncta fragor resuscitatus,
Quantum non cyparissifer Lycæus,
Quantum non nemorosa tollit Ossa,
Crebras irrequieta per procellas :
Quantum nec reboant volutæ ab austro
Doris, Trinacris, aut voraginoso
412 Quæ vallat sale Bosphorum Propontis.
Hic mox praecipit aequus imperator,
Palmis ᶜ serica, torquibus coronas
Conjungi, et meritum remunerari,

ejus latere, seu dextra serie carcerum, hinc fiebat ut
currentibus aurigis ad laevam semper essent metae,
ad quas, et secundum quas decurrebant : ad dextram
podium et cunei spectatorum. Quare cursus sinisterior interior ac brevior erat, dexter exterior, longiorisque anfractus. Atque hoc sensu poetae dextram in
his ludis perpetuo damnant. Virgilius :

   Quo tantum mihi dexter abis?

Statius :

   Spargitur in gyros, dexterque exerrat Arion.

et Consentii adversarius Sidonio :

   Dexter sub cuneis nimis cucurrit.

Qui ergo cursu antecedit, si quando ad podium et
cuneos, hoc est ad dextram deflectat, tum curae, inquit, est sequenti aemulo, ut introrsum parte sinistra
succedat et praeterveliatur. Quomodo Consentius,
cum adversariis suis posterior esset, utrumque tandem praeteriit, et Menelaum Antilochus Homeri, et
Gyam Maronis Cleanthus. Quo spectant et illa, *Successit et vicit*, in Diocis inscriptione.

ᵃ Septem gyris circi agon peragebatur; et qui
septimo praeibat victor erat, quamvis prioribus cessisset. Quare artis erat lentius principio currere ne
equorum vires ante septimum spatium exhaurirentur.
Hinc laudatur ab Ausonio Phosphorus equus Valentiniani :

   Improperanter agens primos a carcere cursus.

At contra, Silii Cyrnus ab iis jure damnatur, *queis
interior cura et prudentia circi altior*, quod primo certamine habenas effunderet. Quo factum ut lassatis
equis mox praeteriretur, sicut hic Consentii collega
cedere coactus,

   Quod velocibus imperans quadrigis,
   Exhaustos sibi senserat jugales.

ᵇ Praecipuus agitatorum labor et industria, metam
apte circumflectere, quod est εὖ περὶ τέρματ' ἐλισσέμεν
Homero. Artis caput, INTERIUS FLECTERE, non spatioso, sed breviore gyro, et proximo metae : quod
adversarius iste Consentii ab eo incitatus praestare
non potuit. Ovidius.

162 Me miserum! metam spatioso circuit orbe.
   Quid facis? admoto proximus axe subi.

Silius Italicus :

   Non unquam effusum sinuebat devius axem,
   Sed laevo interior stringebat tramite metam.

Et pulchre Seneca eo spectans, de Tranquillitate
animi 11 : *Non in cursu tantum circique certamine,
sed in his spatiis vitae interius flectendum est*, ET METAM VITARE, ne ad eam haererent, currumve frangerent in occursu. Unde evitata rotis meta dicitur Horatio. Theocritus in Heraclisco.

   Ἵππους δ' ἐξελάσασθαι ὑφ' ἅρματι καὶ περὶ νύσσαν
   Ἀσφαλέως κάμπτοντα τροχῷ σύριγγ α φυλάξαι.

Homerus in Nestoris ad Antilochum protreptico :

   λίθον δ' ἀλέασθαι ἐπαυρεῖν,
   Μήπω ἵππους τε τρώσῃς, κατὰ δ' ἅρματα ἄξῃς.

Et huc pariter alludens Cicero pro Caelio : *In hoc*,
inquit, *flexu quasi aetatis, fama adolescentiae paulum
haesit ad metas notitia nova mulieris.*

ᶜ Victoriae circensis praemia, palmae et coronae;
quibus interdum honoris causa fasciolae, seu lemnisci, e serico vel auro addebantur : unde lemniscatae
coronae, aut palmae dicebantur. De coronis Plinius
lib. XXI : *Accesserunt et lemnisci, quos adjici ipsarum
coronarum honor erat, propter Etruscas, quibus jungi
nisi aurei non debebant.* De palma Ausonius Paulinus :

   Et quae jam dudum tibi palma poetica pollet.
   Lemnisco ornata est, quo mea palma caret.

Victis ᵃ ire jubens, satis pudendis,
Villis versicoloribus tapetas.
 ᵇ Jam vero juvenalibus peractis
Quem te præbueris sequente in ævo,
Intra ᶜ aulam soceri mei expetitus
Curam cum moderatus es palati,
Chartis posterioribus loquemur,
Si plus temporibus vacat futuris.
Nunc ᵈ quam diximus hospitalitatem,
Paucis personet obsequens Thalia.

O dulcis domus, o pii penates !
Quos res difficilis sibique discors,
Libertas simul excolit pudorque.
O convivia, fabulæ, libelli,
Risus, serietas, dicacitates,
Occursus, comitatus unus idem !
Seu delubra Dei colenda nobis,
Sive ad pontificem gradus ferendi,
Sive ad culmina Marcii Myronis,
Tecta illustria seu videnda Livi :
Sive ad doctiloqui Leonis ædes,
Quo bis sex tabulas docente juris,
Ultro Claudius Appius taceret,
Claro obscurior in decemviratu.
At si dicat epos, metrumque rhythmis.
Flectat commaticis, tonante plectro,
413 Mordacem faciat silere Flaccum ;
Quamvis post satiras lyramque tendat
Ille ad Pindaricum volare cycnum.

Seu nos, Magne, tuus favor tenebat,
Multis prædite dotibus virorum,
Forma, nobilitate, mente, censu.
Cujus si varios eam per actus :
Centum et ferrea lasset ora laude.
Constans, ingeniosus, efficaxque,
Prudens arbiter, optimus propinquus,
Nil fraudans genii sibi vel ulli,
Personas, loca tempus intuendo.
  Seu nos atria vestra continebant,
Marcelline meus, perite legum ;

A Qui verax nimis, et nimis severus,
Asper crederis esse nescienti ;
At si te bene quispiam probavit,
Noscit quid velit ipse judicare.
Nam nunquam metuis loqui quod æquum est,
Si te Sylla premat, ferusque Carbo ;
Si tristes Marii, trucesque Cinnæ,
Et si forte tuum caput latusque
Circumstent gladii triumvirales.
  Seu nos Limpidii lares habebant,
Civis magnifici, virique summi,
Fraternam bene regulam sequentis ;
Seu nos eximii simul tenebat
Nectens officiositas Marini,
Cujus sedulitas sodalitasque
B Æterna mihi laude sunt colendæ ;
414 Seu quoscunque alios videre fratres
Cordi utrique fuit, quibus vacasse
Laudandam reor occupationem.
Horum nomina cum referre versu
Affectus cupiat, metrum recusat.
  Hinc nos ad propriam domum vocabas,
Cum mane exierat novum, et calescens
Horam sol dabat alteram secundam.
Hic promens teretes pilas trochosque,
Hic talos crepitantibus fritillis,
Nos ad verbera tractuum struentes,
Tanquam Naupliades repertor artis,
Gaudebas hilarem ciere rixam.
  Hinc ad balnea non Neroniana,
C Nec quæ Agrippa dedit, vel ille cujus
Bustum Dalmaticæ vident Salonæ :
Ad thermas tamen ire sed libebat,
Privato bene præbitas pudori.
Post quas nos tua pocula, et tuarum
Musarum medius torus tenebat :
Quales nec statuas imaginesque,
Ære, aut marmoribus, coloribusque
Mentor, Praxiteles, Scopas dederunt :
Quantas nec Polycletus ipse finxit,

ᵃ Non solum victori, sed victis etiam præmium aliquod solatii causa dari mos fuit. Ambrosius lib. I de Pœnitentia, cap. 3 : *Nam sæpe in hoc athletarum sæculari certamine etiam victos quorum fuerint certamina probata, vulgus hominum cum victoribus coronare consuevit, maxime quos viderit, aut forte dolo aut fraude exclusos victoria.* Ita fingunt in certaminibus suis Homerus, Virgilius, Statius, Silius. Et scenicis ludis Julii Cæsaris, in quibus Laberius et Publius Syrus mimorum poetæ certarunt, cum superatus esset Laberius, Cæsar Syro victori palmam, victo annulum dedit, ut est apud Macrobium lib. II Saturnalium 7.

ᵇ *Juvenili ætate.* Plane quod sequitur, *sequente in ævo,* satis hanc interpretationem confirmat, doctissimorumque virorum errorem redarguit, qui Juvenales ludos hoc loco suspicati sunt ; cum meminisse præterea debuerint Juvenalia diversa a circensibus generis ludos fuisse. Juvenalia ergo Sidonio dicuntur juvenilia, juvenilis ætatis studia. Utrumque enim promiscue scribebant antiquarii ; et apud Sidonium ipsum lib. I, epist. 2, *juvenali rubore,* non juvenili ; lib. IV, 13, *juvenali sanitate,* **163** lib. IX, 6, *facilitate juvenali* scriptum est in libris plerisque.

ᶜ *Aviti imperatoris,* cujus curam palatii gessit Consentius, ut Equisius olim Valentis, Constantius Honorii, Aetius Joannis. Quo munere qui fungebantur, curopalatæ postea summa cum auctoritate dicti sunt in aula Orientis, τὴν φυλακὴν τῆς αὐλῆς ἐμπεπιστευμένοι, ut scribit Evagrius lib. V, 1, et in Francia **D** majores domus. Fredegarius : *Waradonem in Ebroini locum majorem domus constituerunt. Erat Waradoni filius, qui vice patris curam palatii gerebat, nomine Gislemarus.*

ᵈ Hæc enim illi, ut præfatus est, scribendi carminis fuit occasio. Laudibus porro Consentii more suo amicorum elogia breviter adjungit, clarorum civium Narbonensium. Inter quos Leo, Magnus et Marcellinus, ex aliis locis noti sunt ; Myronis, Lympidii et Marini, nunc primum nomina celebrantur. Itemque Livii insignis ejus ævi poetæ, quem laudat etiam auctor vitæ Hilarii Arelatensis, cum Hilarii eloquentiam peritissimis ait tunc temporis auctoribus sæculi desperationem intulisse. *In tantum,* inquit, *ut hujus temporibus* LIVIUS *poeta et auctor insignis publice proclamaret : Si Augustinus post Hilarium fuisset, judicaretur inferior.*

Nec fit Phidiaco figura cœlo.
  Sed jam te veniam loquacitati
Quingenti hendecasyllabi precantur.
Tantum, et si placeat, poema longum est.
Jam jam sufficit, ipse et impediris,
Multum in carmine perlegens amicum,
Dormitantibus otiosiorem.

415 CARMEN XXIV.

a PROPEMPTICON AD LIBELLUM.

Egressus foribus meis, libelle,
Hanc servare viam precor memento,
Quæ nostros bene ducit ad sodales,
Quorum nomina sedulus notavi.
Antiquus tibi nec teratur agger,
Cujus per spatium satis vetustis
Nomen *b* Cæsareum viret columnis.
Sed sensim gradere, ut moras habendo
Affectum veterem noves amicis.
c Ac primum Domitii larem severi
Intrabis, trepidantibus camenis :
Tam censorius haud fuit vel ille,
Quem risisse semel ferunt in ævo.
Sed gaudere potes rigore docto :
Hic si te probat, omnibus placebis,
Hinc te suscipiet benigna Brivas,
Sancti quæ fovet ossa Juliani :
Quæ dum mortua mortuis putantur,

A Vivens e tumulo micat potestas.
  Hinc jam dexteriora carpis arva,
Emensusque jugum die sub uno,
Flavum crastinus aspicis Triobrem.
Tum terram Gabalum satis nivosam,
Et quantum indigenæ volunt putari,
416 Sublimem in puteo videbis urbem.
Hinc te temporis ad mei Laconas
Justinum rapies, suumque fratrem,
Quorum notus amor per orbis ora
Calcat Pirithoumque, Theseumque,
Et fidum rabidi sodalem Orestæ.
  Horum cum fueris sinu receptus,
Ibis *1* Trevidon, et calumniosis,
Vicinum nimis heu jugum Rutenis.
B Hic docti invenies patrem Tonanti,
  Rectorem columenque Galliarum,
Prisci Ferreolum parem Syagri :
Conjux Papianilla quem pudico
Curas participans juvat labore,
Qualis nec Tanaquil fuit, nec illa
Quam tu, Tricipitine, procreasti,
Qualis nec Phrygiæ dicata Vestæ,
Quæ contra satis Albulam tumentem
Duxit virgineo ratem capillo.
  Hinc te Lesora, Caucasum Scytharum
Vincens, aspiciet, citusque Tarnis
Limosum et *2* solido sapore pressum

---

a Propempticum carmen dixit, quo librum emittit, abeuntemque per omnia amicorum domicilia Narbonem usque prosequitur. Hoc enim Græcis est προπέμπειν. Tale olim fuit propempticum Pollionis, quod Helvius Cinna scripserat, teste Charisio, et propempticum Ampelii ab Himerio editum. Tale et Metii Celeris propempticum, quod legitur apud Statium lib. III Silvarum.

b In codice Theodosiano, de itinere muniendo l. 6 : *Absit ut nos instructionem viæ publicæ et pontium, stratarumque operam, titulis magnorum principum dedicatam, inter sordida munera muneremus.* Lapides seu columnæ quæ in viis publicis millia passuum notabant, aliæ solos milliarium numeros habebant, aliæ titulos etiam et nomina principum, per quos vel quorum ævo viæ refectæ restitutæque fuerant. Hujus generis illam, quam Savaro in originibus Claromontanis edidit, e via militari eruta, quæ Augustonemeto Arvernorum Lugdunum olim ducebat :

TI. CLAUD. DRUSI F.
CÆSAR. AUG. GER
PONT. MAX. TRIB
POTEST. V. IMP. XI.
PP. COS. III. DES. IV.
AUG. M. P. XXI.

164 Et hæc altera in finibus Arvernorum Gabalorumque, ante aliquot annos effossa, quæ lucem nondum vidit, sed mendosa, vereor, ad nos pervenit.

IMP. CÆS
M. CAS. LAT
POSTUMO
P. F. AUG. COS.
M. P. GABALL. V.

c Hic Sidonii locus illustratur in *Mémoires de l'Acad. des Inscript.* tom. III, pag. 260, *dans l'Hist.*
1 Hadrianus Valesius in *Not. Galliæ*, pag. 544, ait,

Prior millia passuum ab Augustonemeto numerat ; posterior a Gabalis, quos inferior ætas ad morem hodiernum deflectens, Gebaldanenses appellavit, ut in Joannis 8 epistolis videre est.

c Libello suo decem stativa mansionesque designat. Primam Domitii Grammatici, ad quem epist. 2, lib. II. Secundam Brivatem, quæ hodie duplex est ; nova nobili Canonicorum collegio clara, et vetus quam vocant, de qua Sidonius. Tertiam Gabalorum urbem, emenso prius jugo, et Triobre fluvio, qui nunc etiam Trobris vocitatur, e jugis Gabalum defluens in Ruthenos. Quartam Sacerdotis et Justini fratrum ; quorum domicilii sedem reticet : utrique autem scribit lib. V epistolarum. Quintam Ferreoli præfectorii et Papianillæ ejus, apud Trevidum in finibus Ruthenorum. Sextam Apollinaris, apud Voroangum ejus villam, de qua lib. II, epist. 9, ubi Lesoræ vicini montis meminit, Romæ quondam, ut Plinius lib. XI, cap. 42, refert, præcipua casei laude noti, nunc trajectis litteris Loseram nominant. Meminit et Tarnis fluvii auriferi, qui e Cebennis ortus, per Aquitaniæ Narbonensisque fines evolvitur in Garumnam. Septimam Avjti apud Cottium, de qua epist. 1, lib. III. Octavam Fiduli, sed quo loco non dicit. Nec Fiduli hujus alibi ulla mentio ; nomen
D tamen Gallis non ignotum. Floruit enim haud multo post Sidonium, Theodorici regis temporibus, S. Fidulus Arvernus patria, et apud Tricasses abbas, qui eum præcipua veneratione habent, et S. Falum vocant. Nonam Thaumasti, ad Tresvillas. De Thaumasto autem et Apollinare ejus fratre, sæpius dictum in epistolis. Decimam Magni et Felicis ac Probi filiorum. Et Magnum quidem domo Narbonensem fuisse, didicimus ex carmine 23. Probi vero conjugem Eulaliam, Sidonii propinquam ex hoc loco notavimus ad epist. 1, lib. IV.

harum vocum *solido sapore pressum*, tolerabilem sensum nullum esse ; itaque legendum haud dubie, *stolido sapore pressum*. At nobis correctio hæc minus

Piscem perspicua gerens in unda.
Hic Zeti et Calais tibi adde pennas,
Nimbosumque jugum fugax caveto,
Namque est assiduæ ferax procellæ.
Sed quamvis rapido ferare cursu,
Lassum te ' Voroangus obtinebit.
Nostrum hic invenies Apollinarem,
Seu contra rabidi leonis æstus
417 Vestit frigore marmorum penates :
Sive hortis spatiare in repostis,
Quales mellifera virent in Hybla,
Quales Coricium senem beantes
Fuscabat picei latex Galesi,
Sive inter violas, thymum, ligustrum,
Serpyllum, casiam, crocum atque caltham,
Narcissos, hyacinthinosque flores
Spernit, quam pretii petitor ampli
Glebam thurifer advehit Sabæus.
Seu ficto potius specu quiescit,
Collis margine qua nemus reflexum
Nativam dare porticum laborans,
Non lucum arboribus facit, sed antrum.
Quis pomœria prisca regis Indi
Hic nunc comparet, aureasque vites,
Electro viridante pampinatas,
Cum Porus posuit crepante gaza
Fulvo, ex palmite vineam metalli,
Gemmarum fluitantibus racemis?

A Hinc tu Coïtion ibis, atque Avito
Nostro dic's ave, debire v.leto,
Debes obsequium viro perenne :
Nam dent hinc veniam mei propinqui.
Non nobis prior est parens amico.
Hinc jam te Fidulus decus bonorum,
Et nec Tetradio satis secundus,
Morum dotibus aut tenore recti,
Sancta suscipit hospitalitate.
Exin tende gradem, Tribusque villis
418 Thaumastum expete, quemlibet duorum :
Quorum junior est mihi sodalis
Et collega simul, graduque frater.
Quod si fors senior tibi invenitur,
Hunc pronus prope patruum saluta.

B Hinc ad consulis ampla tecta Magni,
Felicemque tuum veni, libelle.
Et te bibliotheca quæ paterna est,
Qualis nec tetrici fuit Philagri,
Admitti faciet Probus probatum.
Hic sæpe Eulaliæ meæ legeris,
Cujus Cecropiæ pares Minervæ
Mores, et rigidi senes, et ipse
Quondam purpureus socer timebant.
Sed jam sufficit, ecce lingue portum,
Ne te pondere plus premam sabrræ.
His in versibus ancoram levato.

necessaria videtur. Quidni enim illius fluvii pisces laudentur ob carnem solidam et pressam, eoque gratioris saporis, cum in multis piscibus sapor dilutior sit ob mollitudinem? Deinde piscium sapor stolidus haud valde arridet. — BAUNIUS Sirmond. editor. præfat. ad tom. I, § 11.

' Vid. l. c. *Mémoires*, pag. 261.

CORONIS SIDONIANA.

De loci prærogativa : quisve interior dicatur, quis exterior ; quid tegere latus, aut μέσον ἔχειν : dextrans potior, an sinistra.

Studio huc distuli binos versus, quibus avitum Sidonius in Gothica legatione medium inter Theodericum regem et Fridericum regis fratrem incessisse dixit.

Post hinc germano regis, hinc rege recepto,
Palladiam implicit.s manibus subire Tolosam.

Non quod multis demonstrandum sit honoris causa id factum fuisse, cum ambigat nemo, ubi tres una sint, honoratissimum locum medium esse; sed ut extremo libri spatio liberius evagari, et quæ de interioris exteriorisque loci notione, de lateris protectione, dextræ ac sinistræ in honoris prærogativa discrimine, commentati olim sumus, ac paulo fusius exponere, ac notis hisce vel coronidis saltem loco addere liceat. Parergum enim id fortasse, nec abnuo. Sed operæ non pœnitebit si vel extra lineam quid dixero, quod philologis probari, bonisque scriptoribus lucem aliquam afferre possit. Non igitur ex eo quod verbi gratia in ludicro Circensi, ne ab auctore nostro discedamus, carmine 23 *dexteriorem* concitatum appellavit *exteriorem*, et *currum intus actum*, qui in sinistram partem actus esset ; propterea ex similibus locis colligi statim debet, quod viros doctos fefellisse mirum est, interiorem ubique sinisteriorem esse, aut dexteriorem semper exteriorem : cum certum sit interiorem, prout res ferant, nunc dextrum esse,

C nunc sinistrum, eodemque modo exteriorem. In circo sane interior lævus erat, sed ideo quia metæ currentibus ad lævam, et in lævam ad eas flexus. Fac contra in dextram flecti, omnia erunt contraria : jam interior dexter erit, et sinister exterior : ut in illa quadriga evenisse necesse est, quam narrat Solinus cap. 46, excusso auriga, relicto certamine, ad Capitolium prosiliisse, Jovemque Tarpeium terna dextratione lustrasse; et in diurno cœli sideramque motu, quæ et ipsa dextro gyro polum, quasi perpetua quadam dextratione, circumagunt. Cynosura Helice interior est, et tamen dexterior. Nec aliter in hoc de illa versu e Ciceronis Arato, *Nam cursu interiore brevi convertitur orbe*, interiorem cursum capere possis, quam dexteriorem. Quid multis ? nam quotidie videmus in bigis, cum ad vicorum capita flectunt, aut in bubus, cum arant et alternos sulcos ducunt, e duobus vel bubus vel equis, interiorem in flexu esse nunc dextrum, nunc sinistrum. Quodque in his videmus, idem in hominum incessu concessuque æsti-
D mare est. Par enim est causa, cum eadem quæque nominum sit ratio. Ut enim in circo flexuque metæ, is dicitur interior qui adversarium inter metamque propius flectit ; sic in ingressu, si duo simul ambulent, interioris erit qui interiore loco incedet, hoc est medio inter comitem exteriorem et ædes, sive aliud quispiam, quod ejus alterum latus claudat.

Quare non alia, meo quidem sensu, interioris notio in vulgatissimis versibus Ovidii v Fastorum, cum seni honorem hunc a junioribus habitum scribit ut si comites illi duo essent, medius incederet; si unus, interior.

Et medius juvenum, non indignantibus illis,
Ibat, et interior si comes unus erat.

Nec alia exterioris, ejusque qui latus tegere dicatur, Horatio satyra 5, lib. II.

......Ne tamen illi
Tu comes exterior, si jusserit, ire recuses.
Ut ne tegam spurco Damae latus?

Quod enim summi ingenii viro Justo Lipsio in mentem venit, ut interiorem eum dici vellet, cui exterior leviter et in parte praeiret honoris gratia; aut qui ipse contra (sic enim postea interpretari maluit) alterum anteiret: vereor ne argute magis et ingeniose fictum sit quam vere. Nam ut non dicam perniirum videri ac prope ridiculum, si tres sint, omnes pari jugo ambulare: si comitum recedat unus, alterum mox de suo gradu exsilire, ut senem modice antecedat aut sequatur, perspicuum est, in ea sententia nec latus proprie ab eo tegi qui dicitur exterior, nec quidquam esse cur interior potius, dici debeat quam anterior. At in nostra interpretatione plana omnia, certa et expedita. Interior vere qui inter comitem aedesque medius ambulat, exterior plane qui exteriore loco: idemque latus tegere interioris jure dicitur: ut qui ejus id latus claudit, quod intectum alioqui et nudum foret; cum alterum ab aedibus protegatur. Quo sensu Seneca epist. 22: *Nudum erit latus? incomitata lectica?* Nudum latus dixit, quod exterior comes nullus tegat; et Minucius Felix contra, ejus qui inter duos medius sedeat, protegi ab utroque latera scripsit in Octavio. *Et cum dicto,* inquit, *ejus assedimus, ita ut me ex tribus medium lateris ambitione protegerent.* Nec vero quaerendum, dextramne semper teneat interior, ut Lipsio et aliis visum est, an sinistram, ut Nebrissensi; cum satis constet interiorem in incessu, perinde ut caeteris in rebus, nunc dextrum esse, nunc sinistrum; neutrumque ad vim nominis pertinere, sed fortuito evenire, prout ad dextram aut laevam id fuerit, cui propior is est qui dicitur interior. Quid ergo, dicet quispiam, si contingat, ut ad laevam sit qui interior ambulat, eumne honestiore loco ambulare dices? Sane, inquam, cum interior sit qui locus honoris: cum exterior sit alter, ejusque latus tegat, quod inferioris et honorem deferentis. Denique, ut paucis complectar, ita censeo. Apud veteres Romanos, ut hodieque apud Gallos nostros et plerasque alias gentes, in incessu consessuque praecipuum honoris locum interiorem semper fuisse, licet is dexter non semper esset. Clare id quidem ac sine exceptione, Ovidius et Horatius; ut frustra sint qui pro dextra tantum, aut pro sinistra pugnare velint. Neque tamen dextrae praerogativam suam detraxerim. Dextrae honori hoc datum liquet. Primum ut quando proximum nihil erat, unde interior alter altero, vel latus ei tegere diceretur, tum dexteram semper sinistrae praeferrent: quomodo apud Tranquillum Tiberii cap. 6 praelatus haud dubie Marcellus, qui in Actiaci triumphi pompa dexteriore invectus est equo, cum Tiberius sinisteriore veheretur? Deinde in ipso interioris loci obsequio contenderent, quoad fieri posset, ut cum eo loco dextrae simul honor jungeretur, ita ut idem dexter atque interior esset. Quo spectans Helenius Acro, exteriorem in Oratii versu sinisteriorem exposuit; et Eutropius laevum incedere; quod Tranquillus de Claudio imperatore scripserat, illum Plautio in Capitolium euntis latus texisse: non quod necessario haec ita semper conjuncta sint, sed quod plerumque ita fieri mos esset. Caeterum ubi res non ferebat, ut interior dexter esset, tum ad eum plane modum quo solemus in Gallia, interioris potiorem habuisse rationem: ut cum locum honoralis potius cum laeva tribuerent, quam cum dextra exteriorem. Ita et sinistrae suus nonnunquam honos fuit, sed tum scilicet quando interior erat; et dextra nunquam non praelata, nisi cum interior esse non potuit. Interioris autem loci praecipua semper ac perpetua dignitas; non quia dexter aut sinister, sed quia superior, quia prior, quia medius quodammodo: medius, inquam, inter comitem, et illud quidquid est quod alterum latus claudit. Sic enim Graeci ἔχειν, μέσον λαβεῖν, etiam de duobus dicunt, cum alter interiore loco recipitur: ut Plutarchus in Catone Uticensi, quem ait Philostrato, cum eum deambularent, exteriorem incessisse ob honorem philosophiae. Φιλόστρατον ἐν Σικελίᾳ μέσον εἶχε περιπατῶν, ἐπὶ τιμῇ φιλοσοφίας, et vetus interpres Juvenalis versum exprimens satyrae 3:

Divitis hic servi claudit latus ingenuorum
Filius.

Aut in medium, inquit, *servum mittit, aut in sinistra ambulat.* Quibus verbis totam praeterea sententiam nostram mirifice confirmat. De duobus enim sermo est, ut apud Horatium, cujus umbra hoc loco Juvenalis. Quare duo hac ita distingu't, ut in medium m'ttere s:t interi rem locum dare, sive laeva sive dextra, in sinistra ambulare, tum scilicet quando neuter locus interior est, et solius dextrae honor restat, qui potiori deferatur.

SIRMONDI ELUCIDATIO
DE PROPRIIS NOMINIBUS MEDIAE AETATIS,

UNDE SUMI SOLITA, ET QUID A PRISCO ROMANORUM USU DISCREPARINT.

De nominibus mediae aetatis jam praefati ad Ennodium sumus, et Romae post eversam rempublicam, et in provinciis morem obtinuisse, ut cum multis fere nominibus nobiliores uterentur, proprium tamen unum cuique nomen esset, quod postremum semper collocarent. Qua de re iterum nobis, quia Sidonii quoque nomen admonet, fidemque obstrictam meminimus, paulo uberius hoc loco disserendum. Neque enim obscurum est, Sidonii nomen ex hac lege post reliqua ejus omnia positum fuisse, ut proprium. Semper enim proprium nomen posterior aetas caeteris omnibus postposuit. In quo sane a veterum Romanorum usu et consuetudine deflexit. Romanis enim stante republica proprium id nomen fuit quod primum, id est praenomen: quod nimirum fratres ipsi, cum caetera nomina communia haberent, inter se distinguebantur: ut P. Cornelius Scipio, et L. Cornelius Scipio fratres, itemque M. Tullius Cicero, et Q. Tullius Cicero fratres. Postea vero non primis, sed ultimis nominibus ut propriis uti ac distingui coepere: ut Salvius Otho, et Salvius Titianus, item Flavius Vespasianus, et Flavius Sabinus fratres apud Suetonium. Quo spectans Suetonius idem, in Vitellii fratribus tanquam peculiare notat, solis eos praenominibus distinctos fuisse, quod certe reipublicae temporibus novum non fuisset: tum quippe fratres, ut dixi, non aliter distinguebantur. Hinc et illa Plutarchi cum Posidonio disceptatio. Quod enim initio vitae Marii Posidonium reprehendit Plutarchus, qui proprium Romanis primum nomen fuisse docuerat, cum ipse tertium dici mallet; ita prorsus accipiendum est, ut Posidonium accommodate ad florentis reip. tempora locutum intelligamus; Plutarchum ad sua, hoc est ad Cæsariana, quibus non jam primum, ut olim, sed ultimum nomen cuique proprium erat. Proprium, inquam, et quo uno (quod ad Ennodium quoque monuimus) si quando pluribus abstinere placuisset, unumquemque designabant, quodque unicum sæpe in fastis, in nummis, in marmoribus, in librorum titulis adnotabant. In fastis enim, ut hoc exemplo utamur, collega Domitiani Aug. in novo ejus consulatu, nunc Rufus tantum, nunc omnibus nominibus, ut ex lapide Romano didicimus, Q. Petilius Rufus scribebatur. Item Philippi collega sub Honorio, nunc Bassus, nunc Anicius Auchenius Bassus. Et Postumi Augusti nummi, alii solum hoc ejus nomen exhibent, alii M. Cassium Latienum Postumum vocant. In lapidum denique, librorumque inscriptionibus, cæterisque antiquis monimentis, eadem est observare. Quanquam de librorum titulis dissimulandum non est nonnihil videri in quibusdam aberratum. Etenim Palladium Rei rusticæ scriptorem tanquam proprio nomine appellamus, qui verius Æmilianus, quomodo eum Isidorus XVII Originum [a] nominat, appellandus esset; quia ultimum hoc ejus nomen est, cum omnia expromuntur, hoc modo, Palladius Rutilius Taurus Æmilianus. Rursum quem Macrobium dicimus, Avienus in epistola quam Æsopicis suis fabulis præfixit, et Boetius Theodosium vocant; nec dubium quin hoc verum ejus nomen fuerit, quod postremum est, cum adjectis cæteris Macrobius Ambrosius Aurelius Theodosius nuncupatur. Quare quod Variarum auctori accidisse constat, ut Cassiodorus pro Senatore ab iis primum vocaretur, qui Senatoris nomen non proprium, sed epithetum esse suspicabantur: id ipsum his duobus et aliis nonnullis, librariorum oscitantia evenisse credendum est, ut cum unicum illorum nomen brevitatis studio ipsorum libris ascribere instituissent, pro ultimo quod proprium erat, id potius quod primo loco occurrebat, imperite diligerent. Sed exploratæ certæque rationi paucorum hic error fraudi esse non debet. Maneat ergo, inferioris ævi hominibus proprium nomen id fuisse quod ultimum, quod illi proinde, ut ex historiæ Augustæ scriptoribus videre est, nunc verum, nunc proprium nomen appellabant; interdum etiam (quod Valeriani Aug. de Probo apud Vopiscum epistola declarat) nomen absolute, cum cætera quæ præibant, vel prænomina, vel cognomina, promiscue et sine discrimine vocitarent. Reliquum est, ut undenam peti atque imponi ab illis nomina solerent, et quid hac etiam in parte ab antiquis discreparent, investigemus. In quo rursum indicio nobis erunt nomina et exempla Sidoniana. Ex his enim docemur, posterioribus sæculis imponendorum nominum hunc pariter morem fuisse, ut tum propria cujusque, tum adjuncta seu e gnomina, seu prænomina (quæ omnia in singulis prope capitibus variabant) a parentibus ut plurimum cognatisque, patribus, patruis, avis, proavis, reliquisque affectibus mutuarentur. Quod sane verum est. Verbi gratia, Fulgentii episcopi nomina fuerunt Fabius Claudius Gordianus Fulgentius, ex quibus Claudius patri, Gordianus avo proprium nomen fuerat. Et Symmachi, oratoris filii, nomina fuere [b] Q. Flavianus Memmius Symmachus, ex quibus Flaviani cognomen a patruo, Memmii ab avo materno Memmio Orfito sortitus est. Ita et Apollinaris nomine, quod Sidonii avo proprium fuerat, Sidonio ipsi inter cætera est præ nomen. Itemque apud Sidonium, Magno Felici prænomen est, quod Magno patri proprium nomen fuerat; et contra Tonantio nomen, quod Tonantio Ferreolo ejus patri prænomen. Rursum Majorianus et Anthemius materni uterque avi nomen gerit, Himerius vero paterni. Denique non alia in posterioris ævi nominibus norma quærenda est. Neque enim certa et stata, ut olim, generis ac familiæ vocabula in usu tunc fuerunt, quæ et fratribus communia essent, et ad posteros transirent: ut cum Cornelii aut Julii omnes dicebantur qui e gente Cornelia aut Julia nati essent; et Scipiones item aut Cicerones, qui in domo et familia Scipionum aut Ciceronum. Sed omnia mox cum occasu reipublicæ mutari sensim ac labi cœperunt. Ut quanquam initio aliqui moris alicujus hæserint vestigia in gentilitiis nominibus quæ a nonnullis familiis retinebantur, sicut in Salviis Flaviisque docent exempla quæ protulimus; postmodum tamen hoc ipsum quoque neglectum sit; adeo ut nullum tandem familiæ, nullum gentis certum nomen fuerit, filii etiam a patribus et fratribus inter se omnibus sæpe nominibus aut fere omnibus discreparint. Quod videre est, ut paucorum exemplo de cæteris fiat conjectura, in Flavio Avito Mariniano, Asclepiodoti collega in consulatu: cujus filius Rufius Prætextatus Postumianus appellatus est, consul et ipse, Sidonio puero, cum Zenone. Item in Q. Clodio Hermogeniano Olybrio, et Faltonio Probo Alypio, [c] qui Theodosii ævo fratres fuerunt: eodemque modo in aliis. Cæterum in hac ipsa diversi nominum usus varietate, hoc nihilominus quod dixi observabant, ut ea fere omnia, aut pleraque a consanguineis cognatisque desumerent; nonnulla etiam tanquam familiæ unitatoria crebrius iterarent. Quo sensu Trebellius Pollio Censorini tyranni familiam Censorini nomine frequentatam scribit, et Cassiodori vocabulum familiæ suæ proprium asserit Senator Variarum, 2, non quod extra has familias Censorini aut Cassiodori nulli vocarentur, sed quod in his duabus hæc nomina frequentius usurparent. Ut rem paucis concludam, mediæ ætatis nominum duplex quodammodo lex fuit. Una, ut proprium cujusque nomen ultimum in locum conjicerent; altera, ut tum proprium hoc nomen, tum cætera, interdum quidem aliunde pro arbitrio, ut plurimum vero a propinquis affectibus deducta imponerent.

Symmachi epistolas notis illustravit, contendit Symmachi, oratoris filii, nomen fuisse Q. Flavium Memmium Symmachum.

[a] Et Cassiodorus Divinarum Lectionum 11.
[b] In editione posthuma, cura Labbei: *Q. Fabius Memmius Symmachus, ex quibus Fabii cognomen incertum ex quo Memmii ab avo*, etc. At Juretus, qui [d]

ANNO DOMINI CCCCLXXXII.

PERPETUUS

EPISCOPUS TURONENSIS.

NOTITIA EX CAVE.

Perpetuus, gente Gallus, genere senatorio, patre prædiviti ortus, anno 461 vel præcedente, Eutochio cui sanguine erat propinquus, in sede Turonensi successit. Eodem anno concilio Turonensi 1, anno 465 concilio Venetico interfuit. Anno 482, exstructa super sancti Martini sepulcrum basilica admodum splendida et magnifica, episcopos provinciales ad encænia illius celebranda coegit. Obiit anno 490 vel 491. Exstat *testamentum* et *epitaphium* ejus apud Dacherium Spicileg. tom. V. In Ecclesiæ Turonensis usum jejunia et vigilias, qualiter per totius anni circulum observarentur, instituit. Ordinem ab eo institutum ex publicis Ecclesiæ Turonensis tabulis exscriptum exhibet Gregorius Turonensis, Hist. de Gestis Franc., lib. x, cap. 30.

TESTAMENTUM PERPETUI[a] EPISCOPI.

In nomine Jesu Christi, Amen. Ego Perpetuus peccator, Turonicæ Ecclesiæ sacerdos, abire nolui sine testamento, ne fraudentur pauperes iis quæ superna gratia mihi non merito liberaliter et amanter contulit; et ne, quod abs't, transeant ad alios quam ad Ecclesiam sacerdotis bona.

Presbyteris, diaconibus et clericis Ecclesiæ meæ pacem Domini Jesu Christi do, lego, Amen. Confirma hoc, Domine, quod operatus es in nobis; nesciant schismata, stabiles in fide permaneant; quicunque regulam Evangelii fuerit secutus, sit benedictus omni benedictione spirituali in supernis per Christum Jesum, Amen. Et Dominus Jesus occidat impium vento oris sui, Amen, Amen. Pax Ecclesiæ, pax populo, in urbe, in agro a Deo et Patre Domini Jesu Christi, Amen. Veni, Domine, et noli sustinere, Amen. Vobis itaque presbyteris, diaconibus et clericis Ecclesiæ meæ cum consilio Agilonis comitis sepeliendum cadaver mortis hujus ubicunque elegeritis, permitto: scio quod Redemptor meus non moritur, et in carne videbo liberatorem meum, Amen. Tamen si indigno mihi feceritis misericordiam, quam supplex postulo, optarem ad domini Martini pedes in diem quiescere judicii: videritis, judicabitis, eligetis; volo, statuo, ratum jubeo quod vobis dominis et fratribus meis placuerit.

Imprimis itaque ego Perpetuus volo liberos esse liberasque homines et feminas quotquot habeo in villa Saponaria, quos emi de mea pecunia, ut et pueros, quos in die discessus mei non manumisero in Ecclesia: ita tamen ut libere serviant, quandiu vixerit, Ecclesiæ meæ, sed absque servitute ad hæredes transmissibili et glebatica.

Do etiam Ecclesiæ meæ agrum quem Aligarius mihi vendidit in dicta villa Saponaria, cum stagno. Item molendina supra Carum prope dictam villam; nec non pecuaria et prata ipsi Ecclesiæ meæ do, lego.

Villam de Bertiniaco cum sylva et omni reditu, ea conditione qua mihi a Daniele diacono vendita est, Ecclesiæ meæ pariter do, lego. Ita tamen, ut de eorum proventibus oleum paretur pro domini Martini sepulcro indeficienter illustrando: quod si fuerit neglectum, et voluntas mea, quod non spero, cassa, dicta villa de Bertiniaco cum adjunctis, hæredibus meis mox nominandis cedat, volo, statuo, jubeo.

Quidquid et quoquo in loco, et a quacunque persona fuerit mihi debitum, quo die abs'essero, debitoribus ipsis do, lego. Exigere quod dimitto nullus præsumat, volo, statuo.

Tibi fratri et consacerdoti dilectissimo Eufronio thecam ex argento de reliquiis sanctorum do, lego. Illam intelligo quam deferre solebam; nam deauratam aliam quæ est in capsario meo, cum duobus calicibus aureis, et cruce similiter aurea, quam Mabuinus fecit, Ecclesiæ meæ do, lego. Simul et omnes libros meos, præter Evangeliorum librum, quem scripsit Hilarius quondam Pictaviensis sacerdos, quem tibi Eufronio fratri et consacerdoti, dilectissimo cum præfata theca do, lego, volo, statuo. Memor esto mei, Amen.

Ecclesiæ sancti Dionysii de Rambasciaco, calicem argenteum, et crucem similiter argenteam in cujus manubrio est reliquia de eodem S. Dionysio, do, lego.

Ecclesiæ de Proillio similiter calicem argenteum et urceos argenteos do, lego. Similiter et Amalario ibidem presbytero capsulam unam communem de serico, item peristerium, et columbam argenteam ad repositorium, nisi maluerit Ecclesia mea illam qua utitur eidem Amalario transmittere, meam retinere: tibi Ecclesiæ meæ eligendum permitto, volo, statuo.

Sorori meæ Fidiæ Juliæ Perpetuæ crucem parvam auream ex emblasmate, in qua sunt de reliquiis Domini, do, lego. Quam tamen obnixe rogatam velim, ut si forte, jubente Domino, eam contingat migrare ante Dadolenam virginem, Ecclesiæ meæ ei possidendam relinquat. Te etiam rogo, soror Dadolena, ut moriens eam Ecclesiæ quæ libuerit addicas, ne veniat ad indignos. Quod si transeat Dadolena ante te, sit tibi liberum, carissima soror Fidia Julia Perpetua, prædictam crucem cui volueris Ecclesiæ relinquere, volo, statuo. Memor esto mei, dilectissima, Amen.

Tibi Agiloni comiti ob egregia tua in Ecclesiam meam, et pauperes filios meos merita, et ut pergas

---

[a] Nobile hoc, ait Acherius, antiquitatis monumentum, quod V. C. Hieronymus Vignerius jam pridem eruit, nulla eget observatione. Concordant universa in eo contenta cum jure Cæsareo pontificioque; concodant cum Fastis consularibus; concordat cum iis quæ de Perpetuo narrat Gregorius Florentinus cap. 6: *Perpetuus de genere et ipse, ut aiunt, senatorio, et propinquus decessoris sui: dives valde, et per multas civitates habens possessiones. Et aliis interjectis: Condiditque testamentum, et deputavit per singulas civitates quod possidebat, in eis ipsis scilicet Ecclesiis non modicam et Turonica tribuens facultatem. Sedit autem annos triginta, et sepultus est in basilica Sancti Martini.*

corum defensionem robuste suscipere sicut cœpisti, equum meum parabilem, et mulum quem elegeris do, lego. Memor esto mei, fili dilectissime, Amen.

Ecclesiæ S. Petri peristromata quæ ei ad utendum in Natali ejusdem sæpe concessi, omnino et absolute do, lego.

Tibi fratri et consacerdoti carissimo, de quo Dominus providebit regendæ post discessum meum Ecclesiæ, nunc meæ, tunc tuæ, aut potius nec meæ nec tuæ, sed Christi, do quidquid ad usum episcopalem de rebus meis volueris eligere in camera et sacrario vicino. Quod nolueris, hæredum meorum nominandorum esto. Presbyterum de Malleio, eumque de Orbona, ad gradus unde merito dejecti sunt, nunquam restitue. Sportulam tamen habeant quamdiu vixerint, super parte reditum meorum, de Preslaio; quod superexit, cum parte illa quam utendam fruendam illis concessi, postquam obierint, et tibi utendum fruendum relinquo: post discessum tuum Ecclesiæ meæ do, lego. At tu, frater et consacerdos carissime, presbyteros, diaconos, clericos, virgines, meos tuos, ama, exemplo juva, benevolentia præveni; fac ut sciant se tibi filios, non servos; te illis patrem, non dominatorem, rogo, volo, statuo.

At vos, viscera mea, fratres dilectissimi, corona mea, gaudium meum, domini mei, filii mei, paupe-

A res Christi, egeni, mendici, ægri, viduæ, orphani; vos, inquam, hæredes meos scribo, dico, statuo. His quæ supra detractis, quidquid in bonis habeo, sive in agris, pascuis, pratis, nemoribus, vineis, mansis, hortis, aquis, molendinis, sive in auro, argento, et vestibus, cæterisque rebus de quibus me disposuisse non constabit, hæredes esse vos jubeo. Et ut omnia per discretionem administrentur, volo ut distrahantur quamprimum obiero, et fieri poterit, et in pecuniam redigantur, cujus tres partes fiant. Hominibus egenis duæ distribuantur, ut placuerit Agrario presbytero, et comiti Agiloni. Tertia viduis et pauperibus feminis, uti placuerit virgini Dadolenæ, distribuantur, volo, rogo, statuo.

Testamentum hoc manu propria scriptum relegi et B subscripsi ego, Perpetuus, calend. Maias post consulatum Leonis Minoris A. Illud tu, Delmati fili, apud te depositum serva; et cum alio simili mea pariter manu scriptum et subscriptum, quod apud Dadolenam deposui, Agiloni comiti coram fratribus meis presbyteris, diaconibus et clericis aperiendum et legendum trades, in nomine Domini volo, rogo, statuo, fixum ratumque sit. Benedic, Domine.: veni Christe Jesu.

Ego Perpetuus in nomine tuo, Amen.

EPITAPHIUM PERPETUI EPISCOPI.

Culmina sublimi tollunt quæ vertice cristas,
    Eximius meritis Perpetuus dederat.
Domno Martino, cujus sub marmore pausant,
    Ossa, veneratur quæ pia plebs precibus.
Hæredem scripsit Christum, atque aurea multa
    Sacrando Domini vasa cruore dedit.
Transmisit cœlo, quæ plurima, cessit egenis,
    Fecit et ante suas scandere divitias.

C Clarus avis, atavisque potens, fuit atque senator:
    Clarior at sua dum pauperibus tribuit.
Sed neque Martino soli tam grande sepulcrum
    Construxit, tumulum fecit et esse suum.
Et licet ante pedes Martini contumuletur,
    In cœlo, simili gaudet uterque loco.
Respice de superis super hoc, bone pastor, ovili,
    Perpetuumque tuam perpetua patriam.

(Epistolam Sidonii Apollinaris ad Perpetuum videsis supra inter opera Sidonii lib. vii, epist. 9.)

ANNO DOMINI CCCCLXXXV.

CEREALIS

CASTELLENSIS EPISCOPUS.

NOTITIA EX GENNADIO.

Cerealis episcopus natione Afer, interrogatus a Maximiano Africanorum episcopo si posset vel paucis divinæ Scripturæ testimoniis, absque ulla disputationis duntaxat assertione, fidem catholicam assignare,

D Quam ille in nomine Domini suffragante sibi veritate, non paucis testimoniis sicut Maximianus irridens petierat, sed copiosis tam Veteris Testamenti quam Novi approbavit, et libello edidit.

CEREALIS EPISCOPI
CONTRA MAXIMINUM ARIANUM LIBELLUS.

INTRODUCTIO.

Cum Carthaginem Cerealis sanctæ catholicæ fidei Castellensis episcopus venit, et quia vicinior est illis civitatibus quæ Dei furore inarserunt, regales pulsavit aures ejus adventus. Et cum ab eo requirerent, quibus erat injunctum, si vera sint quæ fama jactavit, ex ordine cum enarraret, Maximinus Ariomanitarum episcopus supervenit, et ait episcopo Cereali: Videtis quæ vestra faciunt peccata? ideo deserit Deus vos. CEREALIS. Quare nos deseruit, et non potius vos, qui animas sub Christiani nominis stylo jugulatis, nec veram fidem tenetis? MAXIMINUS. Si veram fidem tenetis, proponam tibi quæstiones vestræ fidei, ut si veram habes fidem, volo ut ad unam propositionem excludendam duo vel tria testimonia adducas. CEREALIS. Non duo vel tria, sed plura adducam testimonia. MAXIMINUS. Primo doce:

Quia æqualis est Patri Filius.
De unitate; quia unus est Deus Pater, et Filius, et Spiritus sanctus.
Quomodo Pater miserit Filium.
Quomodo Pater clarificet Filium.
Quia omnipotens est Filius.
Quare dixit Filius: Pater major me est. Vel quare dictum: quod Pater tradidit Filium.
De libera Filii potestate.
Contra id quod dicunt: Auctor est qui generat, vident principium Patri, etc.
Contra id quod dicunt: Patrem imperasse Filio ut faceret creaturam.
Quia Deus est Spiritus sanctus.
Quia creator est Spiritus sanctus.
Quia vivificator est Spiritus sanctus.
Quia et ipse propriæ potestatis est et voluntatis et omnipotens.
De Trinitate vel unitate.
Quia invisibilis est Filius.
Contra id quod dicunt: Ex Patre Filium; et Spiritu sancto facta omnia.
Contra id quod dicunt: Quare prius Pater, deinde Filius nominatur.
Contra id quod dicunt: Quod Pater subjecit illi omnia.

INCIPIT LIBELLUS.

CAPUT PRIMUM.

CEREALIS. Qula æqualis est Patri Filius, sic docet apostolus Paulus dicens: *Hoc sentite in vobis, quod et in Christo Jesu, qui cum in forma Dei esset, non rapinam arbitratus est esse se æqualem Deo* (Philip. II). Qui est in forma Dei Patris, non potest esse minor, qui non rapuit quod non habuit, quia in forma Patris semper fuit. In Evangelio Joannes ait: *Propterea Judæi volebant eum interficere, quia non solum solvebat sabbatum, sed et Patrem suum dicebat Deum, æqualem se faciens Deo* (Joan. v). Item ipse Dominus dixit: *Qui me videt, videt et Patrem.* Item in Evangelio: *Ego et Pater unum sumus.* Hic unum pro æqualitate dixit, quia æquales sunt, qui unum sunt. Sumus autem ideo dixit, quia alius est Filius. Sed unum sunt Pater et Filius. Neque enim dividitur Deus, cum ipse Filius dicat: *Ego in Patre, et Pater in me est.* Quia vero non solum unum sunt Pater et Filius addito Spiritu sancto, subter habes demonstratum, unum autem ad societatem pertinet Patris et Filii, unum autem ad solum Dominum pertinet, quia et Pater, et Filius, et Spiritus sanctus. Item ipse Dominus in Evangelio, *Omnia quæ habet Pater, mea sunt.* Item ipse Filius in Evangelio ad Patrem dicit: *Omnia mea tua sunt, et tua omnia mea sunt.* Et iterum: *Qui non honorificat Filium, non honorificat Patrem.* Item in Evangelio: *Qui me odit, et Patrem meum odit.* Item in Epistola Joannis: *Qui negat Filium, nec Patrem habet; sed qui confitetur Filium, et Filium habet et Patrem.* Item in Salomone: *Splendor est lucis æternæ, et speculum sine macula Dei majestatis, et imago bonitatis illius* (Sap. VII). Hoc de Filio dicit. Item in Evangelio: *Sicut habet Pater vitam in semetipso, sic dedit et Filii habere vitam in semetipso.* Quod autem dicit, *dedit,* genuit intelligitur. Aut si postea dedit vitam jam genito Filio Pater, ergo genitus Filius sine vita erat. Et quomodo dicit ipse in Evangelio: *Ego sum via, veritas, et vita?* Item ad Hebræos sic de Filio dicit Apostolus: *Qui cum sit,* inquit, *splendor gloriæ, et figura substantiæ ejus, gerens quoque omnia verbo virtutis suæ* (Hebr. I). Ergo splendor gloriæ, et figura substantiæ ipsius tenet splendorem, id est, veritatem? Figura autem Dei æqualitas dicitur Dei. Item apostolus Paulus ad Colossenses de Filio dicit: *In ipso inhabitat,* inquit, *omnis plenitudo Divinitatis corporaliter.* Si in Christo habitat omnis plenitudo Divinitatis, et quomodo minor est Filius?

CAPUT II.

Quod unus Deus Pater, et Filius, et Spiritus sanctus, sic docetur. Ipse Dominus in lege dicit: *Audi, Israel; Dominus Deus tuus Deus unus est.* Et Apostolus dicit: *Nullus est Deus, nisi unus.* Item ipse dicit: *unus Deus; una fides; unum baptisma* (Eph. IV). Item apostolus Jacobus dicit: *Tu credis quia unus est Deus; bene facis; et dæmones credunt et contremiscunt* (Jac. II). Hanc fidem contremiscunt dæmones quam veram esse noluerunt. Ipse Dominus dicit: *Ego sum Deus et non est alius præter me.* Item in psalm. XXVII: *Quis Deus præter Dominum, aut quis Deus præter Deum nostrum?* Et ipsi confitentur quia et Filius Deus est. Ostendant mihi quomodo unus est, nisi quia Pater, et Filius, et Spiritus sanctus unus est.

CAPUT III.

Quomodo miserit Pater Filium, sic docetur: Missio Filii incarnatio est Filii; testificatur apostolus Paulus et quis missus sit, utrum Filius Dei, an Filius hominis, dice s: *Misit Deus Filium suum, factum ex muliere, factum sub lege, ut eos qui sub lege erant redimeret* (Gal. IV). Ergo qui ex muliere factus est, ipse missus qui est, etiam sub lege fuit, sicut dixit; nam Deus condidit legem. Item ipse apostolus dicit de Christo: *Semetipsum exinanivit formam servi accipiens* (Philip. II). Quando semetipsum exinanivit, tunc semetipsum misit; nam et ipse Filius dicit: *Ego veni quaerere et salvare quod perierat.* Hic non dicit, missus sum, sed veni. Nam et Spiritus sanctus misit eum, sicut scriptum, ipso docente, est in Isaia propheta: *Et nunc*, inquit, *Dominus misit me, et Spiritus ejus* (Isai. XLVIII). Item dicit ipse Filius: *Spiritus Domini super me, propter quod unxit me, evangelizare pauperibus misit me*, etc. Ergo major est Spiritus sanctus Filio, si major est qui mittit, quia Spiritus sanctus misit Filium Dei. Deus utique ubique est, quia ait: *Coelum et terram ego impleo.* Et alibi dicit: *Coelum mihi sedes est, terra autem scabellum pedum meorum.* Quomodo igitur mittitur Filius? aut quomodo mittit Pater, si in coelo et in terra ubique unus est Deus? Item audi ubi non solum aequales ab aequalibus, sed et majores mittantur a minoribus, sicut legimus angelum esse missum a Tobia, et Christus missus est a Pilato ad Herodem. Nunquid humiliavit se angelus, quia perrexit quo missus est a Tobia? aut humiliavit se Christus, qui a Pilato missus est ad Herodem? Vis scire, quia ubique est Filius, nec est ubi mittatur, audi quid dicit ipse Filius: *Nemo ascendit in coelum, nisi qui descendit de coelo; Filius hominis, qui est in coelo.* Non enim dixit, qui fuit in coelo, sed *qui est in coelo*, et tamen in terra loquebatur; sed et in terra tunc homo fuit et Deus. Nam si Deus non fuit in terra, quomodo angeli illi ministrabant, sicut scriptum est: *Et discessit diabolus, et venerunt angeli, et ministrabant ei* (Joan. XVII).

CAPUT IV.

Quomodo clarificet Pater Filium, sic docetur. Nam et Filius clarificat Patrem, sicut scriptum est in Evangelio dicente ipso Filio ad Patrem: *Ego te clarificavi super terram.* Iterum ipse Filius dicit: *Pater, clarifica Filium tuum, ut et Filius tuus clarificet te.* Et ipse Spiritus sanctus clarificat Filium, quia scriptum est: *Ipse me clarificabit, quia de meo accipiet, et annuntiabit vobis.* Si ergo clarificat Spiritus sanctus Filium, nunquam major est Filio Spiritus sanctus. Et ipse Filius dicit in psalmo: *Sacrificium laudis honorificabit me.* Ergo sacrificium laudis holocaustum passionis accipitur; in passione ergo clarificatur homo, nam Deus semper est gloriosus. Vis scire quia non solum semper gloriosus fuit Filius, sed et Deus gloriae fuit et est, apostolus Paulus dicit de Judaeis: *Si enim cognovissent, nunquam Dominum gloriae crucifixissent.* Nunc ergo qui mori potuit, ipse et glorificari potuit, homo tantum. Nam audi quid dicat ipse Filius, quomodo se ipse sanctificat: *In veritate*, dicens, *sanctifico meipsum.*

CAPUT V.

Quod omnipotens est Filius, sic docetur. In Salomone legitur: *Omnipotens sermo tuus, Domine, exiliens a regalibus sedibus tuis, in medium exterminii terram prosilivit* (Sap. XVIII). Ergo et rex est qui regales obtinet sedes. Item in Apocalypsi: *Haec dicit Filius Dei, qui est et qui fuit omnipotens Deus,* In Evangelio: *Omnia quaecunque Pater facit, haec et Filius similiter facit* (Joan. V). Item in Evangelio: *Sicut Pater suscitat mortuos et vivificat, sic Filius quos vult vivificat.* In Isaia Filius dicit: *Ecce ego mittam manum meam super vos et depraedabuntur qui depraedaverunt vos, et scietis quia Dominus omnipotens sum, et qui misit me Dominus omnipotens est.*

Jeremias propheta dicit: *Magnus est, et non habet finem, excelsus et immensus hic Deus noster; et non est alius.* Et ut appareat de Christo dici, sequitur: *Postea in terris visus est, et cum hominibus conversatus est.* Item Apostolus: *Nos autem*, inquit, *praedicamus Christum, Dei virtutem, et Dei sapientiam.* Item ipse cum de Judaeis loquitur: *Quorum patres*, inquit, *et ex quibus Christus secundum carnem, qui est super omnia Deus benedictus in saecula.* Amen.

CAPUT VI.

Quare dixerit Filius: *Pater major me est*, vel quare dictum sit quod Pater tradidit Filium suum, docetur. Scriptum est in psalmo, Filio dicente ad Patrem: *De ventre matris meae Deus meus es tu* (Psal. XXI). Ergo de ventre matris est Deus ejus Pater, et ideo major est Pater. Item ipse Filius in psalmo dicit: *O Domine, ego servus tuus, ego servus tuus et filius ancillae tuae* (Psal. CXV), id est Mariae. Ipse est servus, et inde major est Pater. Item: *Deus, Deus meus, respice in me: quare me dereliquisti* (Psal. XXI)? Et iterum: *Salvum me fac ex ore leonis.* Haec ad hominem pertinent; nam et ipse ait: *Potestatem habeo ponendi animam meam, et potestatem habeo iterum sumendi eam; nemo eam tollit a me, sed ego pono eam a me, et iterum sumo eam* (Joan. XX). In psalm.: *Ego dormivi et somnum cepi, et resurrexi, quia Dominus suscepit me.* Et Apostolus, quia se ipse Filius tradidit, sic ait: *Qui me dilexit*, inquit, *et tradidit semetipsum pro me.* Item ipse Apostolus: *Qui dilexit*, inquit, *Ecclesiam suam, et tradidit semetipsum pro ea, mundans eam lavacro aquae in verbo.* Item in Epistola Paulus ad Ephesios: *Sicut et Christus*, inquit, *dilexit nos et tradidit semetipsum pro nobis.* Item in psalmo ipse dicit: *Ut faciam voluntatem tuam, Deus meus, volui.* Homo dicit in psalmo: *Deus meus, quomodo superius dixit: De ventre matris meae Deus meus es tu.* Et tamen postea sequitur, quando dixit: *Ut faciam voluntatem tuam, Deus meus*, adjunxit, *volui*; quia voluit, fecit; ipse enim est de quo dicitur: *Omnia quaecunque voluit fecit.* Ipse nasci voluit, ipse mori voluit, ipse omnia pati voluit, et esurire, et sitire, et lassari, et tamen secundum hominem. Nam vis scire qualis sit Filius Dei? Isaias dicit: *Deus aeternus, qui fecit aeternam terram, non laboravit neque exuriit*, etc.; de Filio dicit, de quo dictum est: *Omnia per ipsum facta sunt.* Nam Deus nihil mali, ac laboris pati potuit, cui dicitur in psalmo XX: *Non accedent ad te mala, et flagellum non approvinquabit tabernaculo tuo.*

CAPUT VII.

De libera Filii potestate sic docetur. In Evangelio dicit : *Pater, volo ut u'i ego sum, et isti sint mecum* (*Joan.* xvii). Non dixit, peto. Non dixit in Evangelio ad leprosum, peto, sed *volo, mundare* (*Matth.* viii). Item in Evangelio ad Petrum, dum se peteret ut ambularet super aquam, ait Jesus : *Veni.* Non rogavit, sed *veni* dixit. Item ad Chananæam mulierem dixit : *Non sum missus nisi ad oves quæ perierunt domus Israel* (*Matth.* xv). Gentilis erat mulier, tamen quia voluit, præstitit beneficium et sanavit filiam ejus, ad quam se missum non esse dixerat. Non enim ad gentes, sed ad Judæos erat destinatus Christus ; tunc dixit : *O mulier, magna est fides tua, fiat tibi sicut vis. Et sanata est filia ejus ex illa hora.* Ad quam se missum non esse dixerat, quare concedebat beneficium ei? Ergo vides quia quæ voluit fecit, non quæ alius imperavit. Item in psa'mo de Christo dicit : *Omnia quæcunque Dominus voluit fecit in cœlo, et in terra, in mari et omnibus abyssis.* Non dixit, quæcunque petivit.

CAPUT VIII.

Contra id quod dicit : Major est qui generat, minor est qui generatur. Hæc temporibus cognoscuntur, in Christo autem nulla sunt tempora, per quem omnia facta sunt. Non est enim ex tempore sempiternus, qui ante tempora noscitur generatus, sicut legimus quia Adam a nullo genitus est, et tamen ipse et filius ejus ambo erant pares et æquales, quia ambo erant homines. Major et minor temporibus fiunt, quia unus senescit, et alius crescit. Sed apud Deum nunquam fuerunt tempora.

Ipsa enim tempora per Filium facta sunt, et nihil in Deo temporale est. Tolle ergo tempora, et ostende mihi majorem et minorem. Quemadmodum minor sit Filius non solum Patre suo, sed et angelis, apostolus Paulus ad Hebræos de ipso dicit : *Nunc*, inquam, *modico minus ab angelis minoratum vidimus Jesum.* Quare? Sequitur : *Propter passionem mortis* (*Hebr.* ii).

CAPUT IX.

Contra id quod dicunt : Auctor est qui generat, vident principium. Patri non est auctoritas, ubi voluntas nulla est. Pater enim nec volens nec nolens genuit, sed natura. Nam si volens genuit, ergo ipsa voluntas Patris Filius est, sicut legimus. Quia ipse est verbum et virtus et sapientia ; ipse est et voluntas Patris. Si aliquando non fuit Filius, aliquando non fuit Pater, quia Pater esse non potuit, si Filium non habuisset. Sed sicut Pater æternus est, ita et Filius æternus est, de quo scriptum est : *In principio erat Verbum, et Verbum erat apud Deum ; et Deus erat Verbum, hoc erat in principio apud Deum* (*Joan.* i). Non capitur tempore, non habet initium, nec includitur sæculis. Et in psalmo dicit Filius ad Patrem : *Ego semper tecum sum.* Si enim semper cum Patre fuit Filius, quomodo auctor est Pater, qui ante nunquam fuit? Item de ipso dicitur, *Priusquam fierent montes, et fingeretur terra, et orbis terræ, a sæculo usque in sæculum tu es.* Si igitur voluntas est Patris

A Filius, dicatur mihi quomodo auctor est Pater, sine quo nunquam fuit Filius, quia Pater sine voluntate esse non potuit? Quod dicitur Pater, propter Filium dicitur, et ille Deus dicitur de Deo. Sed quia dixit Filius, et quod dicitur Filius, propter Patrem dicitur. Nam *Ego in Patre, et Pater in me*, non separatur, sed ideo unus est Deus. Sed si minor est Filius a Patre, quare dixit *Pa'er in me est?* Nunquam majorem potest capere minor.

CAPUT X.

Contra id quod dicunt Patrem imperasse Filio ut faceret creaturam, respondetur. Cum utique et ipse Pater fecerit, nam scriptum est : *Faciamus hominem ad imaginem et similitudinem nostram* (*Gen.* i). Ubi ostenditur pariter operatos, ut unum Deum esse monstraret. Sequitur Scriptura : *Et fecit Deus hominem ad imaginem et similitudinem suam.* Non dixit fecerunt dii, cum dixisset *faciamus hominem ;* sed dixit : *Deus fecit hominem ad imaginem et similitudinem sua*. Item si Pater non fecit creaturam, et quomo o dicit Filius : *Pater meus usque modo operatur, et ego operor?* Item si Pater non fecit creaturam, et quomodo dicunt apostoli ad Patrem : *Tu es, Domine, qui fecisti cœlum et terram, mare et omnia quæ in eis sunt, qui per os sancti pueri tui David dixisti : Quare fremuerunt gentes, et populi meditati sunt inania? Astiterunt reges terræ, et principes convenerunt in unum adversus Dominum, et adversus Christum ejus* (*Psal.* ii). *Convenerunt enim in veritate in civitate ista super sanctum puerum tuum Jesum Christum, quem unxisti, Herodes et Pontius Pilatus cum gentibus, et toto Israel, et fecerunt sicut manus tua et consilium tuum præfinierat* (*Act.* iv). Ergo de Christo loquebantur ad Patrem, qui dicebant : *Tu es, Domine, qui fecisti cœlum et terram, mare et omnia quæ in eis sunt.* Lege in Actibus Apostolorum, et invenies de Filio dici ad Patrem istam sententiam.

CAPUT XI.

Quia Deus est Spiritus sanctus, sic docetur. Petrus ad eum qui subtraxerat de pretio villæ dixit : *Quid est quod implevit Satanas cor tuum mentiri Spiritui sancto?* Et postmodum adjunxit : *Non es mentitus hominibus, sed Deo* (*Act.* v). Item in Actibus Apostolorum scribitur, Petro cogitante et hæsitante de visu, dicit Spiritus sanctus : *Ecce viri quærunt te ; exsurge, et descende, et vade cum illis nihil dubitans, quia ego illos misi ad te. Et veniens Petrus ad Cornelium dixit : In veritate scio quia non est personarum Deus acceptor* (*Act.* x). Ad gentilem enim missus ab Spiritu sancto, quia adhuc gentibus non prædicabatur Evangelium, sed solis Judæis. Item in Evangelio : *Jesus autem Spiritu sancto plenus regressus est a Jordane.* An non est Deus qui implet Deum? Ergo Deus erat in Christo, quo plenus est regressus a Jordane. Item Apostolus : *Nescitis quia corpora vestra templum in vobis est Spiritus sancti?* Secutus est : *Glorificate ergo Deum in corpore vestro.* Item in Salomone : *Spiritus Domini replevit orbem terrarum.* Item Esaias propheta : *Et Dixit Dominus ad me : Vade, dic populo huic,*

Aure audietis, et non intelligetis, etc. Quem dicit Deum Esaias, ipsum dicit Spiritum sanctum Apostolus. Si Deus spiritus est, quomodo Spiritus sanctus Deus non est; si non est Deus Spiritus sanctus, quomodo dicit apostolus Paulus : *Divisiones autem donationum sunt, idem autem Spiritus; et divisiones operationum sunt, unus autem Deus, qui operatur omnia in omnibus, qui dividit propria unicuique prout vult* (*I Cor.* XII)? Ipse est Spiritus sanctus, de quo dicit propheta Esaias : *Spiritus*, inquam, *sapientiæ et intellectus, consilii et fortitudinis, scientiæ et pietatis, et timoris Domini.*

CAPUT XIII.

Quia et creator est Spiritus sanctus, sic docetur. In Job legimus : *Spiritus divinus est qui fecit me*. In psalmo : *Emitte spiritum tuum et creabuntur* (*Psal.* CIII). In Evangelio : *Inventa est Maria habens de Spiritu sancto*. Cui fuerat dictum : *Spiritus sanctus superveniet in te, et virtus Altissimi obumbrabit tibi* (*Matth.* I). In psalmo : *Verbo Domini cœli firmati sunt, et Spiritu oris ejus omnis virtus eorum* (*Psal.* XXXII). Si in utero virginis Spiritus sanctus Filium Dei fecit, quid Deo defuit quod non creavit? In Evangelio : *Si quis non renatus fuerit ex aqua et Spiritu sancto, non potest videre regnum Dei*. Amplius est enim regenerare quam creare : ecce Spiritus sanctus regenerat, quando in baptismo renascimur per ipsum.

CAPUT XIII.

Quia vivificator est Spiritus, sic docetur. Apostolus dicit : Littera occidit, Spiritus autem vivificat (*I Cor.* III). Item in Evangelio : *Spiritus est qui vivificat, caro autem non prodest quidquam* (*Joan.* VI). In Ezechiele ad ossa arida filiorum Israel mandatur et dicitur, per prophetam : *Dabo Spiritum meum in vobis, et vivetis*. Item Apostolus dicit : *Si autem Spiritus ejus qui suscitavit Jesum Christum a mortuis habitat in vobis, vivificabit et mortalia corpora vestra per habitantem Spiritum ejus in vobis* (*Rom.* VIII, 11). Ergo mortalia corpora vivificantur a Spiritu sancto.

CAPUT XIV.

Quia et ipse propriæ potestatis et voluntatis sit, et omnipotens sit Spiritus S., sic docetur. Apostolus dicit : *Alii datur manifestatio Spiritus ad utilitatem, alii datur per Spiritum sermo sapientiæ, alii sermo scientiæ secundum eumdem Spiritum, alii fides in eodem Spiritu, alii donatio curationum in uno Spiritu, alii operationes sanitatum, alii prophetia, alii judicatio spirituum, alii genera linguarum : hæc autem omnia operatur unus atque idem Spiritus, dividens propria unicuique prout vult* (*I Cor.* XII).

Ecce quod operatur unus atque idem Spiritus ut vult, non quæ ei imperantur. Ipse Dominus in Evangelio dicit : *Spiritus ubi vult spirat* (*Joan.* III). In Actibus Apostolorum jubet Spiritus Philippo ut se eunucho Candacis reginæ conjungeret. Item Spiritus dicit : *Segregate mihi Barnabam et Paulum in opere sancto, quo vocavi illos*. Ecce Spiritus sanctus segregat apostolos et vocat. Item de apostolis : *Tentabant ire in Bithyniam, et non eos passus est Spiritus sanctus*. Ecce apostolis imperat. Item in Salomone dicit : *Spiritus sanctus mihi Sapientia*, id est in Christo. Spiritus S. unicus, multiplex, subtilis, immobilis, inconquinatus, certus, securus, amans bonum, omnia potens, omnia præsciens, et qui capiat omnes spiritus intelligibiles, mundus subtilis. Ecce qualis est Spiritus S. Item in Evangelio : *Et regressus est Jesus in virtute Spiritus in Galilæam*. In virtute Spiritus ambulat Christus. Item in Actis Apostolorum legimus : Quia loquebantur apostoli quemadmodum dabat eis pronuntiatio. Spiritus dabat apostolis quemadmodum loquebantur. Item apostolus Paulus ostendit quæ tribuat Spiritus sanctus dicens : *Fructus autem Spiritus est, caritas, gaudium, pax, longanimitas, benignitas, bonitas, fides, mansuetudo, continentia* (*I Joan.* IV). Et legimus in Joanne apostolo : *Quia Deus caritas est*. Si Deus caritas, qualis est Spiritus sanctus, cujus est ipsa caritas? Sic enim habes supra : Quia *fructus Spiritus sancti est caritas* (*I Joan.* IV).

CAPUT XV.

De Trinitate et Verbi divinitate. Si Trinitas non est, quare dictum est : *Ite, baptizate omnes gentes, in nomine Patris, et Filii, et Spiritus sancti*? Si unitas non est, quare in uno nomine dictum est, et non in nominibus? Si Trinitas non est, quare dicit Dominus : *Ego sum Deus Abraham, Deus Isaac, et Deus Jacob*? Si unitas non est, quare tertio *Deus*, et non pariter *Deos* appellavit? Si Trinitas non est, quare dicunt in Esaia Seraphim laudantia : *Sanctus, Sanctus, Sanctus, Dominus Deus Sabaoth* (*Esai.* VI). Ubi et Trinitatem ostendunt et unitatem, quia *Deum* dicunt et non *deos*. Si Trinitas non est, quare dicit Apostolus : *Ex ipso, et per ipsum, et in ipso sunt omnia*. Aut si Trinitas non est aut unitas, quare sequitur, *ipsi gloria*, et non *ipsis gloria*; si plures sunt dii? Quod si de Patre hoc volunt aliqui accipere, ergo non calumnientur Filio, quoniam sicut Pater Filium, sic per Filium facta sunt omnia. Itaque Deus non numeratur, non augetur, non indiget, quia non minuitur. Si Deus est utique Filius, non admittit ista in se, nam ipse dicit ad diabolum tentantem : *Non tentabis Dominum Deum tuum* (*Matth.* IV). Et Thomas apostolus dicit, cum palparet loca vulnerum ejus : *Dominus meus et Deus meus*. Inseparabilis quippe est Trinitas. Neque enim locutus est ubi non sic. Pater, et Filius, et Spiritus sanctus, ubique simul sunt, nec separantur locis, quia non est corporeus Deus, nec numeratur Deus, quia non subjicitur numeris. Deus igitur noster unus est. Nam cum Pater, et Filius, et Spiritus sanctus sit, nemo Christianus tres Deos poterit dicere, quia in nullo a se divina distat natura. Numerus siquidem ordinem sufficit, æqualitas non amittit, alter enim primum sequitur, alteri tertius applicatur. Sed cum gradus fieri non possint ex paribus qui subdi possint quemadmodum numeratur, unus ergo erit, quia non habet secundum, secundus quippe minoris ordinem tenet, et minor alterum facit, alter posteriorem indicat, posterior imparem signat. Remove distantiam, et quod numeres non habebis. Propheta dicit ; *Sapientiæ ejus non est numerus*. Si sapientia ejus non numeratur, quomodo Filius numeratur, qui est Sapientia Patris, sicut Apostolus dicit ? Quare post Patrem secundus dicitur Filius, cum sapientia non numeretur, quia est sapientia Patris.

CAPUT XVI.

Quia invisibilis est Filius, sic docetur: *Nemo novit Filium nisi Pater, neque Patrem quis novit nisi Filius, et cui voluerit Filius revelare*. In Apostolo de Christo scriptum est : *Hic invisibilis, primogenitus totius creaturæ*. Item : *Christus Jesus venit in hunc mundum, peccatores salvos facere, quorum primus ego sum; sed ideo misericordiam consecutus sum, ut in me primo ostenderet Christus Jesus omnem longanimitatem, in formationem eorum qui credituri sunt illi in vitam æternam; regi autem sæculorum, immortali, invisibili, soli Deo honor et gloria in sæcula sæculorum*. Invisibilis est ergo Filius, qui venit peccatores salvos facere. Si videtur Filius, videtur et Pater, quoniam scriptum est : *Qui me videt, videt et Patrem*.

CAPUT XVII.

Contra id quod dicunt : ex Patre per Filium in Spiritu sancto esse omnia. Audi quia non solum ex Patre, sed et ex Filio, et Spiritu sancto facta omnia invenies, dictum, Apostolus ad Ephesios sic dicit de Filio : *Veritatem autem facientes in caritate augeamur in illo per omnia, qui est caput Christus, ex quo totum corpus connexum et compactum*. Ecce ex Filio : audi et ex Spiritu sancto : *Si quis non renatus fuerit ex aqua et Spiritu sancto, non potest videre regnum Dei*. Et iterum in Evangelio legitur : *Sic est omnis qui natus est ex Spiritu*.

CAPUT XVIII.

Contra id quod dicunt : Quia Pater perhibet testimonium Filio. Ipse Christus dicit in Evangelio : *Ego sum qui testimonium perhibeo de me*. Ergo ipse testificatur de se. Prophetæ perhibuerunt Filio testimonium, nunquid majores sunt prophetæ Filio? Apostoli perhibuerunt testimonium Filio, nunquid majores sunt apostoli Filio Dei? Sed cum ostenderim quia ipse sibi perhibuit testimonium, non erit quod ab adversariis respondeatur : *Ego sum*, inquit Filius, *qui testificor de me*.

CAPUT XIX.

Contra id quod dicunt : Quare prius Pater, deinde Filius nominatur. Audi et Filium priorem nominari a Patre. Apostolus dicit ad Galatas : *Non ab hominibus, neque per hominem, sed per Jesum Christum et Deum Patrem*. Item ad Thessalonicenses ipse dicit : *Ipse autem Dominus noster Jesus Christus et Deus Pater noster, qui dilexit nos, et dedit consolationem æternam*, etc. Ecce prior est Filius nominatus. Audi et Spiritum sanctum priori loco nominari. Apostolus dicit , *Unum corpus et unus Spiritus , sicut vocati estis in una spe vocationis vestræ, unus Deus , una fides , unum baptisma, unus Deus et Pater omnium*. Ecce prius Spiritum, et postea Patrem nominavit. Sed dico, nunquid quia legimus in Levitico proprio loco sub una sententia nominatum Jacob, secundo Isaac, tertio Abraham, ideo dicendum est meliorem fuisse Jacob ab Isaac, aut majorem Isaac Abraham, patre suo, sicut enim scriptum est : *Et memorabor testamenti Jacob, dicit Dominus, et testamenti Isaac, et testamenti Abraham*. Hominibus non præjudicatis, taxatio. Deo præjudicium cur infert, si forte alicubi prior taxatur Pater a Filio, aut Filius a Spiritu sancto priori loco a Patre taxatum.

CAPUT XX.

Contra id quod dicunt : Pater illi omnia subjecit. Apostolus ad Corinthios dicit de Filio : *Oportet*, inquit, *illum regnare, donec ponat omnes inimicos suos sub pedibus suis* (*Cor*. xx). Et ad Philippenses : *Unde etiam exspectamus Dominum Jesum Christum Salvatorem nostrum ; qui transfigurabit corpus humilitatis nostræ conformans corpori gloriæ suæ, secundum operationem, ut possit sibi subjicere omnia* (*Philip*. 1). Item Apostolus dicit, quia Filius tradet regnum Deo Patri suo ; scriptum est enim de Christo : *Cum tradiderit regnum Deo et Patri*. Ergo major est Filius a Patre, quia ipse tradet Patri suo regnum ?. Hæc sunt quæ tantisper commemorare potui et decerpsi ; multa autem prætermissa sunt impedimento velocitatis, quæ legens poterit invenire. Hoc tantum lector teneat, Dominum Deum minime numero subjacere, minime separari : quod enim minimum est, Deus non est : sed quod, Deus est, Filius, et Spiritus sanctus, uterque perfectus [*professus*] est. Hæc est autem vera perfectio, quam non subjicit alterius comparatio, nec remanet quod possit accrescere. Deus spiritus est, non caro; intellectus est, non est globatio; internum lumen est, non materies circumfusa. Ideo non dividitur Pater, et Filius, et Spiritus sanctus, quia non est talis, qui se paret incidi ; et tamen Pater, Pater est; Filius, Filius est ; Spiritus sanctus, Spiritus sanctus est ; et ubique sine invicem non sunt : quia unus est qui intelligi potest, separari non potest. Non sunt conglobati, quia non sunt velut ærei ; non sunt divisi, quia sine invicem non sunt. Hæc est vera et catholica fides, quam Christus docuit et tradidit, apostoli docuerunt, et omnes sancti patriarchæ et prophetæ fideliter cecinerunt. Propositionibus tuis juvante Patre, et Filio, et Spiritu sancto, de Novo et Veteri Testamento respondi, nunc vero pro catholica, quæ ubique est fide, alia testimonia proposui, quibus respondere debeas. In libro Sapientiæ : quia sicut Deus sapientia, quæ est Filius Dei, sic et Spiritus sanctus novit consilia Patris. In eodem libro : quia omnipotens est Filius, per quem facta sunt omnia. In eodem libro : quia Spiritus sanctus etiam Filius, qui dicitur virtus Dei. In eodem libro dicitur de Spiritu sancto, qui incorruptibilis est. In eodem libro : secundum formam susceptæ humilitatis visibilem dicit Christum, secundum formam vero deitatis non visibilem, sed invisibilem pronuntiat. Quod enim videtur, homo, quod non videtur, Deus agnoscitur. In eodem libro dicitur quia Filius Dei de substantia est Patris. In Cantico Canticorum, ubi Christum dicit es e Regem, cum ad eum Ecclesia loquitur. In Ecclesiastico : quia innumerabilis est magnitudo Dei. Unde docetur quia blasphemi sunt qui Trinitatem separando, ac gradibus et numeris credunt esse suadendam. In psalmo cxvii similiter de Sapientia, quæ est Filius Dei, sic et Spiritus sanctus novit consilia Patris : *Consilium autem tuum quis scit, nisi tu dederis Sapientiam, et miseris Spiritum de altissimis?* In eodem libro quia omnipotens est Filius, per quem facta sunt omnia : *Non enim,* inquit, *impossibilis erat omnipotens manus tua, quæ creavit omnia, et orbem terrarum ex materia informi.* In eodem libro : quia Spiritus sanctus etiam Filius est : dispersi per Spiritum sanctum virtutis tuæ persecutionem passi ab ipsis factis suis. In eodem libro de Spiritu sancto quia incorruptibilis est : *Incorruptibilis enim Spiritus tuus in omnibus est.* In eodem libro, ubi secundum formam susceptæ humilitatis visibilem dicit Christum, secundum formam vero deitatis non visibilem, sed invisibilem pronuntiat dicens : *Videntes illum quem olim negabant, Deum agnoverunt verum.* In eodem libro : quia Filius Dei de substantia est Patris : *Pro quibus angelorum esca cibasti populum tuum, et paratum panem de cœlo præstitisti illis sine labore, omne delectamentum in se habentem, et omnis saporis suavitatem ; substantiam enim tuam et dulcedinem quas in Filio habeas ostendebas.* In Evangelio secundum Joannem : quia invisibilis est Spiritus sanctus : *Spiritus veritatis, quem mundus non potest accipere, quia mundus non videt eum, nec cognoscit eum : vos autem cognoscitis eum, quia apud os manebit, et in vobis erit.* In Canticis Christum dicit esse Regem ; cum Ecclesiam loquitur : *Introduxit me rex in cubiculum suum, exsultemus et jucundemur in te.* Item similitudines auri faciemus tibi cum distinctioni us argenti, quousque rex sit in recubitu suo. In Ecclesiastico : quia innumerabilis est magnitudo Dei. Unde docetur quam blasphemi sint in Trinitatem Dei qui separando grad bus ac numeris suadenda æstimant : et quis investigavit magnitudinis ejus imperium, et magnitudinem ejus quis denumeravit? In psalmo xxvii, similiter de Sapientia, quæ est Filius Dei, dictum est : quia sapientiæ ejus non est numerus : *Magnus Dominus noster, et magna virtus ejus, et sapientiæ ejus non est numerus.* Propositionibus istis Maximinus Arionita nihil valens ad respondendum, differebat de die in diem. Cerealis vero dixit illi, qui intererat, cui erat injunctum : Propositis ab eo quæstionibus adjuvante Deo respondi, cur meis propositionibus non respondet? Supra memoratum igitur Maximinum, cui erat injunctum, cum conveniret, tacuit. Et ait Cereali : Vade tibi in propriam Ecclesiam, quia conventus a me Maximinus noluit respondere, hinc intelligitur quia non valuit, ubi tacuit, et tuis propositionibus respondere noluit. Jam inter vos Deus audit.

EODEM TEMPORE.

S. EUGENIUS

CARTHAGINENSIS EPISCOPUS.

NOTITIA EX CAVE.

Eugenius, gente Afer, anno 480 a catholicis, quibus Hunericus Vandalorum rex Zenonis imp. et Placidiæ precibus exoratus eligendi episcopi veniam concesserat, episcopus Carthaginensis constitutus, postquam sedes Arianorum sævitia per 24 annos vacaverat. Anno 484, collecta apud Carthaginem ab Hunerico episcoporum Arianorum turba, qui disputationem cum catholicis committerent, Eugenius luculentam fidei professionem regi obtulit, tanta rationis vi munitam, ut hæreticos ad silentium pariter ac rabiem adigeret. Paulo post ab Hunerico Tamallunensem civitatem in confinio Tripolitanæ sitam relegatur, et Antonio loci episcopo, hæretico ferocissimo, excruciandus committitur. Postea, si Gregorio Turonensi (*Hist. Franc. lib.* ii, *cap.* 3) fides, Albigensem Galliarum urbem asportatus est, ubi anno circiter 495 vel paulo post vitam finiisse videtur. De eo enim quasi adhuc vivente loquitur Gennadius in Catalogo scriptorum (*cap.* 97), quem isto anno contexuit. Exstat libellus seu prolixa *fidei Confessio* nomine episcoporum Africanorum Hunerico regi oblata, apud Victorem Vitensem (cujus integrum librum tertium constituit) *De persecutione Vandalica* lib. iii, pag. 33. Ejus enim esse, licet id non dicat Victor, extra omnem controversiam ponit Gennadius loco citato. Habetur Concil. tom. IV, pag. 1128, et in Bibliotheca Patrum tom. VIII, pag. 683. Scripsit præterea, teste eodem Gennadio, quæ interierunt, *epistolas ad plebem suæ curæ commissam* paulo ante exsilium missas ; *altercationes* quas cum Arianorum præsulibus per internuntios habuit, *Hunnerico regi nuncupatas;* preces denique pro quiete catholicorum apologiarum ad instar, eidem oblatas.

PROFESSIO FIDEI
EPISCOPORUM CATHOLICORUM AFRICÆ
AB
EUGENIO CARTHAGINENSI
REDACTA.

(Hanc Professionem fidei, quæ librum tertium h'storiæ Persecutionis Vandalicæ constituit, videsis supra, col. 219.)

EXCERPTUM EX GREGORIO TURONENSI
DE
S. EUGENIO CARTHAGINENSI
ET ALIIS CONFESSORIBUS QUI SUB HUNERICO REGE PASSI SUNT.

I. *Vandali a loco suo digressi cum Gunderico rege in Gallias ruunt, quibus valde vastatis Hispanias appetunt. Hps secuti Suevi, id est Alamani, Gallicium apprehendunt. Nec multo post scandalum inter utrumque oritur populum, quoniam propinqui* (Colb., ibi) *sibi erant....... Post hæc prosequentibus Alamannis usque ad Traduciam, transito mari Vandali per totam Africam ac Mauritaniam sunt dispersi.*

II. *Sed quoniam eorum tempore persecutio in Christianos invaluit, videtur ut aliqua ex his quæ circa Dei Ecclesias intulerunt, vel quemadmodum de regno expulsi sunt, memorarem. Defuncto igitur* [a] *Trasimundo, post scelera quæ in sanctis Dei exercuit, Honoricus mente crudelior Africanum occupat regnum, atque ex electione Vandalorum ipsis præponitur, cujus sub tempore quanti Christianorum populi pro ipso Christi sacratissimo nomine cæsi sint, ab hominibus non potest comprehendi. Testis est tamen Africa quæ misit, et Christi dextera quæ gemmis immarcessibilibus coronavit. Legimus tamen quorumdam ex ipsis martyrum passiones, ex quibus quædam replicanda sunt, ut ad ea quæ spopondimus veniamus.*

III. *Igitur Ciroa, falso vocatus episcopus, hæreticorum tunc maximus habebatur assertor; cumque ad persequendum Christianos rex per diversa transmitteret, sanctum Eugenium episcopum, virum inenarrabilis sanctitatis, qui tunc ferebatur magnæ prudentiæ esse in suburbano civitatis suæ reperit persecutor. Quem ita violenter rapuit, ut nec* [b] *ad cohortandum gregem Christi locum habere permitteret. Ille vero cum se videret abduci, epistolam civibus suis pro custodienda fide catholica hoc modo transmisit:*

EPISTOLA
S. EUGENII CARTHAGINENSIS
AD CIVES SUOS, PRO CUSTODIENDA FIDE CATHOLICA.

Dilectissimis et in Christi amore dulcissimis filiis et filiabus Ecclesiæ mihi [c] *a Deo commissæ, Eugenius episcopus. Regalis emanavit auctoritas, et pro exercenda fide catholica edicto nos* [d] *ad Carthaginem venire præcepit. Et ideo ne abiens a vobis Ecclesiam Dei in ambiguo, hoc est in suspenso dimitterem, aut oves Christi non verus pastor silentio relinquerem; necessarium duxi has pro me vicarias vestræ dirigere sanctitati, in quibus non sine lacrymis peto, hortor, moneo, et satis abundeque obtestor per Dei majestatem et per tremendum judicii diem, atque adventus Christi terribilem claritatem, ut fixius teneatis catholicam fidem, asserentes* [e] *Filium Patri esse æqualem, et Spiritum sanctum eamdem habere cum Patre et Filio deitatem. Servate itaque unici baptismatis gratiam, custodientes* [f] *Chrismatis unctionem. Nemo post aquam, revertatur ad aquam, renatus ex aqua* [g]. *Nutu enim Dei sal in aqua conficitur, sed si in aquam redactum fuerit, omnis*

---

[a] Legendum *Genserico*.
[b] Sic Colb. At edit., *ad hortandum gregem Christi nilum abire permitteret*. Legendum forte, *illum abire*, etc. Reg., *Christicolam abire permitteret*.
[c] Sic codex Regius et editi alii; mss. duo, *in Domino*; ex quibus alter, *commissis*.
[d] Sic mss. 2; editi habent *a Carthagine*. Baronius ad ann. 484, *a Carthagine*.
[e] Ms. 1, *asserentes Patrem, et Spiritum sanctum eamdem habere cum Filio deitatem*.
[f] Salvianus ejusdem ævi auctor lib. III de Gubernatione Dei, bona quæ Christianis Deus assignat, recensens, commemorat *sancti baptismatis gratiam, divini chrismatis unctionem*, quod chrisma ecclesiasticum paulo post appellat.
[g] Colb. addit *et Spiritu sancto*.

species ejus confestim evacuatur. Unde non immerito Dominus in Evangelio ait : Si sal [a] infatuatum fuerit, in quo salietur ? Et utique hoc est infatuari, velle secundo condiri eum semel factum sufficiat. Non audistis Christum dicentem : Qui semel lotus est, non habet necessitatem iterum lavandi (Joan. XIII) ? Ideoque, fratres, et filii, filiæque meæ in Domino, non vos contristet absentia mea : [b] quia si catholicæ disciplinæ adhæreatis, ego vos nec longinquitate aliqua obliviscar, nec morte a vobis divellar. Scitote quia [c] quodcunque fecerit me dividi a vobis, mecum est palma. Si ad exsilium abiero, beati Joannis evangelistæ exemplum [d] habeo; si ad mortis exitium, Mihi vivere Christus est, et mori lucrum (Philipp. I, 21). Si rediero, fratres, implebit Deus desiderium vestrum. Attamen sufficit modo, quod vobis non tacui, monui et instruxi quomodo potui, ideoque immunis sum a sanguine omnium pereuntium; scio quia adversus eos legentur litteræ istæ ante tribunal Christi, cum venerit reddere unicuique secundum opera sua. Si reversus fuero, fratres, videbo vos in hac vita; si reversus non fuero, videbo vos in futura. Dico tamen vobis, Valete, orate pro nobis, et jejunate : quia jejunium et eleemosyna semper Dominum ad misericordiam deflexerunt. Mementote esse scriptum in Evangelio : Nolite timere eos qui occidunt corpus, animam autem non possunt occidere ; timete autem eum qui postquam occiderit corpus, habet potestatem et animam perdere, et mittere in gehennam (Matth. X, 28).

Explicit Eugenii epistola, ad suum redit thema Gregorius.

IV. Ductus itaque sanctus Eugenius ad regem cum illo Arianorum episcopo, pro fide catholica decertavit. Cumque eum de sanctæ Trinitatis mysterio potentissime devicisset, et insuper multas per eum virtutes Christus ostenderet, in majorem insaniam idem episcopus invidia inflammante succenditur. Erant enim tunc temporis cum sancto Eugenio viri prudentissimi atque sanctissimi, Vindemialis et Longinus episcopi, pares gradu, et virtute non impares. Nam sanctus Vindemialis eo tempore ferebatur mortuum suscitasse, Longinus autem multis infirmis salutem tribuit ; Eugenius quoque non solum visibilium oculorum cæcitatem, sed etiam mentium depellebat.

V. Quod cernens ille nequam Arianorum episcopus, vocatum ad se quemdam hominem, ab illo quo ipse vivebat errore deceptum, ait : Non patior quod hi episcopi multa in populo signa depromunt, illosque cuncti, me neglecto, sequuntur. Acquiesce nunc his quæ præcipio, et acceptis quinquaginta aureis, sede in platea per quam nobis est transitus, et manum super clausos ocu-

[a] Apud Matth. V, 13, et Luc. XIV, 34, habetur evanuerit; et Marc. XIV, 50, insulsum. At Afri legebant infatuatum, ut patet ex Augustino de sermone Domini in monte.
[b] Sic ex ms. reposuimus. Editi cum Colb., Quin si catholicæ disciplinæ adhæreatis, ego vos nec..... obliviscor...... divellor. Reg., quasi, etc.
[c] Sic eidem Colb. At edit cum regio ms., Quocunque me fecerint dividi agones. Baron., agone.
[d] Sic Baron.; sed Colb., profero. Alius ms., constat exemplum.
[e] Colb., cogitaverat exclamavit voce magna, tota

los ponens, me prætereunte cum reliquis exclama in magna virtute, dicens : Te, beatissime Cirola nostræ religionis antistes, deprecor ut respiciens manifestes gloriam ac virtutem tuam, ut oculos meos aperiens, merear lucem videre quam perdidi. Qui jussa complens, residensque in platea, transeunte hæretico cum sanctis Dei, iste qui Deum irridere [e] cogitabat, exclamat in magna virtute, dicens : Audi me, beatissime Cirola, audi me, sancte sacerdos Dei : respice cæcitatem meam. Experiar ego medicamenta quæ sæpe cæci reliqui a te meruerunt [f], quæ leprosi experti sunt, quæ ipsi etiam mortui persenserunt. Adjuro te per ipsam virtutem quam habes, ut mihi desideratam restituas lucem, quia gravi sum cæcitate percussus. Veritatem enim nesciens verum dicebat : quia cæcaverat eum cupiditas, et virtutem Dei omnipotentis irridere per pecuniam æstimabat.

VI. Tunc hæreticorum episcopus paululum se divertit quasi in virtute triumphaturus, elatus vanitate atque superbia, posuit manum suam super oculos ejus, dicens : Secundum fidem nostram, qua recte Deum credimus, aperiantur oculi tui. Et mox ut hoc ne, as erupit, risus mutatur in planctum, et dolus episcopi est patefactus in publico [g]. Nam tantus dolor oculos miseri illius invasit, ut eos digitis vix comprimeret, ne creparent. Denique clamare cœpit miser, ac dicere : Væ mihi misero ! quia seductus sum ab inimico legis divinæ. Væ mihi, quia Deum per pecuniam irridere volui, et quinquaginta aureos accepi, ut hoc facinus perpetrarem. Ad episcopum autem aiebat : Ecce aurum tuum, redde lumen meum, quod dolo tuo perdidi. Vosque rogo, gloriosissimi Christiani ne despiciatis miserum, sed velociter succurrite pereunti. Væ enim cognovi quia Deus non irridetur (Gal. VI, 7).

VII. Tunc sancti Dei misericordia moti : Si, inquiunt, credis, omnia possibilia sunt credenti. At ille clamabat voce magna : Qui non crediderit Christum Filium Dei et Spiritum sanctum æqualem habere substantiam atque deitatem cum Deo Patre, hodie quæ ego perfero patiatur. Et adjecit : Credo Deum Patrem omnipotentem, credo Filium Dei Christum Jesum æqualem Patri, credo Spiritum sanctum Patri et Filio consubstantialem atque coæternum. Hæc illi audientes, et se invicem honore mutuo prævenientes, oritur inter eos sancta contentio, quis oculis ejus signum beatæ crucis imponeret. Vindemialis vero ac Longinus Eugenium ; ille autem e contra eos exorat ut manus imponerent cæco. Quod cum fecissent, et manus suas super caput ejus tenerent, sanctus Eugenius crucem super oculos cæci faciens, ait : In nomine Patris, et Filii, et Spiritus sancti veri Dei, quem trinum in una æqualitate atque omnipotentia confite-

virtute : Audi me, sancte, etc.
[f] Colb. addit accipere.
[g] Simile quid huic rei contigit Leovigildi temporibus in Illiberia, uti memorat idem Gregorius Turonensis lib. de Gloria Confessorum, cap. 13. Ubi rege conquerente quod suæ sectæ episcopi nulla ederent miracula sicut apud catholicos fieri solebant, unus ex illis hominem, qui p cunia corruptus cæcum se fingeret, curare simulavit, sed Dei nutu ille revera cæcus effectus dolum patefecit.

mur, aperiantur oculi sui. Et statim ablato dolore, ad pristinam rediit sanitatem [a]. Manifestissime autem patuit per hujus cæcitatem, qualiter hæreticorum episcopus oculos cordium misero assertionis suæ velabat amictu, ne veram lucem illis liceret fidei oculis contemplari. O miserum! qui non ingressus per januam, id est per Christum, qui est janua vera, lupus magis gregi quam ejus custos effectus, et pacem fidei quam in credentium cordibus debuerat accendere, pravitate cordis sui conabatur exstinguere. Sancti vero Dei alia signa in populis multa fecerunt, et erat vox una populi dicentis : Verus Deus Pater, verus Deus Filius, verus Deus Spiritus sanctus, una fide colendus, uno timore metuendus, eodemque honore venerandus. Nam ea quæ Cirola asserit, falsa esse cunctis est manifestum.

VIII. Videns autem Honoricus rex assertiones suas per sanctorum fidem gloriosam [b] totaliter denudari, nec erigi sectam erroris, sed potius destrui; fraudemque pontificis sui in hoc scelere fuisse detectam: sanctos Dei post multa tormenta, post [c] eculeos, post flammas, post ungulas, jussit interfici. Beatum vero Eugenium decollari jussit, sub ea specie, ut si in ea hora qua ensis super cervicem ejus incumbebat, non reverteretur ad hæreticorum sectam, non occideretur, ne eum pro martyre excolerent Christiani, sed exsilio damnaretur: quod ita factum esse manifestum est. Nam cum imminenti morte interrogatus fuisset si mori pro fide catholica [d] destinaret, respondit : Hæc enim est sempiterna vita, pro justitia mori. Tunc suspenso gladio, apud [e] Albigensem Galliarum urbem exsilio deputatus est, ubi et finem vitæ præsentis fecit. Ad cujus nunc sepulcrum multæ virtutes et creberrimæ ostenduntur. Sanctum vero Vindemialem gladio percuti præcepit, quod et [f] impletum est in hoc certamine. Octavianus vero archidiaconus et multa millia virorum ac mulierum hanc fidem asserentium, interempta atque [g] debilitata sunt. Sed pro amore gloriæ nihil erant hæc supplicia confessoribus sanctis, qui in pacis vexati, in multis bene se noverant disponendos, juxta illud Apostoli (Rom. VIII, 18): Quia non sunt condignæ passiones hujus temporis ad futuram gloriam, quæ revelatur in nobis [h].

IX. Multi tunc errantes [i] a fide accipientes divitias inseruerunt se doloribus multis. Infelix autem quidam epis. apud nomine Revocatus, eo tempore est revocatus a fide catholica. Tunc et sol teter apparuit obscuratus, ita ut vix ab eo pars vel tertia eluceret, credo namque, pro tantis sceleribus et effusione sanguinis innocentis. Honoricus vero post tantum facinus, arreptus a dæmone, qui diu de sanctorum sanguine pastus fuerat, propriis se morsibus laniabat, in quo etiam cruciatu vitam indignam justa morte finivit. Huic [j] Childericus successit, quo defuncto Gelsimiris regnum suscepit. Ipse quoque a republica superatus, vitam principatumque finivit, et sic regnum decidit Vandalorum.

X. Huic cryptæ, in qua servabatur sancti Amarandi corpus, sociatur et ille Honorificianæ [Hunericianæ] persecutionis martyr Eugenius, sacerdotalis insulæ maximum decus, quem in hac urbe detrusum exsilio, vel ipsius, vel sociorum ejus passio narrat. Hic cum magnis in sæculo polleret virtutibus, et jam victor de tormentis martyrialibus exstitisset, tempus vocationis suæ, quo accerseretur ad gloriam, Domino revelante cognovit : illud præcipue quod populis occultabatur, manifestum noscens, se martyri Amarando socium esse futurum, ad ejus sepulcrum dirigitur, prostratusque solo diutissime orationem fudit ad Dominum : dehinc expansis per pavimentum brachiis, spiritum cœlo direxit, qui a Christianis collectus, in ipsa qua diximus crypta sepulturæ mandatus est. [Tunc [k] omnes qui circa eum stabant, sua tundentes pectora, dantes mugitus proclamabant : O mors dira, cur tantos hodie perimis, dum a nobis aufers sancti nostri præsentiam? Longum est enarrare per singula, quanta et qualia inibi sine intermissione almi antistitis Eugenii hactenus cernimus coruscare. O quanta miracula et quantam dignitatem Dominus ostendit ad sepulcrum ejus! Ægri veniunt et sanantur, dæmoniaci veniunt et liberantur, leprosi veniunt et mundantur, elingues veniunt et loquuntur, febricitantes veniunt et sanantur.]

XI. Ad cujus festivitatem cum tempore quodam innumeri populi convenissent, negotia multa in atrio protulerunt; puella vero una ex habitatoribus loci stationem adiit, quasi aliquid coemptura, speciemque sibi aptam aspiciens a negotiatore suscepit, et statim dicto citius porrectam alteri, negat se accepisse. Negotiator vero intente aiebat : Mea eam tibi manu protuli, tuque rimandam sollicite accepisti. Illaque negante, negotiator : Si tibi tanta est pertinacia, ara tia stimulante, negandi, judicet illud beatus [l] martyr Eugenius, ad cujus sepulcrum si cum sacramenti interpositione dixeris te non accepisse, damni mihi nihil æstimo quod amisi. At illa pollicita se posse ex hoc exui sacramento, vadit ocius ad sepulcrum, elevatisque manibus ut juraret, extemplo membris [m] dissoluta irriguit, plantæque ejus infixæ sunt pavimento, vox hæsit in gutture, tantum os patulum a sermone nudum hiabat. Quod negotiator cernens cum reliquo populo, ait : Prosit tibi, inquit, virgo, hæc species quam tulisti mihi. Sufficit tibi ultio data per hunc pontificem Eugenium. Et hac

---

[a] Hanc cæci historiam memorat Hermannus Contractus in Chronico ad annum 483, ubi Longinus episcopus appellatur Longwinus.
[b] Sic ms. 1. At. Edit., taliter, et Colb., denudatas.
[c] Baron., aculeos.
[d] Colb., disponeret.
[e] Cod. reg., Albanensem.
[f] Mss. 2, impletum est. In hoc autem certamine Octavianus, etc.
[g] Ms. 1, necata.
[h] Ed., sanctis.
[i] Eamdem Africanæ Ecclesiæ cladem deplorat Felix papa, ut dicemus infra cap. 10.
[j] Colb., Hildericus.
[k] Quæ ansulis inclusa sunt, ex cod. Colb. descripsimus.
[l] Colb., confessor.
[m] Colb., dissoluta diriguit.

dicens a loco recessit. Illa vero in hoc tormento diutissime detenta, tandem martyre jubente locuta; palam confessa est quod clam latere voluerat.

XII. *Quid agis, o infelix avaritia! Quid petendis rebus alienis succumbis mens feminea, non virilis? Ut quid firmam loricam mentis modica transverberas sagitta cupiditatis? Quid congregas, o homo, auri rubiginosi talenta, cum iis arsurus in gehenna? Quid tibi prosunt peritura lucra, quæ æternæ vitæ pariunt detrimenta, juxta illud Domini verbum: Quid prodest homini si totum mundum lucretur, animæ autem suæ detrimentum patiatur? aut quam dabit homo commutationem pro anima sua?*

XIII. [*O fratres dilectissimi, spem in solo Redemptore figite, et ad æternam patriam mente transite. Si enim nihil in hoc mundo amando possidetis, etiam possidendo cuncta reliquistis, ipse nobis gaudia æterna concedat, qui nobis æternæ pacis remedia contulit Jesus Christus Dominus noster, qui cum æterno Patre et Spiritu sancto vivit et regnat in sæcula sæculorum Amen.*]

ANNO DOMINI CCCCLXXXV.

SANCTUS FAUSTUS

RHEGIENSIS EPISCOPUS.

PROLEGOMENA.

NOTITIÆ.

(Ex Bellarmin. de Scriptor. eccles.)

Faustus ex monacho Lirinensi factus episcopus Rhegiensis in Gallia, vixit medio tempore inter sanctum Prosperum et sanctum Fulgentium: scripsit de Spiritu sancto, et contra Arianos, et Macedonianos, quæ non exstant; scripsit præterea libros duos de Gratia, et Libero Arbitrio, qui exstant, et quos Gennadius in lib. de Viris illustr. miris laudibus effert; sed Gelasius papa in decreto de libris apocryphis omnino rejicit: ut etiam rejiciunt, et refellunt sanctus Fulgentius, Petrus Diaconus, Alchimus Avitus, et alii. Ado Viennensis in Chronico ad annum 422 sic loquitur: Faustus ex abbate monasterii Lirinensis apud Regnum Galliæ episcopus factus, Pelagianorum dogma destruere conatus, in errorem labitur: unde qui ejus sensus in hac parte catholicos prædicant, sicut Gennadius de Viris illustribus scribens omnino errant. Ita enim liberum arbitrium tam Augustinus quam cæteri catholici in Ecclesia Dei docent, ut illuminatio, virtus, et salus illi a Christo per Christum, et in Christo sit. Faustus vero iste ita liberum Christianorum arbitrium docere conatur, ut illuminatio, virtus, et salus non a Christo, sed a natura sit: contra hunc scribit beatissimus Avitus Viennensis episcopus lucidissima fide, ejus redarguens errorem; similiter et Joannes vir eruditissimus Antiochenus presbyter.

Isidorus de Viris illustribus in Fulgentio, dicit a Fulgentio scriptos libros septem contra Faustum, qui mira calliditate catholicus videri volebat, cum Pelagianus esset. Auctor quoque Vitæ sancti Fulgentii cap. 28 testatur a sancto Fulgentio refutatos libros duos Fausti de Gratia et Libero Arbitrio. Et Petrus diaconus in libro de Incarnatione et Gratia Christi, cap. ultimo anathema dicit libris Fausti. Hæc admonere volui propter aliquos, qui nostro tempore Faustum catholicum fuisse contendunt.

(Ex indice expurgatorio M. S. Palatii.)

Gennadius (quem constat fuisse plurimum Semipelagianis, eosque in suo illo libro de Viris illustribus plerumque laudibus extulisse) opus istud Fausti de Gratia et Libero Arbitrio appellat egregium, quod etiam mirum in modum laudasse reperitur S. Sidonius Apollinaris lib. IX, epist. 9; sed viro sancto atque sincero nondum compertæ fuisse videbantur technæ et imposturæ Fausti. Certissimum enim est Faustum suis e Semipelagianorum antesignanum, et scriptionem istam ejus hic positam multis Pelagianorum erroribus refertam. Id quod diserte adnotarunt S. Isidorus libr. de Viris illustribus, cap. 14; S. Ado Viennensis episcopus in Chronico anno Domini 492. Scripserunt adversus hoc Fausti opus de Gratia Dei ex professo S. Cæsarius Arelatensis episcopus, S. Fulgentius Ruspensis episcopus, S. Alcimus Avitus Viennensis episcopus, Petrus diaconus. Et ex hæreticis Joannes Maxentius. Porro S. Gelasius primus in decreto de libris sacris, Fausti opera omnia inter apocrypha rejicit. S. Hormisdas etiam Roman. pontifex epist. ad possessorem Africanum episcopum hæc ait: Hinc vero quod vos de Fausti cujusdam Galli antistitis consuluisse litteris indicastis, his sibi responsum habeant: neque illum, neque quemquam, quos in auctoritatem Patrum non recipit examen catholicæ fidei, aut Ecclesiasticæ disciplinæ, ambiguitatem posse gignere, aut religiosis præjudicium comparare. Tantum ille. Et ex his plene perspectum habens quam caute scripta ista Fausti sint tibi perlegenda, in quibus in errores multos Pelagiani dogmatis plerumque offendes. Si eos aves collectos inspicere, consule Joannem Maxentium in responsione ad epistolam Hormisdæ pa-

pæ ad possessorem. Sciendum tamen epistolam hanc Fausti ad Lucidum presbyterum, approbatam tot episcoporum subscriptione in concilio Arelatensi, et epistolam Lucidi presbyteri ad episcopos congregatos in synodo Lugdunensi, quæ ambæ operi Fausti præmittuntur, sanas esse atque catholicas, judicio duarum synodorum confirmatas. Neutiquam tamen ullus ob id existimet ab utroque concilio approbatos tres libros Fausti de Gratia, ut ipse mendaciter innuere videtur in ea quæ hic subjicitur præfatoria epistola ad Leontium episcopum Forojuliensem. Consule plenius de his omnibus disserentem Baronium tom. VI Annal. eccl. anno Christi 490.

(Ex Canisio.)

Qui scire volet, quis Faustus, quis Ruricius, qui item alii, ad quos scriptæ hæ epistolæ, vel qui ad alios scripserunt, ille videat Sidonium Apollinarem, et Venantium Fortunatum, quem integrum notisque accurate illustratum dedit Christophorus Browerus Societatis Jesu. Videat item illustrissimum Baronium. Nos hic de singulis attexere non volumus. Tantum de Fausto Rhegiensi, qui in ms. appellatur sanctus, hæc notanda videntur quæ Baronius de hoc ipso habet in appendice tomi X ad tomum VI, anno 490 (Col. 1122) : « Porro Faustus ipse cum (a) — ibi — miramur ab aliquibus imprudenter sane inscribi Sanctum — his hæc adde — Ista quidem priori editione ex adductis diversorum scriptis affirmasse, non indecens quidem fuit. At vero ex postea cognitis et adductis, rursus ad judicium ipsum

(a) Locus tomi sexti quem hic retractat Baronius sic se habet : Porro Faustus ipse, cum ejus fallaciæ detectæ, essent quibus conatus est revellere Pelagianas

revocandum, haud existimamus indignum; cum tamen de ejus scriptis immotæ maneant sententiæ Patrum. Quod enim usque ad hæc tempora nostra eumdem Faustum continuit inter sanctos martyrologium Gallicanum, a quo ipsum Molanus primum expunxit : quod etiam, ut accepimus, Ecclesia Rhegiensis in Gallia, ubi ipse sedit antistes, semper eum ut sanctum coluerit, celebrans ejusdem natalem 17 Januarii ; ibique in ejus memoriam antiquitus erecta basilica, ejus nominis titulo insignita, hactenus ejus cultu a fidelibus frequentetur; quodque tot sæculis Christiano orbe spectante, Ecclesia Romana tacente, nemine penitus (quod sciatur) contradicente, ista eidem Fausto exhibita intelligantur, opinari non prohibemur de eodem Fausto accidere potuisse (quod de multis viris sanctis asseritur) quod delinquens erraverit ; cum quæstio illa fuerit auctoritate sedis apostolicæ definita, et ejus opinio aliorum Patrum sententia condemnata, ipse suum errorem fuerit scriptis contrariis detestatus, quæ potuerint, ut alia quamplurima, periisse; vel ipsum ante scriptorum factam ab Ecclesia damnationem diem obiisse (incertus est enim ejus obitus annus) habentem in animo in his sequi quod sequendum doceret Ecclesia. Ita quidem ipsum composito animo fuisse, aliisque innotuisse, inde facile potest intelligi, quod semper (ut indicant acta conciliorum Arelatensis et Lugdunensis) communicationem habuit cum sanctissimis orthodoxis Galliarum episcopis. Maneant igitur Fausto integra jura sua, nec ex nostris scriptis sentiat præjudicium : neque privato judicio novitati liceat convellere antiquitatem. » Hæc Baronius.

scrobes in lapsum simplicium, aballenavit a se animos episcoporum, atque decessit inglorius; quem miramur ab aliquibus imprudenter sane inscribi SANCTUM. EDIT.

JACOBI BASNAGII
ANIMADVERSIONES CRITICÆ
DE S. FAUSTO RHEGIENSI,

AN FUERIT SEMIPELAGIANUS ET ANIMAS MATERIALES DOCUERIT ; AN VERSIPELLIS, EPISTOLAS LUCIDO ET BINIS CONCILIIS SUPPOSUERIT, ETC.

I. Diversa gaudet et laborat fama Faustus Rhegiensis, quippe qui a plurimis inter divos recenseatur, suffragante Ecclesia cujus fuit episcopus. Nam in ejus honorem diem festum hactenus celebrat. Nutaverat olim Baronius, qui illum versipellem vulpeculam appellabat. Sed Ecclesiæ Rhegiensis precibus, cujus auctoritati multum detrahebat annalista celeberrimus, impulsus, pristinam mutavit sententiam, ut legitur in præfatione Canisiana, quam hic descripsimus integram (Vide superius in hac ipsa pag.). In varia abeunt tum veteres tum recentiores. Illum laudare videtur Sidonius Apollinaris, in litteris ad ipsum scriptis ; sed an jocari voluerit, et nimium Fausti studium circa philosophiam et eloquentiam, quam sectari conabatur, ridere, aut laudare, dicere nolim. Occurrunt saltem plurima quæ interpretatione benigna prorsus indigent. Reformidabat Sidonius acerrimum Fausti ingenium, qui ab eo litteras exspectabat, et receptas censuræ subjiciebat : « Idque votivum mihi granditer fuit ac peroptatum, ut epistola injuncta nec denegaretur scripta amicitiæ, nec subderetur lecta censuræ. » Quid sonent illa verba, viderint interpretes. « Quin potius animam male sibi consciam et per horas ad pœnalis vitæ debita contremiscentem frequentissimis tuis illis et valentissimis orationum numerare suffragiis, precum peritus insulanarum, quas de palæstra congregationis eremitidis, et de senatu Lirinensium cellulariorum in urbem quoque, cujus ecclesiæ sacra superinspicis, transtulisti, nihil mutatus abbate. » Videtur Sidonius ridere *tum senatum cellulariorum, tum disciplinam monasticam, quam tumido nimis animo Faustus ad dignitatem episcopalem promotus, et inde sacra superinspiciens observabat, ut plebi cœterisque facilius imponeret,* abstinentissimam vitam professus, et non secretam crucem, sed publicam vanitatem jactantia ventosi tumoris exaggerans, quantum potuit venenatam disputationem, velut indeclinabilis virtutum servator, induxit, *inquiebat Avitus ep.* 4. *Hanc firmat conjecturam controversia, quanquam levissima, inter Sidonium et Faustum nata. Miserat Faustus Riochatum monachum et antistitem ad Britannos, Contribules suos, et ei Libellos duos, in Aquitania celandos, Britannis solum legendos, commiserat. Remansit apud Sidonium Riochatus per bimestre, propter motus tunc temporis in Gallia concitatos; et qui de Fausto sæpius loquebatur, de Scriptis ipsi commissis tacuit penitus. Sed in itinere postmodum* Riochatum, *inquit Sidonius, cito profectum, cum quipiam de viatoribus prodidissent, mysticæ gazæ clausis involucris clam ferre thesauros, pernicibus equis insecutus abeuntem, qui facile possent itineris pridiani spatia prævertere, capti hospitis genua complector, jumenta sisto, frena ligo, sarcinas solvo, quæsitum volumen invenio, produco, lectito, magna ex magnis capita defrustans. Inde Sidonii amarissimæ fluxerunt querelæ ad Faustum ipsum, an supercilium tanquam rigidi plosoris extimescebas? an ideo me fastidiendum negligendumque curasti, quia contemneres juniorem? quod parum credo; an quia indoctum? quod magis fero, etc. Hæc strictissimam non sapiunt amicitiam. Intra muros peccatur et extra. Non debuit amicum celare, si Faustus fuit amicissimus, scripta quæ mittebat in Angliam; nec Sidonius festinantis monachi vestigia sequi, ut ea scripta sibi vindicaret. Autumant plerique hæc scripta fuisse duos de Gratia et Libero Arbitrio libros; sed Mauguinus præses non potuit sibi Sirmundum tanquam suffragantem indicare; quippe qui in notis hæc opera Fausti periisse tuetur, ea potissimum ratione, quod Sidonius, qui hoc opus operosissimum legerat, bipartitum sub dialogi schemate, sub causarum themate quadripartitum fuisse affirmet; quæ libris de Gratia non conveniunt.*

Inter veteres Fausto refragantes recenseri debent Avitus, Viennensis præsul, et Ado (Chronicon *ad an.* 492), *ejusdem urbis episcopus, qui scribit, dum Pelagianum dogma destruere conaretur, in errorem esse lapsum, et ideo liberum arbitrium docuisse, ut illuminatio ejus et salus non sit a Christo, sed a natura. Eum denique virum profundæ calliditatis appellat Isidorus Hispalensis.*

II. In diversa plane abeunt recentiores, prout partium studio abripiuntur. « *Quis æquo animo ferat Faustum vexari passim a multis, tradacique tanquam hæreticum?* » *inquit Sirmundus. Culpam criminis rejicit in Maxentium, Scytham monachum, qui longas habuit lites circa gratiam, de quibus alibi. Deinde inducit viros, eo tempore celeberrimos,* Hilarium Arelatensem, Gennadium, Maximum, *et* Hilarium pontificem. *Nec diffitetur tamen ab Avito Viennensi et Fulgentio plura in scriptis Fausti notata, et naturæ nostræ ad fidei initium et alia plus aliquanto tribuere visus est quam par erat* (Sirmundi Historiæ prædest. *cap.* 8). *Sed hujus sententiæ vindices appellat Patres Græcos, imo ipsum Augustinum, antequam mentem mutasset, ut cætera omittam.*

Stat ab altera parte Mauguinus *præses, vir doctissimus, Prædestinatianæ fabulæ confutator, qui non modo Faustum deprimit, sed in eum invehitur ut* versipellem vulpeculam et impostorem, *qui Lucidi epistolam, et subscriptiones conciliorum finxit, ut aliis facilius illuderet.*

III. Mediam tenemus beatorum viam. Peccat Sirmundus, quantumvis eruditissimus, cum Fausti patronos, Hilarium, Gennadium, *etc.,* Semipelagianos, *laudat. Deinde Fulgentii et Aviti Viennensis objectiones frivola ratione conatur eludere. Peccat Mauguinus, qui multa velut fictitia Fausto tribuat. Miramur tamen Faustum inter catholicos et sanctos recenseri.*

Primo binos de Libero Arbitrio et Gratia libros Faustus edidit, quos laudavit Fulgentius, et damnavit Gelasius pontifex. Initium ducebat a Pelagianis, quos ab exordio confutare videbatur, sed postmodum, tacito Augustini nomine, gratiæ prævenientis et prædestinationis gratuitæ assertores vehementius exagitavit. Latebat hæresis, secundum Baronium, ut latet anguis sub prominentibus floribus. Et revera hæc habet ipse Faustus: « *Sicut omni homini manum oculumque donavit Deus, ita similiter omni homini voluntatem, ut eam versaret, indulsit justitia. Ergo in homine non personale, sed generale et publicum munus est. Aditus capessendæ salutis, quasi fons quidam in medium hujus mundi expositus, et in commune concessus ad hauriendum universis patet, ut largiori merito reus sit, qui haurire neglexerit.* » *Attamen nec plus æquo naturæ tribuisse negat Sirmundus.*

Altera de materialitate animarum sententia legitur in epistola 16, *quam publici juris fecit Canisius. Probat scilicet Faustus nihil præter Deum infinitum, esse spirituale, et animam esse corporalem, cum sit localis.* « *Licet enim, inquit, non pronuntiemus nonnullas esse spirituales substantias, ut angeli, archangeli, cœteræque virtutes, ipsa quoque anima nostra, vel certe aer iste subtilis, tamen incorporeæ nullatenus æstimandæ sunt; habent enim secundum se corpus, licet multo incomparabiliter tenuius quam nostra sunt corpora.* » *Hæc extenuare poterunt Origenis cæterorumque Patrum, qui talia docuerunt auctoritate, quicunque voluerint. Legatur tamen hic epistola* 17, *in qua locales et materiales tum animas tum angelos esse vehementer contendit. Nos igitur uni litantes veritati, genuinam Scriptoris mentem elucidamus, et sequimur* Mamertum Viennensem, *qui, tacito Fausti nomine, sententiam ejus de animabus, scripto mox edito confutavit, eadem methodo usus, cujus inventor tamen dicitur* Cartesius.

IV. Fuit igitur Faustus Semipelagianismi defensor acerrimus, et animas materiales docuit, et lites vehementiores habuit cum Forojuliensi episcopo, cujus abbas jura sibi vindicabat, et ea ratione damnatus est ab Arelatensi concilio, ut patebit inferius. Eamdem habuit patriam, Britanniam scilicet, quam Pelagius, et ex ea apud Gallos uterque transfretavit. Philosophicis multum incubuerat studiis, quippe philosophiam ejus pedissequam et lateri comitem inseparabilem appellabat Sidonius Apollinaris. Deinde forenses agitavit causas; nam, ipso Sidonio teste, palæstris exercebatur urbanis; postmodum monasticam professus vitam, Lirinensis monasterii, tunc famosissimi, creatus est abbas, anno 433. Non enim Baronii sequenda hic sunt vestigia, qui circa Fausti tempora plurimum peccavit. Honorato abbati, qui ad sedem Arelatensem promotus est successit Maximus, anno 426. Rexit abbatiam Maximus per annos septem, quibus peractis, ad sedem Rhegiensem translatus est anno 433. Superest igitur ut Faustus, qui Maximo successit, abbas creatus fuerit eodem anno 433. Viginti duo aut circiter annorum spatio, abbatiam Lirinensem gessit, et eo tempore in locum Maximi defuncti episcopus Rhegiensis suffectus est. Ad annum 472 ejus episcopatum refert Baronius; sed errat, ex calculo superius indicato. Debuit enim episcopus ordinari anno 455, quippe cum lites de jurisdictione agitarentur inter Leontium Arelatensem, et Mamertum Viennensem an. 463, Hilarius pontifex, Faustum et Auxanium, coepiscopos et fratres nostros, judices et concilii præsides delegavit. Lataque ab iis sententia, idem papa eodem anno ab episcopis definita roboravit; inde concluditur multo prius quam Baronius conjecit, episcopum fuisse Faustum. Sed calculus noster ex eo confirmari debet, quod Maximus adfuerit Arelatensi concilio, in quo maxima controversia inter Faustum, abbatem Lirinensem, et Theodorum, episcopum Forojuliensem, fuit dijudicata. Oraverunt Patres præsulem ut ad recipienda satisfactionum remedia festinaret, et Faustum abbatem, indulta culpæ venia; in pristina pace, toto caritatis affectu reciperet, et ad insulam ac congregationem ipsi, Deo dispensante, commissam, cum sua gratia et caritate remitteret. Adfuerunt igitur concilio Arelatensi III, tum Maximus, tum Faustus, qui jura Forojuliensis episcopi usurpare conabatur, et ideo a societate ipsi commissa segregatus. Dubitant eruditi quo tempore congregatum fuerit illud concilium; sed biennio tantum distant Binius, qui an. 453, et Pagi, qui anno 455 habitum fuisse conjiciunt. Sed potuit anno sequenti diem suum obiisse, et deinde, elapsis aliquot mensibus, Faustus ejus obire vices. Quidquid sit, pugnant omnes adversus Baronium, qui nec audiendus ubi Prosperum Aquitanum, qui nunquam fuit episcopus, Maximi, Faustum vero Prosperi successorem facit. Per triginta quinque annos et ultra sedem episcopalem tenuisse conjici potest, non modo ea ratione quod mirarentur omnes quod Faustus nec senesceret nec obiret, sed quia Gennadius, qui scripsit anno 490 viventem adhuc Faustum referebat, « Viva voce, inquit ille, doctor egregius Faustus creditur et probatur. » Et revera ad hunc usque diem vitam protraxisse patet, quia conciliis Arelatensi et Lugdunensi adfuit, aut saltem eorum jussu, eorum canones et decreta scriptis adhuc vindicavit, ut probaturi sumus adversus Gaulminum, ea concilia tanquam a Fausto supposita rejicientem.

V. Epistolas Fausti et Lucidi, tanquam hominis personati, et subscriptiones duodecim episcoporum, quas epistolæ suæ ad Lucidum apposuit Faustus, quinimo Arelatense et Lugdunense concilium, quorum sententiam interpretari jussus erat, fictitia, et ab homine hæretico, aut, ut loquitur Baronius, versipelle vulpecula supposita, magnis conatibus contendit vir celeberrimus, et Mauguinus præses autumat, hac ratione posse vindicari facilius causam quam tuetur, Augustinianam, si nullatenus ejurata fuit a Lucido, nec damnata suffragiis episcoporum Gallicanorum. Pendeant quantum voluerint alii, et fidem pendere faciant ab hominum auctoritate, fidem historicam violare non patimur, ut fucum faciamus posteritati et præsentibus. Nec inde patitur aliquod detrimentum fides quæ ab auctoritate divina pendet.

VI. Hæc sunt præcipua Mauguini argumenta : 1° Gennadius ipse, Semipelagianus, nec Avitus, errori infensus, nec ullus, præter Faustum, de personati Lucidi ejuratione binisque conciliis mentionem fecit. 2° Verisimile non est tot Ecclesiæ Gallicanæ præsules celeberrimos Augustini dogmata damnasse, Semipelagianismumque calculo suo probasse. 3° Ex codice ms. quem descripserat Canisius patet illas subscriptiones additas epistolæ Fausti ad Lucidum, et variant sæpius nomina præsulum subscribentium. 4° Quinimo Leontii nomen, qui præesse debuit Arelatensi concilio, abest in codice Hincmari, apud quem Leucadius subjicitur. Denique verum non est Lucidum epistolam, quæ protruditur, exarasse. Argumenta plurima minus probantia silentio premimus, ne librum animadversionis loco conficiamus.

VII. Nos Faustum ut tantæ fraudis reum damnare non possumus. Vir profundæ calliditatis, ab Isidoro, et vulpecula a Baronio appellari potuit, et Semipelagianismum summa cum calliditate propugnare. Sed quid opus erat illi Lucidum, privatum hominem, ab errore revocatum, in scenam inducere, aut nova concilia fingere? 1° Habetur epistola Fausti, et abnegatio Lucidi, nec ullo possunt argumento rejici. Probabiturne talis conjectura simplici suspicione calliditatis? Quis enim credat episcopum celeberrimum, jam senio provectum, hanc fraudem incassum finxisse? 2° Episcoporum sigilla non fuerunt primum epistolæ Fausti apposita, solus enim subscripsit; sed potuerunt ab eo tempore præsules rogati eam subsignare, ut tunc temporis sæpius factum est. Hoc verum est, omnes episcopos qui hic memorantur ea ætate vixisse, et fuisse notissimos. Variare possunt nomina in variis codicibus; sed et hoc alibi sæpius evenit incuria vel oscitantia apographorum. 3° Major occurrit difficultas circa bina concilia quæ indicantur; ob silentium tum Gennadii, tum Aviti. Sed nec omnia notantur ab historicis, et argumenta adversantia causæ quam tuebatur Avitus, potuit silere præsul Viennensis, binos scilicet cœtus paucorum episcoporum, a quibus vulnerata fuit veritas. Quidquid sit, habetur epistola *Fausti ad Leontium, Arelatensis concilii præsidem. Quis credat ausum fuisse talia scribere, vivente Leontio? viventibus aliis episcopis, a quibus fraudi et mendacii nota tam facile ipsi potuisset inuri? Hæc autem leguntur in epistola Fausti ad Leontium Arelatensem :*

« *Quod pro sollicitudine pastorali, beate Pater Leonti, in condemnando prædestinationis errore, concilium summorum antistitum congregastis, universis Galliarum episcopis consuluistis; quod vero ad ordinanda quæ collatione publica doctissime protulistis, operam infirmis humeris curamque mandastis, parum sanctæ existimationi consuluistis, et judicio caritatis vos periculo electionis onerastis.* » *Et his verbis epistola clauditur :* « *In quo quidem opusculo, post Arelatensis concilii subscriptionem, novis erroribus deprehensis, aliqua subjici synodus Lugdunensis exegit.* » *Sic Faustus Leontio, testi oculato, Arelatensis concilii præsidi, et Lugdunensis conscio. Nollem ego tali scripto denegare fidem, nec verisimile fit hunc episcopum, eo tempore philosophicis studiis, ætate et doctrina, quantumvis erronea, celeberrimum, scripsisse tanta cum fiducia, et coætaneo sibi Leontio dixisse,* « *illum concilium summorum antistitum congregasse ut damnaretur error prædestinationis.* » *Hæc enim fuit origo controversiarum, quippe qui prædestinationem, quanquam gratuitam, necessitatem actionibus et humanæ voluntati imponere contenderent Semipelagiani. Nec mirum est episcopos Ecclesiæ Gallicanæ eam amplexos sententiam, quam plerique tuentur hodierno die.*

VIII. Hactenus de conciliis habitis dum nonagenarium ageret annum Faustus. Nunc de Lucido, quem fidem pristinam abnegasse contendunt plurimi, negant alii.

Hæc nobis verisimilia saltem videntur : 1° *Tunc in Aquitania præsules qui e monasterio Lirinensi eliciebantur, in Semipelagianismum propendere. Unde non mirum videtur concilia non equidem œcumenica, sed provincialia Ecclesiæ Gallicanæ huic errori auctoritatem conciliasse, Faustumque, qui tot annos vixit, ea qua pollebat subtilitate, conciliorum decreta non modo suffragio, sed et argumentis suis probasse, ut patet ex epistola ad Leontium, quæ negari non potest. Quisquis synodorum genio indulserit, hanc veritatem exemplis plurimis probaturus est.* 2° *Lucidus presbyter, qui partes Augustini tuebatur, maxima suspicione laborabat, tum apud Faustum versipellem, tum apud cæteros his partibus addictos, ut fieri solet. Ideo timore perculsus, et epistola Fausti impulsus, dum mens territa remaneret dubia, quam partem amplecteretur, Fausto obsequi et æmathematismis ipsi oblatis subscribere coactus est. De libertate vel coactione sibi imposita judicium nobis ferre non licet. Hoc unum conjicimus, dejerationem cui subscripsit Lucidus, Fausti manu scriptam fuisse, ut fieri solet ab iis qui triumphos agere volunt adversus fidei pristinæ defensores.* 3° *Hincmarus erravit, qui hæc concilia anno 431 ascripsit; sed debent in posteriores annos rejici. Sunt qui ad an. 475; Pagi vero ad 490 annum assignavit.*

Hæc sunt nomina præsulum qui subscribere debuerunt: Leontius Arelatensis, sed alii legunt Auxanius; Faustus, Paulus, Eutropius, Pragmatius, Patiens, Megetius, Claudius, Leucadius, Julianus, qui omnes se relegisse dicunt, excepto Eufranio, qui addit : Et admiratus sum plenitudinem sanctam. *Lucidus vero tanquam abnegator subsignavit. Subjicitur mox epistola Fausti ad Lucidum, quam omiserat Canisius et ex Sirmundo reponitur* (Vid. infra col. 837), *ut totam rei seriem percipiant lectores. Sed admonitio Fausti hic præmittenda* (Illam nos inter sermones edidimus infra col. 887).

(Confer si placet, caput 8 *Historiæ prædestinatianæ,* Patrologiæ nostræ tom. LIII, col. 685.)

SANCTI FAUSTI
DE GRATIA DEI ET LIBERO ARBITRIO
LIBRI DUO.

LIBER PRIMUS.

CAPUT PRIMUM.
Quod Pelagii sensus qui gratiam negavit primo loco necesse sit destrui.

De gratia Dei et tenuitate liberi arbitrii, illuminante sancto Spiritu, juxta evangelicas disciplinas, et apostolicas regulas tractaturi, primo loco Pelagii blasphemias, scilicet jamdudum Ecclesiæ catholicæ fide proditas, eruditione confusas, auctoritate calcatas, brevi et necessario sermone præstringendas esse credidimus. Pro eo quod inter reliquas dogmatis sui abominationes, etiam laborem hominis valere posse sine gratia, elatione damnabili affirmare conatus est. Et ideo nefarios sensus suos vel ex parte aliqua in medium proferre curabimus, ut sollicitus quisque cognoscat, multo aliud esse salutari gratiæ officium laboris adjungere, aliud vero nudum absque patrocinio gratiæ laborem temeritate una asserere. Hic ergo dum altius humanam fragilitatem, immemor divini timoris, extollit, judicii sui perdidit sanitatem. Ita ex parte alia cecidit, dum arbitrii libertatem integram prædicat et illæsam, sicut illi qui eam ex toto asserunt fuisse evacuatam. Hoc itaque loco gemini inter se colluctantur errores, quorum unus solam gratiam, alter solum laborem, relicto tramite atque mensura veritatis, insinuat. Sectarum genere dispares, sed impietate consimiles. Diverso quidem studio, sed spiritu unius serpentis insibilant. Quorum unus, id est, solius gratiæ prædicator, prima quidem fronte venenum suum sub specie pietatis occultat; alter, id est laboris assertor, protinus exstantem tumorem improba elatione manifestat. Hæc professio, insinuando solum laborem ipso sui titulo detestanda : illa magis sub religioso colore metuenda est. Hæc sacrilegium suum ipsis suis auribus prodit, illa virus suum imis visceribus, pene antequam sentiatur, infundit. Duos angustum obsidere fretum scopulos putes, quorum unus subdeprimitur in profundum, alter minatur in cœlum. Unus infestus navigantibus cernitur, alter cæca naufragia improvisus operatur. Ille gratiam loquitur, hic laborem. Utrumque eloquia divina confirmant. Si dissidentes removeas, et dicta conjungas plena fidei sinceritas apparebit. Sed quia velut temerarii remiges sine magistro inexplorato mari vela committunt, ac temperare moderamina nesciunt, et gubernacula tractare non norunt, hic tanquam in Scyllæ male dextrum fertur periculum, ille in lævum Charybdis tendit abruptum. Et quid eos inter hæc facere oportet, si requiras; proviso gubernatore navim fluctibus credant, medium teneant cursum, et ambo flatu dextro perducentur ad portum. Videamus cui impietati geminum hunc errorem assimilare vel conferre possimus. Pari modo in petram scandali offendunt, vel illi qui Christum Dominum solum Deum, vel illi qui solum hominem, amissa discretionis luce, asserere præsumpserunt. Pene utraque nimietas, dum discretionem atque discrimen tenere nescit, æquale crimen incurrit. Proinde qui Christum solum hominem dixerit, negavit auctoris potentiam; qui solum Deum, perdidit misericordiam Redemptoris. Ac sic, qui unam in Domino salvatore substantiam confitentur, in hanc constringentur necessitatem, ut aut solum hominem cœlo lapsum, aut solum Deum cogantur dicere crucifixum. Sed non ita est. Mortem enim nec solus Deus sentire, nec solus homo superare potuisset. Et ideo eam pro gemina ratione substantiæ, homo suscepit et Deus vicit. Si ergo partibus proprietates suas reddas, et Christum Deum simul atque hominem credas et asseras, perinde est ac si gratiam cum labore conjungas, et ab adjutorio Dei conatum hominis non repellas. Ita tamen, ut adnitentis devotioni, elationis culpam penitus non admisceas. Quia quantum detrimenti est non laborare, tantum periculi de labore præsumere. Dicit ergo Pelagius, quod ad obtinendam salutem natura hominis sibi sola sufficiat. Ita hic pestifer doctor affirmat, quasi adhuc factura conditionis nostræ in statu suo illibata permaneat. Ego arbitror quod libertas arbitrii sibi sola sufficere sine præsidio gratiæ non potuerit, etiam antequam privilegium illius transgressio violaret. Quomodo vero nunc potest sibi sola sufficere, ad cujus arrogantiam dicitur :

Quia sine me nihil potestis facere (Joan. xv)? Ad cujus præsumptionem divinus sermo dirigitur : *Nisi Dominus ædificaverit domum, in vanum laboraverunt qui ædificant eam* (Psal. cxxvi)? Quod utique elationi sine gratia perficere denegatur, humilitati vero cum gratia implere conceditur. Prosequitur adhuc Pelagius Adam mortalem factum, qui sive peccasset, sive non peccasset, esset moriturus. Sed cum dicit Apostolus, *Propterea,* inquit, *sicut per unum hominem in hunc mundum peccatum intravit, et per peccatum mors* (Rom. v), intelligis quia si peccatum non præcessisset, mors secuta non esset, et donata immortalitas perdurasset, quam utique manifestum est sub proposita lege præstitam, et cum conditione collatam, ut si non recessisset superbus ab obedientia, permaneret æternus in gloria. Nam cum interdictum cœleste sanxisset dicens : *In quacunque die comederitis de ligno scientiæ boni et mali, morte moriemini* (Gen. ii), inclyti gustus male suasa præsumptio facta est ex accidenti mortis occasio. *Morte,* inquit, *morieris.* Si nihil largientis contulit gratia, quid est quod abstulit damnantis offensa? Mors itaque, id est, peregrinum et adventitium malum, non est ordo naturæ, sed pœna sententiæ. *Quoniam,* inquit, *Dominus mortem non fecit* (Sap. i). Æternitatem creditam fuisse homini, livor ipse testatur inimici. Et quia ei immortalitatem dejectus invidit, ideo causam mortis ingessit, dicendo : *In quacunque die comederitis de ligno hoc, aperientur oculi vestri, et eritis sicut dii* (Gen. iii). Si hoc tantum dixisset : Cum manducaveritis, satietatem de cibi suavitate capietis, usque ad concupiscentiæ carnalis illecebram transgressio pervenisset. Cum vero hanc prævaricationis proposuerit finem dicendo, *eritis sicut dii,* edacitatis culpa usque ad divinitatis ambitum, et usque ad crimen majestatis accessit. Facti sunt ergo sicut dii, dono gratiæ cœlestis exuti et de beatæ stationis culmine proturbati. Ac sic callidus serpens pro superbiæ malo ejectus e cœlo, machinas sibi ad hominem subruendum de casu proprio, lapsuque disposuit, et quomodo cecidit, sic decepit. Quid vero aliud intelligendum est, etiam in ipsa qua homo conditus est, Dei imagine nisi perennitatis insigne? quam perennitatem non solum animæ non ademptam, sed etiam corpori agnoscis resurrectionis virtute reparatam. Quapropter immortalitatem homini commissam non dubites ante culpam, quam reddi perspicis etiam post ruinam. Asserit ergo Pelagius sive peccasset, sive non peccasset, omnibus modis fuisse moriturum. Et hoc ex ipsa pravitate descendit, quia negat originale delictum. Dum enim affirmare contendit mortalem necessitatem conditionis fuisse, non transgressionis, vult videri originem hujus debiti; non a servo, sed a Domino; non a contemptore, sed ab auctore cœpisse, ut mortis lex ordinationis credatur esse, non criminis. Et hanc lugendam contritionem super humanum genus, non prævaricator putetur transmisisse, sed conditor. Et ubi est illud : *Invidia autem diaboli mors introivit in orbem terrarum* (Sap. ii). Dum autem peccatum originis denegat, tollit omnino causam qua Redemptor advenerit. Videamus utrum per voluntatem Dei an per hominis pravitatem infelix et deflenda conditio initium sumpserit. Audi quid tuba personet veritatis. *Propterea*, inquit, *sicut per unum hominem in hunc mundum peccatum intravit, et per peccatum mors, ita in omnes homines mors pertransiit, in quo omnes peccaverunt (Rom.* v). Dicendo Pelagius Adam mortalem factum, in primo facturæ ordine constituit mortem, quam pro noxa prævaricationis tertio gradu constat impositam. Homo enim opus Dei, peccatum opus diaboli : mors, pœna peccati. Nam Apostolus non dixit : voluntas Dei mors, sed *stipendium peccati mors (Rom.* vi). Dolos ergo ejus in profundo latentes, sollicitius inspiciamus. Ideo mortem applicat conditori, ut, de quo potissimum malo initium ducat, non possit agnosci; ac sic liberius affirmat infantes nexu originis non teneri. Quod cum dicit, duplici impietate blasphemat, dum et mortem ad auctoris invidiam revocat, et negando originale vinculum, gratiam reparatoris evacuat. Itaque ut possit asserere parvulos baptismo non egere, generale peccatum negavit. Quo negato, hic ordo erroris sui fuit, ut unde mors esset generata nesciret. Quid mirum si arborem illam in fructibus non agnoscat, quam noluit in radice cognoscere? Quandoquidem causam vulneris supprimit, et abscondit gladium quo vulnus inflictum est. *Stipendium*, inquit, *peccati mors*. Quia intelligere neglexerit tanti principem mali, ideo ignoravit impositam mortis conditionem, pedissequam esse peccati. De qua præfati sumus *stipendium peccati mors*. Dignam secundum tale opus mercedem recepit, tale stipendium meruit qui diabolo militavit. Unde vas electionis evidentissime rationem redemptionis ostendit at prædicat dicens : *Quid enim cum adhuc infirmi essemus, Christus pro impiis mortuus est? Vix enim pro justo quis moritur (Rom.* v). Hoc est dicere : Si abundasset in terris justitia, non fuisset e cœlis transmissa medicina. Sed ut adveniret unica sanitas, generalis exegit infirmitas. Inter hæc cum Pelagius tantis sacrilegiorum vinculis illigetur, non mirum si per reprobum sensum multiplici tradatur errori, qui per solum laborem putat posse salvari. Merito contra hujus arrogantiæ præsumptionem sermo divinus vim suæ auctoritatis vel increpationis exeruit. *Nemo*, inquit, *venit ad me, nisi Pater attraxerit eum (Joan.* vi). Et iterum : *Non volentis, neque currentis, sed miserentis est Dei (Rom.* ix). Quod merito ad se dictum esse reputavit, qui salutem suam cum Pelagio proprio in voluntate ac virtute constituit. Quod utique illi objici non necesse est, qui non de solo labore præsumit, sed conatibus suis quotidianam Dei misericordiam et jugem gratiam implorandam esse cognoscit, et auxilium Domini pervigili obsecratione deposcit.

CAPUT II.

Contra observationem Pelagii, qua dicit, parvulos baptismo non egere.

Attendat etiam hoc Pelagius : Si per baptismi donum, inquit, tollitur originale peccatum, de duobus baptizatis nati, debent hoc carere peccato. Quomodo, inquit, mittunt ad posteros, quod ipsi in se minime habuerunt? Quibus facile respondetur duas esse nativitates, de quarum una peccatum ex generantis voluptate transmittitur; ex alia autem, sanctificatio de regenerantis adoptione donatur. Quomodo, inquit, mittunt ad posteros, quod ipsi in se minime habuerunt? Quam irrationabilis et plena iniquitatis objectio ! Non vis ut transfundant in posteros quod naturæ est, et vis ut eis possint velut de suo conferre quod gratiæ est? De qua natura Apostolus dicit : *Eratis*, inquit, *natura filii iræ (Eph.* ii). Merito quasi de proprio dare nequeunt, quod de sursum et extrinsecus acceperunt. Imprudentissime per parentes filii innocentiæ puritatem Pelagius dari credit. Ad parentum ministerium nativitas secunda non pertinet. Officium vult esse hominis quod Dei munus est, ut velut quodam hæreditario ordine per hominum currat posteritatem quod extra humanam constat esse substantiam. Originale autem peccatum, ex parentibus etiam baptizatis per carnis originem ad filios transire non dubium est, dicentibus nobis quotidie cum Propheta : *Ecce enim in iniquitatibus conceptus sum, et in delictis peperit me mater mea (Ps.* L). Sicut et Apostolus istud insanabile piaculum ex uno in omnes homines pertransisse confirmat. Sed dicit Pelagius ideo non esse originale peccatum, quia ipsa concupiscentia generationis ex Deo sit. Unde autem veniat nexus iste, qui per posteros trahitur, si requiras? sine dubio per incentivum maledictæ generationis ardorem, et per illecebrosum utriusque parentis amplexum. Nam cum illum solum videas ab originali immunem esse contagione, qui non carne sed spiritu, nec erubescenda passione, sed stupenda benedictione conceptus est, agnosce causam mali originalis de oblectamento natum conceptionis, et de vitio voluptatis. Propterea etiam Adam et Evam in origine sua obnoxios conditio ista non tenuit, quia a duorum ministerio eorum quoque ortus alienus, illecebram in sui nativitate et creatione nescivit. Sed forsitan requiras, quare in conceptu sit positum originale delictum. Initium totius ruinæ, obedientia fuit. Primum enim exaltatus homo, postea humiliatus est et confusus. Et quia *cum in honore esset, non intellexit, ideo comparatus est jumentis insipientibus, et similis factus est illis (Psal.* xlviii). Quandiu ergo circa auctoris obsequium humilitas reverentiam tenuit, nuditatem conscientia immaculata non sensit; cum vero illo animo ut Deus esset, gustum cibi lethalis appetiit, et damnandam cupiditatem in ambitum majestatis extendit, immemor legis et mandatorum legis, rebellis mulctatur in impugnatione membrorum. Et dum æqualitatem Domini sui præsumit, corporis sui perdidit potestatem. De superbia namque nata est incontinentia. Nam quid in eo per cussum esset ostendit, quando verecunda contexit. Præcessit elatio, secuta confusio est. Divinitatis ambitiosus, libidinis cœpit esse captivus. Sed forsitan dicas: dum hæc asseris nuptias damnare deprehenderis. Non ita est. Ordinatio nuptialis ex benedictione cœpit; generatio corruptionis ex transgressione cœpit. Interim nuptiarum munus adhuc in paradiso a Creatore concessum, et earum usus extra paradisum jam sumpsit exordium. Peccatum in medio fuit inter generationem et concupiscentiam. Quidquid præceptio divina constituit, hoc laudo, quidquid humana prævaricatio adjecit hoc reprobo. Quomodo si aliquis atro inquinamento candorem niveæ vestis aspergat, non displicet factura, sed macula. Vestimenti non amisit usum, etsi perdidit dignitatem. Futura erat indubitanter casta et sincera generatio, si non intercessisset inimica transgressio. Sed immaculatos thoros caro maledictioni addicta maculavit, et superbiæ spiritus, simplicem corrupit affectum. Et sicut immortalitatis privilegium, ita donum perdidit puritatis. Non in querelam vocatur nuptialis gratia, sed obscenæ passionis injuria. Non aurum in culpam venit, sed quidquid auro obryzo adulterinum fraus iniquitatis admiscuit, sicut Pelagii spiritum ad meliora studia a Deo conditum, corruptione pestifera nequitiæ auctor infecit.

CAPUT III.
Contra hoc quod dicunt, quia per solam gratiam omnis homo sine ullo labore salvetur.

Nunc veniendum est ad illos qui, dum gratiam aliis dari, aliis negari asserunt, munus gratiæ cum Pelagio perdiderunt. Dicunt ergo ad cultum Dei atque famulatum, etiam post baptismi salutare donum devotæ servitutis obedientiam non requiri, sed solam per se gratiam effectum humanæ salutis operari. Totum, inquiunt, solius est gratiæ. Istud melius a nobis poterit dici, hoc magis nostris partibus convenit applicari: qui non in partem, sed in totum genus humanum gratiæ beneficia fatemur extendi: sic tamen ut ei vigilantiæ humanæ studium per omnia judicemus adjungi. Nam qui negat gratiæ associandum famulati laboris conatum, subtrahit homini servitutis officium. Nescio ubi aut quando ab opere feriari, quando otio debeat derelinqui, qui etiam in paradiso jubetur operari. In quo (sicut legimus) ita est constitutus, *ut operaretur et custodiret illum (Gen. II).*

CAPUT IV.
Contra eum sensum, qui dicendo « Unus ad mortem præordinatus, alter ad vitam prædestinatus est, » rebus ipsis spem intercludit orando.

Cum dixerint: totum gratiæ Dei est: quis non ad tam reverendum nomen omni cordis inclinetur affectu? Sed cum responderimus: totum plane gratiæ est, sed omnibus ea offert atque ingerit ad salutem omnium conditor ac redemptor. Ad hæc illi longe a pietatis tramite recedentes, respondere præsumunt: Non eam Salvator omnibus dedit, quia nec pro omnibus mortuus est. Ecce statim in secundis apparet gratiæ impugnator, qui imprimis putabatur assertor. Objiciunt nomen gratiæ, ut abominandum sensum operiant blasphemiæ. In alterutram itaque partem subsidia orationis excludunt. Quid enim ultra speret, quem jam gratia suum fecit? In quo e contrario non desperet, quem præfinitio violenta damnavit. In hoc culpa, in illo gratia locum non habet. Periclitabitur in utroque justitia. Remunerabitur sine fidei merito, assumptus damnabitur sine proprio crimine derelictus. Salus illi ingerenda est non quærenti, huic auferenda laboranti. Sed dicis: Ideo orare debet, quia ex qua parte sit nescit. Quis non putet rationabiliter ac sapienter fuisse responsum? Sed quid orare homini proderit in una harum duarum conditione omnimodis constituto? Nam etsi ad quam partem fuerit deputatus ignorat, utramque tamen partem defixam esse et immutabilem non ignorat. Quid refert si nondum noverit locum suum, qui definitissime novit quia nullum jam recipiat vel dextera periculum vel sinistra profectum? Quod si adhuc tam confusa persuasio orationem necessariam putat, indubitanter agnoscat quia contra definitionem suam et de salute ad perditionem, et de perditione transire poterit ad salutem. Si ergo orandi usum prætermittendum esse non æstimat, studium non excludat operandi. Quid est hoc? pulsare debere me judicas, et aperiendum mihi esse desperas. Alterutrum ergo faciat, aut fructum orationis neget, aut legem statutæ perditionis excludat. Videmus itaque quia hæc plena erroris assertio, dum causam intercludit orandi de luce gratiæ incipit, et finis ejus in tenebras sacrilegii incurrit ac deficit. Sic diabolus calliditate veteris artificii ac multiformis ingenii, condit blandimenta peccandi. Sic etiam malefici facere solent qui mortiferos herbarum temperant succos in condito, aut aliquo dulci poculo nescientibus propinaturi gustum mentita suavitate component, virus amaritudinis obscurant fraude dulcedinis. Provocat primus odor poculi, sed præfocat inclusus sapor veneni. Mel est quod ascendit in labia, fel est quod descendit in viscera. Dicunt quod in alterutro rerum statu illos sibi mors vindicet, istos vita defendat, quæ cum dicunt, qui unum in origine perditum, alterum in prædestinatione affirmat electum, vide quo improba persuasione declinet. Quid enim aliud dicit, nisi quod adjutorio orationis neuter indigeat? Nam jam præordinatis ad vitam necessaria non erit, deputatis ad mortem prodesse non poterit. In isto supervacua, in illo infirma judicabitur. Beneficia supplicationis qui in acquisitione prædestinationis est non requirit; qui vero in perditionis parte, non recipit. Quod si curam impendendam æstimat rationi, indubitanter intelligat ea quæ imminent posse mutari, secundum illud Evangelicum: *Vigilate et orate, ne intretis in tentationem (Marc. xv).* Item: *Vigilate itaque omni tempore, orantes ut digni habeamini fugere ista omnia quæ futura sunt, et stare ante Filium hominis (Luc. xii).* Et iterum: *Hoc genus dæmonii non ejicitur nisi per orationem et jejunium (Matth. xvii).* Quod si oratio necessaria non est, cur ipse qui exorandus est, formam orationis instituit et oravit? In eo ergo qui indoctis auribus solius gratiæ assertione blanditur propheticum illud implebitur : *Malignus*, inquit, *nocet, cum se commiscuerit justo.* Auri species primo colore præfertur, sed plumbi vilitas intrinsecus latere deprehenditur. Quomodo si sub prælato mentiti civis habitu subito hostis appareat, aut si se inimici dolosa subtilitas transfiguret in angelum lucis, ita sub pietatis fronte gentilitatis malum, et intra gratiæ vocabulum, absconditum erit fatale decretum. Si ergo unus ad vitam, alter ad perditionem (ut asserunt) deputatus est (sicut quidam sanctorum dixit), non judicandi nascimur, sed judicati. Neque ulla sibi juxta hæc poterit æquitas constare judicii. Nam si nihil Deus famulo dedit, a famulo quid reposcit?

CAPUT V.

Legis opera destruuntur, et gratiæ commendantur, vel contra hoc quod indoctissime testimonia pro solius gratiæ assertione proponunt.

Legimus, inquiunt, ad Romanos : *Si enim Abraham ex operibus justificatus est, habet gloriam, sed non apud Deum* (Rom. iv). Item : *Ei autem qui operatur, merces non imputatur secundum gratiam, sed secundum debitum* (Ibid.). Ei autem qui non operatur, credenti autem in eum qui justificat impium, reputatur fides ejus ad justitiam. Addunt etiam : *Si autem gratia non ex operibus, alioqui gratia jam non est gratia* (Rom. xi). Quibus respondendum est, duo esse genera operum, quorum unum post adventum Domini removetur, aliud improbatur. Nam dicendo : ei vero qui non operatur, credenti autem in eum qui justificat impium, reputatur fides ejus ad justitiam, aperte fidem legis operibus anteponit. Neque enim apostolorum testimonia compugnantia et contraria sibi esse dicemus, cum alius apostolus dicat : *Fides sine operibus mortua est* (Jac. ii). Et iterum : *Ostende mihi fidem tuam sine operibus, et ego ostendam tibi operibus fidem meam. Tu credis quoniam unus Deus est, bene facis ; et dæmones credunt et contremiscunt.* Item : *Sicut enim corpus sine spiritu mortuum est, ita et fides sine operibus mortua est.* Sed nec ipse doctor gentium Paulus diversus sibi et contrarius apparebit ita dicens : *In omnibus exhibeamus nosmetipsos, sicut Dei ministros, in multa patientia, in tribulationibus, in necessitatibus, in angustiis, in plagis, in carceribus, in seditionibus, in laboribus* (II Cor. vi). Et iterum : *Unusquisque propriam mercedem accipiet secundum suum laborem* (I Cor. iii). Quæ imperitis et indoctis, et his qui veritati obstinato spiritu reluctantur, discordantia videbuntur. Verum juxta catholicam regulam, opera legis evacuantur, quæ secundum litteram sunt, et ea quæ post gratiam comitante gratia gerenda sunt, asseruntur. Videamus si hoc ita esse rebus ipsis approbare valeamus. Opera legis destrui legimus, cum Judæorum comprimit elationem dicens : *Ubi est,* inquit, *gloriatio tua ? exclusa est. Per quam legem ? factorum ? non, sed per legem fidei. Arbitramur enim justificari hominem per fidem sine operibus legis* (Rom. iii). Similiter et ad Galatas dicit : *Scientes*, inquit, *quod non justificatur homo ex operibus legis, nisi per fidem Christi Jesu, nos in Christo Jesu credimus, ut justificemur ex fide Christi, et non ex operibus legis. Propter quod ex operibus legis non justificabitur omnis caro coram illo* (Gal. ii). Ac sic evacuari opera error impius dixit, sed quæ illa essent dolosa calliditate suppressit. Nunc ergo patieris intelligendi difficultatem, si personarum vel operum intellexeris distinctionem. Ad Judæos enim dicitur : *Non justificabitur ex operibus legis omnis caro.* Ad Christianos vero jam in Christo renatos, ita instructionis sermo dirigitur : *Operamini bonum ad omnes, maxime autem ad domesticos fidei* (Gal. vi). Et iterum, *Itaque, fratres mei dilecti, stabiles estote et immobiles, abundantes in opere Domini semper, scientes quod labor vester non est inanis in Domino* (II Cor. xv) ; ad Christianos, inquam, dicitur : *Sic luceat lux vestra coram hominibus, ut videant opera vestra bona, et glorificent Patrem vestrum, qui est in cœlis* (Matth. v), id est, ut non tam otio resolvamur, quam de operibus bonis, non in nobis, sed in Domino gloriemur. Ad Christianos dicitur : *In veritate comperi quoniam non est personarum acceptor Deus, in omni gente qui timet illum et operatur justitiam acceptus est illi* (Act. x).

CAPUT VI.

De eo quod ait, Gratia Dei sum id quod sum.

Audi Apostolum laborem cum gratia humili confessione miscentem : *Gratia autem Dei sum id quod sum, et gratia illius in me vacua non fuit, sed abundantius illis omnibus laboravi : non ego autem, sed gratia Dei mecum* (I Cor. xv). Vide quomodo ad gratiæ donum semper subjungit laboris obsequium : *Non ego autem.* Quia mentionem solius laboris intulerat, cito quasi ad amplexum matris gratiæ recurrit dicens : *sed gratia Dei mecum. Gratia,* inquit, *Dei sum.* Primas partes soli gratiæ pie subjectus ascripsit, media quæque labori magister obedientiæ deputavit. Utrumque in consummatione moderatus, gratiam laboremque conjunxit. Non dixit ego sine gratia vel gratia sine me, *sed gratia Dei mecum.*

Quæ prius singillatim distincta protulerat, quam bene in sermonis fine connexuit. Ac sic apud regeneratos, quando gratia sine labore, vel labor sine gratia in Scripturis ponitur, supprimitur non separatur. Cum unum sine alio dicitur, tacetur alterum, non negatur ; secundum illam regulam, antistes Augustinus insinuat : Non omnia quæ tacentur negantur. Sed et alio loco dicit Apostolus : *Castigo corpus meum et in servitutem redigo, ne forte cum aliis prædicaverim, ipse reprobus efficiar* (I Cor. xix). Ecce B. Apostolus jam Christo acquisitus ; jam vas electionis effectus, nequaquam sub nomine prædestinationis et gratiæ : otio manus relaxat, sed cum Dei beneficiis conatus suos jungit, et dicit : *Castigo corpus meum et in servitutem redigo.* Ecce jam partis dextræ miles est, et vide quomodo periclitari meruit jam probatus, quomodo reprobari pertimescit electus. Jam victoriam in manibus habet, et necdum arma deponit. Jam perductus est ad triumphum, et adhuc militiæ pertimescit eventum. Quæ cum ita sint, perspice te non contra infirmam quamcunque personam, sed contra summi Apostoli (*Eph.* II) doctrinam armis impii erroris insurgere, et Christo qui intra eum loquitur contradicere. Dumque laboris servitium et orandi causas adimis, januam salutis humano generi intercludere te agnosce. Et dum Pelagii impietatem nescis refugere, ad Manichæorum dogma pestiferum, qui liberum arbitrium totum denegant, te intellige declinare.

CAPUT VII.

Quomodo intelligendum sit: « *Gratia, inquit, salvi facti estis per fidem, et hoc non ex operibus, Dei enim donum est, non ex operibus, ne quis glorietur;* » *ubi et fides intra opera numeratur, et cibus legis perire, cibus gratiæ manere describitur.*

Sicut inter opera legis, et fidei desidiæ amicus, et discretionis ignarus, ab intelligentiæ tramite deviasti, ita inter duo gratiæ tempora persuasionem tuam pessimum ducem secutus, lucentem catholicæ fidei regulam perdidisti. Tempus gratiæ, quo redempti sumus, merita hominum non exspectavit, opera penitus non quæsivit, sola Deus fidei nostræ devotione contentus fuit, secundum illud Apostoli : *Credidit Abraham Deo, et reputatum est illi ad justitiam* (*Gal.* III), sicut et alio loco dicit : *Justus autem ex fide mea vivet, quod si subtraxerit se, non placebit animæ meæ* (*Hebr.* x); justum eum et ex fide vivere asseruit, quia ei fidem et justitiam quærenti contulisse se meminit. Sed dicendo : *Quod si subtraxerit se*, cum ad devia voluntarius declinavit, non periit quasi derelictus, qui se ingerenti misericordiæ subtraxit ingratus. Item ad Hebræos : *Credere autem oportet accedentem ad Deum quia est, et inquirentibus se remunerator fit.* Quam bene et Domini officium conjunxit et famuli, dicendo, *et inquirentibus se remunerator fit.* Sicut enim ad Deum largitio remunerandi, ita ad hominem devotio respicit inquirendi. Sed dicis fidem ipsam omnibus posse competere. Non mirum si homini, ad quem denegas opera pertinere, etiam fidem studeas derogare, quam manifestum est inter opera deputari, sicut habemus in Evangelio : *Operamini non cibum qui perit, sed qui permanet in vitam æternam* (*Joan.* vi) ; ubi cibus, id est, intellectus litteræ perire, cibus vero gratiæ, id est fides permanere, describitur, et ita continuatus sermo consequitur ; *Dixerunt ad eum Judæi : Quid faciemus ut operemur opera Dei? Respondit Jesus et dixit eis : Hoc est opus Dei ut credatis in eum quem misit ille.* Advertis quia nihil in famulatu Dei sine opere geritur, quando et is qui credere videtur operatur? Item in Apostolo. *Neque circumcisio aliquid valet, neque præputium, sed fides quæ per caritatem operatur* (*Gal.* v). Similiter et ad Thessalonicenses secunda, *Dignetur vos vocatione sua Deus et impleat omnem voluntatem bonitatis, et opus fidei in vobis* (*II Thess.* I). Et de Abraham in epistola apostoli Jacobi : *Vides quia fides cooperabatur operibus illius, et ex operibus fides consummata est* (*Jac.* II). Geminum hic officium recognosce, et operationis, et fidei. *Gratia*, inquit, *salvi facti estis per fidem* (*Eph.* II). Prima itaque vocatio compendium fidei requirit a nobis, sequentis vero temporis gratia redemptis, ablutis, innovatis, sedulitatem operis, et curam laboriosæ servitutis indicit, ut quod sine labore accepimus, opitulante adjutorio cum labore servemus, Apostolo commonente, *Videte*, inquit, *ne in vacuum gratiam Dei recipiatis* (*II Cor.* vi). Agnosce distinctos esse gradus vocationis, et consummationis. Fidem exspectat a parvulis, opera etiam cum fide a confirmatis requirit, ita tamen ut credulitatis affectum proficientibus augeat, et laborantibus adjutor quotidianus assistat.

CAPUT VIII.
Contra hoc quod dicunt, liberum arbitrium ex toto fuisse sublatum.

Hujus improbæ persuasionis assertor, hominem intellectu locupletatum, ratione præditum, divinæ imaginis honore decoratum, brutis animantibus et jumentis insipientibus æstimat comparandum, ut ad viam recte nullo suo ductu, sed violento tantum auctoris imperio pertrahatur. Quo genere eum etiam insensibilibus assimilare contendit elementis : ut sicut de ratione terrarum, quæ nihil ubertatis arbitrio suo proferunt, quæ propriæ fecunditatis ignaræ sunt, quibus sensus alicujus nec libertas suppetit, nec voluntas, frugum tamen proventus ex his cultore operante capiuntur : ita ex homine ab omni exercitio virtutis otioso, justitiæ fructus ac bonarum rerum appetitus atque profectus, solo Deo insistente sumantur, et quasi in nullo vel sentiat vel consentiat, ita cum appetierit gesseritve, in nullo ad conatum ejus ac studium pertinere judicentur. Et sicut mare magnum, quod huc atque illuc ventis agitantibus volutatur, ita ad quodcunque bonum vel facinus, sine ullo affectu suo, solo divinæ potestatis impulsu, mens humana versetur. Quæ cum ita sint, si hominem a sinistra mali non revocat intellectus, si ad dexteram boni non excitat ambitus, jam non hominis tenebitur conditione, sed pecudis. Ecce hæreticus sub prætextu gratiæ, qualem vult hominem esse post gratiam. Itaque si liberum arbitrium ex toto periit, quod utique in amore innocentiæ, vel operatione justitiæ, vel in corporis sanctificatione consistit, si hoc ex toto in primi hominis prævaricatione sublatum est, quomodo legimus : *Justitiam discite, qui habitatis terram* (*Esa.* xxvi); et iterum : *Justus autem ex fide mea vivit* (*Hebr.* x); et : *Justi hæreditate possidebunt terram* (*Ps.* xxxv, 11); et : *Oculi Domini super justos, et aures ejus in preces eorum* (*Ps.* xxxiii)? Nunquid penitus interiit innocentia, quia in primo ejus gradu possessor ejus stare neglexit? Non opinor, quia scriptum est : *Innocentes et recti adhæserunt mihi* (*Ps.* xxiv). Et iterum : *Quis stabit in loco sancto ejus? innocens manibus, et mundo corde* (*Ps.* xxiii). Et iterum : *Dominus non privabit bonis ambulantes in innocentia* (*Ps.* lxxxiii). Nunquid sanctificatio corporis ex toto amissa esse credenda est, quia membris in servo rebelli suam non servantibus servitutem, discussa est primæ dignitas puritatis? Non utique, quia legimus : *Ut exhibeatis corpora vestra hostiam vivam, sanctam, placentem Deo.* Et iterum : *Sancti estote, quia ego sanctus sum* (*Lev.* xix). Ita hoc genere bonorum, illorum quæ male secutus paradisi incola a benigno auctore susceperat, non periit actio, etsi est amissa perfectio. Non inquam, harum virtutum periit castitas, etsi est temerata virginalis integritas.

CAPUT IX.

Qualiter infirmitas liberi arbitrii intelligenda sit.

Sed interrogas et ais : Quomodo intelligendum est infirmatum humanæ mentis arbitrium? Attenuata libertas ejus ita gratiæ adminicula plus requirit, sicut homo longa infirmitate confectus, adjutoriis ac solatiis gressu titubante magis indiget. Igitur sicut post inveteratam luxuriæ consuetudinem, reparatio continentiæ multo labore constabit : et sicut longo temulentiæ usu captivata, sobrietas cum violentia rigidæ crucis vix recipitur, quæ prius cum illæsa teneretur, parvo negotio servabatur (siquidem cum voluptate quadam inviolata conscientia possidetur), et quemadmodum post diversa carnalium blandimenta vitiorum, quæ facile prima ætas statum suum retinens calcare potuisset, cum magno luctamine, velut contra ardui montis ascensum ad virtutis viam reditur, ita humani arbitrii a Deo concessa libertas florem vigoremque gratiæ suæ perdidit, tamen ipsa non periit, ut divina munera non tam interdicta sibi sentiat, quam cum summo labore ac sudore per adjutorii patrocinium sibi repetenda esse cognoscat. Audi legislatorem de voluntatis arbitrio disputantem, cum dicit : *Posui ante faciem tuam vitam et mortem, bonum et malum ; elige vitam ut vivas* (Deut. xxx). Et iterum : *Viam veritatis elegi : judicia tua non sum oblitus* (Psal. cxviii). Vides quod neminem hic premit fati, vel impositæ perditionis necessitas, ubi competit eligendi potestas ? Neque enim in unam partem trahit prædestinatio, ubi utriusque partis defertur electio. Item : *Fiat manus tua ut salvum me faciat, quia mandata tua elegi* (Psal. cxviii), hoc est dicere : Sollicitabat me quidem in sinistram partem perniciosa mundi voluptas, sed in dexteram mandatorum tuorum traxit utilitas. Itaque cum gentes ipsæ ad mali bonive judicium insito sibi dirigantur arbitrio, quanto magis moderari ad bonam partem voluntatis suæ libertate potest humilis Christianus, qui possibilitatem suam in Dei adjutoris virtute constituit. Ad quem dicitur : *Si vis perfectus esse, vade, vende quæ habes* (Matth. xix). Et iterum : *Vis sanus fieri* (Joan. v, 6) ? conscius quantum cordi humano potens factor indiderit, voluntatem ipsius quem est sanaturus interrogat. Nam et alio loco populum ambulantem concessa arbitrii libertate sic arguit : *Educ foras populum cæcum, et oculos habentem, surdum et aures ei sunt* (Isai. xliii). Hic quod surdus et cæcus est, contumaciæ esse intelligitur, non naturæ. Et in Evangelio aperte ostendit inditum esse homini bonæ voluntatis affectum. *Si quis*, inquit, *vult post me venire, abneget seipsum sibi, et tollat crucem suam et sequatur me* (Luc. ix). Hoc est dicere : Meæ miserationis est ut voceris, sed tuæ voluntatis commissum est ut sequaris. Videamus si per otium ad se invitet hominem Deus. *Abneget*, inquit, *seipsum sibi*, id est, qui malus est, bonus esse contendat, et supplicans dicat : et ex voluntate mea confitebor illi. Jubetur unusquisque ex voluntate converti, ne peccator fortasse desperet in melius se posse mutari. *Si quis*, inquit, *vult post me venire, abneget seipsum sibi*, id est, alter efficiatur ex altero. Patientia vincat iracundiam, temperantia refrenet concupiscentiam, humilitas exturbet superbiam, crux conterat voluptatem. Quis hæc sine labore cordis, sine afflictione carnis, sine magno hominis utriusque luctamine dormienti sibi per solam gratiam æstimet conferenda ? *Abneget seipsum sibi*, hoc est dicere : O homo, non putes te ita ab auctore tuo conditum, ut de iniquo justus, de luxurioso castus, de malevolo benignus esse non possis. Quod ut consequi valeas non factura in te est mutanda, sed vita. Nunc ista dicentes, non laborem gratiæ coæquamus, sed omnino gratiam sine comparatione præponimus.

CAPUT X.

Quomodo intelligendum sit : « Non volentis neque currentis, sed miserentis est Dei ; » vel illud : « Non veni vocare justos, sed peccatores in pœnitentiam. »

Sed dicis : In tantum nihil est hominis, sed tantum gratiæ Dei, ut Apostolus dicat : *Non volentis, neque currentis*, sicut sibi arrogat Judæus ex lege, vel Pelagius ex liberi arbitrii præsumptione, sed licet cum hominis servitute, totum tamen *miserentis est Dei, non volentis neque currentis* (Rom. ix). Hic illum evidenter notat et arguit, qui solum se sibi sufficere, sine manu adjuvantis existimat. Cæterum ad eum qui cum miserantis auxilio conatus suos jungit, non dicit, *non volentis neque currentis*, sed multo aliter ad eum loquitur. Sic, inquit, *currite, ut comprehendatis*. Et iterum. *Tam bene currebatis, quis vos impedivit veritati non obedire?* Si non est etiam voluntas exspectanda currentis, quare dicitur : *Ego igitur sic curro, non quasi in incertum*; et iterum : *Cursum consummavi, fidem servavi?* Non volentis neque currentis. Ipse sibi obtexit errorum tenebras, qui in Scripturis sanctis vel personas nescit interrogare, vel causas. Hoc loco Apostolus gentium asserens fidem, Judæorum superbiam coercet et comprimit, qui sibi justitiam de legis operibus arrogabant, ac Dei misericordiam et gratiam respuebant, qui *suam*, ut dicit Apostolus, *quærentes statuere justitiam, justitiæ Dei non sunt subjecti* (Rom. x). Quos et alio loco simulata justificatione, et obliqua per ironiam voce condemnat dicens : *Non veni vocare justos, sed peccatores ad pœnitentiam* (Matth. ix). Justos, id est, qui sibi de præsumptione justitiæ blandiuntur. Sicut et alio loco justificantem respuit Pharisæum, et accusantem se suscepit publicanum. *Non veni*, inquit, *vocare justos, sed peccatores ad pœnitentiam*, id est, non veni vocare Judæos ex lege sibi justitiæ privilegia vindicantes, sed potius gentes requiro ex fide peccatorum pœnitentiam profitentes. Nam ob ipsorum elationem et alio loco ita dicit : *Non est opus sanis medico, sed qui male habent*. Judæi autem justos et sanos se jactabant esse, sed non erant. Quis autem sanum de sano corde dicere auderet quando universitas generis humani uno serpentis morsu percussa languebat? Una est ergo spes sanitatis infirmo, si se coram medico agnoscat infirmum. Dignum vero est ut remedio careat, qui ægritudinem suam scire dissimulat. Et propterea *magis gaudii erit angelis in cœlo super uno peccatore pœnitentiam agente, quam super nonaginta novem justis, qui non indigent pœnitentia* (*Luc.* xv). Quis non hoc loco vere justos esse credat hos qui non indigent pœnitentia? Sed nemo magis eget salute quam qui se non intelligit indigere. Et ideo magis verus ille pastor exsultat super una ove quæ ab errore revocata est, quam super nonaginta novem ovibus quæ non erraverunt. Et quis eo mortiferi erroris malo esse possit immunis cum propheta testetur: *Omnes nos quasi oves erravimus; unusquisque in viam suam declinavit* (*Isai.* LIII)? Quam dolenda cæcitas Judæorum viam negato Salvatore perdiderat, et errorem suum scire nolebat. Hic ergo sermo divinus sub appellatione justorum, sine præjudicio sensus alterius magis Judæorum notat atque increpat arrogantiam. Nam cum denarius et centesimus numerus justos perfectosque designet, innotuit et nonagesimus injustos et peccatores ipsa imperfecti numeri ratione designat. Itaque hoc loco Judæi elationem, qui se ex lege justificans, Redemptoris misericordiam repudiaverat, Apostoli doctrina castigat dicendo : *Non volentis.* Quia in humili Christiano ipsa obedientia et subjectio cursus est et ascensus, in Judæi elatione lapsus est et decursus. *Non*, inquit, *volentis neque currentis.* Quomodo vox ista pertinere potest ad fidelem et Christi legibus subditum, ad quem dicitur : *Et in lege Domini fuit voluntas ejus;* et quod præfati sumus : *Si quis vult post me venire;* et, *Voluntarie sacrificabo tibi, Domine;* et, *Qui voluerit animam suam salvam facere, perdet illam;* et *qui perdiderit animam suam propter me, inveniet illam?* Vide quam magnum opus et quam arduum perdendæ et inveniendæ animæ etiam in hominis voluntate constituit. Et propterea ita conclusit : *Filius enim hominis venturus est in gloria Patris sui, et tunc reddet unicuique secundum opera sua.* Adverte quia dum dicit opera sua, salutem hominis non in prædestinatione factoris, sed operatione famulantis largitor gratiæ collocavit. Ergo hic non conditio hominis, sed conversatio designatur; et ideo alio loco dicit : *Omnes stabimus ante tribunal Christi, ut referat unusquisque propria corporis; prout gessit, sive bonum sive malum* (*Rom.* xiv). Agnosce hoc loco non aliena generis vel originis mala, sed propria corporis gesta novissimo discutienda judicio. Quapropter ex homine qui in Christo renatus est, non quod natus est, sed quod operatus est. Si ergo actus hominis non est etiam voluntatis, quomodo dicit : *Si volueritis et me audieritis, bona terræ comedetis* (*Is.* I, 19)? Itaque conditor utriusque, id est, exterioris hominis Deus, sicut potentia sua corporis humani membra disposuit, ita ordinatione sua ministerium usumque membrorum, homini agere ac dispensare permisit. Et sicut dextram in omni homine ipse formavit, sed et in potestate hominis posuit, ut eam quo vellet extenderet, et ad diversa conferret, pari modo sensum rationis, et arbitrium voluntatis in unamquamque animam inseruit, inspiravit, infudit, sed eam in manu humani consilii moderandam et exercendam reliquit, ejusque officia juri hominis dominioque commisit, ut si malum depravatus appeteret, in arbitrii libertate permissum sibi sciret, licere nesciret. Si autem bonum cuperet, actionem et perfectionem ejus a Conditore deposceret, ad mercedem vero illius officiosa devotio pertineret. Et ideo hominis formator et rector, bonæ voluntatis homini deputavit usum, sibi reservavit effectum. Non ergo æquum justumque, uni velle concessit, et alteri denegavit. Sed sicut omni homini manum, oculum, gressumque donavit, ita similiter omni homini voluntatem, ut eam in quamlibet partem versaret, indulsit. Justitia ergo in homine non personale, sed generale et publicum Dei munus, est aditus capessendæ salutis. Quasi fons quidam in medium mundi hujus expositus, et in commune concessus, ad hauriendum universis patet, ut largitori merito reus sit, qui haurire neglexerit. Omnibus itaque oblatum est, quod ab omnibus reposcendum est. Nam si circa hominis (ut dicunt) salutem specialis est dispensatio, nescio quomodo generalis poterit esse discussio. Sed cum dicat : *Omnes nos manifestari oportet ante tribunal Dei.* Non eam ab omnibus terribiliter exigeret, nisi omnibus misericorditer obtulisset. Igitur in procinctu militiæ constitutum ita Apostolus adhortatur : *Labora quasi bonus miles Christi. Nemo militans Deo, implicat se negotiis sæcularibus, ut ei placeat cui se probavit. Nam et qui in agone contendit, non coronatur, nisi legitime certaverit* (*I Cor.* IX). Et iterum : *Laborantem agricolam oportet primum fructibus accipere* (II *Tim.* II). Audi et alio loco Apostolum non tua otia prædicantem. *De cætero*, inquit, *fratres, confortamini in Domino, et in potentia virtutis ejus. Induite vos armaturam Dei, ut possitis stare adversus insidias diaboli, quia non est nobis colluctatio adversus carnem et sanguinem, sed adversus principes et potestates, adversus mundi rectores tenebrarum harum, contra spiritalia nequitiæ in cœlestibus. Propterea accipite armaturam Dei, ut possitis resistere in die malo, et in omnibus perfecti stare. State ergo succincti lumbos vestros in veritate, induti lorica justitiæ, et calciati pedes in præparatione Evangelii pacis; in omnibus sumentes scutum fidei, in quo possitis omnia tela nequissimi ignea exstinguere* (*Eph.* VI). Cum dicat, *ut possitis stare adversus insidias diaboli;* et iterum, *ut possitis resistere in die malo;* et in consequenti, *sumentes scutum fidei, in quo possitis omnia tela nequissimi ignea exstinguere,* apertissime ostendit a Deo possibilitatem arbitrii omni homini fuisse concessam, qua ei promptum esset non solum carni suæ resistere, sed etiam diabolo repugnare. De quo et alio loco dicit : *Vigilate*, inquit, *quia adversarius vester diabolus tanquam leo rugiens, circuit quærens quem devoret* (I *Petr.* v). Si huic adversario jam certos quosque impositos, quomodo asseris, originis necessitas deputasset, non quæreret quos deciperet, nec deputatis vigilare prodesset. Sed non ita est. Nam sicut hostis omnibus admovetur, ita omnibus præsidii et adjutorii dextera non negatur, et orantibus ac vigilantibus misericordiæ benignitate succurritur. Quæ utique pulsantibus, magis ex devotione quam ex præedestinatione defertur. Itaque inter ista, qui dicit solam gratiam sine exercitio operis et laboris posse sufficere, nonne tibi videtur in hanc blasphemiæ vocem alienata mente prorumpere? Nemo vigilet; nemo jejunet; nemo luxuriæ impugnationem abstinentiæ contritione castiget, nemo bellum vitiis mortificatione exteris indicat, nemo interioris curæ plagas salutifera afflictione contendat, nemo libidini contradicat, nemo criminibus remedia per laborem maceratæ carnis inquirat, nemo hostem illecebris obscenæ voluptatis armatum crucis viribus repercutiat, sed contra ignea inimici jacula nudum pectus exponat, nemo debita æternæ morti obnoxia, eleemosynarum sacrificiis redimat, nemo per opera misericordiæ atque justitiæ curam vulneribus ferat, sed integra ea ad diem judicii perferat. Ecce hic qui paulo ante assertor gratiæ putabatur, intercludendo viam salutis humanæ, impugnator gratiæ, per quam salus ipsa collata est invenitur, et in diaboli transisse consilia adjutor perditionis ostenditur.

CAPUT XI.
Contra hoc quod dicunt, ad malum tantum liberum arbitrium promptum esse homini, ad bonum prorsus non esse.

Ubi est illud prophetæ : *Audite me, qui sequimini quod justum est, et quæritis Dominum* (Isa. LI). Vel illud Apostoli : *Nescitis quoniam cui exhibuistis vos ad obediendum, servi estis ejus cui obedistis, sive peccati ad mortem, sive obeditionis ad justitiam* (Rom. VI). Dum ergo Apostolus ab homine studia meliora deposcit, inesse ei facultatem bonæ voluntatis ostendit, quam cum præferimus, aperte ordinationem atque mirabilem dispositionem sui prædicamus auctoris, quam ad justa officia præparatam idem apostolus demonstrat dicens : *Non ergo regnet peccatum in vestro mortali corpore, ut obediatis concupiscentiis ejus, sed neque exhibeatis membra vestra arma iniquitatis peccato; sed exhibete vos Deo tanquam ex mortuis viventes, et membra vestra arma justitiæ Deo* (Rom. VI). Item : *Humanum dico propter infirmitatem carnis vestræ. Sicut enim exhibuistis membra vestra servire immunditiæ, et iniquitati ad iniquitatem, ita nunc exhibete membra vestra servire justitiæ in sanctificationem* (Ib.). Nonne hic ipsum eumdemque hominem ad bonorum operum studia provocat, quem prius malis deditum fuisse manifestat? Igitur dum liberi interemptor arbitrii in alterutram partem omnia ex prædestinatione statuta et definita esse pronuntiat, etiam suprema remedia pœnitentiæ sensu abruptæ impietatis evacuat. Et quomodo prædicat gratiam qui misericordiam negat? Quomodo videtur asserere Dei donum, cujus tollit auxilium? Quomodo audet de Scripturis præsumere testimonia, qui Scripturarum conatur exclu-

dere beneficia? Quomodo mihi dicitur: *Declina a malo et fac bonum* (Psal. XXXVI), si jam malum declinare non possum? Cur Apostolus loquitur : *Mortificate,* inquit, *membra vestra* (Coloss. III); et iterum : *Eratis,* inquit, *aliquando tenebræ; nunc autem lux in Domino, ut filii lucis ambulate* (Eph. V). Quomodo mihi mutationem mei legis prædicator insinuat, si inimitabilem legem factor imposuit : *Exspoliantes,* inquit, *vos veterem hominem cum actibus ejus, induentes novum.* Quomodo concretam peccati labem inseparabiliter ad originem et conditionem pertinere contendis, quam deponi et exui posse cognoscis, intellige contrario te spiritu adversus sanctum Spiritum loqui, qui legis et prophetarum sacramenta, qui evangelicæ veritatis oracula mundo in adjutorium dedit, et præcepta divina per laboriosæ servitutis officia, gratia cooperante servantibus, regnum cœleste promisit. Quapropter honorem sancti operis ac laboris de præmii magnitudine ac dignitate metire, cujus palmam tu pariter et coronam vilem absque dubio judicas, si eam sine laboriosa contritione apprehendi posse confirmas. Nunquid potest sine magna operis intentione mandatum illud divinæ præceptionis impleri? *Noli,* inquit, *vinci a malo, sed vince in bono malum* (Rom. XII). Vel illud : *Nolite seduci, corrumpunt mores bonos colloquia mala* (I Cor. XV). Et quomodo inter hæc asseris acceptum gratia donum nullo modo periclitari, cum legas, insitum moribus bonum a malo posse corrumpi? Num qui docuerit ut obtineatur quod Apostolus dicit : *In omnibus tribulationem patimur, sed non angustamur; aporiamur, sed non destituimur; persecutionem patimur, sed non derelinquimur; dejicimur, sed non perimus* (II Cor. IV). Et quod alio loco dicit : *Mihi autem mundus crucifixus est, et ego mundo* (Gal. VI). Si hæc atque hujusmodi, quibus Scripturæ sanctæ plenæ sunt, per otium comparantur, cur non ab omnibus obtineantur? Multum et remunerantis gloriæ, et remuneratoris justitiæ derogabitur, si summi et illustres viri per quietem et desidiam coronantur. Et ubi est illud propheticum : *Propter verba labiorum tuorum ego custodivi vias duras* (Psal. XVI)? Si procuratio inquirendæ salutis otiosum negotium est, communis, et generalis, et lata est virtutis via, ergo mentiuntur Evangelia quæ dicunt : *Quam angusta porta et arcta via est quæ ducit ad vitam, et pauci sunt qui inveniunt eam.* Si opera cessabunt, honorem merita non habebunt. Si nihil fuerit in labore arduum, nihil erit in virtute pretiosum. Sed hæc ardua via ostendit ignavos, et labor deterret otiosos. Non ergo violentia præscientis, sed inobedientia peccantis in causa est, sicut legimus : *Perierunt propter iniquitates suas velut somnium exsurgentis* (Ps. LXXII). Et iterum : *Discedite a me, omnes qui operamini iniquitatem* (Ps. VI). Et alio loco : *Non custodierunt testamentum Dei, et in lege ejus noluerunt ambulare* (Ps. LXXVII). Non ergo impossibilitas ab opere justitiæ hominem revocat, sed iniquitas et voluntas. Cum autem Apostolus dicat: *Peccantem coram omnibus argue* (I Tim. V), nulla ratio est qua vel arguendus sit vel condemnandus qui delinquit invitus. Sed non ita est. Nam per prophetam suum Dominus dicat : *Unumquemque secundum vias suas judicabo domus Israel;* quicunque succubuit passioni, non præscientia urgente superatus est, sed peccato blandiente seductus est. Adhuc negantes conatum laboris humani, testimonium istud opponunt : *Nisi Dominus ædificaverit domum, in vanum laborant qui ædificant eam* (Psal. cxxvi). Qui hoc imperite objiciunt, et totum homini denegandum credunt, primum secundum sonum litteræ, intellectum suum expedire non possunt. Nunquid enim Dominus per se tantum velut solitaria procuratione salutem humani generis administrat. Non utique. Sed cum corpus per membra dispositum capitis exsequatur imperium, ædificat domum suam per Ecclesiæ præsules : tque pastores, per eos qui dicunt : *Dei enim adjutores sumus (I Cor.* iii, 9). Qui enim curam suscipit salvandi hominis, adjutor est redemptoris. Ædificat ergo domum hanc Dominus per sanctos suos, et sancti per Dominum suum. Ædificatur Ecclesia per eum qui dixit : *Ut sapiens architectus fundamentum posui* (Ibid. 10). Nunquid aliter ædificat et cognoscit Ecclesiam, quam per labores et officia sacerdotum, per ministeria et exempla sanctorum, per apostolorum virtutes et martyrum mortes? Sed inter hæc cum usque ad omnium malorum tolerantiam vitæque jacturam laborare debeat famulus, ad Dominum tamen semper est referendus laboris effectus. Qui vero vel initium operis sibi præsumit arrogare, vel finem, ad illum merito dicitur : *Nisi Dominus ædificaverit domum, in vanum laborant qui ædificant eam.* Cæterum sicut ab homine indefessæ servitutis exspectanda devotio est, ita operis consummati Domino est deputanda perfectio, cujus dona ille solus non habuit, qui servare neglexit. Nam et ille servus se accepisse cognovit, qui commissum sibi talentum negotio salutis duplicare contempsit, sed terræ potius otio languente mandavit (*Matth.* xxv). Sed et Saul (*I Reg.* ix) gratiam Dei a Samuele unctus accepit, et munificentiam specialem, regalemque potentiam, sub conditione hac, ne a præceptis Dei declinaret, obtinuit. Et qui lucos et fana cum pythonibus suis magistro sacerdote subverterat, defuncto eodem, cum magistro fidem perdidit, et ad pythonissæ postmodum responsa fallentia convolavit, qui se ad Deum pertinere potuisse idolorum subversione monstraverat.

CAPUT XII.
Contra eum sensum qui dicit quod vas in contumeliam non possit assurgere, ut sit vas in honorem.

Aiunt vas contumeliæ in vas honoris transire non posse, eo quod dixerit Apostolus : *An non habet potestatem figulus luti ex eadem massa facere aliud vas in honorem, aliud vero in contumeliam?* Hoc loco præcedentes causas, quibus vel in honorem, vel in contumeliam homo transeat, conclusa locutione suppressit. Nam cum homo per gratiam esse cœperit vas honoris, invigilandum est ut acceptus honor divina cooperatione servetur, ne acquisitus homo, postmodum in vas contumeliæ culpa existente vertatur. Quod autem dicunt ab ineunte ætate præfinitum, in melius non posse mutari deteriorem hominis statum, hoc illic futurum creditur post vitæ hujus excessum, ubi jam nec emendatio, nec mutatio erit apud inferos. Cæterum usque in finem, et ad justitiam transire pessimi, et periculum possunt timere perfecti. Sicut legimus : *Qui glorificant me glorificabo eos; qui autem contemnunt me erunt ignobiles (I Reg.* ii). Quare iste honoratur, et ille despicitur? Propter hoc utique, quia et ille Deum glorificare potuit qui intulit contumeliam, et iste contemnere qui detulit gloriam. Quia placere Domino Deo suo et potuit nolle qui voluit, et potuit velle qui noluit. Nec putes hic naturæ esse distantiam, ipse est qui vult, ipse est qui non vult. Quisque ergo renatus in Christo, nisi prius fuerit vas malitiæ per culpam propriam, vas offensæ et iræ esse non poterit. Et e contrario, ut fiat misericordiæ, prius futurus est vas obedientiæ, ut præcedentibus causis justi judicis sententia subsequatur. Ostendamus vas contumeliæ in vas honoris adjutorio Dei et studio suo posse transire. *Si*, inquit, *dixero impio : Morte morieris, et egerit pœnitentiam a peccato suo, feceritque judicium et justitiam, vita vivet et non morietur.* Quid est impius, nisi vas contumeliæ? Ecce per remedium pœnitentiæ subito honoratur candore gratiæ, et induitur decore justitiæ, ut peccatorum fæce detersa, confidenter possit dicere cum Propheta : *Asperges me, Domine, hyssopo, et mundabor; lavabis me, et super nivem dealbabor.* Audi Apostolum quomodo dealbari posse pronuntiat maculas conscientiæ, ut de vase iniquitatis, vas sanctificationis appareat. *In domo*, inquit, *magna, non solum sunt vasa aurea et argentea, sed et lignea et fictilia (Rom.* ix). Quid enim alia sunt *vasa in honorem,* alia vero *in contumeliam?* Attolle cor liberum ab immutabili necessitate, humana conditio, et agnosce circa salutem hominis Domini tui ineffabilem bonitatem. Cum dixisset, *alia quidem in honorem, alia vero in contumeliam,* manum spei fidelibus aperuit ac dilatavit ita dicens : *Quod si quis se ex his expurgaverit, erit vas in honorem sanctificatum (II Tim.* ii). Vis ergo cordis utriusque rei capax es!, et quod in se ante permisit infundi, facile potest prioris propositi mutatione vacuari, ut ipsum atque idem vas in se et apud se effusa iniquitate permaneat. Itaque vas ad substantiam hominis, quod vero in vase conditur, ad genus ac diversitatem pertinet voluntatis. Et alio loco ostendit Dominus perditum restitui posse, cum dicit : *Non sum missus nisi ad oves quæ perierunt domus Israel.* Et iterum : *Epulari et gaudere oportet, quia hic filius meus mortuus fuerat, et revixit; perierat, et inventus est.* Non ergo in natura ejus fuerat facta perditio, sed qui recedendo contemptu mortuus fuerat, revixit desiderio revertendi. Nam sicut sui criminis est quod longe pii parentis refugit oculos, ita suæ est devotionis, quod per insitum sibi bonum deliberans, et assurgens, ad paternos recurrit amplexus. Sed gratia quæ pulsaverat peregrinantem, ipsa suscepit revertentem. Recedat hinc originalis definitio vel fatalis. Ecce mortuus vivificatur, et perditus invenitur : sicut et mulier evangelica (*Luc.* xv) quæ amissam in domo drachmam, id est, rem vel cujuscunque muneris vel salutis, lucerna inquirit accensa, et ad gratiæ oleum apponit studium suum, et cum Dei adjutorio jungit se requirentis intentio. Ac sic quod intus perdiderat, intus invenit. Si quando ergo homo ex bono malus, vel ex malo bonus effici arbitrio mentis admittitur, voluntas quæ libera est, a Deo data corrigitur; non vis prædestinationis operatur. Et quotiescumque in sacris paginis legeris: *In quacumque die conversus ingemueris, tunc salvus eris* (*Ezech.* xxxm). Et iterum: *Nolo mortem impii, sed ut revertatur impius a via sua et vivat. Convertimini a viis pessimis.* Et iterum: *Impietas impii non nocebit eum, in quacunque die conversus fuerit ab injustitia sua.* Et illud: *Auferte vetus fermentum, ut sitis nova conspersio* (*I Cor.* v). Et quoties homo ad meliora, deterioribus repudiatis, gratia juvante convertitur, toties de vase contumeliæ vas honoris efficitur. Ut vero de bonis mali efficiantur, hoc facilius in se recepit humana fragilitas, ut de vase honoris, in vas contumeliæ transeat. Sicut legimus in Abacuc: *Et escæ ejus electæ.* De quibus etiam dicitur: *Aurum ut pateas reputabit.* Jeremias quoque: *Quomodo obscuratum est aurum, mutatus est color optimus* (*Thren.* iv)? Sicut et Apostolus dicit: *Tollam ergo membra Christi, et faciam membra meretricis* (*I Cor.* vi)? Itaque manifesta sententia est, de Christi corpore posse hominem in partem diaboli per culpam propriam commutari. Sicut et alio loco absolutissime docet de optimo pessimum fieri, et templum Dei posse violari, ita dicendo: *Vos estis templum Dei, Spiritus Dei habitat in vobis. Si quis autem templum Dei, violaverit, disperdet illum Deus* (*II Cor.* viii). Ecce jam templum Dei esse dinoscitur, jam a sancto Spiritu possidetur, et tamen per incuriam violari atque corrumpi, et ab indigno hospite occupari posse memoratur. Sicut et propheta increpat animam, Dei gratia sponte vacuatam: *Ego plantavi te vineam electam, omne semen verum; quomodo conversa es in amaritudinem vitis alienæ* (*Jerem.* ii)? Ecce vineam Deo a nobili radice plantatam, studio cultoris electam, proprio ostendit crimine depravatam. Et ideo de ea in Isaiæ cantico loquitur: *Exspectavi ut faceret vineam, fecit autem spinas.* Exspectatio increpantis agricolæ ostendit hanc vineam dare fructus potuisse justitiæ. Et eum stantem cadere testetur posse; cum dicit: *Et qui se existimat stare, videat ne cadat.* Et e contrario, ad jacentem loquitur: *Nunquid qui cadit non resurgit? Potens est enim Deus statuere illum* (*I Cor.* x). Aperte ostendit statum hominis in diversa non pro constitutione Dei, sed pro arbitrii libertate posse versari. Sed et Isaias evidenter affirmat depravata corrigi, et dilui posse immaculata, cum ad peccatores loquitur dicens: *Lavamini, mundi estote, auferte malum cogitationum vestrarum ab oculis meis.*

CAPUT XIII.

Item, velle et nolle, sicut ad malam, ita etiam ad bonam partem hominis arbitrio patet fuisse commissum.

Inter hæc sollicite nobis apud hæreticos requirendum est, utrum homo bonum non possit an nolit, insita homini bonæ semina voluntatis. Quod evidenter assignat ita dicens: *Si volueris, mandata conservabunt te;* et, *Noli deficere a disciplina Domini; noli abstinere bene facere egenti;* et, *Noli fabricare in amicum tuum mala;* et, *Nolite fieri sicut equus et mulus, in quibus non est intellectus;* et, *Noli repudiare consilia matris tuæ;* et, *Noli intendere fallaci mulieri;* et, *Noluit intelligere ut bene ageret;* et, *Noluerunt accipere disciplinam.* Cui nolle objicitur, velle in promptu fuisse evidenter ostenditur. Et plura similia sunt in eloquiis Veteris Testamenti, quæ omnia ipsam specialiter constringunt, et convincunt voluntatem. In libris etiam novis evangelicis et apostolicis, quid aliud nisi libertas voluntatis ostenditur, ubi dicitur: *Nolite thesaurizare thesauros in terra;* et, *Nolite eos timere qui occidunt corpus. Sobrii estote, justi, et nolite peccate.* Et ad Timotheum: *Noli negligere gratiam quæ in te est, nec bonum tuum velut ex necessitate sit, sed ex voluntate.* Et alio loco: *Nolite in personarum acceptione habere fidem Domini nostri Jesu Christi. Nolite detrahere in alterutrum;* et, *Nolite errare. Deus non irridetur. Quæ enim seminaverit homo, hæc et metet.* Et, *Nolite diligere mundum, neque ea quæ in mundo sunt.* Videmus ergo et in bonam, et in contrariam partem posse humanæ mentis transire consensum. Et ideo alio loco dicit: *Bonum,* inquit, *facientes, non deficiamus; tempore enim suo metemus non deficientes. Operemur ergo bonum ad omnes, maxime autem ad domesticos fidei. Nolite,* inquit, *diligere mundum:* nisi ei bonum ad meliora contulisset affectum, mali ei non interdiceret appetitum, et ideo in sinistram crimine suo trahitur, qui a Domino suo vocatur ad dextram. Et propterea iterum dicit: *Noli vinci a malo, sed vince in bono malum.* Aperte mali necessitate non premitur cui victoria de boni electione promittitur. Non enim in devia lex originis trahit, quem auctor in bivio collocavit, ac sic cui voluntas indita est, ut vincere malum possit, si forte adversarios vocet, si animus ei pugnandi defuit, eventus non defuit obtinendi. Legimus ad Hebræos: *Voluntarie enim peccantibus nobis post acceptam notitiam veritatis, jam non relinquitur pro peccatis hostia.* Secundum hæc, si libertatem arbitrii non habemus, quomodo cum voluntate peccamus? Qua causa, si reus sit requiras, quia post acceptam notitiam veritatis ad spiritum declinavit erroris. *Post acceptam,* inquit, *notitiam:* intellige eum accepisse gratiam, et per negligentiam perdidisse; et iterum: *Irritam faciens legem Moysi sine ulla miseratione, duobus vel tribus testibus moritur, quanto magis putatis deteriora mereri supplicia qui Filium Dei conculcaverit, et sanguinem testamenti pollutum duxerit, in quo sanctificatus est, et spiritui gratiæ contumeliam fecerit?* Cur sub duobus aut tribus testibus accusatur, et quasi proprii criminis reus moritur si jam inevitabili ad peccandum naturæ lege deprimitur? Sed ideo absque dubio mereretur pœnam, quia potuit, et noluit custodire justitiam. Qua vero causa in tanto bono exutus sit si requiras, quia, inquit, *spiritui gratiæ contumeliam fecit.* Agnosce hoc loco quia gratia non tam negata homini defuit, sed hominem prius ab eodem derelicta et contempta, deseruit benignitas dantis. Cum quodam dolore increpat contumeliam respuentis, ac sic cum ad devia voluntarius declinavit, non periit derelictus, qui se ingerenti misericordiæ subtraxit ingratus. Similis effectus illis de quibus Psalmista pronuntiat : *Et benedixit eos, et multiplicati sunt nimis* (Ps. cvi). Et in sequenti, causas amissæ benedictionis obtendit. *Et seduxerunt,* inquit, *eos vana ipsorum, et seduxerunt eos in invio et non in via.* Hic prævaricator mandati ideo apparuit reus, quia ad malum magis seductus est quam coactus. Similiter et ad Galatas transgressionis noxam ad hominis retorquet offensam, ita dicens : *Sed tunc quidem ignorantes Deum, his qui natura non sunt dii serviebatis* (Gal. iv). Secundum hanc naturam Deus est Christus, cui servire præcipimur. Sequitur : *Nunc autem cum cognoveritis Deum, imo cogniti sitis a Deo, quomodo convertimini ad infirma et egena elementa, quibus denuo servire vultis?* Non dixit, boni esse non potestis, sed mali esse vultis : nisi in bono potuissent stare correcti, non arguerentur ad deteriora prolapsi. Ad quos iterum dicit : *Filioli mei, quos iterum parturio, donec formetur Christus in vobis.* Ecce istos qui de fide geniti facti fuerant abortivi, asserit adhuc posse ad Christi imaginem reformari, et dum perditos adhuc filios vocat, prævaricationem sine desperatione condemnat, docens et reparari perdita, et auferri posse collata. Nam cum alio loco hæreticus Apostoli sententiam prædestinationem Dei vel præfinitionem interpretetur esse, cum legitur : *Miserebor cui voluero, et misericordiam præstabo cujus miserebor* (Rom. ix), interrogandus est, utrum quod vult Deus, ordinatum, an inordinatum, justum, an injustum sit? Cum id, quod necesse est, justum esse responderit, dicendum est : Puto hic verba esse justitiæ, quia voluntas divina justitia est. Et ita hæc elocutio intelligenda est, *miserebor cui voluero,* id est, quem justum esse cognovero cujus promptam fidem videro, quem præceptis meis obedire perspexero, quem meam facere probavero voluntatem. *Et misericordiam,* inquit, *præstabo cujus miserebor :* quod ita intelligendum est, Qui collatam a Deo misericordiam subdita et sollicita mente servaverit, ampliorem misericordiam consequetur, sicut alio loco dicit : *Qui enim habet, dabitur illi, et superabundabit,* id est, quia acceptum Dei donum cum vigilantia et cordis timore custodit, magis ac magis gratiæ ipsius capiet augmentum, ut ei profectus ipse pariat incrementa profectuum; sicut alio loco dicit : *Et sanctus adhuc sanctificetur.* Quod autem et illud ad præfinitionem Dei putant esse referendum, quod Apostolus dicit : *Ergo cujus vult miseretur, et quem vult indurat : Dicis itaque mihi, quid adhuc queritur? voluntati enim ejus quis resistit?*

manifeste hic sub interrogantis vel objicientis persona contrarium sensum Apostolus intromittit, quem ex adverso propositum sequenti increpatione castigat, dicens : *O homo, tu quis es qui respondeas Deo? An non habet potestatem figulus luti ex eadem massa facere aliud vas in honorem, aliud vero in contumeliam?* Hic infidelis curiositatem, argumentis auctoritate compescit; et cum dicit : *An non habet potestatem?* hic calumnianti solam Dei objicit potestatem, convincens eum ratione, qui universos humanos actus divinæ ordinationi indocte et infideliter ascribebat. *An non habet potestatem figulus luti ex eadem massa facere aliud vas in honorem, aliud vero in contumeliam?* Inter hæc dum dicit, *ex eadem massa,* quicunque duas humani generis massas esse arbitrabaris, unam sacra ex lectione cognosce. Duas autem facit pravitas studiorum et diversitas voluntatum. Ita pro earum qualitatibus, non pro impulsu Dei, unusquisque aut contumeliæ vas, aut honoris efficitur.

CAPUT XIV.
Ubi sibi gratia Dei et voluntas humana testimoniorum assertione sociantur, et de parvulis inanis calumnia transeundo perstringitur.

Si bene intendas animum, aperte copioseque cognoscis quomodo per sanctarum paginas Scripturarum nunc asseratur gratiæ virtus, nunc humanæ voluntatis ascensus. Fragilitatem arbitrii demonstramus, cum ad Deum dicimus : *Pone, Domine, custodiam ori meo, et ostium circumstantiæ labiis meis* (Psal. cxl). Item jubet sermo divinus ut aliquid vigor possit arbitrii, dum ad hominem dicit : *Cohibe linguam tuam a malo, et labia tua ne loquantur dolum* (Psal. xxxiii). Arbitrium commendat Sapientiæ sermo, cum dicit : *Omni custodia serva cor tuum* (Prov. iv). Sed Apostolus sine divino adjutorio hoc fieri non posse manifestat cum dicit : *Dominus custodiat corda vestra et intelligentias vestras in Christo Jesu* (Philip. iv). Asserit in propheta voluntatis propriæ facultatem de semetipso dicens : *Inclinavi cor meum ad faciendas justificationes tuas* (Psal. cxviii). Sed nihil de solis ejus viribus intelligit præsumendum cum proclamat ad Deum : *Inclina,* inquit, *cor meum in testimonia tua, et non in avaritiam.* Propter liberum arbitrium indicitur nobis, *rectos cursus fac pedibus tuis, et vias tuas dirige.* Sed nos ad gratiam confugientes, pro infirmitatis conscientia supplicamus. *Dirige in conspectu tuo viam meam, et perfice gressus meos in semitis tuis* (Psal. v). Imperat nobis, qui propriæ voluntatis generali dispensatione jus tribuit, illuminare vobis lumen scientiæ. Pro eo vero quod totum ad auctorem gratiæ referendum est, legimus ; *Qui docet hominem scientiam* (Ps. xciii), vel *Dominus illuminat cæcos* (Ps. cxlv), et iterum : *Illumina oculos meos ne unquam dormiam in morte* (Ps. xii); et, *beatus homo quem tu erudieris, Domine, et de lege tua docueris eum.* Apostolus arbitrii prædictor, libertatem ejus ita incitat dicens : *Custodite animas vestras.* Sed misericordiam Dei protestatur, ita commemorans : *Dominus custodiat introitum tuum et exitum tuum* (Psal. xc). Per hæc itaque quibus modo arbitrii libertas asseritur, modo coelestis largitas demonstratur, nunc homo de concessis viribus admonetur, ne de sola gratia speret otiosus; nunc de gratia sperare praecipitur, ne de solo labore sit securus. Sed dicis : Si praedestinatio non est, cur in parvulis alii baptizantur, alii sine baptismi sanctificatione rapiuntur? Serpentinae fraudis est, ad tenebrosas cavernas relicta luce transfugere, cum per omnia volumina sacrae litterae evidenter liberum loquantur arbitrium. Quid rationis est ut interrogare velis occulta, cum sollicitudini tuae plenissime videas respondere manifesta? Quid utilitatis est certa omittere, et incerta consulere, de quibus nihil invenis catholica lectione conscriptum? Non intelligis quod in veritatis injuriam perscrutaris, quidquid veritas scire te noluit? Materiam de liberi arbitrii ratione proponis, et ad discutiendum infantiae statum pernicioso errore dilaberis, in quo nullum penitus vestigium liberi arbitrii, nullum apparere potest propriae voluntatis indicium.

CAPUT XV.

Contra hoc quod dicunt, eos qui post baptismum pereunt, in baptismum penitus non credidisse.

Hoc loco respondendum est, in quo auctore hoc legis, de quo doctore hoc asserere praesumis? Et cum in baptismo aboleri peccatum originale non deneges, et firmum esse baptisma comprobetur, ubi indivisa Trinitas invocatur, da causas quibus baptizatus adhuc intra debitum originale consistat? Et ipsi, inquis, in Adam pereunt, quia in baptismum non crediderunt. Nonne tu paulo ante dicebas, ad capescenda Dei dona studium hominis non requiri? Ecce tu ipse manifestissime profiteris sine accipientis devotione irritam esse munificentiam largientis. Tu, inquam, ipse confirmas sine merito fidei, id est, sine cooperatione voluntatis humanae, gratiam nihil prodesse, et quomodo dicis, totum Deus sibi de statu hominis reservavit, et nihil homini dedit? Ecce etiam secundum sententiam tuam nec ipsum sibi regenerationis potest constare mysterium, nisi homo juxta benedictionis donum adhibuerit credulitatis affectum. Cui negas conatum, quid ab illo requiris assensum? Cum autem propheta dicat : *Exibunt aquae vivae de Jerusalem (Zach. XIV),* in quibus vitalis undae sacramenta designat, quomodo fieri potest ut innovatus homo deletam veteris hominis cautionem secum retineat? quomodo fieri potest ut cum debito Adae in Christo absolutus resurgat? Quomodo fieri potest ut de sacri fontis irriguo cum adoptivo Dei adhuc mortem vita parturiat, cum dicat Apostolus : *Quicunque in Christo baptizati estis, Christum induistis (Gal. III)?* quem utique nullus induere potest, nisi indumenta primae nativitatis exuerit. Cui autem ad baptismum sponte venienti, baptismum non profuisse poteris edocere, cum etiam haeretico, in Trinitatis nomine regenerato tantum per se virtus ipsa mysterii conferat, ut si postmodum ad Christi fidem transeat, baptismatis iteratione non egeat? Sed ita operante gratia ablutus judicetur, ut tantum benedictione chrismatis induatur. Hunc vero persuasionis tuae reprobum sensum catholica detestatur Ecclesia. Ideo, inquis, genitali quamlibet unda perfusi munus baptismi non accipiunt, quia ad baptismum infideliter veniunt. Non ita est. Adverte quia hoc ipsum ad baptismum venire, et salutem desiderare, jam fidei est. Quicunque, inquis, post baptismum pereunt, in Adam pereunt, quia in baptismo non crediderunt. Rectius diceres ideo eos periisse post baptismum, quia ad gratiae donum jungere noluerunt laboris officium, quia eos consuetudinis negligentia, cordisque desidia a vigilantia operis, et a sollicitae servitutis revocavit industria. Quod si culpa incredulitatis causa est perditionis, quid de parvulis sentiemus, quibus in parentum devotione, et in lactentis infantiae simplicitate integrae fidei pervigilia deputantur, qui absque ullo infidelitatis periculo immaculata regenerationis munera consequuntur, et multi eorum processu aetatis in mortis praecipitia demerguntur? Quae id ratio agit, nisi quia expugnari se patiuntur ignavia resolvente? Et causam cur fracti viderentur exposuit. *Propter incredulitatem,* inquit, *fracti sunt,* non utique propter praescientiam. Non specialem esse circa credentes Dei munificentiam docet, quando et eos quos incredulitatis arguit, credere potuisse demonstrat. Quo genere etiam infideles copiam fidei accepisse manifestat, et dum de naturalibus fractos dicit, praesumentes salutifera castigatione compressit : *Si,* inquit, *naturalibus ramis non pepercit, ne forte nec tibi parcat.* Et subdidit. *Et illi,* inquit, *si non permanserint in incredulitate, inserentur; potens est Deus iterum inserere illos.* Magnanimitatem itaque hic et humilitatem cordis alloquitur. Humilitatem, ut et qui incertus est frangi timeat; magnanimitatem, ut spem remunerationis, et qui fractus est, non deponat. Sic ovem perditam pastor sedulus inquisivit, et inventam subjectis ad ovile humeris reportavit. Quomodo sequentem relinqueret, qui sequitur etiam relinquentem?

CAPUT XVI.

Contra hoc quod dicunt, Christum non pro omnibus mortuum.

Dominum nostrum Jesum Christum aiunt humanam carnem non pro omnium salute sumpsisse, nec pro omnibus mortuum esse. Hoc omnimodis catholica detestatur Ecclesia. Nam si ita esset, quomodo Apostolus diceret : *Sicut in Adam omnes moriuntur, ita in Christo omnes vivificabuntur (I Cor. XV)?* Hic dici non potest pro parte totum. Nam sicut pars prima sententiae, *omnes in Adam moriuntur,* evidenter ostendit sine dubio hoc quod sequitur, *in Christo omnes vivificabuntur,* nihilominus ad omnes in Christo vivificandos, non ex parte, sed generaliter pertinere Apostolus indicavit. Iidem etiam impii per virtutem resurrectionis Christi resuscitandi esse credentur, licet etiam non judicandi, sed puniendi resurgant. Cum autem Apostolus dicat : *Qui est salvator omnium hominum, maxime fidelium (I Tim. IV)* : quod dixit, *omnium hominum,* ad propositum divinae bonitatis aspexit. Quod autem dixit, *maxime fidelium*, illos hoc loco pronuntiavit atque distrinxit, qui per fidem, per obedientiam, per subditam voluntatem Redemptoris munera susceperunt. Pro universis autem venisse Christum idem Apostolus declarat : *Caritas*, inquit, *Christi urget nos judicantes hoc, quoniam si unus pro omnibus mortuus est, ergo omnes mortui sunt: et pro omnibus mortuus est Christus, ut et qui vivunt jam non sibi vivant, sed ei qui pro ipsis mortuus est et resurrexit (II Cor.* v). Quia ergo resurrectio generalis ad virtutem pertinet redemptionis, si redemptio non ad omnes pertinet, nec ad omnes resurrectio pertinebit. Et ideo quia sicut *omnes resurgemus*, licet *non omnes immutabimur*, ita Dominum Redemptorem cum generalis misericordiæ beneficio venisse testamur, et si illud infidelitas, quia noluit, non recepit. Nam Deum quolibet tempore qui quæsivit, invenit, et qui invenisse non visus est non quæsivit. Quod si, quemadmodum abrupta blasphemat impietas, alii ad mortem præordinati, alii prædestinati videntur ad vitam, nullam Christus veniendi causam, nullam moriendi quam pietas ejus invenit, habuit necessitatem. Novum ergo remedium nihil agere potuit si ante sæcula res humanas definitio vetusta præfixit. Sed quia fatalis persuasio, quæ vim præscientiæ cogentis inducit, omnimodis respuenda est, ideo magis et legem dedit, et prophetas mediis temporibus excitavit, quia arbitrium voluntatis humanæ attenuatum noverat, non ablatum. Quod si ex toto vigor ejus perisset, quomodo legeretur : *Et in lege Domini fuit voluntas ejus (Ps.* i). Et iterum : *Voluntarie sacrificabo tibi, Domine*. Et ad Philemonem : *Ut non ex necessitate, sed voluntarium esset bonum tuum*. Et cum dicat in Evangelio : *Caro mea est quam ego dabo pro mundi vita (Joan.* vi), dubitare penitus non debemus quod toto mundo se impenderit, qui plus dedit quam totus mundus valebat. Sicut et beatus Joannes Evangelista testatur : *Ipse est enim propitiatio pro peccatis nostris, non pro nostris autem tantum, sed et pro totius mundi (I Joan.* v). Sed dicis : Quomodo totum mundum redemit? Ecce videmus homines in peccatis suis vivere : quomodo putabimus redemptos, quos videmus permanere captivos? Hoc loco intellectum de proposita similitudine colligamus. Verbi gratia : si legatus aliquis vel sacerdos intercessurus pro civitate captiva largius pretium deserat, et universum captivitatis populum de manu ejus recipiat qui belli jura retinebat, et omnis omnino relaxetur lex ac necessitas servitutis, et inter hæc si forte illic aliquos de captivis vel oblectatio consuetudinis, vel male blandus prædo sollicitet, gratuitum beneficium unusquisque voluntatis suæ servus recuset, nunquid minoravit gratiam pretii contemptus ingrati? Nunquid aliquam benevolentiæ redemptoris intulit diminutionem, qui respuit libertatem? Non ita est. Quinimo, sicut redemptoris gratus potest esse, qui rediit, ita de contemptu reus est qui remansit. Volentes enim redemit voluntatum remunerator. Justus enim arbiter Deus voluntarium cupit redire, quem non invitum meminit corruisse. Quæ cum ita sint, dic mihi quem a gratia redemptionis exceperit, qui damnationis antiquæ chirographum generale delevit.

CAPUT XVII.

Contra hoc quod evangelicam sententiam imperito et improbo sensu interpretantur.

Nemo, inquit, *venit ad me, nisi Pater, qui misit me, attraxerit eum (Joan.* vi). Quis tam immemor salutis suæ sit, qui attrahentis misericordiam negare præsumat. Sed ille vere impius est qui eam non omnibus ingeri, non omnibus testatur impendi. Hoc loco attracti salutem attrahentis putat esse violentiam. Apparet illum non nosse nisi catenas obnoxiæ servitutis, qui devotæ nescit vincula caritatis. Illic autem sermo divinus specialiter increpat hominem de propriis sibi viribus arrogantem, et de labore suo impie præsumentem. Cum inter hæc unus totum labori, alter totum gratiæ judicet deputandum, impletur in utroque Græca sententia : Nimietates, inquit, et inæqualitates sunt similis improbitas; et par esse probatur impietas, si totum soli gratiæ, vel si totum soli ascribatur labori. Quid nos oportet inter ista sentire, nisi ut semper gratiæ subjiciamus laborem et semper gratiam cum labore sociemus? Sed ante omnia arrogantiam laboris refugiamus, nec nobis quidquam de ejus meritis vindicemus, ne Pharisæum imitari mortifera jactantiæ præsumptione videamur. Nam cum ille orans indubitanter verum diceret : *Jejuno bis in sabbato, decimas do omnium quæcunque possideo (Luc.* xviii), evacuavit veri fidem, quia veritati miscuit vanitatem. Non ergo operatio, sed cordis elatio declinanda est. *Nemo*, inquit, *venit ad me, nisi Pater attraxerit eum*. Nunquid velut insensibilis et inepta materies de loco ad locum movendus est et trahendus? Sed assistenti et vocanti Domino famulus manum fidei, qua attrahatur extendit, et dicit : *Credo, Domine; adjuva incredulitatem meam (Marc.* ix). Et ita se duo ista conjungunt, attrahentis virtus, et obedientis affectus : quo modo si æger aliquis assurgere conetur, et facultas animum non sequatur, et propterea sibi porrigi dexteram deprecetur. Clamat voluntas, quia sola per se elevari nescit infirmitas. Ita Dominus invitat volentem, attrahit desiderantem, erigit adnitentem. Quid est autem attrahere, nisi prædicare, nisi Scripturarum consolationibus excitare, increpationibus deterrere, desideranda proponere, intentare metuenda, judicium comminari, præmium polliceri? Audi Dominum non duris nexibus, sed manibus attrahentem, et dilectionis brachiis invitantem, sicut ait propheta : *Attraxi eos in vinculis caritatis (Ose.* xi). Et illud : *Post te in odorem unguentorum tuorum currimus (Cant.* i). Et ideo dicit : *Venite ad me, omnes qui laboratis et onerati estis, et ego reficiam vos (Matth.* xi), ne ullus excusare se possit exclusus, qui convincitur invitatus. Licet enim non omnes obedientiam exhibituros esse prænosceret, omnibus tamen et velle et posse donaverat. Hoc loco sollicite requiratur utrum quisque attrahi velit an nolit. Si non vult, assolitam attrahentis benevolentiam non meretur. Si autem vult, ecce jam cum des et hominis consensus operatur. *Nemo*, inquit, *venit ad me, nisi Pater attraxerit eum.* Quomodo attrahentem vides, cur dissimulas videre venientem? et ideo sicut gratiæ est quod attrahitur, ita obedientiæ probatur esse quod sequitur. Hæc attrahentis Dei misericordia si dignis datur, advertis quia jam et studio humanæ utcunque servitutis impenditur; si vero indignis, consequens est ut etiam reprobis non negetur, et evidenti miseratione bonitas Dei indiscrete, et justis et peccatoribus offeratur. Sed is quem perspicis attrahentem requirit omnimodis præcepta servantem, ut per quamdam voluntatis ansulam, comprehendi et attrahi valeat qui vocatur. Quod si eum putas attrahere nolentes, cœlesti justitiæ iniquitatis pondus imponis. Sed si invenitur attrahere nolentes, quanto magis complectitur desiderantes! Nam etiam qui sine labore videtur attrahi, laboraturus est ut inhæreat attrahenti. Quanti enim venerunt et recesserunt, quia attracti in gratia perseverare desideratore vocante noluerunt? Sicut in Evangelio scriptum est: *Multi ex discipulis ejus audientes, abierunt retrorsum, et jam cum illo non ambulabant* (Joan. vi). Item: *Dixit autem Jesus ad duodecim: Nunquid et vos vultis abire? Respondit ei Petrus: Domine, ad quem ibimus? verba vitæ æternæ habes, et nos credimus et cognovimus quia tu es Christus Filius Dei* (*Ibid.*). In utrisque libera fuit voluntas, et in illis ut ingrata mente discederent; et in istis, ut cum libertate fidei permanerent.

CAPUT XVIII.

Contra hoc quod dicunt, quia Dei violentia induret hominem ne venire valeat ad salutem.

Si ipse, ut blasphemus vult, obdurat, quomodo ait in psalmo: *Hodie si vocem ejus audieritis, nolite obdurare corda vestra* (Psal. xciv)? Et iterum: *Secundum duritiam autem tuam et impœnitens cor, thesaurizas tibi iram in die iræ* (Rom. ii). Item in Jeremia: *Percussisti eos, et non doluerunt; attrivisti eos, et renuerunt accipere disciplinam; induraverunt facies suas supra petram, et noluere reverti* (Jerem. v). Adhuc causam obdurationis adverte, secundum sententiam sapientissimi Salomonis, qui dicit: *Impius cum venerit in profundum malorum, contemnit* (Prov. xviii), id est, de assiduitate peccandi desperatio nascitur; obduratio vero ex desperatione generatur. Dum dicit Jeremias: *Noluerunt reverti.* Vides quia obduratio cordis crimen est propriæ voluntatis? Inhonestus, cupidus et cruentus, et cujuslibet facinoris servus, si peccatis non reluctetur. Videamus unde obduratio ista nascatur. Non utique violentia compellentis, sed clementia relaxantis obdurationis occasio est. Dumque ad pœnitentiam sustinet delinquentem infatigabilis bonitas, abutitur benevolentia remittentis elata securitas. Ideo ait beatus Apostolus: *An divitias bonitatis ejus, et patientiæ, et longanimitatis contemnis? Ignoras quoniam benignitas Dei ad pœnitentiam te adducit? Secundum duritiam autem tuam et cor impœnitens, thesaurizas tibi iram in die iræ et revelationis justi judicii*

Dei (Rom. ii). Advertis quod Apostolus dicendo, *secundum duritiam tuam et cor impœnitens*, non Deo, sed homini culpam indurationis cordis ascribit. *Ignoras*, inquit, *quoniam benignitas Dei ad pœnitentiam te adducit? Secundum duritiam autem tuam et impœnitens cor thesaurizas tibi iram in die iræ et revelationis justi judicii Dei.* Agnosce quia non austeritas Dei indurat corda malorum, sed bonitas. Nam quia tribulationum laboribus ac flagellis pro Dei patientia non affliguntur, ideo superbia depravantur. Quod ita esse evidenter et Propheta commemorat dicens: *In labore hominum non sunt, et cum hominibus non flagellabuntur, ideo tenuit eos superbia* (Psal. lxxii) eorum. Ac sic dum pœna in judicium reservatur, dumque ad emendationem provocat Domini longanimitas, in servo contemptum nutrit impunitas. *Qui reddit*, inquit, *unicuique secundum opera sua* (Rom. ii). Certe non imponit Deus homini secundum præscientiam peccandi necessitatem, a quo secundum opera sua legitur exacturus esse rationem. *Peccavi*, inquit propheta, *et quid accidit mihi triste* (Eccli. v)? hoc est dicere: Certum est Deum nescire peccata, qui non accelerat pro ultione supplicia. Et iterum: *Dicit enim in corde suo: Oblitus est Deus, avertit faciem suam, ne videat usque in finem.* Dum ergo dicit *oblitus est Deus* (Ps. ix), patientiam remittentis, negligentiam judicat ignorantis, et arbitratur oblitum, quod magnanimus dispensator reservat in posterum. Quo genere metuentem admonitio Dei castigantis emendat, contemnentem magis lenitas moderantis obdurat, ut putet de Deo impius, quod usque in finem ignorantia obscurante non videat, quidquid ad præsens benevolentia sustinentis punire dissimulat. Et cum probetur ab insultante contemptus, obdurationem putatur operatus. Dum enim iram inter crebrescentia peccata suspendit, peccatorem insultare permittit.

CAPUT XIX

Contra hoc quod dicunt, Homines voluntate Dei impelluntur.

Si autem, ut dicit hæreticus, per voluntatem Dei trahuntur homines in perditionem, quomodo in lectione Regum mulier loquitur ad David? *Nec vult*, inquit, *Deus perire animam, sed retractat cogitans ne penitus pereat qui abjectus est* (II Reg. xiv). Item et Ezechiel sub verbis Dei ita disserit: *Multo labore sudatum est, et non exiit ab ea nimia rubigo ejus, neque per ignem immunditia tua exsecrabilis: quia mundare te volui, et non es mundata a sordibus tuis* (Ezec. xxiv). Ecce Deus hominem non solum salvari optat, sed pro ejus purgatione multo labore desudat. Porro pro ratione justitiæ per se effectum medentis cura non peragit, quia voluntatem ejus qui est purgandus exspectat. Item, *defecit sufflatorium, frustra conflavit sufflator: malitiæ enim vestræ non sunt consumptæ.* Dum audis sufflatorium, vel conflatoris officium, intellige purum metallum adulterina permixtione corruptum, et e naturali sinceritate vitiatum. Si homo in mortem impulsu suo ac voluntate Dei agitur, cur item sub Ezechiele imputans, et velut dolens loquitur: *Quare* moriemini, domus Israel; quoniam nolo mortem impii, dicit Dominus? Revertimini et vivite (Ezech. XXXIII). Et quomodo eos in mortem, ut blasphemas, impellit, quos ad vitam non solum nutu jubentis, sed affectu supplicantis invitat. Item: *Vivo ego, dicit Dominus; nolo mortem impii, sed ut revertatur impius a via sua, et vivat* (*Num.* XIV). Reditum se in potestate habere cognoscat, qui a Domino provocatur ut redeat. *Vivo ego, dicit Dominus*. Ne de indulgentia reus dubitat, judex clementiam suam etiam quadam sacramenti interpositione confirmat. Sed et per apostoli Petri sententiam voluntas benignissimi insinuatur actoris. *Non tardat*, inquit, *Dominus promissum suum, sed patienter agit propter vos, nolens aliquos perire, sed ad pœnitentiam reverti* (*II Pet.* III). Peccanti ingeritur pœnitentia, ut in conferenda misericordia locum possit habere justitia. *Sed patienter*, inquit, *agit* emendationem hominis, quia impatienter desiderat, patienter exspectat. Item secundum Lucam: *Et ut appropinquavit, videns civitatem, flevit super illam dicens: Non relinquent in te lapidem super lapidem, eo quod non cognoveris tempus visitationis tuæ* (*Luc.* XIX). Hic constringendi sunt hæretici. Si Dominus perituris salutis intercluserat aditum, ergo falso istorum deflevit exitium. Si autem eorum perditionem vero (ut manifestum est) mœrore perdoluit, non voluntatem suam homini, sed consensum hominis voluntati suæ defuisse monstravit. Quid mirum si pro salute hominis lacrymas fudit, mox sanguinem profusurus? Item in Matthæo: *Jerusalem, quæ occidis prophetas, et lapidas eos qui ad te missi sunt, quoties volui congregare filios tuos sicut gallina congregat pullos suos sub alas suas, et noluisti*. Duas res hic agit sermo divinus. Nam dum dicit: *Quoties volui, et noluisti*, in Deo propositi bonitas, in homine arbitrii est expressa libertas. Dicendo autem: *Jerusalem, quæ occidis prophetas, et lapidas eos qui ad te missi sunt*, salvare se eos voluisse pronuntiat, cum evidenter proferat causas per quas salutem eis negare debuerit. Hoc loco duplici genere in servo iniquitas cruentæ mentis ostenditur. In Domino indulgentia benignissimæ voluntatis aperitur. Si Deus perire vult hominem, quomodo dicit etiam propheta Michæas: *Indicabo tibi, o homo, quid sit bonum et quid Dominus requirat a te; utique facere judicium, et diligere misericordiam et sollicitum ambulare cum Deo tuo* (*Mich.* VI). Dum dicit, *et quid Dominus quærat a te, utique facere judicium*, promptam exercendi boni operis voluntatem non reposceret, si non dedisset. Vides quia sicut Dei est ut provocans adhortetur, ita obedientiæ hominis reservatum est ut sequatur.

LIBER SECUNDUS.

CAPUT PRIMUM.

Contra hoc quod impie asserunt a Deo induratum fuisse cor Pharaonis.

Hic sensum Scripturæ sanctæ sollicitius perscrutemur, et objicientis animum confundamus, utrum Pharao volens, an invitus a Domino fuerit induratus. Si volens, ipsi utique culpam obdurationis assignas; si vero invitus, iniquitatem Dei obdurantis accusas. Quæ etiam justitia erat, si quem ipse obduraverat, ipse puniret? Cum vero Dominus ipse ad eum loquatur et dicat: *Cur non vis dimittere populum meum? vel usquequo non vis subjici mihi* (*Exod.* VII)? ecce ubi divinis testimoniis liberam fuisse in Pharaone agnoscimus voluntatem. Hac ratione Pharaonem, dicit Dominus, obdurabo, dum eum mihi in decem plagis, quas a Moyse exoratus removeo, insultare permitto. *Ego*, inquit, *obdurabo cor Pharaonis*. Sic interdum familiariter etiam apud homines hujus elocutionis vim assumimus, sic interdum contumacibus famulis exprobramus mansuetudinem nostram, ita dicentes: Ego patientia mea te pessimum feci, ego remissione mea malitiam tuam superbiamque nutrivi, ego te contumacem indulgentia mea reddidi, ego dissimulatione mea cor tuum, ut contra me obduretur animavi. Et hoc modo quod bonitate Domini virtutis est testimonium, in servi improbitate fit vitium. Ait autem sermo divinus: *Vidensque Pharao eo quod data esset requies, ingravavit cor suum* (*Exod.* VIII). Manifestissime hoc loco indulta requies cor Pharaonis indurasse perscribitur. Hoc enim quod dicit: *obduravit cor suum*, non passivum est, sed activum. Vis scire quia divina moderatione ob causam induratæ mentis operatur? Idem ipse Pharao in decem plagis positus cum percuteretur, mitigabatur; cum laxaretur, ingravabatur. Ac si impium divina severitas inclinabat, bonitas obdurabat, et ut se esse liberi arbitrii demonstraret, castigante Deo populum dimittebat, parcente revocabat. Perspice quomodo rebellem spiritum cœlestis lenitas obdurat. Accedentibus mitioribus et flagellis recentibus insolescit. Agnosce rationem obdurationis, et vim propriæ voluntatis. Hebræum populum, quem egredi pro imposita sibi contritione nunc præcipit, et pro plagarum moderatione nunc prohibet, ad extremum incumbentibus plagis etiam festinus perurget et abire compellit. Non ergo induratur in multa Dei potentia, sed contemptor efficitur in multa Dei patientia. Denique inter alternas vices castigationis et remissionis flagellatus humiliatur, exauditus erigitur, liberatus insultat, afflictus obtemperat, et filios Israeliticos post decimam plagam emississe cognoscitur, ad primam cum emittere potuisse voluntas postrema testatur. Et cum inter medias correptiones profiteatur: *Justus es, Domine; ego vero et populus meus impii* (*Exod.* IX), non se a Deo, sed a voluntate propria depravatum conscientiæ suæ testis ostendit: et tu Deum circa Pharaonem durum vel iniquum fuisse præsumis asserere, quem circa se justum et pium ipse sacrilegus non potuit abnegare? Immitem Deum Christum esse consequitur, quem pium etiam impius confitetur. Hoc ergo agit in hominibus coelestis misericordiæ dispensatio, quod in terris pluviæ supervenientis infusio : ad copiosi imbris illapsum cultus et edomitus cespes multiplicatur germinum fetibus; verum incultus et crudus inutilibus herbis repletur, et sentibus, ac sic unus idemque imber duas res diversas atque contrarias juxta culturæ aut studium operatur, aut vitium. Sic ut legimus : *Terra enim sæpe venientem super se bibens imbrem, et generans herbam opportunam, illis a quibus colitur, accipit benedictionem a Deo. Proferens autem spinas ac tribulos reproba est et maledictio proxima, cujus consummatio in combustionem* (Hebr. vi). Agnosce terram sub uno eodemque imbre nunc spinas et tribulos germinantem, nunc fructus benedictionibus idoneos proferentem. Eodem modo dum misericordia Dei exspectat et parcit, emendatur obediens, obduratur impœnitens.

CAPUT II.
Quod præscientia Dei nec ad justa, nec ad contraria humanas violenter urgeat voluntates.

Præscientiam et prædestinationem Dei male intelligunt astruentes quod inde humanorum actuum causa nascatur. Primum quid ex quo pendeat vel procedat, perspicere debemus. Non propterea homo quodcunque facturus est, quia eum coactura sit præscientis auctoritas, sed magis Deo præsciendi ingerit qualitatem libertas præsciti hominis ac voluntas. Ergo non de violentia prævidendi imponitur homini causa peccandi, sed magis de consecuturis hominum meritis ordo exoritur prænoscendi. Generalis itaque præscientia, quæ de statu mundi totius apud Deum manet, de potentia nascitur, sed circa statum hominis qualitates et species prænoscendi, de humani actus inspectione mutuatur. Sed inter ista, Deo respondes et dicis : O Domine, quomodo bonum apprehendere valui, quem tu malum futurum esse præscisti? non ita est. Aliud est quod vult Deus, aliud est quod permittit Deus. Vult itaque bonum, et permittit malum, præscit utrumque : justa bonitate adjuvat, injusta pro arbitrii libertate permittit. De suo est quod dat gratiam, de tuo quod præmoscit offensam. Et inde est quod circa iniquos incessabiliter invenitur prohibere quæ providit. Nunquam prava hominum studia præciperet ad meliora converti, si ea sciret non posse mutari; et ideo respondebit tibi consequenter divina providentia : O homo, non te talem feci qualem te futurum esse præscivi. Bonum te pro justitiæ meæ lege formavi, et ne malum sequereris admonui, malum te pro consecutura voluntatum tuarum iniquitate prævidi. Ubi non compulsio, sed consensio peccandi deprehenditur in querela; non auctor, sed prævaricator in culpa est. Si ad factorem, inquit, o homo, respicit, bonus esse potuisti, si ad præcognitorem, tu me pro gestorum tuorum ordine ut de te malum prænoscerem compulisti. Sed revolvis et dicis : præscientia et prædestinatio humanorum actuum atque meritorum præfigit et excitat causas. Non ita est, magis de origine voluntatis humanæ genus præscientiæ derivatur. Sed ut aliqui cogitationis suæ pravitate ducantur, et actus suos in præscientia æstiment inchoari, hoc de proprio animi vitio, hoc de inemendabili obstinatione procedit, dum simulant passionibus reluctari, et putant se non posse quod nolunt. Legem dicunt esse immutabilis mali consuetudinem delinquendi. Sed adhuc dicis quia opera ac voluntates hominum, de nutu et impulsu præscientiæ cœlestis incipiant. Non ita est. Hoc potius agnosce, quod præscientia Dei de materia humanorum actuum sumat exordium. Quid de nobis præscire ac præordinare debeat Deus, quantum pertinet ad futurum, in profectu hominis defectuque consistit. Accipe illud exemplum, quo præscientia Dei pro humana se actione convertit. Ad decumbentem Ezechiam regem mors defertur in verbo tristi, vatis veridici annuntiata responso ita dicentis : *Ordina domum tuam, nam cras morieris* (I Reg. xix). At ille conversus ad fletum, ordinavit domum suam, quia humiliavit animam suam. Propheta quidem exploratæ sanctitatis agnoscit, sed desperatio spe repellitur. Oratio interdicit oraculo, resolvit deprecatio definitionem : fides plena dicti superat veritatem. Inevitabilem denuntiatæ mortis causam extrema vincit deflentis infirmitas. Humiliat se fragilitas humana, et vim quamdam patitur divina sententia. Sicut ait : *Regnum cœlorum vim patitur* (Matth. xi). Omnimodis moriturus fuisset, nisi territus supplicasset. Elige utrum velis, aut præfixam necessitatem confitere mutatam, aut veritatem convince mentitam.

CAPUT III
Quia aliud est præscire, aliud prædestinare.

Apostolus ait : *Quos præscivit, et prædestinavit, conformes fieri imaginis Filii sui* (Rom. viii). Aliud est præscire, aliud prædestinare. Præscientia itaque gerenda prænoscit, postmodum prædestinatio retribuenda describit. Illa prævidet merita, hæc præordinat præmia. Præscientia ad potentiam, prædestinatio ad justitiam pertinet. Præscientia de alieno subsistit actu, prædestinatio autem de judicio suo; illa facinus manifestat, ista condemnat; illa testis, hæc judex est. Cum illa pronuntiaverit causam, tunc pronuntiat ista sententiam. A præscientia quæ sunt nostra produntur, a prædestinatione quæ sunt præparantur. Ac sic nisi præscientia exploraverit, prædestinatio nil decernit. Oculi autem vicem præscientiæ virtus exercet, et quod se aspectui obtulerit, hoc videbit. Nunquid fecisse creditur, quod deprehendisse cognoscitur? Cum autem oculi ea videant, non quæ ipsi intrinsecus operantur, sed quæ eis extrinsecus offeruntur, si peccantem quempiam forte conspexerint, non opinor videntis, sed committentis flagitium judicabitur : ita non ad prænoscentis, sed ad præcogniti pertinebit reatum omne delictum. Sic et Deus ea ante diem hominis prævidet, quæ non a se, sed ab homine facienda sunt. Et sicut materia existentis efficit ut eam oculi acies contempletur, non autem oculos facit ut res videnda nascatur : ita et præscientia Dei ea quæ de hominum meritis secutura sunt, non ut eveniant exigit, sed eventura præcurrit. Et quia sacris eloquiis moris est ut per assumptam quamcunque similitudinem asserendæ rei aperiant veritatem, sicut interdum vel grano sinapis, vel fermento mulieris evangelicæ, vel sagenæ missæ in mare, et quam plura talia regnum cœlorum legimus comparari, ita et nos distinguere cupientes futura, instituti genus colligitur præsciendi. Quod si præscire compellere est, qui prævidet peccatorem, ergo ipse causa peccati est? Præscit adulterium Deus, ergo ipse ossa et medullas ignibus obsceni furoris inflammat? Præscit Deus homicidam, nunquid ipse bestiales motus perturbatis sensibus suggerit? Ipse ad peragendum facinus gladium cruentæ mentis exacuit? Præscit impium, ergo ipse ad profana sacrificia spiritum dementis instigat? Itane quarum rerum ultor est, earum et auctor esse credendus est? et inter hæc ad malum perurgere judicandus est captivæ voluntatis assensum, qui nec diabolo compellere permisit invitum? Voluntas est quæ operatur delictum, voluntas est quæ meretur auxilium. Sed dicis : Invenio ubi sola gratia sine societate humanæ voluntatis operetur. Nam in Bethleem omnis innocentium populus tam beatam mortem ex sola Dei prædestinatione consequitur. Non ita est. Nam tum forsitan solius gratiæ verteretur operatio, si innocentis sanguinis non intercessisset effusio. Quod si una tunc fuit innocentium causa, cur non omnis illic salvatur infantia? Ab illius enim temporis gloria omnis ætas alterius sexus aliena est. Si vis prædestinationis specialem per singulos facit conditionem, cur hic omnes pueri diversis dierum vel mensium temporibus nati unam obtinent felicitatem? Si vero promiscua in genere humano electionis ratio agitur, cur ab hoc munere omnis status puellaris excipitur? Hic ergo decreti sorte cessante, mors pueris pro diaboli infertur furore, mors vero beatissima pro Dei honore confertur. Non ergo eos prædestinatio morti addixit, sed causæ occasio consecravit. Hanc itaque parvulorum interfectionem, non dispositio Dei, sed impietas ordinavit inimici. Deus autem, qui etiam malis hominum bene utitur, perempti gloriam de scelere perimentis operatur. Contraria quidem malitiæ disponit inventor, sed bonitatis auctor in melius consilia adversa componit.

CAPUT IV.

Contra hoc quod dicunt, « In istos misericors est quos acquirit, in illos justus est quos reliquit, » cum et circa malos misericors, et circa bonos etiam justus appareat.

Si hominis statum Deus, sicut blasphemat impietas, non æquitate, sed potestate disponit, ille fortassis qui pulsavit excluditur, et ille qui non quæsivit attrahitur. Ac sic nec circa salvatos misericors fuisse videbitur, quibus non dedit ut ex officio misericordiam mererentur; nec circa perditos æstimari poterit justus qui sine proprio crimine a misericordia repelluntur. Quod si ambo rei sunt in natura, et in isto justitia periclitabitur, qui sine merito indignus eligitur, et in illo misericordia, qui peritioni sine peccati judicio deputatur. Qua enim misericordia honoratur otiosus? qua justitia damnatur innoxius? Itaque dum imperite tollit homini libertatem, impie Deo probatur negare justitiam. Si dicas quia tantum misericors in acquisito, et solum justus in perdito est, in utraque persona abrupte negabis utramque virtutem. Nam nec in hoc erit æquitas, si eligat non probatum; nec in illo bonitas, si perdat immeritum. Nos autem geminum hoc in Dei operibus bonum, inseparabili consertum fatemur amplexu; sicut legimus : *Misericordiam et judicium cantabo tibi, Domine* (Psal. c). Et iterum : *Misericors Dominus et justus, et Deus noster miserebitur* (Psal. xiv). Et iterum : *Misericors et miserator, et justus Dominus* (Psal. cxl). Nam misericors est, et in perditos quos inquirit et invitat errantes, qui diu sustinet delinquentes. Et sicut *solem suum oriri facit super bonos et malos, et pluit super justos et injustos* (Matth. iii), ita utrosque indifferenter lumine rationis implevit, honore imaginis suæ induit, ad gratiam redemptionis generaliter evocavit. Itane misericors in illo non fuit, in quem tanta congessit, quem de neglecta et perdita misericordia judicavit? Jam illud minoris negotii est, ut erga acquisitos, sicut misericordem, ita justum esse doceamus. Justus, inquam, et circa eos quos suscipit revertentes, quos non deserit laborantes, quos dignos efficit libertate, fideliter servientes. Hæreticus autem ideo circa malos negat misericordem, quia non credit oblatam fuisse salutis copiam his qui delabuntur in mortem. Ideo circa bonos non asserit justum, quia nihil eis æstimat pro humili devotione collatum. Misericors ergo est, quia et malis ingerit rationis intellectum, et bonitatis affectum. Justus vero, quia obedienti proponit præmium; justus, quia nullum salvat invitum. Itaque Apostolus magnifice ad donum gratiæ officium laboris adjungit, ita dicens : *Laborantem agricolam oportet de fructibus accipere* (I Tim. ii). Ecce quomodo sibi admirabili commercio divina et humana sociantur. Ad obedientiam pertinet labor, fructus vero laboris ad gratiam. Et iterum : *Unusquisque propriam mercedem accipiet secundum suum laborem* (I Cor. ii); secundum quod in Evangelio dicit : *Cum feceritis hæc, dicite, Servi inutiles sumus, quod debuimus facere, fecimus* (Luc. xvii). Adverte quia non excludit operis studium, sed operantis requirit obsequium; nec laborem servitutis recusat, sed humilitatem mentis insinuat. Vitium ergo quo laborem imperitissime refugiendum putas, non in opere, sed in corde consistit. Totis ergo viribus laboro, sed quidquid de superna largitate percepero, gratiæ, non industriæ deputabo; beneficium vocabo, non pretium; donum testabor esse, non debitum; remunerationem, non retributionem. Ita cum ex officio aliquid agimus, nequaquam nos imputare Deo possumus, quia solvimus quod debemus. Tu vero divinæ ne invideas bonitati, si opus quod a me illo adjuvante bene gestum est, vel etiam accepta perdiderint? Hoc genere nec converti eos permittunt mala præcedentia, nec sanari.

CAPUT V.

Contra hoc quod dicunt : Non tam voluit quam non potuit salvus esse qui periit, juxta quod legimus : Et non poterant credere.

Inter hæc cum Joannes evangelista commemoret : *Propterea non poterant credere, quia iterum dixit Isaias : Excæcavit oculos eorum, et induravit eorum cor* (Joan. XII; Isa. VI), hoc loco elocutio conclusa sic resonat, quasi eis non credendi necessitas imponi videatur invitis. Sed ex illis causam vel culpam incredulitatis exortam in consequentibus lectionis ordo manifestat ita dicens : *Verumtamen et ex principibus multi crediderunt in eum, sed propter Pharisæos non confitebantur, ut de synagoga non ejicerentur. Dilexerunt enim gloriam hominum magis quam gloriam Dei* (Joann. XII). Absolute hic indicat, sicut et de Simone legimus, etiam infidelibus vim credulitatis fuisse collatam : quibus sicut facultas credendi adfuit, ita voluntas defuit confitendi. Quod credunt, gratiæ largitas est; quod professionem ereditis non accommodant, mentis improbitas est; et impletur in eis : *Qui autem non habet, etiam quod habet auferetur ab eo* (Matth. IV). Ecce quomodo bonum voluntatis et fidei admixta malitia depravavit, sicut alio loco in eodem Evangelio ipse Dominus dicit : *Quomodo potestis vos credere, qui gloriam ab invicem accipitis, et gloriam quæ a solo est Deo non quæritis* (Joan. V)? Vides ergo quia sicut suppressis causis absconditur veritas, ita manifestis removetur obscuritas? quæ in Isaiæ testimonio densiores paulo nebulas videtur obducere, dum eos quos propria nequitia surdos cæcosque reddiderat, a Deo asserit obæcatos, ne forte converso ad Deum corde sanentur. Itaque ut paululum differamus quod Matthæus apertius elocutus est juxta ipsius sermonis rigorem, qui ex verbis prophetæ austerius percutit legentis auditum, altius requiramus quare hoc loco nolle putetur Dominus ut sanentur, id est, ne momentanea conversione suscepta collatis beneficiis abutantur, iram, cum probati fuerint, susceptam neglexisse ac respuisse recidiva infirmitate medicinam, sicut ille ad quem ipse Dominus loquitur : *Jam sanus factus es, noli peccare, ne deterius tibi aliquid contingat.* Adverte bonitate sanitatis impium prægravari. Sic Pharao insultasse deprehenditur misericordiæ Dei, quem addictus plagarum resipiscentem et convertentem, et humiliantem se, quoties sanare voluit, toties deteriorem esse post humanitatem clementiæ deprehendit. Quare (inquam) istos sanare dissimulat? ne fiant utique illius similes, qui supra petrosa seminata sunt, id est, qui ad momentum cum gaudio suscipit verbum, qui ad tempus credit, et in tempore tentationis recedit (Matth. IV). Quid est momentaneam suscipere sanitatem, id est, ad tempus credere, et in tempore tentationis pro animi infidelitate discedere, et ad levem tentationis æstum infirma radice deficere. Videamus quos sanare tentaverit, et eis parum pro consequenti incredulitate profuerit. Ecce servo illi in Evangelio magnis debitis et animæ languoribus oppresso, decem millia talenta, quæ ei remissa videbantur, per crimen propriæ malitiæ adjectis cruciatibus exiguntur. Ubi et advertendum est quomodo acquisita perduntur, et beneficia jam collata revocantur. Sed et ille depulso a se immundo spiritu ad tempus legitur fuisse sanatus, de quo dicit sermo divinus : *Cum autem immundus spiritus exierit ab homine, perambulat per loca arida, quærens requiem, et non inveniens; tunc dicit : Revertar in domum meam unde exivi. Et veniens invenit vacantem, scopis mundatam et ornatam* (Luc. XI), id est, vacuatam virtutibus et vanitatibus adimpletam. *Tunc vadit et assumit septem alios spiritus secum nequiores se, et intrantes habitant ibi, et fiunt novissima hominis illius pejora prioribus.* Ecce cui sanitatem collatam esse non profuit. In quem multiplicatis malis nocivus languor incubuit et increvit. Sed et alio loco is qui post acceptam notitiam veritatis, id est, post collatam (veritatem) sibi curam salutis, sanguinem testamenti pollutum duxerat, in quo sanctificatus est, id est, in quo sanatus est, graviora mereri supplicia Apostolo attestante perhibetur. Sic itaque gratia in culpam vertitur, nisi custodia subsequatur. Sed in his evangelista Matthæus dum incrassatum cor, obturatas aures, clausosque oculos ad culpam hominis refert, cur non sanarentur apertiore sensu, et dilucidata ratione perdocuit, dum (inquam) dicit : *Incrassatum est cor populi hujus, et auribus graviter audierunt, et oculos suos clauserunt.* Nonne tibi videtur velut interrogantibus, cur videntes non videant, et audientes non intelligant, evidentem protinus dedisse rationem de causis propter quas non videant neque intelligant? quia audire et videre, id est, intelligere et obedire noluerunt. Quia (inquit) *non omnes obediunt Evangelio,* quia *tota die expandi manus meas ad populum non credentem et contradicentem*; sicut etiam per se jam Dominus loquitur : *Filios alui et exaltavi, ipsi autem me spreverunt. Et iterum : Quoniam dereliquerunt venam aquarum viventium Dominum.* Et in Actibus Apostolorum : *Videntes* (inquit) *Judæi, repleti sunt zelo, et contradicebant his quæ a Paulo dicebantur, blasphemantes viam Domini* (Act. XIII). Et iterum : *Instabat* (inquit) *verbo Paulus, testificans Judæis esse Christum Jesum. Contradicentibus et blasphemantibus excutiens vestimenta sua dixit : Sanguis vester super caput vestrum erit; mundus ego ex hoc jam ad gentes vadam* (Act. XVIII). *Contradicentibus* (inquit) *illis et blasphemantibus.* Vide quomodo remedia ingerit medicus, et recusat ægrotus. Quorum duritiam etiam beatus Stephanus pari auctoritate increpat dicens, *Incircumcisi corde et auribus, vos semper Spiritui sancto restitistis* (Act. VII). Ecce quare videre non possunt : quia Spiritui sancto resistunt, atque a se clausis sponte oculis lumen veritatis excludunt. Quod ergo in Evangelio sequitur et dicit : *Ne forte oculis videant, et auribus audiant, et corde intelligant; conver- tantur, et sanem eos* (Joan. xII), ne possint converti atque sanari, obdurati cordis vitium et pœna peccati est. *Ne*, inquit, *convertantur et sanem eos.* Non hic sanitatem volentibus denegat, sed contradicentes se sanare nolle; id est, non debere pronuntiat. Ad conferendum remedium promptissima est bonitas medici, sed intemperantia contradicit infirmi. Nam qui ita intelligendum putat, quod eos sanare noluerit, absolvit hominem et damnat auctorem. Nullus ergo excluditur a beneficiis Dei, qui primum de neglectis beneficiis judicandus est.

CAPUT VI.
Quid sit quod ait, Cum enim nondum egissent boni aliquid aut mali.

Illum vero Apostoli sensum intra gentilis decreti arctare conantur angustias, quod dicit: *Promissionis* (inquit) *verbum hoc est: Secundum hoc tempus veniam, et erit Saræ filius. Non solum autem, sed et Rebecca ex uno concubitu habens Isaac patrem nostrum. Cum enim nondum nati fuissent, aut aliquid egissent boni aut mali, ut secundum electionem propositum Dei maneret, non ex operibus, sed ex vocante dictum est, quia major serviet minori, sicut scriptum est: Jacob dilexi, Esau autem odio habui* (Rom. IX; Mal. I). In his verbis hoc vult intelligi gentilitiæ persuasionis impietas, quod Deus absque ullo inter malum et bonum moderatoris examine, non ordine regentis, sed jure dominantis illum affectu dignum reddat, huuc odio, illum recipiat studio, hunc excludat imperio. Et inter duos perditos, nulla consideratio laboris, nulla devotionis habeatur, sed unus sine ratione cessantibus officiis assumatur, alter sine discretione damnetur. Ac sic dum in alterutro nec meriti existit materia, nec delicti, aufertur omnino futuri causa judicii. Quod si hæc rerum tam indigna confusio etiam a sensu humanæ mentis aliena est, sollicitus requiramus quid divinæ conveniat, Apostolo disserente, justitiæ, inter duos populos constitutus Judæorum doctor et gentium, dum ita ait: *quia major serviet minori* (Gen. xxv), in seniore Judæi arrogantia reprobatur, in juniore fides gentilis eligitur. Itaque ipse sibi obducit ignorantiæ nebulas, qui non tam Scripturis sanctis sequaci sensu se accommodat, quam Scripturas sanctas ad intellectum suum violenter attrahere et præsumptive nititur applicare, et id sibi pro captu suo omissa præcedentium vel sequentium ratione persuadet, unde penitus loqui Apostolus non instituit. Quod si ad capituli ipsius de quo agitur recurras exordium, omne absque ulla difficultate declinabis ambiguum. Si magister gentium de genesi hominum tractare cœpisset, et diceret homini totius vitæ cursum origine præfinitum, et magis necessitati subditum, quam libero arbitrio fuisse commissum, eo quod Dominus omnium pro potestatis nutu violento, quo decreto alios relinqueret ad perditionem, alios eligeret ad salutem, tunc forsitan velut per lineas decurrentes, colorem hunc iniqua persuasio possit asserere. Cum vero Apostolus promissiones Dei, et vocationem gentium altius repetitis texat exemplis, et Judæorum præsumptionem omnimodo comprimere studeat, qui improbe de legis operibus intumescebant, non in origine seniorum Ismaele vel Esau decretum fatale constituit, sed in benedictione Isaac et Jacob electionem populi minoris ostendit, et propterea minorem majori non velut potentia Dei, sed pro justitia prætulit. Perinde enim impietatem Judæorum, sicut obedientiam gentium prævidebat. Quia ergo dicit: *Cum enim nondum egissent boni aliquid aut mali, non ex operibus, sed ex vocante dictum est, quia major serviet minori,* ex vocante quidem dictum est, non tamen ad compellendos vel repellendos, sed ad credituros et non credituros dictum esse manifestum est, ut divina sibi constante justitia, ad hominis pertineat voluntatem vel renuere, vel observare præcepta. Cum ergo audis, *ex vocante dictum est,* invitantem intellige, non cogentem. Item dum dicit *non ex operibus*, asserit circa eos non legis opera, quæ utique nondum advenerat, sed etiam ante legem divinæ misericordiæ ac munificentiæ dona viguisse. *Non ex operibus,* inquit. Audis legis opera destrui, et tu propterea inepto sensu etiam sub gratiæ lege viventes, alios sine operibus gratiæ credis posse salvari, alios etiam cum operibus prohibente naturali nexu et lege fatali janua salutis excludis. *Jacob dilexi, Esau odio habui.* Quomodo hic juxta pravi sensus interpretem circa nondum natos sententia cœlestis exeritur? Nec reus enim esse potest nondum genitus, nec dilectus: nihil enim meretur nondum productus in lucem; sed sicut in futurum adhuc erat eorum reposita conversatio, ita futura præscientis offensio, futura prænuntiatur electio. Nam divina providentia sicut novit judicare de gestis, ita adhuc gerendis scit præjudicare. Nemo itaque putet quod fratribus nondum natis diversorum necessitas sit præfixa meritorum, cum hoc post transactam vitæ militiam de eis Malachias propheta commemoret; et de præterito eorum statu divinum proferat manifesta æquitate judicium. *Jacob dilexi, Esau autem odio habui.* Quid mirum est si justitia diligat innocentiam, et respuat iniquitatem, apud quam etiam futura facta sunt? Quod autem minor majori ex lege præponitur, et Jacob neglecto fratre diligitur, hinc paulo tardioribus obscuritas nascitur, quod prolatum dilectionis vel odii testimonium nondum natis fratribus arbitrantur, dum et evidentes causæ quibus unus displicuerit, alter placuerit supprimuntur. In his ergo duobus non naturæ jura hominibus præfiguntur, sed de fide gentium et infidelitate Judæorum justitia statuta narrantur. Non enim hoc loco juxta litteram personæ specialiter germanorum, sed rerum causæ ac mysteria describuntur, dicente Domino: *Duæ gentes sunt in utero tuo, et duo populi de ventre tuo dividentur* (Gen. xxv). Quod si de præfixa lege originis tractaretur, quid opus erat ut majoris et minoris ætatem quod ad rem non pertinebat, insereret, nisi quia apud Judæorum prosapiam semper in duorum vocatione populorum seniori juniorem antefertur. In qua tamen partium diversitate multi et de Judæis reprobis eliguntur, et de electis gentibus reprobantur, ut intelligas in utroque populo justum judicem non decreta observare, sed merita. Sed dicis : *Cum adhuc non egissent aliquid boni aut mali*, jam praefinitis partibus deputantur. Quid mirum si quorum actus praevidit, eorum exitus praesignavit? Et ideo sicut eos cursum vivendi pro arbitrio proprio disposituros esse constabat, ita pro Dei potentia praenoscuntur, pro justitia praeordinantur, hoc totum de eis praedicitur, non praefinitur. In Jacob ergo fidelis populus describitur, in Esau incredulus designatur, de quibus utrisque ita dicit : *Quid ergo dicemus, quod gentes quae non sectabantur justitiam apprehenderunt justitiam, justitiam autem quae ex fide est ; Israel vero sectans legem justitiae, in legem justitiae non pervenit. Quare ? quia non ex fide, sed quasi ex operibus. Offenderunt enim in lapidem offensionis* (Rom. IX). Dum dicitur, *non ex operibus*, vides quia legis opera destruuntur, et quod gentibus obedientia viam aperuit ad misericordiam : Judaeis vero praecedens iniquitas et incredulitas praeparavit offensam? *Non ex operibus* (inquit), *sed ex vocante dictum est*. Non illos dicit propriis operibus vacuos, sed negat ex operibus legis fuisse salvatos. Absit ut proponi hic damnatio originis aestimetur, ubi vocantis benignitas et obtemperantis humilitas praedicatur, et ubi fidei divitias doctrina generalis inculcat, ac lumen credulitatis insinuat. Non ergo se hoc loco iniquitatis assertio, quae in ipsa conditione partem humani generis damnatam loquebatur, interserat. Causas vero cur Jacob dilexerit Deus, et Esau odio habuerit, evidenter Geneseos expressit historia, quo intelligas non sine operum discussione, nec sine ratione perspicua divinitus pronuntiatum ut Esau odio, Jacob autem dilectione Dei dignus haberetur. Apparuerunt plane in vita Jacob evidentes causae quae judicium Domini rectum omnimodis asserant, sicut Cain dicitur : *Sub te erit appetitus ejus et tu dominaberis illius* (Gen. IV). Non superposuit homini peccatum, sub hac ordinationis suae lege, sed subdidit. Ecce piissimus moderator generosam esse cupiens facturam suam, etiam post ruinam inclinatam, licet hominis voluntatem totius passionis et concupiscentiae, non famulam jubet esse, sed dominam ; seductoris vel amicitiam vel repulsam in manu hominis posuit, ad quem ejus judicium collocavit. Videtur quidem utriusque operis appetitum electione ipsius permisisse, sed ideo ut mali licentia boni fieret gloria. Sed *sub te erit appetitus ejus, et tu dominaberis illius*. Nulla peccandi necessitate concluditur, cujus discretioni committitur ut peccato superiore libertate dominetur. Degener vero animus, qui cum beneficio Dei de peccato potest victoriam consequi, mavult cum offensa Dei servus esse peccati. Quae cum ita sint, post primi hominis praevaricationem, non mors arbitrii, sed infirmitas ; nec impossibilitas, sed difficultas proposito labore successit. Sed et Abel divinis placere conspectibus, per insitum a Deo generaliter bonum, id est, per propriae meruit voluntatis affectum. Hic ergo cui cognomen justi immaculatae vitae

perfectio dedit, quo erudiente justitiae sectator existeret, nisi eum lex visceribus inscripta docuisset? aut unde placituras Deo hostias, et per ignem coelitus absumendas de adipibus et primitiis scisset eligere, nisi fides, quae eum amatorem virtutum fecerat, inspirasset, sicut legimus : *Fide plurimam hostiam Abel quam Cain obtulit, testimonium perhibente muneribus ejus Deo* (Hebr. XI). Quod nequaquam obtinere potuisset, nisi ad Domini donum famuli accessisset obsequium. Et tu nihil eum ordinatione Dei habere judicas proprium, cujus devotioni Dei perhibet testimonium? Vides bonum credulitatis non novellum esse privilegium, sed vetustum, et inter ipsa mundi coalescentis exordia mentem hominis sicut intellectu atque ratione, ita etiam fide a summo auctore dotatam? Itaque jam tum dedit animae notitiam suam, quando ei committere dignatus est imaginem suam.

CAPUT VII.

Ad cujus imaginem et similitudinem primus homo sit conditus.

Sed dicis : Quid mihi ad libertatem arbitrii jungis imaginem Dei, cum ille eximius conditor futurus seculis saeculis et redemptor, ad illam magis imaginem fecerit hominem, quam per virginem erat assumpturus ex homine? Persuasio haec a plerisque profertur, sed omni ratione nudatur, quia prioris initia imaginem multo posterioris induere nullo modo possunt. Aut quomodo nondum creati similitudinem is qui primus creabatur acciperet. Inter haec facilius hoc credi possit, ut ad secundum Adam primus Adam imaginem suam, pro ordinis ac temporis ratione transmitteret. Minime autem fieri poterat ut imago nondum existentis substantiae diceretur is qui ante tot saecula formabatur : et imprudens assertio probaretur, ut sicut dicunt similitudinis auctorem ex virgine procreandum, antiquissimi protoplasti persona praecederet. Huc accedit quod multum res illa humiliaret in homine primae innocentiae decus, si immaculatus ad exemplar illius fingeretur qui peccaturi erat maculas curaturus; ut cum transgressio nondum existeret, jam tamen transgressionis culpam futuri intercessoris forma praeferret. Consequens itaque non erat consummatum atque perfectum ad imaginem illius, per quem necesse erat perditum reparari, ne sub nomine venturi medici ipso tempore felicis exordii, supplantandi videretur ruina praedici? Id ergo rationi magis congruit, ut in homine, cui in ipsa similitudine a Deo gratiae res traditur non naturae, imago hoc potius nuncupetur, quod a priore et superiore suscipitur. Et de veritate similitudo fuisse collata plenius judicetur, quam tamen cum filio naturali pater jure communicat. Deinde et illud sollicitius advertendum est, quod Dominus noster Jesus Christus in primo tempore de suo meliora contulit. In secundo autem de nostro deteriora suscepit. Et propterea quando ex nihilo nos paravit, imaginem suam factor apposuit. Quando vero nos perditos reparavit, formam servi restitutor assumpsit, sicut ait Apostolus : *Formam servi accipiens in similitudinem hominum factus, et habitu inventus ut homo* (*Philip.* II). Quod si ad illam exterioris hominis speciem formati sumus, in cujus membris, visus, auditus, gustus, odoratus et tactus est, quid erit honoris aut gratiae, si de illa participemus imagine, quam nobis ex parte maxima communem scimus esse cum pecude? Gravis ergo eorum error est qui arbitrantur primum hominem juxta illum qui erat sumendus ex Maria, ab incorporea Trinitate compositum. Neque enim Pater vel Spiritus sanctus veste carnis et habitu erat hominis induendus, ut ad ejus quasi imaginis suae speciem ac facturam primi hominis lineamenta disponeret, ac membra plasmaret, ut possit dicere : Faciamus hominem ad imaginem et similitudinem quam sumpturi sumus ex Virgine. Ideoque ex Deitatis similitudine derivatur quidquid homini Trinitas in commune largitur. Nec sic quidem primus homo secundi Adae suscepisse imaginem dici posset, etiam si Filius Dei solus hominem condidisset. Cum vero unita Trinitas dicat : *Faciamus hominem ad imaginem et similitudinem nostram* (*Gen.* VIII), plurali singulare, et singulari plurale permiscens; et iterum : *Et fecit Deus hominem ad similitudinem suam, ad imaginem Dei fecit illum*, toties legis hominem ad imaginem Dei conditum; et qua auctoritate contra divina eloquia praesumis asserere juxta servi formam fuisse compositum? Cum ergo imago haec a Patre et Filio, et Spiritu sancto conferatur, absque dubio trium personarum una Divinitas primo homini suae imaginis tribuit dignitatem. Quae cum ita sint, inesse homini licet attenuatam voluntatis propriae libertatem minime dubitabis, si primam gratiam, qua a Deo est honoratus, inspexeris. Imago ergo Dei dicitur, quia ei indulgenter ac dignanter inseruit veritas justitiam, ratio sapientiam, perennitas aeternitatem. De imagine Dei est, quod intelligit, quod rectum sapit, quod inter malum et bonum judicio examinante discriminat. Et cum Dei bonitas, misericordia, patientia atque justitia sit, quanto quisque magis justus ac patiens invenitur, tanto magis Deo similis approbatur. Cujus utique similitudo, non in vultibus, sed in virtutibus possidetur. Et propterea de Deo dicitur, subtilis, simplex, sincerus. Simplex utique, quia nihil illi extrinsecus adjectitium, nihil aliunde collatum, sed in illo virtus, essentia, atque substantia est. Ac sic Deus quod habet, est; homo vero haec dona nisi acceperit, non habet. Cum ergo Deus justus ac justitia, misericors et misericordia, pius et pietas sit, homo justus esse potest, justitia esse non potest; misericors esse potest, misericordia esse non potest; pius esse potest, pietas esse non potest, quia non naturaliter habet ista, sed largiter. Verbi gratia, ille aurum est, homo vero deauratum vas videri potest; et in homine gratia est, quod in Deo natura est; et in hoc creatum est, quod in illo probatur ingenium. Et ideo juxta hanc rationem magis duplex status hominis apparet, cui haec ita inseruntur, ut separentur saepius et auferantur. Errant ergo qui justitiam reliquasque virtutes animae putant esse substantiam, sine quibus utcunque potest vitali in natura sua vigore subsistere, sine quibus et diabolus in natura sua manere dignoscitur. Manifeste enim inveniuntur apposita, dum culpis invenientibus exuuntur. Solum vero arbitrium et immortalitas, quae etiam malis insita est, non aufertur, licet dignitas et beatitudo immortalitatis possit auferri. Quantum ergo ad libertatem arbitrii et immortalitatem pertinet, imaginem Dei, licet e se et in se decoloratam, etiam mali habere possunt, similitudinem nisi boni habere non possunt. Quae cum ita sint, cur homines imagine et similitudine Dei decorati, angeli seu filii Dei meruerint nuncupari, vel paucis adhuc exemplis praestringere nos oportet, quanti ante legem litterae, erudiente lege naturae, quae prima (ut diximus) Dei gratia est, vestibula salutis intraverint, per Christum ad ipsa vitae penetralia perducendi. Sed hoc quoque in loco Abel morum ac meritorum similitudine substitutus, unde profana fratris instituta respueret, inde meliora potuisset eligere, nisi eum in viam rectam intellectus et ratio direxisset, qua duce sanctas traditiones et praedicabiles disciplinas velut haereditarium munus transmisit ad posteros, ut angelorum vel filiorum Dei nomine per multas censerentur aetates? Quis dubitet innumeras ejus familias Deo placitas, libertate arbitrii praeditas, et ex gentibus fuisse salvatas, de quibus pauci admodum, sed clari atque perfecti ad illuminationem saeculi sacris produntur eloquiis? Unde enim Enoch cum Deo ambulare, vel Deo placere potuisset, nisi eum lex visceribus infusa secreto magisterio illuminasset, in tantum, ut nihil terrenum sapiens mirabiliter a terra Deo assumente raperetur? Qui dum fidei merito in prima saeculi illius aetate caeteros antecellit, fidem ipsam cum lege naturae sibi traditam fuisse perdocet. Sicut legimus : *Fide Enoch translatus est, ut non videret mortem. Ante translationem enim testimonium habuit placuisse Deo. Sine fide autem impossibile est placere Deo. Credere autem oportet accedentem ad Deum, quia est, et inquirentibus se sit remunerator* (*Hebr.* XI). Nisi voluntariam devotionem et intentionem quaereret, remunerationem homini non deferret, et nisi ei aliquid prius unde possit placere tribuisset. Dum autem dicit, *ante translationem enim testimonium habuit, placuisse Deo,* dubium non est quod prius vita examinetur, et sic electio subsequatur. In persuasione praedestinationis facile declinabitur error accedens, si interrogetur causa praecedens. *Inquirentibus se remunerator sit,* cum magno non deest crimine non quaerenti, quia dedit unde non possit inquiri. Qualem quantamque homo a Deo legem prima conditione susceperit, perfecta etiam Noe justitia declaravit, quia generalia fidei dona speciali in se studio virtutum sectator excoluit. Cujus tempore cum corrupisset omnis caro viam suam super terram, damnatio secuta non esset, nisi praevaricatio ex arbitrio hominis praecessisset. Sicut ergo culpa poenam meretur, ita culpa poenam testatur, quae pro aequitate moderatoris infertur. Dum autem dicit sermo divinus : *Omnis caro corruperat viam suam (Gen. vi)*, iniquitates illius temporis non impositae definitioni, sed voluntariae imputat pravitati. Legem itaque litterae absque dubio coelestis dispensatio non dedisset, nisi legem naturae interpellasset usque ad irani diluvii perducta transgressio. Ideoque haec lex Moysi, quae prima creditur, jam secunda est. Opus itaque naturalis legis in cordibus hominum fuisse conscriptum, etiam beatissimus pontifex Augustinus doctissimo sermone prosequitur, ita dicens : Utrumque simul currit in isto alveo atque torrente generis humani, malum quod a parente trahitur, et bonum quod a creante tribuitur. Item nullius quippe vitium ita contra naturam est, ut naturae deleat etiam extrema vestigia. Nam hinc et quod etiam impii cogitant aeterna, ac praedicanda etiam in praesenti saeculo jura constituunt, et multa recte reprehendunt, recteque laudant in hominum moribus. Quibus ea tandem regulis judicant, nisi naturalibus, in quibus vident quemadmodum quisque vivere debeat, etiam si nec ipsi eodem modo vivant? Quod et Apostolus ad Romanos evidentius protestatur dicens : *Revelatur enim ira Dei de caelo super omnem impietatem et injustitiam hominum eorum qui veritatem in injustitia detinent, quia quod notum est Dei manifestum est illis. Deus enim illis manifestavit : invisibilia enim ipsius a creatura mundi per ea quae facta sunt intellecta conspiciuntur. Sempiterna quoque ejus virtus et divinitas, ut sint inexcusabiles. Quia cum cognovissent Deum, non sicut Deum glorificaverunt, aut gratias egerunt, sed evanuerunt in cogitationibus suis, et obscuratum est insipiens cor eorum. Dicentes enim se esse sapientes, stulti facti sunt, et mutaverunt gloriam incorruptibilis Dei in similitudinem imaginis corruptibilis hominis (Rom. i)*. Nisi enim a lege Dei recessisset voluntas, iram Dei non sensisset impietas. Et cum dicat : *Quia quod notum est Dei, manifestum est in illis; Deus enim illis manifestavit*, evidenter hoc disserit, per internam doctrinam paginis mentis inscriptam, manifestam illis esse debuisse notitiam Dei, et per creaturae magnificentiam creatorem potuisse cognosci. Inexcusabiles quippe apud Deum non essent, nisi et extrinsecus et intrinsecus copiam percipiendae veritatis habuissent, adjiciente Apostolo : *Quia,* inquit, *cum cognovissent Deum, non sicut Deum glorificaverunt*. Impios ergo et de intellectu quo abusi sunt damnat, quorum injustitiam in contemptum Divinitatis accusat. Famosi autem exundatio vasta diluvii, quid aliud nisi arbitrium humani generis per reatum damnati orbis asseruit? Ac sic Noe perfecta justitia spontaneos saeculi illius et ostendit et condemnavit errores, sicut legimus : *Fide Noe responso accepto de his quae adhuc non videbantur, metuens, aptavit arcam in salutem domus suae : per quam damnavit mundum, et justitiae, quae per fidem est, haeres est institutus (Hebr. xi)*. Quare condemnavit mundum? quia sequi mundi improbitas justitiae neglexerit exemplum. Ac sic inobedientis accusat reatum, et placuit per obsequium, et arguit alio placere ni-

hilominus potuisse per studium. Certe nullum in illa aetate fatalis constitutio locum habuit. Nam quia universalis fuerat praemissa transgressio, universalis est secuta damnatio. Quomodo dicis quod assumatur unus et alius relinquatur ? Vide quemadmodum excepta justi familia, totus orbis cogente iniquitate deletur. Illud ergo quod asseris speciale decretum, excluditur per generale judicium. Et qui pro improbitate damnatur, bonum facere potuisse convincitur.

CAPUT VIII.
De eo quod naturae legem in primo homine asserunt interiisse, nec per posteros viguisse, usque ad Salvatoris adventum.

Sed dicis naturalia bona commemoranda non esse, quia ante adventum Christi nequaquam gentes ad salutem pertinuisse manifestum est. Qui naturam in bonis suis negat praedicari debere, nescit profecto ipsum naturae auctorem esse qui gratiae est. Hoc qui imprudentissime negat, negat naturae bonum extra Dei opificium, et aut numen quod esse arbitratur aut fatum. Cum vero ipse sit conditor qui reparator, unus idemque in utriusque operis praeconio celebratur. Jure itaque utriusque rei munus assero, quia me scio illi debere quod natus sum, cui debeo quod renatus sum. Et propterea non ideo negabo conditoris dona quia perdidi, sed priora ideo sequentibus non exaequabo, quia multipliciter in melius reparata suscepi. Extollam beneficia creantis, sed in immensum praeferam redimentis. Nec hoc quidem videbor incautus, si profitear, quod aliquoties in dispositionibus nostris, non quidem in vitae nostrae primordiis, sed duntaxat in mediis, gratias speciales et ex accedenti largitate venientes, voluntas nostra, Deo ita ordinante, praecedat. Utrum ita sit, sacra interrogemus eloquia. Legimus in Evangelio dicentem Dominum : *Quid tibi vis faciam?* et iterum : *Vis fieri sanus?* Vides quia non tribuitur munus salutis, nisi prius interrogetur desiderium voluntatis. Sed et cum venitur ad baptismum, prius accedentis voluntas inquiritur, ut regenerantis gratia subsequatur. Et in centurione Cornelio, quia praecessit voluntas gratiam, ideo praevenit et gratia regenerationem. Nihil hic, ut opinor, redolet praesumptionis, cum et hoc ipsum incessabiliter asseram, quod Deo ipsam debeam voluntatem, praesertim cum in omnibus ejus motibus ad opus gratiae referam, vel inchoationis initia, vel consummationis extrema. Abraham quoque ex media gentilitate progrediens, non solum cum omni familia sua ad salutem vocatur, sed etiam *pater multarum gentium* testimonio ipsius veritatis efficitur. De Dei bonitate est quod vocatur, de propria voluntate quod promptus obsequitur. Job quoque sine animi libertate incumbenti in se hosti non potuisse obsistere, sed jungit magnitudinem cordis cum auxilio protectoris. Ac sic justitia remunerantis devotionem pugnantis ostendit. In spiritali bello, ita ad hominis laborem videtur pertinere conflictus, sicut ad Deum refertur eventus. Amicos quoque Job ex gentibus venisse nondum promulgatae legis ostendit, et dum pro eisdem Job præcipiente Domino supplicasse, et exauditus esse memoratur, his quoque adhuc in gentilitate viventibus salus indubitata confertur. Rahab quoque in tantum nationis gentilitiæ fuit, ut ex gentibus congregandæ typum præferret Ecclesiæ. Hæc etiam in salutem cum omni domo sua fide operante suscipitur. De qua legimus : *Fide Rahab meretrix non periit cum incredulis*. Unde hic extra legem positi accusantur incredulitatis : nisi quia legem naturæ, cui fides juncta est, servare noluerunt ? Unde objicitur incredulitas, nisi quia in promptu fuit credendi facultas ? Liberi itaque arbitrii ratio facit ut remuneretur credens et damnetur incredulus. Legimus in libro Geneseos : *Nondum enim completa sunt peccata Amorrhæorum* : prædicit Dominus filios Israel in terra Ægypti humiliandos, atque inde ad perdendas impias nationes et percipiendas promissas sedes in signis et miraculis educendos, sed hoc prius fieri non posse testatur, quam gentes quas eis traditurus erat, peccatorum excrescentium magnitudine, flagellis debitis locum faciant, et extendi in se manum afflictionis extremæ consummatæ iniquitatis mole compellant. Ubi exspectatur multiplicatio peccatorum, pravitas arguitur voluntatum. Qui gentili absoluto a lege præcepti imponit pro æquitate sententiam, legem naturæ arguit fuisse calcatam ; simulque longanimitas sustinentis justitiam probatur manifestare damnantis. Nemo enim moram ex moderatione præmittit, qui ex prædestinatione punire disponit. *Nondum* (inquit) *impleta sunt peccata Amorrhæorum*. Dum in plenitudine peccatorum commemoratur perditionis causa, aufertur præfixæ necessitatis invidia. Divinæ hoc loco patientiæ agnosce virtutem. Liberandus et subversurus impias gentes, populus Israel interim in servitute retinetur, donec iniquitas gentium compleatur. Tandiu ultionem affert ira judicii, quandiu crescat in cumulum mensura peccati. Ut concurrente sibi bonitate et severitate sub uno eodemque tempore, hinc absolutio filii, inde contritio exerceatur inimici.

CAPUT IX.
Contra hoc quod dicunt, quia ante gratiæ tempus agnitio unius Dei gentibus concessa non fuerit.

In grandi profundo ignorantiæ volutantur qui dicunt quod unius Dei notitiam habere non potuerint gentes ante Salvatoris adventum, cum Apostolus asserat factorem mundi per facturæ suæ magnificentiam potuisse cognosci, ita dicendo : *Quod notum est Dei, manifestum est in illis ; invisibilia enim ejus a creatura mundi per ea quæ facta sunt intellecta conspiciuntur, sempiterna quoque virtus ejus et divinitas, ut sint inexcusabiles* (Rom. 1). Quomodo tu excusabiles dicis, eo quod alieni fuerint a cœlestibus donis, quos Deus ex hoc inexcusabiles protestatur, quod abusi probantur acceptis, et opificis sublimitatem sine difficultate scire potuissent, si opus interrogassent ? Longe est hoc ab omni ratione atque pietate, ut homo ad cognoscendum Deum nuper putetur eruditus, cui universus ab exordio rerum testis est mundus, et ideo in eadem Epistola dicit : *Cum enim gentes quæ legem non habent naturaliter quæ legis sunt faciunt* (Rom. 11). Non ergo recenti magisterio ad comprehendendam legem Dei credatur imbutus, qui id quod naturaliter habet in primi utique hominis conditione percepit. *Immutaverunt*, inquit Apostolus, *gloriam incorruptibilis Dei in similitudinem imaginis, et volucrum, et quadrupedum, et serpentium* (Rom. 1). Dum imprudens abjecta et indigna veneratur, debuisse se omnimodis cultum dignioribus profiteatur. Dumque lignum adorat et lapidem, in promptu habuit ut saperet adorare terrestrium et cœlestium conditorem. Nam dum homo colendum esse aliquid probat, ipse intellectus colendi crimen conditoris ostendit. Quomodo enim religionis habuit censum ? invenisset absque dubio Deum, si inquirendi apponere voluisset affectum, dicente Domino : *Quærite et invenietis*. Cum enim mens humana ad videndum oculos aperuerit, statim se desideranti quæsita lux ingerit. Ideoque lex intus incerta docuit venerationem ; sed negligentia et contumacia invenire non meruit veritatem. Et propterea dum se mortuis simulacris et figuris insensibilibus figmentum cœleste prosternit, injuriam non solum factori, sed et in se facturæ suæ intulit, et erubescendis semetipsum contumeliis, propriæ immemor generositatis affecit, atque ex errore ipso pœnam recepit erroris, sicut ait Apostolus : *Et mercedem quam oportuit erroris sui in semetipsis recipientes. Et sicut non probaverunt Deum habere in notitiam, tradidit eos Deus in reprobum sensum* (Rom. v). Hic rebellis sensus sponte corruptus, non violenter ablatus est. *Sicut* (inquit) *non probaverunt Deum habere in notitiam, tradidit eos Deus in reprobum sensum*. Qui pro causis præcedentibus derelinquitur, non fato premitur, sed judicio reprobatur. Quod si requiras, unde indoctis nationibus in illa ingenita feritate peccatum ? Unde nisi per animi motum mentisque consensum ? Denique pecudes et bruta animantia a peccato omnimodis libera sunt, quia discretionis nescia, et rationis ignara sunt. Tu deteriorem pecude hominem facis. Cur enim ei relinquis peccatum, cui tollis arbitrium ; aut si eum subdis peccato, noli privare judicio. Non ergo mentiatur iniquitas sibi, novit quid in occulto homini dederit cognitor occultorum. Et ideo quando ab eo quisque pro malo opere corripitur et condemnatur, bonum facere potuisse convincitur. Magna est ergo vis animi in utramque partem, dum et super honestatem, fundatur, et super inhonestate confunditur. Et ideo dicitur per prophetam : *Palpebræ ejus interrogant filios hominum, Dominus interrogat justum et impium* (Psal. x). Quid me judicis natus interrogat de peccato, si suæ definitionis est quod delinquo. Itaque qui finxit singillatim corda hominum, vias hominum et emerita conscientiarum secretus discussor interrogat. Sed si te et ipse discutias, si quando in sinistram declinare voluisti, nonne trepida conscientia ne peccares admonuit ? Nonne te, velut censor occultus, tristis cogitatio castigavit ? Ac sic homines seipsos latere non possunt, *testimonium reddente illis conscientia, et inter se cogitationibus accusantibus aut etiam defendentibus.* Inter hæc si requiras ubi sit libertas arbitrii posita, ubi sit voluntas hominis constituta, et ubi nisi in intellectu, in ratione atque sapientia? Quæ cum ita sint, prius necesse habebis homini negare sapientiam, auferre rationem, ut adimere liberam valeas voluntatem. Quamobrem si quando delictum aliquod anima intra domicilium suum captiva meditatur, reclamant ei cogitationum secreta, interdicunt ei intrinsecus officia sua, sed vires subtrahit resistendi consuetudo peccandi. Sed revolvis, et dicis quod mali et qui ad perditionem trahuntur non acceperint arbitrii libertatem. Primum scire debemus quia libertas arbitrii, duplici ministerio prædita est, nunc ad salutem, nunc ad perditionem sui prompta est. Sed opponis quod voluntatis libertas solis liberandis competat, et in redemptionis beneficio constitutis. Non ita est. Liberatio ad donum gratiæ et ad propositum consentientis pertinet vitæ : libertas vero arbitrii non est res accedentis munificentiæ, sed naturæ. Quærentibus illam, vel tribuitur, vel conservatur, etiam non requirentibus ista confertur. Illa renascentibus ministratur, ita nascentibus. Libertas ad solam Dei pertinet operationem, liberatio et ad subditi hominis servitutem. Illa bonis confirmata, ista et malis insita est. Illa acquisitis et perseverantibus competit, ista et perditis suppetit. Illa condentis, ista et obedientis est. Illa potentiæ, ista est misericordiæ. Illa originis et generis, ista est muneris et virtutis.

CAPUT X.
Gentes Deum naturaliter sapuisse.

Plenus Spiritu sancto propheta Daniel, sciens Deum in sensu hominis appetitum boni malive posuisse, ita Nabuchodonosor alloquitur dicens : *Quamobrem consilium meum placeat tibi, o rex, et peccata tua eleemosynis redime, et iniquitates tuas miserationibus pauperum* (*Dan.* IV). *Et peccata,* inquit, *tua eleemosynis redime.* Præfixum videri non potest quidquid redimi potest. A sanitate itaque non excluditur, cui remedium persuadetur. Simulque ei arbitrium non negatur cujus consensus exigitur. Liberi animi officium non amisit, qui probatur suscipere potuisse consilium. A salute alienus non invenitur, cui materia salutis ingeritur. Et cui offert propheta comparandæ indulgentiæ occasionem, inesse ei voluntatis asserit potestatem. Sed et hoc quod Baltasar gentilis arguitur, dicente propheta : *Laudasti deos argenteos, et aureos, et ligneos, et lapideos, et Deum in cujus manu flatus tuus est non laudasti* (*Dan.* V). Vides quia hic alienigena Deum et scire potuit et laudare, sed noluit? Inesse homini intellectum Dei pariter et cultum ideo propheta memoravit, quia legem naturæ indiscrete intra omnis hominis sensum vigere cognovit. Et propterea cum præfato Nabuchodonosor regi Daniel vim somnii revelasset, Deum se non ignorare quamlibet profanus ostendit, ita dicens : *Vere Deus vester Deus deorum est, et Dominus regum.* Sed et Darium quis ita de Deo sentire et eloqui docuit, nis vis rationis et legis, cum Daniel Deum conversione posse placari edocuit? Unde fuit quod Deum cum conditione cognovit irasci. Non enim magna illa civitas Jonæ eruditione resipuit, nec ejus monitis intellectum petendæ salutis accepit, nec docuit populum propheta, sed terruit : nec misericordiam promisit, sed immutabilem sententiam nuntiavit, et tamen urbs illa (sicut scriptum est) *contra spem in spem credidit* (*Rom.* IV), atque ipsa sibimet remedia quodammodo interdicta promisit multum placitura Deo, etiamsi promissa quæsisset. Quæ quidem remedia, ideo interdum a Domino supprimuntur, ut violentius acquisita serventur. Simulque interposita obtinendi difficultate, dum munificentia absconditur, fides probatur, exercetur ambitus, manifestatur affectus, totumque hoc in homine ignis interior a Deo insitus, et ab homine cum Dei gratia nutritus operatur. Ostendit itaque gens illa ea quæ saluti hominis competunt, ipsa ordinatione facturæ Deum intra hominem collocasse, et ante munera Redemptoris, circa rationabilem creaturam semper auctoris dona viguisse ; a conditore quidem summo præscita per naturam, sed confirmanda per gratiam. Per gratiam, inquam, in cujus tempore præteritorum salus erat consummanda sæculorum, quia nihil ad perfectum adduxit lex vel litteræ, vel naturæ. Ninivitis ergo evidenter manifestata est clementiæ et bonitatis plena vox Domini ita dicentis : *Repente loquar ad gentem et regnum: ut evellam, et destruam, et eradicem. Si gens illa pœnitentiam egerit pro peccato suo, et ego pœnitentiam agam super malo quod locutus sum ut facerem ei* (*Jer.* XVIII). Optat judex misericors cœlestis decreta consilii pio immutare mendacio, si reus medicinam festinet adhibere peccato, invitus homini pondus damnationis imponit, qui remedium satisfactionis ostendit, et sedulæ obsequium servitutis exspectat. Et ideo perfecta illa providentia, quæ in hoc sæculo virtutum exercitiis delectatur, ordinatissimum et sapientia sua dignissimum judicavit ut hominem conditum ad sacræ imaginis dignitatem hic prius agonibus et conditionibus exploraret, illic vero donis et retributionibus adimpleret : ut cum famulus exhibuisset in labore obedientiam, Dominus ostenderet in remuneratione justitiam ; ut cum infirmitas humana obtulisset humilem devotionem, ineffabilem divina potentia exerceret largitatem. Jugiter ergo laborandum, sed a gratia non recedendum, et dicendum : *Deus, in adjutorium meum intende* (*Psal.* LXIX). Ipsum ergo adjutorii vocabulum laborantis requirit officium. Adjutorii itaque sermo duos indicat, operantem et cooperantem, petentem et promittentem, pulsantem et aperientem, quærentem pariter et retribuentem. Hoc solum nostrum est, ut qui pro fragilitate idonei non sumus, saltem quærendi et pulsandi importunitate placeamus. Ubi erit sedulitas miserentis Dei, si cum persona nihil mereatur indigni, et ad hoc desideria accedant otiosi? Et ideo nisi obsequendi studium obedientia indefessa prætulerit, locum remanendi justitia non habebit. Et propterea sermo divinus in spe laboris sui positum describit agricolam, ita dicens : *Ecce agricola exspectat pretiosum terræ fructum, ut recipiat temporivum, et serotinum* (*Jac.* v). Quid est temporivum? quid serotinum? Temporivi fructus sunt quos stipendiis militiæ præsentis acquirimus. Serotini sunt quos post emeritam servitutem in illius sæculi retributione capiemus. Temporivi sunt fides atque sinceritas cordis, benevolentia, corporis temperantia, contemptus mali, appetitus boni, tranquillitas mansuetudinis, puritas castitatis. Serotini fructus sunt acquisitio rerum immortalium, hæreditas cœlestium, proprietas æternorum. De quibus dicitur : *Nec oculus vidit, nec auris audivit, nec in cor hominis ascendit, quæ præparavit Deus his qui diligunt illum* (*I Cor.* II). De quibus per apostolos et martyres dicitur : *Non sunt condignæ passiones hujus temporis ad futuram gloriam quæ revelabitur in nobis* (*Rom.* VII). Temporivi itaque fructus in virtutibus sunt, serotini in remuneratione virtutum. Temporivi sunt quos hic opera capiunt in præceptis ; serotini quos illic vota consequentur in præmiis. Quantum ergo delectetur Deus fieri murum, id est, validissimum contra offensam Dei supplicationis obstaculum, sicut fecit ille de quo legimus : *Properavit enim homo sine querela deprecari pro populo, proferens servitutis suæ scutum, restitit iræ et finem imposuit necessitati* (*Sap.* xv). *Qui staret*, inquit, *oppositus contra me, propterea, ne disperderem eam* (*Ez.* xxII). Qui ostendit quomodo ejus ira separetur, quodammodo placatus irascitur. Inter hæc, quicunque a potentissimo ac justissimo conditore ita factum hominem dicit, ut unus in sinistram sine proprio crimine, impulsu tantum præscientiæ deputetur ; alter in dexteram indiscussis meritis attrahatur, hoc aperte asserere deprehenditur, inordinatas vel iniquas esse dispositiones et factoris et judicis. Sed hoc loco sollicitus indat auditor auctori summo, cum hominem plasmare disponeret, auctori, inquam, summo in ministerio et consilio hominis fabricandi, quatuor astitere virtutes. Quæ quatuor? Potentia utique, bonitas, sapientia, atque justitia. Tu vide quam Deo ex his quatuor defuisse præsumas asserere. Itaque ad intellectum evidentius colligendum, proferant, si placet, singulæ istæ virtutes, quasi tractatus et allocutiones suas. Potentia dicat : Faciamus post cœli regnum in secundis mirabilem creaturam, ne in imperii nostri possessione, quæ prima sunt, hæc etiam videantur extrema. Istam speciosam mundi machinam consummemus, ut in ea hominem faciamus, et præficiamus per quem mundus ordinetur, possideatur, ornetur. Bonitas dicat : Fas non est ut sola beneficiis nostris cœlestia perfruantur. Faciamus et in terra hominem, circa quem abundantiam gratiæ nostræ exerceamus, circa quem benevolentiæ munera dilatemus, in quem pietatis ingenitæ divitias profundamus. Sapientia dicat : Non solum faciamus, sed etiam sensu rationis ac discretionis honoremus, prudentiæ lumine repleamus, faciamus simplicem,

faciamus astutum. Simplicem, ne malum callidus inferat ; astutum ne incautus incurrat. Insinuemus ei affectum boni, intellectum mali, et juxta gubernationem nostram permittamus eum in manu consilii sui ac proprii in libertate judicii. Tractat inter hæc secum sapientia, cui inest et præscientia. Quid agimus, quod eum arbitrio suo permittimus liberum? In peccati devia prænoscimus transiturum, et pretiosæ dona facturæ conversurum esse prævidemus ad instrumenta nequitiæ. Et ideo si opus in eo nostrum volumus esse perpetuum, tollamus ei de potestate peccatum. Dicit justitia : Non ita est. Non competit legibus nostris ut is quem a contrariis oportet probari, de viribus suis non possit agnosci. Non competit, inquam, hoc legibus nostris, ut eum quem glorificari etiam ex officio suo volumus, materiam et causam gloriæ denegemus ; ut cum quem cupimus munerari per nudam gratiam, faciamus de labore proprio nil mereri. Exerant potius in eo singillatim sociæ istæ germanæque virtutes, exerant partes suas. Potentiæ sit inter cuncta visibilia, præsertim inter hostes habitaturum creare sublimem, sapientiæ ordinare prudentem, bonitatis adjuvare certantem, justitiæ coronare vincentem. Talem ergo hominem pro utilitate sui, ac pro nostri dignitate faciamus, quem in dexteram partem non trahat necessitas, sed voluntas ; qui malum ratione intelligat, bonum virtute perficiat. Talem faciamus, cui bonitas in natura, malitia vero extra naturam sit ; qui bonum in voluntate, malum habeat in potestate ; qui bonum naturaliter velit, malum actualiter possit ; qui mandata nostra custodiat voluntarius, et periclitari non possit invitus ; cui prima ista sit laudis occasio, ut peccare et possit et nolit. Sufficiat autem, quod in quadrupedibus et brutis subjicienda sunt homini, jam fecimus tale animal, quod dum non est obnoxium culpæ, fructum non potest habere justitiæ. Hunc autem non oportet esse pecudis similem, cui commissuri sumus nostræ imaginis dignitatem. Interrogemus ea quæ peccati nescia, ac rationis ignara, absque ullo prudentiæ honore formavimus. Nunquid proderit pecudi simplicitas sua, aut arbori fecunditas sua? Erga hominem nostrum non poterimus laudi conferre palmam, si volumus necessitati servire naturam. Hunc ergo conditione subditum, discretione liberum, ratione perfectum, ita ordinare nos æquum est sub potestate permissa, et lege proposita, ut custodia præcepti, aditus et causa sit præmii. Nam si mali copiam ac licentiam non habuerit, boni gloriam non habebit. Si juxta benevolentiam nostram non etiam suo studio vel labore prædicabilem tenuerit sanitatem, non erit innocentia, sed inertia ; et præterea præmium perit, ubi meritum non præcedit. Bona nostra non potest servare qui nescit acquirere.

Nisi fuerit obedientiæ præmissa devotio, gratiæ vilescit oblatio. Simulque verecundia remunerantis est, si honoretur otiosus, si remuneretur ignavus. Quin potius cooperante adjutorio etiam suo opere fiat dignus, et cum bona conscientia sit beatus. Nam nisi fuerit tribuentis justa liberalitas, non erit accipientis perfecta felicitas; et nisi prius explorata fuerit inquirentis aviditas, in quo jocundabitur benignitas largientis? adhuc cum justitia verba conserit præscientia, et ipsa ita dicit: Melius est ut non fiat genus humanum, quam ita fieri videatur ut pereat. Respondet bonitas atque justitia: Non ita est. Propter impium Cain Abel pius reus non erit? Propter crescentem malitiam mundus Noe justitiam non videbit? Propter Judam non habebimus Petrum? Propter eos qui vitio blandiente vincendi sunt, in vitam non venient qui per rigidam magnanimitatem virtutis austeræ justo judicio coronandi sunt? Propter prævaricatorum multitudinem, prætermittentur in nihilum justorum sæcula, millia martyrum, regnumque sanctorum? Propter eos quos suo crimine prænoscimus peccatores, non faciemus eos quos præscimus etiam suo merito placituros? Si ita est, plus fraudabit potentiæ nostræ præcognita quam consummata malitia. Nocebit siquidem bonis malorum præscita generatio? nocebit bonis, qui propterea creandi non erunt, quia creata quandoque soli sibi nocere potuisset? Sed dicat bonitas: Ita faciamus humanum genus, ut peccare non possit. Cui respondeat e contra circonspecta justitia: Quomodo terrestribus dabimus, quod cœlestibus indulsimus? Quomodo habebit fragilitas hominum quod natura non obtinuit angelorum? Quæ cum ita sint, non audeat creatura de Creatoris opere disputare. Potentiæ itaque fuit ut immortalem ex nihilo hominem conderet; sapientiæ, ut capacem rationis efficeret; bonitatis, ut ad beatitudinem præpararet; justitiæ, ut non ante eligeret quam probaret. Sed inter hæc aliquis persistit, et dicit: Si constat peccatores in illo sæculo suppliciis addicendos et æternis ignibus mancipandos, sic fieri homo debuit ut is omnino peccare non posset. Quid præcurris, o homo, auctoris tui dispensationes? quid quæris rem immortalitatis in regione mortis? quid quæris in malitia quod paretur in gloria? quid ante emeritum laborem poscis quæ præparata sunt post laborem? Dabitur hoc, sed jam in æternum justificato, quando id quod collatum fuerit perire non possit. Dabitur hoc, sed in tempore beatitudinis, ubi jam peccatum nec vincere sit necesse, nec scire; ubi ad peccandum non voluntas, non possibilitas erit; ubi sancte, integre, pie vivere non erit diligentia, non industria, sed natura: dispensante ita divina misericordia atque justitia, ut qui hic studuerit integritati, nulla illic ultra possit labe corrumpi. Dignum enim esse judicavit, ut homo peccare qui noluit infirmus, non possit æternus. Sed ut labentibus in immensum sæculis sine metu gaudium, sine invido præmium, sine hoste sit regnum.

S. FAUSTI RHEGIENSIS
EPISTOLÆ

EPISTOLA PRIMA
SIVE FAUSTI PROFESSIO FIDEI

CONTRA EOS QUI DUM PER SOLAM DEI VOLUNTATEM ALIOS DICUNT AD VITAM ATTRAHI, ALIOS IN MORTEM DEPRIMI, HINC FATUM CUM GENTILIBUS ASSERUNT, INDE LIBERUM ARBITRIUM CUM MANICHÆIS NEGANT.

Domino beatissimo ac reverendissimo Leontio papæ, Faustus.

Quod pro sollicitudine pastorali, beate papa Leonti, in contemnendo prædestinationis errore concilium summorum antistitum congregastis, universis Galliarum Ecclesiis præstitistis. Quod vero ad ordinata ea quæ collatione publica doctissime protulistis, operam infirmis humeris curamque mandastis, parum, ut reor, tanto negotio, parum sanctæ existimationi vestræ consuluistis, et me judicio caritatis, vos periculo electionis onerastis. Quia ergo et vestram laborare personam sub imposito nobis fasce cognoscitis, communem causam hoc loco agitis, si ei quem opinioni vestræ imparem cernitis, manum suffragii porrigatis, studium asserendæ gratiæ competenter et salubriter suscipit qui obedientiam famuli laboris adjungat, tanquam si patrono vel domino inseparabiliter pedissequus minister inhæreat. Quod si unum sine altero erit, aut inhonorus absque servo dominus apparebit, aut servus domini locum, conditionis immemor, occupabit. Recte ergo inter adjuvantem pariter et adnitentem ordo iste servabitur, ut hic teneat pleno jure dominatum, et ille tota reddat subjectione servitium. Augebitur autem dignitas imperantis, si ei semper præsto sit sedulitas obsequentis. Socientur ima summis, sicque socientur, ut subjiciantur utique, non æquentur. Sed sicut deesse non convenit gubernatori remigem suum, sacerdoti ministrum suum, imperatori militem suum: ita oportet agrata alumnæ obedientiæ inseparabilis servitute connexa sit. Verum quia Pelagius nudum laborem importunius exaltans, et humanam demens infirmitatem sine gratia sibi posse sufficere stulto credidit, impie prædicavit, elationis turrim in cœlum conatur erigere, blasphemias ejus brevi sermone præstringere et confutare necessarium judicavimus. Ne forte is qui donum laboris, id est, præceptum jubentis excludit, asserentibus nobis quod Dei misericordia fide et operibus promerenda est, catholicam vocem ad Pelagii sensum, discretionis nescius, applicaret, et omissa via regia in dexteram cadens, in sinistram declinare nos crederet, et dum de labore servo gratiæ loquimur, offendiculum ante pedes cæci opposuisse videremur. Cum autem mentionem de opere ac labore fecerimus, prophetæ, apostoli, evangelistæ et verbis utemur et sensibus. Quibus si quis contrarie præsumpserit, non nostra inventa destruere, sed cœlestia sine dubio jure dissolvere et fidei subruere fundamenta tentabit. Latius utcunque sermonem de præscientia et prædestinatione produximus, ut quæ putabantur obscura, absolutiora tardioribus redderentur. Non autem aliquos qui verborum phaleris delectantur offendat quod testimoniorum virtute contenti, absque sublimitate sermonis, lucem protulimus veritatis. In quo quidem opusculo, post Arelatensis concilii subscriptionem, novis erroribus deprehensis, adjici aliqua synodus Lugdunensis exegit.

EPISTOLA II.

EJUSDEM FAUSTI AD LUCIDUM PRESBYTERUM.

(Hanc epistolam legere est tom. LIII, col. 684, ubi in *Historia prædestinatiana* Jacobi Sirmondi jampridem recusa est.)

EXEMPLAR EPISTOLÆ LUCIDI PRESBYTERI.

Domnis beatissimis et in Christo reverendissimis Patribus Eufronio, Leontio, Fonteio, Viventio, Mamerto, Patienti, Veriano, Auxanio, Fausto, Paulo, Megethio, Græco, Eutropio, Leontio, Claudio, Marcello, Croco, Baselio, Claudio, Ursicino, Prætextato, Pragmatio, Theoplasto, Leocadio, Viventio, Juliano, Amicali, Joanni, Opilioni et Lycinio episc. Lucidus presbyter.

(Hanc epistolam legesis etiam tom. LIII, col. 683.)

ADNOTATIO IN SEQUENTEM EPISTOLAM.

Gennadius de hac epistola loquitur, dum ait: *Legi ejus et adversum Arianos et Macedonianos parvum libellum, in quo coessentialem prædicat Trinitatem. Et alium adversus eos qui dicunt esse in creaturis aliquid incorporeum. In quo divinis testimoniis et Patrum confirmat sententiis nihil credendum incorporeum præter Deum.* Hæc Gennadius, qui duos distinctos libellos facit ex hac una Fausti epistola, cujus prima pars est contra Arianos; alia contra eos qui dicunt esse in creaturis aliquid incorporeum. Neque mirum quod sejunxerit Gennadius. Nam et in Bibliotheca Patrum Margar. 2 edit., tom. IV, fol. 759, illa pars hujus epistolæ de creaturis, quod illis nihil incorporei insit, avulsa est a prioribus, et separatim edita, cum priora lucem, quod ego sciam, nunquam viderint. Nos integram hanc epistolam damus; hac tamen admonitione: turpem et gravem errorem esse hunc Fausti, eorumque qui Fausto faverunt (ut videatur etiam Gennadius fecisse), negantium aliquam creaturam esse incorpoream. Refutavit hunc errorem, imo hanc ipsam partem hujus epistolæ, Claudianus Mamertus Viennæ Galliarum episcopus, tribus libris de Statu animæ, Patricio et Sidonio inscriptis, qui libri exstant. Vide S. Th. 1. q. 51 a, 1. q. 6, de potentia, a. 6; et Baronium tom. VI Annal., et in appendice tom. X ad tom. VI.

EPISTOLA III [a].

INCIPIT EPISTOLA SANCTI FAUSTI [b].

Quæris a me, reverendissime sacerdotum, quo-

---

[a] Hæc epistola apud Canisium habet numerum XVI.
[b] Ita ms., sed vide appendicem tom. X Baronii ad

---

modo Arianis respondendum sit, qui blasphemo ore conantur asserere. Non potest, inquiunt, fieri, nisi ut junior sit genitus ab ingenito. Juxta quæ totum silentium quasi jussus absolvere, non tam pro rei instructione quam pro fidei confessione præsumam. Id primitus observans, ne res per se obscuras studio compositi sermonis involvam, sed quædam pauperis sensus indicia, quæ non tam ornatui quam intellectui videantur servire, depromam.

Respondeo ergo sicut respondere discipuli magistris interrogantibus solent. Itaque ad præceptum beatitudinis vestræ loquor, ut discutias imperitiam. Contestor, ut doceas. Nam apud eruditissimum si reticeam, vix possum scire quid nesciam.

De ingenito locuturi, scire debemus aliud esse rerum substantias, aliud rerum nomina, sicut, verbi gratia, cum aurum atque argentum dixeris, non statim metallum ipsum, sed metalli vocabula protulisti. Etenim aurum aliud est in proprietate generis, aliud in appellatione sermonis. Aliud est, cum illud nominamus, aliud cum tenemus.

Genitus et ingenitus significatio est Deitatis, non ipsa Deitas. Natura est appellatio, non natura ingeniti, et geniti nuncupatio... Ad hoc valet ut quis ex quo subsistat intelligas, et non Patrem ex Filio, sed Filium ex Patre esse cognoscas principium ex principio, et unum est, et initio caret. Quomodo si dicas: Deus ex Deo, non tamen duo Dii, sed unus dicitur. Genitus ergo, [c] et ingenitus ex utraque procedens, personas indigitat, non naturas. Majestas enim, quæ Patri est indiscreta cum Filio, et Spiritu sancto, distingui nominibus potest; ordinari gradibus non potest.

Hoc loco præscius oportet intentionem mentis admoveas.

Dicis forsitan: Quia ex illo est, posterior illo est. Age ad hæc intellectum nostrum aliquibus comparationibus nutriamus. Videamus si aliqua res ex alia existat, quæ tamen illa ex qua existit non sit ætate posterior; verbi gratia, hoc ipsum filii nomen ex patris derivari nomine creditur, nec tamen posterius invenitur; quia nisi iste nasceretur, pater ille non diceretur. Ecce nomen, quod absolute coævum illi est a quo est, et cum filius ex patre sit, patri nomen filius facit; acquirit genitori vocabulum pietatis personæ nascentis; cum hoc ex illo sit, nec hoc posterius, nec aliud probatur antiquius. Et cum brachii nomine filius ex operum virtutibus nuncupetur, ecce brachium procedit ex corpore, et tamen brachii ætas corpus non præcedit. Verbum ex voce profertur, et tamen cum ex ore nascitur, voce esse posterius non probatur. Ignis et calor indivisa societas; sed cum calore indubitanter ex igne esse intelligatur, tamen ignis nequaquam calor suo prior esse dignoscitur. Ecce rem, quæ existere videtur ex illa, et tamen ei de qua existit sine ulla temporis intercessione conjuncta est.

tom. VI.
[c] Lege, *et ingenitus et ex utroque procedens.*

Cum autem ad Deum venimus, hoc est genitus dilexisse, et Esau odio habuisse describitur. Contristari in peccatis nostris et laetari dicitur in operibus suis, et affectibus subjacens de se ipse dicit: *Poenitet me fecisse hominem* (*Gen.* VI, 7). Et de summa coeli sede pronuntiat: *Saule, quid me persequeris* (*Act.* IX, 4)? Nam et compatientis ostendere affectum videtur cum dicit: *Esurivi, et dedistis mihi manducare; sitivi, et dedistis mihi bibere* (*Matth.* XXV, 35), et reliqua hujusmodi quae memoriae abundanter occurrunt.

quod Justus et Justitia, sapiens et sapientia, misericors et misericordia, absolute ex Deo justo atque sapiente secundum Apostolum oriri intelligimus justitiam atque sapientiam. Et sicut nunquam justus sine justitia, nunquam sapiens sine sapientia fuit; ita Filius ex Patre, sed nunquam potuit esse sine Filio.

Absque dubio Ariani Salvatorem nostrum negare non audent. Sed dum minorem dicunt, Deum asserere non possunt. Deus enim naturaliter plenitudinis dignitate subsistit, et eorum impietas unum se Deum colere prima confessione testatur. Sed qui juniorem per eum qui putatur senior duos facit, et soliditatem unitatis intersecat. Nam ipsum nomen minoris alterum qui illo sit major ostendit. Quis illo antiquior qui de seipso pronuntiat: *Ego sum alpha et omega, primus et novissimus* (*Isa.* XLIV; *Apoc.* 1)? Qui esset interrogatus, ita respondit: *Principium, quod et cum Judaeis qui loquor vobis* (*Joan.* VIII, 25). Qui veridica per prophetam voce confirmat: *Ante me non fuit Deus, et post me non erit* (*Isai.* XLIII, 10). Si Pater hoc dicit, inferiorem post se non coepisse confirmat; si Filius, ante se penitus non fuisse pronuntiat. De hoc propheticus sermo evidenter insinuat: *Hic est Deus noster, et non reputabitur alius ad eum* (*Bar.* III, 36). Et post haec: *inter homines visus est, et cum hominibus conversatus est* (*Ibid.*, 38). Secundum haec ergo inter genitum et ingenitum nec ordo est, quia unus est; nec tempus interest, quia primus est; nec postponendus est, quia solus est; nec minor dicendus est, quia plenus est. Ergo dicitur perfectus, simplicisque naturae, inaestimabilis et impassibilis, etsi eum secundum carnem passum esse pro nobis veraciter et salubriter confitemur.

Post haec sequenti loco quaeris a me quomodo juxta substantiam Dei in epistola quadam scriptum sit: Nihil sensit patiente sensu, sed sensit compatiente affectu [a].

Primo hoc, quod nec philosophos latuit, scire promptissimum. In homine diversae affectiones, id est, justitia, misericordia, sanctitas, benevolentia, pietas, res accedentes sunt, et ideo affectus vocantur. Deus vero his non possibiliter afficitur, quia ei inesse jugiter et naturaliter dignoscuntur. Ergo quod in homine affectus ex gratia, in Deo virtus est ex natura. Nam quod dictum est: Nihil sensit patientis sensu, sed sensit compatientis affectu, cur quisquam illo sensu dicere non praesumat, quod etiam propheticum commemorat: *Domine, ne in ira tua arguas me, neque in furore tuo corripias me* (*Psal.* VI, 2; XXXVII, 1). Et: *Juravit Dominus, nec poenitebit eum* (*Ps.* CIX, 4). Et iterum: *Iratus est Dominus populo suo, et abominatus est haereditatem suam* (*Ps.* CV). Et item diverso affectu Jacob

Quomodo ergo, si quisquam sacerdos multiplici linguarum scientia praeditus, et in medio diversarum gentium constitutus, Hebraeum Hebraeo, Graecum Graeco, Romanum Romano instructurus alloquio secundum singulorum intellectum verba confirmet, et juxta uniuscujusque sensum oris sui coaptet alloquium, et dissonis unius cordis exspectatas pectoris voces in varios dispenset auditus, ita et Deus cum homine locuturus, assumere dignatur hominis linguam, formam etiam suscepturus humanam per intellectum nostrum sonos ordinationum nostrarum testatur affectus. Nam dum quinque humanorum sensuum officia describens, ita dicit: *Oculi Domini super justos, et aures ejus ad preces eorum* (*Psal.* XXXIII, 16). Et iterum: *Os Domini locutum est* (*Isai.* I, 20). Item: *Et odoratus est odorem suavitatis* (*Gen.* VIII, 21). Et: *Manus mea fecit haec omnia. Coelum mihi thronus est, terra autem scabellum pedum meorum* (*Isai.* LXVI, 1). Cordibus nostris efficientias insinuat rerum sub significatione membrorum. Unde pro efficiabili ejus circa humanum genus dignatione, servos, amicos ac filios nominare et compellare non despicit, ut homo cum eodem vicissim humano ore et more collocutus.

Caeterum Dei ira justitia est, Dei furor severitatis vigor est, Dei jurasse definisse est, Dei poenituisse, sententia, tamen saepe [b] muta; et cum se persequente aliquo, laedi dicit, crimen laedentis ostendit. Intercluditur nobis omnimodis orationis ministerium, omnisque ratio, qua dicitur, vel intelligitur, vel praedicatur, si haec humani sermonis commercia subtrahuntur. Cur ergo dici inter ista non possit, *sed sensit compatientis affectu?*

Si ergo discutienti magistro simplex et aperta responsio satisfecit, transeamus ad tertiam quaestionem, qua [c] ut respondeam [d] praecipis: Quae in rebus humanis corporea, quaeve incorporea sentienda sint.

Ad haec aliqua non pro sensus mei praesumptione promam, sed pro sanctorum opinione seniorum. Praesertim cum haec animum laedere non possint, et ad fidem nutrire possint, et usque ad id, quod Patri Filius aequalis appareat, contra Arianas armare atque regere valeant pravitates. Ergo quando de tractatu altiori collatio est, ad subtiliorem intelle-

---

[a] Hoc dictum exstat infra in epist. ad Gratum.
[b] Forte *mutata*.
[c] Ab hoc verbo quae sequuntur, in modum separati libelli seu epistolae, exstant tom. IV Bibl. PP., 2 edit., fol. 759. Turpis sane error hic Fausti, de quo vide adnotationem in hanc epist.

[d] In margine ms. codicis adjuncta erant aliqua quae hunc sensum videntur reddere (neque enim alio inseri possunt, nisi huc, et quidem signo apposito), *ut respondeam, praecipis ventilationem hujus quaestionis minimae. Quae*, etc.
[e] Margar., *atque erigere exigi valeant pravitates.*

ctum sensus et animus præparandus est. Nonnulli eruditissimi Patrum alia asserunt esse invisibilia, alia vero incorporea. Quidquid creatum est ª materia videri, et factori suo comprehensibile et corporeum esse definiunt. Nam et animarum, et angelorum naturam asserunt esse corpoream, pro eo quod initio circumscribantur et spatio. Nam sicut in quodam S. Hieronymi tractatu legimus, globos, inquit, siderum ᵇ corporatos esse spiritus arbitrantur. Et item: Si angeli, inquit, cœlestia corpora ad comparationem Dei immunda esse dicuntur, quid putas homo æstimandus? sed inter hæc tu animam negas esse corpoream quia juxta aliquorum opinionem nec localis sit, nec ᶜ qualitate credi debere manifestum est. Legimus enim in quodam receptissimo Patrum tractatu: Ingredi, inquit, et implere omnia, soli est possibile Trinitati : quæ sicut universæ intellectualis naturæ efficitur penetratrix, nil solum circumplecti eam atque ambire, sed etiam illabi ei, et velut incorporea corpori possit infundi. Licet enim pronuntiemus nonnullas spirituales esse naturas, ut sunt angeli, archangeli, cæteræque virtutes, ipsa quoque anima nostra, vel certe aer iste subtilis ; tamen incorporeæ nullatenus æstimandæ sunt. Habent enim secundum se corpus, quo subsistunt, licet multo et incomparabiliter tenuius, quam nostra sunt corpora, secundum Apostoli sententiam, dicentis, *et corpora cœlestia, et corpora terrestria* (II Cor. xv, 40). Quibus pro manifesto colligitur, nihil esse incorporeum nisi solum Deum. Et idcirco ipsi ᵈ tantummodo per se penetrabiles omnes, atque intellectuales esse substantias. Quæ cum ita sint, objicit mihi, ideo animam non esse incorpoream, quia, ut dictum est, nec localis sit, nec qualitate aut quantitate subsistat. Quod ᵉ cujus sit periculi, ita in hac status nostri habita discussione pendebit, ut si nec localis sit, nec qualitati subjaceat, esse eam haud dubie incorpoream concedamus. Si vero demonstravero eam quantitate determinari locove concludi, consequenter eam etiam corpore contineri, ne ipse jam dubites. ᶠ Quomodo non localis est, quæ inserta membris, et illigata visceribus solis motibus ᵍ vaga conditione substantiæ tenetur inclusa? Quod si localem non esse animam, ideo assumendum putes, quod per diversa sensibus evagetur, et cogitationibus deferatur, primum intelligendum est, quod aliud sit animæ status, aliud hic qui de anima nascitur cogitationis ʰ affectus, quamobrem ut hoc potius ⁱ æstimandum est, quod si quando sibi aliquid imaginatur, magis cum suis intra semetipsam motibus, occupatur, et si quid ʲ illud est, quod aspicere videtur, ᵏ magis ei in cordationis speculo describatur. Nam quando absentem suum carum cogitat, nunquid jam velut ipso conspectu desiderio satisfecit? Aut cum, verbi gratia, Petri aut Pauli speciem intra mentis arcana depingit, nunquid statim intimas paradisi sedes, ubi eos esse novimus, penetravit? Aut cum sibi in corde divitis illius flammas ex lectione proposuit, nunquid jam ad ejus tormentorum loca cuivis inaccessibilia inferni profunda descendit? Hæc omnia procul dubio aut secum intra pectoris arcana per varias similitudines fingit; aut certe si extra animæ sedem instabilis cogitatio lubrico motu agitata discurrit, hoc ipsum localiter agit. Et sive urbem, sive quamcunque regionem cogitet, ibi tantum sensu commorante defigitur, quo animi intentione ˡ raptatur. Imaginari sibi aliqua potest; complecti omnia simul non potest. Cum ergo anima Alexandriam vel Hierosolymam cogitavit, ᵐ sive illic tota sui præsentia, ut arbitraris, interfuit, referat nobis situs locorum, vultus hominum, motus actusque populorum. Sed hoc ipsum, quod nunc inter nos commercia sermonum mutua spiritus actione ⁿ scimus, loqui me vobiscum, sed apud conscientiam meam sentio; ad vos me accessisse non sentio. Nam si vere anima cum suis ferri sensibus creditur, et his, quorum reminiscitur ipsa per se suis cogitationibus præsentatur. Ecce per hæc præsentis temporis momenta vos cogito, et animo reminiscente vos video, et quorum omnimodis quid geratis, et utrum quieti, an lectioni, vel orationi vacetis, ignoro. Sed hoc ideo evenit, quia ad vos cordis affectu, non ipsa substantiæ meæ veritate pervenio. Neque enim in suis motibus, quos nunc optimos, nunc pessimos esse sentimus, animæ nostræ natura consistit. Nam si per cogitationes suas constare credenda est, cur eis interdum evanescentibus atque pereuntibus ipsa in sui vigore atque alacritate perdurat? Quantæ ergo in nobis frequentissimæ cogitationes et curæ etiam salubriter moriuntur, et vitæ magis ᵒ libertati interioris operantur! Si ipsis anima constaret, absque dubio ipsis ᵖ pereuntibus superesse non posset. Unde hoc magis ipsa conscientiis nostris ratio loquitur, quod unaquæque anima aut multiplicia cogitata rerum causis intra se ᑫ concepta parturiat, aut sensus suos velut quædam officia aut ministeria diversis necessitatibus occupanda dispergat, ipsa vero in conclavi corporis sui semel de eo exitura requiescat. Quamobrem localem esse ipsam, ut denuo suf-

---

ª Margar., *materiam videri.*
ᵇ Margar. vitiose, *comparatos.*
ᶜ Margar., *nec qualitate nec quantitate subsistat quod de sola Dei majestate credi debere me.*
ᵈ Margar., *tantummodo penetrabiles omnes intellectuales esse substantias.*
ᵉ Margar., *cujusmodi periculi sit ita credere in sequentibus demonstrabitur, nunc vero in hoc tractatus nostri statu pendebit ut si nec localis sit, nec qualitati subjaceat anima.*
ᶠ Margar., *Quomodo localis est.*
ᵍ Margar., *vacans.*

ʰ Margar., *effectus.*
ⁱ Margar., *existimandum.*
ʲ Margar., *aliud.*
ᵏ Margar., *magis incordationis.*
ˡ Margar., *simul rapitur.*
ᵐ Margar., *si vero illic.*
ⁿ Margar., *miscemur.*
ᵒ Margar., *libertatem operantur.*
ᵖ Margar. vitiose, *per ævum.*
ᑫ Margar., *conceptis parturiat, aut quædam officia aut ministeria diversis necessitatibus occupata disperqat.*

ficiens proferamus exemplum. Nonne anima Lazari, manente vita, intra corpus fuit; secedente autem vita de habitaculo corporis exsulavit, et rursum in exanimum refusa corpus, illo unde se absentaverat evocata remeavit? Tunc eam tanquam ex hospitii habitatione depulsam, et rursum inter hospitium unde absentaverat restitutam vides; et localem non esse contendis? sed quid ego hæc de corruptibili homine loquar? Cum ille cujus caro non vidit corruptionem, immaculatam quidem animam possederit, sed localem, quam utique intra se habuit, quando affixus est in patibulo, extra se procul dubio emisit, quando jacuit in sepulcro: quomodo non est localis, quam caro continet, conjungit vita, mors separat? Quod si, ut dicis, localem necessitatem animarum natura non *a* recepit, non desunt ergo et de regione paradisi, illæ quæ carcere clauduntur inferni? Dic, quæso, si locales non sunt, quomodo peccatores a cœtibus consortiisque justorum justum illud chaos tristi interjectione discriminat, ut neque hinc illuc possint accedere, neque inde huc transmeare? Jam illud manifestissimum est, quod quantitate circumscribantur, quæ spatiis continentur. Si agnovisti animam localem, concede corpoream. Dic mihi anne ipsa gloriosi anima Redemptoris nostri reliquit mundum, quando conscendit ad cœlum?

Ego autem ne angelos quidem locales esse dubitaverim, quos certum nunc in cœlestibus contineri, nunc per aeris vacuum ferri, nunc ad terrena dimitti; quos sermo divinus ascendentes et descendentes in patriarchæ visione describit, utique si locales non essent et ubique essent adesse atque discedere ascensu descensuque non possent. Ipse beatissimus Gabriel, qui se ante Dominum astare testatur, cum cœlorum Dominum Mariæ infundendum visceribus nuntiaret, cumque sub Dominicæ oculis genitricis assisteret, sine dubio cœlo *b* erat, maria non supervolabat, vacua atque diffusa vasti aeris non implebat, sed illum tantum locum in quo erat, occupabat. *c* Quæ cum ita sint, quidquid locum occupat, corpus est, nescio quomodo locali lege non teneatur, qui de loco ad locum mittitur, et velut corpus motu accessuque transfertur, mole descendit, mobilitate discurrit, vadit, redit, absentat, descendit. Vel ille, credo, localis est, nec se solum localem esse prodidit, qui secum tertiam partem stellarum ex alto proturbatus abstraxit. Dic mihi si corpus non habet, in illa defectione qui decidit? quid illi negas corporalem naturam, cujus negare non audes ruinam? Et si, ut dicis, corpus non habet, non ardebit; ubi autem nisi in corpore sentiet ignem illum, qui paratus est diabolo et angelis ejus? Jam illud dici superfluum puto, illum in aeris istius conversatione quamdam crassitudinem de elementorum concretione traxisse. Dic mihi si

A corpus non habet ubi inhærere concretio, ubi hæc ipsa nescio quæ colligere se potuit crassitudo, si secum aliquid corporale de illa cœlesti arce non detulit? Alienum, ut video, corpus ad tormentum portabis. Corpus itaque esse etiam ex sua assertione recognosce. Corpus est quod inficitur, quod maculatur, quod quacunque ex accedenti adjectione *d* vertitur. Hic ergo dudum primogenitus angelorum, nunc primus factus est *e* tenebrarum, et quasi corporeus pulcher ante nunc degener; dudum cœlesti splendore conspicuus, nunc tetro infernalis peccati horrore fœdatus. Corpus inquam est quod habet, actione depellitur, quantitate circumscribitur, qualitate mutatur, dolore conficitur: quæ cum ita habeant, quin corporeum dicunt animum? Vide in quam profundum se B crimen immergant. Jam primum cum auctor universitatis Deus omnia in numero et pondere fecisse referatur. Ergo anima a materia universæ creaturæ excepta esse creditur: quæ non est corporea, nec localis est, si loco non continetur, ergo ubique diffunditur: omnia intrare, implere et ubique præsens esse dicitur, ac sic creatori suo creatura sociaretur, et fragilitas auctori suo non jam res Dei, sed pars Dei æstimanda jungitur. Vide quo assertores suos ducat alti per lapsus erroris. Equidem nobis ea quæ supra nos sunt, invisibilia sunt; sed omnia illa, sicut comprehensibilia, ita et corporea sunt, qui ex nihilo fecit omnia, quæ sicut opere instituit, ita et materia corporavit, et rebus omnibus, inter quas et anima censetur, sicut distribuit pondus et numerum, ita et posuit qualitates. Inter hæc si forte, ut dictum est, asserendum aliquis putet, quod illa angelicæ subtilitas naturæ quadam contagione aeris hujus admixtione collecta, flammis inveniatur obnoxia, ergo in aere solo, prout ait, si aereum est, quod ardebit, non in illo, sed extra illum pœna desæviret, sed absque dubio non aliud est quam substantia corporis, ubi dominari poterit vis doloris. Vide quo tendat imprudens et imperita persuasio, qui incorporeum loquitur, et jam incomprehensibilem confitetur: ac sic condito ascribit operi, quod soli competit conditori; ac rebus creatis communicat privilegia majestatis, et indebitam creaturæ potentiam usque ad factoris extendit injuriam. Si bene requiramus ad quos rerum exitus animum referas, hæc vel maxime diabolum crudelitas ex illa beatæ sedis statione devolvit, et propter D hoc angeli perdidit dignitatem, dum se Dei præsumit habere naturam. *f* Unus ergo Deus incorporeus, quia et incomprehensibilis, et ubique diffusus; ex nullius enim facturæ corpore materiale sumpsit exordium. Et ideo coæternus Filius Patri, quia ex nullo opere conditus, nullisque initiis circumscribitur; super omnia quæ figulo suo comprehensibilia atque corporea intra mundum corpus operatus est

a Margar., *respicit.*
b Margar., *deerat.*
c Margar., *Quæ cum ita sint, qui de loco ad locum mittitur,* etc.
d Margar., *vitiatur.*

e Ab hoc verbo quæ sequuntur non sunt in excuso codice Margarini usque ad illa verba in fine: *Unus ergo Deus.*
f Huc usque ms. codex habuit ea quæ in vulgato absunt.

incorporea majestate diffunditur. Ex ingenito genitus, id est, ex Patre, sed semper cum Patre his quæ excitavit ex nihilo, indiscreta sancti Spiritus societate dominatur. Amen.

EPISTOLA IV [a].

FAUSTI RHEGIENSIS GALLIARUM EPISCOPI, AD BENEDICTUM PAULINUM [b].

Admiranda mihi semper tuarum pagina litterarum nunc abundantius gemina eloquii et fidei luce præfulsit, dum super statu animæ [c] cogitans, timore sollicito judicia futura suspirat. Ait quodam loco sermo divinus : Recte interroganti sapientia reputabitur. Quædam enim scientiæ portio est, scire quod nescis, et ea quæ ignoranter non intelligis, prudenter inquirere. Primo loco inquirendum putasti; si incumbentibus extremæ necessitatis angustiis momentanea pœnitentia capitalis inimica persuasione mentitur, qui maculas longa ætate contractas subitis etiam inutilibus abolendas gemitibus arbitratur : quo tempore confessio esse potest, satisfactio esse non potest. Nam quia *Deus non irridetur;* ipse se decepit qui mortem multis temporibus vicit, et ad quærendam viam jam semivivus assurgit, ut tunc officiosus appareat, quando dominicæ servituti omnia corporis et animæ subtrahuntur officia. Circa exsequendam interioris hominis sanitatem, non solum accipiendi voluntas, sed agendi exspectatur utilitas. Ita enim legimus; *Si* (inquit) *peccator pœnitentiam egit pro peccatis suis* (*egerit,* memoravit, non solum dixit, *acceperit*), *in sua,* inquit, *justitia quam operatus est vivit.* Advertis quod hujusmodi medicina, sicut ore poscenda, ita opere consummanda est? Insultare Deo videtur qui illo tempore ad medicum noluit venire quo potuit; et illo, tunc incipit velle, quo non potest. Opus itaque est, ut quam in peccando fuit abrupta et vegeta ad malum mentis intentio; tanta sit in vulnerum curatione devotio. Secundo quæsisti loco, [d] utrum sola proficiat ad salutem unicæ scientia Trinitatis. In rebus divinis non solum credendi ratio requiritur, sed placendi. Fides ergo nuda meritis, inanis et vacua est, sicut Apostolus dicit : *Quid prodest si fidem quis se dicat habere, opera autem non habeat?* Nunquid potest servare eum? Sequitur enim : *Fides si non habeat opera, mortua est in semetipsa.* Sed dicit quis, *Tu fidem habes et ego opera habeo; ostende mihi fidem tuam sine operibus, et ego ostendam tibi ex operibus fidem meam!* Secundum hæc, sufficere per se solam credulitatem non probatur. Nam dum scire et credere etiam diabolus invenitur; sicut idem Apostolus dicit : *Tu credis quod unus est Deus, benefacis, nam et dæmones credunt et contremiscunt :* vis autem scire, *o homo inanis, quod fides sine operibus mortua est? Abraham vater noster nonne ex operibus justificatus est?*

---

[a] Hæc epistola apud Canisium notatur XVII.
[b] Hæc epistola et sequentia quæ subjiciuntur Fausti opuscula caute legenda, ut pote opera rejecta et damnata a Romana Ecclesia. Cum judicio lege quæ hic Faustus disserit : nam etsi extrema necessitate momentanea vera pœnitentia difficile habeatur, ve-

Et ne spem nostram in sola fidei parte ponamus, ita conclusit : *Sicut corpus sine spiritu mortuum est, ita et fides sine operibus mortua est,* sine quibus inanem esse hominem dixit. Multum similium testimoniorum, studio brevitatis omittam. Apostolus Paulus, de cujus pectore quasi de templo suo Dominus loquebatur, nunquid solam fidem sibi judicavit ad superanda mundi mala posse competere, ita dicens? *Corpus meum castigo et in servitutem redigo, ne forte cum aliis prædicavero, ipse reprobus efficiar.* Ecce per vitia corporis reprobus fieri pertimescit; jam probatus, per mortifera carnalium contagia passionum, vas contumeliæ fieri metuit, qui jam vas electionis effectus est! Videamus si vitæ suæ prodigum fides sola defendat; et baptizatus (ut dicis) jam perire non possit. Agnosce quomodo mala carnalia, alienum a Deo faciant obscenarum mancipium voluptatum. Ad Galatas ait Apostolus : *Manifesta sunt opera carnis; quæ sunt, fornicatio, immunditia, luxuria, homicidium, ebrietates, comessationes, et his similia; qui talia faciunt, regnum Dei non consequentur.* Item ad Ephesios : *Omnis fornicator, aut immundus, aut avarus* (*quod est idolorum servitus*) *non habebit hæreditatem in regno Christi et Dei.* Sine dubio exclusus a regno, inferno et morti est mancipandus; multos autem baptizatos, salva fide diversis generibus in æternum perire manifestum est. Arguit sermo divinus non transgressores fidei, non baptismi violatores, sed eos qui misericordes esse neglexerint, dicens *judicari sine misericordia eum qui non fecit misericordiam.* Et iterum : *Esurivi, et non dedistis mihi manducare; sitivi et non dedistis mihi bibere; hospes eram, et non collegistis me; nudus, et non operuistis me.* Si hic sinistri gregis numerus donum baptismatis ignorasset, infidelitatem eis et impietatem primitus objecisset; sed, baptizatos licet, ab operibus tamen bonis vacuos, morti deputat et flammis perennibus derelinquit, et severitatem sententiæ ita concludit : *Discedite,* inquit, *maledicti, a me in ignem æternum, qui paratus est diabolo et angelis ejus;* et rursum : *Triticum congregavit in horreum suum, paleas autem combussit igne inexstinguibili. Similiter* (inquam) *ibunt in vitam æternam, illi vero in supplicium æternum.* Inter hæc videat quisque ne mendacem arguat Deum de pollicitatione præmii, qui dubitat de æternitate supplicii. Non ita est; nam qui novit punire peccata. Tria itaque hæc capitalia; sacrilegium, adulterium, homicidium; nisi hic perfectæ pœnitentiæ fuerint expiata remediis, perennibus illi concremabuntur incendiis. Hos itaque immisericordes, a fide et baptismo non legis declinasse, sed perpetuam mortem divina cognoscis auctoritate meruisse. Et hoc etiam animum tuum provida in futurum cura sollicitat; utrum animæ exutæ corpore, sentien-

ram tamen et legitimam interdum posse tunc contingere nullus unquam orthodoxus dubitavit. Vide Dominic. Soto 4 sent., dist. 19, q. 2, art. 6.
[c] Alias *rogitat et timore.*
[d] Alias, *utrum sola sufficiat ad salutem fides ex unitate scientia..... Fides sola non proficit ad salutem.*

di et intelligendi vigorem affectumque non exuant. Interrogemus divitem illum ex Evangelio non in terris aureis, ut poetarum deliramenta asserunt, oberrantem; sed in inferni carcere, ex illorum numero qui inclusi poenam exspectant, inter flammas conscientiæ ante diem judicii constitutum, pro fratrum, qui adhuc in hoc mundo erant, emendatione sollicitum, colloqui cum Abraham, per interjectum chaos vastissimum sedulam obsecrationem miscentem, et vivaci germanorum recordatione pulsatum, ita pro viventibus supplicasse : *Rogo te,* inquam, *pater Abraham, ut mittas Lazarum in domum patris mei; habeo enim quinque fratres, ut testificetur illis, ne et ipsi veniant in hunc locum tormentorum, et si qui ex mortuis ierit ad eos, pœnitentiam agent* (*Luc.* XVI). Ecce in inferni angustia damnatus, nullum jam de se remedium habens, tamen antiquum in fratres servat affectum; et dum damnatus pro peccatoribus rogat, magnam inter paradisi nemora respirantibus justis, pro carorum suorum commodis curam esse demonstrat. Quod autem requiris : quid mali post finem aut detur aut adimatur iniquis, de quibus legimus, *Desiderium peccatorum peribit.* [a] Terrenorum cupiditate bonorum et ambitione submota, solum reddendæ rationis pondus, et metus intolerandi examinis; nec auferentur sensus, sed cogitationem alterius sæculi magis expediti alacrisque reddent. Quod autem de ipsa anima, utrum corporea an incorporea sit postulas edoceri. Itaque quod temporibus non includitur nec locorum terminis coercetur (quod soli Deo competit) hoc tantum incorporeum esse cognosce. Sicut unus doctor eximius diserte cuidam sciscitanti ubi esset Deus, respondit ita : Deus non alicubi est, quod alicubi est, continetur loco, quod continetur loco corpus est. Quæ cum ita sint, omnis caro corpus, non omne corpus est caro. Et quia non solum anima, sed etiam angelorum invisibilis cœlestisque substantia, sicut localibus spatiis continetur, ita auctore suo corporea esse [b] et comprehensibilis approbatur. Quid est enim nisi corporeum, quod de supernis sedibus perturbatum loco cessit? quid est quod sensit ruinam? quid est quod æternæ flammæ obnoxium præparatur ad pœnam? Sed et ipse beatus Lazarus post linguas famulantium canum susceptus manibus angelorum, de quo legimus, *Factum est ut moreretur mendicus et portaretur ab angelis in sinum Abrahæ :* corpoream esse docuit animam suam, dum in sinum Abrahæ (id est, in remotum beatumque secretum) angelicis infertur obsequiis. De anima autem sua sanctus propheta pronuntiat, *educ de carcere animam meam,* id est, de hospitii corporalis angustiis. Ideo factura ejus, quæ vel peccatorum jaculis vulneratur, vel usque ad divinæ imaginis decus per qualitates mutata provehetur, absque dubio, et Deo et angelis a quibus comprehendi et transferri potest, corporea esse evidenter ostendetur. Requirendum est autem inter ista

A quid illud sit quod cum uterque homo (id est anima et corpus) adhuc in paradisi regione diabolo persuadente deliquerit, sola caro per conditionem mortis mulctam transgressionis exceperit, et circa unius pœnam, remanserit culpa communis. Sciendum ergo est quod ideo mors ad animam non pervenerit, quia in ea Dominus imaginem suam et similitudinem collocavit. Nam sicut Deus immortalis, misericors, justus et patiens est, ita harum dona virtutum in faciem nostram interiorem infudit : ut quanto quisque magis justus et magis misericors exstitisset, tanto magis divinæ participationis munere præditus in interiore homine appareret habitare Christum per fidem. Interrogas etiam cur animæ cum carne sua, aliquid pro corporali errore commune sit, sicut originale peccatum, pro unitate corporalis hospitii, utrumque complectitur par, modo uterque in peccatorum societate constringatur. Ita enim in criminum participatione una causa est, sicut in virtutum remuneratione par gloria est. Nunquam enim exterior in baratrum luxuriæ caderet, nisi ei consensum præberet interior. Nos ipsos interrogemus, et inter nos poterimus agnoscere, quod mens dominica exercet imperium, et caro subjecta famulatum; hæc exhibet ministerium, illa consilium : obedientia a servitute cessaret, nisi voluntas a jubente procederet. Similem necesse est conditionem in damnatione cognoscant, qui contra simul in retributione gaudebunt. Dicis adhuc, quæ est immortalis, quomodo pro mortalibus vitiis torqueatur. Mortalia quidem mala sunt, sed immortalis erit cruciatus malorum, et delictorum cruciatio, vitiis deficientibus, permanebunt. Meliorem materiam ita inferior traditura judicio est, sicut conflari aurum plumbi compellit admixtio. Homo ergo pro mortalibus malis moriturus est Deo, et victurus interno : hæc erit illius mors, ut mori ei in dolore non liceat. Extendis in hoc quoque sollicitudinem tuam, utrum anima et spiritus idem sint, aut quomodo segregentur? Duas tantum in homine, animæ et corporis novimus esse substantias; spiritus autem nunc naturalis probatur, nunc accedens invenitur, aliquando virtute intelligitur appetitus et spiritalis affectus. Hoc genere, unus atque idem homo nunc carnalis, nunc etiam et spiritalis est. Carnales sunt de quibus ait Dominus : *Non permanebit spiritus meus in hominibus istis, quia caro sunt* (*Gen.* III); et Apostolus : *Qui autem in carne sunt, Deo placere non possunt* (*Rom.* VIII, 8). Carnalis est qui ventri et gutturi, et edendi et bibendi nimietate deservit, et vitæ bonum in gulæ inglavie et voracitate constituit, quando manducandi et bibendi nimietate vitam computat, quando ei ventris dominatur ingluvies. At vero animalis efficitur, quando adhuc purum Deum cogitans, secundum animam sæculari prudentia ad aliquarum rerum scientiam permovetur, quando investigandis rerum latentium causis, aut philosophiæ de-

---

[a] Cave ista omnia quæ hoc loco affert Faustus : absurda illa prorsus et erronea cum ostendere nititur animas humanas esse corporeas.

[b] Adversus hanc sententiam scripsit Claudianus Mamertus Viennensis presbyter, lib. III de Statu animæ.

lectatur studiis; unde et Apostolus dicit: *Animalis homo non percipit quæ sunt spiritus Dei (I Cor.* ii, 14). Spiritualis esse incipit quando honesta et spiritualia concupiscit, quando ad divini timoris cultum, vigore cordis ascendit, quando ad se spiritum per munditiem corporis et per custodiam castitatis invitat, ut de ea illud Apostoli dici possit, *Vos estis templum Dei et spiritus Dei habitat in vobis (II Cor.* xvi). Quæ homini non insita per naturam, sed ita sunt adjuncta per gratiam ut separari possint desidia intercedente per culpam, Unde idem Apostolus dicit: *Qui autem templum Dei violaverit, disperdet eum Deus (I Cor.* iii, 17). Ecce per fidem non solum baptizatus, sed et Dei templum esse videtur, et tamen per diversa flagitia, Dei severitate disperdetur. Hoc loco perditionis vocabulum, æternum perditæ animæ noverimus esse interitum. In baptizatorum numero absque dubitatione censentur, et membra Christi esse dicuntur, et vide quomodo perditis comparantur, quomodo a generositate filiorum, flagitio operante degenerant, dicente Apostolo: *Tollam ergo membra Christi, et faciam membra meretricis (I Cor.* xviii)? Et illi quoque manifestissime dona secundæ nativitatis acceperant, qui etiam charismatum diversitate pollebant, de quibus Dominus in Evangelio dicit: *Multi dicent mihi in illa die, Domine, Domine, nonne in nomine tuo prophetavimus, et in nomine tuo dæmonia ejecimus, et in nomine tuo virtutes multas fecimus? Et tunc dicet illis, quia non novi vos, discedite a me, qui operamini iniquitatem (Matth.* vii, 22). Quis abdicatos non intelligat a salute, qui a conspectu Patris jubentur abscedere? in sortem eos sua mors indubitanter accipiet, quos vita quæ Christus est ignorabit. Baptizatos perditioni tradi pro iniquitatibus suis dubitas; cum baptisma ipsum per multa scelera perire cognoscas? Quod autem, sicut pagina continet, sermo tuus de propheta mutuatus ignem animæ simplicis æstimavit, de sola hoc divinitatis substantia dicere convenit, cui nihil appositum, nihil a superiore collatum, nihil constat adjunctum. Justus pariter et justitia vivens et vita, sapiens atque sapientia est virtus et origo virtutum. In principalibus enim bonis suis, hoc est ipse quod possidet. Homo vero duplex intelligi potest, qui vivens et justus et sapiens dici potest: vita autem et justitia dici non potest, quia ita his induitur, ut aliquoties exuatur. Quod homini datum est, Deo insitum est. Homo (verbi gratia) deauratus est, Deus aurum est, in quo hoc est potentia et gloria quod natura. Nam quod subtiliter indicasti, si omnia hæc quæ dominus Marinus interminatur, excipiunt peccatores, quid magis impii mereantur ignoro! Habent sub perennibus malis, et supplicia gradus suos, et gravibus obnoxius peccatis, infinitis (licet tamen utcunque tolerandis), impius vero, inauditis cruciatibus torquetur. Tunc autem baptismi [a] gratiam habetis, nec posset morte aliquem vindicare, nisi in aliquibus ejus integritas et dignitas non periret. Grave crimen est, quod hæreticus accipere noluit, non minus illud grave, quod Christianus accipit et perdit: Nam et ille qui fiducia baptismi, nuptiale convivium, sacri concilii temerator irruperat, nitore puritatis amisso; de illustri justorum conventu expellitur, et in exteriores tenebras perturbatur. Nam credendus est niveum sanctæ generationis possidere candorem, qui inter incestos, veneficos et cruentos, vel præcipitio aut suspendio vitam præcidens, in partem transiit impiorum. Legimus inexstinguibiles flammas factis capitalibus præparatas, hominem vero in malis suis viventem, solo baptismate salvatum esse non legimus. Periculosa sibi, quod cœlesti Scriptura non legitur, inimica securitas pollicetur, multo periculosior illa non credere quæ veritas comminatur. Aliqua (ut dicitis) beatissimus vir Marinus cum interminatione disseruit; sed sicut illud quod promisit Dominus diligentibus se, etiam testimonio Apostoli pro rei magnitudine in cor hominis non ascendit, ita futurorum immensitas cruciatuum angustias humanæ mentis excedet, quæ mala momentanea pœnitentiæ umbra non removet, quæ fidem sine operibus non repellet, quibus terminum sæculorum labentium cursus in flammis inexstinguibilibus statuere non valebit, inter quos inexhaustos vapores tarde se anima corporea et sentiet et videbit. Et ideo, justis, castis et piis operibus diem ultimum præcurramus: et hic timendo ea quæ illic timere nihil proderit, nos declinemus. Hic finem infinitis [b] contentionibus imponamus, et intoleranda incendia nunc salubriter cogitando, ex ipsis ignibus æterna nobis refrigeria comparemus.

[c] Certus autem sum de fide vestra, quod falerati composito nitore sermonis acceptiora vobis erunt salutifera sinceræ testimonia veritatis. Filium meum *Eminentium*, dulce decus nostrum, paterno sospitamus affectu. Dominus noster admirandam mihi magnificentiam suam præsentibus repleat bonis et dignum reddat æternis.

EPISTOLA V.
FAUSTI RHEGIENSIS GALLIARUM EPISCOPI DE POENITENTIA AD FELICEM PP. ET PATRITIUM.

Domino piissimo et specialibus officiis excolendo, ut confido, in æternum fratri et per omnia domino Felici Faustus.

Magnum pietatis et fidei testimonium, quod per tantarum vasta intervalla regionum, et per tot rerum interjecta discrimina, ad nos usque latitudinem vestræ charitatis extenditis. In hac relegatione nostra, artifex Dei nostri misericordia, gemina exercet officia, nostram excutit paterna sedulitate rubiginem, et vestram circa nos dilucidat fidem, vestramque approbat pietatem. Nos elimat benigna solertia, vos producit, nos coangustat salubriter, vos dilatat. Nos arguimur vos proficitis. detrimenta nostra in vestra

---

[a] Al., *Gratia ab æterna morte possit hominem vindicare si in aliquibus,* etc.

[b] Al., *contritionibus. Ex ignium æternorum cogi-* tatione præparata sibi æterna refrigeria.

[c] Hæc in hactenus excusis non habentur, sed nunc ex ms. Henrici Canisii accesserunt.

transeunt commoda. Cum feneratores nostri sitis, incipitis nostri esse debitores, siquidem causa vestræ devotionis et mercedis vestræ materia sum. Opera vestra, de nobis capiunt lucrum merita vestra, de flagellis nostris mutuantur augmentum. Vestræ sollicitudinis, ad nos affectus ad Deum, pervenit fructus : ac sic duplici modo, et de nostra castigatione, et de vestra retributione, divinis beneficiis obligamur. Pene autem mihi respondendi silentium perfectio vestræ consolationis indixerat. Nam ipsa sollicitudo interrogandi videtur forma vivendi, quam quotidie de domini mei patris vestri S. episcopi [a] Leonii efficacibus doctrinis et præsentibus documentis sufficienter attrahitis; non autem miror si et meum (quamlibet ex superfluo) requiritis institutum, cujus circa vos singularem nostis affectum. Creditis, in adjutorium fidei vestræ, magisterium meum tam perfectum esse quam votum est ; sed, licet sermo meus (quem lentiorem etiam præsens reddit infirmitas) vestro sufficere vix possit ardori, tamen paucis conversationem vestram non tam instruam, quam revolvam. Magnam sollicitis perhibet evitationem agnitio peccati, metus judicii, terror ignis æterni. Itaque ad immolanda orationum sacrificia, amica sunt fruentibus nocturna silentia, quibus, usque ad horam tertiam lectio moderata succedat, ut exercitium spiritale non desinat desiderare, et semper possit augeri. Utinam provideat Dominus vel duo fida solatia, cum quibus diurnas et nocturnas exigas functiones, et vel biduo in septimana salutantium frueris officiis. Ardua sunt quæ pro interrogantis fervore colloquimur; sed ille laborantium benignus adjutor, tam leve tibi faciat jugum suum, quam jucundum erit præmium suum. Igitur si trepida parum amplius rudimenta permittunt, alternis hiemales dies jejuniis transigantur : quæ sicut moderari convenit, ita necesse est duplicari : duplicari, inquam ; duo enim sunt abstinentiæ genera : Unum est, incontinentiæ appetitum, a cibo et potu et a diversis carnalium suavitatum illecebris coercere, et vomere crucis terram subjecti exterioris edomare, et necessitati potius quam voluptati temperata moderatione servire, paulum si permittat infirmitas, vel alternis diebus donec vis longæ consuetudinis sensim disuescatur accipere. De usu vero indumentorum, paulatim se gravitas ad inferiora submittat, ne ipsa novitas subitæ mediocritatis offendat. Observandum est etiam, ne elatio de nimia humilitate generetur, et vitium de virtute nascatur ; quæ tamen facile superabitur, si confusibilis illa præteritæ conversationis historia ante oculos adducatur, et rea conscientia trepidis sensibus præsentetur. Ita fiet, ut dum per recordationem præteritorum malorum a diabolo ingesta præsumptio castigatur, dumque jactantia validis culparum armis victa propellitur : crimina quæ generaverant mortem, militare incipiant ad salutem, inque remedium delicta proficiant, et medicina de vulneribus producatur, et sicut dixit Apostolus, *de peccato eaboremus damnare peccatum.* Alterum abstinentiæ genus est multo sublimius multoque pretiosius, motus animi regere ; irrationabiles perturbationes et cogitationum inter se colluctantium rebelles tumultus mentis imperio subjugare ; malitiæ virus, tanquam funestum aliquod maleficium, de penetralibus cordis exspuere, et animam contra diversarum fluctus tentationum, constantiæ moderamine gubernare, et contra passiones occultas velut contra domesticos inimicos, rixam quamdam irascentis fidei auctoritate conserere, inanes curas longe repellere, et a noxiis colloquiis ac desideriis quibus diabolus pascitur abstinere ; et per mansuetudinem, patientiam, tranquillitatem Dei in vultu exteriore excolere virum spiritualia et divina cogitantem, ut tristitia non frangat, lætitia non resolvat, stabilitum in timore Dei pectus ostendat magnanimitatis æqualitas, ut nobis coaptari possit libelli illius insigne principium, *Erat vir unus abstinens se ab omni re mala (Job. i).* *Vir,* inquit, *unus;* hoc est semper idem : quia nihil erat in eo dubium, nihil duplex, nihil accidens, nihil varium vel diversum, sed eum in statu virtutum suarum, æquali ordine permanentem, tempora non mutabant, nec eum (ut maximis fluctibus mos est) in alternas partes diversa ventorum flabra versabant. Ita et sollicitus Dei famulus, inconcussa fidei mole fundatus, in hoc tantum (Christo in se operante) mutetur, ut novis semper virtutibus induatur. Ante omnia, in quantum Deo adjuvante possumus, illas in nobis quinque sensuum expugnemus illecebras. Quidquid enim pulchrescit visu, quidquid lenocinatur odoratu, quidquid mollescit attractu, quidquid dulcescit gustu, quidquid blanditur auditu, hæc omnia si his abutamur, intentionem de spiritalibus ad terrena devolvunt. Et ideo sicut pater fidei Abraham, quinque illos reges, in trecentis decem et octo, mysterio intra litteram latente, devicit : ita et nos contra nos principales vitiorum duces, in Jesu nomine et crucis signo (hoc enim utraque æra [b] exprimunt) dimicemus, ut audire mereamur a Domino : *Vincenti dabo coronam vitæ, et qui vicerit non lædetur a morte secunda (Apoc.* ii, 11), et *quia regnum cælorum vim patitur, et violenti diripiunt illud (Matth.* xi, 12). Vim enim sibi factura est anima, ut carnales affectiones spiritui subdat, ut crucem deliciis præferat, ut vigilias somnis dulcibus anteponat, ut adversarium in membris suis vincat, ut ex alio alter effectus homo ad illam Domini præceptionem idoneus inveniatur : *Si quis,* inquit, *vult post me venire, abneget seipsum sibi (Matth.* xvi, 24). Si quis ex iracundo patiens efficietur, continens ex luxurioso, placidus ex cruento, benignus ex invido, largus ex cupido, toties nos negamus, quoties nos ad meliora convertimus. Et ideo, ut ad hoc assurgamus quod esse debemus, prius studeamus odisse quod fuimus. Oportet ut hic prius mutetur ad vitam, qui illic mutari optat ad gloriam.

---

[a] Al., *Leontii.*

[b] Alias, *exprimit.*

EPISTOLA VI.

EJUSDEM FAUSTI RHEGIENSIS GALLIARUM EPISCOPI CONTRA NESTORII AD G. DIACONUM.

Domino sancto et in Christo devinctissimo fratri [a] Grato diacono Faustus.

Honoratus officio tuo, honoratus judicio, provocatus affectu; loquar tecum in humilitate sincera, in libertate benevola, in caritate non ficta, in verbo veritatis. Et licet mihi tacendi causam indicare potueris, dum benigno ac nimis credulo animo tantum pœnæ mihi quantum tibi peritiæ et eruditionis indulges, tamen per interrogandi sollicitudinem, imposuisti mihi respondendi necessitatem, qua cum absente, non sine trepidatione, mihi æstimo colloquendum : quia de rebus tam profundis, et meas ac tuas vires excedentibus, non minus periculi est respondere quam incondito stylo ingentia sacramenta committere : et ideo carum meum, in his quæ nimis temere protulit, tacendo magis castigare debuissem. In tantæ autem rei consultatione, in qua longe viam regiam reliquisti, aliquos expertæ scientiæ viros, eruditione atque ætate seniores, quibus credere facilius possis, interrogare debueras, secundum illud propheticum : *Interroga patrem tuum, et indicabit tibi; seniores tuos, et dicent tibi* [b] (*Deut.* XXXII, 7). Deinde in his quæ agimus vel quæ dicimus, atque ad extremum scriptis mandare præsumimus, fructum profectumque operis exspectare debemus. In hac autem scripturula quam ad me dirigere dignatus es, non eloquentia, non scientia, non ratio, non ædificatio aliqua ordinati aut compuncti sermonis apparet; sed testimonia confusissime pro memoriæ facilitate congesta temeritatem incauti cordis accusant. Novit Dominus quia stupefactus præ studio tuæ salutis hæc colloquor : sic et te interrogasse, et me respondisse, ad bonum commune proficiat. In scriptis sancti pontificis Augustini, etiamsi quid putatur apud doctissimos viros esse suspectum, ex his quæ damnanda judicasti, nihil noveris reprehensum; sed fidei sensum, maxime de duabus substantiis vel naturis Dei et hominis Domini ac Redemptoris nostri, scito apud catholicam, non solum Patrum auctoritate susceptum, sed etiam apostolicis oraculis consecratum. Proinde verbum hoc quod more prophetico ad te factum dicis; ut certum est, non Dei spiritu, et apud Deum et apud homines valde damnabile est, nisi prior ipse damnaveris. Ergo ut aliis prætermissis hunc duplicem errorem et de hæresi natum et in pericula hæresis pertrahentem, brevi (quantum absens possum) sermone constringam, cum sanctæ sinceritati tuæ, multorum (non qualis ego sum) necessaria esset præsentia magistrorum : primo loco ignoranter et satis periculose, non dicam, scribitur; sed, cogitatur, suscipi non debere ut homo mater Dei sit : quod de Nestorianæ hæresis impietate descendit; qui profano ausu disputare non timuit beatam Mariam tantum matrem fuisse hominis, non etiam Dei; et ideo, pro hoc, catholicæ per omnem mundum Ecclesiæ districtione damnatus est. Non debet (inquit) suscipi, ut homo mater Dei sit! sed ubi est illud propheticum vel evangelicum : *Ecce virgo concipiet et pariet filium, et vocabunt nomen ejus Emmanuel, quod est interpretatum, nobiscum Deus* (*Esai.* VII, 14)? Et iterum in Evangelio : *quod nascetur ex te sanctum, vocabitur Filius Dei* (*Matth.* I, 23). Ubi etiam illud est quod suscepta per omnes insulas et Ecclesias, Patrum signat auctoritas contra Nestorium loquens : Maledictus, inquit, qui Filium Dei Deum verum de Maria non nuper natum pro nostra salute non confitetur? Secutum est ut diceres Dei et hominis unam esse naturam, hoc modo; unam Dei esse substantiam. Recte dixeras si de sola Trinitate dixisses, ubi una atque eadem est, sub trium personarum distinctione, natura. Cæterum cum ad hominis assumpti incarnationem venitur : sicut hominis et Dei unam confitemur esse personam : ita duplicem scimus esse substantiam. Qui autem unius naturæ asserit Deum redemptorem; aut hominem in Divinitate, aut Deum negavit in corpore; cum redemptio nostra non ex alterutro, sed ex utroque perfecta sit. Hoc autem loco unum sine alio erroris periculo nostræ fidei solius [c] nostri esse naturam. Ergo in substantia majestatis suæ, divinitas crucifixa est! Si unam Dei solius naturam dicis; in substantia sua, majestas mortua vel sepulta est! Quæ omnia Deus non in se, sed in natura suscepti hominis excepit. Nihil enim Deus [d] sensit cum patientis sensu, sed sensit cum patientis effectu; nihil sensit pro diversitate substantiæ, sed sensit pro unitate personæ. Unitate conjunxit, et consequenter adjecit; nos unum eumdemque verum hominem et verum Deum intelligimus : et iteravit, nos verum Deum et verum hominem nullo modo ambigimus confitendum. Accipe etiam in hymno S. antistitis et confessoris Ambrosii, quem in natali dominico catholica per omnes Italiæ et Galliæ regiones persultat Ecclesia : *Procede de thalamo tuo geminæ gigas substantiæ.* Refuge ergo inter hæc, sancte frater, alterutræ partis errorem : si tantum Dei naturam dixeris, imposuisti Deo conditionem passionis et mortis; si vero tantum hominis naturam dixeris, subtraxisti Deo gloriam redemptionis, subtraxisti auctori potentiam Reparatoris. Audi quomodo sacra eloquia per unam personam explicant utramque substantiam. Juxta divinam naturam loquitur : *Ego et Pater unum sumus* (*Joan.* X, 30); secundum humanam naturam confitetur quia *Pater major me est*; juxta cœlestem naturam pronuntiat : *Omnia quæ Pater habet mea sunt*; juxta terrenæ naturæ infirmitatem dicit : *Filius autem hominis non habet ubi caput reclinet.* Quasi homo indicabat,

---

[a] Alias, *Gregorio* et *Græco.*
[b] Alias additur, *sed absque dubio qui vel qualemcunque requirit ducem, declinare oportet errorem. Deinde*, etc.
[c] Alias, *solius Dei nostri.*
[d] Ms., *sensit patientis sensu, sed sensit compatientis affectu.*

Tristis est anima mea usque ad mortem; quasi Deus contestabatur, *Potestatem habeo ponendi eam, et potestatem habeo iterum sumendi eam* (Joan. x, 18). Secundum carnis naturam in cruce pendebat, secundum divinitatis substantiam paradisum et regnum cœleste donabat. Hoc Ariani obscurato corde, penitus non videntes, quia præsumptio et elatio suffundit mentis intuitum, ad Deum, quæ erant hominis retulerunt, credentes quod minor loqueretur divinitas, ubi sola hominis demonstrabatur infirmitas. Nullam ponentes inter cœlestia et terrena rationem, dum naturas in Deo et homine duas recipere nolunt, Dei substantiam diviserunt; et dum ad sola hominis verba respiciunt, Deum qui gloriæ plenitudo est, intellectus lumine perdiderunt. Ac sic, qui Deum Filium hominis credendum denegat, Nestorii impietate maculatur: qui duas substantias in Redemptore non credit, Arii laqueo deceptus involvitur. Nos vero, mi frater carissime, in Christum Deum, ita perfecta et inseparabili distinctione credamus, ut Dei et hominis simplicem personam et duplicem noverimus esse substantiam. Sicut anima et corpus hominem facit, ita divinitas et humanitas unus est Christus. Tu autem quod gemino errore præventus scribendum putasti, sub duarum naturarum conventu suscipi non debere, ut Deus, pater hominis sit, ut homo, mater Dei sit: nos, unam Dei hominisque personam fiducialiter et salubriter asserentes in eo qui erat in principio, et qui sub redemptionis nostræ tempore factus est in similitudinem carnis peccati, id est, in veritate hominis, et similitudine peccatoris: nos (inquam) ita Deum patrem hominis sub personæ unitate testamur, sicut sub ejusdem unitatis amplexu, Matrem Dei hominem confitemur, juxta symboli auctoritatem (ut alia prætermittam), quia dicimus: Credo et in Filium Dei Jesum Christum, qui conceptus est de Spiritu sancto, natus ex Maria Virgine. Qui si talis error est, in Domino Salvatore unam et simplicem credidisse substantiam, qualis error est, duplicem asseruisse personam? Nam si in societate carnis assumptæ, formam famuli Deus induit, duæ substantiæ non fuerunt. Ergo in homine Deus non fuit, et separata a Deo persona hominis fuit; ac si sub tali sensu videbis subito quartam nescio unde accrevisse personam; et in hunc intellectum pravitatis consequentia præcipitaberis, ut jam non Trinitatem necesse sit confiteri. Audi potius quemadmodum S. Esaias, distincto ordine conjunctoque discrimine, Domini nostri ac Redemptoris nativitatem disponat: *Parvulus* (inquit) *natus est nobis, filius datus est nobis* (Isai. ix, 6). Accipe Filium Dei in extrema parte sæculorum, ex innupta matre, natura ignorante et fide maritante progenitum, superveniente in virginem sancto Spiritu, hominem Deo mirabiliter impletum, et Deum in hominem misericorditer commutatum; nec exinanisse gloriæ magnitudinem, sed per susceptam servi conditionem, Domini ostendisse pietatem. *Parvulus natus est nobis, filius datus est nobis!* Natus est nobis qui sibi erat.

Datus ergo ex Divinitate, natus ex Virgine, natus qui sentiret occasum, datus qui nesciret exordium. Natus qui et matre esset junior; datus et quo nec pater esset antiquior: natus qui moreretur; datus per quem vita renasceretur. Illic dominatur, hic humiliatur; sibi regnat, et mihi militat. *Parvulus natus est nobis, filius datus est nobis: et factus est principatus super humerum ejus.* Manifestum hominem demonstrat humerus; latentem Deum loquitur principatus. Agnosce duplicem sub personæ unitate substantiam. De nostro est quod apprehendit, de suo est quod donavit, de nostro habuit unde caderet, de suo unde consurgeret. De nostro habuit unde pro nobis solveret; de suo unde penitus in nullo debitor appareret. De nostro unde crucifigeretur, de suo unde glorificaretur. De nostro dedit peccati hostiam, de suo, indulgentiæ tribuit gratiam. De nostro itaque humiliatio, de suo esse probatur ascensio. De nostro obtulit sacrificium, de suo contulit præmium. Duarum ergo naturarum capax, homo infirmitatibus agnoscitur, Deus virtutibus approbatur. Piget sermonem tam manifestæ rei assertione producere. Scio quod hæc ipsa breviter strictimque commemorata, temere committo vel meis epistolis vel sensibus tuis. Sed dum te ad interrogationis salubritatem sollicita humilitate submittis, multum mihi de erroris hujus remedio polliceris. Revoca, quæso, ab hoc discrimine pedem tuum, priusquam in profundum irrevocabile elationis torrente rapiaris: et rectum animi sensum qui multæ elationis pondus non sustinet, nec novit thesaurum scientiæ dispensare, magis laboris occupatione castiga. Tempora immoderatum abstinentiæ rigorem, qui etiam menti generat infirmitatem; quem inde nasci, unde scribendi præsumptionem. Regredere ad viam regiam, nutricem elationis refuge sollicitudinem; et quia legimus: *Manducare mel multum, non est bonum* (Prov. ii, 5) (magis enim inflat parum fundatum sensum scientia, quam ædificat), ita cave nimiam lectionem, ut cordi parum capaci, tanquam sumpti immoderatius vini periculosam noveris ebrietatem. Nunquam cogitationibus tuis credas, sed magis imitanda legas quam legenda conscribas; et in mente tua loquaris ad Dominum, *In corde meo abscondi eloquia tua, ut non peccem tibi* (Psal. xviii). Et si evadere pericula non de foris ingruentia, sed intus concepta desideras, nihil tibi utilius scias quam ut sub alio quocunque probatissimo abbate vitam tuam munias, ac voluntates tuas senioris legibus tradas. Et ut adversarii insidias possis superare, te scripturulam ipsam retinendam, imo supprimendam putavi: ne ultra in alterius alicujus catholici, qui te minus diligeret, manum et conscientiam veniret. Ex hoc autem poteris agnoscere sana esse intima cordis tui, si adhuc quasi liber me cultorem tuum humiliter et amabiliter commonentem sollicite et libenter audieris. Ante interrogationem incauta videbitur fuisse persuasio, post responsionem inexcusabilis apparebit intentio. Quod si inter hæc aliquid mihi, qui austeris magis quam dulcibus sanari animam tuam cupio, credideris imputandum, memento osculis male blandientis præponi vulnera caritatis.

EPISTOLA VII [a].

Domino piissimo et in Christo summo mihi honore singulariter excolendo Ruricio filio Faustus.

Licet per quamcunque personam jucundum mihi sit cum individuo pectore ipsius caritatis vocibus colloqui, et sedula vos officiorum ambitione complecti; sed nunc quanto opportunius, tanto avidius pignus animi vestri, ministerio domestici portitoris assumpsi; in cujus merito minus assignavit relatio quam probavit agnitio. Et propterea ad fructum vestrum crevisse gratulatus sum, quod in eo vita melior conditionem primæ nativitatis abolevit, atque in eo nævum generis manumissio religionis abstersit, et in adoptionem Christi personam mancipii fide emancipavit et transcripsit. Quomodo autem apud ejus vel apud reliquorum fratrum lacteam sinceritatem agere deberemus, latissimam Apostoli (*Philem.* 1) dispensationem, expedito digessistis alloquio, et cum eorum doctissima pagina minus doctus asserit. Nos tamen in eorum defecatis moribus admirati sumus per donum mansuetudinis et humilitatis, plenitudinem lectionis. Vincit enim largitas gratiæ instituta doctrinæ. Nam etsi sub exiguo tempore intra eorum lucida pectora et perspicua penetralia introduxit se morum candida puritas, et præclara simplicitas per quam divinæ imaginis speculum in interioris hominis nitore perfulget; divinæ, inquam, imaginis. Ita enim de Domino legimus : Purus, simplex, subtilis. Sed multo aliud indicat divina illa simplicitas. Siquidem in nobis duplex inest, in spiritu et carne substantia. Nos quod habemus, accepimus; nobis diversa virtutum charismata adjuncta sunt; non innata. Sine dubio apponitur, quod auferri potest : ut boni simus, de auctoris sumus bonitate mutuati. *Ex illo* quidem *vivimus*; sed vita, sicut ille est, non sumus. Justi esse possumus, justitia esse non possumus. Ille ideo simplex, quia nihil ei ex accedenti largitate collatum est. Qui ex se subsistit, aliunde nihil sumpsit. Deus et vivens pariter et vita; bonus et bonitas; misericors et misericordia; in virtutum suarum gloria, hoc est ipse, quod possidet verbo tenus homo deauratus est. Deus aurum est : quod in homine gratia est, in Deo natura est. Et propterea, quia nihil ei extrinsecus accessit, nihil ei detrahi potest. Detrimentum non recipit, quia nescit augmentum. Ipse et sibi auctor et Filio, quia una origo est et fontis, et fluminis. Ex his, quæ absque initio habent, communio est, transfusio non est.

Et quia de Filio legimus : *splendor est claritatis Dei;* sicut nunquam Deus sine splendore, ita Pater nunquam fuit sine Filii majestate. Et sicut utriusque æquæva sunt nomina (nisi enim iste nasceretur, Pater ille non diceretur), ita eos sine separatione concitat unius paternitatis antiquitas; ex illo est, sed posterior illo non est : sicut facies de capite nascitur, nec tamen capite suo junior invenitur; ac si Deus noster nec permixtus in personis propriis, nec divisus, una virtus, nec potestate divisa, nec tempore. Sicut in subsistentia triplex est, quia sibi quisque subsistit, ita in substantia simplex, quia unus seipsum præcedere nesciens, nec posteriorem recipit, nec priorem. Inde et nos de hac accepimus simplicitate, si in nobis nihil sit dissonum, nihil varium, nihil diversum, si semper idem esse probabilibus studiis et fundatis in Christo sensibus enitamur, ut immutabiles in bono, novis tantum in diem profectibus immutemur.

De eo autem, quod quidam provocationis amore consuluit, salutifera et perfecta meditatio est curas animi, partito per plures terrenæ regimine rei, sublevare et post hæc triplici deliberatione tractare quid melius sit locare, vel administrare, vel distrahere propriam portionem

Primum revera bonum esset, ut Christi famulus Christi pauperis vias ex toto pauper studeret incedere, si perfectam magni alicujus monasterii scholam, vel certe insulam angelicæ congregationis militiam liceret expetere. Nam in medio sæculi institutionem eremiticam profiteri, quanta magnanimitas, tanta est difficultas.

Suis [Al., *senis*] vero vitiis suæ pondus imponere, secundum pro animæ revelatione compendium. Sed pervidendum, si aliquis filiorum tam arduo sufficiens esse possit obsequio. [b] Ne forte paterna ejus sonis [Al, *senis*] auctoritas in patrem..... Optimum est in secundo gradu sub noxio beneficiis administratore consistere, si vel voluntas suppetat, vel facultas necessitatem annuæ pensionis impleverit.

Tertium est per fidelium famulorum electa solatia, impositæ procurationis officiis, sub propria ac minore sollicitudine quantitatem reservatæ gubernare substantiæ, et eum per viam regiam tota mediocritate dirigere. Quod cum suadeo, videor vel nostram utilitatem, vel pauperum cogitare. In quo ordine non parum est lucri, si reservato usu, proprietas distrahatur. Itaque breviter indicantes quid primum, quid secundum, quidve sit tertium, electionem judicio vel possibilitati reservavimus consulentis. Quid magis competat quod promptius possit impleri, ille insinuare dignetur, pro cujus timore et amore consolatio ipsa tractatur. Dominus Deus noster beneficia in nobis sua felici ac placita longævitate multiplicet, domine piissime et in Christo summo mihi honore singulariter excolende fili.

EPISTOLA VIII [c].

Domino devinctissimo et tota pietatis virtute singulariter excolendo fratri Ruricio Faustus.

Propitia divinitate in secreto religionis congruo et tranquillissimo in silentio constituti, in quo Dominus ad rubiginem longa securitate contractam salutiferæ limæ castigationis admonuit. In hac, inquam, qui et magna, si agnoscamus, vacatione do-

---

[a] Hæc epistola apud Canisium notatur V.
[b] Locus vitiosus.

[c] Hæc epistola apud Canisium notatur VI

nati, dum novos cives commercio caritatis acquirimus, dum de acquisitorum salute gaudemus, inter hæc positi bona, præsenti insultamus exsilio, et patrem nos non amisisse, sed commutasse cognoscimus. Nam dum fideles famuli Dei in necessitatibus nostris bonitatem suæ devotionis exercent, sine sede propria possessores, sine possessione divites sumus. Imo eos qui de nostra fructum accipiunt consolatione, ditamus ; miro modo consolatores nostri de pauperculis negotiantur, et de egenis lucra perpetua consequuntur. Ego autem hanc primam munificentiam, Domino largiente, percepi, quod piissimus meus Ruricius post vitæ hujus jactationes ad portum religionis, proram salutis, Excelsi manu gubernante, convertit, quod post umbras seducentium vanitatum et illusiones transvolantium somniorum, mansura et solida concupivit, et despecto tandem sæculo infelici, artem ejus magnam rapuit, felicitatem et lucrum sui de mundo pereunte acquisivit, arte fideli, atque collabentium rerum fuga præteriens, qua opes contemptu suo contulit, quæ jam usu suo conferre nihil poterant. Unde quanta dudum alacritate sæcularibus studiis militavimus, tanta nunc devotione Domino serviamus. Et quia me austerius loqui secum pro peccatorum curatione, pietas vestra constringit, et illius sententiæ non observat invidiam, quæ dicit : *Justus in principio sui est accusator* (*Prov.* xvııı, 17). Imprimis ergo lapsus oris cordisque vitemus. Sed quod oris diximus, si cordi studueris adhibere custodiam, ori non laborabis imponere disciplinam. Sine difficultate *ostium circumstantiæ* opponere poterit *labiis suis* (*Ps.* cxl, 3). Illud siquidem voce depromitur, quod prius in officina conscientiæ deformatur. Hoc exterior reddit, quod dictat interior. Mens exercet imperium ; lingua famulatum. Et propterea cœlestibus edocemur colloquiis : *Ex abundantia cordis os loquitur* (*Matth.* xii, 34). Quod de sermone nasci videtur, prius cogitatione concipitur. Ut oris sonus indigna non proferat, animus justa præcipiat.

Et quia duo sunt jejuniorum genera, unum incontinentiæ appetitum a male blandis deliciarum suavitatibus coercere, ut exterior et terrenus homo vomere crucis edomitus commoda infirmitate macrescat ; alterum abstinentiæ genus est multo sublimius, multo pretiosius, qui nulla contradicere possit infirmitas, motus animi regere, et irrationabiles perturbationes vel colluctantium inter se cogitationum tumultus, interioris judicio refrenare, et contra impugnationes occultas, vel contra domesticos inimicos rixam quamdam irrascentes, fidei auctoritate conterere, et per benevolentiam, mansuetudinem, patientiam, tranquillitatem, Dei imaginem in facie interioris excolere : cujus decus non in corporis personam, sed in animi formam solertia factoris impressit.

Virum spiritualia et divina cogitantem tristitia non frangat, lætitia non resolvat, stabilitum in timore Dei pectus magnanimitas æqualitatis ostendat, ut et nobis coaptari possit libelli illius insigne principium,

A ubi ille magnificus Helcana, qui possessio Dei interpretatur, vir unus mystico nuncupatur eloquio. *Erat*, inquit, *vir unus*, hoc est, semper idem. Quia nihil in eo apparebat dubium, nihil duplex, nihil varium, nihil diversum, sed eum in statu virtutum inconcusso ordine permanentem, accedentia in contrarium non commovebant ; mutabilia tempora non mutabant ; nec eum, ut magnis virtutibus moris est, in alternas partes levia ventorum flabra versabant. Ita et sollicitus Dei famulus vasta mole fidei fundatus, in hoc tantum, Christo in se operante, mutatur, ut novis semper gratiis induatur. In agro pectoris plantentur utilia ; noxia succidantur. Et quia militibus suis præcepit sermo divinus. *Cum*, inquit, *ad bellum processeris, et inter reliquas prædas petieris virginem,*
B *abscindes ungues et crines ejus, et ita eam tibi conjugio copulabis* (*Deut.* xxi, 12) ; ita nos ad sanctam, Christi timore præcincti, prudentiam sæculi, quæ simplex, incorrupta, sincera, a Deo facta est, captivam spirituali sapientiæ subjungamus, ac superflua ejus, amputatis vitiis, abscindamus, et pectore casta conjunctione sociemus.

Ante omnia in quantum, adjuvante Deo, possumus, illas in nobis debellare curemus quinque sensuum passiones. Quidquid enim pulchrescit visu, quidquid blanditur odoratu, quidquid lenocinatur attactu, quidquid dulcescit gustu, quidquid corrumpit auditu, hæc omnia, si his abutamur, intentionem mentis de spiritalibus ad terrena devolvent. Et ideo sicut pater fidei (*Gen.* xıv, 14) quinque illos reges in
C trecentis decem et octo, mysterio in...... latente devicit ; ita per adjutorium Domini, et per crucem suam has quinque principalium vitiorum expugnare studeamus illecebras. Per crucis enim signum, et per sacrum Jesu nomen, apud Græcos *Hera* utrius supputationis imprimitur. Quibus armis carnalia delectamenta superantes merebuntur audire : *Vincenti dabo coronam vitæ.* Et : *Qui vicerit non læditur a morte secunda* (*Apoc.* ii). Unde ipsa facile terrena despicis, vel feneranti more dispensas, dum illud cogitas tempus quo exurentur peccatores sicut fenum, quo æstuantes gehennæ furore perpetuæ, cujus *fumus ascendit in sæcula sæculorum* (*Apoc.* vııı, 7). Hi qui neglexerunt oblata, tali morte punientur ; ut eis mori in dolore non liceat : morituri vitæ, et
D morti sine fine victuri. Dum illud, inquam, tempus ante oculos tuos provida in futurum mente disponis, de quo legimus : *Introibo in domum tuam cum holocaustis* (*Ps.* lxv, 13) : id est, quando bonorum operum fructu subsarcinatus, et justitiæ insignibus redimitus januam vitæ cum triumpho evictæ carnis intrabis. De quo legimus : *Adorabunt eum filiæ Tyri in muneribus* (*Ps.* xliv, 13), id est, animæ Christo de gentibus acquisitæ, munera non de suo offerent, cum gratiarum actione dicturæ : Ecce multiplicavi talentum quod dedisti. Recipe cum usura, domine, fenus tuum : Erit enim tum quoddam dandi et accipiendi commercium inter hominem et Deum. Homo afferet quod laboravit ; et Deus restituet quod pro-

misit. Quo tempore cum sanctus alter pro altero remunerandus, corona duplici pro mutua salute decorandus, audire mereberis : *Euge, serve bone et fidelis, quia super pauca fuisti fidelis, super multa te constituam ; intra in gaudium Domini tui.*

Tunc usum præsentium in æternorum proprietatem transisse miraberis, et pro datoribus tuis glorificandus, debitorem te ei fieri jocunda rerum mutatione gaudebis.

Individuum filium nostrum Leontium, omnemque domum piis illos cum majoribus pio sospitamus officio, Dominus Deus noster beneficia in vobis sua, felici et placita sibi longævitate multiplicet, domine devinctissime et sola pietatis virtute singulariter excolende frater.

EPISTOLA IX [a].

Domino devinctissimo, honore præcipuo specialiter excolendo, Ruricio filio Faustus.

Gratias Domino, qui id generali dispensatione largitus est, ut inter eos quos locorum intervalla discriminant, liber ac nullis conclusus absentiæ legibus animus commearet, nihilque esset tam impenetrabile, quod mentis aspectibus non pateret ; sed per cordis intuitum inde se invicem cari, gratia intercurrente, conspicerent, ubi caritas ipsa consistit

Habet siquidem et interior noster oculos suos, quibus se conscientiæ testis introspicit ; quibus in se conversus aut erubescenda, aut gaudenda consideret ; quibus diem ultimum pervidet ; quibus vel confusibilem vel, Deo tribuente, laudabilem totius vitæ historiam, ante animæ suæ faciem provida in futurum cogitatione disponit, et in præsentiam trepidæ sollicitudinis tempus reddendæ rationis adducit ; et ea *quæ paravit Deus diligentibus se (I Cor.* ii, 9), in secreta pectoris sui pagina, spe imaginante, depingit. Quos, ut puto, oculos et ipse ad tremendi Judicis thronum semper attollis, ut de te illud propheticum merito dici possit : *Sapientis oculi in capite ejus (Eccl.* ii, 14). [b] Inde est, ab eo enim illic filius mater..... ditores tuos. Inde est, inquam, quod præsentium rerum relinquenda subsidia, quasi avidus fenerator ; per pretia captivorum, in sinu remuneratoris, seminantis more, commendas ; de usu proprietatem facis, et in perennes thesauros peritura convertis. Inde est quod cum fidelissima Sara tua sub uno Christi jugo ad communem tendens coronam, terrenorum despector, et cœlestium competitor, sæculi peregrinus, et Paradisi candidatus ; mundo huic, qui jam non habet unde decipiat vel seducat, miles Christi secretus illudis ; cum regni interminabilis socia jejuniis, et orationibus, et quadam fidei manu januam vitæ, pia conjuratione, pulsatis, ut duplicem palmam de mutua salute capiatis.

Sed inter hæc parum est, quidquid agitur, ut causæ insanabiles hic sanentur, ut inexstinguibilis ignis hic exstinguatur, ut ineluctabiles necessitates hic superentur, ut hic peccatorum sagittæ de animæ visceribus evellantur, ut hic vulnera ipsis alte medullis impressa curentur, ut hic maculæ invisibiles diluantur, ut hic æterna gaudia fidelium studiorum labore comparentur. Illic quidem vita præmium istius erit ; sed oportet ut illius ista sit pretium.

Prælatis itaque obsequiis, quæso ut cum se facultas opportune præbuerit, gaudere nos de vestra sospitate ac proprietate faciatis. Pro filiis et diaconibus meis uberes refero gratias. Dominam filiam meam religionis speculum, et pietatis exemplum, debito cultu veneratus saluto. Dominus Deus noster magnificandam mihi bonitatem vestram, et præsentibus repleat bonis, et dignam reddat æternis, domine devinctissime et honore præcipuo specialiter excolende fili.

EPISTOLA X [c].

Domino beatissimo et summo mihi honore ante omnes singulariter excolendo, fratri Ruricio episcopo Faustus.

Tanta mihi de animi vestri benignitate fiducia est, ut ex ejus fonte purissimo non jam solus haurire contentus sim, sed alios quoque, qui ejus usu mecum reficiantur, invitem. Præsertim cum prorogata hujus largitas in lucrum transeat largientis ; ejusque bono ita muneretur accipiens, ut non minoretur impertiens ; et in morem fenoris sui crescat expensis, domine beatissime et summo mihi honore ante omnes singulariter excolende.

His itaque caritatis inexsolubilem pensionem, quo solventis magis census dilatus, exhibeo, et materiam boni operis ingerere pro laborantum commendatione præsumo. Quia etsi insinuationem meam ad fructum vestrum pertinere confido, et ideo misericordiam, quam miseris ecclesiastica præbere consuevit humanitas, harum portitori, qui in Lugdunensi pertulit captivitatem, negare non potui. Utinam tam possit prompta esse fidelium largitas, quam hujus nimis manifesta necessitas est ! Et quia in se aliquatenus absolutus, in uxore vel filiorum tenetur servitute captivus, prælatis officiis, quæso ut morem benignitatis vestræ, etiam in hujus consolatione teneatis ; et apud ante positos, quo poposcerint, litteris prosequaris.

Conservus, et præcipue admirator vester, frater meus, presbyter Memorius mecum reverentissime sospitant. Dominus Deus noster memorem mei piam beatitudinem vestram Ecclesiæ suæ profectibus felici longævitate conservet, domine beatissime et summo mihi honore ante omnes singulariter excolende frater.

EPISTOLA XI [d].

Domino beatissimo, debita pietate suspiciendo, atque apostolica sede dignissimo, fratri Ruricio episcopo, Faustus.

Gratias ad vos, dum vobis de patria scribimus, qui nobis patriam in peregrinatione fecistis, qui indefessa liberalitate patriæ desideria temperastis ;

---

[a] Hæc epistola notatur VII apud Canisium.
[b] Locus vitiosus.
[c] Hæc epistola apud Canisium notatur VIII.
[d] Apud Canisium notatur IX.

vim quamdam divinæ justitiæ succedentibus sibi beneficiis inferentes : ut quod intulerat ad castigationem, converteret ad honorem, conferret ad consolationem, mutaret ad requiem mentis; nostra prætermitteret, ut vestra cumularet; debita obliviscens, et lucra vestra multiplicans; apud utrasque partes magnitudinem suæ bonitatis exercens, nos vestro locupletaret obsequio, vos nostro ditaret exsilio. Unde factum est ut jam in præsenti benedictionem, futurorum impatiens, dispensaret, et fidelissimum famulum suum super candelabrum domus suæ, cooperante misericordia, justitia, sinceritate, continentia, benignitate, id est, domesticis suffragatoribus, sublimaret. Ecce quali pretio Ruricius meus summum sacerdotium comparavit. Unde emit, ipsum est quod emit; et testibus propriis acclamantibus, in se honoris causas, refugia honoris exhibuit. Tantum itaque munus scit in Christi nomine custodire qui scivit acquirere.

Harum autem portitorem sanctum presbyterum Florentium mihi jam diu cognitum, et exemplis magistri, et morum floribus adornatum ; qui pro germanæ suæ absolutione peregrinatur, insinuo, qui mihi opportunum mediator ingessit. Omnem domum [a] nostram, seniores cum junioribus paterno sospitamus affectu. Conservi mei, debitores et admiratores vestri, mecum reverentissime sospitant. Dominus noster magnificandam mihi beatitudinem vestram Ecclesiæ suæ profectibus, nostrisque gaudiis perfecta longævitate conservet, domine beatissime, debita pietate suspiciende atque apostolica sede dignissime frater.

EPISTOLÆ PSEUDONYMÆ

A Fausto ad Ruricium Lemovicensem episcopum sub variorum nominibus scriptæ.

EPISTOLA XII [b]

Domino religionis honore sublimi ac fidei meritis magnificando filio Ruricio Græcus.

Gratias Domino, quod fidei vestræ meritum sicut proficit devotione, ita crescit et opere. Laborantium necessitates sollicitudine prævenis, benignitate foves, humanitate sustentas. Illis enim rebus, juxta Apostolum, *spiritu ferventes, Domino servientes, spe gaudentes* (Rom. xii, 11), divinas vobis æternæ retributiones acquiritis. Sed in sublimitate vestra ista non nova sunt ; quia animus vester sicut plenus est Dei timore, ita plenus est caritate ; caritate, inquam, quæ solo usu proficit, et largiendo succrescit, et pensum sciens, et detrimenta non sentiens. Dum enim dependitur, non expenditur; sed magis, dum prorogatur, augetur; ejusque gratia ita muneratur, percipiens; et non minoratur impertiens, quæ ad similitudinem Divinitatis dat quod habet, habetque quod dederit.

EPISTOLA XIII [c]

Domino beatissimo ac reverentissimo atque a me debito cultu singulariter observando in Christo patrono Ruricio episcopo Victorinus.

Cum beatitudinem vestram videre, et brevissimo tempore, et una tantum vice meruerim, ita tamen ad primum vestræ cognitionis contemplationisque congressum sensus meos fonte purissimo benigni pectoris intrastis, ut, quamlibet alloquiorum vestrorum munera pretiosa non capiam, præsentiam tamen vestram intra mentis profunda possideam : ut etsi causas desiderii refovendi extrinsecus non accipiam, intra me eas tamen dum gratiæ vestræ reminiscor, inveniam. Neque enim fas est, ut bonum illud ex accedentibus tantum requirat adjutoriis incrementum, quod medullis constat infusum. Quo fit ut caritas, quæ in visceribus meis jugi recollatione vestri innovata dulcescit, caritatis mihi vestræ vicissitudinem repromittat. Ac sic affectus erga vos meus vestri mihi animi fidejussor accedit, et quodammodo conscientia interioris mei mutuo mihi vestræ testis dilectionis assistit : quantumcunque mihi de vobis præsumere debeam, mentem meam, quæ toto erga vos amoris ardore flagrat, interrogo. Unde salutationem deferens, et intercessionem deposcens pro harum portitore, insufficientes gratias refero. Et quia infelicem ipsius laborem, quo pro absolutione uxoris per diversarum regionum est jactatus exsilia, mors redemptæ protinus subsecuta cassavit, et nunc rursus pro filiæ redemptione anxietas paterna distenditur, vestris eum litteris prosequi pro cumulanda mercedis vestræ ubertate jubeatis.

Pius Dominus reverendam mihi beatitudinem vestram ad profectum et ornatum Ecclesiæ suæ, et annis multiplicare dignetur et meritis, domine beatissime ac reverentissime, atque a me debito cultu singulariter observande in Christo patrone.

EPISTOLA XIV [d]

Domino sancto ac beatissimo, et omni mihi cultu atque honore venerando patri, et in Christo Domino patrono Ruricio episcopo [e] Turentius.

Litteræ sanctitatis vestræ me spirituali cibo pastum incitaverunt ad spem futurorum, et verba prophetica claritate radiantia, ad discutiendas errorum tenebras, purissima luce fulserunt. Recognosco plenum caritatis affectum, et sinceritatem piæ castigationis. Amplector eloquentiam in verbis, in exemplis perfectionem, in consilio gratiam, in officio indulgentiam, in veritate constantiam, in admonitione veritatem et scientiam. Probatis in dogmate vos antiquos Scripturarum interpretes, et divinorum voluminum tractatores, veneranda mihi nomina, Cyprianum, Augustinum, Hilarium, Ambrosium, sed et illustres alios facundiæ flore vernantes, alios et in revelandis occultioribus spiritales, alios mulcendis imperitorum sensibus blandientes, alios in fidei assertione pugnantes. Præteritæ calumniamur ætati,

---

[a] Forte *vestram.*
[b] Apud Canisium X.
[c] Apud Canisium XI.
[d] Apud Canisium XII.
[e] Alias, *Turitius. Tureitius, Taurentius.*

quod viros illos admiratione dignissimos hæc sæcula non tulerunt : pro certo doctrinam junioris ambirent, qui ante docuerunt. Ego autem ætatem eam non decanentium putamine capillorum, nec, sicut beatitudo vestra de sæculari auctore mutuata est, de colore barbæ albentis agnosco. Cum etiamsi non essem in computo senescentis, annos decrepitos membrorum per morbi incrementa sentirem. Sed omnium precum humilitate deposco, ut pro correctione morum meorum, pro inspirando mihi desiderio pœnitendi, pro Domini nostri propitiatione, in sanctis vestris orationibus supplicetis, ut qui ad vitandum proclive illius viæ in perniciosa vergentis, rectum et cum labore gradiendum iter ostenditis, et ingressum boni operis et piæ emendationis obtineatis effectum, non in fervore disciplinæ, sed in indulgentiæ medicina et misericordiæ lenitate. Hanc quoque vobis conferte mercedem : debetis enim fenus Domino de thesauro, qui fidei vestræ traditus et vobis illo commendante susceptus est.

Acquirite desperantes, arguite negligentes, deditos somno ignavæ securitatis excutite, desides excitate. Decet ovem perditam in humeris suis bonum reportare pastorem, et munitioribus caulis eas quibus lupus insidiatur includere.

Sanctum Augustinum, sicut jusseratis, inveni, quem cum filio communi Rustico presbytero esse credebam. Operæ pretium est ut admiremini studium meum, quod quæ opuscula continebat, hucusque nescivi sane, ᵃ capitulatim jam librum traditurus inspexi. Chartaceus liber est, et ad ferendam injuriam parum fortis : quia citius charta, sicut nostis, vetustate consumitur; legite si lubet, atque transcribite. Et spero ut postquam vobis bene cognitus fuerit, ad me, cui est incognitus, remittatur; quia corrigere negligentiam meam frequentata membranæ ipsius lectione dispono. Ora pro me.

EPISTOLA XV ᵇ.

Domino sancto ac beatissimo et apostolica reverentia suscipiendo, papæ Ruricio Sedatus.

Satis credidi, et quam habere iter vobis laboriosum esset, et vehementer optavi ut ad necessitatem istam, quæ hic nos exhibuit, veniretis vel per occasionem; et benedictionem vestram mereremur, et desiderium commune mutuo satiaretur aspectu ; et vere posteaquam me præsentiæ vestræ spes frustrata est, velut de votorum culmine dejectus, et labor, qui incubuit, et absentia domus, et omnia, quibus ægritudo deceptæ spei, et anxietas cumulatur in animum meum pariter convenerunt. Et scit Dominus, quod si vires suppeterent, aut parere desideriis, ætatis infirmitas pateretur; aut si essent animalia, quibus tantum tali tempore posset itineris expediri, non prius ego a Tolosa reverterer, quam beatitudinis vestræ et singularis illius caritatis benedictionem desideratissimam promererer. Sed quia hæc quæ supra dicta sunt, desideriis obsistunt ; rogo, et per Christum vos adjuro, ut me vobis vestra semper pietas repræsentet. Nec patiamini ut pro officiorum tarditate caritatem imminuat, aut offuscet oblivio, sed pro me, sicut facere vos certus sum, incessanter oretis ; et quoties opportunum fuerit, servum vestrum per colloquia litterarum visitare dignemini.

EPISTOLA XVI ᶜ.

Domino sancto ac beatissimo et apostolica reverentia suscipiendo, papæ, et meo speciali apud Dominum patrono Ruricio Sedatus.

Refecit me filius noster, salutem, salutationemque tuam nuntians : per quem ego quas non merui litteras? Dedi ex hoc desiderio meo satisfaciens, si vel officii ad vos pagina perveniret. Saluto itaque plurimum, et rogo per illam caritatem quæ mihi affectum dignationemque tuam nuntiat, ne te pigeat, quoties opportunum, servum tuum litterarum munere visitare. Quia testor Dominum quod post præsentiam tuam nihil mihi dulcius est, quam si colloquium desiderantissimæ pietatis, vel litterarum dignationem meruero. Rogo etiam, et omni prece deposco, ut pro me, sicut facere vos certus sum, sine cessatione intercedere et orare dignemini. Filios nostros et venerans et desiderans saluto.

EPISTOLA XVII ᵈ.

Domino sancto, meritis beatissimo, papæ, honoris cultu suspiciendo, atque apostolico patri domino Ruricio episcopo Eufrasius.

Tædiosam pietatem vestram esse tenui rumore cognovi ; sed harum bajulum destinavi, ut anxietatem meam de acerbitate nuntii celeriter reveletis. Quia scit divina pietas quod et tristitiam et infirmitatem vestram non compatientis, sed perferentis dolore participo. Sic ita concedat divina miseratio, ut mihi permultos annos exterioris vestri vigorem, et alacritatem integræ sanitatis indulgeat. Quia vere tunc reparatum esse me sentio, si de sospitate vestra celerius optata cognovero.

EPISTOLA XVIII ᵉ.

Domino sancto meritissimo in Christi luminaria præferendo et plurimum in Christo desiderando piissimo domino Ruricio episcopo Cæsarius episcopus.

Dum nimium tribularetur animus meus, quare ad synodum vestram præsentiam non meruimus obtinere, sanctus et domnus meus Verus episcopus mihi dignatus est dicere, quod per suum diaconum mihi ᶠ Agate vestras litteras destinasset, quas ego nescio quo casu aut qua negligentia me non retineo suscepisse. Sed tamen sancto et domino meo fratri vestro certissime credo ; et malo hoc portitoris negligentiæ imputare. Sed licet sanctos et desiderabiles vestros apices miseritis, tamen sicut ipsi optime nostis, dignissimum fuerat ut personam dirigeretis quæ ad vicem vestram subscriberet ; et quod sancti fratres vestri statuerunt,

---

ᵃ Forte *Capitula tamen librum.*
ᵇ Apud Canisium XIII.
ᶜ Apud Canisium XIV.

ᵈ Apud Canisium XV.
  Apud Canisium idem XVIII.
ᶠ Forte *a charitate vestra.*

in persona vestra firmaretur. Sed quia novi quam sancto, ac frequenti, et pio desiderio interesse volueritis omnibus fratribus vestris, votum vestrum et sanctam voluntatem exposui, pro qua re nihil pietati vestræ vel potuimus, vel debuimus imputare. Sed licet desiderabilem vestram præsentiam non habuerimus, orationum tamen vestrarum suffragia nos meruisse persentimus, et ideo his dictis saluto plurimum affectu et honore, quo dignum est; et rogo ut me sanctis et illustribus precibus simul ac meritis Domino commendetis, simulque indico pietati vestræ, et quia filius vester Eudomius, si potuerit hoc elaborare, desiderat ; ut superveniente anno Tolosæ synodum, Christo propitio, habeamus, ubi, etiam si potuerit, Hispanos vult episcopos convenire. Et ideo [a] oro te ut tam sancto desiderio suo Dominus tribuere dignetur effectum.

Sanctum vero et dulcissimum fratrem meum Capillutum presbyterum, amatorem et prædicatorem vestrum, vestræ sanctimoniæ, quanta valeo insinuatione commendo; et pro ipso vobis ingentes et uberes gratias ago, quia quantum ipse asseruit, tantum se circa illum impendit pia et sincera benevolentia vestra, ut hoc nullus hominum possit exponere. Nunc ergo quia pro vestro desiderio æstuans pietatem vestram expetiit, dignum judicavi ut per ipsum humilitatis litteras destinarem, quo remeante, si Christus annuerit, apices vestros, quasi cœleste munus desidero promereri. Ora pro me.

EPISTOLA XIX.

[b] Domino sancto ac beatissimo et apostolica reve-

[a] Forte *orate*.
[b] Epistola ad quam hic respondet Sedatus exstat in Ruricii Epistolarum lib. II, epist. 54, supra col. 110.
[c] Codex ms. hæc sine ulla distinctione conjungit. Ego sejungo et lacunam noto. Nam ab hoc verbo, *quique etiam*, usque ad finem hujus epistolæ, omnia ad verbum sunt Sidonii ad Hecdicium lib. II, epist. 1, quæ sic incipit : *Duo nunc pariter mala sustinent Arverni tui. Quænam? inquis. Præsentiam Seronati, et absentiam tuam. Seronati, inquam, de cujus ut primum etiam nomine loquar : sic mihi videtur, quasi præscia futurorum lusisse fortuna, sicuti ex adverso majores nostri prœlia, quibus nihil est fœdius, bella dixerunt : quique etiam pari contrarietate, fata, quia non parcerent, Parcas vocitavere. Rediit, et cætera*, quæ usque ad finem in ms. sunt. Quomodo autem hic error contigerit, ut pars epistolæ Sedati ad Ruricium, et pars epistolæ Sidonii ad Hecdicium ab exscriptore hic perperam sint conjuncta, non facile assequor, nisi scriba inciderit in codicem in quo pagellæ quædam exciderunt. Contigisse autem hic talem errorem patet ex epistolarum indice in fronte libri, ubi post hanc epistolam Sedati ad Ruricium notantur variæ epistolæ Sidonii, quarum nulla in ms. codice scripta est. Index enim hoc modo habet :

Epistola Sedati ad Ruricium.
Epistola Sidonii ad Constantium.
Alia Sidonii ad Eucerium.
Alia Sidonii ad Tetradium.
Alia Sidonii ad Asperum.
Al. Sidonii ad Proculum.
Al. Sidonii ad Domnolum.

rentia suscipiendo domino et papæ Ruricio episcopo Sedatus episcopus.

Equum quem per fratrem nostrum presbyterum transmisistis, accepi, magnificis verborum vestrorum phaleris honoratum : in via vilem, in epistola pretiosum; moventem se cum foditur calcaribus, aut urgetur verberibus, et nihil penitus promoventem; forma deterrimum, colore vilissimum, molliorem plumis, statuis pigriorem, solida corpora pavescentem, umbras solum, ut credo, de consuetudine non timentem ; fugitivum cum dimittitur, immobilem cum cæditur; in planis stantem, in asperis corruentem; qui teneri nesciat, ambulare non possit ; quem priusquam viderem, dum epistolas vestras relego, illorum de gente esse credidi quos Dædala Circe

Supposita de matre nothos furata creavit.

Putabam illum calidum animis, acrem cursibus; ignem, cum exhiberetur, elatis naribus efflaturum, concussurum solido cornu campos; celeritate ventos et flumina præcursurum. Talem enim mihi splendidissimus epistolæ sermo promiserat. Credebam etiam quod illum manducantem frenos, terentem morsibus ferrum, duo fortiores viri ne evaderet retinerent. Nec me fefellit ; nam trahebant eum aliquot; impingebant alii, et plures cædebant. Quem ut sic exhibitum vidi, optavi ut talia qualia erant, non qualia epistola mea continet, semper caris vestris munera mitteretis. Ego tamen quia mihi non reliquistis in transmissi muneris laude quod dicerem [c] ne omnino.....

[d] Quique etiam pari contrarietate fata, quæ quia non parcerent, *Parcas* vocitavere. Rediit ipse Cati-

Al. Sidonii ad Nymphidium.
Al. Sidonii ad Simplicium.
Al. Sidonii ad Taumastium.
Al. Sidonii ad Ruricium.
Al. Sidonii ad Papianillam.
Al. Sidonii ad Patientem.
Al. Sidonii ad Lupum episcopum V.
Al. Sidonii ad Censorium.
Alia Sidonii ad Mamertum.
Alia Sidonii ad Agrœcium episcopum.
Alia Sidonii ad Sulpitium.
Alia Sidonii ad Ruricium.
Alia Sidonii ad Gothum.
Alia Sidonii ad Principium episcopum.
Alia Sidonii ad Remegium episcopum.
Alia Sidonii ad Faustum episcopum.
Alia Sidonii ad Heresium.
Habet in sequenti epistularum libros 2 domni Ruricii episcopi.
Deinde epistularum librum unum domni Desiderii episcopi.
Item epistulas diversorum ad eumdem domnum Desiderium.

Nulla epistola Sidonii ex his in codice ms. est, nisi quod fragmento epistolæ Sedati ad Ruricium perperam sine ulla distinctione conjunctum est aliud fragmentum epistolæ Sidonii ad Hecdicium. Et statim sequuntur duo libri epistolarum Ruricii. Hæc monere volui. Nam diu me torserat hic locus. CANISIUS.

[d] Quæ sequuntur sunt ex epistola Sidonii ad Hecdicium lib. II, epist. 1, supra col. 471.

lina sæculi nostri nuper ª Aturribus, ut sanguinem fortunasque miserorum, ᵇ quæ sibi ex parte propinaverat, ex asse misceret.

Scitote in eo per dies spiritum diu dissimulati furoris aperiri. Aperte invidet, abjecte fingit, serviliter superbit, ᶜ indicit ut dominus, exigit ut tyrannus, addicit ut judex, calumniatur ut barbarus, toto die a metu armatus, ab avaritia jejunus, a cupiditate terribilis, a vanitate crudelis, ᵈ non cessat simul furta vel facere, vel punire, palam et ridentibus convocatis, ructat inter cives pugnas, inter barbaros litteras. Epistolas, ne primis quidem apicibus sufficienter initiatus, publice a jactantia dictat, ab impudentia emendat; totum quod concupiscit, quasi comparat, nec dat pretia, contemnens, nec accipit instrumenta desperans. In concilio jubet, in consilio tacet, in ecclesia jocatur, in convivio prædicat, in cubiculo damnat, in quæstione dormitat. Implet quotidie sylvas fugientibus, villas ᵉ hostibus, ᶠ altaria reis, carceres clericis; exsultans Gothis, insultansque Romanis, illudens præfectis, ᵍ colludensque numerariis, leges Theodosianas calcans, Theodoricianas proponens; veteres culpas, nova tributa perquirit. Proinde moras tuas ʰ citius explica. Et quidquid illud est quod te retentat, ⁱ incide. Te exspectat palpitantium civium extrema libertas. Quidquid sperandum, quidquid desperandum est, fieri te medio, te præsule placet. Si nullæ a republica vires, nulla præsidia, si nullæ (quantum rumor est) ʲ Anthemii principis opes, statuit, te auctore, nobilitas seu patriam dimittere, seu capillos. Vale.

ª Ita expressis litteris ms. Recte ergo Savaro in epist. 1, lib. ɪɪ Sidonii ita correxit et notavit. Aturres sunt Novempopulaniæ, ab Aturro fluvio, Aturres, ut ab Astura, Astures, Floro lib. ɪᴠ, sub finem. De Aturro et Aturrico pisce, vide Sidon. lib. ᴠɪɪɪ, epist. 12. Civitas Aturensium Notit. Provinc. in Novempopulana provincia, quam Itinerarium Antonini Adturrem vocat, ubi de Gallia Narbonensi. Et quod maxime facit ad hanc veterem lectionem, et Sidonii mentem, erat tunc temporis Gothicarum partium. Commonitorium Timothei : Anianus vir spectabilis ex præceptione D. N. gloriosissimi hunc codicem de Theodosiani legibus atque sententiis juris vel diversis libris Aduris anno 22 eo regnante edidi atque subscripsi. Vulgo Aire. Canisius.
ᵇ Sidonii vulgatus codex, quas ille ibi ex parte propinaverat, hic ex asse misceret. Ex qua plurasi licet conjecturam ducere, hoc fragmentum epistolæ Sidonii esse, non Sedati; nam Sidonius de eodem Seronato lib. ᴠɪɪ, ep. 7, Seronatum barbaris provincias propinantem. Idem.
ᶜ Sidonius lib. ᴠ, ep. 13, de eodem Seronato, nunc inauditis indictionum generibus exhaurit. Idem.
ᵈ Vulgata editio, non cessat simul furta vel punire, vel facere palam, et ridentibus. Idem.
ᵉ Ms., hospitibus. Idem.
ᶠ Ita et ms., licet in margine sit posita hæc vox, rifis. Idem.
ᵍ Ms. vitiose, conclaudansque numerariis. Ita enim in medio hæc vox rasa, et postea nescio a qua manu signo hoc conjuncta est. Vide quæ notat Savaro hic de numerariis. Idem.
ʰ Vulg., citus. Idem.
ⁱ Ms., incidite. Idem.
ʲ Ita lego cum Savaro, nam ms. hic mutile, Ante. Id.

FAUSTI EPISCOPI
SERMONES.

SERMO PRIMUS.
Ad monachos.
(Ex ms. domini Chauvelin regiorum sigillorum custodis.)

1. Ad locum hunc, carissimi, non ad quietem, non ad securitatem, sed ad pugnam, ad certamen convenimus, ad agonem huc processimus, ad exercenda cum vitiis bella conscendimus. Vita enim nostra hostes nostri sunt, de quibus Scriptura pronuntiat dicens : Cave ne unquam habeas cum eis sedem. Necessaria nobis est, fratres, pervigil cura, indefessa custodia, quia conflictus iste sine fine, hostis iste sine pace est. Hostis iste vinci potest, recipi in amicitiam non potest. Et ideo prælium istud quod suscepimus, satis durum satisque periculosum est, quia inter hominem geritur, et nisi cum ipso homine non finitur. Ideo nos ad tranquilla hæc secreta et spiritualia castra contulimus, ut quotidie contriti, passiones nostras infatigabili congressione certemus; ut quotidie moribus nostris quasi famulas voluntates nostras subjiciamus, ut cordis nequitias circumcidamus vel linguæ gladium retundamus. Non solum invicem non inferamus injurias, sed nec ab aliis sentiamus illatas.

2. Peculiariter enim ista ad professionem nostram pertinent, nihil in hac vita consolationis requirere, nihil honoris; præsentium rerum solatia refugere, et ad promissa æternæ remunerationis præmia animum præparare. Subjectione et abjectione gaudere, et paupertatem studio quærere; et non solum facultates, sed ipsas voluntates de cordibus eradicare. Nihil enim proprium habere interdum res necessitatis exigit, nihil autem concupiscere res virtutis.

3. Illud etiam scire debemus, quod qui inter nos vitam habere constituimus, aut cum grandi periculo vel diligentes vel etiam negligentes sumus. Unde felix est illa anima quæ, dum bene in congregatione versatur, multorum gaudium est, et plurimi ex ea vel ædificantur vel illuminantur. Bona enim dum multis communicantur, adduntur: Ad quod etiam sapientissimi illius sententia respicit, quæ dicit: Fili mi, si sapiens fueris, tibi et proximis tuis (Prov.

xxiii, 15). Itaque si quis in congregatione positus, humilitatem se sequentibus aut patientiam præbuerit, quantum ex se bonum proximis commodat, tantum in se aliorum lucra convertit. Si vero econtrario per inobedientiam vel superbiam quæret, quod pejus est, facilius inveniri solet, ad mali exemplum sive iniquitatis alios attraxerit, quantos destruxerit, de tantis periculum damnationis incurrit, quantis detrimentum fuit, tantis damna contraxit, et peccatum quod ab illo semel recessit, ad eum multipliciter redundabit. Quamobrem sicut ille valde admirandus est atque laudandus est, cujus cursus bonus multorum profectus est, ita ille non immerito lugendus est cujus vita multorum ruina est. Ideoque, fratres carissimi, quæ ad ædificationem pertinent, ea in medio positi agere studeamus, ne via nostra aliorum virtutibus noceat, et ne aliorum fervorem tepor noster debilitet; et ne aliorum patientiam nostra iracundia violet; nec aliorum humilitatem superbia nostra depravet, ne aliorum pulchritudinem fœditas nostra contaminet: ne aliorum ardentes exstinguamus lampades, si nostras illuminare non possumus. Et quidem illæ fatuæ virgines, quamlibet fatuæ essent, non tamen alienas exstinguere lampades, sed suas illuminare cupiebant; et ideo ad istarum similitudinem, si cui nostrum deest pinguissima gratia humilitatis, et si deest ignis fidei, si flamma fervoris, si oleum caritatis, si lumen discretionis, veniat ad eos quos magis abundare prospexerit, gratiam in se a proximis non auferendo, sed imitando transfundat, et bona possessionis alienæ non solum sine damno, sed etiam cum lucro possessoris invadat. Nunquam enim sentit luminis damnum plurimis ignis accensus, nec minuit solis lucem considerantium multitudo, quanti ad eum perspexerint, tantis munera sua commodat; et ipse tamen semper integer perseverat.

4. Benedicta illa anima est a Deo cujus humilitas alterius confundit superbiam, cujus patientia alterius exstinguit iracundiam, cujus obedientia pigritiam tacite alterius increpat; cujus fervor inertiam alieni teporis exsuscitat, qui proximi sui prætira turbatum oculum cordis gratia consolationis atque ædificationis illuminat. Melius est huic quam illi qui fratrem paululum ab aliquo contristatum, non tamen solatio suo porrecta manu non sublevat, sed titubantem, sicut parietem inclinatum maleloquiorum impulsu adjuvat ad ruinam, et salubriter pro disciplinæ ratione correctum per sinistra consilia sic incitat, ut allidat; sic armat, ut perimat.

5. Itaque, fratres, cui mala propria non sufficiunt, ille sic agit, ut judicium etiam alienæ perditionis incurrat. Certi sumus, carissimi, quod nisi caveamus, nisi nostras quotidie passiones resecemus et circumcidamus, deteriores multum nos effici quam fueramus, dum in hoc sæculo viveremus: ita ut fiant extrema nostra pejora prioribus. Et quidem, carissimi, quandiu quæ ad mundum pertinent, illis actibus et negotiis eramus militantes, in quibus nunc et erubescimus, tunc nobis adversarius non obstabat, imo etiam consentiebat, quod circa miserabilem ac perditam vitam nostram non inveniebat in quo exerceret invidiam suam. Delectabantur illum nostra opera, sufficiebantque illi per se nostra crimina et peccata. Quis enim suscipiat bellum contra militem suum, et quis velit impugnare subjectum suum? Sed super omnem infelicitatem erat vita illius cui nocere dedignabatur inimicus. At vero nunc postquam voluptatibus illius renuntiavimus, vidit cultores suos ad actoris pristini rediisse famulatum, vidit in nobis quodam modo idola sua in Dei templum mutari, et frendens et tanquam leo rugiens omnes nocendi aditus pervigil insidiator explorat. De quo leone apostolus bene attestatur: *Vigilate, quia adversarius vester diabolus, ut leo rugiens circuit quærens quem devoret (I Petr.* v, 8). Beati quos hic leo inquirendos judicat et sequendos utique virtutum vestigiis et odore meritorum. Non enim ab illo inquiruntur nisi boni, quia se ultro ingerunt mali. Post illos violenter currit. Hos etiam negligenter incurrit. Beati igitur quos hic leo invidia cogitur quærere, et malitia non permittitur invenire. Terribiliter quidem sonat in auribus nostris dum audivimus *Tanquam leo rugiens*. Sed quia dictum est: *Escæ ejus electæ sunt*; quod quærit electionis est; quod rugit desperationis est. Sicut in alio loco legimus: *Dentibus suis frendet et tabescet*. Ita hæc loquitur sermo divinus, ut terrori conjuncta sit consolatio. Cruenti quidem est *frendet*; sed victi quod *tabescit*. Et inter quanta sint illa quæ a Deo præparata sunt homini livor prodit inimici.

6. Hæc itaque, carissimi, cogitantes, et in hoc agone desudantes gloriosi et præclari [a] patris nostri nos et discipulos meminerimus esse et filios. Rapiamus unusquisque quod possumus de bonis intestati parentis. Hic de hæreditate assumat fidei olosericam gestorum varietatem pretiosam. Hic mansuetudinis ac simplicitatis occupet talentum. Ille decus pectoris benevolentiæ ac sapientiæ monile sibi vindicet. Hic margaritam compunctionis et thesaurum castitatis invadat. Licet enim ille locupletissimus Dei amicus, quidquid habuit integrum secum tulerit, et nobis tamen, si volumus, totum reliquit. Ita ergo agamus bona illius sectantes, ut qui in æternam gloriam suscitandus sub fine sæculorum reddetur, nunc Ecclesiæ prole divina in filiis per merita jam resurgat.

SERMO II.
Ad monachos.

1. Quod supplente et quodam modo cum caritate jubente Deo et vestra fraternitate, qualemcunque sermonem profero; facio hoc non ex aliqua præsumptione, sed ex vera et integra caritate. Et licet

---

[a] S. Honorati haud dubium, qui fundavit ac rexit Lerinense monasterium, ad cujus monachos loquebatur S. Faustus et ipse etiam ante episcopatum ejusdem loci monachus.

tam perfecti Deo propitio sitis, ut admonitione nostra minime egeatis : tamen imperante caritate quæ nescit timere, etiam quod optime implere vos novimus suggerere et admonere cum vera humilitate et perfecta caritate præsumimus, non tamen sine verecundia, cum nos necdum idoneos noverimus esse discipulos, et ad opus sanctum videamur excitare magistros. Cum simus tepidi cogimur admonere ferventes ; cum simus peccatores, arguimus justos ; cum simus imperiti, doctores instruimus ; cum simus in pelago hujus mundi nimiis fluctibus agitati, ad eos qui ad portum tam feliciter pervenerunt prædictionis verba proferimus. Sed tamen, fratres dilectissimi, quia solent naves superatis et devictis fluctibus pelagi, etiam in portu tutissimo laborare, et nisi grandis cautela fuerit, pene submergi ; cum summa humilitate et ingenti reverentia admonemus, ut quia vos Christus capitalibus criminibus tanquam de periculosis liberavit fluctibus, in portu quietis et beatitudinis constituti, parvas negligentias, et quasi minuta peccata, quæ sic in anima confluunt, quomodo per minutissimas navis rimulas in sentina guttæ concurrunt, cum omni vigilantia, Christo adjuvante, exhaurire jugiter festinetis. Nam quomodo navis postea quam pelagi fluctus evaserit, si in portu sentinata non fuerit, de minutis guttis impletur et mergitur : sic et monachus, devictis et superatis mundi hujus criminibus, quasi periculosis fluctibus, cum ad portum monasterii venerit, si subrepentia vitia et minuta et quotidiana peccata de animæ suæ sentina exhaurire neglexerit, in ipso portu naufragii discrimen incurrit. Sed dicit aliquis, quomodo potest anima sentinari ? Utique orando, jejunando, vigilando, veram caritatem et veram humilitatem et veram obedientiam exhibendo. Attendite, fratres, quomodo navis sentinatur a situla, sic anima ab operibus malis oratione dominica liberatur, si dicat et verum dicat : *Dimitte nobis debita nostra sicut et nos dimittimus debitoribus nostris* (*Matth.* VI, 12). Qui enim omnibus in se peccantibus clementer indulserit, nullius peccati vestigium in illius anima remanebit. Attendite, fratres, et considerate quod dixi, qui in se peccanti indulserit, non dixi quod qui in Deo peccaverit, ipsi debeas veniam dare, quod pejus est ; *aliquoties* qui in nobis peccaverit, aut tarde, aut difficile veniam damus ; qui in Deo deliquerit, celeriter indulgemus. Sed si volumus juste agere, illi qui in Deo peccaverit, sine severissima districtione non debemus indulgere ne, dum illi per indiscretam pietatem remittitur, exemplum perditionis aliis præbeatur. In suo ergo se unusquisque ostendat clementem, quia Dominus ait : *Si dimiseritis hominibus peccata eorum, dimittet vobis Pater vester cœlestis peccata vestra* (*Ibid.*, 14).

2. Quando vero in Deum aliquis peccatum præsumit admittere, districtionem debet monasterialem sustinere. Et hoc bonum pio animo debet fieri, ut spirituali castigatione ita corrigatur in hoc sæculo, ut non pereat in futuro : quia omne peccatum quod in hoc mundo non corrigitur, in futuro sæculo punietur. Sic enim de filio, de servo divina Scriptura commemorat : *Tu,* inquit, *virga eum cædis, et animam illius de inferno liberabis* (*Prov.* XXIII, 14). Et ideo, sicut supra suggessi, non solum capitalia crimina caveamus, sed etiam parvas negligentias, [quas] quotidie quasi venena diaboli respiramus. Sunt enim nonnulli qui post religionis professionem, qua videntur exisse de sæculo, nimia securitate solvuntur, et impletur in eis sententia Domini qua dicitur : *Utinam frigidus esses, aut calidus : nunc autem quia tepidus es, incipiam te vomere ex ore meo* (*Apoc.* III, 15). Quid est quod dixit : *Utinam esses calidus aut frigidus?* Nunc autem quia et de sæculo recessisti, et spiritalem fervorem per negligentiam tuam apprehendere noluisti, tepidus effectus es, ex ore Domini vix iterum recipiendus evomeris.

3. Ideoque, fratres carissimi, sententiam divinæ Scripturæ diligenter attendite, qua dicitur : *Omni custodia serva cor tuum* (*Prov.* IV, 23). Sicut enim gaudendum est de monacho qui in monasterio voluerit mansuetudinem, obedientiam, patientiam mitis et humilis exhibere ; ita e contrario lugendum est de illo qui corpore tantum videtur de hoc sæculo exisse, corde tamen in mundo aut remansisse infideliter, aut rediisse infeliciter cognoscitur, et pro humilitate profert superbiam, pro patientia iracundiam, pro obedientia contemptum, pro caritatis medicamento malitiæ effundit venenum. Talibus convenit illa beati Petri vera et multum timenda sententia. *Melius,* inquit, *illis fuerat non cognoscere viam justitiæ, quam post cognitionem retrorsum converti* (*II Petr.* II, 20). Et iterum : *Canis reversus ad vomitum suum, et sus lota in volutabro luti* (*Ibid.*, 21). Sed nec de talibus desperandum est, fratres, quia potens est Deus orantibus vobis scintillam compunctionis accendere, et omnem sæculi voluptatem velut spinas et tribulos nequitiæ salubri igne consumere, illo utique igne de quo Dominus ait : *Ignem veni mittere in terram, et quid volo nisi ut ardeat* (*Luc.* XII, 49)?

4. Orate ergo, fratres dilectissimi, non solum ut vobis Deus perseverantiam bonam dignetur tribuere, sed et illi qui negligentes sunt tandem debeant de fovea superbiæ se sublevare, et de laqueis eruere. Si enim vobis orantibus, et cum caritate consilium dantibus, quicunque sunt tepidi et negligentes fuerint emendati, duplicatum vobis præmium Dominus et de vestra et de illorum correptione recompensare dignabitur. Nam nec illi qui boni sunt, se debent quasi de suis meritis extollere ; nec illi qui negligentes sunt, de Dei misericordia desperare : sed illi cum humilitate Dei bona custodiant, et isti cum grandi compunctione celerius ad pœnitentiam vel correptionis medicamenta confugiant : quia qui bonus est, si superbire cœperit, humiliabitur ; et qui superbus est, si se humiliaverit, per Dei misericordiam sublevabitur. Tantum est ut se non permittat amplius durissimo jugo premi, nec nimia et pericu-

losa dissimulatione in peccatis perseverando diutius obdurari; sed tam cito confugiat ad pietatem Dei, ut in se peccati vestigium non relinquat. Optime callidis adhuc vulneribus malagma vel fibula apponitur: quia si velox fuerit ad cœlestem medicum intentio resurgendi, vestigium peccati non poterit remanere cum lapso, quia sub manu omnipotentis medici et cito perit morbus, et velociter sanatur ægrotus.

5. Iterum atque iterum rogo et admoneo, fratres, ut obedientiam, et humilitatem, et caritatem non solum senioribus et coæqualibus, sed etiam junioribus exhibere jugiter studeatis: quia quælibet bona servus Dei habere contendit, et omnia perniciter perdit, si in illo humilitas et caritas vera non fuerit. Nolite murmurare, fratres; scriptum est enim quod murmurantes a serpentibus perierunt. Nolite detrahere, fratres, quia scriptum est: *Qui detrahit fratri eradicabitur*. Nolite iracundiam in corde servare, quia scriptum est: *Ira enim viri justitiam Dei non operatur* (*Jac.* II, 20). Nolite vos invicem odio habere, propter illud quod scriptum est: *Qui odit fratrem suum homicida est* (*I Joan.* III, 15). Sed non opus est ut diutius sanctam caritatem vestram verbis doceamus, quod vos ad Christi gloriam operibus implere et cognoscimus et gaudemus. Hoc solum specialiter petimus, ut quia vos Deus in locum quietis et tranquillitatis collocare dignatus est, pro nobis quos sæculi istius tempestates et innumerabiles fluctus affligunt, abundantius Domino supplicetis: ut si nobis, qui non meremur, gloria non dabitur, saltem vobis orantibus peccatorum venia tribuatur. Amen.

SERMO III.
Ad monachos. De pœnitentia.

Detur pœnitentia sæculari, cujus adhuc cervix sub jugo dependet sæculi, et huic pro immanitate delicti terminetur tempus, cui adhuc tempus servit. Cæterum si abrenuntians sæculo et ejus militiæ, et spondens se cunctis diebus serviturum Deo, cur pœnitentiam mereatur, qui liber effectus, velut onager sectatur eremi vastitatem, sicut ait Job: *Quis dimisit onagrum liberum in deserto* (*Job.* XXXIX, 8)? A leone fortiter caveat, et arentibus herbis et poculo exiguo alatur in eremo. Erigat in aera caput, et flagrantem nimium sitis ardorem Spiritus sancti aura restinguat, ne, dum valde desiderat amœna virentia, nimiis deliciis præpeditus periculum salutis incurrat.

Igitur abrenuntianti publica pœnitentia non est necessaria, quia conversus ingemuit, et cum Deo æternum pactum inivit. Ex illo igitur die non memorantur ejus delicta quæ gessit in sæculo, in quo facturum se justitiam de reliquo promiserit Deo.

[a] Ergo post chirographum [b] de quo se monachus debitum ex tota fide promiserit implere, etsi fidelis factus peccaverit in sæculo, post abrenuntiationem iterum factam dominicum corpus non dubitet accipere, ne occasione humilitatis nimiæ prolongetur a corpore et sanguine cui se junxit ut unum corpus efficeretur. *Communicare* ergo non desinat qui peccare quievit, tantum de reliquo non peccet. Nam sicut ignis iste visibilis duas in se quasdam efficantias habet, id est comburere fragilia et illuminare tenebrosa; ita ignitum illud dominicum corpus, quando cum metu et reverentia grandi fuerit sumptum, corporis quidem delicta consumit, animæ vero sensum illuminat. Et idcirco maxime frequentius communicare debet. Si vero fuerit, sicut scriptum est, lepra in pelle, immunda erit, id est peccatum in monacho, quia pellem esse monachum Scriptura pronuntiat, mortificantem membra sua super terram, cujus ossibus adhæsit caro, quæ immutatur propter oleum, et a jejunio infirmatur, et jejuna velut fœnum arescit. Ergo si in hac pelle visa fuerit lepra, immunda erit, et nisi fuerit jacintina aut rubra pura, ad ornatum tabernaculi non erit apta.

SERMO IV.
SIVE ADMONITIO NECESSARIA DE DIE JUDICII, ET MALORUM POENA, VEL BONORUM GLORIA; ET QUOD ETIAM LAICI NON MUTATO HABITU POSSINT ET DEBENT QUOTIDIE POENITENTIAM AGERE.

Ad monachos.

(Ex ms. Corbeiensi litteris Merovingicis ante annos mille exarato.)

Rogo vos, fratres carissimi, ut sicut frequenter admonui, diem mortis nostræ et terribile ac metuendum judicium jugiter studeamus cogitare. Admoneo enim peccatorum vulnera nulla invenire possunt utiliora remedia, quam ut unusquisque cogitet horam illam quando erit de hoc sæculo migraturus. Quomodo enim potest fieri ut aliqua peccata præsumat admittere, qui se momentis singulis credit de hac luce migrare. Sic enim Scriptura dicit: *Memento, fili, quod mors non tardat* (*Eccli.* XIV, 12). Et illud: *Memento novissimorum, et desistes inimicare* (*Eccli.* XXVIII, 6). Qui enim diligenter attendit quam dura erit examinatio ante tribunal Christi, ubi recepturus est unusquisque secundum operam suam, non ei poterunt placere peccata vel crimina propria. Cum ante illum tremendum judicem congregatæ fuerint omnes gentes, quid tunc erit injustis et adulteris atque rapacibus? fletus oculorum, stridor dentium, cum sanctorum multitudine ad dexteram regis æterni, et gloriam segregata, peccati populo in profundo tartari sine ullo miserationis fine aut veniæ demerso, excludi se in tenebris suis a sanctorum beata luce viderit et profundo inferni sine fine descendens, urguere os suum puteo æterna supplicia et perpetua morte non moriturum. Petit frustra extremum Lazari digitum quod ardens refrigeretur, arentibus labiis rogavit apponi. Et ideo, fratres carissimi, dum adhuc licet, consideremus conscientias nostras, et si aliqua crimina vel peccata capitalia necdum eleemosynis et orationi-

---

[a] Hinc patet professionem religiosam esse secundum baptisma, quo cuncta in sæculo commissa peccata abluuntur, id quod et alii sancti Patres diserte docent.

[b] Scripto ergo commendabatur pactum quo monachi perpetuo se Deo servituros devovebant, id quod postea etiam præscripsit S. Benedictus in Regula, cap. 58.

bus purgata in nobis adhuc dominari cognoscamus, portum pœnitentiæ, devictis peccatorum fluctibus, Christo gubernante, festinemus intrare, et si quid in navicula animæ nostræ multis tempestatibus peccatorum, aut per avaritiam, aut per superbiam, aut iniqua cupiditate corruptum esse cognoscemus, componere vel reparare bonis operibus festinemus. Non enim nocent peccata præterita si non placent; sicut nulli justorum sufficit justitia sua, si non perseveraverit usque in finem, ita nulli peccatorum nocere poterit iniquitas sua, si antequam de corpore isto discedat, ad eleemosynarum remedia vel pœnitentiæ medicamenta confugerit. Sed quia quando, vel qua hora de hoc sæculo rapiamur scire non possumus, sine ulla dilatione vel absque mora de sinistra fugiamus ad dexteram. Non enim sanitatem credendum est, non ætatem in remedium salutis suæ semper.... intardus est, quia vitæ suæ super incertus est, quia qui nos securus fecit dicendo peccatori : *In quacunque die conversus fuerit, omnes iniquitates illius oblivioni tradentur* (Ezech. xxxiii, 12); ipse etiam nos cautos voluit esse dicens : *Nolite tardare converti ad Dominum, ne differatis de die in diem* (Eccli. v, 8). Sed forte quando generaliter omnes ad pœnitentiam provocamur, aliquis intra se cogitat dicens : Ego juvenis homo uxorem habens, quomodo possum aut capillos minuere, aut habitum religionis assumere? Nec nos hoc dicimus, fratres carissimi, non hoc prædicamus, ut juvenes qui conjugia rationabilia habere videntur, habitum magis quam mores debeant commutare. Quid enim homini uxorem habenti nocet, si mores perditos noluerit habere, et ad opera bona vel honesta convertere, si peccatorum suorum vulnera eleemosynis et orationibus ad sanitatem pristinam revocare? Vera enim conversio sine vestimentorum commutatione sufficit sibi : vestimenta vero religiosa sine bonis operibus non solum remedium habere non poterunt, sed etiam justum Dei judicium sustinebunt. Convertamur ergo ad meliora dum in nostra sunt potestate remedia. Hic exstinguamus mortem moriendo peccatis. Hic vitam vitæ meritis comparemus, præstante Domino nostro Jesu Christo, qui vivit et regnat in sæcula sæculorum. Amen.

SERMO V [a].
Ad monachos. In die sancto Paschæ.
(Ex ms. Morbacensi.)

1. Opportune et congrue sub die insigni solemnitatis hodiernæ in voce exsultationis assurgimus, et cum Apostolo dicimus : *Ecce nunc dies salutis* (II Cor. vi). Hodie interfectis Ægyptiis, de luto ac paleis Dei populus, id est de vilissimis ac inanissimis operibus, liberatur. Hodie Agnus ille qui tollit peccata mundi in redemptione humanæ salutis offertur ; quando postes domorum sanguine illius jubentur inscribi, id est crucis titulo frons nostra depingi, ne locum angelus exterminator inveniat. Sub hoc tempore excutitur Pharao cum exercitu ejus in mari Rubro, pereuntibus sacro in fonte peccatis, tanquam in Rubras Ægyptii demerguntur undas, id est Christi sanguine consecratas. Sub hoc reditu pro tempore filii junioris qui perierat et inventus est, id est pro salute gentilium saginatus ille vitulus immolatus est ; junior autem filius nos sumus, seniore fratre, id est Judæis tardantibus et intrare nolentibus, ad Creatorem nostrum revertimur sub pœnitudine peccatorum. Everteramus enim et perdideramus acceptam a Deo patre nostro substantiam ; videamus quam substantiam, id est universæ naturæ bona. Dei enim substantia est omne quod vivimus, sapimus, cogitamus : intellectus et ratio ad discretionem boni et mali Dei substantia est ; etiam libertas arbitrii quam acceperamus, vel ad declinanda blandimenta peccati, vel ad incitandum liberæ voluntatis affectum in auctoris obsequium, vel ad custodiendam imaginem et similitudinem Dei. Has ergo datas nobis et intus insertas a Creatore divitias in pravos transtuleramus usus, et consumpseramus in exercitia vitiorum, derelicto fonte virtutum, peregre et nimis longe a patre profecti, non locis ab eo et regionibus, sed cordibus et operibus discedentes. Qui enim sequitur proprias voluntates, et per passiones suas rapitur, a Deo exsul efficitur ; ad quem suscepta peccatorum agnitione redeuntibus nobis, et quidem redeuntibus non gressu corporis, sed mentis affectu, cum immensa misericordia, cum ineffabili lætitia et consolatione obviam venit ; intrat festa convivii ; ordinat choros atque symphonias, id est exsultationes cœlestium gaudiorum, quibus angeli exsultant in cœlis super uno peccatore pœnitentiam agente. Redeuntibus itaque nobis ad emendationem, hoc convivium quotidie celebratur ; quotidie pater filios recipit, semper Christus credentibus immolatur. Hic est ergo ille vitulus saginatus quem in Veteri Testamento docemur offerre : vitulus et bubus, id est ex patriarcharum et prophetarum, ex Abrahæ semine descendens : masculus immaculatus ; masculus, id est contra omne peccatum robustus et validus : masculini enim et virilis animi est illecebras rupisse peccati, sicut femineæ fragilitatis ignavia est vitii suscepisse lasciviam. Unde et ille typum gerens diaboli Pharao premens populum Dei, inimicus spiritui, amicus carni, fortitudines præfocabat, concupiscentias nutriebat.

2. Mortuus est ergo Christus propter iniquitates nostras, et sicut ovis ad occisionem ductus est ; et *sicut agnus coram tondente se, sic non aperuit os suum* (Isai. LIII, 7). Hic est ille agnus quem in una domo comedere ex lege præcipimur, succinctis lumbis nostris. Comedere autem caput cum pedibus quid est in una domo ? id est in Ecclesiæ unitate carnes ejus ju-

---

[a] Hunc et sequentem sermonem rogatu meo descripsit eruditus vir domnus Remigius *Seiller* ex congregatione S. Vitoni, ex vetusto codice Morbacensis monasterii, ubi *Eusebii Cæsariensis episcopi* nomen præfert, cum aliis sermonibus, quæ Eusebio Emiseno vulgo tribuuntur, quos viri eruditi Fausto Rhegiensi episcopo restituunt.

bemur assumere. Ariani ergo et diversae haereticorum perversitates non in una illum comedunt domo ; et ideo sicut in diluvio non salvatus est nisi qui intra arcam Noe fuit inventus, ita diversae fidei homines si extra domum Ecclesiae sunt, non habent Agnum qui Christus est. Quod vero hujus agni caput cum pedibus comedere nos debere Scriptura commemorat, hoc est ut Deum et hominem pari confessione veneremur. Caput ergo divina, pedes humana substantia est. Caput accipiamus de eo quod dicit beatus Joannes : *In principio erat Verbum* (*Joan.* I); pedes vero de quo Paulus apostolus scribit : *Semetipsum exinanivit, formam servi accipiens, in similitudinem hominum factus, et habitu inventus est ut homo* (*Philip.* II, 7); et, *Factus ex muliere, factus sub lege* (*Gal.* IV, 4). Oportuit ergo ut hujusmodi agni carnibus succinctis lumbis, id est mortificatis carnalibus passionibus, cum summa cordis et corporis puritate vescamur. Caput cum pedibus, id est ex Deo genitum credamus, et ex homine procreatum. Quod autem dixi, et ex Deo genitum, forte sint aliqui de minus eruditis qui dicant in corde suo : Quomodo Deus filium genuit? Nil hic corporeum cogitemus. Quid est enim Deus Deum genuit, nisi de igne ignis apparuit, lux de luce processit? Ergo propter aliquos qui tardi sunt ad intelligendum, aliquam speciem jam vel comparationem de terrenis ac visibilibus assumamus. Verbi gratia, si lampas accendatur ex lampade, si una illuminetur ex alia, nonne tibi videtur flammam quodammodo flamma parturiens splendorem de splendore genuisse? Num tibi videtur inaestimabili ratione natum fuisse lumen ex lumine? Et cum de lampade ad lampadem transferatur, licet duae lampades ardeant, tamen ille ignis ipse est utique in secunda qui splendeat in prima. Nunquid de nihilo aut de aliquo novo initio factus est ille ignis? sed magis de natura sui splendoris effusus est : ergo illa illuminatio quae de prima lampade videtur accensa, non quasi ex nihilo in secunda esse coepit, sed de cognato splendore processit, qui in primi luminis origine jam manebat. Et licet in utraque lampade gemina et duplex videatur micare flamma, utraque tamen una substantia est ; ita et in unigenito Dei Filio etsi personae species propria est generis, tamen natura communis est, non de Patre incipiens, sed ex Patre cum Patre subsistens.

3. Omnia de nihilo creata sunt ; ille solus de Deo Deus. Hic ergo cum in forma Dei esset, formam servi pro servorum salute suscepit; et in ligno crucis cum vita esset, in ligno appensus est : quasi selpsum pensaret in pretio perditorum; alapis caesus est, spinis coronatus est. Quod vero coccinea indutus est chlamyde, indumenta Christi merita sanctorum sunt; item tunc itaque martyrum sanguine in illo coccineo colore perfunditur. Quod autem Judaei purpurea chlamyde indutum flexo adorant genu ; velint nolint, Regem illum et Dominum confitentur. Quod autem in cruce dixit *sitio*, fidem suis requirebat. Sed quia in propria venit, et sui eum recipere noluerunt, pro suavitate fidei acetum ei perfidiae propinaverunt. Porrigunt acetum malitiae, quia vinum sapientiae, quod a Christo acceperant, peccando perdiderant. Potatur acerbitate malorum nostrorum, daturus dulcedinem bonorum suorum. Sed et nunc quotidie quando peccatis contristatur et exacerbatur, acetum quoddam illi potus et cibus fellis ingeritur. Velum templi scinditur; velum ornamentum habitaculi est. Coruscante igitur gratia, Ecclesia aedificatur, Synagoga destruitur, veli templum honore nudatur, remoto per adventum Christi velamine litterae; ut cum Apostolo revelata facie legis interiora pandantur. Quod autem monumenta aperiuntur, mortis claustra reseruntur, resurgunt laxata sede tartarea cum Christo sancti : et quem superi non recipiunt, inferi Deum esse cognoscunt. Unde nos agnoscentes erga nos divinorum beneficiorum alta mysteria, respondeamus in quo possumus misericordiae redemptoris : demus illi compunctionem de peccatorum emendatione pro spinis suis ; offeramus illi cor suo timore confixum pro clavis suis ; reddamus illi palmam perseverantiae pro alapis suis.

SERMO VI.
Ad monachos. De natali sancti Petri.
(Ex ms. Morbacensi.)

1. Gloriosissimos christianae fidei principes annuis solemnitatibus honorantes, fratres carissimi, ipsum Deum ac Dominum nostrum, qui hujus auctor est fidei, debita religione veneramur. Apostoli namque Latino sermone dicuntur missi ; qui ergo honorant missos, manifestum est eos honorare mittentem ; cum dignitas quae defertur ministris, illi sine dubio cujus ministri sunt exhibetur, ut ait ipse Salvator ad discipulos suos : *Qui vos audit me audit, et qui vos recipit me recipit* (*Luc.* X, 16). Vere beata apostolorum merita, in quibus se Christus et recipi praedicat et audiri ; beati nihilominus et illi quorum devotio delata apostolis recurrit in Christum. Tenentes itaque, fratres, tantae hujus promissionis fidem, de suppliciis patrum nostrorum, pro Christi confessione susceptis, fidelibus gaudiis exsultemus : quoniam qui de martyrum morte laetatur, martyres non dubitat cum Christo regnare post mortem. Nos vero Ecclesiarum omnium reverendissimos patres, Petrum dico et Paulum, piissimis studiis honoremus, quibus, Christi praestante gratia, factus est hodie de morte natalis ; quibus finis vitae vivendi initium dedit ; quibus, ut ait apostolus Paulus, *vivere Christus erat, et mori lucrum.* Erat utique eis Christus vivere, quibus vita non erat sine Christo ; erat eis Christus vivere, quia totum Christi proficiebat Ecclesiis quod vivebant. Erat eis et mori lucrum, quia tali hac morte vitam sibi merebantur aeternam ; erat eis mori lucrum, quorum corruptioni incorruptio succedebat, et damna praesentium temporum lucra perpetua sequebantur. Sed jam necessarium, carissimi, arbitror, ut proprias eorumque speciales virtutes, prout ariditas linguae nostrae ingeniique tenuitas patitur, imo ut misericors Deus annuit, proloquamur.

2. Hic itaque ille est Petrus qui confitendo Chri-

stum Dominum vivi Dei esse Filium, validissima invictaque nobis credendi fundamenta constituit. Nam percunctanti Domino quis esse ab hominibus diceretur, respondit : *Tu es Christus Filius Dei vivi* (*Matth.* xvi, 16); id est, tu, Domine, de carne Virginis factus es Christus, qui vivi Dei Filius es sempiternus; tu, Domine, hominibus natus es homo, qui incogitabili majestate Deus es apud Deum. Tu es Christus, qui pro redemptione nostra ad passionem veniens, impassibilis permanes apud Patrem. Quis igitur unquam in tantum hoc incomprehensæ Deitatis arcanum humani sensus attollere potuisset obtutum, nisi ab ore Petri salutaris hujus fidei veritas radiasset? Quis meritorum ejus gloriam quamvis magno æquiparare possit eloquio, a quo nobis adorandæ Divinitatis fides et cœpit et permanet? Quid tanto gloriosius viro, qui fidem secreti inscrutabilis loquendo edidit, vivendo docuit, patiendo firmavit? Ut autem confessionis hujus quanta esset magnitudo Salvator ostenderet, ait ei : *Beatus es, Simon Barjona, quia caro et sanguis non revelavit tibi, sed Pater meus qui est in cœlis;* Et : *Tibi dabo claves regni cœlorum* (*Ibid.*, 17). Quis ergo Christum per carnem et in carne natum, omnipotentis Patris esse Filium sentire potuisset, nisi propitius hoc ipse Pater per Petrum nobis revelasset e cœlo ? Hæc illi confessio dedit, ut ante claves regni cœlestis acciperet quam cœli januas introiret. Sed ne qua vos, fratres, de creditis Petro clavibus regni more nostrarum clavium cogitatio promoveat, claves cœli lingua est Petri; quia singulorum merita censenda apostolus unicuique regnum cœli aut claudit aut aperit. Non est ergo clavis ista mortalis artificis aptata manu, sed data est a Christo potestas judicandi. Denique ait ei : *Quorum remiseritis peccata, remissa erunt; et quorum detinueritis, detenta erunt* (*Joan.* xx, 25). Hic est Petrus, quem Christi esse confidentissimum subjecta vestigiis ejus maria probaverunt. Nam a Domino suo novos sibi dari in fluctibus gressus, ut fidelis poposcit, et ut dilectus emeruit : qui ob hoc solum trepidasse visus est, ut fragilitas humana cognosceret quanta esset inter Dominum et servum distantia, dum aggravata peccatis caro mergitur, et immaculati nescit planta desidere : simul et illud, ne, dum super aquas ambulans Petrus pede intrepido pervenisset ad Christum, Domini forte sui virtutibus æquaretur. Sed quid illum tantopere dicimus trepidasse, cum pia trepidatio sua majorem profecit ad fidem? Ut enim credidit Petrus imperio Domini sui posse se a fluctibus sustentari, ita nihilominus dum mergitur, credidit ipsius Domini sui se virtute salvandum. Vere beati Petri et dum trepidat mirabilis fides, quam nec urgentis periculi potuit turbare formido : clamando enim dum mergitur, *Domine, libera me* (*Matth.* viii, 25), de se diffisus est, non de Domino dubitavit. Ne quis ergo timorem hunc gloriosissimi Petri ducat in vitium : quoniam timor iste quamvis primam ejus turbaverit fidem, confidentiam tamen in eo reparatæ credulitatis ornavit. Hic est Petrus, cui Christus communionem sui nominis libenter indulsit. Ut enim, sicut apostolus Paulus edocuit, *petra erat Christus;* ita per Christum Petrus factus est petra, dicente ei Domino : *Tu es Petrus, et super hanc petram ædificabo Ecclesiam meam* (*Matth.* xvi, 18). Nam sicut in deserto, dominico sitienti populo, aqua fluxit e petra, ita universo mundo perfidiæ ariditate lassanti, de ore Petri fons salutiferæ confessionis emersit. Hic est Petrus, cui Christus ascensurus ad Patrem, pascendas oviculas suas agnoscere commendat : ut quos ille pietatis miseratione redemerat, hic fidei suæ virtute servaret. Et recte sane el arbiter occultorum Dei Filius pascendas oves suas tuendasque commisit, cui noverat in nutriendo grege dominico nec studium deesse nec fidem. Hic est Petrus, qui dum ad crucem tanquam crucifixi discipulus duceretur, verso se poscens corpore crucifigi, passionem non renuit, sed æqualitatem crucis dominicæ declinavit; ut ostenderet universis admirandæ scilicet humilitatis virtutem, novique mysterii disciplinam et inter tormenta servasse. Quam securus, carissimi, perrexit Petrus ad crucem; qui repulso timore mortis, moriendi ordinem tam acerba in passione quæsivit.

3. Quid etiam de gloriosissimo referam Paulo, in quo Dominus fidem nominis sui, dum ipsam persequeretur, elegit? qui dum velut acerrimus persecutor christianam vastat Ecclesiam, inimico adhuc ejus in pectore amicum sibi cor Christus invenit : dumque temporalia cepit Christianos ad supplicia, ipse perpetuum captus ad gratiam, factus est subito pastor ex lupo, ex prædone custos, ex hoste defensor. Unde patuit nec Paulum malignæ mentis proposito plebem dominicam persecutum, nec Christum latuisse quem eligeret in Paulo. Hic est Paulus, qui Christi vocibus inclamatus e cœlo, oculis in se Judaicæ infidelitatis obtusis, videndi aciem non perdidit, sed mutavit. Amisit oculos et recepit, ut uno eodemque tempore et in persequentem cæcitatis vindicta procederet, et vocantis Dei gratia illuminaret Ecclesiam. Ait namque illi de cœlo Dominus : *Saule, Saule, quid me persequeris* (*Act.* ix, 4)? id est, cur me persequeris, Saule? Quæ mea odium erga me tuum excitavit iniquitas ? Nunquid quia illuminavi cæcos, quia sanavi ægrotos, quia fugavi dæmones, quia esurientes populos quinque panibus pavi? An quia de tumulis mortuos suscitavi? an forte magis quia fidelibus meis regnum cœleste promisi? Sed si præstare me posse dubitas quod promitto, aspice, si tamen potes, unde te vel quasi appello. Sed quare me persequeris, Saule, aut quid me persequendo proficis? Nunquid adversus regnantem in cœlo ullum tua persecutio habebit affectum? nunquid nocere mihi quidquam poteris, quem non potes intueri? *Ego enim sum Jesus Nazarenus, quem tu persequeris* (*Act.* xxii, 8); qui terras cœlo, crucem regno, mortem perpetuitate mutavi : de quibus omnibus non te debere cunctari, et ereptus tibi nunc et post paululum redditus suadebit aspectus. At beatissimus Paulus repentina quidem cæcitate coercitus, intellecta tamen

majestate loquentis e cœlo, continuo fidelis effectus, et a persecutione destitit, et novos intuendi Christum oculos acquisivit. Hic est Paulus, qui pro suarum remuneratione virtutum, ultra humana merita tertium raptus ad cœlum, cœlestia secreta cognovit; ut Ecclesiarum futurus doctor, inter angelos disceret quod inter homines prædicaret. Aut quis ei impune ultra non credat, qui de sacramentis dominicis non solum audita loquitur, sed et visa testatur. Quanta hoc, fratres, Dei nostri actum est gratia, quod de cœlestibus in apostolatum vocatus est, ut apostolatus ejus consecraretur in cœlo? Et post omnia hic est Paulus qui cervices suas, quas adversus Christi nomen superbus erexerat, perfidorum cædendas gladio humillimus pro Christi honore submisit : nec piguit eum pro illo mori quem sæpe probaverat vivere et regnare post mortem. Atque ita factum est ut gloriosum Paulum, qui in diversis gentibus pro fide Christi multo certamine dimicando innumera bella peregerat, vel victorem mundi Roma susciperet ad triumphum. Hi ergo sunt beatissimi Petrus et Paulus, qui sacramentum cœlestis regni uno spiritu prædicantes, sub unius passione diei doctrinam suam pio sanguine et morte fortissima consecrarunt; qui etiam tanquam Ecclesiarum omnium principes facti dispensatione cœlesti, Romam petentes sacratissima sua corpora in illius urbis arce recondiderunt, quæ totius orbis obtinuerat principatum : quatenus potentiam virtutis suæ Christus ostendens, ubi mundus caput habebat imperii, ibi regni sui principes collocaret.

SERMO VII.

Ad monachos.

Instruit nos atque hortatur sermo divinus, qualiter nos accingere debeamus ad inquirenda promissa sua, et obtinenda illa bona quæ nec visu capi , nec auditu percipi, nec cogitatu comprehendi possunt. *Petite* (inquit), *et dabitur vobis ; quærite, et invenietis ; pulsate, et aperietur vobis* : id est, ut petamus orando, quæramus laborando, pulsemus perseverando ; et in spem cœlestium tanto incitemur studio, tanto inardescamus affectu ; ut cum præmiorum dignitate, desideriorum magnitudo concordet. Non vult enim Deus noster bona sua nimia inveniendi facilitate vilescere. Pretiosa et concupiscibilis merx cupidum amatorem, atque avidum negotiatorem requirit. Ergo ille tantorum munerum repromissor non vult in opere suo tepidum, despicit fastidiosum, recusat coactum et ingratum, respuit indevotum. Lentum enim et parum gratum quærere gratiam divini muneris maxima est injuria Remuneratoris. Ergo totis licet animæ et corporis laboribus desudemus, totis licet obedientiæ viribus exerceamur; nihil tamen condignum quod merito pro cœlestibus bonis pensare et offerre valeamus. Non valent vitæ temporalis obsequia æternæ vitæ gaudia. Lassescant licet membra vigiliis, pallescant ora jejuniis ; *non erunt tamen condignæ passiones hujus temporis ad futuram gloriam quæ revelabitur in nobis*. Pulsemus ergo in quantum possumus, quia non possumus in quantum

debemus. Futura beatitudo acquiri potest, æstimari non potest. Nisi enim cum aviditate , nisi cum bona voluntate et cum lætitia Dei opera egerimus, Deo nos perire noverimus. Putamus (carissimi) quod digne quærat illa anima, et ita pulset ut ei aperiatur; quæ ad leve præceptum senioris respondere præsumit et dicere : Nunquid servi vestri sumus ? Jam feci vicem meam : et ille faciat suam. Quomodo hoc dicit, cui præceptum est : *Nolite quærere quæ vestra sunt ?* Et iterum : *Non quæ sua sunt singuli desiderantes* ; a quo non hoc expetitur ut mercedem suam impleat, sed ut alienas invadat, præoccupet, rapiat ? Putamus quod ita petat ut accipiat, ita quærat ut inveniat, ita pulset ut ei aperiatur, qui pro aliqua negligentia correptus, et pro disciplinæ ordine castigatus, non se ad emendationem, non ad satisfactionem confert, sed magis ad illam proterviam, ut dicat, desero atque discedo, hoc ego ferre non patior, ingenuus homo sum ! Jam primum qui ante præpositum vel abbatem , ingenuum se esse jactat, puto quod adhuc emptum esse se nesciat. Qui Christianæ militiæ mancipatus præsumit dicere se ingenuum, pene est ut se neget Christi sanguine comparatum. Quid est hoc aliud quam ipsi Domino clamare: Liber sum, nihil tibi debeo? De talibus dicebat Apostolus : *Cum enim servi essetis inobedientiæ, liberi fuistis justitiæ* (Rom. VII). Non bene ingenuus appellatur qui misera vitiorum servitute deprimitur. Clamat autem in contumelia disciplinæ, in peccato animæ suæ : Malo discedere quam emendari, quam satisfacere, quam implere quod præcipis. Quid est hoc aliud quam jugum Christi rebelli cervice discutere ? Isti tales nesciunt quid voverunt, obliti sunt propter quid huc venerunt. Isti tales non bene petunt, si male vitiis appetuntur, non fide pulsant, sed infidelitate pulsantur. Quid prodest quod discedis, qui undique astrictus es vinculis passionum ? quem hinc atque inde circumvallant vitia sua ? Digne aliquis discederet, si illo ire posset, ubi illum diabolus invenire non posset. Nemo se fallat, non fugiat adversarium de loco ad locum, sed de vitio ad virtutem, de passione ad emendationem. Si eum fugiat, sequitur : *emenda te , et fugiet a te, sicut ait apostolus : Resistite diabolo, et fugiet a vobis (Jac.* IV, 6). Non obedire autem et velle discedere, hoc est dupliciter facere diaboli voluntatem , hoc est voluntarie sibi ipsi (etiam in præsenti) damnationem inferre peccati. Illis ipsis qui graviter apud nos delinquunt, nullam tristiorem, nullam acerbiorem possumus invenire sententiam, quam ut a corpore congregationis abscisci sine pace discedat : Et nunquid non amentiæ genus est, ut hoc quisquam pro remedio expetat, quod etiam a præposito nisi pro summo crimine non possit inferri ? Intelligamus ergo istas indignitates et contradictiones, inimico cooperante et disponente, provenire. Ille enim qui non potest aliquem absolute de loco salutis excutere, immittit primum occasiones et causas ; immittit inobedientiæ passionem , quam semper infidelitas comitatur; quæ dum captivam illa quæverit mentem, statim intoleranda atque impossibilia facit etiam illa quæ parva sunt. Et sane du- reliqueris, tunc animadvertis (quasi sedata temporis bium non est quod vires inobedientibus divinitus sub- tempestate) inde quid de te male egeris; tunc recotrahuntur; et sicut ille qui non habet necessariam gnoscis quid periculi incurreris cum de loco ad quem fidei devotionem, et quod habebat, *auferetur ab eo* cum gaudio veneras sine pace, cum scandalo disces- *(Matth. xiii)*; ita et inobedientia obdurat animum sisti, tunc sera pœnitentia super ruinas suas pœnitet quem semel ceperit, ut ad suscipienda præcepta, nec ac deflet, sicut quædam aves quæ præ dolore super auctoritate, nec ratione, flectatur, sed quod pessi- eos quos occiderint flere dicuntur, et hæc omnia mum est, sibi soli credat, et pro omni ratione inten- animæ detrimenta ex inobedientiæ malo eveniunt. tiones suas sequatur, et hoc solum præceptum putet, Obedientes autem et humiles animæ, multas tribulaquod obturato corde concepit, similis ei effectus se tiones atque omnes labores prosternunt, atque in quo divinus sermo pronuntiat : *Itinera insipientium* compendium mittunt. Sciendum est enim quod quan- *recta in conspectu eorum* (Prov. xii). Et iterum : *Sunt* to humiliores et obedientiores fuerimus præpositis et *viæ quæ videntur rectæ hominibus; novissima autem eo-* patribus nostris, in tantum obediet Dominus oratio- *rum venient in profundum inferi* (Prov. xvi). Postremo nibus nostris. Videamus quam acceptabilia sunt Doveniet hujusmodi animabus, quod domui quæ super mino vel opera, vel jejunia eorum qui suis potius arenam ædificata est : hæc enim parabola maxime quam seniorum voluntatibus obsequuntur. Clamant ad inobedientes respicit. Sic enim legimus : *Omnis* illi : *Quia jejunavimus, et non aspexisti; humiliavimus* *qui audit verba mea hæc, et non facit ea, similabitur* *animas nostras, et nescisti;* et ille respondet : Ideo *viro stulto qui ædificavit domum suam super arenam,* quia in diebus jejunii vestri invenitur voluntas vestc. *(Matth. vii).* Id est, cum influxerint stillicidia stra. Videmus ergo per inobedientiam animorum passionum, cum advenerint flumina et torrentes at- opera non respici, jejunia non audiri, vota non susque impetus tribulationum, ex multitudine negligen- cipi. Unde nos amplius illius mandata sectemur, tiarum; cum flaverint venti, illi utique qui per istum quia ad nos e cœlo descendit, non solum ut nos reaerem volitant, parati ad Christi arcam ventilandam dimeret mortis pretio, sed etiam ut vitæ ædificaret sicubi inveniant paleas quas ad ludibrium suum ra- exemplo; et cum illo dicamus : *Ego non veni facere* piant atque dispergant; tunc irruent in domum illam *voluntatem meam, sed voluntatem illius qui misit me* quæ sine obedientiæ fundamento inventa est, et fiet *Patris.* Ire autem post voluntates proprias tam perruina illius magna. Sed forsitan dicat aliquis : Nun- niciosum est, ut hoc Deus jam postmodum iratus, quid statim de hoc loco discedere, ruina dicenda est? pro damnatione peccati, inobedientibus irroget di- Dico (carissimi) non grandis spes est, si navis in cens : *Et dimisi illos secundum desideria cordis eorum.* fluctibus constituta (licet ipsa non pereat), tamen Quamobrem qui vult opera sua esse recta in conspejacturam maximam de honore ac mercibus suis fa- ctu Dei, nihil obedientiæ, nihil præceptis præponat; ciat, et ad portum vacua perveniat. Sic non grande sive ille junior, sive senior est, tanto plus debet gaudium est, si aliquis ad sæculi fluctus revertens, studere ædificationi et perfectioni. Nullum sibi finem nomen atque habitum professionis suæ custodire vi- faciat proficiendi, nullum terminum constituat acquideatur; anima vero ejus negligentiis tabescat ac de- rendi, cum sibi dici audiat : *Para in exitu opera tua;* fluat. Et quid gravius quando subito tanquam aliquis Et iterum : *Non pereatis usque ad mortem justificari.* repentinus eradicarius de loco ad quem te Dominus Et iterum : *Sapientia in exitu canitur.* Quanto ergo tuus vocaverat, in quo te primum post mala sæculi plus proficimus, tanto plus humiliemur; quia quanto quasi in portum de tempestate induxerat, oblivisci plus humiliati fuerimus, tanto amplius proficiemus. subito fraternæ societatis et consolationis; oblivisci Nu'lus illi senior tam indoctus appareat, ut putet, loci illius in quo primum dulcissimum immutationis quod non deceat obedientia, quæ Deum decuit; huhabitum et nomen sæcularis exueris ? Aves ipsæ di- militas enim atque obedientia in junioribus adhuc ligunt nidos suos; amant feræ loca in quibus nutritæ necessitas, in senioribus jam dignitas est. Ille bene sunt, amant cubilia et pascua sua; quamlibet naturali proficit, ille bene consummat, qui quotidie sic agit, libertate variis partibus rapiantur, sæpius tamen ad quasi semper incipiat. Quamobrem augmenta mericara sibi loca quodam desiderio revertuntur; et tu torum incitamenta esse perfectorum Scriptura proiutellectu præditus, ratione munitus, ita interdum nuntiat. De his vero qui dum primas negligentias sensu alienus effeceris, ut præferas Dei beneficiis prætermittunt, in alias atque alias semper incurrunt, voluntates vel intentiones tuas, et diaboli insinuatio- ita ait : *Peccator adjicit ad peccandum;* de perfecto nes sequaris ! Quæ quamlibet ad duros labores, quam- vero dicitur : *Et sanctus adhuc sanctificetur.* Videamus libet ad salutis naufragia atque animæ detrimenta te prius primum, quid est : *Peccator adjicit ad peccan-* rapiant, totum hoc præ nimia cordis indignitate *dum.* Verbi gratia, cujuslibet, ut puta obtrectationis, non sentis ! Tempore enim discessionis, multa pro- passio si me impugnare ceperit, si non statim me mittit inimicus, te illic quo tendis, majorem profe- pœnitudo hujus vitii cœperit, cras tanta mihi hujus ctum, multam gratiam atque omnium rerum abun- vitii facilitas veniet et quædam (ut sic dixerim) suadantiam reperturum, ac te tanquam angelum susci- vitas, ut revocare me ab illo et continere non possim. piendum. Et post hæc ; quando anxietate repletus et Ita enim evenit, ut qui primo tempore emendare se pace nudatus, profectus tui studium et sacrum ovile nolit, incipiat in sequenti nec velle nec posse. Verbi gratia, superbiæ acquiescere cœpi, regulam violavi, seniorem læsi, juniorem destruxi : si non statim me pœnituit graviter me fuisse præventum, jam de die in diem libentissime me rapiet ipsa violentia consuetudinis et impetus passionis, ut jam nec delinquere me intelligam, nec peccare me sentiam : obscurat enim atque obruit intellectum delicti assiduitas delinquendi. Etenim ita cor negligentis obduratur, ut hoc ipso si non se humiliet, si non satisfaciat, præposito suo nocere se credat, insuper et insultet et dicat: Quam constanter illi restiti, quam bene non acquievi, quanta auctoritate respondi, putabat quod me semper illi humiliare deberem ? Quod qui facit, diabolo se tradidisse constat, qui de hominum vitiis et passionibus et perditione lætatur, et ejusmodi animæ eveniet illa sententia : *Peccator adjicit ad peccandum.* Quam nos refugientes, illam potius teneamus quæ dicit, *et sanctus adhuc sanctificetur;* ut quotidie addamus merita, nec de nobis aliquid præsumamus, quia Dei est omne quod sumus. Simus itaque in opere Dei indeficientes propter æternam retributionem, et quotidie ad meliora tendamus. Ipsa enim apprehendendi aviditas, ipsa consuetudo proficiendi semper nos ad majora provocet, et ubi viderit Deus devotionem animæ, ardentiorem insinuabit affectum; et quanto nos arserimus ad studium, tanto ille apponet adjutorium; quanto nos apposuerimus ad diligentiam, tanto ille addet ad gloriam. *Qui habet, dabitur illi, et superabundabit* (Matth. XIII); et alio loco dicit : *Posui adjutorium super potentem.* Gratia ergo de gratia nascitur, et profectus profectibus serviunt, lucra lucris et merita meritis locum faciunt : ut quanto plus quis acquirere cœperit, tanto plus conetur acquirere ; et quanto avidius de sapientiæ bonis hauserit, tanto plus haurire desideret ? sicut ipsa de se loquitur Sapientia : *Qui edunt me adhuc esurient* (Eccl. XXIV). Urgeamus cursum nostrum, ut crescat in novissimo vita nostra. Quæramus usque in finem, unde sine fine gaudere mereamur. Sed esto, non possumus exercere corporis labores, conferamus nos ad spiritualium bonorum desiderium, ad compunctionis et caritatis augmentum. Si quotidie in cordibus nostris disponamus ascensus, nulla infirmitate, nulla ætate lassari possunt mentes, ut spiritualibus quibusdam gradibus ascendere mereamur ad promissa Domini nostri Jesu Christi, cui est honor, virtus et gloria, potentia et claritas et magnificentia, et imperium, et nunc, et semper et in cuncta sæcula sæculorum. Amen.

SERMO VIII.
(Ex Henrico Canisio.)

Modo, fratres carissimi, cum divina lectio legeretur, audivimus beatum Apostolum terribiliter nos et salubriter admonentem. Sic enim ait : *Omnes manifestari oportet ante tribunal Christi, ut referat unusquisque propria corporis, prout gessit, sive bonum, sive malum* (II Cor. 10). Quare etiam Dominus in Evangelio denuntiat, dicens : *Filius hominis venturus est in gloria sua, cum angelis suis, et tunc reddet unicuique secundum opera sua* (Matth. XVI, 17). Diligenter, quæso, attendite, fratres carissimi, et mecum pariter expavescite; quia non dicit quod reddet unicuique secundum misericordiam suam, sed *secundum opera sua.* [Hic enim est misericors; ibi justus. Nam quod statim non in peccatores [a] vin..... patientia est, non negligentia. Non ille potentia perdit; sed nos ad pœnitentiam reservavit. Unde magis timendum est ne quanto diutius exspectat ut cessemus, tanto gravius damnet, si emendare noluerimus. Cum hæc ita sint, scire et intelligere debemus, fratres, nihil nobis esse salubrius quam ut damnatis omnium præsentium rerum voluptatibus, id potius cogitemus, quando erimus de hoc sæculo transituri, vel quando tabernaculum nostri corporis, ultimo die superveniente, deposituri, et iterum illud resurrectionis tempore recepturi, ut cum eodem recipiamus, prout gessimus, sive bonum, sive malum. Et ideo rogo vos, fratres, ut cogitemus, quales erimus in die judicii purissimis angelorum conspectibus offerendi, et æterno Judici rationem de libris conscientiæ reddituri. Remotis enim omnibus probationibus, certum est in diem illum ipsum ante se hominem constituendum, et ipsam sibi animam in cordis speculo demonstrandam, et testes contra eam non aliunde deforis, sed intus de ipsa proferentur, adjicienda erunt non aliqua peregrina, sed nimium nota testimonia, id est, opera sua, ordinabuntur ante infelicem animam peccata vel crimina sua, ut eam confundat probatio, et confundat agnitio, secundum illud quod scriptum est : *Arguam te, et statuam illam ante faciem tuam* (Psal. XLIX, 21). Quicunque se modo, dum licet, emendare neglexerit, ante illum cœlestem populum primum excepturus est de confusione supplicium, et anima, quæ modo per pœnitentiam, compendiosam transactionem, peccatorum putredines curare dissimulat, ante illud tribunal metuendum, sine ullo remedio in perpetuo vulnerata remanebit. O si jam nunc faciem peccatoris animæ liceret oculis cordis aut corporis intueri, et conscientiæ nostræ [vultum in oculorum præsentiam permitteremus adducere! Quod si licet nec dici potest, quanto studio, quantoque metu urgeremus fœdata componere, maculata tergere, vulnerata curare. Ideo quia non possumus oculis corporis, inspiciamus, in quantum possumus, oculis cordis, et unusquisque conscientias nostras ante conspectum interioris hominis constituamus, ipsi nosmetipsos castigemus, ipsi nos curationem de quotidiana conversatione faciamus. Alloquatur se in secretis unaquæque anima, et dicat: Videamus si hanc diem sine peccato, sine invidia, sine obtrectatione, sine murmuratione transegi. Videamus si hodie quod ad profectum animæ pertinet operatus sum : puto quod hodie mentitus sum, per iram, vel concupiscentiam victus sum, nec alicui be-

---

[a] Forte *vindicta descendit,* vel, *vindicat,* vel aliquid simile.

nefeci, nec per timorem æternæ mortis ingemui. Quis mihi reddat hanc diem, quam inanibus rebus perdidi, quam cogitationibus noxiis pessimisque consumpsi? Ac si, fratres, de omnibus negligentiis nostris compungamur, in cubilibus, id est, in cordibus nostris, ipsi nos condemnemus, ipsi nos accusemus Judici nostro quotidie, et dum in hac carne sumus contra ipsam carnem quotidie dicamus, vincamus voluntates et intentiones nostras, dum nobis tempus illud exspectatissimum ac beatissimum felice mutatione æternæ vitæ succedit. Quando illud, quod Dominus dixit : *Et erunt similes angelis* (*Luc.* xx, 36); et iterum : *Tunc justi fulgebunt sicut sol, in regno Patris eorum* (*Matth.* xiii, 43). Putas qualis tunc erit splendor animarum, quando solis claritatem habebit lux corporum; tunc enim cum ad istam beatitudinem venerimus, nulla erit tristitia, nullus timor, nulla infirmitas, nulla mors, nullus nobis obstabit ad serviendum Deo nostro; nulla jam nobis stabit infirmitas, nulla contradicet miseræ carnis adversitas, nulla vel ulterius remanebit pugnandi necessitas. Veniet, inquam, tempus quando nullus desideretur cibus, omnisque refectio, nulla sentiatur jejunii lassitudo, nulla timeatur vel de carne inquietudo, vel de hoste tentatio; sed adversario in inferni profunda detruso perfruemur hac primum felicitate, ut incipiamus nec velle ultra peccare, nec posse; cessante omni iniquitate, omni miseria, omni mœrore; totum innocentia, totum felicitas possidebit. Nullam inferior miseriam, nullam felicior timebit invidiam, quia exinanita et penitus exstincta transivit. In pectoribus hominum caritas angelorum, quibus admixti homines jam [a] cœlesti recepta carne, sine carnis infirmitate fulgebunt. Et ideo nullum ulterius patientur de sempiterna Domini sui virtute fastidium, nullum sub perenni laudum suarum exsultatione defectum. Habemus plenam beatitudinem inter illa immensa beneficia Dei nostri, ut nunquam in referenda gratiarum actione cessemus; cohæredes effecti ejus qui dicet : *Venite, benedicti; percipite regnum quod vobis paratum est ab origine mundi* (*Matth.* xxv, 34). Donante ipso qui vivit et regnat in sæcula sæculorum, Amen.

[a] Ms., *si cœlestis.*

APPENDIX.
SERMONES FAUSTO RHEGIENSI ATTRIBUTI.

EPISTOLA,
SEU SERMO DE RESURRECTIONE DOMINI.

Exsulta, cœlum, et in lætitia esto, terra : dies iste amplius nobis ex sepulcro radiavit quam de sole refulsit, etc.

EPISTOLA,
SEU HOMILIA DE CORPORE ET SANGUINE CHRISTI.

Magnitudo cœlestium beneficiorum angustias humanæ mentis excedit, etc.

EPISTOLA,
SEU HOMILIA SUPER EVANGELIUM MATTHÆI.

Sanctus evangelista docet nos necessitatem inopiæ tolerantes, subsidii causa amicum debere perquirere, etc.

(Hos sermones, si placet, legesis in operum sancti Hieronymi Mantissa, nostræ Patrologiæ tomo XXX, coll. 245, 271 et 276.)

ANNO DOMINI CCCCLXXXIII—CCCCXCII.

S. FELIX III.

PROLEGOMENA.

(Ex Guill. Cave.)

Felix, natione Romanus, Felicis presbyteri filius, anno 483, die 13 Februarii Romanæ sedis pontificatum adeptus est. Episcopus factus, Zenonis imp. Henoticon anno superiore editum statim aperte rejecit. Acacium CP. Petri Mongi communioni renuntiare renuentem missis undique litteris exagitavit; quin et tandem anno 484 anathemate percussit. Eodem anno Petrum Fullonem, sedis Antiochenæ invasorem et Deum crucifixum esse docentem, habita Romæ 42 episcoporum synodo damnavit. Ad clariorem hujusce rei intelligentiam notandum est, Petrum, arte fullonem, cœnobii Acœmetensis monachum, ob Eutychianismi studium exinde pulsum, mox S. Bassæ apud Chalcedonem presbyterum, anno 471 Zenonis favore subnixum, magnas Antiochiæ turbas excitasse, ac Theopaschitarum

sectæ semet adjungentem, Deum crucifixum esse do-
cuisse, addita solemni Trisagii formulæ hac clausula.
Qui crucifixus es pro nobis. Tumultuum pertæsus
Martyrius, antistes Antiochenus, anno 472 sedi suæ
renuntiavit, quam mox Petrus Fullo tyrannice invasit.
Iste vero Leonis imp. edicto statim ejicitur, et in Oasim
relegatur; substituto Juliano. Anno 476 a Basilisco sedi
Antiochenæ restituitur, Juliano mœrore animi confecto.
Anno sequente a Joanne, quem episcopum Apameæ or-
dinarat, deturbatur, et a synodo clandestina damnatus

ᵃ Post interregnum sex dierum (quibus Basilius præfectus prætorio, Romæ Odoacris regis vices agens, electioni Romani pontificis, prout acta quartæ synodi Romanæ sub Symmacho referunt, sæculares potestates ingerere conatus fuerat), anno Domini 485, octavo die Martii, creatus est pontifex Felix, patria Romanus, atavus Gregorii Magni, prout ipse testatur **ᴮ** homilia 38 in Evangelia, et l. ɪᴠ Dialog., cap. 16. Initio pontificatus sui rejecit, proscripsit et exsecratus est impiissimi Zenonis Henoticon, id est pacis et reconciliationis unitivum edictum, quo homo laicus in concilium Chalcedonense, in episcopos aliosque orthodoxos anathema intulit, fidei nova decreta sancivit, leges Ecclesiæ præscripsit, doctores Ecclesiæ docere, novumque fidei symbolum ipsis proponere studuit, quo demum claves potestatis ecclesiasticæ suffuratus, in non obtemperantes anathema (proh scelus!) intorsit. Hoc impiissimum sacrilegi imperatoris edictum, impietatis seminarium, quod recitat ad verbum Evagrius lib. ɪɪɪ, cap. 14, non tantum pontifex proscripsit verum etiam subscribentes anathematis sententia condemnavit. Theod. Lector lib. ɪɪ Henoticon, id est, unitivum nominavit, ut per hujus professionem et subscriptionem hæretici cum catholicis aliqua saltem specie unirentur. Hujus temporibus Vandalica persecutio, biennio antequam oriretur multis signis præfigurata, auctore Hunerico excitata est in Africa, qua **ᶜ** præter alias crudelitates quater mille nongenti sexaginta sex episcopi, presbyteri, diaconi et alii Ecclesiæ clerici in exsilium eremi ablegati fuerunt. Victor lib. ɪɪ de Persecutione Vandal. Idem Hunericus omnes leges a catholicis imperatoribus contra hæreticos latas per edictum sævissimum in catholicos convertit. Quibusdam catholicis persecutor supra nominatus præcepit linguas et manus dexteras præscindi, qui nihilominus Spiritu sancto præstante, ita locuti sunt et loquuntur quomodo antea loquebantur. *Sed si quis incredulus esse voluerit*, inquit Victor, *pergat nunc Constantinopolim, et ibi reperiet unum de illis subdiaconum Reparatum, sermones politos sine ulla offensione loquentem; ob quam causam venerabilis nimium in palatio Zenonis habetur, et præcipue regina mira eum reverentia veneratur.* Ad cujus rei contestationem omni exceptione majorem, Justinianus imperator in constitutione a se edita, de officio præfecti prætorii Africæ ita ait: *Vidimus venerabiles viros qui abscissis* **ᴅ** *radicitus linguis, pœnas suas miserabiles loquebantur.* Ne vero tyrannus Arianorum princeps crudelitatem hanc impune ferret, justo Dei vindicis judicio accidit, ut cum amens sibi de fide catholica prostrata triumphum agendum esse putaret, ebullientibus toto corpore vermibus exstinctus, divinam vindictam expertus fuerit. Victor prædicto loco. Gregorius Turonensis Historiæ lib. ɪɪ, c. 3.

Cum Eutychiana hæresis, Alexandriæ et Antiochiæ per ipsarum Ecclesiarum pseudoepiscopos et violentos invasores Fullonem et Moggum, invalesceret, una cum sancti Matthæi Evangelio (quod sua manu descripserat, quo potissimum vera humanitas Christi comprobatur, in opprobrium hæresis tunc invalescentis) corpus sancti Barnabæ apostoli, miraculose inventum fuit. Theod. Lect. lib. ɪɪ coll., Nicephorus, Cedrenus, Sigebertus, etc. Xenaias quidem genere

A est. Anno 478 a legitimo episcoporum Orientalium concilio Antiochiæ, ab Acacio Constantinopoli, a Simplicio Romæ damnatus, a Zenone etiam Pityunta deportari jussus. Anno 484 ab imperatore, Acacio id curante, sedi suæ restituitur, eodem licet tempore a Felice damnatus; eamque usque ad annum 486, quo obiit, tenuit. Sed ut ad Felicem redeamus, mortuus iste est die 30 Januarii anno 492.

(Ex libro Pontificali.)

Felix ᵃ natione Romanus, ex patre Felice, presbyter, fortuna servus, necdum baptizatus se clericum fingens, primus Iconoclastarum auctor, docuit temporibus hisce venerandas Christi sanctorumque imagines non esse venerandas. Nicephorus lib. xvɪ, cap. 27. Cyrola episcopus Arianorum ad suam perfidiam miraculo confirmandam cuidam suorum persuaserat **ʙ** ut se cæcum esse simularet, et ad inclinationem Cyrolæ respiceret: sed accidit, Deo cooperante, ad confusionem perfidiæ, ut vere cæcum reddiderit, quem illuminare fingebat.

Hujus pontificatu Petrus Fullo Antiochena sede ob hæresim et blasphemias synodali judicio condemnatus moritur, Deique optimi maximi sententia iterato judicio perstringitur. Anno pontificatus Felicis 6, Acacius Constantinopolitanus episcopus, in anathemate perseverans, homo ambitiosissimus et arrogantissimus, qui suas ipsius viventis imagines in ecclesia dedicari passus est (ut est apud Suidam), a judicio Ecclesiæ ad tribunal Dei max. vocatus est: in locum ejus per summam improbitatem et fraudem succedit Flavius vel Flavianus hæreticus, atque hæreticorum communione pollutus, qui cum non accepisset litteras communicatorias, quas simulata fide catholica a Romano pontifice expetierat, morte repentina post quatuor menses sublatus est. Huic Euphemius subrogatur, qui quamprimum in sede Constantinopolitana collocatus fuit, synodum Chalcedonensem approbavit; Petri Alexandrini communioni renuntiavit, ejusque nomen e diptychis expunxit; Felicis papæ ab Acacio exstinctum nomen restituit. Et quia necdum nomen Acacii e diptychis abstulisset, non quas per synodicam expetierat litteras pacificas communicatorias, sed tantum commonitorias impetravit. Liberatus diaconus cap. 18; Evagrius lib. ɪɪɪ, cap. 23; Niceph. lib. xvɪ, cap. 19.

Petrus Moggus vastator et prædo Ecclesiæ Alexandrinæ moritur anno decimo tertio occupati episcopatus, qui est Felicis papæ 9, Christi Redempt. 491. Sufficitur ei Athanasius Herniosus in perfidia et moribus successor, tanta sede, tantoque nomine plane indignus. Evagrius, Nicephorus, Liberatus prædictis locis. De his plura in notis epist. et conciliorum infra.

Hunc Felicem tertium atavum sancti Gregorii papæ fuisse, sanctæque Tarsillæ nepti suæ apparuisse, eamque ad cœlestia regna vocasse, martyrologium Romanum a mendis quæ in illud irrepserant emendatum testatur his verbis. *Romæ* (die vigesima quinta Februarii) *natalis sancti Felicis papæ tertii, qui sancti Gregorii papæ atavus fuit: de quo is refert quod sanctæ Tarsillæ nepti apparens, illam ad cœlestia regna vocavit.* Verba Gregorii illud referentis hom. in Evang. 3, et Dialog. lib. ɪᴠ, c. 16, hæc sunt: *Tres pater meus sorores habuit, quæ cunctæ tres sacræ virgines fuerunt; quarum una Tarsilla, alia Gordiana, alia Æmiliana dicebatur. Et paulo infra: Quadam vero nocte huic Tarsillæ, quæ inter sorores suas virtute continuæ orationis, afflictionis studiosæ, abstinentiæ singularis, gravitate vitæ venerabilis, et honore et culmine sanctitatis excreverat* (sicut ipsa narravit) *per visionem atavus meus Felix hujus Romanæ Ecclesiæ antistes apparuit, eique mansionem perpetuæ claritatis ostendit, dicens: Veni, quia in hac te lucis mansione suscipio. Quæ subsequente mox febri correpta, ad diem pervenit extremum,* etc. Sev. Binius.

sbytero, de titulo Fasciola, [a] sedit annos octo, menses undecim, dies [1] octodecim. Hic [b] fuit temporibus Odoacris regis, usque ad tempora Theodorici regis. Hic fecit basilicam sancti Agapeti juxta basilicam sancti Laurentii martyris. Sub hujus episcopatu iterum venit relatio de Græcia [*lege* a parte Græciarum], Petrum Alexandrinum revocatorem [*supple* ad communionem] ab Acacio Constantinopolitano. Tunc venerabilis Felix archiepiscopus sedis apostolicæ urbis Romæ, mittens defensorem cum concilio sedis suæ [*lege* ex constituto synodi sedis suæ], facto concilio, damnavit Acacium cum Petro. [c] Post annos tres iterum venit relatio ab imperatore Zenone, ut pœnitens rediret Acacius. Tunc papa Felix [*supple* fecit concilium et ex consensu] misit duos episcopos, Misenum et Vitalem, ut si invenirent complicem Petri Acacium, iterum damnarent eos; si non, offerrent libellum pœnitentiæ. Qui dum introissent in civitatem Heracleam [*lege* Constantinopolim], corrupti sunt pecunia data suprascripti episcopi, et non fecerunt secundum præceptum apostolicæ sedis. Venientes vero Romam ad sedem apostolicam, [2] venerabilis Felix papa fecit synodum: et facta discussione [*lege* concilium, et examinatione facta in concilio] invenit ambos episcopos (id est, Misenum et Vitalem) reos, et ejecit eos a communione. Tunc Misenus episcopus non se tacuit corruptum pecunia; cui concilium concessit tempus pœnitentiæ. Hoc factum est tempore Odoacris regis. Hic fecit ordinationes duas in urbe Roma per mensem Decembrem, presbyteros viginti octo, diaconos quinque, episcopos per diversa loca triginta unum. Hic sepultus est in basilica beati Pauli apostoli. Et cessavit episcopatus dies quinque. Et post transitum ejus factum est a presbyteris et diaconibus constitutum de omni Ecclesia.

[a] Annis nimirum novem, minus 12 diebus. Obiit enim v calend. Martii, anno Redemptoris nostri 492. Quare si ad initium et hunc finem pontificatus advertatur, prædictus annorum numerus reperietur. Sev. Binius.

[b] Odoacer rex Herulorum a Nepotianis in odium Orestis, qui Augustulum filium suum imperatorem appellaverat, in Italiam vocatus, occisis Oreste et fratre ejus Paulo, relegato in Campaniam Augustulo, sublatoque Occidentali imperio, factus est rex Italiæ anno Domini 476, sicut illi sanctus Severinus Noricorum apostolus, sanctitate et miraculis clarissimus, futurum prædixerat, dum ab Odoacre vilissimis pellibus induto visitaretur. Regnavit in Italia juxta ejusdem sancti Severini vaticinium annis tredecim integris et absolutis, atque a purpura, regalibus indumentis, et a nomine imperatoris abstinuit: ita ut Romanum imperium in Augusto inchoatum, in Augusto, qui per contemptum Augustulus dicebatur, in Occidente defeceri. Hic Odoacer, quantumlibet Arianus esset, nullum quod genus est memoria rebus sacris negotium fecit: conanti vero illi postea Arianismum in Urbem inferre, Gelasius papa magno animo restitit, ut infra dicemus. Cæterum iste, inquit Evagrius in Vita sancti Severini, *potitus jam Italia, sancto* Severino *familiares litteras direxit, rogans ut quidquid ab eo vellet, peteret: memor illius præsagii quo eum quondam prædixerat regnaturum. Quibus sanctis alloquiis invitatus, Ambrosium quemdam exsilio damnatum* (illum qui Britanniam a barbaris oppressam liberavit) *jussit absolvi*. Testatur Ennodius diaconus Ticinensis in Vita sancti Epiphanii episcopi Ticinensis eumdem Epiphanium petiisse pro suis civibus quinquennium indulgentiæ tributorum, quæ Orestes tyrannica potestate imposuerat, ipsumque quæ ab eodem Odoacre petierat impetrasse. A Theodorico Ostrogothorum rege anno regni sui Italici 14 fugatus et Veronæ victus est. Tertio certamine superatus Ravennæ, proditorie ibidem occisus est, anno Domini 493. Post hæc tempora Italia Ostrogothorum regibus paruit ut infra dicemus. Sev. Binius.

De Zenonis obitu infra dicemus in notis ad vitam Gelasii. Sev. Binius.

[c] Constat infra ex epistola 6 Felicis, qua continetur sententia in Acacium lata, et ex notis concilii Romani primi et secundi sub Felice infra, hos ante damnationem Acacii deputatos et ablegatos esse. Falsum est igitur, quod scribitur hic, eos triennio post damnatum Acacium Constantinopolim missos fuisse. Sev. Binius.

[1] Cod. Lucensis 490, XVII.
[2] Idem cod., *Constantinopolim*.

[3] Idem cod., *Fecit papa Felix concilium, et facta examinatione invenit*.

FELICIS PAPÆ III
EPISTOLÆ ET DECRETA.

[a] EPISTOLA PRIMA.

[b] FELICIS PAPÆ III AD ACACIUM CONSTANTINOPOLITANUM.

Op'at sancta synodus Romana ut Zenonem imperatorem inducat ad emendandum sedulo studio ea quæ adversus catholicam fidem hactenus perperam egisset.

Felicis ad Acacium episcopum [c] per Vitalem et Misenum episcopos.

Postquam sanctæ memoriæ decessore meo papa

[a] Hæc epistola est illa synodica quam Patres concilii Romani a Felice pontifice ad Acacium transmittendam esse censuerunt. Qua de re infra in notis ejusdem concilii. Hactenus nusquam edita, nunc primum e penetralibus bibliothecæ Baronianæ ejusque Annalibus in lucem emittitur. Exstat in pervetusto codice Cresconianæ collectionis. Hujus et sequentis epistolarum a Felice scriptarum meminit Evagrius lib. III, cap. 18, 19 et 25. Item Liberatus in breviario cap. 18. Sev. Binius.

[b] In allegato codice hæc inscriptio his litteris præfigitur. Sev. Binius.

[c] Quarum civitatum episcopi hi legati fuerint, nusquam apud aliquem historicum expressum invenitur. *De Miseno tantum*, inquit Baronius, *in constituto Vigilii Romani pontificis de tribus capitulis repe-*

Simplicio de vitae cursu superna praeceptione migrante, ministerii quod regebat ad meae humilitatis officium gubernacula pervenerunt; in diversas generalis Ecclesiae curas, quas ubique terrarum cunctis populis Christianis, summi pastoris voce delegante, beatissimus Petrus apostolus pervigili moderatione dispensat; continuo me sollicitudo maxima, quae et praedecessorem meum incessanter urgebat, tam Alexandrinae urbis, quam status fidei totius Orientalis regionis excepit. Haec nos diebus noctibusque perstringens, ad dominum filium nostrum Christianissimum principem per Vitalem et Misenum fratres et coepiscopos nostros legationem compulit destinare : quae vice mea pietati ejus et debita praesentaret officia (et pro fide catholica) majorumque nostrorum servandis constitutionibus supplicaret.

[1] Hac igitur, illo pergente, par fuit dilectionem tuam dilectis pariter salutare colloquiis, et consequenter hortari ut aliquando tandem patrocinium causae Domini communis impendas, nec despiciendum putes, Christi confessione veridica, et universalis ejus Ecclesiae definitione.... vel de pace concorditer.... si illius et honore cupis esse clarus et nomine. Fatemur enim secundum apostolicam vocem, *magnum nobis inesse tristitiam et dolorem cordis nostri continuum* (Rom. IX) cogitationibus quas in die procedentibus [*propellentibus*] negotiis sustinemus. Imprimis illud, quod dudum ante oculos fere omnium vertebatur, occurrit : cujusnam rei causa videlicet intercessit, indica nobis, quod dilectio tua non modo tantis opportunitatibus indesinenter exortis, verum etiam saepenumero a decessoribus meis litteris invitata [*incitata*], velut obstinato silentio, nunquam super hanc partem aut consulere quidquam volueris, aut referre. Cumque nos aliquid temere sinistrum (quod absit) de tua mente conveniat opinari, tamen quia venerabilium virorum qui Ecclesiam cui praesides ante rexerunt, morem formamque destituas, ullo modo possis non esse suspectus.

Certe si (quod non credimus) dedignaris B. apostoli victoriis reverentiam tuis deferre aestuosis [2] affectibus, memor saltem officii pro fidei integritate catholicae, pro paternarum custodia sanctionum, pro synodi Chalcedonensis constitutione servanda, quae Nicaeni conventus penitus probat articulos; atque pro eis ubique hostibus comprimendis, sicut orthodoxorum urbis illius imitator antistitum, constanter exsurgere debuisses : quoniam te aliter inter membra corporis Christi monstrare non possis, nisi nullatenus providere desisteres illis quae per totum mundum dicuntur obrepsisse contagiis.

Proinde adire debes saepius Christianae mentis Augustum, et causas eidem salutis suae atque etiam imperii redditurus; et conservandi ejus auxilium frequenter ingerere, unde inimici illius corruerint, et qua via idem surrexerit, nihilominus intimare ei; scripta illa sensibus pietatis ejus offerre, quibus decessorem meum eximia laude extulit, eo quod haereticam catholicae tyrannidem veritatis assertione confoderit. Item illa quoque quibus Petrum Alexandrinum ab Alexandrinae cervicibus excussit Ecclesiae, et sanctae memoriae Timotheum revocavit orthodoxum. Nec illa praeterire quibus episcopis et clericis, laicisque per omnem Aegyptum constitutis, quod a divina Christiana professione deviassent, sicut catholicus imperator obtestans, nisi intra duos menses ad communionem Timothei redirent, honoribus, ecclesiis, omnibusque in illa regione denuntiavit esse privandos. Simul etiam quibus Petri, quem illicite se Alexandrinae Ecclesiae injecisse perhibuit, ac Timothei haeretici jam defuncti ordinationes, vel ea quae secreto per modos dicebant, ita recassavit. Nec non etiam illud adnectere, quod cum Timotheus sanctae memoriae catholicus fungeretur extremis, divinae inspirationis instinctu, tam ad ejus pontificis consulta rescribens, quam ad urbis Alexandrinae clerum, omni providentia mandavit praecavendum, ut si praefatum dominus sacerdotem transire jusserit, non nisi de catholicorum corpore clericorum, et qui orthodoxae fidei probaretur esse discipulus, omnibusque communicaret Ecclesiis, atque a catholicis ordinatus succederet defuncto pontifici : nimirum sapienter intendens, Petrum, qui aut a nullis, aut ab haereticis falsi nominis hujus honore jactaretur, super petram [*unde Petrum*] catholicae Ecclesiae, e qua ejus temeraria fuerat praesumptione depulsus, nunquam posse penitus praesidere.

Haec hujusmodi quae gesta sunt, et dilectionis tuae conscientiam non latent, convenerat saepius impertiri : praecipue cum in his Christianissimo principi promulgandis, quando ad regiam potestatem Deo comitante remeavit, operam tuam missis huc litteris non tacueris vehementer impensam esse, dignam catholico pontifice; gloriareris omnes qui contra sedem vestram [*nostram*], contraque Chalcedonensem synodum, et contra praedicationem sedis apostolicae

---

rimus eum nominatum esse Cumanum episcopum; sed in scripto perantiquo codice nostrae bibliothecae, cui est titulus : Concordantiae canonum, inter alia inest breve compendium historiae, complectens tempora ab ortu Nestorii haeresis usque ad concilium Romanum sub Felice papa, in quo damnatus est Acacius : quod licet sine auctoris nomine editum reperiatur, alicujus qui hoc saeculo vixit, et veritatis studiosus fuit, esse videtur : in hoc inquam opere, inter alia habentur haec de his legatis missis Constantinopolim : Postquam ergo Felix papa litteras praedecessoris sui nihil proficere cognovit, et ludibria quaedam in eversionem fidei ab Acacio fieri : tunc Vitalem episcopum Droentinum ex regione Picena, et Misenum Cumanae Ecclesiae episcopum ex regione Campaniae direxit, etc. Sed pro Droentinum legendum est Truentinum. Erat enim tunc ea civitas apud fluvium eo nomine nuncupatum Truentum, hodie vulgo Tronto dictum : meminerunt ejusdem civitatis Plinius, Ptolomaeus, et alii. Haec de legatis Constantinopolim missis Bar. anno 483, num. 19. SEV. BINIUS.

[1] Id est, *hac legatione*. HARDUIN.

[2] Forte *affatibus*. HARDUIN.

venire tentaverint, fuisse prostratos : quo magis te pro tua salute et professione ferventius apud clementiæ ejus aures oportuerat talia incessabiliter allegare, ac magnopere deprecari, quo nec suam, quam catholica mente deprompserat, violari ullatenus pateretur cujuslibet subreptione sententiam; nec adversus universalis Ecclesiæ sanctionem per hæreticorum furias, quas, Deo inspirante, pietas ejus eliserat, sineret denuo pullulare, quam manifestissime pervideres; ac tua modis omnibus prædicatione rursum in ea quæ exstiterant ei adversa consurgeres, atque eadem sine dubitatione firmares : quando huic reluctantia, sicut dudum fuerant subversa, jacuissent; ne vel tuæ (quod absit) fidei destitutor, vel perfidiæ dicereris fautor alienæ. Error enim cui non resistitur approbatur, et veritas quæ minime defensatur opprimitur. Deinde cum tibi, Domino præstante, apud dominum filium nostrum religiosum principem familiaritatem esse noverimus, nullus unquam potuit suaderi dilectionem tuam nequivisse gerere, quin potius noluisse. Et ideo quia non impossibilitatis esset, quod taceretur : ipse quoque non ambigis, quid hinc universalis judicare possit Ecclesia.

Ubi est, frater Acaci, labor tuus, quo tyrannidis hæreticæ tempore desudasti? Patieris hoc damno conscientiæ tuæ ejusmodi perire mercedem? Respice Apostoli verba, quæ testantur : *Currebatis bene; quis vos confascinavit (Galat. v)*? Cur eorum, frater, quærere senitas veteres nunc relinquis? Cur irruentibus in ovile dominicum lupis, nulla vigilantia ministerii pastoralis obsistis, sed æquanimiter atque securus commissum gregem aut laniari perspicis, aut necari? Non dicentem recolis Dominum, et animam suam quidem pro ovibus ponere pios pro devotione pastores; mercenarium autem de his curam penitus non habentem, mox ut bestiam forte conspexerit, sine ulla diffugere consideratione testantem? Verum cum tibi fugiendi nulla sit causa (nam nulla formido est), metuo ne septa dominica non tam pavore deserere, quam (quod est detestabilius) sponte videaris sævis dentibus objecisse [*dejecisse*].

Ausculta vocem ejusdem Domini præmonentis : *Qui mecum non est, contra me est; et qui mecum non colligit, dispergit (Luc. xi)*. Et diligenter attende nihil aliud esse non procurare quæ Christi sunt, nisi se palam profiteri ejus inimicum. Non desperemus facere, frater, veram Salvatoris nostri sententiam, qua se usque ad finem sæculi Ecclesiæ suæ non defuturum esse pollicitus est (*Matth. xxviii*), nec ab inferi portis eam dixit esse superandam (*Matth. xvi*), et quæ omnia per apostolicæ scita doctrinæ ligarentur in terris, nec in cœlestibus memoravit absolvi (*Matth. xvi, 18*). Neque putemus, quod quibuslibet sit vallata periculis, unquam pondus vigoris sui,

vel censura beatissimi Petri, vel auctoritas universalis amittat Ecclesiæ : quæ quanto magis cavet ne mundi prosperitatibus intepescat, tanto non frangitur, sed potius erudita divinitus, crescit [1] adversus.

Unde [*ubi*] perspiciendum est ne eam, quæ nullis potest obrui motibus [*molibus*] procellarum, quicunque eam submergere nititur in ipso sæculi pelago fluctuantis, ipse potius a gubernatione salutari in profunda dejectus, illa prævalente, mergatur.

Atque ideo, cum ita sit, moneo, hortor et suadeo, ut quæ commissa sunt corrigas, et sequentibus studiis de te facias meliora sentiri : [2] *Negligere quippe, cum possis deturbare perversos, nihil est aliud quam fovere. Non [Nec] caret scrupulo societatis occultæ, qui evidenter [evidenti] facinori desinit obviare.* Unde si contra synodi instituta Chalcedonensis tendere hostilia corda perspicis, quiescis : mihi crede, nescio quemadmodum te Ecclesiæ totius asseris esse participem. Ad te oculos præterea non reducis, quia non solum in hac causa adversus omnem catholici dogmatis tendatur unitatem, sed etiam cunctis hæresibus, quæ vel se nobis melius sentire prætendunt, resumendi vires, atque inter usus pristinos resurgendi, latus campus aperitur, si semel quod a nostris majoribus est depositum, qualibet occasione pulsetur.

Unde iterum atque iterum protestamur, ne in abruptum totius Ecclesiæ statuta per audaciam contra synodum catholicam insurgere molientium sinatur abduci. In quo quidem certamine firmum fundamentum Deus statuet, sicut de eo nobis licet sperare; et *novit Dominus qui sunt ejus (II Tim. ii, 19)*. Verumtamen, salvo eo, quod in die judicii talem a nobis Ecclesiam, certum est, qualem a patribus accipimus, exigendam; etiam in hac vita se ad eam non pertinere cognoscat, qui non solum plenitudini ejus noxia conatur inferre, sed etiam qui ea quæ eidem congruentia sunt dissimulat providere. Absit ut de tua dilectione taliter nos credamus, quem et dudum pro catholica fide viriliter stetisse reminiscimur, et a totius Ecclesiæ corpore nolumus discrepare. Quapropter instantius (qui te sincero diligimus caritatis intuitu) crebro repetitis hortationibus incitamus, ut ipse vicissim ea post hæc devites quæ te ab omni domo Christi ostendant esse disjunctum; nec magis illa secteris quæ ab eadem te faciant esse divisum. Multa vero (quia non opus fuit litteris universa congerere) quæque utilitas negotii præsentis efflagitat, fratribus et coepiscopis apostolicæ sedis legatione fungentibus, vel cum domino filio nostro clementissimo principe, vel cum tua dilectione colloquenda mandavimus : quod æquum est et pro catholicæ fidei observatione prompta mente suscipere, et pro tuæ æstimationis intuitu necessariam apud augustæ mentis benevolentiam suggestionibus adjuvari.

Gratiano xiii, q. 1, tribuitur Anastasio II papæ. HARDUIN.

---

[1] Forte *adversis*. HARDUIN.
[2] Hic locus citatur in epist. Victoris Carthaginensis in concil. Lateran. sub Martino papa in secr. 2. A

EPISTOLA II.

" AD ZENONEM IMPERATOREM.

Pro Ecclesiâ Alexandrinâ supplicat : quidquid antehac pro defensione ejusdem Ecclesiæ dixit aut fecit, commemorat, ut posteriorem Joannis Alexandrini episcopi ejectionem, et Petri Moggi restitutionem reprehendat.

Incipit epistolæ exemplum beatissimi papæ Felicis urbis Romæ ad Zenonem Augustum per Vitalem et Misenum episcopos.

Decebat profecto, venerabilis imperator, post sanctæ memoriæ decessoris mei transitum, meque in ejus locum divina gratia subrogatum, clementiæ tuæ litterarum munus offerre : quod vel ea, sicut rerum poscebat ratio, nuntiarem, vel officiositatis meæ primitias exhiberem : quibus tamen rite depensis, etiam illa pariter necterentur quæ ad vestri munimen imperii, prosperitatisque ejus suffragia pertinerent; quantoque essent studio majore curanda, tanto dignioribus internuntiis explerentur. Itaque conveniens fuit ut Vitalis et Miseni fratrum et coepiscoporum meorum, et famuli vestri Felicis Ecclesiæ defensoris ad vos necessariam legationem mitterem, qui non tam bajuli specie ista deferrent, quam meam vicem peragentes, me quodammodo vobis facerent esse præsentem. Per hanc igitur, velut cominus honorificentiæ tuæ junctus colloquiis, precor ut supplicationem meam benignis auribus, sicut princeps Christianus, accipias. Nec existimet pietas tua, quod quisquam magis sincera mente te diligat, quam qui te pacem in Deo vult habere perpetuam : quando fidei mente non ambigas, et temporalis culminis potestatem et æternæ vitæ commercia de superna propitiatione pendere.

Ecce jamdiu est quod beati apostoli sedes, datis per beatæ memoriæ decessorem meum ad serenitatem tuam litteris, exspectans, et nullum recepit pro catholica fide, pro [1] Occidentalium [*Orientalium*] tranquillitate responsum; præsertim cum tuam conscientiam, gloriosissime princeps, metuendis obstrinxerit illa sacramentis, ne sedes beati evangelistæ Marci a doctrina magistri sui vel communione permitteres separari. Sed quoniam præfati decessoris mei studium, longa incommoditate faciente, hæc eadem crebrius iterare non potuit; per meæ nunc humilitatis officium sollicitius repetere non quiescit. Rursus ergo apostoli Petri veneranda confessio materna instat vocibus, et suorum præcipue filiorum compellere non desinens confidentiam tuæ pietatis, exclamat : Christiane princeps, cur me a curriculo caritatis, quo Ecclesia universalis astringitur, permittis incidi? Cur in me rumpis totius orbis assensum?

A Quæso te, fili piissime, ne tunica Domini desuper contexta per totum, qua in unum corpus sanctô Spiritu ubique regente, individuam fore Christi figuravit Ecclesiam, ulla patiaris sorte violari; neve cujus inter ipsos qui crucifixerunt Salvatorem, mansit integritas, tuis videatur temporibus esse divisa. Nonne mea fides est, quam solam esse unam, et nulla adversitate superandam Dominus ipse monstravit, qui Ecclesiæ suæ in mea confessione fundatæ portas inferi nunquam prævalituras esse promisit? Hæc te renatum ad regiam sustulit dignitatem, atque ab ejus impugnatoribus potestate extrusa, prævalendi tibi denuo viam in ipsius defensione patefecit.

Verum, quæso, propone etiam exempla gestorum, et hanc vicem meis repende beneficiis, ut quæ per rerum examina comprobasti, et periculosa præcaveas, et subsidia recuperatæ a te dignitatis affectes. Hæc rogo, quæ dicta Deus esse voluit per dictæ sedis antistitem, vel per mei ordinis parvitatem, qui tuæ [2] securitatis intuitu, hujuscemodi ideo promenda judicavit, ut non tam per ejus quamcunque vicarium, sed præsentis apostoli velut auctoritate commonitus, altius vias et divinæ reverentiæ et humanæ conditionis aspiciens (quod absit) non ingratus existere videaris collatæ felicitatis auctori. Redeat, obsecro, in animi tui integra deliberatione conspectum, quæ inimicos tuos facta dejecerunt, quæ te ad imperiale fastigium Deo comitante revexerint; qualiter illi cum nefanda dogmatis receptione conciderunt; et quemadmodum gloria tua in hæreticorum fuerit depulsione reparata : ut illi contra Chalcedonensis synodi venerabilia constituta, et beatissimi papæ Leonis scripta venientes, ipsa sui molitione collapsi sunt; et quibus modis eorum reformationes, ad pristinum [3] remearunt [4] tuarum' reverentiam principatum.

Liceat, oro, apud te fidenter exponere [*exercere*] quem convenit non tacere. Unicum in te superest prisci nomen imperatoris. Ne, quæso, nobis salutem tuam, pie imperator, invideas, ne fiduciam pro te minuas supplicandi. Causæ quibus Dominus sit propitius inquirendæ sunt, non quibus ejus indignatio provocetur. Convenio, contestor, obtestor; quoniam metuo, horresco, formido, ne mutatione causarum (quod absit) mutetur eventus. Respice propitius ad decessores tuos augustæ memoriæ Marcianum scilicet et Leonem, et tantorum principum fidem, legitimus eorum successor : amplecti debes illorum in religione consensum, quorum debes memoriæ reverentiam. Absit a tua devotione, absit a tua potestate, ut talium credaris respuisse judicium.

Postremo professionem tuam, conscientiamque recolendam sensibus tuæ pietatis insinuo. Palatii tui

---

[a] Hæc est illa synodica Felicis papæ epistola quam consilio synodi Romanæ dedit ad Zenonem imperatorem : qua occasione, in notis illius synodi dicemus infra. Ex codice Crasconianæ collectionis supradicto in hanc editionem Conciliorum nunc recens translata est. Sev. Binius.

[1] Vel *Occidentalium*, qui solliciti sunt de Orientalium salute. Harduin.
[2] Lege *serenitatis*, ut infra in hac epistola. Harduin.

[3] *Repararent.* Cod. Luc. Forte *revexerunt.* Harduin.
[4] Forte *tua cum reverentia.* In Reg. ms., *tuam.* Harduin.

facito scrinia recenseri, et scripta illa diligenter investigari, quæ ad apicem summæ regrediens potestatis ad decessorem meum pietas tua pro communi gratulatione direxit : his cum semper magna laude prosequeris, quod hæreticam tyrannidem prædicationis catholicæ vigore contriveris, qua utique istius veritatis prædicatione nihil aliud quam de Eutychiano labores errore prorsus abolendo, ejusque sequacibus excludendis. Hæc pro synodi Chalcedonensis definitione servanda, reducendoque sanctæ memoriæ Timotheo rectæ fidei sacerdote, tota sua textus serie pie locuta est. Hæc certe tua mansuetudo cognovit : nec res incognitas tua clementia proferre potuisset, et palam aperteque professa, quod laudum tuarum testificatione firmasti.

Requirantur illa quoque, quæ ad sanctæ memoriæ Timotheum orthodoxum Alexandrinum episcopum serenitatis tuæ paginæ sunt locutæ, atque ex ipsis actibus intuere, nisi Petro ex ea memorata urbe secluso, qui ei Ecclesiæ tunc temporis incubabat, supradictum Timotheum non fuisse revocatum. Vos ad eumdem venerandæ recordationis pontificem jam reductum sacras venerabiles mox dedistis, quibus fideli pectore gloriabamini, quod sanctæ Ecclesiæ magnæ civitatis Alexandrinæ providens orthodoxæ fidei, Dominus noster ac Salvator verum restituerit sacerdotem. Ubi manifestum est, quia cum verum dicitis, illum fuisse falsum qui pulsus est, ostenditis; et cum in venerando Timotheo orthodoxo fidem dominum testamini reduxisse, perversam in omnibus in Petro perhibetis refutasse doctrinam, non ob aliud, nisi quia et ille qui orthodoxus pronuntiatur et verus, Chalcedonensi synodo (sicut ejus tunc missa tenet professio) consentiebat; et iste qui falsus et perversus ejicitur, ab ejusdem synodi tramite discrepabat.

Denique cunctos episcopos Ægypti, universosque cleros [forte *clericos*] increpastis, vestris generaliter apicibus sancientes, ut nisi intra duos menses ab his quæ a principio contra canones, contra Ecclesias Dei, contra orthodoxam fidem cogitaverunt, abstinerent, atque beati Timothei communione, quam impie reliquerunt, dignæ pœnitentiæ satisfactione remearent; non solum despoliandos honoribus, verum etiam et Alexandrina urbe et omni Ægyptiaca regione carituros : injustum enim videri, sicut Christianus imperator affirmans, ut qui se [1] ad Ecclesiam, quæ ubique terrarum est, segregarent, haberent sacerdotes, aut ullo sacro ministerii nomine censerentur. Vos indigne ferentes ab Alexandrinis seditiones concitatas, eos qui propter ordinem clericalem simili deceptione tenebantur, nisi salutaribus monitis obedirent, tali pœna dignos arbitrabamini.

Vos Petrum speciali notantes elogio, quod illicite se Alexandrinæ injecisset Ecclesiæ, omnes qui tam ab eo quam hæretico Timotheo jam defuncto fuerant ordinati, si infra finita tempora resipiscerent, ad communionem catholici Timothei mandastis recipi (non etiam ad male præsumpti gradus privilegia decreveratis admitti), consequenter addentes cæteros deteriora subituros, si eligere meliora noluissent. Vos cujuslibet post has varias satisfactionis causas cunctis penitus abstulistis, quibus ipsos ab unitatis consortio discedentes, recensuistis tulisse judicium. Vos de ipsius persona Petri quidquam denuo defricandi, sapienti consideratione tacuistis : quippe quem Ecclesiæ arce dejectum, simul pervasi pontificii videretis honore nudatum; nec ullo modo fieri posse, ut unquam vel orthodoxis præsideret, qui aut a nullis, aut ab hæreticis fuerat institutus, vel recidiva toties temeritate violentus ovile dominicum subdolus et invidiosus intraret.

Atque ideo quod corrigendis ejus prætendebatis sectatoribus irrogandum, huic jam quasi magistro sceleris rationabiliter duputabatis inflictum : ut quibus fratres merserat ad ruinam, fieret ipse metuendæ damnationis exemplum : quodque adeo verum est, ut superstare venerando Timotheo legionem sollicite jusseritis, si eidem humanitus aliquid evenisset. Vos non nisi de catholicorum collegio clericorum et a catholicis consecratum subiistis videre pastorem : quia ubique nullo ritu sub vestræ serenitatis obtutibus hæresis ipse præcipuus Eutychianæ dementiæ potuit esse vel dici orthodoxi successor antistitis. Quo igitur animo bestiam quam a gregibus Christi duxistis abigendam in eorum denuo patimini sævire perniciem? Certe legibus quas universis imponitis, magis vultis vinci quam promulgare contraria; quanto satius fuerit, intemerata persistere quæ heri pro integritate retinenda totius Ecclesiæ protulistis, quo et tui catholici imperii auctoritas inconvulsa permaneat, et nihil accedat quod actibus apud Dominum vestræ felicitati obsistat.

Cernis enim, venerabilis imperator, quia ut Chalcedonensis synodi indubitata defensio, inimicorum ejus elisio est, sic vicissim manifesta illius impugnatione comprobatur hostium venerandæ ipsius cognitionis [*protectionis*] evectio. Meministis quemadmodum verba divina nos instruunt, *Neque in dextrum neque in sinistrum limitem rectæ dispositionis excedere, sed via* (ut scriptum est) *regia mediaque gradiendo* (*Deut*. xxv), hinc atque inde Nestorii Eutychetisque sacrilegia condemnata detestans, ita magnæ pietatis prædicans sacramentum, ut omnipotentis Dei Patris consubstantiale sempiternumque Verbum, quod incommutabili deitate et incarnatum est, et ab ipso ineffabilis conceptionis exordio, quam sibi in utero Virginis matris potenter instruxit, unum eumdemque Jesum Christum Dominum nostrum, unum eumdemque et Dei et hominis Filium, unum eumdemque inconfuse, indivise Deum hominemque veraciter permanentem intemerata Patris lege prolatum, in hoc mundo fuisse conspicuum [*perspicuum*], divina simul humanaque gessisse; mortuum, atque ex mortuis

---
[1] Forte *ab Ecclesia* vel *adversus Ecclesiam*. HARDUIN.

exsurgentem, in Patris dextera residere; itemque inde venturum, ut est visus ire in cœlos, eatenus profiterentur, quatenus Librorum memorat traditio divinorum, et Nicæni concilii forma, sicuti cuncti retro prædicavere pontifices : sic eorum tam Ephesino primo competenter inserta conventui, quo beati papæ Cœlestini temporibus Nestoriana pestis exstincta est, quam datis augustæ memoriæ Leoni sanctæ memoriæ Leonis papæ epistolis capitula subjecta testantur : quibus vir ille consulens etiam totius Orientis [1] episcopis, eorumque responsa, subscriptionesque super synodi Chalcedonensis approbatione suscipiens, ea nullatenus passus est mutari; quo magis Christiana mente perpendit, et hoc esse verum, quod cum divinis assertionibus catholicorum de toto orbe doctorum longe antequam hujusmodi quæstio nasceretur, consonantia ubique dicta concinuerant; et ideo nulla iteratione refodienda, quæ constarent jure damnata : ne non solum causa præsens in omne catholici nominis extendat exitium, sed etiam cunctis residuis publica bella resumendi pandatur occasio, si quolibet modo, quod semel a veteribus universaliter decisum est, retractetur : uti esse jam pervidetis Alexandrinæ Ecclesiæ perversorem, funesta diu impunitate grassantem, vestris præceptionibus, quibus merito dudum probatur ejectus, esse nihilominus abigendum.

An non ipse est per triginta annos catholicæ desertor Ecclesiæ, inimicorumque ejus sectator et doctor, et ad fundendum sanguinem semper velox fuit et promptus? Nunquid ad hanc istam dissimulationem sumus quadam ex conviventia [conniventia] præceptoris? In quo revera non est opus discussione subtili; quia ejus aperta sunt crimina. Dolet certe pietas tua, quod per diuturnos partis alternæ gravesque conflictus multi ex hoc sæculo videantur ablati aut baptismatis aut communionis expertes. Sub hoc ergo præsule ne sint baptizati, et efficiantur hæretici, et sine communione transeant, ne in perditorum pravitate deficiant : ut quemadmodum scriptum est :

Cæcus cæco ducatum præbens cum eodem mergatur in foveam (Matth. xv).

Non est hoc, oro te, acerrimum decrevisse periculum, quando nec sauciis adhibetur firma curatio, et sanis ingeritur miseranda contagio? Nam quomodo aiunt sedari posse, si in futuro furores suos patiantur? Quid est illud dicere jam causam nullam superesse certaminis, nisi hæreticis victoria tribuatur? Proinde quibus inferri castigationis aliquid etiam corporalis, ut pater benignus, horrescis; multo clementius eorum animas non patiaris intercipi, sed pia depositione compressos tandem subdi facias catholico sacerdoti, ut veræ generationis effectum et securum sibimet profuturæ communionis auxilium consequantur. Subjecit vobis divina providentia facultatem qua itidem effringatis opera perfidorum. Depulit ille nostræ religionis vastatorem; vos ab ejus Ecclesiæ cervicibus irruptionem deturbate prædonum. Pacavit ille rempublicam (sicut vester quoque sermo testatur) a tyrannide hæretica; libertatem vos ab ipsis hæreses præceptoribus populos eruentes Christianis restituite. Ille vos aulæ legitimæ restituit imperatoris jure suffultos; reddite vos magistro discipulum; sedem beati Marci evangelistæ ad communionem beatissimi Petri, de vitæ eorum meritis devotione reducite : ut ipso in vobis opus bonum perficiente, qui cœperit, secure audire mereamini : *Qui perseveraverit usque in finem, hic salvus erit* (Matth. x, 24); et ad tuæ gloriæ cumulum, ita vice Dei præsideas, verendus veraciter existens Divinitatis imitator, atque adhuc in rebus temporalibus constitutus, jam experiaris et munus in æternam tibi beatitudinem præparatum.

Quod vero cuncta litteris non potuerunt comprehendi quæ negotii qualitas non sinit præteriri, quædam venerabilibus nostris fratribus et coepiscopis meis, quibus cura legationis injuncta est, proprio apud vos agenda sermone commissa sunt. Precor ut ea quæque et audire benignus, et indifficulter annuere, tum pro catholicæ observantia veritatis, tum etiam pro regni vestri incolumitate, digneminis.

[a] EPISTOLA III.
AD PETRUM FULLONEM, EX SYNODO ROMANA.

Ostendit Petrum Fullonem, alias Cnapheum, non solum in Valentini, Manichæi, Arii, Sabellii, Apollinaris et Eutychetis hæreses, verum etiam in errores gentilitatis plures deos asserentis incidisse. Deinde monet ut resipiscat, et quod in Trisagio, Crucifixus propter nos, addere non oporteat, Ὅτι οὐ δεῖ προσθῆναι ἐν τῷ τρισαγίῳ Ὁ σταυρωθεὶς δι' ἡμᾶς.

[a] Felix episcopus Petro episcopo Antiochiæ.

Quis dabit capiti meo aquam, et oculis meis fontem lacrymarum (Jer. ix)? Qualem autem et dignum fletum adducam animæ meæ, condolens Domini Salvatoris nostri Christi sanctæ catholicæ et apostolicæ Ecclesiæ? Ipsa enim plorans ploravit super filios et

Τίς δώσει τῇ κεφαλῇ μου ὕδωρ, καὶ τοῖς βλεφάροις μου πηγὴν δακρύων (Ἱερ. ιχ); Ποῖον δὲ καὶ ἄξιον ὀδυρμὸν προσοίσω τῇ ἐμαυτοῦ ψυχῇ, συναλγῶν τῇ τοῦ δεσπότου καὶ σωτῆρος Χριστοῦ ἁγίᾳ καθολικῇ καὶ ἀποστολικῇ Ἐκκλησίᾳ; Κλαίουσα ἔκλαυσεν αὕτη ἐπὶ υἱοῖς, καὶ θυγα-

---

[a] Hæc est illa synodica epistola quæ missa est a concilio Romano ad Petrum Fullonem, qua post refutatos ejus errores blasphemos prima actione ad resipiscendum admonitus fuit. Vide quæ diximus ibidem in notis ejusdem concilii.

[1] Forte *episcopos*. HARDUIN.

[a] Hæc et sequens epistolæ non Felicis, sed Simplicii sunt. Eas supposititias putat Valesius lib. 1 Observ. sacr. ad Evagrium, sed ut genuinas tuetur Pagius ad an. Chr. 478, n. 9 et seqq., et an. 485, n. 23. Vid. Cl. Maffeii præfationem ad Suppl. Acac. infra exhibendam.

filias suas, et non est qui consoletur eam, ex omnibus qui diligunt eam (Thren. 1). Universi tyranni et hæresiarchæ persequentes ipsam, *apprehenderunt eam* per te, frater honoratissime, et affligentes ipsam, *facti sunt in caput ejus.* Omnis decor ipsius, quantum in te est, factus est ad nihilum. Videntes inimici ejus, gavisi sunt super perditione filiorum ejus. Quos enim foverat, quos enutrierat, quos ad mensuram ætatis produxerat, lacteque paverat, propheticis et apostolicis doctrinis, hos tu uno temporis momento veneno necasti. Quemadmodum enim qui piscationem sectantur, hamum esca contegunt, et ex improviso capiunt pisces : sic et tu angelicæ laudationi additionem induxisti, et trisagiæ deprecationi, quasi pietatis obtentu, diram impietatem excogitasti. Ex pluribus enim Orientalibus provinciis litteras suscepimus, significantes nobis quomodo veneratio tua dudum sopitum Valentiniani dogma resumpsit, et irritatur a vobis Salvatoris incarnatio ; quodque in Manichæorum dogma et Arii, et Apollinaris, Paulique Samosateni incidistis. Dicere enim unigenitum Filium et Dominum nostrum Christum Jesum perfectum non esse in deitate, atque in humanitate perfectum, nec ipsum subisse passionem crucis, sed unam Verbi Dei naturam incarnatam, corpusque Domini sine anima et mente, Apollinaris hæresim roborat. Ille enim ignoravit, quod ab ipsis mundi nascentis exordiis primum anima primi parentis nostri mortua est, vel in mortem præcipitata est, atque ita demum corpus. Dictum quippe illi est a Deo : *In quacunque die comederitis de ligno scientiæ boni et mali, morte moriemini (Gen.* 11). Itaque juxta latam in illum a Deo sententiam, in ipsa secundum animam mortuus est. Nam ipsius corporis mors post nongentos et triginta annos contigit. Itaque donum non dimidiatum fecit, sed totum simul Adam ex utero Virginis sumpsit, ut etiam perditum, totum salvum faceret. Idcirco et Dominus ipse dicebat : *Ego animam meam pro ovibus pono (Joan.* x). Valentini item et Marcionis, Manichæorumque ac [1] gentilium innovare vis dogmata. Si enim Deus est, qui divisibiliter atque substantialiter est mortuus, similiter sanctus Spiritus Deus, et ipse divisibiliter ac substantialiter invenietur ; sicque juxta tuam et illorum rationem, tres dii erunt, ac per hoc plurium deorum invalescet error : quantumque in te est, evacuabitur illud : *Audi Israel, Dominus Deus tuus, Dominus unus est (Deut.* iv). Item quod ait Jeremias : *Hic Deus noster, non reputabitur alius ad eum (Baruch.* iii). Similiter et Dominus : *Ut cognoscant te solum verum Deum (Joan.* xvii). Cumque Scriptura unum Deum, sanctam et individuam Trinitatem prædicet, tu et hi qui ante te fuerunt hæresiarchæ, tres Deos dogmatizare ausi estis, alium quidem dicentes Deum Patrem præter Filium, et alium Deum Filium præter Patrem ; rursusque alium Deum Spiritum sanctum præter Patrem et Filium.

---

[1] Græca versio addit *Basilidianos.*

πράσιν αὐτῆς, καὶ οὐχ ὑπάρχει ὁ παρακαλῶν αὐτήν, ἀπὸ πάντων τῶν ἀγαπώντων αὐτήν (Θρήν. 1). Ἅπαντες οἱ καταδιώκοντες αὐτὴν τύραννοί τε, καὶ αἱρεσιάρχαι, κατέλαβον αὐτὴν διὰ σοῦ, ἀδελφὲ τιμιώτατε· καὶ οἱ θλίβοντες αὐτὴν ἐγένοντο εἰς κεφαλὴν αὐτῆς. Πᾶσα ἡ εὐπρέπεια αὐτῆς, τὸ ὅσον ἐπὶ σοί, ἐγένετο εἰς οὐδέν. Ἰδόντες οἱ ἐχθροὶ αὐτῆς, ἐχάρησαν ἐπὶ τῇ ἀπωλείᾳ τῶν τέκνων αὐτῆς· οὓς γὰρ ἐξέθρεψεν, ἐτιθηνήσατο, οὓς εἰς μέτρον ἡλικίας ἀνήγαγε, γαλακτοτροφήσασα προφητικοῖς καὶ ἀποστολικοῖς δόγμασι, τούτους ἐν μιᾷ καιροῦ ῥοπῇ διὰ δηλητηρίου ἐφόνευσας. Καθ' ὃν γὰρ τρόπον οἱ τὴν ἁλιευτικὴν μετερχόμενοι, βρώμασι τὸ ἄγκιστρον καλύπτουσι, καὶ ἀπροόπτως τοὺς ἰχθύας ἀγρεύουσιν· οὕτως καὶ σὺ τῇ τῶν ἀγγέλων ὑμνολογίᾳ προσθήκην ἐπήγαγες, καὶ τρισαγίᾳ λιτῇ, ὡς ἐκ προσώπου εὐσεβείας, ἀσεβείαν ἐπενόησας δεινήν. Ἐκ πολλῶν γὰρ ἐπαρχιῶν τῶν κατὰ τὴν Ἀνατολὴν γράμματα ἐδεξάμεθα, τὰ σημαίνοντα ἡμῖν, ὡς ὅτι ἡ σὴ θεοφιλία τὸ πάλαι σιωπηθὲν Οὐαλεντίνου δόγμα κατέλαβε, καὶ ἀθετεῖται παρ' ὑμῶν ἡ σωτήριος ἐνανθρώπησις, καὶ ὅτι εἰς τὸ Μανιχαϊκὸν δόγμα. Ἀρείου τε, καὶ Ἀπολιναρίου, καὶ Παύλου τοῦ Σαμοσατέως περινενέχθητε. Τὸ γὰρ μὴ λέγειν μονογενῆ τὸν Υἱόν, καὶ Κύριον ἡμῶν Ἰησοῦν Χριστὸν εἶναι τέλειον ἐν θεότητι, καὶ τέλειον ἐν ἀνθρωπότητι, αὐτόν τε τὸ πάθος τὸ τοῦ σταυροῦ ὑπομεμενηκέναι, ἀλλὰ μίαν φύσιν τοῦ Θεοῦ Λόγου σεσαρκωμένην, ἄψυχόν τε καὶ ἄνουν τὸ τοῦ Κυρίου σῶμα, τὴν Ἀπολιναρίου αἵρεσιν κρατύνει· ἐκεῖνος γὰρ μὴ ἐγνωκὼς ὅτι κατ' αὐτὴν τὴν ἔναρξιν τῆς κοσμοποιΐας πρῶτον ἡ ψυχὴ τοῦ πρωτοπλάστου καὶ προπάτορος ἐθανατώθη, καὶ εἶθ' οὕτως τὸ σῶμα· ἐλέχθη γὰρ πρὸς αὐτὸν ὑπὸ τοῦ Θεοῦ, Ἧ δ' ἂν ἡμέρᾳ φάγητε ἀπὸ τοῦ ξύλου, θανάτῳ ἀποθανεῖσθε (Γενέσ. 11). Κατὰ οὖν τὴν ἀπόφασιν τὴν ἀπὸ τοῦ Θεοῦ κατ' αὐτοῦ ἐπενεχθεῖσαν, ἐν ᾗ ἡμέρᾳ ἔφαγεν ἀπὸ τοῦ ξύλου τοῦ γινώσκοντος καλὸν καὶ πονηρόν, ἐν αὐτῇ ἐθανατώθη ψυχικῶς· ὁ γὰρ τοῦ σώματος αὐτοῦ θάνατος γέγονε μετὰ ἐννακόσια καὶ τριάκοντα ἔτη. Ὁ τοίνυν Θεὸς οὐχ ἡμιτελὲς τὸ δῶρον αὐτοῦ ἐποίησεν, ἀλλ' ὅλον ὁμοῦ τὸν Ἀδὰμ ἐκ μήτρας παρθενικῆς ἀνέλαβεν, ἵνα καὶ ὅλον τὸν ἀπολωλότα διασώσῃ· διὸ καὶ ἔλεγεν ὁ Κύριος, Ἐγὼ τὴν ψυχήν μου τίθημι ὑπὲρ τῶν προβάτων (Ἰωάν. X)· κρατύνειν δὲ βούλει καὶ Οὐαλεντίνου, καὶ Μαρκίωνος, Μανιχαίων τε, καὶ Βασιλιδιανῶν, ἔτι μὴν καὶ Ἑλλήνων τὰ θρησκεύματα. Εἰ γὰρ Θεὸς ὁ ἀποθανών διαιρετῶς, καὶ οὐσιωδῶς, ὡσαύτως δὲ καὶ τὸ ἅγιον Πνεῦμα Θεός, καὶ αὐτὸ διαιρετῶς, καὶ οὐσιωδῶς εὑρεθήσονται, ὡς κατὰ τὸν σὸν καὶ τὸν ἐκείνων λόγον, τρεῖς Θεοί, καὶ διὰ τοῦτο κρατυνθήσεται τῆς πολυθείας ἡ πλάνη, καὶ ὅσον ἐπὶ σοί, διασκίδασται τό, Ἄκουε, Ἰσραήλ, Κύριος ὁ Θεός σου, Κύριος εἷς ἐστι (Δευτερ. IV)· καὶ ὅπερ ἔλεγεν ὁ Ἱερεμίας· Κύριος ὁ Θεὸς ἡμῶν· οὐ λογισθήσεται ἕτερος πρὸς αὐτόν (Βαρούχ. III)· ὁμοίως δὲ ὁ Κύριος, Ἵνα γινώσκωσί σε τὸν μόνον ἀληθινὸν Θεόν (Ἰωάν. XVII)· καὶ τῆς θείας Γραφῆς, ἕνα Θεὸν τὴν ἁγίαν Τριάδα καὶ ἀδιαίρετον, κηρυττούσης, σὺ καὶ οἱ πρὸ σοῦ αἱρεσιάρχαι τρεῖς Θεοὺς ἐδογματίσατε· ἄλλον μὲν λέγοντες τὸν Θεὸν Πατέρα παρὰ τὸν Υἱόν, καὶ ἕτερον Θεὸν τὸν Υἱὸν παρὰ τὸν πατέρα· καὶ πάλιν ἄλλον Θεόν, τὸ Πνεῦμα τὸ ἅγιον, παρὰ τὸν Πατέρα καὶ τὸν Υἱόν· καὶ τὸν μὲν θνητόν, καὶ

Atque alium quidem mortalem et noviter genitum, alium vero æternum atque immortalem. In his autem noxiis verbis tuis, contraria sentire vis Patribus qui in Nicæa, et qui in Constantinopoli atque Chalcedone convenerunt, qui et consubstantialem roborarunt, et unam deitatem Patris et Filii sanctique Spiritus prædicarunt, atque Arii amentiam confuderunt. At vero tu in ecclesia ausus es dicere, quod unus increatæ atque individuæ Trinitatis passionem subiit : et per hoc consubstantialem quoque solvere niteris, ac Deum subjicere numero. Si enim unus sanctæ Trinitatis et coæternus, qui crucifixus est Deus, hoc [*hic*] est Filius : sunt autem duo S. Trinitatis, Pater et Spiritus sanctus : dicuntur autem dii, et non (ut habet vera ratio) Deus, sicut tradiderunt nobis, *qui ipsi inspexerunt, et ministri fuerunt verbi* (*Actor.* 1), inveniris quoque consubstantialem solvere. Quippe mortale et immortale consubstantialia jam esse non possunt : roborabitur autem sic pluralitas deorum, dum tres dii Christianis auribus ingeruntur. Cum itaque scriptum sit, *Verbum caro factum est, et Deus erat Verbum* (*Joan.* 1) ; non alius Deus Verbum præter Patrem invenietur : Verbum non simpliciter, sed Verbum substantiale; et Deus Filius invenietur, ut ex vilitate nostra, identitatem substantiæ Patris et Verbi et sancti Spiritus agnoscamus. Non enim nos ali præter verbum nostrum inveniemur. Quoniam igitur unigenitus Dei Filius, qua ratione Verbum est, in propria substantia non poterit pati, ne ad omnipotentis Dei Patris substantiam passio referatur (est enim una Patris et Filii et sancti Spiritus deitas); patitur autem proprium animatum corpus, quod ipsum substantiale Dei Verbum ex ipsa sanctæ et intemeratæ Virginis vulva sibi conjungens, ex muliere processit, de qua sancto Spiritu afflati prophetæ cecinerunt : *Deus virtutum convertere, respice de cœlo, et vide, et visita vitem istam; et perfice eam, quam plantavit dextera tua; et super filium hominis, quem confirmasti tibi* (*Psal.* LXXIX) : vitem et filium hominis, quem confirmavit Verbum, ut inferni claustra contereret, et vivificaret eos qui a sæculo mortui sunt, salutarem Verbi incarnationem vocans. Idcirco et Dominus dicebat discipulis suis : *Ego sum vitis, vos autem palmites, et Pater meus agricola est* (*Joan.* xv) ; et, *Tradetur Filius hominis in manibus peccatorum* (*Matth.* xxvi). Patris enim intimum substantiale Verbum ac Deus, per sanctæ Virginis aures illapsum, conceptionem ineffabiliter operatum est. Qua igitur parte unigenitus Filius est consubstantialis Patri, et unus individuæ Trinitatis, increatus atque invisibilis, impassibilis et immortalis permansit. Quod ergo increatum atque immortale est, creaturæ ne applices, neque deorum pluralitatem confirmare pergas, dicens unum S. Trinitatis mortuum esse. Rursus, qua parte ex muliere natum est, et substantiæ nostræ ac generationis est particeps, absque peccato, sustinuit passionem. Porro, quod non modo consubstantialis, verum etiam cognatus secundum carnem sit nobis Filius Dei, docet

νεογενῆ, τὸν δὲ ἄναρχον, καὶ ἀθάνατον. Ἐπὶ τούτοις δὲ τοῖς βλαβεροῖς σου φρονεῖν, τῶν τε ἐν Νικαίᾳ ἀθροισθέντων, καὶ ἐν τῇ Κωνσταντινουπόλει, καὶ ἐν Χαλκηδόνι, ἁγίων πατέρων, τῶν καὶ ὁμοούσιον κρατυνάντων, καὶ μίαν τὴν θεότητα τοῦ Πατρὸς, καὶ τοῦ Υἱοῦ, καὶ τοῦ ἁγίου Πνεύματος κεκραγότων· κατὰ τὴν Ἀρείου φρενοβλάβειαν, καὶ σὺ ἐτόλμησας εἰπεῖν ἐπ' ἐκκλησίᾳ, ὅτι ὁ εἷς τῆς ἀκτίστου καὶ ἀδιαιρέτου Τριάδος τὸ πάθος ὑπέμεινε· καὶ διὰ τοῦτο ἐδοκίμασας λύειν καὶ τὸ ὁμοούσιον, καὶ ἀριθμῷ ὑποβάλλειν τὸ θεῖον. Εἰ γὰρ εἷς τῆς ἁγίας Τριάδος τῆς ἀκτίστου, καὶ συναΐδιος, ὁ σταυρωθεὶς Θεὸς Λόγος, τοῦτ' ἔστιν ὁ Υἱός· δύο δὲ τῆς Τριάδος, ὁ Πατὴρ, καὶ τὸ ἅγιον Πνεῦμα· λέγονται δὲ Θεοί, καὶ οὐχὶ κατὰ τὸν εὐθῆ λόγον Θεὸς, καθὼς παραδεδώκασιν ἡμῖν οἱ αὐτόπται, καὶ ὑπηρέται γενόμενοι τοῦ λόγου (Πράξ. 1), εὑρεθήσεται καὶ οὕτως λυόμενον μὲν τὸ ὁμοούσιον (θνητὸν γὰρ καὶ ἀθάνατον ὁμοούσια εἶναι ἔτι οὐ δύνανται), κρατυνθήσεται δὲ οὕτως ὁ τῆς πολυθεΐας λόγος, ἐν τῷ τρεῖς Θεοὺς χριστιανισμῷ καταγγέλλειν. Ὁπότε οὖν γέγραπται, ὅτι ὁ Λόγος σὰρξ γέγονε, καὶ Θεὸς ἦν ὁ Λόγος (Ἰωάν. 1), οὐχ ἕτερος Θεὸς ὁ Λόγος παρὰ τὸν Πατέρα εὑρεθήσεται· Λόγος οὐχ ἁπλῶς, ἀλλὰ Λόγος ἐνυπόστατος· καὶ ὁ υἱὸς εἴρηται, ἵνα ἐκ τῆς ἡμῶν εὐτελείας γνῶμεν τὸ ταὐτὸν τῆς οὐσίας τοῦ Πατρὸς καὶ τοῦ Λόγου, καὶ τοῦ Πνεύματος τοῦ ἁγίου. Καὶ γὰρ ἡμεῖς οὐχ ἕτεροι παρὰ τὸν ἡμέτερον λόγον εὑρεθησόμεθα. Ἐπεὶ οὖν καθὸ Λόγος ὁ μονογενὴς τοῦ Θεοῦ Υἱὸς οὐκ ἠδύνατο εἰς ἰδίαν οὐσίαν παθεῖν, ἵνα μὴ εἰς τὴν τοῦ παντοκράτορος Θεοῦ, καὶ Πατρὸς τὸ πάθος λογισθῇ· μία γὰρ θεότης Πατρὸς καὶ Υἱοῦ καὶ ἁγίου Πνεύματος· πάσχει τὸ γεγονὸς ἴδιον τοῦ Λόγου ἔμψυχον σῶμα, ὅπερ αὐτὸς ὁ τοῦ Θεοῦ ἐνυπόστατος Λόγος ἐξ αὐτῆς τῆς ἀκτοας τῆς ἁγίας καὶ ἀπειρογάμου ἐνώσας ἑαυτῷ, προῆλθεν ἐκ γυναικός· περὶ ἧς προμηθούμενοι οἱ θεηγόροι ἄνδρες ἔλεγον· Ὁ Θεὸς τῶν δυνάμεων, ἐπίστρεψον δὴ, καὶ ἐπίβλεψον ἐξ οὐρανοῦ, καὶ ἴδε, καὶ ἐπίσκεψαι τὴν ἄμπελον ταύτην, καὶ κατάρτισαι αὐτήν, ἣν ἐφύτευσεν ἡ δεξιά σου· καὶ ἐπὶ υἱὸν ἀνθρώπου, ὃν ἐκραταίωσας ἑαυτῷ (Ψαλμ. LXXIX). Ἄμπελον, καὶ υἱὸν ἀνθρώπου, ὃν ὁ Λόγος ἐκραταίωσε, συντρίψαι τὰ τοῦ ᾅδου κλεῖθρα, καὶ ζωοποιῆσαι τοὺς ἀπὸ τῶν αἰώνων θανόντας, τὴν σωτήριον τοῦ Λόγου ἐνανθρώπησιν καλῶν. Διὸ καὶ ὁ Θεὸς ἔλεγε τοῖς ἑαυτοῦ μαθηταῖς, « Ἐγώ εἰμι ἡ ἄμπελος, ὑμεῖς τὰ κλήματα· » καὶ, « Ὁ Πατήρ μου ὁ γεωργός ἐστι (Ἰωάν. XV)· » καὶ, « Μέλλει ὁ Υἱὸς τοῦ ἀνθρώπου παραδίδοσθαι εἰς χεῖρας ἁμαρτωλῶν » (Ματθ. XXVI). Ὁ γὰρ τοῦ Πατρὸς ἐνυπόστατος, καὶ Θεὸς Λόγος, δι' ἀκοῆς εἰσπηδήσας τῆς ἁγίας Παρθένου, μυστικῶς τὴν κυοφορίαν εἰργάσατο. Καθὸ τοίνυν ὁ μονογενὴς Υἱός ἐστι τοῦ Πατρὸς ὁμοούσιος, καὶ εἷς τῆς ἀδιαιρέτου τριάδος, ἄκτιστος, καὶ ἀθάνατος, ἐμεμενήκει ἀπαθὴς, καὶ ἀθάνατος. Τὸ οὖν ἄκτιστον, καὶ ἀθάνατον τῇ κτίσει μὴ σύντατε, καὶ τὸν τῆς πολυθεΐας λόγον μὴ κράτυνε, διὰ τοῦ λέγειν τεθνάναι ἕνα τῆς Τριάδος. Καθὸ δὲ πάλιν ἐκ γυναικὸς ἐγεννήθη, καὶ ἔστιν ἡμῖν ὁμογενὴς, καὶ ὁμόφυλος, καὶ ὁμοούσιος, ἄνευ ἁμαρτίας, τὸ πάθος ὑπέμεινεν. Ὅτι δὲ οὐ μόνον ὁμοούσιος ἡμῖν ὁ Υἱὸς τὸ κατὰ σάρκα, ἀλλὰ καὶ συγγενὴς, διδάσκει αὐτὸς ὁ Κύριος, ἐν τῷ λέγειν, ποτὲ μὲν ἐν Εὐαγγελίοις, τοῖς εἰς αὐτὸν πιστεύουσιν· « Ἐγώ εἰμι ἡ ἄμπελος, ὑμεῖς τὰ κλήματα (Ἰωάν. XV)· » ποτὲ δὲ καὶ ἐν Ψαλμοῖς· « Ἀπαγγελῶ

ipse Dominus, nunc quidem in Evangelio his qui in se crediderunt dicens : *Ego sum vitis, vos palmites* (Joan. xv); nunc autem in Psalmis : *Annuntiabo nomen tuum fratribus meis* (Psal. xxi). Unde autem tibi tam pessima superbia subrepere potuit, ut te ipsis quoque sanctis angelis intelligentiorem sapientioremque putares? Super his ingemisco, *in his plango inimicos crucis Christi, quorum finis perditio, et quorum Deus venter est, et gloria in confusione ipsorum* (Philip. iii). Non cogitasti quod scandalizare vel unum solum ex his qui credunt in Dominum nostrum Jesum Christum, quam gravi cruciatui facit obnoxium? Sed incaute, ut serpens Evae, tu ipse quoque erroris venena multitudini fidelium atque auribus infudisti, traditamque ab angelis sanctissimam laudationis formam corrupisti, inserens illi : *Qui crucifixus es pro nobis.* Ergone non advertisti quod Paulum Samosatenum, Photinumque et Artemium impietate transcendis, qui duos Dei filios posuerunt, unum quidem ante saecula, alterum vero noviter natum, cum ipse quoque Trinitati inveseris pluralitatem, duos Dei filios dicens, unum fortem, alterum crucifixum? Adhaec fidelissimum Christi gregem in Manichaei opinionem praecipitare contendis, qui [1] Spiritum sanctum asserit crucifixum. Nam quod post illud, *sanctus immortalis,* quod est Spiritus sanctus, tunc infers, *Qui pro nobis crucifixus es, miserere nobis ;* quaternitatemque, non Trinitatem, populo insinuare videris. Nempe si ex humana traditione manasset haec laus, non ita incaute crucem insereres laudi, in qua filii appellatio, *fortis* scilicet, ponitur. Quoniam vero ab angelis nobis laus ista profluxit, qui ante crucem dicebant, *Sanctus, sanctus, sanctus* (Isai. vi); sicut respicere Isaias meruit; post crucem vero cum laude clamabant : *Sanctus Deus, sanctus fortis, sanctus immortalis.* [a] Denique cum terraemotu Constantinopolis quateretur, populusque in campo oraret, infantulus, toto populo spectante cum Proclo civitatis episcopo, in coelum per unam horam raptus est, ibique hujusmodi didicit hymnum. Rursumque descendens, nuntiavit quae in aethere audierat, dicens de coelo quasi de multitudine psallentium, hujusmodi laudes insonuisse auribus suis, dictumque sibi ut eam laudationem populo indicaret. Quam ubi populi incoeperant, civitatem receperunt ; Deoque per hujusmodi laudem propitio facto, ab imminenti ira liberati sunt. At tu quam temere, ut Scripturas divinas reliquas, ita et angelorum laudem pervertere praesumpsisti? Quis igitur in hujusmodi non ingemiscat? quis non lamentetur? quis dolor similis invenietur, sicut dolor Ecclesiae Domini et Salvatoris nostri Christi? Conspice te con-

τὸ ὄνομά σου τοῖς ἀδελφοῖς μου ‣ (Ψαλ. ΧΧΙ). Πόθεν δὲ καὶ ἡ τοσαύτη κακίστη ἔννοια ὑπεισῆλθεν, ὥστε σεαυτὸν καὶ τῶν ἁγίων ἀγγέλων εὐσυνετώτερον καὶ σοφώτερον λογίσασθαι· Ἐν τούτοις κλαίω, ἐν τούτοις ὀδύρομαι τοὺς ἐχθροὺς τοῦ σταυροῦ τοῦ Χριστοῦ, ὧν τὸ τέλος ἀπώλεια, ὧν ὁ Θεὸς ἡ κοιλία, καὶ ἡ δόξα ἐν τῇ αἰσχύνῃ αὐτῶν (Φιλιπ. III). Οὐκ ἐνενόησας, ὅτι τὸ σκανδαλίσαι καὶ μόνον ἕνα τῶν πιστευόντων εἰς τὸν Κύριον ἡμῶν Ἰησοῦν Χριστὸν, ἀφόρητον ἔχει τὴν ἀγανάκτησιν· ἀλλ' οὕτως ἀπαραφυλάκτως, καθάπερ ὁ ὄφις τῇ Εὔᾳ, καὶ αὐτὸς τὸν υἱὸν τῆς ἀπάτης τῷ πλήθει τῶν πιστῶν ταῖς ἀκοαῖς ἐπέχεας, καὶ τὸν παραδοθέντα ἡμῖν ὑπ' ἀγγέλων τρισάγιον αἶνον ἐνόθευσας, ἐνθέμενος ἐν αὐτῷ, Ὁ σταυρωθεὶς δι' ἡμᾶς. Ἆρα οὐκ ἐνενόησας ἀσεβέστερον σαυτὸν ὁριζόμενος Παύλου τοῦ Σαμοσατέως, καὶ Φωτεινοῦ, καὶ Ἀρτεμᾶ, τῶν δύο υἱοὺς τοῦ Θεοῦ ὁρισαμένων, ἕνα προαιώνιον, καὶ ἕνα νεαγενῆ· ὅτι καὶ σὺ πλεονασμὸν τῇ Τριάδι ἐνέθου, δύο υἱοὺς τοῦ Θεοῦ εἰπών, ἕνα ἰσχυρόν, καὶ ἕνα σταυρωθέντα. Ἐπὶ τούτοις δὲ καὶ εἰς ἔννοιαν * οἶσθα ἄγειν τὸ πιστότατον Χριστοῦ ποίμνιον, ὡς ὅτι κατὰ τὸν τοῦ Μάνεντος λόγον, τὸ ἅγιον Πνεῦμα ἐσταυρώθη· μετὰ γὰρ τὸ εἰπεῖν· Ἅγιος ἀθάνατος, ὅπερ ἐστὶ τὸ Πνεῦμα τὸ ἅγιον, τότε ἐπάγεις, Ὁ σταυρωθεὶς δι' ἡμᾶς, ἐλέησον ἡμᾶς· καὶ τετράδα οὐ Τριάδα εὑρίσκῃ τὸν λαὸν ἐκδιδάσκων. Καὶ εἰ μὲν ἐξ ἀνθρωπίνης παραδόσεως ὑπῆρχεν ὁ αἶνος, καὶ οὕτως μετὰ παραφυλακῆς ἂν ἐν τῷ τρισαγίῳ τὸν σταυρὸν ἔθηκας, ἔνθα ἡ τοῦ υἱοῦ προσηγορία, ἥτις ἐν τῷ τρισαγίῳ, ἰσχυρός, εἴρηται. Ὁπότε δὲ ὑπ' ἀγγέλων ὁ τρισάγιος οὗτος αἶνος ἡμῖν ἐξεδόθη, οἵ τινες πρὸ μὲν τοῦ σταυροῦ ἔλεγον, Ἅγιος, ἅγιος, ἅγιος (Ἡσαΐ. VI), ὡς ἠξιώθη Ἡσαΐας θεάσασθαι, μετὰ δὲ τὸν σταυρὸν ὑμνολογοῦν, Ἅγιος ὁ Θεός, ἅγιος ἰσχυρός, ἅγιος ἀθάνατος, ὥστε ὁ κομιδῇ νήπιος παῖς, σειομένης τῆς Κωνσταντινουπόλεως, καὶ τοῦ λαοῦ ἐν τῷ κάμπῳ ἱκετεύοντος, ἡρπάγη εἰς τὸν αἰθέρα ὡς ἐπὶ ὥραν μίαν, τοῦ ὁμοῦ πλήθους θεωροῦντος, καὶ Πρόκλου τοῦ τῆς πόλεως ἐπισκόπου· κἀκεῖ μεμαθηκὼς τὸν αἶνον, καὶ πάλιν κατενεχθείς, ἀπήγγειλε ἅπερ ἐδιδάχθη ἐν τῷ αἰθέρι, εἰπών, ἐξ οὐρανῶν, ὡς ὑπὸ πλήθους πολλῶν, φέρεσθαι εἰς τὰ ὦτα αὐτοῦ ταύτην τὴν ὑμνῳδίαν, καὶ ὅτι ἐρρήθη αὐτῷ ἐξειπεῖν τῷ λαῷ ταύτην τὴν ὑμνολογίαν... ἧς ἐναρξάμενοι οἱ λαοὶ τὴν πόλιν κατέλαβον, καὶ τὸν Θεὸν διὰ τῆς τοιαύτης ὑμνῳδίας ἐξευμενισάμενοι, ἐλυτρώθησαν τῆς ἐπικειμένης ὀργῆς. Σὺ δὲ ἀφειδῶς κατετόλμησας, ὡς τὰς λοιπὰς θείας Γραφὰς, καὶ τὴν τῶν ἀγγέλων ὑμνῳδίαν διαστρέψαι. Τίς οὖν οὐ μὴ θρηνήσῃ ἐν τούτοις· τίς οὐ μὴ στενάξῃ, ὁποῖον δὲ ἄλγος κατὰ τὸ ἄλγος τῆς τοῦ Κυρίου καὶ Σωτῆρος ἡμῶν Χριστοῦ ἐκκλησίας εὑρεθήσεται; θεωρῆσαι τὸν ταχθέντα φῶς εἶναι τῶν ἐν σκότει, καὶ παιδευτὴν τῶν ἀφρόνων (Ῥωμ. II, 5), μᾶλλον δ' ἀφροσύνης διδάσκαλον, καὶ τὸ φῶς εἰς σκότος μεταποιοῦντα· θεωρῆσαι τοὺς λαοὺς τοὺς ἅπαξ φωτισθέν-

---

[a] Haec de terraemotu et trisagii miraculosa institutione historia contigit anno Christi 446. Meminerunt illius Marcell. in Chronic., Niceph. lib. xiv, cap. 46. Omnes fere episcopi in epistolis suis quas a synodo Constantinopolitana sub pontificatu Felicis III habita ad Petrum Fullonem miserunt, hanc rem adeo ingentem omnemque captum humanum penitus superantem, magnificentissimis testimoniis confirmarunt. Hoc trisagion in fine actionis primae decantatum est in concilio Chalcedonensi. Graeci totam historiam ex antiquo suo menologio, die quo anniversariam hujus facti memoriam recolunt, in ecclesia publice legunt. Verba menologii recensita exstant supra in notis concilii Chalcedonensis in fine act. 1, verbo *Trisagion.*

[1] Ut Ariani apud Theodoretum lib. 1 Hist. eccles. cap. 8. HARDUIN.

stitutum, *ut sis lumen his qui in tenebris sunt, et eruditor insipientium* (Rom. II, 5) : imo insipientiæ præceptor es, lucem in tenebras transferens. Vide a te populos semel illuminatos, qui bona gustaverunt Dei verba, Dei mandata, Dei prophetias, prædicationes Dei, apostolicas evangelicasque doctrinas, abs te perverti magis, ac doceri non solum crucifigere Filium Dei et ostentui habere, verum et contraria sentire Scripturis divinis, et pacta abnegare quæ accedentes ad sanctum baptisma fecerunt. Nam cum coram cœlestibus virtutibus omnibus, coram apostolicis evangelicisque ordinibus, sancti baptismatis tempore promiserint credere in unum Deum omnipotentem, nunc illos in tres deos credere docuisti. Rursum, cum polliciti sint credere in unum Dominum Jesum Christum Filium Dei incarnatum, et hominem factum de Spiritu sancto et Maria Virgine ; tu eos doces ne dicant Dominum Jesum Christum Filium Dei crucem perpessum esse, qui Deus est secundum sempiternam et impassibilem ex parte generationem, et idem homo secundum eam qua in novissimis diebus ex matre prodiit, secundum quam etiam sustinuit passionem : sed unum Trinitatis mortuum esse, qui est ipsum Dei Verbum. Confessi sunt rursus Spiritum sanctum, vivificum et immortalem, dicentes credere in Spiritum sanctum, dominum et vivificantem; et mortalem esse ponis Spiritum sanctum, cum dicis : Sanctus immortalis, qui crucifixus es pro nobis. Fuge, obsecro, hujusmodi errorem. Corruisti, noli in ruina persistere. Peccasti, jam peccare noli. Exspectat te sancta Dei Ecclesia, cupit amplecti pœnitentem in vanis propositionibus tuis, et secum de Christo divina prædicantem, neque negantem ipsius animatam Incarnationem : secundum quam etiam passus esse memoratur, clamatque tibi per nos : *Venite ad me, omnes, qui laboratis, et ego reficiam vos* (Matth. XI). *Non vult Deus,* frater carissime, *mortem peccatoris ; sed ut convertatur, et vivat* (Ezech. XVIII). *Memor esto, Jesum Christum resurrexisse a mortuis* (II Tim. II), secundum Evangelium. Memento beati Matthæi scribentis : *Liber generationis Jesu Christi filii David, filii Abraham* (Matth. I). Recordare quid Paulus scribat : *Segregatus in Evangelium Dei, quod promiserat ipse Deus in Scripturis sanctis de Filio suo, qui factus est ei ex semine David secundum carnem, qui prædestinatus est Filius Dei* (Rom. I). Memento etiam Joannis clamantis : *In principio erat Verbum, et Verbum erat apud Deum,* sicut enim est, *et Deus erat Verbum* (Joan. I) ; quodque *caro factum est,* homine assumpto, et quod *Deum nemo vidit unquam* (Joan. I, 18). Hæc tibi scripsi una cum præsente synodo, conveniens te coram Deo et sanctis angelis, ut ea doceas, ea nobiscum sentias ; ut illibata fides nostra permaneat in gloriam Dei.

Ἀ τας, καὶ καλὸν γευσαμένους Θεοῦ ῥῆμα, Θεοῦ ἐντάλματα, Θεοῦ προφητικὰ προρρήματα, Θεοῦ ἀποστολικὰ, καὶ εὐαγγελικὰ διδάγματα, μᾶλλον ὑπὸ σοῦ διαστρεφομένους, καὶ ἐκδιδασκομένους, μὴ μόνον ἀνασταυροῦν τὸν Υἱὸν τοῦ Θεοῦ, καὶ παραδειγματίζειν, ἀλλὰ καὶ ἐναντία φρονεῖν τῶν θείων Γραφῶν· ἀπαρνήσασθαι δὲ καὶ τὰς συνθήκας, ἃς συνέθεντο αὐτοὶ προσιόντες τῷ ἁγίῳ βαπτίσματι. Συνθέμενοι γὰρ ἐπὶ πάντων τῶν χερουβικῶν δυνάμεων, καὶ τῶν προφητικῶν, καὶ ἀποστολικῶν ταγμάτων, ἐν τῷ τοῦ ἁγίου βαπτίσματος καιρῷ, πιστεύειν εἰς ἕνα Θεὸν Πατέρα παντοκράτορα, νῦν εἰς θεοὺς τρεῖς πιστεύειν αὐτοὺς ἐξεπαίδευσας. Πάλιν συνθεμένων πιστεύειν εἰς ἕνα Κύριον Ἰησοῦν Χριστὸν, τὸν Υἱὸν τοῦ Θεοῦ, τὸν σαρκωθέντα, καὶ ἐνανθρωπήσαντα ἐκ Πνεύματος ἁγίου, καὶ Μαρίας τῆς παρθένου· σὺ ἐκδιδάσκεις αὐτοὺς μὴ λέγειν, τὸν Κύριον Ἰησοῦν Χριστὸν, τὸν Υἱὸν τοῦ Θεοῦ, τὸν σταυρὸν ὑπομεμενηκέναι, ὅς ἐστι Θεὸς κατὰ τὴν ἐκ Θεοῦ καὶ Πατρὸς προαιώνιον καὶ ἀπαθῆ γέννησιν, καὶ ἄνθρωπος ὁ αὐτὸς κατὰ τὴν ἐπ' ἐσχάτων γέννησιν, καθ' ἣν καὶ τὸ πάθος ὑπέμεινεν· ἀλλ' ὅτι ὁ εἷς τῆς Τριάδος ἀπέθανεν, ὅς ἐστιν αὐτὸς ὁ Θεὸς Λόγος. Ὡμολόγησαν πάλιν τὸ ἅγιον Πνεῦμα ζωοποιὸν, καὶ ἀθάνατον, εἰπόντες· πιστεύειν εἰς τὸ Πνεῦμα τὸ ἅγιον, τὸ Κύριον καὶ ζωοποιόν· καὶ σὺ θνητὸν ὑποτίθεσαι εἶναι τὸ Πνεῦμα τὸ ἅγιον, διὰ τοῦ λέγειν· Ἅγιος ἀθάνατος, ὁ σταυρωθεὶς δι' ἡμᾶς. Ἀπόφυγε, παρακαλῶ, ταύτην τὴν πλάνην· ἔπεσας, μὴ ἐπιμείνῃς τῷ πτώματι· ἥμαρτες, μηκέτι ἁμάρτανε· ἀναμένει σε ἡ ἁγία τοῦ Θεοῦ ἐκκλησία, περιπτύξασθαί σε μετανοοῦντα ἐπὶ τοῖς ματαίοις σου προβλήμασι, καὶ σὺν αὐτῇ θεολογοῦντα τὸν Χριστὸν, καὶ μὴ ἀπαρνούμενον τὴν αὐτοῦ ἔμψυχον ἐνανθρώπησιν, καθ' ἣν, καὶ τὸ πάθος ὑπομεῖναι λέγεται. Καὶ βοᾷ σοι δι' ἡμῶν· «Δεῦτε πρός με, πάντες οἱ κοπιῶντες,» καὶ τὰ ἑξῆς (Ματθ. XI). Οὐ βούλεται ὁ Θεὸς, ἀδελφὲ τιμιώτατε, τὸν θάνατον τοῦ ἁμαρτωλοῦ, ὡς τὸ ἐπιστρέψαι καὶ ζῆν αὐτόν (Ἰεζε. XVIII). Μνημόνευε Ἰησοῦν Χριστὸν ἐγηγερμένον ἐκ νεκρῶν (II Τιμοθ. II), κατὰ τὸ Εὐαγγέλιον. Μνημόνευε τοῦ μακαρίου Ματθαίου γράφοντος· Βίβλος γενέσεως Ἰησοῦ Χριστοῦ, υἱοῦ Δαβὶδ, υἱοῦ Ἀβραάμ (Ματθ. I). Μνημόνευε Παύλου ἐπιστέλλοντος· Ἀφωρισμένος εἰς Εὐαγγέλιον Θεοῦ, ὃ προεπηγγείλατο αὐτὸς ὁ Θεὸς ἐν Γραφαῖς ἁγίαις· λέγων περὶ τοῦ Υἱοῦ αὐτοῦ, τοῦ γενομένου ἐκ σπέρματος Δαβὶδ κατὰ σάρκα, τοῦ ὁρισθέντος Υἱοῦ Θεοῦ (Ῥωμ. I). Μνημόνευε καὶ Ἰωάννου βοῶντος· Ἐν ἀρχῇ ἦν ὁ Λόγος, καὶ ὁ Λόγος ἦν πρὸς τὸν Θεὸν (ὡς καὶ ἔστι), καὶ Θεὸς ἦν ὁ Λόγος (Ἰωάν. I)· καὶ ὅτι σὰρξ γέγονεν ἐνανθρωπήσας· καὶ ὅτι Θεὸν οὐδεὶς ἑώρακε πώποτε (Ἰωάν. I, 18). Ταῦτά σοι γεγράφηκα ἅμα τῇ συνούσῃ ἐμοὶ ἁγίᾳ συνόδῳ, παρεγγυώμενος σε ἐνώπιον τοῦ Θεοῦ, καὶ τῶν ἁγίων ἀγγέλων, ἵνα ταῦτα διδάσκῃς, καὶ ταῦτα φρονῇς μεθ' ἡμῶν, ἵνα ἀνόθευτος ἡ πίστις ἡμῶν διαμείνῃ εἰς δόξαν Θεοῦ.

EPISTOLA IV.
AD EUMDEM.
Petrus Fullo deponitur et anathematizatur.

Quoniam importabilibus verbis impie garrulasti, et non judicasti cedere prædictis sanctis Patribus, qui ornarunt sedem beatæ memoriæ multum triumphan-

Ἐπειδὴ δυστυχῶς ἐξεμαγεύθης ἐν ἀσεβείᾳ λόγων, καὶ οὐκ ἔκρινας· εἶξαι τοῖς προτεταγμένοις ἁγίοις ἀνδράσι, τοῖς κατακοσμήσασι τὸν θρόνον τοῦ τῆς μακαρίας μνή-

tis Ignatii martyris, cujus tu indignus existens, nescio **A** quomodo insiluisti inchoare novitatem in catholica Ecclesia tuis profanis legibus et impiis dogmatibus, et judicasti non oportere dicere Christum crucifixum propter nos : sed passionem ideo impassibili impie induxisti, et immortali Patri mortem imponere, et non horruisti ea quæ non suscepisti ex divinis Evangeliis et apostolis, probatissimisque et gloriosis Patribus, pessime sophisticatus ipsa intorquere, et propriam pestem sensus imponere simplicioribus, scandalum hujuscemodi hæresis, non ut æqualiter prioribus hæresibus vigeat, sed magis multipliciter excellat; et non statuisti credere veritati, et [*Supple* binis] litteris nostris ad te scriptis, nunc incœpi sententiare contra te : imo ille qui vertex est omnium pastoralium sedium, in sanctis laudibus florens, apostolorum **B** vere optimus Petrus, cujus tu nomine æqualis es, sed non opinione, neque fide, quoniam ab istius recta intentione, et immaculata fide valde declinasti. Et non solum contra te sententio [*Alias*, sentio], sed et contra eos qui non erubuerunt characteres venerabilium evangelistarum, et apostolorum eos sequentium, ac perfectorum doctorum sermones : et instabili sententia ex tua iniqua expositione firmati sunt : tanquam dulcissima circumsequendi in mala opinione, quod vere amarissimum est, et non averterunt hujusmodi impietatem. Dicemus ergo tibi, sicut et contra illos : *Quoniam dilexisti iniquitatem magis loqui quam justitiam, dilexisti super omnia præcipitationis linguam dolosam* [Juxta Græc., *omnia verba præcipitationis, linguam dolosam*] : *propter hoc Deus de-* **C** *struet te in finem* (*Psal.* LI); et non solum ab Antiochena Ecclesia, sed ab omni civitate deponet : et firma sit hæc tua depositio a me, et ab his qui una mecum apostolicum thronum regunt, et ab Acacio Constantinopolitanæ Ecclesiæ pastore, et a venerabilibus episcopis sibi subjectis, quoniam ipsorum monimenta non sustinuisti. Quandoque enim dicis Trinitatem propter nos crucifixam, non Christum; quandoque autem immortalem Spiritum, manichaizans; quandoque ab istis diffugiens, meis argumentis reprehensus et sermonibus, dixisti Christum, post immortalem Spiritum, passionem sustinuisse, sicut Samosatenus et Nestorius, unum Filium dividentes in dualitatem filiorum. Quandoque autem et his cessisti non **D** detrectando, et venisti ad pejus, non glorificando cherubicum hymnum, ad Filium referre præstolanti tremore ἀνενδοιάστως venerabiliter similiter Trinitatem, sed totum hymnum ad Filium referre, volens firmare morbum cancri rodentis, quem innocentibus intulisti; et inde omnis generis hæresium laqueis circumpræcipitatus, a veritate exiens, non prædicas Christum pro nobis crucifixum, nec unigenitum Filium Dei, qui in medio Patris et Spiritus sancti est, pie glorificas. Quid enim isto magis interdictum, Patre a vobis et sancto Spiritu non glorificato? Nam calumniam seraphim vos infertis, qui Trinitatem non dicitis glorificandam, Sanctus, sanctus, sanctus, sed solum personaliter Filium. Et quæ præcipitatio hæ-

μης, καὶ πολυάθλου Ἰγνατίου τοῦ μάρτυρος, οὗ καὶ ἀνάξιος ὢν, οὐκ οἶδα ὅπως ἐμπεπήδηκας ἄρξαι, καὶ νόμοις σου βεβήλοις, καὶ ἀσεβέσι δόγμασι καινοτομίαν τῇ καθολικῇ ἐκκλησίᾳ ἐνέκρινας, τοῦ μὴ Χριστὸν σταυρωθέντα δι' ἡμᾶς δεῖν εἰπεῖν, ἀλλὰ πάθος τῷ ἀπαθεῖ Θεῷ ἀνόμως ἐπισάξαι, καὶ τῷ ἀθανάτῳ πνεύματι θάνατον ἐπιθεῖναι. Καὶ οὐκ ἐφριξίασας, ἃ οὐ παρεδέξω ἔκ τε τῶν θείων Εὐαγγελίων, καὶ ἀποστόλων, καὶ τῶν ἀνδραγαθησάντων εὐφήμων πατέρων, κακίστως ἐπισοφισάμενος, ταῦτα ἐπιστροβῆσαι, καὶ οἰκείας φρονήσεως λύμην ἐκπαραθέσθαι τοῖς ἁπλουστέροις, καὶ σκάνδαλον τοιαύτης αἱρέσεως, ὡς οὐδὲ ἴσα ταῖς προτέραις αἱρέσεσιν ἀνθεῖν, ὑπεράγειν δὲ μᾶλλον πολλαχῶς· καὶ οὐχ ὥρμησας τῇ ἀληθείᾳ, ἐν τοῖς ἐπὶ δὶς γράμμασιν ἡμῶν ἐνωτίσασθαι, νῦν ἠρξάμην ἀποφήνασθαι κατὰ σοῦ, μᾶλλον δὲ ὁ κορυφαιότατος τῶν ποιμαντικῶν θρόνων, ὁ ἐν ἁγίαις εὐφημίαις κοσμῶν, ὁ ἄριστος τῶν ἀποστόλων ἀληθῶς Πέτρος, οὗ τὸ ὄνομα ἐπίσος εἶ, ἀλλ' οὐ τῇ γνώμῃ, οὐδὲ τῇ πίστει, ὅτι ὑπεράγαν ἐκ τούτου ἐκκεκλικὼς εἶ τοῦ ὀρθοῦ σκοποῦ, καὶ τῆς ἀμωμήτου πίστεως· οὐ μόνον δὲ κατὰ σοῦ, ἀλλὰ μὴν καὶ κατὰ τῶν οὐκ ἐρυθριασάντων τοὺς τῶν σεπτῶν εὐαγγελιστῶν χαρακτῆρας, καὶ τῶν τούτοις ἑπομένων ἀποστόλων, καὶ τελείων ἀνδρῶν διδασκάλων τοὺς λόγους, ἀστάτῳ γνώμῃ ἐπερειδομένων τῇ ἐκ σοῦ παραμιμουμένῃ [*Ισ.* παρανομουμένῃ] ἐκθέσει· ὡς ἡδύτατα περιέπεσθαι ἐπὶ τὸ τῆς κακοδοξίας ὄντως πικρότατον, καὶ οὐκ ἀποστραφέντων τὴν τοιάνδε δυσσέβειαν. Λέξομεν οὖν σοι, ὡς καὶ κατ' ἐκείνων· Ἐπειδὴ ἠγάπησας κακίαν ὑπὲρ τοῦ λαλῆσαι δικαιοσύνην, ἠγάπησας πάντα τὰ ῥήματα καταποντισμοῦ, γλῶσσαν δολίαν· διὰ τοῦτο ὁ Θεὸς, καθελεῖ σε εἰς τέλος (Ψαλ. LI), ἀπὸ τῆς οὐ μόνον Ἀντιοχέων ἐκκλησίας, ἀλλὰ καὶ ἀπὸ πάσης πόλεως· καίγε πεπαγιωμένη ἔστω ἡ καθαίρεσις αὕτη ὑπ' ἐμοῦ, καὶ τῶν διεπόντων μετ' ἐμοῦ, τὸν ἀποστολικὸν θρόνον, καὶ Ἀκακίου τοῦ τῆς Κωνσταντινουπολιτῶν ἐκκλησίας ποιμένος, καὶ τῶν αὐτῷ τιμίων ὑποκειμένων εἰς τὴν ἐνορίαν αὐτοῦ ἐπισκόπων, καὶ τῶν αὐτῶν μὴ ἀνασχόμενος ὑπομνημάτων· ὅτε μὲν γὰρ ἔφης Τριάδα δι' ἡμᾶς σταυρωθῆναι, καὶ οὐχὶ Χριστόν· ὅτε δὲ τὸ ἀθάνατον Πνεῦμα, μανιχαΐζων· ὅτε δὲ ἐκ τούτων φυγὼν, διακατελεγχόμενος ὑπὸ τῶν ἐμῶν ὑποθηκῶν καὶ λόγων, Χριστὸν μετὰ τὸ ἀθάνατον Πνεῦμα ἔλεξας ὑπομεμενηκέναι, ὡς ὁ Σαμοσατεὺς καὶ Νεστόριος, τὸ πάθος, τὸν ἕνα Υἱὸν δικάζοντες εἰς δυάδα Υἱῶν· ὅτε καὶ ἐπὶ τοῦτο εἴξας μὴ διασύρεσθαι, ἧκες ἐπὶ τὸ κάκιον, τὸν χερουβικὸν ὕμνον εὐπαρέδρῳ θρόνῳ ἀνενδοιάστως, ὡσαύτως τὴν Τριάδα, μὴ δοξολογεῖν, ἀλλὰ τὸν πάντα ὕμνον εἰς τὸν Υἱὸν ἄγειν, ἐθέλων ἐνστήσασθαι ἣν κατὰ τῶν ἀκάκων ἐξήνεγκας νομῆς γάγγραιναν. Καὶ παντοίαις ἐντεῦθεν ἀγχόναις αἱρέσεων μεγίστων περικρεμνιζόμενος, ἐκνεύων τῆς ἀληθείας τοῦ τὸν Χριστὸν μὴ κηρύττειν δι' ἡμᾶς σταυρωθέντα, τὸν μονογενῆ Θεοῦ Υἱὸν, τὸν ἐν μέσῳ Πατρὸς, καὶ ἁγίου Πνεύματος εὐσεβῶς δοξολογούμενον. Τί γὰρ τούτου ἀπαγορευτικώτερον, Πατρὸς παρ' ὑμῶν, καὶ ἁγίου Πνεύματος ἀδοξουμένου; καὶ συκοφαντίαν τοῖς σεραφεὶμ ὑμῶν παρεισφερόντων, ὅτι οὐ τὴν Τριάδα φάσκουσι δοξολογεῖν, Ἅγιος, ἅγιος, ἅγιος, ἀλλὰ μονοπροσώπως τὸν Υἱόν. Καὶ ποία φαραγγώδης αἱρέσεων οὕτως ἀπηναισχύντηκεν, ὡς ὑμεῖς; πλὴν καὶ ἐν τούτῳ διατρέχοντες. Ἔτι καινοτέρως ἐπέβητε ταῖς στραγγαλιώδεσι τῶν

resium ita confundit, id est impudenter egit, sicut vos? Verumtamen et in isto percurrens adhuc novius [Al., nocentius] ascendistis, et strangulandas infamias a Deo adjicitis, Filium videlicet, Patrem, et sanctum Spiritum, sabellianizantes, simul conjungere judicantes. Trinitatem confiteri negatis, in qua baptizamur, et credimus, et confitemur. Quis ergo non defleret sic dicentes de intemerato trisagio, quod mihi valde convenit refutare, et fletum merito dare in hos animarum simplicium cavillatores, ac impium facinus fingentes : quos et alienos putavimus ab orthodoxa fide et catholica Ecclesia, et a communione ducis nostri gloriosi præcessoris Petri, qui claves regni a Salvatore nostro recepit? Qui autem participes apostoli esse volunt, ducuntur et doctrina ipsius, qui Christum dicit et credit propter nos crucifixum, et hoc non negat, sicut et modo depositus Petrus, ex eo quod non legitime et inclementer in trisagio adinnovavit : *Qui crucifixus est propter nos*; scientes quia non Trinitatem crucifixam ab apostolis suscepistis, non Patrem, non Spiritum sanctum, nisi carne Filium Dei unigenitum solum. Fugite ergo ab hac inclementi communione, et ero vobis communicans, in quantum et vos mihi, dolosa fallacia longe a nostra orthodoxia expulsa. Custodite, Christi discipuli, mei autem filii, traditiones quas a divinis Scripturis accepistis.

A ὑπὸ Θεοῦ ἀπειπαμένων δυσφημιῶν. τὸν Υἱόν, Πατέρα, καὶ ἅγιον Πνεῦμα λέγοντες, σαβελλιανίζοντες, καὶ συναλείφειν κρίνοντες, τὴν Τριάδα ὁμολόγως ἀπηρνήσασθε, εἰς ἣν ἐβαπτίσθημεν, καὶ πιστεύομεν, καὶ ὁμολογοῦμεν. Τίς οὖν οὐκ ἀποδύρεται τοὺς οὕτω φάσκοντας περὶ τοῦ τρισαγίου τοῦ ἀχράντου; ὃ ἐμοὶ λίαν πρέπει ἀπειπάσθαι, καὶ κλαυθμὸν δοῦναι ἐπαξίως τῶν ἐπὶ τοῦτο διασυλωμένων ἁπλουστέρων ψυχῶν, τῶν τὸ ἀσεβές, ὡς εὐσεβὲς δραματουργησάντων. Οὓς καὶ ἀλλοτρίους ἡγούμεθα τῆς ὀρθοδόξου πίστεως, καὶ τῆς καθολικῆς Ἐκκλησίας, καὶ τῆς κοινωνίας τοῦ ἡμῶν ἡγουμένου ἐνδόξου προέδρου Πέτρου, τοῦ τὰς κλεῖς τῆς βασιλείας παρὰ τοῦ Σωτῆρος ἡμῶν, εἰληφότος· Οἱ δὲ τοῦ ἀποστόλου θέλοντες εἶναι κοινωνοὶ ἄγονται καὶ τῇ διδαχῇ τούτου, τὸν Χριστὸν φάσκειν, καὶ πιστεύειν δι' ἡμᾶς σταυρωθέντα, καὶ μὴ B τοῦτο ἀπαρνήσασθαι, ὡς καὶ ὁ ἀρτίως καθῃρημένος Πέτρος, διὰ τὸ ἀλλοκότως καὶ δυσμενῶς ἐν τῷ τρισαγίῳ προσκεχαινοτομηκέναι τό, Ὁ σταυρωθεὶς δι' ἡμᾶς· εἰδότες ὅτι οὐ Τριάδα τῶν ἀποστόλων σταυρωθεῖσαν παρεδέξασθε, οὐ Πατέρα, οὐ Πνεῦμα ἅγιον, εἰ μὴ σαρκὶ τὸν Υἱὸν τοῦ Θεοῦ τὸν μονογενῆ μονώτατον. Φεύγετε τοίνυν ἀπὸ τῆς δυσμενοῦς τούτου κοινωνίας, καὶ ἔσομαι ὑμῶν κοινωνός, καθότι καὶ ὑμεῖς ἐμοί. Τοῦ δολεροῦ φάσματος πόρρω ὑμῶν τῆς ὀρθοδοξίας ἐκπεπηδηκότος. Φυλάξατε, Χριστοῦ μαθηταί, ἐμοῦ δὲ υἱοί, τὰς παραδόσεις ἃς παρελάβετε ἀπὸ τῶν θείων Γραφῶν.

[a] EPISTOLA
EJUSDEM FELICIS PAPÆ III AD PETRUM EPISCOPUM ANTIOCHENUM, VERSIO ANTIQUA.

Petrus Antiochenus deponitur et anathematizatur.

Quoniam pestiferis doctrinis imbutus et impietate verborum non curasti sequi præordinatos sanctos Patres qui sedem beatæ memoriæ Ignatii gloriosi martyris ordinaverunt, quo etiam cum sis indignus, nescio quemadmodum adeptus fueris principatum, et sceleribus tuis profanis, impiisque dogmatibus inferre putaveris Ecclesiæ catholicæ novitatem, ut non propter nos Christum crucifixum dicas, sed passionem impassibili Deo iniquissime intulisti, et immortali spiritui mortem apponere præsumpsisti. Nec exterritus es, quæ tibi a sanctis Evangeliis et apostolis et viris beatissimis ac probatissimis Patribus tradita non sunt, sed callidis hæc commentis astruere, et sensum proprii languoris, et hujus hæreseos scandalum simplicioribus inculcare, ita ut nec similis prioribus videatur hæresibus, sed multipliciter potius hæc transcendant : nec ambu- C lare in veritate; nec nostris duabus epistolis aurem voluisti commodare. Nunc igitur sum exorsus adversum te proferre sententiam (magis autem summus princeps apostolorum Petrus, qui inter sanctorum apostolorum præconia veridicus est), et non solum adversum te (qui ejus nominis, non sententiæ neque fidei parem te esse cognoscens, quoniam ultra modum ab ejus intentione recta inviolabili fide deviasti), sed etiam adversus eos qui, non erubescentes Evangeliorum venerabiles characteres, neque horum sequacium apostolorum præfectorumque virorum doctorumque sermones, inconstanti sententia iniquis traditionibus tuis incumbunt. Ita ut malæ sectæ delectabiliter revera sequantur amaritudinem, nec hujusmodi exsecrabilem aversantur impietatem. Dicimus ergo tibi sicut etiam illis ; quoniam dilexisti malitiam super benignitatem, iniquitatem magis quam loqui æquitatem. Dilexisti omnia verba præcipitationis, et linguam dolosam ; propterea destruet te Deus in finem, non solum ab Antiochenæ Ecclesiæ sede, sed D etiam ab omni civitate. Etenim sit in te hæc fixa

---

[a] Ballerini fratres in dissertatione præmissa ad tomum III operum sancti Leonis admonuerunt in collectione quæ Avellana dicitur servata in codice Vatic. 4961, exstare ibi versionem veterem hujus epistolæ Felicis ad Petrum diversam ab ea quæ legitur in collectionibus synodorum, eamque exhiberi affirmant a collectoribus Epistolarum Romanorum pontificum tom. I, pag. 526. Hanc ego hic repræsentandam censui tum quod vetustissima sit, cum etiam quod in probatissima Avellana editione contineatur. Adduxit insuper in eodem Avellano codice exstare pariter sequentium Græcarum epistolarum versionem diversam ab ea quæ hic in conciliis legitur. Has ego pariter versiones libenter mihi descripsissem in præsentem usum cum Romæ agebam, si per tempus licuisset. — Hæc est tertia epistola Felicis papæ quam e synodo Romana ad Petrum Fullonem transmisit, quaque eum post binas salutares admonitiones, sententia anathematis et depositionis jure meritoque condemnavit. Hanc ordine tertiam ad eum scriptam esse indicant hujus epistolæ verba hæc ex editione quæ habetur tom. I Epist. Rom. pontif. : *Nec ambulare in veritate, nec nostris duabus epistolis aurem voluisti accommodare, nunc igitur sum exorsus adversus te proferre sententiam*, etc. Unde patet quod secunda illa monitoria Felicis papæ ad Petrum transmissa interierit. SEV. BINIUS.

damnatio, a me et ab his qui sub me constituti episcopales sedes gubernare noscuntur, et Acacio Constantinopolitanæ Ecclesiæ pastore, et venerabilibus episcopis ejus juri subjectis tanquam et ipsis minime consentientibus tuis commentis, sic aliquando siquidem dixisti, Trinitatem propter nos crucifixam et non Christum, aliquando vero immortalem spiritum Manichæi secutus errorem, aliquando autem hæc fugiens, nostrorum sermonum pignoribus increpatus, Christum post immortalem spiritum passionem sustinuisse dixisti, sicut Paulus Samosatenus, et Nestorius unum filium dividentes in dualitate filiorum, et cum hic putasti non immorandum, ad pejora venisti, ut hymni, quos Cherubim cum tremore Trinitatis incessanter emittunt, ad Trinitatem glorificandam non referantur. Sed ut totus hymnus ad Filium dedicetur, confirmare volens sententiam, velut cancer serpentem, quam adversus simplices extulisti, et hinc omnium hæresum laqueis præcipitatus es, a veritate declinando, nec prædicando propter nos Christum crucifixum unigenitum Dei Filium, qui est in medio Patris et sancti Spiritus, qui glorificatur. Quid enim hoc erit damnabilius quam cum a vobis Pater et Spiritus sanctus fiat inglorius, et calumnia seraphin inferatur, quam cum non Trinitatem glorificare credatur, cum dicunt Sanctus, Sanctus, Sanctus, sed solam personam? Quæ infernalis hæresis ita crudeliter ut vos inverecunda fuit. Verumtamen adhuc in ista discurrentes novitate usque ad fundamenta blasphemiarum Dei pertingitis Filium, Patrem et Spiritum sanctum dicentes, Sabellium sectamini, et confusionem inducitis, et Trinitatis confessionem pariter abnegatus, in qua baptizati sumus, et credimus et fatemur. Quis ergo non lugeat talia dicentes de sancta et inviolabili Trinitate? hoc mihi valde convenit allegare, et planctum sufficienter effundere, cum in hoc simplicium. animæ fuerint captivatæ, quæ tunc rem impiam velut piam divulgaverunt, quos etiam judicamus extraneos ab orthodoxa fide, Ecclesiaque catholica, et communione gloriosi nostri principis Petri, qui claves regni cœlorum a nostro Salvatore percepit. Qui ergo voluerint esse communicatores apostoli, ejus quoque doctrinam sequantur, dicendo et credendo Christum propter nos crucifixum, neque eum negando, sicut Petrus, qui nuper damnatus est eo quod prave et nefarie in hymno trisagion noviter introduxit, qui crucifixus est propter nos, scientes quia non Trinitatem crucifixam ab apostolis accepistis, neque Patrem, neque Spiritum sanctum, nisi carnem Christi, Filium Dei unigenitum solum. Igitur fugite ab hujus communione sacrilega, et ero vester socius, atque communicator, et vos quoque mei, peste dolosa a vestra rectitudine procul expulsa: custodite, Christi discipuli, mei autem filii, traditiones quas a sacris voluminibus accepistis.

« Explicit epistola papæ Felicis ad Petrum Antiochenum damnans eum: quæ epistola ante damnationem Acacii quantum ejus textus indicat comprehenditur scripta; sed quia cum aliorum litteris ad eumdem Petrum directis in Græco volumine reperimus de Latino translatas, quas nunc iterum de Græco in Latinum necessitate compulsi transferentes descripsimus propter hæreticorum insidias, et supradictis epistolis ejusdem papæ connectimus. »

EPISTOLA V.
AD ZENONEM IMPERATOREM.

Nuntiat imperatori Petrum Fullonem synodali judicio sententia anathematis condemnatum, ideoque ab ejus communione abstinendum esse. Hortatur eumdem imperatorem ut Petrum depositum ex Antiochena Ecclesia expellat.

⁰ Gloriosissimo ac serenissimo filio Zenoni Augusto Felix episcopus in Domino salutem

Convenit clementiæ tuæ rerum ordinem nuntiare gestarum pro tranquillitate imperii serenitatis tuæ, et oro suscipias precem meam ac si ipse præsens essem, benignis auribus tuis, ut Christianissimus imperator; et nequaquam arbitretur pietas tua illum puro nos corde diligere, quicunque te pacem cum Deo habere non vult. Quoniam vero fideli mente credidisti, nec ambigis et temporalis solii potestatem, et æternæ vitæ retributionem superno ex momento pendere, per nostram etiam parvitatem dignare suscipere venerabilem ac divinam beatissimi Petri confessionem, apostolorum scilicet principis, cui et regni claves a Salvatore traditæ sunt, qui etiam præparabit Christianissimo imperio vestro locum in cœlo cum sanctis angelis; quique immutabilem et immaculatam fidem in Dominum nostrum Jesum Christum, Dei Filium unigenitum, primus exponens, a Salvatore ipso beatus est dictus. Nam cum ipse dixisset ad Dominum, *Tu es Christus Filius Dei vivi* (Matth. xvi), ab

Πρέπει τῇ σῇ φιλανθρωπίᾳ ταῦτα ἃ πρέπει τῶν πραγμάτων ἀπαγγεῖλαι τάξει, ἅπερ καὶ ἀφῆκεν ἀπαγγεῖλαι εἰς ὠφέλειαν τοῦ τῆς σῆς γαληνότητος κράτους· καὶ καθάπερ ὡς ἐγγὺς τυγχάνων, παρακαλῶ τὴν ἐμὴν ἱκετηρίαν δέξασθαι ταῖς φιλαγάθαις ὑμῶν ἀκοαῖς, ὡς Χριστιανικώτατος ὢν βασιλεύς· μηδαμῶς τε ἡ σὴ εὐσέβεια διανοηθείη ἕτερόν τινα μετὰ καθαρᾶς τῆς διανοίας ἡμᾶς ἀγαπᾶν, πλὴν ἐκείνου τοῦ βουλομένου σε μετὰ τοῦ Θεοῦ τὴν εἰρήνην ἔχειν. Ἐπειδήπερ ἐκ πιστῆς ὡρμημένος τῆς διανοίας, οὐκ ἀμφισβητεῖς τοῦ προσκαιροῦ θρόνου τὴν ἐξουσίαν, καὶ τῆς αἰωνίου ζωῆς τὴν ἀντίδοσιν ἐκ τῆς ἄνωθεν ῥοπῆς ἠρτῆσθαι, διά τε τῆς ἡμῶν βραχύτητος δέξασθαι καταξιώσον τὴν σεπτὴν, καὶ θεόφραστον ὁμολογίαν τοῦ μακαριωτάτου Πέτρου, τοῦ πρωτοστάτου τῶν ἀποστόλων, ὃς καὶ τὰς τῆς βασιλείας κλεῖς ὑπὸ τοῦ Σωτῆρος πιστευθεὶς, προευτρεπίσει τῇ φιλοχρίστῳ ὑμῶν βασιλείᾳ τὴν ἐν ὑψίστοις μετὰ ἀγγέλων διαγωγήν· ὃς καὶ τὴν ἀπαράλλακτον, καὶ ἀμώμητον πίστιν εἰς τὸν Κύριον ἡμῶν Ἰησοῦν Χριστὸν, καὶ μονογενῆ τοῦ Θεοῦ Υἱὸν, πρῶτος ἐκθέμενος,

* Hæc data ad Zenonem post synodum Rom. an. 485.

ipso audire meruit, *Beatus es, Simon Bar Jona, quia caro et sanguis non revelavit tibi, sed Pater meus, qui in cœlis est: et super ista confessione ædificabo Ecclesiam meam, et portæ inferi non prævalebunt adversus eam* (*Ibidem*). Cum ergo Salvator dixerit quod portæ inferi non prævalebunt adversus ipsius Ecclesiam, ut ab ea ipsius denominationem tollant, quæ dicitur Christus Jesus, et Dei omnipotentis Filius; Petrus primogenitus diaboli filius, et qui sanctæ Antiochenæ Ecclesiæ indignissime se ingessit, sanctamque sedem pontificatus Ignatii martyris polluit, qui Petri dextra episcopus ordinatus est, Eustathiique confessoris ac præsidentis trecentorum decem et octo Patrum qui in Nicæa convenerunt, ausus est dicere non oportere Christum etiam Dei Filium nominare secundum divinam Salvatoris sanctionem et traditionem divinarum Scripturarum, Patrumque expositionem; sed unum de Trinitate passionem pro nobis pertulisse in substantia deitatis, juxta Arii, Apollinaris, Eunomiique blasphemiam, volens hac voce evacuare salutarem Domini incarnationem, secundum quam Christus et passionem subiit. Dicitur autem et unus ex nobis, ut *qui Abrahæ semen apprehendit* (*Hebr*. 11); augere quoque deorum pluralitatem nititur. Quippe sensus ejus tres introducit deos, unum mortuum, et duos viventes. Solvit etiam consubstantialis nomen sacrasque abjicit synodos, Nicænam, Constantinopolitanam, et Chalcedonensem; sanctam quoque Mariam Virginem nequaquam admittere deprehenditur. Si enim non ex ea Incarnatum Verbum homo factum est, quæ necessitas virginis? et quare ad eam dixisset Gabriel; *Quod ex te nascetur sanctum, vocabitur Filius Dei; et dabit illi Dominus Deus sedem David patris ejus* (*Luc*. 11)? Post hæc autem omnia impia et blasphemiæ suæ præsumpta, et depravationem trisagiæ deprecationis, cum illi addere voluit, Qui crucifixus est pro nobis, multa inconvenientia effecit. Multumque a nobis et in Christo dilectis fratribus nostris qui in Oriente sunt, et a venerabili Acacio vestræ regalis et a Deo amatæ civitatis archiepiscopo admonitus, converti noluit. Quapropter nunc sancta Dei Ecclesia mater vis te vocibus, utpote excellentem ipsius filium, alloqui non cessat: O a Christo amate imperator, meæ venerabilitatis vinculum, in quo multitudines fidelium circumstringuntur, dissolvi non permittas; Domini autem Christi et unigeniti Filii Dei laudationem transgredi non permittas, et quæ vestram civitatem periclitantem salvavit: sed tanquam angelorum traditionem indepravatam conserva. Petrum Arianæ superstitionis sequacem, ab Ecclesia Antiochena expelle. Qua ex causa Petrus *scindit vestem meam desuper contextam* (*Matth*. xvi)? Deus et Pater mandavit principi apostolorum quid vocarent Filium. Ejus unigenitus Filius in confessione primi apostoli fundavit me, sanctus Spiritus quotidie testatus mihi, dicens: *Non judica te scire aliquid, nisi Jesum Christum, et hunc crucifixum* (*Joan*. xix). Si autem inimici, increduli, insidiatores, qui extra vitem sunt, et qui unigenitum Filium Dei mactaverunt, lapidave-

ἐμακαρίσθη ὑπ' αὐτοῦ τοῦ Σωτῆρος. Εἰπόντος γὰρ αὐτοῦ πρὸς τὸν Κύριον· Ὅτι σὺ εἶ ὁ Χριστὸς ὁ Υἱὸς τοῦ Θεοῦ τοῦ ζῶντος (Ματθ. xvi), ἀκήκοε παρ' αὐτοῦ Μακάριος εἶ, Σίμων Βὰρ Ἰωνᾶ, ὅτι σὰρξ καὶ αἷμα οὐκ ἀπεκάλυψέ σοι, ἀλλ' ὁ Πατήρ μου, ὁ ἐν τοῖς οὐρανοῖς· καὶ ἐπὶ ταύτῃ σου τῇ ὁμολογίᾳ οἰκοδομήσω μου τὴν Ἐκκλησίαν, καὶ πύλαι ᾅδου οὐ κατισχύσουσιν αὐτῆς (*Ibid*.). Τοῦ οὖν Σωτῆρος φήσαντος, ὅτι πύλαι ᾅδου οὐ κατισχύσουσι τῆς αὐτοῦ Ἐκκλησίας, τοῦ ἐξᾶραι ἀπ' αὐτῆς τὴν αὐτοῦ ἐπωνυμίαν, ἥτις εἴρηται, Χριστὸς Ἰησοῦς, καὶ Θεοῦ παντοκράτορος Υἱός· Πέτρος ὁ πρωτότοκος υἱὸς τοῦ διαβόλου, ὁ ἀναξίως εἰσπηδήσας τῇ Ἀντιοχέων ἁγίᾳ τοῦ Θεοῦ ἐκκλησίᾳ, καὶ μιάνας τὸν τῆς ἀρχιερωσύνης θρόνον Ἰγνατίου τοῦ μάρτυρος, ὃς τῇ δεξιᾷ Πέτρου τὴν ἀρχιερωσύνην ἐδέξατο, καὶ Εὐσταθίου τοῦ ὁμολογητοῦ, καὶ προέδρου τῶν τιη' ἁγίων πατέρων, τῶν ἐν Νικαίᾳ ἀθροισθέντων, λέγειν ἐτόλμησεν, ὅτι οὐ δεῖ τὸν Χριστὸν, καὶ Υἱὸν τοῦ Θεοῦ ὀνομάζειν, κατὰ τὴν θείαν τοῦ Σωτῆρος νομοθεσίαν, καὶ τὴν τῶν θείων Γραφῶν παράδοσιν, καὶ ἔκθεσιν τῶν πατέρων· ἀλλὰ τὸν ἕνα τῆς Τριάδος τὸ πάθος τὸ ὑπὲρ ἡμῶν ὑπομεῖναι, εἰς τὴν τῆς θεότητος οὐσίαν, κατὰ τὴν τοῦ Ἀρείου, καὶ Ἀπολιναρίου, καὶ Εὐνομίου παράδοσιν· βουλόμενος διὰ τῆς τοιαύτης φωνῆς ἀθετῆσαι μὴν τὴν σωτήριον ἐνανθρώπησιν, καθ' ἣν ὁ Χριστὸς καὶ τὸ πάθος ὑπέμεινε. Λέγεται δὲ καὶ εἷς ἐξ ἡμῶν, ὡς τοῦ σπέρματος Ἀβραὰμ ἐπιλαβόμενος (Ἑβρ. 11) ἐπαυξῆσαι δὲ καὶ τὴν πολυθείαν. Ὁ γὰρ νοῦς τοῦ λόγου τρεῖς Θεοὺς παρεισάγει, ἕνα τεθνεῶτα, καὶ δύο ζῶντας, λύει δὲ καὶ τὸ ὁμοούσιον, καὶ τὰς ἁγίας συνόδους ἐξωθεῖται, τήν τε ἐν Νικαίᾳ, καὶ ἐν Κωνσταντινουπόλει, καὶ ἐν Χαλκηδόνι· ἀλλὰ καὶ τὴν ἁγίαν Παρθένον Μαρίαν μὴ προσδεχόμενος εὑρεθήσεται· εἰ γὰρ μὴ ἐξ αὐτῆς ὁ Λόγος σαρκωθεὶς ἐνηνθρώπησε, τίς χρεία τῆς παρθένου; διὰ τί δὲ ὁ Γαβριὴλ ἔλεγε πρὸς αὐτήν, Τὸ γεννώμενον ἐκ σοῦ ἅγιον, κληθήσεται Υἱὸς Θεοῦ, καὶ δώσει αὐτῷ ὁ Κύριος ὁ Θεὸς τὸν θρόνον Δαβὶδ τοῦ πατρὸς αὐτοῦ (Λουκ. 1); Ἐπὶ πᾶσι δὲ τούτοις τοῖς ἀσεβέσι, καὶ βλασφήμοις αὐτοῦ τολμήμασι, καὶ τὴν τρισαγίου λιτὴν νοθεῦσαι βουληθεὶς, διὰ τοῦ ἐνθεῖναι ἐν αὐτῇ, Ὁ σταυρωθεὶς δι' ἡμᾶς, μυρία ἄτοπα εἰργάσατο· καὶ πολλὰ παρ' ἡμῶν, καὶ τῆς ἐν Χριστῷ ἀδελφότητος ἡμῶν τε, καὶ τῶν ἐν τῇ Ἀνατολῇ, καὶ τοῦ θεοσεβεστάτου ἀρχιεπισκόπου Ἀκακίου τῆς παρ' ὑμῶν βασιλευομένης, καὶ φιλοχρίστου πόλεως, παραινεθεὶς, ἐπιστρέψαι οὐκ ἠθουλήθη· καὶ διὰ τοῦτο νῦν ἡ ἁγία τοῦ Θεοῦ ἐκκλησία, ταῖς μητρικαῖς αὐτῆς φωναῖς, ὡς πρὸς τὸν ἔξοχον αὐτῆς υἱὸν φθεγγομένη οὐ παύεται· Ὦ φιλόχριστε βασιλεῦ, τῆς ἐμῆς τιμιότητος τὸν δεσμὸν, ἐν ᾧ περισφίγγονται τὰ πλήθη τῶν πιστῶν, μὴ συγχωρήσῃς διαλυθῆναι· τὴν τοῦ Δεσπότου Χριστοῦ, καὶ μονογενοῦς Υἱοῦ τοῦ Θεοῦ ὑμνῳδίαν μὴ συγχωρήσῃς παραβιασθῆναι· τὴν τρισάγιον ὑμνῳδίαν, ἣ τὴν ὑμετέραν πόλιν διέσωσε κινδυνεύουσαν, ὡς ἀγγέλων παράδοσιν, ἀνόθευτον διαφύλαξον. Πέτρον τὸν τῇ Ἀρειανικῇ θρησκείᾳ ἐπακολουθήσαντα, τῆς τῶν Ἀντιοχέων ἐκκλησίας ἀπέλασον· τίνος ἕνεκα Πέτρος τὴν ἐμὴν πίστιν ἀθετήσας, ῥηγνύει τοῦ κόσμου τὴν σύνεσιν; τίνος ἕνεκα Πέτρος ῥαγνύει τὸν χιτῶνά μου τὸν ἄνωθεν ὑφαντόν (Ματθ. xvi); Ὁ Θεὸς καὶ Πατὴρ ἐνετείλατο τῷ κορυφαίῳ, τί δέοι καλεῖσθαι τὸν αὐτοῦ Υἱόν. Ὁ μονογενὴς Υἱὸς ἐν τῇ ὁμολογίᾳ τοῦ κορυφαίου τῶν ἀποστόλων ἐθεμελίωσέ με. Τὸ ἅγιον

runt, vestem illius non diviserunt et Petrus fidei meæ vestem dirupit? *Portæ inferi non prævalebunt adversus me (Matth.* XIX), et Petrus tentat muros meos demoliri? Ego, piissime imperator, te de imperio expulsum rursus introduxi, et malignos ac inobedientes meis divinis dogmatibus dedi pro sepultura tua, viamque potentiæ aperui ante te, inimicos tuos percussi una cum iniquo eorum dogmate, antiquam potentiam exquisivi tibi a Deo in altis regnante, ex quo et regnante sumpsisti. Respice ad prædecessorem tuum piissimum imperatorem Marcianum, et illius fidem libenter amplectere : hæreticam tyrannidem Petri quam citissime eradica, Valentini et Eutychetis discipulum expelle a civitate simul et ecclesiastico regimine, et a dignitate hierarchica dejectum esse sancito. Conspice, sanctissime fili et imperator invictissime, qualis in Chalcedonensi synodo indubitabilis defensio facta fuit, et quibus expugnavit Æschinum [*juxta Græc.*, quæ vindicta in hostem tuum [a]]; et divulgationes hæreticæ doctrinæ Petri expedias. Hæc legat sancta Dei apostolica et catholica Ecclesia, ut ab ipsa propter prædictas causas depositum, ad communionem non suscipias ; sed per divinos apices vestræ serenitatis ab Antiochiæ confinio propellite. Pro ipso autem constituite virum operibus sacerdotium ornantem, custodemque diligentem sanctæ Chalcedonensis synodi, et eorum quæ in ea firmata sunt. Omnipotens Deus custodiat vestram potentiam in pace semper.

Πνεῦμα ἐφ᾽ ἑκάστης διαμαρτύρεταί μοι, λέγων· Μὴ κρίνῃς εἰδέναι τι, εἰ μὴ Ἰησοῦν Χριστὸν, καὶ τοῦτον ἐσταυρωμένον (Ἰωάν. XIX). Οἱ ἐχθροὶ ἀπειθεῖς, οἱ ἐπίβουλοι, οἱ ἔξω τοῦ ἀμπελῶνος, τὸν μονογενῆ Θεοῦ Υἱὸν σφαγιάσαντες, καὶ λιθοβολήσαντες, καὶ τῷ ξύλῳ τοῦ σταυροῦ προσπήξαντες, οὐ διεῖλον τὸν αὐτοῦ χιτῶνα· καὶ Πέτρος τῆς πίστεώς μου τὸν χιτῶνα διαρρήξει; αἱ τοῦ ᾅδου πύλαι οὐκ ἴσχυσαν κατ᾽ ἐμοῦ (Ματθ. XIX), καὶ Πέτρος πειρᾶται τὸ τεῖχός μου καταβαλεῖν· ἐγὼ, εὐσεβέστατε βασιλεῦ, ὡθησθέντα σε τῆς βασιλείας ταύτης ἐπανήγαγον, καὶ τοὺς πονηροὺς, καὶ ἀπειθεῖς τῶν ἐν ἐμοὶ θείων δογμάτων δέδωκα ἀντὶ ταφῆς σου, δυνάμεώς τε ὁδὸν ἠνέωξα ἔμπροσθέν σου· τοὺς σοὺς ἐχθροὺς καταβέβληκα μετὰ τοῦ ἀθεμίτου αὐτῶν δόγματος. Τὸ ἀρχαῖον κράτος ἐξητησάμην σοι παρὰ τοῦ ἐν ὑψίστοις βασιλεύοντος Θεοῦ, ἐξ οὗ καὶ τὸ βασιλεύειν εἴληφας. Ἀπόβλεψον εἰς τὸν προηγησάμενόν σου εὐσεβέστατον βασιλέα Μαρκιανὸν, καὶ τὴν ἐκείνου πίστιν ἀσμένως ἀσπάζου, Τὴν αἱρετικὴν Πέτρου τυραννίδα διὰ τάχους ἐκρίζωσον· τοῦ Οὐαλεντίνου, καὶ Εὐτυχέως μαθητὴν ἀποδίωξον τῆς ἀκροπόλεως, καὶ τῆς ἐκκλησιαστικῆς διοικήσεως, ἅμα τοῦ ἱερατικοῦ ἀξιώματος κατενεχθῆναι θεσπίσατε. Θεώρησον, ὦ γνησιώτατε υἱὲ, καὶ ἀήττητε βασιλεῦ, ὁποία τῇ ἐν Χαλκηδόνι συνόδῳ ἀναμφισβήτητος ἐκδίκησις γέγονε, καὶ τοῦ σοῦ πολεμίου ἐκδίκησις· καὶ τῆς αἱρετικῆς διδασκαλίας Πέτρου τοὺς δήμους ἐκλύτρωσον. Ταῦτα πρεσβεύει ἡ ἁγία τοῦ Θεοῦ καθολικὴ καὶ ἀποστολικὴ ἐκκλησία, ἵνα τὸν ὑπ᾽ αὐτῆς καθαιρεθέντα δι᾽ ἃ τὰς εἰρημένας αἰτίας, εἰς κοινωνίαν τοῦ λοιποῦ μὴ προσδέξησθε, ἀλλὰ διὰ θείων ὑμῶν συλλαβῶν τῆς Ἀντιοχέων πόλεως μεθόριον γένεσθαι παρασκευάσητε, ἀντ᾽ αὐτοῦ δὲ καταστῆσαι ἄνδρα ἔργοις τὴν ἱερωσύνην κοσμοῦντα, φύλακά τε ἀκριβῆ τῆς ἐν Χαλκηδόνι ἁγίας συνόδου, καὶ τῶν ἐν αὐτῇ βεβαιωθέντων. Ὁ παντοκράτωρ θεὸς διαφυλάξει τὸ ὑμέτερον κράτος ἐν εἰρήνῃ διαπαντός.

[b] EPISTOLA VI.
AD ACACIUM.

[1] *Acacium munere sacerdotali et fidelium communione privat.*

[2] Felix episcopus sanctæ Ecclesiæ catholicæ urbis Romæ, Acacio.

Multarum transgressionum reperiris obnoxius, et in venerabilis concilii Nicæni contumelia sæpe versatus, alienarum tibi provinciarum jura temerarie vindicasti. Hæreticos [*supple* et] pervasores, atque ab hæreticis ordinatos, et quos ipse damnaveras, atque ab apostolica institisti [*id est*, petisti] sede damnari, non modo communioni tuæ recipiendos putasti, verum etiam aliis Ecclesiis, quod nec de catholicis fieri poterat præsidere fecisti; autem [*lege* atque] etiam honoribus, quos non merebantur, auxisti. Testatur hoc Joannes, quem a catholicis Apameæ non receptum, pulsumque de Antiochia, Tyriis perfecisti [*Forte leg.* præfecisti]: et [3] Humerius, tunc de diaconio dejectus, atque Christiani nominis appellatione privatus, a te etiam in presbyterii provectus officium. Etquasi hæc minora tibi viderentur, in ipsam doctrinæ apostolicæ veritatem ausu superbiæ tuæ [*lege* ausus tuos et superbiam] tetendisti : ut Petrus, quem damnatum a sanctæ memoriæ decessore meo ipse retuleras, sicut testantur annexa, beati evangelistæ Marci sedem te connivente (*lege* jubente], rursus invaderet, et fugatis orthodoxis episcopis et clericis, sui procul dubio similis papæ e sacris diptychis tolleret, atque catholicos episcopos, subrogatis hæreticis et infamibus, sedibus suis exterminaret. Verum non super regnum et imperium inniti sedem apostolicam, sed super Christum Regem regum et Dominum dominantium, ipse suo tandem expertus est damno, quando nomen hominis ambitiosissimi et arrogantissimi, qui suas ipsius viventis imagines in ecclesia dedicari passus est, e sacris tabulis plane abolitum fuit, ut infra dicemus. Vide Liberat. infr. cap. 18; Niceph. lib. VII, c. 17; Baron. an. 484. SEV. BINIUS.

---

[a] Basiliscum intelligit hostem Chalcedonensis synodi.

[b] Hæc epistola synodica est, scripta ex concilio Romano II, continetque eam anathematis et depositionis sententiam quæ post causæ diligentem inquisitionem, omnium decreto lata est in Acacium Constantinopolitanum, quæque ad eumdem Constantinopolim transmissa, et ab illo recusata, monachi cujusdam opera suspensa est ad pallium Acacii, dum ad sacra peragenda pergeret. Quo facto eo insaniæ proruit, ut Dioscorum Alexandrinum imitatus, nomen Felicis

[1] Hanc epistolam citat Liberatus, cap. 18. HARDUIN.
[2] Hanc Felicis in Acacium sententiam putat Valesius datam in synodo Romana II contra Acacium, sed datam fuisse in prima late probat Pagius ad an. Ch. 485, n. 9 et seq.
[3] Forte *Himerius*. HARDUIN.

leges ordinaret; pulsoque eo qui illic fuerat regulariter constitutus, captivam teneret Ecclesiam. Cujus tibi adeo grata persona est, et ministri ejus accepti [*lege* ministerium ejus acceptum], ut episcopos et clericos plurimos orthodoxos, nunc [*lege* tunc] Constantinopolim venientes, detegaris affligere, et apocrisarios ejus confovere, atque anathematizantem eumdem Petrum Chalcedonensis decreta concilii, et violantem sanctæ memoriæ Timothei sepulturam, sicut ad nos certiores nunc quoque nuntii detulerunt, per Misenum et Vitalem credideris [*lege* crederes] excusandum : nec eum laudare desieris [*lege* desineres], et multis efferre præconiis, ita ut damnationem ipsius, quam ante retuleras, veram non fuisse jactaris [*lege* jactares]. Tantum autem perseveras in hominis defensione perversi, ut quondam episcopos, nunc vero honore et communione privatos, Vitalem atque Misenum, quos ad ejus expulsionem specialiter miseramus, sublatis chartis, custodiæ passus fueris mancipari; et ad processionem quæ tibi cum hæreticis habetur, exinde productos, sicut eorum professione [*lege* professionibus] patefactum est, ad hæreticorum tuamque communionem, contempta, quæ vel gentium jure servari debuit, legatione, pertraxeris, præmiisque corruperis, et in læsionem beati Petri apostoli, a cujus sede profecti fuerant, non solum inefficaces redire feceris, sed etiam impugnatores omnium quæ fuerant mandata, monstraris. In quorum deceptione tuam nequitiam prodidisti, et ad libellum [*lege* a libello] fratris et coepiscopi mei Joannis, qui te gravissimis objectionibus impetivit, in apostolica sede secundum canones respondere diffidens, objecta firmasti. Felicem quoque defensorem fidelissimum nobis, necessitate faciente serius subsecutum, indignum tuis censuisti oculis. Eos quoque tecum litteris tuis communicare testatus es, quos constat hæreticos. Quid enim sunt aliud, qui post obitum sanctæ memoriæ Timothei ad Ecclesiam sub Petro redeunt, vel qui se ex catholicis eidem tradiderunt, nisi quod Petrus ab universa Ecclesia, atque a te fuerat judicatus? Habe ergo cum his, quos libenter amplecteris, portionem ex sententia præsenti, quam per tuæ tibi direximus Ecclesiæ defensorem : sacerdotali honore, et communione catholica, nec non etiam a fidelium numero segregatus, sublatum tibi nomen et munus ministerii sacerdotalis agnosce, sancti Spiritus judicio et apostolica [*supple* per nos] auctoritate damnatus, nunquamque [*lege* nec jam unquam] anathematis vinculis exuendus. Cælius Felix episcopus sanctæ Ecclesiæ catholicæ urbis Romæ subscripsi. Data v calend. Augusti (an. Christi 484), Venantio viro clarissimo consule. *Simul 67 episcopi absque papa subscripserunt.*

EPISTOLA VII.
AD UNIVERSOS EPISCOPOS.

Statuit quomodo qui rebaptizati sunt ad Ecclesiam catholicam admitti debeant.

[1] *I. Rebaptizatus per pœnitentiam recipiatur.*

II. Episcopus, presbyter, diaconus, si rebaptizatus fuerit, laicam communionem accipiat in mortem.

III. Clericus, monachus, puella Dei, laicus, si rebaptizatus fuerit, Nicæni concilii sententia teneat.

IV. Ætatiores utroque sexu per manus impositionem transeant.

V. Qui rebaptizatus fuerit in clero non recipiatur.

VI. Pœnitentem alterius episcopus non absolvat nec accipiat.

Dilectissimis in Christo Jesu fratribus, universis episcopis [2] per diversas provincias constitutis [3].

Qualiter in Africanis regionibus astutia diaboli sævierit in populum Christianum, atque id in multiplici deceptione proruperit, ut non modo vulgus incautum, sed ipsos quoque in mortis profunda demerserit sacerdotes, nullus non orbis gemuit, nulla terra nescivit. Unde in gravi [*lege* grandi] mœrore positi, dissimulare non possumus pereuntium atque a nobis exigendarum discrimen animarum. Quapropter competens adhibenda est talibus medicina [*lege* medela] vulneribus, ne immatura curandi facilitas mortifera captis peste nihil prosit, sed segnius [4] tracta pernicies, reatu non legitimæ curationis involvat pariter saucios et medentes.

Imprimis itaque venientis ad vos et remedium postulantis, sollicite discutienda est professio et persona decepti, ut medela possit congruens exhiberi. Et qui satisfacturus Deo per pœnitentiam, se rebaptizatum legitime doluerit; utrum ad hoc facinus concurrerit [*lege* cucurrerit, *vel* occurrerit], an impulsus accesserit, requiratur : sciens *quod se decipiat ipse, qui fallit (I Petr.* v), nihilque per nostram facilitatem tribunalis excelsi judicio derogari, cui illa sunt rata [*lege* recta], quæ pia, quæ vera, quæ justa sunt; et aliter necessitatis, aliter tractanda est ratio voluntatis. Deterior est autem causa illius, qui forte pretio sollicitatus est ut periret. Nihil enim intentatum relinquit inimicus, cui ne de sua liceat gaudere captura, succurrendum est irretitis; et contendendus [*lege* conterendus est] venantis laqueus, [5] infucatum

---

[a] Hæc est illa synodica quæ ex concilio Romano III sub Felice missa est ad universos episcopos, quæque diutius Romæ detenta, consignata est nota consulari anni 488, quo in Africam transmissa fuit.

[1] Tituli veteres hujus epistolæ ex vetust. cod. Lucen. 490 : ex epistola Felicis papæ ad Sicilienses episcopos.

[2] In cod. Justelli, *per Siciliam*.

[3] Luc. addit *Felix episcopus in Domino salutem*.

[4] Dionys., *tractata*. HARDUIN.

[5] Cod. Luc. sic ista legit : *et conterendus est venantis laqueus, ut infucatum lamentationibus lapsum* (prima manus posuerat *laqueum*, sed altera æque antiqua emendat *lapsum*) *tam justitiæ moderatione, etc., ad caulam quam reliquerat*, etc.

Lecta in consessu Patrum, sententia eorumdem approbata fuit : quas constitutiones synodales contineat, summatim infra in notis præallegati concilii recensui.

lamentantibus tam justitiæ moderatione quam compunctione pietatis ut¹ aulam quam reliquerant sit regressus. Nec pudeat forsitan aut pigeat indictis jejuniorum gemituumque temporibus obedire, aut aliis observantiæ salubrioris obtemperare præceptis : quia humilibus datur gratia, non superbis. Sit ergo ruinæ suæ dolore prostratus quisquis in Christo fieri quærit erectus, et per ² dispositionis nostræ ministerium, quod vestram sequi convenit caritatem, nec alicui fas est velle vel posse transcendere causas ejus, qui contra apostolicam doctrinam, ad iterationem se baptismatis nimis infaustam dedidit; vel ejus qui aliquibus argumentis excusandum callide p. oprium putaverit esse consensum, sacerdotali vigore, et humanitate tractemus, ut in eis fides, quæ nisi est una, jam nulla est, adjutorio Domini Judicis, ad salutem sine nostræ ³ operationis offensione reparetur : quia cum peccatoris a nobis satisfactio protrahitur, non præter laudem nostram atque lætitiam, mens ejus ad veniam purgatior invenitur. Et ideo memineritis, hanc super his nos habere sententiam, ut servata discretione peccantium, non eadem cuncti qui lapsi sunt, lance pensentur : quoniam majoris castigationis ⁴ exigendus est usura [usuras], cui domus Domini commissa fuerit disciplina.

Ut ergo ab Ecclesiæ summitatibus inchoemus, eos quos episcopos, presbyteros, vel diaconos fuisse constiterit, et seu optantes forsitan, seu coactos lavacri illius unici salutarisque claruerit fecisse jacturam, et Christum, quem non solum dono regenerationis, verum etiam gratia percepti honoris induerant, exuisse, cum constet neminem ad secundam tinctionem venire potuisse, nisi se palam Christianum negaverit, et professus fuerit se esse paganum. Quod cum generaliter sit in omnibus exsecrandum, multo magis in episcopis, presbyteris, diaconibus auditu saltem dictuque probatur horrendum. Sed quia idem Dominus atque Salvator clementissimus est, et neminem vult perire, usque ad exitus sui diem, in pœnitentia (si resipiscunt) jacere conveniet; nec orationi non modo fidelium, sed ne catechumenorum omnimodis interesse, quibus communio ⁵ laica tantum in morte ⁶ reddenda est. Quam rem diligentius explorare vel facere probatissimi sacerdotis cura debebit.

De clericis autem et monachis, aut puellis Dei, aut sæcularibus, servari præcipimus hunc tenorem quem Nicæna synodus circa eos qui lapsi sunt vel fuerint servandum esse constituit; ut scilicet qui nulla necessitate, nullius rei timore aut periculo, se ut rebaptizentur hæreticis impie dediderunt; si tamen eos ex corde pœniteat, tribus annis inter audientes sint; septem autem annis subjaceant inter pœnitentes manibus sacerdotum, duobus autem annis oblationes modis omnibus non sinantur offerre, sed tantummodo ⁷ sæcularibus [Lege popularibus] in oratione socientur. Nec confundatur Deo colla submittere, qui non eum timuit abnegare. Quod si, ut pote mortales, intra metas præscripti temporis cœperit vitæ finis urgere, subveniendum est imploranti, et seu ab episcopo qui pœnitentiam dederit, seu ab alio, qui tamen datam esse probaverit, aut similiter a presbytero viaticum abeunti de sæculo non negetur.

Pueris autem quibus quod adhuc ⁸ impuberes [Lege imberbes], a pubertate vocabulum est, seu clericis, sive laicis, aut etiam similibus puellis, quibus ignorantia suffragatur ætatis, aliquandiu sub manus impositione detentis, reddenda communio est; nec eorum exspectanda pœnitentia quos excipit a coercitione censura. Quod est a nobis provide constitutum, ne hi quibus in terreni labe contagii plus minusve restat ad vitam, dum adhuc in pœnitentia sunt, pœnitenda ⁹ committant [Supple forte]. Quod si ante præfinitum pœnitentiæ tempus ¹⁰ desperatus [Lege despectus] a medicis, aut evidentibus mortis pressus indiciis, recepta quisquam communionis gratia convalescit; servemus in eo quod Nicæni canones ordinaverunt, ut habeatur inter eos qui in oratione sola communicant, donec impleatur spatium temporis eidem præstitutum. Nec catechumenos nostros, qui sub tali professione baptizati sunt, prætermittimus : quia non est causa dissimilis (sicut iidem sancti canones ordinaverunt) ejus qui quolibet modo Christum, quem semel confessus, abjurarit; tribus annis inter audientes sint, et postea cum catechumenis ¹¹ per manus impositionem communionis catholicæ gratiam percepturi, exceptis sane tantummodo episcopis, presbyteris et diaconibus, quos solo mortis suæ tempore reconciliandos esse jam diximus. Cæteros, id est, seu clericos, sive monachos, seu laicos, utriusque sexus personas, quos ¹² violentiæ periculis coactos iterationem baptismatis subiisse constiterit, vel qui aliquo commento, ¹³ cujus se facinoris piaculo dixerint non teneri, his pœnitentiam per triennium durare decrevimus, et per manus impositionem ad societatem recipi eos sacramenti.

Illo per omnia custodito, ne ex eis unquam qui in qualibet ætate alibi quam in Ecclesia catholica aut baptizati, aut rebaptizati sunt, ad ecclesiasticam militiam prorsus non permittantur accedere. Quibus satis esse debeat quod in catholicorum numero sunt recepti : quoniam de suo ordine et communione vi-

---

¹ Forte cautam. HARDUIN.
² Dionys., dispensationis. HARD. — Ita et Cod. Luc.
³ Cod. Luc., properationis.
⁴ Ita et cod. Luc.; sed antiqua manus emendat : est exigenda usura.
⁵ Cod. Luc., laici.
⁶ Idem cod., redhibenda.
⁷ Idem cod., popularibus.

⁸ Idem cod., imberbes.
⁹ Idem cod. addit forte.
¹⁰ Idem cod., despectus.
¹¹ Post catechumenis sic legit cod. Lucensis : permittantur orare per manus impositionem communionis gratiam percepturi.
¹² Cod. Luc., violentia et periculis.
¹³ Idem cod., hujus.

debitur ferre judicium quisquis hoc violaverit [1] institutum, vel qui non removerit eum quem ex eis ad ministerium clericale obrepsisse cognoverit.

Curandum vero maxime, et omni cautela est providendum, ne quis fratrum coepiscoporumque nostrorum, aut etiam presbyterorum, in alterius civitate vel dioecesi poenitentem, vel sub manu positum sacerdotis, aut eum qui reconciliatum se esse dixerit, sine episcopi vel presbyteri testimonio et litteris, [2] ad cujus pertinet parochiam, presbyter aut episcopus [*lege* et litteris, aut in parochia presbyter aut episcopus] in civitate suspiciat. [3] Quod si aliqua dissimulatione negligitur, culpa tangit etiam clerum [*lege* clericum] qui in locis in quibus hoc minus curatum fuerit commoratur. His itaque rite dispositis, et ad Ecclesiarum vestrarum notitiam nostra deliberatione perlatis, parere vos convenit [*lege* convenerat] : quibus, licet ad animarum reparationem nihil deesse videatur, tamen ex cui novi aliquid, et quod praeterire nos potuit, fuerit revelatum, secundum beatum apostolum Paulum, *tacente priore*, fideliter [*lege* fidenier] insinuet : quia *Spiritus sanctus*, *ubi vult*, *spirat*, maxime cum sua causa tractatur; nec nos pigebit audire, et si quae sunt omissa, non arroganter abnuere, sed rationabiliter ordinare. Deus custodiat vos, dilectissimi fratres. Data idibus Martii (an. Christi 488), Dynamio et [4] Siphidio viris clarissimis consulibus.

EPISTOLA VIII.

AD ZENONEM [5] EPISCOPUM
Terentianum commendat.

Dilectissimo fratri Zenoni, Felix episcopus.

Filius meus vir clarissimus Terentianus ad Italiam dudum veniens, dilectionis tuae singularis exstitit praedicator, talemque te esse vulgavit, qui ita Christi gratia redundares, ut inter mundi turbines gubernator Ecclesiae praecipuus appareres. Quapropter, frater carissime, cum ad provinciam commearet, seduloque deposceret nostras ad dilectionem tuam litteras destinari, gratanter annuimus, qui et tantum Deo sermone complecti cuperemus antistitem, et per eum maxime vellemus id fieri, cujus nobis fuerat laudibus intimatus. Quamvis ergo sanctis operibus ex omni parte praedictam fraternitatem tuam vir praefatus astruxerit, multumque fiduciae de tua benevolentia jam teneret, tamen aequum est ut quod desiderabat magnopere consequatur; quatenus qui tuis olim gratus est animis, contemplatione nostri reddatur acceptior, simulque materna et sacerdotali consolatione foveatur, peregrinationisque praesidium pastorali pietate reperiat, ut vestrae dignitatis affectu appareat apud sinceritatem tuam, nostrum quoque non minimum salutantis valuisse colloquium. Deus te incolumem custodiat, frater carissime.

(⁶)

MONITUM PHILIPPI LABBEI

IN SEQUENTEM BREVICULUM.

Anno 1631, opera et studio R. P. Jacobi Sirmondi τοῦ ἁγίας μνήμης prodiit in lucem appendix codicis Theodosiani novis constitutionibus cumulatior, cum epistolis aliquot veterum conciliorum, quas tomo II a pag. 1194 ad 1186 exhibuimus, necnon trium pontificum Romanorum Felicis III (cui praemisit breviculum Eutychianistarum sive gesta de nomine Acacii cum edicto sententiae ejusdem papae), Gelasii atque Vigilii. Nos ne quid desit amplissimae huic collectioni nostrae, eadem omnia in Luparea editione praetermissa, felicibus auspiciis, suis quaeque locis inserta, pro more collocabimus.

[7] BREVICULUS [8] HIST. EUTYCHIANISTARUM.

Sive,

GESTA DE NOMINE ACACII.

In causa fidei Christianae, cui ab exordio sui nun-

---

[1] Cod. Luc., *antistitum*.
[2] Idem cod., *aut in parochiam presbyter, aut episcopus in civitate suscipiat*.
[3] Idem cod., *quod aliqua dissimulatione neglectum culpam tangit etiam clericorum*.
[4] Dionys., *Sibilio*. HARDUIN. — Cod. Luc., *Simidio*.
[5] Cod. Just. addit *Spalensem*.
[6] Epistola quaedam Felicis ad Caesarium Arelatensem exstat apud Baron. anno Domini 488, num. 7, sub Felice III. Hanc a Felice IV scriptam fuisse Baronius in appendice tom. X recognovit, eo ipso quod Arausicanum II aliaque plura concilia, quibus Caesarius Arelatensis praesedit vel interfuit, longe post haec tempora habita fuisse recognoverit; quodque idem Caesarius annum Domini 554 attigerit; quem, si tempore Felicis III Arelatensis episcopus fuisset, attingere non potuisset. Obstat huic sententiae quod Gennadius de Scriptoribus ecclesiasticis cap. 86 hujus Caesarii, dataeque ad eum epistolae librum ejus de gratia approbantis meminerit. Quod fieri non potuisset si ad Felicis IV tempora episcopatum Arelatensem tenuisset. Ea enim quae Gennadius de Scriptoribus ecclesiasticis scripsit, Gelasii pontificis censurae subjecit, ut constat ex ejusdem libri cap. 99 et 110, adeoque Felicis IV esse non potest ea epistola, cujus praedicto libro ad Gelasium misso mentionem facit. Nodus iste difficilis est, nisi dicamus, quod ait Suffridius Petri, Caesarium Gennadiano codici insertum fuisse eadem ratione qua Avitus, Pomerius, et Honoratus Massilensis, eidem operi fraudulenter vel saltem ignoranter inserti fuisse scribuntur ab Honorio, in catalogo de viris illustribus. Vide Possevinum in Apparatu sacro, verbo *Gennadius*. SEV. BINIUS.
[7] Narrationis hujus tres sunt editiones, ac singulae suos codices mss. vindicant. Brevissimam dedit Quesnellus in Cod. canonum Ecclesiae Romanae, et incipit ab illis verbis *quidam Timotheus*, ac desinit fere cum illis : *miserit Ecclesiae praevidere*. Quanquam enim post haec longius aliquanto excurrit, nihil tamen historicum addit. Alteram in fine et in principio auctiorem hoc cernimus ex Sirmondo datam. Tertia habet in fine additamentum supra secundam. Porro quod ait Pagius auctorem hujus opusculi ex Liberato accepisse falso revincunt Ballerini, qui hanc narrationem prout edita est a Sirmondo, nacti sunt in cod. Vatic. Reginae 1977, quem Liberato vetustiorem esse probant. MANSI.
[8] Ediderat Sirmondus cum appendice codicis Theodosiani. Auctor Valesio ad Evagrium videtur esse Gelasius papa; sed Tillemontius tom. XVI, p. 659, observat accuratiorem esse in historia narranda quam Gelasius esse solet; et Pagius ad an. 496, n. 4, docet priorem hujus libelli partem totidem verbis esse excerptam e Liberato, qui sub Justiniano scripsit, posteriorem vero ex Gelasii collectam Epistolis.

quam defuisse probantur inimici, nostro quidem sæculo, sed intervallo temporum, Nestorius et Eutyches non nova dogmata suæ perversitatis, sed nomina prodiderunt. Nam Nestorius ante quinquaginta et octo fere annos, Photini et Pauli Samosateni secutus errorem, Oasitano [a] exsilio meruit relegari, dicendo, sicut ab auctoribus suis didicit, Christum Dominum nostrum hominem tantummodo de Virgine Maria esse progenitum. Contra quem Eutyches, post annos non plurimos, æstimans disputandum, rectum tramitem tenere nesciens, offendit; et in Apollinaris est raptus insaniam, in hæc verba prorumpens, quibus assereret Christum verum hominem non fuisse, nec in eo duas naturas esse credendas, sed unam tantummodo Dei Verbi, verumtamen incarnatam. Quam quidem non esse hominis perhibuit, sed humanam, ut similitudo magis humani corporis quam ipsa veritas suaderetur. Cum catholica fides verum Deum verumque hominem Christum Dei Filium esse fateatur, non unius naturæ, sed unius essentiæ atque personæ. Cum ergo Eutychem istum, presbyterum et abbatem Constantinopolitanæ civitatis, Eusebius Dorylitanus episcopus suadere talia reperisset, zelo fidei, quam etiam cum agens in rebus esset ostendit (ipse enim Nestorium quoque in tempore reprehendit in ecclesia res sacrilegas prædicantem), detulit ad Flavianum episcopum, et ad judicium provocavit. Dicta causa est. Cum partes suas Eutyches videret urgeri, per Chrysaphium spatarium Theodosii præsidium principis expetivit. Cujus præcepto Florentius vir illustris, exconsule, discussioni Eutychis abesse non potuit, et jam in præsentia ipsius convincitur Eutyches atque damnatur. Offenditur imperator, et in Ephesina civitate mandat synodum congregari. Adsunt fere CCCLX [CXL] episcopi, principibus Dioscoro Alexandrino episcopo, Juvenali Hierosolymitano, Thalassio Cæsariensi, Eustathio Berytensi, Eusebio Ancyritano, Basilio Isauriæ. Interfuerunt etiam vicarii ab apostolica sede directi, Julius Puteolanus episcopus, Hilarus archidiaconus, quia presbyter [b] Renatus in Delo insula morte præventus est. Adfuit etiam Dulcitius notarius. In quo conventu [c] repudiata est epistola papæ Leonis dogmatica ad synodum Flavianumque directa, et penitus non permittitur recenseri. Tota die, id est VI idus Augusti, nihil aliud nisi quondam Nestorii damnati, id est prioris Ephesinæ synodi gesta releguntur. Simul etiam discutitur, lectis omnibus chartis, judicium de Eutyche sanctæ memoriæ Flaviani. Interea cum Eutychis [d] blasphemiæ relegerentur, ab omnibus acclamatum est hanc esse veram fidem, hanc orthodoxam. Dejicitur contradicentibus vicariis Romanis Flavianus, [e] et recipitur Eutyches. Damnatur etiam Eusebius episcopus accusator ejusdem presbyteri, tanquam Nestorianus, qui ante, dum adhuc esset laicus, Nestorii fuerat accusator. Ita enim nihil volunt isti Eutychianistæ inter se esse atque Nestorium, ut quicunque apud eos Eutychianista non fuerit, Nestorianus prorsus habeatur : cum doctrina catholica uniat duas naturas in Christo, non dividat sicut Nestorius fecit. Et isti quidem reperiuntur deteriora garrire. Nam fidentissime dicunt rem ineptam, rem etiam stolidis exsecrandam, ante unitionem, id est incarnationem, duas dici debere naturas; post vero unam Dei Verbi tantum incarnatam : ut si dicamus aliquid cereatum, aut picatum, aut stagnatum [*lege* stannatum], aut quolibet alio genere coloratum. Jam vero post diem tertium synodi qua dejectus est sanctæ memoriæ Flavianus, dejicitur etiam et domnus Antiochenus. Dioscorus repente discessit, solutusque conventus est. Ducitur in exsilium [f] Flavianus apud Epipam, quæ est civitas Lydiæ, seu superveniente, seu ingesta morte defunctus [g] est. Tunc temporis Anatolius quidam presbyter Alexandrinus apud Constantinopolim morabatur. Hæc enim consuetudo prædictis est ut ad comitatum vicibus clerici dirigantur, ne quid forte causæ vel necessitatis emergat. Fit ergo iste Anatolius Constantinopoli episcopus, homo partium Dioscori. Exempto anno moritur Theodosius [h] imperator, Chrysaphius punitur [i], Marcianus factus est princeps [j]. Læsam fidem graviter ferens indicit synodum apud Nicæam, in qua et ipse et Pulcheria [k] resedit, et omnis cum eo senatus et potestates. Quam synodum postea transtulit Chalcedona propter palatii vicinitatem. Conveniunt quingenti [630] et ultra episcopi totius Orientis et Ægypti; Dioscorus exhibetur ut facti sui causa in concilio possit asserere. Interfuit etiam imperator ipse conventui; interfuit et senatus, et omnes judices, et omnes aulicæ potestates. Eusebius ille Dorylitanus episcopus qui ante annum de exsilio fugiens Romam venerat, etiam et Chalcedonensi synodo interesse properavit. Accusat ipse Dioscorum, et alii Alexandrini. Quid multa? Damnatur Dioscorus, sanctæ memoriæ Flaviani [l] corpus officiosissime Constantinopolim reportatur, apud Alexandriam Proterius catholicus fit sacerdos. Quidam Timotheus [m] cui cognomen erat Ælurus, presbyter; et Petrus [n] diaconus, qui episcopatum nunc Alexandrinæ occupavit Ecclesiæ, Dioscori sectatores, se ab Ecclesia Alexandrina separarunt. Quos cum Proterius episco-

---

[a] Petrus in Oasitana solitudine deportatus anno 436.
[b] Ad eum itaque non dedit epistolam Theodoretus post synodum sed ad Hilarum.
[c] Suscepta quidem a Dioscoro, sed non lecta.
[d] Subdola enim fuit ejus professio et hæresim tacendo tegebat.
[e] Anno 449, die 2 Augusti.
[f] Vide Chron. Marcellini comitis.
[g] 18 Febr. 410.

[h] Julii 28 an. 450.
[i] Ad portam Melanthiadis.
[j] Die 24 Augusti, ante 14 diem ejusdem mensis.
[k] Falsum ut ex actis liquet.
[l] Augusto mense anni 450, ante damnationem Dioscori, quæ tantum anno sequenti cum Proterii ordinatione.
[m] Hæc Liberatus, cap. 15.
[n] Mongus seu Moggus, id est blæsus.

pus suis monitis ad ministeria sua revocare non posset, utrumque damnavit. Mortuo principe Marciano, [a] collectis turbis hæreticorum, Timotheus et Petrus veniunt Alexandriam, et ordinatur ab hæreticis [b] Timotheus episcopus. Duo igitur apud Alexandriam episcopi esse cœperunt. Ante triduum Paschæ, quo cœna Domini celebratur, collecta multitudine perditorum occupatur ecclesia, ad quam se sanctæ memoriæ Proterius de more contulerat. Ibi supradicto die [c] in baptisterio occiditur, laniatur, ejicitur, et funus ejus incenditur, cineresque ipsius sparguntur in ventos. Leo sumit [d] imperium, ad quem tanti facinoris catholicorum querela pervenit. Contra quos hæretici supplicarunt, petentes ut Chalcedonensis synodus aboleretur; illi autem vindictam tanti sceleris spectabant. Considerans imperator nimis esse grave vexari tantos iterum sacerdotes, quorum plurimos aut ætas, aut infirmitas, aut etiam paupertas hunc laborem subire prohibebat, dirigit magistrianos per totum Orientem: dirigit etiam Anatolius episcopus Constantinopolitanus Asclepiadem diaconum suum. Per quos et omnes illi episcopi qui Chalcedona fuerant congregati, quid Alexandriæ factum fuisset agnoscunt; interrogatique cum suis provincialibus episcopis rescribunt, Chalcedonensem synodum usque ad sanguinem esse defendendam, quia non alteram fidem statuit quam synodus Nicæna. Timotheum non solum episcopum non haberi, sed etiam Christiani appellatione privari. [e] Quo deposito, fit alter Timotheus [f] catholicus episcopus Alexandriæ. Vix Timotheus [g] hæreticus depellitur, fugit Petrus, mittitur in exsilium Timotheus Chersona, qui locus est in Ponto abditus. Quandiu vixit imperator [h] Leo, vixit Timotheus episcopus Alexandriæ cum quiete. Sed cum Basiliscus occupasset imperium, [i] damnare cœpit Chalcedonensem synodum, et catholicos persequi. Tunc denique Timotheus ille damnatus accepta libertate venit Constantinopolim, et damnatos hæreticos locis suis reddidit. Vadit Alexandriam, fugit Timotheus catholicus, et in monasterio latet. Petrus ille iterum se junxit Timotheo, cum quo fuerat ante damnatus. Redit Zeno imperator ad regnum, Basiliscus opprimitur. Mittitur Alexandriam, ut pulso pervasore Timotheus catholicus redderetur Ecclesiæ. Sed Timotheo damnato morte prævento, Petrus [k] consors ipsius ab uno hæretico Alexandrinis episcopus ordinatur. Quem nihilominus dejici jussit Christianissimus imperator, et reduci Timotheum catholicum, sicut Acacii Constantinopolitani litteris continetur. Cum plurimi, seu clerici, seu monachi, sed sæcularis vitæ homines, ad communionem catholici episcopi Timothei nollent penitus convenire, diversis sacris terruit universos clementissimus imperator. Scripsit ad papam Simplicium Timotheus (dicens Petrum olim in diaconio esse damnatum, nunc etiam Christiana societate semotum: mandans per Esaiam episcopum [1]), rogans ut scriberetur imperatori de Petro, qui latebat in Alexandrina civitate, et insidiabatur Ecclesiæ, ut, ad longinquum deportaretur exsilium. Per ferme triennium sanctæ memoriæ papa Simplicius non desiit scribendo ad Acacium episcopum, ut ageret cum imperatore, et fieret de Petro quod Timotheus episcopus postulabat. Scriptum est etiam principi, sed nunquam inde rescriptum est. Post omnia, Joannem [m] presbyterum œconomum suum Timotheus ad principem misit, rogans ut si quid humanitus sibi forte contingeret, juberet pietas ejus catholicum a catholicis ordinari. Ad cujus petita responsum est, et tam ipsi quam clericis scriptum: atque in iisdem sacris Joannes œconomus multis laudibus prædicatur, ut jam pene omnibus Alexandrinus episcopalis putaretur officii candidatus. Defuncto isto Timotheo episcopo [n] Joannes œconomus catholicus a catholicis ordinatur episcopus. Qui cum de consuetudine majorum ad apostolicam sedem synodica (per Isidorum presbyterum et Petrum diaconum) scripta misisset, superveniente Uranio subadjuva, et contra Joannem jam episcopum sacra principis deferente, ab episcopatus illius confirmatione papa suspensus est. Et quia in iisdem sacris de restituendo Petro, quem ipse damnavit, fecerat mentionem, hæc pars omnino est abnegata. Unde videtur clementissimus imperator offensus. Cum ergo sanctæ memoriæ papæ Simplicii nihil toties ad Acacium directa, propter Alexandrinæ Ecclesiæ quietem, et catholicæ fidei integritatem, scripta proficerent, supervenit idem sanctus Joannes episcopus, qui sicut decebat, ab apostolica sede susceptus est. Nam et priores ejus similiter Romanæ Ecclesiæ tempore persecutionis suffugium poposcerunt. Hujus adventus plenius universa patefecit. Cui dum Acacii scripta legeremus quæ de Petro [o] et Joanne [p] Antiochenis miserat, excessus Acacii etiam in hac causa gravissimos deprehendit. Illo enim tempore quo de Petro Alexandrino damnato retulerat, non longe post etiam de Petro et Joanne scripserat. Petrum apud Constantinopolim monasterium [q] gubernasse; sed hoc propter crimina derelicto, Antiochiam fugisse. Ibi pulso (Martyrio) catholico episcopo, per hæreticos sedem ipsius occupasse; continueque damnatum

---

[a] 26 Januarii an. 457.
[b] Duobus tantum episcopis, Evagr. xi, 8.
[c] Martii 28 anni 457.
[d] Die 7 Februarii ejusdem anni.
[e] Hactenus Liberatus.
[f] Dictus Salophaciolus sive Albus, anno 458
[g] Ælurus.
[h] Obiit mense Januario anni 474, filius autem ejus Leo junior mense Novembre.
[i] Anno 476.
[j] Liberatus, cap. 16.
[k] Mongus de quo supra.
[l] Forte Naucratenæ civitatis de quo cap. 22 tertiæ partis concilii Chalcedonensis.
[m] Tabbennesiotam cogn. Talajam.
[n] Anno 482.
[o] Cnapheo seu Fullone
[p] Alias Apamenis non recepto, de quo paulo post plura.
[q] Liberatus, cap. 18.

a Leone tunc principe ad Oasitanum exsilium esse directum. De quo lapsum Constantinopolim rediisse, ac dedisse fidem, quod nullas ulterius turbas facere prorsus auderet. Sed sicut superius dictum est, Basilisci temporibus a Timotheo [a] illo damnato, qui Constantinopolim venerat, ad Antiochiam remissum fuisse, ut iterum illic episcopatum teneret. Quo facto, idem Petrus Joannem quemdam presbyterum, de quo Acacium diximus retulisse, ordinat Apamenis episcopum; a quibus non receptus venit Antiochiam, et Petrum episcopatus sui pellit auctorem et invadit ejus Ecclesiam. Quos iterum damnatos dicit Acacius, petens ab apostolica sede, ut si forte ad eam confugerent, nec visu dignos haberet; et si jam aliquam indulgentiam forsitan impetrassent, irritam esse debere, nec eorum pœnitentiam recipiendam esse. Quod cum præfatus Joannes Alexandrinus episcopus relegisset, tacere non potuit, quod illum Joannem, quem Acacius damnaverat cum Petro, et sine remedio pœnitentiæ fecit ab apostolica sede damnari, post tot damnationes Tyriorum miserit Ecclesiæ præsidere. Postquam ergo non solum nihil profecisse litteras decessoris sui sanctus Felix papa cognovit, et ludibria quædam Acacio fieri in eversionem totius ecclesiasticæ disciplinæ, electis Vitale episcopo Troentinate ex Picena regione, et Miseno Cumanæ Ecclesiæ episcopo ex regione Campaniæ, sub hac instructione direxit, ut Petrus de Alexandrina pelleretur Ecclesia, et ut libello sancti Joannis episcopi Alexandrini responderet Acacius, atque ipsi denuntiaretur Acacio, et anathema diceret Petro. Qui quamvis hostili more detrusi in custodiam chartas amiserint, tamen perfidis hæreticis atque damnatis accommodare non debuerant, quæ sola negari potuit, voluntatem. Non solum ergo non egerunt quæ jussa sunt, aut quæ expedire poterant; sed etiam hæreticis communicaverunt, confirmationem Petri episcopatus, ad quem pellendum missi fuerant, deferentes, atque contumelias in episcopum Joannem Acacio dirigente portantes. Quibus rebus habita synodo commotus beatissimus papa, Vitalem et Misenum ab officio et communione suspendit [b], Acaciumque damnavit. Cujus audacia deteriora committens, etiam Petrum [c] Antiochenum, ejecto catholico [d] Calendione, quem ipse ordinaverat, ad Antiochenam misit Ecclesiam.

ADDITAMENTUM EX TERTIA EDITIONE DESUMPTUM.

Postquam Joannes supervenit episcopus, quem Romana suscepit Ecclesia, sanctus papa Felix legationem (ut dictum est) sicut oportuit ordinavit; quæ apud prædictos omnes quidquid est hostilitatis experta est. Nam detrusa in custodiam prædictis chartis, cum grandi vix remeavit opprobrio, episcopatum Petri, ad quem expellendum missa fuerat confirmatum reportans, quem Romana anathematizarat Ecclesia. Ita Felix papa episcopis per Ægyptum, Thebaidem, Libyam et Pentapolim constitutis post alia; Petrus vero, qui se ab Ecclesiæ unitate sub beatæ recordationis Proterio separavit, et in mortem ipsius parricidæ Timotheo ad persequendos se junxit orthodoxos, nulla tanti nominis, aut honoris permittimus societate lætari, quanto in creatoribus propriis non dissimilibus ipso sui exordio caducum, quod se æstimat reperitur. Est ergo præfatus cunctis anathema, nec ab Ecclesia catholica credatur unquam recipi, qui post cohortationem sæpissimam et per tot annorum spatia in perversitate propria perseverans, locum satisfactionis amisit.

EDICTUM SENTENTIÆ FELICIS PAPÆ PROPTER ACACII EPISCOPI CP. DAMNATIONEM.

Acacius, qui secundo a nobis admonitus statutorum salubrium non destitit esse contemptor, meque in meis credidit carcerizandum, hunc Deus, cœlitus prolata sententia, de sacerdotio fecit extorrem. Ergo si quis episcopus, clericus, monachus, laicus, post hanc denuntiationem eidem communicaverit, anathema sit, sancto Spiritu exsequente.

EPISTOLA IX.

FELICIS III PAPÆ AD ZENONEM IMPERATOREM.

Conqueritur de violatis ab eo legatis, suadetque ut acquiescat damnationi Petri Alexandrini et Acacii.

Felix Zenoni Augusto.

Quoniam pietas tua, licet profusiore pagina ad mea scripta responderit, suis auribus diligentius intimatam fastidio dignam credidit veritatem : curandum mihi fuit, ut breviter quæ non vultis latius publicari definita concluderem. Itaque officiositate præmissa timere me fateor regno vestro pariter et saluti. Siquidem contra divinam reverentiam probabitur, ut beati apostoli Petri directa legatio, sicut ejus confessio patefecit, tanquam in captivitate redacta teneretur, et chartis quas bajulabat violenter ablatis, ad communicandum hæreticis, hoc est apocrisiariis Alexandrini Petri, adversum quem ierat, de custodia sit producta. Quapropter (*Nicolaus I papa, epist. 9*) Vitalem quidem et Misenum, cur vel impulsi ad ista consenserint, honore simul et communione apostolica censura privavit. Sed (*Ibid.*) cum apud barbaras etiam nationes, atque ipsius Deitatis ignaras, pro exsequendis negotiis vel humanis, jure gentium legationis cujuslibet habeatur sacrosancta libertas; notum est omnibus, quanto magis ab imperatore Romano et Christiano principe, in rebus præsertim divinis, oportuerit intemeratam servari. Deinde legatione submota, quæ apud vos, ut dictum est, nec beati Petri apostoli inviolata esse jam potuit, tranquillitas tua litterarum saltim tenore cognoscat, sedem beati apostoli Petri Alexandrino Petro, olim justeque damnato, ac nihilominus per sententiam synodalem nuper eliso, communionis nunquam vel præbuisse, vel præbituram esse consensum. Quia, ut cætera

---

[a] Æloro, anno 476.
[b] Die Julii 23 anni 484.
[c] Cnapheum.
[d] Qui cum illo Patricio aliisque anno 485 conspiraraat.

nunc omittam, ab hæreticis institutus, contra fas omne catholicæ præsidere non possit Ecclesiæ. Unde quoniam adhortationem meam duxistis onerosam, in vestro relinquo deliberationis arbitrio utrum beati apostoli Petri an Alexandrini Petri, cuiquam sit eligenda communio. Qualis autem Alexandrinus exstiterit, vel quemadmodum falsi nominis sacerdotium per unum vix suæ complicem pravitatis temerarius usurparit, atque in damnatorum fuerit etiam apud vos dudum sorte numeratus, suffragatoris ejus Acacii litteris ad sanctæ memoriæ decessorem meum datis, quarum exemplaria subdita cernitis, approbato. Utrum vel episcopus dici valeat, quod nomen etiamsi a pluribus episcopis accepisset, habere non posset, vel orthodoxis plebibus contra Nicænam synodum, contra observantiam singularem, mereatur imponi, prompta in Deum pietate perpendite. Ubi etiam apparet evidenter Acacium, qui excessus suos sub vestro potius nomine celare voluit quam vobis profutura suggerere, tam saluti vestræ devotionem deferre sinceram, quam fidelem conscientiam circa Patrum regulas, atque ipsum dogma gestaret catholicum. Propterea hunc eumdem, ut pote qui multa contra scita veterum nefaria perpetrarit, et ejus laudator emerserit, quem asseruit [et ipse damnatum, et ab apostolica fecit sede damnari, ac rursus ædificans quæ ante destruxerat, prævaricatorem se ipse constituit ; eorum quos sequi maluit portioni districtionis apostolicæ per Tutum Romanæ Ecclesiæ defensorem, justa deputavit auctoritas, atque a communione et dignitate apostolica, qua se ipse ejus externis sociando monstravit indignum, legitima severitate discrevit. Puto autem quod pietas tua, quæ etiam suis mavult vinci legibus quam reniti, cœlestibus debeat parere decretis : atque ita humanarum sibi rerum fastigium noverit esse commissum, ut tamen ea quæ divina sunt per dispensatores divinitus attributos percipienda non ambigat. Puto quod vobis sine ulla dubitatione sit utile, si Ecclesiam catholicam vestri tempore principatus sinatis uti legibus suis ; nec libertati ejus quemquam permittatis obsistere, quæ regni vobis restituit potestatem. Certum est enim hoc rebus vestris esse salutare, ut cum de causis Dei agitur, et juxta ipsius constitutum, regiam voluntatem sacerdotibus Christi studeatis subdere, non præferre, et sacrosancta per eorum præsules discere potius quam docere ; Ecclesiæ formam sequi, non huic humanitus sequenda jura præfigere ; neque ejus sanctionibus velle dominari, cui Deus voluit clementiam tuam piæ devotionis colla submittere : ne dum mensura cœlestis dispositionis exceditur, eatur in contumeliam disponentis. Et ex hoc quidem de his omnibus conscientiam meam ante tribunal Christi causam dicturus absolvo. Vestræ mentis intererit magis ac magis cogitare et in rerum præsentium statu sub divina nos examinatione subsistere, ac post hujus vitæ cursum ad divinum consequenter venturos esse

---

[a] Depositi die 28 Julii 488.

judicium. *Et alia manu.* Data calendis Augusti (anno Christi 484), Venantio V. C. consule.

EPISTOLA X.

FELICIS III PAPÆ AD CLERUM ET PLEBEM CONSTANTINOPOLITANAM

Ne turbentur ob prævaricationem legatorum, atque ut Acacii a sede apostolica damnati communionem devitent.

Felix clero et plebi orthodoxis Constantinopoli constitutis dilectissimis filiis salutem.

Probatam cunctis vestræ fidei firmitatem Vitalis atque Miseni non irrationabiliter opinamur prævaricatione turbatam : qui universa quæ illis mandata sunt, non tantum negligendo, verum etiam impugnando, fecerunt ut Ecclesia Romana consentire damnatis hæreticis crederetur ; quando contra vetitum his qui a Petro illo [*Mongo*] hæretico, parricidarum socio, olim justeque dejecto, et toties anathematizato, directi, atque ab Acacio suscepti sunt, nostrorum immemores mandatorum, communicare convicti sunt, nulla contestatione præmissa, quam tamen, sicut his præceptum fuerat, religio vestræ sanctitatis audiret ; actumque est ut, sicuti prædiximus, excessus illorum noster [crederetur assensus. Quos et ordinibus suis, et veneranda divini mysterii perceptione privavimus. Nullus ergo vestrum per tale commissum sit immemor sui, nec nos æstimet in apostolicæ traditionis defensione deficere, quos videt fidei contumeliam in proditores et perditos vindicasse. Scire vos quoque decuit Acacii quondam [a] episcopi varietatem inconstantiamque detectam. Qui cum de Petro isto, sicut probatur adnexis, non ferenda retulerit, atque olim dixerit fuisse damnatum, per legatos nostros multis laudibus prosecutus, contra conscientiam fecit, utrum ei quidquam credendum sit, omnes qui timorem Dei ante oculos constituunt judicabunt. Alienarum quoque provinciarum sibi jura defendens, sanctorum trecentorum decem et octo Patrum canones illicitarum sibi ordinationum præsumptor est conatus evertere. Quorum etiam ob hoc subjacet ultioni ; nec Romanæ, id est apostolicæ sedis, qua se ipse privavit, communione jam gaudet. Quando Petri Eutychianistæ socius et susceptor apparens, damnationis ejus se participem indicavit. Quem nostra quoque sententia ministerii episcopalis officio, et sancta communione, vestroque numero, id est Christiano, judicavit alienum, sicut reperitur in adnexis. Filio autem nostro Salomoni presbytero, quem Acacius, ut placeret hæreticis, suo privare putavit gradu, gradum proprium sententia vestra conservet, vel omnes qui forte a memorato propulsi, in locis suis et in nostra communione manere pronuntiet. Quamvis autem zelum vestræ fidei noverimus, monemus tamen ut omnes qui catholicæ fidei volunt esse participes, ab illius se communione abstineant, ne, quod absit, simili subjaceant ultioni.

EPISTOLA XI.

FELICIS PAPÆ III AD MONACHOS URBIS CONSTANTINO-POLITANÆ ET BITHYNIÆ.

Tutum, Ecclesiæ defensorem, prævaricationis causa fuisse damnatum, et quomodo ipsi in suos qui Acacio adhæserint animadvertere debeant.

Felix, Rufino, Thalasio, presbyteris et archimandritis, et cæteris monachis circa Constantinopolim et Bithyniam constitutis.

Diabolicæ artis-astutias frequentius experimur, sed malignitati ejus, Deo juvante, non cedimus. Nam cum ea quæ toties pro constantia fidei disponuntur fraus ejus vacuare molitur, necesse est ut et viribus quas divina gratia subministrat, conatus ipsius exstirpemus. Acceptis itaque litteris dilectionis vestræ, quarum Basilius fuit lator, inter cætera ª Tutus, quem ob hoc feceramus defensorem Ecclesiæ de provectioribus intra Ecclesiam clericis, ut quam dirigi non licebat, in Acacium sententiam ipse portaret, se quadam dementia, imo ardore pecuniæ, postquam nostris satisfactum est constitutis, inimicis fidei vendidisse convictus est atque confessus. Lectæ sunt enim litteræ ipsius in conventu fratrum, qualiter pacta interposita persona, Marone condemnato, ei cui sententiam portarat inhæsisse creditur : quas proprias esse cognoscens, non potuit diffiteri. Unde eum fidei et sedis apostolicæ proditorem, officio defensoris quod ei ad tempus dederamus exuimus, eumque sacrosancti mysterii communione privatum præcipitarique cognitione præcepimus, monentes dilectionem vestram, ut sicut semper fecistis, pro custodia veritatis jugi observatione vigiletis. Et quia non est dubium nonnullos ex monasteriis vestris esse deceptos, atque ad inimicos Dei, seu sponte, seu necessitate transisse, observandum vobis de talibus hoc esse mandamus, ut quisquis cujuslibet loci apud vos, vel sponte se dedit, vel mercede corruptus, collegii vestri sit prorsus alienus. Quia nisi a fidelibus perfidi sint remoti, rerum discretione sublata, laborabunt suspicionibus innocentes, ut ad vitia facilis hominibus est prolapsus. A probatorum consortio contagia repellenda sunt perditorum : quoniam mores bonos colloquia, sicut scriptum est (*I Cor.* xv, 33), perversa corrumpunt. Illorum vero aliter causa tractanda est, quos constiterit pœnis gravibus ut traducerentur afflictos. Circa quos humaniores vos esse convenit, ut ad cellulas sub districtione pœnitentiæ revertantur, et fidelioribus lacrymis eorum quod lapsi sunt expietur, donec exclusis inimicis, et perversoribus suis catholica purgetur Ecclesia.

SUPPLEMENTUM ACACIANUM,

Monumenta nunquam edita continens, quæ marchio Scipio Maffeius e vetustissimis Veronensis capituli codd. eruit atque illustravit.

IN FELICIS EPISTOLAM ACACII PROPUGNATORES REFUTANTEM PRÆFATIO.

Bibliothecæ Veronensi manuscriptæ, quam haud levibus quidem de causis intra demesticos cancellos

ª De quo supra, epist. 9.

A adhuc contineo, Supplementum hocce Acacianæ causæ emittens, particulam aliam demo, ac veluti membro quodam rursus minuo. Cassiodorii complexiones ut ab eo corpore avellerem, paucis abhinc annis concives evicerunt docti atque amicissimi; ut hasce epistolas ab eodem diduci patiar, Nicolai Coleti obtinuit instantia; præclarum quoddam ecclesiasticæ antiquitatis monumentum a me etiam atque etiam exposcentis, ad instructissimam, quam adornat, Conciliorum collectionem augendam atque exornandam. Ut morem gererem, hunc potissime tractatum selegi, quem anno 1713 repertum, exscriptum ac quomodocunque illustratum mihi seposueram. Quanti vero eximium documentum faciendum sit, quove loco habendum, statim arbitror a doctis omnibus-perspectum iri, ubi et a Felice III profectum intelligant, cujus epistolæ aliæ eodem prorsus stylo exaratæ inter eloquentissimas quæ a Romanis pontificibus emanarint, recenseri solent; et in ea causa versari, quæ paucæ reperiantur in ecclesiastica historia nobiliores, et majoribus studiis agitatæ ac defensæ. Agit siquidem de Acacii Constantinopolitani episcopi damnatione, illamque apostolicæ sedis sententiam tuetur ac propugnat, ex qua tam acre atque diuturnum cum Orientalibus episcopis ortum dissidium est. Neque vero disceptationis illius, factique omnis historiam pertexere, atque hic præponere operæ pretium duco : quod omnino supervacaneum esset, cum percelebris Annalium pater, ac plures post illum docti viri, specialibus etiam in id adornatis lucubrationibus, rem omnem amplissime pertractarint.

Epistolam acephalus servat liber in vetustissima canonicorum Veronensium bibliotheca. Majori Romana littera ut inter capitulares quamplures alii non commendatur, solo N cam formam retinente. Elementa partim typographicis, vel quas nunc adhibemus, notis, partim antiquæ celeri scriptioni assimilantur; quod scribendi genus proximiori ævo tribui solet : hunc tamen codicem pervetustum esse, nullus dubito, quod alibi persequar. Ejus figura perfectæ quadratæ propior est cæteris, sublavum atramentum, orthographia antiquior, frustumque, quod habet, catalogi pontificalis in Vigilio desinit, qui sedit medio sæculo sexto. Eadem manu scriptus est totus : lignea palmula, quæ ab una parte reliqua adhuc est, alterius codicis membrana cooperitur, maximis litteris depicta.

Post alia plura epistolarum ac monumentorum ad Acacii causam spectantium eamdem collectionem hic liber continet, quæ in Codice canonum visitur edito a Paschasio Quesnello in appendice ad opera S. Leonis : *Ecclesiæ Romanæ Codicem* idem scriptor appellat et putat. Præcedit ergo *Narrationis ordo,* quem Labbeana Conciliorum editio non exhibet, at exhibuit Crabbiana, respondet autem magna ex parte Breviculo historiæ Eutychianistarum, quem Sirmondo debemus. Sequuntur cætera eodem ordine, consentiente ut plurimum cum editis ms. codice, variis quibusdam non magni momenti lectionibus aut verborum transpositionibus exceptis. At insignis diversitas in ea epistola occurrit, quæ in Conciliis 15 Gelasii est, et in canonum Codice capitulo notatur 51. Columna siquidem apud Labbeum 1222 (*Tom. IV*), ubi legitur : *Et ab eadem vos proprio judicio separasse videamini;* pergunt editiones omnes : *et adhuc dicitis,* vel, *Dicitis etiam synodum in unius hominis persona,* etc. At ms. noster, post verbum *videamini,* duas hasce paginas subdit atque interponit :

Ecce agnoverunt, in eorum professione qui constantissime perdurarunt, quid fidei communionique catholicæ deberetur. Ecce agnoverunt quemadmodum a talibus recedendo, imo talibus contraria moliendo, a fide et communione catholica deviarit Acacius, seque pariter cum eodem errori subdiderint. Ecce agnoverunt quam justis ex causis pro fide et communione catholica atque apostolica, cui et illi qui in ea perstiterant, congruebant, et illi qui perstantibus obviabant, ab eadem docebantur alieni, sedis apostolicæ auctoritate sit remotus Acacius, ejusque pariter quicunque complices exstiterunt; atque ab illa merito cum his communione discretus, a qua se ipse primum cum suis consortibus a catholicis pontificibus discrepando cognoscitur separasse; jureque sententiam ille damnationis excepit, cæteris consortibus promulgandam, qui solus pro omnibus suis consortibus in communionem se recidisse perfidiæ ad apostolicam sedem missis litteris est professus. Cui si communicarant Orientales episcopi, antequam huc referrent, pari utique reatu sine dubio probabantur involvi; jureque per illum transgressionis sententiam susceperunt, tanquam facti cum eodem communionis externæ; qui utique non consuli naturæ nostræ communionis homines jam deberent, sed tanquam in contrario positi consortio refutari. Si vero non communicaverant antequam Acacius huc referret, et communicantem notare debuerant, et ipsi de eodem potius huc referre; atque apostolicæ sedis vigore perculsum merito comprobare, cumque sede apostolica tantisque illis catholicis pontificibus magis tenere concordiam. Sed quia ab illorum societate discesserant, et eorum successoribus communicare delegerant, ideo cum sede apostolica minime congruebant; quia in sortem reciderant prævaricatoris Acacii, et illius se sine dubio prævidebant sententia consequenter astringi. Ob hoc eum videri nolebant esse damnatum, quia se cognoscebant in eadem prævaricatione damnatos, in qua hodie manere persistunt. Sed sicut hi simili conditione constricti complicem suum non possunt judicare non jure damnatum, neque rei reum possunt competenter absolvere, sic illo juste prævaricatore damnato, isti quoque pari jacent damnatione prostrati, neque nisi resipiscentes inde poterunt prorsus absolvi. Et adhuc dicitis synodum in unius, etc.

Acacianis actis in memorata editione epistola hæc finem imponit; at in Veronensi codice nova, et nunquam hactenus visa subsequitur, quam in præsentia vulgamus. Post quam epistola ad Euphemium seriem claudit, quæ cæteris Gelasii præponi solet : ita ut complementum quodammodo hic appareat ad percelebrem causam pertinentium monumentorum.

Quod ad epistolam nostram attinet, pluribus locis eloquentiæ luminibus nitet; quamvis inficiari nemo possit luxuriari auctorem aliquando, acutumque ac subtile dicendi genus curiose consectari. Ordinem mirabitur aliquis quo utitur, sive quo caret, tum inconnexa quandoque membra, et sententias sæpius repetitas. At præterquam quod adversario fortasse κατα πόδας insistit, luxato codici, id ex parte tribuendum suspicor. Mirum sane est quot librarii mendis, quanta, ut videtur, sententiarum corruptione ac perturbatione non uno laboret loco : quibus si stylum adjicias quibusdam locis aliquanto implexum, difficultatemque ex interpunctionis atque distinctionis defectu scriptionibus antiquis communem, eæ creabantur ambages, ut cum extricari vix posse crederem, pœnituerit non semel tam molesto operi manum admovisse, hancque curam abjecturus jam fuerim non semel. Transpositis præcipue deterrebar ac luxatis locis, quod vitium cum alicubi deprehenderem, cogebar et alibi suspicari; sed confirmavit id me tandem, atque in proposito retinuit, cum animadverterem cæteris quoque tum hujus pontificis, tum successoris Gelasii scriptis idem prorsus infortunium veluti fato quodam accidisse : quorum plura monumenta ita perturbata, ni fallor, ad nos pervenerunt, atque intermixta, ut tanquam Sibyllina carmina foliis mandata, *rapidis ludibria ventis* volitasse aliquando mihi videantur.

A falso titulo epistola nostra rem in manuscripto auspicatur : *Exemplum rationis reddendæ beati Gelasii papæ de evitanda communione Acacii, missa ad Orientales episcopos* : habet etiam in fine : *Explicit beati Gelasii de evitanda communione Acacii.* Quo nomine perspicuum est falso inscribi, cum enim vivente Aca-

cio exarata sit, aut nondum certe mortis suæ nuntio Romam perlato, Gelasio tribui non potest post annos tres ab Acacii morte inaugurato. Nihilominus Gelasii laudato nomine priores hujus tractatus versus attulit Nicolaus I in epistola ad universos Galliæ episcopos. Sed non hæc tantum Felicis epistola Gelasii nomen præ se tulit in mss. Eodem præfixo nomine inventa est inter alias a Sirmondo, quæ in Labbeana editione 13 est, nec ab editis, ut ego puto, hic omnino abest error: in quem delabi notariis in proclivi fuit, cum ob styli similitudinem ac temporis propinquitatem, tum ob res easdem eademque argumenta ab utroque pontifice pertractata. Principio etiam ac fine carentia ex eorumdem monumentis videmus plura : a quo more nostrum hoc nequaquam deflectere ut pote acephalum conspicimus ; etiamsi majori littera, nullaque mutilationis nota in ms. incipiat. Depravationes vero luxationesque quas in nostro deprehendo, quædam item ex aliis horride deformasse, ex eo maxime credendum est, quod post præstantium e litorum studium ac diligentiam squalleant adhuc ac monstrosa sint. Illa autem paulo attentius inspexisse, magnamque in aliquibus perturbationem detexisse, infimus, ut opinor, laboris hujus nostri fructus non erit. Quorumdam ergo contextum et sententias aliquas summatim expendamus.

Præmitti posset a prima ipsa Gelasii ad Euphemianum periodo ænigmata jam prænuntiari et ad primæ paginæ finem luxationes jam portendi. Prior quoque epistolæ 3 sententia ænigmatica est; quæ tamen restituitur modo pro *temporibus* legas *temporum*; ita et card. Baronius jam emendaverat ; qui etiam *Domini sacerdotes* probe scripserat. In eadem pagina : *deitate non prorsus assumpta* : lege, *Deitate non prorsus absumpta.* Cum autem 13 Gelasii, quæ huic nostræ magis affinis est, in Conciliorum collectione a ms. valde recedentem animadverterem, multum laboris insumpseram, cum ut interpolationes excuterem, tum ut discrepantias omnes excerperem. Veruntamen ubi Quesnellianam etiam editionem venit in mentem conferre, consentire prorsus cum codice nostro miratus sum; qui eumdem quoque titulum in Thuaneo ms. inventum ad calcem epistolæ ostendit. *Explicit rationis reddendæ Acacium a sede apostolica competenter fuisse damnatum, nec posse quemquam sine discrimine animæ suæ ejus communionis participem effici.* Ex iis autem, quibus Labbeana editio redundat, frustum illud Gelasii non esse (quamvis in ea iterata interpolatione papa Felix *sanctæ memoriæ* dicatur) satis patere arbitror, in quo hæc occurrunt : *Ecce nuper Horonico regi Vandalicæ nationis, vir magnus et egregius sacerdos, Eugenius Carthaginensis episcopus, multique cum eo catholici sacerdotes constanter restiterunt sævienti, cunctaque extrema tolerantes, hodieque persecutoribus resistere non omittunt. Nos quoque Odoacri barbaro hæretico regnum Italiæ tunc tenenti, cum aliqua non facienda præciperet, Deo præstante nullatenus paruisse manifestum est.* Si enim anno, quem exhibet, 495 epistola data esset, non video quomodo nuper evenisse dici possent quæ ante annos saltem 11 contigerant; Hunericus siquidem anno 484, Felicis secundo, decesserat. Neque anno illi ea videntur competere : *hodieque resistere non omittunt* : cum præcedente 494 Gundabundus Hunerici successor episcopos omnes ab exsilio revocasset, suisque Ecclesiis jam reddidisset, ut colligitur ex fragmento Augustano apud Henricum Canisium. Pariter quæ postremo de Odoacre habentur, Gelasio minus commode aptantur: nam Gelasii annus primus Odoacris extremus fuit; quo sane tempore Ravennæ obsessus et a victore Theodorico ad incitas redactus, ne dum Romanum pontificem præceptis suis vexare posset, sed ne regnum quidem tenere amplius videbatur. Id quoque non dissimulandum: multa ex iis quæ ad defensionem pertinent sententiæ in Acacium latæ, Gelasio quidem incongruentia dici non possunt; Felici tamen, recentibus adhuc atque ferventibus Græcurum querimoniis, multo magis conveniunt. Quæ augetur suspicio, cum ejusdem epistolæ plures loci huic nostræ, quæ ex toto contextu Felici asseritur, tam similes sint quam qui maxime.

Verum majora consectemur, atque ad tractatum de Anathemate nos conferamus. Conveniunt in hoc tum editiones omnes, tum ms. noster; varias enim lectiones, quas ad marginem recensuit Quesnellus, et in quibus codex ad Labbeanas magis accedit, non magnifacio, ubi tanto potiora animadvertenda erant. Scilicet scriptum istud, aut ego fallor, aut nihil ferme est aliud, quam cento ex diversis fragmentis librariorum vitio contextus. Præmittamus eo dirigi tractatum hunc ut illa verba explicarentur ac purgarentur in Acacii damnatione prolata, *nunquamque anathematis vinculis exuendus*. At hæc præstare longe magis Felici congruebat, cujus ea verba fuerant, quam Gelasio tot annis jam elapsis : quin superflua fuisset omnino hæc Gelasii cura, postquam Felix ipse abunde in epistola quam nunc edimus id jam præstiterat. Quis autem credat Gelasium hanc defensionem adornasse, eo validissimo argumento nunquam adducto; scilicet in dubium revocari non posse quin eorum verborum is vere sensus fuisset, cum Felix ipse, qui pronuntiaverat, ita docuisset. Quis credat a Gelasio eosdem sacræ Scripturæ locos in eumdem finem adhibitos, nulla unquam Felicis mentione facta? quibus si easdem ferme, ubi agitur de sententia resipiscentem non afficiente, adjicias loquendi formulas, tenoremque orationis ac styli prorsus eumdem, a Felice hæc quoque profecta esse, non immerito conjectabis. At quod magis observandum est, abruptum hujus tractatus initium ad ejus argumentum non pertinet, cum frustum sit alterius scripti, in quo de Constantinopolitanis episcopis agebatur, honorem secundæ sedis sibi arrogantibus ex quorumdam Chalcedonensium Petrum decreto, de quo, dum hæc meditor atque adorno, novus ad me Aloysii Andruccii mittitur liber verba faciens. Hanc materiam prima columna prosequitur usque ad ea : *Peccatori homini*, etc., ubi repente, quamvis tanquam continuata afferantur, in propositum insilit, scilicet quo perpetuæ damnationis nota removetur. Per tres columnas idem agitur, distinctione quam col. 1229 aspicimus intempestive posita. Col. 1231 versus decem perperam interseruntur incipientes, *Quod sedes apostolica;* spectant enim ad scriptum id, cujus et initium est. Verbo *hoc tamen ad argumentum redit*, periodum Sphingi reservatam subjiciens, quæ nec manuscriptorum ope satis restituitur : procedit tamen usque ad ea, *Quod si hæc tentare formidant :* ubi rursus aberrare videmur, et ex abrupto tractatus alterius fragmentum ingredi, quo ab imperatore Petrum Alexandrinum absolvi non potuisse ostendebatur : perstatque usque ad finem, si postremas periodos excipias, quæ rursus alio referuntur, inter se etiam inconnexæ. Hæc autem omnia a tot viris doctissimis, qui in his monumentis vel ut ederent, vel ut expenderent, vel ut adducerent, versati sunt, animadversa non fuisse, vehementer profecto mirari subit. S. Leonis editor et hujus tractatus caput invenisse, et novis quibusdam lectionibus, novaque partitione reconcinnasse se existimavit ac restituisse; abruptum tamen adhuc initium est, finis inutilus, confusa series atque intermixta : quod patebit, ut puto, statim ac fragmenta ad disparatas causas spectantia in eo contineri constet. Luxationem hujusmodi valde ab antiquo accidisse, tum e codice quem ex manibus habemus, tum ex Anastasio Bibliothecario discere in promptu est, qui in epistola ad Joannem diaconum *Collectaneis* præfixa sententiam afferens, quæ in priori ejus pagina, alio ut videtur pertinente, visitur, depromptam dicit *ex tomo Gelasii de anathematis Vinculo.* Non deerunt fortasse quibus durus videatur hic sermo, ut in canonicum Ecclesiæ Romanæ codicem cento, ut ita dicam, receptus fuerit. At quamvis monumentum istud antiquitus luxatum, et a librariis male habitum dixerim,

non tamen antequam in eum codicem insertum esse, intelligere necesse est. Sed illud insuper animadvertendum, illam canonum collectionem ejusmodi nomine S. Leonis editorem ex proprio judicio donasse; neque in hoc doctorum calculos laturum profecto universos si colligantur : multa enim sunt quæ contrarium suadeant ac ferme evincant.

Quid de Græcis tribus Felicis epistolis dicemus, quas rejiciunt Valesius, Dupinius, alii, probant Cave, Pagius, aliique? Anastasius quidem secundam videtur laudasse in epistola paulo ante memorata : *unde notandum quod nonnulla quæ Latine fuerunt edita, Latinitas funditus mole oblivionis obruta deplorasset, nisi ex Græcorum post fonte librorum hæc hausta sitibundo pectore resumpsisset;* sicut epistolam B. papæ Felicis *in Petrum sententiam proferentem Antiochenum damnationis.* At interpolatas saltem quis non videat? Tertiam præcipue, quæ sibi non cohæret, neque titulo respondet, neque principio. In Latina prioris versione syllaba omissa hæresim creat : *dividuam Trinitatem;* ut memini, errorem aliun hæresim pariter circa Trinitatem facere, ubi legitur de Filio, *nec genitus est, sed procedens :* inspecto Græco textu plures facillime errores abstergi possunt, quos ea de causa memoro, ut in nova Conciliorum collectione animadvertantur. Multi sane cujuscunque generis in anterioribus editionibus irrepserunt, quorum haud paucos Acaciana monumenta inficientes in hoc proœmio et in annotationibus obiter emendabo.

Iis ergo nunc insistendum est, quæ Acacium respiciunt. Gelasii IV seu commonitorium ad Faustum, in quo pariter cum editis consentit ms. codex, non multo depuratius est : ad initium secundæ paginæ labat connexio, ad finem perit. Ab iis, *illud autem nimis est impudens,* usque ad ea, *in suam traducere pravitatem,* diversa videtur epistola, et quidem Felicis, a quo Andromachus *instructus fuerit, ut Acacium cohortaretur.* Sequens periodus redit ad anteriora, et subsequens usque ad verba, *Non est mirum,* rursus Felici tribuenda. Neque doctissimi Baronii sufficit interpretatio, ut nempe ex persona apostolicæ sedis Gelasius loquatur : illa enim : *quod ait, si necesse fuerit, veniam postulare; existimans nimirum tunc se peccati veniam necessario postulare, si ei concedamus, ne peccare desistat :* Acacium adhuc hac aura vescentem manifesto ostendunt. Cum Græcis deinde, etsi confuse, iterum res est; at ea in fine, *neque plane cum istis non corrigentibus ineunda congressio,* et supra posita referuntur, *nobis nullum fas est inire certamen cum hominibus communionis alienæ.* Nullam in his nobis lucem prætulit liber noster, cum editis mire consentiens, nisi eo loco, ubi in extremo vulgatæ paginæ 1168 sensus est nullus. Legitur autem in codice : *nec novit, aut se nosse dissimulat,* per numerosam sententiam sacerdotum, etc.; cui sententiæ si verbum *constat* demas, vel particulam *ut* addas, locum habebis integre et mutatione quam minima restitutum. Sed de his satis.

Temporis notam, quo epistolam hanc Felix III (quibusdam II, alterum nempe tanquam intrusum cum Liberius superstes exsularet, excludentibus) scripserit, ms. codex exhibet nullam; verum ex ipso contextu eruitur : scilicet post synodum de lapsis in Africa, anno 487 Romæ coactam, cujus mentio fit, et ante Acacii mortem, quæ contigit anno 489, *Eusebio consule,* ut discimus ex Victore Tunonensi. In Labbeana Conciliorum editione ante Felicis epistolam 12 collocanda hæc esset, primam nempe, quæ post obitum Acacii sit data. Ad certos homines non est missa, anonymo enim scripto respondet, in Acacii, Petrique Alexandrini defensionem vulgato, quod etiam an ab uno compactum fuisset, an a pluribus plane ignorasse videtur Felix. Ex hac vero illius scripti confutatione, cum nova hinc inde allata argumenta, tum ulteriorem quarumdam rerum notitiam, pluraque insuper colligere est, quibus, vel quod in ancipiti erat, firmetur, vel quod in obscuro, illustretur plurimum. Nondum tamen, meo quidem judicio singula, quæ ob eam controversiam acta sunt, apte distingui, ac in tuto poni, neque ea omnia quæ de hac causa apud antiquos scriptores legimus, satis conciliari possunt : quod corruptis ejus ævi monumentis præcipue imputandum puto.

Verumtamen quod in hac re caput est, quantum Acacius deliquerit, et quam juste exinde Gelasius vel in ejus memoriam invectus sit, abunde hic elucet. Minime profecto intelligo qui fieri potuerit ut Dupinio aliquando exciderit, *videri Acacii errorem omnem eo contineri, ut Romano episcopo displicuerit, principique suo nimium adhæserit.* Quod enim Felix et Gelasius in Acacium statuerunt, id successores habuerunt ratum, ea quidem constantia, ut post contentiones acerrimas, inter Orientalem et Occidentalem Ecclesiam pax atque concordia obsignata non fuerit ac restituta, nisi cum anno demum 519, Hormisda sedente, *nomen Acacii de dyptichis est deletum*, ut in Suggestione Dioscori diaconi legitur. Æquitatem autem Romanæ postulationis Græci tandem confessi sunt, Joanne episcopo Constantinopolitano post hæreticum Eutychetem, Dioscorum, Timotheum parricidam, et Petrum Alexandrinum, *Acacium quoque Constantinopolitanæ quondam urbis episcopum complicem eorum et sequacem similiter anathematizante.* Inspiciatur Græcorum antistitum epistola, quæ a Bessarione recitatur, κινδυνεύοντας se fatentium διὰ τὴν παρέκβασιν τοῦ πατρὸς ἡμῶν Ἀκακίου, *propter Acacii patris nostri prævaricationem.* Quin etiam Acacius in decreto de apocryphis Scripturis post hæreticos recensetur : a Felice *in ipsam doctrinæ apostolicæ veritatem tetendisse* dicitur : ubi in editis profitetur Gelasius eum *a communione catholica deviasse*, legitur in Veronensi codice *a catholica veritate;* Hormisda *Dioscori et Eutychetis dogmate et communione pollutum* vocat; in secunda, fidei confessione, quam pontifici Agapeto Justinianus imperator obtulit, post Eutychetem cæterosque, *aversamur*, inquit, *et Acacium cohæreticum et sequacem;* ac ad plenum detectum hæreticum scribit Liberatus, quo elogio non semel eum item mactat Nicolaus I. Quin et Basilius Cilix αἱρετικοῦ δόξαν παρὰ πολλοῖς reportasse Acacium tradidit, ut apud Photium legimus. "Nec propterea rem mihi esse volo cum viris doctis iis, qui dissertationibus etiam in hoc adhibitis, episcopum illum, etsi juste damnatum, orthodoxum tamen, quod fidem spectat, contendunt fuisse. Indicia quidem haud præclara sunt (præter communicationem de qua aiebat Symmachus in Apologetica, *an communicare non est consentire cum talibus?*) quod orthodoxos episcopos ejecerit, et in eorum sedes hæreticos intruserit; quodque cum impius Mongus αἱρετικοῦ συστησάμενος σύνοδον, concilium Chalcedonense anathemate notavit, Acacium συμπράκτορα habuerit, ut libellus synodicus loquitur. Verum ad apostolicam sedem purgandam id satis superque est, quod Joannes Constantinopolitanus profitebatur : *quorum quis communionem complectitur, eorum et similem adjudicationem in condem-*

[a] Duo priores versus iidem sunt quibus Gratianus decretum primum protulit, post Gelasii tractatus in collectione Conciliorum allatum; quod invenire non erat unde erutum esset, cum nec in laudata ibidem epistola, ex qua secundum decretum excerptum est, nec in aliis Gelasii ea verba conspicerentur. Verumtamen eamdem auctoritatem prolixius multo attulit Nicolaus I, ut monuimus, nempe usque ad ea *damnatus sit:* cujus epistolam *ad universos episcopos Galliæ* cum recenserent Conciliorum editores, priores versus tantummodo, quos apud Gratianum viderant, litteris notarunt Italicis; cum sex item subsequentes equidem textus verba continere, et eodem modo in posterum scribendos esse, ex hoc monumento discamus. Mirum est quod item discimus, usque ab ævo Nicolai I non nisi abruptam, et capite carentem in Romanæ quoque Ecclesiæ scriniis, ut modo et in Veronensis deprehendimus, hanc epistolam visam esse. Acacii propu-

natione consequitur. Quin etiam ea ne pro nihilo habenda sint, imperatorem in hæreticorum partes perduxisse; conscribendi et promulgandi Henotici auctorem fuisse; sedis apostolicæ legatos ablatis litteris carcere et pecunia expugnasse, in jurisdictiones alienas tam temere irruisse, *catholicisque sacerdotibus per Orientem totum violenter exclusis*, perditos ac nefarios homines, pro ab ipso antea damnatos subrogasse; sedesque Alexandrinam quidem Petro Mongo parricidii socio, Tyriam Joanne ab Apamenis, et Antiochenis rejecto, Antiochenam Petro Fullone synodali judicio exauctorato, temerasse per fas et nefas, atque infecisse? Quid plura? Nonne etiam Felicis nomen e sacris tabulis ab eo expunctum docet Theophanes? τὸ ὄνομα αὐτοῦ ἐξῆρεν τῶν διπτύχων, quod etiam referunt Nicephorus et Cedrenus. Majus quiddam hæc omnia profecto sonant quam episcopo Romano displicuisse.

Quo consilio seu qua methodo hanc editionem instruxerim, paucis admonebo. Textum quidem purgare adnixus sum, verumtamen transformare nolui. Hinc etsi partes male inter se cohærescere nonnunquam viderentur, arbitrium non adhibui : eo siquidem uti temerarium fuisset, præcipue ubi constat auctorem ipsum prosilire aliquando, et ad eadem sæpius redire. Semel tantum transpositos sensus aliquos suo loco reddidi, cum reconcinnatio in promptu esset, ac perturbatio in aperto. Lacunas, si quæ sint, quarumve in codice nulla unquam nota nos admonet, non explevi; ubi enim eadem reponendi certi non simus, cur nostra auctoribus appingamus, non video. Emendationum quoque parcum, ac in iis, ni fallor, satis cautum me præstiti : quapropter sententias quandoque minus integras, dictionesque minus correctas non attigi. Quin ubi insignis quædam aut paulo liberior emendatio contigerit, ms. lectionem in adnotationibus afferam, ut quisquis proprio judicio uti possit. Illa vero, cum dictionis cujusdam inflexione mutata, vel particula addita, aut dempta syllaba sententiam restituimus, quid opus erat admonere? aut quid minuta menda memorare tam frequenter obvia, ex quibus nihil eruatur frugi? Animadversiones ad pompam nequaquam concinnavi : congestiones quidem arrepta cujuscunque verbi occasione cumulatas, et nihil nisi quod millies audivimus afferentes probare nequaquam soleo. Jam vero illud reliquum est, ut erratis haud codicis quidem, sed meis mihique tantum imputandis humanus eruditusque lector ignoscat.

EPISTOLA SIVE TRACTATUS

FELICIS III PAPÆ.

Quæ pro Acacio afferebantur refellit, eumque ut juste ac rite damnatum, ita non nisi canonice restituendum ostendit.

. . . .

[a] post quingentos annos constituta Christi eos velle gnatoribus respondebat hoc loco Felix, male ab ipsis apostolicæ sedis morem potestatemque oppugnari, quæ cum Christiana Ecclesia adolevisset, et quinque jam ferme sæcula viguisset. Ut prima periodus acephala, ita secunda exemplis rem comprobans mutila videtur in ms.; illustratur autem optime ab epist. 13 quæ 13 Gelasii dicitur : *Sed nec illa præterimus, quod apostolica sedes frequenter, ut dictum est, more majorum, etiam sine ulla synodo præcedente, et absolvendi quos synodus inique damnaverat, et damnandi nulla existente synodo quos oportuit, habuerit facultatem: sanctæ memoriæ quippe Athanasium synodus Orientalis addixerat, quem tamen exceptum sedes apostolica, qua damnationi Græcorum non consensit, absolvit; sanctæ memoriæ Joannem Constantinopolitanum synodus etiam catholicorum præsulum certe damnarat, quem simili modo sedes apostolica etiam sola, quia non consensit, absolvit; itemque s. m. Flavianum pontificum congre-*

subvertere, cum triginta annorum sex hominum non possit abrumpi. Sanctum Athanasium ideo non fuisse damnatum a synodo Orientis, quia sedes ista non consenserit : sanctum Joannem Constantinopolitanum, sanctum Flavianum..... Si ergo ea non consentiente sola, qui damnati sunt a synodo Orientis non potuerunt esse damnati, consequens est ª etiam sine synodo qui eadem sola damnante damnatus fuerit, damnatus sit. ᵇ Postremo si nulla est ejus solius sententia, quid tantopere cupiunt, hanc resolvi..... testimonio Acacii ubi confirmat, Timotheum catholicum de damnatione Petri retulisse ad utramque Romam ; ubi, ab hæretico fuisse ordinatum, hoc est complicem insaniæ suæ, ubi dicit, *ut propter hoc*

gatione damnatum, pari tenore, quoniam sola sedes apostolica non consensit, absolvit. Opinor et in epistola nostra, et in Nicolai illa, textus consequentiam particula tantum addita aliquo modo sic resarciri posse: *S. Athanasium ideo non fuisse damnatum a synodo Orientis, quia sedes ista non consenserit, vel S. Joannem Constantinopolitanum, vel S. Flavianum.* SCIP. MAFFEIUS.

ª De universali synodo intelligas. Ut ita intelligamus, et Acacium non sine Italicorum præsulum synodo discussum atque damnatum credamus, plurium monumentorum collatio, sedis apostolicæ illo ævo mos, et invicta propemodum argumenta nos adigunt ac compellunt. Verba cæteroquin si attendimus, et plures locos, nullam omnino præcessisse synodum, et ex tenore concilii Chalcedonensis a summo tantum pontifice cum privato suo presbyterorum cœtu sententiam prolatam, quamvis deinde synodo etiam propositam, suspicari quis non injuria possit. Acerbis enim Græcorum querimoniis, sine ulla synodo, et ab uno solo damnationem peractam, nunquam reponit Felix, nunquam Gelasius, in provinciali concilio de Acacio statutum esse, ut paulo post de lapsis in Africa. In epistola quam edimus, illum Felix non semel locum urget : *meæ levitatis opprobrium agitur: cur eum sic velitis absolvi, ut in omnibus et conscientiam nostram, et famam faciatis exponi?* conscientiam, si absolvam, quem totius proditionis auctorem se ipse professus est; famam, totius mutatæ sententiæ : legendum forte, *famam ob levitatem totius,* etc., vel quippiam simile. Ut illud idem, quod Pontifici Romano objiciebatur, peregisse Acacium Gelasius ostenderet, num, inquit, Joannem exclusit, Petrumque recepit, *aliqua synodo saltem illic habita?* Exinde : *cur tunc non venit in mentem, ut in talibus causis peteretur a principe saltem qualiscumque synodus celebranda?* ubi nullam omnino synodum, cum primitus Acacium damnaret a Felice coactam, videtur concedere. Theophanes, ubi Acacii damnationem refert, Felicem tantummodo, inquit, Joannem scripserit, memorat : Φῆλιξ δὲ καθῆρεν αὐτοῦ; (legatos suos) γράψας Ἀκακίῳ καθαίρεσιν. Idem propterea pontifex, synodo postmodum probatam sententiam sic innuit : *Plurimorum in Italia catholicorum congregatio sacerdotum rationabiliter in Acacium sententiam cognovit fuisse prolatam.* Quidquid autem sit, id plane constat, ob documentorum quorumdam interpolationem luxationemque, multis circumfusam esse tenebris synodorum historiam sub Felice; ita ut nihil mirer magis quam singulos eruditos viros qui in his versati sunt, quasi eam omnino extricassent sibi plausibus, anterioribusque scriptoribus rejectis sua velut indubitata attulisse. Acacium sane o duabus synodis damnatum non fuisse, ut Valesius ad Evagrium pugnat, ad Pagius pro certo habet, perspicue patebit infra. SCIP. MAFFEIUS.

ᵇ Multa præcessisse argui potest. In iis quæ sequuntur, hiatum agnoscimus, integrumque contextum A *majoribus suppliciis subderetur.* ᶜ Itaque non ut in sequestris esset, quod nunc prætenditur, sancto, cum obiisset, Timotheo subrogandus ; qui pro sceleribus suis, quæ retulit Acacius, suppliciis subditus est : nemo autem ad honorem reservatum dignum asserit esse suppliciis. Imperator Timothei catholici electioni cuncta permisit; necesse est igitur ut sequatur quod ille constituit et dixit catholicum a catholicis ordinatum ; falsum est ergo quod in sequestri dicitur constitutus, ut eidem subrogaretur, cui nunquam communicavit ; et a quo postulatus est longius debere relegari.

ᵈ Si juraverat Joannes non se futurum episcopum,

B vix assequimur. Acacii ad Simplicium indicatur epistola qua hæretici Timothei Æluri mortem nuntiat, Petrique Mongi fugam ; cujus epistolæ ea verba sunt: *ut propter hoc majoribus suppliciis subderetur.* Obscuræ tamen dictionis aut emendationem, aut sensum etiam ex deductis illis ac vix significantibus verbis eruere est : legitur siquidem in memorata ad Simplicium epistola, *ab Alexandrino episcopo Romam ad alterutrum sunt relata* : ubi vel reponendum, ut hic legitur, *Romam ad utramque,* novam et veterem ; vel *alteruter* accipiamus pro *uterque,* sicut ubi in Columella (*Lib.* XII, *cap.* 4) legitur ; *necessarium fuit alterutrum, foris esse qui,* etc., *intus qui,* etc. In Vulgata (*Jacobi* IV, 11; v, 16) *alterutrum* est pro ἀλλήλων. Inferius quoque illum dicit Felix , *huc pariter et Constantinopolim relatum.* SCIP. MAFFEIUS.

ᵉ Inter illa, quæ pro Petro Alexandrino adducta sunt, id auditum non erat, Timotheo catholico sedente exspectativam habuisse. Inauditum etiam ni fallor in hac materia vocabulum in *sequestris,* sive in C *sequestri,* quod hic quater usurpatur ad futuram successionem significandam. Translatum est a legibus, in quibus *sequester* est quod custodiendum, reddendumque deposito loco tradebatur : vide L. *proprie* d. deposit. Animadvertendum autem, quamvis hæc pro Petro Alexandrino falso dicerentur, ea tamen ex rei novitate atque insolentia nequaquam rejici a Felice vel dilui : quin subdere videtur, Timotheo catholico successionis electionem permissam fuisse (quod etiam ab hac epistola historiæ accedit), idque paulo post confirmare, ubi imperatorem dicit eidem Timotheo, *quæ statuisset mansura esse,* promisisse. At in Alexandrina ecclesia successores ab episcopis, præsertim extremo morbo decumbentibus, non semel suffragio suo designatos, novimus. Alexander nullum post ejus obitum sibi dari successorem jussit nisi Athanasium, ut S. Epiphanius (*Hær.* 58) testatur : Ἀλεξάνδρου δὲ ἐντειλαμένου μηδένα κατασταθῆναι εἰ μὴ Ἀθανάσιον, etc. Quin ea Liberati (*Cap.* 20) verba observavi aliquando :
D *Consuetudo quidem est Alexandriæ, illum qui defuncto succedit, excubias super defuncti corpus agere, manumque dexteram ejus capiti suo imponere, et sepulto manibus suis accipere collo suo beati Marci pallium, et tunc legitime sedere.* Cum enim excubias super defuncti corpus agere deberet successor, videri potest ante episcopi mortem electus fuisse. Quod quidem Antiochena synodus improbat, et in concilio Romano sub Hilaro papa statutum jam fuerat can. 5, *ut nullus episcopus sibi eligat successorem.* Felix infra ex eodem Timotheo : *nec sibi superstiti sacerdotem superordinare potuit* ; rursus : *nec se exstante pontificem poterat ordinare;* quamvis aliud sit *ordinare,* aliud *designare.* Quod ad rem attinet, ostendit hic S. pontifex quam incredibile sit illum a Timotheo designatum, cum quo nec communicabat, quemque, ut videbimus, postulavit *longius debere relegari.* SCIP. MAFFEIUS.

ᵈ Instabant fautores Petri Alexandrini, ut Joannes Talaia *ab Alexandrina sede, quasi eam contra suum jus-*

quomodo tu mandasti dignum esse cui majora committerentur quæ ad gubernationem Ecclesiæ pertinerent? Supra presbyterum quid est majus ad Ecclesiæ gubernationem nisi episcopatus? Si juraverat, quomodo hoc mandas? et si juraverat, cur illum exposuisti ut fieret contra quod juraverat? Aut si factum est quod mandasti, quid irasceris, quid illum tibi dicis pejerasse, cum factum sit quod se non juraverat esse facturum? cum tu eum hoc fieri debere mandasti, [a] Apocrisiarius erat; omnia ad ipsum pertinebant; omnia Ecclesiæ ipse curavit; potior illo inter clericos Alexandrinos nullus habebatur: honore presbyter erat; supra quid ei adderetur ad gubernationem Ecclesiæ? quid ei amplius adjiceretur nisi episcopatus? Tu igitur eum episcopum esse voluisti, qui eum supra quam erat (nec aliud restabat, nisi ut esset episcopus) esse debere mandasti. [b] Miror autem, si necessitatem patitur imperator, ne pellat Petrum, et unum hominem necessitatem perpeti non potuisse contendat, ut fieret quod nolebat invitus: nam et ipse imperator, cum necessitatem prætendit, malum esse definit, quod necessitate facit, docens se hoc nolle facere voluntate, et pati testatur invitus. Si personam Petri excusandam putatis, probamus noxiam, hæreticam atque damnatam; si in sequestri fuisse prætenditis [c] propter scandalum, Timotheo catholico subrogandum; nec Acacii hoc scripta testantur, qui dicit evidenter, cur fuerit exclusus; nec imperatoris, qui et Timotheo catholico, quæ statuisset, mansura esse promisit, a cujus fuit Petrus communione discretus, et a quo postulatus est longius debere relegari, atque huc pariter, et Constantinopolim relatus: sicut etiam testatur Acacius, a sancto Proterio in diaconio fuisse damnatum, non Petrum, qui erat hæreticus, tanquam in sequestri positum subrogandum; a quo ordinati nisi ad communionem sancti Timothei revertissent, jussi sunt sine dilatione damnari. Qui si dicitur postea fuisse correctus, interim hoc ipso in errore hactenus jacuisse monstratur; nec debuisse catholicis præfici post errorem, a quibus est de errore correctus. [d] Itaque venia dignus fuerat, non honore; et maxime ab hæreticis ordinatus nullam episcopalis dignitatis prorsus habere substantiam. Quod si negatur, et testimonio vincuntur Acacii, et rerum ratione monstrabitur: quia cum Timotheus hæreticus cum suis complicibus damnaretur, hic comes ejus fuit, et cum eodem usque in ejus finem perdurans, a Timothei sit sequacibus institutus. Quærendum denique si usque ad diem obitus sui sancto Timotheo communicavit; quod si factum non est, inter eos erit sine dubio quos imperator dixit a communione catholici Timothei discrepantes, nisi ad ejus communionem intra duos menses gratiamque remeassent, in perpetuum esse damnatos. Ridendum autem quod quidam ab eodem Timotheo catholico Petrum asserunt ordinatum: nam vivus illum se superstite nullatenus ordinavit, ad cujus nunquam communionem prorsus accessit: quem poposcit, ut dictum est etiam longius relegari; nec sibi superstiti sacerdotem superordinare potuerit: ipsi viderint, si illum mortuus ordinavit. Tempore autem quo Petrus invasit Ecclesiam, sanctus Timotheus in Alexandria non erat, nec se exstante pontificem, sicut dictum est, poterat ordinare; sed potius Petrus nefande omnia agens, superstite Timotheo legitimo sacerdote, episcopatus sibi ausus est nomen imponere. Nec hoc quilibet catholici tunc fecerunt, qui utique omnes cum Timotheo sentiebant, eique communicabant, sed unus complex insaniæ Petri, sicut jam [e] testatur Acacius. Nec enim poterant catholici, qui hæretico non communicaverant, qui Timotheo catholico communicabant, superstite, et eo catholico, quem nossent legitimum sacerdotem, vel superducere alium, vel hæreticum consecrare: unde apparet eum ab hæreticis ordinatum, et ideo catholicæ Ecclesiæ præsidere non posse; quia prorsus hoc abominandum nefandumque judicetur, ut qui diu in perfidia volutaverit, fidelium cervicibus imponatur. Quod si admittitur, potest et de aliis hæresibus passim similiter permitti, quod nulla unquam exempla, nullæ regulæ, nullæ leges ecclesiasticæ patiuntur imponi. Sed, inquis, eum

---

jurandum quod in regia civitate dedit arripuisset, expelleretur. Id etiam Evagrius refert, sed ex Zacharia Rhetore. Ostendit Felix quam incongruenter hoc objicerent: si enim hoc juramento se obstrinxisset Joannes, nunquam Acacius ita postmodum de eo scripsisset, ut ad episcopatum promovendum innueret. *Quomodo mandasti dignum esse*, etc.: verbum *mandare* ita hodie Gallica lingua usurpatur. Scip. Maffeius.

[a] Ex apocrisiarii sive legati munere plures ad episcopatum evecti fuerunt. *Omnia Ecclesiæ ipse curavit*, sive quia œconomus etiam fuit, ut ex Liberato et Breviculo, sive quod apocrisiarius *responsalis erat negotiorum Ecclesiasticorum*, ut loquitur Græco nomine expresso Hincmarus Remensis epist. 3, qua etiam tradit id officii sub Constantino incepisse: imperatore siquidem Constantinopoli residente, *Responsales tam Romanæ sedis quam et aliarum præcipuarum sedium in palatio pro ecclesiasticis negotiis excubabant; quia etiam de omni ecclesiastica religione vel ordine, nec non etiam de canonicæ vel monasticæ altercatione sollicitudinem habebant.* Scip. Maffeius.

[b] Adducebatur pro imperatore a populo vim passum esse; quod retorquet Felix in excusationem Joannis, qui tanto facilius vim pati poterat. Scip. Maffeius.

[c] Evitandum. Infra *in diaconio*: erat in ms. a *S. Proterio diacono.* Emendavi ex Breviculo, in quo habemus: *Petrum olim in diaconio esse damnatum.* Liberatus cap. 16: *Scribit ad Simplicium Timotheus, Petrum Moggum in diaconatu esse damnatum.* Hujus periodi membra parum apte connectuntur. Scip. Maffeius.

[d] Felix sibi constat: in epistol. 12 ad Zenonem: *veniam mereri debuit non honorem;* ubi legis, *quos imperator dixit*, vide Felicis epist. 2 ad Zenonem: *denique cunctos episcopos*, etc. Scip. Maffeius.

[e] Scilicet in epistola ad Simplicium: *uno et solo præsente, et eo qui consors illius inststebat insaniæ.* Quantum eo ævo ab ecclesiastico ritu recederet, ut ab uno tantum etiamsi catholico episcopi ordinarentur, videre est in concilio Arelatensi can. 20, in Nicæno can. 4, in Regensi can. 2, in Arausicano can. 21. Scip. Maffeius.

fuisse correctum : interim , ut supra jam dictum est, hoc ipso hæreticum fuisse monstrabis ; qui etiamsi damnata hæresi se ad fidem catholicam dicitur contulisse, subdi debuit catholicis, a quibus correctus est, non præesse : non est enim discipulus supra magistrum ; satisque erat ut correctionis suæ subjectus præberet exemplum , non post diuturnum errorem, longamque perfidiam , a quibus emendatus est, correctusque dominari. Tum deinde quæro, quid erroris damnaverit, quid rectæ confessionis elegerit, et quam petit esse falsam, quamve veracem fidem : qui si definitam apud Chalcedonem fidem, et catholicam sequitur, cur eis communicat, qui duarum naturarum in Christo nullatenus recipiunt veritatem ? cur Dioscorum , cur Timotheum hæreticum recitari facit? cur quicunque inde veniunt , synodo Chalcedonensi adversa defendunt? quibus Petrus sine dubitatione communicat. Si autem magis talium fidem veram esse pronuntiat, apparet satis quam de suo sit errore conversus. ^a Sed non miror correctum dici, cum in sua perversitate permaneat, quando non constat et a quo vel correctus fuerit, vel receptus : siquidem Ecclesiæ regula vetusque traditio nota sit omnibus : ab episcopo enim provinciæ suæ, id est secundæ sedis antistite, eum, vel discuti vel recipi convenisset. Qui tamen Alexandrinus antistes , etiamsi pravitate damnata eum recipiendum esse judicaret, non prius hoc faceret quam ad sedem apostolicam retulisset. Docent hoc catholici gesta Timothei, aliorumque exempla multorum, qui acceptis libellis hæreticorum , in quibus veterem se damnare profitentur errorem , non prius receptionem eorum communionemque confirmant, quam ad hanc sedem satisfacientium gesta dirigerent, atque hinc poscerent, sicut factum est, debere firmari. Quæro , inquam , quis istum discusserit, quisve susceperit, quis vere conciliaverit, quis ad communionem catholicam intrare permiserit ; ubi interim taceo, quia hæc omnia pœnitentis sunt, utpote et hæretici , et ab hæreticis ordinati : quem sine ambiguo et constat errasse , qui nunc perhibetur esse correctus : ^b alia est enim venia sub terrore lapsorum , alia spontaneæ pravitatis electio. Si Acacius hunc recipit, quo jure, qua regula ? cum nec pontificis ipsius esset hoc facere, nec ad me voluerit hæc referre : imo cui, ne id faceret, sæpissime contradictum est, et magnopere delegatum, ut eum longius ab Alexandria faceret sacerdotali, et catholico jure nostra suggestione depelli. Cur præsumpsit quæ vetui, et quæ sunt injuncta calcavit? an imperator illum discussit atque suscepit? Constat interim illum ecclesiasticis regulis non receptum : ab ecclesiastica igitur regula receptio ejus omnis aliena est. Quod si dixeris : *Sed imperator catholicus est*, ^c salva pace ipsius dixerimus, filius est, non præsul Ecclesiæ: quod ad religionem competit, discere convenit, non docere ; habet privilegia potestatis suæ, quæ administrandis publicis rebus divinitus consecutus est; et ejus beneficiis non ingratus contra dispositionem cœlestis ordinis nil usurpet : ad sacerdotes enim Deus voluit, quæ Ecclesiæ disponenda sunt, pertinere, non ad sæculi potestates: quæ si fideles sunt, Ecclesiæ suæ et sacerdotibus voluit esse subjectas. Non sibi vindicet alienum jus, et ministerium quod alteri deputatum est : ne contra eum tendat abrupte, a quo omnia constituta sunt, et contra illius beneficia pugnare videatur, a quo propriam consecutus est potestatem. Non legibus publicis, non a potestatibus sæculi, sed a pontificibus et sacerdotibus omnipotens Deus Christianæ religionis dominos et sacerdotes voluit ordinari, et discuti, recipique de errore remeantes. Imperatores Christiani subdere debent exsecutiones suas ecclesiasticis præsulibus, non præferre. Nulla ergo, nec certa discussio est, nec manere potest ista susceptio ejus, quem Ecclesia suis legibus, nec ordine competenti, nec discussit omnino, nec communione restituit ; ideoque potius errori ejus communicavit Acacius, catholicamque fidem ei prostituit, quam illum ad communionem catholicam revocavit : cujus enim non est ordinata receptio, sequitur ut in errore permanserit. Acacium quoque a nostra communione submovimus, ne per eum etiam nos, Petro nulla Ecclesiæ regula discusso atque suscepto, et ideo in pristino errore duranti, communicasse dignosceremur. Quomodo autem non reus citatur Acacius, communicando ei, quem retulit esse damnatum ? *Nunquid ex eodem foramine manat aqua dulcis et amara (Jacob.* III, *11*) ? Nam cum dicat Apostolus : *Si quæ destruxi, hæc eadem reædifico, prævaricatorem me constituo (Gal.* II, *18*) ? cum hæc inquam dicat tantus Apostolus, vos judicate utrum prævaricator non sit Acacius, qui quod ante damnavit, suo post ore laudavit. *Ex ore tuo*, inquit, *justificaberis, et ex ore tuo condemnaberis* : *Pax, pax, et non est pax* ^d : pax est enim *caritas de corde puro, et conscientia bona, et fide non ficta (I Tim.* I, *5*). Quid horum in Petro? quid horum docetur esse in Acacio? ille non legitima nec ecclesiastica regula discussus atque susceptus in sua permanet pravitate, hic permanenti in pravitate fit complex, etiam postquam eum professus est ipse damnatum. *Sed necessitate,*

---

^a Videmus quo conatu Acacii fautores Petrum quoque Alexandrinum tuerentur, hæreticum hominem ac perditissimum. *Qui tamen Alexandrinus Antistes*, etc. Ita exinde Gelasius epist. 15 ad ea verba : *Cum enim constet semper*. Apparet patriarchas ipsos Orientales ante apostolicæ sedis assensum, ac sine Romani pontificis oraculo , hæreticos reconciliare non consuevisse. Scip. Maffeius.

^b Petrus siquidem non ob terrorem, sed spontanea pravitate deliquerat. *Pontificis ipsius* hoc est episcopi sui. *Imo cui*, etc., ipsi Alexandrino episcopo. Maff.

^c Aliqua ex his jam protulerat Felix in epist. 9 ad Zenonem : *Regiam voluntatem sacerdotibus Christi studeatis subdere, non præferre, et sacrosancta per eorum præsules discere potius quam docere*. Scip. Maffeius.

^d Verba hæc attulit Felix in epistola 13, ad Flavitam. Ubi in Labbeana editione ad oram præcedentis epistolæ duodecimæ adjectum est, *Euphemius is fuit*, reponendum *Flavita*, ad quem est sequens epistola. Scip. Maffeius.

inquit, *imperiali communicavit Petro Acacius*. Hoc ipsum sufficit, quia quod necessitate dicitur perpetratum, pravum esse monstratum est. Viderit Acacius, vel qui ista pronuntiat, utrum imperatorem catholicum profiteatur hujus pravitatis auctorem. Nos ista de catholico imperatore non credimus, ut pote cujus sacra retinemus, in quibus catholicam fidem et Chalcedonensis synodi definitionem se tenere testatur; atque ideo etiam ab eodem postulamus, hæreticos debere depelli; pessimeque de eo magis ille sentit, qui ait eum, aut nolle, aut non facere posse quæ sentit : cum nec Divinitati sit aliquid præferendum, et impium sit quæ ad Deum pertinent prompta non exsequi voluntate. Nos inquam ista de imperatore non credimus : absit enim ut contra hoc quod palam profitetur, contra decus imperii catholicam fidem impugnare dicatur. Impugnat autem, quod absit, si quemquam in hoc quod inimicum est catholicæ Ecclesiæ, necessitate compellat : hoc ipso autem, sicut dictum est, constat esse perversum, quod dicitur necessitate committi. Sed hæc de imperatore viderint, qui ista prætendunt : nos autem etiam in hac parte [a] imperatoris sacra recitamus, quibus omnia se imperator cum Acacii consilio fecisse promit, et item Acacii scripta depromimus, quæ laudant imperatorem ista facientem. Nemo quod patitur necessitate, collaudat : nemo suo consilio necessitatem sibi posci inferri. Si necessitate fecit, fateatur malum esse quod fecit; nolens enim non volens facit; non enim voluntate facit quod necessitate facit : malum autem fatetur, quod nollet fieri, si necessitate non premeretur. Si malum est quod necessitate facit, cur id laude prosequitur? cur ad aliorum perditionem prædicator rei ejus existit, quam committit invitus? Unde apparet, non necessitatis, sed voluntatis esse, quod facit, cum utique placet, cum laudat, cum præ cæteris retro pontificibus esse promulgat; [b] *quippe qui dicit, nunc Alexandrinam Ecclesiam respirare, et spiritalis alimoniæ ubertate satiari;* de qua ante dixerat, cum expulsus esset, lætari cum patre, id est cum Timotheo catholico, corda fidelium, id est plebis suæ. Postremo ipse videat si imperatorem dicat facere cuncta quæ mala sunt; quando quæ cum necessitate se tolerare prætendit, mala esse profitetur, et non facere voluntate pronuntiat. In tantum ergo hæc mala sunt, ut non vellet hæc facere, si necessitas non urgeret : apud nos quod magnopere prædicat, non necessitate, sed voluntate facere demonstrat. Si autem ut errasse consentiunt, sic remedium quærunt, petant ordine suo remedium; acquiescant curari vulnera sua ; nunquam ægrotus medico conditionis suæ curationes apponit; proinde vulnera sua, imo quæ Ecclesiæ omni suis excessibus intulerunt, ut possint veram recipere sanitatem, sinant curari patienter,

es ipsa utique, quæ iidem male commissa esse non abnuunt. *Sed populus*, inquit, *Alexandrinus hoc magnis desideriis postulavit, nec Petrum sibi patitur ulla ratione subduci*. Quid si peteret populus Alexandrinus idololatriam debere parari; quid enim interest utrum hæreticus an profanus Ecclesiæ catholicæ permittatur imponi? quid si alterius hæresis cujuslibet hominem sibi præsulem poscat adhiberi; qui enim fecit hoc de aliqua hæresi, potest et de alia, si id delectat expetere. Si inter hominum mores aliquid perpetrari tentaretur contra leges publicas, nullatenus id bonus imperator annueret : contra Deum poscentibus acquiescit? Si prava cupientibus annuendum est, ubi est imperialis auctoritas? ubi moderatio? ubi legum gubernatio? Si contra catholicam fidem et Ecclesiasticam regulam petentibus concedendum est quod petatur, quomodo catholicus imperator permittat, ne fiat contra hominum voluntatem, fiat contra Deum? ne corripiantur utiliter improba, imo lethalia concipientes ne corrigantur, insana molientes pereant in æternum? Nec boni imperatoris est, nec catholici principis sibimet poscentibus inimica concedere; imo et ipsi de quibus agitur, et omni reipublicæ, et saluti ejus, et regno, quæ contra Deum sunt, non cessisse, salutare est. *Sed non sunt*, inquis, *nec bonis moribus, nec fidei rectæ contraria*. Quomodo non sunt bonis moribus noxia, perfidum [c] parricidii socium, comitem hæreticorum, atque damnatum, rerum administratorem poscere divinarum, quem præfici nefas esset, vel non decebat, nec publicæ dignitati? Quomodo non religioni contrarium est hæreticum damnatumque, ab hæreticis falsum nomen sacerdotis indeptum, catholicæ fidei velle præsidere? *Sed correctus est*, inquis, *et hoc omnes voluerunt, a quibus correctus est, et a quibus cognoscitur approbatus*. Qui tandem isti sint, diligenti examinatione videamus. Ipsi certe quos pariter cum eodem testamini ab errore correctos. Restat ut complices ejus esse non dubium sit : quibus legibus igitur eorum pro quolibet testificatio debet admitti, quos par crimen involvit? *Sed*, inquis, *qui etiam Timotheo catholico communicare videbantur, nunc Petro communicantes, de eodem similia poposcerunt*. Sunt ergo isti communionis catholicæ prævaricatione notabiles, qui, ut dicitur, a catholici Timothei communione, quam ad ejus usque obitum servaverunt, post illius transitum in consortium istius reciderunt, cui nunquam Timotheus catholicus communicasse monstratur. Itaque a Timothei catholici, imo a catholica communione delapsi sunt. Ecce quomodo Petrus correctus est et probatus, qui vel a complicibus suis, vel a prævaricatoribus catholicæ communionis dicitur postulatus antistes. *Sed Timotheus*, inquis, *catholicus ideo Petro non communicavit, quia episcopatum illo vivente præsumpserat*. Si propter episco-

---

[a] In epistola ad Dardaniæ episcopos : *ipse Zenon imperator suis litteris profitetur cuncta sese ex Acacii gessisse consilio*. Scip. Maffeius.

[b] Verba sunt ex deperdita Acacii epistola pro Petro Alexandrino, qua, ut ex Liberato c. 18, *miris eum laudibus prosecutus est Acacius, de quo se tanta crimina antea meminerat retulisse*. Scip. Maffeius.

[c] Proterii episcopi cædem innuit. Scip. Maffeius.

patuin suffecerat Timotheo Petrum fuisse submotum; quod autem ei non communicavit, non erat episcopatus causa, sed hæresis : communio enim ad fidem pertinet; nam si propter honorem, certe vel laico communicare potuisset, si in illo fides recta mansisset. ᵃ Cur ab eo ordinati ad fidem catholicam regulariter jussi sunt recipi? ubi ostenditur illum communionis catholicæ non fuisse. Deinde si correctus est Petrus, cur ab eo catholici, quicunque sunt vel in Alexandria, vel per Ægyptum, remansere discreti? cur ei non communicant illi catholici, qui usque in diem vitæ suæ catholico communicavere Timotheo? Iodeque vere catholici sunt, quia in eadem communione sine ulla ejus temeratione perdurant. Ergo evidenter apparet quia ei communicant illi tantummodo, et eum sibi præsulem poposcerunt, qui ejus, ut dictum est, vel antiquæ sunt complices pravitatis, vel a communione catholica deviantes, in ejus consortium transierunt; atque ideo incessabiliter etiam catholicos persequuntur. Audivimus assidue, et certa relatione cognovimus, qui eidem communicare dicantur, qui ab ejus communione discreti sunt : qui contra fidem catholicam quotidie, et contra ᵇ apostolicæ sedis prædicationem, et contra Chalcedonensis synodi constituta venire perspiciuntur. Quod in tantum verum est, ut testes paternæ vesaniæ ejus, quos hic habemus, filios producamus. Denique omnes Ægyptii qui diversis in hac urbe negotiationibus detinentur, Petroque communicant, synodum Chalcedonensem ejusque definita eatenus audire non possunt, ut nos cur ista tenemus audeant incusare. Apparet igitur ex discipulis quæ doceat hos magister, et ex genitis genitor nefandus agnoscitur. Palam certe solent pronuntiare quod si audiant Petrum Chalcedonensem synodum prædicare, ipsi eum anathematizare non differant; ubi satis apparet cujusmodi eum doctrinam proferre testantur. Quærimus certe de vobis utrum Chalcedonensem synodum sequendam putetis, an non; si non sequendam, quomodo hanc vos litteris vestris tenere profitemini? apparet ergo non solum in catholica neminem vestrum definitione constare, sed ne in sua quidem professione consistere; proinde quemadmodum vobis credemus, fidem catholicam tenere jactantibus, quando etiam ea quæ scripto publicamini non tenetis? Quod si vestra professione constricti, Chalcedonensis synodi constituta vos omnibus modis servare firmatis; simul etiam apostolicæ sedis prædicationem, quæ in illa synodo relecta, tractata, suscepta est, vos suscepturos esse dicitis : quæ omnia definita ex omnium retro pontificum qui fuerunt a tempore Domini Salvatoris toto orbe terrarum, beatæ memoriæ papa Leo ad Augustæ memoriæ Leonem subditis epistolæ suæ testimoniis approbavit. Si igitur antiquam fidem, et quæ a SS. Patribus ad nos est transmissa, sectamini; si de Incarnatione Domini Salvatoris hæc nobiscum quæ illi sensere sentitis, et a totius Ecclesiæ doctrina nullatenus deviatis (quia neque prudentiores majoribus nostris sumus, neque nobis fas est aliter noviter usurpare quam illibi et didicere et docuere majores; ipsiusque ᶜ Nicæni concilii non magis nos intellectores expositoresque eruditiores sumus quam illi tot tantique præsules venerandi, vel intellexere sapienter, vel prædicavere fideliter), hanc omnes sincera mente veroque corde in commune teneamus, et pax est. Regulas quoque quas ab eisdem Patribus accepit Ecclesia, intemeratas habeamus et pax est. Sint ergo hæc apud vos certa, sint fixa, et nulla discordia est : quæ si apud vos esse prætenditis, patimini sollicitudinem nostram paulisper ista discutere, quia quanto veriorem pacem habere volumus, tanto certiorem causam pacis desideramus agnoscere. Si hæc apud vos intemerata perdurant, quid est, quod Petrum Alexandrinum ad fidem catholicam correctum dicitis, et receptum? abjecit ergo cuncta, quæ his definitionibus obviant, et in hanc formam doctrinæ catholicæ toto corde transiit. Quid sibi isti igitur volunt, quos apud nos quotidie vociferantes agnoscimus, contra Chalcedonensem synodum, contra apostolicæ sedis prædicationem frementes atque frendentes? Qui si correcti sunt, tenent ergo illa quæ superius memorata sunt; si ea tenent, cur vehementer impugnant? si illa profitentur, cur a catholicis qui eadem perseveranti tenent professione desciscunt? aut cur illi qui veram fidem profitentur, ab istorum societate dissentiunt? Si eos unam fidem secum retinere noverunt, apparet igitur hos qui illa quæ ad fidem catholicam pertinent palam impugnare non dubitant, qui a catholicorum professione dissentiunt, catholicos omnino non esse, atque ideo nulla ratione correctos. Quid? his cur communicat Petrus? Si istis in errore durantibus ille fidei veræ examinatione probatus est et receptus, utique si se correxit, ad illa translatus est quæ fidei catholicæ convenirent, non in his remansit quæ ei probantur inimica. Cur talibus ergo communicat? si illa manifeste profitetur, ad quæ errore deposito cum transisse

---

ᵃ Idem Felix in epist. 13 provisurum se spondet, ut eorum quos ordinavit vel baptizavit Acacius, salva confessione catholica, pro caritatis Ecclesiæ redintegratione nihil pereat. Ita vero arguit, ut si ab eo ordinati speciali indulto eguerunt, ut reciperentur, perspicuum sit ordinantem communionis catholicæ non fuisse. Scɪᴘ. Mᴀꜰꜰᴇɪᴜs.

ᵇ Sic appellat Leonis Magni percelebrem ad Flavianum epistolam, quæ concilii norma quædam fuit, quæve in posterum eorum qui de Incarnationis mysterio recte sentirent, veluti lydius lapis habita est. Testimonia SS. Patrum, quæ in Conciliorum collectione huic etiam epistolæ adjunguntur, epistolæ ad Leonem Augustum legimus hic a S. Leone additæ esse. Testimonia vero hæc longe plura fuisse licet conjicere; si enim ex novem tantummodo aut decem episcopis excerpta fuissent, ea hyperbole non uteretur Felix, ex omnium retro pontificum qui fuerunt a tempore Domini Salvatoris toto orbe terrarum. Traditionis pondus atque usum vides. Scɪᴘ. Mᴀꜰꜰᴇɪᴜs.

ᶜ Compertum est Eutychianos, ut impiam doctrinam assererent qua Christum hominem negabant, Nicænum concilium stulte protulisse, quo damnati fuerant qui Filium negabant Deum. Scɪᴘ. Mᴀꜰꜰᴇɪᴜs.

cognoscitur, cur ejus communicat inimicis? Itaque luce clarius probatur non esse correctum, sed in eadem pestilentia permanere, cujus sequacibus professoribusque communicat. Ecce igitur, etiam hoc ipsum quod correctum vultis, videtur falsum et evidentissime confutatur. Quapropter licet, etiamsi correctus esset, correctioribus suis subdi debuit, non præponi, quibus ab hæreticis ordinatus, nulla potuit præesse ratione; etiam in hac parte convincitur, qui correctus obtenditur, quando his communicare, qui in pravitate perdurant, sine ambiguo reperitur atque a nostra communione omnifariam merito justeque repellitur. Ecce quam nobis justa causa suppeditat, si etiam Acacium qui hunc et juste retulit ante esse damnatum, et post eum nefarie in sua communione suscepit, a nostra communione discrevimus. Cum Acacio enim nobis fuit prisca communio; hæc ut servaretur illæsa, [a] per quinquennium permonuimus; et licet nec rescribere dignaretur, nos tamen, ut catholicam fidem retineret, nunquam destitimus adhortari. Postremo legatis missis terruimus, blanditi sumus, prædiximus comminantes, suadentes, obtestantes, damnationem prætendentes, ne communioni cederet perditorum : laborum suorum pro fide catholica primitus impensorum cum meminisse mandavimus; et incitantes ad gloriam, et a periculo deterrentes. Quæ cuncta despiciens circumvenit legatos, ut veluti nobiscum se errare prætenderet, et hæretico atque damnato, quem præcipue ipse retulerat, communione se miscuit. Donec ista cognoscerem, potuit mihi cum illo pristina manere communio; verum ubi hoc comperi, si non eum continuo a mea communione separassem, videretur mihi, etiam cum jam prævaricatore nihilominus manere communio, et quæ cum catholico fuerat, esse etiam cum eo qui hæreticorum consortium inire maluerat. Quod ne fieret necessarium mihi fuit abrumpere communionem ejus, et a meo consortio sequestrare. Ideo quippe necesse fuit hoc facere, quia catholicæ fidei non erat tutum hoc omnino non facere. *Sed imperator*, inquis, *necessitatem cum Petro communicandi imponit Acacio.* De hac necessitate et superius jam multa dicta sunt, et multa dicentur; quibus appareat, et necessitatem, si vera esset, sacerdotem pro catholica fide contemnere debuisse, et tolerare quidquid adversi est, dummodo ab integritate fidei catholicæ nullatenus deviaret; deinde manifesta ratione monstretur, sic nullam necessitatem Acacio ab imperatore prorsus ingestam, sicut potius imperatorem satis claret ex Acacii cuncta fecisse consilio. *Etiam ipse imperator*, inquis, *necessitatem habet ista faciendi.* Necessitatis causam interim non requiro; nulla tamen major est necessitas quam divino cultui et religioni, unde omnia prosperantur, unde necessitas magis omnis absolvitur, et cuncta adversa removentur, esse subjectum, nec ei aliquid omnino præponere; quia non est utique quod Deo debeat anteponi, cum ei jussi fuerimus nec animas nostras omnino præponere : illo enim despecto nulla potest necessitas expediri, sed nec res quælibet humana constare : unde apparet majorem necessitatem et majorem præ omnibus causam esse cuncta eidem postponendi. Adde, quia nulla necessitas est, sed esse prætenditur; nullus jam non est.... De exclusione Petri seditio vana proponitur; quippe cum et Timotheo hæretico pulso nemo [b] resultare tentaverit, et pro Petro consequenter ejecto nullus obstiterit. Falso igitur non fieri posse confingitur, quod exemplo earumdem rerum sine tumultu factum esse jam constat. Pecuniæ causa non sit, et nulla necessitas est. Tumultus in sancti cæde Proterii hæreticorum irruptione commotus est, nunquam autem per catholicos usus est tumultus excitatus : et convenit seditiones quorumcunque populorum publica auctoritate compesci. Itaque ut pravorum indulgeatur furori, qui levi metu perterriti conquiescere potuissent, religio divina subvertitur, et Christi Ecclesia laceratur. Postremo hoc ipso quod necessitatem esse prætendit, malum esse pronuntiat quod facit; unde si ei est necessitas contra divina tendendi, mihi id operandi nulla necessitas : cavere debeo a malo, quod etiam tu fateris malum, dum necessitate te facere testaris invitum : imo mihi major necessitas est divini timoris et futuri judicii, ut caveam malum. Cur me in tuum nefas, quod necessitate geris, conaris attrahere, cum id subeundi nulla necessitas sit? Imo ut dictum est, non faciendi sit [c] alia causa majorque necessitas. *Sed corrige me*, inquis, *et noli me a tuo consortio sequestrare.* Relinque malum, convertere ad bonum, revertere ad me, et correctus es, et liberatus a malo, et a me nullatenus separatus. *Sed non possum*, inquis, *et relinquere me non debes.* Tu doles, ut video, quia tecum ego non pereant; se ego doleo quare mecum ipse non salveris : si tantum apud te valet persona Petri ut Deum contemnas, tu videris; me facere, nec oportet omnino, nec libet. *Quod potes fieri*, inquis, *hoc exige.* Et ego tibi dico, *quod potest fieri, hoc me posce*; facilius enim fieri potest ut homo postponatur Deo, ut homo refutetur magis quam Deus : quod si id non potest fieri, multo magis non potest fieri a nobis ut refutato Deo homo eligatur; major nobis est causa qua non possumus hoc facere, quam vobis, ut illud facere nolitis : possumus

---

[a] *Permonuimus : Romani scilicet Pontifices. Per quinque annos legimus etiam in Liberato (Cap. 18); at Gelasius in 8 epistola, et in 13, per triennium dicit. Ita conciliari possunt, ut tres annos Simplicius admonuerit, duos vero Felix. Hinc in Breviculo : Per ferme triennium S. M. papa Simplicius non desiit scribendo. Videtur autem quinquennium ante missionem legatorum computari, cum addatur, postremo legatis missis*, etc., quod iis expendendum est, qui censent a Felice statim ab inauguratione legatos missos. Scip. Maffeius.

[b] *Sensu obsistendi : ita usurpavit Gelasius in 15 : Subrogantur hæretici* [lege *subrogabantur*] *nemo resultabat*. In 13 : *Ecce resultanti non institit imperator : ubi erronea emendatio est, seu varia lectio apposita, restitit.* Acacius enim imperatori tunc restitit, et resistenti imperator non *institit*. Scip. Maffeius.

[c] In ms. erat *nulla.* Scip. Maffeius.

dicere, dicite omnes anathema Petro; quamdiu vivit, nolite illi communicare, et communicamus vobis; et quam rationem reddituri sumus Deo, si animas quas ille perdit, etiam nobis quodammodo permittentibus, assumat ut perimat? Quo me trahere conaris ad te? cur non potius revertaris ad me? Ibi perditio est, hic salus; ibi præcipitium, hic fida securitas; ibi deceptio, hic monitio; tu ad ista salutaria redire non vis, et me vis ad periculosa descendere. Nescio si vel te judice debeam ista committere. *Sed Acacius*, inquis, *vi oppressus est, et opprimitur, ut aut ad ista pervenerit, aut ista non corrigat*. Vim quidem non pertulisse multis rationibus comprobatur, imo et docetur: quia si noluisset, non ad ista pervenerat; quin insuper suis litteris confutatur, quod ipsius consilio cuncta sint gesta, eaque velut divinitus inspirata collaudet. Sed etiamsi vim apud imperatorem ..... non per imperatorem insidiari legatis, quod nostrorum quoque legatorum professione jam dictum est. Quod si verum est, ille reus est; si falsum, gravamus istos etiam hoc insuper, quod supra prævaricationem tantum addidere mendacium. Sed quia hoc etiam ex litteris Acacii demonstratur, isti hoc non falso dixerunt; ita illius persona gravatur, quæ noluit cum legatis nostris anniti, sed potius nostris est insidiata .... Certe vel retulisset hoc antequam communicaret, monuissetque illos ne communicarent. Postremo etiamsi vi premitur, vim perferre debuit, non fide et communione calcata prodere perfidis, et se miscere damnatis; sicut fecit sanctæ memoriæ Flavianus, et alii sub persecutoribus imperatoribus, vel hæreticis, vel paganis, et ^a nuper in Africa factum est. Quid enim? vim maximam illi non patiebantur? et ideo vincebant patiendo vim, non violentiæ cedendo. Nunquid sub illis persecutoribus qui negabant Christum, vel in hæresim transibant, a catholicis et Christianis non jure damnabantur? Nunquid erat excusatio, quod vim passi persistere nequivissent? *Unde ergo*, inquis, *lapsi remedia sunt provisa*? Bene: suscipio ergo eum, si placet, more lapsorum pœnitentiam agentem tota vita sua, et in fine sumentem, ^b sicut de lapsis legitur constitutum, secundum hujus tenoris formulam ad Ecclesiam revocemus. Nunc autem si curatio Ecclesiæ totius accedat, erit tanti (quia hoc pontificis est sedis apostolicæ, et causa universalis curationis hoc videtur exigere) ut persona Acacii in sacerdotali possit honore revocari. Hoc ipso enim se ostendit non voluntate succubuisse, et animum gessisse catholicum, dum curationi competenter insistit. Quod si vult, et non potest, cur per imperialem personam cæteros opprimit? Si imperator, ut fertur, obediens est Acacio, potest; si obediens ei imperator non est, quamvis eum debuerit, et debeat constanter viriliterque tractare, certe hoc ipso se fatetur contra catholicam succumbere veritatem. Itaque me ei in hoc statu rerum non misceri communionem, manifestum est; non enim si ille premitur, et adesse sibi non potest, ego oppressionis ejus et transgressionis complex esse jam debeo: sed quia donante Deo liber sum, servo saltem me incolumem, ut et si nunc potest, cum Deus jusserit, sit qui valeat pro integritate communionis et fidei illis subvenire, qui integritatem communionis et fidei perdiderunt; alioquin si omnes eam perdamus, quod absit, unde postea reparabitur? præcipue si in sedis apostolicæ, quod nunquam Deus fieri sinat, fuerit temerata fastigio. Itaque si Acacius vim hominis sustinet, ut errata non corrigat, major mihi necessitas est divini metus, et tuendæ catholicæ communionis, et fidei, quolibet modo et qualibet conditione in errore positis nulla fieri ratione consortem, sed ab eorum me contagio servare prorsus immunem: quia si ille per vim habet excusationem, ego præstante Domino qui securus sum, ne per hoc quidem excusationem, ullam habere jam potero, qui nulla præstante Domino, sicut dictum est, vi premer. Dimittantur ergo ista divino judicio, donec ipse, sicut sæpissime experti sumus, libertatem reddat communioni catholicæ atque fidei Christianæ; et tunc de eis qui in illius sunt errore tractabimus; persona enim Acacii sine curatione totius Ecclesiæ solvi non potest, per quam sauciata est omnis Ecclesia. *Sed et tunc*, inquit, *Acacius tecum communicabat, quando Timotheus hæreticus, vel iste Petrus sub tyranno Basilisco Alexandrinam tenebat Ecclesiam*. Vere dicis, sed his tunc Acacius minime communicabat, et in mea communione durabat; unde potius si vim patitur Acacius, et nunc talem se debet exhibere qualem se exhibuit sub Basilisco tyranno hæretico persecutore suo. *Sed nunc*, inquis, *utilitatis interest reipublicæ*. Sed sacerdos allegare debuit, utilitatis interesse potius publicæ, ut divina communio et fides integra servaretur: utilis est reipublicæ religionis eversio, et utilis non erit reipublicæ religionis integritas? nescio si sunt ejusdem religionis qui ista prætendunt, et si ejusdem religionis debeant homines ista prætendere ^c quem vellet de suis, et sibi fidelibus subsistere sacerdotem, excluso Joanne, dumtaxat catholicum, et communionis nostræ suspectis locis pateretur præsidere pontificem. Nonne evidenter hæc res facit causam Joannis esse meliorem, dum eo excluso et hæretico subrogato, non persona hoc meruisse monstratur, sed expugnatio fidei catholicæ procurator? ^d Nos non in Acacium ideo

---

^a Persecutione Vandalica, quæ sub Hunerico sæviit, nec primis Gundabundi annis quievit, ut ex Procopio de Bel. Vand. lib. I. Vide cardin. Norisium Hist. Pelag. lib. II. Scip. MAFFEIUS.

^b Quod de Lapsis in Africa, sive rebaptizatis, in concilio Romano constitutum est, legitur in epist. septima Felicis: *Usque ad exitus sui diem in pœnitentia, si resipiscant, jacere conveniat*. Scip. MAFFEIUS.

^c Imperfecta sententia, contextusque sibi non constans lacunam luxationemque testatur. Forte legebatur, *tolerari posset, si quem vellet*, etc. Scip. MAFFEIUS.

^d Incipit purgatio illa ejus clausulæ *nunquamque anathematis vinculis exuendus*, de qua diximus in præfatione. Cæterum Felicis mentem et consilium, propensumque in reconciliationem animum illud

sententiam tulimus, quia homo est, quia Acacius dicitur, quemadmodum de quolibet hæretico dici potest; sed propterea quia sit persona prævaricatrix. Itaque malefactum est, quod in eo est punitum irrogatione sententiæ : quæ prævaricatio, quod maleficium si recedat, jam non erit illa persona, in quam sententiam insolubilem proferre sum visus. Remanebit enim homo, et Acacius, quem non damnat in quantum homo est, et hominis nomine censetur, sed in quantum prævaricator et malefactor. Cui sententia mea insolubilis est, jam in eo hæc sententia mea insolubilis, remoto illo cui illata est, locum penitus non habebit : alter enim erit quam ille cui illata sententia est, dum incipiet non esse quod fuit, vel non hoc esse, cui illata sententia est. Sed incipiente esse quod non fuit, vel hoc tantum incipiente esse se, cum ea non esset illata sententia, non remanebit omnino ubi stet prolata sententia. Nam quandiu in hoc manet, cui illata sententia est, vere insolubilis est illa sententia cum eo cui illata est insolubiliter; cum autem hoc non erit : etsi in eo non manserit, cum illo maleficio, cui illata insolubilis est, illa sententia sine dubitatione transibit. In isto ergo erit solubilis, imo nec erit cui illata non est; imo ab hoc erit extranea et aliena, cui eam non constat illatam: quia in Acacio maleficium, et prævaricatio accepit illam insolubilem sententiam, non quod homo est, non quod Acacius nuncupatur : remoto ab eo maleficio, erit cum omni vi sua, et causa remota sententia. *a* In Scripturis autem invenimus et illatam interminabilem sententiam in plerosque peccatores, quibus tamen a peccato discedentibus sit remissa ; et quosdam dictos occidi, et vivificari (dum in his necatur quod fuerunt, et incipiunt esse quod non erant),

vel everti, et plantari, et talia : *Triduum, et Ninive subvertetur (Jon.* III, 4); item de rege Ezechia, adjectis quindecim annis post denuntiationem mortis ad vitam ; item de ramis fractis et inserendis; et de iisdem ramis, *si non permanserint in incredulitate, misericordiam consequentur. Ne quando*, inquit, *convertantur, et sanem eos.* Hoc de illis qui cor crassum habebant, et videntes non videbant; et audientes non audiebant. Nunquid Deo inspirante non sunt ex iisdem Judæis de quibus dictum est, *videntes viderunt, audientes audierunt, et corde crediderunt*? sicut apostoli, et tot millia, quas reliquias salvas factas esse testatur Apostolus, qui hunc sensum ita tractat, ubi dicit : *Nam et ego Israelita sum (Rom.* XI, 7). Si vi imperiali premitur Acacius, ut ista faciat quæ facit, primum imperatorem contra fidem catholicam facere, ac per hoc non esse catholicum, ipse profitetur : non est ergo quare a nobis dici persuadeat, quod ipse deprömit, vel quod ipse testatur. Deinde hoc ipso quo se vim pati perhibet, malum profitetur esse, quod facit, et contra fidem catholicam se agere demonstrat : cur ergo me hortatur et petit hujus rei complicem esse debere, quam fatetur esse perversam? Si autem malum non esse contendit, restat ut non jam se vim pati ab imperatore persuadeat, cum sponte sua id faciat quod bonum esse confirmat. Cum enim bonum dicit esse quod facit, sponte hoc se facere, tanquam quod putat esse bonum, sine dubitatione designat : non ergo hoc compulsus facit Acacius, quod invitus non facit tanquam malum, sed sponte tanquam bonum. Si enim compulsus, utique invitus; si invitus, utique malum est ; non ergo sponte facit, tanquam hoc bonum, sed tanquam malum invitus : si non invitus tanquam ma-

etiam prodit in epistola 15 : *Unde quod non sine divini judicii terrore dicendum est, etiam nobis, si requisisset, optantibus, non est permissum absolvi*; et in epist. 13 : *etiam nobis conantibus.* In epistola 6, quæ memoratam clausulam continet, ubi legitur *respondere dissidens*, legendum forte *diffidens* ; ubi vero, *et Humerius tunc de diaconio dejectus*, est in ms. *et merito de diaconio dejectos, exinde privatos, et proveclos.* SCIP. MAFFEIUS.

a Confirmat exemplis pluribus ex scriptura sacra decerptis; ostenditque frequenter in Bibliis veluti peremptorie pronuntiatum esse, ita ut videretur spes omnis prorsus abscindi, et nihilominus pœnitentiæ, ac per eam gratiæ exinde aditum patefactum. At hic loci tenebricosæ ambages in ms. *et inextricabilis error.* Post verba *remota sententia* sequebatur ex abrupto, *ne quando*, inquit, etc. Periodus illa, *In Scripturis autem*, etc., quæ coagmentationem firmat, ac testimoniis quæ subsequuntur viam sternit, post ea omnia jacebat inutiliter atque intempestive. Illa vero *Triduum, et Ninive*, etc., usque ad verbum *consequenter*, post tres paginas sententiæ, cui nullatenus competere poterant, inserta inveni, atque intermixta. Re tam implexa ac involuta, insanabiles profecto videbantur loci, compositique omnes ex verbis fortuito congestis. Videor tamen mihi non omnino infeliciter utrosque restituisse, id tantum præstans in sedem suam quælibet redirent; neque enim emendationem ullam adhibui, præterquam quod ubi scriptum est in codici, *Nunquid eo inspirante sicut ex iisdem Judæis*, substitui, *Nunquid Deo inspirante non sunt ex iisdem Judæis.* Documento esse potest locus quam

misere deformata ac discerpta plura antiquitatis monumenta ad manus nostras devenerint : sive perturbatio ex disjunctis, aut revulsis, et volitantibus foliis ortum duxerit, quæ librarii aliquando transcriberent; sive ex eo quod incuria diffluentes, aliqua interdum emitterent, quæ postmodum animadvertentes, eo loco reponere non dubitarent ad quem tunc pervenerant; perinde ac si sufficeret ne deessent. Quod attinet ad sensum eorum quæ hic a Felice afferuntur, perspicua fiunt omnia cum a contextu locorum in Bibliis unde eruta sunt, tum a simili ratiocinatione quam in tractatu de Anathemate percurrere possumus, ab iis incipiendo : *Sic Tyrus et Beritos*, etc. Ibi etiam sacræ Scripturæ aperitur sensus atque illustratur. *Ne convertantur*, hoc est, *ne suis operibus, quibus utique confidebant*, etc. *Et sanem eos*; scilicet, *ne eorum quasi meritis propria facultate venientibus salvatrix gratia daretur*, etc. Ad eum locum *Triduum, et Ninive subvertetur*, versionem Græcam auctor amplectitur quam Symmachus et Theodotio ex Hebraico textu emendarunt. Eamdem sequitur sanctus Prosper, sive quis alius carminis de Providentia auctor fuit. Videsis D. Augustinum de Civ. Dei l. XVIII, cap. 44. In iis *videntes viderunt*, etc. sententiam respicit versiculorum octavi et trigesimi primi cap. II ad Rom., quamvis verba mutet. Item illud Isaiæ VI, 10, *ne forte videant oculis suis, et auribus suis audiant*; quod in antiqua versione sic reddebatur : *et videntes non videant, et audientes non audiant*, etc., ut disco ex tractatu de anathematis Vinculo, ubi is versus adducitur. Verbo *si vi imperiali* redit ad pluries dicta. SCIP. MAFFEIUS.

ium, sequitur ut sponte tanquam bonum. Studio ergo et voto, et voluntate, et judicio proprio, non coactus; non ergo vim patitur, sed sponte delinquit. *Sed obstinatione vestra*, inquis, *in periculum causam totius Ecclesiæ adducitis*. Si fides communioque catholica custoditur, in periculum religio venit, vel periclitatur religio? et si, quod absit, fides communioque catholica violatur, in periculum religio non adducitur, vel salva religio est? Absit ut hoc quisquam catholicus et apostolicæ fidei filius dicat. *Sed apostolicæ sedis dignitatem ista obstinatione minuitis.* Si fides communioque catholica servatur, dignitas sedis apostolicæ minuitur? Si illa violatur, sedis apostolicæ dignitas manet? Absit ut hoc Christianus catholicusque depromat. Si fides catholica et communio læditur, respublica juvatur? et si illa salva sit, respublica læditur? Absit ut hoc Christianus et catholicus profiteatur. Si fides catholica et communio servetur, imperator læditur? et illis violatis imperator non læditur? Absit ut hoc Christianus et catholicus imperator dicat, vel aliquis catholicus Christianus dicat debere fieri: hoc est lædi fidem et communionem deberi catholicam, ne imperator lædatur, quia si servetur fides catholica atque communio, imperator lædatur. Nos imperatorem tantum amamus, ut velimus eum facere quod pro salute ipsius sit, quod pro anima, pro conscientia ipsius est. ᵃ Pontificibus catholicis etiamsi quæ probatur, relaxetur offensa; ipsius est, quod conscientiæ, quod animæ suæ, et saluti sciet prodesse, facere: si non vult, quæ in his sunt utilia facere, ipse viderit. Nos et apud Deum, et apud homines absoluti sumus; nam si apud Deum etiam pro criminosis intervenire pontifices decet, quanto apud Deum magis convenientius est pro sacerdotibus intervenire pontifices? Si pro sacrilegis ipse intervenit, quanto magis pro iis nos intervenire convenit qui, sicut dicit, eum læserunt. Quid me vultis exaggerare prævaricationem Acacii, damnatio-nemque firmare, ut magis ac magis videar inconstans, et meæ contrarius esse sententiæ? Ego si, quod absit, complex mali essem effectus, nunc remedio egerem, non remedium ministrarem; et sedes B. Petri, quod Deus non sinat fieri, aliunde peteret, non præberet ipsa remedium. Quare, quia sententiam tulimus in Acacium indignamini, quod nisi fecissemus catholicam communionem ab hæretica et damnata communione, cui se hic miscuerat, decernere et tueri, et inviolatam servare nullatenus poteramus? ᵇ Quomodo nos compellitis, iterata quodammodo constitutione, cum exaggeratione prævaricationis Acacii justam sine dubio firmare et congeminare sententiam? Nunquid Misenus et Vitalis poterunt recipi, nisi dicant anathema Petro Alexandrino et omnibus qui ei post anathema communicaverunt vel communicant? Damnabunt ergo nobis definientibus iterum ipsi consequenter Acacium. Quomodo ergo eum vultis absolvere? An grave videtur semel damnatum Acacium, et bis damnatum non erit grave? an vultis sive per vos, sive per nos videri, vel dici sedem apostolicam circumventam fuisse? ᶜ Ecce poposcimus vos; ecce scripsistis; ecce non dignatus est ille rescribere, nec vobis, nec mihi: videtis obstinatam perniciem pravitatis: nonne et propter religionem, et propter injuriam vestram debetis unanimes esse nobiscum? *Dicite nobis*, inquiunt, *utrum Vitalem et Misenum absoluturi sitis, an non*. Respondemus et quærimus et nos a vobis, utrum eos salva fide, et communione catholica, et sedis apostolicæ reverentia absolvi velitis, an non. Si salvis illis non vultis, non eos hoc modo vel hujusmodi ratione salvemus. *Sed promisistis*, inquiunt. Quod promisi legitur; hoc nunc implere contendo: promisi enim deliberaturum quomodo juste videantur absolvi; hoc etiam nunc sine dubitatione promitto. Scitote ergo deliberationem nostram ad hunc modum esse perductam; ᵈ quia istos absolvere non

---

ᵃ *Offensas*, quæ catholicis episcopis imputabantur epistola ad Dardaniæ episcopos explicat, *Sed esto: Calendion imperatoris nomen abstulerit; Joannes Principi mentitus fuisse jactetur.* Interrogandi nota, quæ eo loci in editione Labbeana subsequitur, sensum invertit, neque enim negat S. pontifex, sed affirmat, ob novas causas discussionem novam institui debuisse. Scip. Maffeius.

ᵇ Aggreditur quod paulo ante cœpit attingere iis verbis, *Quid me vultis exaggerare*, etc.; sed statim familiari luxatione quibusdam interjectis deserit. Instabant Græci ut legati quoque Vitalis et Misenus absolverentur. Respondet Felix absolutionem istorum sine iteratione damnationis Acacii decerni non posse, et eas postulationes pugnare ostendit inter se, *an enim grave videtur semel damnatum Acacium, et bis damnatum non erit grave?* Hic vero liquido constat, quod et infra magis patebit, deceptum esse procul dubio V. C. Henricum Valesium, qui in observationibus ad Evagrium, lib. II, Acacium a duabus synodis damnatum probare contendit, laudatus a cl. Pagio (ad an. 484, 485), qui pariter bis damnatum censet. Fundamenta quibus nituntur duo præsertim sunt: alterum scilicet synodica ad clericos et monachos Orientales, quæ plura sane incongrua continet, nec in nostro codice apparet ex pertinentibus ad Acacii causam præcipuas recensente; et quæ si recte expendatur, iteratam Acacii damnationem nullam profert: alterum ex iis verbis desumitur in epistola ad Vetranionem, *iterata excommunicatione depulsus est:* quæ tamen facillime explicantur; postquam enim dixerat Felix a Chalcedonensi synodo Eutychianos damnatos, et consequenter Acacium, subdit: *unde merito prædictus Acacius Apostolicæ sedis, quæ nunc exsecutrix utique sæpe dicti Chalcedonensis concilii pro fide catholica tunc probati non defuit, iterata excommunicatione depulsus est.* Romæ siquidem Chalcedonis sententia iterata est. In subsequentibus verbis loco *reddamus* lege *reddamur*, et marginali notæ in Conciliis appositæ adde *nunc*, quæ sane particula hic loci non parum refert. Scip. Maffeius.

ᶜ Hæc prave interposita suspicor, cum alio spectent. Orientales quidam episcopi, a summo Pontifice impulsi, videntur Acacium per litteras admonuisse. Qua legitur *nec vobis nec mihi*, est in ms. *nec vobis nec regi*: nulla vero quam videam non inepta interpretatio lectionem illam tueri poterat. Scip. Maffeius.

ᵈ Cum mens fuerit absolutionem legatorum universali Ecclesiæ tranquillitati conjungere, non aliter eorum sententiam separaturum esse se ac præmis-

valentes, nisi ut juste nostra sententia ante tempus videatur esse laxata, nisi eos exoneremus prævaricationis pondere, curabilioresque reddamus, dignumque sit nostram in eos anticipare sententiam, quos minoris culpæ probaverimus inventos : satisque esse dicamus, ex eo ipso quod aliquid in sua desidia deliquerint, hucusque correctos et a sacra communione submotos. Si autem, ut eos relaxemus, circumventos deceptosque dicimus, sequitur ut quantum istos levamus, tantum opprimamus Acacium; neque enim jam velitis aliud dicere, vel nobis licet aliud æstimare, quam illum esse totius prævaricationis auctorem ; siquidem id istorum confessio [a] synodalibus dixisse teneantur in gestis. Itaque si assertionibus iteratis, et professione geminata, recentique tractatu, atque decreto justam esse sententiam, quæ in Acacium sit prolata, cum totius utique prævaricationis exaggeratione firmemus; vos reperite quomodo postea possit absolvi, quem repetita quodammodo contestatione damnamus. Quemadmodum, inquam, molimur absolvere, totius vinculis prævaricationis obstringimus ; et quem levare nitimur, toto pondere damnationis obruimus. Itaque aut isti exspectent ut curatione totius Ecclesiæ secundum sententiam liberentur ; aut spondete nobis sub jurejurando nunquam de Acacii absolutione quippiam esse poscendum. Cur enim est ut eum sic velitis absolvi, ut in omnibus, et conscientiam nostram et famam faciatis exponi ? Conscientiam, si absolvam quem totius proditionis auctorem se ipse professus est; famam, totius mutatæ sententiæ. Nec potest dici quod cum in istos, tanquam in auctores malefactorum, fuerit usque ad certum tempus promulgata sententia, ideo ab his retracta sit, tanquam innoxiis, ut in Acacio usque ad id tempus, quod his fuerat præstitutum, quia auctor totius est mali, eadem quæ in istos ratio servetur. Quia in Acacium, ut pote in auctorem, insolubilem dixi meam fore sententiam; non certo tempore relaxandam : quam si denuo confirmo, definitionis suæ tenore mansura est, ut non possit absolvi : nec enim illic dictum est, *usque ad illud tempus*, sed dictum est, *nunquam esse solvendam. Sed cum hoc*, inquis, *jam dixeris, tamen nunc eum moliris absolvere.* Sufficit vel semel dictæ sententiæ procurare solutionem : quid eam me vis meo iterare decreto ? Si semel latam indignamini, cur geminare contenditis? Si semel prolatam absolvere videtur esse difficile, quid faciemus de geminatione sententiæ? Forsitan et illic aliquid minus me cognovisse, quam dictum est, potero in semel prolata e sententiæ resolutione tractare : cum eam geminata professione firmavero, quid me remedii vis habere ? maxime si etiam eo tempore hanc confirmare demonstrem, quo nitor absolvere. Sed imperator vim fecit Acacio. Hoc ego dicturus non sum, quia hec verum est, et accusare palam principem omnino non possum ; certe vos estote hujus [b] accusationis auctores. [c] Per id quod dictum est in prolatæ tenore sententiæ, cum adnisu principis Christiani, vel populi res esse curandas, hoc minus eorum obstinatione provenit. Si voluerimus causam Miseni Vitalisque tractare, quorum communione et consensione illi obstinati sunt redditi; et istos oneramus quos putamus absolvi, itemque istorum exaggeratione peccati sententia nostra fit irrevocabilis a tempore præstituto. Sic enim de istorum receptione tractandum est, ut conscientia nostra et existimatio quorum interest maxime, in sententiæ suæ revocatione curetur, et juste nos eam ante tempus revocasse, vel remisisse doceamus : ut etiam consolemur eos qui in fide catholica perseverant, de istorum communicatione probantes non nostro eos tunc communicasse mandato, nec eorum communioni præbuisse consensum, et secum nos in fide catholica perdurare. Et ideo ipsi quoque nobiscum nituntur esse constantes; quod si istis sine aliquo colore justitiæ ante præstitutum tempus sententiam relaxatam audierint, ex nostra voluntate eos communicasse credituri sunt. Et hoc, quod suspendere visi sumus, fortasse simulatorium ad excusationis umbram, et nos transgressores merito judicabunt : ipsique aut deficient et illorum communioni se tradent, aut jure nos damnabunt, tanquam communionis alienæ, vel catholicæ violatores communionis. Quomodo ergo ista curentur, justa ratio est quærenda ; quæ nulla est alia, nisi ut isti releventur et excusentur quos volumus ante constitutum tempus absolvi ; justaque videatur nostra remissio : hoc autem fieri potest, si in Acacium cuncta transgressio transferatur. Quod et illi ipsi qui in fide catholica perseverant, magis fieri ardenter exspectant, in illum enim plus sæviunt quam in istos ; tantique habebunt istos relaxari, dummodo in illum, tanquam auctorem prævaricationis, omnia audiant malefacta transferri. Quod cum fuerit, sine dubitatione subsequitur, ut justa sit pœna, id justa damnatio, quæ ei pro his videatur inflicta : quæ damnatio in sui tenore insolubilis esse monstratur. Itaque fit persona irremediabilis Acacii in exaggeratione criminis et conventione vindictæ : nam si curatione totius Ecclesiæ persona Acacii liberetur,

---

surum S. pontifex asserit, quam si hujus anticipationis justa quædam ex eorum delicti probata levitate causa appareat. Scip. Maffeius.

[a] Synodo, ut videtur, qua auctor Breviculi opus absolvit. In ea legati malorum omnium auctorem Acacium detexerant. Scip. Maffeius.

[b] Post hæc pergit codex : *Si putatur absolvendus qui in Deum deliquisse convincitur, quanto magis absolvendus est qui in hominem dicitur deliquisse?* Hanc vero sententiam plane intrusam et eo spectantem ubi Joannes Talaia excusatur, ne etiam atque etiam contextus implicaretur, subduxi. Scip. Maffeius.

[c] Ita et in concilio Romano sub Gelasio, cum Misenus absolutus est. *Dictum est enim tandiu istos fore suspensos, donec auctore Deo, et annisu catholicorum principum vel populi Christiani*, etc. Per illa verba *eorum obstinatione*, et infra *illi obstinati sunt redditi*, videntur aliqui connotari qui ex legatorum errore in errorem prolapsi essent, de quibus alia præcessisse indicium est, quæ non apparent. Scip. Maffeius.

et isti secundum sententiam nostram erunt modis omnibus absoluti. *a* Ita hoc genus, quod supra diximus, quia non admittitur imperator aut populus, alterutram partem non expedire poterit, sed gravare: unde nonnisi illo solo modo rebus remedium providendum est, ut prius de absolutione agatur Acacii cum totius duntaxat Ecclesiæ sanitate, et sic istis sit suo ordine relaxatum. Si Acacius autem modis omnibus absolvi noluerit, istorum persona illius aggravatione levabitur. Eo magis quod et oblatum sibi Acacius respuisse convincitur; et nostra erit excusata sententia, et de istorum absolutione ante tempus impensa, et de illius cum exaggeratione criminis damnatione firmata. Ideo illi perstant in fide catholica, qui in Oriente persistunt, quia a me eam defendi vident, et animantur ex me; alioquin aut et illi corruent me faciente, aut si me, quod absit, decidente illi perstabunt, apud Deum hominesque me jure damnabunt. Illi me etiam sub persecutione positi non deseruerunt, ego illos sine persecutione deserturus sum? Quid Deo, quid hominibus inde dicturus? Possum illis dicere; aliter me damnationi in Acacium non firmare potuisse, nisi ut Vitalem et Misenum absolverem illius exaggeratione peccati; et autem Acacium exaggerato ejus malo postmodum cogar absolvere, quid ei sum rationis, quid negotii redditurus? *Sed si per Acacium curatur omnis Ecclesia*, inquis, *est tanti unius hominis absolutio, est tanti quovis tempore, et quandocunque unius hominis absolutio*. Sed meæ interest conscientiæ, et meæ levitatis opprobrium agitur. Nam si per Acacium curatur Ecclesia, hoc ipso docetur, quia quæ potuit per hunc curari, id est eo correcto, per hunc etiam læsa videatur, cum potuerit illo non peccante non lædi. *Sed si istorum*, inquis, *pondus in Acacium jactaveris, istos recte absolvis; cum item Acacius egerit ut curetur Ecclesia, Acacium convenienter absolves*. Si in hoc spes est, cur eum damnationis pondere me urgere compellis, quem posse vel debere testeris absolvi? Esto hi absolvi possint Acacii pondere, me quare vis eum onerare, quem nitor absolvere? *quia aliter*, inquis, *istis non potest subveniri*: at per hoc, aut illum vis obrui, aut me exponi. *Sed privilegia*, inquis, *vestra hac obstinatione minuitis*. Igitur *b* ne minus juris habeamus, efficiamur hæretici, et ne amittamus ecclesiasticæ privilegii potestatis, amittamus ipsam religionem: ne minor sit dignitas apostolicæ sedis in paucis, erret in multis. Nescio si quis dicat falsitatem sequendam potius esse cum plu-

a Supple *absolutionis*. Optimam vero Felicis mentem, neque odio in Acacium ullo, neque affectione alia impulsam satis perspicimus, cum instet hic, *ut prius de absolutione agatur Acacii*. Scip. Maffeius.

b Indicant verba hæc id etiam allatum ab Orientalibus, ut pontificem expugnarent, nempe rem suam agi; Acacio enim cum sequacibus ab ejus communione abscisso, jurisdictionem suam valde minui, et in arctiores limites redigi. Ex quo videtur confirmari eo jam ævo quo incorruptam Ecclesiæ regimen doctiores etiam ex heterodoxis fatentur, non dignitate tantum, sed jure ac potestate Romanum episcopum orbi Christiano præfuisse. Idem certe Felix de sede

rimis, quam veritatem servandam tuendamque cum paucis. An ideo falsitas non erit falsitas, quia cum multitudine tenetur? Ideo veritas non erit veritas, quia habetur in paucis? Cum veritas non in multitudine, sed in quantacumque sui parte vel portione consistat, religio autem nonnisi in veritate sit fixa, privilegia vero ejus nonnisi in eo constent, ubi est firma ipsa religio. An veritas si in paucis fuerit, veritas non erit, et falsitas in multis non erit falsitas? Falsitas in multis major est error; veritas in parvo nullum sustinet detrimentum, quia in quantacumque sui parte veritas fixa consistit; et sicut multitudo non efficit ut falsitas non sit falsitas, ita nec parvitas efficit ut veritas non sit veritas. Sunt innumera exempla quibus doceatur, in multis falsitate crassante, in paucis constitisse veritatem. *Sed abominamur hoc*, inquis. Quid igitur faciemus? Ne veritatem teneamus in paucis, erremus in multis? *Absit*, inquis. Respuamus ergo vel cum plurimis falsitatem, dummodo teneamus vel in paucissimis veritatem. Nonne toto mundo falsitatem tenente, in Apostolis ita constabat Ecclesia, sicut mandabat et veritas? nonne toto populo deerrante in septem millibus apud Israelitas mansit Ecclesia? Et si cuncta curramus, invenimus innumera: nonne scriptum est arctam et angustam esse viam quæ ducit ad vitam; latam spatiosamque quæ tendit ad mortem (*Matth.* VII, 13, 14)? *Quid quod illi*, inquies, *dicunt se tenere quod rectius est*? Interim jam falsum erit, quod se fatentur id tenere quod nos, si enim melius tenent, aliud tenent; jam consequens est ut se probent melius tenere quam nos. Si melius tenent, abstineant se a me, qui male teneo: corrigi ad fidem, et sequi quod melius est voluntate debet venire, non vi. Ego illi molestus non sum, ille mihi quare molestus est? Ego ut me corrigat non peto; non petenti quid ingerit, quid se infert invito? Si nullam meam putat esse sententiam, contemnat illam; quid tantopere poscit absolvi? Si poscit absolvi et esse alicujus utique momenti non dubitat, et justæ damnationis esse confirmat, qua se teneri non declinat obstrictum. Itaque fateatur errorem cui est illata sententia; deponat errorem, et vacua sententia est. Si injusta est, tanto eam curare non debet, quanto apud Deum et Ecclesiam ejus neminem potest iniqua gravare sententia. Ita ergo se absolvi non desideret, qua se nullatenus perspicit obligatum; si vero ea se judicat obligatum, et poscit absolvi, utique non prætendit injustam, quæ cum potuit obligare, atque ab eadem poscit absolvi, quia apostolica, ad quam Flavita legatos miserat, ita loquebatur, *per quam largiente Christo omnium solidatur dignitas sacerdotum*. Ostendit autem S. pontifex (*Epist.* 13) hæc privilegia eatenus sibi propugnanda, quoad Christianæ fidei conducat: interest siquidem christianæ reipublicæ ut caput habeat, cum ecclesiastici regiminis potior pars in unum collata sit, ut *capite constituto schismatis tolleretur occasio*, quod D. Hieronymus docuit (*Adv. Jov. lib.* I, *cap.* 14). Sub finem epistolæ pro iis *itaque de absolvenda*, etc., legendum opinor, *Itaque absolvendam justæ obligationem sententiæ*. Scip. Maffeius.

non potuit obligare nisi justa. Justa autem si est, nonnisi damnato errore justa cognoscitur. Itaque ad solvendam justae obligationem sententiae, errorem fateatur : ponat errorem, quo eum ligatum tenet justa sententia : eo sublato obligationis causa resolvitur.

*EJUSDEM FELICIS EPISTOLA

CUI TITULUS IN EODEM CODICE PRÆFIXUS EST HUJUSMODI :

Epistola papæ Gelasii ad Succonium episcopum Afrum apud Constantinopolim constitutum, qui persecutionem Arianorum de Africa fugiens Constantinopolim, improvide communicando, in prævaricationem Chalcedonensis synodi arguitur corruisse : ut corrigat.

Cum tuæ dilectionis in Christo constantiam ferventemque doctrinam celeberrima loqueretur opinio, dici non potest quantis gaudiis exsultavimus in Domino, quod vas egregium belli tempore maxime profuturum divina gratia præparasset ; teque votis omnibus ambientes, et quasi cominus constitutum, toto cordis affectu comitabamur absentem. Sed tristi subito rumore percussi, consternata fatemur mente concidimus ; hæsimusque diu utrum ad caritatem tuam super his litteras mitteremus , nam loqui prohibebat dolor, tacere Christi affectio non sinebat. Inter ista fluctuantes vicit divina scientia, qua toto Scripturarum corpore perdocemur aliqua tentationum subreptione sic præventos caritate libera permonere. Communicare enim dilectionem tuam in partibus Orientis adversarii veritatis primum fama detulit ; deinde plurimorum relatio non spernenda patefecit : quod ne temere credidisse nos arguas, si falsum est, quod optamus, da veniam de te sollicitæ pietati ; si verum est, accipe salubria quæso patienter amicorum vulnera castigantum, qui perniciosa subisti amicorum [*lege inimicorum*] oscula blandientum. Itane tu, amantissime et dilectissime , adversaria catholicæ regulæ consortia suscipere potuisti, tantumque nefas in te invenit effectum, quod vel cogitationibus tuis obrepere potuisse non creditur? Itane tu delegisti præsentis temporis ferre jucunditatem, magis quam affligi cum populo Dei? Stupet animus, mens sauciata succumbit, mœrentia corda deficiunt, nec tamen dolori tanto par lamentatio reperitur. Nonne tu ille es qui, spretis regum minis, et sævientium barbarorum feralia jura despiciens, simul patriam, facultates, et honoris sacerdotalis privilegia posuisti, ut ea perpetua recipere mereraris in Christo? Quid igitur nunc agimus? decolorasti gloriam, violasti confessionem, intercepisti victoriam, quantoque apud apostolicam sedem de tuo nomine fiducia, gratiaque crescebat, tanto nunc accedit miseranda confusio. Itane non senseras, quod duobus cornibus præludendo uno eodemque tempore non minus in Oriente quam in Africa Jesum solvere niterentur Antichristus? cum et illi sic Deum fateantur, ut Deus non sit, et isti sic hominem prædicent, ut hominem vacuare contendant. Inter quæ funesta pericula quid prodest evasisse præcipitium si recedatur in baratrum? Ante oculos non redibat, quod non solum qui ea faciunt, sed etiam qui consentiunt facientibus, simili damnatione censentur? Væ si eruditionem tuam tantum latuit scelus ! væ amplius si non latebat, et gestum est ! Nam si nihil aliud, hoc unum dilectioni tuæ potuit ad hæc præcavenda sufficere, ne te illorum communioni misceres, quibus communionem suam beatum Petrum noveras denegasse. Sed cum te Scripturis refertum, et catholica institutione pollentem respicimus, tanto consolationis exitum non habemus, quanto te perpendimus scientem petisse fœdera perditorum. *Quis itaque dabit capiti nostro aquam, et oculis nostris fontem lacrymarum (Jerem.* IX, 1)? nunc vere de patria conversatione discessum est, nunc verum sentitur exsilium ; nam illud salutis causa est, hoc ruinæ. Nec nos inaniter in te uno perpeti cuncta jactamus ; cum secundum Apostolum, et in cujuslibet membri gloria cuncta membra congaudeant, et in quacunque parte corporis convulsa omnis compago vexetur. Et nos quidem pro affectu quem tibi debemus, prudentiæ tuæ cruciatum nostrorum viscerum duximus intimandum. Tuæ conscientiæ intererit, quemadmodum ab his laqueis expediri non renuas. Nobis enim in utroque fructus non vacuus erit, si vel quod desideriis omnibus imploramus, de tuæ salutis, et famæ redintegratione gratulemur ; vel si, quod absit, nostra scripta contempseris, adjuvando fratri minime defuisse videamur.

INCIPIT EPISTOLA.

BEATI PAPÆ GELASII AD NATALEM ABBATEM.

Dilectissimo filio Natali abbati Gelasius episcopus. Quamvis pro beati Petri apostoli moderamine divinitus instituto, quo sedis ejus vicarii, etc.

(Hanc epistolam legere est inter opera Gelasii.)

---

a In catalogo episcoporum qui Carthagine convenerunt ex edicto regis Hunerici, Sacconius Uzalensis inter primos recitatur ex provincia proconsulari. Ad illum epistolam hanc datam esse puto, erutam ex eodem codice, sicut et subsequentem. An vero *Succonius* legi debeat, ut in eo est, an *Sacconius*, ut in editis, alii judicent. Ex 484 Africanis episcopis tunc coactis, hunc inter eos 28 fuisse qui fuga se subduxerunt, nunc dicimus. At cum anno 484 ea fuga evenerit, cumque non multo post scripta videatur epistola, Felici tribuendam existimo, qui sedit usque ad annum 492, quamvis Gelasii nomine inscripta sit. Locum Jeremiæ : *quis dabit capiti meo aquam*, etc., etiam in epistola 3 ad Petrum episcopum Antiochiæ attulit Felix. Hæsitatione tamen quadam locutus sum, cum omnino absonum non videatur a Gelasio, antequam catholici episcopi restituerentur, potuisse conscribi : obscura siquidem usque ad eam revocationem Gundabundi acta, Victoris Vitensis Historia Hunericum non prætergrediente, atque invicem contradicentibus Procopio et Isidoro : ita ut a credibili non abhorreat usque ad Gelasii tempora Succonium exsilium tolerasse. Arianos in Africa et in Oriente Eutychianos grassantes duo Antichristi cornua hic auctor vocat, qui meo quidem calculo censebitur Felix. Succonius Constantinopoli forte cum Acacio *improvide* communicavit. Dicitur in argumento, *ut corrigat* ; ita in concilio Romano ævi ejusdem : *etiamsi forte corrigeret*, quæ verbi acceptio et alibi occurrit. SCIP. MAFFEIUS.

EPISTOLA XII.

FELICIS III PAPÆ AD ZENONEM IMPERATOREM.

Laudato ejus studio in ordinatione novi episcopi, hortatur ut in Acacii Petrique nominum damnatione, de qua cleri legati nihil sibi mandatum responderant, cum Ecclesia Romana consentiat.

Felix Zenoni imperatori.

Dignas referre Deo nostro gratias fateor mens humana non sufficit, quod tantam religionis curam in vestræ pietatis sensibus miseratio divina constituit, ut eam et universis negotiis anteponi, et soliditate reipublicæ contineri, quam veraciter Christiano, tam augusto judicio censeretis, quia revera propitiatione cœlesti rerum subsistit universitas. Ex qua mirabili devotione vestræ clementiæ processisse cognosco quidquid pro divini cultus reverentia celebratus tranquillitatis vestræ sermo deprompsit. Ut scilicet firmare catholicæ fidei cupientes unitatem, Ecclesiarumque pacem magnopere roborari, talem studeretis præfici Constantinopolitanis antistitem, qui superno munere prosequente, et morum probitate fulgeret, et præ omnibus orthodoxæ veritatis polleret affectu. Magnam igitur, egregie princeps, capio de utroque lætitiam : cum et in tuæ serenitatis animo, sicut in sæculi fastigio constitutum, ita præcipuum Ecclesia filium Deo factore suscepit : et eum ipsum, de cujus pontificio gloriamini, dum ad beati Petri apostoli sedem suæ refert dignitatis exordium, jam suæ dedisse gaudeo moderationis indicium. Ubi simul et magnanimitas vestra resplendet, quando Ecclesiæ causam, sicut divinitus institutum est, pontificum desiderat ordinatione componi, et qui in sacerdotii perhibetur provectus officium, optat inde fulciri, unde Christo cupiente profluit cunctorum gratia plena pontificum. Cujus etiam litterarum me refovet intentio, qua sicut decet Christo placere nitentem, et summum apostolorum beatum Petrum, et petram fidei esse non tacuit (*Matth.* XVI), et eidem mysteriorum claves creditas fuisse cœlestium prudenter struxit, utque nobiscum circa orthodoxam fidem consentientem haberet assensum, quo amplius unanimis redderetur, expetiit. Gratissimis igitur professionibus hujus, et votis copiosa lectione patefactis, mox ut etiam filios meos sancti propositi monachos pariter venisse conspexi, difficultates omnes quæ primitus obstrepebant, hac credidi dispositione submotas : atque ideo venientibus clericis eas præter consuetudinem sociatas esse personas, quæ Petro vel Acacio non communicasse viderentur : ut illorum nominibus sequestratis, per quos scandalum contigisset Ecclesiis, sincera deinceps caritas proveniret. Quibus rite perpensis, nihil aliud mihi supererat gratulanti, nisi ut his qui fuerant destinati apostolicæ sedis communio traderetur. Sed cum pro catholica fide cautius admonerem, ut suscipientes eam se a consortio retraherent damnatorum, non sibi hoc mandatum omnino dixerunt. Qua rerum diversitate permotum anxium me hæsisse profiteor ; cum aliud litteræ, et ipsa rerum ratio demonstraret, et aliud memoratorum contineret asser-tio. Puramque volens cum eo qui pontifex creatus asseritur inire concordiam, gloriæ vestræ suggerere properavi, ut nihil residere patiamini quo denuo quidquam valeat dissensionis oboriri. Quia dum per synodum Chalcedonensem, quam se dudum litteris designavit tua clementia venerari, Eutychem atque Dioscorum constet esse damnatos, et eorum sectatores plurimis illarum partium documentis Timotheus et Petrus exstitisse monstrentur, atque eorum communionem, etiamsi prohibitam, secutus Acacius, quos ipse epistolis suis hæreticos dixerat esse damnatos : sententia illius concilii convincuntur astringi, et in ipsorum pœnam merito recidisse, quorum elegere consortium : sicut in cæteris hæresibus facta semel synodus abjecti cujuslibet erroris cunctos sequaces consequenter involvit. Quæso igitur, gloriosissime, nec in successoribus refovere judicemur quod manifestum est in auctoribus fuisse damnatum ; nec Petri putetur legitima provenisse purgatio, quem non secundum morem veterum apostolica sedes, quæ ligavit, absolvit. Scit enim Christiana mens tua, venerabilis imperator, quoniam delicta mortalium secundum conscientiam relaxandi non nisi pontificibus suis ordine competenti superna dederit dispensatio facultatem. Qui Petrus tamen, si vere receptus esset, veniam mereri debuit, non honorem : qui a damnatis atque hæreticis falsum sacerdotii nomen accipiens catholicæ non poterat Ecclesiæ præsidere. Hæc ego, reverentissime princeps, beati Petri qualiscunque vicarius, non auctoritate velut apostolicæ potestatis extorqueo, sed tanquam sollicitus pater, salutem prosperitatemque clementissimi filii manere cupiens diuturnam, fideliter imploro. Ecce desideramus, optamus, ambimus Ecclesiam Constantinopolitanam, sicut semper, habere connexam. Exuantur obsecro ab his qui nostri non sunt, et nos quoque volumus esse nobiscum. Postulationes certe gentium barbararum, venerabilis imperator, pro quiete mundani regni publice benignus exaudis. Quanto præstantius quæso te, preces apostolicæ sedis pro sacrarum tranquillitate rerum placatus admittis ? Hoc enim hoc expedit, ut si utraque Roma pro mutuo pignore nuncupatur, fiat utraque una fides illa Romanorum, quam per universum mundum prædicari beatus Paulus (*Rom.* 1, 8) testatur apostolus, sicut apud nostros floruit indiscreta majores ; et quæ genere concordat ac nomine, non sit religione divisa, per quam etiam discrepantia copulantur. Putasne me, venerabilis imperator, non cum lacrymis ista profundere, et velut præsentem ad tuæ pietatis vestigia ? Nec enim piget in tali maxime causa imperialibus officiis inclinari, cum se Apostolus (*I Cor.* IV, 13) omnium factum dicat esse peripsema. Hæc diutius tacui, ne aliis contraria suggerentibus irreverentiam meis potius litteris commoverem. Verum nunc facultate percepta, qualiter vigeat in meo corde vestræ pietatis affectus insinuo : quia successus traditæ vobis divinitus potestatis cupio propitiatione constare. Neque, venerande fili, respuas supplicantem, neve meam velis dissimulare personam. In me enim qualicunque vicario beatus Petrus apostolus, et hæc in illo qui Ecclesiam suam discerpi non patitur, ipse etiam Christus exposcit. Absit ut huic quemquam Christiana mens tua vel possit vel debeat anteferre, quem pro te votis omnibus desideras exorari. Præsertim cum tanta sint illa, vel talia, quæ tyrannide deleta pro fide catholica gessisti et geris, ut plena a Deo vestræ conscientiæ experimenta teneamus. De quibus etsi quid fortassis omissum est, non respicit nisi perfidi virus Acacii, qui, dum illicitis crescere tendit augmentis, ea quæ rectæ religioni congruerent, vobis inter curas publicas occupatis destitit intimare. Nam pietas tua quomodo non sequendum potius existimaret, quod fecisse conspiceret sacerdotem? Unde divino judicio nullatenus potuit, etiam cum id mallemus, absolvi. Quapropter magis magisque supplicare non desino, ut cum suis nominibus atque personis feralis illa causa transierit : quo nos, annuente Domino nostro, certa perfectaque lætitia necti valeamus cum præsule nunc creato, beati Apostoli voce dicentis : *Si qua igitur in Christo nova creatura, vetera transierunt, omnia facta sunt nova* (*I Cor*. v, 17). Litteræ certe vestræ catholicæ fidei prædicant unitatem, pacemque Ecclesiarum regia pietate pronuntiant. Quæ cum debito honore legerentur, qualiter mecum totus ordo Romani presbyterii vitam vobis prosperitatemque continuam promptus exorans, repetitis assidue vocibus acclamarit, et hi qui directi sunt audierunt, et ubique velox tam præclari nuntii legatio putabatur obviare. Necessitati populi Alexandrinæ civitatis magis in ea parte prospiciendum est, ut a pestiferi rectoris retrahatur insidiis. Concurrant omnia, rogamus omnes, ut quemadmodum docet Apostolus (*Galat*. I, 12), auferatur de medio qui nos conturbat; et ea quam augustæ memoriæ Leo, pater eruditorque vester, jugiter custodivit, vel vos magnanimiter servare decernitis, Ecclesiarum fida pax, vera sit unitas : quoniam cuicunque personæ paterna fides, et beati Petri communio debet præferri. Atque ad vestram gloriam, sicut imperii vestri felicitas, ita post Deum pertinere doceatur regni cœlestis integritas ; ut de conservatis Ecclesiæ suæ legibus tranquillitatis tuæ benevolentiam Christus assumens, et temporalia tibi dona multiplicet, et præstet æterna.

EPISTOLA XIII.

FELICIS PAPÆ III AD FLAVITAM EPISCOPUM CONSTANTINOPOLITANUM.

Quod legatos ejus a communione propterea suspenderit, quia de Acacii Petrique nominibus nihil sibi mandatum responderint. Hortatur ut et ipse ab his recitandis abstineat, et Zenoni id ipsum persuadeat.

Felix Flavitæ episcopo Constantinopolitano.

Multa sunt quæ nobis præbeant de tuæ dilectionis ordinatione lætitiam, et sperare divino beneficio cohortentur ecclesiasticæ pacis effectum. Primum quidem, quod, talem te gratia cœlestis elegerit, cujus a puero vita probabilis asseratur, et catholicæ fidei, quod ante omnia cupimus, prædicetur intentio. Deinde quia inter hæc munera tuæ Dominus caritati domini quoque filii nostri gloriosissimi principis votum contulit et favorem : quatenus potestatis fultus, Deo præstante, subsidio, facilius valeas expetere quæ secundum veritatem sapienter intenderis. Postremo quod omnia propemodum, quæ tui sequuntur honoris exordium, tam benevolentiam nobis clementiæ principalis ostendunt, quam tuæ produnt speciem voluntatis. Dum scilicet ad apostolicam sedem regulariter destinatur, per quam largiente Christo omnium solidatur dignitas sacerdotum. Quod ipsæ dilectionis tuæ litteræ apostolorum summum, petramque fidei, et cœlestis dispensatorem mysterii creditis sibi clavibus, beatum Petrum apostolum confitentur. Quod denique, ut amplius esse unanimes valeamus, nobiscum dilectionem tuam orthodoxæ fidei habere velle testantur assensum. Quæ cum non mediocria videantur indicia, quibus de tua mente nobis procedere votiva credamus, ad testimonium majus accessit, ut filii nostri religiosi monachi, rectæ fidei confessione pollentes, pariter huc venirent. Quibus utique visis æstimamus non aliter destinatos, nisi nominibus damnatorum, a quorum isti communione distabant, de Constantinopolitana Ecclesia jam repulsis. Itaque nihil superesse perspeximus nisi ut hi qui dilectionis tuæ synodica bajulabant, communionis apostolicæ participatione fruerentur. Sed dum cum ipsis sollicitius ageretur, ut si mallent B. Petri apostoli communionem fideli corde suscipere, responderent vel se, vel dilectionem tuam ab Alexandrini Petri, Acaciique deinceps recitatione futuram modis omnibus alienam ; illi nihil sibi tale mandatum fuisse perhibentes, oblatæ salubriter gratiæ nostræ consentire noluerunt. Qua eorum cunctatione permoti, cum litteræ venientes, vel ipsa rerum dispositio aliud promittere videretur, et relatio prædictorum longe aliter quam sperabatur efferret, communionem quidem nostram contristati distulimus, quam remotis dubietatibus optabamus plenam catholicæ fidei, et hoc, quod circa orthodoxam fidem consensum nobiscum se habere promisit, arbitramur esse venturam. Alioqui nihil nobis poterit imputari, si complectentibus fœdera caritatis beati apostoli Petri consortio Alexandrini Petri societas præferatur. Erit enim apud Deum hominesque manifestum, talia perpetrantes non nostro vitio, sed suo prorsus arbitrio separari, idemque ante tribunal Christi modis omnibus terribiliter judicandum. Non sumus pertinaces, sed dogmata paterna defendimus : quemadmo-

---

a Codex Virdunensis hanc tribuit Gelasio : at Gelasius hoc tempore pontifex non erat, sed Felix. Liberatus Breviarii cap. 18 : *Moritur*, inquit, *Acacius, et ordinatur post eum Flavitas presbyter, qui fuit a sancta Thecla ; qui non consensit sine Romano pontifice inthronizari, sed transmisit synodicam papæ Romano Felici. Qui modico vivens tempore moritur non accipiens epistolam ipsius.* Vide Nicephorum lib. XVI, cap. 19. JAC. SIRMONDUS.

dum etiam tuæ dilectionis pagina designavit, zelum pro orthodoxis ostendere nos debere. Chalcedónensi concilio, quod universalis sanxit et custodit Ecclesia, Eutyches et Dioscorus non probantur esse damnati? An eorum complices Timotheus atque Petrus instructionibus plurimis convenientibus non docentur, sicut hi quoque quos misit tua dilectio perviderunt? An eorum communionem, frequenter et regulariter interdicentibus nobis, non est secutus Acacius, quos ipse suis epistolis hæreticos dixerat, olimque damnatos, et male rursus ædificans, quod bene ante ipse destruxerat, secundum Apostolum (*Galat.* II, 18) prævaricator apparuit? Ideoque juxta præfatæ synodi tramitem, merito illic damnatæ perfidiæ parem cuncti subiere vindictam, qui hujus maluerunt esse participes: quemadmodum contra unamquamque hæresim synodus constituta, cunctos etiam dejectæ similes pravitatis astringit: ne in successoribus omnino reparandum esset, quod in auctoribus juste monstratur esse prostratum. Absolvi autem Petrus nulla ratione potuit sine apostolicæ sedis assensu, qua fuerat mandante seclusus, sicut de recipiendis talibus forma veterum testatur antistitum. Qui etiam Petrus, si de legitima fuisset curatione sanatus, ad indulgentiam suscipi deberet, non ad sacerdotii dignitatem: qui a damnatis atque hæreticis institutus, catholicis plebibus nulla posset ratione præponi. Perspexisti et ipse nobiscum salutaria esse quæ dicimus. Unde etiam in tuis litteris, cum de beati Petri fide loqueris, quod cum tota gratulatione legimus, catholica mente posuisti: *Et qui cum eo sicut vos credunt consona voce gloriantes dispersa colligere valeamus.* Quæro igitur quænam illa sint, vel qua rerum perturbatione dispersa. Nec alia nunc prorsus occurrunt, nisi quæ per Eutychianæ pestis ejusdem sequacium sunt excogitata vesaniam. Dilectio vero tua operam det nobiscum, quatenus possit quæ te quoque fatente dispersa sunt colligi. Voce utor Apostoli: *Obsecro vos, nihil me læsistis (Galat.* IV, 12). Non hoc velut imperiosus impono, sed ut conscientiam meam convenienter expediam. Ne commissæ vobis divinitus rationabiles oves, non sine vestro discrimine, quod absit, perire sinantur, exhortor. Cogitate simul omnes qui dignitate pastorali censemini, pro Christiana fide, quæ tunc est Christi si vera est, et vivendum nobis, et si oportuerit sacrosanctæ religionis amore moriendum. Perpendite igitur ipsius vitæ semper tempus incertum: ne repente rapti ad cognitionis illius formidandæ trahamur examen. Unde propensius tanquam præsentem dilectionem tuam jure caritatis vehementer astringimus, ut sortem infelicis Acacii perhorrescens, qui sicut scriptum est, ut iret in locum suum, etiam nobis conantibus, non est permissus absolvi, quo vales tenore contendas, ut catholicorum illius urbis antistitum magis monstreris esse imitator, et dominum filium nostrum gloriosissimum principem conjugemque ejus, adjuncta tecum mea prece, non desinas suppliciter exorare, ut sicut devoti Ecclesiæ filii, et obsecrationes nostras clementer admittant, et pro sui regni salutisque perpetuæ perfici considerationa decernant. Nec dilatæ communionis apostolicæ tua causetur dilectio tarditatem. Nollemus qualicunque difficultate suspendi, nisi respectus catholicæ veritatis obsisteret, cui dilectionem quoque tuam summis viribus inhærere vel opto, vel moneo. Nomen igitur Petri et Acacii tollatur e medio, nec apocrisiariis damnati Petri misceamur aut litteris. Et sicut ait Apostolus: *Abscindantur qui nos conturbant* (*Galat.* v, 12). Iterumque ut ipse pronuntiat: *Expurgate vetus fermentum, ut sitis nova conspersio* (*I Cor.* v, 7), cum nominibus personisque suis præterita causa deleatur. Nobis Deo inspirante provisuris rationabiliter, ut scripsimus, si cuncta convenerint, ut eorum quos ordinavit vel baptizavit Acacius, salva confessione catholica, pro caritatis Ecclesiæ redintegratione nihil pereat: quatenus pax illa proveniat, quæ fecit utraque unum (*Ephes.* II): non illa quam propheta condemnat: *Pax, pax, et non erat pax* (*Ezech.* XIII, 10), et caritas, quam tua dilectio suis sæpe litteris postulavit, pura succedat, de qua dicitur: *Caritas de corde puro, et conscientia bona, et fide non ficta* (*I Tim.* I, 5). Nihil sit commune luci cum tenebris: quia non possumus nec debemus mensæ Domini participare et mensæ dæmoniorum (*I Cor.* x): ut tibi creditis ovibus præteritorum congregatione mundatis, fiat unus grex, et unus pastor (*Joan.* x). Scriptum esse meministi: *Si recte offeras, et recte non dividas, peccasti* (*Gen.* IV, 7); et propheta clamat: *Inter mundum et immundum non discernebatis* (*Ezech.* XXII, 26). Quæ universa summatim illa circumspectione perstringimus, ut cordibus salubriter expiatis, tam firmam sine dubitatione quam veram, tam perpetuam quam unitam possimus tenere concordiam. Quantocius ergo super his tua nos reddat dilectio certiores, ut Deo, nostro perficiente quod cœpit, in compage corporis Christi plena valeamus reconciliatione consentire.

[a] EPISTOLA XIV.

FELICIS III PAPÆ AD THALASIUM ARCHIMANDRITAM CONSTANTINOPOLITANUM.

Ne cum Ecclesia Constantinopolitana vel illius episcopo, ipse aut monachi ejus ante communicent quam a sede apostolica jussum fuerit.

Felix Thalasio [*Thalassio*].

Post factas litteras, quas per filios nostros religiosi propositi viros dilectioni tuæ misimus contradendas, ne quid minus pro catholicæ fidei custodia diligentior cura prospiceret, caritatem tuam duximus admonendam ut etiamsi, præstante Deo nostro, nomina damnatorum, id est Alexandrini, Petri et infelicis Acacii, fuerint de ecclesiastica recitatione sublata, ut similes perditionis eorum, sacerdotii non permittantur præsumere dignitatem, non prius tua

---

[a] Sequenti epistolæ titulus in veteri codice præfixus est hujusmodi: *Exemplum epistolæ quam pertulerunt in legationem directi monachi ad Rufinum, Hilarum et Thalasium, archimandritas Constantinopoli.* JAC. SIRMONDUS.

dilectio vei **congregatio quam gubernas**, Constantinopolitanæ Ecclesiæ, vel quicunque ejus futurus est pontifex, communicandum esse decernat, quam ad notitiam sedis apostolicæ cuncta referantur, vel ipsius litteris qui fuerit creatus episcopus, vel tuæ dilectionis alloquiis. Quia sicut per professionem catholicam sedis apostolicæ formam secutus es ut te a damnata communione suspenderes, ita beati Petri sequi debetis exemplum, ut quando ejus auctoritate fuerit relata communio, tunc eis etiam tuum noveris miscendum esse consortium. Nec quisquam dilectioni tuæ omnino persuadeat jam nostram communionem illis partibus fuisse commissam, cum videas adhuc res in dubio constitutas, et apud nos de illic creato pontifice omnia haberi prorsus incerta. Neque posset cum eo sociari communio, cujus adhuc a nobis nec honor probatur esse susceptus, nec fides atque intentio comprobata. Exspectet ergo dilectio tua sedis apostolicæ jussionem, et sic Ecclesiæ Constantinopolitanæ sacra se communione conjungat, si in participatione beati Petri et catholicæ veritatis desideras permanere. Data calendas Maias, " Probo et Fausto VV. CC. indictione XIII.

EPISTOLA XV.

FELICIS III PAPÆ AD VETRANIONEM EPISCOPUM.

Dissidii Ecclesiæ Constantinopolitanæ causas exponens, hortatur ut Zenonem ad unionem cum Romana instaurandam permoveat.

Felix Vetranioni episcopo.

Quod unitatis Ecclesiæ plena cupimus redintegratione firmari, multorum relatione comperimus dilectionem tuam, et egregiis moribus divina gratia tribuente pollere, et domini filii nostri Christianissimi principis familiaritate subnixam; paratamque fraternitatem tuam catholicæ fidei causam, si manifestius panderetur, libere et prudenter astruere. Quibus de tua mente sumptis indiciis, talem te veritatis auctorem [*Lege a.torem*] esse perpendimus, qualem illic desideravimus invenire. Gratamur igitur quod hæreditatem suam non usquequaque Dominus repulisset, sed in eorum cordibus flammam rectæ confessionis servaret absconditam, qui sive se a communione confusa penitus abstinerent, sive in eam per ignorantiam recidissent, mallent tamen et declarari quæ recta sunt, et secundum traditionem veterum comprobata sectari. Atque ideo alloqui caritatem tuam nostro modis omnibus sermone curavimus, et de his quæ Ecclesiam Christi fecerint dissidere competenter instruere. In Chalcedonensi itaque synodo, quæ de concilii Nicæni tenore procedens, pro Christianæ confessionis integritate servanda, tam auctoritate sedis apostolicæ quam universalis Ecclesiæ est celebrata consensu, Eutychem atque Dioscorum constat fuisse damnatos. Quorum Timotheus et Petrus exstitisse docentur procul dubio sectatores, eorumque se communioni nefariæ miscuisse, etiam cum a nobis

" Scribendum *Longino et Fausto, an.* 490.

prohibitus est (an. 483) Acacius: atque ob hoc, forma synodi memoratæ, similem cunctos, quæ præfixa fuerat pravitati, damnationis incidisse sententiam, cujus se elegerunt esse consortes. Unde merito prædictus Acacius apostolicæ sedis, quæ nunc exsecutrix utique sæpe dicti Chalcedonensis concilii pro fide catholica tunc probati non defuit, iterata [die Julii 28 an. 484] excommunicatione depulsus est, ne per eum, quod absit, nos quoque reddamur complices perditorum. Neque Petrum quisquam legitime credat esse purgatum, qui non a beati Petri apostoli sede receptus est, qua fuit mandante dejectus. Bene enim dilectionem tuam nosse non ambigo, quod personam hujusmodi, cum ita ratio postularet, non nisi ecclesiasticæ legis ordine competenti, sicut divinitus constitutum est, vel possint, vel debeant convenienter absolvere. Quod cum factum non sit, manifestum est Petrum in ea qua pridem fuerat perversitate ac damnatione detineri. Qui etiamsi legitime corrigi voluisset, indulgentiam consequi debuit, non ecclesiasticam dignitatem: quia ab hæreticis damnatisque falsi sacerdotii nomen assumens, Ecclesiæ catholicæ nullis regulis potuit præsidere. Hæc autem quæ de prædictis gesta narravimus, documentis inde venientibus approbantur, sicut Constantinopolitani clerici qui directi sunt, agnoverunt; palamque monstratum est Acacium se eorum fecisse participem quos suis litteris hæreticos, et retulerat ipse damnatos. Perceptis ergo summatim dilectio tua quæ videntur Ecclesiarum fecisse dissidium, nosque perpendens non immerito pro fide catholica exstitisse sollicitos, non solum deinceps se a communione damnatorum studeat custodire: sed Christi gregem qua valet industria retrahere non quiescat, et domno filio nostro Christianæ mentis Augusto incessabiliter suggerere non omittat, ut operis sui memor, quod fide catholica, inspirante Domino nostro, clementer dicitur exsecutus, plenam temporibus suis pacem, et Christi veritatem sinceram, ut præcipuus sacræ religionis filius, et pia devotione conspicuus, tranquilla dispositione restauret, et de Ecclesia Constantinopolitana Petri Alexandrini nomine Acaciique sublato, pro quo tempestas omnis exorta est, intemeratam paternæ traditionis fidei post Dominum benignus efficiat unitatem. Quæ nunquam fuisset utique temerata, si hanc imperatori Christianissimo fideliter Acacius insinuare voluisset. Sed dum Patrum terminos transferre molitur, et ambitionibus suis prævaricationis aditum impudenter exquirit, nec venerabilia dubitavit decreta calcare, et inter curas publicas occupato principi venerando dissimulavit quæ noverat vera suggerere: talem se conscientium circa salutem regiam potestatemque gestare demonstrans, qualem in negotio ipsius religionis exhibuit. Unde, quod non sine divini judicii terrore dicendum est, etiam nobis si requisisset optantibus, non est permissus absolvi. Quomodo autem domnus filius noster venerabilis imperator non hoc sibi judicare posset faciendum, quod cerneret sacerdotem vel facere vel docere? Quapropter adjuncta secum mea prece, dilectio tua sæpe dictum domnum filium nostrum supplicatione qua potest, et lacrymarum professione deprecetur ut patienter permittat abscidi qui nos conturbant, ne in successoribus hæreticorum reparasse videamur quod in auctoribus eorum certum est fuisse damnatum; priorumque consimiles opprimere non sinat ecclesiasticam dignitatem, quatenus apostolica voce dicamus : *Si qua igitur in Christo nova creatura, vetera transierunt, ecce facta sunt omnia nova (I Cor.* v, 17). Ecclesiam Constantinopolitanam nobis, sicut semper, unitam sua post Deum placiditate concedat. Quoniam et hoc præsentis felicitatis ejus incrementa desiderant, et consequendæ fructus æternitatis exposcit. Dilectionem vero tuam specialiter commoneo atque contestor in illo nostri Salvatoris examine formidando rationem mihi modis omnibus reddituram, si quæ pro integritate salutis humanæ, pro orthodoxa atque regulari constitutione majorum, et veraci atque sincera totius Ecclesiæ pace reparanda delegavi, quod de tua mente non credimus segnius exsequaris.

(Ex codice Virdunensi.)

Felix Andreæ episcopo Thessalonicensi.

Quod plene catholicæ fidei cupimus redintegratione firmari, sollicitudinem dilectionis tuæ, qua ad sedis beati Petri communionem venire desideras, libenter amplectimur; sed eam vellemus, sicut orthodoxæ veritatis cautela deposcit, ex omni fieri parte constantem.

DECRETUM

FELICIS PAPÆ III.

(Ex Gratiano desumptum.)

In ecclesiasticis causis regia voluntas sacerdotibus est postponenda.

Certum est hoc rebus vestris esse salutare, ut cum de causis Dei agitur, juxta ipsius constitutionem, regiam voluntatem sacerdotibus Christi studeatis subdere non præferre; et sacrosancta per eorum præsules potius discere quam docere; ecclesiasticam formam sequi, non huic, humanitus obsequendo, jura præfigere; neque in ejus sanctionibus velle dominari, [a] cujus clementiæ Deus voluit tuæ piæ devotionis colla submittere : ne, dum mensura cœlestis dispensationis exceditur, eatur in contumeliam disponentis.

LIBELLUS

A FELICE PAPA DECRETO CONCILII AD ZENONEM IMPERATOREM TRANSMISSUS.

Cum sibi redditam pacem, compressis per vos hæreticis, qui sentiebantur attolli, universalis gauderet Ecclesia, et vestræ pietatis imperium etiam de inimicis suis victoriam reportasset, et per universum orbem pro salute vestræ serenitatis oratio cunctorum oraret ad Dominum sacerdotum; et vestra pietas fidei custos et defensor orthodoxiæ, sub æterni Regis propitiatione regnaret : quando venerandi apices vestri, et Deo proxima currens de sacro pectore frequenter auctoritas, inter gaudia recepti imperii, Petrum conversatum cum hæreticis, et parricidæ illi Timotheo cohærentem, a profanis (quia nec ab aliis fieri poterat) Alexandrinæ Ecclesiæ episcopum, quantum sibi existimaverat, ordinatum, acceptissima Deo præceptione dejecerat; et tyranni litteras, quas in eversionem contra fas et sacrosancti Chalcedonensis concilii definitiones mens insana dictaverat, pro regni sui commendatione, evacuavit. Ita deinde illicitas ordinationes ejus, vel etiam Timothei, ut pote hæreticorum, irritas fecit; atque eos, quantum extra Ecclesiam fuerint, judicavit [*Lege* indicavit].

Sed nunc eum, mutatis omnium gaudiis in mœrorem, Ecclesiæ Alexandrinæ cognovimus præsidere. Quod si verum est (ut Christianissimo principi coram Deo fiducialiter est faciendum), divino judicio suggerimus non leviter esse pensandum, nisi certis remediis, quod in contumeliam Dei factum dicitur, fuerit expiatum. Et quia (sicut scriptum est) *unius membri totum corpus patitur passiones (II Cor.* III), in persona ejus Orientis concutiuntur Ecclesiæ. Quod fratrem et coepiscopum meum Constantinopolitanum respicit sacerdotem, adversus quem in conventu mihi ab eo, cujus sedem præfatus fertur tenere, libellus oblatus est, quem deplorationibus meæ humilitatis annexui; ut idem frater et coepiscopus meus Acacius (sicut ecclesiasticis necesse est, et vestris legibus fieri decet) ad hæc quæ se de perfidia intimari, apud beatissimum Petrum apostolum diluere obedienter procuret, nec ullo modo existimet differendum. Qui si (quemadmodum confidimus) bene conscius est, apostolicum non debet judicium cum consacerdotibus suis et moderationem abjicere; ut sacerdotalibus actibus et comprobatione fideli comprobatus primum Christi Domini nostri, atque omnium sacerdotum, ac deinde pietatis vestræ gratia gloriosus perfruatur.

---

[a] *Cui Deus voluit clementiam tuam piæ devotionis colla submittere.* Vide supra epist. 9, unde hoc decretum a Gratiano aliove decerptum. LABB.

ANNO DOMINI CCCCXCII.

GENNADIUS

MASSILIENSIS PRESBYTER.

PROLEGOMENA.

(Ex. Guill. Cave.)

Gennadius, gente Gallus, presbyter Massiliensis, non, ut male Jac. Gaddius (De Script. non eccles. tom. I, pag. 222) et Gaddio longe antiquiores Sigebertus (De Script. eccles. cap. 30) et Platina (In Vita Symmachi), presbyter ac deinde antistes Massiliensis. Claruit anno 495, quo Catalogum suum clausit et librum de Fide ad Gelasium papam misit. De studio illius erga fidem catholicam discrepant tam veterum quam recentiorum judicia. Viris sanctissimis eum annumerat Hadrianus papa (Epist. ad Carolum Magnum); inter Pelagianos reponit Ecclesia Lugdunensis (Lib. adv. Joannem Scotum) ante annos octingentos. Prædestinationis eum quidem inimicum fuisse certo constat, eoque etiam nomine de S. Augustino et Prospero minus bene sensisse videtur (Vide Catalog. cap. 38, 84) cum ab iis dogma Prædestinatianum propugnari male censeret. Pelagianismi tamen nota eximunt libri ab eo contra Pelagium scripti : nec gratiæ-prævenientis necessitatem ab eo sublatam esse (quæ propria erat Semipelagianismi) manifesto liquet : adeo ut scriptoribus catholicis jure accenseri queat.

TESTIMONIA DE GENNADIO.

WALAFRIDUS STRABO.
(De Rebus eccles. cap. 20.)

Gennadius Massiliensis presbyter in dogmate ecclesiastico, quasi inter veteres et juniores medius existens, hujusmodi libramine sententiam suam temperat, ut quotidianam eucharistiæ perceptionem nec laudare nec vituperare se dicat.

ALGERUS.
(De Sacramento euchar. lib. I, cap. 22.)

Invenitur in libro Gennadii de ecclesiasticis Dogmatibus : « Quotidie eucharistiæ communionem percipere nec laudo nec vitupero, » etc.

PETRUS LOMBARDUS.
(Sentent. lib. II, dist. 20.)

Gennadius in definitionibus ecclesiasticorum dogmatum ait : « Dæmones per energiam non credimus substantialiter illabi animæ, » etc.

THOMAS AQUINAS.
(Quodlib. 12, art. 11.)

Liber de Dogmatibus ecclesiasticis non est Augustini, sed Gennadii, qui claruit sub Anastasio imper. anno Domini 490 (Trithemius de Scriptor. eccles., fol. 236).

PLATINA.
(In Symmacho PP. 1.)

Hujus tempore Ecclesiam Dei multum juvit Gennadius Massiliensis episcopus, diligens Augustini imitator, qui librum de Dogmatibus composuit, et quid cuique ad salutem necessarium esset, declaravit.

CÆSAR BARONIUS.
(Tom. II Annal. eccles. ad an. Christi 263.)

Gennadius Massiliensis in commentario de Ecclesiasticis dogmatibus, qui interdum sancti Augustini nomine perperam invenitur esse citatus, scriptum reliquit : « Nihil creatum aut serviens, » etc.

GENNADII MASSILIENSIS
LIBER
DE ECCLESIASTICIS DOGMATIBUS.
(Ex editione Elmenhorstii.)

1 CAPUT PRIMUM.

Credimus unum esse Deum Patrem, et Filium, et Spiritum sanctum : Patrem eo quod filium habeat ; Filium eo quod patrem habeat ; Spiritum sanctum eo quod sit ex Patre et Filio procedens, Patri et Filio coæternus. Pater ergo principium Deitatis : qui sicut nunquam fuit non Deus, ita nunquam fuit non Pater, a quo Filius natus, a quo Spiritus sanctus non natus quia non est filius, neque ingenitus; quia non est Pater, neque factus, quia non est ex nihilo, sed ex Deo Patre et Deo Filio Deus procedens. Pater æternus, eo quod æternum habeat Filium, cujus æternus sit Pater. **2** Filius æternus, eo quod sit Patri coæternus. Spiritus sanctus æternus, eo quod sit Patri et Filio coæternus. Non confusa in una persona Trinitas, ut Sabellius dicit; neque separata aut divisa in natura Divinitas, ut Arius blasphemat; sed alter in persona Pater, alter in persona Filius, alter in persona Spiritus sanctus. Unus natura in sancta Trinitate Deus pater, et Filius, et Spiritus sanctus.

CAPUT II.

Non pater carnem assumpsit, neque Spiritus sanctus, sed Filius tantum : ut qui erat in divinitate Dei Patris Filius, ipse fieret in homine hominis matris filius ; ne filii nomen ad alterum transiret, qui non esset æterna nativitate filius. Dei ergo Filius factus est hominis filius, natus secundum veritatem naturæ ex Deo Dei Filius, et secundum veritatem naturæ ex homine hominis Filius : ut veritas geniti non adoptione, non appellatione, sed in utraque nativitate filii nomen nascendo haberet, et esset verus Deus et verus homo unus filius. Non ergo duos Christos, neque duos filios fatemur, sed Deum et hominem unum filium. Quem propterea et unigenitum dicimus, manentem in duabus substantiis *f* sicut ei naturæ veritas contulit, **3** non confusis naturis, neque immixtis, sicut Timothiani volunt, sed societate unitis. Deus ergo hominem assumpsit, homo in Deum transivit, non naturæ versibilitate, sicut *a* Apollinaristæ dicunt, sed Dei dignatione : ut nec Deus mutaretur in humanam *b* substantiam, assumendo hominem, nec homo in divinam glorificatus in Deum : quia mutatio vel versibilitas naturæ et diminutionem et abolitionem substantiæ facit. Creditur a nobis sine confusione conjuncta sancta Trinitas, sine separatione distincta. Natus est ergo Dei Filius ex homine, et non per hominem : id est, non ex viri coitu, sicut Ebion dicit; sed carnem ex virginis corpore trahens, et non de cœlo secum afferens, sicut Marcion, Origenes et Eutyches affirmant. Neque in phantasia, id est, absque carne, sicut Valentinus asserit, *c* neque de thesi, id est, putative imaginatum, sed corpus verum. *d* Non tantum carnem ex carne, sicut Marcianus, sed verus Deus ex divinitate, et verus homo ex carne, *e* unus Dei Filius, in divinitate Verbum Patris et Deus, in homine anima et caro. Anima non absque sensu et ratione, ut Apollinaris, neque caro absque anima, ut Eunomius; sed anima cum ratione sua, et caro cum sensibus suis : per quos sensus veros in passione, et ante passionem suæ carnis dolores sustinuit.

4 CAPUT III.

Neque sic est natus *f* ex virgine, ut et divinitatis initium homo nascendo acceperit, quasi antequam nasceretur ex virgine Deus non fuerit, sicut Artemon, et Berillus, et *g* Marcellus, docuerunt : *h* sed æternus et Deus et homo ex virgine natus est, *i* non amittens quod erat, dignatus esse quod non erat.

CAPUT IV.

Nihil creatum aut serviens in Trinitate *j* credamus, ut vult Dionysius fons Arii ; *k* nihil inæquale, ut vult Eunomius; nihil inæquale gratiæ, ut vult Aetius ; nihil anterius posteriusve aut minus, ut Arius; nihil extraneum aut *l* officiale alteri, ut Macedonius; nihil *m* pervasione aut surreptione insertum, ut Manichæus; nihil corporeum, ut Melito et Tertullianus, nihil corporaliter effigiatum, ut Anthropomorphus et *n* Vadianus; nihil sibi invisibile a creaturis, ut Origenes; nihil creaturis visibile, ut Fortunatus; nihil moribus vel voluntate diversum, ut Marcion ; nihil ex Trinitatis essentia ad creaturarum naturam deductum, ut Plato et Tertullianus; nihil officio singulare nec alteri communicabile, ut Origenes; nihil confusum, ut Sabellius; sed totum perfectum, quia **5** totum ex uno, et unum ex toto : non tamen solitarium, ut præsumunt Praxeas et Sylvanus, Pentapolitana damnabilis illa doctrina.

CAPUT V.

Ὁμοούσιος ergo, id est, coessentialis in divinitate Patri Filius; ὁμοούσιος Patri et Filio Spiritus sanctus ; ὁμοούσιος Deo et homini unus Filius, manens Deus in homine suo in gloria Patris, desiderabilis videri ab angelis : sicut Pater et Spiritus sanctus adoratur ab angelis et ab omni creatura; non homo factus præter Deum, *o* vel Christus cum Deo, sicut blasphemat Nestorius, sed homo in Deo, et Deus in homine.

CAPUT VI.

Erit resurrectio mortuorum omnium hominum, sed una et insimul et semel. Non prima justorum, et secunda peccatorum, ut fabula est somniatorum; sed una omnium. Et si id resurgere dicitur, quod cadit, caro ergo nostra in veritate resurgit, sicut in veritate cadit. Et non secundum Origenem immutatio corporum erit, id est, aliud novum corpus pro carne : sed eadem caro corruptibilis quæ cadit tam justorum quam injustorum incorruptibilis resurget, quæ vel

---

a Ms. cod. Florent., *Tertullianus et Apollinaristæ dicunt.*
b Ms., *sufficientiam.*
c Ita ms. cod. Florentinus biblioth. D. Marci.
d Ms., *non inæquale, ut Eunomius, nihil per gratiam, cor tamen carnem; sensu nullo*
e Vox *Dei* ex ms. est.
f Ms. delet *ex virgine.*
g Vox *Marcellus* deest in ms.
h Ms., *sed æternus ante sæcula Deus, homo,* etc.

i Non amittens quod erat, dignatus esse auod non erat, hæc loco suo mota ex ms. reposui.
j Ms., *credendum.*
k Nihil inæquale gratiæ, hæc ms. inducit.
l Ms., *difficile.*
m Ita recte ms.; alii *persuasione,* inepte.
n Ms. *Nadicinus,* male. Danæus ad August. de Hæres. cap. 50 legit Audianos.
o Ms., *sed.*

pœnam sufferre possit pro peccatis, vel in gloria æterna manere pro meritis.

CAPUT VII.

Omnium enim hominum erit resurrectio. [a] Si omnium erit, ergo omnes moriuntur, ut mors ab Adam [b] ducta omnibus filiis ejus dominetur; et maneat illud privilegium in Domino, quod de eo specialiter dicitur. *Non dabis sanctum tuum videre corruptionem* (Psal. XVI, 10) [c]. Hanc rationem maxima Patrum turba tradente suscepimus. Verum quia sunt et alii æque catholici et eruditi viri qui credunt, anima in corpore manente, immutandos ad incorruptionem et immortalitatem eos qui in adventu Domini vivi inveniendi sunt, et hoc eis reputari pro resurrectione ex mortuis, quod mortalitatem [d] præsentis vitæ immutatione deponant, non morte : quolibet quis acquiescat modo, non est hæreticus, nisi ex contentione hæreticus fiat. Sufficit enim in Ecclesiæ lege carnis resurrectionem credere futuram de morte.

CAPUT VIII.

Quod autem dicimus in symbolo, in adventu Domini vivos ac mortuos judicandos, non solum justos et peccatores significari, sicut Diodorus putat, sed et vivos eos qui in carne inveniendi sunt credimus, qui adhuc morituri creduntur; vel immutandi sunt, ut alii volunt, ut suscitati continuo vel reformati cum ante mortuis judicentur.

CAPUT IX.

Post resurrectionem et judicium non credamus restitutionem futuram, quam Origenes delirat; ut dæmones vel impii homines post tormenta quasi suppliciis expurgati, vel illi in angelicam qua creati sunt redeant dignitatem, vel [e] injusti justorum societati donentur : eo quod hoc divinæ conveniat pietati, ne quid ex rationalibus pereat creaturis, sed quolibet modo salvetur. Sed nos credamus ipsi judici omnium [f] retributori justorum qui dixit : *Ibunt impii in supplicium æternum, justi autem in vitam æternam, ut percipiant fructum operum suorum* (Matth. XXV, 46). [g] Et iterum : *Ite in ignem æternum, qui paratus est diabolo et angelis ejus* (Ibid., 41).

CAPUT X.

In principio creavit Deus cœlum, et terram, et aquam ex nihilo. Et cum adhuc tenebræ ipsam aquam occultarent, et aqua terram absconderet, facti sunt angeli et omnes cœlestes virtutes, ut non esset otiosa Dei bonitas, sed haberet in quibus per multa ante spatia bonitatem suam ostenderet : et ita hic visibilis mundus ex materia quæ a Deo facta fuerat, factus est et ornatus.

CAPUT XI.

Nihil incorporeum et invisibile [h] in natura credendum, nisi solum Deum, id est Patrem, et Filium, et Spiritum sanctum. Qui ideo recte incorporeus creditur, quia ubique est, et omnia implet atque constringit. Ideo et invisibilis omnibus creaturis, quia incorporeus est.

CAPUT XII.

Creatura omnis corporea est, angeli et omnes cœlestes virtutes corporeæ, licet non carne subsistant. Ex eo autem corporeas esse credimus intellectuales creaturas, quod localiter circumscribuntur, sicut et anima quæ carne clauditur, et dæmones qui per substantiam angelicæ naturæ sunt.

CAPUT XIII.

Immortales esse credimus intellectuales naturas, quia carne carent, nec habent quo cadant, ut resurrectione egeant post ruinam [i] necessaria.

CAPUT XIV.

Animas hominum non esse ab initio inter cæteras intellectuales naturas, nec simul creatas, sicut Origenes fingit; neque cum corporibus per coitum [j] seminatas, sicut Luciferiani, Cyrillus et aliqui Latinorum præsumptores affirmant, quasi naturæ consequentiam servantes. Sed dicimus creationem animæ solum Creatorem omnium nosse, et corpus tantum per conjugii copulam seminari, Dei vero judicio coagulari in vulva et compingi atque formari, ac formato jam corpore animam creari et infundi, ut vivat in utero homo ex anima constans et corpore, et egrediatur vivus ex utero plenus humana substantia.

CAPUT XV.

Neque duas animas esse dicimus in uno homine, sicut Jacobus et alii [k] Syrorum disputatores scribunt, unam animalem qua animetur corpus, et immixta sit sanguini, et alteram spiritalem quæ rationem ministret; sed dicimus unam esse eamdemque animam in homine, quæ et corpus sua societate vivificet, et semetipsam sua ratione disponat, habens in se libertatem arbitrii, ut in suæ substantiæ eligat cogitatione quod vult.

CAPUT XVI.

Solum hominem credimus habere animam substantivam, quæ exuta corpore vivit, et sensus suos atque ingenia vivaciter tenet. Non cum corpore moritur, sicut Aratus [l] aut Epicurea vanitas asserit; neque post modicum intervallum, sicut Zenon dicit, quia [m] substantialiter vivit, et rationem suam tenet.

CAPUT XVII.

Animalium vero animæ non sunt substantivæ, sed cum carne ipsa [n] carnis in nativitate nascuntur, et

---

[a] Ms., *imo quoa omnium erit.*
[b] Ms., *data.*
[c] In editis sequitur *ejus enim caro non vidit corruptionem*, quæ ex ms. delevi.
[d] *Præsentis vitæ*, hæc ex ms. adjeci.
[e] Ita ms. Alii, *isti*; male.
[f] Ita ms. Alii, *omnium et retributori justo.*
[g] *Et iterum : Ite in ignem æternum, qui paratus est diabolo et angelis ejus.* Ita ms. cod. Florentinus.
[h] Ms. non habet *in.*
[i] Ms. delet *necessaria.*
[j] Vulgati, *seminantur.*
[k] *Syrorum disputatores;* ita ms. cod. Florentinus.
[l] *Hæc aut Epicurea vanitas* ex ms. addidi.
[m] Ita ms. cod. Florentinus.
[n] Ita ms. Alii, *carnis vivacitate.*

cum carnis morte finiuntur et moriuntur, et ideo nec ratione reguntur, ᵃ nec vivunt, sicut Plato et Alexander ᵇ putant, sed ad omnia naturæ incitamenta ducuntur.

CAPUT XVIII.

Anima humana non cum carne moritur, ᶜ quia non cum carne, ut superius diximus, ᵈ seminatur; sed formato in ventre matris corpore, Dei judicio creatur et infunditur, ut vivat homo intus in utero, et sic procedat nativitate in mundum.

CAPUT XIX.

Duabus substantiis tantum constat homo, anima et ᵉ corpore. Anima cum ratione **11** sua, et corpore cum sensibus suis ᶠ. Quos tamen sensus absque animæ societate non movet ᵍ corpus. Anima vero et ʰ sine corpore rationale suum tenet.

CAPUT XX.

Non est ⁱ tertius in substantia hominis ʲ spiritus, sicut Didymus contendit, sed spiritus ipsa est anima pro spiritali natura, vel pro eo quod spiret in corpore spiritus appellatur. Anima vero ex eo vocatur, quod ad vivendum vel ad vivificandum animet corpus. Tertius vero qui ab Apostolo (*I Thess.* I, 22) cum anima et corpore inducitur spiritus, gratiam Spiritus sancti esse intelligamus, quam orat Apostolus uᵘ integra perseveret in nobis, ne nostro vitio aut minuatur, aut fugetur a nobis, quia Spiritus sanctus effugiet fictum (*Sap.* I, 4).

CAPUT XXI.

Libertati arbitrii sui commissus est homo statim in prima ᵏ mundi conditione, ut ˡ salva vigilantia mentis ᵐ adnitente etiam ⁿ in præcepti custodia perseveraret, si vellet, in eo quod creatus fuerat permanere. Postquam vero seductione serpentis per Evam cecidit (*Gen.* III, 6), naturæ bonum perdidit, pariter et vigorem arbitrii; non tamen electionem, ne non esset suum quod ᵒ evitaret **12** peccatum, nec merito indulgeretur quod non arbitrio diluisset. Manet itaque ad quærendam salutem arbitrii libertas, id est, rationalis voluntas, sed admonente prius Deo, et invitante ad salutem, ut vel eligat, vel sequatur, vel agat occasione salutis, hoc est, inspiratione Dei. Ut autem consequatur quod eligit, vel quod sequitur, vel quod occasione agit, Dei esse libere confitemur. Initium ergo salutis nostræ Deo miserante habemus; ut acquiescamus salutiferæ inspirationi, nostræ potestatis est; ut adipiscamur quod acquiescendo admonitioni cupimus, divini est muneris; ut non labamur in adepto salutis munere, sollicitudinis nostræ est et cœlestis pariter adjutorii; ut labamur, potestatis nostræ est et ignaviæ ᵖ : non tamen ad obtinendam sine illo, qui quærentes facit invenire, qui pulsantibus aperit, qui petentibus donat (*Matth.* VII, 7). Sicut ergo initium salutis nostræ Deo miserante et inspirante habere nos credimus, ita arbitrium nostræ naturæ sequax esse divinæ inspirationis libere confitemur

ᑫ Igitur ut non labamur a bono vel naturæ, vel meriti, sollicitudinis nostræ est et cœlestis pariter adjutorii; ut labamur, potestatis nostræ et ignaviæ.

13 CAPUT XXII.

Firmissime credendum est in prævaricatione Adæ omnes homines naturalem possibilitatem et innocentiam perdidisse: et neminem de profundo illius ruinæ per liberum arbitrium posse consurgere, nisi eum gratia Dei miserantis erexerit: liberum enim arbitrium ille perpessus, dum suis inconsultius utitur ʳ bonis, cadens in prævaricationis profunda, demersus est; et nihil quemadmodum exinde surgere posset invenit, suaque in æternum libertate deceptus, hujus ruina latuisset oppressus, nisi eum post Christi pro sua gratia relevasset adventus, qui per novæ regenerationis purificationem omne præteritum vitium sui baptismatis lavacro purgavit.

CAPUT XXIII

Neminem esse per semetipsum bonum, nisi participationem sui ille ˢ donaverit, qui solus est bonus.

CAPUT XXIV.

Neminem etiam baptismatis gratia renovatum idoneum esse ad superandas diaboli insidias et ad ᵗ vincendas carnis concupiscentias, nisi per quotidianum adjutorium Dei perseverantiam bonæ conversationis acceperit.

14 CAPUT XXV.

Quod nemo nisi ᵘ per Christum libero bene utatur arbitrio, idem magister in epistola ad Milevitanum concilium data prædicat, dicens: Adverte tandem, o pravissimarum mentium ᵛ perversa doctrina, quod primum hominem ita libertas ipsa decepit, ut dum indulgentius frenis ejus utitur, in prævaricationem præsumptione incideret. Nec ex hac potuit erui, nisi ei providentia regenerationis statum pristinæ libertatis Christi Domini reformasset adventus.

CAPUT XXVI.

Quod omnia studia et omnia opera ac merita sanctorum ad Dei gloriam laudemque referenda ˣ sint,

---

ᵃ Voces *nec vivunt* ex ms. desumptæ.
ᵇ Ms., *disputant.*
ᶜ Ms., *quia nec carnis.*
ᵈ Ms., *semen est.*
ᵉ Hic et infra ms. habet *carne* pro *corpore.*
ᶠ Ms. addit: *id est visu, auditu, gustu, odoratu, tactu.*
ᵍ Ms., *caro.*
ʰ Ms., *sine carne rationem suam integram tenet.*
ⁱ Ms., *tertium.*
ʲ Ita ms. Alii, *spiritum.*
ᵏ Vox *mundi* additur ex ms.
ˡ Ita ms. Alii, *salva.*
ᵐ Ita ms. Alii, *admittente*, male.
ⁿ Alii, *præcepti.*
ᵒ Ms., *emendaret,*
ᵖ Ms. addit *id est rationabilis voluntatis.*
ᑫ Hæc videntur abundare et sunt tollenda ut spuria.
ʳ In collect. Conciliorum Isidori Mercatoris, *donis.*
ˢ Isidorus, *donet.*
ᵗ Idem, *evincendas.*
ᵘ Idem, *per gratiam Christi.*
ᵛ Ita recte Isidorus.
ˣ Isidorus, *sunt.*

quia nemo aliunde ei placeat, nisi ex eo quod ipse donaverit : in quam nos sententiam dirigit beatæ recordationis papæ Zosimi regularis auctoritas, cum scribens ad totius orbis episcopos ait : Nos autem instinctu Dei (omnia enim bona ad auctorem suum referenda sunt unde nascuntur), ad fratrum et coepiscoporum nostrorum conscientiam universa retulimus. Hunc autem sermonem sincerissimæ veritatis luce radiantem tanto Afri episcopi honore venerati sunt, ut ita ad eumdem virum [a] scriberent : **15** Illud vero quod in litteris quas ad universas provincias curasti esse mittendas posuisti, dicens : Nos tamen instinctu Dei, etc., sic accipimus dictum, ut illos qui contra Dei adjutorium extollunt humani arbitrii libertatem, districto gladio veritatis velut cursim transiens amputares. Quid enim tam libero [b] fecisti arbitrio, quam quod universa in nostræ humilitatis conscientiam [c] retulisti ? et tamen instinctu Dei factum esse fideliter sapienterque vidisti, veraciter fidenterque dixisti. Ideo utique, quia præparatur voluntas a Domino. Et ut boni aliquid agant paternis inspirationibus suorum ipse tangat corda [d] filiorum. *Quotquot enim spiritu Dei aguntur, hi filii Dei sunt* (*Rom.* VIII, 14); ut nec nostrum deesse sentiamus arbitrium, et in bonis quibusque voluntatis humanæ singulis motibus, magis illius valere non dubitemus auxilium.

CAPUT XXVII.

Ita Deus ex cordibus hominum, atque [e] in ipso libero operatur arbitrio, ut sancta cogitatio, pium consilium, omnisque motus bonæ voluntatis ex Deo sit : quia per illum aliquid boni possumus, sine quo nihil possumus.

CAPUT XXVIII.

Quicunque dixerit gratiam Dei, qua justificamur per Jesum Christum Dominum nostrum, **16** ad solam remissionem peccatorum valere quæ jam commissa sunt, non etiam ad adjutorium gratiæ ut non committantur, anathema sit.

CAPUT XXIX.

Quisquis dixerit gratiam Dei per Jesum Christum propter hoc tantum nos adjuvare ad non peccandum, quia per ipsum nobis revelatur et aperitur intelligentia mandatorum, ut sciamus quid appetere, et quid vitare debeamus, non autem per illam nobis præstari ut quod faciendum cognovimus etiam facere diligamus atque valeamus, anathema sit.

CAPUT XXX.

Obsecrationum quoque sacerdotalium sacramenta respiciamus, quæ ab apostolis tradita in toto mundo, atque in omni catholica Ecclesia uniformiter celebrantur, ut legem credendi, lex statuat supplicandi. Cum enim sanctarum plebium præsules mandata sibimet legatione fungantur apud divinam clementiam, humani generis agunt causam, et tota secum Ecclesia congemiscente postulant et precantur ut infideli-

---

[a] Isidorus, *rescriberent*
[b] Isidorus, *fecistis.*
[c] Isidorus, *retulistis.*
[d] Isidorus. *fidelium.*

bus donetur fides, ut idololatræ ab impietatis suæ liberentur erroribus, **17** ut Judæis, ablato cordis velamine, lux veritatis appareat, ut hæretici catholicæ fidei perceptione resipiscant, ut schismatici Spiritum redivivæ caritatis accipiant, ut lapsis pœnitentiæ remedia conferantur, ut denique catechumenis ad regenerationis sacramenta perductis, cœlestis misericordiæ aula [f] reseretur. Hæc autem non perfunctorie neque inaniter a Domino peti, rerum ipsarum monstrat effectus, quandoquidem ex omni errorum genere plurimos Deus dignatur attrahere, quos erutos de potestate tenebrarum transferat in regnum Filii caritatis suæ, et ex vasis iræ faciat vasa misericordiæ. Quod adeo totum divini operis esse sentitur, ut hæc efficiente Deo gratiarum semper actio laudisque confessio pro illuminatione talium vel correctione referantur.

CAPUT XXXI.

Illud etiam quod circa baptizandos in universo mundo sancta Ecclesia uniformiter agit non otioso contemplamur intuitu. Cum sive parvuli, sive juvenes ad regenerationis veniunt sacramentum, non prius fontem vitæ adeant, quam exorcismis et exsufflationibus clericorum spiritus ab eis immundus abigatur ; ut tunc vere appareat [g] quando princeps mundi **18** hujus mittatur foras (*Joan.* XII, 31), et quomodo prius alligetur fortis, et deinceps vasa ejus diripiantur (*Matth.* XII, 29), in possessionem translata victoris, *qui captivam ducit captivitatem, et dat dona hominibus* (*Ephes.* IV, 8).

CAPUT XXXII.

Omnium bonorum affectuum atque operum, et omnium studiorum omniumque virtutum quibus ab initio fidei ad Deum tenditur, Deum profitemur auctorem. Et non dubitamus ab ipsius gratia omnia hominis merita præveniri, per quem fit ut aliquid boni et velle incipiamus et facere. Quo utique auxilio et munere Dei non aufertur liberum arbitrium, sed liberatur, ut de tenebroso lucidum, de pravo rectum, de languido sanum, de imprudente sit providum. Tanta enim est erga omnes homines bonitas Dei, ut nostra velit esse merita quæ sunt ipsius dona, et pro his quæ largitus est æterna præmia sit donaturus. Agit quippe in nobis ut quod vult et velimus et agamus ; nec otiosa esse in nobis patitur quæ exercenda non negligenda donavit : ut et nos cooperatores simus gratiæ Dei, ac si quid in nobis ex nostra viderimus remissione languescere, ad illum sollicite recurramus, *qui sanat omnes languores nostros, et redimit de interitu* **19** *vitam nostram* (*Psal.* CII, 3, 4) ; et cui quotidie dicimus : *Ne nos inducas in tentationem, sed libera nos a malo* (*Matth.* VI, 2).

CAPUT XXXIII.

Quicunque dicit Adam primum hominem mortalem factum, ita ut sive peccaret, sive non peccaret, mo-

---

[e] Isidorus, *in.*
[f] Isidorus, *referatu.*
[g] Isidorus, *quomodo.*

reretur, in corpore hoc, id est, de corpore exiret, justus, cum in oratione pluraliter diceret : *Peccavi-* non peccati merito, sed necessitate naturæ, anathema sit.

CAPUT XXXIV.

Quicunque parvulos recentes ab uteris matrum baptizandos negat, aut dicit in remissionem quidem peccatorum eos baptizari, sed nihil ex Adam trahere originalis peccati, quod lavacro regenerationis expietur, unde sit consequens ut in eis forma baptismatis in remissionem peccatorum non vera, sed falsa intelligatur, anathema sit. Quoniam non aliter intelligendum est quod ait Apostolus : *Per unum hominem peccatum intravit in mundum, et per peccatum mors; et ita in omnes homines pertransiit in quo omnes peccaverunt* (Rom. v, 12); nisi quemadmodum Ecclesia catholica ubique diffusa semper intellexit. Propter hanc enim fidei regulam etiam parvuli, **20** qui nihil peccatorum in [a] seipsis adhuc committere potuerunt, ideo in peccatorum remissionem veraciter baptizantur, ut in eis regeneratione mundetur, quod generatione traxerunt.

CAPUT XXXV.

Quod ait sanctus Joannes apostolus : *Si dixerimus quia peccatum non habemus, nos ipsos seducimus, et veritas in nobis non est* (1 Joan. 1, 8), quisquis sic accipiendum putaverit, ut dicat propter humilitatem non oportere dici, nos non habere peccatum, non quia veritas est, anathema sit. Sequitur enim apostolus et adjungit : *Si autem confessi fuerimus peccata nostra, fidelis est et justus qui remittat nobis peccata et mundet nos ab omni iniquitate.* Ubi satis apparet hoc non tantum humiliter, sed etiam veraciter dici. Poterat enim apostolus dicere : Si dixerimus : Non habemus peccatum, nos ipsos extollimus, et humilitas in nobis non est. Sed cum ait : *Nos ipsos decipimus, et veritas in nobis non est,* satis ostendit eum qui dixerit se non habere peccatum, non verum loqui, sed falsum.

CAPUT XXXVI.

Quicunque dixerit in oratione dominica ideo dicere sanctos : *Dimitte nobis debita* **21** *nostra* (Matth. vi, 2), ut non pro seipsis hoc dicant, quia non est eis jam necessaria ista petitio, sed pro aliis qui sunt in suo populo peccatores ; et ideo non dicere unumquemque sanctorum, dimitte mihi debita mea, sed dimitte nobis peccata nostra, ut hoc pro aliis potius quam pro se justus petere intelligatur, anathema sit. Sanctus enim et justus erat apostolus Jacobus cum dicebat : *In multis enim offendimus omnes* (Jac. iii, 2). Nam quare additum est, omnes, nisi ut ista sententia conveniret psalmo ubi legitur : *Ne intres in judicium cum servo tuo, quoniam non justificabitur in conspectu tuo omnis vivens* (Psal. cxliii, 3)? Et in oratione sapientissimi Salomonis : *Non est homo qui non peccet* (Eccle. vii, 21). Et in libro sancti Job : *In manu omnis hominis signat, ut sciat omnis homo infirmitatem suam* (Job. xxxvii, 7). Unde etiam Daniel sanctus et justus, cum in oratione pluraliter diceret : *Peccavimus, iniquitatem fecimus* (Dan. ix, 5), et cætera, quæ ibi veraciter et humiliter confitetur ne putaretur, quemadmodum quidam sentiunt, hoc non de suis, sed de populi sui dixisse peccatis ; postea dixit : *Cum orarem et confiterer peccata mea et peccata populi mei Domino Deo meo* (Ibid., 20) : noluit dicere peccata nostra, sed populi sui dixit et sua, quoniam futuros istos qui tam male [b] intelligerent tanquam propheta prævidit.

22 CAPUT XXXVII.

Quicunque ipsa verba dominicæ orationis ubi dicimus : *Dimitte nobis debita nostra,* ita volunt a sanctis dici, ut humiliter non veraciter hoc dicatur, anathema sit. Quis enim ferat orantem, non hominibus sed ipsi Domino mentientem, qui labiis sibi dicit dimitti velle, et corde dicit quæ sibi dimittantur debita non habere.

CAPUT XXXVIII.

Si quis per offensam prævaricationis Adæ non totum, id est, secundum corpus et animam in deterius dicit hominem commutatum, sed animæ libertate illæsa durante, corpus tantummodo corruptioni credit obnoxium, Pelagii errore deceptus adversatur Scripturæ dicenti : *Anima quæ peccaverit, ipsa morietur* (Ezech. xviii, 4), et : *Nescitis quoniam cui obeditis, et a quo quis superatur, ejus servus adjicitur* (Rom. vi, 16)?

CAPUT XXXIX.

Si quis soli Adæ prævaricationem suam, non etiam ejus propagini asserit nocuisse, aut certe mortem tantum corporis quæ pœna peccati est, non autem et peccatum, quod mors est animæ, per unum hominem in omne genus **23** humanum transisse testatur, injustitiam Deo dabit, contradicens Apostolo dicenti : *Per unum hominem peccatum intravit in mundum, et per peccatum mors, et ita in omnes homines pertransiit, in quo omnes homines peccaverunt* (Rom. v, 12).

CAPUT XL.

Si quis invocatione humana gratiam Dei dicit posse conferri, non autem ipsam gratiam facere ut invocetur a nobis, contradicit Esaiæ prophetæ, vel Apostolo idem dicenti : *Inventus sum a non quærentibus me, palam apparui his qui me non interrogabant* (Esai. lxv, 1 ; Rom. x, 20).

CAPUT XLI

Si quis ut a peccato purgemur voluntatem nostram Deum exspectare contendit, non autem ut etiam purgari velimus, per sancti Spiritus infusionem et operationem in nobis fieri confitetur, resistit ipsi Spiritui sancto, per Salomonem dicenti : *Præparatur voluntas a Domino;* et Apostolo salubriter prædicanti : *Deus est qui operatur in nobis et velle et perficere pro bona voluntate* (Philip. ii, 13).

CAPUT XLII.

Si quis sicut augmentum, ita etiam initium fidei, ipsumque credulitatis affectum, quo in eum credi-

---

[a] Isidorus, *semet ipsis.*

[b] Isidorus, *intelligant.*

mus qui justificat impium (*Rom.* iv, 5), et ad regenerationem sacri baptismatis **24** pervenimus, non gratiæ donum, id est, per inspirationem Spiritus sancti corrigentem voluntatem nostram ab infidelitate ad fidem, ab impietate ad pietatem, sed naturaliter nobis inesse dicit, apostolicis dogmatibus adversarius approbatur, beato apostolo Paulo dicente : *Confidimus quia qui cœpit in vobis bonum opus perficiet usque in diem Christi Jesu* (*Philip.* 1,6). Et illud : *Vobis datum est pro Christo, non solum, ut in eum credatis, verum etiam ut pro illo patiamini* (*Ibidem*). Et : *Gratia salvi facti estis per fidem, et hoc non ex vobis: Dei enim donum est* (*Ephes.* ii, 5). Qui enim fidem qua in Deum credimus dicunt esse naturalem, omnes eos qui ab Ecclesia Christi alieni sunt, quodammodo fideles esse definiunt.

CAPUT XLIII

Si quis sine gratia Dei credentibus, volentibus, desiderantibus, conantibus, studentibus, petentibus, quærentibus, pulsantibus, nobis misericordiam dicit conferri divinitus, non autem ut credamus, velimus, vel hæc omnia sicut oportet agere valeamus per infusionem et inspirationem sancti Spiritus in nobis fieri confitetur; et aut humilitati aut obedientiæ humanæ subjungit gratiæ adjutorium, nec ut obedientes et humiles simus, ipsius gratiæ **25** donum esse consenti^t, resistit Apostolo dicenti : *Quid enim habes quod non accepisti* (*I Cor.* iv, 7)? et : *Gratia Dei sum id quod sum* (*I Cor.* xv, 10).

CAPUT XLIV.

Si quis per naturæ vigorem bonum aliquod quod ad salutem pertinet vitæ æternæ, cogitare ut expedit, aut eligere, sive salutari, id est, evangelicæ prædicationi consentire posse confirmat, absque illuminatione et inspiratione Spiritus sancti, qui dat omnibus suavitatem in consentiendo et in credendo veritatem, hæretico fallitur spiritu, non intelligens vocem Dei in Evangelio dicentis : *Sine me nihil potestis facere* (*Joan.* xv, 6). Et illud Apostoli : *Non quod idonei sumus cogitare aliquid a nobis quasi ex nobis, sed sufficientia nostra ex Deo est* (*II Cor.* iii, 5).

CAPUT XLV.

Si quis alios per misericordiam, alios vero per liberum arbitrium, quod in omnibus qui de prævaricatione primi hominis nati sunt constat esse vitiatum, ad gratiam baptismi posse venire contendit, a recta fide probatur alienus. Ille enim non omnium liberum arbitrium per peccatum primi hominis asserit infirmatum; aut certe ita læsum putat, ut tamen quidam valeant **26** sine revelatione Dei ministerium salutis æternæ per semetipsos posse conquirere. Quod quam sit contrarium ipse Dominus probat (*Joan.* vi, 44), qui non aliquos, sed neminem ad se posse venire testatur, nisi quem Pater attraxerit. Sicut et Petro dicit : *Beatus es, Simon Bar Jona, quia caro et sanguis non revelavit tibi, sed Pater meus, qui in cœlis est* (*Matth.* xvi, 17). Et Apostolus : *Nemo potest dicere Dominus Jesus, nisi in Spiritu sancto* (I *Cor.* xii, 3).

CAPUT XLVI.

Arbitrium voluntatis in primo homine infirmatum, nisi per gratiam baptismi non potest reparari. Quod amissum nisi a quo potuit dari non potest reddi. Unde Veritas dicit : *Si vos Filius liberaverit, tunc vere liberi eritis* (*Joan.* viii, 30).

CAPUT XLVII.

Natura humana etiamsi in illa integritate in qua est condita permaneret, nullo modo seipsam creatore suo non adjuvante servaret. Unde cum sine Dei gratia salutem non posset custodire quam accepit, quomodo sine Dei gratia poterit reparare quod perdidit ?

CAPUT XLVIII.

Sicut eis qui volentes in lege justificari a gratia exciderunt verissime dicit Apostolus : *Si in* **27** *lege justitia est, ergo Christus gratis mortuus est* (*Galat.* ii, 21) : sic eis qui gratiam quam commendat et percipit fides Christi putant esse naturam verissime dicitur : Si per naturam justitia est, ergo gratis Christus mortuus est. Jam hic enim erat lex, et non justificabat; jam hic erat et natura, et non justificabat: Ideo Christus non gratis mortuus est ; ut et lex per illum impleretur qui dixit : *Non veni solvere legem, sed implere* (*Matth.* v, 17) : et natura per Adam perdita, per illum repararetur qui dixit, venisse se quærere et salvare quod perierat (*Luc.* xix, 7).

CAPUT XLIX.

Secundum supradictas sanctarum Scripturarum sententias, vel antiquorum Patrum definitiones, hoc, Deo propitiante, et prædicare debemus et credere, quod per peccatum primi hominis ita genus humanum sit inclinatum, ut nullus postea aut diligere Deum sicut oportuit, aut credere in Deum, aut operari propter Deum quod bonum est possit, nisi eum gratia misericordiæ divinæ prævenerit. Unde et Abel justo et Noe, et Abraæ, et Isaac, et Jacob, omnique antiquorum sanctorum multitudini illam præclaram fidem, quam in ipsorum laude prædicat apostolus Paulus (*Hebr.* xi, 4, 7, 8), non per bonum naturæ, quod **28** prius in Adam fuerat datum, sed per gratiam Dei credimus fuisse collatam. Quam gratiam etiam post adventum Domini omnibus qui baptizari desiderant, non in libero arbitrio haberi, sed Christi novimus simul et credimus largitate conferri, secundum illud quod jam sæpe dictum est et prædicat Paulus apostolus: *Vobis donatum est pro Christo, non solum ut in eum credatis, sed etiam ut pro eo patiamini* (*Philip.* i, 29). Et illud : *Deus qui cœpit in vobis bonum opus, perficiet usque in diem Domini nostri* (*Ibid.*, 6). Et illud : *Gratia salvi facti estis per fidem, et hoc non ex vobis, Dei enim donum est* (*Ephes.* ii, 8). Et quod de seipso ait Apostolus : *Misericordiam consecutus sum, ut fidelis essem* (*I Cor.* vii, 25). Non dixit quia eram, sed ut essem. Et illud : *Quid habes quod non accepisti* (*I Cor.* iv, 7). Et illud : *Omne datum bonum, et omne donum perfectum desursum est, descendens a Patre luminum* (*Jac.* i, 16). Et illud : *Nemo habet quidquam nisi illi datum fuerit desuper* Joan. iii, 27).

CAPUT L.

Hoc etiam secundum fidem catholicam credimus, quod post acceptam baptismi gratiam, omnes baptizati, Christo auxiliante et cooperante, quæ ad salutem animæ pertinent, possint et debeant, si fideliter laborare voluerint, **29** adimplere. Aliquos vero ad malum divina potestate prædestinatos esse non solum non credimus, sed etiam si sunt qui tantum mali credere velint, cum omni detestatione illis anathema dicimus.

CAPUT LI

In omni opere bono non nos incipimus, et postea per Dei misericordiam adjuvamur; sed ipse nobis, nullis præcedentibus bonis meritis, et fidem et amorem sui prius inspirat : ut et baptismi sacramenta fideliter requiramus, et post baptismum cum ipsius adjutorio ea quæ sibi sunt placita implere possimus. Unde manifestissime credendum est quod et illius latronis quem Dominus ad paradisi patriam revocavit (*Luc.* XXIII, 43), et Cornelii centurionis, ad quem angelus Domini missus est (*Act.* x, 3), Zachæique qui ipsum Dominum suscipere meruit (*Luc.* XIX, 2), illa tam mirabilis fides non fuerit de natura, sed divinæ gratiæ largitate donata.

CAPUT LII.

Baptisma unum est, sed in Ecclesia, ubi una fides est, ubi in nomine Patris et Filii et Spiritus sancti datur. Et ideo si qui apud illos hæreticos baptizati sunt qui in sanctæ Trinitatis **30** confessione baptizant, et veniunt ad nos, recipiantur quidem ut baptizati, ne sanctæ Trinitatis invocatio vel confessio annulletur; sed doceantur integre et instruantur quo sensu sanctæ Trinitatis mysterium in Ecclesia teneatur : et si consentiunt credere, vel acquiescunt confiteri, purgati jam fidei integritate confirmentur manus impositione. Si vero parvuli sunt vel hebetes, qui doctrinam non capiant, respondeant pro illis qui eos offerunt juxta [a] morem baptizandi; et sic manus impositione et chrismate communiti, eucharistiæ mysteriis admittantur. Illos autem qui non sanctæ Trinitatis invocatione apud hæreticos baptizati sunt, et veniunt ad nos, baptizari debere pronuntiamus, non rebaptizari. Neque enim credendum est eos fuisse baptizatos, qui non in nomine Patris et Filii et Spiritus sancti juxta regulam a Domino positam tincti sunt : ut sunt Pauliani, Procliani, Borboritæ, [b] Siphori, qui nunc vocantur Bonosiani; Photiniani, Montanitæ, qui et Priscilliani, et Manichæi, variaque impietatis germina; vel cæteræ istorum originis sive ordinis pestes, quæ duo principia sibi ignota introducunt, ut Cerdon et Marcion; vel contraria, ut Manichæus; vel [c] tria et barbara, ut Setianus et [d] Theodosius; vel [e] multa, ut Valentinus; vel Christum hominem **31** fuisse absque Deo, ut Cerinthus, Ebion, Artemon, et Photinus. Ex istis, inquam, si qui ad nos venerint, non requirendum ab iis utrum baptizati sint an non, sed hoc tantum, si credant Ecclesiæ fidem, et baptizentur ecclesiastico [f] baptismate.

CAPUT LIII.

Quotidie [g] eucharistiæ communionem percipere nec laudo, nec [h] vitupero. Omnibus tamen dominicis diebus communicandum suadeo et hortor, si tamen mens [i] sine affectu peccandi [j] sit. Nam habentem adhuc voluntatem peccandi, gravari magis dico eucharistiæ perceptione quam [k] purificari. Et ideo quamvis quis peccato mordeatur, peccandi non habeat de cætero voluntatem, et communicaturus satisfaciat lacrymis et orationibus; et confidens de Domini miseratione, qui peccata piæ confessioni donare consuevit, accedat ad eucharistiam intrepidus et securus. Sed hoc de illo dico quem capitalia [l] et mortalia peccata non gravant; nam quem mortalia crimina post baptismum commissa premunt, hortor prius publica pœnitentia satisfacere, et ita sacerdotis judicio reconciliatum communioni sociari, si vult non ad judicium et condemnationem sui eucharistiam **32** percipere. Sed et secreta satisfactione solvi mortalia crimina non negamus, [m] sed mutato prius sæculari habitu, et confesso religionis studio per vitæ correctionem, et jugi [n] imo perpetuo luctu miserante Deo [o] veniam consequatur : ita duntaxat ut contraria pro [p] his quæ pœnitet agat, et eucharistiam omnibus dominicis diebus supplex et submissus usque ad mortem percipiat.

CAPUT LIV.

Pœnitentia vera est, pœnitenda non admittere, et admissa deflere. Satisfactio pœnitentiæ est, causas peccatorum [q] excidere, nec earum suggestionibus aditum indulgere.

CAPUT LV.

In divinis promissionibus nihil terrenum vel transitorium exspectemus, sicut Melitani sperant. Non nuptiarum copulam, sicut Cerinthus et Marcion delirant. Non quod ad cibum vel ad potum pertinet, sicut [r] Papia auctore, Irenæus, et Tertullianus, et Lactantius acquiescunt. Neque post mille annos post resurrectionem regnum Christi in terra futurum, et sanctos cum illo in deliciis regnaturos speremus, sicut Nepos docuit, qui primam justorum resurrectionem, et **33** secundam impiorum confinxit. Et

---

[a] Ita ms. Alii, *nomen.*
[b] Ms., *Symphori, Fortuniani, Montanitæ, qui et Priscilliani vel Maximiani atque Manichæi.*
[c] Ms., *tetra ut Baida,* inepte.
[d] Ms., *Theodotus.*
[e] Ms., *hiulca,* male.
[f] Ms., *id est catholico baptismate.*
[g] Alii pro *eucharistiæ communionem* habent *eucharistiam.*
[h] Alii, *reprehendo.*
[i] Ms. pro *sine* habet *non.*
[j] Ms., *insit.*
[k] Ms., *purgari.*
[l] Ms. non habet *et mortalia.*
[m] Ms., *scilicet.*
[n] Ms., *jejuno.*
[o] Hæc verba, *veniam consequatur* ex ms. reposita sunt.
[p] Ms., *iis* pro *his.*
[q] Ms., *eradere.*
[r] Ita hunc locum emendavi. Ms., *Papias;* alii, *Papiæ;* male.

inter has duas mortuorum resurrectiones, gentes ignorantes Deum in angulis terrarum in carne servanda. Quæ post mille annos regni in terra justorum, instigante diabolo movendæ sunt ad pugnam contra justos [a] regnantes; et Domino pro justis pugnante imbre igneo compescendas, atque ita mortuas, cum cæteris in impietate [b] ante mortuis, ad æterna supplicia in incorruptibili carne resuscitandas [c].

CAPUT LVI.

Nullum credimus ad salutem nisi Deo invitante venire; nullum invitatum salutem suam nisi Deo auxiliante operari; nullum nisi orantem auxilium promereri; nullum Dei voluntate perire, sed per seipsum pro electione arbitrii, ne ingenuitatis libertas atque potestas semel homini attributa, ad servilem cogatur necessitatem.

CAPUT LVII.

Malum vel malitia non est a Deo creata, sed a diabolo inventa, quia et ipse bonus a Deo creatus est. Sed quia libero arbitrio, ut pote rationalis creatura a Deo commissus est, et cogitandi acceperat facultatem, scientiam boni **34** vertit ad malum, et multa cogitando factus est inventor mali; et quod in se perdiderat invidit in aliis, nec contentus solus perire suasit aliis; ut qui esset suæ malitiæ inventor, fieret et aliorum auctor: et ex eo malum vel malitia percurrit in cæteras rationales creaturas.

CAPUT LVIII.

Unde cognoscimus nihil esse natura immutabile, nisi solum Deum [d] Patrem et Filium, et Spiritum sanctum, qui mutari non potest a bono, quia natura possidet bonum, nec potest aliud quid esse quam bonum.

CAPUT LIX.

Angeli vero, qui in illa qua creati sunt beatitudine perseverant, non natura possident bonum, ut non mutarentur cum cæteris, sed arbitrio servantes bonam voluntatem, et bonum conditionis, et fidem suo Domino rependendo. Propter quod et merito ab ipso Domino sancti angeli vocantur, quod tenuerunt arbitrio sanctitatem, nec sociorum exemplo deviaverunt a bono.

CAPUT LX.

Fides vera, quæ est catholica, omnium creaturarum sive spiritualium, sive corporalium **35** bonam confitetur substantiam, et mali nullam esse naturam: quia Deus, qui universitatis est conditor, nihil non bonum fecit. Unde et diabolus bonus esset, si in eo quod factus est permaneret. Sed quia naturali excellentia male usus est, et in veritate non stetit, non in contrariam substantiam transiit, sed a summo bono, cui debuit adhærere, discessit.

CAPUT LXI.

Virtutes angelicæ quæ in divino amore fixæ præstiterunt, lapsis superbientibus angelis, hoc munere retributionis acceperunt, ut nulla jam rubigine surripientis culpæ mordeantur: ut et in. contemplatione Conditoris sine felicitatis fine permaneant, et in hoc sic conditæ æterna stabilitate subsistant.

CAPUT LXII.

Tales creati sunt angeli, ut si, vellent, in beatitudinis luce persisterent, si autem vellent, etiam labi potuissent. Unde et Satan cum sequentibus legionibus cecidit. Sed post ejus lapsum ita confirmati sunt angeli qui perstiterunt, ut cadere omnino non possent, quia ne omnino jam caderent, virtutem incommutabilitatis acceperunt.

36 CAPUT LXIII.

Bonæ sunt nuptiæ, sed causa filiorum et compescendæ fornicationis obtentu.

CAPUT LXIV.

Melior est continentia, sed non [e] sibi sola sufficit ad beatitudinem, si pro solo amore pudicitiæ [f] recenseatur, sed si et cum [g] ta'i effectu causa vacandi Domino eligatur, alioquin divortium magis conjugii videbitur esse quam [h] appetitio castitatis.

CAPUT LXV.

Virginitas utroque bono præcelsior est, quia et naturam vincit et pugnam. Naturam, corporis integritate; pugnam, pace castimoniæ, quæ pro solo amore pudicitiæ in pace est.

CAPUT LXVI.

Bonum est cibum cum gratiarum actione sumere, et quidquid Deus præcepit edendum est. Abstinere autem ab aliquibus non quasi malis, sed quasi non necessariis non est malum. Moderari vero eorum usum pro necessitate et tempore, proprie Christianorum est.

37 CAPUT LXVII.

Malas vero dicere nuptias, vel fornicationi comparandas aut stupro; cibos quoque credere malos, vel [i] malitias causare percipientibus, non est Christianorum, sed proprie Hierachitarum et Manichæorum.

CAPUT LXVIII.

[j] Sacratæ Deo virginitati nuptias coæquare, aut pro amore castigandi corporis, abstinentibus a vino vel carnibus nil credere meriti accrescere, non hoc Christiani, sed Joviniani est.

CAPUT LXIX.

Integra fide credendum est beatam Mariam Dei Christi matrem, et virginem concepisse, et virginem genuisse, et post partum virginem permansisse. Nec est blasphemiæ Helvidii acquiescendum qui dixit: *Fuit virgo ante partum, non virgo post partum.*

CAPUT LXX.

Elementa, id est cœlum et terram, non credamus abolenda per ignem, sed in melius commutanda: fi-

---

[a] Ms., *repugnantes.*
[b] Ms., *mortuis*, pro *ante mortuis.*
[c] Ms. addit *de istam superstitionem valde devitamus.*
[d] Ms., *esse perennem.*
[e] *Sibi sola sufficit*, ita ms. Florentinus.

[f] Ita ms. Alii, *retinetur.*
[g] *Tali affectu*, ita ms.
[h] Ms., *castitas*, pro *appetitio castitatis.*
[i] Ms., *mali causas creare.*
[j] Ita ms. Alii *Sacratæ vero.*

CAPUT LXXI.

Bonum est facultates cum dispensatione pauperibus erogare. Melius est pro intentione sequendi Dominum ª insimul donare, et absolutum sollicitudine cum Christo egere.

CAPUT LXXII.

Maritum duarum post baptismum matronarum clericum non ordinandum. Neque eum qui unam quidem, ᵇ sed concubinam non matronam habuit. Nec illum qui viduam, aut repudiatam, vel meretricem in matrimonio sumpsit. Neque eum qui semetipsum quolibet corporis sui membro indignatione aliqua, vel justo injustove timore superatus, truncaverit. Neque illum qui usuras accepisse convincitur, aut in scena lusisse ᶜ dinoscitur. Neque eum qui publica pœnitentia mortalia crimina deflet. Neque illum qui aliquando ᵈ in furiam versus insanivit, vel afflictione diaboli vexatus est. Nec eum qui per ambitionem ad imitationem Simonis magi pecuniam offert.

CAPUT LXXIII.

Sanctorum corpora et præcipue beatorum martyrum reliquias, ac si Christi membra sincerissime honoranda, et basilicas eorum nominibus appellatas, velut loca sancta divino cultui mancipata, affectu piissimo et devotione fidelissima adeundas credimus. Si quis contra hanc sententiam venerit, non Christianus, sed Eunomianus et Vigilantianus ᵉ creditur.

CAPUT LXXIV.

Baptizatis tantum iter esse salutis credimus. Nullum catechumenum, quamvis in bonis operibus defunctum, vitam æternam habere credimus, excepto martyrio, ubi tota baptismi sacramenta complentur. Baptizandus confitetur fidem suam coram sacerdote, et interrogatus respondet: hoc et martyr coram persecutore facit, qui et confitetur fidem suam, et interrogatus respondet. Ille post confessionem vel aspergitur aqua, vel intingitur; ᶠ martyr vero vel aspergitur sanguine, vel contingitur igne. Ille manus impositione pontificis accipit Spiritum sanctum; hic ᵍ habitaculum efficitur Spiritus sancti, dum non est ipse qui loquitur, sed ʰ Spiritus Patris qui loquitur in illo. Ille communicat eucharistiæ in commemoratione mortis Domini; hic ipsi Christo commoritur. Ille confitetur se mundi actibus renuntiaturum; hic ipsi renuntiat vitæ. Illi peccata omnia dimittuntur; in isto exstinguuntur.

CAPUT LXXV.

In eucharistia non debet pura aqua offerri, ut quidam sobrietatis falluntur imagine, sed vinum cum aqua mixtum; quia et vinum fuit in redemptionis nostræ mysterio, cum dixit: *Non bibam amodo de hoc genimine vitis* (*Matth.* xxvi, 29); et aqua mixtum, non quod post cœnam dabatur, sed quod de latere ejus lancea perfosso aqua cum sanguine egressa (*Joan.* xix, 30, 34), vinum de vera ejus carnis vite cum aqua expressum ostenditur.

CAPUT LXXVI.

Bona est caro nostra, et valde bona, ut pote a bono solo Deo condita; et non est mala, ut volunt ⁱ Sethianus, et Ophianus, et Patricianus; nec mali causa, ut docuit Florianus; nec ex malo et bono compacta, ut Manichæus blasphemat. Sed cum sit creatione bona, arbitrio ʲ animæ efficitur nobis vel bona vel mala, non immutatione substantiæ, sed exsecutionis mercede. Ipsa enim est quæ stabit ante tribunal Christi, in quo perferat anima propria corporis prout gessit sive bonum sive malum (*Cor.* v, 10).

CAPUT LXXVII.

In resurrectione ex mortuis sexus forma non mutabitur, sed vir mortuus resurget in forma viri, et femina in forma feminæ, carens tamen sexuum in hac vita conditione, non specie naturali, ne non sit vera resurrectio, si non id resurget quod cadit.

CAPUT LXXVIII.

ᵏ Ante passionem et resurrectionem Domini, omnes animæ sanctorum in inferno sub debito prævaricationis Adæ tenebantur, donec auctoritate Domini, per indebitam ejus mortem a servili conditione liberarentur.

CAPUT LXXIX.

Post ascensionem Domini ad cœlos, omnium sanctorum animæ cum Christo sunt, et exeuntes de corpore ad Christum vadunt ˡ, exspectantes resurrectionem corporis sui, ut ad integram et perpetuam beatitudinem cum ipso pariter immutentur; sicut et peccatorum animæ in inferno sub timore positæ, exspectant resurrectionem sui corporis, ut cum ᵐ ipso diabolo ad pœnam ⁿ detrudantur æternam.

CAPUT LXXX.

Pœnitentia aboleri peccata indubitanter credimus, etiamsi in ultimo vitæ spiritu admissorum pœniteat, et publica lamentatione peccata prodantur, quia propositum Dei, quo decrevit salvare quod perierat (*Luc.* xix, 7), stat immobile; et ideo quia voluntas ejus non mutatur, sive emendatione vitæ, si tempus conceditur, sive ᵒ supplici confessione, si continuo vita excediur, venia peccatorum fideliter præsumatur ab illo qui non vult mortem peccatoris, sed ut convertatur a perditione pœnitendo, et salvatus miseratione Domini vivat (*Ezech.* xix, 23; et xxxiii, 11).

ª Ms., *semel.*
ᵇ Ms., *non*, pro *sed.*
ᶜ Ms., *probatur.*
ᵈ Nove dictum pro *in furorem versus.* Ita Vincentius Lirinensis de Hæres. cap. 5 ait: *Sese in furias præcipitare.*
ᵉ Ms., *habeatur.*
ᶠ Ita ms. Alii, *et hic vero.*
ᵍ Ms., *locatorium.*
ʰ Ms., *Spiritus sanctus*, pro *Spiritus Patris.*
ⁱ Ms., *Thimoteani et Prisciani.*
ʲ Ms., *animi.*
ᵏ Ita ms.
ˡ Ms. addit *sicut scriptum est: Justorum animæ in manu Dei sunt.*
ᵐ Ita ms.
ⁿ Ms., *convertantur.*
ᵒ Ms., *publica confessione.*

Si quis aliter de justissima Dei pietate sentit, non Christianus sed Novatianus est

CAPUT LXXXI.

Internas animæ cogitationes diabolum non videre certi sumus, sed motibus eas corporis ab illo et affectionum indiciis colligi experimento didicimus. Secreta autem cordis solus ille novit ad quem dicitur : *Tu solus nosti corda filiorum hominum* (*I Reg.* VIII, 40).

CAPUT LXXXII.

Non omnes malæ cogitationes nostræ semper diaboli instinctu excitantur, sed aliquoties ex nostri arbitrii motu emergunt. Bonæ autem cogitationes semper a Deo sunt.

CAPUT LXXXIII.

Dæmones per ἐνέργειαν non credimus substantialiter illabi animæ, sed [b] applicatione **43** et oppressione uniri. Illabi autem menti illi soli possibile est qui creavit : qui natura subsistens incorporeus, capabilis est suæ facturæ.

CAPUT LXXXIV.

Signa et prodigia et sanitates, etiam peccatores in nomine Domini facere, ab ipso Deo didicimus ; et cum alios hac præsumptione juvent, sibi per ambitionem humanæ gloriæ nocent ; quia gloriantur in dato falso, non meritis debito.

CAPUT LXXXV.

Signis et prodigiis clarum posse fieri Christianum, non tamen sanctum, si intemperatis et asperis moribus agat ; temperatis autem et placidis moribus etiam absque signorum efficacia, et sanctum, et perfectum, et Dei hominem fieri, recte credimus.

CAPUT LXXXVI.

Nullus sanctus et justus caret peccato, nec tamen ex hoc desinit esse justus, vel sanctus, cum affectu teneat sanctitatem. Non enim naturæ humanæ viribus, sed propositi adjumento per Dei gratiam acquirimus sanctitatem. Et ideo veraciter se omnes sancti pronuntiant peccatores, quia in veritate habent **44** quod plangant ; et si non reprehensione conscientiæ certe mobilitate et mutabilitate prævaricatricis naturæ.

CAPUT LXXXVII.

Pascha, id est, dominicæ Resurrectionis solemnitas, ante transgressum vernalis æquinoctii, et [c] quartæ decimæ lunæ [d] perfectionem, non potest celebrari in eodem mense natæ.

CAPUT LXXXVIII.

Propter novellos legislatores, qui ideo animam tantum ad imaginem Dei creatam dicunt, ut quia Deus incorporeus recte creditur, etiam incorporea anima esse credatur, libere confitemur imaginem in æternitate, similitudinem in moribus inveniri.

[a] *Dæmones per* ἐνέργειαν. Ita ms.; alii, *energicam operationem*, male.
[b] Ms., *inducit.*
[c] Ms., *sextæ decimæ.*
[d] Ms., *initium.*

ELMENHORSTII NOTÆ

AD

LIBRUM DE DOGMATIBUS ECCLESIASTICIS.

97 [*Gennadius*] Ita rectissime libelli hujus auctorem indigitant Walafridus Strabo, Algerus, Petrus Lombardus, Thomas de Aquino, Platina et ms. codex Florentinus, uti hujus rei oculatus testis, Fridericus Lindenbrogius, vir doctissimus, nobis indicium fecit.

[*De ecclesiasticis dogmatibus*] Id est, *de ecclesiasticis placitis.* Augustin. tom. IV, lib. I Quæst. Evangel., quæst. 11 : *Dogmata sunt placita sectarum.* Diog. Laertius lib. III in Platone, pag. 217 : Δόγμα δὲ ἑκατέρως καλεῖται, τό τε δοξαζόμενον καὶ ἡ δόξα αὐτή· τούτων δὲ τὸ μὲν δοξαζόμενον, πρότασίς ἐστιν, ἡ δὲ δόξα, ὑπόληψις. Scripserunt autem et ante Gennadium de dogmatib. ecclesiast. Musanus et Didymus Alexandrinus, quorum lucubratiunculæ cum ipsis perierunt. Hieronym. *de Viris illustribus.*

CAPUT PRIMUM.

Credimus unum esse Deum Patrem, et Filium, et Spiritum sanctum] Exorditur a communi regula fidei, quam velut fundamentum omnibus hæresibus opponit. Nazianz. de Fide orat. 49. Socrates Histor. ecclesiast. lib. II, cap. 25. Tertullian. de Virgin. velandis cap. 1. Guitmundus de Trinitate tom. IV Biblioth. Patrum. Augustinus Hipponensis Eccles. episcopus tom. III, de Fide et Symbolo cap. 1 ; de Tempore serm. 195 et 125. Joannes Damascenus de Fide orthodoxa lib. 1, cap. 8. Gregorius PP. in decretis part. 1, tit. 1. Athanasius in Exposit. fidei, fol. 394 et seq. Concilium Constantinopol. II, cap. 7. Concil. **98** Toletanum I, cap. 21. Concil. Toletan. IV, cap. 1. Concil. Lateranense, cap. 1. Isidorus Hispalensis de Officiis ecclesiasticis lib. II, cap. 23. Auctor de Fide ad Petrum diaconum, cap. 1, apud Augustin. tom. III. Victor in Exposit. fidei tom. V Biblioth. Patrum, fol. 457. Fulgentius ad Trasimundum regem lib. III, fol. 54. Ferrandus diaconus Parænet. ad Reginum, fol. 1893, in appendic. Biblioth. Patrum. Edictum Justiniani imp. de Fide, tom. I Juris Græco-Romani, fol. 524. Concil. Arelatense III, cap. 1. Concil. Wormatiense, cap. 1. Rabanus Maurus de Institut. clericorum lib. II, cap. 57. Gregor. Turonensis Histor. Francor. lib. I, cap. 1.

[*Unum esse Deum*] *Unum esse Deum* dicit ideo, ne quis cum Tritheitis tres, vel cum paganis multicolis plures deos recipiat. Fulgentius episcop. Ruspensis in respons. ad Arianos fol. 30 et 33, ad Donatum fol. 91. Deuteron. VI, 4. Esaiæ XLII, 10 ; XLIV, 8. II Corinth. VIII, 6 ; ad Ephes. IV, 5 ; ad Timoth. I, II, 5. Ignatius ad Philadelphens. epist. 5, pag. 23. Justinus Martyr in Exposit. fidei, fol. 292. Damascenus de Fide orthodoxa lib. I, cap. 5. Cyrillus in Exposit. symboli Nicæni, fol. 204. Petrus Chrysolog. in symbol. apostol. sermon. 60 : *Unum Deum in Trinitate credit Christiana fides : scit Patrem, scit Filium, scit Spiritum sanctum,* deos nescit. *Divinitas in personis trina est, sed una in trinitate est divinitas; personis trinitas distincta est, non est divisa substantiis. Deus unus est, sed trinitate; Deus solus est, sed non solitarius: Divinitas nec trinitate dividitur, nec confunditur unitate.* Augustinus de Tempore serm. 3: *Deus unus est Pater, Deus unus est Filius, Deus unus est Spiritus sanctus; non tres dii, sed unus est Deus, trinus in vocabulis, unus in deitate substantiæ.*

[*Patrem eo quod filium habeat*] Contra Mahumetistas, qui Deum filio carere dicunt. Alcoran azoara xi, fol. 37; azoara xx, fol. 70; azoara xxviii, fol. 94; azoara xxxi, fol. 140; azoara xxxiii, fol. 111; azoara xxxv, fol. 114; azoara xlvii, fol. 104; azoara xlix, fol. 145; azoara cxlii, fol. 788. Joan. Cantacuzenus imp. Constantinopol. orat. 3 in Mahumetem. Saracenica Commelini pag. 2. D. Clemens epistola 1 ad Jacob. fratrem Domini, tom. I Concil., fol. 30: *Patrem cum audis, agnosce quod habeat Filium veraciter genitum, sicut possessor dicitur, qui possidet aliquid.* Cyrillus Hierosolym. Catechesi 7, illuminat., fol. 85. Augustin. de Tempore **99** sermon. 38. Athanasius orat. 2 contra Arianos, fol. 158. Chrysostomus tom. III de SS. Trinitate. Ruffinus in Exposit. symboli apud Hieronym. tom. IX, fol. 74. Nazianzenus in laudem Heronis philosophi orat. 23. Hilarius lib. III de Trinitate. Phæbadius contra Arianos. Ambrosius in Exposit. symboli apostolorum cap. 5, fol. 91. Chrysologus serm. 57, 58, 59, 60. Tertull. adversus Praxeam cap. 10. Bæticus de fide.

[*Filium eo quod patrem habeat*] Beda in Exposit. Epist. Pauli ad Hebræos cap. 1, fol. 1056: *Filius Dei secundum hoc dicitur, quod ei pater est, quod habet de quo sit; non secundum hoc quod prior esset pater, et postea filius.* Cyrillus Hierosolymit. catechesi 11 illuminat., fol. 79. Gregorius Bæticus de fide. Fulgentius contra objectiones Arianorum fol. 27. Nazianzenus orat. 4 de Theologia. Hieronym. in psalm. xvii.

[*Spiritum sanctum, quod sit ex Patre et Filio procedens*] Sancti Spiritus missionem a Patre esse et Filio, cum Ecclesia Romana recte approbat atque credit, contra communem Græcorum errorem, qui Spiritum sanctum a Patre solum procedere affirmant. Psellus in cap. Theolog., pag. 157, cap. 10: Ἡ ἁγία καὶ καθολικὴ Ἐκκλησία τὸν Πατέρα μὲν δογματίζει ἀγέννητον, τὸν Υἱὸν δὲ γεννητὸν ἐκ τοῦ Πατρός, καὶ τὸ Πνεῦμα ἐκπορευτὸν ἐκ μόνου τοῦ Πατρός, ἀλλ' οὐχὶ καὶ ἐκ τοῦ Υἱοῦ; et Cyrill. de S. Trinitate cap. 10. Jus Græco-Roman. tom. I, fol. 400. Concil. Nicænum. Concil. Constantinop. i, cap. 7. Epiphan. in fine *Ancorati*. Anastasius de Dogmatib. fidei, fol. 674. Nazianzen. *in S. Lumina.* orat. 39. Damascen. de Fide orthodoxa lib. i, cap. 9. Theophylact. Bulgar. archiepiscop. in Joan. cap. 3. Vide Concilium Florentinum tom. III Concil., session. 18 et seq. Petrum Lombardum Sentent. lib. I, cap. 11. Durandum lib. I, distinct. 11, quæst. 1. Thomam Aquin. part. 1 Summ., quæst. 36, articulo 1. Bonavent. in Sent. Petri Lombardi lib. I, distinct. 11, quæst. 1. Marcialis episcopus in epist. ad Burdigal. cap. 10: *Spiritus Domini non genitus, non factus, non creatus, sed procedens est a Patre et Verbo.* Auctor de fide ad Petrum diaconum cap. 11: *Firmissime tene, et nullatenus dubites, Spiritum sanctum qui Patris et Filii unus est Spiritus, de Patre et Filio procedere. Dicit enim Filius, cum venerit Spiritus veritatis, qui a Patre procedit. Ubi suum Spiritum esse docuit, quia ipse est veritas.* **100** *De Filio quoque procedere Spiritum sanctum prophetica atque apostolica nobis doctrina commendat. Esaias enim dicit de Filio, percutiet terram virga oris sui, et Spiritu labiorum suorum interficiet impium. De quo et Apostolus ait: Quem interficiet Dominus Jesus Spiritu oris sui. Quem etiam ipse unicus Dei Filius Spiritum oris sui esse significans post resurrectionem insufflans in discipulos ait: Accipite Spiritum sanctum.* Isidorus Hispalensis epistol. ad Claudium fol. 694. Cyprianus de *Spiritu sancto*, fol. 437. Hilarius lib. viii de Trinitate. Gregorius Magnus tom. II in Evangelia homil. 26. Beda, homil. æstival. de Tempore fol. 46. De Elementis Philosoph. lib. I, fol. 313. Hieronym. in Esaiam lib. xvi, cap. 57, et tom. III ad Hædibiam quæst. 9. Concilium Toletanum i, cap. 21. Concil. Toletanum iv, cap. 1. Corpus Canonicum part. iii, distinct. 5 de consecratione. Concil. Lateranense cap. 1. Rabanus Maurus de Institut. Clericorum lib. ii, cap. 57. Auctor de Spiritu et anima cap. 54. Auctor de Speculo cap. 18, apud Augustin. tom. IX. Augustin. de Trinitate lib. xv, cap. 26 et sequent. Tom. V contra sermonem Arianorum cap. 19; de Fide et Symbolo cap. 1. Auctor de Trinitate et Unitate Dei cap. 1, apud Augustin. tom. IV, fol. 673.

[*Pater principium Deitatis*] Græci et Latini theologi veteres Patrem statuunt principium Filii et fontem τοῦ τῆς δικαιοσύνης ποταμοῦ, κατὰ τὸ αἴτιον, non quod Pater sit prior Filio aut tempore, aut natura. Est enim Filius Patri coæternus et coessentialis, lumen de lumine, Deus verus de Deo vero, ποιητὴς χρόνων, οὐκ ὑπὸ χρόνον. Εἰ δὲ λέγομεν τὸν Πατέρα ἀρχὴν εἶναι τοῦ Υἱοῦ καὶ μείζονα, οὐ προτερεύειν αὐτὸν τοῦ Υἱοῦ χρόνῳ ἢ φύσει ὑποφαίνομεν (δι' αὐτοῦ γὰρ οὗτος αἰῶνας ἐποίησεν) οὐδὲ κατὰ ἕτερόν τι, εἰ μὴ κατὰ τὸ αἴτιον, τουτέστιν, ὅτι ὁ Υἱὸς ἐκ τοῦ Πατρὸς ἐγεννήθη, καὶ οὐχ ὁ Πατὴρ ἐκ τοῦ Υἱοῦ, καὶ ὅτι ὁ Πατὴρ αἴτιός ἐστι τοῦ Υἱοῦ φυσικῶς· ὥσπερ οὐκ ἐκ τοῦ φωτὸς τὸ πῦρ φαμὲν προέρχεσθαι, ἀλλ' ἐκ τοῦ πυρὸς τὸ φῶς. Ὅτε οὖν ἀκούσωμεν ἀρχὴν καὶ μείζονα τοῦ Υἱοῦ τὸν Πατέρα, τῷ αἰτίῳ νοήσωμεν. Καὶ ὥσπερ οὐ λέγωμεν ἑτέρας οὐσίας τὸ πῦρ, καὶ ἑτέρας τὸ φῶς. οὕτως οὐχ' οἷόν τε φάναι ἑτέρας οὐσίας τὸν Πατέρα καὶ τὸν Υἱὸν ἑτέρας, ἀλλὰ μιᾶς καὶ τῆς αὐτῆς. Quoniam vero Filius ex Patre per generationem est, non tribuuntur illi hæ proprietates, quod sit ἄναρχος, ἀναίτιος vel ἀγέννητος. Cyrill. Hierosolym. catechesi 11, pag. 257. Theodoret. Cyri episcop. dialog. 2, pag. 107 et 111. Hilarius lib. ix de S. Trinitate. Cyrillus Alexand. de S. Trinitat. cap. 8, pag. 37 et sequent. Basilius Magnus lib. I contra Eunomium. Joannes Damascenus de Fide orthodox. lib. I, cap. 9. Rabanus Maurus archiepiscop. Mogunt. in Ecclesiast. lib. vi, cap. 2: *Pater origo est divinitatis.* Auctor de Spiritu et Anima apud Augustinum tom. III, fol. 635: *Pater a nullo est, Filius a solo Patre est, Spiritus sanctus simul a Patre et Filio est.* Joan. Theophilus in exposit. symboli Nicæni tom. I Concil., fol. 544. Damascenus contra Manichæos pag. 239, de Fide orthodoxa lib. I, cap. 9. Cæsarius Dialog. 1 Nazianz. orat. 59. Clemens epist. 1 ad Jacob fratrem Domini. Procopius Sophista in Esaiam fol. 501. Hilarius lib. vi de Trinitate. Gelasius de Actis concil. Nicæni pag. 117. Ambrosius in symbolum apostolorum cap. 3. Paulinus adversus Felicem Urgelitanum fol. 438, Cyrillus Alexandrinus in Thesauro lib. i, cap. 6.

[*Ita nunquam non fuit Pater*] Arii verba sunt: Οὐκ ἀεὶ ὁ Θεὸς Πατὴρ ἦν, ἀλλ' ἦν ὅτε Θεὸς μόνος ἦν καὶ οὔπω Πατὴρ ἦν, ὕστερον δὲ ἐπεὶ γέγονε, Πατὴρ (Athanas.) disput. 2 contra Arianos). Testimonium evidentissimum contra Arii blasphemias, qui asserere arrepta impietate præsumpsit *Patrem non semper Patrem fuisse.* Athanasius tom. I, orat. 2 contra Arian., fol. 144 et sequent.; tom. II, fol. 33. Damascenus contra Manichæos pag. 239, de Fide orthodoxa, lib. I, cap. 8. **101** Epiphanius contra Sabellianos hæres. 62, in *Ancorato* fol. 326. Nazianz. orat. 4 de *Theologia.* Nicephorus Callistus eccles. Histor. lib. viii, cap. 8. Socrates Scholasticus lib. I, cap. 3. Historia Tripartita lib. I, cap. 13. Gennadius in *Syagrio.*

[*A quo Filius natus*] Cæsarius Dialog 1, Nazianz. de Fide Nicæna in *S. lumina.* orat. 39. Augustin. in Quæst. de Trinitate tom. III, fol. 739. Damascenus de Fide orthodoxa lib. I, cap. 9; lib. iv, cap. 7.

[*Spiritus sanctus non natus*] Ambrosius in Exposit. symboli apostolorum, cap. 5, fol. 89: *Quod neque natum neque factum est, Pater est, non enim ab aliquo est. Quod natum et factum non est, Filius est, qui a Patre genitus est. Quod vero neque natum neque factum est, Spiritus sanctus est qui a Patre et Filio procedit.* Alcuin. de Doctrina fidei in appendice Bibliothec. Patrum, fol. 1924. Quæst. *Quare Spiritus sanctus ingenitus vel genitus dici non debet.* Respons. *Quia si ingenitus diceretur sicut Pater, duo patres ; si genitus, duo filii æstimari possent.* Nazianzenus de Fide Nicæna. Auctor de Trinitate et Unitate cap. 1, apud Augustinum tom. IV. Gennadius de Viris illustribus, in *Isaac.* Petrus Lombardus lib. 1 Sententiar., distinct. 13. Durandus lib. 1, distinct. 13, quæst. 3. Augustin. in respons. ad Orosium tom. IV, fol. 481. Damascenus de Fide orthodoxa lib. 1, cap. 18 ; lib. IV, cap. 7.

[*Pater ingenitus*] Græci et Latini Patres passim Deum Patrem appellant ἀναίτιον, ἄναρχον, ἀγέννητον, *causæ et principii expertem, innascibilem, ingenitum.* Justinus martyr in Exposit. fidei, fol. 292. Basilius Magnus in lib. contra Eunomium. Theodoretus Cyri episcop. dialog. 2, pag. 106, 111. Cyrillus Hierosolym. catechesi 11, fol. 237. Cyrillus Alexandrinus in Quæstion. et Respons., pag. 122, de S. Trinitate cap. 9. Damascenus de Fide orthodox. lib. 1, cap. 9, et in Quæstion., pag. 138. Psellus in Cap. theolog. cap. 1 et 10, quæ voces tamen in S. Scriptura non reperiuntur, sed ex ea colliguntur, ut ait Gregor. Nazianzenus orat. 5 de Theologia. Nicetas in Nazianz. tom. II, fol. 927. Augustinus ad Pascentium epist. 174. Epiphanius contra Aetium hæres. 76. Athanasius in Disputat. contra Arium tom. II, fol. 374, scribit : cum Sabelliana hæresis genitum ex virgine Patrem voluisset asserere, ἀγέννητον contra hanc confitendo Ecclesia tradidit Patrem. In libr. Dialog. de S. Trinitate II, fol. 160, 161, 162 et 164, cum Epiphanio contra Semiarianos, hæres. 73, et Ambros. de Incarnat. dominicæ sacram. cap. 8 et 9, verbum ἀγέννητον (ex quo Aetius et Arius probare nitebantur, alterius substantiæ esse Patrem, alterius Filium, quod ille ingenitus, ille genitus diceretur) plane rejicit, et Patrem non ingenitum, sed Patrem cum sacra Scriptura dicendum, affirmat.

[*Filius Patri coœternus*] Fulgentius contra objectiones Arianorum fol. 27 : *Quod Pater est, hoc est et Filius, quia de Deo Deus, de perfecto perfectus, de immenso immensus, de omnipotente omnipotens, de æterno Patre natus est Filius coæternus.* Vid. Damascenus de Fide orthodoxa lib. 1, cap. 5, Augustin. tom. VI contra sermon. Arianorum fol. 454. Auctor de V hæres. fol. 30. Auctor de Trinitate et unitate cap. 5.

[*Spiritus sanctus Patri et Filio coœternus*] Augustinus de fide et symbolo tom. III, fol. 102, cap. 9 : *Spiritus sanctus non de minore natura quam Pater et Filius est, sed ut ita dicam, consubstantialis et coœternus, quia ista trinitas unus est Deus.* Vide Joan. Damascenum de Fide orthodoxa lib. 1, cap. 10 et 18.

[*Non confusa in una persona Trinitas, sicut Sabellius dicit*] Honorius de Hæres.: *Sabelliani unam personam Patris et Filii et Spiritus sancti astruunt.* Vincent. Lirinens. contra Hæret. cap. 34. Didymus Alexandrinus in epistolam Joan. 1, cap. 5. Victor de Fide catholica. Cassianus de Incarnat. Christi lib. 1. Vigilius martyr contra Eutychen lib. 1. Epiphanius hæres. 62, 69. Leontius de Sectis pag. 437. Cæsarius frater Nazianz. Dialog. 1. Harmenopulus de Sectis pag. 589. Isidorus Hispalensis Orig. lib. VIII, cap. 5. Philastrius hæres. 54. Joan. Monachus in Canone contra omnes hæreses tom. IV Biblioth. Patrum. Theodoretus lib. II Fabul. hæret. Fulgentius de Fide orthodoxa ad Donatum fol. 94. Faustinus de Fide contra Arianos fol. 770. Bæticus in lib. de Fide. Nicephorus Callistus lib. VI, cap. 25. Leo PP. serm. 4 de Nativitate Domini pag. 37. Ambrosius in Symbol. apostolorum cap. 2.

[*Neque separata aut divisa in natura Divinitas, ut Arius blasphemat*] Proculus de Fide ad Armenios fol. 413 : *Fugiamus Arii vesaniam, qui Trinitatem inseparabilem substantiis dividit.* Cyrillus in Joan. lib. VII, cap. 10. Athanasius tom. I, fol. 444 ; de Incarnat.

Christi fol. 490 ; orat. 5 contra Arianos fol. 323. Honorius in catalogo de hæres. Cæsarius dialog. Isodorus Origin. lib. VIII, cap. 5. Legatio Manuelis imp. ad Armenios pag. 57 et 89. Epiphanius hæres. 69. Augustin. hæres. 49.

[*Alter in persona Filius*] Contra hæreticos qui dicuntur κατὰ Æschinem. Tertullianus Præscription. adversus hæret. cap. 52 : *Privatam blasphemiam illi, qui sunt κατὰ Æschinem hanc habent, ut dicant, Christum ipsum esse Filium et Patrem.* Vid. Augustin. de Fide et Symbolo cap. 9.

[*Sed alter in persona Pater, alter in persona Filius*] Lombardus lib. 1, distinct. 2 : *Teneamus Patrem, et Filium, et Spiritum sanctum, unum esse naturaliter Deum. Neque tamen ipsum Patrem esse, qui Filius est ; nec Filium ipsum esse qui Pater est, nec Spiritum sanctum ipsum esse qui Pater aut Filius est. Una est enim Patris, et Filii, et Spiritus sancti essentia, quam Græci* ὁμοούσιον *appellant, in qua non est aliud Pater, aliud Filius, aliud Spiritus sanctus ; quamvis sit personaliter alius Pater, alius Filius, alius Spiritus sanctus.* Augustin. ad Maxim. Medicum epist. 66 de Tempore serm. 38. Anastasius de Dogmatibus fidei 103 fol. 676. Tertullian. adversus Praxeam cap. 2. Hilarius lib. I de S. Trinitate. Vincentius Lirinensis de Hæres. cap. 19.

[*Alter in persona Spiritus sanctus*] Contra Urbicium Potentinum, qui dicebat Spiritum sanctum aut esse Patrem aut Filium, aut certe creaturam. Athanasius Alexandrinus, tom. II, fol. 417.

[*Unus natura in sancta Trinitate Deus Pater*] Auctor de fide ad Petrum diaconum apud Augustin. tom. III, cap. 1, fol. 149 : *Principaliter atque indubitanter toto corde retine, Patrem Deum, Filium Deum, et Spiritum sanctum Deum, id est sanctam atque ineffabilem Trinitatem unum esse naturaliter Deum, etc.* Athanasius in rescripto ad Liberium PP., fol. 398. Hieronym. *de illis quæ Deo in S. Scripturis tribuuntur*, tom IX, fol. 67. Nazianz. in laudem Heronis orat. 23, de Fide orat. 49. Cæsarius Dialog. 1. Damascenus de Fide orthodoxa lib. 1, cap. 11. Cerealis episcopus contra Maximinum Arianum cap. 2. Psellus in cap. Theolog. cap. 1. Augustinus de Tempore sermon. 38.

CAPUT II.

[*Non Pater carnem assumpsit*] Contra Patripassianos, et delirium Praxeæ, qui dicebat Patrem descendisse in virginem, ipsum ex ea natum, ipsum passum. Tertullianus adversus Praxeam cap. 1, de Præscriptione adversus hæretic. cap. 53. Ruffinus in Exposit. symboli apud Hieronym. tom. IX, fol. 75. Rabanus Maurus de Trinitate cap. 4. Prudent. apotheosi pag. 270 et sequent. Auctor de fide ad Petrum cap. 2, fol. 150, apud Augustin. tom. III, Marius Victorinus adversus Arium lib. 1, fol. 305. Hilarius de Trinitate lib. 1. Joannes Damascenus de Duabus Christi voluntatibus, fol. 488 ; de Fide orthodoxa lib. IV, cap. 4. Gregor. Turonens. Histor. Francor. lib. V, cap. 45. Petrus Lombardus episcopus Parisiensis Sentent. lib. III, distinct. 1. Vigilius martyr lib. I contra Eutychen : *Susceptæ carnis dispensatio, nec ad Patrem nec ad Spiritum sanctum, sed ad solum pertinet Filium : proprie enim Filius, non Pater de virgine natus est.*

[*Ipse fieret in homine, hominis Filius*] Ferrandus diaconus parænet. ad Reginum comitem : *Ex homine non est natus secundum carnem Pater, qui Filius nunquam fuit ; nec Spiritus sanctus, qui nec Pater aliquando fuit, nec Filius ; sed natus est Filius, ut ipse fieret filius virginis matris, qui est Filius Dei Patris.*

104 [*Dei Filius factus est hominis filius*] Vid. Joan. Damascenus de Fide orthodoxa lib. IV, cap. 4.

[*Non adoptione, non appellatione*] Contra Felicem Urgelitanum et Elipandum Toletanum episcopp., qui asserebant, *Christum Dei Filium quod ad humanitatem spectat, dicendum esse adoptivum, non proprium ac naturalem.* Cæsar Baronius tom. IX Annal. ad ann. Christi 783, fol. 357. Adelmus Benedictin. Franc. reg. Annal. ad annum Domini 792, fol. 399. Hilarius Pictaviensis episcop. de Trinitate lib. v: *Non est Dei Filius Deus falsus, nec Deus adoptivus, nec Deus nuncupativus, sed Deus verus.* Vid. Paulinus Aquil. episcop. adversus Felicem Vegelitanum, fol. 435, tom. V Bibliothec. Patrum. Fulgentius ad Monimum lib. III, fol. 26; ad Trasimundum regem lib. III, fol. 54. Cyrillus Hierosolymit. cateches. 11, fol. 80.

[*Non ergo duos Christos neque duos filios*] Impugnat errorem nefandum Nestorii et Pauli Samosateni, qui duos Christos et filios, unum servum, alterum dominum; unum patibilem, alterum impatibilem, dicunt. Theodotus Ancyræ episc. sermone contra Nestorium in Actis concilii Ephesini fol. 260. Vigilius martyr lib. II contra Eutychen. Legatio imp. Manuelis ad Armenios pag. 39, 45, 51, 59, 163, 179. Harmenopulus de Sectis, pag. 165. Cyrillus Alexandrinus in Argument. contra Nestorianos pag. 2; de recta fide ad Theodosium imp. in actis concil. Ephesini, fol. 14; in epistola ad Succesum episcop. fol. 262, 270, et tom. IV ad Acacium episcop.; epistola 29 ad Joannem Antiochenum in actis concilii Ephesini, tom. V, cap. 9. Theodorus presbyter de Incarnat. Domini pag. 233. Vincent. Lirinensis contra Hæres. cap. 17 et 18. Elias Cretensis in Nazianz., fol. 1041. Nazianzenus orat. 31, et epistola 1 ad Caledonium fol. 739: Εἴ τις εἰσάγει δύο υἱούς, ἕνα μὲν τὸν ἐκ τοῦ Θεοῦ καὶ Πατρός, δεύτερον δὲ τὸν ἐκ τῆς μητρός, ἀλλ᾽ οὐχὶ ἕνα καὶ τὸν αὐτόν, καὶ τῆς υἱοθεσίας ἐκπίπτοι τῆς ἐπηγγελμένης τοῖς ὀρθῶς πιστεύουσι· φύσεις μὲν γὰρ δύο Θεὸς καὶ ἄνθρωπος, ἐπεὶ καὶ ψυχὴ καὶ σῶμα· υἱοὶ δὲ οὐ δύο, οὐδὲ θεοί· οὐδὲ γὰρ ἐνταῦθα δύο ἄνθρωποι, εἰ καὶ οὕτως ὁ Παῦλος τὸ ἐντὸς τοῦ ἀνθρώπου, καὶ τὸ ἐκτὸς προσηγόρευσε: id est, *Si quis duos filios, alterum ex Deo et Patre, alterum ex* 105 *matre, non autem unum atque eumdem induxerit, is ab ea quoque filiorum adoptione excidat quæ credentibus promissa est. Quanquam enim Deus et homo duæ naturæ sunt, quemadmodum et anima et corpus, non tamen duo filii nec dii; quemadmodum ne hic quidem duo homines, tametsi Paulus ad hunc modum internam et externam hominis partem appellaverit.* Vigilius martyr lib. I contra Eutychen: *Nos unum Deum, eumdemque Dei Filium et hominis filium, non duos profitemur; et ita Verbum intra virginei uteri secreta carnis sibi initia consecrasse, ut tamen Verbi natura non mutaretur in carnem. Item carnis naturam ita per suscipientis mixtionem in Verbi transisse personam, ut non tamen fuerit in Verbo consumpta; manet enim utraque, id est verbi carnisque natura, et ex his duabus hodieque manentibus unus est Christus, unaque persona.* Vide Cyrillum Alexandrinum de recta fide ad Theodos. imp. in actis concilii Ephesini, fol. 17; et *Quod Jesus Christus unus sit Dei Filius et Dominus*, fol. 59; de recta fide ad Reginas, fol. 70. Augustin. de Verbis apostoli tom. XI, fol. 219, serm. 14.

[*Unigenitum dicimus*] Damascenus de Fide orthodoxa lib. I, cap. 9: Λέγεται μονογενής, ὅτι μόνος ἐκ μόνου τοῦ Πατρὸς μόνως ἐγεννήθη. Οὐδὲ γὰρ ὁμοιοῦται ἑτέρα γέννησις τῇ τοῦ Υἱοῦ τοῦ Θεοῦ γεννήσει· οὐδὲ γάρ ἐστιν ἄλλος υἱὸς τοῦ Θεοῦ. Lib. IV, cap. 8. Chrysostomus *de Incomprehensibili Dei Natura* tom. V, fol. 988. Theodoretus divinorum decret. Epitome fol. 393. Augustinus de Fide et Symbolo tom. III, fol. 166, de Tempore sermon. 38. Theophylactus in Matthæum cap. 1. Damasus PP. epistola ad Paulinum Antiochen. tom. I Concil., fol. 381. Hilarius de S. Trinitate lib. III et IV. Gregorius Bæticus de Fide. Fulgentius in Respons. contra Arianos fol. 30; ad Trasimundum regem lib. III, fol. 54. Rabanus Maurus de sermon. Proprietat. lib. IV, cap. 10.

[*Non confusis naturis*] Fulgentius ad Trasimundum Regem lib. III, fol. 58. *In uno codemque Christo vera divinitatis veraque humanitatis natura permansit, dum Deus non confusus homini, sed unitus, sic in una per-* sona utriusque naturæ permanentis indicia demonstravit, ut verus Deus, et plenus veris divinisque virtutibus in homine clareret assumpto, et veritas infirmitatis humanæ verum plenumque hominem monstraret in Deo. *— Dum nostri redemptionis commercium gereretur, pleno veroque homini, plenum verumque Deum decebat uniri, sic tamen ut in unitate personæ, nec in homine Deus, nec homo posset in Deo confundi.* Joannes 106 Damascenus in oratione contra Acephalos fol. 573: Γέγονεν ἐκ τελείας θεότητος, καὶ τελείας ἀνθρωπότητος, εἰς Χριστόν. εἷς υἱός, ὁ αὐτὸς Θεός τε καὶ ἀνθρώπου, εἷς κύριος, ὁ αὐτὸς θεὸς τέλειος καὶ ἄνθρωπος τέλειος, ὅλος Θεὸς καὶ ὅλος ἄνθρωπος, ἀσυγχύτως ἑνωθεισῶν τῶν φύσεων ἀλλήλαις καὶ ἀτρέπτως καὶ ἀδιαιρέτως. Ἀσυγχύτως μέν· φυλάττει γὰρ ἑκάστη φύσις τὴν ἑαυτῆς διαφοράν, τὸ ἄκτιστον ἡ θεότης, τὸ κτιστὸν ἡ ἀνθρωπότης, τὸ ἀπαθὲς ἡ θεότης, τὸ παθητὸν ἡ ἀνθρωπότης, καὶ τὰ τοιαῦτα· ἀτρέπτως δέ, ὅτι μεμένηκεν ἑκάστη φύσις ἀναλλοιώτως, οὐ τραπεῖσα εἰς τὴν ἑτέραν, οὐδὲ μία σύνθετος χρηματίσασα φύσις, ἀλλὰ δύο ὑπάρχουσαι καὶ διαιωνίζουσαι· ἀδιαιρέτως δέ, ὅτι ἥνωνται ἀλλήλαις καθ᾽ ὑπόστασιν, μίαν ἔχουσαι ὑπόστασιν, τὴν προαιώνιον μέν, ἀσώματον καὶ ἁπλῆν, ἐπ᾽ ἐσχάτων δὲ τῶν χρόνων ἐκ τῆς ἁγίας ἀεὶ Παρθένου σωματωθεῖσαν ἀμεταβλήτως. *Ex perfecta Deitate et perfecta humanitate factus est unus Christus, unus Filius Dei et hominis, idem ipse Deus perfectus, et homo perfectus, totus Deus, totus homo, naturis inter se unitis* INCONFUSE, INCONVERTIBILITER, AC INSEPARABILITER. *Inconfuse quidem quia quæque natura suam propriam differentiam retinet: divinitas, increatum, impassibile esse; humanitas creatum, passibile esse, et quæ sunt hujusmodi. Inconvertibiliter vero, quia quæque natura inalterabilis permansit, non conversa in alteram, neque una composita natura inde conflata, sed duæ veræ sunt, perpetuoque manebunt naturæ. Inseparabiliter vero denique, quia hypostatice sibi invicem sunt unitæ, unam habentes hypostasin, quæ cum fuerit æterna, incorporea, et simplex, novissimis temporibus ex sancta et semper Virgine immutabiliter incarnata est;* et de Fide orthodoxa lib. III, cap. 3; lib. IV, cap. 9. Petrus diaconus de Incarnat. Domini cap. 2.

[*Timothæani*] Danæus ad Augustinum de Hæres. cap. 90, ex exemplari Gemblensi: *Timotheani dicunt Filium Dei verum quidem hominem ex Virgine Maria natum, sed non ita unam reddidisse personam, ut non in unam sit redactus naturam, conflatorium quoddam volentes fuisse interiora virginis, per quod duæ naturæ, id est, Deus et homo, in unam resolutæ et compactæ massam, unam Dei et hominis exhibuerint formam; immutatam videlicet naturarum proprietatem, efficientiarum coitione. Et ad confirmandam hujusmodi impietatem, quæ Deum asserit* 107 *a sua versum natura, cogunt evangelistæ testimonium dicentis : Et Verbum caro factum est, quod ita interpretantur, divina natura in humanam conversa est. O abolitionem illi inviolabili impingentem substantiæ. Hujus impietatis initium Timotheus apud Byzam Bithyniæ modo exsulans civitatem continentis et religiosæ vitæ imagine multis illudit.* Hujus furori opposuit se olim *Samuel* Edessenæ Ecclesiæ presbyter, ostendens verbum carnem factum, manente Verbo in sua substantia, et homine in sua natura, societate non immixtione, unam Filii Dei reddidisse personam, Gennadius Massiliens. in Catalog. viror. illustr. in *Samuele*.

[*Deus hominem assumpsit*] Id est, ut Augustinus ait de Fide ad Petrum, cap. 2: *Deus Verbum accepit naturam hominis, non personam.* Nam contrarium dicere (scil. quod persona manens in sua personabilitate fuerit assumpta) est error Nestorii, qui posuit in Christo duas personas, vel duo supposita, quo qui adhæret Deo unus Spiritus est: qui error condemnatus est in synodo Chalcedonensi. Vid. Durandus Sentent. lib. III, distinct. 5, quæst. 1. Petrus Lombardus lib. III Sentent., distinct. 5. Damascenus de Fide orthodoxa lib. III, cap. 1. Fulgentius ad Trasimundum regem lib. III. Isidorus Hispalensis Sentent. lib. I, cap. 14. Augustinus ad Maximum Medicum epist. 66. Sophronius de Assumptione S. Mariae apud Hieronym. tom. IX, fol. 49. Petrus diaconus de Incarnat. Domini cap. 5. Rabanus Maurus de Institut. clericorum lib. II, cap. 31. Thomas Aquinas part. III, quaestion. 4, articulo 2 et sequent.

[*Homo in Deum transivit*] Dura locutio, ut et illa Augustini ad Volusianum tom. II, epist. 3, fol. 7 : *Deus homini permixtus est* ; Et Tertulliani advers. Marcionem lib. II, cap. 27 : *Filius arbiter Patris et minister, miscens in semetipso hominem et Deum.*

[*Non naturæ versibilitate sicut Apollinaristæ dicunt*] Apollinaristae dicebant Λόγον Verbum per transmutationem in carnem conversum. Theodorus presbyter de Incarnat. Domini. Vigilius martyr lib. I et II contra Eutychen. Epiphanius ancorat. fol. 386. Damascenus de Fide orthodox. lib. III, cap. 3. Athanasius tom. I, fol. 479 et 249. Cyrillus Alexandrinus tom. IV epist. ad Nestorium fol. 29. Nicephorus Callistus eccles-iast. Histor. lib. XII, cap. 4.

108 [*Ut nec Deus mutaretur in humanam substantiam*] Fulgentius ad Trasimundum regem Vandal. lib. III, fol. 58 : *Ab ipso conceptionis virginalis exordio sic in Christo personalis unitas mansit, et sic utriusque naturæ inconfusa veritas perduravit, ut nec homo a Deo divelli, nec Deus a suscepto homine possit separari, nec tamen Deus hominem consumeret, nec homo Deum in aliquo permutaret. Et paulo post : Sic verus Deus verum suscepit hominem, ut in veritate humanæ susceptionis, veritatem non amitteret deitatis. Et sic dignatus est fieri quod ante non erat, ut non desisteret esse quod semper erat. Sic etiam voluit unam cum homine personam Deus habere; et licet non alius esset Christus Deus, et alius Christus homo, verus tamen Deus permaneret in homine, et verus homo permaneret in Deo : atque ita in uno Christo divinæ humanæque naturæ esset inconfusa pariter et indivisa perfectio.* Vid. Augustin. de Tempore serm. 28. Hormisda PP. in decretis cap. 3.

[*Non ex viri coitu, ut Ebion dicit*] Ebionitae Christum solum hominem putabant, et communi etiam nativitate ex viro et femina procreatum. Eusebius eccles. Histor. lib. III, cap. 27. Theodoret. lib. II Fabular. haeret. in epitome divinorum decret., fol. 402. Philastrius haeres. 37. Epiphanius haeres. 30. S. Ignatius epist. 9. Origenes in Lucam cap. 11, homil. 17.

[*Carnem ex corpore virginis trahens*] Vid. Beda in Job, cap. 26.

[*Carnem non de cœlo secum afferens, sicut Marcion, Origenes et Eutyches affirmant*] Marcion, Eutyches, Origenes, Apollinaris et Valentinus, in eum impietatis prolapsi sunt errorem, ut non solum Verbi et carnis unam crederent esse naturam, verum etiam Christi carnem non de sanctae virginis Mariae corpore assumptam, sed de cœlo in virginem descendisse, impio ore assererent. Vigilius martyr lib. III contra Eutychen. Theophilus Alexandrinus in epist. Paschali tom. I Bibliothec. Patrum, fol. 371. Athanasius de Haeres. fol. 852. Theodorus presbyter de Incarnat. Domini pag. 235. Theophylact. Bulgar. in Joan. cap. 3. Suidas in Εὐτυχής. Sedulius in Epist. Pauli ad Romanos cap. 1. Gennadius Massil. presbyter in *Leone* episcopo Romano. Tertullian. Praescription. adversus haeret. cap. 49. Cyrillus Hierosolym. κατηχήσ. δ' φωτιζομένων ἐν Ἱεροσολύμοις, pag. 77 : Πίστευε **109** ὅτι οὗτος ὁ μονογενὴς Υἱὸς τοῦ Θεοῦ, διὰ τὰς ἁμαρτίας ἡμῶν ἐξ οὐρανῶν κατῆλθεν ἐπὶ τῆς γῆς, τὴν ὁμοιοπαθῆ ταύτην ἡμῖν ἀναλαβὼν ἀνθρωπότητα, καὶ γεννηθεὶς ἐξ ἁγίας Παρθένου καὶ ἁγίου Πνεύματος, οὐ δοκήσει καὶ φαντασίᾳ τῆς ἐνανθρωπήσεως γεναμένης, ἀλλὰ τῇ ἀληθείᾳ, οὐδ' ὥσπερ διὰ σωλῆνος διελθὼν τῆς Παρθένου, ἀλλὰ σαρκωθεὶς ἐξ αὐτῆς ἀληθῶς, φαγών ὡς ἡμεῖς ἀληθῶς, καὶ πιὼν ὡς ἡμεῖς ἀληθῶς. Εἰ γὰρ φάντασμα ἦν ἡ ἐνανθρώπησις, φάντασμα καὶ ἡ σωτηρία. *Crede quod hic unigenitus Filius Dei propter peccata nostra de cœlo descendit in terram, et earumdem affectionum cum nobis assumpsit humanitatem; et natus*

est ex Maria Virgine et Spiritu sancto. Non opinione, non phantasia humanitatem assumpsit, non tanquam per canalem transiens per Virginem, sed vere incarnatus ex ipsa : lacte nutritus vere, vereque comedens sicut et nos. Si enim phantasma erat illa incarnatio, phantasma et salus. Docte Ignatius epist. 2 ad Trallianos et epist. 5 ad Philippenses.

[*Neque in phantasia sicut Valentinus asserit*] Valentinus, Eutyches, Saturninus, Marcion, Basilides, Cerdo et Manichaeus, phantasiae praedicatores, aiunt Filium Dei Deum, et personam hominis non substantive exstitisse, sed actu putativo quodam et conversatione simulasse. Vincent. Lirinensis contra Haeres. cap. 20. Vigilius martyr lib. I contra Eutychen. Gennadius Massil. presbyter de Viris illustr. in *Sabbathio* episcopo. Tertullianus de Anima cap. 17. Praescription. adversus haeret. cap. 49; adversus Marcionem lib. III, cap. 8. Epiphanius haeres. 30. Arethas Caesariens. Cappadoc. episcop. in Apocalypsin cap. 8. Nicephor. Callist. eccles. Histor. lib. VI, cap. 31. Socrates lib. I, cap. 17. Fulgentius ad Trasimundum regem lib. I. Theodor. Cyri episc. dialog. 2. Contra Fabul. haere'. lib. IV, fine. Manuelis imp. legat. ad Armenios pag. 181. Optatus Milevitanus adversus Parmen. lib. IV. Damascen. de Haeres. fol. 584. Beda in Lucam lib. VI, cap. 23. Basilius Magnus ad Sozopolitan. epistola 65.

[*Anima non absque sensu et ratione, ut Apollinaristæ*] Honorius de Haeres., *Apollinaristæ dicunt Christum corpus tantum sine anima suscepisse, et Deitatem pro anima habuisse.* Theodoret. lib. IV Fabul. haeret. in epitome Divinor. Decretor., fol. 402. Vincent. Lirinensis **110** contra Haeres. cap. 17 et 22. Nicephorus Callist. lib. XII, cap. 4. Socrates lib. II, cap. 36. Augustinus de 83 Quaestion., tom. IV, quaestione 80; de Agone Christiano cap. 19. Theodoret. dialog. 2. Ruffinus eccles. Histor. lib. XI, cap. 20. Cyrillus lib. VI in Joan. cap. 7. Cassian. lib. I de Incarnat. Domini. Leontius de Sectis pag. 447. Harmenopulus pag. 559. Paulinus epist. 25. Nazianz. epist. ad Clenodium. Athanasius de Incarnat. Domini, tom. I. Suidas in voce *Apollinaris.* Thomas Aquinas, Summ. III, quaest. 5, art. 3. Manuelis imp. leg. ad Armenios pag. 179 et 183. Theodorus presbyter de Incarnat. Domini, pag. 231. Theophylact. in Joan. cap. I, in Matthaeum cap. 2.

[*Caro absque anima ut Eunomius*] Eunomius carnem in deitatem versam praedicabat. Honorius Augustodun. episcop. de haeres.

[*Veros in passione et ante passionem suæ carnis dolores sustinuit*] Contra Mahumetistas, Simonianos, Basilidianos, Marcitas, Cerdonianos, Marcionitas, Apellitas, Docetas et Manichaeos, qui ficte et putative tantum, non autem vere passum Christum affirmant. Philastrius haeres. 32, 42, 44, 45, 61. Augustin. de Haeres. cap. 1, 4, 14, 20, 23, 46. Sarracenica quae Commelinus edidit ann. 10. sc. xcv. Alcoran azoara XI, fol. 37. Joan. Cantacuzenus apolog. 2 contra Mahumetistas. Cyrillus Alexandr. anathemat. 12 : Εἴ τις οὐχ' ὁμολογεῖ τὸν τοῦ Θεοῦ Λόγον παθόντα σαρκί, καὶ ἐσταυρωμένον σαρκί, καὶ θανάτου γευσάμενον σαρκί, ἀνάθεμα ἔστω. Interpretatur anathem. illum in libello ad Evoptium tom. IV, fol. 219. *Frustra dubitat et formidat quisquam, ne passibilem Filii naturam sacramenti sermo declaret, quando dicitur carne pati. Propriæ enim fiunt proprii corporis passiones. Hoc sentire visus est et sanctus Petrus dicens : Christo igitur passo pro nobis in carne. Aliud autem est dicere pati in carne, et aliud simpliciter dicere pati divinitatis naturam. Quia enim idem Deus simul est ac homo, impassibilis quidem quantum ad divinitatis attinet naturam, passibilis vero secundum humanitatem. Quid hic absurdi si dicitur pati in eo quod pati potest, qui mansit impassibilis in eo quod pati non potest.* In actis concilii Ephesini tom. I, cap. 5, fol. 57 : Χριστοῦ οὖν παθόντος, ὑπὲρ **111** ἡμῶν σαρκί. Ὡς γὰρ ὑπάρχοντος Θεοῦ τοῦ Χριστοῦ, σοφῶς καὶ ἐμφρόνως ὁ μαθητὴς σαρκὶ πεπονθέναι φησὶν αὐτὸν, ὑπεξάγων τοῦ παθεῖν τὴν ἀπόῤῥητον φύσιν, ἧς ἀλλότριον τὸ παθεῖν. Ἰδίᾳ τοίνυν πέπονθε σαρκὶ, καὶ τοι τοῦ παθεῖν ἀμοιρῶν ἐθισμένος, ὁ ἐκ Θεοῦ Λόγος. Θεὸς οὖν ἄρα Χριστὸς, θεϊκῶς μὲν ἀπαθὴς, παθητὸς δὲ κατὰ τὴν σάρκα. *Christo igitur passo pro nobis in carne. Cum Christus sit verus Deus, recte sapienterque discipulus carne illum passum affirmat. Hac enim oratione naturam illam immensam in quam nulla perpessio cadit ab omni perpessione exemit. Sua igitur carne passus est. Nam Dei Verbum secundum se nullius perpessionis capax est. Christus proinde Deus est, qui quidem secundum divinam naturam pati minime potest, secundum humanam autem potest.* Epist. 10 ad Nestorium fol. 30 : *Confitemur quod idem ipse qui ex Deo patre genitus Filius est ac Deus unigenitus, tametsi secundum propriam naturam sit impassibilis, carne tamen passus sit pro nobis secundum Scripturas, ut propriæ carnis passiones in corpore crucifixo impassibilis sibi appropriaverit, et gratia Dei pro omnibus gustaverit mortem proprio illi dato corpore, licet secundum naturam suam ipse vita sit et resurrectio.* In Exposit. symbol. Nicen. fol. 229, tom. IV : *Impassibile citra omnem controversiam quantum ad suam naturam attinet est Verbum Dei; et nullus tam attonitus est, qui putare possit naturam quæ super omnia passionum capacem. Quia autem factus est homo, propriam carnem fecit, quæ ex sancta Virgine. Hoc igitur modo dispensationis verba sequentes in carne propria passum esse humano more eum qui extra omnem passionem est ut pote Deum affirmamus.* In actis concil. Ephesini tom. I, cap. 12 : *Christum dicimus passum esse et resurrexisse, non quod Deus Verbum in sua natura passus sit aut playas, aut clavos transfixionis, aut alia vulnera (Deus namque incorporalis extra passionem est); sed quod corpus illud quod ipsius proprium factum est; ideo hæc omnia pro nobis dicitur passus. Inerat enim in eo corpore, quod patiebatur Deus, qui pati non poterat. Simili modo et mortem ejus intelligimus. Immortale enim et incorruptibile est naturaliter et vita, et vivificans Deus Verbum. Sed quia corpus ipsius proprium gratia Dei, juxta Pauli vocem, pro omnibus mortem gustavit; idcirco ipse dicitur mortem passus esse pro nobis, non quod ipse mortem esset expertus, quantum ad ipsius naturam pertinet. Insania enim est hoc vel sentire vel dicere.* De Incarnatione Unigeniti cap. 26 : *Christus patitur et non patitur, secundum aliud et aliud. Patitur autem* **112** *humana carne, eo quod homo sit; impassibilis autem divine manet ut Deus.* Hæc loca Cyrilli ascripsi ad confusionem illorum hominum qui ipsum Deitati passionem attribuisse improbe garriunt : a quo errore alienissimus fuit. Nam unicum illud dictum, (id est *Verbum patiebatur impassibiliter*) quod ex lib. de Incarnatione Domin. cap. 27, fol. 261, ad doctrinam suam novam stabiliendam afferunt, tam commode ab ipso Cyrillo explicatur, ut nihil eos juvet, et ipsum non esse dogmatis cujus accusatur clare demonstret. Injuriam igitur faciunt innocentissimo viro, dum illum onerant hæresi a qua palam se ipse defendit, et quæ omnino illius non fuit, sed propria plane Apollinaristarum, Theopaschitarum, Arianorum, Armeniorum, Eutychis, Dioscuri et Severi, uti apparet ex Athanasio ad Epictetum contra omnes hæres., fol. 454 ; Nicephoro Callisto eccles. Histor. lib. XVI, cap. 33; lib. XVIII, cap. 52. Nazianz. epistola 1 ad Cledonium, fol. 740; Joan. Cantacuzeno apolog. 2 contra Mahumetistas; S. Nicone de pessima *Religione Armeniorum*, tom. I Biblioth. Patrum, fol. 456. Vigilius martyr quoque passionem quæ propria carnis Christi fuit, male refert ad naturæ Verbi proprietatem. Inquit enim contra Eutychem lib. II, fol. 555, 556, 558, tom. V Bibliothec. Patrum : *Passionis injurias etiam divinitas pertulit, — confixa divinitas clavis, sed ipsa penetrari non potuit. — Apparet Deum Verbum impassibiliter passum. — Divinitas passionis pulsata injuriis est.* Sed salubriter hunc errorem postmodum videtur emendasse Vigilius dum ait lib. IV : *Ipse*

A *unus idemque Dei Filius mortuus est secundum formam servi, et non est mortuus secundum formam Dei;* et lib. II : *In servili forma universas passionis injurias pertulit. Et Verbum immortale est, et passio secundum carnem est. Unde et Petrus apostolus ait, Christo itaque passo in carne; passio igitur proprie ad carnem pertinet secundum naturam; ad Verbum autem secundum personam, quia et Verbi et carnis una eademque persona.* Orientales et Occidentales episcopi in suis scriptis acerrime divinæ naturæ ἀπάθειαν propugnant, passiones specialiter ad carnem referentes. Junilius de Partibus divinæ legis lib. I, cap. 16. Atticus episcop. Constant. in actis concil. Ephesini tom. II, cap. 24. Acatius episcop. Melitensis in actis concil. Ephesini tom. VI, cap. 11. Nicephorus Constantinopol. episc. in actis concil. Ephesini tom. V, cap. 22. Theodoretus lib. III Dialog. fuse. Tertullianus **113** adversus Praxeam cap. 29. Proculus de Fide ad Armenios, fol. 412. Eusebius Præparat.
B Eccles. lib. IV, cap. 13. Isidorus Pelusiota epist. lib. IV, epist. 166 et 179. Leo PP. ad Flavianum epist. 10. Fulgentius ad Trasimundum lib. III, fol. 54, 56, 58, 59, 60. Damascenus de Fide orthodoxa lib. III, cap. 4, 6, 18, 26. Theophylact. Bulgar. archiepiscop. in Joan. cap. 3 et 8. Augustin. de Tempore sermon. 191. Nazianzen. epist. ad Cledonium, de Fide orat. 49. Philastrius hæres. 91. Paulinus Aquileiensis adversus Felicem Urgelitanum fol. 439. Joan. episcop. Roman. de Duabus naturis adversus Eutychen. Concil. Hispalense II, cap. 13. Fulbertus episcop. Carnotensis in epistola ad Deodatum tom. I Biblioth. Patrum. Joan. Cantacuzenus orat. 3 in Mahumet. Gelasius PP. adversus Nestorium, fol. 475, tom. V Bibliothec. Patrum. Paulus Emisenus episcop. de Incarnat. Christi, apud Cyrillum tom. IV, homil. 7, fol. 104 et 105. Epiphanius contra Ariomanitas hæres. 69; contra Aetium hæres. 76; contra Dimæritas hæres. 77. Gregorius Magnus in Evangel. homil. 25. Auctor de Fide ad Petrum cap. 2. Paulus Emisenus
C homil. 2 in Nativit. Salvatoris, in actis concil. Ephesini fol. 278 : Ἔτεκεν οὖν ἡ ἁγία Μαρία τὸν Ἐμμανουὴλ, κατὰ μὲν τὴν θεότητα ἀπαθῆ, κατὰ δὲ τὴν ἀνθρωπότητα παθητόν. Εἰ γὰρ καὶ οἰκειοῦται τοῦ ἰδίου σώματος τὰ πάθη ὁ Θεὸς Λόγος, καὶ εἰς ἑαυτὸν ἀναφέρει, ἀλλά γε αὐτὸς μεμένηκεν ἐν τοῖς τῆς ἀπαθείας ὅροις. Κἂν ἀκούσῃς αὐτοῦ λέγοντος, («Ἔδωκα τὸν νῶτόν μου εἰς μάστιγας, τὰς δὲ σιαγόνας μου εἰς ῥαπίσματα, τὸ δὲ πρόσωπόν μου οὐκ ἀπέστρεψα ἀπὸ αἰσχύνης ἐμπτυσμάτων,») μηδὲν αὐτὸν πεπονθέναι εἰς τὴν ἰδίαν φύσιν ὑπολάβῃς, οἰκειώσασθαι δὲ μᾶλλον τοῦ ἰδίου σώματος τὰς μάστιγας. Ὁ γὰρ Θεὸς Λόγος μεμένηκεν ἀπαθής. Ambrosius in Lucam lib. VI, cap. 7, fol. 103 : *A morte sequestrata divinitas corporalium non subiit consortium passionem.* Lib. X, cap. 23, fol. 220 : *Christus ascensurus crucem regalia vestimenta deposuit, ut scias quasi hominem passum esse, non quasi Deum; etsi utrumque Christus, quasi hominem tamen, non quasi Deum cruci esse suffixum;* et de fide ad Gratianum imp. lib. II, cap. 3 et 4, fol.
D 136 : *Christus ut homo turbatur, ut homo flet, ut homo crucifigitur. Sic enim et apostolus Paulus dixit,* **114** *quia Christi carnem crucifixerunt. Et Petrus : Christo passo secundum carnem. Caro igitur est passa, Divinitas mortis libera; passioni corpus humanæ naturæ lege concessit. Unde illud quod lectum est : Dominum majestatis crucifixum esse, non quasi in majestate sua crucifixum putemus, sed quia idem Deus et homo, per divinitatem Deus, per susceptionem carnis homo Jesus Christus Dominus majestatis dicitur crucifixus, quia consors utriusque naturæ, id est humanæ atque divinæ, in terra hominis subiit passionem, ut indiscrete et Dominus majestatis dicatur esse qui passus est, et filius hominis, sicut scriptum est, qui descendit de cœlo.* Eranistes apud Theodoret. dialog. 3, pag. 273 : Αὐτὸν δὲ Θεὸν Λόγον ἀπαθῶς πεπονθέναι φαμέν. Orthodoxus : καὶ τίς σωφρονῶν τῶν κατανεγλάστων τούτων ἀνάσχοιτ' ἂν γρίφων; ἀπαθὲς γὰρ πάθος οὐδεὶς ἀκήκοέ ποτε, οὐδὲ ἀθάνατον θάνατον. Τὸ γὰρ ἀπαθὲς οὐ πέπονθε

καὶ τὸ πεπονθὸς οὐκ ἀπαθὲς μεῖναι ἄν. *Ipsum Deum Verbum impatibiliter passum dicimus.* ORTHOD. *Quis sana mente praeditus ferat has deridendas verborum praestigias? Nemo enim audivit unquam aut impatibilem passionem aut mortem immortalem. Nam impatibile non patitur, et patibile non manet passionis expers et vacuum;* et pag. 287 : Ὥσπερ τοίνυν καταδεδηκέναι μὲν ἐκ τῶν οὐρανῶν τὴν θείαν φύσιν ἔφησθα, υἱὸν δέ γε ἀνθρώπου κληθῆναι αὐτὴν διὰ τὴν ἕνωσιν εἴρηκας· οὕτω προσηλωθῆναι μὲν τῷ ξύλῳ τὴν σάρκα προσήκει λέγειν, ἀχώριστον δὲ ταύτης εἶναι τὴν θείαν φύσιν ὁμολογεῖν, κἂν τῷ σταυρῷ, κἂν τῷ τάφῳ πάθος ἐκεῖθεν οὐ δεχομένην, ἐπειδὴ πάσχειν οὐ πέφυκεν, οὐδέ γε θνήσκειν, ἀλλὰ ἀθάνατον ἔχει καὶ ἀπαθῆ τὴν οὐσίαν. Ταύτῃ τοι, καὶ Κύριον δόξης τὸν ἐσταυρωμένον ὠνόμασεν, τὸ τῆς ἀπαθοῦς φύσεως ὄνομα τῇ παθητῇ προσνείμας, ἐπειδήπερ αὐτῆς ἐχρημάτισε σῶμα. Προσεξετάσωμεν δὲ καὶ τοῦτο· ὁ θεῖος εἶπεν ἀπόστολος, ‹Εἰ γὰρ ἔγνωσαν, οὐκ ἂν τὸν Κύριον τῆς δόξης ἐσταύρωσαν.› Ἐσταύρωσαν τοίνυν ἣν ἔγνωσαν φύσιν, οὐχ ἣν πάμπαν ἠγνόησαν. Εἰ δὲ ἔγνωσαν ἣν ἠγνόησαν, οὐκ ἂν ἐσταύρωσαν ἥνπερ ἔγνωσαν. Ἐπειδὴ δὲ τὴν θείαν ἠγνόησαν, τὴν ἀνθρωπείαν ἐσταύρωσαν· ἢ οὐκ ἀκήκοας αὐτῶν λεγόντων· ‹Περὶ καλοῦ ἔργου οὐ λιθάζομέν σε, ἀλλὰ περὶ βλασφημίας ὅτι, ἄνθρωπος ὢν, ποιεῖς ἑαυτὸν Θεόν.› Διὰ δὲ τούτων δηλοῦσιν ὡς ἣν μὲν ἑώρων ἐπεγίνωσκον φύσιν, τὴν δέ γε ἀόρατον παντάπασιν ἠγνόουν. Εἰ δὲ κἀκείνην ἐπέγνωσαν, οὐκ ἂν τὸν Κύριον τῆς δόξης ἐσταύρωσαν. *Sicut descendisse e coelis divinam naturam, filium vero hominis vocari ipsam propter unionem, dixisti, sic convenit dicere ligno quidem affixam esse carnem, confiteri autem non separatam esse ab hac divinam naturam, tam in cruce quam in sepulcro, nec tamen passionis capacem fuisse, quia nec pati nec mori potest, sed immortalem et impatibilem habet essentiam. Sic et Dominum gloriae crucifixum nominavit, impatibilis naturae nomen patibili attribuens, quoniam ipsius corpus erat. Utamur etiam hac ratiocinatione. Divus dixit Apostolus : Si cognovissent, Dominum gloriae non crucifixissent. Crucifixerunt igitur naturam quam cognoverunt, non eam quam omnino ignoraverunt. Si enim cognovissent quam ignorarunt, non crucifixissent quam noverunt. Sed quia divinam ignorabant, humanam cruci affixerunt. An non audis ipsos dicentes : propter nullum bonum opus lapidamus te, sed propter blasphemiam, quia tu homo cum sis, facis teipsum Deum; et his verbis significantes quod naturam incurrentem in oculos agnoverint, invisibilem vero omnino ignorarint. Si vero hanc agnovissent, Dominum gloriae non crucifixissent.* Irenaeus dicit divinam naturam in passione quievisse. Irenaeus apud Theodoret. dialog. 3, pag. 293 : Ὥσπερ γὰρ ἦν ἄνθρωπος ἵνα πειρασθῇ, οὕτω καὶ Λόγος ἵνα δοξασθῇ, ἡσυχάζοντος μὲν τοῦ Λόγου ἐν τῷ πειράζεσθαι, καὶ σταυροῦσθαι, καὶ ἀποθνήσκειν, συγγινομένου δὲ τῷ ἀνθρώπῳ ἐν τῷ νικᾷν καὶ ὑπομένειν, καὶ χρηστεύεσθαι, καὶ ἀνίστασθαι, καὶ ἀναλαμβάνεσθαι. *Sicut homo erat ut tentaretur, sic et Verbum erat ut glorificaretur, requiescente quidem Verbo, ut posset tentari, crucifigi, et mori, et tamen humanitati unito, ut posset vincere, et perferre, et benefacere, et resuscitare, et recreare.* Damasus PP. apud Theodoret. lib. III Dialog., pag. 307 : Εἴ τις εἴποι, ‹Ἐν τῷ πάθει τοῦ σταυροῦ πόνον ὑπέμεινεν ὁ Υἱὸς τοῦ Θεοῦ καὶ Θεός, καὶ οὐχὶ ἡ σὰρξ μετὰ τῆς ψυχῆς ἣν ἐνεδύσατο, ἢ τοῦ δούλου μορφή, ἣν ἑαυτῷ ἔλαβε καθὼς εἴρηκεν ἡ Γραφή,› ἀνάθεμα ἔστω.

[*Dolores in passione veros sustinuit*] Hinc erroris revincitur Hilarius qui nihil doloris in passione Christum sensisse affirmat. Hilarius de S. Trinitate lib. x, pag. 150 : *Homo Jesus Christus unigenitus Deus per carnem et Verbum, ut hominis filius, ita et Dei Filius, hominem verum secundum similitudinem nostri hominis non deficiens a se Deo, sumpsit : in quo quamvis aut ictus incideret, aut vulnus descenderet, aut nodi concurrent, aut suspensio elevaret, afferrent quidem haec impetum passionis, non tamen dolorem passionis inferrent : ut telum aliquod aut aquam perforans, aut ignem compungens, aut aera vulnerans,*

Omnes quidem has passiones naturae suae infert, ut perforet, ut compungat, et vulneret, sed naturam suam in hac passio illata non retinet; dum in natura non est vel aquam forari, vel pungi ignem, vel aera vulnerari, quamvis natura teli sit vulnerare et compungere, et forare. Passus quidem Dominus Jesus Christus dum caeditur, dum suspenditur, dum crucifigitur, dum moritur, sed in corpus irruens passio, nec non fuit passio; nec tamen naturam passionis exercuit, dum et poenali ministerio illa desaevit, et virtus corporis sine sensu poenae. vim poenae in se desaevientis excepit. Claudianus Mamert. episcop. de Statu animae lib. II, cap. 10. Petrus Lombardus episcop. Parisiensis Sentent. lib. III, distinct. 17. Cyprianus quoque in libr. de Idolorum Vanitate, fol. 264, de morte Christi incommode loquitur, et caute legendus est : *Prophetarum* (inquit) *omnium testimonium sic ante praecesserat, oportere Christum pati, non sentiret mortem, sed ut vinceret.* Magis rectius Fulgent. ad Trasimundum regem lib. III, fol. 54 : *Impassibilis Deus veram passionem in vera carne sensit;* et fol. 61, *Passiones et infirmitates voluntarias quidem, sed veras Christus habuit; quia carnis humanae naturam non in phantasia, sed in veritate suscepit.*

CAPUT III.

[*Ut divinitatis initium homo nascendo acceperit*] Auctor de fide ad Petrum cap. 2, apud Augustin. tom. III.

[*Artemon*] Purum hominem, id est, absque Deo salvatorem fuisse confirmat. Eusebius Eccles. Histor. lib. v, cap. 28 in Apolog. pro origine, fol. 486. Nicephor. Callist. lib. IV, cap. 21. Theodoret. Cyri episcop. Fabul. haeret. lib. II. Manuelis imp. legatio ad Armenios pag. 181. Augustinus de Haeres. cap. 44. Et haec est etiam doctrina Carpocratis. Tertullian. Praescrip. adversus haeret. cap. 48.

[*Berillus*] Peregrina quaedam et aliena a veritate docere coepit, asserens Dominum et Salvatorem nostrum, neque exstitisse ante carnis nativitatem, neque propriam habere deitatis substantiam, sed hoc solum, quod paterna deitas in eo habitaret. Nicephorus Callistus lib. v, cap. 22. Eusebius eccles. Histor. lib. VI, cap. 24.

[*Marcellus*] Purum tantum hominem praesumpsit dicere Dominum Christum. Historia Tripartita lib. III, cap. 9. Nicephorus lib. v, cap. 22. Marius Victorinus adversus Arium lib. I fol. 294. Socrates eccles. Histor. lib. I, cap. 24. Sozomenus lib. II, cap. 31. Basilius Magnus ad Eustathium epist. 78.

[*Et Deus et homo ex Virgine natus*] Augustin. tom. X, serm. 1 de Assumpt. Mariae fol. 880. *Christus ex sacratissimo corpore Mariae carnem assumpsit, et divinam naturam humanae univit, non amittens quod erat: sed assumens quod non erat: ut Verbum caro, hoc est, Deus homo fieret.*

CAPUT IV.

[*Nihil creatum et serviens in Trinitate credendum*] Nicetas in Nazianz. de S. Baptismo, fol. 881 : *Nihil in Trinitate servum est aut creatum, aut adventitium : ut pote prius nequaquam existens, deinde autem adveniens. Neque igitur aut Filius Patri defuit unquam, aut Filio Spiritus sanctus, verum immutabilis semper atque alternationis expers est sancta Trinitas.* Cyrillus tom. II, lib. *Quod Spiritus sanctus Deus sit, et non creatura.* Gregorius Neocaesariens. episcop. apud Euseb. lib. VII Eccles. Histor., cap. 25. Harmenopul. de Sectis pag. 559. Athanasius tom. I ad Serapionem. Augustin. ad Bonifacium epistol. 50, de Haeres. cap. 52. Nicephor. Callist. lib. XI, cap. 42. Rabanus Maurus de sermon. Propriet. lib. IV, cap. 10.

[*Dionysius fons Arii*] Hunc Dionysium falso Arianismi insimulatum longa oratione demonstrat Athanasius tom. I, fol. 428 et sequent. Ruffinus de Adult. libror. Origenis, apud Hieronym. tom. IX, fol. 153. Vid. Caesar Baronius Annal. eccles. tom II, ad ann. Christi 263, fol. 600.

Nihil inæquale gratiæ ut Aetius] Opinabatur itidem ut Arius, conditum, et ex non existentibus atque inæqualem Patri Filium esse. Nicephorus Callistus Eccles. Histor. cap. 36; lib. xi, cap. 11. Basilius Magnus contra apologet. Eunomii lib. 1.

[*Nihil inæquale, ut vult Eunomius*] Dissimilem per omnia Patri asserens filium, et Filio Spiritum sanctum. Augustin. **118** de Hæres. cap. 54. Nicephorus Callistus lib. xi, cap. 11. Ruffin. Eccles. Histor. lib. x, cap. 25. Basilius Magnus contra apologeticum Eunomii.

[*Nihil anterius posteriusve aut minus, ut Arius*] Athanas. tom. II, fol. 14, et de Synodis *Arimini et Seleuciæ*, tom. I, fol. 681. Cæsarius dialog. 1 : *Non quidquam vel majus vel minus natum, non quidquam prius existens, adventitiumve divina in Trinitate vel ante sæcula fuit, vel est hodie, vel deinceps erit. Nimirum Pater et Filius et Spiritus sanctus Trinitas est, et intelligitur, et adoratur ab iis qui vere non dicis causa vel blaspheme adorant ut Arius, qui Dei naturam distrahit, ac majus ac minus in divina Trinitate imaginatur.*

[*Nihil extraneum, ut Macedonius*] Macedoniani sanctum Spiritum a substantia Patris Filiique plane discernunt, tanquam ministrum meriti prorsus inferioris. Fulgent. ad Donatum fol. 94. Ruffinus Eccles. Histor. lib. x, cap. 2. Nicephorus Callistus lib. ix, cap. 47. Gregorius Magnus Epistol. lib. iv, epist. 52, fol. 793. Damascenus de Duabus Christi Naturis fol. 499. Augustin. de Hæres. cap. 52. Socrates ecclesiast. Histor. lib. ii, cap. 55. Theodoretus lib. ii, cap. 4. Historia Tripart. lib. v, cap. 41. S. Maximus in lib. de Duabus Naturis Christi Salvatoris. Theophylact. Bulgariæ archiepiscop. in Joan. cap. 3, 14, 16.

[*Nihil pervasione aut surreptione insertum ut Manichæus*] Vide Augustinum de Hæres. cap. 46. Nicephorum Callistum eccles. Histor. lib. vi, cap. 31. Epiphanium episcop. Constantiæ Cypri hæres. 63.

[*Nihil corporeum, ut Tertullianus*] Augustin. hæres. 86, *Tertullianus dicit Deum corporeum esse*. Ad Optatum epist. 157 de Genesi ad litteram lib. x, cap. 25. Thomas de Aquino in Epist. Pauli II Corinth., cap. 4, lect. 5. Tertullianus de Pœnitentia cap. 5; de Carne Christi cap. 2; adversus Marcion. lib. ii, cap. 16; adversus Praxeam cap. 7.

[*Nihil corporaliter effigiatum, ut Anthropomorphus*] Honorius Augustodunens. eccles. presbyt.: *Anthropomorphitæ Deum humana membra et humanam formam habere autumant, cum Deus sit spiritus et incorporeus*. Hieronym. in psalm. xciii, fol. 120. Origen. in Epist. Pauli ad Roman. lib. i, cap. 1. Cassian. collat. lib. x, cap. 5. **119** Isidor. Origin. lib. viii, cap. 5. Augustin. de Genesi ad litteram lib. x, cap. 25, epist. 5 ad Fortunatian., epist. 157 ad Optatum, Ruffinus invectiva 1 in Hieronym., fol. 164.

[*Vadianus*] Augustin. de Hæres. cap. 50 : *Vadianos quos appellant (et Epiphanius schismaticos non hæreticos vult videri) alii vocant Anthropomorphitas, quoniam Deum sibi fingunt cogitatione carnali in similitudinem imaginis corruptibilis hominis, quod rusticitati eorum tribuit Epiphanius, parcens eis, ne dicantur hæretici*.

[*Nihil sibi invisibile a creaturis, ut Origenes*] Origenes docebat Deum Patrem per naturam invisibilem, etiam a Filio non videri. Vide illum Περὶ Ἀρχῶν lib. ii, cap. 4. Hieronymum adversus errores Hierosolymit. Joan. epistola 61, cap. 3; ad Avitum epist. 59, fol. 204. Epiphanium hæresi 54, et in epist. ad Joan. Hierosolym. et Ancorato fol. 381. Papiam in voce *Origeniani*. Honorium de Hæres. Isidorum Hispalens. Orig. lib. viii, cap. 5. Athanasius de Blasphemiis Arii tom. I, fol. 681 ; et Histor. Tripart. lib. i cap. 13 Ario hanc opinionem ascribunt. Ætate Servusdei etiam exorti hæretici qui dicerent Christum in hac vita degentem non vidisse carneis oculis suis Patrem, sed post resurrectionem ex mortuis et ascensionem in cœlis cum translatus est in gloriam Dei Patris, profectum scilicet ei dantis in remunerationem martyrii; in quos

prædictus episcopus acerrime stylum strinxit, sana disputatione et libello documentis Scripturarum sufficienter facto demonstrans, *quod homo Deus factus, semper Patrem carneis suis oculis viderit, et Spiritum sanctum per specialem et unitam Dei et hominis societatem*. Gennadius de Viris illustribus in *Servusdei*.

[*Nihil moribus et voluntate diversum, ut Marcion*] Vid. Epiphanius hæres. 44. Nicephorus Callistus eccles. Hist. lib. vi, cap. 28.

[*Nihil ex Trinitatis essentia ad creaturarum naturam deductum, ut Plato*] Vid. Plato in Timæo. Beda de Elementis Philosophiæ, lib. i, fol. 313. Augustinus de Genesi ad litteram, tom. III, cap. 1, fol. 341: *Creatura omnis intellectualis sive corporalis non de Dei natura, sed a Deo est facta de nihilo, nihilque in ea est quod ad Trinitatem pertinet, nisi quod Trinitas condidit, ista condita est.*

120 [*Et Tertullianus*] Tertullian. advers. Marcion. lib. iv, cap. 38: *Hominem reddi jubet Creatori, in cujus imagine, et similitudine, et nomine, et materia expressus est.*

[*Nihil officio singulare*] Vide Epiphan. in Ancorato. Photii Bibliothec. fol. 5.

[*Non tamen solitarium, sicut Praxeas*] Praxeas et Sylvanus sic unum credebant Deum, ut illi neque Filium, neque Spiritum sanctum annumerare vellent. Tertullian. adversus Praxeam cap. 21. Gregorius Nazianz. de Fide Nicæna, *Non sic Deum unum confitemur ut solitarium, nec eumdem qui ipsi sibi Pater sit, ipse et Filius*. Concil. Bracarense i, cap. 1 : *Si quis Patrem et Filium et Spiritum sanctum non confitetur tres personas unius substantiæ et virtutis, ac potestatis, sicut catholica et apostolica Ecclesia docet, sed unam tantum ac solitariam dicit esse personam, ita ut ipse sit Pater qui Filius, ipse etiam sit paracletus Spiritus sicut Sabellius et Priscillianus dixerunt, anathema sit.*

CAPUT V.

[Ὁμοούσιος *Patri Filius*] Contra Arii blasphemias asserentis, Οὗτος ὁ Κύριος ξένος μὲν καὶ ἀλλότριός ἐστι τῆς τοῦ Πατρὸς οὐσίας, κατὰ ἐπίνοιαν δὲ μόνον λέγεται Λόγος, καὶ οὐκ ἔστι μὲν κατὰ φύσιν καὶ ἀληθινὸς τοῦ Θεοῦ Υἱός, κατὰ θέσιν δὲ λέγεται καὶ οὗτος Υἱὸς ὡς κτίσμα. Athanas. tom. I de Sententia Dionysii contra Arianos, fol. 441. Definit Athanasius ὁμοούσιον de S. Trinitate lib. i, fol. 149, *quod eamdem essentiæ rationem recipit, ut homo ab homine nihil differt, quatenus homo est, et angelus ab angelo ; ita et Deus a Deo nihil differt quatenus Deus est*. De hac voce autem apud sæculum prius inter Arianos et catholicos acerrime decertatum. Ariani dicebant novum verbum esse ὁμοούσιον, nec reperiri in sacris Litteris, cum fuisset antiquis omnino ignotum, in synodo Nicæna a catholicis nunc nuper introductum ; quos etiam eapropter cum Macedonianis ὁμοουσιαστὰς appellabant. Catholici contra affirmabant verbum id perantiquum esse, et sacra Scriptura depromptum, a multisque viris sanctis ante synodum Nicænam usurpatum. Athanas. de Decretis synodi Nicænæ contra hæres. Arianam fol. 400 et 415 et sequent.; de Synodis Arimini et Seleuciæ fol. 429, 695 et sequent.; **121** de S. Trinitate dialog. 1, fol. 146, 155, 158; dialog. 3, fol. 191, de Fide Nicæna fol. 49 et sequent. Hilarius de Synodis adversus Arianos fol. 241; Gelasius de Actis concil. Nicæni pag. 241. Phœbadius contra Arianos fol. 264. Marius Victorinus adversus Arium lib. i, fol. 295 et sequent., et de Homousio recipiendo fol. 326. Psellus in cap. Theolog. cap. 2 et 5. Cyrillus Alexandrinus de Trinitate lib. 1. Fulgent. in respons. ad Arianos fol. 33. Histor. Tripart. lib. ii, cap. 7. Epiphan. contra *Ariomanitas*. hæres. 69. Ambros. de Fide ad Gratian. imp. lib. iii, cap. 7. Nicephorus Callistus eccles. Histor. lib. ix, cap. 31.

[*Non homo factus præter Deum, sicut blasphemat Nestorius*] Ἐκεῖνος γάρ εἶπεν ὅτι οὐχ ὁ Υἱὸς τοῦ Θεοῦ ἐν τῇ μήτρᾳ τᾶς παρθένου οἰκήσας ἐσαρκώθη, ἀλλ' ἄνὅρωπος ψιλὸς ἐκ τῆς Μαρίας γεννηθείς, ὕστερον ἔσχε τὸν Θεὸν παρεπόμενον αὐτῷ. Theophylact. Bulgariæ archiepiscop. in Lucam cap. 2, fol. 213; in Joan. cap. I, fol. 388. Socrates Eccles. Histor. lib. vii, cap. 32. Nicephorus Callist. lib. xviii, cap. 49. Jus Græco-Roman. tom. I, fol. 439.

[*Filius sicut Pater et Spiritus sanctus adoratur ab angelis et omni creatura*] Testimonium insigne adversus illos fanaticos qui cultum *latriæ* Christo derogant. Cyrillus Hierosolym. κατηχήσ. δ' φωτιζομένων ἐν Ἱεροσολύμοις, pag. 42: Χριστὸς σταυρωθείς, ὑπὸ πάσης προσκυνεῖται τῆς οἰκουμένης. Theophylact. in Lucam cap. 24, fol. 377 : *Salvator in cœlum ipsum præcursor omnium ascendit, ut ostendat conspectui Patris sanctam carnem, et consideat in cœlis Patri*. Καὶ νῦν προσκυνεῖται ἡ φύσις ἡμῶν ἐν Χριστῷ ὑπὸ πάσης ἀγγελικῆς δυνάμεως. Joan. Cantacuzenus imp. Constantinop. apolog. 2, contra Mahumetistas, fol. 26 : Ὁ Υἱὸς καὶ Λόγος τοῦ Θεοῦ πρὸ τῶν αἰώνων Θεὸς ὤν, προσεκυνεῖτο σὺν τῷ Πατρὶ αὐτοῦ τῷ Θεῷ ὑπὸ τῶν ἀγγέλων. Καὶ νῦν γεγονὼς ἄνθρωπος, πάλιν προσκυνεῖται ὑπὸ αὐτῶν τῶν ἀγγέλων, καὶ μετὰ τοῦ σώματος· συμπροσκυνεῖται γοῦν καὶ ὁ ἄνθρωπος, ὃν ἀνελάβετο ὁ Υἱὸς καὶ Λόγος τοῦ Θεοῦ μετὰ τῆς ὑποστάσεως αὐτοῦ, καθὼς προσεκυνεῖτο καὶ ἐν ἀρχῇ παρὰ τῶν ἀγγέλων. Theodoret. episcop. **122** Cyri dialog. 2 : Δεσποτικὸν σῶμα ἄφθαρτον ἀνέστη, καὶ ἀπαθές, καὶ ἀθάνατον, καὶ τῇ θείᾳ δόξῃ δεδοξασμένον, καὶ παρὰ τῶν ἐπουρανίων προσκυνεῖται δυνάμεων. *Dominicum corpus incorruptibile resurrexit et impatibile, et immortale, et divina gloria glorificatum, et a cœlestibus adoratur potestatibus.* Fulgent. in respons. ad Arianos fol. 34 : *Filium etiam in forma servi positum, et propter passionem mortis paulo minus ab angelis minoratum, in cœlis omnes virtutes et angeli semper adorant.* Cyrillus Alexandrinus tom. IV in epistola ad Nestorium fol. 50 : *Christus Jesus Filius unigenitus una adoratione propria cum carne adoratur.* Damascenus de Duobus Christi Voluntatibus fol. 474 : *Una cum Patre et Spiritu sancto Christum incarnatum Dei Filium, et veneror, et adoro.* Et de Fide orthodoxa lib. iv, cap. 3 et 2, *Christus adoratur una adoratione cum sua carne ab omni creatura.* Gregorius Magnus tom. II, homilia in Evangelia 8, fol. 543 : *Angeli naturam nostram quam prius despexerant, postquam super se assumptam conspiciunt, in cœlesti rege venerantur, et adorant hominem Deum.* Vid. Cyrillus in actis concilii Ephesini fol. 24.

[*Erit resurrectio mortuorum omnium*] Gennadius in Tichonio : *Tichonius Afer dicit non duas in carne resurrectiones futuras, unam justorum, aliam injustorum; sed unam et semel omnium, in qua resurgent etiam abortivi deformati.* De abortivorum resurrectione astipulantur Tichonio Augustinus, Philippus presbyter et Beda. Augustin. Enchirid. ad Laurentium cap. 85 : *Occurrit de abortivis fetibus quæstio, qui jam quidem nati sunt in uteris matrum, sed nondum ita ut jam possint renasci. Si enim resurrecturos eos dixerimus de his qui jam formati sunt, tolerari potest utcunque quod dicitur. Informes vero abortus quis non proclivius perire arbitretur, sicut semina quæ concepta non fuerint? Sed quis negare audeat, et si affirmare non audeat id acturam resurrectionem, ut quidquid formæ defuit, impleatur? atque ita non desit perfectio quæ accessura erat tempore : quemadmodum non erunt vitia quæ accesserunt tempore, ut neque in eo quod aptum et congruum dies allaturi fuerant, natura fraudetur ; neque in eo quod adversum atque contrarium attulerant, natura turpetur, sed integretur quod nondum erat integrum, sicut instaurabitur quod fuerat vitiatum.* Et de Civitat. Dei lib. xxii, cap. 13 : *Abortivos fetus, qui cum jam vixissent in utero, ibi sunt mortui, resurrecturos, ut affirmare, ita negare non audeo : quamvis* **123** *non videam quomodo ad eos non pertineat resurrectio mortuorum, si non eximuntur de numero mortuorum.* Philippus presbyter in Job, lib. I, cap. 3 ; et Beda Exposit. in Job, lib. I, cap. 3, ol. 614 : *Job dicit : Quare non in vulva mortuus sum*

[*Nunc enim dormiens silerem et somno meo requiescerem, cum regibus et consulibus. Forte exemplum contra eos est qui dicunt non resurrecturos, nisi qui juxta naturæ ordinem nati fuerint. Si enim conceptus moriuntur in utero, necesse est quia vivunt : aut quidquid moritur, haud dubium quia resurget : et ita quod in membris fuit et vixit, vel natura minus dederit, hoc in resurrectione in integrum reparabitur. Sic enim humani generis in melius instauratio totum reddet quod natura fraudaverat.* Adversantur scholastici theologi dicentes : *Abortivi fetus non resurgent, quoniam non vixerunt.* Bonaventura Sentent. lib. iv, distinct. 49.

[*Non prima justorum et secunda peccatorum*] Excludit errorem dicentium resurrectionem non esse futuram omnium simul, sed primam justorum resurrectionem, secundam fore peccatorum : quæ etiam opinio Lactantii fuit et Stephani Gobari. Thomas Aquinas in Epist. Pauli ad Corinth. I cap. 16, lect. 8. Lactant. lib. vii, cap. 20 et 26. In epitome cap. 8. Photius bibliothec. fol. 471.

[*Non secundum Origenem immutatio corporum erit*] Origenes putabat corporales substantias in resurrectione penitus delapsuras, et futura hoc esse corpora, quod nunc est æther et cœlum, et si quod aliud corpus sincerius et purius intelligi possit. Hieronym. ad Avitum epist. 59, fol. 205, adversus error. Joan. Hierosolym. ad Pammachium cap. 9, fol. 219 ; in Esaiam lib. viii, cap. 14 ; in Ezechiel. lib. xii, cap. 40. in Amos cap. 5. Epiphan. ancorato fol. 390. Julianus episcop. Toletan. Prognost. lib. ii, cap. 17. In quo errore etiam Eutychius fuit. Ado Viennensis episcop. in Chron. ad ann. Christi 575. Beda in Lucam lib. vi, cap. 23, fol. 510. *Eutychius Constantinopolitanæ urbis episcopus scripsit, corpus nostrum in illa resurrectionis gloria erit impalpabile, ventis aereque subtilius.* Ruffinus præfat. ad Macarium in apolog. Eusebii pro Origene, et Eusebius apolog. pro Origene fol. 489, dicunt invisores Origenis hunc errorem falso viro optimo affinxisse. Et ipse Origenes tom. I, in Matthæum cap. 25, **124** homil. 9, fol. 291, videtur illorum sententiam reprobare, qui aerium corpus et paulatim in auras tenues dissolvendum, post resurrectionem introducunt. Gregorius Magnus Exposit. moral. in Job, lib. xiv, cap. 30 : *Fatemur carnem nostram post resurrectionem futuram et eamdem et diversam : eamdem per naturam, diversam per gloriam ; eamdem per veritatem, diversam per potentiam. Erit itaque spiritualis, quia incorruptibilis ; erit palpabilis, quia non amittet essentiam veracis naturæ.*

CAPUT VII.

[*Omnium hominum erit resurrectio*] Cyrillus Hierósolym. in 4 cateches. illuminat., pag. 97 : Ἀλλὰ τὸ μὲν ἀναστῆναι πάντων ἐστὶν ἀνθρώπων, οὐχ ὁμοία δὲ πᾶσιν ἡ ἀνάστασις. Πάντες μὲν γὰρ αἰώνια λαμβάνομεν τὰ σώματα, ἀλλὰ οὐχ ὁμοια ἅπαντες· οἱ δίκαιοι μὲν γὰρ ἵνα διαιωνίζοντες ἀγγέλοις συγχορεύσωσιν· οἱ δὲ ἁμαρτωλοί, ἵνα εἰς αἰώνας τῶν ἁμαρτημάτων ὑπομείνωσι τὸν βάσανον. Vid. Damascenus de Fide orthodoxa lib. iv, cap. 28.

[*Non dabis sanctum tuum videre corruptionem*] Isidor. Hispalens. de Resurrect. Domini cap. 53. Chrysostom. in psalm. xxxvii. Athanasius Alexandrinus tractat. de definition., fol. 58, tom. II. Fulgentius ad Trasimundum regem, lib. iii, fol. 63. Damascenus de Fide orthodoxa lib. iii, cap. 28.

[*Immutandos ad incorruptionem eos qui in adventu Domini vivi invenientur sunt.*] Vide Hieronym. ad Minerium et Alexandrum epist. 152. Œcumenium in Epistol. Pauli ad Corinth. I, cap. xv. Thomam Aquinat. in epist. ad Thess. I, cap. 4. lect. 2. Petrum Lombard. Sentent. lib. iv, distinct. 43. Cyrillum Hierosolym. catechesi 14. illuminat. fol. 138. Augustin. de Civitate Dei lib. xx, cap. 19. Sixtum Senens. biblioth. sanctæ lib. vi, adnotat. 265. Joannem de Gerson de Articulis fidei part. 2, fol. 25.

CAPUT VIII.

[*Diodorus*] Diodorus Tarsensis putavit incorruptionem in futuro judicio communem omnium futuram, immutationem **125** autem proprie justorum. Hieronym. epist. 152 ad Minerium et Alexandrum. Auctor lib. de Fide ad Petrum diaconum apud Augustin. tom. III, fol. 153.

[*Vivos eos qui in carne inveniendi sunt, credimus*] Augustin. de Fide et Symbolo tom. III, cap. 8; in Enchiridio ad Laurentium cap. 55; de 12 Dulcitii Quæst., tom. IV, quæstion. 3. Chrysostom. tom. V in Expos. symboli : *Vivi agnoscuntur qui in corpore erunt in adventu Domini, mortui qui ex hac luce migraverunt.*

CAPUT IX.

[*Non credamus restitutionem futuram quam Origenes deliret*] Beda exposit. in Salom. Proverb. lib. I, cap. 2, fol. 881 : *Origeniani hæreticis, meretricibus, cunctisque flagitiosorum turbis, et insuper ipsi diabolo atque angelis ejus, post innumera licet expleti universalis judicii tempora, remissionem scelerum, vitamque ac regnum promittunt in cœlis : male intelligentes illud Esaiæ : Et claudentur ibi in carcere, et post dies multos visitabuntur. Quasi post multa tempora terminati judicii solvendos ac salvandos dixerit impios, cum ille econtrario nullam eis salutem tribuat; sed et eos qui hoc tempore mortui præ enormitate flagitiorum, claudi merentur in carcere pœnarum, tempore resurrectionis ad modicum visitandos significet tantum, ut receptis corporibus in judicio gravius damnentur, et continuo post judicium atrocioribus perpetuo recludantur in pœnis.* Sic sacerrimus Mahumet φησὶ καὶ τοὺς δαίμονας δύνασθαι σωθῆναι διὰ τοῦ Ἀλκοράνου, Richardus monachus Florent. in confut. legis Saracen. cap. 1, fol. 88; cap. 9, fol. 124. Joan. Cantacuzenus orat. IV in Mahumetem, fol. 106. Alcoran azoara LXI. Augustin. Retract. lib. I, cap. 7; in enchiridio ad Laurent. cap. 112; de Civitate Dei lib. XXI, cap. 17; contra Origenist. ad Orosium cap. 4. Gregor. Magnus exposit. in lib. Regum II, cap. 3. Leontius de Sectis pag. 549. Athanas. De communi essentia Patris, Filii et Spiritus sancti, fol. 391; in Quæstion. ad Antiochum quæstion. 101. Joan. monachus in canon. contra omnes hæreticos. Cæsarius dialog. 3. Ruffinus invectiva 1 in Hieronym., apud Hieronym. tom. IX. Rabanus Maurus de Institut. elericorum lib. II, cap. 57. Thomas Aquinas in epist. ad Ephesios cap. 1, lection. 3. Theophylact. in Marcum cap. 8; in Lucam. cap. 16. Nicephorus **126** Callistus eccles. Histor. lib. v, cap. 33; lib. XVII, cap. 27. Epiphan. in epist. ad Joan. Hierosolymit. Hieronym. adversus error. Joan. Hierosol. epist. 61, cap. 3; in Esaiam lib. VIII, cap. 25 et 27 ; in Daniel. lib. I, cap. 4. Damascenus de Fide orthodoxa lib. II, cap. 3. Ivonis Carnotensis Chronicon fol. 44. Equidem si vera non fictitia epistola illa, quam Ruffinus de Adult. Lib. Origenis, fol. 494, dicit ipsum Origenem adversus illos *qui adhuc illo vivente libros ejus adulteraverunt* edidisse, nunquam sensisse nec scripsisse credendus est ea quæ hoc loco Gennadius et alii Ecclesiæ doctores ipsi attribuere voluerunt. Inter alia enim quæ caros suos Alexandrinos affatur ita inquit : *Quidam eorum qui libenter habent criminari proximos suos, ascribunt nobis et doctrinæ nostræ crimen blasphemiæ, quod a nobis nunquam audierunt : de quo ipsi viderint, nolentes observare mandatum illud quod dicit, quia maledici regnum Dei non possidebunt, dicentes patrem malitiæ ac perditionis, et eorum qui de regno Dei ejiciuntur, id est diabolum me dicere esse salvandum, quod ne aliquis quidem mente motus et manifeste insaniens dicere potest.* In Job lib. I, fol. 237 : *Diabolus, qui est totius iniquitatis auctor, et omnis sceleris pater atque inventor, ad cœlestem aulam ex qua sponte cecidit, nunquam iterum ascendet, nunquam denuo revertetur.* Et in Matthæum cap. 25, homil. 9, fol. 291, *Diaboli et impiorum credimus æterna tor-*

A *menta*. *Erubescant igitur qui et hoc de viro doctiss. non dubitaverunt concinnare figmentum.*

[*Ut dæmones vel impii homines post tormenta*] Trithemius in Chron. monast. Hirsaugiens. circa ann. Domini 1515 notat, in civitate Cremensi exortos hæreticos qui Luciferum cum dæmonibus suis cœlo injuria pulsum, tandem cum omnibus suis beatitudini restituendum assererent.

CAPUT X.

[*In principio creavit Deus cœlum et terram ex nihilo*] Contra Seleucianos, Hermogenem, cæterosque *materiarios* hæreticos, qui Deum ex materia, non ex nihilo operatum cuncta, præsumunt. Tertull. adversus Hermogenem cap. 2 et 25, Theodoretus divinorum decretorum Epitome , fol. 591 et sequent. Anastasius Synaita in hexaem., fol. 1372. Junilius Africanus in Genesin **127** tom. VI Bibl. Patrum. Augustinus de Hæresibus cap. 59. Detestanda blasphemia Mahumetis, qui homines ex umbra, diabolum B ex ignis flamma conditum ait. Alcoran azoara LXV, fol. 165.

[*Facti sunt angeli*] Angelos factos ante mundum sensilem putat Chrysostomus de Provident. orat. 1. Clemens Constitut. Apost. lib. VIII, cap. 12. Isidorus Hispalens. Sentent. lib. I, cap. 10. Nazianzenus in Christi Nativitat. orat. 38; in S. Pascha orat. 2. Novatus de Trinitate cap. 1. Damascenus de Fide orthodoxa, lib. II, cap. 3 ; lib. IV, cap. 14. Æneas Gazæus in Theophrast. Anastasius Sinaita lib. I; in Hexaem. Origenes Περὶ ἀρχῶν lib. I, cap. 8; in Genesin homil. 1 ; in Matthæum cap. 20, tract. 10. Ambros. Hexaem. lib. I, cap. 5, in præfatione Psalmorum, fol. 649. Beda tom. VIII, quæst. 9, fol, 598. Photius biblioth. fol. 473. Junilius de Partibus divinæ legis lib. II, cap. 2. Augustinus lib. uno de Genes. ad litteram cap. 3 et 4 ; lib. II, cap. 8; in Quæstionibus ad Orosium tom. IV, quæstione 21. Sed de his tamen nihil evidenter in ecclesiastica prædicatione C profertur. Origenes in proœmio libri Περὶ ἀρχῶν fol. 421 : *Est enim illud in ecclesiastica prædicatione, esse angelos Dei quosdam, et virtutes bonas, qui ei ministrent ad salutem hominum consummandam ; sed quando isti creati sunt, et quomodo sunt, non satis in manifesto distinguitur.* Eusebius in apologia pro Origine tom. IX apud Hieronym., fol. 137. Theodoretus in Genes. quæst. 3. Epiphanius contra Paulum Samosatensem hæresi 65. Athanas. ad Antiochum quæst. 3. Auctor de Incarnat. Verbi, apud Augustin. tom. IV, cap. 4. Petrus Lombardus Sent. lib. II, distinct. 2. Unde Julianus imp. vilis apostata in tribus quos contra sancta Evangelia nomenque Christianum evomuit libris, Moysen maximum et vetustissimum prophetarum inscientiæ arguit, quod non nativitatis angelorum, neque facturæ, neque quomodo producti sint, meminerit. Cyrillus Alexand. contra Julianum lib. II, fol. 32 ; lib. III, fol. 64.

[*Ut non esset otiosa Dei bonitas*] Joan. Damascenus D de Fide orthodoxa lib. IV, cap. 14 : Ὁ ἀγαθὸς καὶ πανάγαθος καὶ ὑπεράγαθος Θεὸς, ὁ ὅλος ὢν ἀγαθότης, διὰ τὸν ὑπερβάλλοντα **128** πλοῦτον τοῦ αὐτοῦ ἀγαθότητος οὐκ ἠνέσχετο μόνον εἶναι τὸ ἀγαθὸν, ἤ τοι τὴν ἑαυτοῦ φύσιν, ὑπὸ μηδενὸς μετεχόμενον, ἀλλὰ καὶ τούτου χάριν ἐποίησε πρῶτον μὲν τὰς νοερὰς καὶ οὐρανίους δυνάμεις, εἶτα τὸν ὁρατὸν καὶ αἰσθητὸν κόσμον, εἶτα ἐκ νοεροῦ καὶ αἰσθητοῦ τὸν ἄνθρωπον. Πάντα μὲν οὖν τὰ ὑπὸ αὐτοῦ γενόμενα κοινωνοῦσι τῆς αὐτοῦ ἀγαθότητος κατὰ τὸ εἶναι· αὐτὸς γάρ ἐστι τοῖς πᾶσι τὸ εἶναι, ἐπειδὴ ἐν αὐτῷ εἰσι τὰ ὄντα, οὐ μόνον ὅτι αὐτὸς ἐκ τοῦ μὴ ὄντος εἰς τὸ εἶναι αὐτὰ παρήγαγεν, ἀλλ' ὅτι ἡ αὐτοῦ ἐνέργεια τὰ ὑπὸ αὐτοῦ γενόμενα συντηρεῖ καὶ συνέξει. *Bonus et omnibonus et superbonus Deus, totus existens bonitas, propter superabundantes divitias bonitatis suæ non passus est solum esse bonum (id est suam ipsius naturam) a nullo participatum. Hujus gratia fecit primum quidem intellectuales et cælestes virtutes, deinde visibilem et sensibilem mundum, mox ex intel-*

lectuali et sensibili natura hominem. Cuncta igitur quae ab ipso facta sunt participant ejus bonitatem secundum esse, quia ab ipso et in ipso sunt omnia : non modo quia ipse ex nihilo illa ad esse deduxit, sed quia sunt ipsius actio, quae ab ipso facta sunt, conservat et continet. Vide Dionysium Areopagitam Περὶ τῆς οὐρανίου ἱεραρχίας, cap. 4. Origenem περὶ ἀρχῶν, lib. ii, cap. 9. Joan. Cantacuzenum apolog. 2 contra sectam Musulmanorum.

CAPUT XI.

[*Nihil incorporeum credendum nisi solum Deum*] Damasc. de Fide orthodoxa lib. i, cap. 17. Cyrillus lib. x contra Julianum, et de S. Trinitate cap. 3. Nazianz. orat. 2 de Theologia. Æneas Gazeus in Theophrasto fol. 91. Ambrosius in symbolum apostolorum. Anastasius de Incircumscript. Dei essent lib. ii, tom. VIII Biblioth. Patrum. Auctor de Spiritu et Anima apud Augustin. tom. III, fol. 614, cap. 18 : *Nihil invisibile et incorporeum natura credendum est, praeter solum Deum, id est, Patrem et Filium, et Spiritum sanctum. Qui ex eo incorporeus et invisibilis dicitur, quia infinitus et incircumscriptus, et simplex, et sibi omnibus modis sufficiens, seipse et idipsum*

CAPUT XII.

[*Angeli et omnes coelestes virtutes corporeae*] Tribuit his angelis corpora ut et Justinus martyr Quaest. Graec. **129** confut., fol. 157. Caesarius dialog. 1, fol. 1467. Origenes Περὶ ἀρχῶν in prologo, fol. 421 ; et lib. ii, cap. 2. Tertullian. de Carne Christi cap. 6, adversus Marcionem lib. iii, cap. 9. S. Macarius eremita homil. 4, pag. 45. Elias Cretensis in apolog. Nazianzeni fol. 43. Augustin. de Divinat. daemonum cap. 3 et 5 ; de Genesi ad litteram lib. iii, cap. 10 ; in Enchiridio ad Laurent. cap. 59. De 83 Quaestion. t. IV, quaestion. 45; lib. ii Retract. cap. 26 ; ad Fortunan. epist. 111 ; ad Nebridium epist. 115. Claudianus de Statu animae lib. iii, fol. 718, 719. Beda de Element. Philosophiæ lib. i, fol. 314 : *De daemonibus quaeritur utrum corpora habeant an non, cum sint animalia, et omne animal corpus dicatur; an sint spiritus, ut ait propheta : Qui facit angelos suos spiritus. Inde dicunt quidam quod corpora sint, tamen ita subtilia, qua sensu percipi non possunt. Unde respectu nostrorum corporum, quae spissa sunt et grossa, spiritus dicuntur. Quemadmodum aer quamvis corpus sit, tamen propter subtilitatem sui spiritus vocatur. Quod confirmat beatus Gregorius, qui in Moralibus lib. ii, cap. 2, de angelis loquens ait, comparatione nostrorum corporum spiritus sunt, sed comparatione illius summi et incircumspecti spiritus, corpora sunt dicenda. Hoc iterum probant auctoritate B. Augustini, qui Enchiridio quoddam ponit capitulum, qualia corpora angeli habeant. Nos autem plus illorum sententiae concedimus, qui dicunt illos esse spiritus.* Quod omnino verum volunt Dionysius Areopagita Περὶ τῆς οὐρανίας ἱεραρχίας cap. 2 ; Περὶ θείων ὀνομάτων cap. 4. Nazianz. orat. 2, de Theolog. et orat. 38 de Natali Christi. Chrysostomus orat. 1 de Providentia, et tom. 1, homil. de Adam et Eva, fol. 446 ; et in v cap. Genes. homil. 22. Cyrillus in Joan. lib. iv, cap. 10, fol. 195. Gregorius Nyssenus de Vita Moysis, fol. 125 , de Pauperibus amandis orat. 1, fol. 620. Joan. Cantacuzenus apolog. 1 , contra Musulmanos, orat. 2 et 3 in Mahumetem. Thomas Aquinas parte 1 Summ., quaest. 51, articulo 1. De Natura angelorum cap. 18. Basilius Seleuciensis orat. 6 in Noemum. Sedulius in Epistolam Pauli ad Philippenses cap. 2. Durandus Sentent. lib. ii, distinct. 8, quaesi. 1. Bernardus de Considerat. lib. v, cap. 4. Gregorius Magnus Exposit. moralis in Job, lib. iv, cap. 9. Theodoret. in Genesin quaestione 36, orat. 3, contra Graecos fol. 52, et in Epitom. divinor. decret. fol. 395; in Zachar. cap. 1. Damascenus de Fide **130** orthodoxa lib. ii , cap. 3, 12 et 17. De Dormitione Mariae orat. 2, fol. 454. Philo de Plantatione Noæ et de Confusione linguarum , fol. 234 : Ἔστι δὲ καὶ κατὰ τὸν ἀέρα ψυχῶν ἀσωμάτων ἱερώτατος χόρος, ὀπαδὸς τῶν οὐρανίων· ἀγγέλους γὰρ τὰς ψυχὰς ταύτας εἴωθε καλεῖν ὁ θεσπιῳδὸς λόγος. Sudas in voce ἄγγελοι non solum incorporeos, sed et incircumscriptos angelos facit. Id falsum esse hoc loco docet Gennadius, et Didymus lib. i de Spirit. sancto, fol. 219. Gregorius Magnus in Evangelia homil. 34. Athanas. ad Antioch. quaest. 26, et ad Serapion., *Spiritum sanctum non esse creaturam*, fol. 365. Durandus Sentent. lib. i, distinct. 37 , quaest. 5. Damascenus de Fide Orthodoxa lib. i, cap. 17 ; lib. ii, cap. 2 : Ἄγγελοι περίγραπτοί· ὅτε γάρ εἰσιν ἐν τῷ οὐρανῷ, οὐκ εἰσὶν ἐν τῇ γῇ , καὶ εἰς τὴν γῆν ὑπὸ τοῦ Θεοῦ ἀποστελλόμενοι, οὐκ ἐναπομένουσιν ἐν τῷ οὐρανῷ.

[*Creatura omnis corporea est*] Hoc et praecedens caput integrum a nostro mutuatus est Auctor libri de Spiritu et Anima apud Augustin. tom. III, fol. 614, cap. 18, et Rabanus Maurus de sermon. Proprietate lib. iv, cap. 10.

CAPUT XIII.

[*Immortales esse credimus intellectuales naturas.*] Vide Cyrillum Alexandrinum in Thesauro lib. viii, cap. 2. Ambrosium de Fide lib. 3, cap. 2. Dionysium Areopagitam Περὶ θείων ὀνομάτων cap. 6. Haymonem Halberstat. episcop. in Epistol. Pauli ad Timoth. II, cap. 6. Auctorem de Spiritu et Anima cap. 43.

CAPUT XIV.

[*Animas hominum non esse ab initio inter caeteras intellectuales creaturas, sicut Origenes fingit.*] Origenes Περὶ ἀρχῶν lib. iii, fol. 461, dicit : *Animas rationales antequam in corpore nascerentur , aliquid contraxisse culpae in sensibus vel motibus suis, pro qua a prima statim nativitate , imo et ante nativitatem, per divinam providentiam vel boni aliquid vel mali perpeti dispensentur.* Similia detrimenta loquitur Plato in Phaedone, cui etiam super talibus assensum **131** idemque accommodant Pythagorei , Philolaus, Basilides et Priscillianistae. Vide Clementem Alexandrin. lib. iii Stromat., et lib. iv , fol. 217. Theodoretum Cyri Episcop. in Epitome divinor. decretor., fol. 400 ; contra Graecos orat. 5 , fol. 71. Nicephor. Callistum Ecclesiast. Histor. lib. v, cap. 33 ; lib. xviii, cap. 27. Augustin. de Peccato originali contra Pelagium lib. ii, cap. 51 ; de peccator. Meritis et Remissione lib. i, cap. 22. Ruffinum invectiva 1 in Hieronymum , fol. 16. Leonem PP. 1 epistola ad Turbium Asturicens. episcop., tom. I Concil., cap. 10. Adnotata ad Arnobii lib. i, fol. 16. Cyrillus Hierosolym. κατηχηθ. δ' φωτιζομένων ἐν Ἱεροσολύμοις, pag. 10 : Μάνθανε ὅτι πρὶν παραγένηται εἰς τόνδε τὸν κόσμον ἡ ψυχὴ, οὐδὲν ἥμαρτεν, ἀλλ' ἐλθόντες ἀναμάρτητοι, νῦν ἐκ προαιρέσεως ἁμαρτάνομεν. *Disce quod priusquam in hoc mundo adesset anima nihil peccavit ; sed venientes sine peccato, nunc ex nostro arbitrio peccamus.* Concil. Bracarense 1, cap. 6 : *Si quis animas humanas dicit prius in coelesti habitatione peccasse, et pro hoc in corpora humana in terram dejectas sicut Priscillianus dixit, anathema sit.*

[*Neque cum corporibus per coitum seminantur*] Auctor de Spiritu et Anima cap. 48 : *Animae non per coitum cum corporibus seminantur, sicut Luciferiani, et Cyrillus , et aliqui Latinorum praesumptores affirmant.* Vide Eusebium Pamphil. apologia pro Origene, fol. 491, apud Origenem tom. I.

[*Luciferiani*] Augustinus de Haeresibus cap. 81 : *Luciferiani cum teneant in omnibus catholicam veritatem, in hoc errore stultissimo prolabuntur , ut animam dicant ex transfusione generari, eamdemque dicunt et de carne, et carnis esse substantiam.*

[*Aliqui Latinorum praesumptores*] Tertullianum designat, qui animam ex traduce esse asserit lib. de Anima cap. 9, 19, 22, 27, 36. Ruffinus in epistola ad Anastasium apud Hieronym. tom. IX , fol. 156; tom. II, apolog. 2, fol. 242 ; et auctor dialogi de Anima apud Hieronym. tom. IX, fol. 244, etiam Lactantium iis annumerant, qui pariter cum corpore per humani seminis traducem animam diffundi putant. Ambo apertissime falsiloqui, ut apparet ex Lactantio de Opificio Dei cap. 19.

[*Dicimus creationem animæ solum creatorem nosse*] Auctor de Incarnat. Verbi apud Augustin. tom. IV, cap. 2, fol. 660 : **132** *De anima vero utrum ex seminis traduce ducatur, ita ut ratio ipsius vel substantia inserta ipsis corporalibus seminibus habeatur ; an vero aliud habeat initium, et hoc ipsum initium si est genitum, aut non genitum; vel certe si extrinsecus corpori inditur, necne, non satis manifesta prædicatione distinguitur.* Vide Lactantium de Opificio Dei cap. 19. Chrysost. in Genes. cap. 2, homil. 13. Raban. Maurum de Anima cap. 2. Auctorem dialogi de Anima apud Hieronymum. tom. IX, fol. 244 et sequent. Bonavent. lib. II, distinct. 18, quæstion. 3, annotata ad Arnobium lib. II, fol. 49.

CAPUT XV.

[*Neque duas esse animas in uno homine*] Hoc caput habes apud auctorem lib. de Spiritu et Anima cap. 48, et Thomam Aquinatem part. I Summ. quæst. 76, articul. 3.

[*Sicut Jacobus et alii Syrorum*] Jacobi Syri hæresiarchæ meminit Nicephorus Callistus ecclesiast. Hist. lib. XIX, cap. 52. Timotheus presbyter tom. V Biblioth. Patrum fol. 931. Damascenus de Hæresib. fol. 584.

CAPUT XVI.

[*Anima non cum corpore moritur, sicut Aratus asserit*] Auctor de Spiritu et Anima cap. 48 : *Solum hominem credimus habere animam substantivam, quæ exuta corpore vivit, et sensus suos atque ingenia vivaciter tenet, neque cum corpore moritur ut Arabs asserit.* Non male pro Aratus *Arabs* legit. Arabici enim et Tnetopsychitæ dicunt animam cum corpore mori. Isidorus Hispalens. Origin. lib. VIII, cap. 5. Augustin. de Hæresibus cap. 83. Damascenus de Hæresibus fol. 585. Nicephorus Callistus lib. V, cap. 23.

[*Epicurea vanitas*] Epicurus apud Diogenem Laertium lib. X, pag. 787. Τὸ φρικωδέστατον οὖν τῶν κακῶν ὁ θάνατος, οὐδὲν πρὸς ἡμᾶς· ἐπειδήπερ ὅταν μὲν ἡμεῖς ὦμεν, ὁ θάνατος οὐ πάρεστιν· ὅταν ὁ θάνατος παρῇ, τοῦ' ἡμεῖς οὐκ ἐσμέν. Οὔτε οὖν πρὸς τοὺς ζῶντάς ἐστιν, οὔτε πρὸς τοὺς τετελευτηκότας· Ἐπειδήπερ περὶ οὓς μὲν οὐκ ἔστιν, οἱ δ' οὐκέτι εἰσίν. *Quod acerbissimum malorum est et horrendum maxime, mors nihil ad nos : quoniam cum nos sumus, mors non adest; cum vero mors adest, nos jam non sumus. Neque* **133** *igitur ad viventes neque ad mortuos pertinet. Nam iis qui sunt, illa non est, quibus vero adest jam illi non sunt.* Isidorus Hispalens. Orig. lib. VIII, cap. 6. Ambrosius epist. 25, fol. 240. Hieronym. in Ecclesiast. cap. 8, fol. 23. Tertull. Præscript. adversus hæret. cap. 7, de Anima cap. 42 et 50.

[*Neque post modicum intervallum substantialiter vivit, sicut Zenon dicit*] Laertius lib. VII in Zenone : Δοκεῖ τὴν ψυχὴν αἰσθητικήν, ταύτην δὲ εἶναι τὸ συμφυὲς ἡμῖν πνεῦμα· διὸ καὶ σῶμα εἶναι, καὶ μετὰ θάνατον ἐπιμένειν, φθαρτὴν δὲ οὐκέτι εἰσίν. *Opinatur animam sensibilem, eamque esse nobis insitum ingenitumque spiritum, ideo et corpus esse, ac durare post mortem; esse tamen obnoxiam corruptioni.*

CAPUT XVII.

[*Animalium animæ cum carnis vivacitate nascuntur, et cum carnis morte finiuntur*] Theophylact. Alexand. episcop. apud Theodoretum lib. III Dialog., pag. 316 : Τῶν ἀλόγων οὐκ αἴρονται καὶ τίθενται πάλιν αἱ ψυχαί, ἀλλὰ μετὰ τῶν σωμάτων συνδιαφθείρονται, καὶ εἰς χοῦν ἀναλύουσιν. Æneas Gazæus in Theophrast. fol. 98. Basilius Magnus homil. 8 in Hexaemeron. Athanas. tom. II, tract. de Definit., fol. 57.

[*Nec ratione reguntur, ut Plato et Alexander putant*] Auctor de Spiritu et Anima cap. 48 : *Animalium animæ non sunt substantivæ, sed cum ipsa carnis vivacitate nascuntur, et cum carnis morte finiuntur :*

et ideo nec ratione reguntur, sicut Plato et Alexander putant, sed ad omnia incitamenta natura dicuntur.

[*Nec ratione reguntur*] Quoniam in ipsis non est electio, neque ratiocinationis discretio, qua perpendant agendorum delectum; sed simul imperat natura ad agendum impelluntur. Basilius Seleuciens. episcop. orat. 3 in Adam. Damascenus de Duabus Christi Voluntatibus, fol. 483. Augustin. de Quantitate animæ cap. 27, 28. Auctor de Fide ad Petrum cap. 21.

CAPUT XVIII

[*Anima humana non cum carne moritur*] Athanas. ad Antioch. quæst. 17 : Πόθεν [δὲ] δῆλον ὅτι ἐν τῷ καιρῷ τοῦ θανάτου **134** οὐ συναποθνήσκει μετὰ τοῦ σώματος ἡ ψυχή; τινὲς γὰρ οὕτω νομίζουσιν. ΑΠΟΚ. Ὁ τοῦ Θεοῦ Υἱὸς καὶ Λόγος Ἰησοῦς ὁ Χριστὸς προφανῶς ἡμᾶς διδάσκει τὸ θνητὸν τοῦ σώματος, καὶ τὸ ἀθάνατον τῆς ἡμετέρας ψυχῆς λέγων, ‹Μὴ φοβηθῆτε ἀπὸ τῶν ἀποκτεινόντων τὰ σώματα, τὴν δὲ ψυχὴν μὴ δυναμένων ἀποκτεῖναι.› Πρόδηλον ὡς ἀθάνατος καὶ ἀπαθὴς ὑπάρχει. Id est : *Unde potest declarari quod tempore mortis, non una cum corpore moriatur anima quoque? Sic enim quidam opinantur.* RESPONS. *Verbum Christi et Dei nostri clarissime nos docet quod corpus nostrum mortale, et quod immortalis sit anima nostra. Inquit enim Christus : Ne metuatis ab istis qui occidunt corpus, animam vero non possunt occidere : Unde constat quod anima hominis immortalis sit et a Deo existat.* Lactant. lib. VII, cap. 12 : *Interire prorsus anima non potest, quoniam ex Dei spiritu, qui æternus est, originem cepit.*

CAPUT XIX.

[*Duabus substantiis tantum constat homo*] Contra Apollinarium, qui animarum ponit διαφοράν, καὶ ἐκ τριῶν συγκεῖσθαι λέγει τὸν ἄνθρωπον· ἐκ σώματος, καὶ ψυχῆς τῆς ζωτικῆς, καὶ αὖ πάλιν ἐκ τῆς λογικῆς, ἣν Νοῦν προσαγορεύει. Ἡ δὲ θεία Γραφὴ μίαν εἶδεν, οὐ δύο ψυχάς (*Theodoret.*, *Dialog.* 2). Thomas Aquinas in Epist. Pauli ad Thessalon. I, cap. 5, lect. 2 : *Dixerunt quidam quod in homine aliud est spiritus aliud anima, ponentes duas in homine animas, unam quæ animat, aliam quæ rationatur. Sed hæc sunt reprobata in ecclesiasticis dogmatibus.* Origenes Περὶ Ἀρχῶν lib. III, cap. 4. Auctor de Spiritu et Anima cap. 3 et 49. Gennadius in Theodoro, fol. 210, apud Hieronym. tom. IX. Paulinus Aquileiens. episcop. adversus Felicem Urgelitanum fol. 445. Hieronymus in Daniel m cap. 3.

CAPUT XX.

[*Non est tertius in substantia hominis spiritus*] Auctor de Spiritu et Anima cap. 49. *Non est tertius in hominis substantia spiritus, ut Didymus contendit; sed spiritus ipsa est anima pro spirituali natura, vel pro eo quod spiret in corpore spiritus appellatur.*

[*Sicut Didymus contendit*] Vide Didymum de Spiritu sancto lib. III.

[*Sed spiritus ipsa est anima*] Hieronym. lib. IV in Matth. cap. 27 : *Spiritum pro anima intelligimus, sive quod spirituale et vitale* **135** *corpus facial, seu quod animæ ipsius substantia spiritus sit.* Innocentius papa III, serm. 2 post Pascha, fol. 65. Gregorius Magnus lib. XI Moral. cap. 3. Isidorus Hispal. Orig. lib. XI, cap. 1.

[*Anima vero ex eo vocatur*] Auctor de Spiritu et Anima cap. 49 : *Anima ex eo vocatur quod ad vivendum vel vivificandum animet corpus.* Tertullianus de Anima cap. 6.

[*Tertius qui ab Apostolo inducitur spiritus*] Hieronymus ad Hedibiam quæst. 12, epist. 150, fol. 423 : *Alii triplicem in homine volunt affirmare substantiam. Spiritus, quo sentimus ; anima, qua vivimus ; corporis, quo incedimus ; sunt qui ex anima tantum et corpore subsistere hominem disserentes, spiritum in eo tertium non substantiam velint intelligi, sed efficientiam, per quam et mens in nobis et sensus, et cogitatio, et animus appellantur : et utique non sunt tot substan-*

tiæ quot nomina. Cumque illud eis oppositum fuerit : Benedicite, spiritus et animæ justorum, Domino; Scripturam non recipiunt dicentes eam in hebraico non haberi. Nos autem in præsenti loco, ut supra diximus, spiritum qui cum anima et corpore integer conservatur, non substantiam Spiritus sancti, quæ non potest interire, sed gratias ejus donationesque accipimus: quæ nostra vel virtute vel vitio et accenduntur, et exstinguuntur in nobis.

CAPUT XXI.

[*Libertati arbitrii*] Hoc caput integrum exscripsit Rabanus Maurus de serm. Propriet. lib. IV, cap. 10, et Bernardus de Interiori Domo cap. 69, fol. 1093. Auctor de Spiritu et Anima cap. 48 : *Libertati arbitrii sui commissus est homo; postquam vero deceptione serpentis per Evam cecidit, naturæ bonum perdidit, pariter et vigorem arbitrii; non tamen electionem, ne non esset suum, quod emendaret peccatum. Manet itaque ad quærendam salutem arbitrii libertas, id est, rationis voluntas, sed admonente prius Deo et inspirante ad salutem. Ut ergo acquiescamus salutari inspirationi, nostræ potestatis est; ut adipiscamur quod adipisci desideramus, divini est muneris; ut non labamur adepto salutis munere, nostræ sollicitudinis est et cœlestis adjutorii; ut labamur potestatis nostræ est et ignaviæ.* Athanasius in orat. ad gentes. Hieronym. adversus hæreses Jovinian. lib. I, cap. 2. Justinus in dialog. cum Tryphone Judæo, fol. 247 et 257; in Quæst. et Respons. ad orthodox. quæst. 8, fol. 310. Tertullianus advers. Marcionem **136** lib. II, cap. 5 et 6. Epiphanius contra Pharisæos hæres. 16. Origenes Περὶ ἀρχῶν lib. I, in prologuio. Gaudentius tract. 12, de verbis Evangel.: *Nunc judicium est hujus mundi*, etc. Nemesius Περὶ φύσεως ἀνθρώπου, cap. 39. Philo in lib. *Quod Deus immutabilis sit.* Auctor de Incarnat. Verbi apud Augustinum tom. IV, cap. 2, fol. 660.

[*Perdidit vigorem arbitrii, non tamen electionem*] Vid. Chrysostomus in Epist. Pauli ad Hebræos cap. 8, homil. 16. Faustus de Libero Arbitr. lib. I, cap. 9. Æneas Gazæus in Theophrasto fol. 78.

[*Initium ergo salutis nostræ*] Docte Gregorius Nazianz. orat. 31, pag. 745.

Quæ sequuntur capita usque ad cap. 52, in ms. non exstant. Sunt autem desumpta ad verbum ex decretali epistola Cœlestini PP. I ad Galliæ episcop. et ex concil. Milevitano, Africano et Arausicano II, ut suis locis notavimus.

CAPUT XXII.

[*Firmissime credendum.*] Cœlestinus PP. I epistola ad Galliæ episcop. tom. I Concil. cap. 4, fol. 523.

CAPUT XXIII.

[*Neminem esse per semetipsum bonum*] Cœlestinus PP. in Decretis cap. 5.

CAPUT XXIV.

[*Neminem etiam baptismatis gratia renovatum*] Cœlestinus PP. in Decretis cap. 6.

CAPUT XXV.

[*Quod nemo nisi per Christum libero bene utatur arbitrio*] Cœlestinus PP. in Decret. cap. 7.
[*Idem magister in epistola ad Milevitanum concilium*] Exstat hujus Innocentii PP. I epist. ad Milevitan. concil. tom. I Concil., fol. 474.

137 CAPUT XXVI.

[*Quod omnia studia, opera ac merita*] Cœlestinus PP. in Decretis cap. 8. Petrus diaconus de Incarnat. et Gratia Domini cap. 8.

[*Papæ Zosomi regularis auctoritas*] Hæc epistola Zosomi papæ edita nondum est; Augustinus epistol. 157 ad Optatum etiam illius meminit

CAPUT XXVII.

[*Ita Deus in cordibus hominum*] Cœlestinus PP. in Decret. cap. 9. Petrus diaconus de Incarnat. Domini cap. 8.

CAPUT XXVIII.

[*Quicunque dixerit gratiam Dei*] Concil. Milevitanum cap. 3 : *Placuit ut quicunque dixerit gratiam Dei, in qua justificamur per Jesum Christum Dominum nostrum, ad solam remissionem peccatorum valere quæ jam commissa sunt, non etiam ad adjutorium, ut non committantur, anathema sit.* Cœlestin. PP. in Decret. cap. 10. Corpus Canon. part. III, cap. 154, distinct. 4 de consecrat. Burchardus Wormaciensis episcopus decret. lib. II, cap. 18.

CAPUT XXIX.

[*Quisquis dixerit gratiam Dei per Jesum Christum*] Concil. Milevitanum cap. 4. Burchardus Wormaciens. decret. lib. xx, cap. 18. Epitome S. Canonum fol. 65.

CAPUT XXX.

[*Obsecrationum quoque sacerdotalium*] Cœlestinus PP. epist. 1 ad Galliæ episcopos tom. I Concil., cap. 11, fol. 525. Petrus diaconus de Incarnatione Domini cap. 8.

CAPUT XXXI.

[*Illud etiam quod circa baptizandos*] Cœlestinus PP. in Decretis cap. 12.

138 [*Non prius fontem vitæ adeant quam exorcismis et exsufflationibus*] Ritus exorcismi et exsufflationis in baptismo antiquissimus est, uti apparet ex Cyrillo Hierosolym. in Præfat. cateches. illuminat. fol. 3 et 5, et κατηχήσ. μυσταγωγικὴ β′ pag. 196. Gregor. Nazianz. de Baptismo orat. 40, fol. 657. Auctore lib. Hypognost. fol. 958, 959, apud Augustin. tom. VII. Optato Milevitano contra Parmenianum lib. IV, fol. 348. Augustino de Fide et Operibus tom. IV, cap. 6; de peccator. Meritis et Remiss. lib. I, cap. 34; de Nuptiis et Concupisc. ad Valerium lib. I, cap. 20, fol. 557; lib. II, cap. 29, fol. 580; de Symbolo ad catechumenos tom. IX, fol. 752,776; de Peccato Originali contra Pelagium lib. II, cap. 40, fol. 547; contra Julianum Pelagian. lib. I, cap. 2, fol. 641, 643; lib. III, cap. 3, fol. 673, 676; lib. VI, cap. 2, fol. 751, Leone PP. I in Decretis c. 13. Concilio Bracarensi II, cap. 1 et 9. Beda in Marcum lib. IV, cap. 16, homil. æstival. de tempore tom. VIII, fol. 43. Rabano Mauro de Institut. clericorum lib. I, cap. 26. Alcuino de Divinis officiis, fol. 1969. Bonaventura lib. IV, distinct. 6. Durando Sentent., lib. IV, distinct. 6, quæst. 4. Severo Alexandrino de Ritibus baptismi, fol. 153 : nullum tamen de eo in SS. Scriptura exstat mandatum, neque in descriptione baptismatis Justinus martyr et Tertullianus illius meminerunt. Centur. Magdeburgens. Cent. 1, lib. II, cap. 6, fol. 497. Centur. 2, cap. 6, fol. 110. Justinus martyr apolog. 2 pro Christian. fol. 73, 74. Tertullian. de Baptismo tom. III, fol. 459.

CAPUT XXXII.

[*Omnium bonorum affectuum*] Cœlestinus PP. in Decret. cap. 12. Petrus diacon. de Incarnat. Domini cap. 7.

CAPUT XXXIII.

[*Quicunque dicit Adam primum hominem*] Concil. Milevitanum cap. 1. Concil. Africanum cap. 76. Auctor Hypognost., apud August. tom. VII, articulo 1, fol. 927. Corpus Canon. distinct. 4. Epitome S. Canonum fol. 65, ex concil. Carthaginensi, τῷ τὸν Ἀδὰμ δογματίζοντι καὶ δίχα τῆς ἁμαρτίας τεθνήξεσθαι μέλλοντα, ἀνάθεμα.

139 CAPUT XXXIV.

[*Quicunque parvulos recentes*] Concil. Milevitanum cap. 2. Concil. Africanum cap. 77. Corpus Canon. part. III, cap. 153, distinct. 4. Joannes Maxentius in Confessione fidei, fo'. 492. Faustus de Libero Arbitrio lib. I, cap. 2. Beda in quæst. tom. VIII, fol.

409. Epitome S. Canon., fol. 65 : Τῷ λέγοντι τὰ
μικρὰ καὶ νεογνὰ βαπτιζόμενα, μὴ εἰς ἄφεσιν ἁμαρτιῶν
βαπτίζεσθαι, μηδὲ ἕλκειν ἐκ τῆς τοῦ Ἀδὰμ ταῦτα
προγονικῆς ἁμαρτίας τὸ ὀφεῖλον καθαρθῆναι, ἀνάθεμα.

CAPUT XXXV.

[*Si dixerimus quia peccatum non habemus*] Concil. Milevitanum cap. 6. Concil. Africanum cap. 81. Cyprianus de Testimon. ad Quirin. lib. III. Augustin. contra duas epistolas Pelagianorum lib. IV, cap. 3. Epitome S. Canon. fol. 65: Τῷ λέγοντι, « Τὸ παρὰ τῷ Ἰωάννῃ τῷ θεολόγῳ ῥηθὲν ἐν ἐπιστολῇ, — Ἐὰν εἴπωμεν ὅτι ἁμαρτίαν οὐκ ἔχομεν, ἑαυτοὺς ἀπατῶμεν, — διὰ ταπεινοφροσύνην, καὶ οὐχὶ κατ' ἀλήθειαν εἴρηται, » ἀνάθεμα.

CAPUT XXXVI.

[*Quicunque dixerit in oratione Dominica*] Concil. Milevitanum cap. 7. Concil. Africanum cap. 82. Auctor de Fide ad Petrum diacon. cap. 4. Augustin. contra Julianum Pelagianum lib. III, fol. 673. Epitome S. Canon. fol. 65: Τῷ λέγοντι τοὺς ἁγίους τὸ, « Καὶ ἄφες ἡμῖν τὰ ὀφειλήματα ἡμῶν, » οὐχὶ ὑπὲρ ἑαυτῶν λέγειν, ὡς ὄντων ἀναμαρτήτων, ἀλλ' ὑπὲρ τῶν πολλῶν, ἀνάθεμα.

CAPUT XXXVII.

[*Quicunque ipsa verba dominicæ orationis*] Concil. Milevitanum cap. 8 Concil. Africanum cap. 83.

CAPUT XXXVIII.

[*Si quis per offensam prævaricationis Adæ*] Concilium Arausicanum II, cap. 1.

140 CAPUT XXXIX.

[*Si quis soli Adæ prævaricationem suam*] Concil. Africanum cap. 2. Chrysostom. tom. 1 homil. de Adam et Eva, fol. 445. Augustin. in Quæstion. sacræ Scripturæ quæst. 36. Petrus diacon. de Incarnat. et gratia Domini cap. 6. Petrus Lombardus lib. II Sent., distinct. 30.

CAPUT XL.

[*Si quis invocatione humana*] Concilium Arausicanum II, cap. 3.

CAPUT XLI.

[*Si quis ut a peccato purgemur*] Arausicanum concil. II, cap. 4.

CAPUT XLII.

[*Si quis sicut augmentum ita etiam initium fidei*] Concilium Arausicanum II, cap. 5. Faustus de Libero Arbitrio lib. I, cap. 7.

CAPUT XLIII.

[*Si quis sine gratia Dei credentibus*] Concilium Arausicanum II, cap. 6.

CAPUT XLIV.

[*Si quis per naturæ vigorem bonum aliquod*] Concilium Arausicanum II, cap. 7. Faustus de Libero Arbitrio lib. I, cap. 10. Augustinus de Correptione et Gratia tom. VII, cap. 1.

CAPUT XLV.

[*Arbitrium voluntatis in primo homine*] Concilium Arausicanum II, cap. 8.

CAPUT XLVI.

[*Si quis alios per misericordiam*] Concil. Arausicanum II, cap. 13. Augustinus epist. 90.

CAPUT XLVII.

[*Natura humana*] Concilium Arausicanum II, cap. 19.

141 CAPUT XLVIII.

[*Sicut eis qui volentes in lege*] Concilium Arausicanum II, cap. 21.

CAPUT XLIX.

[*Secundum supradictas sanctorum*] Concilium Arausicanum II, cap. 25. Fulgentius ad Monimum lib. I.

CAPUT L.

[*Hoc etiam secundum fidem catholicam*] Concilium Arausicanum II, cap. 25.

CAPUT LI.

[*In omni bono opere non nos*] Concil. Arausicanum II, cap. 25.

CAPUT LII.

[*Baptisma unum est*] Contra Valentinianos, qui duo baptismata dicunt. Hieronym., in Epist. Pauli ad Ephes. lib. II, cap. 4, fol. 178. Sedulius Scotus in collectan. Epist. Pauli ad Ephes. cap. 4, fol. 80. Cyprianus ad Quintum epist. 71, ad Jubaianum epist. 73. *Unum baptisma est, idque in Ecclesia catholica.* Tertullianus de Baptismo cap. 15. Augustin. contra Donatistas lib. I, cap. 3. Epiphan. contra Catharos hæres. 59, Rabanus Maurus de sermon. Proprietate lib. IV, cap. 10. Optatus Milevitanus contra Parmenianum lib. V. Ambros. de Pœnitent. lib. II, cap. 2. Cyrillus Hierosolym. 1 cateches. Basilius Magnus de Spiritu sancto cap. 14.

[*Ubi in nomine Patris, et Filii, et Spiritus sancti datur*] Fulgentius ad Trasimundum regem lib. II, fol. 57 : *In hoc vel maxime fidei catholicæ veritas cognoscitur, quod recte in nomine Patris, et Filii, et Spiritus sancti baptizare consuevit, quoniam omnem Trinitatem ubique pariter adesse credit;* et lib. III, fol. 66. Gregor. Magnus lib. I, epistol. 24. Alcuinus de Divinis Officiis, fol. 1969. Cyrill. Hierosolym. catechesi mystagog. 2, pag. 198. Bernardus abbas ad Balduinum epistola 339. Damascenus de Fide orthodoxa lib. IV, cap. 10. Canones apostolorum cap. 49. Vigilius PP. epistola ad Eleutherium 142 cap. 5. Basilius Magnus de SS. cap. 12. Cyprianus epist. 23 et 73. Clemens Constitut. apostolorum lib. VII, cap. 22. Isidorus de Officiis ecclesiasticis lib. II, cap. 24. Athanasius contra Arianos orat. 3, fol. 118 et sequent. Tertullian. de Baptismo cap. 6. Petrus Lombardus Sentent. lib. IV, distinct. 3. Concil. Toletanum IV, cap. 5. Conspuatur furor Menandri Samaritani, negantis habere posse quemquam salutem, nisi baptisma ejus induerit. Tertullian. Præscription. adversus hæreticos cap. 46, de Anima cap. 50.

[*Ubi in nomine Patris et Filii et Spiritus sancti datur*] Damnat errorem Eunomii, qui contra traditionem apostolorum instituere voluit ut divinus baptismus mersione una peragerehur. Nicephorus Callistus eccles. Histor. lib. XI, cap. 11. Sozomenus lib. VI, cap. 26.

[*Si quid apud hæreticos baptizati sunt in sancta Trinitatis confessione, recipiuntur*] Concil. Carthaginens. I, cap. 1. Nicolaus PP. I ad consulta Balgarorum cap. 15. Capitular. Caroli Magni et Ludovici impp. lib. VII, cap. 319. Corpus Canon. part. III, distinct. 4. Concil. Africanum cap. 15. Ursinus monachus apud Gennadium in catalog. Viror. illustrium. Augustinus contra Donatistas lib. VI, fuse. Walafridus Strabo de Rebus ecclesiast. cap. 26: *Celebratur unum baptisma verum, non nisi in nomine summæ Trinitatis, quod et Dominus ipse ostendit, et canones apostolorum docent. Unde quicunque vel ab hæreticis in Trinitate baptizantibus, vel ab alio quolibet homine, sub appellatione legitima ejusdem sanctæ Trinitatis fuerit baptizatus, rebaptizari non debet, ne invocatio summæ Divinitatis annullari videatur; sed et chrismate et manus impositione, quod imperfectum erat, perfici debet.* Beda tom. XII in homil. æstival. de sanctis fol. 128, et in Joan. cap. 3, fol. 554 : *Sive hæreticus, sive schismaticus, sive facinorosus quisque in confessione sanctæ Trinitatis baptizet, non valet ille qui ita baptizatus est, a bonis catholicis rebaptizari: ne confessio et invocatio tanti nominis videatur annullari.* Auctor de Fide ad Petrum diaconum cap. 3 : *Sive in catholica fide, sive in hæresi quacunque vel in schismate quisquam in nomine Patris et Filii et Spiritus sancti baptismi sacramentum acceperit, integrum sacramentum accepit.* Erravit igitur, imo insanivit Agrippinus (Nicephorus Callistus Eccles. **143** Histor. lib. vi, cap. 7, perperam hujus erroris primum auctorem facit Cyprianum) Carthaginensis episcopus, qui primus omnium mortalium, contra divinum canonem et universalis Ecclesiæ régulam, rebaptizandum esse censuit. Quæ ejus præsumptio non solum hæreticis omnibus formam sacrilegii, sed etiam quibusdam catholicis occasionem præbuit erroris. Nam tempore Cornelii PP. visum est Cypriano cum ferme 80 episcopis suis Africanarum Ecclesiarum, *omnem hominem qui extra Ecclesiæ catholicæ communionem baptizatus fuisset, oportere ad Ecclesiam venientem denuo baptizari.* Vincentius Lirinensis contra Hæres. cap. 9. Augustinus de Baptismo contra Donatistas lib. I, cap. 18; lib. III, cap. 12. ad Vincentium epistola 48; contra Crescon. Grammat. lib. I, cap. 32; lib. II, cap. 58; lib. III, cap. 1. Hieronym. adversus Luciferian. cap. 8. Cyprianus ad Quintum epist. 71, ad Jubaianum epist. 73, ad Magnum epist. 77. Sed quod tanti meriti et tantæ virtutis episcopus de baptismo aliter senserit quam erat inquisita diligentius veritas firmatura, caritatis ubertate compensatum, et passionis falce purgatum est, ut ait Augustin. loco prænotato, et Petr. Lombard. Sentent. lib. IV, distinct. 6.

[*Confirmentur manus impositione*] Eusebius PP. I epistol. 1 decretali ad Galliæ episcop. tom. I Concil., fol. 209 : *Quod significastis quid de conversis hæreticis fieri debuisset; scitote nos eos qui in S. Trinitatis fide baptizati sunt, per impositionem manus suscipere.* Vid. Justin. martyr. in Quæstion. ad orthodox., quæstion. 15, fol. 312.

[*Si parvuli sunt, respondeant pro illis qui eos offerunt*] Augustin. de Verbis Apostoli sermon. 14; de peccatorum Meritis et Remissione contra Pelagian. lib. I, cap. 34; ad Bonifacium epist. 23, ad Vitalem epist. 107. Walafridus Strabo de Rebus ecclesiast. cap. 25 Rabanus Maurus de Instit. clericor. lib. I, cap. 26. Petrus Lombardus Sentent. lib. IV, distinct. 6. *Cuncti ad baptismum venientes fidem suam profiteri debent, et exponere quid petendum venerint ad ecclesiam. Quod si adultus est pro se respondet se credere in Patrem, Filium et Spiritum sanctum. Si autem parvulus est, non valens credere vel loqui, alius pro eo respondet.*

[*Manus impositione*] Tertullian. de Baptismo cap. 8. Rabanus Maurus de Institut. clericorum lib. I, cap. 30.

144 [*Chrismate communiti*] Cyprianus Carthaginensis episcop. epist. 70. *Ungi necesse est eum qui baptizatus sit, ut accepto chrismate esse unctus Dei, et habere in se Christi gratiam possit.* Tertullian. de Baptismo cap. 7. Origen. in Ezechiel. cap. 16, homil. 6. Corpus Canon., distinct. 4 de consecrat. Damascenus de Fide orthodox. lib. IV, cap. 10.

[*Eucharistiæ mysteriis admittantur*] *Ecclesiastica enim consuetudo non renatis ex aqua et Spiritu non tradit corpus Christi.* Beda in Lucam lib. IV, cap. 15, in quæstion. super librum Regum cap. 16; in Joan. lib. I, cap. 2. Cyprianus epist. 63. Augustin. in Joan. tract. 2 de Baptismo contra Donatistas, lib. II, cap. 14; contra Pelagian. lib. I, cap. 15. Cyrillus Alexand. in Joan. lib. XII, cap. 50 : *Prohibemus a sacramentis catechumenos, quamvis veritatem jam cognoverint, et fidem magna voce confiteantur : quia nondum locupletati Spiritu sancto sunt, qui habitat in iis qui baptismate consummati. Unde, cum baptismum receperint, quia Spiritus sanctus habitare in illis creditur, a tactu et communione salutaris Christi corporis non prohibentur. Idcirco et accedentibus ad benedictionem mysticam ministri mysterii magna voce clamant, Sancta sanctis; solis sanctificatis Spiritu tactum et sanctificationem corporis Christi congruere significantes.* Imo veteres tanti fecerunt hoc sacramentum, ut ne ad inspectionem quidem ejus admitterent nisi fideles et baptizatos. Unde et ante consecrationem exire jubebantur catechumeni, energumeni et pœnitentes. Micrologus de Observat. ecclesiast. cap. 51, tom. IV Bibliothec. Patrum. Maximus monachus in Expositione Liturgiæ cap.

15 et 16. Nicolaus Cabasila Interpr. in divinum sacrificium cap. 23. Germanus archiepiscopus Constantinopol. rerum ecclesiast. Theoria, fol. 678, 679. Guilhelmus Durantus Minatens. Ecclesiæ episcop. in Rationali divinor. officiorum lib. IV, fol. 37; lib. VI, fol. 129. Albertus Magnus Ratisbon. episcop. de Officio Missæ tractat. 3, cap. 23. Albinus Alcuinus præceptor Caroli Magni, de divinis Officiis fol. 1994 et 2015. Thomas Aquinas Sum, III quæst. 80, articulo 4. Dionysius Areopagita Περὶ τῆς ἐκκλησιαστικῆς ἱεραρχίας, pag. 133, 221 et 141 : Τοὺς δὲ κατηχουμένους ἐνεργουμένους τε, καὶ τοὺς ἐν μετανοίᾳ ὄντας, ὁ τῆς ἁγίας ἱεραρχίας θεσμὸς ἐφίησι μὲν ἐπακοῦσαι τῆς ψαλμικῆς ἱερολογίας, καὶ τῆς **145** ἐνθέου τῶν πανιέρων Γραφῶν ἀναγνώσεως· εἰς δὲ τὰς ἐξῆς ἱεροργίας καὶ θεωρίας, οὐ συγκαλεῖται τούτους, ἀλλὰ τοὺς τελείους τῶν τελεσιουργῶν ὀφθαλμούς. *Catechumenos et energumenos, quique in pœnitentia sunt, sanctæ hierarchiæ mos patitur quidem audire sacram psalmorum modulationem, divinamque sacrarum Scripturarum recitationem; ad sacra autem opera quæ deinceps sequuntur, atque mysteria spectanda, non eos convocat, sed perfectos oculos eorum qui digni sunt.* Notandum autem hoc loco quod olim pueris recens baptizatis data eucharistia. Paulinus episcop. Nolæ ad Severum epist. 12. Cyrill. Hierosolym. catechos. illuminat. Hierosolym. fol. 23. Cyprianus de Lapsis fol. 222. Augustinus tom. X, serm. 8 de Verbis Apostoli, fol. 197; ad Bonifac. epist. 23; ad Vitalem epist. 106. Contra duas epistolas Pelagian. lib. I, cap. 22; lib. IV, cap. 4 ; de peccatorum Meritis ac Remissione lib. I, cap. 20. Auctor Hypognost. apud Augustin. tom. VII ad articul. 5, fol. 956 : *Quomodo vitam regni cœlorum promittitis parvulis non renatis ex aqua et Spiritu, non cibatis carne* (Bellarminus falso unam speciem saltem datam pueris scribit de Eucharistia lib. IV, cap. 24.) *atque non potatis sanguine Christi, qui fusus est in remissionem peccatorum. Ecce non baptizatus, vitali etiam cibo, poculoque privatus, dividitur a regno cœlorum, ubi fons viventium permanet Christus.* Et hæc consuetudo perduravit usque ad Caroli Magni ævum. In capitulari enim ejus lib. I, cap. 161, constitutio legitur, *Ut presbyter semper eucharistiam habeat paratam, ut quando quis infirmaverit, aut parvulus infirmus fuerit, statim eum communicet, ne sine communione moriatur.* Et ejus præceptor Albinus Alcuinus de divinis Officiis, fol. 1971 : *Præcavendum est* (inquit) *ut infantes recens baptizati nullum cibum accipiant neque lactentur antequam communicent.* Idem sancitum in ordine Romano quem Melchior Hittorpius vulgavit; et observatur etiam nunc a Bohemis et Moravis, ut notat Joachimus Vadianus de Sacramento eucharistiæ lib. I, fol. 14; lib. II, fol. 40. Jacobus Pamelius in adnotat. ad Tertullian. de Baptismo fol. 470, putat hunc morem tum sublatum quando cessavit adultorum baptismus, et certa illa baptizandi tempora amplius observata non sunt, ob periculum irreverentiæ. Ut ut sit, cum secundum monitum S. Pauli I Corinth. cap. XI ad hoc mysterium requiratur *sui probatio,* **146** et *mortis Domini annuntiatio,* non video quomodo institutio hujus sacramenti pertineat ad parvulos, qui horum nihil præstare possunt, ratione quippe destituti. Recte igitur censet Joannes de Gerson cancell. Parisiensis, tunc pueris eucharistiam daudam cum ad perfectum usum rationis ac discretionis annos pervenerint. Sic enim de communion. laicor. sub utraque specie part. 1, fol. 17, et in Regulis moralib. part. II, fol. 75, scribit : *Illi pueri sunt idonei suscipere eucharistiam, et ad hoc ligari rideentur semel in anno qui secundum leges censentur habiles ad nubendum.*

[*Illos autem qui non in sancta Trinitatis invocatione*] Quoniam nullus est baptismus si in fide S. Trinitatis non datur. Hieronymus in Joelem cap. 2, fol. 86. Didymus de SS. lib. II, fol. 224. Cyrillus Hierosolym. in I Catechos. illuminat. Hierosolym. Firmilianus Cæsar. Cappadociæ episcop. apud Cyprian. epist. 75. Damascenus de Fide orthodox. lib. IV, cap. 10. Fulgentius ad Donatum de Fide orthodoxa fol. 94. *Mysterium redemptjonis humanæ nulla ratione perficitur, si in baptismo vel Filii, vel Spiritus sancti vocabulum subtrahitur.*

[*Pauliani*] Concilium Nicænum cap. 19 : *De Paulianistis ad Ecclesiam catholicam confugientibus, definitio prolata est, ut baptizentur omnimodis.* Epitome S. Canonum fol. 47. Concil. Carthaginense VI, cap. 19. Concil. Arelatens. II, cap. 16. Gelasius de Actis concil. Nicæni pag. 168. Jus Græco-Romanum tom. I, fol. 378. Isti autem a Paulo Samosateno appellati sunt, qui Christum Deum Dei Filium substantivum, et personalem, et sempiternum, non semper fuisse cum Patre dicit, sed ejus initium, ex quo de Maria natus est, asseverat, nec eum amplius aliquid quam hominem putat. Augustin. de Hæres. cap. 44. Damascenus de Hæres. fol. 580. Philastrius hæres. 64.

[*Procliani*] Docuerunt Christum non in carne venisse. Augustinus de Hæres. cap. 60.

[*Borboritæ*] Id est cœnosi, propter turpitudinem quam exhibent in suis mysteriis. Vid. Epiphanius hæres. 26. Augustin. hæres. 6. Philastrius hæres. 72. OEcumenius in epistolam Judæ cap. 1. Cod. Theodos. de hæreticis L, 65, *Borborianos* eos vocat.

147 [*Bonosiani, Montanitæ*] Bonosianos et Montanitas non rebaptizari, sed post abjectionem pravi et confessionem recti dogmatis, sola manus impositione purgari tradunt Syricus PP. I epistola ad Victoricium episcop., tom. I Concil., fol. 456; et concil. Arelatense II, cap. 17. Timotheus presbyter vero , Jus Græco-Rom. tom. I, fol. 378; et Thomas de Aquino part. III Summ., quæst. 66 articul. 9, Bonosianos et Montanitas inter illos ponunt qui rebaptizantur. Illorum sententiæ accedit Gregorius Magnus epist. lib. IX, epist. 61 ad Quirinum episcop., fol. 1087 : *Hæretici qui in Trinitatis nomine minime baptizantur, sicut sunt Bonosiani et Cataphrygæ et alii tales , cum ad sanctam Ecclesiam veniunt, baptizantur, quia baptismum non fuit, quod in errore positi, in sanctæ Trinitatis nomine minime perceperunt.*

[*Bonosiani*] Ili Christum Deum ex Patris substantia ante sæcula negant, illum Filium Dei adoptivum, non proprium asserentes. Honorius hæresi 68. Innocentius PP. I epist. 20 ad Laurentium episcop., tom. I Concil. , fol. 464. Gregorius Magnus epist. lib. IX, epist. 61.

[*Montanitæ*] Dicunt Spiritum sanctum, quem in Evangelio Christus discipulis suis promisit , in Montano et Priscilla redditum. Nuptias prohibent, et de infantis anniculi sanguine eucharistiam funestam conficiunt. Augustin. de Agone Christiano cap. 28 de Hæres. cap. 26. Harmenopulus de Sectis. Epiphanius hæres. 48.

[*Manichæi*] Vid. Epiphanius hæres. 66. Philastrius hæres. 61. Augustinus de Hæres. cap. 46.

[*Manichæi et Marcion*] Theodorus Studitus epist. ad Naucrationem filium, tom. I Biblioth. Patrum : *Baptizantur Marcionitæ , Tascodrugitæ , Manichæi , et quæ sunt ejusdem ordinis.* Timotheus presbyter de Differentia eorum qui accedunt ad S. fidem, fol. 931. Jus Græco-Roman. tom. I, fol. 378.

[*Quæ duo principia sibi ignota introducunt*] Honorius de Hæres. , *Marcion et Cerdoniani duo principia contraria asserunt.* Theodoretus Fabul. hæretic. lib. I. Epiphanius hæres. 41 et 42. Damascen. de Hæres. fol. 578. Philastrius hæres. 44 et 45. Isidorus **148** Hispalens. Orig. lib. VIII , cap. 5. Tertullian. Præscription. adversus hæret. cap. 51 ; adversus Marcionem lib. I, cap. 5.

[*Contraria principia, ut Manichæus*] Epiphan. hæres. 66. Philastrius hæres. 61. Augustinus hæres. 46.

[*Tria ut barbara, ut Sethianus et Theodosius*] Theodoretus lib. I Fabul. hæreticar.

[*Vel multa, ut Valentinus*] Ubertim Tertullianus adversus Valentinianos , et lib. I adversus Marcion. cap. 5. Præscription. advers. hæret. cap. 33 et 49. Epiphanius hæres. 31. Philastrius hæres. 38. Timo-

A theus presbyter fol. 931. Augustinus Hæres. cap. 11.

[*Cerinthus*] Timotheus presbyter fol. 931. *Baptizantur Sabelliani, Cerinthiani, Menandriani, Ebionæi.* Cerinthus autem Christum ex semine Joseph natum proponit, hominem illum tantummodo sine divinitate contendens. Irenæus lib. I, cap. 25. Augustin. hær. 8. Epiphanius hæres. 28. Tertullian. Præscription. adversus hæret. cap. 48.

[*Photinus*] Is Christum tantummodo hominem solitarium asserit , cui principium ascribit ex Maria. Vincentius Lirinensis contra hæres. cap. 16. Marius Victorinus Afer adversus Arium lib. I, fol. 288, 294. Fulgentius ad Trasimundum regem lib. I, fol. 37. Augustin. de Hæres. cap. 44. Leo PP. I Serm. 4 de Nativitat. Domini, pag. 37. Ruffin. in Expositione symboli fol. 87. Vigilius martyr lib. I contra Eutychen. Epiphanius hæres. 71. Nicephorus Callistus lib. IX, cap. 31. Sozomenus lib. IV, cap. 5. Historia Tripart. lib. V , cap. 5. Philastrius hæres. 65. Theo-

B dotus Ancyræ episcop. in Actis concil. Ephesini tom. VI, cap. 10.

CAPUT LIII.

[*Quotidie eucharistiæ communionem percipere*] In primitiva Ecclesia, cum magna adhuc vigebat fidei devotio , fideles quotidie communicasse , notum ex Actibus Apostolorum , et epistola decretali Anacleti papæ tom. I Concil., fol. 56. Mansit ea consuetudo usque ad ætatem Cypriani et Augustini in Africa : Mediolani, Romæ et in Hispania, usque ad Ambrosii et Hieronymi tempora. Cyprianus de Orat. dominica fol. 244. **149** Augustin. ad Bonifac. epist. 23 ; ad Januarium epist. 118. Ambros. de Sacramentis lib. V, cap. 4. Hieronymus ad Lucinium epist. 28, fol. 38 ; ad Hedibiam epist. 150, quæst. 2, fol. 416. In apologia ad Pammachium pro lib. adversus Jovinian. cap. 6, fol. 184. Postmodum diminuto fidei ardore et refrigescente caritate, sensim mos ille obsolevit. Thomas Aquinas part. III Summ., quæstion. 80, art. 10.

C Ideoque sancitum a pontificibus Romanis ut si non frequentius, saltem ter (*in Natali Domini, Pascha et Pentecoste*) aut ad minus semel (*in Cœna Domini*) in anno eucharistiæ sacramentum sæculares susciperent, nisi viventes omnino ab ingressu Ecclesiæ arceri, et mortui Christiana carere vellent sepultura. Concil. Lateranense cap. 21. Concil. Turonens. III, cap. 50. Concil. Agathense cap. 63. Corpus Canon. distinct. 2, cap. 16. Buchardus Wormaciensis episcop. lib. V, cap. 18. Ivo episcop. Carnotensis part. II, cap. 27. Capitul. Caroli Magni lib. II, cap. 45. Bonaventura episcop. Albanensis super Sententias Petri Lombardi lib. IV, distinct. 12, quæstion. 2, num. 82 et sequent. Ludovicus imp. addition. 3 ad Capitulare Caroli Magni cap. 58. Durandus Sentent. lib. IV, distinct. 12, quæstion. 5. Albertus Magnus de Officio Missæ tract. 3, cap. 21. Græci in Orientalibus partibus non quotidie, sed solis diebus festis et dominicis communicarunt. Athanas. tom. I, apolog. 2, fol. 569, 570. Au-

D gustin. de Verbis Domini secundum Lucam tom. X, sermon. 28, fol. 76 ; et de Sermone Domini in monte lib. II, fol. 815 , *Plurimi in Orientalibus partibus non quotidie cœnæ dominicæ communicant.* Ambrosius de Sacramentis lib. V , cap. 4, *Si quotidianus est panis, cur post annum illum sumis, quemadmodum Græci in Oriente facere consueverunt.* Ipsi quoque sancti Patres non tam inculcant quotidianam et crebram communionem, quam dignam sacramentorum perceptionem. Walafridus Strabo de Rebus eccles. cap. 20 : *Gennadius Massiliensis presbyter in dogmate ecclesiastico, quasi inter veteres et juniores medius existens , cum adhuc alii dominicis tantum, jam quoque nonnulli quotidianis communicarent diebus, hujusmodi libramine sententiam suam temperat, ut quotidianam eucharistiæ perceptionem nec laudare, nec vituperare se dicat; omni vero dominica communicare, si capitalia peccata non prohibeant, et mens in delectatione peccandi* **150** *posita non est, hortatur. Apud Græcos quoque illi qu* duas vel tres dominicas sine communione transierint, excommunicari dicuntur: Augustin. epist. 118 ad Januarium fol. 360 : *Dixerit aliquis non quotidie accipiendam eucharistiam. Quaeris quare? quoniam*, inquit, *eligendi sunt dies quibus purius homo continentiusque vivit, quo ad tantum sacramentum dignus accedat. Qui enim manducaverit indigne, judicium sibi manducat et bibit. Alius contra*, imo, inquit, *si tanta est plaga peccati atque impetus morbi, ut medicamenta talia differenda sint, auctoritate antistitis debet quisque ab altario removeri ad agendam poenitentiam, et eadem auctoritate reconciliari. Hoc est enim indigne accipere, si eo tempore accipiat quo debet agere poenitentiam, non ut arbitrio suo cumlibet, ut auferat se communioni vel reddat. Caeterum si peccata tanta non sunt, ut excommunicandus quisquam homo judicetur, non se debet a quotidiana medicina dominici corporis separare. Rectius inter eos- forlasse quisquam dirimit litem, qui monet ut praecipue in Christi pace permaneant. Faciat autem unusquisque quod secundum fidem suam pie credit esse faciendum. Neuter enim eorum exhonorat corpus et sanguinem Domini, si saluberrimum sacramentum certatim honorare contendunt. Neque enim litigaverunt inter se, aut quisquam eorum se alteri proposuit Zachaeus et ille centurio, cum alter eorum gaudens in domum suam susceperit Dominum, alter dixit : Non sum dignus ut intres sub tectum meum. Ambo Salvatorem honorificantes, diverso et quasi contrario modo, ambo peccatis miseri, ambo misericordiam consecuti. Valet etiam ad hanc similitudinem, quod in primo populo unicuique manna secundum propriam voluntatem in ore sapiebat ; sic in ore cujusque Christiani sacramentum illud quomodo sumatur aestimandum. Nam et ille honorando non audet quotidie sumere, et ille honorando non audet ullo die praetermittere. Contemptum solum non vult cibus ille, sicut manna fastidium. Inde enim et Apostolus indigne dicit acceptum ab eis qui non discernebant a caeteris cibis veneratione singulariter debita.* Chrysostomus in Epistol. Pauli ad Hebraeos cap. 9, homil. 17, et de non contemnenda Dei Ecclesia et mysteriis : Πολλοὶ τῶν μυστηρίων ἅπαξ μεταλαμβάνουσι τοῦ ἐνιαυτοῦ, ἕτεροι δὲ δὶς, ἄλλοι δὲ πολλάκις· τίνας οὖν τούτων ἀποδεξόμεθα, τοὺς ἅπαξ, ἢ τοὺς πολλάκις, ἢ τοὺς ὀλιγάκις; οὔτε τοὺς ἅπαξ, οὔτε τοὺς πολλάκις, οὔτε τοὺς ὀλιγάκις, ἀλλὰ τοὺς μετὰ καθαροῦ συνειδότος, τοὺς μετὰ καθαρᾶς καρδίας, τοὺς μετὰ βίου ἀνεπιλήπτου· οἱ τοιοῦτοι, **151** ἀεὶ προσίτωσαν, οἱ δὲ μὴ τοιοῦτοι, μηδὲ ἅπαξ, κρῖμα γὰρ ἑαυτοῖς λαμβάνουσι καὶ κατάκριμα. Et de B. Philogonio tom. III, fol. 835 : *Multi Christianorum in talem vecordiam tantumque venere contemptum, ut cum innumeris scateant malis, nullam tamen vitae suae curam habeant, sed in diebus festis negligenter ac temere ad mensam Domini accedant, haud intelligentes quod communionis tempus non est festum neque celebritas, sed conscientia pura, vitaque a peccatis repurgata. Quemadmodum enim qui sibi nullius mali conscius est, hunc oportet singulis diebus accedere ; sic qui peccatis occupatus est, nec poenitet, eum ne in festis quidem accedere tutum est. Neque semel in anno accedere liberat nos a peccatis, si indigne accesserimus ; quin hoc ipsum potius auget damnationem, quod cum semel accedamus, ne tunc quidem pure accedamus.* Et homil. 61 ad populum Antiochenum in Epist. Pauli ad Corinthios I, cap. 10; homil. 24 ad Ephesios cap. 2 ; homil. 3 in orat. de baptismo Christi. Anastasius quaest. 7 in SS., fol. 135. Isidorus de Officiis eccles. lib. I, cap. 18. Basilius Magnus de Baptismate lib. I, cap. 3; lib. II, quaestion. 3. Auctor homil. de Coena Domini apud Hieronym. tom. IX. Hieronym. ad Corinthios lib. I, cap. 11; Rabanus Maurus de Institut. clericorum lib. I, cap. 11 ; de Sacramento eucharistiae cap. 57. Origenes in psalm. XXXVIII, homil. 2 ; in Leviticum cap. 23, homil. 13. Martialis episcop. ad Burdegalenses cap. 4. Eligius Noviomensis episcop. de Coena Domini homil. 8. Augustinus tom. X, serm. 252 de Tempore. Ambrosius in Epist. Pauli ad Corinth. I, cap. 11. Bonaventura Sentent. lib. IV, distinct. 9,

num. 42. Algerus de Sacramento eucharistiae lib. I, cap. 22.

[*Communicaturus satisfaciat lacrymis*] Haec verba citat Thomas Aquinas in I Epist. Pauli ad Corinth. cap. 11, lect. 7.

[*Quem mortalia peccata non gravant*] Mortalia peccata vocat adulterium, homicidium, sacrilegium, furtum et perjurium. Hieronym. in Ezechielem lib. XI, cap. 34; in Zachar. lib. I, cap. 5. Cyprian. de Bono patientiae fol. 288. Auctor de Rectitudine catholicae conversation. Apud Augustin. tom. IX, fol. 793. Tertullian. adversus Marcionem, lib. IV, cap. 9.

[*Quem mortalia crimina post baptismum premunt*] Walafridus Strabo de Observat. eccles. cap. 17 : *Sacramenta a sanctificatione vel secreta virtute dicuntur. Unde etiam criminum foeditate* **152** *capitalium a membris Christi deviantes, ab ipsis sacramentis ecclesiasticae suspenduntur officio. Sciendum a S. Patribus ob hoc vel maxime constitutum, ut mortaliter peccantes a sacramentis Dominicis arceantur, ne ea indigne percipientes, vel majori involvantur reatu, ut Judas, quem post panem a magistro temere susceptum, diabolus dicitur plenius invasisse, ut crimen quod prius scelerata praemeditatione conceperat jam sceleratissimo consummaret affectu.* Vel (quod Apostolus de Corinthiis dicit) *ne infirmitatem corporis et imbecillitatem, ipsumque mortem praesumptores incurrant.* Ambros. serm. 6, fol. 9, *Vestrum est vetare homicidam antequam poenitentiam agat, eucharistiam accipere.* Concil. Turonicum I, cap. 7. *Homicidis penitus non communicandum, donec per confessionem poenitentiae ipsorum crimina diluantur.* Martialis episcop. in epistola ad Burdegalens. cap. 4 : *Est indignus mensa Domini qui hominem occiderit. Nam si praesumit eucharistiam, reus est mortis animae et corporis sui.* Sic Photius patriarcha Basilium imp. Michaelis parricidam ad sacram coenam admittere noluit. Zonaras tom. III Annal., fol. 151, *Meretricibus quoque publicis, usurariis, mimis et histrionibus denegatur communio.* Nicephorus confessor tom. I Juris Graeco-Romani, fol. 196. Joannes Gerson de Sacramento eucharistiae part. 2, fol. 27. Durandus de S. Portiano super Sentent. Petri Lombardi lib. IV, distinct. 4, quaest. 5. Gregorius PP. in decretis lib. V, tit. 19, cap. 3.

[*Hortor prius publica poenitentia.*] Publicae poenitentiae meminerunt Irenaeus adversus haeres. lib. I, cap. 9. Eusebius Eccles. Histor. lib. V, cap. 28. Tertullian. de Poenitent. cap. 9. Ambrosius de Poenitent. lib. II, cap. 10. Nicephorus Callistus lib. XII, cap. 28. Histor. Tripart. lib. IV, cap. 35. Sozomenus lib. VII, cap. 16. Hieronym. ad Oceanum epist. 30, fol. 85 : *Quis hoc crederet* (loquitur de exomologesi Fabiolae), *ut post mortem secundi viri in semetipsam reversa* (quo tempore solent viduae negligentes, jugo servitutis excusso, agere se liberius, adire balnea, volitare per plateas, vultus circumferre meretricios), *saccum indueret et errorem publice fateretur ; et tota urbe spectante Romana, ante diem Paschae in basilica Laterani, qui Caesariano truncatus est gladio, staret in ordine poenitentium, episcopo, presbyteris et omni populo collacrymantibus; sparsum crinem, ora lurida, squalidas manus et sordida colla submitteret.* De ritu illius solemni fuse **153** Gratianus distinct. 50, Bonaventura lib. IV, distinct. 14, numer. 39. Durandus Sentent. lib. IV, distinct. 14, quaest. 4. Beatus Rhenanus ad Tertulliani lib. de Poenitent. et in admonit. dogmat. Tertulliani fol. 557. Imposita autem est pro gravissimis et notoriis sceleribus quae commoverant totam urbem vel totam viciniam, ut ita qui multorum destructione se perdiderit, cum multorum aedificatione se redimat. Ludovicus imp. addition. 2 ad Capitular. Caroli Magni cap. 23. Durandus loco praellegato. Auctor de Utilitate poenitentiae apud Augustin. tom. IX, fol. 706, cap. 5. Joannes de Gerson. part. II de Visitat. praelatorum, fol. 43 ; de absolvendi Potestate, pag. 33. Augustin. tom. IX, lib. I de Symbolo ad catechumenos cap. 6 ; de Animabus defunctorum tom. X, serm. 4, fol. 894. Martinus Bracarensis episcop. in Excerptis capit. Græcor. tom. II Concil. cap. 23, fol. 224. Bonaventura Sentent. lib. IV, distinct. 17, numer. 79.

[*Secreta satisfactione*] Albinus Alcuinus de divinis Officiis, in appendice Biblioth. Patrum, fol. 1952 : *Secreta satisfactione solvi mortalia crimina non negamus; quotidiana vero leviaque peccata, sine quibus hominis vita non ducitur, dominica oratione purgantur.* Videnb. Martinus Chemnitius theologus eruditissimus Examin. concil. Trident. part. 2 , pag. 381 et sequent.

[*Quotidie eucharistiæ communionem percipere*] Rabanus Maurus de serm. Proprietate lib. IV, cap. 10; de Instit. clericor. lib. I, cap. 31. Corpus Canon. de consecrat. distinct. 2, cap. 12. Innocentius PP. III Mysterior. missæ lib. IV, cap. 42, fol. 394. Walafridus Strabo de Reb. eccles. cap. 20. Algerus de Sacramento eucharistiæ lib. I, cap. 22. Petrus Lombardus Sentent. lib. IV, distinct. 12.

CAPUT LIV.

[*Pœnitentia vera est*] Gregorius Magnus in Evangelia, homil. 34, fol. 482 ; et epist. lib. IX, epist. 39, fol. 1069, *Pœnitentiam vere agere, est commissa flere, et iterum plangenti declinare*. Eligius Noviomensis episcop. homil. 16. Ambros. serm. 34, fol. 47. Petrus Lombardus Sentent. lib. IV, distinct. 14. Joannes Gerson de Sacramento pœnitentiæ part. 2, fol. 27.

154 [*Satisfactio pœnitentiæ*] Lombardus Sentent. lib. IV, distinct. 15 : *Satisfactio pœnitentiæ est peccatorum causas excidere, nec suggestionibus earum aditum indulgere*. Rabanus de serm. Proprietat. lib. IV, cap. 10; de Institut. clericor. lib. II, cap. 31. Bernardus de interiori Domo, fol. 1063. Bachiarius de Recipiendis Lapsis. Bonaventura lib. III, distinct. 20 ; lib. IV, distinct. 15, quæst. 3. Vid. Martinus Chemnitius part. 2 Examin. concil. Tridentin., pag. 378 et sequentibus.

CAPUT LV.

[*In divinis promissionibus nihil terrenum*] Vide Augustinum in Joan. tractatu 32, cap. 7.

[*Non nuptiarum copulam, sicut Cerinthus*] Cerinthi hæresis hæc erat, ut affirmaret terrenum futurum Christi regnum, ac quia ventri, gulæ ac libidini erat deditus, ea futura decernebat, quæ sibi propria libido dictabat. Ventris et eorum quæ sub ventre sunt incitamenta, cibis, potibus, et nuptiis prædicabat expienda. Eusebius eccles. Histor. lib. III, cap. 28; lib. VII, cap. 23. Theodoret. lib. II Fabul. hæret. Isidor. Hispal. Orig. lib. VIII, cap. 5. Epiphanius hæres. 28. Nicephorus Callistus eccles. Histor. lib. III, cap. 14; lib. VI, cap. 22. Sic impuratus Mahumet ut mancipiis suis vilissimis et maximis mulierum amatoribus Saracenis placeret, illis post fata paradisum deliciosum, inque eo speciosissimas mulieres ac longas et securas subationes pollicitus est. Alcoran azoara II, LXV, LXVI. Joan. Cantacuzenus orat. 2 in Mahumet., doctrina Mahumeti ad Saracenos fol. 497. Anastasius bibliothecarius ad ann. Christi 622.

[*Non quod ad cibum et potum pertinet, sicut, Papia auctore, Irenæus, Tertullianus et Lactantius acquiescunt*] Hieronymus in catalogo script. ecclesiast. ad Dextrum fol. 123 : *Papias Joannis auditor dicitur mille annorum Judaicam edidisse* δευτέρωσιν, *quem secuti sunt Irenæus et Apollinarius, et cæteri qui post resurrectionem aiunt in carne cum sanctis Dominum regnaturum*. *Tertullianus quoque in libro de Spe fidelium, et Victorinus Pictaviensis, et Lactantius hac opinione ducuntur*, Et in præfat. in Esaiam lib. XVIII, **155** fol. 213; in Ezechiel. lib. IX, cap. 36. Eusebius eccles. Histor. lib. III, cap. 39. Nicephorus Callistus lib. III, cap. 20.

[*Irenæus*] Vide illum lib. V, cap. 32 et seq. edition. Francisci Feu-Ardentii.

[*Tertullianus*] In fragmento libri de Spe fidelium, de Resurrectione carnis cap. 25 adversus Marcionem lib. I, cap. 29; lib. III, cap. 24; lib. IV, cap. 29.

[*Lactantius*] Lib. VII, cap. 24 et 26, in Epitome cap. 8.

[*Sicut Nepos docuit*] Nepos Judaico intellectu de futuris promissionibus sentiebat, easque corporaliter exhibendas docebat; et mille annis in deliciis corporalibus in hac terra sanctos regnaturos esse cum Christo. Eusebius Eccles. Histor. lib. VII, cap. 22. Theodoretus Fabul. hæret. lib. III. Nicephorus Callistus Eccles. Histor. lib. VI. Hieronymus de Viris illustrib. in Dionysio Alexandrinæ urbis episcopo.

CAPUT LVI.

[*Nullum credimus ad salutem nisi Deo invitante venire*] Contra Pelagianos, qui docebant principium boni operis esse in nobis, sed consummationem ex Deo. Augustin. ad Vitalem epist. 107; ad Sixtum presbyt. epist. 105; contra duas epist. Pelagian. lib. II, cap. 5; de Spiritu et Litera cap. 34. Origenes περὶ ἀρχῶν lib. III, cap. 1. Auctor Hypognost. apud Augustin. tom. VII, articul. 3, fol. 952. Fulgentius episcop. Ruspensis ad Gallam epist. 2, ad Probam epist. 4, de Prædestinat. ad Monimum lib. I. Bernardus abbas Clarævallensis epistola 224. De modo bene vivendi serm. 3. Thomas de Aquino in Epist. Pauli ad Ephes. cap. 1, lectione 1, et in Quodlibet 1, articul. 7.

[*Nullum Dei voluntate perire, sed per seipsum*] Eusebius in Apolog. pro Origene, apud Orig. tom. I, fol. 482 : *Habendum est in ecclesiasticis observationibus, quod neque hominum quis a Deo in perditionem traditus est, sed unusquisque pereuntium sua negligentia pereat et culpa, qui habens arbitrii libertatem eligere quod bonum est, et potuit, et debuit.* Origenes in Epist. Pauli ad Roman, lib. II, cap. 2, fol. 309 : *Observandum est quod nusquam Deus dicitur aliquem perdidisse,* **156** *sed unusquisque ex se patitur hoc quod perit*, Concilium Arausicanum II, cap. 25 : *Aliquos ad malum divina potestate prædestinatos esse, non solum non credimus, sed etiam si sunt qui tantum malum credere velint, cum omni detestatione anathema illis dicimus*. Augustin. de 3 articulo sibi falso imposito tom. VIII, fol. 922 : *Omnium hominum Deus creator est, sed nemo ideo creatus est ut pereat, quia alia causa est nascendi, alia pereundi. Ut enim nascantur homines est beneficium, ut pereant prævaricatoris est vitium*. De peccatorum Meritis et Remission. contra Pelagian. lib. II, cap. 17. In Enchiridio ad Laurent. cap. 103. Ambrosius de Isaac et Anima cap. 1. Chrysost. de Compunction. cordis fol. 495. Faustus de Libero Arbitrio lib. I, cap. 19 ; lib. II, cap. 1 et sequent. Fulgentius de Duplici Prædestinat. ad Monimum lib. I, fol. 7, 8, 9 et sequent. Hieronym. in Ezechiel. lib. I, cap. 3. Auctor Hypognost. articulo 6, fol. 959 et sequent. Damascenus de fide orthodoxa lib. II, cap. 30 ; lib. IV, cap. 20 et 22. Multimodis igitur detestanda hæresis quæ impia novitate præsumit asserere, *quod Deus majorem partem generis humani ad hoc creet, ut illam perdat in æternum.*

CAPUT LVII.

[*Malum vel malitia non est a Deo creata*] Ambros. Hexaemer. lib. I, cap. 8, fol. 12 : *Malitia ex nobis orta, non a Deo creatore condita, morum levitate generatur, non ullam creaturæ habens prærogativam, nec auctoritatem substantiæ naturalis, sed mutabilitatis vitium, et errorem prolapsionis. Non enim vita mortem generat, nec lux tenebras.* Vide Justinum martyrem quæst. 73 ad orthodox. Hieronym. adversus error. Jovinian. lib. I, cap. 17. Epiphan. contra Basilidianos, hæres. 24. Gregor. Nyssenum tract. 2 in psal. LVI. In orat. catechet. cap. 5. Faust. de Libero Arbitr. lib. I, cap. 1. Damascen. contra Manichæos, pag. 751. Raban. Maurum de sermon. Proprietat. lib. IV, cap. 10. Augustin. contra Julian. Pelagian. lib. I cap. 3. In Quæstion. ad Orosium tom. IV, cap. 16. Petrum Lombardum Sentent. lib. iv, cap. 35.

[*Diabolus bonus a Deo conditus*] Contra Priscillianistas, dicentes *quod diabolus nunquam fuerit bonus, nec natura ejus opificium Dei sit, sed eum ex chao et tenebris emersisse, scilicet quia nullum* 157 *sui habeat auctorem, sed omnis mali ipse sit principium atque substantia.* Leo PP. I, epist. 91 ad Turbium Asturicens. episcop., tom. I Concil., cap. 13. Tertullian. adversus Marcionem lib. ii, cap. 10: *Deus diabolum ex forma operum bonorum instituit bonum ; et quidem retro invituperabilis a die conditionis suæ, a Deo in bonum conditus, ut a bono conditore invituperabilium conditionum, et excultus omni gloria angelica, et apud Deum constitutus, qua bonus apud bonum ; postea vero a semetipso translatus in malum.* Papias in voce *Malum*. Damascenus contra Manichæos fol. 543; de Fide orthodox. lib. ii, cap. 4 et 27. Cyrillus Alexand. in Joan. lib. vi, cap. 6. Didymus Alexand. in epist. S. Judæ cap. 1. Ambros. in Lucam lib. iv. cap. 4; lib. vii, cap. 17. Elias Cretensis in orat. Nazianz. 3, fol. 210. Theodoret. Divinor. Decret. Epitome fol. 599. Chrysostom. de Pœnitent. tom. V, fol. 563. Augustin. de Genesi ad litteram lib. xi, cap. 21; de Civitate Dei lib. v, cap. 9.

CAPUT LVIII.

[*Nihil natura esse immutabile nisi solum Deum Patrem*] Nazianzen. de Fide orat. 49: *Nos credimus immutabilem et inconvertibilem, sicut Patrem, ita et Filium Dei, et Spiritum sanctum.* Theodoretus in psalm. CL. Athanas. de Divinitate Christi fol. 539; de Incarnatione Verbi fol. 480. Auctor de Fide ad Petrum cap. 17. Didymus de Spiritu sancto fol. 122. Hieronym. de his quæ Deo in SS. tribuuntur, tom. IX, fol. 67. Isidorus Hispalensis de Summo Bono lib. i, cap. 10; Sentent. lib. i, cap. 1. Rabanus Maurus de sermon. Propriet. lib. iv, cap. 10. Durandus, Sentent. lib. i, distinct. 8, quæstion. 3.

[*Et filium*] Contra Arii furorem, qui dicebat Filium non esse inconvertibilem ut Patrem, sed vertibilem creaturarum modo. Athanas. tom. I, disput. 2 contra Arianos, fol. 141, et in orat. contra Arianos, tom. II, fol. 30. Socrates Eccles. Histor. lib. i, cap. 3. Histor. Tripart. lib. i, cap. 13. Origenes in Numer. homil. 16, cap. 23. Περὶ ἀρχῶν lib. i, cap. 8. Fulgentius ad Trasimundum regem lib. iii, fol. 56. Theodoret. Eccles. Histor. lib. i, c·p. 4. Sozomenus lib. i, cap. 14. Ruffinus Eccles. Histor. lib. x, 158 cap. 5: *Illos, qui dicunt convertibilem, aut mutabilem esse Filium Dei, anathematizat catholica et apostolica Ecclesia.*

CAPUT LIX.

[*Angeli non natura possident bonum*] Angeli non naturaliter sancti sunt, sed ad sancti vocabulum fide et placita Deo conversatione atque ipsius Spiritus sancti sanctificatione venerunt. Faustinus de Fide cap. 7. Cyrillus Alexand. in Thesauro lib. iv, cap. 1. Bæticus de Fide. Didymus Alexand. in epist. Joan. I, cap. 3; de Spiritu sancto lib. i. Origen. Περὶ ἀρχῶν lib. i, capp. 5 et 8. Basilius Magnus concion. 8 in psalm. xxxii; de Spiritu sancto cap. 19. Athanas. dialog. 1. Nazianzenus orat. 44.

[*Sancti angeli vocantur*] Sancti angeli vocantur propter pulcherrimum inculpabileque ministerium quod Deo exhibent. Philo de Gigantibus.

CAPUT LX.

[*Omnium creaturarum bonam confitetur substantiam*] Contra Manichæi furorem, qui duas naturas atque substantias, boni scilicet et mali, sequens alios antiquos hæreticos, opinatus est. Augustin. de Hæres. cap. 46; de Religione Christian. capp. 9, 19, 23; de Moribus Manichæorum lib. ii, cap. 8. Soliloquior. lib. i, cap. 1; contra Faustum Manichæum lib. vi, cap. 2; contra Julian. lib. i, cap. 3. Papias in voce *Manichæi*. Epiphanius hæres. 24, 36, 66.

A Auctor de Fide ad Petrum diaconum cap. 21. Athanas. contra gentes fol. 2. Damascenus dialog. contra Manichæos pag. 251; de Fide orthodox. lib. iv, cap. 21. Hieronymus in Hieremiam lib. i, cap. 3; in Ezechielem lib. iv, cap. 28; adversus Pelagianos cap. 4. Basilius Magnus homil. 2 in Hexaemeron, et in concione Quod Deus non sit auctor malorum. Gregorius Nazianzen. orat. 40 in S. baptisma, fol. 671 : Πίστευε μὴ οὐσίαν τινὰ τοῦ κακοῦ εἶναι, μήτε βασιλείαν ἢ ἄναρχον, ἢ παρ' ἑαυτῆς ὑποστᾶσαν, ἢ παρὰ τοῦ Θεοῦ γενομένην, ἀλλ' ἡμέτερον ἔργον εἶναι τοῦτο καὶ τοῦ πονηροῦ, ἐκ τῆς ἀπροσεξίας ἐπεισελθὸν ἡμῖν, ἀλλ' 159 οὐχὶ τοῦ κτίσαντος. Docte Hierotheus apud Dionysium Areopagitam Περὶ θείων Ὀνομάτων pag. 313 et sequent.

CAPUT LXI.

[*Virtutes angelicæ, quæ in divino amore fixæ perstiterunt*] Augustin. Enchiridio ad Laurentium cap. 28; de Correptione et Gratia cap. 10. Auctor de Fide ad Petrum Diaconum cap. 23. Isidorus Hispalens. B Sentent. lib. i, cap. 10. Beda in Job cap. 4. Philippus presbyter in Job lib. i, cap. 6; lib. ii, cap. 25. Cæsarius dialog. 1. Nazianzenus orat. 2 in S. Pascha.

CAPUT LXII.

[*Tales creati sunt angeli, ut si v llent in beatitudinis luce persisterent*] Damascenus de Fide orthodoxa lib. ii, cap. 5 : Εἰσὶ τοίνυν φύσις λογική, νοερά τε καὶ αὐτεξούσιος, τρεπτὴ κατὰ γνώμην, ἤτοι ἐθελότρεπτος· πᾶν γὰρ κτιστόν, καὶ τρεπτόν· μόνον δὲ τὸ ἄκτιστον, ἄτρεπτον· καὶ πᾶν λογικὸν αὐτεξούσιον. Ὡς μὲν οὖν λογικὴ καὶ νοερά, αὐτεξούσιός ἐστιν· ὡς δὲ κτιστή, τρεπτή, ἔχουσα ἐξουσίαν, καὶ μένειν, καὶ προκόπτειν ἐν τῷ ἀγαθῷ, καὶ ἐπὶ τὸ χεῖρον τρέπεσθαι. Est ergo natura angeli rationalis, et intellectualis, et libera potestate, arbitrioque fulta; vertibilis secundum propositum, sive voluntate mutabilis. Nam omne creatum vertibile, solum autem increatum invertibile: et omne rationale potestate liter. m. Intellectualis ergo natura, ut rationalis poteC state libera est; ut creata vero vertibilis, potestatem habens manendi et proficiendi in bono, et in deterius prolabendi. Athanasius de Trinitate lib. i, fol. 186. Origenes Περὶ ἀρχῶν lib. ii, cap. 8. Gregorius Magnus Moral.um lib. iv, cap. 29. Auctor de Fide ad Petrum diaconum cap. 3. Petrus Lombardus lib. ii, distinct. 5. Bæticus de Fide. Cyrillus Alexandrinus de S. Trinitate cap. 2. Cyrillus Hierosolym. in 2 catechesi illuminat. fol. 12.

[*Post lapsum ita confirmati sunt angeli*] Beda in Quæstionibus super Genesim fol. 122, ex Gregorio : *Tales creati sunt angeli, ut si vellent in beatitudinis luce persisterent, si autem nollent, etiam labi* 160 *potuissent. Unde et Satan cum sequacibus legionis cecidit. Sed post ejus lapsum ita confirmati sunt angeli qui perstiterunt, ut cadere omnino non possint.* Philippus presbyter in Job, cap. 4, fol. 13.

CAPUT LXIII.

[*Bonæ sunt nuptiæ*] Ex traditione Dei, qui illas in D primordio creationis connexuit fidei vinculo, gratificavit benedictionis dono, multiplicavit propagationis augmento. Fulgentius ad Probam de Virginitate epist. 3, fol. 77. Genes. i. Martial. episcop. Lemovicensis in epist. ad Tolosanos cap. 9. Ambros. in Lucam lib. i, cap. 1. Arethas in Apocalyps. cap. 39. Cyrillus Hierosolym. κατηχήσ. ὁ φωτιζομένων ἐν Ἱεροσολύμοις, pag. 22. Auctor de Fide ad Petrum cap. 3, apud Augustin. tom. III. Tertullianus adversus Marcionem lib. i, cap. 29. Hieronymus ad Salvinam epist. 9; adversus Jovinianum lib. i, cap. 1. Damascenus de Fide orthodox. lib. iv, cap. 25. Isidorus de Officiis ecclesiast. lib. ii, cap. 23. Maximus Taurinensis episcop. homil. 1 in Epiphan. Domini. Junilius episcop. in Genesin fol. 36 et 39. Theodoretus Divinor. Decret. Epitome fol. 413. Augustinus de adulterinis Conjugiis lib. ii, cap. 12; ad Cœlestinum de Peccato originali lib. ii, cap. 23 et sequent. Athanasius contra omnes hæreses tom. I, fol. 853. Epiphanius hæres. 6z et 67. Petrus Lombardus Sentent. lib. IV, distinct. 26. *Quod res bona sit conjugium non modo ex eo probatur quod Dominus legitur instituisse conjugium inter primos parentes, sed etiam quod in Cana Galileæ nuptiis in'erfuit Christus, easque miraculo commendavit, aquæ in vinum conversa.* Et distinct. 30: *Est finalis causa matrimonii contrahendi procreatio prolis, propter hoc enim instituit Deus conjugium in'er primos parentes, quibus dixit: Crescite et multiplicamini.* Secunda est post peccatum Adæ vitatio fornicationis, unde ait Apostolus: *Propter fornicationem unusquisque habeat uxorem suam, et unaquæque habeat virum suum.*

CAPUT LXIV.

[*Melior est continentia*] Bernardus de Modo bene vivendi serm. 22, fol. 1268: *Bona est castitas conjugalis, sed melior est* **161** *continentia vidualis, optima vero integritas virginalis.* Vid. Auctor de Continentia apud Augustin. tom. IV, fol. 703 et sequent. Hieronymus in Epist. Pauli ad Galatas lib. IV, cap. 5. Beda tom. VII, homil. hiemal. de tempore fol. 285.

CAPUT LXV.

[*Virginitas utroque bono præcelsior est*] S. Paulus et omnes Patres unanimi consensu virginitatem præferunt nuptiis. Paulus ad Corinth. I, cap. 7. Chrysostomus tom. I, de Verbis Esaiæ, *Vidi Dominum,* etc., homil. 3, fol. 1294 : *Bonum est conjugium, sed melior est virginitas; nec quoniam melior virginitas, ideo malum est conjugium, sed illud quidem inferius, alioquin bonum et ipsum.* Et de Virgin. tom. V, cap. 11. Damascenus de Fide orthodox. lib. IV, cap. 25. Cyprianus de Nativit. Christi fol. 405. Hieronymus adversus Jovinian. lib. I, cap. 1. Tertullianus adversus Marcionem lib. IV, cap. 15. Isidorus Sentent. lib. II, cap. 18 et 40. Fulgentius de Virginitate ad Probam epist. 3. Gaudent. tractat. 8, fol. 70. Naziarz. de Laude virginit., et orat. 20 in laudem Basilii Magni. Athanas. ad Ammon. monachum, tom. II, fol. 43. Isidorus Pelusiota Epistol. lib. II, epist. 135; lib. III, epist. 353; lib. IV, epist. 115. Sulpitius Severus, lib. II de Vita Martini. Rescriptum episcoporum Telensium ad Syricium PP. tom. I Concil., fol. 422. Ambrosius epist. 7, fol. 185 et sequent. Junilius episcop. Africanus in Genesin fol. 59. Epiphanius contra Origenianos hæres. 65.

CAPUT LXVI.

[*Bonum est cibum cum gratiarum actione sumere*] De gratia post cibum Deo agenda homiliam scripsit Maximus Taurinensis episcopus, ut notat Gennadius de Viris illustribus. Sed et ante cibum veteres Christianos nomen Domini invocasse, et cibum potumque signo crucis signasse, Origenes tradit lib. III in Job, fol. 270 : *Si cum manducamus et bibimus fidei memores fuerimus, et terribile nomen Domini invocaverimus; si nosmetipsos et cibum vel potum nostrum signo venerabilis crucis Christi signaverimus, si ad cælum oculos nostros levantes dicamus : Qui das escam omni* **162** *carni, da etiam nobis cum benedictione hunc cibum sumere, etc.* Observo quoque apud Clementem baptizatos non manducasse cum il is. Ita enim lib. I Recognit, fol. 10, inquit : *Cum hæc dixisset, secessit ut cibum caperet cum suis; me autem seorsim vesci jussit. Et post cibum cum laudem dixisset Deo, et gratias egisset, etiam hujus ipsius facti mihi reddidit rationem, et addit dicens : Det tibi Dominus exæquari nobiscum in omnibus ut percepto baptismate possis ad eamdem nobiscum convenire mensam.* Et lib. VII, fol. 113 : *Sed et illud observamus, mensam cum gentibus non habere communem, nisi cum crediderint, et recepta veritate baptizati fuerint, ac trina quadam beati nominis invocatione consecrati ; et tunc cum eis cibum sumimus. Alioquin etiamsi pater aut mater sint, aut uxor aut filii, aut fratres, non possumus cum eis mensam hab.re communem.*

[*Abstinere autem ab aliquibus, non quasi malis*] Christiani abstinent se interdum carnibus et vino, non quod hæc tanquam βδελύγματα oderint, ἀλλὰ τοῦ μὴ σφριγᾷν περὶ τὰ ἀφροδίσια τὴν σάρκα, ut ait Clemens Alexandrinus Στρωματέων lib. VII, fol. 315. Auctor de Fide ad Petrum, cap. 3 : *Servi Dei in eo quod a carnibus, et a vino abstinent, non tanquam res immundas refugiunt, sed mundioris vitæ instituta sectantur;* et cap. 42 : *Firmissime tene, servos Dei, qui a carnibus et vino abstinent, non tanquam immunda quæ a Deo facta sunt respuere, sed a fortiori cibo et potu, pro sola castigatione corporis abstinere.* Vide Cyrillum Alexandrinum contra Julianum lib. VII, fol. 167 et sequent. Cyrillum Hierosolymitan. κατηχ- ὁ' φωτιζομένων ἐν Ἱεροσολύμοις, pag. 23. Tertullian. adversus Marcionem lib. II, cap. 18. Bernard. de Modo bene viven li serm. 24. Petrum Damianum epist. 1, adnotata ad Minutium Felicem, fol. 54

CAPUT LXVII.

[*Malas dicere nuptias Hierachitarum et Manichæorum est*] Illi enim matrimonium ut malum, et impudicitiæ negotium reprobant, vanissime asserentes, *omnem coitum spurcum esse, nec conjugatos posse regnum cœlorum possidere.* Epiphan. hæres. 67. Athanasius contra omnes hæres., fol. 852. Hieronymus ad Celantiam epist. 14, cap. 8 ; adversus Jovian. lib. I, cap. 1. **163** Irenæus adversus hæres. lib. I, cap. 30 et seq. Joan. Damascenus de Hæres. fol. 581. Tertullian. contra Marcionem lib. I, cap. 29. Augustin. contra Secundin. Manichæum cap. 21, et de Hæres. cap. 46. Vigilius PP. in decret. tom. II Conciliorum. Concil. Gangrense, cap. 1; concil. Bracarense I, cap. 11 : *Si quis conjugia humana damnat, et procreationem nascentium perhorrescit, sicut Manichæus et Priscillianus dix't, anathema sit.* Ignatius Antiochiæ archiepiscopus epistola 6 ad Philadelphenses, pag. 34 : Ἐάν τις φθορὰν καὶ μολυσμὸν καλῇ τὴν νόμιμον μίξιν, καὶ τὴν τῶν παιδῶν γένεσιν, ἤ τινα τῶν βρωμάτων βδελυκτά, ὁ τοιοῦτος ἔνοικον ἔχει τὸν δράκοντα, τὸν ἀποστάτην.

[*Cibos quoque credere malos*] Cibos quos Deus creavit ad utendum, aversantur et respuunt Tatianus, Encratitæ Jovinianus, Manichæus et Priscillianus. Hieronymus adversus Jovinian. lib. I, cap. 1. Epiphanius hæres. 47 et 56. Theodoretus divinor. decret. Epitome, fol. 416, et Hæret. Fabular. lib. I Augustin. hæres. 46, et contra Faustum Manichæum lib. VI, cap. 6. Clemens Constitut. lib. VI, cap. 10 et 25. Nicolaus PP. ad consulta Bulgarorum cap. 43. Bernardus super Cantica serm. 116, fol. 761. Auctor de Fide ad Petrum diaconum, cap. 41. Concilium Bracarense I, cap. 14 : *Si quis immundos putat cibos carnium, quos Deus in usum hominum dedit; et non p opter afflictionem sui corporis, sed quasi immunditiam putans, ita abstineat ab eis, ut nec olera cocta cum carnibus prægustet, sicut Manichæus et Priscillianus docuerunt, anathema sit.*

CAPUT LXVIII.

[*Sacratæ virginitati nuptias coæquare*] Jovinianus hæreticus, Sarmatio et Barbatianus, vaniloqui homines, asserebant *virgines, viduas et maritatas, quæ semel in Christo lotæ essent, si non discreparent cæteris operibus, ejusdem esse meriti, nullamque esse distantiam inter abstinentes et simpliciter epulantes.* Hieronymus adversus Jovinian. lib. I, cap. 2. Isidorus Hispalensis Origin. lib. VIII, cap. 5. Augustin. hæres. 82; de peccatorum Meritis et Remissione lib. III, cap. 7. Contra duas epistolas Pelagian. tom. VII, cap. 2. Ambrosius epist. 25, fol. 238. Hieronym. ad Celantiam epist. 14, **164** cap. 8 : *Apostolicæ doctrinæ regula nec cum Joviniano æquat continentiæ opera nuptiarum, nec cum Manichæo conjugia condemnat.* Vide Sulpitium Severum dialog. 2 de Vita Martini.

CAPUT LXIX.

[*Integra fide credendum est beatam Mariam Vir-*

ginem concepisse, et post partum virginem mansisse] Expugnat argumentationes Antidicomaritarum, Claudinorum, et Helvidii hæretici, dicentis : S. *Mariam Virginem post nativitatem Salvatoris ex consortio Josephi filios suscepisse, qui fratres Domini appellati sunt.* Hieronym. tom. II, fol. 153 et seq. Bonaventura Sentent. lib. IV, distinct. 30, num. 5. Gennadius de Viris Illustr. in Helvidio. Epiphanius hæres. 78.

[*Virginem genuisse, et post partum virginem permansisse*] Origenes in Matthæum cap. 1, homil. 1 : *Virgo sancta genuit Deum, sed intacta permansit; mater effecta est, sed virginitatem non amisit; virgo ergo genuit, et virgo permansit;* et in Levitic. homil. 8, cap. 13. Chrysostomus homil. de Joan. Baptista tom. III, fol. 359. Ilfonsus Toletanus de Illibata Virginitate Mariæ tom. VIII. Bibliothec. Patrum. Augustinus contra Julianum lib. I, cap. 2, fol. 637; in Joan. tract. 120. Hieronymus de Assumptione Virginis Mariæ part. 2, tract. 4, epist. 56. Cyrillus Alexandrin., in Actis concilii Ephesini, fol. 65.

[*Fuit virgo ante partum, non virgo post partum*] Hanc nefandam Helvidii hæretici blasphemiam defendere ausi sunt hæretici civitatis Cremensis, dicentes : *Maria si virgo mansit post partum, non hominem, sed angelum peperit; virgo igitur post partum non fuit.* Joannes Trithemius in Chronic. Hirsaugiens. fol. 212, circa ann. Domini 1315.

CAPUT LXX.

[*Elementa non credamus abolenda per ignem, sed in melius commutanda*] Vide OEcumenium in II Epist. D. Petri cap. 4. Damascen. de Fide orthodox. lib. II, cap. 6. Bedam in Apocalypsin cap. 21. Chrysostom. in Epist. Pauli ad Roman. 165 cap. VIII, homil. 14. Proculum apud Epiphanium hæres. 64. Philippum presbyt. in Job lib. I, cap. 14. Julianum episcop. Toletan. Prognost. lib. III, cap. 43. Hieronym. in Esaiam l. b. XIV, cap. 51. Sixtum Senensem in Bibliotheca sancta lib. VI, adnotat. 340. Thomam Aquinatem, in addit. ad Sum. 3, quæstion. 74, articulo 5 et sequent.

CAPUT LXXI.

Bonum est facultates pauperibus erogare] Thomas Aquinas, in Epist. Pauli ad Corinth. II, cap. IX, lectione 1. Bernardus in Sententiis, fol. 486. Ambrosius de Nabuthe cap. 7, fol. 554, 555. Hieronymus ad Hedibiam epistola 150, quæst. 1.

CAPUT LXXII.

[*Maritum duarum matronarum clericum non ordinandum*] Propter eminentiam celebrationis sacrorum, καὶ διὰ τὸ ὑπερβάλλον τῆς τιμῆς τῆς ἱερωσύνης, non suscipit Ecclesia ad sacerdotium eum qui, defuncta priore conjuge, ad secunda vota devolutus est. Epiphanius contra Phrygitas hæresi 48. Contra Catharos hæres. 59, fol. 215. Canon. apostolor. cap. 16, Innocent. PP. I, in decret. cap. 6. Photius Nomocan. tit. 4, cap. 23. Hieronym. lib. II contra Jovinian. cap. 3.; de Monogamia ad Ageruch, epist. 2, cap. 2. Chrysost. in Epist. Pauli ad Titum cap. I, homil. 2. Concil. Toletanum IV, cap. 18. Concil. Epaunense, cap. 2. Concil. Arausi anum I, cap. 25. Justinianus imp. novella 6. Origenes in Lucam cap. XI, homil. 47. Ambrosius epistol. 25, fol. 246 et 282. Gregorius Magnus lib. II, epist. 25, adnotata ad Minutium Felicem, fol. 57.

[*Neque eum qui concubinam habuit*] Concil. Aurelianense III, cap. 9 : *De his qui sibi concubinas publice crediderint sociandas, id observandum esse censuimus, ne ulterius ordinentur.* Canon apostol. cap 16. Hieronym. ad Oceanum de Vita clericorum tom, IX, fol. 255.

[*Neque qui viduam, aut repudiatam, aut meretricem sumpsit*] Canon apost. cap. 17 : Ὁ χήραν λαβών, ἢ ἐκδεδλημένην, ἢ ἑταίραν, ἢ οἰκέτιν, ἢ τῶν ἐπὶ σκηνῆς, οὐ δύναται εἶναι ἐπίσκοπος, ἢ πρεσβύτερος, ἢ διάκονος, ἢ ὅλως τοῦ καταλόγου τοῦ ἱερατικοῦ. Id est : *Qui viduam duxit, aut divortio separatam a viro, aut meretricem, aut ancillam, aut aliquam quæ publicis mancipata sit spectaculis, episcopus, aut presbyter, aut diaconus, aut denique ex consortio sacerdotali esse non potest.* Epitome S. Canon. fol. 17. Concil. Telense. 4. Concil. Gerundiense cap. 8. Isidorus de Offic. ecclesiast. lib. II, cap. 5. Concil. Romanum cap. 2. Corpus Canon. part. 1, distinct. 34. Martinus Bracarensis in Excerptis synodorum Græcar. tom. II Concil. cap. 26. Gregorius Magnus epist. lib. II, epistol. 25.

[*Neque qui semetipsum quolibet corporis sui membro truncaverit*] Canon. apostol. cap. 21 : Ὁ ἀκρωτηριάσας ἑαυτόν, μὴ γινέσθω κληρικός, αὐτοφονευτής γάρ ἐστιν ἑαυτοῦ, καὶ τῆς τοῦ Θεοῦ δημιουργίας ἐχθρός. Id est : *Qui sibi ipsi virilia amputavit, clericus non efficitur; sui enim ipsius homicida est, et inimicus creationi Dei.* Vid. Photius patriarch. Constantinop. Nomocan. tit. 1, cap. 14. Martinus Bracarensis episcop. in excerpt. capitul. Græcor. cap. 21, tom. II Concilior. Gelasius PP. in decretis cap. 20. Gelasius de Actis concil. Nicæni, pag. 157. Corpus Canon., part. 1, distinct. 55.

[*Neque qui usuras accepisse convincitur*] Concil. Carthaginense IV, cap. 67 : *Usurarios clericos nunquam ordinandos.* Martinus Bracarensis in excerpt. cap. Græc., tom. II Concil. 63, fol. 226. Gelasius de Actis concil. Nicæni pag. 167. Justinianus imp., novella 123. Concil. Eliberitanum, cap. 20. Basilius Magnus tamen tradit in Epitome S. Canon. fol. 18, *eum qui usuras accepit, si lucrum injustum expenderit, et in posterum usuras accipere desierit, ad sacerdotium posse admitti.* Ὁ τόκους (inquit) λαμβάνων, εἰ τὸ ἄδικον κέρδος εἰς πτωχοὺς ἀναλώσει, καὶ τοῦ λοιποῦ παύσαιτο τόκους λαμβάνων, δεκτὸς εἰς ἱερωσύνην.

[*Neque qui in scena lusisse dignoscitur*] Canon. apost. cap. 41, Ἐπίσκοπος, ἢ πρεσβύτερος, ἢ διάκονος κύβοις σχολάζων καὶ μέθαις, ἢ παυσάσθω ἢ καθαιρείσθω. Id est : *Episcopus, aut presbyter, aut diaconus, qui vel aleæ vel ebrietatibus indulget : vel de inice* 167 *vel deponitor.* Vid. Photius Nomocan. titulo 9, cap. 27. Petrus Damianus epist. 2, fol. 358.

[*Neque eum qui publica pœnitentia mortalia crimina deflet*] Concil. Epaunense cap. 4, *Pœnitentiam professi ad clericatum penitus non vocentur.* Stephanus PP. I epist. ad Hilarium, tom. I Concil., fol. 156. Concil Agathense, cap. 43. Concil. Toletanum IV, cap. 53. Concil. Arelatense III, cap. 3. Concil. Arausican. I, cap. 16. Isidor. Hispalensis de Offic. eccles. lib. II, cap. 5. Innocentius PP. I, tom. I Concil., cap. 6. Corpus Canon. dist. 50. Ludovicus imp. addition. 4 ad Capitulare Caroli Magni, cap. 4. Durandus Sentent. lib. IV, distinct. 14, quæst. 5.

[*Neque eum qui aliquando insanivit*] Canon. concil. Niceni Arabici, quos Francisc. Turrianus vertit cap. 1, *Ju! emus ut insanus non fiat clericus.* Stephanus PP. epist. ad Hilarium, tom. I Concil., fol. 156.

[*Vel diaboli afflictione vexatus*] Epitome S. Canon. fol. 51, Ὁ δαιμονῶν μήτε κληρούσθω, μήτε πιστοῖς συνευχέσθω, καθαρισθεὶς δὲ, εἰ ἄξιος, προσδεχθήτω. Id est, *Qui a dæmone vexatur neque clericus fiat, neque cum fidelibus precetur. Mundus autem, si dignus est, admittitor.* Gelasius PP. in decretis, tom. I Concil., cap. 21. Photius Nomocan. tit. 1, cap. 15. Concil. Arausican. I, cap. 16. Concil. Eliberitanum cap. 29.

[*Neque qui per ambitionem pecuniam offert*] Canon. apost. cap. 30 : Εἴ τις ἐπίσκοπος διὰ χρημάτων τῆς ἀξίας ταύτης ἐγκρατὴς γένηται, ἢ πρεσβύτερος, ἢ διάκονος, καθαιρείσθω καὶ αὐτὸς καὶ ὁ χειροτονήσας, καὶ ἐκκοπτέσθω τῆς κοινωνίας παντάπασιν, ὡς Σίμων ὁ μάγος ὑπὸ ἐμοῦ Πέτρου. Id est, *Si quis episcopus, aut presbyter, aut diaconus per pecunias hanc obtinuerit dignitatem, dejiciatur et ipse et ordinator ejus, et a communione modis omnibus abscindatur, sicut Simon Magus a Petro.* Photius Nomocanon. tit. 1, cap. 24. Gregorius Magnus Epist. lib. IX, epist. 55. Gennadius Constantinop. in epist. ad P. R. tom. Biblioth. Patrum. Tarasius patriarcha Constantinopolit. ad Hadrian. PP. in epist. *de non faciendis pecuniae ordinationibus.* Concil. Chalcedon. act. 15, cap. 2; concil. Cabilonense, cap. 16. Symmach. PP. in decret. tom. I Concil., **168** cap. 2 et 5. Ludovicus imp. ad Capitular. Caroli Magni cap. 14, fol. 1200. Corpus Canon. part. 2, causa 1, quæst. 1. Jus Græco-Roman. tom. I, fol. 187 et sequent.

CAPUT LXXIII.

[*Beatorum martyrum reliquias ac si Christi membra*] Hieronym. epist. 53, fol. 188, ad Riparium : *Nos martyrum reliquias non colimus, non adoramus, ne serviamus creaturæ potius quam Creatori. Honoramus reliquias martyrum, ut eum cujus sunt martyres adoremus. Honoramus servos, ut honor servorum redundet ad Dominum, qui ait, Qui vos suscipit, me suscipit.* Vid. Theodoretus Cyri episcop., περὶ τῆς τῶν μαρτύρων Τιμῆς, orat. 8, contra Græcos. Isidor. Pelusiota lib. 1, epist. 55. Isidorus Hispalensis de Officiis ecclesiast. lib. 1, cap. 34. Cyrillus Alexandrinus contra Julianum lib. vi, fol. 140; lib. x, fol. 234. Chrysost. ad populum Antiochen. homil. 66. Ambros. sermone de Petro et Paulo apostol's, fol. 142; in festo Nazarii et Celsi martyr. fol. 246. Joan. Damascen. de Fide orthodox. lib. iv, cap. 16.

[*Eunomius et Vigilantianus creditur*] Hi enim basilicas martyrum non frequentabant, nec reliquias sanctorum venerabantur; Christianos illos qui mortuorum hominum ossa suscipiebant, appellantes cinerarios et idololatras. Hieronym. ad Riparium presbyt. epist. 53, fol. 188; adversus Vigilant. lib. 1, cap. 3, fol. 191; in Esaiam lib. xvii, cap. 65. Damascenus de Fide orthodox. lib. iv, cap. 16.

CAPUT LXXIV.

[*Baptizatis tantum esse iter salutis credimus*] S. Patres eos qui regenerationis sacramenta non sunt adepti, omnino a consortio beatorum excludunt, ex illa maxime pronuntiatione Christi Joan. iii, vers. 5. Ἀμὴν, ἀμὴν, λέγω σοι, ἐὰν μή τις γεννηθῇ ἐξ ὕδατος; καὶ Πνεύματος, οὐ δύναται εἰσελθεῖν εἰς τὴν βασιλείαν τοῦ Θεοῦ, quam etiam trahunt ad infantes non baptizatos. Augustinus de peccatorum Meritis et Remissione contra Pelagian. lib. 1, cap. 24 : *Optime Punici Christiani, baptismum ipsum nihil aliud* **169** *quam salutem ; sacramentum corporis Christi , nihil aliud quam vitam vocant, sine quibus ad vitam æternam nemo potest pervenire.* Auctor lib. de Fide ad Petrum diaconum, cap. 27, apud Augustin. tom. III, fol. 164 : *Firmissime tene, et nullatenus dubites, non solum homines jam ratione utentes, verum etiam parvulos qui sive in uteris matrum vivere incipiunt, et ibi moriuntur, sive cum de matribus nati, sine sacramento sancti baptismatis, quod datur in nomine Patris, et Filii, et Spiritus sancti, de hoc sæculo transeunt, ignis æterni sempiterno supplicio puniendos : quia etsi propriæ actionis peccatum nullum habuerunt, originalis tamen peccati damnationem carnali conceptione et nativitate traxerunt.* Clemens Recognit. lib. vi, fol. 402. Cyrill. Hierosolymitan. in 3 catechesi illuminat. Hierosolym. fol. 20. Cyprianus de Testimon. ad Quirinum lib. iii, fol. 342; ad Demetrianum fol. 258; de Mortalitate fol. 272. Cæsarius Arelaten., episcop. orat. 5 de Pascha, fol. 137. Primasius Afer in Epistolam Pauli ad Roman. cap. 5, pag. 48. Isidorus Hispalens. de Officiis eccles. lib. ii, cap. 24; in Genesin cap. 13. Sentent. lib. 1, cap. 22. Augustinus epist. 23 ad Hieronym., ad Valent. epist. 43, ad Evodium epis. 102, ad Sixtum presbyt. epist. 105, ad Bonifacium epist. 106, ad Optatum epist. 157; de Corruptione et Gratia cap. 8, contra Julianum Pelagianum lib. vi, fol. 750 et sequent. ; de Baptismo contra Pelagianos tom. X, serm. 14; de Anima et ejus Origine ad Renatum, lib. 1, cap. 9; de Nuptiis et Concupiscentia lib. 1, cap. 20; de Genesi ad litteram lib. x, cap. 15; de Natura et Gratia contra Pelagian. cap. 8. Auctor Hypognost. apud Augustin.

A tom. VII, ad articul. 5, fol. 953 et sequent. Origenes in Lucam cap. 2, homil. 14. Gregorius Nyssenus *adversus eos qui differunt baptisma*, fol. 470. Ambrosius de Vocatione gentium lib. ii, cap. 8; de Abraham lib. ii, cap. 11. Tertullian. de Baptismo cap. 1, 12 et 13. Beda super Genesin fol. 199; in Joan. lib. 1. cap. 2. Alcuinus de Divinis Officiis fol. 1975. Scholastici Theologi, et ipse Augustinus, Nazianzenus, Nicetas et Athanasius, mitissimam pœnam fore parvulorum non renatorum dicunt; *nimirum quod nullam materialis ignis, vel conscientiæ vermis pœnam sensuri sint, nisi quod visione Dei in perpetuum carebunt.* Petrus Lombardus Sentent. l. b. ii, distinct. 33, numer. 43 et sequent.; lib. iv. distinct. 4, numero 43. Durandus **170** lib. ii, distinct. 33. quæst. 3. Augustin. contra Julian. lib. v, cap. 8. In Enchiridio ad Laurentium cap. 93; de peccatorum Meritis ac Remissione lib. 1, cap. 16. Gregorius Nazianzen. orat. 40 in sanctum baptisma, fol. 653 : *Parvuli non bapti-*

B *zati μήτε δοξασθήσεσθαι, μήτε κολασθήσεσθαι περὶ τοῦ δικαίου κριτοῦ, ὡς ἀσφραγίστους μὲν, ἀπονήρους δέ, ἀλλὰ παθόντας μᾶλλον τὴν ζημίαν ἢ δράσαντας· οὐ γὰρ ὅστις οὐ κολάσεως ἄξιος ἤδη, καὶ τιμῆς, ὥσπερ οὐδὲ ὅστις οὐ τιμῆς, ἤδη καὶ κολάσεως.* Nicetas scholiastes Græcus : *Tres gradus existunt : unus eorum qui supernis deliciis perfruuntur; alter eorum qui suppliciis æternis excruciantur; medius eorum qui nec cœlestis regni voluptates sentiunt, nec pœnis ullis torquentur, in quo et parvuli, qui baptismo perfusi non sunt, et qui cum baptismum expeterent, violento tamen aliquo casu impediti, suscipere non potuerunt, constituentur.* Athanas. quæst. ad Antioch. 114, fol. 309 : Ποῦ ὑπάγουσιν τὰ τελευτῶντα νήπια; εἰς κόλασιν, ἢ εἰς βασιλείαν; καὶ ποῦ τὰ τῶν ἀπίστων νήπια; καὶ ποῦ τὰ τῶν πιστῶν ἀβάπτιστα ἀποθνήσκοντα τάττονται; μετὰ τῶν πιστῶν ἢ ἀπίστων. ΑΠΟΚΡΙΣΙΣ. Τοῦ Κυρίου λέγοντος, « Ἄφετε τὰ παιδία ἔρχεσθαι πρός με, τῶν γὰρ τοιούτων

C ἐστὶν ἡ βασιλεία τῶν οὐρανῶν » καὶ πάλιν τοῦ Ἀποστόλου φάσκοντος, « Νῦν δὲ τὰ τέκνα ὑμῶν ἅγιά ἐστιν, » πρόδηλον ὅτι ὡς ὅσπιλα καὶ πιστὰ εἰς τὴν βασιλείαν εἰσέρχονται τὰ τῶν πιστῶν βεβαπτισμένα νήπια, τὰ δὲ ἀβάπτιστα καὶ τὰ ἐθνικά, οὔτε εἰς βασιλείαν εἰσέρχονται, ἀλλ' οὔτε πάλιν εἰς κόλασιν· ἁμαρτίαν γὰρ οὐκ ἔπραξαν. *Quo vadunt pueri morientes? Ad pœnam ne, an ad regnum? Et quo infidelium non baptizati, si decedant? recipiuntur cum fidelibusne, an cum infidelibus?* RESPONSIO : *Cum Dominus dicat, Sinite pueros ad me venire, talium enim est regnum cœlorum. Item cum Apostolus testetur : Nunc filii vestri sancti sunt; constat incontaminatos et fideles in regnum cœlorum ingredi fidelium baptizatos infantes. Ethnici vero et non baptizati neque in regnum ingrediuntur, neque etiam rursus in pœnam, peccatum enim non designarunt.* Atquin hanc prædictorum Patrum de non baptizatis infantibus opinionem sequuntur et approbant pontificii, ut patet ex Gregorio de Valentia, tom. IV. fol. 815, et Roberto Bellarmino, de Sacramentis baptismi lib. 1, cap. 4. Nos vero parvulos fidelium absque tinctione sacra decedentes **171** non damnari asserimus, quia necessitas bap-

D tismi non est absoluta, sed ordinata, nequaquam excludens extraordinariam Dei actionem salvationisque ejus misericordiam, quam non ita legibus communibus traditionis christianæ, et ipsis sacramentis alligavit, ut non absque præjudicio legis ejusdem, in causa necessitatis vel privationis, possit pueros nondum natos extra uterum, Deus sanctificare gratiæ suæ baptismo, vel virtute Spiritus sancti, ut ait Joannes de Gerson sermon. in Nativit. Mariæ Virginis part. 3, considerat. 2, fol. 59. Vere igitur scribit Albertus Magnus Ratisbonens. episc. de Sacramento eucharistiæ, distinct. 6, tract. 2, cap. 1 : *Ille in quo baptismus non contemptu religionis, sed per articulum necessitatis excluditur, non amittit fructum baptismi, sed baptizatus baptismo flaminis in Spiritu sancto reputatur. Tunc enim impletur invisibiliter, cum mysterium baptismi non contemptus religionis, sed articulus necessitatis excludit.* Petrus Lombardus Sentent. lib. iv.

distinct. 4. Bernardus abbas Claraevall. epist. 77 ad Hugonem de S. Victore. Durandus lib. iv, distinct. 4, quaest. 1. Georgius Cassander de Baptismo infantum, in consult. ad Ferdinandum imp. articulo 9, pag. 61. Joan. Calvinus de Baptismo lib. iv Institut., cap. 15, § 20, cap. 16, § 28.

[*Nullum catechumenum vitam æternam habere credimus*] Auctor de Fide ad Petrum diaconum cap. 3, fol. 159 : *Ex illo tempore quo Salvator noster dixit : Si quis regeneratus non fuerit ex aqua et Spiritu, non potest introire in regnum Dei : absque sacramento baptismatis (præter eos qui in Ecclesia catholica sine baptismate pro Christo sanguinem fundunt), nec regnum cælorum potest quisquam accipere, nec vitam æternam.* Cyrillus Hierosolymitan. 3 catechés. illuminat. Hierosolym., pag. 61, Ε τις μη λάβη το βάπτισμα, σωτηρίαν ουκ έχει, πλην μόνον μαρτύρων, οι και χωρίς του ύδατος λαμβάνουσι την βασιλείαν. *Si quis non baptizatur, salutem non habet, præter solos martyres qui vel sine aqua regno cœlesti potiuntur.* Bernardi sententia benignior, magis enim inclinat ad humanitatem. In majori (inquit epistola 77 ad Hugonem, fol. 1483) *ætate quisquis post vulgatum ubique baptismi remedium renuit jam baptizari, generali originalique maculæ addit et ex proposito crimen superbiæ, duplicem secum portans justissimæ damnationis causam, si sic de corpore exire contigerit. Tamen* **172** *si ante exitum resipuerit, et voluerit, et petierit baptizari, sed mortis præoccupatus articulo, forte obtinere nequiverit, dum non desit fides recta, spes pia, caritas sincera, propitius sit mihi Deus, quia ego huic ob solam aquam si defuerit, nequaquam omnino possum desperare salutem, nec vacuam credere fidem, nec confundere spem, nec excidere caritatem, tantum si aquam non contempsit, sed sola (ut dixi) prohibeat impossibilitas.* Accidit Ambrosius de Obitu Valentiniani imp. adhuc catechumeni, tom. V, fol. 112 : *Audio vos dolere quod non acceperit sacramenta baptismatis. Dicite mihi, quid aliud est in nobis nisi voluntas, nisi petitio. Atqui dudum hoc voti habuit ut initiaretur. Non habet ergo gratiam quam desideravit ; non habet quam poposcit ! certe quia poposcit, accepit. Unde est illud : Justus quacunque morte præventus fuerit, anima ejus in refrigerio est. Solve igitur, pater sancte, munus servo tuo, quod poposcit sanus, robustus, incolumis. Si affectus ægritudine distulisset, tamen non penitus a tua misericordia esset alienus, qui celeritate temporis non voluntate esset fraudatus. Qui habuit Spiritum tuum, quomodo non accepit gratiam tuam ? Aut si quia solemniter non sunt celebrata mysteria, hoc movet : ergo et martyres, si catechumeni sunt, non coronentur. Non enim coronantur, si non iuitiantur. Quod si suo abluuntur sanguine, et hunc sua pietas abluit et voluntas.* Zwinglius non solum catechumenis qui in bonis operibus mortui sunt, verum etiam gentilibus qui omnino Christum ignorarunt, vitam æternam pollicetur. Ita euim in Exposit. fidei Christianæ, fol. 559 regem Galliæ alloquitur : *Videbis in æterna societate omnes sanctos, pios, sapientes, fortes, et honestos homines, Adam, Enoch, Noah, Abraham, Petrum, Paulum, Herculem, Theseum, Socratem, Aristidem, Antigonum, Numam, Camillum, Catones et Scipiones.* Hæc mira sunt, hæc nova sunt, hæc falsa sunt. Mira stupemus, nova cavemus, falsa repudiamus. Augustin. contra Julianum Pelagianum lib. iii, cap. 3, fol. 676. Petrus apud Clementem (citante Origene in Matthæum cap. 26, tract. 35, fol. 110) : *Opera bona quæ fiunt ab infidelibus, in hoc sæculo illis prosunt, non et in illo ad consequendam vitam æternam.* Vide Athanasium ad Antiochum quæst. 100, fol. 303. tom. II. Augustinum in psalm. xxxi et lxvii. Contra Julianum Pelagianum lib. iv, cap. 3 ; de Gratia Christi contra Pelagium et Cœlestinum lib. i, cap. 26. Georgium Cassandrum in Consultat. articul. 5, pag. 38, de Operibus imploratum.

173 [*Excepto martyrio, ubi tota baptismi sacramenta complentur*] Dogma de baptismo sanguinis vetus est, cujus etiam meminit Clemens Constitut. Apost. lib. v, cap. 5. Tertullianus de Baptismo cap. 16 ; in Scorpiaco adversus Gnosticos cap. 6. Primasius African. episcop. in Epistol. Pauli ad Roman. cap. 6. Cyrillus Hierosolymitan. catechès, 13 illuminat. Hierosolym., fol. 110. Cyprianus ad Fortuna epist. 73 ; de Exhortat. martyrii fol. 399 ; de Stella e Magis, fol. 409. Athanas. in quæst. SS. Script. quæsr. 103 ; ad Antiochum principem quæst. 72. Origenes in Joannem tract. 8, fol. 194 ; in Matthæum tract. 12, c. 20. Ambrosius in ps. cxviii, fol. 891. Haymo episcop. Halberstatt. in Epistolam Pauli ad Roman. cap. 6. Nicetas in orat. Nazianzeni de Sanctis Luminibus, fol. 847. Augustin. ad Seleuciam epist. 108. Gennadius hoc loco cum Origene et Prospero, baptismum sanguinis vero baptismo exæquat. Origenes in Judicum cap. vi, homil. 7, fol. 218 : *Baptisma sanguinis solum est quod nos puriores reddit quam aquæ baptismus reddidit.* Prosper Tyro, epigram. 88 :

Si mundo moritur, divino fonte renascens,
Fitque novus vita, qui sepelitur aqua.
Fraudati non sunt sacro baptismate Christi,
Fons quibus ipse sui sanguinis unda fuit.
Et quidquid sacri fert mystica forma lavacri,
Id totum implevit gloria martyrii.

Sed hoc falsum est, martyrium enim non proprie et simpliciter, sed per attributionem dicitur, et est baptismus, ac proinde ejus efficacia non attingit ad efficaciam veri baptismi, qui proprie et simpliciter unus est, virtutemque habet ex passione Christi, et fit in aqua cum determinata forma verborum, et est sacramentum de quo dicit apostolus Paulus ad Ephes. iv, vers. 5 : *Unus Dominus, una fides, unum baptisma.* Vide Christophorum Pelargum theologum non vulgaris eruditionis in Jesuitismo novo de Baptismo pag. 90.

[*Baptizandus confitetur fidem suam*] Apud antiquos gratiam baptismi suscepturi, publice fidel um populo audiente, symbolum reddebant. Ruffinus in Exposit. symboli apostolor., fol. 74 ; **174** apud Hieronym. tom. IX. Ambrosius in Lucam lib. viii, cap. 18. Tertullianus de Baptismo cap. 20. Nazianz. in S. Baptisma, et de Cypriano orat. 18. Concil. Laodicenum, cap. 46. Martinus Bracarensis episcop. in Excerptis capit. Græcorum, tom. II Concil. cap. 49, fol. 226. Cyrillus Alexandrinus contra Julianum imp. lib. vii, fol. 172. Severus Alexandrinus de Ritibus baptismi, fol. 54. Beda in Marcum lib. i, cap. 1. Sic Victorinus rhetor ingressurus baptismum, inemoriter de loco eminentiore, in conspectu sanctæ multitudinis, Romæ fidem profitetur suam. Augustin. Confession. lib. viii, cap. 2, fol. 99.

CAPUT LXXV.

[*In eucharistia non debet pura aqua offerri*] In sacrificio eucharistiæ sola aqua utebantur Ύδροπαρασ-τάται, quos damnat Cyprianus ad Cœcilium epist. 63, fol. 131 et sequent. Epiphanius hæres. 46 et 47, Philastrius hæres. 77. Epitome S. Canon., fol. 18. Rabanus Maurus archiepiscop. Moguntiensis, de Propriet. sermon. lib. iv, cap. 10.

[*Sed vinum cum aqua mixtum*] Temperamenti et mixti calicis meminerunt ex veteribus Justinus martyr apolog a 2 pro Christian., fol. 76, 77. Irenæus Lugdunens. episcop., contra Hæres. lib. iv, cap. 57 ; lib. v, cap. 1. Clemens Constitut. apostol. lib. viii, cap. 12. Λειτουργία quam S. Jacobo ascribunt, fol. 24. Auctor homil. de Corpore et Sanguine Domini, apud Hieronym. tom. IX, fol. 248. Ambrosius de Sacrament. lib. v, cap. 1. Auctor Commentarii in Marcum, cap. 14. Julius PP. i in decret. tom. I Concil. cap. 7. Martinus Bracarens. episcop. in excerptis capit. Græcor., tom. II Concil., cap. 55. Damascenus, de Fide orthodox. lib. iv, cap. 14. Cæsarius Arelatensis homil. 5 de Pascha, fol. 147. Patres concil. Trullani, canone 32. Concil. Africanum, cap. 4. Concil. Carthaginense iii, cap. 24. Concil. Wormatiense, cap.

4. Concil. Triburiense cap. 24. Walafridus Strabo de Rebus ecclesiast. cap. 16. Paschasius de Sacrament. eucharistiæ cap. 11. Beda in Lucam lib. vi, cap. 22. Micrologus de Observat. ecclesiast. cap. 10. Algerus de Sacramento eucharistiæ lib. ii, cap. 4. **175** Eugenius PP. IV in decret. tom. III Concil., fol. 506. Corpus Canon. distinct. 2, de Consecratione. Thomas Aquinas 3 part. Summ., quæst. 74, art. 6. Theophylactus in Joann. cap. 19, fol. 567, exsecratur Armenios, qui non admiscent in mysteriis aquam vino : Αἰτχυνέσθωσαν Ἀρμένιοι, οἱ μὴ παραχινοῦντες ὕδωρ τῷ οἴνῳ ἐν τοῖς μυστηρίοις. In epitome S. Canon. fol. 17, sacerdos qui non miscet vinum aqua deponitur : Εἴ τις ὕδωρ μόνον, ὡς εἰ Ὑδροπαραστάται, ἢ οἶνον, ὡς οἱ Ἀρμένιοι, ἀλλὰ μὴ οἴνῳ ὕδωρ μιγνὺς, οὕτω τὴν ἄχραντον προσάγει θυσίαν, καθαιρείσθω. Et pontificii etiam nunc hanc admixtionem acriter urgent. Guilhelmus Durantus in Rational. divin. officiorum. lib. v, fol. 70 : *Sicut aqua sine vino consecrari non potest, sic nec vinum sine aqua transsubstantiari valet. Illam itaque per oblivionem prætermittens, venialiter peccat, per negligentiam mortaliter, et est graviter puniendus.* Robertus Bellarminus de Sacramento eucharist. lib. iv, cap. 10 : *Catholica Ecclesia semper credidit ita necessarium esse nqua vinum misceri in calice, et possit id non sine gravi peccato omitti.* Unde quoque Patres Concilii Tridentini cap. 8, canon. 9, omnes qui negant aquam miscendam vino in calice offerendo, anathematis gladio jugulant. Græci hunc morem miscendi non observarunt, Nicephorus Callistus Eccles. ast. Histor. lib. xviii, cap. 53. Innocentius PP. III Myster. missæ lib. iv, cap. 32, fol. 390. Guilhelmus Durantus Minatens. Eccles. episcop. in Rationali lib. iv, fol. 70. Petrus Lombardus Sentent. lib. iv, distinct. 11, Bonaventura Sentent. lib. iv, distinct. 11, numer. 36. Durandus de S. Portiano super Sententias Petri Lombardi lib. iv, distinct. 12, quæst. 5 : *Dicitur quod Græci aquam non apponunt, et tamen vere conficiunt;* neque enim est de necessitate sacramenti. Thomas Aquinas 3 part. Summ., quæst. 74, art. 7. Bernardus abbas Claræval. ad Guidonem epist. 69, quoniam non legitur quod in natali calicis Christus vinum aqua mixtum discipulis tradidit. Paschasius de Sacram eucharistiæ cap. 11. Rabanus Maurus de Eucharist. cap. 11. Potest ergo in solo vino hoc sacramentum rite confici propter institutionem Christi, qui omnium princeps in vino vitis hoc sacramentum celebravit. Bonaventura lib. iv Sentent., distinct. 11, numer. 58. Albertus Magnus Ratisbonensis Eccles. episcop., de Sacram. eucharistiæ **176** distinct. 3, tract. 2, cap. 1. Thomas Aquinas 3 parte Summ., quæst. 74, art. 6. Durandus Sentent lib. iv, distinct. 12, quæst. 5. Joannes Gerson de Sacram. eucharistiæ part. 2, fol. 26.

CAPUT LXXVI.

[*Caro nostra non est mala, ut volunt Sethianus, Ophianus et Patricianus*] Male hic confundit Gennadius Sethianos, Ophianos et Patricianos, quia unusquisque ex illis sua propria habet dogmata, et errores singulares. Sethiani filium Adami qui vocatur Seth honorant, et ipsum Christum esse opinantur. Ophiani colubrum nutriunt et venerantur, quod hic prior initium nobis scientiæ boni et mali attulerit. Patriciani et Venustiani a lumbis usque ad pedes diabolum fecisse corpus hominis dicunt. Papias in Seth. Philastrius hæres. 1 et 3. Honorius hæres. 31. Epiphanius hæres. 37 et 39. Theodoret. Fabul. hæret. lib. 1. Isidorus Hispal. Orig. lib. viii, cap. 5. Damascenus, de hæres. fol. 578. Tertullianus, Præscription. adversus hæret. cap. 47. Augustinus hæres. 61, adversus Julian. Pelagian. lib. v, cap. 5.

[*Florianus*] Papias : *Floriani hæretici a Floriano quodam dicti, qui docent Dominum creasse mala, contra id quod scriptum est, Fecit Dominus omnia bona.*

[*Arbitrio animæ efficitur in nobis vel bona vel mala*] Vidend. Ambrosius Mediolanensis episcop. lib. 1

Hexaemer., cap. 5. Theophylactus in Matthæum c. 7, fol. 29. Ἡ φύσις ἡμῶν ἀγαθή ἐστιν, ὡς Θεοῦ δημιούργημα, κατὰ δὲ προαίρεσιν πονηροὶ μεθα. Augustinus in Joan., tract. 42, cap. 8, fol. 214 : *Bona est omnis natura, sed vitiata est hominis natura per voluntatem malam. Quod fecit Deus non potest esse malum, si ipse homo non sit sibi malus.*

CAPUT LXXVII.

[*In resurrectione ex mortuis sexus forma non mutabitur*] Contra Origenem, qui asserit in futuro sæculo feminas redigendas in viros. Hieronym. adversus errores Joannis Hierosolym. epist. 61, cap. 3. Julianus episcop. Toletanus, Prognostic. **177** lib. iii, cap. 24 : *Plerique hoc quod dicit Apostolus : Donec occurramus ei in virum perfectum, etc., omnes feminas in virili sexu resurgere credunt, pro eo quod vir ex limo, mulier vero ex latere viri facta sit. Nos autem magistrorum catholicorum sententiis eruditi, hoc credimus, hoc tenemus, quod omnipotens Deus, qui utrumque sexum condidit, instituit ac redemit, utrumque in resurrectione restituet.* Justinus martyr in Quæst. et Responsion. ad orthodoxos, quæs'. 60. Augustin. de Civitate Dei lib. xxii, cap. 17. Athanasius in Quæstion. ad Antiochum, quæst. 24. Bonaventura Sentent. lib. iv, distinct. 44, art. 2. Clemens Constitut. apostol. lib. v, cap. 6. Isidorus Hispalensis de Officiis ecclesiast. lib. ii, cap. 23. Auctor de Fide ad Petrum diaconum cap. 3. Hieronym. in epitaph. Paulæ matris ad Eustoch., epist. 27, fol. 79; adversus Jovinianum lib. 1, cap. 21, fol. 156. Rabanus Maurus de sermon. Propriet. lib. iv, cap. 10. Thomas Aquinas in addition. part. in Summ., quæst. 81, art. 3.

CAPUT LXXVIII.

[*Ante passionem et resurrectionem Domini, omnes animæ sanctorum in inferno*] Abhorret Gennadius ex quo peccavit Adam, et clausus est illi paradisus, nullius sancti animam in cœlum ascendisse, sed omnes in inferno (posteriores limbum patrum dixerunt) detentas, propter quas etiam Christus descendit ad inferos, ut eos liberaret et compotes sui faceret. Et hæc est communis opinio multorum Patrum : Cyrilli Hierosolym. κατηχήσ. δ' φωτιζομένων ἐν Ἱεροσολύμοις, pag. 11. Tertulliani de Anima cap. 7 et 55. Clementis Alexandrini lib. vi Stromat. Damasceni de Fide orthodox. lib. iii, cap. 29. Augustini de Tempore serm. 181, Gregentii in Disput. cum Herbano Judæo, pag. 178. Hieronymi in psal. xxiii, fol. 28; in psal. xv, fol. 15; psal. cxvii, fol. 159; in Danielem lib. i, cap. 3. Gregorii Magni Moral. lib. iv, cap. 27; lib. xii, cap. 7; lib. xiii, cap. 16; in S. Evangelia homil. 19, fol. 391; homil. 22, fol. 401. Fulgentii ad Trasimundum regem lib. ii, fol. 54. Auctoris Commentar. in Matthæum cap. iii, homil. v, fol. 557. Apud Chrysost. tom. IV. Gaudentii in Exod. tractat. 10, tom. VII Bibliothi. Putrum. Nicephori **178** Callisti lib. i, cap. 31. Philippi presbyteri in Job. lib. iii, cap. 58. Procopii Sophistæ in Isaiam, fol. 154. Athanasii de Salutari Adventu Jesu Christi, fol. 506; de Passione et Cruce Domini fol. 802. Hieronymi tom. III, epist. 129, fol. 370; in Epistolam Pauli ad Thessal. cap. iv; in Epistol. ad Ephes. lib. ii, cap. 4, Juliani episcopi Toletani Prognost. lib. ii, cap. 12. Theodori Abucaræ in disputat. cum Emeseno, cap. 7. Remigii Altisiodor. episcop. in psal. lxxxv; in Zachariam cap. ix. Bedæ in Job lib. i, cap. 10. Theophili Alexandrini episcop., Allegor. in Joan., fol. 191, tom. IV. Biblioth. Patrum. Ambrosii in Epist. Pauli ad Rom. cap. v. Epiphanii contra Tatianos hæres. 46. Sedulii in Epist. Pauli ad Rom. cap. v. Dionysii Carthusiensis in Epist. Petri I. cap. iii; in Act. apostol. cap. ii. Thomæ Aquinatis 3 part. Summ., quæst. 53, art. 5 et s q. Ad ejus confirmationem promunt hæc Scripturæ testimonia : Genes. xxxvii, 35 : *Descendam ad filium meum lugens in infernum;* Ecclesiast. xxiv, 45 : *Pe-*

netrabo omnes inferiores partes terrae, et inspiciam omnes dormientes, et illuminabo omnes sperantes in Dominum; Zachariae ix, 11 : *Tu quoque in sanguine tuo emisisti vinctos tuos de lacu in quo non est aqua;* Job xxxviii, 17 : *Apertae sunt tibi portae mortis, et ostia tenebrosa vidisti;* I Petr. iii, 19 : *Et iis qui in carcere erant spiritibus veniens praedicavit.* Bullingerus in Matthaeum cap. xxv. Joan. Calvinus, Institut. lib. ii, cap. 16, § 9. Beza in Acta apostol. cap. ii, in Epistol. Petri I, cap. iii, et in Epist. ad Ephes. cap. iv, aiunt praedicta loca, male a veteribus detorta ad carcerem poenalem piarum animarum; cum illae etiam ante Christi adventum et passionem in tranquillitatis sinu, immunes a poena fuerint, exspectandae nimirum resurrectionis solatia carpentes. Illorum assertioni non videtur contradicere Augustinus, dum fatetur se adhuc nescire, quid boni Christi descensus ad inferos contulerit illis justis qui in sinu Abrahae erant, a quibus secundum beatificam praesentiam suae divinitatis nunquam recessit. Sed loca Augustini ipsa in medium protrahemus ex epist. 99 ad Evodium tom. II, fol. 284 : *Quod primum hominem patrem generis humani ex inferno solverit Christus, Ecclesia fere tota consentit : quod eam non inaniter credidisse, credendum est, etiamsi canonicarum Scripturarum hinc expressa non proferatur auctoritas. Addunt* **179** *quidam hoc beneficium etiam antiquis sanctis fuisse concessum, Abel, Seth, Noe, et domni ejus, Abraham, Isaac, et Jacob, aliisque patriarchis et prophetis, ut cum Dominus in infernum venisset, illis doloribus solverentur. Sed quonam modo intelligatur, Abraham in cujus sinum etiam pius pauper susceptus est, in illis fuisse doloribus, ego quidem non video, explicant fortasse qui possunt. Solos autem duos, id est Abraham et Lazarum, in illo memorabilis quietis sinu fuisse antequam Dominus in inferna descenderet, et istis tantum duobus dictum fuisse illi diviti : inter vos et nos chaos magnum firma'um est, etc., nescio utrum quisquam sit, cui non videatur absurdum. Porro si plures quam duo ibi erant, quis audeat dicere, non ibi fuisse patriarchas et prophetas, quibus in Scriptura Dei justitiae pietatisque tam insigne testimonium perhibetur! Quid his ergo praestiterit, qui dolores solvit inferni, in quibus illi non fuerunt, nondum intelligo : praesertim quia ne ipsos quidem inferos uspiam Scripturarum locis in bono appellatos potui reperire. Quod si nunquam in divinis auctoritatibus legitur, non utique sinus ille Abrahae, id est secretae cujusdam quietis habitatio, aliqua pars inferorum esse credenda est, quanquam in his ipsis tanti verbis magistri, ibi ait dixisse Abraham. Inter vos et nos chaos magnum firmatum est, satis ut opinor appareat non esse quamdam partem et quasi membrum inferorum tantae illius felicitatis sinum. Chaos enim magnum quid est nisi quidam hiatus, multum ea separans inter quae non solum est, verum etiam firmatus est? Quapropter si in illum sinum Abrahae Christum mortuum venisse sancta Scriptura dixisset, non nominato inferno ejusque doloribus, miror si quisquam ad inferos eum descendisse, asserere auderet. Sed quia evidentia testimonia et infernum commemorant et dolores, nulla causa occurrit, cur illo credatur venisse Salvator, nisi ut ab ejus doloribus salvos faceret. Sed utrum omnes quos in eis invenit, an quosdam quos illo beneficio dignos judicavit, adhuc requiro. Fuisse tamen eum apud inferos, et in eorum doloribus constitutis hoc beneficium praestitisse non dubito. Unde illis justis, qui in sinu Abrahae erant, cum ille in inferna descenderet, nondum quid contulisset inveni, a quibus eum secundum beatificam praesentiam suae divinitatis nunquam video recessisse. Et de Genesi ad litteram tom. III, fol. 488, lib. xii, cap. 33 : Illud me nondum invenisse confiteor, inferos appellatos, ubi justorum animae requiescunt. Et Christi quidem animam usque ad ea loca venisse in quibus peccatores cruciantur, ut eos solveret a tormentis, quos esse solvendos occulta sua nobis justitia judicabat, non immerito creditur. Quomodo enim aliter accipiendum sit, quod dictum est : quem Deus*

suscitavit ex **180** *mortuis, etc., non video nisi ut quorumdam dolores apud inferos eum solvisse accipiamus, ea potestate qua Dominus est, cui omne genu flectitur, coelestium, terrestrium et infrorum; per quem potestatem etiam illis doloribus quos solvit, non potuit teneri. Neque enim Abraham vel ille pauper in sinu ejus, hoc est, in secreto quietis ejus, in doloribus erat, inter quorum requiem et alia inferni tormenta, legimus magnum chaos firmatum, sed nec apud inferos esse dicti sunt. Contigit enim, inquit, mori inopem illum et afferri ab angelis in sinum Abrahae; mortuus est autem et dives, et sepultus est, et cum apud inferos esset in tormentis, etc. Videmus itaque inferorum mentionem non esse factam in requie pauperis, sed in supplicio divitis. Proinde, ut dixi, nondum inveni; et adhuc quaero, nec mihi occurrit, inferos alicubi in bono posuisse Scripturam duntaxat canonicam. Non autem in bono accipiendum sinum Abrahae, et illam requiem, quo ab angelis pius pauper ablatus est, nescio utrum quisquam possit audire, et ideo quomodo eum apud inferos credamus esse, non video.* Hactenus Augustinus erudite quidem et vere. Illud autem notatu dignum, quod idem vir sanctus in psalmum lxxxv, tom. VIII, fol. 652, duo inferna statuit, *inferius et superius : quorum in uno quieverunt animae justorum; in altero torquentur animae impiorum.* Sed haec protulisse videtur non affirmando sed opinando. Inquit enim, *Fratres, sive illud sive istud sit, hic me scrutatorem verbi Dei, non temerarium affirmatorem teneatis.* Certe Origenes Περὶ ἀρχῶν lib. iv, cap. 2, et Ambrosius in cap. v Epistol. Pauli ad Rom. ante Augustinum hoc dogma proposuerunt in suis scriptis, Gregor. Magnus in Job lib. xii, cap. 9. Beda in psal. lxxxv. Bernard., serm. 2, de Assumpt. Mariae, fol. 149, reperitque qui illorum opinionem probarent. Hos refutat Hieronymus in psalm. lxxxv, fol. 108 : *Eripuisti animam meam ex inferno inferiori*, etc. *Non quod duo inferna sint, sed iste superiorem infernum peccatum dixit, inferiorem vero, qui est verus infernus in quo peccatores damnantur. Laudat ergo ob hoc misericordiam Domini, quod sit erutus a supplicio inferioris inferni.* Scholasticis hoc commentum valde placuit. Non enim contenti illis, quae priores de inferno duplici deliraruut, alia adhuc duo inferna exsculpserunt, atque ita effecerunt infernum quadruplicem : 1° *infernum damnatorum*; 2° *limbum puerorum*; 3° *purgatorium*; 4° *limbum patrum*. Bonaventura Albanensis episcop. lib. iv, distinct. 45, num. 12 et 15. Durandus de S. Portiano, Sentent. lib. iii, distinct. 22, quaest. 4 : *Sciendum est quod quadruplex est infernus, secundum quadruplex poenarum genus. Quibusdam enim datur poena damni, hoc est, perpetua carentia visionis divinae, et perpetua poena sensus, ratione peccati actualis, mortalis, in quo decesserunt. Et ii dicuntur esse in inferno damnatorum. Aliis debetur perpetua poena damni absque poena sensus, scilicet decedentibus in solo peccato originali, qui dicuntur esse in limbo puerorum. Aliis debetur poena* **181** *sensus et damni, non quidem perpetua, sed temporalis, illis scilicet qui decesserunt in gratia, debitores alicujus poenae, eo quod in praesenti vita non satisfecerunt plene de culpis commissis. Et isti dicuntur esse in purgatorio. Aliis vero solum debetur sola poena damni, absque ulla poena sensus; et isti dicebantur esse in limbo patrum : qui prohibebantur ante passionem Christi a visione divina, eo quod non erat satisfactum pro peccato totius naturae; quamvis hi non essent obnoxii alicui poenae pro peccatis suis personalibus.* Viderint Pontificii quemadmodum haec figmenta defendant. Nos (qui nihil probamus, nisi quod ecclesiasticum est, quodque conspiret germanae, et ipso aevo prosnatae propheticae apostolicaeque paraturae) malumus dubitare de occultis quam litigare de incertis, melius ducentes in inscientiae finibus atque ignorantiae permanere (*Melius est enim nescire, quam errare*, Augustin. in Joan. tract. 21), simpliciterque imperitiam confiteri, quam inerudita temeritate, sine divinarum Scripturarum auctoritate, nugas aniles et fabulosa gentium dogmata sub nomine Christiano in Ecclesiam Dei introducere. Tertullianus de Anima cap. 1 et 2. Hieronymus ad Hedibiam epist. 150, quæst. 10, fol. 420. Augustinus, ad Optatum epist. 157, de Genesi ad litteram lib. viii, cap. 5.

CAPUT LXXIX.

[*Post ascensionem Domini ad cœlos, omnium sanctorum animæ ad Christum vadunt*] Isidorus Hispalens. Sentent. lib. 1, cap. 14 : *Sancti ex tempore resurrectionis Christi statim ut de corpore exeunt, mox ad cœlestem habitationem ascendunt, quod antiquis patribus non dabatur. Nam ante adventum Salvatoris, quamvis sine pœna supplicii, tamen non in cœlo, sed in inferno sanctorum animæ tenebantur, pro quibus absolvendis Dominus in infernum descendit.* Gregorius Nazianz. orat. funebri in laudem Cæsarii fratris, fol. 173 : Πείθομαι σοφῶν λόγοις ὅτι ψυχὴ πᾶσα, καλήτε καὶ θεοφιλής, ἐπειδὰν τοῦ συνδεδεμένου λυθεῖσα σώματος ἐνθένδε ἀπαλλαγῇ, εὐθὺς μὲν ἐν συναισθήσει καὶ θεωρίᾳ τοῦ μένοντος αὐτὴν καλοῦ γενομένη, ἅτε τοῦ ἐπισκοτοῦντος ἀνακαθαρθέντος ἢ ἀποτεθέντος, ἢ οὐκ οἶδ' ὅ τι καὶ λέγειν χρή, θαυμασίαν τινὰ ἡδονὴν ἥδεται, καὶ ἀγάλλεται, καὶ ἵλεως χωρεῖ πρὸς τὸν ἑαυτῆς δεσπότην, ὥσπερ τι δεσμωτήριον χαλεπὸν τὸν ἐνταῦθα βίον ἀποφυγοῦσα, καὶ τὰς περικειμένας ἀποσεισαμένη πέδας, ὑφ' ὧν τὸ τῆς διανοίας πτερὸν καθείλκετο· καὶ οἷον ἤδη τῇ φαντασίᾳ καρποῦται τὴν ἀποκειμένην μακαριότητα· μικρὸν δ' ὕστερον καὶ τὸ συγγενὲς σαρκίον ἀπολαβοῦσα, ᾧ τὰ ἐκεῖθεν συνεφιλοσόφησε, παρὰ τῆς καὶ δούσης καὶ πιστευθείσης γῆς, τρόπον ἐν οἶδεν ὁ ταῦτα συνδήσας καὶ διαλύσας Θεὸς, τούτῳ συγκληρονομεῖ τῆς ἐκεῖθεν δόξης· καὶ καθάπερ τῶν μοχθηρῶν αὐτοῦ μετέσχε διὰ τὴν συμφυΐαν, οὕτω καὶ τῶν τερπνῶν ἑαυτῆς μεταδίδωσιν, ὅλον εἰς ἑ υτὴν ἀναλώσασα, καὶ γενομένη σὺν τούτῳ ἐν καὶ πνεῦμα, καὶ νοῦς, καὶ Θεὸς, καταποθέντος ὑπὸ τῆς ζωῆς τοῦ θνητοῦ τε καὶ ῥέοντος. Id est : *Sapientum verbis adducor ut cred m pulchram omnem animam et Deo caram, posteaquam corpori vinculis soluta, hinc excesserit, protinus bonum, quod eam mane , persentientem et contemplantem (ut pote eo quod tenebras offundebat, vel purgato, vel deposito, vel, quo verbo ea res appellanda sit nescio) mirabili quadam voluptate affici et exsultare, atque hac vita, tanquam gravi quodam ergastulo liberatam, compedibusque illis quibus mentis alæ deprimebantur solutam, summa cum hilaritate ad Dominum suum tendere, ac reconditam beatitudinem jam velut per imaginem et simulacrum percipere; post etiam aliquanto; cum cognatam carnem a terra, quæ ei dederat, et in fidem acceperat, recepeiit (quod quomodo fiet is novit qui ea inter se conjunxit atque dissolvit), tum demum eam quoque ad gloriæ cœlestis hæreditatem secum admissuram, et quemadmodum ob naturæ conjunctionem ærumnarum ipsius participes fuerat, sic etiam jucunditates suas cum ipsa communicaturam, totum videlicet corpus in seipsum absumentem, et cum eo unum effectam, et spiritum et mentem, et Deum, absorpto nimirum a vita eo quod mortale et caducum erat.* Valde frigidum et frivolum est, quod Gregorius Magnus Dialog. lib. IV, cap. 25. et Beda tom. VIII in lib. Quæstion., fol. 402, non omnibus justis, sed *perfecte justis* hoc beneficium tributum dicunt. Quis enim poterit perfecte justus esse in hac mortalitate, *ubi caro concupiscit adversus spiritum, spiritus autem adversus carnem.* Macarius homil. 8, pag. 106. Augustin. de peccatorum Meri is et Remissione contra Pelagianos lib. II, cap. 13; contra ep. stolam Parmeniani lib. II, cap. 7. Lactantius lib. VI, cap. 15. Hieronym. in psalm. CXIV, fol. 150 : *In præsenti sæculo perfectus justus nemo esse potest, neque David, neque apostol , neque aliquis sanctorum.*

[*Peccatorum animæ in inferno.*] Fabulam πυρκαθαρτηρίου quam sophistæ cerebrosi acriter in suis scriptis urgent, hoc loco omnino evertit Gennadius, duas duntaxat habitationes (omni medio et t rrio loco excluso) asserens, ad quas animæ corporibus humanis exutæ, migrant, cœlum nimirum et infernum.

Gennadio manum porrigit Hieronymus in Amos cap. 19, fol. 123 : *Quando anima vinculis laxata corporeis, volandi quo velit, sive quo ire compellitur, habuerit libertatem, aut ad inferna ducetur, aut ad cœlestia sublevabitur.* Et Augustin. de peccator. Meritis et Remissione cap. 28 : *Non est ullus ulli locus medius, ut possit esse, nisi cum diabolo, qui non est cum Christo.* Auctor Hypognostici, articul. 5. apud Augustin. tom. VII, fol. 957 : *Primum locum fides catholicorum divina auctoritate regnum credit esse cœlorum secundum gehennam, tertium penitus ignoramus, imo nec esse in Scripturis sacris inveniemus.* Auctor de Rectitud. catholic. conversat., apud Augustin. tom. IX, fol. 797 : *Scitote quod anima cum a corpore avellitur, statim in paradiso pro bonis operibus, aut certe pro malis in inferno præcipitatur continuo.* Et h s longe antiquior Justinus, martyr in. Quæst. et Respons. ad orthodox., quæstion. 75, fol. 339 : Ἐνταῦθα μὲν τὰ τῆς ἑνώσεως πάντα κοινὰ ὑπάρχει δικαίοις τε καὶ ἀδίκοις, καὶ οὐδεμία ἐστὶν ἐν αὐτῇς διαφορὰ κατὰ τοῦτο, οἷον τὸ γεννᾶσθαι καὶ τὸ ἀποθνήσκειν, καὶ τὸ ὑγιαίνειν, καὶ τὸ νοσεῖν, καὶ τὸ πλουτεῖν, καὶ τὸ πένεσθαι, καὶ τὰ ἄλλα τὰ τούτοις ὅμοια· μετὰ δὲ τὴν ἐκ τοῦ σώματος ἔξοδον, εὐθὺς γίνεται τῶν δικαίων τε καὶ ἀδίκων ἡ διαστολή· ἄγονται γὰρ ὑπὸ τῶν ἀγγέλων εἰς ἀξίους αὐτῶν τόπους· αἱ μὲν τῶν δικαίων ψυχαί, εἰς τὸν παράδεισον, ἔνθα συντυχία τε καὶ θέα ἀγγέλων τε καὶ ἀρχαγγέλων, κατ' ὀπτασίαν δὲ τοῦ Σωτῆρος Χριστοῦ κατὰ τὸ εἰρημένον, ' Ἐκδημοῦντες ἐκ τοῦ σώματος, καὶ ἐνδημοῦντες πρὸς τὸν Κύριον' αἱ δὲ τῶν ἀδίκων ψυχαὶ, εἰς τοὺς ἐν τῷ ᾅδῃ τόπους, κατὰ τὸ εἰρημένον περὶ τοῦ Ναβουχοδονόσσο βασιλέως Βαβυλῶνος, ' Ὁ ᾅδης κάτωθεν ἐπικράνθη συναντήσας σοι, ' καὶ τὰ ἐξῆς· καὶ εἰσὶν ἐν τοῖς ἀξίοις αὐτῶν τόποις φυλαττόμεναι ἕως τῆς ἡμέρας τῆς ἀναστάσεως καὶ ἀνταποδόσεως. Id est : *In hac vita quæ in unione corporis et animæ obtingunt, communia sunt justorum et injustorum omnia; et nulla est eis, quantum ad hoc pertinet, differentia : siculi gigni et mori, valere et ægrotare, ditescere et egere, et alia hisce similia. Post exitum vero animarum e corpore illico justi ab injustis segregantur. Abducuntur enim ab angelis ad condigna sibi loca. Ac justorum quidem animæ in paradisum, ubi consuetudine et aspectu fruuntur angelorum et archangelorum; per visionem autem et ipsius Servatoris Christi, pro eo atque dictum est : Peregre absumus a corpore, et præsentes adsumus apud Dominum. Injustorum autem animæ in ipsius orci loca; pro eo atque dictum est de Nabuchodonosore rege Babylonis : Infernus subter exacerbatus est in occursum adventus tui, etc. Et asse ventur quæque in locis s dignis, usque ad resurrectionis et compensationis diem.*

CAPUT LXXX.

[*Pœnitentia aboleri peccata.*] Ἐπειδήπερ οὐκ ἔστιν ἁμαρτία ἀσυγχώρητος παρὰ τῷ Θεῷ, ἐν τοῖς γνησίως καὶ κατ' ἀξίαν μετανοοῦσιν. Athanasius de Communi Essentia Patris, et Filii, et Spiritus sancti, tom. I, fol. 592. Alcuinus de Divinis Officiis, fol. 1922 : *Oportet ad pœnitentiam accedere cum omni fiducia, et ex fide credere indubitant, pœnitentia aboleri posse peccata, etiamsi in ultimo vitæ spiritu commissa pœniteat.* Chrysost. tom. V, serm. de pœnit., et in Matth. cap. VI, homil. 20. Theodoret. divinor. decret. Epitom. fol. 415. Lactant. lib. VI, cap. 24. Auctor de Fide ad Petr. diacon. cap. 3. Bachiarius de Recipiendis Lapsis, fol. 419, tom. I Biblioth. Patrum. Epiphan. hæresi 59. Augustin. de Agone Christiano cap. 30 et 31.

[*Novatianus est*] Is docebat, quod post baptismum pœnitere non liceat; et quod mortale peccatum Ecclesia donare non possit; imo perire Ecclesiam r cipiendo peccatores. Pacianus ad Sympronianum epist. 3, fol. 510, tom. I Biblioth, Patr. m. Remigius Altisiodorensis episcop. in Joel in cap. 2, fol. 268 : Athanasius, contra omnes Hæreses tom. I, fol. 853. Nicephorus Callistus, Ecclesiast. Histor. lib. VI, cap. 3. Augustin. tom. IV, in Quæstion. Vet. et Novi Testamenti, quæ-

CAPUT LXXXI.

[*Internas animi cogitationes diaboli non videre*] Exstat hoc caput apud Rabanum Maurum de sermon. Proprietat. **195** lib. iv, cap. 10. Chrysost., in Joan. cap. iii homil. 23 : *Humanorum cordium cognitio solius Dei est, qui ea formavit. Tu enim,* inquit, *cognoscis corda solus.* Athanasius ad Antioch. quæst. 9), fol. 303 : Προγνώστης καὶ καρδιογνώστης μόνος ὁ Θεὸς ὑπάρχει, ἐπεὶ οὐδὲ αὐτοὶ οἱ ἄγγελοι τὰ ἐν καρδίᾳ, ἢ τὰ μέλλοντα ἐπίστανται. Origenes in Job lib. i, fol. 237. Theophylact. in Marcum cap. 2. Durandus, Sentent. lib. ii, distinct. 8, quæst. 4. Thomas Aquinas quodlib. 12, articul. 6.

[*Sed motibus eas corporis*] Hieronym. in psalm. xvi, fol. 16 : *Diabolus in anima intrinsecus nescit quid cogitat homo, nisi per exteriores motus intelligat.* Cassian., Collat. lib. vii, cap. 15, fol. 1057 : *Nulli dubium est quod possint spiritus immundi cogitationum nostrarum attingere qualitates, sed indiciis eas sensibilibus forinsecus colligentes, id est, ex nostris dispositionibus, aut verbis, et studiis, in quæ propensius conspeximus nos inclinari. Cæterum illas quæ necdum de internis animæ prodierunt, adire omnino non possunt. Ipsas quoque cogitationes, quas ingerunt, utrum susceptæ sint, vel quemadmodum susceptæ sint, non per ipsius animæ naturam, id est, per illum interiorem motum in medullis sæpius latitantem, sed ex motibus atque indiciis exterioris hominis deprehendunt.* Augustinus Retractat. lib. ii, cap. 50. Thomas Aquinas part. 1 Summ. quæst. 57, articul. 4.

CAPUT LXXXII.

[*Non omnes malæ cogitationes semper diaboli instinctu*] Hunc locum imitatus est Beda in Marcum lib. ii, cap. 7, tom. VII; in homil. Quadrages., fol. 358; in lib. Quæstion. tom. VIII, fol. 40 : *Omnes cogitationes malæ non semper instinctu diaboli excitantur, sed aliquando ex nostri arbitrii motu emerguntur. Bonæ autem cogitationes semper a Deo sunt.* Hieronymus in Matth. lib. ii, cap. 15, fol. 31 : *Arguendi qui cogitationes a diabolo immitti putant, et non ex propria nasci voluntate. Diabolus adjutor et incensor malarum cogitationum potest esse, auctor esse non potest. Si autem semper in insidiis positus levem cogitationum nostrarum scintillam suis fomitibus inflammarit, non debemus opinari eum cordis quoque occulta rimari, sed ex corporis habitu et gestibus æstimare quid versemus intrinsecus; verbi gratia, si pulchram mulierem nos crebro viderit inspicere, intelligit cor jaculo amoris vulneratum.* **186** [*Aliquoties ex nostri arbitrii*] Cogitationes tum bonas, tum malas gignit ex sese cor. Bonas quidem ex suggestione boni spiritus, malas ex amaritudine dæmonum. Basilius Magnus in Constitut. exercitator. cap. 17. Ambrosius in psalmum cxvii, fol. 966, tom. II. Gregorius Nyssenus homil. 9 in Cantica Canticor. Joan. Gerson. 3 part. operum, pag. 71. Diadochus de Perfect. spirituali cap. 83. S. Antiochus ad Eustoch. de Cogitation. pag. 151. S. Macarius cremita homil. 16. Theodoretus enarrat. in Oseam prophet., fol. 607. Athanasius ad Anthiocum quæst. 15. Origenes in Lucam cap. 2, homil. 12 : *Si bonæ cogitationes in corde nostro fuerint, et in animo justitia pullularit, haud dubium quin nobis loquatur angelus Domini. Si vero mala fuerint in corde nostro versata, loquitur nobis angelus diaboli.* Bernardus in Meditat. cap. xv : *Caro mea de luto est, et ideo lutosas et voluptuosas cogitationes ab illa habeo. Vanas et curiosas a munda, a diabolo malas et malitiosas.*

[*Bonæ cogitationes semper a Deo sunt*] Hieronym. in Ezechiel. lib. v, cap. 16 : *Cogitationes bonæ a Deo hominibus inseruntur.* Bernardus super Cantica serm. 32, fol. 666, *Cum mala in corde ver amus, nostra cogitatio est; si bona, Dei sermo est.* Vide illum in lib. de interiori Domo, cap. 39 et 40.

CAPUT LXXXIII.

[*Dæmones per ἐνέργειαν non credimus substantialiter*] Didymus de Spiritu sancto lib. iii : *Animam vel mentem hominis nulla creatura juxta substantiam potest implere, nisi so'a Trinitas. Non autem participatione naturæ implet quempiam diabolus, aut ejus habitator efficitur, sed per fraudulentiam, et deceptionem, et malitiam inhabitare in eo creditur quem implevit.* Vide Clementem Alexandrin., Stromat. lib. ii, fol. 477. Cassianum, Collat. lib. xv, cap. 12 et 13. Paschasium diaconum Roman., de Spiritu sancto lib. ii, cap. 1. Bedam, in Acta apostol. cap. 5, fol. 878. Auctorem de Spiritu et Anima apud Augustin. tom. III, fol. 618, cap. 27. Thomam Aquinat., quodlibet. 3, articul. 8. Bonaventuram lib. ii Sentent., distinct. 8, numero 48. Petrum Lombardum, Sentent. lib. ii, distinct. 8, ubi integrum hoc caput sub nomine Gennadii citat.

187 CAPUT LXXXIV.

[*Signa et prodigia etiam peccatores facere*] Fit hoc propter reprobos, ob condemnationem eorum qui faciunt, vel ob utilitatem eorum qui vident et audiunt, ut licet homines dispiciant signa facientes, tamen Deum honorent, ad cujus invocationem tanta fiant miracula. Beda, in Acta apostolorum cap. 19, fol. 907, et in Apocal. cap. 13. Œcumenius, in Acta Apost. cap. 19. Auctor Commentar. in Matth., cap. 7; homil. 25, cap. 21; homil. 29, cap. 24; homil. 49. Hieronym. in epist. Pauli ad Galat. cap. 3, fol. 131. Justin. martyr., in Quæst. ad orthodox. quæst. 5, fol. 309. Athanasius ad Antioch., quæst. 110. Anastasius episcop. Nicænus, quæst. 23 in SS. Scripturas.

[*Cum alios hac præsumptione juvent, sibi per ambitionem nocent*] Ut Scevæ illi Judæi principis sacerdotum filii, in quos (dum nescio qua vana gloria ducti, non credentes in Jesum, dæmonia expellere volunt) dæmoniacus insiliit, et misere eos afflixit. Acta apost. xix, 16, et inibi Œcumenius et Beda. Petri Siculi Hist. pag. 57.

CAPUT LXXXV.

[*Signis et prodigiis clarum fieri Christianum non sanctum*] Cyprianus de Unitat. Eccles., fol. 232 : *Prophetare et dæmonia excludere, et virtutes magnas in terris facere, sublimis utique et admirabilis res est, non tamen regnum cœleste consequitur, quisque in his omnibus invenitur, nisi recti et justi itineris observatione gradiatur.* Chrysostom. tom. V, de Compunct. cordis, fol. 495. Athanas. ad Antioch. quæst. 28. Augustin. de Sermon. Domini in monte, fol. 832. Ambrosius in Epist. 1 Pauli ad Corinth. cap. 13.

CAPUT LXXXVI.

[*Nullus sanctus et justus caret peccato*] Ἐπειδὴ τὸ μὲν μηδὲν ἁμαρτεῖν ἐστι Θεοῦ, καὶ τῆς πρώτης καὶ ἀσυνθέτου φύσεως, ut ait Nazianz. de Baptismo, fol. 640. Fœde igitur errant Pelagianistæ, qui asserunt homines, si velint, sine peccato esse posse. Joan. Cassianus de Incarnat. Christi lib. 1. Hieronymus adversus. Pelagium ad Ctesiphontem tom. I, fol. 266 et seq. Clemens Alexandrinus Παιδαγωγ. lib. i, cap. 2. Athanas. ad Antioch. quæst. 136, fol. 339; de Incarnat. Domini, fol. 462. Theodoret. de Select. S. Scriptur. Quæstion., quæst. 9. Augustinus de peccator. Meritis et Remiss. lib. ii, cap. 7; in Enchiridio ad Laurent. c. 63. Bernardus de Nativit. Domini serm. 1. Sozomenus Ecclesiast. Histor. lib. vii, cap. 16. Nicephorus Callistus lib. xii, cap. 24. Tertullianus de Anima cap. 41.

[*Ideo veraciter omnes sancti se pronuntiant peccatores*] S. Joannes Epist. catholic. I, cap. 1. Job. cap. xiv; Ecclesiast. **188** cap. vii. Cyprianus de Orat. dominica, fol. 245. Augustinus de Spiritu et Littera ad Marcellin., cap. 2, tom. X; de Verbis apostoli sermon. 29. Cassianus Collat. 22, cap. 13. Hieronym.

contra Pelagian. lib. III, cap. 5. Lactant. lib. VI, cap. 13. Isidor. Synonym, lib. I, fol. 312.

CAPUT LXXXVII.

[*Pascha ante transgressum vernalis æquinoctii*] Quo mense ac die celebritas S. Paschæ agi deberet, varie apud veteres disceptatum fuit. Sancti apostoli, Anatolius et Occidentales usque ad Oceanum, post æquinoctium vernale : Galli die VIII cal. April. Polycrates Ephesiorum episcopus, Syri, Cilices, Mesopotamii et Asiani cum Judæis 14 luna quacunque die septimanæ, omnimodo observandum Pascha dicebant. Cum igitur hæ tales observationes per singulas provincias tenerentur, non leviter contristati sunt sacerdotes, eo quod a quibus una fides profiteretur, eorum dissentirent jejunia. Pius igitur primus et Victor Romanæ urbis episcopi, huic malo publico mederi cupientes, ordinationem fecerunt, ut die dominico a 14 luna primi mensis, usque ad 21 ejusdem mensis diem, pascha'is celebraretur festivitas. Postmodum in plenaria synodo Nicæna orbi universo Christiano persuasum est, ut Pascha recto jure, uno eodemque die et tempore a cunctis catholicis perageretur Ecclesiis. Canon apostol. cap. 8. Eusebius Ecclesiast. Hist. lib. V, cap. 23 et 24 ; de Vita Constantini imp. lib. III, cap. 5 et 17 ; lib. VIII, cap. 19 et 25 ; ib. IV, cap. 36 et seq. Socrates Ecclesiast. Histor. lib. I, cap. 16 ; lib. V, cap. 21. Hieronymus Catalog. viror. illustr. in POLYCRATE. Histor. tripart. lib. IX, cap. 38. Nicephorus Callistus lib. XII, cap. 33. Theodoretus Ecclesiast. Histor. lib. I, cap. 10. Sozomenus lib. XII, cap. 18 et 19. Pius papa I, in epist. ad univers. Christi fideles, tom. I Concil., fol. 85. Victor papa ad Theophilum Alexandriæ episcop., tom. I Concil., fol. 93. Ambrosius de Paschali Celebritate tom. IV, fol. 504 et seq. Gregorius Nyssenus orat in resurrect. Domini. Junilius in Genesin, fol. 33. Corpus canon., part. 3, distinct. 3. De consecrat, cap. 21 et seq. Augustinus in Nov. et Vet. Testament. Quæstion., tom. IV, **189** quæst. 83, fol. 839, et ad Januarium epistol. 119. Beda de Argumentis lunæ fol. 198 et sequent. ; de Æquinoct. vernali, tom. II, fol. 346 ; de Ratione tempor. cap. 57 et sequent. Epiphanius contra Audeanos hæres. 70. Rabanus Maurus de Instit. clericor. lib. II, cap. 39. Isidor. Hispalens. Origin. lib. VI, cap. 1 ; de Officiis ecclesiast. cap. 31. Clemens Constitut. lib. V, cap. 16. Gaufent. de Paschæ Observat. fol. 50. Auctor epistolæ de Celebrat. Paschæ apud Hieronym. tom. IX, fol. 98. Athanas. de Synodis Arimini et Seleuciæ fol. 672 ; in epistola ad Africanos episcopos, fol. 718.

CAPUT LXXXVIII.

[*Imaginem in æternitate*] Cæsarius Arelatens. episcop. homil. 12 : *In anima et mente ad imaginem Dei facti sumus, secundum carnem vero de limo terræ formati sumus*. Eucherius in Genesin lib. I, cap. 8 : *In interiore homine est conditoris sui imago, imago in æternitate, similitudo in moribus*. Bernardus serm. 1 de Annuntiat. B. Mariæ, fol. 125. Durandus Sentent. l b. I, distinct. 3, quæst. 1. Claudianus Mamerti episcop. de Statu animæ lib. III, fol. 726. Damascen. de Fide orthodox. lib. II, cap. 12. Theodoret. in Genesin quæst. 20. Athanas. de Communi Essentia Patris, Filii et Spiritus sancti, fol. 393. Augustin. de Genes. contra Manichæos lib. I, cap. 17. Faustus de Libero Arbitrio lib. II, cap. 7. Ambrosius de Dignitate conditionis humanæ, cap. 2.

GENNADII MASSILIENSIS

LIBER

DE SCRIPTORIBUS ECCLESIASTICIS.

(Ex edit. J. Alb. Fabricii.)

PROLEGOMENA.

DE GENNADIO LIBROQUE EJUS DE SCRIPTORIBUS ECCLESIASTICIS TESTIMONIA.

CASSIODORUS.

(Lib. de Divinis Lectionibus, cap. 17.)

Ecce librum de Viris illustribus S. Hieronymi, ubi diversos Patres atque opuscula eorum breviter et honoravit et tetigit ; deinde et alterum Gennadii Massiliensis, qui de scriptoribus legis divinæ, quos studio perquisiverat, certissimus judicavit. Hos in uno corpore sociatos reliqui, ne per diversos codices cognoscendæ rei tarditas afferatur.

ISIDORUS HISPALENSIS.

(Lib. VI Originum, cap. 6.)

Hieronymus quoque et Gennadius ecclesiasticos scriptores toto orbe quærentes ordine prosecuti sunt, eorumque studia in uno voluminis indiculo comprehenderunt.

ROBERTUS BELLARMINUS.

(Lib. de Scriptoribus ecclesiasticis.)

Gennadius Massiliensis vixit tempore Gelasii papæ, circa annum Domini quadringentesimum nonagesimum. Nam ad ipsum Gelasium se misisse librum suum de Fide testatur ipse Gennadius in extremo capite libri sui de Viris illustribus, quamvis non in omnibus codicibus liber Gennadii inveniatur completus. Scripsit librum de Ecclesiasticis Dogmatibus, qui exstat inter libros S. Augustini ; et hic esse creditur liber quem ipse misit ad Gelasium. Scripsit etiam librum de Viris illustribus, in quo suspicionem non parvam reliquit suæ non rectæ fidei. Laudavit enim Cassianum et Faustum, qui Semipelagiani fuerunt, et S. Prosperum depressit, qui pro gratia Dei contra Pelagium fortissime dimicavit. Scripsit præterea multa alia quæ ipse commemorat in A extremo capite libri de Viris illustribus; sed ea non exstant, aut certe ad manus meas non venerunt.

SUFFRIDI PETRI LEOVARDIENSIS
Præfatio.

Sigebertus Gemblacensis infra in Catalogo suo cap. 30, hunc Gennadium vocat episcopum, sicut et Platina in Symmacho eum appellat episcopum Massiliensem. Walafridus autem cap. 20 de Officiis, Massiliensem presbyterum appellat; sicut et Joannes Trithemius. Quin et ipse Gennadius in Coronide hujus operis, scripta sua recensens, Massiliensem presbyterum se vocat, ideoque et nos hunc illi titulum tanquam genuinum attribuemus, donec solidioribus argumentis nobis de alio fides facta fuerit; nam qui episcopum fuisse scribunt, decepti videntur similitudine nominis episcopi Constantinopolitani, cui item nomen fuit Gennadius, de quo noster hic Gennadius cap. 90 agit. Plane autem Gennadius hic noster cum judicio legendus est, non solum quod ipse scriptores aliquot hic probet quos reprobavit Ecclesia, verum etiam quod a catholicis quibuslam pro studio nonnulla huic addita sint medelæ gratia, quæ ad ipsum Gennadium non pertinent. Ideoque quo cautius eum lector candidus legat, de utroque quod diximus censuram hic subjiciemus præstantissimo viro ac gravissimo theologo, Dn. M. N. Joanni Molano, Lovaniensis pontificii ac regii librorum censori, quam ille nobis pro suo erga Ecclesiam catholicam studio impartire dignatus est. Quod autem hic Gennadius fuerit factionis Gallorum (inquit) de quibus in epistolis Prosperi et Hilarii præfixis libro de Prædest. Sanctorum et Bono persecutionis, patet in ejus Catalogo; ut enim omittam quod Ruffinum c. 17 Hieronymo præferat, et Severi dialogum cap. 19 laudet, quem Hieronymus in cap. 36 Ezechielis, et post eum Gelasius reprobat; expresse damnat librum Prosperi contra Collatorem, et laudat Cassianum; item Faustum in materia gratiæ et liberi arbitrii, cum Gelasius utrumque damnet, laudato Prospero. Sicut Faustum hæreticum ostendit Joan. Maxentius in fine libri sui contra epistolam Possessoris, et Petrus diaconus, cum suis in libello ad Fulgentium misso, qui a Fulgentio approbatur: contra quem Faustum tanquam occulte Pelagianis consentientem scripsisse Fulgentium testatur Vincentius in Speculo historiali, lib. xx, cap. 106. Sane contra Cassianum et Faustum, similesque congregatum videtur Arausicanum concilium secundum, jussu Leonis primi. Isidorus in Catalogo: « Fulgentius scripsit de gratia et libero arbitrio libros Responsionum septem. In quibus Fausto Galliæ Rhegiensis urbis episcopo, Pelagianæ pravitati consentienti adnititur, eius profundam destruere calliditatem. » Imo Gennadius laudat librum Eulogiarum Pelagii, quem libro 1 contra Pelagianos tanquam hæreticum rejicit Hieronymus. Nam ibi docetur omnes voluntate propria regi, et posse esse hominem sine peccato, et facile mandata Dei cu- stodire, si velit. Quem Augustinus hæreticum esse ostendit epistola 89 ad Hilarium. Omittimus quod in Evagrio laudet apathiam (a), quem Hieronymus damnatum ab episcopis tanquam Origenistam asserit epistola ad Ctesiphontem, et damnat ejus apathiam. Hactenus ille de pravitate Gennadii. De iis quæ in Gennadium ab aliis infarta sunt, idem ait, Codex manuscriptus (inquit) in Parco sic concludit Catalogum Gennadii, omisso Honorato, quem nos postremo loco habemus in operibus Hieronymi: « Ego Gennadius Massiliæ presbyter, scripsi adversus omnes hæreses libros 8, et adversus Nestorium libros 6, et adversus Pelagium libros 3, et tractatus de mille Annis, de Apocalypsi B. Joannis; et hoc opus de fide mea misi ad Gelasium urbis Romæ episcopum. » Hic notandum est, ut constet, eum librum qui in antidoto contra hæreses ponitur contra Nestorium, esse Gennadii, non Gelasii; et fucilis potuit esse immutatio nominum, quia Gennadius ad Gelasium scripsit: et arbitror in libro nostro omissum esse Gennadium extremum, et positum Honoratum, quia Honorati fidem approbavit Gelasius, non Gennadii, ut videlicet Honoratus sit positus tanquam medicamentum, sicut medicamenta habet liber de Ecclesiasticis Dogmatibus. Sane cod. ms. in Parco in Catalogo Gennadii habet multa medicamenta; pro eo enim quod Gennadius dicit de Augustino: « Licet enim capacibus dubitationem de abortivis faceret, error tamen illius sermone multo, ut superius dixi, contractus lucta hostium exaggeratus, necdum hæresis quæstionem dedit, » sic habet cod. Parcensis scriptus, omissis istis verbis: « Egregio ingenio et excellenti studio Ecclesiæ serviens Juliani hæretici libris, inter impetum obsidentium Vandalorum in ipso dierum suorum fine respondit, et in defensione Christianæ sapientiæ perseverans, moritur, Theodosio et Valentiniano regnantibus. » Et de Prospero sic adducit scriptus liber, postquam dixit Cassianum et Prosperum sententias contrarias habere de gratia et libero arbitrio: « Hic etiam Prosper post obitum B. Augustini, ejus contra inimicos gratiæ Christi defensor exstitit, » et post Faustum sic subditur in libro scripto Parcensium et Bethlehemitarum cap. 86: « Cæsarius Arelatensis episcopus, vir sanctitate et virtute celeber, scripsit egregia et grata valde, et monachis necessaria opuscula; de gratia quoque et libero arbitrio edidit testimonia Scripturarum et sanctorum Patrum judiciis munita, ubi docet hominem de proprio nihil agere boni, nisi eum divina gratia prævenerit: quod opus etiam papa Felix per suam epistolam roboravit, et in Latinis promulgavit. Floruit eo tempore quo et Faustus, Anastasio remp. gubernante. » Hæc scriptus codex. Hæc non videntur Gennadii sed catholici volentis

---

(a) Id est, libros Sententiarum, in quibus animi ἀπάθεια defenditur. EDIT.

mederi Gennadio. Hic Cæsarius primus subscripsit in secundo concilio Arausicano, et fit hic mentio Felicis papæ tertii. Licet autem Gennadius in Catalogo recenseat in Pomerio, Pomerium disputare de originali peccato, non tamen putandus est Gennadius hoc approbare. Hic enim Pomerius (secundum Isidorum in Catalogo cap. 12) « in se undo sui operis libro Tertulliani erroribus con entiens, animam corpoream esse dixit, quibusdam fallacibus argumentis hoc astruere contendens. » Hæc Isidorus. Certum est hoc non approbasse Gennadium. Hæc ille : quibus et nostri codices mss. plerique suffragantur, ut suis locis indicaturi sumus. Nec est ullum præsentius hujus rei argumentum, quam quod cod. ms. quo vetustiores sunt, eo pauciora Gennadio medicamenta addidisse deprehendantur. Honorius certe qui volens utique neminem omisisse videtur (ut pote cum etiam Dionysium Areopagitam Hieronymo conservaverit, quem in Catalogo apud ipsum Hieronymum codices omnes desiderant) Avitum cap. 47, et Pomerium cap. 98, et Honoratum Massiiensem, cap. 99 in Gennadii Catalogo positum, pro Gennadianis non agnoscit. Huc accedit quod in cod. ms. Martiniano satis recenti, ut videtur, quo nos inter cæteros usi sumus, hunc prologum, quem proinde ad verbum hic subjicere placuit, Gennadio præposituum reperimus; qui utique cum ad Gennadium nihil faciat, m delæ gratia ei additus videri debet, ut sinistram Gennadii de Hieronymo censuram, de qua supra dictum est, opportune mitigaret. Prologus ita habet : « Hieronymus noster litteris Græcis ac Latinis. » etc.

EXCERPTUM EX VINDICIIS ALARDI GAZÆI PRO CASSIANO.

Ne lector miretur nos de Massiliensibus dicere potuisse illos olim sine nota schismatis, aut unionis catholicæ injuria, ab Augustino, Prospero, Fulgentio, aliisque recte sentientibus dissentire, donec Ecclesia sententiam definitivam interposuisset; sciat Arausicanum concilium secundum, quod ex sententiis Augustini et Prosperi contra Semipelagianos est concinnatum celebratum fuisse anno quingentesimo vicesimo nono, sub Felice IV papa; et male confundi a multis cum Arausicano primo, quod sub Leone coactum fuit, nec edidit conones de fide, sed de Ecclesiæ duntaxat moribus et libertate. Doctores autem et Pontifices usque ad id tempus Massilienses (qui postea Semipelagiani sunt appellati) toleravisse tanquam catholicos et viros sanctos, et si errore peculiari irretitos, satis constat. Aliter enim multo judicavit Ecclesia Dei de iis qui licet absolutam prædestinationem ab Augustino acerrime defensam negarunt, gratiam tamen prævenientem agnoscerent; aliter de Semipelagianis, qui gratiæ previæ necessitatem tollerent, et tamen necessitatem gratiæ simpliciter consideratæ confitebantur; aliter denique de Pelagianis, qui gratiam utilem quidem fatebantur, sed necessariam esse negabant. Pelagiani enim expungebantur e catholicorum numero, ecclesiasticis functionibus arcebantur, rescriptis imperatoriis damnabantur; Semipelagiani olim pro catholicis habebantur, et in gradibus ecclesiasticis stare permittebantur. Sententia tamen illorum synodali decreto et Romanæ Ecclesiæ auctoritate tandem damnata est : sic tamen ut ipsi Massilienses qui eam ante Arausicanum II concilium tenuerant, non damnarentur. Qui vero absolutum decretum prædestinationis contra Augustinum negabant, non modo non damnabantur hæresis, ut Pelagiani, sed nec erroris, ut Semipelagiani; sed permittebantur in suo sensu abundare, etsi fortiter eos Prosper et alii Augustini defensores refutarent. Et Pelagianos quidem tunc anathemati subjectos fuisse tanquam hæreticos, non est opus ostendere, nemo enim dubitat. At Massilienses et Gallorum doctores qui cum illis sentiebant, catholica communione propter errorem suum non fuisse privatos, sed in sanctorum fratrum numero habitos, satis constat ex ipso Augustino, qui, in libris contra eos ad Prosperum et Hilarium scriptis, passim eos fratres vocat, et in II libro, cap 17, ab hæretica pravitate excusat, dicens : « Neque enim Pelagiani sunt, ut adversus istam veritatem perspicuam dura et hæretica perversitate contendant; sed hæc, inquiunt, ut a Deo dentur nobis, fides imperat quæ incipit a nobis. » Et ibidem cap. 24 : « Hoc donum (gloriandi in Domino) Pelagianis optamus ut habeant; istis autem nostris, ut plenius habeant. Non itaque simus in disputationibus prompti, in orationibus pigri : oremus, dilectissimi, oremus ut Deus gratiam det inimicis nostris (Pelagianos intelligit), maximeque fratribus et dilectoribus nostris intelligere, confiteri, post ingentem et ineffabilem ruinam, qua in uno omnes cecidimus, neminem nisi gratia Dei liberari; eamque non secundum merita tanquam debilem reddi, sed tanquam veram gratiam nullis meritis præcedentibus, dari. » Ubi eos qui prævenientem gratiam necessariam negabant, et regenerationis donum, secundum meritum congruitatis dari putabant, nunc nostros, nunc fratres suos appellat, Cum vero dilectores vocat, innuit quod dixerat illi Prosper in epistola cui respondet; Massilienses nimirum (excepto dogmate de præveniente gratia et prædestinatione absoluta) in cæteris Augustinum amare, sequi et admirari. Sic enim Prosper : « Unum eorum præcipuæ auctoritatis et spiritualium studiorum virum, sanctum Hilarium Arelatensem, sciat beatitudo tua admiratorem sectatoremque in aliis omnibus tuæ es e doctrinæ. » Atque hic quidem Hilarius, sanctorum catalogo inscriptus, qui tunc vivebat in maxima auctoritate, ab Augustino dissidebat. Hos ergo, quos Prosper dicebat esse in cæteris Augustini admiratores, Augustinus, modestius de se sentiendo, vocat suos dilectores. Itaque Augustinus, quamvis eorum errori merito repugnabat, ipsos tamen pro catholicis fratribus agnoscebat. Similiter et Prosper, etsi in eos vehementius invehatur, vocat tamen eos, in epistola ad Augustinum, « meritis atque honoribus claros, egregios in omni virtutum studio viros et apud simpliciores magna de contemplatione probitatis reverentia conspicuos; » imo et sanctos; et in libro contra Collatorem cap. 33, catholicos, dicens : « Quis hæc prædicari a catholicis inter catholicos crederet? » Et in epilogo illius scripti : « Quorum tamen, dum adhuc non sunt a fraterna societate divisi, toleranda magis est intentio quam desperanda correctio, donec Dominus, per Ecclesiæ principes et legitimos judiciorum suorum ministros, hæc, quæ per paucorum superbiam et quorumdam imperitiam, turbata sunt, componat. » Sentit ergo etiam Prosper Cassianum et alios, etsi ipsius judicio et re ipsa graviter errantes, tamen potuisse ab ipso dissentire sine unionis catholicæ jactura, donec Ecclesiæ decreto quæstio terminaretur. Et hæc absque præjudicio ecclesiastici judicii dicta sunto. Sic fere scriptor Vindiciarum pro Cassiano.

EDITIONES LIBRI DE VIRIS ILLUSTRIBUS.

Cum Hieronymi libro Basil., 1529, in-4. Sed in hac editione ut quibusdam aliis desunt capita de Cæsario Sidonio, Gelasio, Hieronymo et Gennadio.

In pluribus Hieronymi operum editionibus. Tantum hoc loco liceat notasse in editione operum Hieronymi Francofurtensi anno 1684, bis exstare Catalogum hunc Gennadii, semel tom. I, pag. 201, atque iterum tom. IV, pag. 127. In Parisiensi vero Joan. Marcianæi 1706, tom. V, exstant variæ lectiones ex antiquissimo codice Corbeiensi.

Cum Hieronymi, Isidori, Honorii, Sigeberti et Henrici Gandavensis libris de S. E. et Suffridi Petri, pluribus mss. codd. usi notis, Colon., 1580, in-8.

Seperatim ex recensione Joannis a Fuchte, Helmst., 1612, in-4.

Cum Hieronymo, Isidoro, Ildefonso, Honorio, Sigeberto et Henrico Gandavensi de S. E. et scholiis Auberti Miræi, Antuerp., 1639, in-fol.

Separatim cum ejusdem Miræi scholiis et notis brevibus editoris D. Salomonis Ernesti Cypriani, qui contulit cum codice Guelpherbytano et Norimbergensi A, 1703, Jen., in-4.

LIBER
DE SCRIPTORIBUS ECCLESIASTICIS.

« Hieronymus noster litteris Græcis ac Latinis Romæ apprime eruditus, presbyter quoque ibidem ordinatus est. Porro ad Bethleem oppidum juvenis advenit : ubi prudens animal ad præsepe Domini sese obtulit permansurum. Inter cætera operum suorum opuscula, usque ad Theodosii XIV imperii annum a beato Petro sumens exordium, usque in semetipsum de Viris illustribus scripsit. Innumeris præterea [b] libris apostolorum prophetarumque constructionibus editis, immobilem catholicæ turrim Ecclesiæ contra perfidorum jacula consummavit. Litteris quoque Hebraicis atque Chaldaicis ita edoctus, ut omnes Testamenti Veteris libros, ex Hebræorum scilicet codicibus, verteret in Latinum. Danielem quoque prophetam Chaldaico stylo locutum, et Job justum Arabico, in Romanam linguam utrumque auctorem perfecta interpretatione mutaverit. Matthæi nihilominus Evangelium ex Hebræo fecit esse Romanum. Namque mentis corporisque virginitatem et delictorum pœnitentiam prædicans atque custodiens, solus omnium Romanorum omnes 16 prophetarum commentatus est libros. In sanctis præterea librorum suorum prologis, ita se luculentissimum interpretem, et immensis epistolarum suarum [c] voluminibus nervosum catholicis exhibet lectoribus, ut nec perfidis quandoque pepercisse, nec invidis cessisse videatur. Nonagenarius ferme, ut perhibent, postea in Domino requievit. Quem Stridon oppidum genuit, Roma inclyta erudivit, Bethleem alma [d] tenet, spiritum aula cœlestis suscepit. Claruit maxime sub Theodosio principe et filiis ejus Arcadio et Honorio.

CAPUT PRIMUM.

[e] Jacobus, cognomento *Sapiens*, [f] Nisibenæ nobilis Persarum modo civitatis episcopus, unus ex numero cedem, effusis visceribus, Constantinopoli recepit : *ut martyrologii Romani verbis utar. De eodem in menologio Græcorum* 21 *Octobris agitur.* Meminit etiam hujus Theodoretus lib. II Hist. Eccles., cap. 30 ; *et* lib. I, cap. 7, *ubi ait,* Nicæno concilio ipsum interfuisse, et mortuos excitasse. De quo miraculo et reliquis plura desiderantem lectorem remittit ad suum librum Philothei seu Theophili titulo inscriptum, qui est liber nonus de Vitis Patrum, editionis Plantinianæ. De hoc Nisibita etiam Nicephorus lib. VIII, cap. 14, et lib. IX, c. 28 tractat. Interfuit non solum Nicæno, sed et Antiocheno concilio, ut habetur in actis S. Alexandri episcopi Constantinopolitani. Miræus. — Cum Hieronymi librum de S. E. ederem, dixi, in Corbeiensi codice Gennadii primo statim loco apparere vitam Hieronymi a Gennadio scriptam : quam non duxi repetendam. Nostri codices, omisso Hieronymo, a vita Jacobi Nisibeni exordiuntur. Ern. Cyprianus.

[f] Ms. Corbei., *Nisibi urbe nobile episcopus, modo vero Persarum civitatis, unus ex,* etc. — Codex Corbeiensis habet : *Nisibi urbis nobilis episcopum, modo*

---

[a] Hoc caput non legit Trithemius de Script. eccles. cap. 188, neque videtur nouum fuisse Honorio Augustodunensi, qui librum se undum de Luminaribus Ecclesiæ ex Gennadio sublegit ; neq e habetur in editis ante Marcianæum, neque in mss. libris, nisi tantum in codice ms. vetustissimo Corbeiensi seu Sangermanensi, qui annos, ut aiunt, præfert plus mille, atque scriptus antiquis characteribus Merovingicis. Vide Mabillon. tom. II An lect., p. 42. Et in ms. Martiniano, ex quo jam A 1580, sub prologi nomine illud vulgavit in epistola ad lectorem Gennadii libro præmissa Suffridus Petri.

[b] Suffr. Petri non habet *libris*.

[c] Id., *immenso volumine.*

[d] Id., *tenuit, sed tenet* de sepulcro intellige

[e] S. Jacobus Nisibenus seu Nisibita, urbis Nisibis episcopus, miraculis et eruditione clarus, fuit unus ex numero confessorum sub persecutione Maximini, qui in Nicæna synodo perversitatem Arii homousii oppositione, damnarunt : cujus et Alexandri episcopi oratione ipsa Arius condignam suæ iniquitatis mer-

a sub Maximino persecutore confessorum, et eorum qui in Nicæna synodo Arianam perversitatem, b homousii oppositione damnarunt. Hunc virum beatus Hieronymus in libro Chronicon velut magnarum virtutum hominem c nominans in Catalogo cur non posuerit, facile excusabitur, si consid remus quod ipsos d tres vel quatuor Syros, quos posuit, et interpretatos in Græcum se legisse testetur. Unde constat eum illo tempore e ignorasse. Syram linguam vel litteras, et ideo hunc, qui necdum versus est in aliam linguam, nescisse scriptorem. Comprehendit autem omne opus suum in f viginti sex libris, id est, *de fide; contra omnes hæreses; de charitate generali; de jejunio; de oratione; de dilectione erga proximum speciali; de resurrectione; de vita post mortem; de humilitate; de patientia; de pœnitentia; de satisfactione;* g *de virginitate; de sensu animæ; de circumcisione; de acino benedicto,* pro quo in Isaia (LXV, 8) *legitur, Non est exterminandus botrus; de Christo, quod Filius Dei sit, et consubstantialis Patri; de castitate; adversus gentes; de constructione tabernaculi; de gentium conversatione; de regno Persarum; de persecutione Christianorum.* Composuit et *chronicon* minoris quidem Græcorum curiositatis, sed majoris fiduciæ, quia divinarum Scripturarum tantum auctoritate constructum

vero Persarum civitatis. Mabillonius tom. II Analect., pag. 44. ERN. CYPRIANUS.

a In codice Noriberg nsi et Guelpherbytano est, *Sub Maximiano.* Sed retinenda prior lectio, ut Tenzelius probat Exercitationum selectarum part. 1, exercit. 6. ERN. CYPRIANUS.

b Id. *omousiæ.*

c Id., *nominat.*

d Bardesanem, Efrem, Archelaum.

e Negat hoc W. E. Tenzelius ὁ μακαρίτης quem vide tom. I Diss. select., p. 254, ubi Garnerium oppugnat Gennadio fidem de scriptis a Jacobo vulgatis non dubitantem detrahere, auctor. operum Theodoriti p. 200.

f Suffridus Petri hæc adnotat ad h. l. Codex excusus testatur hunc scriptorem comprehendisse omne opus suum libris 25, cui et ms. codex Gembl. suffragatur. Reliqui cod. nostri habent 26 (Corbeiensis teste Marcianæo in 27) libros, sed recensent modo 24. Trith. habet item 25, quos et enumerat, sed ille cod. vitio deceptus ex uno libro 2 fecit. Ille enim liber quem verbis Esaiæ tribuit plane idem est cum eo quem tribuit azymi benedictioni. Quod quidem esse verum facile deprehendet quisquis animadverterit pro *azymi* legendum esse *acini.* Sic enim in manuscriptis codicibus, Gemblacensi, et Affliginio, et Viridis Vallis, et Sigebergensi expresse legitur. Et de acini benedictione, verba hæc exstant apud Esa. cap. 65, et botri mentio acinum hic legi oportere satis evidenter arguit: Græcus textus ita se habet, ὅν τρόπον εὑρίσκεται ὁ ῥὼξ ἐν τῷ βότρυϊ καὶ ἐροῦσι, μὴ λυμάνῃ αὐτόν, ὅτι εὐλογία ἐστὶν ἐν αὐτῷ ubi ὁ ῥὼξ, acinum uvæ significat, in quo benedictio esse dicitur. Paulo inferius de *adventu Christi* Sigeberg. legit *Antichristi.* — Omnes codices habent 26 neque tamen recensent. In Noribergensi *de fide contra omnes hæreses* unus liber est. Licet autem duos facias, nec chronicon connumeres; non resultant tamen plures quam 24. Hinc in tanto cod cum consensu colligere posse videor, ipsum Gennadium non nisi 24 vidisse, licet Jacobum 26 scripsisse traderet. ERN. CYPRIANUS.

g Ms. Cortrei , *pœnitentia de satisfactione, de censu animæ, de virginibus, de circumcisis, de acino benedictionis.*

A comprimit ora eorum qui præsumptuosa h suspicione de adventu i Antichristi, j vel D mini nostri, inaniter philosophantur. Moritur hic vir Constantii temporibus, et juxta præceptum k patris ejus Constantini l juxta muros Nisibe sepelitur, ob custodiam videlicet civitatis. Quod secundum fidem Constantini evenit. Nam post multos annos ingressus Julianus Nisiben, et vel gloriæ sepulti invidens, vel fidei Constantini, cujus ob id domum persequebatur, jussit efferri de civitate sacri corporis reliquias. Et post paucos menses consulendæ licet causa reipublicæ, Jovianus imperator, qui Juliano successerat, tradidit barbaris civitatem, quæ usque hodie Persarum ditioni cum suis subjecta servit.

CAPUT II.

B Julius, urbis Romanæ episcopus, scripsit m ad Dionysium quemdam *de incarnatione Domini* epistolam unam, quæ illo quidem tempore utilis visa est n adversum eos qui ita duas per incarnationem asserebant in Christo personas, sicut et naturas; nunc autem perniciosa probatur. o Fomentum enim est Eutychianæ et Timotheanæ impietatis.

CAPUT III.

p Paulinus presbyter, discipulus B. q Ephræm diaconi, homo acris valde ingenii, et r in divinis

h Ms. Corb., *suspectione.*

i Miræus : *Christi.* ERN. CYPRIANUS.

j Verba *vel Domini nostri* desunt in ms. Corbei.

k Id m ms., *patris Constantini intra muros Nizybe.*

l Ita nostri codices. Miræus, *intra muros.* ERN. CYPRIANUS.

C m Epistolam ad Dionysium , quam Julio papæ ascribebant Acephali, Julii papæ revera fuisse credidit Gennadius; subditiciam Facundus Hermianen is episcopus lib. I suspicatur, et Eulogius Alexandrinus orat. 3 apud Photium. Leontius vero Byzantius, qui et epistolæ verba recitat quibus abutebantur Eutychiani, non Julii, sed *Apollinaris* hæretici eam fuisse docet cap. 8 de Sectis. Quod ipsum affirmat Anastasius in Ecloge χρήσεων et ante utrumque Hypatius episcopus Ephesinus in collatione cum Acephalis habita Constantinopoli : *B. Julii famosam illam epistolam manifeste Apollinaris ostendim s fuisse, scripta n ad Dionysium.* Quin e alteram item ad Prosdocimum seu Docimum epistolam (cujus testimonio usa est synodus Ephesina) nec ipsam Julii fuisse vult Leontius, sed Timothei, discipuli Apollinaris. sed hanc sine controversia Julio alii quoque asserunt ; atqui inter cæteros Ephræmius patriarcha Antiochenus, libro III, de Sacris Legibus apud Photium. Sic fere D Sirmondus in notis ad Facundum Hermianensem. Cæterum S. Julius eo nomine primus papa, martyrologio Rom. ad 12 Aprilis inscriptus legitur. Anno 336 pontifex creatus , demum an. 552 vivere desiit, succedente Liberio. MIRÆUS.

n Verba *adversum eos* usque ad *et naturas*, desunt in Corb.

o Id., *Fomentum est enim Thymotianæ hæreseos impietatis.*

p Ms. Corb. et Honorius hunc scriptorem Paulonam vocant, cui suffragantur, inquit Suffridus Petri, ex mss. codd. nostris , Viridis Vallis , Gemblacensis et Sigebergensis Alii Paulonium appellant. — Honorius in Catalogo, et non pauci codices mss. hunc *Paulinum* vocant *Paulonam;* alii Paulonium. MIRÆUS. — Cod. Nor., *Paulanus* habet. ERN. CYPRIANUS.

q Corb., *Efrem.*

r Corb., *in divina Scriptura doctus.*

doctus Scripturis, sed vivente magistro clarus in doctoribus ecclesiasticis fuit, et maxime ex tempore declamator. Post illius autem obitum, amore primatus et nominis, separans se ab Ecclesia, scripsit contraria fidei multa. Huic obituro B. Ephræm astanti sibi dixisse fertur : *Vide, Pauline, ne te submittas cogitationibus tuis, et eleveris.* [a] *Sed cum te ad purum comprehendisse putaveris Deum, crede nec intellexisse.* [b] Præsenserat enim illum ex studiis vel sermonibus nova investigare, et in immensum [c] intellectum tendere. [d] Unde eum frequenter Bardesanem [e] novellum vocabat.

CAPUT IV.

VITELLIUS Afer, [f] Donatianorum schisma defendens, scripsit De eo [g] quod odio sint mundo servi Dei. In quo si tacuisset de nostro [h] velut persecutorum nomine, egregiam doctrinam ediderat. Scripsit et adversum gentes et adversum nos velut traditores, in persecutione, divinarum Scripturarum; et ad regulam ecclesiasticam pertinentia multa disseruit. Claruit sub [i] Constante, filio Constantini principis.

CAPUT V.

[j] MACROBIUS presbyter et ipse, ut ex scriptis Optati cognovimus, Donatista et suorum postea in urbe Roma occultus episcopus fuit. Scripsit, cum adhuc in Ecclesia Dei presbyter fuisset, ad confessores et ad virgines librum unum, moralis quidem, sed valde necessariæ doctrinæ, et præcipue ad custodiendam castitatem aptissimis valde sententiis communitum. Claruit inter nostros primum Africæ, et inter suos, id est, Donatianos sive Montenses, postea Romæ.

CAPUT VI.

HELIODORUS presbyter scripsit librum de Natura rerum exordialium, in quo ostendit unum esse principium, nec quidquam coævum Deo; nec mali conditorem Deum, sed ita bonorum omnium creatorem, ut materia quæ ad malum versa est post inventam malitiam, a Deo sit facta, nec quidquam materialium absque Deo credatur conditum, aut sui se alium rerum creatorem præter Deum, qui præscientia sua cum prævideret [k] morti dari naturam, præmonuit de pœna.

CAPUT VII.

[l] PACHOMIUS monachus, vir tam in docendo quam in signa faciendo, apostolicæ gratiæ et fundator Ægypti cœnobiorum, scripsit Regulam utrique generi monachorum aptam, quam angelo dictante perceperat. Scripsit et ad collegas præpositurae suae epistolas, in quibus alphabetum mysticis tectum sacramentis, velut humanæ consuetudinis [m] excedens intelligentiam, clausit, solis, credo, eorum gratiæ vel meritis manifestatum; unam ad abbatem Syrum, unam ad abbatem Cornelium; [n] interim ad omnium monasteriorum præpositos, ut in unum antiquius monasterium, quod lingua Ægyptiaca [o] Baum vocatur, congregati Paschæ diem velut æterna lege celebrent, epistolam unam. Similiter et ad diem Remissionis, [p] quæ mense Augusto agitur, ut in unum præpositi congregarentur, epistolam unam, et ad fratres qui foras monasterium missi fuerant operari, epistolam unam.

CAPUT VIII.

[q] THEODORUS presbyter, successor gratiæ et præpositurae supradicti abbatis Pachomii, scripsit ad alia monasteria [r] epistolas, sanctarum Scripturarum sermone digestas. In quibus tamen frequenter meminit magistri et institutoris sui Pachomii, et doctrinæ ejus ac vitæ proponit exempla, quæ ille ut doceret, angelo administrante didicerat; simul et

---

[a] Corb., *et eleves, sed cum comprehendisse putaveris Deum, crede te intellexisse.*

[b] Corb., *Præsens enim erat illum ex studiis vel sermonibus nova investigare in immensum intellectum tendere.*

[c] Hæc lectio codicis Norib. melior mihi visa est illa Mirei : *intellectum hæreson tendere.* ERN. CYPRIANUS.

[d] Corb. Norib., *Unde et.* ERN. CYPRIANUS.

[e] Vide quæ de Bardesane ad Hieron. c. 33 de S. E.

[f] Ms. Corb., *Vitilinus Afer, Donati schism.*

[g] Ms. Gemblac., *quod sit odio mundus Dei servis.*

[h] *Velut persecutorem, nomen egregii doctique ediderat.* Corb.

[i] Id., *Constantio.*

[j] Ms. Corb., *Macrobius presbyter et ipse uti ex Optati scripto cognorimus, Donatista postea in urbe Roma fuit episcopus occultus.*

[k] Ms. Codex Gemblacensis et Viridis Vallis pro *morti dari* habent *mutandam,* ut et Sigebergensi, teste Suffr. do Petri, et, Guelpherbytanus quem S. E. Cyprianus inspexit.

Honorio et Trithemio male *Bachomius.* In libello Coloniæ A. 1513. impresso de officio rectoris ecclesiæ, citantur Pacomii abbatis sententiæ, ut notat Suffridus Petri. — S. Pachomius, Tabennensis in Ægypto abbas, scripsit Regulam monachorum, a S. Hieronymo Latine redditam; quæ ad calcem operum Cassiani exstat, in editione Romana, Lugdunensi et Atrebatensi. Regulæ ejusdem breviarium a Palladio in Historia Lausiaca recitatur. Floruit anno 340 ejusque martyrologio Romano ascriptus a. d. 14 Maii, Ejusdem Pachomii alia non pauca ascetica exstant apud Treveros, in monasterio Benedictinorum ad S. Maximinum, et Coloniæ Agrippinæ in cœnobio canonicorum regularium ad S. Corpus Christi, in codicibus manu exaratis et hoc titulo prænotatis, *Regula Patrum,* MINÆUS.

[m] Ita rectius mss. pro *excedentem,* refertur enim ad alphabetum.

[n] Voculam *interim* adjeci e ms. Corbei.

[o] Id , *Baum.* Ac Gemblac. et Viridis Vallis *Bauai.* Sed *Baum* legitur etiam in codice regularum Benedicti Anianensis quem vulgavit Holstenius.

[p] Verba *quæ mense Augusto agitur,* desunt in Corbei, Mox legit : *ut in unum congregentur fratres.* Hæc universa Pachomii scripta Gennadio memorata exstant adhuc et edita sunt Latine a Luca Holstenio in codice Regularum Rom. 1661, et Paris. 1663, in-4.

[q] S. Theodorus monachus, hoc capite a Gennadio laudatus, martyrologio Romano ad. 28 Decembris inscriptus legitur. De eodem videri potest scriptor Vitæ S. Pachomii lib. 1, in Vitis Patrum, et S. Nilus in lib. de Oratione. Alter S. Theodorus itidem monachus, S. Antonii discipulus, in hujus Vita a S. Athanasio laudatus, in eodem martyrologio a. d. 7 Januarii habetur. MINÆUS.

[r] In eodem Codice Regularum Holsteniano una tantum Theodori hujus brevis exstat epistola quæ inscribitur Ad omnia monasteria de Pascha.

hortatur permanendum in proposito cordis et studii, et redire in concordiam et unitatem eos qui post abbatis obitum, discessione facta, a cœtu semetipsos diviserant unitatis. Sunt autem hujus exhortationis epistolæ tres.

CAPUT IX.

ª Oresiesis monachus, amborum, id est Pachomii et Theodori, collega, vir in sanctis Scripturis ad perfectum instructus, composuit ᵇ librum divino condito sale, totiusque monasticæ disciplinæ instrumentis constructum, et ut simpliciter dicam, in quo totum pene Vetus et Novum Testamentum compendiosis dissertationibus, juxta monachorum duntaxat necessitatem, invenitur expositum: quem tamen vice testamenti prope diem obitus sui patribus obtulit.

CAPUT X.

ᶜ Macarius monachus ille Ægyptius, signis et virtutibus clarus, unam tantum ad juniores professionis suæ scripsit epistolam: in qua docet illum perfecte posse servire Deo, qui conditionem creationis suæ cognoscens, ad omnes semetipsum inclinaverit labores, et luctando atque Dei auxilium adversum omne quod in hac vita suave est implorando, ad naturalem quoque perveniens puritatem, continentiam, velut ᵈ naturæ debitum munus obtinueri.

CAPUT XI.

ᵉ Evagrius monachus, supradicti Macarii familiaris discipulus, divina atque humana litteratura insignis (cujus etiam liber ᶠ qui attitulatur Vitæ Patrum, ᵍ velut continentissimi et eruditissimi viri mentionem facit) scripsit multa monachis necessaria, ex quibus ista sunt: Adversus ʰ octo principalium vitiorum suggestiones, quas aut primus advertit, aut inter primos didicit, octo ex sacrarum Scripturarum testimoniis composuit libros; ad similitudinem videlicet Domini, qui tentatori suo semper Scripturarum testimoniis obviavit, ita ut unaquæque species

---

ª In Corb. post caput de Macario sequitur hoc de *Oresiesio*, qui Honorio et Trithemio *Oriesiesis*, in quibusdam mss. *Orestesis*, in codice regularum Holsteniano in quo itidem doctrina ejus Latine occurrit, *Orsiesius*.

ᵇ Oresiesis seu Oriesii liber de Institutione monachorum, exstat tom. IV Bibliothecæ Patrum. Ne quis porro erret, moneo ab isto longe alium esse Orientium seu Orentium, a Sigeberto cap. 54 laudatum. Hic scripsit versu elegiaco commonitorium, quod Mart. Antonius Delrius primus Antuerpiæ, 600 cum notis publicavit; secundo postea editum tom. V Bibliothecæ P. P. editionis postremæ Coloniensis. Miræus.

ᶜ Antequam de Macarii's dicere incipiam, lubet ipsa Suidæ verba in medium producere: *Duo*, inquit, *fuerunt Macarii ejusdem nominis atque decantati propter exercitia studiorum, vitam, mores atque disciplinam. Alter quidem Ægyptius. Qui mi acuta edebat, ac religiosa cautione in eos qui se conveniebant erat severus. Alter Alexandrinus, per omnia similis Ægyptio, et humanus. Adeo humanus erat erga eos qui se conveniebant, ut lepida humanitate utendo juvenes ad exercitia provocaret.* Ita Suidas. Duos porro Macarios fuisse, Palladius hist. c. 19, 20; Niceph. l. ix Hist. eccles. c. 14. Baronius ad martyrol. Rom. 2 Januarii, et alii similiter testantur. Horum alter senior, cognomento Æ.yptius, S. Antonii discipulus, Græce scripsit homilias, quas Joannes Picus, in senatu Parisiensi classium inquisitoriarum præses, anno 1559 Latine reddidit; exstantque Græce et Latine conjunctim Parisiis 1622 editæ, cum Gregorii Thaumaturgi et Basilii Seleuciensis operibus. Idem Macarius Ægyptius scripsit ad juniores professionis suæ monachos, epistolam sive regulam, quæ sic incipit: *Milites ergo Christi*. Exstat ea manuscripta Brugis in collegio Soc. Jesu, inter reliquas bibliothecæ Pamelianæ. Cæterum hic Macarius, abbas in Ægypto, 15 Januarii; alter Macarius cognomento Alexandrinus, abbas in Thebaide, S. Pachomii discipulus, 2 Januarii, tabulis martyrologii Romani leguntur inserti. De his et Græci agunt, sed uno eodemque die, videlicet 14 calendas Februarii. Porro a S. Macarii Ægyptii regula jam dicta prorsus diversa est Serapionis, Macarii, Paphnutii, alterius Macarii, et aliorum 34. Regula, edita ex codice Affigemiensi, ad calcem operum Cassiani, typis Plantinianis, studio Henrici Cucquii, post episcopi Ruræmondensis. Ex his Serapion, cognomento Scholasticus, S. Antonio carus, Thmueos in Ægypto episcopus a S. Athanasio ordinatus fuit. Idem ab Hieronymo c. 99 inter scriptores laudatus, martyrologio Rom. 21 Martii inscriptus legitur. Miræus.

ᵈ Corbei. ms., *continentiam velut naturalem*.

ᵉ Diversus ab hoc Evagrius Antiochenus episcopus, de quo ad Hieron. c. 125. — Superiori capite ex Suida docui, duos fuisse SS. Macarios abbates, unum cognomen o Ægyptium, alterum cognomento Alexandrinum. *Horum*, ut Suidæ ejusdem verbis utar, *Evagrius discipulus factus, philosophiam exercuit, qui prius verbis duntaxat philosophabatur. Qui Constantinopoli a Gregorio theologo in diaconorum ascitus est ordinem; quin etiam in Ægyptum profectus, in prædictos incidit viros, atque illorum vitam æmulatus est. Ab hoc libri valde graves et serii conscripti sunt: quorum unus Monachus, sive de vita activa inscriptus est, alter Gnosticus, sive de iis qui cognitionis munere donati sunt. Capita vero ejus libri sunt 50. Tertius Antirrheticus adversus tentantes dæmones, eo distinctus partibus, secundum numerum 8 cogitationum. Item 600 prognostica problemata, elementaria duo; unum ad monachos in cœnobiis aut contubernis viventes; alterum ad virginum cœtum.* Hactenus ex Suida. De eodem Evagrio (quem a Ponto Euxino, ad quem natus, Ponticum Hyperboritam vocat) multa habet S. Hieronymus in epistola ad Ctesiphontem contra Pelagianos. Baronius sub finem anni 388 post eumdem S. Hieronymum docet ipsum fuisse Origenistam, et a Gennadio hoc capite aliasque signa de prodigia ipsi falso ascribi. Miræus.

ᶠ Ita parenthesis male intellecta Honorium Augustodunensem in catalogo, Baronium, Bellarminum, Possevinum, et alios magnos viros in errorem induxit ut crederent libri illius qui Vitæ Patrum dicitur, auctorem fuisse Evagrium Ponticum. Id primus observavit Heribertus Rosweidus in prolegomeno 4, 5, ad dictas Vitas Patrum 1628 a Moreto editas. Dicti porro libri in editione Moretiana secundi et tertii auctor sive interpres fuit Ruffinus presbyter Aquileiensis, ut prolegomeno 10 idem Rosweidus docet. Atque in secundo libro cap. 27 exstat vita Evagrii Pontici: qui ibidem *a spiritualium rerum scientia et incredibili abstinentia* supra modum commendatur. Quas quidem laudes Evagrium ipsum de se texuisse, non est simile vero.

ᵍ Has Vitas Patrum infra c. 17 inter Rufini scripta non memorat Gennadius, qui sine nomine auctoris et interpretis eas legisse videtur.

ʰ Ms. Corb., *octo tantum principalium*

ⁿ vel diaboli, vel vitiatæ naturæ suggestionem, contra se haberet testimonium. Quod tamen opus ᵇ eadem simplicitate, qua in Græco inveni, jussus in Latinum transtuli. Composuit et anachoretis simpliciter viventibus Librum centum sententiarum, per capitula digestum; et eruditis ac studiosis quinquaginta sententiarum, quem ego Latinum primus feci. Nam superiorem olim translatum, quia vitiatum et per tempus confusum vidi, partim reinterpretando, partim emendando, auctoris veritati restitui. ᶜ Composuit et ᵈ cœnobitis et ᵉ synoditis Doctrinam aptam vitæ communis; et ad virgines Deo sacratas libellum competentem religioni et sexui. Edidit et paucas sententiolas valde obscuras, et, ut ipse in his ait, solis monachorum cordibus cognoscibiles : quas similiter ego Latinas edidi. Vixit longa ætate, signis et ᶠ virtutibus pollens.

CAPUT XII.

ᵍ Theodorus Antiochenæ Ecclesiæ presbyter, vir scientia cautus, et lingua ʰ disertus scripsit Adversum Apollinaristas et Eunomianos de Incarnatione Domini libros quindecim, ad quindecim millia versuum continentes. In quibus ratione purissima et testimoniis Scripturarum ostendit Dominum Jesum sicut plenitudinem deitatis, ita plenitudinem humanitatis habuisse. Docet et hominem ⁱ duabus tantum substantiis constare, id est, anima et corpore; sensumque et spiritum non alteram substantiam, sed officia esse animæ ingenita, quibus spirat, quibus rationalis est, quibus sensibile facit corpus. ʲ Quartum decimum autem hujus operis librum proprie de increata et sola incorporea, dominæque omnium sanctæ Trinitatis natura, et de creaturarum ratione disserens, pro sensu cum auctoritate sanctarum Scripturarum explicuit. Quinto decimo vero volumine totum operis sui corpus, citatis etiam Patrum traditionibus, confirmavit et communivit.

CAPUT XIII.

ᵏ Prudentius ˡ vir sæculari litteratura eruditus composuit ᵐ διττοχαῖον de toto Veteri et Novo Testamento personis ⁿ exceptis. Commentatus est autem in morem Græcorum ᵒ Hexæmeron de mundi fabrica usque ad conditionem primi hominis et prævaricationem ejus. Composuit et libellos, quos Græca appellatione attitulavit ᵖ Apotheosis, Psychomachia, Hamartigenia, id est, ᵠ de Divinitate, ʳ de compugnantia animæ, de origine peccatorum. Fecit et in laudem martyrum, ˢ sub aliorum nominibus, invitatorium ad martyrium librum unum, et hymnorum alterum : speciali tamen intentione adversus Symmachum idolatriam defendentem : ex quorum lectione agnoscitur Palatinus ᵗ miles fuisse.

CAPUT XIV.

Audentius, episcopus Hispanus, scripsit adversus Manichæos, Sabellianos et Arianos, maxime quoque speciali intentione contra ᵘ Photinianos, qui nunc vocantur Bonosiaci, librum, quem prætitulavit de Fide adversus hæreticos : in quo ostendit antiquitatem Filii Dei ᵛ coæternalem Patri fuisse, nec initium deitatis tunc a Deo Patre ˣ accepisse, cum de Maria Virgine homo, Deo fabricante, conceptus et natus est.

CAPUT XV.

ʸ Commodianus, dum inter sæculares litteras etiam nostras legit, occasionem accepit fidei. Factus itaque Christianus, et volens aliquid studiorum suorum muneris offerre Christo, suæ salutis auctori, scripsit mediocri sermone, ᶻ quasi versu, librum adversus Paganos. Et quia parum ᵃᵃ nostrarum attigerat litte-

---

ᵃ Vel diaboli vitiatæ naturæ suggestio, et contra se habeat testimonium.
ᵇ Eamdem simplicitatem qua in Græcum invenire visus sum, in Latinum transtuli.
ᶜ Opposuit habet Miræus. Nostri codices rectius ut opinor, Composuit. — Hæc verba, Composuit et anachoretis, usque ad illa, auctoris veritati restitui, in utroque codice, et Guelpherbyt. et Noribergensi, desiderantur. Ern. Cyprianus.
ᵈ Cœnobitæ sive synoditæ genus monachorum in commune viventium et ab anachoretis quos paulo ante memorat, distinctorum.
ᵉ Synoditis habet Miræus contra codicum fidem. Ern. Cyprianus.
ᶠ Al. prodigiis, quod glossema est.
ᵍ Ms Corb. vitiose, Theodoretus. — Quem Gennadius hic Theodorum presbyterum vocat, alii scribunt fuisse presbyterum in monasterio Rhaitu. Tomo V Bibliothecæ Patrum, editionis postremæ Coloniensis, exstat hujus titulo commentarius de Incarnatione Domini, contra Nestorium et Eutychen : cujus et Bellarminus in Catalogo meminit. Miræus.
ʰ Id., disertissimus.
ⁱ Id., duabus substantiis.
ʲ Id., quarto decimo libro.
ᵏ Ætatem suam, et quo anno sua sacra poemata Prudentius scripserit, ipse prodidit, consulem indicans quo natus erat, prælatione in Cathemerinon : quam vetera mss. exemplaria ut totius operis Prudentiani prooemium; in prima ejus fronte merito locant. Irrepsit subito canities seni, oblitum veteris me Saliæ arguens sub quo prima dies mihi. Salia cum Philippo anno Christi 348 consul fuit. His adde annos 57 quos egerat Prudentius, reliquum est ut hæc scripserit anno Christi 405. Prudentii opera omnia, studio Theodori Palmanii et Victoris Giselini ex fide 10 librorum manuscriptorum emendata Plantinus 1564 suis typis publicavit. Miræus.
ˡ Deest id in ms. Corb.
ᵐ Id., trocleum, vitiose. Sed legendum διπτυχον, ex Gisanii emendatione.
ⁿ Exceptis. Ita omnes codices mss. Sed Miræus legit excerptis. Ern. Cyprianus.
ᵒ Corb., Exemeron... a conditione primi hominis.
ᵖ Id., libros quos gr. a. prætitulavit.
ᵠ Id., de diversis, vitiose.
ʳ Codices habent compugnantiæ animæ. Miræus habet animi. Ern. Cyprianus.
ˢ Sub aliorum nominibus invitatorium ad martyrium. Hæc verba omittuntur in nostris mss. et recte quidem. Ern. Cyprianus.
ᵗ Non in libris contra Symmachum sed in præf. Cathemerinon hoc tangit Prudentius : tandem militiæ gradu evectum pietas Principis extulit assumtum propius stare jubens ordine proximo.
ᵘ Ms. Corb., Fontiniacos.
ᵛ Id., coæternam fuisse, non initium D.
ˣ Id., acceperit cum Maria matre.
ʸ De Audentio et Commodiano agit quoque Trithemius lib. de Scriptoribus eccles. Miræus.
ᶻ Ita, recte Suffridus Petri. Licet in Corb. quasi librum.
ᵃᵃ Al. nostrorum litteras. Commodiani librum edidit Rigaltius cum notis, et Henr. Leonardus Schurzfleischius Witebergæ A 1705, 4.

rarum, magis illorum destruere potuit dogmata quam nostra firmare. Unde et de divinis repromissionibus adversum illos vili satis et crasso, ut ita dixerim, sensu disseruit, illis stuporem et nobis desperationem incutiens, Tertullianum, et Lactantium et Papiam auctores secutus. Moralem sane doctrinam et maxime voluntariæ paupertatis amorem optime prosecutus, studentibus inculcavit.

CAPUT XVI.

Faustinus presbyter scripsit ad personam Flaccillæ Reginæ [b] adversum Arianos et Macedonianos libros septem. His eos maxime sanctarum Scripturarum testimoniis arguens et convincens, quibus illi pravo sensu abutuntur ad blasphemiam. Scripsit et librum, quem Valentiniano et Arcadio imperatoribus, pro defensione suorum, cum Marcellino [c] quodam presbytero obtulit. Ex quo ostenditur [d] Luciferiano schismati consensisse; quia Hilarium Pictaviensem et Damasum urbis Romæ ep'scopos in eodem libro culpat, quasi male consuluerint Ecclesiæ, quod prævaricatores episcopos in communionem et sacerdotium, pacis recuperandæ gratia, recepissent. Quo 1 Luciferianis ita displicuit, recipere episcopos qui in Ariminensi concilio Arianis communicaverant, quomodo Novatianis apostatas pœnitentes.

CAPUT XVII.

[e] Rufinus, Aquileiensis presbyter, non minima pars fuit doctorum [f] Ecclesiæ et in transferendo de Græco in Latinum elegans ingenium habuit. Denique maximam partem Græcorum bibliothecæ Latinis exhibuit; Basilii scilicet Cæsariensis Cappadociæ episcopi, Gregorii Nazianzeni, eloquentissimi hominis; Clementis Romani Recognitionum libros, [g] Eusebii Cæsariensis Palæstinæ ecclesiasticam Historiam; [h] Xysti Sententias, Evagrii Sententias. Interpretatus est etiam Sententias [i] Pamphili martyris adversum mathematicos. Horum omnium quæcumque, præmissis prologis, a Latinis leguntur, a Ruffino interpretata sunt; [j] quæ autem sine prologo, ab alio translata sunt, qui prologum facere noluit. Origenis autem non omnia (quia et Hieronymus aliquanta) transtulit, quæ sub prologo discernuntur. Proprio autem labore, imo gratia Dei et dono, exposuit idem Ruffinus symbolum [k], ut in ejus comparatione alii nec exposuisse credantur. Disseruit et benedictionem Jacob super Patriarchas triplici, id est, historico, morali et mystico sensu. Scripsit et epistolas ad timorem Dei hortatorias multas, inter quas præeminent illæ quas ad Probam dedit. Historiæ etiam ecclesiasticæ, quam ab Eusebio scriptam et ab ipso interpretatam diximus, addidit [l] decimum et undecimum librum. Sed et [m] obtrectatori opusculorum suorum respondit duobus voluminibus, arguens et convincens se Dei intuitu et ecclesiæ utilitate, auxi-

---

[a] Faustinus iste temporibus Damasi I papæ vixit, et b s schismaticus fuit : semel in schismate Ursicini contra Damasum, et in schismate Luciferianorum : ut Gennadius hoc capite, et Baronius tomo IX Annalium, ad annum Damasi primum et Siricii quartum, testantur. Placuit tamen eum in hoc catalogo ponere, quoniam scripsit ad Flaccillam Theodosii imperatoris uxorem, Arcadii et Honorii impp. matrem, libros septem contra Arianos ut ab eruditis, qui exstant in Bibliotheca veterum Patrum. Ita Bellarminus lib. de Scriptoribus Ecclesiasticis loquitur. Cæterum liber iste de Trinitate seu Fide contra Arianos, etiam sub nomine Gregorii Bætici, ab Hieronymo cap. 100 memorati, totus fuit editus : nisi quod epistola ad Flaccillam esset mutila. Minæus.

[b] Ms. Corb., adversus Arium et Macedonium. Pro libris, septem capitula rectius dixeris. Faustini opuscula Sirmondus edidit. Vide Paschas. Quesnelum diss. 14 ad Leonem M.

[c] Corbei., quondam presbytero obtulit.

[d] Id., Luciferiani schisma conscripsisse.

[e] Ruffinus, Aquileiensis presbyter et monachus, S. Hieronymi primum amicitia, postea offensione clarior, paulo post Romam ab Alaricho Gothorum rege captam, hoc est paulo post annum Christi 410, obiit, ut Baronius censet; Ruffini opera tomis duobus Sonnius 1580 Lutetiæ excudit : de quibus vide Bellarmini judicium lib. de Scriptoribus Ecclesiasticis, et Roswcidi in prolegomenis 4 et 5 ad Vitas Patrum. Minæus.

[f] Corb., Doctorum Ecclesiarum.

[g] Id., et Eusebii Cæsariæ Palestinæ Ecclesiæ episcopi historiam.

[h] Ruffinus Xysti Pythagoræi librum, titulo Sixti papæ ac martyris, falso edidit. Id constat ex variis S. Hieronymi locis, ut in cap. 22 Jeremiæ, ubi eum nomine Grunnii perstringit, et in cap. 18 Ezechielis: item ex Augustino l. II Retractat. cap. 40 (qui deceptus antea libro de Nat. et Grat. cap. 64 Sixti pontificis nomine allegarat), et ex ipsa Ruffini epistola ad Apronianum, quam interpretationi Enchiridii Sixti præfixit. Hieronymum ipsum in epistola ad Ctesiphontem audiamus tonantem contra Ruffinum : Illam autem temeritatem, imo insaniam ejus quis digna possit explicare sermone, quod librum Xysti Pythagoræi hominis absque Christo atque ethnici, immo aio nomine, Sixti martyris et Romanæ Ecclesiæ episcopi prænotavit? Minæus.

[i] Honorius lib. II, de Script. Eccles., c. 17, Gennadium solitus sublegere, hunc ejus locum corrupit, sic exprimens : Sixti philosophi sententias adversus mathematicos. Nec enim Sixtus adversus mathematicos scripsit, sed Pamphilus martyr : ut distincte hic habet Gennadius. Cæterum præter opera hic a Gennadio commemorata, Ruffinus insuper scripsit, vel ex Græco Latine reddidit Vitas Patrum, libro secundo et tertio in editione Plantiniana comprehensas : ut Heribertus Rosweidus in prolegomeno 4, § 10, fuse probat. Minæus.

[j] Verba quæ autem sine, etc., usque ad quia et Hieronymus aliqua, desunt in Corbei.

[k] In eodem Corb. est : Ruffinus symbolum disseruit, et benedictiones Jacob super Patriarchas...mystico sermone. Scripsit et epistolas ad timorem Dei, inter quas eminent, etc.

[l] In vertenda Eusebii Historia Ruffinus nimia libertate usus fuit, multa addens, demens ac mutans. Dimidium octavi libri omisit, decimum vix attigit. Adeoque ex decem Eusebii libris fecit novem : quibus duos, hic a Gennadio memoratos, de suo adjecit. Hos Græce reddidit, et præfationem suam præfixit Gelasius, Cæsareæ in Palestina episcopus, qui Cyrillum Hierosolymorum episcopum habuit avunculum; non ille Cyzicenus, qui res in Nicæno concilio scripsit. De duobus istis Gelasiis supra ad Hieronymi cap. 130 egimus. Minæus.

[m] Obtrectatorem hunc vocat D. Hieronymum, adversus quem Ruffinus edidit Invectivarum libros duos, et nota est controversia inter hos ex operibus Hieronymi. Hinc au em patet Gennadium Hieronymo præ-

liante Domino, ingenium agitasse; illum vero ª æmulationis stimulo incitatum ad obloquendum st*lum ᵇ vertisse.

CAPUT XVIII.

ᶜ Tichonius natione Afer, in divinis litteris eruditus, juxta historiam sufficienter, et in sæcularibus non ignarus fuit ; in ecclesiasticis quoque negotiis studiosus. Scripsit de Bello intestino libros tres et Expositiones diversarum causarum, in quibus ob suorum defensionem, antiquarum meminit synodorum. E quibus omnibus agnoscitur ᵈ Donatianæ partis fuisse. Composuit et Regulas ad investigandam ᵉ et inveniendam intelligentiam Scripturarum, septem, quas in uno volumine conclusit. Exposuit et Apocalypsin Joannis ᶠ ex integro, nihil in ea carnale, sed totum intelligens spiritale. In qua expositione dixit, angelicam stationem corpus esse. Mille quoque annorum regni in terra justorum post resurrectionem futuri suspicionem dulit; neque tuas in carne ᵍ mortuorum resurrectiones futuras, unam justorum, et aliam injustorum, sed unam et semel omnium, in qua resurgent etiam abortivi ʰ deformati, ne quid humani generis animatæ substantiæ intereat, ostendit. Distinctionem sane duarum resurrectionum ita facit : Primam, quam justorum, Apocalypsis dicit, credimus modo in Ecclesiæ incremento agi, ubi justificati per fidem a morticinis peccatorum suorum per baptismum ad vitæ æternæ stipendium ⁱ suscitantur, secundam vero generaliter omnis hominum carnis. Floruit hic vir ætate qua jam memoratus Ruffinus, Theodosio ʲ et filio ejus regnantibus.

CAPUT XIX.

ᵏ Severus presbyter, cognomento Sulpitius, Aquitaniæ provinciæ, vir genere et litteris nobilis, et paupertatis atque humilitatis amore conspicuus, clarus etiam sanctorum virorum Martini Turonensis episcopi, et Paulini Nolensis notitia, scripsit non contemnenda opuscula. Nam epistolas, ad amorem Dei et contemptum mundi ˡ hortatorias, scripsit sorori suæ ᵐ multas, quæ notæ sunt. Scripsit ⁿ ad Paulinum prædictum duas, et ad alios alias. Sed quia in aliquibus etiam familiaris necessitas inserta est, non digeruntur. Composuit et ᵒ Chronica. Scripsit et ad multorum profectum vitam B. Martini monachi et episcopi, signis et prodigiis ac virtutibus illustris viri ᵖ : et collationem Postumiani et Galli, se mediante et judice, de conversatione monachorum Orientalium et ipsius Martini habitam, in Dialogi ᵠ speciem, tribus incisionibus comprehendit. In quarum priore refert, suo tempore apud Alexandriam in sy-

---

ferre Ruffinum, quod in censura supradictum est. Quid vero de Ruffini operibus senserit pontifex Gelasius, videat lector distinct. 15, cap. Sancta Romana. Suffridus Petri.

ª Co b., æmulum.
ᵇ Id., agi avisse.
ᶜ Tichonius Afer, in aliquibus dogmatibus Donatista, scripsit volumen regularum : quas S. Augustini l. ɪɪɪ de Doctrina Christiana c. 30, et lib. ɪɪ Retract. c. 18, item Cassiodorus præfat. in Psalmos et Isidorus l. ɪ de Summo Bono, recensent et examinant. Vixit an. 390. Ita Molanus in ms. bibliotheca sacra. Illos 7. Regularum libros cum mss. collatos And. Schottus tom. XV Bibliothecæ Patrum publicavit. Miræus.
ᵈ Ms. Corb., Donatistarum partis.
ᵉ Verba et inveniendam desunt in Corbei
ᶠ Id., ad integrum,.... sed tantum intelligens spiritalem. In qua exponens dixit.
ᵍ Ms. Corbei., Suspicionem tulit. Neque duas in carne resurrectiones futuras inter justos et inter injustos, sed unam et in semel omnium. In qua resurrectione abortivi deformati resurgunt (infra c. 38). Distinctionem sane duabus resurrectionibus, etc.
ʰ Al. reformati, et mox, ne quid humani generis deformatum et animatum substantia intereat, vel animatæ substantiæ intereat.
ⁱ Ms. Corb., homines suscitantur. Duo vero genera omnium hominum, justorum et peccatorum. Floruit, etc.
ʲ Theodosio cum filiis suis.
ᵏ Severus cognomento Sulpitius, aliis Sulpitius Severus, Paulino Nolano, Greg. Turonensi, aliisque simpliciter Severus, fuit domo Aquitanus, ut ipse dialogo ɪ, c. 20, fatetur. Et quidem a Nitiobrigibus, cum lib. ɪɪ Historiæ sacræ Phœbadium (qui Agenni Galliarum episcopus fuit, ab Hieronymo in Catalogo cap. 108 memoratus) suum vocet episcopum. Notum autem Agennum esse in Nitiobrigibus. Vixit maxime Elusone, ut Paulinus ep. 6 habet; vel Primuliaci, ut idem ep. 11, 12, tradit. Tolosæ quoque cum habit asse colligere est ex ipsius Severi ep. ad socrum Bassulam. Fuit autem Elusa, seu Elusio (nunc Lausun), urbs olim inter Narbonem et Tolosam, in Gallia Narbonensi, sita, ut constat ex Itinerario Burdigalensi, quod Pithœus edidit. Estque distinguenda ab urbe Elusa, olim inter Burdigalam et Tolosam, in Aquitania et Novempopulis, sita. Primuliacum non longe distabat ab Elusone, ubi Severus maxime degebat. Paulinus ep. 12 meminit basilicæ a Severo apud Primuliacum conditæ. Cæterum Sulpitius hic noster non fuit Bituricensis episcopus (quod Sigonio, Galesinio, Giselino et aliis multis viris doctis visum), sed presbyter tantum, ut hoc capite Gennadius testatur, nunc Primuliaci, nunc Elusone degens, ut præferunt Paulini Nolani epistolæ variæ. Ab isto nostro Sulpitio, S. Martini discipulo, longe alius fuit, et quidem ætate posterior. S. Sulpitius Severus, episcopus Bituricensis, martyr. Roman. 29 Jan. ascriptus ; qui Masticonensi ɪɪ concilio interfuit, et cui suam de septem dormientibus historiam Gregor. Turonensis dicavit. Quod ad Severi nostri scripta attinet, his oriam sacram elegante stylo ab orbe condito exorsus, eam usque ad S. Tiliconis et Aureliani consulatum, hoc est, Christi 400 annum perduxit. Scripsit item Vitam S. Martini episcopi Turonensis, quo familiariter usus fuit, et tres epistolas ad ejusdem episcopi encomium pertinentes. Exstant ejusdem dialogi tres ; quorum primus narrat virtutes monachorum Orientalium, duo posteriores exponunt virtutes S. Martini, libro ɪ præveritas. In Dialogis Sulpitius sequitur errorem millenariorum, ut Hieronymus in Ezech. c. 36 monet. Unde Gelasio papæ opuscula Postumiani et Galli apocrypha. Miræus.
ˡ Al. Exhortatorias.
ᵐ Ms. Corbei., multum.
ⁿ Id., Ad prædictum Paulinum Nolanum tres alias. Sed quia, etc.
ᵒ Id., Chronicon.
ᵖ Addit mss. Corbei., quam vero postea Postumianus et Gallus insigniter prosecuti sunt. Collationem vero Postum., etc.
ᵠ Id., speciem et incisionibus comprehensum.

nodo episcoporum decretum [a] Origenem cautius a sapientibus pro bonis legendum, et a minus capacibus pro malis [b] refutandum. [c] Hic in senectute sua a Pelagianis deceptus, et agnoscens loquacitatis culpam, silentium usque ad mortem tenuit, ut peccatum quod loquendo contraxerat, tacendo [d] pœnitens emendaret.

CAPUT XX.

[e] ANTIOCHUS episcopus scripsit Adversus Avaritiam unum et longum volumen. Et in curatione cæci qui a Salvatore illuminatus est, homiliam composuit, compunctione timoris Dei et humilitatis plenam. [f] Moritur Arcadii imperatoris tempore.

CAPUT XXI.

[g] SEVERIANUS, [h] Gabalensis Ecclesiæ episcopus, in divinis Scripturis eruditus, et in homiliis declamator admirabilis fuit. Unde et frequenter ab episcopo Joanne et [i] imperatore Arcadio, ad faciendum sermonem Constantinopolim vocabatur. Legi ejus [j] expositionem in Epistolam ad Galatas et de baptismo, et Epiphaniæ solemnitate libellum gratissimum. Moritur [k] minore Theodosio imperante.

CAPUT XXII.

NICEAS [l] Romacianæ civitatis episcopus, composuit simplici et nitido sermone competentibus ad baptismum Instructionis libellos sex. In quibus continet primus qualiter se debeant habere competentes qui ad baptismi gratiam cupiunt pervenire. Secundus est de Gentilitatis erroribus: [m] in quo dicit suo pene tempore [n] Melodium quemdam patrem familias ob liberalitatem, et Gadarium rusticum ob [o] fortitudinem ab ethnicis esse inter deos translatos. Tertius liber de Fide unicæ majestatis; quartus adversus [p] genethlologiam, quintus de Symbolo, sextus de Agni paschalis victima. Edidit et ad Lapsam Virginem [q] libellum, pene omnibus labentibus emendationis incentivum.

CAPUT XXIII.

OLYMPIUS, [r] natione Hispanus, episcopus, scripsit librum fidei adversus eos qui naturam et non arbitrium in culpam vocant, ostendens non creatione, sed inobedientia insertum naturæ malum.

CAPUT XXIV.

[s] BACHIARIUS vir Christianæ [t] philosophiæ, nudus et expeditus vacare Deo disponens, etiam peregrinationem [u] propter conservandam vitæ integritatem elegit. Edidisse dicitur grata opuscula; sed ego ex illis unum tantum de Fide libellum legi, in quo satisfacit pontifici urbis, adversus [v] querulos et infamatores peregrinationis suæ, et indicat se non timore hominum, sed Dei, peregrinationem suscepisse, ut

---

[a] Corb., *Origenistas cautius a sapientibus probis legendum*, vitiose.
[b] Hoc est, abjiciendum.
[c] Postrema hæc ab aliena manu assuta putat Joan. Clericus tom. XX Bibl. selectæ p. 330. Sed agnoscuntur ab omnibus mss.
[d] Sic e ms. Corbei. reposui pro *penitus*.
[e] Ms. Corbei., *Antiocus ..... adversus avaritiam unum et grande volumen in curatione cæci qui a Salvatore curatus est omeliam composuit.* — Al ius ab isto fuit Antiochus monachus in Laura S. Sabæ : cujus homiliæ exomologesis itemque liber ad Eustathium de Vitiosis Cogitationibus, a Petro Pantino ex Græco Latine redditus, exstant tom. VII Bibliothecæ Patrum editionis ultimæ Coloniensis. (Tom. XII, Lugd.) De eo Baronius tom. VIII consuli poterit. Ejusdem Antiochi, nisi fallor, liber est, qui in Vaticana bibliotheca ms. exstat, cum hac epigraphe, S. Antiochi ad Eustathium diversa capita. De cujus ætate Gonsalvus Ponclus Leonius in notis ad Physiologum S. Epiphanii cap. 22 fuse disputat. MIRÆUS.
[f] Id., *moritur Marciano imperanti*.
[g] De Severiano Gabalitano, vel Gavalitano (Suffrid. Petri Gavellensis; ms. Gemblac., *Gavillensis* Ecclesiæ) episcopo ita Molanus in ms. bibliotheca sacra : Severianus Gavalitanus episcopus, cui Chrysostomus Ecclesiam suam, cum in exsilium mitteretur, commendavit, scripsit sermones varios, quorum ali qui exstant in operibus Chrysostomi et Chrysologi; plurium autem fragmenta in libris veterum. Petavius in rationario temporum dicit ipsum ob æmulationem Chrysostomi minus secundam posteritatis famam meruisse. MIRÆUS.
[h] Corbei., *Gabalitanæ*.
[i] *Imperatori Archadio*.
[j] Id., *expositionem ad Galatas, et de Baptismo et Ephyfania*.
[k] Id., *juniore Theodosio filio suo in baptismate, imperante*. — Codex Norib. perinde ut Guelpherbytanus : *Theodosio, filio suo in baptismo, imperante*. ERN. CYPRIANUS.
[l] *Romanæ*, perperam. In aliis invenire se *Romaniciæ* testatus est Suffridus Petri.
[m] Corbei. ms., *in quo pene tempus Melgid'um quemdam patrisfamilias... et Gadarium rusticum*, etc.
[n] *Melodium*. Ita Norib. At Guelpherb. habet *Meladium; Miræus Melchidium*. ERN. CYPRIANUS.
[o] Norib. habet *ob fornicationem*. ERN. CYPRIANUS.
[p] Al., *Genethlogiam*; nam in Corb. vitiose *genocliam*. — Ita Miræus. N., *Genealogiam*. Cu., *Geneologiam*. ERN. CYPRIANUS.
[q] Id., *lib um humanæ labentibus et incentivum*.
[r] Al., *Olympus*. Gemblacensis codex, teste Suffrido Petri, *Opilius*. — Augustinus, lib. I contra Julianum, Olympum vocat, fragmentumque ex quodam ejus sermone ecclesiastico exhibet agens de peccato originis. Itaque non omnia ejus scripta recensent Gennadius et Cave, quorum posterior eum circa an. 430 claruisse existimat. Verum quia Augustinus virum magnæ in Ecclesia et in Christo gloriæ vocabat, cum adversus Julianum scriberet; videtur multo ante claruisse. Obiit enim Augustinus an. 430. ERN. CYPRIANUS.
[s] Suffrid. Petri *Bacciarius*. Cod. Martiniensis et Corbei., *Bacharius*. Gemblac. et Viridis Vallis, *Bachiarius*. Honorius autem *Bachianus* habet vitiose. — Bachiarii hujus epistola ad Januarium de recipiendis lapsis exstat in Bibliotheca veterum Patrum. Fuit et a Plantino edita cum opusculis S. Sixti III papæ, studio Jacobi Salvatoris Solanii Murgitani, qui ipsum vocat S. Bracharium. Vide infra cap. 56. MIRÆUS.
[t] Corbei., *vir Christianæ disciplinæ expeditus*. Pro *nudus* V. C. Lud. Antonius Muratorius malit *nitidus*. Sed recte se habere puto illud *nudus*, neque vero ad verba quæ præcedunt illud referendum est cum Honorio, sed ad ea quæ sequuntur, et idem plane valet quod expeditus. Patriam, et cognationem relictam significans.
[u] Al., *pro conservanda vitæ integritate* vel ut Corbei., *propositi integritate*.
[v] Corbei., *querolos*. Cod. Viridis Vallis : *adversus Cerellos*. Sed recte se habet illud *querulos*. Sic infra c. 39 de Orosio : *scripsit adversus querulos et infamatores Christiani nominis*.

exiens [a] de terra sua cohæres fieret Abrahæ patriarchæ.

CAPUT XXV.

[b] SABBATIUS, Gallicanæ Ecclesiæ episcopus, rogatus a quadam casta et Christo dedicata virgine, Secunda nomine, composuit librum de Fide adversus Marcionem et Valentinum ejus [c] auctorem, et adversus Eunomium et ejus magistrum Aetium, ostendens eis ratione et Scripturarum testimoniis, [d] unum esse Deitatis principium, unum esse Deum æternitatis auctorem, et mundi ex nihilo conditorem; simulque et de Christo, quod non in phantasia homo apparuerit, sed veram habuerit carnem, per quam manducando, bibendo, lassando, plorando, moriendo, resurgendo verus probatus est homo. His enim Marcion et Valentinus contrarii exstiterunt, asserentes [e] duo Deitatis esse principia, et Christum venisse in phantasia. Aetio vero et Eunomio discipulo ejus ostendit, Patrem et Filium non duarum esse naturarum et [f] divinitate parilium, sed unius essentiæ (ὁμοιουσίων), et alterum ex altero, id est, ex Patre Filium, et alterum alteri coæternum : cui credulitati Aetius et Eunomius contradicunt.

CAPUT XXVI.

[g] ISAAC scripsit de sanctæ Trinitatis tribus personis et incarnatione Domini librum obscurissimæ disputationis et involuti sermonis, confirmans ita in una Deitate tres esse personas, ut sit aliquid in singulis proprium, quod non habeat alia. Patrem scilicet hoc habere proprium, quod ipse sit sine origine origo aliorum : filium hoc habere proprium, quod genitus genitore non sit posterior : Spiritum sanctum hoc habere proprium, quod nec factus sit nec genitus, et tamen sit ex altero. De incarnatione vero ita scribit, ut manentibus in ea duabus naturis una credatur Filii Dei persona.

CAPUT XXVII.

[h] URSINUS monachus scripsit adversus eos qui rebaptizandos hæreticos decernunt, docens nec legitimum esse, nec Deo dignum, rebaptizari illos qui in nomine Christi, vel in nomine Patris, et Filii, et Spiritus sancti, quamvis pravo sensu, baptizentur; sed post Trinitatis et Christi simplicem confessionem sufficere ad salutem manus impositionem catholici sacerdotis.

CAPUT XXVIII.

[i] MACARIUS, alius monachus, scripsit in urbe Roma adversus [j] mathematicos librum, in quo labore, [k] orientalium quæsivit solatia Scripturarum.

CAPUT XXIX.

[l] HELIODORUS alius, Antiochiæ presbyter, edidit de virginitate egregium et sacris Scripturis instructum volumen.

CAPUT XXX.

[m] JOANNES, Hierosolymorum episcopus, scripsit

---

[a] Corbei., de t rra vel cognatione sua ex Genes. XII, 1. Hunc Bachiarii libellum primus edidit cum notis vir eruditissimus Lud. Antonius Muratorius tom. II Anecdot. Bibl. Ambrosianæ, Mediolan. 1698, 4, in quo sub init. statim ita loquitur : *Nos patriam etsi secundum carnem novimus, sed nunc jam non novimus, et desiderantes Abrahæ filii fieri, terram nostram cognationemque repulimus.*

[b] In Corbei. hoc caput deest. Cæterum fallitur vir doctus Latinus Latinius, qui in Bibl. sacro-profana hunc Sabbatium eumdem habet cum Phœbadio de quo Hieron. c. 108. In Cod. Gemblac. *Sapatius*.

[c] Ita mss. et antiquæ H mori editiones : pro quo alii male *auditorem*. Sed *auctorem* dicit pro magistro et hæreseos conditore.

[d] Codex Sigebergensis quem Suffridus Petri inspexit : *unum esse Dominum æternitatis auctorem.* — *Unum esse Deitatis principium, unum esse Deum æternitatis auctorem.* Ita feliciter, ut opinor, locum restitui e codice Noribergense. In Miræo est incongrua lectio : *Unum esse Deitatis auctorem et mundi ex nihilo.* In Gu. etiam est : *Deitatis principum.* ERN. CYPRIANUS.

[e] Vocem *Deitatis* non habent nostri codices. ERN. CYPRIANUS.

[f] Ita ex Nor. posuimus. Miræi lectio non cohæret: *et divinitatis parilis.*

[g] Hoc quoque caput desideratur in Corbei. Neque vestigium ejus in Trithemio. Isaacus iste ex Judæo Christianus fuit, nam libellus ejus in Pithœano codice ita inscribitur, teste Sirmondo : *Fides Isaacis ex Judæo.* A Caveo refertur ad ann. 430, a Suffrido Petri ad 450, Sirmondo, cui assentior, videtur paulo ante an. 400 clarruisse. — Isaaci, ex Judæo ad Christium conversi, librum fidei, de S. Trinitate et de incarnatione Domini tractantem, Jacobus Sirmondus, S. J. theologus, cum Leporii presbyteri, Capreoli episcopi Carthaginiensis, et Victorini Afri libellis, Lutetiæ 1630 primus edidit. MIRÆUS.

[h] Hic Ursinus in codice Vaticano auctor inscribitur libelli de rebaptizatione hæreticorum, qui sine nomine editus est a Rigaltio et a Joanne Fello Oxoniensi episcopo ad calcem operum S. Cypriani. Vide Labbeum tom. I Concil., p. 770.

[i] Alius ab eo de quo supra cap. 10. — Macario huic Romano Ruffinus Aquileiensis apologiam suam pro Origene inscripsit. Hieronymus apologia 2 contra Ruffinum : *Ergo,* inquit, *nisi de Oriente venisses, eruditissimus vir hæreret adhuc inter mathematicos;* intelligens nimirum hunc Macarium Romanum, quem Ruffinus sibi perfamiliarem habuit, quemque a mathematicis abstraxit, et Origenis fuligine infecit. Baronium tom. V ad ann. Christi 317 consule. Diversus est hic Macarius ab altero Macario Romano, qui 23 Octobr. a Græcis in menologio celebratur, et cujus vita exstat tom. I in Vitis Patrum. Quos quidem Macarios Baronius ad martyrologium Rom. die 2 Januarii confuderat, ut Rosweidus in notis ad epistolam 36 Paulini Nolani notavit. MIRÆUS.

[j] Astrologos Genethliacos. Hujus Macarii opuscula adversus fatum et Mathesin memorat Ruffinus invectiva 1 in Hieron.

[k] Ejusdem Ruffini scriptis adjutum Macarium innuit. Vide Baronium ad martyrolog. 2 Januar., et Tillemontium tom. XII Memor. p. 203 seq.

[l] Heliodorus alius ab Heliodoro itidem presbytero, quem supra c. 6 ipse Gennadius quoque memoravit. MIRÆUS.

[m] Joannes episcopus Hierosolymitanus vixit temporibus S. Hieronymi. Ascribitur Joanni liber ad Caprasium de Institutione monachi : qui in Bibliotheca Patrum et alibi exstat. Sed is videtur scriptus ab aliquo longe posteriore. Sic Bellarminus lib. de Scriptoribus eccles. et Baronius ad annum 444 censent. Carmelitæ tamen, in his Thomas a Jesu Bratiensis, et Petrus Wastelius, priorem sententiam astruere conantur. Cæterum Joannes Hierosolymitanus, Ruffinus Aquileiensis et Palladius Galata, summi illo ævo fau

adversus obtrectatores studii sui librum [a], in quo ostendit Origenis se ingenium, non fidem secutum.

CAPUT XXXI.

[b] PAULUS episcopus scripsit de pœnitentia libellum, in quo dat legem pœnitentibus, ita debere dolere de peccatis, ne supra mensuram tristitiæ, immensitate desperationis mergantur.

CAPUT XXXII.

[c] HELVIDIUS Auxentii discipulus, Symmachi imitator, scripsit quidem religionis studio, sed non secundum scientiam, librum, neque sermone, neque vera ratione nitidum: in cujus [d] opere ita sanctarum Scripturarum sensum ad suam perversitatem flectere conatus est, ut earum testimoniis asserere voluerit S. Mariam post nativitatem Domini, quæ virgo peperit, Joseph sponso suo junctam, et ex ejus consortio filios [e] suscepisse, qui fratres Domini appellati sunt [f]. Cujus pravitatem Hieronymus arguens libellum documentis Scripturarum sufficienter factum adversum eum edidit.

CAPUT XXXIII.

[g] THEOPHILUS, Alexandrinæ civitatis episcopus, [h] scripsit adversum Origenem unum et grande volumen, quo omnia pene ejus dicta [i] et ipsum pariter damnat, simul docens, non a se primum eum, sed ab antiquis Patribus, et maxime Heracla, fuisse et a presbyterio ejectum, et de ecclesia pulsum, [j] et de civitate fugatum. Sed et anthropomorphitas hæreticos, qui dicunt Deum humana figura et membris constare, disputatione longissima confutans, et divinarum Scripturarum testimoniis arguens et convincens eos, ostendit Deum [k] incorruptibilem et incorporeum juxta fidem Patrum, credendum, neque ullis omnino membrorum lineamentis compositum, et ob id nihil ei in creaturis simile per substantiam, neque cuiquam incorruptibilitatem suæ dedisse naturæ, sed esse omnes intellectuales naturas corporeas, omnes corruptibiles, omnes mutabiles, ut ille solus corruptibilitati et mutabilitati non subjaceat, *qui solus habet immortalitatem* (*I Tim.* VI, 16). Paschalem etiam recursum, quem magna apud Nicæam synodus post nonaginta et [l] quinque annos agi in tempore et die et luna secundum suum statum invenerat, additis quibusdam [m] ipsius festivitatis rationibus et expositionibus, Theodosio obtulit. Legi et tres de Fide libros sub nomine ejus titulatos; sed quia lingua inconsonans est, non valde credidi.

CAPUT XXXIV.

[n] EUSEBIUS scripsit de crucis Domini Mysterio et apostolorum, præcipueque [o] Petri constantia, [p] virtute crucis indepta.

CAPUT XXXV.

VIGILANTIUS presbyter, natione Gallus, [q] Hispaniæ Barcilonensis parochiæ [r] ecclesiam tenuit. Scripsit et ipse zelo quidem religionis aliqua; sed seductus humana laude, et præsumens supra vires suas, homo lingua politus, non sensu Scripturarum exercitatus, exposuit pravo ingenio secundam visionem Danielis, et alia locutus est [s] frivola, quæ in catalogo hæreticorum necessario ponuntur. Huic et B. Hieronmus presbyter [t] respondit.

CAPUT XXXVI.

[u] SIMPLICIANUS, episcopus Mediolanensis, multis

[i] Verba *et de civitate fugatum*, absunt a Corbei.
[k] Vocabulum *incorruptibilem* deest a Corbei.
[l] Corbei., *62 annos*, vitiose.
[m] Tota periodus perobscura est. N. habet: *Festivitatibus, rationibus*. Gu., *Festivitatis orationibus*, ERN. CYPRIANUS.
[n] Fortasse Eusebius episcopus Mediolanensis intelligitur.
[o] Ms. Corbei., *Petri constantiam, virtutem crucis indeptam.*
[p] *Virtute crucis fidei virtute indempta.* Ita Noribergensis. ERN. CYPRIANUS.
[q] Cod. Gemblac. et Viridis Vallis, *Barcinonensis*.
[r] Corbei., *Hispaniæ post Barcillonensium Ecclesiam tenuit.*
[s] Cod. Gemblac. et Viridis Vallis, *superflua*.
[t] Corbei., *luculentissime respondit*.
[u] S. Simplicianus, episcopus Mediolanensis martyrologio Rom. 16 Augusti inscriptus legitur. Exstant ad eum S. Ambrosii (cujus primum adjutor, postea in episcopatu successor fuit) complures epistolæ. Eidem S. Augustinus libros duos de diversis quæstionibus dicavit: quorum lib. II Retract., c. 1, et lib. I de Prædest. sanctorum, c. 4, meminit. Scripsit ad eumdem S. Vigilius episcopus Tridentinus libellum de martyrio S. Sisinii ac sociorum. Exstat de eodem epigramma Ennodii Ticinensis num. 78, cujus hoc exordium:
   Ambrosius, linquens viduatæ munia plebis,
     Transtulit ad curam, Simpliciane, tuam.
In Domino obdormivit tertio sui pontificatus anno, sedente Siricio papa; et quiescit Mediolani in templo suo nomini dicato: ut Josephus Ripamontius lib. VI Hist. Mediol. fuse narrat. MIRÆUS.

---

tores Origenis fuerunt: quos ideo S. Epiphanius et S. Hieronymus suis scriptis exagitarunt. MIRÆUS.

[a] Ad Theophilum Alex. Vide Petri Wastelli vindicias Joannis Hierosol. p. 530 seq., et Tillemontium tom. XII Memor., p. 186 et 197.
[b] Codex Gemblacensis et Viridis Vallis hunc vocant Paulinum, teste Suffrido Petri.
[c] Ms. Corbei., *Helvidius hæreticus*. Auxentium intelligunt Arianum, Mediolanensem episc. et Symmachum, quem idololatriam defendentem dixit noster supra c. 13.
[d] Corbei., *opuscula*.
[e] Id., *concepisse*.
[f] Post hæc ita codex Corbei.: *Contra cujus impietatem reserandam beatissimus Hieronymus egregium et gratum libellum edidit, in quo ostendit beatissimam Mariam genitricem Domini nostri Jesu Christi sicut virginem ante partum, ita virginem permansisse post partum*
[g] Theophilus, Alexandrinus episcopus, ad S. Hieronymum familiarem suum scripsit epistolas tres paschales, quas ipse Hieronymus ex Græco Latinas fecit; exstantque in Bibliotheca veterum Patrum. Prologus ad Theodosium imp. de sancto Pascha anno 380 est scriptus. Quæ adversus Origenem scripsit et alia hic a Gennadio memorata hodie non exstant. Idem Synesium Cyrenensem, ex gentili philosopho Christianum, Ptolemaidis episcopum anno circiter 410 constituit. Acerbe S. Joannem Chrysostomum est persecutus: qua de re Baronium in Annalibus consule. De Theophilis, Antiocheno et Cæsariensi, Hieronymus in Catalogo cap. 25 et 43 agit. MIRÆUS.
[h] Ab an. 385 ad 412.
[i] Verba *et ipsum pariter* non sunt in Corbei.

epistolis hortatus est Augustinum adhuc [a] presbyterum, agitare ingenium, et expositionibus Scripturarum vacare, ut etiam novus quidam Ambrosius, Origenis [b] ἐργοδιώκτης, videretur. Unde et multas ad ejus personam absolvit Scripturarum quæstiones. Est et ejus epistola propositionum, in qua [c] interrogando quasi disciturus docet doctorum.

CAPUT XXXVII.

[d] VIGILIUS episcopus scripsit ad quemdam Simplicianum in laudem martyrum libellum et epistolam continentem gesta sui temporis apud barbaros martyrum.

CAPUT XXXVIII.

[e] AUGUSTINUS [f] Afer, Hipponensis oppidi episcopus, vir eruditione divina et humana orbi clarus, fide integer et vita purus, scripsit quanta nec inveniri possunt. [g] Quis enim glorietur se omnia illius habere? Aut quis tanto studio legat, quanto me scripsit? [h] Unde et multa loquenti [i] accidit, quod dixit per Salomonem Spiritus sanctus: *In multiloquio non effugies peccatum* (*Prov.* x, 19). Edidit [j] tamen senex quos juvenis cœperat, de Trinitate libros 15; in quibus, ut Scriptura ait, introductus in cubiculum Regis (*Esth.* II, 16), et decoratus veste [k] multifaria sapientiæ Dei, exhibuit Ecclesiam non habentem maculam aut rugam (*Ephes.* v, 27) [l] vel aliquid hujusmodi. De Incarnatione quoque Dei idoneam edidit pietatem. De Resurrectione etiam mortuorum simili cucurrit sinceritate; licet minus capacibus dubitationem de [m] abortivis fecerit. Error tamen illius sermone multo, ut dixi, contractus, lucta hostium exaggeratus, necdum hæresis quæstionem [n] dedit [o].

CAPUT XXXIX.

[p] Onosius presbyter, [q] Hispanus genere, vir elo-

---

[a] Al., *adhuc presbyter.*
[b] Vide ad Hieron. de S. E. c. 56.
[c] Corbei., *interrogandum docet doctorem.*
[d] S. Vigilius, episcopus Tridentinus, Stilicone consule (ut Usuardus vi cal. Julii tradit) martyrium fecit, hoc est, an. Christi 400 aut 405, quod ex fastis consularibus colligi datur, qui duplicem Stiliconis consulatum notant. Ad hunc exstat lib. III, epi-tola 24, S. Ambrosii. Ipse vero S. Vigilius ad Simplicianum episc. Mediolanensem, superiore capite laudatum scripsit libellum de Martyrio S. Sisinii ac sociorum, a Surio a. d. 23 Maii editum. Alterius et quidem ætate posterioris, Vigilii sunt libri quinque contra Nestorium et Eutychen pro Chalcedonensi concilio scripti, qui in Bibliotheca Patrum tom. V exstant. Vixit hic, Zenonis et Anastasii impp. temporibus; et scripsit præterea, sub nomine Anastasii, libellum contra Sabellium et Photinum, tomo eodem editum. Andreas Schottus tom. XV Bibliothecæ Patrum, editionis postremæ Coloniensis, in Vigilii operibus quaternionem restituit, qui hactenus desiderabatur. Cæterum historia vitæ S. Vigilii a Surio edita correctione indiget. Falso enim in ea narratur, S. Vigilium contra Eutychen, ut pote ætate posteriorem, scripsisse et circa annum 700 martyrio coronatum fuisse: cum ex supradictis constet ipsum S. S. Ambrosii et Simpliciani ævo vix sse. Quod et contra Galesinii errorem Ph. Ferrarius in Catalogo sanctorum Italiæ notavit. MIRÆUS.
[e] S. Augustinus. Arbetio et Mavorti Lolliano consulibus (ut ipse lib. I de Vita beata et lib. I de Ordine tradit), hoc est an. Christi vulgari 355, in Africa natus est. Decessit autem v calendas Septembris, ætatis 76, episcopatus 36, conversionis 43 anno, quo tempore Vandali Hipponem tertio jam mense obsidebant; ut Possidius in ejus Vita narrat. Opera ejusdem, a theologis Lovaniensibus recognita, primum Plantinus 1577, postea Parisienses et Colonienses tomis 10 evulgarunt, De singulorum tomorum libris, qui genuini, suspecti aut supposititii sunt, Bellarminus lib. de Script. Ecclesiasticis distincte docet. Annis porro superioribus in Fesulana S. Bartholomæi abbatia repertus est S. Augustini liber de Gestis Pelagii, cura Scipionis Cobellutii cardinalis et Marci Velseri Augustæ Vindelicorum typis primum editus. Horum exemplo Claudius Menardus duos ejusdem S. Augustini libros posteriores adversus Julianum Pelagianum ex mss. codicibus 1616 Lutetiæ, et Jacobus Sirmondus ejusdem Sermones, novos numero 40, ex diversis antiquis exemplaribus collectos notisque illustratos, eadem in urbe 1631 primi publicarunt. Et vero Augustini sermones qui hactenus latuerint, reperiri novos potuisse non mirabitur, qui ab Augustino ipso, a Possidio, a Victore Uticensi et aliis in-

finitam ejus tractatuum, homiliarumque multitudinem prædicari meminerit. Plura qui volet, postremas operum S. Augustini editiones, Parisiensem et Coloniensem consulat. [Novissima post Miræum vulgata luculentissima, quam monachis Benedictinis congregat. S. Mauri debemus, Paris. 1688 seq. recusa cum auctario Amstel. 1700, vol. 12, curante V. C. Joanne Clerico.]
[f] Ms Corbei., *Augustinus discipulus beati Ambrosii Hippone regiæ Africæ oppidi episcopus, vir eruditione divina et universo orbe clarus.*
[g] Sic idem codex pro *qu's ergo.*
[h] In Corbei desunt verba *unde et multa*, usque ad *non effugies peccatum.*
[i] *Multa loquenti.* Gennadius, ut Semipelagianus, suo hic affectui indulget, sine ratione taxat Augustinum ut polygraphum; nec ullum fere opus sine exceptione probat, præter libros de Trinitate. MIRÆUS.
[j] Id. *jam senex,*
[k] Corbei., *multifariæ.*
[l] Sequitur in Corbei., cæteris expunctis: *Resurrectionem etiam mortuorum simile cucurrit sinceritate, egregio ingenio et excellenti studio Ecclesiæ serviens. Juliani hæretici libris inter impetum obsidentium Wandalorum in ipso dierum suorum fine respondit. Et in defensione Christianæ sapientiæ perseverans moritur, Theodosio et Valentiniano regnantibus.*
[m] *Abortivos resurrecturos ut affirmare ita negare non audet Augustinus* XXII, 13, de Civ. Dei.
[n] *Vitiose al., quæstionem absolvit.*
[o] In fine hujus capitis Miræi editio multa habet quæ in nostris codicibus non sunt, nec desiderari debent. Videntur enim a quodam Gennadii lectore in margine scripta, et deinceps a librariis textui inserta. Ita autem habent apud Miræum: *Catholicus permansit tamen, et error illius sermone multo, ut dixi: contractus, lucta hostium exaggeratus, necdum hæresis quæstionem dedit. Egregio ingenio et excellenti studio Ecclesiæ serviens Juliani hæretici libris, inter impetum obsidentium Vandalorum, in ipso dierum suorum fine, respondit: et in defensione Christianæ sapientiæ perseverans, moritur Theodosio et Valentiniano regnantibus.* [Eadem hæc in codice Martiniensi reperisse se testatur Suffridus Petri, recte observans ea non esse Gennadii, sed alicujus volentis Gennadio mederi.]
[p] Corb. *Horosius.* Paulus Orosius presbyter Tarraconensis, hortatu sancti Augustini, historiarum libros 7 usque ad annum Christi 416 scripsit; ab eodem missus in Orientem, reliquias S. Stephani inde sub annum 416 in Africam attulit. Scripsit idem Apologeticum

[q] Al., *Hispani generis.*

quens et historiarum cognitor, scripsit ª adversum querulos et infamatores Christiani nominis qui dicunt defectum Romanæ reipublicæ Christi doctrina invectum, libros septem; in quibus pene totius mundi b temporis calamitates et miserias, ac bellorum inquietudines replicans, ostendit magis Christianæ observationis esse, quod contra meritum suum res Romana adhuc duraret, et pace culturæ Dei pacatum c retineret imperium. Sane in primo libro describit positionem orbis, Oceani d interfusione, et Tanais limitibus intercisam, situm locorum, nomina, numerum, moresque gentium, qualitates regionum, initia bellorum, et tyrannidis exordia finitimorum sanguine dedicata. Hic est Orosius, qui ab Augustino, pro discenda animæ ratione, ad Hieronymum missus, rediens reliquias. e B. Stephani primi martyris, tunc nuper inventas, primus intulit Occidenti. Claruit f extremo pene Honorii imperatoris tempore.

CAPUT XL.

g MAXIMUS, Taurinensis Ecclesiæ episcopus, vir in divinis Scripturis satis intentus, et ad docendum ex tempore plebem sufficiens, composuit in laudem Apostolorum tractatus, et in Joannis Baptistæ nativitatem, et generalem omnium martyrum homi-

liam. Sed et de Capitulis Evangeliorum, et de Actibus Apostolorum multa sapienter exposuit. Fecit et duos de S. Eusebii Vercellensis episcopi et confessoris Vita tractatus; et de SS. Cypriani et Laurentii martyrio; et de spiritali Baptismi Gratia librum edidit. De avaritia, de hospitalitate, de defectu lunæ, de eleemosynis, de eo quod scriptum est in Esaia (1, 22) : *Caupones tui miscuerunt vinum aqua;* De passione Domini, de jejunio servorum Dei generali, de jejunio speciali Quadragesimæ, et quod non sit in eo jocandum; de Juda traditore, de cruce Domini, de sepulcro Domini, de resurrectione ipsius, de accusato et judicato apud Pilatum Domino, de calendis Januarii. Homilias de Natali Domini, homilias de Epiphania, de Pascha et Pentecoste multas; de hostibus carnalibus non timendis, de gratiis post cibum Deo agendis, de pœnitentia Ninivitarum, et multas alias ejus homilias, de diversis habitas legi, quas nec retineo. h Moritur Honorio et Theodosio juniore regnantibus.

CAPUT XLI.

i PETRONIUS, Bononiensis Ecclesiæ episcopus, vir sanctæ vitæ et monachorum studiis ab adolescentia exercitatus, j scripsisse putatur k Vitas Patrum monachorum Ægypti, quas velut speculum ac normam professionis suæ monachi amplectuntur. Legi sub no-

Apologeticum contra Pelagium de Libertate arbitrii, opera Joannis Costerii 1558 Lovanii, et postea Coloniæ 1572 studio Francisci Fabricii editum. Apologiæ huic pannus alienus est assutus, h. e. capita amplius 14, ex libro S. Augustini de Natura et Gratia, sunt adjecta. Quæ quidem capita Andreas Schottus segregavit, et tomo XV Bibliothecæ Patrum seorsim edidit. Idem contigit jam olim in Pandectis Pisanis, Itinerario Antonini, Censorino et aliis scriptoribus antiquis. MIRÆUS.

ª Sic supra cap. 24, *adversus querulos et infamatores peregrinationis suæ.*
b Corbei., *tempora calamitatis.*
c Id., *teneret.*
d Al. *interfuisse,* vitiose.
e Infra, cap. 46, 47.
 Corbei., *extremo Honorii imp. anno.*
g S. Maximus, Augustæ Taurinorum, in Pedemontana nunc ditione, Episcopus, Martyrologio Romæ 25 Junii adscriptus, Mediolanensi synodo, ab Eusebio illius urbis Episcopo habitæ, et Romanæ Synodo, sub Hilario Papa celebratæ, Basilisco et Hermenerico Consulibus, h. e. anno quadringentesimo sexagesimo quinto, interfuit. Labuntur ergo qui scribunt ipsum obiisse Honorio et Theodosio juniore regnantibus : Nam Theodosius junior, Valentiniano VII et Gennadio Avieno Consulibus (hoc est, anno Christi 450) decessit : teste Cassiodoro in Chronico. Cæterum S. Maximi Taurinensis homiliæ anno 1535 Romæ fuerunt publicatæ. Ex quibus non paucæ titulo S. Ambrosii falso sunt editæ : ut Costerius et Bellarminus observarunt. MIRÆUS.
h Ita codices mss. et editi ante Miræum. Etiam Marcianæi ἔκδοσις. Sed Miræus scripsit Baronium secutus *Floruit.*
i S. Petronius, Bononiensis in Italia episcopus, post S. Felicem S. Eusebii successorem, cathedram illam obtinuit. Ex his Eusebius concilio Aquileiensi contra Arianos, Merobaude II et Saturnino coss. (hoc est anno Christi 383) interfuit. At vero S. Petronius vixit temporibus S. Eucherii Lugdunensis episcopi, h. e. anno Domini quadringentesimo qua-

dragesimo primo. Ipse Eucherius, in sua epistola parænetica de contemptu mundi ad Valerianum cognatum : « Hilarius, inquit, nuper et in Italia nunc antistes Petronius. Ambo ex illa plenissima, ut aiunt, mundanæ potestatis sede, unus in religionis, alius in sacerdotii nomen ascendit. » Quibus ex verbis Baronius, in notis ad martyrologium 4 Octobris, verosimiliter colligit S. Petronium aliquando Prætorii præfecturam administrasse; sicut et Pater ejus Sextus Anicius Petronius Probus administraverat; qui et consulatum, cum imp. Arcadio, anno quadringentesimo sexto gesserat. Res porro gestas S. Petronii a Surio editas, non Sigonius, sed Galesinius consignavit ; licet Sigonii nomen apud Surium præferant. MIRÆUS.

j Putatur scripsisse *Vitas Patrum.* Similia habet Honorius Augustodunensis in catalogo 41; Vincentius Bellovacensis in Speculo historiali lib. XX, cap. 25; Mombritius tom. II. De Vitis Sanctorum, et Trithemius in Catalogo. Quo factum est ut nonnulli existimaverint Vitas Patrum, quæ in omnium manibus sunt, a S. Petronio scriptas fuisse. Sed quandoquidem Gennadius dicat, *putatur scripsisse*, non omnino certum est eum Vitas Patrum scripsisse. Et ut aliquas scripserit, certe istas quas habemus ab eo non esse scriptas Rosweidus prolegomeno 4, § 7, sufficienter docuit. At vero Alfonsus Ciacconius in suo tractatu de sancti Hieronymi Cardinalatu, hæc citat ex ms. tractatu S. Petronii de Selectis SS. Patrum Apophthegmatibus : *Hieronymus vir in omni doctrinarum genere absolutissimus, cum ab æmulis suis accusaretur, ex voluminibus Origenis innumera in sua transtulisse opera, dixit :* Laus quæ debet Origeni offerri, maxima est. Et cum illum in meis operibus imitatus sum, illum imitari proposui, quem nobis et omnibus prudentibus placere minime vereor. Quæ verba cum in Vitis Patrum, supra in scholiis ad caput ultimum S. Hieronymi, a me laudatis non exstent, colligi datur aliud aliquem librum de Vitis et Apophthegmatibus Patrum scripsisse S. Petronium : quem utinam quis proferat. MIRÆUS.

k Has videtur laudare Gennadius supra cap. 11

nunc ejus de Ordinatione episcopi, ratione et ᵃ humilitate plenum tractatum : quem lingua elegantior ostendit non esse ipsius, sed, ut quidam, patris ejus, Petronii eloquentissimi viri et eruditissimi in sæcularibus litteris. Nam et præfectum prætorii fuisse se, in ipso tractatu designat. Moritur Theodosio, Arcadii Filio, et Valentiniano regnantibus.

CAPUT XLII.

ᵇ PELAGIUS hæresiarcha, antequam proderetur hæreticus, scripsit studiosis viris ᶜ, necessarios tres de Fide Trinitatis libros : et pro actuali conversatione ᵈ Eulogiarum ex Divinis Scripturis librum unum, capitulorum indiciis, ᵉ in modum S. Cypriani martyris præsignatum. Post hæreticus publicatus scripsit hæresi suæ faventia.

CAPUT XLIII.

ᶠ INNOCENTIUS, urbis Romæ episcopus, scripsit decretum Occidentalium Ecclesiarum et Orientalium ᵍ adversus Pelagianos datum, quod postea successor ejus papa Zosimus ʰ latius promulgavit.

CAPUT XLIV.

ⁱ CŒLESTIUS antequam ʲ Pelagianum dogma incurreret imo adhuc adolescens, scripsit ad parentes suos A de Monasterio epistolas, in modum ᵏ libellorum, tres, in omnibus Deum desiderantibus necessarias. ˡ Moralis siquidem in eis dictio nil vitii postmodum prodiit, sed totum ad virtutis incitamentum tenuit.

CAPUT XLV.

ᵐ JULIANUS, episcopus ⁿ Capuanus, vir acris ingenii, in divinis Scripturis doctus, Græca et Latina lingua scholasticus, priusquam impietatem Pelagii in se aperiret, clarus in doctoribus Ecclesiæ fuit. Postea vero ᵒ hæresim Pelagii defendere nisus, scripsit adversus Augustinum impugnatorem illius libros quatuor et iterum libros septem. Est etiam liber ᵖ altercationis amborum partes suas defendentium. Hic Julianus eleemosynis tempore famis et angustiæ indigentibus omnibus suis erogatis, multos miserationis specie, B nobilium præcipue et religiosorum, illiciens hæresi suæ soc'avit. Moritur Valentiniano et Constantino, filio ejus, imperante.

CAPUT XLVI.

ᵠ LUCIANUS presbyter, vir sanctus cui revelavit Deus, temporibus Honorii et Theodosii Augustorum, locum sepulcri et ʳ reliquiarum corporis S. Stephani martyris primi; scripsit ipsam Revelationem, ˢ ad omnium Ecclesiarum personas Græco sermone

---

ᵃ Al., et humanitate.

ᵇ Corbei., Pelagius Britto hæresiarches. —Pelagius natione Scotus, ex Britannia oriundus (unde et Brito nuncupatur), monachus in Palæstina cum esset, adversus gratiam Christi pestilentissimum dogma, cum discipulo suo Cœlestio, concepit animo. Cœ'estius, qui prior in Africa palam hæresim publicavit anno C 412 Carthagine damnatus fuit. Pelagius stylo primum a S. Hieronymo, post ab Augustino perstrictus, demum ab Innocentio I, S. papa anno 417, mene Januario, Ecclesiastica communione, una cum Cœ'estio privatus fuit. Eodem anno 418 Zosimus, Innocentii in pontificatu successor, damnavit, et suo edicto Honorius imp. perculsit. Africani porro episcopi, accepto Zosimi decreto (in plenaria synodo, ut scribit Prosper, episcoporum 215, Carthagine congregata), contra Pelagianam hæresin canones octo condiderunt : qui Milevitanæ in Numidia synodo secundæ vulgo per errorem attribuuntur. MIRÆUS.

ᶜ Al., necessaria.

ᵈ Eulogiæ sive Eclogæ, el eta, selectæ sententiæ. Vide W., Wallii Historiam prædobaptismi Anglice editam, p. 201, ubi de hoc Pelagii libro, sed qui pridem cum libris de Fide Trinitatis est amissus, disserit.

ᵉ Respicit tres libros Testimoniorum S. Cypriani ad Quirinum.

ᶠ S. Innocentius illo nomine primus papa (qui martyrologio Rom. 28 Julii legitur inscriptus) Pelagium ejusque socium Cœle-tium primus ex pontificibus, anno 417 ecclesiastica communione privavit. Zosimus Innocentii successor, anno 418 damnavit. Utriusque pontificis epistolæ exstant in tomis Conciliorum et alibi. Cæterum res ab Innocentio gestas Baronius per annos digessit, eumque a calumniis Zosimi scriptoris ethnici, Christianis infensissimi, vindicavit. MIRÆUS.

ᵍ Corbei., adversus Pelagium datum, post quem successor, etc.

ʰ Suffridus Petri, Latinis.

ⁱ Cœlestium hunc, cum magistro suo Pelagio, ab Innocentio et Zosimo pontificibus damnatum fuisse, superiore capite diximus. MIRÆUS.

ʲ Corbei., Cœlestius antequam Pelagio concurreret.

ᵏ Id., in modum libri.

ˡ Quæ sequuntur desunt in Corbei., et loco eorum leguntur hæc verba : postea vero hæreticus publicatus a papa Zosimo condemnatus est.

ᵐ Julianus, Memorii Capuani episcopi filius et successor, hæresis Pelagianiæ, ab Innocentio et Zosimo pontificibus damnatæ ac pene profligatæ, patrocinium stolide suscepit. Ob quam hæresim postea sede sua pulsus, cum S. Augustino grande certamen iniit, homo quidem lingua promptus, sed procax et temerarius. MIRÆUS.

ⁿ Sigeberg., Campanus. Cui lectioni suffragatur Beda præf. libr. in Cantica Canticor. ubi n eminit Juliani Celanensis a Campania. In ms. Corbei. nulla episcopatus mentio, sed tantum legitur : Ju'ianus vir acer ingenio. Pro Celanensi apud Bedam alii ex Mario Mercatore legunt Eclanensem, Vide quæ notata sunt a Benedictinis in præf. ad partem II tomi X S. Augustini.

ᵒ Corbei., cum hæresim Pelagii defenderet adversus beatum Augustinum impugnatorem illius.

ᵖ Id., altercationum. Non videtur hoc opus diversum fuisse a superiore. Vide Garnerium ad Mercatorem tom. I, p. 387.

ᵠ Lucianus presbyter Hierosolymitanus revelationem corporis S. Stephani protomartyris sibi factam D Græce descripsit, eamque Avitus presbyter Hispanus, sequenti capite a Gennadio laudandus (alius ab Alcimo Avito, natione Gallo) Latine reddidit ; exstatque tomo X operum S. Augustini, in appendice. Hujus operis, præter Gennadium, Beda quoque, Usuardus et alii meminerunt. De ejusdem S. Stephani miraculis, iis ipsis fere temporibus, scripserunt Evodius Reacensis in Africa episcopus, infra a Sigeberto c. 45 laudandus, et Severus Balcaris insulæ episcopus, a Baronio in bibliotheca Vaticana repertus, et ad annum 418 in Annalibus editus. MIRÆUS.

ʳ Corbei. reliquias.

ˢ Id., ad omnem Ecclesiæ personam. Hæc Luciani presbyteri Hierosol. narratio de ἀποκαλύψει reliquiarum S. Stephani protomartyris incipit : Τοῖς κατὰ πᾶσαν πόλιν καὶ χώραν ἁγιωτάτοις. Latine exstat apud Baron. ad A. C. 415, n 5 seq., et apud Surium ad 2 August. et in appendice ad tom. VII Augustini

CAPUT XLVII.

a **Avitus** presbyter, homo Hispanus genere, ante relatam b Luciani presbyteri scripturam in Latinum transtulit sermonem, et addita epistola sua c per Orosium Occidentalibus edidit.

edit. Benedictin. ex Aviti Hispani presbyteri versione. De reliquiis S. Stephani illo tempore repertis meminit Gennadius etiam supra, cap. 39 in Orosio.
a De Avito et aliis hujus ævi scriptoribus Hispaniensibus, sic Mariana l. iv, c. 20. Pontius Paulinus, Burdigalensis patria, in Hispania citeriore moram traxit ipse, et uxor Tarasia. Barcinone presbyter factus est, nullius Ecclesiæ ministerio addictus, novo exemplo ac propemodum singulari. Inde gradus factus ad Nolanum episcopatum, cum ex Hispania in Italiam migrasset. Abundius Avitus presbyter, Tarracone natus, Luciani librum de S. Stephani corporis inventione Latinitate donavit. Licinius Bæticus, Hieronymi amicitia, atque in Hierosolymitanos pauperes præcipua liberalitate ad memoriam insignis. Desiderius et Riparius, Hispani presbyteri, Vigilantium Barcinonensem presbyterum Pompelone natum, sanctorum qui cum Christo regnant in cœlo honorem cultumque vellicantem, de scripto impugnabant. Sic Mariana.
MIRÆUS.
b Superiore memoratam capite.
c Avitus in Epistola ad Palconium Episcopum Bracarensem Luciani narrationi præmissa : *Quamobrem misi vobis per sanctum filium et compresbyterum meum Orosium reliquias, etc.*
d S. **Paulinus**, patria Aquitanus, origine ac stirpe Romanus, vir generis nobilitate et doctrina clarissimus, Ambrosii, Martini, Hieronymi, Augustini, Severi Sulpitii, aliorumque scriptis et amicitia in utriceque celebratus, anno quadringentesimo tricesimo primo ad meliorem vitam abiit. Nolanus in Campania episcopus factus memorandum sæculis omnibus caritatis ac sui despicientiæ specimen edidit, dum se, ut captivum viduæ cujusdam filium redimeret, Vandalis in servitutem dedit, ut Gregorius Magnus lib. III Dialog., c. 1, narrat. Monumenta doctrinæ Paulinianæ, pro viri magnitudine, modica habemus, eo quod multæ temporum injuria interierint. Opera omnia quæ reperiri potuerunt, Antverpiæ typis Plantinianis 1622, in-8°, cum notis Frontonis Ducæi et Heriberti Rosweidi, S. J. theologorum, sunt publicata [Recentior plenior que editio Jo. Baptistæ Le Brun. Paris. 1685, in-4°. Vide et Petri Francisci Chiffletii Paulinum illustratum, Divione 1622, in 4°; et V. C. Lud. Antonii Muratorii Anecdota Latina tomo I, Mediolan. 1697, in-4°.

Cæterum Meropius Pontius Anicius Paulinus (hæc fuit tota ejus appellatio) natus est in Aquitanis, sen Burdigalæ, ut Uranius presbyter (apud Sur. t. III) tradit, qui ejus vitæ summam, aut potius mortem in litteras misit; seu Ebromagi, quam ipse Paulinus patriam appellat. Paternum id oppidum erat, haud procul a Burdigala, ad ripam Garumnæ fluminis : quo loco vicus est hodie *Embrau* nomine, infra Burgum et infra Blaviam, ut Elias Vinetus scribit. Ortus est autem sub annum Christi trecentesimum quinquagesimum tertium. Adultior factus, sub Decio Magno Ausonio, suo Burdigalæ magistro, ita profecit, ut in oratoria ac poetica facultate docentis gloriam vel adæquarit vel etiam superarit. Exinde matrimonio feliciter inito, Terasia locuples, sapiens ac apprime religiosa conjux Paulino data. Cumque in Hispania agentibus, post longa vota proles tandem virilis obtigisset, ea vitalis non fuit. Itaque sub octavum ab ortu diem rapta Compluti, viam parentibus expedivit, ut minime caducam meritorum posteritatem quærerent et invenirent. Pietate sensim in animum admissa, Paulinus Burdigalæ a S. Delphino episcopo baptizatus biennio

CAPUT XLVIII.

d **Paulinus**, e Nolæ Campaniæ episcopus, composuit versu brevia, se l multa et f ad Celsum quemdam, Epitaphii vice, consolatorium libellum super mortem Christiani et baptizati infantis, spe Christiana munitum et g ad Severum plures epistolas, et h ad Theo-

post Barcinone sacerdos a Lampio episcopo creatus, inde Nolam demum migravit. Terasia porro *de conjuge illi facta est soror*, ut in Chronico Idacius loquitur. De Placidina Leontii Burdigalensis episcopi idem scribit Venantius Fortunatus. Sic et Papianilla, Aviti Imp. filia, Sidonii Apollinaris, Avernorum episcopi, uxor ante sacerdotium, postea soror fuit, ex canonum sacrorum præscripto et perpetua veteris Ecclesiæ consuetudine : in qua, qui ex conjugio ad sacerdotium asciscebantur, ab uxorum toro separati, non aliter deinceps cum ipsis quam cum sororibus versabantur.

Prima porro, secundum Deum, conversionis Paulini gloria S. Felici confessori, aut potius martyri, deberi videtur. Ad ejus sacras corporis reliquias magna id temporis prodigia et plane evidentia patrabantur. Quas ob res undique Nolam ad ejusdem sepulcrum concurrebatur. Adiit et Paulinus, eo opportunius quod paternos circa fundos possideret : quinimo a sæculi æstu fessus, in illo secessu velut in portu conquiescere statuit. Quotannis itaque diem natalem S. Felicis (qui xiv kalendas Februarias colitur) novo natalitio carmine, quasi tributum annuum pendens, solitus est honorare.

Ex his carminibus non nisi decem ad nostrum usque ævum prodierant, neque mentio erat, plura a Paulino condita; donec Lutetiæ anno 1608 seorsim et postea 1610 in Bibliotheca Patrum vulgatum est Dungali opusculum : in quo is quindecim numerat, et fragmenta ex iis, quæ non exstant, non exigua promit. Vixit porro Dungalus sub Ludovico Pio et Lothario ejus filio; quibus librum suum, pro cultu sacrarum imaginum, adversus Claudium Taurinensem, inscripsit [Natalem 11, 12, 13, primus e Mediolanensi edidit et notis eruditis illustravit laudatus Muratorius tom. I Anecdotor. Latinor.]. MIRÆUS.
e Corbel., *Nolanæ*, et mox *versu brevi*.
f Aptius dixisset Gennadius : *Epitaphium de Celso puero composuit.* Exstat illud, numero 15 inter Paulini poemata, hoc titulo : *De obitu Celsi pueri Panegyricus, ad Pneumatium et Fidelem parentes.* MIRÆUS.
g Sulpitium, supra cap. 19 a Gennadio memoratum, multas epistolas scripsit S. Paulinus quæ in hujus operibus leguntur. MIRÆUS.
h Anno trecentesimo nonagesimo quinto, die 17 Januarii decesserat Theodosius Senior Augustus : quem cum ethnici scriptores indigne criminarentur, Paulinus monente Endelechio, viro sibi amicitia conjunctissimo, defendendum ex meritis suis ornandumque suscepit; eo maxime consilio, *ut in Theodosio non tam imperatorem quam Christi servum, non dominandi superbia, sed humilitate famulandi potentem, nec regno, sed fide principem,* ut ipsemet Paulinus episto'a 9 loquitur, *prædicaret.* Laudationem illam Paulinus per Vigilantium, qui tum monachus specie laudandus, postea hæreticus teterrimus fuit, ad S. Hierodymum misit in Palæstinam. Ad quam epistolam dum respondet Hieronymus, ita pronuntiat : *Librum tuum, quem pro Theodosio principe prudenter ornateque compositum transmisisti, libenter legi; et præcipue mihi in eo subdiviso placuit : cumque in primis partibus vincas alios, in penultimis teipsum superas.* Panegyrici ejusdem et Cassiodorus lib. Sacrar. Lect., c. 21 meminit; sed cum intercidisse nemo non dolet. Quod ad Severum sanctum Endelechium attinet, cujus monitu panegyricum istum Paulinus scripsit, fuit is orator et poetica egregius, et quidem Christianus. Ejus breve carmen de mortibus boum exstat. Cæterum

do-ium imperatorem, ante episcopatum, prosa Panegyricum [a] super victoria tyrannorum : eo maxime quod fide et oratione plus quam armis vicerit. Fecit et Sacramentarium et Hymnarium [b]. Ad sororem quoque epistolas multas de contemptu mundi dedit. Edidit [c] et ex diversis causis diversa disputatione tractatus. Præcipuus tamen omnium ejus opusculorum est liber de Pœnitentia et de Laude generali omnium martyrum. Claruit temporibus Honorii [d] et Valentiniani, non solum eruditione et sanctitate vitæ, sed et potentia [e] adversum dæmones.

CAPUT XLIX.

[f] EUTROPIUS presbyter scripsit ad [g] duas sorores, ancillas Christi, quæ ob devotionem pudicitiæ, et amorem religionis [h] exhæredatæ sunt a parentibus, epistolas duas, in modum librorum consolatorias, eleganti et aperto sermone non solum ratione, sed et am testimoniis Scripturarum munitas.

præter Paulinum Nolanum plures alii, scriptis etiam suis noti, sæculo Sidoniano exstiterunt; ut Paulinus episcopus Biterensis, cujus epistolam sub annum Christi 420 Idacius commemorat ; Paulinus auctor carminis Eucharistici, quem Ausonii ex filio Hesperio nepotem videor ex ejus versibus deprehendisse; Paulinus denique, cujus sunt libri sex de Vita S. Martini, metro item scripsit : quem cum vetera exemplaria, Vaticanum et Corbeiense Paulinum Petricordium nominent, Petrocorium fortasse, hoc est Vesunnicum liceat suspicari. Sic fere Sirmondus in eruditis suis ad Sidonium notis. MIRÆUS.

[a] Hunc panegyricum in Theodosium magnum, Eugenii et Arbogastis an. 394 victorem, quemadmodum et pleraque alia Gennadio hic memorata intercidisse dolendum est. Panegyricum his verbis laudat Hieronymus epist. 13 ad Paulin. : *Librum tuum*, etc. *Felix Theodosius, qui a tali Christi oratore defenditur. Illustrati purpuras ejus et utilitatem legum futuris sæculis consecrasti. Qui talia habet rudimenta qualis exercitatus miles erit?*

[b] Corbei., *et hymnorum*.

[c] Hæc verba *Edidit* usque ad *tractatus*, quæ absunt in plerisque editt., restitui e ms. Corbei.

[d] Id., *Theodosii et Valentiniani*.

[e] Id., *potestate*.

[f] Eutropium istum, S. Augustini discipulum, cum Eutropio, qui breviarium rerum Rom. ab U. C. usque ad Fl. Valentem Augustum scripsit, eidemque inscripsit, non recte confundunt Ptolemæus, Volaterranus, Gesnerus, Eisengrenius, Zwingerus et Possevinus. Nam scriptor breviarii non fuit junior Augustino. MIRÆUS.

[g] Ms. Corbei., *sorores suas*.

[h] Id., *exhæreditate*.

[i] Hoc est alius ab Evagrio Pontico, quem Gennadius supra cap. 11 memoravit. Vide quæ nos supra in scholiis ad cap. 125 Hieronymi diximus de diversis Evagriis. MIRÆUS.

[j] Non exstat, sicut nec Eugenii Eutropiive scripta superioribus capitibus memorata.

[k] Etiam hic Attici ad Flaccillam et Pulcheriam liber Intercidit. — De Vigilio diacono et Attico CP. episcopo agit et Trithemius. MIRÆUS.

[l] Corb., *Nestor*. — Nestorius, Antiochenus monachus in locum Sisinnii CP. ep. est suffectus : qui paulo post novam vulgavit hæresim, asserens Christum duplici persona constare, et B. Mariam non esse Dei matrem, sed hominis tantummodo Christi. Ad hoc incendium restinguendum præ cæteris accurrit S. Cyrillus ep. Alexandrinus Cœlestini papæ litteris incitatus. Quocirca anno 431 Ephesi congregata fuit synodus; ad quam Cœlestini papæ legati profecti sunt. Episcopi

CAPUT L.

[i] EVAGRIUS alter scripsit Altercationem Simonis Judæi, et Theophili Christiani, quæ pene omnibus nota est.

CAPUT LI.

VIGILIUS diaconus composuit ex traditione Patrum, [j] Monachorum Regulam, quæ in cœnobio ad profectum fratrum in conventu legitur, breviato et aperto sermone totius monasticæ professionis in se tenentem disciplinam.

CAPUT LII.

[k] ATTICUS, Constantinopolitanus episcopus, scripsit ad reginas, Arcadii imperatoris filias, de Fide et Virginitate librum valde egregium, in quo præveniens Nestorianum dogma impugnat.

CAPUT LIII.

[l] NESTORIUS, hæresiarches, cum in Antiochena vero supra 200 interfuerunt. Orientales autem, qui cum Joanne ep. Antiocheno vocati erant, tardius advenerunt. Itaque cum x cal. Julii inchoata esset synodus, ac Nestorius a sede sua depositus, quinto inde die Joannes cum suis advenit : quos inter Theodoretus Cyri ep. eminebat. Hi tumultario coacto conciliabulo legitima synodi acta rescinderunt; Cyrillum ac Memnonem Ephesi ep. damnarunt. Imperator contra ipsos per calumniam inflammato, Cyrillus ipse in carcerem conjicitur. Tandem per fidum hominem (qui mendici habitu Constantinopolim introfectus, inclusas arundini litteras catholicorum retulit) certior fit de omnibus imperator; et monachis annitentibus, atque allaborante Pulcheria, Theodosii sorore, synodi acta imp. auctoritate comprobata sunt : ejectoque Nestorio, Maximianus ei subrogatus est. Synodo finita (in qua Pelagianam quoque hæresin damnatam fuisse tradit Prosper) inter Joannem et Cyrillum, et utrique contributos episcopos aliquandiu simultates manserunt : quæ Theodosii studio, et interventu Simeonis Stylitæ, compositæ sunt. Nestorius primo in pristinum suum monasterium S. Euprepii, quod erat Antiochiæ, relegatus; inde (quod multos contagione sua afflaret) in Oasim amandatus est, anno quadringentesimo tricesimo sexto. Ubi postmodum, verminante lingua, miserabilem vitæ sortitus est exitum. Libri ejus, Theodosii imp. edicto flammis addicti sunt. Nestorianæ porro hæresi prælusit Leporius Gallicanus monachus, infra cap. 59 a Gennadio memorandus; qui postea ab Augustino dedoctus, oblato libello, erroris sui veniam anno 419 aut 42 petiit.

Hactenus de Nestorio : haud abs re fuerit ex mss. commentariis seu relationibus (ut vocant) Leonardi Abells, ep. Sidoniensis, qui a Gregorio XIII nuntius apostolicus anno 1583 in Orientem missus fuit, de Nestorianis hodieque in Asia degentibus pauca quædam subnectere. *Nestorianorum natio sub duobus patriarchis hodie divisa est : ex quibus alii a nobis Latinis Chaldæi Assyrii Orientales vocantur, alii Nestoriani simpliciter appellantur. Assyriorum Orientalium patriarchæ, Simon Sulaca, Abdisu, et Donha Simon, a sede apostolica confirmati fuere : qui quidem etsi titulum ecclesiæ Musal seu Mozal in Babylonia habuerint, hactenus tamen nec ipsi, nec eorum posteri, propter alium patriarcham adversarium, eumdem occupantem ac detinentem, illa potiri potuerunt. Sic ut dicti patriarchæ diversis in locis nunc in Caramit, nunc in Seeri, nunc in Zeindlbach in confiniis Persiæ residere coacti fuerint. Ex his Simon Sulaca, ord. S. Basilii monachus, obedientiam præstitit S. Romanæ Ecclesiæ, temporibus Julii III papæ; atque ab eodem confirmatus cum domum rediisset, archiepiscopos et episcopos quos-*

Ecclesia presbyter, in docendo insignis ex tempore declamator haberetur, composuit infinitos tractatus diversarum hypothescon : in quibus etiam tum subtili nequitia infudit postea proditæ impietatis ᵃ venena, quæ moralis interdum occultabat ᵇ suadela.
ᶜ Postquam vero, eloquentia ejus et abstinentia commendante, Constantinopolitanæ Ecc'e iæ pontificatu donatus est, apertum se hostem Ecclesiæ, quem diu celarat, ostendens, scripsit librum quasi de Incarnatione Domini, sexaginta et duobus divinæ Scripturæ testimoniis pravo sensu suo constructum : ᵈ in quo quid asseveraverit, in catalogo hæreticorum monstrabitur.

CAPUT LIV.

ᵉ Cœlestinus, urbis Romæ episcopus ᶠ, ᵍ decretum synodi adversum supradictum Nestorium habi-

dam ordinavit; rejicique jussit invocationem Nestorianam, quæ tunc a diacono fieri solebat. Sed fraude patriarchæ adversarii sui tandem captus est, atque a Turcis occisus. Sulacæ professionem fidei ex Syrico Latinam fecit Andreas Masius Bruxellensis, et typis Plantinianis publicavit. Sulacæ successit Abdesu sive Abdisu ejusdem ordinis S. Basilii, qui venit ad concilium Tridentinum et Romæ obedientiam Pio IV præstitit; domumque reversus quamplurimos sacerdotes, episcopos et archiepiscopos ordinavit. Cui paucos post annos defuncto successit Aatalla, ejusdem ord., qui non habuit confirmationem apostolicam; quod eamdem Romæ non postularit. Aatallæ defuncto suffectus est Donha Simon archiepiscopus de Celu; qui temporibus Gregorii XIII papæ Romam misit procuratorem suum Hermetem Heliam archiepiscopum. Is nomine patriarchæ sui debitam sedi apostolicæ obedientiam præstitit et confirmatione cum pallio patriarchali obtenta ex urbe anno 1582 discessit. Cæterum ex hisce Chaldæis Orientalibus ditissimi et potentissimi resident in urbe Amit; qui cum prælatis suis unice adnituntur obedientiam Romanæ sedis conservare atque augere. Potentiores autem et ditiores nationis Nestorianæ, subditi patriarchæ adversario, incolunt arcem Musalet,Gezire in Babylonia : qui patriarcha magnum sub se gentium numerum habet, et residet solet in monasterio patriarchali S. Hermetis prope eamdem urbem Musal, in Babylonia, quæ olim Assur dicta. Andreas Masius putat Musal olim dictam Seleuciam Parthorum ad fluvium Tigrim. Hæreses porro et errores præcipui, qui hodiernis temporibus inter Nestorianos schismaticos versantur, sunt isti. Credunt imprimis naturam humanam in Christo Domino nostro non esse perfectam sine persona humana : ideoque in Christo duas personas esse fatentur, quamvis non negent Christum a prima infantia suæ conceptionis perfectum Deum, effectum esse hominem. Nec etiam B. Virginem appellant Matrem Dei; dicunt enim vocem istam, Deus, continere in se Patrem, Filium et Spiritum sanctum, et ex consequenti, matrem dici omnium trium personarum divinarum. Affirmant tamen matrem esse Dei Verbi et Filii. Colunt Nestorium et damnant Cyrillum Alexandrinum. Non habent primum concilium Ephesinum, multo minus alia concilia universalia, postea celebrata. Matrimonia quoque in gradibus prohibitis, sine patriarchæ sui licentia contrahunt. Patriarcham non creant per electionem, sed per renuntiationem de parente in parentem. Nec ad aurem peccata sua sacerdoti confitentur. Tam clericis quam laicis sacramentum eucharistiæ in proprias manus administrant : nec scrupulum in conferendis ordinibus simoniacæ faciunt. Hæc ex Leonardo Abele fere verbotenus hausimus, et nostræ notitiæ episcopatuum orbis Christiani, typis Plantinianis 1613 editæ, lib. I, c. 16, inseruimus. De Nestorianis agunt et Jacob. Vitriacus c. 77 in sua Historia Orientali;*

tum volumine describens ᵒ ad Orientis et Occidentis Ecclesias dedit, confirmans, duabus in Christo manentibus ʰ perfecte naturis, unam Filii Dei credendam esse personam. Huic enim sententiæ supradictus Nestorius ostensus est esse contrarius. ⁱ Similiter etiam Xystus, successor Cœlestini, pro eadem re et ad ipsum Nestorium et ad Orientis episcopos, adversum errorem ejus succidendum sententias direxit.

CAPUT LV.

ʲ Theodorus, Ancyranus Galatiæ episcopus, scripsit adversum Nestorium, adhuc Ephesi positus, librum redargutionis et confutationis, di lectica quidem arte ordinatum, sed auctoritate sacrarum Scripturarum detextum. Multis enim assertionibus usus est, antequam Scripturarum testimonia poneret.

et Th. Bratiensis lib. de Conversione omnium gentium. Miræus.
ᵃ Corbei., impietatis ejus.
ᵇ Id., moralis conclusio.
ᶜ Id., Postquam Ecclesiæ pontifex donatus est, apertum se hostem quem debellabat scripsit libros..... constructos.
ᵈ Sic edidit Martianæus, et sic legitur in aliis Gennadii editionibus inter Hieronymi opera vulgatis. In Corbei. est : in quo asseveraverit in catholica lege hæresi monstrari. Aliæ ed tt. habent : in quo quidquid asseveraverit, in Catalogo hæreticorum demonstratur. Ita Suffridus Petri, Miræus, Jo. a Fuchte. De libre Nestorii vide Garnerium ad Mercatorem tom. II, p. 4 et 522, seq.
ᵉ S. Cœlestinus I papa (cujus nomen Romano martyrologio ad diem 6 Aprilis inscriptum est) concilium œcumenicum Ephesinum anno 431 contra Nestorium celebrari jussit, ac demum III idus Aprilis anno 432 decessit, et successorem habuit Xystum, qui presbyter hæresin Pelagianam acriter oppugnarat. Cœlestini papæ epistolæ exstant in tomis Conciliorum. Epistolis istis subnecti solent sententiæ quædam de gratia Dei et libero voluntatis arbitrio. Quanquam autem hæc Cœlestini non sin', Cœlestino tamen (quisquis earum est auctor) ab antiquis olim scriptoribus tributæ sunt : ut a Petro diacono in libro de Incarnatione et Gratia Christi ad Fulgentium; a Flore magistro in libro adversus Joannem Scotum, qui Ecclesiæ Lugdunensis nomine circumfertur; ab Hincmaro Remensi contra Godescalum ; a Gresconio, Ivone et a'iis : ut Sirmondus in notis ad tom. I Conciliorum Galliæ notavit. Miræus.
ᶠ Pro Cœlestino, quem cum codicibus plerisque et editi, melioribus agnoscunt Honorius et Trithemius, Xystum hoc loco habent quædam edtt. et præter alios codices ms. Corbei. Sed in hoc postrema hujus capitis de Xysto, a verbis, Similiter etiam Xystus, absunt.
ᵍ Al., decreta synodi adversum supradictum Nestorem dictavit, habitum volumen describens. In Corbei. est : decretum synodale adversus Nestorem habitum volumen describens.
ʰ Id., perfectis naturis.
ⁱ Hæc verba : Similiter etiam et quæ sequuntur ad finem usque capitis, desunt, ut dixi in ms. Corbei.
ʲ Theodorus Ancyranus hic est cujus homilia contra Nestorium Ephesi habita ex-tat in actis concilii Ephesini, tom. II Concil. ed.t. Labbei, p. 1024 1028. Hanc enim potius a Gennadio intelligi existimo quam expositionem symboli Nicæni, quam cum Lucæ Holstenii versione vulgavit Franciscus cardinalis Barberinus Rom. 1669 in-8º et cum nova versione sua notisque Franciscus Combefisius Paris. 1675 in-8º.

CAPUT LVI.

a FASTIDIUS, b Britannorum episcopus, scripsit ad Fatalem c quemdam d de Vita Christiana librum unum, et e alium de Viduitate servanda, sana et Deo f digna doctrina.

CAPUT LVII.

g CYRILLUS, Alexandrinæ Ecclesiæ episcopus, edidit variarum hypotheseon tractatus. Homilias etiam composuit plurimas, quæ ad declamandum a Græciæ Episcopis memoriæ commendantur. Præterea libri A ejus sunt h de Synagogæ Defectu; i de Fide adversum hæreticos; et peculiari intentione j adversum Nestorium librum composuit qui attitulatur ἔλεγχος, in quo omnia occulta Nestorii panduntur, et prodita confutantur k.

CAPUT LVIII.

l TIMOTHEUS episcopus composuit librum de Nativitate Domini secundum carnem, quam credit in Epiphania factam.

CAPUT LIX.

m LEPORIUS adhuc monachus, postea presbyter,

---

a Fastidius a Joanne Pitseo, doctore theologo, Liverdoni in Lotharingia decano, in libro de Illustribus Britanniæ Scriptoribus, vocatur episcopus Londinensis. Præter Gennadium, Honorius quoque Augustodunensis et Trithemius in Catalogo Fastidii meminerunt, et ipsum anno quadringentesimo vicesimo floruisse tradunt. Ex Fastidii operibus nil hactenus est editum. Idem Pitseus libro citato de Bacharia seu Bachiario, quem supra cap. 24. Gennadius memoravit, hæc refert : *Bacharius Maccæus, natione Britannus, S. Patricii discipulus, videns patriam suam continuis calamitatibus afflictam, divinam opem imploraturus, longissimis itineribus sacrus peregrinationes suscepit. Sed non defuerunt obtrectatores, qui levitatis et inconstantiæ hominem accusaverunt. Unde se scripto purgavit; scripsitque ad Leonem I pontificem Romanum (ut ex Gennadio, Honorio, Joanne Capgravio, et aliis colligo) apologiam suæ peregrinationis; de Reparatione Lapsive, de Fructu pœnitentiæ, ad Januarium; et de Fide perseverante, et alia : claruitque senex anno quadringentesimo sexagesimo. Sic fere Pitseus.* Si divinare licet, videtur Bacharius subduxisse se ex Britannia, ob variarum nationum incursiones, tunc afflictissima. Nam sub annum quadringentesimum quadragesimum primum, Angli, Saxones, Jutæ et Frisii, Germaniæ populi (a Procopio, Beda, aliisque vetustis scriptoribus commemorati) in Britanniam transierunt. Tiro Prosper a Pithœo et Canisio tom. I, editus ad annum 18 Theodosii, sic scribit : *Britanniæ, usque ad hoc tempus variis cladibus eventibusque laceratæ, in ditionem Saxonum rediguntur.*

Nec multo ante fortasse ex Hibernia sua venerant Scoti : quorum nomen, æque ac Pictorum, ævo Julii Cæsaris ignotum fuit. Primus sane cujus scripta nunc exstant, Scotos Pictosque nominat panegyrista Constantii Cæsaris ; videnturque Picti communi olim Britannorum epitheto, ut proprio tandem a Romanis nuncupati Borealium insulæ partium populi, qui antiqua Britonum (ut Tertullianus vocat) stigmata, picturæque corporis ferro expressam retinebant ; cujus picturæ et Herodianus l. III meminit. Scio Gildam et alios rerum Britannicarum scriptores aliter de Pictis sentire. Sed conjecturam hanc non aspernabitur qui Pictorum nomen sub Diocletiani tempora natum, et Caledonios ac Vecturiones, antiquos illius oræ incolas, inter Pictos ab eodem panegyrista et ob Ammiano Marcellino censeri meminerit; adeoque Pictorum gentem vetustam, appellationem novam et indititiam videri. Denique Pictos ab ea pictura dici, aperte nobiscum sentit Claudianus de bello Getico :

Venit et extremis legio prætenta Britannis,
Quæ Scotto dat frena truci ferroque notatas
Perlegit exsangues, Picto morieute, figuras.

Sic fere Sirmondus in notis ad Sidonianum Aviti panegyricum. De Scottis et Pictis Idem Ammianus lib. XXVII legi poterit. MIRÆUS.

b Ms. Corbei., *Fastidius Britto scripsit.*

c *Quemdam* non legitur in Corbei. et mulier est ac vidua ad quam scribit Fastidius.

d Vitiose editum in editt. quibusdam contra mss' codicum fidem de Fide.

e Videtur Gennadius ex uno Fastidii libro duos fecisse : nam liber cujus capite ultimo sive 15 de viduitate servanda præcipit, de Vita Christiana inscribitur. Fastidio assertus ab Holstenio Rom. 1663. B Exstat et in appendice ad tom. VI Augustini edit. Benedictin.

f Ms. Corbei., *sana et digna doctrina.* Pelagio tamen favere notant Benedictini in præf.

g S. Cyrillus, Alexandrinus in Ægypto episcopus, post Theophilum avunculum suum, sedere cœpit Honorio IX et Theodosio V consulibus (hoc est, anno Christi 412), ut Socrates lib. VII, cap. 7 tradit. Ephesino concilio primo, nomine Cœlestini papæ supra cap. 54 laudati, præfuit, et Nestorium hæresiarcham libris primum editis, dein sua etiam auctoritate damnavit. Demum senex anno quadringentesimo quadragesimo quarto, die 9 Junii in Domino obdormivit : quo die Græci ejus memoriam in Menologiis celebrant; Latini vero die 28 Januarii, juxta Fastos Romanos. Plurima exstant sanctissimi viri elogia apud veteres, monitum tamen velim lectorem, ne Socrati lib. VII, cap. 13, 14, 15, obloquenti ac detrahenti fidem adhibeat. Nam Novatianæ sectæ addictus homo erga C Cyrillum idcirco minus æquus fuit, quod hic statim ut est creatus episcopus, Novatianis, qui ad eam diem tolerati fuerant, acre bellum indixit, ut idem Socrates lib. VII, c. 7, queritur. Opera omnia Cyrilli hujus quæ reperiri potuerunt, post varias editiones, Græco-Latine Parisiis 1638 tomis septem sunt edita. Qui vero illius sint fetus genuini, Bellarminus lib. de Scriptoribus Ecclesiasticis et alii explicarunt. Cyrilli hujus (an alterius?) Apologi morales Viennæ in Austria 1631 sunt excusi : qui libellus, titulo Speculi sapientiæ, Parisiis a Joanne Parvo jam olim fuerat publicatus. De S. Cyrillo Hierosolymitano Hieronymus in catalogo c. 112 tractat. MIRÆUS.

h Cyrilli *de Synagogæ Defectu* intercidit.

i Videtur intelligere lib. de Incarnatione tom. V edit. Græco-Lat. Paris.

j Al., *adversus Nestorem*, et mox *Nestoris*, pro *Nestorii.* Videtur intelligere ἀντίρρησιν Cyrilli adversus Nestorium, tom. VII opp.

k Hæc addit ms. Corbei. *Claruit sub Theodosio ju-* D *niore.*

l Hoc quoque caput in mss. Corbei. desideratur. Et iste Timothei liber nusquam hodie exstat.

m Leporius presbyter, circa annum quadringentesimum vicesimum, scripsit Libellum Emendationis sive satisfactionis, qui confessionem fidei catholicæ continet, de mysterio incarnationis Christi cum erroris pristini detestatione. Hunc libellum integrum Jacobus Sirmondus, cum Capreoli episcopi Carthaginiensis, Victorini Afri, et aliorum opusculis dogmaticis, Lutetiæ 1630 primus in lucem edidit. Ubi et quam ob causam scriptus sit, præter Gennadium commemorant Cassianus et Facundus Hermianensis: quorum testimonia ex parte, cum Joannis papæ testimonio, ad libelli finem annexa sunt. Sed hu..c illi variis nominibus designant. Joannes papa *epist. dam*

præsumens de puritate vitæ, quam arbitrio tantum et conatu proprio, non Dei se adjutorio obtinuisse crediderat, Pelagianum ᵃ dogma cœperat sequi. Sed a Gallicanis doctoribus admonitus, et in Africa per Augustinum a Deo emendatus, scripsit Emendationis suæ Libellum : in quo et satisfacit de errore, et gratias agit de emendatione. Simul et quod male senserat, de incarnatione Christi corrigens ᵇ catholicam sententiam tulit, dicens manentibus in Christo duabus naturis, ᶜ unam credi Filii Dei personam.

vocat, Cassianus *flebiles confessionis et planctus litteras*, Gennadius *libellum emendationis*, Facundus *libellum satisfactionis*. Ad calcem Sirmondus adjecit S. Augustini (ab hoc enim dictatam stylus indicat) collegarumque Africæ præsulum epistolam ; quam una cum Leporii libello, ut fidem facerent, miserunt ad episcopos Galliæ. MIRÆUS.

ᵃ Ms. Corbei., *Pelagii dogma*.
ᵇ Id., *catholicis sententiis eludit, dicens*.
ᶜ Id., *Unam Filii Dei personam reddi*.
ᵈ Ms. Corbei., *Victorius rhetor Massiliensis ad filii sui personam commentatur in Genesi*. Victorinus rhetor Massiliensis fuit alius a Victorino Afro, rhetore Romano, quem Hieronymus in Catalogo cap. 10, et Augustinus lib. VIII, Confess., cap. 2, laudat. Victorinus Afer Massiliensi longe antiquior, præter duos libellos a Sirmondo, cum dogmaticis scriptorum opusculis, Lutet. æ an. 1650 editos, scripsit adversus Arianos de Trinitate libros quatuor, et Machabæis fratribus hymnos tres metricos. Quæ omnia exstant tom. IV Bibliothecæ Patrum postremæ editionis Coloniensis. Victorini porro Massiliensis nihil hactenus vidi. MIRÆUS.

ᵉ Al., *quattuor versuum*, et Corbei., *quattuor versu edidit libros*. Suffridus vero Petri testatur codices suos mss. constanter habere *tres diversos edidit libros*. Idem notat integrum scriptoris nomen esse *Cl. Marius Victorinus*. Sed Launoius diss. de quinque Victorinis p. 59, Massiliensem recte distinguit a Victorino rhetore urbis Romæ, qui ab Hieronymo præf. in Epist. ad Galatas *Caius Marius Victorinus* appellatur, ubi commentarios ejus in Apostolum recenset.

ᶠ Joannes Cassianus, S. Joannis Chrysostomi discipulus, presbyter Massiliensis, scripsit Latine de Institutis cœnobiorum libros 12, Collationes Patrum 24, et de Christi Incarnatione libros septem. Quæ omnia, cum notis et censuris Henrici Cuculii Antverpiæ ; Petri Ciacconii Romæ et Lugduni ; itemque Alardi Gazæi 1628 apud Atrebat s, sunt edita. Cum censuris, dico : quia multis locis Cassianus caute legendus est ; ut iidem illi commentatores, Bellarminus in Catalogo, et alii docent. Vide et prolegomena Gennadio a me præfixa. Cæterum ex collationibus postremæ septem ad monachos qui in Stœchadibus insulis erant, scriptæ sunt, totidem ad Honoratum Arelatensem et Eucherium Lugdunensem episcopos ; quorum alter conditor, alter alumnus Lerinensis monasterii fuit. Stœchades porro in ora Massiliensi Lerinus seu Lirinus, et Lerus, itidem insulæ, e regione Antipolis sunt sitæ ; omnes olim refertæ cœnobiis ac cellulis monachorum, quod Cassiani Collationes abunde testantur.

An vero inter sanctos numerandus sit Cassianus a curiosis disputari solet. In postrema Gazæi editione Atrebatensi, præfixæ leguntur vindiciæ tutelares pro sanctitate Joannis Cassiani. Ex iis hæc habet : *Quidam e societate Jesu, a virtute, prudentia, eruditione commendatissimi, adeoque fide dignissimi, Massiliam profecti compererunt abbatiam cui præfuit Cassianus, nunc vocari S. Victoris monasterium, prope Massiliam ædificatum, in eoque caput ipsius Cassiani integrum, thecæ ex argento inaurato gemmisque ornatæ*

CAPUT LX.

ᵈ VICTORINUS rhetor Massiliensis, ad filii sui Etherii personam commentatus est in Genesin, id est, a principio libri usque ad obitum patriarchæ Abrahæ, ᵉ tres diversos edidit libros, Christiano quidem et pio sensu, sed ut pote sæculari litteratura occupatus homo et nullius magisterio in divinis Scripturis exercitatus, levioris ponderis sententiam figuravit. Moritur Theodosio et Valentiniano regnantibus.

CAPUT LXI.

ᶠ CASSIANUS natione Scytha ᵍ, Constantinopoli a inclusum asservari ; corpus autem ibidem in crypto, inter multa aliorum sanctorum sacræ lipsana, jacere conditum, in loculo marmoreo, quatuor columnis suffulto ; deinde vicesimum tertium diem mensis Julii festivæ ipsius memoriæ dicatum esse, cum octava solemni novem lectionum, offici i et missa propria : *quæ exstant in supplemento sanctorum monasterii Victoriani, Lugdini 1600 edito. In ipso autem officio dicitur : Hodie Cassianus ab angelis in cælum evectus est. Porro summa lectionum quæ in nocturnis leguntur, hæc est ; nempe S. Cassianum, genere Scytham, Athenis natum (ubi et sodalitium quoddam instituit), a puero fere Bethleemitem exstitisse cœnobitam atque in ipso oppido Bethleem aliud postea sodalitium erexisse ; deinde in antrum trium seniorum Chæremonis, Nestoris et Josephi se contulisse. Peragrata deinde Ægypto, cum Germano abbate Constantinopolim appulit, et a S. Joanne Chrysostomo creatus diaconus, Romæ vero sacerdotio initiatus fuit. Tandem postquam multa in Oriente præclare egisset, Massiliam profectus, erecto cœnobio celeberrimo, quinque millium monachorum institutor exstitit ; in alio vero sacro parthenone copiosum sanctarum virginum gregem gubernavit. Deinde cum duodecim Institutionum libros, Collationes Patrum, et tractatum de Incarnatione scripsisset, anno ætatis suæ supra nonagesimum septimum, in pace quievit multa clarus virtutibus, sub Theodosio et Valentiniano imperatoribus, x calendas Augusti. Neque vero lector mirari debet si post duodecim annorum centurias, ignota plerisque Cassiani sanctitas, nunc demum manifesta e tenebris in lucem emergat. Hoc ipsum in aliis quoque sanctis divinæ permisit providentia, cujus judicia sunt incomprehensibilia. Certe Luciferum Calaritanum episcopum verebatur, non pauci in schismate defunctum, et in illis inst r omnium conditor Ann. dium Baronius, in gestis anni 368. Verum Luciferum resipuisse, et in sancta Ecclesiæ pace obiisse (verba sunt Cornelii Lapidani, S. I. theologi, in cap. III Apocalypseos) multis rationibus satis nervosis probare contendit Antiochus Bronchus Calaritanus, scribens in cap. II Apocalypseos, disput. 11, quæst. 2, ac præsertim ex eo quo 1 SS. Hieronymus, Hilarius et alii Patres eum beatum nominent nignisque laudibus celebrent. Rursum quod Sardi et Vercellenses publice eum ut sanctum colant et invocent, ac in ejus honorem basilicam juxta Ca'arium erexerint, quæ etiamnum exstat.*

De Fausto Regiensi episcopo retractans ea Baronius quæ tomo VI ad annum 490 scripserat, sic fere loquitur tomo X in additionibus ad annum 490 : Ut accepimus, Ecclesia Rhegiensis in Gallia, ubi Faustus sedit antistes, semper eum ut sanctum coluit, celebran ejusdem natalem 17 Januarii ibique in ejus memoriam antiquitus erecta basilica, ejus nominis titulo insignita, hactenus ejus cultu a fidelibus frequentatur, etc. Maneant igitur Fausto integra sua, nec ex nostris scriptis sentiat præjudicium, neque privato judicio novitati liceat convelere antiquitatem. Hactenus fere ex vindiciis supra memoratis. MIRÆUS.

ᵍ Imo Patribus anachoretis Ægypti ἐν τῇ ἐρήμῳ Σκήτεως familiaris. Vide Antonium Pagi ad A. C. 401, n. 22 seq.

Joanne Magno episcopo diaconus ordinatus, apud Massiliam presbyter condit ᵃ duo monasteria, id est, virorum et mulierum, quæ usque hodie exstant. Scripsit, experientia magistrante, litterato sermone, et ut apertius dicam, sensu verba inveniens, et actione linguam movens, ᵇ res omnium monachorum professioni necessarias: id est, de Habitu monachi, et de canonico orationum modo, atque psalmorum, qui in monasteriis Ægypti die noctuque tenetur, libros tres; Institutionum librum unum: de Origine et qualitate ac remediis octo principalium vitiorum libros octo, singulos scilicet de singulis vitiis expediens. Digessit etiam Collationes cum Patribus Ægyptiis habitas, hoc est, de destinatione monachi ac fine, de discretione, de tribus ad serviendum Deo vocationibus; de pugna carnis adversus spiritum, et spiritus adversus carnem; de natura omnium vitiorum; de nece sanctorum, de mobilitate animæ, ᶜ de octo principalibus vitiis, de qualitate ᵈ orationis, de perfectis, de castitate, de protectione Dei, de scientia spiritali, de divinis charismatibus, de amicitia, de definiendo vel non definiendo, de tribus antiquis generibus monachorum, et quarto nuper exorto, de fide ᵉ cœnobitæ et eremitæ, ᶠ de satisfactione pœnitentiæ, de remissione Quinquagesimæ, de nocturnis illusionibus; de eo quod dicit Apostolus,ᵍ *Non enim quod volo, facio bonum, sed quod nolo malum, hoc ago* (Rom. vii, 19); de mortificatione. Et ad extremum, rogatus a ʰ Leone urbis Romæ episcopo, scripsit adversum ⁱ Nestorium de Incarnatione Domini libros septem: et in his scribendi apud Massiliam et vivendi finem fecit Theodosio et Valentiniano regnantibus.

CAPUT LXII.

ʲ Philippus presbyter, optimus auditor Hieronymi, commentatus ᵏ in Job edidit sermone simplici librum. Legi ejus et familiares ˡ epistolas, et valde salsas, et maxime ad paupertatis et dolorum tolerantiam exhortatorias. Moritur Marciano et Avito regnantibus.

CAPUT LXIII.

ᵐ Eucherius, Lugdunensis Ecclesiæ ⁿ presbyter, Galla nomine, Eucherius duos sustulit filios, Salonium et Veranum, ac totidem filias, Consortiam et Tulliam. Ex Salviani Massiliensis epistola ad Eucherium constat Eucherii filios, patre superstite, magistros ecclesiarum et episcopos esse cœpisse. Inter epistolas Leonis Magni papæ legitur epistola a Ceretio, Salonio et Verano episcopis ad Leonem scripta. Exstant item in Bibliotheca Patrum, Salonii commentaria in Proverbia et Ecclesiasten. De duabus Eucherii filiabus deque ejusdem promotione ad episcopatum sic Ado in Martyrologio, 16 Novembris: *Natalis S. Eucherii Lugdunensis episcopi, admirabilis fidei, vitæ et doctrinæ viri: qui ex nobilissimo senatorum ordine ad religiosam vitam habitumque conversus, diu in agro suo, super fluvium Druentiam, intra septa speluncæ sponte conclusus, Christo servivit, jejuniis et orationibus vacans. Defuncto autem Pontifice Lugdunensi, ipsum pari animo: unoque consensu, clerus et populus sibi eligens sacerdotem, in pontificali cathedra solemniter collocavit. Hujus uxor Galla in sancto habitu Deo serviens, speluncam ejus ingressa, omne illic vitæ suæ tempus in studio religionis exegit. Duæ ipsorum filiæ, quarum una Consortia, altera Tullia vocabatur, virginitatis gratia et signorum gloria claruerunt.* Hactenus Ado.

Quod ad alia S. Eucherii opera attinet, Claudianus Mamertus Viennensis Ecclesiæ presbyter, Mamerti Viennensis episcopi frater, in suis de Statu animæ libris testatur ipsum eloquentissimas conciones sacras homilias scripsisse; atque eæ quidem fortassis sunt illæ quæ sub nomine Eusebii Emeseni circumferuntur. Tomo V Bibliothecæ Patrum, editionis Coloniensis, itemque in Chronologia Lirinensi et alibi exstant varia S. Eucherii scripta: de quibus quid Bellarminus senserit, ipse in libro suo de Scriptoribus eccles. explicat. Joannes Molanus, in sua ms. Bibliotheca sacra, notat in Romana operum S. Eucherii editione, a Galesinio an. 1564 publicata, contineri multa suppositita. Historiam passionis S. Mauritii ac sociorum Thebæorum, a S. Eucherio ad Silvium episcopum, ut volunt, scriptam Petrus Steuartius, doctor theologus, Ingolstadii 1617 cum notis edidit. Cæterum noster hic S. Eucherius Arausicano I concilio ann. 441 subscripsit; estque alius Eucherius, qui Arausicanæ II synodo anno 529 interfuit; cujus posterioris Cyprianus in Vita S. Cæsarii Arelatensis, apud Surium, meminit. Minæus.

ᵃ Ms. Corbei., *dua id est virorum et puellarum monasteria, quæ hodieque exstant.*
ᵇ Id., *res omnino monachis necessarias, id est, de habitu et de canonico ordine... psalmorum modulamine.*
ᶜ In Corbei. desunt verba *de octo principalibus vitiis.*
ᵈ Id., *de qualitate orationum, de jugi oratione.*
ᵉ Id., *cœnobitarum et eremitarum.* Al., *de fine, pro de fide.*
ᶠ Verba *de satisfactione pœnitentiæ* desunt in Corbei.
ᵍ Corbei., *quod volo facio bonum, et reliqua, et ad extremum.*
ʰ Id., *Leone tunc temporis archidiacono.*
ⁱ Ita et Corbei., pro quo alii *Nestorem*, ut c. 55, 57, etc.
ʲ Hoc caput in ms. Corbei. desideratur.
ᵏ Illi commentarii Philippi presbyteri in Jobum exstant dicati Nectario episcopo et in libros 3 distincti, sæpiusque editi tamen separatim sub Philippi nomine tum inter Hieronymi et Bedæ opera.
ˡ Epistolæ hæ interciderunt. Alius Philippus presbyter Agyni in Sicilia, de quo Acta Sanctor. 12 Mai., tom. III, p. 26 seq.
ᵐ S. Eucherius, ex monacho Lirinensi episcopus Lugdunensis, anno Urbis conditæ millesimo octingesimo quinto (hoc est, Christi quadringentesimo tricesimo secundo), ut ipse testatur, cum adhuc esset monachus, scripsit de Contemptu mundi epistolam parænticam ad Valerianum cognatum suum: quam Moretus 1620 typis Plantinianis, cum brevibus notis Heriberti Rosweidi, publicavit. Atque hic quidem libellus, in postrema editione Coloniensi Bibliothecæ Patrum, non recte inscriptus est *de Vita solitaria.* Exstat namque alius ejusdem S. Eucherii libellus, S. Hilario episcopo Arelatensi, non Valeriano inscriptus, hoc titulo, *de Vita solitaria, sive de Laude eremi,* typis itidem Moretianis 1621 editus et a Nicolao Fabro Parisiensi cum mss. collatus. De quo sic Isidorus cap. 15 de Scriptoribus ecclesiasticis: *B. Eucherius Franciæ episcopus, elegans sententiis, ornatus in verbis, edidit ad Hilarium Arelatensem antistitem, eremi deserta petentem, unum opusculum de laude ejusdem eremi luculentissime et dulci sermone dictatum.* Scripsit autem hunc libellum Eucherius eo tempore quo Hilarius, relicto episcopatu Arelatensi, Lirinum rediit, pristino eremi amore captus, ut ex ipsius Hilarii homilia de S. Honorato colligi datur.

Cæterum ex legitima ante sacerdotium conjuge,

ⁿ Ms. Corbei, *pontifex.* Editt. Gennadii in Hieronymi operibus, *episcopus.*

scripsit[a] ad Valerianum, propinquum suum, de Contemptu mundi et sæcularis philosophiæ, epistolam unam[b], scholastico sermone et rationabili. Disseruit etiam[c] ad personam filiorum Salonii et Veranii, post ea episcoporum, obscura quæque sanctarum capitula Scripturarum.[d] Sed et[e] Cassiani quædam opuscula,[f] lato tensa sermone, augusto verbi resolvens tramite, in unum coegit volumen, aliaque tam ecclesiasticis quam monasticis[g] studiis necessaria.[h] Moritur sub Valentiniano et Martiano principibus.

CAPUT LXIV.

[i] VINCENTIUS, natione Gallus,[j] apud monasterium Lerinensis insulæ presbyter, vir in Scripturis sanctis doctus, et notitia ecclesiasticorum dogmatum sufficienter instructus, composuit, ad evitanda hæreticorum collegia, nitido satis et aperto sermone, validissimam disputationem, quam abscondo nomine suo [k] titulavit, Peregrini adversus hæreticos. Cujus operis, quia secundi libri maximam in schedulis partem a quibusdam furatam perdidit, recapitulato ejus paucis sermonibus sensu pristino compegit, et uno in libro

[a] Ms. Codex Martinianus, teste Suffrido Petri, *ad Uranum.*
[b] Corbei., *rationabili disertoque sermone.*
[c] Sic supra, cap. 60, *ad filii sui Etherii personam.*
[d] Baronius in gestis anni 433 de isto Gennadii dicto sic censet : *Hæc Gennadius, ejusdem farinæ cum Cassiano : qui ne diceret, erroribus confutatis, Eucherium expurgando contraxisse opera Cassiani, latum sermonem circumcidisse prætexuit.* Ita Baronius. Cæterum quia liber quartus de Vitis Patrum, editionis Plantinianæ ex Severo Sulpitio et Joanne Cassiano est concinnatus (sunt enim tantum excerpta quædam ex eorum libris, verbis pene eisdem), disputant eruditi quis ea concinnaverit. Sunt qui ab Eucherio Lugdunensi, alii a Victore Martyritano in Africa episcopo (quem Cassiodorus divin. Inst. cap. 29 memorat) id factum existimant. Qua de re Rosweidum consule in Prolegomeno 6 ad Vitas Patrum. MIRÆUS.
[e] Corbei., *sancti Cassiani.*
[f] Id., *lato tenens eloquio.*
[g] Vocabulum *studiis* deest a Corbei.
[h] Ibid. postrema a verbo *moritur* desunt, et loco illorum exstant hæc : *Floruit ætate qua et beatus Cæsarius.*
[i] S. Vincentius Lirinensis in Gallia monachus, aureum suum adversus hæreses libellum scripsit triennio post œcumenicam synodum Ephesinam (hoc est anno Christi quadringentesimo tricesimo quarto), ut ipsemet testatur. Libellum hunc Joannes Costerius et Bartholomæus Petrus Lintronensis, doctor Th. Duacensis, brevibus notis illustrarunt. Vincentio frater fuit S. Lupus episcopus Tricassinus, Britannica legatione et pacati civibus suis Attilæ gloria clarus. Lupum porro in eadem insula Lirinensi (quæ commune tunc erat sæculum abdicantibus gymnasium) versatum fuisse constat ex Sidonii epistola 1, lib. VI, et ex libr. VII, epist. 14; itemque ex Eucherii Lugdunensis libello de Laude eremi. Lupi porro et S. Euphronii, Augustodunensis episcopi epistola de bigamis clericis et iis qui uxores duxerunt, exstat apud Sirmondum tom. I Conc., et Claudium Robertum in Gallia Christiana. Est autem Lirinus in Mediterraneo mari Gallico insula notissima, e regione Antipolis, oppidi provinciæ II Narbonensis, sita : cui hodie nomen est a S. *Honorato*, Lirinensis monasterii conditore, post episcopo Arelatensi. Lirino vicina est alia insula *Lerus* dicta, cui nunc nomen a S. *Margarita*. MIRÆUS.

edidit. Moritur Theodosio et Valentiniano [l] regnantibus.

CAPUT LXV.

[m] SYAGRIUS scripsit de Fide adversum præsumptuosa hæreticorum vocabula, quæ ad destruenda vel ad immutanda S. Trinitatis nomina usurpata sunt, dicentium Patrem non debere Patrem dici, ne in Patris nomine filius [n] consonet, sed ingenitum et infectum ac solitarium nuncupandum, ut quidquid extra illum est persona, [o] extra illum sit natura : ostendens et Patrem, qui ejusdem est naturæ, posse dici ingenitum, et Scripturam dixisse, [p] et ex se genuisse in persona Filium, non fecisse, et ex se protulisse Spiritum sanctum in persona, non genuisse neque fecisset. Sub hujus Syagrii nomine septem [q] de Fide [r] et Regulis fidei libros prætitulatos inveni, sed quia [s] linguam variant, non omnes ejus credidi esse.

CAPUT LXVI.

ISAAC, presbyter Antiochenæ Ecclesiæ, scripsit Syro sermone, longo tempore et multa; [u] præcipua tamen cura adversum Nestorianos et Eutychianos. Ruinam etiam Antiochiæ [v] elegante carmine planxit,

[j] Corbei., *apud Lirinensi insula presbyter, vir valde in S. S. d. et notitia dogmatum*, etc.
[k] Id., *prætitulavit.* Hoc est celebre illud Vincentii commonitorium; quod post Costerium et alios illustravit V. C. Stephanus Baluzius.
[l] Corbei, *imperantibus.*
[m] Syagrii solus Gennadius mentionem fecit. Argumentum libri prioris hic obscurius traditum Cave part. I Hist. Lit. p. 240, ita exprimit: *Scripsit libellum de fide adversus hæreticos nonnullos, qui personas S. Trinitatis nominibus relationem mutuam indicantibus exprimi noluerunt.* Mihi hæreticorum quos confutavit Syagrius mens fuisse videtur, primam Divinitatis personam non esse Patrem dicendam; ne Filium secundam, ne unitas naturæ divinæ convelleretur : Patrem enim et Filium non posse non habere naturas numero distinctas. Si igitur in divinis sit Filius aliquis qui non sit Pater, et Pater qui non sit Filius, necessum esse ut duas, imo tres naturas divinas, admittamus. Ita enim colligebant : Quicunque est extra Patrem persona, is est extra Patrem natura. ERN. CYPRIANUS.
[n] Corbei., *sonet.*
[o] Male Miræus *extra sit in natura.* ERN. CYPRIANUS.
[p] Hæc non sunt in codice Guelpherbytano. ERN. CYPRIANUS.
[q] Ita lego ex cod. Norimb. Miræus habet *fide et.* ERN. CYPRIANUS.
[r] Al., *vel regulis*
[s] Corbei., *in lingua variantur.* Porro hæc Syagrii, quem Gemblacensis codex *Satyrium* appellat, opuscula interciderunt.
[t] Gemblac.—*Isaihah.* Duos invenio Isaacos, natione Syros, professione monachos. Ex iis senior, hic a Gennadio memoratus, Martiano et Leone imperantibus, hoc est, circa annum quadringentesimum quinquagesimum quartum decessit : alterum usque ad extrema Gothorum tempora supervixisse Gregorius lib. III Dialogorum testatur. Utriusnam vero sit liber ille de Contemptu mundi, qui tom. VI Bibliothecæ Patrum legitur, incertum est. Possevinus quidem Isaaco seniori attribuit; sed neque Gennadius, neque Trithemius, qui scripta istius Isaaci recensent, hujus libri meminerunt. Unde non minus probabile videri queat librum istum esse Isaaci junioris. MIRÆUS.
[u] Corbei., *præcipue tamen adversus Nestorium et Eutichianos.*
[v] Ita idem codex, quod mihi magis probatur quam

ª eo auditores imbuens sono quo Ephrem diaconus Nicomediæ lapsum ᵇ. Moritur Leone et ᶜ Martiano imperantibus.

CAPUT LXVII.

ᵈ SALVIANUS, ᵉ Massiliensis Ecclesiæ presbyter, humana et divina litteratura instructus, et, ut absque invidia loquar, ᶠ episcoporum magister, scripsit scholastico et aperto sermone multa: ex quibus ista legi, de Virginitatis bono ad Marcellum ᵍ Presbyterum libros tres; Adversum Avaritiam libros quatuor, de Præsenti Judicio libros quinque, et ʰ pro eorum merito satisfactionis ad Salonium ⁱ episcopum librum unum, et Expositionis extremæ partis libri Ecclesiastici ad ʲ Claudium episcopum Viennensem librum unum, ᵏ librum Epistolarum unum. Et in morem Græcorum, a principio Genesis usque ad conditionem hominis, composuit versu ˡ hexæmeron librum unum; ᵐ homilias episcopis factas multas, sacramentorum vero quantas nec recorder. Vivit usque hodie in senectute bona.

CAPUT LXVIII.

ⁿ PAULINUS composuit tractatus de Initio Quadragesimæ, de quibus ego duos legi : de Die Dominico Paschæ, de obedientia, de pœnitentia, de neophytis.

CAPUT LXIX.

ᵒ HILARIUS, Arelatensis ᵖ episcopus, vir in sanctis Scripturis ᑫ doctus, paupertatis amator, et erga inopum provisionem non solum ʳ mentis pietate, sed et corporis sui sollicitus labore fuit. Nam pro reficiendis pauperibus etiam ˢ rusticationem contra vires suas homo genere clarus, et longe aliter educatus, exercuit; sed nec in spiritalibus neglexit. Nam et in docendo ᵗ gratiam habuit, et absque personarum ᵘ acceptione omnibus castigatum opus prædicationis ingessit. Ingenio vero immortali aliqua et parva edidit, quæ eruditæ animæ et fidelis linguæ indicio sunt : in quibus præcipue, et ad multorum utilitatem, necessario opere Vitam sancti Honorati prædecessoris sui composuit. Moritur Valentiniano et Martiano regnantibus.

CAPUT LXX.

ᵛ Leo, urbis Romæ episcopus, scripsit ad Flavia-

longo carmine, quod Suffridus Petri ex Honorio pro vitiosa lectione *elegiaco carmine* restituisse se profitetur. Pro *Antiochiæ* in Corbei. est *Antiochenæ urbis.*
ᵃ Id., *eo auditores imbuens quo Efrem.*
ᵇ Sic est in omnibus, nec deest aliquid, ut visum vitiose Suffrid. Petri.
ᶜ Sigeberg., *Marino, Corbei., Majoriano.*
ᵈ Salvianus, Massiliensis presbyter (non autem episcopus), circa annum Christi quadragesimum ad Salonium episcopum, Eucherii Lugdunensis episcopi filium, scripsit libros octo de Providentia et Gubernatione Dei, deque justo ac præsenti ejus Judicio, in quibus vitia Christianorum sui temporis castigat, et Galliæ a barbaris vastatæ statum ac causas graphice depingit. Scripsit inquam sub Christi 440 annum : nam bellum contra Gothos a Litorio gestum vocat proximum. Inter alia Salvianus acriter invehitur in ludos circenses, et id genus spectacula Belgis allisque Gallis tunc familiaria. Scripsit insuper librum unum Epistolarum; et Timothei nomine ad Ecclesiam catholicam libros quatuor. Quæ omnia a Petro Pithæo cum mss. codicibus collata Parisienses 1570 et 1608 foras dederunt. Alia ejus opera, a Gennadio hoc capite, ab Adone Viennensi in Breviario Chronicorum, et a Trithemio recensita, perierunt. Natus autem creditur Salvianus Coloniæ Agrippinæ aut in vicinia, vixitque diu Treviris. Cujus quidem urbis, quarto a Francis, Burgundionibus aliisque barbaris vastatæ, eversionem sub annum 435 suis ipse oculis spectavit; atque inde Massiliam postea migravit, sede imperii Treviris Arelatem translata. His de rebus plura si voles, Chronicon nostrum in gestis anni citati et subsequentium lege. MINÆUS.

ᵉ Corbei., *apud Massiliam presbyter.*
ᶠ Id., *magister episcoporum sanctorum Salonii et Verani.* Sic et Martinianus codex, teste Suffrido Petri. *Presbyterum* non est in Corbei.
ʰ Id., *pro eorum præmio satisfaciendo.*
ⁱ Codex Martinianus, *episcopum Veronesem.* Gemblacensis, *Viennensem.*
ʲ Al., *Claudianum infra*, c. 83. Sed *Claudium* etiam Corbei.
ᵏ In Corbei. desunt verba *librum Epistolarum unum.*
ˡ Id., *quasi Exæmeron.*
ᵐ Id., *omelias ad episcopos factas multas.*
ⁿ Incertum quis hic Paulinus, neque ejus quidquam exstat quod sciam.

ᵒ S. Hilarius, ex monacho Lirinensi episcopus Arelatensis, concilio Regensi seu Regiensi anno 439, et Arausicano I, an. 441, interfuit. Scripsit ad Leonem I papam, versu heroico, Historiam Geneseos, usque ad septimum caput; et prosa Vitam S. Honorati, prædecessoris sui, Parisiis studio Gilberti Genebardi 1578 primum, post a Surio editam. Sunt qui ipsi attribuunt epistolam unam ad S. Augustinum de Prædestinatione, ejus occasione idem S. Augustinus libros de Prædestinatione sanctorum et de Bono perseverantiæ scripsit. At Bellarminus in catalogo et alii consent illam epistolam non esse S. Hilarii Arelatensis episcopi, sed Hilarii presbyteri cujuspiam. Cæterum S. Hilarius, post annos aliquos in episcopatu transactos, pristinæ vitæ solitariæ desiderio tactus, Lirinum rediit : ut ipse Hilarius testatur homilia de S. Honorato, et Sidonius in Eucharistico ad Faustum Reiensem episcopum : ubi hic inter cætera memorat *Eucherii venientis iter, redeuntis Hilari.* Atque eo quidem tempore S. Eucherius eleganter de Laude eremi libellum ad Hilarium scripsit, ut supra cap. 63 docui. Vita porro S. Hilarii Arelatensis (qui an. decimo Leonis I papæ, hoc est, Christi quadringentesimo quadragesimo sexto decessit) apud Barralem in chronologia Lirinensi exstat, cum epitaphio ejusdem S. Hilarii. Quis illius vitæ scriptor fuerit, infra cap. 99 disputabimus. Alius ab isto fuit S. Hilarius Pictaviensis episcopus, cujus operibus communiter adnecti solent nonnulla S. Hilarii Arelatensis opuscula. MINÆUS.

ᵖ *Urbis*, addit Corbei.
ᑫ Id., *eruditus, paupertatis etiam amator.*
ʳ Id., *meritis, pietate.*
ˢ Id., *rusticationem propriis viribus homo tener et clarus exercuit.*
ᵗ Id., *maximam gratiam.*
ᵘ Id., *acceptionibus, omnibus castigationem ingessit. Studioso vero ingenio aliqua parva edidit, quæ eruditis et fidelibus indicio sunt.* His verbis clauditur hoc caput in Corbei.
ᵛ S. Leo I (ab anno 440 ad 461) annis fere 21 Romanam cathedram tenuit, et 11 Aprilis decessit, vir pietate, scientia ac dicendi facultate præstans ut merito Magni cognomen ipsi adhæserit. Opera ejus omnia, cum operibus S. Petri Chrysologi episcopi Ravennatis (qui circa annum 450 obiit) Parisienses junctim ediderunt. Porro inter opera S. Leonis collocari solet liber de Conflictu virtutum et vitiorum : sed

num, Constantinopolitanæ Ecclesiæ ª episcopum, adversus Eutychen presbyterum (qui tunc ambitione episcopatus nova in Ecclesiam moliebatur inducere) epistolam, in qua admonet eum, ut si confiteretur errorem, et polliceretur emendationem, reciperet eam; sin autem ᵇ persisteret in incepto, cum sua hæresi damnaretur. Similiter docet in ipsa epistola, et divinis confirmat testimoniis, Dominum nostrum Jesum Christum, sicut et paternæ divinitatis verum Filium, ᶜ ita verum humanæ naturæ esse hominem credendum, id est, ex carne Virginis Mariæ carnem traxisse, et non de cœlo corpus sibi exhibuisse, sicut Eutyches asserebat. Moritur ᵈ Leone et Majoriano imperatoribus.

CAPUT LXXI.

ᵉ MOCHIMUS, Mesopotamius presbyter, apud Antiochiam scripsit adversum Eutychen egregium libellum; et alia scribere dicitur quæ necdum legi.

CAPUT LXXII.

TIMOTHEUS, exstincto ᵍ ab Alexandrinis Proterio episcopo, tumultuante adhuc plebe ʰ aut voluit, aut passus est se ab uno episcopo in locum occisi episcopum fieri. Et ne contra legem factus merito abjiceretur, ad gratiam plebis, quæ Proterium exosum habuerat, omnes quibus ille communicaverat, ⁱ Nestorianos esse pronuntiat; et maculam conscientiæ, temeritate abluendam præsumens, scripsit ad Leonem imperatorem libellum valde suasorium, quem pravo sensu Patrum testimoniis in tantum roborare conatus est, ut ad decipiendum imperatorem, et suam hære-

is liber S. Leonis esse non potest, cum in eo fiat mentio regulæ S. Benedicti. Sic et inter epistolas ejusdem S. Leonis num. 96 non recte collocatur epistola Leonis Bituricensis episcopi, qui, una cum Victurio Cenomanensi et Eustochio Turonensi, eam scripsit ad episcopos et presbyteros provinciæ, non Thraciæ (ut inter Leonis epistolas vulgatum est), sed tertiæ: quo nomine Turonica designatur, quæ est tertia Lugdunensis, ut Sirmondus in suis notis ad tom. I Conciliorum Galliæ observavit. MIRÆUS.

ª Corbei., *Pontificem.*
ᵇ Id., *persisterit* pro perstiterit.
ᶜ Id., *ita humanæ naturæ hominem esse.*
ᵈ Id., *Valentiniano et Majoriano imperantibus.* Sed Suffridus Petri, in omnibus, inquit, nostris mss. codicibus erat, *moritur Leone et Martiano imperatoribus,* quam lectionem quoniam commendat Historiæ veritas, reponendam duximus. Sed historica veritas confirmat Leonem Magnum mortuum anno eodem quo occisus Majorianus.
ᵉ Corbei., *Mozymus,* al., *Moschimus.* Gembl., *Mochomeus,* al. *Mesopotamenus* presbyter. Nihil hujus scriptoris ad nos pervenit.
ᶠ An. 451 Chalcedone generalis synodus 630 Patrum est celebrata, cui Paschasinus Lilybetanus, cum aliis tribus pontificis Romani legatis, interfuit. In ea damnatus est Dioscorus et Eutyches. In Dioscori pulsi locum Proterius est ordinatus ep. Alexandrinus. Proterio demum an. 455 a furente plebe sive a militibus obtruncato, Timotheus, homo vafer et impurus, sedem illam occupavit. Is deinde, Leone I papa instante, Gangram indeque Chersonam est deportatus, ut Theodoretus, Evagrius et Baronius fuse narrant. Alius ab isto fuit Timotheus Alexandrinus episcopus, qui Theodosii imperatoris ævo vixit, et cujus responsa quædam canonica, una cum commentariis Balsamo-

ᴬ sin ʲ constituendam, pene Leonem, urbis Romæ pontificem et Chalcedonensem synodum, ac ᵏ totos Occidentales episcopos aliorum adminiculo Nestorianos ostenderet. Sed, favente Deo, ˡ a Chalcedonensi concilio hostis Ecclesiæ arguitur et confutatur. Vivere adhuc in exsilio jam hæresiarcha dicitur et habetur Hunc ipsum libellum noscendi gratia ego, rogatus a fratribus, ᵐ in Latinum transtuli, et cavendum prætitulavi.

CAPUT LXXIII.

ASCLEPIUS Afer, in ⁿ Baiensi territorio ᵒ vici non grandis episcopus, scripsit adversum Arianos, et modo adversum Donatistas scribere dicitur. In docendo autem ex tempore, ᵖ grandi opinione celebratur.

CAPUT LXXIV.

PETRUS Edessenæ Ecclesiæ presbyter, declamator insignis, scripsit ᵠ Variarum Causarum tractatus, et more sancti Ephrem diaconi, psalmos metro composuit.

CAPUT LXXV.

ʳ PAULUS presbyter, natione, ut ex dictis ejus cognovi, Pannonius, scripsit de Virginitate servanda et contemptu mundi, ac vitæ institutione, vel morum correctione mediocri sermone, sed divino conditos sale ˢ libros duos, ad personam cujusdam nobilis et Christo dicatæ virginis Constantiæ nomine: in quibus meminit Joviniani hæretici et voluptatum ac libidinum prædicatoris, cui in tantum continentis vitæ et castæ institutio contraria fuit, ᵗ ut inter luxuriosas ᵘ epulas animam eructaret.

nis, exstant tom. IV Bibliothecæ Patrum. MIRÆUS.
ᵍ Corbei., *apud Alexandriam.*
ʰ Id., *ante voluit, ante passus est... quam synodalia decreta acitarent.*
ⁱ Id. *Nestorianos pronuntiat...conscientiæ abluendæ temeritate præsumens.*
ʲ Id., *contutandam,* al. *confortandam.*
ᵏ Corbei., *totius Occidentis episcopos,* al. *Orientales,* vitiose.
ˡ Corbei., *a Calcidonensi concilio hostis Ecclesiæ coartatus et confutatus est.*
ᵐ Hic liber Timothei Eutychiani neque Græce neque ex Latina Gennadii versione exstat.
ⁿ Pro *Baiensi* (in Numidia) alii codices, ut Corbei., *Gabœnsi,* alii, ut Norisbergensis et Trithemius, *Vagensi.*
ᵒ Corbei., *vicinæ civitatis grandis episcopus.*
ᵖ Id., *grandem opinionem habet.* Ex hujus Asclepii scriptis nihil ad nos pervenit.
ᵠ De vario argumento, quod alibi dixit *variarum hypotheseon tractatus,* ut c. 57 et 53. Cæterum hæc Petri Edesseni scripta interciderunt, qui, ut Mochimus supra c. 71 laudatus Syriace scripsit, et psalmos Syriaco metro condidit.
ʳ In Corbei. hoc caput deest. — De Asclepio Afro, Petro Edesseno, et Paulo Pannonio agit etiam Trithemius. Notet tamen lector hunc Paulum ab Honorio et Trithemio vocari Patrum. (Etiam in codice Martiniensi et Norisbergensi.) MIRÆUS.
ˢ Hi duo libri Pauli sive Petri Pannonii hodie desiderantur.
ᵗ Hæc mihi probabilior visa est lectio. Miræus, ridicule, *ut inter luxoriosas epistolas eructaret animam.* Codex Nor., *ut inter luxoriosas epulas animæ repararet beatitudinem.* Ita et Guelpherbytanus. ERN. CYPRIANUS.
ᵘ Mss. Codices quos consuluit Suffridus Petri, *ani-*

CAPUT LXXVI.

PASTOR episcopus composuit [a] libellum in modum symboli parvum, totam pene ecclesiasticam credulitatem per sententias continentem. In quo inter cæteras dissensionum pravitates quas prætermissis auctorum vocabulis anathematizat, Priscillianos [b] cum ipso auctoris nomine damnat.

CAPUT LXXVII.

[c] VICTOR [d] Cartennæ Mauritaniæ civitatis episcopus, scripsit [e] adversus Arianos librum unum [f] longum, quem Genserico regi [g] per suos audiendum obtulit, sicut ex proœmio ipsius libri didici. Et de Pœnitentia [h] Publicani librum unum, in quo et regulam vivendi pœnitentibus juxta Scripturarum auctoritatem instituit; et ad Basilium quemdam super morte filii, consolatorium [i] librum, spe resurrectionis perfecta instructione munitum. Homilias etiam composuit multas, quas a fratribus salutis propriæ sollicitis in libros digestas servari cognovi.

CAPUT LXXVIII.

[j] VOCONIUS, Castellani Mauritaniæ oppidi episcopus, scripsit adversus Ecclesiæ inimicos Judæos et Arianos et alios hæreticos. [k] Composuit etiam Sacramentorum egregium volumen.

CAPUT LXXIX.

[l] MUSÆUS, Massiliensis Ecclesiæ presbyter, vir in divinis Scripturis doctus, et in earum sensibus sub-

tilissima quadam exercitatione limatus, lingua quoque scholasticus, hortatu S. Venerii episcopi, excerpsit de sanctis Scripturis lectiones totius anni festivis diebus aptas; [m] responsoria etiam Psalmorum capitula temporibus et lectionibus congruentia. Quod opus tam necessarium [n] a lectoribus in Ecclesia probatur, ut expeditum et sollicitudinem tollat et moram, plebique ingerat scientiam, [o] celebritatique decorem. Sed et ad personam sancti Eustachii episcopi, successoris supradicti hominis Dei, composuit Sacramentorum egregium et non [p] parvum volumen, per membra quidem pro opportunitate officiorum [q] et temporum, pro lectionum textu, psalmorumque serie et cantatione, discretum, sed supplicandi Deo et contestandi beneficiorum ejus, soliditate sui consentaneum. Quo opere gravissimi sensus et castigatæ eloquentiæ agnovimus virum. Homilias etiam dicitur declamasse, quas et haberi a fidelibus viris cognovi, sed ego non legi. Moritur Leone [r] et Majoriano regnantibus.

CAPUT LXXX.

[s] VINCENTIUS presbyter, et ipse natione Gallus, in divinis Scripturis exercitatus, linguam habens usu loquendi et majore lectione politam, commentatus est in Psalmos. Cujus operis legit aliqua homini Dei [t] Cannatæ, me audiente, promittens simul, si Dominus vitam et vires daret, se in toto Psalterio eodem studio laboraturum.

---

ma refutaret beatitudinem. Sed perperam idem *epistolas pro epulas.*

[a] Hic quoque Pastoris libellus nusquam hodie exstat.

[b] Suffridus Petri edidit : *cum episcopo.* — Non placet hæc lectio Miræi. *Cum ipso* posuimus ex Norib. ERN. CYPRIANUS.

[c] Circa an. Christi 530 Victor episcopus Africanus scripsit *de Ratione fidei Catholicæ,* ad Hunnericum regem Vandalorum. Exstat hic ejus liber in Bibliotheca Patrum tomo IV editionis secundæ. Ita Bellarminus in catalogo. MIRÆUS.

[d] Ms. Corbei. *Maurus.*

[e] Hic liber intercidit. Vide Tillemont. tom. XVI Memor., p. 611.

[f] In codicibus nostris verba *longum quem,* usque ad illa : *Publicani librum unum,* prorsus omissa sunt. ERN. CYPRIANUS.

[g] Id., *Regi Wandalorum.*

[h] Id., *de pœnitentia publica,* vitiose; nam exstat adhuc inter S. Ambrosii opera aliquoties editus, et Victori Tunnensi tributus in ms. Remensi.

[i] Id. *libellum spe resurrectionis munitum.* Exstat et hic inter S. Basilii et Eucherii opera. Sed homilæ non viderunt lucem quod sciam.

[j] Corbei. *Vuconius Castallanæ Mauritaniæ urbis episcopus.* In codice Guelph. dicitur Buconius; nec aliter vocatur ab Honorio et Trithemio. ERN. CYPRIANUS.

[k] Corbei. addit *librum.* Sed ille Voconii liber et alter Sacramentorum nusquam exstat. Pro Voconio *Victorianum Buconium* Trithemius c. 171 de S. E.

[l] Massiliensem cathedram ex ordine rexerunt *Venrius, Eustathius et Græcus.* Venerii hortatu *Musæus,* alias *Musæus,* presbyter Massiliensis, excerpsit de divinis Scripturis lectiones totius anni, apud Bernardum Guidonem. Eustathii Sidonius l. vii, epist. 2, ad Græcum episcopum Massiliensem meminit ; dicitque

Græco Eustathium successisse. Id Sirmondus in suis ad Sidonium notis notavit, contra sententiam Claudii Roberti in Gallia Christiana, ubi Massilienses epp. enumerat. MIRÆUS.

[m] Corbei, *Responsoriis.*

[n] Id., *A lectore in Ecclesia comprobatur, ut expeditum.*

[o] Id., *Et celebritatem decoris.*

[p] Corbei., *parvum et egregium volumen.* Hujus Musæi vel de quo cap. superiore Voconii nonnulla legi in sacramentario Gregorii M. non est a verisimilitudine alienum.

[q] Quæ sequuntur a verbis *et temporum* usque ad *Dicitur etiam et omelias declamasse,* desunt a Corbei.

[r] Suffridus Petri e suis mss., *Et Martiano,* sed Corbei., *Leone et Majoriano imperantibus.* Rectius, nam Majorianus non Martianus post Leonem imperitavit.

[s] Errant qui Vicentianas (sic, enim appellant) objectiones illas adversus S. Prosperum, S. Augustini scripta defendentem Vincentii Lirinensis, supra cap. 64 a Gennadio laudati, fuisse existimant : qui non tantum non impugnavit defensores S. Augustini; sed in libro quem scripsit adversus hæreses, cap. 43, magnopere laudavit. Sciendum est itaque eodem sæculo alterum Vincentium in Gallia vixisse, de quo Gennadius cap. 80 scribit : cui potius opus illud tribuendum putarem. Quidquid sit, constat lucubrationes illas esse Pelagiani hominis, nec dignas quæ tribuantur Vincentio Lirinensi, illi qui aureo plane opusculo cum omnes hæreses, tum maxime hæresin Pelagianam cum auctoribus suis impugnat, ut ex cap. 2 et 14 constat. Sic fere Baronius in notis ad martyrologium 24 Maii. (Vide tamen Vossium lib. I Hist. Pelag., cap. 9.) MIRÆUS.

[t] Al., *Cannati.* Ex hujus Vincentii commentariis in Psalmos nihil tulit ætatem.

CAPUT LXXXI.

[a] CYRUS, [b] natione Alexandrinus, arte medicus, ex philosopho monachus, vir dicendi peritus, scripsit adversus [c] Nestorium prius eleganter et fortiter, modo autem dum [d] in illum invehitur nimius, et syllogismis magis quam Scripturis agit, Timotheanum dogma fovere cœpit. Denique ambiguus etiam sui, suspendit animum a consensu Chalcedonensis decreti, nec acquiescendum putat Filium Dei duabus post incarnationem constare naturis.

CAPUT LXXXII.

SAMUEL, [e] Edessenæ Ecclesiæ presbyter, multa adversus Ecclesiæ inimicos Syro sermone construere dicitur, præcipua tamen intentione contra Nestorianos et Eutychianos et Timotheanos novellos, [f] sed sibi diversos hæreticos. Unde et frequenter triformem bestiam ecclesiastica simul sententia cum auctoritate sanctarum Scripturarum summatimque [g] ferit, ostendens Nestorianis, Deum in homine, non purum hominem ex virgine natum; Eutychianis, veram humani generis carnem a Deo assumptam, et non de cœlo exhibitam, nec crassi aeris substantiam in carne incessisse formatam; Timotheanis, ita Verbum carnem factam, ut manente Verbo in sua substantia, et homine in sua natura, societate, non immixtione, unam Filii Dei reddidisse personam. Vivere adhuc apud Constantinopolim dicitur. Nam initio (an. Christi 465) collati Anthemio imperii et scripta ejus et esse eum in carne cognovi.

CAPUT LXXXIII.

[h] CLAUDIANUS, Viennensis Ecclesiæ presbyter, vir ad loquendum artifex et ad disputandum subtilis, composuit tres quasi de Statu, vel de substantia animæ libros, in quibus agit intentione tota, quatenus ostendat aliquid esse incorporeum præter Deum. [[i] Scripsit et alia nonnulla, inter quæ et hymnum de Patrum et alibi editos. Epistolæ autem quam operi præfixit, hic est titulus : *Præfectorio, Patricio, doctissimo viro et optimo, C. Sollio Sidonio Claudianus salutem.* Horum librorum ipse Claudianus meminit in sua ad Sidonium epistola quæ inter Sidonianas lib. IV, numero 2, legitur. Ejusdem Claudiani carmen contra varios errores, seu vanos poetas, exstat inter opera Poetarum Christianorum, et in citata Bibliotheca. Claruit autem Claudianus Mamertus anno quadringentesimo quadragesimo tertio; ipsique defuncto Sidonius versu epitaphium scripsit, quod lib. IV epistolarum numero 11 ipse recitat. Cæterum Mamertus Viennensis episcopus *instituit primus* Rogationes, *quæ Domini Ascensionem antecedunt; ut ex Alcimi Aviti, ejusdem ecclesiæ antistitis, homilia de iisdem Rogationibus constat : cui assentiuntur antiqui omnes scriptores. Quare frustra laborant qui propterea quod litanias supplicationesque ante Mamertum in Ecclesia extitisse legunt, ideo illi Rogationum non primum auctorem, sed instauratorem dici volunt. Frustra,* inquam; *neque enim quæstio est an primus litaniarum usum in Ecclesiam invexerit, quem constat multo antiquiorem fuisse, sed an eas instituerit quæ ante Ascensionem Domini celebrantur, Rogationesque propria jam voce nuncupantur. In quo, ut dixi, consentiunt omnes, et Sidonii verba lib.* v*, epist.* 14*, invenit,* instituit, invexit, *dubitari non sinunt. Rogationum ergo primus auctor Mamertus fuit. Nec solum instituit, ut stata et solemnes illis diebus supplicationes essent; sed supplicationum formam usitata sanctiorem, augustioremque præscripsit. Mamerti porro Rogationes imitati sunt non solum vicini Galliæ populi (ut ex ejusdem Sidonii epistolis et concilio* i *Aurelianensi datur intelligi), verum etiam cæteræ nationes, atque ipsa tandem Roma Leonis III auctoritate, ut docent ritualium librorum auctores. Ideo Litaniam Gallicanam appellarunt, quia ejus institutio* è *Gallia; et Litaniam minorem, ut a majore distinguerent, quæ* vi kalendas Maii *celebratur. Sic fere Sirmondus in Notis ad Sidonii lib.* v *et* vii *Epistolarum.* MIRÆUS.

[i] Ista verba et subsequentia usque ad finem capitis, desiderantur in vulgatis Gennadii exemplaribus. Leguntur autem in manuscripto codice cœnobii. S. Michaelis de Tumba, apud Britones Aremoricos, ut Sirmondus in notis ad Sidonium monet (tom. opp., f. 953).

In eodem ms. codice habentur item aliqua de Sedulio poeta, hactenus ignorata : ut idem Sirmondus in notis ad Ennodium docet. Obiit vero Sedulius Theodosio juniore (cui opus suum dedicavit) et Valentiniano regnantibus. Seduli autem versus, post ejus mortem, ex ejusdem scriniis collectos recensuisse dicitur Turcius Rufius Asterius, qui anno 449 cum Protogene consul Romanus fuit. MIRÆUS.

---

[a] Honorio et Trithemio, itemque in mss. codicibus *Cyrus*; aliis *Cyrillus*. De Cyro itaque seu Syro Alexandrino, ut et de Samuele Edesseno mox memorando, Trithemius consulatur. MIRÆUS.

[b] Al. *genere.* Sed in Corbei. tantum : *Cyrus Alexandrinus.* Pro Cyro *Syrum* habet Suffridus Petri ex codice Martiniensi. Sed idem testatur in codice Viridis Vallis et Sigebergensi *Cyrum* legi, in Gemblacensi *Cyrillum*. Ex hujus Cyri scriptis nihil ad nos pervenit.

[c] Ita et Corbei., pro quo al. *Nestorem*.

[d] Corbei., *Dum in eum magis invehitur sylocismis magis quam scripturis agitatur Timothei dogma*. Pro quo al. *dum ibi invenitur nimius*. De Timotheo Eutychiano supra c. 72. Quomodo tamen Timotheania cæteris Eutychianis differrent vide c. 82. — *In illo invenitur nimius*. Ita codex Noribergensis. Guelpherbytanus in una vocula abludit : *in illo minus invenitur*. Miræi lectio probari non potest : *in illum invehitur nimius*. Quippe Cyrus mysterium incarnationis ad rationis humanæ decempedam exigebat, ac philosophiæ dicendique artificio nimium deditus Eutychianum errorem amplectebatur. ERN. CYPRIANUS.

[e] Corbei., *Edissinæ*.

[f] Ita et Corbei., pro quo alii, *sive ad diversos hæreticos*. Quæ sequuntur in eodem codice valde corrupta leguntur et pars major plane abest.

[g] Ita edidit etiam Joannes a Fuchte in edit. Helmst. 1612, et novissime Martianæus, cum in Suffrido Petri et aliis minus bene esset *fecit*. — Sic restitui ex Noribergense. *Fecit* habet Miræus, sed inepte, ut palam est. ERN. CYPRIANUS.

[h] Codex Gemblacensis hunc scriptorem vocat Claudium. Supra etiam in Salviano c. 67, consensu codicum omnium Claudius dicitur : nos autem, inquit Suffridus Petri, nihil mutamus. Trithemius c. 178 vocat Claudium et nominat episcopum : ab aliis pleno nomine dicitur Claudianus Ecdicius Mamertus Viennensis Ecclesiæ presbyter, quomodo scribitur in frontispicio librorum trium de Statu animæ, qui primum editi Basil. 1520 per Petrum Mosellanum ex codice Cellæ veteris Misnensis qui jam servatur Lapsiæ in bibl. Paulina, ut notat Daumius p. 336 ad Paulinum Petrocorium. Notis Casp. Barthii eosdem libros quos Fausto Reiensi Claudianus opposuit, illustratos habemus, Cygneæ excusos an. 1655, in-8°. De Claudiano ipso Sirmondus ad Sidonium tom. I opp. p. 929, etc. Tillemontius tom. XVI Memor. Acta Sanctor. tom. II Maii, p. 629. — Claudianus Mamertus, seu potius Mamertus Claudianus, Viennensis Ecclesiæ presbyter, Mamerti Viennensis episcopi frater germanus, scripsit ad Sidonium nondum episcopum, libros tres de Statu animæ, in Bibliotheca

passione Domini, cujus principium est : ª *Pange, lingua, gloriosi.* Fuit autem frater Mamerti Viennensis episcopi.]

CAPUT LXXXIV.

ᵇ Prosper, homo Aquitanicæ regionis, ᶜ sermone scholasticus, et assertionibus nervosus, multa composuisse dicitur : ex quibus ego ᵈ Chronica illius nomine prætitulata legi, continentia a primi hominis conditione, juxta divinarum Scripturarum fidem, usque ad ᵉ obitum Valentiniani Augusti, et captivitatem urbis Romæ a Generico Vandalorum rege factum. Legi et librum adversus ᶠ opuscula sub persona Cassiani, quæ Ecclesia Dei ᵍ salutaria probat, ʰ ille infamat nociva. Quæ enim vere Cassiani et Prosperi, de gratia et libero arbitrio sententiæ fuerunt, in aliquibus sibi ⁱ contrariæ inveniuntur. ʲ Epistolæ quoque papæ Leonis adversus Eutychen, de vera Christi incarnatione, ad diversos datæ et ab ipso dictatæ dicuntur.

ᵃ Hymnum istum *Venantio Fortunato* tribuunt antiqui etiam scriptores et codices, sed stylum is redolet cultiorem, quam Fortunati esse soleat. Sirmondus censet ipsum esse scriptum a *Claudiano Mamerto*, et Sidonio lib. IV. ep. 3, ad Claudianum laudari. In eum, inquit, *scite cadunt omnia, quæ laudantur a Sidonio. Scriptus est versibus trochaicis, quibus inserti aliquando Pyrrhichii numeri; commaticus est, crebris aptisque commatis incisus, sententiis non interruptis, sed molliter cum versu cadentibus. Denique Claudiano carmen hoc vindicat non solum vetus Scholiastes, verum etiam Gennadius*; non quidem ut editus est, sed prout in codice cœnobii S. Michaelis de Tumba, vulgatis auctior in Claudiani mentione legitur. Miræus.

ᵇ Prosper Aquitanus presbyter, non episcopus (si Victorio itidem Aquitano, Gennadio, Gelasio, Marcellino comiti et Bedæ credimus), Eusebii tenorem secutus, ut Victorii ejusdem verbis utar, *chronicon egregia brevitate composuit; et a mundi inchoatum exordio, ad Valentiniani Augusti* VIII *et Anthemii consulatum* (quod est ad annum Christi 455 vulgarem) *deduxit*, *tertia editione.* Primam namque editionem Theodosio XIII et Maximo coss., hoc est anno Christi 433 videtur conclusisse ; quandoquidem eo anno priorem omnium annorum epochas summasque colligat; quod nonnisi in operum fine fieri consuevit; nisi forte causa aliqua peculiaris intercurrat, quæ hic nulla apparet. Secundam vero editionem Prosper 12 annis auxisse, et ad Valentiniani VIII ac Nonii consulatum (seu vulgarem 445 Christi an.) videtur produxisse ; quo vulgare ejus chronicon Eusebiano et Hieronymiano subnecti solitum, terminatur. Tertia denique et postrema editio fuit ea, quæ ad captam a Generico Urbem, sive ad Valentiniani Aug. VIII et Anthemii consulatum (id est anno Christi 455) protenditur; quam ex basilicæ cathedralis Spirensis ms. codice Petrus Franciscus Chiffletius, Societ. Jesu theologus, brevi, ut spero, publicabit. Similem olim codicem Arnoldus Pontacus habuit, quem Lodunensem nuncupat; et nos, tertium simile exemplar ms. Antuerpiæ inter Schedas Heriberti Rosweidi vidimus; sed medium. Est autem tertia isthæc editio prioribus duabus non solum auctior, sed et multo illustrior, utpote quæ res ab orbe condito nervosa brevitate commemorat, et consulum insuper fastos ab anno Tiberii 15, usque ad annum 455 deducit. Pars posterior istius tertiæ editionis, Eusebii et Hieronymi Chronicis adjungi solita, juxta mss. codices Jac. Sirmondi et Petri Franc. Chiffletii emendata atque aucta, exstat apud Andr. Quercetanum, tom. 1 Scriptorum cœtaneorum historiæ Francorum. De tribus aut quatuor hujus sæculi Prosperis, Aurelianensi, Regiensi, Chronographo et Tirone, Bucherius in commentario ad Victorii canonem c. 6 ; et 12 , item Sirmondus in notis ad Sidonii librum VIII, ep. 15, fuse disputant. Quod ad Tironem Prosperum attinet, Beda in fine libelli de Re Metrica, dicit ipsum fuisse conjugatum. Cæterum a tempore quo Prosper desinit, Marius Aventicensis seu Lausanensis episcopus Chronicon suum usque ad annum vulgaris æræ 581 deduxit : quod ex pervetusto ejusdem Chiffletii codice descriptum cit. tomo Quercetanus evulgavit. Miræus.

In Corbei. additur, *consiliarius papæ Leonis*.

ᵈ Id., *chronicam nomine illius prætitulatam.*
ᵉ Id., *usque ad ultimum.*
ᶠ Gennadius non recte Prosperum hic damnat : adeoque loquitur ut Semipelagianorum seu Massiliensium fuligine aspersus. Sic et alibi Ruffinum S. Hieronymo præfert ; Augustinum multiloquii arguit ; Eulogius Pelagii laudat : Fausti Reiensis libros commendat, et alia id genus scribit in favorem Semipelagianorum. Miræus.
ᵍ Speciatim Gallicam. Vide Henr. Noris contra Neusserum p. 104.
ʰ Corbei., *ille infamat. Nova enim vera Cassiani.... sibi inveniuntur contrariæ. Hic etiam Prosper post obitum beati Augustini librorum ejus contra hæreticos inimicos gratiæ Christi defensor extetit. Epistolæ quoque, etc.* Ita Corbei. Eadem etiam in aliis codicibus reperit Suffridus Petri quæ per catholicum aliquem medicamenti gratia Gennadio addita non dubitat.

ⁱ Ab aliena manu est, quod post verba *contrariæ inveniuntur* inserit Miræus : *Hic etiam Prosper, post obitum beati Augustini, librorum ejus contra hæreticos, inimicos gratiæ Christi, defensor exstitit.* Quippe nec in codicibus nostris habetur, nec congruo loco positum est. Conf. Vossius Hist. Pelag. l. I, c. 18. Ern. Cyprianus.

ʲ Si ulla epistola S. Leonis est, illa omnino est, sive stylum sive doctrinam Leonis attendas; non est autem Prosperi; quod nota contra Gennadium. Econtra libri de Vocatione gentium vere Prosperi sunt, non S. Ambrosii. Liber vero de Providentia Dei non videtur esse Prosperi, sed alicujus ex factione Semipelagianorum. Ita Bellarminus in Catalogo. Bucherium et Sirmondum citatis locis consule. Cæterum libri tres de *Vita contemplativa*, qui inter Prosperi opera edi solent, ejusque nomine a Gratiano collectore canonum, et aliis passim citantur, revera Prosperi non esse videntur. Primo, quia Gennadius hoc capite Prosperi opera recensens, horum librorum non meminit. Deinde quia illorum auctor lib. II, cap. 9, de Hilario Arelatensi (qui æqualis fuit Prosperi) sic loquitur, ut ætate sua superiorem fuisse significet. Denique, ut aliis argumentis supersedeam, in antiqua collectione canonum, codicis Andegavensis, Pomerio in auctori tribuuntur, loco citato, qui apud Prosperum lib. II, c. 6, exstat. Et in ms. codice S. Salvatoris vicecomitis auctor his libris ascriptus est Julianus Pomerius. Et Pomerio eosdem *Isidorus de ecclesiasticis Scriptoribus, cap. 12 prorsus asserit. Alios quoque*, inquit, *tres libros edidit de futuræ vitæ contemplatione, vel actuali conversatione, nec non etiam de vitiis et virtutibus. Quibus verbis liquido patet singulorum ejus operis librorum argumenta describi.* Ediderat idem Julianus Pomerius præterea alios libros octo ; quorum etiam lemmata ibidem sigillatim explicat Isidorus et quorum testimonio frequenter usus est Julianus alter, Toletanus antistes, in *Prognosticis futuri sæculi*.

Fuit porro Pomerius iste Afer Maurusque patria, sed in Gallia primum rhetor, postea presbyter et abbas floruit Arelate, ut ex vita S. Cæsarii Aretensis episcopi, et ex Ruricii ad Pomerium epistola colligi datur. Sic fere Sirmondus in suis notis ad tom. II Conciliorum Galliæ. Miræus.

CAPUT LXXXV.

ᵃ Faustus, ex abbate Lerinensis monasterii ᵇ apud Regium Galliæ episcopus factus, vir ᶜ in divinis Scripturis satis intentus, ex traditione symboli occasione accepta, composuit ᵈ librum de Spiritu sancto in quo ostendit eum juxta fidem Patrum et consubstantialem et coæternalem esse Patri et Filio, ac plenitudinem ᵉ Trinitatis obtinentem. Edidit quoque opus egregium de Gratia Dei, qua salvamur, ᶠ et libero humanæ mentis arbitrio. In quo opere docet gratiam Dei semper et invitare, et præcedere, et adjuvare voluntatem nostram, et quidquid ipsa libertas arbitrii ᵍ labore piæ mercedis acquisierit non esse proprium meritum, sed gratiæ donum. Legi ejus et adversus Arianos et Macedonianos parvum libellum ʰ in quo ⁱ coessentialem prædicat Trinitatem; et alium ʲ adversus eos qui dicunt esse in creaturis aliquid incorporeum, in quo et divinis testimoniis et Patrum confirmat sententiis, nihil credendum incorporeum præter Deum. Est et ejus epistola in modum libelli, ad diaconum quemdam ᵏ Gratum nomine edita, qui a fide catholica discedens, ad Nestorianam abiit impietatem. In qua epistola admonet eum credere ˡ sanctam Mariam Virginem non hominem purum genuisse, qui postea divinitatem susceperit, sed Deum verum in homine vero. Sunt vero et alia ejus scripta, quæ, quia necdum legi, nominare nolui. Viva tamen voce egregius doctor et creditur et probatur. ᵐ Scripsit postea ad Felicem præfectum prætorii, et patriciæ dignitatis virum, filium Magni consulis, ⁿ jam religiosum, epistolam ad timorem Domini hortatoriam, convenientem personis pleno animo pœnitentiam agere disponentibus

CAPUT LXXXVI.

ᵒ Cæsarius, Arelatensis urbis episcopus, vir san-

ᵃ Faustus natione Gallo-Britannus (hoc est ex iis Britannis-Gallis qui supra Ligerim flumen habitant), primum Lirinensis abbas, postea Regiensis seu Reiensis in Gallia, episcopus, scripsit de Spiritu sancto et contra Arianos ac Macedonianos; qui libri non exstant. Scripsit præterea libros duos de Gratia Dei et humanæ mentis Libero Arbitrio: qui exstant quidem et a Gennadio hoc capite laudantur, sed a Gelasio papa in decreto de libris apocryphis rejiciuntur, itemque a S. Fulgentio, Petro diacono, Alcimo Avito, et aliis refelluntur. Constat autem Faustum fuisse Semipelagianum; sed vixit ac obiit ante concilium secundum Arausicanum, anno 529 habitum, in quo primum sententia Semipelagianorum fuit damnata. Colitur porro ut sanctus, in sua Reiensi Ecclesia. Vide quæ supra in prolegomenis et in scholiis ad Gennadii cap. 61 diximus. MINÆUS.

ᵇ Corb., Regios Galliarum urbem. — Hanc lectionem retinendam esse, nullum est dubium. Erasmus et alii a Vossio lib. I, cap. 8, Historiæ Pelagianæ adducti perperam habent: apud regnum Galliæ. ENN. CYPRIANUS.

ᶜ Corb., Divinarum Scripturarum studio.

ᵈ Hic liber Fausti intercidit.

ᵉ Ms. Guelpherbyt., Divinitatis.

ᶠ Verba et libero humanæ mentis arbitrio desunt in variis editt. et in ms. Corbei.

ᵍ Corbei., pro labore pio mercedis adquæsierit. Libri duo Fausti de Gratia et Libero arbitrio A. C. 475 scripti, editi ab H. Cauisio primum, deinde sæpius. Vide Bibl. Patrum tom. VIII, edit. Lugd. p. 525.

ʰ Falluntur viri docti Miræus, Caveus, aliique qui hunc libellum adversus Arianos et Macedonianos putant periisse; nam exstat tom. VII. Bibl. Patrum. edit. Lugd. p. 548. Titulo epistolæ, cujus posteriore parte nihil esse in rebus creatis corporeum disputat. Hanc partem pro alio libello Gennadius mox commemoravit.

ⁱ Id., essentialem, vitiose.

ʲ Faustus libellum scripserat adversus eos qui dicunt esse in creaturis aliquid incorporeum, confirmans nil credendum ejusmodi præter Deum. Quem errorem Claudius Mamertus, supra cap. 83 a Gennadio laudatus, in libris suis de Statu animæ confusis: quibus propterea præmitti solet Fausti libellus, sed tacito nomine auctoris. Hanc suam sententiam Faustus aspersit etiam epistolæ ad Paulinum. Fuit autem olim multorum error; ut Tertulliani, qui animæ corpus, sed tenuissimum, deputat in libro de Anima: Siquidem præ ipsa, inquit, tenuitatis subtilitate de fide corporalitatis periclitatur. MINÆUS.

ᵏ Id., Grecum nomine data, alii Gregorum. Vitiose; confer Tillemontium t. XVI Memor. Ita lego cum Vossio l. c. et Cavio part. 1 Hist. Lit. p. 259. Norivergensis habet: Græcum, cujus lectionis et Vossius meminit. Alii Gregorium habent. ENN. CYPRIANUS.

ˡ Id., sanctam Mariam.

ᵐ Corbei., Scripsit et ad Filicem præfecturiæ et patriciæ digni atis. Hæc ad Felicem epistola exstat tom. VIII. Bibl. Patrum. Lugd. p. 552. Cæterum duos Faustos distinguit Lupus Ferrariensis epist. 112: Faustum dirigi postulo, non quem refellit Augustinus (Faustum Manichæum), sed quem notat in decretis Gelasius. Confer epist. 121.

ⁿ Corbei., jam religiosi, epistolam convenientem personæ pleno animo pœnitentiam agere disponente.

ᵒ Hoc caput in plerisque Gennadii codicibus et editt. desideratur, et Gennadio additum ab alio fuit. Licet in Gennadii codice illud legit etiam Honorius. Sed ut recte notat Suffridus Petri, et Honorii ætate codices depravati erant. Certe Cæsarius A. C. 494 nondum fuit episcopus, cum catalogum hunc Gennadius concinnavit. — S. Cæsarius, ex abbate Lirinensi episcopus Arelatensis scripsit regulam ad monachos, et alteram ad sanctimoniales: quæ in Bibliotheca Patrum, et apud Stellartium exstant. Cæsarii regula a Gregorio Turonensi lib. IX, cap. 39, 40 et 41, itemque a Venantio Fortunato lib. V, cap. 2, memoratur: *Atque ascita sibi servetur ab urbe Genesi regula Cæsarsulis alma pii.* Anno 506 Cæsarius concilio Agathensi, et anno 524 Arelatensi IV interfuit, et senex admodum e vivis discessit. Anno 567 ad episcopos in Turonensi in concilio congregatos S. Radegundis abbatissa Pictaviensis scripsit epistolam, pro tutela et stabilitate congregationis suæ nuper institutæ. In qua inter alia hæc dicit: *Remunerante rege Clotario, monasterium puellarum Pictava urbe constitui: insuper congregationi per me collectæ regulam sub qua S. Cæsaria deguit, quam sollicitudo B. Cæsarii antistitis Arelatensis ex institutione SS. Patrum collegit, ascivi.* Notat autem Sirmondus, ejusdem nominis et muneris duas fuisse Cæsarias. Una S. Cæsarii Arelatensis episcopi soror germana fuit, quam Cæsarius frater condito a se monasterio abbatissam præfecit, eidemque regulam sub qua cum suis viveret, dedit. Altera posterior, quæ priori (superstite adhuc Cæsario) defunctæ in abbatissæ munere successit: ut auctor est Cyprianus in Vita S. Cæsarii, quam Cæsariæ hujus rogatu composuit. Ab hac eadem Radegundis abbatissa regulam Cæsarii, quam monasterio suo traderet expetiit.

Cæterum Ennodius Cæsarium hunc vocat *episcoporum sui sæculi nobilissimum, doctrina, eloquentia, vitæ sanctitate clarissimum.* Is conflicta criminatione ad Theodericum regem delatus, Ravennamque sub custodia pertractus. Angelici cultus aspectu, et innocentiæ securitate regem ita permovit, ut non solum pacate humaniterque eum exceperit, sed oblatis etiam

ciitate et virtutibus celeber, scripsit egregia, et grata, et valde monachis necessaria opuscula. ª De Gratia quoque et Libero Arbitrio edidit testimonia, divinarum Scripturarum et sanctorum Patrum judiciis munita, ubi docet ᵇ hominem nihil de proprio agere boni posse, nisi eum divina gratia prævenerit. Quod opus etiam papa ᶜ Felix per suam epistolam roboravit, et ᵈ in latius promulgavit. Floruit hic eo tempore ᵉ quo et Faustus, Anastasio rempublicam administrante.

CAPUT LXXXVII.

ᶠ SERVUSDEI episcopus scripsit adversus eos qui dicunt Christum in hac vita degentem non vidisse carneis suis oculis Patrem ᵍ, sed post resurrectionem ex mortuis, et ascensionem in cœlis, cum translatus est in gloriam Dei Patris, profectum scilicet ei dantis in remunerationem martyrii. In qua Scriptura ostendit, et disputatione sua, ac sanctarum Scripturarum testimoniis, Dominum Jesum ab ipso ejus muneribus honestari. Nec dispari ante aliquot annos eventu, cum Visigothis adhuc pareret Arelate, falsæque proditionis accusatus apud Alaricum fuisset, cum honore postea dimissus est. Utramque historiam lib. I Vitæ Cæsarii complexus est Cyprianus. Cujus etiam liber secundus, qui in Surii editione desideratur, in S. Martini cœnobio Parisiensi exstat, de miraculis S. Cæsarii compositus. Variæ præterea pontificum Romanorum epistolæ ad Cæsarium leguntur tomo I Conciliorum Galliæ. In quibus est illa Felicis IV papæ quæ Baronium et alios viros doctos frustra exercuit, ob depravatæ subscriptionis suspicionem, quasi post consulatum Bœtii scripta dicatur: cum Arelatensis codex manuscriptus diserte habeat *post consulatum Mavortii* qui annus erat Christi quingentesimus vicesimus octavus. Felicis IV papæ secundus, ut Sirmondus in notis ad Ennodium et concilia Galliæ primus observavit. MIRÆUS. — Quanquam Vossius hoc caput Gennadii l. I Hist. Pelag., cap. 14, agnoscit pro genuino, inde que c. 53 summa imis miscet, tamen certum est huic catalogo longe post Gennadium infartam esse Cæsarii Arelatensis vitam, quod erudite probat laudatissimus Ecclesiæ Romanæ cardinalis Henricus de Noris, lib. II Hist. Pelag., cap. 16. Adde Cavii verba part. 1, p. 271 : *Non me latet quidem, vulgatos Gennadiani catalogi an. 495 scripti codices de Cæsario, quasi sedem Arelatensem tunc gubernante, et quamplurimorum librorum a Felice papa comprobatorum auctore, loqui. Verum ratio temporis prorsus repugnat; nec indiculus Gennadianus, utpote pessimas in fine interpolationes passus, tantæ est auctoritatis, ut hac in re fidem impetret.* ERN. CYPRIANUS.

ᵃ Hic liber Cæsarii Arelatensis inter idit.

ᵇ Miræus habet : *Nihil hominem de proprio aliquid agere boni posse.* Sed rerum Pelagianarum peritis hæc lectio non potest probari. ERN. CYPRIANUS.

ᶜ Felix IV epistola data A. C. 528. Vide infra Scholium Miræi.

ᵈ Codex Gu. habet *in Latinis.* ERN. CYPRIANUS.

ᵉ Imo pluribus annis post.

ᶠ Hoc caput in Corbei. desideratur. Liber ipse hujus scriptoris Gennadio memoratus intercidit.

ᵍ Dementiam appellat illam sententiam Augustinus qui eam oppugnat auctoris nomine dissimulato epist. 92 edit. novæ (vel 6), et 146 (vel 112), cap. 22. Gennadio non videtur ita improbari. Confer Acta Eruditor. an. 1714, p. 115.

ʰ Codex Viridis Vallis, Honorius et Trithemius vocant *Victorinum.* Sed Victorium etiam Sigeberti Codices c. 20. — Victorius, aliis Victorinus, non-

nullus Victor, Aquitanus Lemovix, scripsit canonem paschalem, Constantino et Rufo consulibus, ut ipse in prologo tradit, h. c. Christi anno vulgari 457 ad Hilarium, tunc Romanæ Ecclesiæ archidiaconum, post S. Leonis M. in Petri cathedra successorem. Canonem primus in lucem typis Plantinianis 1633 edidit et pererudito Comm. illustravit Ægidius Bucherius, Atrebas S. I. theologus, amicus noster. Fol. MIRÆUS.

ⁱ Corbei., *homo Aquitanicus, calculator studiosissimus,* al. *calculator scripturarum.*

ʲ De Hippolyto Portuensi supra ad Hieron. c. 61, de Eusebio Cæsariensi c. 81, de Theophilo Alexandrino episcopo ad Gennadii c. 53, egimus. Quem Prosperum Gennadius hic designet, fuse Bucherius in suo citato commentario cap. 6 disputat. Ego S. Prosperum Regiensem in Æmilia episcopum designari puto. MIRÆUS.

ᵏ Id., *et pertendit annorum seriem usque ad annos DXXXII.*

ˡ Corbei., *Luna quam primum passionis ac resurrectionis Dominicæ facta est. Floruit sub Leone Augusto.*

ᵐ Theodoretus, Cyri in Syria episcopus, octingentarum ecclesiarum pastor, æqualis S. Cyrilli episcopi Alexandrini, et aliquando etiam adversarius (ut ex concilio Ephesino constat), quamvis Nestorio faverit sub initium controversiæ, postea tamen resipuit, et Nestorium inter hæreticos lib. IV de Fabulis hæreticorum numeravit, et in Chalcedonensi concilio admissus inter catholicos fuit. Ecclesiæ suæ sub annum quadringentesimum vicesimum tertium præesse cœpit, ut Baronius in Annalibus censet. Anno quadringentesimo quadragesimo nono, in conventu Ephesino quem latrocinalem vocant, et cui Dioscorus Alexandrinus præfuit, ab hæreticis depositus atque in ordinem redactus fuit. Quod nota contra Trithemium in catalogo, et Franciscum Horantium l. III, c. 18 Locorum communium, qui ipsum an. 390 floruisse scribunt. Theodoreti opera Latine 1567 et 1573 Biremannus Coloniæ forasi dedit, Græco-Latina Sirmondus nuper Lutetiæ edenda curavit. Porro quæ contra S. Cyrillum scripsit, in quinta synodo generali damnata sunt, una cum scriptis Theodori Mopsuesteni, quem item Theodoretus l. V suæ Historiæ nimis laudat. *Epistola* porro quæ Theodoreti nomine in eadem quinta synodo act. 5, exstat ad Joannem Antiochenum de obitu Cyrilli, prorsus falsa, fictitia ac Theodoreto indigna, eo magis quia constat Joannem Antiochenum obiisse ante Cyrillum. MIRÆUS.

CAPUT LXXXVIII.

ʰ VICTORIUS, ⁱ homo natione Aquitanus, calculator scrupulosus, invitatus a sancto Hilario urbis Romæ episcopo, composuit Paschalem Cursum indagatione cautissima; post quatuor priores qui composuerunt, id est Hippolytum, Eusebium, Theophilum et Prosperum ʲ ; ᵏ et protendit annorum seriem usque ad annum quingentesimum trigesimum secundum : ita ut quingentesimo trigesimo tertio anno Paschalis reincipiat solemnitas, eodem mense et die, eademque ˡ luna qua primum passio et resurrectio Domini facta est.

CAPUT LXXXIX.

ᵐ THEODORITUS, Cyri civitatis episcopus (Cyro

enim rege Persarum condita ᵃ servat hodieque apud Syriam nomen auctoris) dicitur scripsisse multa; ad meam tamen notitiam ista sunt, quæ venerunt: de Incarnatione Domini ᵇ adversus Eutychen presbyterum et ᶜ Dioscorum Alexandriæ episcopum, qui humanam in Christo ᵈ carnem fuisse negant, scripta fortia, per quæ confirmat et ratione et ᵉ testimoniis Scripturarum, ita illum veram maternæ substantiæ carnem habuisse, quam ex matre Virgine sumpsit, sicut et veram deitatem, quam ᶠ æterna nascibilitate a Deo Patre gignente ipse nascendo accepit. Sunt et ejus decem Historiæ ecclesiasticæ libri ᵍ quos imitatus Eusebium Cæsariensem scripsit, incipiens a fine librorum Eusebii usque ad suum tempus, id est, a Vicennalibus Constantini usque ad imperium Leonis senioris, sub quo et mortuus est.

CAPUT XC.

GENNADIUS, Constantinopolitanæ Ecclesiæ episcopus, vir lingua nitidus, et ingenio acer, tam dives ex lectione antiquorum fuit, ut Danielem prophetam ex integro ad verbum ʰ commentatus exponeret.

ᵃ Corbei., *servatque hodie nomen auctoris.*
ᵇ Hoc opus Theodoreti exceptis paucis fragmentis intercidit.
ᶜ Male *Dionysium* habent quidam codices.
ᵈ Corbei., *naturam.*
ᵉ Id., *titulis.*
ᶠ Corbei., *materna*, vitiose.
ᵍ Theodoriti tantum quinque libri Historiæ eccles. exstant qui desinunt in A. C. 429. Neque plures videtur Theodoretus scripsisse, quoniam ipse in calce libri quinti profitetur se Historiam in morte Theodori Mopsuesteni et Theodoti Antiocheni claudere, et in præfat. profitetur se persecutum res annorum centum et quinque. Igitur necesse est vel errasse Gennadium, ut Valesio videtur, vel in opus Theodoriti ab alio continuatum incidisse. Leo senior imperio præfuit ab A. C. 457 et 474. Theodoritus defunctus A. 458. — Supersunt hodie libri quinque Historiæ ecclesiasticæ, quos ab ortu hæresis Arianæ incipiens, Theodoretus usque ad tempora Theodosii junioris deducit. In iis nominatim secundæ synodi generalis gesta fusius quam alii historici enarrat. Gennadius hoc capite dicit eum continuasse historiam suam usque ad Leonis imp. tempora, aliis quinque libris adjectis; sed isti hactenus non prodierunt. De stylo Theodoreti Photius lib. 31 ita censet, eum historiæ magis convenire quam istum quo vel Socrates, vel Sozomenus, vel Evagrius Ponticus utitur. MIRÆUS. — Quinque posteriores Vossius de Hist. Græc. l. xi, c. 20, periisse putat. Verum Valesius in præfatione suæ editionis negat Theodoritum plures quam quinque scripsisse, cum is Gennadii sententiam in fine libri v diserte refellens, se historiam suam claudere in obitu Theodori Mopsuesteni, testetur, ac præter Gennadium nemo veterum decem Historiæ ecclesiasticæ libros ei tribuat. Itaque probabile est Gennadium hoc loco allucinatum. Nam omnes codices habent *decem*. ERN. CYPRIANUS.
ʰ Puta memoriter, dictando in calamum. Alias mirum non esset eum Danielem ad verbum exposuisse. Fuit autem adeo deditus culturæ memoriæ, ut neminem ordinaret qui Psalterium non sciret memoriter, teste Theodoro Lectore l. 1 Hist. eccl., p. 554. ERN. CYPRIANUS.
ⁱ Hæc Gennadii Constantinopolitani scripta interciderunt. De aliis vide Tillemontium, t. 16 Memor.
ʲ Codex Viridis Vallis (notante Suffrido Petri) et Homilias ⁱ etiam multas composuit. Moritur Leone seniore imperium tenente.

CAPUT XCI.

ʲ THEODULUS, presbyter in Cœlesyria, scripsisse multa dicitur, sed ad me liber ᵏ ejus pervenit, quem de Consonantia divinæ Scripturæ composuit, id est, Veteris et Novi Testamenti, ˡ adversum antiquos hæreticos, qui propter differentiam præceptorum vel cæremoniarum, alium Veteris Testamenti, Deum ᵐ dixerunt, alium Novi. In quo ostendit dispensationis fuisse unius ejusdemque Dei, auctoris utriusque Scripturæ, ut alia per Moysen antiquis daretur lex, in sacrificiorum cæremoniis et judiciorum animadversionibus; alia nobis per Christi præsentiam in sacris mysteriis et futuris repromissionibus; nec diversa credi debere, ⁿ sed uno spiritu et uno auctore dictata, cum illa lex, quæ, si modo secundum litteram observetur, occiderit, eademque ipsa secundum spiritalem intellectum vivificet. Moritur hic scriptor ante triennium, regnante Zenone ᵒ

CAPUT XCII.

ᵖ SIDONIUS, ᵠ Arvernorum episcopus, scripsit varia Gembl. nec non Honorius *Theodorum* appellant. — Theodulus, al. *Theodolus*, Honorio *Theodorus*, presbyter in Cœlesyria, et postea episcopus, scripsit varia quæ Gennadius hic recenset: an ex iis aliqua exstent, nondum comperi. Sub Theoduli nomine tomo V Bibliothecæ Patrum exstant commentaria in Epistolas D. Pauli. [Sed illa Œcumenii esse constat.] MIRÆUS.
ᵏ Hic Theoduli liber hodie non exstat.
ˡ Corbei., *adversus antiquorum hæreses.*
ᵐ Id., *dicunt.*
ⁿ Corbei., *ut non uno Christo et uno auctore dictata*. Aliæ editt., *aut non uno spiritu et uno auctore dictata.*
ᵒ Zeno Isaurus imperitavit ab A. C. 474 ad 491, unde non post an. 494 scriptum catalogum a Gennadio constat. MIRÆUS.
ᵖ Hoc caput in plerisque editis et mss. codd. desideratur. Legit tamen in suo Gennadio Honorius.
ᵠ Al., *Avernorum.*
ʳ Al., *volumina.* — C. Sollii Apollinaris Sidonii, Arvernorum episcopi opera Jacobus Sirmondus et Joannes Savaro, uterque Arvernus, nostra ætate recognoverunt, notisque illustrata Lutetiæ ediderunt. *Ipsum patre avoque præfectis prætorio Galliarum natum constat. De patria cum alii diversa sentiant, ipse Lugdunensem se non semel significat. Lugduni ergo ad Rhodanum natus, atque optimis liberalium artium usus magistris (inter quos Hænium in poeticis, Eusebium in philosophicis commemorat), eam in omnibus natura et studio laudem est consecutus, ut eruditorum sui ævi (quod Mamerti Claudiani elogia de ipso docent) peritissimus ac disertissimus haberetur, poetica imprimis fama clarus, non solum apud æquales unicos, verum etiam apud principes ipsos in pretio fuit. Quorum alterum declarant omnium generum carmina quæ amicorum rogatu scripsit; alterum tres panegyrici, quibus an. 457 Avitum socerum, Majorianum et Anthemium Augustos publice laudavit benevolentiæque a singulis fructum tulit. Nam et Romæ statuam inter poetas, sub Avito, in Fori Trajani Bibliothecæ meruit; et a Majoriano, cum circenses daret Arelate, solemni ejus epulo inter honoratos est adhibitus. Ab Anthemio denique, post comitivam et alias quibus ornatus antea fuerat dignitates, præfectus Urbi creatus, atque patricius familiam suam, quam præfectoriam a majoribus acceperat, reddidit patriciam. Nec multo post, defuncta*

et grata opuscula [r], et sanæ doctrinæ. Homo siquidem tam divinis quam humanis ad integrum imbutus, acerque ingenio, scripsit ad diversos diverso metro vel prosa compositum epistolarum [a] insigne volumen: in quo quid in litteris posset ostendit. Verum in Christiano vigore pollens, etiam inter barbaræ ferocitatis duritiem, quæ eo tempore Gallos oppresserat, catholicus pater et doctor habetur insignis. Floruit eo tempestate qua Leo et Zeno Romanis imperabant [b].

CAPUT XCIII.

[c] JOANNES, Antiochenæ parochiæ ex grammatico presbyter, scripsit adversum eos [d] qui in una tantum substantia asserunt adorandum Christum, nec acquiescunt duas in Christo confitendas naturas; docens secundum [e] relationem Scripturarum unam in illo Dei et hominis personam esse, non unam [f] carnis et Verbi naturam. Simul et impugnat aliquas Cyrilli Alexandrini episcopi sententias, dicens incaute ab illo adversus [g] Nestorium prolatas, quæ fomentum et robur addunt Timotheanis: quod valde inaniter dicit. Vivere adhuc dicitur et ex tempore declamare.

CAPUT XCIV.

[h] GELASIUS, urbis Romæ episcopus, scripsit adversus Eutychen et Nestorium grande et præclarum volumen.

Apollinari episcopo Eparchio, in ejus locum, quamvis enixius et nondum clericis an. 472 suffectus est. Qua munus summum cum modestia susceptum, papa cum sanctitate et vigilantia, turbidissimis temporibus administravit. Primum enim obsessæ per Gothos Averniæ, diutinæ acerrimæque oppugnationis molestias pertulit. Deinde redacta ex Nepotis Augusti fœdere in hostium potestatem urbe, ab his per legationis speciem relegatus, aliquandiu exsulare coactus est. Tum suis tandem redditus, cum in officii curam intentus, nullam inter barbaros optimi pastoris partem omitteret, æmulorum tamen in se odia concitavit. Quibus domum victus, nec diu tamen postea superstes, Apruncolo successore designato, ad cœli præmia evolavit an. 482, xii kal. Septemb., Zenone imperante. Liberos ex Papianilla conjuge, Aviti imp. filia, ante episcopatum susceptos reliquit, Apollinarem filium, et Roscium ac Severianum filias. Cultum autem apud Arvernos et alibi stato die rituque sanctorum, et religiose asservantur sacra ejus ossa in basilica Genesiana, quæ jam olim ex veteri S. Saturni ædicula, in primum qua conditus fuerat, templum commemorari. Sic fere Sirmondus. Vide et martyrolog. Rom. 23 Aug. MIRÆUS.

[a] *Epistolæ Sidonii ex tant divisæ in libros 9 ab ipso auctore.*
[b] *Defuncto A. C. 482.*
[c] *Hujus, ut opinor, Joannis Antiocheni nonnulla exstant in actis concil. Ephesini et tom. V opp. Cyrilli.*
[d] *Corbei., qui unam tantum substantiam adorarejiciunt.*
[e] *Id., rationem.*
[f] *Id., Personam nostri carnis et Verbi naturam.*
[g] *Al., Nestorem.*
[h] *Etiam hoc caput, quod ab Honorio et codd. plerisque agnoscitur, in nonnullis editis et mss. desideratur. — S. Gelasius I papa, natione Afer, ab anno 492 usque ad annum 496 sedit. Scripsit epistolas varias, quæ in tomis Conciliorum exstant; et alia quæ Bellarminus in Catalogo recenset. Librum de Duabus Christi Naturis, contra Eutychen, qui in Bibliotheca Patrum exstat, non esse Gelasii papæ, sed Gelasii Cyziceni, Cæsariensis in Palæstina episcopi,*

A lumen, et tractatus diversarum scripturarum et sacramentorum, elimato sermone, et adversus Petrum et Acacium scripsit epistolas quæ hodie in Ecclesia tenentur catholica. Fecit et hymnos in similitudinem Ambrosii episcopi. Obiit [b] sub Anastasio Augusto.

CAPUT XCV.

HONORATUS, [h] Constantinæ Africæ civitatis episcopus, scripsit ad Arcadium quemdam, qui pro confessione fidei catholicæ in partibus Africæ a Gensericho rege missus exsulabat, epistolam ad labores pro Christo ferendos hortatoriam, et exemplis præsentibus, et Scripturarum relationibus roboratam, et quod confessionis fidei perseverantia non solum præterita purget peccata, sed et meritum procuret martyrii.

CAPUT XCVI.

[i] CEREALIS episcopus, natione Afer, interrogatus a [k] Maximino Arianorum episcopo, si paucis posset vel divinæ Scripturæ testimoniis, absque disputationis duntaxat assertione, fidem catholicam assignare: quam ille in nomine Domini, suffragante sibi veritate, non paucis testimoniis, sicut Maximinus [l] irridens petierat, sed copiosis tam Veteris quam Novi Testamenti indiciis approbavit et [m] libello edidit.

CAPUT XCVII.

[n] EUGENIUS, Carthaginis Africæ civitatis episcopus idem Bellarminus l. c. et Baronius in Gestis anno 496 censent. At vero Henricus Spondanus in epitome Annalium Baronianorum ad annum 496 isto de libro C a ejus notulam hanc margini ascripsit: *Ita quidem sensorunt, et alii plerique hactenus, nimirum hunc libellum non esse Gelasii papæ partum. Verum illum S. Fulgentius Ruspensis episcopus, qui eodem tempore vixit, et aque Afer natione fuit, Gelasio papæ absque ulla dubitatione ascribit, multa ex eo citans, resp. 2 ad Ferrandum diaconum. Haud vero ejusdem libelli verba, quæ hæretici in suum sensum, detorquent, aliquid obesse catholicæ veritati, multi jam docuerunt.* Ita Spondanus: rem totam non aliis exactius discutiendam relinquimus. Idem porro Gelasius papa, convocatis ad se eruditissimis episcopis, insigne decretum edidit de libris canonicis et apocryphis: quod integrum exstat tomo I Conciliorum lib. III, c. 217, apud Burchardum Wormatiensem, Gratianum prima ejus parte omissa, illud ipsum diss. 15 recitat, et Didacus Covarruvias, episcopus Segobiensis tom. II Variarum Resolutionum, lib. IV, notis illustrat. MIRÆUS.

[i] *Noriueb., Constantiæ. Epistola illa ad Arcadium exstat in Bibl. Patrum, et apud Baron. ad an. 437. Sed auctor non, Honoratus dicitur, verum Antonius episcopus Constantinæ civitat s.*
[j] *Cerealis episcopus Castalensis in Africa, scripsit contra Maximinum seu Maximianum librum de Fide, qui in Bibliotheca Veterum Patrum tom. IV exstat. MIRÆUS.*
[k] *Corbei., Maximo. Sed idem infra : Maximinus invidens.*
[l] *Id., invidens, vitiose.*
[m] *Id., libellum.*
[n] *Carthaginensis in Africa episcopus ab Honorio Augustodunensi vocatus Eusebius, a Trithemio et aliis Eugenius. Cæterum in vulgatis Gennadii exemplaribus, post Eugenium, Pomerius Maurus et Honoratus Massiliensis subnectuntur; quos tamen duos Honorius in suo catalogo non habet; adeoque videntur ad Gennadii catalogum non pertinere. At vero Isidorus c. 12, et Sigebertus c. 54, Pomerium meminerunt; Honorati vero Massiliensis neuter meminit.*

et confessor publicus, admonitus ab Hunerico Vandalorum rege, catholicæ fidei expositionem, et maxime ᵃ verbi homousii proprietatem disserere, cum consensu omnium Africæ, Mauritaniæ et Sardiniæ atque Corsicæ episcoporum et confessorum qui in catholica permanserunt fide, composuit Librum Fidei ᵇ, non solum sanctarum Scripturarum sententiis, sed et Patrum testimoniis communitum, et per collegas confessionis suæ porrexit ᶜ. Jam vero asportandus pro fideli linguæ remuneratione in exsilium ᵈ, epistolas, velut commonitorias fidei, et unius sacri et conservandi baptismatis, ovibus suis quasi pastor sollicitus dereliquit. Altercationes quoque quas cum Arianorum præsulibus per internuntios habuit, conscripsit, et relegendas per majorem domus ᵉ Hunerico transmisit. Similiter et preces pro quiete Christianorum eidem, velut apologias obtulit. Vivere adhuc ad confirmationem Ecclesiæ dicitur.

CAPUT XCVIII.

ᶠ Pomerius, natione Maurus, ᵍ in Gallia presbyter ordinatus, interrogantibus Juliano episcopo et Vero presbytero, dialecticorum more respondens arte dialectica, et sermone ingenioque apto, composuit de Natura animæ ʰ et qualitate ejus ⁱ et de Resurrectione, et de specialitate ejus in hac vita fidelium, et generali omnium hominum libros octo. Quorum primus continet quid sit anima, vel ʲ qualiter ad imaginem Dei credatur facta; secundus, utrum anima

Breviter (quod semel indicasse suffecerit) manuscripta Gennadii exemplaria vetustiora inter se variant: in quibusdam solum Honoratus, in aliis præterea Pomerius, Cæsarius Arelatensis, Sidonius, et Gelasius papa omittuntur. Ne quid tamen a lectore curioso desiderari possit, plenam scriptorum centuriam dabo, ut eam Gennadii titulo Suffridus Petrus Coloniæ Agrippinæ 1580 publicavit. Miræus.

ᵃ Corbei., *verbi omousii rationem, consensu omnium Africanorum et Maurorum Sardiniæ et Cursicæ.*

ᵇ Exstat servata a Victore Vitensi lib. III de Persecut. Vandalica. Cætera Eugenii hujus periere.

ᶜ Id., *Porrexit ad portandum etiam pro*.

ᵈ Id., *In exsilium vice communitoria fidei.*

ᵉ Id., *Chunerico direxit. Chunericum* habet etiam Norimbergensis codex.

ᶠ Hinc quoque caput Gennadio videtur additum, quoniam de Juliano Pomerio velut quem omiserit Gennadius, agunt Isidorus c. 12, et qui Isidori librum non vidit Sigebertus, c. 54. — Julianus Pomerius, Gennadio seu continuatori est Afer sive Maurus; Cypriano in Vita S. Cæsarii Arelatensis, est Arelatensis ; cui consonat Isidorus Hispalensis, Gallum faciens. Scripsit autem (teste eodem Isidoro) librum de Virginibus instituendis, item libros tres de Vita contemplativa; quos falso hactenus Prospero Aquitano attributos fuisse supra c. 84 docuimus. Item scripsit, per modum dialogi, libros octo de Natura animæ: qui videntur excerpti ex libris S. Gregorii Nysseni de Philosophia seu potius ex Nemsii philosophi libris de Anima. Item scripsit Prognosticon tribus libris comprehensum, sed propius diversum ab eo quod diu postea scripsit S. Julianus episcopus Toletanus : ut Baronius in notis martyrologii 8 Martii, et Bellarminus in catalogo observarunt. Pomerius porro Isidorus Hispalensis, c. 12 accusat erroris Tertullianei, eo quod in libris quos scripsit de

corporea an incorporea debeat credi ; tertius, unde sit anima primi hominis facta; quartus, utrum anima, quæ nascituro corpori infundenda est, nova fiat et sine peccato, an ex substantia ᵏ animæ primi hominis velut propago de radice producta, etiam peccatum primæ animæ secum trahat originaliter ; quintus, recapitulationem libri quarti, ˡ disputationis et distinctionis, et quæ sit facultas animæ, id est, possibilitas, et quod eam ex una et sincera voluntate obtineat ; sextus, unde sit juxta Apostoli dictum adversitas carnis et spiritus ; septimus, de differentia vitarum, mortium, resurrectionum carnis et animæ ; octavus, de his quæ sub fine mundi futura prædicta sunt, absolutiones quæstionum quæ de resurrectione proponi solent. Memini legisse me olim ejus dictatum ad quemdam nomine Principium, de Contemptu mundi, ac rerum transiturarum, hortatorium, et alium de Vitiis ᵐ et virtutibus prætitulatum. Scripsisse dicitur et alia, et adhuc scribere, quæ ad meam notitiam non venerunt. Vivit usque hodie conversatione Deo digna, apta ⁿ professione et gradu.

CAPUT XCIX.

ᵒ Honoratus, Massiliensis Ecclesiæ episcopus, vir eloquens, et absque ullo linguæ impedimento ex tempore in ecclesia declamator, et quia a pueritia in timore Dei crescens etiam in negotiis ecclesiasticis exercitatus est, os suum quasi armarium aperit, et in homiliarum modum ad utilitatem legentium multa

Natura animæ, conetur illam corpoream facere. Miræus.

ᵍ Corbei., *apud Gallias.*

ʰ Verba *et qualitate ejus* desunt a Corbei.

ⁱ Id., *de Resurrectione vel post resurrectionem libros octo.*

ʲ Id., *qualiter condatur ad Dei imaginem.*

ᵏ Id., *ex substantia primi hominis velut propago ex radice proiracta etiam peccato.*

ˡ Al., *Disputationes et distinctiones.*

ᵐ *De vitiis colore virtutum minus cautis inhærentibus. Scribere et alia dicitur.* Ita Corbei.

ⁿ Al., *confessione.*

ᵒ Hoc caput apud Honorium non est et in exliis quibusdam et mss. desideratur. *Videturque medicamenti loco additum, stylus certe Gennadium non refert*, ita Suffridus Petri. — Dum manuscripta Gennadii exemplaria variis e locis advoco, Petrus Franciscus Chiffletius, S. I. theologus, V. Cl. Joannis Jacobi Chiffletii frater, litteris Vesontione 1638, die 11 Maii datis in hanc sententiam ad me scripsit : *Gennadii Massiliensis de Scriptoribus ecclesiasticis habeo librum unum pervetustum, editis non pleniorem, imo contractiorem a fine. Pomerium enim nonagesimo quinto eoque ultimo capite recensent; Honoratum Massiliensem præterit. Sane vitam S. Hilarii Arelatensis, quam auctor Chronologiæ Lirinensis huic Honorato inscribit, solo vulgati Gennadii fretus testimonio.: Petrus Saxius in pontificio Arelatensi, ex manuscripto codice, vindicat Reverentio seu Ravennio Arelatensi episcopo, Hilarii successori. Et sunt alia quæ mihi suspectum faciunt illam apud Gennadium Honorati Massiliensis mentionem.* Miræus. — Hanc vitæ Honorati descriptionem ineptissimus quidam homunculus Gennadio supposuit. Stylus plane diversus est a Gennadii nostri scripturæ genere. Nec est in codicibus nostris. Ern. Cyprianus.

ᵃ componit, maximeque ad ᵇ colendam fidei rationem, et revincendam ᶜ hæreticorum perversitatem. In cujus libera prædicandi constantia non solum vicinarum civitatum sacerdotes et populi delectantur, sed et longe positi, cum ad eos necessario pergit, summam ei docendi in suis ecclesiis rogantes injungunt. Sanctus quoque papa Gelasius, Romanæ urbis pontifex, per scripturam agnoscens ejus fidei integritatem, rescripto suo ᵈ probatam judicavit. Sanctorum quoque Patrum Vitas, ad ædificationem posterorum, coaptat ipse legendas, præcipue nutritoris sui Hilarii,

ᵃ Corbei., *composuit*.
ᵇ *Id.*, *inculcandam*.
ᶜ Id., *hæresum*.
ᵈ Al. *probatam judicavit*.
ᵉ Corbei., *inclinandam*.
ᶠ Hoc quoque caput abest a pluribus editis et mss.
ᵍ Gennadius Massiliensis presbyter (non autem episcopus, ut Sigebertus et Platina censuerunt) vixit temporibus Anastasii imp. et Gelasii I papæ. Ex variis Gennadii scriptis præter librum de illustribus ecclesiæ Scriptoribus, a Cassiodoro libr. de Divinis Lect. cap. 17 memoratum et a me nunc repræsentatum, exstat liber de Dogmatibus ecclesiasticis; quem Gelasio papæ dedicavit. Hunc librum falso tribui S. Augustino, jam ante 200 amplius annos monuit Clerus Lugdunensis, de Godescalci causa, adversus Joannem Erigenam Scotum, scribens. Gennadium

A Arelatensis episcopi; litanias ad ᵉ supplicandam Dei clementiam, cum plebe sibi credita pro viribus agit.

CAPUT C.

ᶠ Ego ᵍ GENNADIUS, Massiliæ presbyter, scripsi adversus omnes hæreses libros octo, et Adversus ʰ Nestorium libros sex ⁱ, Adversus Pelagium libros tres, et tractatus de Mille Annis et de Apocalypsi beati Joannis, et hoc opus, et ʲ epistolam de fide mea misi ad beatum Gelasium, urbis Romæ episcopum.

porro fuisse Semipelagianum, adeoque multis loc s caute legendum, supra in prolegomenis et alibi monuimus. MIRÆUS. — De Gennadio agunt Vossius de Hist. Lat. l. xi, c. 18, p. 235; Hist. Pelag. l. 1, c. 10. Henricus de Noris lib. xi, Hist. Pelagianæ, c. 16, ubi erudite disputat de tempore scripti hujus catalogi a

B quo Cavius p. 1, p. 266, dissentit, siquidem libellum scriptum vult an. Christi 495. ERN. CYPRIANUS.
ʰ Al. *Nestorem.*
ⁱ Gu. addit : *Et adversus Eutychem libros* 11. Noribergensis vero sic habet : *Et adversus Eutychem libros sex.* ERN. CYPRIANUS.
ʲ An hæc lectio Guelpherbytani codicis doctis placitura sit, nescio. Illud vero liquido apparet ineptum esse quod habet Miræus : *et hoc opus de fide mea.* Mihi hic locus vix alia ratione sanari posse videtur. ERN. CYPRIANUS.

INDICES IN VICTOREM VITENSEM *.

INDEX CHRONOLOGICUS PERSECUTIONIS VANDALICÆ.

Anno 406. Innocentio I papa sedente, Arcadio in Oriente, et Honorio in Occidente imperatoribus, Arcadio Augusto vi et Anicio Probo consulibus, sub finem anni vulgaris æræ, Vandali relictis propriis sedibus in Gallias irruentes a Francis prostrati sunt, qui paulo post Francos Alanorum ope in fugam vertunt; et Godegisel eorum regi in his tumultibus occiso Gundericum ipsius filium substituunt, sicque cum aliis barbaris in Gallias subeunt.

Anno 407. Varii martyres hoc anno et sequenti in Galliis passim a Vandalis coronati fuerunt.

Anno 408. Paulus Orosius, aliique auctores Vandalorum in Galliam irruptionem hu c anno consignant. — Theodosius Junior Arcadio patri succedit. — Stilico Ravennæ ab exercitu interficitur, et Eucherius ejus filius Romæ, cui, etsi gentili, destinabatur imperium.

Anno 409. Romam obsidet Alaricus. — Eodem anno Vandali, Suevi, aliique barbari e Calliis in Hispanias transmigrarunt, ex Prospero et Idacio.

Anno 410. Attalus Arianus ab Alarico fit imperator, qui paulo post ab eodem abjicitur. — Roma a Gothis sub Alarico eorum rege capta ac direpta.

Anno 411. Alaricus e vita excessit, quem Gothi in medio alveo Barentini amnis prope Consentiam, cum ingentibus opibus sepelierunt, post aquis ad tempus alio derivatis, quæ postea in locum suum reduxerunt. — Collatio habita Carthagine inter catholicos et Donatistas, coram Marcellino comite et Notario, jussu Honorii imperatoris

Anno 412. Cœlestii errores in Carthaginensi synodo proscribuntur.

Anno 413. Marcellinus Tribunus, qui in collatione nomine imperatoris cognitor fuerat, a Marino comite, agentibus Donatistis interfectus est, ob id inter martyres relatus in Martyrologio Romano die 6 Aprilis.

Anno 415. Athaulfus, cui Placidia Honorii soror in exidio Romano capta nupserat, a Gotho quodam occiditur, quod videretur Romanis favere.

Anno 416. Concilium Carthaginense contra Pelagii errores, item et aliud Milevi in Numidia contra eosdem hæreticos. — Placidia, post Athaulfi necem Romanis reddita, Constantio nupsit. — Reliquiæ sancti Stephani per Orosium presbyterum ex Palæstina in Africam allatæ.

Anno 417. Zozimus in Innocentii locum Romanæ Ecclesiæ præficitur.

Anno 418. Valentinianus, postea imperator, ex Constantio et Placidia nascitur. — Pelagius Romæ damnatur, et iterum Carthagine. — Bonifacius defuncto Zozimo fit Romanus pontifex, contranitente Eulalio schismatico.

Anno 419. Quæstio de appellationibus ad sedem apostolicam inter Romanos et Africanos agitatur.

Anno 420. Constantius, Valentiniani III pater, Augustus ab Honorio renuntiatur. — Sancti Hieronymi obitus.

Anno 421. Cœlestis deæ templum Carthagine destruitur, petente Aurelio episcopo. — Constantius imperator moritur.

Anno 422. Cas inus magister militum expeditionem contra Vandalos in Hispania suscipit, sed infelici exitu. — Augustinus disputat adversus Maximinum Arianum Gotthorum episcopum in Africa.

Anno 423. Cœlestinus papa Bonifacio substitutus. — Honorius Placidiam sororem suam cum Valentiniano ejus filio Constantinopolim mittit, quod suspicaretur ab ea accitos fuisse in Italiam barbaros. Idem paulo post moritur, et Joannes primicerius notariorum imperium invadit.

Anno 424. Valentinianus III, Constantii et Placidiæ filius, Cæsar Constantinopoli creatur a Theodosio Juniore. — Joannes tyrannus Ravennæ occiditur, cujus tamen mortem anno sequenti Cassiodorus consignat.

Anno 425. Valentinianus Augustus renuntia:ur Ravennæ.

Anno 426. Hoc anno, aut sequenti Gundericus, Godegiseli filius, Vandalorum rex in Hispania, interiit: cui succedit Genscricus ipsius frater, sed ex concubina natus, qui persecutionem, teste Gregorio Turonensi, in Hispania excitavit.

Anno 427. Bellum adversus Bonifacium, qui ex Africa Romam venire abnuerat, nomine publico illatum est, sed ille Vandalos, fœdere cum ipsis inito, in Africam accivit, Hierio et Ardabure coss.

Anno 428. Hoc anno Vandalorum in Africam adventum contigisse scribunt nonnulli. — Theodosius Junior edicta adversus hæreticos lata renovavit.

Anno 429. Circa id tempus Darius Comes in Africam missus est, ut bellum sedaret. Bonifacium ad imperat ris obedientiam revocat.

* Cujus opera cum appendicibus excusa sunt ab hujus tomi col. 125 ad col. 430. EDIT.

Anno 430. Hipporegius a Vandalis obsidetur, et tertio obsidionis mense Augustino ipsius antistes, totius vero Ecclesiæ catholicæ doctor egregius, exstinctus est.

Anno 431. Concilium Ephesinum, generale III, cui nemo ex Africa interfuit, præter Bessulam Capreoli Carthaginensis episcopi diaconum. — Paulinus Nolæ episcopus vir sanctissimus obit anno ætatis 78. — Sixtus III Romanus pontifex in Cœlestini demortui locum assumitur.

Anno 432. Bonifacius comes ex Africa in Italiam redit, at paulo post magister militum factus, ex vulnere quod in prælio adversus Ætium commisso acceperat, defunctus est.

Anno 433. Pax cum Vandalis facta est per Trigetium, Prosper Canisii habet triennium, relicta ipsius Africæ portione ad inhabitandum.

Anno 437. Persecutionis a Genserico motæ initia, in qua Arcadius et socii martyrio coronantur. — Valentinianus Constantinopolim proficiscitur cum Eudoxia Theodosii filia nuptias contracturus.

Anno 438. Siciliam vicinasque insulas piratæ barbari variis irruptionibus vexant.

Anno 439. Gensericus Carthaginem invadit, et Quodvultdeum episcopum, navi vetustæ impositum, cum maxima cleri parte in exsilium trudit; uno verbo Carthaginem pastore, clero, locis sacris et senatu spoliat. — Salvianus Massiliensis presbyter libros de Providentia divina scribit, in quibus multa habentur de Vandalis in Gallia, Hispania et Africa sævientibus.

Anno 440. Sanctus Leo, cognomento Magnus, post Sixti pontificis mortem Romanæ Ecclesiæ præficitur. — Gensericus in Siciliam irrumpit, sed postea metu Sebastiani comitis dimissa Sicilia, Carthaginem revertitur.

Anno 441. Theodosius exercitum adversus Gensericum parat, sed incassum.

Anno 442. Hunnis Orientales provincias devastantibus Theodosius exercitum, quem adversus Vandalos miserat, revocare cogitur. — Pax inter Valentinianum et Gensericum renovata. Circa illud tempus, ut videtur, sanctus Leo Potentium legatum in Mauritaniam misit pro restauranda Ecclesiæ disciplina. — Gensericus in sua ditione catholicos persequitur, imo et in suos sævit qui in ipsum coujuraverant.

Anno 443. Manichæi Romæ a sancto Leone detecti, quorum plerique, Africa a Genserico devastata, in Urbem se contulerant.

Anno 444. Attila, occiso Bleda fratre suo, solus Hunnis imperat. — Concilium Romæ adversus Manichæos.

Anno 445. Valentiniani III constitutio adversus Manichæos data.

Anno 450. Marcianus fit imperator in Oriente, Theodosio Juniore absque filiis defuncto. — Placidia Valentiniani mater obit v cal. Novembris.

Anno 451. Attila Hunnorum rex in Gallias ingressus varias urbes devastat, ac demum in agris Catalaunicis prælio commisso fugatur ab Ætio aliisque fœderatis. Ibi Merovæus Francorum, et Theodoricus Wisigothorum reges interfecti sunt. — Synodus generalis apud Chalcedonem contra Eutychetem habita.

Anno 452. Attila in Italiam irrumpit, Aquileiam devastat, ac Leonis papæ precibus fractus, in Pannonias revertitur.

Anno 453. Attila in Pannonia moritur, cujus tamen interitum anno sequenti Marcellinus comes consignat. — Pulcheria Augusta Marciani uxor vita defungitur, quæ in fastis sacris locum meruit.

Anno 454. Deogratias in episcopum Carthaginensem ordinatur. — Ætius a Valentiniano occiditur.

Anno 455. Petronius Maximus, Valentiniano occiso, imperium invadit, qui paulo post et ipse necatus est. — Gensericus Romam diripit, Augustas cum infinita captivorum multitudine Carthaginem transportat, universam deinde Africam, insulas vicinas, variasque regiones devastat, et suo subjicit imperio. — Eparchius Avitus fit imperator.

Anno 456. Avitus purpuram deponere cogitur a Ricimere, fitque epis opus Placentiæ.

Anno 457. Deogratias episcopus Carthaginensis e vivis excessit. — Gensericus ecclesias Catholicorum claudi imperat, pulso in exsilium clero. — Marciano imperatore defuncto, Leo Magnus seu Macelles fit imperator Orientis, et Julius Majorianus Occidentali imperio præficitur, vir melioribus temporibus dignus.

Anno 458. Majorianus adversus Vandalos exercitum parat, sed hujus conatus, ob ereptas a Genserico naves in Hispania littore, irriti fuere.

Anno 461. Majorianus imp. a Ricimere occiditur, a quo Libius Severus creatur Augustus Ravennæ. — Hilarus sancto Leoni papæ succedit.

Anno 465. Severus imp. Ricimeris opera Romæ veneno necatur.

Anno 466. Romani ex Hispaniis penitus pulsi ab Evarico Wisigothorum rege.

Anno 467. Post biennii interregnum Flavius Anthemius proclamatur Augustus, ad id a Leone Augusto cum exercitu in Italiam directus. — Simplicius papa Hilaro defuncto substituitus est. — Basilisci proditione Leonis expeditio adversus Vandalos irrita fuit.

Anno 468. Marcellinus patricius a Romanis adversus Vandalos pugnantibus dolo confoditur, eo ipso tempore quo eis opem ferebat. — Fulgentius Telepte in Byzacio nascitur.

Anno 469. Patriciolus, Asparis filius Arianus, Cæsar creatur, reclamantibus catholicis, qui Cæsarem orthodoxum flagitabant.

Anno 471. Aspar et filii ejus Ardaburis et Patriciolus Cæsar, Arianæ sectæ fautores, in palatio jussu Leonis interempti sunt, quod factum aliqui anno præcedenti consignant.

Anno 472. Anthemius imperator Romæ interficitur proditione Ricimeris, cujus opera Anicius Olybrius in thronum conscendit: sed quadragesimo die post hæc facinora perpetrata, referente Cassiodoro, Ricimer defunctus est.

Anno 473. Flavius Glycerius Ravennæ imperium assumit, defuncto Olybrio. — Leo Junior ab avo Augustus appellatur in Oriente.

Anno 474. Julius Nepos pulso Glycerio Augustus appellatur. — Leone imperatore Orientis defuncto, Zeno pro Leone Juniore filio suo, quem ex Ariadna Leonis imp. filia susceperat, imperium administrat, et ab ipso filio paulo post coronatus, Augustus appellatur. Leo Junior statim obiit.

Anno 475. Orestes patricius, exturbato Nepote, imperium tradit Romano Augusto, seu Augustulo filio suo.

Anno 476. Pax inter Zenonem Augustum et Gensericum inita. — Basiliscus exturbato Zenone imperium viginti mensibus occupat. — Odoacer rex Herulorum occiso Oreste, pulso Augustulo, captaque Roma, imperatoris titulum simul cum purpura et regiis insignibus respuens, solo regis nomine contentus, novum Italiæ regnum instituit, sicque Occidentale imperium exstinctum est.

Anno 477. Gensericus Vandalorum rex, duarum orbis terrarum urbium potentissimarum expugnator, moritur hujus anni initio: cui Hunericus succedit, patre adversus catholicos crudel er. — Zeno Basiliscum fugat et captum in Cappadociam exsulare cogit, ubi fame conficitur.

Anno 480. Nepos, dudum ab Oreste ex imperio dejectus, occisus est in villa propria haud longe a Salona urbe.

Anno 481. Eugenius Carthaginensis episcopus ordinatur, et paulo post persecutio adversus catholicos incœpit.

Anno 482. Zeno Henoricon seu Un onis edictum promulgat.

Anno 483. Felix II papa Simplicio succedit. — Persecutio adversus orthodoxos in Africa ingravescit, in qua inter cæteros Liberatus abbas cum aliis sex monachis gloriosum martyrium Carthagine complevit. — Edictum Hunerici pro conventu apud Carthaginem anno sequenti habendo.

Anno 484. Collatio catholicorum episcoporum cum Arianis Carthagine habita, jubente Hunerico. — Fames valida in Africa grassatur. — Hunericus, anno regni sui octavo pene expleto, excedit e vita, cui Guntabundus Gentonis filius succedit.

Anno 486. Sanctus Fulgentius circa hoc tempus monasticam vestem induit.

Anno 487. — Pax Ecclesiæ Africanæ utcunque permissa, Eugenio sedi suæ restituto. — Concilium Romanum sub Felice papa pro lapsis in Africa ad pœnitentiam recipiendis. — Victor Vitensis scribit Historiam persecutionis Vandalicæ.

Anno 488. Felix papa ad Africanos episcopos scribit, modum, quo lapsi ad pœnitentiam recipiendi essent, præscribens.

Anno 489. Theodoricus rex primo in Italiam subit, bis Odoacro devicto. — Theodoricus Odoacrum Ravenna inclusum obsidet.

Anno 490. Vandali a Theodorico rege pace postulata, a Siciliæ solitis direptionibus cessarunt.

Anno 491. Anastasius Zenoni imperatori succedit.

Anno 492. Gelasius papa Felici succedit.

Anno 493. Odoacer a Theodorico rege interfectus. Hinc Ostrogotthorum in Italia regni initia repetenda. Theodoricus Ravennæ regiam instituit.

Anno 494. Guntabundus Ecclesias Africæ reserari, atque episcopos exsules ad proprias Ecclesias redire permisit.

Anno 495. Hoc anno Baronius Eugenium Carthaginensem in exsilium pulsum obiisse scribit, sed perperam. — Gelasius papa in epistola ad episcopos Dardaniæ, Eugenii cæterorumque Africæ episcoporum constantiam laudat.

Anno 496. Obiit Guntabundus Vandalorum rex, cui succedit Trasamundus ipsius frater.—Anastasius II papa eligitur, defuncto Gelasio.—Clodoveus primus Francorum rex Christianus, Remis a sancto Remigio baptizatur cum plerisque ejusdem gentis primoribus. Inde meri'o Remigius gentis Francorum, ac speciatim regum nostrorum apostolus dictus est.

Anno 499. Symmachus in Anastasii papæ demortui locum fit Romanus pontifex, adversus quem Laurentius grave schisma excitavit, Theodorici regis auctoritate postea compressum.—Collatio inter catholicos antistites et Arianos apud Sarbiniacum, tum Lugduni coram Gundebaldo Burgundionum rege, ubi Ariani, agente potissimum sancto Avito Viennensi episcopo, victi fuerunt.

Anno 500. Theodoricus rex Romam advenit, quo tempore sanctus Fulgentius ejum peroranem audivit.

Anno 505. Eugenius episcopus Carthaginensis, apud Albiam in Galliis exsulans, defungitur.

Anno 507. Hoc anno, uti videtur, Byzaceni Patres in unum coacti episcopos in demortuorum sedes contra regis præceptum instituere degreverunt.

Anno 508. Fulgentius fit Ruspensis episcopus. Monasterium in sua urbe ædificat, et paulo post in exsilium abducitur.

Anno 511. Hormisdas Symmacho papæ succedit.

Anno 517. Sigismundus Burgundiorum rex, ejurata Arianorum hæresi, suadente sancto Avito ep'scopo Viennensi, fit catholicus.

Anno 518. Justinus imperator Anastasio succedit, catholicæ fidei acerrimus defensor.

Anno 519. Pax Orientalem inter et Occidentalem Ecclesiam facta.—Moveri cœpit celebris illa quæstio de propositione, *Unus e Trinitate in carne crucifixus est,* quam monachi Scythæ tuebantur.

Anno 521. Fulgentius et alii episcopi Byzaceni concilium in Sardinia celebrant contra Fausti errores, cujus concilii synodalis epistola habetur inter opera sancti Fulgentii.

Anno 523. Trasamundo defuncto succedit Hildericus Hunerici filius, qui papam Ecclesiæ Africanæ restituit, revocatis ab exsilio episcopis. — Bonifacius episcopus Carthaginensis ordinatus. — Joannes I pontifex Romanus creatur post Hormisdæ obitum.

Anno 524. Synodus Juncensis in Byzacena sub Liberato primate, ac paulo post Sufetana in eadem provincia.

Anno 525. Concilium Carthaginense sub Bonifacio.—Joannes papa Constantinopolim a Theodorico mittitur, primus omnium pontificum Rom. a Justino Aug. honorifice susceptus; res Ecclesiæ egregie curavit, die sancto Paschæ Romano more Latina lingua celebravit. Ravennam reversus a rege in carcerem trusus multis affectus est incommodis.

Anno 526. Joanni papæ in carcere apud Ravennam defuncto Felix III substituitur. — Theodoricus Ostrogothorum rex in Italia moritur.

Anno 527. Justinianus post Justini obitum Augustus proclamatur.

Anno 529. S. P. Benedictus Sublaco ad montem Casinum migravit, ubi celeberrimum totius orbis monasterium construxum est.

Anno 530. Bonifacius secundus Romanus pontifex Felici successit, adversus quem Dioscorus pontificatum affectans schisma conflavit.

Anno 531. Gelimer pulso Hilderico, quem in vinculis tenuit, Vandalorum in Africa regnum invasit.

Anno 532. Joannes, cognomento Mercurius, papa in Bonifacii demortui sedem levatur.

Anno 533. Prima die hujus anni Fulgentius Ruspensis episcopus e vivis excessit.—Gelimer multos etiam e suis nobiles occidit.

Anno 534. Carthagine a Belisario capta, Gelimereque ultimo Vandalorum rege, qui paulo antea Hildericum occiderat, devicto, et in triumphum Constantinopolim misso, Africa imperio restituta est.

Anno 535. Bonifacius episcopus Carthaginensis e vivis excessit, qui Reparatus substitutus statim concilium generale totius Africæ apud Carthaginem in Fausti basilica celebravit.

Agapetus post Joannis obitum Romanæ Ecclesiæ præficitur, qui Reparato et Africæ episcopis de restituta Ecclesiæ libertate gratulatur. Justinianus quoque multa in gratiam Ecclesiæ et populorum Africæ constituit.

INDEX HISTORIÆ PERSECUTIONIS VANDALICÆ *.

(Quem quisquis consuluerit, in hujus Operis paginarum enumerationem, decem numeros irrepsisse duplicatos advertat; hique sunt 55, 56, 57, 58, 59, 60, 61, 62, 63, 64.)

A

Aba, seu Abba urbs, 260.
Abaradiræ episc. Præfectianus, 57, 145.
Abaritana provincia Africæ, 100, 122.
Abaritanus episc. Felix, 55, 75, 100.
Abbas subdiaconis postponitur, 96. Sacris debet initiari, *ibid.*
Abbenza. *Vid.* Abbensis.
Abbir, 75.
Abbiritana urbs, 155, episc. Felix Conf. 17, 75, 100. Annibonius, Candidus, 75.
Abbir Germanicianæ episc. Candidus, 157. Successius, 75, 137.
Abbir Majoris episc. Felix, 75.
Abdenæ episc. Fructuosus, 75, 155. Candidus, 137. Victor, 155.
Abensis, seu Abbennensis episc. Valerianus, 70, 260. An Adjutor? 260.
Abir. *Vide* Abbir.
Abitensis episc. Tertullus, 161, 174.
Abitina urbs, 256. Episc. Gaudiosus, Augustalis, Saturninus, Victor, Felix, 256.
Abilinenses martyres, *ibid.*
Aboræ episc. Felix, Trifolius, 101.
Aboriense oppidum, *ibid.*
Aboritanum castellum, 100.
Abramius episc. Circensis, 154.
Abrotonum urbs, 185.
Absalom, an episc. Bamscobræ? 121, 122.
Abseritana urbs, 100.
Abundius Tidditanus episc., 56, 124.
Abus Ficensis episc., 60, 182.
Abziritani episcopi. *Vid.* Abdera.
Acacius episc. Cp. An ei dicata Victoris Vitensis historia? 61.
Accaritana, seu Acharitana urbs, 146. Episc. *Vid.* Aggaritan'.

Acherontiæ celebris est Canion M., 262.
Achola seu Acilla, 155. *Vid.* Acolitani.
Acolitani episc. Restitutus, 57, 155. Quintus, 155.
Acufidensis episc. Justus, 60, 183.
Acurræ, seu Accurræ episc. Felix, 122.
Acilla urbs, 140. *Vid.* Acolitani.
Ακρoτήριον episc. Maximianus, 157.
Adduit presbyter Arianus, 10.
Adelardus abbas Nianeii, 245.
Adelfius Mactaritanus episc. 57, 145.
Adelfus Mattaritanus episc.; 57, 150.
Adellius episc. a Trasboloe, 154.
Adeodatus episc. Belalitensis, 158.
Adeodatus episc. Beneceanensis, 105.
Adeodatus Fesleitanus episc., 56, 124.
Adeodatus Idaslensis episc., 56, 125.
Adeodatus episc. Milevitanus, 140, 184.
Adeodatus Nababariensis episc., 56, 125.
Adeodatus Pederodianensis episc., 57, 149.
Adeodatus Præcausensis episc., 57, 150.
Adeodatus Pribatensis episc., 60, 183.
Adeodatus episc. Satafensis, 178.
Adeodatus Sistrenianensis episc., 56, 131.
Adeodatus episc. Simituensis seu Smidicus, 111.
Adeodatus episc. Vazaritanus, 125.
Adeodatus Zaradensis episc., 57, 141.
Adérius M., 196.
Adessa, Edessa. *Vid.* Edessa.
Adiut presbyter Arianus, 70.
Adjutor seu Benignus, an episc. Abensis, etc., 260. S Adjutoris oppidum, *ibid.*
Adjutus M., 268.
Adlumensis urbs, 87.
Ad Novas opp'dum, 166.
A'lo describit martyrium SS. septem monachorum, 50.
Adquesirensis episc. Honoratus, 172.
Ad Regias urbs, 170.
Adrumetum urbs, 59, 107, 117, 155, 159. Dicitur Sissa

---

* In hoc indice revocatur lector ad numeros crassiori charactere expressos: De quibus legere velit quæ monuimus 1° pag. 179-180 ante *Prologum*, 2° col. 275 not. *a.* EDIT.

Nigra, 88, 290. Ejus episc. Aurelius, 225. Felix, 7, 67, 85.
Ad Sava municipium, 182.
Adsiunadensis episc. Caius, 59, 177. An Cyprianus? 177.
Adsumnar urbs, 101, 176.
Ædes Memoriæ, 36.
Ægarum episc. Eustathius, 217. Nundinæ, ibid.
Ægidius episc. Remensis, 186.
Æliæ urbs in Africa, 160.
Æmilianus conf., 84.
Æmilianus episc. Aggeritensis, 146.
Æmilianus episc. Arad.t.. 195.
Æmilianus episc. Benuefens s, 142.
Æmilianus episc. Cadarum Midinaensium, 123.
Æmilianus Culsitanus episc., 55, 85, 109.
Æmilianus M , 268.
Æmilius Asvoremixtensis episc., 60, 185.
Æmilius Mediensis episc., 59, 169.
Æneas Gazensis, 235.
Ætius dux Romanus, 204, 214, 222. Africæ cladis causa, 202. Occiditur, 61, 224.
Africam invadunt Vandali, qua occasione? 202. Quo tempore ? 3. Ejus calamitas describitur a Possidio, 206. Quam deplorat S. Cyprianus in cœlis, 58 et Salvianus, 213. Causas affert, ibid. Ejus portio Vandalis dimittitur, 207, 222. Monasteria virorum, puellarum in Africa, 54.
Africæ Ecclesiæ causæ, 33, 34, 61. Africæ urbes muris nudatæ a Genserico, 226. Eam recuperare conatur Majorianus, 228. Fame valida opprimitur, 45, 46. Misera ejus facies, ibia. ad 49. Africæ Ecclesiæ pax sub Gunthamundo, 266. Sub Hilderico, 287. Sub Justiniano, 290.
Africanæ Ecclesiæ Notitia, 55, 84. Illustratur, 89 seq Africæ urbium nomina ineffabilia, 100. Africæ diœcesis sub Justiniano, 291. Africæ Primates secundum ordinationis tempus, 106. Africa Ecclesiæ et imperio restituta, 290. Præfecto prætorii et aliis officialibus donatur, 291. Ipsi præfectus Salomon, 133.
Africani episc. conf. erga vitam monasticam propensissimi, 253. Laudant vers. Tres sunt, etc.
Afri Confessores in Italia celebres, 254 seqq.
Afri exsules sub Trasamundo, 277, 278. Redeunt ab exsilio, 287.
Africani martyres falso Vandalorum persecutioni attributi, 268, 269.
Afri erga S. Stephanum devoti, 220, Eorum vitia, 89, 215.
Afufeniensis episc. Mansuetus, 57, 77, 112.
Agapetus papa, 292.
Agarlabre, 152, 157.
Agarsel locus Afri æ, 146.
Aggar, seu Agar urbs, ibid.
Aggaritani episc. Filtiosus, 57, 77, 146, 161. Æmilianus, Candorius, 146. Donatus, 58, 146, 161.
Aggar Selnepte locus Africæ, 446.
Aggerfel locus Africæ, ibid.
Aggeritensis episc. Vide Aggar.
Agilei M. cœmeterium catholicis datum, 242, 267.
Agnellus Abbas, 255.
Ajurensis episc. Victor, 106.
Alamanni, id est Suevi, 249.
Ala Miliaria, 168.
Alamiliarensis episc. Mensius, 58, 168.
Alani Vandalis sociati, 193, 194. Gallias invadunt, 60. Hispanias et Africam, ibid.
Alaricus rex Gothorum Romam capit, 60, 97. Italiam vastat, 229.
Alaricus rex Wisigothorum, 244.
Albanus episc. exsul, 279.
Albanus M. Maguntiæ, 264.
Albiensis Ecclesia S. Cæciliæ sacra, 244. Ipsi Vianci prioratus subjectus, 243. Episc. Amelius, ibid. Ludovicus le Ambesia, 244.
Albigensis urbs, 241, 252.
Albinus Octabensis episc., 57, 126, 146.
Albulas, 174. Albulensis episc. Tacanus, 59, 174.
Ἀλαδoυς, 161.
Alemanni populi, 194.
Alexander papa, 245.
Alexander episc. Antiochiæ, 240.
Alexander illustris, 15.
Alexandria Gensericum timet, 238. Episc. Cyrillus, 207.
Algerium urbs, et regnum, an Cæsarea vetus? 166.
Alleluiaticum melos die Paschæ, 10.
Altabensis episc. Avus, 58, 161.
Altaburitanus. Vide Altuburitanus.
Altate a Donatistis cruentatum, 181. Aftaris pallia, 9
Altari oblatio imposita, 21.
Alticurus urbs, 113.
Altini episc. Theonestus, 264

Altuburitani episc. Vindemius, 56, 113. Basilius, Augustalis, Victor, Constantinus, 113.
Alutinenses martyres, 256.
Alypius episc. Tagastæ, 140, 159, 165.
Amabu mun cipium. 168.
Amacuræ episc. Felix, 122.
Amalafrida Trasamundi uxor, 288.
Amaranthus M., 243, 244. Ejus translatio, 244.
Amaurensis episc. Urbanus, 58, 168.
Ambiani populi, 194.
Ambibius episc. Pisitensis, 122.
Ambiensis provincia, 169.
Ambiensis episc. Felix, 59, 169.
S. Ambrosius episc. Mediol., 47.
Amburensis. Vide Amporensis.
Amelius Albiensis episc., 243.
Amelius capiscola Vianci, ibid.
Ammentiarum Turres. Vide Turres.
Ammonia, 10, 71.
Ammonis urbs, 71.
Ampellus episc. Neapolis in Africa, 119.
Ampelius episc. Vagensis, 119, 156.
Amphorensis episc. Servatus, 121.
Amporensis episc. Cresconius, 56, 121. An Servatus, et Donatus? 121.
Ampsaga fluvius, 184. Dicitur Cirtensis, 15, 75.
Ampullæ sanguine sancti Stephani plenæ, 257.
Amudarsa urbs, 129.
Amudarsensis episc. Liberatus, 57, 141. Majus, 141.
Anastasius Aquenobensis episc., 56, 133.
Anastasius episc. Benevenli, 105.
Anastasius imp. 61, 98, 279.
Anatolius episc. CP., 240.
Auburensis episc. Donatus, 121. Vide Amporensis.
Arcensensis episc. Victorinus, 142. Donatus, an Gududus? 142.
Andalusia, 200.
Andiot, seu Anduit Arianus, 70.
Andreas apostolus, 48. In Africa celebris, apost. et Char tyr, 89.
Andreas pastor monast. Tabracens, 8.
Angelberga Desiderii regis filia, 218.
Anianus episc. Aurelianensis, 98.
Anius, Vide Uranius.
Aniusensis episc. Gududus, 142.
Annibonius episc. Abbiritensis, 75.
Annibonius Vadesitanus episc., 57, 137
Ansa regina, 218.
Autacius Medianensis episc., 57, 125, 115, 175.
Anthæus Afrorum rex, 111.
Anthemius imp. adversus Vandalos movet, 231, 232. Occiditur, 232.
Antidius M. episc. Bisuntinus, 197
Antigonus episc. Madauræ, 159.
Antiocheni episc. Domnus, 216. Alexander, Martyrius, Julianus, 240.
Antiquitas defendenda, 206, 207.
Antonianus episc. Druensis, 155.
Antonianus episc. Lamsortensis, 124.
Antonianus Mustitar is episc., 56, 114, 132.
Antoninus Honoratus episc. Constantinæ, 208.
Antonius episc. Carpitanus, 108.
Antonius Fuscalensis episc., 124.
Antonius episc. Lamsortensis, ibid.
Antonius episc. Arianus Tamallumæ, 43, 45, 87, 152, 240.
Annlinus proconsul, 120.
Aphrodisius martyr, 269
Apiarius presb., 74.
Apocorius Cæsariensis episc, 58, 166.
Apostolica sedes. Vid. Romanus Pontifex.
Appianus conf. episc., 246.
Apronianus episc. Mazacens, 131.
Apsiritanus episc., 155.
Aptus episc. Tigtensis seu Tiziensis, 134, 168.
Aptus episc. Tuzuritanus, 149.
Apuleii patria, etc. 150. Pudentilla, 187. Statua Oeæ, ibid.
Apulia, ibi Genserici persecutio, 12.
Aquæ, 152.
Aquæ urbs Maurit. Cæsar. 167. An Aquitaniæ civitas apud Victorem Vit., ibid.
Aquensis in Maurit. Cæsar. episc. Januarius, 58, 167. Helpidius, Reparatus, 167.
Aquensis in Byzacena episc. Maximianus, 187.
Aquensis in Numidia episc. Cresconius, 167. Secundus seu Secundinus, qui dicitur Aquensis, seu Megarmitanus episc., 138, 167.
Aquensis in Arzugibus episc. Victorinianus, 167
Aquenses seu Aquit. Galli 167. Ab Aquis sic dicti, i id.

Aquæaioensis in Sitif. episc. Honorius, 59, 180. Januarius, 150, 180.
Aquænobensis episc. Anastasius, 56, 133, Felicianus, 137.
Aquarum Regiarum episc. Liberatus, 58, 157. Maximus, 157.
Aquæ Tibilitanæ an distinguendæ a Tibili? 137. Episc. Marinus, Proculus, ibid.
Aqueñensis episc. Januarius, 145.
Aquiabensis episc. Restitutus, 57, 145.
Aquileiæ episc. Augustinus, 261.
Aquilinus M. an sub Vandalis? 270.
Aquilitani populi, 155.
Aquis, 57, 141.
Aquisalbensium episc. in Byzac. Restitutus, 57, 150. An Januarius? 150.
Aquisirensis episc. Felix, 59, 172.
Aquis Regiensis civitas, 40, 86.
Aquitana urbs, 66. Crescens Aquitaniæ Metropolitanus, 6, 66, 167.
Aquitaniæ a barbaris vastatæ, 197.
Aquitani ab aquis dicti, 167.
Aradis urbs Sardiniæ, 104.
Araditani episc. Fortunatianus, 55, 104. Æmilianus, 105.
Aradus in Phœnicia, 105.
Aras urbs, 184.
Arator Catulensis episc., 59, 169.
Arcadius imp., 60, 97.
Arcadius mart., 208.
Aræelæ oppidum, 198.
Archidiaconus unicus in singulis ecclesiis, 248. Secundus diaconus dictus secundus in officio ministrorum, ibid.
Archiminus mart., 268.
Archiminus confessor, 11, 71.
Ardaburius dux Arianus, 231.
Arechis Langobardorum dux, 289.
Argentius episc. Lamigensis, 158.
Argentius Zallatensis episc., 60, 181.
Argentoratum urbs, 194.
Argimirus conf., 72.
Argutus episc. Tabadensis, 127.
Ariani legibus contra hæreticos datis abutuntur, 54, 55, 82. Erant crudelissimi, 267. Eorum violentiæ pro rebaptizandis catholicis, 44. Corpus et sanguinem Christi projiciunt, 10. Nihil dicunt contra vers. Tres sunt, etc., 80. Refelluntur, 23 et seq. Vide Trinitas. Ex iis plurimi Manichæi, 12.
Ariana hæresis per Vandalos, etc., in Africam illata, 60. Huic Vandali addictissimi, 203.
Ariminense concilium, 82.
Ariobinda dux exercitus, 222.
Aristodemus, 258.
Arii mors turpis, 90.
Armatus mart., 268.
Armeniarum Turres. Vide Turres.
Arnogastes confessor, 10. An comes fuerit? 71.
Arsennaria urbs, 176.
Arsicaritanus episc. Servus, 129.
Arsinnaritanus episc. Philo, 59, 176.
Arsuritanus episc. Servius, 58, 106, 154. An Fructuosus, Bonifacius? 155.
Arzugitana provincia, 149.
Asaoremixtensis urbs, 183.
Asava, 182.
Ascensonis Domini dies, 19.
Asclepius Afer episc. Vicinegrantis, 214.
Asini sepultura, 49, 90.
Asmunius episc. Tigualensis, 139.
Aspar Orientalium militum dux, 205. Arianus, 231.
Aspidius episc. Tacaratæ, 139.
Astabensis urbs, 165. Episc. Sextilius, Martianus, 182.
Aslafa urbs, 113.
Aslafensis episc. Vitalis, 60, 182.
Aslelicus episc. Tusuritanus, 167.
Aslenemsalensis episc. Fortunatianus, 105.
Aslura urbs, 60, 155.
Asturitani populi, 152. Episc. Peregrinus, 55, 106. Confessor Victor, Epictetus, Evangelus, Prætextatus, Rogatus, 106.
Asterius episc. Vicensis, 141.
Asvoremixtensis episc. Æmilius, 60, 183.
Atellensis episc. Elpidius, 261.
Athalaricus rex Gothorum, 61, 288.
Athaulfus Alarici frater, 91.
Athenius Circinitanus episc., 57, 149.
Attila rex Hunnorum, 196. Illyricum, etc., vastat, 60, 223. Trecas obsidet, etc., in Gallis, 98.
Atrebatæ populi, 194. Episc. Diogenes, 196.
Avaritiæ detestatio, 254.

Auboritanus episc., 173.
Audurus fundus, 126.
Aufidius Suristensis episc., 60, 184.
Augentius Gazaufulensis episc., 56, 116.
Augentius Uzipparitanus episc., 58, 113.
Augurensis episc. Leporius, 56, 126. An Montanus? 126.
Augusta Viromanduorum, 197.
Augustalis episc. Abitinensis, 256.
Augustalis episc. Altiburitanus, 113.
Augustinus episc. Aquileiæ, 261.
Augustinus episc. Concordiæ, ibid.
S. Augustinus episc. Hipponensis, 47. Natus Tagastæ, 140. Madauri studet, 130. A Megalio Calamensi ordinatus, 116. Orosium ad S. Hieronymum mittit, 60. Ejus colloquium cum Bonifacio comite, 133. Quid sentit, an pastores gregem deserere possint, 199. Non laudat vers. Tres sunt, etc., 80. An scripsit ad Circenses? 134. Ejus mors et ætas, 60, 97. Laudes et opera, 4. Epitaphium, 64. Translatio in Sardiniam, et inde Ticinium, 283.
Augustinus seu Augustus conf. Afer, 258, 261.
Arinsensis episc. Gududus, 142.
Avitus episc. Lamasuensis, 139.
Avitus presb. Hispanus, 60.
Avitus mart., 268.
Avitus imp. sub eo Vandali fugati, 227.
Avius Vide Uranius.
Aureliani episc. Anianus, 98.
Aurelius Adrumeti episc., 223.
Aurelius episc. Carthag. 63, 68, 152, 187.
Aurelius episc. Chullabi, 152.
Aurelius Clipiensis episc., 55, 112.
Aurelius Feradimaiensis episc., 57, 148.
Aurelius Macomadiæ episc., 122, 125, 135, 167.
Auriliacenses monachi, 243.
Ausafæ episc. Salvius, 113, 182.
Ausaga, an eadem cum Vaga? 119. Episc. Privatus, ibid.
Ausaga fluvius, 73.
Ausanæ episc. Cassosus 56, 11. Salvius, 113.
Ausavæ episc. Lucius, 182.
Ausonius M. Eugolismensis, 198.
Ausucurræ episc. Donatus, 56, 122.
Autacius episc. Medianensis, 145.
Autentum 129. Episc. Hortensius, 58, 160. Optatus, 160.
Autisiodorensis episc. Fraternus, 197. S. Germanus, 60. Ejus mors, etc., ibid., 98.
Auvidarsa, Vide Amudarsa.
Avus Altabensis episc., 58, 164.
Avus episc. Horreensis, 180.
Auxillus Gunugitanus episc., 59, 177.
Auxilius episc. Nurconensis, 177.
Auzagga. Vide Ausaga.
Auzegerenses episc. Villaticus, 58, 159. Donatus, 159.
Auziritanus episc. Victorinus, 106.
Aymericus Præpositus Vianeil, 243.
Azurepsis, seu Ajurensis episc. Victor, 106.
Azuritana urbs, 106, 155. Vide Aquitania.

B

Baba urbs, 175.
Babrensis episc. Victorinus, 56, 133.
Bacanariensis episc. Palladius, 58, 169.
Baccense monasterium, 140.
Bada urbs, 119.
Bades urbs, 158.
Badensis episc. Dativus, 119.
Badiensis episc. Pancratius, ibid.
Bætica a Vandalis occupata, 200.
Baga urbs in Proconsulari, 291.
Bagaiæ episc. Donatus, Maximianus, 119, 120. Donatianus, Felix, 120.
Bagaia, 139.
Bagaiense territorium, 214. Vide Vagadensis.
Bages. Vide Vaga.
Bagrada urbs, et fluvius Africæ, 139. Vide Vagrada.
Bahannensis episc. Victor, 155.
Baianensis episc. Bejarius, 153, 175.
Ba ense territorium, 214.
Baiesitanus episc. Cresconius, 157.
Baleares insulæ, 188, 189, 201.
Balens Villenobensis episc., 58, 169.
Balianensis episc. Cæcilius, 59, 175. Pancratius, 175.
Ballitanus. Vide Vallitanus.
Balsemius M., 198.
Bamaccoræ episc. Dumvirialis, 56, 121. Cassianus, Donatus, Felix, 121, 122. An Absalon? ibid.
Banensis episc. Januarius, 155.
Baparensis episc. Vincemalus, 59, 176.

Baphii Girbitani procurator, 187.
Baptismatis unitas, 6, 50, 54, 55, 59, 65, 211.
Baptismus est signaculum Dei, character, 42. Datur die Epiphaniæ, 21. Id vetitum, 77. Susceptor in Baptismo, 41. Datur parvulis, 18. Baptismi delineatio in Genesi, 28. Baptismi sacramentum in Trinitate, 31.
Baptismalis fontis benedictio, 21. Miraculo repletur, 77.
Bararus urbs, 126. Municipium, 155. *Vide* Varatus.
Barbari, qui sic dicti ? 88. Eorum mores, 47.
Barbarianus episc. Creperulensis, 148.
Barbarus episc. Hierpinianensis, 151.
Baronius incaute Galesinium secutus, lapsus est, 268.
Ejus sententia de S. Eugenii exsilio rejicitur, 241.
Bartimisiensis episc. Victor, 169.
Basilica mart., 196.
Basilius episc. Altiburitanus, 115.
Basilius Concordiæ celebris, 261.
Basoius abbas, 198.
Bassianensis episc. Valerianus, 141, 225.
Bassianus Afrus episc., 223.
Bassus episc. Carpitanus, 109.
Bazaritanus. *Vide* Vazaritanus.
Beatus Stephanus Spesindeo episc. Quæstorianensis, 157, 158.
Bebianus episc. Dusensis, 155.
Becerita. *Vide* Bercerita.
Beda presbyter dictus, 96.
Bedere castrum, 116.
Beianus Baianensis episc., 155, 175.
Belalitensis episc. Adeodatus, 138.
Belesasensis episc. Servus, 138.
Belianensis episc. Donatus, 175.
Belisarius in Africam ingressus, 159. Carth. capit., 57. Vandalos ex Africa pellit, 61. Triumphat, 289.
Bellicius episc. Teleptes, 156.
Bellum nonnisi pro pace conficiendum, 204.
Benadus episc. Hermianensis, 146.
Benantius Oppidonebensis episc., 59, 172.
Bencennæ episc. Adeodatus, 103.
Benedictini habent ecclesiam metrop. Montis Regalis, 262, 263.
S. Benedictus abbas, 61. Gentiles prope Cassinum convertit, 218.
Benedictus Guaiferius monachus Cassinensis, 259. Est sanctus, 260.
Benefeuse littus, 161.
Benefenses episc. Hortulanus, 57, 83, 142. Guntasius, Æmilianus, Maximianus, 142.
Benenatus episc. Curbitanus, 110.
Benenatus episc. Hospitensis, 139.
Benenatus episc. Lamviritanus episc., 56, 125.
Benenatus episc. Mazacensis episc., 56, 134.
Benenatus episc. Milevitanus episc., 57, 140.
Benenatus episc. Naraggaræ, 114.
Benenatus episc. Semitensis, 111.
Benenatus episc. Simittensis, *ibid*.
Benenatus Timidensis episc., 55, 112.
Benenatus Tuburbitensis episc., 56, 115.
Benenatum. *Vide* Beneventum.
Beneventi episc. in Africa Gulosus, 55, 103. Anastasius, 103.
Beneventi in Italia episc. S. Januarius, 283. An Tammarus ? 263. Ibi corpus S. Rossii, 259. Reliquiæ S. Adjutoris, 260.
Benignus, seu Adjutor, 258. An episc. Habensis ? 260. Cavæ floret, *ibid*.
Berceritanus episc. Felix, 56, 116.
Beroæa episc. Theoctistus, 216.
Bessula Capreoli diaconus, 207.
Bestiæ nomen persecutoribus datum, 58, 84.
Beveregii censura refellitur, 117.
Bidda municipium, 175.
Bidensis episc. Campanus, 59, 175. Limes, 175.
Biguæ monasterium Carthag., 56.
Binensis episc. Faustinus, Cresconius, 175. *Vide* Vinensis.
Bisacutum frumenti genus, 54, 96.
Bisuntinus episc. Antidius mart., 197.
Bitensis episc. Pannonius, 59, 175.
Bitinensis episc. S. Gaudiosus, 235.
Bituricensis episc. Simon de Bello Loco, 243.
Bladienses episc. Potentius, 119.
Blera urbs Etruriæ, 229.
Boanensis episc. Donatus, 58, 155. An Januarius Victor ? 155. Beianus, 155.
Bobba, 171. *Vide* Obba.
Bocconienses episc. Vitalianus, 56, 70; 121. Donatus, 121.

Bodleiana Notitia, 117.
Boethus episc. exsul, 279.
Bofet episc. Hilarus, 130.
Bolitan episc. Bonifacius, 55, 108.
Bolitani martyres, 108.
Bona ecclesiastica et propria a clericis possessa, 4.
Boncarensis episc. Felix, 171.
Bonifacium Corsicæ oppidum, 218.
Bonifacius Ballitanus episc. Donatist. Romæ, 140.
Bonifacius Bolitanus episc., 55, 108.
Bonifacius episc. Carthag., 64, 287, 291.
Bonifacius episc. Cataquensis, 131.
Bonifacius episc. Filacensis episc., 58, 156.
Bonifacius Foratianensis episc., 33, 58, 81.
Bonifacius Frontonianensis episc., 58, 155.
Bonifacius episc. Gattianensis, 144.
Bonifacius Gratianensis episc., 35. Primas Byzacenæ, 81. An episc. Vassinassensis ? *ibid*.
Bonifacius episc. Justini, et Maximiensis, 141, 148.
Bonifacius Maraguiensis, seu Maraguinensis episc., 58, 155.
Bonifacius Musclianensis episc., 57, 142.
Bonifacius Membrositanus episc., 55, 102. An fuit membresæ, aut memblosæ ? 103.
Bonifacius episc. Pappianenensis, 104.
Bonifacius Rusguniensis episc., 59, 171.
Bonifacius de Sanafer episc., 60, 188.
Bonifacius episc. Sasuritanus, 155.
Bonifacius episc. Telensis, 105.
Bonifacius episc. Vallitanus, 130.
Bonifacius episc. Urugitanus, 106.
Bonifacius episc. Utunnensis, 104.
Bonifacius conf. Sibidensis, 39, 84.
Bonifacius comes, 6, 63, 199. Ejus colloquium cum S. Augustino, 133. Vandalos in Africam accivit, 201, 202. Ejus defectio ab Imperatore qualis ? 202, 203. Dictus publicus hostis, 204. Redit ad imp. obsequium, 204, 205. Ejus gener Sebastianus, 222.
Bonifacius diaconus mart., 43, 49 *seqq*., 55.
Bonustenses episc. Cyprianus, 55, 109. Rufinianus, 109.
Boseth urbs Numidiæ, 155. Dicta Anforaria, 120, 130.
Bosetenses episc. Palatinus, Felix, Cresciturus, 130.
Bovini episc. Marcus, 261.
Breviarium fidei, 217.
Brisciæ, ibi monasterium puellarum, 218.
Brumasius episc. Calaris, 286.
Brutii a Cassiodoro avo servati, 222. Ibi Generici persecutio, 12.
Bubeium natio Africæ, 143.
Bubelianensis episc. Flavianus, *ibid*.
Bucconiæ episc. Donatus. 70. *Vide* Bocconia.
Buchambari urbs, 166.
Buconitanus. *Vide* Buronitanus.
Buconius. *Vide* Voconius.
Buffadensis episc. Cresces, 56, 130.
Buiza urbs, 165.
Bulæ campus, 110.
Buleliaaensis episc. Flabianus, 57, 143.
Bullæ Regiæ episc. Joannes, 56, 114, Felix, Dominicus, Apigonius, 114.
Bullaria urbs, 115.
Bullensis corpus, 110.
Bullensis episc. Felix, 55, 110, 114. Therapius, 110.
Bulleriensis episc. Mellosus. 115.
Bulnensis episc. Victor, 110.
Bulturiensis episc. Reparatus, 59, 175.
Buluba seu Bulula urbs Africæ, 145.
Bura an urbs Africæ ? 124.
Burcæ episc. Leontius, 56, 118. An Quietus ? 118.
Burco Vardimissensis episc., 59, 169.
Burgundiones populi, 194.
Buritanus episc. Donatus, 70, 75.
Buronitanus episc. Faustus, 9. Seu Faustinus, 69.
Burtinitanus. *Vide* Buronitanus.
Buruch episc. Quietus, 118.
Burugiatensis episc. Lucianus, *ibid*.
Busitanus episc. Crescitirus, 70, 130.
Bithynia urbs. *Vide* Bitinia.
Byzacena provincia Africæ, 5, 10, 290. Vandalis dimissa 222. Maurorum incursu vexata, 271, 272.
Byzacenæ episc., 57, 141. Quot fuere exsules in Sardinia, 277 *et seqq*. Primates Bonifacius, 81. Victor, 275. An episc. Vitensis ? Liberatus, 158. Dacianus, 278. An Pontianus ? 279.

C

Cabarsussitana synodus, 105.
Cabarsusitanus episc. Theodorus, 255.

INDICES IN VICTOREM VITENSEM.

Cabsensis urbs. *Vide* Capsensis.
Cadamusensis episc. Montanus, 182.
Cæcilianus episc. Carthag., 103.
Cæcilius Balianensis episc., 59, 175.
Cæcilius Minnensis episc., 59, 169.
Cæsarea Mauritaniæ metropolis, 225. Jol dicta, Jubæ regia, 166. An Algerium hodiernum ? *ibid.* episc. Apocorius, 58, 166. Deuterius metropolitanus, 66, 166. Emeritus, 66, 127, 166.
Cæsariensis episc. in Numidia Domnicus, 56, 127.
Cæsariensis episc. Crescouius, 127.
Caius mart., 268.
Caius episc. Afer, 292.
Calabria, ibi Genserici persecutio, 12.
Calamenses episc. : Quodvultdeus, 56, 116. Megalius, Cre-centianus, Cyprianus, Donatus, 116, 117. Possidius, 116, 265.
Calamitatum utilitas, 217.
Calaris urbs, 146. Antiquissima, 189. Sardiniæ metropolis, 188. Episc. Lucifer, 60, 188. Alius Lucifer senior, Ambrosius Machinus, 187. Primasius, seu Brumasius, seu Villiateus, 286. Ibi Fulgentius exsulat, 277.
Calipides Leptimagnensis episc., 60, 185.
Calipodius episc. Vazaritanus, 125.
Caltadriensis episc. Victor, 59, 172.
Calumnia, calumniator quid ? 12, 73.
Campaniam Gothi vastant, 229. Et Vandali, 227. Ibi Genserici persecutio, 12. Excipit confessores Africanos, 258.
Campanus Bidensis episc., 59, 175.
Campsa urbs, 165.
Campus Bullensis, 110.
Camut Vandalus, 15, 75.
Candidianus Catrensis episc., 59, 177.
Candidus episc. patriæ Dicensis, 165.
Candidus episc. Germaniæ seu Abbir, 75. Seu Abbir-Germanicianæ, seu Abbiritanus, seu Abderitanus, 157.
Candidus Nobasiensis episc., 56, 127.
Candidus episc. Siccensis, 74, 113.
Caudidus episc. Villaregensis, 130.
Candorius episc. Aggeriensis, 146.
Candorius episc. Mullitanus, 105.
Canion conf. Afer. Acheronitæ, 262. An cum alio confusus ? *ibid.*
Caniut Vandalus, 75.
Cannava, 18. Quid ? 75.
Cape urbs, 52, 187. *Vide* Tacape.
Capitani martyres, 52.
Capitolium diripit Gensericus, 225.
Capra picta eremus, 9.
Caprensis episc. Primus, 52, 59, 170.
Caprariæ insulæ monachi, 221.
Capreolus episc. Carth. 66, 68, 206, 240.
Capsa urbs, 51, 52, 55, 96, 153, 185. Prope eremum, 153. Episc. Vindemialis, 55, 58, 96, 153. Donatulus, Fortunatianus, Quintasius, Fortunatus, Celer, Donatianus, 153.
Capsur rex Maurorum, 9.
Caput Cillensis episc. Fortis, 58, 168. Limes Caput Cilensis, 169.
Caput Corsicæ promontorium, 228, 229.
Capuæ episc. Radalpertus, 262.
Caput Trii locus Neapoli, 255.
Caput Vada urbs, 290.
Carocciolus refellitur, 257.
Caralis. *Vide* Calaris.
Cararus urbs, 155.
Carcadius Maxulitanus episc., 55, 109.
Carcabianenses episc. : Simplicius, 58, 157. Victorianus, Donatianus, 157.
Cærdelus Lamiggigensis episc., 57, 147.
Carianensis episc. Silvanus, 157. *Vide* Casulæ.
Carissimus Giripensis episc., 55, 107.
Caritas fraterna tenenda, 288. Tentationes superat, 272.
Caro quomodo videt Deum, 210.
Carolus M. imp., 283.
Carpis urbs, 108. Episc. Felix, 52, 55, 108. Secundinus, Antonius, Veratianus, Denthadius, Venerius, Bassus, 108, 109.
Cartanensis. *Vide* Carianensis.
Cartenna urbs, 152. Episc. Lucidus, 59, 169. Victor, 169, 215. Maurus, Rusticus, Rogatus, 170. Vincentius, *ibid.*
Carterienses martyres, 170.
Carthaginis laudes, 100, 107. Ex ejus clero circ. D. macerantur, 41. In exsilium pulsi, 42, 86. Ejus senatus et potentia, 64, 216. Proconsulem habet sub Vandalis, 39, 85. A Genserico capta, 5, 61, 214 *seq.* Ejus calamitates 215

seq. Ædificia publica a Vandalis eversa, 4. Restituitur imperio, 81, 98, 290.
Carthaginensis ecclesia clausa, 12. Reseratur, *ibid.* Obtinet episcopum, 13. Pax ipsi reddita, 232. Primatus ejus confirmatur, 158.
Carthaginenses basilicæ S. Agilei, 242. Celerinæ, 4. Ibi monasterium, 51. Dictum Biguæ, 56. S. Cypriani, 5, 57, 65. Fausti, 7, 15, 21, 41, 67, 74, 221, 291. Gratiæ i, 108. Majoris seu Majorum, 4. Novarum, 7, 67. Primæ, 291. Restituta, 5, 65, 67.
Carthaginenses episc. Aurelius, 65 *seq.* Bonifacius, 64 *seq.* Cæcilianus, 103. Capreolus, 66 *seq.* S. Cyprianus, 266. S. Deogratias, 7 *seq.* Eugenius, 13. Dicitur Eusebius, 242. Genethlius, 104, 145 *seq.* Primianus, 75 *seq.* Primosus, 109. Quodvultdeus, 5 *seq.* Reparatus, 67 *seq.* An Thomas ? *ibid.* An Victor ? 231.
Carthaginensis concilii suo Genethlio locus emendatur, 145. Item concilii sub Grato, 70.
Carthaginensis conventus pro ratione fidei reddenda, 19, 22, 237, 238.
Carthago Spartaria eversa, 201.
Carthaginensis provincia Hispaniæ, 200.
Carthena. *Vide* Cartenna.
Casensis Calanensis episc. Optantius, 56, 127. Fortunatus, 127, 139.
Casarum Medianensium episc. Villaticus, 55, 56, 125, 128. Januarius, Æmilianus, 125.
Casennigrenses episc. : Felix, 56, 129. Donatus, Januarianus, 129.
Casapulli ecclesia, 261.
Cascala civitas, 127.
Cassianus episc. Bamacorræ, 121, 122.
Cassianus episc. Usulensis, 151.
Cassius episc. et mart., 283.
Cassius episc. a Macomadibus, 135.
Cassiodorus avus Siciliam servat, 221.
Cassosus Ausanensis episc., 56, 113.
Castalanæ episc. Voconius, 214.
Castallensis episc. Cerealis, 178.
Castamagæ urbs, 118.
Castellum, multæ urbes in Africa dictæ, 117 *seq.*
Castellanus episc. Severinus, 117, 175.
Castellani in Maurit. episc. Petrus, 59, 175. Voconius, an Cerealis ? 175.
Castellanus in Numidia episc. : Honoratus, 56, 117. An Severinus ? 175.
Castellanus in Sitif. episc. Felix, 59, 181.
Castellum Aboritanum, 100, 172.
Castelli Iabaritani episc. Mattasius, 59, 172.
Castelli Mediani episc. Valentinus, 59, 145, 175.
Castellominoritanus episc. Nicetius, 59, 168.
Castello Ripensis episc. Cerealis, 59, 178.
Castelli Sinitensis episc. Marcellinus, 131.
Castelli Tituliani episc. Victorinus, 56, 115, 128. An Cresconius ? 128.
Castelli Tatroportensis episc. Reparatus, 59, 176.
Castinus magister militum, 199, 203.
Castra et Castrensis in Byzac. episc. Felix, 143, 262.
Castrensis episc. in Maur. Cæs., 177.
Castranobensis episc. Vitalis, 59, 175.
Castrasebetianensis episc. Faustus, 59, 175.
Castra Vetera urbs, 116.
Castrensis episc. celebris Suessæ, et apud Montem Regalem, 262. Ejus vita, cujus sit auctoritatis, 257.
Castrum Bedere, 116.
Castri Galbæ episc. Lucius, 126.
Castrum Tutar, 184.
Castrum Vulturni, 262.
Castulensis episc. Cerealis, 169, 178.
Castus episc. et mart., 285.
Castus, mart., 283.
Castus episc. Cellensis, 113.
Castus episc. Siccensis, 74.
Castus conf. episc. Sinuessæ, 259.
Casula urbs, 152, 169.
Casulis Carianensis episc. Quintianus, 57, 152. An Silvanus ? 152.
Catabitanus episc. Patera, 59, 176.
Cathauguritensis episc. Montanus, 126.
Cataquenses episc. Bonifacius, Speratus, Paulus, 131 An Pascentius ? *ibid.*
Catholici qui ? 45, 88. Dicti Romani, 10, 71. Omousiani 19, 34, 55. Miraculis coruscant, 251, 252. Eorum fortitudo contra Arianos rebaptizantes, 44 *seq.*
Catrensis episc. Candidianus, 59, 177.
Cattus, presbyter, 150.
Catulensis episc. Arator, 59, 169.
Catulinus martyr, 67.

Cava. ibi sunt reliquiæ S. Adjutoris, 260.
Cavernæ Susis locus fictitius, 103. Inde Cavernense concilium, *ibid*.
Caunensis episc. Metus, 116, 184.
Cauria urbs, 201.
Cedamusensis episc. Montanus, 60, 182.
Cedias episc. Secundinus, 163.
Cediensis episc. Fortis, 164.
Celer episc. Capsensis, 153.
Celerina, mart., 63. Ejus Basilica Carthagine, 4, 63, 96.
Celerinus, martyr, 63.
Cellæ Picentinæ, 154.
Cellas vicus, 154
Cellenses episc. : Honorius, 113. Castus, *ibid*.
Cellensis episc. in Procons. Cyprianus, 56, 113, 181.
Cellensis in Byzac. episc. Fortunius, 154.
Cellensis in M. Sitif. episc. Crescilurus, 59, 113, 181.
Cellarita regis, 41.
Cencullanensis episc. Januarius, 163.
Censoriensis urbs.
Centenarienses episc. : Florentius, 56, 126. Cresconius, 126.
Centum Arbores, locus Africæ, 135.
Centuriensis episc. Januarus, 57, 137. Quodvultdeus, Cresconius, 137.
Centurionum magistratus, 118. Episc. Firmianus, 56, 118. Januarius, Nabor, 118.
Ceramunensis episc. Severianus, 183.
Cerbonius episc. Populonii, 280.
Cercina insula, 149, 153.
Cerealis Castellanus episc., 173. Seu Castellensis, 124. Seu Castelloripensis, 59, 178. Seu Castulensis, 169. Seu Castalensis, 178.
Cericius episc. Uculensis, 151.
Cernamusensis, seu Cerramusensis episc. Sarmentius, 168.
Cessitanus episc. Quodvultdeus, 108.
Cethaquensusca episc. Pascentius, 56, 131.
Cezas urbs, 164.
Chalcedonense concilium, 223.
Chaniacum vicus, 196.
Character Trinitatis in baptismo, 42.
Charissima virgo, 244.
Chezas urbs, 164.
Choba municipium, 180.
Chonoricus, 97. *Vide* Hunericus.
Chrisma ecclesiasticum, divinum, 250. Chrismatis unctio, *ibid*. Chrismatis sancti ampulla, 176.
Christi duæ naturæ, 24. Divina ejus generatio fusius exponitur, 25 *seqq*. Ejus causa Machabæi mortui, 209. In ipso justi fideles Veteris Testamenti, *ibid*.
Chrocus rex, 198.
Chullabi episc. Aurelius, 152.
Chuzitanus episc. Elpidophorus, 121.
Cicsitani episc. Cresces, 55, 108. An Flavosus? etc., 108.
Cidama urbs, 182, 291.
Cigisa urbs, 115.
Cilibiensis episc. Tertullus, 84.
Cileos urbs, 163.
Cilio urbs, 154.
Cilitanus episc. Fortunatianus, 58, 130, 154. Tertiolus, Donatus, 154.
Cilitanus episc. Donatus, 129, 130.
Circensis episc. Victor, 56, 154. Abramius, 154. *Vide* Cirta.
Circina insula, 288.
Circinitanus episc. Athenius, 57, 119. Seu Circitanus, 149.
Circumcelliones, 35.
Cirola. *Vide* Cyrila.
Cirta urbs, 118, 208. Metropolis dicta, 134. Episc. Victor, 56, 134. *Vide* Constantina.
Cirtensium magistratus, 118.
Cirtensis fluvius Ampsaga, 15, 73.
Cirtensis synodi locus emendatur, 118.
Cissi municipium, 177.
Cissitani episc. Flavosus, Quodvultdeus, 108.
Cissitani in Maur. C. episc. Reparatus, 59, 177. Flavosus, Quodvultdeus, 177.
Ciomtuturbo episc. Germanus, 113.
Clarentius episc. Tabracæ, 69.
Clarissimi tituli, 63.
Clarus conf. episc. a Muscula, 156.
Classicus mart., 269.
Claudius Vegalitanus episc., 58, 167.
Clemens Thamagristensis episc., 60, 183.
Clemens exsul Afer, 280.

Clementianus Manichæus, 12.
Clementinus Neapolitanus episc., 55, 110.
Clericorum bona ecclesiastica a propriis distincta, 4, 62.
Clerici Carthag. a Geiserico pulsi, 254.
Clericorum Arianorum violentiæ, 45.
Clypea urbs, 110. Episc. Aurelius, 55, 111. Crescens Stephanus, Laodicius, Geminius, 111.
Coba urbs, 180.
Cœlestiaci senatoris Carthag. fortuna, 216, 217.
Cœlestis via Carthagine, 4, 62.
Cœlianensis episc. Quodvultdeus, 56, 127.
Cœlum Aureum monasterium Papiæ, 285.
Cœmeterium S. Agilei, 242.
Coensis urbs, 187. *Vide* Oea.
Cognitores in conventu Carthag., 22. Qui? 77.
Collatio Carthagine inter orthodoxos et Arianos, 237, 238.
Colonicus episc. Thinistensis, 109.
Colossitanus episc. Vincentius, *ibid*.
Colules urbs, 152.
Columbus episc. Naraccatensi, 137.
Columbus Numidiæ episc., 136.
Columnatensis limes, 165.
Columonatensis episc. Martialis, 58, 165.
Comites Vandalorum, 15, 17.
Communicant Carthaginenses manu S. Fulgentii, 285.
Comparator episc. Mactaritanus, 145.
Concilia Ariminense, 34, 82. Chalcedonense, 61, 223. Carthag. anni 397, 104. Sub Genethlio, 104. Locus illiu emendatur, 143. Item locus concilii sub Grato, 121. Item Carthag. sub Bonifacio, 279, 288. Sub Reparato, 291. Ephesinum, 106. Juncense, 161, 288. Alias Vincense, sed male 278. Macrianense, 186. Marazanense, 150. Milevitana duo 140. Romanum sub Felice pro lapsis recipiendis in Africa 266. Seleuciæ, 34, 82. Septimuniciæ, 142. Sufetanum 144, 278, 288. Sufetulense, 144. Telense seu Zellense. 105. Thebestinum, 133. Thenitanum, 146. Toletanum II, 280. Vasense, 81. Zellense, 105. Zerense, 178.
Concordia, ibi celebris S. Augustinus ep., 261.
Concordia. *Vide* Turres.
Concordius Cululitanus episc., 57, 152.
Conductores possessionum, 35. Regalium prædiorum, *ibid*.
Confessores plurimi, 8, 20, 21.
Confessores plurimi in desertis mortui, 43. Plurimi lingua abscissa loquuntur, 40, 86. Celebres, 233 *seq*.
Confessores in Sardinia exsules, 281. Redeuntes primo ecclesiam adeunt, 287.
Confessores, 26, 40. In exsilium pulsi, 17, 73.
Confessores Culusitani, 59.
Consensus necessitas pro peccato, 44.
Constans cæsar tyrannus, 199.
Constantina urbs, 116. Episc. Honoratus, Antoninus, 208. Fortunatus, 208. An Xantippus? 123. *Vide* Cirta.
Constantinæ in Oriente episc. Sofronius, 217.
Constantinopoli confessores absque lingua loquentes sepulti, 235. Huc venit Joannes papa, 61. Episc. Acacius, 61, 240. Gennadius, Anatolius, 240. Timotheus, 2, 9.
Constantinus episc. Altiburitanus, 113.
Constantinus episc. Heliensis, 160.
Constantinus episc. Talborensis, 163.
Constantinus tyrannus, 198, 199.
Constantius Augustus, 63.
Constantius Gegitanus episc., 59, 68, 181.
Constantius episc. Rufubiccariensis, 59, 174.
Constantius S. Germani discipulus, 98.
Cornelius Balbus, 143.
Cornelius papa et mart., 59.
Corniclanus, 164.
Corniculanensis episc. Syrus, 58, 164.
Coronius Meglapolitanus episc., 55, 111.
Corsica insula, 5, 64, 246. Huc complures episcopi relegantur, 37, 55 *seqq*. Ibi Vandali fugati, 227. Ibidem gentiles sæculo sexto, 278. A Sarracenis vastatur, 246.
Corsicæ episc. Petrus, 218.
Coviensis episc. Maximus, 59, 179.
Covultdeus monachus confessor, 229.
Crepedulenses episc. : Felix, 57, 148. Barbarianus, Spes, 148.
Crescens metropolita Aquitaniæ, 6, 66, 167.
Crescens episc. Clypeæ, 111.
Crescens episc. Theositanus, 171.
Crescens Vagensis episc., 119. *Vide* Cresces.
Crescentianus episc., 65, 66. An Sabratæ? 66.
Crescentianus episc. Calamensis, 116.
Crescentianus Germaniensis episc., 57, 137.
Crescentianus Marrensis, seu Murensis episc., 179.
Crescentilianus episc. Lambiritanus, 123.

Crescentius Tacaratensis episc., 57, 115, 139.
Cresces Buffadensis episc., 56, 130.
Cresces Cicsitanus episc., 55, 108.
Cresces Satafensis episc., 59, 178, 180.
Cresces Sestensis episc., 58, 168.
Cresces Tigabitanus episc., 59, 172. *Vide* Crescens.
␣Crescīturus episc. Busitanus, 70. Seu Bositanus, 130.
Cresciturus Cellensis episc., 59. 115, 181.
Crescīturus Titulitanus episc., 56, 115.
Cresconius Amporensis episc., 56, 121.
Cresconius episc. Aquensis, 167.
Cresconius episc. Baiesitanus, 137.
Cresconius episc. Binensis, 175.
Cresconius episc. Cæsariensis, 127.
Cresconius episc. Centenariensis, 126.
Cresconius episc. Centuriensis, 157.
Cresconius episc. Cuiculi, 121.
Cresconius alter episc. Cuiculi, *ibid*.
Cresconius episc. ab Horrea Aninicensi, 180.
Cresconius episc. Legensis, 134.
Cresconius episc. Mustitanus seu Musertitanus, 132, 173.
Cresconius Oensis episc., 7, 60, 65, 66, 67, 187.
Cresconius episc. Pudentianensis, 127.
Cresconius episc. Siguitanus, 125, 156.
Cresconius episc. Silemsilensis, 106.
Cresconius episc. Sinitensis, 131.
Cresconius Temoniarensis episc., 58, 159.
Cresconius Tennonensis episc., 55, 106.
Cresconius episc. Tharasensis episc., 56, 128, 147.
Cresconius episc. Tituli, 115, 128.
Cresconius episc. Tubiniensis, 132.
Cresconius episc. Uculensis, 151.
Cresconius episc. Villaregensis, 130.
Cresconius Zabensis episc., 56, 132.
Cresconius episc. Zaraitensis, 141.
Cresconius episc. Zattaræ, 128.
Cresconius presb. conf., 45, 88.
Crescus episc. Cuiculi, 121.
Criscentinus episc. Leptis, 147.
Crispina M. Thagarensis, 124. Tebeste passa, 135.
Crispinus episc. Calamensis, 116.
Crispinus Tabadcarensis episc., 59, 177.
Crispulus episc. Volitanus, 108.
Crucis consignatio, 21. Ea cæcus sanatus, 252.
Cubadus præpositus regni, 20, 76.
Cufrutensis episc. Heliodorus, 58, 154. Felicianus, 154.
Cuiculi episc. Victor, 56, 121. Cresconius, 121. Crescus seu Cresconius, Pudentianus, *ibid*. Elpidoforus, Cuiculitanus, *ibid*. Seu Cuicculitanus, seu Cuisitanus, 108, 121.
Cuisa urbs. *Vide* Quiza, 163.
Cuizitanus episc. Elpidophorus, 121.
Culcitanensis episc. Petrus, 110.
Culsitanus. *Vide* Culusitanus.
Cultasius episc. Mattaritanus, 150.
Culucita urbs, 110.
Cululitani episc. : Concordius, 57, 152. An Restitutianus? et Aurelius, 152.
Culusitana urbs, 59, 110. Ibi plurimi martyres et confessores, 39. Episc. Æmilianus, 55, 85, 109. Nicasius, Vincentius, Marcianus, 109. An Petrus, 110.
Cuncuiana urbs, 58, 163. Episc. Januarius, 163.
Cuniculari insula, 189.
Curbis. *Vide* Curubis.
Curobitensis urbs, 110.
Curubis episc. Felix, 55, 110. Benenatus, Victor, Peregrinus, 110.
Custensis, seu Custrensis episc. Felix, 57, 143.
Cydamum urbs, 182.
Cynips Flucius ac regio, 183.
Cyprianea, id est festum S. Cypriani, 57. Tempestas Cyprianea, *ibid*.
Cypriani cultus celebris apud Afros, 57. Homilia de illo, 58. Natalitia festa, *ibid*. Acta quo in pretio habita, 239. Ejus ecclesiæ apud Carthaginem, 5, 57, 63. Laudat vers. *Tres sunt*, etc., 80.
Cyprianus. Afer profugus, 217.
Cyprianus episc. An Adsinnadensis? 177.
Cyprianus Bonustensis episc., 55, 109.
Cyprianus Cellensis episc., 56, 115, 181.
Cyprianus episc. Tuburbiimais, 115.
Cyprianus episc. Villæmagnensis, 183.
Cyprianus Unuzibirensis episc., 18, 57, 75, 148.
Cyriacus diaconus, et soc. mart., 270.
Cyrila episc. Vandalorum, 13, 16, 54, 73, 86. Patriarcha dicitur, 22, 78.
Cyrillus episc. Alexandrinus, 20.
Cyrus paganus, consul, 218.

D

D et Z indifferenter ab Afris adhibita, 102, 143, 163.
Dacianus episc. Tamicensis, 179.
Dacianus episc. Legensis, 134. *Vide* Datianus.
Dagilæ conf. fortitudo, 41, 86.
Dagilus conf., 86.
Dalmatia, ibi Genserici persecutio, 12.
Dalmatius Tinnisensis episc., 55, 109.
Damasus papa, 264.
Damatcorensis episc. Dumvirialis, 56, 121. *Vide* Bamaccora.
Darius comes, 204.
Datianus episc., 279.
Datianus episc. an Legensis? 139.
Datianus episc. Teleptes, 157, 160.
Datianus Turreblandis, 159.
Dativa conf., 59, 84.
Datius mart., 268.
Dativus episc. a Badis, 119.
David episc. Tadamatensis, 59, 177.
Decimus Teusitanus episc., 57, 143.
Decimus, locus prope Carthag., 159.
Decorianensis episc. Leontius, 57, 143. Paschasius, 143.
Dedericus. *Vide* Theodericus.
Defuncti, solemnitas in eorum exsequiis, 5. Pro iis missæ, 81.
Demeritianus Manichæus, 12.
Demetrius episc. a Leptiminus, 147.
Deogratias episc. Carthag., 67, 68, 116, 240, 243. Ejus ordinatio, 223. Virtutes, 7. Obitus, 7, 67.
Dertonæ Majorianus occiditur, 228.
Desiderius abbas Casinensis, postea Victor III papa, 260.
Desiderius M. episc. Lingonensis, 197, 198.
Desiderius alter rex Langobardorum, 218.
Detorianensis. *Vide* Decorianensis.
Deum habet Thelensis episc., 55, 105.
Deus qui a carne videtur? 210. Ejus potentia in creaturas, 234.
Deuterius episc. Gratianopolis, 174.
Deuterius Simminensis episc., 55, 111.
Diabensis, seu Zabensis in Sitif. episc. Felix, 132, 184.
Diacodus, seu Diaconus episc., 61.
Diaconus alter episc., 279.
Diaconi sunt in sacerdotio, 89.
Diadochus episcopus, 2, 61.
Diauensis episc. Fidentius, 184.
Dicensis episc. Candidus, 163.
Didacus episc., 62.
Didymus nobilis Hispanus, 196, 198.
Dio proconsul Numidiæ, 127.
Dioga episc. Leptis Magnæ, 187.
Diogenes episc. Atrebatensis, 196.
Dionysia conf., 38. Ejus fortitudo in filio adhortando, *ibid*. Ad filii sepulcrum orat, 39.
Dionysiana urbs, 58, 105. Episc. Pomponius, Fortunatus, Victor, 162.
Dominica dicta Resurrectionis dies, 219.
Dominicus episc. Bullæ-Regiæ, 114.
Domitianus Igilgitanus episc., 59, 180.
Domicosus Tigisitanus episc., 57, 135.
Domnicus Cæsariensis episc., 56, 127.
Domninus Moxoritanus episc., 56, 133.
Domninus Tararensis episc., 57, 128, 147.
Domnus Antiochiæ episc., 216.
Donatianus episc. conf., 20. Cui urbi præfuit? 76.
Donatianus episc. Bagaiæ, 120.
Donatianus episc. Capsensis, 153.
Donatianus episc. Carcabianensis, 157.
Donatianus episc. Eliensis, 58, 160.
Donatianus episc. Moutensis, 125.
Donatianus Teglatensis episc., 56, 131.
Donatianus episc. Teleptes, 156.
Donatianus Veselitanus episc., 56, 129.
Donatianus Usinadensis episc., 58, 168.
Donatianus episc. Zellensis, 105, 151.
Donatulus episc. a Capse, 153.
Donatus episc. Afer, 266.
Donatus Aggaritanus episc., 58, 146, 161.
Donatus episc. Anburensis, 121.
Donatus episc. Ancusensis, 142.
Donatus Ansuceurensis episc., 56, 122.
Donatus episc. Auzagerensis, 159.
Donatus episc. Bagaiæ, 119.
Donatus episc. Bamaccoræ, 121.
Donatus episc. Balianensis, 175.
Donatus Boauensis episc., 58, 155.

Donatus episc. Bucconiensis, 70, 121.
Donatus episc. Buritanus, 70, 75.
Donatus episc. Calamensis, 116.
Donatus episc. a Casis nigris, 129.
Donatus episc. Cillitanus, 129, 130, 154. An duo Donati, et duæ Cillitanæ urbes? 154.
Donatus Ermianensis episc., 57, 146.
Donatus Frontensis episc., 59, 171.
Donatus episc. Gervitanus, 126.
Donatus Gilbensis episc., 57, 136.
Donatus episc. Ipponizaritensis, 101.
Donatus Lugorensis episc., 56, 134.
Donatus episc. Macomadiensis, 135.
Donatus episc. Madauræ, 130.
Donatus episc. Masculitanus, 156, 157.
Donatus Maximianensis episc., 57, 140.
Donatus episc. a Medianis Zabuniorum, 145.
Donatus Nobicensis episc., 58, 164.
Donatus episc. Orreensis, 180.
Donatus Panatoriensis episc., 58, 165.
Donatus Ruffinianensis episc., 58, 157.
Donatus Rusticianensis episc., 56, 130.
Donatus episc. Sabratensis, 186.
Donatus episc. Salicinensis in Maur. Cæsar., 178.
Donatus episc. Sayensis, seu Saiensis, seu Suensis, 185.
Donatus episc. Scillitanus, 128.
Donatus Silensis episc., 57, 136.
Donatus Sitifensis episc., 59, 179.
Donatus Subbaritanus episc., 58, 167.
Donatus episc. Sucardensis, 165.
Donatus episc. Tamascaninensis, 185.
Donatus episc. Tanudatensis, seu Tanudaiensis, 176.
Donatus episc. Tegulatensis, 131.
Donatus Ternamunensis episc., 58, 168.
Donatus Tifiltensis episc., 58, 165.
Donatus episc. Tigillabensis, 126.
Donatus episc. Tisilitanus, 124.
Donatus episc. Tisiditanus, 151, 165.
Donatus episc. Tubursicensis, 124.
Donatus episc. Turensis, 132, 145, 146.
Donatus episc. Vageadensis, 139.
Donatus Villadegensis episc., 56, 130.
Donatus episc. Unizivirensis, 148.
Donatus Voncariensis episc., 59, 171.
Donatus episc. Zicensis, 112.
Donatus diaconus m., 181.
Donatus a Fulgentio in fide firmatus, 284.
Donatistæ violant ecclesiam Lemellæ, 181. Eorum furor Tipasæ, 176. Facinora in urbe Cæsarianensi, 127. Impietas in Eucharistiam, 176. Eorum episcopi quomodo dicti loci superioris in collat. Carth., 265.
Druensis episc. Antonianus, 155.
Duassedemsai episc. Mannucius, 105.
Duas-senemsal. episc., ibid.
Dulcitius episc. Tacapitanus, 187.
Dulcomensis Pagus, 196.
Dumvirialis Damatcorensis episc., 56, 121.
Durensis episc. Quodvultdeus, 58, 155. An Antonianus, Bebianus, aut Paschasius? 155.
Dusensis episc. Bebianus, ibid.
Dusitanus episc. Paschasius, ibid.
Dux Tripolitanus, 135.
Duces militum in Africa a Justiniano instituti, 290.
Dydritanus episc. Novigius, 149.

E

Ea urbs. *Vide* Oea.
Ebasius episc. Vicoateriensis, 158.
Ebusum insula, 5, 189. Ibi nullum animal venenatum, 189, 190. Ejus episc. Opilio, 60, 64.
Ecana urbs Apuliæ, 259. Episcop. Marcus, 261.
Ecclesiæ preces, 212.
Ecclesiæ violator punitus, 202.
Ecclesiæ in Africa clausæ, 54, 61.
Ecclesiastica bona clericorum a propriis distincta, 4, 62.
Eclipsis solis, 238, 253.
Edessa Macedoniæ urbs, 8, 68.
Edestæ episc. Jbas, 217.
Edicta feralia, 54.
Edictum Hunerici pro episc. Carthagini ordinando, 15. Pro conventu Carthaginensi, 19. Contra catholicos, 53.
Edierensis. *Vide* Idicra.
Efesum an insula? 64.
Egidianus episc. et mart., 281.
Egnatiensis episc. Fastidiosus, 57, 146.
Eguilguilitanus episc. Urbicosus, 180.
Eguizetensis episc. Victor, 181.

Elefantaria urbs, 176.
Elfantariensis episc. Vassinus, 59, 176. Miggin, 176.
Elices seu Elie urbs, 160.
Elidicus Vandalus, 73.
Elienses episc. : Fuscinullus, Constantinus, 160. Donatianus, 58, 160. An in martyrologio memoratus? 76, 77.
Elpidius conf. Afer, 261. Ejus reliquiæ, ibid. Oppidum S. Elpidii, ibid. An episc. Atellensis, 261, 262.
Elpidoforus episc. Cuiculi, seu Chuzitanus, etc., 121. Seu Cuicitanus, 108.
Elpidoforus apostata, 41.
Emædius episc., 102.
Emelius conf., 84.
Emeritus Macrensis episc., 59, 181.
Emilius mart., 282.
Emilius Medicus conf., 39, 84.
Eminentianenses episc. Victor, 59, 181. Marcianus, 181.
Eminentius episc., 181.
Emptacius Siccesitatus episc., 59, 174.
Ennodius episc., 102.
Enstrasius epilc. Sufetanus, 144.
Ephesina synodus generalis, 207.
Epictetus episc. Assuritan., 106.
Epidoforus apostata, 86.
Eigonius episc. Bullæ Regiæ, 114, 125.
Epinicion hymnus, 80.
Epiphaniorum die baptismus datus, 21. Id vetant pontifices et concilia, 77.
Epirus Vetus, ibi Genserici persecutio, 12, 72.
Episcopi sacerdotes dicti, 88, 89. An iis liceat gregem deserere tempore belli? 199. Eorum rigor pro tuenda justitia, 240. Ordinationes a tribus episc., 187. Vetitæ in Africa sub Vaudalis, 7, 8. Erant in Africa in villis, in fundis, et per agros, 214.
Episcoporum Africæ, etc., libellus fidei, 25.
Episcopi Proconsularis et Byzacenæ subscribunt epistolis synodicis temp. S. Martini papæ, *gratia Dei episcopus*, etc., 145 *et passim*.
Episcopi in Tripoli erant quinque, 187.
Eptiminensis episc. Victorinus, 147.
Equeheto urbs, 181.
Equilinus in marchia Tarvisina episc. Petrus, 245.
Equizotensis episc. Pacatus, 59, 181. Victor. 181.
Equotensis urbs, 181.
Eqtame, seu Equitanæ episc., 66.
Eremus Capsensis, 288. Tamalbiniensis, 87. Eremus Tripolitana, 43.
Ermianenses episc. Donatus, 57, 146. Facundus, Benadus, Secundinus, Maximianus, 146.
Evangelus episc. Assuritan., 106.
Evasius episc. Girbitanus, 186.
Eubodius Mididitanus episc., 57, 142.
Eucharistia, 10. Ea se munit Mascezel prælium commissurus, 221. Ipsam canibus fundunt Donatistæ, 176.
Eucherius Siliconis filius, 194.
Euchratius episc. a Thenis, 147, 270.
Eudæmon nobilis Afar, 217.
Eudalensis episc. Victor, 56, 115. *Vide* Theudala.
Eudoxia Valentiniani uxor Maximo nubere cogitur, 224. Generico urbem prodit, ibid. Captiva cum filiabus Carthagine abducitur. An Leoni imp. aut Marziano reddita? 226.
Eudoxia junior Hunerici uxor, 75, 226. CP. fugit, 76.
Eudoxius abbas mss. Caprariæ, 221.
Eufrosius mart., 269.
Eugenius episc. Carthag., 55, 59, 67, 97, 100, 151, 237, 239 seqq. Dicius Eusebius, 242. Ejus electio, etc., 15. Ordinationis tempus, 240 seq. Suggerendam regi offert, 20. Ejus vigor contra Hunericum, 240. Dictus confessor publicus, ibid. Ejus scripta, 241. An a Guntabundo ejectus? ibid. Miraculum, 21. Locus ejus exsilii, 152. Exsulat in eremo. 43, 87. A Guntabundo revocatus, 267. An ab eodem pulsus in exsilium? 265. Aut a Trasamundo, 274. An martyr dicendus? 244. Ejus obitus, 87, 241. Memoria in fastis Ecclesiæ, 242. Dies mortis quæ? 242, 243. In Gallias adventus, 243. Translatio, 244. Ab altero in Italia celebri distinguendus, 246.
Eugenius episc. Afer in Italia celebris, 245. Ejus obitus, 246. Alius est a M. Eugenio, 246. Quis sit? 247.
Eugenius mart., 248.
Eugenius alius mart., 270.
Eunomius episc. Marazanæ, 150.
Euphrasius episc. mart., 270.
Eusebius Cæsariensis, 47.
Ensebius episc. Carth., 242.
Eusebius Tubaltiensis episc., 58, 161.
Eusebius Obbitanus episc., 59, 170.
Eusebius Susicaziensis episc., 59, 125.
Eusebius paganus, 218 *seq.*

Eustachius episc., 63, 66.
Eustachius episc. Sufetanus. 144, 270.
Eustachius et socii mart., 70.
Eustachius episc. Ægarum, 217.
Eustratius Sufenatus episc., 54, 57, 66, 144, 270.
Eustratius et socii mart., 9.
Eutropia virgo et mart., 196.
Eutychianus mart., 212. Alias dictus Eutychius, *ibid.*
Evodius episc. Uzalensis, 102.
Evusi episc. Opilio, 60, 189. *Vide* Ebusum.
Exemptio monasterii, 81.
Exitziosus Verensis episc., 55, 107.
Exsuperius episc. Tolosæ, 195.

F

Fabiola invisit monachos maris Ethrusci, 221.
Facensis. *Vide* Fatensis.
Facundus episc. Hermaniensis, 146. Non laudat vers. *Tres sunt*, etc., 80.
Fallabensis episc. Salo, 58, 118.
Fames in Africa, 45 *seq.*
Fastidiosus Egnatiensis episc., 57, 146.
Fatensis episc. Honoratus, 57, 138.
Faustinianus episc. Tamagudæ, 133.
Faustinus episc. Binensis, 175.
Faustinus episc. Buronitanus, 69.
Faustinus Girbitanus episc., 60, 186.
Faustinus episc. Naraggaræ, 113.
Faustinus episc. Nationensis, 156.
Faustinus episc. Sillitensis, 205.
Faustinus episc. Tambeiensis, 143.
Faustus Buronitanus episc., 9, 69.
Faustus Castraseberianensis episc., 59, 173.
Faustus Præsidiensis episc., 58, 156. Monasterium in exsilii loco ædificat, 236. Persecutionem fugit, *ibid.*
Faustus conf. episc. Timidæ-Regiæ, 112.
Faustus episc. Tuborbitanus, 115.
Fausti basilica Carthag., 7, 15, 21, 41, 67, 74, 224, 291.
Fabianensis episc. Succensianus, 58, 155 An Salustius, 155.
Felicianus episc. Aquænobensis, 133.
Felicianus episc. Cufratensis, 154.
Felicianus episc. Feradi Minoris, 146, 148.
Felicianus de Giru-Tarasi episc., 57, 141.
Felicianus Idensis episc., 58, 165.
Felicianus Metensis episc., 56, 127.
Felicianus episc. Musitanus, 152, 145.
Felicianus episc. Ruspensis, 277.
Felicianus episc. Utinæ, 104.
Felicissimus episc. Obbensis, 171.
Felicitas et Perpetua mart., 115.
Felix mart., 268.
Felix papa, 240. Africæ calamitatibus condolet, 238. Scribit pro Lapsis in Africa recipiendis, 266.
Felix episc., 63.
Felix episc. exsul, 279.
Felix alius episc., 280.
Felix Abaritanus episc., 55, 75, 100.
Felix Abbiritanus episc. conf., 17, 75, 100.
Felix episc. Abbir Maj., 75.
Felix episc. Abitinensis, 236.
Felix episc. Aborensis, 101.
Felix ab Acurn, sive Acurra episc., 122.
Felix ab Amacurra, seu a Bamaccura, seu Accura, *ibid.*
Felix episc. Adrumeti, 7, 67, 85.
Felix Ambiensis episc., 59, 169.
Felix Aquisirensis episc., 59, 172.
Felix episc. a Bagai, 120.
Felix Berceritanus episc., 56, 116.
Felix episc. Boncarensis, 171.
Felix episc. Bosetensis, 130.
Felix Bullensis episc., 55, 110.
Felix alius episc. Bullensis seu Bullæ Regiæ, 114.
Felix Carpitanus episc., 52, 55, 108.
Felix Casemigrensis episc., 56, 129.
Felix Castellanus episc., 59, 181.
Felix episc. Castrensis, 262.
Felix Crepedulensis episc., 57, 148.
Felix Curbitanus episc., 55, 110.
Felix Custreusis episc., 57, 145.
Felix Diabensis episc., 152, 181.
Felix episc. Ficensis, 182.
Felix Flenucletensis episc., 59, 174.
Felix Forontonianensis episc., 58, 155.
Felix Garbensis episc., 57, 138.
Felix alius episc. Garbensis, 158.

Felix Gilbensis episc., 56, 126, 156.
Felix episc. a Gurgitibus, 156.
Felix episc. Idicrensis, 422, 176.
Felix Irpinianensis episc., 57, 151.
Felix episc. Izirianensis, 129.
Felix episc. Lambiensis, 123.
Felix Lamsortensis episc., 56, 124.
Felix episc. Macrianensis, 156.
Felix episc. Magarmelitanus, 138.
Felix episc. a Marrazana, 150.
Felix Matharensis episc., 55, 126.
Felix Maxitensis episc., 59, 177.
Felix episc. Maxulitanus, 109.
Felix a Misgirpa episc., 107.
Felix episc. Moptensis, 129, 183.
Felix Muzuensis epi c., 56, 111.
Felix Nobasparsensis episc., 56, 127.
Felix episc. Novasinnæ, 127, 181.
Felix episc. Novensis, 165.
Felix episc. Pariensis, 101.
Felix Piensis episc., 55, 101.
Felix episc. Putiensis, 122.
Felix episc. a Rotario, 118.
Felix Rusubiritanus episc., 58, 166.
Felix episc. Segermitanus, 159.
Felix episc. Selemselitanus, 105.
Felix episc. Serteitanus, 182.
Felix Suabensis episc., 57, 137.
Felix episc. Tacapitanus, 187.
Felix episc. Tagaraiensis, 147.
Felix Tebestinus episc., 56, 135.
Felix Telensis episc., 105.
Felix episc. Thenisiis, 147.
Felix episc. Timidensis, 112.
Felix de Turribus episc., 60, 189.
Felix episc. Villaregensis, 130.
Felix episc. Visiiensis, 165.
Felix episc. Utinensis, 104.
Felix episc. Uzalensis, 102.
Felix Zabensis episc., 184.
Felix episc. Zacturæ, 128, 286.
Felicis abbatis monasterium, 267. Ejus humilitas, 271. Ejus Confessio, *ibid.*
Felix presb. Arianus, 268.
Felix cæcus visum recuperat, 21.
Felix notarius, 284.
Felix procurator domus regis, 11.
Felix saxo ethnicus, 220.
Feradimaiensis episc. Aurelius, 57, 148. Vincentianus, 148.
Feradum minus an Peradamium, 146. Episc. Felicianus, 146, 148. *Vide* Peradamium.
Feralia edicta, 53, 85.
Ferontonianensis episc. Felix, 155.
Ferox episc. Macrianensis majoris, 156.
Ferrandus diaconus Carthag. an scriptor vitæ S. Fulgentii? 277.
Ferrarius incaute sanctos admittit, 229, 230.
Ferratus Mons, 280.
Festeitanus episc. Adeodatus, 56, 121.
Festum Romæ ob liberatam urbem a Genserico, 225.
Festus Satafensis episc., 59, 178, 180.
Fezza urbs et regnum, 121.
Ficaria insula, 189.
Ficensis urbs, 180. Episc. Abus, 66, 182. Felix, 182.
Ficus urbs, *ibid.*
Fidentius Dianensis episc., 184.
Fidei professio Africæ episcoporum, 23, 93.
Fidulomensis episc. Onesimus, 58, 165.
Filacensis episc. Bonifacius, 58, 156.
Filliosus episc. Aggaritanus, 77.
Firmianus Centuriouensis episc., 56, 118.
Firmus episc. Tagastæ, 14.
Firmus episc. Tipasensis, 151.
Firmus episc. Tipason, *ibid.*
Flabianus Rulelianensis episc., 57, 143.
Flabianus Vicopacensis episc., 57, 141.
Flavianus episc. Bubelianensis, 143.
Flavianus Vamallensis episc., 60, 185.
Flavosus episc. Cissitanus, 108, 177.
Flenucletensis episc. Felix, 59, 174.
Florentianus episc., 57, 63. Midilensis, 56, 85, 126. An episc. Vicessabratenus, 66.
Florentianus episc. Vicopacatensis seu Vicopacensis, 141.
Florentinianus. *Vide* Florentianus.
Florentinus mart., 197.
Florentinus episc. Furnitanus, 64.

Florentinus episc. Hippensis Zaritorensis, 102.
Florentinus episc. a Tubusuptu, 180.
Florentius Tuziritanus episc., 57, 149.
Florentius Uticensis episc., 55, 107, 248.
Florentinus presbyter, 125.
Florentius mart., 269.
Florentius episc. Centenariensis episc., 56, 126.
Florentius episc., 245, 246. An Corsicæ? 247. An Nebbiensis? 248
Florentius episc. Lamsortensis, 124.
Florentius Nobagermaniensis episc., 56, 125, 137.
Florentius episc. Tisiliensis, 131.
Florentius Tuziritanus, 149.
Florentius episc. Zentensis, 178.
Florentius diaconus mart., 196.
Florianensis episc. Restitutus, 58, 168.
Florianus episc. Putiziensis, 122.
Flumenpiscensis episc. Victor, 60, 182. Alius Victor, 182. Januarius, 181, 182, 184.
Flumenzeritanus episc. Paulus, 58, 118.
Fluminius Tabudensis episc., 65, 127.
Fontes baptismales, 67. Eorum benedictio, 21.
Foratianensis episc. Bonifacius, 55, 58, 81, 134. Alias Forianensis, 172.
Formenses episc. : Ponticanus, 57, 138. Mensor, 57, 138. Justus, 138. Urbanus, 138, 176.
Fornicatio confessorem sine lingua loquentem mutum reddit, 233 seqq.
Fornitana porta, 4, 64, 106.
Forontonianensis episc. Felix, 58, 155.
Fortianensis episc. Bonifacius, 154.
Fortis Caputcillensis episc., 58, 168.
Fortis episc. Cediensis, 164.
Fortunatianus Araditanus episc., 55, 104.
Fortunatianus episc. Assenemsalensis, 105.
Fortunatianus episc. Capsitanus, 155.
Fortunatianus Cilitanus episc., 58, 130, 154.
Fortunatianus Leptiminensis episc. 57, 117.
Fortunatianus episc. Merensis, 127.
Fortunatianus Naratcatensis episc., 57, 137.
Fortunatianus episc. Neapolis, 110.
Fortunatianus Siccensis episc., 112.
Fortunatianus Tagarbalensis episc., 58, 157.
Fortunatus mart., 268.
Fortunatus episc. exsul, 279.
Fortunatus episc. Capsensis, 155.
Fortunatus episc. an Casensis Calanensis? 139.
Fortunatus episc. Cilitanus, 154.
Fortunatus episc. Dionysianensis, 162.
Fortunatus episc. Cirtensis, 208.
Fortunatus Mozotcoritanus episc., 58, 158.
Fortunatus episc. Puppitanus, 104.
Fortunatus episc. Rusuccuritanus, 170.
Fortunatus episc. Siccensis, 74, 174.
Fortunatus episc. a Tuccabori, 166, 184.
Fortunatus episc. Vesceritanus, 116.
Fortunatus episc. Undesitanus, 137.
Fortunius episc. Cellensis, 154.
Fortunius Regianensis episc., 57, 75, 136.
Fortunius episc. Tubursici, 124.
Forum Trajani, seu Trojani, 188. Episc. Martinianus, 60, 188.
Franci Vandalis obsistunt, 194.
Fragilitas rerum humanarum, 216.
Fraternus episc. Autisiodorensis, 197.
Frontensis episc. Donatus, 171.
Frontonianensis episc. Bonifacius, 58, 155.
Fructulus mart., 269.
Fructuosus episc. Abderitanus, 75. Seu Abziritanus, 155.
Fructuosus de Giru Marcelli, 56, 128.
Fructuosus Vinensis episc., 175.
Frumentii duo negotiatores, martyres, 42, 86.
Frumentius Teleptensis episc., 58, 156.
Frumentius Tubursicensis episc., 56, 124.
Fulcolus. Vide Fusculus.
Fulgentius episc. Rusp. 144, 158, 160, 164, 214, 267. Ejus humilitas, 288. Erat monachorum exemplar, 272. Fit coabbas, 271. Fratribus instruendis incumbit, ibid. Ejus confessio, ibid. Ejus exercitia in monasterio: orare, legere, dictare, meditari, disputare, etc., 276, 277. Fit episcopus, 275. Et remanet monachus, 276. In ipso triumphat catholica fides, 285. Ejus eloquentia, 273. Episcoporum Byzacenæ lingua et ingenium, 277. Laudat vers. Tres sunt, etc., 80. Pellitur in exsilium, 276, 278. Exsul absentes scriptis in fide firmat, 284. Ejus auctoritas quanta? ibid. Ab exsilio redit, 287. Obit in Circina insula, 288.
Fulgentius Vagadensis episc., 57, 139.

Fulginates servant reliquias SS. Heraclii, etc., 260.
Furnitani episc. Florentinus, Simeon, 64. Geminius, ibid. Furnitanæ ecclesiæ consecratio, ibid.
Fuscinullus episc. Eliensis, 160.
Fusculus conf., 21. Cujus loci episc., 77.
Fussalæ episc. Melior, 56, 124. Antonius, 124.
Fussalense territorium, 84.

G

Gabaense territorium, 214.
Gabes Vicus, 70, 72.
Gabrensis. Vide Garbensis.
Gadabitani Mauri, 291.
Gaguaritani episc. Victor, 58, 160. Rogatus, ibid.
Gaius seu Gallus episc. Tacapitanus, 187.
Gaianus episc. Tigualensis, 159.
Gaius Uzitensis episc., 55, 107.
Galba urbs, 126.
Galbis, 70.
Galesinius falso martyres Afros Vandalicæ persec. tribuit, 268 seqq.
Galliæ a Vandalis, etc., devastatæ, 60, 193 seq., 249. Iterum in eas movent, 227. Ibi martyres sub Vandalis, 196.
Gallæciam Vandali occupant, 200.
Gallus seu Gaius episc. Tacapitanus, 187.
Gallus episc. Ticensis, 163.
Gallus fit imp. in Maninge insula, 187.
Gamalielis inventio, 60.
Gamuth Vandalus, 73.
Gaphara an urbs? 185, 186.
Garapha portus, ibid.
Garbensis episc. Felix, 57, 138. Alius Felix, Victor, 158. Alius Victor, qui Romam missus est, 158, 140.
Gardensis. Vide Garbensis.
Garra urbs, 137, 144.
Garraniensis episc. Secundinus, 57, 137, 144. An Victor? 144.
Gratianensis seu Gattianensis episc. Victor, Bonifacius. An Secundinus? 144. Januarius, 145. Vide Gratianensis.
Gaudentius Putiensis episc., 56, 122, 145.
Gaudentius episc. Tamagodæ, 133.
Gaudentius episc. Tigisitanus, 136.
Gaudentius episc. Zertensis, 178.
Gaudiabensis episc. Victor, 57, 136.
Gaudiosus episc. Afer, cognomento Septimus Cælius, episc. Bitinensis, 255. Seu Abitinæ, 236. Monasterium. Neapoli condit, 255. Ejus obitus, 256. Ab alio ejusdem nominis distinguendum, ibid. Inscriptio sepulcralis, 256.
Gaudiosus alter Sa'erni celebris, ibid.
Gaudiosus episc. Pupianensis, 104.
Gavinus episc. Turritanus, seu Sassaritanus, 281.
Gavinus episc. Vegeselæ, 129.
Gaurianensis episc. Januarius, 57, 137.
Gauvaritani episc. Victor, 58, 160. Rogatus, 160.
Gazabianensis episc. Saturninus, 136.
Gazanensis. Vide Gratianensis.
Gazaufulæ episc. Augentius, 56, 116. Salvianus, 116.
Gazophyla urbs, ibid.
Gedalius Ospitensis episc., 57, 139.
Gedalius episc. Uticæ, 107.
Gegetu, 68.
Gegitana urbs, 180. Episc. Quadratus, 68, 112, 181.
Gegitanus episc. in Sitif. Constantius, 59, 68, 181. Vide Gigitanus.
Gelasius papa, 283. Laudat Eugenium et alios episc. Africæ, 240, 266.
Gelianus Reperitanus episc., 59, 172.
Gelilaris Genserici filius, 288.
Gelimer, 73, 235. Regnum Vandalorum invadit, 288. Ario addictissimus, 289. An persecutionem movit? 289, 290. Captus in triumphum ducitur, 61, 289.
Gemelius episc. a Tambeis, 143.
Gemellensis urbs, 185. Episc. Lit. æus, ibid.
Geminius episc. Clypeæ, 111.
Geminius episc. a Furnis, 64.
Geminus mart., 270.
Generatio in Deo non est ignorabilis, 25.
Genethlius episc. Carthag., etc., 104.
Gennadius episc. Constantinop., 240.
Gennadius episc. Membressæ, 102 seq.
Gensericus Vandalorum rex, 200 seqq. In Africam ingreditur, 3. Carthaginem invadit, 5, 64, 214. In Afros et potissimum in Carthaginenses sævit, 234. Siciliam vexat, 221. Romam capit, 7. Et diripit, 224, 231. Ejus crudelitas, 205, 252. Statura et mores, 232. Pirata et latro dictus. Ejus insolentia, omnes imp. provincias terret, 238. Ejus perse-

cutio fit acrior, 226. Etiam extra Africam, 12, 227. In catholicos et in suos sævit, 225. Majorianum timet, 228. An ejus opera Majorianus occisus? 228. Obiit, 12, 233. Ejus constitutio de successione regni, 14, 75.
Genson Genserici filius, 226.
Gentiles adhuc sæculo sexto, 218.
Gento, seu Genzo, frater Hunerici, 14, 75, 226, 265, 267.
Genua, ibi Desiderius M., 197, 198.
Gerafitanus episc. Victor, 181.
Germani urbs, 137.
Germauia urbs, 125. Episc. Crescentianus, 57, 137. Innocentius, an Florentius, et Jambus? 137. Candidus, 75, 137.
Germaniæ Novæ episc. Florentius, 137.
Germanus episc. Autisiodori, 60, 103.
Germanus episc. Ciumtuturbo, 115.
Germanus conf., 21. Episc., 39. Peradamiensis, 57, 77, 84, 146.
Germanus episc. Zugabbaritanus, 166.
Gerra, seu Girba, 186.
Gersuum insula, 197.
Gervasius episc. Remensis, 196.
Gervitanus episc. Vincentius, 186.
Geta episc. Jubaltianensis, 161.
Getulia provincia, 5, 222.
Getulicus episc. a Victoriana, 158.
Gibbensis episc. Victor, 126.
Giga Marcellæ urbs, 128.
Gigitanus episc. Vincentius, 8, 68, 112. *Vide* Gegitani.
Gilbensis episc. Felix, 56, 126, 136.
Gilbensis alterius episc. Donatus, 57, 126, 136.
Gildo rebellis in Africa, 221.
Gilgitanum littus, 180.
Ginesitensis urbs, 107.
Gipedes populi, 194.
Girba, 186, 187. Sedes episc. Lotophagites, 186.
Girbensis in Tripolit. episc. Faustinus, 60. Vincentius, 126, 151, 186. Monnulus, Proculus, Evasius, Quodvultdeus, 186.
Girbensis in Numidia episc. Urbanus, 6, 126. Donatus, 126.
Girbitani Baphii procurator, 186, 187.
Girensis episc. Martialis, 56, 120.
Girifa. *Vide* Cyrila, 141.
Giru, complures urbes in Africa, 121.
Giru Marcelli episc. Fructuosus, 56, 128.
Girumontensis episc. Reparatus, 58, 164.
Giru Tarasi episc. Felicianus, 57, 148.
Gisipenses episc. Carissimus, 55, 107. Redentus, Mellosus, 107.
Gisipensis Majoris episc. Januarius, *ibid.*
Gissitensis episc. Quodvultdeus, 108.
Givirtensis episc. Quodvultdeus, 186.
Glaudi oppidum, 136.
Glorinus Juucensis episc., 58, 163.
Gloriosus episc. Migirpæ, 107.
Goaris Notitia, 117.
Godagis Gentonis filius, 14. An Guntabundus, 265.
Godigisclus Vandalorum rex, 199, 202. Occisus, 194.
Gontharis rex Vandalorum, 202.
Gor episc. Victor, 144.
Gordianus S. Fulgentii avus, 215, 216.
Gorgona insula, 218, 220.
Gothi Romam diripiunt, 97. S. Paulinum vexant, 229. Vandalis affines, 244. Simul Africam vastant, 94.
Graphara urbs, 185.
Grassa locus Africæ, 159.
Gratianenses episc. Bonifacius, 55, 81. Victor, 81.
Gratianopolis episc. Philadelfus, 174.
Gratianus episc. Metensis, 127.
Gratiani basilica Carthag., 108.
Gratianopolitanus episc. Talasius, 59, 174. Publicius, Deuterius, 174.
Gregorii M. libri Dialogorum, an falsus in historiam S. Paulini, 229.
Gregorius episc. Tamamallensis seu Tamallensis, 151.
Gregorius Turon. fallitur in recensendis Vandali regibus, 200. Habuit passiones martyrum Africæ sub Vandalis, 65, 259.
Guaiferius monachus Casinensis, 259.
Gududus episc. Avincensis, seu Aniusensis, seu Anculsensis, 142.
Guillelmus II bonus rex Siciliæ, 262.
Guirensis episc. Lucianus, 120, 121.
Gulosus Beneventensis episc., 55, 103.
Gulosus episc. Puppitanus, 104.

Gummasis episc. Stephanus, 158.
Gummenartarum episc. Sabinianus, *ibid.*
Gummitanus episc. Maximus, 58, 158. Joannes, Anonymus, 158. An Stephanus et Sabinianus, *ibid.*
Gunaitanus, Gunagitanus. *Vide* Gunugi.
Gundericus rex Vandalorum, 194, 199, 202, 249. Ejus mors funesta, 201, 202.
Gunelensis seu Gunelmensis episc. Paschasius, 55, 102.
Guntabundus Vandalorum rex, 265 *seqq.* Genserici Gersone nepos, dictus Godagis, an fuit persecutor, 265. Eugenium ab exsilio revocat, tum cæteros Africæ episcopos, 242. An S. Eugenium exagitaverit? 241. Pacem restituit, 266, 267. Ejus mors, 274.
Guntasius episc. Benefensis, 142.
Gunugitanus episc. Auxilius, 59, 177.
Gurgaitensis episc. Primianus, 58, 158. An Felix a Gurgitibus? 158.
Gurra urbs, 121.

H

Habbensa, seu Habensa urbs, 70.
Habensis episc. Lucius, 70. Adjutor, 260.
Habetdeus episc. conf., 43, 45, 63, 84, 87.
Habetdeus episc. Marazanæ, 150.
Habetdeus an Lunensis episc., 250.
Habetdeus Tamallumensis episc., 57, 151, 152, 250.
Habetdeus Teudalensis episc., 7, 115, 152.
Habetdeus diac. Carthag., 75, 150.
Hæreticorum ecclesiæ catholicis traditæ, 83. Eorum commiseratio rejicienda, 47. Miracula non edunt, 251, 252.
Hamilcar dux, 101.
Haran. Cæltensis episc. Januarius, 162.
Harbir. *Vide* Abbir.
Heldicus præpositus regni, 15.
Helepantaria urbs, 176.
Helias de Majorica episc., 60, 189.
Heliensis. *Vide* Eliensis.
Heliodorus Cufrutensis episc., 58, 154.
Hellada, ibi Genserici persecutio, 12, 72.
Helpidius episc. Aquensis, 167.
Helpidius Tusdritanus episc., 150.
Helpidoforus apostata, 86.
Heoa urbs. *Vide* Oea.
Heraclianus belli dux, 218.
Heraclius conf. Afer, 258, 260.
Heraclius, etc., mart., 260.
Heraclius belli dux, 231.
Heraclius spado, 224.
Herculis pugna, 111.
Hermianensis. *Vide* Ermianensis.
Hermio urbi, 146.
Heruli populi, 194.
Heterius mart., 197.
Hiarba maxitanorum rex, 177.
S. Hieronymus, 47. Presbyter dictus, 96. Ejus ætas et mors, 97. Galliarum cladem plangit, 195. Ejus prologus in quo versus *Tres sunt*, etc., 79.
Hierpinianenses episc. *Vide* Irpinianensis.
Hilarense oppidum, 74.
Hilarinus seu Hilarianus episc. Orreocelensis, 162.
Hilarianus Trofinianensis episc., 57, 147.
Hilarius papa, 240.
Hilarii Pictav. episc. operum codex vetus, 204.
Hilarius mart., 197.
Hilarius episc. Rofet., 130.
Hilarius episc. Sullitanus.
Hildericus rex Vandalorum, 14, 37, 73. Pacem Ecclesiæ Afric. restituit, 287. E regno dejicitur, 288.
Hippacritarum civitas, 101.
Hippon, 147.
Hippa, Diarrytus, 55, 101. Episc. Marianus, 55. Martyr, Petrus, 101. Victor, *ibid.*
Hippo Regius urbs, 102, 116, 124, 139. A Vandalis obsessa, 4. Et diruta, 206. Ejus episcopus S. Augustinus, 4.
Hippzaritensis episc. Marianus, 55, 101.
Hirenensis episc. Tertullianus, 159. Theodorus, *ibid.*
Hirundinis Mysuensis episc., 55, 106.
Hispalis a Vandalis eversa, 201, 202.
Hispaniæ a Vandalis, etc., direptæ, 198, 249. Ibi Genserici persecutio, 12, 227.
Hizirzadensis episc. Vigilius, 56, 129.
Homiliæ, id est tractatus populares, 5.
Honoratus episc., 187.
Honoratus episc. Adquesirensis, 172.
Honoratus Castellanus episc., 56, 117.
Honoratus Fatensis episc., 57, 138.
Honoratus episc. Larensis, 74.

Honoratus Macrianensis episc., 58, 156.
Honoratus episc. Matharensis, 126.
Honoratus Tagaratensis episc., 57, 147.
Honoratus Tagariatanus episc., 57, 147.
Honoratus Tamascaniensis episc., 60, 183.
Honoratus Thigavensis episc., 172, 199.
Honoratus Timicitanus episc., 58, 164.
Honoratus Tiziensis episc., 58, 154.
Honoratus episc. a Tucca, 184.
Honoratus episc. Tusdritanus, 149.
Honoratus Antoninus episc. Constantinæ, 208.
Honoratus Donatista, 163.
Honorati in Africa, 5, 63.
Honoriaci milites, 198 *seq*.
Honoricus. *Vide* Hunericus. Honorius episc., 125.
Honorius episc. Cellensis, 62.
Honorius Aquæ Albensis episc., 59, 180.
Honorius Benepotensis episc., 59, 169.
Honorius Oppennensis episc., 58, 157.
Honorius imp., 97. Ejus nomen pro Hunerico passim legitur, 264.
Hormisdas papa, 279.
Horrea urbs Procons., 180.
Horrensis in Sitif. episc. Victor, 59, 180. Avus, 180. *Vide* Orrea.
Horrea Anninicensis, 180.
Horrea Cælia urbs, 180. Episc. Tenax, Januarius, 162. Hilarinus, *ibid*.
Horrea Orbita, 180.
Hortalanus. *Vide* Hortulanus.
Hortensius Antentesis episc., 58, 160.
Hortolanus, 63. Episc. Benefensis, 83.
Hortulanus Benefensis episc., 57, 83, 142.
Hortulanus episc., 37. An Gensis? 66, 67.
Hospitenses episc. Gedalius, Benenatus, Lucullus, 159.
Hunericus rex, 11, 72. Dicitur Chonoricus, 97. Eudoxiam juniorem ducit, 226. Patri succedit, 12, 206. Ejus edictum pro episc. Carthaginensi eligendo, 13. Pro conventu Carthag., 19. Aliud adversus catholicos, 33. Abutitur legibus imperatorum, 34, 83. Ejus persecutio, 14 *seq*., 34, 61, 233. Ejus crudelitas in episcopos, 36. In cæteros catholicos, 38. Etiam in suos, 40. Moritur, 49, 54, 90, 237, 265. Tunc eclipsis solis fuit, 238.
Hunni Thraciam, etc., devastant, 222.
Hymnus triumphalis, 81.
Hymni nocturni die Epiphaniorum, 21.
Hymni solemnes in sepulturis, 56.

Ibas episc. Edessæ, 217.
Icosii urbis nomen unde sumptum, 171. Episc. Victor, 59, 171. Laurentius, Crescens, 171.
Idacius episc. Lemiscensis, 199. Ipse est auctor librorum contra Varimadum, 213.
Idacius Clarius, *ibid*.
Idassensis urbs, 133. Seu Idacensis, 125. Episc. Adeodatus, 56, 125. Rogatianus, 125.
Idaxius episc. Muzucencis, 148.
Idenses episc. Subitanus, Felicianus, 58, 163.
Idephonsus comes, 243.
Idicræ episc. Palladius, 56, 122. Marcianus, 122, 159.
Martialis, 122, 138. Felix, 122, 176.
Ididi urbs, 142, 163. *Vide* Mididi.
Idiera, Idirensi, 159.
Idonius Rusaditanus episc., 59, 172.
Idutensis urbs, 159.
Igilgili urbs, 180, 182.
Igilgitanum littus, 180.
Igilgitanus episc. Domitianus, 59, 180. Urbicosus, 180.
Illorcum urbs Hispaniæ, 201.
Illustris episc. conf., 277, 278.
Illustris, titulus dignitatis, 4, 13, 35, 62, 83.
Illustrissimi titulus, 63.
Illyricum ab Attila vastatum, 222. Et a Vandalis, 227.
Immolandi locus, 6, 63. Immolatio sacrificii corporis Christi, 285.
Imperatorum legibus Hunericus abutitur, 34, 82.
Imperialia ornamenta a Genserico rapta Romæ, 225. Recuperata, 289.
Indulgentia reconciliationis, 18.
Infans monachus conf., 229.
Infantulus in monasterio nutritus, 56.
Infantuli confessores, 17, 242. Et lectores, 41. Eorum fortitudo, 42.
Infantuli fides mira, 44.
Ingenuus Ubabensis episc., 59, 172.
Innocentius papa, 110.

Innocentius episc. Germaniensis, 137.
Innocentius episc. Lamiggigæ, 138.
Innocentius Muzucensis episc., 57, 148.
Innocentius Thebaltensis episc., 134.
Inscriptio de S. Gaudioso, 256. Sepulcri S. Secundini, 259. Inscriptiones in Sardinia, 281.
Intercessio sanctorum, 58.
Inuca, an urbs cujus episc. Valentinianus? 161.
Inventinus Maronanensis episc., 66, 182.
Ipponizaritensis episc. Donatus, 101.
Ipponte Diarito, *ibid*.
Ira fluvius, 228.
Irenæus episc. ab Ululis, 181.
Irenses episc. Saturus, 58, 159. An Tertullianus? 159.
Irinensis episc. Tertullianus, *ibid*.
Irpinianensis episc. Felix, 57, 151. Barbarus, 151.
Isaac episc. Utinæ, 104.
Istochius monachus conf., 229.
Italiam Gensericus vexat, 227. Confessores Afri illustrant 255 *seqq*.
Itensis Lucius episc., 58, 164, 165.
Izirianensis episc. Felix, 129.

J

Jacobi apost. festum, 89.
Jacobus Lemelefensis episc., 59, 181.
Jacobus Arragoniæ rex, 189.
Jacobi et Mariani acta emendata, 118.
Jacterensis episc. Januarius, 56, 81, 127, 128. *Vide* Zactara.
Jader M. episc. a Midila, 126.
Jambus conf. episc. a Germaniciana, 125, 137.
Jamfuensis. *Vide* Lamfuensis.
Jamiggina. *Vide* Lamiggiga.
Jamsortensis. *Vide* Lamsortensis.
Januarianus episc. Caserinigrensis, 129.
Januarianus episc. Marcultanus, 57, 136.
Januarius episc. et mart., 281.
Januarius episc. conf. 277 *seqq*.
Januarius alius episc. exsul, 279.
Januarius Aquensis episc., 58, 167.
Januarius episc. Aquæ Albensis, 150, 180.
Januarius Aquenensis episc., 145.
Januarius episc. Banensis, 155.
Januarius Beneventi episc., 283. Ejus ecclesia Neapolis, 255.
Januarius episc. Casarum Medianensium, 125.
Januarius episc. Centulianensis, 165.
Januarius Centuriensis episc., 57, 137.
Januarius episc. Centurionensis, 118.
Januarius Flumenpiscensis episc., 181, 182, 184. Mendose dictus Flamen Pistensis, 182.
Januarius episc. Gratianensis, 143.
Januarius Gaurianensis episc., 57, 137.
Januarius episc. Gisipensis Rajoris, 107.
Januarius episc. Haran Celtensis, 162.
Januarius Jacterensis episc., 56, 81, 127.
Januarius episc. Lamasbæ, 139.
Januarius episc. a Lambese, *ibid*.
Januarius Legensis episc., 57, 134, 135.
Januarius episc. Masculitanus, 129, 156.
Januarius episc. Mustitanus, 132.
Januarius episc. Muzulensis, 148.
Januarius Narensis episc., 143.
Januarius Nasbincensis episc., 58, 169.
Januarius episc. Numidensis, 178.
Januarius Tagastensis episc., 57, 140.
Januarius episc. Tubulbacensis, 142.
Januarius episc. Tubursici, 124.
Januarius episc. Tunudensis, 124.
Januarius Valesitanus episc., 56, 130, 134.
Januarius episc. Vici Cæsaris, 125.
Januarius Zattarensis episc., 33, 81. Seu Zoctarensis, 128.
Jerafitanus episc. Victor, 59, 181.
Jerosolymitana vasa diripit Gensericus, 225. Recuperat Justinianus, 289.
Joannes papa, CP. venit, 61. Ravennæ obiit, *ibid*.
Joannes II papa, 292.
Joannes Bulensium Regio episc., 56, 114.
Joannes episc. Gummitanus, 158.
Joannes archimandrita, 279.
Joannes monachus, 7.
Joannes monachus Scytha et alter Joannes scribunt ad episcopos Byzac. exsules, 279.
Joakim regis mors, 90.

Jocundus lector et mart., 196.
Jocundus episc. Subferulensis, 144.
Jocundus patriarcha Vandalorum, 14, 15.
Jocundus presb. Arianus, 10.
Jol urbs, 125. Seu Cæsarea M., 166.
Jona Lapdensis episc., 55, 106.
Jubæ regia urbs Cæsarea, 166.
Jubalidiensis episc. Restitutus, 161.
Jubaltianensis episc. Eusebius, 58, 161. Geta, an Restitutus? 161.
Jubeclidiensis episc. Restitutus, *ibid.*
Judices provinciarum, 56.
Jughurta rex, 153.
Jugurensis episc. Donatus, 134.
Julia virgo et mart., 218. Ejus passio, 219.
Julia Cæsarea, 125.
Julianus martyr, 74, 268.
Julianus martyr, 256.
Julianus episc., 125, 126.
Julianus episc. Antiochiæ, 240.
Julianus episc. a Marcelliana, 128. Non a Masclianis, 142.
Julianus episc. Midlensis, 127.
Julianus episc. Ruspensis, 160.
Julianus episc. Senepsalitanarum, 105.
Julianus episc. Tasfaltensis, 154.
Julianus episc. a Telepte, 156.
Julianus Vararitanus episc., 58, 155.
Julius papa, 76.
Julius Vagarmelitanus episc., 57, 138.
Juncensis in Maur. Cæsar. episc. Glorinus, 58, 163.
Juncensis in Byzac. episc. Tertullus, 58, 161. An Numidius? 161. An Valentinianus? *ibid.*
Juncensis synodus, 161, 278, 288.
Juncense littus, 142.
Junianus episc. Lamiggigæ, 138.
Junianus episc. Simiuensis, 113.
Junior episc. Tigillabensis, 56, 126.
Junius episc. Neapolis in Africa, 110.
Jurare an liceat? 57.
Juramentum super corpus et sanguinem Christi, 40, 86.
Jurata episc. Turre Tamallumensis, 151.
Juricitanus episc. Mansuetus, 63.
Justiniani imp. codex promulgatur, 61. Visione monitus Vandalos aggreditur, 77. Ob recuperatam Africam gratias agit, 290. Bona ecclesiæ a Vandalis rapta restituit, 290. Urbes et ecclesias in Africa construit, 291.
Justini Senior imp., 289.
Justini episc. Bonifacius, 141, 148.
Justus Acufidensis episc., 60, 185.
Justus episc. Formensis, 138.
Justus episc. Nicibensis, 120.
Justus episc. Volaterranus, 280.
Justus, etc., mart., 260.
Juventinus episc. Marovaniensis, 182.

K

Kasulis urbs Africæ, 153.

L

Labdensis urbs, 171. Episc. Rufinus, 106.
Lætus episc. et mart., 22, 77. Neptitanus, 57, 143, 237, 238.
Lamasba, 141. Episc. Secundinus, 57, 139. Avitus, Januarius, Pusillus, 139.
Lambese urbs, 120, 123, 130, 134, 135. Episc. Januarius, 139.
Lambiensis episc. Felix, 125.
Lambrese, seu Lambridia urbs, 123.
Lamfactum, 182. A Lamfua distinguendum, 135.
Lamfua urbs, 182. Episc. Maximus, 57, 135. Safargius, Pontius, 135.
Lamigensis episc. Argentius, 138.
Lamiggiga, duæ urbes hujus nominis, 138. Episc. Maximus, 57, 137. Innocentius, Junianus, Recargentius, 138. Cardelus, 57, 141. An Argentius? 138.
Lampadius episc. Tisiditanus, 124.
Lampua. *Vide* Lamfua.
Lamsortensis episc. Felix, 56, 124. Antonianus seu Antonius, Florentius, 124.
Lamviritani episc. Benenatus, 56, 125. Crescentilianus, 125.
Laodicius episc. Clypeæ, 111.
Lapdensis episc. Jona, 55, 166. Rufinus, Victor, 106.
Lapidiensis episc. Restitutus, 106. Seu Restutus, 171, 59.

Lapsi quomodo recipiendi, 266.
Larensis urbs, 16, 17, 74. Episc. Vitulus, Victorius, Honoratus, 74. An Paulus? *ibid.*
Laritensis episc. Restitutus, 74.
Latinus episc. Mugiensis, 114, 138.
Latonius episc. Tenitanus, 147.
Laudia urbs, 171.
Laudunum urbs, 197.
Laurentius episc. Icositanus, 171.
Laurentius episc. Usilabis, 151.
Laurentius monachus Casinensis, 263.
Lectioni S. Julia vacat, 218.
Lector martyr, 10, 70.
Lectores infantuli, 41, 242.
Legenses episc. Januarius, 57, 134, 135. Dacianus, 134, 139. Cresconius, 134.
Legiensis episc. Victorinus, 56, 134. *Vide* Legensis.
Legitima quæstio, 201.
Lemelefensis episc. Jacobus, 59, 181.
Lemellense castellum, 181. Episc. Primosus, *ibid.*
Lemfoctæ episc. Vindemius, 60, 124, 181.
Lemicensis episc. Idacius, 199.
Leo M. papa, 223. Vetat baptismum in Epiphania, 77. Ejus precibus mitius agit Genséricus, 224 *seqq.* Ejus sermo de liberatione Urbis a Genserico, 225.
Leo IX papa Carthaginensem primatem tuetur, 158.
Leo episc. Moptensis, 129, 185.
Leo Oppinensis episc., 139, 185. Seu Ospinensis, 157, 185.
Leo Sabaratensis episc., 60, 186.
Leo imp. 98. Vandalos aggreditur, 231. Infauste, *ibid.*
Leontia conf., 59, 84.
Leontius Burcensis episc., 56, 118.
Leontius Decorianensis episc., 57, 143.
Leontius episc. Mutecitanus seu Musertitanus, 173.
Leontius episc. Præfidiensis, 136.
Leontius episc. Rusticianensis, 130.
Leontius monachus Scytha, 279.
Leositana urbs ficta, 171.
Leges latæ pro barbaris, 8.
Legibus imp. Hunericus abutitur, 34, 82.
Leporius Augurensis episc., 56, 126.
Leporius presb., 96, 158, 167.
Leptis, 159. Episc. Criscintinus, 147.
Leptis, pro Leptis Magna, 186.
Leptis Magna, 147, 152, 291. Severi Augusti patria, 186, 290. A Justiniano restituitur, 290. An ex tribus urbibus constabat, 285. Episc. Calipides, 60, 185. Victorinus, Salvianus, 186. D:oga, 187.
Leptis Minor urbs, 146, 150, 185. Seu Leptis parva, 107. Episc. Fortunatianus, 57, 147. Demetrius, 147. Romanus, Victorinus, 186.
Leptitani populi, 153.
Leradus urbs, 165.
Lesbi urbs, 181.
Lesvitani episc. Vadlus, 59, 181. Romanus, 181.
Liberalis episc. Midiliensis, 142.
Liberatus Byzacenæ primas, 158, 279.
Liberatus Amudarsensis episc., 57, 141.
Liberatus Aquarum Regiarum episc., 58, 157.
Liberatus Mullitanus episc., 55, 103.
Liberatus abbas mart., 43, 49 *seq.*, 55, 56, 96.
Liberatus diac. Carthag., 292.
Liberatus medicus conf., 44, 88.
Libosus episc. a Vaga, 119.
Libros Genséricus sacerdotibus tollit, 9.
Licentius episc. Zattaræ, 128.
Ligula, littus Maxilitanum, 5, 65.
Lilybætanus episc. Paschasinus, 60, 221.
Limatæ episc. Purpurius, 149.
Limes Bidensis, 175. Caput Cilensis, 168. Macomadiensis, 153. Columnatensis, 165. Muticinatus, 173. Tablatensis, 171. Teuchitanus, 156. Tripolitanus, 183. Tubusubulitanus, 180.
Linguæ incisio mors est, 234.
Lingonensis episc. Desiderius mart., 197, 198.
Lirinensis insula a Genserico non vastata fuit, 231.
Litorius episc. Suavensis, an Sugunensis? 137.
Littæus episc. a Gemellis, 185.
Λογιώτατοις confessores, 235.
Longinus episc., 245.
Longinus Pamariensis episc., 58, 169, 244.
Lotharius rex, 243.
Lo:ophagites insula, 186.
Lucania, ibi Genserici persecutio, 12.
Lucianus episc. Burugiatensis, 118.
Lucianus episc. Guirensis, 120.

Lucidus Cartennitanus episc., 59, 109.
Lucidus episc. Marcellianæ, 128, 143.
Lucifer senior episc. Calaris, an sanctus? 188.
Lucifer alter Calaritanus episc., 10, 188.
Lucius mart., 74.
Lucius item mart., 268.
Lucius alter mart., 269.
Lucius episc. ab Husava, 182.
Lucius episc. a Castro Galba, 126.
Lucius episc. Habensis, 70.
Lucius episc. Itensis, 59, 164, 165.
Lucius Maturbensis episc., 59, 175.
Lucius confessor, episc. a Membresa, 103.
Lucius episc. Tagarate, 113.
Lucius episc. Tamallensis, 151.
Lucius Tamazucensis episc., 59, 178.
Lucius episc. a Thebeste, 133.
Lucius episc. Zabensis, 132.
Lucullus episc. Hospitensis, 159
Ludovicus episc. et mart., 281.
Ludovicus de Ambesia episc. Albiensis, 244.
Ludovicus rex, Lotharii filius, 243.
Lugdunensis provincia, 194.
Lugduuum clavatum urbs, 197.
Lugurensis episc. Donatus, 55, 134.
Luitprandus Langobardorum rex, 285.
Lunensis episc. an Habetdeus? 250
Lupus Tricassinus episc. 60, 98.
Lusitania a Suevis occupata, 200.

M

Macarius de Minorica episc. 60, 188.
Mathinus episc. Calaritanus, 159
Maclianenses episc. Bonifacius, 57, 142. Plutianus, an Tulianus? 142, 143. An Numidus? 143.
Macomades, tres urbes in Africa, 134, 155.
Macomades syrtis, 153.
Macomades minores, 134, 135.
Macomadiensis in Numidia episc. Pardalius, 56, 134. Sallustius, Proficentius, Cassius, Donatus, 135. Aurelius, 122, 123, 135, 167.
Macomadia Rusticiana, 130. Episc. Proficentius, 135.
Macomadiensis limes, 135.
Macri urbs, 181, 184. Huc conf. relegati, 237.
Macrenses episc. Emeritus, 59, 181. Maximus, 181.
Macrianense concilium, 156.
Macrianenses episc. Silvanus, Felix, ibid.
Macrianenses in Byzac. episc. Honoratus, 58, 156.
Macrianensis Majoris episc. Ferox, Pomponius, 156.
Macrianensis in Sitif. episc. Restutus, 60, 182.
Macrini imp. patria, 174.
Mactaritani episc. Adelfius, 57, 143. Marcus, 145, 150. Comparator, 143. Vide Mattari.
Madassuma urbs, 58, 162. Episc. Primulianus, 162.
Madaura, 130. Apuleii patria, 130. Ibi studet Augustinus, ibid. A Quidia distinguenda, ibid. Episc. Pudentius, 56, 130. Antigonus, Placentinus, Donatus, 130.
Madaurenses martyres, 130.
Maddanius Murconensis episc., 59, 177.
Madensis urbs. 114. Et limes, 126. Episc. Petrus, 56, 126.
Magalia, 10, 71.
Magarmeditanus episc. Julius, Felix, 138. Secundus seu Secundinus, 138.
Magontiacum a barbaris excisum, 194.
Magri urbs, 181.
Majorianus Vandalos fugat, 227. Ejus laudes, in Africam transit, moritur, 228.
Majorica insula, 5. Regnum, 189. Episc. Helias, 60, 189. Ibi fides cum episcopatu restituta, 189.
Majoricus martyr, 38, 84, 229.
Majorus martyr, 229.
Majus episc. Amudarsæ, 141.
Malchus episc. Masculitanus, 136.
Malianenses episc. Victor, Optatus, 164.
Malliana urbs, 175.
Mamida urbs, 174.
Mamilla urbs, ibid.
Mamma regio, ibid.
Mamma urbs, ibid.
Mammarius et socii mart. an Vagenses? 120.
Mammarius martyr, ibid.
Mamuillensis episc. Paschasius, 59, 174. Victor, Serenianus, 174.
Mamouilianus presb., 229.
Mana censeritanus episc. Victor, 59, 174.
Mandasumitanus episc. Primulianus, 162.

Mandracium portus, 291.
Mangentius Ticualtensis episc., 58, 159.
Manichæi ab Hunerico vexati, 12.
Mannucius Duassedemsai episc., 55, 105.
Mansuetus Afufeniensis episc., 57, 142. Confessor, 21, 77.
Mansuetus episc. Uricitanus mart., 4, 63, 106.
Mantuæ episc. Priscus, 261.
Mappalia locus, 5.
Mappaliensis ecclesia, 125.
Maracinus episc. exsul, 280.
Maraggaræ episc. Maximinus, 56, 113. Vide Naraggara.
Maraguiensis episc. Bonifacius, 58, 155.
Marazana, 135. Episc. Vindicianus, 57, 150. Felix Eunomius, Habetdeus, 150. An Saturinus? ibid.
Morazanense concilium, ibid.
Marcellianæ episc. Julianus, Lucidus, 128, 142.
Marcellianus dux, 219, 231.
Marcellinæ episc. Julianus, 128.
Marcellinus episc. Castelli Sinitensis, 131.
Marcellinus episc. Mullitanus, 103.
Marcellinus Tasbaltensis episc., 58, 154.
Marcellinus Vagrautensis episc., 57, 155.
Marcellinus Vandalos fudit, 232.
Marcellus martyr, 282.
Marchia Tarvisina, 215.
Marcianus episc. Culusitanus, 110.
Marcianus episc. Eminentianensis, 181.
Marcianus episc. Idicrensis, seu Idierensis, aut Idurensis, 122, 159.
Marcianus episc. Sitifensis, 179.
Marcianus episc. Tabaicarensis, 177. Vide Martianus.
Marcianus imp., 98. Ipsi imperium præsagitur, 203. Adversus Vandalos exercitum paravit, 226.
Marculus Donatista, 129.
Marcus confess. Afer, 261.
Marcus Bovini episc., ibid.
Marcus Ecanæ episc., ibid.
Marcus episc. a Mactari, 145. Seu Mattari, 150.
Masculitanus episc. Januarianus, 57, 136. Vide Mascula
Mardarsuma urbs, 162.
Margarita insula, 220.
Margarum urbs, 114.
Mariæ puellæ fortuna, 217.
Marianus Hippzaritensis episc., 55, 101.
Marianus episc. Rufinianensis, 157.
Marianus episc. Tulliensis, 138.
Marianus episc. Utzipparitanus, 113.
Marianus episc. Oeusis, 187.
Marinianus Donatista, 165.
Marinus episc. ab Aquis Tibilitanis, 131.
Marinus episc. Tahorensis, 165.
Marivadus diac. Arianus, 11, 72, 213.
Maronanensis episc. Inventinus, 60. Seu Juventinus Marovanensis, 182.
Maronensis urbs, 182.
Marrazonæ episc. Felix, 150.
Marrensis episc. Crescentianus, 179.
Martaritanus episc. Victor, 150.
Martialis Columpnatensis episc., 58, 165.
Martialis Girensis episc., 55, 120.
Martialis episc. Idicrensis, 122, 138.
Martianus mart., 69.
Martianus alter mart., 270.
Martianus episc. Affabensis, 182.
Martianus Murustagensis episc., 58, 167.
Martianus episc. Sullectinus, 158. Vide Marcianus.
Martinianus mart., 8, 68, 69.
Martinianus de Foru Trojani episc., 60, 188.
Martinus episc. Siccesitanus, 174.
Martinus episc. Taborensis, 165.
Martyr qui dicendus? 244.
Martyr quidam tormenta non sentit, 210.
Martyres sub Vandalis in Gallia, 196, 197. Lingonibus, 197, 198. Remis., 196.
Martyr puella in Hispania, 200.
Martyres plurimi sub Genserico, 8, 10, 212
Martyres et confessores in Africa, sub Hunerico, 14, 18, 19, 242.
Martyres 300 in Africa, 235.
Martyres 366, 197.
Martyres 7 monachi, 43. An capitani dicti? 52.
Martyres Afri falso ad Vandalorum persecutionem revocati, 230, 268.
Martyres Bolitani seu Volitani, 108.
Martyres Carterienses, 170.
Martyres Gulusitani, 39, 110.
Martyres Madaurenses, 130.

Martyres Maxulitani, 109.
Martyres Scillitani, 129.
Martyres Suburbitæ, 167.
Martyres Suffectani, 144.
Martyres Tambaienses, 40.
Martyres Timidenses, 112.
Martyres Tuburbitanæ, 115.
Martyres Vagenses, an Mammarius, et socii, 120.
Martyritanus episc. Victor, 150.
Martyrium peccata purgat, 208.
Martyrius episc. Antiochiæ, 240.
Martyrum reliquiæ, 195. Miraculo servatæ, 56. In thecis expositæ, 256. Veneranter tractatæ, 51.
Martyrum multa millia, 248.
Mascezel prælium commissurus Eucharistiam recipit, 221.
Mascula urbs, 72. Episc. Januarianus, Malchus, Vitalis, Clarus confessor, Donatus, 136. Januarius, 129, 136.
Masculanus an confessor, aut minus, 11, 72.
Massanissa rex Numidiæ, 147.
Massimanensis episc. Possidius, 57, 148.
Massinissenses gens Africæ, 182.
Massylæ episc. Numidius, 143. *Vide* Maxula.
Masuccabensis episc. Passinatus, 58, 169.
Mata urbs Africæ, 127.
Matarianensis episc. Peregrinus, 58, 158.
Matharenses episc. Felix, 56, 126. Honoratus, 126.
Mattaritanum oppidum, 145. Episc. Adelfius, 57, 150. Cultasius, an Marcus? an Victor ? 150.
Mattasius Castellii Abaritanus episc., 59, 172.
Matterense oppidum, 145, 150.
Matthæus Armenus, 117.
Maturbensis episc. Lucius, 59, 176.
Maturianus mart., 69.
Maurensis urbs, 179.
Maurentius episc. Tubursici, 124.
Maurianensis episc. Secundus, 59, 175.
Mauritania an civitas sic dicta, 66.
Mauritaniæ duæ, 222. Prima, et secunda, 146. Una sub Justiniano, 290.
Mauritaniæ Cæsariensis episc., 58, 165.
Mauritania Cyrenensis, 164.
Mauritania Gaditana, 70.
Mauritaniæ Sitifensis episc., 59, 179.
Mauritania Tingitana, 222, 290.
Maurus cartennæ episc., 169.
Mauri gentiles, 54. Vandalis sese jungunt, 227. Trasamundum fugant, 286.
Mauri pacati, 291. Godahitani, *ibid.*
Maurus, etc., mart., 260.
Mauritanus mart., 69.
Maurivadus Arianus, 72.
Maxensis urbs, 148. Episc. Rufianus, 114.
Maxentius Tigamibenensis episc., 58, 168.
Maxibitarium littus, 5, 15.
Maxima virgo, ejus confessio, 8, 9, 69.
Maxima, et sociæ mart., 115.
Maximianensis in Byzac. episc. Possidius, 148. An Bonifacius ? *ibid.*
Maximianensis in Numidia episc. Donatus, 57, 140.
Maximianus episc. Aquensis seu Aquensium Regiorum, 157.
Maximianus conf. episc. Bagaiæ, 110.
Maximianus episc. Bennefensis, 142.
Maximianus episc. Hermianensis, 146.
Maximianus episc. Serteitanus, 182.
Maximianus episc. Pudentianæ, 127.
Maximianus episc. Turensis, 145.
Maximianus episc. Zugabbaritanus seu Suboabburitensis, 166. Suburbitanus, 167.
Maximianus caput sectæ Donatist., 152.
Maximiensis episc. Bonifacius, 141, 148.
Maximinus Marggaritanus episc., 56, 113.
Maximinus episc. Sufetanus, 144.
Maximius episc. Tuburbii Minori-, 115.
Maximinus episc. Turreblandensis, seu Turreblansis, 159.
Maximinus episc. Uzabirensis, 148.
Maximinus Arianus in Sicilia, 221.
Maximus martyr, 169.
Maximus Coviensis episc., 59, 179.
Maximus Gummitanus episc., 58, 158.
Maximus Lamfuensis episc., 57, 155.
Maximus Lamiggigensis episc., 57, 137.
Maximus episc. Macrensis, 181.
Maximus Sillitanus episc., 56, 128.
Maximus episc. Suensis, 185.
Maximus Thugusubditanus episc., 59, 180.

Maximus Tuscamensis episc., 59, 177.
Maximus mart. monachus, 269.
Maximus monachus mart., 43. Puer, 49 *seqq.* 85. Ejus fortitudo, 56.
Maximus Grammaticus, 130.
Maximus tyrannus, 224. Occiditur, 225.
Maxitanorum rex Hiarba, 177.
Maxitensis episc. Felix, 59, 177.
Maxoritanus episc. Domninus, 133.
Maxula urbs, 68, 109. Episc. Carcadius, 55, 109. Numidius triplex, Felix, 109. Item numidius, 143.
Maxulitani martyr, 109.
Mazarenses episc. Benenatus, 56, 131. Apronianus, 134.
Mazenses episc. Rufinus, Rufinianus, 114.
Mazices populi, 177.
Mazuccabensis episc. Passinatus, 169.
Medefessa. *Vide* Menefessa.
Medianæ Zabuniorum episc. Donatus, 145.
Medianensis episc. Antacius, 57, 125, 175. Seu Autacius, 145.
Mediani Castelli episc. Valentinus, *ibid.*
Medianum munimentum, 175.
Ad Medias, locus Africæ, 169.
Mediensis episc. Æmilius, 59, 169.
Mediolani episc. Petrus Oldradus, 285.
Meditlitanus episc. Eubodius, 142.
Meensis urbs, 67.
Megalius Calamensis episc., 116.
Megalopolis an in Africa? 111, 112.
Megalopolis. *Vide* Meglapolis.
Megarmitanos episc. Secundus, 167. Seu Secundinus 158.
Megesela, 129. *Vide* Vegesela.
Meglapolis episc. Coronius, 55, 112. Romanus, 112. Reparatus, *ibid.*
Meleum urbs, 118, 158.
Melicbuza urbs, 182.
Melior Fossalensis episc., 56, 124.
Mellosus episc. Bulleriensis, 115.
Mellosus episc. Gisipensis, 107.
Memblosæ episc. Theasius, 102, 103. An Bonifacius ? *ibid.*
Membressæ episc. Gennadius, 102, 103. Restitutus, Salvius, *ibid.* An Bonifacius? 103. Victor, *ibid.* Paschasius, *ibid.* Confessor Lucius, *ibid.*
Membrisca, *ibid.*
Membrone. *Vide* Memblosa.
Membrositanus episc. Bonifacius, 55, 103.
Memoriæ ædes Carthagine, 4, 56, 63.
Mendacii horror in Firmo Tagastensi, 140.
Menefes, seu Meneges urbs, 129, 152. Episc. Servus, 57, 152. Mensuarius. 152.
Menica insula. *Vide* Minorica.
Menius insula, 187.
Mensius Alamilariensis episc., 58, 168.
Mensius Turrensis episc., 57, 148.
Mensor Formensis episc., 57, 138.
Mensurius episc. Medefessitanus, 152.
Mercurialis Thænit., 146.
Messianus episc. Seleucianensis, 140.
Metcun Rusucurritanus episc., 59, 170.
Metenses seu Merenses episc. Felicianus, 56, 127. Gratianus, 127. Fortunatianus, *ibid.*
Metropolitani an dicebantur in Africa? 66. Ibi metropolitanus Aquitaniæ, 6. Cæsariensis, 166. Cirta metropolis, 134.
Metus episc. Tuccanensis, 184. Seu Toccanensis, seu Caunensis, 116, 184.
Mexentius rex crudelis, 47, 88.
Mididi oppidum, 165. Episc. Eubodius, 57, 142. An Liberalis? 142.
Miditæ episc. Florentianus, 58, 83, 126. Martyr Joder, Julianus, an Serenianus? 126, 127. Liberalis, 142.
Meditensis episc. Serenianus, 126, 127, 142, 144.
Miggin episc. ab Elefantaria, 176.
Miggin episc. Vagalitanus, 118.
Migirpæ episc. Pascasius, 55, 107. Primus, seu Felix, Victor, Gloriosus, Titus, seu Tutus, 107.
Milevitanæ synodi, 140.
Milevitani episc. Benenatus, 106, 140. Optatus, Adeodatus, 140, 184. Severus, 140.
Mileum urbs an alia a Milevi, 140.
Milia urbs, 159.
Milianensis episc. Patera, 58, 164. An Victor et Nestorius? 164.
Milicus episc. Tagamutensis, 144, 177.
Millenarii, qui apud Vandalos? 8, 69.
Millenorum præfecti apud Vandalos, 62.

Mimianensis, seu Miminensis episc. Secundianus, 58, 55.
Minensis episc. Secundinus, seu Secundus, 169.
Mindonius conf., 262.
Mingin Nobensis episc., 59, 165, 175.
Ministeria divina, 9.
Miuna villa Marsi, 169.
Minnensis episc. Cæcilius, 59, 169. Secundus seu Secundinus, 169.
Minorica insula, 5. Episc. Macarius, 60, 188. Severus, 189.
Mirandulæ corpus S. Possidonii, 264.
Miricianensis episc. Saturinus, 150, 155.
Miririta. *Vide* Muritta.
Miritana urbs, 88.
Misgirpa. *Vide* Migirpa.
Missæ sacrificium, 65.
Missas agere, 13, 19.
Missæ publicæ, matutinales, quadragesimales, de defunctis, 81.
Missor Numidiæ primas, 286.
Missuæ episc. Hirundinus, 55, 106. Servusdei, 106.
Misulani civitas, 148.
Mitetana, seu Mizeitana urbs, 88.
Moctensis urbs, 183. Episc. Leo, *ibid.*
Modulensis. *Vide* Muzulensis.
Molicunzensis episc. Romanus, 60, 182.
Monachi, sancti Dei, 215. Tonsi erant ad cutem, *ibid.* Ordinati nomine ordinis appellabantur, 96.
Monachi 7 martyres, 42, 43, 49 *seqq.*, 55. An capitani dicti, 52. Eorum passio, 54. Ex iis infantulus, 56.
Monasterium S. Agnelli Neapoli, 255. S. Albani Moguntiæ, 264. Baccense, 140. Brixiæ, 218. Cœlum Aureum, 283. Caprariæ insulæ, 221. Capsensis territorii, 50, 55. Carthagine prope basilicam Celerinæ, 51. Biguæ dictum, 56. Ibidem alterum a Justiniano ædificatum, 291 Dominicanorum B. M. de Sanitate, Neapoli, 255. Fausti quo se Fulgentius recepit, 255, 267. Felicis abbatis, 267. S. Fulgentii in Byzacena, 142. In Sardinia ab eodem conditum, 255. Calari, 285. S. Gaudiosi Neapoli, 255. Gorgonæ insulæ, 220. Juncense, 161. S. Maximæ, 8. Præcisu, 150, 158. Ruspense, 276. Tabracenum, 8. Viancii a S. Eugenio constructum, 255.
Monasteria Africæ, 48. Virorum et puellarum, 54. Passim a confessoribus Afris constructa, 255.
Monasteriorum privilegia, 81, 140, 158.
Monasticæ vitæ professio ornat dignitatem pontificis, 276.
Monnulus episc. a Girba, 186.
Montanus episc. Cathauguritensis, 126.
Montanus Cedamusensis episc., 60, 182.
Montenses episc. Valentianus, 56, 125. Donatianus, 125.
Montis Regalis ecclesia metropol. a Benedictinis possessa, 262, 263.
Mopti municipium, 183. Episc. Leo, Felix, 129, 183.
Morini extremi hominum, 194.
Maxoritanus episc. Domninus, 57, 133.
Moroteoritanus episc. Fortunatus, 158.
Mortui. *Vide* Defuncti.
Mezotcoritanus episc. Fortunatus, 58, 158.
Mozotensis episc. Villaticus, 60, 183.
Mubsi urbs, 132.
Mugensis episc. Rufinianus, 114. Latinus, *ibid.*
Mugiensis episc. Latinus, 158.
Muguis locus in Num dia, 118.
Muliensis episc. Peregrinus, 57, 138.
Mulieris fides mira, 17. 44.
Mullitani episc. Liberatus, 55, 105. Candorius, Marcellinus, Segetius, 105.
Municipium urbs, 183. Episc. Victor, 56, 129.
Muranus episc. Bolitanus, 108.
Murconensis episc. Maddanius, 59, 176. *Vide* Nurconensis.
Murensis episc. Crescentianus, 179.
Muritta diac. Carthag. conf., 41, 56, 86, 87, 212, 248.
Murustagensis episc. Martianus, 58, 167.
Musertitanus episc. Leontius, 173. An Cresconius? 132, 173.
Mussubio Horreta, 180.
Musti urbe, 132.
Mustensis episc. Rufinianus, 114.
Mustitani in Proconsul. episc. Januarius, 132. Victorius, 114, 143.
Mustitani in Numidia episc. Antonianus, 56, 114, 132. Victorianus Felicianus, 132, 143. Januarius, 132. Cresconius, 132, 173.
Mustitani populi, 132.
Mustulus episc. Uzalensis, 102.
Musula urbs, 114.

Mutecitanus episc. Quintasius, 59, 173. An Leontius Cresconius, 173.
Muticitanus limes, 173.
Mutigensis episc. Rusticianus, 114.
Mutus lingua ob fidem excisa loquitur, 234.
Muzua urbs, 106, 148. Episc. Felix, 56, 114. Rufinianus, 114.
Muzubensis episc. Rufinianus, *ibid.*
Muzuences episc. Rufianus, 114. Innocentius, 57, 148. Restitutus, Idaxius, an Januarius? 148.
Muzucha, 148.
Muzulanorum gens, *ibid.*
Muzulensis episc. Januarius, *ibid.*
Muzutensis episc. Rufinianus, 114.
Mysteria divina celebrata. 6, 17, 40.
Mysteria, id est missa, 33, 81.
Myzentina civitas, 45, 88.

N

Nabades natio, 179.
Nabalensis urbs, 59, 179.
Nahor episc. Centurionensis, 118.
Nadagora, 114. *Vide* Naraggara.
Nados episc. Sabraiensis, 186.
Najurica insula, 189.
Naroccatensis episc. Columbus, 137.
Naraggara urbs, 68, 113, 140. Episc. Faustinus, Victorinus, Benenatus, 113, 114. Maximinus, 56, 113.
Naratcatensis episc. Fortunatianus, 57, 137. Columbus, 137.
Narbonensis provincia, 194.
Narenses episc. Victor, 57, 143. Januarius, 143.
Nasbincensis episc. Januarius, 58, 169.
Natalicus episc. Telensis, 105.
Natalicus episc. Zellensis, 105, 151.
Natalis episc. Oeensis, 187.
Nationenses episc. Pirasius, 58, 156. Faustinus, 156.
Navigense territorium, 214.
Navigius episc. Dydritanus, seu Tusdritanus, 149.
Neapolis in Africa Proc. episc. Clementinus, 55, 110. Junius, Fortunatianus, 110. Ampelius, *ibid.*
Neapolis in Campania, 5, 254. Episc. Nostrianus, Tirrasius, 255.
Neapolis urbs Tripolitanæ, 185, 186.
Nebbiensis urbs, 248. An ejus episc. Florentius? *ibid.*
Nebbitanus episc. Quodvultdeus, 120, 143.
Neapolis. *Vide* Meglapolis.
Nemesianus episc. a Thuburis, 133.
Nemete urbs, 194.
Neptitanus episc. Lætus, 57, 143, 237.
Nero mala bestia, 84.
Nibensis urbs alia a Nobensi, 175. Episc. Paulus, 56, 120, 175.
Nicasius episc. Culusitanus, 109.
Nicasius mart. episc. Remensis, 196.
Nicasius an Donatista? 90.
Nicellus episc. Rusurrensis, 170.
Nicetius Castellominoritanus episc., 58.
Nicibensis episc. Justus, 120.
Nicodemes episc. a Segermis, 159.
Nippis, huc conf. relegati, 237.
Nissua urbs, 106.
Nivellus episc. Ruscuriensis, 170.
Nobensis episc. Verecundus, 58, 165, 175. Felix, Rogatianus, 165.
Nobensis item episc. Mingin, 59, 165, 175. Alterutrius Felix et Rogatianus, 165. An Paulus? 175.
Nobabarbarensis episc. Adeodatus, 56, 125.
Nobagermaniensis episc. Florentius, 56, 125, 137.
Nobas Fusciani urbs, 120.
Nobalicianensis episc. Redux, 181.
Nobasinæ episc. Candidus, 56, 127. *Vide* Novasina.
Nobasparsensis episc. Felix, 56, 127.
Nobicensis episc. Donatus, 58, 164.
Nolæ episc. Paulinus, 229.
Nostrianus episc. Neapolis, 255.
Notarius Cyrillæ, 40. Regis, 13, 20. In conventu Carthag., 22.
Notitia Africana, 62 *seqq.*, 84. Illustratur, 99 *seq.*
Notitia Leonis Sapientis Imp., 117. Bodleiana dicta, *ibid.*
Notkerus describit Martyrium SS. VII monachorum, 50
Novæ Germaniæ seniores, 125.
Nova-Liciana urbs, 181.
Nova-Petra, 185.
Novasinæ episc. Candidus, 56, 127. Restitutus, 127, 156. Felix, 127, 181.

Nova-Sparsa urbs, 185.
Novarum basilica Carthag., 67. Seu Novorum, *ibid.*
Novatianus schismaticus, 86.
Novatus episc. Africanus exsul., 207. An Sitifensis? *ibid.*
Novatus episc. Sitifensis, 127, 145, 179, 207.
Novatus a Tamugade episc., 133.
Novem populi a Barbaris vastati, 194.
Novitates expugnandæ, 206.
Numerianus episc. Rusguniensis, 171.
Numidenses episc. Victor, 59, 178. Januarius, 178.
Numidiæ episc. Columbus, 136.
Numidia provincia Africæ, 5, 222, 290. Episcopi, 56, 16. Primas Missor., 286.
Numidius, et alter Numidius episc. Masculitani, 109.
Numidius Massylitanus episc., 109, 145.
Numidius episc. Sostanæ-juncis, 161.
Nundinæ Ægarum, 217.
Nundricus Hunericus, 72.
Nura in Sardinia, 152.
Nurconensis episc. Auxilius, 177. An Maddanius? *ibid.*

O

Obadus præpositus, 76.
Obbitani episc. Eusebius, 59, 170, 171. Felicissimus Valerianus, Paulus conf., 171.
Oblatio ad altare, 21.
Oberitana urbs Maurit. Cæsar., 59, 179. Episc. Petrus, 59, 175.
Ocea urbs. *Vide* Oea.
Octabensis in Byz. episc. Albinus, 57, 126, 148.
Octabensis in Numid. episc. Pascentius, 56, 126, 145.
Octabiensis episc. Sabinicus, 57, 226. Seu Sabinianus, 145.
Octavensis locus Africæ, 126.
Octavi episc. Victor, *ibid.*
Octavianus episc. Ressanensis, 126, 159.
Octavianus episc. Ucimajus, 64.
Octavianus archidiaconus Carthag., 244, 248.
Octavianus Afer exsul, 280.
Octavius episc. Utimminensis, 204. An Utinunensis, *ibid.*
Odoacer Italiæ rex, 65.
Oea urbs, 66, 185. Episc. Cresconius, 7, 60, 66, 67, 187. Natalis Marinianus, 187.
Oldradus episc. Mediolani, 283.
Olybrius, 12. Placidiam ducit, 226. Ipsi ad imperium Anthemius prælatus, 232.
Ὁμοούσιον, 25, 34, 35.
Omousiani, id est catholici, 19, 34, 35.
Onesimus Fidoromensis episc., 58, 169.
Oppidum Novum, 166, 172. Opilio episc. de Evuso, 60, 64, 189.
Oppennensis episc. Honorius, 58, 157.
Oppidonebensis episc. Benantius, 59, 172.
Oppinum urbs, 139. Episc. Leo, 139, 157, 183.
Optantius Casensicalanensis episc., 56, 127.
Optatus episc. Autentensis, 160.
Optatus episc. Malianensis, 164.
Optatus episc. Milevitanus, 140.
Optatus episc. Rusuccuritanus, 170.
Optatus episc. Sitifi, 280.
Optatus episc. Tamugadensis a Donatistis cultus, 133.
Optatus episc. Tumicitanus, 164.
Optatus episc. Tonnonensis, 106.
Orario episcopi utebantur, 276.
Ordinationes episcoporum a tribus episc., 187. Eas vetant Vandali in Africa, 7, 8.
Oricula martyr, 196.
Oriculus et socii martyres, *ibid.*
Orontius episc. exsul, 279.
Orrea Cælia urbs Byzacenæ, 58, 162.
Orreensis seu Ortensis episc. Donatus, 180. *Vide* Horrea.
Ortulanus. *Vide* Hortulanus.
Ospineusis episc. Leo, 139, 157, 183. Alia urbs est ab Ospitensi, 159.
Ospitensis episc. Gedalius, 57, 159. *Vide* Hospitensis.

P

Pacatus Equizotensis episc., 59, 181.
Pacatus Vicoateriensis episc., 58, 158.
Pacati Mauri, 291.
Pœnitentiæ impositio, 18.
Pagani adhuc sæculo sexto, 218.

Palatinus episc. Bosetensis, 130.
Palladius Bacanariensis episc., 58, 169.
Palladius Idicrensis episc., 56, 122.
Palladius episc. Tigabitanus, 172.
Pallia altaris, 9.
Palmaria insula, 169.
Pamariensis episc. Longinus, 58, 169.
Pampinias, Pampinianus, Pampinius episc., 65.
Panatorienses episc. Donatus, 58, 164. An Pelagius? *ibid.*
Pancratius episc. Badiensis, 119.
Pancratius episc. Ballanensis, 175.
Pannonius Bitensis episc., 59, 174.
Pannonius episc. Puppitensis, 104.
Pannonii populi, 194.
Panormum a Genserico obsessum, 221.
Papia, ibi corpus S. Augustini, 285. Episc. Petrus, 285.
Papinianus episc. mart., 4, 65. Seu Papinius, aut Papinus, 65.
Pappianensis. *Vide* Puppian.
Papyrius episc., 65.
Paracliti vox unde derivata, 80. Tribus personis est communis, 31.
Parada urbs, 146.
Pardalius Macomadiensis episc., 56, 134.
Pardalius episc. Afer, an Macomadiæ? 266.
Pariator Scilitanus episc., 63, 129.
Pariensis episc. Felix, 101.
Parochia id est diœcesis, 275.
Parteniensis episc. Rogatus, 60, 185.
Pascasinus Lilybætanus episc., 60, 221.
Pascasius mart., 212.
Pascasius Detorianensis episc., 145.
Pascasius episc. Dusitanus, 135, 154.
Pascasius Gunelensis episc., 55, 102.
Pascasius Mammillensis episc., 59, 174.
Pascasius episc. Membressæ, 105.
Pascasius Migirpensis episc., 55, 107.
Pascasius Salditanus episc., 60, 185.
Pascasius Septimuniciensis episc., 57, 142.
Pascasius Tenitanus episc., 57, 146.
Pascasius episc. Tigisitanus, 136.
Pascasius episc. Tijucensis, 134.
Pascasius episc. Tuggensis, 125.
Pascasius episc. Tulanensis, 56, 116.
Pascasius episc. Turensis, 145.
Pascentius Cethaquensusca episc., 56, 131.
Pascentius Octabensis episc., 56, 126, 145.
Paschæ die alleluiaticum melos, 10.
Passinatus Musuccabensis episc., 58, 169.
Passio sanctorum 7 monachorum, 54. Ejus auctor, 49, 51.
Passi nes mart. Africæ sub Vandalis, 65.
Passitanus Tigisitanus episc., 58, 136, 167.
Pastinatus Puppitanus episc., 55, 104.
Patera Catabitanus episc., 59, 176.
Patera Milianensis episc., 58, 164.
Patriarcha Vandalorum, 54, 75, 78. Nomen apud barbaros usitatum, 75.
Patricius comes, 216.
Patronianus episc. Senemsalis, 105.
Paullilus conf., 212.
Paulinus Nolæ episc. an in Africa captivus fuit? 229. A Gothis vexatus, *ibid.* Ex suis divitiis nihil sibi reservarat, *ibid.*
Paulinus episc. Regensis, 136.
Paulinus Rubicariensis episc., 59, 174.
Paulinus episc. Tuggensis, seu Tegessis, seu Regensis, 184.
Paulinus Zurensis episc., 75.
Paulus magister gentium, 48.
Paulus episc. Cataquensis, 13.
Paulus Flumenzeritanus episc., 58, 168.
Pauli episcopi visio, 16. An fuit Larensis episc., 74.
Paulus Nibensis episc., 56, 120.
Paulus episc. Nobensis, seu Nibensis, 276.
Paulus conf. episc. ab Obba, 171.
Paulus episc. Siccensis, 74, 112, 175.
Paulus episc. Sinnaritanus, 8, 68.
Paulus Sinnarensis episc., 55, 104.
Paulus episc. Tabucensis, 127.
Paulus Turreblandinus episc., 58, 159.
Paulus episc. Uzittarensis, 107.
Pax in bello quærenda, 204.
Pax cum Vandalis inita, 207. Africanæ Ecclesiæ reddita sub Guntabundo, 266, 267. Sub Hilderico, 287. Sub Justiniano, 288, 289.
Peccatorum absolutio, 18. Martyrio purgantur, 208.

Pederodiauensis episc. Adeodatus, 57, 149.
Pelagius episc. Vanarionensis, 165.
Peloponnesum Vandali diripiunt, 227. Inde pulsus Gensericus, 232.
Pentasius episc. Turrium Tamulus, 131.
Pe Rhadius e, isc. Carpitanus, 108.
Peradam'um, an Victoris Viteusis patria? 84. An idem ac Feradum, 116 Episc. Germanus, 57, 77, 84, 146.
Perdice urbs, 181. Episc. Victorinus, 60, 184. Silvanus, Rogatus, 184.
Peregrinus Assuritanus episc., 53, 106.
Peregrinus episc. Curubitanus, 110.
Peregrinus Matarianensis episc., 58, 158.
Peregrinus Muliensis episc., 57, 158.
Peregrinus Punentianensis episc., 56, 127.
Peregrinus episc. Sufetanus, 142, 144.
Peregrinus subdiaconus, 21.
Perpetua et Felicitas mart., 115. Earum corpora, 4. Acta, 65.
Persecutio Vandalorum, 238 *et passim*.
Persecutio Genserici, 14 *seqq.*, 54, 233 *seqq.* Gravissima fuit, 256. Tota ejus series ex Victore, 237 An persecutio fuerit sub Guntabundo? 265.
Persecutio Trasamundi, 61. Qualis? 274. Quando cœpit, 274, 275. Qua causa? 275, 286.
Persecutores dicti bestiæ, 84.
Perseverantius episc. Terestinus, 133.
Petrus, oves ei et agni commissi, 48, 89. Primatus, 89, 117.
Petrus mart., 269.
Petrus episc. Afer, legatus, 292.
Petrus Castellanus episc., 59, 175.
Petrus episc. Corsicæ, 218.
Petrus episc. Culcitanensis, 110.
Petrus de Natalibus Equilinus in marchia Tarvisina episc., 245. Falso martyres persec. Vandal. tribuit, 270. Ejus errata, 229 *seq*.
Petrus Madensis episc., 56, 126.
Petrus Oldradus episc. Mediolani, 285.
Petrus Oboritanus episc., 59, 175.
Petrus Papiensis episc., 283.
Petrus abbas, 81, 104, 140, 158.
Petrus diaconus, 279.
Philadelphus episc. Gratianopolis, 174.
Philo Arsionaritanus episc., 59, 176.
Phlorysa urbs. *Vide* Florianensis.
Photices episc. Diadocus, 61.
Photinus episc. exsul, 279.
Picus urbs, 101.
Picentinæ Cellæ, 154.
Piensis episc. Felix, 53, 101.
Pigara urbs, 172.
Pinta Arianus episc., 283.
Pirasius Pationensis episc., 58, 156.
Pisa urbs, 220.
Pisida urbs, 122, 123.
Pisitensis episc. Amhibius, Felix, 122.
Placentinus episc. Madauræ, 130.
Placidia Valentiniani filia, 232. Olybrii uxor, 226, 232. Olybrii relicta, 12, 73.
Placidia Augusta Valentiniani mater, 65, 201.
Planeta vestis, 287.
Plenius an episc. Auvidarsæ? 141.
Plutianus episc. Maclianensis, 142.
Poequarius Tasaccurensis episc., 59, 177.
Pomerius Maurus, 280.
Pompeianus episc. Sucardensis, 165.
Pompeius episc. Sabratæ, 187.
Pomponius conf. episc. a Dionysiana, 162.
Pomponius episc. Maerianensis, 156.
Pomposius episc. Sabratensis, 186.
Pontanovicus, 263.
Pontianus seu Ponticanus episc. Byzacenus, 278. An primas? 279.
Pontianus seu Ponticanus episc. Themitanus, 147, 278.
Ponticanus Formensis episc., 57, 158.
Pontius episc. Lamfuensis, 153.
Pontius comes Tolosanus, 243.
Populares, 55, 85.
Populonii episc. Cerbonius, 280.
Populus hymnos nocturnos cantat in ecclesia, 21.
Porcarius et monachi Lirinenses mart., 231.
Porphyrius episc. Vullensis, 140.
Porta Fornitana, 4, 64.
Possessor episc. Afer, 279, 280.
Possessor Zabensis episc., 60, 184.
Possidius episc. Africanus exsul, 207. An Calamensis? *ibid*.

Possidius Calamensis episc., 116, 264.
Possidius Massimanensis episc., 57, 148.
Possidonius, seu Possidius Sillilitensis episc, 128.
Possidonius seu Possidius episc. Sillitensis, 128. Quomodo dictus *loci superioris* in Collat. Carthag., 264, 265.
Possidonius Mirandulæ cultus, 264.
Posthumianus Ruspensis, 276.
Posthumianus episc. Tagorensis, 123.
Potentius episc., 223.
Potentius Bladiensis episc., 119.
Præcausensis episc. Adeodatus, 57, 130.
Præcisu monasterium, 130, 158.
Præfectianus Abarsdicensis episc., 57, 145.
Præpositus regni Vandalorum, 15, 20.
Præsidienses episc. Faustus, 58, 156. Lentius, 156.
Præsidius Sufetulensis episc., 21, 57, 77, 144.
Prætextatus episc. Assuritan., 106.
Presbyteri dicti seniores, 88, 89.
Primæ ecclesia Carthag., 291.
Primasius episc. Afer, 280.
Primasius seu Brumasius episc. Calaris, 285.
Primatus Ecclesiæ Rom., 20, 76. S. Petri, 89.
Primates in Africa, 66. Ordinatione seniores, 166. Senes dicti, 89.
Primates officiorum, 55.
Primianus episc. Carthag., 75, 132, 150, 162.
Primianus Gurgaitensis episc., 58, 156.
Primosus episc. Carthag., 109.
Primosus episc. Thiganensis, seu Tigarensis, 172.
Primulianus episc. Mandasumitanus, 162.
Primulus episc. Tamagristensis, 183.
Primulus episc. Vagensis, 119, 150.
Primus Caprensis episc., 52, 59, 170.
Primus a Misgirpa episc., 107.
Primus diaconus mart., 181.
Principalis Circensis, 134.
Prion, locus, 104.
Priscus episc. Quidiensis, 163.
Priscus, 257. An fuit episc. Mantuæ? 261. Alii confessores Afri in Italia. An episcopi fuere? 257. An ex Quodvultdei sodalitio? 258.
Privatensis episc. Adeodatus, 60, 183.
Privatianus a Sufetula, 144.
Privatianus episc. Vegeselæ, 129, 154.
Privatus episc. a Suffibus, 144.
Privatus episc. Tigualensis, 159.
Privatus episc. Vagensis, 118.
Privatus episc. Vegesilitanus, 129.
Privatus episc. Usilensis, 151.
Probantius episc. Trofimianensis, 147.
Probus mart., 212.
Proculus episc. ab Aquis Tibilitanis, 131.
Proculus episc. Girbitanus, 186.
Proculus episc. Serrensis, 178.
Proculus Genserici missus ob sacrilegium punitus, 9.
Proconsulis Africæ potentia, 64.
Proconsul Carthag. sub Vandalis, 39, 85.
Proconsularis provincia, 5, 290. In ea 164 episcopi, 8. Quot fuerint, 55, 116.
Procurator Bophii Girbitani, 186, 187.
Procurator domus regis, 10 *seq*.
Procuratores possessionum, 35.
Proficentius episc. Macomadiæ Rusticianæ, 135.
Proficius Seleucianensis episc., 57, 140.
Proficius Sublectinus episc., 58, 158.
Proficius Vadensis episc., 57, 118, 140.
Protasius episc. Tubiniensis, 132.
Prudentius mart. Lingonensis, 198.
Pseudonum castrum, 197.
Publicius episc. Gratianopolis, 174.
Pudentianensis episc. Peregrinus, 56, 127. Cresconius, Maximianus, 127.
Pudentilla Apuleii uxor, 187.
Pudentius Madaurensis episc., 56, 130.
Pudput urbs, 104, 110.
Puellæ Hispanæ martyrium, 200.
Pulpitum', 10.
Pulpu urbs, 104.
Punentianensis. *Vide* Pudentianensis.
Puppianæ episc. Reparatus, 55, 104. Gaudiosus, Bonifacius? Victor, 104, 125.
Puppitani episc. Pastinatus, 56, 104. Pannonius, Fortunatus, Gulosus, 104.
Pupputanensis, seu Puppianensis episc. Victor, *ibid*.
Purpurius episc. a Limata, 140.
Pusillus episc. Lamasbæ, non Lambese, 139.
Putea urbs, 125, 144.
Puteusis, seu Pisitensis episc. Felix, 122.

Putiensis in Byz. episc. Serbandus, 57, 143.
Putiensis in Numid. episc. Gaudentius, 56, 143. Felix, 123.
Putiziensis episc. Florianus, 122.
Putput urbs, 104, 110, 175.
Pyrenæi montes, 196.
Pytiusæ insulæ, 189.

Q

Quadi populi, 194.
Quadratianus episc. Sicilibæ, 84.
Quadratus episc. Gegitanus, 68, 112, 181.
Quæstio legitima, 201.
Quæstorianensis episc. Victorianus, 58, 157. Beatus Stephanus Spesindeo, 157.
Quidia a Madauro distinguenda, 130. Episc. Teberianus, 58, 163. Priscus, 163. An Secundinus ? *ibid.*
Quietus episc. Burucensis, 118.
Quintasius episc. Capsensis, 153.
Quintasius Mutecitanus episc., 59, 175.
Quintasius episc. Valensis, 119.
Quintiani episcopi visio, 16, 268. An Siccensis episc. fuit ? 74.
Quintianus episc. Casulis Carianensis, 57.
Quintianus episc., 8. An Urcitanus ? 68.
Quintianus Urcitanus episc., 53, 63, 64, 106.
Quintinianus episc., 74.
Quintius mart., 268.
Quintus mart., 270.
Quintus episc. Acolitaneus, 153.
Quintus Tabuniensis episc., 59, 177.
Quintus episc. Tagaratæ, 113.
Quintus an episc., 75.
Quiritana urbs, *ibid.*
Quizicensis episc. Priscus, 163.
Quizitana urbs, Quiza seu Quida, 88. Episc. Tiberianus, *ibid.*
Quodvultdeus episc. exsul, 279.
Quodvultdeus episc., 144. An Fulgentio antiquior ? 161, 78, 288.
Quodvultdeus Cælianensis episc., 56, 227.
Quodvultdeus Calamensis episc., 56, 116.)
Quodvultdeus episc. Carthag., 65, 65, 68, 215, 223, 240, 254, 258. Cum clero suo in exsilium pulsus, 5.
Quodvultdeus episc. Centuriensis, 137.
Quodvultdeus episc. Cessitanus, seu Gissitensis, 108. Cissitanus, 177.
Quodvultdeus Durensis episc., 58, 153.
Quodvultdeus episc. Givirtensis, seu Girbitanus, 187.
Quodvultdeus episc. Nebbitanus, 120, 143.
Quodvultdeus Respectensis episc., 56, 134.
Quodvultdeus Summulensis episc., 59, 177.
Quodvultdeus Tablensis episc., 59, 171.
Quodvultdeus ad Turres Concordi episc., 57, 135.]
Quodvultdeus episc. Verensis, 108.
Quodvultdeus Uillitanus episc., 57, 140.
Quodvultdeus episc. Volitanus, 108.

R

Radalpertus episc. Capuæ, 261.
Ratorium. *Vide* Rotarium.
Raymundus comes Tolosanus, 243.
Reatrius mart., 268.
Rebianensis episc. Felix, 133.
Recargentius episc. Lamiggigæ, 138.
Reconciliationis indulgentia per sacerdotes, 18.
Redemptus episc. Gisipensis, 107.
Redux Nobalicianensis episc., 60, 181.
Regensis episc. Paulinus, 136, 184.
Regia locus in Africa, 50, 70, 170.
Regianensis episc. Fortunius, 77, 70, 136.
Regium urbs duplex, 70.
Regiensis episc. Victor, 59, 70, 170.
Reginus episc. Tigiblabensis, 126.
Reginus episc. Vegeselitanus, 129.
Reginus Zenonis legatus, 19, 76.
Regulus mart., 280.
Regum libri dicti *Regnorum*, 30, 80.
Reia urbs, 70.
Reliquiæ martyrum, 195. In Thecis servatæ, 256. Reliquiæ exiguæ ejusdem Sancti variis in locis corpus integrum dicuntur, 263. Eas fideles osculantur, 260. In ignem projectæ non violantur, *ibid.* Miraculis clarent, 87, 257. Eas confessores habere appetunt, 282. Complures in basilica Fausti, 67.
Remorum urbs præpotens, 194. Ibi martyres sub Vandalis, 196. Episc. Nicasius mart., 196. Gervasius, *ibid.* Ægidius, 198.
Reparatus episc. Aquensis, 167.
Reparatus Bulturiensis episc., 59.
Reparatus episc. Carthag., 67, 291.
Reparatus Castelli Tartroportensis episc., 59, 176.
Reparatus Cissitanus episc., 59, 177.
Reparatus Girumontensis episc., 58, 164.
Reparatus episc. Meglapolis, 112.
Reparatus Puppianensis episc., 55, 104.
Reparatus episc. Sifaitensis, 164.
Reparatus Sitensis episc., 59, 177.
Reparatus episc. Sufasaritanus seu Sifaitensis, 164, 178.
Reparatus Tipasitanus episc., 59, 86, 131, 176.
Reparatus Tubuniensis episc., 56, 152.
Reparatus episc. Tubursicuburæ, 124.
Reparatus episc. Vindensis, 175.
Reparatus Utimmirensis episc., 55, 104.
Reparatus subd. sine lingua loquitur, 40, 233.
Reperitanus episc. Gollanus, 59, 172.
Reperioiana urbs, 172.
Respectensis episc. Quodvultdeus, 134.
Restanenses episc. Vigilius, 56, 126. Octavianus, 126, 139.
Restituta ecclesia Carthag., 5, 65, 67.
Restitutianus episc. Sululittanus, 152, 158.
Restitutus Acolitanus episc., 57, 153.
Restitutus Aquis Albensium episc., 57, 150.
Restitutus Aquiabensis episc., 57, 145.
Restitutus episc. Byzacenus, 279.
Restitutus Florianensis episc., 58, 168.
Restitutus episc. Jubeclidiensis seu Jubalidiensis, 161.
Restitutus episc. Lapidiensis, 59, 106, 172.
Restitutus episc. Lariensis, 74.
Restitutus episc. Membressæ, 102.
Restitutus episc. Mezucensis, 148.
Restitutus episc. Novasinæ, 127, 136.
Restitutus Segermitanus episc., 58, 159.
Restitutus alius episc. Segermitanus, 159.
Restitutus episc. Simingitensis, 102.
Restitutus episc. Tagorensis, 123.
Restitutus Thagamutensis episc., 57, 144.
Restitutus episc. Timidæ Regiæ, 112.
Restitutus episc. Vallitanus, 140.
Restitutus episc. Victorianensis, 158.
Restitutus episc. Viltensis, 140.
Restutus Lapidiensis episc., 59, 171.
Restutus Macrianensis episc., 60, 182. *Vide* Restitutus.
Resurrectionis dies, id est Dominica, 219.
Resurrectio corporum probata, 234.
Ricimer Vandalos fugat, 227. Majorianum interficit, 228. Et Anthemium, 232.
Rinocorurum urbs, 146.
Rodibaldus episc. Valentinianensis, 142.
Rodobium oppidum, 70.
Rogatianus episc. Idassensis, 125.
Rogatianus episc. a Nova, 165.
Rogatianus Vadentinianensis episc., 57, 142.
Rogatianus Vannidensis episc., 59, 170.
Rogatianus episc. a Vico Ateri, 158.
Rogatus episc. Assuritan. a Circumcellionibus mutilatus, 106.
Rogatus episc. Cartennæ, 170. Ab eo Rogatistæ Donatistarum secta, *ibid.*
Rogatus episc. Gaguaritanus, 160.
Rogatus Parteniensis episc., 60, 183.
Rogatus episc. Perdicensis, 181.
Rogatus Sereddelitanus episc., 59, 175.
Rogatus episc. Zaraitensis, 141.
Rogatus monachus mart., 43, 49 *seq.*, 53.
Roma a Gothis capta sub Alarico, 97. A Genserico capta, 224 *seq.* Ejus excidium, 7, 224. Ejus incolæ dicti Urbici, 7, 67.
Romæ episc. Donatistæ Victor Garbensis, 138, 140. Bonifacius Ballitanus, 140.
Romana, id est catholica Ecclesia, 76. Caput omnium Ecclesiarum, 20, 76. Ejus primatus, 48, 89. Vindicatur, 117. Huic Africani addictissimi, 266, 291, 292. Inde accersitur presbyter, 9. Romæ Pont. Agapetus, 292. Alexander, 243. Damasus, 264. Felix, 238, 240, 266. Gelasius, 240, 266, 283. Gregorius Magnus, 61. Gregorius VII, 260. Hilarius, 240. Hormisdas, 279. Innocentius, 140. Joannes II, 292. S. Leo, 225. Leo IX, 158. Nicolaus II, 260. Simplicius, 240. Symmachus, 282. Victor III, 260. Romanum pont. consulunt Afri pro lapsis, 266, 291.
Romani, 47, 88. Sic catholici dicti, 10, 71. A Vandalis victi in Hispania, 199, 205.
Romanus mart., 256.

Romanus episc. Leptiminensis, 147
Romanus episc. Lesuitanus, 181.
Romanus episc. Megapolitanæ, 112.
Romanus Molicanzensis episc., 60, 182.
Romanus Sufaritanus episc., 59, 175.
Romanus episc. Tamadensis, 59, 176.
Romulus episc. Thebessensis, 133.
Romulus episc. Ticibus, 163.
Rossius conf. Afer, 258. Celebris Beneventi, et Suessæ, 259.
Rotarii episc. Felix, 106, 118. Victor, 118.
Rubicariensis episc. Paulinus, 59, 174.
Rufensis ep sc. Stephanus, 160.
Rufianus episc. Maxensis, 114.
Rufianenses seu Rufinianenses episc., Donatus, 58, 157, Marianus, 157.
Rufinianus episc. Afer in insula monasticam vitam ducit, 236, 255.
Rufinianus episc. Bonustensis, 109.
Rufinianus episc. Muzuensis, seu Muzutensis, Mussensis, Mazensis, Muzucensis, Maxensis, Mugensis, 114.
Rufinianus episc. Tuburbii Majoris, 115.
Rufinianus Vadensis episc. 56, 118.
Rufinianus Victorianensis episc., 58, 158.
Rufinianus an episcopus? 157.
Rufinus episc. Labdensis, 106.
Rufinus episc. Mazensis, 114.
Rufinus Tainallumensis episc., 59, 151, 179.
Rufinus episc. Tuburbii Majoris, 115.
Rufinus presb., 47.
Rufinus presb. Midlensis, 127.
Rufinus Principalis Circensis, 134.
Rufus Sfasferiensis episc., 59, 170.
Rusadir, 172.
Rusaditanus episc. Idonius, 59, 172
Rusazus colonia, 172. Episc. Idonius, ibid.
Rusconias colonia, 171.
Ruscuriensis episc. Nicellus, 170.
Rusfensis. Vide Ruspensis.
Rusgunienses episc. Bonifacius, 59, 171. Numerianus, 171.
Rusicada, 139.
Rusicibar urbs, 166, 174.
Rusippisis municipium, 166.
Ruspæ urbs, 141, 151. Episc. Stephanus, 58, 160. Fulgentius, 160 seq. Julianus, ibid. Felicianus, 277.
Ruspina urbs, 35, 160.
Ruspitensis episc. Secundus, 160.
Rustici locus, 130.
Rusticiana Macomadia, 130. Vide Macomadia.
Rusticianeuses episc. Donatus, 56, 130. Leontius, 130.
Rusticianus episc. Africanus, 225.
Rusticianus Mutigensis, 114.
Rusticianus episc. Tabracæ, 69.
Rusticus episc. Cartennæ, 170.
Rusticus Tetcitanus episc., 58, 156.
Rusticus Tipasensis episc. 56, 86, 151, 176.
Rusticus subdiac. mart. 43, 49 seqq., 55.
Rustonium urbs, 171.
Rusubeser, 174.
Rusubiccariensis episc. Constantius, ibid.
Rusubiritana urbs, 174. Episc. Felix, 58, 166.
Rusubricari urbs, 174.
Rusubus urbs, 166.
Rusuccurum urbs, 181. Episc., 59, 170. Fortunatus, Optatus, an Nicellus, seu Nivellus? 170.
Russurensis aut Rusurrianensis episc. Nicellus, 170.
Rutulus mart., 269.

S

Sabana, 41. Quid? 86.
Sabelliana hæresis, 26.
Sabi urbs, 184.
Sabinianus episc. Gummeuartarum, 158.
Sabinianus, seu Sabinicuus Octabiensis episc., 57, 126, 145.
Sabinus episc. Tuncensis, seu Tuccensis, 184.
Sabrata urbs, 66, 123, 153, 183, 185, 291. Episc. vices, 7, 186. Leo, 186. Nados, 186. Donatus, Pomposius, ibid. Pompeius, 187. An Vincens? 66.
Sabratius episc. Turre Tamallumensis, 151.
Sacconius Uzialensis episc., 55, 102.
Sacerdotes, id est episcopi, 88, 89.
Sacramenta Dei, 10. Sacramentorum volumen, 175.
Sacrificium corporis et sanguinis Christi immolatur Filio sicut et Patri, 285. Sacrificii divini ritus, 18. Sacrificium offert S. Fulgentius, 276. Sacrificia solemnia, 206.

Safargius episc. Lampuensis, 155.
Sagona urbs Corsicæ, 220.
Saiensis episc. Donatus, 185.
Salaphitanum oppidum, 178.
Saldæ urbs, 180, 181. Episc. Pascasius, 60, 185.
Salernum, ibi reliquiæ S. Elpidii, 261.
Salicinensis episc. Donatus, 178.
Sallustius episr. Tibilitanus, 131.
Salo Tallabensis episc., 58, 168.
Salomon a Justiniano Africæ præfectus, 133.
Salustius Macomadiensis, 154.
Salustius episc. Rebianensis, 155.
Salustius episc. Tibilitanus, 131.
Salustius episc. Zercensis, 178.
Salustius orator, 47.
Salutaris archidiac. Carthag. 42, 56, 86, 87, 241.
Salvianus mart. episc. Gazaufulæ, 116.
Salvianus episc. Leptis Magnæ, 186.
Salvianus. Massil. Galliarum clades luget, 195. Africæ cladis causas exponit, 215. Afrorum vitia carpit, 89.
Salvius episc. Ausafæ, seu Ausacæ, seu Ausanæ, 115.
Salvius episc. Membressæ, 103.
Samfucius episc. Turrensis, 146.
Sammeriarum Turres. Vide Turres.
Sanafer episc. Bonifacius, 60, 188.
Sanaphas urbs, 164, 188.
Sancti Florentii urbs, 248.
Sanctorum pro vivis preces, 58. Eorum invocatio 210.
Sardinia Generico subdita, 5. Ibi persequitur, 12. Vandalis inde pulsi, 251. A Sarracenis vastatur, 283. Ibidem exsulant episcopi Africani, 189. Byzaceni, 276, 277 seq. Erat ex Africæ dicecesi, 290. Ejus episcopi, 188.
Sarmatæ populi, 194.
Sarmentius episc. Ternamusensis seu Cernamusensis, 168.
Sarraceni Corsicam vastant, 246. Sardiniam, 283.
Sarsanensis sedes olim Lunensis, 230.
Sassaris urbs, 189. Episc. Gavinus, 281.
Sassura vicus, 155.
Sasuritanus episc. Bonifacius, ibid.
Satacensis episc., 178.
Satafa urbs, 182.
Satafensis in Maur. Cæsar. episc. Cresces, 59, 178, 180.
Satafensis in mart. Sitif. episc. Festus, ibid.
Satafensis alterutrius episc. Adeodatus, Urbanus, 178.
Saturianus mart, 8, 69.
Saturinus episc. Miricianensis, 150, 155.
Saturnianus martyr, 69.
Saturninus martyr, 268.
Saturninus item martyr, 282.
Saturnini martyr ecclesia Calari, 285.
Saturninus episc. ab Avitinis, 256.
Saturninus episc. Gazabianensis, 136.
Saturninus Sertensis episc., 59, 178.
Saturninus episc. Tamagristensis, 185.
Saturninus conf. episc. a Thucca, 184.
Saturninus episc. a Victoriana, 158.
Saturninus alius episc. Victorianensis, ibid.
Saturninus Vissalsensis episc., 59, 177.
Saturnius Sociensis episc., 59, 181.
Saturnus episc. Sitehsis, 156, 177.
Saturus conf., 11, 12. Uxoris insidias superat, ibid.
Saturus Irensis episc., 58, 159.
Sauvense castrum, 246.
Saxones populi, 194.
Sayensis episc. Donatus, 185.
Scebastianensis episc. Victorinus, 57, 148.
Scholasticus episc. exsul, 279.
Scilita urbs, 12).
Scillitani mart., 63, 129. Eorum basilica Carthagine, 4. Acta, 63. Episc. pariator, 63, 129. Squillacius, Donatus, 128.
Scripturæ divinæ, 19, 34. Earum scientia plena erat. Dionysia, 58. Loca a Victore laudata, 91 seqq. Versio qua Victor usus est, 79.
Searson Genserici cognatus, 9.
Sebastianensis episc. Victorinus, 148.
Sebastianus mart., 65.
Sebastianus comes, 213. Fuit Bonifacii gener, vana fortuna et mors, 222. Ejus in fide constantia, 6, 65.
Seberianensis episc. Victorinus, 57, 143.
Secrepedulensis episc. Spes, 148.
Secundianus Mimianensis episc., 58, 155.
Secundianus mart. episc. a Thambeis, 85, 143.
Secundinus mart., 268.
Secundinus alius, 269.
Secundinus episc. Carpitanus, 108.

INDICES IN VICTOREM VITENSEM.

Secundinus episc. Hemianensis, 145.
Secundinus episc. a Cedias, 163.
Secundinus Garrianensis episc., 57, 137, 144.
Secundinus Lamasuensis episc., 57, 139.
Secundinus episc. Sinuessae, 259.
Secundinus episc. a Tambaii, 85.
Secundinus conf. Afer, 258. Ejus inventio celebris Trojae, 259. Ubi ejus sepulcrum, ibid. Ejus reliquiae in ignem projectae illaesae sunt, 260.
Secundus episc. Magarmelitanus, 138. Dicitur Secundus, seu Secundinus episc. Aquensis, seu Megarmitanus, 138, 167.
Secundus, seu Secundinus episc. Minensis, 169.
Secundus Maurianensis episc., 59, 175.
Secundus episc. Ruspitensis, 160.
Secundus episc. Tagasensis, 147.
Secundus Tamogaziensis episc., 56, 135.
Secundus primas Tigisitanus, 117, 118, 135.
Securus episc. Teniiaaus, 147
Securus Timidanensis episc., 59, 171.
Sedatus episc. Tuburbii, 145.
Sedunum urbs, ibi passi non sunt Florentianus, etc., 197.
Segetius episc. Multitanus, 105.
Segermitani episc. Restitutus, 58, 159. Alius Restitutus, Felix, Nicomedes, 159.
Selemselitanus episc. Felix, 105.
Seleuciae concilium, 54, 62.
Seleucianenses episc. Proficius, 57, 140. Terentius, Messianus, 140.
Sementius episc. Uzipparae, 115.
Seminenses episc. Florentius, 56, 115, 248. Junianus, 115.
Semitensis episc. Benenatus, 111.
Senatores et senatus Carthaginis, 5, 64.
Senemsalis episc. Fortunatianus, 105. Patronianus, ibid., seu Senepsalitanarum Julianus, ibid.
Senex, nomen in Africa episcopis datum, 66. Senes dicti primates, 89.
Seniores seu presbyteri, 88, 89.
Seniores Novae Germaniae, 125.
Sentius, seu Sensius, seu Senzias conf. 239.
Septa urbs, 168, 291.
Septiminus mart., 87.
Septimunicii synodus, 142. Episc. Pascasius, 57, 142.
Septimius, seu Septimius, aut Septimianus mart., 43, 49 seqq., 55, 87, 96.
Septum urbs, 168, 291.
Sepulturae mortuorum cum solemnitate, 5. Cum hymnis solemnibus, 56.
Sepultura asini, 49, 90.
Serbandus Putiensis episc., 57, 145.
Sereddelitanus episc. Rogatus, 175.
Sereniauus episc. Miditensis, 126, 142, 144.
Serotinus episc. Turusitanus, 150.
Serrensis episc. Proculus, 178.
Sertcitanus episc. Victorinus, 182. Seu Serteitani Victorinus, 60, 182. Maximianus, Felix, 182.
Sertensis episc. Saturninus, 59, 178.
Sertertensis episc. Felix, 182.
Servandus episc. Putiensis, 143.
Servatus episc. Amphorensis, 121.
Servilius conf., 84.
Servilius Tacapitanus episc., 60, 187.
Servilius episc. Unuricopolitanus, 161, seu Servitius Unorecopolitanus episc., 58, 161.
Servius Arsuritanus episc., 58, 106, 154.
Servulus et soc. mart., 268.
Servus seu Servius, aut Serus, mart., 43, 49 seqq., 55, 87, 96.
Servus mart. Tuburbii, 39, 84, 85. Dicitur Tiburi passus, 115, 230.
Servus Arsicaritanus episc., 56, 129.
Servus episc. Arsuritanus, 154.
Servus Belesasensis episc., 57, 158.
Servus Menefessitanus episc., 57, 152.
Servus seu Servusdei episc. Tubursico Burae, 124.
Servusdei episc. Missuensis, 106.
Servusdei Tambeitanus episc., 57, 86, 143.
Sestensis episc. Cresces, 58, 168.
Severianus episc. Afer exsul, 207.
Severianus episc. Ceramunensis, 183.
Severinus Castellanus episc., 117, 175.
Severini Noricorum apost. reliquiae, 285.
Severus episc. Milevitanus, 140.
Severus episc. Minoricae, 189.
Severus episc. Utimari, 103.
Severi Aug. patria, Leptis Magna, 186.

Severus patricius, 12, 232.
Sextilianus episc. Tuneiensis, 109.
Sextilius episc. Assabensis, 182.
Sfasteriensis episc. Rufus, 170.
Sibidensis locus, 58, 84.
Sibrorum insula, 189.
Sicca, seu Sicca Veneria, urbs, 16, 17, 74, 174. Episc. Candidus, 74, 113. Castus, 74. Fortunatianus, 74, 112. Fortunatus, 74, 174. Paulus, 74, 112, 174. Urbanus, 174. An Quintianus? ibid.
Siccensis pagus, 270.
Siccesitani episc. Emptacius, 59, 174. Martinus, 174.
Sicelia urbs, ibid.
Sicensis episc. Candidus, 113.
Sicilia a Genserico vexata, 221, 227. A Cassiodoro avo servata, 222. Genserici persecutio, 12. A Vandalis Odoacro data, 5. Per Theodoricum liberata, 232.
Siciliba urbs, 152. Ejus situs, 84. Episc. Quadratianus, ibid.
Sifaitensis episc. Reparatus, 164, 178.
Siga urbs, 173. Colonia seu municipium, 156.
Signaculum Dei in baptismo, 42.
Siguese urbs, 156.
Siguitanus episc. Cresconius, 125, 156.
Sigus urbs Numidiae, ibid.
Silemsilensis episc. Cresconius, 105.
Silensis urbs, 177. Episc. Donatus, 57, 136.
Silitensis episc. Possidonius, 128.
Sillitani episc. Maximus, 60, 128. Faustinus, Possidonius, 128, 265.
Silvani oppidum, 162.
Silvanus mart., 269.
Silvanus episc. Carianensis, 132.
Silvanus episc. Macrianensis, 156
Silvanus episc. Perdicensis, 184.
Silvanus episc. Zummensis, 177.
Simeon episc. Furnitanus, 64.
Simidica urbs, 111. Episc. Adeodatus, ibid.
Simingitensis episc. Restitutus, 182.
Simileuses episc. Vide Semenenses.
Sinittu urbs, 111. Episc. Adeodatus, ibid.
Simittensis episc. Benenatus, 111.
Simminensis episc. Deuterius, 55, 111. Junianus, 115.
Simon de Bello Loco archiep. Bituricensis, 215.
Simplicius papa, 210.
Simplicius Carcabianensis episc., 58, 157.
Simplicius Tibilitanus episc., 56, 131.
Sinuaritensis. Vide Sinnarensis.
Sindunum vicus, 196.
Sinitensis episc. Stephanus, 56, 131. Cresconius, an Marcellinus? 131.
Siana episc. Victor, 101.
Sinnarensis seu Sinnaritana urbs, 176. Episc. Paulus, 8, 55, 68, 101. Stephanus, 101.
Sinoama urbs, 111.
Sinuaritanus Sinuarensis. Vide Sinnarensis.
Sinuessae episc. Castus, Secundinus, 259.
Siricius papa vetat baptismum in Epiphania, 77.
Siricius mart., 268.
Sissa Nigra urbs, 290. Vide Adrumetum.
Sistronianensis episc. Adeodatus, 56, 131.
Sitenses episc. Reparatus, 54, 177. Saturnus, 156.
Sitifis urbs, 127, 146. Episc. Donatus, 59, 179. Novatus, 127, 145, 179. Marcianus, Optatus, 179, 280. An alter Novatus? 179.
Sitifis caput Zabes regionis, 184, 185.
Sitifensis Maur. provinciae episc., 59, 179.
Sitinaritanus, seu Sitmaritanus episc. Vide Sinnaritanus.
Sociensis episc. Saturninus, 181
Solis eclipsis, 90, 258.
Soleae, 276.
Solemnius episc. Tigisitanus, 156.
Solencianensis. Vide Seleucianensis.
Sopiter episc. Tambalensis, 143.
Sophronius episc. Constantinae, 217.
Sosianae juncis episc. Flumidius, 161.
Σουράρρα urbs, 188.
Spectabilis, titulus dignitatis, 55, 65.
Speratus episc. Catsquensis, 131.
Spes episc. Secrepedulensis, 148.
Spesindeo episc. Quaestorianensis, 157.
Spiritus sanctus a Patre et Filio procedit, 23, 78. Exponitur ejus processio, 27 seqq. In fideles exsufflatur, 210. Aquas baptismi sanctificat ex Genesi, 28. In baptismo confitendus, 32.
Splendius, 101.
Squillacius episc. Scillitanus, 128.

INDEX ANALYTICUS HISTORIÆ PERSECUTIONIS VANDALICÆ.

SS in X mutatur, 118.
Stasimus comes et primas, 216.
Stephani protomartyris inventio, 97. Reliquiæ in Africa miraculis claræ, 87, 124, 131. Ejus sanguis in ampulla vitrea, certis diebus liquescit, 257.
Stephanus episc. Clipeæ, 111.
Stephanus episc. Gummasis, 158.
Stephanus Rusfensis episc., 58, 160.
Stephanus Sinitensis episc., 56, 131.
Stephanus episc. Sinnuaritensis, 101.
Stephanus episc. Talaptensis, 160.
Stephanus episc. Taracensis seu Taraquensis, 147, 155, 156.
Stephanus episc. Tuccaboriensis, 166.
Stephanus Zucabiaritanus episc., 58, 166.
Stephanus Spesindeo episc. Questorianensis, 157.
Stilico Vandalos evocat, 194. Semibarbarus ab Hieronymo dictus, 195.
Suabensis episc. Felix, 57, 137. Litoricus, 137.
Subbaritanus episc. Donatus, 58, 167. Maximianus, 167.
Subbulensis locus Africæ, 177.
Subdatius Sucardensis episc., 58, 165.
Subdiaconi officium, 77.
Subiba urbs, 152.
Subicarense castellum, 174.
Subitanus Idensis episc., 58, 165.
Sublectinus episc. Proficius, 58, 158. Vide Sullecte.
Suboabburitensis episc. Maximianus, 166, 167.
Subur urbs, 167. Suburitanus episc. Maximianus, ibid.
Suburbitæ martyres, 167.
Subuttuta urbs, 180, 181.
Sucardenses episc. Subdatius, 58, 165. Pompeianus Donatus, 165.
Succensianus Febianensis episc., 58, 155.
Successus episc. Abir Germanicianæ, 75, 157.
Succubar, seu Succabar urbs, 166.
Suensis episc. Maximus, 185.
Suessa, ibi reliquiæ cls. Casti et Secundini, 259. Et celebris S. Castrensis, 262.
Suevi populi, 196, 199. In Hispaniis, 199, 200.
Sufaritanus episc. Victor, 58, 164.
Sufaritanus item episc. Romanus, 59, 175.
Sufasar, 164, 167. Episc. Reparatus, 164.
Sufetani episc. Eustratius, 7, 57, 144. Privatus, 144. Maximinus, ibid. Peregrinus, 142, 144 Sufetula urbs, 129. Episc. Præsidius, 21, 57, 77, 144. Privatianus, Jocundus, Titianus, 144.
Sufetulense concilium, ibid.
Suffara urbs, 164, 188.
Suffectani martyres, 144.
Suffectani episc. Vide Sufetani.
Suffegmar fluvius, 75.
Sufi urbs, 171.
Sugabaritanum municipium, 166.
Suggerenda ab Eugenio oblata regi, 20.
Suggitanus episc. Victor, 56, 125, 156.
Sugunensis episc. an Litorius Suavensis? 137.
Sugus urbs, 125, 156.
Sulchi, seu Sulci in Sardinia, 152, 146. Urbs antiquissima, 189. Ejus episc. Vitalis, 60. 189.
Sulianis seu Sulianæ, 58, 162.
Sullectini episc. Proficius, 58, 158. Martianus, 158.
Sullitanus episc. Hilarus, 158. Urbanus, 162.
Sululitanus episc. Restitutianus, 152, 158.
Suomensis episc. Silvanus, 157.
Summulensis episc. Quodvultdeus, 59, 177.
Sumnius episc. Tigualensis, 159.
Sunitu urbs Africæ, 131.
Suristensis episc. Aufidius, 60, 184.
Susaritanus episc., 164, 175.
Susicaziensis episc. Eusebius, 56, 125.
Syllectum oppidum, 159.
Symmachus papa episcopis exsulibus pecuniam et vestes mittit, 284.
Syrus Corniculanensis episc., 58, 164.

T

T. Vide Th.
Tabaldcorenses episc. Crispinus, 59, 177.
Tabaicarenses dicti Victor, Marcianus, 177.
Tabalta urbs, 135, 154.
Tablaensis limes, 171.
Tablensis episc. Quodvultdeus, ibid.
Taborenses episc. Marinus seu Martinus, Victor, 163.
Taborentensis episc. Victor, 58, 165.
Tabra, seu Tabraamus mart., 264.

Tabracæ episc. Victoricus, Rusticianus, Clarentius, 69.
Tabracenum monasterium, 8.
Tabrata, seu Tabrothaamus mart., 264.
Tabucensis episc. Paulus, 127.
Tabudæ episc. Fluminius, 56, 127. Victorinus, Argutus, an Paulus? 127.
Tabuniensis episc. Quintus, 59, 177.
Tucanus Albulensis episc., 59, 174.
Tacape, 52, 135, 149, 152, 154, 157. Episc. Servilius, 60, 187. Dulcitius, Felix, Gaius seu Gallus, 187.
Tacarata, 134, 147. Alia est a Tacatua, 139. Episc. Crescentius, 57, 113, 139. Terissimus, 139. Aspidius, ibid.
Tacatua urbs, 139.
Taccanensis episc. Metus, 116, 184.
Tachora. Vide Tagura.
Tadamata alia est a Thagamuta, 144. Episc. David, 59, 177. An Milicus? 177.
Tadamensis episc., ibid.
Tænaro pulsus Gensericus, 232.
Tagamutenses episc. Restitutus, 57, 144. Milicus, 144, 177.
Tagara urbs, 113, 124.
Tagaraiensis episc. Felix, 147.
Tagarata urbs, 139, 147. Episc. Honoratus, 56, 113. Lucius, Quintus, 113.
Tagarbalensis episc. Fortunatianus, 58, 157.
Tagariata urbs, 140. Episc. Honoratus, 57, 147.
Tagaritanum oppidum, 147.
Tagasensis episc. Secundus, 147.
Tagasta S. Augustini patria, 140. Episc. Januarius, 57, 110. Alypius, 140; 139. Firmus 140. An Xantippus? 125.
Tagesense seu Tagestense oppidum, 147.
Tagona. Vide Tagosa.
Tagora. Vide Tagura.
Tagosæ episc. Xantippus, 125.
Tagura urbs, 140, 147. Episc. Timotheus 56, 125. Posthumianus, Restitutus, an Xantippus? 125
Talaptensis episc. Stephanus, 160.
Talaptulensis episc. Vuitor, 58, 160.
Talasius Gratianopolitanus episc., 59, 174.
Talborensis episc. Constantinus, 165.
Talensis episc. Urbanus, 174.
Talepta urbs, 157, 160.
Taleptula urbs, 157. Episc. Stephanus, 160.
Tamadensis episc. Romanus, 59, 176.
Tamagristenses episc. Clemens, 60, 183. Primulus, Saturninus, 183.
Tamalbiniensis eremus, 87.
Tamalleuses episc. Gregorius, Lucius, 151.
Tamallenum urbs, 87. Huc Eugenius relegatus, 55, 100. Vide Tamalluma.
Tamallem Turris, 152.
Tamalluma urbs. 43, 100. Duplex est, 87.
Tamallumæ in Byzac. episc. Habetdeus, 57. Antonius, 43.
Tamallumæ Sitif. episc. Rufinus. 131, 179. An Gregorius? 131.
Tamallumensis plebs, 151, 186.
Tamamallensis episc. Gregorius, 151.
Tamannuna urbs, 179.
Tamascaniensess episc. Honoratus, 60, 183. Donatus, 183.
Tamascenus episc. Theodorus, 147, 178, 179.
Tamazensis seu Tamazucensis episc. Lucius, 59, 178.
Tambada, seu Tambuda, seu Tambaia, 40. Episc. Secundinus, seu Secundianus, 85. Servusdei, 86.
Tambalensis episc. Sopater, 143.
Tambeitanus episc. Servusdei, 57, 143. Martyr Secundianus, Gemelius, 143. Faustinus, Sopater, ibid.
Tambianensis. Vide Tambaiensis.
Tamicensis episc. Dacianus, 179.
Tammarus confer Afer, 258. An episc. Beneventanus? 263. S. Tammari vicus, ibid.
Tamogada urbs, 133. Episc. Secundus, 56, 133. Novatus, Optatus, Gaudentius, Faustinianus, 133. Dicitur Tamogaza, 56, 133. Tamugadi, 130, 133. Tamugadin, 120, 135.
Tamuda urbs et fluvius, 176.
Tamulluma, 179.
Tanuda urbs, 176.
Tanudaiensis seu Tanudatensis episc. Donatus, 176
Tapurura urbs, 151.
Taphara urbs, 185, 186.
Tapsum urbs, 135, 149, 154. Episc. Vigilius, 58, 161.
Taracensis, seu Taraquensis episc. Stephanus, 147, 155, 156.
Taranamusa castra, 168.
Tarasenses episc. Cresconius, 56, 128, 147. Zozimus, 147
Tarasi Giru episc. Felicianus, 147.
Tarazensis episc. Domninus, 57, 147
Targabolensis. Vide Tagarbalensis.

Targarum urbs, 147.
Tarvisium urbs, 245. Episc. Titianus, *ibid*.
Tasaccurensis episc. Pœquarius, 59, 177.
Tasagora urbs, 177.
Tasbalta seu Tasvalta, 154. Episc. Marcellinus, 58, 154. Julianus, Adelfius, an Innocentius? 154.
Tatroportensis castelli episc. Reparatus, 176.
Teberianus Ouidiensis episc., 58, 165.
Tebeste, 127, 133, 160, 185. Ibi Crispina mart., 133.
Tebestina synodus, *ibid*. Episc. Felix, 56, 133. Lucius, Romulus, Urbicus, Perseverantius, 133.
Tebete urbs, *ibid*.
Tegariatenus. *Vide* Tegariatanus.
Tegesis seu Tegessis episc. Paulinus, 184.
Teglanensis episc. an Donatianus? 76, 77.
Teglatæ episc. Dationanus, 56, 132. Donatus, 131.
Tegula urbs Sardiniæ, 132,
Tegulata. *Vide* Teglata.
Tela urbs alia a Zela, 105. Synodus Tellensis, *ibid*. Episc. Deumhabet, 55, 105. Bonifacius, 105. Natalicus. *ibid*. Felix, *ibid*.
Telepte urbs, 133, 160. Fulgentii patria, 156. Ep. Frumentius, 58, 156. Julianus, Donatianus, Bellicius, 156, 157. Datianus, 157, 160.
Teleste urbs, 135.
Temoniarensis episc. Cresconius, 58, 159. Cresconius, Victorinus, 159.
Templum locus Africæ, 152.
Tenæ urbs, 133, 151. Tenitanum concilium, 146. Episc. Pascasius, 57, 146. Euchratius, 147, 270. Latonius, Securus, Pontianus, 147. Ponticanus, 278. An Felix? 147.
Tenax episc. ab Horreis Cæliæ. 162.
Tenissa urbs, 109.
Tennonensis episc. Cresconius, 55, 106. Optatus, 106. Victor, 106, 170.
Terentianus Tubulbacensis, episc., 57, 142.
Terentius episc. Seleucianensis, 140.
Ternamunensis episc. Donatus, 58, 168. Sarmentius, 168.
Ternisa urbs, 109.
Tertiolos episc. Cillitanus, 154.
Tertius conf., 59, 84.
Tertullianus episc. Hirenensis, 159.
Tertullus episc. Abitensis, 164, 174.
Tertullus episc. Cilibiensis, 84.
Tertullus Juncensis episc., 58, 160.
Tetcitanus episc. Rusticus, 58, 156.
Teuchitanus limes, 159.
Teutoricus apostata, 86.
Teveste urbs, 152.
Tevitanus episc. *Vide* Tenitani.
Th. *Vide* T sine h.
Thabanenses populi, 177.
Thabudeus urbs, 127.
Theasius episc. Memblosæ, 103.
Thebaltensis episc. Innocentius, 154.
Theoctistus episc. Beroeæ, 216.
Theodericus Genserici filius, 10, 14, 71, 73.
Theodora Justiniani uxor, 291.
Theodorias urbs, *ibid*.
Theodoricus Magnus rex Ostrogothorum; 65. Valhamer rex Italiæ, 88. Siciliam Vandalis liberat, 232.
Theodoritus Carthaginis cladem describit, etc., 216. Pro fugos variis commendat, *ibid. et seq*.
Theodorus conf., 210.
Theodorus Cabarsussitanus episc., 235.
Theodorus episc. Hirinensis, 159.
Theodorus episc. Tamazenus, 147, 178, 179.
Theodorus episc. Usulensis, seu Uculensis, 154.
Theodorus Genserici filius, 71.
Theodosii Magni obitus, 97.
Theodosius Junior adversus Gensericum copias parat frustra, 222.
Theodotus mart., 270.
Theonestus mart. Vercellis 264.
Theonestus episc. Altini, *ibid*.
Therapius a Bulla conf., 110.
Theucaria, 15, 74.
Theucarius apostata, 42, 86.
Theudalæ episc. Habetdeum, 7, 115, 152. Urbanus, 115. An Victor? 152.
Theudensis Decimus, 143.
Theuzitanus episc. Decimus, 57, 143.
Thiges urbs, 156.
Thinistensis episc. Colonicus, 109.
Thomas, an Carthag. episcopus, 7, 67, 68.
Thracia ab Hunnis devastata, 222.
Thunu urbs, 71, 112.
Thusuros urbs, 150.

Thysdrus urbs, 149.
Tiberianus episc. Quidiensis, 88, 165.
Tibilitani episc. Simp'icius, 56, 131. Sallustius, 131.
Tibunnis conf. relegati, 237.
Tiburi, an Servus mart. aut Majorius? 83, 229, 230.
Tices, seu Ticena urbs, 163. Episc. Gallus, *ibid*.
Ticibus urbs Byzacenæ, 58, 163. Episc. Romulus, 163.
Ticinum, ibi corpus S. Augustini, 283. *Vide* Papia.
Ticualtenses episc. Magentius, 58, 159. Asmunius, seu Sumnius, Gaianus, Privatus, 159.
Tididianus episc. Abundius, 56, 124. *Vide* Tisidium.
Tiliitensis episc. Donatus, 58, 165.
Tigabitani episc. Cresces, 59, 172. Palladius, Honoratus, Primosus, 172.
Tigamibenensis episc. Maxentius, 58, 168.
Tiganensis urbs, 172.
Tigava castra, 164, 172.
Tigava municipium, 172. Episc. Honoratus, 199.
Tigiensis episc. Aptus, 154, 168
Tigillabenses episc. Junior, 56, 126. Donatus, 126. Reginus, *ibid*.
Tigisis urbs, 120, 130, 131. Duæ erant, 136.
Tigisis in Numidia episc. Domnicosus, 57, 135. Secundus primas, 117, 118, 135, 136. Solemnius, Pascasius, Gaudentius, 136.
Tigisis in Maur. Cæsar., 168. Episc. Passitanus, 136. Pastitanus, 58, 118.
Tigualenses episc. Asmunius, seu Sumnius, Privatus, Gaianus, 159.
Tijucensis episc. Pascasius, 154.
Timasius episc. Neapolis, 235.
Timiamus episc. Utinensis, 104.
Timicitani episc. Honoratus, 58, 164. Victor, Optatus, 164.
Timidenses martyres, 112. Episc. Benenatus, 55, 112 Felix, 112.
Timidæ Regiæ episc. Faustus, Restitutus, *ibid*.
Timidanensis episc. Securus, 171.
Timiruda oppidum, 70.
Timotheus mart., 256.
Timotheus episc. C. P., 279.
Timotheus Tagurensis episc., 56, 125.
Tingariensis urbs, 179.
Tingitana provincia, 290.
Tinica, 109. Seu Timisa urbs, *ibid*.
Tinnicenses episc. Dalmacius, 55, 109. An Valerius? 109. An Colonicus? *ibid*. Aut Venantius? *ibid*.
Tinuzuda, 10, 70.
Tipasa, 86.
Tipasæ in Numidia episc. Rusticus, 56, 86, 131, 170. Dirmus, 131.
Tipasæ in Mauritania Cæsar. civium o ira fides, 40. Plurimis ibi lingua et manus abscissæ, 40. Ibidem furunt Donatistæ, 170. Episc. Reparatus, 59, 86, 132, 176.
Tipason episc. Firmus, 131.
Tiposa urbs, 176.
Tis iræ oppidum, 150.
Tisidii episc. Lampadius, Donatus, 124.
Tisiliensis episc. Florentius, 131.
Tisilitanus episc. Donatus, 131, 165.
Tisurus urbs, 149.
Titianus episc. Subfetulensis, 144.
Titianus episc. Tarvisinus, 245. Transfert corpora SS. Florentii et Vindemialis, 246.
Titisi, 124.
Tituli episc. Cræsciturus, 10, 115. Victor, Cresconius, 115, 128.
Titus episc. Migirpæ, 107.
Tivagas castra, 172.
Tizica urbs, 154.
Tiziensis ep. Honoratus, 58, 154. An Paschasius, 154. Aut Aptus, 154, 168.
Togiæ municipii episc. Victor. 123.
Tolosæ episc. Exsuperius, 195. Comes Pontius, 243.
Tonensis episc. Victor, 170.
Tonnonensis. *Vide* Tennonensis.
Tornacus urbs, 194.
Totila sub eo mart. Afri in Italia, 280.
Tractare populo, 13, 75.
Tractatus populares, id est homiliæ, 5.
Traditio apostolorum, 52. Evangelica et apostolica, 52.
Traditores; sic catholicos Donatistæ appellabant, 125.
Transcellensis mons, 166.
Trasamundus rex Vandalorum laudatur ab actoribus, 274. S. Eugenium relegat, 244. Ejus adversus catholicos astutia, 274, 284. Fulgentium accersit, a quo vincitur, 285. Persecutio sub eo rege, 286. Quam moriens successori commendat, 286, 287. Obit, 286.
Trasimundus Vandal. rex, 200.

Trecæ urbs præc bus S. Lupi liberata, 98.
Tres sunt, etc., a Patribus laudatur, 79
Treviri quater excisi, 197. Episc Valentinus mart., *ibid*.
Tricassinns episc. Lupus, 60, 98.
Trifolius episc. Aborensis, 101.
Trigetius legatus, 207.
Trinitatis mysterium exponitur, 23 *seqq*. 27. Substantiæ unitas, et personarum distinctio, 23 *seqq*., 26, 27. Æqualitas, 24. Generatio div na, 25. Non est ignorabilis, 25. Fit sine passionibus, 27. Nominis unitas, 28. Testimonium trium in epist. I Joannis, 29. Creatio communis, 28, 29. Vivificatio, 29. Præscientia, 29. Præsentia ubique, 30.
Trinitas expressa, 79.
Tripolitana provincia, 43, 149, 150, 191. Vandalis dimissa, 22. Ejus episcopi, 60, 185. Erant solum quinque, 187.
Tripolitanus dux, 135.
Tripolitanus limes, 183.
Tripolis urbs, 185, 186.
Tripolius episc. Ucitanus, 64.
Trisagium, 81.
Triumphalis hymnus, 81.
Triumphus de Vandalis, 289.
Trosinianensis episc. Hilarinus, 57, 147, Probantius. 147.
Troja, ibi celebris inventio S. Secundini, 259.
Tryphon mart., 270.
Tubania. *Vide* Tubuna.
Tubiensis episc. Felix, 133, 134.
Tubonis urbs, 179.
Tubulbacenses episc. Terentianus, 57, 142. Januarius, 142.
Tubuna urbs, 133, 179.
Tubunienses episc. Reparatus, 56, 132. Cresconius, Protasius, Nemesianus, 132.
Tuburbium urbs, duplex, 84, 85, 115. Episc. alterutrius Benenatus, 56, 118. Sedatus, Faustus, 115.
Toburbitanæ mart., *ibid*.
Tuburbium majus, 39, 84, 161. Episc. Rufinianus, seu Rufinus, Cyprianus, 115. An Germanus ? *ibid*.
Tuburbii min. episc. Masciminus, Victor, 115.
Tubursici episc. Frumentius, 56, 124. Gortunius, Maurentius, Januarius, 124.
Tubursico-Buræ episc. Servus, seu Servusdei, Reparatus, Donatus, 124.
Tubusubditanus limes, 180.
Tubusuptu episc. Florentinus, *ibid*.
Tuca urbs, 184. Seu Tuca, nomen quatuor urbium, 183, 184.
Tucca urbs, a Justiniano exstructa, 290.
Tucca castellum, 184.
Tuccenus episc. Honoratus, *ibid*.
Tuccensis Numidiæ episc. Sabinus, *ibid*.
Tuccensis in Sitif. episc. Uzulus, 60, 183 Confessor Saturninus, 184.
Tucca Terebinthina, *ibid*.
Tuccabori episc. Fortunatus, 166, 184. Stephanus, 166.
Tuccanensis episc. Metus, 184.
Tuggensis episc. Paschasius, 123. Paulinus, 184.
Tugusubditanus episc. Maximus, 59, 180.
Tulanensis episc. Paschasius, 56, 116.
Tulliana eloquentia, 47.
Tulliensis episc. Marianus, 138.
Tumidensis episc. an Timidensis? 112.
Tumissa seu Tumsa urbs, 109.
Tunazuda urbs, 70.
Tuncensis episc. Sabinus, 184.
Tunes urbs, 109.
Tuniensis, seu Tuneiensis episc. Sextilianus, *ibid*.
Tuniza urbs, *ibid*.
Tunnonensis. *Vide* Tennonensis.
Tunuba urbs, 112.
Tunudensis episc. Januarius, *ibid*.
Tundisæ episc. Victorianus, Januarius, *ibid*.
Tunusidæ episc. Victorianus, 7.
Tunuzada, *ibid*.
Turditanus episc. Benerius, 150.
Tures urbs, 145.
Turensis episc. Donatus, 132. *Vide* Turrensis.
Turitana urbs, 75.
Turrenses urbes tres, 145, 146.
Turrensis urbs in Procons., 132.
Turrenses in Byzac. episc. Mensius, 57, 145. Maximianus, Paschasius, Donatus, 145. Samfucius, 146.
Turres in Sardinia, 189. Episc. Felix 60, 189. Gavinus, qui inscriptiones detexit, 281.
Turres Ammeniarum, seu Armeniarum, seu Sammeriarum, 138. Episc. Victor, 57, 138.
Turreblandinus episc. Paulus, 58, 139. Maximinus, Datianus, 159.

Turres Concordi, seu Concordiæ ejus episc. Quodvultdeus, 57, 135.
Turris urbs, 132.
Turris Buconis, 70.
Turris Libysonis, seu Byssonis, 189.
Turris Tamalleni, 152, 157.
Turris Tamallumæ, 87. Episc. Sabratius, Jurata, 150.
Turrium, Tamulus episc. Pentasius, *ibid*.
Turusa urbs, 149, 150.
Turusitanus episc. Serotinus, 150.
Turza urbs, *ibid*.
Turzo urbs, 149, 150.
Tuscamiensis episc. Maximus, 59, 178.
Tusdrum, 149. Episc. Honoratus, Navigius, 149. Helpidius, 150. An Aptus ? 149. An Asselicus episc. Tuzuritanus ? *ibid*.
Tusuritanus episc. 167.
Tutar castrum, 184.
Tutus episc. Migirpæ, 107.
Tuziritani episc. Florentianus seu Florentius, 57, 149. An Aptus, 149.
Tuzurus in Arzugitana urbs, 149. Episc. Aptus, *ibid*. Asselicus, *ibid*.
Tyle castrum, 259.
Tyndenses gens Africæ, 182.

U

Ubabensis episc. Ingenuus, 56, 172
Ubada urbs, 172.
Ubasa castellum, *ibid*.
Ubata urbs, *ibid*.
Ucasius, 90.
Uci urbs duplex, 107. Ucitanus episc. Tripolius, 64. An Quintianus ? 63, 64.
Ucimajus urbs Africæ ; ejus ep. Octavianus, 64.
Uciminus urbs, *ibid*.
Ucrensis episc. Vitalis, 107.
Uculenses episc. Theodorus, Cericius, Crisconius, 151.
Ughellus emendatur, 230.
Ullitanus episc. Quodvultdeus, 57, 140.
Ululæ episc. Iræneus, 151.
Ulusubritanum oppidum, 148.
Unctio chrismatis, 250.
Undesitanus. *Vide* Vadesitanus.
Unizibiræ episc. Cyprianus, 48, 75.
Unuca urbs, 161.
Unuricopolitanus episc. Servitius, seu Servilius, 58, 161.
Unuzibiræ episc. Cyprianus, 57, 148. Donatus, Maximinus, 148.
Uranius Legatus, 41, 86, 258. Urbanus episc., 187.
Urbanus Amaurensis episc., 58, 168.
Urbanus episc. Formensis, 138, 176.
Urbanus Girhensis episc., 6, 63, 136.
Urbanus episc. Satafensis, 178.
Urbanus episc. Siccensis, 74.
Urbanus episc. Sullitanus, 162.
Urbanus episc. Talensis, 171.
Urbanus episc. Theudalensis, 115.
Urbanus episc. Vicensis, 141.
Urbicosus episc. Eguilguilitanus seu Igilgilitanus, 180.
Urbicus episc. Thebestinus, 133.
Urbici, id est Romani, 7, 67.
Urci urbs, 64. Urcitanus episc. Quintianus, 55, 63, 64, 68, 106.
Uricitanus episc. Mansuetus mart, 4, 63, 106. An Bonifacius ? 106.
Ursus mart. Augustæ, 264. Ursus tribunus, 63.
Urugitanus episc. Bonifacius, 106.
Usallitani populi, 153. Usidanensis. *Vide* Usinada.
Usilabis episc. Laurentius, 151.
Usilensis episc. Privatus, *ibid*. Usilla urbs, 151.
Usinadæ episc. Donatianus, 58, 168.
Usula seu Usyla urbs, 151. Episc. Victorinus, 57, 151. Cassianus, Theodorus, Privatus. An Laurentius? *ibid*. Utasius, 90.
Utica, 102, 107. Episcopi Florentinus, 55, 107, 248 ; Victor, 107 ; Gedalius. *ibid*.
Uticenses, 101. Uticensis campus, 14.
Utimari episc. Severus, 103, 104.
Utimmæ, seu Utiniæ, seu Utimminensis episc. Octavius, 104.
Utimmirensis episc. Reparatus, 55, 103, 104.
Utina, 109. Episc. Timianus, Felix, 104. Isaac Felicianus, *ibid*.
Utinisensis, seu Utinicensis episc. Valerius, 109.
Utimmensis episc. Octavius, 104.
Utima. *Vide* Utina, et Utimmira.

Utunnensis episc. Bonifacius, 104.
Utzipparæ episc. Marianus, 115.
Uzabirensis episc. Maximinus, 148.
Uzala, 257. Episc. Socconius, 55. Krodius, Felix, Mustolus, 102.
Uzinadæ episc. an Donatianus ? 77.
Uzipparæ episc. Augentius, 56, 115. Marianus, 115. Sementius, *ibid.*
Uzitæ Situs, 107, Episc. Gaius, 59, 107. Uziturensis episc. Paulus, 107.
Uzulus Thuccensis episc., 60, 183.

V

Vabar urbs, 176.
Vadeciniensis episc., 142.
Vadense castrum, 246.
Vadenses episc. Rufinianus, 56, 118. An Potentius et Pancratius ? 119. *Vide* Vagenses.
Vadensis alterius urbis episc. Proficius, 57, 118, 140.
Vadentinianensis episc. Rogatianus, 57, 142. An Rodibaldus ? 142.
Vadesitanus episc. Annibonius, 57, 137. Cresconius, Fortunatus, 137.
Vadius Lesultanus episc., 59, 184.
Vægesselæ locus Africæ, 129.
Vaga urbs, 135. Quatuor sic dictæ in Africa, 119, 120.
Vagenses mart. an Mammarius et socii ? 120. Epis . Libosus, Crescens, 119. Ampelius, 119, 155. Primulus, 119. Privatus, *ibid. Vide* Vadenses.
Vaga urbs Numidiæ, 130, 134. Ejus situs, 120.
Vagadensis episc. Fulgentius, 58, 159. *Vide* Bagaia.
Vagrautensis episc. Marcellinus, 57, 135.
Vaienses, seu Vaienenses episc. Valentinus, Quintasius, 119.
Valens episc. Villenobensis, 169.
Valentianus Montensis episc., 56, 125.
Valentinianensis episc. Rodibaldus, an Rogatianus ? 142.
Valentinianus episc. Juncensis, 161.
Valentinianus episc. Visicensis, 165.
Valentinianus diaconus Donatista, 122.
Valentinianus III imp., 5, 7, 97. Pacem facit cum Genserico, 207. Eam renovat, 222. Occiditur, 224.
Valentinus Castelli Mediani episc., 59, 145, 175.
Valentinus episc. Vaiensis, 119.
Valentinus mart. episc. Trevirensis, 197.
Valerianus episc., 63.
Valerianus Abensis, seu Abbenzæ episc., 9, 70, 260.
Valerianus Bassianensis, 4, 62, 141.
Valerianus episc. Obbæ, 171.
Valerius episc., Utinisensis, 109.
Valerius mart. archidiac. Lingonensis, 198.
Vallis urbs, 161.
Vallitani episc. Bonifacius, alius Bonifacius qui Romæ Victori successit, 140. Restitutus, *ibid.*
Vallis Ecclesiæ urbs, 189.
Vamacures, 122. Seu Vamaccora. *Vide* Bamaccora.
Vamallensis episc. Flavianus, 60, 185.
Vanarionensis episc. Pelagius, 165.
Vandalorum origo, 193. Gothis sunt affines, 244. A Stilicone evocati, 194. In Gallias irrumpunt, 193, *seq.* 249. In Hispanias, 198, 249. Eorum ingressus in Africam, 3, 97, 201. Eorum numerus, 3. Africæ partem obtinent, 207, 222. A Majoriano fugantur, 227. E Sardinia pulsi, 231. Eos visione monitus aggreditur Justinianus, 77. In triumphum CP. ducti, 289. Eorum impietas, 286. Arianismo addictissimi, 205. Sævius agunt in res et personas sacras, 3, 4. Repentinus et sævus hostis dicti, 228. Ignari et infirmi hostes, 199.
Vandalorum reges Gelimer, 288. Gensericus, 3 *seq.* Godigischus, 194. Gontharis, 202 *seq.* Gundericus, 194. Guntabundus, 265. Hildericus, 287. Hunericus, 12 *seq.* Trasimundus 200. Comites, 15, 17. Præpositus regni, 15.
Vandalorum regnum cui debebat obtingere, 4.
Vandali Silingi, 200.
Vandalusia in Hispania, *ibid.*
Vangienes populi deleti, 194.
Vahnidensis episc. Rogatianus, 59.
Vararitana urbs, 125. Episc. Julianus, 58, 155.
Vardinissensis episc. Burco, 59, 169. Victor 169.
Varimadus Arianus, 72, 213.
Vasensis synodus, 81.
Vassinassensis urbs, 57, 81, 141.
Vassinus Elefantariensis episc., 59, 176.
Vassitanus locus Africæ, 141.
Vastinensis pagus, 197.
Vatari urbs, 126.
Vaunidensis episc. Rogatianus, 170.

Vazaritani episc. Vitalianus, 56, 125. Calipodius, Adeodatus, 125.
Vegersalla, 129.
Vegesela, 154. Duplex erat, 129. Episc. Reginus, Gavinus, Privatus, *ibid.* Privati nos, 129, 154.
Velesitanus episc. Januarius, 56, 130, 134. *Vide* Veselitanus.
Venantius episc. Oppidonebensis, 172.
Venantius conf. episc. a Tinisa, 109.
Venerius episc. Carpitanus, 108.
Venerius diaconus, 280.
Venutia, ibi Genserici persecutio, 12, 72.
Vera amnis, 245.
Veratianus episc. Carpitanus, 108.
Verecundus Nobensis episc., 59, 166. 175.
Vergersella urbs, 152.
Veri urbs, 108.
Verenses episc. Exitziosus, 55, 107. Quodvultdeus, Vitalis, 107, 108. An alius Vitalis ? *ibid.*
Verina Augusta, 231.
Verinianus Hispanus, 196, 198.
Verissimus episc. Tacaratæ, 126, 130.
Verolus mart., 85.
Verulus mart. ab sub Vandalis, 268.
Vesceritanus episc. Fortunatus, 116.
Veselitanus episc. Donatianus, 56, 77, 129. *Vide* Vegesela.
Via cœlestis Carthagine, 4, 63.
Viancium vicus, 245, 244.
Vibianense exsilium, 20, 78.
Vices Sabratenus episc., 7, 66, 186.
Vicinægrantis, seu Vicinigrandis, seu Vicinongrandis, seu Vicinæ civitatis ep. Asclepius, 214.
Victor III papa, 260.
Victor episc. Afer, 266.
Victor episc. exsul, 279.
Victor alius episc. exsul, *ibid.*
Victor Byzacenæ primas conf., 275, 278. An Victor Vitensis ? *ibid.*
Victor episc. Abitinensis, 256.
Victor episc. Altiburitanus, 113.
Victor conf. episc. ab Assuris, 106.
Victor episc. Azurensis, *ibid.*
Victor episc. Bahannensis, 155.
Victor episc. Bartimisiensis, 169.
Victor Bulensis episc., 110.
Victor Caltadriensis episc., 5), 172.
Victor Cartennæ episc., 169, 213, 231. Ejus opera, 169
Victor Carthag. episc., 231.
Victor Circensis episc., 56, 134.
Victor Cuicultanus episc., 56, 121.
Victor episc. Curubitanus, 110.
Victor Eminentianensis episc., 59, 181.
Victor episc. Equizetensis, 181.
Victor Eudalensis episc., 55, 115.
Victor Flumenpiscensis episc., 60, 182.
Victor alter episc. Flumenpiscensis, 182.
*Victor episc. a Garbe, 138. Romæ a Donatistis institutus, 104.
Victor episc. Gatianensis, 144.
Victor Gaudiabensis episc., 57, 136.
Victor Gauvaritanus episc., 58, 160.
Victor episc. Gibbensis, 126.
Victor episc. a Gor, 141.
Victor episc. Gratianensis, 81.
Victor episc. Hipponiensis, 101, 102.
Victor Horrensis episc., 59, 180.
Victor Icositanus episc., 59, 171.
Victor Jeralitanus episc., 59, 181.
Victor episc. Lapdensis, 106.
Victor episc. Malianensis, 165.
Victor Manaccenseritanus episc., 59, 178.
Victor Martyritanus, seu Mattaritanus, seu Martaritanus episc., 130.
Victor episc. Membressæ, 105.
Victor episc. Migirpæ, 107.
Victor Municipiensis episc., 56, 129
Victor Narensis episc., 57. 143.
Victor Numidensis episc., 59, 178.
Victor episc. ab Octavo, 126.
Victor Senex Puppianensis, 104, 125. Dictus Putputanensis, 104.
Victor Regiensis episc., 59, 70, 170.
Victor episc. Rotarii, 118.
Victor episc. Sinna, 101.
Victor Sufaritanus episc., 58, 164.
Victor Suggitanus episc., 56, 125, 136.
Victor episc. Tabaicarensis, 177.

INDEX ANALYTICUS HISTORIÆ PERSECUTIONIS VANDALICÆ.

Victor episc. Taborensis, 165.
Victor Taborentensis episc., 58, 165.
Victor episc. Timicitanus, 164.
Victor episc. Titulitanus, 115, 128.
Victor episc. Municipii Togæ, 125.
Victor episc. Tuburbii, Minoris, 115
Victor episc. Tunnonensis, 106. Seu Tonensis, 170.
Victor de Turres Ammeniarum episc., 57, 138.
Victor episc. Villaregensis, 130.
Victor Vinensis episc., 175.
Victor Vitensis episc., 57, 181. An Peradamiensis fuit? 84. Auctor est Historiæ persec. Africanæ; an primas Byzacenæ, an in sanctorum Catalogum relatus, etc. Vide præfat. Ejus Historia an integra habeatur? 239. An est auctor Passionis SS. 7 monachorum? 49, 51.
Victor Voncariensis episc., 59, 176.
Victor episc. Uticæ, 107. Victor presb., 144.
Victor presb. Sufetanus, 142.
Victor Capuæ, 62. Victoria mart., 110.
Victoriæ conf. fortitudo, 39, 84.
Victoria vidua mart., 201. Victoria urbs, 158.
Victorianenses episc. Ruffinianus, 58, 158. Saturninus, alius Saturninus, Getulicus, Restitutus, 158. Victoriana villa, ibid.
Victorianus mart., 39, 85.
Victorianus episc. exsul, 279.
Victorianus episc. Carcabianensis, 157.
Victorianus episc. Mustitanus, 114, 132, 145.
Victorianus Quæstorianensis episc., 58, 157.
Victorianus ep. Turtudisæ, 112, seu Tunusidæ, 71.
Victorianus episc. Aquensis, 167.
Victorinus episc. a Tabraca, 69.
Victorinus Ancusensis episc., 57, 142.
Victorinus episc. Auziritanus, 106.
Victorinus Babrensis episc., 56, 133.
Victorinus de Castello Tituliano, 56, 115, 128.
Victorinus Legensis episc., 56, 134.
Victorinus Legiensis episc., 56, 134.
Victorinus episc. Leptis Magnæ, 186.
Victorinus episc. Leptiminensis, 147, 187.
Victorinus episc. Nagargaritanus, 113, 114.
Victorinus de Noba Cæsaris episc., 56, 125.
Victorinus Perdicensis episc., 60, 184.
Victorinus Scebatianensis episc., 57, 48.
Victorinus Seberianensis episc., 57, 143.
Victorinus Serteitanus episc., 60, 182.
Victorinus ep. Tabudensis, seu Tabudesenensis, 127.
Victorinus episc. Temunianensis, 179.
Victorinus Usulensis episc., 57, 151.
Victorinus subdiac. Malliamensis, 164.
Victorius episc. Larensis, 74. Victorii errores, 62.
Victrix conf., 84. Vicus, 70.
Vicensis episc. Asterius, Urbanus, 141. Vicense littus, 142.
Vici Cæsaris episc. Januarius, 125. An est Jol, seu Julia Cæsarea? ibid.
Vicoateriensis episc. Pacatus, 58, 158. Ebasius, Rogatianus, 158.
Vicopacatensis episc. Florentianus, ibid.
Vicopacensis episc. Flabianus, 57, 141. Florentianus, 141.
Vigiliæ in monasterio, 276.
Vigilius Hizirzadensis episc., 56, 129.
Vigilius Restonensis episc., 56, 126.
Vigilius Tapsitanus episc., 58, 161. An auctor librorum contra Varimadum? 214.
Viliateus episc. Calaris, 285.
Villadegensis episc. Donatus, 56, 130. Vide Villaregensis. Villa Ecclesiæ urbs, 189.
Villæ Magnæ episc. Cyprianus, 185.
Villa Privata, 185. Villas vicus, 135.
Villaregenses episc. Felix, 130. Victor, 130. Cresconius, Candidus, ibid.
Villaricus Ausegerensis episc., 58, 159.
Villaticus de Casis Meditarensis episc. 35, 56, 125, 128.
Villaticus Mozotensis episc., 60, 185.
Villenobensis episc. Balaris, 58, 196.
Villitanus. Vide Ullitanus.
Viltensis episc. Restitutus, 140.
Vincemalus Baparensis episc., 59, 176.
Vincensis. Vide Juncensis.
Vincentia virgo et mart., 201.
Vincentianus episc. Feradimaiensis, 148.
Vincentinus episc. Cartennæ, 129.
Vincentius episc. Culusitanus seu Colossitanus, 160.
Vincentius Gigitanus episc., 8, 112.
Vincentius episc. Girbitanus, 126, 151, 152. Seu Gervitanus, 186.
Vincentius Ziggensis episc., 53, 68, 112.

Vindemialis mart., 248.
Vindemialis episc. Afer in Italia, 215.
Vindemialis Capsensis episc., 55, 58, 96, 133, 244, 245.
Vindemius Altuburitanus episc., 56, 113.
Vindemius Lemfoctensis episc., 60, 174, 181.
Vindensis episc. Reparatus, 175.
Vindicianus episc. exsul, 279.
Vindicianus Marazianensis episc., 57, 130.
Vindonius conf. Afer, 262.
Vinensis episc. Victor, Fructuosus, 175. Vide Binensis.
Vinitor Talaptulensis episc., 58, 160.
Virensis episc. Vitalis, 107, 108.
Virginum monasterium, 8. Virgines sacræ, 8. Graviter tortæ, 16, 74. Virgines Dei, 193.
Viricitanus episc. Mansuetus, 63.
Viromanduorum Augusta, 196. Visalta urbs, 177.
Visicensis episc. Valentinianus, 165.
Visigilitana plebs, 129.
Visiones ante persecutionem, 13.
Visitensis episc. Felix, 165.
Vistalsensis episc. Saturninus, 59, 177.
Vita sempiterna, pro justitia mori, 252.
Vitalianus Bocconiensis episc., 56, 70, 121.
Vitalianus Vazuritanus episc., 86, 125.
Vitalis Assafensis episc., 60, 182.
Vitalis Castranobensis episc., 59, 173.
Vitalis episc. Masculitanus, 136.
Vitalis Sulcitanus episc., 60, 189.
Vitalis episc. Ucrensis, 107.
Vitalis episc. Verensium, 108.
Vitarit notarius, 13, 20.
Vitensis episc. Victor, 57, 148.
Vitulus episc. Larensis, 74.
Voconius Catellanus episc. 214. Ejus opera, 173.
Vodena urbs, 68.
Vol urbs, 108. Episc. Crispulus, Quodvultdeus, ibid. Muranus, ibid.
Volitani martyres, 108.
Voli Maur. Tingit. populi, ibid.
Volateranus episc. Justus, 280.
Volubilis urbs, 121. Volusianus imp., 187.
Voncarienses episc. Donatus, 59, 171. Felix, 171.
Voncariensis episc. Victor, 59, 176.
Vosetanus. Vide Bosetanus. Uracitanus. Vide Urcitanus.
Vullensis episc. Porphyrius, 140.

X

X in SS mutatur, 148.
Xantippus episc. Tagoræ, seu Thagosæ, seu Tagonæ non Thagastæ, nec Constantinæ, 123.

Y

Yppone Zarestum, 101.

Z

Z et D indifferenter sumuntur, 102, 143, 163.
Zabes regio, 184. Zabensis episc. Lucius, 132.
Zabensis in Numidia episc. Cresconius, 56, 132.
Zabensis in Sitif. episc. Possessor, 60, 184. Felix Diabensis, 184.
Zabuniorum a Medianis episc. Donatus, 145.
Zactaræ episc. Januarius, 127, 128. Felix, 128, 287.
Zacynthi Sævit Gensericus, 232.
Zaitarensis. Vide Zaitara, Zalapa urbs, 181.
Zallatensis episc. Argenius, ibid.
Zama urbs regia, 132.
Zammarus conf. Afer, 258, 263.
Zaradtansis episc. Adeodatus, 57, 141. Seu Zaraitenses Cresconius Rogatus, 141.
Zarat urbs, 184. Seu Zaratha, 141.
Zattaræ seu Zatteræ episc. Januarius, 33, 81, 127, 128. Licentius, Cresconius, 128.
Zela urbs alia a Tela, 105. Ejus episc. Natalicus, Donatianus, ibid. Synodus Zellensis, ibid.
Zellenses episc. Donatianus, Natalicus, 151.
Zenon imp. cum Genserico fœdus renovat, 232. Obtinet episc. Carthag., 13. Ecclesiam ibidem pro catholicis, ibid.
Zentensis episc. Florentius, 178.
Zephirinus papa, 67.
Zertenses episc. Gaudentius, Salustius, 178. Zertense concilium, ibid.
Zeugitana provincia, 5, 8, 9, 106, 223. Seu Proconsularis, 106.
Zicensis, 163. Episc. Donatus, 112.

Ziggenses episc. Vincentius, 55, 112. An Donatus? 112, 113.
Ziquensis mons, 16, 45, 74. Civitas, 74, 88.
Zozimus episc. a Tharassa, 128.
Zubedi fundus, 84.
Zuchabari, seu Zucabiaritanus Stephanus, 58, 166.

Zugabbaritani episc. Maximianus, 166, 167. Germanus, 166.
Zummensis episc. Silvanus, 177.
Zurensis episc. Paulinus, 75.
Zurinatia, seu Zurinata, urbs 17, 75.

INDICES IN SIDONIUM.[*]

INDEX RERUM QUÆ IN TEXTU CONTINENTUR.

A

Aaronis mystica sacrificia, 214.
Ablavii dystichum in Constantinum, 138.
Abrahæ abb. epitaphium, 203.
Absolutionis in spe adhuc est, qui potest converti, 166.
Absyrti fabula, 313.
Accentus hiemis, 95. Ludi, 150. Plausuum, 199.
Achillis educatio et latebræ, 356.
Acincus Pannoniæ opp., 312.
Actiacum bellum, 323, 333.
Addua cæruleus, 10.
Adelphii teneritudo, 140.
Advocatio consulta, 160.
Advocatorum cum finiuntur actiones, incipiunt dignitates, 27. Primores, 220.
Ædua civitas, 151. Æduus, 116.
Ægyptus allegorica, 182.
Æthiopum gymnosophistæ, 216.
Æthiopicum marmor purpureum, 309, 363.
Aetius Ligeris liberator, 199, 312, 337, 340, 361. Ejus oratio ad Asitum, 340. Mors, 318, 342.
Affectus propinq., 160, 226.
Afranius Syagrius cos., 16.
Africæ prosopop., 310.
Agricola cos. præfectus et magister milit., 379.
Agrippina Germanici, 137.
Agrippina Col. formidata Sicambris, 334.
Agrippinus presbyter, 158.
Agrœcii disciplina, 140.
Alamanni, 321, 342, 343.
Alani Caucasigenæ, 86. Vandalis juncti, 300, 301. In castris Majoriani, 324.
Albensis urbs, 169.
Albis fluvius, 345, 406.
Albiso antistes, 251.
Alcestes fab., 379.
Alcimus, 252. Ejus fortitudo, 140.
Alcon sagitt., 314.
Aleæ ludus, 6. Aleatores, 149. Aleatorium, 59.
Alethius, 45.
Alexander serpente genitus, 292. Patris gloria torquetur, 315. Parentat manibus Achillis, 78. Ejus victoriæ, 332.
Alingonis portus, 239.
Alites pop., 324.
Allectorum mensuræ, 135.
Alpes, 9, 321, 323. Alpinæ rupes, 109. Alpis transmissa, 116. Porrecta in præruptis rupibus, 384.
Alpheus et Arethusa, 354.
Amantius lector, 186, 198, 235.
Ambrosius, duorum martyrum repertor, 173.
Amicis uti ut florib., 108. Amicorum idem judicium, 62, 85.
Ampelius, 337.
Amphion novus in citharis, 133.
Amyclis taciturnior, 221.
Amystides, 397.
Anachoresis, 191.
Anaxagoræ dogma, 377.
Anianus episc., 245.
Annus bonus de magnis non tam fructibus, quam potestatibus æstimandus, 71.
Anthedius, 232, 361, 388.
Anthemius præf. et cos., 291.
Anthemius Aug., 146. Græcus imperator, 16. Iterum cos., 25, 288. Procopii filius, 290. A Leone collega lectus, 289, 296. Martiani gener, 295. Magister mil. consul et patricius ab eo creatus, ibid.
Antiolius episc., 245.
Apellem peniculo munerari, 177.

Apicii epulones, 96. Apiciani plausus, 120.
Apis Mareoticus, 357.
Apollinaris Sidonii avos PP. Galliarum, ejusque epitaphium, 77, 138. Filius, 79, 139, 142, 222, 250.
Apollinaris, 47, 103, 179, 416.
Apollinis icon et pompa, 391.
Apollonius Pythagor., 214.
Apostolica sedes episcopi, 158. Apostolatus, 160, 162.
Apostolorum limina, 12.
Appius dissuadet, 327.
Apuleius, 54. Platonicus Madaurensis, 274. Phædonem vertit, 49. Ejus convivales quæstiones, 274.
Aquitania, 170. Aquitani, 180. Aquitanica prima, 180.
Aquitaniæ fulmenta, 83.
Arabs guttam, 310. Arabum messes, 275.
Araneola Polemii, 378.
Arar, 168, 315. Araricus bibitor
Arausionenses, 169.
Arcariorum pondera, 135.
Arcesilæ dogma, 377.
Archimagirus, 49.
Archimandritæ Memphitici et Palæstini, 213.
Architectorica concin., 217.
Arelate, Arelatenses, 25, 27, 153, 169, 199.
Aremoricus, 338. Tractus, 342.
Argentaria Polla, 54, 405.
Argonautæ Minyæ, 353.
Aristoteles pingitur brachio exerto, 265. Dat retia syllogismis, 294.
Arpinas lixa Marius, 296, 359.
Arpinas varicosus Cicero, 135, 144, 219, 234, 295.
Arsaces Parthicus, 230. Arsaciæ domus, 303.
Artium propria, 85, 129.
Arvandi præfecti judicium, 15.
Arverna urbs, 76. Regio, 160, 186, 198. Legatio, 23. Scrinia, 212.
Arverniæ laus, 119, 334, 335. Arverni, 26, 32, 44, 65, 117. Litterarum studio dediti, 134, 171, 175. Romanorum fratres, 185, 258. Bellicosi, 335. Obsessi a Gothis, 64, 66.
Arvernum, 26. Municipio!um, 62. Oppidum, 171, 180. Territorium, 261.
Arvernus populus, 63, 172.
Aruzges, 319.
As, ex asse, ad assem, 27, 68, 83, 112, 372 seq.
Asarotici lapilli, 399.
Asellus comes S. L., 16.
Asiagenes Scipio, 333.
Asiaticus lib., 135.
Asterius cos., 220.
Astrorum varii aspectus, 237.
Atabulus Calaber, 11.
Atalanta, 305, 373.
Atax fluvius, 282, 315.
Athenæ Atticæ, 91. Athenis loquacior, 221.
Athenæum, 48, 98, 264, 278.
Athenius, 29.
Atrebates, 313.
Attalicum testamentum, 304.
Attila Rheni hostis, 199, 246. Ejus copiæ, 341.
Aturres, 33.
Aturricus piscis, 241.
Auctor, 78, 200.
Augustinus, 48. Dialecticus, 251.
Augustus Phœbigena, 232, 353.
Aurelianensis obsidio, 246.
Auriga coronatus de podio spectans, 230.
Auroræ domus, et icon, 301, 305, 306.
Auscenses, 183.
Ausonius poeta, 108.
Auspicia fulmenta, 117.
Auspicius episc., 112.

[*] In his indicibus revocatur lector ad numeros in textu crassiori charactere expressos. Videsis quæ monuimus ante initium epis. olæ primæ, 2° in ejusdem paginæ ora inferiore. Edit.

INDEX RERUM QUÆ IN TEXTU CONTINENTUR.

Autololæ, 319.
Auxanius, 17. Abbas, 209.
Avennicus, 169.
Avienus consularis, 22.
Avitacus, 34, 418.
Aviti Aug. consulatus, 330. Ortus et educatio, 335. Cum Hunno certamen, 339. Præfectura, *ibid*. Legatio ad Theodericum, 340, 342. Magisterium, *ibid*. Inauguratio, 349.
Avitus alter, 417.

B

Babylon, 291. Coacta, 291, 352.
Babylonici tres pueri, 381.
Babylonis figurata fornax, 182.
Bacchi icon et pompa triumphi, 389, 390.
Bactra, 303, 328, 352, 406.
Bagrada, 318.
Baiæ, 144, 320, 386.
Baiocassina prædia, 112.
Balbi ephemeris, 279.
Balneum Sidonii, 33, 386.
Baptisterii dedicatio, 109.
Barbarismus morum, 233.
Barri, 380. Barrinæ aures, 80.
Basilius consularis, 22.
Basterna pop., 230, 341.
Belga, 341. Belgica, 258. Belgicæ terræ, 111.
Bellonotus pop., 324, 341.
Beneficii collati vel accepti vitia, 79.
Bigerricus turbo, 259.
Bigerrus pr., 26.
Bisalta pop., 324.
Biterrenses, 217, 266.
Bituricæ, 179. Biturigæ, 196. Biturix populus, 187, 189, 196.
Blatta, 310. Blatifer senatus, 284.
Bonifacius comes, 360.
Bonoviratus, 195.
Bracmanes Indorum, 216.
Brennus, 306, 311, 334. Brennica signa, 350.
Britanni Caledonii, 333. Super Ligerim, 16, 74, 262.
Brivas, 350.
Brixillum, 10.
Bructerus, 341.
Burco pr., 321.
Burdegala, 227, 253, 259. Burdegalenses, 273.
Burgundiones, 16, 68, 133, 229, 324. Victi, 338, 341, 343. Eorum mores et forma, 369.
Burgus castr., 389, 393, 397.
Byzantini chironomontes, 96. Fragores, 209. Regna, 405.
Byzantinus Mummius, 304.

C

Cabillonum, 125.
Cadurci, 360.
Cæsar Hectori parentat, 78. Litteras cum armis tractat, 219. Ejus rerum scriptores, 279. In ortu laurus flagrat, 292. In Britanniam trajicit, 333. Gergoviam obsidet, 333. In ejus castris seditio, 325.
Cæsena opp., 20.
Caii imp. numina, 319. Caligæ, 333. Caius periculosus, 137.
Calchidicus, 290, 364.
Caienses Baiæ, 144.
Calpurnia Plinii, 54.
Calumniatorum mores, 135.
Camerinum municipium, 54.
Camilla, 314.
Camillus, 226, 306, 327, 349.
Camillus V. I., 29. Felicis patruelis, 331.
Campana terra, 321. Vini ferax, 310.
Canicularis inclementia, 34.
Canini campi, 321.
Canon glebæ, 166.
Cantiliensis Ecclesia, 106.
Capitolium, 16. Tolosæ, 286. Capitolina area, 17. Tabula, 26.
Caprasius, 384.
Caramalus pantom., 406.
Carminare, 23, 276, 281.
Carræ opp., 304, 352.
Carus imp. Narbonensis, 401.
Carus lib., 135.
Castorea Pontica, 310.
Castorinatus, 156.
Catastrophæ sphæristarum, 48, 150.

Cataplus, 164, 185.
Cathedræ litterarum aut altarium, 196.
Catilina, 261. Sæculi nostri, 53.
Catonianum supercilium, 227. Catoniani judices, 280.
Cato tertius, 362. Cyprum subegit, 304. Exercitum ducit in Africa, 240.
Catullinus V. I., 26.
Catullus, 360.
Celeuma amnicum, 53, 340.
Celticus sermo, 63.
Censorini de die natali volumen illustre, 372.
Censuales penulati, 220.
Centrum cœli, 237, 371, 376.
Cesennia Gætulici, 54.
Chaldæus, 291. Sidera servat, 317. Amomum fert, 310.
Chalybs pop., 310.
Chattus, 332.
Chilpericus mag. militum, 134.
Chiron cent., 288, 373. Chironica ars, 56.
Chironomontes, 95.
Choraulæ, 6, 276, 407.
Christi ortus et gesta, 382.
Chrysippi numeri, 265, 294, 401.
Chunus, 324, 341, 406. Jaculis pugnat, 338.
Cibyratæ juniores, 137.
Cicero, 336, 372. Ciceronis filius, 204.
Cilicum vela, 80, 123.
Cincinnatus, 226, 306, 343.
Cinctus, discinctus, 33, 136. Cinctutus, 24.
Circenses ludi, 28, 262. Describuntur, 408 *seq*.
Circite, 309, 331, 410.
Classes numerosæ, 325.
Claudianus poeta, 360. Presbyter Viennensis, cujus libri de Statu animæ et hymnus laudantur, 129. Ejusdem mors et epitaphium, 101.
Claudius imp. socors, 137. Ejus censura, 319, 333.
Clausetia, 143.
Cleopatra, 323. Ptolemæis incesta, 333. Cleopatricæ dapes, 211.
Clepsydra, 49, 58.
Clitis fluvius, 313.
Cloio Francus, *ibid*.
Cocles Horat., 311, 332.
Coctiæ Alpes, 347.
Codicelli, 27, 146.
Cœlestinus, 371.
Colchis Medea, 308, 313, 386. Colchus gramina, 317.
Colonaria persona, 152.
Columella, 222.
Columnæ milliares, 415. Monubiles, 37. Purpura ædificiorum, 37.
Coluria rotundata, 57.
Comes, 30, 295. Civitatis, 175, 176.
Commonitorium, 233.
Concio pro gradibus aræ, 385.
Conditorium, 149.
Confessio sacra, 108.
Consentius, 281, 397, 401, 403.
Constans lector, 105.
Constantinopolis laus, 289.
Constantinus imp., 139. Tyrannus, 138.
Constantius comes, 337. Poeta, 52, 283.
Consulatu princeps ornatur, 311, 330.
Coutra legere, 145.
Couuenæ opp., 183.
Corinna Nasonis, 54, 403.
Corinthus, 304. Æra fert, 310. Citharistrias, 276.
Corona sponsi, 12. Clericorum, 160, 187.
Corpora ordinum varia, 149.
Correctio festinata vicinatur innocentiæ, 165.
Corvinorum familia, 22.
Cothurni forma, 233, 302.
Cottios, 417.
Covinnus, 409.
Crassus a Parthis occisus, 305, 333.
Cremona, 10.
Crispus veneno sublatus a patre, 138.
Crocus episc., 184.
Crœsus, 352.
Cronos Saturni, 376.
Ctesiphon opp., 275, 305.
Cura palatii, 412.
Curetum sacra, 358.
Curio, 28.
Curius, 301, 333. Dentatus, 322.
Cursoria, 9. Cursus public., 9.
Curules elaboratæ, 226.
Cuticiacense prædium, 62.

Cyclas pronubæ, 13.
Cynici, 265, 294.
Cyrus, 332.
Cyzici obsidio, 303, 304.

D

Dacus, 324. Dacica rura, 297.
Damnum indemne, 110.
Damoclis Syrac. histo. ia, 58.
Danaidum fab., 379, 380.
Danubius, 295. Danubinus limes, 239.
Dapes Cleopatricæ, 241. Thyestæ, 353.
Dardanus PP., 139.
Darius victus, 355.
Davidante arcam, 381.
Decemvirales sententiæ, 45.
Decemviri in judicio senatus, 48.
Deciana familia, 22.
Decocta, 38.
Deformissimi idea, 80.
Delphica instrumenta, 228. Astra, 281.
Delphidii abundantia, 140.
Democritus, 295, 294.
Demosthenes, 295, 402. Patitur æmulos, 212.
Deorum propria insignia et epitheta, 331, 363. Tutelæ locorum, 357.
Dextra numerat annos, 266.
Dicharchæa arena, 290.
Diæta sive cœnatiuncula, 38.
Diastema zodiacum, 237, 371.
Diogenes barba com., 265.
Domi habet unde discat, 195.
Domitianus truculentior, 157.
Domitius, 415.
Domnicius, 149.
Domnulus Afer poeta, 274. Vir Quæstorius, 371.
Dorica tellus, 304. Hestia, 324.
Dracones signa mil., 296, 322.
Drepanitanus agon, 40.
Drepanius, 232.
Duranius fluvius, 392.

E

Eborolacense prædium, 69.
Ecdicius Sidonii sororius, 39, 146, 387.
Echoici elegi, 236.
Elaris fluvius, 315.
Eleemosynæ utilitas, 218.
Elephantes in triumpho Curii et Metelli, 301. Hem Bacchi, 392.
Eleusis Ceres, 357.
Eleusina superstitio, 169.
Eliseus in Eliæ raptu, 382.
Elusani, 186.
Eminentius pr., 111.
Epicurus cute distenta, 265. Ejus dogmata, 11, 294.
Epigrammatis idea, 236. Epigrammatista, 85.
Epiphanius scriba, 151.
Epirus, 304. Equos fert, 310.
Episcopi electio, 125, 190.
Episcopus episcoporum Lupus, 153.
Epistola evocatoria, 239.
Epistolæ affectum conciliant non minorem interdum quam præsentia, 202.
Epitaphistarum næniæ, 23.
Equitis exarmati descriptio, 66.
Erythræ Hydaspeæ, 305.
Essentia vocab. Ciceron., 372, 377.
Ethica dictio, 236.
Eucherius sollicitat, 90. Lirinum petit, 385.
Eucherius V. I., 193.
Euclidis mensuræ, 265, 294, 401.
Eubyos, Bacchus, 357.
Eulalia Probi, 418.
Euphemia Martiani filia, 305.
Euphrates fluvius, 208, 209, 303.
Euphratis ripa, 250.
Euphronius episc., 126, 127.
Euripus aquæ, 396, 411.
Eusebiani lares, 85.
Eusebius chronographus, 224.
Eustachius episc. Massiliæ, 175, 177.
Eutropia matrona, 158.
Evan Semeleius, Bacchus, 316.
Evanthius, 143.
Evarix rex Gothorum, 189. Eoriens, 220.

Evectio, 153.
Exemplatus libellus, 110.
Exotica sidera, 388.

F

Fabaris fluvii aqua pura, 12.
Fablus mag. equitum, 41, 327, 348.
Fabricius, 332, 357.
Fabula Milesia vel Attica, 177.
Factura morum, 195.
Facundia Quirinalis, 111.
Falco novus de hilario vetere, 133.
Fasti dati, 220. Purpurissati, 226.
Fastigatissimi consulares, 22.
Fastigatissima felicitas, 42. Caritas, 242.
Fatigationum sales, 20.
Fausta Constantini, 138.
Faustinus antistes, 92, 93.
Faustus Reiensis episc., 184, 262, 385.
Febris descriptio, 11.
Felix V. C., 351. Condiscipulus Sidonii, 362, 417. Magnus Felix, 351.
Felix non est, qui non semper, 15.
Feriæ inhonoratorum, 8.
Ferreolus PP. Galliarum, 416. Legatus contra Arvandum, 16, 18. Hospes et affinis Sidonii, 47, 48, 199.
Ferreolus martyr, 175.
Ferularum fractor, 80.
Fescennina, 365, 371.
Fescenninicola Dione, 368.
Fidulus, 417.
Filii cum patre reconciliatio, 121.
Firmicus, 388.
Fisci sextantes et unciæ, 370.
Flaminia, 11.
Flamonia municipum, 435.
Fœderati, 21, 58.
Formæ aquarum, 11.
Formata, 164, 174.
Fortunalis pr., 218.
Fragor ingens, 411.
Francorum descriptio, 316, 317. Natatus, 138. Paludes, 403. Belgicam invadunt, 342. In castris Attilæ, 311.
Francus Cloio, 315.
Fringultire, 189, 251.
Frontina, 117.
Fronto, 117. Orator, 213. Ejus in Pelopem actio, 231.
Frontoniani, 2.
Fucinus, 12.
Fulminis lapis, 310.
Fulgentius Quæstorius, 58.

G

Gabalitani, 143, 185.
Gabales, 350.
Gabaonitica servitus, 260.
Gaditani, 259.
Gætulicus, 84, 369.
Galba avarior, 157, 353.
Gallia, 320. Lassa tributis, 323. Pecuaria Galliæ, 310, 327, 334, 340, 347, 349, 373. Gallicana tribunalia, 220. Abundantia in epulis, 8.
Gallicinus episc. Burdeg., 234.
Gallionis gravitas, 140.
Gallus V. H., 164.
Ganges, 303, 318, 332. Captivus, 300.
Garrulo non respondere convitium est, 71.
Garumna, 230, 234, 240, 343, 389, 392. Garumnici mugiles, 241.
Gaudentius Vicarius, 7.
Gaudentius veneratus, 77.
Gaudentius Aetii filius, 373.
Gedeon, 381.
Gelasiani, 407.
Gelasius, 283.
Geloni equimulgæ, 86. Falce pugnant, 339. In castris Attilæ, 311, 406.
Gemmarum species variæ, 364.
Genesius, 95.
Geniituræ sanguinariæ schema, 236.
Gensericus pirata, 301. Prædo, 310.
Gepida trux, 311.
Gergovia, 353.
Germanicus, 42, 137.
Germanicus V. S., 106.
Germanus episc., 245.

INDEX RERUM QUÆ IN TEXTU CONTINENTUR.

Gerontius, 139.
Geryonis pugna, 370.
Gestatio, 47.
Gestatoriæ bracteatæ, 226.
Getæ, 300, 325, 332. Sanguinem potant, 333. Getica sceptra, 315. Getbides anus, 215.
Gigantomachia, 329, 355.
Gir Æthiopum, 332.
Gorgonis caput, 374.
Gothi, 62, 66, 67. Criniti, 67, 69, 171, 184, 185. Gothorum rex, 16, 183, 185. Gothica sors, 184.
Gozolas Judæus, 68, 95.
Græca elegantia, 5.
Græcus episc., 184.
Gratianensis pr., 29.
Gratianopolis, 82.
Grinincenses patres, 209.
Gryphes in curru Apollinis, 406, 407.
Gymnas, 305, 313, 357.
Gymnasiarchorum virga, 58.
Gymnosophistæ Æthiopum, 216.

H

Hannibal, 309, 334. Barchæus, 320. Ejus mors, 298.
Harpalice, 295.
Hasdrubal, 306.
Hecatombion, 358.
Helciarii, 53.
Helena vicus, 315.
Helenæ raptus, 334, 355.
Heliodorus, 100.
Hemicyclium solii, 35.
Hellespontiacæ procellæ, 305. Profundum, 323.
Heptateuchi liber, 145.
Heraclitus, 263, 294.
Hercinium nemus, 318.
Herculis cum Acheloo pugna, 305. Ortus, 329. Labores, 334, 370, 378. Item, 239, 337, 349, 373.
Herma stolidissimus, 105.
Herodotus torrens, 402.
Herulus glaucis genis, 229. Cursu præstat, 338.
Hesiodea carmina, 358.
Hesperius, 118.
Hieronymus interpres, 231.
Hilario ex vetere novus falco, 133.
Hilarion anachor., 191, 384.
Hilarius Arelatensis, 384.
Himerius antistes, 200, 202.
Hippocrates, 278.
Hippolytus, 177.
Hippomenes, 305, 314, 367, 373.
Hirundineus vel ciconinus adventus, 60.
Hispania naves, 310.
Historiæ scribendæ instrumenta, 120. A clerico suscipi non debet, ibid.
Hoenius Sidonii magister, 361.
Holographæ membranæ, 269.
Homerus, 148, 282, 295, 402.
Hominis cum belluis comparatio, 203, 204.
Honoratus Arel., 384.
Honorius Aug., 139.
Hora secunda, 4. Quinta prandii, 49. Dux secundæ, 97. Alteræ faciendæ, 414. Tertia rei divinæ secundæ, 148.
Horatius, 49, 254, 256, 281, 308, 413. Citatur, 25, 227, 286. Horatiana incude formati Asclepiadei, 269. Opera, 358.
Hormidac dux Hunnorum, 296.
Hortensius, 54.
Horti nobiles, 416.
Hunnorum descriptio, 296, 297.
Hyantiæ puellæ, 360. Camænæ, 228.
Hydraulica organa, 6.
Hypanis, 312.
Hyperbolica instrumenta, 176, 177.
Hypodromus, 37.

I

Iberia Ruricii, 367.
Ibericæ regiones, 218. Iberorum feritas, 276.
Idiotarum est facile convinci, difficile compescii, 202.
Ilia Rhea, 302, 309.
Illyricum, 304, 312.
Illyris ora, 296.
India fert ebur, 310. Indi, 290, 318, 332, 362, 367. Indorum Brachmanes, 216.
Indoloria vox Cicer., 372.

Innocentius V. S., 165.
Inquilinatus originalis, 152.
Insula serpentis Epidaurii, 19.
Ister, 312, 325, 331. Septemplex, 325.
Italiæ icon, 299. Itala celeritas, 5.
Itinerarium Lugduno Romam usque, 9, 10, 11.

J

Jani laurea, 289, 330.
Joannes Elias secundus, 382.
Joannes episc. Cabilloni, 126.
Joannes Sidonii famil., 43.
Jonas in ventre ceti, 382.
Joseph patriarcha, 169.
Jovinus cons., 493.
Jovini tyr. facilitas, 139.
Judæa, 304. Judæorum causæ, 166.
Judæus conversus, 242. Recultitus, 398.
Judicium comperendinatum, 19. Bene judicanti indicium, 45.
Judith, 381.
Julianarum legionum hiberna, 60.
Julianus martyr, 173, 413.
Jupiter in cælum receptus, 287, 288. Deorum concilium vocat, 331. Creta tutela, 357. Jovis palla, 378. Amores et metamorphoses, 367, 379, 407. Ammonis oraculum, 357.
Jurenda monasteria, 126.
Justa injuste persoluta, 46.
Justus medicus, 56.
Justi (S.) sepulcrum, 148.
Justinus, 416.
Juthungi, 338.
Juvenalis, 246, 360.
Juventius Martialis, 279.

L

Labyrinthus negotii, 43.
Labyrinthica insolubilitas, 102.
Labyrinthicæ viæ, 276.
Laconicum marmor, 310, 364, 365. Olivum, 310.
Lacus descriptio, 39.
Lagæa stirps, 324.
Lais philosophi victrix, 380.
Lambrus ulvosus, 10.
Lampridius rhetor Burdeg., 228, 252, 273, 274, 276.
Lapurdenses locustæ, 241.
Latonæ partus, 329.
Lector, 126, 174, 176.
Ledus fluvius, 315.
Legati prov. Galliæ, 16. Munuscula legatis, 136.
Leges Atticæ, 131. Theodosianæ et Theodoricianæ, 33.
Legulæ aurium, 3.
Lemma epigrammatis, 227.
Lemovices, 183.
Lemures, 208.
Leo Ang., 389, 404.
Leo V. S., 273, 281, 361, 371, 411.
Leontina seges, 59.
Leontius episc., 184. Primus Aquitanorum, 234, 240. Pontius, 388, 393.
Leonum capita in canalibus, 37.
Leserra mons, 416.
Leucas, 333. Leucadia freta, 304. Portus, 325.
Levitica dignitas, 129. Ordo, 165.
Liber trium voluminum, 129.
Libitina, 46.
Libys frumenta, 310.
Licinianus Quæstor, 72, 116.
Licinus lib., 135.
Ligeris fluvius, 63, 171, 199, 315.
Ligures, 361. Ligusticæ civitates, 276. Montes, 10.
Limpidius Narbon., 413.
Lingua index conscientiæ, 82.
Lirinus, 384.
Lirinensis militia, 156. Patres, 209. Cœnobium, 243. Cellulani, 253.
Litorius comes, 338, 340.
Litteræ litteratæ, 111, 213.
Litteris abutitur qui legit ut carpat, 83.
Litteris expers turba, solitudo, 205.
Livia pr., 234.
Liviana mœnia, 214.
Livius, 295. Alter Nabonensis, 412. Salinator, 318.
Loca lautia, 241.
Lucanus, 54, 358.
Lucilius, 360.

Lucretius, 360.
Lucrinæ undæ, 52.
Lucullus, 304, 305.
Lugdunum, 200, 527, 370.
Lugdunensis ecclesiæ dedicatio, 254.
Lugdunensium nebulæ, 20.
Lugdunensis Germania, 157. Provincia secunda, 113.
Lupus episc., 112. Princeps pontificum Gallicanorum, 200, 243, 245, 384.
Luxus sabbatarius, 5.
Lyciæ sortes, 317.

M

Macetæ, 304, 322.
Machaonica ars, 56.
Magi, 291.
Magister epistolarum, 274. Scrinia sacra gubernat, 307.
Magister utriusque militiæ, 291, 294, 312, 321, 327, 342, 344, 348, 379.
Magisterium, 343.
Magisteria palatina, 7.
Magni rigor, 140.
Magnus ex præfecto et consule, 28, 404, 412, 417.
Majestatis reus etiam qui non affectat purpuram, 19.
Majorianus mag. militum, 312.
Majorianus Aug., 25. Ejus epulum et circenses, 28, 274. Panegyricus, 307, 312, 313, 314, 315, 317, 320. Julius, 317. Mag. militum, 321.
Mamertus episcopus, 144.
Mantua Veneta, 282.
Marcelliana conjuratio, 27.
Marcellinus togatus, 56. Narb., 413.
Marcellus lib., 133.
Maria soror Mosis, 381.
Mar nus pr., 413.
Marmarida, 319.
Marmorum varia genera, 56, 309, 310, 364, 393.
Maroniana lectio, 133.
Maronianus stylus, 234.
Marsus poeta, 360.
Martia Hortensii, 54.
Martialis, 360, 403.
Martis pompa, 116. Tuba, 285. Gesta, 407. Thracum tutela, 337. Astrum, 237.
Martius pr., 361.
Martius Myro, 412.
Marsyas, 371.
Massa lib., 135.
Massagetæ incursaces, 239.
Massilia, 185. Phocis, 398.
Massilienses, 174.
Materna origo, 116.
Mathesis vetita, 237, 314, 388.
Matrona fluvius, 315.
Maurus timore albus, 328.
Maximus episc., 243, 384. Palatinus, 123.
Mechanemata, 21.
Medea, 333. Æetias, 407. Colchis, 303, 313, 407.
Medici languidos officiosissime occidunt, 56.
Mediolano de suo nomen, 209.
Medioximum, 254.
Modulica supellex, 241.
Megethius clericus, 243.
Memor poeta, 360.
Menander soccifer, 358. Epitrepon ejus fabula, 185.
Menstruanus pr., 44.
Mesochorus, 6.
Messala profundi ingenii, 361.
Messianus, 344.
Metatoria pagina, 233.
Metaurus fluvius, 11, 306.
Metelli Numidici triumphus, 301.
Metellus Creticus, 304. Pius, 327.
Metius, 298.
Mida cupidior, 157.
Milesia fabula, 177.
Militia palatina, 13. Clericalis et palat., 175.
Mimallones cum satyris, 288.
Mincius piger, 10.
Minyæ Argon, 383.
Miræ, 371, 376.
Mithridates, 333. Pharnacis genitor, 394.
Modoharius Gothus Arianus, 181.
Monachus sub paludamento, 99.
Mora sæpe melior, 44.
Mortui eluuntur et vestiuntur, 67.

Morum pulchritudine optimus quisque præstantius placet, 140.
Mosa, 315.
Moschus, 324, 333.
Mosella, 111.
Municipaliter natus, 26.
Musteus liber, 215.
Myoparones, 223.

N

Nævus niger in candido corpore placet, 113.
Nar fluvius, 12.
Narbo Martius, 388. Laudatur, 399 seqq. Obsessus a Gothis, 346, 400.
Narbonenses, 217.
Narcissus lib., 135.
Nati cum prodigiis, 292.
Naumachiæ, 12.
Nebris Erythræa, 325.
Nemausus, 47.
Nepos Aug., 146.
Nero impurior, 157. Citharœdus, 319. Vir morte, 333.
Nerva, 319, 334.
Neurus, 324, 341.
Nicer fluvius, 341.
Nicerotiani succi, 362.
Nicetianum consilium, 221.
Nicetiana hæreditas, 62.
Nicetius, 219, 220.
Nicomachus senior, 214.
Nilotis aqua, 219.
Nilus ortu ignotus, 331.
Niphates, 275.
Nitiobroges, 232.
Nobilitatis indicium litteras nosse, 214.
Noricus, 301.
Norica bella, 338.
Numerarii, 27, 135.
Numidæ, 319. Numidicum marmor, 309. Pœnum, 364.
Nuptam novam pulchrior pronuba non decet, 52.
Nuptiæ occasionem studentibus tribuunt, 54.
Nymphidius, 380.

O

Octavianus ager, 216.
Odrysius vates, 233.
Odrysii mystæ, 325.
OEnomaus, 305, 373, 411.
Olarionenses Jepusculi, 222.
Olorini cantus, 228, 251.
Ommatius, 265, 385.
Onychintinæ crustæ, 259.
Opera nostra non opuscula post mortem pensanda, 217.
Opertorium, 76.
Opica translatio, 214.
Optantius, 42.
Oratorum aliquot propria, 140.
Ordinis secundi sacerdos, 126. Antistes ordine in secundo, 103.
Orestes vel post terga finitus, 247.
Orgiorum descriptio, 325, 358.
Origenes Adamantius, 49. Allegoricus, 251.
Orphei carmen de ortu Palladis, 328. De matris laudibus, 329. Descensus ad inferos, 379.
Ostrea vivariis opimata, 239.
Ostrogothus, 229, 301, 324.
Otho audacior, 157.
Othonis speculum, 319, 333.
Otium fuliginosum, 60.
Ovidius, 54, 403.
Oxygarum, 274.

P

Padanus culex, 20.
Pæonius, 26. Præfecturam Galliarum usurpat, 27. In epulo Majoriani, 28, 29.
Pagana simplicitas, 247.
Pale, 276, 357, 408.
Palæmonis divisio, 141.
Palladii pompa, 141.
Palladiorum stirps, 196.
Pallas lib., 135.
Palladis ortus, 328. Icon, 374.
Palmata consularis, 12, 221, 226. Post palmam, 308.
Paludatorum salaria, 135.

Pannonia, 312, 350.
Pannonius, 324.
Pannychius V. I., 194.
Pantomimorum chori, 228.
Papa beatissimus, episcopus, 167, 177, 254 seq.
Papianilla Ferreoli, 416.
Papinii opera, 358, 597.
Papiriana superbia, 141.
Paradæ, 240.
Paries castrensis, 36.
Pars armata, 22. Civilis, 327.
Parcimonia stomachum sarcit, 51.
Parthenius lib., 135. Parthi, 263, 275, 328, 333, 406.
Paternius, 110.
Patres filiorum non tam spectant vota quam commoda, 196.
Patiens episc. Lugduni ecclesiam construit, 52. Episcopum creat Cabilloni, 125, 127. Frumenta grassante fame largitur, 167.
Patricius apex, 41, 333. Honor, 146. Infulæ, 199, 292, 295.
Patruelium caritas sæpe major quam fratrum, 84.
Paulinus provocat, 361, 393. Alter, 232. Leontii F., 234.
Paulus Præfectorius, 21. Alter, 45. Junior episc. Cabilloni, 125. Anachoreta, 191. Æmilius, 304, 333.
Pedo poeta, 360.
Penelopes tela, 378.
Peregrinatio cives magis amicos facit, 26.
Perpetuus episcopus basilicæ S. Martini conditor, 113, 114.
Pero setosus, 115.
Persæ dum fugiunt timendi, 333.
Persephone Ennæ, 356.
Persii rigor, 360.
Petrocorii, 183.
Petronius Maximus imper., 57, 342, 348.
Petronius V. I., 246. Legatus Galliæ, 16.
Petronius arbiter, 360.
Petrus magist. epistolarum, 274, 275, 276. Scholasticus, 282, 307, 327, 361.
Petrus Tribunitius, 197.
Peuce, 313.
Phabáton pantom., 406.
Phaeton, 343.
Phaetontiades, 10.
Phidiam cœlo munerari, 177.
Philagrius, 204, 205.
Philagriani lares, 41.
Philematiæ epitaph., 45.
Philematius, 149.
Philistion, 368.
Philosophorum insignia, 101, 265. Sectæ, 294, 375, 376, 377.
Philostratus, 214.
Phocis Massilia, 398.
Phœbas Cassandra, 315.
Phœnix, 302, 362, 390.
Phonascus, 6, 103.
Photiniani, 168.
Picti pop., 333.
Pimpliades Musæ, 391.
Pindarus, 281.
Pindaricus cycnus, 236, 413.
Piscatio, 58, 55.
Placidus Valentinianus, 342.
Planetæ septem, 271.
Platanon, 229.
Plato, 265, 294, 377.
Platonici, 70, 104.
Plauti genius, 402, 295.
Plinii duo, 88. Junioris disciplina et maturitas, 1, 54, 119, 234.
Plotinus, 70.
Podium, 230.
Poetarum ingenia mœroribus irretiuntur, 217. Genera varia, 233, 235.
Polemii epithalamium, 371, 378, 380.
Pollinctor, 80.
Polycletum malleo munerari, 177.
Polymnestoris fides, 136.
Polyphemi specus, 205.
Pompeii popularitas, 42, 333.
Pontes crypticis arcubus fornicati, 10.
Pontificales sententiæ, 43.
Pori regna, 417, 303.
Porsenna, 310, 334.
Præcipui titulo, 163.
Præfectura, 327, 335, 340, 379.

Præfectus annonæ, 24. Senatui, 23. Prætorio, 107, 291, 310.
Præfectoriis jus sedendi in senatu, 18.
Præscriptionis tricennii lex, 221.
Prætorianorum sportulæ, 135.
Pragmatius illustris, 140.
Principes spectabiles, 194.
Priscus Valerianus PP. Galliarum, 140, 350.
Probus Felicis frater, 366, 417.
Procopius Anthemii pater, 291. Magister milit., ibid.
Proculus levites, 251. Poeta Ligur, 282.
Projectus pr., 42.
Prometus pr., 242.
Propertii lepos, 360. Cynthia, 54.
Proquiritata lex, 221.
Provinciæ Rom. per quos redactæ, 303, 304. Singula quibus abundant, 310.
Prudens pr., 161.
Prudentius, 49.
Prusianus prædium Ferreoli, 49.
Pudentilla Apuleii, 54.
Pugillator, 278.
Purpuratus princeps, 19, 22, 29, 30, 59, 195.
Purpuræ ædificiorum, 36. Nobilium sermonum, 51.
Pygmalionis pietas, 136.
Pyrgus, 63, 149, 240.
Pyrrhus, 304, 322, 333, 337.
Pythagoras sentit, 294. In cœlo musicam statuit, 270, 271.
Python, 293, 299.

Q

Quadratarius, 77.
Quadruplatorum portoria, 135.
Quæstor S. P., 288, 327.
Quæstor consulis, 420.
Quinquennalia, 370.
Quintianus poeta, 361.
Quintiliani acrimonia, 141. Flumen, 295. Moratur, 361.
Quiris Eous, 289.

R

Racilia Cincinnati, 226.
Ræti pop., 321.
Ragnahildis regina, 97.
Ravenna, 10, 20, 146, 209, 361.
Receptorium, crypta, 151.
Reciproci et recurrentes versus, 236, 278, 279.
Redhibere, 147, 268.
Redhibitio, 150, 279.
Refusoriæ litteræ, 266.
Reii, 261, 383. Reienses, 169.
Reges pelliti Gothi, 194. Tiafati Persæ, 215.
Regibus dominandi desideria dominantur, 57. Regum consuetudo flammæ similis, 68.
Regni invidia, 3.
Religiosus minus præstantior maxime honorato, 200.
Rhenus, 199, 301.
Rhenanæ terræ, 111.
Rhenones, 116.
Rhodanus, 63, 168, 171, 315.
Rhodanusia, 9. Rhodanitides urbes, 276.
Ricimer patricius, 12, 21, 29, 300.
Riochatus antistes, 262.
Rogationes a Mamerto institutæ, 144, 172.
Roma totius mundi civitas, 14. Capta a Vandalis, 345. A Gothis, 346. Romæ icon, 302, 309, 332. Romanæ provinciæ 303, 332, 333. Clades bellicæ, 359.
Romuli et Tatii fœdus, 344.
Roscia Sidonii filia, 147.
Rubico, 11.
Rufinus Origenis interpres, 49.
Rugus, 324. Pugnax, 341.
Ruricius, 366.
Rusticiana Symmachi, 54.
Rusticus, 138, 234. Rusticus nepos, 139.
Ruteni, 109, 183, 416.

S

Sabbatarius luxus, 5.
Sabini et Sabiniani familia, 71.
Salares rapacissimi, 38.
Saliaria verba, 247.
Sallustius, 261. Brevitate placet, 295.
Salius pede, 338.

Sammoni us, 372.
Sanctorum invocatio, 12.
Sandapilarii, 46.
Santoni, 222.
Sapientum septem sententiæ, 292, 293, 375.
Sappho puella Lesbi, 358.
Sardanapalus, 352. Sardanapalicæ dapes, 89.
Sardinia argentum, 310.
Sarmata, 324. Sarmatica pax, 298.
Sarrani succi, 221.
Satias, 118.
S. Saturninus episc., 286.
Fullonius Saturn'nus, 237, 588.
Satyra Sidonio tribuia, 25, 364.
Sauromata clyj eo, 333, 358, 406.
Saxones piratæ, 223, 229, 542, 545.
Scæva luscus. 100.
Scævola Mutius, 311, 332, 400.
Scenæ mœnium, 172.
Schema, 102, 189, 236, 263, 286, 406.
Schœnobatæ, 407.
Scholastici, 149, 282.
Scientiæ pompa hoc pretiosior que rarior, 54.
Scipio, 311. Asiagenes, 333. Numantius, 238. Scipiadæ, 348.
Scotus, 333.
Scrinia sacra, 327.
Scyllæ obloquiorum, 191.
Scyrus, 341.
Scytha in foro, 136.
Sebastianus præcens, 360.
Secundinus poeta, 52.
Secundus numero et auspicio, 288.
Securitates, 144.
Segmenta crepitantia, 221.
Senatorius mos prandendi, 49.
Senatusconsultum Tiberianum, 19.
Senecæ duo, 339.
Senones, 311. Senonia, 180.
Sensus in bellnis acriores quam in homine, 204.
Septimania, 63.
Septimius, 360.
Sequana, 315. Sequani, 25.
Serdica, 297.
Sept. Serenus, 372.
Seronatus, 32, 143, 185.
Servi cathedrarii, 28.
Severiana Sidonii F., 56.
Severianus rhetor, 274, 282, 361.
Severinus consul, 28.
Severus Libius Aug., 299.
Sextiæ Baiæ, 398.
Sibyllina verba, 247.
Sidonius, 26, 29, 193. Sollius, 23, 150, 281, 398. Sollius Apollinaris Sidonius, 351, 370.
Sidonii patria, 9, 20. Iter Romanum, 9. Coniuva, 30. Præfectura Urbi, 23, 284. Patriciatus, 147. Statua in foro Trajano, 350. Versus feliciter editi, 2. Contestatiunculæ, 176. Cum Theodorico rege familiaritas, 6. Item cum Majoriano, 30. Uxor Papianilla Aviti Aug. filia, 146, 412, 418. Episcopatus, 156, 159, 193. Exsilium, 100, 119, 228, 283. Febris, 11, 131. Extemporales scriptiones, 30, 189, 274, 278.
Sicambri paludicolæ, 66, 229, 551, 334, 406.
Sidera zodiaci, planetarum, exotica, 388.
Sigismer regius juvenis, 115.
Sigma, 385, 396. Solii, 59.
Silius, 360.
Simplicius episc., 184.
Simplicius V. S., 187. Creatur episcopus Bituric., 194.
Simplicius pr., 105.
Sinnadicum marmor, 309. Phrygium, 364.
Sirmium, 312.
Socrat. dividit, 277, 293, 377, 380.
Solon novus in legibus condendis, 133, 294, 375.
Sophos, 23, 220, 276, 287, 308, 350, 405.
Sortes Ceritum, 357.
Spartacus, 82, 396.
Sphæræ ludus, 150. Sphæristæ contra stantes, 48.
Sponsæ et proci veteres, 366, 367, 373, 379.
Sportula consularis, 220.
Stadia nauticæ mensuræ, 40.
Stella, 360.
Stheneboea, 314.
Stibadium, 28, 29, 38.
Strangulati, 237.
Suburbanitas, 176, 206.
Suburra, 405.

Suetonius, 279.
Suevus, 300, 324.
Sulpitia, 360.
Susa, 328, 352.
Susis aula, 230. Ora, 208.
Syagrius cos., 16, 149, 199.
Sylla Felix, 57, 304, 327, 333.
Syllanus morbus, 80.
Symmachi rotunditas, 1, 54, 381. Symmachianum dictum, 231.
Syri feneratores, 20.
Syrma, 233.
Syrtis Leptitana, 240.
Syrticus ager, 239.

T

Tabulæ ludus, 8, 149, 240.
Tabularii, 135.
Taciti pompa, 294, 295, 419. Consulatus, 107.
Taionnacus, 228.
Talorum ludus, 414.
Tanais, 296, 318, 332.
Tanaiticus, 324, 406.
Tanaquil, 157.
Tantaleum exemplum, 59.
Tantalidum vulnera bis septena, 299.
Tarmis vallis, 145.
Tarnis fluvius, 416.
Tarpeius pr., 311, 349.
Tarquin us Superb., 137, 310, 332.
Tarraconenses, 271.
Tartessiaci campi, 300, 318.
Terentia Ciceronis, 54.
Terentianus, 360.
Terentiana Hecyra, 104.
Terentius, 322, 402.
Tetradius, 417.
Tetrarcha, 134.
Textrinum, 378, 395.
Thalassio fescenninus, 12.
Thales, 58, 294, 375, 376.
Thaumastus, 16, 134, 417.
Thema geniturae, 237.
Themidis oraculum, 317, 357.
Theodoricus rex Gothorum, 2, 400. Theudoris, 337 Theudorida, 340. Theodorus, 74, 357.
Therapuæ, 314, 357.
Thessalus elicit umbras, 317.
Theta applicare, 362.
Thetidis nuptiæ, 362, 373.
Theudosius, 312, 320.
Thorismodus, 199.
Thracum mores, 290.
Thrasybulus mathemat., 237.
Thymele, 276.
Thyestæ dapes, 355.
Tiara lunata, 290. 405.
Tiberii Capreæ, 319, 333. Calliditas, 137. Tiberiana invidia, 42.
Tiberis, 12, m. Ejus icon, 299. Tibrinus, 332. Tiberina ostia, 25.
Tibullus, 54, 360.
Ticini damna, 348.
Tigris fluvius, 303, 352.
Titianus orator, 2.
Titus imp., 304, 334.
Togatus, 56, 160.
Tolosa, 96, 122, 143. Palladia, 341. Urbs Tolos' tium, 118. Tolosas cathedra, 285.
Tonantius, 49, 280, 416.
Toreuma, 5, 59, 275.
Toringus, 341.
Torque Castrensi coron. imp., 349.
Tractator, 49, 105.
Tractatorium, 18.
Trabarii, 156.
Trajanus Nerva, 284, 319, 334. Trajanum forum, 56.
Trapezitarum involucra, 18.
Trebacissimus, 20.
Trebaciter, 268.
Tebia, 311, 348.
Tres villæ, 406.
Trevidos, 416.
Tribuni notarii, 139. Consis'or, 405.
Tribunitius, 7, 122, 197.
Tributarius fascis, 133. Jugum, 200.
Tricasses, 161, 200.

Tricastina urbs, 169.
Trigetius, 239.
Triobris fluvius, 413.
Tripodes sellæ, 123.
Triton Venerem vehens, 365.
M. Tullius, 1, 49, 51. Persuadet, 110, 133. Patitur æmulos, 213, 231. Filius dissimilis, 204.
Tunicata quies, 60.
Tunicatorum olia, 135.
Turoni, 313.
Turpio vir Tribunitius, 122, 123.
Turnus poeta, 360.
Tusciæ littus procellosum, 16. Regio pestilens, 11.
Tuscus fulgura elicit, 317.
Tyaneus, 216.
Tyrannopolitæ, 138.

U

Ugernum, 349.
Ulpia porticus, 350. Fora, 306.
Ulpius Trajanus, 231, 327, 334.
Ulyssis errores, 277, 356, 387. Argutiæ, 136. Ulysseæ ceræ, 257.
Urbium status non tam murorum ambitu quam civium claritate taxandus, 196.
Usura centesima, 122, 398.

V

Vachalis, 215, 315, 370, 406.
Valamer, 296.
Valentina urbs, 169.
Valentinianus, 139, 200.
Vallia, 300.
Vandalus, 301, 321, 345. Vandalicæ turmæ, 300.
Vargi, 160.
Varro, 48. Logistoricus, 224. Atacinus et Torentius, 88.
Varronis pondus, 295, 372, 405.
Vasates, 185, 239.
Vasionense oppidum, 134, 179.
Vectius V. I., 98.
Venatio, 293. 294, 336. Venatu non venatione uti, 99.

Veneris pompa, 116. Icon et currus, 364, 365.
Veredi, 234. Veredariorum viaticum, 136.
Vertacus, 237. Julian. Vertacus, 388.
Vesicarum ruptor, 80.
Vespasianus, 319, 334.
Vespillones, 28, 46.
Vesunnici, 252.
Vesus, 324, 343, 344.
Veternosus, 2, 247, 283.
Vialoscensis pagus Martialis, 60.
Viatico levi nihil gravius, 175.
Victor Quæstor Anthemii, 288.
Vicarianus apex, 7.
Victorianus, 214.
Victorii dulcedo, 140.
Victorius comes, 207. Poeta, 184.
Vienna, 134, 206.
Viennenses, 173.
Villicus poeta Rom., 361.
Vindelicus, 338.
Vindicius levita, 128, 178.
Virgilius, 108, 116, 122, 144, 148, 282, 294, 307, 308, 346, 388, 402.
Visurgis, 406.
Vitellius sumptuosior, 137. Vitellii quina millia, 319.
Ingluvies, 333.
Vitruvius, 232.
Volusianus, 112, 113.
Voroangus prædium, 49, 416.
Wardo fluvius, 50.

X

Xanthus fluvius, 356, 374.
Xenocrates crura collecto, 265.
Xerxis copiæ, 325, 352.

Z

Zeno fronte contracta, 265, 294.
Zeti pondera, 327, 446.
Zeusippus curva cervice, 265.
Zotheculæ, 247, 260.

INDEX RERUM QUÆ IN NOTIS CONTINENTUR.

A

Abgari regii juvenis epitaphium, 30
Accumbentium in stibadio quis ordo, 22.
Acincus opp., 117.
Advocatorum privilegia, 22, 82.
Aetii com. pater, uxor, filii, 119. Mors, 121.
Affectus, propinqui, 64.
Agricola PP. Galliarum, 146.
Agrœcius episc. Antipolitanus, 72. Senonensis, ibid.
Alamannia duplex, 153.
Alani Vandalis juncti, 113.
Albenses Helvii, 69.
Alexandri Magni fulmen, 136.
Alleluia veterum Christianorum canticum, 33.
Ambitus leges, 10.
Anthemius Aug., 16, 20, 104, 106, 108, 110.
Anthemius PP., 108.
Apis deus, 138.
Apollinaris avi tumulus Lugduno vicinus, 40.
Apollinaris Sidonii filius, 40.
Apta Vulgentium, 97.
Aquæ Sextiæ, 155.
Aquitani a Gallis distincti, 152, 153.
Aquitaniæ duæ, 72, 73.
Arbogastes nepos, 47.
Arcadius Apollinaris filius, 41.
Archidiaconorum ordo, 53.
Arelate Constantina, 148. A Gothis ter obsessa, capta ab Eurico, 78.
Arvandus PP. Galliarum, 15.
Arverni, 38, 51.
Arverniæ laus, 51, 129.
Arzuges, 121.
Asarota, 156.
Asellus P. V., 15.
Asiagetes, 128.
Assessorum privil., 11.
Asterius cos., 83. Idem mag. militum, 140.

Astrorum aspectus, 91.
Athenæum, 31, 44.
Attica Felicis, 136.
Atticus Nonius cos., 15.
Aturres, 25.
Auctor, 122.
Audax P. V., 86.
Ave initio epistolarum, 97.
Avienus Cos. legatus ad Attilam, 18.
Augusti presbyteri epitaphium, 80.
Augustinus Ant., 128.
Avili Aug. consulatus, 126. Gesta, 127, 129, 130, 132, 134, 135.
Auroræ sceptrum fax, 114.
Auxanii tres, 16.

B

Babylonica, 100.
Bagaudæ Tarraconenses, 82.
Baionenses episcopi, Lapurdenses, 93.
Baronius card., 27, 63, 98, 147.
Basilii tres coss., 19.
Basilius Aquarum Sext. episcopus, 73.
Benedictus Christianorum prænomen, 76.
Bibliothecæ auctorum imaginibus ornatæ, 55, 102, 103.
Bigami a clero exclusi, 76.
Bulla, 68.
Burgundiones, 59, 131, 144. Eorum reges, 16, 55, 57.
Burgus Paulini, 154.

C

Calchedon, Calchidicus, 105.
Campi Canini, 123.
Cancelli et vela consistorii, 9.
Canon glebæ, 68.
Capitum tributum, 145.
Caramallus pantom., 157.
Cari imp. patria, 156.
Castorina vestis, 56.

Cataplus, 63.
Catihi sub Francis, 133.
Celeuma, 53.
Centrum cœli, 92.
Ceraunia, 117.
Christi cœnæ accumbentium ordo, 23.
Chironica ars, 35.
Choraulæ, 100.
Cingulum magistrat., 20.
Circensium descriptio, 158 seqq.
Circi figura, 160. Carceres, ostia, 158. Tribunal, *ibid.* Sortes, 158. Tuba, 160. Metæ, *ibid.* Dextra et sinistra, 161. Flexus metæ, *ibid.* Septem spatia, *ibid.* Præmia, 162.
Claudianus episc. Reiensis, 96.
Clepsydra, 31.
Clericorum coma, barba, 52. Corona, 64.
Cloio Francus, 120.
Coluria, 27.
Comes et dux, 79.
Comites rei militaris, 108.
Commonitorium, 90.
Conciones sacræ ex gradibus aræ, 151. A stantibus auditæ, *ibid.* Earem plausus, 76.
Conditorium, 76.
Copula canum, 86.
Consentii duo, 82, 155, 156, 157.
Constantinopolis, 105.
Constantini Magni luctus ob Crispum, 87.
Constantini tyranni consulatus, 58. Falsa constitutio, 147.
Consulatus apex dignitatum, 62. Novorum imperatorum, 20. Tyrannorum, 126. Ornat principes, 116.
Consules pro locis diversi, 126. Eorum panegyrici, 85. Manumissiones, 115.
Contra legere, 61.
Conuenæ opp., 74.
Corona clericorum, 64. Nuptiarum, 13, 14.
Crispi Cæs. statua argentea, 57.
Crocus episcopus Nemausensis, 74.
Cujacius Jac., 71, 85.
Cura palatii, 16.
Cursoria, 12.
Cursus publicus privatis vetitus, 12. Naviguis quoque constabat, *ibid.*
Nic. de Cusa, 147.
Cynici, 108.

D

Dacia multiplex, 111.
Dardanus PP. Galliarum, 58, 59.
Dea Vocontiorum, 55.
Ang. Decembrius, 28.
Deusoniensis Hercules, 89.
Digitorum loquela, 98.
Dignitatum ordo, 62.
Dii municipes, 158.
Diœcesis vario sensu, 102.
Divos parens, 109.
Domnulus Afer, 53.
Dracones signa, 110, 125.
Drepanius, 89.
Dux et comes, 79.

E

Earini coma, 155.
Ecclesiæ ad Orientem conversæ, 52, 53.
Ecdicius comes, 24, 59.
Echoici versus, 90.
Elephanti in triumpho, 115.
Eleusis Ceres, 138.
Elusa olim metropolis, 75.
Endelechius rhetor, 44, 76.
Episcopi primi ordinis sacerdotes, 47. Quomodo eligebantur, 55, 72, 75. Ab uxoribus abstinebant, 61.
Epistola adventoria, 89. Evocatoria, 92. Formata, 66. Holographa, 99. Metatoria, 89.
Erythræ opp., 114.
Ethica dictio, 91.
Eucherii Lugdun. laus, 34. Filii episcopi, 78.
Eugenii Tyr. consulatus, 127.
Euphemia Marciani filia, 114.
Euphronius episc. Augustodunensis, 75.
Euricus rex Gothorum, 16, 25, 73, 88.
Eutropius PP. Galliarum, 14, 59.
Exotica sidera, 154.

F

Fasti dati, 83.
Fausti Reienses episcopi duo, 96.

Faustus senior, 94, 96, 97, 149, 150.
Felix Magni filius PP., 29, 136.
Ferreolus PP. Galliarum, 51, 77.
Firminus Arelatensis, 95.
Flagella crinium, 8.
Flamines municipiorum, 56.
Flamonium, *ibid.*
Fœderati, 18, 124.
Formæ aquarum, 15.
Formatarum genera et artificium, 66, 67, 68.
Forum Martis, 44. Trajani, *ibid.*
Francorum descriptio, 120.
Fridericus Gothus, 135.
Fronto comes, 51.
Frontoniani, 7.
Fulminis lapis, 117.

G

Gabiniæ Gaudentiæ epitaphium, 64.
Gabriel Simeonius, 15.
Gallis Celtæ, 152.
Gallorum priscus sermo, 45.
Garsias Loaysa, 8.
Gazetum vinum, 153.
Gensericus rex, 112, 121.
Gerontii perfidia, 58.
Gestatio, 30.
Gigantes triformes, 137.
Gir, Girræus, 128.
Gothorum leges, 25.
Græcus episcopus Massiliensis, 63.
Grani, 8.
Gratianopolis, Cularo, 41.
Grinincenses monachi, 80.

H

Hecatombion, 139.
Heluii, Vivarienses, 69.
Heptateuchus, 61.
Hercules Deusoniensis, 89.
Herculis agones et parerga, 137.
Hoenius, 142.
Holographus, 99.
Honoratorum tres gradus, 82.
Honoratus episcopus Arelatensis, 150.
Honorii Aug. constitutio Constantino tyr. hactenus tributa, 147.
Horæ inæquales, 31, 44.
Hubertus Goltzius, 89.
Hunnorum descriptio, 119, 124. Auxiliarum perfidia, 131.
Hypobolum, 71.
Hypodromus, 27.

I

Iberia Ruricii, 143.
Illyricum duplex, 118.
Imperatorum novorum consulatus, 20.
Indoloria, 152.
Italiæ fines, 13.

J

Joannis tyr. consulatus, 127.
Jovinus consul, 157.
Jovinus tyrannus, 58.
Juliani tres episcopi, 97.
Jurensia monasteria, 55.
Justus episc. Arvernorum, 47.
Justus Lipsius, 17.
Juthungi, 130.
Juvenales ludi, 162.

L

Lampridius rhetor Burdegalensis, 87.
Lapides milliares, 163.
Lapurdum, 93.
Legatorum viatica, 65.
Lemane Arvernorum, 51.
Leo Eurici consiliarius, *ibid.*, 82.
Leonis papæ cum Avieno et Trigetio legatio ad Atilam, 18.
Leontius episc. Arelatensis, 61. Burdegalensis, *ibid.*
Ligula, 8.
Lirinus, 63.
Livia, castellum, 82.
Livia Pontii Leontii, 93.
Livius poeta Gallus, 165.
Loca lautia, 93.

Lugdunum Convenarum, 74.
Lugdunum colonia a quibus deducta, 155.
Lugdunensis Germania, 57. Primas, 73. Provincia divisa in duas, tum in quatuor, 49.
Lupus episc. Tricassium, 65.
Luxus sabbatarius, 9.

M

Magi Persarum, 107.
Magistri militum in Oriente, 107, 118.
Magister officiorum, 10.
Majorianus Aug., 22, 116, 122, 123, 124, 125.
Mamertus episcopus Viennensis, 60, 70, 71.
Manumissio in auspiciis consulum, 113.
Marcelliana conjuratio, 22.
Mariniani cos. nomina, 15.
Marmorum colores, 145.
Marsyas in foro Rom., 143.
Martini Dumiensis versus, 50, 152.
Massilia, 155.
Massilienses episcopi, 71, 75.
Matheseos vanitas, 92.
Maximi Aug. epulum, 25.
Maximus Reiensis episcopus, 150.
Menandri Epitrepontes, 47.
Merobaudes poeta, 140.
Mesochorus, 10.
Messala PP. poeta, 141.
Milesiæ fabulæ, 71.
Militia triplex, 14.
Minuritio, 29.
Monachi palliati, 45. Coma brevi, 52.
Mons Seleucus opp., 55.
Municipaliter natus, 21.
Musteus, 82.
Mythologiæ duplex methodus, 157.

N

Narbo Martius, 154, 156. Obsidetur a Gothis, 131, 134, 156.
Narona Dalmatiæ opp., 156.
Nepotianus mag. militum, 124.
Nicetius advocatus, 82.
Nicol. Fab: Pereschius, 147.
Nicomachi duo, 81.
Nonnechii episcopi duo, 95.
Numatiani Itinerarium ad quem scriptum, 105.
Numerariorum privilegia, 22.
Numeri per digitos expressi, 98.
Nummus Anthemii, 104, 105. Chalcedonensium, 105. Libyratarum, 56. Postumi, 89. L. Scipionis, 128. Libii Severi, 111. Pl. Valentiniani, 36, 137.

O

Oi diphthongus, 159.
Onuatius, 143, 152.
Onufrius Panvinnius, 15.
Onychis gemmæ inscriptio, 27.
Ordo secundus sacerdotum, 46, 55.

P

Palladius Cæsar Petronii Maximi filius, 36.
Pantomimorum chorus, 99, 157.
Papianilla Sidonii, 114.
Parada, 93.
Parochia, 102.
Pars armata et civilis, 19.
Patiens episcopus Lugdunensis, 52, 68.
Paulini Nolani uxor facta soror, 61.
Paulinus episc. Biterrensis, 89.
Paulinus auctor Eucharistici, 89. Librorum de Vita Martini, ibid.
Pentameter commaticus, 105.
Perpetuus episc. Turonensis, 49, 75.
Persarum dii aqua et ignis, 107.
Persica pax duplex, 106.
Petronii Maximi honores, 36. Mors, ibid. et 134.
Petrus mag. epistolarum, 99.
Philematia, Philematio, 29, 30.
Philistion mimographus, 26.
Philosophorum barba, pallium et clava, 45.
Picti pop. unde dicti, 129.
Pila et columna, 27.
Placidina Leontii, 41.
Pœnitentes comam tondebant, 52.
Polemius PP. Galliarum, 48, 145.
Poliniaca arx, 43.
Politianus (A. g.), 6, 7.

PATROL. LVIII.

Polynices auriga circ., 160.
Post consulatum in annis Impp. quid sit, 20.
Præcipuum, 68.
Præfectus annonæ, 21.
Præfectus Urbi, 20, 21.
Præscriptionis 30 annorum auctor Theodosius junior, 85.
Prandium hora quinta, 32.
Presbyteri secundi ord. sacerdotes, 46, 47, 55.
Primatum origo, 75.
Primigenii medici epitaphium, 55.
Principes municipii, 76.
Principius episc. Suession. 95.
Priscus Valerianus PP. Galliarum, 59.
Probus Felicis frater, 42.
Procopius mag. militum, 106, 107.
Prosper Aquitanus episcopus non fuit, 94.
Prosperi episcopi duo, ibid.
Provinciæ primæ quænam, 72.
Purpura pro ornatu, 27.
Puteolanus pulvis, 106.

Q

Quadratarius, 40.
Quæstura dignitas litterarum, 37.
Quinquennalia quando, 144.
Quirites Eoi, 105.

R

Ragnahilda Eurici regis, 44.
Ravenna triplex, 12.
Reciproci versus, 101.
Recurrentes versus, 91, 101.
Rectores provinciarum a præfectis præt. creati, 11.
Reii Apollinares, 69, 94.
Remigius episc. Remorum, 97.
Rhiotamus rex Britonum, 46.
Rhodanusia, 12.
Ricimer mag. militum, 15, 112.
Rogationes a Mamerto institutæ, 60, 70.
Roma patria communis, 14.
Rufino favent Occidentales, 31.
Ruricii Lemovicenses episcopi duo, 142. Senior, 48. 142.
Rustici epistola ad Eucherium, 34.
Rusticus mag. officiorum, 57.

S

Sabbata festa omnia, 9.
Sabbatis feriati Orientales, 10.
Salonius episc. Genavensis, 79.
Sapor quivis rex Persarum, 114.
Savaro (Joan.), 25, 37, 47, 96, 123, 126, 152, 163.
Scaliger (Jos.), 58, 147, 156.
Scena, 65.
Scrinia sacra, prætoriana, patriciæ sedis, 125.
Scyri, 132.
Securitates, 60.
Sedatus episc. Nemausensis, 90.
Senatusconsultum Tiberianum, 17.
Senonia provincia, 49.
Septimius Serenus, 145.
Serdica Daciæ, Illyrici Thraciæ opp., 111.
Serenus Sammonicus, 145.
Sidonius patria Lugdunensis, 152. Majoribus illustris, 10. Comes, 24. Aviti Aug. gener, 127. Statua donatus, 102. Græce doctus, 81. Præfectus Urbi, 20, 48, 102. Creatus episcopus, 63. Sidonii liberi, 34, 40. Epistolarum editiones variæ, 45. Lapsus memoriæ, 136, 149.
Sigma solii, 26. In sigmate seu stibadio accumbentium ordo, 25.
Sigonius (Carolus), 110, 116, 130, 131.
Sinisterior in circo, interior, 161.
Sistaricensis inscriptio, 59.
Solœcismus morum, 96.
Sororius, 155.
Sortes variæ, 139.
Sponsæ ad viros ducuntur, 15.
Sportula consularis, 85.
Statuæ modus 7 pedes, 144.
Syagrii Lugdunenses, 54.
Syagrii cos. triplex præfectura, 15, 77.

T

Tertia provincia, 49.
Theodosius comes, Africanus et Britannicus, 144.
Theodorici duo Gothorum reges in Gallia, 7, 130, 133.
Theudosius, 121.
Thrasybulus mathematicus, 92.

38

Thorismondus rex Gothorum cur occisus, 72.
Titiani senioris opera, 7.
Toga, togatus, 35.
Toreuma, torale, 9.
Torques pro diademate, 135.
Tractator, 46.
Trebax, 24.
Tricastini, 70.
Trigetius præfectorius legatus, 92.
Triteuchus, 61.

U

Ugernum castrum, 135.
Usura centesima, 51.
Usuræ supra duplum non debentur, 51.

V

Valamer Gothus, 109.
Valentia Segovellaunorum, non Cavarum, 70.

Valentiniani Plac. lex nova, 46.
Vallia rex Gothorum, 112.
Vasio opp., 55.
Vargi, 65.
Vesi, Vesogothi, 135.
Vesunnici, 88.
Vicaria secunda præfectura, 10, 11.
Vicarii a principe creati, 11.
Vicarius per Gallias unicus, *ibid*.
Victorianus V. C., 81.
Victorius comes, 79.
Vicus Julius Aturensium, 23.
Virgilii laus, 34.
Vocontiorum oppida, 55.
Volusianus P. V., 103.
Volusianus frater Sidonii, 79.

Z

Zotheca, 94, 95.

INDEX AUCTORUM

Qui citantur, exponuntur, emendantur in notis.

(Nondum editis anno 1614 præfixus est asteriscus.)

A

Agathias, 120.
* Alanus, 29.
Alciphron, 47.
Aldelmus, 28.
Alexander Trallianus, 135.
Ambrosius, 18, 22, 24, 56, 77, 131, 146, 162.
Apollinarius, 129.
Apollodorus Comic., *ibid*.
Apuleius, 8, 93.
Arcadius I. C., 63.
Aristænetus, 87, 157.
Aristeas, 11, 33.
Aristides, 35.
* Asterius episc., 9, 33.
Atticus CP. episc., 67.
Augustinus, 31, 59, 64, 83, 108, 121, 131, *emend.*, 99.
Avitus Viennensis, 8, 34, 60, 70, 80, * 55.
Aurelius Carthag. episc., 121.
Ausonius, 11, 22, 32, 93, 97, 118, 142, 152, 161, 162.

B

Basilius Cæsar, 22.
Basilius Seleuciæ, 14.
Beda, 94, 98.
Bernardus, 68, 76.
Boetius, 36.

C

Cæsar, 69, 119, 130.
Cæsarius Arelat., 88.
Candidus Isauricus, 114.
Capitolinus, 7, 44, 105, 123.
Capitularia regum, 52, 86, 102.
Cassiodorus *passim*, 7, 12, 31, 59, 60, 87, 115, 119, 157.
Censorinus, 31, 152.
Chrysostomus, 23, 46, 76, 107, 108, * 62.
Cicero, 7, 9, 13, 22, 27, 29, 36, 56, 65, 120, 139, 145, 162.
Claudianus, 8, 83, 115, 116, 117, 129, 132, 137, 158, *emend.*, 107, 128.
Claudianus presb., 46, 86, *emend.*, 132.
Clemens Alex., 32, 158.
Clerus Romanus, 76.
Codex Just., 11, 14, 17, 18, 21, 22, 24, 62, 85, 108, 126.
Codex Theod., 10, 11, 16, 23, 29, 48, 51, 59, 77, 84, 85, 90, 93, 107, 115, 125, 163.
* Constantinopolis θεώματα, 57. Κτίσματα, 106.
Constantius presb., 55, *emend.*, 61, 131.
Corippus, 8, 83.
Cyprianus, 26, 28, 100, 157.
Cyprianus diac., 28, 95, 155.

D

Damascius, 104.
Democritus, 81.
Demosthenes, 24.
Dio, 153, 159.
Diodorus Sic., 51, 119, 124.

Dionysius Halic., 160.
Donatus, 158.
Drepanius, 56, 89.

E

Einartus, 56, 144.
Ennodius, 13, 38, 51, 57, 64, 102, 144, 150, *emend.*, 150.
Epigrammata Græca, 98, 100, 118, 143, 158.
Epigrammata vetera, 87, 118, 138, 157.
Epiphanius, 26, 61.
Eucherius, 63, 150, 151.
Eugippius, 63.
Eumenius, 10, *emend.*, 71.
Euripides, 117, 127.
Eusebius Cæs., 24, 26, 60, 105, 151.
Eutropius, 105, 156.
Evagrius, 104, 108, 163.

F

Fasti Idaciani, 126.
Faustus Reiensis, 76, 136, 143, 156, * 61.
Firmicus Mat., 158.
Flodoardus, 95, 157.
Fortunatus, 41, 44, 79, 101, 109, 124, *emend.*, 142.
Frodoardus, 54, 102.

G

Gennadius, 29, 47, 94, 114, 156.
* Glossæ juris, 10, 69, 83, 90, 125.
Gregorius Naz., 21, 105, 123, 149, 151.
Gregorius Nyss., 9.
Gregorius VII, 52, 75.
Gregorius Turon., *passim* 23, 25, 39, 51, 52, 64, 79, 122, 135, *emend.*, 41, 57, 73.

H

Hegesippus, 86.
Hephæstion, 103.
Hermogenes, 90.
Hero Alex., 31.
Herodotus, 107.
Hieronymus, 17, 31, 48, 59, 61, 72, 89, 96, 98, 105, 159.
Hilarius Arel., 53.
Hilarus papa, 40, 64, 96, 134.
Himerius, 259, 163.
Hincmarus, 102, 147, 148, * 66.
Homerus, 117, 143, 161.
Horatius, 117, 145.

I

* Idacius, 36, 51, 58, 61, 83, 106, 115, 119, 123, 124, 127, 130, 131, 140.
Inscriptiones antiq., 14, 21, 26, 30, 35, 36, 56, 58, 62, 69, 74, 89, 95, 98, 123, 126, 136, 139, 157, 159, *emend.*, 59.
* Inscriptiones novæ, 7, 18, 27, 30, 34, 36, 41, 50, 51, 61, 80, 86, 95, 105, 109, 121, 126, 127, 142, 154, 156.
Irenæus, 12.
Isidorus, 6, 8, 25, 56, 130, 134.

INDEX AUCTORUM QUI IN NOTIS CITANTUR.

Isidorus Pelusiotes, 9, 43.
Itinerarium, 55, 74, 95, 111, 152.

J

Joannes Maxentius, 22.
Jornandes, 12, 16, 24, 58, 55, 68, 93, 110, 134, emend., 24.
Josephus, 53.
Julianus imp., 12, 24, 52, 103, 106, 116, 120, 144.
Juvenalis, 48, 98.
Juvencus, 23.

L

Lactantius, 158.
Laertius, 55, 107.
Lampridius, 44, 92, 101.
Leo papa, 31, 53, 75, emend., 49.
Libanius, 46, 116.
Licentius, 123.
Livius, 70, 113, 115, 128, 159.
Longus, 53.
Lucanus, 124, 139.
Lucianus, 27, 28, 29, 46, 72, 137, 149, 157.
Lucretius, 29.
* Lupus episc., 61.
Lycophron, 149.

M

Macrobius, 99, 145, 162.
Malchus sophista, 114.
Manilius, 87, 118.
Ammian. Marcellinus, 11, 21, 49, 70, 74, 77, 100, 106, 107, 109, 110, 115, 122, 125, 131, 135, 144.
Marcellinus comes, 57, 94, 106, 135.
Marcellus med., 65.
Marius Victor, 107, 146.
Martialis, 145.
Martinus Dumiensis, 49, * 152.
Maximianus, 146.
Menander, 47.
Minutius Felix, 107.
Modestinus I. C., 10.
Musæus, 119.

N

Nicetas Choniates, 68.
Nicolaus I papa, 102.
Novellæ cod. Theod., 18, 19, 36, 56, 56, 84, 99, 104, 112. Justin., 14, 18.
Notitia imp., 11, 57, 44, 49, 57, 131.
Notitia civitatum, 69, 70.
Numatianus, 10, 103, 144.

O

Obsequens, 139.
* Odo Derobern., 46.
Olympiodorus Thebæus, 17, 38, 58, 59.
Optatus, 46.
Orientius, emend., 100.
Orosius, 121, 156.
Orpheus, 158.
Ovidius, 114, 158, 162.

P

Papinius, 100, 119, 143, 156, 160, 161, 165.
Panegyrici, 88, 144, emend., 122, 131.
Paterculus, 56.
Paulinus Nol., 27, 52, 55, 45, 51, 74, 76, 95, 105.
Paulinus de Vita S. Mart., 19, 25, 78, emend., 49, 131, * 50.
Paulinus auctor Eucharistici, 65, 146.
Pausanias, 119.
Pelagius papa, 88.
Pentadius, 90.
Persius, 51.
Petronius, 62, 106.
Philostratus, 96.
Plancus apud Cic., 41.
Plinius, 9, 13, 29, 54, 55, 82, 86, 91, 93, 154, 163, emend., 70.
Plinius Junior, 10, 20, 51, 82, 88, 89, 140, emend., 28, 94, 155.
Plutarchus, 23, 51, 72, 98, 129, 130, 167.
Pollio Treb., 85.
Porphyrius, 107.
Porphyrius Optat., 91, 101.
Possidius, 113.
Priscus rhetor, 22, 113, 119.

Procopius, 18, 22, 123.
Propertius, 156.
Prosper, 59, 70, 78, 130. * Anctior, 19, 77.
Prudentius, 9, 45, 82, 105, 110, 158, 143, 151.
Ptolemæus, 29, 70, 74, 114, 128, 158.
Publicola, 121.

Q

Quintilianus, 27, 47.

R

Ratbodus episc., 65.
Rhianus, 146.
Rothaldus, 102.
Rufius Festus, 49, 118.
Ruricius, 41, 48, 51, 64, 68, 81, 88, 90, 117, 145.
* Rusticus, 34.

S

Salvianus, 9, 18, 52, 78, 151, 152.
* Sedulius Scotus, 97.
Seneca, 51, 60, 113, 162, 163. Rhetor, 90, 91.
Seneca poeta, 7, 119, 128, 162.
Servius, 7, 25, 90, 101.
* Severianus Gabal., 8, 14.
Sidonius emendatus, 14, 26, 27, 28, 62, 72, 86, 88, 91, 97, 102, 109, 110, 113, 114, 117, 120, 128, 130, 152, 135, 137, 142, 146, 155, et aliis locis passim.
Silius Italicus, 160, 161.
Socrates, 33, 103, 111, 135, emend., 55.
Solinus, 117.
Sophocles, 160.
Sozomenus, 58, 111, emend., 55.
Spartianus, 29, 122.
Stephanus, 103.
Strabo, 13, 27, 48, 69, 74, 88, 92, 106, 107, 117, 135.
Suetonius, 22, 108, 159.
Sulpitius Sev., 9, 23, 44, 46, 49, 107, 152.
Symmachus, 20, 21, 54, 60, 77, 81, 83, 84, 89, 93, 95, 101, 122, 125, 158.
Synesius, 108.
Synodus Agathensis, 52, 72, 73. Africana, 121 Aquileiensis, 77. Arausica, 94, 98. Arelatensis, 64. Arvernica, 53. Aureliin., 70 emend. 73, 95. Bracarensis, 8. Cabillon., 68. Chalcedon., 66. Carpentor., 72, 94. Carthagin., 52, 66, 68, emend. 90. Epaunensis, 97. Lugdunensis, 78, 97. Matisconen., 25. Meldensis, 66. Nicæna, 72. Reiensis, 94. Sexta, 20. Trullana, 66. Valentina, 76. Vasionens s, 94. Venetica, 93.
* Synodus Lemovic., 52. Lugdunensis, 97. Parisiac., 96.

T

Tabula Itin., 12, 59, 41, 48, 69, 82, 87, 97.
Tacitus, 8, 17, 21, 48, 56.
Terentianus, 103.
Tertullianus, 9, 14, 25, 27, 71, 76, 92, 98, 135, 158.
Themistius, 110.
Theocritus, 162.
Theodoretus, 10, 12, 35, 72, 79, 111.
Theodorus lector, 114.
* Theophanes, 14, 55, 104, 134.
Theophylactus Simocates, 88.
Tibullus, 159.

U

Urbanus V, 43.

V

Valentiniani lex, 46.
Valerius Flaccus, 118, 119, 123.
Varro, 144, 149.
Vegetius, 19, 110.
Venuleius, 17.
Veteris cod. adnotatio, 44, 49, 61.
Victor Aur., 31, 65, 106.
Victor P., 31.
Victor Utic., 74, 82, 113, 140.
Victorinus, 91, 101.
Vincentius Lirin., 46.
Virgilius, 34, 149, 158, 160, 161.
Vitruvius, 13, 44, 106.
Vopiscus, 5, 101, 123, 156.

X

Xiphilinus, 31.

Z

Zosimus, 10, 12, 25, 26, 57, 58, 106, 110, 118, 119, 123.

INDICES IN GENNADIUM.

INDEX RERUM ET VERBORUM MEMORABILIUM.

A

Abortus deformatos etiam resurrecturos putant Tichonius Afer, Augustinus, Philippus presbyter et Beda, 122, 123. Hoc negant scholastici theologi, *ibid.*

Abrahæ sinus, 179, 180.

Abstinentia a carnibus et vino laudabilis, 36, 162.

Adam, si non peccasset, fuisset immortalis, 19. Illo cadente, omnes ceciderunt, et secundum corpus et animam in deterius mutati sumus, 22, 139, 140. Neque possumus aliquid boni facere, nisi gratia divinæ misericordiæ nos prævenerit, 27.

Adam in inferno fuit ante Christi nativitatem et resurrectionem, 177, 179.

Aetius hæreticus, 4. Dissimilem per omnia Patri asserit Filium, et Filio Spiritum sanctum, 117.

Agrippinus Carthaginens. episc. primus auctor iterandi baptismatis, 143.

Angeli creati ante mundum sensilem, 127. Ignorant se ereta cordis, 184. Circumscribuntur loco, 130. Illorum natura mutabilis est, 34, 159. Sancti sunt participatione non natura, 158. Post lapsum Satanæ ita confirmati sunt, ut cadere jam omnino non possint, 35, 160. Sancti vocantur propter pulcherrimum inculpabileque ministerium quod Deo exhibent, 158. Multi ex veteribus tribuunt illis corpora, verior tamen opinio quæ ἀσώματον eorum naturam statuit, 8, 128. De illorum creatione nihil certi in S. Scriptura profertur, 127. Unde et Julianus apostata Moysen inscientiæ arguit, quod illorum facturæ non expresse meminerit, *ibid.*

Angelica dignitas mortem non recipit, 8, 130.

Anima ex eo vocatur, quod ad vivificandum animet corpus, 11, 135. Incorporea est, 44, 132. Una, non duæ sunt in uno homine, 9, 132. Sine peccato venit in hunc mundum, et nunc ex proprio arbitrio peccat, 131. Per baptismum revivicit, 61. Non fuit ab initio inter intellectuales creaturas, ut hæretici fingunt, 9, 130, 131. Neque per coitum cum corporibus seminatur, *ibid.* Ejus creatio soli Deo nota, 9, 10, 131, 132. Immortalis est, nec moritur cum corpore, ut vane Epicurus et Aratus asserunt, 132, 133.

Animæ sanctorum ante Christi passionem et resurrectionem in inferno tenebantur, 41, 177, 178, 179.

Animæ piorum corporibus exutæ in paradisum ad Deum statim vadunt; impiorum ad diabolum εἰς τοὺς ἐν τῇ ᾅδῃ τόπους, 102, 183.

Animalium animæ cum ipsa carnis nativitate nascuntur, et in carnis morte finiuntur, 10, 133. Non ratione reguntur, sicut Plato et Alexander putant, 133. Sed ad omnia incitamenta natura ducuntur, *ibid.*

Antidicomaritæ negant Mariam post partum virginem permansisse, 146.

Anthropomorphitæ Deum corporeum et humanis membris habituque sibi fingunt, 118.

Apellitæ ficte tantum Christum passum putant, 110.

Apollinaristæ dicunt Λόγον, Verbum per conversionem in Deitatem transmutatum, 3, 107. A Christo nituntur separare animam rationalem, 109. Passionem Deitati tribuunt, 112. Christum non vere sed δοκήσει tantum et putative carnem assumpsisse, et Deitatem pro anima rationali habuisse affirmant, 108, 109.

Aqua sanctificationis, 62.

Aquæ usus in sacramento eucharistiæ, 173, 174. Non est de necessitate sacramenti, 175.

Aquarii hæretici aquam solam offerunt in poculo sacramenti, 174.

Arabici dicunt animam mortalem esse, 132.

Aratus animam cum corpore interire vane credit, 10, 132.

Armenii Deitati passionem assignant, 112. Non utuntur aqua in mysteriis, 175.

Arguendi qui cogitationes a diabolo immitti hominibus putant, 185.

Arius S. Trinitatem profana divisio e dirimit, 2, 102. Ac in ea majus ac minus imaginatur, 118. Patrem non semper Patrem fuisse affirmat, 110. Divinitatem passioni subjicit, 112. ὁμοούσιον Filium Patri negat, 120. Catholicos ὁμοουσιαστάς appellat, *ibid.* Christum saltem μετοχῇ et κατὰ θέσιν Filium Dei esse blasphemat, *ibid.* Eumque vertibilem inducit creaturarum modo, 157. Patrem, per naturam invisibilem, e iam e Filio non videri sacrilege ausus est prædicare, 119.

Artemon hæreticus, 4. Purum hominem fuisse Salvatorem nostrum confirmat, 116.

B

Baptisma unum est in Ecclesia catholica, ubi in nomine Patris, et Filii, et Spiritus sancti, datur, 29, 139, 141, 142.

Baptismum l'un ci Christiani *salutem* vocant, 169.

Baptismus sanguinis, 137. Eum vero baptismo male Gennadius exæquat, *ibid.*

Baptismus impletur invisibiliter cum eum articulus necessitatis excludit, 171. Nullus est si in fide S. Trinitatis non datur, 142.

Baptizati apud hæreticos in nomine Patris, Filii, et Spiritus sancti, non debent rebaptizari, 142. Non baptizati apud hæreticos in nomine Patris, Filii, et Spiritus sancti, debent baptizari, 146 *et seq.*

Baptizati caste debent vivere, 103.

Baptizandus confitetur fidem suam, 173, 174.

Baptizatis tantum iter salutis esse, 39, 158, 171.

Baptizandi sunt parvuli, ut in eis regeneratione mundetur quod generatione traxerunt, 20.

Baptizati non manducabant cum illotis, 162.

Baptismatis fructu privatur qui baptizari contemnit, non qui non potuit, 171.

Barbatianus nuptias sacratæ Deo virginitati æquat, 165.

Basilicæ sanctorum martyrum affectu piissimo adeundæ, 39, 168.

Basilides hæreticus dicit Christum in phantasia hominibus apparuisse, 109. Animas antequam natæ sint, peccasse in cœlestibus, 131.

Bellarminus falso scribit pueris eucharistiam datam sub una salem specie, 145.

Berillus Christum non fuisse ante carnis nativitatem blaspheme confessus est, 4, 116.

Binariti non ordinandi clerici, 38, 163.

Blasphemia est Deum ex ea conditione qua Deus dicere passum, 112 *et seq.*

Bohemi etiam pueris recens natis eucharistiam offerunt, 145.

Bonum est pauperibus facultates erogare, 146.

Bonum est cibum cum gratiarum actione accipere, 161.

Bonum est conjugium, sed melior virginitas, 161.

Bonosiani, 30. Christum Dei filium adoptivum, non proprium esse contendunt, 147.

Borboritæ hæretici impuri, 30, 116.

C

Carere omni peccato solius Dei est, 187.

Caro nostra bona est a Deo condita, 40, 176. Arbitrio animæ efficitur in nobis vel bona vel mala, *ibid.*

Caro nostra incorruptibilis non tamen amittit essentiam veracis naturæ, 124. In qua perferat anima propria corporis prout gessit, sive bonum sive malum, 40.

Caro Christi non sensit corruptionem, 6, 124. Est vere humana, 109. Et animata anima rationali, *ibid.* Non confusa cum Deitate, 108. Non apparens et phantastica, 109. Ex sola Maria Virgine, non a viro, assumpta, 9. Adoratur ab angelis et omni creatura, 121, 122.

Carpocrates ψιλὸν ἄνθρωπον esse Christum per blasphemiam dixit, 116.

Castitatem operibus nuptiarum præferunt SS. Patres, 164.

Catechumeni, energumeni, et pœnitentes non intersunt mysteriis sacris, 144. Ipsis præsentibus non fiebat προσφορά, *ibid.* Damnantur si sine tinctione sancta ex hoc mundo decedent, 171.

Cerdo hæreticus duo principia sibi invicem contraria introducit, 147. Christum non fuisse verum hominem impie asserit, 109. Eumque κατὰ φαντασίαν tantum passum affirmat, 110.

Cerinthus mille annorum fabulam, in qua rursum nuptiæ promittuntur, et cibi, et terrenæ voluptates, lymphatico errore fingit, 154. Christum nudum saltem hominem esse impie credit, 148.

Chrisma in baptismo, 30, 144.

Christiani, pro castigatione corporis, abstinent se interdum carnibus et vino, 162.

Christus æternus Dei Filius natura non adoptione, 104. Non sic natus est ex virgine ut initium divinitatis homo nascendo acciperet, 4, 116, 117. Sed æternus ante sæcula Deus, ex virgine homo natus est, *ibid.* Non in phantasia

---

¹ In his indicibus revocatur lector ad numeros crassiori charactere in nostra editione expressos, a col. 979 ad col. 1054. EDIT.

hominibus apparuit, sed in vera carne, 109. In qua et ante passionem, et in passione veros dolores sustinuit, 5, 118. Caro illius non sensit corruptionem, 6, 124. Adoratur ab angelis et omni creatura, 5, 121. Semper videt carneis suis oculis Patrem, 119. Idem Deus qui homo, et qui Deus idem homo, non confusione naturæ, sed unitate personæ, 108. Non est Deus τίσει aut μετοχή, ut Arius blasphemat, 120. In illo unitæ sunt duæ naturæ inconfuse, inconvertibiliter, et inseparabiliter, 106, 108. In humanitate quæ humana sunt sensit, in divinitate impassibilis permansit, 110, 111, 112.

Christus Deus et homo non duo sunt, sed unum πρόσωπον sive persona, 105.

Christus æternus est in divinitate et temporalis in carne, 4, 103. Non ex viri coitu, sed ex Spiritu sancto natus est, 108. Carnem non de cœlo secum attulit, sed ex Maria Virgine assumpsit, 108, 117. Habuit corpus verum et ψυχὴν νοερὰν cum suis proprietatibus, 109. Homo perfectus et Deus perfectus, 106. Suo adventu homines ab æterno interitu redemit, 13. Vivos et mortuos judicabit, 6. Descendit ad inferos ut omnes sanctos qui ibi tenebantur compotes sui faceret, 178, 179. In vino vitis sacramentum corporis sui instituit, 173.

Cibum cum gratiarum actione sumere bonum est, 36, 161. Eum crucis signo signarunt veteres Christiani, 161.

Cibos quos Deus ad utendum creavit aversantur et respuunt Encratitæ, Tacianus, Jovinianus, Manichæus et Priscillianus, 163.

Claudini hæretici negant Mariam post partum mansisse virginem, 164.

Clericus esse non potest bimaritus, 50. Neque qui concubinam, viduam, repudiatam vel meretricem in matrimonio habuit, 165, 166. Neque qui sibi virilia amputavit, 58, 166. Neque qui usuras accepisse vel in scena lusisse convincitur, ibid. Neque qui publicam pœnitentiam egit, 167. Neque qui insanivit, aut diaboli afflictione vexatus sit, 167. Neque qui pecuniam offert, ibid.

Cogitationes animæ internas diabolus ignorat, 42, 184. Non omnes malæ a diabolo excitantur, 42, 185. Ex corde tam bonæ quam malæ prodeunt, 186.

Communio quotidiana in primitiva Ecclesia, 148. Refrigescente caritate sublata est, 149. Eam nec laudat nec vituperat Gennadius, 150. Non datur parricidis, mimis, histrionibus, meretricibus et usurariis publicis, 152.

Confessio in baptismo, 143.

Continentiæ bona, 36, 160.

Cordis secreta solus Deus novit, 42, 185.

Corpora angelis tribuunt multi Græci et Latini Patres, 129. Verior tamen illorum sententia qui incorporeos angelos asserunt, 130.

Corpora resuscitata expertia erunt corruptionis, non tamen amittent essentiam veracis naturæ, 124.

Creaturæ omnes corporales et intellectuales non de Dei natura, sed a Deo factæ sunt de nihilo, 119. Nihilque in eis est, quod ad Trinitatis essentiam pertinet, ibid.

Creaturæ omnes bonæ, 35, 158. Omnes corporeæ, 130. Omnes vertibiles, 159.

Cruce signarunt cibos veteres Christiani, 167.

Cypriani error de rebaptizandis hæreticis, 143. Excusatur, ibid.

Cyrillus dicit animas esse ex traduce, 9.

Cyrillus Alexandrinus falso incusatur quod Deitati passionem tribuerit, 112.

D

Dæmones per substantiam angelicæ naturæ sunt, 8. Corpora habent, sed ita subtilia, ut sensu percipi non possint, 129. Cogitationes cordis ignorant, 185. Per motus hominis exteriores eas intelligunt, ibid. Non possunt substantialiter mentem hominis implere, 186. In statuis latitant, 76. Illorum æterna erunt tormenta, 125, 126.

Dæmoniaci ad clericatum non admittuntur, 167.

Debitores sumus Deo, 189.

Descensus Christi ad inferos, 178 et seq.

Deitas in cruce passionem non sensit, 110, 112.

Deus unus est, 97, 98. Pater dicitur quoniam filium habet veraciter natum, ibid., 98. Solus est non solitarius, 98. Totus bonus et ipsa bonitas, 128. Ex nihilo, non ex præexistente materia, creavit cuncta, 7, 126. Unus est et trinus, 98. Incorporeus, 8, 128. Immutabilis, 34, 136. Invisibilis omnibus creaturis, 119. Ubique est et omnia implet, 8. Nihil ei in creaturis simile per substantiam, 119. Novit solus secreta cordis, 24, 185. Non vult mortem peccatoris, 42, 156. Malum non creavit, 156. Neque est auctor malorum, 158. Neque ullum hominem ad malum prædestinavit, 155, 156.

Deus non confusus homini est, sed unitus, 105.

Deus hominem assumpsit quomodo intelligendum, 107.

Diabolus bonus a Deo conditus est, 35, 157. Malitiam invenit, et mala cogitando malus factus est, 35, 35, 156. Cogitationes cordis ignorat, 42, 185. Ex actibus hominum mentis arcana colligit, ibid. Per crucem Christi devictus est, 71. Perpetuo cruciabitur, 126. Eum ex ignis flamma conditum delirat Mahomet, 127.

Didymus tertium inducit in substantia hominis spiritum, 11, 134.

Diodorus hæreticus, 124.

Dionysius falso Arianismi incusatus, 117.

Dioscurus improbe garrit Deitatem passam in cruce, 112.

Docetarum error de passione Christi, 110.

Dogmata sunt placita sectarum, 97. De dogmat. eccles. ante Gennadium scripserunt Musanus et Didymus Alexand., ibid.

Dominicis diebus ad ecclesias frequenter communicandum omnibus quibus mens sine affectu peccandi est, 31, 149.

Duabus tantum substantiis constat homo, 10, 134.

E

Ebion hæresiarcha dicit Christum ex Viri coitu natum, 3, 108.

Ecclesia Dei, propter eminentiam celebrationis sacrorum, non suscipit ad sacerdotium bimaritum, 165.

Elementa; id est cœlum et terra non omnino peribunt, sed in melius commutabuntur, 164.

Elipandus Toletanus episcop. scribit Christum Dei filium esse adoptione non natura, 104.

Encratitæ respuunt esum carnium ut immundum, 163.

Epicurus dicit mortem nihil pertinere ad nos, quoniam, cum mors adest, nos non sumus, 132.

Eucharistiam in primitiva ecclesia quotidie fideles accipere consueverunt, 31, 148, 149. Hoc Gennadius nec laudat nec vituperat, ibid. Singulis tamen diebus dominicis communicandum suadet si mens sine affectu peccandi sit, ibid. Olim pueris recens baptizatis etiam data est, 145. Pura mente et sincero corde accipienda, 150, 151. Pueris tunc primum debet dari cum ad discretionis annos et intelligibilem ætatem pervenerint, 146. Est pharmacon immortalitatis, 203. Eam punici Christiani vitam vocant, 169.

Eunomius basilicas martyrum non ingreditur, 168. Neque illorum reliquias honorat, ibid. Ait Christum carnem sine anima habuisse, 3. Trinitatem inæqualem statuit, 4, 117. Deitatem in carnem versam prædicat, 110. Contra traditionem apostolorum instituit ut S. baptismus unica mersione perageretur, 142.

Eutyches hæreticus, 3. Dicit e cœlo descendisse Domini corpus, et per Virginem transisse quasi per canalem, 108. Φαντασία ψιλῇ καὶ σχήματι διακένῳ σώματος ἀνθρωπίνου apparuisse Salvatorem commentus est, 109. Deitati ascribit passionem, 112. Post resurrectionem corpora nostra impalpabilia asserit futura, 125.

Exorcismus ante baptismum, 17, 138. Ejus ritus antiquissimus est, ibid. De quo tamen nullum in S. Scriptura exstat mandatum, ibid. Neque Justinus martyr et Tertullianus illius in suis scriptis meminerunt, ibid.

Ex nihilo creavit Deus cœlum et terram, 7, 126.

F

Faciem Dei juxta naturæ suæ proprietatem nulla creatura videre potest, 67, 119.

Felix urgelitanus sacrilego ausu dixit Christum esse Dei Filium adoptivum, non proprium et naturalem, 104.

Figura mundi, non substantia, transibit, 57.

Filius Dei æternus, 2, 58. Factus est hominis filius, 103, 114. Corpus ejus animatum fuit anima rationali, 3, 109. Non est Dei Filius adoptivus, sed naturalis, 104. Neque κατὰ θέσιν, ut Arius blasphemat, sed verus, 3, 120. Patri est ὁμοούσιος et coessentialis, 101, 102. Solus carnem assumpsit, non Pater et Spiritus sanctus, 103. Unigenitus dicitur, 105. Unus est tantum, non duo, 2, 104. Immutabilis est sicut Pater, 157. Adoratur cum sua carne ab angelis et omni creatura, 5, 121,122. Non homo factus præter Deum, sed homo in Deo et Deus in homine, 5, 103. Non est confusus carni, sed unitus, 3, 106, 108. Ideo filius dicitur quod ei pater sit, 99. Antequam nasceretur ex Virgine Deus, fuit, 4, 68. Tertia die resurrexit a mortuis, 58. Ejus oculos nemo poterit effugere, ibid. De illo etiam prodedit Spiritus sanctus sicut a Patre, 99, 100.

Florianus hæreticus docet carnem nostram malam a Deo creatam, 40, 176.

G

Gennadius explodit fabulam πυρκαθαρτηρίου, 185. Baptismum sanguinis male vero baptismo exæquat, 173. Arbitratur ante passionem et resurrectionem Christi omnes sanctorum animas in inferno fuisse, 177.

Gratia Dei adjuvat nos ut non peccemus, 13, 137. Gratis nobis conceditur, 23, 24.

Gratiarum actio post sumptum cibum, 161.

Græci non quotidie, sed festis et dominicis diebus communicant, 149. In mysteriis non admiscent aquam vino, 174. Et tamen vere conficiunt, *ibid*. Si qui apud illos duas vel tres dominicas siue communione transierint, excommunicantur, 130.

H

Hæreticorum certa nomina. Aetius, 4. Alexander, 10. Antidicomaritæ, 164. Aratus, 10. Arabici, 132. Arius, 2, 4. Artemon, 4, 31. Barbatianus, 163. Basilides, 130. Berillus, 4. Bonosiani, 30, 147. Borboritæ, 30, 146. Cerdon, 30. Cerinthus, 31, 3. Claudini, 164. Diodorus, 6. Ebion, 3, 31. Encratitæ, 163. Epicurus, 10. Eunomius, 3, 4, 39. Eutyches, 3. Florianus, 40, 176. Fortunatus, 4. Helvidius, 37. Hermogenes, 126. Hierachitæ, 37. Hydroparastatæ, 174. Jacobus Syrus, 9, 132. Jovinianus, 37, 136. Luciferiani, 9, 131. Macedoniani, 4. Mahumetistæ, 125, 127. Manichæi, 30, 37, 40. Marcellus, 4. Marcianus, 3. Marcion, 3, 4, 30, 32. Melito, 4, 32. Menander, 142. Montanitæ, 30, 147. Nestorius, 5. Novatus, 24. Ophianus, 40, 176. Patricianus, 40, 176. Pauliani, 30. Pelagius, 22. Philolaus, 131. Photiniani, 30, 31. Plato, 10, 131. Praxeas, 5. Priscilliani, 30, 131. Procliani 30. Sabellius, 24. Sarmatio, 163. Seleucus, 126. Sethianus, 30. Siphori, 30. Sylvanus, 5. Tatianus, 163. Theodosius, 148. Timotheani, 3. Vadiani, 4. Valentinus, 30, 139. Venustiani, 176. Vigilantius, 39, 168. Zenon, 10.

Hæretici non baptizati apud hæreticos in nomine Patris, et Filii, et Spiritus sancti, baptizantur a catholicis, 147.

Hæretici qui dicuntur κατὰ Æschinem aiunt Christum ipsum esse Filium et Patrem, 102.

Hæretici dicunt Christum non vidisse carneis suis oculis Patrem, 119.

Hæretici civitatis Cremensis Lucifero post innumerabilia tormenta pristinam beatitudinem repromittunt, 126. Dicunt Mariam post partum amplius virginem non fuisse, 164.

Helvidius hæreticus perversissime suspicatur S. Mariam alios filios ex consortio Josephi suscepisse, qui fratres Domini dicti sunt, 164. Dicit Mariam virginem fuisse ante partum non post partum, 37, 164.

Hermogenes ex materia ingenita Deum cuncta creasse nugatur, 126.

Hierachitæ damnant nuptias, et omnem coitum spurcum putant, 37, 162.

Hilarius episcop. falso putat Christum in passione nullum sensisse dolorem, 115.

Histrionibus non est licitum eucharistiam suscipere, 132.

Homicidis non datur eucharistia, 132.

Homo constat ex anima et corpore, 10, 131. Ad imaginem Dei creatus est, 189. Habet liberum arbitrium, 11, 12, 135. Seductione serpentis per Evam cecidit, 11, 135. Atque ita naturæ bonum perdidit, non electionem, 136. Deo prius admonente aliquid boni agit, 12, 136, 152. Non est ad malum divina potestate prædestinatus, 136.

Homo in Deum transivit dura locutio est, 107.

Homines ex umbra Deum creasse furiosus Mahumet delirat, 127.

I

Ἰδιώματα salva sunt in naturis in Christo unitis, 105, 108, 177.

Immutabilis est solus Deus, 137.

Immutatio in futuro judicio, 6.

Impiorum hominum æterna erunt tormenta, 7, 126.

Impositio manuum in baptismo, 30, 144.

In Trinitate unitas est, et in unitate Trinitas, 30, 102, 103.

In Trinitate non est gradus, nihilque quod inferius superiusve dici possit, 4, 117.

In eucharistia non debet pura aqua offerri, sed vinum cum aqua mixtum, 1.

In resurrectione ex mortuis sexus forma non mutabitur, 176.

In Christo duæ naturæ unitæ inconfuse inconvertibiliter ac inseparabiliter, 106.

In omni bono opere Deus nos prævenit, 29.

In prævaricatione Adam omnes homines innocentiam perdiderunt, 13.

In divinis promissionibus nihil terrenum vel transitorium exspectemus, 32, 154.

In interiore homine est Conditoris sui imago, 189.

Incircumscriptum esse solius Dei proprium est, et in nulla alia quacunque tandem natura reperitur, 8, 128.

Infantes baptizantur in remissionem peccatorum, ut in eis regeneratione mundetur quod generatione traxerunt,

20, 134. Ipsis in primitiva Ecclesia eucharistia data est usque ad tempora Caroli Magni imp., 145.

Infantes impolluti ad magiam adhibiti, 159.

Infantes fidelium non baptizatos damnari multi ex veteribus theologis putant, 168, 169, 170. Contrarium in notis demonstratur, 171.

Inferna duo statuunt Origenes, Ambrosius, Augustinus, Gregorius Magnus, Beda et Bernardus, 180.

Infernum quadruplicem esse vane opinantur scholastici theologi, 180.

Infernum nunquam in bono posuit Scriptura, 108.

Initium salutis Deo miserante habemus, 12.

Insanus non debet clericus fieri, 38, 167.

Interrogatio trina in baptismo : *Credis in Deum ?* etc., 30.

Invidi mentem Spiritus sanctus derelinquit, 64.

Irenæus perperam asserit sanctos post resurrectionem per mille annos cum Christo in terris regnaturos, 134, 135.

J

Jacobus Syrus hæresiarcha duas animas in uno homine ponit, 9, 132.

Jovinianus inter virginitatem et nuptias nul'am sit esse distantiam, 37, 163. Esum carnium ut immundum aversatur, *ibid*.

Judæi propter invidiam Christum de terra sustulerunt, 60, 73.

Judices qui causas audiunt, recte judicare debent, 52.

Julianus imp. Moysen maximum prophetarum inscientiæ elogio denotat, quod expresse non meminerit nativitatis et facturæ angelorum, 127.

Justorum animæ corporibus humanis exutæ statim ad Deum vadunt, injustorum in ipsius orci loca, 183.

L

Lactantius, 32. Falso credit primam justorum resurrectionem fore, secundam peccatorum, 123. Post resurrectionem per mille annos Christum cum sanctis regnaturum in terris inepte in suis scriptis fingit, 134, 135. Perperam incusatur quod animam per humani seminis traducem cum corporibus propagari dixerit, 131.

Liberi arbitrii conditus est homo, 11, 12, 135. Id in prævaricatione Adæ constat esse vitiatum, 13, 14, 35. Et nisi per gratiam baptismi non potest reparari, 26, 27.

Ligaturarum superstitio valde usitata fuit ethnicis et Christianis, 61. Damnatur, *ibid*.

Limbus Patrum, 181.

Limbus puerorum, 181.

Locutiones improepriæ veterum theologorum de Christo, 107. Augustini, Gennadii, Tertulliani, *ibid*. Hilarii, 115. Cypriani, 116. Vigilii martyris, 112.

Λόγον dicere passum impassibiliter joculare est, 113.

Λόγος corpus humanum et animatum assumpsit, 109. Idque sibi οἰκονομίᾳ univit, 3, 109.

Λόγος passum et mortuus est non in sensuali, sed passionem et mortem corporis sui sibi approprians ἐνθέσμως οἰκονομίᾳ, 110, 111.

Λόγος est æternus et Patri cœternus, 101. Non est Deus θέσει aut μετοχῇ, 120. Patri est ὁμοούσιος, *ibid*. Est ἄτρεπτος, 137.

Λόγος accepit naturam hominis, non personam, 107.

Luciferiani dicunt animam esse ex traduce, 131.

Lucifero cum omnibus dæmonibus suis pristinam beatitudinem post innumera cruciamenta promittunt hæretici civitatis Cremensis, 126.

M

Macedoniani orthodoxos vocant ὁμοουσιαστάς, 120. Spiritum sanctum ministrum Dei abrupta impietate pronuntiant, 118.

Mahumet diabolo per Alcoranum salutem pollicetur æternam, 125. Homines ex umbra, diabolum ex ignis flamma Deum condidisse sacrilego ausu fingit, 127. Negat Deum habere filium, 98. Gulosis suis Sarracenis post fata paradisum deliciosum inque eo speciosissimas mulieres, et longam ac securam libidinem promittit, 154. Ficte et putative tantum passum Salvatorem blasphemo ore asserit, 110.

Malum vel malitia non est a Deo creata, sed a diabolo adinventa, 33, 155. Ejus nulla est natura, 131.

Manichæus hæreticus, 4. Nuptias et cibos quos Deus ad utendum creavit, damnat, 37, 162, 163. Duo principia et duas substantias boni scilicet et mali opinatus est, 148, 158. Carnem nostram ex malo et bono compactam mendaciter fingit, 37. In Christo carnis phantasiam maluit credere quam naturam, 110.

Marcellus purum tantum hominem præsumpsit dicere Dominum Jesum, 117.

Marcion ait Christum corpus de cœlo secum detulisse, 3, 108. Non substantive exstitisse, sed actu putativo quodam hominem simulasse, 109. Duo principia sibi invicem contraria vanissime asserit, 147. Christum in phantasia saltem passum improbo ore conatus est prædicare, 110.

Maria fuit virgo ante conjugium, in conjugio, et post conjugium, 37, 164.

Martyres qui pro Christo sanguinem fundunt etiam sine baptismatis sacramento decedentes, salvantur, 171.

Martyrium, 173.

Martyrum reliquiæ sincerissime honorandæ, non adorandæ, 168.

Materiarii hæretici Seleucus et Hermogenes non ex nihilo, sed ex præexistente et ingenita materia Deum cœlum et terram fecisse perperam præsumunt, 126.

Matrimonii finalis causa est procreatio prolis, 160.

Melius est nescire quam errare, 181.

Menander hæreticus impuro ore ausus est dicere, neminem posse salutem habere, nisi baptisma ejus suscepisset, 142.

Mendacium ex diabolo est, 14.

Mens munda gratissimum Deo hospitium, 62.

Mentem hominis substantialiter implere potest sola Trinitas, 43, 186.

Meretricibus publicis non datur communio, 152.

Merita omnia sanctorum Dei dona sunt, 14, 18.

Missa, 50.

Montanitæ, 30. Dicunt Spiritum sanctum in Montano et Priscilla redditum, 147.

Moravi eucharistiam tribuunt pueris sub utraque specie, 145.

Mors corporis pœna peccati est, 22.

Mortalia peccata, 151.

Moysen Julianus imp. imperitiæ insimulat, quod nativitatis angelorum non expresse meminerit, 127.

Mutatio et versibilitas naturæ diminutionem substantiæ facit, 3.

N

Natura humana sine conditore suo non potest se servare, 26. Bona creata est a Deo, sed vitiata est per voluntatem malam, 176.

Naturæ duæ in Christo unitæ, 108.

Nemo per semetipsum bonus est, 13.

Nemo sine peccato est, 183, 187.

Nemo sine Deo miserante salvatur, 153.

Nepos primam justorum resurrectionem et secundam impiorum eo finxit, 32. Mille annorum corporale regnum suis scriptis asseverat, 155.

Nestorius dicit Christum hominem factum præter Deum, 5, 121. In Christo conatus est prædicare duas personas, 104. Personam assumpsisse personam furiose credit, 107.

Nihil ex Trinitatis essentia ad creaturarum naturam deductum, 4, 119.

Non baptizatus non potest vitam æternam possidere, 39, 168. Id absolute verum non esse, in notis demonstratur, 169.

Non baptizatis non datur eucharistia, 144.

Non est tertius in substantia hominis spiritus, ut Didymus contendit, 11, 134.

Non privatio sed contemptus sacramenti damnat, 171, 172.

Non tres Dii, sed unus est Deus, trinus in vocabulis, unus in Deitate substantiæ, 98.

Non sunt duo filii nec dii, nec duo Christi, 104, 105.

Novatus hæreticus dicit peccatores per pœnitentiam non posse in integrum reparari, 184.

Nullum peccatum irremissibile apud Deum, 184.

Nullus sanctus perfectus est, sed ex aliqua parte peccator, 182.

Nullus a Deo ad malum prædestinatus est, 29, 33, 155, 156.

Nullus ad salutem nisi Deo invitante potest venire, 33, 155.

Nullus est baptismus, si in fide S. Trinitatis non datur, 146.

Nuptiæ bonæ sunt, 36. Christus præsenti suæ majestatis eas sanctificavit, 79, 160. Error est eas sanctæ virginitati coæquare, 163, 164.

Nuptias qui damnant draconem illum veterem in se habitantem habent, 165.

O

Oblationes altaris, 52.

Obsecrationes sacerdotales, 16, 137.

Omnium bonorum operum Deus auctor est, 18.

Omnium sanctorum animæ ante resurrectionem Christi in inferno uerunt, 4, 177, 178.

Omnes sancti pronuntiant se peccatores, 45, 159.

Omnes homines mortales sunt, 6. Peccati omnes, et necesse habent dicere quotidie *dimitte nobis debita nostra*, 29, 31, 139.

Ὁμοούσιος Patri Filius, 5, 120. Id negant Ariani, *ibid.* Apud veteres, de ista voce varie disputatum fuit, *ibid*. In concilio Niceno probatur, *ibid.*

Ὁμοούσιον sive consubstantiale quid sit, 120.

Ὁμοουσιαστάς Ariani et Macedoniani catholicos appellant; *ibid.*

Opera infidelium in hac vita saltem illis prosunt, 172.

Ophiani colubrum venerantur, 176.

Origenis error de Christo, 3, 4, 108, 119. De S. Trinitate, 4. De resurrectione carnis, 5, 123, 176, 177. De salvatione dæmonum et impiorum hominum, 7, 125. De animarum præexistentia, 9, 130. Ipsi multa falso affinxerunt ejus invisores, 123, 125.

P

Pagani multos deos colunt, 98.

Papias post resurrectionem restituendam auream gemmatamque Hierusalem, et in ea sanctos per mille annos cum Christo regnaturos vane somniat, 32, 154. Cujus opinionis etiam fuerunt Iræneus, Apollinaris, Nepos, Tertullianus, Victorinus et Lactantius, 154 155.

Pascha ante transgressum vernalis æquinoctii non potest celebrari, 44, 188. In concilio Niceno statutum ut omnes Christiani id uno eodemque tempore peragerent, *ibid.*

Passio Christi vera fuit, non φαντασιώδης vel μυθώδης, 116.

Pater æternus Filium habet æternum, 1, 98. Carnem non assumpsit, 2. Semper pater fuit, 100. A quo Filius natus, 3.

Pater, et Filius, et Spiritus sanctus unus naturaliter Deus, 102, 120.

SS. Patres non tam inculcant quotidianam et crebram communionem, quam dignam sacramentorum susceptionem, 150, 151.

Patripassiani hæretici, 103.

Patriciani hæretici, 40, 176.

Pauliani hæretici, 30. Dicunt Christum purum hominem esse, 146.

Paulus Samosatenus duos Christos et filios, unum servum, alterum dominum introducit, 104.

Peccatum et mors animæ, 22.

Peccata mortalia, 31.

Pelagius hæreticus dicit homines sine peccato esse posse si velint, 187.

Photiniani Christi ex virgine fatentur exordium, 148.

Photius patriarcha Basilium imp. homicidam, ad sacram cœnam admittere noluit, 152.

Philolai error de præexistentia animarum, 132.

Plato ait quod aliquid ex Trinitatis essentia ad creaturarum naturam deductum sit, 4. Animas dicit prius in cœlesti habitatione peccasse, et pro hoc in corpora ad terram esse dejectas, 133. Brutis animalibus rationem attribuit, 133.

Pœna parvulorum non renatorum mitissima erit, 169.

Pœnitentia publica, 31, 41, 152, 153.

Pœnitentiam professi non sunt ordinandi clerici, 167.

Pœnitentia peccata aboleri certo credendum, 41, 184.

Pœnitentia vera est peccatorum causas eradere, 32, 153.

Pontificii damnant pueros non regeneratos, 170. Infernum quadruplicem statuunt, 180, 181. Dicunt mortaliter eos peccare qui in poculo sacramenti non admiscent aquam vino, 173.

Praxeas solitarium Deum inducit, 5, 120. Affirmat Patrem descendisse in virginem, et carnem ex ea sumpsisse, 103.

Precatio ante mensam, 161.

Primitias non degustabant Christiani et ethnici antequam a sacerdote essent libatæ, 179.

Principes potestatem a Deo habent, 78.

Priscilliani hæretici, 30. Nuptias damnant, 162. Animam peccasse priusquam in hoc mundo adesset, ineptissime credunt, 131. Esum carnium tanquam immundum respuunt, 163. Diabolum nunquam bonum fuisse hæretice spiritu asseverant, 156, 157.

Processio Spiritus sancti a Patre et Filio est, 1.

Procliani hæretici docuerunt Christum in carne non venisse, 146.

Pro impiis orandum ut ab ignorationis nocte resurgant, 84.

Prosper Tiro male baptismum sanguinis vero baptismo æquat, 173.

Publica pœnitentia, 31, 152. Ob gravissima peccata imposita fuit hominibus, 153.

Pueri ante discretionis annos non debent communicare, 146.

Punici Christiani baptismum *salutem* vocant, eucharistiam *vitam*, 169.

Pythagorei putant animas ante nativitatem in cœlo peccasse, et ideo in corpora transmissas ut supplicia luant, 131.

Q

Qui mortalia peccata commisit, communicare nullatenus præsumat, 130, 131.
Qui apud hæreticos non in sanctæ Trinitatis invocatione baptizati sunt, a catholicis baptizantur, 30, 142.
Qui concubinam, duas matronas, viduam repudiatam, vel meretricem, in matrimonio sumpsit, non potest esse clericus, 58, 165, 166. Neque ille qui semetipsum castravit, *ibid*. Neque qui usuras accepit, *ibid*. Neque qui lusisse in scena convincitur, *ibid*.
Qui baptizatus non est, non potest vitam æternam habere, 168. Id absolute verum non est, 171, 172.
Quod tibi non vis fieri, alteri ne feceris, 50. ¶
Quotidie eucharistiam sumebant fideles in primitiva Ecclesia, 31, 148. Quæ consuetudo mansit usque ad Cypriani, Ambrosii, Augustini et Hieronymi tempora, *ibid*. Postmodum refrigerata caritate, sensim cœpit evanebescere, 119. Ideoque sancitum a PP. Romanis ut si non frequentius, saltem ter, aut ad minus semel in anno sæculares communicarent, nisi vellent omnino ab ingressu ecclesiæ arceri, *ibid*.

R

Regula fidei de sancta Trinitate, 1, 97.
Reliquiæ martyrum sincerissime honorandæ sunt, non adorandæ, 39, 168.
Renuntiatio Satanæ in baptismo, 39.
Resurrectio erit mortuorum omnium, 5, 122, 124. Una et insimul et semel, *ibid*. Non prima justorum et secunda peccatorum, ut volunt Lactantius et Stephanus Gobarus, 123. In illa non evacuabitur veritas corporis, 124. Neque sexus forma mutabitur, 40, 176. Sed vir mortuus resurget in forma viri, femina in forma feminæ, 177.
Resurgent etiam abortivi deformati, 122.
Resuscitata corpora expertia erunt corruptionis et mortis, propriam vero non amittent naturam, 124.

S

Sabellius hæreticus, 1, 4. Trinitatem in unius personæ angustias cogit, 101.
Sacerdos qui non miscet vinum aqua in mysteriis, deponitur, 173.
Sacramentis altaris interesse non possunt qui nondum regenerati noscuntur, 144.
Sacerdotes honorandi sunt, 102.
Sacramentum corporis Christi Punici Christiani *vitam* vocant, 169.
Sacramenta a sanctificatione dicuntur, 151.
Sarmatio hæreticus virgines et nuptas ejusdem esse meriti apud Deum dicit, 163.
Satisfactio quid sit, 32, 153.
Saturninus ait Christum in phantasia non vere apparuisse, 109.
Sethianus carnem nostram malam a Deo creatam sacrilege ausus est prædicare, 40, 176. Filium Adami qui vocatur Seth honorat, *ibid*.
Severus hæreticus Deum in propria natura passum male credit, 112.
Signa possunt etiam peccatores facere, 43, 187.
Signis clarus fieri potest Christianus, non sanctus, 43, 187.
Signo crucis antiqui Christiani cibos signarunt, 161.
Simoniani in phantasia passum Christum contendunt, 110.
Sine Deo nihil boni possumus facere, 15, 25. Neque ministerium salutis æternæ acquirere, 26.
Spiritus *pro* anima, 11, 134.
Spiritus sanctus a patre et Filio procedit, 1, 99, 100. Non est genitus neque factus, 101. Quare genitus vel ingenitus dicit non debet, *ibid*. Patri et Filio æqualis est et cœternus, *ibid*. Carnem non assumpsit, sed Filius tantum, 103. Eum Ariani et Macedoniani Patre et Filio esse minorem blasphemant, 118.

Stephanus Gobarus ait primam resurrectionem fore justorum, secundam peccatorum, 123.
Substantiis duabus saltem constat homo, 134.
Suidas male angelos incircumscriptos facit, 159.
Sylvanus Deum statuit solitarium absque Filio, 120.
Symbolum apostolorum nemo debet ignorare, 149.

T

Tacianus immundos putat cibos carnium, 163.
Tertullianus Deum statuit corporeum, 118. In creaturæ aliquid esse putat ex Trinitatis essentia deductum, 120. Animam ex traduce esse asseverat, 131. Per mille annos sanctos regnaturos cum Christo in terris vanissime finxit, 155.
Theologi scholastici dicunt abortivos fetus non resurrecturos, quoniam non vixerunt, 123. Infernum quadruplicem statuunt, 180. Parvulos non regeneratos æterna beatitudine privari, 169.
Theopaschitæ Divinitati passionem ascribunt, 112.
Timothiani aiunt duas naturas in Christo in unam resolutas esse massam, 106.
Tnetopsychitæ animam dicunt cum corpore mori, 132.
Trinitatis in essentia nihil divisum aut discretum est, 2, 3, 101, 102. Nihil serviens et creatum, 117. Nihil inæquale, nihil anterius posteriusve, 4, 118. Nihil ex ea ad creaturarum naturam deductum, 119.
Trinitas S. ὁμοούσιος dicitur quia omnes tres personæ illius sunt ejusdem substantiæ, 102, 103.
Tritheitæ tres deos colunt, 98.

U

Ὑδροπαράστεται hæretici sola aqua utuntur in euchartia, 174.
Una persona duæque naturæ in unigenito Dei Filio Christo, 103.
Unigenitus Christus dicitur, 2, 105.
Unus natura in sancta Trinitate Deus pater, Filius, et Spiritus sanctus, 2, 98, 103.
Urbicus Potentinus dicit Spiritum sanctum esse Patrem, aut Filium, aut creaturam, 208.
Usurarius non potest esse clericus, 58, 166. Illi non datur communio, 152.

V

Vadianus dicit Deum humana figura et membris constare, 119.
Valentinus hæreticus ait Christum non fuisse verum hominem, sed inane duntaxat spectrum, 5, 109. Verbi et carnis unam credidit esse naturam, 108. Christum corpus secum de cœlo detulisse, non a Maria assumpsisse, impio ore garrit, 108. Duo principia et duo baptismata introducit, 111, 148.
Venustiani hæretici dicunt diabolum condidisse corpus hominis, 176.
Verbum caro factum est, manente Verbo in sua substantia et homine in sua natura, 107.
Victorinus rhetor Romæ publice fidem profitetur suam, 174.
Vigilantius hæreticus contemnit martyrum reliquias, et Christianos qui eas suspiciunt cinerarios et idololatras appellat, 168.
Vigilius martyr male refert passionem ad naturæ Verbi proprietatem, 112.
Vini usus in sacrificio missæ, 175.
Virginitas præfertur nuptiis, 36, 161, 164.
Virgo Maria genitalibus integris peperit Salvatorem, 164.
Vivi dicuntur qui in corpore erunt in adventu Domini, 127.

Z

Zenon ait animam durare post mortem, esse tamen obnoxiam corruptioni, 10, 133.
Zwinglius etiam illis qui ab Ecclesia Christi alieni sunt, vitam æternam pollicetur, 177.

INDEX AUCTORUM QUI IN NOTIS LAUDANTUR.

A

Acacius episcop., 112.
Acta apostolorum, 148.
Acta concil. Ephesini, 103, 110, 141, 112, 122, 148, 164.
Ado Viennensis episcop., 125.
Æneas Gazæus, 127, 128, 133, 136.
Aimoinus monachus, 106.

Albertus Magnus, 144, 149, 171, 175.
Albinus Alcuinus, 101, 138, 141, 144, 145, 153, 160, 184.
Alcoran, 98, 170, 125, 127, 154.
Algerus, 97, 151, 153, 174.
Ambrosius episcop., 99, 100, 101, 102, 113, 121, 127, 128, 130, 133, 141, 149, 151, 152, 156, 157, 160, 165, 165, 168, 169, 172, 173, 174, 176, 178, 180, 186, 187, 188, 189.

INDEX AUCTORUM QUI IN NOTIS LAUDANTUR.

Anacletus PP., 143.
Anastasius Synaita, 126, 127.
Anastasius episcop. Nicenus, 99, 128, 187.
Anastasius Bibliothecarius, 154.
Antiochus S., 186.
Arethas episcop., 109, 160.
Arnobius contra gentes, 131, 152.
Athanasius Alexand. episcop., 97, 99, 100, 102, 103, 108, 112, 117, 118, 119, 120, 124, 125, 127, 130, 133, 134, 138, 142, 149, 157, 160, 161, 162, 170, 171, 173, 178, 184, 185, 186, 187, 189.
Atticus episcop. Constantinop., 112.
Augustinus episcop. Hippo., 97, 98, 100, 101, 102, 103, 105, 107, 108, 109, 110, 113, 117, 118, 119, 122, 124, 125, 127, 129, 132, 137, 138, 140, 141, 142, 143, 144, 147, 148, 149, 150, 153, 154, 155, 156, 158, 160, 163, 164, 168, 169, 170, 172, 174, 176, 177, 178, 179, 180, 181, 183, 184, 185, 186, 187, 188, 189.
Auctor de fide ad Petrum, 98, 99, 103, 113, 116, 125, 133, 139, 142, 157, 158, 159, 160, 162, 165, 169, 171, 177, 184.
Autor lib. de Speculo, 100.
Autor lib. de Trinitate et unitate, 100, 101.
Autor lib. de V Hæresibus, 101.
Autor lib. de Spiritu et anima, 100, 130, 131, 132, 134, 135, 186.
Autor lib. de Incarnat. Ver. i, 131, 138.
Autor homil. de Cœna Domini, 151, 174.
Autor Comment. in Marcum, 174, 187.
Autor Comment. in Matthæum, 177.
Autor epist. De celebrat. Paschæ, 189.
Autor de Rectitud. cathol. conversationis, 151, 183.
Autor Hypognostici, 138, 145, 153, 156, 169, 183.
Autor de Utilitate pœnitentiæ, 153.
Autor de Anima, 131.
Autor de Continentia, 161.

B

Bachiarius, 154, 184.
Bæticus, 99, 102, 103, 158, 159.
Baronii Annal. eccles., 104, 117, 141, 144.
Basilius Magnus, 109, 117, 118, 133, 151, 158, 160.
Basilius Seleuciensis, 129, 133.
Beatus Rhenanus, 153.
Beda, 99, 100, 109, 119, 122, 123, 127, 129, 138, 142, 144, 159, 161, 164, 169, 178, 180, 182, 185, 186, 187, 189.
Bernardus abbas Claræval., 129, 135, 141, 154, 155, 160, 162, 170, 171, 175, 180, 186, 189.
Bonaventura, 99, 123, 132, 138, 149, 151, 153, 154, 161, 175, 180, 186.
Bullingerus, 178.
Burchardus Wormaciens. episcop., 137, 149.

C

Cæsarius Arelatensis episcop., 100, 169, 174, 189.
Cæsarius frater Nazianzeni, 101, 102, 103, 118, 123, 129, 159.
Canones apostolorum, 141, 165, 166, 167, 197, 188.
Caroli Magni Capitulare, 142, 145, 149, 155, 108.
Cassianus, 102, 110, 118, 185, 186, 187, 188.
Centuriæ Magdeb. theolog., 138.
Cerealis episcop., 103.
Christophorus Pelargus, 175.
Chrysologus, 98, 99.
Chrysostomus, 105, 124, 125, 127, 129, 132, 136, 140, 150, 151, 156, 157, 161, 164, 165, 168, 184.
Clemens Alexandrinus, 130, 163, 177, 186, 187.
Clementis recognitiones, 98, 162, 169.
Clementis Constitut. apostol., 127, 147, 165, 173, 174, 189.
Claudianus Mamert. episcop., 116, 189.
Codex Theodosianus, 116.
Cœlestinus PP. I, 136, 137, 138.
Concilium Africanum, 138, 159, 140, 142, 174. Agathense, 149, 167. Arausicanum i, 165, 167. Arausicanum ii, 110, 141, 156. Arelatense ii, 146. Arelatense iii, 97, 167. Aurelianense iii, 165. Bracarense i, 120, 131, 163. Bracarense ii, 138. Cabilonense, 167. Carthaginense iii, 174. Carthaginense iv, 166. Carthaginense vi, 146. Chalcedonense, 167. Constantinopolitanum i, 99. Constantinopolitanum ii, 97. Eliberitanum, 166, 167. Epaunense, 163, 167. Florentinum, 99. Gaugrense, 165. Gerundiense, 165. Hispalense ii, 113. Laodicenum, 174. Lateranense, 98, 100, 149. Milevitanum, 137, 138, 159. Nicænum, 109, 140, 141, 156. Romanum, 166. Telense, 166. Toletanum i, 98, 110. Toletanum iv, 98, 100, 142, 165, 167. Triburiense, 174. Tridentinum, 175. Trullanum, 174. Turonicum i, 152. Turonicum iii, 119. Wormaciense, 98, 174.

Corpus Canon., 100, 137, 138, 142, 144, 149, 153, 166, 167, 168, 175, 188.
Cyprianus, 100, 116, 141, 142, 143, 144, 145, 148, 151, 161, 169, 173, 174, 187, 188.
Cyrillus Alexandrinus, 98, 99, 100, 129, 105, 107, 110, 117, 122, 127, 128, 129, 130, 144, 145, 157, 158, 159, 162.
Cyrillus Hierosolymitanus, 98, 94, 101, 108, 124, 131, 138, 141, 146, 159, 162, 163, 171, 173, 177.

D

Damascenus, 97, 99, 100, 101, 103, 104, 105, 106, 107, 109, 113, 118, 124, 126, 127, 128, 130, 132, 133, 140, 144, 146, 156, 159, 161, 168, 174, 177, 189.
Damasus PP., 103, 113.
Danæus, 106.
Deuteronomion, 98.
Diadochus, 186.
Didymus Alexandrinus, 97, 102, 130, 134, 146, 157, 158, 186.
Diogenes Laertius, 97, 132, 133.
Dionysius Areopagita, 128, 129, 130, 144, 145, 159.
Dionysius Carthusianus, 178.
Doxologiæ vet. Græcorum, 103.
Durandus, 101, 107, 129, 130, 138, 149, 152, 157, 167, 170, 175, 180, 185, 189.

E

Ecclesiastes, 178.
Edictum Justiniani imp. de fide, 9 '.
Elias Cretensis, 104, 137.
Eligius episcop., 151, 153, 109.
Epiphanius, 101, 102, 103, 108, 109, 113, 118, 120, 121, 123, 126, 127, 135, 141, 146, 147, 148, 154, 158, 160, 161, 162, 163, 164, 165, 174, 188, 189.
Epitome S. Canonum, 137, 138, 146, 166, 175.
Eucherius episcop. Lugdunens s, 189.
Eugenius PP. IV, 175.
Eusebius episcop., 108, 113, 116, 117, 123, 131, 132, 154, 155, 184, 188.
Eusebius PP. I, 143.
Exodus, 107.

F

Faustinus de Fide, 102, 158.
Faustus, de Lib. Arbitrio, 136, 140, 156.
Ferrandus diaconus, 98, 103.
Firmilianus episcop., 116.
Franciscus Turrianus, 167.
Fulbertus episcop., 113
Fulgentius episcop., 98, 99, 101, 102, 104, 105, 107, 108, 109, 113, 118, 119, 122, 124, 141, 146, 148, 155, 186, 157, 177.

G

Gaudentius, 136, 161, 189.
Gelasius PP., 113, 167.
Gelasius de Actis concil. Nicæni, 100, 121, 146, 166.
Genesis, 160, 178.
Gennadius Massiliensis presbyter, 101, 103, 107, 108, 109, 119, 134, 164, 167.
Gennadius Constantinopol. episc., 167.
Georgius Cassander, 171, 172.
Germanus archiepiscop. Constantinop., 144.
Gratianus, 153.
Gregentius episcop., 172.
Gregorius Magnus, 100, 113, 118, 122, 124, 125, 129, 130, 133, 141, 153, 159, 165, 166, 167, 177, 180, 182.
Gregorius PP., 151, 166.
Gregorius Neocæsariens. episcop., 117.
Gregorius Turonensis, 98, 1 3.
Gregorius de Valentia, 170.
Gregorius Nazianzenus, 97, 99, 104, 110, 112, 113, 120, 127, 128, 129, 136, 138, 157, 158, 159, 169, 173, 181, 182, 187.
Gregorius Nyssenus, 119, 136, 169, 186, 188.
Guilhelmus Durantus episcopus, 144, 175.
Guitmundus, 97.

H

Harmenopulus, de Sectis, 102, 110, 117, 147.
Haymo episcop., 130, 173.
Hieronymus episcop., 100, 103, 118, 119, 123, 124, 125, 126, 131, 133, 134, 135, 141, 143, 146, 149, 151, 152, 154, 156, 158, 160, 161, 162, 163, 164, 165, 168, 169, 173, 176, 178, 181, 182, 183, 185, 186, 187, 188.
Hierotheus (S.), 159.
Hilarius episcop. Pictav., 99, 103, 103, 104, 105, 113, 121.

Historia Tripartita, 101, 117, 119, 121, 148, 152, 157, 188.
Honorius August. episcop., 101, 102, 109, 110, 113, 119, 147, 179.
Hormisda PP., 108.

I

Ignatius (S.), 98, 108, 109, 163.
Ilfonsus, 164.
Innocentius PP. I, 136, 147, 163.
Innocentius PP. III, 135, 153, 175.
Irenæus episcop., 115, 148, 152, 153, 174, 163.
Isaias (S.) propheta, 98.
Isidorus Hispalens., 98, 100, 102, 107, 119, 124, 127, 132, 133, 135, 142, 148, 151, 154, 160, 161, 166, 167, 168, 169, 177, 181, 188, 189.
Isidorus Pelusiota, 113, 161.
Ivo Carnutensis episcop., 149.

J

Jacobus (S.) apostolus, 174.
Jacobus Pamelius, 145.
Joachimus Vadianus, 145.
Joannes episcop. Romanus, 113.
Joannes monachus, 102, 115.
Joannes Theophilus, 100.
Joannes Maxentius, 103.
Joannes (S.) apostolus, 168, 187.
Joannes Trithemius, 126, 164.
Joannes de Gerson, 124, 146, 152, 153, 178, 176, 156.
Joannes Calvinus, 171, 178.
Joannes Cantacuzenus, 110, 112, 121, 125, 128, 129, 154.
Job (S.), 178.
Julius PP. I, 174.
Julianus episcop. Toletan., 123, 165, 177, 178.
Juliani imp. lib. contra Christianos, 127.
Junilius Africanus episcop., 112, 126, 127, 160, 161, 188.
Jus Græco-Romanum, 98, 121, 146, 147, 168.
Justinus martyr, 98, 128, 135, 138, 143, 156, 174, 147, 185.

L

Lactantius, 123, 131, 132, 134, 153, 184, 188.
Legatio Manuelis imp., 102, 103, 116.
Leontius de Sectis, 102, 110.
Leo PP. I, 102, 113, 138, 148, 157.
Liturgia S. Jacobi, 174.
Ludovici imp. additiones ad Capitul. Caroli Magni, 149, 153, 167, 168, 182.

M

Macarius eremita, 129, 182, 186.
Marcialis episcop., 99, 151, 152.
Marius Victorinus Afer, 103, 117, 121, 148.
Martinus Chemnitius, 153, 154.
Martinus Bracarens. episcop., 153, 166, 174.
Maximus Taurinens. episcop., 160, 161.
Maximus (S.), 118.
Maximus monachus, 144.
Melchior Hittorpius, 145.
Micrologus, 144, 174.
Minutius Felix, 162, 165.
Musanus, 97.

N

Nemesius episcop., 156.
Nicephorus episcop. Constantinop., 112.
Nicephorus confessor, 152.
Nicephorus Callistus, 101, 102, 107, 109, 110, 112, 116, 117, 118, 119, 121, 126, 130, 132, 143, 148, 152, 154, 175, 178, 184, 187, 188, notatur 142.
Nicetas, 117, 173.
Nicetas in Nazianz., 170.
Nicolaus Cabasila, 144.
Nicolaus PP. I, 142, 163.
Nicon (S.), 112.
Novatus, 127.
Novellæ Justiniani imp., 163, 166.

O

OEcumenius, 124, 146, 164.
Optatus Milevitanus, 109, 138, 144.
Ordo Romanus, 145.
Origenes Adamantius, 108, 117, 118, 119, 126, 127, 128, 129, 130, 134, 144, 151, 156, 157, 168, 159, 161, 164, 169, 169, 175, 180, 185, 186.

P

Pacianus episcop., 184.

Papias, 157, 158, 178.
Paschasius Cordubens., 174, 175.
Paschasius diacon. Rom., 186.
Paulinus episcop. Aquil., 100, 104, 113, 154.
Paulinus episcop. Nolæ, 110, 145.
Paulus (S.) apostolus, 145, 161, 173.
Paulus Emisenus episcop., 113.
Petrus Lombardus, 97, 99, 101, 102, 103, 107, 110, 124, 127, 140, 142, 143, 149, 154, 156, 159, 160, 170, 175, 186.
Petrus diaconus, 106, 137, 140.
Petrus Damianus, 162, 167.
Petrus (S.) apostol., 172, 178.
Philastrius, 102, 108, 113, 146, 147, 148, 174, 176.
Philippus presbyter, 123, 159, 160, 165, 178.
Philo Judæus, 130, 136, 158.
Phœbadius, 99, 121.
Photii bibliotheca, 120, 123, 127.
Photii Nomocanon, 165, 166, 167.
Pius PP. I, 188.
Platina, 97.
Plato, 119.
Plinius, 106, 197.
Pœnitentiale Romanum, 199.
Primasius Africanus, 169, 173.
Procopius Sophista, 100, 178.
Proculus, 102, 113, 165.
Prosper Tyro, 173.
Prudentius, 103.
Pselli capita theologica, 99.

R

Rabanus Maurus episc. Moguntin., 98, 100, 103, 105, 107, 117, 118, 119, 125, 130, 132, 133, 138, 141, 143, 151, 154, 156, 157, 174, 175, 177, 184.
Remigius episc., 178, 184.
Rescriptum episcop. Telensium, 161.
Richardus monachus Florent., 125.
Robertus Bellarminus, 170, 175, notatur 145.
Ruffinus Aquil. presbyter, 99, 105, 110, 117, 118, 119, 123, 125, 126, 130, 181, 148, 157, 175.

S

Samuel Edessenus presbyter, 107.
Saracenica Cotelerii, 98, 110.
Sedulius, 108, 129, 140.
Servusdei episcop., 119.
Severus patriarcha Alexandrinus, 138, 174.
Severus Sulpitius, 161, 164.
Sixtus Senensis, 124, 165.
Socrates, 97, 101, 109, 110, 117, 118, 121, 157, 188.
Sophronius, 107.
Sozomenus, 117, 142, 148, 152, 157, 187.
Stephanus PP. I, 157.
Suidas, 110, notatur 130.
Symmachus PP., 167.
Syricius PP., 147.

T

Tertullianus, 98, 102, 103, 107, 108, 109, 116, 118, 120, 126, 129, 133, 135, 138, 141, 142, 143, 144, 145, 148, 152, 155, 157, 160, 162, 163, 169, 173, 181, 187.
Tharasius P. C., 167.
Theodotus episcop., 104, 148.
Theodoretus episcop. Cyri, 102, 105, 108, 109, 110, 111, 115, 116, 122, 126, 127, 129, 130, 147, 157, 160, 165, 168, 176, 184, 186, 187, 188, 189.
Theodorus Abucara, 178.
Theodorus Beza, ibid.
Theodorus presbyter, 104, 107, 108, 110.
Theodorus Studitus, 147.
Theophilus Alexand. episcop., 178.
Theophylactus Alexand. episcop., 153.
Theophylactus Bulgariæ archiepiscop., 99, 105, 108, 110, 113, 118, 121, 125, 175, 176, 185.
Thomas Aquinas, 97, 99, 107, 110, 118, 123, 124, 125, 129, 132, 134, 144, 147, 151, 155, 165, 175, 176, 177, 178, 185, 186.
Tichonius Afer, 122.
Timotheus presbyter, 132, 157, 148.

U

Ursinus monachus, 142.

V

Victor episcop. Uticensis, 98, 102.

Victor PP., 188.
Vigilius martyr, 102, 105, 103, 107, 108, 109, 110, 112, 148.
Vigilius PP., 141, 163.
Vincentius Lirinensis, 102, 103, 104, 109, 143, 148.
Walafridus Strabo, 97, 142, 143, 149, 151, 153, 174.

Z.

Zacharias propheta, 178.
Zonaras, 152.
Zosimus PP., 147.
Zwinglius *notatur*, 172.

ORDO RERUM
QUÆ IN HOC TOMO CONTINENTUR.

S. HILARUS PAPA.

Vita Hilari ex libro Pontificali. 9
EPISTOLÆ. 11
Epistola Hilari diaconi Romanæ Ecclesiæ ad Pulcheriam Augustam. Ibid.
Epistola prima (Hilari papæ).—Ad episcopos Tarraconenses de synodali decreto. 12
Epistola Tarraconensium episcoporum ad Hilarum papam. 14
Epistola altera eorumdem ad eumdem. 16
Epist. II. — 1° Ut nullus sine consensu metropolitani episcopus ordinetur. 2° Ut nullus episcoporum, relicta propria Ecclesia, ad aliam transeat. 3° Ut Irenæus, remotus a Barcinonensi Ecclesia, ad propriam revertatur. 4° De removendis episcopis qui illicite ordinati sunt, et ne in una Ecclesia duo episcopi habeantur. 5° De damnatione Irenæi, si ad suam Ecclesiam non revertatur. 17
Epist. III.—De eodem argumento. 19
Epist. IV.—Verano et Victuro episcopis Hilarus delegat Ingenui et Auxanii episcoporum controversiam, statuitque ut Cemelenensis civitas et Nicaense castellum ad unius episcopi regimen revertantur. 20
Epist. V.— Hilarus Leontio Arelatensi, de episcopatus suis primordiis. 22
Epistola Leontii Arelatensis ad Hilarum papam, cui gratulatur pontificatum, rogans ut Ecclesiæ Arelatensis jura tueatur. Ibid.
Epist. VI.—Respondet Hilarus ad litteras Leontii, quas scripserat cum præcedentem Hilari epistolam nondum accepisset. 23
Epist. VII.—Monet Leontium Hilarus ut relationem mittat de Herme, qui Ecclesiæ Narbonensis episcopatum temere usurpasse dicebatur. 24
Epist. VIII (ad episcopos Galliæ).— 1° Hermen Narbonensi Ecclesiæ præsidere ita permittit, ut ordinandorum episcoporum careat potestate. 2° Ut concilia quotannis fiant ex quibus provinciis poterunt, et a Leontio convocentur. 3° Ut sine metropolitani litteris episcopi in aliam provinciam non proficiscantur. 4° De parochiis Ecclesiæ Arelatensis, quas repetebat Leontius, judicium ad episcopos remittit. 5° Ut prædia ecclesiastica non alienentur, nisi apud concilium alienationis causa prius doceatur. Ibid.
Epist. IX (ad Lontium).—De Mamerto episcopo, qui extra suos fines episcopum ordinarat, ut illius causam in concilio examinet. 27
Epist. X. (ad episcopos quosdam Galliæ).—Ne quisquam suos limites transcendat, et ut concilia quotannis a Leontio episcopo convocentur. Ibid.
Epist. XI.—Præceptum Hilari papæ de Ecclesia Deense, ubi episcopus indebite a Viennensi episcopo ordinatus est. 28
Decreta Hilari papæ. 31

S. SIMPLICIUS PAPA.

Vita S. Simplicii papæ, ex libro Pontificali. 51
EPISTOLÆ. 35
Epistola prima (ad Zenonem Hispalensem).—De commissa illi vice sedis in omnibus Hispaniarum Ecclesiis. Hispalensem episcopum virum optimum, sedis apostolicæ vicarium, constituit. Ibid.
Epist. II.—Reprehendit Joannem Ravennatem Simplicius quod Gregorium adhibita vi episcopum ordinasset, cui ut Mutinensem Ecclesiam, nullam causam cum Joanne habiturus, gubernet præcipit. Ibid.
Epist. III (ad Florentium, Equitium et Severum episc.). — Gaudentius Rufinensis episcopus, ob illicitas ordinationes factas, munere sacerdoti et triplici parte reditum Ecclesiæ privatur. 37
Epist. IV.—Rogat Zenonem ut Timotheum Ælurum, qui Alexandrinam sedem iterum occupare et Constantinopoli suas hæreses disseminare conabatur, regia potestate cohibeat. 38

Epist. V.—Scribit Acacio Simplicius ut omni conatu obsistat Timotheo ne concilium universale, quod ille apud imperatorem agebat, habeatur. 41
Epist. VI.—Commendat Acacium quod Timotheo Æluro nulla ecclesia Constantinopoli patuerit, hortaturque eumdem ut imperatorem moneat ne Chalcedonensis concilii statuta violari permittat. 42
Epist. VII.—Clericorum ac monachorum Constantinopoli degentium constantiam commendat, cum Timotheum ad communionem non admiserit, illumque, ut sæpe damnatum, ostendit non audiendum. 43
Epist. VIII.—Zenoni imperatori gratulatur Simplicius de recuperato imperio, hortaturque ut Alexandrinum episcopum sedi suæ restituat, et Leonis Chalcedonensisque concilii decreta servari faciat. 44
Epistola Acacii ad Simplicium papam. 46
Epist. IX.—Gratulatur Acacio Simplicius, Timotheum, Alexandriæ episcopum catholicum, suæ Ecclesiæ fuisse restitutum. 47
Epist. X.—Gratias agit Zenoni imperatori, Timotheum Alexandrinæ Ecclesiæ restitutum, eumque rogat ut Petrum, ejusdem Ecclesiæ perturbatorem, expelli jubeat. 48
Epist. XI.—Scribit Acacio Simplicius, Timotheum a se veniam petiisse, quod Dioscori nomen inter altaria, timore ductus, recitasset, et se ad imperatorem litteras dedisse ut Petrum procul arceat. 49
Epist. XII.—Hortatur Zenonem imperatorem Simplicius ut Timotheum sedi suæ restitutum protegat, et ut Petrum expelli jubeat. 50
Epist. XIII (ad Acacium).—De eodem argumento cum superiori. 51
Epist. XIV.—Laudat Zenonis imperatoris sollicitudinem Simplicius in his puniendis qui Antiochiæ in episcoporum cædes conspiraverunt. Dolet suas ad Acacium litteras executioni non fuisse mandatas, et Antiochenæ Ecclesiæ antistitis electionem, Nicæni concilii non observato decreto, factam approbat. Ibid.
Epist. XV (ad Acacium).—De eodem argumento. 53
Observatio Antonii Pagi. 54
Epist. XVI (ad Acacium).—Calendionis Antiocheni episcopi electionem confirmat. 55
Epist. XVII.—Conqueritur, una cum imperatoris litteris ab Acacio litteras non accepisse, et imperatorem Petrum hæreticum in Alexandriæ episcopum petere, dum ipse paratus esset Joannem confirmare : demum precatur ut imperatorem moneat ne hæretico jam damnato favere velit. 56
Fragmentum epistolæ Simplicii papæ ad Zenonem. 58
Epist. XVIII.—Scribit ad Acacium, mirari se eum de Alexandrinæ Ecclesiæ vexationibus nequaquam se monuisse, hortatur autem ut imperatori insinuet ut pax eidem Ecclesiæ reddatur. 59
Epistola Simplicii ad eumdem, a Luca Holstenio Romæ edita. Ibid.
Observatio Antonii Pagi. 61

SS. LUPUS ET EUPHRONIUS.

Notitia in S. Lupum Trecensem. 61
SS. LUPI ET EUPHRONII EPISTOLÆ. 63
Epistola prima.—S. Lupus scribit Sidonio. Ibid.
Epist. II (Lupi et Euphronii ad Talasium).—De solemnitatibus et de bigamis clericis, et iis qui conjugati assumuntur. 66

RURICIUS.

Jacobi Basnagii in Ruricium observatio. 67
RURICII EPISTOLARUM LIBER PRIMUS. Ibid.
Epistola prima.—Ad Faustum episcopum. Ibid.
Epist. II.—Ad eumdem. 69
Epist. III.—Ad Hesperium. 70
Epist. IV.—Ad eumdem. 72
Epist. V.—Ad eumdem. Ibid.
Epist. VI.—Ad Nepotianum presbyterum. 73

ORDO RERUM QUÆ IN HOC TOMO CONTINENTUR.

Epist. VII. — Ad Basculum episcopum.	74
Epist. VII.I. — Ad Sidonium episcopum.	Ibid.
Epist. IX. — Ad eumdem.	75
Epist. X. — Ad Lupum Tricassinum.	Ibid.
Epist. XI. — Ad Fredar.	76
Epist. XII. — Ad Celsum.	77
Epist. XIII. — Ad Celsum.	Ibid
Epist. XIV. — Ad eumdem.	78
Epist. XV. — Ad Æonium episcopum.	Ibid.
Epist. XVI. — Ad Sidonium Videntem.	79
Epist. XVII. — Ad Pomerium abbatem.	Ibid.
Epist. XVIII. — Ad Omacium.	80
LIBER SECUNDUS.	81
Epistola prima. — Ad Namacium et Ceraunium.	Ibid.
Epist. II. — Ad eosdem.	Ib d.
Epist. III. — Ad eosdem.	82
Epist. IV. — Ad eosdem.	83
Epist. V. — Ad Namacium.	85
Epist. VI. — Ad Cronopium.	86
Epist. VII. — Ad Elafium.	Ibid.
Epist. VIII. — Ad Æonium.	87
Epist. IX. — Ad Pomerium.	89
Epist. X.	Ibid.
Epist. XI. — Ad Præsidium.	91
Epist. XII.	92
Epist. XIII. — Ad Fœdamium et Vilicum presbyteros.	93
Epist. XIV. — Ad Ceraunium.	94
Epist. XV. — Ad Æonium episcopum.	97
Epist. XVI. — Ad Turencium.	98
Epist. XVII. — Ad Sedatum episcopum.	99
Epist. XVIII. — Ad eumdem.	100
Epist. XIX. — Rustico.	Ibid.
Epist. XX. — Ad Capillutum.	101
Epist. XXI. — Ad Eufrasium.	Ibid.
Epist. XXII. — Ad Verum.	102
Epist. XXIII. — Ad Constantium.	103
Epist. XXIV.	104
Epist. XXV. — Ad Apollinarem.	Ibid.
Epist. XXVI.	105
Epist. XXVII. — Ad Onomacium.	Ibid.
Epist. XXVIII. — Ad Eufrasium.	106
Epist. XXIX. — Ad Eraclianum.	Ibid
Epist. XXX. — Ad Capillutum.	107
Epist. XXXI. — Ad Agricolam.	Ibid.
Epist. XXXII. — Ad Cæsarium episcopum.	108
Epist. XXXIII. — Ad Sedatum episcopum.	109
Epist. XXXIV. — Ad eumdem.	110
Epist. XXXV. — Ad Cæsarium episcopum.	111
Epist. XXXVI. — Ad Parthemium et Papianillam.	112
Epist. XXXVII.	Ibid.
Epist. XXXVIII. — Ad Eudomium et Melantiam.	Ibid.
Epist. XXXIX. — Ad Victorinum episcopum.	113
Epist. XL. — Ad Apollinarem.	114
Epist. XLI. — Ad Leontium.	Ibid.
Epist. XLII. — Ad Constantium.	115
Epist. XLIII. — Ad Ambrosium episcopum.	Ibid.
Epist. XLIV. — Ad Hispanum.	Ibid.
Epist. XLV. — Ad Albinum presbyterum.	116
Epist. XLVI. — Ad Taurencium.	Ibid.
Epist. XLVII. — Ad Joannem episcopum Cabillonensem.	117
Epist. XLVIII. — Ad Aprunculum episcopum.	118
Epist. XLIX. — Ad Ceraunium.	Ibid.
Epist. L. — Ad Censurium episcopum.	Ibid.
Epist. LI. — Ad Stephanum.	119
Epist. LII. — Ad Præsidium.	120
Epist. LIII. — Ad Rusticum.	Ibid.
Epist. LIV. — Ad Aprunculum episcopum.	Ibid.
Epist. LV, LVI, LVII. — Ad eumdem.	Ibid.
Epist. LVIII. — Ad Severum.	122
Epist. LIX. — Ad Storachium.	Ibid.
Epist. LX. — Ad Vittamenum.	Ibid.
Epist. LXI. — Ad Namacium.	123
Epist. LXII. — Ad Vittamenum.	Ibid.
Epist. LXIII. — Ad Clarum episcopum.	Ibid.
Epist. LXIV. — Ad Volusianum episcopum.	124
EPITAPHIUM Ruricorum episcoporum civitatis Lemovicinæ.	Ibid.

VICTOR VITENSIS.

PROLEGOMENA.	125
Epistola dedicatoria.	Ibid.
P. Fr. Chiffletii Elucidationes in Victorem Vitensem.	127
Sirmondi Præfatio in Historiam Vandalicæ persecutionis.	144
Dissertatio in Victorem Vitensem, cum nova ipsius Vita, Gallice adornante D. Liron.	151

HISTORIA PERSECUTIONIS AFRICÆ PROVINCIÆ.	179
Prologus.	Ibid.
Liber. I. — Geiserici Vandalorum regis in Africa persecutio.	181
Liber II. — Initia persecutionis Hunerici.	201
Hunerici regis præceptum Eugenio Carthaginensi cæterisque episcopis catholicis per universam Africam constitutis directum, ut ad fidei suæ reddendam rationem Carthaginem veniant.	213
Suggerenda Hunerico regi data ab Eugenio episcopo Carthaginensi, ut ad collationem communis fidei habendam etiam Transmarini episcopi vocentur.	214
Liber III. — Professio fidei episcoporum catholicorum Hunerico regi oblata.	219
Liber IV. — Hunerici sævitia in episcopos catholicos.	233
Edictum Hunerici regis adversus catholicos.	233
Liber V. — Persecutio generalis adversus omnes orthodoxos.	241
Appendix prima. — Passio sanctorum septem monachorum, qui sub Hunerico apud Carthaginem martyrium consummarunt.	261
Appendix secunda. — Homilia de sancto Cypriano, dicta tempore Vandalicæ persecutionis, 265. — Notitia provinciarum et civitatum Africæ, seu nomina episcoporum catholicorum diversarum provinciarum, qui Carthaginem ex præcepto regali venerunt pro reddenda fidei ratione, sub Hunerico rege Vandalorum Ariano.	269
NOTÆ et observationes in notitiam Ecclesiæ Africanæ.	275-358
Appendix tertia. — Commentarius historicus de persecutionis Vandalicæ ortu, progressu et fine.	359
Caput I. — Vandalorum in Gallias irruptio.	Ibid.
Caput II. — Hispaniæ a Vandalis occupatæ et oppressæ.	364
Caput III. — Vandalorum in Africam ingressus.	366
Caput IV. — Genserici Vandalorum regis persecutionis initia.	371
Honorati Antonini Constantinæ in Africa episcopi Epistola cohortatoria ad Arcadium pro fide exsulantem, sub Genserico Vandalorum rege Ariano.	372
Caput V. — Gensericus capta Carthagine in ipsius cives sævit.	374
Passio sanctæ Juliæ virginis, et martyris.	378
Caput VI. — Gensericus Romam invadit, variasque imperii provincias devastat.	381
Caput VII. — Genserico Hunericus succedit, sub quo multi claruere martyres et confessores, hi potissimum qui præcisa lingua loquebantur.	396
Caput VIII. — De sancto Eugenio episcopo Carthaginensi, aliisque nonnullis confessoribus, et martyribus, qui sub Hunerici persecutione vexati sunt.	
Passio sancti Eugenii Carthaginensis episcopi, et aliorum confessorum, qui in Africa sub Hunerico Vandalorum rege passi sunt.	404
Caput IX. — De sanctis confessoribus, qui sub Vandalorum persecutionibus, regnantibus Genserico, aut Hunerico, ex Africa pulsi, vel profusi in Italia floruerunt.	403
Caput X. — De persecutione Vandalorum in Africa sub Guntabundo rege.	
Confessio Felicis abbatis, et sancti Fulgentii, postea Ruspensis episcopi.	420
Caput XI. — De persecutione Trasamundi Vandalorum regis in Africa.	Ibid.
Epistola Symmachi papæ ad episc. confessores in Sardiniam et alias insulas ex Africa deportatos.	426
Caput XII. — Pax Ecclesiæ Africanæ restituta.	430

SIDONIUS APOLLINARIS.

Prolegomena.	435
SIDONII EPISTOLÆ.	443
Liber primus.	Ibid.
Liber II.	471
Liber III.	493
Liber IV.	507
Liber V.	531
Liber VI.	551
Liber VII.	565
Liber VIII.	589
Liber IX.	613
SIDONII CARMINA.	639
Carmen primum. — Præfatio in Panegyricum dictum Anthemio Augusto.	Ibid.
Carmen II. — Panegyricus Anthemii Augusti.	640
Carmen III. — Panegyrici editio ad Petrum.	658
Carmen IV. — Præfatio Panegyrici dicti Majoriano Augusto.	Ibid.

CARMEN V. — Panegyricus Julio Valerio Majoriano Augusto dictus. 659
CARMEN VI. — Præfatio Panegyrici quem dixit Avito Augusto, socero suo. 676
CARMEN VII. — Panegyricus Aviti. 678
CARMEN VIII. — Editio Panegyrici ad Priscum Valerianum præfectorium. 694
CARMEN IX. — Excusatio ad V. C. Felicem. *Ibid.*
CARMEN X. — Præfatio Epithalamii Ruricio et Iberiæ dicti. 703
CARMEN XI. — Epithalamium Ruricio et Iberiæ dictum. *Ibid.*
CARMEN XII. — Ad virum consularem Catullinum, quod propter hostilitatem barbarorum Epithalamium scribere non valeret. 708
CARMEN XIII. — Epigramma quo ab imperatore Majoriano trium capitum remedium postulavit. 709
CARMEN XIV. — Præfatio Epithalamii Polemio et Araneolæ dicti. 711
CARMEN XV. — Epithalamium Polemio et Araneolæ dictum. 712
CARMEN XVI. — Eucharisticum ad Faustum Rhegiensem episcopum. 718
CARMEN XVII. — Invitat Ommatium ad natalem diem suorum. 722
CARMEN XVIII. — De balneis villæ suæ supra lacum positæ. 723
CARMEN XIX. — Tetrastichum supra piscinam. 724
CARMEN XX. — Ad sororium suum Ruricium. *Ibid.*
CARMEN XXI. — De piscibus nocte captis. *Ibid.*
CARMEN XXII. — Burgus Pontii Leontii. 725
CARMEN XXIII. — Ad Consentium Narbonensem. 730
CARMEN XXIV. — Propempticum ad libellum. 743
CORONIS SIDONIANA. 747
DE LOCI PRÆROGATIVA. *Ibid.*
SIRMONDI ELUCIDATIO de propriis nominibus mediæ ætatis. 749

PERPETUUS.
Notitia ex Cave. 751
TESTAMENTUM PERPETUI. 753
EPITAPHICUM Perpetui episcopi Turonensis. 755

CEREALIS.
Notitia ex Gennadio. 755
LIBELLUS contra Maximinum Arianum. 757

S. EUGENIUS.
Notitia ex Cave. 767
PROFESSIO FIDEI episcoporum Africæ a S. Eugenio episcopo Carthaginensi redacta. 769
EXCERPTUM ex Gregorio Turonensi, de S. Eugenio et aliis confessoribus qui sub Hunerico rege passi sunt. *Ibid.*
EPISTOLA S. Eugenii ad cives suos pro custodienda fide catholica. *Ibid.*

S. FAUSTUS RHEGIENSIS.
Prolegomena. 775
DE GRATIA ET LIBERO ARBITRIO LIBER PRIMUS. 783

CAPUT PRIMUM. — Quod Pelagii sensus, qui gratiam negavit, primo loco necesse sit destrui. *Ibid.*
CAP. II. — Contra observationem Pelagii, qua dicit parvulos baptismo non egere. 788
CAP. III. — Contra hoc quod dicunt, quia per solam gratiam omnis homo sine ulla labore salvetur. 789
CAP. IV. — Contra eum sensum qui dicendo « Unus ad mortem præordinatus, alter ad vitam prædestinatus est, » spem intercludit orando. *Ibid.*
CAP. V. — Legis opera destruuntur, et gratiæ commendantur; vel contra hoc quod indoctissime testimonia pro solius gratiæ assertione proponunt. 791
CAP. VI. — De eo quod ait : Gratia Dei sum id quod sum. 792
CAP. VII. — Quomodo intelligendum sit: « Gratia salvi facti estis per fidem, et hoc non ex vobis, Dei enim donum est, non ex operibus, ne quis glorietur; » ubi et fide intra opera numeratur, et cibus legis perire, cibus gratiæ manere describitur. 793
CAP. VIII. — Contra hoc quod dicunt liberum arbitrium ex toto fuisse sublatum. 794
CAP. IX. — Qualiter infirmitas liberi arbitrii intelligenda sit. 795
CAP. X. — Quomodo intelligendum sit : « Non volentis neque currentis, sed miserentis est Dei, » et illud : « Non veni vocare justos, sed peccatores in pœnitentiam. » 796
CAP. XI. — Contra hoc quod dicunt, ad malum tantum liberum arbitrium promptum esse homini, ad bonum promptum non esse. 799
CAP. XII. — Contra eum sensum qui dicit quod vas in contumeliam non possit assurgere ut sit vas in honorem. 801

CAP. XIII. — Item velle et nolle, sicut ad malam, ita etiam ad bonam partem hominis arbitrio patet fuisse commissum. 803
CAP. XIV. — Gratia Dei et voluntas humana testimoniorum assertione sociantur, et de parvulis inanis calumnia transeundo perstringitur. 806
CAP. XV. — Contra hoc quod dicunt, eos qui post baptismum pereunt in baptismum penitus non credidisse. 807
CAP. XVI. — Contra hoc quod dicunt, Christum non pro omnibus mortuum. 808
CAP. XVII. — Contra hoc quod evangelicam sententiam imperito et improbo sensu interpretantur. 810
CAP. XVIII. — Contra hoc quod dicunt, quia Dei violentia indurat hominem ne venire valeat ad salutem. 811
CAP. XIX. — Contra hoc quod dicunt : « Homines voluntate Dei impelluntur.» 812
LIBER II. 813

CAPUT PRIMUM. — Contra hoc quod impie asserunt a Deo induratum fuisse cor Pharaonis. *Ibid.*
CAP. II. — Quod præscientia Dei nec ad justa nec ad contraria humanas violenter urgeat voluntates. 815
CAP. III. — Quod aliud sit *præscire*, aliud *prædestinare*. 816
CAP. IV. — Contra hoc quod dicunt, « In istos misericors est quos acquirit, in illos justus est quos reliquit, » cum et circa malos misericors et circa bonos etiam justus appareat. 817
CAP. V. — Contra hoc quod dicunt : Non tam voluit quam non potuit salvus esse qui periit, juxta quod legimus : *Et non poterint credere.* 819
CAP. VI. — Quid sit quod ait : *Cum enim nondum egissent boni aliquid aut mali.* 821
CAP. VII. — Ad cujus imaginem et similitudinem primus homo sit conditus. 824
CAP. VIII. — De eo quod naturæ legem in primo homine asserunt interiisse, nec per posteros viguisse, usque ad Salvatoris adventum. 827
CAP. IX. — Contra hoc quod dicunt, quia ante gratiæ tempus agnitio unius Dei gentibus concessa non fuerit. 829
CAP. X. — Gentes Deum naturaliter sapuisse. 831
FAUSTI EPISTOLÆ. 833-869
FAUSTI SERMONES. 869
SERMO PRIMUS. — Ad monachos. *Ibid.*
SERM. II. — Ad monachos. 872
SERM. III. — De pœnitentia. 875
SERM. IV. — Admonitio de die judicii, et malorum pœna vel bonorum gloria; et quod etiam laici, non mutato habitu, possint et debeant quotidie pœnitentiam agere. 876
SERM. V. — Ad monachos, in die sancto Paschæ. 877
SERM. VI. — Ad monachos, de Natali S. Petri. 880
SERM. VII. — Ad monachos.
SERM. VIII. — Admonitio de extremo judicio. 887
NONNULLI SERMONES Fausto attributi. 889
Sermo de resurrectione Domini. — Sermo de corpore et sanguine Christi.—Sermo super Evangelium Matthæi. *Ibid.*

S. FELIX III.
Prolegomena. 889
EPISTOLÆ. *Ibid.*
EPISTOLA PRIMA (Ad Acacium). — Optat synodus Romana ut Zenonem imperatorem inducat ad emendandum sedulo studio ea quæ adversus catholicam fidem hactenus perperam egisset. 893
EPIST. II. — Pro Ecclesia Alexandrina Zenoni imperatori supplicat : quidquid ante hac pro defensione ejusdem Ecclesiæ dixit aut fecit, commemorat, ut posteriorem Joannis Alexandrini episcopi ejectionem, et Petri Noggi restitutionem reprehendat. 899
EPIST. III (Ad Petrum Fullonem). — Ostendit Petrum Fullonem, alias, Gnapheum, non solum in Valentini, Manichæi, Arii, Sabellii, Apollinaris et Eutychetis hæreses, verum etiam in errores gentilitatis plures deos asserentis incidisse. Deinde monet ut resipiscat, et quod in Trisagio, *Crucifixus propter nos* addere non oporteat. 905
EPIST. IV (ad eumdem). — Petrum Fullonem deponit et anathematizat. 911
Epistola e usdem Felicis papæ ad Petrum Fullonem. Versio antiqua. 915
EPIST. V. — Nuntiat imperatori Zenoni Petrum Fullonem synodali judicio sententia anathematis condemnatum, ideoque ab ejus communione abstinendum esse. Hortatur eumdem imperatorem ut Petrum depositum ex Antiochena ecclesia expellat. 917
EPIST. VI. — Acacium munere sacerdotali et fidelium communione privat. 921
EPIST. VII (Ad universos episcopos). — Statuit quomodo qui rebaptizati sunt ad Ecclesiam Catholicam admitti debeant. 924

EPIST. VIII.—Zenoni episcopo Terentianum commendat 927
BREVICULUS HISTORIÆ EUTYCHIANISTARUM. 928
ADDITAMENTUM ex tertia editione desumptum. 933
EDICTUM SENTENTIÆ FELICIS PAPÆ propter Acacii episcopi damnationem. 934
EPIST. IX.—Conqueritur Felix apud Zenonem, de violatis ab eo legatis, suadetque ut acquiescat damnationi Petri Alexandrini et Acacii. Ibid.
EPIST. X (Ad clerum et plebem Cp.).—Ne turbentur ob prævaricationem legatorum, atque ut Acacii a sede apostolica damnati communionem devitent. 956
EPIST. XI (Ad monachos urbis Cp. et Bithyniæ).—Tutum, Ecclesiæ defensorem, prævaricationis causa fuisse damnatum, et quomodo ipsi in suos qui Acacio adhæserint animadvertere debeant. 957
TRACTATUS FELICIS PAPÆ.—Quæ pro Acacio afferebantur refellit, eumque, ut juste ac rite damnatum, ita non nisi canonice restituendum ostendit. 945
Epistola Felicis papæ, qua alibi Gelasio papæ tribuitur. 967
EPIST. XII.—Laudato, Zenonis imperatoris studio in ordinatione novi episcopi, ipsum hortatur ut in Acacii Petrique nominum damnatione, de qua ueri legati nihil sibi mandatum responderant, cum Ecclesia Romana consentiat. 960

EPIST. XIII (Ad Flavitam episc. Cp.).—Quod legatos ejus a communione propterea suspenderit, quia de Acacii Petrique nominibus nihil sibi mandatum responderint. Hortatur ut et ipse ab his recitantibus abstinent et Zenoni id ipsum persuadeat. 971
EPIST. XIV (Ad Thalasium).—Ne cum Ecclesia Cp. vel illius episcopo ipse aut monachi ejus ante communicent quam a sede apostolica jussum fuerit. 974
EPIST. XV (Ad Vetranionem episc.).—Dissidii Ecclesiæ Cp. causas exponens, hortatur ut Zenonem ad unionem cum Romana instaurandam permoveat. 975
DECRETUM FELICIS PAPÆ.—In Ecclesiasticis causis regia voluntas sacerdotibus est postponenda. 977

GENNADIUS MASSILIENSIS.

Notitia ex Cave. 979
Testimonia de Gennadio. Ibid.
LIBER DE ECCLESIASTICIS DOGMATIBUS. Ibid.
ELMENHORSTII Notæ in librum præcedentem. 999
LIBER DE SCRIPTORIBUS ECCLESIASTICIS. 1053
PROLEGOMENA.—Testimonia de Gennadio in ordine ad librum de Scriptoribus.—Suffridi Leovardiensis præfatio.—Excerptum ex vindiciis Alardi Gazæi pro Cassiano. 1053—1059
INCIPIT LIBER. 1059

FINIS TOMI QUINQUAGESIMI OCTAVI.

www.ingramcontent.com/pod-product-compliance
Lightning Source LLC
Chambersburg PA
CBHW060257230426
43663CB00009B/1505